인스TV
손해사정사

손해사정사 1차 보험업법 | 보험계약법 | 손해사정이론

한 권으로 합격하는
기출+예상 문제집

인스TV보험교육원 편저

insTV since 2001

손해사정사란?

보험사고로 인하여 생긴 손해액을 평가사정하여 그 손해액을 결정하고 보험금을 지급하는 보험전문인

손해사정사의 업무(보험업법 제188조)

① 손해발생 사실의 확인

② 보험약관 및 관계법규 적용의 적정여부 판단

③ 손해액 및 보험금의 사정

④ 손해사정업무와 관련한 서류의 작성 · 제출의 대행

⑤ 손해사정업무의 수행과 관련한 보험회사에 대한 의견의 진술

손해사정사의 구분

▶ 업무영역에 따른 구분

① 재물손해사정사 : 보험사고로 인한 재물과 관련된 재산상의 손해액 사정

② 차량손해사정사 : 자동차 사고로 인한 차량 및 그 밖의 재산상의 손해액 사정

③ 신체손해사정사 : 자동차 사고 및 그 밖의 보험사고로 인한 사람의 신체와 관련된 손해액 사정

▶ 업무 수행 형태에 따른 구분

① 고용손해사정사 : 보험회사에 고용되어 손해사정 업무 수행

② 독립손해사정사 : 독립적으로 손해사정업을 영위하면서 업무 수행

자격취득

손해사정사 1차 및 2차 시험에 합격하고 일정기간의 수습을 필한 후 금융감독원에 등록함으로써 자격 취득

손해사정사 1차 시험합격 ⇨ 손해사정사 2차 시험합격 ⇨ 실무실습 ⇨ 손해사정사 등록

시행기관 및 응시자격

① 시행기관 : 보험개발원

② 응시자격 : 학력, 성별, 연령, 경력, 국적 등의 제한이 없음

시험일정

구분	1차 시험	2차 시험
시험일자	매년 4월~5월 예정	매년 7~8월 예정

* 시험일정은 변동될 수 있으며, 상세일정은 「보험개발원 보험전문인시험」(www.insis.or.kr)에서 확인가능합니다.

시험방법 및 시험과목

구분	1차 시험		
	재물	차량	신체
시험과목	• 보험업법 • 보험계약법(상법 중 보험편) • 손해사정이론 • 영어(공인시험으로 대체)	• 보험업법 • 보험계약법(상법 중 보험편) • 손해사정이론	• 보험업법 • 보험계약법(상법 중 보험편) • 손해사정이론
시험방법	선택형 객관식 4지선다형		
비고	재물손해사정사의 제1차 시험과목 중 영어는 공인영어시험으로 대체		

구분	2차 시험		
	재물	차량	신체
시험과목	• 회계원리 • 해상보험의 이론과 실무(상법 해상편 포함) • 책임 · 화재 · 기술보험 등의 이론과 실무	• 자동차보험의 이론과 실무(대물배상 및 차량손해) • 자동차 구조 및 정비이론과 실무	• 의학이론 • 책임보험 · 근로자재해보상보험의 이론과 실무 • 제3보험의 이론과 실무 • 자동차보험의 이론과 실무(대인배상 및 자기신체손해)
시험방법	논문형(약술형 또는 주관식 풀이형)		

합격자 결정

구분		1차 시험	2차 시험
손해사정사	재물	영어과목을 제외한 나머지 과목에 대하여 매 과목 100점을 만점으로 하여 매 과목 40점 이상, 전 과목 평균 60점 이상 득점한 자를 합격자로 결정	매 과목 100점을 만점으로 하며 매 과목 40점 이상, 전 과목 평균 60점 이상 득점한 자를 합격자로 결정(다만, 선발예정인원을 미리 공고한 경우, 매 과목 40점 이상 득점한 자 중 선발예정인원의 범위에서 전 과목 총득점이 높은 자 순으로 합격자 결정) ※ 절대평가에 의해 합격자를 결정하며, 절대평가에 의한 합격자가 최소선발예정인원에 미달하는 경우 미달인원에 대하여 상대평가에 의해 합격자를 결정
	차량		
	신체		

1차 공부법

① 객관식 공부방법

객관식 시험은 주어진 지문 중에서 '가장 옳은 것'을 고르는 시험입니다. 간혹 수험생들 중에 이러한 부분을 간과하고 문제에서 주어진 내용을 넘어서 자신만의 상상의 나래(?)를 펼쳐가며 정답을 고르는 사람이 있습니다. 다시 한번 강조하지만 객관식 시험은 '가장 옳은 것'을 고르는 시험입니다. 불필요한 부분에 과도한 정성을 쏟는 것은 올바른 공부법이 아닙니다. 효율적으로 공부하는 요령이 필요합니다.

② 보험계약법

1차 시험 과목 중에서 가장 핵심이 되는 과목이라고 할 수 있습니다. 보험계약과 관련된 권리 의무를 규율하는 법률이기 때문에 그렇습니다. 또한 보험계약법의 기초가 없는 상태에서 다른 과목을 공부하는 것은 무의미하다고 말할 수 있을 정도로 손해사정사 시험 전반에 걸쳐 보험계약법이 차지하는 비중은 절대 무시하지 못합니다. 법조문을 중심으로 공부하여 기초를 충실히 하고, 각종 판례를 통하여 보험계약법 지식과 법률 마인드(legal mind)를 착실히 쌓아 나가는 것이 좋습니다.

③ 보험업법

보험업법에서 삭제된 조문 관련 문제가 나오지 않고 있습니다. 그만큼 과거보다 시행령, 시행규칙 내용을 묻는 문항이 증가했습니다. 간혹 감독규정까지 묻는 문항도 있습니다. 그렇기 때문에 과거보다 꼼꼼한 학습이 필요한 상황입니다. 그렇지만 1차 시험은 패스 여부가 중요합니다. 보험업법은 보험계약법이나 손해사정이론과 달리 2차 시험과 연계도가 낮은 과목입니다. 1차 시험 응시 경험이 있거나 주변 경험자에게 묻는다면 1차 시험 합격에 있어서 보험업법은 평균을 높이는 효자 과목이라고 할 것입니다. 보험계약법과는 다르게 판례가 거의 없는 상황에서 조문에 대한 전략적 암기가 중요한 과목입니다. 객관식이기 때문에 모든 내용을 기억하는 것보다는 주로 기출되는 형태나 부분을 중심으로 주어진 지문이 옳은지 틀린지를 구분할 정도의 암기면 충분합니다.

④ 손해사정이론

최근 손해사정이론의 출제 경향은 말 그대로 '혼돈'입니다. 매년 난이도가 들쑥날쑥하는 것은 기본이며, 출제범위도 단순히 손해사정이론의 출제범위를 넘어서는 것은 예사이며 이것이 손해사정사가 공부해야 하는 것이 맞는가 의심이 될 정도의 문제들까지 출제되고 있습니다. 시험을 준비하는 수험생의 입장에서는 가장 답이 안 나오는(?) 과목 중에 하나가 되었습니다. 일단 기초에 충실하게 공부하여 기본점수를 확보한 다음, 기출문제들을 분석하여 예상하지 못한 출제범위에 대비하는 것이 좋습니다. 출제범위가 넓어지긴 했지만 결국 그 내용들도 보험의 범위 안에서 다뤄지기 때문입니다. 기출문제 분석을 통하여 출제유형을 파악하는 것이 무엇보다 중요하겠습니다.

⑤ 추천 공부순서는?

보험계약법 → 손해사정이론 → 보험업법

▌ 합격생이 말하는 손해사정사 1차 과목별 학습전략

구분	시험과목	효율적인 공부방법
1차	보험계약법	양○희(47회) 보험계약법은 손해사정이론 과목과 겹치는 부분도 많고 추후 2차 공부시에도 참고할 수 있는 내용이 많습니다. 그러니 기본서 or 요약서를 충분히 회독하시고 상법 제4편 조항도 틈틈이 회독하시면 큰 도움이 됩니다. 또한, 조사나 어미를 바꾸어 말장난하는 문제들도 많으므로 기출문제와 교재 내 유형 문제들을 많이 풀어보시는 것도 좋습니다. 성○은(46회) 이해가 필요한 과목인만큼 독학보다는 기본강의를 수강하는 것을 추천드립니다. 기본강의 이해를 마치고 최대한 빨리 기출풀이로 넘어가는 것이 핵심입니다. 과목상 기출문제가 반복되는 경향이 있어 기존 기출문제와 풀이를 반복하여 학습하는 것이 중요합니다. 조○연(45회) 법조문을 틈틈히 읽으며 암기하였고, 최소 5년 이상의 기출문제를 풀고 오답노트를 통해 부족한 부분을 암기하였습니다. 마지막에는 최신판례까지 공부하여 마무리하였습니다.
	손해사정이론	양○희(47회) 어떤 문제가 튀어나올지 아무도 모릅니다. 그래서 저는 손사이론은 교재 회독→기출풀이 순서로 공부하지 않고 반대로 했습니다. 알든 모르든 일단 기출문제 먼저 풀어보고, 각 문제의 쟁점을 다룬 파트를 교재에서 찾아 회독했습니다. 기출문제를 몇 개년 정도 풀다 보면 거의 매년 꼭 출제되는 파트가 있는데 해당 내용은 암기했습니다. 이○환(46회) 힘을 너무 주지 마세요. 맞출 수 있는 것과 맞출 수 없는 것의 경계가 명확합니다. 기본에 충실히 공부하여 헷갈리는 것을 최대한 줄이되, 너무 깊게 공부하지는 마시기를 바랍니다. 공부할 수 있는 것만 열심히 하되, 못 맞추는 것들은 과감히 버리시어 과락을 면하시라 말씀드리고 싶습니다. 정○웅(45회) 기본서 다독이 중요합니다. 시험 범위가 종잡을 수 없는 경향이 강해 아는 부분에서 점수를 확보하는 것이 포인트라고 생각합니다.
	보험업법	양○희(47회) 보험업법은 암기 과목입니다. 즉 휘발성이 강하다는 뜻이기도 합니다. 그래서 저는 보험업법 과목을 가장 마지막 순서로 공부했습니다. 이 과목에서는 두문자따기 암기법이 꽤 유용합니다. 저처럼 마지막에 공부하시면서 빠짝 암기하시기를 추천합니다. 서○남(46회) 휘발성이 강한 과목이라 시험 2주 전부터 기본서를 계속 리마인드하며 중요한 내용들은 눈과 머릿속에 각인하였습니다. 시험 5일 전부터는 역대 기출문제들을 시간을 재며 풀어보았고, 기존 기출문제들을 3회독 하였습니다. 채점 후 내가 틀린 문제와 그 이유를 체크하고 다시 한번 풀어보시는 것 또한 필수입니다. 이○빈(45회) 매년 개정되는 내용이 많기 때문에 꼭 최신 교재와 강의를 통해 공부하길 바랍니다. 기출문제를 풀 때도 개정된 내용을 확인하고 공부했으며, 독학보다는 개정내용 확인을 위해 인강 수강을 꼭 추천드립니다.

CONTENTS

PART 1 기출문제

PART 2 예상문제

한 권으로 합격하는

기출+예상 문제집

문제편

PART

1

기출문제

2014 제37회 기출문제

1과목 보험업법

01 보험업법상 보험대리점에게 모집을 위탁한 보험회사의 손해배상책임에 관한 설명으로 옳지 않은 것은?

① 보험회사는 보험대리점이 모집을 하면서 보험계약자에게 입힌 손해를 배상할 책임이 있으며 이에 따라 발생한 청구권의 소멸시효에 관하여는 민법 제766조를 준용한다.

② 보험회사가 모집을 위탁하면서 상당한 주의를 하였고 이들이 모집을 하면서 보험계약자에게 손해를 입히는 것을 막기 위하여 노력한 경우에는 손해배상책임이 없다.

③ 타인을 위한 생명보험계약에서 보험료를 낸 보험수익자는 보험대리점의 보험료 횡령으로 보험계약이 해지된 경우 보험금 상당액을 보험회사에게 손해배상청구 할 수 있다.

④ 보험회사가 손해를 배상한 때에는 해당 보험대리점에게 구상권을 행사할 수 있도록 명시되어 있다.

02 보험대리점으로 등록할 수 없는 금융기관은?

① 은행법에 따라 설립된 은행

② 상호저축은행법에 따른 상호저축은행

③ 자본시장과 금융투자업에 관한 법률에 따른 투자매매업자

④ 여신전문금융업법에 따라 허가를 받은 신용카드업자 중 겸영여신업자

03 '보험안내자료'에 적을 수 없는 것은?

① 해약환급금에 관한 사항

② 다른 보험회사 상품과 비교한 사항

③ 보험약관으로 정하는 보장에 관한 사항

④ 보험금이 금리에 연동되는 보험상품의 경우 적용금리 및 보험금 변동에 관한 사항

04 **보험회사의 자산운용에 관한 설명으로 옳은 것은?**

① 보험회사는 선량한 관리자의 주의로써 그 자산을 운용하여야 하며 안정성 · 유동성 및 수익성이 확보되도록 하여야 하나 공익성을 갖출 필요는 없다.

② 특별계정에 속하는 이익은 그 계정상의 보험계약자에게 분배할 수 없으며 잘못 분배된 이익은 즉시 상환청구 하여야 한다.

③ 해당 보험회사의 주식을 사도록 하기 위한 대출은 형식적으로 보험회사와 최종 자금수요자가 아닌 제3자간에 이루어진 대출의 경우에 한하여 자산운용 방법이 될 수 있다.

④ 동일한 개인 또는 법인에 대한 신용공여는 일반계정의 경우 총자산의 100분의 3, 특별계정의 경우 각 특별계정 자산의 100분의 5를 초과할 수 없다.

05 **보험회사의 자회사에 관한 설명으로 옳지 않은 것은?**

① 자회사는 민법 또는 특별법에 따른 조합을 포함한다.

② 보험회사는 자회사와 자회사가 다른 회사에 출자하는 것을 지원하기 위한 신용공여 행위를 할 수 없다.

③ 보험회사는 자회사를 소유하게 된 날부터 15일 이내에 자회사가 발행주식 총수의 100분의 10을 초과하여 소유하고 있는 회사의 현황 등을 금융위원회에 제출하여야 한다.

④ 자회사란 보험회사가 다른 회사의 의결권 있는 발행주식 또는 출자지분 총수의 100분의 50을 초과하여 소유하는 경우의 그 다른 회사를 말한다.

06 **보험약관 이해도 평가의 공시에 관한 설명으로 옳지 않은 것은?**

① 공시주체 : 금융위원회

② 공시주기 : 연 1회 이상

③ 공시방법 : 평가대행기관의 홈페이지에 공시

④ 공시대상 : 보험약관의 이해도 평가기준 및 해당기준에 따른 평가결과

07 **주식회사인 보험회사의 해산사유로 옳지 않은 것은?**

① 회사의 파산

② 주주총회의 결의

③ 보험계약 전부의 이전

④ 주주가 1인으로 된 때

08 **주식회사인 보험회사의 보험계약의 이전에 관한 설명으로 옳은 것은?**

① 보험회사가 계약의 방법으로 책임준비금 산출의 기초가 같은 보험계약의 전부를 포괄하여 다른 금융회사에 이전함에는 금융위원회의 허가를 받아야 한다.
② 보험회사는 보험계약의 전부를 이전하는 경우에 이전할 보험계약에 관하여 이전계약의 내용으로 보험금액의 증액은 정할 수 있으나 삭감은 정할 수 없다.
③ 보험계약의 이전에 관한 결의는 주주총회의 보통결의에 의하여야 하나 긴급을 요하는 경우에는 이사회 결의만으로 할 수 있다.
④ 1개월 이상의 정해진 기간에 이의를 제기한 보험계약자가 이전될 보험계약자 총수의 10분의 1을 초과하는 경우에는 보험계약을 이전하지 못한다.

09 **보험계리사에 관한 설명으로 옳지 않은 것은?**

① 보험회사는 선임계리사를 선임하여야 한다.
② 보험계리업을 하려는 법인은 2명 이상의 상근 보험계리사를 두어야 한다.
③ 선임계리사는 보험회사의 기초서류에 법령을 위반하는 내용이 있다고 판단하는 경우에는 그 조사결과를 감사 또는 감사위원회에 보고하여야 한다.
④ 선임계리사는 그 업무 수행과 관련하여 보험회사 이사회에 참석할 권한이 있다.

10 **손해사정사에 관한 설명으로 옳은 것은?**

① 1년의 실무수습기간을 거쳐야 한다.
② 제3보험상품을 판매하는 보험회사도 고용(선임)의무를 진다.
③ 보험사고가 외국에서 발생한 경우에도 고용(선임)의무를 진다.
④ 본인과 생계를 같이 하는 친족의 보험사고에 대한 손해사정 행위도 할 수 있다.

11 **보험업법상 제4조의 허가를 받아 보험업을 경영하는 자를 가리키는 용어는?**

① 보험업자
② 보험자
③ 보험회사
④ 보험영업자

12 **보험업법상 보험업의 허가를 받기 위해 제출해야 하는 사업계획서로 옳은 것은?**

① 업무 시작 후 2년간의 사업계획서
② 업무 시작 후 3년간의 사업계획서
③ 업무 시작 후 4년간의 사업계획서
④ 업무 시작 후 5년간의 사업계획서

13 보험업법상 보험업의 부수업무를 영위하려면 필요한 것은?

① 금융위원회의 인가
② 금융위원회의 허가
③ 금융위원회의 승인
④ 금융위원회에 신고

14 보험회사의 임원이 보험업법상 자격요건을 충족하지 못해 해임된 경우, 그가 해임 전에 한 행위의 효력은?

① 무효이다.
② 취소할 수 있다.
③ 그대로 유지된다.
④ 충족하지 못한 자격이 무엇인지에 따라 효력이 달라진다.

15 보험업법상 주식회사인 보험회사의 '감사위원이 아닌 사외이사'를 선임하는 기관은?

① 사외이사후보추천위원회
② 주주총회
③ 이사회
④ 감사위원회

16 보험업법상 상호회사의 기금 납입 방법으로 옳은 것은?

① 금전만 가능
② 금전 및 유가증권 가능
③ 금전 및 자본증권 가능
④ 금전 및 기타 자산 가능

17 보험업법상 보험중개사에 관한 설명으로 옳지 않은 것은?

① 보험중개사는 보험회사의 직원이 될 수 없다.
② 보험중개사는 보험계약의 체결을 중개하면서 보험계리사의 업무를 겸할 수 있다.
③ 보험중개사는 보험계약의 체결을 중개할 때 그 수수료에 관한 사항을 비치하여 보험계약자가 열람할 수 있도록 하여야 한다.
④ 보험중개사는 보험계약자가 요청하는 경우에는 보험계약 체결의 중개와 관련하여 보험회사로부터 받은 수수료·보수와 그 밖의 대가를 알려 주어야 한다.

18 보험회사가 정리계획서를 금융위원회에 제출하여야 하는 경우는?

① 보험업의 허가취소로 해산한 보험회사의 청산인으로 선임된 자가 감사 등의 청구에 따라 해임된 경우
② 청산절차에서 채무의 변제를 위하여 채권신고를 받은 결과 채권신고기간 내에 변제할 채권이 신고된 경우
③ 보험계약자가 보험중개사의 중개행위와 관련하여 손해를 입은 경우에 그 손해액이 보험중개사가 예탁한 영업보증금보다 많은 경우
④ 보험회사가 그 보험업의 전부 또는 일부를 폐업하려는 경우

19 보험업법상 보험계약의 중요사항에 대한 설명의무와 관련하여 옳지 않은 것은?

① 고지의무위반의 효과뿐만 아니라 분쟁조정절차에 관한 사항도 보험계약의 중요사항이므로 설명하여야 한다.
② 일반보험계약자에게 보험계약 체결을 권유하는 경우에는 설명하도록 규정되어 있다.
③ 약관의 규제에 관한 법률이 규정하는 설명의무는 보험업법상 설명의무를 지는 보험회사 또는 보험의 모집에 종사하는 자에게는 그 적용이 없다.
④ 보험회사 또는 보험의 모집에 종사하는 자가 설명하도록 규정되어 있다.

20 보험업법상 중복보험계약의 확인의무가 적용되는 것은?

① 생명보험계약
② 정액상해보험계약
③ 실손의료보험계약
④ 실손자동차보험계약

21 보험업법상 금지되는 특별이익에 해당하지 않는 것으로 보험업법 시행령이 명문으로 규정한 것은?

① 보험계약 체결 시부터 최초 1년간 납입되는 보험료의 100분의 5와 3만원 중 적은 금액
② 보험계약 체결 시부터 최초 1년간 납입되는 보험료의 100분의 5와 5만원 중 적은 금액
③ 보험계약 체결 시부터 최초 1년간 납입되는 보험료의 100분의 10과 3만원 중 적은 금액
④ 보험계약 체결 시부터 최초 1년간 납입되는 보험료의 100분의 10과 5만원 중 적은 금액

22 보험업법상 금지되는 보험대리점 또는 보험중개사의 자기계약에서 보험료 누계액을 계산할 때 포함하지 않는 것은?

① 자기를 보험계약자로 한 모집
② 직계가족을 보험계약자로 한 모집
③ 자기를 고용하고 있는 자를 피보험자로 한 모집
④ 자기를 피보험자로 한 모집

23 보험업법상 보험회사는 일정한 경우 자금차입을 위해 사채를 발행할 수 있다. 그 발행한도로 옳은 것은?

① 직전 분기 말 현재 자기자본의 2분의1 범위
② 직전 분기 말 현재 자기자본의 범위
③ 직전 분기 말 현재 자기자본의 2배 범위
④ 직전 분기 말 현재 자기자본의 3배 범위

24 보험업법상 보험회사가 배당보험계약에서 발생하는 이익을 배당할 때 주주지분의 한도로 타당한 것은?

① 이익의 100분의 5 이하
② 이익의 100분의 10 이하
③ 이익의 100분의 15 이하
④ 이익의 100분의 20 이하

25 보험업법상 보험요율 산정의 원칙에 관한 규정과 다른 것은?

① 보험요율이 보험금과 그 밖의 급부에 비하여 지나치게 높지 아니할 것
② 보험요율이 보험회사의 재무건전성을 크게 해칠 정도로 낮지 아니할 것
③ 보험요율이 보험계약자 간에 완전히 동일할 것
④ 객관적이고 합리적인 통계자료를 기초로 대수의 법칙 및 통계신뢰도를 바탕으로 할 것

26 보험업법상 금융위원회가 보험회사에 대해 영업의 전부정지 또는 보험업의 허가취소를 명령할 수 있는 사유로 규정되지 않은 것은?

① 허가의 내용 또는 조건을 위반한 경우
② 영업의 정지기간 중에 영업을 한 경우
③ 내부통제기준을 위반하여 영업을 한 경우
④ 거짓이나 그 밖의 부정한 방법으로 보험업의 허가를 받은 경우

27 보험업법상의 '보험상품'에 포함되는 것은?

① 「국민건강보험법」에 따른 건강보험
② 「노인장기요양보험법」에 따른 장기요양보험
③ 「원자력손해배상법」에 따른 원자력손해배상책임보험
④ 「산업재해보상보험법」에 따른 산업재해보상보험

28 보험업법상 '최대주주'를 확정할 때 본인(개인인 경우)과 대통령령으로 정하는 특수한 관계에 있는 자(특수관계인)에 해당하지 아니하는 자는?

① 배우자
② 부계혈족 4촌의 남편
③ 부계혈족 4촌의 처
④ 부계혈족 6촌

29 보험업법상 '전문보험계약자'에 해당하지 않는 것은?

① 자본시장과 금융투자업에 관한 법률에 따른 한국예탁결제원
② 자본시장과 금융투자업에 관한 법률에 따른 겸영금융투자업자
③ 자본시장과 금융투자업에 관한 법률에 따른 종합금융회사
④ 자본시장과 금융투자업에 관한 법률에 따른 자금중개회사

30 **보험업법상 보험회사의 임원이 될 수 있는 자는?**

① 미성년자로서 법정대리인의 동의를 얻는 자
② 보험업법에 따라 100만원의 벌금형을 선고 받아 그 집행이 면제된 날부터 3년 밖에 지나지 않은 자
③ 상법상 이익공여금지조항 위반으로 200만원의 벌금형의 선고를 받은 자
④ 징역 1년형의 2년간 집행유예 선고를 받고 아직 그 유예기간 중에 있는 자

31 **보험업법상 준법감시인에 대한 설명으로 옳은 것은?**

① 준법감시인은 보험회사의 내부통제기준을 제정하고 그 준수여부를 점검하며 그 위반사항을 조사하여 감사 또는 감사위원회에 보고하는 자이다.
② 보험회사는 자본규모와 상관없이 반드시 준법감시인을 두어야 하나, 본점에 준법감시인을 둔 외국보험회사의 국내지점은 준법감시인을 두지 않아도 된다.
③ 준법감시인의 임면은 이사회 결의로 하되 그 임기보장에 대하여는 준법지원인에 대한 상법규정을 준용하도록 규정하고 있다.
④ 준법감시인은 그 직무수행에 필요할 때 대표이사 또는 이사회의장을 포함한 임직원에게 자료나 정보의 제출을 요구할 수 있다.

32 **보험업법상 보험회사에 대한 주주대표소송에 관하여 옳지 않은 것은?**

① 보험업법에 의하면 6개월 이상 계속하여 발행주식 총수의 10만분의 5 이상에 해당하는 주식을 보유한 주주가 행사 가능하다.
② 최근 사업연도말 현재 자산총액이 2조원 이상인 보험회사인 경우에만 보험업법에 따른 주식보유비율이 적용된다.
③ 보험업법 시행령에 따르면 보험업법이 적용되기 위해서는 납입자본금이 1천억원 이상인 보험회사이어야 한다.
④ 보험회사에 대한 주주대표소송에서 승소한 주주는 보험업법에 따라 보험회사에 대하여 소송비용과 그 밖에 소송으로 생긴 모든 비용의 지급을 청구할 수 있다.

33 **보험업법 제85조의2 제2항에 따라 법인이 아닌 보험대리점 및 보험중개사는 보험업법에 따라 보험대리점 또는 보험중개사의 등록을 한 날부터 (A)년이 지날 때마다 (A)년이 된 날부터 (B)개월 이내에 교육을 받아야 한다. A, B에 들어갈 기간으로 옳은 것은?**

① A – 2년, B – 3개월
② A – 2년, B – 6개월
③ A – 3년, B – 3개월
④ A – 3년, B – 6개월

34 보험설계사에 대한 보험회사의 불공정한 모집위탁행위를 막기 위하여 보험회사가 지켜야 할 규약을 정할 수 있는 곳은?

① 공정거래위원회의 권고를 받은 금융위원회
② 금융위원회의 위임을 받은 금융감독원
③ 보험회사들이 설립한 보험협회
④ 보험관련 정보를 수집 · 제공하는 보험개발원

35 법인보험대리점은 경영현황 등 업무상 주요 사항을 공시하고 금융위원회에 알려야 한다. 공시할 업무상 주요 사항에 포함되지 않는 것은?

① 경영하고 있는 업무의 종류
② 모집조직에 관한 사항
③ 모집실적에 관한 사항
④ 그 밖에 보험계약자 보호를 위하여 소비자보호위원회가 정하여 고시하는 사항

36 금융기관보험대리점 등(최근 사업연도 말 현재 자산총액이 2조원 이상인 기관만 해당)이 모집할 수 있는 1개 생명보험회사 또는 1개 손해보험회사 상품의 모집액은 매 사업연도별로 해당 금융기관보험대리점등이 신규로 모집하는 생명보험회사 상품의 모집총액 또는 손해보험회사 상품의 모집총액 각각의 A(보험업법 시행령 제40조 제7항에 따라 보험회사 상품의 모집액을 합산하여 계산하는 경우에는 B)를 초과할 수 없다. A, B 에 들어갈 비율로 옳은 것은?

① A – 100분의 20, B – 100분의 25
② A – 100분의 20, B – 100분의 30
③ A – 100분의 25, B – 100분의 30
④ A – 100분의 25, B – 100분의 33

37 보험업법상 적합성의 원칙에 관한 설명 중 옳지 않은 것은?

① 보험회사 등은 일반보험계약자가 보험계약을 체결하기 전에 면담 또는 질문을 통하여 보험계약자의 연령, 재산상황, 보험가입의 목적 등을 파악하고 일반보험계약자의 서명, 기명날인, 녹취 등의 방법으로 확인을 받아야 한다.
② 보험회사 등은 일반보험계약자의 연령, 재산상황, 보험가입의 목적 등에 비추어 그 일반보험계약자에게 적합하지 아니하다고 인정되는 보험계약의 체결을 권유하여서는 아니 된다.
③ 변액보험계약에 대해서는 비록 전문보험계약자라 할지라도 적합성의 원칙을 적용하여야 한다.
④ 보험회사 등은 확인받은 내용을 보험계약 체결 이후 종료일부터 2년간 유지 · 관리하여야 한다.

38 손해보험계약의 제3자 보호에 관한 설명 중 옳지 않은 것은?

① 보험업법에 따라 손해보험계약의 제3자가 보험사고로 입은 손해에 대한 보험금의 지급을 보장하는 것은 법령에 의하여 가입이 강제되는 손해보험계약만을 대상으로 한다.
② 손해보험회사는 예금자보호법 제2조 제7호의 사유로 손해보험계약의 제3자에게 보험금을 지급하지 못하게 된 경우에는 즉시 그 사실을 손해보험협회의 장에게 보고하여야 한다.
③ 손해보험회사는 손해보험계약의 제3자에 대한 보험금의 지급을 보장하기 위하여 수입보험료 및 책임준비금을 고려하여 대통령령으로 정하는 비율을 곱한 금액을 손해보험협회에 출연하여야 한다.
④ 손해보험협회는 규정에 의하여 보험금을 지급한 때에는 해당 손해보험회사에 대하여 구상권을 가진다.

39 보험업법상 보험회사 해산 후의 강제관리에 관한 설명으로 옳지 않은 것은?

① 금융위원회가 해산한 보험회사의 업무 및 자산상황으로 보아 필요하다고 인정한 경우에 명할 수 있다.
② 강제관리란 업무와 자산의 관리를 포함한다.
③ 강제관리를 명한 경우, 해산 후 3개월 이내에 보험계약 이전의 결의가 있는 때에는 보험계약을 이전하지 아니하게 된 경우를 제외하고는 제158조(해산 후의 보험금 지급)에 관한 규정을 적용하지 아니한다.
④ 강제관리를 명한 금융위원회는 필요하다고 인정하는 경우에는 보험업법 규정에 따라 계약의 이전을 명할 수 있다.

40 보험회사가 사무를 수행하기 위해 필요한 범위로 한정하여 개인정보보호법 제23조에 따른 민감 정보 중 건강정보가 포함된 자료를 처리할 수 있는 경우에 해당하지 않는 것은?

① 상법 제639조에 따른 타인을 위한 보험계약의 체결 사무에서 피보험자에 관한 정보
② 상법 제719조에 따라 제3자에게 배상할 책임을 이행하기 위한 사무에서 제3자에 관한 정보
③ 상법 제733조에 따른 보험수익자 지정 또는 변경에 관한 사무에서 보험수익자에 관한 정보
④ 상법 제735조의3에 따른 단체보험계약의 보험금지급 사무에서 피보험자에 관한 정보

2과목 보험계약법

01 보험의 특성에 관한 설명 중 틀린 것은?

① 보험은 동질의 우발적인 위험하에 다수의 경제주체가 단체적 조직을 이룬 것이다.
② 보험사고는 그 발생 여부가 확정적이지만 그 발생 시기가 불확정적인 경우도 있다.
③ 보험사고의 위험이 보험관계자들 사이에서 주관적으로만 불확정적인 경우에는 보험계약이 성립되지 않는다.
④ 보험은 위험에 대비하기 위한 것으로 반드시 위험을 전제로 한다.

02 보험에 관한 설명 중 틀린 것은?

① 원보험의 성질이 무엇이든 재보험은 책임보험의 성격을 가지는 손해보험으로서 기업보험에 속한다.
② 영리보험은 보험가입자들이 직접적으로 위험단체를 구성한다.
③ 여러 개의 물건이나 사람을 집단으로 하여 1개의 보험계약을 체결하는 것을 집단보험이라 한다.
④ 집합된 보험의 목적이 보험기간 중 수시로 교체되는 것을 예상하고 체결하는 것을 총괄보험이라 한다.

03 보험약관의 해석과 적용에 관한 설명 중 틀린 것은?

① 약관을 해석하여 적용하는 과정에서 그 의미를 정확하게 알 수 없을 때에는 우선적으로 작성자불이익의 원칙을 적용한다.
② 약관은 평균적 고객의 이해가능성을 기준으로 하되, 보험단체 전체의 이해관계를 고려하여 객관적, 획일적으로 해석해야 한다.
③ 보험대리점이나 보험설계사가 보험회사가 제시한 약관의 내용과 다르게 설명한 경우에는 보험회사가 약관의 설명의무를 위반한 것이 된다.
④ 보험회사가 제시한 약관의 내용과 보험체약대리점이 보험계약자와 약정한 내용이 상이한 경우에는 후자가 우선한다.

04 수인의 보험자에 관한 설명 중 틀린 것은?

① 수인의 보험자가 외부적으로 표시된 공동보험에서 보험자간 인수비율이 표시되지 않은 경우에는, 각 보험자는 연대하여 보험금의 지급책임을 부담한다.
② 병존보험과 중복보험은 수인의 보험자가 서로 의사의 연결 없이 각각 동일한 보험계약자와 보험계약을 체결하는 경우에 생겨난다.
③ 수인의 보험자가 서로 의사의 연결 없이 각각 동일한 보험계약자와 보험계약을 체결한 경우, 각 계약의 보험금액의 합계가 보험가액을 초과하지 않는 경우에는 중복보험의 문제가 생겨날 수 없다.
④ 수인의 보험자가 외부적으로 표시되지 아니한 경우에는, 내부적으로 각 인수비율을 정했다고 하더라도 외부적으로는 표시된 보험자가 단일한 보험자로서 책임을 지게 된다.

05 보험자의 보조자에 관한 설명 중 틀린 것은? (다툼이 있는 경우 대법원 판례에 의함)

① 보험회사의 대리인이 피보험건물의 증개축 공사현장을 방문하면서 증개축공사로 인한 보험사고 발생의 위험이 현저하게 증가된 사실을 알았거나 중대한 과실로 알지 못하였다면, 보험자는 보험계약자나 피보험자가 위험변경 · 증가의 통지를 하지 않았음을 이유로 보험계약을 해지할 수 없다.

② 보험회사의 대리인이 보험계약자와 사이에 보험계약을 체결하고 보험계약자로부터 2, 3회분 보험료에 해당하는 약속어음을 교부받은 후 이를 횡령한 경우에는, 그 어음이 결제되더라도 보험료 납입의 효과가 생기지 않는다.

③ 보험대리점이 체약대리상인지 중개대리상인지 여부는 보험자와 보험대리상 간에 체결하는 대리상 계약의 내용에 따라 결정된다.

④ 보험설계사가 보험사고 발생의 위험이 현저하게 변경 또는 증가된 사실을 알았다고 하더라도 이로써 보험자도 그 사실을 안 것으로 볼 수 없다.

06 보험자의 약관설명의무에 관한 설명 중 틀린 것은? (다툼이 있는 경우 대법원 판례에 의함)

① 보험자가 보험계약자의 대리인과 보험계약을 체결할 경우에는, 그 대리인에게 보험약관을 설명하는 것으로 충분하고 보험계약자에게까지 설명해야 하는 것은 아니다.

② 보험자는 약관의 내용 전부를 설명해야 하는 것은 아니고, 그 중요한 내용만을 설명하면 된다.

③ 보험계약자나 그 대리인이 보험약관의 내용을 잘 알고 있는 경우에는 보험자는 설명의무를 지지 않는다.

④ 약관의 내용이 보험계약자에게 불리한 것인 경우에는, 그 내용이 법령에 이미 규정되어 있는 것이더라도 보험자는 설명해야 한다.

07 보험자의 보험금 지급의무에 관한 설명 중 틀린 것은?

① 보험계약자 등의 고의로 인한 사고에 대해서 보험자가 면책되는 경우, 그 고의는 보험금의 취득에 대한 고의까지를 요하는 것은 아니다.

② 보험계약자 등의 고의로 인한 사고에 대해서도 보험금을 지급한다는 약관규정은, 보험계약자 등의 불이익변경금지의 원칙에 반하지 않는다.

③ 대표자책임이론을 수용하지 않는 견해에 따르면, 상법상의 지배인이 고의로 사고를 일으킨 경우를 그 영업주가 고의로 사고를 일으킨 경우로 볼 수 없다.

④ 보험자는 보험금의 지급에 관하여 약정기간이 없는 경우에는, 보험사고의 통지를 받은 후 지체 없이 지급할 보험금을 정하고 그 정하여진 날부터 10일 내에 지급하여야 한다.

08 제3자에 대한 보험자대위권에 관한 설명 중 틀린 것은?

① 보험자가 취득하는 권리의 범위는 보험자가 지급한 금액의 한도로 제한된다.
② 보험자가 취득하는 권리는 제3자에 대한 피보험자 또는 보험수익자의 권리이다.
③ 보험자의 대위권은 피보험자나 제3자의 그 대위권의 존재에 대한 선의 · 악의를 불문하고 보험금을 지급한 때에 생긴다.
④ 보험자에게 이전되는 권리의 소멸시효기간은 그 이전과 상관없이 계속해서 진행되고, 그 이전과 함께 새로이 시작되지 않는다.

09 상법상 보험계약자 등의 고지의무와 통지의무를 비교한 것으로서 옳은 것은?

	고지의무	통지의무
① 의무자	보험계약자, 피보험자, 보험수익자	보험계약자, 피보험자, 보험수익자
② 의무이행시기	보험기간 동안	보험계약 성립 후
③ 의무이행방법	질문표를 작성한다	반드시 서면으로 통지하여야 한다
④ 의무위반의 효과	보험자는 위반사실을 안 날로부터 1월 내, 계약 체결일로부터 3년 내에 계약을 해지할 수 있다.	위험변경 · 증가 통지의무의 위반의 경우에는, 보험자는 그 사실을 안 후 1월 내에 한하여 계약을 해지할 수 있다.

10 보험수익자의 지정 · 변경에 관한 설명 중 틀린 것은?

① 보험계약자가 보험수익자의 지정권을 행사하지 아니하고 사망한 때에는, 보험계약자의 승계인이 그 지정권을 행사할 수 있다는 약정이 없는 한, 피보험자를 보험수익자로 한다.
② 보험기간 중에 보험수익자가 먼저 사망하고, 그 후에 보험계약자가 보험수익자의 지정권을 행사하기 전에 피보험자가 사망한 경우에는, 피보험자의 상속인을 보험수익자로 한다.
③ 보험기간 중에 보험수익자가 먼저 사망하고, 그 후에 보험계약자가 보험수익자의 지정권을 행사하지 않고 사망한 경우에는, 보험수익자의 상속인을 보험수익자로 한다.
④ 보험계약자가 계약 체결 후에 보험수익자를 지정 또는 변경하고 이를 보험자에 대하여 통지하지 않은 경우에는, 그 지정 또는 변경된 보험수익자는 보험자에 대해서는 자신이 보험수익자임을 주장할 수 없지만, 보험계약자나 종전의 보험수익자에 대해서는 자신이 보험수익자임을 주장할 수 있다.

11 승낙 전 사고 담보의 요건에 관한 설명 중 틀린 것은?

① 보험자가 보험계약자로부터 보험계약의 청약과 함께 보험료 상당액의 전부 또는 일부를 받아야 한다. 여기서 보험료 상당액의 전부 또는 일부는, 일시납 보험료를 내는 경우에는 그 전액을 말하고, 보험료를 분할하여 내는 경우에는 제1회 보험료를 말한다.
② 청약을 거절할 사유가 없어야 한다. 여기서 청약을 거절할 사유는, 보험계약의 청약이 이루어진 해당 보험에 관하여 보험자가 마련한 인수기준에 따라 인수할 수 없는 위험의 상태 또는 사정이 있는 것으로서, 인보험의 경우에는 피보험자가 적격 피보험체가 아닌 경우를 말한다.
③ 청약을 거절할 사유의 존재에 대한 증명책임은 보험자에게 있다.
④ 대법원 판례에 따르면, 승낙 전 사고에 대하여 청약을 거절할 사유가 없어서 보험자의 책임이 인정되는 경우라도, 보험료 납부 이전의 사고발생사실을 보험자에게 고지하지 않은 것은 청약을 거절할 사유에 해당하고, 계약 당시에 사고가 이미 발생하였으므로 계약이 무효가 된다.

12 대법원이 한정무효 또는 무효로 판결한 약관이 아닌 것은?

① 실효약관
② 해지예고부 최고약관
③ 상해보험의 음주운전 면책약관
④ 자동차보험의 산업재해보상 면책약관

13 '보험계약자 등의 불이익변경금지의 원칙'에 관한 설명 중 틀린 것은?

① 대법원 판례에 따르면, 수산업협동조합 중앙회에서 실시하는 어선공제사업은 피공제자의 어선에 생긴 손해를 담보하는 점에서 해상보험과 유사하여 이 원칙이 적용되지 아니한다.
② 건설회사와 보증보험회사가 체결하는 이행보증보험계약은 기업보험계약으로서 이 원칙이 적용되지 아니한다.
③ 보험계약에 관한 사항이기는 하지만, 상법 제4편에 규정되어 있지 않고 또한 상법 제4편의 규정을 유추적용도 할 수 없는 사항에 대해서는, 이 원칙을 적용할 수 없다.
④ 이 원칙은 계약당사자의 사적 자치를 제한하는 법적 수단에 해당한다.

14 피보험자 등이 보험금을 허위로 과다 청구하는 경우에는 보험금청구권을 상실한다는 취지의 약관조항에 관한 설명 중 옳은 것은? (대법원 판례에 의함)

① 피보험자가 증빙서류 구비의 어려움 때문에 일부 사실과 다른 서류를 제출하거나, 보험목적물의 가치에 대한 견해 차이로 보험목적물의 가치를 다소 높게 신고한 경우에는 이 조항을 적용할 수 없다.
② 이 조항은 보험계약자 등에게 상법의 규정보다 불리하여 무효이다.
③ 보험자는 이 조항이 약관에 존재하지 않는 경우에도 피보험자의 허위 과다청구를 이유로 보험금 전액의 지급을 거절할 수 있다.
④ 독립한 여러 개의 물건에 대해서 체결된 화재보험계약에서 피보험자가 일부의 물건에 관하여 과다하게 허위의 청구를 한 경우에는, 이 조항에 따라 허위의 청구를 하지 않은 다른 물건에 관한 보험금청구권까지 상실하게 된다.

15 甲은 자신이 운영하는 점포에 대해서 자신을 피보험자로 하는 화재보험계약을 乙보험회사와 체결하였다. 그 후 그 점포에 LPG를 공급하는 丙의 과실이 경합하여 화재가 발생하고 甲은 총 1,000만원의 손해를 입었다. 乙 보험회사는 甲에게 800만원의 보험금을 지급하였다. 이 화재에 대한 甲의 과실은 40%이었고, 丙의 과실은 60%이었다. 이 경우 대법원 판례에 따를 때 甲과 乙 보험회사는 각각 얼마씩을 丙에게 청구할 수 있는가?

① 甲과 乙보험회사는 균분하여 300만원씩을 청구할 수 있다.
② 甲은 120만원, 乙 보험회사는 480만원을 청구할 수 있다.
③ 甲은 200만원, 乙 보험회사는 400만원을 청구할 수 있다.
④ 甲은 청구할 수 없고, 乙 보험회사만 600만원을 청구할 수 있다.

16 협정보험가액이 사고발생 시의 가액을 현저하게 초과하는 경우에 관한 설명 중 틀린 것은? (다툼이 있는 경우 대법원 판례에 의함)

① 현저한 초과 여부에 대한 증명책임은 보험자에게 있다.
② 보험자의 고의나 과실로 인하여 협정보험가액이 사고발생 시의 가액을 현저하게 초과하게 된 경우라도 사고발생 시의 가액을 보험가액으로 해야 한다.
③ 협정보험가액이 계약을 체결할 당시의 가액을 현저하게 초과함으로 인해 보험자 또는 보험계약자가 초과보험의 경우처럼 보험료와 보험금액의 감액을 청구할 수 있는 경우에는, 사고발생 시의 가액을 보험가액으로 해야 한다.
④ 협정보험가액이 사고발생 시의 가액을 현저하게 초과하는 경우에는, 그 초과 원인이 무엇이냐에 따라 사고발생 시의 가액을 보험가액으로 할 것인지의 여부가 달라지게 된다.

17 甲과 乙이 통모하여 은행으로부터 대출을 받기 위하여 허위로 甲을 임대인, 乙을 임차인으로 하는 임대차계약서를 작성한 후, 甲이 보증보험회사와 이 임대차계약을 주계약으로 삼아, 임대인이 임대차보증금반환의무를 불이행하는 보험사고가 발생할 경우 보증보험회사가 보험금 수령권자로 지정된 은행에 직접 보험금을 지급하기로 하는 내용의 보증보험계약을 체결하였다. 그 후 은행은 乙로부터 이 보증보험계약에 따른 이행보증보험증권을 담보로 제공받고 乙에게 대출을 하였다. 이 경우 틀린 설명은? (대법원 판례에 의함)

① 보증보험계약은 보험계약으로서의 본질을 갖고 있으므로, 계약이 유효하게 성립하기 위해서는 원칙적으로 계약 당시에 보험사고의 발생 여부가 확정되어 있지 않아야 한다.
② 보험계약은, 그 계약 당시에 보험사고가 발생할 수 없는 것으로 확정된 경우라도, 보험계약 관련자 모두가 선의인 경우에는 유효한 것으로 볼 수 있다.
③ 민법의 보증계약에 관한 규정은 보증보험계약에도 적용될 수 있으므로, 甲과 보증보험회사 간의 보증보험계약이 보험계약으로서 무효가 되더라도 보증계약으로서의 효력은 지닐 수 있다.
④ 甲과 보증보험회사 간의 보증보험계약은, 그 계약이 성립할 당시 주계약인 임대차계약이 통정허위표시에 의한 것으로서 보험사고가 발생할 수 없는 것으로 확정된 경우라고 할 수 있다.

18 **인보험에 관한 설명 중 틀린 것은? (다툼이 있는 경우 대법원 판례에 의함)**

① 상해보험약관에 피보험자의 기왕증으로 인해 상해가 중하게 된 때에는 보험금을 감액한다는 규정이 있더라도, 상해보험은 정액보험성을 지니고 있으므로 보험금을 감액하여 지급할 수 없다.
② 타인의 생명보험에서 계약 체결 시까지 피보험자의 서면동의를 얻어야 한다는 것은 강행법규이므로, 피보험자의 계약 체결 후의 서면동의로 무효인 계약이 추인되는 것으로 볼 수 없다.
③ 상해보험에서 사고의 외래성 및 사고와 상해 · 사망 간의 인과관계에 관한 증명책임은 보험금 청구자에게 있다.
④ 보험기간 개시 전에 발생한 신체장애가 있는 사람도 계약당사자 간의 약정으로 상해보험의 피보험자로 할 수 있다.

19 **단체보험에 관한 설명 중 틀린 것은? (다툼이 있는 경우 대법원 판례에 의함)**

① 단체가 구성원의 전부 또는 일부를 피보험자로 하는 생명보험계약을 체결하는 경우에는 단체의 규약이 있어야 하고, 이 규약이 없는 경우에는 구성원들의 서면동의를 얻어야 보험계약이 유효하게 된다.
② 구성원의 일부가 고지의무를 위반한 경우에는, 단체보험은 1개의 계약으로 체결된 것이므로, 보험자는 원칙적으로 구성원 전부에 대한 계약관계를 해지할 수 있다.
③ 단체는 보험계약자로서 구성원의 동의 없이 자신을 보험수익자로 지정할 수 있다.
④ 단체의 규약은 단체협약, 취업규칙, 정관 등 그 형식을 불문하며, 대표자가 구성원에 대해서 일괄하여 어떠한 종류의 보험계약을 체결할 수 있다는 취지를 담고 있는 것으로 충분하다. 그러나 근로자의 채용 및 해고, 재해부조 등에 관한 일반적인 규정을 두고 있는 것만으로는 단체의 규약에 해당한다고 할 수 없다.

20 **보험모집 종사자에 관한 설명 중 틀린 것은? (다툼이 있는 경우 대법원 판례에 의함)**

① 보험회사의 영업소장은 상법상의 표현지배인이 될 수 있다.
② 보험설계사는 상법상의 상업사용인에 해당한다고 할 수 없다.
③ 보험중개사는 특별한 사정이 없는 한 보험회사를 위한 어떠한 권한도 없다.
④ 보험회사는 그 임직원이 모집을 하면서 보험계약자에게 손해를 입힌 경우에는, 보험회사가 그 임직원에게 모집을 위탁하면서 상당한 주의를 하였고, 그 임직원이 모집과 관련하여 보험계약자에게 손해를 입히는 것을 막기 위하여 노력한 경우라도, 보험계약자에 대해 보험업법 상의 손해배상책임을 져야 한다.

21 **대법원 판례에 의할 때, 약관의 내용 중 보험자가 설명하여야 할 사항은?**

① 어떤 면허를 가지고 운전하여야 무면허운전이 되지 않는지에 관한 사항
② 다른자동차운전담보 특별약관에서 피보험자가 자동차취급업무상 수탁받은 자동차를 운전하던 중의 사고에 대한 보험자의 면책에 관한 사항
③ 무보험자동차에 의한 상해담보특약에서 보험금액 산정기준이나 방법에 관한 사항
④ 자동차의 구조변경으로 인한 위험변경 · 증가 통지에 관한 사항

22 대법원 판례에 의할 때, 약관 작성자 불이익의 원칙이 적용될 수 있는 경우가 아닌 것은?

① 대리운전보험의 대물배상 항목상 '남의 재물'이 대리운전 대상차량인 '타인의 자동차' 이외의 물건을 의미하는지가 문제된 경우
② 폐색전술이 암 수술급여금의 지급대상인 '수술'에 해당하는지가 문제된 경우
③ 고주파절제술이 보험약관상 '수술'에 해당하는지가 문제된 경우
④ 상피내암이 점막내 암종을 제외한 상피내 암종만을 의미하는 것으로 제한 해석해야 하는지가 문제된 경우

23 손해방지의무에 관한 설명 중 틀린 것은?

① 이 의무는 보험사고가 생긴 때부터 지는 의무이다.
② 손해방지를 위하여 필요하였던 비용이라도 손해의 방지 또는 경감의 효과가 생긴 경우에만 보험자에게 청구할 수 있다.
③ 보험계약자 또는 피보험자는 이 의무의 이행을 위해서는, 보험에 들지 않았을 경우에 자신의 이익을 위해 요구되는 정도의 주의를 기울여야 한다.
④ 보험계약자 또는 피보험자가 고의 또는 중대한 과실로 이 의무를 이행하지 않은 경우에는, 보험자는 방지 또는 경감할 수 있었던 금액을 보험금에서 공제할 수 있다.

24 A와 B는 부부로서, A가 A와 B를 피보험자로 하여 C 보험회사의 자동차책임보험에 가입하였다. 그 후 B가 미혼의 아들인 K를 조수석에 태우고 운전하던 중 운전을 잘못하여 K가 사망하였다. 이 사례에 관한 설명 중 틀린 것은? (대법원 판례에 의함)

① A는 K의 손해배상청구권에 대한 지분을 상속하면 그 지분에 관하여 C 보험회사에 대해 보험금을 청구할 수 있다.
② B는 K의 손해배상청구권에 대한 지분을 상속하더라도 그 지분에 관하여 C 보험회사에 대해 보험금을 청구할 수 없다.
③ B가 상속을 포기하더라도 A가 C 보험회사에 대해 보험금의 전액을 청구할 수 없다.
④ B가 상속을 포기하는 것은 C 보험회사에 대하여 신의칙에 반하는 행위로서 무효가 된다고 할 수 없다.

25 보험증권에 관한 설명 중 틀린 것은?

① 보험증권은 어음 · 수표와 같은 엄격한 요식증권성을 갖는다.
② 보험계약의 성립 여부는 보험증권만이 아니라 계약 체결의 전후경위 등을 종합하여 인정할 수 있다.
③ 보험증권이 멸실 또는 훼손된 때에는 보험계약자는 보험자에 대하여 증권의 재교부를 청구할 수 있다. 그러나 그 비용은 보험계약자의 부담으로 한다.
④ 기존의 보험계약을 연장하거나 변경한 경우에는 보험자는 그 보험증권에 그 사실을 기재함으로써 보험증권의 교부에 갈음할 수 있다.

26 **피보험자의 자살에 관한 설명 중 틀린 것은?**

① 피보험자가 자살면책기간이 경과하여 자살한 경우에는 고의로 인한 보험사고이더라도 보험자는 보험금을 지급해야 한다.

② 피보험자가 정신질환 등으로 자유로운 의사결정을 할 수 없는 상태에서 자살한 경우에는, 이를 체질적 요인으로 인하여 사망한 것으로 보는 입장에서는 일반사망보험금의 지급사유가 되지 않는다고 한다.

③ 피보험자가 정신질환 등으로 자유로운 의사결정을 할 수 없는 상태에서 자살한 경우에는, 고의가 인정되지 않으므로 보험자의 면책사유인 자살에 해당한다고 할 수 없다.

④ 대법원 판례에 따르면, 피보험자가 자살 전날 우울증 진단을 받았지만 평소 정신과 치료를 받은 적이 없고 유서 등을 미리 준비한 경우라면, 자유로운 의사결정을 할 수 없는 상태에서 자살한 것으로 볼 수 없다.

27 **상해보험과 질병보험에 관한 설명 중 틀린 것은?**

① 장애등급표에 따라 장애보험금을 지급하는 경우에는, 상해보험은 준정액보험(準定額保險)에 해당한다.

② 원칙적으로 상해로 인한 사망은 상해보험의 보험사고에 해당하고, 질병으로 인한 사망은 질병보험의 보험사고에 해당한다.

③ 민사 분쟁에서의 인과관계는 의학적 · 자연과학적 인과관계가 아니라 사회적 · 법적 인과관계이므로, 그 인과관계가 반드시 의학적 · 자연과학적으로 명백히 증명되어야 하는 것은 아니다.

④ 대법원 판례에 따르면, 의사의 사체 검안만으로 망인의 사망 원인을 밝힐 수 없었음에도 유족의 반대로 부검이 이루어지지 않은 경우에는, 사망 원인을 밝히려는 증명책임을 다하지 못한 유족에게, 부검을 통해 사망 원인이 명확히 밝혀진 경우보다, 더 유리하게 사망 원인을 추정할 수는 없다.

28 **타인을 위한 손해보험계약에 관한 설명 중 틀린 것은?**

① 보험계약자는 보험증권을 소지하고 그 타인의 동의를 얻은 경우에 한하여 보험계약을 해지할 수 있다.

② 보험계약자가 예외적으로 보험금청구권을 취득할 수도 있다.

③ 보험계약자가 원칙적으로 보험료 지급의무를 부담한다.

④ 보험계약자와 피보험자가 서로 다른 손해보험계약이다.

29 **약관에서 책임보험의 보험금청구권의 발생시기나 발생요건에 관하여 달리 정한 경우 등 특별한 다른 사정이 없는 한, 원칙적으로 책임보험의 보험금청구권의 소멸시효는 대법원 판례에 따르면 언제인가?**

① 제3자가 손해를 입은 사고가 발생한 때

② 피보험자가 제3자로부터 그 책임에 관하여 재판상 또는 재판 외의 배상청구를 받은 때

③ 피보험자의 제3자에 대한 법률상의 손해배상책임이 변제, 승인, 화해 또는 재판의 방법 등에 의하여 확정된 때

④ 피보험자가 피해자에게 배상의무를 현실적으로 이행한 때

30 보험계약 체결에 관한 설명 중 옳은 것은?

① 승낙 이후 보험증권 교부가 없으면 보험계약은 성립되지 않는다.
② 구술에 의한 보험계약 체결은 불가능하다.
③ 청약과 승낙의 의사의 합치가 없어도 보험계약이 성립한다.
④ 보험료 납부 전에도 보험사고 발생 시 보험금을 지급하기로 하는 당사자의 특약은 유효하다.

31 보험료의 지급에 관한 설명 중 틀린 것은?

① 보험계약에는 반드시 보험계약자가 지급해야 할 보험료가 있어야 하며, 이것이 보험계약자가 이행해야 할 적극적 의무이다.
② 통상적으로 보험료가 지급되어야 보험자의 책임이 시작되므로, 보험계약은 사실상 요물계약성(要物契約性)을 지니게 된다.
③ 보험료불가분의 원칙은 오늘날 일할(日割) 계산이나 단기요율표에 의한 계산으로 인해 그 의의가 크게 퇴색되었다.
④ 대법원 판례에 따르면, 전화에 의한 보험료 대납의 약정은 무효이다.

32 甲은 2008년 7월 25일에 A보험회사의 보험설계사인 B와 전화로 상담을 한 후 乙을 피보험자로 하는 보험(신부전증 등의 발병에 대해 치료비를 지급하는 보험)에 가입하기로 하고, 같은 날 13시 39분경에 신용카드로 제1회 보험료를 지급하였다. 그 후 甲은 B로부터 보험청약서 등을 우편으로 배달받고, 보험청약서의 질문표에 乙이 최근 5년 이내에 고혈압 등으로 의사로부터 진단을 받았거나 투약 등을 받은 적이 없다고 기재하여 2008년 8월 6일경에 A보험회사에게 우송하였다. A보험회사는 2008년 8월 7일에 甲이 우송한 보험청약서 등을 토대로 보험계약의 심사를 완료하였다. 한편 乙은 2008년 7월 25일 16시 5분경에 의원에 내원하여 신장기능검사 등을 받고 고혈압이라는 진단 아래 혈압약을 처방 받았고, 2008년 7월 31일에 다시 그 의원에 내원하여 검사결과를 확인하면서 고혈압성 신부전증 등의 소견을 듣고 이에 관한 약을 처방 받았다. 이 경우 대법원 판례에 의할 때, 옳은 설명은?

① A보험회사는 고지의무의 위반을 이유로 보험계약을 해지함으로써 보험금지급의무를 면할 수 있다.
② A보험회사는 고지의무의 위반을 이유로 보험계약을 해지할 수 있지만 보험금은 지급해야 한다.
③ A보험회사는 고지의무의 위반을 이유로 보험계약을 해지할 수 없으므로 보험금을 지급해야 한다.
④ A보험회사는 甲으로부터 보험계약의 청약과 보험료를 받고 그 청약을 승낙하기 전에 보험사고가 발생하였으므로 보험금을 지급해야 한다.

33 **"외과적 수술, 그 밖의 의료처치로 인한 손해를 보상하지 아니한다. 그러나 보험회사가 부담하는 상해로 인한 경우에는 보상한다."라는 상해보험약관상의 면책조항에 관한 설명 중 옳은 것은? (최근의 대법원 판례에 의함)**

① 생명보험약관에서의 재해와 상해보험약관에서의 상해는 다른 것으로 보아야 하는 것은 아니다.
② 질병을 치료하기 위한 외과적 수술에서 의료과실로 상해가 발생하면 보험자는 면책될 수 없다.
③ 보험자가 책임져야 할 상해사고로 인한 외과적 수술에서는 의료과실 없이 상해가 발생한 경우에만 보험자는 면책될 수 있다.
④ 이 면책조항은, 보험거래상 일반적이고 공통된 것이어서 보험계약자가 별도의 설명 없이 충분히 예상할 수 있으므로, 보험자의 설명의무가 면제된다.

34 **공인중개사협회는 중개업자의 거래당사자에 대한 손해배상책임을 보장하기 위한 공제사업을 하고 있다. 이 공제에 관한 설명 중 옳은 것은? (최근의 대법원 판례에 의함)**

① 이 공제는 보험업법에 의한 보험사업이 아니므로, 보험업법상의 상호회사가 경영하는 상호보험과 유사한 성질을 갖고 있는 것으로 볼 수 없다.
② "공인중개사협회가 보상하는 금액은 공제가입금액을 한도로 한다"라는 공제약관상의 규정은, 작성자불이익의 원칙에 의할 때, '공제기간 내에 발생한 공제사고 1건당의 보상한도를 공제가입금액으로 한다'는 뜻으로 풀이할 수 없고, '공제기간 내에 발생한 모든 공제사고에 대한 총 보상한도를 공제가입금액으로 한다'는 뜻으로 풀이해야 한다.
③ 중개업자가 공제계약을 갱신할 당시 장래 공제사고를 일으킬 의도를 가지고 있었다고 하더라도, 그 당시에 공제사고의 발생 여부가 객관적으로 확정되었음을 이유로, 갱신된 공제계약이 무효가 된다고 볼 수 없다.
④ 공인중개사협회가 공제약관에 따라 중개업자의 사기를 이유로 공제계약의 무효를 주장하는 경우에는, 공제계약의 취소를 주장하는 경우와는 달리, 그 무효로써 선의 · 무과실의 거래당사자에게 대항할 수 있다.

35 **고지의무에 관한 설명 중 옳은 것은?**

① 보험계약자나 피보험자의 탐지의무를 배제하는 견해에 의하면, 이들이 계약 체결 당시에 고지사항의 존재를 모르고 그 사항이 없다고 답변한 경우라도 원칙적으로 중대한 과실로 고지의무를 위반한 것으로 볼 수 있다.
② 고지의무가 수동화(受動化)되면, 질문표에서 물어보지 않은 사항에 관해서는 보험계약자의 사기로 인한 계약 체결이 인정될 수 없다.
③ 보험계약자나 피보험자가 고지의무를 위반한 경우에도 그 위반 사실과 보험사고 간의 인과관계가 없음을 이유로 보험금을 지급하는 것이 고지의무의 기능을 약화시키게 된다는 점을 고려하면, 가능한 한 고지의무 위반사실과 보험사고 간에 인과관계가 존재했던 것으로 인정해야 할 것이다.
④ 최근의 대법원 판례에 따르면, 피보험자와 지역적으로 떨어져 살고 있는 보험계약자와 그 대리인이 피보험자가 진단받은 사실을 모르고서 질문표에서 그 진단사실의 유무에 대한 답변으로 '아니오'라는 칸에 표기를 한 경우에는, 피보험자에게 전화 등을 통하여 쉽게 그 진단사실을 확인할 수 있었음에도 이를 확인하지 아니하였으므로, 그 표기만으로도 중대한 과실로 고지의무를 위반한 것으로 볼 수 있다.

36 제3자에 대한 보험자의 대위권에 관한 설명 중 옳은 것은?

① 최근의 대법원 판례에 따르면, 甲이 자동차종합보험약관상의 '승낙피보험자'로부터 구체적 · 개별적인 승낙을 받고 그 승낙피보험자를 위하여 운전을 한 경우에는, 甲은 '기명피보험자'의 의사와는 상관없이 자동차종합보험약관상의 '운전피보험자'에 해당하므로, 보험자는 甲에게 대위권을 행사할 수 없다.

② 최근의 대법원 판례에 따르면, 보험자가 손해액의 산정을 위하여 지출한 비용은 보험계약자 또는 피보험자를 대위하여 가해자를 상대로 그 비용 상당의 손해배상을 청구할 수 없다.

③ 보험자가 보험금의 전액을 지급한 경우에는 피보험자의 제3자에 대한 권리에 우선하여 제3자에게 대위권을 행사할 수 있다.

④ 제3자가 피보험자에게 변제, 승인 또는 화해를 할 때에 보험자에게 권리가 이전되어 있음을 안 경우라도, 일단 변제, 승인 또는 화해가 이루어진 이상, 보험자는 피보험자에게 부당이득의 반환을 청구할 수 있을 뿐 제3자에게 대위권을 행사할 수 없다.

37 A 보험회사와 甲은 피보험자를 甲, 乙, 丙으로 하여 손해배상책임보험계약을 체결하였다. 甲과 乙은 부부이고 丙은 이들의 자녀이다. 이 보험계약이 체결된 후에 丙이 고의로 불을 내어 타인에게 손해를 입혔고, 甲과 乙은 자녀 丙에 대한 감독의무를 소홀히 하였음을 이유로 민법상 손해배상책임을 지게 되었다. 이 보험의 면책약관에는 보험계약자 또는 피보험자의 고의를 원인으로 하여 생긴 손해는 보상하지 아니한다고 규정되어 있었다. 최근의 대법원 판례에 따를 때 옳은 설명은?

① 丙이 고의로 보험사고를 일으켰으므로, A 보험회사는 면책약관에 따라 보험금의 지급책임을 지지 않게 된다.

② 甲과 乙은 丙과 함께 고의로 인한 공동불법행위책임을 지게 되므로, A 보험회사는 면책약관에 따라 보험금의 지급책임을 지지 않게 된다.

③ 甲과 乙은 과실로 인한 손해배상책임을 지게 되므로, A 보험회사는 면책약관의 적용을 주장할 수 없고 보험금의 지급책임을 지게 된다.

④ 甲과 乙은 과실로 인한 손해배상책임을 지고 丙은 고의로 인한 손해배상책임을 지게 되므로, A 보험회사는 丙에 대해서만 면책약관을 적용할 수 있고, 따라서 보험가입금액의 2/3를 한도로 보험금의 지급책임을 지게 된다.

38 자동차의 양도에 따른 보험관계의 승계에 관한 설명 중 옳은 것은?

① 상법에 의하면, 보험자가 자동차의 양수사실을 통지받고 그 양수에 대한 낙부(諾否)의 통지를 게을리하면 그의 승낙이 의제되므로, 양수의 사실이 보험자에게 통지된 자동차의 경우에는 무보험(無保險)상태가 생겨나지 않는다.

② 자동차손해배상보장법에 의하면, 자동차의 양도일부터 자동차소유권 이전등록 신청기간이 끝나는 날 또는 그 전에 양수인이 새로운 책임보험 등의 계약을 체결한 날까지의 기간에 대해서는, 자동차의 양수인이 그 기간에 해당하는 의무보험의 보험료를 양도인에게 지급하기 전이라도 의무보험에 관한 양도인의 권리 · 의무를 승계한다.

③ 최근의 대법원 판례에 따르면, 甲이 자동차를 乙에게 양도하고, 乙이 자동차소유권 이전등록 신청기간 내에 이전등록을 하지 않고 자동차를 다시 丙에게 양도한 경우에는, 丙은 乙에게 부여된 자동차소유권 이전등록 신청기간 중에서 乙이 이전등록을 하지 않고 경과한 기간을 뺀 나머지 기간 동안만 자동차손해배상보장법에 따라 甲이 가입한 의무보험에 관한 권리 · 의무를 승계할 수 있다.

④ 최근의 대법원 판례에 따르면, 자동차의 양도인이 가입한 A 보험회사가, 양수인이 새로 B 보험회사의 자동차보험에 가입한 사실을 모르고 그 자동차가 무보험차로 된 것으로 오인하여, 그 자동차 양도 후의 사고로 인한 피해자에게 자동차손해배상보장사업에 따른 금액을 지급한 경우라도, 피해자의 B 보험회사에 대한 책임보험금청구권이 시효로 소멸된 경우에는 A 보험회사는 B 보험회사에 대하여 구상권을 행사할 수 없다.

39 타인의 생명보험에 관한 설명 중 옳은 것은?

① 피보험자가 계약의 체결 시에 서면동의를 한 경우에는, 그 후에 보험계약자가 피보험자가 아닌 자를 보험수익자로 지정하거나 변경할 때에는 다시 피보험자의 서면동의를 얻을 필요가 없다.

② 심신상실자는 정신능력의 결여로 스스로 서면동의를 할 수 없으므로, 그의 법정대리인이 그를 대리하여 서면동의를 한 경우에만 그를 피보험자로 하는 계약이 유효하게 체결될 수 있다.

③ 최근의 대법원 판례에 따르면, 회사가 임직원이 재직 중의 사고로 사망할 경우에 그 유가족에게 지급할 위로금을 마련하기 위하여 임직원의 서면동의를 얻어 회사를 보험수익자로 하여 계약을 체결한 경우에는, 회사는 보험수익자로서 계약상의 권리를 가지게 되므로, 그 임직원은 퇴사를 하게 된 경우라도 회사의 동의를 얻은 경우에만 자신의 서면동의를 철회할 수 있다.

④ 최근의 대법원 판례에 따르면, 甲이 피보험자를 자신의 만 7세 아들인 丙으로 하고 보험수익자를 자신으로 하여, 丙이 재해로 사망하였을 때는 사망보험금을 지급하기로 하고, 재해로 장애가 생겼을 때는 소득상실보조금 등을 지급하기로 하는 내용의 보험계약을 보험회사와 체결한 경우에는, 이 계약은 재해사망에 대한 부분을 제외하고 나머지 부분만을 유효한 것으로 볼 수 있다.

40 상법상의 '보험약관 설명의무', 보험업법상의 '설명의무'와 '적합성의 원칙' 등에 관한 설명 중 옳은 것은?

① 상법상의 보험약관 설명의무가 이행되지 않더라도, 보험회사에게 보험업법상의 설명의무 위반으로 인한 책임은 물을 수 없다.

② 상법상의 보험약관 설명의무가 이행되면, 보험업법상으로도 보험회사에게 설명의무 위반으로 인한 책임을 물을 수 없다.

③ 최근의 대법원 판례에 따르면, 변액보험에 관해서는 보장되지 않는 고율의 수익률을 전제로 하여 계약의 내용을 설명했다고 하더라도 보험업법상의 설명의무의 위반이 되지 않는다.

④ 최근의 대법원 판례에 따르면, 보험업법상의 적합성 원칙의 위반에 따른 손해배상책임의 존재에 관한 증명책임은 보험계약자에게 있다.

3과목 손해사정이론

01 다음 중 보험의 대상으로 적합한 위험들만 열거한 것으로 옳은 것은?

① 순수위험, 정적 위험, 특정위험
② 순수위험, 동적 위험, 근본위험
③ 순수위험, 객관적 위험, 근본위험
④ 순수위험, 주관적 위험, 특정위험

02 다음 중 자가보험(self-insurance)을 활용하는 이유로 옳지 않은 것은?

① 거래비용 절감
② 손실통제비용 절감
③ 현금흐름 개선
④ 보험인수 거절 위험 관리

03 다음 중 보험공제(insurance deductible)의 효과에 해당하지 않는 것은?

① 소액보상청구 방지
② 보험료 절감
③ 보험자 파산 방지
④ 손실통제 동기 강화

04 다음 중 실손보상의 원칙(the principle of indemnity)의 예외에 해당되는 것과 거리가 먼 것은?

① 대체가격보험
② 일부보험
③ 사망보험
④ 기평가보험

05 다음 중 타보험조항(other insurance clause)의 효과로 가장 거리가 먼 것은?

① 도덕적 위태 감소
② 실손보상의 원칙 유지
③ 피보험이익의 원칙 유지
④ 보험자간 손해분담

06 다음 중 대수의 법칙에 따른 분산효과의 설명으로 옳은 것은?

① 분산효과는 위험단위 간 상관계수가 0이어야 발생한다.
② 분산효과를 통해 예측의 신뢰도가 높아진다.
③ 분산효과는 개별 위험단위의 표준편차 감소를 가져온다.
④ 분산효과는 평균손실 감소를 가져온다.

07 다음 중 최대선의의 원칙(the principle of utmost good faith)의 실현을 위한 제도에 해당하지 않는 것은?

① 고지(representation) ② 대위(subrogation)
③ 은폐(concealment) ④ 보증(warranty)

08 다음 중 일부보험(partial insurance)의 유형으로 옳지 않은 것은?

① 공동보험(coinsurance) ② 제외손인(excluded peril)
③ 보험공제(insurance deductible) ④ 책임상한(amount limit)

09 보험대상위험의 요건에 '손실발생이 시간적 · 장소적으로 명확하고, 손실측정이 가능해야 한다.'는 것이 포함되어 있다. 이에 대한 이유로 가장 거리가 먼 것은?

① 사후적 손실측정의 용이성 ② 사전적 보험료 산출의 용이성
③ 합리적인 손실보상의 용이성 ④ 대수의 법칙 적용가능성

10 대재해적 손실위험이 보험대상이 되기 어려운 이유에 대한 설명으로 옳지 않은 것은?

① 도덕적 위태의 가능성이 크다.
② 보험자 담보능력을 넘어설 수 있다.
③ 대수의 법칙 적용이 어렵다.
④ 손실에 대한 예측 가능성이 낮다.

11 다음 중 대기기간(waiting period)에 대한 설명으로 적절하지 않은 것은?

① 정보의 비대칭과 관련이 있다.
② 보험금 지급에 영향을 미친다.
③ 장애소득보험 등에서 주로 적용된다.
④ 대기기간 경과 후에는 보험금 지급이 중지된다.

12 다음 중 대위의 원칙(the principle of subrogation)을 적용하는 이유로 옳지 않은 것은?

① 피보험자의 손실통제활동을 유도한다.
② 피보험자 책임이 없는 손해로 인한 보험료 인상을 방지한다.
③ 이중보상을 방지한다.
④ 과실 책임이 있는 자에게 배상책임을 지운다.

13 다음 중 과실배상책임에서 과실책임의 요건에 포함되어 있지 않은 것은?

① 의무의 위반
② 피해자의 법적 의무
③ 피해자에 손실 발생
④ 근인(proximate cause)의 성립

14 다음 중 손실민감형(loss sensitive) 보험계약에 속하지 않는 것은?

① 소급요율(retrospectively rated) policies
② 높은 자기부담금(large deductible) policies
③ 캡티브(captive) policies
④ 경험요율(experience – rated) policies

15 다음 중 리스크 측정에 대한 설명으로 옳지 않은 것은?

① 리스크 측정에 관해서 MPL(maximum probable Loss)이 사용된다.
② MPL이외에 VAR(value – at – risk)도 사용되고 있다.
③ 100억원이 1% 수준에서 MPL이면 손실이 100억원 이상일 확률이 0.01이다.
④ 100억원이 1% 수준에서 월별 VAR이라면 이 포트폴리오가 한 달 동안 100억원 이하 손실을 입을 확률이 0.01이다.

16 보험계약은 다른 계약과 마찬가지로 일반계약법에 근거를 둔 법적 계약이지만, 다른 계약과는 구별되는 여러 가지 특징들을 갖고 있다. 다음 중 보험계약의 특징으로 옳지 않은 것은?

① 조건부 계약
② 편무 계약
③ 일방적 계약
④ 사행 계약

17 다음 중 일반적으로 배상청구기준(claims – made basis)을 사용하는 배상책임보험이 아닌 것은?

① 자동차손해배상책임보험
② 임원배상책임보험
③ 환경배상책임보험
④ 전문직배상책임보험

18 다음 중 과실배상책임에서 과실에 대한 항변과 관련되어 있지 않은 것은?

① 비교과실(comparative negligence)
② 리스크의 인식(assumption of risk)
③ 기여과실(contributory negligence)
④ 징벌적손해(punitive damages)

19 다음의 보험관련 원칙 중 도덕적 위태(moral hazard)를 완화할 수 있는 원칙과 거리가 먼 것은?

① 수지상등의 원칙
② 피보험이익의 원칙
③ 실손보상의 원칙
④ 대위변제의 원칙

20 보험에서의 pooling arrangement와 관련된 개념과 거리가 먼 것은?

① 대수의 법칙(law of large numbers)
② 정규분포(normal distribution)
③ 체계적 위험(systematic risk)
④ 중심극한정리(central limit theorem)

21 A와 B의 쌍방과실로 인한 손해액과 과실비율이 다음과 같을 때, 비교과실(comparative negligence)에 의한 순배상금액을 옳게 설명한 것은?

구분	손해액	과실비율
A	100만원	40%
B	200만원	60%

① A가 B에게 20만원을 지급한다.
② A가 B에게 80만원을 지급한다.
③ B가 A에게 20만원을 지급한다.
④ B가 A에게 80만원을 지급한다.

22 다음 중 피보험이익에 대한 설명으로 옳은 것은?

① 생명보험에서 피보험이익은 손실발생 시에 존재하여야 한다.
② 손해보험의 경우 피보험이익의 문제는 발생하지 않는다.
③ 피보험이익은 보험사고에 대하여 피보험자가 갖는 경제적 이해관계를 말한다.
④ 피보험이익은 보험의 목적을 의미한다.

23 보험기간 중 손해액이 50만원이고 프랜차이즈 공제(franchise deductible)가 30만원인 경우 보험회사가 지불하여야 할 금액은 얼마인가?

① 80만원
② 50만원
③ 30만원
④ 0원

24 다음 중 손해보험의 개별요율에서 판단요율(judgement rating)이 광범위하게 사용되는 보험으로 옳은 것은?

① 해상보험
② 일반배상책임보험
③ 산재보험
④ 자동차보험

25 보험사고가 발생한 때에 손해액을 평가하고 지급보험금을 산정하는 손해사정의 일련의 업무단계를 일반적 손해사정 절차에 따라 순서대로 올바르게 열거한 것은?

ⓐ 사고통지의 접수
ⓑ 현장조사
ⓒ 손해사정서 작성 · 교부
ⓓ 계약사항의 확인
ⓔ 대위 및 구상권 행사
ⓕ 손해액 및 보험금 산정
ⓖ 보험금 지급

① ⓐ → ⓑ → ⓓ → ⓔ → ⓕ → ⓒ → ⓖ
② ⓐ → ⓑ → ⓔ → ⓓ → ⓕ → ⓒ → ⓖ
③ ⓐ → ⓓ → ⓑ → ⓕ → ⓒ → ⓖ → ⓔ
④ ⓐ → ⓔ → ⓓ → ⓑ → ⓒ → ⓕ → ⓖ

26 다음 중 일반적으로 보험계약이 법적인 효력을 발휘하기 위하여 반드시 갖추어야 할 기본 요건으로 적절하지 않은 것은?

① 청약과 승낙(offer and acceptance)
② 급부(consideration)
③ 합법적인 계약목적(legal purpose)
④ 적법한 양식(legal form)

27 보험설계사 또는 보험대리점이 보험계약 체결 시 보험계약자에게 약관의 내용을 다르게 설명하여 보험계약을 체결한 뒤 보험사고가 발생하였는데, 보험자는 보험계약 시에 이들이 한 설명이 진실한 것이 아님을 이유로 원래의 약관내용에 따라 보상책임이 없음을 주장하였다. 이 때 보험자의 주장을 배척하여 피보험자를 보호하기 위하여 인용되는 보험일반법 이론은?

① 권리포기(waiver)
② 금반언(estoppel)
③ 구두증거 원칙(parol evidence rule)
④ 보증(warranty)

28 피보험자 "갑"은 자신이 소유하고 있는 건물(가액 : 5억5천만원)을 A, B, C 3개 보험회사에 각각 보험 가입금액 1억원, 3억원, 2억원의 화재보험계약에 가입하였고, 3건의 보험계약 모두에서 담보하는 화재사고로 인하여 전손이 발생하였다. 동 사고에 대하여 균일부담(contributions by equal shares)방식에 의하면 A, B, C 보험자의 보상금액은 각각 얼마인가?

	A	B	C
①	1억원	3억원	1.5억원
②	1억원	2.5억원	2억원
③	0.5억원	3억원	2억원
④	1.5억원	2억원	2억원

29 아래의 경우 보험자가 지급해야 할 보험금은 얼마인가?

> 피보험자 A는 B보험회사에 1억원의 건물화재보험을 가입했는데, 보험계약의 내용은 다음과 같았다.
> • 건물의 보험가액 2억원
> • 공동보험조항(co-insurance clause) 요구부보비율 80%조항 포함
> • 보험기간 중 1억 2천만원의 화재손해가 발생(건물가액은 불변)

① 1억 2천만원
② 1억원
③ 8천만원
④ 7천 5백만원

30 아래에서 설명한 심도(severity)의 예측기법에 해당하는 것은?

> 손해방지, 경감시설이나 장치 및 기구가 제대로 작동하고 이를 사용하는 요원들이 예정대로 활동한다고 할 경우에 예상되는 한 위험의 발생으로부터 입을 수 있는 최고손실액

① PML(probable maximum loss)
② MPL(maximum possible loss)
③ EML(estimated maximum loss)
④ TSI(total sum insured)

31 위험관리의 목적은 손해발생 전의 목적(pre-loss objectives)과 손해발생 후의 목적(post-loss objectives)으로 나누어 볼 수 있다. 다음 중 손해발생 전의 목적(pre-loss objectives)에 해당하는 것을 옳게 고른 것은?

> ⓐ 영업의 지속(continuity of operations)
> ⓑ 불안의 경감(reduction in anxiety)
> ⓒ 손실방지를 위한 각종 규정의 준수(meeting externally imposed obligation)
> ⓓ 수익의 안정(earning stability)
> ⓔ 지속적인 성장(continued growth)
> ⓕ 위험관리 기능을 수행함에 있어서 최소의 비용으로 최대의 효과 달성(economy)

① ⓐ, ⓓ, ⓔ
② ⓐ, ⓒ, ⓔ
③ ⓑ, ⓒ, ⓕ
④ ⓑ, ⓔ, ⓕ

32 아래와 같은 기준으로 위험을 분류한 것으로 옳은 것은?

> ⓐ 불확실성을 야기하는 원천과 불확실성의 영향이 미치는 범위에 따라 구별한다.
> ⓑ 따라서 손해의 결과도 특정의 개인이나 집단에 영향을 미치는가 아니면 사회전반에 걸쳐 미치는가에 따라 분류된다.

① 순수위험(pure risk)과 투기적 위험(speculative risk)
② 동태적 위험(dynamic risk)과 정태적 위험(static risk)
③ 실체위험(physical risk)과 사회위험(social risk)
④ 근본위험(fundamental risk)과 특정위험(particular risk)

33 다음 중 순수위험(pure risk)에 대한 설명으로 옳지 않은 것은?

① 손실의 가능성과 함께 이익의 가능성도 내포된 위험으로 정의된다.
② 일반적으로 대수의 법칙을 쉽게 적용할 수 있어 손실의 정도를 미리 예측할 수 있다.
③ 순수위험은 없던 위험을 인위적으로 새로이 만들어 냄으로써 존재하게 된 것이 아니라 위험자체가 이미 존재해 있는 위험을 말한다.
④ 순수위험은 일반적으로 인적위험, 재산위험, 배상책임위험으로 분류된다.

34 다음 중 보험계약법상에 규정된 손해보험에 공통적으로 적용되는 보험자의 법정면책사유에 해당하지 않는 것은?

① 보험계약자 등의 고의 · 중과실로 인하여 발생한 사고로 인한 손해
② 전쟁 기타 변란으로 인하여 발생한 사고로 인한 손해
③ 천재지변으로 인한 손해
④ 보험목적의 성질, 하자 또는 자연소모로 인한 손해

35 다음 중 예정보험에 관한 설명으로 적절하지 않은 것은?

① 예정보험은 보험계약을 체결할 당시에 보험증권에 기재할 보험계약의 내용의 일부가 확정되지 않은 보험계약으로서 아직 보험계약이 성립되지 않은 '보험계약의 예약'이며, 독립된 계약이라고 할 수 없다.
② 예정보험에는 개별예정보험과 포괄예정보험이 있다.
③ 선박미확정의 적하예정보험은 예정보험 중 개별예정보험에 속한다.
④ 포괄예정적하보험을 체결해 두면 만약 보험계약자가 화물선적의 통지를 누락한 경우에도 보험계약자나 피보험자의 고의 또는 중과실이 없는 한 보험자는 책임을 부담하므로 무보험상태에 빠질 위험은 없다.

36 아래에서 설명한 지급준비금의 산출방법에 해당하는 것은?

> 손해가 발생한 시점부터 정산되는 시점까지의 경과기간 동안 손실액이 어떻게 진전되어 가는지를 총체적으로 분석하고, 이를 근거로 미래에 지급될 것으로 예상되는 지급준비금을 추정하는 방법

① 사다리방법(chain-ladder method)
② 손해율방법(loss ratio method)
③ 평균지급보험금 방식(average payment method)
④ 개별추산법(individual case estimate method)

37 다음 중 손익상계에 대한 설명으로 옳지 않은 것은?

① 손익상계란 손해배상청구권자가 손해를 발생시킨 동일한 원인에 의하여 이익도 얻은 때에는 손해로부터 그 이익을 공제한 잔액을 배상할 손해로 하는 것을 의미한다.
② 불법행위로 인하여 손해와 더불어 이익이 생겼는데 피해자에게도 과실이 있는 경우 먼저 산정된 손해액에서 손익상계를 한 다음에 과실상계를 하여야 한다는 것이 확립된 판례의 입장이다.
③ 생명보험금이나 상해보험금은 손익상계의 대상이 되지 않는다.
④ 개별 보험약관에서 동일한 보험사고로 타 법령이나 타보험약관에서 보상받을 수 있는 경우, 이를 보상액에서 제외하거나 비례 보상하는 경우도 넓은 의미의 손익상계개념에 포함시킬 수 있는 것으로 본다.

38 다음 중 재보험의 기능에 대한 설명으로 옳지 않은 것은?

① 보험수익의 안정성 유지
② 인수능력의 증대
③ 보험사고의 경감
④ 재난적 사고의 보장

39 아래 사례에 적용된 배상책임의 법리는?

신호를 무시하고 길을 건너는 사람을 피할 수 있었음에도 불구하고 운전자가 그렇게 하지 않았다. 이런 상황에서 운전자는 원고인 피해자(신호를 무시하고 길을 건너다 상해를 입은 사람)의 손실을 배상할 책임이 있다.

① 과실추정의 원칙(res ipsa loquitur)
② 최종적 명백한 기회(last clear chance)
③ 엄격책임(strict liability)
④ 의도적 행위(intentional torts)

40 위험관리자는 위험관리기법을 선택함에 있어서 손해의 빈도(frequency)나 심도(severity)를 동시에 고려해야 한다. 위험의 종류를 손해의 빈도와 심도의 크기에 따라 아래 그림의 4가지 형태로 분류할 때 각각의 위험의 종류에 따른 최적의 위험처리방법으로 가장 적절하게 짝 지어진 것은?

위험의 종류	손실의 빈도수 (빈도)	손실의 규모 (심도)
A	적다	작다
B	많다	작다
C	적다	크다
D	많다	크다

구분	위험 처리 방법
ⓐ	위험의 회피
ⓑ	위험의 보유
ⓒ	보험에의 전가와 손해제어적인 수단을 병행하여 적용
ⓓ	손해제어적인 수단에 보유기법을 병행하여 적용

① A − ⓐ, B − ⓒ, C − ⓓ, D − ⓑ
② A − ⓐ, B − ⓓ, C − ⓒ, D − ⓑ
③ A − ⓑ, B − ⓒ, C − ⓓ, D − ⓐ
④ A − ⓑ, B − ⓓ, C − ⓒ, D − ⓐ

2015 제38회 기출문제

1과목 보험업법

01 다음 중 보험업법 제1조에 명시된 보험업법의 목적이 아닌 것은?

① 보험업을 경영하는 자의 건전한 경영을 도모
② 보험계약자, 피보험자, 그 밖의 이해관계인의 권익을 보호
③ 보험사업의 효율적 지도, 감독
④ 국민경제의 균형 있는 발전에 기여

02 다음 중 보험업법상 전문보험계약자에 해당하는 자가 아닌 것은?

① 국가
② 한국은행
③ 농업협동조합중앙회
④ 주권미상장법인

03 다음 중 보험업법 제5조 제3호에서 규정한 "기초서류"를 모두 고르시오.

> 가. 정관
> 나. 업무 시작 후 3년간의 사업계획서
> 다. 경영하려는 보험업의 보험종목별 사업방법서
> 라. 보험약관
> 마. 보험료 및 책임준비금의 산출방법서

① 가, 나, 다
② 나, 다, 라
③ 나, 다, 마
④ 다, 라, 마

04 보험회사의 자본금 또는 기금에 관한 다음의 설명 중 (   )에 들어갈 것으로 맞는 것은?

> 보험회사는 (a) 이상의 자본금 또는 기금을 납입함으로써 보험업을 시작할 수 있다. 다만, 보험회사가 보험업법 제4조 제1항에 따른 보험종목의 일부만을 취급하려는 경우에는 (b) 이상의 범위에서 대통령령으로 자본금 또는 기금의 액수를 다르게 정할 수 있다.

① a : 200억원, b : 50억원
② a : 200억원, b : 100억원
③ a : 300억원, b : 50억원
④ a : 300억원, b : 100억원

05 손해보험업의 보험종목 전부를 취급하는 손해보험회사가 질병을 원인으로 하는 사망을 제3보험의 특약 형식으로 담보하는 보험을 겸영하고자 할 때에는 보험만기는 (a) 이하일 것, 보험금액의 한도는 개인당 (b) 이내일 것 등의 요건을 충족하여야 한다. a, b에 들어갈 것으로 맞는 것은?

① a : 75세, b : 2억원
② a : 75세, b : 3억원
③ a : 80세, b : 2억원
④ a : 80세, b : 3억원

06 다음 중 보험회사의 상근임원의 겸직에 관한 설명으로 옳지 않은 것은?

① 해당 보험회사를 자회사로 하는 「금융지주회사법」에 따른 금융지주회사의 임원이 될 수 있다.
② 「채무자 회생 및 파산에 관한 법률」에 따라 관리인으로 선임될 수 있다.
③ 해당 보험회사의 자회사인 상호저축은행의 상근 임원이 될 수 있다.
④ 보험계약자와 이해가 상충될 우려가 없는 경우로서 「금융산업의 구조개선에 관한 법률」의 규정에 의하여 관리인으로 선임될 수 있다.

07 내부통제기준에 관한 설명 중 옳지 않은 것은?

① 보험회사는 내부통제기준을 정하여야 한다.
② 보험회사는 내부통제기준의 준수 여부를 점검하고, 그 위반사항을 조사하여 감사 또는 감사위원회에 보고하는 준법감시인을 1명 이상 두어야 한다.
③ 보험회사는 준법감시인을 임면하려면 주주총회의 의결을 거쳐야 한다.
④ 변호사 · 공인회계사 또는 보험계리사의 자격을 가진 자로서 그 자격과 관련된 업무에 5년 이상 종사한 경력이 있는 자는 준법감시인이 될 수 있다.

08 다음 중 보험 모집을 할 수 있는 자는?

① 보험회사의 대표이사
② 보험회사의 준법감시인
③ 보험회사의 직원
④ 보험회사의 감사위원

09 다음 중 보험설계사가 모집을 할 수 없는 경우는?

① 생명보험회사에 소속된 보험설계사가 1개의 손해보험회사를 위하여 모집을 하는 경우
② 손해보험회사에 소속된 보험설계사가 1개의 생명보험회사를 위하여 모집을 하는 경우
③ 생명보험회사에 소속된 보험설계사가 1개의 제3보험업을 전업으로 하는 보험회사를 위하여 모집을 하는 경우
④ 손해보험회사에 소속된 보험설계사가 다른 손해보험회사를 위하여 모집을 하는 경우

10 보험설계사가 100명 이상인 법인보험대리점으로서 금융위원회가 정하여 고시하는 법인보험대리점이 갖추어야 하는 요건이 아닌 것은?

① 법령을 준수하고 보험계약자를 보호하기 위한 업무지침을 정할 것
② 업무지침의 준수 여부를 점검하고 그 위반사항을 조사하는 임원 또는 직원을 1명 이상 둘 것
③ 보험계약자를 보호하고 보험계약의 모집 업무를 수행하기 위하여 필요한 전산설비 등 물적 시설을 충분히 갖출 것
④ 보험계약자를 보호하기 위하여 영업보증금을 5억원 이상 예탁할 것

11 다음 중 현행 보험업법상 자산운용의 원칙에 해당하는 것을 모두 고르시오.

가. 안정성	나. 유동성
다. 수익성	라. 보장성

① 가, 나, 다
② 가, 나, 라
③ 가, 다, 라
④ 나, 다, 라

12 보험모집 업무종사자에 대한 다음의 설명으로 옳지 않은 것은?

① 보험계약자, 피보험자, 보험금을 취득할 자, 그 밖에 보험계약에 관하여 이해가 있는 자로 하여금 고의로 보험사고를 발생시키거나 발생하지 아니한 보험사고를 발생한 것처럼 조작하여 보험금을 수령하도록 하는 행위를 하여서는 아니 된다.
② 보험계약자, 피보험자, 보험금을 취득할 자, 그 밖에 보험계약에 관하여 이해가 있는 자로 하여금 이미 발생한 보험사고의 원인, 시기 또는 내용 등을 조작하거나 피해의 정도를 과장하여 보험금을 수령하도록 하는 행위를 하여서는 아니 된다.
③ 금융위원회는 보험설계사가 보험업법에 따른 명령이나 처분을 위반한 경우에는 3개월 이내의 기간을 정하여 그 업무의 정지를 명하거나 그 등록을 취소할 수 있다.
④ 보험대리점 소속 보험설계사가 모집에 관한 보험업법의 규정을 위반한 경우, 금융위원회는 그 보험대리점에 대하여 6개월 이내의 기간을 정하여 그 업무의 정지를 명하거나 그 등록을 취소할 수 있다.

13 보험계약의 청약철회에 관한 다음의 설명으로 ( ) 안에 들어갈 올바른 것은?

> 보험회사는 일반보험계약자로서 보험회사에 대하여 대통령령으로 정하는 보험계약을 청약한 자가 보험증권을 받은 날로부터 (a)일(거래 당사자 사이에 (a)일보다 긴 기간으로 약정한 경우에는 그 기간) 이내에 대통령령으로 정하는 바에 따라 청약철회의 의사를 표시하는 경우에는 특별한 사정이 없는 한 이를 거부할 수 없다. 다만, 청약을 한 날로부터 (b)일을 초과한 경우에는 그러하지 아니하다.

① a : 10, b : 20
② a : 14, b : 20
③ a : 15, b : 30
④ a : 30, b : 60

2014
2015
2016
2017
2018
2019
2020
2021
2022
2023
2024
2025
제1회
제2회
제3회
제4회

14 보험회사 또는 보험의 모집에 종사하는 자는 일반보험계약자의 연령, 재산상황, 보험가입의 목적 등에 비추어 그 일반보험계약자에게 적합하지 아니하다고 인정되는 보험계약의 체결을 권유하여서는 아니되는데, 다음 중 그러한 적합성의 원칙이 적용되는 보험에 해당하는 것은?

① 변액보험
② 화재보험
③ 상해보험
④ 생명보험

15 보험회사 또는 보험의 모집에 종사하는 자가 보험상품에 관한 광고를 할 때에는 지켜야 할 사항을 해당 보험회사의 (a)에 반영하고, 보험상품광고에 대하여 사전에 해당 보험회사의 (b)의 확인을 받아야 한다. ( )에 들어갈 것으로 올바른 것은?

① a : 기업회계기준, b : 대표이사
② a : 내부통제기준, b : 준법감시인
③ a : 기업회계기준, b : 감사
④ a : 내부통제기준, b : 대표이사

16 통신수단을 이용한 모집 등에 대한 설명으로 틀린 것은?

① 다른 사람의 평온한 생활을 침해하는 방법으로 모집을 하여서는 아니 된다.
② 보험계약을 청약한 자가 청약의 내용을 확인 · 정정 요청하거나 청약을 철회하고자 하는 경우 통신수단을 이용할 수 있도록 하여야 한다.
③ 보험계약자가 체결한 계약의 내용을 확인하고자 하는 경우 통신수단을 이용할 수 있도록 하여야 한다.
④ 보험계약자가 계약을 체결하기 전에 통신수단을 이용한 계약해지에 동의하지 않은 경우에도 보험계약자가 체결한 계약을 해지하고자 하는 경우 보험회사는 통신수단을 이용할 수 있도록 하여야 한다.

17 다음 중 보험회사의 해산사유가 아닌 것은?

① 이사회 결의
② 보험계약 전부의 이전
③ 회사의 합병
④ 존립기간의 만료

18 보험업법에 규정된 보험계약 등의 이전에 관한 설명으로 옳지 않은 것은?

① 보험회사는 보험계약을 이전한 경우에는 5일 이내에 그 취지를 공고하여야 한다. 보험계약을 이전하지 아니하게 된 경우에도 또한 같다.
② 보험회사는 계약의 방법으로 책임준비금 산출의 기초가 같은 보험계약의 전부를 포괄하여 다른 보험회사에 이전할 수 있다.
③ 보험계약을 이전하려는 보험회사는 주주총회 등의 결의가 있었던 때부터 보험계약을 이전하거나 이전하지 아니하게 될 때까지 그 이전하려는 보험계약과 같은 종류의 보험계약을 하지 못한다.
④ 보험계약을 이전한 보험회사가 그 보험계약에 관하여 가진 권리와 의무는 보험계약을 이전받은 보험회사가 승계한다. 이전계약으로써 이전할 것을 정한 자산에 관하여도 또한 같다.

19 보험업법 및 동법 시행령에서 손해보험상품으로서 대통령령으로 정하는 계약이 아닌 것은?

① 날씨보험
② 비용보험
③ 기술보험
④ 수출입보험

20 보험업법상 보험회사의 감사위원회에 관한 다음의 설명 중 옳지 않은 것은?

① 대통령령으로 정하는 보험회사는 감사위원회를 설치하여야 한다.
② 감사위원회 총 위원의 2분의 1 이상이 사외이사여야 한다.
③ 감사위원 중 1명 이상은 대통령령으로 정하는 회계 또는 재무 전문가여야 한다.
④ 금고 이상의 실형을 선고받고 그 집행이 면제된 날부터 5년이 지난 자는 감사위원회의 사외이사가 아닌 위원이 될 수 있다.

21 보험업법 및 동법 시행령상 보험대리점과 보험중개사의 등록시 영업보증금에 관한 설명으로 옳지 않은 것은?

① 개인인 보험대리점의 경우 1억원 범위내
② 법인인 보험대리점의 경우 3억원 범위내
③ 개인인 보험중개사의 경우 1억원 이상
④ 법인인 보험중개사의 경우 5억원 이상

22 다음 중 보험모집을 위하여 사용하는 보험안내자료에 반드시 기재하여야 하는 사항이 아닌 것은?

① 보험금 지급제한 조건에 관한 사항
② 보험회사의 장래의 이익 배당 또는 잉여금 분배에 대한 예상에 관한 사항
③ 해약환급금에 관한 사항
④ 예금자보호법에 따른 예금자보호와 관련된 사항

23 보험업법상 보험회사의 일반계정에 속하는 자산의 운용 방법 및 비율에 관한 다음의 설명 중 옳지 않은 것은?

① 동일한 개인 또는 법인에 대한 신용공여 : 총자산의 100분의 5
② 동일한 법인이 발행한 채권 및 주식 소유의 합계액 : 총자산의 100분의 7
③ 동일차주에 대한 신용공여 또는 그 동일차주가 발행한 채권 및 주식 소유의 합계액 : 총자산의 100분의 12
④ 동일한 개인 · 법인, 동일차주 또는 대주주(그의 특수관계인을 포함)에 대한 총자산의 100분의 1을 초과하는 거액 신용공여의 합계액 : 총자산의 100분의 20

24 보험업법상 보험회사는 대통령령으로 정하는 재무건전성 기준을 지켜야 한다. 이 기준에 의하면 지급여력비율은 100분의ㅤ(ㅤㅤ)ㅤ이상을 유지하여야 한다. (ㅤㅤ) 안에 들어갈 것은?

① 70
② 80
③ 90
④ 100

25 **보험료 · 보험금 등 보험계약에 관한 사항의 비교공시에 대한 설명으로 옳지 않은 것은?**

① 보험협회는 보험료 · 보험금 등 보험계약에 관한 사항으로서 대통령령으로 정하는 사항을 금융위원회가 정하는 바에 따라 비교 · 공시할 수 있다.

② 보험협회가 비교 · 공시를 하는 경우에는 대통령령으로 정하는 바에 따라 보험상품공시위원회를 구성하여야 한다.

③ 보험회사는 비교 · 공시에 필요한 정보를 보험협회에 제공하여야 한다.

④ 보험협회 이외의 자가 보험계약에 관한 사항을 비교 · 공시하는 것은 허용되지 않는다.

26 **보험설계사, 개인 보험대리점, 보험중개사의 교육에 대한 다음 ( ) 안에 들어갈 올바른 것은?**

> 보험업법 소정의 규정에 따라 교육을 실시하는 경우, 보험회사, 보험대리점 및 보험중개사는 소속 보험설계사에게 법소정의 규정에 따라 등록한 날부터 (a)년이 지날 때마다 (a)년이 된 날부터 (b)개월 이내에 소정의 법령의 기준에 따라 교육을 하여야 한다.

① a : 1, b : 3
② a : 1, b : 6
③ a : 2, b : 3
④ a : 2, b : 6

27 **다음 중 보험업법 시행령에 따라 보험회사가 아닌 자와 보험계약을 체결할 수 있는 경우에 해당하는 것이 아닌 것은?**

① 외국보험회사와 생명보험계약, 수출적하보험계약, 수입적하보험계약, 항공보험계약, 여행보험계약, 선박보험계약, 장기상해보험계약 또는 재보험계약을 체결하는 경우

② 대한민국에서 취급되는 보험종목에 관하여 2개의 보험회사로부터 가입이 거절되어 외국보험회사와 보험계약을 체결하는 경우

③ 대한민국에서 취급되지 아니하는 보험종목에 관하여 외국보험회사와 보험계약을 체결하는 경우

④ 외국에서 보험계약을 체결하고, 보험기간이 지나기 전에 대한민국에서 그 계약을 지속시키는 경우

28 **보험업법상 재무제표의 제출과 서류 비치 등에 대한 설명으로 옳지 않은 것은?**

① 보험회사는 매년 대통령령으로 정하는 날에 그 장부를 폐쇄하여야 하고 장부를 폐쇄한 날부터 3개월 이내에 금융위원회가 정하는 바에 따라 재무제표(부속명세서 포함) 및 사업보고서를 금융위원회에 제출하여야 한다.

② 보험회사는 매월의 업무 내용을 적은 보고서를 매 분기별로 금융위원회가 정하는 바에 따라 금융위원회에 제출하여야 한다.

③ 보험회사는 대통령령에 따른 재무제표 및 사업보고서를 일반인이 열람할 수 있도록 금융위원회에 제출하는 날부터 본점과 지점, 그 밖의 영업소에 비치하거나 전자문서로 제공하여야 한다.

④ 보험회사는 결산기마다 보험계약의 종류에 따라 대통령령으로 정하는 책임준비금과 비상위험준비금을 계상하고 따로 작성한 장부에 각각 기재하여야 한다.

29 **금융위원회가 청문을 거쳐 외국보험회사국내지점의 허가취소를 할 수 있는 경우가 아닌 것은?**

① 외국보험회사의 지점이 허가된 국내 영업소를 이전하는 경우
② 합병, 영업양도 등으로 외국보험회사의 본점이 소멸한 경우
③ 외국보험회사의 본점이 위법행위, 불건전한 영업행위 등의 사유로 외국감독기관으로부터 보험업법 소정의 규정에 따른 처분에 상당하는 조치를 받은 경우
④ 외국보험회사의 본점이 휴업하거나 영업을 중지한 경우

30 **보험계약의 체결 또는 모집에 종사하는 자는 그 체결 또는 모집과 관련하여 보험계약자나 피보험자에게 특별이익을 제공하거나 제공하기로 약속하여서는 아니 되는 바, 그 특별이익에 해당하는 것이 아닌 것은?**

① 보험계약 체결 시부터 최초 1년간 납입되는 보험료의 100분의 10과 3만원 중 적은 금액
② 기초서류에서 정한 보험금액보다 많은 보험금액의 지급 약속
③ 보험계약자나 피보험자를 위한 보험료의 대납
④ 「상법」 제682조에 따른 제3자에 대한 청구권 대위행사의 포기

31 **보험회사와 자회사에 대한 설명으로 틀린 것은?**

① 보험회사는 자회사와 자회사가 소유하는 주식을 담보로 하는 신용공여 및 자회사가 다른 회사에 출자하는 것을 지원하기 위한 신용공여를 하여서는 아니 된다.
② 보험회사는 자회사와 자산을 소정의 법령으로 정하는 바에 따라 무상으로 양도하거나 일반적인 거래 조건에 비추어 해당 보험회사에 뚜렷하게 불리한 조건으로 매매 · 교환 · 신용공여 또는 재보험계약을 하는 행위를 하여서는 안 된다.
③ 보험회사는 자회사를 소유하게 된 날부터 15일 이내에 그 자회사의 정관과 대통령령으로 정하는 서류를 금융위원회에 제출하여야 한다.
④ 보험회사는 자회사의 사업연도가 끝난 날부터 6개월 이내에 자회사의 대차대조표와 대통령령으로 정하는 서류를 금융위원회에 제출하여야 한다.

32 **금융위원회는 보험회사의 업무운영이 적정하지 아니하거나 자산상황이 불량하여 보험계약자 및 피보험자 등의 권익을 해칠 우려가 있다고 인정되는 경우에는 일정한 조치를 명할 수 있는바, 그 조치로써 틀린 것은?**

① 사채의 발행
② 자산의 장부가격 변경
③ 불건전한 자산에 대한 적립금의 보유
④ 가치가 없다고 인정되는 자산의 손실처리

33 **예비허가에 관한 다음의 설명 중 옳지 않은 것은?**

① 보험업법 제4조에 따른 허가를 신청하려는 자는 미리 금융위원회에 예비허가를 신청하여야 한다.
② 신청을 받은 금융위원회는 2개월 이내에 심사하여 예비허가 여부를 통지하여야 한다. 다만 총리령으로 정하는 바에 따라 그 기간을 연장할 수 있다.
③ 금융위원회는 예비허가에 조건을 붙일 수 있다.
④ 예비허가의 기준에 관하여 필요한 사항을 총리령으로 정한다.

34 **보험회사의 사외이사가 되지 못하는 자에 관한 다음의 설명으로 옳지 않은 것은?**

① 최대주주
② 주요 주주의 배우자의 방계혈족
③ 그 보험회사의 상근임원의 배우자
④ 그 보험회사의 상근임원의 직계존속

35 **보험업법상 보험설계사의 등록에 관한 다음의 설명 중 옳지 않은 것은?**

① 보험업법에 따라 벌금 이상의 형을 선고받고 그 집행이 끝나거나(집행이 끝난 것으로 보는 경우를 포함한다) 집행이 면제된 날부터 3년이 지난 자는 보험설계사가 되지 못한다.
② 파산선고를 받은 자로서 복권되지 아니한 자는 보험설계사가 되지 못한다.
③ 보험업법에 따라 금고 이상의 형의 집행유예를 선고받고 그 유예기간 중에 있는 자는 보험설계사가 되지 못한다.
④ 보험업법에 따라 보험설계사 · 보험대리점 또는 보험중개사의 등록이 취소된 후 2년이 지나지 아니한 자는 보험설계사가 되지 못한다.

36 **보험업법에 규정된 상호협정의 인가에 관한 다음의 내용 중 옳지 않은 것은?**

① 보험회사가 그 업무에 관한 공동행위를 하기 위하여 다른 보험회사와 상호협정을 체결(변경하거나 폐지하려는 경우를 포함한다)하려는 경우에는 대통령령으로 정하는 바에 따라 금융위원회의 인가를 받아야 한다. 다만, 대통령령으로 정하는 경미한 사항을 변경하려는 경우에는 신고로써 갈음할 수 있다.
② 금융위원회는 공익 또는 보험업의 건전한 발전을 위하여 특히 필요하다고 인정되는 경우에는 보험회사에 대하여 상호협정의 체결 · 변경 또는 폐지를 명하거나 그 협정의 전부 또는 일부에 따를 것을 명할 수 있다.
③ 금융위원회는 상호협정의 체결 · 변경 또는 폐지의 인가를 하거나 협정에 따를 것을 명하려면 미리 금융감독원과 협의하여야 한다. 다만, 대통령령으로 정하는 경미한 사항을 변경하려는 경우에는 그러하지 아니하다.
④ 금융위원회로부터 인가를 받은 상호협정의 자구 수정을 하는 경우에는 금융위원회에 신고하면 된다.

37 선임계리사에 관한 다음의 설명 중 옳지 않은 것은?

① 선임계리사는 기초서류의 내용 및 보험계약에 따른 배당금의 계산 등이 정당한지 여부를 검증하고 확인하여야 한다.

② 선임계리사는 보험회사가 기초서류관리기준을 지키는지를 점검하고 이를 위반하는 경우에는 조사하여 그 결과를 이사회에 보고하여야 하며, 기초서류에 법령을 위반한 내용이 있다고 판단하는 경우에는 금융위원회에 보고하여야 한다.

③ 선임계리사는 업무상 알게 된 비밀을 누설하는 행위를 하여서는 아니 된다.

④ 선임계리사가 되려는 사람은 보험계리업무에 5년 이상 종사한 경력이 있어야 한다.

38 손해사정업에 관한 다음의 설명 중 옳지 않은 것은?

① 금융위원회는 손해사정사가 그 직무를 수행하면서 부적절한 행위를 하였다고 인정되는 경우 6개월 이내의 업무의 정지를 명할 수 있다.

② 손해사정을 업으로 하려는 법인은 3명 이상의 상근 손해사정사를 두어야 한다.

③ 손해사정을 업으로 하려는 법인이 지점 또는 사무소를 설치하려는 경우에는 각 지점 또는 사무소별로 총리령으로 정하는 손해사정사의 구분에 따라 수행할 업무의 종류별로 1명 이상의 손해사정사를 두어야 한다.

④ 손해사정사가 되려는 자는 금융감독원장이 실시하는 시험에 합격하고 일정 기간의 실무수습을 마친 후 금융위원회에 등록하여야 한다.

39 보험회사의 합병 · 영업양도에 관한 다음의 설명 중 옳지 않은 것은?

① 보험회사가 합병을 결의한 경우에는 그 결의를 한 날부터 2주 이내에 합병계약의 요지와 각 보험회사의 대차대조표를 공고하여야 한다.

② 보험회사가 합병을 하는 경우에는 합병계약으로써 그 보험계약에 관한 계산의 기초 또는 계약조항의 변경을 정할 수 있다.

③ 주식회사 형태의 보험회사만이 합병을 할 수 있다.

④ 보험회사는 그 영업을 양도 · 양수하려면 금융위원회의 인가를 받아야 한다.

40 다음 중 금융기관보험대리점을 운영할 수 없는 기관은?

① 하나은행
② 한국산업은행
③ 한국수출입은행
④ 농협은행

2과목 보험계약법

01 다음은 생명보험에 관한 기술이다. 옳지 않은 것은?

① 생명보험계약의 보험자는 약정한 피보험자의 사망과 생존에 관한 보험사고 발생시 보험금지급책임을 진다.
② 타인의 사망을 보험사고로 하는 보험계약에는 보험계약 체결 시에 그 타인의 서면에 의한 동의를 얻어야 한다.
③ 보험계약으로 발생한 권리를 피보험자가 아닌 자에게 양도하는 경우 명시적 또는 묵시적 동의가 필요하다.
④ 심신박약자가 보험계약을 체결하는 경우 의사능력이 있다면 그의 사망을 보험사고로 하는 보험계약은 유효하다.

02 보험계약의 해지에 관한 다음 설명 중 옳지 않은 것은?

① 보험사고가 발생하기 전에는 보험계약자는 언제든지 계약의 전부를 해지할 수는 있으나 일부만을 해지할 수는 없다.
② 타인을 위한 보험계약의 경우에는 보험계약자는 반드시 그 타인의 동의를 얻거나 보험증권을 소지해야만 그 계약을 해지할 수 있다.
③ 보험기간 중에 보험수익자의 중과실로 사고 위험이 현저하게 증가한 때 보험자는 계약을 해지할 수 있다.
④ 강행법규에 어긋나지 않는 한 약관상 계약해지 사유가 있는 때 보험자는 이를 근거로 해지할 수 있다.

03 다음 설명 중 상법과 대법원 판례의 태도가 아닌 것은?

① 보험증권의 작성지(作成地)는 상법 제666조에 의한 손해보험증권의 기재사항이다.
② 10년 무사고 자동차보험의 피보험자의 경우, 납부한 보험료에 대한 대가가 전혀 없으므로 쌍무계약이 아니라 편무계약으로 보아야 한다.
③ 화재보험에서 화재가 발생한 경우에는 일단 우연성의 요건을 갖춘 것으로 추정되고, 다만 화재가 보험계약자나 피보험자의 고의 또는 중과실에 의하여 발생하였다는 사실을 보험자가 증명하는 경우에는 위와 같은 추정이 번복되는 것으로 보아야 한다.
④ 양도담보 설정자에게 그 목적물에 관하여 체결한 화재보험계약의 피보험이익이 없다고 할 수 없다.

04 상법에서 규정하고 있는 보험대리상의 권한을 모두 고른 것은?

> ㉠ 보험계약자로부터 보험료를 수령할 수 있는 권한
> ㉡ 보험자가 작성한 보험증권을 보험계약자에게 교부할 수 있는 권한
> ㉢ 보험계약자로부터 청약, 고지, 통지, 해지, 취소 등 보험계약에 관한 의사표시를 수령할 수 있는 권한
> ㉣ 보험계약자에게 보험계약의 체결, 변경, 해지 등 보험계약에 관한 의사표시를 할 수 있는 권한

① ㉡
② ㉠, ㉡
③ ㉠, ㉡, ㉢
④ ㉠, ㉡, ㉢, ㉣

05 고지의무에 관한 다음 설명 중 옳은 것은? (다툼이 있는 경우 판례에 의함)

① 질문표에 성실하게 응답하기만 하면 현행 상법상 충분한 고지의무 이행이 된다.
② 보험설계사는 고지를 수령할 권한이 있다.
③ 최근 개정된 상법은 고지의무를 수동화하면서 "서면으로 질문한 사항은 중요한 사항으로 추정한다"는 규정을 삭제하였다.
④ 계약 청약 후 승낙 이전에 발생한 중요사항도 고지 대상이 된다.

06 약관상 면책사유의 하나로 "계약자 또는 피보험자가 손해의 통지 또는 보험금 청구에 관한 서류에 고의로 사실과 다른 것을 기재하였거나, 그 서류 또는 증거를 위조 또는 변조한 경우 피보험자는 손해에 대한 보험금청구권을 상실한다"는 규정을 두는 경우 이 조항의 효력은? (다툼이 있는 경우 판례에 의함)

① 이 조항은 거래상 일반인들이 보험자의 설명 없이도 당연히 예상할 수 있었던 사항에 해당하여 설명의무의 대상이 아니다.
② 상법보다 보험계약자에게 불리하므로 상법 제663조에 의하여 무효이다.
③ 보험금 청구시 구체적인 내용이 일부 사실과 다른 서류를 제출하거나 보험목적물의 가치에 대한 견해 차이 등으로 보험목적물의 가치를 다소 높게 신고한 경우 등까지 이 조항에 의하여 보험금청구권이 상실되는 것이다.
④ 판례는 이 조항이 있는 경우라 하더라도 실제 발생한 손해에 대하여는 보상을 하도록 하고, 다만 신뢰관계의 붕괴를 원인으로 향후의 보험계약을 해지할 수 있을 뿐이라고 한다.

07 손해보험에 관한 다음의 기술 중 옳지 않은 것은?

① 손해보험의 목적인 과일이나 생선이 부패하여 생긴 손해에 대해 보험자는 면책된다.
② 운송보험은 다른 약정이 없으면 육상운송의 운송물과 운송용구를 보험의 목적으로 한다.
③ 보험계약자는 물론이고 피보험자도 손해의 방지와 경감을 위하여 노력하여야 한다.
④ 손해방지를 위해 필요 또는 유익했던 비용과 보상액이 보험금액을 초과해도 보험자가 부담한다.

08 위험변경증가의 통지의무에 관한 다음 설명 중 옳지 않은 것은? (다툼이 있는 경우 판례에 의함)

① 위험의 변경 또는 증가는 보험기간 중에 생긴 것이어야 한다.
② 위험의 변경 또는 증가는 현저한 것이어야 한다.
③ 보험계약 성립 시부터 예견된 위험상태가 계속된 경우의 위험을 포함한다.
④ 그 통지는 서면에 의하든 구두에 의하든 상관이 없다.

09 **보험자대위에 관한 다음 설명 중 옳지 않은 것은? (다툼이 있는 경우 판례에 의함)**

① 보험자가 보험약관에 정하여져 있는 중요한 내용에 해당하는 면책약관에 대한 설명의무를 위반하여 약관의 규제에 관한 법률에 따라 해당 면책약관을 계약의 내용으로 주장하지 못하고 보험금을 지급하게 되었더라도, 이는 보험자가 피보험자에게 보험금을 지급할 책임이 있는 경우에 해당하므로 보험자는 보험자대위를 할 수 있다.

② 보험자가 보험약관에 따라 면책되거나 피보험자에게 보험사고에 대한 과실이 없어 보험자가 피보험자에게 보험금을 지급할 책임이 없는 경우에는 보험자대위를 할 수 없다.

③ 보험계약자나 피보험자와 생계를 같이 하는 가족은 보험자대위권의 객체인 제3자가 되지 않는다. 다만, 손해가 그 가족의 고의 또는 중과실로 인하여 발생한 경우에는 그러하지 아니하다.

④ 손해보험계약에 있어 제3자의 행위로 인하여 생긴 손해에 대하여 제3자의 손해배상에 앞서 보험자가 먼저 보험금을 지급한 때에는 그 보험금의 지급에도 불구하고 피보험자의 제3자에 대한 손해배상청구권은 소멸되지 아니하고 지급된 보험금액의 한도에서 보험자에게 이전될 뿐이며, 이러한 법리는 손해를 야기한 제3자가 타인을 위한 손해보험계약의 보험계약자인 경우에도 마찬가지이다.

10 **보험금청구권은 ( )년간, 보험료 또는 적립금의 반환청구권은 ( )년간, 보험료청구권은 ( )년간 행사하지 아니하면 시효의 완성으로 소멸한다. ( ) 안에 들어갈 숫자를 차례대로 옳게 기술한 것은?**

① 3, 3, 2
② 2, 2, 1
③ 3, 2, 2
④ 2, 2, 3

11 **보험계약자 또는 피보험자나 보험수익자는 보험사고의 발생을 안 때에는 지체 없이 보험자에게 그 통지를 발송하여야 한다. 이 의무위반의 효과는?**

① 상법에 규정이 없다.
② 이 의무는 고지의무와 같은 일종의 간접의무로서 보험자는 계약을 해지할 수 있다.
③ 보험자는 보험료의 증액 또는 계약을 해지할 수 있다.
④ 통지의무를 해태함으로 인하여 손해가 증가된 때에는 보험자는 그 증가된 손해를 보상할 책임이 없다.

12 **보증보험에 관한 다음 설명 중 옳지 않은 것은? (다툼이 있는 경우 판례에 의함)**

① 이행보증보험의 보험자는 민법 제434조를 준용하여 보험계약자의 채권에 의한 상계로 피보험자에게 대항할 수 있고, 그 상계로 피보험자의 보험계약자에 대한 채권이 소멸되는 만큼 보험자의 피보험자에 대한 보험금 지급채무도 소멸된다.

② 보증보험계약에 관하여는 그 성질에 반하지 아니하는 범위에서 보증채무에 관한 「민법」의 규정을 준용한다.

③ 면책에 관한 상법 제659조 제1항은 리스보증보험계약이 보험계약자의 사기행위에 피보험자인 리스회사가 공모하였다든지 적극적으로 가담하지는 않았더라도 그러한 사실을 알면서도 묵인한 상태에서 체결되었다고 인정되는 경우를 제외하고는 원칙적으로 그 적용이 없다.

④ 보증보험은 독립된 계약이므로, 보증보험이 담보하는 채권이 양도되는 경우라도 당사자 사이에 다른 약정이 없는 한 보험금청구권도 그에 수반하여 채권양수인에게 함께 이전된다고 볼 수는 없다.

13 상법은 질병보험에 관하여는 그 성질에 반하지 아니하는 범위에서 ( )에 관한 규정을 준용한다고 규정한다. ( )에 들어갈 용어 중 옳은 것은?

① 생명보험
② 상해보험
③ 생명보험 및 상해보험
④ 손해보험 및 상해보험

14 중복보험에 관한 다음 설명 중 옳지 않은 것은?

① 보험자는 각자의 보험금액의 한도에서 연대책임을 진다.
② 각 보험자의 보상책임은 각자의 보험금액의 비율에 따른다.
③ 보험계약자의 사기(詐欺)로 인하여 체결된 때에는 그 계약은 취소할 수 있으나, 보험자는 그 사실을 안 때까지의 보험료를 청구할 수 있다.
④ 보험자 1인에 대한 권리의 포기는 다른 보험자의 권리의무에 영향을 미치지 아니한다.

15 단체보험에 관한 다음 설명 중 옳지 않은 것은? (다툼이 있는 경우 판례에 의함)

① 단체보험계약이 체결된 때 보험자는 보험계약자에 대하여서만 보험증권을 교부한다.
② 단체보험계약에서 보험계약자가 피보험자 또는 그 상속인이 아닌 자를 보험수익자로 지정할 때에는 단체의 규약에서 명시적으로 정하는 경우 외에는 그 피보험자의 서면동의를 받아야 한다.
③ 상법 제735조의3에서 단체보험의 유효요건으로 요구하는 '규약'은 취업규칙이나 단체협약에 근로자의 채용 및 해고, 재해부조 등에 관한 일반적 규정으로 이해된다.
④ 규약을 구비하지 못한 단체보험의 유효요건으로서의 피보험자의 동의의 방식은 강행법규인 상법 제731조가 정하는 대로 서면에 의한 동의만이 허용될 뿐이다.

16 다음 괄호 안에 들어갈 것으로 옳은 것만을 묶어 놓은 것은?

> 보험계약 당시에 보험계약자 또는 (가)가 고의 또는 중대한 과실로 인하여 중요한 사항을 고지하지 아니하거나 부실의 고지를 한 때에는 보험자는 그 사실을 안 날로부터 (나)내에, 계약을 체결한 날로부터 (다)내에 한하여 계약을 (라)할 수 있다. 그러나 보험자가 계약 당시에 그 사실을 알았거나 중대한 과실로 인하여 알지 못한 때에는 그러하지 아니하다.

① 가 : 피보험자 나 : 1월 다 : 3년 라 : 해지
② 가 : 보험수익자 나 : 2월 다 : 1년 라 : 해지
③ 가 : 피보험자 나 : 1월 다 : 3년 라 : 해제
④ 가 : 보험수익자 나 : 2월 다 : 1년 라 : 해제

17 **제3자에 대한 보험자대위(청구권대위)에 관한 다음 설명 중 옳지 않은 것은?**

① 제3자는 피보험자에 대한 항변으로 보험자에 대하여 대항할 수 있다.
② 보험자가 제3자에 대한 청구권을 취득하기 위하여는 민법상 지명채권 양도 절차에 의한 대항요건을 갖추어야 한다.
③ 보험자는 지급한 보험금액의 한도 내에서 제3자에 대한 청구권을 대위한다.
④ 청구권대위가 일어난 후 제3자의 피보험자에 대한 변제는 원칙적으로 변제로서의 효력이 없다.

18 **甲은 보험회사와 자신을 피보험자로 하는 사망보험계약을 체결하였다. 보험계약 당시 甲은 보험수익자란에 단순히 '법정상속인'으로만 기재하였다. 甲에게는 배우자 乙과, 미성년의 자녀 丙이 있다. 다음의 각 경우 상법에 따른 보험수익자의 결정방법으로 틀린 것은? (다툼이 있는 경우 판례에 따름)**

① 甲은 자신의 사망 전에는 언제라도 보험수익자를 특정인으로 지정하거나 변경할 수 있다.
② 甲이 乙과 이혼하였으나 보험수익자를 변경하지 않고 있던 중 사망하였다면, 보험계약 체결 시 보험수익자의 지위가 확정되므로 보험자는 乙과 丙을 보험수익자로 보고 보험금지급 사무를 처리하여야 한다.
③ 그 후 甲은 보험자에게 통지하고 乙을 보험수익자로 특정하였으나, 보험기간 중에 甲과 乙이 비행기 사고로 동시에 사망한 경우라면 보험수익자의 상속인인 丙이 보험수익자가 된다.
④ 그 후 甲이 보험수익자를 제3자로 지정하였으나, 이를 보험자에게 통지하지 않았다면, 甲의 법정상속인을 보험수익자로 보고 보험금을 지급한 보험자에게 대항하지 못한다.

19 **다음의 기술 중 옳지 않은 것은?**

① 해상보험의 경우에는 당사자간의 특약으로 보험계약자 또는 피보험자나 보험수익자의 불이익으로 변경하지 못한다.
② 재보험의 경우에는 당사자간의 특약으로 보험계약자 또는 피보험자나 보험수익자의 불이익으로 변경할 수 있다.
③ 보험계약법은 상호보험에도 준용될 수 있다.
④ 보험계약법은 공제에도 준용될 수 있다.

20 **화재보험에 관한 다음 설명 중 옳은 것은?**

① 집합된 물건을 일괄하여 보험의 목적으로 한 때에도 피보험자의 사용인의 물건은 보험의 목적에 포함된 것으로 하지 않는다.
② 동산을 보험의 목적으로 한 때에는 존치한 장소의 상태와 용도를 보험증권에 기재하여야 한다.
③ 집합된 물건을 일괄하여 보험의 목적으로 한 때에는 그 목적에 속한 물건이 보험기간 중에 수시로 교체된 경우에도 보험계약의 체결 시에 현존한 물건은 보험의 목적에 포함된 것으로 한다.
④ 보험자는 화재의 소방 또는 손해의 감소에 필요한 조치로 인하여 생긴 손해는 보상할 책임이 없다.

21 다음의 각 경우 증명책임(입증책임)을 부담하는 자와 그 내용에 대한 설명이 옳지 않은 것은? (견해의 대립이 있는 경우 판례에 의함)

① 고지의무 위반사실과 보험사고 발생과의 인과관계가 부존재하다는 점에 관한 증명책임은 보험계약자 측에 있다.
② 보험계약자나 그 대리인이 그 약관의 내용을 충분히 잘 알고 있어, 보험자의 약관설명의무의 대상이 되지 않는다는 점은 이를 주장하는 보험자 측에서 증명하여야 한다.
③ 승낙전 보험보호제도의 경우 청약을 거절할 사유의 부존재에 대한 증명책임을 보험계약자가 부담한다.
④ 피보험자가 자살을 보험자의 면책사유로 규정한 경우 보험자는 일반인의 상식에서 피보험자의 사망이 자살이 아닐 가능성에 대한 합리적 의심이 들지 않을 만큼 명백한 주위 정황을 입증하여야 한다.

22 다음 중 손해보험자의 면책사유에 해당하지 않는 것은?

① 보험의 목적의 성질로 인한 손해
② 보험의 목적의 하자로 인한 손해
③ 보험의 목적의 상실로 인한 손해
④ 보험의 목적의 자연소모로 인한 손해

23 상법상 보험약관의 교부 · 설명의무에 대한 기술로 옳은 것은? (다툼이 있는 경우에는 판례에 의함)

① 보험자는 보험계약을 체결할 때에 피보험자에게 보험약관을 교부하고 그 약관의 중요한 내용을 설명하여야 한다.
② 보험계약자의 고지의무나 통지의무도 보험자가 설명하여야 한다.
③ 보험자가 보험계약자의 대리인과 보험계약을 체결하는 경우에는 그 대리인에게 보험약관을 설명하는 것으로 충분하다.
④ 약관의 내용이 보험계약자에게 불리한 경우에는 그 내용이 이미 법령에 규정된 사항을 구체적으로 부연하는 정도에 불과한 경우라 할지라도 보험자의 설명의무는 면제되지 않는다.

24 다음 중 상법상 보험계약을 해지할 수 있는 경우는 몇 개인가?

> ㉠ 보험사고의 발생으로 보험금액을 지급한 때에도 보험금이 감액되지 아니하는 보험의 경우
> ㉡ 보험자가 파산선고를 받고 1년이 경과한 경우
> ㉢ 보험계약자의 고지의무 위반이 보험사고의 발생에 영향을 주지 않은 경우
> ㉣ 타인의 사망을 보험사고로 하는 보험계약의 체결 시에 그 타인의 서면동의를 받지 않은 경우
> ㉤ 쓰나미로 선박과 화물이 멸실된 것을 알면서 선박보험계약을 체결한 경우

① 2개
② 3개
③ 4개
④ 5개

25 **다음은 해상보험에 있어서 보험계약종료사유이다. 이에 해당하지 않는 것은?**

① 선박을 양도할 때
② 선박의 국적을 변경한 때
③ 선박의 선급을 변경한 때
④ 선박을 새로운 관리로 옮긴 때

26 **다음의 (　) 안에 들어갈 기간이 같은 것으로 묶여진 것은?**

> ㉠ 보험금지급에 대한 약정기간이 없는 경우 보험자는 보험사고의 통지를 받은 후 지체 없이 지급할 보험금액을 정하고 그 정하여진 날부터 (　)내에 피보험자 또는 보험수익자에게 보험금액을 지급하여야 한다.
> ㉡ 보험자가 보험계약자로부터 보험계약의 청약과 함께 보험료 상당액의 전부 또는 일부의 지급을 받은 때에는 다른 약정이 없으면, (　)내에 그 상대방에 대하여 낙부의 통지를 발송하여야 한다.
> ㉢ 보험자가 보험계약을 체결할 때에 보험계약자에게 보험약관의 교부 · 설명의무를 이행하지 아니한 때에는 보험계약자는 보험계약이 성립한 날부터 (　)내에 그 계약을 취소할 수 있다.
> ㉣ 보험자가 파산의 선고를 받은 때에 보험계약자가 해지하지 않은 보험계약은 파산선고 후 (　)을 경과한 때에는 그 효력을 잃는다.

① ㉠ – ㉡
② ㉡ – ㉢
③ ㉢ – ㉣
④ ㉠ – ㉣

27 **보험계약 당사자간에 다음과 같은 약정이 있는 경우에 현행 상법상 그 효력을 인정할 수 없는 것은?**

① 보험가액의 일부를 보험에 붙였으나 보험자가 보험가액의 한도 내에서 그 손해를 보상하기로 약정한 경우
② 인보험계약의 보험금을 분할하여 지급하기로 약정한 경우
③ 보험자의 책임개시 시기를 최초 보험료의 지급을 받은 때보다 5일전으로 약정하는 경우
④ 보험계약자의 고지의무 위반이 있는 경우 보험자가 이를 안 날로부터 20일 내에 한하여 보험계약을 해지할 수 있는 것으로 약정하는 경우

28 **보험가액에 대한 우리 상법의 태도로 옳지 않은 것은?**

① 운송보험과 해상보험의 경우에는 일정 시점에서의 보험가액을 전(全) 보험기간에 걸쳐 고정된 보험가액으로 정하는 보험가액불변경주의에 따른다.
② 운송물의 보험에 있어서 운송물의 도착으로 인하여 얻을 이익은 당사자간 약정이 있는 때에 한하여 보험가액 중에 산입한다.
③ 당사자간에 보험가액을 정하지 아니한 때에는 사고발생시의 가액을 보험가액으로 한다.
④ 해상보험계약상 그 운송물의 도착으로 얻을 희망이익 보험의 경우 미평가보험에 있어서는 보험금액을 보험가액으로 정한 것으로 본다.

29 자동차 종합보험과 관련된 판례의 입장이 아닌 것은?

① 보험자는 기명피보험자의 승낙을 얻은 자가 일으킨 사고에 대하여 보상책임을 부담하지 않는다.
② 경찰서 경비과장은 기명피보험자인 국가의 승낙을 얻어 자동차를 사용 또는 관리 중인 자에 해당하므로, 그가 일으킨 사고에 대하여 보험자는 보상책임이 있다.
③ 기명피보험자인 매도인이 승낙을 받은 매수인으로부터 다시 자동차 사용승낙을 받은 경우는 승낙피보험자에 해당한다고 볼 수 없다.
④ 21세이상 한정운전 특별약관부 자동차보험의 기명피보험자인 렌터카회사의 영업소장이 자동차면허가 없는 자를 임차인으로 하여 자동차를 대여하여준 경우, 위 약관 소정의 도난 운전에 대한 기명피보험자의 묵시적 승인이 있으므로, 보험자는 보험금지급책임이 있다.

30 다음 각 경우에 상법이 인정하는 효과가 바르게 연결되지 않은 것은?

① 보험기간 중 당사자가 예기한 특별한 위험이 소멸한 경우 – 보험계약자의 그 후의 보험료 감액 청구권
② 피보험자가 보험기간 중 사고발생의 위험이 현저하게 증가 또는 변경된 사실을 알고도 이를 통지하지 않은 경우 – 그 사실을 안 날로부터 1월 내 보험자의 보험계약 해지권
③ 운송의 필요에 의하여 일시운송을 중지하거나 운송의 노순 또는 방법을 변경한 경우 – 운송보험계약의 종료
④ 선박이 보험사고로 인하여 심하게 훼손되어 이를 수선하기 위한 비용이 수선하였을 때의 가액을 초과하리라고 예상되나 선장이 지체없이 다른 선박으로 적하의 운송을 계속한 때 – 그 적하에 대한 피보험자의 위부권 행사 불가

31 다음 중 피보험자의 자격제한에 대한 설명으로 옳지 않은 것은?

① 손해보험의 피보험자는 보험의 목적에 대하여 피보험이익을 가지는 자라면 자연인이든 법인이든 관계없다.
② 사망보험에서는 자기의 사망보험인 경우에도 피보험자가 15세 미만자, 심신상실자인 경우 효력이 없다.
③ 사망보험계약 체결 당시 피보험자가 15세 미만이었다면, 비록 보험사고 발생 시에 15세 이상이었다 할지라도 보험계약은 무효이다.
④ 상법상의 준용규정에 따라 사망보험에 있어서의 피보험자에 대한 자격제한은 상해보험의 경우에도 해당된다.

32 보험의 목적이 양도된 경우의 효과이다. 다음 설명 중 옳지 않은 것은?

① 피보험자가 보험기간 중에 자동차를 양도한 때에는 양수인은 보험자의 승낙을 얻은 경우에 한하여 보험계약으로 인하여 생긴 권리와 의무를 승계한다. 보험자가 양수인으로부터 양수사실을 통지받은 때에는 지체없이 낙부를 통지하여야 하고 통지 받은 날부터 10일 내에 낙부의 통지가 없을 때에는 승낙한 것으로 본다.
② 보험목적의 양도로 인해 보험사고의 발생 위험이 현저하게 증가한 경우 보험자는 보험료의 증액을 청구하거나 계약을 해지할 수 있다.
③ 선박을 보험에 붙인 경우에 선박이 양도되었을 때에는 보험계약은 종료한다. 그러나 보험자의 동의가 있는 때에는 그러하지 아니하다.
④ 피보험자가 보험의 목적을 양도한 때에는 양수인은 보험계약상의 권리와 의무를 승계한 것으로 본다. 이 경우에 보험의 목적의 양도인 또는 양수인은 보험자에 대하여 지체 없이 그 사실을 통지하여야 한다.

33 **'보험위부'와 '보험목적에 관한 보험대위'에 대한 설명으로 잘못된 것은?**

① 보험자가 위부를 승인하지 않으면 보험계약자가 위부 원인을 증명하여야 한다.
② 보험자의 보험목적에 대한 보험대위는 손해보험 일반에 적용되는 것이지만 보험위부는 특약이 없는 한 해상보험에서만 인정된다.
③ 보험목적에 대한 보험대위를 하기 위해서는 보험의 목적의 전부가 멸실하여 보험자가 보험금액의 전부를 지급하는 것만으로 족하지만, 보험위부를 하기 위해서는 상법규정상의 위부의 원인이 존재하여야 하며 위부의 통지를 하여야 한다.
④ 보험위부는 무조건이어야 하며, 형성권이다.

34 **해상보험과 관련된 설명으로서 옳지 않은 것은? (다툼이 있는 경우 판례에 의함)**

① 보험자는 피보험자가 지급할 공동해손의 분담액을 보상할 책임이 있다.
② 보험자는 보험의 목적물의 구조료 분담가액이 보험가액을 초과할 때 그 초과액에 대한 분담액을 보상할 책임이 있다.
③ 보험자는 항해에 필요한 서류를 비치하지 않아 생긴 손해에 대하여는 면책된다.
④ 영국해상보험법상 화물이 선박과 함께 행방불명된 경우에는 현실전손으로 추정한다.

35 **다음은 타인을 위한 보험계약에 관한 기술이다. 옳지 않은 것은?**

① 보험계약자는 위임받지 않고 불특정 타인을 위한 보험계약을 체결할 수 있다.
② 손해보험계약의 경우 타인 위임 없이는 타인을 위한 보험계약을 체결할 수 없다.
③ 타인을 위한 보험계약의 경우 그 타인은 당연히 그 계약의 이익을 받는다.
④ 보험계약자가 보험료 지급을 지체한 경우 그 타인도 보험료를 지급할 수 있다.

36 **다음은 보험기간 중 위험증가 등에 관한 기술이다. 옳지 않은 것은?**

① 보험기간 중에 피보험자가 사고발생의 위험이 현저하게 변경된 사실을 안 때에는 지체 없이 보험자에게 통지하여야 한다.
② 통지의무 해태시 보험자는 일정한 기한 내에 계약을 해지할 수 있다.
③ 보험자가 위험변경의 통지를 받은 때에는 계약을 해지할 수 없다.
④ 보험기간 중에 보험수익자의 중대한 과실로 인하여 사고발생의 위험이 현저하게 증가된 경우 보험자는 보험료의 증액을 청구할 수 있다.

37 다음은 손해보험의 초과보험에 관한 기술이다. 옳지 않은 것은?

① 보험금액이 보험가액을 현저하게 초과한 것을 초과보험이라 한다.
② 초과보험시 보험료의 감액은 장래에 대하여서만 그 효력이 있다.
③ 보험가액은 계약당시의 가액에 의하여 정한다.
④ 보험가액이 보험기간 중에 현저하게 감소된 때에 보험료 감액은 소급하여 효력이 있다.

38 해상보험증권의 기재사항에 해당하지 않는 것은?

① 보험사고의 성질
② 무효와 실권의 사유
③ 운송기간을 정한 때에는 그 기간
④ 적하보험에 있어서는 선박의 명칭 · 국적과 종류, 선적항, 양륙항

39 다음은 책임보험에 있어서 피보험자의 변제 등의 통지와 보험금액의 지급에 관한 기술이다. 옳지 않은 것은?

① 피보험자가 제3자에 대해 재판으로 채무가 확정된 경우 법원이 보험자에게 통지한다.
② 보험자는 특별한 기간의 약정이 없으면 채무확정 통지수령일로부터 10일 내에 보험금액을 지급하여야 한다.
③ 피보험자가 제3자에 대하여 소송상 화해를 하여 채무가 확정된 때에는 지체 없이 보험자에게 그 통지를 발송하여야 한다.
④ 피보험자가 보험자의 동의 없이 제3자에 대하여 변제, 승인 또는 화해를 한 경우에는 보험자가 그 책임을 면하게 되는 합의가 있는 때에도 그 행위가 현저하게 부당한 것이 아니면 보험자는 보상할 책임을 면하지 못한다.

40 다음은 자동차보험에 관한 기술이다. 옳지 않은 것은?

① 자동차보험계약의 보험자는 피보험자가 자동차를 관리 중 발생한 사고도 손해 보상해야 한다.
② 차량가액은 자동차보험증권에 기재할 절대적 기재사항이다.
③ 피보험자가 보험기간 중 자동차를 양도한 때에는 양수인은 보험자의 승낙을 얻은 경우에 한하여 보험계약으로 인하여 생긴 권리와 의무를 승계한다.
④ 보험자가 양수인으로부터 양수사실을 통지받은 때에는 지체 없이 낙부를 통지하여야 한다.

3과목 손해사정이론

01 다음 중 손인(peril)에 해당하는 것은?

① 악천후
② 지진
③ 어두운 계단
④ 흡연

02 다음 중 근원적 위험(fundamental risk)에 해당하지 않는 것은?

① 전쟁
② 대형건물 화재
③ 경기변동
④ 홍수

03 다음 중 손실발생 시 피보험자의 부담이 없을 수 있는 것은?

① 프랜차이즈 공제(franchise deductible)
② 건강보험의 공동보험조항
③ 정액공제(straight deductible)
④ 총액공제(aggregate deductible)

04 다음 중 홍수다발지역이며 피해규모도 큰 경우에 일반적으로 가장 적합한 위험관리방법은?

① 위험회피
② 손실예방
③ 손실감소
④ 위험전가

05 다음 중 역선택(adverse selection)을 감소시키는 효과가 가장 큰 것은?

① 고지의무
② 경험요율
③ 공동보험
④ 보험자 대위

06 다음 중 피보험자의 손실통제를 제고하는 효과가 가장 큰 것은?

① 중복보험
② 초과보험
③ 단체보험
④ 일부보험

07 다음 중 손해사정업무에 해당하지 않는 것은?

① 사고원인 조사
② 보상책임 유무판단
③ 보상한도 설정
④ 보험금 산정

08 보험사기에 대한 설명으로 가장 적절하지 못한 것은?

① 사회전반적인 관용적 태도가 한 가지 원인이다.
② 우연한 사고와는 관계가 없다.
③ 적발 시 처벌을 강화하면 줄일 수 있다.
④ 조사활동을 강화하면 줄일 수 있다.

09 다음 중 고의로 인한 보험사고의 면책요건에 해당하지 않는 것은?

① 상당인과관계의 존재
② 보험계약자의 행위
③ 피보험자의 행위
④ 피보험자 가족의 행위

10 다음 중 보험자에 의한 보험계약의 해지사유에 해당하지 않는 것은?

① 계속보험료 미납
② 손해방지의무 위반
③ 고지의무 위반
④ 위험변경 · 증가 통지의무 위반

11 다음 중 보험요율산정원칙에 해당하지 않는 것은?

① 충분성
② 비과도성
③ 투명성
④ 공평한 차별성

12 다음 중 실손보상의 원칙과 가장 거리가 먼 것은?

① 보험자 대위
② 최대선의의 원칙
③ 피보험이익
④ 타보험조항

13 보험기간에 대한 설명으로 가장 적절하지 못한 것은?

① 보험사고 발생에 대한 시간적 제한을 의미한다.
② 보험계약기간과 일치한다.
③ 연월일시 등 일정한 시간으로 정해지지 않는 경우도 있다.
④ 보험자의 책임이 개시되어 종료될 때까지의 기간이다.

14 순보험료의 본질적 특성과 가장 거리가 먼 것은?

① 미래의 예측에 근거한다.
② 보험자의 통제가 불가능한 부분이 많다.
③ 규모의 경제성이 크다.
④ 일반적으로 집단평균원가개념이 적용된다.

15 다음 중 손실감소의 효과를 주목적으로 하는 위험관리방법은?

① 운전면허제도 ② 작업안전수칙
③ CCTV ④ 자동차 에어백

16 다음 중 대재해로 인한 보험회사의 지급불능위험을 관리하기 위한 수단이라고 보기 어려운 것은?

① Cat Bond ② 재보험
③ 면책조항 ④ 공제조항(deductible clause)

17 배상책임보험에서 담보하는 손해가 아닌 것은?

① 피보험자가 제3자에 대하여 법률상 손해배상책임을 짐으로써 입은 손해
② 피보험자가 사고발생통지를 지연하여 증가된 손해
③ 피보험자가 제3자의 소송에 대하여 방어활동을 함으로써 소요된 비용
④ 피보험자의 협조의무 이행에 따른 비용

18 다음 중 기대손실(expected loss)을 감소시키는 위험관리 방법은?

① 보험 ② 위험보유
③ 손실통제 ④ 위험분산

19 약관조항에 정확하게 합치되는 것은 아니지만 보통사람이라면 보상을 받을 것이라고 생각하는 보험사고와 관련하여 보험금분쟁이 발생하였을 때 적용할 수 있는 원칙으로 가장 적합한 것은?

① 수기문언 우선효력의 원칙 ② 합리적 기대의 원칙
③ 동종제한의 원칙 ④ 작성자 불이익의 원칙

20 재보험에 관한 설명으로 가장 적절하지 못한 것은?

① 재보험을 이용하여 원보험회사는 최대가능손실(maximum possible loss)을 확정할 수도 있다.
② 재보험을 이용하여 원보험회사는 인수능력을 제고할 수 있다.
③ 재보험은 원보험이 손해보험이든 생명보험이든 손해보험의 성질을 가진다.
④ 재보험은 원보험계약의 효력에 영향을 미친다.

21 다음 중 도덕적 위태(moral hazard)의 경감 또는 예방과 가장 관련이 깊은 것은?

① 전부보험 ② 대체비용보험(replacement cost insurance)
③ 일부보험 ④ 중복보험

22 다음 중 실손보상의 원칙(이득금지의 원칙)에서 이득의 기준이 되는 것은?

① 보험금액
② 보험가입금액
③ 보험가액
④ 보상한도금액

23 보험가능한 위험(insurable risk)의 요건과 가장 거리가 먼 것은?

① 손실의 발생 시기나 발생 그 자체가 우연적인 것
② 합리적으로 예견할 수 있을 정도로 다수이고 동질적인 것
③ 금전적인 가치로 측정할 수 있는 손실
④ 우연적이며 발생확률이 낮고 손실의 심도가 크지 않는 위험

24 위험관리와 위험비용(risk cost)에 관한 설명으로 가장 적절하지 못한 것은?

① 위험관리의 목표는 위험비용의 최소화에 두어야 한다.
② 일반적으로 손실통제비용과 기대손실비용은 서로 상반관계에 있다.
③ 위험을 감소시키게 되면 위험비용도 감소된다.
④ 간접손실이 직접손실보다 큰 경우가 종종 있다.

25 보험기간이 보험계약기간보다 더 긴 경우는?

① 대기기간(waiting period)을 두고 있는 암보험
② 당사자 간의 약정에 의한 소급보험(retroactive insurance)
③ 보험계약 성립 이후의 특정 시점을 책임개시일로 약정한 경우
④ 보험계약 성립 이후 최초보험료를 납입한 경우

26 아래의 경우 보험자가 피보험자 A에게 지급해야 할 보험금은 얼마인가?

피보험자 A가 자신이 소유하는 건물을 대상으로 화재보험에 가입하였는데, 보험계약내용 및 발생손해액은 다음과 같다.

- 보험가입금액 6억원
- 가입당시 건물의 보험가액 8억원
- 공동보험 요구부보비율 80%
- 정액공제 1억원(우선적용)
- 발생손해액 5억원(사고 당시 건물의 시가 10억원)

① 2.75억원
② 3억원
③ 3.75억원
④ 4억원

27 손실조정계수 1.05인 소멸성공제조항을 포함하고 있는 보험계약에서 손해액 2,100만원 이상부터 공제(deductible)가 소멸되도록 하기 위해서는 공제금액을 얼마로 설정해야 하는가?

① 50만원
② 100만원
③ 150만원
④ 200만원

28 사고발생확률과 예상손해액이 다음과 같은 보험목적물에 대하여 프랜차이즈 공제(franchise deductible) 5,000만원이 설정되어 있을 때 순보험료(net premium)는 얼마인가?

손해액	0	4,000만원	6,000만원	1억원
확률	0.1	0.2	0.5	0.2

① 1,500만원
② 5,000만원
③ 5,800만원
④ 6,000만원

29 피보험자 갑이 동일한 피보험이익에 대하여 A, B 두 보험회사에 각각 보험금액 200만원, 800만원의 보험계약을 체결하고, 보험기간 중 600만원의 손해가 발생하였다. 다음 중 A보험회사의 보상금액이 가장 낮게 산정되는 타보험조항(other insurance clause)은?

① 책임한도분담조항(contribution by limit of liabililty clause)
② 균등액분담조항(contribution by equal shares clause)
③ 비례책임조항(pro rata liability clause)
④ 초과분담조항(excess other insurance clause)(단, A보험회사가 1차 보험자)

30 보험계약자가 보험계약을 해지하는 것은 아래의 위험관리방법 중 어디에 해당하는가?

① 위험보유
② 손실통제
③ 위험회피
④ 위험이전

31 하인리히(H. W. Heinrich)의 도미노이론에 대한 설명으로 가장 적절하지 못한 것은?

① 손해는 사회적 환경, 인간의 과실, 위태, 사고, 손해의 발생이라는 연쇄적 관계에 의해서 발생한다.
② 사고는 특정의 구조에 견딜 수 없는 정도의 스트레스를 줌으로써 발생한다.
③ 위험관리의 대상을 인간의 행위에 중점을 둔 이론이다.
④ 사건의 연쇄 관계를 차단하면 사고를 예방할 수 있다.

32 금반언의 원칙(estoppel)에 대한 설명으로 가장 적절하지 못한 것은?

① 보험자의 언행에 있어서의 신의성실원칙을 의미한다.
② 명시적인 의사표현 뿐만 아니라 묵시적인 의사표현도 포함된다.
③ 강행법규에 해당하는 내용을 당사자간의 개별적인 약정을 통하여 변경할 경우 금반언의 원칙이 적용된다.
④ 고지의무 위반을 보험자가 알면서 1개월 이상 해지하지 않다가 나중에 해지권을 행사하는 것은 금반언의 원칙에 반한다.

33 담보범위와 관련된 설명으로 가장 적절하지 못한 것은?

① 화재보험에서 폭발, 지진 등을 보장하는 것은 담보범위를 확대한 사례이다.
② 화재보험에서 기업휴지손해담보 특별약관은 담보범위를 확대한 사례이다.
③ 포괄책임주의에서는 면책위험을 추가함으로써 담보범위를 확대할 수 있다.
④ 열거책임주의에서는 담보위험을 축소함으로써 담보범위를 축소할 수 있다.

34 언더라이팅(underwriting)에 대한 설명으로 가장 거리가 먼 것은?

① 자산운용처럼 외부 전문기관에 위임하는 것이 일반적이다.
② 보험을 악용하여 이익을 보려는 보험범죄를 방지할 수 있다.
③ 미래손실의 발생가능성이 유사한 리스크 계층을 구성 · 분류하여 인수 리스크에 적절한 보험료를 책정할 수 있다.
④ 보험자가 보험가입을 신청한 리스크를 선택하고 분류하는 일련의 심사과정을 말한다.

35 다음 중 보험자가 입증하여야 하는 것이 아닌 것은?

① 사기에 의한 보험계약
② 위험증가통지의무 위반
③ 고지의무 위반
④ 열거담보방식에서의 상당인과관계

36 간접손해에 대한 설명으로 가장 적절하지 못한 것은?

① 담보위험의 직접적인 원인에 의하여 발생한 손해로 볼 수 없는 손해이다.
② 보험의 목적이나 피해물에 발생한 손해의 결과로서 2차적으로 발생한 손해이다.
③ 상실수익은 간접손해에 포함되지 않는다.
④ 결과적 손해로도 지칭된다.

37 다음 중 보험자의 보상책임이 면제되는 경우에 해당되지 않는 것은?

① 보험목적물의 고유하자
② 상해보험에서 피보험자의 중과실
③ 화재보험에서 피보험자의 고의
④ 보험목적물의 자연소모

38 다음 중 대체비용보험(replacement cost insurance)과 가장 거리가 먼 개념은?

① 신가
② 재조달가액
③ 실제현금가치
④ 대체가격

39 추정최대손실(probable maximum loss)에 대한 설명으로 가장 적절하지 못한 것은?

① 보험료 산정 및 재보험 출재여부의 판단기준이 되기도 한다.
② 추정최대손실은 항상 일정하다.
③ 추정최대손실은 보험계약 체결 시 보험가입금액의 결정에 활용될 수 있다.
④ 추정최대손실은 적극적 위험관리를 유도하는 기능이 있다.

40 다음 중 책임준비금에 포함되지 않는 것은?

① 비상위험준비금
② 미경과보험료적립금
③ 계약자배당준비금
④ 장기저축성 보험료적립금

2016 제39회 기출문제

1과목 보험업법

01 보험업법상의 자회사는 보험회사가 다른회사(「민법」 또는 특별법에 따른 조합을 포함한다)의 의결권 있는 발행주식(출자지분을 포함한다) 총수의 (　)를(을) 초과하여 소유하는 경우의 그 다른 회사를 말한다. (　) 안에 들어갈 것으로 맞는 것은?

① 100분의 10　② 100분의 15
③ 100분의 40　④ 100분의 50

02 다음 중 제3보험업의 보험종목에 해당하지 않는 것은?

① 연금보험　② 상해보험
③ 질병보험　④ 간병보험

03 보험업의 허가를 신청하는 자가 금융위원회에 제출하는 신청서에 기재할 사항이 아닌 것은?

① 상호　② 대표자 및 임원의 경력
③ 시설, 설비 및 인력에 관한 사항　④ 허가를 받으려는 보험종목

04 보험업의 예비허가 신청을 받은 금융위원회는 (a)개월 이내에 심사하여 예비허가 여부를 통지하여야 하는데, 일정한 사유가 있는 경우 한 차례만 (b)개월의 범위에서 통지기간을 연장할 수 있다. (　)에 들어갈 것으로 맞는 것은?

① a : 1　b : 2　② a : 2　b : 3
③ a : 3　b : 4　④ a : 4　b : 5

05 보험종목의 일부만을 취급하려는 보험회사(통신판매전문 보험회사가 아닌 경우)가 납입하여야 하는 보험종목별 자본금 또는 기금의 액수에 관한 다음 기술 중 틀린 것은?

① 생명보험 : 200억원　② 해상보험(항공 · 운송보험을 포함한다) : 150억원
③ 화재보험 : 100억원　④ 보증보험 : 200억원

06 다음 중 보험업법상의 통신판매전문보험회사에 해당하는 것은?

① 총보험계약건수의 100분의 90 이상을 통신수단을 이용하여 모집하는 보험회사
② 수입보험료의 100분의 90 이상을 통신수단을 이용하여 모집하는 보험회사
③ 총보험계약건수 및 수입보험료의 100분의 90 이상을 통신수단을 이용하여 모집하는 보험회사
④ 총보험계약건수 또는 총수익의 100분의 90 이상을 통신수단을 이용하여 모집하는 보험회사

07 다음 중 보험업법상 보험회사가 겸영할 수 있는 금융업무에 해당하지 않는 것은?

① 「전자금융거래법」에 따른 결제중계시스템의 참가기관으로서 하는 전자자금이체업무
② 「자산유동화에 관한 법률」에 따른 유동화자산의 관리업무
③ 「주택저당채권 유동화회사법」에 따른 유동화자산의 관리업무
④ 「한국주택금융공사법」에 따른 채권유동화자산의 관리업무

08 다음 중 보험회사의 준법감시인이 담당할 수 있는 업무에 해당하는 것은?

① 보험모집에 관한 업무
② 내부통제기준 준수여부 점검업무
③ 보험회사가 겸영하는 금융업무
④ 보험금 지급에 관한 업무

09 보험업법상 보험설계사에 관한 다음 설명 중 틀린 것은?

① 보험회사는 소속 보험설계사가 되려는 자를 금융위원회에 등록하여야 한다.
② 보험업법에 따라 벌금 이상의 형을 선고받고 그 집행이 끝난 후 2년이 지나지 아니한 자는 보험설계사가 될 수 있다.
③ 보험업법에 따라 금고 이상의 형의 집행유예를 선고받고 그 유예기간 중에 있는 자는 보험설계사가 될 수 없다.
④ 모집과 관련하여 받은 보험금을 다른 용도에 유용한 후 3년이 지나지 아니한 자는 보험설계사가 될 수 없다.

10 다음 중 보험업법상 보험회사 또는 보험의 모집에 종사하는 자가 보험계약자에게 설명하여야 하는 중요한 사항에 해당하지 않는 것은?

① 해약환급금에 관한 사항
② 보험금청구권의 소멸시효에 관한 사항
③ 보험상품의 종목 및 명칭
④ 분쟁조정절차에 관한 사항

11 다음 중 보험업법상 보험회사 또는 보험의 모집에 종사하는 자가 일반보험계약자와 보험계약을 체결하기 전에 면담 또는 질문을 통하여 파악하여, 일반보험계약자의 확인을 받아 유지 · 관리하여야 하는 사항이 아닌 것은?

① 보험계약자의 연령
② 보험계약자의 재산상황
③ 보험가입의 목적
④ 보험계약자의 가족관계

12 보험회사는 일반보험계약자로서 보험회사에 대하여 대통령령으로 정한 보험계약을 청약한 자가 보험증권을 받은 날로부터 15일(거래당사자 사이에 15일보다 긴 기간으로 약정한 경우에는 그 기간) 이내에 대통령령으로 정하는 바에 따라 청약철회의 의사표시를 하는 경우에는 특별한 사정이 없는 한 이를 거부할 수 없는데, 그러한 철회를 거부할 수 없는 계약에 해당하는 것은?

① 보험계약을 체결하기 위하여 피보험자가 건강진단을 받을 필요가 없는 보험계약
② 보험기간이 1년 미만인 보험계약
③ 「자동차손해배상보장법」 제5조에 따라 가입할 의무가 있는 보험계약
④ 일반보험계약자가 청약철회에 관하여 타인의 동의를 얻지 못한 타인을 위한 보증보험계약

13 다음 중 보험회사의 금지되는 자산운용에 해당하는 것이 아닌 것은?

① 상품이나 유가증권에 대한 투기를 목적으로 하는 자금의 대출
② 저당권 등 담보권의 실행으로 인한 부동산의 취득
③ 직접 · 간접을 불문하고 해당 보험회사의 주식을 사도록 하기 위한 대출
④ 직접 · 간접을 불문하고 정치자금의 대출

14 금융위원회로부터 보험업의 허가를 받은 자에 대한 설명으로 옳지 않은 것은?

① 화재보험의 허가를 받은 자는 그 재보험에 대해서도 허가를 받은 것으로 본다.
② 생명보험업의 보험종목의 전부에 관하여 허가를 받은 자는 질병보험에 대해서도 허가를 받은 것으로 본다.
③ 손해보험업의 보험종목의 전부에 관하여 허가를 받은 자는 연금보험에 대해서도 허가를 받은 것으로 본다.
④ 제3보험업에 관하여 허가를 받은 자는 대통령령으로 정하는 기준에 따라 제3보험의 보험종목에 부가되는 보험을 취급할 수 있다.

15 보험업법상 금융위원회에 대하여 청산인의 해임 청구를 할 수 없는 자는? (다만 정관에 다른 규정이 없음을 전제한다)

① 감사
② 이사
③ 100분의 5 이상의 사원
④ 3개월 전부터 계속하여 자본금의 100분의 5 이상의 주식을 가진 주주

16 상호회사 사원의 권리와 의무에 관한 설명으로 옳은 것은?

① 사원은 회사 채권자에 대하여 직접적인 의무를 진다.
② 사원은 회사채무에 대하여 보험금을 한도로 유한책임을 진다.
③ 사원은 보험료의 납입에 관하여 상계로써 회사에 대항할 수 있다.
④ 생명보험 및 제3보험을 목적으로 하는 상호회사의 사원은 회사의 승낙을 받아 타인으로 하여금 그 권리와 의무를 승계하게 할 수 있다.

17 **금융기관보험대리점에 관한 설명으로 옳은 것은?**

① 자동차보험도 모집할 수 있다.
② 「여신전문금융업법」에 따라 허가를 받은 신용카드업자(겸영여신업자는 제외)는 보험대리점으로 등록할 수 없다.
③ 모집에 종사하는 사람도 대출 업무를 취급할 수 있다.
④ 인터넷 홈페이지를 이용하여 불특정 다수를 대상으로 모집할 수 있다.

18 **보험업법상 원칙적으로 손해사정사 고용의무가 없는 보험회사는?**

① 재보험상품을 판매하는 보험회사
② 화재보험상품을 판매하는 보험회사
③ 보증보험 상품을 판매하는 보험회사
④ 질병보험 상품을 판매하는 보험회사

19 **보험회사는 정관을 변경한 경우에는 변경한 날부터 ( ) 이내에 ( )에 알려야 한다. ( ) 안에 들어갈 사항으로 적당한 것은?**

① 5일, 금융위원회
② 7일, 금융위원회
③ 5일, 보험협회
④ 7일, 보험협회

20 **보험업법상 보험회사의 감사위원회 위원에 관한 설명으로 옳은 것은?**

① 총 위원의 과반수가 사외이사이어야 한다.
② 1명 이상은 대통령령으로 정하는 회계 또는 법률전문가 이어야 한다.
③ 상근임원의 배우자는 감사위원회의 사외이사가 아닌 위원이 되지 못한다.
④ 위원의 사망으로 감사위원회의 구성이 법률상의 요건에 적합하지 아니하게 된 경우에는, 지체 없이 이사회에서 요건에 적합하게 되도록 하여야 한다.

21 **보험회사는 매년 ( )에 그 장부를 폐쇄하여야 하고, 장부를 폐쇄한 날부터 ( ) 이내에 재무제표 및 사업보고서를 금융위원회에 제출하여야 한다. ( ) 안에 들어갈 것으로 적당한 것은?**

① 3월 31일, 2개월
② 3월 31일, 3개월
③ 12월 31일, 2개월
④ 12월 31일, 3개월

22 **기초서류에 관한 설명으로 옳지 않은 것은?**

① 보험회사가 기초서류 관리기준을 개정하는 경우에는 금융위원회에 미리 신고하여야 한다.
② 보험회사가 금융기관보험대리점을 통하여 모집하는 보험상품에 관한 기초서류의 경미한 사항을 변경하려는 경우에는 금융위원회에 대한 사전신고 의무가 없다.
③ 금융위원회는 보험회사가 기초서류를 신고하는 경우 보험료 및 책임준비금 산출방법서에 대하여 보험요율 산출기관 또는 독립계리업자의 검증확인서를 첨부하도록 할 수 있다.
④ 금융위원회의 기초서류 변경권고는 그 내용 및 사유가 구체적으로 적힌 문서로 하여야 한다.

23 **보험회사의 합병에 관한 설명으로 옳지 않은 것은?**

① 합병은 보험회사의 해산사유이다.
② 상호회사와 주식회사가 합병하는 경우 합병 후 존속하는 보험회사는 주식회사이어야 한다.
③ 합병을 결의한 경우에는 결의일로부터 2주 이내에 합병계약의 요지와 각 보험회사의 대차대조표를 공고하여야 한다.
④ 상호회사의 합병결의는 사원과반수의 출석과 그 의결권의 4분의 3 이상의 찬성으로 한다.

24 **보험업법상 손해보험계약의 제3자 보호(제10장)에서 보험금의 지급보장 대상이 되는 손해보험계약의 범위에 속하지 않는 것은?**

① 「자동차손해배상보장법」 제5조에 따른 책임보험계약
② 「선원법」 제98조에 따라 가입이 강제되는 손해보험계약
③ 「자동차손해배상보장법」에 따라 가입이 강제되지 아니한 자동차보험계약
④ 보험업법 시행령으로 정하는 법인을 계약자로 하는 손해보험계약

25 **손해사정사가 직무를 게을리하거나 직무를 수행하면서 부적절한 행위를 하였다고 인정되는 경우, 금융위원회가 업무정지를 명할 수 있는 최대기간은?**

① 1년　　② 6개월
③ 3개월　　④ 1개월

26 **보험요율 산출기관에 관한 설명으로 옳지 않은 것은?**

① 법인으로 한다.
② 보험회사가 금융위원회의 인가를 받아 설립할 수 있다.
③ 정관으로 정하는 바에 따라 업무와 관련하여 보험회사로부터 수수료를 받을 수 있다.
④ 국토교통부가 관리하는 건설기계조종사면허의 효력에 관한 개인정보는 제공받을 수 없다.

27 **다음 중 보험업법상 보험업의 허가에 관한 설명으로 옳은 것은?**

① 보험업을 경영하려는 자는 보험회사별로 금융위원회의 허가를 받아야 하며, 금융위원회는 허가에 조건을 붙일 수 없다.

② 생명보험에 관한 허가를 받은 자는 해당 보험종목의 재보험에 대한 허가를 받은 것으로 추정한다.

③ 보험업의 허가를 받을 수 있는 자는 주식회사, 상호회사, 유한회사 및 외국보험회사로 제한하며, 외국보험회사국내지점은 보험업법에 따른 보험회사로 본다.

④ 국내보험회사의 경우 300억원 이상의 자본금 또는 기금을 납입함으로써 보험업을 시작할 수 있으나, 보험회사가 보험종목의 일부만을 취급하려는 경우 또는 통신판매전문보험회사의 경우 자본금 또는 기금의 액수를 달리 정할 수 있다.

28 **보험업법상 보험회사의 겸영업무에 관한 설명으로 옳은 것은?**

① 겸영업무를 하려는 보험회사는 그 업무를 시작하려는 날의 1월 전까지 금융위원회의 허가를 받아야 한다.

② 보험회사는 「외국환거래법」에 따른 외국환업무를 겸영할 수 없다.

③ 「근로자퇴직급여 보장법」에 따른 퇴직연금사업자의 업무를 하려는 보험회사는 그 업무를 시작하려는 날의 7일 전까지 금융위원회에 신고하여야 한다.

④ 「자본시장과 금융투자업에 관한 법률」에 따른 투자일임업을 하려는 보험회사는 금융위원회의 인가를 받아 이를 겸영할 수 있다.

29 **보험업법상 외국보험회사국내지점에 관한 설명으로 옳지 않은 것은?**

① 외국보험회사국내지점의 대표자는 퇴임한 후 퇴임등기를 하게 되면 대표자의 권리와 의무를 상실한다.

② 금융위원회는 외국보험회사의 본점이 위법행위, 불건전한 영업행위 등의 사유로 외국감독기관으로부터 영업전부의 정지명령 또는 보험업의 허가 취소에 상당하는 조치를 받은 경우 그 외국보험회사국내지점에 대하여 청문을 거쳐 보험업의 허가를 취소할 수 있다.

③ 외국보험회사국내지점의 대표자는 회사의 영업에 관하여 재판상 또는 재판 외의 모든 행위를 할 권한이 있다.

④ 금융위원회는 외국보험회사국내지점이 보험업법 또는 보험업법에 따른 명령이나 처분을 위반하여 해당 외국보험회사국내지점의 보험업 수행이 어렵다고 인정되면 공익 또는 보험계약자 보호를 위하여 영업정지 또는 그 밖에 필요한 조치를 하거나 청문을 거쳐 보험업의 허가를 취소할 수 있다.

30 **보험업법상 보험의 모집인 또는 모집에 관한 설명으로 옳지 않은 것은?**

① 보험대리점 또는 보험중개사가 되려는 자는 개인과 법인을 구분하여 금융위원회에 등록하여야 한다.
② 금융기관보험대리점등 중 「여신전문금융업법」에 따라 허가를 받은 신용카드업자(겸영여신업자는 제외)는 소속 임직원이 아닌 자로 하여금 모집을 하게 하거나, 보험계약 체결과 관련한 상담 또는 소개를 하게 하고 상담 또는 소개의 대가를 지급할 수 있다.
③ 보험업법상 허용된 경우가 아닌 한 보험회사 등은 다른 보험회사 등에 소속된 보험설계사에게 모집을 위탁하지 못한다.
④ 손해보험회사에 소속된 보험설계사가 1개의 제3보험업을 전업으로 하는 보험회사를 위하여 모집을 하는 것은 금지된다.

31 **보험업법상 법인보험대리점(금융기관보험대리점 제외)에 관한 설명으로 옳지 않은 것은?**

① 보험업법에 따라 보험대리점의 등록취소 처분을 2회 이상 받은 경우 최종 등록취소 처분을 받은 날부터 3년이 지나지 아니한 자는 법인보험대리점의 임원이 되지 못한다.
② 법인보험대리점은 「대부업 등의 등록 및 금융이용자 보호에 관한 법률」에 따른 대부업 또는 대부중개업을 영위할 수 있다.
③ 법인보험대리점이 「방문판매 등에 관한 법률」에 따른 다단계판매업을 영위할 경우 금융위원회는 해당 보험대리점의 등록을 취소하여야 한다.
④ 법인보험대리점은 경영하고 있는 업무의 종류, 모집조직에 관한 사항, 모집실적에 관한 사항 등 업무상 주요 사항을 보험협회의 인터넷 홈페이지 등을 통하여 반기별 로 공시하고 금융위원회에 알려야 한다.

32 **보험업법상 금융기관보험대리점에 관한 설명으로 옳은 것은?**

① 금융기관보험대리점이 보험상품을 모집하는 방법은 해당 금융기관보험대리점등의 점포 내의 지정된 장소에서 보험계약자와 직접 대면하여 모집하는 방법만 허용된다.
② 「은행법」에 따라 설립된 은행과 달리 「중소기업은행법」에 따라 설립된 중소기업은행은 보험대리점으로 등록할 수 없다.
③ 금융기관보험대리점(「여신전문금융업법」에 따라 허가를 받은 신용카드업자 및 「농업협동조합법」에 따라 설립된 조합 제외)이 모집할 수 있는 생명보험 상품의 경우 개인저축성 보험, 신용생명보험이 해당하나, 개인보장성보험 중 제3보험은 포함되지 아니한다.
④ 금융기관보험대리점등은 해당 금융기관에 적용되는 모집수수료율을 모집을 하는 점포의 창구 및 인터넷 홈페이지에 공시하여야 하며 보험회사는 모집을 위탁한 금융기관보험대리점등의 모집수수료율을, 보험협회는 전체 금융기관보험대리점등의 모집수수료율을 각각 비교 · 공시하여야 한다.

33 **다음 중 보험업법상 설명의무의 대상이 아닌 것은 모두 몇 개인가?**

> • 주계약 및 특약별로 보장하는 사망, 질병, 상해 등 주요 위험 및 보험금
> • 청약의 철회에 관한 사항
> • 지급한도, 면책사항, 감액지급 사항 등 보험금 지급제한 조건
> • 고지의무 위반의 효과

① 0개
② 1개
③ 2개
④ 3개

34 **보험업법상 보험계약자에 관한 설명으로 옳지 않은 것은?**

① 보험회사의 임직원 등 보험 관계 업무에 종사하는 자는 보험계약자 등 보험계약에 관하여 이해가 있는 자로 하여금 고의로 보험사고를 발생시키거나 발생하지 아니한 보험사고를 발생한 것처럼 조작하여 보험금을 수령하도록 하는 행위를 하여서는 아니 된다.

② 보험계약자 등 보험계약에 관하여 이해관계가 있는 자가 보험사기행위를 한 경우 해당 보험사기행위로 인하여 체결된 보험계약은 보험업법상 무효가 되므로 보험회사는 해당 계약에 따른 보험금을 지급할 의무가 없다.

③ 보험회사는 일반보험계약자가 보험업법상 적법하게 청약의 철회를 행한 경우 청약의 철회를 접수한 날로부터 3일 이내에 이미 납입 받은 보험료를 반환하여야 하며, 청약의 철회에 따른 손해배상 또는 위약금 등 금전의 지급을 청구할 수 없다.

④ 보험계약자나 보험금을 취득할 자가 보험중개사의 보험계약 체결 중개행위와 관련하여 손해를 입은 경우에는 그 손해액을 영업보증금에서 다른 채권자보다 우선하여 변제받을 권리를 가진다.

35 **보험업법상 보험회사의 자산운용에 관한 설명으로 옳은 것은? (보험회사가 비상장 주식회사이며 금융기관은 「금융산업의 구조개선에 관한 법률」상의 금융기관임을 전제한다.)**

① 보험회사는 금융위원회의 승인(신고로써 갈음하는 경우를 포함)을 받은 자회사의 주식이 아닌한 다른 회사의 발행주식(출자지분을 포함) 총수의 100분의 10을 초과하는 주식을 소유할 수 없다.

② 보험회사는 보험업법상 특별한 제한 없이 다른 금융기관 또는 회사의 의결권 있는 주식을 서로 교차하여 보유하거나 신용공여를 할 수 있다.

③ 보험회사가 다른 금융기관 또는 회사와 상법상 자기주식 취득의 제한을 피하기 위한 목적으로 서로 교차하여 주식을 취득할 경우 이를 상당한 기간 내에 처분할 의무를 지며 처분 전에는 해당 취득한 주식에 대하여 의결권을 행사할 수 있다.

④ 보험회사는 신용위험을 이전하려는 자가 신용위험을 인수한 자에게 금전 등의 대가를 지급하고, 신용사건이 발생하면 신용위험을 인수한 자가 신용위험을 이전한 자에게 손실을 보전해 주기로 하는 계약에 기초한 증권 또는 예금을 매수하거나 가입할 수 있다.

36 보험업법상 보험회사의 책임준비금으로 계상할 사항으로 옳지 않은 것은?

① 매 결산기 말 현재 보험금 등의 지급사유가 발생하지 아니한 계약과 관련하여, 결산기 말 이전에 납입된 보험료 중 결산기 말 후의 기간에 해당하는 보험료를 적립한 금액

② 재보험에 기한 보험위험의 전가가 있는 경우, 해당 재보험계약으로 인하여 재보험을 받은 회사에 손실 발생 가능성 여부를 불문하고 해당 재보험을 받은 회사가 재보험을 받은 부분

③ 매결산기말 현재 보험금 지급사유가 이미 발생하였으나 보험금 지급금액의 미확정으로 인하여 아직 지급하지 아니한 금액

④ 보험회사가 보험계약자에게 배당하기 위하여 적립한 금액

37 보험업법상 배당보험계약의 회계처리에 관한 설명으로 옳지 않은 것은?

① 보험회사는 매 결산기 말에 배당보험계약의 손익과 무배당보험계약의 손익을 구분하여 회계처리하여야 한다.

② 보험회사는 배당보험계약의 보험계약자에게 배당을 할 수 있으며, 이 경우 배당보험계약에서 발생하는 이익의 100분의 10 이하를 주주지분으로 하고 나머지 부분을 계약자지분으로 계리(計理)하여야 한다.

③ 배당보험계약 이익의 계약자지분 중 일부는 배당보험계약의 손실 보전을 위한 준비금으로 적립할 수 있고, 배당보험계약에서 손실이 발생한 경우 우선 주주지분으로 보전한 후 그 남은 손실을 위 준비금으로 보전할 수 있다.

④ 배당보험계약의 계약자지분은 계약자배당을 위한 재원과 배당보험계약의 손실을 보전하기 위한 목적 외에 다른 용도로 사용할 수 없다.

38 보험업법상 보험회사의 감독에 관한 설명으로 옳지 않은 것은?

① 금융위원회는 보험회사의 업무 및 자산상황, 그 밖의 사정의 변경으로 공익 또는 보험계약자의 보호와 보험회사의 건전한 경영을 크게 해칠 우려가 있는 경우 기초서류의 변경 또는 그 사용의 정지에 관한 명령권을 갖는다.

② 금융위원회는 기초서류의 변경을 명하는 경우 보험계약자 · 피보험자 또는 보험금을 취득할 자의 이익을 보호하기 위하여 특히 필요하다고 인정하면 이미 체결된 보험계약에 대하여도 장래에 향하여 그 변경의 효력이 미치게 할 수 있다.

③ 금융위원회는 변경명령을 받은 기초서류 때문에 보험계약자 · 피보험자 또는 보험금을 취득할 자가 불이익을 받을 경우라도 이미 체결된 보험계약에 따라 납입된 보험료의 일부를 되돌려주거나 보험금을 증액하도록 할 수 없다.

④ 금융위원회는 보험회사의 파산 또는 보험금 지급불능 우려 등 보험계약자의 이익을 크게 해칠 우려가 있다고 인정되는 경우에는 보험계약 체결 제한, 보험금 전부 또는 일부의 지급정지 또는 그 밖에 필요한 조치를 명할 수 있다.

39 **보험업법상 주식회사인 보험회사에서 보험계약의 이전에 관한 설명으로 옳지 않은 것은?**

① 보험회사는 계약의 방법으로 책임준비금 산출의 기초가 같은 보험계약의 전부를 포괄하여 다른 보험회사에 이전할 수 있으며, 보험계약의 이전은 금융위원회의 인가를 받아야 한다.

② 보험계약을 이전하려는 보험회사는 보험계약의 이전에 관한 주주총회 결의일로부터 2주 이내에 계약 이전의 요지와 각 보험회사의 대차대조표를 공고하여야 한다.

③ 적법하게 행해진 보험계약 이전 결의의 공고에 의한 이의제기 기간에 이의를 제기한 보험계약자가 이전될 보험계약자 총수의 100분의 5를 초과하거나 그 보험금액이 이전될 보험금 총액의 100분의 5를 초과하는 경우에는 보험계약을 이전하지 못한다.

④ 보험계약을 이전한 보험회사가 그 보험계약에 관하여 가진 권리와 의무는 보험계약을 이전받은 보험회사가 승계한다.

40 **보험업법상 금융위원회에 둘 수 있는 보험조사협의회의 구성원이 될 수 있는 자에 해당하지 않는 것은?**

① 검찰총장이 지정하는 소속 공무원 1명

② 금융감독원장이 추천하는 사람 1명

③ 금융위원회가 지정하는 소속 공무원 1명

④ 보험요율 산출기관의 장이 추천하는 사람 1명

2과목 보험계약법

01 상법 제4편의 적용에 대한 설명으로 옳지 않은 것은?

① 상법 제4편의 규정은 영리보험 일반은 물론 그 성질에 반하지 아니하는 범위에서 상호보험과 공제에도 준용된다.
② 판례에 따르면 해상적하보험약관에 영국법 준거조항이 있는 경우에도 이것이 보험계약의 보험목적물 등 성립 여부에 관한 사항에까지 적용하기로 한 것으로는 볼 수 없다.
③ 2014년 개정된 상법 제4편의 규정은 법률불소급의 원칙에 따라 법 개정 전에 체결된 보험계약에는 전혀 그 적용이 없다.
④ 가계보험과 기업보험의 구분은 상법 제663조(불이익변경 금지의 원칙)의 적용여부와 관련하여 실익이 있다.

02 보험계약의 성립에 관한 상법의 태도로 옳지 않은 것은?

① 보험계약은 당사자 일방이 약정한 보험료를 지급하고 재산 또는 생명이나 신체에 불확정한 사고가 발생할 경우에 상대방이 일정한 보험금이나 그 밖의 급여를 지급할 것을 약정함으로써 효력이 생긴다.
② 보험계약자가 보험계약의 청약과 함께 중요사항에 대한 고지의무를 이행한 경우, 보험자는 20일 내에 그 상대방에 대하여 낙부의 통지를 발송하여야 한다.
③ 신체검사를 받아야 하는 인보험계약의 피보험자가 신체검사를 받지 않은 경우에는 보험자의 승낙 전에 보험사고가 발생하였더라도 보험자는 그 청약을 거절할 사유의 존재여부에 관계없이 보상책임을 부담하지 않는다.
④ 보험자의 보상책임은 최초의 보험료의 지급을 받은 때로부터 개시되지만, 당사자의 약정으로 달리 정할 수 있다.

03 타인을 위한 보험계약에 대한 설명으로 옳지 않은 것은?

> 타인을 위한 보험계약은 보험계약자가 ① 그 타인의 대리인으로서가 아니라 자기의 이름으로 계약을 체결하는 것으로서 타인의 위임이 없어도 그 보험계약을 체결할 수 있다. 다만 ② 손해보험계약의 경우에 그 타인의 위임이 없는 경우에는 보험계약자는 이를 보험자에게 고지하여야 하고, 그 고지가 없는 때에는 타인이 그 보험계약이 체결되었다는 사유로 보험자에게 대항하지 못한다. 타인을 위한 보험계약에서 그 타인은 당연히 그 계약의 이익을 받는다. 따라서 ③ 특별한 사정이 없는 한 그 타인은 보험계약자의 동의가 없어도 임의로 권리를 행사하고 처분할 수 있다. 그러나 손해보험계약의 경우에 ④ 보험계약자가 그 타인에게 보험사고의 발생으로 생긴 손해의 보상을 한 때에는 보험계약자는 그 타인의 권리를 해하지 아니하는 범위 안에서 보험자에게 보험금액의 지급을 청구할 수 있다.

04 보험증권에 대한 설명으로 옳지 않은 것은?

① 보험증권을 멸실한 때에는 보험계약자는 자신의 비용부담으로 증권의 재교부를 청구할 수 있다.
② 보험료의 전부 또는 최초보험료의 지급이 있기 전까지 보험자는 증권의 교부를 거절할 수 있다.
③ 기존의 보험계약을 연장하는 경우에는 보험자는 그 보험증권에 그 사실을 기재함으로써 보험증권의 교부에 갈음할 수 있다.
④ 보험자가 보험증권의 교부의무를 위반한 경우에 보험계약자는 보험계약 성립일로부터 3월 내에 보험계약을 취소할 수 있다.

05 보험료반환청구권의 소멸시효에 대한 설명으로 옳지 않은 것은? (다툼이 있는 경우 판례에 의함)

① 타인의 서면동의를 받지 않고 체결된 타인의 사망보험계약에 있어서는 보험자의 위법성이 강하여 보험료를 최종적으로 납부한 시점부터 보험료반환청구권의 소멸시효가 진행된다.
② 상법상 보험료반환청구권의 소멸시효의 기산점에 대한 규정은 없다.
③ 무효인 보험계약에 기한 보험료반환청구권의 소멸시효는 특별한 사정이 없는 한 각 보험료를 납부한 때에 각 보험료에 대한 반환청구권의 소멸시효가 진행한다.
④ 보험계약자의 보험료반환청구권은 3년간 행사하지 아니하면 시효의 완성으로 소멸한다.

06 상법상 보험계약자가 가지는 임의해지권에 대한 설명으로 옳지 않은 것은?

① 보험사고가 발생하기 전에는 보험계약자는 언제든지 계약의 전부 또는 일부를 해지할 수 있다.
② 타인을 위한 보험계약의 경우에는 보험계약자는 그 타인의 동의를 얻지 아니하거나 보험증권을 소지하지 아니하면 보험계약을 해지할 수 없다.
③ 보험사고의 발생으로 보험자가 보험금을 지급한 후에 보험금액이 감액되지 않는 보험의 경우에는 그 보험사고가 발생한 후에는 임의해지권을 행사할 수 없다.
④ 보험계약자가 임의해지권을 행사하는 경우에 당사자간에 다른 약정이 없으면 미경과보험료의 반환을 청구할 수 있다.

07 보험료 지급에 대한 상법의 태도이다. 옳지 않은 것으로만 묶인 것은?

> 보험료의 지급은 보험계약의 ㉠ 성립요건이다. 보험계약자는 계약 체결 후 ㉡ 지체 없이 보험료의 전부 또는 제1회 보험료를 지급하여야 한다. 이를 위반한 경우에는 다른 약정이 없으면 계약 성립 후 ㉢ 3월이 경과한 때에 그 계약은 ㉣ 해제된 것으로 본다. 계속보험료가 약정한 시기에 지급되지 아니한 때에는 보험자는 상당한 기간을 정하여 보험계약자에게 최고하고 그 기간 내에 지급하지 아니하면 그 계약을 ㉤ 해제할 수 있다. 보험계약의 당사자가 특별한 위험을 예기하여 보험료의 액을 정한 경우에 보험기간 중 그 예기한 위험이 소멸한 때에는 ㉥ 보험계약자는 그 후의 보험료의 감액을 청구할 수 있다.

① ㉠, ㉡, ㉥　　② ㉠, ㉢, ㉤
③ ㉣, ㉤, ㉥　　④ ㉠, ㉣, ㉥

08 보험계약의 부활에 관한 다음의 설명 중 옳은 것은?

① 해지예고부 최고약관에 의하여 보험계약이 무효 또는 실효되는 경우에는 보험계약의 부활을 청구할 수 없다.

② 보험자가 보험료환급금을 반환한 경우에는 보험계약자는 환급의 날로부터 3년내에 부활의 청약을 하여야 한다.

③ 보험계약의 부활은 당사자간의 합의에 의하여 종전의 보험계약을 다시 회복시키는 특수한 계약이므로, 종전 계약의 해지시점부터 부활 시점 사이에 발생한 사고에 대하여 보험자에게 보상책임이 인정된다.

④ 보험자는 보험계약부활의 청약과 함께 보험료 상당액의 전부 또는 일부의 지급을 받은 때에는 다른 약정이 없으면 30일 내에 낙부의 통지를 발송하여야 한다.

09 상법상 고지의무제도에 대한 설명으로 옳지 않은 것은?

① 타인을 위한 손해보험계약에서 보험계약의 체결을 알고 있는 피보험자는 고지의무를 진다.

② 상법상 고지의무제도는 수동적 응답의무로서, 보험계약자는 보험자가 서면으로 질문한 사항에 대하여 성실하게 응답한 경우라면 고지의무 위반을 구성하지 않는다.

③ 판례에 의하면 고지의무자가 중요한 사항을 스스로 탐지하여 알려야 할 의무는 존재하지 않는다.

④ 판례에 의하면 보험계약자 등이 고지하여야 하는 중요한 사항이란 "객관적으로 보험자가 그 사실을 안다면 그 계약을 체결하지 않든가 또는 적어도 그런 조건으로는 계약을 체결하지 않으리라고 생각되는 사항"이다.

10 다음 중 보험계약의 무효사유에 해당하는 것으로만 묶인 것은?

㉠ 보험계약자가 보험사고를 가장하여 보험금을 취득할 목적으로 보험계약을 체결한 경우
㉡ 보험자가 파산선고를 받고 3월이 경과한 경우
㉢ 보험계약자가 고지의무를 위반한 경우
㉣ 사기로 인한 중복보험이 체결된 경우
㉤ 계속보험료가 최고기간 이후에도 지급되지 아니한 경우
㉥ 타인의 서면동의를 얻지 않고 그 타인의 사망보험계약을 체결한 경우

① ㉠, ㉡, ㉣
② ㉡, ㉢, ㉣
③ ㉠, ㉣, ㉥
④ ㉠, ㉡, ㉥

11 **상법상 제652조에서 규정한 위험의 현저한 변경증가에 대한 설명으로 옳은 것은? (다툼이 있는 경우 판례에 의함)**

① 화재보험에 가입된 공장건물에 대한 근로자들의 점거와 장기간의 농성은 사고발생 위험의 현저한 증가 또는 변경이라고 볼 수 없다.

② 화재보험약관에서 규정하고 있는 '사고발생 위험의 현저한 증가 또는 변경시 통지의무'조항에 대하여 보험자는 약관 명시 · 설명의무를 부담한다.

③ 보험계약자가 위험의 현저한 변경증가 사실을 통지한 때에는 보험자는 통지를 받은 날로부터 2월 내에 계약을 해지할 수 있다.

④ 보험계약 해지권 행사기간의 기산점은 보험계약자 등이 통지의무를 이행하지 아니한 사실을 보험자가 알게 된 날이다.

12 **불이익변경금지조항에 관한 설명으로 옳지 않은 것은? (다툼이 있는 경우 판례에 의함)**

① 보험계약당사자의 지위의 불균형이 존재하는 경우 가계보험계약자를 보호하기 위하여 인정되는 것으로 보험자에게 불이익하게 변경된 약관조항은 유효하다.

② 해상위험을 담보한 어선공제약관에 대하여는 계약당사자가 대등한 경제적 지위에 있다고 볼 수 없어 상법 제663조의 불이익변경금지의 원칙을 적용한다.

③ 재보험 및 해상보험 기타 이와 유사한 이른바 기업보험의 경우에는 보험계약자의 이익보호를 위한 법의 후견적 보호 보다는 사적 자치에 따른 이익조정이 가능하도록 상법 제663조의 적용을 배제한다.

④ 고지의무 위반이 있는 때에는 보험자가 보험계약의 해지권을 행사할 수 있는 기간을 계약 체결일로부터 5년으로 한다는 약정은 유효하다.

13 **다음 중 보험계약에 대한 설명으로 옳지 않은 것은? (다툼이 있는 경우 판례에 의함)**

① 타인의 사망을 보험사고로 하는 보험계약에는 보험계약 체결 시에 그 타인의 서면에 의한 동의를 얻어야 한다는 상법 제731조 제1항의 규정은 강행법규로서 이에 위반하여 체결된 보험계약은 무효이다.

② 위험의 현저한 증가나 변경시 보험계약자의 통지의무 위반으로 인한 보험자의 해지권 행사기간의 기산점은 단순한 의심의 수준이 아니라 보험자가 조사 · 확인절차를 거쳐 보험계약자의 통지의무 위반을 뒷받침하는 객관적인 근거를 확보함으로써 통지의무 위반이 있음을 안 때에 비로소 진행한다.

③ 주피보험자의 호적상 또는 주민등록상 배우자만이 종피보험자로 가입할 수 있는 보험에서 '종피보험자가 보험기간 중 주피보험자의 배우자에 해당하지 아니하게 된 때에는 종피보험자의 자격을 상실한다'고 정한 약관조항은 거래상 일반적이고 공통적인 것이 아니어서 보험자의 명시 · 설명의무가 필요하다.

④ 피보험자가 정신질환 등으로 자유로운 의사결정을 할 수 없는 상태에서 사망의 결과를 발생케 한 경우에는 보험자의 면책사유로 규정된 '자살'에 해당하지 않는다.

14 다음의 (　) 안에 들어갈 기간이 순서에 따라 알맞게 짝 지어진 것은?

- 보험금지급에 대한 약정기간이 없는 경우 보험자는 보험사고의 통지를 받은 후 지체 없이 지급할 보험금액을 정하고 그 정하여진 날부터 (㉠)내에 피보험자 또는 보험수익자에게 보험금액을 지급하여야 한다.
- 보험자가 보험계약자로부터 보험계약의 청약과 함께 보험료 상당액의 전부 또는 일부의 지급을 받은 때에는 (㉡) 내에 그 상대방에 대하여 낙부의 통지를 발송하여야 한다.
- 보험자가 보험기간 중 보험계약자로부터 사고발생 위험의 현저한 변경증가에 대한 통지를 받은 때에는 (㉢)내에 보험료의 증액을 청구하거나 계약을 해지할 수 있다.
- 보험자가 파산의 선고를 받은 때에 보험계약자가 계약을 해지하지 않고 (㉣)이 경과한 때에는 그 보험계약은 효력을 잃는다.

① 10일, 30일, 1월, 2월
② 1월, 1월, 30일, 3월
③ 1월, 20일, 2월, 1월
④ 10일, 30일, 1월, 3월

15 손해보험에 관한 설명으로 옳지 않은 것은?

① 손해보험은 물건이나 재산상의 손해를 보상하는 측면에서 보상금액을 미리 정할 수 없는 부정액보험의 성격을 가진다.
② 상법상 손해보험의 종류에는 화재보험, 운송보험, 해상보험, 책임보험, 재보험, 자동차보험, 보증보험이 있다.
③ 손해보험은 원칙적으로 재산상 손해를 보험금액의 한도 내에서 실제로 발생한 손해만을 보상하는 실손보상적 성질을 가진다.
④ 손해보험에서 피보험자는 보험의 객체로서 보험금 청구권을 가지는 자이다.

16 피보험이익에 관한 설명으로 옳지 않은 것은? (다툼이 있는 경우 판례에 의함)

① 피보험이익은 상법 제668조에서 보험계약의 목적이라고 표현하고 있으며 보험계약의 대상인 보험의 목적과 구별된다.
② 우리나라에서 피보험이익은 손해보험에 특유한 것으로 인보험에서는 인정되지 않는다.
③ 화재보험계약에서 동산 양도 담보설정자는 그 물건에 대한 보험사고가 발생한 경우 그 목적물에 관하여 피보험이익을 갖지 못한다.
④ 손해보험에서 피보험이익은 피보험자가 보험의 목적물에 대하여 가지는 경제적 이해관계를 의미하는 것으로 소유 이익에 한하지 아니하고 담보이익, 사용수익이익 등도 포함한다.

17 손해보험에서 보험가액과 보험금액의 관계에 대한 설명으로 옳지 않은 것은?

① 기평가보험으로 인정되기 위한 당사자 사이의 보험가액의 합의는 명시적인 것이어야 하고, 동시에 반드시 협정가액 또는 약정가액이라는 용어를 사용하여야 한다.
② 초과보험은 보험금액이 보험계약의 목적의 가액을 현저하게 초과하는 보험을 말한다.
③ 동일한 보험계약의 목적과 동일한 사고에 관하여 수개의 보험계약이 동시 또는 순차로 체결된 경우 그 보험금액의 총액이 보험가액을 초과하는 보험을 중복보험이라 한다.
④ 일부보험이란 보험가액의 일부를 보험에 붙인 보험을 말한다.

18 보험가액이 12억원인 건물에 대하여 보험금액을 5억원, 10억원, 15억원으로 하는 보험계약을 갑, 을, 병 보험회사와 각각 체결하고, 사고 당시에도 이러한 보험계약이 유효하게 유지되고 있다면 상법에 의할 때 각 보험자가 분담하는 보험금액으로 옳은 것은? (보험계약자는 선의이고, 보험가액은 사고 당시에도 변화가 없음)

① 갑 : 2억원　을 : 4억원　병 : 6억원
② 갑 : 3억원　을 : 5억원　병 : 4억원
③ 갑 : 3억원　을 : 4억원　병 : 5억원
④ 갑 : 2억원　을 : 5억원　병 : 5억원

19 중복보험의 통지의무에 관한 설명으로 옳지 않은 것은? (다툼이 있는 경우 판례에 의함)

① 동일한 보험계약의 목적과 동일한 사고에 관하여 수개의 보험계약을 체결하고 있는 경우에는 보험계약자는 각 보험자에 대하여 각 보험계약의 내용을 통지하여야 한다.
② 상법은 중복보험 통지의무의 위반효과로서 당해 보험계약을 해지할 수 있는 것으로 규정하고 있다.
③ 다수의 보험계약의 체결사실에 대하여 통지하도록 규정한 취지는 부당한 이득을 얻기 위한 사기에 의한 보험계약의 체결을 사전에 방지하고 보험자로 하여금 보험사고 발생시 손해의 조사 또는 책임의 범위에 대한 결정을 다른 보험자와 공동으로 할 수 있도록 하기 위한 것이다.
④ 손해보험에 있어서 타보험 가입사실은 상법 제652조 및 제653조의 통지의무의 대상이 되는 사고발생의 위험이 현저하게 변경 또는 증가된 때에 해당하지 않는다.

20 손해방지의무에 관한 설명으로 옳지 않은 것은?

① 손해방지의무는 보험사고의 발생을 요건으로 하므로 보험계약자 등은 보험사고가 발생한 때부터 이 의무를 부담한다.
② 상법상 손해방지의무를 부담하는 자는 보험계약자, 피보험자 및 피해자이다.
③ 손해방지의무란 손해의 방지와 손해의 경감을 위하여 노력하는 것을 말한다.
④ 손해방지를 위하여 필요 또는 유익하였던 비용과 보상액이 보험금액을 초과한 경우라도 보험자가 이를 부담한다.

21 보험목적에 관한 보험대위에 대한 설명으로 옳지 않은 것은?

① 상법상 보험목적에 대한 보험대위는 보험목적의 일부 멸실로는 발생하지 아니하고, 보험목적물이 전부 멸실한 경우에 발생한다.
② 보험가액의 일부를 보험에 붙인 경우에는 보험자가 취득할 권리는 보험금액의 보험가액에 대한 비율에 따라 이를 정한다.
③ 보험자가 해당 보험금 및 기타 보험급부를 전부 지급한 때에 발생한다.
④ 일부보험의 경우 보험금 전액을 지급한 보험자라 하더라도 일부보험의 특성상 보험목적에 관한 보험대위가 불가능하다.

22 제3자에 대한 보험대위에서 제3자의 범위에 속하는 자를 모두 고른 것은? (다툼이 있는 경우 판례에 의함)

가. 자동차 보험에서 승낙피보험자
나. 주택화재보험에서 피보험자와 생계를 같이 하는 가족
다. 타인을 위한 보험에서 보험계약자
라. 피보험자나 보험계약자와 생계를 같이 하는 가족의 고의로 인한 사고에서 그 가족

① 가 ② 가, 나
③ 나, 다 ④ 다, 라

23 보험목적의 양도에 대한 상법 제679조에 관한 설명으로 옳지 않은 것은? (다툼이 있는 경우 판례에 의함)

① 보험의 목적의 양도인 또는 양수인은 보험자에 대하여 보험목적의 양도사실을 지체 없이 통지하여야 한다.
② 보험목적의 양도란 보험의 대상인 목적물을 개별적으로 타인에게 양도하는 것이다.
③ 피보험자가 보험의 목적을 양도한 때에는 양수인은 보험계약상의 권리와 의무를 승계한 것으로 추정한다.
④ 보험목적의 양도에 관한 상법 제679조의 규정은 강행규정이다.

24 화재보험에 대한 설명으로 옳지 않은 것은? (다툼이 있는 경우 판례에 의함)

① 화재보험계약의 보험자는 화재로 인하여 생길 손해를 보상할 책임을 부담한다.
② 집합된 물건을 일괄하여 보험의 목적으로 한 때에는 그 목적에 속한 물건이 보험기간 중에 수시로 교체된 경우에도 보험사고의 발생 시에 현존한 물건은 보험의 목적에 포함된 것으로 한다.
③ 집합된 물건을 일괄하여 보험의 목적으로 한 때에는 피보험자의 가족과 사용인의 물건도 보험의 목적에 포함된 것으로 한다.
④ 화재보험 목적물의 소유자와 담보권자의 피보험이익은 항상 보험목적물의 가액 전체에 미친다.

25 상법상 해상보험에 대한 설명으로 옳지 않은 것은?

① 해상보험의 보험자는 피보험자가 지급할 공동해손의 분담액을 보상할 책임이 있다. 그러나 보험의 목적의 공동해손분담가액이 보험가액을 초과할 때에는 그 초과액에 대한 분담액은 보상하지 아니한다.

② 보험자는 피보험자가 보험사고로 인하여 발생하는 손해를 방지하기 위하여 지급할 구조료를 보상할 책임이 있다. 그러나 보험의 목적물의 구조료분담가액이 보험가액을 초과할 때에는 그 초과액에 대한 분담액은 보상하지 아니한다.

③ 선박의 일부가 훼손되었으나 이를 수선하지 아니한 경우에는 보험자는 그로 인한 감가액을 보상할 책임이 없다.

④ 해상보험의 보험자는 보험의 목적의 안전이나 보존을 위하여 지급할 특별비용을 보험금액의 한도 내에서 보상할 책임이 있다.

26 상법상 해상보험에서 위부에 대한 설명으로 옳지 않은 것은?

① 선박의 행방불명은 전손으로 추정되나, 보험위부의 원인은 아니다.

② 보험위부는 피보험자의 일방적 의사표시에 의하여 행사되는 형성권이므로 보험자의 승인은 위부의 요건이 아니다.

③ 보험자가 위부를 승인한 때에도 피보험자는 위부의 원인을 증명하지 아니하면 보험금액의 지급을 청구하지 못한다.

④ 피보험자가 위부를 함에 있어서는 보험자에 대하여 보험의 목적에 관한 다른 보험계약과 그 부담에 속한 채무의 유무와 그 종류 및 내용을 통지하여야 한다.

27 책임보험에 대한 설명으로 옳지 않은 것은?

① 책임보험계약의 보험자는 피보험자가 보험기간 중의 사고로 인하여 제3자에게 배상할 책임을 진 경우에 이를 보상할 책임이 있다.

② 책임보험은 가해자와 피해자를 보호하는 기능을 동시에 갖고 있다.

③ 피보험자가 담보의 제공 또는 공탁으로써 재판의 집행을 면할 수 있는 경우에는 보험자에 대하여 보험금액의 한도 내에서 그 담보의 제공 또는 공탁을 청구할 수 있다.

④ 피보험자가 경영하는 사업에 관한 책임을 보험의 목적으로 한 때에는 피보험자의 대리인 또는 그 사업감독자의 제3자에 대한 책임은 보험의 목적이 되지 못한다.

28 책임보험에서 피해자 직접청구권에 대한 설명으로 옳지 않은 것은?

① 제3자가 보험자에게 직접 보상을 청구한 경우에 보험자는 피보험자가 그 사고에 관하여 가지는 항변으로써 제3자에게 대항할 수 없다.
② 보험자는 피보험자가 책임을 질 사고로 인하여 생긴 손해에 대하여 제3자가 그 배상을 받기 전에는 보험금액의 전부 또는 일부를 피보험자에게 지급하지 못한다.
③ 보험자가 피해자로부터 보상청구를 받은 때에는 지체 없이 피보험자에게 이를 통지하여야 한다.
④ 피보험자는 보험자의 요구가 있을 때에는 필요한 서류 · 증거의 제출, 증언 또는 증인의 출석에 협조할 의무가 있다.

29 자동차보험증권에 기재하여야 할 사항을 모두 고른 것은?

가. 자동차소유자와 그 밖의 보유자의 성명과 생년월일 또는 상호
나. 피보험자동차의 등록번호, 차대번호, 차형 년식과 기계장치
다. 차량가액을 정한 때에는 그 가액

① 가 ② 가, 나
③ 가, 나, 다 ④ 나, 다

30 자동차보험에 대한 설명으로 옳지 않은 것은? (다툼이 있는 경우 판례에 의함)

① 보험자가 보험계약자의 대리인과 자동차 보험계약을 체결하는 경우에는 그 대리인에게 보험약관을 설명함으로써 족하다.
② 피보험자가 보험기간 중에 자동차를 양도한 때에는 양수인은 보험자의 승낙을 얻은 경우에 한하여 보험계약으로 인하여 생긴 권리와 의무를 승계한다.
③ 보험자가 양수인으로부터 양수사실을 통지받은 때에는 지체 없이 낙부를 통지하여야 하고 통지받은 날부터 14일 내에 낙부의 통지가 없을 때에는 승낙한 것으로 본다.
④ 자동차보험계약의 보험자는 피보험자가 자동차를 소유, 사용 또는 관리하는 동안에 발생한 사고로 인하여 생긴 손해를 보상할 책임이 있다.

31 인보험에서 인정되는 것은?

① 보험의 목적의 양도 ② 보험계약자 변경
③ 피보험이익의 개념 ④ 손해방지의무

32 인보험에 관한 설명으로 옳은 것은?

① 인보험은 정액보험이므로 자산운용성과에 따라 보험금액이 바뀌는 변액보험은 인보험이 아니라 펀드형 투자상품이다.
② 보험수익자가 피보험자의 유족인 때에는 인보험의 보험자는 피살된 피보험자의 사망보험금 지급 후, 유족이 가해자에 대하여 갖는 불법행위로 인한 손해배상청구권을 대위행사 할 수 있다.
③ 보험금지급청구권의 소멸시효는 보험사고 발생시에 기산하는 것이 원칙이며, 시효의 중단이나 정지가 인정되지 아니한다.
④ 상해보험계약에서 보험자는 당사자 간에 약정이 있는 때에는 피보험자의 권리를 해하지 아니하는 범위 안에서 그 권리를 대위행사 할 수 있다.

33 타인의 사망보험계약에 대한 설명으로 옳은 것은? (다툼이 있는 경우 판례에 의함)

① 피보험자가 보험계약 체결 시 서면동의를 하면서 앞으로 1주일 이내에 체결되는 사망보험계약에 한하여 동의한다고 기재한 경우, 그 기간 내의 사망보험계약에 대하여는 따로 동의가 필요 없다.
② 청약시 피보험자가 휴대전화를 걸어와 동의한 후 보험계약 체결 다음날에 건강진단서를 제출하는 등 동의의사를 확실히 확인할 수 있는 때에는 동의로 인정된다.
③ 보험설계사가 서면동의에 대하여 설명하지 아니하여, 서면동의 없이 체결된 계약이라면 동의요건은 계약의 내용에 편입되지 않으므로 보험사고 발생시에 보험금을 지급하여야 한다.
④ 피보험자는 그가 동의할 때 기초로 한 사정에 중대한 변경이 있는 경우에는 보험계약자가 승낙하지 않는 때에도 동의를 철회할 수 있다.

34 다음 중 유효한 계약은?

① 사망을 보험사고로 하는 보험계약에서 심신상실자가 보험계약 체결 시에 피보험자로 되는 데에 동의한 경우
② 15세 미만자가 의사능력을 갖고 자신을 피보험자로 하는 사망보험계약에 서면동의 한 후 보험사고 발생 시에는 이미 성년에 이른 경우
③ 심신박약자가 보험계약 체결 시 의사능력을 갖고 계약 체결에 동의하였으나 계약 체결 직후부터 의사능력이 없는 상태에서 보험사고가 발생한 경우
④ 태아를 피보험자로 하여 태아의 사산을 보험사고로 하는 보험계약이 친권자 전원의 동의 하에 체결된 경우

35 생명보험과 상해보험의 차이로 옳지 않은 것은?

① 사망은 언제인가 발생할 것이 확실하나, 상해는 발생여부가 불확정적이다.
② 생명보험과 달리 상해보험 증권에는 타인의 상해보험계약에서 피보험자의 직무 또는 직위만을 기재할 수 있다.
③ 생명보험과 달리 상해보험에서는 일정한 조건 하에 청구권대위가 허용된다.
④ 인보험과 달리 상해보험은 상해로 입은 실손해를 보상하는 부정액보험만 허용된다.

36 우리 상법상 인정되는 것은?

① 보험수익자의 개입권 행사에 의한 보험계약의 부활 청구
② 보장성 보험의 일정한도의 보험금액청구권을 압류금지채권으로 한 것
③ 약관에서 달리 배제하고 있지 아니하는 한 계약자배당을 청구할 권리
④ 인보험계약의 보험자가 약정에 따라 보험금을 연금으로 분할하여 지급하는 것

37 상해보험계약의 보험수익자에 대한 설명으로 옳지 않은 것은? (다툼이 있는 경우 판례에 의함)

① 보험계약자가 보험계약 체결 시에 상해보험의 수익자를 '상속인'이나 '배우자' 등으로 지정한 것은 유효하다.
② 보험계약자가 보험수익자를 지정하지 않고 사망한 때에는 그 승계인이 지정 · 변경권을 행사할 수 있다는 약정이 없는 한 피보험자를 보험수익자로 한다.
③ 보험수익자 지정 없이 상속인이 보험수익자로 되는 경우의 보험금청구권은 상속재산을 구성하므로 피상속인의 채무변제를 위한 책임재산이 된다.
④ 보험수익자가 보험존속 중에 사망한 때에는 보험계약자는 다시 보험수익자를 지정할 수 있으나 지정권을 행사하기 전에 보험사고가 생긴 경우에는 피보험자 또는 보험수익자의 상속인을 보험수익자로 한다.

38 상법상 허용되지 아니하는 '다른 약정'은?

① 보험사고가 보험계약자에 의하여 생긴 경우에도 보험자가 보험적립금반환의무를 진다는 약정
② 보험사고가 전쟁 기타의 변란으로 인하여 생긴 때에도 보험자는 보험금지급책임을 진다는 약정
③ 보험자가 보상할 손해액을 그 신품가액에 의하여 산정할 수 있다는 약정
④ 대리인에 의하여 보험계약을 체결하는 경우에 대리인이 안 사유를 그 본인이 안 것과 동일한 것으로 하지 않는다는 약정

39 질병보험에 관한 설명으로 옳지 않은 것은? (다툼이 있는 경우 판례에 의함)

① 상해사고를 통하여 발병한 때에는 상해보험을 통하여 보상이 가능하므로 질병보험은 상해보험의 일종이다.
② 질병보험에 관하여는 그 성질에 반하지 아니하는 범위에서 생명보험에 관한 규정을 준용한다.
③ 질병보험에 관하여는 그 성질에 반하지 아니하는 범위에서 상해보험에 관한 규정을 준용한다.
④ 질병보험의 보험사고를 계약 체결 후에 발병한 경우에 한정한다는 약관조항은 유효하다.

40 보증보험에 관하여 적용 또는 준용되는 규정이 아닌 것은?

① 상법상 책임보험계약상 피해자의 직접청구권
② 민법상 주채무자에 대한 보험자의 구상권
③ 보험자가 행사할 민법상 변제자 대위권
④ 민법상 보증인과 주채무자간 상계권

3과목 손해사정이론

01 보험계약은 다수인을 상대로 동일한 내용의 계약을 체결하게 되므로 정형화된 보험약관에 의하여 이루어진다. 이는 보험계약의 어떠한 법적 성질과 밀접한 관련이 있는가?

① 낙성계약성 ② 쌍무계약성
③ 선의계약성 ④ 부합계약성

02 다음 보험가능 리스크(insurable risk)의 요건 중 피보험이익의 원칙과 가장 관련이 깊은 것은?

① 다수의 동질적 리스크 ② 손실의 우연성
③ 확정 가능한 손실 규모 ④ 측정 가능한 손실 발생 확률

03 어떤 보험상품에서 p = 보험료, q = 보험금액, m = 보험가입자의 수, n = 보험사고 발생건수라 할 때, 급부 · 반대급부균등의 원칙을 표현한 것으로 옳은 것은?

① $pq = mn$ ② $np = mq$
③ $p = \frac{n}{m}q$ ④ $p = \frac{m}{n}q$

04 다음 중 보험의 특성으로 보기 어려운 것은?

① 리스크의 분담 ② 리스크의 전가
③ 우연적 손실의 보상 ④ 도덕적 해이의 감소

05 다음 중 보험가능 리스크(insurable risk)의 요건이 비교적 덜 엄격하게 적용되는 보험종목은?

① 고용보험 ② 화재보험
③ 상해보험 ④ 배상책임보험

06 개인이 보험을 구입하는 필요조건으로서 개인의 리스크 성향은 무엇인가?

① 리스크 선호형(risk – loving) ② 리스크 회피형(risk – averse)
③ 리스크 중립형(risk – neutral) ④ 리스크 성향과 관계없다.

07 다음 중 가해자의 과실에 따른 배상책임을 면제 또는 경감하기 위하여 적용하는 법리가 아닌 것은?

① 리스크의 감수(assumption of risk)
② 기여과실(contributory negligence)
③ 비교과실(comparative negligence)
④ 최종적 명백한 기회(last clear chance)

08 다음 중 우리나라에 가장 먼저 도입된 사회보험은?

① 국민건강보험
② 국민연금
③ 고용보험
④ 산업재해보상보험

09 다음 중 보험회사에 대한 재무건전성 감독을 위한 제도와 가장 거리가 먼 것은?

① 보험회계기준
② 지급여력제도
③ 경영실태평가
④ 보험상품공시제도

10 다음 중 피보험이익의 요건에 해당하지 않은 것은?

① 금전평가 가능성
② 적법성
③ 확정가능성
④ 충분성

11 다음 중 재보험과 관련된 설명으로 옳지 않은 것은?

① 재보험은 원보험자의 보험영업이익 안정화에 도움이 된다.
② 임의재보험(facultative reinsurance)은 자동적 재보험 담보가 아니므로 재보험 처리가 지연될 수 있다.
③ 특약재보험(treaty reinsurance)에서는 재보험자가 원보험자의 개별 청약에 대하여 인수여부를 결정한다.
④ 비비례적 재보험(non-proportional reinsurance)에서는 원보험계약에서 발생하는 사고의 손실 규모를 기준으로 원보험자와 재보험자의 보상책임액이 결정된다.

12 다음 재보험계약 중 원보험자의 미경과보험료적립금 경감 목적으로 가장 유용한 것은?

① 비례재보험(quota share reinsurance)
② 초과액재보험(surplus share reinsurance)
③ 초과손해액재보험(excess of loss reinsurance)
④ 초과손해율재보험(stop loss reinsurance)

13 다음 중 보증보험에 대한 설명으로 가장 적절하지 않은 것은?

① 손해보험으로 분류된다.
② 타인을 위한 보험이다.
③ 대수의 법칙 적용을 기본원리로 하지 않는다.
④ 보험계약자의 고의로 인한 손실은 보상하지 않는다.

2016 2017 2018 2019 2020 2021 2022 2023 2024 2025 제1회 제2회 제3회 제4회

14 다음의 보험요율 산정원칙 중 보험회사의 재무건전성과 가장 관련이 있는 것은?

① 충분성(adequacy) ② 비과도성(non-excessiveness)
③ 안정성(stability) ④ 공정 차별성(fair discrimination)

15 다음과 같은 속성의 리스크를 관리할 때 사용할 수 있는 리스크 관리 기법으로 가장 적절한 것은?

- 최악의 손실이 미미한 수준이다.
- 손실발생빈도가 낮다.

① 리스크 회피(risk avoidance) ② 리스크 보유(risk retention)
③ 손실감소(loss reduction) ④ 보험(insurance)

16 다음 중 자체 보험자(captive insurer)를 설립하는 이유로 가장 거리가 먼 것은?

① 보험비용의 절약 ② 자체 이익의 실현 가능성
③ 재보험 가입의 용이 ④ 대재해 리스크의 회피

17 보험계약에서 제외부문(exclusions) 규정을 두는 이유로 적절하지 않은 것은?

① 도덕적 해이를 줄이고 손실의 규모와 귀속을 확정한다.
② 특수한 위험을 부보대상에서 제외시키기 위해 필요하다.
③ 중복보험을 방지하는 데 사용되기도 한다.
④ 손실보상금액보다 손실처리비용이 많은 경우 합리적으로 처리하기 위해 필요하다.

18 다음 중 배상책임보험의 사회적 기능과 역할을 확대시켜주는 주요 제도가 아닌 것은?

① 보험자 대위제도 ② 피해자 직접 청구권
③ 의무보험제도 ④ 무과실 책임주의

19 다음 중 진술(representation)과 보증(warranty)의 차이점에 대한 설명으로 옳지 않은 것은?

① 보증은 계약의 일부이다.
② 진술은 계약의 부수적 기능을 수행한다.
③ 진술과 보증 둘 다 해석의 융통성이 있다.
④ 보증내용이 사실과 다르거나 지켜지지 않을 경우 보험금지급을 거절할 수 있다.

20 다음은 보험가능 리스크(insurable risk)의 손실액 확률 분포이다. 95%의 신뢰도를 적용했을 때 가능최대손실(probable maximum loss : PML)은 얼마인가?

확률	0.5	0.3	0.05	0.05	0.05	0.05
손실	0원	300만원	500만원	700만원	800만원	1,000만원

① 1,000만원
② 800만원
③ 700만원
④ 500만원

21 다음 중 리스크의 결합(risk pooling)에 대한 설명으로 옳지 않은 것은?

① 결합된 리스크 단체 안에서 발생하는 손해를 상호 분담함으로써 리스크가 분산된다.
② 리스크 결합을 통해 1인당 평균손실을 실제손실로 대체하는 효과가 발생한다.
③ 각 개인은 상대적으로 적은 금액으로 리스크에 따른 큰 손실 발생에 대비할 수 있다.
④ 동질의 독립적인 리스크가 다수 결합될수록 객관적 리스크가 줄어들고 보험회사의 예측력은 높아진다.

22 다음 중 대재해채권(catastrophe bond)에 대한 설명으로 옳지 않은 것은?

① 보험회사가 대재해채권을 발행하면 보험회사의 신용위험이 증가한다.
② 도입과 운용에 있어서 채권 발행 및 유통비용, 운용비용 등이 발생한다.
③ 이 채권은 천재지변 등 대재해와 연동하여 이자와 원금이 변동될 수 있다.
④ 대재해의 발생확률 및 손실분포에 대한 객관적이고 과학적인 분석이 어려워 가격산정이 어렵다.

23 다음 중 산업재해보상보험에서 지급되는 보험급여가 아닌 것은?

① 요양급여
② 실업급여
③ 장해급여
④ 유족급여

24 다음은 동일 보험기간 동안에 발생한 3차례의 보험사고 내역이다.

사고 발생	1차	2차	3차
손해액	50만원	200만원	300만원

위의 보험사고에 대해 프랜차이즈공제(franchise deductible) 100만원이 각각 적용되는 경우 피보험자가 받을 보험금의 합계는 얼마인가?

① 300만원
② 350만원
③ 400만원
④ 500만원

25 리스크를 관리하는 방법은 크게 리스크 통제(risk control)와 리스크 재무(risk financing)로 대별될 수 있다. 다음 중 리스크 재무에 해당하는 리스크 관리기법은?

① 리스크 회피(risk avoidance)
② 리스크 보유(risk retention)
③ 손실 통제(loss control)
④ 리스크 분리(risk separation)

26 다음 리스크관리 과정의 각 단계를 순서대로 바르게 열거한 것은?

> ㉮ 리스크의 평가(evaluating the risk)
> ㉯ 리스크관리기법의 실행(implementing the program)
> ㉰ 리스크관리기법의 선택(selecting techniques for handling risk)
> ㉱ 리스크의 인식(identifying the risk)

① ㉮ → ㉯ → ㉰ → ㉱
② ㉮ → ㉱ → ㉰ → ㉯
③ ㉱ → ㉮ → ㉰ → ㉯
④ ㉱ → ㉮ → ㉯ → ㉰

27 아래에서 설명하는 재보험특약서 조항과 가장 관련이 있는 특약재보험의 형태는?

> 특약기간 중 보험사고의 발생에 따른 재보험금 지급으로 인하여 재보험 보상한도액(limit of liability)의 일부 또는 전부가 소진될 경우에 잔여 특약기간에 대하여 이의 복원에 대한 방식과 조건에 관한 내용을 규정한 조항

① 초과액재보험특약(surplus share reinsurance treaty)
② 비례재보험특약(quota share reinsurance treaty)
③ 초과손해액재보험특약(excess of loss reinsurance treaty)
④ 비례재보험과 초과액재보험의 혼합특약(combined quota share & surplus share reinsurance treaty)

28 보험계약의 기본요소 중 아래에서 설명하는 내용에 해당하는 부문은?

> 보험자로 하여금 보험금 지급 및 기타 서비스 제공에 대한 약속을 이행하게 하거나 제한하는 중요한 부문으로서, 여기에는 보험계약자나 피보험자가 보상을 받기 위하여 반드시 준수해야 할 일종의 의무사항 또는 권리제한 등의 내용이 포함된다.

① 제외부문(exclusions)
② 조건부문(conditions)
③ 기재부문(declaration)
④ 보험가입합의문(insuring agreement)

29 열거책임주의 방식의 보험증권에서 담보위험을 열거한 다음에 "기타 일체의 위험(all other perils)"이라는 총괄적 문언(general words)을 부가한 경우, 이 부분에 대한 해석기준을 제시한 영국판례의 해석원칙은?

① 통상적 의미의 해석원칙(rules as to "ordinary meaning")
② 동종제한의 원칙(principle of ejusdem generis)
③ 합리적인 기대의 원칙(doctrine of reasonable expectation)
④ 보험증권 전체로서의 해석원칙

30 다음은 보험자의 보상책임 유무를 결정함에 있어서 손인(peril)과 손해(loss)와의 관계, 즉 인과관계(causation)를 규명하는 원칙들 가운데 하나이다. 이 입장에 해당하는 인과관계에 대한 학설은?

> 일정한 사실이 어떤 결과를 발생하게 한 조건을 구성하는 경우, 실제 발생한 특정한 경우뿐만 아니라 일상경험에서 판단하여 다른 일반적인 경우에도 동일한 결과를 발생시킬 것으로 인정되는 조건을 적당조건으로 간주하여, 그 적당조건만을 결과의 원인으로 한다는 주장

① 근인설
② 상당인과관계설
③ 개연설
④ 최유력조건설

31 보험증권 해석의 주요한 일반 원칙들 가운데 아래 두 가지 설명에 적합한 해석원칙의 명칭이 바르게 짝 지어진 것은?

> (가) 보험증권의 해석원칙 중에서 가장 기본이 되는 원칙으로서, 이와 같은 기본원칙에 대하여 다른 모든 해석원칙은 이를 확인하기 위한 보조원칙에 불과하다.
> (나) 보험증권의 해석에 관한 일반적인 모든 원칙을 적용한 후에도 보험증권에 관하여 아직도 애매한 문제가 존재하는 경우 최종적으로 적용되는 해석원칙이다.

	(가)	(나)
①	합리적인 해석의 원칙	문맥에 의한 의미제한의 원칙
②	계약당사자의사 우선의 원칙	문서작성자 불이익의 원칙
③	보험증권 전체로서의 해석	원칙통상적 의미의 원칙
④	수기문언 우선의 원칙	계약당사자의사 우선의 원칙

32 사업중단보험(business interruption insurance)의 여러 형태 가운데 다음의 설명에 해당하는 보험종목은?

> 피보험자가 소유하거나 운영하는 기업이 아닌 다른 기업이 재해를 당함으로써 피보험자 기업의 영업이익에 손실을 끼칠 경우 이를 보상하는 보험이다.

① 추가비용보험(extra expense insurance)
② 임대가치보험(rental value insurance)
③ 리스보유이익보상보험(leasehold interest insurance)
④ 간접사업중단보험(contingent business interruption insurance)

33 **다음 중 미경과보험료적립금에 관한 설명으로 적절치 않은 것은?**

① 지급준비금과 함께 손해보험회사의 대표적인 부채항목이다.
② 보험회사에 납입된 보험료는 시간이 지남에 따라 경과보험료가 되고 미경과보험료 부분은 감소한다.
③ 보험계약 해지나 보험사고 발생시 해지환급금이나 보험금의 지급을 보장하기 위한 것이다.
④ 손해보험회사 책임준비금 중 미경과보험료적립금의 비중은 생명보험회사에 비해 상대적으로 작다.

34 **보험과 도박을 비교한 다음 설명 중 옳지 않은 것은?**

① 보험은 사전적 확률을 중심으로 하고 있으며, 도박은 사후적 확률에 기초하고 있다.
② 보험과 도박 모두 사행계약의 특성을 갖고 있다.
③ 보험은 이미 존재하고 있는 리스크를 대상으로 하고 있으나, 도박은 리스크를 새로이 창출한다.
④ 도박은 투기리스크의 성격을 갖고 있으나, 보험은 주로 순수리스크를 대상으로 한다.

35 **다음 글에 나타난 내용과 가장 근접한 과실책임의 법리는 무엇인가?**

> 일반적으로 부동산 소유자는 자신의 구내에 허락없이 침입한 사람의 안전에 관한 주의의무는 없다고 본다. 그러나 지붕을 수리하기 위하여 세워둔 사다리에 이웃집 어린아이가 올라가다가 떨어져 다리를 다친 사례에서 부동산 소유자는 어린아이의 상해에 대하여 배상책임을 진다.

① 추정과실책임(res ipsa loquitur)
② 유혹과실책임(attractive nuisance)
③ 전가과실책임(imputed negligence)
④ 가족용도주의(family purpose doctrine)

36 **다음 중 umbrella 배상책임보험(umbrella liability insurance)에 대한 설명으로 옳지 않은 것은?**

① 기업의 배상책임 리스크를 관리하는 데 많이 이용되고 있으나 개인의 배상책임에도 활용된다.
② 보험증권을 발급할 때 피보험자에게 영업배상책임보험(commercial general liability insurance)과 같은 기초담보증권을 소유하고 있을 것을 요구한다.
③ 기초담보증권이 일차적으로 손실을 보상하고 보상한도가 초과되면 이 umbrella 배상책임보험에서 보상하게 되는 초과보험계약(excess coverage)이다.
④ 기초담보증권에서 면책된 배상책임 리스크까지 보상하는 것은 아니다.

37 **보험계약은 그 계약이 비록 전위험 담보(all-risks coverage)조건이라 할지라도 손실의 보상을 제한하는 사항을 명시하게 된다. 다음 중 면책사유를 명시하는 대표적인 방법으로 적절치 않은 것은?**

① 제외손실(excluded losses)
② 제외책임(excluded liabilities)
③ 제외손인(excluded perils)
④ 제외재산(excluded property)

38 A보험회사가 판매한 재산종합보험의 예정손해율은 50%였으나, 그 후 1년간의 실제손해율이 80%로 확인되었다. 이 상품에 대해 앞으로 적용할 요율의 조정율은 얼마인가? (보험료 조정은 손해율 방식(loss ratio method)을 따르고, 신뢰도계수(credibility factor)는 0.5를 적용함)

① 15% 인하
② 15% 인상
③ 30% 인하
④ 30% 인상

39 A보험회사는 아래와 같은 초과손해액재보험특약(excess of loss reinsurance treaty)을 운영하고 있다.

특약 한도 : US$ 600,000 in excess of US$ 400,000

동 특약재보험의 보험기간 중 다음과 같이 보험금을 지급하였을 경우, A보험회사가 재보험자로부터 회수하게 될 재보험금의 합계액은 얼마인가?

구분	사고 일자	지급 보험금
사고 1	1월 24일	US$ 750,000
사고 2	2월 17일	US$ 350,000
사고 3	4월 15일	US$ 1,500,000
합계		US$ 2,600,000

① US$ 550,000
② US$ 950,000
③ US$ 1,050,000
④ US$ 1,450,000

40 다음은 B손해보험회사의 2015 회계연도 요약 손익계산서이다. 주어진 경영정보만을 이용하여 산출한 2015 회계년도말 현재 이 회사의 경과보험료는 얼마인가?

수입보험료	지급보험료	전기이월미경과보험료	차기이월미경과보험료
1,100억원	700억원	400억원	300억원

① 300억원
② 400억원
③ 500억원
④ 600억원

2017 제40회 기출문제

1과목 보험업법

01 다음 중 현행 보험업법에 관한 설명으로 옳은 것을 모두 고른 것은?

가. 보험업법은 보험업을 경영하는 자의 건전한 운영을 도모함을 목적으로 한다.
나. 보험업법은 보험회사, 보험계약자, 피보험자, 기타 이해관계인의 권익보호를 목적으로 한다.
다. 보험업법은 건강보험, 산업재해보상보험, 원자력 손해배상보험에는 적용되지 않는다.
라. 보험업법은 보험업의 허가부터 경영전반에 걸쳐 계속 감독하는 방식을 택하고 있다.
마. 보험업법에 의한 손해보험 상품에는 보증보험계약, 권리보험계약, 날씨보험계약 등이 포함된다.

① 가, 나, 다
② 나, 다, 라
③ 나, 라, 마
④ 가, 라, 마

02 보험업법 제2조에서 정의하고 있는 용어 가운데 옳지 않은 것은?

① "외국보험회사"라 함은 대한민국 이외의 국가의 법령에 따라 설립되어 대한민국 이외의 국가에서 보험업을 경영하는 자이다.
② "모집"이라 함은 보험회사를 위하여 보험계약의 체결을 중개 또는 대리하는 것을 말한다.
③ "보험설계사"라 함은 보험회사 · 보험대리점 · 보험중개사에 소속되어 보험계약의 체결을 중개하는 자로서 금융위원회에 등록된 자이다.
④ "보험대리점"이라 함은 보험회사를 위하여 보험계약의 체결을 대리하는 자로서 금융위원회에 등록된 자이다.

03 보험업법 제3조의 단서에 따라 보험회사가 아닌 자와 보험계약을 체결할 수 있는 경우에 해당하지 않는 것은?

① 외국보험회사와 항공보험계약, 여행보험계약, 선박보험계약, 장기화재보험계약 또는 재보험계약을 체결하는 경우
② 외국보험회사와 생명보험계약, 수출적하보험계약, 수입적하보험계약을 체결하는 경우
③ 우리나라에서 취급되지 아니하는 보험종목에 관하여 외국보험회사와 보험계약을 체결하는 경우
④ ①~③에 해당하지 않으나 금융위원회의 승인을 얻어 보험계약을 체결하는 경우

04 보험업의 예비허가 신청에 관한 다음 설명 중 옳은 것은 몇 개인가?

가. 보험업의 예비허가 신청을 받은 금융위원회는 6개월 내에 예비허가 여부를 통지하여야 한다.
나. 금융위원회는 예비허가에 조건을 붙일 수 없다.
다. 보험업의 예비허가를 받은 자는 3개월 이내에 예비허가의 내용 및 조건을 이행한 후에 본허가를 신청하여야 한다.
라. 금융위원회는 예비허가 신청에 대하여 이해관계인의 의견을 요청하거나 공청회를 개최할 수 있다.

① 0개
② 1개
③ 2개
④ 3개

05 보험업의 허가를 받으려는 자가 보험업법 제6조 제1항 제2호 단서에 따라 특정 업무를 외부에 위탁하는 경우 업무와 관련된 전문 인력과 물적 시설을 갖춘 것으로 보는데, 그 특정 업무에 해당하지 않는 것은?

① 보험상품개발업무
② 보험계약 심사를 위한 조사업무
③ 보험금 지급심사를 위한 보험사고 조사업무
④ 전산설비의 개발 · 운영 및 유지 · 보수에 관한 업무

06 다음 설명 중 옳지 않은 것은?

① 보험계약자의 보호가 가능하고 그 경영하려는 보험업을 수행하기 위하여 필요한 전문 인력과 전산설비 등 물적 시설을 갖추고 있어야 한다는 보험허가의 요건은 보험회사가 보험업의 허가를 받은 이후에도 계속 유지하여야 한다.
② 대한민국에서 보험업의 허가를 받으려는 외국보험회사는 보험업법 제9조 제3항의 영업기금 납입 외에 자산상황 · 재무건전성 및 영업건전성이 국내에서 보험업을 경영하기에 충분하고 국제적으로 인정받고 있을 것이 요구된다.
③ 보험업법 제6조 제1항 제3호의 사업계획은 지속적인 영업을 수행하기에 적합하고 추정재무제표 및 수익 전망이 사업계획에 비추어 타당성이 있어야 한다.
④ 보험회사가 보험업 허가를 받은 이후 전산설비의 성능 향상이나 보안체계의 강화 등을 위하여 그 일부를 변경하면 보험업법 제6조 제4항의 물적 시설을 유지하지 못하는 것으로 본다.

07 다음 설명 중 ( ) 안에 들어갈 것끼리 올바르게 짝 지어진 것은?

어느 보험회사가 보험업법 제9조 제1항 단서에 따라 자동차보험만을 취급하려는 경우 (a) 이상의 자본금 또는 기금을 확보하면 되고 여기에 질병보험을 동시에 취급하려는 경우 그 합계액이 (b) 이상일 것이 요구되지만, 만일 동 보험회사가 전화 · 우편 · 컴퓨터통신 등 통신수단을 이용하여 대통령령으로 정하는 바에 따라 모집을 하는 회사인 경우 앞의 자본금 또는 기금의 (c) 이상을 납입함으로써 보험업을 시작할 수 있다.

① a : 100억원, b : 200억원, c : 2분의 1
② a : 200억원, b : 300억원, c : 2분의 1
③ a : 200억원, b : 300억원, c : 3분의 2
④ a : 200억원, b : 400억원, c : 3분의 2

08 손해보험의 보험종목 전부를 취급하는 손해보험회사가 질병을 원인으로 하는 사망을 제3보험의 특약형식으로 담보하는 보험을 겸영하기 위해 충족하여야 하는 요건에 해당하지 않는 것은?

① 납입보험료가 일정액 이하일 것
② 보험만기는 80세 이하일 것
③ 보험금액의 한도는 개인당 2억원 이내일 것
④ 만기 시에 지급하는 환급금은 납입보험료 합계액의 범위 내 일 것

09 금융위원회는 보험회사가 보험업법 제11조의2 제1항에 따라 보험업에 부수(附隨)하는 업무를 신고한 경우 그 신고일로부터 7일 이내에 인터넷 홈페이지 등에 공고하여야 하는 사항에 해당하지 않는 것은?

① 보험업종
② 부수업무의 신고일
③ 부수업무의 개시 예정일
④ 부수업무의 내용

10 보험회사인 주식회사의 조직변경에 관한 다음 설명 중 옳지 않은 것은?

① 보험업법상 조직변경은 주식회사가 그 조직을 변경하여 상호회사로 되는 것만을 의미하며, 주식회사의 보험계약자는 조직변경에 의한 상호회사의 사원이 된다.
② 조직변경 시 보험계약자나 보험금을 취득할 자는 피보험자를 위하여 적립한 금액을 다른 법률에 특별한 규정이 없으면 주식회사의 자산에서 우선하여 취득하게 된다.
③ 주식회사가 그 조직을 변경한 경우에는 그 조직을 변경한 날부터 본점과 주된 사무소에서는 2주 이내에, 지점과 종된 사무소 소재지에서는 3주 이내에 주식회사의 해산등기, 상호회사의 설립등기를 마쳐야 한다.
④ 상호회사로 조직을 변경한 보험회사는 손실의 보전에 충당하기 위하여 금융위원회가 필요하다고 인정하는 금액을 준비금으로 적립하여야 하고, 300억원 이상의 기금을 납입하여야 한다.

11 주식회사와 상호회사의 특성에 관한 설명 중 옳지 않은 것은?

가. 주식회사의 주주와 상호회사의 사원은 모두 회사채권자에 대하여 간접 · 유한책임을 진다.
나. 주식회사와 상호회사 모두 금전 이외의 출자는 금지된다.
다. 주식회사와 상호회사 모두 그 설립에 있어서 100인 이상의 사원을 필요로 한다.
라. 상호회사의 채무에 관한 사원의 책임은 보험료를 한도로 하며, 보험료 납입에 관하여 상계로써 회사에 대항할 수 있다.
마. 주식회사의 구성원은 주주이나 상호회사의 구성원은 보험계약자인 사원이다.

① 가, 나, 다
② 나, 다, 라
③ 나, 라, 마
④ 가, 라, 마

12 금융위원회는 외국보험회사의 본점에 다음의 어느 하나에 해당하는 사유가 발생한 때에는 청문을 거쳐 그 외국보험회사 국내지점의 보험업 허가를 취소할 수 있는데, 취소사유에 해당하지 않는 것은?

① 합병, 영업양도 등으로 소멸한 경우
② 위법행위, 불건전한 영업행위 등의 사유로 외국감독기관으로부터 영업정지나 허가취소 조치를 당한 경우
③ 휴업하거나 영업을 중지한 경우
④ 대표자가 퇴임하고 후임 대표자가 선임되지 않은 경우

13 모집할 수 있는 자에 관한 설명 중 옳은 것(O)과 옳지 않은 것(X)을 올바르게 조합한 것은? (다툼이 있는 경우 통설 · 판례에 의함)

가. 모집할 수 있는 자는 보험설계사, 보험대리점, 보험회사의 대표이사 등이 있다.
나. 보험대리점 또는 보험중개사로 등록한 금융기관은 모집과 관련이 없는 금융거래를 통하여 취득한 개인정보를 미리 그 개인의 동의를 받지 아니하고 모집에 이용하는 행위를 하지 못한다.
다. 보험설계사와 보험중개사는 보험계약의 체결을 중개하는 자이다.
라. 보험업법상의 보험대리점은 체약대리상으로서 고지의무 수령권한이 있으나, 보험설계사 및 보험중개사는 고지의무 수령권한이 없다.

① 가(○), 나(○), 다(○), 라(○)
② 가(○), 나(×), 다(○), 라(○)
③ 가(×), 나(○), 다(○), 라(×)
④ 가(×), 나(○), 다(○), 라(○)

14 보험모집에 관한 설명 중 옳은 것(O)과 옳지 않은 것(X)을 올바르게 조합한 것은? (다툼이 있는 경우 통설 · 판례에 의함)

가. 보험모집에 관한 규제는 처음에는 보험업법에 의하여 규율하지 아니하였고, 「보험모집단속법」(제정 1962.1.20 법률 제990호)이라는 별도의 법률에 의하여 규율되었다.
나. 보험회사 · 보험대리점 및 보험중개사는 대통령령으로 정하는 바에 따라 소속 보험설계사에게 보험계약의 모집에 관한 교육을 하여야 한다.
다. 2003년 개정 보험업법에 의하여 보험대리점의 특수한 형태로서 금융기관보험대리점제도가 도입되었다.
라. 사외이사는 직무수행의 독립성과 중립성을 담보하기 위하여 모집할 수 있는 자에서 제외되었다.

① 가(○), 나(○), 다(○), 라(○)
② 가(○), 나(○), 다(×), 라(○)
③ 가(○), 나(○), 다(○), 라(○)
④ 가(×), 나(○), 다(○), 라(○)

15 보험설계사에 대한 불공정 행위 금지 유형에 해당하는 것으로 옳은 것은?

> 가. 보험모집 위탁계약서를 교부하는 행위
> 나. 위탁계약서상 계약사항을 이행하지 아니하는 행위
> 다. 위탁계약서에서 정한 해지요건의 사유로 위탁계약을 해지하는 행위
> 라. 정당한 이유로 보험설계사에게 지급한 수수료를 환수하는 행위
> 마. 보험설계사에게 보험료 대납(代納)을 강요하는 행위

① 가, 나, 다
② 나, 마
③ 가, 나, 다, 라
④ 나, 라, 마

16 보험설계사에 대해 6개월 이내의 기간을 정하여 그 업무의 정지를 명하거나 그 등록을 취소할 수 있는 경우를 모두 고른 것은?

> 가. 보험설계사가 금고 이상의 형의 집행유예를 선고받은 경우
> 나. 보험업법에 따라 업무정지 처분을 2회 이상 받은 경우
> 다. 모집에 관한 보험업법의 규정을 위반한 경우
> 라. 보험계약자, 피보험자 또는 보험금을 취득할 자로서 보험업법 제102조의2(보험계약자의 의무)를 위반한 경우
> 마. 보험업법에 따라 과태료 처분을 2회 이상 받은 경우

① 가, 나, 다, 라, 마
② 가, 나, 다, 라
③ 나, 다, 라
④ 다, 라, 마

17 보험안내자료에 관한 설명 중 옳지 않은 것은?

① 보험안내자료라 함은 모집을 위하여 사용하는 각종의 자료를 말한다.
② 보험안내자료에는 보험회사의 상호나 명칭 또는 보험설계사 · 보험대리점 또는 보험중개사의 이름 · 상호나 명칭, 보험 가입에 따른 권리 · 의무에 관한 주요 사항 등을 명백하고 알기 쉽게 적어야 한다.
③ 보험회사의 장래의 이익 배당 또는 잉여금 분배에 대한 예상에 관한 사항은 원칙적으로 적지 못한다.
④ 해약환급금에 관한 사항, 「예금자보호법」에 따른 예금자보호와 관련된 사항은 보험안내자료에 기재할 필요가 없다.

18 다음 <사례>에 관한 설명 중 옳은 것(○)과 옳지 않은 것(×)을 올바르게 조합한 것은?

<사례>

보험대리점 A는 보험회사와 모집위탁계약을 체결하고 있다. A는 자신의 친구 B, C와 실손의료보험계약을 체결하고자 한다. 또한 A는 ㈜미래, 서울시와 단체 상해보험계약을 체결하려고 한다. ㈜미래는 주권상장법인이고, 서울시는 지방자치단체이다.

<설명>

가. 친구 B와 C는 일반보험계약자이다.
나. A는 보험계약 체결을 권유하는 경우에는 보험료, 보장범위, 보험금 지급제한 사유 등 대통령령으로 정하는 보험계약의 중요 사항을 B와 C에게 이해할 수 있도록 설명하여야 한다.
다. 보험업법에 따라 A는 ㈜미래, 서울시에 대하여 계약의 중요사항을 설명하여야 한다.
라. 보험회사는 보험계약의 체결 시부터 보험금 지급시까지의 주요 과정을 대통령령으로 정하는 바에 따라 B와 C에게 설명하여야 한다. 그리고 B와 C가 설명 받기를 거부하더라도 이들을 보호하기 위하여 설명을 하여야 한다.

① 가(○), 나(○), 다(×), 라(○)
② 가(○), 나(×), 다(○), 라(×)
③ 가(○), 나(○), 다(×), 라(×)
④ 가(×), 나(○), 다(○), 라(○)

19 보험모집에 관한 설명 중 옳지 않은 것은?

① 보험의 모집에 종사하는 자는 전문보험계약자와 보험계약을 체결하기 전에 면담 또는 질문을 통하여 보험계약자의 연령, 재산상황, 보험가입의 목적 등 대통령령으로 정하는 사항을 파악하여야 한다.
② 보험의 모집에 종사하는 자는 일반보험계약자의 연령, 재산상황, 보험가입의 목적 등에 비추어 그 일반보험계약자에게 적합하지 아니하다고 인정되는 보험계약의 체결을 권유하여서는 아니 된다.
③ 보험의 모집에 종사하는 자가 보험상품에 관하여 광고를 하는 경우에는 보험계약 체결 전에 상품설명서 및 약관을 읽어 볼 것을 권유하는 내용 등이 포함되어 있어야 한다.
④ 보험협회는 필요하면 보험회사 또는 보험의 모집에 종사하는 자로부터 광고물을 미리 제출받아 보험회사 등의 광고가 보험업법이 정한 광고기준을 지키는지를 확인할 수 있다.

20 보험계약의 체결 또는 모집에 관한 설명 중 옳은 것을 모두 고른 것은?

가. 보험대리점은 보험계약자나 피보험자에게 보험상품의 내용을 사실과 다르게 알리거나 그 내용의 중요한 사항을 알리지 아니하는 행위를 할 수 없다.
나. 보험중개사는 보험계약자나 피보험자에게 보험상품 내용의 일부에 대하여 비교의 대상 및 기준을 분명하게 밝히지 아니할 수 있다.
다. 보험설계사는 보험계약자나 피보험자가 중요한 사항을 보험회사에 알리는 것을 방해하거나 알리지 아니할 것을 권유하는 행위를 할 수 없다.
라. 보험중개사는 다른 모집 종사자의 명의를 이용하여 보험계약을 모집할 수 있다.
마. 보험대리점은 보험계약의 청약철회 또는 계약 해지를 방해하는 행위를 할 수 없다.

① 가, 나, 다
② 나, 다
③ 가, 다, 마
④ 가, 다, 라

21 보험업법 제98조의 특별이익 제공 금지규정에 위반한 것을 모두 고른 것은?

가. 보험대리점 A는 보험계약자 B에게 보험계약 체결에 대한 대가로 5만원을 제공하였다.
나. 보험설계사 C는 피보험자 D에게 보험계약 체결에 대한 대가와 고마움의 표시로 10만원의 상당액을 주기로 약속하였다.
다. 보험중개사 E는 보험계약자 F를 위하여 제1회 보험료 5만원을 대납하였다.
라. 보험회사 직원 G는 피보험자 H가 보험회사로부터 받은 대출금에 대한 이자를 대납하였다.

① 가, 나
② 가, 나, 다, 라
③ 가, 나, 라
④ 가, 라

22 보험회사 등의 모집위탁 및 수수료 지급 등에 관한 설명 중 옳지 않은 것은?

① 보험회사는 원칙적으로 모집할 수 있는 자 이외의 자에게 모집을 위탁하거나 모집에 관하여 수수료, 보수, 그 밖의 대가를 지급하지 못한다.
② 보험회사는 기초서류에서 정하는 방법에 따른 경우에는 모집할 수 있는 자 이외의 자에게 모집을 위탁할 수 있다.
③ 보험회사는 대한민국 밖에서 외국의 모집조직(외국법령에서 허용하는 경우)을 이용하여 원보험계약 또는 재보험계약을 인수할 수 있다.
④ 보험중개사는 어떠한 경우에도 보험계약 체결의 중개와 관련된 수수료나 그 밖의 대가를 보험계약자에게 청구할 수 없다.

23 보험대리점 또는 보험중개사로 등록한 금융기관의 금지행위 유형에 해당하는 것을 모두 고른 것은?

가. 대출 등 해당 금융기관이 제공하는 용역을 제공하는 조건으로 대출 등을 받는 자에게 그 금융기관이 대리 또는 중개하는 보험계약을 체결할 것을 요구하거나 특정한 보험회사와 보험계약을 체결할 것을 요구하는 행위
나. 대출 등을 받는 자의 동의를 미리 받고 보험료를 대출 등의 거래에 포함시키는 행위
다. 해당 금융기관의 임직원 중 모집할 수 있는 자에게 모집을 하도록 하거나 이를 용인하는 행위
라. 해당 금융기관의 점포 내의 장소에서 모집을 하는 행위

① 가
② 가, 나
③ 가, 나, 다
④ 가, 나, 다, 라

24 다음 <사례>에 관한 설명 중 옳은 것(O)과 옳지 않은 것(X)을 올바르게 조합한 것은? (다툼이 있는 경우 판례에 의함)

<사례>

(ⅰ) 보험계약자 A는 보험회사 B와 2017년 3월 2일 종신보험계약을 체결하였다. 그리고 보험증권은 2017년 3월 15일에 보험회사 B로부터 A에게 전달되었다.
(ⅱ) 보험계약자 한국산업은행은 보험회사 B와 단체 상해보험계약을 체결하였다.

<설명>

가. 보험계약자 A와 한국산업은행은 보험계약의 청약을 철회할 수 있다.
나. 보험계약자 A는 2017년 3월 2일부터 15일 이내에 청약을 철회하여야 한다.
다. 보험회사 B는 보험계약자 A로부터 청약의 철회를 접수한 날로부터 5일 이내에 이미 납입 받은 보험료를 반환하여야 한다.
라. 보험계약자 A가 보험계약 청약의 철회 당시 보험금의 지급사유가 발생한 사실을 알지 못하고 청약 철회를 한 경우 그 효력은 발생하지 아니한다.

① 가(×), 나(○), 다(○), 라(○)
② 가(○), 나(×), 다(○), 라(×)
③ 가(×), 나(×), 다(×), 라(○)
④ 가(○), 나(×), 다(×), 라(×)

25 보험회사의 자산운용에 대한 설명 중 옳지 않은 것은?

① 보험회사는 그 자산을 운용할 때 안정성 · 유동성 · 수익성 및 공익성이 확보되도록 하여야 한다.
② 자산운용비율을 초과하게 된 경우에는 해당 보험회사는 그 비율을 초과하게 된 날부터 2년 이내(대통령령으로 정하는 사유에 해당하는 경우에는 금융위원회가 정하는 바에 따라 그 기간을 연장할 수 있다)에 보험업법 제106조에 적합하도록 하여야 한다.
③ 보험회사가 취득 · 처분하는 자산의 평가방법, 채권 발행 또는 자금차입의 제한 등에 관하여 필요한 사항은 대통령령으로 정한다.
④ 보험회사는 타인을 위하여 그 소유자산을 담보로 제공하거나 채무보증을 할 수 없는 것이 원칙이다.

26 보험업법 제111조의 대주주와 거래제한 등에 관한 설명 중 옳지 않은 것은?

① 보험회사는 직접 또는 간접으로 대주주가 다른 회사에 출자하는 것을 지원하기 위한 신용공여를 하여서는 아니 된다.
② 보험회사는 자산을 대통령령으로 정하는 바에 따라 무상으로 양도하거나 일반적인 거래 조건에 비추어 해당 보험회사에 뚜렷하게 불리한 조건으로 자산에 대하여 매매 · 교환 · 신용공여 또는 재보험계약을 하는 행위를 하여서는 아니 된다.
③ 보험회사는 그 보험회사의 대주주와 대통령령으로 정하는 금액 이상의 신용공여 행위를 하였을 때에는 14일 이내에 그 사실을 금융위원회에 보고하고 인터넷 홈페이지 등을 이용하여 공시하여야 한다.
④ 보험회사의 대주주는 해당 보험회사의 이익에 반하여 대주주 개인의 이익을 위하여 경제적 이익 등 반대급부를 제공하는 조건으로 다른 주주 또는 출자자와 담합(談合)하여 해당 보험회사의 인사 또는 경영에 부당한 영향력을 행사하는 행위를 하여서는 아니 된다.

27 금융위원회의 승인을 받아 보험회사가 자회사로 소유할 수 있는 경우를 모두 고른 것은?

가. 「금융산업의 구조개선에 관한 법률」 제2조 제1호에 따른 금융기관이 경영하는 금융업
나. 「신용정보의 이용 및 보호에 관한 법률」에 따른 신용정보업
다. 보험계약의 유지 · 해지 · 변경 또는 부활 등을 관리하는 업무
라. 보험회사의 사옥관리업무
마. 보험수리업무

① 가, 나
② 가, 다, 라
③ 다, 라, 마
④ 가, 나, 다

28 보험회사의 책임준비금 등의 적립에 관한 설명으로 옳지 않은 것은?

① 보험회사는 결산기마다 대통령령으로 정하는 책임준비금과 비상위험준비금을 계상하고 따로 작성한 장부에 각각 기재하여야 한다.
② 책임준비금과 비상위험준비금은 보험계약의 종류에 따라 각각 계상하여야 한다.
③ 책임준비금과 비상위험준비금의 계상에 관하여 필요한 사항은 대통령령으로 정한다.
④ 책임준비금과 비상위험준비금의 적정한 계상과 관련하여 필요한 경우 금융위원회는 보험회사의 자산 및 비용, 그 밖에 대통령령으로 정하는 사항에 관한 회계처리기준을 정할 수 있다.

29 다음은 보험회사가 금융위원회에 제출하여야 하는 서류이다. 이 중 보험업법이 전자문서로 제출할 수 있도록 규정하고 있는 것이 아닌 것은?

① 보험업 허가신청서
② 재무제표(부속명세서를 포함한다)
③ 사업보고서
④ 월간업무내용보고서

30 배당보험계약의 회계처리 등에 관한 설명으로 옳지 않은 것은?

① 보험회사는 대통령령으로 정하는 바에 따라 배당보험계약을 다른 보험계약과 구분하여 회계처리할 수 있다.
② 보험회사는 대통령령으로 정하는 바에 따라 배당보험계약의 보험계약자에게 배당을 할 수 있다.
③ 보험계약자에 대한 배당기준은 배당보험계약자의 이익과 보험회사의 재무건전성 등을 고려하여 정하여야 한다.
④ 보험회사가 「자산재평가법」에 따른 재평가를 한 경우 그 재평가에 따른 재평가적립금은 금융위원회의 허가를 받아 보험계약자에 대한 배당을 위하여도 처분할 수 있다.

31 다음 중 보험업법에 따라 보험금의 지급이 보장되는 보험을 모두 고른 것은?

> 가. 「자동차손해배상 보장법」 제5조에 따른 책임보험계약
> 나. 「자동차손해배상 보장법」에 따라 가입이 강제되지 아니한 자동차보험계약
> 다. 「청소년활동 진흥법」 제25조에 따라 가입이 강제되는 손해보험계약
> 라. 「유류오염손해배상 보장법」 제14조에 따라 가입이 강제되는 유류오염 손해배상 보장계약

① 가, 다
② 가, 나, 다
③ 가, 다, 라
④ 가, 나, 다, 라

32 다음 중 보험업법상 보험조사협의회 위원으로 명시된 자로 옳지 않은 것은?

① 보건복지부장관이 지정하는 소속 공무원 1명
② 국민안전처장관이 지정하는 소속 공무원 1명
③ 경찰청장이 지정하는 소속 공무원 1명
④ 소비자보호원장이 추천하는 사람 1명

33 보험회사는 기초서류를 신고하는 경우 보험료 및 책임준비금 산출방법서에 대하여 독립계리업자의 검증확인서를 첨부할 수 있다. 다음 중 독립계리업자가 될 수 있는 자에 해당하는 것은?

① 해당 보험회사로부터 보험계리에 관한 업무를 위탁받아 수행 중인 보험계리업자
② 대표자가 최근 2년 이내에 해당 보험회사에 고용된 사실이 있는 보험계리업자
③ 대표자나 그 배우자가 해당 보험회사의 소수주주인 보험계리업자
④ 보험회사의 자회사인 보험계리업자

34 다음 중 보험회사가 그 사유가 발생한 날부터 5일 이내에 금융위원회에 보고하여야 하는 경우로 옳지 않은 것은?

① 상호나 명칭을 변경한 경우
② 정관의 변경
③ 본점의 영업을 중지하거나 재개(再開)한 경우
④ 대주주가 소유하고 있는 주식 총수가 의결권 있는 발행주식 총수의 100분의 1 이상만큼 변동된 경우

35 보험회사에 대한 제재조치 중 금융감독원장이 할 수 있는 조치로 옳은 것은?

① 보험회사에 대한 주의 · 경고 또는 그 임직원에 대한 주의 · 경고 · 문책의 요구
② 해당 위반행위에 대한 시정명령
③ 임원의 해임권고 · 직무정지의 요구
④ 6개월 이내의 영업의 일부정지

36 다음 중 보험회사의 해산사유에 해당하지 않는 것은?

① 주주총회의 결의
② 회사의 합병
③ 회사의 분할
④ 보험계약 전부의 이전

37 다음 중 보험업법상 가능한 합병으로 옳지 않은 것은?

① A상호회사와 B상호회사가 합병 후 A상호회사가 존속하는 경우
② A상호회사와 B주식회사가 합병 후 B주식회사가 존속하는 경우
③ A상호회사와 B상호회사가 합병 후 C주식회사를 설립하는 경우
④ A상호회사와 B주식회사가 합병 후 D주식회사를 설립하는 경우

38 손해보험회사가 「예금자보호법」 제2조 제8호의 사유로 손해보험계약의 제3자에게 보험금을 지급하지 못하게 된 경우 보험업법에 따라 그 제3자에게 대통령령으로 정하는 보험금을 지급하는 기관으로 옳은 것은?

① 금융위원회
② 금융감독원
③ 예금보험공사
④ 손해보험협회

39 다음 중 보험업법상 손해사정사의 업무로 옳지 않은 것은?

① 손해 발생 사실의 확인
② 보험약관 및 관계 법규 적용의 적정성 판단
③ 손해액 및 보험금의 사정
④ 당해 손해에 관한 당사자간 합의의 중재

40 다음 중 보험업법에 규정된 벌칙으로 옳지 않은 것은?

① 과태료
② 징역과 벌금의 병과규정
③ 법인과 개인의 양벌규정
④ 징벌적 손해배상제도

2과목 보험계약법

01 다음 중 대표자책임이론과 관련 있는 것은?

① 기업보험의 피보험자 확정
② 이득금지원칙의 적용
③ 임원배상책임보험의 보험료 결정
④ 보험자면책의 논거

02 다음 설명 중 옳은 것은? (다툼이 있는 경우 판례에 따름)

① 사용 중인 기계(중고가격 1천만원)가 멸실된 경우 새 기계를 구입할 비용을 손해액으로 산정하기로 약정하여 신품가격 1천 5백만원을 보험금액으로 지급하는 것은 실손해 이상의 보상이어서 이득금지원칙에 반하는 것으로 무효이다.
② 상해보험은 상법상 인보험이므로 정액형 상품과 실손형 상품을 구별하지 않고 생명보험에 관한 상법규정이 모두 준용된다.
③ 보험자는 약관에 없는 사항이라도 보험계약자가 알아야 할 중요사항은 보험계약 체결 시에 설명하여야 하며 그 근거는 보험업법이 아니라 상법상 약관의 교부 · 설명의무에 있다.
④ 보험가입 당시 유흥업소에서 일하던 가정주부가 생명보험 가입시 직업란에 '가정주부'라고만 기재한 것은 비록 가정주부의 지위를 겸하고 있었다고 하더라도 고지의무 위반이다.

03 다음 설명 중 옳지 않은 것은?

① 보험자는 일정한 보험상품을 특정하여 보험대리상의 보험증권 발행권한을 제한할 수 있다.
② 보험자는 보험대리상의 권한 제한을 이유로 그러한 제한이 있음을 알지 못하는 보험계약자에게 대항할 수 없다.
③ 보험대리상이 아니면서 특정한 보험자를 위하여 계속적으로 보험계약의 체결을 중개하는 자는 보험료수령권이 있으나 이 때 보험자가 작성한 영수증을 보험계약자에게 교부하여야 한다.
④ 보험중개사는 자신이 중개하는 보험계약의 제1회 보험료를 수령하여 보험자에게 전달하거나 보험자로부터 받을 중개수수료와 상계할 수 없다.

04 다음 설명 중 옳지 않은 것은?

① 소급보험은 보험계약 성립 이전의 어느 시기부터 보험기간이 시작되는 것으로 약정한 것이며 최초보험료 지급여부는 상관없다.
② 보험계약 당시에 이미 출항한 선박이 침몰한 사실을 보험자와 보험계약자가 알지 못한 채 적하보험계약을 체결하였다면 비록 피보험자가 침몰사실을 알고 있더라도 보험계약은 유효하다.
③ 보험계약자가 이미 전소한 사실을 알면서 건물을 다시 화재보험에 붙이는 계약은 보험사고가 이미 발생한 것이어서 무효이다.
④ 저당권자인 은행이 저당물을 화재보험에 가입할 것을 요구하여, 대출채무자가 존재하지 아니하는 가공의 건물을 보험에 붙인다면 그 보험계약은 보험사고가 발생할 수 없어 무효이다.

05 고지의무에 관한 설명으로 옳은 것은? (다툼이 있는 경우 판례에 의함)

① 멀리 사는 출가한 딸을 피보험자로 하는 보험계약을 체결하면서 딸이 갑상선결절진단을 받은 사실을 알지 못하여 고지하지 못하였다는 사안에서, 딸에게 전화로라도 적극적으로 확인하지 아니하였다고 하여 중대한 과실이 있다고 단정할 수는 없다.

② 위 사안에서, '예'와 '아니오' 중에서 택일하는 방식으로 고지하도록 되어있다면, 보험계약자가 '아니오'에 표기하여 답변한 것은 질문 받은 사실의 부존재를 확인하는 것이라고 보아야 한다.

③ 청약서상 질문표의 질문에 정직하게 답변하였고 보험자가 보험계약 체결을 승낙한 이상 고지의무 위반이 될 수 없으므로, 보험자는 "질병이 보험기간 개시 등의 일정시점 이후에 발생할 것"이라는 약관조항을 들어 보험금지급을 거절할 수 없다.

④ 상법상 고지의무는 '보험계약 당시에' 이행하도록 규정되어 있으므로 보험계약자가 적격피보험체로서 전화로 청약하고 동시에 제1회 보험료를 송금한 후 승낙의제 전에 질병진단을 받았다면 그 사실을 숨긴 것은 고지의무 위반이 아니다.

06 보험증권에 대한 설명으로 옳은 것은? (다툼이 있는 경우 판례에 의함)

① 보험계약자가 생명보험증권을 멸실 또는 현저히 훼손하거나 점유를 상실한 경우에 증권의 재교부를 받기 위해서는 공시최고절차를 밟아 제권 판결을 받아야 한다.

② 보험증권이 보험계약자의 의사에 반하여 보험계약자의 구상의무에 관하여 담보를 제공한 제3자에게 교부되었다면 보험자는 보험증권교부의무 위반이 된다.

③ 단체보험계약에서 단체 구성원 또는 그 유족을 보험수익자로 지정한 때에는 보험증권을 단체 구성원 또는 그 유족에게 교부하여야 한다.

④ 보험증권 내용의 정부에 대하여 이의할 수 있음을 약정한 경우에 그 이의기간은 보험계약이 성립한 날로부터 1월을 내리지 못한다.

07 보험금청구자가 서류 또는 증거를 위조 또는 변조하여 과도한 보험금지급을 청구하는 경우에 대한 설명으로 옳은 것은? (다툼이 있는 경우 판례에 의함)

① 상법은 이 경우 모든 보험금청구권이 아니라 피보험자가 허위청구를 한 당해 보험목적물에 대한 청구권만 상실하는 것으로 규정한다.

② 약관의 사기적 청구조항은 거래상 일반인들이 당연히 예상할 수 있는 내용이어서 보험계약 체결 시 보험자가 고객에게 설명하지 않아도 된다.

③ 피보험자가 실손해액에 관한 증빙서류 구비의 어려움 때문에 구체적인 내용이 일부 사실과 다른 내용을 제출한 경우도 실손 이상으로 청구하면 사기적 청구로 본다.

④ 표준약관에 따르면 보험사기방지특별법에 의하여 형사처벌을 받은 자의 유죄판결의 기초가 된 청구는 사기적 청구로 간주된다.

08 수표에 의한 보험료지급에 관하여 판례가 취하고 있는 입장은?

① 수표는 현금의 지급에 갈음하여 교부한 것이므로 수표를 받는 날부터 보험자의 책임은 개시되지만 이는 해제조건부대물변제이므로 부도시에는 보험료지급효과도 소급하여 소멸한다.

② 보험자가 수표를 받은 것은 보험료지급을 미루어준 것으로 수표교부시부터 보험자의 책임은 개시되지만 부도시에는 그때부터 보험자의 책임도 소멸한다.

③ 수표와 어음은 부도확률이 다르므로 달리 보아야 하며 전자는 해제조건부대물변제설에 따르고 후자는 유예설에 따라 보험자의 책임을 확정하여야 한다.

④ 수표가 보험료지급에 갈음하여 교부되면 교부시부터 보험자책임이 개시되지만 당사자 간의 의사가 분명하지 않을 때에는 지급을 위하여 교부한 것으로 보아야 한다.

09 보험료지급의무에 관한 설명으로 옳지 않은 것은? (다툼이 있는 경우 판례에 의함)

① 보험계약자가 제1회보험료를 지급하지 아니하는 경우에는 다른 약정이 없는 한 계약 성립 후 2월이 경과하면 그 계약은 해제된 것으로 보는데, 이때에 보험자는 따로 이행을 최고할 필요가 없다.

② 타인을 위한 보험계약에서 그 타인이 동거가족인 경우에도 보험자는 해지예고부 최고를 그 타인에게 따로 하여야 한다.

③ 타인을 위한 생명보험계약에서 오랫동안 피보험자가 실제로 보험료를 지급해왔다고 하여도 보험료지급 지체시의 해지예고부 최고는 보험계약자와 보험수익자에게 하여야 한다.

④ 피보험자가 타인의 명의를 빌려 보험계약을 체결한 후 보험료를 지급하여 왔다면 그 피보험자는 실질적인 보험계약자이므로 보험계약 해지 시 해지환급금은 명의 차용자에게 지급하여야 한다.

10 전쟁위험에 대한 설명으로 옳은 것은? (다툼이 있는 경우 판례에 의함)

① 전속보험설계사와 보험계약자가 개별 약정한 경우에는 전쟁위험을 담보할 수 있으나 그와 같은 약정이 없으면 보험자는 전쟁위험으로 인한 보험사고에 대하여 면책한다.

② 전쟁위험 담보를 개별약정하거나 특약에 가입하는 보험계약자는 전쟁위험담보가 없는 보험계약자와 달리 추가보험료를 내야 한다.

③ 보험기간 중 전쟁위험이 소멸한 때에는 보험자는 그 후의 보험금의 감액을 청구할 수 있으며 그 청구권은 형성권이다.

④ 대학생들이 집회참가를 봉쇄하는 경찰의 저지선을 뚫기 위하여 경찰차 내에 화염병을 투척한 것은 보험자의 면책사유인 전쟁 기타 이와 유사한 사태에 해당한다.

11 보험금청구권의 소멸시효에 관한 설명으로 옳지 않은 것은? (다툼이 있는 경우 판례에 의함)

① 보험금청구권의 소멸시효가 완성된 후라도 보험자가 시효완성을 주장하는 것이 신의칙에 반하는 특별한 사정이 있는 때에는 권리남용으로서 허용될 수 없다.

② 피보험자가 실종선고를 받은 경우 보험수익자의 보험금청구권의 소멸시효의 기산일은 피보험자가 사망한 것으로 보는 실종기간만료일이 아니라 법원의 실종선고일이다.

③ 상해보험의 소멸시효의 기산점과 중단, 중단된 시효가 다시 진행하는 시기는 모두 민법규정이나 해석에 따라야 한다.

④ 상법에서 보험금액지급유예기간을 명정하고 있지만 보험금청구권의 소멸시효는 이 지급유예기간이 경과한 다음날부터 진행하는 것은 아니다.

12 상법 보험편이 개정된 2014. 3. 11.의 다음 날인 2014. 3. 12. 체결된 생명보험계약의 피보험자가 2015. 3. 11. 사망하는 보험사고가 발생한 경우, 이 사건의 사망보험금청구권의 소멸시효 완성일은? (단, 위의 각 날짜가 영업일인지 여부는 고려하지 않으며 청구권행사의 장애사유는 없다고 전제함)

① 2017. 3. 10.

② 2018. 3. 10.

③ 2020. 3. 10.

④ 2016. 3. 10.

13 다음 중 상법상 보험계약자 등의 불이익 변경 금지원칙과 관련하여 허용되지 아니하는 것은? (표준약관의 규정은 고려하지 않음)

① 항공기기체보험에서 고지의무 위반시의 계약해지권 행사 기간을 2년으로 규정한 약관조항

② 자살은 고의사고이므로 보험계약 체결 시부터 자살할 의도가 명백하였던 피보험자가 자살한 때에는 보험효력발생일로부터 2년이 경과하여 자살한 때에도 보험금을 지급하지 아니하겠다는 생명보험 약관조항

③ 단체가 사망보험계약을 체결할 당시 피보험자인 15세 미만의 자가 단체보험의 구성원으로서 의사능력이 있었다면 사망사고 발생시점에서 15세를 넘어선 경우에는 당해 보험계약은 유효한 것으로 본다는 약관조항

④ 생명보험계약자가 보험증권의 멸실 또는 현저한 훼손으로 인하여 증권의 재교부를 청구할 때에 증권작성의 비용을 보험자가 부담하겠다는 취지의 약관조항

14 대법원 전원합의체의 약관대출에 대한 설명으로 옳은 것은?

① 대출금에 대하여 이자계산이 이루어지고 보험기간 내에 변제가 이루어지므로 특수한 금전소비대차계약이다.

② 대출금의 경제적 실질은 보험자가 장차 지급하여야 할 보험금이나 해약환급금을 미리 지급하는 것이므로 선급에 해당한다.

③ 보험계약자를 대상으로 이루어지지만 모든 보험계약자가 약관대출을 실행하는 것은 아니므로 보험계약과는 별개의 독립된 계약이다.

④ 상법의 규정보다 엄격한 대출 및 상환조건을 약관에서 정하는 경우 보험계약자에게 불이익변경이 될 수 있다.

15 손해보험에서 보험가액의 결정에 관한 설명으로 옳지 않은 것은? (다툼이 있는 경우 판례에 의함)

① 당사자간에 보험가액을 정한 때에는 그 가액을 사고발생시의 가액으로 정한 것으로 추정한다.
② 운송보험, 선박보험, 적하보험 등은 보험가액불변경주의를 택하고 있다.
③ 보상최고한도액을 기재한 것만으로는 기평가보험이 되지 않는다.
④ 기평가보험계약의 경우에는 추가보험계약으로 평가액을 감액 또는 증액할 수 없다.

16 중복보험에 관한 설명으로 옳은 것은? (다툼이 있는 경우 판례에 의함)

① 중복보험이 성립하려면 동일한 보험계약의 목적에 관하여 보험사고 및 피보험자, 그리고 보험기간이 완전히 일치하여야 한다.
② 중복보험계약을 체결한 수인의 보험자 중 그 1인에 대한 권리의 포기는 다른 보험자의 권리의무에 영향을 미친다.
③ 보험계약자가 통지의무를 게을리하였다는 사유만으로 사기로 인한 중복보험계약이 체결되었다고 추정되지 않는다.
④ 중복보험이 성립되면 각 보험자는 보험가액의 한도에서 연대책임을 부담한다.

17 상법상 방어비용에 관한 설명으로 옳지 않은 것은? (다툼이 있는 경우 판례에 의함)

① 피보험자가 제3자의 청구를 방어하기 위하여 지출한 재판상 또는 재판 외의 필요비용 및 필요 또는 유익하였던 비용은 보험의 목적에 포함된 것으로 한다.
② 피보험자는 보험자에 대하여 그 비용의 선급을 청구할 수 있다.
③ 피보험자가 담보의 제공 또는 공탁으로써 재판의 집행을 면할 수 있는 경우에는 보험자에 대하여 보험금액의 한도내에서 그 담보의 제공 또는 공탁을 청구할 수 있다.
④ 피보험자가 지급한 소송비용, 변호사비용, 중재, 화해 또는 조정에 관한 비용을 보험자의 사전동의 없이 지급한 경우에 피보험자의 방어비용으로 볼 수 없다는 약관조항은 상법 제663조에 의하여 무효이다.

18 보증보험계약에 대한 설명으로 옳지 않은 것은?

① 보증보험계약의 경우에 보험계약자가 그 타인에게 보험사고의 발생으로 생긴 손해의 배상을 한 때에는 보험계약자는 그 타인의 권리를 해하지 아니하는 범위 안에서 보험자에게 보험금액의 지급을 청구할 수 있다.
② 보증보험계약의 보험자는 보험계약자가 피보험자에게 계약상의 채무불이행 또는 법령상의 의무불이행으로 입힌 손해를 보상할 책임이 있다.
③ 보증보험계약은 그 성질에 반하지 아니하는 한 보증채무에 관한 「민법」의 규정을 준용한다.
④ 보증보험계약은 보험계약자에게 사기, 고의 또는 중대한 과실이 있는 경우에도 이에 대하여 피보험자에게 책임 있는 사유가 아닌 한 보험자는 보험금액의 지급책임을 면하지 못한다.

19 책임보험에 관한 설명으로 옳은 것은?

① 책임보험의 경우에도 중복보험에 관한 상법규정이 준용됨으로 피보험자가 동일한 사고로 제3자에게 배상책임을 짐으로써 입은 손해를 보상하는 수개의 책임보험계약이 동시 또는 순차적으로 체결된 경우에 그 보험금액의 총액이 피보험자의 제3자에 대한 손해배상액을 초과하는 경우, 각 보험자는 보험금액의 범위내에서 연대책임을 부담한다.

② 피보험자가 보험자의 지시에 의하여 제3자의 청구를 방어하기 위하여 지출한 재판상 또는 재판 외의 필요비용에 손해액을 가산한 금액이 보험가액을 초과하는 때에도 보험자는 이를 부담한다.

③ 보험자는 피보험자가 책임을 질 사고로 인하여 생긴 손해에 대하여 제3자가 그 배상을 받기 전이라도 제3자의 피해구제를 위해 보험금액의 전부 또는 일부를 피보험자에게 지급할 수 있다.

④ 제3자는 피보험자가 책임을 질 사고로 입은 손해에 대하여 보험가액의 한도내에서 보험자에게 직접 보상을 청구할 수 있다.

20 운송보험에 관한 설명으로 옳지 않은 것은?

① 운송보험계약의 보험기간은 운송인이 운송물을 수령한 때로부터 수하인에게 인도될 때까지이다.

② 운송보험증권은 요식증권이기 때문에 상법에 규정된 기재사항의 일부를 기재하지 않으면 보험계약은 무효이다.

③ 운송보험계약 중 보험계약자나 피보험자의 고의 또는 중대한 과실로 위험이 현저하게 변경 · 증가되었음이 입증된 때에는 보험자는 계약을 해지할 수 있다.

④ 운송보험계약은 다른 약정이 없으면 운송의 필요에 의하여 일시 운송을 중지하거나 운송의 노순 또는 방법을 변경하더라도 보험계약은 유효하다.

21 해상보험계약상 보험자의 면책사유에 관한 설명으로 옳지 않은 것은?

① 선박 또는 운임을 보험에 붙인 경우에는 발항 당시 안전하게 항해를 하기에 필요한 준비를 하지 아니하거나 필요한 서류를 비치하지 않음으로 생긴 손해

② 적하를 보험에 붙인 경우에는 용선자, 송하인 또는 수하인의 고의 또는 중대한 과실로 생긴 손해

③ 적하보험에서 운송인의 감항능력주의의무 위반으로 생긴 손해

④ 보험약관상 공제소손해면책약관이 규정되어 있다면 보험사고로 인하여 생긴 손해가 보험가액의 일정한 비율 또는 일정한 금액 이하인 소손해

22 **해상보험에 있어 항해의 변경과 항로의 변경에 관한 설명 중 옳지 않은 것은?**

① 선박보험계약에서 정한 발항항을 변경하는 경우에 보험자는 면책된다.

② 선박보험계약에서 책임개시 후 보험계약에서 정하여진 도착항이 보험계약자의 책임없는 사유인 전쟁이나 항구의 봉쇄로 변경된 경우 보험자는 그 후의 사고에 대하여 면책된다.

③ 선박이 인명구조나 불가항력 없이 보험계약에서 정하여진 항로를 이탈한 경우에 보험자는 그 때부터 면책된다.

④ 적하보험에서 선박을 변경한 경우에 그 변경이 보험계약자 또는 피보험자의 책임있는 사유로 인한 경우에는 보험자는 그 변경 후의 사고에 대하여 면책된다.

23 **보험자대위에 관한 설명으로서 옳지 않은 것은? (다툼이 있는 경우 판례에 의함)**

① 보험자가 대위에 의하여 취득한 권리는 상법 제662조의 소멸시효가 적용되지 아니하고 개별 채권의 소멸시효에 관한 규정이 적용된다.

② 상법 제682조 소정의 "제3자의 행위"란 피보험이익에 대하여 손해를 일으키는 행위를 의미하며, 제3자의 고의 · 과실은 묻지 아니한다.

③ 자동차종합보험 보통약관에 "피보험자를 위하여 자동차를 운전중인 자"도 피보험자의 개념에 포함시킨다는 규정이 있다하더라도 자동차종합보험에 가입한 피보험자의 피용운전기사는 상법 제682조의 제3자에 해당한다.

④ 상법 제682조 소정의 "제3자의 행위"란 불법행위뿐만 아니라 채무불이행 또는 적법행위도 포함한다.

24 **보험위부에 관한 설명으로 옳지 않은 것은?**

① 보험위부가 이루어지면 보험자는 그 보험의 목적에 관한 피보험자의 모든 권리를 취득하며, 일부보험의 경우에도 같다.

② 위부에 대한 보험자의 승인은 입증상의 문제일 뿐 위부의 요건이 아니다.

③ 선박이 보험사고로 인하여 심하게 훼손되어 이를 수선할 경우에 그 비용이 보험가액을 초과하리라고 예상될 때에는 피보험자는 보험의 목적을 보험자에게 위부하고 보험금액의 전부를 청구할 수 있다.

④ 위부는 어떤 조건이나 기한을 정할 수 없다.

25 **책임보험에 있어 피보험자의 변제 등의 통지와 보험금액의 지급에 관한 설명으로 옳지 않은 것은?**

① 피보험자가 제3자에 대하여 변제, 승인, 화해 또는 재판으로 인하여 채무를 이행한 때에는 지체 없이 보험자에게 그 통지를 발송하여야 한다.

② 피보험자가 보험자의 동의 없이 독자적으로 제3자에 대하여 변제, 승인 또는 화해를 한 경우에 그 행위가 현저하게 부당한 것이 아니면 보험자는 면책되지 아니한다.

③ 보험자는 특별한 기간의 약정이 없으면, 피보험자가 제3자와의 채무확정을 통지 받은 날로부터 10일 이내에 보험금액을 지급하여야 한다.

④ 보험자는 피보험자가 제3자와 채무확정시 보험금액의 지급에 관하여 약정기간이 있는 경우에는 그 기간 내에 보험금액을 지급하여야 한다.

26 **화재보험에 관한 설명으로 옳지 않은 것은?**

① 화재보험자는 화재의 소방 또는 손해의 감소에 필요한 조치로 인하여 생긴 손해를 보상할 책임이 있다.
② 집합된 물건을 일괄하여 보험의 목적으로 한 때에는 그 목적에 속한 물건이 보험기간 중에 수시로 교체된 경우에도 보험계약의 체결 시에 현존한 물건은 보험의 목적에 포함된 것으로 한다.
③ 화재보험증권에는 무효와 실권의 사유를 기재하여야 한다.
④ 보험자가 보상할 손해의 범위에 관하여는 화재와 손해와의 사이에 상당인과관계가 있어야 한다는 것이 통설이다.

27 **손해보험에서 보험계약자와 피보험자의 손해방지 · 경감의무에 관한 설명으로서 옳지 않은 것은? (다툼이 있는 경우 판례에 의함)**

① 보험자가 손해방지비용을 부담하지 아니한다는 비용상환의무 배제약관조항이나 손해방지비용과 보상액의 합계액이 보험금액을 넘지 않는 한도 내에서만 보상한다는 약관조항은 상법 제680조에 위배되어 무효이다.
② 피보험자의 보험자에 대한 소송통지의무는 피보험자의 손해방지 · 경감의무에 해당하며, 이는 보험자에게 소송에 관여할 기회를 주기 위한 것으로, 보험자는 적정손해액 이상의 손해액에 대하여는 보상의무가 없다.
③ 손해방지 · 경감의무를 부담하는 시기에 관하여 명문의 규정이 없다면, 약관에 의하여 대체로 보험사고가 생긴 때와 이와 동일시할 수 있는 상태가 발생한 때부터 이를 부담한다.
④ 보험사고가 발생하였다 하더라도 피보험자의 법률상 책임 여부가 판명되지 아니한 상태에서는 피보험자는 손해확대 방지를 위한 긴급한 행위를 하여서는 아니되며, 비록 손해방지비용이 발생하였다 하더라도 보험자는 손해방지비용을 부담하지 아니한다.

28 **상해보험과 질병보험에 관한 설명으로 옳지 않은 것은? (다툼이 있는 경우 판례에 의함)**

① 만취상태에서 잠을 자다가 구토 중에 구토물이 기도를 막아 피보험자가 사망한 경우에, 상해보험의 외래성이 인정되지 않는다.
② 상해보험에서 담보되는 위험으로서 상해는 그 사고의 원인이 피보험자 신체의 외부로부터 작용하는 것을 말하고, 신체의 질병 등과 같은 내부적 원인에 기한 것은 질병보험의 대상이 된다.
③ 피보험자가 방안에서 술에 취한 채 선풍기를 틀어놓고 자다가 사망한 경우에, 주취와 선풍기를 틀고 잔 것은 모두 외래의 사고로 해석한다.
④ 질병보험에 관하여는 상해보험과 유사하다는 점을 고려하여 상해보험의 규정을 일부 준용토록 하고 있다.

29 다음 중 인보험계약에 관한 설명으로 옳지 않은 것은?

① 보험계약자 등의 고의로 인한 사고에 대해서 생명 보험자는 책임을 부담하지 않는다.
② 피보험자가 자살한 경우에 보험금을 지급하는 생명보험 약관 규정은 보험계약자 등의 불이익변경금지원칙에 반하는 것이 아니다.
③ 승낙 전 사고 담보의 요건과 관련하여, 인보험의 경우 피보험자가 적격피보험체가 아니라는 사실은 청약을 거절할 사유에 해당되지 않는다.
④ 사망을 보험사고로 하는 인보험계약에서 사고가 보험수익자의 중대한 과실로 인한 경우에는 보험자면책이 인정되지 않는다.

30 약관의 유 · 무효에 관한 설명으로 옳지 않은 것은? (다툼이 있는 경우 판례에 의함)

① 자동차 무면허운전면책약관이 보험사고가 전체적으로 보아 고의로 평가되는 행위로 인한 경우에는 유효한 것으로 적용될 수 있지만, 중과실로 평가되는 행위로 인한 사고에 대하여는 효력이 없는 것으로 보아야 한다.
② 음주운전자의 경우는 비음주 운전자의 경우에 비하여 보험사고발생의 가능성이 많음은 부인할 수 없는 일이나 그 정도의 사고발생가능성에 관한 개인차는 보험에 있어서 구성원 간의 위험의 동질성을 해칠 정도는 아니라는 근거 하에, 음주운전면책약관에 대하여 한정적 무효라고 본다.
③ 피보험자가 운전안전띠를 착용하지 않은 것이 보험사고의 발생원인으로서 고의에 의한 것이라고 할 수 없으므로 이 사건 미착용감액약관은 상법 규정들에 반하여 무효인 것으로 본다.
④ 계속보험료 지급지체의 경우 보험자의 최고 후 해지권 행사의 법규는 보험계약자에게 보험료 미납사실을 알려주어 이를 납부할 기회를 줌으로써 불측의 손해를 방지하고자 하는 차원에서, 보험료의 납입을 최고하면서 보험료가 납입되지 않고 납입유예기간을 경과하면 별도의 의사표시 없이 보험계약이 해지되는 해지예고부최고약관은 무효인 것으로 본다.

31 생명보험계약에 관한 설명으로 옳지 않은 것은?

① 사망과 생존에 관한 보험사고가 발생한 경우 보험금액을 지급해야 할 의무가 있는 자는 생명보험자이다.
② 생명보험자에 대하여 보험료를 지급해야 할 의무가 있는 자는 자연인으로서 보험계약자이어야 한다.
③ 생명보험에서 피보험자는 생존이나 사망에 관하여 보험이 붙여진 자로 자연인만을 의미한다.
④ 생명보험에서 보험금청구권을 행사하는 자는 보험수익자로서 그 수에 제한이 없는 것이 원칙이다.

32 생명보험증권에 관한 설명으로 옳지 않은 것은?

① 생명보험증권에는 보험계약의 종류가 기재되어야 한다.
② 생명보험계약이 체결된 후 보험계약자가 보험료를 지급하지 아니하면 보험자는 보험증권을 교부할 필요가 없다.
③ 생명보험증권에 보험수익자를 기재하는 경우에는 그 주소와 성명을 기재하는 것으로 족하다.
④ 생명보험증권은 보험계약에 관한 증거증권에 해당한다.

33 보험수익자의 지정 · 변경에 관한 설명으로 옳지 않은 것은?

① 보험수익자의 지정 · 변경권은 형성권에 해당하므로, 보험자에게 대항하기 위해서는 보험자에게 통지하여야 한다.

② 보험수익자가 보험 존속 중에 사망한 때에는 보험계약자는 다시 보험수익자를 지정할 수 있다.

③ 보험기간 중 보험수익자가 사망한 후 보험계약자가 보험수익자 지정권을 행사하지 않고 사망한 경우에, 보험수익자의 상속인이 보험수익자가 된다.

④ 보험계약자가 계약 체결 후에 보험수익자를 지정 또는 변경하고 이를 보험자에 대하여 통지하지 않은 경우에는, 그 효력이 발생하지 아니하므로 그 지정 또는 변경 자체가 무효이다.

34 타인을 위한 생명보험계약에 대한 설명으로 옳지 않은 것은?

① 타인을 위한 생명보험은 보험계약자가 자신을 피보험자로 하여 계약을 체결하는 자기의 생명보험계약으로 할 수 있다.

② 타인을 위한 생명보험계약에서 그 타인의 권리가 발생하기 위해서는 수익의 의사표시를 필요로 한다.

③ 타인을 위한 생명보험은 보험계약자가 자신이 아닌 타인을 피보험자로 하여 계약을 체결하는 타인의 생명보험계약으로 할 수 있다.

④ 타인을 위한 보험도 보험료지급의무는 보험계약자가 부담하는 것이 원칙이지만, 피보험자 또는 보험수익자는 보험료를 지급해야 하는 경우도 있다.

35 인보험에 관한 설명으로 옳지 않은 것은? (다툼이 있는 경우 판례에 의함)

① 보험계약 체결 시에 보험자가 특정 약관조항에 대한 설명의무를 위반하여 해당 약관조항이 배제되고 나머지 부분으로 계약이 존속하게 된 경우에 보험계약의 내용은 나머지 부분의 보험약관에 대한 해석을 통하여 확정되어야 하고, 만일 보험계약자가 확정된 보험계약의 내용과 다른 내용을 보험계약의 내용으로 주장하려면 보험자와의 사이에 다른 내용을 보험계약의 내용으로 하는 합의가 있었다는 사실을 증명해야 한다.

② 피보험자가 사고로 추간판탈출증을 입고, 그 외에 신경계 장애인 경추척수증 및 경추척수증의 파생 장해인 우측 팔, 우측 손가락, 좌측 손가락의 각 운동장해를 입은 사건에서, 위 사고로 인한 피보험자의 후유장해 지급률은 우측 팔, 우측 손가락 및 좌측 손가락 운동장해의 합산 지급률과 신경계 장해인 경추척수증의 지급률 중 더 높은 지급률을 구한 다음, 그 지급률에 추간판탈출증의 지급률을 합하여 산정해야 한다.

③ 생명보험계약을 체결한 보험계약자이자 피보험자가 계약의 책임개시일로부터 2년 후 자살 후 보험수익자가 재해사망특약에 기한 보험금지급청구를 한 경우, 보험자가 특약에 기한 재해사망보험금 지급의무가 있음에도 지급을 거절하였다면, 보험수익자의 재해사망보험금청구권이 시효의 완성으로 소멸하였더라도 보험자의 소멸시효 항변은 권리남용에 해당한다.

④ 보험금을 지급하지 않는 경우의 하나로 "피보험자가 고의로 자신을 해친 경우. 그러나 피보험자가 정신질환상태에서 자신을 해친 경우와 계약의 책임개시일로부터 2년이 경과된 후에 자살하거나 자신을 해침으로써 제1급의 장해상태가 되었을 때는 그러하지 아니하다."라고 규정한 약관조항과 관련하여, 위 조항은 고의에 의한 자살 또는 자해는 원칙적으로 재해사망특약의 보험사고인 재해에 해당하지 않지만, 예외적으로 단서에 정하는 요건에 해당하면 이를 보험사고에 포함시켜 보험금 지급사유로 본다는 것이다.

36 생명보험계약에서 피보험자의 사망사고에 관한 설명으로 옳지 않은 것은? (다툼이 있는 경우 판례에 의함)

① 자살면책기간이 경과한 후 피보험자가 자살한 경우에 생명보험약관에 따르면 피보험자의 자살이 고의로 인한 보험사고일지라도, 보험자는 보험금지급책임을 진다.

② 피보험자가 술에 취한 나머지 판단능력이 극히 저하된 상태에서 신병을 비관하는 넋두리를 하고 베란다에서 뛰어내린다는 등의 객기를 부리다가 마침내 음주로 인한 병적인 명정으로 인하여 충동적으로 베란다에서 뛰어내려 사망한 경우에 이는 보험약관상 재해에 해당하지 않아 사망보험금의 지급대상이 되지 않는다.

③ 판단능력을 상실 내지 미약하게 할 정도로 술에 취한 피보험자가 출입이 금지된 지하철역 승강장의 선로로 내려가 지하철역을 통과하는 전동열차에 부딪혀 사망한 경우, 이러한 피보험자의 사망은 보험사고에 해당한다.

④ 피보험자가 자살 전날 우울증 진단을 받았고 평소 정신과 치료를 받은 적은 없지만 유서 등을 미리 준비한 경우라 하면, 자유로운 의사결정을 할 수 있는 상태에서 자살한 것으로 볼 수 있다.

37 인보험에 대한 설명으로 옳지 않은 것은?

① 질병보험계약의 보험자는 피보험자의 질병에 관한 보험사고가 발생할 경우에 보험금이나 그 밖의 급여를 지급할 책임이 있다.

② 상법의 규정에 따르면 상해보험에 관하여는 상법 제732조를 제외하고 생명보험에 관한 규정을 준용한다.

③ 사망을 보험사고로 한 보험계약에서는 사고가 보험계약자 등의 중대한 과실로 인하여 발생한 경우에도 보험자는 보험금지급책임이 있다.

④ 단체보험계약은 반드시 그 구성원인 피보험자 전원의 서면동의가 있어야 효력이 발생한다.

38 자동차보험에 대한 설명으로 옳지 않은 것은?

① 대물배상책임보험이란 피보험자가 자동차의 사고로 타인의 재화에 손해를 일으켜 제3자에게 배상책임을 짐으로써 입은 손해를 보험자가 보상하는 책임보험이고, 여기에는 자동차에 싣고 있는 물건 또는 운송중인 물건에 생긴 손해도 포함된다.

② 대인배상책임보험이란 자동차의 운행 또는 소유 · 사용 · 관리 중에 있는 제3자에게 사망 또는 상해를 입힌 사고로 말미암아 피보험자가 제3자에게 배상책임을 짐으로써 입은 손해를 보험자가 보상하는 책임보험이다.

③ 자동차보험계약이라 함은 피보험자가 자동차를 소유, 사용 또는 관리하는 동안에 발생한 사고로 인하여 생길 손해의 보상을 목적으로 하는 손해보험계약이다.

④ 무보험자동차상해보험은 자동차보험의 대인배상 II에 가입되지 아니하거나, 대인배상 II에 의하여 보호되지 아니하는 자동차 사고로 손해를 입은 피보험자를 보호하기 위한 보험이다.

39 **인보험에 관한 설명으로 옳은 것은?**

① 인보험계약의 보험사고는 상해와 질병이며, 보험사고가 발생할 경우에 보험금지급책임이 있다.
② 단체생명보험의 경우 구성원이 단체에서 탈퇴하면, 그 구성원에 대한 보험관계는 자동으로 개인보험으로 전환된다.
③ 상해보험계약은 당사자간의 다른 약정이 있더라도 보험자의 제3자에 대한 보험대위를 인정하지 아니한다.
④ 타인의 사망을 보험사고로 하는 보험계약에서 피보험자의 서면동의를 얻도록 한 상법의 규정은 강행규정이다.

40 **상해보험과 관련된 내용 중 옳지 않은 것은? (다툼이 있는 경우 판례에 의함)**

① 피보험자가 원룸에서 에어컨을 켜고 자다 사망한 경우, 최근의 의학적 연구와 실험 결과 등에 비추어 망인의 사망 원인이 에어컨에 의한 저체온증이라거나 망인이 에어컨을 켜 둔 채 잠이 든 것과 사망 사이에 상당한 인과관계가 있다고 볼 수 없고, 이 경우 의사의 사체 검안만으로 망인의 사망원인을 밝힐 수 없음에도 부검을 반대하여 사망의 원인을 밝히려는 증명책임을 다하지 않은 유족이 그로 인한 불이익을 감수해야 한다.
② 종합건강검진을 위하여 전신마취제인 프로포폴을 투여받고 수면내시경 검사를 받던 중 검사 시작 5분 만에 프로포폴의 호흡억제 작용으로 호흡부전 및 의식불명 상태가 되어 사망한 사건에서, 질병 등을 치료하기 위한 외과적 수술 등에 기한 상해가 아니라 건강검진 목적으로 수면 내시경 검사를 받다가 마취제로 투여된 프로포폴의 부작용으로 사망사고가 발생한 것으로 보아 보험자의 면책이 인정되지 않는다.
③ 지역병원에서 실시한 복부CT촬영결과 후복막강에서 종괴가 발견되어 대학병원에 입원하여 후복막악성신생물 진단을 받아 종양절제수술을 받았다가 감염으로 인하여 상세불명의 패혈증과 폐렴을 원인으로 피보험자가 사망한 경우, 보험자가 보상하지 아니하는 질병인 암의 치료를 위한 개복수술로 인하여 증가된 감염의 위험이 현실화됨으로 발생한 것이므로, 이 사건 사고 발생에 병원 의료진의 의료과실이 기여하였는지 여부와는 무관하게 이 사건 보험자는 면책된다.
④ 외래의 사고라는 것은 상해 또는 사망의 원인이 피보험자의 신체적 결함 즉 질병이나 체질적 요인 등에 기인한 것이 아닌 외부적 요인에 의해 초래된 모든 것을 의미하고, 이러한 사고의 외래성 및 상해 또는 사망이라는 결과와 사이의 인과관계에 대하여는 보험자가 증명책임을 부담해야 한다.

3과목 손해사정이론

01 손해배상금 산정 시의 중간이자 공제에 관한 다음 설명 중 옳은 것은?

① 상실수익액에 대한 중간이자 공제는 약관에서 정하는 약관대출이자율을 적용한다.
② 여타의 조건이 동일한 경우 호프만 방식보다 라이프니츠 방식에서 배상금이 더 많이 산정된다.
③ 국가배상법에서는 5% 복리 할인법에 의거하여 배상금을 산정할 것을 규정하고 있다.
④ 중간이자 공제는 일시금 배상에 따른 과잉배상을 방지하기 위한 것이다.

02 역선택(adverse selection) 문제의 발생시점과 발생원인을 순서대로 바르게 배열한 것은?

	발생시점	발생원인
①	보험계약 체결 이후	숨겨진 행동
②	보험계약 체결 시점	숨겨진 행동
③	보험계약 체결 이후	숨겨진 속성
④	보험계약 체결 시점	숨겨진 속성

03 쌍방 간의 과실로 보험사고가 발생하였을 경우 당사자들은 과실비율에 대한 규명 없이 각자의 보험회사로부터 손실을 보상 받을 수 있도록 하는 배상책임제도는?

① 손익상계제도
② 교차책임제도
③ 과실상계제도
④ 무과실책임제도

04 다음에서 설명하는 보상책임에 관한 원칙은?

> (1) 손해의 결과에 대하여 선행하는 위험이 면책위험이 아닐 경우 보험자는 면책을 주장할 수 없다.
> (2) 화재보험에서 발화의 원인을 불문하고 그 화재로 인하여 보험목적물에 손해가 생긴 때에는 보험자는 그 손해를 보상할 책임이 있다.
> (3) 일반화재보험에서 폭발손해 자체는 화재로 인한 것이든 아니든 면책이지만, 폭발로 발생한 화재손해에 대해서는 보험자의 책임이 발생한다.

① 위험보편의 원칙
② 위험개별의 원칙
③ 우선효력의 원칙
④ 분담주의 원칙

05 다음 중 보험회사의 지급여력비율 산출 시 지급여력금액 항목에 포함되지 않는 것은?

① 책임준비금
② 비상위험준비금
③ 후순위차입금
④ 자본잉여금

06 **기대효용가설(expected utility hypothesis) 관점에서 개인의 보험구매의사결정에 관한 설명으로 적절하지 않은 것은?**

① 위험회피형 개인은 부가보험료가 존재하더라도 보험을 구매할 수 있다.
② 위험중립형 개인은 부가보험료가 존재할 경우 보험을 구매하지 않는다.
③ 위험회피형 개인의 리스크 프리미엄(risk premium)이 부가보험료보다 크면 보험을 구매하지 않는다.
④ 위험선호형 개인은 부가보험료가 없더라도 보험을 구매하지 않는다.

07 **다음은 보험에 대한 설명이다. ( ) 안에 들어갈 단어를 순서대로 바르게 배열한 것은?**

> 계약자의 입장에서 보면 보험은 ( ) 제도이지만, 기술적인 측면에서 보면 보험은 다수의 위험단위를 집단화함으로써 개별 계약자의 손실에 대한 불확실성을 경감하는 ( ) 제도이다.

① 위험통제, 위험전가
② 위험전가, 위험결합
③ 위험분담, 위험전가
④ 위험전가, 위험보유

08 **보험회사의 경영성과지표에 관한 다음 설명 중 가장 적절한 것은?**

① 보험회사의 자산운용수익은 합산비율에 영향을 미친다.
② 실제사업비율이 예정사업비율보다 낮으면 효율적 경영이 이루어졌다고 할 수 있다.
③ 재보험거래 결과는 경과손해율에 영향을 미치지 않는다.
④ 손해사정비용은 사업비율에 영향을 미친다.

09 **보험기간 중 보험계약자나 피보험자의 행위로 위태가 증가되었을 때 이 위태가 증가된 상태에 있는 한 보험효력이 일시 정지되고, 증가된 위태가 제거되거나 원상으로 복귀되었을 때 보험효력이 재개되도록 규정하는 계약조항은?**

① grace period clause('유예기간'조항)
② if clause('만약'조항)
③ while clause('동안'조항)
④ floater clause('유동'조항)

10 **다음에서 설명하는 보험계약의 법적 성격은?**

> 보험자의 관점에서 볼 때 동일한 보험목적물이라도 피보험자가 누구냐에 따라 손실 발생 위험이 달라지는 것이기 때문에 보험계약의 내용이 달라질 수 있고 계약의 인수가 거절될 수도 있다.

① 인적계약(personal contract)
② 부합계약(adhesive contract)
③ 조건부계약(conditional contract)
④ 사행계약(aleatory contract)

11 다음 중 기업신용보험(commercial credit insurance)에 대한 설명으로 옳지 않은 것은?

① 기업신용보험은 기업이 다른 기업과의 신용거래에 따른 외상매출금의 회수불능위험을 관리하는 보험으로서 기업의 신용손실을 보상하는 것이다.
② 기업신용보험은 비정상적 신용손실(abnormal credit loss)이 아니라 정상적 사업과정에서 발생하는 통상적 신용손실(normal credit loss)을 보상하는 것이다.
③ 기업신용손실의 원인은 채무자의 파산 또는 지급불능이어야 하고, 그 밖의 원인에 의한 신용손실은 보상에서 제외된다.
④ 기업신용보험은 기업의 불량채무손실을 감소시키고 거래 상대방의 지급불능 시 효율적인 회수 및 구조서비스를 제공한다.

12 책임보험의 일반적 성질과 거리가 가장 먼 것은?

① 손해를 보상하는 손해보험의 성질을 가진다.
② 피해자가 보험자에게 손해의 전보를 직접 청구할 수 있다.
③ 피보험자에게 발생하는 적극적 손해를 보상하는 적극보험의 성질을 가진다.
④ 원칙적으로 보험가액이라는 개념이 존재하지 않는다.

13 다음 손실통제(loss control) 활동 중 손실감소(loss reduction)에 해당하는 것은?

① 안전교육
② 금연과 금주
③ CCTV 설치
④ 에어백 설치

14 보험가입 후 위험관리를 소홀히 한다거나 사고발생 후 적극적으로 손해방지활동을 하지 않는 것은 다음 중 무엇에 해당하는가?

① 실체적 위태(physical hazard)
② 도덕적 위태(moral hazard)
③ 정신적 위태(morale hazard)
④ 법률적 위태(legal hazard)

15 다음 중 위험보유의 형태라 할 수 없는 것은?

① 공제조항(deductible clause)
② 자가보험(self – insurance)
③ 캡티브보험(captive insurance)
④ 타보험조항(other insurance)

16 다음 중 전쟁 · 천재지변 등으로 인한 손해를 면책하는 내용은?

① 제외손인(excluded perils)
② 제외손실(excluded losses)
③ 제외재산(excluded property)
④ 제외지역(excluded locations)

17 다음 중 피보험이익에 관한 설명으로 옳지 않은 것은?

① 보험목적물의 가치를 말한다.
② 피보험이익의 원칙은 도덕적 위태를 감소시키는 기능을 한다.
③ 반드시 현존하는 이익일 필요는 없다.
④ 하나의 보험목적물에 복수의 피보험이익이 존재할 수 있다.

18 다음 중 보험자가 보험계약을 해지할 수 있는 사유에 해당하지 않는 것은?

① 위험의 변경 · 증가 통지의무 위반
② 계속보험료의 미지급
③ 사고발생의 통지의무 위반
④ 고지의무 위반

19 다음 중 공동보험조항(co-insurance clause)에 대한 설명으로 적절하지 않은 것은?

① 손실발생 시 피보험자로 하여금 손실의 일부를 부담하게 하는 조항이다.
② 보험계약자간 보험요율의 형평성을 유지하는 데 주된 목적이 있다.
③ 소액보상청구를 줄임으로써 손실처리비용을 감소시킬 수 있다.
④ 위험관리를 유도함으로써 손실발생 방지의 효과를 거둘 수 있다.

20 다음은 보험가액 5억원인 주택의 화재발생 시 손해액에 대한 확률분포이다. 80% 공동보험조항 하에서 보험가입금액을 2억원으로 했을 때 예상 지급보험금은 얼마인가?

손해액	5억원	3억원	1억원	0원
확률	0.1	0.1	0.2	0.6

① 1,600만원
② 4,000만원
③ 4,500만원
④ 5,000만원

21 A보험회사는 자사가 인수한 보험계약에 대하여 매 위험당 20% 출재, 특약한도액 50만원으로 하는 비례분할 재보험특약(quota share reinsurance treaty)을 운용하고 있다. 재보험계약 담보기간 중 아래와 같은 3건의 손해가 발생하였을 때 재보험자로부터 회수할 수 있는 재보험금은 얼마인가?

원보험계약	1	2	3
손해액	150만원	200만원	300만원

① 120만원
② 130만원
③ 520만원
④ 530만원

22 다음 중 소급보험과 승낙전보호제도에 대한 설명으로 옳지 않은 것은?

① 양자 모두 보험계약이 성립하기 전 일정 시점부터 보험자의 책임이 개시된다.
② 소급보험은 당사자의 합의에 의하여 효력이 발생하나, 승낙전보호제도는 당사자의 합의에 관계없이 법률규정에 의하여 보호된다.
③ 소급보험은 보험계약이 성립되어야 적용되나, 승낙전보호제도는 보험계약이 성립되기 전 단계에서 적용되는 제도이다.
④ 소급보험에서는 청약일 이후에야 보험자의 책임이 개시되나, 승낙전보호제도에서는 보험자의 책임이 청약일 이전에 개시된다.

23 자가보험(self－insurance)에 대한 다음 설명 중 옳지 않은 것은?

① 보험자의 전문적인 위험관리서비스를 받을 수 있다.
② 부가보험료를 절감할 수 있어 위험비용을 낮출 수 있다.
③ 대수의 법칙에 의하여 미래손실을 비교적 정확하게 예측할 수 있는 경우에 활용된다.
④ 보험료가 사외로 유출되지 않아 유동성을 확보하고 투자이익을 얻을 수 있는 이점이 있다.

24 이미 사고는 발생하였으나 아직 보험회사에 보고되지 아니한 손해에 대하여 보험회사가 미래에 청구될 보험금 지급에 충당하기 위하여 적립하는 준비금은?

① 우발적 준비금
② IBNR준비금
③ 미경과보험료준비금
④ 비상위험준비금

25 손해사정업무는 통상 검정업무(survey)와 정산업무(adjustment)로 구분된다. 다음 중 검정업무에 해당하지 않는 것은?

① 보험계약사항의 확인
② 현장조사 및 사고사실 확인
③ 대위 및 구상
④ 손해액 산정

26 열거위험담보계약(named－perils policy)과 포괄위험담보계약(all－risks policy)에 대한 다음 설명 중 옳지 않은 것은?

① 열거위험담보계약에서는 필요한 위험만을 선택하여 가입할 수 있다.
② 열거위험담보계약에서 보험자로부터 손해보상을 받기 위해서 피보험자는 손해의 발생사실만을 입증하면 된다.
③ 포괄위험담보계약에서는 다른 보험계약에서 담보된 위험이 중복 가입될 가능성이 있다.
④ 포괄위험담보계약이 열거위험담보계약보다 일반적으로 담보범위가 넓고 보험료가 비싸다.

27 **사건발생기준(occurrence basis) 배상책임보험과 배상청구기준(claims-made basis) 배상책임보험에 대한 다음 설명 중 옳지 않은 것은?**

① 사건발생기준 배상책임보험은 불법행위와 그 결과가 시간적으로 근접해 있을 때 적용이 용이하다.
② 배상청구기준 배상책임보험은 보험기간 중에 피보험자로부터 청구된 사고를 기준으로 배상책임을 결정한다.
③ 사건발생기준 배상책임보험은 장기성 배상책임(long-tail liability)의 특성을 갖는 전문직 배상책임보험 등에 적용된다.
④ 배상청구기준 배상책임보험에서는 보험급부 여부를 결정할 때 보험사고를 둘러싼 분쟁을 줄일 수 있다.

28 **다음 중 보험료불가분의 원칙과 가장 밀접한 관련이 있는 개념은?**

① 보험계약기간
② 보험기간
③ 보험책임기간
④ 보험료기간

29 **금융재보험(finite reinsurance)을 소급형(retrospective)과 장래형(prospective)으로 구분할 때 다음 중 장래형 금융재보험에 해당하는 것은?**

① 지급준비금할인 재보험(time and distance policy : TDP)
② 보험금분산특약 재보험(spread loss treaties : SLT)
③ 손실금이전 재보험(loss portfolio transfers : LPT)
④ 역진전 준비금담보(adverse development covers : ADC)

30 **실손보상의 원칙에서의 실제현금가치(actual cash value)에 대한 일반적인 계산식으로 옳은 것은?**

① 보험가액 - 감가상각액
② 보험금액 - 감가상각액
③ 보험가액 - 대체비용 - 감가상각액
④ 대체비용 - 감가상각액

31 **다음 중 보험업법을 통하여 보험사업을 감독하고 규제하는 이유로 가장 적절한 것은?**

① 보험계약자의 도덕적 위태 문제 완화
② 역선택 문제 완화
③ 정부의 실패에 대한 대응
④ 보험상품에 관한 정보 면에서 불리한 위치에 있는 소비자 보호

32 다음에서 설명하는 보험증권의 법적 성격은?

보험자는 보험금 등의 급여를 지급함에 있어 보험증권 제시자의 자격 유무를 조사할 권리는 있으나 의무는 없다. 그 결과 보험자는 보험증권을 제시한 사람에 대해 악의 또는 중대한 과실이 없이 보험금 등을 지급한 때에는 증권 제시자가 권리자가 아니라 하더라도 그 책임을 부담하지 않는다.

① 유가증권성
② 상환증권성
③ 증거증권성
④ 면책증권성

33 다음 중 우리나라에서 현재 시행 중인 사회보험을 모두 고른 것은?

ⓐ 고용보험
ⓑ 산업재해보상보험
ⓒ 질병보험
ⓓ 간병보험
ⓔ 장애인복지보험

① ⓐ, ⓑ
② ⓑ, ⓔ
③ ⓑ, ⓓ
④ ⓐ, ⓔ

34 다음 중 해당 보험종목의 초과손해액재보험특약(excess of loss reinsurance treaty)의 내용에 통상적으로 지수조항(index clause)을 포함하고 있는 것은?

① 화재보험(fire insurance)
② 적하보험(cargo insurance)
③ 선박보험(hull insurance)
④ 일반배상책임보험(general liability insurance)

35 다음 중 보험사기방지 특별법의 내용으로 옳지 않은 것은?

① 보험사기 행위로 보험금을 취득한 자에 대하여는 10년 이하의 징역 또는 2천만원 이하의 벌금에 처한다.
② 보험회사는 보험계약자 등의 행위가 보험사기행위로 의심할 만한 합당한 근거가 있는 경우에는 관할 수사기관에 고발 등의 필요한 조치를 취하여야 한다.
③ 보험사기 미수범에 대하여도 보험사기죄를 적용하여 처벌한다.
④ 보험사기를 범한 자가 그 범죄행위로 인하여 취득한 보험사기 이득액이 일정금액 이상일 때에는 가중처벌을 하고 그 이득액 이하에 상당하는 벌금도 병과할 수 있다.

36 보험계약이 체결되고 일정한 기간이 경과한 후에는 보험계약자의 착오나 허위진술 등을 이유로 보험자가 보험금의 지급을 거절할 수 없음을 규정하고 있는 약관조항은?

① 계약구성조항(entire contract clause)
② 불몰수조항(non-forfeiture clause)
③ 금반언조항(estoppel clause)
④ 불항쟁조항(incontestable clause)

37 아래의 사례에서 피해자인 환자가 치과의사를 상대로 제기한 손해배상청구소송에서 주장할 수 있는 배상책임의 법리는?

> 치아를 뽑기 위해 치과의사를 방문한 환자가 일반적인 마취제를 사용하여 치료를 받은 후 마취에서 깨어났을 때 턱뼈가 부러져 있었다.

① 기여과실책임(contributory negligence)
② 전가과실책임(imputed negligence)
③ 최종적 명백한 기회(last clear chance)
④ 과실추정의 원칙(res ipsa loquitur)

38 아래에서 설명하는 내용은 무엇에 관한 것인가?

> 보험요율의 적정성(rate adequacy)과 언더라이팅 손익(underwriting profits or losses) 사이의 밀접한 관계에 따라 나타나는 보험요율과 손익의 기복현상으로서 주로 재산 · 배상책임보험분야에서 나타난다. 이는 감독기관의 규제 · 간섭에 의해 야기되기도 하고, 보험회사간의 극심한 경쟁이나 보험수요 측면에서의 보험가격의 비탄력성으로 인해 나타나기도 한다.

① 역선택(adverse selection)
② 시장세분화(market segmentation)
③ 수지상등의 원칙(equivalence principle)
④ 언더라이팅 주기(underwriting cycle)

39 A와 B의 쌍방과실로 인한 양측의 손해액과 과실비율이 다음과 같을 때 단일책임주의(principle of single liability) 방식에 의한 상호 배상책임액 정산으로 옳은 것은?

> • A의 손해액 : 500만원
> • A의 과실비율 : 60%
> • B의 손해액 : 200만원
> • B의 과실비율 : 40%

① A가 B에게 120만원을 배상하여야 한다.
② A가 B에게 140만원을 배상하여야 한다.
③ B가 A에게 80만원을 배상하여야 한다.
④ B가 A에게 200만원을 배상하여야 한다.

40 다음에 주어진 조건 하에서 순보험료방식(pure premium method)에 따라 산출한 영업보험료는? (단, 예정이익률은 고려하지 않는다.)

> • 1년간 총발생손실액 : 300억원
> • 총계약건수 : 50만건
> • 예정사업비율 : 40%

① 36,000원
② 60,000원
③ 84,000원
④ 100,000원

2018 제41회 기출문제

1과목 보험업법

01 보험업법상 보험업에 관한 설명 중 옳은 것(○)과 옳지 않은 것(×)을 올바르게 조합한 것은?

가. 보험업의 허가를 받을 수 있는 자는 주식회사 및 상호회사에 한한다.
나. 화재보험업만을 영위하기 위해 허가를 받은 자가 간병보험업을 영위하기 위해서는 간병보험에 관한 별도의 허가가 있어야 한다.
다. 생명보험업과 보증보험업을 겸영하고자 하는 경우에는 500억원의 자본금 또는 기금을 납입하여야 한다.
라. 통신판매전문보험회사가 통신수단에 의한 총보험계약건수 및 수입보험료의 모집비율이 총보험계약건수 및 수입보험료의 100분의 90에 미달하는 경우에는 통신수단 이외의 방법으로 모집할 수 있다.

① 가(○), 나(×), 다(○), 라(×)
② 가(×), 나(○), 다(×), 라(×)
③ 가(○), 나(○), 다(×), 라(×)
④ 가(×), 나(×), 다(○), 라(○)

02 보험업법 제2조의 "보험계약자"에 관한 설명 중 옳지 않은 것을 모두 고른 것은?

가. "전문보험계약자"가 되기 위하여는 보험계약에 관한 전문성, 자산규모 등에 비추어 보험계약의 내용을 이해하고 이행할 능력이 있어야 한다.
나. "일반보험계약자"란 전문보험계약자가 아닌 보험계약자를 말한다.
다. "전문보험계약자"가 "일반보험계약자"와 같은 대우를 받는 것에 대하여 보험회사가 동의한 경우라 하더라도 해당 보험계약자에 대하여는 적합성원칙을 적용하지 않는다.
라. "전문보험계약자" 가운데 대통령령으로 정하는 자가 "일반보험계약자"와 같은 대우를 받겠다는 의사를 보험회사에 서면으로 통지한 경우 보험회사는 언제나 동의하여야 한다.
마. 국가, 지방자치단체, 한국은행, 주권상장법인, 한국자산관리공사, 신용보증기금은 "전문보험계약자"에 해당한다.

① 가, 나
② 나, 다
③ 다, 라
④ 다, 라, 마

03 **보험업법 제2조의 보험중개사에 관한 설명 중 옳지 않은 것은?**

① 보험대리점도 보험중개사로 등록하여 독립적으로 보험계약의 체결을 중개할 수 있다.
② 보험중개사가 되려는 자는 개인과 법인을 구분하여 대통령령으로 정하는 바에 따라 금융위원회에 등록하여야 한다.
③ 법인보험중개사는 보험계약자 보호 등을 해칠 우려가 없는 업무로서 대통령령으로 정하는 업무 또는 보험계약의 모집 업무 이외의 업무를 하지 못한다.
④ 보험중개사는 보험계약을 중개할 때 그 수수료에 관한 사항을 비치하여 보험계약자가 열람할 수 있도록 하여야 한다.

04 **보험업법이 인정하고 있는 "보험업" 및 "보험상품"에 관한 설명 중 옳지 않은 것은?**

① 보험업이란 보험상품의 취급과 관련하여 발생하는 보험의 인수, 보험료 수수 및 보험금 지급 등을 영업으로 하는 것을 말한다.
② 보험업법은 생명보험상품, 손해보험상품, 제3보험상품으로 각각 구분하여 "보험상품"을 정의하고 있다.
③ 손해보험상품에는 운송보험계약, 보증보험계약, 재보험계약, 권리보험계약, 원자력보험계약, 비용보험계약, 날씨보험계약, 동물보험계약, 도난보험계약, 유리보험계약, 책임보험계약이 포함된다.
④ 보험업법은 보험계약자의 보호 필요성 및 금융거래 관행 등을 고려하여 건강보험, 연금보험계약, 선불식 할부계약 등을 보험상품에서 제외하고 있다.

05 **보험업법상 허가된 보험회사가 아닌 자와 보험계약을 체결할 수 있는 경우에 해당하지 않는 것은?**

① 대한민국에서 허가된 보험회사와 보험계약의 체결이 곤란하고 금융감독원의 허가를 얻은 경우
② 대한민국에서 취급되지 아니하는 보험종목에 관하여 외국보험회사와 보험계약을 체결하는 경우
③ 외국에서 보험계약을 체결하고, 보험기간이 지나기 전에 대한민국에서 그 계약을 지속시키는 경우
④ 대한민국에서 취급되는 보험종목에 관하여 셋 이상의 보험회사로부터 가입이 거절되어 외국보험회사와 보험계약을 체결하는 경우

06 **보험업법상 보험회사가 겸영할 수 있는 금융업무를 열거한 것 중 옳은 것은 모두 몇 개인가?**

가. 「한국주택금융공사법」에 따른 채권유동화자산의 관리업무
나. 「자산유동화에 관한 법률」에 따른 유동화자산의 관리업무
다. 「전자금융거래법」 제28조제2항제1호에 따른 결제 중계시스템의 참가기관으로서 하는 전자자금이체업무
라. 「자본시장과 금융투자업에 관한 법률」 제6조제4항에 따른 집합투자업무
마. 「근로자퇴직급여 보장법」 제2조제13호에 따른 퇴직연금사업자의 업무

① 2개　　② 3개
③ 4개　　④ 5개

07 주식회사인 보험회사의 조직변경에 관한 설명 중 옳은 것을 모두 고른 것은?

가. 보험회사는 조직변경의 공고를 한 날 이후에 보험계약을 체결하려면 보험계약자가 될 자에게 조직 변경 절차가 진행 중임을 알리고 그 승낙을 받아야 한다.
나. 보험회사는 조직변경을 결의할 때 보험계약자총회를 갈음하는 기관에 관한 사항을 정할 수 있으며, 그 기관의 구성방법을 조직변경 공고 내용에 포함하여야 한다.
다. 주식회사의 감사는 보험계약자총회에 출석하여 조직 변경에 관한 사항을 보고하여야 한다.
라. 보험계약자총회는 보험계약자 과반수의 출석과 그 의결권의 3분의 2 이상의 찬성으로 결의한다

① 가, 나
② 나, 다
③ 가, 다
④ 다, 라

08 보험업법상 보험회사의 조직변경에 관한 설명 중 옳지 않은 것은?

① 주식회사가 조직 변경을 결의한 경우 그 결의를 한 날부터 2주 이내에 결의의 요지와 대차대조표를 공고하고 주주명부에 적힌 질권자에게는 개별적으로 알려야 한다.
② 주식회사가 상호회사로 조직을 변경할 때에는 「상법」 제434조에 따른 결의를 거쳐야 한다.
③ 주식회사는 상호회사로, 상호회사는 주식회사로 조직 변경을 할 수 있다.
④ 주식회사가 조직변경을 하여 상호회사로 된 경우에는 보험업법 제9조(자본금 또는 기금)에도 불구하고 기금의 총액을 300억원 미만으로 하거나 설정하지 아니할 수 있다.

09 외국보험회사 국내지점이 대한민국에서 체결한 보험계약에 관하여 보험업법 제75조에 따라 국내에서 보유해야 하는 자산에 해당하지 않은 것은

① 현금 또는 국내 금융기관에 대한 예금, 적금 및 부금
② 국내 · 외에서 적립된 보험업법 시행령 제63조 제2항에 따른 재보험자산
③ 국내에 있는 자에 대한 대여금, 그 밖의 채권
④ 미상각신계약비(未償却新契約費)

10 보험업법상 외국보험회사의 국내사무소에 관한 설명 중 옳지 않은 것은?

① 외국보험회사 국내사무소는 그 명칭 중에 반드시 '사무소'라는 글자를 포함하여야 한다.
② 외국보험회사가 국내에 사무소를 설치하려는 경우 그 설치한 날부터 30일 이내에 금융위원회에 신고하여야 한다.
③ 외국보험회사 국내사무소는 보험계약의 체결을 중개하거나 대리하는 행위를 할 수 없지만 보험시장에 관한 적법한 조사 및 정보수집 업무는 할 수 있다.
④ 금융위원회는 외국보험회사 국내사무소가 보험업법에 의한 명령 또는 처분을 위반한 경우 업무의 정지를 명할 수 있지만 국내사무소의 폐쇄를 명할 수는 없다.

11 보험업법상 상호협정의 인가에 관한 설명 중 옳지 않은 것은?

① 금융위원회는 공익 또는 보험업의 건전한 발전을 위하여 특히 필요하다고 인정되는 경우에는 보험회사에 대하여 상호협정의 체결 · 변경 또는 폐지를 명할 수 있다.

② 금융위원회는 보험회사 간의 합병 등으로 상호협정의 구성원이 변경되는 사항에 관하여 공정거래위원회와 협의하여야 한다.

③ 금융위원회는 상호협정의 체결 · 변경 또는 폐지의 인가를 하거나 협정에 따를 것을 명하려면 미리 공정거래위원회와 협의하여야 한다.

④ 금융위원회로부터 인가를 받은 상호협정의 실질적인 내용이 변경되지 아니하는 자구 수정을 하는 경우, 보험회사는 금융위원회에 신고하면 된다

12 보험업법상 보험회사가 지켜야 하는 재무건전성기준에 관한 설명 중 옳은 것을 모두 고른 것은?

가. "지급여력기준금액"이란 보험업을 경영함에 따라 발생하게 되는 위험을 금융위원회가 정하여 고시하는 방법에 의하여 금액으로 환산한 것을 말한다.
나. "지급여력비율"이란 지급여력금액을 지급여력기준 금액으로 나눈 비율을 말한다.
다. 보험회사가 지켜야 하는 재무건전성기준에는 대출 채권 등 보유자산의 건전성을 정기적으로 분류하고 대손충당금을 적립할 것이 포함된다.
라. 금융위원회는 보험회사가 재무건전성기준을 지키지 아니하여 경영안정성을 해칠 우려가 있다고 판단하여 필요한 조치를 하고자 하는 경우 보험계약자 보호 등을 고려해야 하는 것은 아니다.

① 가, 나
② 나, 라
③ 가, 나, 다
④ 나, 다, 라

13 보험업법상 보험회사의 기초서류에 관한 설명 중 옳지 않은 것은?

① 보험회사는 기초서류에 기재된 사항을 준수하여야 한다.

② 보험회사가 금융기관보험대리점을 통하여 모집하는 것에 관하여 기초서류의 조문체제를 변경하기 위해서는 미리 금융위원회에 신고하여야 한다.

③ 금융위원회는 보험회사가 신고한 기초서류의 내용이 보험업법 제127조 제2항 각 호의 기초서류의 작성 · 변경에 관한 신고 사유에 해당하지 않더라도 보험계약자 보호 등을 위하여 필요하다고 인정되는 경우 보험회사에 대하여 기초서류의 제출을 요구할 수 있다.

④ 금융위원회는 보험회사가 보험업법 제127조제2항에 따라 기초서류를 신고한 경우, 필요하다면 금융감독원의 확인을 받도록 할 수 있다.

14 **보험업법상 보험설계사의 등록에 대한 내용으로 옳지 않은 것은?**

① 보험회사 · 보험대리점 및 보험중개사는 소속 보험설계사가 되려는 자를 금융위원회에 등록하여야 한다.
② 보험업법에 따라 벌금 이상의 형을 선고받고 그 집행이 끝나거나 집행이 면제된 날로부터 2년이 지나지 아니한 자는 보험설계사로 등록할 수 없다.
③ 영업에 관하여 성년자와 같은 능력을 가지지 아니한 미성년자는 그 법정대리인이 파산선고를 받고 복권되지 아니한 경우에도 보험설계사로 등록할 수 있다.
④ 보험업법에 따라 금고 이상의 형의 집행유예를 선고받고 유예기간 중인 자는 보험설계사로 등록할 수 없다.

15 **보험업법상 교차모집 보험설계사에게 허용되지 않는 행위를 모두 고른 것은?**

가. 업무상 알게 된 특정 보험회사의 정보를 다른 보험회사에 제공하는 행위
나. 모집을 위탁한 보험회사에 대하여 회사가 정한 수수료 · 수당을 요구하는 행위
다. 보험계약을 체결하는 자의 요구에 따라 모집을 위탁한 보험회사 중 어느 한 보험회사를 위하여 보험을 모집하는 행위
라. 교차모집을 위탁한 보험회사에 대하여 다른 교차 모집보험설계사 유치를 조건으로 대가를 요구하는 행위
마. 교차모집을 위탁한 보험회사에 대하여 다른 보험설계사보다 우대하여 줄 것을 합리적 근거를 가지고 요구하는 행위

① 가, 라
② 가, 라, 마
③ 가, 나
④ 나, 다, 마

16 **보험업법상 보험회사의 고객 응대직원을 고객의 폭언 등으로부터 보호하기 위하여 취하여야 할 보호조치 의무로 옳지 않은 것은?**

① 보험회사는 해당 직원이 요청하는 경우 해당 고객으로부터 분리하고 업무담당자를 교체하여야 한다.
② 보험회사는 해당 직원에 대한 치료 및 상담지원을 하여야 하며, 고객을 직접 응대하는 직원을 위한 상시 고충처리 기구를 마련하여야 한다.
③ 보험회사는 해당 직원의 요청이 없어도 해당 고객의 행위가 관계 법률의 형사처벌규정에 위반된다고 판단되면 관할 수사기관에 고발조치하여야 한다.
④ 보험회사는 직원이 직접 폭언 등의 행위를 한 고객에 대한 관할 수사기관 등에 고소, 고발, 손해배상 청구 등의 조치를 하는데 필요한 행정적, 절차적 지원을 하여야 한다.

17 보험대리점에 관한 설명 중 옳은 것을 모두 고른 것은?

> 가. 보험설계사가 될 수 없는 자는 보험대리점이 될 수 없다.
> 나. 보험대리점은 자기 또는 자기를 고용하고 있는 자를 보험계약자 또는 피보험자로 하는 보험을 모집하는 것을 주된 목적으로 할 수 있다.
> 다. 다른 보험회사, 보험대리점 및 보험중개사의 임직원은 보험대리점이 될 수 없다.
> 라. 보험설계사 또는 보험중개사로 등록된 자는 보험대리점이 될 수 없다.
> 마. 「상호저축은행법」에 따른 저축은행과 「새마을금고법」에 따라 설립된 새마을금고는 보험대리점이 될 수 없다.

① 가, 다, 마
② 나, 다, 라
③ 나, 다, 마
④ 가, 다, 라

18 「농업협동조합법」에 따라 설립된 농협은행이 모집할 수 있는 "손해보험상품"으로 구성된 것은?

> 가. 개인연금
> 나. 신용손해보험
> 다. 주택화재보험
> 라. 단체상해보험
> 마. 보증보험
> 바. 장기저축성 보험
> 사. 교육보험

① 가, 나, 다, 바
② 나, 다, 마, 사
③ 가, 나, 라, 바
④ 나, 라, 마, 사

19 금융기관보험대리점등의 영업기준에 대한 내용으로 옳지 않은 것은?

① 신용카드업자(겸영여신업자는 제외)는 법 제96조 제1항에 따른 전화, 우편, 컴퓨터통신 등의 통신수단을 이용하여 모집하는 방법을 사용할 수 있다.
② 금융기관보험대리점등에서 모집에 종사하는 사람은 대출 등 불공정 모집의 우려가 있는 업무를 취급할 수 없다.
③ 최근 사업연도말 현재 자산총액이 2조원 이상인 금융기관보험대리점등이 모집할 수 있는 1개 생명보험회사 상품의 모집액은 매 사업년도별로 해당금융기관보험 대리점등이 신규로 모집하는 생명보험회사 상품 모집 총액의 100분의 35를 초과할 수 없다.
④ 금융기관보험대리점은 해당 금융기관에 적용되는 모집 수수료율을 모집을 하는 점포의 창구 및 인터넷 홈페이지에 공시하여야 한다.

20 보험업법상 적합성의 원칙이 적용되는 보험상품은?

① 질병보험
② 변액보험
③ 보증보험
④ 비용보험

21 보험업법상 보험회사의 보험상품 모집광고 관련 준수사항에 대한 설명 중 옳은 것을 모두 고른 것은?

가. 보험회사는 보험금 지급한도, 지급제한 조건, 면책사항, 감액지급 사항 등을 누락하거나 충분히 고지하지 아니하여, 제한 없이 보험금을 수령할 수 있는 것으로 오인하게 하는 행위를 하여서는 안된다.
나. 보험회사의 모집광고에는 보험계약 체결 후 지체 없이 상품설명서 및 약관을 읽어 볼 것을 권유하는 내용이 포함되어야 한다.
다. 보험회사는 보험료를 일할로 분할하여 표시하거나 보험료 산출기준(보험가입금액, 보험료 납입기간, 보험기간, 성별, 연령 등)을 불충분하게 설명하여 보험료가 저렴한 것으로 오인하게 하는 행위를 하여서는 안된다.
라. 금융위원회는 필요하면 보험회사로부터 광고물을 미리 제출받아 보험회사 등의 광고가 보험업법이 정한 광고 기준을 지키는지를 확인할 수 있다.
마. 보험회사가 보험상품에 관하여 광고를 하는 경우에는 보험계약자가 보험상품의 내용을 오해하지 않도록 명확하고 공정하게 전달하여야 한다.

① 가, 나, 라
② 가, 다, 마
③ 나, 다, 마
④ 다, 라, 마

22 보험업법 제102조상 모집을 위탁한 보험회사의 배상책임에 관한 설명으로 옳지 않은 것은? (다툼이 있으면 판례에 따름)

① 보험회사의 임직원 · 보험설계사 · 보험대리점(보험대리점 소속 보험설계사 포함) 등의 위법한 모집행위가 있어야 한다.
② 타인의 사망을 보험사고로 하는 생명보험계약에 있어서 보험설계사가 보험계약자로 하여금 피보험자 대신 피보험자 자필서명란에 서명하게 하여 그 계약이 무효가 된 경우, 보험회사의 손해배상책임이 인정된다.
③ 보험회사의 책임을 묻기 위해서는 모집종사자의 위법행위와 손해 간에 상당인과관계가 있어야 한다.
④ 보험회사가 보험설계사 또는 보험대리점에게 모집을 위탁하면서 상당한 주의를 하였을 경우 손해배상책임을 면하게 되는데, 이에 대한 증명책임은 위법행위를 행한 보험설계사 또는 보험대리점이 부담한다.

23 보험회사의 자산운용 원칙으로 옳은 것을 모두 고른 것은?

가. 보험회사는 그 자산을 운용할 때 공평성 · 유동성 · 수익성 및 공익성이 확보되도록 하여야 한다.
나. 보험회사는 특별계정에 속하는 이익을 그 계정상의 보험계약자에게 분배할 수 있다.
다. 보험회사는 다른 회사의 의결권 있는 발행주식(출자지분을 포함한다) 총수의 100분의 10을 초과하는 주식을 소유할 수 없다.
라. 보험회사가 일반계정에 속하는 자산과 특별계정에 속하는 자산을 운용할 때, 동일한 개인 또는 법인에 대한 신용공여 한도는 일반계정의 경우 총자산의 100분의 3, 특별계정의 경우 각 특별계정 자산의 100분의 5를 초과할 수 없다.
마. 보험회사는 특별계정에 속하는 자산은 다른 특별계정에 속하는 자산 및 그 밖의 자산과 구분하여 회계 처리하여야 한다.

① 가, 나, 라
② 나, 라, 마
③ 가, 라, 마
④ 나, 다, 라

24 **보험회사가 외국에서 보험업을 경영하는 자회사의 채무보증을 위해 갖추어야 할 요건으로 옳지 않은 것은?**

① 채무보증 한도액이 보험회사 총자산의 100분의 5 이내일 것
② 보험회사의 직전 분기 말 지급여력 비율이 100분의 200 이상일 것
③ 보험금 지급 채무에 대한 채무보증일 것
④ 보험회사가 채무보증을 하려는 자회사의 의결권 있는 발행주식(출자지분을 포함한다) 총수의 100분의 50을 초과하여 소유할 것(외국 정부에서 최대 소유 한도를 정하는 경우 그 한도까지 소유하는 것을 말한다)

25 **보험업법상 보험회사의 계산에 대한 설명으로 옳지 않은 것은?**

① 보험회사는 매년 12월 31일에 그 장부를 폐쇄하여야 하고 장부를 폐쇄한 날부터 3개월 이내에 금융위원회가 정하는 바에 따라 재무제표(부속명세서를 포함) 및 사업보고서를 금융위원회에 제출하여야 한다.
② 배당보험계약이라 함은 해당 보험계약으로부터 발생하는 이익의 일부를 보험회사가 보험계약자에게 배당하기로 약정한 보험계약을 말한다.
③ 보험회사는 재무제표 및 사업보고서를 일반인이 열람할 수 있도록 금융위원회에 제출하는 날부터 본점과 지점, 그 밖의 영업소에 비치하거나 전자문서로 제공하여야 한다.
④ 배당보험계약의 계약자 지분은 계약자배당을 위한 재원과 지급준비금 적립을 위한 목적 외에 다른 용도로 사용할 수 없다.

26 **보험업법상 보험회사가 자회사를 소유하게 된 날로부터 15일 이내에 금융위원회에 제출하여야 하는 서류가 아닌 것은?**

① 정관 및 주주현황
② 업무의 종류 및 방법을 적은 서류
③ 자회사가 발행주식 총수의 100분의 10을 초과하여 소유하고 있는 회사의 현황
④ 자회사와의 주요거래 상황을 적은 서류

27 **보험업법상 공고에 관한 설명으로 옳지 않은 것은?**

① 상호회사가 해산을 결의한 경우에는 그 결의에 관하여 금융위원회의 인가를 받은 날부터 2주 이내에 결의의 요지와 대차대조표를 공고하여야 한다.
② 보험회사가 합병을 결의한 경우에는 그 결의를 한 날부터 2주 이내에 합병계약의 요지와 각 보험회사의 대차대조표를 공고하여야 한다.
③ 합병결의에 따라 보험계약을 이전하려는 보험회사는 합병결의를 한 날부터 2주 이내에 계약 이전의 요지와 각 보험회사의 대차대조표를 공고하여야 한다.
④ 보험회사는 보험계약을 이전한 경우 7일 이내에 그 취지를 공고하여야 하나 보험계약을 이전하지 아니하게 된 경우에는 공고의무가 없다.

28 보험업법상 주식회사인 보험회사에서 보험계약의 이전에 관한 설명 중 옳지 않은 것은 모두 몇 개인가?

가. 보험회사는 책임준비금 산출의 기초가 동일한지 여부와 무관하게 보험계약의 전부를 포괄하여 계약의 방법으로 다른 보험회사에 이전할 수 있다.
나. 보험계약 등의 이전에 관한 공고에는 이전될 보험계약의 보험계약자로서 이의가 있는 자는 1개월 이상의 일정한 기간 동안 이의를 제출할 수 있다는 뜻을 덧붙여야 한다.
다. 이의제기 기간 중 이의를 제기한 보험계약자가 이전될 보험계약자 총수의 100분의 5를 초과하거나 그 보험금액이 이전될 보험금 총액의 100분의 5를 초과하는 경우에는 보험계약을 이전하지 못한다.
라. 보험계약을 이전하려는 보험회사는 주주총회 등의 결의가 있었던 때부터 보험계약을 이전하거나 이전하지 아니하게 될 때까지 그 이전하려는 보험계약과 같은 종류의 보험계약을 하지 못한다.
마. 보험회사가 보험계약의 전부를 이전하는 경우에 이전할 보험계약에 관하여 이전계약의 내용으로 보험금액의 삭감과 장래 보험료의 감액을 정할 수 없다.

① 1개　　② 2개
③ 3개　　④ 4개

29 보험업법상 주식회사인 보험회사에 관한 설명 중 옳지 않은 것은?

① 해산에 관한 결의는 「상법」 제434조에 의한 결의에 따르며 금융위원회의 인가를 받아야 한다.
② 보험회사는 그 영업을 양도 · 양수하려면 금융위원회의 인가를 받아야 한다.
③ 보험회사가 합병을 할 경우 합병계약으로써 그 보험계약에 관한 계산의 기초 또는 계약조항의 변경을 정할 수 없다.
④ 보험회사가 그 보험업의 전부 또는 일부를 폐업하려는 경우에는 그 60일 전에 사업 폐업에 따른 정리계획서를 금융위원회에 제출하여야 한다.

30 보험업법상 보험회사가 해산한 날부터 3개월 이내에 보험금 지급사유가 발생한 경우에만 보험금을 지급하여야 하는 해산사유로 올바르게 조합한 것은?

가. 존립기간의 만료, 그 밖에 정관으로 정하는 사유의 발생
나. 회사의 합병
다. 보험계약 전부의 이전
라. 주주총회 또는 사원총회의 결의
마. 회사의 파산
바. 보험업의 허가취소
사. 해산을 명하는 재판

① 가, 나, 라　　② 나, 다, 마
③ 다, 마, 사　　④ 라, 바, 사

31 **보험업법상 주식회사인 보험회사의 청산 등에 관한 설명 중 옳지 않은 것은?**

① 보험회사가 보험업의 허가취소로 해산한 경우에는 금융위원회가 청산인을 선임한다.

② 금융위원회는 6개월 전부터 계속하여 자본금의 100분의 3 이상의 주식을 가진 주주의 청구에 따라 청산인을 해임할 수 있다.

③ 금융위원회는 청산인을 감독하기 위하여 보험회사의 청산업무와 자산상황을 검사하고, 자산의 공탁을 명하며, 그 밖에 청산의 감독상 필요한 명령을 할 수 있다.

④ 보험회사는 해산한 후에도 3개월 이내에는 보험계약 이전을 결의할 수 있으며, 보험계약을 이전하게 될 경우 보험금 지급 사유가 해산한 날부터 3개월을 넘겨서 발생한 경우에도 보험금을 지급할 수 있다.

32 **보험업법상 보험조사협의회에 관한 설명 중 옳은 것은?**

① 조사업무를 효율적으로 수행하기 위하여 금융감독원에 보험 관련 기관 및 단체 등으로 구성되는 보험조사협의회를 둘 수 있다.

② 협의회의 의장은 금융감독원장이 임명하며 협의회 위원의 임기는 3년으로 한다.

③ 금융감독원은 보험조사와 관련하여 보험업법 제162조에 따른 조사업무의 효율적 수행을 위한 공동 대책을 수립하며 협의회의 장은 이를 시행한다.

④ 보험조사협의회는 해양경찰청장이 지정하는 소속 공무원 1명, 생명보험협회의 장 및 손해보험협회의 장을 포함하여 총 15명 이내의 위원으로 구성할 수 있다.

33 **보험업법상 손해보험계약의 제3자 보호에 관한 설명 중 옳은 것은?**

① 손해보험회사는 「화재로 인한 재해보상과 보험가입에 관한 법률」 제5조에 따른 신체손해배상특약부 화재보험계약의 제3자가 보험사고로 입은 손해에 대한 보험금의 지급을 보장할 의무를 지지 아니한다.

② 손해보험회사가 파산선고 등 「예금자보호법」 제2조 제8호의 사유로 손해보험계약의 제3자에게 보험금을 지급하지 못하게 된 경우에는 즉시 그 사실을 금융위원회에 보고하여야 한다.

③ 손해보험회사는 손해보험계약의 제3자에 대한 보험금의 지급을 보장하기 위하여 수입보험료 및 책임준비금을 고려하여 대통령령으로 정하는 비율을 곱한 금액을 손해보험협회에 출연(出捐)할 의무가 있다.

④ 손해보험협회의 장은 금융감독원의 확인을 거쳐 손해보험계약의 제3자에게 대통령령으로 정하는 보험금을 지급하여야 한다.

34 보험업법상 보험요율 산출기관에 관한 설명 중 옳지 않은 것은?

① 보험회사는 금융위원회의 인가를 받아 보험요율 산출기관을 설립할 수 있다.
② 보험요율 산출기관은 보험회사가 적용할 수 있는 순보험요율을 산출하며 보험상품의 비교 · 공시 업무를 담당한다.
③ 보험요율 산출기관은 보험업법에서 정하는 업무 수행을 위하여 보험 관련 통계를 체계적으로 통합 · 집적(集積)하여야 하며 필요한 경우 보험회사에 자료의 제출을 요청할 수 있다.
④ 보험요율 산출기관은 순보험요율을 산출하기 위하여 필요하면 질병에 관한 통계를 보유하고 있는 기관의 장으로부터 그 질병에 관한 통계를 제공받아 보험회사로 하여금 보험계약자에게 적용할 순보험료의 산출에 이용하게 할 수 있다.

35 보험업법상 손해사정사 또는 손해사정업자에 관한 설명 중 옳지 않은 것은?

① 손해사정사 또는 손해사정업자의 업무에 손해액 및 보험금의 사정이 포함되나 보험약관 및 관계 법규 적용의 적정성 판단 업무는 포함되지 아니한다.
② 손해사정사 또는 손해사정업자는 자기와 이해관계를 가진 자의 보험사고에 대하여 손해사정을 할 수 없다.
③ 보험계약자 등이 선임한 손해사정사 또는 손해사정업자는 손해사정업무를 수행한 후 지체 없이 보험회사 및 보험계약자 등에 대하여 손해사정서를 내어 주고, 그 중요한 내용을 알려주어야 한다.
④ 손해사정사 또는 손해사정업자는 보험회사 및 보험계약자 등에 대하여 이미 제출받은 서류와 중복되는 서류나 손해사정과 관련이 없는 서류를 요청함으로써 손해사정을 지연하는 행위를 할 수 없다.

36 보험업법상 선임계리사에 관한 설명 중 옳은 것은 모두 몇 개인가?

가. 보험회사는 선임계리사가 그 업무를 원활하게 수행할 수 있도록 필요한 인력 및 시설을 지원하여야 한다.
나. 선임계리사가 되려는 사람은 보험계리사로서 10년 이상 등록되어야 하며 보험계리업무에 7년 이상 종사한 경력이 있어야 한다.
다. 최근 5년 이내에 금융위원회로부터 해임권고 · 직무정지 조치를 받은 사실이 있는 경우 선임계리사가 될 수 없다.
라. 선임계리사는 그 업무 수행과 관련하여 보험회사의 이사회에 참석할 수 있다.
마. 선임계리사는 기초서류의 내용 및 보험계약에 따른 배당금의 계산 등이 정당한지 여부를 검증 · 확인하였을 때에는 그 의견서를 이사회와 감사 또는 감사위원회에 제출하여야 한다.

① 2개　　② 3개
③ 4개　　④ 5개

37 **보험업법상 보험계리사 · 선임계리사 · 보험계리업자 · 손해사정사 및 손해사정업자(이 문항에 한하여 '보험계리사등' 이라고 한다.)에 관한 설명 중 옳은 것을 모두 고른 것은?**

> 가. 보험업법에 따라 보험계리사등이 업무정지 처분을 2회 이상 받은 경우 금융위원회는 그 등록을 취소하여야 한다.
> 나. 보험업법에 따라 보험계리사등의 등록이 취소된 후 1년이 지나지 아니한 자는 보험계리사등이 될 수 없다.
> 다. 보험업법에 따라 보험계리사등의 등록취소 처분을 2회 이상 받은 경우 최종 등록취소 처분을 받은 날부터 2년이 지나지 아니한 자는 보험계리사 등이 될 수 없다.
> 라. 금융위원회는 보험계리사등이 그 직무를 게을리하거나 직무를 수행하면서 부적절한 행위를 하였다고 인정되는 경우에는 1년 이내의 기간을 정하여 업무의 정지를 명하거나 해임하게 할 수 있다.

① 가
② 가, 나
③ 가, 나, 다
④ 가, 나, 다, 라

38 **보험업법상 보험계리에 관한 설명 중 옳지 않은 것은?**

① 보험계리업자는 상호 중에 "보험계리"라는 글자를 사용하여야 하며 장부폐쇄일은 보험회사의 장부폐쇄일을 따라야 한다.
② 보험계리를 업으로 하려는 법인은 2명 이상의 상근 보험계리사를 두어야 한다.
③ 보험회사는 보험계리사를 고용하여 보험계리에 관한 업무를 담당하게 하여야 하며 보험계리를 업으로 하는 자에게 위탁할 수 없다.
④ 개인으로서 보험계리를 업으로 하려는 사람은 보험계리사의 자격이 있어야 한다.

39 **보험업법상 등록업무의 위탁에 관한 설명 중 옳지 않은 것은?**

① 보험설계사 및 보험중개사에 관한 등록업무는 보험협회에게 위탁한다.
② 손해사정사 및 보험계리사에 관한 등록업무는 금융감독원장에게 위탁한다.
③ 보험계리를 업으로 하려는 자 및 손해사정을 업으로 하려는 자의 등록업무는 금융감독원장에게 위탁한다.
④ 보험설계사의 등록취소 또는 업무정지 통지에 관한 업무는 보험협회의 장에게 위탁한다.

40 **보험업법상 인터넷 홈페이지 등을 이용하여 일반인에게 알려야 할 사항 및 알려야 할 주체에 관하여 올바르게 조합한 것은?**

① 등록된 보험중개사 – 보험협회
② 등록된 손해사정사 – 금융감독원장
③ 등록된 보험계리업자 – 보험협회
④ 등록된 보험대리점 – 금융감독원장

2과목 보험계약법

01 보험계약의 성립에 관한 설명으로 옳지 않은 것은?

① 보험계약은 당사자 일방이 약정한 보험료를 지급하고 재산 또는 생명이나 신체에 불확정한 사고가 발생한 경우에 상대방이 일정한 보험금이나 그 밖의 급여를 지급할 것을 약정함으로써 효력이 생긴다.
② 보험계약은 낙성 · 쌍무, 유상 · 불요식 계약이라는 특성 외에 사행계약적 성격과 선의계약적 성격도 가지고 있다.
③ 보험자는 일정한 경우 승낙 전 보험사고에 대해 보험계약상의 책임을 진다. 나아가 인보험계약의 피보험자가 신체검사를 받아야 하는 경우에 그 검사를 받지 아니한 경우에도 보험계약상의 책임을 부담한다.
④ 보험계약자의 청약에 대해 보험자는 승낙할지 여부를 자유롭게 결정할 수 있는 것이 원칙이다.

02 보험약관의 교부 · 설명의무에 관한 설명으로 옳지 않은 것은?

① 보험약관은 계약의 상대방이 계약내용을 선택할 수 있는 자유를 제약하는 측면이 있다.
② 보험약관은 보험자가 일방적으로 작성한다는 측면 등을 고려하여 입법적, 행정적, 사법적 통제가 가해진다.
③ 보험계약이 체결되고 나서 보험약관의 개정이 이루어진 경우 그 변경된 약관의 규정이 당해 보험계약에 적용되는 것이 당연한 원칙이다.
④ 상법에 의하면 보험자가 보험약관의 교부 · 설명의무를 위반한 경우에는 보험계약자는 보험계약이 성립한 날부터 3개월 이내에 그 계약을 취소할 수 있다.

03 타인을 위한 보험에 관한 설명으로 옳지 않은 것은?

① 타인을 위한 보험이란 타인이 보험금 청구권자인 피보험자 또는 보험수익자가 되는 보험계약을 말한다.
② 타인을 위한 보험계약의 경우 그 타인의 수익의 의사표시가 있어야 보험계약이 성립한다.
③ 타인을 위한 손해보험에서 타인은 피보험이익을 가져야 한다.
④ 타인을 위한다는 의사표시가 분명하지 않은 경우에는 자기를 위한 보험계약으로 추정한다는 것이 통설이다.

04 고지의무에 관한 설명으로 옳지 않은 것은?

① 고지의무제도의 인정근거에 관하여 학설은 신의성실설, 최대선의설, 기술적 기초설 등 다양하게 대립하고 있다.
② 통설은 고지의무의 법적 성질을 간접의무로 해석한다.
③ 보험자가 서면으로 질문한 사항은 중요한 사항으로 추정한다.
④ 판례는 일관하여 인보험에서 다른 보험자와의 보험계약의 존재여부에 대하여 서면으로 질문하였더라도 고지의무의 대상이 아니라고 보았다.

05 소멸시효에 관한 설명으로 옳지 않은 것은? (다툼이 있는 경우 판례에 의함)

① 보험사고가 발생하여 그 당시의 장해상태에 따라 산정한 보험금을 지급받은 후에 당초의 장해상태가 악화된 경우, 추가로 지급받을 수 있는 보험금 청구권의 소멸시효는 당초의 보험사고가 발생한 때부터 진행한다.

② 보험료 및 적립금의 반환청구권은 3년간 행사하지 아니하면 시효의 완성으로 소멸한다.

③ 보험자의 소멸시효 주장이 신의칙에 반하거나 권리남용에 해당하는 경우에는 소멸시효의 주장을 할 수 없다.

④ 보험사고가 발생한 것인지 여부가 객관적으로 분명하지 아니하여 보험금 청구권자가 과실없이 보험사고의 발생을 알 수 없었던 경우에는 보험사고의 발생을 알았거나 알 수 있었던 때로부터 소멸시효가 진행한다.

06 보험자의 면책사유에 관한 설명으로 옳지 않은 것은?

① 면책사유란 보험자가 보상책임을 지기로 한 보험사고가 발생하였으나 일정한 원인으로 보험자가 면책되는 경우 그 원인을 말한다.

② 담보배제사유는 보험자가 보험계약에서 인수하지 않은 위험을 가리킨다는 점에서 면책사유와 구별된다.

③ 면책사유에는 법정면책사유와 약정면책사유가 있다.

④ 보험사고가 전쟁 기타의 변란으로 인하여 생긴 때에는 다른 약정이 있더라도 보험자는 보험금액을 지급할 책임이 없다.

07 통지의무에 관한 설명으로 옳지 않은 것은? (다툼이 있는 경우 판례에 의함)

① 보험기간 중에 보험계약자, 피보험자나 보험수익자가 사고발생의 위험이 현저하게 변경 또는 증가된 사실을 안 때에는 지체 없이 보험자에게 통지하여야 한다.

② 보험기간 중에 보험계약자, 피보험자 또는 보험수익자의 고의 또는 중대한 과실로 인하여 사고발생의 위험이 현저하게 변경 또는 증가된 때에는 보험자는 그 사실을 안 날로부터 1월 내에 보험료 증액 등을 청구할 수 있다.

③ 위험변경증가는 일정상태의 계속적 존재를 전제로 하고, 일시적 위험의 증가에 그친 경우에는 통지의무를 부담하지 아니한다.

④ 화재보험에서 근로자들이 폐업신고에 항의하면서 공장을 상당기간 점거하여 외부인의 출입을 차단하고 농성하는 행위는 현저한 위험변경증가로 본다.

08 상법 제663조의 보험계약자 등의 불이익변경금지에 관한 설명으로 옳지 않은 것은? (다툼이 있는 경우 판례에 의함)

① 상법 제663조는 상법 제정시부터 존재하는 규정이고, 1991년 상법 개정시에 재보험 및 해상보험 기타 이와 유사한 보험의 경우에 동 조항이 적용되지 않는다고 개정하였다.

② 불이익하게 변경된 약관인지 여부는 당해 특약의 내용으로만 판단할 것이 아니라 당해 특약을 포함하여 계약내용의 전체를 참작하여 상법의 규정과 비교 형량하여 종합적으로 판단한다.

③ 수출보험, 금융기관종합보험 등은 상법 제663조의 적용대상이라고 보지 않는다.

④ 상법 제663조에 의하면 상법 보험편의 규정은 당사자 간의 특약으로 보험계약자나 피보험자에게 불이익한 것으로 변경하지 못하지만 보험수익자에게 불이익한 것으로 변경하는 것은 가능하다.

09 보험계약의 부활에 관한 설명으로 옳지 않은 것은?

① 보험계약의 부활은 계속보험료의 지급지체로 인하여 보험계약이 해지되거나 고지의무위반으로 인하여 보험계약이 해지된 경우에 한하여 인정된다.

② 보험계약의 부활이 되기 위해서는 보험계약이 해지된 후 해지환급금이 지급되지 않아야 한다.

③ 보험계약자는 보험계약이 해지된 후 일정한 기간 내에 연체보험료에 약정이자를 붙여 보험자에게 지급하고 계약의 부활을 청구할 수 있다.

④ 부활계약을 새로운 계약으로 볼 경우 보험계약자는 고지의무를 부담하게 된다.

10 보험료 지급의무에 관한 설명으로 옳지 않은 것은?

① 보험료 지급의무는 보험계약의 당사자인 보험계약자가 부담하는 것이 원칙이다.

② 보험료 지급채무는 제3자도 변제할 수 있다.

③ 보험료의 지급장소에 대해 상법은 보험자의 영업소라고 규정하고 있다.

④ 최초의 보험료를 지급하지 않은 경우 다른 약정이 없는 한 보험계약이 성립한 후 2월이 경과하면 계약이 해제된 것으로 본다.

11 다음 설명으로 옳지 않은 것은? (다툼이 있는 경우 판례에 의함)

- 甲은 보험자와 보험대리점 위탁계약을 체결하고 있는 보험대리상이다.
- 乙은 독립적으로 보험계약의 체결을 중개하는 자이다.
- 丙은 보험자를 위하여 계속적으로 보험계약의 체결을 중개하는 자이다.

① 甲은 보험계약자 등으로부터 고지 · 통지의무를 수령할 수 있는 권한이 있으나 乙과 丙은 그러한 권한이 없고, 특별히 위임을 받은 경우에는 고지 및 통지를 수령할 수 있다.

② 甲은 보험계약의 체결을 대리하는 자라는 점에서 보험계약의 체결을 중개하는 乙및 丙과는 다른 법적지위를 갖는다.

③ 甲은 보험계약자에게 보험계약의 체결, 변경, 해지 등 보험계약에 관한 의사표시를 할 수 있는 권한을 가진다.

④ 乙과 丙은 독립된 사업자가 아니고 보험자의 피용자라는 점에서 동일한 법적지위를 갖는다.

12 다음의 설명으로 옳지 않은 것은?

① 동일한 보험계약의 목적과 동일한 사고에 관하여 수 개의 보험계약을 체결하는 경우에 보험계약자는 각 보험자에게 보험계약의 내용을 통지하여야 한다.

② 보험사고로 인하여 상실된 피보험자가 얻을 이익이나 보수는 당사자간에 다른 약정이 없으면 보험자가 보상할 손해액에 산입한다.

③ 당사자간에 보험가액을 정하지 아니한 때에는 사고발생시의 가액을 보험가액으로 한다.

④ 운송보험계약의 경우 보험사고가 운송보조자의 고의 또는 중대한 과실로 인하여 발생한 때에는 이로 인한 손해에 대하여 보험자는 면책이다.

13 손해방지의무에 관한 설명으로 옳은 것은? (다툼이 있는 경우 판례에 의함)

① 해상보험에서 보험자는 보험의 목적의 안전과 보존을 위하여 지급할 특별비용을 보험가액의 한도에서 보상하여야 한다.

② 손해방지의무는 보험사고가 발생하면 개시된다.

③ 보험계약자와 피보험자가 경과실 또는 중과실로 손해방지의무를 위반한 경우 보험자는 그 의무 위반이 없다면 방지 또는 경감될 수 있으리라고 인정되는 손해에 대하여 배상을 청구하거나 지급할 보험금과 상계하여 이를 공제한 나머지 금액만을 보험금으로 지급할 수 있다.

④ 손해방지비용은 손해의 방지와 경감을 위한 비용을 의미하므로, 보험자가 보상하는 비용은 필요비에 한정한다.

14 책임보험에 관한 설명으로 옳지 않은 것은?

① 책임보험계약은 보험사고가 보험기간 중에만 발생하면 약관에 따라 보험금청구는 보험기간이 종료한 이후에도 가능하다.

② 피보험자가 동일한 사고로 제3자에게 배상책임을 짐으로써 입은 손해를 보상하는 수 개의 책임보험계약이 동시 또는 순차로 체결된 경우에 그 보험금액의 총액이 피보험자의 제3자에 대한 손해배상액을 초과하는 때에는 중복보험의 규정이 준용된다.

③ 제3자는 피보험자가 책임을 질 사고로 입은 손해에 대하여 보험금액의 한도 내에서 보험자에게 직접 보상을 청구할 수 있으며, 이 경우 보험자는 피보험자가 그 사고에 관하여 가지는 항변으로써 제3자에게 대항할 수 없다.

④ 피보험자가 제3자에 대하여 변제, 승인, 화해 또는 재판으로 인하여 채무가 확정된 때에는 지체 없이 보험자에게 이를 통지하여야 한다.

15 선박보험증권의 기재사항으로 옳지 않은 것은?

① 선박의 명칭
② 선적항 · 양륙항 · 출하지 · 도착지
③ 선박의 국적과 종류
④ 협정보험가액

16 **보험자의 청구권대위에 관한 설명으로 옳지 않은 것은? (다툼이 있는 경우 판례에 의함)**

① 보험자의 청구권대위를 인정하는 이유는 이득금지 원칙의 실현, 부당한 면책의 방지에 있다.
② 인보험은 청구권대위가 적용되지 않으므로, 상해보험의 경우 당사자의 약정이 있더라도 청구권대위가 적용되지 아니한다.
③ 청구권대위는 보험금을 손익상계로 공제하지 않는 것을 전제로 한다.
④ 청구권대위가 성립하기 위해서는 제3자의 가해행위가 있어야 하고, 그로 인해 손해가 발생하고, 보험자가 피보험자에게 보험금을 지급하여야 한다.

17 **다음의 설명으로 옳지 않은 것은?**

① 타인을 위한 손해보험계약의 경우에 그 타인의 위임이 없는 때에는 보험계약자는 이를 보험자에게 고지하여야 하고, 이를 고지하지 않은 경우 타인이 그 보험계약이 체결된 사실을 알지 못하였다는 사유로 보험자에게 대항하지 못한다.
② 계속보험료의 미납으로 보험자가 보험계약을 해지하였으나 해지환급금이 지급되지 않은 경우라면 보험계약자는 일정한 기간 내에 연체보험료에 약정이자를 붙여 보험자에게 지급하고 그 계약의 부활을 청구할 수 있다.
③ 보험자는 보험금액의 지급에 관하여 약정기간이 없는 경우에는 보험계약자 또는 피보험자의 보험사고 발생의 통지를 받은 후 지체 없이 지급할 보험금액을 정하고 그 정하여진 날부터 10일 이내에 보험금액을 지급하여야 한다.
④ 당사자간에 보험가액을 정한 때에는 그 가액은 사고 발생시의 가액으로 정한 것으로 본다.

18 **잔존물대위와 보험위부의 비교에 관한 설명으로 옳지 않은 것은?**

① 잔존물대위의 경우 보험의 목적 전부가 멸실된 경우 보험금액의 전부를 피보험자에게 지급한 보험자가 보험목적에 대한 피보험자의 권리를 취득한다.
② 잔존물대위의 경우 보험의 목적이 물리적으로 멸실하거나 또는 본래의 경제적 가치를 상실할 정도로 훼손된 경우에도 전손으로 볼 수 있다.
③ 보험위부의 경우 선박의 존부가 1개월간 분명하지 않은 때 그 선박의 행방이 불명한 것으로 하고 이를 전손으로 추정한다.
④ 보험위부에서 보험자가 위부를 승인하지 아니한 때에 피보험자는 위부의 원인을 증명하지 아니하면 보험금액의 지급을 청구하지 못한다.

19 **피보험자인 甲은 보험자와 보험가액이 1억원인 자신소유의 건물에 대하여 보험금액을 6천만원으로 하는 화재보험에 가입하였다. 그러나 제3자인 乙의 방화로 6천만원의 손해가 발생하였다. 이에 따라 보험자는 일부보험 법리에 따라 보험가액 비율(6 / 10)인 3천 6백만원을 甲에게 지급하였다. 그런데 乙의 변제자력이 4천만원인 경우를 가정하였을 때 피보험자우선설(차액설)에 따라 보험자가 乙에게 청구할 수 있는 금액은 얼마인가?**

① 1천 6백만원
② 2천 4백만원
③ 3천만원
④ 4천만원

20 **화재보험에 관한 설명으로 옳지 않은 것은?**

① 보험자는 화재손해 감소에 필요한 조치로 인하여 생긴 손해에 대하여는 다른 약정이 있는 경우에 한하여 보상할 책임이 있다.
② 보험자는 화재의 소방에 필요한 조치로 인하여 생긴 손해를 보상할 책임이 있다.
③ 건물을 보험의 목적으로 한 화재보험증권에는 그 소재지뿐만 아니라 그 구조와 용도도 기재하여야 한다.
④ 집합된 물건을 일괄하여 화재보험의 목적으로 한 때에는 피보험자의 사용인의 물건도 보험의 목적에 포함된 것으로 한다.

21 **해상보험계약에 있어 보험자가 책임을 지지 아니하는 사유에 해당하지 않는 것은?**

① 항해변경
② 이로
③ 선박의 변경
④ 선장의 변경

22 **해상보험에 관한 설명으로 옳지 않은 것은?**

① 보험자는 피보험자가 선박의 일부가 훼손되었음에도 불구하고 이를 수선하지 아니하였다면 그로 인한 선박의 감가액을 보상할 책임은 없다.
② 보험의 목적인 적하에 일부손해가 생긴 경우 보험자는 그 손해가 생긴 상태의 가액과 정상가액과의 차액의 정상 가액에 대한 비율을 보험가액에 곱하여 산정한 금액에 대해 보상책임을 부담한다.
③ 항해도중에 불가항력으로 보험의 목적인 적하를 매각한 때에는 보험자는 그 대금에서 운임 기타 필요한 비용을 공제한 금액과 보험가액과의 차액을 보상하여야 한다.
④ 보험계약의 체결 당시에 하물을 적재할 선박을 지정하지 아니한 경우에 보험계약자 또는 피보험자가 그 하물이 선적되었음을 안 때에는 지체 없이 보험자에 대하여 그 선박의 명칭, 국적과 하물의 종류, 수량과 가액의 통지를 발송하여야 한다.

23 **단체보험에 있어 피보험자의 동의에 관한 설명으로 옳지 않은 것은? (다툼이 있는 경우 판례에 의함)**

① 단체가 구성원의 전부 또는 일부를 피보험자로 하는 생명보험계약을 체결함에 있어서, 상법 제735조의3에서 규정하고 있는 '규약'을 구비하지 못한 경우, 피보험자의 서면동의가 있었던 시점부터 보험계약으로서의 효력이 발생한다.
② 타인의 사망을 보험사고로 하는 단체보험계약에 있어서, 보험계약의 유효요건으로서 피보험자가 서면으로 동의의 의사를 표시하거나 그에 갈음하는 규약의 작성에 동의하여야 하는 종기는 보험계약 체결 시까지이다.
③ 상법 제735조의3에서 규정하고 있는 규약이나 상법 제731조에서 규정하고 있는 서면동의 없이 단체보험계약을 체결한 자가 그 보험계약의 무효를 주장하는 것은 신의칙 또는 금반언의 원칙에 반한다.
④ 상법 제735조의3에서 단체보험의 유효요건으로 요구하는 '규약'의 의미는 단체협약, 취업규칙, 정관 등 그 형식을 막론하고 단체보험의 가입에 관한 단체내부의 협정에 해당하는 것으로서, 반드시 당해 보험가입과 관련한 상세한 사항까지 규정하고 있을 필요는 없다.

24 상법상 보험대리상이 아니면서 특정한 보험자를 위하여 계속적으로 보험계약의 체결을 중개하는 자의 권한으로 바르게 짝 지어진 것은?

> 가. 보험자가 작성한 영수증을 교부함으로써 보험계약자로부터 보험료를 수령할 수 있는 권한
> 나. 보험자가 작성한 보험증권을 보험계약자에게 교부할 수 있는 권한
> 다. 보험계약자로부터 청약의 의사표시를 수령할 수 있는 권한
> 라. 보험계약자에게 보험계약의 해지의 의사표시를 할 수 있는 권한

① 가, 나
② 가, 나, 다
③ 가, 나, 다, 라
④ 다, 라

25 상법상 인보험에 관한 설명으로 옳지 않은 것은?

① 인보험은 피보험자의 생명이나 신체에 관한 보험사고를 담보한다.
② 인보험은 생명보험, 상해보험, 질병보험으로 구분할 수 있다.
③ 인보험계약에 있어 보험금은 당사자 간의 약정에 따라 분할하여 지급할 수 있다.
④ 생명보험에는 중복보험에 관한 규정이 존재한다.

26 타인의 사망보험에 관한 설명으로 옳지 않은 것은? (다툼이 있는 경우 판례에 의함)

① 타인의 사망을 보험사고로 하는 보험계약에 있어서 보험설계사가 보험계약자에게 피보험자인 타인의 서면동의를 얻어야 하는 사실에 대한 설명의무를 위반하여 보험계약이 무효로 된 경우, 보험회사는 보험업법 제102조 제1항에 따라 보험계약자에게 보험금 상당액의 손해배상책임을 부담한다.
② 보험계약자가 보험계약 체결 당시 보험계약청약서 및 약관의 내용을 검토하여 피보험자의 서면동의를 받았어야 할 주의의무를 게을리하였다면, 과실상계가 적용될 수 있다.
③ 피보험자의 서면동의 없이 체결된 타인의 사망을 보험사고로 하는 보험계약은 무효이다. 그러나 피보험자의 추인으로 보험계약이 유효로 될 여지는 있다.
④ 타인의 사망을 보험사고로 하는 보험계약에서 요구되는 피보험자인 타인의 동의에 포괄적 동의, 묵시적 동의 및 추정적인 동의는 제외된다.

27 상해보험에 관한 설명으로 옳지 않은 것은?

① 상해보험에서는 보험사고의 시기와 보험사고의 발생 여부가 불확정적이다.
② 15세 미만자, 심신상실자 또는 심신박약자의 상해를 보험사고로 한 보험계약은 무효이다.
③ 상해보험계약의 보험자는 신체의 상해에 관한 보험사고가 발생할 경우에 보험금액 기타의 급여를 지급할 책임이 있다.
④ 상해보험에 있어서 피보험자와 보험계약자가 동일인이 아닐 경우에는 보험증권의 기재사항 중에서 피보험자의 주소 · 성명 및 생년월일에 갈음하여 피보험자의 직무 또는 직위만을 기재할 수 있다.

2014 2015 2016 2017 2018 2019 2020 2021 2022 2023 2024 2025 제1회 제2회 제3회 제4회

28 **보험수익자의 지정 또는 변경에 관한 설명으로 옳지 않은 것은?**

① 보험수익자의 지정 또는 변경의 권리는 보험계약자에게 있다.
② 보험계약자가 보험수익자 지정권을 행사하지 아니하고 사망한 경우에는 피보험자를 보험수익자로 한다.
③ 보험계약자가 보험수익자 변경권을 행사하지 아니하고 사망한 경우에는 보험수익자의 권리가 확정된다.
④ 보험수익자가 보험 존속 중에 사망한 경우에는 보험계약자는 다시 보험수익자를 지정할 수 있다. 이 경우에 보험계약자가 지정권을 행사하지 아니하고 사망한 때에는 보험계약자의 상속인을 보험수익자로 한다.

29 **보험적립금반환의무에 관한 설명으로 옳은 것은?**

① 보험적립금반환의무는 고지의무위반으로 계약이 해지된 경우에는 적용되지 아니한다.
② 보험적립금청구권은 2년의 시효로 소멸한다.
③ 계속보험료의 지급 지체로 보험계약이 해지된 경우에는 보험자는 보험수익자를 위하여 적립한 금액을 보험계약자에게 지급하여야 한다.
④ 보험계약자의 고의로 인한 보험사고의 경우에도 보험자는 보험적립금반환의무를 부담한다.

30 **재보험에 관한 설명으로 옳지 않은 것은?**

① 재보험계약은 원보험계약의 효력에 영향을 미치지 아니한다.
② 책임보험에 관한 규정은 그 성질에 반하지 아니하는 범위에서 재보험계약에 준용될 수 있다.
③ 재보험자가 원보험계약자에게 보험금을 지급하면 지급한 재보험금의 한도 내에서 원보험자가 제3자에 대해 가지는 권리를 대위 취득한다.
④ 원보험계약의 보험자가 보험금지급의무를 이행하지 않을 경우 피보험자 또는 보험수익자는 재보험자에게 직접 보험금지급청구권을 행사할 수 있다.

31 **보증보험에 관한 설명으로 옳지 않은 것은? (다툼이 있는 경우 판례에 의함)**

① 보증보험은 보험계약자의 계약상의 채무불이행 또는 법령상의 의무불이행으로 인하여 피보험자가 입은 손해를 담보하기 위한 보험이다.
② 보증보험은 손해보험계약의 일종이다.
③ 이행보증보험의 보험자는 민법 제434조를 준용하여 보험계약자의 채권에 의한 상계로 피보험자에게 대항할 수 있고, 그 상계로 피보험자의 보험계약자에 대한 채권이 소멸되는 만큼 보험자의 피보험자에 대한 보험금 지급채무도 소멸된다.
④ 이행보증보험계약에 의하여 보험자가 피보험자에게 담보하는 채무이행의 내용은 채권자와 채무자 사이에서 체결된 주계약에 의하여 정하여지고 이러한 주계약을 전제로 이행보증보험계약이 성립되므로, 그 주계약은 반드시 이행보증보험계약을 체결할 당시 확정적으로 유효하게 성립되어 있어야 한다.

32 손해액 산정기준에 관한 설명으로 옳지 않은 것은?

① 보험자가 보상할 손해액은 그 손해가 발생한 때와 곳의 가액에 의하여 산정한다.
② 손해액의 산정에 관한 비용은 보험자 및 보험계약자의 공동부담으로 한다.
③ 손해액의 산정에 관하여 당사자간에 별도의 약정이 있는 경우에는 신품가액에 의하여 산정할 수 있다.
④ 손해액의 산정에 관해서는 기본적으로 손해보험의 대원칙인 실손보상의 원칙이 적용된다.

33 보험계약의 해지에 관한 설명으로 옳지 않은 것은?

① 보험계약자는 보험사고의 발생여부와 상관없이 언제든지 보험계약의 전부 또는 일부를 해지할 수 있다.
② 보험사고의 발생으로 보험자가 보험금을 지급한 때에도 보험금액이 감액되지 아니한 보험의 경우에는 보험계약자는 그 사고발행 후에도 보험계약을 해지할 수 있다.
③ 보험자가 파산선고를 받은 때에는 보험계약자는 계약을 해지할 수 있다.
④ 보험자가 고지의무 위반사실을 알았거나 중대한 과실로 인하여 알지 못한 경우에는 계약을 해지할 수 없다.

34 다음의 사례와 해석원칙을 바르게 연결한 것은? (다툼이 있는 경우 판례에 의함)

<사례>

가. 면책약관에 의하면 식중독에 의한 사망에 대해 보상하지 아니한다고 규정하고 있었다. 그런데 보험대리점은 비브리오균에 의한 식중독으로 사망한 경우에도 보험금이 지급된다고 설명하였다. 이에 따라 법원은 당사자 사이에 명시적으로 약관의 내용과 달리 약정한 경우에는 약관의 구속력이 배제된다고 보았다.
나. 무면허운전면책조항은 무면허운전이 보험계약자나 피보험자의 지배 또는 관리가 가능한 상황에서 이루어진 경우에 한하여 적용되는 것으로 수정해석할 필요가 있다.
다. 수술의 의미를 구체적으로 명확하게 제한하지 않고 있으므로, 가는 관을 대동맥에 삽입하여 이를 통해 약물 등을 주입하는 색전술도 넓은 의미의 수술에 포함될 수 있다.

<해석원칙>

Ⓐ 작성자 불이익의 원칙
Ⓑ 개별약정 우선의 원칙
Ⓒ 효력유지적 축소해석의 원칙

① 가 – Ⓐ, 나 – Ⓑ, 다 – Ⓒ
② 가 – Ⓑ, 나 – Ⓐ, 다 – Ⓒ
③ 가 – Ⓑ, 나 – Ⓒ, 다 – Ⓐ
④ 가, 나 – Ⓒ, 다 – Ⓑ

35 초과보험에 관한 설명으로 옳지 않은 것은?

① 보험가액이 보험기간 중에 현저하게 감소된 때에는 보험자 또는 보험계약자는 보험료와 보험금액의 감액을 청구할 수 있다.
② 중복보험으로 보험금액이 현저하게 보험가액을 초과하는 경우에 초과보험이 된다.
③ 현저한 초과는 보험료 및 보험금액의 감액에 영향을 줄 정도의 초과를 의미한다.
④ 보험료감액 청구 후 보험료의 감액은 소급효가 인정된다.

36 자동차보험에 관한 설명으로 옳지 않은 것은? (다툼이 있는 경우 판례에 의함)

① 기명피보험자란 피보험자동차를 소유 · 사용 · 관리하는 자 중에서 보험계약자가 지정하여 보험증권의 기명피보험자란에 기재되어 있는 피보험자를 말한다.

② 전혼이 사실상 이혼상태에 있는 등 특별한 사정이 있더라도 사실혼 배우자는 친족피보험자에 포함되지 아니한다.

③ 기명피보험자로부터 피보험자동차를 임대받아 운행하는 자는 피보험자동차를 사용 또는 관리하는 자에 해당한다.

④ 대리운전의 경우 자동차보유자와 대리운전업자 모두 운행자성이 인정될 수 있다.

37 질병보험에 관한 설명으로 옳지 않은 것은? (다툼이 있는 경우 판례에 의함)

① 질병보험은 상법상 제3보험이다.

② 질병보험에 대하여 그 성질에 반하지 아니하는 범위에서 생명보험 및 상해보험에 관한 규정을 준용한다.

③ 신체의 질병 등과 같은 내부적 원인에 기한 것은 상해보험이 아니라 질병보험 등의 대상이 된다.

④ 질병보험계약의 보험자는 피보험자의 질병에 관한 보험사고가 발생한 경우 보험금이나 기타 급여를 지급할 책임이 있다.

38 다음 설명으로 옳지 않은 것은?

① 보험기간은 보험계약기간보다 장기일 수 없다.

② 청약서를 작성하는 경우라 하더라도 보험계약은 불요식계약이다.

③ 당사자간에 특약이 있을 경우에는 초회보험료를 납입하지 않아도 보험기간이 개시될 수 있다.

④ 보험계약이 해지된 이후에 발생한 보험사고에 대하여 보험자는 보험금을 지급할 책임이 없다.

39 중복보험에 관한 설명으로 옳지 않은 것은? (다툼이 있는 경우 판례에 의함)

① 수 개의 보험계약의 보험계약자가 동일할 필요는 없으나 피보험자가 동일인일 것이 요구된다.

② 각 보험계약의 보험기간은 전부 공통될 필요는 없고 중복되는 기간이 존재하면 중복보험이 인정될 수 있다.

③ 중복보험에 관한 상법의 규정은 강행규정이 아니므로, 각 보험계약의 당사자는 각개의 보험계약이나 약관을 통하여 중복보험에 있어서의 피보험자에 대한 보험자의 보상책임 방식이나 보험자들 사이의 책임 분담방식에 대하여 상법의 규정과 다른 내용으로 약정할 수 있다.

④ 중복보험이 성립되면 각 보험자는 보험가액의 한도에서 연대책임을 부담한다.

40 보험계약의 무효로 인한 보험료반환청구에 관한 설명으로 옳지 않은 것은?

① 인보험의 경우 보험계약자와 보험수익자가 선의이며 중대한 과실이 없을 경우에 인정된다.

② 손해보험의 경우 보험계약자와 피보험자가 선의이며 중대한 과실이 없을 경우에 인정된다.

③ 보험자가 보험계약을 체결할 때 보험약관의 교부 · 설명의무를 위반하여 보험계약자가 보험계약이 성립한 날부터 3개월 이내에 보험계약을 취소하는 경우에는 보험계약자에게 보험료반환청구권이 인정되지 아니한다.

④ 보험계약의 일부가 무효인 경우에도 보험료반환청구권이 발생할 수 있다.

3과목 손해사정이론

01 도덕적 위태(moral hazard)를 감소시키기 위해 보험자가 활용하는 방법으로 볼 수 없는 것은?

① 보험자와 피보험자의 공동보험(coinsurance)
② 공제(deductible)
③ 엄격한 위험인수(underwriting)
④ 재보험(reinsurance)

02 산업재해보상보험에 대한 설명으로 옳지 않은 것은?

① 근로자재해배상책임보험의 성격을 가진다.
② 사회보험으로 근로복지공단에서 운영하고 있다.
③ 출퇴근 재해는 보상범위에 포함되지 않는다.
④ 장해급여와 유족급여는 연금으로 수급 가능하다.

03 국민건강보험에 대한 설명으로 옳지 않은 것은?

① 소득재분배 성격을 가지고 있다.
② 직장가입자와 지역가입자의 보험료 산정기준이 다르다.
③ 구상제도가 없다.
④ 공제(deductible) 제도가 있다.

04 운송보험에서 보험계약 당사자 사이에 보험가액에 대한 별도의 약정이 없을 때, 보험가액에 포함되지 않는 것은?

① 운송물을 발송한 때와 장소에서의 가액
② 도착지까지의 운임
③ 도착지까지의 포장비
④ 희망이익

05 보험회사가 위험인수 방침을 설정할 때 고려해야 하는 사항과 거리가 먼 것은?

① 인수능력
② 규제
③ 재보험
④ 자산운용

06 과실상계에 대한 설명으로 옳지 않은 것은?

① 과실상계란 손해배상책임을 정함에 있어서 손해발생이나 손해확대에 대한 피해자의 과실을 참작하는 제도를 말한다.

② 고액의 배상액을 공평분담의 견지에서 감액함으로써 위자료와 함께 손해배상액 산정에 있어서 조정 기능을 한다.

③ 과실상계율은 자기과실에 대한 비율로서 손해배상액 산정 시 통상적으로 자기부담부분을 의미한다.

④ 피해자의 과실은 의무위반에 한정되지 않고 사회통념상 신의성실의 원칙에 따라 요구되는 약한 부주의를 포함한다.

07 손해율 산정방식 중 경과손해율(incurred－to－earned basis loss ratio)에 해당하는 것은?

① 지급보험금 / 경과보험료 ② 지급보험금 / 수입보험료

③ 발생손해액 / 경과보험료 ④ 발생손해액 / 수입보험료

08 자동차보험의 대물배상보험금 중 간접손해에 포함되지 않는 것은?

① 대차료 ② 자동차 시세하락 손해

③ 휴차료 ④ 영업손실

09 우리나라에서 채택하고 있는 위험기준자기자본제도(risk based capital : RBC) 하에서 지급여력 기준금액의 산출식을 옳게 표기한 것은? (단, R은 위험액을 나타냄)

① $\sqrt{(\text{운영}R)^2+(\text{금리}R+\text{시장}R)^2+(\text{신용}R)^2}+\text{보험}R$

② $\sqrt{(\text{보험}R)^2+(\text{금리}R+\text{신용}R)^2+(\text{시장}R)^2}+\text{운영}R$

③ $\sqrt{(\text{운영}R)^2+(\text{금리}R+\text{신용}R)^2+(\text{시장}R)^2}+\text{보험}R$

④ $\sqrt{(\text{보험}R)^2+(\text{금리}R+\text{시장}R)^2+(\text{신용}R)^2}+\text{운영}R$

10 풍수해보험에 대한 설명으로 옳은 것은?

① 보험계약자가 보험료를 전액 부담한다.

② 행정안전부에서 관장하고 민영보험사가 운영한다.

③ 지진담보특약을 추가하지 않으면 지진으로 인한 손해를 보상받지 못한다.

④ 농작물과 농업시설, 농가주택을 대상으로 하며 공동주택은 가입할 수 없다.

11 대재해위험을 자본시장의 투자자들에게 전가하는 대체위험전가(alternative risk transfer : ART)의 방법이 아닌 것은?

① 금융재보험(financial reinsurance)
② 대재해채권(catastrophe bond)
③ 사이드카(sidecar)
④ 대재해옵션(catastrophe option)

12 다음은 피보험자 갑의 동일한 보험목적물에 대한 보험사별 보험가입현황이다. 손해액이 6억원일 때, 타보험계약에 대하여 책임한도분담조항(독립책임액분담 조항)을 적용하는 경우 A보험사의 지급보험금은 얼마인가?

- 보험가액 : 10억원
- A보험사 : 보험금액 2억원, 실손보상
- B보험사 : 보험금액 8억원, 실손보상

① 1억 2,000만원
② 1억 5,000만원
③ 4억 5,000만원
④ 4억 8,000만원

13 다음은 어떤 보험회사의 영업 첫 해의 연도 말 회계관련자료이다. 이 자료를 토대로 산출한 당해 회계년도 발생손해액은 얼마인가?

- 개별추산준비금(case reserve) : 4,000만원
- IBNR준비금 : 3,500만원
- 지급보험금(paid loss) : 3,400만원
- 장래손해조사비 : 530만원

① 3,400만원
② 8,030만원
③ 1억 900만원
④ 1억 1,430만원

14 상법상 잔존물 대위에 대한 설명으로 옳지 않은 것은?

① 잔존물 대위의 요건이 갖추어지면 보험자는 피보험자가 보험의 목적에 대해 가지는 피보험이익에 관한 모든 권리를 당연히 취득하게 된다.
② 보험자는 대위권의 행사를 포기할 수 있다.
③ 잔존물 대위가 인정되기 위해서 보험자가 해당 보험금 및 기타 보상급여 전부를 지급해야 하는 것은 아니다.
④ 일부보험에서의 잔존물 대위권은 보험금액의 보험가액에 대한 비율에 따라 정한다.

15 다음의 사례에서 경기장 운영자가 주장할 수 있는 법리는?

> 야구경기장에서 경기를 관람하는 도중에 파울볼(foul ball)에 맞아 상해를 입은 관객이 경기장 운영자에게 상해에 대한 배상을 요구하였다.

① 기여과실(contributory negligence)
② 상계과실(comparative negligence)
③ 리스크의 인정(assumption of risk)
④ 최종적 명백한 기회(last clear chance)

16 다음 중 개별요율 산정방식이 아닌 것은?

① 예정표요율(schedule rating)
② 등급요율(class rating)
③ 경험요율(experience rating)
④ 소급요율(retrospective rating)

17 보험계약 조건 및 손실확률분포가 다음과 같을 때 (net premium)는 얼마인가?

- 보험가액 : 1,000만원
- 보험금액 : 700만원
- 보상방식 : 비례보상

손실확률분포

손해액	0원	100만원	500만원	1,000만원
사고발생확률	0.7	0.1	0.1	0.1

① 112만원
② 130만원
③ 160만원
④ 210만원

18 타인을 위한 보험계약으로 볼 수 없는 것은?

① 창고업자가 자신이 보관하는 타인의 물건에 대하여 그 물건의 소유자를 피보험자로 하는 보험계약을 체결하는 것
② 임차인이 건물의 소유주를 피보험자로 하는 화재보험계약을 체결하는 것
③ 아버지가 자기의 사망을 보험사고로 하는 생명보험계약을 체결하면서 자녀를 보험수익자로 정하는 것
④ 타인 소유의 물건을 운송하는 자가 소유권자의 손해배상 청구에 대비하기 위하여 보험에 가입하는 것

19 보험계약의 부합계약성에 기인하여 계약자가 입을 수 있는 불이익을 방지하기 위한 수단과 거리가 먼 것은?

① 불이익변경금지의 원칙
② 약관교부설명의무
③ 작성자불이익의 원칙
④ 피보험이익의 원칙

20 **민영보험과 사회보험의 공통적인 특징으로 옳지 않은 것은?**

① 우연한 사고로 인한 경제적 필요의 충족을 목적으로 한다.
② 다수 경제주체의 결합을 요건으로 한다.
③ 역선택의 문제가 발생한다.
④ 고의적 사고의 발생과 같은 도덕적 위태의 문제가 존재한다.

21 **다음 설명내용에 적합한 보험회사의 자산운용원칙은?**

> 보험회사의 자산은 대부분 보험계약자가 선납한 보험료로 구성되며, 이것은 미래의 보험금을 원활히 지급하기 위한 법정적립금(legal reserve)의 형태로 보전되어야 한다. 따라서 보험회사의 자산운용에 있어서 이 원칙을 희생하는 다른 원칙의 추구는 의미가 없기 때문에 다른 어느 원칙보다 중요하다고 할 수 있다. 전통적으로 자산운용에 대한 정부의 감독 · 규제는 이 원칙에 초점이 맞추어져 왔다.

① 수익성
② 공공성
③ 유동성
④ 안전성

22 **영국 해상보험법상의 보험위부(abandonment)에 대한 설명으로 적절하지 않은 것은?**

① 위부의 통지는 서면으로 하든 구두로 하든 통지의 방법에는 아무런 제한이 없다.
② 위부의 통지는 위부를 한다는 의사표시만 명백하면 조건부로도 할 수 있다.
③ 위부의 통지가 보험자에 의해 승인된 이후에는 피보험자는 이를 철회할 수 없다.
④ 보험자가 위부를 승인한 후에는 보험자는 그 위부에 대하여 이의를 제기하지 못한다.

23 **확률 또는 표준편차와 같은 통계적 방법에 의해 측정이 가능한지의 여부에 따라 분류한 위험의 종류는?**

① 순수 위험(pure risk), 투기적 위험(speculative risk)
② 객관적 위험(objective risk), 주관적 위험(subjective risk)
③ 동태적 위험(dynamic risk), 정태적 위험(static risk)
④ 본원적 위험(fundamental risk), 특정 위험(particular risk)

24 **출재사인 원보험자의 파산 시에 재보험자가 원보험계약의 피보험자에게 직접 재보험금을 지급할 수 있도록 규정한 재보험계약 조항은?**

① Cut－Through Clause
② Follow the Fortune Clause
③ Claim Cooperation Clause
④ Arbitration Clause

25 다음에 열거한 구상권 행사의 절차를 순서대로 바르게 배열한 것은?

ⓐ 구상채권의 확보
ⓑ 구상권 행사가치 존재여부의 판단
ⓒ 임의변제의 요청
ⓓ 구상권 성립여부의 확인
ⓔ 소송의 제기, 구상청구금액 감액 합의 또는 포기 여부의 판단과 결정

① ⓐ → ⓒ → ⓓ → ⓑ → ⓔ
② ⓑ → ⓓ → ⓒ → ⓐ → ⓔ
③ ⓒ → ⓔ → ⓑ → ⓓ → ⓐ
④ ⓓ → ⓑ → ⓐ → ⓒ → ⓔ

26 재물 손해보험에서 피보험이익의 존재시기에 대한 설명으로 옳은 것은?

① 보험계약 체결 시점에만 존재하면 된다.
② 손해가 발생하는 시점에는 반드시 존재해야 한다.
③ 보험계약 체결 시점에는 물론 손해발생시점을 포함하여 반드시 보험기간 동안 계속하여 존재해야 한다.
④ 피보험자의 동의만 있으면 보험계약이 성립하고 피보험이익의 문제는 발생하지 않는다.

27 권원보험(title insurance)에 대한 설명으로 옳지 않은 것은?

① 권원보험에는 소유자 증권(owner's policy)과 저당권자 증권(mortgagee policy)이 있다.
② 보험료는 증권이 발급될 때 한 번만 납입하면 되고 추가보험료의 납입은 없다.
③ 증권발급 이후에 생긴 부동산의 소유권 하자로 인한 경제적 손실을 보상한다.
④ 부보금액은 부동산 구매가격이며, 손해가 발생하면 부보금액까지 현금으로 보상한다.

28 다음 중 독립손해사정사에게 금지되는 행위는?

① 손해발생사실의 확인, 보험약관 및 관계 법규 적용의 적정성 판단
② 보험회사에의 손해사정업무 수행과 관련된 의견 진술
③ 보험회사와의 보험금에 대한 합의 또는 절충
④ 손해사정업무와 관련된 서류의 작성 · 제출의 대행

29 보험사기의 유형 중 연성사기(soft fraud)에 대한 설명으로 옳지 않은 것은?

① 보험증권에서 보상되는 재해, 상해, 화재 등 손해발생을 의도적으로 조작하는 행위를 말한다.
② 연성사기는 기회주의적 사기(opportunity fraud)라고 도 불린다.
③ 합법적인 보험금 청구를 함에 있어서 사고금액을 과장 또는 확대함으로써 부당한 이득을 취하려는 일체의 행위를 말한다.
④ 보험회사에 의해 보험인수가 거절될 자가 보험에 인수될 가능성을 높이려는 악의적 행위도 포함된다.

30 **손해보험회사의 비상위험준비금에 대한 설명으로 옳지 않은 것은?**

① 대화재, 태풍, 지진 등 재난적 손해에 대비하기 위하여 적립하는 금액이다.
② 외국보험회사 국내지점은 국내에서 체결한 계약에 관하여 적립한 비상위험준비금에 상당하는 자산을 국내에 보유하여야 한다.
③ 하나의 계약기간에는 발생할 것으로 예상되지 않을 수 있으나 언젠가는 지급이 예상되는 금액이므로, 재무상태표 상의 부채항목으로 인식된다.
④ 보험회사의 경영측면에서 비상위험준비금을 많이 적립할 수 있다는 것은 보험회사의 재무건전성이 높다는 것을 의미하기도 한다.

31 **보험계약의 선언(declaration) 부문에 대한 설명으로 옳은 것은?**

① 특정 손인(peril)이나 손해 또는 재산 및 지역 등에 대하여 보험자의 책임이 면제되는 사항을 명시한 부문을 말한다.
② 보험에 가입한 재산 또는 사람에 대한 정보를 기술한 부문으로서, 일반적인 손해보험에서는 보험의 목적, 보험금액, 피보험자, 보험기간 등을 기재하고 있다.
③ 보험자로부터 보험계약자나 피보험자가 피해보상을 받기 위하여 반드시 준수해야 하는 의무 또는 권리제한 등이 포함된 부문이다.
④ 보험계약자와 보험자가 보험계약이 성립되었음을 확인하였다는 사실을 표시한 부문이다.

32 **다음과 같이 초과손해액 특약재보험(excess of loss treaty cover)에 가입한 경우 하나의 보험사고로 인한 원수보험자의 지급보험금이 30억원 일 때, 동 사고에 대해 재보험금 회수 후 출재사인 원수보험자가 부담하게 되는 순보유손해금액은 얼마인가?**

90% of 20억원 in excess of 5억원 per occurrence

① 12억원 ② 13억원
③ 17억원 ④ 18억원

33 **피보험자 A는 보험금액이 1억원인 보험에 가입 후 보험기간 중 발생한 1건의 보험사고로 500만원에 해당하는 손실을 입었다. 다음과 같은 3가지 공제(deductible) 조건하에서 보험회사가 보상해야 할 금액은 각각 얼마인가?**

A. 정액공제(straight deductible) 200만원
B. 프랜차이즈공제(franchise deductible) 100만원
C. 소멸성공제(disappearing deductible) 100만원, 보상 조정계수 110%

	A	B	C
①	200만원	100만원	110만원
②	300만원	500만원	450만원
③	300만원	400만원	440만원
④	300만원	500만원	440만원

34 PML(probable maximum loss)과 MPL(maximum possible loss)에 대한 설명으로 옳지 않은 것은?

① MPL은 최악의 시나리오를 가상하여 추정한 최대손해액을 말한다.
② 보험회사가 위험의 인수여부 및 조건을 결정하고, 보험료를 산출하는 기초로 사용하는 개념도 MPL이다.
③ EML(estimated maximum loss)은 MPL과 동의어로 쓰기도 한다.
④ PML의 결정에는 손해액의 확률분포에 대한 위험관리자의 주관적인 선택이 개입된다.

35 손실통제의 이론과 기법으로서 소위 에너지방출이론(energy release theory)에 대한 설명으로 옳지 않은 것은?

① 손실통제의 기본방향은 기계적 접근방법에 두는 것이 바람직하다는 주장에 바탕을 두어 사고발생의 물리적, 기계적 측면을 강조하고 있다.
② 사고의 발생은 근본적으로 에너지가 갑자기 급격하게 방출됨으로써 에너지를 통제하지 못한 결과에 기인한 것이라고 한다.
③ 하돈(William Haddon, Jr.)에 의하여 주장되었다.
④ 사고의 궁극적 원인을 경영관리의 문제라고 지적하고, 손실통제의 노력은 안전규칙의 강화, 안전교육훈련의 증가에 집중되어야 한다고 본다.

36 다음은 위험결합(risk pooling) 개념으로서 보험을 정의한 것이다. (   ) 안에 들어갈 용어들을 바르게 짝 지은 것은?

> 보험이란 단순히 말해서 위험의 결합으로 (A)을 (B)으로 전환시키는 사회적 제도라고 할 수 있다. 즉, 보험은 다수의 동질적 위험을 한 곳에 모으는 위험결합을 통해서 가계나 기업의 (C)을 (D)로 대체하는 제도라고 할 수 있다.

	A	B	C	D
①	불확실성	확실성	실제손실	평균손실
②	확실성	불확실성	실제손실	평균손실
③	확실성	불확실성	평균손실	실제손실
④	불확실성	확실성	평균손실	실제손실

37 보험계약의 최대선의성의 원칙이 손해보험계약상에 구현된 제도라고 할 수 없는 것은?

① 사기로 인한 중복보험 시 보험계약의 무효
② 고지의무 제도와 위험변경 증가 시 통지의무
③ 보험자 대위
④ 손해방지경감의무

38 보험계약의 무효 사유에 해당하지 않는 것은?

① 사기로 인한 초과보험
② 보험계약자의 중대한 과실로 중요한 사항을 고지하지 아니한 경우
③ 심신상실자의 사망을 보험사고로 하는 보험계약
④ 타인의 서면동의 없이 그 타인의 사망을 보험사고로 하는 보험계약

39 다음은 상법 제653조의 내용이다. 밑줄 친 내용과 가장 가까운 개념은?

> 보험기간 중에 보험계약자, 피보험자 또는 보험수익자의 고의 또는 중대한 과실로 인하여 사고발생의 위험이 현저하게 변경 또는 증가된 때에는 보험자는 그 사실을 안 날부터 1월내에 보험료의 증액을 청구하거나 계약을 해지할 수 있다.

① 위태(hazard)
② 손인(peril)
③ 손실(loss)
④ 불확실성(uncertainty)

40 일반적으로 방사능오염을 제외손인(excluded peril)으로 하고 있는 이유는 보험 가능한 위험의 특정 요건이 충족되지 않기 때문이다. 이에 해당하는 위험의 특성으로 적절한 것은?

① 위험의 확정성
② 위험의 동질성
③ 위험의 독립성
④ 위험의 우연성

2019 제42회 기출문제

1과목 보험업법

01 보험업법상 용어의 정의로 올바른 것을 모두 고른 것은?

가. "동일차주"란 동일한 개인 또는 법인 및 이와 신용위험을 공유하는 자로서 대통령령으로 정하는 자를 말한다.
나. "자회사"란 보험회사가 다른 회사(「민법」 또는 특별법에 따른 조합을 포함한다)의 의결권 있는 발행주식(출자지분을 포함한다) 총수의 100분의 30을 초과하여 소유하는 경우의 그 다른 회사를 말한다.
다. "보험업"이란 보험상품의 취급과 관련하여 발생하는 보험의 인수, 보험료 수수 및 보험금 지급 등을 영업으로 하는 것으로서 생명보험업 · 손해보험업 및 제3보험업을 말한다.
라. "보험회사"란 보험업법 제4조에 따른 허가를 받아 보험업을 경영하는 자를 말한다.
마. "외국보험회사"란 대한민국 이외의 국가의 법령에 따라 설립되어 대한민국 내에서 보험업을 경영하는 자를 말한다.

① 가, 나, 다
② 가, 다, 라
③ 나, 다, 라
④ 다, 라, 마

02 처음으로 보험업을 경영하려는 자가 금융위원회의 허가를 받기 위하여 제출하여야 하는 서류로 옳지 않은 것은?

① 업무 시작 후 3년간의 사업계획서(추정재무제표를 포함)
② 경영하려는 보험업의 종목별 보험약관, 보험료 및 책임준비금의 산출방법서
③ 발기인 회의 의사록(외국보험회사 제외)
④ 정관

03 금융위원회는 보험업법 제5조에 따른 허가신청을 받았을 때는 (㉠) [보험업법 제7조에 따른 예비허가를 받았을 때는 (㉡)] 이내에 이를 심사하여 신청인에게 허가 여부를 통지하여야 한다(이 경우 신청서류의 보완 또는 실지조사에 걸린 기간은 통지기간에 산입하지 아니한다). 괄호 안에 들어갈 것으로 알맞은 것은?

① ㉠ 2개월 ㉡ 1개월
② ㉠ 3개월 ㉡ 2개월
③ ㉠ 4개월 ㉡ 3개월
④ ㉠ 6개월 ㉡ 5개월

04 보험업의 겸영 제한에 대한 설명으로 옳지 않은 것은?

① 재보험은 손해보험의 영역에 속하나, 생명보험회사는 생명보험의 재보험을 겸영할 수 있다.
② 손해보험업의 보험종목(재보험과 보증보험 제외)의 일부만을 취급하는 보험회사는 퇴직보험계약이나 연금저축 계약을 겸영할 수 없다.
③ 생명보험업의 보험종목의 일부를 취급하는 자는 퇴직보험계약이나 연금저축 계약은 겸영할 수 없다.
④ 보험회사는 생명보험업과 손해보험을 겸영하지 못하나, 대통령령에서 요구하는 요건을 갖추면 손해보험회사는 "질병을 원인으로 하는 사망을 제3보험의 특약형식으로 담보하는 보험"을 겸영할 수 있다.

05 보험회사는 보험업에 부수하는 업무를 하려면 그 업무를 하려는 날의 (　　)까지 금융위원회에 신고하여야 한다. 괄호 안에 들어갈 것으로 알맞은 것은?

① 5일 전　　② 6일 전
③ 7일 전　　④ 10일 전

06 보험회사가 다른 금융업무 또는 부수업무(직전사업년도 매출액이 해당 보험회사 수입보험료의 1천분의 1 또는 10억원 중 많은 금액에 해당하는 금액을 초과하는 업무만 해당)를 하는 경우에는 해당 업무에 속하는 자산 · 부채 및 수익 · 비용은 보험업과 구분하여 회계처리를 하여야 하는데, 그 대상을 모두 고른 것은?

가. 「한국주택금융공사법」에 따른 채권유동화자산의 관리업무
나. 「자본시장과 금융투자업에 관한 법률」 제6조 제4항에 따른 집합투자업
다. 「자본시장과 금융투자업에 관한 법률」 제6조 제6항에 따른 투자자문업
라. 「자본시장과 금융투자업에 관한 법률」 제6조 제7항에 따른 투자일임업
마. 「자본시장과 금융투자업에 관한 법률」 제6조 제8항에 따른 신탁업
바. 「자본시장과 금융투자업에 관한 법률」 제9조 제21항에 따른 집합투자증권에 대한 투자매매업
사. 「자본시장과 금융투자업에 관한 법률」 제9조 제21항에 따른 집합투자증권에 대한 투자중개업
아. 「외국환거래법」 제3조 제16호에 따른 외국환업무

① 가, 다, 라, 마　　② 나, 라, 마, 바
③ 다, 바, 사, 아　　④ 라, 바, 사, 아

07 보험회사인 주식회사(이하 "주식회사"라 한다)에 대한 설명으로 옳은 것은?

① 주식회사가 자본감소를 결의한 경우에는 그 결의를 한 날로부터 3주 이내에 결의의 요지와 대차대조표를 공고하여야 한다.
② 주식회사가 주식금액 또는 주식 수의 감소에 따른 자본금의 실질적 감소를 결의한 때에는 그 결의를 한 날로부터 7일 이내에 금융위원회의 승인을 받아야 한다.
③ 주식회사의 자본감소 결의에 따른 공고에는 이전될 보험계약의 보험계약자로서 자본감소에 이의가 있는 자는 일정한 기간 동안 이의를 제출할 수 있다는 뜻을 덧붙여야 하며, 그 기간은 1개월 이상으로 하여야 한다.
④ 보험계약자나 보험금을 취득할 자는 주식회사가 파산한 경우 피보험자를 위하여 적립한 금액을 다른 법률에 특별한 규정이 있는 경우에 한하여 주식회사의 자산에서 우선 취득할 수 있다.

08 보험회사인 주식회사(이하 "주식회사"라 한다)의 조직변경에 대한 설명으로 옳은 것은 몇 개인가?

가. 주식회사가 보험업법 제22조(조직 변경의 결의의 공고와 통지) 제1항에 따른 공고를 한 날 이후에 보험계약을 체결하려면 보험계약자가 될 자에게 조직 변경 절차가 진행 중임을 알리고 그 승낙을 받아야 하며, 승낙을 한 자는 승낙을 한 때로부터 보험계약자가 된다.
나. 주식회사에서 상호회사로의 조직변경에 따른 기금총액은 300억원 미만으로 하거나 설정하지 아니할 수는 있으나, 손실 보전을 충당하기 위하여 금융위원회가 필요하다고 인정하는 금액을 준비금으로 적립하여야 한다.
다. 주식회사의 상호회사로의 조직변경을 위한 주주총회의 결의는 주주의 과반수 출석과 그 의결권의 4분의 3의 동의를 얻어야 한다.
라. 주식회사가 상호회사로 조직변경을 하는 경우에는 그 결의를 한 날로부터 2주 이내에 결의의 요지와 대차대조표를 공고하고 주주명부에 적힌 질권자에게는 개별적으로 알려야 한다.
마. 주식회사의 보험계약자는 상호회사로의 조직변경에 따라 해당 상호회사의 사원이 된다.

① 1개
② 2개
③ 3개
④ 4개

09 상호회사 사원의 권리와 의무에 대한 설명으로 옳은 것은?

① 상호회사의 사원은 회사의 채권자에 대하여 직접적인 의무를 부담한다.
② 상호회사의 사원은 자신이 회사에 부담하는 채무와 회사가 자신에게 부담하는 채무가 상호 변제기에 있는 때에는 상계를 통하여 회사에 대한 채무를 면할 수 있다.
③ 생명보험 및 제3보험을 목적으로 하는 상호회사의 사원은 회사의 승낙을 받아 타인으로 하여금 그 권리와 의무를 승계하게 할 수 있다.
④ 상호회사는 보험계약자인 사원의 보호를 위하여 정관으로도 보험금 삭감에 관한 사항을 정할 수 없다.

10 외국보험회사의 국내지점에 대한 설명으로 옳지 않은 것은?

① 외국보험회사의 국내지점을 대표하는 사원은 회사의 영업에 관하여 재판상 또는 재판 외의 모든 행위를 할 권한이 있으며, 이 권한에 대한 제한은 선의의 제3자에게 대항하지 못한다.
② 외국보험회사의 국내지점은 대한민국에서 체결한 보험계약에 관하여 보험업법에 따라 적립한 책임준비금 및 비상위험준비금에 상당하는 자산을 대한민국에서 보유하여야 한다.
③ 외국보험회사의 국내지점이 보험업을 폐업하거나 해산한 경우 또는 국내에 보험업을 폐업하거나 그 허가가 취소된 경우에는 청산업무를 진행할 청산인을 선임하여 금융위원회에 신고하여야 한다.
④ 외국보험회사의 국내지점의 설치가 불법이거나 설치 등기 후 정당한 사유 없이 1년 내에 영업을 개시하지 아니하는 등의 경우에는 법원은 이해관계인 또는 검사의 청구에 의하여 그 영업소의 폐쇄를 명할 수 있다.

11 보험업법상 자기자본을 산출할 때 빼야 할 항목에 해당하는 것은?

① 영업권
② 납입자본금
③ 자본잉여금
④ 이익잉여금

12 전문보험계약자 중 "대통령령으로 정하는 자"가 일반보험계약자와 같은 대우를 받겠다는 의사를 보험회사에 서면으로 통지하는 경우 보험회사는 정당한 사유가 없으면 이에 동의하여야 하며, 보험회사가 동의하면 일반보험계약자로 보게 된다. 다음 중 "대통령령으로 정하는 자"를 모두 고른 것은?

가. 지방자치단체	나. 주권상장법인
다. 한국산업은행	라. 한국수출입은행
마. 외국금융기관	바. 외국정부
사. 해외 증권시장에 상장된 주권을 발행한 국내법인	

① 가, 나, 마, 사
② 가, 다, 라, 바
③ 나, 다, 라, 사
④ 다, 라, 마, 바

13 보험의 모집에 관한 설명으로 옳지 않은 것은?

① 보험설계사는 원칙적으로 자기가 소속된 보험회사등 이외의 자를 위하여 모집을 하지 못한다.
② 보험업법은 모집에 종사하는 자를 일정한 자로 제한하고 있다.
③ 보험업법 상 모집이란 보험계약의 체결을 중개하거나 대리하는 것을 말한다.
④ 보험회사의 사외이사는 회사를 위해 보험계약을 모집할 수 있다.

14 보험대리점에 관한 설명으로 옳지 않은 것은?

① 보험대리점은 개인보험대리점과 법인보험대리점으로 구분할 수 있고, 업무범위와 관련하여 생명보험대리점 · 손해보험대리점 · 제3보험대리점으로 구분한다.

② 보험대리점이 되려는 자는 대통령령에 따라 금융위원회에 등록하여야 한다.

③ 다른 보험회사의 임 · 직원은 보험대리점으로 등록할 수 없다.

④ 보험대리점이 자기계약의 금지 규정을 위반한 경우에는 등록을 취소할 수 있다.

15 보험중개사에 관한 설명으로 옳은 것은?

① 보험중개사란 보험회사 등에 소속되어 보험계약의 체결을 중개하는 자이다.

② 보험중개사 소속 보험설계사가 모집과 관련하여 불법행위를 한 경우 보험회사는 보험업법 제102조에 따라 손해배상책임이 있다.

③ 생명보험중개사는 연금보험, 퇴직보험 등을 취급할 수 없다.

④ 보험중개사는 모집 등과 관련하여 저지를 수 있는 위법행위에 대한 손해배상책임을 담보하기 위하여 영업보증금 예탁의무를 부담할 수 있다.

16 금융기관보험대리점 등에게 금지되어 있는 행위를 모두 고른 것은?

> 가. 대출 등 해당 금융기관이 제공하는 용역을 제공하는 조건으로 대출 등을 받는 자에게 그 금융기관이 대리 또는 중개하는 보험계약을 체결할 것을 요구하거나 특정한 보험회사와 보험계약을 체결할 것을 요구하는 행위
> 나. 대출 등을 받는 자의 동의를 미리 받지 아니하고 보험료를 대출 등의 거래에 포함시키는 행위
> 다. 해당 금융기관의 임 · 직원(보험업법 제83조에 따라 모집할 수 있는 자는 제외)에게 모집을 하도록 하거나 이를 용인하는 행위
> 라. 해당 금융기관의 점포 내에서 모집을 하는 행위
> 마. 모집과 관련이 없는 금융거래를 통하여 취득한 개인정보를 미리 그 개인의 동의를 받고 모집에 이용하는 행위

① 가, 나, 라　② 나, 다, 마

③ 가, 나, 다　④ 다, 라, 마

17 모집을 위탁한 보험회사의 배상책임에 관한 설명으로 옳지 않은 것은?

① 보험회사는 그 임직원 · 보험설계사 또는 보험대리점이 모집을 하면서 보험계약자에게 손해를 입힌 경우 배상할 책임을 진다.

② 보험회사는 임직원의 모집관련 손해배상책임에 있어서는 무과실 책임을 부담한다.

③ 보험회사는 임직원의 손해배상을 이행한 후에 그 해당 임직원에 대해 구상을 할 수 없다.

④ 보험회사가 보험설계사 또는 보험대리점에 모집을 위탁하면서 상당한 주의를 하였고 이들이 모집을 하면서 보험계약자에게 손해를 입히는 것을 막기 위하여 노력한 경우에는 손해배상책임을 지지 아니한다.

18 보험안내자료에 필수적으로 기재하여야 할 사항을 모두 고른 것은?

가. 보험약관으로 정하는 보장에 관한 사항
나. 해약환급금에 관한 사항
다. 보험금 지급확대 조건에 관한 사항
라. 보험 가입에 따른 권리 · 의무에 관한 주요 사항
마. 보험계약자에게 유리한 사항
바. 「예금자보호법」에 따른 예금자 보호와 관련한 사항

① 가, 나, 라, 바
② 가, 나, 다
③ 나, 마
④ 라, 마, 바

19 보험업법상 설명의무에 관한 내용으로 옳지 않은 것은?

① 보험회사 또는 모집종사자는 일반보험계약자에게 보험계약의 주요내용을 설명하여야 한다.
② 보험회사는 일반보험계약자가 보험금 지급을 요청한 경우에는 대통령령으로 정하는 바에 따라 보험금의 지급절차 및 지급내역 등을 설명하여야 한다.
③ 보험금을 감액하여 지급하거나 지급하지 아니하는 경우에는 특별한 사유가 없는 한 그 사유를 설명할 필요가 없다.
④ 보험회사는 일반보험계약자가 설명을 거부한 경우를 제외하고는 보험계약의 체결 시부터 보험금 지급시까지의 주요 과정을 대통령령으로 정하는 바에 따라 일반보험계약자에게 설명하여야 한다.

20 보험업법상 적합성의 원칙에 관한 설명으로 옳지 않은 것은?

① 적합성의 원칙이란 고객보호 의무에 기초한 것으로 변액보험에 적용되고 있다.
② 적합성의 원칙을 위반한 경우 과징금 또는 과태료를 부과할 수 있는 근거 규정이 없다.
③ 적합성의 원칙을 준수하기 위해서는 고객의 특성을 파악하는 과정이 선행될 필요가 있는데, 보험업법에서 파악의 대상으로 규정한 사항은 보험계약자의 성명, 성별, 보험계약자의 연령, 월 소득 및 소득에서 보험료 지출이 차지하는 비중 등이다.
④ 적합성의 원칙은 보험계약을 체결하기 전에 적용되는 의무이다.

21 보험광고 규제에 관한 설명으로 옳지 않은 것은?

① 광고란 사업자가 불특정 다수인을 상대로 자신 또는 자신의 상품이나 용역을 널리 알리거나 제시하는 행위를 말한다.
② 보험광고 규제는 소비자를 기망하거나 보험상품의 내용을 오인시키는 부당한 광고를 규제하여 소비자를 보호하기 위한 것이다.
③ 보험광고에는 보험계약 체결 전에 상품설명서 및 약관을 읽어 보도록 권유하는 내용이 포함되어야 한다.
④ 보험업법은 보험회사 또는 보험의 모집에 종사하는 자가 보험상품에 대하여 광고를 하는 경우에 보험금 지급한도, 지급제한 조건, 부책사항, 보험금 증액지급 사항 등을 누락하는 행위를 할 수 없다고 규정하고 있다.

22 중복보험계약 체결 확인 의무에 관한 설명으로 옳지 않은 것은?

① 중복보험의 확인주체는 보험회사 또는 보험의 모집에 종사하는 자이다.
② 중복 확인의무는 실제 부담한 의료비만 지급하는 제3보험상품계약과 실제 부담한 손해액만을 지급하는 것으로서 금융감독원장이 정하는 보험상품계약을 모집하고자 하는 경우에 발생한다.
③ 중복확인 대상계약에는 여행 중 발생한 위험을 보장하는 보험계약으로서 특정 단체가 그 단체의 구성원을 위하여 일괄 체결하는 보험계약이 포함된다.
④ 중복확인은 보험계약자가 되려는 자의 동의를 얻어 모집하고자 하는 보험계약과 동일한 위험을 보장하는 보험계약을 체결하고 있는지를 확인하여야 한다.

23 보험업법상 보험계약의 체결 또는 모집과 관련하여 금지되는 행위에 해당하는 것을 모두 고른 것은?

가. 보험설계사는 보험계약자나 피보험자에게 보험상품의 내용을 사실과 다르게 고지하였다.
나. 보험대리점은 보험계약자나 피보험자에게 보험상품의 내용의 전부에 대하여 비교의 대상 및 기준을 분명하게 밝히지 아니하였다.
다. 보험중개사는 실제 명의인이 아닌 보험계약을 모집하였다.
라. 보험설계사는 보험계약자에게 중요한 사항을 고지하도록 설명하였다.
마. 보험회사는 정당한 이유를 들어 장애인의 보험가입을 거부하였다.

① 가, 나, 다
② 나, 다, 라
③ 가, 다, 라
④ 나, 라, 마

24 수수료 지급 등의 금지에 관한 설명으로 옳지 않은 것은?

① 보험회사는 모집할 수 있는 자 이외의 자에게 모집을 위탁하거나 모집에 관하여 수수료, 보수, 그 밖의 대가를 지급하지 못한다.
② 모집에 종사하는 자는 원칙적으로 타인에게 모집을 하게 하거나 그 위탁을 하거나, 모집에 관하여 수수료 · 보수나 그 밖의 대가를 지급하지 못한다.
③ 보험중개사는 대통령령으로 정하는 경우 이외에는 보험계약 체결의 중개와 관련한 수수료나 그 밖의 대가를 보험계약자에게 청구할 수 없다.
④ 보험설계사는 같은 보험회사 등에 소속된 다른 보험설계사에 대하여 모집을 위탁할 수 없다.

25 **보험업법상 청약철회에 관한 설명으로 옳지 않은 것은?**

① 보험회사는 일반보험계약자로서 보험회사에 대하여 대통령령으로 정하는 보험계약을 청약한 자가 보험증권을 받은 날로부터 15일 이내에 대통령령으로 정하는 바에 따라 청약철회의 의사를 표시하는 경우에는 특별한 사정이 없는 한 이를 거부할 수 없다.

② 보험계약자와 보험회사 사이에 보험증권을 받은 날로부터 10일 이내에 청약을 철회할 수 있도록 약정한 경우에는 그 기간 이내에서만 청약의 철회를 할 수 있다.

③ 보험회사는 청약의 철회를 접수한 날로부터 3일 이내에 이미 납입 받은 보험료를 반환하여야 한다.

④ 청약의 철회에 따른 보험료 반환이 늦어진 기간에 대하여는 대통령령으로 정하는 바에 따라 계산한 금액을 더하여 지급하여야 한다.

26 **금융위원회의 승인을 받아 보험회사가 자회사를 소유할 수 있는 경우를 모두 고른 것은?**

가. 「금융산업의 구조개선에 관한 법률」 제2조 제1호에 따른 금융기관이 경영하는 금융업
나. 「신용정보의 이용 및 보호에 관한 법률」에 따른 신용정보업
다. 보험계약의 유지 · 해지 · 변경 또는 부활 등을 관리하는 업무
라. 손해사정업무
마. 보험대리업무

① 가, 나, 다
② 다, 라
③ 다, 라, 마
④ 가, 나, 다, 라, 마

27 **보험회사가 보험금 지급능력과 경영건전성을 확보하기 위하여 지켜야 할 재무건전성 기준이 아닌 것은?**

① 지급여력비율 100분의 100 이상 유지
② 대출채권 등 보유자산의 건전성을 정기적으로 분류하고 대손충당금을 적립
③ 보험회사의 위험, 유동성 및 재보험의 관리에 관하여 금융위원회가 정하여 고시하는 기준을 충족
④ 재무건전성 확보를 위한 경영실태 및 위험에 대한 평가 실시

28 **보험계약자를 보호하기 위한 공시에 관한 설명으로 옳지 않은 것은?**

① 보험업법상 보험협회는 보험료 · 보험금 등 보험계약에 관한 사항으로서 대통령령으로 정하는 사항을 금융위원회가 정하는 바에 따라 비교 · 공시할 수 있다.

② 보험협회가 보험상품의 비교 · 공시를 하는 경우에는 대통령령으로 정하는 바에 따라 보험상품공시위원회를 구성하여야 한다.

③ 보험협회 이외의 자가 보험계약에 관한 사항을 비교 · 공시하고자 하는 경우에 보험회사는 보험협회 이외의 자에게 그 요구에 응하여 비교 · 공시에 필요한 정보를 제공하여야 한다.

④ 보험회사는 보험계약자를 보호하기 위하여 필요한 사항으로서 대통령령으로 정하는 사항을 금융위원회가 정하는 바에 따라 즉시 공시하여야 한다.

29 보험회사가 상호협정 체결의 인가에 필요한 서류를 제출하는 경우 금융위원회가 그 인가여부를 결정하기 위하여 심사하여야 할 사항은?

가. 상호협정의 내용이 보험회사 간의 공정한 경쟁을 저해하는지 여부
나. 상호협정의 효력 발생 기간이 적정한지 여부
다. 상호협정의 내용이 보험계약자의 이익을 침해하는지 여부
라. 상호협정에 외국보험회사가 포함되는지 여부

① 가, 나
② 가, 다
③ 나, 다
④ 다, 라

30 기초서류에 관한 설명으로 옳지 않은 것은?

① 보험업의 허가를 받기 위하여 제출하여야 하는 기초서류로는 보험종목별 사업방법서가 있다.
② 금융위원회는 보험회사가 기초서류 기재사항 준수의무를 위반한 경우, 해당 보험계약의 연간수입보험료의 100분의 50 이하의 과징금을 부과할 수 있다.
③ 금융위원회는 보험회사가 보고한 기초서류관리기준이 부당하다고 판단되면 보고일부터 15일 이내에 해당기준의 변경을 명할 수 있다.
④ 금융위원회는 보험회사가 신고한 기초서류의 내용이 기초서류작성원칙에 위반하는 경우에는 기초서류의 즉시변경을 청문 없이 명할 수 있다.

31 보험회사가 정관변경을 금융위원회에 보고하는 기한으로 옳은 것은?

① 이사회가 정관변경을 위한 주주총회 개최를 결의한 날부터 2주 이내
② 대표이사가 정관변경을 위한 주주총회 소집을 통지한 날부터 2주 이내
③ 주주총회(종류주주총회 포함)에서 정관변경의 결의가 있은 날부터 7일 이내
④ 보험회사 본점소재지 등기소에 변경정관을 등기한 날부터 7일 이내

32 보험업법상 보험요율산출원칙에 관한 설명 중 옳은 것은?

① 보험요율이 보험금과 그 밖의 급부에 비하여 지나치게 낮지 아니하여야 한다.
② 보험요율이 보험회사의 주주에 대한 최근 3년간의 평균배당률을 크게 낮출 정도로 낮지 아니하여야 한다.
③ 자동차보험의 보험요율산출원칙을 따로 규정하지는 않는다.
④ 보험요율이 보험업법의 산출원칙에 위반한 경우에도 위반사실만으로 곧바로 과태료 또는 과징금을 부과할 수 없다.

33 **금융위원회가 기초서류의 변경을 명하는 경우에 관한 설명으로 옳지 않은 것은?**

① 보험회사 기초서류에 법령을 위반하거나 보험계약자에게 불리한 내용이 있다고 인정되는 경우이어야 한다.
② 법령의 개정에 따라 기초서류의 변경이 필요한 때를 제외하고는 반드시 행정절차법이 정한 바에 따라 청문을 거쳐야 한다.
③ 금융위원회는 보험계약자 등의 이익을 보호하기 위하여 특히 필요하다고 인정하면 이미 체결된 보험계약에 대하여 그 변경된 내용을 소급하여 효력이 미치게 할 수 있다.
④ 금융위원회는 변경명령을 받은 기초서류 때문에 보험계약자 등이 부당한 불이익을 받을 것이 명백하다고 인정되는 경우에는 이미 체결된 보험계약에 따라 납입된 보험료의 일부를 되돌려주도록 할 수 있다.

34 **주식회사인 보험회사의 해산사유가 아닌 것은?**

① 주주가 1인만 남은 1인회사
② 보험계약 전부의 이전
③ 정관으로 정한 해산사유의 발생
④ 해산을 명하는 재판

35 **보험업법이 규정하는 주식회사인 보험회사의 보험계약의 임의이전에 관한 설명으로 옳지 않은 것은?**

① 보험계약의 이전에 관한 결의는 의결권 있는 발행주식 총수의 3분의 2 이상의 주주의 출석과 출석주주 의결권의 과반수 이상의 수로써 하여야 한다.
② 보험회사는 계약의 방법으로 책임준비금 산출의 기초가 같은 보험계약의 전부를 포괄하여 다른 보험회사에 이전할 수 있으나, 1개인 동종보험계약의 일부만 이전할 수는 없다.
③ 보험계약의 이전결의의 공고에는 보험계약자가 이의할 수 있다는 뜻과 1개월 이상의 이의기간이 포함되어야 한다.
④ 보험계약을 이전하려는 보험회사는 주주총회의 결의가 있었던 때부터 보험계약을 이전하거나 이전하지 아니하게 될 때까지 그 이전하려는 보험계약과 같은 종류의 보험계약을 하지 못한다.

36 **주식회사인 보험회사가 해산하는 때에 청산인이 금융위원회의 허가를 얻어 채권신고기간 내에 변제할 수 있는 경우가 아닌 것은?**

① 소액채권
② 변제지연으로 거액의 이자가 발생하는 채권
③ 담보 있는 채권
④ 변제로 인하여 다른 채권자를 해할 염려가 없는 채권

37 **손해보험계약의 제3자 보호에 관한 설명으로 옳지 않은 것은?**

① 제3자 보호제도는 대통령령으로 정하는 법인을 계약자로 하는 손해보험계약에는 적용하지 아니한다.
② 책임보험 중에서 '제3자에 대한 신체사고를 보상'하는 책임보험에만 제3자 보호제도가 적용된다.
③ 자동차보험의 대인배상 Ⅱ는 임의보험이므로 제3자 보호가 이루어지지 않는다.
④ 재보험과 보증보험을 전업으로 하는 손해보험회사는 보험금지급보장을 위한 금액을 출연할 의무가 없다.

38 **보험업법에 의하여 설립된 보험회사에서 2019년 4월 15일에 선임된 선임계리사에게 회사기밀누설 등 일정한 법정 사유가 없다면 그 선임계리사를 해임할 수 없는 기한은? (사업연도는 1월 1일부터 12월 31일로 함)**

① 2021. 4. 14.
② 2021. 12. 31.
③ 2022. 4. 14.
④ 2022. 12. 31.

39 **다음 설명 중 옳지 않은 것은?**

① 제3보험상품을 판매하는 보험회사는 손해사정사를 고용하거나 손해사정사 또는 손해사정업자에게 업무를 위탁하여야 한다.
② 보험사고가 외국에서 발생하거나 보험계약자 등이 금융위원회가 정하는 기준에 따라 손해사정사를 따로 선임한 경우에는 보험회사는 손해사정사의 고용 또는 업무위탁 의무가 없다.
③ 보험회사로부터 손해사정업무를 위탁받은 손해사정사는 손해사정서를 보험계약자, 피보험자 및 보험금 청구권자에게도 내어 주어야 한다.
④ 보험업법상 보험계약자로부터 손해사정업무를 위탁받은 손해사정사는 손해사정서에 피보험자의 민감정보가 포함된 경우 피보험자의 별도의 동의를 받지 아니한 때에는 건강정보 등 민감정보를 삭제하거나 식별할 수 없도록 하여야 함을 정하고 있다.

40 **과징금에 관한 설명으로 옳지 않은 것은?**

① 과징금은 행정상 제재금으로 형벌인 벌금이 아니므로 과징금과 벌금을 병과하여도 이중처벌금지원칙에 반하지 않는다.
② 과징금을 부과하는 경우 그 금액은 위반행위의 내용 및 정도, 위반행위의 기간 및 횟수, 위반행위로 인하여 취득한 이익의 규모를 고려하여야 한다.
③ 소속보험설계사가 보험업법상의 설명의무를 위반한 경우에도 그 위반행위를 막기 위하여 상당한 주의와 감독을 게을리 하지 않은 보험회사에게는 과징금을 부과할 수 없다.
④ 과징금의 부과 및 징수절차 등에 관하여는 국세징수법의 규정을 준용하며, 과징금 부과 전에 미리 당사자 또는 이해관계인 등에게 의견을 제출할 기회를 주어야 한다.

2과목 보험계약법

01 **보험약관의 해석원칙에 관한 설명으로 옳지 않은 것은?**

① 보험약관의 내용은 개별적인 계약 체결자의 의사나 구체적 사정을 고려함 없이 평균적 고객의 이해가능성을 기준으로 그 문언에 따라 객관적이고 획일적으로 해석하여야 한다.
② 보험계약당사자가 명시적으로 보험약관과 다른 개별약정을 하였다면 그 개별약정이 보통약관에 우선한다.
③ 보험약관은 신의성실의 원칙에 따라 공정하게 해석되어야 한다.
④ 약관조항이 다의적으로 해석될 여지가 없더라도 계약자 보호의 필요성이 있을 때 우선적으로 작성자불이익의 원칙을 적용할 수 있다.

02 **보험계약자의 고지의무 위반사실과 보험사고 발생사실 간에 인과관계가 없는 경우의 해결방법으로 옳지 않은 것은? (다툼이 있는 경우 판례에 의함)**

① 보험자는 보험계약을 해지할 수 있다.
② 보험자는 이미 발생한 보험사고에 대한 보험금을 지급하여야 한다.
③ 판례에 의하면 인과관계 부존재에 대한 증명책임은 당사자 간에 달리 정한바 없으면 보험계약자에게 있다.
④ 보험자는 이미 지급한 보험금에 대하여는 반환할 것을 청구할 수 있다.

03 **피보험이익과 관련된 설명으로 옳은 것은?**

① 보험계약은 금전으로 산정할 수 있는 이익에 한하여 피보험이익으로 할 수 있다.
② 피보험이익은 적법한 이익이어야 하고, 계약 체결 시에 확정할 수 있는 것이어야 한다.
③ 물건보험에서 피보험이익에 대한 평가가액은 보험계약 체결 시에 정하여야 한다.
④ 상법은 보험계약자가 타인의 생명보험계약을 체결하는 경우에 피보험자에 대한 피보험이익의 존재를 요한다.

04 **손해보험에서 손해액의 산정기준에 관한 설명으로 옳지 않은 것은?**

① 보험자가 보상할 손해액은 그 손해가 발생한 때와 곳의 가액을 기준으로 한다.
② 보험자가 보상할 손해액을 산정할 때 이익금지의 원칙에 따라 신품가액에 의한 손해액은 인정되지 아니한다.
③ 손해액의 산정에 관한 비용은 보험자가 부담한다.
④ 보험가액불변경주의를 적용하여야 하는 보험에서는 상법상의 손해액의 산정기준에 관한 규정이 적용되지 아니한다.

05 **보험계약자의 보험료지급의무에 관한 설명 중 옳지 않은 것은? (다툼이 있는 경우 판례에 의함)**

① 보험계약자는 보험계약 체결 후 보험료의 전부 또는 제1회 보험료를 지급하지 아니한 경우에는 다른 약정이 없는 한 계약 성립 후 2월이 경과하면 그 계약은 해제된 것으로 본다.
② 보험자가 제1회 보험료로 선일자수표를 받고 보험료 가수증을 준 경우에 선일자수표를 받은 날로부터 보험자의 책임이 개시된다.
③ 계속보험료의 지급이 없는 경우에 상당한 기간을 정하여 보험계약자에게 최고 하지 않더라도 보험계약은 당연히 효력을 잃는다는 보험약관조항은 상법규정에 위배되어 무효이다.
④ 특정한 타인을 위한 보험의 경우에 보험계약자가 보험료의 지급을 지체한 때 보험자는 그 타인에 대하여 상당한 기간을 정하여 보험료의 지급을 최고한 후가 아니면 그 계약을 해제 또는 해지하지 못한다.

06 **甲은 자신 소유의 보험가액 1억원의 건물에 대하여 乙보험회사와 보험금액 9,000만원, 丙보험회사와 보험금액 6,000만원의 화재보험계약을 순차적으로 체결하였다. 甲은 두 보험의 보험기간 중에 보험목적에 대한 화재로 인하여 5,000만원의 실손해를 입었다. 다음은 각 보험자의 책임액과 그 한도에 관한 설명이다. ( ) 안에 들어갈 금액을 ㉠㉡㉢㉣의 순서에 따라 올바르게 묶인 것은? (단, 당사자간에 중복보험과 일부보험에 관하여 다른 약정이 없다고 가정함)**

> 乙은 (㉠), 丙은 (㉡)의 보상책임을 지고,
> 乙은 (㉢), 丙은 (㉣)의 한도내에서 연대책임을 진다.

① 3,000만원, 2,000만원, 4,500만원, 3,000만원
② 3,000만원, 2,000만원, 9,000만원, 6000만원
③ 5,000만원, 4,000만원, 9,000만원, 6,000만원
④ 4,500만원, 3,000만원, 4,500만원, 3000만원

07 **초과보험에 대한 설명으로 옳지 않은 것은?**

① 보험금액이 보험계약의 목적의 가액을 현저하게 초과한 때에는 보험자 또는 보험계약자는 보험료와 보험금액의 감액을 청구할 수 있다.
② 보험료의 감액은 장래에 대해서만 그 효력이 있다.
③ 초과보험인지를 판단하는 보험가액은 보험사고 발생 당시의 가액에 의하여 정한다.
④ 초과보험계약이 보험계약자의 사기로 인하여 체결된 때에는 그 계약은 무효로 한다.

08 **책임보험에서의 피해자 직접청구권에 관한 설명으로 옳지 않은 것은? (다툼이 있는 경우 판례에 의함)**

① 직접청구권의 법적성질에 관하여 최근 대법원은 보험자가 피보험자의 피해자에 대한 손해배상채무를 병존적으로 인수한 것으로 본다.
② 보험자는 피보험자가 사고에 대하여 가지는 항변사유로써 제3자(피해자)에게 대항할 수 있다.
③ 보험자가 피보험자에 대해 보험금을 지급하면 피해자의 직접청구권은 발생하지 아니하므로 보험자가 피보험자와의 관계에서 보험금 상당액을 집행 공탁하였다면 피해자의 직접청구권은 소멸된다.
④ 공동불법행위자의 보험자중 일부가 피해자의 손해배상금을 보험금으로 모두 지급함으로써 공동으로 면책되었다면, 그 손해배상금을 지급한 보험자가 다른 공동 불법행위자의 보험자에게 직접 구상권을 행사할 수 있다.

09 재보험에 관한 다음의 설명 중 옳지 않은 것은?

① 원보험자는 손해보험계약이든 인보험계약이든 보험계약자의 동의 없이 다른 보험자와 재보험계약을 체결할 수 있다.

② 원보험자는 인수위험에 대하여 일정액을 초과하는 부분에 대하여 재보험에 부보할 수도 있고, 일정비율로 부보할 수도 있다.

③ 재보험자는 원보험료 미지급을 이유로 재보험금의 지급을 거절할 수 있다.

④ 재보험자가 보험자대위에 의하여 취득한 제3자에 대한 권리행사는 재보험자가 이를 직접 행사하지 아니하고 원보험자가 수탁자의 지위에서 자기명의로 권리를 행사하여 그 회수한 금액을 재보험자에게 재보험금 비율에 따라 교부하는 방식에 의하여 이루어지는 것이 상관습이다.

10 손해보험계약에서 손해방지의무와 관련된 설명으로 옳지 않은 것은? (다툼이 있는 경우 판례에 의함)

① 손해보험계약에서 보험계약자와 피보험자는 보험사고 발생 후에 손해의 방지와 경감을 위하여 노력하여야 한다.

② 보험계약자 또는 피보험자가 손해경감을 위해 지출한 필요, 유익한 비용은 보험금액의 범위 내에서 보험자가 부담한다.

③ 보험사고의 발생 전에 사고발생 자체를 미리 방지하기 위해 지출한 비용은 손해방지비용에 포함되지 않는다.

④ 책임보험에서 피보험자가 제3자로부터 청구를 방지하기 위해 지출한 방어비용은 손해방지비용과 구별되는 것이므로 약관에 손해방지비용에 관한 별도의 규정을 두더라도 그 규정이 당연히 방어비용에 적용된다고 할 수 없다.

11 보험자의 보조자에 관한 설명으로 옳지 않은 것은? (다툼이 있는 경우 판례에 의함)

① 보험목적인 건물에서 영위하고 있는 업종이 변경된 경우 보험설계사가 업종변경사실을 알았다고 하더라도 보험자가 이를 알았다거나 보험계약자가 보험자에게 업종변경사실을 통지한 것으로 볼 수 없다.

② 자동차보험의 체약대리상이 계약의 청약을 받으면서 보험료를 대납하기로 약정한 경우 이 약정일에 보험계약이 체결되었다 하더라도 보험자가 보험료를 수령한 것으로는 볼 수 없다.

③ 보험자의 대리상이 보험계약자와 보험계약을 체결하고 그 보험료수령권에 기하여 보험계약자로부터 1회분 보험료를 받으면서 2, 3회분 보험료에 해당하는 약속 어음을 교부받은 경우 그 대리상이 해당 약속어음을 횡령하였다 하더라도 그 변제수령은 보험자에게 미치게 된다.

④ 보험설계사는 특정 보험자를 위하여 보험계약의 체결을 중개하는 자일뿐 보험자를 대리하여 보험계약을 체결할 권한이 없고 보험계약자 또는 피보험자가 보험자에 대하여 하는 고지를 수령할 권한이 없다.

12 청구권대위에 관한 설명으로 옳은 것은? (다툼이 있는 경우 판례에 의함)

① 보험자가 대위권을 행사하기 위해서는 제3자의 행위로 인하여 보험사고가 발생하여야 한다. 이때 제3자의 행위는 불법행위에 한한다.
② 보험자가 대위권을 행사하기 위해서는 적법한 보험금의 지급이 있어야 하고 이 보험금액의 지급은 전부 지급하여야 한다.
③ 타인을 위한 보험계약에서 보험계약자도 제3자에 포함되는지 여부에 관하여 판례는 보험계약자가 제3자에 포함되지 않는다고 본다.
④ 제3자가 보험계약자 또는 피보험자와 생계를 같이 하는 가족인 경우에 그 가족의 고의사고를 제외하고는 보험자는 청구권대위를 행사하지 못한다.

13 보험계약과 관련된 설명으로 옳지 않은 것은? (다툼이 있는 경우 판례에 의함)

① 보험모집종사자가 설명의무를 위반하여 고객이 보험계약의 중요사항에 관하여 제대로 이해하지 못한 채 착오에 빠져 보험계약을 체결한 경우, 그러한 착오가 동기의 착오에 불과하더라도 그러한 착오를 일으키지 않았더라면 보험계약을 체결하지 않았을 것이 명백하다면, 이를 이유로 보험계약을 취소할 수 있다.
② 타인을 위한 생명보험이나 상해보험계약은 제3자를 위한 계약의 일종으로 보며, 이 경우 특별한 사정이 없는 한 보험자가 이미 제3자에게 급부한 것이 있더라도 보험자는 계약무효 등에 기한 부당이득을 원인으로 제3자를 상대로 그 반환을 청구할 수 있다.
③ 생명보험계약에서 보험계약자의 지위를 변경하는데 보험자의 승낙이 필요하다고 정하고 있는 경우 보험계약자는 보험자의 승낙 없이 일방적인 의사표시인 유증을 통하여 보험계약상의 지위를 이전할 수 있다.
④ 보험금의 부정취득을 목적으로 다수의 보험계약이 체결된 경우에 민법 제103조 위반으로 인한 보험계약의 무효와 고지의무 위반을 이유로 한 보험계약의 해지나 취소가 각각의 요건을 충족하는 경우 보험자가 보험계약의 무효, 해지 또는 취소를 선택적으로 주장할 수 있다.

14 甲은 乙을 피보험자, 자신을 보험수익자로 하는 생명보험계약을 보험자 丙과 체결하였다. 乙의 서면동의가 필요없다는 보험모집인 丁의 설명을 듣고 乙의 서면동의 없이 보험자와 이 생명보험계약을 체결하였다. 아래의 설명 중 옳은 것만으로 묶인 것은? (다툼이 있는 경우 판례에 의함)

> ㉠ 丁의 잘못된 설명은 보험계약의 내용으로 편입되어 당해 생명보험계약은 유효하다.
> ㉡ 乙의 서면동의가 없으므로 당해 보험계약은 무효이다.
> ㉢ 만약 乙이 사망한다면 甲은 보험자 丙에게 보험금 지급청구를 할 수 있다.
> ㉣ 甲은 丙에 대하여 丁의 불법행위로 인한 손해배상 청구를 할 수 있다.

① ㉠ ㉢ ② ㉡ ㉣
③ ㉠ ㉢ ㉣ ④ ㉡

15 상해보험에 관한 설명 중 옳은 설명으로만 묶인 것은? (다툼이 있는 경우 판례에 의함)

> ㉠ 실손보장형(비정액형) 상해보험에 대하여 중복보험의 원리를 적용할 것인지 여부에 논란이 있으나, 판례는 중복보험의 법리를 준용하고 있다.
> ㉡ 상해를 보험사고로 하는 상해보험계약에서 사고가 보험계약자 또는 피보험자나 보험수익자의 중대한 과실로 인하여 발생한 경우에 보험자는 보험금지급 책임이 없다.
> ㉢ 상해보험은 인보험에 속하기 때문에 보험자대위권을 인정하는 당사자간의 약정은 무효이다.
> ㉣ 만 15세 미만자, 심신상실자 또는 심신박약자의 상해를 보험사고로 하는 상해보험계약은 유효이다.

① ㉠ ㉣
② ㉡ ㉢
③ ㉠ ㉢
④ ㉡ ㉣

16 상법상 보험자에 대한 통지의무를 명시적으로 규정하고 있지 않은 것은?

① 보험기간 중에 보험계약자, 피보험자가 사고발생의 위험이 현저하게 변경 또는 증가된 사실을 안 때에는 지체 없이 보험자에게 통지하여야 한다.
② 보험기간 중에 보험계약자, 피보험자 또는 보험수익자의 고의 또는 중대한 과실로 위험이 증가된 때에는 지체 없이 보험자에게 통지하여야 한다.
③ 동일한 보험계약의 목적과 동일한 사고에 관하여 수개의 보험계약을 체결하는 경우에 보험계약자는 각 보험자에 대하여 각 보험계약의 내용을 통지하여야 한다.
④ 책임보험에서 피보험자가 제3자로부터 배상청구를 받은 때에는 지체 없이 보험자에게 그 통지를 발송하여야 한다.

17 보험목적의 양도에 관한 설명으로 옳지 않은 것은?

① 보험목적의 양도가 있는 경우에 양수인은 보험계약상의 권리와 의무를 승계한 것으로 추정한다.
② 물건보험의 목적에 대한 매매계약 체결만으로 보험계약 상의 권리와 의무의 승계 추정을 받는다.
③ 승계추정의 법리는 물건보험에 한하여 적용되는 것이 원칙이므로 자동차보험 중 자기신체보험에 대해서는 적용되지 않는다.
④ 자동차보험의 경우에 보험자의 승낙을 얻으면 자동차의 양도와 함께 보험계약관계도 승계된다.

18 인보험의 보험대위에 관한 설명으로 옳지 않은 것은? (다툼이 있는 경우 판례에 의함)

① 인보험에서는 제3자에 대한 보험대위가 금지되는 것이 원칙이다.
② 손해보험형 상해보험계약에서 보험대위의 약정이 없는 경우 피보험자가 제3자로부터 손해배상을 받았다면 보험자는 보험금을 지급할 의무가 없다.
③ 보험약관으로 상해보험의 제3자에 대한 청구권대위를 인정할 수 있다.
④ 잔존물대위를 인정할 여지가 없다.

19 보험계약법상 이득금지의 원칙과 가장 거리가 먼 것은?

① 사기에 의한 초과보험의 무효
② 보험자대위
③ 신가보험
④ 중복보험에서 비례주의에 의한 보상

20 甲은 배우자 乙을 피보험자로, 피보험자의 법정상속인을 보험수익자로 지정한 생명보험계약을 체결하였다. 다음의 설명 중 옳지 않은 것은?

① 甲이 乙의 서면동의 없이 생전증여의 대용수단으로 '법정상속인'을 보험수익자로 한 생명보험계약의 체결은 무효이다.
② 甲은 보험존속 중에 보험수익자를 변경할 수 있다.
③ 법정상속인중 1인의 고의로 피보험자 乙이 사망한 경우에 보험자는 다른 법정상속인(수익자)에게 보험금지급을 거부할 수 있다.
④ 甲이 보험사고 발생 전에 보험수익자를 법정상속인이 아닌 제3자로 변경하였으나, 이를 보험자에게 통지하지 아니하였다면 보험자가 법정상속인에게 보험금을 지급하였다 하더라도 보험계약자는 보험자에 대하여 대항하지 못한다.

21 보증보험에 관한 설명으로 옳지 않은 것은? (다툼이 있는 경우 판례에 의함)

① 보증보험계약의 보험자는 보험계약자가 피보험자에게 계약상의 채무불이행 또는 법령상의 의무불이행으로 입힌 손해를 보상할 책임이 있다.
② 보증보험이 담보하는 채권이 양도되면 당사자 사이에 다른 약정이 없는 한 보험금청구권도 그에 수반하여 채권양수인에게 함께 이전된다.
③ 보증보험계약에 관하여는 보험계약자의 사기, 고의 또는 중대한 과실로 인한 고지의무 위반이 있는 경우에도 이에 대하여 피보험자의 책임이 있는 사유가 없으면 보험자는 고지의무 위반을 이유로 보험계약의 해지권을 행사할 수 없다.
④ 보증보험의 보험자는 보험계약자에 대하여 민법 제441조의 구상권을 행사할 수 없다.

22 손해보험과 인보험에 공통으로 적용되는 보험원리의 설명으로 옳지 않은 것은?

① 보험사고가 발생한 경우 보험자는 보험계약자가 실제로 입은 손해를 보상하여야 한다는 원칙으로 고의사고 유발을 방지하기 위한 수단적 원리
② 위험단체의 구성원이 지급한 보험료의 총액과 보험자가 지급하는 보험금 총액이 서로 일치하여야 한다는 원리
③ 동일한 위험에 놓여있는 다수의 경제주체가 하나의 공동 준비재산을 형성하여 구성원 중에 우연하고도 급격한 사고를 입은 자에게 경제적 급부를 행한다는 원리
④ 보험사고의 발생을 장기간 대량 관찰하여 발견한 일정한 법칙에 따라 위험을 측정하여 보험료를 산출하는 기술적 원리

23 보험증권에 관한 설명으로 옳지 않은 것은? (다툼이 있는 경우 판례에 의함)

① 보험증권은 증거증권성이 인정된다.
② 보험증권은 보험계약자의 청구에 의하여 보험계약자에게 교부된다.
③ 보험증권에는 무효와 실권사유를 기재하여야 한다.
④ 보험증권이 멸실 또는 현저하게 훼손된 경우 보험계약자는 자신의 비용으로 증권의 재교부를 청구할 수 있다.

24 상법상 손해보험과 인보험에 관한 설명으로 옳은 것은?

① 모든 손해보험에서는 보험가액의 개념이 존재하지만, 인보험에서는 존재하지 않는다.
② 실손보상의 원칙은 손해보험과 생명보험에 모두 적용한다.
③ 손해보험은 부정액보험이지만, 인보험은 부정액보험이 인정되지 않는다.
④ 손해보험에는 중복보험에 관한 규정이 존재하지만, 인보험에서는 그러한 규정이 없다.

25 화재보험증권에 기재하여야 할 사항으로 옳은 것을 모두 고른 것은?

㉠ 보험의 목적
㉡ 피보험자의 주소, 성명, 상호
㉢ 보험계약 체결의 장소
㉣ 동산을 보험의 목적으로 한 때에는 그 존치한 장소의 상태와 용도
㉤ 보험계약자의 주민등록번호

① ㉠, ㉡, ㉣
② ㉠, ㉡, ㉤
③ ㉡, ㉢, ㉤
④ ㉡, ㉣, ㉤

26 다음의 설명 중 옳지 않은 것은?

① 손해보험의 보장대상은 재산상의 손해를 그 대상으로 한다.
② 생명보험의 보장대상은 사람의 사망을 그 대상으로 하는 것이지, 생존을 대상으로 하는 것은 아니다.
③ 상해보험은 발생한 손해를 보상한다는 측면에서 손해보험적인 요소를 가지고 있다.
④ 생명보험은 정해진 급부만을 대상으로 한다는 측면에서 정액보험에 해당한다.

27 인보험에서 단체보험에 대한 설명으로 옳지 않은 것은? (다툼이 있는 경우 판례에 의함)

① 단체보험의 경우 보험계약자가 회사인 경우 그 회사에 대하여만 보험증권을 교부한다.
② 단체 구성원의 전부를 피보험자로 하는 단체보험을 체결하는 경우 규약에 따라 타인의 서면동의를 받지 않아도 된다.
③ 단체보험계약에서 보험계약자가 피보험자 또는 그 상속인이 아닌 자를 보험수익자로 지정할 때에는 단체규약에서 정함이 없어도 그 피보험자의 동의를 받을 필요가 없다.
④ 단체보험에 관한 상법 규정은 단체생명보험뿐만 아니라 단체상해보험에도 적용된다.

28 보험계약자 등의 불이익변경 금지에 대한 설명으로 옳은 것은?

① 보험계약자, 피보험자 및 보험수익자를 불이익하게 변경하는 것을 금지하고자 하는 목적이 있다.
② 상법은 이를 명시적으로 규정하고 있지 않지만, 이를 해석론을 통하여 도출하고 있다.
③ 개인보험에서 인정되는 것과 마찬가지로 해상보험의 경우에도 상대적 강행규정은 인정된다.
④ 보험계약자가 개인이 아닌 기업인 재보험의 경우에 상대적 강행규정은 적용된다.

29 보험계약에 대한 설명 중 옳지 않은 것은?

① 소급보험계약에서는 보험기간이 보험계약기간보다 장기이다.
② 승낙 전 보호제도가 적용될 경우 보험기간이 보험계약기간보다 장기이다.
③ 장래보험계약에서는 보험기간과 보험계약기간이 반드시 일치하여야 할 필요가 없다.
④ 소급보험계약에서는 초회보험료가 납입되기 전에도 청약 이전 사고에 대해서 보상할 책임이 있다.

30 보험계약법상 고지의무에 대한 설명으로 옳지 않은 것은?

① 고지의무는 간접의무에 해당한다.
② 고지의무를 위반한 경우에 보험자는 그 이행을 강제할 수 없다.
③ 고지의무를 위반한 경우에 보험자는 손해배상청구권을 행사할 수 있다.
④ 고지의무를 위반한 경우에 보험자는 보험계약을 해지할 수 있다.

31 해상보험에 있어서 적하의 매각으로 인한 손해보상과 관련하여 옳은 것은?

① 항해 도중에 송하인의 고의 또는 중과실로 적하를 매각한 경우 보험자는 그 대금에서 운임 기타 필요비용을 공제한 금액과 보험가액과의 차액을 보상하여야 한다.
② 항해 도중에 송하인의 지시에 따라 적하를 매각한 경우 보험자는 그 대금에서 운임 기타 필요비용을 공제한 금액과 보험가액과의 차액을 보상하여야 한다.
③ 항해 도중에 불가항력으로 적하를 매각한 경우 보험자는 그 대금에서 운임 기타 필요비용을 공제한 금액과 보험가액과의 차액을 보상하여야 한다.
④ 항해 도중에 적하의 가격폭락 우려가 있어 적하를 매각한 경우 보험자는 그 대금에서 운임 기타 필요비용을 공제한 금액과 보험가액과의 차액을 보상하여야 한다.

32 보험약관의 교부 · 설명의무에 관한 설명으로 옳지 않은 것은? (다툼이 있는 경우 판례에 의함)

① 보험자가 약관의 설명의무를 위반한 경우 보험계약자는 일정한 기간 내에 보험계약을 취소할 수 있다.
② 설명의무위반 시 보험자가 일정한 기간 내에 취소를 하지 아니하면 보험약관에 있는 내용이 계약의 내용으로 편입되는 것으로 본다.
③ 보험자는 보험계약 체결 시 보험계약자에게 해당 보험약관을 교부하는 동시에 설명해야 할 의무를 부담한다.
④ 보험약관을 보험계약자에게 설명해야 할 부분은 약관 전체를 의미하는 것이 아니라 약관의 중요한 내용을 설명하는 것으로 족하다.

33 생명보험계약상 보험계약자의 보험수익자 지정 · 변경권을 설명한 것으로 옳지 않은 것은? (다툼이 있는 경우 판례에 의함)

① 보험수익자는 그 지정행위 시점에 반드시 특정되어 있어야 하는 것은 아니고 보험사고 발생시에 특정될 수 있으면 충분하다.

② 사망보험에서 보험수익자를 지정 또는 변경하는 경우 타인의 서면동의를 받지 않으면, 해당 보험계약은 무효가 된다.

③ 보험수익자가 보험 존속 중에 사망한 때에 보험계약자는 다시 보험수익자를 지정할 수 있지만, 피보험자가 사망하면 재지정권을 행사할 수 없다.

④ 보험계약자가 타인을 피보험자로 하고 자신을 보험수익자로 지정한 상태에서 보험 존속 중에 보험수익자가 사망한 경우 보험수익자의 상속인이 보험수익자로 된다.

34 해상보험에 관한 다음 설명 중 옳은 것은?

① 선박보험은 보험자의 책임이 개시될 때의 선박가액을 보험가액으로 한다.

② 적하보험은 선적한 때와 곳의 적하의 가액과 선적 및 보험에 관한 비용을 보험가액으로 추정한다.

③ 적하의 도착으로 인하여 얻을 이익 또는 보수의 보험은 계약으로 보험가액을 정하지 아니한 때에는 보험금액을 보험가액으로 정한 것으로 본다.

④ 항해단위로 선박을 보험에 붙인 경우에는 보험기간은 하물 또는 저하의 선적에 착수한때 개시되고, 인도한 때 종료된다.

35 보험계약의 부활에 관한 설명으로 옳지 않은 것은?

① 보험계약의 부활은 계속보험료의 불지급으로 인하여 계약이 해지된 경우에 발생한다.

② 보험계약자가 부활을 청구할 경우 연체보험료에 약정이자를 보험자에게 지급하여야 한다.

③ 보험계약이 부활되면 부활시점부터 계약의 효력이 발생한다.

④ 고지의무 위반으로 보험계약이 해지된 경우에도 부활이 인정된다.

36 보험계약자 등의 고의 또는 중대한 과실로 보험사고가 발생한 경우에 관한 설명이다. 옳지 않은 것은? (다툼이 있는 경우 판례에 의함)

① 상법 보험편 통칙에 따르면 보험사고가 보험계약자 또는 피보험자나 보험수익자의 고의 또는 중대한 과실로 인하여 생긴 때에는 보험자는 보험금지급책임이 없다.

② 피보험자의 자살은 고의에 의한 사고이므로 체약 후 일정한 기간이 도과한 후에 발생한 경우에 한해 보험자의 책임을 인정하는 약관은 민법 제103조 선량한 풍속 기타 사회질서에 반하여 무효이다.

③ 사망보험 또는 상해보험에서 보험사고가 보험계약자 또는 피보험자나 보험수익자의 중대한 과실로 발생한 경우에도 보험자는 보험금지급책임이 있다.

④ 보증보험에서 보험계약자의 고의로 보험사고가 야기된 경우에도 피보험자가 공모한 바가 없으면 보증보험자는 보험금지급책임이 있다.

37 상법상 보험자가 보험계약을 해지할 수 있는 사유로 옳지 않은 것은?

① 계속보험료 미지급
② 보험계약자 또는 피보험자의 고의 또는 중과실에 의한 고지의무 위반
③ 보험계약자의 고의 또는 중과실로 인한 위험의 현저한 변경 · 증가
④ 보험계약자 등의 보험사고 통지의무 위반

38 보험계약법상 청약거절사유에 대한 대법원 판례의 설명 중 옳지 않은 것은?

① 청약거절사유란 보험계약의 청약이 이루어진 바로 그 종류의 보험에 관하여 해당 보험자가 마련하고 있는 객관적인 보험인수기준에 의해 인수할 수 없는 위험상태 또는 사정을 말한다.
② 승낙 전 보험사고에 대하여 보험계약의 청약을 거절할 사유가 없어서 보험자의 보험계약상의 책임이 인정되면, 보험사고 발생사실을 보험자에게 고지하지 아니하였다는 사정은 청약을 거절할 사유가 될 수 없다.
③ 청약거절사유는 보험자가 위험을 측정하여 보험계약의 체결여부 또는 보험료율을 결정하는데 영향을 미치는 사실들을 의미한다.
④ 피보험자는 청약거절사유의 존재에 대하여 입증책임을 부담한다.

39 별도의 특약이 없는 한 해상보험자의 보상책임의 범위에 속하지 않는 손해는?

① 선박충돌로 발생한 피보험자의 제3자에 대한 손해배상책임
② 보험의 목적이나 보존을 위해 지급할 특별비용
③ 피보험자가 부담하는 해난구조료 분담액
④ 피보험자가 지급하여야 할 공동해손 분담액

40 무보험자동차에 의한 상해보험에 관한 설명이다. 옳지 않은 것은? (다툼이 있는 경우 판례에 의함)

① 무보험자동차에 의한 상해보험은 상해보험으로서의 성질과 함께 손해보험으로서의 성질도 갖고 있는 손해보험형 상해보험이다.
② 무보험자동차에 의한 상해보험에서 보험금 산정기준과 방법은 보험자의 설명의무의 대상이다.
③ 무보험자동차에 의한 상해보험은 손해보험형 상해보험이므로 당사자 사이에 다른 약정이 있으면 보험자는 피보험자의 권리를 해하지 아니하는 범위 안에서 피보험자의 배상의무자에 대한 손해배상청구권을 대위행사할 수 있다.
④ 하나의 사고에 대해 수 개의 무보험자동차에 의한 상해보험계약이 체결되고 그 보험금액의 총액이 피보험자가 입은 실손해액을 초과하는 때에는 중복보험조항이 적용된다.

3과목 손해사정이론

01 다음 중 물리적 위태(physical hazard)를 통제하기 위한 제도로 적절한 것은?

① 소손해 면책제도
② 대기기간
③ 위험변경증가 통지의무
④ 고의사고 면책제도

02 아래에서 설명하는 내용은 무엇에 관한 것인가?

> 통상적인 조건이 지켜지지 않는 최악의 조건 하에서 위험이 목적물에 초래할 것으로 예상되는 이론적인 최대 규모의 손실을 말하며, 그 이상의 손실 발생 가능성은 거의 없다.

① PML(probable maximum loss)
② MPL(maximum possible loss)
③ EML(estimated maximum loss)
④ VAR(value at risk)

03 다음 중 자가보험(self-insurance)의 장점으로 적절하지 않은 것은?

① 보험료를 구성하는 부가보험료 등 보험경비를 절약할 수 있다.
② 보험기금의 재투자로 인한 추가이득이 가능하다.
③ 위험보유에 따른 심리적인 부담으로 위험관리 활동이 촉진될 수 있다.
④ 대재해 등 심도가 큰 위험에 대비하기 위하여 적합한 방식이다.

04 다음 중 손해보험의 피보험이익에 관한 설명으로 옳지 않은 것은?

① 보험사고 발생 시 누구도 피보험이익의 평가액 이상의 손해에 대하여 보상받을 수 없다.
② 한 개의 동일한 보험목적물에는 한 종류의 피보험이익만 존재할 수 있다.
③ 피보험이익이 없으면 보험도 없다.
④ 피보험이익은 보험자의 법정 최고 보상한도액이다.

05 「골동품, 서화 등은 손실 발생 시 손해액 산정이 곤란하기 때문에 담보에서 제외한다.」에서 규정하고 있는 면책사유로 옳은 것은?

① 면책손인(excluded perils)
② 면책재산(excluded property)
③ 면책손실(excluded losses)
④ 면책지역(excluded locations)

06 다음 중 실손보상의 원칙을 구현하기 위한 손해보험 제도로 볼 수 없는 것은?

① 보험자대위 제도
② 기평가보험계약
③ 신구교환이익공제
④ 손해액의 시가주의

07 다음 중 보험계약의 부합계약성에 대한 설명으로 옳지 않은 것은?

① 보험계약 내용이 전적으로 보험자에 의하여 준비된다.
② 불특정 다수와 동일한 내용의 계약을 대량으로 체결하는데 유리하다.
③ 계약 내용의 정형화로 보험계약자 간의 형평성을 유지할 수 있다.
④ 계약 내용이 모호할 경우 가급적이면 보험자에게 유리하게 해석한다.

08 보험계약자 A가 자신이 소유하는 건물을 대상으로 화재보험에 가입하였는데 보험계약 내용 및 발생손해액은 다음과 같다. 보험자가 피보험자에게 지급하여야 할 보험금은 얼마인가?

- 보험가입금액 : 6억원
- 공동보험 요구비율 : 80%
- 발생손해액 : 5억원
- 가입당시 건물의 보험가액 : 8억원
- 정액공제 : 1억원 (우선적용)
- 사고 당시 건물의 시가 : 10억원

① 2억 7천 5백만원
② 3억원
③ 3억 7천 5백만원
④ 4억원

09 보험기간 동안 사고발생확률과 예상손해액이 다음과 같은 보험목적물에 대하여 정액공제(straight deductible) 금액이 300만원으로 설정되어 있을 때 순보험료(net premium)는 얼마인가?

손해액	0원	500만원	700만원	900만원
확률	0.6	0.2	0.15	0.05

① 100만원
② 110만원
③ 130만원
④ 150만원

10 다음 중 중복보험의 요건으로 옳지 않은 것은?

① 피보험이익이 서로 달라야 한다.
② 보험기간이 중복되어야 한다.
③ 보험금액의 합이 보험가액을 초과하여야 한다.
④ 동일한 목적물이어야 한다.

11 **다음 중 보험사고 발생 시 권리관계의 존부를 판단함에 있어서 보험자가 입증할 내용으로 적절하지 않는 것은?**

① 보험사고 및 사고로 인한 손해발생 사실
② 사기에 의한 초과, 중복보험 해당 여부
③ 고지의무 및 통지의무 위반 사실
④ 피보험자의 의무위반으로 인하여 증가된 손해

12 **다음 중 과실배상책임에 따른 손해배상에서 가해자가 항변할 수 있는 법리와 관련 없는 것은?**

① 비교과실(comparative negligence)
② 리스크의 인식(assumption of risk)
③ 기여과실(contributory negligence)
④ 연대배상책임(joint and several liability)

13 **다음 중 배상책임에서 무과실책임주의가 확대될 때 보험산업에 미치는 영향으로 적절하지 않은 것은?**

① 피해자 보호 증진
② 도덕적 위험 감소
③ 보험시장의 확대
④ 손해율의 상승

14 **다음 중 캡티브 보험사(captive insurance) 설립의 이점으로 거리가 먼 것은?**

① 재보험료를 절감할 수 있다.
② 부가비용(loading)을 절감할 수 있다.
③ 모기업의 재정적인 부담을 줄일 수 있다.
④ 부가수입에 대한 투자를 통하여 투자수익을 창출할 수 있다.

15 **다음 중 재보험에 대한 설명으로 옳지 않은 것은?**

① 재보험은 원보험계약의 효력에 영향을 미친다.
② 재보험은 원보험자의 인수능력을 증가시킨다.
③ 재보험은 원수보험사의 수익의 안정을 가져올 수 있다.
④ 재보험은 언더라이팅의 중단 시 활용될 수 있다.

16 **다음 위험관리의 목적 중 손해발생 후의 목적(post-loss objectives)으로 옳은 것은?**

① 사고발생의 우려와 심리적 불안의 경감
② 영업활동의 지속
③ 손실방지를 위한 각종 규정 준수
④ 사고발생 가능성의 최소화

17 다음 중 대위의 원칙(principle of subrogation)에 대한 설명으로 옳지 않은 것은?

① 피보험자가 동일한 손실에 대한 책임 있는 제3자와 보험자로부터 이중보상을 받아 이익을 얻는 것을 방지할 목적을 가지고 있다.
② 피보험자의 책임이 없는 손해로 인한 보험료 인상을 방지한다.
③ 과실이 있는 피보험자에게 손실발생의 책임을 묻는 효과가 있다.
④ 손해보험의 이득금지 원칙과 관련이 있다.

18 피보험자 갑이 동일한 피보험이익에 대하여 A, B 두 보험회사에 각각 보험금액 2,000만원, 8,000만원의 보험계약을 체결하고, 보험기간 중 6,000만원의 손해가 발생하였다. 다음 중 초과부담조항(excess insurance clause)(단, A보험회사가 1차 보험자임)을 적용했을 때 B보험회사의 손실부담액은 얼마인가?

① 2,000만원
② 4,000만원
③ 6,000만원
④ 8,000만원

19 다음 중 손해사정의 업무단계를 일반적 손해사정 절차에 따라 순서대로 바르게 열거한 것은?

ⓐ 사고통지의 접수	ⓑ 현장조사
ⓒ 약관의 면부책 내용	ⓓ 계약사항의 확인
ⓔ 보험금 산정	ⓕ 대위 및 구상권 행사
ⓖ 손해액 산정	ⓗ 보험금 지급

① ⓐ → ⓑ → ⓓ → ⓒ → ⓖ → ⓔ → ⓗ → ⓕ
② ⓐ → ⓑ → ⓓ → ⓒ → ⓔ → ⓖ → ⓗ → ⓕ
③ ⓐ → ⓓ → ⓒ → ⓑ → ⓖ → ⓔ → ⓗ → ⓕ
④ ⓐ → ⓓ → ⓒ → ⓑ → ⓔ → ⓖ → ⓗ → ⓕ

20 다음 중 최대선의의 원칙(the principle of utmost good faith)의 실현을 위한 제도에 해당하지 않는 것은?

① 고지(representation)의무
② 은폐(concealment)금지
③ 대위(subrogation)
④ 보증(warranty)

21 다음 중 일반적으로 배상청구기준(claim-made basis)을 사용하는 배상책임보험을 모두 고른 것은?

ⓐ 회계사배상책임보험	ⓑ 제조물배상책임보험
ⓒ 자동차손해배상책임보험	ⓓ 의사배상책임보험

① ⓐ, ⓑ, ⓒ
② ⓐ, ⓑ, ⓓ
③ ⓑ, ⓒ, ⓓ
④ ⓐ, ⓒ, ⓓ

22 보험계약 조건 및 발생손해액이 다음과 같을 때 피보험자가 부담해야 할 금액은?

- 보험금액 : 2,000만원
- 공제금액 : 100만원
- 손해액 500만원
- 소멸성공제(disappearing deductible)방식 적용
- 손실조정계수 : 105%

① 80만원　② 100만원
③ 400만원　④ 420만원

23 다음 위험관리 기법 중 위험금융기법(risk financing technique)에 해당하는 것은?

① 위험회피　② 보험가입
③ 손실통제　④ 위험분리

24 다음은 A보험회사의 2018년도 회계자료이다. 경과손해율(%)은 얼마인가?

- 수입보험료 : 8,000만원
- 차기이월 미경과보험료 : 2,000만원
- 지급준비금 : 2,000만원
- 전기이월 미경과보험료 : 4,000만원
- 지급보험금 : 6,000만원
- 손해조사비 : 500만원

① 70%　② 75%
③ 85%　④ 142%

25 다음 중 손실의 발생가능성과 발생빈도를 줄이는 손실예방기법으로 적합하지 않은 것은?

① 음주단속　② 홍수에 대비한 댐 설치
③ 자동차 에어백 장착　④ 휘발성 물질 주변에서의 금연

26 다음 중 대체가격보험에 대한 설명으로 옳지 않은 것은?

① 대체가격보험은 인위적인 사고유발이 우려되는 보험에 한해서 인정되고 있다.
② 대체가격보험은 보험사고가 발생한 경우 감가상각을 하지 않고 피보험목적물과 동종, 동형, 동질의 신품을 구입하는 데 소요되는 비용을 지급하는 보험이다.
③ 신가보험이라고도 한다.
④ 대체가격보험은 실손보상 원칙의 예외로서 이용되는 보험이다.

27 다음 중 열거위험담보계약(named-perils policy)과 포괄위험담보계약(all-risks policy)에 대한 설명으로 옳지 않은 것은?

① 포괄위험담보계약은 면책위험을 제외한 모든 위험으로 인한 손해를 보상한다.
② 열거위험담보계약은 피보험자가 열거위험으로 인한 손해가 발생하였다는 사실을 입증해야 한다.
③ 포괄위험담보계약에서는 다른 보험계약에서 담보된 위험이 중복 가입될 가능성이 있다.
④ 열거위험담보계약이 포괄위험담보계약보다 일반적으로 담보범위가 넓다.

28 A와 B의 쌍방과실로 인한 양측의 손해액과 과실비율이 다음과 같을 때 교차책임주의(principle of cross liability) 방식에 의한 각각의 배상책임액으로 옳은 것은?

• A의 손해액 : 600만원	• B의 손해액 : 300만원
• A의 과실비율 : 30%	• B의 과실비율 : 70%

① A가 B에게 90만원을, B는 A에게 420만원을 배상하여야 한다.
② A가 B에게 420만원을, B는 A에게 90만원을 배상하여야 한다.
③ B가 A에게 600만원을 배상하여야 한다.
④ A가 B에게 300만원을 배상하여야 한다.

29 다음 중 도덕적 위태(moral hazard)를 방지할 수 있는 수단으로 적절하지 않은 것은?

① 실손보상제도의 운용
② 보험계약자의 해지권 인정
③ 보험 인수요건의 강화
④ 손해사정 시의 조사 강화

30 다음 중 책임준비금에 해당되지 않는 항목은?

① 지급준비금
② 비상위험준비금
③ 계약자배당준비금
④ 미경과보험료 적립금

31 다음 중 실손보상의 원칙에서 실제가치(actual cash value) 산정에 대한 개념으로 옳은 것은?

① 보험사고 발생 당시 담보된 물건의 수리비용에서 감가상각을 제한 액수
② 보험계약 체결 당시 담보된 물건의 수리비용에서 감가상각을 제한 액수
③ 보험사고 발생 당시 담보된 물건의 대체비용에서 감가상각을 제한 액수
④ 보험계약 체결 당시 담보된 물건의 대체비용에서 감가상각을 제한 액수

32 **국민건강보험의 보장성을 높일 때 민영보험 시장에 미치는 영향으로 가장 거리가 먼 것은?**

① 국민건강보험의 비급여 항목을 급여화 하면, 관련 민영보험의 보험금 지급액이 감소 가능하다.
② 국민건강보험의 본인부담률의 인하는 관련 민영보험 보험금 지급액과 관련성이 약하다.
③ 국민건강보험의 보장성을 확대하면 관련 민영보험의 손해율은 낮아질 수 있다.
④ 국민건강보험의 보장성 확대는 관련 민영보험 상품의 보험료 인하 요구를 받을 수 있다.

33 **다음 중 사회보험으로 운영되는 노인장기요양보험에 대한 설명으로 옳지 않은 것은?**

① 보험급여에는 재가급여, 시설급여, 특별현금급여 등이 있다.
② 피보험자는 65세 이상 노인으로 한정한다.
③ 노인장기요양보험의 보험료는 국민건강보험료에 장기요양보험료율을 곱하여 산정한다.
④ 재원 중 일부는 국고에서 지원된다.

34 **다음 중 보험자가 피보험자와 공동으로 위험을 인수한다는 의미에서의 공동보험 조항(co-insurance clause)에 대한 설명으로 옳지 않은 것은?**

① 보험가액에 대한 보험가입금액의 비율이 낮을수록 보험가입금액 대비 보험료 비율은 높아진다.
② 보험금 지급액은 보험가입금액을 초과할 수 없다.
③ 공동보험 요구비율이 보험가액의 80%인 경우 손해액의 80% 이상은 보상하지 않는다.
④ 보험가입금액은 보험계약자가 결정한다.

35 **다음은 보험과 복권을 비교한 설명이다. 옳지 않는 것은?**

① 보험은 기존의 리스크 전가이고, 복권은 새로운 리스크 창출이다.
② 보험은 사전적 확률에 근거하고, 복권은 사후적 확률에 근거한다.
③ 보험과 복권 모두 사행성 계약으로 분류된다.
④ 보험과 복권 모두 객관적 리스크로 볼 수 있다.

36 **다음 중 보험시장에서의 역선택(adverse selection)에 대한 설명으로 옳지 않은 것은?**

① 사후적 정보의 비대칭으로 발생한다.
② 중고 자동차 시장(lemon market)의 문제로 비유된다.
③ 불량 위험체가 이익을 본다.
④ 역선택을 줄이기 위한 방법으로 고지의 의무 조항이 있다.

37 다음 중 해상보험의 특성에 대한 설명으로 옳지 않은 것은?

① 영국의 해상보험법이 준거법이다.
② 기업보험성이 강하다.
③ 최대선의 원칙이 적용되는 보험이다.
④ 개별요율 중 소급요율을 주로 적용한다.

38 다음 중 보증보험에 대한 설명으로 옳지 않은 것은?

① 채권자인 제3자를 위한 계약이다.
② 보험계약자 임의로 계약을 해지할 수 없다.
③ 대위변제가 목적이다.
④ 인위적인 보험사고에는 보험금을 지급하지 않는다.

39 다음 중 손실통제이론 중 도미노이론이 사고예방을 위한 연쇄관계 차단을 위해서 가장 필요하다고 주장하는 개선 단계는?

① 사회적 환경
② 인간의 과실
③ 위태
④ 사고

40 다음 중 손해보험상품과 생명보험상품에 대한 설명으로 옳지 않은 것은?

① 손해보험은 실손보상 원리를 중시한다.
② 생명보험은 보험계약법상 인보험으로 분류한다.
③ 생명보험은 정액보험의 성격을 가진다.
④ 손해보험은 인명손실을 보상하지 아니한다.

2020 제43회 기출문제

1과목 보험업법

01 보험업법 제2조의 정의에 관한 설명으로 옳지 않은 것은?

① 보험상품에는 생명보험상품, 손해보험상품, 제3보험상품이 있다.
② 보험업에는 생명보험업, 손해보험업 및 제3보험업이 있다.
③ 보험상품에는 위험보장을 목적으로 요구하지 아니한 상품도 있다.
④ 상호회사란 보험업을 경영할 목적으로 보험업법에 따라 설립된 회사로서 보험계약자를 사원으로 하는 회사를 말한다.

02 보험업법상 자기자본의 합산항목을 모두 고른 것은?

가. 납입자본금	나. 이익잉여금
다. 자본잉여금	라. 자본조정
마. 영업권	

① 가, 나
② 가, 나, 다
③ 나, 다, 라
④ 다, 라, 마

03 보험업법상 손해보험의 허가 종목을 모두 고른 것은?

가. 연금보험	나. 화재보험
다. 해상보험(항공 · 운송보험)	라. 자동차보험
마. 상해보험	바. 보증보험

① 가, 나, 다
② 나, 다, 라
③ 가, 라, 마, 바
④ 나, 다, 라, 바

04 보험업법상 보험업 허가를 받으려는 외국보험회사의 허가요건에 관한 설명으로 옳지 않은 것은?

① 30억원 이상의 영업기금을 보유하여야 한다.
② 국내에서 경영하려는 보험업과 같은 보험업을 외국 법령에 따라 경영하고 있을 것을 요한다.
③ 자산상황 · 재무건전성 및 영업건전성이 외국에서 보험업을 경영하기에 충분하고, 국내적으로 인정받고 있을 것을 요한다.
④ 사업계획이 타당하고 건전할 것을 요한다.

05 외국보험회사 등의 국내사무소의 금지행위에 관한 사항을 모두 고른 것은?

가. 보험업을 경영하는 행위
나. 보험계약의 체결을 중개하거나 대리하는 행위
다. 국내 관련 법령에 저촉되지 않는 방법에 의하여 보험시장의 조사 및 정보의 수집을 하는 행위
라. 그 밖에 국내사무소의 설치 목적에 위반되는 행위로서 대통령령으로 정하는 행위

① 가, 나
② 나, 다
③ 가, 나, 라
④ 나, 다, 라

06 보험업법상 보험회사의 업무규제 등에 관한 설명으로 옳지 않은 것은?

① 보험회사는 그 상호 또는 명칭 중에 주로 경영하는 보험업과 함께 부수적으로 경영하는 보험업의 종류를 표시하여야 한다.
② 보험회사는 원칙적으로 300억원 이상의 자본금 또는 기금을 납입함으로써 보험업을 시작할 수 있다.
③ 보험회사는 생명보험의 재보험 및 제3보험의 재보험 등 일정한 경우를 제외하고 생명보험업과 손해보험업을 겸영하지 못한다.
④ 보험회사는 경영건전성을 해치거나 보험계약자 보호 및 건전한 거래질서를 해칠 우려가 없는 금융업무를 영위할 수 있다.

07 보험업법상 주식회사에 관한 설명으로 옳지 않은 것은?

① 주식회사가 자본감소를 결의한 경우에는 그 결의를 한 날부터 2주 이내에 결의의 요지와 대차대조표를 공고하여야 한다.
② 주식회사는 자본감소를 결의할 때 대통령령으로 정하는 자본감소를 하려면 미리 금융감독원장의 승인을 받아야 한다.
③ 주식회사는 그 조직을 변경하여 상호회사로 할 수 있다.
④ 주식회사의 자본감소 결의공고시에는 이의가 있는 자는 일정한 기간 동안 이의를 제출할 수 있다는 뜻을 덧붙여야 한다.

08 보험업법상 주식회사의 조직변경 등에 관한 설명으로 옳지 않은 것은?

① 주식회사의 조직변경은 주주총회의 결의를 거쳐야 한다.
② 주식회사는 조직변경을 결의할 때 보험계약자 총회를 갈음하는 기관에 관한 사항을 정할 수 있다.
③ 보험계약자 총회는 보험계약자 과반수의 출석과 그 의결권의 3분의 2 이상의 찬성으로 결의한다.
④ 주식회사의 이사는 조직변경에 관한 사항을 보험계약자 총회에 보고하여야 한다.

09 보험업법상 보험계약자 등의 우선취득권 및 예탁자산에 대한 우선변제권에 관한 설명으로 옳지 않은 것은?

① 보험계약자나 보험금을 취득할 자는 피보험자를 위하여 적립한 금액을 주식회사가 보험업법에 따른 금융위원회의 명령에 따라 예탁한 자산에서 다른 채권자보다 우선하여 변제를 받을 권리를 가진다.
② 예탁자산에 대한 우선변제권은 보험업법 제108조에 따라 특별계정이 설정된 경우, 특별계정과 그 밖의 계정을 구분하여 적용한다.
③ 보험계약자나 보험금을 취득할 자는 피보험자를 위하여 적립한 금액을 다른 법률에 특별한 규정이 없으면 주식회사의 자산에서 우선하여 취득한다.
④ 보험계약자 등의 우선취득권은 보험업법 제108조에 따라 특별계정이 설정된 경우에도 예탁자산에 대한 우선 변제권과 달리 특별계정과 그 밖의 계정을 구분하여 적용하지 아니할 수 있다.

10 보험업법상 상호회사의 정관기재 사항을 모두 고른 것은?

가. 취급하려는 보험종목과 사업의 범위	나. 명칭
다. 회사의 성립년월일	라. 기금의 총액
마. 기금의 갹출자가 가질 권리	바. 발기인의 성명 · 주민등록번호 및 주소

① 가, 나, 라, 마
② 나, 다, 라, 마
③ 다, 라, 마, 바
④ 가, 나, 마, 바

11 보험업법상 상호회사의 입사청약서에 관한 설명으로 옳지 않은 것은?

① 상호회사가 성립한 후 사원이 되려는 자를 제외하고, 발기인이 아닌 자가 상호회사의 사원이 되려면 입사청약서 2부에 보험의 목적과 보험금액을 적고 기명날인 하여야 한다.
② 발기인은 입사청약서에 정관의 인증 연월일과 그 인증을 한 공증인의 이름을 포함하여 작성하고 이를 비치하여야 한다.
③ 기금 갹출자의 이름 · 주소와 그 각자가 갹출하는 금액, 발기인의 이름과 주소 등도 상호회사의 입사청약서에 기재할 사항에 속한다.
④ 상호회사 성립 전의 입사청약의 경우, 청약의 상대방이 표의자의 진의 아님을 알았거나 이를 알 수 있었을 경우에는 무효로 한다.

12 보험업법상 상호회사의 사원의 권리와 의무에 관한 설명으로 옳지 않은 것은?

① 상호회사의 사원은 회사의 채권자에 대하여 직접적인 의무를 부담한다.
② 상호회사의 채무에 관한 사원의 책임은 보험료를 한도로 한다.
③ 상호회사의 사원은 보험료의 납입에 관하여 상계로써 회사에 대항하지 못한다.
④ 상호회사는 정관으로 보험금액의 삭감에 관한 사항을 정하여야 한다.

13 보험업법상 외국보험회사 국내지점의 허가 취소 사유에 해당하는 사항을 모두 고른 것은?

가. 합병, 영업양도 등으로 소멸한 경우
나. 휴업하거나 영업을 중지한 경우
다. 외국보험회사 국내 지점 직원이 주의 · 경고 조치를 받은 경우
라. 6개월간의 영업정지 처분을 받은 경우

① 가, 나
② 나, 라
③ 나, 다
④ 다, 라

14 보험설계사에 관한 설명으로 옳은 것은?

① 보험회사는 소속 보험설계사가 되려는 자를 금융감독원에 등록하여야 한다.
② 보험업법에 따라 보험설계사의 등록취소 처분을 2회 이상 받은 경우 최종 등록취소를 받은 날로부터 2년이 지나지 아니한 자는 보험설계사가 될 수 없다.
③ 보험설계사가 모집에 관한 보험업법의 규정을 위반한 경우에는 반드시 그 등록을 취소하여야 한다.
④ 보험설계사가 교차모집을 하려는 경우에는 교차모집을 하려는 보험회사 명칭 등 금융위원회가 정하여 고시하는 사항을 적은 서류를 보험협회에 제출하여야 한다.

15 보험대리점에 관한 설명으로 옳지 않은 것은?

① 보험설계사 또는 보험중개사로 등록된 자는 보험대리점이 되지 못한다.
② 금융위원회는 보험대리점이 거짓이나 그 밖에 부정한 방법으로 보험업법 제87조에 따른 등록을 한 경우에는 그 등록을 취소하여야 한다.
③ 보험업법에 따라 과료 이상의 형을 선고받고 그 집행이 끝나거나 면제된 날부터 1년이 경과하지 아니한 자는 법인보험대리점의 이사가 되지 못한다.
④ 금융기관보험대리점의 영업보증금 예탁의무는 면제하고 있다.

16 보험중개사에 관한 설명으로 옳지 않은 것은?

① 보험중개사는 보험회사의 임직원이 될 수 없으며, 보험계약의 체결을 중개하면서 보험회사 · 보험설계사 · 보험대리점 · 보험계리사 및 손해사정사의 업무를 겸할 수 없다.
② 법인보험중개사는 보험계약자 보호를 위한 업무지침을 정하여야 하며, 그 업무지침의 준수여부를 점검하고 위반사항을 조사하기 위한 임원 또는 직원을 2인 이상 두어야 한다.
③ 보험중개사가 소속 보험설계사와 보험모집을 위한 위탁을 해지한 경우에는 금융위원회에 신고하여야 한다.
④ 보험중개사는 보험계약 체결의 중개행위와 관련하여 보험계약자에게 손해를 입힌 경우에는 영업보증금 예탁기관에서 보험계약자 측에 지급하는 금액만큼 손해배상책임을 면한다.

17 보험업법상 보험대리점 또는 보험중개사로 등록할 수 있는 금융기관에 해당하지 않는 것은?

① 「은행법」」에 따라 설립된 은행
② 「자본시장과 금융투자업에 관한 법률」에 따른 투자매매업자 또는 신탁업자
③ 「상호저축은행법」에 따른 상호저축은행
④ 「중소기업은행법」에 따라 설립된 중소기업은행

18 보험회사 또는 보험의 모집에 종사하는 자가 변액보험을 모집할 경우 일반보험계약자의 적합성 여부를 확인하여야 하는데, 그 확인대상을 모두 고른 것은?

가. 보험계약자의 연령
나. 연간 수익 및 연간 수익이 보험료 지출에 차지하는 비중
다. 보험가입의 목적
라. 변액보험계약 가입 여부
마. 집합투자증권 가입 여부
바. 생명보험의 가입 여부

① 가, 나, 다, 라
② 가, 다, 라, 마
③ 나, 라, 마, 바
④ 나, 다, 마, 바

19 보험업법상 모집 관련 준수사항에 관한 설명으로 옳지 않은 것은?

① 보험회사 또는 보험의 모집에 종사하는 자는 보험금액이 큰 내용만을 강조하거나 고액 보험금 수령 사례 등을 소개하여 보험금을 많이 지급하는 것으로 오인하게 하는 행위를 하여서는 안된다.
② 보험중개사를 포함하는 보험계약의 체결 또는 모집에 종사하는 자가 부당한 계약전환을 한 경우 보험계약자는 그 보험회사에 대하여 기존 계약의 체결일로부터 6월 이내에 계약의 부활을 청구할 수 있다.
③ 보험회사는 보험계약자가 계약을 체결하기 전에 통신 수단을 이용한 계약해지에 동의한 경우에 한하여 통신수단을 이용한 계약해지를 허용할 수 있다.
④ 보험안내 자료에는 금융위원회가 따로 정하는 경우를 제외하고는 보험회사의 장래의 이익 배당 또는 잉여금 분배에 대한 예상에 관한 사항을 적지 못한다.

20 보험업법상 금융기관보험대리점 등의 금지행위에 해당하는 것을 모두 고른 것은?

가. 대출 등을 제공받는 자의 동의를 미리 받아 보험료를 대출 등의 거래에 포함시키는 행위
나. 대출을 조건으로 차주의 의사에 반하여 보험가입을 강요하는 행위
다. 해당 금융기관의 점포 외에서 모집을 하는 행위
라. 모집과 관련이 없는 금융거래를 통하여 취득한 개인정보를 그 개인의 동의를 받아 모집에 이용하는 행위

① 가, 나
② 나, 라
③ 나, 다
④ 다, 라

21 일반보험계약자가 보험업법 제102조의4에서 정하고 있는 청약철회권을 행사할 수 있는 보험계약에 해당하는 것은?

① 보험계약을 체결하기 위하여 피보험자가 건강진단을 받아야 하는 보험계약
② 보험기간이 1년 미만인 보험계약
③ 「자동차손해배상보장법」 제5조에 따라 가입할 의무가 있는 보험계약
④ 타인을 위한 보증보험계약으로서 일반보험계약자가 청약철회에 관하여 타인의 동의를 얻은 경우

22 보험업법상 보험회사의 자산운용에 대한 내용으로 옳지 않은 것은?

① 보험업법에 따른 자산운용한도의 제한을 피하기 위하여 다른 금융기관 또는 회사의 의결권 있는 주식을 서로 교차하여 보유하거나 신용공여를 하는 행위를 할 수 없다.
② 보험회사는 그 보험회사의 대주주와 대통령령으로 정하는 금액 이상의 신용공여를 한 경우에는 7일 이내에 그 사실을 공정거래위원회에 보고하고, 인터넷 홈페이지 등을 이용하여 공시하여야 한다.
③ 보험회사는 신용공여 계약을 체결하려는 자에게 재산증가나 신용평가등급 상승 등으로 신용상태의 개선이 나타난 경우에는 금리인하를 요구할 수 있음을 알려야 한다.
④ 보험회사는 그 자산운용을 함에 있어 안정성 · 유동성 · 수익성 및 공익성이 확보되도록 하여야 하며, 선량한 관리자의 주의로써 그 자산을 운용하여야 한다.

23 보험업법상 금지 또는 제한되는 자산운용 방법에 해당하는 것을 모두 고른 것은?

가. 연면적의 100분의 20을 보험회사가 직접 사용하고 있는 영업장의 소유
나. 상품이나 유가증권에 대한 투기를 목적으로 하는 자금의 대출
다. 직접 · 간접을 불문하고 정치자금의 대출
라. 직접 · 간접을 불문하고 해당 보험회사의 주식을 사도록 하기 위한 대출
마. 해당 보험회사의 임직원에 대한 보험약관에 따른 약관대출

① 가, 나, 마
② 나, 다, 라
③ 다, 라, 마
④ 가, 다, 마

24 보험회사는 금융위원회의 승인을 받은 자회사 주식을 제외하고는 의결권 있는 다른 회사의 발행주식(출자지분을 포함한다) 총수의 ( )를 초과하는 주식을 소유할 수 없다. 괄호 안에 알맞은 것은?

① 100분의 5
② 100분의 10
③ 100분의 15
④ 100분의 20

25 보험업법상 보험회사가 자회사를 소유함에 있어서 금융위원회의 신고로써 승인에 갈음할 수 있는 것을 모두 고른 것은?

> 가. 보험계약의 유지 · 해지 · 변경 또는 부활 등을 관리하는 업무
> 나. 보험수리업무
> 다. 보험대리업무
> 라. 보험계약 체결 및 대출 업무
> 마. 보험사고 및 보험계약 조사업무
> 바. 손해사정업무
> 사. 기업의 후생복지에 관한 상담 및 사무처리 대행업무

① 가, 나, 다, 마
② 나, 다, 마, 바
③ 다, 라, 바, 사
④ 가, 마, 바, 사

26 보험회사의 자회사에 대한 금지행위로서 옳지 않은 것은?

① 자산을 일반적인 거래 조건에 비추어 해당 보험회사에 뚜렷하게 불리한 조건으로 매매하는 행위
② 자회사가 소유하는 주식을 담보로 하는 신용공여 행위
③ 자회사가 다른 회사에 출자하는 것을 지원하기 위한 신용공여 행위
④ 보험회사의 보유증권을 정상가격으로 자회사의 자산과 교환하는 행위

27 보험회사의 계산에 관한 내용으로 옳지 않은 것은?

① 보험회사는 원칙적으로 매년 12월 31일까지 재무제표 등 장부를 폐쇄하고 장부를 폐쇄한 날로부터 3개월 이내에 금융위원회가 정하는 바에 따라 부속명세서를 포함한 재무제표 및 사업보고서를 금융위원회에 제출하여야 한다.
② 보험회사는 매월의 업무 내용을 적은 보고서를 다음 달 말일까지 금융위원회가 정하는 바에 따라 금융위원회에 제출하여야 한다.
③ 보험회사는 금융위원회에 제출한 동일 내용의 재무제표 및 사업보고서를 일반인이 열람할 수 있도록 금융위원회에 제출하는 날부터 본점과 지점, 그 밖의 영업소에 비치하거나 7일 이상 신문에 공고하여야 한다.
④ 보험회사는 결산기마다 보험계약의 종류에 따라 대통령으로 정하는 책임준비금과 비상위험준비금을 계상하고 따로 작성한 장부에 각각 기재하여야 한다.

28 보험업법상 보험약관 이해도 평가에 관한 설명으로 옳지 않은 것은?

① 금융위원회는 보험소비자와 보험 모집에 종사하는 자 등 대통령령으로 정하는 자를 대상으로 보험약관에 대하여 보험약관의 이해도를 평가하여 공시할 수 있다.

② 금융위원회는 보험소비자 등의 보험약관에 대한 이해도를 평가하기 위하여 평가대행기관을 지정할 수 있다.

③ 보험약관 이해도 평가에 수반되는 비용의 부담, 평가 시기, 평가 방법 등 평가에 관한 사항은 금융위원회가 정한다.

④ 금융위원회에 의해 지정된 평가대행기관은 조사대상 보험약관에 대하여 보험소비자 등의 이해도를 평가하고 그 결과를 보험협회에 보고하여야 한다.

29 보험업법상 보험회사가 지켜야 하는 재무건전성 기준에 관한 설명으로 옳지 않은 것은?

① 보험회사는 보험금 지급능력과 경영건전성 기준을 확보하기 위하여 대출채권 등 보유자산의 건전성을 정기적으로 분류하고 대손충당금을 적립하여야 한다.

② 보험회사의 위험, 유동성 및 재보험의 관리에 관하여 금융위원회가 정하여 고시하는 기준을 충족하여야 한다.

③ 금융위원회는 보험회사가 재무건전성 기준을 지키지 아니하여 경영건전성을 해칠 우려가 있다고 인정되는 경우에는 주식 등 위험자산의 소유제한을 할 수 있다.

④ 보험회사가 적립하여야 하는 지급여력금액에는 자본금, 계약자배당을 위한 준비금, 후순위차입금, 미상각신 계약비 등을 합산한 금액이 포함된다.

30 보험회사 상호협정에 관한 설명으로 옳지 않은 것은?

① 상호협정을 체결하거나 변경, 폐지할 때에는 원칙적으로 금융위원회의 인가를 필요로 한다.

② 상호협정이 보험업법의 취지에 부합하지 않는 공동행위라면 공정거래법상 정당행위가 될 수 없다는 것이 판례의 태도이다.

③ 금융위원회는 상호협정을 인가하거나 협정에 따를 것을 명함에 있어서 원칙적으로 사전에 공정거래위원회와 협의하여야 한다.

④ 보험회사 간의 합병, 보험회사 신설 등으로 상호협정의 구성원이 변경되는 사항인 경우 금융위원회의 허가를 요한다.

31 보험회사의 기초서류 작성 또는 변경에 관한 설명으로 옳은 것을 모두 고른 것은?

가. 보험회사는 법령의 제정 · 개정에 따라 새로운 보험상품이 도입되거나 보험상품의 가입이 의무화되는 경우에는 금융위원회에 신고하여야 한다.
나. 보험회사는 보험계약자 보호 등을 위하여 대통령령으로 정하는 경우에는 금융위원회에 신고하여야 한다.
다. 금융위원회는 보험계약자 보호 등을 위하여 필요하다고 인정되면 보험회사에 대하여 기초서류에 관한 자료 제출을 요구할 수 있다.
라. 금융위원회는 보험회사가 기초서류를 제출할 때 보험료 및 책임준비금 산출방법서에 대하여 금융감독원의 검증확인서를 첨부하도록 할 수 있다.

① 가, 나, 다
② 나, 다, 라
③ 나, 다
④ 가, 라

32 보험업법상 보험계약의 이전에 관한 설명으로 옳지 않은 것은?

① 보험회사는 책임준비금 산출의 기초가 동일한 보험계약의 일부를 이전할 수 있다.
② 보험계약을 이전하려는 보험회사는 그 결의를 한 날부터 2주일 이내에 계약이전의 요지와 각 보험회사의 대차대조표를 공고하여야 한다.
③ 보험계약 이전의 공고에는 보험계약자가 이의를 제출할 수 있도록 1개월 이상의 이의제출기간을 부여하여야 한다.
④ 보험계약의 이전을 결의한 때로부터 이전이 종료될 때까지 이전하는 보험계약과 동종의 보험계약을 체결하지 못한다.

33 보험회사의 청산에 관한 설명으로 옳지 않은 것은 몇 개인가?

가. 금융위원회는 보험회사로 하여금 청산인의 보수를 지급하게 할 수 있다.
나. 금융위원회는 청산인을 감독하기 위하여 보험회사의 청산업무와 자산상황을 검사하고 자산의 공탁을 명할 수 있다.
다. 청산인은 채권신고기간 내에는 채권자에게 변제를 하지 못한다.
라. 보험회사가 보험업의 허가 취소로 해산한 때에는 법원이 청산인을 선임한다.
마. 금융위원회는 대표이사 또는 소액주주대표의 청구에 의하여 청산인을 해임할 수 있다.

① 1개
② 2개
③ 3개
④ 4개

34 보험업법상 선임계리사의 의무에 관한 설명으로 옳지 않은 것은?

① 선임계리사는 보험회사가 기초서류관리기준을 지키는지를 점검하고 이를 위반하는 경우에는 조사하여 그 결과를 금융위원회에 보고하여야 한다.
② 선임계리사는 보험회사가 금융위원회에 제출하는 서류에 기재된 사항 중 기초서류의 내용 및 보험계약에 의한 배당금의 계산 등이 정당한지 여부를 최종적으로 검증하고 이를 확인하여야 한다.
③ 선임계리사는 기초서류의 내용 및 보험계약에 따른 배당금의 계산 등이 정당한지 여부를 검증하고 확인하여야 한다.
④ 선임계리사는 보험회사의 기초서류에 법령을 위반한 내용이 있다고 판단하는 경우에는 금융위원회에 보고하여야 한다.

35 **보험업법상 보험조사협의회가 보험조사와 관련하여 심의할 수 있는 사항으로 옳지 않은 것은?**

① 보험조사업무의 효율적 수행을 위한 공동 대책의 수립 및 시행에 관한 사항
② 금융위원회가 보험조사협의회의 회의에 부친 사항
③ 보험조사와 관련하여 조사한 정보의 교환에 관한 사항
④ 보험조사와 관련하여 조사 지원에 관한 사항

36 **보험업법상 제3자에 대한 보험금 지급보장절차 등에 관한 설명으로 옳지 않은 것은?**

① 손해보험회사는 손해보험계약의 제3자에 대한 보험금 지급을 보장하기 위하여 수입보험료 및 책임준비금을 고려하여 대통령령으로 정하는 비율을 곱한 금액을 손해보험협회에 출연하여야 한다.
② 보증보험을 전업으로 하는 손해보험회사도 제3자에 대한 보험금 지급을 보장하기 위하여 수입보험료 및 책임준비금을 고려하여 대통령령으로 정하는 비율을 곱한 금액을 손해보험협회에 출연하여야 한다.
③ 손해보험협회의 장은 지급불능을 보고받은 때에는 금융위원회의 확인을 거쳐 손해보험계약의 제3자에게 대통령령이 정하는 보험금을 지급하여야 한다.
④ 손해보험협회의 장은 출연금을 산정하고 보험금을 지급하기 위하여 필요한 범위에서 손해보험회사의 업무 및 자산상황에 관한 자료 제출을 요구할 수 있다.

37 **보험업법상 보험요율 산출기관에 관한 설명으로 옳지 않은 것은?**

① 보험회사는 금융위원회의 인가를 받아 보험요율 산출기관을 설립할 수 있다.
② 보험요율 산출기관은 정관으로 정하는 바에 따라 업무와 관련하여 보험회사로부터 수수료를 받을 수 있다.
③ 보험요율 산출기관은 보유정보를 활용하여 주행거리 정보를 제외한 자동차사고 이력 및 자동차 기준가액 정보를 제공할 수 있다.
④ 보험회사 등으로부터 제공받은 보험정보 관리를 위한 전산망 운영업무를 할 수 있다.

38 **보험업법상 손해사정사의 손해사정업무 수행 시 금지되는 행위로서 옳지 않은 것은?**

① 업무상 알게 된 보험계약자 등에 관한 개인정보를 누설하는 행위
② 보험금 지급을 요건으로 합의서를 작성하거나 합의를 요구하는 행위
③ 자기 또는 자기와 총리령으로 정하는 이해관계를 가진 자의 보험사고에 대하여 손해사정을 하는 행위
④ 금융위원회가 정하는 바에 따라 업무와 관련된 보조인을 두는 행위

39 **보험업법상 손해사정사에 관한 설명으로 옳지 않은 것은?**

① 금융위원회는 손해사정사가 그 직무를 게을리 하거나 직무를 수행하면서 부적절한 행위를 한 경우 업무의 정지를 명할 수 있다.

② 손해사정을 업으로 하려는 법인은 2명 이상의 상근 손해사정사를 두어야 한다.

③ 손해사정사는 손해액 및 보험금의 사정업무를 할 수 있으나, 관계법규 적용의 적정성 판단은 할 수 없다.

④ 손해사정사는 정당한 사유 없이 손해사정업무를 지연하거나 충분한 조사를 하지 아니하고 손해액 또는 보험금을 산정하는 행위를 할 수 없다.

40 **보험업법상 미수범 처벌규정에 따라 처벌받는 경우로서 옳지 않은 것은?**

① 보험회사 대주주가 보험회사의 이익에 반하여 개인의 이익을 위하여 부당하게 압력을 행사하여 보험회사에게 외부에 공개되지 않은 자료 제공을 요구하는 행위

② 보험계리사가 그 임무를 위반하여 재산상의 이익을 취득하거나 제3자로 하여금 재산상 이익을 취득하게 하여 보험회사에 재산상의 손해를 입히는 행위

③ 상호회사의 청산인이 재산상의 이익을 취득하거나 제3자로 하여금 재산상 이익을 취득하게 하여 보험회사에 재산상의 손해를 입히는 행위

④ 보험계약자 총회 대행기관을 구성하는 자가 그 임무를 위반하여 재산상의 이익을 취득하거나 제3자로 하여금 재산상 이익을 취득하게 하여 보험계약자나 사원에게 손해를 입히는 행위

2과목 보험계약법

01 다음 중 甲이 보험금의 지급을 청구할 수 있는 경우로서 옳은 것은?

① 甲이 무진단계약의 청약과 함께 월납보험료 10만원 중 9만원을 지급하고 보험자의 승낙을 기다렸으나 30일 내에 낙부통지를 받지 못한 상태에서 31일째 되는 날에 보험사고가 발생한 경우
② 甲이 화재보험계약의 청약을 하면서 보험료 전액을 지급하고 7일만에 인수거절의 통지를 받은 상태에서 10일째 되는 날에 화재가 발생한 경우
③ 甲이 신체검사가 필요한 질병보험에 가입하면서 월납보험료 전액을 지급하였으나 신체검사를 받지 않은 상태에서 청약일로부터 90일이 경과하고 암진단을 받은 경우
④ 甲이 자동차보험계약의 청약을 하며 보험료전액을 지급하였으나 보험자가 낙부통지를 하지 않은 상태에서 청약 다음 날 보험사고가 발생하고 보험자가 특히 청약을 거절할 사유가 없는 경우

02 다음 설명 중 옳은 것은? (다툼이 있는 경우 판례에 의함)

① 보험계약은 청약과 승낙의 의사표시의 합치로 성립하며 그 때부터 계약의 효력이 발생하고 다른 약정이 없다면 보험자의 보상책임이 개시된다.
② 상법에 따르면 보험계약자는 연체보험료에 약정이자를 붙여 지급하고 그 계약의 부활을 청구할 수 있으므로 부활계약은 요물계약이다.
③ 계속적 보험거래관계에 있어서 약관이 보험계약자에게 불리하게 변경된 사실을 고지하지 않은 채 새로운 계약이 체결된 경우의 계약은 종전 약관에 따라 체결된 것으로 본다.
④ 상법에 "당사자 간에 다른 약정이 없으면"이라는 표현이 있는 경우에 한하여 구체적인 당사자 간에 개별약정이 가능하다.

03 상법상 약관의 중요사항에 대한 명시 · 설명의무가 면제되는 경우가 아닌 것은? (다툼이 있는 경우 판례에 의함)

① 자동차보험계약의 보험계약자가 해당약관상 주운전자의 나이나 보험경력 등에 따라 보험요율이 달라진다는 사실을 잘 알고 있는 경우
② 보험계약자 또는 피보험자가 보험금청구에 관한 서류 또는 증거를 위조하거나 변조한 경우 보험금청구권이 상실된다는 약관조항
③ 보험가입 후 피보험자가 이륜자동차를 사용하게 된 경우에 보험계약자 또는 피보험자가 지체 없이 이를 보험자에게 알릴 의무가 있다는 약관조항
④ 상법 제726조의4가 규정하는 자동차의 양도로 인한 보험계약상의 권리 · 의무의 승계조항을 풀어서 규정한 약관조항

04 상법상 보험금청구권자에게 입증책임이 있는 경우가 아닌 것은? (다툼이 있는 경우 판례에 의함)

① 위험변경 증가시의 통지의무 위반에 있어서 위험변경 증가가 보험사고의 발생에 영향을 미치지 아니하였다는 사실
② 보험계약자나 그 대리인이 약관내용을 충분히 알지 못하므로 계약 체결시 보험자가 약관내용을 설명하여야 한다는 사실
③ 상해보험계약에 있어서 피보험자가 심신상실 등 자유로운 의사결정을 할 수 없는 상태에서 스스로 사망의 결과를 초래한 사실
④ 상해보험계약에 있어서 사고가 우연하게 발생하였다는 점 및 사고의 외래성과 상해라는 결과와의 사이에 인과관계가 있다는 사실

05 상법상 고지의무에 관한 설명으로 옳지 않은 것은? (다툼이 있는 경우 판례에 의함)

① 생명보험계약의 피보험자가 직업을 속인 경우, 지급할 보험금은 실제 직업에 따라 가입이 가능하였던 한도 이내로 자동감축된다는 약관조항은 상법상 고지의무 위반시의 해지권 행사요건을 적용하지 않는 취지라면 무효이다.
② 한 건의 보험계약에서 보험금부정취득목적 · 고지의무 위반 · 사기행위가 경합하는 경우 보험자는 어떤 권한을 행사할지를 선택할 수 있다.
③ 고지의무를 완전히 이행하였더라도 약관의 계약전 발병 부담보조항에 의하여 보험금지급이 거절될 수 있다.
④ 냉동창고건물을 화재보험에 가입시킬 당시 보험의 목적인 건물이 완성되지 않아 잔여공사를 계속하여야 한다는 사실은 고지할 필요가 없다.

06 고지의무에 관하여 우리 상법이 채택한 것은?

① 고지의무 이행 방법으로 수동적 답변의무
② 고지의무 위반의 효과로서 비례감액주의
③ 고지의무자에 피보험자 포함
④ 보험수익자에 대한 해지의 의사표시도 유효

07 상법상 타인을 위한 보험계약에 대한 설명으로 옳지 않은 것은? (다툼이 있는 경우 판례에 의함)

① 보험계약체결을 위임한 바 없는 타인도 수익의 의사표시 없이 당연히 권리를 취득한다.
② 계약체결시점에서 타인을 위한다는 의사표시는 명시적으로 존재하여야 한다.
③ 보험자는 타인을 위한 보험계약에 기한 항변으로 타인에게 대항할 수 있다.
④ 손해보험계약의 경우 타인은 피보험이익을 가진 자이어야 한다.

08 보험증권에 대한 설명으로 옳은 것은?

① 단체보험의 보험수익자가 단체구성원이나 그의 상속인인 경우에는 보험수익자에게 보험증권을 교부할 수 있다.
② 타인을 위한 보험계약의 보험계약자는 증권을 소지한 경우에는 그 타인의 동의 없이도 계약을 해지할 수 있다.
③ 적하보험증권은 완전유가증권이므로 상법이 열거한 해상보험증권의 기재사항을 모두 기재하여야 한다.
④ 약관상 이의기간이 경과하면 보험증권의 기재내용은 확정되므로 명백한 오기에 대하여도 이의할 수 없다.

09 다음 예문의 해석으로 옳은 것은? (다툼이 있는 경우 판례에 의함)

> 사망 또는 제1급 장해의 발생을 보험사고로 하는 보험계약의 피보험자 甲은 보험계약 체결 직전에 이미 근긴장성 근이양증 진단을 받았다. 이 병은 제1급 장해발생을 필연적으로 야기하고 또한 건강상태가 일반적인 자연적 속도 이상으로 급격히 악화되어 사망에 이를 개연성이 매우 높다.

① 보험사고는 계약체결시에 불확정적이어야 하는데 甲은 필연적으로 사망 또는 제1급 장해로 이어질 질병의 확정진단을 이미 받았으므로 보험계약은 무효이다.
② 甲은 자신의 병에 대하여 알았으나 보험자가 피보험자의 질병사실을 알지 못하였다면 보험사고의 주관적 불확정으로 소급보험이 인정된다.
③ 보험계약체결시에 보험사고 그 자체가 발생한 것은 아니므로 보험계약은 유효하고, 다만 고지의무 위반만 문제될 수 있다.
④ 甲의 질병은 보험기간 중에 진행되었으므로 보험자는 보험사고가 보험기간 경과 후에 발생한 때에도 보험금지급책임을 진다.

10 보험자의 면책사유에 관한 설명으로 옳은 것은? (다툼이 있는 경우 판례에 의함)

① 약정면책사유는 원칙적으로 설명의무의 대상이라는 점에서 법정면책사유의 경우와 다르다.
② 보증보험에서 보험계약자의 고의로 보험사고를 야기한 경우에 보증보험자는 보험금지급책임이 없다.
③ 고의사고 면책을 규정한 상법 조항은 보험제도의 악용을 막기 위한 것으로 절대적 강행규정이다.
④ 손해보험약관에서 고의사고면책만 규정한 경우에도 보험자는 상법의 고의 · 중과실면책조항을 들어 중과실 사고라는 이유로 면책을 주장할 수 있다.

11 다음 설명 중 옳은 것은? (다툼이 있는 경우 판례에 의함)

① 당사자 간에 보험금지급의 약정기간이 있는 경우에는 그 기간이 경과한 다음 날부터 소멸시효가 진행한다.
② 보험자가 보험금청구권자의 청구에 대하여 보험금지급책임이 없다고 잘못 알려 준 경우에는 사실상의 장애가 소멸한 때부터 시효기간이 진행한다.
③ 보험사고 발생여부가 분명하지 아니하여 보험금청구권자가 과실없이 보험사고의 발생을 알 수 없었던 때에는 보험사고의 발생을 알았거나 알 수 있었던 때로부터 소멸시효가 진행한다.
④ 책임보험에서 약관이 달리 정한 경우가 아니라면 피보험자가 제3자로부터 손해배상청구를 받은 시점에서 보험금청구권의 소멸시효가 진행한다.

12 보험계약자가 미경과보험료의 반환을 청구할 수 없는 경우는?

① 보험사고발생 전 보험계약자에 의한 계약 일부 해지 시에 당사자간에 다른 약정이 없는 경우
② 보험사고발생 전 보험료지급지체를 이유로 보험자가 보험계약을 해지한 경우
③ 보험자가 파산선고를 받아 보험계약자가 보험계약을 해지하는 경우
④ 보험자가 보험계약체결 후 위험변경증가의 통지를 받고 이를 이유로 보험계약을 해지하는 경우

13 다음 중 보험료 미지급에 관한 설명으로 옳지 않은 것은?

① 다른 약정이 없는 한 계약체결 후 보험료의 전부 또는 제1회 보험료의 지급 없이 2월이 경과하면 그 보험계약은 해제된 것으로 보기 때문에 보험자는 별도로 해제의 의사표시를 할 필요가 없다.
② 특정한 타인을 위한 보험의 경우에 보험계약자가 보험료의 지급을 지체한 때에는 보험자는 그 타인에게도 상당한 기간을 정하여 보험료의 지급을 최고한 후가 아니면 그 계약을 해제하지 못한다.
③ 계속보험료가 약정한 시기에 지급되지 아니한 때에는 보험자는 상당한 기간을 정하여 보험계약자에게 최고하고 그 기간 내에 지급되지 아니한 때에는 그 계약을 해지할 수 있다.
④ 제1회 보험료 불지급을 이유로 보험계약이 해제되는 경우 계약성립 후 해제 전에 발생한 보험사고에 대하여 보험금을 지급하는 약정은 무효이다.

14 타인의 사망을 보험사고로 하는 보험계약에서 타인의 동의서면에 포함되는 전자문서의 요건으로서 옳지 않은 것은?

① 전자문서에 보험금 지급사유, 보험금액, 보험수익자의 신원, 보험기간이 적혀 있을 것
② 전자서명을 하기 전에 전자서명을 할 사람을 직접 만나서 전자서명을 하는 사람이 보험계약에 동의하는 본인임을 확인하는 절차를 거쳐 작성될 것
③ 전자문서 및 전자서명의 위조 · 변조 여부를 확인할 수 있을 것
④ 전자문서에 전자서명을 한 후에 그 전자서명을 한 사람이 보험계약에 동의한 본인임을 확인할 수 있도록 공인전자서명 등 금융위원장이 고시하는 요건을 갖추어 작성될 것

15 다음 중 약관대출(또는 보험계약대출)에 관한 설명으로 옳은 것은 몇 개인가? (다툼이 있는 경우 판례에 의함)

- 대출은 보험계약자가 낸 지급보험료 합계액 범위 내에서 실행될 수 있다.
- 현행 생명보험표준약관의 약관대출규정은 상법규정을 그대로 수용한 것이다.
- 약관대출의 법적 성질은 소비대차가 아니라 장차 지급할 보험금 등의 선급으로 본다.
- 보험자의 약관대출금채권은 양도 · 입질 · 압류 · 상계의 대상이 된다.

① 1개 ② 2개
③ 3개 ④ 4개

16 상법상 손해보험자가 보상할 손해액에 관한 설명으로 옳지 않은 것은?

① 보험자가 보상할 손해액은 그 손해가 발생한 때와 곳의 가액에 의하여 산정한다.
② 보험계약 당사자간에 약정이 있는 때에는 그 신품가액에 의하여 보험자가 보상할 손해액을 산정할 수 있다.
③ 보험사고로 인하여 상실된 피보험자가 얻을 이익이나 보수는 보험자가 보상할 손해액에 산입한다.
④ 보험자가 보상할 손해액의 산정에 관한 비용은 보험자의 부담으로 한다.

17 상법상 보험가액에 관한 설명으로 옳지 않은 것은?

① 운송물의 보험에 있어서는 발송한 때와 곳의 가액과 도착지까지의 운임 기타의 비용을 보험가액으로 한다.
② 선박의 보험에 있어서는 보험자의 책임이 개시될 때의 선박가액을 보험가액으로 한다.
③ 적하의 보험에 있어서는 도착할 때와 곳의 적하의 가액과 선적 및 보험에 관한 비용을 보험가액으로 한다.
④ 적하의 도착으로 인하여 얻을 이익 또는 보수의 보험에 있어서는 계약으로 보험가액을 정하지 아니한 때에는 보험금액을 보험가액으로 한 것으로 추정한다.

18 甲은 자기가 소유한 보험가액 1,000만원인 도자기의 파손에 대하여 乙보험회사와 400만원, 丙보험회사와 600만원, 丁보험회사와 1,000만원을 보험금액으로 하여 각각 손해보험계약을 체결하였다. 이후 도자기가 사고로 전부 파손되어 보험금을 청구하였다. 아래 설명 중 옳지 않은 것은? (단, 당사자간에 중복보험과 일부보험에 관하여 다른 약정이 없다고 가정함)

① 乙보험회사는 200만원의 보상책임을 진다.
② 丙보험회사는 600만원의 한도내에서 연대책임을 진다.
③ 丁보험회사는 500만원의 보상책임을 진다.
④ 甲이 丁보험회사에 대한 보험금 청구를 포기한 경우 乙보험회사와 丙보험회사는 각각 400만원, 600만원의 보상책임을 진다.

19 상법상 각종 비용의 부담에 관한 설명으로 옳지 않은 것은?

① 보험계약자가 보험자에 대하여 보험증권의 재교부를 청구한 경우 그 증권작성의 비용은 보험계약자의 부담으로 한다.
② 손해보험계약의 보험계약자와 피보험자가 손해의 방지와 경감을 위하여 지출한 필요 또는 유익하였던 비용은 보험금액을 초과한 경우라도 보험자가 이를 부담한다.
③ 해상보험자는 보험계약자와 피보험자가 보험의 목적의 안전이나 보존을 위하여 지급할 특별비용을 보험금액의 한도 내에서 보상할 책임이 있다.
④ 책임보험계약에서 피보험자가 제3자의 청구를 방어하기 위하여 지출한 재판상 또는 재판외의 필요비용은 그 행위가 보험자의 지시에 의하지 아니한 경우에도 그 금액에 손해액을 가산한 금액이 보험금액을 초과하는 때에도 보험자가 이를 부담하여야 한다.

20 상법상 보험목적의 양도에 관한 설명으로 옳지 않은 것은?

① 손해보험에서 피보험자가 보험의 목적을 양도한 때에는 양수인은 보험계약상의 권리와 의무를 승계한다.
② 손해보험에서 피보험자가 보험의 목적을 양도한 경우에 양도인 또는 양수인은 보험자에 대하여 지체 없이 그 사실을 통지하여야 한다.
③ 선박을 보험에 붙인 경우에는 보험의 목적인 선박을 양도할 때 그 보험계약은 종료하나 보험자의 동의가 있는 때에는 그러하지 아니하다.
④ 자동차보험에서 피보험자가 보험기간 중에 자동차를 양도한 때에는 양수인은 보험자의 승낙을 얻은 경우에 한하여 보험계약으로 인하여 생긴 권리와 의무를 승계한다.

21 상법상 집합보험에 관한 설명으로 옳지 않은 것은?

① 집합보험에 관한 규정은 손해보험 통칙에 규정되어 있다.
② 집합된 물건을 일괄하여 보험의 목적으로 한 때에는 피보험자의 가족과 사용인의 물건도 보험의 목적에 포함된 것으로 한다.
③ 집합보험계약은 피보험자의 가족 또는 사용인을 위하여서도 체결한 것으로 본다.
④ 집합된 물건을 일괄하여 보험의 목적으로 한 때에는 그 목적에 속한 물건이 보험기간 중에 수시로 교체된 경우에도 보험사고의 발생 시에 현존한 물건은 보험의 목적에 포함한 것으로 한다.

22 상법상 운송보험에 관한 설명으로 옳지 않은 것은?

① 운송보험계약의 보험자는 다른 약정이 없으면 운송인이 운송물을 수령한 때로부터 수하인에게 인도할 때까지 생길 손해를 보상할 책임이 있다.
② 운송물의 보험에 있어서는 발송한 때와 곳의 가액과 도착지까지의 운임 기타의 비용을 보험가액으로 한다.
③ 운송보험계약은 다른 약정이 없으면 운송의 노순 또는 방법을 변경한 경우 그 효력을 잃는다.
④ 보험사고가 송하인 또는 수하인의 고의 또는 중대한 과실로 인하여 발생한 때에는 보험자는 이로 인하여 생긴 손해를 보상할 책임이 없다.

23 상법상 해상보험의 면책사유에 관한 설명으로 옳지 않은 것은?

① 선박이 보험계약에서 정하여진 발항항이 아닌 다른 항에서 출항한 때에는 보험자는 책임을 지지 아니한다.
② 선박이 보험계약에서 정하여진 도착항이 아닌 다른 항을 향하여 출항한 때에는 보험자는 책임을 지지 아니한다.
③ 선박이 정당한 사유 없이 보험계약에서 정하여진 항로를 이탈한 경우에는 보험자는 그때부터 책임을 지지 아니한다. 다만, 선박이 손해발생전에 원항로로 돌아온 경우에는 그러하지 아니하다.
④ 피보험자가 정당한 사유 없이 발항 또는 항해를 지연한 때에는 보험자는 발항 또는 항해를 지체한 이후의 사고에 대하여 책임을 지지 아니한다.

24 상법상 책임보험에 관한 설명으로 옳지 않은 것은?

① 책임보험계약은 금전으로 산정할 수 있는 이익을 보험계약의 목적으로 하고 있다.
② 피보험자가 경영하는 사업에 관한 책임을 보험의 목적으로 한 때에는 피보험자의 대리인 또는 그 사업감독자의 제3자에 대한 책임도 보험의 목적에 포함된 것으로 한다.
③ 책임보험의 피보험자는 제3자로부터 배상청구를 받았을 때에는 지체 없이 보험자에게 그 통지를 발송하여야 한다.
④ 책임보험계약은 피보험자가 보험기간 중의 사고로 인하여 제3자에게 배상할 책임을 그 보험가액으로 한다.

25 책임보험계약의 보험자와 제3자와의 관계에 관하여 상법상 명시적으로 규정하고 있지 않은 것은?

① 보험자는 피보험자가 책임을 질 사고로 인하여 생긴 손해에 대하여 제3자가 그 배상을 받기 전에는 보험금액의 전부 또는 일부를 피보험자에게 지급하지 못한다.
② 제3자는 피보험자가 책임을 질 사고로 입은 손해에 대하여 보험금액의 한도 내에서 보험자에게 직접 보상을 청구할 수 있다.
③ 제3자가 보험자에게 직접보상을 청구할 경우 보험자는 피보험자가 그 사고에 관하여 가지는 항변으로써 제3자에게 대항할 수 있다.
④ 제3자가 보험자에게 직접보상을 청구할 경우 보험자는 피보험자에 대하여 가지는 항변으로써 제3자에게 대항할 수 있다.

26 다음 중 자동차보험 증권에 반드시 기재해야 하는 사항을 모두 모아놓은 것은?

가. 자동차소유자와 그밖의 보유자의 성명과 생년월일 또는 상호
나. 자동차운전자의 성명과 생년월일
다. 피보험자동차의 등록번호, 차대번호, 차형년식과 기계장치
라. 차량가액을 정한 때에는 그 가액

① 가, 나, 다
② 가, 다, 라
③ 나, 다, 라
④ 가, 나, 다, 라

27 자동차보험에서 자동차의 양도에 관한 설명으로 옳지 않은 것은?

① 피보험자가 보험기간 중에 자동차를 양도한 때에는 양수인은 보험자의 승낙을 얻은 경우에 한하여 보험계약으로 인하여 생긴 권리와 의무를 승계한다.
② 피보험자가 보험기간 중에 자동차를 양도한 때에는 그 양수인은 보험자에게 지체 없이 양수사실을 통지하여야 한다.
③ 보험자가 양수인으로부터 양수사실을 통지받은 때에는 지체 없이 낙부를 통지하여야 한다.
④ 보험자가 양수인으로부터 양수사실을 통지받은 날부터 10일내에 낙부의 통지가 없을 때에는 승낙한 것으로 본다.

28 **타인의 사망보험계약에 대한 설명으로 옳지 않은 것은? (다툼이 있는 경우 판례에 의함)**

① 타인의 사망을 보험사고로 하는 보험계약에는 보험계약 체결시에 그 타인의 서면에 의한 동의를 얻어야 하나, 단체보험의 경우에는 일정한 경우에 타인의 개별적 서면동의를 요하지 아니한다.

② 타인의 사망보험계약체결시 청약서상에 보험모집인이 피보험자의 서명을 대신한 경우에 이 보험계약은 무효이다.

③ 피보험자의 서면동의 없는 사망보험계약은 무효이지만, 무효인 보험계약도 피보험자가 추인하면 소급하여 효력이 인정된다.

④ 타인의 동의는 각 보험계약에 개별적으로 서면에 의하여야 하고 포괄적 동의 또는 묵시적이거나 추정적 동의만으로는 부족하다.

29 **甲은 배우자 乙을 피보험자로, '상속인'을 보험수익자로 하여 보험자 丙과 생명보험계약을 체결하였다. 그 후 甲은 乙을 살해하였다. 이 경우에 관한 설명 중 옳은 것? (다툼이 있는 경우 판례에 의함)**

① 甲이 보험수익자를 '상속인'과 같이 추상적으로 지정하는 경우에는 보험수익자의 보험금청구권은 상속재산이나, 상속인 중 일부를 구체적으로 성명을 특정하여 지정하는 경우에는 고유재산이 된다.

② 丙은 甲을 포함한 모든 상속인에게 보험금전액을 지급하여야 한다.

③ 丙은 지급보험금의 범위 내에서 甲에 대하여 보험대위를 행사할 수 있다.

④ 丙은 甲을 제외한 나머지 상속인에 대한 보험금 지급 책임을 면하지 못한다.

30 **동일인이 다수의 보험계약을 체결한 경우에 관한 설명으로 옳지 않은 것은? (다툼이 있는 경우 판례에 의함)**

① 보험계약자가 다수의 보험계약을 통하여 보험금을 부정취득할 목적으로 생명보험계약을 체결하였다면 선량한 풍속 기타 사회질서에 반하여 무효이다.

② 보험자가 생명보험계약을 체결하면서 다른 보험계약의 존재 여부를 청약서에 기재하여 질문하였다 하더라도 다른 보험계약의 존재여부 등 계약적 위험은 고지의무의 대상이 아니다.

③ 손해보험계약에 있어서 동일한 보험계약의 목적과 동일한 사고에 관하여 수 개의 보험계약을 체결하는 경우에 보험계약자는 각 보험자에 대하여 각 보험계약의 내용을 통지하여야 한다.

④ 손해보험계약에 있어서 중복보험계약을 체결한 사실은 고지의무의 대상인 중요한 사항에 해당되지 않는다.

31 보험사고의 우연성에 관한 설명으로 옳은 것은? (다툼이 있는 경우 판례에 의함)

가. 피보험자가 술에 취한 상태에서 출입이 금지된 지하철역 승강장의 선로로 내려가 전동열차에 부딪혀 사망한 사안에서 피보험자에게 중과실이 있더라도 보험약관상의 우발적 사고에 해당한다.
나. 피보험자가 자유로운 의사결정을 할 수 없는 상태에서 자살로 사망한 경우에 그 사망은 고의에 의하지 않은 우발적 사고라고 할 수 있다.
다. 급격하고 우연한 외래의 사고를 보험사고로 하는 상해보험에 가입한 피보험자가 술에 취하여 자다가 구토로 인한 구토물이 기도를 막음으로써 사망한 경우에 보험약관상의 급격과 우연성은 충족되므로 보험자로서는 보험금을 지급할 의무가 있다.
라. 암으로 인한 사망 및 상해로 인한 사망을 보험사고로 하는 보험계약에서 "피보험자가 보험계약일 이전에 암 진단이 확정되어 있었던 경우 보험계약을 무효로 한다"는 약관 조항은 피보험자가 상해로 사망한 경우에도 유효하다.

① 가, 다
② 나, 라
③ 가, 나, 다
④ 가, 나, 다, 라

32 생명보험표준약관상 보험계약상의 권리에 관한 설명으로 옳지 않은 것은?

① 보험자는 피보험자에게 약정상의 보험사고가 발생한 경우에 보험수익자에게 약정한 보험금을 지급한다.
② 보험계약자는 해지환급금 범위 내에서 약관대출(보험 계약대출)을 받을 수 있다.
③ 보험계약자는 계약이 소멸하기 전에 언제든지 계약을 해지할 수 있으며, 이 경우 보험자는 해지환급금을 보험수익자에게 지급한다.
④ 보험자는 금융감독원장이 정하는 방법에 따라 보험자가 결정한 배당금을 보험계약자에게 지급한다.

33 상법상 보험수익자 지정 · 변경에 관한 설명으로 옳지 않은 것은?

① 보험계약자는 보험수익자 지정 또는 변경할 권리를 가지고, 이 권리는 형성권으로서 보험자의 동의를 요하지 않는다.
② 사망보험에서 보험수익자를 지정 또는 변경할 때에는 보험자에게 통지하지 않으면 이로써 보험자에게 대항하지 못하고, 피보험자의 서면동의를 얻어야 한다.
③ 보험계약자가 보험수익자를 지정하고 변경권을 행사하지 않은 채 사망하면 특별한 약정이 없는 한 보험수익자의 권리가 확정된다.
④ 보험수익자가 보험존속 중에 사망한 때에는 보험수익자의 상속인이 보험수익자로 확정되며, 이때에 보험수익자의 상속인의 지위는 승계취득이 아니라 원시취득이다.

34 단체생명보험에 관한 설명으로 옳지 않은 것은? (다툼이 있는 경우 판례에 의함)

① 단체생명보험은 단체가 구성원의 전부 또는 일부를 피보험자로 하여 체결하는 생명보험이다.
② 보험계약자가 회사인 경우 보험증권은 회사에 대하여만 교부되지만, 회사는 보험수익자가 되지 못한다.
③ 구성원이 단체를 퇴사하면 보험료를 계속납입하였더라도 피보험자의 지위는 상실한다.
④ 회사의 규약에 따라 단체생명보험계약이 체결되면 피보험자의 개별적 서면동의가 필요 없지만, 규약이 갖추어지지 않으면 피보험자인 구성원의 서면동의를 갖추어야 보험계약으로서 효력이 발생한다.

35 다음 중 보험계약이 무효인 경우로만 묶인 것은? (제시된 이외의 사정은 고려하지 않음)

가. 심신상실자의 서면동의하에 그를 피보험자로 하는 사망보험계약이 체결된 경우
나. 계약체결시 의사능력이 있는 심신박약자를 서면동의 없이 피보험자로 하는 사망보험계약이 체결된 경우
다. 피보험자가 될 때 의사능력이 있는 단체구성원을 규약에 따라 그의 동의없이 그를 피보험자로 하는 단체사망보험계약이 체결된 경우
라. 만 15세 미만인 자녀를 피보험자로 하는 실손형(비정액형) 상해보험계약이 체결된 경우
마. 만 15세 미만인 자녀를 그의 서면동의를 받아 피보험자로 하는 사망보험계약이 체결된 경우

① 가, 나, 다
② 가, 나, 마
③ 나, 다, 라
④ 가, 라, 마

36 보험자 면책에 관한 설명으로 옳지 않은 것은? (다툼이 있는 경우 판례에 의함)

① 손해보험의 경우 보험사고가 보험계약자 또는 피보험자의 고의 또는 중대한 과실로 생긴 때에는 보험자는 보험금액을 지급할 책임이 없다.
② 사망을 보험사고로 한 보험계약에서는 사고가 보험계약자 또는 피보험자나 보험수익자의 중대한 과실로 인하여 발생한 경우에 보험자는 보험금 지급의무를 부담한다.
③ 동일한 자동차사고로 인해 피해자에 대하여 손해배상 책임을 지는 피보험자가 복수로 존재하는 경우, 각 피보험자마다 면책조항의 적용여부를 개별적으로 가려 보상책임 유무를 결정해야 한다.
④ 상법상 고의에 의한 보험사고는 면책사유이므로, 자유로운 의사결정을 할 수 없는 상태에서 스스로 사망한 사고에 대하여 보상한다는 약관조항은 무효이다.

37 재보험에 관한 설명으로 옳지 않은 것은? (다툼이 있는 경우 판례에 의함)

① 원보험계약과 재보험계약은 법률상 독립된 별개의 계약이므로 재보험계약은 원보험계약의 효력에 영향을 미치지 아니한다.
② 책임보험에 관한 규정은 그 성질에 반하지 아니하는 범위 내에서 재보험계약에 준용한다.
③ 재보험자가 원보험자에게 재보험금을 지급하면 그 지급한 금액의 범위 내에서 원보험자의 보험자대위권이 재보험자에 이전한다.
④ 보험자대위에 의하여 취득한 제3자에 대한 권리는 재보험자가 이를 직접 자기 명의로 그 권리를 행사하며 이를 통하여 회수한 금액을 원보험자와 비율에 따라 교부하는 방식으로 이루어지는 것이 상관습이다.

38 보험계약 당사자간의 특별한 약정의 효력에 관한 설명이다. 옳지 않은 것으로만 묶인 것은? (다툼이 있는 경우 판례에 의함)

가. 보험자의 책임은 원칙적으로 최초보험료의 지급을 받은 때부터 개시하는데, 당사자간의 다른 약정을 할 수 있다.
나. 보험증권의 교부가 있은 날로부터 14일 내에 한하여 그 증권의 정부에 관한 이의를 할 수 있음을 약정할 수 있다.
다. 보험계약 성립 전에 보험사고가 이미 발생하였더라도 당사자 쌍방과 피보험자가 이를 알지 못한 때에는 보험자가 책임을 진다는 약정을 할 수 있다.
라. 상해보험계약을 체결할 때에 태아를 상해보험의 피보험자로 할 것을 당사자간에 약정을 할 수 없다.
마. 보험가액의 일부를 보험에 붙인 경우에 보험자가 보험금액의 한도 내에서 그 손해액을 보상한다는 약정을 할 수 있다.

① 나, 다
② 나, 라
③ 다, 라, 마
④ 가, 마

39 보험계약의 해지에 관한 설명으로 옳은 것은?

① 보험계약 당사자는 보험사고가 발생하기 전에는 언제든지 보험계약을 해지할 수 있다.
② 보험자가 보험계약자 등의 고지의무위반을 이유로 보험계약을 해지하는 경우, 보험사고가 발생한 후에는 보험계약을 해지할 수 없다.
③ 보험사고의 발생으로 보험자가 보험금액을 지급한 때에도 보험금액이 감액되지 아니하는 보험의 경우에는 보험계약자는 그 사고발생 후에도 보험계약을 해지할 수 있다.
④ 보험기간 중에 사고발생의 위험이 현저하게 변경 또는 증가된 사실을 보험계약자가 보험자에게 지체 없이 통지한 경우에는 보험자는 보험계약을 해지할 수 없다.

40 보험금청구권의 소멸시효에 관한 설명으로 옳지 않은 것은? (다툼이 있는 경우 판례에 의함)

① 보험금지급에 관하여 약정기간이 없는 경우에는 보험 사고발생을 통지 받은 후 지체없이 지급할 보험금액을 정하고 그 정하여진 날부터 10일이 경과한 다음 날부터 보험금청구권의 소멸시효가 개시된다.
② 보험자의 보험금청구권의 소멸시효의 주장이 신의성실의 원칙에 반하거나 권리남용에 해당하는 경우에는 보험자는 소멸시효의 완성을 주장할 수 없다.
③ 도급계약에서 정한 채무를 이행하지 않은 경우의 손해를 보상하는 보증보험계약에서 보험금청구권의 소멸시효는 도급계약에서 정한 채무가 이행되지 않은 때부터 진행되는 것이 아니라 도급계약이 해제된 때 또는 도급계약을 해제할 수 있었던 상당한 기간이 경과한 때부터 진행한다.
④ 책임보험의 보험금청구권의 소멸시효는 약관에 다른 정함이 없는 한, 피보험자의 제3자에 대한 법률상의 손해배상책임이 상법 제723조 제1항이 정하고 있는 변제, 승인, 화해 또는 재판의 방법 등에 의하여 확정됨으로써 그 보험금청구권을 행사할 수 있는 때부터 진행한다.

3과목 손해사정이론

01 다음 중 보험가능 리스크의 요건에 해당하지 않는 것은?

① 손실발생은 우연적이고, 고의적이 아니어야 한다.
② 손실은 한정적이어야 한다.
③ 손실 발생확률은 측정가능해야 한다.
④ 손실은 대재해적(catastrophic)이어야 한다.

02 상법상 보험목적에 관한 보험대위(잔존물대위)의 경우에 보험자가 피보험자의 권리를 취득하는 시기는?

① 보험사고가 발생한 때
② 보험사고발생 사실을 통지받은 때
③ 피보험자가 보험금을 청구한 때
④ 보험금액 전부를 지급한 때

03 "연금저축계약, 퇴직보험계약, 변액보험계약 등의 보험계약에 대하여 그 준비금에 상당하는 자산의 전부 또는 일부를 그 밖의 자산과 구분하여 이용하기 위한 계정"에 대한 보험업법상의 명칭은?

① 특별계정
② 장기자산계정
③ 금융자산계정
④ 구분계리계정

04 산업재해보험법상 진폐(분진을 흡입하여 폐에 생기는 섬유증식성 변화를 주된 증상으로 하는 질병)에 따른 보험급여의 종류에 해당하지 않는 것은?

① 장해급여
② 간병급여
③ 장의비
④ 직업재활급여

05 재보험계약실무에서 초과손해액재보험(XOL; excess of loss reinsurance)계약 체결 시 아래의 전제조건 하에 출재사의 과거 실적(보유보험료 대비 XOL재보험금 회수액)을 기초로 재보험요율을 산정하는 방식은?

- 보험사고의 발생 빈도 및 심도에 영향을 미치는 요소는 불변이다.
- 계약의 구성이 대체로 동일하다.
- 경제적 · 사회적 여건이 동일하다.

① burning cost rating 방식
② exposure rating 방식
③ retrospective rating 방식
④ simulation rating 방식

06 다음 중 질병 · 상해보험 표준약관상 보험금 지급사유가 성립되기 위하여 갖추어야 할 상해사고의 요건에 해당하지 않는 것은?

① 경제성(monetary)
② 우연성(accidental)
③ 급격성(violent)
④ 외래성(external)

07 현행 제조물책임법에 규정된 징벌적 손해배상(punitive damages)에 대한 설명으로 옳지 않은 것은?

① 제조업자의 악의적인 불법행위에 대한 제재적 성격이 반영된 것이기 때문에 공급업자에게는 적용되지 않는다.
② 징벌적 손해배상책임은 피해자가 입은 손해의 10배를 넘지 아니하는 범위로 한다.
③ 피해자의 생명 또는 신체에 중대한 손실이 발생한 경우에만 적용되고, 단순 재산상의 손해에 관하여는 징벌적 손해배상을 받을 수 없다.
④ 배상액을 정할 때 법원은 고의성의 정도, 해당 제조물의 결함으로 인하여 발생한 손해의 정도 등의 제반 사항을 고려하여야 한다.

08 아래 사례에서 질병 · 상해보험 표준약관상의 규정에 따라 계산한 피보험자의 현재 보험나이는? (단, 계약의 무효에 적용하는 나이계산 방식은 무시하고, 기타 일반적인 경우에 적용하는 보험나이를 계산할 것)

- 피보험자 생년월일 : 1999년 10월 2일
- 현재(계약일) : 2020년 4월 13일

① 20년
② 20년 6월
③ 20년 7월
④ 21년

09 아래에서 설명하는 손해보상의 방법은?

보험자와 피보험자의 의견이 상반되어 중재로도 원만한 해결이 이루어지지 않는다면 소송이 제기될 수도 있으므로, '여타 보험에 영향을 미침이 없이'라는 조건으로 앞으로는 그와 유사한 클레임을 제기하지 않겠다는 약속 하에 손해액의 전부 혹은 일부를 지급하는 방식

① 특혜지불(ex-gratia payment)
② 특례지급(without prejudice settlement)
③ 타협정산(compromised settlement)
④ 대부금 형식의 보상(loan form payment)

10 **다음 중 책임보험에서 피해자(제3자)의 직접청구권에 관한 설명으로 옳지 않은 것은?**

① 대법원은 직접청구권의 법적성질을 피해자가 보험자에게 가지는 손해배상청구권으로 보고 있다.
② 보험자가 피해자로부터 직접 청구를 받은 때에는 지체없이 피보험자에게 이를 통지하여야 한다.
③ 피보험자의 보험금청구권과 피해자의 직접청구권이 경합하는 경우에는 피보험자의 보험금청구권이 우선한다.
④ 보험자는 피보험자가 사고에 관하여 가지는 항변으로써 피해자에게 대항할 수 있다.

11 **아래 보기 중 묵시담보(implied warranty)에 해당하는 것을 모두 고른 것은?**

ⓐ 안전담보(warranty of good safety)
ⓑ 적법담보(warranty of legality)
ⓒ 협회(항로정한;航路定限)담보(institute warranties)
ⓓ 선비담보(disbursement warranties)
ⓔ 감항담보(warranty of seaworthiness)
ⓕ 중립담보(warranty of neutrality)

① ⓐ, ⓑ, ⓒ, ⓓ, ⓔ, ⓕ
② ⓐ, ⓑ, ⓔ, ⓕ
③ ⓑ, ⓔ, ⓕ
④ ⓑ, ⓔ

12 **다음 중 공동해손(general average)의 성립요건으로 적절하지 않은 것은?**

① 공동해손행위의 목적은 공동의 위험에 처한 해상사업단체(common maritime adventure)의 공동안전을 위한 것이어야 한다.
② 위험은 현실적(real)이고 절박(imminent)해야 한다.
③ 희생이나 비용은 의도적(intentional)인 행위에 의해 발생 또는 지출된 것이어야 한다.
④ 희생이나 비용은 통상적(ordinary)인 것이어야 하고 합리적(reasonable) 행위에 의해 발생한 것이어야 한다.

13 **법률적 배상책임에 대한 금전보상과 관련하여 아래 보기에서 설명하고 있는 손해의 종류를 올바르게 짝지은 것은?**

ⓐ 고통 · 괴로움, 정신적 피해, 위자료의 손실 등 구체적으로 그 양을 측정할 수 없는 손해에 대한 보상
ⓑ 의료비용, 소득손실, 손상재산의 수리비용 등 일반적으로 쉽게 화폐로 측정할 수 있는 손해에 대한 보상
ⓒ 실제 발생 피해를 보상하기 위한 목적이 아니라 바람직하지 못한 행위를 한 가해자에게 예외적으로 형벌의 의미에서 의도된 보상

	ⓐ	ⓑ	ⓒ
①	징벌적 손해(punitive damage)	일반손해(general damage)	특별손해(special damage)
②	징벌적 손해(punitive damage)	특별손해(special damage)	일반손해(general damage)
③	특별손해(special damage)	일반손해(general damage)	징벌적 손해(punitive damage)
④	일반손해(general damage)	특별손해(special damage)	징벌적 손해(punitive damage)

14 다음 전문직배상책임보험(professional liability insurance)의 종류 중 그 분류기준이 나머지 셋과 다른 것은?

① 의사(doctors)배상책임보험
② 공인회계사(certified public accountants)배상책임보험
③ 신탁자(fiduciaries)배상책임보험
④ 정보처리업자(data processors)배상책임보험

15 20Line의 초과액재보험특약(surplus reinsurance treaty)을 운용하고 있는 출재보험사(A)가 보험가입금액이 US$ 5,000인 물건을 인수하였다. 손실규모가 US$ 3,000인 보험사고가 발생하였을 때 A사의 재보험회수금액은? [단, 동 물건에 대한 A사의 보유(retention)금액은 US$ 500이었음]

① US$ 1,500
② US$ 2,000
③ US$ 2,500
④ US$ 2,700

16 아래 리스크관리기법 중 리스크통제기법(risk control technique)에 해당하는 것을 모두 고른 것은?

ⓐ 리스크회피(risk avoidance)	ⓑ 리스크보유(risk retention)
ⓒ 리스크분리(risk separation)	ⓓ 보험(insurance)

① ⓐ, ⓑ
② ⓐ, ⓒ
③ ⓑ, ⓓ
④ ⓒ, ⓓ

17 아래 보기 중 도덕적 위태(moral hazard)를 경감 또는 예방할 수 있는 원칙을 모두 고른 것은?

ⓐ 수지상등의 원칙	ⓑ 피보험이익의 원칙
ⓒ 대위의 원칙	ⓓ 위험보편의 원칙

① ⓐ, ⓑ
② ⓑ, ⓒ
③ ⓐ, ⓓ
④ ⓒ, ⓓ

18 다음 중 사고발생기준(occurrence basis) 배상책임보험에 대한 설명으로 옳지 않은 것은?

① 보험기간 중에 발생한 사고를 기준으로 보험자의 보상 책임을 정하는 방식이다.
② 보험사고가 보험기간에 발생하면 보험기간이 종료한 후에 손해배상 청구를 하였더라도 보험금 청구권이 소멸되지 않는 한 보험자는 보험금 지급책임을 진다.
③ 화재보험, 자동차손해배상책임보험 등에 적합한 방식이라 할 수 있다.
④ 보험급부의 여부를 결정할 때 보험사고의 파악을 둘러 싼 분쟁을 회피할 수 있다.

19 갑을기업은 A, B, C 3개 보험회사와 아래와 같이 보상한도를 달리하는 배상책임보험 계약을 각각 체결하였다. 이후 3건의 보험계약 모두의 보험기간이 중복되는 시점에 보험사고로 1억 2,000만원의 손해가 발생하였을 때 보험회사별 보상책임액을 올바르게 짝지은 것은? [단, 타보험조항(other insurance clause)에 의한 보상배분은 균등액분담조항(contribution by equal share)방식에 따름]

보험사	A	B	C
보상한도액	1억 5,000만원	4,000만원	3,000만원

	A	B	C
①	8,500만원	2,000만원	1,500만원
②	7,000만원	3,000만원	2,000만원
③	6,000만원	3,000만원	3,000만원
④	5,000만원	4,000만원	3,000만원

20 아래 보험계약 사례에서 보험자가 지급하여야 할 보험금은 얼마인가?

한국화학(주)가 소유하는 화학공장에 공장화재보험을 가입했으며, 보험계약내용 및 발생손해액은 다음과 같다.
- 보험가입금액 : 18억원
- 가입당시 화학공장물건의 보험가액 : 24억원
- 발생손해액 : 8억원
- 화재사고 당시 화학공장물건 보험가액 : 30억원

① 4억 8,000만원
② 6억원
③ 6억 4,000만원
④ 8억원

21 다음 중 기발생 미보고손해액(IBNR; incurred but not reported)을 적립하지 않은 해당 회계년도에 대한 설명으로 옳지 않은 것은?

① 부채의 과소평가가 이루어진다.
② 보험회사의 재무건전성을 왜곡시킨다.
③ 적정한 보험료 산출을 저해한다.
④ 보험회사의 주주배당가능이익이 줄어든다.

22 아래 2019년도말 A보험회사의 회계자료를 토대로 산출한 경과손해율은?

ⓐ 수입보험료: 9,000만원
ⓑ 전기 이월미경과보험료: 5,000만원
ⓒ 차기 이월미경과보험료: 4,000만원
ⓓ 지급준비금적립액: 2,000만원
ⓔ 지급보험금: 5,000만원
ⓕ 기발생 미보고손해액(IBNR): 600만원
ⓖ 지급준비금환입: 200만원

① 70%
② 74%
③ 76%
④ 78%

23 다음 중 손해배상책임액의 산정과 관련하여 아래 사례에 해당되는 것은?

- 주최측에서 체재비 전액을 부담하기로 한 공연계약이 공연단의 귀책사유로 취소된 경우 공연단이 부담하는 채무불이행으로 인한 손해배상액은 주최측이 입은 손해액에서 지급을 면한 체재비를 공제하여야 한다.
- 불법행위로 타인을 사망케 한 경우의 손해배상액은 피해자가 입은 손해액에서 피해자가 지출을 면하게 된 장래의 생활비를 공제하여야 한다.

① 손익상계 ② 과실상계
③ 배상액의 경감 ④ 사정변경

24 다음 손해사정업무 중 정산업무(adjustment)에 해당하지 않는 것은?

① 보험금 지급방법 결정 ② 손해액 확인
③ 보험자 지급책임액 결정 ④ 구상권 행사

25 5% 프랜차이즈 공제(franchise deductible)가 설정된 보험가입금액 100억원의 보험계약을 체결했다. 보험기간 중 보험사고로 8억원의 손실이 발생했을 때 보험금은 얼마인가?

① 0원 ② 3억원
③ 5억원 ④ 8억원

26 다음 중 보험의 사회적 기능으로 옳지 않은 것은?

① 불안 감소 ② 손실을 회복할 수 있는 재원 마련
③ 신용 증대 ④ 보험금 과잉 청구

27 다음 중 보험공제(insurance deductible)에 대한 설명으로 옳지 않은 것은?

① 소액 보상청구를 방지하기 위한 목적으로 이용된다.
② 보험공제 조항을 이용할 경우 보험료를 절감할 수 있다.
③ 일반적으로 재산보험, 자동차보험, 생명보험 등에서 많이 사용된다.
④ 보험공제의 금액이 클수록 피보험자가 손실방지를 위해 노력할 동기가 강화된다.

28 아래에서 설명하고 있는 재보험계약 조항으로 옳은 것은?

출재사의 보험금 지급책임 부담 여부가 불분명한 상태에서 출재사가 선의로 업무를 처리하고, 재보험계약 담보범위에 포함될 경우 재보험자는 면책여부를 엄밀히 따지지 않고 재보험계약상의 보상 책임을 짐.

① 중재조항(arbitration clause)
② 클레임협조조항(claim co-operation clause)
③ 운명추종조항(follow the fortunes clause)
④ 통지조항(notification clause)

29 다음 중 보험목적의 양도에 대한 설명 중 옳지 않은 것은?

① 보험목적은 동산, 부동산 등 특정된 물건이어야 한다.
② 개별화되지 않는 집합보험은 양수인이 동의해야 보험권리 승계가 가능하다.
③ 자동차보험의 보험목적 양도 시 보험자의 승낙을 얻은 경우에 한하여 보험계약 상의 지위가 양수인에게 승계된다.
④ 보험목적 양도 시 양도인 또는 양수인은 보험자에게 그 사실을 지체 없이 알려야 한다.

30 아래 보기 중 도덕적 위태(moral hazard)를 유발하는 원인을 모두 고른 것은?

ⓐ 부정직	ⓑ 무관심
ⓒ 부주의	ⓓ 사기

① ⓐ, ⓑ
② ⓐ, ⓓ
③ ⓑ, ⓒ
④ ⓑ, ⓓ

31 철수가 현재 보유하고 있는 총 재산 120원에 대한 전부보험의 보험료는 20원이다. 철수의 효용함수는 $U(\omega) = \sqrt{\omega}$ 이고, 재산의 손실확률분포는 아래와 같다. 전부보험 가입 시 철수의 기대효용은 얼마인가?

확률	손실액
0.2	0
0.3	10
0.5	20

① 5
② 10
③ 12
④ 20

32 다음 중 보험증권에 대한 설명으로 옳지 않은 것은?

① 보험증권은 증거증권에 불과해 보험계약당사자의 의사와 계약체결 전후의 사정을 고려해 보험계약의 내용을 인정할 수 있다.
② 보험계약 당사자는 보험증권 교부가 있은 날로부터 일정한 기간 내에 한하여 증권 내용의 정부(正否)에 관한 이의를 제기할 수 있다.
③ 기존 보험계약을 연장하거나 변경하는 경우 보험자는 기존 보험증권에 그 사실을 기재함으로써 보험증권의 교부를 갈음할 수 있다.
④ 상법상 보험자는 보험계약이 성립한 경우 최초 보험료의 수령 여부와 관계없이 보험계약자에게 보험증권을 지체 없이 교부해야 한다.

33 다음 중 세계 재보험시장 환경이 경성시장(hard market)화 될 때 나타나는 일반적인 현상이 아닌 것은?

① 연성시장(soft market)에 비해 낮은 손해율
② 재보험 인수기준 강화
③ 재보험사 담보력 감소
④ 재보험요율 상승

34 대체위험전가(ART) 방법 중 하나인 사이드카(sidecar)에 대한 설명으로 옳지 않은 것은?

① 대재해채권과 같은 보험연계증권의 한 형태이다.
② 전통적 재보험과 유사하나, 최소한의 서류 작업과 관리비용으로 운영하기 용이하다.
③ 통상 excess of loss cover 구조로 운영된다.
④ 주로 제한된 범위의 단기 보험계약을 대상으로 대재해에 따른 재물손해를 담보한다.

35 다음 중 금융재보험에 대한 설명으로 옳지 않은 것은?

① 출재사로서는 담보력 안정화를 꾀할 수 있다.
② 재보험사의 책임한도를 제한하는 대신 투자 이익 등을 출재사와 공유한다.
③ 주로 지급준비금 등 장래 예상되는 출재사의 손해 변동성을 관리하기 위한 목적으로 활용된다.
④ 통상 1년 이하의 단기계약으로 체결된다.

36 다음 중 S.G. 증권상의 소급보험조항으로 옳은 것은?

① 보험이익불공여조항(not to inure clause)
② 약인조항(consideration clause)
③ 멸실여부불문조항(lost or not lost clause)
④ 포기조항(waiver clause)

37 다음 중 손실의 발생과 크기가 시간요소(time element)와 관계있는 간접손실보험은?

① 기업휴지보험(business interruption insurance)
② 이익보험(profit insurance)
③ 외상매출금보험(accounts receivable insurance)
④ 기후보험(weather insurance)

38 다음 중 보험증권 문언 내용이 상호 모순, 충돌하는 경우에 그 해석과 적용의 효력이 우선하는 순서대로 나열한 것은?

① 인쇄 문언 → 타자 및 스탬프 문언 → 수기 문언
② 타자 및 스탬프 문언 → 수기 문언 → 인쇄 문언
③ 수기 문언 → 타자 및 스탬프 문언 → 인쇄 문언
④ 수기 문언 → 인쇄 문언 → 타자 및 스탬프 문언

39 **다음 중 의무적 임의재보험(facultative obligatory cover)에 대한 설명으로 옳지 않은 것은?**

① 재보험자는 수재 여부를 임의로 정할 수 있으나, 원보험자는 의무적으로 출재해야 한다.
② 통상 비례재보험특약이나 초과재보험특약의 재보험 담보력이 소진된 이후에 활용된다.
③ 재보험료와 재보험금이 불균형하고 특약의 손해율이 불규칙한 특징이 있다.
④ 특약재보험으로 출재하기에는 재보험계약의 양이 적거나 특정한 위험 분산 차원에서 활용된다.

40 **다음 중 순수 리스크(pure risk)에 해당하지 않는 것은?**

① 코로나19로 인한 사망 리스크
② 지구온난화에 따른 기후변화 리스크
③ 황사로 인한 대기오염 리스크
④ 환율 급변동에 따른 투자 리스크

2021 제44회 기출문제

1과목 보험업법

01 보험업법상 용어의 정의에 관한 설명으로 옳지 않은 것은?

① 생명보험업이란 생명보험상품의 취급과 관련하여 발생하는 보험의 인수, 보험료 수수 및 보험금 지급 등을 영업으로 하는 것을 말한다.
② 외국보험회사란 대한민국 이외의 국가의 법령에 따라 설립되어 대한민국 내에서 보험업을 영위하는 자를 말한다.
③ 모집이란 보험계약의 체결을 중개하거나 대리하는 것을 말한다.
④ 신용공여란 대출 또는 유가증권의 매입(자금 지원적 성격인 것만 해당한다)이나 그 밖에 금융거래상의 신용위험이 따르는 보험회사의 직접적 · 간접적 거래로서 대통령령으로 정하는 바에 따라 금융위원회가 정하는 거래를 말한다.

02 누구든지 보험회사가 아닌 자와 보험계약을 체결하거나 중개 또는 대리하지 못하나, 예외적으로 허용되는 경우를 모두 고른 것은?

가. 외국보험회사와 생명보험계약을 체결하는 경우
나. 외국보험회사와 선박보험계약을 체결하는 경우
다. 대한민국에서 취급되지 아니하는 보험종목에 관하여 외국보험회사와 보험계약을 체결하는 경우
라. 외국에서 보험계약을 체결하고 보험기간이 지나기 전에 대한민국에서 그 계약을 지속시키는 경우

① 가, 나
② 나, 다
③ 나, 다, 라
④ 가, 나, 다, 라

03 보험업법상 제3보험업의 허가종목을 모두 고른 것은?

가. 연금보험	나. 상해보험	다. 질병보험
라. 퇴직보험	마. 간병보험	바. 보증보험

① 가, 다, 라
② 다, 마, 바
③ 나, 다, 마
④ 가, 나, 다

04 보험업의 허가를 받으려는 자가 허가신청시에는 제출하여야 하나, 보험회사가 취급하는 종목을 추가하려는 경우에 제출하지 아니할 수 있는 서류는?

① 정관
② 업무 시작 후 3년간의 사업계획서(추정재무제표 포함)
③ 경영하려는 보험업의 보험종목별 사업방법서
④ 보험약관

05 보험업의 예비허가에 관한 설명으로 옳지 않은 것은?

① 보험업에 관한 본 허가를 신청하려는 자는 미리 금융위원회에 예비허가를 신청할 수 있다.
② 예비허가의 신청을 받은 금융위원회는 3개월 이내에 심사하여 예비허가 여부를 통지할 수 있다.
③ 금융위원회는 예비허가를 하는 경우에 조건을 붙일 수 있다.
④ 예비허가를 받은 자가 예비허가의 조건을 이행한 후 본 허가를 신청하면 허가를 하여야 한다.

06 보험업의 허가 시 보험종목의 일부만을 취급하려는 보험회사가 납입하여야 하는 보험종목별 자본금 또는 기금의 액수에 관한 설명으로 옳지 않은 것은?

① 생명보험 : 200억원
② 연금보험(퇴직보험 포함) : 200억원
③ 화재보험 : 100억원
④ 책임보험 : 50억원

07 보험업법상 보험회사는 생명보험업과 손해보험업을 겸영하지 못하나, 예외적으로 겸영이 허용되는 보험종목을 모두 고른 것은? [손해보험업의 보험종목(재보험과 보증보험은 제외) 일부만을 취급하는 보험회사와 제3보험업만을 경영하는 보험회사 제외]

> 가. 생명보험의 재보험 및 제3보험의 재보험
> 나. 조세특례제한법 제86조의2에 따른 연금저축계약
> 다. 해상보험
> 라. 자동차보험

① 가, 다
② 나, 라
③ 다, 라
④ 가, 나

08 보험회사는 경영건전성을 해치거나 보험계약자 보호 및 건전한 거래질서를 해칠 우려가 없는 금융업무를 할 수 있는데, 금융위원회에 신고 후 보험회사가 수행할 수 있는 금융업무에 해당하는 것을 모두 고른 것은?

가. 자산유동화에 관한 법률에 따른 유동화자산의 관리 업무
나. 한국주택금융공사법에 따른 채권유동화자산의 관리 업무
다. 신용정보의 이용 및 보호에 관한 법률에 따른 본인 신용정보관리업
라. 은행법에 따른 은행업
마. 주택저당채권 유동화회사법에 따른 유동화자산의 관리업무

① 가, 나, 다
② 가, 나, 다, 마
③ 다, 라, 마
④ 나, 다, 라, 마

09 금융위원회가 보험회사의 부수업무에 대하여 제한하거나 시정할 것을 명할 수 있는 사유에 해당하는 것을 모두 고른 것은?

가. 보험회사의 경영건전성을 해치는 경우
나. 보험계약자 보호에 지장을 가져오는 경우
다. 금융시장의 안정성을 해치는 경우

① 가, 나
② 나, 다
③ 가, 다
④ 가, 나, 다

10 보험회사인 주식회사에 관한 설명으로 괄호 안에 들어갈 내용을 순서대로 연결한 것은?

가. 보험회사인 주식회사가 자본감소를 결의한 경우에는 그 결의를 한 날부터 ( )주 이내에 결의의 요지와 대차대조표를 공고하여야 한다.
나. 주식회사는 그 조직을 변경하여 ( )로 변경할 수 있다.
다. 주식회사는 조직 변경을 결의할 때 ( ) 총회를 갈음하는 기관에 관한 사항을 정할 수 있다.
라. 주식회사의 조직변경은 ( )의 결의를 거쳐야 한다.

① 4 - 합자회사 - 보험자 - 이사회
② 4 - 주식회사 - 보험수익자 - 이사회
③ 2 - 상호회사 - 보험계약자 - 주주총회
④ 2 - 합명회사 - 보험수익자 - 보험계약자 총회

11 상호회사에 관한 설명으로 옳지 않은 것은?

① 상호회사의 발기인은 정관을 작성하여 법에서 정한 일정한 사항을 적고 기명날인하여야 한다.
② 상호회사는 그 명칭 중에 상호회사라는 글자를 포함하여야 한다.
③ 상호회사의 기금은 금전 이외의 자산으로 납입할 수 있다.
④ 상호회사는 100명 이상의 사원으로써 설립한다.

12 상호회사의 창립총회 및 설립등기에 관한 설명으로 괄호 안에 들어갈 내용을 순서대로 연결한 것은?

가. 상호회사의 발기인은 상호회사의 기금의 납입이 끝나고 사원의 수가 예정된 수가 되면 그 날부터 (　)일 이내에 창립총회를 소집하여야 한다.
나. 창립총회는 사원 과반수의 출석과 그 의결권의 (　)이상의 찬성으로 결의한다.
다. 상호회사의 설립등기는 창립총회가 끝난 날부터 (　)주 이내에 하여야 한다.

① 7 - 3분의2 - 4　　② 7 - 4분의3 - 2
③ 14 - 3분의2 - 2　　④ 14 - 4분의3 - 4

13 상호회사의 기관에 관한 설명으로 옳지 않은 것은?

① 상호회사는 사원총회를 갈음할 기관을 정관으로 정할 수 있다.
② 상호회사의 사원은 정관에 특별한 규정이 있는 경우를 제외하고는 사원총회에서 각각 1개의 의결권을 가진다.
③ 상호회사의 100분의 5 이상의 사원은 정관으로 다른 기준을 정한 경우를 제외하고 회사의 목적과 그 소집의 이유를 적은 서면을 이사에게 제출하여 사원총회의 소집을 청구할 수 있다.
④ 상호회사의 사원과 채권자는 언제든지 정관과 사원총회 및 이사회의 의사록을 열람하거나 복사할 수 있다.

14 보험업법상 보험을 모집할 수 없는 자에 해당하는 것은?

① 보험중개사　　② 보험회사의 사외이사
③ 보험회사의 직원　　④ 보험설계사

15 보험설계사의 모집 제한의 예외에 해당하는 것을 모두 고른 것은?

가. 생명보험회사에 소속된 보험설계사가 소속 이외의 1개의 생명보험회사를 위하여 모집하는 경우
나. 손해보험회사에 소속된 보험설계사가 1개의 생명보험회사를 위하여 모집하는 경우
다. 제3보험업을 겸업으로 하는 보험회사에 소속된 보험설계사가 1개의 손해보험회사를 위하여 모집을 하는 경우
라. 생명보험회사에 소속된 보험설계사가 1개의 손해보험회사를 위하여 모집을 하는 경우

① 가, 나　　② 다, 라
③ 가, 다　　④ 나, 라

16 보험대리점으로 등록이 제한되는 자가 아닌 것은?

① 파산선고를 받은 자로서 복권되지 아니한 자
② 보험회사를 퇴직한 직원
③ 다른 보험회사 등의 임직원
④ 국가기관의 퇴직자로 구성된 법인 또는 단체

17 보험중개사에 관한 설명으로 옳지 않은 것은?

① 부채가 자산을 초과하는 법인은 보험중개사 등록이 제한된다.
② 등록한 보험중개사는 보험계약자에게 입힌 손해의 배상을 보장하기 위하여 은행법상의 은행에 영업보증금을 예탁하여야 한다.
③ 보험중개사의 영업보증금은 개인은 1억원 이상, 법인은 3억원 이상이지만, 금융기관보험중개사에 대해서는 영업보증금 예탁의무가 면제된다.
④ 보험중개사는 개인보험중개사와 법인보험중개사로 구분하고, 각각 생명보험중개사 · 손해보험중개사 및 제3보험중개사로 구분한다.

18 보험업법상 보험모집에 관한 설명으로 옳은 것은?

① 보험회사는 사망보험계약의 모집에 있어서 피보험자가 다른 사망보험계약을 체결하고 있는지를 확인할 의무를 진다.
② 보험회사는 보험계약의 체결 시부터 보험금 지급 시까지의 주요 과정을 모든 보험계약자에게 설명하여야 한다.
③ 보험회사는 보험안내자료에 보험계약에 관한 모든 사항을 명백하고 알기 쉽게 적어야 한다.
④ 통신수단을 이용하여 보험모집을 한 경우 보험회사는 보험계약자가 계약을 체결하기 전에 통신수단을 이용한 계약해지에 동의한 경우에 한하여 통신수단을 이용할 수 있도록 하여야 한다.

19 보험업법상 보험계약의 모집 등에 있어서 모집종사자 등의 금지행위에 관한 설명으로 옳은 것은?

① 모집종사자 등은 다른 모집 종사자의 동의가 있다 하더라도 다른 모집 종사자의 명의를 이용하여 보험계약을 모집하는 행위를 하여서는 아니 된다.
② 모집종사자 등은 기존보험계약이 소멸된 날부터 1개월이 경과하지 않는 한 그 보험계약자가 손해 발생 가능성을 알고 있음을 자필로 서명하더라도 그와 새로운 보험계약을 체결할 수는 없다.
③ 모집종사자 등은 실제 명의인의 동의가 있다 하더라도 보험계약청약자와 보험계약을 체결하여서는 아니 된다.
④ 모집종사자 등은 피보험자의 자필서명이 필요한 경우에 그 피보험자로부터 자필서명을 받지 아니하고 서명을 대신하여 보험계약을 체결할 수 있다.

20 **보험업법상 보험계약의 체결 또는 모집과 관련하여 모집종사자가 보험계약자 등에게 제공할 수 있는 특별이익에 해당하는 것은 모두 몇 개인가?**

> 가. 보험계약 체결 시부터 최초 1년간 납입되는 보험료의 총액이 40만원인 경우 3만원
> 나. 기초서류에서 정한 사유에 근거한 보험료의 할인
> 다. 기초서류에서 정한 보험금액보다 많은 보험금액의 지급 약속
> 라. 보험계약자를 위한 보험료의 대납
> 마. 보험료로 받은 수표 또는 어음에 대한 이자상당액의 대납

① 1개
② 2개
③ 3개
④ 4개

21 **보험업법상 자기계약의 금지에 관한 설명으로 괄호 안에 들어갈 내용이 순서대로 연결된 것은?**

> 보험대리점 또는 보험중개사가 모집한 자기 또는 자기를 고용하고 있는 자를 보험계약자나 피보험자로 하는 보험의 보험료 누계액이 그 보험대리점 또는 보험중개사가 모집한 보험의 보험료의 ( )을 초과하게 된 경우에는 그 보험대리점 또는 보험중개사는 자기 또는 자기를 고용하고 있는 자를 보험계약자 또는 피보험자로 하는 보험을 모집하는 것을 그 주된 목적으로 한 것으로 ( )한다.

① 100분의 50 - 간주
② 100분의 50 - 추정
③ 100분의 70 - 간주
④ 100분의 70 - 추정

22 **금융기관보험대리점등의 보험 모집에 관한 설명으로 옳지 않은 것은?**

① 해당 금융기관이 보험회사가 아니라 보험대리점 또는 보험중개사라는 사실을 보험계약을 청약하는 자에게 알려야 한다.
② 보험업법상 모집할 수 있는 자 이외에 해당 금융기관의 임직원에게 모집하도록 하여서는 아니 된다.
③ 금융기관보험대리점등은 해당 금융기관의 점포 외의 장소에서 보험 모집을 할 수 없다.
④ 보험계약자 등의 보험민원을 접수하여 처리할 전담창구를 모집행위를 한 해당 지점별로 설치 · 운영하여야 한다.

23 **보험업법상 보험회사의 자산운용 방법으로 허용되지 않는 것은?**

① 저당권의 실행으로 취득하는 비업무용 부동산의 소유
② 해당 보험회사의 임직원에 대한 보험약관에 따른 대출
③ 부동산을 매입하려는 일반인에 대한 대출
④ 해당 보험회사의 주식을 사도록 하기 위한 간접적인 대출

24 **보험업법상 특별계정에 관한 설명으로 옳지 않은 것은?**

① 근로자퇴직급여 보장법 제16조 제2항에 따른 퇴직보험계약의 경우 특별계정을 설정하여 운용할 수 있다.
② 보험회사는 특별계정에 속하는 자산을 다른 특별계정에 속하는 자산 및 그 밖의 자산과 구분하여 회계처리하여야 한다.
③ 보험회사는 변액보험계약 특별계정의 자산으로 취득한 주식에 대하여 의결권을 행사할 수 없다.
④ 보험회사는 특별계정에 속하는 이익을 그 계정상의 보험계약자에게 분배할 수 있다.

25 **보험업법상 A손해보험주식회사(모회사)와 B주식회사(자회사) 간에 금지되는 행위를 모두 고른 것은?**

가. A가 B 보유의 주식을 담보로 B에게 대출하는 행위
나. A가 자신이 보유하고 있는 토지를 B에게 정상가격으로 매도하는 행위
다. B가 A의 대표이사에게 무이자로 대여하는 행위
라. B가 C회사를 설립할 때 A가 B에게 C회사 주식을 취득할 자금을 지원하는 행위
마. A가 외국에서 보험업을 경영하는 B를 설립한 지 3년이 되는 시점에 A의 무형자산을 무상으로 제공하는 행위

① 가, 나, 다
② 나, 다, 라
③ 다, 라, 마
④ 가, 다, 라

2021

26 **보험업법상 재무제표 등에 관한 설명으로 괄호 안에 들어갈 내용이 순서대로 연결된 것은?**

보험업법상 보험회사는 매년 ( )에 그 장부를 폐쇄하여야 하고 장부를 폐쇄한 날부터 ( ) 이내에 금융위원회가 정하는 바에 따라 재무제표(부속명세서를 포함한다) 및 사업보고서를 ( )에 제출하여야 한다.

① 3월 31일 – 1개월 – 금융감독원
② 3월 31일 – 3개월 – 금융위원회
③ 12월 31일 – 1개월 – 금융감독원
④ 12월 31일 – 3개월 – 금융위원회

27 **보험업법 제93조에 따라 보험설계사 · 보험대리점 또는 보험중개사가 금융위원회에 신고하여야 할 사항이 아닌 것은?**

① 보험대리점 또는 보험중개사가 생명보험계약의 모집과 제3보험계약의 모집을 겸하게 된 경우
② 법인이 아닌 사단 또는 재단의 경우에는 그 단체가 소멸한 경우
③ 보험대리점 또는 보험중개사가 소속 보험설계사와 보험모집에 관한 위탁을 해지한 경우
④ 보험설계사 · 보험대리점 또는 보험중개사가 모집업무를 폐지한 경우

28 보험상품공시위원회에 관한 설명으로 옳지 않은 것은?

① 보험협회가 실시하는 보험상품의 비교 · 공시에 관한 중요 사항을 심의 · 의결한다.
② 위원장 1명을 포함하여 9명의 위원으로 구성한다.
③ 위원의 임기는 3년으로 하나, 보험협회의 상품담당 임원인 위원의 임기는 해당 직에 재직하는 기간으로 한다.
④ 보험협회의 장은 보험회사 상품담당 임원 또는 선임계리사 2명을 위원으로 위촉할 수 있다.

29 보험회사의 정관 및 기초서류 변경에 관한 설명으로 옳지 않은 것은?

① 보험회사가 정관을 변경한 경우에는 변경한 날로부터 7일 이내에 금융위원회에 알려야 한다.
② 보험회사가 기초서류를 변경하고자 하는 경우에는 미리 금융위원회의 인가를 받아야 한다.
③ 금융위원회는 기초서류의 변경에 대한 금융감독원의 확인을 거치도록 할 수 있다.
④ 보험회사는 기초서류를 변경할 때 보험업법 및 다른 법령에 위반되는 내용을 포함하지 않아야 한다.

30 보험업법상 보험약관 이해도 평가에 관한 설명으로 옳지 않은 것은?

① 이해도 평가의 공시주체는 금융위원회이다.
② 이해도 평가의 공시대상은 보험약관의 이해도 평가기준 및 해당 기준에 따른 평가 결과이다.
③ 이해도 평가의 공시방법은 평가대행기관의 홈페이지에 공시하도록 한다.
④ 이해도 평가의 공시주기는 연 1회 이상이다.

31 보험회사가 금융위원회에 그 사유가 발생한 날로부터 5일 이내에 보고하여야 하는 사항을 모두 고른 것은?

가. 본점의 영업을 중지하거나 재개한 경우
나. 대주주가 소유하고 있는 주식 총수가 의결권 있는 발행주식 총수의 100분의 1 이상만큼 변동된 경우
다. 보험회사의 주주 또는 주주였던 자가 제기한 소송의 당사자가 된 경우
라. 조세 체납처분을 받은 경우 또는 조세에 관한 법령을 위반하여 형벌을 받은 경우

① 가, 나, 다, 라
② 가, 나, 다
③ 나, 다, 라
④ 가, 나, 라

32 보험업법상 보험회사의 업무운영이 적정하지 아니하거나 자산상황이 불량하여 보험계약자 및 피보험자 등의 권익을 해칠 우려가 있다고 인정되는 경우에 금융위원회가 명할 수 있는 조치에 해당하지 않는 것은?

① 체결된 보험계약의 해지
② 금융위원회가 지정하는 기관에의 자산 예탁
③ 불건전한 자산에 대한 적립금의 보유
④ 자산의 장부가격 변경

33 금융위원회가 금융감독원장으로 하여금 조치를 하게 할 수 있는 것은?

① 해당 위반행위에 대한 시정명령
② 보험회사에 대한 주의 · 경고 또는 그 임직원에 대한 주의 · 경고 · 문책의 요구
③ 임원의 해임권고 · 직무정지
④ 6개월 이내의 영업의 일부정지

34 보험회사의 해산에 관한 설명으로 옳지 않은 것은?

① 보험회사가 보험계약 일부를 이전하는 것은 해산사유이다.
② 해산의 결의 · 합병과 보험계약의 이전은 금융위원회의 인가를 받아야 한다.
③ 보험회사는 해산한 후에도 3개월 이내에는 보험계약 이전을 결의할 수 있다.
④ 보험회사가 보험업의 허가취소로 해산하는 경우 금융위원회는 7일 이내에 등기소에 등기를 촉탁하여야 한다

35 보험회사의 합병에 관한 설명으로 옳지 않은 것은?

① 보험회사는 다른 보험회사와 합병할 수 있다.
② 합병하는 보험회사의 한 쪽이 주식회사인 경우 합병 후 존속하는 보험회사 또는 합병으로 설립되는 보험회사는 주식회사로 할 수 있다.
③ 합병 후 존속하는 보험회사가 상호회사인 경우 합병으로 해산하는 보험회사의 계약자는 그 회사에 입사한다.
④ 합병 후 존속하는 보험회사가 주식회사인 경우 상호회사 사원의 지위는 존속하는 보험회사가 승계한다.

36 보험업법상 보험조사협의회에 관한 설명으로 옳은 것은 모두 몇 개인가?

가. 금융위원회는 보험관계자에 대한 조사실적, 처리결과 등을 공표할 수 있다.
나. 금융위원회는 해양경찰청장이 지정하는 소속 공무원 1명을 조사위원으로 위촉할 수 있다.
다. 보험조사협의회 위원의 임기는 2년으로 한다.
라. 금융위원회는 조사를 방해한 관계자에 대한 문책 요구권을 갖지 않는다.

① 1개
② 2개
③ 3개
④ 4개

37 손해보험계약의 제3자 보호에 관한 설명으로 옳지 않은 것은?

① 손해보험계약의 제3자 보호에 관한 규정은 법령에 의해 가입이 강제되는 손해보험계약만을 대상으로 한다.
② 손해보험회사는 예금자보호법 제2조 제8호의 사유로 손해보험계약의 제3자에게 보험금을 지급하지 못하게 된 경우에는 즉시 그 사실을 보험협회 중 손해보험회사로 구성된 협회의 장에게 보고하여야 한다.
③ 손해보험협회의 장은 보험업법 제167조(지급불능의 보고)에 따른 보고를 받으면 금융위원회의 확인을 거쳐 손해보험계약의 제3자에게 대통령령으로 정하는 보험금을 지급하여야 한다.
④ 손해보험회사는 손해보험계약의 제3자에 대한 보험금의 지급을 보장하기 위하여 수입보험료 및 책임준비금을 고려하여 대통령령으로 정하는 비율을 곱한 금액을 손해보험협회에 출연하여야 한다.

38 보험업법상 보험요율 산출기관의 업무에 해당하지 않는 것은?

① 보유정보의 활용을 통한 자동차사고 이력, 자동차 주행거리의 정보 제공 업무
② 자동차 제작사, 보험회사 등으로부터 수집한 운행정보, 자동차의 차대번호 정보의 관리 업무
③ 순보험요율 산출에 의한 보험상품의 비교 · 공시 업무
④ 근로자퇴직급여 보장법 제28조 제2항에 따라 퇴직연금사업자로부터 위탁받은 업무

39 보험업법상 보험계리업자의 등록 및 업무에 관한 설명으로 옳지 않은 것은?

① 보험계리업자는 책임준비금, 비상위험준비금 등 준비금의 적립과 준비금에 해당하는 자산의 적정성에 관한 업무를 수행할 수 있다.
② 보험계리업자는 잉여금의 배분 · 처리 및 보험계약자 배당금의 배분에 관한 업무를 수행할 수 있다.
③ 보험계리업자는 지급여력비율 계산 중 보험료 및 책임준비금과 관련된 업무를 처리할 수 있다.
④ 보험계리업자가 되려는 자는 총리령으로 정하는 수수료를 내고 금융감독원에 등록하여야 한다.

40 손해사정에 관한 설명으로 괄호 안에 들어갈 내용이 순서대로 연결된 것은?

가. 손해사정을 업으로 하려는 법인은 ( )명 이상의 상근 손해사정사를 두어야 한다.
나. 금융위원회는 손해사정사 또는 손해사정업자가 그 직무를 게을리하거나 직무를 수행하면서 부적절한 행위를 하였다고 인정되는 경우에는 ( )개월 이내의 기간을 정하여 업무의 정지를 명하거나 해임하게 할 수 있다.
다. 손해사정업자는 등록일부터 ( )개월 내에 업무를 시작하여야 한다. 다만, 불가피한 사유가 있다고 금융위원회가 인정하는 경우에는 그 기간을 연장할 수 있다.

① 2 - 6 - 1
② 2 - 3 - 2
③ 5 - 6 - 2
④ 5 - 3 - 1

2과목 보험계약법

01 보험계약의 성립에 대한 설명으로 옳지 않은 것은?

① 보험계약의 성립은 보험계약자의 보험료 지급과는 직접적인 관계가 없다.
② 보험자가 낙부통지의무를 해태한 경우 그 보험계약은 정상적으로 체결된 것으로 추정한다.
③ 손해보험계약의 경우 보험자가 보험계약자로부터 보험계약의 청약과 함께 보험료 상당액의 전부 또는 일부를 지급받은 경우에는 특별히 다른 약정이 없는 한 보험자는 30일 내에 보험계약자에게 낙부통지를 발송하여야 한다.
④ 보험계약의 청약을 받은 보험자가 승낙하였다고 하더라도 당사자간에 다른 약정이 없으면 보험계약자가 최초보험료를 납부할 때까지 보험자의 책임은 개시되지 않는다.

02 상법상 보험약관의 교부 · 설명의무에 대한 설명으로 옳지 않은 것은? (다툼이 있는 경우 판례에 의함)

① 보험자는 보험계약자의 대리인에게 보험약관을 교부하거나 설명할 수도 있다.
② 약관의 규제에 관한 법률이 규정하는 약관의 명시 · 설명의무와 중복 적용된다.
③ 약관 조항 가운데 이미 법령에 의하여 정하여진 것을 되풀이 하거나 부연하는 정도에 불과한 사항도 이를 설명하여야 한다.
④ 보험 청약서나 안내문의 송부만으로는 그 약관에 대한 보험자의 설명의무를 이행하였다고 추인하기에는 부족하다.

03 타인을 위한 보험계약에 대한 설명으로 옳지 않은 것은? (다툼이 있는 경우 판례에 의함)

① 타인을 위한 손해보험계약의 경우, 타인의 위임이 없더라도 성립할 수 있다.
② 보험계약자가 체결한 단기수출보험의 보험약관이 보험계약자의 수출대금회수불능에 따른 손실만을 보상하는 손실로 규정하고 있을 뿐이고 보험금수취인이 입은 손실의 보상에 대해서는 아무런 규정이 없다면 그 보험계약은 타인을 위한 보험계약으로 볼 수 없다.
③ 손해보험계약에서 보험의 목적물과 위험의 종류만 정해져 있을 뿐 피보험자와 피보험이익이 명확하지 않은 경우, 보험계약서 및 당사자가 보험계약의 내용으로 삼은 약관의 내용, 보험계약 체결 경위와 과정, 보험회사의 실무처리 관행 등을 전반적으로 참작하여 타인을 위한 보험계약인지 여부를 결정하여야 한다.
④ 타인을 위한 손해보험계약에서 보험계약자는 청구권대위의 제3자가 될 수 없다.

04 상법상 고지의무에 대한 설명으로 옳지 않은 것은? (다툼이 있는 경우 판례에 의함)

① 상법상 고지의무자는 보험계약자와 피보험자가 되는 것이 원칙이나 경우에 따라서는 이들의 대리인이 고지의무를 이행할 수도 있다.

② 보험금을 부정취득할 목적으로 다수의 보험계약이 체결된 경우에 보험자는 각각의 요건이 충족될 때에는 민법 제103조 위반으로 인한 보험계약의 무효와 고지의무 위반을 이유로 한 보험계약의 해지는 물론이고 민법의 일반원칙에 따라 취소를 주장할 수도 있다.

③ 상법에서 정한 '중요한 사항'에 대한 고지의무 위반 여부에 대한 판단은 보험계약이 성립한 시점을 기준으로 한다.

④ 피보험차량의 실제 소유여부는 중요한 사항에 해당되므로, 보험계약자가 이를 고지하지 않은 경우, 보험자는 고지의무 위반을 이유로 보험계약을 해지할 수 있다.

05 보험계약의 무효와 취소에 대한 설명으로 옳지 않은 것은? (다툼이 있는 경우 판례에 의함)

① 보험계약체결 당시에 보험사고가 이미 발생하였거나 발생할 수 없는 경우 그 보험계약은 무효로 한다는 상법 제644조의 규정은 강행규정으로 당사자 사이의 합의에 의하여 달리 정할 수 없다.

② 보험계약의 무효란 보험계약이 성립한 때부터 당연히 법률상 효력이 발생하지 않는 것을 의미한다.

③ 보험자가 보험계약이 유효함을 전제로 보험료를 징수하고도 보험사고가 발생한 이후에 비로소 피보험자의 서면동의가 없었다는 사유를 내세워 보험계약의 무효를 주장하는 것은 신의성실 또는 금반언의 원칙에 반한다.

④ 甲이 乙의 명의를 모용하여 보험회사와 보증보험계약을 체결하고 그 보험증권을 이용하여 금융기관으로부터 乙명의로 차용한 금원을 상환하지 않아 보증보험회사가 보험금을 지급한 경우, 그 보험계약을 무효로 보아 보험회사는 부당이득 반환청구를 할 수 있다.

06 손해보험계약에서 보험의 목적이 확장되는 경우에 대한 설명으로 옳지 않은 것은?

① 보험자의 책임이 개시될 때의 선박가액을 보험가액으로 하는 선박보험에서 선박의 속구, 연료, 양식 기타 항해에 필요한 모든 물건은 보험의 목적에 포함된 것으로 한다.

② 집합된 물건을 일괄하여 보험의 목적으로 한 때에는 피보험자의 가족과 사용인의 물건도 보험의 목적에 포함된 것으로 한다.

③ 피보험자가 경영하는 사업에 관한 책임을 보험의 목적으로 한 경우에는 그 사업감독자의 제3자에 대한 책임도 보험의 목적에 포함되나 피보험자의 대리인의 제3자에 대한 책임은 보험의 목적에 포함되지 않는다.

④ 책임보험에서 피보험자가 제3자의 청구를 방어하기 위하여 지출한 재판상 또는 재판외의 필요비용은 보험의 목적에 포함된 것으로 한다.

07 상법상 보험계약의 해지에 대한 설명으로 옳지 않은 것은?

① 자기를 위한 보험계약의 경우, 계약자는 보험사고 발생 전에는 언제든지 보험계약을 전부 해지할 수 있으며, 일부 해지도 가능하다.

② 계속보험료 지급지체 시 보험자는 상당한 기간을 정하여 보험계약자에게 이행을 최고하고 그 기간 내에 보험료가 지급되지 아니한 때에는 해당 보험계약을 해지할 수 있다.

③ 보험계약체결 당시에 보험계약자가 고의 또는 과실로 인하여 중요한 사항을 고지하지 않았다면 보험자는 그 사실을 안 날로부터 1월내에, 계약을 체결한 날로부터 3년내에 한하여 해당 보험계약을 해지할 수 있다.

④ 보험자가 파산선고를 받은 때에는 보험계약자는 계약을 해지할 수 있다.

08 상법상 보험계약의 부활에 대한 설명으로 옳지 않은 것은? (다툼이 있는 경우 판례에 의함)

① 보험계약이 부활될 경우 해지 또는 실효되기 전의 보험계약은 효력을 회복하여 보험계약이 유효하게 존속하게 된다. 이 경우 만약 보험계약이 해지되고 부활되기 이전에 보험사고가 발생하였다면 보험자는 보험금을 지급하여야 한다.

② 보험계약자는 일정한 기간 내에 보험자에게 연체보험료에 약정이자를 붙여 지급하고 해당 보험계약의 부활을 청구할 수 있다.

③ 보험계약상의 일부 보험금에 관한 약정지급사유가 발생한 후에 그 보험계약이 계속보험료 미납으로 해지 또는 실효되었다는 보험회사 직원의 말만 믿고 해지환급금을 수령하였다면 보험계약의 부활을 청구할 수 있다.

④ 보험계약의 부활은 계속보험료를 납입하지 않아 보험계약이 해지되었으나 해지환급금은 지급되지 않은 경우에 인정되는 제도이다.

09 상법상 보험계약자 등의 불이익 변경금지의 원칙에 대한 설명으로 옳지 않은 것은? (다툼이 있는 경우판례에 의함)

① 이 원칙은 사적자치의 원칙에 대한 예외 규정으로 보아야 한다.

② 보험계약자 등의 불이익변경금지의 원칙에 위반하여 체결된 보험계약은 불이익하게 변경된 약관 조항에 한해서 무효가 된다.

③ 수협중앙회가 실시하는 비영리공제사업의 하나인 어선공제사업은 소형 어선을 소유하며 연안어업 또는 근해어업에 종사하는 다수의 영세어민들을 주된 가입대상으로 하고 있다면 불이익변경금지의 원칙의 적용대상이 될 수 있다.

④ 불이익변경금지의 원칙은 재보험에도 적용이 된다

10 보험계약자이자 피보험자인 A는 건물에 대해 보험가액을 1억원으로 하여 甲보험회사와 보험금액을 1억원, 乙보험회사와 보험금액을 6천만원, 丙보험회사와 보험금액을 4천만원으로 하는 화재보험계약을 각각 체결하였다. 그 후 화재로 인하여 해당 건물에 5천만원의 손해가 발생하였다. 보험계약자인 A가 위 3건의 보험계약을 사기로 체결하지 않았고 당사자 간 다른 약정이 없다고 가정하였을 경우, 각 보험회사가 A에게 지급하여야 하는 보험금으로 옳은 것은?

① 甲: 25,000,000원, 乙: 15,000,000원, 丙: 10,000,000원
② 甲: 25,000,000원, 乙: 13,000,000원, 丙: 12,000,000원
③ 甲: 50,000,000원, 乙: 50,000,000원, 丙: 40,000,000원
④ 甲: 100,000,000원, 乙: 60,000,000원, 丙: 40,000,000원

11 상법상 위험변경 · 증가에 대한 설명으로 옳지 않은 것은? (다툼이 있는 경우 판례에 의함)

① 보험기간 중에 보험계약자 또는 피보험자가 사고발생의 위험이 현저하게 변경 또는 증가된 사실을 안 때에는 지체없이 보험자에게 통지하여야 하는데, 만약 이를 해태한 경우에는 보험자는 그 사실을 안 날로부터 1월내에 보험계약을 해지할 수 있다.
② 보험기간 중에 보험계약자, 피보험자 또는 보험수익자의 고의 또는 중과실로 인하여 사고발생의 위험이 현저하게 증가한 때에는 보험자는 그 사실을 안 날부터 1월내에 보험계약을 해지할 수 있다.
③ 화재보험계약을 체결한 후에 피보험건물의 구조와 용도에 상당한 변경을 가져오는 증축 또는 개축공사를 하였다면 이는 위험변경 · 증가에 해당된다.
④ 생명보험계약에 다수 가입하였다는 사실은 상법 제652조 소정의 사고발생의 위험이 현저하게 변경 또는 증가된 경우에 해당된다.

12 손해보험계약에서 실손보상의 원칙을 구현하기 위한 내용으로 옳은 것을 모두 묶은 것은?

가. 선의의 중복보험에서 비례주의
나. 신가보험
다. 손해보험계약에서 잔존물대위
라. 선의의 초과보험
마. 기평가보험

① 가, 다
② 가, 나, 라
③ 가, 다, 라
④ 가, 다, 라, 마

13 피보험이익에 대한 설명으로 옳지 않은 것은?

① 손해보험계약에서 보험기간 중에 피보험이익이 소멸되면 보험계약도 종료한다.
② 현존하는 이익뿐만 아니라 장래에 속하는 이익이나 조건부 이익이어도 보험사고 발생 전까지 확정될 수 있다면 피보험이익으로 할 수 있다.
③ 동일한 보험목적에 대하여 여러 개의 피보험이익이 존재할 수 있으나, 각각의 피보험이익의 귀속 주체는 동일해야 한다.
④ 상법에서는 피보험이익을 '보험계약의 목적'으로 정의하고 있다.

14 보험가액에 관한 설명으로 옳지 않은 것은?

① 보험가액은 피보험이익의 금전적 평가액을 말한다.
② 보험가액은 보험자가 보상할 법률상의 최고한도액이다.
③ 사고발생 시의 가액이 계약당사자간의 협정보험가액을 현저하게 초과하는 때에는 사고발생 시의 가액을 보험가액으로 한다.
④ 운송보험의 보험가액은 운송물을 발송한 때와 곳의 가액 이외에 도착지까지의 운임, 기타 비용도 포함한다.

15 보관자의 책임보험에 대한 설명으로 옳지 않은 것은?

① 임차인 기타 타인의 물건을 보관하는 자가 그 지급할 손해배상을 위하여 그 물건을 보험에 붙인 경우를 말한다.
② 보관자가 보험계약자가 되고 소유자를 피보험자로 하는 계약이다.
③ 물건의 소유자는 보험자에 대하여 직접 그 손해의 보상을 청구할 수 있다.
④ 보관자책임보험은 자기를 위한 보험계약이다.

16 상법상 보험계약에 대한 설명으로 옳지 않은 것은?

① 소급보험계약에서는 보험기간이 보험계약기간보다 장기이다.
② 승낙 전 보호제도가 적용될 경우 보험기간이 보험계약기간보다 장기이다.
③ 보험계약에서는 보험기간과 보험계약기간이 반드시 일치하여야 할 필요가 없다.
④ 소급보험계약에서는 다른 약정이 없는 한 초회보험료가 납입되기 전에도 청약 이전에 발생한 사고에 대해서 보상할 책임이 있다.

17 상법상 보험계약자의 간접의무에 대한 설명으로 옳지 않은 것은?

① 직접의무와 구별되는 의무에 해당한다.
② 간접의무를 위반한 경우에 상대방은 그 이행을 강제할 수 없다.
③ 간접의무를 위반한 경우에 상대방은 손해배상청구권을 행사할 수 있다.
④ 간접의무를 위반한 경우에 보험자는 계약 관계를 종료시킬 수 있다.

18 공동불법행위자에 대한 구상권 행사와 관련한 설명으로 옳지 않은 것은? (다툼이 있는 경우 판례에 의함)

① 공동불법행위자 중의 1인에 대한 보험자로서 자신의 피보험자에게 손해방지비용을 모두 상환한 보험자는 다른 공동불법행위자의 보험자가 부담하여야 할 부분에 대해 직접 구상권을 행사할 수 있다.
② 공동불법행위자들과 각각 보험계약을 체결한 보험자들은 각자 그 피보험자 또는 보험계약자에 대한 관계뿐 아니라 그와 보험계약관계가 없는 다른 공동불법행위자에 대한 관계에서도 그들이 지출한 손해방지비용의 상환의무를 부담한다.
③ 보험자들 상호 간의 손해방지비용의 상환의무는 진정연대채무의 관계에 있다.
④ 피보험자인 차량 소유자의 관리상의 과실과 그 차량의 무단운전자의 과실이 경합하여 교통사고가 발생한 경우, 차량소유자인 피보험자의 보험자가 무단운전자의 부담부분을 배상하면 보험자는 그 부담 부분의 비율에 따라 무단운전자에게 구상권을 행사할 수 있다.

19 자동차보험계약상 기명피보험자에 대한 설명으로 옳지 않은 것은? (다툼이 있는 경우 판례에 의함)

① 기명피보험자란 피보험자동차를 소유 · 사용 · 관리하는 자 중에서, 보험계약자가 지정하여 보험증권의 기명피보험자란에 기재되어 있는 피보험자를 말한다.
② 실제차주가 지입한 회사를 피보험자로 하여 보험계약을 체결하는 경우, 실제 차주가 기명피보험자이고, 지입한 회사는 승낙피보험자이다.
③ 경찰서 소속의 관용차량에 대한 보험계약 체결 시, 경찰서장을 피보험자로 기재하여 보험계약을 체결한 경우, 기명피보험자는 국가이고, 경찰서 직원은 승낙피보험자이다.
④ 자동차를 매매하고 소유권이전등록을 하지 않은 사이에 매도인이 가입했던 자동차보험계약의 보험기간이 만료되어, 매수인이 보험자와 자동차보험계약을 체결하면서 기명피보험자 명의를 보험자의 승낙을 얻어 자동차등록원부상의 소유명의인으로 하였다면, 실질적인 피보험자는 매수인이다.

20 피보험자의 감항능력 주의의무에 대한 설명으로 옳지 않은 것은? (다툼이 있는 경우 판례에 의함)

① 보험증권에 영국의 법률과 관습에 따르기로 하는 규정과 아울러 감항증명서 발급을 담보한다는 내용의 명시적 규정이 있는 경우, 이 규정에 따라야 한다.
② 당사자들이 약정을 통해 감항능력 주의의무 위반과 손해 사이에 인과관계가 없더라도 보험자가 면책된다고 합의하였다면, 그 합의 내용은 효력을 갖는다.
③ 선박 또는 운임을 보험에 붙인 경우, 보험자는 발항 당시에 안전하게 항해를 하기에 필요한 준비를 하지 않거나 필요한 서류를 비치하지 않음으로써 발생한 손해에 대해 면책된다.
④ 적하보험의 경우, 보험자는 선박의 감항능력 주의의무 위반으로 생긴 손해에 대해 면책된다.

21 총괄보험에 관한 설명으로 옳은 것은?

① 보험의 목적의 전부 또는 일부가 보험기간 중에 교체될 것이 예정된 특정보험이다.
② 보험계약 체결 시 보험가액을 정하지 않는 것이 일반적이다.
③ 보험기간 중에 보험금액을 변경하지 않는 것이 원칙이다.
④ 보험사고의 발생 시에 현존하지 않는 물건도 보험의 목적에 포함될 수 있다.

22 해상보험계약의 준거법약관에 관한 설명으로 옳지 않은 것은? (다툼이 있는 경우 판례에 의함)

① 해상보험계약의 준거법약관은 해상보험의 보험금분쟁에 대한 보험자의 책임 유무와 보험금 정산에 관한 사항은 영국의 법률과 관습에 따르도록 규정한 것이다.
② 해상보험계약의 준거법약관은 당사자자치(partyautonomy)의 원칙에 근거하고 있다.
③ 해상보험계약의 준거법약관을 통해 외국법을 준거법으로 지정한 경우, 약관의 규제에 관한 법률이 국제적 강행규정으로서 적용되는 것은 아니다.
④ 영국법의 적용을 받는 영국 런던 보험자협회에서 규정한 갑판적재약관(On-Deck Clause)의 담보범위에 관한 내용은 약관의 규제에 관한 법률 제3조 제3항 및 제4항의 입법 취지에 따라, 고객이 약관의 내용을 충분히 잘 알고 있다 하더라도 고객에게 약관의 내용을 따로 설명하여야 한다.

23 보험위부에 대한 설명으로 옳지 않은 것은? (다툼이 있는 경우 판례에 의함)

① 추정전손의 판단 기준시점은 위부통지시의 사실관계가 아니고, 보험금 청구소송의 제소 시에 존재하는 사실관계에 의하여 그 여부가 판단된다.
② 추정전손을 판단하는 주요 근거로의 선박수리비는 해당 보험사고로 인하여 발생한 손해에 한정되어야 하며, 보험사고로 인하여 발생하지 않은 수리비는 제외된다.
③ 선박이 좌초 후 선원들의 하선으로 인해 원주민이 선박을 약탈하는 손해가 발생한 경우, 원주민의 약탈은 선행하는 주된 보험사고인 좌초에 기인하여 발생한 것이 아닌 선원의 부주의에 의한 별건의 손해로서 추정전손의 계산에 포함되지 않는다.
④ 선박이 수선불능이며 다른 선박으로 적하의 운송을 할 수 없는 경우에는 원칙적으로 선박에 적재된 적하도 위부할 수 있다.

24 다음 설명으로 옳지 않은 것은?

① 재보험계약은 손해보험계약이지만 그 재보험계약의 원보험계약은 생명보험계약일 수 있다.
② 자동차 운행에 따르는 위험을 담보하는 보험은 기업보험일 수도 있고 가계보험일 수도 있다.
③ 강제보험은 사업자의 배상자력을 확보하기 위한 것으로 모두 책임보험이며 기업보험이다.
④ 사망보험은 정액보험이며 변액보험도 자산운용성과에 따라 지급보험금이 달라질 뿐이므로 비정액보험은 아니다.

25 대법원 판례의 설명으로 옳지 않은 것은?

① 평균적 고객의 이해가능성을 기준으로 객관적이고 획일적으로 해석한 결과 약관 조항이 일의적으로 해석되는 경우, 작성자불이익의 원칙이 적용되지 않는다.

② 자동차손해배상보장법 제3조의 '다른 사람'의 범위에 자동차를 운전하거나 운전의 보조에 종사한 자는 이에 해당하지 않는다.

③ 무보험자동차에 의한 상해담보특약은 상해보험의 성질과 함께 손해보험의 성질도 갖고 있는 손해보험형 상해보험이므로 하나의 사고에 관하여 여러 개의 무보험상해담보특약이 체결되고 그 보험금액의 총액이 피보험자의 손해액을 초과하더라도 상법 제672조 제1항은 준용되지 아니한다.

④ 보험자는 피보험자와 체결한 상해보험의 특별약관에 "피보험자의 동일 신체 부위에 또 다시 후유장해가 발생하였을 경우에는 기존 후유장해에 대한 후유장해보험금이 지급된 것으로 보고 최종 후유장해상태에 해당되는 후유장해보험금에서 이미 지급받은 것으로 간주한 후유장해보험금을 차감한 나머지 금액을 지급한다"는 사안에서 정액보험인 상해보험에서는 기왕장해가 있는 경우에도 약정 보험금 전액을 지급하는 것이 원칙이며, 예외적으로 감액규정이 있는 경우에만 보험금을 감액할 수 있다.

26 물건보험에서 보험목적의 양도에 관한 설명으로 옳지 않은 것은?

① 보험목적의 양도가 있는 경우에 양수인은 보험계약상의 권리와 의무를 승계한 것으로 추정한다.

② 보험목적에 대한 매매계약체결만으로는 권리와 의무의 승계 추정을 받지 못한다.

③ 보험목적의 양도에 관한 규정은 물건보험에 한하여 적용되는 것이 원칙이므로 자동차보험 중 자기신체보험에 대해서는 적용되지 않는다.

④ 자동차보험의 경우에 자동차의 양도와 함께 보험계약관계도 양수인에게 승계된다.

27 단체생명보험에 대한 설명으로 옳지 않은 것은?

① 단체생명보험의 경우 보험계약자가 회사일 때에는 그 회사에 대하여만 보험증권을 교부한다.

② 보험계약의 체결 이후에 보험수익자를 지정 또는 변경하는 경우, 단체규약에 명시적으로 정한 경우 외에는 피보험자의 개별적 서면동의를 받아야 한다.

③ 단체가 규약에 따라 구성원의 전부를 피보험자로 하는 단체생명보험계약을 체결하는 경우, 단체 구성원의 사망을 보험사고로 하는 보험계약에서도 타인의 서면동의를 받지 않아도 된다.

④ 심신상실자 또는 심신박약자가 단체생명보험의 피보험자가 될 경우, 보험계약 체결시 의사능력이 있는 경우에 그 보험계약은 유효하다.

28 타인의 생명보험계약에서 피보험자의 동의에 관한 설명으로 옳지 않은 것은? (다툼이 있는 경우 판례에 의함)

① 피보험자의 동의는 타인의 사망보험계약에서 도박보험의 위험성과 피보험자 살해의 위험성 및 공서양속 침해의 위험성을 배제하기 위하여 마련된 강행규정이며, 보험계약의 효력발생요건이다.

② 타인의 생명보험계약 체결시에 피보험자의 서면동의를 얻도록 규정한 것은 그 동의의 시기와 방식을 명확히 함으로써 분쟁의 소지를 없애려는 취지이므로, 피보험자의 동의는 서면으로 개별적으로 이루어져야 하며 포괄적인 동의 또는 묵시적이거나 추정적 동의만으로는 부족하다.

③ 피보험자의 동의는 회사의 퇴사등과 같이 서면동의의 전제가 되는 사정에 중대한 변경이 생긴 경우에는 그 동의를 철회할 수도 있다.

④ 피보험자의 동의요건에 관하여 보험자는 설명의무를 부담하며, 이러한 설명의무를 위반하여 피보험자의 동의없이 체결된 타인의 사망보험계약에 대하여 보험계약자는 취소할 수 있다.

29 약관조항의 효력에 관한 설명으로 옳지 않은 것은? (다툼이 있는 경우 판례에 의함)

① 재해로 인한 사망사고와 암 진단의 확정 및 그와 같이 하는 보험계약에서 피보험자가 보험계약일 이전에 암진단이 확정되어 있는 경우에는 보험계약이 무효라는 약관조항은 유효하다.

② 보험기간 개시 전 사고로 신체장해가 있었던 피보험자에게 동일 부위에 상해사고로 새로운 후유장해가 발생한 경우에 최종 후유장해보험금에서 기존 신체장해에 대한 후유장해보험금을 차감하고 지급하기로 하는 약관조항은 유효하다.

③ 전문직업인 배상책임보험약관에서 해당 보험계약에 따른 보험금지급의 선행조건으로서 피보험자가 제3자로부터 손해배상청구를 받은 경우 소정 기간 이내에 그 사실을 보험자에게 서면으로 통지하여야 한다는 약관조항은 약관의 규제에 관한 법률 제7조 제2호에 의하여 무효이다.

④ 계속보험료의 지급지체가 있는 경우에 상법 제650조상의 해지절차 없이 보험자가 보험계약에 대하여 실효처리하는 실효예고부최고 약관규정은 무효이다.

30 보험수익자 지정 · 변경에 관한 설명으로 옳지 않은 것은? (다툼이 있는 경우 판례에 의함)

① 보험계약자가 보험수익자를 지정하는 경우에 지정시점에 보험수익자가 특정되어야 하는 것은 아니고 보험사고 발생 당시에 특정될 수 있는 것으로 충분하다.

② 보험계약자는 특정인을 지정할 수 있을 뿐만 아니라 불특정인을 지정할 수도 있다.

③ 보험수익자 변경권은 형성권으로서 보험계약자가 보험자나 보험수익자의 동의를 받지 않고 자유로이 행사할 수 있고, 그 행사에 의해 변경의 효력이 즉시 발생한다.

④ 보험수익자 변경행위는 상대방 있는 단독행위이므로, 보험수익자 변경의 의사표시가 보험자에게 도달하여야 보험수익자 변경의 효과는 발생한다.

31 생명보험계약에서 보험자가 보험료적립금 반환의무를 부담하지 않게 되는 경우는? (단, 보험료적립금의 반환에 관하여 특별한 약정이 없다고 가정함)

① 보험사고의 발생 전에 보험계약자가 보험계약을 임의해지한 경우

② 보험계약자의 고의에 의하여 보험사고가 발생하여 보험자가 면책된 경우

③ 피보험자 또는 보험수익자의 고의에 의하여 보험사고가 발생하여 보험자가 면책된 경우

④ 고지의무 위반을 이유로 보험자가 보험계약을 해지한 경우

32 **상해보험계약의 보험사고에 관한 설명으로 옳지 않은 것은? (다툼이 있는 경우 판례에 의함)**

① 상해보험에서는 급격하고도 우연한 외래의 사고로 신체에 상해를 입은 경우를 보험사고로 한다.

② 피보험자가 술에 취한 상태에서 지하철역 승강장의 선로로 내려가 지하철역을 통과하는 전동열차에 부딪혀 사망한 경우에는 피보험자의 중과실로 인한 사고로 상해사고의 우연성이 인정되지 않는다.

③ 피보험자가 농작업 중 과로로 지병인 고혈압이 악화되어 뇌졸중으로 사망한 경우에는 상해사고에 해당되지 않는다.

④ 사고의 급격성, 외래성 및 사고와 신체손상과의 인과관계에 관한 증명책임은 보험금청구권자가 부담한다.

33 **인보험에 관한 설명이다. 사망보험, 상해보험 모두에 해당 하는 경우로 옳은 것은? (다툼이 있는 경우 판례에 의함)**

① 도덕적 위험, 보험의 도박화 등에 대처하기 위하여 피보험자가 보험목적에 대하여 일정한 경제적 이익을 가질 것을 요한다.

② 보험계약자 또는 피보험자나 보험수익자의 중대한 과실로 인하여 보험사고가 발생한 경우에 보험자는 보험금지급책임이 있다.

③ 보험계약당사자간에 보험자대위에 관한 약정이 유효하다.

④ 중복보험의 규정을 준용할 수 있다.

34 **보험금반환 또는 보험료반환청구 등에 관한 설명이다. 옳지 않은 것은? (다툼이 있는 경우 판 례에 의함)**

① 보험계약의 전부 또는 일부가 무효인 경우에 보험계약자와 피보험자가 선의이며 중대한 과실이 없는 때에는 보험자에 대하여 보험료의 전부 또는 일부의 반환을 청구할 수 있다. 보험계약자와 보험수익자가 선의이며 중대한 과실이 없는 때에도 같다.

② 보험계약자는 보험사고 발생 전에는 언제든지 보험계약을 해지할 수 있는데, 이 경우에 보험계약자는 당사자간에 다른 약정이 없으면 미경과보험료의 반환을 청구할 수 있다.

③ 상법 제731조 제1항을 위반하여 무효인 보험계약에 따라 납부한 보험료에 대한 반환청구권은 특별한 사정이 없는 한 보험료를 납부한 때에 발생하여 행사할 수 있다고 할 것이므로, 이 보험료 반환청구권의 소멸시효는 특별한 사정이 없는 한 각 보험료를 납부한 때부터 진행한다.

④ 보험계약자가 다수의 보험계약을 통하여 보험금을 부정취득할 목적으로 보험계약을 체결한 경우, 보험수익자가 타인인 때에는 이미 보험수익자에게 급부한 보험금의 반환을 구할 수 없다.

35 보험계약관계의 종료사유(무효, 취소, 해제, 해지)에 관한 설명이다. 보험계약관계 종료사유 중 장래에 대해서만 효력이 상실되는 것만으로 묶은 것은? (다른 약정은 없는 것으로 가정함)

가. 손해보험에서 사기에 의한 초과보험, 중복보험
나. 15세 미만자를 피보험자로 하는 사망보험
다. 보험약관 교부 · 설명의무위반으로 인한 보험계약 관계의 종료
라. 보험계약체결 후 보험료의 전부 또는 제1회보험료를 계약성립일로부터 2월 경과 시까지 미납한 경우
마. 위험변경증가로 인한 보험계약관계의 종료
바. 생명보험표준약관상 중대사유로 인한 보험계약관계의 종료

① 가, 다
② 라, 마
③ 가, 나
④ 마, 바

36 재보험에 관한 설명으로 옳지 않은 것은? (다툼이 있는 경우 판례에 의함)

① 책임보험에 관한 규정은 그 성질에 반하지 않는 범위내에서 재보험계약에 준용된다.
② 재보험자가 원보험자에게 보험금을 지급하면 지급한 재보험금의 한도 내에서 원보험자가 제3자에 대하여 가지는 권리를 대위취득한다.
③ 재보험자가 보험자대위에 의하여 취득한 제3자에 대한 권리의 행사는 재보험자가 이를 직접하지 아니하고 원보험자가 재보험자의 수탁자의 지위에서 자기명의로 권리를 행사하여 그로써 회수한 금액을 재보험자에게 재보험금의 비율에 따라 교부하는 방식으로 이루어지는 것이 상관습이다.
④ 재보험자의 보험자대위에 의한 권리는 원보험자가 제3자에 대한 권리행사의 결과로 취득한 출자전환주식에 대하여는 미치지 아니한다.

37 책임보험에 관한 설명으로 옳은 것은? (다툼이 있는 경우 판례에 의함)

① 책임보험에서 배상청구가 보험기간 내에 발생하면 배상청구의 원인인 사고가 보험기간 개시 전에 발생하더라도 보험자의 책임을 인정하는 배상청구기준 약관은 유효하다.
② 책임보험계약에서는 보험가액을 정할 수 없으므로 수개의 책임보험계약이 동시 또는 순차적으로 체결된 경우에 그 보험금액의 총액이 피보험자의 제3자에 대한 손해배상액을 초과한 경우라도 중복보험의 법리를 적용할 수 없다.
③ 보험사고에 관한 학설 중 손해사고설에 따르면 제3자에 대해 책임지는 원인사고를 보험사고로 보기 때문에 피보험자가 제3자로부터 배상청구를 받을 때에는 보험자에게 통지를 발송할 필요가 없다.
④ 책임보험의 목적은 피보험자의 제3자에 대한 손해배상책임에 한하므로 제3자의 청구를 막기 위한 방어비용은 보험의 목적에 포함되지 않는다.

38 **책임보험에서 피해자직접청구권에 관한 설명으로 옳지 않은 것은? (다툼이 있는 경우 판례에 의함)**

① 직접청구권의 법적 성질은 보험자가 피보험자의 피해자에 대한 손해배상채무를 병존적으로 인수한 것으로서 피해자가 보험자에 대하여 가지는 손해배상청구권이고, 이에 대한 지연손해금에 관하여는 상사법정이율이 아닌 민사법정이율이 적용된다.

② 책임보험에서 보험자의 채무인수는 피보험자의 부탁에 따라 이루어지는 것이므로 보험자의 손해배상채무와 피보험자의 손해배상채무는 연대채무관계에 있다.

③ 피해자의 직접청구권에 따라 보험자가 부담하는 손해배상채무는 보험계약을 전제로 하는 것으로서 보험계약에 따른 보험자의 책임한도액의 범위 내에서 인정되어야 한다.

④ 피해자의 직접청구권에 따라 보험자가 부담하는 손해배상채무는 보험계약을 전제로 하는 것으로서 피해자의 손해액을 산정함에 있어서도 약관상의 지급기준에 구속된다.

39 **상해보험계약은 일반적으로 상해로 인한 사망보험, 상해로 인한 후유장해보험, 상해로 인한 치료비등 실비를 지급하는 치료비보험으로 구성된다. 이에 관한 설명으로 옳지 않은 것은? (다툼이 있는 경우 판례에 의함)**

① 상해보험계약의 경우에 보험자대위권을 인정하는 당사자간의 약정은 무효이다.

② 상해사망보험(정액형)에서는 보험계약자 또는 피보험자나 보험수익자의 중대한 과실로 인하여 보험사고가 발생한 경우에 보험자는 보험금지급책임이 있다.

③ 치료비보험은 실손보장형(비정액형)보험으로서 이에 관하여는 중복보험의 원리를 준용한다.

④ 만 15세 미만자, 심신상실자 또는 심신박약자의 치료비보험계약은 유효이다.

40 **약관대출(보험계약대출)에 관한 설명으로 옳은 것은? (다툼이 있는 경우 판례에 의함)**

① 상법 명문의 규정에 의하면 보험계약자는 해지환급금의 범위 내에서 약관대출을 받을 수 있다.

② 약관대출계약은 보험계약과 일체를 이루는 하나의 계약이 아니라 보험계약과 독립된 별개의 계약이다.

③ 약관대출금은 보험자가 장래에 지급할 보험금이나 해지환급금을 미리 지급하는 선급에 해당한다.

④ 보험자가 보험금 또는 해지환급금 등 약관상 지급채무가 발생한 경우에 대출원리금을 상계한 후 지급하기로 약정한 특수한 금전소비대차계약이다.

3과목 손해사정이론

01 보험기간 내에 발생손실에 대한 피보험자의 자기부담금이 전혀 없을 수 있는 가입조건은?

① 소손해면책(franchise deductible)
② 건강보험의 공동보험약관(co-insurance clause)
③ 정액공제(straight deductible)
④ 총액공제(aggregate deductible)

02 리스크재무(risk financing)에 해당하지 않는 것은?

① 면책계약
② 하청계약
③ 선물계약
④ 보험계약

03 다음 중 손해사정사의 업무에 해당하지 않는 것은?

① 손해발생사실 확인
② 약관의 면·부책내용 확인
③ 보상한도액 결정
④ 보험금 산정

04 다음 중 건강보험에서 기왕증(pre-existing conditions)을 면책하는 이유에 해당하는 것은?

① 역선택 방지
② 도덕적 위태 감소
③ 보험료 절감
④ 정신적 위태 감소

05 다음 중 보험사기에 대한 설명으로 올바르지 않은 것은?

① 정신적 위태(morale hazard)와 구별된다.
② 우연한 사고와는 전혀 관계없다.
③ 적발 시 제재수준을 높이면 줄일 수 있다.
④ 조사활동 강화를 통해 줄일 수 있다.

06 다음 중 보험가격에 대한 설명으로 올바르지 않은 것은?

① 미래기간의 발생원가 예측에 근거한다.
② 보험자의 통제 범위를 벗어나는 부분이 많다.
③ 집단전체의 평균원가개념이 적용된다.
④ 순보험료 산출 시 규모의 경제 효과가 크다.

07 보험요율 산정 목적 가운데 역선택(adverse selection) 감소효과와 관계가 깊은 것은?

① 충분성
② 비과도성
③ 안정성
④ 공평한 차별성

08 다음 중 도덕적 위태(moral hazard)와 역선택(adverseselection)의 공통점에 해당하지 않는 것은?

① 정보비대칭이 원인이다.
② 피보험자의 위험특성 정보와 관련 있다.
③ 보험자에게 초과손해를 초래할 수 있다.
④ 보험사업의 안정성을 저해하게 된다.

09 다음 중 타보험조항(other insurance clause)의 형태에 해당하지 않는 것은?

① 비례분할부담(pro rata liability clause)
② 균일부담(contribution by equal share)
③ 초과손실분담(excess of loss share contract)
④ 초과부담(primary and excess insurance)

10 다음 중 순수리스크 여부가 보험가능성의 일차적 기준이 되는 이유에 해당하는 것은?

① 영향 범위가 넓지 않다.
② 도덕적 위태가 상대적으로 적다.
③ 최대가능손실이 크지 않다.
④ 목적물의 갯수가 많다.

11 다음 중 대기기간(waiting period)에 대한 설명으로 올바르지 않은 것은?

① 정보비대칭에 따른 문제 개선이 목적이다.
② 보험금 지급을 제한하는 효과가 있다.
③ 역선택 감소가 목적이다.
④ 피보험자 위험특성정보 수집이 목적이다.

12 다음 중 특정 재산을 보험목적물에서 제외(excluded property)하는 일반적 이유에 해당하지 않는 것은?

① 다른 보험에서 담보되어서
② 도덕적 위태 가능성이 있어서
③ 정확한 손실액 측정이 어려워서
④ 보험가액이 커서

13 다음 보험계약 특성 중 보험자가 미리 마련한 보통보험약관을 매개로 체결되는 특성을 가리키는 것은?

① 유상계약 ② 조건부계약
③ 부합계약 ④ 낙성계약

14 다음 중 보험자의 제3자에 대한 대위의 목적에 해당하지 않는 것은?

① 실손보상의 원칙 유지 ② 최대선의의 원칙 유지
③ 이중보상 방지 ④ 보험료 부당 인상 방지

15 다음 중 원보험자의 재보험 계약 효과에 해당하지 않는 것은?

① 손해의 변동성 감소 ② 인수능력 확대
③ 이익 감소 ④ 신상품 개발 촉진

16 보험가능리스크의 요건 중 한정적 손실(definite loss)이 요구하는 바와 거리가 먼 것은?

① 손실의 원인을 식별할 수 있어야 한다.
② 손실발생시점을 판단할 수 있어야 한다.
③ 손실발생장소를 식별할 수 있어야 한다.
④ 발생손실규모가 제한적이어야 한다.

17 다음 설명이 가리키는 것은?

> 보험수리적으로 공정한 보험료(actuarially fair premium)하에서 리스크 회피형 개인은 전부보험(full insurance)을 선택한다.

① 베르누이 원칙(Bernoulli principle)
② 렉시스의 원리(Lexis' principle)
③ 세인트 피터스버그 역설(St. Petersburg paradox)
④ 그래샴의 법칙(Gresham's law)

18 프로스포츠선수 A는 부상을 당하지 않는 조건으로 연봉 75만 달러를 받지만 부상을 당하면 연봉은 없다. 이 선수의 연간 부상확률은 0.1이다. A의 보유자산은 25만 달러이고 효용함수는 $U(w) = \sqrt{w}$ (w는 자산을 의미함)이다. 부상을 입었을 때 75만 달러의 보험금이 지급되는 보험에 가입하기 위해서 A가 지급할 수 있는 최대한도의 보험료는 얼마인가?

① 75,000 달러 ② 75,500 달러
③ 97,000 달러 ④ 97,500 달러

19 **아래 사례에서 주택화재보험 보통약관에 따라 계산한 보험금은 얼마인가?**

- 보험가입금액 : 4억원
- 보험기간 중 화재로 인한 손해액 : 7억원
- 보험의 목적인 건물의 잔존물 해체 비용 : 6천만원
- 화재 발생 당시의 보험가액 : 10억원

① 4억 1천만원
② 4억원
③ 3억 8천만원
④ 3억 5천만원

20 **상법상 대위와 위부에 대한 설명으로 올바르지 않은 것은?**

① 대위는 해상보험을 비롯한 모든 손해보험에 통용되지만, 위부는 해상보험에서만 적용된다.
② 제3자에 대한 대위권은 손실정도에 상관없이 보험자가 보험금을 지급하면 자동적으로 승계되지만, 위부는 추정전손을 성립시키기 위한 형식적인 요건이기 때문에 전손인 경우에만 해당된다.
③ 보험자는 보험금을 지급한 범위 내에서 제3자에 대한 대위권을 행사할 수 있지만, 위부가 성립되면 보험자는 잔존물에 대한 일체의 권리를 승계한다.
④ 보험자가 위부를 거절하고 분손 보험금을 지급하면 제3자에 대한 대위권을 승계하지 못한다.

21 **리스크관리에 관한 설명으로 올바른 것은?**

① 제조물책임법에서 설계상의 결함이라 함은 제조물이 원래 의도한 설계와 다르게 제조 · 가공됨으로써 안전하지 못하게 된 경우를 말한다.
② 캡티브보험자(captive insurer)는 복수의 기업이 기금을 출연하여 기금 풀(pool)을 만들고, 사고를 당한 회원기업에게 기금 풀에서 손해를 보상해 주는 제도이다.
③ 리스크 회피는 적극적인 리스크 관리수단으로, 빈도와 심도가 낮은 리스크에 적합하다.
④ 순수리스크인 지진과 태풍은 재무분야의 시장리스크와 유사한 개념인 근원적 리스크(fundamental risk)에 속한다.

22 **다음 중 금반언(estoppel) 원칙의 적용과 가장 거리가 먼 것은?**

① 보험계약을 체결할 때 협정보험가액에 동의한 후 보험자가 협정가액을 부인할 수 없다.
② 보험계약이 체결되고 3년이 경과한 후에 계약자가 잘못 진술한 내용을 근거로 보험자가 면책을 주장할 수 없다.
③ 보험자가 고지의무의 위반을 안 날로부터 1개월 이내에 해약하지 않으면, 이후 고지의무 위반의 효과에 기인하는 보험자의 해지권은 제한된다.
④ 보험자가 피보험자에게 보험의 목적을 수리하라고 말하여 피보험자가 그에 따름으로써 비용이 발생한 후에 보험자가 면책조항을 들어 보험금을 지급하지 못하겠다고 주장할 수 없다.

23 의무보험의 기대효과와 거리가 먼 것은?

① 도덕적 위태의 완화
② 역선택 문제의 완화
③ 거래비용의 절약
④ 피해자 구호 및 배상자력의 확보

24 다음 중 보험계약이 유효한 법적계약으로서 성립되기 위하여 갖추어야 할 일반적인 요건으로 적합하지 않은 것은?

① 적법한 양식(legal form)
② 교환되는 가치(consideration)의 존재
③ 계약당사자의 법적행위능력(competent parties)
④ 계약목적의 합법성(legal purpose)

25 다음 중 보험자가 입증책임을 부담하는 것은?

① 고지의무위반과 사고사이의 인과관계 부존재
② 위험변경통지의무의 위반요건
③ 열거위험담보계약에서 손해와 열거위험사이의 인과관계
④ 보험자의 책임제한에 대한 항변사유

26 보험가능 리스크(insurable risk)의 요건 중 보험수요자 입장에서 보험이 효율적인 리스크관리 수단이 되기 위한 조건은?

① 한정적인 손실
② 손실의 우연성
③ 측정 가능한 손실발생 확률
④ 심도가 크고 손실발생 확률이 낮은 리스크

27 아래는 제조물책임법상 손해배상청구권의 소멸시효 등에 관한 내용이다. ( ) 안에 들어갈 숫자를 순서대로 바르게 짝지은 것은?

> 이 법에 따른 손해배상의 청구권은 피해자 또는 그 법정대리인이 손해와, 손해배상책임을 지는 자를 알게 된 날로부터 ( )년간 행사하지 아니하면 시효의 완성으로 소멸하고, 제조업자가 손해를 발생시킨 제조물을 공급한 날로부터 ( )년 이내에 행사하여야 한다.

① 1, 3
② 1, 10
③ 3, 5
④ 3, 10

28 **금융소비자보호법상 금융상품판매업자 등의 금융상품유형별 영업행위 준수사항에 해당되지 않는 것은?**

① 설명의무
② 정합성 원칙
③ 적합성 원칙
④ 적정성 원칙

29 **근로자재해보장책임보험에서 피해자가 사망한 경우 가해자가 배상해야 할 손해액 산정 시 고려요소로 볼 수 없는 것은?**

① 생활비공제
② 손익공제
③ 중간이자공제
④ 참여비율공제

30 **다음 중 비례재보험(proportional reinsurance) 방식이 아닌 것은?**

① quota share treaty
② surplus share treaty
③ facultative obligatory cover
④ excess of loss cover

31 **재보험계약 중 stop loss cover 특약에 대한 설명으로 올바르지 않은 것은?**

① 재보험계약 기간 중 출재사의 누적 손해율이 약정된 비율을 초과할 경우 재보험금이 지급된다.
② 개별 리스크단위당 손해에 대한 출재사의 보유초과분을 담보함으로써 출재사의 보유손실금액을 제한한다.
③ 출재사의 손해율을 목표 수준 아래로 유지시켜 보험영업실적을 안정화시키는 효과가 있다.
④ 손해율의 등락폭이 크고 연단위로 손해 패턴이 비교적 주기적인 농작물재해보험 등에 적합한 재보험방식이다.

32 **대체리스크전가(ART; alternative risk transfer)방법 중 하나인 조건부 자본(contingent capital)에 대한 설명으로 올바르지 않은 것은?**

① 실제 손해 발생 시 사전에 정한 조건으로 자본을 조달할 수 있다.
② 손실보전이라는 보험의 특성을 지니고 있다.
③ 발생 빈도가 낮고, 강도는 큰 사고에 대비하는 데 적합하다.
④ 초과손해액재보험 특약을 보완하는 방법으로 활용할 수 있다.

33 다음 중 파라메트릭(parametric) 보험에 대한 설명으로 올바르지 않은 것은?

① 실제 손해발생액보다 지급보험금이 적은 베이시스 리스크(basis risk)가 존재한다.
② 보험금 지급절차가 간편하여 전통형 보험상품에 비해 신속한 보험금 지급이 가능하다.
③ 보험사기 발생 가능성이 전통형 보험상품에 비해 크다.
④ 보험가입 과정이 전통형 보험상품에 비해 간단하다.

34 교통사고처리특례법상 교통사고 발생 시 보험회사의 피해자에 대한 우선 지급 금액 범위로 올바르지 않은 것은?

① 통상의 치료비 전액
② 부상 시 위자료 전액
③ 후유장애 시 상실수익액의 전액
④ 대물배상 발생 시 대물배상금의 50%

35 다음 중 자동차보험 대인배상에서 손익상계 대상이 아닌 것은?

① 국민연금급여
② 공무원연금급여
③ 상해보험금
④ 산재보험금

36 다음 중 상실수익액 산정 시 사용되는 계수법에 대한 설명으로 올바르지 않은 것은?

① 호프만계수법은 중간이자를 복리로 계산한다.
② 라이프니츠계수법은 과잉배상 문제가 발생되지 않는다.
③ 라이프니츠계수법은 약관에서 적용되고, 호프만계수법은 법원에서 주로 사용되는 방법이다.
④ 호프만계수법은 인플레이션 상황에서 화폐가치의 하락분을 어느 정도 메울 수 있다.

37 다음 중 민법에서 규정한 상속 순위를 올바르게 나열한 것은?

(가) 피상속인의 직계존속
(나) 피상속인의 직계비속
(다) 피상속인의 형제자매
(라) 피상속인의 4촌 이내의 방계혈족

① (가) → (나) → (다) → (라)
② (나) → (가) → (다) → (라)
③ (가) → (다) → (나) → (라)
④ (나) → (가) → (라) → (다)

38 산업재해보상보험법에서 명시하고 있는 보험급여가 아닌 것은?

① 휴업급여
② 구직급여
③ 간병급여
④ 직업재활급여

39 보험계약준비금에 대한 다음 설명 중 올바르지 않은 것은?

① 지급준비금은 매 결산 때 이미 발생한 보험사고에 대한 미지급 보험금액을 추산해 적립해야 하는 준비금이다.
② 비상위험준비금은 지진, 폭풍 등 대형 재해 발생에 대비한 준비금으로 부채항목으로 계상한다.
③ 미경과보험료 적립금은 차기 회계년도 이후 기간에 해당하는 보험료를 적립하는 것이다.
④ 책임준비금은 보험료에 대한 반대급부로 장래 보험금지급 책임을 다하기 위해 적립하는 준비금이다.

40 PML(probable maximum loss)에 대한 설명으로 올바르지 않은 것은?

① 적정한 보험료산출의 기초로 활용된다.
② 보험인수여부 및 조건결정의 판단기준이 된다.
③ 보험자가 보험가액을 결정할 때 사용하는 개념이다.
④ 리스크 관리자의 리스크회피도가 낮을수록 커진다.

2022 제45회 기출문제

1과목 보험업법

01 보험업법상 전문보험계약자 중 보험회사의 동의에 의하여 일반보험계약자로 될 수 있는 자에 해당하지 않는 것은?

① 한국은행
② 지방자치단체
③ 주권상장법인
④ 해외 증권시장에 상장된 주권을 발행한 국내법인

02 보험업법상 보험업의 예비허가 및 허가에 관한 내용으로 옳지 않은 것은?

① 금융위원회는 보험업의 허가에 대하여도 조건을 붙일 수 있다.
② 예비허가의 신청을 받은 금융위원회는 2개월 이내에 심사하여 예비허가 여부를 통지하여야 하며, 총리령으로 정하는 바에 따라 그 기간을 연장할 수 있다.
③ 예비허가를 받은 자가 예비허가의 조건을 이행한 후 본허가를 신청하면, 금융위원회는 본허가의 요건을 심사하고 허가하여야 한다.
④ 제3보험업에 관하여 허가를 받은 자는 대통령령으로 정하는 기준에 따라 제3보험의 보험종목에 부가되는 보험을 취급할 수 있다.

03 보험업법상 소액단기전문보험회사에 관한 내용으로 옳지 않은 것은?

① 자본금 또는 기금은 20억원이어야 한다.
② 보험금의 상한액은 1억원이어야 한다.
③ 연간 총보험료 상한액은 500억원이어야 한다.
④ 보험기간은 2년 이내의 범위에서 금융위원회가 정하여 고시하는 기간이어야 한다.

04 **보험업법상 외국보험회사 등의 국내사무소(이하 '국내사무소'라 한다) 설치에 관한 내용으로 옳은 것은?**

① 국내사무소의 명칭에는 '사무소'라는 글자가 반드시 포함되어야 하는 것은 아니다.
② 국내사무소를 설치한 날부터 30일 이내에 금융위원회의 인가를 받아야 한다.
③ 국내사무소는 보험업을 경영할 수 있지만, 보험계약의 중개나 대리 업무는 수행할 수 없다.
④ 이 법에 따른 명령을 위반한 경우, 금융위원회는 6개월 이내의 기간을 정하여 업무의 정지를 명하거나 국내사무소의 폐쇄를 명할 수 있다.

05 **보험업법상 보험회사인 주식회사의 자본감소에 관한 내용으로 옳지 않은 것은?**

① 자본감소를 결의한 경우에는 그 결의를 한 날부터 2주 이내에 결의의 요지와 재무상태표를 공고하여야 한다.
② 주식 금액 또는 주식 수의 감소에 따른 자본금의 실질적 감소를 한 때에는 금융위원회의 사후 승인을 받아야 한다.
③ 자본감소에 대하여 이의가 있는 보험계약자는 1개월 이상의 기간으로 공고된 기간 동안 이의를 제출할 수 있다.
④ 자본감소는 이의제기 기간 내에 이의를 제기한 보험계약자에 대하여도 그 효력이 미친다.

06 **보험업법상 주식회사가 그 조직을 변경하여 상호회사로 되는 경우, 이에 관한 내용으로 옳은 것은?**

① 상호회사는 기금의 총액을 300억원 미만으로 할 수는 있지만 이를 설정하지 않을 수는 없다.
② 주식회사의 조직 변경은 출석한 주주의 의결권의 과반수와 발행주식총수의 4분의 1 이상의 수로써 하여야 한다.
③ 주식회사의 보험계약자는 조직 변경을 하더라도 해당 상호회사의 사원이 되는 것은 아니다.
④ 주식회사는 상호회사로 된 경우에는 7일 이내에 그 취지를 공고해야 하고, 상호회사로 되지 않은 경우에도 또한 같다.

07 **보험업법상 상호회사 정관의 기재사항으로서 '기금'과 관련하여 반드시 기재해야 하는 사항이 아닌 것은?**

① 기금의 총액
② 기금의 갹출자가 가질 권리
③ 기금과 설립비용의 상각 방법
④ 기금 갹출자의 각자가 갹출하는 금액

08 **보험업법상 상호회사의 계산에 관한 내용으로 옳지 않은 것은?**

① 이사는 매 결산기에 영업보고서를 작성하여 이사회의 승인을 얻어야 한다.
② 기금을 상각할 때에는 상각하는 금액과 같은 금액을 적립하여야 한다.
③ 손실을 보전하기 전이라도 이사회의 승인을 얻어 기금이자를 지급할 수 있다.
④ 잉여금은 정관에 특별한 규정이 없으면 각 사업연도 말 당시 사원에게 분배한다.

09 **보험업법상 상호회사 사원의 퇴사에 관한 내용으로 옳지 않은 것은?**

① 상호회사의 사원은 정관으로 정하는 사유의 발생이나 보험관계의 소멸에 의하여 퇴사한다.
② 퇴사한 사원이 회사에 대하여 부담한 채무가 있는 경우, 회사는 그 사원에게 환급해야 하는 금액에서 그 채무액을 공제해야 한다.
③ 퇴사한 사원의 환급청구권은 그 환급기간이 경과한 후 2년 동안 행사하지 아니하면 시효로 소멸한다.
④ 사원이 사망한 때에는 그 상속인이 그 지분을 승계하여 사원이 된다.

10 **보험업법상 상호회사의 해산 및 청산에 관한 내용으로 옳은 것은?**

① 해산을 결의한 경우에는 그 결의가 이사회의 승인을 받은 날부터 2주 이내에 결의의 요지와 재무상태표를 공고하여야 한다.
② 합병이나 파산에 의하여 해산한 경우, 상호회사의 청산에 관한 보험업법 규정에 따라 청산을 하여야 한다.
③ 청산인은 회사자산을 처분함에 있어서, 일반채무의 변제보다 기금의 상각을 먼저 하여야 한다.
④ 정관에 특별한 규정이 없으면, 회사자산의 처분 후 남은 자산은 잉여금을 분배할 때와 같은 비율로 사원에게 분배하여야 한다.

11 **보험업법상 상호협정에 관한 내용으로 옳은 것은? (대통령령으로 정하는 경미한 사항을 변경하려는 경우는 제외함)**

① 보험회사가 그 업무에 관한 공동행위를 하기 위하여 다른 보험회사와 상호협정을 체결하려는 경우에는 대통령령으로 정하는 바에 따라 금융위원회의 허가를 받아야 한다.
② 금융위원회는 공익 또는 보험업의 건전한 발전을 위하여 특히 필요하다고 인정되는 경우에는 보험회사에 대하여 상호협정의 체결 및 변경을 명할 수 있지만, 폐지를 명할 수는 없다.
③ 금융위원회는 보험회사에 대하여 상호협정에 따를 것을 명하려면 미리 공정거래위원회와 협의하여야 한다.
④ 금융위원회는 상호협정 체결을 위한 신청서를 받았을 때에는 그 내용이 보험회사 간의 공정한 경쟁을 저해하는지와 보험계약자의 이익을 침해하는지를 심사하여 그 허가 여부를 결정하여야 한다.

12 **보험업법상 상호회사인 외국보험회사 국내지점이 등기를 신청하는 경우에 첨부하여야 하는 서류가 아닌 것은?**

① 위법행위를 한 사실이 없음을 증명하는 서류
② 대표자의 자격을 인정할 수 있는 서류
③ 회사의 정관이나 그 밖에 회사의 성격을 판단할 수 있는 서류
④ 대한민국에 주된 영업소가 있다는 것을 인정할 수 있는 서류

13 **보험업법상 외국보험회사 국내지점의 대표자에 관한 내용으로 옳지 않은 것은?**

① 대표자는 이 법에 따른 보험회사의 임원으로 본다.
② 대표자는 회사의 영업에 관하여 재판상 또는 재판외의 모든 행위를 할 권한이 있다.
③ 대표자는 퇴임한 후에도 후임 대표자의 취임 승낙이 있을 때까지는 계속하여 대표자의 권리와 의무를 가진다.
④ 대표자의 권한에 대한 제한은 선의의 제3자에게 대항하지 못한다.

14 **보험업법상 손해보험업의 보험종목에 해당하는 것은 모두 몇 개인가?**

가. 연금보험	나. 퇴직보험
다. 보증보험	라. 재보험
마. 상해보험	바. 간병보험

① 1개 ② 2개
③ 3개 ④ 4개

15 **보험업법상 소속 임직원이 아닌 자로 하여금 모집이 가능하도록 한 금융기관보험대리점에 해당하는 것은?**

①「상호저축은행법」에 따라 설립된 상호저축은행
②「중소기업은행법」에 따라 설립된 중소기업은행
③「자본시장과 금융투자업에 관한 법률」에 따른 투자중개업자
④「여신전문금융업법」에 따라 허가를 받은 신용카드업자로서 겸영여신업자가 아닌 자

16 **보험업법상 보험설계사에 관한 내용으로 옳지 않은 것은?**

① 보험회사 · 보험대리점 및 보험중개사는 소속 보험설계사가 되려는 자를 금융위원회에 등록하여야 한다.
② 보험업법에 따라 금고 이상의 형의 집행유예를 받고 그 유예기간 중에 있는 자는 보험설계사가 되지 못한다.
③ 보험업법에 따라 벌금 이상의 형을 선고받고 그 집행이 끝나거나 집행이 면제된 날부터 3년이 지나지 않은 자는 보험설계사가 되지 못한다.
④ 이전에 모집과 관련하여 받은 보험료, 대출금 또는 보험금을 다른 용도로 유용한 후 3년이 지나지 않은 자는 보험설계사가 되지 못한다.

17 **보험업법상 법인이 아닌 보험대리점이나 보험중개사의 정기교육에 관한 내용이다. 괄호 안의 내용이 순서대로 연결된 것은?**

> 법인이 아닌 보험대리점 및 보험중개사는 보험업법에 따라 등록한 날부터 (　　)이 지날 때마다 (　　)이 된 날부터 (　　) 이내에 보험업법에서 정한 기준에 따라 교육을 받아야 한다.

① 1년 - 1년 - 3월　　② 1년 - 1년 - 6월
③ 2년 - 2년 - 3월　　④ 2년 - 2년 - 6월

18 **보험업법상 보험회사가 고객을 직접 응대하는 직원을 고객의 폭언이나 성희롱, 폭행 등으로부터 보호하기 위하여 취해야 할 조치에 관한 내용으로 옳지 않은 것은?**

① 직원의 요청이 없더라도 직원의 보호를 위하여, 해당 고객으로부터의 분리 및 업무담당자의 교체를 하여야 한다.
② 고객의 폭언이나 성희롱, 폭행 등이 관계 법률의 형사 처벌규정에 위반된다고 판단되고 그 행위로 피해를 입은 직원이 요청하는 경우에는 관할 수사기관 등에 고발조치하여야 한다.
③ 직원이 직접 폭언 등의 행위를 한 고객에 대한 관할 수사기관 등에 고소, 고발, 손해배상 청구 등의 조치를 하는데 필요한 행정적, 절차적 지원을 하여야 한다.
④ 고객의 폭언 등을 예방하거나 이에 대응하기 위한 직원의 행동 요령 등에 대한 교육을 실시하여야 한다.

19 **보험업법상 금융위원회가 보험대리점의 등록을 반드시 취소해야 하는 사유에 해당하지 않는 것은?**

① 다른 보험회사의 임직원이 보험대리점이 된 경우
② 보험업법에 따른 처분을 위반한 경우
③ 보험업법상 자기계약의 금지를 위반한 경우
④ 「대부업 등의 등록 및 금융이용자 보호에 관한 법률」에 따른 대부업을 행한 경우

20 **보험업법상 교차모집보험설계사(이하 '설계사'라 한다)가 속한 보험회사 또는 교차모집을 위탁한 보험회사의 금지 행위에 해당하는 것은 모두 몇 개인가?**

가. 설계사에게 자사 소속의 보험설계사로 전환하도록 권유하는 행위
나. 설계사에게 자사를 위하여 모집하는 경우 보험회사가 정한 수수료 · 수당 외에 추가로 대가를 지급하기로 약속하거나 이를 지급하는 행위
다. 설계사가 다른 보험회사를 위하여 모집한 보험계약을 자사의 보험계약으로 처리하도록 유도하는 행위
라. 설계사에게 정당한 사유에 의한 위탁계약 해지, 위탁범위 제한 등 불이익을 주는 행위
마. 설계사의 소속 영업소를 변경하거나 모집한 계약의 관리자를 변경하는 등 교차모집을 제약 · 방해하는 행위
바. 설계사를 합리적 근거에 따라 소속 보험설계사보다 우대하는 행위

① 3개
② 4개
③ 5개
④ 6개

21 **보험업법상 모집을 위하여 사용하는 보험안내 자료의 기재사항을 모두 고른 것은?**

가. 보험금 지급제한 조건에 관한 사항
나. 해약환급금에 관한 사항
다. 변액보험계약에 최고로 보장되는 보험금이 설정되어 있는 경우에는 그 내용
라. 다른 보험회사 상품과 비교한 사항
마. 보험금이 금리에 연동되는 경우 적용금리 및 보험금 변동에 관한 사항
바. 보험안내자료의 제작자, 제작일, 보험안내자료에 대한 보험회사의 심사 또는 관리번호

① 가, 나, 마, 바
② 가, 다, 라, 마
③ 나, 다, 마, 바
④ 나, 라, 마,

22 **보험업법상 통신수단을 이용하여 모집 · 철회 및 해지 등을 하는 자가 준수해야 할 사항에 관한 내용으로 옳은 것은?**

① 전화 · 우편 · 컴퓨터통신 등 통신수단을 이용하여 보험업법에 따라 모집을 할 수 있는 자는 금융위원회로부터 별도로 이에 관한 허가를 받아야 한다.
② 보험회사는 보험계약자가 통신수단을 이용하여 체결한 계약을 해지하고자 하는 경우, 그 보험계약자가 계약을 해지하기 전에 안정성 및 신뢰성이 확보되는 방법을 이용하여 보험계약자 본인임을 확인받은 경우에 한하여 이용하도록 할 수 있다.
③ 사이버몰을 이용하여 모집하는 자는 보험계약자가 보험약관 또는 보험증권을 전자문서로 볼 수 있도록 하고, 보험계약자의 요청이 없더라도 해당 문서를 우편 또는 전자메일로 발송해 주어야 한다.
④ 보험회사는 보험계약자가 전화를 이용하여 계약을 해지하려는 경우에는 상대방의 동의 여부와 상관없이 보험계약자 본인인지를 확인하고 그 내용을 음성녹음을 하는 등 증거자료를 확보 · 유지해야 한다.

23 **보험업법상 보험회사의 자산운용 원칙에 관한 내용으로 옳은 것은?**

① 자산을 운용함에 있어 수익성 · 안정성 · 비례성 · 공익성이 확보되도록 하여야 한다.
② 직접 · 간접을 불문하고 다른 보험회사의 주식을 사도록 하기 위한 대출을 하여서는 아니 된다.
③ 신용공여계약을 체결하려는 자에게 계약체결 이후 재산증가나 신용등급 상승 등으로 신용개선상태가 나타난 경우 금리인하 요구를 할 수 있음을 알려야 한다.
④ 특별계정의 자산을 운용할 때에는 보험계약자의 지시에 따라 자산을 운용할 수 있다.

24 **보험업법상 보험종목의 특성 등을 고려하여 보험업법에 따라 계상된 책임준비금에 대한 적정성 검증을 받아야 하는 보험회사가 아닌 것은?**

① 생명보험을 취급하는 보험회사
② 보증보험을 취급하는 보험회사
③ 자동차보험을 취급하는 보험회사
④ 질병보험을 취급하는 보험회사

25 **보험업법상 보험회사가 자회사를 소유하게 된 날부터 15일 이내에 금융위원회에 제출하여야 하는 서류에 해당하지 않는 것은?**

① 업무의 종류 및 방법을 적은 서류
② 자회사가 발행주식총수의 100분의 10을 초과하여 소유하고 있는 회사의 현황
③ 재무상태표 및 손익계산서 등의 재무제표와 영업보고서
④ 자회사와의 주요거래 상황을 적은 서류

26 **보험업법상 보험회사 등이 보험설계사에게 모집을 위탁함에 있어 금지되는 행위에 해당하지 않는 것은?**

① 위탁계약서에서 정한 해지요건에 따라 위탁계약을 해지하는 행위
② 정당한 사유 없이 보험설계사가 요청한 위탁계약 해지를 거부하는 행위
③ 위탁계약서에서 정한 위탁업무 외의 업무를 강요하는 행위
④ 보험설계사에게 대납을 강요하는 행위

27 보험업법상 보험중개사가 지체 없이 금융위원회에 신고하여야 하는 사항이 아닌 것은?

① 개인의 경우에는 본인이 사망한 경우
② 법인이 아닌 사단 또는 재단의 경우에는 그 단체가 소멸한 경우
③ 보험중개사가 소속 보험설계사와 보험모집에 관한 위탁을 해지한 경우
④ 모집업무를 일시적으로 중단한 경우

28 보험업법상 보험회사가 상호협정의 체결을 위한 신청서에 기재하여야 하는 사항이 아닌 것은?

① 상호협정서 변경 대비표
② 상호협정의 효력의 발생시기와 기간
③ 상호협정에 관한 사무를 총괄하는 점포 또는 사무소가 있는 경우에는 그 명칭과 소재지
④ 외국보험회사와의 상호협정인 경우에는 그 보험회사의 영업 종류와 현재 수행 중인 사업의 개요 및 현황

29 보험업법상 보험약관 이해도 평가에 대한 내용으로 옳지 않은 것은?

① 금융위원회는 보험약관과 보험안내자료에 대한 보험소비자 등의 이해도를 평가하기 위해 평가대행기관을 지정할 수 있다.
② 보험약관 등의 이해도 평가에 수반되는 비용의 부담, 평가 시기, 평가 방법 등 평가에 관한 사항은 금융위원회가 정한다.
③ 보험약관 이해도 평가의 대상자에는 금융감독원장이 추천하는 보험소비자 1명 및 보험요율 산출기관의 장이 추천하는 보험 관련 전문가 1명이 포함된다.
④ 보험약관의 이해도 평가 기준 및 해당 기준에 따른 평가 결과는 평가대행기관의 홈페이지에 연 2회 이상 공시할 수 있다.

30 보험업법상 금융위원회가 금융감독원장으로 하여금 조치를 할 수 있도록 한 제재는 모두 몇 개인가?

> 가. 보험회사에 대한 주의 · 경고 또는 그 임직원에 대한 주의 · 경고 · 문책의 요구
> 나. 임원(「금융회사의 지배구조에 관한 법률」에 따른 업무 집행책임자는 제외)의 해임권고 · 직무정지의 요구
> 다. 6개월 이내의 영업의 일부정지
> 라. 해당 위반행위에 대한 시정명령

① 없음
② 1개
③ 2개
④ 3개

31 보험업법상 주식회사인 보험회사가 해산결의 인가신청서에 첨부하여 금융위원회에 제출하여야 하는 서류를 모두 고른 것은?

> 가. 주주총회 의사록
> 나. 청산 사무의 추진계획서
> 다. 보험계약자 및 이해관계인의 보호절차 이행을 증명하는 서류
> 라. 「상법」 등 관계 법령에 따른 절차의 이행에 흠이 없음을 증명하는 서류

① 가, 나
② 가, 나, 다
③ 나, 다, 라
④ 가, 나, 다, 라

32 보험업법상 보험계약의 이전에 관한 내용으로 옳지 않은 것은?

① 보험회사는 계약의 방법으로 책임준비금 산출의 기초가 같은 보험계약의 전부를 포괄하여 다른 보험회사에 이전할 수 있다.
② 보험계약을 이전하려는 보험회사는 원칙적으로 주주총회 등의 결의가 있었던 때부터 보험계약을 이전하거나 이전하지 아니하게 될 때까지 그 이전하려는 보험계약과 같은 종류의 보험계약을 하지 못한다.
③ 보험회사의 부실에 의한 보험계약 이전이라 하더라도, 외국보험회사의 국내지점을 국내법인으로 전환함에 따라 국내지점의 보험계약을 국내법인으로 이전하는 경우에는 그 이전하려는 보험계약과 같은 종류의 보험계약을 체결할 수 있다.
④ 보험회사의 부실에 의한 보험계약 이전이 아닌 한, 모회사에서 자회사인 보험회사를 합병함에 따라 자회사의 보험계약을 모회사로 이전하려는 경우에는 그 이전하려는 보험계약과 같은 종류의 보험계약을 체결할 수 있다.

33 보험업법상 보험회사의 해산 후에도 일정한 기간 내에는 보험계약의 이전을 결의할 수 있는 기간으로 옳은 것은?

① 3개월
② 6개월
③ 1년
④ 2년

34 **보험업법상 보험요율 산출기관에 관한 내용으로 옳지 않은 것은?**

① 정관으로 정하는 바에 따라 순보험요율의 산출 · 검증 및 제공, 보험 관련 정보의 수집 · 제공 및 통계의 작성 등의 업무를 한다.

② 보험회사가 적용할 수 있는 순보험요율을 산출하여 금융위원회에 신고하는 경우, 신고를 받은 금융위원회는 이 법에 적합하면 신고를 수리하여야 한다.

③ 정관으로 정함이 있더라도, 보험에 대한 조사업무는 할 수 있으나 보험에 대한 연구업무는 할 수 없다.

④ 정관으로 정하는 바에 따라「근로자퇴직급여 보장법」상 퇴직연금사업자로부터 위탁받은 업무를 할 수 있다.

35 **보험업법상 보험계리사의 업무 대상에 해당하지 않는 것은?**

① 책임준비금, 비상위험준비금 등 준비금의 적립과 준비금에 해당하는 자산의 적정성에 관한 사항

② 잉여금의 배분 · 처리 및 보험계약자 배당금의 배분에 관한 사항

③ 지급여력비율 계산 중 보험료 및 책임준비금과 관련된 사항

④ 상품 공시자료 중 기초서류와 관련이 없는 사항

36 **보험업법상 선임계리사에 관한 내용으로 옳지 않은 것은?**

① 외국보험회사의 국내지점이 선임계리사를 선임하거나 해임하려는 경우에는 이사회의 의결을 거쳐 금융위원회에 보고하거나 신고하여야 한다.

② 보험회사는 다른 보험회사의 선임계리사를 해당 보험회사의 선임계리사로 선임할 수 없다.

③ 금융위원회는 선임계리사에게 그 업무범위에 속하는 사항에 관하여 의견을 제출하게 할 수 있다.

④ 보험회사는 선임계리사의 해임 신고를 할 때 그 해임사유를 제출하여야 하며, 금융위원회는 해임사유에 대하여 해당 선임계리사의 의견을 들을 수 있다.

37 **보험업법상 보험협회(장)에 위탁할 수 있는 업무가 아닌 것은?**

① 보험설계사의 등록

② 보험대리점의 등록

③ 보험대리점의 등록취소 또는 업무정지의 통지

④ 보험계리를 업으로 하려는 자의 등록

38 **보험업법상 금융위원회의 허가 사항이 아닌 것은?**

① 보험영업의 양도 · 양수
② 보험업의 개시
③ 보험계약 이전 시 예외적 자산의 처분
④ 재평가적립금의 보험계약자에 대한 배당 처분

39 **보험업법상 벌칙에 관한 내용으로 옳지 않은 것은?**

① 징역과 벌금의 병과가 가능하다.
② 행위자와 보험회사의 양벌규정이 존재한다.
③ 징벌적 손해배상이 인정된다.
④ 과태료 규정이 존재한다.

40 **보험회사가 그 사유가 발생한 날로부터 5일 이내에 금융위원회에 보고하여야 할 사항에 해당하지 않는 것은?**

① 상호 및 명칭을 변경하거나 본점을 이전한 경우
② 대주주가 소유하고 있는 주식 총수가 의결권 있는 발행주식 총수의 100분의 1 이상만큼 변동된 경우
③ 업무 수행에 중대한 영향을 미치는 자본금 또는 기금을 증액한 경우
④ 조세 체납처분을 받은 경우 또는 조세에 관한 법령을 위반하여 형벌을 받은 경우

2과목 보험계약법

01 다음 중 상법 제4편(보험)의 규정이 적용되거나 준용되는 경우가 아닌 것은?

① 상호보험
② 무역보험
③ 자가보험
④ 공제

02 보험계약자, 피보험자, 보험수익자에 관한 설명으로 옳지 않은 것은?

① 보험계약자가 대리인에 의하여 보험계약을 체결한 경우에 대리인이 안 사유는 그 본인이 안 것과 동일한 것으로 한다.
② 만 15세인 미성년자를 피보험자로 하는 사망보험계약은 그의 서면동의를 받은 경우에도 당연 무효이다.
③ 타인을 위한 손해보험계약에서 피보험자는 원칙적으로 보험료지급의무를 지지 아니하지만, 보험계약자가 파산선고를 받거나 보험료의 지급을 지체한 때에는 피보험자가 보험계약상 권리를 포기하지 아니하는 한 그 보험료를 지급할 의무가 있다.
④ 타인을 위한 생명보험계약에서 보험수익자는 원칙적으로 보험료지급의무를 지지 아니하지만, 보험계약자가 파산선고를 받거나 보험료의 지급을 지체한 때에는 보험수익자가 보험계약상 권리를 포기하지 아니하는 한 그 보험료를 지급할 의무가 있다.

03 보험계약의 성립에 관한 설명으로 옳은 것은?

① 보험계약의 체결을 원하는 보험계약자는 청약서를 작성하여 이를 보험자에게 제출하여야 하므로 보험계약은 요식계약성을 가진다.
② 보험자가 보험계약자로부터 보험계약의 청약을 받은 경우 보험료의 지급 여부와 상관없이 30일내에 보험계약자에 대하여 그 청약에 대한 낙부의 통지를 발송하여야 한다.
③ 보험자가 청약에 대한 낙부통지의무를 부담하는 경우 정해진 기간 내에 낙부의 통지를 해태한 때에는 승낙한 것으로 추정된다.
④ 보험계약자가 보험자에게 보험료의 전부 또는 제1회 보험료를 지급하는 것은 보험자의 책임개시요건에 불과할 뿐 보험계약의 성립요건은 아니다.

04 **보험기간, 보험계약기간에 관한 설명으로 옳지 않은 것은? (다툼이 있는 경우 판례에 의함)**

① 보험기간은 당사자의 약정에 의해 정하고 보험증권에 기재하여야 한다.
② 보험기간 내에 보험사고가 생긴 경우에는 보험기간이 지나 손해가 발생하였더라도 보험자가 보험금을 지급하여야 한다.
③ 보험계약기간은 보험계약이 성립하여 소멸할 때까지의 기간이다.
④ 소급보험계약은 보험계약기간이 보험기간보다 앞서 시작된다.

05 **보험약관의 해석에 관한 설명으로 옳지 않은 것은? (다툼이 있는 경우 판례에 의함)**

① 보험자가 약관의 내용과 다른 설명을 하였다면 그 설명내용이 구두로 합의된 개별약정으로서 개별약정 우선의 원칙에 따라 보험계약의 내용이 된다.
② 약관의 내용은 획일적으로 해석할 것이 아니라 개별적인 계약체결자의 의사나 구체적인 사정을 고려하여 주관적으로 해석해야 한다.
③ 약관조항의 의미가 명확하게 일의적으로 표현되어 있어 다의적인 해석의 여지가 없을 때에는 작성자불이익의 원칙이 적용될 여지가 없다.
④ 면책약관의 해석에 있어서는 제한적이고 엄격하게 해석하여 그 적용범위가 확대적용 되지 않도록 하여야 한다.

06 **보험증권에 관한 설명으로 옳지 않은 것은?**

① 보험자는 보험계약이 성립한 때에는 지체 없이 보험증권을 작성하여 보험계약자에게 교부하여야 하며 보험계약자가 보험료의 전부 또는 최초의 보험료를 지급하지 아니한 때에도 그러하다.
② 기존의 보험계약을 연장하거나 변경한 경우에는 보험자는 그 보험증권에 그 사실을 기재함으로써 보험증권의 교부에 갈음할 수 있다.
③ 보험계약의 당사자는 보험증권의 교부가 있은 날로부터 일정한 기간내에 한하여 그 증권내용의 정부에 관한 이의를 할 수 있음을 약정할 수 있다. 이 기간은 1월을 내리지 못한다.
④ 보험증권을 멸실 또는 현저하게 훼손한 때에는 보험계약자는 보험자에 대하여 증권의 재교부를 청구할 수 있다. 그 증권작성의 비용은 보험계약자의 부담으로 한다.

07 보험약관의 교부 · 설명의무에 관한 설명으로 옳지 않은 것은?

① 보험자는 보험약관의 교부 · 설명의무를 부담하며, 보험자의 보험대리상도 이 의무를 부담한다.
② 보험계약자의 대리인과 보험계약을 체결한 경우에도 보험약관의 교부 · 설명은 반드시 보험계약자 본인에 대하여 하여야 한다.
③ 상법에 규정된 보험계약자의 통지의무와 동일한 내용의 보험약관에 대해서는 보험자가 별도로 설명할 필요가 없다.
④ 보험약관의 교부 · 설명의무를 부담하는 시기는 보험계약을 체결할 때이다.

08 고지의무 위반의 요건에 관한 설명으로 옳지 않은 것은? (다툼이 있는 경우 판례에 의함)

① 고지의무 위반이 되려면 보험계약자 또는 피보험자에게 고지의무 위반에 대한 고의 또는 과실이 있어야 한다.
② 고지의무 위반의 주관적 요건에 해당하는지 여부는 보험계약의 내용, 고지하여야 할 사실의 중요도, 보험계약의 체결에 이르게 된 경위, 보험자와 피보험자 사이의 관계 등 제반 사정을 참작하여 사회통념에 비추어 개별적 · 구체적으로 판단하여야 한다.
③ 보험계약자 또는 피보험자가 중요한 사항에 관하여 사실과 달리 고지한 것 이외에 중요한 사항에 관한 사실을 알리지 않은 것도 고지의무 위반이 된다.
④ 고지의무 위반의 요건에 해당한다는 입증책임은 고지의무 위반을 이유로 계약을 해지하려는 보험자가 원칙적으로 부담한다.

09 고지의무 위반의 효과에 관한 설명으로 옳지 않은 것은?

① 고지의무 위반이 있는 경우 보험자는 그 사실을 안 날로부터 1월 내에, 계약을 체결한 날로부터 3년 내에 한하여 계약을 해지할 수 있다.
② 고지의무를 위반한 사실이 보험사고 발생에 영향을 미치지 아니하였음이 증명된 경우 보험자는 보험금을 지급할 책임이 있다.
③ 고지의무를 위반한 사실이 보험사고 발생에 영향을 미치지 아니하였음이 증명된 경우 보험자는 계약을 해지할 수 없다.
④ 판례에 따르면 보험자가 보험약관의 교부 · 설명의무를 위반한 경우에는 보험계약자 또는 피보험자의 고지의무 위반을 이유로 보험계약을 해지할 수 없다고 한다.

10 **상법상 보험금액의 지급에 관한 규정이다. A, B에 들어갈 것을 모은 것으로 옳은 것은?**

> 보험자는 보험금액의 지급에 관하여 약정기간이 없는 경우에는 보험사고발생의 통지를 받은 후 (A) 지급할 보험금액을 정하고 그 정하여진 날부터 (B) 내에 피보험자 또는 보험수익자에게 보험금액을 지급하여야 한다.

① A – 지체 없이, B – 10일
② A – 지체 없이, B – 10영업일
③ A – 상당한 기간을 정하여, B – 10일
④ A – 상당한 기간을 정하여, B – 10영업일

11 **상법상 소멸시효 기간이 3년인 것을 모두 모은 것은?**

> 가. 보험금청구권
> 나. 보험료청구권
> 다. 보험료반환청구권
> 라. 적립금반환청구권

① 가, 나
② 가, 나, 다
③ 가, 다, 라
④ 가, 나, 다, 라

12 **보험료에 관한 설명으로 상법상 명시된 규정이 있지 않은 것은?**

① 보험계약의 당사자가 특별한 위험을 예기하여 보험료의 액을 정한 경우에 보험기간 중 그 예기한 위험이 소멸한 때에는 보험계약자는 그 후의 보험료의 감액을 청구할 수 있다.
② 보험계약의 전부 또는 일부가 무효인 경우에 보험계약자와 피보험자가 선의이며 중대한 과실이 없는 때에는 보험자에 대하여 보험료의 전부 또는 일부의 반환을 청구할 수 있다.
③ 보험사고가 발생하기 전 보험계약자가 보험계약을 임의해지하는 경우 당사자 간에 다른 약정이 없으면 보험계약자는 미경과보험료의 반환을 청구할 수 있다.
④ 보험계약자 또는 피보험자가 고지의무를 위반하여 이를 이유로 보험자가 보험계약을 해지하는 경우 보험사고가 발생하기 전이라면 보험계약자는 보험료의 전부 또는 일부의 반환을 청구할 수 있다.

13 **보험료의 지급과 지체의 효과에 관한 설명으로 옳지 않은 것은?**

① 보험계약자는 계약 체결 후 지체 없이 보험료의 전부 또는 제1회 보험료를 지급하여야 하며, 보험계약자가 이를 지급하지 아니하는 경우에는 다른 약정이 없는 한 계약 성립 후 1월이 경과하면 그 계약은 해제된 것으로 본다.

② 계속보험료가 약정한 시기에 지급되지 아니한 때에는 보험자는 상당한 기간을 정하여 보험계약자에게 최고하고 그 기간내에 지급되지 아니한 때에는 그 계약을 해지할 수 있다.

③ 특정한 타인을 위한 보험의 경우에 보험계약자가 보험료의 지급을 지체한 때에는 보험자는 그 타인에게도 상당한 기간을 정하여 보험료의 지급을 최고한 후가 아니면 그 계약을 해제 또는 해지하지 못한다.

④ 판례에 따르면 계속보험료가 약정한 시기에 지급되지 아니한 때 일정한 유예기간이 경과하면 보험자의 최고나 해지의 의사표시 없이 자동적으로 계약의 효력이 상실되는 약관의 내용은 보험법의 상대적 강행법규성에 위배되어 무효라고 한다.

14 **의무위반의 효과로서 보험자가 그 보험계약을 해지할 수 있다고 상법상 명시하지 않은 것은?**

① 보험계약 당시에 보험계약자 또는 피보험자가 고의 또는 중대한 과실로 인하여 중요한 사항을 고지하지 아니하거나 부실의 고지를 한 경우

② 보험기간 중에 보험계약자 또는 피보험자가 사고 발생의 위험이 현저하게 변경 또는 증가된 사실을 안 때에는 지체 없이 보험자에게 통지하여야 하는 의무를 해태한 경우

③ 보험계약자, 피보험자 또는 보험수익자가 보험사고의 발생을 안 때에는 지체 없이 보험자에게 그 통지를 발송하여야 하는 의무를 해태한 경우

④ 보험기간 중에 보험계약자, 피보험자 또는 보험수익자의 고의 또는 중대한 과실로 인하여 사고발생의 위험이 현저하게 변경 또는 증가된 경우

15 **상법상 보험계약자의 임의해지권에 관한 설명으로 옳지 않은 것은?**

① 보험사고가 발생하기 전에는 보험계약자는 언제든지 계약의 전부 또는 일부를 해지할 수 있다.

② 타인을 위한 보험계약의 경우에는 보험계약자는 그 타인의 동의를 얻지 아니하거나 보험증권을 소지하지 아니하면 그 계약을 해지하지 못한다.

③ 보험사고의 발생으로 보험자가 보험금을 지급한 후에 보험금액이 감액되는 보험의 경우에는 그 보험사고가 발생한 후에도 임의해지권을 행사할 수 있다.

④ 보험계약자가 임의해지권을 행사하는 경우에 당사자 간에 다른 약정이 없으면 미경과보험료의 반환을 청구할 수 있다.

16 **상법상 보험계약의 부활에 관한 설명으로 옳지 않은 것은? (다툼이 있는 경우 판례에 의함)**

① 계속보험료의 부지급으로 인하여 보험계약이 해지되거나 실효되었을 경우에 발생한다.
② 보험계약자가 해지환급금을 반환받은 경우에는 부활을 청구할 수 없다.
③ 보험계약이 해지된 시점부터 부활이 되는 시점 사이에 발생한 보험사고에 대하여 보험자는 책임을 지지 않는다.
④ 부활계약 체결 시의 보험약관이 법률에서 정한 내용과 달리 규정되어 부활 후에도 적용될 경우 보험자는 원칙적으로 해당 약관의 내용에 대하여 설명의무를 이행할 필요가 없다.

17 **보험계약의 소멸사유에 관한 설명으로 옳은 것은?**

① 보험자가 파산선고를 받은 경우 보험계약자가 해지하지 않은 보험계약은 파산선고 후 1월을 경과한 때에 소멸한다.
② 보험기간 내에 보험사고가 발생하지 않았다면 보험기간이 만료되어도 보험계약은 소멸하지 않는다.
③ 보험의 목적이 보험기간 중 보험사고 이외의 원인으로 멸실되었다면 보험계약은 소멸한다.
④ 보험사고가 발생하는 경우 보험금액이 지급되면 보험계약은 소멸한다.

18 **손해보험계약에서 실손보상원칙에 관한 설명으로 옳지 않은 것은? (다툼이 있는 경우 판례에 의함)**

① 손해보험계약에서는 피보험자가 이중이득을 얻는 것을 막기 위해 실손보상원칙이 철저히 준수된다.
② 약정 보험금액을 아무리 고액으로 정한다 하더라도 지급되는 보험금은 보험가액을 초과할 수 없다.
③ 손해보험계약에 있어 제3자의 행위로 인하여 생긴 손해에 대하여 제3자의 손해배상에 앞서 보험자가 먼저 보험금을 지급한 때에는 피보험자의 제3자에 대한 손해배상청구권은 소멸되지 아니하고 지급된 보험금액의 한도에서 보험자에게 이전된다.
④ 보험계약을 체결할 당시 당사자 사이에 미리 보험가액에 대해 합의를 하지 않은 미평가보험이나 신가보험 등은 실손보상원칙의 예외에 해당한다.

19 **중복보험에 관한 설명으로 옳지 않은 것은? (다툼이 있는 경우 판례에 의함)**

① 중복보험이란 수개의 보험계약의 보험계약자가 동일할 필요는 없으나 피보험자는 동일해야 하며, 각 보험계약의 기간은 전부 공통될 필요는 없고 중복되는 기간에 한하여 중복보험으로 본다.

② 보험목적의 양수인이 그 보험목적에 대한 1차 보험계약과 피보험이익이 동일한 보험계약을 체결한 사안에서 1차 보험계약에 따른 보험금청구권에 질권이 설정되어 있어 보험사고가 발생할 경우에 보험금이 그 질권자에게 귀속될 가능성이 많아 1차 보험을 승계할 이익이 거의 없다면, 양수인이 체결한 보험은 중복보험에 해당하지 않는다.

③ 중복보험은 동일한 목적과 동일한 사고에 관하여 수개의 보험계약이 체결된 경우를 말하므로, 산업재해보상보험과 자동차종합보험(대인배상보험)은 보험의 목적과 보험사고가 동일하다고 볼 수 없는 것이어서 사용자가 산업재해보상보험과 자동차종합보험에 가입하였다고 하더라도 중복보험에 해당하지 않는다.

④ 수개의 손해보험계약이 동시 또는 순차로 체결된 경우에 그 보험금액의 총액이 보험가액을 초과한 때에는 중복보험 규정에 따라 보험자는 각자의 보험금액의 한도에서 연대책임을 지는데, 이러한 보험자의 보상책임 원칙은 강행규정으로 보아야 한다.

20 **손해보험계약에서 보험자는 보험사고로 인하여 생긴 피보험자의 재산상의 손해를 보상할 책임이 있으며, 보험사고와 피보험자가 직접 입은 재산상의 손해 사이에는 상당인과관계가 있어야 한다는 것이 판례와 통설의 견해이다. 이때 상당인과관계에 관한 설명으로 옳지 않은 것은? (다툼이 있는 경우 판례에 의함)**

① 화재보험에 가입한 경우 화재가 발생하여 이를 진압하기 위해 뿌려진 물에 의해 보험의 목적물에 손해가 생긴 경우 보험사고와 손해 사이에는 상당인과관계가 인정되므로 보험자는 보상의무가 있다.

② 보험자가 벼락 등의 사고로 특정 농장 내에 있는 돼지에 대하여 생긴 손해를 보상하기로 하는 손해보험계약을 체결한 경우, 벼락으로 인해 농장에 전기공급이 중단되어 돼지들이 질식사 하더라도 벼락에 의한 손해 발생의 확률은 현저히 낮으므로 위 벼락과 돼지들의 질식사 사이에 상당한 인과관계가 있다고 인정하기 힘들다.

③ 화재로 인한 건물 수리 시에 지출한 철거비와 폐기물처리비는 화재와 상당인과관계가 있는 건물 수리비에 포함된다.

④ 근로자가 평소 누적된 과로와 연휴동안의 과도한 음주 및 혹한기의 노천작업에 따른 고통 등이 복합적인 원인이 되어 심장마비를 일으켜 사망하였다면 그 사망은 산업재해보상보험법상 소정의 업무상 사유로 인한 사망에 해당한다.

21 **보험계약자와 피보험자의 손해방지 · 경감의무에 관한 설명으로 옳지 않은 것은? (다툼이 있는 경우 판례에 의함)**

① 손해의 방지와 경감을 위해 소요된 필요 또는 유익한 비용과 보험자가 사고손해에 대해 지급한 손해액의 합계액이 약정보험금을 초과한 경우라도 보험자는 이를 부담한다.

② 정액보험의 경우에는 약정된 보험사고가 발생하면 손해의 크기를 산정할 필요 없이 약정된 보험금액을 지급하면 되기 때문에 손해방지의무가 적용되지 않는다.

③ 약관에 손해방지비용을 보험자가 부담하지 않기로 하거나 제한을 두는 것은 불이익변경금지의 원칙에 위배되지 아니하며 유효하다.

④ 보험계약자와 피보험자가 고의 또는 중과실로 손해방지의무를 위반한 경우 보험자는 손해방지의무 위반과 상당인과관계가 있는 손해에 대하여 배상을 청구하거나 지급할 보험금과 상계하여 이를 공제한 나머지 금액만을 보험금으로 지급할 수 있다.

22 **보험목적의 양도에 관한 설명으로 옳지 않은 것은? (다툼이 있는 경우 판례에 의함)**

① 조건이나 기한 등의 제한으로 인해 보험계약의 효력이 발생하지 않더라도 보험목적의 양도 규정은 유효하게 적용된다.

② 보험자가 보험계약에 대해 취소권이나 해지권을 가지고 있는 경우 보험의 목적이 양도된 후에도 보험자는 양수인에 대하여 취소권과 해지권을 행사할 수 있다.

③ 보험목적의 양도 규정은 유상양도이든 무상양도이든 불문하고 적용되지만, 양도에 의한 채권계약만으로는 부족하고 특정승계의 방법(개별적 의사표시)으로 보험의 목적에 대한 소유권이 양수인에게 이전되어야(물권적 양도) 보험계약관계가 양수인에게 이전된다.

④ 화재보험의 목적물이 양도된 경우 보험자는 보험목적의 양도로 인하여 보험 목적물에 현저한 위험의 변경 또는 증가가 없다면 비록 보험계약자 또는 피보험자가 양도의 통지를 하지 않더라도 통지의무 위반을 이유로 당해 보험계약을 해지할 수 없다.

23 **甲은 자신소유의 보험가액 10억원 건물에 대해 보험료의 절감을 위해 보험금액을 5억원으로 정하고 특약으로 1차 위험담보 조항(실손보상특약)을 내용으로 보험자인 乙과 화재보험계약을 체결하였다. 그런데 화재보험기간 중 보험 목적물에 화재가 발생하였고 4억원의 손해가 발생하였다. 이때 乙이 甲에게 지급하여야 하는 보험금은 얼마인가?**

① 5억원　　② 4억원

③ 2억 5천만원　　④ 2억원

24 **해상보험의 피보험이익에 관한 설명으로 옳지 않은 것은? (다툼이 있는 경우 판례에 의함)**

① 선박보험에 있어 피보험이익은 선박소유자의 이익 외에 담보권자의 이익, 선박임차인의 사용이익도 포함되므로 선박임차인도 추가보험의 보험계약자 및 피보험자가 될 수 있다.

② 적하보험은 선박에 의하여 운송되는 화물에 대한 소유자 이익을 피보험이익으로 한다.

③ 운임보험은 운송인이 해상위험으로 인해 받을 수 없게 된 운임을 피보험이익으로 한다.

④ 선비보험은 선박의 운항에 필요한 비용, 즉 도선료, 입항료, 등대료 등의 비용을 피보험이익으로 한다.

25 **해상보험의 워런티(warranty)에 관한 설명으로 옳지 않은 것은? (다툼이 있는 경우 판례에 의함)**

① 선박이 발항 당시 감항능력을 갖추고 있을 것을 조건으로 하여 보험자가 해상위험을 인수하였다는 것이 명백한 경우, 보험사고가 그 조건의 결여 이후에 발생한 경우에는 보험자는 조건 결여의 사실, 즉 발항 당시의 불감항 사실만을 입증하면 그 조건 결여와 손해발생 사이의 인과관계를 입증할 필요없이 보험금 지급책임이 없다.

② 보험증권에 그 준거법을 영국의 법률과 관습에 따르기로 하는 규정과 아울러 감항증명서의 발급을 담보한다는 내용의 명시적 규정이 있는 경우, 부보선박이 특정 항해에 있어서 그 감항성을 갖추고 있음을 인정하는 감항증명서는 매 항해 시마다 발급받아야 하는 것이 아니라, 첫 항차를 위해 출항하는 항해 시 발급받으면 그 담보조건이 충족된다.

③ 2015년 영국보험법(The Insurance Act 2015)에 따르면 보험자는 워런티 위반일로부터 장래를 향해 자동적으로 보험자의 보상책임이 면제되는 것이 아니라 위반 내용의 치유 시까지만 면책된다.

④ 2015년 영국보험법(The Insurance Act 2015)에 따르면 보험자는 보험계약자가 워런티의 불이행과 보험사고 발생 사이에 인과관계가 없었음을 증명한 때에는 보험금 지급 책임이 있다.

26 **보험자의 면책사유에 관한 설명으로 옳지 않은 것은? (다툼이 있는 경우 판례에 의함)**

① 법정면책사유가 약관에 규정되어 있는 경우는 그 내용이 법령에 규정되어 있는 것을 반복하거나 부연하는 정도에 불과하더라도 이는 설명의무의 대상이 된다.

② 보험사고 발생 전에 보험자가 비록 보험금청구권 양도 승낙 시나 질권설정 승낙 시에 면책사유에 대한 이의를 보류하지 않았다 하더라도 보험자는 보험계약상의 면책사유를 양수인 또는 질권자에게 주장할 수 있다.

③ 영국 해상보험법상 선박기간보험에 있어 감항능력 결여로 인한 보험자의 면책요건으로서 피보험자의 '악의(privity)'는 영미법상의 개념으로서 감항능력이 없다는 것을 적극적으로 아는 것뿐 아니라, 감항능력이 없을 수도 있다는 것을 알면서도 이를 갖추기 위한 조치를 하지 않고 그대로 내버려두는 것까지 포함한 개념이다.

④ 소손해면책은 분손의 경우에만 적용되며 그 손해가 면책한도액을 초과하는 경우 보험자는 손해의 전부를 보상해야 한다.

27 **책임보험계약상 보험자의 손해보상의무에 관한 설명으로 옳지 않은 것은? (다툼이 있는 경우 판례에 의함)**

① 자동차손해배상보장법에 기초한 대인배상 I 에서 보험계약자나 피보험자의 고의에 의한 사고와 관련하여 피해자는 보험자에게 보험금 지급청구를 할 수 있고 보험자는 지급의무를 부담한다.

② 피해자와 피보험자 사이에 판결에 의하여 확정된 손해액은 그것이 피보험자에게 법률상 책임이 없는 부당한 손해라 하더라도 보험자는 원본이든 지연손해금이든 피보험자에게 지급할 의무가 있다.

③ 변제, 승인, 화해 또는 재판 등에 의한 확정책임이 없으면 보험자는 보험금채무의 이행지체에 빠지지 않는다.

④ 피보험자가 보험금을 청구하기 위해서는 그 금액이 확정되어야 그 권리를 행사할 수 있으며 보험금청구권을 행사할 수 있는 때로부터 진행하여 3년의 시효에 걸린다.

28 **책임보험계약상 제3자의 직접청구권의 소멸시효에 관한 설명으로 옳지 않은 것은? (다툼이 있는 경우 판례에 의함)**

① 피해자가 보험자에게 갖는 직접청구권은 피해자가 보험자에게 가지는 손해배상청구권이므로 민법 제766조에 따라 피해자 또는 그 법정대리인이 그 손해 및 가해자를 안 날로부터 3년간 이를 행사하지 아니하면 시효로 소멸한다.

② 보험사고가 발생한 것인지의 여부가 객관적으로 분명하지 아니하여 보험금청구권자가 과실없이 보험사고의 발생을 알 수 없었던 경우에는 보험금청구권자가 보험사고의 발생을 알았거나 알 수 있었던 때로부터 소멸시효가 진행한다.

③ 불법행위로 인한 손해배상청구권의 단기소멸시효의 기산점인 '손해 및 가해자를 안 날'이란 손해의 발생, 위법한 가해행위의 존재, 가해행위와 손해의 발생과의 상당인과관계가 있다는 사실을 인식한 것으로 족하고, 현실적이고 구체적인 인식까지 요하는 것은 아니다.

④ 제3자가 보험자에 대하여 직접청구권을 행사한 경우에 보험자가 제3자와 손해배상금액에 대하여 합의를 시도하였다면 보험자는 그 때마다 손해배상채무를 승인한 것이므로 제3자의 직접청구권의 소멸시효는 중단된다.

29 **자동차손해배상보장법상 운행자에 관한 설명으로 옳지 않은 것은? (다툼이 있는 경우 판례에 의함)**

① 운행지배란 현실적인 지배에 한하며 사회통념상 간접지배 내지는 지배가능성이 있다고 볼 수 있는 경우는 포함되지 아니한다.

② 운행자란 자동차관리법의 적용을 받는 자동차와 건설기계관리법의 적용을 받는 건설기계를 자기의 점유·지배하에 두고 자기를 위하여 사용하는 자를 말한다.

③ 여관이나 음식점 등의 공중접객업소에서 주차 대행 및 관리를 위한 주차요원을 일상적으로 배치하여 이용객으로 하여금 주차요원에게 자동차와 시동 열쇠를 맡기도록 한 경우에 위 자동차는 공중접객업소가 보관하는 것으로 보아야 하고 위 자동차에 대한 자동차 보유자의 운행지배는 떠난 것으로 볼 수 있다.

④ 제3자가 무단히 자동차를 운전하다가 사고를 내었다 하더라도 그 운행에 있어 소유자의 운행지배와 운행이익이 완전히 상실되었다고 볼만한 특별한 사정이 없는 경우 소유자는 그 사고에 대하여 자동차손해배상보장법상 소정의 운행자로서 책임을 부담한다.

30 **다음의 설명으로 옳지 않은 것은? (다툼이 있는 경우 판례에 의함)**

① 외국법을 준거법으로 정함으로써 공서양속에 반하는 경우 또는 보험계약자의 이익을 부당하게 침해하는 경우에는 외국법 준거약관의 효력을 부인할 수 있다.

② 자동차손해배상보장법 제3조의 '다른 사람(타인)'이란 '자기를 위하여 자동차를 운행하는 자 및 당해 자동차의 운전자를 제외한 그 이외의 자'를 지칭하므로, 자동차를 현실로 운전하거나 운전의 보조에 종사한 자는 이에 해당하지 않는다.

③ 무보험자동차에 의한 상해담보특약은 상해보험의 성질과 함께 손해보험의 성질도 갖고 있는 손해보험형 상해보험이지만 하나의 사고에 관하여 여러 개의 무보험상해담보특약이 체결되고 그 보험금액의 총액이 피보험자의 손해액을 초과하였다하더라도 중복보험 규정은 준용되지 아니한다.

④ 정액보험형 상해보험에서 기왕장해가 있는 경우에도 약정 보험금 전액을 지급하는 것이 원칙이고 예외적으로 감액규정이 있는 경우에만 보험금을 감액할 수 있으므로, 기왕장해 감액규정과 같이 후유장해보험금에서 기왕장해에 해당하는 보험금 부분을 감액하는 약관 내용은 보험자의 설명의무가 인정된다.

31 **타인을 위한 생명보험계약에 관한 설명으로 옳지 않은 것은? (다툼이 있는 경우 판례에 의함)**

① 타인을 위한 생명보험계약은 보험계약자가 생명보험계약을 체결하면서 자기 이외의 제3자를 보험수익자로 지정한 계약을 말한다.

② 보험수익자를 수인의 상속인으로 지정한 경우 각 상속인은 균등한 비율에 따라 보험금청구권을 가진다.

③ 보험수익자를 상속인으로 지정한 경우 그 보험금청구권은 상속인의 고유재산에 속하게 된다.

④ 보험수익자를 상속인으로 기재하였다면 그 상속인이란 피보험자의 민법상 법정상속인을 의미한다.

32 **질병보험에 관한 설명으로 옳지 않은 것은?**

① 질병보험은 보험사고의 원인이 신체의 질병과 같은 내부적 원인에 기인하는 것을 담보한다.

② 질병보험에 관하여는 그 성질에 반하지 않는 한 생명보험 및 상해보험의 일부 규정을 준용한다.

③ 질병보험의 보험금 지급은 정액방식으로만 가능하다.

④ 질병보험은 상법상 인보험에 속하며 보험업법상으로는 제3보험에 속한다.

33 **인보험에 관한 설명으로 옳지 않은 것은? (다툼이 있는 경우 판례에 의함)**

① 인보험계약의 보험자는 피보험자의 생명 또는 신체에 관하여 보험사고가 발생할 경우 보험금을 지급한다.

② 인보험계약에서 보험금은 당사자 간의 약정에 따라 분할지급이 가능하다.

③ 무보험자동차에 의한 상해담보특약에서 당사자 간에 별도 약정이 있는 경우 보험자는 피보험자의 권리를 해하지 않는 범위 내에서 피보험자의 배상의무자에 대한 손해배상청구권을 대위행사 할 수 있다.

④ 인보험증권에는 상법 제666조에 게기된 사항 외에 보험계약의 종류, 피보험자 및 보험계약자의 직업과 성별을 기재하여야 한다.

34 **인보험계약에서 보험자대위에 관한 설명으로 옳지 않은 것은? (다툼이 있는 경우 판례에 의함)**

① 생명보험계약의 보험자는 보험사고로 인해 발생한 보험계약자의 제3자에 대한 권리를 대위하여 행사하지 못한다.

② 인보험계약에서 피보험자 등은 자신이 제3자에 대해서 가지는 권리를 보험자에게 양도할 수 없다.

③ 인보험계약에서는 잔존물대위가 인정되지 않는다.

④ 상해보험계약의 경우 당사자 간에 별도의 약정이 있는 경우에는 피보험자의 권리를 해하지 않는 범위 안에서 보험자에게 청구권대위가 인정된다.

35 **상해보험에 관한 설명으로 옳지 않은 것은? (다툼이 있는 경우 판례에 의함)**

① 상해보험계약의 보험자는 피보험자의 신체의 상해에 관하여 보험사고가 생길 경우에 보험금액 기타의 급여를 할 책임이 있다.

② 주로 질병이나 내부적 원인에 기인한 것은 상해보험의 보험사고에서 제외되므로, 피보험자가 농작업 중 과로로 인하여 지병인 고혈압이 악화되어 뇌졸중으로 사망하였다면 이는 상해보험의 보장대상으로 볼 수 없다.

③ 피보험자가 술에 만취하여 지하철 승강장 아래 선로에 서서 선로를 따라 걸어가다가 승강장 안으로 들어오는 전동차에 부딪혀 사망한 경우, 이는 상해보험의 보험사고의 요건인 우발적인 사고로 볼 수 있다.

④ 출생 전의 태아는 상해보험의 피보험자가 될 수 없다.

36 **甲은 乙을 피보험자로, 丙과 丁을 보험수익자로 지정하여 보험회사와 생명보험계약을 체결하였다. 다음 설명 중 옳지 않은 것은? (다툼이 있는 경우 판례에 의함)**

① 甲이 처음부터 乙을 살해할 목적으로 보험계약을 체결한 후 乙을 살해하였을 경우 보험회사는 보험금 지급 의무가 없다.
② 丙이 고의로 乙을 살해한 경우 丙과 丁은 보험금을 지급받을 수 없다.
③ 생명보험 표준약관에 따르면 乙이 보험계약의 보장개시일로부터 2년이 경과한 이후에 자살한 경우 丙과 丁은 보험금을 지급받을 수 있다.
④ 乙이 甲과 부부싸움 중 극도의 흥분되고 불안한 정신적 공황상태에서 베란다 밖으로 몸을 던져 사망한 경우 丙과 丁은 보험금을 지급받을 수 있다.

37 **보험수익자의 지정 · 변경에 관한 설명으로 옳지 않은 것은?**

① 보험수익자의 지정 · 변경권은 보험계약자가 자유롭게 행사할 수 있는 형성권이며, 상대방 없는 단독행위이다.
② 보험계약자가 보험수익자의 지정권을 행사하지 아니하고 사망한 경우에는 특별한 약정이 없는 한 피보험자가 보험수익자가 된다.
③ 보험계약자가 보험수익자의 지정권을 행사하기 이전에 피보험자가 사망한 경우에는 보험계약자의 상속인이 보험수익자가 된다.
④ 보험수익자가 사망한 후 보험계약자가 보험수익자를 지정하지 아니하고 사망한 경우에는 보험수익자의 상속인을 보험수익자로 한다.

38 **상해보험계약에서 보험자의 보험금 지급의무가 발생하지 않는 경우에 해당하는 것을 모두 고른 것은? (다툼이 있는 경우 판례에 의함)**

가. 피보험자가 욕실에서 페인트칠 작업을 하다가 평소 가지고 있던 고혈압 증세가 악화되어 뇌교출혈을 일으켜 장애를 입게 된 보험사고
나. 피보험자가 만취된 상태에서 건물에 올라갔다가 구토 중에 추락하여 발생한 보험사고
다. 자동차상해보험계약에서 피보험자의 중대한 과실로 해석되는 무면허로 인하여 발생한 보험사고
라. 자동차상해보험계약에서 피보험자의 중대한 과실로 해석되는 안전띠 미착용으로 인하여 발생한 보험사고

① 가
② 가, 나
③ 가, 나, 다
④ 가, 나, 다, 라

39 甲은 乙을 피보험자로 하여 그의 서면동의를 받아 보험회사와 보험계약을 체결하였다. 다음 설명 중 옳지 않은 것은?

① 법정대리인의 동의 없이 만 15세인 甲이 성년인 乙을 피보험자로 하여 사망보험계약을 체결한 경우 그 보험계약은 무효가 된다.
② 甲이 사망보험계약을 체결할 당시 乙이 심신상실자였다면 그 보험계약은 무효가 된다.
③ 甲이 사망보험계약을 체결할 당시 乙이 의사능력이 없는 심신박약자였다면 그 보험계약은 무효가 된다.
④ 甲이 사망보험계약을 체결할 당시 乙이 만 14세였다면 그 보험계약은 무효가 된다.

40 단체생명보험에 관한 설명으로 옳지 않은 것은? (다툼이 있는 경우 판례에 의함)

① 피보험자인 직원이 퇴사한 이후에 사망한 경우, 만약 회사가 그 직원의 퇴사 후에도 보험료를 계속 납입하였다면 피보험자격은 유지된다.
② 단체의 규약에 따라 구성원을 피보험자로 하는 생명보험계약을 체결한 때에는 보험자는 보험계약자에게만 보험증권을 교부하면 된다.
③ 단체규약에 단순히 근로자의 채용 및 해고, 재해부조 등에 관한 사항만 규정하고 있고, 보험가입에 관하여는 별다른 규정이 없는 경우에는 피보험자의 동의를 받아야 한다.
④ 단체생명보험은 타인의 생명보험계약이다.

01 다음 중 인플레이션, 대량실업, 전쟁이나 내란 등과 같이 다수에게 영향을 초래하는 리스크는?

① 동태적 리스크(dynamic risk)
② 근원적 리스크(fundamental risk)
③ 투기적 리스크(speculative risk)
④ 특정 리스크(particular risk)

02 아래에서 설명하는 리스크요소 파악 방법은?

- 조직 내에서의 일련의 기업활동을 일목요연하게 보여줌으로써 예기치 못한 사고가 업무간 상호관계를 어떻게, 어느 정도로 차단하게 되는가를 파악하는 데 도움을 줄 수 있다.
- 리스크요소 파악과정에서 애로점(bottle neck)이라고 파악되었던 부분에 실질적으로는 애로가 전혀 존재하지 않을 수도 있으므로 현장실사로 보완하는 것이 중요하다.

① 잠재손실 점검표(checklist)에 의한 방법
② 재무제표(financial statements) 등 기록에 의한 조사방법
③ 업무흐름도(flowchart) 방법
④ 표준화된 설문서(standardized questionnaire)에 의한 방법

03 아래 설명의 (　) 안에 들어갈 용어를 순서대로 바르게 나열한 것은?

보험은 개별적 리스크와 집단적 리스크를 모두 감소시키는 기능을 갖고 있다. 개별적 리스크는 (　)에 의하여, 집단적 리스크는 (　)에 의하여 효율적으로 감소된다.

① 전가, 결합
② 손실통제, 보험
③ 결합, 전가
④ 손실통제, 회피

04 아래에서 손해보험 보험사고의 요건을 모두 고른 것은?

ⓐ 단체성	ⓑ 기술성
ⓒ 우연성	ⓓ 임의성
ⓔ 발생가능성	

① ⓐ, ⓑ
② ⓐ, ⓓ
③ ⓑ, ⓓ
④ ⓒ, ⓔ

05 다음 중 고용보험법상 구직급여에 해당하는 것은?

① 상병급여
② 광역구직활동비
③ 조기재취직수당
④ 직업능력개발수당

06 다음 중 국민연금법상 가입자가 사망할 당시 그에 의하여 생계를 유지하고 있던 자(인정기준 충족) 중 유족연금을 지급받을 수 있는 유족의 순위를 바르게 나열한 것은?

① 배우자 – 부모 – 자녀 – 조부모 – 손자녀
② 배우자 – 자녀 – 부모 – 손자녀 – 조부모
③ 자녀 – 배우자 – 부모 – 손자녀 – 조부모
④ 자녀 – 배우자 – 부모 – 조부모 – 손자녀

07 다음 중 손해보험회사가 구분 적립해야 하는 책임준비금의 구성항목이 아닌 것은?

① 미경과보험료적립금
② 배당보험손실보전준비금
③ 보증준비금
④ 계약자이익배당준비금

08 아래에서 설명하는 보험을 통칭하는 명칭은?

- 전통적 손해보험에서 보상하지 않는 리스크를 담보하는 보험으로 특정한 사건, 즉 날씨, 온도, 경기결과 등을 전제로 예정된 사건이 현실화됐을 때 발생하는 금전적 손실을 보상하는 보험이다.
- 대표적인 예로는 스포츠시상보험, 행사종합보험 등이 있다.

① 유니버설보험(universal insurance)
② 컨틴전시보험(contingency insurance)
③ 추가비용보험(extra expense insurance)
④ 특별복합손인보험(special multiperil insurance)

09 「화재로 인한 재해보상과 보험가입에 관한 법률」 및 그 시행령에 규정된 내용으로 올바르지 않은 것은?

① 특수건물의 소유자는 화재로 인한 손해배상책임을 이행하기 위하여 손해보험회사가 운영하는 특약부(附) 화재보험에 가입하여야 한다.
② 현행 특수건물 소유자의 손해배상책임은 대인배상은 피해자 1인당 1억원, 대물배상은 1사고당 10억원을 한도액으로 한다.
③ 특수건물 소유자가 가입하여야 하는 화재보험의 보험금액은 시가에 해당하는 금액으로 한다.
④ 특수건물 소유자는 건축물의 사용승인 준공인가일 또는 소유권을 취득한 날로부터 30일 이내에 특약부(附) 화재보험에 가입하여야 한다.

10 무보험자동차 등에 의한 사고 피해자에 대하여 정부가 책임보험금액 한도 내에서 피해를 보상하는 근거가 되는 법률은?

① 교통사고처리특례법
② 도로교통법
③ 산업재해보상보험법
④ 자동차손해배상보장법

11 1982년 협회전쟁약관(적하)[Institute War Clauses(cargo), 1982]에서 담보하는 위험이 아닌 것은?

① 유기된 기뢰 어뢰 폭탄
② 전쟁 내란 혁명 모반 반란
③ 전쟁 내란 등의 위험으로 인해 발생한 포획 나포 억류 억지
④ 핵무기의 적대적 사용

12 아래의 내용 중 (　　) 안에 들어갈 보험종목은?

상법상 인보험에는 원칙적으로 제3자에 대한 보험대위가 인정되지 않는다. 그러나 (　　)계약의 경우에 당사자 간에 다른 약정이 있는 때에는 보험자는 피보험자의 권리를 해하지 아니하는 범위 안에서 그 권리를 대위하여 행사할 수 있다.

① 생명보험　　② 상해보험
③ 질병보험　　④ 생사혼합보험

13 아래와 같은 사유가 발생한 경우에 재보험사가 특약의 전체 또는 일부를 종료 취소할 수 있음을 규정하고 있는 특약재보험 계약조항은?

- 출재사의 합병이나 양도 등에 따른 경영진의 변화
- 출재사의 자본금 감소
- 출재사의 채무지급불능상황
- 특약상의 출재사의 순보유분에 대한 별도의 재보험계약 체결

① commutation clause　　② cut-through clause
③ interlocking clause　　④ sudden death clause

14 아래의 상황에서 A건물이 입은 손실에 대한 보험자의 지급보험금은?

- 보험계약 : 장소를 달리하는 A, B 두 사무실 건물을 보험목적물로 하여 보험가입금액 1,000만원인 국문화재보험 약관부(附) 포괄계약(blanket coverage)을 체결하였음.
- 사고내역 : 보험기간 중 발생한 화재사고로 A건물에 300만원의 손실이 발생함.
- 보험가액 : 사고발생 시 확인된 금액은 A건물 900만원, B건물 600만원임.

① 180만원　　② 200만원
③ 250만원　　④ 300만원

15 20 line의 surplus특약(surplus reinsurance treaty)을 운영하고 있는 보험회사가 보험가입금액이 각각 US$ 200,000인 A와 B 2개의 계약을 인수하였다. A와 B에 대한 보유금액이 아래와 같을 때 동 특약에서의 출재금액은 각각 얼마인가? [단, 특약한도액(treaty limit)은 US$ 200,000이며, 특약한도액을 초과하는 부분에 대하여는 별도의 임의재보험방식으로 출재하는 것으로 가정한다.]

구분	A계약	B계약
보험가입금액	US$ 200,000	US$ 200,000
보유액(retention)	US$ 20,000	US$ 8,000
특약출재금액	( )	( )

① A계약 : US$ 200,000, B계약 : US$ 200,000
② A계약 : US$ 180,000, B계약 : US$ 200,000
③ A계약 : US$ 180,000, B계약 : US$ 192,000
④ A계약 : US$ 180,000, B계약 : US$ 160,000

16 다음 리스크관리기법 중 리스크재무(risk financing)에 해당하는 것을 모두 고른 것은?

ⓐ 손실통제(loss control)
ⓑ 리스크보유(risk retention)
ⓒ 보험계약을 통한 리스크전가(risk transfer)
ⓓ 리스크분리(risk separation)

① ⓐ, ⓑ
② ⓑ, ⓒ
③ ⓒ, ⓓ
④ ⓐ, ⓓ

17 다음 중 전문직배상책임보험에 대한 설명으로 올바르지 않은 것은?

① 의사, 변호사 등 전문직업인이 그 업무의 특수성으로 말미암아 타인에게 지게 되는 배상책임을 보장하는 보험상품을 말한다.
② 전문직배상책임보험은 일반적으로 사고발생기준이기 때문에 사고와 보상청구가 모두 보험기간 안에 이루어져야 한다.
③ 통상 1사고당 한도액과 함께 연간 총 보상한도액을 설정하고 있다.
④ 사람의 신체에 관한 전문직 리스크뿐만 아니라 변호사, 공인회계사 등의 과실, 태만 등으로 인한 경제적 손해도 담보한다.

18 다음 중 배상책임보험의 사회적 기능과 역할을 확대시켜주는 것을 모두 고른 것은?

ⓐ 피해자 직접청구권제도
ⓑ 의무보험제도
ⓒ 과실책임주의
ⓓ 보험자 대위제도
ⓔ 무과실책임주의

① ⓐ, ⓑ, ⓔ
② ⓐ, ⓒ, ⓓ
③ ⓑ, ⓒ, ⓓ
④ ⓑ, ⓓ, ⓔ

19 다음 중 실손보상원칙에 대한 예외를 모두 고른 것은?

ⓐ 피보험이익원칙
ⓑ 대체비용보험
ⓒ 보험자대위제도
ⓓ 손해액의 시가주의
ⓔ 기평가보험
ⓕ 과실상계 및 손익상계

① ⓐ, ⓑ
② ⓑ, ⓔ
③ ⓒ, ⓓ
④ ⓓ, ⓕ

20 피보험자 A는 보험금액이 2,000만원인 보험에 가입 후 보험기간 중 발생한 1건의 보험사고로 300만원에 해당하는 손실을 입었다. 다음과 같은 두 가지 보험공제(deductible) 조건 아래에서 보험자가 보상해야 할 금액은 각각 얼마인가?

A. 정액공제(straight deductible) 100만원
B. 프랜차이즈공제(franchise deductible) 200만원

	A	B
①	200만원	200만원
②	200만원	300만원
③	100만원	200만원
④	100만원	300만원

21 다음 손해사정업무 중 검정업무(survey)에 해당하는 것은?

① 보험자 지급책임액 결정
② 보험금 지급방법 결정
③ 손해액 확인 및 산정
④ 구상권(대위권) 행사

22 A보험회사가 판매한 재산보험의 예정손해율은 50%였으나, 그 후 요율 조정 대상기간의 평균 실제손해율이 40%일 때 차기에 적용할 예정손해율은 얼마인가? [단, 보험료 조정은 손해율 방식(loss ratio method)을 따르고 신뢰도계수(credibility factor)는 0.5를 적용함]

① 45%　　② 50%
③ 55%　　④ 60%

23 다음 중 배상책임보험의 일반적 성질에 대한 설명으로 올바르지 않은 것은?

① 피보험자가 제3자에게 법률상 손해배상책임을 부담함으로써 입게 되는 피보험자의 직접손해를 보상하는 적극보험의 성질을 가진다.
② 보관자의 책임보험과 같이 보험자의 책임이 일정한 목적물에 생긴 손해로 제한된 경우를 제외하고는 원칙적으로 보험가액이라는 개념이 존재하지 않는다.
③ 피해자인 제3자는 보험금액의 한도 내에서 보험자에게 손해의 전보를 직접 청구할 수 있다.
④ 보험자는 피보험자가 그 사고에 관하여 가지는 항변으로써 피해자인 제3자에게 대항할 수 있다.

24 다음 중 도덕적 위태(moral hazard) 감소 수단을 모두 고른 것은?

ⓐ 실손보상원칙의 적용
ⓑ 책임보험의 보상한도 상향
ⓒ 재물보험의 공동보험조항(co-insurance clause) 부보비율 상향
ⓓ 보험공제(deductible) 금액 상향

① ⓐ, ⓒ　　② ⓐ, ⓓ
③ ⓑ, ⓒ　　④ ⓑ, ⓓ

25 국문 화재보험계약에서 보험사고 발생 시 보험자가 보상하는 다음의 비용손해 중 재물손해 보험금과의 합계가 보험가입금액을 초과하더라도 지급하는 비용이 아닌 것은?

① 손해방지비용　　② 잔존물 제거비용
③ 대위권 보전비용　　④ 잔존물 보전비용

26 다음 중 보험업감독규정상 독립손해사정사의 금지행위가 아닌 것은?

① 보험금의 대리청구행위
② 일정 보상금액의 사전약속행위
③ 손해사정업무 관련 서류의 작성, 제출대행행위
④ 보험금에 대한 보험사와의 합의 또는 절충행위

27 다음 중 보험자가 입증책임을 부담하는 것을 모두 고른 것은?

ⓐ 위험변경 · 증가 통지의무 위반
ⓑ 고지의무 위반
ⓒ 열거위험담보방식에서의 인과관계 입증
ⓓ 보험사기

① ⓐ, ⓑ, ⓒ
② ⓐ, ⓑ, ⓓ
③ ⓐ, ⓒ, ⓓ
④ ⓑ, ⓒ, ⓓ

28 아래 자료를 참고하여 순보험료법에 의해 산출한 순보험료는?

- 보험상품 : 주택화재보험
- 계약건수 : 동급의 동질 리스크 연간 10,000건
- 사고발생건수 : 연간 5건
- 1사고당 평균지급보험금 : 3,000만원

① 15,000원
② 30,000원
③ 150,000원
④ 300,000원

29 다음 중 고용보험에 대한 설명으로 올바르지 않은 것은?

① 65세 이후에 고용된 근로자도 적용 대상이다.
② 근로자의 직업능력을 개발하고 향상시킨다.
③ 국가의 직업지도와 직업소개기능을 강화한다.
④ 별정우체국 직원은 적용 대상이 아니다.

30 다음 중 정태적 리스크(static risk)에 해당되는 것을 모두 고른 것은?

ⓐ 금리 리스크	ⓑ 시장 리스크
ⓒ 자연재해 리스크	ⓓ 전쟁 리스크

① ⓐ, ⓑ
② ⓒ, ⓓ
③ ⓐ, ⓒ
④ ⓑ, ⓓ

31 다음 중 손실통제의 연쇄개념(chain concept of loss control)을 이용한 손실통제의 체계적 수행절차를 순서대로 바르게 나열한 것은?

ⓐ 위태(hazard) 경감	ⓑ 구조 작업
ⓒ 손실 원천 봉쇄	ⓓ 손실 최소화

① ⓐ → ⓒ → ⓓ → ⓑ
② ⓐ → ⓒ → ⓑ → ⓓ
③ ⓒ → ⓐ → ⓑ → ⓓ
④ ⓒ → ⓐ → ⓓ → ⓑ

32 보험증권의 일반적인 법적 성격으로 적절하지 않은 것은?

① 면책증권성
② 임의증권성
③ 요식증권성
④ 증거증권성

33 아래 표는 부보가능한 리스크의 손실액 확률분포이다. 96% 신뢰도 적용 시 PML(probable maximum loss) 값은?

손실액	확률
0 ~ 50만원	0.04
50만원 초과 ~ 150만원	0.30
150만원 초과 ~ 300만원	0.40
300만원 초과 ~ 700만원	0.20
700만원 초과 ~ 1,200만원	0.02
1,200만원 초과 ~ 3,000만원	0.02
3,000만원 초과 ~ 5,000만원	0.02

① 150만원
② 750만원
③ 950만원
④ 1,200만원

34 Lloyd's S.G. Policy 위험약관(Perils Clause)상의 해상고유의 위험(perils of the seas)에 해당하지 않는 것은?

① 충돌(collision)
② 화재(fire)
③ 좌초(stranding)
④ 악천후(heavy weather)

35 다음 중 보험자의 면책사유가 아닌 것은?

① 자동차보험에서 지진으로 인한 자기차량 손해
② 상해보험에서 피보험자의 중과실로 인한 상해
③ 운송보험에서 운송보조자의 고의, 중과실로 인한 손해
④ 해상보험에서 도선료, 입항료 등 항해 중의 통상비용

36 아래 표에서 설명하는 재보험계약 방식은?

> 출재사가 사전에 출재 대상으로 정한 모든 리스크에 대해 정해진 비율로 재보험사에 출재하고, 재보험사는 이를 인수해야 한다.

① surplus reinsurance treaty
② quota share treaty
③ stop loss cover
④ excess of loss treaty

37 대체리스크전가기법 중 보험리스크를 증권화하거나 파생금융상품과 연계하여 자본시장에 전가하는 것은?

① finite reinsurance
② insurance-linked securities
③ captive insurance
④ contingent capital

38 **다음 중 자동차손해배상보장법상의 가불금 지급에 대한설명으로 올바르지 않은 것은?**

① 가불금 청구권자는 보험가입자이다.
② 가불금 청구권자는 자동차보험진료수가에 대해 전액 지급을 청구할 수 있다.
③ 보험자는 가불금을 청구받은 날로부터 국토교통부령에서 정한 기한 내에 지급해야 한다.
④ 보험자는 지급한 가불금이 지급할 보험금을 초과하면 그 초과액의 반환을 청구할 수 있다.

39 **다음 중 배상책임소송에서 피해자인 원고를 돕기 위하여 도입된 법리가 아닌 것은?**

① 전가과실(imputed negligence)책임 또는 대리배상책임(vicarious liability)
② 연대배상책임(joint and several liability)
③ 최종적 명백한 기회(last clear chance)
④ 과실추정의 원칙(res ipsa loquitur)

40 **다음 중 재보험의 기능으로 적절하지 않은 것은?**

① 전문적 자문과 서비스 제공
② 인수능력 축소
③ 미경과보험료적립금 경감
④ 언더라이팅 이익 안정화

2023 제46회 기출문제

1과목 보험업법

01 **보험업법상 보험회사는 '제3보험의 보험종목에 부가되는 보험'으로서, 질병을 원인으로 하는 사망을 제3보험의 특약 형식으로 담보하는 보험에 대하여는 보험업을 겸영할 수 있는데, 이러한 보험에 관한 요건으로 옳지 않은 것은?**

① 보험의 만기는 80세 이하이어야 한다.
② 보험기간은 2년 이내의 기간이어야 한다.
③ 보험금액의 한도는 개인당 2억원 이내이어야 한다.
④ 만기 시에 지급하는 환급금은 납입보험료 합계액의 범위 내이어야 한다.

02 **보험업법상 보험회사의 부수업무에 관한 설명으로 옳지 않은 것은?**

① 보험회사가 부수업무를 하려는 날의 7일 전까지 금융위원회에 신고를 한 경우, 금융위원회는 그 내용을 검토하여 이 법에 적합하면 신고를 수리하여야 한다.
② 금융위원회는 보험회사가 하는 부수업무가 보험회사의 경영건전성을 해치는 경우에는 그 부수업무를 하는 것을 제한하거나 시정할 것을 명할 수 있다.
③ 이 법에 따라 공고된 다른 보험회사의 부수업무와 동일한 부수업무를 하려는 보험회사는, 그 부수업무가 금융위원회로부터 제한이나 시정의 명령을 받은 경우가 아닌 한, 금융위원회에 신고를 하지 않고 부수업무를 할 수 있다.
④ 직전 사업연도 매출액이 해당 보험회사 수입보험료의 1천분의 1 또는 10억원 중 많은 금액에 해당하는 금액을 초과하는 부수업무인 경우, 해당 업무에 속하는 자산 · 부채 및 수익 · 비용은 보험업과 통합하여 회계처리하여야 한다.

03 **보험업법상 주식회사의 조직변경에서 보험계약자 총회에 관한 설명으로 옳지 않은 것은?**

① 주식회사는 조직변경을 결의할 때 보험계약자 총회를 갈음하는 기관에 관한 사항을 정할 수 있다.
② 보험계약자 총회는 보험계약자 과반수의 출석과 그 의결권의 4분의 3 이상의 찬성으로 결의한다.
③ 주식회사의 감사는 조직변경에 관한 사항을 보험계약자 총회에 보고하여야 한다.
④ 조직변경을 위한 주주총회의 특별결의는 주식회사의 채권자의 이익을 해치지 않는 한, 보험계약자 총회의 결의로 변경할 수 있다.

2014 2015 2016 2017 2018 2019 2020 2021 2022 2023 2024 2025
제1회 제2회 제3회 제4회

04 보험업법상 상호회사의 설립에 관한 설명으로 옳은 것은?

① 상호회사의 기금은 금전 이외에 객관적 가치의 평가가 가능한 자산으로 납입이 가능하다.
② 발기인은 상호회사의 정관이 작성되고 기금의 납입이 시작되면 그 날부터 7일 이내에 창립총회를 소집하여야 한다.
③ 상호회사 성립 전의 입사청약에 대하여는 민법상 착오에 관한 규정을 적용하지 아니한다.
④ 설립등기는 이사 및 감사의 공동신청으로 하여야 한다.

05 보험업법상 상호회사의 기관에 관한 설명으로 옳지 않은 것은?

① 상호회사는 사원총회를 갈음할 기관을 정관으로 정한 때에는 그 기관에 대하여는 사원총회에 관한 규정을 준용한다.
② 정관에 특별한 규정이 없는 한, 상호회사의 사원은 사원총회에서 각각 1개의 의결권을 가진다.
③ 사원의 적법한 사원총회의 소집청구가 있은 후, 지체 없이 총회 소집의 절차를 밟지 아니한 때에는 청구한 사원은 금융위원회의 허가를 받아 사원총회를 소집할 수 있다.
④ 상호회사의 사원은 영업시간 중에는 언제든지 사원총회 및 이사회의 의사록을 열람하거나 복사할 수 있다.

06 보험업법상 상호회사의 계산에 관한 설명으로 옳은 것은?

① 손실보전준비금의 총액과 매년 적립할 최고액은 정관으로 정한다.
② 설립비용과 사업비의 전액을 상각하고 손실보전준비금을 공제하기 전에는 기금의 상각 또는 잉여금의 분배를 하지 못한다.
③ 상호회사가 이 법의 규정을 위반하여 기금이자의 지급, 기금의 상각 또는 잉여금의 분배를 한 경우에는 회사의 사원은 이를 반환하게 할 수 있다.
④ 상호회사가 기금을 상각할 때에는 상각하는 금액을 초과하는 금액을 적립하여야 한다.

07 보험업법상 금융위원회가 외국보험회사 국내지점에 대하여 영업정지의 조치를 할 수 있는 사유가 아닌 것은?

① 이 법에 따른 명령이나 처분을 위반한 경우
② 외국보험회사의 본점이 그 본국의 법령을 위반한 경우
③ 외국보험회사 국내지점의 보험업 수행이 어렵다고 인정되는 경우
④ 외국보험회사의 본점이 위법행위로 인하여 외국감독기관으로부터 영업 전부의 정지 조치를 받은 경우

08 보험업법상 금융기관보험대리점이 될 수 없는 것은?

① 「은행법」에 따라 설립된 은행
② 「농업협동조합법」에 따라 설립된 조합
③ 「상호저축은행법」에 따른 상호저축은행
④ 「자본시장과 금융투자업에 관한 법률」에 따른 신탁업자

09 보험업법상 보험모집을 할 수 있는 자에 관한 설명으로 옳지 않은 것은?

① 보험중개사(금융기관보험중개사는 제외)는 생명보험중개사와 손해보험중개사, 제3보험중개사로 구분된다.
② 간단손해보험대리점(금융기관보험대리점은 제외)의 영업범위는 개인 또는 가계의 일상생활 중 발생하는 위험을 보장하는 보험종목으로서, 간단손해보험대리점을 통하여 판매 · 제공 · 중개되는 재화 또는 용역과의 관련성 등을 고려하여 금융위원회가 정하여 고시하는 보험종목으로 한다.
③ 보험회사의 대표이사 · 사외이사는 업무집행기관이라는 점에서 보험모집을 할 수 없으나, 감사 · 감사위원은 감독기관이기 때문에 보험모집이 가능하다.
④ 금융기관보험대리점은 그 금융기관 소속 임직원이 아닌 자로 하여금 모집을 하게 하거나 보험계약 체결과 관련한 상담 또는 소개를 하게 하고 상담 또는 소개의 대가를 지급하여서는 아니 된다.

10 보험업법상 보험회사가 보험계약 체결단계에서 일반보험계약자에게 설명하여야 하는 중요사항이 아닌 것은? (일반보험계약자가 설명을 거부하는 경우는 제외함)

① 보험사고 조사에 관하여 설명 받아야 하는 사항으로서 금융위원회가 정하여 고시하는 사항
② 보험계약의 승낙절차 및 보험계약 승낙거절 시 거절 사유
③ 보험의 모집에 종사하는 자가 보험료나 고지의무사항을 보험회사를 대신하여 수령할 수 있는지 여부
④ 보험모집에 종사하는 자가 보험회사를 위하여 보험계약의 체결을 대리할 수 있는지 여부

11 보험업법상 보험회사의 보험설계사에 대한 불공정행위가 아닌 것은?

① 위탁계약서상 계약사항을 이행하지 아니하는 행위
② 보험설계사에게 보험계약의 모집에 관한 교육을 받도록 하는 행위
③ 정당한 사유 없이 보험설계사가 요청한 위탁계약 해지를 거부하는 행위
④ 보험설계사에게 보험료 대납을 강요하는 행위

12 **보험업법상 보험중개사(금융기관보험중개사는 제외)에 관한 설명으로 옳지 않은 것은?**

① 금고 이상의 실형을 선고받고 그 집행이 끝나거나 집행이 면제된 날로부터 3년이 지나지 아니한 자는 법인인 보험중개사의 임원이 되지 못한다.

② 금융위원회는 보험중개사가 보험계약 체결 중개와 관련하여 보험계약자에게 입힌 손해의 배상을 보장하기 위하여 보험중개사로 하여금 금융위원회가 지정하는 기관에 영업보증금을 예탁하게 하거나 보험 가입 등을 하게 할 수 있다.

③ 금융위원회는 보험모집에 관한 이 법의 규정을 위반한 보험중개사에 대하여 6개월 이내의 기간을 정하여 그 업무의 정지를 명하거나 그 등록을 취소할 수 있다.

④ 보험중개사는 보험계약의 체결을 중개할 때 그 중개와 관련된 내용을 장부에 적고 보험계약자에게 알려야 하나, 그 수수료에 관한 사항을 비치할 필요는 없다.

13 **보험업법상 변액보험계약의 경우 모집을 위하여 사용하는 보험안내자료에 기재해야 하는 사항이 아닌 것은?**

① 해약환급금에 관한 사항

② 보험 가입에 따른 권리 · 의무에 관한 주요 사항

③ 변액보험자산의 운용성과에 따라 납입한 보험료의 원금에 손실이 발생할 수 있으며 그 손실은 보험계약자에 귀속된다는 사실

④ 변액보험의 최고로 보장되는 보험금이 설정되어 있는 경우에는 그 내용

14 **보험업법상 통신수단을 이용한 모집 · 철회 및 해지 등에 관한 설명으로 옳지 않은 것은?**

① 보험회사는 보험계약을 청약한 자가 청약의 내용을 확인 · 정정 요청하거나 청약을 철회하고자 하는 경우 통신수단을 이용할 수 있도록 하여야 한다.

② 통신수단을 이용한 모집은 통신수단을 이용한 모집에 대하여 동의를 한 자를 대상으로 하여야 한다.

③ 사이버몰을 이용하여 모집하는 자는 보험약관 또는 보험증권을 전자문서로 발급한 경우, 해당 문서를 수령하였는지 확인한 후에는 보험계약자가 서면으로 발급해 줄 것을 요청하더라도 이를 거절할 수 있다.

④ 보험회사는 보험계약을 청약한 자가 전화를 이용하여 청약을 철회하려는 경우에는 상대방의 동의를 받아 청약 내용, 청약자 본인인지를 확인하고 그 내용을 음성녹음하는 등 증거자료를 확보 · 유지하여야 한다.

15 **보험업법상 자기계약금지 및 보험계약자의 권리와 의무에 관한 설명으로 옳지 않은 것은?**

① 보험대리점은 자기 또는 자기를 고용하고 있는 자를 보험계약자 또는 피보험자로 하는 보험을 모집하는 것을 주된 목적으로 하지 못한다.
② 보험중개사가 모집한 자기 또는 자기를 고용하고 있는 자를 보험계약자 또는 피보험자로 하는 보험의 보험료 누계액이 그 보험중개사가 모집한 보험의 보험료의 100분의 40을 초과하게 된 경우는 자기계약의 금지에 해당된다.
③ 보험설계사는 보험계약자로 하여금 고의로 보험사고를 발생시키거나 발생하지 아니한 보험사고를 발생한 것처럼 조작하여 보험금을 수령하도록 하는 행위를 해서는 아니 된다.
④ 보험계약자가 보험중개사의 보험계약체결 중개행위와 관련하여 손해를 입은 경우에는 그 손해액을 이 법에 따른 영업보증금에서 다른 채권자보다 우선하여 변제받을 권리를 가진다.

16 **보험업법상 보험회사의 중복계약 체결 확인의무에 관한 설명으로 옳지 않은 것은?**

① 중복계약 체결 확인의무와 관련된 실손의료보험계약이란 실제 부담한 의료비만 지급하는 제3보험상품 계약을 말한다.
② 보험회사는 실손의료보험계약을 모집하기 전에 보험계약자가 되려는 자의 동의를 얻어 모집하고자 하는 보험계약과 동일한 위험을 보장하는 보험계약을 체결하고 있는지를 확인하여야 한다.
③ 보험의 모집에 종사하는 자가 실손의료보험계약을 모집하는 경우에는 피보험자가 되려는 자가 이미 다른 실손의료보험계약의 피보험자로 되어 있는지를 확인하여야 한다.
④ 보험회사는 국외여행, 연수 또는 유학 등 국외체류 중 발생한 위험을 보장하는 보험계약에 대하여 중복계약 체결 확인의무를 부담한다.

17 **보험업법상 보험회사의 자산운용으로서 금지 또는 제한되는 사항이 아닌 것은?**

① 상품이나 유가증권에 대한 투기를 목적으로 하는 자금의 대출
② 「근로자퇴직급여 보장법」에 따른 보험계약의 특별계정을 통한 부동산의 소유
③ 해당 보험회사의 임직원에 대한 보험약관에 따른 대출
④ 직접 · 간접을 불문하고 정치자금의 대출

18 **보험업법상 보험회사는 그 특별계정에 속하는 자산을 운용할 때 일정한 비율을 초과할 수 없는데, 그 비율로 옳지 않은 것은?**

① 동일한 자회사에 대한 신용공여 : 각 특별계정 자산의 100분의 5
② 동일한 법인이 발행한 채권 및 주식 소유의 합계액 : 각 특별계정 자산의 100분의 10
③ 부동산 소유 : 각 특별계정 자산의 100분의 15
④ 동일한 개인 · 법인, 동일차주 또는 대주주(그의 특수관계인 포함)에 대한 총자산의 100분의 1을 초과하는 거액 신용공여의 합계액 : 각 특별계정 자산의 100분의 20

19 **보험업법상 보험회사는 보험의 경영과 밀접한 관련이 있는 업무를 주로 하는 회사를 미리 금융위원회에 신고하고 자회사로 소유할 수 있는데, 이에 해당하는 업무가 아닌 것은?**

① 보험계약의 유지 · 해지 · 변경 또는 부활 등을 관리하는 업무
② 보험계약자 등에 대한 위험관리 업무
③ 건강 · 장묘 · 장기간병 · 신체장애 등의 사회복지사업
④ 보험에 관한 인터넷 정보서비스의 제공 업무

20 **보험업법상 금융위원회가 보험중개사(금융기관보험중개사는 제외)에게 영업보증금의 전부 또는 일부를 반환해야 하는 사유에 해당하지 않는 것은?**

① 보험중개사가 보험중개업무를 일시 중단한 경우
② 보험중개사인 법인이 파산 또는 해산하거나 합병으로 소멸한 경우
③ 보험중개사인 개인이 사망한 경우
④ 보험중개사의 업무상황 변화 등으로 이미 예탁한 영업보증금이 예탁하여야 할 영업보증금을 초과하게 된 경우

21 **보험업법상 보험회사가 지켜야 하는 재무건전성 기준에 따라 (　　)을 (　　)으로 나눈 비율인 지급여력비율은 100분의 (　　) 이상을 유지하여야 한다. (　　) 안에 들어갈 사항을 순서대로 나열한 것으로 옳은 것은?**

① 지급여력기준금액 - 지급여력금액 - 100
② 지급여력금액 - 지급여력기준금액 - 100
③ 지급여력기준금액 - 지급여력금액 - 90
④ 지급여력금액 - 지급여력기준금액 - 90

22 **보험업법상 상호협정에 관한 설명으로 옳지 않은 것은?**

① 보험회사는 대통령령으로 정하는 경미한 사항의 변경이 아닌 한, 그 업무에 관한 공동행위를 하기 위하여 금융위원회의 인가를 받아 다른 보험회사와 상호협정을 체결할 수 있다.
② 금융위원회는 공익 또는 보험업의 건전한 발전을 위하여 특히 필요하다고 인정되는 경우에는 보험회사에 대하여 상호협정의 체결 · 변경 또는 폐지를 명할 수 있다.
③ 금융위원회는 공익 또는 보험업의 건전한 발전을 위하여 특히 필요하다고 인정되는 경우에는 보험회사에 대하여 상호협정의 전부 또는 일부에 따를 것을 명할 수 있다.
④ 금융위원회가 보험회사의 신설로 상호협정의 구성원이 변경되어 상호협정의 변경을 인가하는 경우 미리 공정거래위원회와 협의하여야 한다.

23 **보험업법상 일정한 사유가 발생한 경우 보험회사가 금융위원회에 보고해야 하는 기간에 관한 설명으로 옳은 것은?**

① 보험회사는 정관을 변경한 경우에는 변경한 날부터 7일 이내
② 보험회사는 상호나 명칭을 변경한 경우에는 변경한 날부터 7일 이내
③ 보험회사는 본점의 영업을 중지하거나 재개한 경우에는 그 날부터 7일 이내
④ 보험회사는 최대주주가 변경된 경우에는 변경된 날부터 7일 이내

24 **보험업법상 보험회사가 취급하려는 보험상품에 관한 기초서류의 신고에 관한 설명으로 옳지 않은 것은?**

① 법령의 제정 · 개정에 따라 새로운 보험상품이 도입되거나 보험상품 가입이 의무가 되는 경우, 보험회사는 그 보험상품에 관한 기초서류를 작성하여 이를 미리 금융위원회에 신고하여야 한다.
② 금융위원회는 보험회사가 기초서류를 신고할 때 금융감독원의 확인을 받도록 하여야 한다.
③ 금융위원회는 보험회사가 신고한 기초서류의 내용이 이 법의 기초서류 작성 · 변경 원칙을 위반하는 경우에는 대통령령으로 정하는 바에 따라 기초서류의 변경을 권고할 수 있다.
④ 금융위원회는 보험회사가 기초서류를 신고하는 경우 보험료 및 해약환급금 산출방법서에 대하여 이 법에 따른 보험요율 산출기관 또는 대통령령으로 정하는 보험계리업자의 검증확인서를 첨부하도록 할 수 있다.

25 **보험업법상 보험약관 등의 이해도 평가에 관한 설명으로 옳지 않은 것은?**

① 금융위원회는 보험소비자 등을 대상으로 보험약관 등에 대한 이해도를 평가하고 그 결과를 대통령령으로 정하는 바에 따라 공시하여야 한다.
② 금융위원회는 보험약관 등에 대한 보험소비자 등의 이해도를 평가하기 위해 평가대행기관을 지정할 수 있다.
③ 평가대행기관은 조사대상 보험약관 등에 대하여 보험소비자 등의 이해도를 평가하고 그 결과를 금융위원회에 보고하여야 한다.
④ 보험약관 등의 이해도 평가에 수반되는 비용의 부담, 평가 시기, 평가 방법 등 평가에 관한 사항은 금융위원회가 정한다.

26 **보험업법상 보험요율 산출의 원칙에 관한 설명으로 옳지 않은 것은?**

① 보험요율이 보험금과 그 밖의 급부에 비하여 지나치게 높지 않아야 한다.
② 보험요율이 보험회사의 재무건전성을 크게 해칠 정도로 낮지 않아야 한다.
③ 자동차보험의 보험요율인 경우 보험금과 그 밖의 급부와 비교할 때 공정하고 합리적인 수준이어야 한다.
④ 보험회사가 보험요율 산출의 원칙을 위반한 경우, 금융위원회는 그 위반사실로 과징금을 부과할 수 있다.

27 **보험업법상 보험회사의 파산 등 보험계약자의 이익을 크게 해칠 우려가 있다고 인정되는 경우 금융위원회가 명할 수 있는 조치가 아닌 것은?**

① 보험계약 전부의 이전
② 보험금 전부의 지급정지
③ 보험금 일부의 지급정지
④ 보험계약 체결의 제한

28 **보험업법상 자료제출 및 검사에 관한 설명으로 옳지 않은 것은?**

① 금융감독원장은 공익 또는 보험계약자 등을 보호하기 위하여 보험회사에 이 법에서 정하는 감독업무의 수행과 관련한 주주 현황, 그 밖에 사업에 관한 보고 또는 자료 제출을 명할 수 있다.
② 보험회사는 그 업무 및 자산상황에 관하여 금융감독원의 검사를 받아야 한다.
③ 보험회사의 업무 및 자산상황에 관하여 검사를 하는 자는 그 권한을 표시하는 증표를 지니고 이를 관계인에게 내보여야 한다.
④ 금융감독원장은 「주식회사 등의 외부감사에 관한 법률」에 따라 보험회사가 선임한 외부감사인에게 그 보험회사를 감사한 결과 알게 된 정보나 그 밖에 경영건전성과 관련되는 자료의 제출을 요구할 수 있다.

29 **보험업법상 보험회사에 대한 제재 중 금융감독원장이 할 수 있는 조치로 옳은 것은?**

① 해당 위반행위에 대한 시정명령
② 보험회사에 대한 주의 · 경고
③ 임원(「금융회사의 지배구조에 관한 법률」에 따른 업무집행 책임자는 제외)의 해임권고 · 직무정지
④ 6개월 이내의 영업의 일부정지

30 **보험업법상 보험회사의 합병에 관한 설명으로 옳지 않은 것은?**

① 보험회사의 합병은 이 법에 의한 보험회사의 해산사유 중 하나이다.
② 상호회사인 보험회사의 합병에 관한 사원총회의 결의는 사원 과반수의 출석과 그 의결권의 4분의 3 이상의 찬성으로 하여야 한다.
③ 주식회사인 보험회사의 합병에 관한 주주총회의 결의는 출석한 주주의 의결권의 과반수 이상의 찬성과 발행주식 총수의 4분의 1 이상의 찬성으로 하여야 한다.
④ 보험회사의 합병은 금융위원회의 인가를 받아야 한다.

31 **보험업법상 주식회사인 보험회사의 보험계약 이전에 관한 설명으로 옳지 않은 것은?**

① 보험회사는 계약의 방법으로 책임준비금 산출의 기초가 같은 보험계약의 전부를 포괄하여 다른 보험회사에 이전할 수 있으며, 이는 금융위원회의 인가를 받아야 한다.
② 보험계약을 이전하려는 보험회사는 그 이전 결의를 한 날부터 2주 이내에 계약 이전의 요지와 각 보험회사의 재무상태표를 공고하고, 대통령령으로 정하는 방법에 따라 보험계약자에게 통지하여야 한다.
③ 보험계약을 이전하려는 보험회사에 대하여 이의제기 기간 내에 이의를 제기한 보험계약자가 이전될 보험계약자 총수의 10분의 1을 초과하거나 그 보험금액이 이전될 보험금 총액의 10분의 1을 초과하는 경우에는 보험계약을 이전하지 못한다.
④ 보험회사는 해산한 후에도 6개월 이내에는 보험계약 이전을 결의할 수 있다.

32 **보험업법상 보험회사가 일정한 사유로 해산한 때에는 보험금 지급 사유가 해산한 날부터 3개월 이내에 발생한 경우에만 보험금을 지급하여야 한다. 이러한 사유에 해당하는 것을 모두 고른 것은?**

가. 존립기간의 만료	나. 주주총회의 결의
다. 회사의 합병	라. 보험계약 전부의 이전
마. 회사의 파산	바. 보험업의 허가취소
사. 해산을 명하는 재판	

① 가, 다, 라
② 나, 다, 라
③ 나, 바, 사
④ 마, 바, 사

33 보험업법상 손해보험계약의 제3자 보호에 관한 설명으로 옳지 않은 것은?

① 손해보험협회의 장은 손해보험회사로부터 지급불능 보고를 받으면 금융위원회의 확인을 거쳐 손해보험계약의 제3자에게 대통령령으로 정하는 보험금을 지급하여야 한다.

② 손해보험회사는 손해보험계약의 제3자에 대한 보험금의 지급을 보장하기 위하여 수입보험료 및 책임준비금을 고려하여 대통령령으로 정하는 비율을 곱한 금액을 손해보험협회에 출연하여야 한다.

③ 손해보험협회는 손해보험회사의 출연금이 제3자에게 지급할 보험금의 지급을 위하여 부족한 경우에만 정부, 예금보험공사, 그 밖에 대통령령으로 정하는 금융기관으로부터 금융위원회의 승인을 받아 자금을 차입할 수 있다.

④ 손해보험협회는 보험금을 지급한 경우에는 해당 손해보험회사에 대하여 구상권을 가진다.

34 보험업법상 보험협회의 업무에 해당하지 않는 것은?

① 보험 관련 정보의 수집 · 제공 및 통계의 작성

② 차량수리비 실태 점검 업무

③ 모집 관련 전문자격제도의 운영 · 관리 업무

④ 보험설계사에 대한 보험회사의 불공정한 모집위탁행위를 막기 위하여 보험회사가 지켜야 할 규약의 제정

35 보험업법상 보험요율 산출기관에 관한 설명으로 옳지 않은 것은?

① 보험요율 산출기관이 보험회사가 적용할 수 있는 순보험요율을 산출하여 금융위원회에 신고한 경우, 금융위원회는 그 내용을 검토하여 이 법에 적합하면 신고를 수리하여야 한다.

② 보험요율 산출기관은 정관으로 정함이 있더라도 그 업무와 관련하여 보험회사로부터 수수료를 받을 수 없다.

③ 보험요율 산출기관은 순보험요율 산출을 위하여 보험 관련 통계를 체계적으로 통합 · 집적하여야 하며, 보험회사에 자료의 제출을 요청하는 경우 보험회사는 이에 따라야 한다.

④ 보험요율 산출기관은 음주운전 등 교통법규 위반의 효력에 관한 개인정보를 보유하고 있는 기관의 장으로부터 그 정보를 제공받아 보험회사가 보험금 지급업무에 이용하게 할 수 있다.

36 보험업법상 보험회사가 선임계리사를 선임한 경우에는 그 선임일이 속한 사업연도의 다음 사업연도부터 연속하는 3개 사업연도가 끝나는 날까지 그 선임계리사를 해임할 수 없지만, 일정한 경우에는 그러하지 아니하다. 이러한 예외사유에 해당하지 않는 것은?

① 회사의 기밀을 누설한 경우
② 직무를 부적절하게 수행하여 금융위원회로부터 업무의 정지 조치를 받은 경우
③ 계리업무와 관련하여 부당한 요구를 하거나 압력을 행사한 경우
④ 업무를 게을리하여 회사에 손해를 발생하게 한 경우

37 보험업법상 선임계리사의 금지행위에 해당하지 않는 것은?

① 중대한 과실로 진실을 숨기거나 거짓으로 보험계리를 하는 행위
② 타인으로 하여금 자기의 명의로 보험계리업무를 하게 하는 행위
③ 충분한 조사나 검증을 하지 아니하고 보험계리업무를 수행하는 행위
④ 업무상 제공받은 자료를 무단으로 보험계리업무와 관련이 없는 자에게 제공하는 행위

38 보험업법상 금융위원회의 손해사정업자에 대한 감독 등에 관한 설명으로 옳지 않은 것은?

① 손해사정업자가 그 직무를 게을리하였다고 인정되는 경우, 6개월 이내의 기간을 정하여 업무의 정지를 명하거나 해임하게 할 수 있다.
② 손해사정업자의 자산상황이 불량하여 보험계약자 등의 권익을 해칠 우려가 있다고 인정되는 경우, 불건전한 자산에 대한 적립금의 보유를 명할 수 있다.
③ 손해사정업자가 이 법을 위반하여 손해사정업의 건전한 경영을 해친 경우, 금융감독원장의 건의에 따라 업무집행방법의 변경을 하게 할 수 있다.
④ 손해사정업자가 그 업무를 할 때 고의 또는 과실로 타인에게 손해를 발생하게 한 경우, 금융위원회는 그 손해배상을 보장하기 위하여 손해사정업자에게 금융위원회가 지정하는 기관에의 자산 예탁을 하게 할 수 있다.

39 보험업법상 개인인 손해사정사는 자신과 일정한 이해관계를 가진 자의 보험사고에 대하여는 손해사정을 할 수 없는데, 이에 해당하는 자가 아닌 경우는?

① 본인의 혈족의 배우자의 혈족으로서 생계를 같이하는 자
② 본인의 배우자의 2촌 이내의 친족이 상근 임원으로 있는 단체
③ 본인을 고용하고 있는 개인 또는 본인이 상근 임원으로 있는 법인
④ 본인이 고용하고 있는 개인 또는 본인이 대표자로 있는 단체

40 보험업법상 벌칙에 관한 설명으로 옳은 것은?

① 보험계리사가 그 임무를 위반하여 재산상 이익을 취하고 보험회사에 재산상 손해를 입힌 경우, 그 죄를 범한 자에게는 정상에 따라 징역과 벌금을 병과할 수 있지만, 그 미수범에 대하여는 징역과 벌금을 병과하지 아니한다.

② 손해사정사가 그 직무에 관하여 부정한 청탁을 받고 재산상의 이익을 수수요구 또는 약속한 경우, 범인이 수수한 이익은 몰수하고 그 전부 또는 일부를 몰수할 수 없을 때에는 그 가액을 추징하지만, 범인이 공여하려 한 이익은 그러하지 아니하다.

③ 법인의 대표자의 위반행위로 벌금형의 부과가 문제되는 경우, 법인이 그 위반행위를 방지하기 위하여 해당 업무에 관하여 상당한 주의와 감독을 게을리하지 아니한 때에는, 그 대표자 이외에 그 법인에게는 벌금형을 감경할 수 있다.

④ 법인이 아닌 사단 또는 재단에 대하여 벌금형을 과하는 경우, 그 대표자가 그 소송행위에 관하여 그 사단 또는 재단을 대표하는 법인을 피고인으로 하는 경우의 형사소송에 관한 법률을 준용한다.

2과목 보험계약법

01 보험계약에 대한 설명 중 옳지 않은 것은? (다툼이 있는 경우 판례에 의함)

① 소급보험에서 보험계약 체결일 이전 보험기간 중에 발생한 보험사고에 대하여 보험자는 최초보험료를 지급받기 전에도 보상할 책임이 있다.

② 보험자의 보험계약상 책임은 당사자 간에 다른 약정이 없으면 최초의 보험료의 지급을 받은 때로부터 개시한다.

③ 가계보험의 경우 상법 보험편의 규정은 당사자 간의 특약으로 보험계약자 또는 피보험자나 보험수익자의 불이익으로 변경하지 못한다.

④ 보험계약은 청약과 승낙에 의한 합의만으로 성립하는 불요식의 낙성계약이다.

02 보험대리상에 대한 설명 중 옳지 않은 것은?

① 보험대리상은 보험계약자로부터 보험료를 수령하고, 보험자가 작성한 보험증권을 보험계약자에게 교부할 권한이 있다.

② 보험대리상은 보험계약자로부터 청약, 고지, 통지, 해지, 취소 등 보험계약에 관한 의사표시를 수령할 수 있는 권한이 있다.

③ 보험대리상은 보험계약자에게 보험계약의 체결, 변경, 해지 등 보험계약에 관한 의사표시를 할 수 있는 권한이 있다.

④ 보험자는 보험대리상의 권한 중 일부를 제한할 수 있지만 보험대리상은 대리권을 전제로 하기 때문에 보험계약 체결의 대리권은 제한할 수 없다.

03 보험 관련 판례에 대한 설명으로 옳은 것은?

① 자동차종합보험계약을 체결하는 경우 피보험자동차의 양도에 따른 통지의무를 규정한 보험약관은 거래상 일반인들이 보험자의 개별적인 설명없이도 충분히 예상할 수 있는 사항이라고 할 수 없으므로 그 내용을 개별적으로 명시 · 설명하여야 한다.

② 상법 제680조 제1항 본문에서 정한 피보험자의 손해방지의무에서 손해는 피보험이익에 대한 구체적인 침해의 결과로 생기는 손해뿐만 아니라 보험자의 구상권과 같이 보험자가 손해를 보상한 후에 취득하게 되는 이익을 상실함으로써 결과적으로 보험자에게 부담되는 손해까지 포함한다.

③ 보험계약자 측이 입원치료를 사유로 보험금을 청구하여 이를 지급받았으나 그 입원치료의 전부 또는 일부가 필요하지 않은 것으로 밝혀져 보험계약의 기초가 되는 신뢰관계가 파괴되었다면, 보험자는 보험계약을 해지할 수 있다.

④ 보험계약자가 피보험자의 상속인을 보험수익자로 하여 체결한 생명보험계약에서 보험수익자로 지정된 상속인 중 1인이 자신에게 귀속된 보험금청구권을 포기한 경우 그 포기한 부분은 다른 상속인에게 귀속된다.

04 보험약관에 "보험금청구권자가 보험금을 청구하면서 증거를 위조 또는 변조하는 등 사기 기타 부정한 행위를 한 때에는 보험자는 보험금을 지급할 책임이 없다."라는 조항이 있는 경우 이에 대한 설명으로 옳지 않은 것은? (다툼이 있는 경우 판례에 의함)

① 보험목적의 가치에 대한 견해 차이 등으로 보험계약자가 보험목적의 가치를 다소 높게 신고한 경우 보험자는 면책되지 않는다.

② 보험계약자가 화재로 9억원 상당의 수의와 삼베가 소실되었다고 주장하면서 상당한 양의 허위 증거서류를 제출한 경우 실제로 9억원 상당의 수의와 삼베에 손해가 있었더라도 보험자는 면책된다.

③ 보험목적이 수개이고 보험금청구권자가 동일인인 경우 그 중 하나의 보험목적에 대하여 사기적인 방법으로 보험금을 청구하더라도 다른 보험목적에는 그 면책의 효력이 미치지 않는다.

④ 보험자는 보험계약자에게 보험약관을 교부하고 그 약관의 중요한 내용을 설명하여야 하는데, 위 약관조항은 설명의무의 대상이 아니다.

05 보험자의 면책사유에 관한 설명 중 옳지 않은 것은? (다툼이 있는 경우 판례에 의함)

① 사망을 보험사고로 한 보험계약에서 사고가 보험계약자 또는 피보험자나 보험수익자의 고의로 인하여 발생한 경우에 보험자는 면책되는데, 보험자의 책임이 개시된 시점부터 2년이 경과한 이후 자살에 대하여 보험자가 보상책임을 진다는 보험약관은 무효이다.

② 보험사고가 전쟁 기타의 변란으로 인하여 생긴 때에는 당사자 간에 다른 약정이 없으면 보험자는 보험금을 지급할 책임이 없다.

③ 손해보험에서 보험 목적의 성질, 하자 또는 자연소모로 인한 손해는 보험자가 이를 보상할 책임이 없다.

④ 보험약관상 약정면책사유는 원칙적으로 보험약관의 교부 · 설명의무의 대상이다.

06 상법상 보험약관의 교부 · 설명의무에 관한 설명으로 옳지 않은 것은? (다툼이 있는 경우 판례에 의함)

① 보험계약자가 보험계약을 체결할 때 보험자는 보험계약자에게 보험약관을 교부하고 그 약관의 중요한 내용을 설명하여야 한다.

② 보험계약자가 충분히 잘 알고 있는 내용에 대하여도 보험자는 설명의무가 있다.

③ 보험자가 보험약관의 교부 · 설명의무를 위반한 경우 보험계약자는 보험계약이 성립한 날부터 3개월 내에 그 계약을 취소할 수 있다.

④ 피보험자가 오토바이 사용자인 경우 가입할 수 없도록 한 상해보험의 약관조항에 대하여 보험자가 설명의무를 이행하지 않아서 보험계약자 또는 피보험자가 고지의무를 위반한 경우 보험자는 고지의무 위반을 이유로 보험계약을 해지할 수 없다.

07 보험계약자 등의 위험변경증가에 대한 통지의무에 관한 설명으로 옳지 않은 것은? (다툼이 있는 경우 판례에 의함)

① 위험변경증가는 일정상태의 계속적 존재를 전제로 하지만 일시적 위험변경의 경우에도 통지의무를 부담한다.

② 보험계약자 또는 피보험자가 위험변경증가 통지의무를 해태한 경우 보험자는 그 사실을 안 날로부터 1월 내에 한하여 보험계약을 해지할 수 있다.

③ 보험자는 위험변경증가의 통지를 받은 때에는 1월 내에 보험료의 증액을 청구하거나 계약을 해지할 수 있다.

④ 인보험계약을 체결한 후 다른 인보험계약을 다수 가입하였다는 사정만으로 보험계약자 또는 피보험자에게 위험변경증가에 대한 통지의무가 있다고 볼 수 없다.

08 상법상 보험계약자 등은 보험기간 중 고의 또는 중대한 과실로 사고발생의 위험을 현저하게 변경 또는 증가시키지 않을 의무를 부담하는데, 이에 관한 설명으로 옳지 않은 것은? (다툼이 있는 경우 판례에 의함)

① 사고발생의 위험이 현저하게 변경 또는 증가된 사실이라 함은 그 변경 또는 증가된 위험이 보험계약의 체결 당시에 존재하고 있었다면 보험자가 보험계약을 체결하지 않았거나 적어도 그 보험료로는 보험을 인수하지 않았을 것으로 인정되는 정도의 것을 말한다.

② 보험수익자가 이 의무를 위반한 경우 상법 제653조에 따라 지체없이 보험자에게 통지하여야 한다.

③ 보험계약자 등이 이 의무위반이 있는 경우 보험자는 그 사실을 안 날로부터 1월 내에 보험료의 증액을 청구하거나 계약을 해지할 수 있다.

④ 피보험자의 직종에 따라 보험금 가입한도에 차등이 있는 생명보험계약에서 피보험자가 위험이 현저하게 증가된 직종으로 변경한 경우 이는 상법 제653조상의 위험의 현저한 변경 · 증가에 해당한다.

09 상법상 보험계약자 등이 보험사고 발생을 안 때에는 지체 없이 보험자에게 그 통지를 발송할 의무가 있는데 이에 관한 설명으로 옳지 않은 것은?

① 보험계약자 또는 피보험자나 보험수익자 중 어느 한 사람이라도 통지하면 의무를 이행한 것으로 본다.

② 보험계약자 등이 통지의무를 해태함으로써 손해가 증가된 경우에는 보험자는 그 증가된 손해를 보상할 책임이 없다.

③ 보험계약자 등이 통지의무를 해태한 경우 보험자는 그 사실을 안 날로부터 1월 내에 계약을 해지할 수 있다.

④ 보험자는 보험금액의 지급에 관하여 약정기간이 없는 경우에는 상법 제657조 제1항의 통지를 받은 후 지체 없이 지급할 보험금액을 정하고 그 정하여진 날부터 10일 내에 피보험자 또는 보험수익자에게 보험금을 지급하여야 한다.

10 **보험계약자의 고지의무 위반사실이 보험사고 발생에 영향을 미치지 아니하였음이 증명된 경우에 대한 설명으로 옳지 않은 것은? (다툼이 있는 경우 판례에 의함)**

① 보험자는 고지의무 위반을 이유로 보험사고 발생 후에도 보험계약을 해지할 수 있다.
② 보험자는 이미 발생한 보험사고에 대한 보험금을 지급하여야 한다.
③ 보험자는 보험사고 발생 시까지의 보험료를 청구할 수 없다.
④ 생명보험약관에서 보험자가 인과관계의 존재를 입증한다고 정하는 경우 그 약정은 유효하다.

11 **상법상 보험계약의 해지에 관한 설명으로 옳지 않은 것은? (당사자 간에 다른 약정이 없다고 가정함)**

① 자기를 위한 보험에서 보험계약자는 보험사고가 발생하기 전에는 언제든지 계약의 전부 또는 일부를 해지할 수 있다.
② 보험사고의 발생으로 보험자가 보험금액을 지급한 때에도 보험금액이 감액되지 아니하는 보험의 경우에는 보험계약자는 그 사고발생 후에도 보험계약을 해지할 수 있다.
③ 보험계약자가 보험사고가 발생하기 전 계약을 해지한 경우 보험료불가분의 원칙에 따라 미경과보험료의 반환을 청구할 수 없다.
④ 타인을 위한 보험에서 보험계약자는 그 타인의 동의를 얻지 아니하거나 보험증권을 소지하지 아니하면 그 계약을 해지하지 못한다.

12 **보험계약의 부활에 관한 설명으로 옳지 않은 것은? (다툼이 있는 경우 판례에 의함)**

① 계속보험료 부지급을 이유로 보험계약이 적법하게 해지되었지만 해지환급금이 지급되지 아니한 경우 보험계약자는 일정한 기간 내에 연체보험료에 약정이자를 붙여 보험자에게 지급하고, 그 계약의 부활을 청구할 수 있다.
② 보험계약자가 적법하게 보험계약의 부활을 청구하면 그 청구의 의사표시가 보험자에 도달하는 즉시 보험계약은 부활된다.
③ 보험약관의 "보험계약 실효 후 부활 전에 발생한 보험사고에 대하여는 보험금을 지급하지 않는다."는 조항은 상법 제663조의 불이익변경금지의 원칙에 반하지 않는다.
④ 보험계약 체결시의 보험약관이 법률에서 정한 내용과 달리 규정되어 부활 후에도 적용될 경우 보험자는 원칙적으로 해당 약관에 대하여 설명의무를 이행하여야 한다.

13 상법상 보험계약의 무효에 관한 설명으로 옳은 것은?

① 보험계약 체결 당시에 보험사고가 발생할 수 없는 경우 당사자 쌍방이 이를 알았다면 그 계약은 무효이다.
② 보험계약자의 사기 없이 보험금액이 보험가액을 현저하게 초과한 손해보험계약을 체결한 때에는 그 초과된 부분은 무효이므로 보험계약자는 무효인 부분에 대한 보험료의 반환을 청구할 수 있다.
③ 보험계약자의 사기로 보험금액이 보험가액을 현저하게 초과한 손해보험계약을 체결한 때에는 그 전부가 무효이므로 보험자는 그 사실을 안 때까지의 보험료를 청구할 수 없다.
④ 손해보험계약의 전부가 처음부터 무효인 경우 보험계약자는 그 무효인 사실을 알았더라도 보험자에 대하여 기지급한 보험료 전부의 반환을 청구할 수 있다.

14 타인을 위한 보험계약에 관한 설명으로 옳지 않은 것은? (다툼이 있는 경우에는 판례에 의함)

① 보험계약자는 타인의 위임이 없더라도 그 타인을 위하여 보험계약을 체결할 수 있다.
② 손해보험에서 보험계약자는 청구권대위의 제3자의 범위에서 배제되지 않는다.
③ 손해보험에서 보험계약자가 그 타인에게 보험사고의 발생으로 생긴 손해의 배상을 한 때에는 보험계약자는 그 타인의 권리를 해하지 아니하는 범위 안에서 보험자에게 보험금액의 지급을 청구할 수 있다.
④ 보험계약자가 타인의 생활상 부양을 목적으로 타인을 보험수익자로 하는 생명보험계약을 체결하였는데, 위 보험계약이 민법 제103조 소정의 선량한 풍속 기타 사회질서에 반하여 무효로 되더라도, 보험자가 이미 보험수익자에게 보험금을 급부한 경우에는 그 반환을 청구할 수 없다.

15 손해보험에서 실손보상 원칙의 예외에 해당하는 것을 모두 묶은 것은?

가. 기평가보험(사고발생 시의 가액을 현저히 초과하지 아니하는 경우)
나. 이득금지
다. 제3자에 대해 가지고 있는 권리의 대위
라. 신가보험
마. 선박보험에서의 보험가액불변경주의

① 가, 나, 다
② 가, 나, 라
③ 가, 다, 마
④ 가, 라, 마

16 **손해보험계약상 보험의 목적에 대한 설명으로 옳지 않은 것은? (다툼이 있는 경우 판례에 의함)**

① 영업책임보험에서 피보험자의 대리인의 제3자에 대한 책임은 보험의 목적에 해당하지 않는다.

② 선박보험에서 선박의 속구, 연료, 양식 기타 항해에 필요한 모든 물건은 보험의 목적에 포함된 것으로 한다.

③ 책임보험에서 피보험자가 제3자의 청구를 방어하기 위해 지출한 재판상 또는 재판외의 필요비용은 보험의 목적에 포함된 것으로 한다.

④ 화재보험에서 집합된 물건을 일괄하여 보험의 목적으로 한 때에는 피보험자의 가족과 사용인의 물건도 보험의 목적에 포함된 것으로 한다.

17 **보험계약자와 피보험자가 동일인인 A는 건물의 화재보험가입을 위해 보험가액을 1억원으로 하여 甲보험회사에 보험금액을 1억원, 乙보험회사에는 보험금액을 6천만원, 丙보험회사에 보험금액을 4천만원으로 하는 계약을 체결하였다. 보험 가입 후 해당건물에 화재가 발생하였고 건물이 전손되었다. 각보험자가 A에게 지급하여야 하는 보험금으로 옳게 묶은 것은? (위 3건의 보험계약은 사기로 체결되지 않았고, 당사자간에 다른 약정이 없다고 가정함)**

① 甲: 5천만원, 乙: 2천 5백만원, 丙: 2천 5백만원

② 甲: 5천만원, 乙: 3천만원, 丙: 2천만원

③ 甲: 4천만원, 乙: 4천만원, 丙: 2천만원

④ 甲: 3천 5백만원, 乙: 3천 5백만원, 丙: 3천만원

18 **손해방지비용에 대한 설명으로 옳지 않은 것은? (다툼이 있는 경우 판례에 의함)**

① 손해방지의무의 이행을 위해 필요 또는 유익하였던 비용과 보험계약에 따른 보상액의 합계액이 보험금액을 초과한 경우라도 보험자는 이를 부담한다.

② 보험사고 발생 이전에 손해의 발생을 방지하기 위해 지출된 비용은 손해방지비용에 포함되지 않는다.

③ 보험사고 발생시 또는 보험사고가 발생한 것과 같이 볼 수 있는 경우에 피보험자의 법률상 책임 여부가 판명되지 아니한 상태에서 피보험자가 손해 확대방지를 위해 긴급한 행위로서 필요 또는 유익한 비용을 지출하였다면 이는 보험자가 부담하여야 한다.

④ 보험계약에 적용되는 보통약관에 손해방지비용과 관련한 별도의 규정이 있다면, 그 규정은 당연히 방어비용에 대하여도 적용된다고 할 수 있다.

19 청구권대위에 대한 설명으로 옳지 않은 것은? (다툼이 있는 경우 판례에 의함)

① 보험자의 제3자에 대한 보험자대위가 인정되기 위해서는 보험자가 피보험자에게 보험금을 지급할 책임이 있고 이에 따라 보험금이 지급된 경우에 한한다.
② 정액보험인 인보험의 경우에는 청구권대위가 인정되지 않는다. 다만 상해보험계약의 경우에 당사자 간에 다른 약정이 있는 때에는 보험자는 피보험자의 권리를 해하지 아니하는 범위안에서 그 권리를 대위하여 행사할 수 있다.
③ 피보험자의 입장에서 볼 때 공동불법행위자는 제3자에 포함되지 않으므로, 보험자는 손해배상금을 지급하여 다른 공동불법행위자들이 공동면책된 경우라 하더라도 공동불법행위자들에 대한 피보험자의 구상권을 대위 행사할 수 없다.
④ 보험사고를 야기한 제3자가 보험계약자 또는 피보험자와 실질적으로 공동생활을 함께하는 가족, 즉 동거가족인 경우 그 가족의 과실로 인해 손해가 생겼다면, 보험자대위는 적용되지 않는다.

20 선박의 감항능력에 대한 설명으로 옳지 않은 것은? (다툼이 있는 경우 판례에 의함)

① 선박 또는 운임을 보험에 붙인 경우에 발항 당시 안전하게 항해를 하기에 필요한 준비를 하지 아니하거나 필요한 서류를 비치하지 아니함으로써 인하여 생긴 손해에 대해 보험자는 면책된다.
② 적하보험의 경우에는 선박의 감항능력 흠결에 따른 면책이 적용되지 아니한다.
③ 감항능력은 특정한 항해에서 통상적인 위험을 견딜 수 있는 능력을 의미하므로 선박의 감항능력 판단에 있어 절대적 · 확정적 기준이 된다.
④ 출항준비를 하는 자가 위험지역이 표시된 최신 해도를 비치하지 아니하였고, 이를 알고 있음에도 불구하고 그대로 출항하였다면 감항능력 결여로서 보험자는 면책된다.

21 다음은 상법 제666조 손해보험증권에 반드시 기재되어야 하는 사항을 나열한 것이다. 이에 해당하지 않은 것으로 묶인 것은?

가. 보험사고의 성질	나. 보험기간을 정한 때에는 그 시기와 종기
다. 무효와 실권의 사유	라. 보험자의 상호와 주소
마. 보험목적의 소재지, 구조와 용도	바. 보험가액을 정한 때에는 그 가액

① 가, 다, 라
② 나, 다, 마
③ 다, 라, 바
④ 라, 마, 바

22 자동차손해배상보장법 제3조의 운행자성에 대한 설명으로 옳지 않은 것은? (다툼이 있는 경우 판례에 의함)

① 절취운전의 경우 자동차 보유자는 원칙적으로 자동차를 절취 당하였을 때 운행지배와 운행이익을 잃어버린다.

② 자동차의 보유자가 음주 기타 운전 장애사유 등으로 인하여 일시적으로 타인에게 대리운전을 시킨 경우, 대리운전자의 과실로 인하여 발생한 차량사고의 피해자에 대한 관계에서는 자동차의 보유자가 객관적, 외형적으로 운행지배와 운행이익을 가지고 있다.

③ 절취운전 중 사고가 일어난 시간과 장소 등에 비추어 볼 때에 자동차 보유자의 운행지배와 운행이익이 잔존하고 있다고 평가할 수 있는 경우라면 자동차를 절취당한 자동차보유자에게 운행자성을 인정할 수 있다.

④ 호텔이나 유흥음식점에서의 차량 보관 등을 하는 경우 업소에 맡긴 차량을 주차관리자가 차량소유자의 승낙 없이 운전하다가 사고를 야기한 경우, 차량소유자는 차량에 대한 운행지배를 상실하지 않는다.

23 해상보험에 대한 설명으로 옳지 않은 것은? (다툼이 있는 경우 판례에 의함)

① 선박보험에 있어 피보험이익은 선박소유자의 이익 외에 담보권자의 이익, 선박임차인의 사용이익도 포함되므로 선박임차인도 추가보험의 보험계약자 및 피보험자가 될 수 있다.

② 적하보험에 있어 적하는 해상운송의 객체가 될 수 있는 것으로서 경제적 가치가 있어야 하며, 살아 있는 동물은 운송계약에 있어 면책사유에 해당하므로 운송은 가능하나 적하에 포함되지 않는다.

③ 선비보험이란 선박의 의장 기타 선박의 운항에 요하는 모든 비용에 대해 가지는 피보험이익에 대한 보험이다.

④ 불가동손실보험은 해난사고로 인해 선박소유자 등이 입게 되는 간접손해가 선박보험에 의해 담보되지 않으므로 이를 보상하기 위한 보험이다.

24 예정보험에 대한 설명으로 옳지 않은 것은? (다툼이 있는 경우 판례에 의함)

① 예정보험이란 계약체결 당시에 보험계약의 주요 원칙에 대해서만 일단 합의를 하고 적하물의 종류나 이를 적재할 선박, 보험금액 등 보험증권에 기재되어야 할 보험계약 내용의 일부가 확정되지 않은 보험을 말한다.

② 화물을 적재할 선박이 미확정된 상태에서 보험계약을 체결한 후 보험계약자 또는 피보험자가 당해 화물이 선적되었음을 안 때에는 이를 지체 없이 보험자에 대하여 선박의 명칭, 국적과 화물의 종류, 수량과 가액의 통지를 발송하여야 한다.

③ 선박미확정의 적하예정보험에 있어 보험계약자 등이 통지의무를 위반한 때에 보험자는 그 사실을 안 날로부터 1월 내에 계약을 해지할 수 있다.

④ 포괄적 예정보험은 일정한 기간 동안 일정한 조건에 따라 정해지는 다수의 선적화물에 대해 포괄적 · 계속적으로 보험의 목적으로 하므로 화주는 개개 화물의 운송의 경우라 하더라도 그 명세를 보험자에게 통지할 필요가 없다.

25 책임보험에 있어 제3자의 직접청구권에 대한 설명으로 옳지 않은 것은? (다툼이 있는 경우 판례에 의함)

① 책임보험에서 피해자의 직접청구권은 약관에서 이를 인정하는 경우에 한하여 인정된다.
② 피해자의 직접청구권에 따라 보험자가 부담하는 손해배상채무는 보험계약을 전제로 하는 것으로서 보험계약에 따른 보험자의 책임 한도액의 범위 내에서 인정된다.
③ 피해자에게 인정되는 직접청구권의 법적 성질은 피해자가 보험자에 대하여 가지는 손해배상청구권이지 피보험자의 보험자에 대한 보험금청구권의 변형 내지는 이에 준하는 권리가 아니다.
④ 직접청구권의 소멸시효기간은 피해자의 손해배상 청구권의 소멸시효기간과 동일하다.

26 자동차보험에 있어 승낙피보험자에 대한 설명으로 옳지 않은 것은? (다툼이 있는 경우 판례에 의함)

① 렌터카 회사로부터 차량을 빌린 경우 차량을 빌린 사람은 승낙피보험자이다.
② 자동차를 매수하고 소유권이전등록을 마치지 아니한 채 자동차를 인도받아 운행하면서 매도인과의 합의 아래 그를 피보험자로 한 자동차종합보험계약을 체결하였다 하더라도 매수인은 기명피보험자의 승낙을 얻어 자동차를 사용 또는 관리하는 승낙피보험자로 볼 수 없다.
③ 승낙피보험자는 기명피보험자로부터 명시적 · 개별적 승낙을 받아야만 하는 것이 아니고, 묵시적 · 포괄적인 승낙이어도 무방하다.
④ 보험계약의 체결 후에 매매가 이루어져 기명피보험자인 매도인이 차량을 인도하고 소유권이전등록을 마친 경우 그 기명피보험자는 운행지배를 상실한 것이므로, 매수인이 기명피보험자의 승낙을 얻어서 자동차를 사용 또는 관리 중인 승낙피보험자로 볼 수 없다.

27 보증보험에 있어 보상책임에 대한 설명으로 옳지 않은 것은? (다툼이 있는 경우 판례에 의함)

① 보증보험자는 보험계약자의 채무불이행 등으로 인하여 피보험자가 입은 모든 손해를 보상하는 것이 아니라 약관에서 정한 절차에 따라 보험금액의 한도 내에서 피보험자가 실제로 입은 손해를 보상한다. 단 정액보상에 대한 합의가 당사자 사이에 있는 경우에는 약정된 정액금을 지급한다.
② 보증보험계약 체결 당시에 이미 주계약상의 채무불이행 발생이 불가능한 경우에는 보증보험계약은 무효이므로 선의의 제3자라 하더라도 보증보험계약의 유효를 주장할 수 없다.
③ 보증보험에 있어서의 보험사고는 불법행위 또는 채무불이행 등으로 발생하는 것이고 불법행위나 채무불이행 등은 보험계약자의 고의 또는 과실을 그 전제로 하나, 보험계약자에게 고의 또는 중대한 과실이 있는 경우 보험자의 면책을 규정한 상법의 규정은 보증보험에도 적용된다.
④ 피보험자가 정당한 이유 없이 사고 발생을 통지하지 않거나 보험자의 협조요구에 응하지 않음으로 인해 손해가 증가되었다면 보험자는 이러한 사실을 입증함으로써 증가된 손해에 대한 책임을 면할 수 있다.

28 인보험에 관한 설명으로 옳지 않은 것은?

① 보험자가 피보험자의 생명 또는 신체에 관하여 보험사고가 생길 경우에 보험계약으로 정하는 바에 따라 보험금이나 기타 급여를 지급하고, 이에 대하여 상대방은 보험료를 지급할 것을 약정하는 보험계약이다.
② 생명보험은 정액보험의 형태로만 운영되고, 상해 · 질병보험은 부정액보험의 형태로도 운영될 수 있다.
③ 보험금은 일시지급 또는 분할지급으로 할 수 있다.
④ 모든 자연인은 보험의 목적이 될 수 있다.

29 피보험이익과 관련한 설명으로 옳지 않은 것은? (다툼이 있는 경우 판례에 의함)

① 피보험이익이란 보험의 목적에 대하여 보험사고의 발생여부에 따라 피보험자가 가지게 되는 경제적 이익 또는 이해관계를 의미한다.
② 무보험자동차에 의한 상해를 담보하는 보험은 상해보험의 성질을 가지고 있으므로, 이 경우에는 중복보험의 법리가 적용되지 않는다.
③ 상법상 생명보험에서는 피보험이익 및 보험가액은 존재하지 않기 때문에 중복보험의 문제가 발생하지 않는다.
④ 상법은 손해보험에 관하여 피보험이익을 인정하는 규정을 두고 있는 반면, 인보험에서는 별도의 규정이 없다.

30 인보험에서 보험자대위에 관한 설명으로 옳은 것은? (다툼이 있는 경우 판례에 의함)

① 인보험에서 보험자는 보험사고로 인하여 생긴 보험계약자 또는 보험수익자의 제3자에 대한 권리를 대위하여 행사할 수 있다.
② 자기신체사고 자동차보험은 그 성질상 상해보험에 속한다고 할 것이므로, 그 보험계약상 타 차량과의 사고로 보험사고가 발생하여 피보험자가 상대차량이 가입한 자동차보험 또는 공제계약의 대인배상에 의한 보상을 받을 수 있는 경우에 자기신체사고에 대하여 약관에 정해진 보험금에서 대인배상으로 보상받을 수 있는 금액을 공제한 액수만을 지급하기로 약정되어 있어 결과적으로 보험자대위를 인정하는 것과 같은 결과가 초래하는바, 이 계약은 제3자에 대한 보험대위를 금지한 상법 제729조를 피보험자에게 불이익하게 변경한 것이다.
③ 상해보험의 경우 보험자와 보험계약자 또는 피보험자 사이에 피보험자의 제3자에 대한 권리를 대위하여 행사할 수 있다는 취지의 약정이 없는 한, 피보험자가 제3자로부터 손해배상을 받더라도 이에 관계없이 보험자는 보험금을 지급할 의무가 있고, 피보험자의 제3자에 대한 권리를 대위하여 행사할 수도 없다.
④ 제3자에 대한 보험대위를 금지한 상법 제729조 본문의 규정 취지상 정액보상 방식의 인보험에서 피보험자 등은 보험자와의 다른 원인관계나 대가관계 등에 의하여 자신의 제3자에 대한 권리를 보험자에게 양도하는 것은 불가능하다.

31 타인의 생명보험계약에서 피보험자의 동의의 철회에 관한 설명으로 옳지 않은 것은? (다툼이 있는 경우 판례에 의함)

① 피보험자는 계약 성립 전까지 동의를 철회할 수 있다.
② 보험수익자와 보험계약자의 동의가 있을 경우 계약의 효력이 발생한 후에도 피보험자는 동의를 철회할 수 있다.
③ 계약성립 이후에는 피보험자가 서면동의를 할 때 전제가 되었던 사정에 중대한 변경이 있는 경우에도 피보험자는 동의를 철회할 수 없다.
④ 동의 행위 자체에 흠결이 있었다면 민법의 원칙에 따라 그 동의에 대해 무효 또는 취소를 주장할 수 있다.

32 보험자의 면책에 관한 설명으로 옳지 않은 것은? (다툼이 있는 경우 판례에 의함)

① 사망을 보험사고로 한 보험계약에서는 사고가 보험계약자 또는 피보험자나 보험수익자의 중대한 과실로 인하여 발생한 경우 보험자는 면책되지 않는다.
② 생명보험에서 보험계약자가 처음부터 피보험자를 살해하여 보험금을 편취할 목적으로 보험계약을 체결한 경우라면 이러한 보험계약은 반사회질서 법률행위로서 무효가 된다.
③ 둘 이상의 보험수익자 중 일부가 고의로 피보험자를 사망하게 한 경우에는 다른 보험수익자에 대한 보험금 지급책임도 면책된다.
④ 피보험자가 타인의 졸음운전으로 인하여 중상해를 입고 병원에 후송되었으나 피보험자가 수혈을 거부함으로써 사망에 이른 경우, 수혈거부 행위가 사망의 유일한 원인 중 하나였다는 점만으로는 보험자가 그 보험금의 지급책임을 면할 수는 없다.

33 타인의 생명보험과 피보험자의 동의에 관한 설명으로 옳지 않은 것은?

① 타인의 생명보험이란 보험계약자가 제3자를 피보험자로 하여 체결한 생명보험계약이다.
② 타인의 생명보험계약이 성립한 후 보험수익자를 새롭게 지정 · 변경하려면 피보험자의 동의가 필요하다.
③ 타인의 생명보험에서 피보험자의 동의방식으로는 서면동의 외에도 전자서명법 및 동법 시행령에 따른 전자서명이나 전자문서도 포함된다.
④ 피보험자의 동의를 얻어 성립된 보험계약으로 인한 권리를 피보험자가 아닌 제3자에게 양도하는 경우에는 피보험자의 동의가 필요 없다.

34 **단체보험에 관한 설명으로 옳지 않은 것은? (다툼이 있는 경우 판례에 의함)**

① 단체생명보험은 어느 특정회사 또는 공장 등의 단체구성원 전부 또는 일부를 포괄적으로 피보험자로 하여 그의 생사를 보험사고로 하는 보험계약을 말한다.

② 단체보험에서는 구성원이 단체에 가입 · 탈퇴함으로써 당연히 피보험자의 자격을 취득하거나 상실한다.

③ 단체생명보험은 타인의 생명보험계약의 일종으로 볼 수 있다.

④ 회사의 직원이 퇴사한 후에 사망하는 보험사고가 발생한 경우 회사가 퇴사한 후에도 직원에 대한 보험료를 계속 납입하였다면 원칙적으로 단체보험의 해당 피보험자 자격은 유지된다.

35 **보험수익자의 지정 · 변경권에 관한 설명으로 옳은 것은?**

① 보험계약자가 보험수익자를 지정 · 변경하는 것은 반드시 서면에 의하여야 한다.

② 보험계약자가 보험수익자 지정권을 행사하지 않고 사망한 경우에는 피보험자를 보험수익자로 한다.

③ 보험계약자가 수익자를 지정한 후에 변경권을 행사하지 않고 사망한 경우에는 보험계약자의 상속인이 보험수익자가 된다.

④ 보험 존속 중 지정된 보험수익자가 사망하는 경우 보험계약자는 보험수익자를 재지정할 수 있는데, 이 경우 보험계약자가 지정권을 행사하지 않고 사망한 경우에는 보험계약자의 상속인을 보험수익자로 한다.

36 **상해보험계약에서 보험자의 책임에 관한 설명으로 옳지 않은 것은? (다툼이 있는 경우 판례에 의함)**

① 상해사망보험계약에서 면책약관으로 "선박승무원, 어부, 사공, 그 밖에 선박에 탑승하는 것을 직무로 하는 사람이 직무상 선박에 탑승하고 있는 동안 상해 관련 보험금 지급사유가 발생한 때에는 보험금을 지급하지 않는다."는 내용을 규정하고 있다면, 선원인 피보험자가 선박에 기관장으로 승선하여 조업차 출항하였다가 선박의 스크루에 그물이 감기게 되자 선장의 지시에 따라 잠수장비를 착용하고 바다에 잠수하여 그물을 제거하던 중 사망한 경우 보험자는 면책된다.

② 후유장해보험금의 청구권 소멸시효는 후유장해로 인한 손해가 발생한 때로부터 진행하고, 그 발생시기는 소멸시효를 주장하는 자가 입증하여야 한다.

③ 상해보험에 있어 계약체결 전에 이미 존재하였던 기왕증 또는 체질의 영향에 따라 상해가 중하게 된 때에는 보험자는 약관에 별도의 규정이 없다 하더라도 피보험자의 체질 또는 소인 등이 보험사고의 발생 또는 확대에 기여하였다는 사유를 들어 보험금을 감액할 수 있다.

④ 상해보험에서 기여도에 따른 감액조항이 보험약관에 명시되어 있는 경우 그 사고가 후유증이라는 결과 발생에 대하여 기여하였다고 인정되는 기여도에 따라 그에 상응한 배상액을 가해자에게 부담시켜야 할 것이므로 그 기여도를 정함에 있어서는 기왕증의 원인과 정도, 기왕증과 후유증과의 상관관계, 피해자의 연령과 직업 및 건강상태 등 제반사정을 종합적으로 고려하여 합리적으로 판단하여야 한다.

37 인보험계약에서 중과실면책에 관한 설명으로 옳지 않은 것은? (다툼이 있는 경우 판례에 의함)

① 피보험자가 비록 음주운전 중 보험사고를 당하였다고 하더라도 그 사고가 고의에 의한 것이 아닌 이상 보험자는 음주운전 면책약관을 내세워 보험금 지급을 거절할 수 없다.

② 사망보험의 중과실 면책 조항은 상해보험계약과 질병보험계약에도 준용된다.

③ 인보험계약 당사자가 보험계약자 등의 중과실로 인한 보험사고에 대해 보험자가 면책되도록 하는 약정을 하였다면 이러한 약정은 상법 제663조 불이익변경금지 위반으로 무효이다.

④ 무면허 운전은 고의적인 범죄행위이고, 그 고의는 직접적으로 사망이나 상해에 관한 것이어서 보험자는 면책된다.

38 질병보험에 관한 설명으로 옳지 않은 것은? (다툼이 있는 경우 판례에 의함)

① 질병보험계약의 보험자는 피보험자의 질병에 관한 보험사고가 발생할 경우 보험금이나 그 밖의 급여를 지급할 책임이 있다.

② 질병보험은 보험의 목적이 신체라는 점에서 생명보험과 유사하지만 보험사고가 불확정적이고 부정액방식으로 운영도 가능하다는 점에서는 손해보험의 성격도 가지고 있다.

③ 상해보험에서 담보되는 위험으로서 상해란 외부로부터의 우연한 돌발적인 사고로 인한 신체의 손상을 뜻하므로, 그 사고의 원인이 피보험자의 신체의 외부로부터 작용하는 것을 말하고, 신체의 질병 등과 같은 내부적 원인에 기한 것은 상해보험에서 제외되고 질병보험 등의 대상이 된다.

④ 질병보험에 관하여는 그 성질에 반하지 않는 한 생명보험 및 상해보험뿐만 아니라 손해보험에 관한 규정을 준용한다.

39 생명보험계약 관계자에 관한 설명으로 옳지 않은 것은? (다툼이 있는 경우 판례에 의함)

① 생명보험계약의 당사자는 보험자와 보험계약자이다.

② 생명보험계약에서 보험계약자의 지위를 변경하는데 보험자의 승낙이 필요하다고 정하고 있는 경우, 보험계약자는 보험자의 승낙이 없는 한 일방적인 의사표시만으로 보험계약상의 지위를 이전할 수는 없다.

③ 피보험자는 자연인이어야 하며, 계약 체결 시부터 확정되어 있을 필요는 없다.

④ 보험수익자는 추상적으로 지정될 수도 있고, 상법상 수익자가 될 수 있는 특별한 자격이 있는 것도 아니다.

40 **소멸시효에 관한 설명으로 옳지 않은 것은? (다툼이 있는 경우 판례에 의함)**

① 보험계약자가 다수의 계약을 통하여 보험금을 부정 취득할 목적으로 체결한 보험계약이 민법 제103조에 의하여 무효인 경우, 보험금에 대한 부당이득 반환청구권에 대하여는 2년의 소멸시효기간이 적용된다.

② 무효인 보험계약에 따라 납부한 보험료에 대한 반환청구권은 특별한 사정이 없는 한 각 보험료를 납부한 시점부터 소멸시효가 진행된다.

③ 보험료 채권의 지급 확보를 위하여 수표를 받은 경우, 수표에 대한 소송상의 청구는 보험료 채권의 소멸시효 중단의 효력이 있다.

④ (구)상법 제662조에서 보험금청구권에 대하여 2년의 단기 소멸시효를 규정하면서 그 기산점을 별도로 정하지 않은 것은 보험금청구권자의 재산권을 침해하지 않는다.

3과목 손해사정이론

01 다음 중 사고의 구조에 대한 이론 가운데 도미노 이론(domino theory)에 대한 설명으로 올바르지 않은 것은?

① 대부분의 사고가 5가지의 연쇄적 사건으로 구성되어 있다고 본다.
② 이 이론을 제시한 학자는 하인리히(H. W. Heinrich)이다.
③ 사건의 연쇄관계를 차단하면 사고를 예방할 수 있다고 한다.
④ 환경 내에 산재하는 물리적 위태를 줄이는 데 중점을 둔다.

02 아래에서 재난배상책임보험 보통약관상 보상하는 손해를 모두 고른 것은?

> ⓐ 피보험자의 과실유무를 불문하고 피보험자가 피해자에게 지급할 책임을 지는 법률상의 손해배상금
> ⓑ 피보험자가 지급한 소송비용, 변호사비용
> ⓒ 피보험자가 지급한 중재 또는 조정에 관한 비용
> ⓓ 보상한도액 내의 공탁보증보험료

① ⓑ, ⓓ
② ⓑ, ⓒ, ⓓ
③ ⓐ, ⓑ, ⓓ
④ ⓐ, ⓑ, ⓒ, ⓓ

03 다음 중 자동차보험약관상 보험사고 발생 시 보험금청구 및 지급과 관련된 설명으로 올바르지 않은 것은?

① 피보험자동차를 도난당하였을 때에는 지체없이 그 사실을 경찰관서에 신고하여야 한다.
② 피해자의 응급조치 등 긴급조치를 위한 것이 아닌 한 손해배상의 청구를 받은 경우에는 미리 보험회사의 동의없이 그 전부 또는 일부를 합의하여서는 안된다.
③ 피보험자의 보험금청구가 손해배상청구권자의 직접청구와 경합할 때에는 보험회사가 손해배상청구권자에게 우선하여 보험금을 지급한다.
④ 보험회사는 보험금청구에 관한 서류를 받은 때에는 지체 없이 지급할 보험금을 정하고 그 정하여진 날로부터 15일 이내에 지급을 한다.

04 아래에서 설명하는 내용은 무엇에 관한 것인가?

> – 전통적 재보험과는 달리 저축 및 부가보험료를 함께 재보험사에 출재하므로 보험리스크에 더해 금리리스크, 해지리스크를 함께 이전한다.
> – 손익변동성 관리 및 자본비용 절감이 가능하며, 보험계약 포트폴리오를 조정하여 핵심사업에 역량을 집중할 수 있는 효익이 있다.

① 조건부자본
② 한정리스크계약
③ 보험스왑
④ 공동재보험

05 아래 내용은 다음 중 무엇에 관한 설명인가?

> – 이것은 계약성립을 위해 계약당사자 간에 서로 대가(對價)를 지불하는 것을 의미한다.
> – 피보험자측은 1회분 보험료의 납부와 보험증권에 명시되어 있는 여러 조건을 준수하는 것이고, 보험자 측은 손실보상, 손실예방 등에 관한 서비스를 제공하는 것이다.

① 담보(warranty)
② 진술(representation)
③ 특약(endorsements and riders)
④ 약인(consideration)

06 아래 설명의 ( ) 안에 들어갈 용어를 순서대로 바르게 나열한 것은?

> 질병 · 상해보험 표준약관에서는 보험계약자가 보험수익자를 지정하지 않은 때 사망보험금은 ( ), 기타 후유장해보험금 및 입원보험금 · 간병보험금 등은 ( )을(를) 각각 그 수익자로 한다고 규정하고 있다.

① 계약자, 피보험자
② 계약자, 피보험자의 법정상속인
③ 피보험자의 법정상속인, 피보험자
④ 피보험자의 법정상속인, 계약자

07 아래 설명의 ( ) 안에 들어갈 보험종목은?

> 상법상 ( )에 관한 규정은 그 성질에 반하지 아니하는 범위에서 재보험계약에 준용한다.

① 화재보험
② 해상보험
③ 책임보험
④ 특종보험

08 아래에서 설명하는 특약재보험 조항의 명칭은?

> – 비례재보험 특약임에도 불구하고 예외적으로 출재를 하지 않아도 되는 경우를 기술하고 있다.
> – 예외적으로 인정되는 상황
> • 재보험사의 이익을 위해 특약 출재 대신에 별도의 임의재보험으로 출재하는 경우
> • 감독기관이 정한 규정을 불가피하게 준수해야 하는 경우
> • 보험계약자의 특별 요구나 조건에 따른 경우
> • 출재금액이 최종단계에서 과다해질 것이 분명한 경우

① Outside Reinsurance Clause
② Counsel and Concur Clause
③ Interlocking Clause
④ Stability Clause

09 다음 중 고용보험법상의 취업촉진수당에 해당하지 않는 것은?

① 이주비　　② 구직급여
③ 광역구직활동비　　④ 조기재취업수당

10 다음 중 언더라이팅(underwriting)의 목적과 거리가 먼 것은?

① 역선택 방지와 적정요율의 합리적 적용
② 보험범죄의 방지
③ 보험사업의 수익성 확보
④ 보험계약의 부합계약성 유지

11 갑보험회사는 아래와 같은 초과손해액재보험특약(Excess of Loss Reinsurance Treaty)을 체결하였다. 특약기간 중 사고일자를 달리하는 3건의 손해가 발생하였을 때 갑보험회사가 지급받을 재보험금의 합계액은?

- 특약프로그램
  - 특약한도 US$ 1,000,000 in excess of US$ 500,000
  - 연간누적자기부담금 : US$ 1,000,000
  - 손해기준 : e.e.l.(each and every loss)
- 3건의 발생손해 내역
  A : US$ 750,000, B : US$ 1,000,000, C : US$ 1,200,000

① US$ 450,000　　② US$ 950,000
③ US$ 1,450,000　　④ US$ 1,950,000

12 보험가액이 10,000원인 물건의 사고발생확률과 손해액이 아래 표와 같다. 이때 보험가입금액을 4,000원으로 하고 80% 공동보험조항이 첨부된 경우 이 물건의 영업보험료는? (단, 예정사업율은 20%이며, 예정이익율은 고려하지 않음. 순보험료는 기대보험금으로 함.)

손해액	0원	2,000원	5,000원	10,000원
확률	0.85	0.1	0.04	0.01

① 100원　　② 240원
③ 300원　　④ 312.5원

13 다음의 적하보험 가입조건 중 포괄위험담보방식을 채택하고 있는 것은?

① ICC(WA)
② ICC(C)
③ ICC(A)
④ ICC(FPA)

14 아래 내용 중 자동차보험 보통약관상 '피보험자의 자녀'의 범위에 포함되는 것을 모두 고른 것은?

ⓐ 법률상의 혼인관계에서 출생한 자녀
ⓑ 양자 또는 양녀
ⓒ 사실혼관계에서 출생한 자녀

① ⓐ
② ⓐ, ⓑ
③ ⓐ, ⓒ
④ ⓐ, ⓑ, ⓒ

15 고가의 외제차가 증가한 주변 환경으로 인하여 선의의 자동차보험 가입자의 보험료 부담이 증가한 현상은 다음 중 어디에 해당하는가?

① 역선택(adverse selection)
② 도덕적 위태(moral hazard)
③ 외부불경제(external diseconomy)
④ 무임승차(free riding)

16 다음 중 보험소비자 보호를 위한 보험사업자에 대한 감독과 규제의 근거와 거리가 먼 것은?

① 보험원가의 불확실성과 그 계산의 기술적 복잡성
② 보험상품의 미래지향적 특성으로 인한 소비자 판단의 어려움
③ 정보의 비대칭이 초래하는 역선택(adverse selection) 문제
④ 보험계약자와 보험자 간의 보험계약에 관한 전문성 격차

17 다음 중 법률상 의무보험이 아닌 것은?

① 가스사고배상책임보험
② 항공보험
③ 적재물배상책임보험
④ 생산물배상책임보험

18 다음 중 요구부보율 조건이 적용되는 계약조항은?

① 자동차보험의 정액공제조항
② 적하보험의 프랜차이즈공제조항
③ 건강보험의 공동보험조항
④ 화재보험의 공동보험조항

19 기대효용을 기준으로 의사결정을 하는 홍길동의 보유재산은 50, 보유재산의 사고발생 확률 0.2, 사고 시 잔여재산이 10일 때 재산의 기대가치는 아래 그림에서 A로 표시된다. 다음 중 이에 대한 설명으로 올바른 것은?

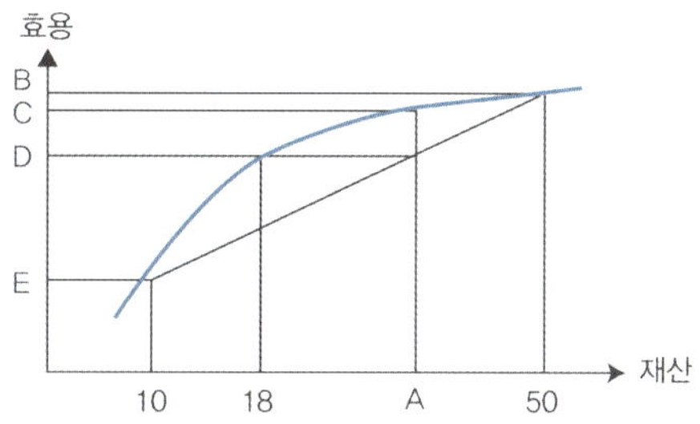

① 계리적으로 공정한 보험료가 부과되는 보험에 가입하였을 때 홍길동의 기대효용 수준은 D이다.
② 홍길동이 지불할 의사가 있는 최대보험료는 30이다.
③ 부가보험료가 순보험료의 2.5배 이상이면 홍길동은 보험에 가입하지 않는다.
④ 홍길동의 리스크 프리미엄(risk premium)은 24이다.

20 아래에서 보험업법상 소액단기전문보험회사가 취급할 수 있는 보험종목은 모두 몇 개인가?

ⓐ 상해보험	ⓑ 질병보험
ⓒ 연금보험	ⓓ 간병보험
ⓔ 비용보험	ⓕ 날씨보험
ⓖ 책임보험	ⓗ 유리보험
ⓘ 자동차보험	ⓙ 동물보험

① 3
② 5
③ 7
④ 9

21 다음 중 추정전손으로 보험금 청구 시 피보험자가 보험의 목적에 대한 전부의 권리를 보험자에게 양도하는 의사표시는?

① 위부(abandonment)
② 대위(subrogation)
③ 권리포기(waiver)
④ 보험목적의 양도(assignment)

22 다음 중 보험계약의 인적계약 특성을 설명하고 있는 것은?

① 보험계약자가 보험료를 납부하지 않아도 계약이행을 강제하는 등의 조치를 취할 수 없다.
② 보험계약상 보험자는 손실보상이라는 약속이행의 전제조건으로 피보험자에게 보험약관에 명시되어 있는 여러 가지 조건을 만족시킬 것을 요구하고 있다.
③ 동일한 보험목적물이라도 보험계약자나 피보험자가 누구냐에 따라 손실발생의 위험이 달라지기 때문에 보험계약의 내용이 달라질 수 있다.
④ 보험계약은 통상 다수인을 상대로 체결되고, 보험의 기술성과 공동체성으로 인해 정형성이 요구된다.

23 다음 중 우리나라 산업재해보상보험제도에 관한 설명으로 올바른 것은?

① 상시 5인 이상의 근로자를 고용하는 모든 사업장을 대상으로 한다.
② 보험료는 사용자와 근로자가 각각 절반씩 부담한다.
③ 급여 종류로는 요양급여, 휴업급여, 장해급여, 분만급여 등이 있다.
④ 업무상 재해는 업무상 사고, 업무상 질병, 출퇴근 재해로 구분된다.

24 아래에서 주택화재보험 보통약관상 담보손인을 모두 고른 것은?

ⓐ 화재	ⓑ 파열
ⓒ 폭발	ⓓ 지진

① ⓐ
② ⓐ, ⓑ
③ ⓐ, ⓑ, ⓒ
④ ⓐ, ⓑ, ⓒ, ⓓ

25 아래는 홍길동이 동일한 피보험이익에 대하여 3개 보험사와 체결한 보험계약내역이다. 사고 발생시 보험가액 12억원, 손해액 6억원일 때 독립책임분담액 방식을 적용하면 보험사별 보상금액은 각각 얼마인가?

- 갑보험사 : 보험금액 2억원, 실손보상
- 을보험사 : 보험금액 4억원, 비례보상
- 병보험사 : 보험금액 6억원, 50%요구부보조건부 실손보상

	갑	을	병
①	0.75억원	2.25억원	3억원
②	1억원	2억원	3억원
③	1.2억원	1.2억원	3.6억원
④	2억원	2억원	2억원

26 A회사는 공장에 10조원을 투자하는 안을 검토하고 있다. 1안은 한 지역에 10조원 전액을 투자하는 안이고, 2안은 5조원씩 두 지역에 투자하는 안이다. 지역별 사고발생 확률은 독립적이고 동일하다. 사고 발생 지역의 투자금액은 전부 멸실하는 것으로 가정한다. 리스크 관리 관점에서의 설명으로 올바르지 않은 것은?

① 기대손실 면에서 1안이 유리하다.
② 손실의 변동성 면에서 2안이 유리하다.
③ 최대가능손실(maximum possible loss) 발생확률은 1안이 더 크다.
④ 분산지역 수가 증가하면 동일한 신뢰도 하에서 가능 최대손실(probable maximum loss)을 축소할 수 있다.

27 다음 중 교통사고처리특례법상 12대 중과실사고(동법 제3조 제2항 단서에 의함)에 포함되지 않는 것은?

① 제한속도보다 시속 10km를 초과하여 운전한 경우
② 어린이 보호구역에서 안전운전유지의무를 위반하여 어린이의 신체를 상해에 이르게 한 경우
③ 철도건널목 통과방법을 위반하여 운전한 경우
④ 자동차의 화물이 떨어지지 않도록 필요한 조치를 하지 않고 운전한 경우

28 다음 중 피보험이익에 관한 설명으로 올바르지 않은 것은?

① 재물보험의 피보험이익은 재산 소유권자에게만 존재한다.
② 피보험이익은 피보험자의 손실 크기를 측정하게 해준다.
③ 피보험이익은 도덕적 위태를 감소시킨다.
④ 피보험이익은 손실의 발생 시점에 반드시 존재해야 한다.

29 다음 중 보험마케팅의 특성에 관한 설명으로 올바르지 않은 것은?

① 보험사업의 가치사슬에서 판매가 차지하는 비중이 다른 사업에 비해 높고 판매비용이 상당하다.
② 보험상품은 소비자의 자발적 수요가 다른 일반상품에 비해 약하다.
③ 보험상품은 원가가 먼저 확정되고, 다음으로 유통비 등을 책정하여 최종 소비자 가격이 정해진다.
④ 보험회사는 보험마케팅을 수행함에 있어서 소비자 보호차원의 여러 가지 공적 규제를 받는다.

30 다음 중 인공위성 또는 아주 특수한 공장이나 구조물이 충족시키지 못하고 있는 보험가능요건은?

① 손실의 발생은 우연적이어야 하고 고의성이 없어야 한다.
② 상당수의 동질적 위험이 존재하여야 한다.
③ 담보하는 리스크가 합법적이어야 한다.
④ 손실은 확정적이고 측정이 가능해야 한다.

31 다음 보험요율의 산정방식 가운데 등급요율방식(class rating)에 해당하는 것은?

① 순보험료 방식(pure premium method)
② 판단요율 방식(judgement rating)
③ 소급요율 방식(retrospective rating)
④ 경험요율 방식(experience rating)

32 초과액재보험특약(surplus reinsurance treaty)상의 이익수수료 조항에 따라 이익수수료를 산출할 때 지출항목(outgo)에 포함되지 않는 것은? (단, calendar year 방식에 따름.)

① 출재수수료
② 재보험사 경비
③ 지급보험금
④ 전기이월미지급보험금

33 다음 중 보험업법상 보험회사의 자산운용 원칙이 아닌 것은?

① 공익성
② 적정성
③ 유동성
④ 수익성

34 손해보험업의 보험종목 전부를 취급하는 손해보험회사가 질병사망을 담보하는 제3보험상품을 개발하는 경우에 이 상품이 갖추어야 할 요건으로 올바르지 않은 것은?

① 질병사망을 주계약(보통약관)에서 보장할 것
② 보험만기는 80세 이하일 것
③ 만기환급금은 납입보험료 합계액의 범위 이내일 것
④ 보험금액의 한도는 개인당 2억원 이내일 것

35 아래에서 설명하는 보험계약조항은?

– 보험기간 중 특별한 조건을 위배하거나 위반했을 경우 보험효력을 종결시킴을 규정한 조항
– 이 경우 일단 종결된 보험계약의 효력을 다시 살리기 위해서는 새로운 보험계약을 체결함이 통례임.

① policy change clause('계약전환' 조항)
② if clause('만약' 조항)
③ while clause('동안' 조항)
④ entire contract clause('계약구성' 조항)

36 도로 상태가 좋지 않아 발생한 교통사고로 자동차가 파손되어 수리비를 지급하였다. 다음 중 위태(hazard)에 해당하는 것은?

① 도로 상태가 좋지 않은 것
② 교통사고
③ 자동차 파손
④ 수리비 지급

37 리스크 관리 기법에 대한 다음 설명 중 올바르지 않은 것은?

① 건물 내 개인용 전열기 사용금지는 손실예방에 해당한다.
② 건물 내 스프링클러 설치는 손실예방에 해당한다.
③ 건물 내 소화기 비치는 손실경감에 해당한다.
④ 건물 공사 시 내연자재 사용은 손실경감에 해당한다.

38 다음 중 보험요율 산정의 규제상 목적에 해당하지 않는 것은?

① 보험요율의 충분성(adequacy)
② 보험요율의 안정성(stability) 및 탄력성(flexibility)
③ 보험요율의 비과도성(inexcessiveness)
④ 보험요율의 공평한 차별성(fair discrimination)

39 다음 중 국민연금에서 지급되는 노령연금의 기본연금액을 결정하는 요인으로 올바르지 않은 것은?

① 전체가입자 소득수준
② 부양가족 수
③ 가입기간
④ 가입자 본인 소득수준

40 다음 중 실손보상 원칙과 직접 관련이 없는 것은?

① 고지의무
② 피보험이익의 원칙
③ 타보험조항
④ 보험자대위

2024 제47회 기출문제

1과목 보험업법

01 보험업법상 생명보험상품에 해당하는 보험계약은?

① 질병보험계약
② 퇴직보험계약
③ 간병보험계약
④ 장기요양보험계약

02 보험업법상 용어의 정의에 관한 설명으로 옳지 않은 것은?

① 산업재해보상보험은 보험상품에 포함되지 아니한다.
② 보험업은 생명보험업, 손해보험업, 제3보험업 등 3가지로 나뉜다.
③ 상호회사란 보험업을 경영할 목적으로 보험업법에 따라 설립된 회사로서 보험계약자를 사원으로 하는 회사를 말한다.
④ 보험대리점이란 보험회사를 위하여 보험계약의 체결을 대리 또는 중개하는 자로서 보험업법에 따라 금융위원회에 등록된 자를 말한다.

03 보험업법상 총자산 및 자기자본에 관한 설명으로 옳지 않은 것은?

① 소득세법 제20조의3 제1항 제2호 각 목 외의 부분에 따른 연금저축계좌를 설정하는 계약에 대한 특별계정 자산은 총자산을 산출할 때 제외되는 자산이다.
② 변액보험계약에 대한 특별계정 자산은 총자산을 산출할 때 제외되는 자산이다.
③ 자본잉여금 · 이익잉여금은 자기자본을 산출할 때 합산해야 할 항목이다.
④ 영업권은 자기자본을 산출할 때 빼야 할 항목이다.

04 보험업법상 다음 보기의 (　　)에 들어갈 내용으로 옳은 것은?

> 전문보험계약자 중 (　　)가(이) 일반보험계약자와 같은 대우를 받겠다는 의사를 보험회사에 서면으로 통지하는 경우 보험회사는 정당한 사유가 없으면 이에 동의하여야 하며, 보험회사가 동의한 경우에는 해당 보험계약자는 일반보험계약자로 본다.

① 국가　　② 지방자치단체
③ 한국은행　　④ 신용보증기금

05 보험업법상 통신판매전문보험회사란 총보험계약건수 및 수입보험료의 100분의 (　　) 이상을 전화, 우편, 컴퓨터 통신 등 통신수단을 이용하여 모집하는 보험회사를 말한다. 다음 중 (　　)에 들어갈 내용으로 옳은 것은?

① 90　　② 80
③ 70　　④ 60

06 보험업법상 다음의 보기 중 소액단기전문보험회사가 모집할 수 있는 보험상품의 종류를 모두 고른 것은?

가. 생명보험계약	나. 연금보험계약	다. 화재보험계약	라. 자동차보험계약
마. 책임보험계약	바. 동물보험계약	사. 질병보험계약	아. 간병보험계약

① 가, 다, 라, 아　　② 가, 마, 바, 사
③ 나, 다, 마, 바　　④ 나, 라, 사, 아

07 보험업법상 보험회사 등의 자본금 또는 기금의 최소 금액에 관한 설명으로 옳지 않은 것은?

① 소액단기전문보험회사 : 10억원
② 해상보험만을 취급하려는 통신판매전문보험회사 : 100억원
③ 화재보험만을 취급하려는 보험회사 : 100억원
④ 생명보험만을 취급하려는 보험회사 : 200억원

08 보험업법상 보험업 겸영의 제한에 관한 설명으로 옳지 않은 것은? (소액단기전문보험회사는 제외함)

① 생명보험업을 경영하는 보험회사는 생명보험의 재보험을 겸영할 수 있다.
② 생명보험업을 경영하는 보험회사는 제3보험의 재보험을 겸영할 수 있다.
③ 손해보험업의 보험종목 전부를 취급하는 보험회사는 질병을 원인으로 하는 사망을 제3보험의 특약 형식으로 담보하는 보험만기가 90세 이하인 보험을 겸영할 수 있다.
④ 손해보험업의 보험종목 전부를 취급하는 보험회사는 소득세법 제20조의3 제1항 제2호 각 목 외의 부분에 따른 연금저축계좌를 설정하는 계약을 겸영할 수 있다.

09 **보험업법상 보험회사는 대통령령으로 정하는 금융 관련 법령에서 정하고 있는 금융업무로서 해당 법령에서 보험회사가 할 수 있도록 한 업무를 겸영할 수 있다. 이에 해당하는 업무가 아닌 것은?**

① 「자산유동화에 관한 법률」에 따른 유동화자산의 관리업무
② 「한국주택금융공사법」에 따른 채권유동화자산의 관리업무
③ 「주택저당채권유동화회사법」에 따른 유동화자산의 관리업무
④ 「신용정보의 이용 및 보호에 관한 법률」에 따른 본인신용정보관리업

10 **보험업법상 금융위원회는 일정한 경우 보험회사가 부수업무를 하는 것을 제한하거나 시정할 것을 명할 수 있다. 이에 해당하는 경우가 아닌 것은?**

① 보험회사의 경영건전성을 해치는 경우
② 보험계약자 보호에 지장을 가져오는 경우
③ 공정거래법상 불공정거래행위에 해당하는 경우
④ 금융시장의 안정성을 해치는 경우

11 **보험업법상 다음의 보기 중 보험회사의 자산운용 방법으로 허용되는 것을 모두 고른 것은?**

가. 저당권의 실행으로 인한 비업무용 부동산의 소유
나. 유가증권에 대한 투기를 목적으로 하는 자금의 대출
다. 간접적으로 해당 보험회사의 주식을 사도록 하기 위한 대출
라. 간접적인 정치자금의 대출
마. 해당 보험회사의 임직원에 대한 보험약관에 따른 대출

① 가, 다
② 가, 마
③ 나, 라
④ 나, 다, 마

12 **보험업법상 보험회사가 일반계정에 속하는 자산을 운용할 때 초과할 수 없는 비율로 옳지 않은 것은?**

① 동일한 개인 또는 법인에 대한 신용공여 : 총자산의 100분의 3
② 동일한 법인이 발행한 채권 및 주식 소유의 합계액 : 총자산의 100분의 7
③ 동일한 자회사에 대한 신용공여 : 자기자본의 100분의 10
④ 부동산의 소유 : 총자산의 100분의 30

13 **보험업법상 보험회사의 재무제표 등의 제출에 관한 설명으로 옳지 않은 것은?**

① 보험회사는 매년 12월 31일에 그 장부를 폐쇄하여야 한다.
② 보험회사는 장부를 폐쇄한 날부터 3개월 이내에 금융위원회가 정하는 바에 따라 재무제표 및 사업보고서를 금융위원회에 제출하여야 한다.
③ 보험회사는 매월의 업무 내용을 적은 보고서를 다음 달 말일까지 금융위원회가 정하는 바에 따라 금융위원회에 제출하여야 한다.
④ 보험회사는 재무제표 또는 월간업무보고서 등 제출서류를 대통령령으로 정하는 바에 따라 전자문서로 제출하여야 한다.

14 **보험업법상 보험회사인 주식회사의 자본감소에 관한 설명으로 옳지 않은 것은?**

① 자본감소를 결의한 경우에는 그 결의를 한 날로부터 2주 이내에 결의의 요지와 재무상태표를 공고하여야 한다.
② 자본감소의 결의를 할 때 주식 금액 또는 주식 수의 감소에 따른 자본금의 실질적 감소를 하려면 미리 금융위원회에 신고하여야 한다.
③ 자본감소의 결의에 따른 공고에는 보험계약자로서 자본감소에 이의가 있는 자는 1개월 이상의 이의신청 기간과 이 기간 동안에 이의를 제출할 수 있다는 내용을 포함해야 한다.
④ 자본감소는 이의를 제기한 보험계약자나 그 밖에 보험계약으로 발생한 권리를 가진 자에 대하여도 효력이 미친다.

15 **보험업법상 상호회사 사원의 권리와 의무에 관한 설명으로 옳지 않은 것은?**

① 상호회사의 사원은 회사의 채권자에 대하여 직접적인 의무를 부담하지 않는다.
② 제3보험을 목적으로 하는 상호회사의 사원은 회사의 승낙을 받아 타인으로 하여금 그 권리와 의무를 승계하게 할 수 있다.
③ 상호회사의 사원이 회사에 대하여 가지는 채권이 변제기에 있는 때에는 사원이 회사에 지급해야 할 보험료와 상계할 수 있다.
④ 상호회사의 사원명부에는 사원의 이름과 주소 각 사원의 보험계약의 종류 보험금액 및 보험료를 적어야 한다.

16 **보험업법상 상호회사 사원의 퇴사에 관한 설명으로 옳지 않은 것은?**

① 상호회사의 사원은 정관으로 정한 사유의 발생 보험관계의 소멸로 퇴사한다.
② 상호회사가 해산을 결의한 경우에는 그 결의가 금융위원회의 인가를 받은 날부터 2주 이내에 결의의 요지와 재무상태표를 공고하여야 한다.
③ 상호회사에서 퇴사한 사원은 정관이나 약관에서 정하는 바에 따라 그 권리에 따른 금액의 환급을 청구할 수 있다.
④ 상호회사에서 퇴사한 사원의 권리에 따른 금액의 환급은 퇴사한 날이 속하는 사업연도가 종료한 날부터 6개월 이내에 하여야 한다.

17 보험업법상 외국보험회사국내지점에 관한 설명으로 옳지 않은 것은?

① 금융위원회는 외국보험회사의 본점이 합병 영업양도 등으로 소멸하는 경우 그 외국보험회사국내지점에 대하여 청문을 거쳐 보험업의 허가를 취소할 수 있다.
② 외국보험회사국내지점의 대표자는 퇴임한 후에도 후임 대표자의 이름 및 주소에 관하여 상법에 따른 등기가 있을 때까지는 계속하여 대표자의 권리와 의무를 가진다.
③ 외국보험회사국내지점은 그 외국보험회사의 본점이 휴업하거나 영업중지한 경우에는 그 사유가 발생한 날부터 2주 이내에 그 사실을 금융위원회에 알려야 한다.
④ 보험업의 허가를 받은 외국보험회사의 본점이 보험업을 폐업하거나 해산한 경우에는 금융위원회가 필요하다고 인정하면 잔무처리를 할 자를 선임하거나 해임할 수 있다.

18 보험업법상 보험계약의 모집을 할 수 있는 자는?

① 보험회사의 사외이사
② 보험회사의 직원
③ 보험회사의 대표이사
④ 보험회사의 감사위원

19 보험업법상 보험설계사에 관한 설명으로 옳지 않은 것은?

① 보험설계사는 생명보험설계사, 손해보험설계사(간단손해보험설계사를 포함), 제3보험설계사로 구분한다.
② 보험회사 · 보험대리점 및 보험중개사는 보험설계사가 되려는 자를 금융위원회에 등록하여야 한다.
③ 보험설계사가 교차모집을 하려는 경우에는 교차모집을 하려는 보험회사의 명칭 등 금융위원회가 정하여 고시하는 사항을 적은 서류를 금융위원회에 제출해야 한다.
④ 보험회사는 소속 보험설계사에게 최초로 유효한 등록을 한 날부터 2년이 지날 때마다 2년이 된 날부터 6개월 이내에 보험업법에 정해진 기준에 따라 교육을 해야 한다.

20 보험업법상 법인보험대리점에 관한 설명으로 옳지 않은 것은? (금융기관보험대리점 등은 제외함)

① 법인보험대리점은 「방문판매 등에 관한 법률」에 따른 다단계판매업을 하지 못한다.
② 법인보험대리점은 경영하고 있는 업무의 종류 모집조직에 관한 사항 모집실적에 관한 사항 그 밖에 보험계약자 보호를 위하여 금융위원회가 정하여 고시하는 사항을 보험협회의 인터넷 홈페이지를 통하여 반기별로 공시하여야 한다.
③ 미성년자는 법정대리인의 동의를 얻어 법인보험대리점의 임원이 될 수 있다.
④ 보험설계사가 100명 이상인 법인보험대리점으로서 금융위원회가 정하여 고시하는 법인보험대리점은 보험계약자 보호를 위한 업무지침의 준수여부를 점검하고 그 위반 사항을 조사하는 임원 또는 직원을 1명 이상 두어야 한다.

21 보험업법상 보험계약의 모집을 위하여 사용하는 보험안내자료에 기재할 수 있는 사항이 아닌 것은?

① 보험금 지급제한 조건의 예시
② 다른 보험회사 상품과 비교한 사항
③ 보험안내자료의 제작자 · 제작일, 보험안내자료에 대한 보험회사의 심사 또는 관리번호
④ 보험금이 금리에 연동되는 보험상품의 경우 적용금리 및 보험금 변동에 관한 사항

22 보험업법상 다음 보기의 ( )에 들어갈 내용을 순서대로 나열한 것은?

> 보험계약의 체결 또는 모집에 종사하는 자가 기존보험계약이 소멸된 날로부터 ( ) 이내에 새로운 보험계약을 청약하거나 새로운 보험계약을 청약하게 한 날로부터 ( ) 이내에 기존보험계약을 소멸하게 하는 행위를 하는 경우, 기존보험계약을 부당하게 소멸시키거나 소멸하게 하는 행위를 한 것으로 본다. 다만 보험계약자가 기존 보험계약 소멸 후 새로운 보험계약 체결 시 손해가 발생할 가능성이 있다는 사실을 알고 있음을 자필로 서명하는 등 대통령령으로 정하는 바에 따라 본인의 의사에 따른 행위임이 명백히 증명되는 경우에는 그러하지 아니하다.

① 1개월 – 1개월
② 1개월 – 3개월
③ 3개월 – 3개월
④ 6개월 – 6개월

23 보험업법상 보험모집종사자가 보험계약의 체결 또는 모집과 관련하여 보험계약자 등에게 제공할 수 있는 특별이익에 해당하는 것은?

① 기초서류에 정한 사유에 근거하지 아니한 보험료의 할인 또는 수수료의 지급
② 보험계약자나 피보험자를 위한 보험료의 대납
③ 보험계약자나 피보험자가 해당 보험회사로부터 받은 대출금에 대한 이자의 대납
④ 보험계약 체결 시부터 최초 1년간 납입되는 보험료의 100분의 10과 3만원(보험계약에 따라 보장되는 위험을 감소시키는 물품의 경우에는 20만원) 중 적은 금액의 지급

24 보험업법상 고객을 직접 응대하는 직원을 고객의 폭언이나 성희롱 폭행 등(이하 "폭언등" 이라 함)으로부터 보호하기 위하여 보험회사가 취해야 할 보호 조치 의무에 해당하지 않는 것은?

① 직원의 폭언등이 관계 법률의 형사처벌 규정에 위반된다고 판단되는 경우 당해 직원의 요청과 상관없이 관할 수사기관 등에 고발
② 고객의 폭언등을 예방하거나 이에 대응하기 위한 직원의 행동요령 등에 대한 교육 실시
③ 고객의 폭언등이 관계 법률의 형사처벌규정에 위반되지 아니하나 그 행위로 피해를 입은 직원의 피해정도 및 그 직원과 다른 직원에 대한 장래 피해발생 가능성 등을 고려하여 필요하다고 판단되는 경우 관할 수사 기관 등에 필요한 조치 요구
④ 직원이 직접 폭언등의 행위를 한 고객을 관할 수사기관 등에 고소, 고발, 손해배상 청구 등의 조치를 하는 데 필요한 행정적, 절차적 지원

25 **보험업법상 간단손해보험대리점이 준수해야 할 사항이 아닌 것은?**

① 소비자에게 재화 또는 용역의 판매 · 제공 · 중개를 조건으로 보험가입을 강요하지 아니할 것
② 판매 · 제공 · 중개하는 재화 또는 용역과 별도로 소비자가 보험계약을 체결 또는 취소하거나 보험계약의 피보험자가 될 수 있는 기회를 보장할 것
③ 재화 · 용역을 구매하면서 동시에 보험계약을 체결하는 경우와 보험계약만 체결하는 경우 간에 보험료, 보험금의 지급조건 및 보험금의 지급규모 등에 차이가 발생하지 않도록 할 것
④ 보험계약자에게 피보험이익이 없으면서 보험계약자가 보험료 전부를 부담하는 단체보험계약을 체결하는 경우 사전에 서면, 문자메세지, 전자우편 또는 팩스 등의 방법으로 보험업법에서 정하는 내용이 포함된 안내자료를 피보험자가 되려는 자에게 제공할 것

26 **보험업법상 금융기관보험대리점등이 모집을 할 때 금지되는 행위가 아닌 것은?**

① 보험업법 시행령 제40조 제4항에 따라 모집에 종사하는 자로 하여금 보험상품 구입에 대한 상담 또는 소개를 하게 하거나 상담 또는 소개의 대가를 지급하는 행위
② 대출 등 해당 금융기관이 제공하는 용역(이하 "대출등" 이라 함)을 받은 자의 동의를 미리 받지 아니하고 보험료를 대출등의 거래에 포함시키는 행위
③ 해당 금융기관의 점포 외의 장소에서 모집을 하는 행위
④ 모집과 관련이 없는 금융거래를 통하여 취득한 개인 정보를 미리 그 개인의 동의를 받지 아니하고 모집에 이용하는 행위

27 **보험업법상 보험회사는 취급하려는 보험상품에 관한 기초서류를 작성하고 일정한 경우 금융위원회에 신고해야 하는데, 이에 관한 설명으로 옳은 것은?**

① 금융위원회는 보험회사로부터 기초서류의 신고를 받은 경우 그 내용을 검토하여 이 법에 적합하더라도 대통령령이 정하는 바에 따라 신고의 수리를 거절할 수 있다.
② 금융위원회는 보험회사가 신고한 기초서류의 내용이 보험요율 산출의 원칙을 위반하는 경우에는 대통령령으로 정하는 바에 따라 기초서류의 변경을 명할 수 있다.
③ 금융위원회는 보험회사가 기초서류를 신고할 때 필요하면 금융감독원의 확인을 받도록 할 수 있다.
④ 금융위원회는 보험회사가 기초서류를 신고하는 경우 보험료 및 해약환급금 산출방법서에 대하여 보험요율 산출기관 또는 독립계리업자의 검증확인서를 첨부하도록 해야 한다.

28 보험업법상 다음의 보기 중 보험상품공시위원회의 위원 가운데 보험협회의 장의 위촉이 필요하지 않은 당연직 위원은 모두 몇 명인가?

가. 금융감독원 상품담당 부서장
나. 보험협회의 상품담당 임원
다. 보험요율 산출기관의 상품담당 임원
라. 보험회사의 상품담당 임원
마. 보험회사의 선임계리사
바. 소비자단체에서 추천하는 사람

① 2명
② 3명
③ 4명
④ 5명

29 보험업법상 금융위원회의 명령권으로서 다음 보기의 ( )에 공통으로 들어가는 조치는?

금융위원회는 보험회사의 업무 및 자산상황, 그 밖의 사정변경으로 공익 또는 보험계약자의 보호와 보험회사의 건전한 경영을 크게 해칠 우려가 있는 경우, 청문을 거쳐 ( ) 또는 그 사용의 정지를 명할 수 있다. 다만 대통령령으로 정하는 경미한 사항에 관하여 ( )을(를) 명하는 경우에는 청문을 하지 아니할 수 있다.

① 업무집행방법의 변경
② 불건전한 자산에 대한 적립금의 보유
③ 기초서류의 변경
④ 가치가 없다고 인정되는 자산의 손실처리

30 보험업법상 보험회사에 대한 금융위원회의 제재로서 다음 보기의 ( )에 들어가는 조치로 옳은 것은?

금융위원회는 보험회사(그 소속 임직원을 포함한다)가 이 법 또는 이 법에 따른 규정 · 명령 또는 지시를 위반하여 보험회사의 건전한 경영을 해치거나 보험계약자, 피보험자, 그 밖의 이해관계인의 권익을 침해할 우려가 있다고 인정되는 경우에는 금융감독원장으로 하여금 ( )의 조치를 하게 할 수 있다.

① 해당 위반행위에 대한 시정명령
② 6개월 이내의 영업의 일부정지
③ 보험회사에 대한 주의 · 경고 또는 그 임직원에 대한 주의 · 경고 · 문책의 요구
④ 임원의 해임권고 · 직무정지

31 **보험업법상 보험회사는 일정한 사유가 발생한 경우에는 그 사유가 발생한 날부터 5일 이내에 금융위원회에 보고해야 하는데, 이러한 사유에 해당하지 않는 것은?**

① 자본금 또는 기금을 감액한 경우
② 조세 체납처분을 받거나 조세에 관한 법령을 위반하여 형벌을 받은 경우
③ 보험회사의 주주 또는 주주였던 자가 제기한 소송의 당사자가 된 경우
④ 대주주가 소유하고 있는 주식 총수가 의결권 있는 발행주식 총수의 100분의 1이상만큼 변동된 경우

32 **보험업법상 보험요율 산출기관에 관한 설명으로 옳은 것은?**

① 보험요율 산출기관은 보험회사가 적용할 수 있는 순보험요율을 산출하여 금융위원회에 신고하여야 한다.
② 보험회사는 이 법에 따라 금융위원회에 제출하는 기초서류를 보험요율 산출기관으로 하여금 확인하게 할 수 있다.
③ 보험요율 산출기관은 이 법 또는 이 법에 따른 명령에 특별한 규정이 없으면 민법 중 재단법인에 관한 규정을 준용한다.
④ 보험요율 산출기관이 그 업무와 관련하여 정관으로 정하는 바에 따라 보험회사로부터 수수료를 받기 위해서는 금융위원회의 승인이 있어야 한다.

33 **보험업법상 보험회사의 합병에 관한 설명으로 옳지 않은 것은?**

① 상호회사와 주식회사가 합병하는 경우에는 이 법 또는 상법의 합병에 관한 규정에 따른다.
② 보험회사가 합병을 결의한 경우에는 그 결의를 한 날부터 2주 이내에 합병계약의 요지와 각 보험회사의 재무상태표를 공고하여야 한다.
③ 상호회사가 다른 보험회사와 합병하는 경우에 합병 후 존속하는 보험회사는 상호회사이어야 하지만 합병하는 보험회사의 한 쪽이 주식회사인 경우에는 합병 후 존속하는 보험회사는 주식회사로 할 수 있다.
④ 보험회사는 합병을 하는 경우에는 7일 이내에 그 취지를 공고해야 하지만 합병을 하지 아니하게 된 경우에는 그러하지 아니하다.

34 **보험업법상 보험회사의 청산에 관한 설명으로 옳지 않은 것은?**

① 보험회사가 파산으로 해산한 경우에는 금융위원회가 청산인을 선임한다.
② 금융위원회는 감사, 3개월 전부터 계속하여 자본금의 100분의 5 이상의 주식을 가진 주주, 100분의 5 이상의 사원 중 어느 하나의 청구에 따라 청산인을 해임할 수 있다.
③ 보험회사는 해산을 명하는 재판으로 해산한 경우에는 보험금 지급 사유가 해산한 날부터 3개월 이내에 발생한 경우에만 보험금을 지급하여야 한다.
④ 보험회사는 보험업의 허가취소로 해산한 경우 해산한 날부터 3개월의 기간이 지난 후에는 피보험자를 위하여 적립한 금액이나 아직 지나지 아니한 기간에 대한 보험료를 되돌려주어야 한다.

35 **보험업법상 손해사정을 업으로 하려는 법인의 영업기준에 관한 설명으로 옳지 않은 것은?**

① 2명 이상의 상근 손해사정사를 두어야 하며 총리령으로 정하는 손해사정사의 구분에 따라 수행할 업무의 종류별로 1명 이상의 상근 손해사정사를 두어야 한다.

② 지점 또는 사무소를 설치하려는 경우에는 각 지점 또는 사무소별로 총리령으로 정하는 손해사정사의 구분에 따라 수행할 업무의 종류별로 1명 이상의 손해사정사를 두어야 한다.

③ 상근 손해사정사의 인원에 결원이 생긴 기간이 2개월의 기간을 초과하는 경우에도 금융위원회의 승낙이 있으면 그 기간 동안 손해사정업무를 할 수 있다.

④ 손해사정업의 등록일부터 1개월 내에 업무를 시작해야 하지만, 불가피한 사유가 있다고 금융위원회가 인정하는 경우에는 그 기간을 연장할 수 있다.

36 **보험업법상 선임계리사의 임면에 관한 설명으로 옳지 않은 것은?**

① 선임계리사를 해임하려는 경우에는 선임계리사의 해임 전에 이사회의 의결을 거쳐 금융위원회에 신고해야 하지만 외국보험회사의 국내지점의 경우에는 이사회의 의결을 거치지 아니할 수 있다.

② 보험회사는 선임계리사가 업무정지 명령을 받은 경우에는 업무정지 기간 중 그 업무를 대행할 사람을 선임하여 금융위원회에 보고하여야 한다.

③ 금융위원회는 선임계리사가 그 직무를 게을리하거나 직무를 수행하면서 부적절한 행위를 하였다고 인정되는 경우에는 6개월 이내의 기간을 정하여 업무의 정지를 명하거나 해임하게 할 수 있다.

④ 보험회사가 선임계리사를 선임한 경우에는 금융위원회의 해임 요구가 있는 때에도 그 선임일이 속한 사업연도의 다음 사업연도부터 연속하는 3개 사업연도가 끝나는 날까지 그 선임계리사를 해임할 수 없다.

37 **보험업법상 선임계리사는 수행할 수 없고 보험계리사 및 보험계리업자만 수행할 수 있는 업무는?**

① 기초서류 내용의 적정성에 관한 사항

② 잉여금의 배분 · 처리 및 보험계약자 배당금의 배분에 관한 사항

③ 지급여력비율 계산 중 보험료 및 책임준비금과 관련된 사항

④ 상품 공시자료 중 기초서류와 관련된 사항

38 **보험업법상 손해사정업자의 업무 등에 관한 설명으로 옳은 것은?**

① 보험회사가 출자한 손해사정법인에 소속된 손해사정사는 그 출자한 보험회사가 체결한 보험계약에 관한 보험사고에 대하여 손해사정을 할 수 없다.
② 보험회사로부터 손해사정업무를 위탁받은 손해사정업자는 손해사정서에 피보험자의 건강정보 등 개인정보 보호법에 따른 민감정보가 포함된 경우 보험회사의 동의를 받아야 한다
③ 금융위원회는 손해사정업자가 그 업무를 할 때 고의 또는 과실로 타인에게 손해를 발생하게 한 경우 그 손해의 배상을 보장하기 위하여 손해사정업자에게 보험협회가 지정하는 기관에의 자산 예탁, 보험 가입, 그 밖에 필요한 조치를 하게 할 수 있다
④ 보험회사로부터 손해사정업무를 위탁받은 손해사정업자는 손해사정업무를 수행한 후 손해사정서를 작성한 경우에 지체 없이 서면, 문자메시지, 전자우편, 팩스 또는 이와 유사한 방법에 따라 보험회사, 보험계약자, 피보험자 및 보험금청구권자에게 손해사정서를 내어주고 그 중요한 내용을 알려주어야 한다.

39 **보험업법상 보험회사의 자료 제출 및 검사에 관한 설명으로 옳지 않은 것은?**

① 보험회사는 그 업무 및 자산상황에 관하여 금융감독원의 검사를 받아야 한다.
② 금융감독원장은 공익 또는 보험계약자 등을 보호하기 위하여 보험회사에 이 법에서 정하는 감독업무의 수행과 관련한 주주 현황, 그 밖에 사업에 관한 보고 또는 자료 제출을 명할 수 있다.
③ 금융감독원장은 보험회사의 업무 및 자산상황에 관하여 검사를 한 경우에는 그 결과에 따라 필요한 조치를 하고 그 내용을 금융위원회에 보고하여야 한다.
④ 금융감독원장은 「주식회사 등의 외부감사에 관한 법률」에 따라 보험회사가 선임한 외부감사인에게 그 보험회사를 감사하여 알게 된 정보나 그 밖에 경영건전성과 관련되는 자료의 제출을 요구할 수 있다.

40 **보험업법상 보험협회의 장이 수행하는 민감정보 및 고유식별정보의 처리와 관련하여 다음 보기의 (　　)에 들어갈 사무는?**

> 보험협회의 장은 일정한 사무를 수행하기 위하여 불가피한 경우 「개인정보 보호법」 제23조에 따른 건강에 관한 정보, 같은 법 시행령 제19조에 따른 주민등록번호, 여권번호, 운전면허의 면허번호 또는 외국인등록번호가 포함된 자료를 처리할 수 있다. 다만, (　　)의 경우에는 「개인정보보호법」 제23조에 따른 건강에 관한 정보 및 같은 법 시행령 제19조에 따른 운전면허의 면허번호가 포함된 자료는 제외한다.

① 포상금 지급에 관한 사무
② 차량수리비 실태 점검에 관한 사무
③ 보험금 지급 및 자료 제출 요구에 관한 사무
④ 보험설계사 및 개인보험대리점의 모집 경력 수집 · 관리 · 제공에 관한 사무

2과목 보험계약법

01 **상법 제663조(보험계약자 등의 불이익변경금지)에 관한 설명으로 옳은 것은? (다툼이 있는 경우 판례에 의함)**

① 보험계약자가 보험증권 멸실로 인하여 증권의 재교부를 청구하는 경우 증권작성의 비용을 보험자가 부담한다는 약관조항은 보험계약자 등의 불이익변경금지에 해당한다.

② 어선공제는 해상보험과 유사하므로 어선공제약관은 보험계약자 등의 불이익변경금지 원칙의 적용 대상에 해당하지 않는다.

③ 판례는 기업보험과 가계보험을 구분하는 기준을 보험계약자의 종류에서 구하고 있다.

④ 항공기기체보험에서 고지의무 위반시 계약해지권 행사기간을 계약체결일로부터 5년으로 규정한 약관조항은 불이익변경금지에 해당된다.

02 **보험계약에 관한 설명으로 옳지 않은 것은?**

① 보험계약의 체결은 별도의 형식을 필요로 하지 않는다.

② 보험계약은 부합계약성을 띤다.

③ 보험계약이 성립하기 위해서는 보험증권의 교부가 필요하다.

④ 보험자의 책임개시는 보험료의 납입을 전제로 하는 것이 원칙이다.

03 **보험의 목적에 관한 설명으로 옳지 않은 것은?**

① 개별물건과 집합물건은 보험의 목적이 될 수 있다.

② 인보험에서 피보험자는 자연인이어야 한다.

③ 지식재산권은 손해보험의 대상이 될 수 없다.

④ 보험의 목적은 보험사고의 대상을 의미하므로 보험계약을 체결하는 목적과는 구별된다.

04 **소급보험에 관한 설명으로 옳은 것은?**

① 보험계약자가 소급기간 내에 사고가 발생한 것을 알고서 계약을 체결한 경우라도 보험계약의 효력은 발생한다.

② 소급보험의 경우 보험료 선급의 원칙이 적용되지 않는다.

③ 소급보험은 보험계약기간이 보험기간보다 장기이다.

④ 소급보험은 보험계약의 성립 이전의 일정한 시기를 보험기간의 시기로 한다.

05 보험자의 보험약관에 대한 설명의무의 대상에 해당하는 것을 모두 고른 것은? (다툼이 있는 경우 판례에 의함)

> 가. 상해보험에서 외과적 수술, 그 밖의 의료처치로 인한 손해를 보장하지 아니한다는 내용의 면책규정
> 나. 업무용자동차보험에 있어서 피보험자동차의 양도에 관한 통지의무 규정
> 다. 상해보험에서 기왕장해에 대한 감액규정
> 라. 화물자동차 운수사업에 따라 반드시 가입하여야 하는 적재물배상책임보험약관에서 차량이 육상 운송과정이 아닌 선박으로 해상구간을 이동하는 경우의 사고는 보험사고에서 제외된다는 규정
> 마. 주택보증보험계약에서 입주자 모집공고 승인이 취소된 경우 보증계약을 취소하고 잔여 보증기간에 대한 보증료를 환불한다는 규정
> 바. 연금보험에서 연금액의 변동가능성에 관한 규정

① 가, 나, 다
② 가, 다, 바
③ 나, 마, 바
④ 다, 마, 바

06 보험약관의 설명의무 위반의 효과에 관한 설명으로 옳은 것은? (다툼이 있는 경우 판례에 의함)

① 보험자가 보험약관의 설명의무에 위반하여 보험계약을 체결한 때 보험계약자가 그 약관에 규정된 고지의무를 위반한 경우 보험자는 이를 이유로 보험계약을 해지할 수 있다.
② 보험자가 약관의 설명의무를 위반한 경우 보험계약자는 일정한 기간 내에 보험계약을 해제할 수 있다.
③ 보험자의 보험약관 설명의무 위반시 보험계약자가 보험계약을 취소하지 않았다고 하더라도 그 위반의 하자가 치유되는 것은 아니다.
④ 보험자가 보험계약자에게 설명하여야 할 부분은 약관 전체를 의미한다.

07 보험계약자 등의 고지의무에 관한 설명으로 옳지 않은 것은? (다툼이 있는 경우 판례에 의함)

① 보험자가 서면으로 질문한 사항은 중요한 사항으로 추정한다.
② 현저한 부주의로 중요한 사항임을 알지 못한 것에 대하여도 고지의무 위반이 된다.
③ 고지의무 위반으로 인하여 해지하는 경우 인보험자는 보험수익자를 위하여 적립한 금액을 지급하여야 한다.
④ 다른 사정이 없는 한 보험자가 보험수익자에게 해지의 통지를 한 경우 그 효력이 있다.

08 보험료의 감액 또는 증액 청구에 관한 설명으로 옳은 것은?

① 보험기간 중 특별하게 예기한 위험이 소멸한 경우라도 보험계약자는 보험료의 감액을 청구할 수 없다.
② 손해보험계약에서 보험금액이 보험가액을 현저하게 초과하거나 보험가액이 보험기간 중에 현저하게 감소된 경우 보험계약자만이 보험료의 감액을 청구할 수 있다.
③ 보험기간 중에 사고발생의 위험이 현저하게 변경 · 증가된 경우에는 보험자는 그 사실을 안 날로부터 1월 내에 보험료의 증액을 청구할 수 있다.
④ 보험사고가 발생하기 전에 보험계약자는 언제든지 보험료의 감액을 청구하거나 보험계약을 해지할 수 있다.

09 보험계약상 보험료의 지급지체의 효과에 관한 설명으로 옳은 것은?

① 해지예고부최고는 보험료의 부지급을 정지조건으로 하여 미리 해지의 의사표시를 하는 것이다.
② 보험료의 지급기일이 도래하기 전에 보험료의 지급에 관한 안내장을 보험계약자에게 보내는 것은 상법상 최고로서의 효력이 있다.
③ 해지예고부최고를 일반우편으로 송부하는 것으로 그 우편물이 보험계약자 측의 주소지에 도달하였다고 추정할 수 있다.
④ 계약이 성립한 후 보험계약자가 제1회 보험료를 미지급한 경우 이를 이유로 계약을 해지하기 위해서는 이행의 최고를 요건으로 한다.

10 타인을 위한 보험계약에 관한 설명으로 옳은 것은?

① 타인을 위한 보험계약의 경우 타인은 보험계약자의 동의 없이는 보험금청구권을 행사할 수 없다.
② 타인을 위한 손해보험의 경우 타인의 위임이 없는 때에는 보험계약자는 이를 보험자에게 고지하지 않아도 된다.
③ 보험계약자가 보험료의 지급을 지체한 때에는 보험수익자는 그 권리를 포기하지 아니하는 한 보험료를 지급할 의무가 있다.
④ 타인을 위한 인보험의 경우 그 타인을 구체적으로 특정하여야 한다.

11 계약 성립 전에 보험사고가 발생한 경우 보험계약의 청약자를 보호하기 위한 상법 제638조의2의 규정에 관한 설명으로 옳은 것은?

① 승낙기간의 경과 전에 보험사고가 발생한 경우에는 보험자의 승낙이 의제되지 않는다.
② 약관상 청약철회규정을 둔 경우에 보험계약자가 청약을 철회하더라도 보험자는 낙부통지의무를 부담한다.
③ 신체검사가 필요한 인보험계약의 경우에는 신체검사를 받은 날부터 통지기간이 기산된다.
④ 승낙기간의 경과로 보험자의 승낙이 의제되기 위해서는 보험계약자와 보험자 간에 상시 거래관계를 요건으로 한다.

12 보험사고 발생의 현저한 변경 또는 증가에 해당하지 않는 것은? (다툼이 있는 경우 판례에 의함)

① 자동차보험계약 체결 후 피보험자동차의 구조가 현저히 변경된 경우
② 화재보험의 목적인 공장건물에 대한 근로자의 점거, 농성이 장기간 계속되고 있는 경우
③ 화재보험계약 체결 후에 건물의 구조와 용도에 상당한 변경을 가져오는 증 · 개축공사를 시행한 경우
④ 영업용 자동차보험계약에서 보험가입자인 렌터카회사가 피보험차량을 지입차주로 하여금 렌터카회사의 감독을 받지 않고 독자적으로 렌터카 영업을 하도록 허용한 경우

13 A와 B에 들어갈 것을 모은 것으로 옳은 것은?

> 보험료청구권은 (A)년간, 보험금청구권은 (B)년간 행사하지 아니하면 시효의 완성으로 소멸한다.

① A: 1, B: 3
② A: 2, B: 3
③ A: 3, B: 3
④ A: 3, B: 2

14 다음 설명 중 옳지 않은 것은? (다툼이 있는 경우 판례에 의함)

① 상해보험에 가입한 피보험자가 오토바이 운행사실을 알리지 않은 것은 상법상 위험변경 · 증가시의 통지 의무 위반에 해당한다고 명시한 약관조항은 법령에 정해진 것을 되풀이한 것에 불과하므로 보험자는 해당 약관 조항에 대하여 설명할 의무가 없다.

② 장해분류표에서 "심한 추간판탈출증"을 "추간판을 2마디 이상 수술하고 …하지의 현저한 마비 또는 대소변의 장해가 있는 경우"라고 정의한 경우 피보험자가 추간판을 2마디 이상 수술하였다는 사정만으로 "심한 추간판탈출증"에 해당한다고 본 것은 잘못이다.

③ 보험계약자가 보험금 부정 취득 목적으로 체결한 다수보험 계약이 선량한 풍속 기타 사회질서에 반하여 무효인 경우 보험자의 지급보험금에 대한 부당이득반환청구권의 소멸시효는 5년이다.

④ 모텔 투숙객의 방에서 화재가 발생한 경우, 객실의 지배는 투숙객이 아닌 숙박업자에게 있으므로 발생원인이 불명한 화재로 인하여 객실에 발생한 손해는 숙박업자에게 귀속되고, 숙박업자에게 보험금을 지급한 보험자가 투숙객의 배상책임보험자에게 구상권을 행사할 수는 없다.

15 다음 설명 중 옳지 않은 것은? (다툼이 있는 경우 판례에 의함)

① 피보험자가 소형트럭 차량 운행 중 비가 내리자 시동을 켠 채 운전석 지붕에 올라가 적재함에 방수비닐을 덮다가 미끄러져 추락하는 사고로 후유장해를 입은 경우 피보험자동차의 운행으로 인한 자기신체사고로 보아야 한다.

② 원인불명의 화재사고에서, 화재로 인한 임차인의 임차목적물 부분의 손해에 대하여는 임차인이 귀책사유가 없음을 입증하여야 한다.

③ 원인불명의 화재사고에서, 화재가 임차목적물에서 발생하여 임차하지 않은 목적물까지 타버린 경우에 임차하지 않은 부분의 손해에 대하여는 임대인에게 입증책임이 있다.

④ 보험자는 이른바 임의 비급여 진료를 받은 피보험자들에게 지급한 보험금에 대하여 해당 진료비를 받은 병원을 상대로 채권자대위소송을 통해 부당이득반환을 받을 수 있다.

16 **자기신체사고보험 및 자동차상해보험특약에 관한 설명으로 옳지 않은 것은? (다툼이 있는 경우 판례에 의함)**

① 자기신체사고보험은 '인보험'의 일종이다.

② 자동차상해보험 중 피보험자가 상해의 결과 사망하여 사망보험금항목의 보험금이 지급되어도 그 부분이 생명보험이 되는 것은 아니다.

③ 음주운전면책조항은 자기신체사고보험에서 유효한 것과 달리 피해자의 구제를 강조하는 자동차상해보험특약에서는 무효이다.

④ 자동차상해보험특약은 자동차종합보험의 자기신체사고 보험을 대체하여 피보험자가 보상받는 것을 주된 목적으로 한다.

17 **복수의 무보험자동차 상해보험이 중복보험에 해당하는 경우의 구상관계에 관한 설명으로 옳지 않은 것은? (다툼이 있는 경우 판례에 의함)**

① 중복보험의 합계금의 총액이 피보험자가 입은 하나의 사고로 인한 손해액을 초과하는 경우 보험자는 각자의 보험금액 한도에서 '부진정'연대책임을 지고, 각 보험자는 각자의 보험금액에 따른 보상책임을 진다.

② 중복보험자 가운데 하나가 단독으로 피보험자에게 보험약관에서 정한 보험금지급기준에 따라 정당하게 산정된 보험금을 지급하였다면 다른 보험자를 상대로 각자의 보험금액비율에 따른 분담금의 지급을 청구할 수 있다.

③ 단독으로 보험금을 지급한 보험자는 당사자간에 보험자 대위에 동의하는 약정이 있는 때에 한하여 피보험자의 권리를 해하지 아니하는 범위 안에서 그 권리를 대위하여 행사할 수 있다.

④ 단독으로 보험금을 지급한 보험자는 보험자대위청구권과 중복보험분담금청구권이 그 요건을 모두 갖춘 경우라도 분담금청구권을 먼저 행사하여야 한다.

18 **상법상 피보험이익에 관한 설명으로 옳은 것은? (다툼이 있는 경우 통설 · 판례에 의함)**

① 보험계약의 유효를 전제로 보험료를 받은 보험자가, 보험사고 발생 후에 비로소 피보험이익이 없다는 이유로 보험계약의 무효를 주장하여도 특별한 사정이 없는 한 신의칙 위반은 아니다.

② 창고보험처럼 보험기간 중에 물건의 수시교체가 이루어지는 총괄보험의 경우는 사고발생시에도 피보험이익의 객체를 확정할 수 없지만 화재나 도난에 대한 대비책으로 적법한 보험제도이다.

③ 피보험이익은 보험계약 성립의 절대적 요건이므로 피보험이익이 없어 보험계약이 무효가 되는 경우라면 보험자는 보험계약자에게 고의가 있어도 보험료를 반환하여야 한다.

④ 조건부 이익은 보험계약 체결시에 확정할 수 있어야 피보험이익으로 인정된다는 점에서 장래의 이익과 다르다.

19 상법상 일부보험에 관한 설명으로 옳지 않은 것은?

① 당사자 간에 다른 약정이 없는 때에는 보험자는 보험금액의 보험가액에 대한 비율에 따라 보상할 책임을 진다.
② 분손의 경우에 다른 약정이 없는 때에는 손해액에 부보 비율을 곱하여 산출되는 금액을 지급한다.
③ 보험계약체결 이후 보험의 목적의 물가 상승으로 보험 금액이 보험가액에 미달하는 자연적 일부보험의 경우는 일부보험으로 다룰 수 없다는 견해가 있다.
④ 비율보험에는 일부보험에 관한 상법 규정이 준용된다.

20 다음 중 옳지 않은 것은? (다툼이 있는 경우 통설 · 판례에 의함)

① 손해보험사고의 발생에 보험계약자 등의 고의 또는 중과실이 있는 경우 보험자가 면책되지만 상법에 보험사고에 대한 과실상계조항은 없다.
② 손해보험계약상 보험계약자와 피보험자의 손해방지와 경감의무 위반의 효과에 대하여 상법은 규정하는 바 없다.
③ 이득금지 원칙의 취지에 따라, 보험자가 보상할 손해는 손익상계가 이루어진 후의 금액이다.
④ 약관에서 보험계약자 등이 고의로 손해방지의무를 위반하여 손해를 증가시킨 경우에 이를 배상하도록 규정한다면 이는 보험계약자 등의 불이익변경금지원칙에 따라 무효이다.

21 보험가액불변동주의와 무관한 것은?

① 운송보험
② 신가보험
③ 선박보험
④ 적하보험

22 보증보험에 관한 설명으로 옳지 않은 것은?

① 보험기간을 주계약의 하자담보책임기간과 동일하게 정한 경우 특단의 사정이 없으면 하자담보기간 내에 발생한 하자에 대하여는 비록 보험기간이 종료된 후에 보험사고가 발생하였다고 하여도 보증보험자가 책임을 진다.
② 보증보험은 언제나 타인을 위한 보험계약으로서, 보험자가 계약을 해지할 때에는 보험약관에 별도의 정함이 없는 한 피보험자가 아니라 보험계약자에 대하여 해지권을 행사하여야 한다.
③ 보증보험은 그 실질이 민법의 보증이므로 보증보험계약에 관하여는 보증채무에 관한 민법의 규정을 모두 준용한다.
④ 보증보험의 보험사고는 보험계약자의 고의 또는 과실을 전제로 하는 불법행위 또는 채무불이행 등으로 발생하는 것이므로 보험자가 면책하지 아니하나, 피보험자의 고의 사고의 경우에는 보험자가 면책한다.

23 잔존물대위와 보험위부를 설명한 것으로 옳지 않은 것은?

① 잔존물대위는 보험의 목적에 현실전손이 발생하여야 하며 손해에 대하여 전부 보상한 보험자가 법률상 당연히 대위권을 취득한다.
② 보험위부는 피보험자의 특별한 의사표시가 있어야 하며 위부권은 형성권이다.
③ 잔존물대위와 달리 보험위부는 해상보험에서 인정되며 두 가지 모두 인보험에 적용될 수 없다.
④ 보험자가 위부를 승인하지 아니한 때에도 피보험자는 위부의 원인을 증명하지 않고 보험금액의 지급을 청구할 수 있다.

24 해상보험에 관한 설명으로 옳은 것은?

① 선박이 정당한 사유없이 보험계약에서 정한 항로를 이탈한 경우라도 손해발생 전에 원항로로 돌아온 경우에는 보험자는 그 후에 발생한 보험사고에 대하여 보상하여야 한다.
② 적하를 보험에 붙인 경우에 보험계약자 또는 피보험자의 책임 있는 사고로 인하여 선박을 변경한 때에는 그 변경후의 사고에 대하여 책임을 지지 아니한다.
③ 항해도중에 불가항력으로 보험의 목적인 적하를 매각한 때에는 매수인이 그 대금을 지급하는 한 보험자는 따로 보상할 책임이 없다.
④ 보험자는 보험의 목적의 안전이나 보존을 위하여 지급할 특별비용이 보험금액의 한도를 넘더라도 보상할 책임이 있다.

25 다음 빈칸에 들어갈 것을 모은 것으로 옳은 것은?

> 선박의 존부가 (　) 분명하지 아니한 때에는 그 선박의 행방이 불명한 것으로 한다. 이 경우에는 (　)으로 (　) 한다.

① 2월간-분손-추정　　② 2월간-전손-추정
③ 3월간-분손-간주　　④ 3월간-전손-간주

26 방어비용에 관한 설명 중 옳지 않은 것은? (다툼이 있는 경우 판례에 의함)

① 피보험자가 피해자인 제3자의 청구를 방어하기 위하여 지출한 재판상 또는 재판외의 필요비용은 보험의 목적에 포함된 것으로 하며 피보험자는 그 선급을 청구할 수 있다.
② 피보험자가 담보의 제공 또는 공탁으로써 재판의 집행을 면할 수 있는 경우에는 보험자에 대하여 보험금액의 한도 내에서 그 담보의 제공 또는 공탁을 청구할 수 있다.
③ 재판 또는 담보제공행위가 보험자의 지시에 의한 것인 경우에는 그 금액에 손해액을 가산한 금액이 보험금액을 초과하는 때에도 보험자가 이를 부담하여야 한다.
④ 방어비용에 관한 상법 규정은 임의규정으로서 약관에서 어떤 경우에나 피보험자의 방어비용을 전면적으로 부정하는 것으로 해석되는 규정을 두는 것도 가능하다.

27 책임보험계약상 피해자의 직접청구권에 관한 설명으로 옳지 않은 것은?

① 직접청구권을 인정한 상법 제724조 제2항은 강행규정이므로 직접청구권을 부인하거나 그 행사를 어렵게 하는 약관 조항은 무효이다.

② 피해자는 피보험자에 대한 손해배상청구권을 전제로 직접 청구권을 가지므로 직접청구권은 부종성이 있으며, 보험자는 피해자에게 책임관계상 항변을 원용할 수 있다.

③ 피해자가 피보험자로부터 배상을 받지 못한 상태에서 보험자가 보험금을 임의로 지급한 경우에 그 지급 자체는 유효하고 보험자는 피해자에게 보험금 지급 사실을 들어 항변할 수 있다.

④ 다수의 피해자가 존재하고 총 피해액의 합계가 책임보험 한도액을 초과하는 경우, 다수의 직접청구권자들 사이에는 권리의 우선순위가 없으므로 피해자 각자가 자기 권 리의 전부를 주장할 수 있고 보험자는 누구에게라도 유효한 변제를 할 수 있다.

28 동일인이 다수의 생명보험계약을 체결한 경우 그 사실에 대한 고지 또는 통지에 관한 설명으로 옳지 않은 것은? (다툼이 있는 경우 판례에 의함)

① 보험자가 생명보험계약을 체결하면서 다른 보험계약의 존재여부를 청약서에 기재하여 질문하였다고 하더라도 다른 보험계약의 존재여부는 고지의무의 대상이 아니다.

② 생명보험계약을 체결한 후 다른 생명보험계약을 다수 가입하였다는 사정만으로 보험계약자 또는 피보험자에게 위험변경증가에 대한 통지의무가 있다고 볼 수 없다.

③ 보험계약 체결 후 동일한 위험을 담보하는 보험계약을 체결할 경우에 이를 통지하도록 하고, 이 통지의무를 위반한 경우에 보험자는 그 보험계약을 해지할 수 있다는 약정은 유효하다.

④ 보험자가 다른 보험계약의 존재 여부에 관한 고지의무 위반을 이유로 보험계약을 해지하려면 보험계약자 또는 피보험자가 다른 보험계약의 존재를 알고 있는 것 외에 그것이 고지를 요하는 중요한 사항에 해당한다는 사실을 알고도 또는 중대한 과실로 알지 못하여 고지의무를 다하지 아니한 사실을 입증하여야 한다.

29 약관대출과 계약자배당에 관한 설명으로 옳지 않은 것은? (다툼이 있는 경우 판례에 의함)

① 약관대출금은 보험자가 장래에 지급할 보험금이나 해지환급금을 미리 지급하는 선급금과 같은 성격이다.

② 약관대출계약은 보험계약과 별개의 독립계약이 아니라 보험계약과 일체를 이루는 하나의 계약이다.

③ 계약자배당금은 보험료 산정에 있어 예정기초율과 실제와의 차이에서 발생하는 잉여금을 정산, 환원하는 것으로서 주주에게 배당하는 이익배당과 구별된다.

④ 사차익, 이차익, 비차익 등 이원(利源)별로 발생한 이익이 있다면 보험계약자에게 구체적인 계약자배당 청구권이 당연히 발생한다.

30 **甲은 남편 乙을 피보험자로, 아들 丙을 보험수익자로 하는 생명보험계약을 보험자와 체결하였다. 이 보험계약의 보험수익자에 관한 설명으로 옳지 않은 것은? (다른 약정이나 가정은 전제하지 않고, 상법 제733조만 적용함)**

① 甲이 丙을 보험수익자로 지정하고 변경권을 행사하지 아니하고 사망하면 丙의 보험수익자로서의 권리가 확정된다.

② 丙이 보험 존속 중에 사망하고, 甲이 재지정권을 행사하지 아니하고 사망하면 丙의 상속인이 보험수익자가 된다.

③ 丙이 보험 존속 중에 사망한 때에는 丙의 상속인이 보험 수익자가 된다.

④ 丙이 보험 존속 중에 사망하고 甲이 재지정권을 행사하기 전에 乙이 사망한 경우에는 丙의 상속인이 보험수익자가 된다.

31 **甲은 자신을 피보험자, 남편 乙을 보험수익자로 하는 사망보험계약을 체결하였다. 그 후 보험기간 중에 보험수익자를 법정상속인으로 변경한 후 사망하였다. 이 보험계약에 관한 설명으로 옳은 것은? (다른 약정이 없다고 가정하고, 다툼이 있는 경우 판례에 의함)**

① 甲이 보험수익자를 변경하는 행위는 보험자의 동의가 있어야 유효하다.

② 甲이 보험수익자 중 1인의 고의에 의하여 사망하였다면 보험자는 다른 보험수익자에 대한 보험금 지급책임을 면하지 못한다.

③ 보험수익자로 변경 · 지정된 수인의 법정상속인 중 1인이 보험금청구권을 포기한 경우 그 포기한 부분은 당연히 다른 상속인에게 귀속된다.

④ 甲이 사망할 시에 법정상속인이 수인인 경우에 보험금청구권이 보험수익자의 고유재산이므로 각 상속인은 균등한 비율로 보험금청구권을 갖는다.

32 **인보험계약에서 담보되는 보험사고에 관한 설명으로 옳지 않은 것은? (다툼이 있는 경우 판례에 의함)**

① 암 진단이 확정되어 있음에도 불구하고 암으로 인한 사망을 보험사고로 하여 체결된 보험계약은 보험사고가 확정된 암과 관련하여 발생한 경우에 한하여 보험계약이 무효이다.

② 암 진단의 확정 및 그와 같이 확진이 된 암을 직접적인 원인으로 한 사망을 보험사고의 하나로 하는 보험계약에서 피보험자가 보험계약일 이전에 암 진단이 확정되어 있었던 경우에는 보험계약을 무효로 한다는 약관조항은 유효하다.

③ 부부싸움 중 극도로 흥분되고 불안한 정신적 공황상태에서 베란다 밖으로 몸을 던져서 사망한 경우, 이 사고는 우발적인 우연한 사고다.

④ 상해보험계약에 의하여 담보되는 보험사고의 우연성에 관하여 보험금청구권자에게 그 입증책임이 있다.

33 甲이 남편 乙을 피보험자로, 자신을 보험수익자로 하는 사망보험계약을 체결하였다. 이 과정에서 보험설계사는 약관상의 피보험자의 서면동의 조항(상법 제731조)에 관하여 설명하지 않은 채 乙의 동의 없이 서명을 위조하였다. 이 보험계약에 관한 설명으로 옳지 않은 것은? (다툼이 있는 경우 판례에 의함)

① 타인의 사망을 보험사고로 하는 보험계약에 있어서 보험계약 체결 시 그 乙의 서면동의를 얻어야 한다는 상법 규정은 강행법규로서 이 규정을 위반한 보험계약은 무효이다.
② 서면동의 조항을 위반하여 계약을 체결한 자가 스스로 무효를 주장한다고 해도 이러한 주장이 신의성실의 원칙 또는 금반언의 원칙에 반하는 것은 아니다.
③ 甲이 모집과정에서 보험설계사의 주의의무 해태 내지 불법행위로 인하여, 보험사고에도 불구하고 보험금을 지급받지 못하게 되었다면, 보험자는 보험계약자에게 그 보험금 상당의 손해를 배상할 책임이 있다.
④ 乙이 보험계약 성립 이후에 이 계약을 추인한다면 그 보험계약이 유효하고 甲은 보험사고 발생 시 보험자에 대하여 보험금청구권을 행사할 수 있다.

34 생명보험자의 면책사유에 관한 설명으로 옳지 않은 것은? (다툼이 있는 경우 판례에 의함)

① 사망보험계약에서 자살을 면책사유로 규정한 경우, 그 자살은 사망자가 자기의 생명을 끊는다는 것을 의식하고 그것을 목적으로 의도적으로 자기 생명을 절단하여 사망의 결과를 발생케 한 행위를 의미한다.
② 생명보험에서 피보험자가 정신질환 등으로 자유로운 의사 결정을 할 수 없는 상태에서 사망의 결과를 발생케 한 경우에는 보험자는 면책되지 않는다.
③ 보험사고의 발생에 기여한 복수의 원인이 존재하는 경우, 그 중 하나가 피보험자 등의 고의행위임을 주장하여 보험자가 면책되기 위해서는 그 행위가 공동원인의 하나이었다는 점을 증명하면 족하다.
④ 생명보험약관에서 '피보험자가 고의로 자신을 해친 경우'를 보험자의 면책사유로 규정하고 있는 경우, 보험자가 보험금 지급책임을 면하기 위해서는 면책사유에 해당하는 사실을 입증할 책임이 있다.

35 단체생명보험에 관한 설명으로 옳지 않은 것은? (다툼이 있는 경우 판례에 의함)

① 피보험자가 보험사고 이외의 사고로 사망하거나 퇴직 등으로 단체의 구성원으로서 자격을 상실하면 그에 대한 단체보험계약에 의한 보호는 종료된다.
② 단체보험계약은 단체 구성원이 보험수익자가 되는 타인을 위한 보험계약이어야 한다.
③ 단체규약으로 피보험자 또는 그 상속인이 아닌 자를 보험수익자로 지정한다는 명시적인 정함이 없는 경우, 피보험자의 서면동의 없이 피보험자 또는 그 상속인이 아닌 자를 보험수익자로 지정하였다면 그 지정은 무효이다.
④ 단체보험계약자인 회사의 직원이 퇴사 후 사망하는 보험사고가 발생한 경우, 회사가 그 직원에 대한 보험료를 퇴직 후 계속 납입하였더라도 퇴사와 동시에 단체보험의 피보험자의 지위가 종료되는데 영향을 미치지 아니한다.

36 인보험에서 보험자대위에 관한 설명으로 옳지 않은 것은? (다툼이 있는 경우 판례에 의함)

① 생명보험계약에서는 잔존물대위나 청구권대위가 인정되지 않는다.

② 상해보험계약의 경우 당사자 사이의 약정에 의하여 보험자는 피보험자의 권리를 해하지 않는 범위 안에서 보험사고로 인하여 생긴 보험계약자 또는 보험수익자의 제3자에 대한 권리를 대위하여 행사할 수 있다.

③ 자기신체사고 자동차보험에서 타 차량의 사고로 보험사고가 발생하여 피보험자가 상대 차량 자동차보험에 의한 보상을 받을 수 있는 경우에 약관에 정한 보험금에서 상대 차량 자동차보험 대인배상에서 보상받을 수 있는 금액을 공제한 액수만 지급하기로 한 약정은 결과적으로 보험자대위를 인정하는 것과 같은 결과를 초래하여 효력이 없다.

④ 상해보험의 경우 대위권에 관한 약정이 없는 한, 피보험자가 제3자로부터 손해배상을 받더라도 이에 관계없이 보험자는 보험금을 지급할 의무가 있고, 피보험자의 제3자에 대한 권리를 대위하여 행사할 수도 없다.

37 보험료적립금의 반환에 관한 설명으로 옳지 않은 것은?

① 보험사고 발생 전에 보험계약자에 의해 임의로 계약이 해지되는 경우에, 일반보험에서 보험자는 원칙적으로 미경과보험료만 반환하면 되지만 장기인 생명보험에서는 저축적 요소가 포함되어 보험료적립금 반환의 문제가 발생할 수 있다.

② 보험기간 중에 보험계약이 해지되어 보험자의 지급책임이 면제된 경우에 보험자는 보험수익자를 위하여 적립한 금액을 보험수익자에게 지급하도록 하고 있다.

③ 보험료적립금 반환청구권은 3년간 행사하지 아니하면 시효의 완성으로 소멸한다.

④ 보험료적립금 반환사유 중에 보험사고가 보험계약자의 고의로 인해 발생하여 보험자가 보험금 지급책임을 면하게 된 때에, 당사자간에 다른 약정이 없는 한, 보험자는 보험료적립금 반환의무를 부담하지 않는다.

38 보험증권에 관한 설명으로 옳지 않은 것은?

① 보험금청구권자가 보험증권을 제시하지 않았으나 그가 정당한 권리자임을 입증한 경우 보험자는 보험금 지급 책임이 있다.

② 보험증권은 보험계약자의 고지의무 위반, 보험료의 부지급 등으로 인해 보험계약이 해지되면 증권소지인에게 영향을 미친다.

③ 보험증권은 보험계약의 성립을 증명하기 위하여 발행하는 증거증권이 아니라 보험계약상의 권리의무가 발생하는 설권증권이다.

④ 타인을 위한 보험에서 그 타인의 동의를 얻거나 보험증권을 소지한 경우에 한하여 계약을 해지할 수 있다.

39 보험계약과 관련된 통지의무에 관한 설명으로 옳지 않은 것은?

① 보험계약자 또는 피보험자나 보험수익자는 보험사고의 발생을 안 때에 지체없이 보험자에게 그 통지를 발송하여야 한다.
② 보험사고 통지의무를 해태함으로 인하여 손해가 증가된 때에는 보험자는 그 증가된 손해를 보상할 책임이 없다.
③ 책임보험에서 피보험자가 제3자로부터 배상청구를 받은 때에도 그 통지를 발송하여야 하고, 통지를 게을리하여 손해가 증가된 경우에도 보험자는 그 증가된 손해를 보상할 책임이 있다.
④ 책임보험에서 피보험자가 제3자에 대하여 변제, 승인, 화해 또는 재판으로 인하여 채무가 확정된 때에는 지체없이 보험자에게 그 통지를 발송하여야 한다.

40 보험자의 면책사유에 관한 설명으로 옳은 것은? (다툼이 있는 경우 판례에 의함)

① 보험사고가 보험계약자 또는 피보험자나 보험수익자의 고의 또는 중대한 과실로 인하여 생긴 때에는 보험자는 보험금액을 지급할 책임이 없다고 규정하고 있는 상법 제659조는 보증보험에도 적용된다.
② 보험사고가 보험계약자 또는 피보험자나 보험수익자의 고의 또는 중대한 과실로 인하여 생긴 때에는 보험자는 보험금 지급책임이 없으므로 손해보험에서 고의만 면책으로 하고 중과실 사고에 대하여 보험자의 책임을 인정하는 약정은 효력이 없다.
③ 보험계약자 또는 피보험자의 친족이나 피용인 등의 고의 또는 중과실을 보험계약자 등의 고의 또는 중과실과 동일한 것으로 보고, 보험자를 면책시키는 대표자책임 이론은 판례상 일반적으로 인정되고 있다.
④ 손해보험에서 복수의 피보험자가 있는 경우, 면책사유가 그중 일부의 피보험자에 대하여 적용되는 경우에 이러한 면책사유는 당해 피보험자에게만 개별적으로 적용된다.

3과목 손해사정이론

01 다음 중 대재해적 손실이 보험 대상 리스크로 적합하지 않은 이유에 해당하는 것은?

① 확률적 동질성이 없다.
② 확률적 독립성이 없다.
③ 목적물의 수가 많지 않다.
④ 개별 손실규모가 크다.

02 다음 중 우리나라 고용보험 구직급여 지급일수에 한도가 있는 이유로 가장 타당한 것은?

① 역선택 감소
② 초과보상 방지
③ 소득재분배 효과
④ 도덕적 위태 감소

03 다음 중 장래에 대해서 보험계약의 효력을 소멸시키는 효과가 있는 것은?

① 계약의 해제
② 계약의 취소
③ 계약의 해지
④ 계약의 무효

04 다음 중 청구기준(claim-made basis) 배상책임보험에 대한 설명으로 올바르지 않은 것은?

① 손해에 대한 청구기간을 제한한다.
② 보험계약 체결 이후 발생한 사고가 대상이다.
③ 보험기간 내에 청구가 있어야 한다.
④ 보험담보의 모호성 내지 불확실성을 감소시킨다.

05 다음 보험계약의 법적 특성 중 '작성자 불이익의 원칙'과 관계가 가장 깊은 것은?

① 부합계약
② 조건부계약
③ 불요식 낙성계약
④ 인적계약

06 다음 보험의 특성 중 타보험조항과 관계가 가장 깊은 것은?

① 손실의 집단화
② 실제 손실에 대한 보상
③ 리스크 분산
④ 리스크 전가

07 다음 중 보험계약의 법적 특성 가운데 하나인 조건부계약과 관계가 없는 것은?

① 보험약관의 설명의무
② 위험변경증가의 통지의무
③ 보험사고발생의 통지의무
④ 손해방지의무

08 다음 중 역선택 감소 효과와 관계가 가장 깊은 것은?

① 경험요율
② 공동보험
③ 고지의무
④ 보험자 대위

09 사고발생의 우연성이 결여되었기 때문에 보상에서 제외되는 손실(excluded losses)이 있다 다음 중 이에 해당하지 않는 것은?

① 소모 및 마모
② 고유성질로 인한 손해
③ 운송물품에 생긴 흠집
④ 자연발화

10 다음 중 위태(hazard)와 거리가 가장 먼 것은?

① 어두운 계단
② 노후화된 전선
③ 소각장 내 인화물질 보관
④ 환경오염

11 다음 중 손인(peril)에 해당하지 않는 것은?

① 소비자 기호 변화
② 흡연 습관
③ 전쟁
④ 인플레이션

12 아래 가능최대손실(probable maximum loss; PML)에 대한 설명에서 안에 들어갈 단어를 순서대로 바르게 나열한 것은?

> PML은 리스크 관리자의 리스크 회피도가 (　　), 손실확률분포의 표준편차가 (　　) 커진다.

① 클수록, 클수록
② 클수록, 작을수록
③ 작을수록, 작을수록
④ 작을수록, 클수록

13 다음 중 도덕적 위태(moral hazard)에 해당하지 않는 것은?

① 보험금 수취 목적 방화
② 교통사고 유도
③ 건물의 부실 관리
④ 교통사고 상해 과장

14 다음 중 저빈도-고심도 리스크가 보험 대상으로 적합한 이유와 거리가 가장 먼 것은?

① 보험료가 부담가능한 수준이어서
② 비용 효율성이 커서
③ 재무변동성 감소 효과가 커서
④ 예측 신뢰도가 높아서

15 다음 중 일반적으로 민영보험과 사회보험의 유사점에 해당하지 않는 것은?

① 리스크 전가
② 소득재분배 효과
③ 보험료 납부
④ 보험수리 적용

16 다음 보험가능리스크 요건 중 전염병 리스크가 충족시키기에 가장 어려운 것은?

① 다수의 리스크
② 우연한 손실
③ 한정적 손실
④ 동질적 리스크

17 다음 중 리스크에 대한 설명으로 올바르지 않은 것은?

① 통계적 측정가능성을 기준으로 객관적 리스크와 주관적 리스크로 구분할 수 있다.
② 투기적 리스크의 특징은 손실가능성과 함께 이익가능성도 존재한다는 것이다.
③ 화산의 폭발, 지진 등은 동태적 리스크의 예이다.
④ 홍수, 폭설 등 자연재해는 순수리스크로 분류된다.

18 다음 중 언더라이팅(underwriting)의 기본원칙과 거리가 가장 먼 것은?

① 보험회사 고유의 언더라이팅 기준 준수
② 요율계층 내의 동질성 유지
③ 인수 리스크 간의 형평성 유지
④ 보험판매의 적극적 유인 제공

19 아래 설명에서 (   ) 안에 들어갈 보험종목을 순서대로 바르게 나열한 것은?

> 상법 제4편(보험)의 규정은 당사자간의 특약으로 보험계약자 또는 피보험자나 보험수익자의 불이익으로 변경하지 못한다. 그러나 (   ) 및 (   ) 기타 이와 유사한 보험의 경우에는 그러하지 아니하다.

① 재보험, 해상보험
② 해상보험, 화재보험
③ 책임보험, 화재보험
④ 보증보험, 책임보험

20 아래 설명에서 안에 들어갈 보험 관련자를 순서대로 바르게 나열한 것은?

> – 손해액의 산정에 관한 비용은 (   )의 부담으로 한다.
> – 보험증권을 멸실 또는 현저하게 훼손한 때는 보험계약자는 보험자에 대하여 증권의 재교부를 청구할 수 있다 그 증권 작성의 비용은 (   )의 부담으로 한다.

① 보험자, 보험계약자
② 보험계약자, 보험자
③ 피보험자, 보험계약자
④ 보험자, 보험수익자

21 아래에서 책임보험계약의 성질에 속하는 것을 모두 고른 것은?

> ⓐ 손해보험성
> ⓑ 재산보험성
> ⓒ 소극보험성
> ⓓ 물건보험성

① ⓐ, ⓑ, ⓒ, ⓓ
② ⓐ, ⓒ
③ ⓑ, ⓒ
④ ⓐ, ⓑ, ⓒ

22 다음 중 피보험이익의 개념의 효용에 속하지 않는 것은?

① 보험자대위의 금지
② 초과보험 및 중복보험의 방지
③ 보험자 책임범위의 확정
④ 보험계약의 동일성을 구별하는 표준

23 다음 중 대재해리스크로 인한 보험영업손실을 보전하기 위하여 손해보험회사가 적립하여야 하는 것은?

① 비상위험준비금
② 보험료적립금
③ 미경과보험료적립금
④ 책임준비금

24 다음 중 보험업법상 보험회사가 재무건전성을 유지하기 위하여 준수하여야 할 사항에 해당하지 않는 것은?

① 자본의 적정성에 관한 사항
② 자산의 건전성에 관한 사항
③ 사업비의 충분성에 관한 사항
④ 그 밖에 경영건전성 확보에 필요한 사항

25 다음 중 상법상 운송보험에 관한 설명으로 올바르지 않은 것은?

① 보험자는 다른 약정이 없으면 운송인이 운송물을 수령한 때로부터 운송물이 목적지에 도착할 때까지 생길 손해를 보상할 책임이 있다.
② 운송물의 도착으로 인하여 얻을 이익은 약정이 있는 때에 한하여 보험가액 중에 산입한다.
③ 보험계약은 다른 약정이 없으면 운송의 필요에 의하여 일시 운송을 중지한 경우에도 그 효력을 잃지 아니한다.
④ 보험사고가 수하인의 중대한 과실로 인하여 발생한 때에는 보험자는 이로 인하여 생긴 손해를 보상할 책임이 없다.

26 아래 신용보험 표준약관 제7조(변제 등의 충당순서) 제1항의 내용에서 [ ] 안에 들어 있는 항목을 순서대로 바르게 나열한 것은?

> 채무자가 변제한 금액 또는 보험회사의 담보권 행사, 상계 또는 채권추심을 통해 회수한 금액이 채무자의 전체 채무금액보다 적은 경우에는 [비용, 지급보험금(원금), 이자]의 순서로 충당하기로 한다.

① 비용, 지급보험금(원금), 이자
② 비용, 이자, 지급보험금(원금)
③ 지급보험금(원금), 비용, 이자
④ 지급보험금(원금), 이자, 비용

27 아래 주어진 조건에서 소멸성공제(disappearing deductible) 방법을 적용한 보험자의 지급보험금은 얼마인가? (단, 보험자가 보상하는 사고에 의한 손실 발생이며, 주어진 조건 이외에 기타 사항은 고려하지 않음)

> – 공제 한도: 50만원
> – 손실 금액: 600만원
> (단, 조정계수는 110%)

① 545만원
② 550만원
③ 600만원
④ 605만원

28 다음 중 보험 가입이 기업 내 현금흐름의 사전적 개선 효과를 가져오는 이유에 대한 설명으로 올바른 것은?

① 사업 중단을 초래할 대규모 손실을 예방해 준다.
② 거액의 손실준비금 적립 필요성을 줄인다.
③ 공평한 비용 부과를 가능하게 한다.
④ 발생가능한 대규모 손실의 규모를 줄여준다.

29 다음 중 자동차시세하락 손해를 보상하는 자동차보험 표준약관상의 보장종목은?

① 대인배상 I
② 자동차상해
③ 대물배상
④ 자기차량손해

30 다음 중 해상보험의 특성에 대한 설명으로 올바르지 않은 것은?

① 기업보험 성격이 짙다.
② 국제적 성격이 강하다.
③ 통상 미평가보험(unvalued policy)의 형태를 취한다.
④ 항해에 부수하는 육상에서의 위험도 담보한다.

31 선박 50척을 부보한 A선주의 직전 보험기간 중의 기발생손해액이 3억원, 총보험료에서 차지하는 사업비율이 40%일 때 순보험료방식(pure premium method)으로 산출한 선박 1척당 총보험료는 얼마인가? (단, 선박 1척당 가액은 모두 동일하고, 영업이익률은 고려하지 않음.)

① 360만원
② 600만원
③ 840만원
④ 1,000만원

32 고용보험법령상 적용 제외 근로자에 관한 아래 설명에서 ( ) 안에 들어갈 숫자를 순서대로 바르게 나열한 것은?

> 해당 사업에서 1개월간 소정근로시간이 ( )시간 미만인 근로자에게는 고용보험법을 적용하지 아니한다. 다만 해당 사업에서 ( )개월 이상 계속하여 근로를 제공하는 근로자와 일용근로자는 법 적용 대상으로 한다.

① 15, 1
② 30, 1
③ 60, 3
④ 120, 3

33 아래에서 설명하는 재보험 특약 조항은?

- 통상 배상책임보험 관련 초과손해액재보험(excess of loss reinsurance) 특약에 적용함
- 보험기간 종료 후 일정 기간 이내에 발생한 사고 건에 대해 재보험자에게 통지할 것을 요구하고, 그 기간이 경과하면 재보험자의 책임이 존재하지 않음을 명시함.

① commutation clause
② sunset clause
③ counsel and concur clause
④ reports and remittance clause

34 다음 중 보험자의 구상권 행사에 대한 설명으로 올바르지 않은 것은?

① 보험자는 보험계약자의 동의가 없으면 구상권을 행사할 수 없다.
② 보험자의 구상권 행사로 손해율 경감 효과를 기대할 수 있다.
③ 보험자의 구상권 행사는 보험의 이득 금지 원칙을 실현하기 위한 것이다.
④ 보험자는 구상권 행사가 필요하지 않다고 판단하면 구상권 행사를 포기할 수 있다.

35 다음 중 비례재보험특약에서 특약 출재기간이 종료된 경우에도 출재된 개별 원보험계약의 만기 도래 또는 청산이 완전히 종결될 때까지 재보험자의 책임이 계속되는 재보험 운영방식은?

① clean-cut 방식
② cut-off 방식
③ cut-through 방식
④ run-off 방식

36 다음 중 일반적으로 'two-risk warranty'가 적용되는 재보험특약은?

① quota share reinsurance treaty
② surplus share reinsurance treaty
③ per risk excess of loss reinsurance treaty
④ per event excess of loss reinsurance treaty

37 다음 중 국민건강보험법 제56조(급여의 제한)상 보험급여의 제한 사유에 해당하지 않는 것은?

① 국외에 체류하는 경우
② 고의 또는 중대한 과실로 인한 범죄행위에 그 원인이 있는 경우
③ 고의 또는 중대한 과실로 공단이나 요양기관의 요양에 관한 지시에 따르지 아니한 경우
④ 업무 또는 공무로 생긴 질병 부상 재해로 다른 법령에 따른 보상 등을 받게 되는 경우

38 다음 중 quota share 재보험특약의 장점으로 올바르지 않은 것은?

① 과다 출재 가능성이 없다.
② 재보험 처리가 간편하다.
③ 출재수수료율이 높다.
④ 재보험 관리비용이 저렴하다.

39 다음 중 패키지보험(package insurance policy)의 부문별 담보위험에 해당하지 않는 것은?

① 기계위험담보(machinery breakdown cover)
② 사업복합형위험담보(business multi-line cover)
③ 배상책임위험담보(general liability cover)
④ 재산종합위험담보(property all risk cover)

40 아래는 기본형 실손의료보험(급여실손의료비) 표준약관 제3조(보험종목별 보상내용) (2) 질병급여 제4항의 내용 중 일부이다. ( ) 안에 들어갈 숫자를 순서대로 바르게 나열한 것은? (단 종전 계약은 자동 갱신되지 않으며 같은 보험회사의 보험상품에 재가입도 하지 않은 것으로 가정함.)

> 피보험자가 통원하여 치료를 받던 중 보험계약이 종료되더라도 그 계속 중인 통원에 대해서는 보험계약 종료일 다음 날부터 ( )일 이내의 통원을 보상하며 최대 ( )회 한도 내에서 보상한다.

① 30, 30
② 60, 30
③ 120, 60
④ 180, 90

2025 제48회 기출문제

1과목 보험업법

01 보험업법상 보험회사가 아닌 자와 보험계약을 체결할 수 있는 경우를 모두 고른 것은?

> 가. 외국보험회사와 생명보험계약, 수출적하보험계약을 체결하는 경우
> 나. 외국보험회사와 수입적하보험계약, 항공보험계약을 체결하는 경우
> 다. 대한민국에서 취급되지 아니하는 보험종목에 관하여 외국보험회사와 보험계약을 체결하는 경우
> 라. 외국에서 보험계약을 체결하고, 보험기간이 지나기 전에 대한민국에서 그 계약을 지속시키는 경우

① 가, 나
② 나, 다
③ 나, 다, 라
④ 가, 나, 다, 라

02 보험업법상 보험업의 허가를 받으려는 자는 신청서에 일정한 서류를 첨부하여 금융위원회에 제출하여야 하는데, 보험회사가 취급하는 보험종목을 추가하려는 경우 제출하지 아니할 수 있는 서류에 해당하는 것은?

① 정관
② 업무 시작 후 3년간의 사업계획서
③ 업무 시작 후 3년간의 추정재무제표
④ 경영하려는 보험업의 보험종목별 사업방법서

03 보험업법상 보험업의 허가 요건으로서 자본금 또는 기금에 관한 설명인 바, ( ) 안에 순서대로 들어갈 내용으로 옳은 것은?

> 보험회사는 ( ) 이상의 자본금 또는 기금을 납입함으로써 보험업을 시작할 수 있다. 다만, 보험회사가 보험종목의 일부만을 취급하려는 경우에는 ( ) 이상의 범위에서 대통령령으로 자본금 또는 기금의 액수를 다르게 정할 수 있다.

① 100억원, 50억원
② 200억원, 100억원
③ 300억원, 50억원
④ 500억원, 50억원

04 **보험업법상 보험업의 겸영제한에 관한 설명으로 옳지 않은 것은?**

① 손해보험업을 경영하는 보험회사는 제3보험의 재보험을 겸영할 수 있다.
② 생명보험업을 경영하는 보험회사는 생명보험의 재보험을 겸영할 수 있다.
③ 손해보험업을 경영하는 보험회사는 생명보험의 재보험을 겸영할 수 있다.
④ 생명보험업을 경영하는 보험회사는 자동차보험을 겸영할 수 있다.

05 **보험업법상 보험회사는 경영건전성을 해치거나 보험계약자 보호 및 건전한 거래질서를 해칠 우려가 없는 금융업무로서 일정한 업무를 할 수 있는 바, 그 업무를 시작하려는 날의 7일 전까지 금융위원회에 신고하여야 하는 업무로서 옳은 것을 모두 고른 것은?**

가. 대통령령으로 정하는 금융 관련 법령에서 정하고 있는 금융업무로서 해당 법령에서 보험회사가 할 수 있도록 한 업무
나. 대통령령으로 정하는 금융업으로서 해당 법령에 따라 인가 · 허가 · 등록 등이 필요한 금융업무
다. 그 밖에 보험회사의 경영건전성을 해치거나 보험계약자 보호 및 건전한 거래질서를 해칠 우려가 없다고 인정되는 금융업무로서 대통령령으로 정하는 금융업무

① 가
② 나, 다
③ 가, 나, 다
④ 가, 다

06 **보험업법상 금융위원회가 보험회사에 대해 부수업무를 하는 것을 제한하거나 시정할 것을 명할 수 있는 경우를 모두 고른 것은?**

가. 보험회사의 경영건전성을 해치는 경우
나. 보험계약자 보호에 지장을 가져오는 경우
다. 금융시장의 안정성을 해치는 경우

① 가, 나
② 나, 다
③ 가, 다
④ 가, 나, 다

07 **보험업법상 외국보험회사 등의 국내사무소 설치 등에 관한 설명으로 옳지 않은 것은?**

① 외국보험회사는 보험시장에 관한 조사 및 정보의 수집이나 그 밖에 이와 비슷한 업무를 하기 위하여 국내에 사무소를 설치할 수 있다.
② 외국보험회사가 국내사무소를 설치하는 경우에는 그 설치한 날부터 60일이 지난 후에 금융위원회에 신고하여야 한다.
③ 국내사무소는 보험업을 경영하는 행위를 하여서는 아니된다.
④ 국내사무소는 그 명칭 중에 사무소라는 글자를 포함하여야 한다.

08 보험업법상 보험회사인 주식회사에 관한 설명으로 옳지 않은 것은?

① 자본감소를 결의한 경우에는 그 결의를 한 날부터 2주 이내에 결의의 요지와 재무상태표를 공고하여야 한다.
② 자본감소를 결의할 때 대통령령으로 정하는 자본감소를 하려면 미리 금융위원회의 승인을 받아야 한다.
③ 주식회사는 그 조직을 변경하여 상호회사로 할 수 없다.
④ 주식회사의 조직 변경은 주주총회의 결의를 거쳐야 한다.

09 보험업법상 보험회사의 조직 변경에 관한 설명으로 옳지 않은 것은?

① 주식회사가 조직 변경을 결의한 경우 그 결의를 한 날부터 2주 이내에 결의의 요지와 재무상태표를 공고하고 주주명부에 적힌 질권자(質權者)에게는 개별적으로 알려야 한다.
② 주식회사는 조직 변경 결의의 공고를 한 날 이후에 보험계약을 체결하려면 보험계약자가 될 자에게 조직 변경 절차가 진행 중임을 알리고 그 승낙을 받아야 한다.
③ 승낙을 한 보험계약자는 조직 변경 절차를 진행하는 중에는 보험계약자로 본다.
④ 주식회사는 조직 변경을 결의할 때 보험계약자 총회를 갈음하는 기관에 관한 사항을 정할 수 있다.

10 보험업법상 보험계약자 등의 우선취득권과 예탁자산의 우선변제권에 관한 설명으로 옳지 않은 것은?

① 보험계약자나 보험금을 취득할 자는 피보험자를 위하여 적립한 금액을 다른 법률의 특별한 규정이 있는 경우에도 불구하고 주식회사의 자산에서 우선하여 취득한다.
② 보험업법 제108조에 따라 특별계정이 설정된 경우에는 우선취득권은 특별계정과 그 밖의 계정을 구분하여 적용한다.
③ 보험계약자나 보험금을 취득할 자는 피보험자를 위하여 적립한 금액을 주식회사가 보험업법에 따른 금융위원회의 명령에 따라 예탁한 자산에서 다른 채권자보다 우선하여 변제를 받을 권리를 가진다.
④ 보험업법 제108조에 따라 특별계정이 설정된 경우에는 우선변제권은 특별계정과 그 밖의 계정을 구분하여 적용한다.

11 보험업법상 상호회사에 관한 설명으로 옳지 않은 것은?

① 상호회사는 그 명칭 중에 상호회사라는 글자를 포함하여야 한다.
② 상호회사는 50명 이하의 사원으로써 설립한다.
③ 상호회사의 기금은 금전 이외의 자산으로 납입하지 못한다.
④ 발기인이 아닌 자가 상호회사의 사원이 되려면 입사청약서 2부에 보험의 목적과 보험금액을 적고 기명날인하여야 하는 것이 원칙이다.

12 보험업법상 상호회사의 사원의 권리와 의무에 관한 설명으로 옳지 않은 것은?

① 상호회사의 사원은 회사의 채권자에 대하여 직접적인 의무를 지지 아니한다.
② 상호회사의 사원은 보험료의 납입에 관하여 상계(相計)로써 회사에 대항할 수 있다.
③ 상호회사의 채무에 관한 사원의 책임은 보험료를 한도로 한다.
④ 상호회사는 정관으로 보험금액의 삭감에 관한 사항을 정하여야 한다.

13 보험업법상 외국보험회사 국내지점에 관한 설명으로 옳지 않은 것은?

① 외국보험회사 국내지점은 대한민국에서 체결한 보험계약에 관하여 보험업법 제120조에 따라 적립한 책임준비금에 상당하는 자산은 국내에 보유하여야 하나, 비상위험준비금에 상당하는 자산은 외국에 있는 외국보험회사 본점에서 보유할 수 있다.
② 외국보험회사 국내지점의 대표자는 보험업법에 따른 보험회사의 임원으로 본다.
③ 금융위원회는 외국보험회사의 본점이 합병, 영업양도 등으로 소멸한 경우에는 그 외국보험회사 국내지점에 대하여 청문을 거쳐 보험업의 허가를 취소할 수 있다.
④ 허가를 받은 외국보험회사의 본점이 보험업을 폐업하거나 해산한 경우 또는 대한민국에서의 보험업을 폐업하거나 그 허가가 취소된 경우에는 금융위원회가 필요하다고 인정하면 잔무(殘務)를 처리할 자를 선임하거나 해임할 수 있다.

14 보험업법상 보험설계사의 등록 제한에 관한 설명으로 옳지 않은 것은?

① 보험업법 또는 「금융소비자 보호에 관한 법률」에 따라 벌금 이상의 형을 선고받고 그 집행이 끝나거나(집행이 끝난 것으로 보는 경우를 포함) 집행이 면제된 날부터 3년이 지나지 아니한 자는 보험설계사가 될 수 없다.
② 이전에 모집과 관련하여 받은 보험료, 대출금 또는 보험금을 다른 용도에 유용(流用)한 후 3년이 지나지 아니한 자는 보험설계사가 될 수 없다.
③ 보험업법 또는 「금융소비자 보호에 관한 법률」에 따라 금고 이상의 형의 집행유예를 선고받고 그 유예기간 중에 있는 자는 보험설계사가 될 수 없다.
④ 보험업법에 따라 보험설계사 · 보험대리점 또는 보험중개사 등록취소 처분을 2회 이상 받은 경우 최종 등록취소 처분을 받은 날부터 3년이 지나지 아니한 자는 보험설계사가 될 수 없다.

15 **보험업법상 보험회사의 고객응대 직원에 대한 보호조치 의무에 관한 설명으로 옳지 않은 것은?**

① 보험회사는 직원이 요청하는 경우 해당 고객으로부터 분리하고 업무담당자를 교체하여야 한다.
② 보험회사는「근로자참여 및 협력증진에 관한 법률」제26조에 따라 전담 고충처리 위원을 선임 또는 위촉하는 경우에도 고객을 직접 응대하는 직원을 위한 상시적 고충처리 기구를 마련하여야 한다.
③ 보험회사는 고객의 폭언이나 성희롱, 폭행 등이 관계 법률의 형사처벌규정에 위반된다고 판단되고 그 행위로 피해를 입은 직원이 요청하는 경우에는 관할 수사기관 등에 고발하여야 한다.
④ 보험회사는 고객의 폭언이나 성희롱, 폭행 등이 관계 법률의 형사처벌규정에 위반되지는 아니하나 그 행위로 피해를 입은 직원의 피해정도 및 그 직원과 다른 직원에 대한 장래 피해발생 가능성 등을 고려하여 필요하다고 판단되는 경우에는 관할 수사기관 등에 필요한 조치를 요구하여야 한다.

16 **보험업법상 보험안내자료에 관한 설명으로 옳지 않은 것은?**

① 보험안내자료에 보험회사의 자산과 부채에 관한 사항을 적는 경우에는 보험업법 제118조에 따라 금융위원회에 제출한 서류에 적힌 사항과 다른 내용의 것을 적지 못한다.
② 보험계약자의 이익을 위해 필요하다고 보험회사가 판단하는 경우에는 보험안내자료에 보험회사의 장래의 이익 배당 또는 잉여금 분배에 대한 예상에 관한 사항을 적을 수 있다.
③ 보험안내자료에는 보험회사의 상호나 명칭 또는 보험설계사 · 보험대리점 또는 보험중개사의 이름 · 상호나 명칭에 관한 사항을 명백하고 알기 쉽게 적어야 한다.
④ 보험안내자료에는 보험금 지급제한 조건에 관한 사항을 명백하고 알기 쉽게 적어야 한다.

17 **다음은 보험업법상 승환계약 금지행위에 관한 설명이다. ( ) 안에 들어갈 숫자를 순서대로 나열한 것은?**

가. 기존보험계약이 소멸된 날부터 ( )개월 이내에 새로운 보험계약을 청약하게 하거나 새로운 보험계약을 청약하게 한 날부터 ( )개월 이내에 기존보험계약을 소멸하게 하는 행위. 다만, 보험계약자가 기존 보험계약 소멸 후 새로운 보험계약 체결 시 손해가 발생할 가능성이 있다는 사실을 알고 있음을 자필로 서명하는 등 대통령령으로 정하는 바에 따라 본인의 의사에 따른 행위임이 명백히 증명되는 경우에는 그러하지 아니하다.
나. 기존보험계약이 소멸된 날부터 ( )개월 이내에 새로운 보험계약을 청약하게 하거나 새로운 보험계약을 청약하게 한 날부터 ( )개월 이내에 기존보험계약을 소멸하게 하는 경우로서 해당 보험계약자 또는 피보험자에게 기존보험계약과 새로운 보험계약의 보험기간 및 예정이자율 등 대통령령으로 정하는 중요한 사항을 비교하여 알리지 아니하는 행위
다. 보험계약자는 보험계약의 체결 또는 모집에 종사하는 자(보험중개사는 제외)가 보험업법 제97조 제1항 제5호를 위반하여 기존보험계약을 소멸시키거나 소멸하게 하였을 때에는 그 보험계약의 체결 또는 모집에 종사하는 자가 속하거나 모집을 위탁한 보험회사에 대하여 그 보험계약이 소멸한 날부터 ( )개월 이내에 소멸된 보험계약의 부활을 청구하고 새로운 보험계약은 취소할 수 있다.

① 1, 1, 6, 3, 6
② 1, 1, 6, 6, 6
③ 1, 3, 6, 3, 6
④ 3, 3, 6, 6, 6

18 다음은 보험업법상 특별이익 제공 금지 예외에 관한 설명이다. (　) 안에 들어갈 숫자로 옳은 것은?

> 보험계약의 체결 또는 모집에 종사하는 자는 그 체결 또는 모집과 관련하여 보험계약자나 피보험자에게 보험계약 체결 시부터 최초 1년간 납입되는 보험료의 100분의 (　)과 3만원(보험계약에 따라 보장되는 위험을 감소시키는 물품의 경우에는 (　)만원) 중 적은 금액을 제공하는 행위

① 10, 10
② 10, 20
③ 20, 10
④ 20, 20

19 보험업법상 실손의료보험계약의 서류 전송을 위한 전산시스템의 구축 · 운영 등에 관한 설명으로 옳지 않은 것은?

① 보험회사는 실손의료보험계약의 보험금 청구를 위한 서류 전송에 따른 업무를 수행하기 위하여 필요한 전산시스템을 구축 · 운영하여야 한다.
② 보험회사는 전산시스템의 구축 · 운영에 관한 업무를 공공성 · 보안성 · 전문성 등을 고려하여 대통령령으로 정하는 전송대행기관에 위탁하거나 직접 수행할 수 있다.
③ 전산시스템의 구축 · 운영에 관한 비용은 보험회사와 요양기관이 공동으로 부담한다.
④ 보험회사 또는 전송대행기관은 요양기관 등과 전산시스템의 구축 · 운영에 관한 사항을 협의하기 위하여 대통령령으로 정하는 바에 따라 위원회를 구성 · 운영할 수 있다.

20 보험회사의 자산운용 방법 중 보험업법상 금지 또는 제한되는 것은?

① 저당권 등 담보권의 실행으로 취득하는 부동산
② 해당 보험회사의 주식을 사도록 하기 위한 대출
③ 보험약관에 따른 대출 및 금융위원회가 정하는 소액대출
④ 대통령령으로 정하는 업무용 부동산의 소유

21 보험업법상 특별계정의 설정 · 운용에 관한 설명으로 옳은 것은?

① 보험회사는 특별계정에 속하는 자산과 다른 특별계정에 속하는 자산 및 그 밖의 자산과 혼합하여 회계처리 하여야 한다.
② 보험회사는 특별계정에 속하는 이익을 다른 계정상의 보험계약자에게 분배할 수 있다.
③ 퇴직보험계약은 일반계정으로 설정하여 운용하여야 한다.
④ 보험회사는 보험계약자의 지시에 따라 특별계정의 자산을 운용해서는 안 된다.

22 보험업법상 보험회사와 그 대주주와의 거래제한 등에 관한 설명으로 옳은 것은?

① 대주주가 다른 회사에 출자하는 것을 지원하기 위한 신용공여는 허용된다.

② 보험회사는 그 보험회사의 대주주에 대하여 대통령령으로 정하는 금액 이상의 신용공여를 할 경우에는 미리 이사회의 의결을 거쳐야 하며, 재적이사 3분의 2 이상의 찬성으로 의결하여야 한다.

③ 보험회사는 해당 보험회사의 대주주에 대한 신용공여나 그 보험회사의 대주주가 발행한 채권 또는 주식의 취득에 관한 사항을 대통령령으로 정하는 바에 따라 분기별로 금융위원회에 보고하고, 인터넷 홈페이지 등을 이용하여 공시하여야 한다.

④ 보험회사는 해당 보험회사의 대주주가 발행한 주식에 대한 의결권을 행사하는 행위를 하였을 때에는 10일 이내에 그 사실을 금융위원회에 보고하고, 인터넷 홈페이지 등을 이용하여 공시하여야 한다.

23 보험업법상 계산에 관한 설명으로 옳은 것은?

① 직전 사업연도 말의 재무상태표에 따른 자산총액이 1조원 이상인 보험회사는 독립계리업자 또는 보험요율 산출기관으로부터 계상된 책임준비금의 적정성에 대하여 검증을 받아야 한다.

② 보험회사는 매월의 업무 내용을 적은 보고서를 다음 달 15일까지 금융위원회가 정하는 바에 따라 금융감독원에 제출하여야 한다.

③ 보험회사는 매월 보험계약의 종류에 따라 대통령령으로 정하는 책임준비금과 비상위험준비금을 계상(計上)하고 따로 작성한 장부에 각각 기재하여야 한다.

④ 보험회사는 매년 대통령령으로 정하는 날에 그 장부를 폐쇄하여야 하고 장부를 폐쇄한 날부터 3개월 이내에 금융감독원이 정하는 바에 따라 부속명세서를 포함한 재무제표 및 사업보고서를 금융감독원에 제출하여야 한다.

24 보험업법상 보험회사의 자산운용 제한의 적용 예외사유에 해당하지 않는 것은?

① 보험회사의 경영능력 혁신으로 자산상태가 변동된 경우

② 보험회사에 적용되는 회계처리기준의 변경으로 보험회사의 자산 또는 자기자본 상태가 변동된 경우

③ 보험회사가 재무건전성 기준을 지키기 위하여 필요한 경우로서 금융위원회의 승인을 받은 경우

④ 보험회사가 「기업구조조정 촉진법」에 따른 출자전환 또는 채무재조정 등 기업의 구조조정을 지원하기 위하여 필요한 경우로서 금융위원회의 승인을 받은 경우

25 **보험업법상 모집에 대한 수수료 지급에 관한 설명으로 옳지 않은 것은?**

① 보험회사는 모집할 수 있는 자 이외의 자에게 모집을 위탁하거나 모집에 관하여 수수료, 보수, 그 밖의 대가를 지급하지 못하는 것이 원칙이다.
② 보험회사가 대한민국 밖에서 외국보험사와 공동으로 원보험계약(原保險契約)을 인수하거나 대한민국 밖에서 외국의 모집조직(외국의 법령에 따라 모집을 할 수 있도록 허용된 경우만 해당)을 이용하여 원보험계약 또는 재보험계약을 인수하는 경우에는 모집할 수 있는 자 이외의 자에게 수수료를 지급할 수 있다.
③ 보험중개사는 보험계약 체결의 중개와는 별도로 보험계약자에게 특별히 제공한 서비스에 대하여 일정 금액으로 표시되는 보수나 그 밖의 대가를 지급할 것을 미리 보험계약자와 합의한 서면약정서에 의하여 청구하는 경우에는 보험계약 체결의 중개와 관련한 수수료를 보험회사에게 청구할 수 있다.
④ 보험중개사는 보수나 그 밖의 대가를 청구하려는 경우에는 해당 서비스를 제공하기 전에 제공할 서비스별 내용이 표시된 보수명세표를 보험계약자에게 알려야 한다.

26 **보험업법상 보험대리점 또는 보험중개사로 등록할 수 있는 금융기관을 모두 고른 것은?**

가. 「상호저축은행법」에 따른 상호저축은행
나. 「한국산업은행법」에 따라 설립된 한국산업은행
다. 「중소기업은행법」에 따라 설립된 중소기업은행
라. 「한국은행법」에 따라 설립된 한국은행
마. 「농업협동조합법」에 따라 설립된 조합

① 가, 나, 다
② 가, 나, 마
③ 가, 나, 다, 마
④ 나, 다, 라, 마

27 **보험업법상 보험설계사 · 보험대리점 또는 보험중개사가 지체 없이 금융위원회에 신고하여야 할 사항에 해당하지 않는 것은?**

① 등록을 신청할 때 제출한 서류에 적힌 사항이 변경된 경우
② 개인의 경우에는 본인이 사망한 경우
③ 보험대리점 또는 보험중개사가 소속 보험설계사의 보험모집을 일시 중지하도록 한 경우
④ 보험설계사가 다른 보험회사를 위하여 모집을 한 경우

28 다음 중 보험회사가 보험계약자를 보호하기 위하여 즉시 공시하여야 할 사항을 모두 고른 것은?

가. 재무 및 손익에 관한 사항
나. 자금의 조달 및 운용에 관한 사항
다. 보험약관 및 사업방법서, 보험료 및 해약환급금, 공시이율 등 보험료 비교에 필요한 자료
라. 보험회사가 재무건전성 기준을 지키지 아니하여 금융위원회로부터 제재조치를 받은 경우 그 내용

① 가, 나
② 가, 나, 다
③ 가, 나, 라
④ 가, 나, 다, 라

29 보험상품의 비교 · 공시에 관한 설명으로 옳지 않은 것은?

① 보험협회는 보험료 등 보험계약에 관한 사항으로서 대통령령으로 정하는 사항을 금융위원회가 정하는 바에 따라 보험소비자가 쉽게 알 수 있도록 비교 · 공시하여야 한다.
② 보험협회가 보험료 등 보험계약에 관한 사항으로서 대통령령으로 정하는 사항을 비교 · 공시를 하는 경우에는 대통령령으로 정하는 바에 따라 보험상품 공시위원회를 구성하여야 한다.
③ 보험상품공시위원회는 보험협회가 실시하는 보험상품의 비교 · 공시에 관한 중요 사항을 심의 · 의결한다.
④ 보험상품공시위원회는 비교 · 공시가 거짓이거나 사실과 달라 보험계약자 등을 보호할 필요가 있다고 인정되는 경우에는 공시의 중단이나 시정조치 등을 요구할 수 있다.

30 보험업법상 상호협정에 관한 설명으로 옳지 않은 것은?

① 보험회사는 금융위원회의 인가를 받아 그 업무에 관한 공동행위를 하기 위하여 다른 보험회사와 상호협정을 체결할 수 있다.
② 기존 상호협정의 구성원인 보험회사의 상호가 변경되는 경우에는 금융위원회의 인가를 받지 아니하고, 신고로써 갈음할 수 있다.
③ 금융위원회는 상호협정의 체결 · 변경 또는 폐지의 인가를 하거나 협정에 따를 것을 명할 경우 미리 공정거래위원회와 협의할 수 있다.
④ 금융위원회는 공익 또는 보험업의 건전한 발전을 위하여 특히 필요하다고 인정되는 경우에는 보험회사에 대하여 상호협정의 체결 · 변경 또는 폐지를 명하거나 그 협정의 전부 또는 일부에 따를 것을 명할 수 있다.

31 보험회사는 정관을 변경한 경우에는 변경한 날부터 (　　) 이내에 금융위원회에 알려야 한다. (　　) 안에 들어갈 기간으로 옳은 것은?

① 7일　② 10일
③ 15일　④ 20일

32 보험약관 등의 이해도 평가에 관한 설명으로 옳지 않은 것은?

① 금융위원회는 보험약관 등의 이해도를 평가하고 그 결과를 대통령령으로 정하는 바에 따라 공시할 수 있다.
② 금융위원회는 보험약관 등의 이해도를 평가하기 위해 평가대행기관을 지정하여야 한다.
③ 이해도 평가의 대상자는 보험소비자와 보험의 모집에 종사하는 자 등 대통령령으로 정하는 자이다.
④ 이해도 평가의 대상자에는 보험요율 산출기관의 장이 추천하는 보험 관련 전문가 1명이 포함된다.

33 보험회사의 자산상황이 불량하여 보험계약자 및 피보험자 등의 권익을 해칠 우려가 있다고 인정되는 경우에 금융위원회가 명할 수 있는 조치에 해당하지 않는 것은?

① 보험금 전부 또는 일부의 지급정지
② 금융위원회가 지정하는 기관에의 자산 예탁
③ 자산의 장부가격 변경
④ 불건전한 자산에 대한 적립금의 보유

34 다음 중 (　) 안에 들어갈 기간이 다른 것은?

① 보험회사가 보험업의 허가취소로 해산하면 금융위원회는 (　　) 이내에 그 보험회사의 본점 또는 주된 사무소의 소재지의 등기소에 그 등기를 촉탁하여야 한다.
② 보험회사가 보험업의 허가취소로 해산하여 금융위원회가 그 보험회사의 본점 또는 주된 사무소의 소재지의 등기소에 그 등기를 촉탁하면 등기소는 그 촉탁을 받은 후 (　　) 이내에 그 등기를 하여야 한다.
③ 보험회사가 합병을 결의한 경우에는 그 결의를 한 날부터 (　　) 이내에 합병계약의 요지와 각 보험회사의 재무상태표를 공고하여야 한다.
④ 보험회사는 보험계약을 이전한 경우에는 (　　) 이내에 그 취지를 공고하여야 한다.

35 금융위원회가 공익 또는 건전한 보험거래질서의 확립을 위하여 필요한 경우에 일정한 자를 대상으로 조사를 할 수 있는데, 이에 해당되는 자를 모두 고른 것은?

> 가. 보험회사
> 나. 보험계약자, 피보험자
> 다. 보험금을 취득할 자
> 라. 보험계약에 관하여 이해관계가 있는 자

① 가
② 나, 다
③ 가, 나, 다
④ 가, 나, 다, 라

36 보험업법상 손해보험계약의 제3자 보호에 관한 설명으로 옳지 않은 것은?

① 손해보험회사는 법령에 따라 가입이 강제되는 손해보험 계약으로서 대통령령으로 정하는 손해보험계약의 제3자가 보험사고로 입은 손해에 대한 보험금의 지급을 보험업법에서 정하는 바에 따라 보장하여야 한다.
② 자동차보험계약의 경우에는 법령에 따라 가입이 강제되지 아니하는 보험계약의 경우에도 손해보험회사는 제3자가 보험사고로 입은 손해에 대한 보험금의 지급을 보험업법에서 정하는 바에 따라 보장하여야 한다.
③ 대통령령으로 정하는 법인을 계약자로 하는 손해보험 계약의 경우 제3자 보호규정이 적용되지 아니한다.
④ 손해보험회사는 「예금자보호법」 제2조 제8호의 사유로 손해보험계약의 제3자에게 보험금을 지급하지 못하게 된 경우에는 즉시 그 사실을 금융위원회에게 보고하여야 한다.

37 보험업법상 보험요율 산출기관의 업무에 해당하지 않는 것은?

① 보험회사 등이 지켜야 할 규약의 제정 · 개정
② 순보험요율의 산출 · 검증 및 제공
③ 보험 관련 정보의 수집 · 제공 및 통계의 작성
④ 보험에 대한 조사 · 연구

38 선임계리사에 관한 설명으로 옳지 않은 것은?

① 보험회사는 선임계리사를 선임하여야 한다.
② 보험회사는 다른 보험회사의 선임계리사를 해당 보험회사의 선임계리사로 선임할 수 있다.
③ 선임계리사는 보험회사가 기초서류관리기준을 지키는지를 점검하고 이를 위반하는 경우에는 조사하여 그 결과를 이사회에 보고하여야 하며, 기초서류에 법령을 위반한 내용이 있다고 판단하는 경우에는 금융위원회에 보고하여야 한다.
④ 선임계리사는 보험상품 개발 업무(기초서류 등을 검증 및 확인하는 업무는 제외)를 직접 수행하는 직무를 담당하여서는 아니 된다.

39 손해사정사가 되려는 자는 (　　)이 실시하는 시험에 합격하고 (　　)의 실무수습을 마친 후 (　　)에 등록하여야 한다. (　　)에 들어갈 내용으로 옳은 것은?

① 보험개발원장 – 6개월 – 금융감독원
② 금융감독원장 – 6개월 – 금융위원회
③ 보험개발원장 – 3개월 – 금융감독원
④ 금융감독원장 – 3개월 – 금융위원회

40 보험업법상 공제에 대한 협의에 관한 설명으로 옳지 않은 것은?

① 금융위원회는 법률에 따라 운영되는 공제업과 보험업 간의 균형 있는 발전을 위하여 필요하다고 인정하는 경우에는 그 공제업을 운영하는 자에게 기초서류에 해당하는 사항에 관한 협의를 요구할 수 있다.
② 금융위원회는 법률에 따라 운영되는 공제업과 보험업 간의 균형 있는 발전을 위하여 필요하다고 인정하는 경우에는 그 공제업 관련 중앙행정기관의 장에게 재무건전성에 관한 사항에 관한 협의를 요구할 수 있다.
③ 금융위원회로부터 협의를 요구받은 그 공제업을 운영하는 자 또는 그 공제업 관련 중앙행정기관의 장은 정당한 사유가 없으면 그 요구에 따라야 한다.
④ 중앙행정기관의 장은 공제업의 재무건전성 유지를 위하여 필요하다고 인정하는 경우에는 공제업을 운영하는 자에 대한 공동검사에 관한 협의를 금융위원회에 요구할 수 있고, 금융위원회는 그 요구에 따라야 한다.

2과목 보험계약법

01 상법 제4편(보험)의 적용에 관한 설명으로 옳지 않은 것은? (다툼이 있는 경우 판례에 의함)

① 가계보험과 기업보험의 구분은 보험계약자 등의 불이익 변경금지에 관한 상법 제663조를 적용하는데 실익이 있다.

② 공제제도는 실제로 보험사업과 같은 기능을 하는 유사보험의 일종이므로 특별한 사정이 없는 한 보험계약에 관한 상법의 규정을 준용할 수 있다.

③ 무역보험은 민영보험이 아닌 공영보험이고, 특별법인 무역보험법에서 정한 규정이 적용되기 때문에 상법 제4편의 적용이 배제된다.

④ 선주상호보험은 선주상호보험조합법에 따라 상호부조를 목적으로 선주상호보험조합이 운영하는 상호보험이므로, 보험 관계의 성질에 반하거나 특칙이 없는 한 상법 제4편이 준용된다.

02 보험약관에 관한 설명으로 옳지 않은 것은? (다툼이 있는 경우 판례에 의함)

① 보통보험약관 그 자체는 법규범 또는 법규범적 성질을 갖고 있기 때문에, 계약 당사자에 대하여 구속력을 갖는다.

② 계약 당사자가 보험약관과 다른 개별 약정을 하였다면 그 개별 약정은 보험약관에 우선하는 효력을 갖는다.

③ 보험자가 계속적 거래관계에서 종전 계약의 내용이 된 보험약관을 도중에 보험계약자에게 불리하게 변경하고, 그 약관변경 사실 및 내용의 고지없이 다시 체결한 보험계약은 종전 약관에 따라 체결된 것으로 보아야 한다.

④ 보험약관이 인가 절차를 거쳤다고 하여 그 보험약관의 유효성이 의제되는 것은 아니다.

03 상법상 보험약관의 교부 · 설명의무에 관한 설명으로 옳지 않은 것은? (다툼이 있는 경우 판례에 의함)

① 보험계약자는 보험자의 보험약관의 교부 · 설명의무 위반이 있는 경우, 그 위반 사실을 안 날로부터 3개월 이내에 취소할 수 있다.

② 보험자는 보험약관의 기재 사항이 거래상 일반적이고 공통된 것이어서 보험계약자가 별도의 설명 없이도 충분히 예상할 수 있었던 사항에 대하여는 보험약관의 교부 · 설명의무가 없다.

③ 보험자가 보험약관의 교부 · 설명의무에 위반하여 보험계약을 체결한 경우, 보험자는 그 위반한 약관의 내용을 보험계약의 내용으로 주장할 수 없다.

④ 보험자는 보험계약자 본인 또는 그의 대리인에게 보험약관을 교부하거나 설명할 수 있다.

04 **보험계약의 성립에 관한 설명으로 옳지 않은 것은?**

① 보험자가 보험계약자의 청약에 대한 낙부통지의무가 있음에도 불구하고 그 의무를 해태한 때에는 당해 청약에 대하여 승낙한 것으로 본다.
② 보험계약은 별도의 서면 작성을 필요로 하기 때문에 낙성계약으로 볼 수 없다.
③ 신체검사를 받아야 하는 인보험에서 피보험자가 신체검사를 받지 아니한 경우, 보험자의 승낙 전에 보험사고가 발생하더라도 보험자는 보험계약상의 책임을 지지 않는다.
④ 보험계약자가 청약 이후 보험료의 전부나 일부를 지급하지 아니한 경우, 손해보험자는 다른 약정이 없는 한 낙부통지의무를 부담하지 않는다.

05 **보험계약의 당사자 및 관계자에 관한 설명으로 옳은 것은?**

① 보험중개사는 보험자의 사용인이나 대리인이면서 보험자와 보험계약자 사이의 보험계약 체결을 중개하는 것을 영업으로 하는 독립된 상인이다.
② 보험계약의 당사자에는 보험자, 보험계약자, 피보험자, 보험수익자가 있다.
③ 보험계약자가 대리인에 의하여 보험계약을 체결한 경우에 대리인이 안 사유는 그 보험계약자가 안 것과 동일한 것으로 한다.
④ 보험설계사는 보험자에게 종속되어 보험자를 위하여 보험계약의 체결을 중개하는 자이며, 보험료수령권 및 고지수령권을 가지고 있다.

06 **상법상 보험계약에서 증명책임에 관한 설명으로 옳지 않은 것은? (다툼이 있는 경우 판례에 의함)**

① 보험계약자나 피보험자의 고의 또는 중과실로 보험사고가 발생하였다는 사실은 보험자가 증명하여야 한다.
② 다른 약정이 없는 한 고지의무 위반과 보험사고와의 인과관계의 존부에 대한 증명책임은 보험자가 부담한다.
③ 보험계약자가 이미 알고 있는 약관 내용과 같이 설명의무 등이 적용되지 않는 예외적 사항에 해당한다는 증명책임은 보험자가 부담한다.
④ 승낙 전 보험보호의 경우(상법 제638조의2), 청약을 거절할 사유의 존재에 대한 증명책임은 보험자가 부담한다.

07 **상법상 보험계약자 등의 고지의무에 관한 설명으로 옳은 것은? (다툼이 있는 경우 판례에 의함)**

① 상법은 고지의무의 당사자를 보험계약자, 피보험자, 보험수익자로 명시하고 있다.
② 고지의무의 위반과 보험사고의 발생 간에 인과관계가 없는 경우, 보험자는 보험금을 지급하여야 하며 보험계약도 해지할 수 없다.
③ 보험계약 체결 시 고지하지 못한 사항이 있으면 계약 체결 이후 일정 기간 내에 보완이 가능하다.
④ 보험자가 고지의무의 대상인 중요사항과 관련된 약관조항에 대한 설명의무를 이행하지 않아 그에 대한 고지의무자의 고지의무 위반이 있게 된 경우 보험자는 보험계약을 해지할 수 없다.

08 **상법상 고지의무의 대상이 되는 중요한 사항에 관한 설명으로 옳지 않은 것은? (다툼이 있는 경우 판례에 의함)**

① 중요한 사항이란, 객관적으로 보험자가 그 사실을 안다면 그 계약을 체결하지 아니하든가 또는 적어도 동일한 조건으로는 계약을 체결하지 아니하리라고 평가되는 사항을 말한다.
② 자동차임대업자가 피보험차량을 지입차주로 하여금 자신의 감독을 받지 않고 유상운송에 제공하도록 허용한 것은 중요한 사실에 해당하지 않는다.
③ 질문표가 아닌 보험청약서에 일정한 사항에 대한 답변을 구하는 취지가 포함되어 있다면 그 사항도 중요한 사항으로 추정된다.
④ 동일한 보험 목적에 대하여 체결된 다른 보험계약의 존재는 손해보험이든 인보험이든 보험의 종류를 불문하고 고지의무의 대상이 되는 중요한 사항이다.

09 **상법상 손해보험에서 보험자의 면책사유로서 보험계약자 등의 고의 또는 중과실에 관한 설명으로 옳지 않은 것은? (다툼이 있는 경우 판례에 의함)**

① 자동차대여업자가 무면허운전자에 대하여 위조된 면허증의 복사본을 제시받고 그 원본이나 주민등록증을 확인하지 아니한 것은 중과실에 해당한다.
② 중과실이란, 보험계약자 또는 피보험자가 통상인에게 요구되는 정도의 상당한 주의를 하지 아니하더라도 약간의 주의를 한다면 손쉽게 위법, 유해한 결과를 예견할 수 있음에도 불구하고 이를 간과한 경우로 고의에 가까운 현저한 주의를 결여한 상태를 말한다.
③ 피보험자의 심신미약 상태에서 발생한 사고로 인한 손해는 피보험자의 고의로 인한 손해라 할 수 없다.
④ 고의는 자신의 행위에 의하여 일정한 결과가 발생하리라는 것을 알면서 이를 행하는 심리상태를 말하며, 특별한 사정이 없는 한 미필적 고의를 포함하지 않는다.

10 **상법상 보험계약에서 보험료에 관한 설명으로 옳지 않은 것은?**

① 보험계약의 전부 또는 일부가 무효인 경우에 보험계약자와 피보험자가 선의이며 중대한 과실이 없는 때에는 보험자에 대하여 보험료의 전부 또는 일부의 반환을 청구할 수 있다.
② 보험계약자는 보험계약이 성립한 후 지체없이 보험료의 전부 또는 제1회 보험료를 지급하여야 한다.
③ 보험대리상이 보험계약자에 대하여 보험료 대납을 약정하였더라도 보험대리상이 보험자에게 대납을 하기 전까지는 보험료 지급의 효과는 발생하지 않는다.
④ 계속보험료의 미납으로 보험계약이 해지되었더라도 연체 이전에 발생한 보험사고에 대하여 지급한 보험금의 반환은 청구할 수 없다.

11 상법상 보험계약자 등의 위험변경증가 통지의무에 관한 설명으로 옳지 않은 것은? (다툼이 있는 경우 판례에 의함)

① 화재보험계약 체결 후 피보험건물의 구조와 용도에 상당한 변경을 가져오는 증 · 개축공사가 시행된 경우에는 위험의 현저한 변경 또는 증가에 해당한다.
② 보험계약자가 고지의무를 위반함으로써 보험계약 성립 시 고지된 위험과 보험기간 중 객관적으로 존재하게 된 위험에 차이가 생기게 되었다는 사정만으로 보험기간 중 위험이 새롭게 변경 또는 증가된 것으로 볼 수 있다.
③ 보험설계사가 통지의무의 대상인 보험사고의 위험이 현저하게 변경 또는 증가된 사실을 알게 된 경우 보험자가 안 것으로 볼 수 없다.
④ 자동차보험계약이 체결된 후 피보험자동차의 구조가 현저히 변경된 사실은 통지의무의 대상이 된다.

12 상법상 보험자의 보험계약 해지사유는 모두 몇 개인가?

가. 미납된 계속보험료에 대한 납입 최고 후 최고에서 정한 상당한 기간 내에 그 보험료의 납입이 없는 때
나. 보험계약자나 피보험자가 고의 또는 중과실로 고지의무를 위반한 때
다. 초과보험이 보험계약자의 사기로 인하여 체결된 때
라. 보험계약자 또는 피보험자가 위험변경증가 통지의무를 해태한 때
마. 선박미확정의 적하예정보험에서 보험계약자가 선박의 명칭 등에 관한 통지의무를 해태한 때

① 2개
② 3개
③ 4개
④ 5개

13 상법상 타인을 위한 손해보험계약에 관한 설명으로 옳지 않은 것은?

① 피보험자인 타인은 보험계약 체결시에 특정되어야 하며 보험사고 발생 당시에 피보험이익이 귀속되는 자가 특정되도록 정할 수는 없다.
② 보험계약자가 그 타인에게 보험사고의 발생으로 생긴 손해의 배상을 한 경우, 보험계약자는 그 타인의 권리를 해하지 아니하는 범위 안에서 보험자에게 보험금액의 지급을 청구할 수 있다.
③ 보험계약자가 파산선고를 받거나 보험료의 지급을 지체한 때에는 그 타인이 그 권리를 포기하지 아니하는 한 그 타인도 보험료를 지급할 의무가 있다.
④ 타인의 위임이 없는 때에는 보험계약자는 이를 보험자에게 고지하여야 하고, 그 고지가 없는 때에는 타인이 그 보험계약이 체결된 사실을 알지 못하였다는 사유로 보험자에게 대항하지 못한다.

14 상법상 손해보험에서 손해액의 산정에 관한 설명으로 옳은 것은?

① 보험사고로 인하여 상실된 피보험자가 얻을 이익이나 보수는 당사자 간에 다른 약정이 없으면 보험자가 보상할 손해액에 산입한다.

② 보험자가 보상할 손해액은 당사자 간에 다른 약정이 없는 때에는 그 손해가 발생한 때와 곳의 신품가액에 의하여 산정하는 것을 원칙으로 한다.

③ 보험자가 손해를 보상할 경우에 보험료의 지급을 받지 아니한 잔액이 있으면 그 지급기일이 도래한 때에 한하여 보상할 금액에서 이를 공제할 수 있다.

④ 보험의 목적에 관하여 보험자가 부담할 손해가 생겼는데 이후 그 목적이 보험자가 부담하지 않는 보험사고로 인하여 멸실된 경우, 보험자는 이미 생긴 손해를 보상할 책임을 진다.

15 다음의 사례에서 상법상 중복보험에 관한 설명으로 옳은 것은? (다른 약정이 없으며, 다툼이 있는 경우 판례에 의함)

> 甲은 자신이 소유하는 보험가액 20억원의 가옥에 대하여, A보험회사와 보험금액 16억원, B보험회사와 보험금액 14억원, C보험회사와 보험금액 10억원으로 하는 화재보험계약을 순차적으로 체결하였는데, 이후 위 가옥이 화재로 인하여 전소하자 甲은 위 보험회사들에게 보험금을 청구하려고 한다.

① 甲이 C회사를 기망하여 보험에 가입한 경우, 甲과 C회사 사이의 보험계약만 무효가 되므로, C회사는 그 사실을 안 때까지 납입받은 보험료를 반환해야 한다.

② 甲이 B회사에게 20억원을 청구한 경우, B회사는 일단 20억원을 보상하고 A회사와 C회사에게 각각의 부담 부분인 8억원과 5억원을 구상할 수 있다.

③ 甲이 A회사에 대한 권리를 포기하면, 보험가액 20억원에 대하여 B회사와 C회사가 7 : 5의 비율로 보상할 책임이 있다.

④ B회사가 파산하여 무자력이 된 경우, 보험가액 20억원에 대하여 A회사와 C회사는 각각 16억원과 10억원의 한도 내에서 연대책임을 진다.

16 상법상 초과보험에 관한 설명으로 옳지 않은 것은? (다툼이 있는 경우 판례에 의함)

① 초과보험계약의 당사자가 선의인 경우, 보험계약자는 보험료의 감액을 청구할 수 있는데, 보험료의 감액은 장래에 대하여만 그 효력이 있다.

② 초과보험에서 보험계약의 목적의 가액은 사고 발생 당시의 가액에 의하여 정하는 것으로 상법에 규정되어 있다.

③ 보험계약자의 사기로 초과보험계약이 체결된 경우, 초과보험 여부 및 보험계약자의 사기 여부에 대한 증명책임은 보험자가 부담한다.

④ 보험계약자가 초과보험 상태를 의도적으로 유발한 후 보험자에게 보험목적물의 가액을 묵비한 채 보험금을 청구하여 보험금을 받은 경우, 이는 형법상 사기죄의 기망행위에 해당한다.

17 **상법상 보험계약자와 피보험자의 손해방지의무에 관한 설명으로 옳은 것은? (다툼이 있는 경우 판례에 의함)**

① 보험자는 고의 또는 과실로 손해방지의무를 위반한 자에 대하여 이와 상당인과관계 있는 손해의 배상을 청구하거나, 또는 지급할 보험금과 상계하여 이를 공제한 나머지 금액만을 보험금으로 지급할 수 있다.
② 손해방지의무는 보험사고의 발생을 전제로 손해확대의 방지를 위한 것이므로, 보험사고가 발생한 것과 같게 볼 수 있는 상태가 생겼을 때에는 손해방지의무를 부담하지 않는다.
③ 손해방지비용에는 손해를 경감할 목적으로 행하는 행위에 필요하거나 유익한 비용이 모두 포함되므로, 배상책임보험에서 추가적 누수를 방지하기 위한 방수공사 비용 및 누수 정밀검진 비용도 이에 해당한다.
④ 여기서 손해는 피보험이익에 대한 구체적인 침해의 결과로 생기는 손해는 물론이고, 보험자의 구상권과 같이 보험자가 손해를 보상한 후에 취득한 이익을 상실함으로써 보험자에게 부담되는 손해까지 포함된다.

18 **손해가 제3자의 중과실로 인하여 발생한 경우에 보험금을 지급한 보험자는 그 지급한 금액의 한도에서 그 제3자에 대한 보험계약자 또는 피보험자의 권리를 취득하는데, 다음의 보기 중 이러한 제3자에 해당하는 자는 모두 몇 명인가? (다툼이 있는 경우 판례에 의함)**

가. 배상책임보험에서 피보험자의 업무에 종사하는 피용자
나. 자동차보험의 기명피보험자를 위하여 자동차를 운전하는 자
다. 자동차보험의 기명피보험자로부터 승낙을 얻어 자동차를 사용 · 관리하는 자
라. 건물 소유자의 화재보험에서 그 소유자와 생계를 같이 하는 형제
마. 건물 소유자의 화재보험에서 그 건물의 임차인
바. 건물 임차인이 건물 소유자를 위한 화재보험계약을 체결한 경우 그 임차인

① 1명
② 2명
③ 3명
④ 4명

19 **상법상 손해보험에서 보험 목적의 양도에 관한 설명으로 옳은 것은? (다툼이 있는 경우 판례에 의함)**

① 피보험자가 보험의 목적을 양도한 때에는 양수인은 보험계약상의 권리와 의무를 승계한 것으로 본다.
② 보험 목적의 양도란 보험 목적이 특정승계의 방법에 의해 물권적으로 이전하는 경우는 물론이고, 상속이나 합병처럼 포괄승계되는 경우도 포함된다.
③ 특별한 약정이 없는 한 보험 목적의 양도인 또는 양수인은 보험자에 대하여 양도일로부터 1월 이내에 서면으로 그 사실을 통지하여야 한다.
④ 양도인 또는 양수인이 보험 목적의 양도 사실을 지체없이 통지하지 않은 것만으로는 위험이 변경 증가된 것이 아니므로, 보험자는 위험변경증가 통지의무 위반을 이유로 해지권을 행사할 수 없다.

20 **상법상 화재보험에 관한 설명으로 옳은 것은? (다른 약정은 없으며, 다툼이 있는 경우 판례에 의함)**

① 집합보험의 경우 피보험자의 가족과 사용인의 물건도 보험의 목적에 포함된 것으로 하고, 이러한 보험은 그 가족 또는 사용인을 위하여서도 체결한 것으로 추정한다.

② 집합보험의 목적에 속한 물건이 보험기간 중에 수시로 교체된 경우, 그 물건은 보험사고의 발생 시점에 현존하더라도 보험의 목적에 포함되지 않는다.

③ 양도담보권자는 양도담보의 목적물이 화재로 소실된 경우, 양도담보 설정자의 화재보험금청구권에 대하여 압류 및 추심명령으로 추심권을 행사할 수 없다.

④ 화재의 소방 또는 손해의 감소에 필요한 조치를 하는 자에 대한 제한이 없으므로, 보험자는 소방관의 이러한 조치로 인하여 생긴 손해도 보상해야 한다.

21 **상법상 운송보험에 관한 설명으로 옳은 것은 모두 몇 개인가?**

가. 보험자는 다른 약정이 없으면 운송인이 운송물을 수령한 때로부터 수하인에게 인도할 때까지 생길 손해를 보상할 책임이 있다.
나. 보험가액에 관하여 합의를 한 경우가 아니면, 운송물의 보험에 있어서는 발송한 때와 곳의 가액 및 도착지까지의 운임 기타의 비용을 보험가액으로 한다.
다. 운송물의 도착으로 인하여 얻을 이익은 특별한 약정이 없더라도 보험가액 중에 산입한다.
라. 보험계약은 다른 약정이 없으면 운송의 필요에 의하여 일시운송을 중지하거나 운송의 노순을 변경한 경우에도 그 효력을 잃지 아니한다.
마. 보험사고가 송하인 또는 수하인의 경과실로 인하여 발생한 때에는 보험자는 이로 인하여 생긴 손해를 보상할 책임이 있다.

① 1개 ② 2개
③ 3개 ④ 4개

22 **상법상 적하보험에 관한 설명으로 옳은 것은?**

① 보험기간은 하물(荷物)의 선적에 착수한 시점부터 개시하지만, 출하지를 정한 때에는 그 곳에서 운송에 착수한 때에 개시한다.

② 하물(荷物)의 선적에 착수한 후에 보험계약이 체결된 경우, 보험기간은 그 계약이 성립되고 운항을 시작한 때로부터 개시한다.

③ 보험계약의 체결 당시 선박이 확정되지 않았을 경우에도 보험계약의 예약으로서 선박미확정의 적하예정보험계약을 체결할 수 있다.

④ 보험계약 체결시 보험가액을 미리 정하지 않은 경우, 사고가 발생한 때와 곳의 적하의 가액과 선적 및 보험에 관한 비용을 보험가액으로 한다.

23 상법상 해상보험에서 보험위부에 관한 설명으로 옳지 않은 것은?

① 선박의 존부가 2월간 분명하지 아니한 때에는 그 선박의 행방이 불명한 것으로 하며, 이러한 경우에는 전손(全損)으로 추정한다.
② 보험의 목적 전부에 대하여 위부를 해야 하지만, 위부의 원인이 그 일부에 대하여 생긴 때에는 그 부분에 대하여서만 위부할 수 있다.
③ 선박이 보험사고로 심하게 훼손되어 그 수선비용이 수선 후의 가액을 초과할 것으로 예상되는 경우, 선장이 지체없이 다른 선박으로 그 적하의 운송을 계속한 때라도 피보험자는 그 적하를 위부할 수 있다.
④ 보험자가 위부를 승인하지 아니한 때에는 피보험자는 위부의 원인을 증명하여 보험금액의 지급을 청구할 수 있다.

24 상법상 선박보험계약의 종료사유와 관련하여, (　)에 해당하지 않는 것은?

> 보험계약자가 선박을 보험에 붙인 경우에 (　)의 사유가 있을 때에는 보험계약은 종료한다. 그러나 보험자의 동의가 있는 때에는 그러하지 아니하다.

① 선박을 양도할 때
② 선박에 저당권을 설정한 때
③ 선박의 선급을 변경한 때
④ 선박을 새로운 관리로 옮긴 때

25 상법상 해상보험에서 위험의 변경에 관한 설명으로 옳지 않은 것은?

① 선박이 보험계약에서 정하여진 발항항이 아닌 다른 항에서 출항하거나 또는 도착항이 아닌 다른 항을 향하여 출항한 경우 보험자는 책임을 지지 아니한다.
② 보험자의 책임이 개시된 후에 보험계약에서 정하여진 도착항이 변경된 경우에는 보험자는 그 계약이 성립된 때부터 책임을 지지 아니한다.
③ 피보험자가 정당한 사유없이 발항 또는 항해를 지연한 때에는 보험자는 발항 또는 항해를 지체한 이후의 사고에 대하여 책임을 지지 아니한다.
④ 적하보험의 경우 보험계약자 또는 피보험자의 책임있는 사유로 인하여 선박을 변경한 때에는 그 변경 후의 사고에 대하여 책임을 지지 아니한다.

26 상법상 화재보험증권의 기재사항으로서 기재에 관한 정함이 없더라도 반드시 기재해야 하는 사항은 모두 몇 개인가?

가. 보험사고의 성질
나. 보험가액
다. 무효와 취소의 사유
라. 보험기간
마. 피보험자의 주소
바. 동산 화재보험에서 그 동산이 존치한 장소의 상태

① 1개
② 2개
③ 3개
④ 4개

27 상법상 책임보험에서 제3자의 직접청구권에 관한 설명으로 옳지 않은 것은? (다툼이 있는 경우 판례에 의함)

① 피보험자가 책임을 질 사고로 입은 손해에 대하여 제3자가 보험자에게 직접 보상을 청구하는 경우, 보험자는 피보험자가 그 사고에 관하여 가지는 항변으로써 제3자에게 대항할 수 있다.
② 제3자는 피보험자에 대한 손해배상청구권과 책임보험자에 대한 직접청구권을 임의로 선택하여 행사할 수 있다.
③ 보험약관의 보험금 지급기준이 보험자의 책임한도액을 정한 것이 아니라 보험금 지급기준에 불과한 경우에는 보험자는 직접청구권을 행사하는 제3자에게 이 약관 조항을 이유로 대항할 수 없다.
④ 특별한 기간의 약정이 없는 한 보험자는 피보험자로부터 제3자에 대한 채무확정의 통지를 받은 때 지체 없이 보험금을 지급하여야 한다.

28 자동차손해배상보장법 제3조의 '운행'에 관한 설명으로 옳지 않은 것은? (다툼이 있는 경우 판례에 의함)

① 추운 겨울에 승용차의 시동을 켜놓고 잠을 자다가 뒷좌석 부근에서 발화된 화재로 사망한 사고는 운행 중의 사고에 해당하지 않는다.
② 불법주차된 덤프트럭 뒤에서 길을 횡단하려고 갑자기 뛰어나온 피해자를 주행 중인 자동차가 충격하여 상해를 입힌 경우, 덤프트럭 운전자의 불법주차는 운행성이 인정되지 않는다.
③ 구급차로 환자를 병원에 후송한 후 구급차에 비치된 간이침대로 환자를 하차시키던 중 이를 잘못 조작하여 환자를 땅에 떨어뜨려 상해를 입게 한 경우, 자동차의 운행으로 인한 사고에 해당한다.
④ 인부가 정차 중인 화물차량에 통나무를 내려놓는 충격으로 인하여 지면과 적재함 후미 사이에 걸쳐 설치된 발판이 떨어지는 바람에 발판을 딛고 적재함으로 올라가던 다른 인부가 땅에 떨어져 입은 상해는 운행 중 사고에 해당하지 않는다.

29 **상법상 자동차보험에 관한 설명으로 옳지 않은 것은? (다툼이 있는 경우 판례에 의함)**

① 피보험자가 보험기간 중에 자동차를 양도한 때에는 양수인은 보험자의 승낙 여부와 무관하게 보험계약으로 인하여 생긴 권리와 의무를 승계한다.
② 보험자가 양수인으로부터 양수사실을 통지받은 때에는 지체없이 낙부를 통지하여야 한다.
③ 보험자가 양수인으로부터 양수사실을 통지받은 날부터 10일 내에 낙부의 통지를 하지 않은 때에는 승낙한 것으로 본다.
④ 피보험자동차의 매수인이 매매대금을 모두 지급하고 차량을 인도받아 그 명의로 소유권이전등록까지 마친 경우 매수인은 승낙피보험자에 해당하지 않는다.

30 **보증보험에 관한 설명으로 옳지 않은 것은? (다툼이 있는 경우 판례에 의함)**

① 보증보험은 채무자인 피보험자가 채권자인 보험계약자에게 계약상 채무불이행 또는 법령상의 의무불이행으로 손해를 입힌 경우에 보험자가 그 손해를 보상하는 것을 목적으로 하는 보험이다.
② 보증보험은 타인을 위한 보험이라는 점에서 자기를 위한 보험인 신용보험과 구별된다.
③ 보증보험자는 채권자에 대하여 최고·검색의 항변권을 행사할 수 없다.
④ 피보험자가 보험계약자의 사기행위에 공모하였다든지 그러한 사실을 알면서도 묵인한 상태에서 계약이 체결된 경우를 제외하면, 보험계약자의 고의나 중과실에 의한 보험자 면책규정(상법 제659조)은 보증보험에 적용되지 않는다.

31 **상법상 타인의 생명보험에서 피보험자의 동의에 관한 설명으로 옳지 않은 것은? (다툼이 있는 경우 판례에 의함)**

① 보험자의 직원으로 근무하며 영업실적을 올리려고 자신의 배우자의 동의 없이 그를 보험계약자이자 피보험자로 하고 동료 직원으로 하여금 배우자를 대신하여 서명하게 하여 체결한 생명보험계약은 타인의 생명보험계약이 아니다.
② 타인의 생명보험계약에서 사망보험금 청구권을 피보험자가 아닌 자에게 양도하는 경우에는 피보험자의 서면동의를 얻어야 한다.
③ 피보험자인 타인의 서면동의는 그 타인이 보험청약서에 자필서명하는 것만을 의미하지는 않으므로, 타인으로부터 특정한 보험계약에 관하여 서면동의를 할 권한을 구체적·개별적으로 수여받았음이 분명한 사람이 권한 범위 내에서 타인을 대행하여 서면동의를 한 경우 그 서면동의는 유효하다.
④ 보험계약자가 15세 미만인 타인의 사망을 보험사고로 하는 보험계약을 체결하는 경우 그 타인의 서면동의가 있더라도 그 보험계약은 무효이다.

32 **상법상 타인을 위한 생명보험에 관한 설명으로 옳은 것은? (다툼이 있는 경우 판례에 의함)**

① 보험계약자가 자신을 보험수익자로 지정한 후 보험수익자를 타인으로 변경한 경우에는 타인을 위한 보험계약이 되지 않는다.
② 보험계약자는 보험자나 보험수익자의 동의를 받지 않고 보험수익자 변경권을 행사할 수 있고 그 행사에 의해 변경의 효력이 즉시 발생한다.
③ 보험수익자는 수익의 의사표시를 한 경우에 보험금청구권을 갖는다.
④ 보험수익자는 보험계약의 당사자가 아니므로 보험사고 발생을 안 경우에도 보험자에게 보험사고 발생사실을 통지할 의무를 부담하지 않는다.

33 **보험계약에서 보험자대위권 및 구상권에 관한 설명으로 옳지 않은 것은? (다툼이 있는 경우 판례에 의함)**

① 책임보험에서 구상권을 가지는 공동불법행위자는 구상권 행사의 상대방인 다른 공동불법행위자의 보험자에 대하여 상법 제724조 제2항에 의하여 직접구상권을 행사할 수 있다.
② 보증보험은 보증의 실질을 갖기 때문에 구상에 관한 특별한 약정이 없더라도 보험자는 공동보증인으로서 민법 제448조에 따라 구상권을 행사할 수 있다.
③ 재보험계약의 경우 원보험자가 제3자에 대해서 보험자대위권을 갖고 있을 때, 재보험자가 원보험자에게 재보험금을 지급하면 그 지급한 금액의 범위 내에서 보험자대위권이 재보험자에게 이전한다.
④ 인보험계약의 보험자는 보험자대위권을 가지지 않으며, 불이익변경금지의 원칙상 당사자간에 다른 약정이 있는 경우에도 마찬가지이다.

34 **상법상 생명보험에서 보험자의 면책사유에 관한 설명으로 옳지 않은 것은? (다툼이 있는 경우 판례에 의함)**

① 보험사고 발생에 기여한 복수의 원인이 존재하는 경우 그중 하나가 피보험자 등의 고의행위임을 주장하여 보험자가 면책되기 위해서는, 그 고의행위가 공동원인의 하나이었다는 점을 입증하면 되고 보험사고 발생의 유일하거나 결정적 원인이었음을 입증할 필요는 없다.
② 둘 이상의 보험수익자 중에서 일부가 고의로 피보험자를 사망하게 한 경우 보험자는 다른 보험수익자에 대하여 보험금 지급책임을 부담한다.
③ 사망보험계약에서 보험사고가 보험계약자 또는 피보험자나 보험수익자의 중대한 과실로 인하여 발생한 경우 보험자는 면책되지 않는다.
④ 피보험자의 정신질환을 독립된 면책사유로 규정한 보험약관에 의해 생명보험계약이 체결된 경우, 피보험자가 정신질환에 의하여 자유로운 의사결정을 할 수 없는 상태에 이르렀고 이로 인하여 보험사고가 발생하였다면 이 면책조항에 의하여 보험자는 보험금지급의무를 면한다.

35 상법상 타인을 위한 생명보험에서 보험수익자의 지정 · 변경에 관한 설명으로 옳지 않은 것은? (다툼이 있는 경우 판례에 의함)

① 타인의 사망보험에서 보험수익자를 지정 또는 변경하려면 그 타인의 서면동의를 얻어야 한다.
② 보험수익자 변경의 의사표시가 객관적으로 확인되더라도 그러한 의사표시가 보험자나 보험수익자에게 도달하지 않았다면 보험수익자 변경의 효과는 발생하지 않는다.
③ 보험수익자가 보험 존속 중에 사망하였고 보험계약자도 지정권을 행사하지 아니하고 사망한 때에는 보험수익자의 상속인을 보험수익자로 한다.
④ 보험계약자가 보험수익자 지정권을 행사하지 아니하고 사망한 때에는 피보험자를 보험수익자로 한다.

36 상법상 단체보험에 관한 설명으로 옳은 것은? (다툼이 있는 경우 판례에 의함)

① 단체보험은 생명보험만 가능하므로 단체상해보험은 존재하지 않는다.
② 단체보험 중 타인의 사망보험의 경우 규약에 정함이 없으면 타인의 개별적 서면동의를 받아야 한다.
③ 단체가 규약에 따라 구성원의 일부를 피보험자로 하는 생명보험계약을 체결한 때에는 보험자는 피보험자인 그 일부 구성원들에게 보험증권을 교부하여야 한다.
④ 단체보험의 유효요건으로 요구하는 '규약'은 단체협약, 정관 등 형식을 불문하나, 당해 보험에의 가입과 관련하여 상세한 사항을 규정하고 있을 것을 요한다.

37 상법상 보험계약에서 발생하는 각종 채권의 소멸시효에 관한 설명으로 옳지 않은 것은? (다툼이 있는 경우 최근 판례에 의함)

① 책임보험에서 제3자의 직접청구권의 소멸시효기간은 2년이다.
② 자동차보험의 피보험자가 제3자의 불법행위로 인해 물적손해를 입은 경우, 보험자가 이를 보상한 후 대위행사하는 손해배상청구권은 피보험자가 손해 및 가해자를 안 날로부터 3년, 불법행위를 한 날로부터 10년이 경과하면 시효로 소멸한다.
③ 책임보험에서 보험금청구권의 소멸시효는 원칙적으로 피보험자의 제3자에 대한 법률상의 손해배상책임이 변제, 승인, 화해 또는 재판의 방법 등에 의하여 확정됨으로써 그 보험금청구권을 행사할 수 있는 때로부터 진행된다.
④ 보험계약자의 보험료적립금 반환청구권의 소멸시효기간은 3년이다.

38 **상법상 상해보험에 관한 설명으로 옳지 않은 것은? (다툼이 있는 경우 판례에 의함)**

① 태아를 피보험자로 하는 상해보험에서 보험기간이 개시된 이상 출생 전이라도 태아가 보험계약에서 정한 우연한 사고로 상해를 입었다면 이는 보험기간 중에 발생한 보험사고에 해당한다.

② 부부싸움 중 극도의 흥분되고 불안한 정신적 공황상태에서 베란다 밖으로 몸을 던져서 사망한 경우, 이 사고는 피보험자의 고의에 의하지 않은 우발적인 사고에 해당한다.

③ 보험계약자가 자신의 15세 미만의 자녀의 상해를 보험사고로 하여 체결한 상해보험계약은 무효이다.

④ 자동차상해사망보험의 법적 성격은 상해보험이므로, 자동차상해보험 중 피보험자가 상해의 결과 사망에 이른 때에 지급되는 사망보험금을 분리하여 이를 생명보험에 속한다고 볼 수 없다.

39 **상법상 상해보험에 관한 설명으로 옳지 않은 것은? (다툼이 있는 경우 판례에 의함)**

① 외래의 사고와 피보험자의 기왕증이 공동원인이 되어 상해에 영향을 미친 경우에도 사고로 인한 상해와 그 결과인 후유장해 사이에 인과관계가 있다고 인정되면 보험금을 지급할 의무가 발생한다.

② 피보험자가 술을 마시고 잠을 자다가 구토를 하여 기도 폐색으로 질식해서 사망한 경우 사고의 외래성이 인정된다.

③ 정액보험형 상해보험의 보험계약자가 보험수익자를 지정한 결과 피보험자와 보험수익자가 일치하지 않게 되었다면 보험수익자의 지정행위는 무효가 된다.

④ 사고의 급격성, 우연성, 외래성 및 사고와 신체 손상과의 인과관계에 대한 증명책임은 보험금을 청구하는 자가 부담한다.

40 **상법상 질병보험에 관한 설명으로 옳지 않은 것은? (다툼이 있는 경우 판례에 의함)**

① 질병보험에는 그 성질에 반하지 아니하는 범위에서 생명보험 및 상해보험에 관한 조문을 준용한다.

② 질병보험의 보상방식은 정액 보상방식과 비정액 보상방식이 모두 허용된다.

③ 질병보험계약에서 보험사고가 보험계약자 또는 피보험자나 보험수익자의 중대한 과실로 인하여 발생한 경우 보험자는 면책된다.

④ 둘 이상의 보험수익자 중 일부가 고의로 피보험자의 질병을 야기하였다면 보험자는 다른 보험수익자에 대한 보험금 지급책임을 면하지 못한다.

3과목 손해사정이론

01 다음 중 빙판길(icy road)이나 땅꺼짐(sinkhole)과 관련된 위태는?

① 정신적 위태(morale hazard) ② 도덕적 위태(moral hazard)
③ 물리적 위태(physical hazard) ④ 법률적 위태(legal hazard)

02 다음 중 리스크의 보유와 전가가 함께 행해지지 않는 것은?

① 일부보험(partial insurance) ② 비례재보험(proportional reinsurance)
③ 공동보험(co-insurance) ④ 자가보험(self-insurance)

03 다음 중 보험계약의 도박화 방지를 위한 것과 거리가 먼 것은?

① 피보험이익 ② 고지의무
③ 보험자 면책 ④ 보험약관 교부 · 명시 의무

04 다음 중 보험자대위 제도와 관계가 가장 깊은 것은?

① 보험계약자에 대한 불이익변경금지의 원칙
② 수지상등의 원칙
③ 실손보상의 원칙
④ 보험료 불가분의 원칙

05 다음 중 보험요율의 산정원칙으로 적합하지 않은 것은?

① 안정성 ② 신축성
③ 주관성 ④ 충분성

06 다음 중 피보험이익의 기본요건에 해당하지 않는 것은?

① 확정 가능성
② 경제적 가치
③ 적법한 이익
④ 사회적 선호

07 다음 중 책임준비금 적립 항목에 해당하는 것은?

① 비상위험준비금
② 해약환급금준비금
③ 이익준비금
④ 계약자배당준비금

08 Lloyd's S.G. Policy 위험약관상의 해상위험(perils on the seas)에 속하는 것을 모두 고른 것은?

ⓐ 침몰(sinking)	ⓑ 좌초(stranding)
ⓒ 화재(fire)	ⓓ 투하(jettison)

① ⓐ, ⓑ
② ⓐ, ⓒ
③ ⓑ, ⓓ
④ ⓒ, ⓓ

09 다음 중 규모가 크고 발생빈도가 낮은 손해에 적합한 위험관리 방법은?

① 위험회피
② 위험전가
③ 위험보유
④ 손실통제

10 다음 중 자동차보험 피해자 직접청구권에 대한 설명으로 올바르지 않은 것은?

① 배상책임담보의 경우에만 인정된다.
② 피보험자 보험금청구권과 경합하면 피해자직접청구권이 우선한다.
③ 손해배상청구권자가 보험사에 보험금을 직접 청구한 경우 피보험자가 그 사고에 관하여 가지는 항변으로 보험사는 제3자에게 대항할 수 있다.
④ 피해자가 보험금을 직접 청구한 경우 보험사는 피보험자의 동의 없이 보험금을 지급할 수 없다.

11 다음 중 화재보험 보통약관에서 보상하는 손해가 아닌 것은?

① 폭발로 생긴 화재 손해
② 화재 발생시 생긴 도난 손해
③ 화재의 소방에 필요한 조치로 생긴 손해
④ 화재 발생시 손해의 감소에 필요한 조치로 생긴 손해

12 아래 손해사정에 관한 설명에서 (　) 안에 들어갈 내용을 순서대로 바르게 나열한 것은?

- 손해사정을 업으로 하려는 법인은 (　)명 이상의 상근 손해사정사를 두어야 한다.
- 손해사정업자는 등록일부터 (　)개월 내에 업무를 시작하여야 한다. 다만 불가피한 사유가 있다고 금융위원회가 인정하는 경우에는 그 기간을 연장할 수 있다.

① 2, 1　② 3, 1
③ 2, 2　④ 3, 2

13 다음 중 보험기간에 대한 설명으로 올바르지 않은 것은?

① 보험자의 책임이 시작되어 종료되는 기간을 말한다.
② 보험계약 성립일로부터 시작한다.
③ 보험기간과 보험료납입기간은 다를 수 있다.
④ 연 · 월 · 일 · 시 등 시간으로 정해지지 않을 수 있다.

14 다음 중 손해보험사 합산비율의 계산 항목에 포함되지 않는 것은?

① 투자수익　② 사업비
③ 손해조사비　④ 지급보험금

15 아래는 청구권 소멸시효에 대한 상법 규정이다. (　) 안에 들어갈 내용을 순서대로 바르게 나열한 것은?

보험금청구권은 (　)년간, 보험료 반환청구권은 (　)년간, 보험료청구권은 (　)년간 행사하지 아니하면 시효의 완성으로 소멸한다.

① 2, 2, 3　② 3, 3, 2
③ 3, 2, 3　④ 2, 3, 3

16 다음 중 보험금 지급에 대한 설명으로 올바른 것은?

① 중복보험의 경우 피보험자가 보험자 1인에 대해 보험금 지급 청구 권리를 포기하면, 그 보험자의 분담 부분에 대해 다른 보험자도 보험금 지급 책임을 면한다.
② 고의에 의한 초과보험도 보험자는 보험금액을 한도로 보상책임을 진다.
③ 일부보험이라 하더라도 당사자간 다른 약정이 있으면, 보험자는 보험금액 한도 내에서 실제 손해액을 보상한다.
④ 기평가보험은 계약 체결 당시 정한 보험가액을 기준으로 보험금을 지급해야만 한다.

17 다음 중 대체비용(replacement cost)보험과 거리가 먼 것은?

① 신가보험
② 신구교환이익공제
③ 재조달가액
④ 대체가격

18 다음 재보험계약 중 운명추종조항(follow the fortunes clause)이 통상적으로 적용되지 않는 것은?

① facultative obligatory cover
② quota share treaty
③ stop loss cover
④ surplus share treaty

19 다음 중 대재해채권(catastrophe bond)에 대한 설명으로 올바르지 않은 것은?

① 원금 손실 위험이 커 만기 1년 미만의 단기채권으로만 운용되고 있다.
② 재보험시장 위축(hard market) 시 추가 담보력 확보가 가능하다.
③ 채권 발행 이자율은 통상 리보(LIBOR)금리를 기준으로 일정 가산금리를 적용해 책정된다.
④ 특정 사고 발생에 따라 원금 손실이 발생하는 사고연계채권(event-linked bond)의 한 종류이다.

20 다음 중 전통 손해보험과 비교해 지수형 보험인 파라메트릭 보험(parametric insurance)에 대한 설명으로 올바른 것은?

① 베이시스 리스크(basis risk)가 크다.
② 도덕적 해이 발생 가능성이 크다.
③ 역선택 발생 가능성이 크다.
④ 손해사정업무가 복잡하다.

21 다음 사회보험 중 현물급여를 제공하지 않는 것은?

① 국민연금 ② 국민건강보험
③ 고용보험 ④ 산재보험

22 다음 중 제3자 보험대위에 대한 설명으로 올바르지 않은 것은?

① 피보험자와 생계를 같이 하는 가족의 고의로 손해가 발생한 경우 보험자는 제3자 보험대위권을 행사할 수 없다.
② 제3자의 행위로 손해가 생긴 경우 보험금액을 지급한 보험자는 그 지급한 금액의 한도에서 그 제3자에 대한 보험계약자 또는 피보험자의 권리를 취득한다.
③ 보험자가 보상할 보험금액의 일부를 지급한 경우 피보험자의 권리를 해하지 아니하는 범위 내에서 그 권리를 행사할 수 있다.
④ 손해보험에서 인정되나 생명보험에서는 인정되지 않는다.

23 다음 중 장기요양보험의 등급에 대한 설명으로 올바르지 않은 것은?

① 경미한 치매는 인지지원등급에 해당한다.
② 1등급은 일상생활에서 다른 사람의 도움이 전적으로 필요한 경우이다.
③ 5등급은 일상생활에서 일정 부분 다른 사람의 도움이 필요한 경우이다.
④ 만 65세 미만인 자도 뇌혈관성 질환이 있는 경우 등급심사를 신청할 수 있다.

24 다음 중 신의성실의 원칙에 대한 설명으로 올바르지 않은 것은?

① 피보험자가 지켜야 할 원칙으로 보험자와는 관련이 없다.
② 보증(warranty)의 위반 효과는 진술보다 엄격하다.
③ 보험의 단체성과 관련이 있다.
④ 금반언(estoppel)은 신의성실의 원칙을 보강한다.

25 다음 중 예금자보호법에 따라 보호되는 것은?

① 보증보험계약 ② 재보험계약
③ 변액보험계약의 주계약 ④ 개인형 퇴직연금제도의 적립금

※ 아래 표는 A와 B로 대표되는 두 유형의 속성을 표기한 것이다. A와 B 유형은 각각 40%와 60%의 비중을 차지하고, 사고 발생확률은 서로 독립적이다. 이를 바탕으로 다음 26번, 27번 문제에 답하시오. (단 w는 자산)

유형	A유형	B유형
효용함수($U(w)$)	$\sqrt{w}$	$\sqrt{w}$
사고 발생 확률	0.2	0.4
초기 자산	90,000원	90,000원
사고 후의 자산	10,000원	10,000원

26 보험사가 유형 구분 없이 동일한 보험료를 적용하고 모두 전부보험(full insurance)에 가입한다면, 손해율 100%가 되기 위한 보험료는 얼마인가? (단, 제시되지 않은 조건은 고려하지 않음)

① 24,000원
② 25,600원
③ 27,000원
④ 39,600원

27 A, B 두 유형 모두 기대효용가설을 따른다면, 보험료가 22,000원인 전부보험에 가입하겠는가?

① A 유형만 이 보험에 가입한다.
② B 유형만 이 보험에 가입한다.
③ A 유형과 B 유형 모두 이 보험에 가입한다.
④ A 유형과 B 유형 모두 이 보험에 가입하지 않는다.

28 아래는 어떤 피보험자의 손해 발생 및 보상사례이다. 이 보험계약에서 적용된 공제(deductible) 유형은?

- 이 계약의 연간(1월~12월) 공제 한도는 200이다.
- 3월과 4월에 각각 발생한 80과 120의 손해에 대하여 보험자는 아무런 보상을 하지 않았다.
- 5월에 발생한 손해 100에 대해서는 보험자가 보험금 100을 지급하였다.

① 정액공제조항(straight deductible clause)
② 소멸공제조항(disappearing deductible clause)
③ 프랜차이즈공제조항(franchise deductible clause)
④ 누적공제조항(aggregate deductible clause)

29 다음 중 독립손해사정사에게 허용되는 업무는?

① 보험금 대리 청구
② 보험사와 보험금에 대하여 합의 및 절충
③ 보험 관계 법규 적용의 적정성 판단
④ 일정 보상금액의 사전 약속

30 아래는 홍길동의 배상책임보험 가입 및 보험금 지급현황이다. 이 사례에서 적용된 타보험조항(other insurance clause)은?

구분	보험가입금액	지급보험금
갑 보험사	1억 5천만원	7천만원
을 보험사	4천만원	4천만원
병 보험사	1천만원	1천만원

* 홍길동의 최종 배상책임액 : 1억 2천만원

① 비례분할부담(pro rata liability)조항
② 책임한도분담(contribution by limit of liability)조항
③ 균일분담(contribution by equal share)조항
④ 요구부보율(co-insurance)조항

31 아래 사례에 해당하는 보험료 산정방식은?

A 회사가 최신 선박을 보험목적물로 하는 보험계약을 청약하였다. 그러나 해당 선박에 적용할 만한 위험률 통계가 존재하지 않아 언더라이터 자신의 분석에 따라 적용요율을 결정하였다.

① 판단요율
② 등급요율
③ 협정요율
④ 예정표요율

32 다음 중 보험계약의 무효 사유가 아닌 것은?

① 15세 미만자의 사망을 보험사고로 하는 보험계약
② 보험자가 파산한 경우
③ 보험계약자의 사기로 체결된 초과보험 계약
④ 보험계약 당시 보험사고가 객관적으로 확정된 경우

33 아래 사례에서 적용되는 위험담보방식과 보험사고에 대한 입증책임의 주체를 바르게 나열한 것은?

피보험자 홍길동은 본인 소유의 공장을 대상으로 화재보험계약을 체결하면서 화재 · 낙뢰 · 폭발로 인한 손해만 보상하는 조건을 선택하였다. 이후 사고로 공장이 파손되었다.

	위험담보방식	입증책임주체
①	포괄위험담보	보험자
②	포괄위험담보	피보험자
③	열거위험담보	보험자
④	열거위험담보	피보험자

34 아래 사례에서 홍길동이 A 회사를 상대로 손해배상을 청구할 경우 A 회사가 항변할 수 있는 배상책임의 법리는?

홍길동은 A 회사가 운영하는 스포츠 체험장에서 「참가자는 부상의 위험을 이해하고 이를 감수한다」라는 서약서에 서명하고 번지점프를 했다. 그런데 점프 중 장비가 정상적으로 작동했음에도 불구하고 홍길동은 착지 과정에서 다리 골절상을 입었다.

① 기여과실(contributory negligence)
② 비교과실(comparative negligence)
③ 최종명백한 기회(last clear chance)
④ 리스크 가정(assumption of risk)

35 아래 사례에서 홍길동의 차남이 주장하고 있는 권리는?

두 아들이 있는 홍길동은 생전에 10억원의 자산 중 7억원을 장남에게 증여한 후, 또다시 나머지 3억원도 장남에게 유증(유언에 의한 증여)하였다. 홍길동이 사망한 후 차남은 재산을 한 푼도 받지 못했다는 사실을 알고 법률상 권리를 주장하고 있다.

① 상속회복청구권
② 유류분반환청구권
③ 대습상속권
④ 특별연고자 분여청구권

36 아래는 중대재해처벌법의 내용이다. ( ) 안에 들어갈 내용을 순서대로 바르게 나열한 것은?

중대산업재해는 산업안전보건법 제2조 제1호에 따른 산업재해 중 사망자 ( )명 이상, 동일한 사고로 6개월 이상 치료가 필요한 부상자가 ( )명 이상 발생한 재해이다.

① 1, 2
② 1, 10
③ 2, 5
④ 2, 10

37 아래는 사고 발생확률과 손해액을 나타낸 것이다. 400만원의 정액공제가 설정된 경우 순보험료는 얼마인가?

사고 발생확률	0.5	0.3	0.2	0.1
손해액	0	100만원	500만원	800만원

① 60만원
② 120만원
③ 180만원
④ 210만원

38 다음 중 언더라이팅 리스크에 대한 설명으로 거리가 가장 먼 것은?

① 보험계약 인수 시 당초 예상을 초과하는 보험금 지출 관련 리스크이다.
② 역선택은 언더라이팅 리스크의 주요 요인이다.
③ 보험금 청구의 허위성 판단 여부와 관련된 리스크이다.
④ 보험료 산정 및 상품 설계와 관련된 리스크이다.

39 다음 중 실손의료보험의 손해율 상승 요인으로 보기 어려운 것은?

① 비급여 진료비의 증가
② 실손의료보험의 자기부담금 확대
③ 의료기술의 발달에 따른 치료비 고액화
④ 도덕적 해이에 따른 보험금 청구액 증가

40 다음 중 채무이행보증보험 약관상 청약 철회가 제한되는 사유가 아닌 것은?

① 전문금융소비자가 청약한 경우
② 제3자의 동의가 필요한 보증보험
③ 보험기간이 180일인 보험계약
④ 해제 · 해지가 해당 법률에 따라야 하는 의무보험

Memo

PART

2

예상문제

제1회 예상문제

1과목 보험업법

01 다음 중 금융기관보험대리점으로 등록할 수 없는 금융기관은?

① 은행법에 따라 설립된 은행
② 상호저축은행법에 따른 상호저축은행
③ 자본시장과 금융투자업에 관한 법률에 따른 투자매매업자
④ 여신전문금융업법에 따라 허가를 받은 신용카드업자 중 겸영여신업자

02 보험약관 등의 이해도 평가에 대한 다음 설명 중 틀린 것은?

① 금융위원회는 보험소비자 등을 대상으로 보험약관 등의 이해도를 평가하고, 그 결과를 공시할 수 있다.
② 이해도 평가는 '보험약관'과 '보험안내자료 중 금융위원회가 정하여 공시하는 자료' 두가지 항목을 대상으로 한다.
③ 평가대행기관은 조사대상 보험약관 등에 대하여 보험소비자 등의 이해도를 평가하고 그 결과를 금융위원회에 보고하여야 한다.
④ 금융위원회는 보험소비자 등의 보험약관에 대한 이해도를 평가하기 위해 금융감독원에 해당업무를 위탁할 수 있다.

03 다음 중 외국보험회사의 국내사무소가 할 수 있는 행위는?

① 보험시장에 관하여 조사하는 행위
② 보험계약의 체결을 대리하는 행위
③ 보험계약의 체결을 중개하는 행위
④ 보험업을 경영하는 행위

04 다음에서 설명하는 용어와 가장 적합한 것을 고르시오.

> a. 보험회사를 위하여 보험계약의 체결을 대리하는 자
> b. 독립적으로 보험계약의 체결을 중개하는 자

① a: 보험설계사, b: 보험회사
② a: 보험설계사, b: 보험중개사
③ a: 보험대리점, b: 보험회사
④ a: 보험대리점, b: 보험중개사

05 보험업법에서 말하는 보험회사의 자회사의 정의로 옳은 것은?

① 보험회사가 다른 회사의 전체 발행주식 총수의 100분의 15를 초과하는 경우
② 보험회사가 다른 회사의 의결권 있는 발행주식 총수의 100분의 15를 초과하는 경우
③ 보험회사가 다른 회사의 전체 발행주식 총수의 100분의 50을 초과하는 경우
④ 보험회사가 다른 회사의 의결권 있는 발행주식 총수의 100분의 50을 초과하는 경우

06 금융위원회는 보험회사의 부수업무에 관한 신고내용이 일정한 경우에 해당하면 그 부수업무를 하는 것을 제한하거나 시정할 것을 명할 수 있다. 보험업법이 규정한 일정한 경우에 해당하지 않는 것은?

① 보험회사의 경영건전성을 해치는 경우
② 보험계약자 보호에 지장을 가져오는 경우
③ 금융시장의 안정성을 해치는 경우
④ 부수업무가 보험업과 직접적으로 관련된 경우

07 보험업법상 배당보험계약에 대한 회계처리 기준으로 옳은 것은?

① 배당보험계약이란 해당 보험계약으로부터 발생하는 이익의 전부를 보험회사가 보험계약자에게 배당하기로 약정한 보험계약을 말한다.
② 배당보험계약의 계약자지분은 계약자배당을 위한 재원과 배당보험계약의 손실을 보전하기 위한 목적 외에 다른 용도로 사용할 수 없다.
③ 보험회사는 배당보험계약 이외의 보험계약에 대하여 자산의 효율적 관리와 계약자 보호를 위하여 필요한 경우에는 보험계약별로 대통령령으로 정하는 바에 따라 금융위원회의 허가를 받아 자산 또는 손익을 구분하여 회계 처리할 수 있다.
④ 보험회사가 「자산재평가법」에 따른 재평가를 한 경우 그 재평가에 따른 재평가적립금은 같은 법에 따른 처분 이외에 금융위원회의 승인을 받아 보험계약자에 대한 배당을 위하여도 처분할 수 있다.

08 상호회사의 설립에 필요한 최소한의 사원 수는 몇 명인가?

① 발기인 1인 ② 10명
③ 100명 ④ 300명

09 **실손의료보험계약에 대한 다음 설명 중 틀린 것은?**

① 보험회사는 실손의료보험의 보험금을 청구하기 위하여 「국민건강보험법」 제42조에 따른 요양기관으로 하여금 진료비 계산서 · 영수증, 진료비 세부산정내역 등 보험금 청구에 필요한 서류로서 금융위원회가 정하여 고시하는 서류를 전자적 형태로 전송하여 줄 것을 요청할 수 있다.

② 요청을 받은 요양기관은 「의료법」 및 「약사법」에도 불구하고 대통령령으로 정하는 정당한 사유가 없으면 그 요청에 따라야 한다.

③ 보험회사는 실손의료보험계약의 서류 전송을 위한 업무를 수행하기 위하여 필요한 전산시스템을 구축 · 운영하여야 한다.

④ 전송대행기관 전산시스템의 구축 · 운영에 관한 비용은 보험회사가 부담한다.

10 **보험회사가 고객을 직접 응대해야 하는 직원을 고객의 폭언이나 성희롱, 폭행 등으로부터 보호하기 위한 보호 조치에 해당하지 않는 것은?**

① 직원이 요청하는 경우 해당 고객으로부터의 분리 및 업무담당자 교체

② 고객의 폭언이나 성희롱, 폭행 등이 관계 법률의 형사처벌규정에 위반된다고 판단되고 그 행위로 피해를 입은 직원이 요청하는 경우 직원의 행동요령에 대한 교육 실시

③ 고객을 직접 응대하는 직원을 위한 상시적 고충처리 기구 마련. 다만, 「근로자참여 및 협력증진에 관한 법률」에 따라 고충처리위원을 두는 경우에는 고객을 직접 응대하는 직원을 위한 전담 고충처리위원의 선임 또는 위촉

④ 고객의 폭언 등이 관계 법률의 형사처벌규정에 위반되지는 아니하나 그 행위로 피해를 입은 직원의 피해 정도 및 그 직원과 다른 직원에 대한 장래 피해발생 가능성 등을 고려하여 필요하다고 판단되는 경우에는 관할 수사기관 등에 필요한 조치 요구

11 **보험업법 규정상 일정한 경우에 해당하면 보험설계사가 되지 못한다. 다음 중 그 경우에 해당하지 않는 것은?**

① 피성년후견자 또는 피한정후견인

② 「금융소비자 보호에 관한 법률」에 따라 그 집행이 끝나거나(집행이 끝난 것으로 보는 경우를 포함) 집행이 면제된 날부터 2년이 지나지 아니한 자

③ 보험업법에 따라 등록취소 처분을 2회 이상 받은 경우 최초 등록처분을 받은 날로부터 3년이 지나지 아니한 자

④ 이전에 모집과 관련하여 보험료, 대출금 또는 보험금을 다른 용도로 유용한 후 3년이 지나지 아니한 자

12 **다음 중 보험회사가 통신수단을 이용할 수 있도록 하여야 하는 사항이 아닌 것은?**

① 피보험자 또는 보험수익자가 보험사고 발생에 따른 보험금을 청구하고자 하는 경우

② 보험계약을 청약한 자가 청약의 내용을 확인 · 정정 요청하거나 청약을 철회하고자 하는 경우

③ 보험계약자가 체결한 계약의 내용을 확인하고자 하는 경우

④ 보험계약자가 계약을 해지하기 전에 안전성 및 신뢰성이 확보되는 방법을 이용하여 보험계약자 본인임을 확인받은 경우에 한정하여, 계약을 해지하고자 하는 경우

13 보험회사가 자산을 운용할 때 확보되도록 하여야 할 사항이 아닌 것은?

① 안정성
② 유동성
③ 수익성
④ 공정성

14 다음 중 보험대리점의 등록에 관한 다음 설명 중 틀린 것은?

① 부채가 자산을 초과하는 법인은 보험대리점이 될 수 없다.
② 보험중개사로 등록된 자는 보험대리점이 될 수 없다.
③ 보험설계사로 등록된 자는 보험대리점이 될 수 없다.
④ 다른 보험회사 등의 임직원은 보험대리점이 될 수 없다.

15 다음 중 기초서류에 해당하는 것을 모두 고르시오.

A. 정관	B. 사업계획서 (추정재무제표 포함)
C. 사업방법서	D. 보험약관
E. 보험료 및 해약환급금의 산출방법서	F. 허가 신청서

① A, B, C
② B, C, D
③ C, D, E
④ D, E, F

16 다음 중 보험회사가 아닌 자와 보험계약을 체결할 수 있는 경우에 해당하지 않는 것은?

① 외국보험회사와 생명보험계약, 수출적하보험계약, 수입적하보험계약, 항공보험계약, 여행보험계약, 선박보험계약, 장기상해보험계약 또는 재보험계약을 체결하는 경우
② 대한민국에서 취급되는 보험종목에 관하여 둘 이상의 보험회사로부터 가입이 거절되어 외국보험회사와 보험계약을 체결하는 경우
③ 대한민국에서 취급되지 아니하는 보험종목에 관하여 외국보험회사와 보험계약을 체결하는 경우
④ 보험회사와 보험계약을 체결하기 곤란한 경우로서 금융위원회의 승인을 받은 경우

17 통신판매전문보험회사에 대한 다음 설명 중 틀린 것은?

① 통신판매전문보험회사란 총보험계약건수 및 수입보험료의 100분의 90 이상을 통신수단을 이용하여 모집하는 보험회사를 말한다.

② 통신판매전문보험회사는 보험회사의 자본금 또는 기금에 대한 일반규정의 3분의 2에 상당하는 금액 이상을 자본금 또는 기금으로 납입함으로써 보험업을 시작할 수 있다.

③ 통신판매전문보험회사가 통신수단에 의한 모집비율을 미달하는 경우에 한하여, 통신수단 이외의 방법으로 모집할 수 있다.

④ 통신판매전문보험회사에서 말하는 통신수단이란 전화, 우편, 컴퓨터 통신 등을 말한다.

18 보험회사가 생명보험업과 손해보험업을 겸영할 수 있는 경우가 아닌 것은?

① 제3보험의 재보험

② 손해보험업의 보험종목 전부를 취급하는 보험회사가 연금저축계좌를 설정하는 계약

③ 제3보험업만을 경영하는 보험회사의 퇴직보험계약

④ 대통령령으로 정하는 기준에 따라 제3보험의 보험종목에 부가되는 보험

19 보험계약 이전에 대한 다음 설명 중에서 틀린 것은?

① 결의를 한 날부터 3주 이내에 계약 이전의 요지와 재무상태표를 공고하고, 대통령령으로 정하는 방법에 따라 보험계약자에게 통지하여야 한다.

② 공고 및 통지에는 이전될 보험계약자로서 이의가 있는 자는 일정한 기간 동안 이의를 제출할 수 있다는 뜻을 덧붙여야 하며 그 기간은 1개월 이상으로 하여야 한다.

③ 이의를 제기한 보험계약자가 이전될 보험계약자 총수의 10분의 1을 초과하거나 그 보험금액이 이전될 보험금 총액의 10분의 1을 초과하는 경우에는 보험계약을 이전하지 못한다.

④ 보험계약을 이전하려는 보험회사는 주주총회 등의 결의가 있었던 때부터 보험계약을 이전하거나 이전하지 아니하게 될 때까지 그 이전하려는 보험계약과 같은 종류의 보험계약을 하지 못한다.

20 **다음은 보험계약의 체결 또는 모집에 종사하는 자가 기존계약을 부당하게 소멸하게 하는 행위에 해당하는 내용이다. 빈칸에 들어갈 말을 순서대로 고르시오.**

1. 기존보험계약이 소멸된 날부터 ( ) 이내에 새로운 보험계약을 청약하게 하거나 새로운 보험계약을 청약하게 한 날부터 ( ) 이내에 기존보험계약을 소멸하게 하는 행위. 다만, 보험계약자가 기존 보험계약 소멸 후 새로운 보험계약 체결 시 손해가 발생할 가능성이 있다는 사실을 알고 있음을 자필로 서명하는 등 대통령령으로 정하는 바에 따라 본인의 의사에 따른 행위임이 명백히 증명되는 경우에는 그러하지 아니하다.
2. 기존보험계약이 소멸된 날부터 ( ) 이내에 새로운 보험계약을 청약하게 하거나 새로운 보험계약을 청약하게 한 날부터 ( ) 이내에 기존보험계약을 소멸하게 하는 경우로서 해당 보험계약자 또는 피보험자에게 기존보험계약과 새로운 보험계약의 보험기간 및 예정 이자율 등 대통령령으로 정하는 중요한 사항을 비교하여 알리지 아니하는 행위

① 1개월, 1개월, 6개월, 6개월
② 1개월, 3개월, 1개월, 3개월
③ 3개월, 6개월, 1개월, 3개월
④ 6개월, 6개월, 1개월, 1개월

21 **전문보험계약자에 대한 다음 설명 중 틀린 것은?**

① 전문보험계약자란 보험계약에 관한 전문성, 자산규모 등에 비추어 보험계약의 내용을 이해하고 이행할 능력이 있는 자로서 보험업법이 정하는 일정한 자를 말한다.
② 일반보험계약자는 전문보험계약자가 아닌 보험계약자를 말한다.
③ 전문보험계약자 중 대통령령으로 정하는 자가 일반보험계약자와 같은 대우를 받겠다는 의사를 보험회사에 서면, 전화, 우편, 통신수단 등으로 통지하는 경우 보험회사는 정당한 사유가 없으면 이에 동의하여야 한다.
④ 전문보험계약자에는 한국은행이 포함된다.

22 **보험업법상 설명의무에 대한 내용 중 옳은 것은?**

① 보험회사는 보험계약의 체결 시부터 보험금 지급 시까지의 주요 과정을 대통령령으로 정하는 바에 따라 모든 보험계약자에게 설명하여야 한다.
② 전문보험계약자가 설명을 거부하는 경우에는 보험업법에 따른 설명의무 등이 적용되지 않는다.
③ 보험회사는 보험금 지급을 요청한 모든 보험계약자에 대하여 보험금의 지급절차 및 지급내역 등을 설명하여야 하며, 보험금을 감액하여 지급하거나 지급하지 아니하는 경우에는 그 사유를 설명하여야 한다.
④ 보험금 청구 단계 또는 보험금 심사 · 지급 단계의 경우 보험금 청구권자가 보험금 청구 단계에서 동의한 경우에 한정하여 서면, 문자메시지, 전자우편 또는 팩스 등으로 중요 사항을 통보하는 것으로 설명의무를 대신할 수 있다.

23 보험계약자 총회에 대한 다음 설명 중 옳은 것은?

① 보험계약자 총회는 정관의 변경이나 그 밖에 상호회사의 조직에 필요한 사항을 결의하여야 한다.
② 상호회사는 조직 변경을 결의할 때 보험계약자 총회를 갈음하는 기관에 관한 사항을 정할 수 있다.
③ 주식회사의 감사는 조직변경에 관한 사항을 보험계약자 총회에 보고하여야 한다.
④ 보험계약자 총회는 보험계약자 과반수의 출석과 그 의결권의 과반수 이상의 찬성으로 결의한다.

24 상호회사의 합병에 관한 설명으로 옳지 않은 것은?

① 상호회사는 다른 보험회사와 합병할 수 있다.
② 상호회사와 주식회사가 합병하는 경우 합병 후 존속하는 보험회사는 주식회사이어야 한다.
③ 합병하는 보험회사의 한 쪽이 주식회사인 경우에는 합병 후 존속하는 보험회사는 주식회사로 할 수 있다.
④ 합병하는 보험회사의 한 쪽이 주식회사인 경우에는 합병 후 설립되는 보험회사는 주식회사로 할 수 있다.

25 금융위원회의 조치에 대한 다음 설명 중 틀린 것은?

① 금융위원회는 보험회사의 소속 임직원 또는 소속 보험설계사가 보험업법 제95조의2(설명의무 등)를 위반한 경우에는 그 보험회사에 대하여 해당 보험계약의 수입보험료의 100분의 10 이하의 범위에서 과징금을 부과할 수 있다.
② 금융위원회는 법률에 의하여 운영되는 공제업과 보험업법에 의한 보험업 간의 균형 있는 발전을 위하여 필요하다고 인정하는 경우에는 그 공제업을 운영하는 자에게 기초서류에 해당하는 사항에 관한 협의를 요구하거나 그 공제업 관련 중앙행정기관의 장에게 재무건전성에 관한 사항에 관한 협의를 요구할 수 있다.
③ 금융위원회는 보험계리사 · 선임계리사 · 보험계리업자 · 손해사정사 또는 손해사정업자가 그 직무를 게을리하거나 직무를 수행하면서 부적절한 행위를 하였다고 인정되는 경우에는 6개월 이내의 기간을 정하여 업무의 정지를 명하거나 해임하게 할 수 있다.
④ 금융위원회는 보험계리업자 또는 손해사정업자가 그 업무를 수행함에 있어서 고의 또는 과실로 타인에게 손해를 발생하게 한 경우 그 손해의 배상을 보장하기 위하여 보험계리업자 또는 손해사정업자에게 금융위원회가 지정하는 기관에의 자산 예탁, 보험 가입 그 밖에 필요한 조치를 하게 할 수 있다.

26 보험요율 산출기관에 대한 다음 설명 중 틀린 것은?

① 보험요율 산출기관은 법인으로 한다.
② 보험회사는 금융위원회의 인가를 받아 보험요율 산출기관을 설립할 수 있다.
③ 보험요율 산출기관은 보험회사가 적용할 수 있는 순보험요율을 산출하여 금융위원회에 신고할 수 있다. 이 경우 신고를 받은 금융위원회는 그 내용을 검토하여 보험업법에 적합하면 신고를 수리하여야 한다.
④ 보험요율 산출기관은 그 업무와 관련하여 보험회사로부터 수수료를 받을 수 없다.

27 보험회사는 일정한 사유가 발생한 경우에는 그 사유가 발생한 날부터 5일 이내에 금융위원회에 보고하여야 한다. 이에 해당되는 것이 아닌 것은?

① 임원을 선임하거나 해임한 경우
② 본점의 영업을 재개(再開)한 경우
③ 대주주가 소유하고 있는 주식 총수가 의결권 있는 발행주식 총수의 100분의 1 이상만큼 변동된 경우
④ 조세에 관한 법령을 위반하여 형벌을 받은 경우

28 보험회사의 자산운용에 있어서 금지 또는 제한되는 사항이 아닌 것은?

① 근로자퇴직급여보장법에 따라 설정된 퇴직보험계약 특별계정을 통한 부동산의 소유
② 저당권 등 담보권의 실행으로 취득하는 부동산의 소유
③ 간접적으로 해당 보험회사의 주식을 사도록 하기 위한 대출
④ 정치자금의 대출

29 손해보험회사는 일정한 조건하에서 질병사망보험의 겸영이 가능하다. 다음 중 그 조건이 아닌 것은?

① 보험만기가 80세 이하여야 한다.
② 주계약 형식으로 담보하여야 한다.
③ 보험금액 한도는 개인당 2억원 이내이어야 한다.
④ 만기시 지급하는 환급금이 납입보험료 합계액 범위 내이어야 한다.

30 모집을 위하여 사용하는 보험안내자료에 기재되어야 할 사항이 아닌 것은?

① 보험회사의 상호나 명칭
② 보험금 지급제한 조건에 관한 사항
③ 다른 보험회사 상품과 비교한 사항
④ 해약환급금에 관한 사항

31 **보험회사의 대주주와의 거래제한에 대한 다음 설명 중 틀린 것은?**

① 보험회사는 그 보험회사의 대주주에 대하여 대통령령으로 정하는 금액 이상의 신용공여를 하거나 그 보험회사의 대주주가 발행한 채권 또는 주식을 대통령령으로 정하는 금액 이상으로 취득하려는 경우에는 미리 이사회의 의결을 거쳐야 한다. 이 경우 이사회는 재적이사 과반수의 찬성으로 의결하여야 한다.

② 보험회사는 대주주가 다른 회사에 출자하는 것을 지원하기 위한 신용공여를 하여서는 아니된다.

③ 보험회사가 해당 보험회사의 대주주가 발행한 주식에 대한 의결권을 행사하는 행위를 하였을 경우에는 7일 이내 그 사실을 금융위원회에 보고하고 인터넷 홈페이지 등에 이를 공시하여야 한다.

④ 보험회사는 해당 보험회사의 대주주에 대한 신용공여나 그 보험회사의 대주주가 발행한 채권 또는 주식의 취득에 관한 사항을 대통령령으로 정하는 바에 따라 분기별로 금융위원회에 보고하고, 인터넷 홈페이지 등을 이용하여 공시하여야 한다.

32 **다음 중 우리나라 보험업법이 취하고 있는 보험사업자의 감독방식으로 옳은 것은?**

① 공시주의 ② 준칙주의

③ 실질적 감독주의 ④ 특허주의

33 **보험회사의 해산에 관한 다음 설명 중 틀린 것은?**

① 보험회사는 해산한 후에도 3개월 이내에는 보험계약 이전을 결의할 수 있다.

② 보험회사의 해산 사유에는 '존립기간의 만료, 그 밖에 정관으로 정하는 사유의 발생'도 포함된다.

③ 보험회사가 보험업의 허가취소를 사유로 해산하면 금융위원회는 7일 이내에 그 보험회사의 본점 또는 주된 사무소 소재지의 등기소에 그 등기를 촉탁(囑託)하여야 한다.

④ 보험회사의 해산 결의는 금융위원회의 허가를 받아야 한다.

34 **보험회사의 자회사에 대한 다음 설명 중 틀린 것은?**

① 보험회사는 자회사를 소유한 날부터 7일 이내에 그 자회사의 정관과 대통령령으로 정하는 서류를 금융위원회에 제출하여야 한다.

② 보험회사는 자회사의 사업연도가 끝난 날부터 3개월 이내에 자회사의 재무상태표 및 포괄손익계산서 등의 재무제표와 영업보고서를 금융위원회에 제출하여야 한다.

③ 보험회사는 자회사의 사업연도가 끝난 날부터 3개월 이내에 자회사와의 주요거래 상황을 적은 서류를 금융위원회에 제출하여야 한다

④ 자회사가 설립일부터 1년이 지나지 아니한 경우에는 제출서류 일부를 제출하지 아니할 수 있다.

35 보험회사가 보험금 지급능력과 경영 건정성을 확보하기 위하여 지켜야 할 기준에 해당하지 않는 것은?

① 자본의 적정성에 관한 사항
② 자본의 건전성에 관한 사항
③ 자본의 안정성에 관한 사항
④ 그 밖에 경영건전성 확보에 관한 사항

36 기초서류 관리기준에 대한 다음 설명 중 틀린 것은?

① 기초서류 관리기준에는 기초서류 작성 오류에 대한 통제 및 수정 방법이 포함되어야 한다.
② 기초서류 관리기준에는 임직원의 기초서류 관리기준 준수 여부를 확인하는 절차 · 방법과 그 기준을 위반한 임직원의 처리에 관한 사항이 포함되어야 한다.
③ 보험회사는 기초서류 관리기준을 제정하는 경우, 개정하는 경우 모두 금융위원회에 보고하여야 한다.
④ 금융위원회는 기초서류 관리기준이 부당하다고 판단되면 보고일부터 7일 이내에 해당 기준의 변경 또는 업무의 개선을 명할 수 있다.

37 다음 중 보험요율 산출의 원칙에 해당하지 않는 것은?

① 보험요율이 보험금과 그 밖의 급부(給付)에 비하여 지나치게 높지 아니할 것
② 보험요율이 보험회사의 재무건전성을 크게 해칠 정도로 낮지 아니할 것
③ 보험요율이 보험계약자 간에 부당하게 차별적이지 아니할 것
④ 보험요율이 보험계약자의 공정하고 합리적인 기대를 충족할 것

38 보험업법상 보험회사가 자산운용한도의 제한을 피하기 위하여 다른 금융기관 또는 회사의 의결권 있는 주식을 서로 교차하여 보유하는 것은 금지된다. 이를 위반하여 보험회사가 취득한 주식에 대한 법적 효과로 옳은 것은?

① 보험회사는 취득주식에 대하여 의결권을 행사할 수 없다.
② 의결권 없는 주식으로 전환을 청구하여야 한다.
③ 취득은 무효이며, 6개월 내에 매각하여야 한다.
④ 금융위원회에 신고한 후 주식소각절차를 밟아야 한다.

39 다음 중 보험업법상 금지하고 있는 특별이익 제공에 해당하지 않는 것은?

① 보험계약자나 피보험자를 위한 보험료의 대납
② 보험료로 받은 수표 또는 어음에 대한 이자 상당액의 대납
③ 보험계약 체결 시부터 최초 1년간 납입되는 보험료의 100분의 10과 보험계약에 따라 보장되는 위험을 감소시키는 물품 20만원 중 적은 금액의 제공
④「상법」 제682조에 따른 제3자에 대한 청구권 대위행사의 포기

40 선임계리사의 의무에 관한 다음 설명 중 틀린 것은?

① 선임계리사는 기초서류의 내용 및 보험계약에 따른 보험금의 계산 등이 정당한지 여부를 검증하고 확인하여야 한다.
② 선임계리사는 보험회사가 기초서류 관리기준을 지키는지를 점검하고, 이를 위반하는 경우에는 조사하여 그 결과를 이사회에 보고하여야 한다.
③ 선임계리사는 기초서류에 법령을 위반한 내용이 있다고 판단하는 경우에는 금융위원회에 보고하여야 한다.
④ 선임계리사는 보험상품 개발 업무를 직접 수행하는 직무를 담당하여서는 아니 된다.

2과목 보험계약법

01 다음은 상법 제650조 제1항이다. 괄호 안에 들어갈 내용으로 올바른 것은?

> (A)는 보험 계약 체결 후 지체없이 보험료의 전부 또는 제1회 보험료를 지급하여야 하며, (A)가 이를 지급하지 아니하는 경우에는 다른 약정이 없는 한 계약 성립 후 (B)이 경과하면 그 계약은 (C)된 것으로 (D).

① A : 피보험자
② B : 1월
③ C : 해제
④ D : 추정한다

02 보험약관에 대한 다음 설명 중 틀린 것은? (다툼이 있는 경우 대법원 판례에 따름)

① 보험약관의 내용 등이 보험계약자의 정당한 이익과 합리적인 기대에 반할 뿐 아니라 사적자치의 한계를 벗어나는 등 무효라고 볼만한 사정이 없다면, 법원은 이를 함부로 배척하여서는 안 된다.
② 약관을 해석함에 있어서는 신의성실의 원칙에 따라 당해 약관의 목적과 취지를 고려하여 공정하고 합리적으로 해석하되, 개개 계약 당사자가 기도한 목적이나 의사를 참작함이 없이 평균적 고객의 이해가능성을 기준으로 객관적 · 획일적으로 해석하여야 하며, 위와 같은 해석을 거친 후에도 약관 조항이 객관적으로 다의적으로 해석되고 그 각각의 해석이 합리성이 있는 등 당해 약관의 뜻이 명백하지 아니한 경우에는 고객에게 유리하게 해석하여야 한다.
③ 보험계약은 불요식낙성계약이므로, 보험계약의 내용이 반드시 보험약관의 규정에 국한되지는 않는다.
④ 상해보험약관에서 '보험계약을 체결한 후 피보험자가 직업 또는 직무를 변경하게 된 때에는 보험계약자 또는 피보험자는 지체 없이 병 회사에 알려야 한다'는 내용은 보험자에게 명시 · 설명의무가 인정되지 않는다.

03 보험증권에 관한 다음 내용 중 상법 규정에 위반되는 것은 몇개인가?

> a. 보험계약의 내용을 변경한 이후 새로운 보험증권을 발행하지 않고 기존 보험증권에 그 사실을 기재함
> b. 보험증권이 멸실 또는 현저하게 훼손되어 보험증권을 재교부할 경우 그 비용은 보험계약자가 부담하기로 약정함
> c. 보험계약이 성립되었으나 보험료가 납부되지 않아 보험증권을 교부하지 않음
> d. 보험증권 내용의 정부에 관하여 이의가 있으면 3월 안에 제기할 수 있음을 약정함

① 0개
② 1개
③ 2개
④ 3개

04 **타인을 위한 손해보험계약에 대한 다음 설명 중 틀린 것은? (다툼이 있는 경우 대법원 판례에 따름)**

① 보험계약자에게 귀속되는 피보험이익에 관하여 체결된 손해보험계약에서 보험금을 수취할 권리가 있는 자도 타인에 포함된다.
② 타인을 위한 손해보험계약을 체결할 때에 타인의 위임이 없다면 이를 보험자에게 고지하여야 한다.
③ 타인을 위한 손해보험계약에 있어서 피보험자는 특별한 사정이 없는 한 보험계약자의 동의가 없어도 임의로 보험금을 청구할 수 있는 권리를 행사하고 처분할 수 있다.
④ 타인을 위한 손해보험계약에서 피보험자의 보험금 청구권은 자신의 고유 권리에 해당하는 것이므로, 피보험자가 보험계약자의 동의를 받지 아니하고 보험자와 보험금 지급기한을 연기하는 등의 유예합의를 하였더라도 그 합의는 유효하다.

05 **보험목적의 양도에 대한 다음 설명 중 틀린 것은?**

① 피보험자가 보험의 목적을 양도한 때에는 양수인은 보험계약 상의 권리와 의무를 승계한 것으로 추정한다.
② 보험의 목적을 양도한 경우에는 양도인이나 양수인은 지체없이 그 사실을 보험자에게 통지하여야 한다.
③ 통지의무를 위반했을 때에 대하여 상법은 아무런 규정을 두고 있지 않으며, 대법원 판례는 위험변경증가 통지의무를 준용하여 양도에 따라 위험이 현저히 변경 증가가 있는 경우에만 보험계약을 해지할 수 있다고 본다.
④ 보험 목적물의 양도에 관한 상법 규정은 강행규정에 해당하며, 이에 위반한 보험약관의 규정은 상법 제663조 보험계약자 등의 불이익 변경 금지 원칙 조항에 위배되어 무효이다.

06 **보험금청구권은 ( )년간, 보험료 또는 적립금의 반환청구권은 ( )년간, 보험료청구권은 ( )년간 행사하지 아니하면 시효의 완성으로 소멸한다. ( ) 안에 들어갈 숫자를 차례대로 옳게 기술한 것은?**

① 3, 3, 2
② 2, 2, 1
③ 3, 2, 2
④ 2, 2, 3

07 **보험위부에 대한 다음 설명 중 틀린 것은?**

① 피보험자가 위부를 한 때에는 보험의 목적에 관한 모든 서류를 보험자에게 교부하여야 한다.
② 위부는 보험의 목적의 전부에 대하여 이를 하여야 한다. 위부의 원인이 그 일부에 대하여 생긴 경우에도 같다.
③ 선박이 보험사고로 인하여 심하게 훼손되어 이를 수선하기 위한 비용이 수선하였을 때의 가액을 초과하리라고 예상될 경우라고 하더라도 선장이 지체없이 다른 선박으로 적하의 운송을 계속하였다면 피보험자는 그 적하를 위부할 수 없다.
④ 피보험자는 위부를 함에 있어서는 보험자에 대하여 보험의 목적에 관한 다른 보험계약과 그 부담에 속한 채무의 유무와 그 종류 및 내용을 통지하여야 한다. 만약 통지가 되지 않았다면 보험자는 통지를 받을 때까지 보험금액의 지급을 거부할 수 있다.

08 **고지의무에 관한 다음 지문 중 옳지 않은 것은? (다툼이 있을 경우 대법원 판례에 따름)**

① 손해보험에서 중복보험계약을 체결한다는 사실은 고지의무의 대상이 되는 중요한 사항에 해당되지 아니한다.
② 고지의무 위반사실과 보험사고 발생과의 인과관계의 존재를 조금이라도 엿볼 수 있는 여지가 있으면 인과관계의 존재가 인정된다.
③ 보험계약자 또는 피보험자가 고지의무를 위반한 때에는 원칙적으로 보험자는 그 사실을 안 날로부터 1월 내에, 계약을 체결한 날로부터 3년 내에 한하여 계약을 해지할 수 있다.
④ 보험계약자의 고지의무 위반이 민법상의 사기에도 해당하는 경우 특별법 우선의 원칙에 의거하여 상법상 해지권 행사만 가능하다.

09 **보험자가 보험금 지급책임을 부담하는 경우에 대한 다음 설명 중 틀린 것은? (다툼이 있는 경우 대법원 판례에 따름)**

① 생명보험계약을 체결하면서 보험수익자가 중대한 과실로 중요한 사실을 고지하지 않은 경우, 보험자는 고지의무 위반을 이유로 보험금 지급책임을 면할 수 있다.
② 보증보험계약을 체결하면서 보험계약자의 사기 행위가 있었으나 피보험자에게는 책임있는 사유가 없는 경우, 보험자는 보험계약자의 사기에도 불구하고 보험금 지급책임을 면할 수 없다.
③ 자동차보험계약을 체결하면서 보험계약자의 사기로 고지의무를 위반한 경우, 보험자는 그 보험계약을 취소함으로써 보험금 지급책임을 면할 수 있다.
④ 화재보험계약을 체결하면서 보험계약자가 고지의무 위반을 하였으나 피보험자에게는 책임있는 사유가 없는 경우, 보험자가 고지의무 위반을 이유로 보험금 지급책임을 면할 수 있다.

10 **보험자의 보험금 지급의무에 관한 다음 설명 중 옳지 않은 것은?**

① 당사자 간에 특약이 있는 경우에는 금전 이외에 현물(現物) 또는 기타의 급여로써 할 수 있다.

② 인보험에서 보험사고가 보험수익자의 중대한 과실로 발생한 경우에는 보험자는 보험금액을 지급할 책임이 있다.

③ 상해보험의 약관에서 후유장해보험금 지급의무의 발생 요건을 후유장해지급률 합계 80% 이상의 후유장해를 입은 경우로 규정하고, 이와 별도로 보험금액 산정에 있어서 기왕증 기여도의 감액 요건과 방법에 관한 규정을 두고 있는 경우, 위 약관에 정한 바에 따라 산정된 후유장해지급률 합계가 80% 이상이면 보험금 지급의무가 발생하고, 기왕증은 보험금액 산정에 있어 그 기여분을 감액하면 된다.

④ 보험자는 다른 약정기간이 없다면 사고 발생의 통지를 받은 후 지체 없이 지급할 보험금액을 정하고 그 정해여진 날부터 3일 내에 보험금액을 지급하여야 한다.

11 **손해방지의무에 관한 다음 설명 중 틀린 것은? (다툼이 있는 경우 대법원 판례에 따름)**

① 손해방지의무를 위반하였을 경우에는 보험자는 손해방지의무 위반과 상당인과관계가 있는 손해, 즉 의무 위반이 없다면 방지 또는 경감할 수 있으리라고 인정되는 손해액에 대하여 배상을 청구하거나 지급할 보험금과 상계하여 이를 공제한 나머지 금액만을 보험금으로 지급할 수 있다. 다만 이러한 법리는 재보험의 경우에는 적용되지 아니한다.

② 공동불법행위자 중의 1인과 보험계약을 체결한 보험자가 그 피보험자에게 손해방지비용을 모두 상환하였다면, 그 손해방지비용을 상환한 보험자는 다른 공동불법행위자의 보험자가 부담하여야 할 부분에 대하여 직접 구상권을 행사할 수 있다.

③ 피보험자의 손해방지의무의 내용에는 손해를 직접적으로 방지하는 행위는 물론이고 간접적으로 방지하는 행위도 포함된다. 그러나 그 손해는 피보험이익에 대한 구체적인 침해의 결과로서 생기는 손해만을 뜻하는 것이고, 보험자의 구상권과 같이 보험자가 손해를 보상한 후에 취득하게 되는 이익을 상실함으로써 결과적으로 보험자에게 부담되는 손해까지 포함된다고 볼 수는 없다.

④ 피보험자의 법률상 책임 여부가 판명되지 아니한 상태에서 피보험자가 손해확대방지를 위한 긴급한 행위를 하였다면 이로 인하여 발생한 비용도 손해방지비용으로서 보험자가 부담한다.

12 **보험대리상에 대한 다음 설명 중 틀린 것은?**

① 보험대리상은 보험계약자로부터 청약, 고지, 통지, 해지, 취소 등 보험계약에 관한 의사표시를 수령할 수 있는 권한이 있으며, 보험자는 보험대리상의 그러한 권한을 제한할 수 있다.

② 보험자는 보험대리상의 권한 제한을 이유로 선의의 보험계약자에게 대항하지 못한다.

③ 보험대리상이 아니면서 불특정한 보험자를 위하여 계속적으로 보험계약의 체결을 중개하는 자는 보험료수령권(보험자가 작성한 영수증을 보험계약자에게 교부하는 경우만 해당한다) 및 보험증권 교부권이 있다.

④ 타인을 위한 손해보험에서 보험계약자가 보험료 지급을 지체하여 피보험자가 이차적으로 보험료를 지급하는 경우에도, 보험대리상은 보험료를 수령할 수 있는 권한이 있다.

13 중복보험에 관한 다음 설명 중 틀린 것은?

① 동일한 보험계약의 목적과 동일한 사고에 관하여 수개의 보험계약이 체결되고, 그 보험금액의 총액이 보험가액을 초과하여야 한다.
② 중복보험계약이 보험계약자의 사기로 인하여 체결되었다면 그 계약은 무효이다.
③ 중복보험계약이 체결된 경우 보험자 1인에 대한 권리의 포기는 다른 보험자의 권리의무에 영향을 미치지 아니한다.
④ 대법원은 중복보험에 있어 보험자들 사이의 책임 분담방식을 상법의 규정과 다른 분담방식으로 규정한 개별약정은 상법 제663조 보험계약자 등의 불이익 변경 금지 원칙에 반하여 무효라고 판단하였다.

14 해상보험에 관한 다음의 설명 중 옳지 않은 것은?

① 선박의 보험에 있어서는 보험자의 책임이 개시될 때의 선박가액을 보험가액으로 한다.
② 적하의 보험에 있어서는 양륙한 때와 곳의 적하의 가액과 선적 비용을 보험가액으로 한다.
③ 적하의 도착으로 인하여 얻을 이익 또는 보수의 보험에 있어서는 계약으로 보험가액을 정하지 아니한 때에는 보험금액을 보험가액으로 한 것으로 추정한다.
④ 선박의 보험에 있어서는 선박의 속구, 연료, 양식, 기타 항해에 필요한 모든 물건은 보험의 목적에 포함된 것으로 한다.

15 타인의 사망을 보험사고로 하는 보험계약을 체결하면서 전자서명을 할 때에 갖추어야 할 요건에 해당되지 않는 것은?

① 전자문서에 보험금 지급사유, 보험금액, 보험계약자와 보험수익자의 신원, 보험기간이 적혀 있을 것
② 전자문서에 전자서명을 한 이후에 전자서명을 할 사람을 직접 만나서 전자서명을 하는 사람이 보험계약에 동의하는 본인임을 확인하는 절차를 거쳐 작성될 것
③ 전자문서에 전자서명을 한 후에 그 전자서명을 한 사람이 보험계약에 동의한 본인임을 확인할 수 있도록 지문정보를 이용하는 등 법무부장관이 고시하는 요건을 갖추어 작성될 것
④ 전자문서 및 전자서명의 위조 · 변조 여부를 확인할 수 있을 것

16 재보험에 대한 설명으로 옳은 것은?

① 원보험이 인보험이면, 재보험도 인보험에 해당한다.
② 재보험은 원보험과는 독립된 별개의 계약이므로, 재보험관계에서 재보험자가 원보험자에게 재보험금을 지급하면 원보험자가 취득한 제3자에 대한 권리는 지급한 재보험금의 한도에서 다시 재보험자에게 이전되지 않는다.
③ 재보험에서는 보험계약자 등의 불이익 변경 금지 원칙이 적용되지 않으며 사적 자치의 원칙이 존중된다.
④ 재보험계약의 재보험금 지급 거부를 이유로, 원보험자는 피보험자에게 대항할 수 있다.

17 다음의 설명 중 옳지 않은 것은?

① 보험의 목적에 관하여 보험자가 부담할 손해가 생긴 경우에는 그 후 목적이 보험자가 부담하지 아니하는 보험사고의 발생으로 인하여 멸실된 때에도 보험자는 이미 생긴 손해를 보상할 책임을 면하지 못한다.

② 보험 계약 당시에 보험사고가 이미 발생하였으나, 당사자 쌍방과 보험수익자가 이를 알지 못한 때에는 그 보험계약은 유효하다.

③ 보험자가 손해를 보상할 경우에 보험료의 지급을 받지 아니한 잔액이 있으면 그 지급 기일이 도래하지 아니한 때라도 보상할 금액에서 이를 공제할 수 있다.

④ 소급보험이 성립하기 위해서는 보험사고 발생 사실을 알지 못하여야 하며, 여기에는 관련자들 모두가 선의일 것까지 요구한다.

18 보험위부에 관한 다음의 설명 중 틀린 것은? (다툼이 있는 경우 대법원 판례에 따름)

① 선박의 존부가 2월간 행방불명인 경우 피보험자는 보험자에게 위부할 수 있다.

② 위부의 원인이 되는 추정전손에 해당하는지 여부에 대한 판단 기준시점은 위부통지시의 사실관계가 아니고, 보험금 청구소송의 제소시(at the commencement of the action)에 존재하는 사실관계에 의하여 판단한다.

③ 보험자는 보험의 목적에 관한 다른 보험계약과 그 부담에 속한 채무의 유무와 그 종류 및 내용을 통지를 받을 때까지 보험금액의 지급을 거부할 수 있다.

④ 보험자가 위부를 승인하지 아니한 때에는 피보험자는 위부의 원인을 증명하지 아니하면 보험금액의 지급을 청구하지 못한다.

19 다음 설명 중 (   ) 안에 들어갈 단어로 올바른 것은?

> 피보험자가 보험기간 중에 자동차를 양도한 때에는 양수인은 보험자의 승낙을 얻은 경우에 한하여 보험계약으로 인하여 생긴 권리와 의무를 승계한다. 보험자가 양수인으로부터 양수사실을 통지받은 때에는 지체없이 낙부(諾否)를 통지하여야 하고, 통지받은 날부터 (   ) 내에 낙부(諾否)의 통지가 없을 때에는 승낙한 것으로 본다.

① 10일
② 30일
③ 1월
④ 2월

20 보험수익자에 관한 다음 설명 중 틀린 것은?

① 보험수익자가 보험 존속 중에 사망한 때에는 보험계약자는 다시 보험수익자를 지정할 수 있다. 이 경우에 보험계약자가 지정권을 행사하지 아니하고 사망한 때에는 보험수익자의 상속인을 보험수익자로 한다.
② 보험수익자는 자연인에 한하며, 15세 미만자도 보험수익자가 될 수 있다.
③ 보험수익자는 보험계약 체결 당시에 지정하여야 하는 것은 아니다.
④ 보험수익자가 자신이 보험수익자로 지정된 사실을 알지 못한 경우에도 당연히 보험금청구권을 취득한다.

21 보험기간에 관한 설명으로 틀린 것은?

① 암보험계약의 보험기간에서 보험자의 보장개시가 90일이 지난 날의 다음날에 시작한다고 명시하고 있는 경우에 동 약관조항은 보험자의 설명의무 대상에 해당한다.
② 항해단위로 선박을 보험에 붙인 경우에는 보험기간은 도착항에서 하물 또는 저하를 양륙한 때에 종료한다.
③ 감액주의 보험계약에서, 보험자가 상법 제652조 제2항의 위험변경증가 통지에 따라 보험계약을 해지하는 경우에, 미경과기간에 대한 보험료를 반환하도록 정하고 있다면 그 보험약관은 유효하다.
④ 운송보험의 보험기간은 피보험자가 운송물을 발송한 때에 개시한다.

22 화재보험에 관한 다음 설명 중 틀린 것은? (다툼이 있는 경우 대법원 판례에 따름)

① 화재보험에서 화재가 발생한 경우에는 일단 우연성의 요건을 갖춘 것으로 추정되고, 다만 화재가 보험계약자나 피보험자의 고의 또는 중과실에 의하여 발생하였다는 사실을 보험자가 증명하는 경우에는 위와 같은 추정이 번복되는 것으로 보아야 한다.
② 화재보험계약의 약관에서 "보험계약자나 피보험자의 고의 또는 중대한 과실로 발생한 손해에 대하여는 보상하지 아니한다"고 규정하고 있는 경우에 보험자가 보험금 지급책임을 면하기 위해서는 위 면책사유에 해당하는 사실을 증명할 책임이 있다. 여기에서의 증명은 심증이 확신의 정도에 달하게 하는 것을 가리키고, 그 확신이란 절대적 정확성을 말하는 것은 아니지만 통상인의 일상생활에 있어 진실하다고 믿고 의심치 않는 정도의 고도의 개연성을 말하는 것이며, 막연한 의심이나 추측을 하는 정도에 이르는 것만으로는 부족하다.
③ "계약자 또는 피보험자가 손해통지 또는 보험금청구에 관한 서류에 고의로 사실과 다른 것을 기재하였거나 그 서류 또는 증거를 위조 또는 변조한 경우에는 피보험자는 손해에 대한 보험금청구권을 잃게 된다"고 규정하고 있는 화재보험 약관조항은 독립한 여러 물건을 보험목적물로 하여 체결된 경우에 피보험자가 상실하게 되는 보험금청구권은 피보험자가 '허위의 청구를 한 당해 보험목적물'의 손해에 대한 보험금청구권만을 의미한다.
④ 임차인이 임차건물과 그 안에 있는 시설 및 집기비품 등에 대하여 피보험자에 대하여는 명확한 언급이 없이 자신을 보험목적의 소유자로 기재하여 화재보험을 체결한 경우, 이러한 화재보험은 다른 특약이 없는 한 피보험자가 그 목적물의 소유자인 타인에게 손해배상의무를 부담하게 됨으로써 입게 되는 손해를 보상하기로 하는 책임보험의 성격을 갖는다.

23 **다음은 인보험계약에서 "제3자에 대한 보험대위의 금지"에 관한 설명이다. (   )안에 들어갈 용어로써 적당한 것은?**

> 보험자는 보험사고로 인하여 생긴 보험계약자 또는 (가)의 제3자에 대한 권리를 대위하여 행사하지 못한다. 그러나 상해보험 계약의 경우에 당사자 간에 다른 약정이 있는 때에는 보험자는 (나)의 권리를 해하지 아니하는 범위 안에서 그 권리를 대위하여 행사할 수 있다.

① 가 : 피보험자, 나 : 피보험자
② 가 : 보험수익자, 나 : 보험수익자
③ 가 : 피보험자, 나 : 보험수익자
④ 가 : 보험수익자, 나 : 피보험자

24 **일부보험(상법 제674조)에 관한 설명으로 틀린 것은?**

① 전손(全損)의 경우 보험자는 보험금액 전부를 지급한다.
② 분손(分損)의 경우 보험자는 원칙적으로 비율에 따라 손해액의 일부만을 보상할 책임을 진다.
③ "제1차 위험보험"에서는 보험가액의 범위 내에서 손해액 전액을 지급한다.
④ 보험자는 보험금액의 보험가액에 대한 비율로 보상할 책임을 진다.

25 **다음 중 (   )의 기간이 가장 짧은 것은?**

① 보험자가 보험약관의 교부·설명의무에 위반한 때에는, 보험계약자는 보험계약이 성립한 날부터 (   ) 내에 그 계약을 취소할 수 있다.
② 책임보험의 보험자는 특별한 기간의 약정이 없으면 변제, 승인, 화해 또는 재판으로 인하여 채무가 확정되었음을 통지 받은 날부터 (   ) 내에 피보험자 또는 보험수익자에게 보험금액을 지급하여야 한다.
③ 보험자가 보험계약자로부터 보험계약의 청약과 함께 보험료 상당액의 전부 또는 일부의 지급을 받은 때에는 다른 약정이 없으면 (   ) 내에 그 상대방에 대하여 낙부(諾否)의 통지를 발송하여야 한다.
④ 선박의 존부가 (   )간 분명하지 아니한 때에는 그 선박의 행방이 불명한 것으로 한다.

26 **고지의무에 관한 다음 설명 중 가장 옳지 않은 것은? (다툼이 있을 경우 대법원 판례에 따름)**

① 보험자가 고지의무 위반을 이유로 보험계약을 해지하기 위해서는 보험계약자 또는 피보험자의 고의 또는 중대한 과실이 있어야 한다.
② 보험계약자 측의 고지위무 위반에 대한 입증책임은 보험자에게 있다.
③ 보험계약자가 피보험자 고지를 대신 작성하면서 '예' '아니오' 중에 '아니오'에 체크한 것은, 고의 또는 중대한 과실로 인한 고지의무 위반이라고 단정지을 수 없다.
④ 보험계약자와 피보험자가 다른 경우에, 보험계약자가 피보험자에게 적극적으로 고지내용을 확인하지 않은 것은 중대한 과실에 해당한다.

27 다음 중 화재보험자의 보상책임이 인정되는 경우는?

① 창고에 화재가 발생하여 소방을 위해 물을 뿌렸으나, 그 물로 인해 창고에 보관하고 있던 책이 젖어 사용할 수 없게 된 경우
② 난로불의 복사열(輻射熱)로 가구가 눌은 경우
③ 난로 안에 몰래 보관하고 있던 귀중품이 있던걸 잊어버리고 난로에 불을 피워 타버린 경우
④ 급수(給水)조절기가 작동되지 않아서 과열(過熱)이 나고 이로 인해 보일러가 고장난 경우

28 선박 또는 적하의 훼손에 대한 해상보험자의 보상책임에 관한 설명 중 옳지 않은 것은?

① 선박의 일부가 훼손되어 그 훼손된 부분의 전부를 수선한 경우에는, 보험자는 수선에 따른 비용을 1회의 사고에 대하여 보험금액을 한도로 보상할 책임이 있다.
② 선박의 일부가 훼손되어 그 훼손된 부분의 일부를 수선한 경우에는, 보험자는 수선에 따른 비용과 수선을 하지 아니함으로써 생긴 감가액을 보상할 책임이 있다.
③ 선박의 일부가 훼손되었으나 이를 수선하지 아니한 경우에는 보험자는 보상책임을 면한다.
④ 보험의 목적인 적하가 훼손되어 양륙항에 도착한 때에는, 보험자는 그 훼손된 상태의 가액과 훼손되지 아니한 상태의 가액과의 비율에 따라 보험가액의 일부에 대한 손해를 보상할 책임이 있다.

29 손해방지의무에 관한 설명 중 옳은 것은?

① 보험사고의 발생을 방지해야 할 의무이다.
② 법정의무(法定義務)이다.
③ 의무자는 보험자에 대하여 손해방지비용의 선급을 청구할 수 있다.
④ 보험계약자와 피보험자가 고의 또는 과실로 이러한 손해방지의무를 위반한 경우에는 보험자는 손해방지의무 위반과 상당인과관계가 있는 손해, 즉 그 의무 위반이 없다면 방지 또는 경감할 수 있으리라고 인정되는 손해액에 대하여 배상을 청구하거나 지급할 보험금과 상계하여 이를 공제한 나머지 금액만을 보험금으로 지급할 수 있다.

30 비례보상의 원칙에 의할 때 일부보험에서의 분손(分損)에 해당하는 경우는?

① 보상액 < 손해액 = 보험가액 > 보험금액 = 보상액
② 보상액 < 손해액 < 보험가액 > 보험금액 > 보상액
③ 보상액 < 손해액 = 보험가액 > 보험금액 > 보상액
④ 보상액 < 손해액 < 보험가액 > 보험금액 = 보상액

31 **책임보험에 관한 설명 중 옳지 않은 것은?**

① 피보험자가 고의로 제3자에게 손해를 입힌 경우, 제3자의 직접청구권을 보험금청구권으로 보게 되면 보험자는 제3자에 대해 면책을 주장할 수 있지만, 손해배상청구권으로 보게 되면 보험자는 제3자에 대해 면책을 주장할 수 없다.

② 제3자의 직접청구권을 보험금청구권으로 보든 손해배상청구권으로 보든 상관없이 보험자는 피보험자가 보험사고에 관하여 가지는 항변으로써 제3자에게 대항할 수 있다.

③ 보험자의 보험금 지급 기일은 특별한 기간의 약정이 없으면 피보험자로부터 제3자의 배상청구가 있었다는 통지를 받은 날로부터 기산한다.

④ 피보험자가 보험자의 동의없이 제3자에 대하여 변제, 승인 또는 화해를 한 경우에는 보험자가 그 책임을 면하게 되는 합의가 있는 때에도 그 행위가 현저하게 부당한 것이 아니면 보험자는 보상할 책임을 면하지 못한다.

32 **다음에 관한 내용 중 맞는 것은? (다툼이 있을 경우 대법원 판례에 따름)**

> A보험자의 피보험자는 보험 가입 후 3년 경과 후에 자살로 사망하였으며, 가입한 생명보험 약관에는 다음과 같이 규정되어 있다.
>
> 주계약 : 피보험자가 사망한 경우에 보험금을 드립니다. 그러나 보험금 지급사유 발생에도 불구하고 고의로 자신을 해친 경우에는 보험금을 드리지 아니합니다. 다만, 책임개시일로부터 2년 경과 후 자살한 경우에는 그러하지 아니합니다.
>
> 특　약 : 재해로 피보험자가 사망한 경우에 보험금을 드립니다. 그러나 보험금 지급사유 발생에도 불구하고 고의로 자신을 해친 경우에는 보험금을 드리지 아니합니다. 다만, 책임개시일로부터 2년 경과 후 자살한 경우에는 그러하지 아니합니다.

① 자살은 재해에 해당하지 않으므로 특약에서 보장하는 보험금 지급 대상이 아니다.

② 자살을 보장하는 것은 피보험자의 고의사고를 보험자의 면책사유로 지정한 상법 규정에 위반되는바, 동 조항은 무효이다.

③ 자살은 우발성이 결여되어 특약에서 정한 보험사고에 해당하지 않지만, 책임개시일로부터 2년 경과 후에는 특별히 보험사고에 포함시킨다는 취지로 해석할 수 있다.

④ 약관에 오류가 있었음을 합리적인 근거로 입증할 수 있다면, A보험자는 약관 적용의 배제를 주장할 수 있다.

33 **'타인을 위한 보험'과 '타인의 보험'에 관한 설명 중 옳은 것은?**

① 타인을 위한 보험은 손해보험과 인보험 모두에 존재할 수 있지만, 타인의 보험은 인보험에서만 존재한다.

② 타인을 위한 보험이란 인보험에서는 보험계약자와 피보험자가 다른 보험을 말한다.

③ 타인의 위임없이 타인을 위한 손해보험계약이 체결된 경우에는, 타인이 계약이 체결된 사실을 알지 못하였다면 그를 이유로 보험자에게 대항할 수 있다.

④ 타인의 보험에서 타인은 법인도 될 수 있다.

34 보험계약의 부활에 관한 설명 중 옳지 않은 것은?

① 다수설은 보험계약의 부활을 종전계약과 동일한 내용을 가지는 새로운 계약으로 보지 않고, 종전계약의 해지 전의 상태로 회복시키는 특수한 계약으로 본다.

② 보험계약의 부활을 하기 위해서는 해지환급금이 지급되지 않아야 한다.

③ 보험계약이 부활하면 종전계약에 존재하던 보험계약의 무효, 해지 등의 사유도 그대로 승계된다.

④ 보험계약이 정상적으로 부활된다면 종전계약의 해지와 보험계약이 부활된 시점까지 생긴 보험사고에 대해서 보험자는 보상책임이 있다.

35 대법원 판례에 의할 때 어선 보통공제약관상의 실효약관(失效約款)에 관한 설명 중 옳은 것은?

① 어선공제는 사적 자치(私的 自治)가 허용되는 선박보험의 성질을 갖는 것으로서 해상보험에 해당하여, '보험계약자 등의 불이익변경금지의 원칙'을 적용할 수 없다.

② 어선공제는 그 성격상 국제적인 유대가 강하고 실무상으로도 영국해상보험약관이 이용되고 있는 실정을 고려할 때, '보험계약자 등의 불이익변경금지의 원칙'을 적용할 수 없으므로 이 실효약관은 무효가 되지 않는다고 해야 한다.

③ 어선공제는 영세어민들을 주된 가입대상자로 하고 있으므로, '보험계약자 등의 불이익변경금지의 원칙'을 적용하여 이 실효약관은 무효라고 해야 한다.

④ 어선공제는 상법상의 해상보험에 해당하지 않으므로, '보험계약자 등의 불이익변경금지의 원칙'을 적용하여 이 실효약관은 무효라고 해야 한다.

36 보증보험에 관한 다음 설명 중 틀린 것은? (다툼이 있는 경우 대법원 판례에 따름)

① 보증보험에서 보험계약자는 주계약 상의 채무자이며, 피보험자는 주계약 상의 채권자이다.

② 보증보험은 주계약의 법률관계를 전제로 하여 보험계약자가 주계약에 따른 채무를 이행하지 아니함으로써 피보험자가 입게 되는 손해를 보험약관이 정하는 바에 따라 그리고 보험계약금액의 범위 내에서 보상하는 것이다.

③ 보증보험은 형식적으로는 보증계약의 모습을 갖추고 있으나 실질적으로는 손해보험의 효과를 목적으로 한다.

④ 보증보험계약에 관하여는 그 성질에 반하지 아니하는 범위에서 보증채무에 관한 「민법」의 규정을 준용한다.

37 **다음과 같은 경우에 보험자가 보험계약자에게 반환하여야 하는 금액은 얼마인가?**

- 2017년 1월 타인의 생명보험 계약 체결, 초회보험료 1천만원 납입
- 2018년 1월 계속보험료 1천만원 납입
- 2019년 1월 계속보험료 1천만원 납입
- 2020년 1월 계속보험료 1천만원 납입
- 2021년 1월 계속보험료 1천만원 납입 (총 납입보험료 5천만원)
- 2021년 2월 피보험자 서면 동의 없는 것으로 확인되어 계약 무효 판결

① 5천만원
② 3천만원
③ 2천만원
④ 0원

38 **다음에 관한 내용 중 틀린 것은? 다만, 문제에서 주어진 사항 이외의 당사자 간의 다른 특약은 없다고 가정한다.**

- 일반사항
  1. A는 A, B를 피보험자로 하여 손해배상책임보험을 체결함.
  2. B는 A의 미성년 자녀이며, A는 B의 법정대리인임.
  3. 보험약관상 피보험자의 고의 사고에 대해서는 보험금을 지급하지 아니함.
- 사고내용
  미성년 자녀 B가 고의로 타인인 C의 집에 불을 질러 손해를 끼침.

① A도 민법에 따라 C에게 법률상 손해배상책임을 부담한다.
② 피보험자인 B의 고의로 인한 사고이므로, 보험자는 보험금 지급책임이 없다.
③ C는 보험자에게 직접 청구권을 행사할 수 있다.
④ A와 B가 공모하여 고의로 손해가 발생했다고 가정한다면, 보험자는 보험금 지급책임이 없다.

39 **다음 중 보험계약의 당사자 간에 다른 약정이 없더라도 가능한 것은?**

① 상실이익의 손해보상액에의 산입
② 상해보험에서의 제3자에 대한 보험자대위의 허용
③ 신품가액에 의한 손해액의 산정
④ 최초보험료 지급 시로부터의 보험자의 책임개시

40 다음의 지문 중에서 틀린 것은? (다툼이 있을 경우 대법원 판례에 따름)

① 보험계약의 무효와 해지나 취소가 각각 요건을 충족하는 경우, 무효는 처음부터 그 효력이 없었던 것을 의미하므로, 일단 발생한 법적효력을 소급적으로 소멸케 하는 취소나, 장래에 향하여 소멸케 하는 해지의 법리를 적용할 수는 없다.

② 보험계약자가 다수의 보험계약을 통하여 보험금을 부정 취득할 목적으로 체결한 보험계약은 선량한 풍속 기타 사회질서에 반하여 무효이다.

③ 보험계약자가 보험금을 부정 취득할 목적으로 다수의 보험계약을 체결하였는지를 직접적으로 인정할 증거가 없더라도 보험계약자의 직업과 재산상태, 다수 보험계약의 체결 시기와 경위, 보험계약의 규모와 성질, 보험계약 체결 후의 정황 등 제반 사정에 기하여 그와 같은 목적을 추인할 수 있다.

④ 보험계약을 체결하면서 중요한 사항에 관하여 보험계약자의 고지의무 위반이 사기에 해당하는 경우 보험자는 상법의 규정에 의하여 계약을 해지하거나 민법의 일반 규정은 물론이고 보험계약에서 정한 취소권 규정에 의해서도 보험계약을 취소할 수 있다.

3과목 손해사정이론

01 다음 괄호 안에 들어갈 말로 적합한 것을 차례대로 고르시오.

> 예정이율이 낮아지면 보험료는 (　　　　　)
> 예정위험율이 낮아지면 보험료는 (　　　　　)
> 예정사업비율이 낮아지면 보험료는 (　　　　　)

① 낮아진다, 낮아진다, 낮아진다.
② 높아진다, 높아진다, 높아진다.
③ 낮아진다, 낮아진다, 높아진다.
④ 높아진다, 낮아진다, 낮아진다.

02 금융재보험에 대한 다음 설명 중 틀린 것은?

① 금융재보험에서는 재보험료를 산정할 때에 재보험료 수수시점과 재보험금 지급 사이의 시차가 있다는 것을 전제로 이에 대한 미래의 투자수익을 반영하기 때문에 재보험료가 할인된다.
② 원수보험자는 보험인수에 따른 위험(underwriting risk) 및 보험금 조기지급에 따른 위험(timing risk)를 전가한다.
③ 금융비례재보험(FQS), 보험금분산특약 재보험(SLT), 총손실초과재보험(AXL)은 소급형 금융재보험에 속한다.
④ 통상의 전통적인 재보험과는 달리 금융재보험은 3~10년의 장기로 운영된다.

03 위태와 손인, 손해의 상관관계를 가장 잘 설명한 것은?

① 위험물질 보관 창고(위태) 옆에서 담배를 피우는 바람에 폭발 사고가 발생하여(손인), 건물이 소실(손해)되었다.
② 위험물질 보관 창고(손인) 옆에서 담배를 피우는 바람에 폭발 사고가 발생하여(위태), 건물이 소실(손해)되었다.
③ 위험물질 보관 창고(위태) 옆에서 담배를 피우는 바람에 폭발 사고가 발생하여(손해), 건물이 소실(손인)되었다.
④ 위험물질 보관 창고(손해) 옆에서 담배를 피우는 바람에 폭발 사고가 발생하여(위태), 건물이 소실(손인)되었다.

04 대체위험 전가(ART) 중에서 사이드카(side car)에 대한 다음 설명 중에서 옳은 것은 모두 몇개인가?

가. 비영구 특수목적기구(limited-life SPV)에 속한다.
나. 사모펀드, 헤지펀드, 원수보험사, 재보험사 등으로부터 자금을 조달 받으며 전체적인 거래 형태는 금융상품 중 선물(Futures)과 비슷하다.
다. 원수보험자는 사이드카와 비례재보험계약(quota share reinsurance)를 체결하며 이를 통하여 대재해위험을 전가한다.
라. 투자자 입장에서 사이드카는 진입 및 퇴출이 비교적 어렵기 때문에 기존 재보험시장보다 진출이 활발하지 않다.

① 1개 ② 2개
③ 3개 ④ 4개

05 캡티브 보험회사(captive insurance)에 대한 다음 설명 중 틀린 것은?

① 캡티브 설립에 소요되는 여러가지 제반 비용 때문에 모기업에 재정적인 부담을 준다.
② 거대 위험을 대비하기에 가장 적합한 방법이다.
③ 보험사기의 위험이 상대적으로 작다.
④ 광의의 캡티브(broad captive)의 경우에는 이익을 도모할 수 있다는 장점이 있다

06 국민건강보험법에서 말하는 용어의 정의가 틀린 것은?

① 근로자란 직업의 종류와 관계없이 근로의 대가로 보수를 받아 생활하는 사람으로서 공무원 및 교직원을 포함한다.
② 교직원이 소속되어 있는 사립학교를 설립 · 운영하는 자는 사용자에 해당한다.
③ 공무원이란 국가나 지방자치단체에서 상시 공무에 종사하는 사람을 말한다.
④ 교직원이란 사립학교나 사립학교의 경영기관에서 근무하는 교원과 직원을 말한다.

07 다음 중 엄격책임주의(Strict liability)가 적용되는 상황이 아닌 것은?

① 발파작업, 독성가스 제조 등 위험한 작업
② 제조물의 결함으로 인한 사고에 대한 제조자의 책임
③ 가축, 애완동물 등 동물이 일으킨 사고에 대한 주인의 책임
④ 법률 분쟁, 기업인수합병 분쟁 등 고도의 전문성을 지닌 분쟁

08 다음 중 손해사정사의 업무에 해당하지 않은 것은?

① 손해 발생 사실의 확인
② 업무 수행과 관련된 보험회사에 대한 의견 진술
③ 합의 및 절충의 대행
④ 손해액 및 보험금의 사정

09 농어업재해보험법에서 말하는 용어의 정의이다. 틀린 것은?

① "농어업재해"란 농작물 · 임산물 · 가축 및 농업용 시설물에 발생하는 자연재해 · 병충해 · 조수해(鳥獸害) · 질병 또는 화재와 양식수산물 및 어업용 시설물에 발생하는 자연재해 · 질병 또는 화재를 말한다.
② "농어업재해보험"이란 농어업재해로 발생하는 재산 피해에 따른 손해를 보상하기 위한 보험을 말한다.
③ "보험가입금액"이란 보험가입자에게 재해로 인한 재산 피해에 따른 손해가 발생한 경우 보험가입자와 보험사업자 간의 약정에 따라 보험사업자가 보험가입자에게 지급하는 금액을 말한다.
④ "시범사업"이란 농어업재해보험사업을 전국적으로 실시하기 전에 보험의 효용성 및 보험 실시 가능성 등을 검증하기 위하여 일정 기간 제한된 지역에서 실시하는 보험사업을 말한다.

10 다음 중 Sunset clause에 대한 설명으로 틀린 것은?

① 손해발생과 보험금 청구 사이의 기간이 짧은 보험종목(short-tail)에서 주로 사용된다.
② 원보험자가 보험기간 종료 후 재보험자에게 손해를 통지하는 기간을 명기한다.
③ 기한 내에 손해통지가 이루어지지 않으면 재보험자는 보상책임을 면한다.
④ 손해의 통지는 재보험계약 종료 후 일정 기간 내에 이루어져야 한다.

11 위험관리의 목적은 손해발생 전의 목적(pre-loss objectives)과 손해발생 후의 목적(post-loss objectives)으로 나누어 볼 수 있다. 다음 중 손해발생 전의 목적(preloss objectives)에 해당하는 것을 옳게 고른 것은?

ⓐ 영업의 지속(continuity of operations)
ⓑ 불안의 경감(reduction in anxiety)
ⓒ 손실방지를 위한 각종 규정의 준수(meeting externally imposed obligation)
ⓓ 수익의 안정(earning stability)
ⓔ 지속적인 성장(continued growth)
ⓕ 위험관리 기능을 수행함에 있어서 최소의 비용으로 최대의 효과 달성(economy)

① ⓑ, ⓒ, ⓕ
② ⓐ, ⓓ, ⓔ
③ ⓐ, ⓒ, ⓔ
④ ⓑ, ⓔ, ⓕ

12 다음은 어떤 위험에 대하여 발생할 수 있는 확률과 그 손해액을 나타낸 위험분포표이다. 이 위험에 대비하여 보험을 설계하려고 한다면 영업보험료는 얼마가 되어야 하는가? (단, 예정사업비율은 영업보험료의 20%이다.)

사고	발생확률	손해액
A	0.4	0원
B	0.3	10만원
C	0.2	20만원
D	0.1	50만원

① 10만원　　② 12만원
③ 12만 5천원　　④ 15만원

13 다음 중 보험사기(insurance fraud)와 가장 관련이 깊은 것은?

① 도덕적 위태(moral hazard)
② 물리적 위태(physical hazard)
③ 법률적 위태(legal hazard)
④ 정신적 위태(morale hazard)

14 다음의 내용을 보고 A보험에서 지급해야 하는 보험금을 계산하시오.

• 일반사항
　– 보험가액 : 1억원
　– 손해액: 4,000만원
　– A보험과 B보험은 중복보험 관계에 있음

• A보험
　– 가입금액 : 6,000만원
　– 직접공제(deductible) : 800만원
　– 80% 공동보험 조항(co–ins clause)
　– 계약 조건상 직접공제를 먼저 적용하며 공동보험을 나중에 적용함

• B보험
　– 가입금액 : 1억원
　– 소멸성공제 : 500만원, 공제계수 120%

① 1,400만원　　② 1,500만원
③ 2,400만원　　④ 2,500만원

15 산업재해보상보험법상 건강손상자녀에 따른 보험급여에 해당하지 않는 것은?

① 요양급여
② 유족급여
③ 장해급여
④ 직업재활급여

16 재보험회사는 아래와 같이 Surplus reinsurance(초과액 재보험 특약)를 운영하고 있다. 다음과 같은 원보험 계약이 있는 상황에서 재보험회사가 지급해야하는 재보험금의 합계액은 얼마인가? (다만 재보험 출재 한도를 초과하는 부분은 다시 원보험자가 보유한다.)

보유액 : US$ 100,000 / 한도액 : US$ 500,000				
구분	A	B	C	D
보험가입금액	US$ 100,000	US$ 500,000	US$ 600,000	US$ 1,000,000
손실액	US$ 80,000	US$ 300,000	US$ 600,000	US$ 600,000

① US$ 880,000
② US$ 1,000,000
③ US$ 1,040,000
④ US$ 1,580,000

17 다음 중 일반화재보험에서 보험증권에 명기해야지 보험의 목적물이 되는 것은?

① 실외 및 옥외에 쌓아둔 동산
② 건물의 부속물
③ 건물의 부착물
④ 피보험자와 세대를 같이 하는 사람의 소유물(생활용품, 집기비품 등)

18 다음 중 손해가 이미 발생한 경우 그 감소를 주목적으로 하는 위험관리 기법은?

① 운전면허제도
② 작업안전수칙
③ 사고 다발지역 통제
④ 소화기 비치

19 다음 중 근인설에 대한 다음 설명 중 옳은 것은?

① 대법원은 근인(proximate cause)을 손해와 가장 시간적으로 근접하는 원인(proximate in time)을 말하는 것이 아니라 손해의 발생에 있어서 가장 효과적인 원인(proximate in efficiency)을 말하는 것이라고 보았다.
② 연속된 원인 중 가장 효력이 큰 것을 근인으로 하는 것은 최강조건설이다.
③ 상당인과관계론과 최후조건설은 서로 유사하다.
④ 모든 보험분야에서 인정되고 있는 학설이다.

20 고지의무와 최대선의의 원칙에 대한 다음 설명 중 틀린 것은?

① 최대선의의 원칙에서의 고지의무란 피보험자가 자발적으로 모든 중요한 사실을 알려야 하는 능동적 고지의무를 말한다.
② 고지의무 위반에 관한 효과로 보험자의 보상의무를 전부 아니면 전무(all or nothing) 형태의 보상원리를 도입하는 것이 세계적인 추세이다.
③ 최대선의의 원칙(utmost good faith)에서의 고지의무는 현재 적절한 표시의무(the duty of fair presentation)로 점차 대체되고 있는 추세이다.
④ 기존 고지의무제도의 법리적 문제점은 중요한 사실의 판단을 보험계약자가 아닌 신중한 보험자(a prudent insurer)의 관점에서 판단하고 있으므로 일반적인 보험계약자는 자신이 보험계약에 따라 신중한 보험자의 관점에서 중요한 사항이 무엇인지 파악하기 어렵다는 것이다.

21 다음의 조건을 균등액 분담방식을 적용할 때, A 보험자의 보상액은 얼마인가?

- A 보험자 가입금액 : 1,000만원
- B 보험자 가입금액 : 600만원
- C 보험자 가입금액 : 200만원
- 손해액 1,500만원

① 200만원 ② 600만원
③ 700만원 ④ 800만원

22 PML과 MPL에 대한 다음 설명 중 틀린 것은?

① MPL은 현실적으로 예상할 수 있는 최대규모의 손실을 말한다.
② PML은 확률분포의 표준편차가 클수록 커진다.
③ MPL은 PML보다 높게 측정된다.
④ PML은 위험관리자의 위험회피도에 영향을 받는다.

23 IFRS17 아래에서 보험계약부채 잔여보장요소에 대한 내용이다. 계산식으로 맞는 것은? (최선추정(BEL), 위험조정(RA), 보험계약마진(CSM)이라고 한다.)

① CSM = BEL + RA
② CSM = −(BEL + RA)
③ BEL = RA + CSM
④ BEL = RA − CSM

24 다음 중 보험으로 부보 가능한 위험은 모두 몇 개인가?

- 주관적 위험
- 순수 위험
- 근원적 위험
- 정태적 위험

① 0개
② 1개
③ 2개
④ 3개

25 아래의 경우 보험자가 피보험자 A에게 지급해야 할 보험금은 얼마인가?

피보험자 A가 자신이 소유하는 건물을 대상으로 화재보험에 가입하였으며, 보험계약내용 및 발생손해액은 다음과 같다.

- 보험가입금액 6억원
- 가입당시 건물의 보험가액 12억원
- 공동보험 요구부보비율 80%
- 정액공제 1억원 (우선적용)
- 발생손해액 6억원 (사고 당시 건물의 시가 10억원)

① 2.75억원
② 3억원
③ 3.75억원
④ 4억원

26 역선택과 도덕적 위험에 대한 다음 설명 중 틀린 것은?

① 역선택과 도덕적 위험은 모두 정보 비대칭의 문제로 발생한다.
② 역선택은 숨겨진 행동이 발생 원인이다.
③ 역선택을 막기 위한 방안으로는 언더라이팅 강화가 있으며, 도덕적 위험을 막기 위한 방안으로는 손해사정 강화가 있다.
④ 도덕적 위험은 보험계약 계약 이후에 발생한다.

27 **산업재해보상보험의 보험급여에 대한 다음 설명 중 틀린 것은?**

① 진폐에 따른 보험급여의 종류는 요양급여, 간병급여, 장례비, 직업재활급여, 진폐보상연금, 진폐유족연금이다.
② 보험급여를 산정할 경우 해당 근로자의 평균임금을 산정하여야 할 사유가 발생한 날부터 1년이 지난 이후에는 매년 전체 근로자의 임금 평균액의 증감률에 따라 평균임금을 증감하되, 그 근로자의 연령이 60세에 도달한 이후에는 소비자물가변동률에 따라 평균임금을 증감한다.
③ 요양급여는 근로자가 업무상의 사유로 부상을 당하거나 질병에 걸린 경우에 그 근로자에게 지급한다.
④ 부상 또는 질병이 7일 이내의 요양으로 치유될 수 있으면 요양급여를 지급하지 아니한다.

28 **보험사기방지 특별법 제2조에서 규정하고 있는 '보험사기'의 정의에 대하여 바르게 서술한 것은?**

① 보험계약자, 피보험자, 보험금을 취득할 자, 그 밖에 보험계약에 관하여 이해가 있는 자로 하여금 고의로 보험사고를 발생시키거나 발생하지 아니한 보험사고를 발생한 것처럼 조작하여 보험금을 수령하도록 하는 행위
② 보험계약자, 피보험자, 보험금을 취득할 자, 그 밖에 보험계약에 관하여 이해가 있는 자로 하여금 이미 발생한 보험사고의 원인, 시기 또는 내용 등을 조작하거나 피해의 정도를 과장하여 보험금을 수령하도록 하는 행위
③ 계약자 또는 피보험자가 대리진단, 약물복용을 수단으로 진단절차를 통과하거나 진단서 위변조 또는 청약일 이전에 암 또는 에이즈의 진단확정을 받고 이를 숨기고 가입하는 행위
④ 보험사고의 발생, 원인 또는 내용에 관하여 보험자를 기망하여 보험금을 청구하는 행위

29 **어느 보험자가 초과액재보험특약(surplus reinsurance treaty)에서 4line을 운용하고 있다. 다음과 같은 보험계약에서 해당 보험자가 재보험자로부터 회수할 수 있는 재보험금은 얼마인가? (단 재보험 한도를 초과하는 부분에 대해서는 다른 보험자와 별도의 임의재보험계약을 체결하는 것으로 가정한다.)**

▶ A보험	▶ B보험
• 보험가입금액 : 3천만원	• 보험가입금액 : 1천만원
• 원보험자 보유액 : 5백만원	• 원보험자 보유액 : 5백만원
• 발생손해액 : 9백만원	• 발생손해액 : 1천만원

① 900만원　② 1,000만원
③ 1,100만원　④ 1,200만원

2014 2015 2016 2017 2018 2019 2020 2021 2022 2023 2024 2025 제1회 제2회 제3회 제4회

30 다음 뉴스기사를 읽고 C 손해보험이 사용한 보험요율은 어떤 것인지 고르시오.

- C 손해보험은 코로나19 바이러스 감염병 등 질병으로 인한 위험을 보장하는 '단기질병 안심보험'을 선보인다고 밝혔다.
- 코로나19 사태 확산 고비라고 꼽히는 향후 2주간 한정으로 판매하는 이 상품은 라이트형과 스탠다드형으로 구성된다. 우선 가입 후 3개월 내 코로나19 등 질병으로 사망 또는 입원 시 최대 사망보험금 1억원, 입원 위로금 일 2만원을 보장한다. 가입 기간은 현재 세계보건기구(WHO)에서 신종 코로나의 진정단계까지 걸릴 것으로 예측되는 기간을 참고했다.
- 보험료는 남자 35세 기준 최저 8,000원대이다. 코로나19 관련 치료비는 국가에서 전액 지원되는 만큼 치료비 담보는 제외되지만, 기존 타 실손 보험 가입자는 중복 보장이 가능하다. C 손해보험은 보장 기간 종료 후 단기 질병 안심보험 관련한 정산이익 발생 시 전액을 감염병 관리기관에 기부할 예정이다.
- C 손해보험 관계자는 "코로나19 확산 시기에도 불가피하게 대면 경제활동을 해야만 하는 연령대의 불안감에 대한 기여 방안에 대해 고민 끝에 상품을 내놓는다"며 "코로나19 관련 담보만 적용할 수 있는 위험률은 없지만 신속한 대응을 위해 일부 리스크를 감내하고 전격 출시를 결정했다"고 설명했다.

① 소급요율 ② 경험요율
③ 판단요율 ④ 범위요율

31 다음 중 보험계약이 도박으로 간주되는 경우가 아닌 것은?

① 피보험이익을 갖고 있지 않고, 또한 그와 같은 이익을 취득할 가능성이 없는 경우
② 보험계약이 이익 여부 불문(interest or not interest) 조건으로 체결된 경우
③ 보험계약이 보험증권 이외엔 이익의 추가증명 없음(without further proof of interest than the policy itself) 조건으로 체결된 경우
④ 보험계약이 보험의 목적의 멸실 여부를 불문(lost or not lost) 조건으로 체결된 경우

32 다음에서 설명하는 것은 어떠한 약관 조항인가?

보험기간 중 보험계약자나 피보험자의 행위로 위태가 증가되었을 때에 보험효력이 일시 정지되었다가, 위태가 제거되어 원상으로 복귀하면 보험효력이 재개되도록 하는 조항이다. 예를 들어 미국의 건강보험은 여행 중에 발생하는 사고는 보상하지 않는다고 규정하고 있는데, 이는 여행 중의 사고 위험이 일상생활에서의 사고위험보다 높기 때문이다. 여행 중의 사고 위험은 여행자보험(Traveler insurance)에서 따로 보상한다. 만약 피보험자가 여행에서 돌아와 일상생활을 시작한다면 건강보험의 보장은 다시 재개된다.

① 만약 조항(if clause)
② 동안 조항(while clause)
③ 계약 구성 조항(entire contract clause)
④ 특혜지급 조항(ex-gratia payment clause)

33 민법상 상속순위를 바르게 나열한 것은?

① 직계비속 → 직계존속 → 형제자매 → 4촌 이내의 방계혈족
② 직계비속 → 직계존속 → 4촌 이내의 방계혈족 → 형제자매
③ 직계존속 → 직계비속 → 형제자매 → 4촌 이내의 방계혈족
④ 직계존속 → 직계비속 → 4촌 이내의 방계혈족 → 형제자매

34 다음 중 간접손해를 담보하는 보험이 아닌 것은?

① 기업 휴지 보험 (Business Interruption)
② 간접 기업 휴지 보험 (Contingency Business Interruption)
③ 추가 생계비 확장 담보 (Additional Living Cost)
④ 기계 보험 (Machinery Breakdown cover)

35 징벌적 배상금에 대한 다음 설명 중 옳은 것은?

① 보험자가 보상함이 원칙이다.
② 대륙법에서 인정되며, 영미법에서도 일부 인용하는 추세이다.
③ 형벌과 비슷한 성질의 것으로 이해되고 있다.
④ 우리나라의 제조물배상책임법에서 악의의 제조업자에게 5배를 넘지 않는 범위에서 배상책임을 부담하도록 하는 규정에서 의미를 찾아볼 수 있다.

36 손해배상책임을 불법행위책임과 채무불이행책임으로 나눌 때, 다음 중 채무불이행책임을 주로 담보하는 보험은?

① 자동차손해배상보험
② 임차자배상책임보험
③ 시설소유자배상책임보험
④ 생산물배상책임보험

37 **보험업법 제129조에서 규정하고 있는 보험요율 산정의 원칙이다. 괄호 안에 들어갈 단어는?**

보험회사는 보험요율을 산출할 때 객관적이고 합리적인 통계자료를 기초로 (　　) 및 통계신뢰도를 바탕으로 하여야 한다.

① 대수의 법칙
② 수지상등의 원칙
③ 급부반대급부 균등의 원칙
④ 보험계약자 평등대우의 원칙

38 **다음 중 보험사고의 요건에 해당하지 않는 것은?**

① 거대성
② 우연성
③ 발생가능성
④ 한정성

39 **다음의 최근 뉴스 기사를 읽고 A에 대한 설명으로 틀린 것은?**

코로나19 확산으로 인해 보험사가 판매실적, 수익성 및 건전성 측면에서 타격을 받을 것으로 전망된다. 경제 · 금융시장 충격이 심화 · 장기화될 경우 보험사의 수익성 · 건전성이 크게 나빠질 가능성도 배제할 수 없는 상황이다. 21일 금융연구원은 금융브리프 보고서에서 "자영업자를 중심으로 수입과 소득이 줄어들고 소상공인 등의 영업 · 기업활동도 위축되면서 신규 보험판매 실적에 부정적 영향이 예상된다"면서 "코로나19의 확산이 장기화되고 경기침체 국면이 본격화될 경우엔 전반적인 가계 및 기업의 보험가입 여력과 수요가 큰 폭으로 하락하고 기존 보험계약의 효력상실 · 해약도 크게 증가할 우려가 있다"고 밝혔다. 이어 "최근 단행된 금리인하가 저축성보험의 공시이율 하락으로 이어져 가입유인을 위축시키고 보장성 보험도 예정이율 하락에 따른 보험료 상승이 신규 판매 감소요인으로 작용할 것"이라고 분석했다.

한편 중장기적으로 '감염병 특화보험' 상품의 개발을 유도하고 A의 도입을 검토할 필요가 있다는 의견도 제시됐다. 보고서는 "코로나19와 같은 감염병 확산이 재현될 경우에 대비해 정부의 비용지출 부담 및 역할을 민간 보험영역에서 일정 부분 보완 · 흡수할 수 있도록 감염병 특화보험 상품의 개발을 유도할 필요가 있다"면서 "현재로서는 감염병 특화보험의 경우 관련 데이터 축적이 미비한 이유 등으로 요율책정이 어려워 민간 보험사가 단독으로 상품을 개발 출시하는 것이 쉽지 않은 만큼 정부와 보험사가 역할 분담을 하는 정책적 보험상품의 형태로 개발하는 방안도 고려할 수 있을 것"이라고 밝혔다.

이어 유행성 질병 및 자연재해 위험이 점차 증대됨에 따라 대규모 재해위험에 대한 보험산업의 인수능력을 확대시켜 주고 부수적으로 자본시장 활성화, 재정부담 경감 등의 효과도 기대할 수 있는 A의 도입도 검토할 필요가 있다고 밝혔다.

A란 보험사의 인수능력을 초과하는 위험을 자본시장에 전가하는 수단으로, 초과위험에 대한 보험료 자산과 보험금 채무를 자본시장으로 이전하는 것이다. 시장금리보다 높은 이율로 채권을 발행하며 채권판매대금 및 보험료 운용으로 발생한 수익을 보험금 지급 및 이자상환 등에 활용한다.

① 전통적인 재보험시장이 보유하고 있는 인수능력 이외에 추가적인 담보력을 필요로 할 때 위험자본을 다수의 투자자에게 전가하기 위한 위험관리 기법이다.
② 재보험에 비하여 발행 비용이 높기 때문에 도입과 운용에 많은 비용이 발생한다는 단점이 있다.
③ 최근 발행되는 채권은 주로 미국의 허리케인, 일본 및 미국 캘리포니아주 지진, 유럽지역의 겨울 폭풍 등을 대상으로 하며 최근 6년간 10배 이상 급성장했다.
④ 보상액 트리거는 원보험사의 손실예측에 필요한 자료가 없거나 자료의 신뢰성이 부족한 경우 사용하는 방법으로 대재해와 관련성이 인정된 특정 지수가 일정한 기준점에 도달하면 원금 지급이 정지되는 방식이다.

40 보험요율 산정 방법 중 손해율법으로 다음의 조건을 보고 계산한 조정비율은 얼마인가?

- 실제손실 및 손실처리경비 : 200만원
- 경과보험료 : 500만원
- 기대손해률 80%

① 50% 인상　② 50% 인하
③ 20% 인상　④ 20% 인하

제2회 예상문제

1과목 보험업법

01 외국보험회사가 대한민국에서 보험업을 경영하려는 경우에 필요한 영업기금은 얼마 이상이어야 하는가?

① 30억 ② 50억
③ 100억 ④ 300억

02 다음 중 보험업법의 제정 목적에 해당하지 않는 것은?

① 보험업을 경영하는 자의 건전한 경영을 도모
② 보험계약자, 피보험자, 그 밖의 이해관계인의 권익을 보호
③ 보험사업의 효율적 지도 · 감독
④ 국민경제의 균형 있는 발전에 기여

03 보험업법에 규정된 다음 용어 설명 중에서 틀린 것은?

① "보험업"이란 보험상품의 취급과 관련하여 발생하는 보험의 인수(引受), 보험료 수수 및 보험금 지급 등을 영업으로 하는 것으로서 생명보험업 · 손해보험업 및 제3보험업을 말한다.
② "자회사"란 보험회사가 다른 회사(「민법」 또는 특별법에 따른 조합을 포함한다)의 의결권 있는 발행주식(출자지분을 포함한다) 총수의 100분의 15를 초과하여 소유하는 경우의 그 다른 회사를 말한다.
③ "총자산"이란 재무상태표에 표시된 자산에서 영업권 등 대통령령으로 정하는 자산을 제외한 것을 말한다.
④ "외국보험회사"란 대한민국 이외의 국가의 법령에 따라 설립되어 대한민국 내에서 보험업을 경영하는 자를 말한다.

04 다음 중 제3보험업의 보험종목이 아닌 것은?

① 연금보험 ② 상해보험
③ 질병보험 ④ 간병보험

05 보험업의 허가에 대한 다음 설명 중 틀린 것은?

① 소액단기전문보험회사는 해당 보험종목의 허가를 받았다고 하더라도 해당 보험종목의 재보험에 대한 허가를 받은 것으로 보지 않는다.
② 손해보험업 보험종목의 전부에 관하여 허가를 받은 자는 제3보험업에 해당하는 보험종목에 대한 허가를 받은 것으로 본다.
③ 생명보험업 보험종목의 전부에 관하여 허가를 받은 자는 경제질서의 건전성을 해친 사실이 없으면 제3보험업의 종목으로 신설되는 보험종목에 대한 허가를 받은 것으로 본다.
④ 손해보험업 보험종목의 전부에 관하여 허가를 받은 자는 경제질서의 건전성을 해친 사실이 없으면 손해보험업의 종목으로 신설되는 보험종목에 대한 허가를 받은 것으로 본다.

06 보험회사가 보험종목의 일부만 취급하려는 경우 납부해야 할 자본금 또는 기금이 다른 보험종목은?

① 생명보험
② 연금보험
③ 자동차보험
④ 간병보험

07 보험계약의 체결 또는 모집에 종사하는 자는 그 체결 또는 모집과 관련하여 보험계약자나 피보험자에게 특별이익을 제공하거나 제공하기로 약속하여서는 아니 된다. 다음 중에서 이러한 특별이익 제공에 해당하지 않는 것은?

① 기초서류에서 정한 사유에 근거하지 아니한 보험료의 할인 또는 수수료의 지급
② 「상법」 제681조에 따른 보험목적에 대한 잔존물 대위행사의 포기
③ 보험계약자나 피보험자를 위한 보험료의 대납
④ 보험계약자나 피보험자가 해당 보험회사로부터 받은 대출금에 대한 이자의 대납

08 다음 중 보험설계사가 모집을 할 수 없는 경우는?

① 생명보험회사에 소속된 보험설계사가 1개의 손해보험회사를 위하여 모집을 하는 경우
② 손해보험회사에 소속된 보험설계사가 1개의 생명보험회사를 위하여 모집을 하는 경우
③ 제3보험을 전업으로 하는 보험회사에 소속된 보험설계사가 1개의 손해보험회사를 위하여 모집을 하는 경우
④ 손해보험회사에 소속된 보험설계사가 1개의 손해보험회사를 위하여 모집을 하는 경우

09 주식회사인 보험회사의 해산사유로 옳지 않은 것은?

① 주주가 1인으로 된 때
② 회사의 합병
③ 보험계약 전부의 이전
④ 회사의 파산

10 **선임보험계리사에 관한 설명으로 옳지 않은 것은?**

① 보험회사가 선임계리사를 선임한 경우에는 일정한 경우(회사의 기밀을 누설하는 경우 등)를 제외하고는 그 선임일이 속한 사업연도의 다음 사업연도부터 연속하는 3개 사업연도가 끝나는 날까지 그 선임계리사를 해임할 수 없다.
② 선임계리사는 보험계리업무에 10년 이상 종사한 경력이 있어야 한다.
③ 선임계리사는 보험회사의 기초서류에 법령을 위반하는 내용이 있다고 판단하는 경우에는 그 조사결과를 감사 또는 감사위원회에 보고하여야 한다.
④ 선임계리사는 보험상품 개발 업무를 직접 수행하는 직무를 담당하여서는 아니 된다.

11 **보험업법상 보험업의 허가를 받기 위해 제출해야 하는 사업계획서로 옳은 것은?**

① 업무 시작 후 2년간의 사업계획서
② 업무 시작 후 3년간의 사업계획서
③ 업무 시작 후 4년간의 사업계획서
④ 업무 시작 후 5년간의 사업계획서

12 **보험업법에 규정된 보험계약 등의 이전에 관한 설명으로 옳지 않은 것은?**

① 보험회사는 보험계약을 이전한 경우에는 5일 이내에 그 취지를 공고하여야 한다. 보험계약을 이전하지 아니하게 된 경우에도 또한 같다.
② 보험회사는 계약의 방법으로 책임준비금 산출의 기초가 같은 보험계약의 전부를 포괄하여 다른 보험회사에 이전할 수 있다.
③ 보험계약을 이전하려는 보험회사는 주주총회 등의 결의가 있었던 때부터 보험계약을 이전하거나 이전하지 아니하게 될 때까지 그 이전하려는 보험계약과 같은 종류의 보험계약을 하지 못한다.
④ 보험계약을 이전한 보험회사가 그 보험계약에 관하여 가진 권리와 의무는 보험계약을 이전받은 보험회사가 승계한다. 이전계약으로써 이전할 것을 정한 자산에 관하여도 또한 같다.

13 **보험회사가 보험업에 부수(附隨)하는 업무를 영위하기 위하여 필요한 것은?**

① 금융위원회의 승인
② 금융위원회의 허가
③ 금융위원회의 인가
④ 금융위원회에 신고

14 **상호회사의 기금에 관한 내용으로 옳은 것은?**

① 상호회사의 기금은 금전 이외의 자산으로 납입하지 못한다.
② 상호회사의 기금은 금전과 금융위원회의 승인을 받은 유가증권으로 가능하다.
③ 상호회사의 기금은 금전과 거래상 널리 통용되는 유가증권으로 가능하다.
④ 상호회사의 기금은 금전과 기타 자산으로 가능하다.

15 상호회사의 창립에 대한 다음 설명 중 틀린 것은?

① 상호회사의 발기인은 상호회사의 기금의 납입이 끝나고 사원의 수가 예정된 수가 되면 그 날부터 10일 이내에 창립총회를 소집하여야 한다.
② 창립총회는 사원 과반수의 출석과 그 의결권의 4분의 3 이상의 찬성으로 결의한다.
③ 상호회사의 설립등기는 창립총회가 끝난 날부터 2주 이내에 하여야 한다.
④ 설립등기에는 이사와 감사의 이름 및 주소가 포함되어야 한다.

16 외국보험회사 국내지점에 대한 설명으로 틀린 것은?

① 외국보험회사 국내지점은 대한민국에서 체결한 보험계약에 관하여 법 소정의 규정에 따라 적립한 책임준비금 및 비상위험준비금에 상당하는 자산을 대한민국에서 보유하여야 한다.
② 국내에 있는 자에 대한 대여금, 그 밖의 채권은 보유하여야 할 자산의 대상에서 제외된다.
③ 외국보험회사 국내지점의 대표자는 퇴임한 후에도 후임 대표자의 이름 및 주소에 관하여 법 소정의 규정에 따른 등기가 있을 때까지는 계속하여 대표자의 권리와 의무를 가진다.
④ 외국보험회사 국내지점의 대표자는 보험업법에 따른 보험회사의 임원으로 본다.

17 상호회사의 이사가 어떠한 행위로 인하여 상호회사에 손해를 입힌 경우에는 사원총회의 동의가 없으면 그 손해에 대한 배상책임을 면제하지 못하는데 그 행위에 속하지 않는 것은?

① 위법한 이익 배당에 관한 의안을 사원총회에 제출하는 행위
② 다른 이사에게 금전을 대부하는 행위
③ 그 밖에 부당한 거래를 하는 행위
④ 상호회사의 이익에 반하여 손해를 입히는 행위

18 다음 ( ) 안에 들어갈 내용으로 옳은 것은?

> 전화 · 우편 · 컴퓨터통신 등 통신수단을 이용하여 대통령령으로 정하는 바에 따라 모집을 하는 보험회사(소액단기전문보험회사는 제외한다)는 법 소정의 규정에 따른 자본금 또는 기금의 ( )에 상당하는 금액 이상을 자본금 또는 기금으로 납입함으로써 보험업을 시작할 수 있다.

① 3분의 1　　② 2분의 1
③ 3분의 2　　④ 4분의 3

19 **상호회사의 합병과 관련된 사항 중 타당하지 않은 것은?**

① 상호회사와 주식회사가 합병하는 경우에는 「상법」의 합병에 관한 규정을 적용하지 아니하며, 보험업법의 합병에 관한 규정에 따른다.

② 상호회사와 합병하는 보험회사의 한 쪽이 주식회사인 경우에는 합병 후 존속하는 보험회사 또는 합병으로 설립되는 보험회사는 주식회사로 할 수 있다.

③ 합병 후 존속하는 보험회사 또는 합병으로 설립되는 보험회사가 상호회사인 경우에는 합병으로 해산하는 보험회사의 보험계약자는 그 회사에 입사한다.

④ 합병 후 존속하는 보험회사 또는 합병으로 설립되는 보험회사가 주식회사인 경우에는 상호회사의 사원은 그 지위를 잃는다.

20 **다음 (　　)에 알맞은 것을 순서대로 나열한 것은?**

> 손해사정을 업으로 하려는 법인은 A 이상의 상근 손해사정사를 두어야 한다. 이 경우 손해사정사의 구분에 따라 수행할 업무의 종류별로 B 이상의 상근 손해사정사를 두어야 한다.
> 법인이 지점 또는 사무소를 설치하려는 경우에는 각 지점 또는 사무소별로 손해사정사의 구분에 따라 수행할 업무의 종류별로 C 이상의 손해사정사를 두어야 한다.

① A: 2명, B: 1명, C: 1명　② A: 2명, B: 2명, C: 1명
③ A: 5명, B: 2명, C: 1명　④ A: 5명, B: 2명, C: 2명

21 **보험업법 및 동법 시행령상 보험대리점과 보험중개사의 등록시 영업보증금에 관한 것으로 적절하지 않은 것은?**

① 개인 보험대리점이 1억원으로 영업보증금을 정함
② 법인 보험대리점이 보험회사와 협의하여 1억원으로 영업보증금을 정함
③ 개인 보험중개사가 3억원으로 영업보증금을 정함
④ 법인 보험중개사가 보험회사와 협의하여 1억원으로 영업보증금을 정함

22 **외국보험회사의 본점에 대한 내용으로, 그 외국보험회사 국내지점의 허가취소 사유가 아닌 것은?**

① 합병으로 소멸한 경우　② 보유하는 보험계약이 없게 된 경우
③ 영업 양도로 소멸한 경우　④ 휴업하거나 영업을 중지한 경우

23 다음 (   )에 알맞은 것을 순서대로 나열한 것은?

> 보험회사는 매년 (   )에 그 장부를 폐쇄하여야 하고 장부를 폐쇄한 날부터 (   ) 이내에 금융위원회가 정하는 바에 따라 재무제표(부속명세서를 포함한다) 및 사업보고서를 (   )에 제출하여야 한다.

① 3월 31일, 3개월, 금융위원회
② 2월 28일, 1개월, 금융감독원
③ 12월 31일, 1개월, 금융감독원
④ 12월 31일, 3개월, 금융위원회

24 다음 중 '전문보험계약자'에 해당하지 않는 것은?

① 한국은행
② 보험회사
③ 「농업협동조합법」에 따른 농업협동조합중앙회
④ 「자본시장과 금융투자업에 관한 법률」에 따른 겸영금융투자업자

25 다음 중 손해사정사의 업무에 해당하지 않는 것은?

① 타인으로 하여금 자기의 명의로 손해사정업무를 하게 하는 행위
② 손해 발생 사실의 확인
③ 보험약관 및 관계 법규 적용의 적정성 판단
④ 손해사정 업무와 관련된 서류의 작성, 제출의 대행

26 법인이 아닌 보험대리점 및 보험중개사는 보험업법에 따라 등록한 날부터 A 이 지날 때마다 B 이 된 날부터 C 이내에 교육을 받아야 한다. 각각에 들어갈 말로 옳은 것은?

① A: 1년, B: 6개월, C: 1개월
② A: 1년, B: 1년, C: 6개월
③ A: 2년, B: 2년, C: 6개월
④ A: 2년, B: 2년, C: 1년

27 보험대리점 또는 보험중개사는 자기 또는 자기를 고용하고 있는 자를 보험계약자 또는 피보험자로 하는 보험을 모집하는 것을 주된 목적으로 하는 경우로 보는 경우는?

① 자기계약 보험의 계약 건수가 그 보험대리점 또는 보험중개사가 모집한 보험의 계약 건수의 100분의 50을 초과하게 되는 경우
② 자기계약 보험의 계약 건수가 그 보험대리점 또는 보험중개사가 모집한 보험의 계약 건수의 100분의 90을 초과하게 되는 경우
③ 자기계약 보험의 보험료 누계액이 그 보험대리점 또는 보험중개사가 모집한 보험의 보험료의 100분의 50을 초과하게 되는 경우
④ 자기계약 보험의 보험료 누계액이 그 보험대리점 또는 보험중개사가 모집한 보험의 보험료의 100분의 90을 초과하게 되는 경우

28 손해보험회사가 손해보험계약의 제3자에게 보험금을 지급하지 못하는 지급불능에 빠지게 될 경우 그 사실을 누구에게 보고하여야 하는가?

① 금융위원회 ② 금융감독원
③ 손해보험협회의 장 ④ 보험개발원

29 다음 중 보험협회에 위탁된 업무는 무엇인가?

① 보험대리점의 등록 ② 보험중개사의 등록
③ 보험계리사의 등록 ④ 손해사정사의 등록

30 보험요율 산출기관이 보유하는 개인정보를 타인에게 제공할 수 있는 경우에 해당하지 않는 것은?

① 보험회사의 순보험료 산출에 필요한 경우
② 정부로부터 위탁받은 업무를 하기 위하여 필요한 경우
③ 보험회사의 보험계약 체결 · 유지 및 보험금 지급업무에 필요한 경우
④ 보험사기 방지 및 조사를 위하여 필요한 경우

31 보험조사협의회의 구성과 관련하여 다음 설명 중 틀린 것은?

① 보험조사협의회는 일정한 자격을 가진 사람 중에서 금융위원회가 임명하거나 위촉하는 15명 이내의 위원으로 구성할 수 있다.
② 협의회의 의장은 금융위원회 소속 공무원이 담당하며, 위원의 임기는 3년으로 한다.
③ 직무와 관련된 비위사실이 있는 경우 금융위원회는 해당 위원을 해임 또는 해촉할 수 있다.
④ 협의회 회의는 협의회장이 필요하다고 인정하거나 재적위원 3분의 1 이상이 요구할 때에 협의회장이 소집한다.

32 금융위원회가 보험회사(그 소속 임직원을 포함한다)가 보험업법 또는 보험업법에 따른 규정, 명령 또는 지시를 위반하여 보험회사의 건전한 경영을 해칠 우려가 있다고 인정되는 경우 등에 취할 수 있는 조치에 해당하지 않는 것은?

① 금융감독원장의 건의에 따라 보험회사에 대한 경고
② 금융감독원장으로 하여금 그 임직원에 대한 문책의 요구
③ 금융감독원장의 건의에 따라 해당 위반행위에 대한 시정명령
④ 금융감독원장으로 하여금 임원의 해임권고

33 보험약관 등의 이해도 평가 대상자에 속하지 않는 자는?

① 금융감독원장이 추천하는 보험소비자 3명
② 생명보험협회의 장이 추천하는 보험의 모집에 종사하는 자 1명
③ 보험요율 산출기관의 장이 추천하는 보험소비자 1명
④ 보험연구원의 장이 추천하는 보험 관련 법률전문가 1명

34 보험업을 경영함에 따라 발생할 수 있는 손실위험을 금융위원회가 정하여 고시하는 방법에 따라 금액으로 환산한 것을 무엇이라고 하는가?

① 지급여력기준금액
② 지급여력금액
③ 지급여력비율
④ 지급여력고시금액

35 보험회사의 부수업무에 대한 다음 설명 중 틀린 것은?

① 열거주의 방식을 취하고 있다.
② 보험회사가 하는 부수업무가 보험회사의 경영건전성을 해치거나 보험계약자 보호에 지장을 가져오는 경우 금융위원회는 그 부수업무를 하는 것을 제한하거나 시정할 것을 명할 수 있다.
③ 제한명령 또는 시정명령은 그 내용 및 사유가 구체적으로 적힌 문서로 하여야 한다.
④ 금융위원회는 보험회사가 보험업에 부수(附隨)하는 업무를 신고한 경우에는 그 신고일부터 7일 이내에 보험회사의 명칭 등을 인터넷 홈페이지 등에 공고하여야 한다.

36 보험회사가 그 보험회사의 대주주와 행위를 할 때 7일 이내에 그 사실을 금융위원회에 보고하고 인터넷 홈페이지 등을 이용하여 공시하여야 하는 사항이 아닌 것은?

① 대통령령으로 정하는 금액 이상의 신용공여
② 해당 보험회사의 대주주가 발행한 채권을 대통령령으로 정하는 금액 이상으로 취득하는 행위
③ 해당 보험회사의 대주주가 발행한 주식을 대통령령으로 정하는 금액 이상으로 취득하는 행위
④ 보유 중인 해당 보험회사의 대주주가 발행한 채권을 행사하는 행위

37 **실손의료보험계약의 보험금 청구에 대한 다음 설명 중 틀린 것은?**

① 보험계약자 등이 요양기관에 실손의료보험계약의 보험금 청구에 필요한 서류의 전송을 요청하는 경우에는 피보험자의 진료내역 및 보험금을 청구할 보험회사를 확인해야 한다.
② 실손전산시스템운영위원회 위원의 임기는 3년이다.
③ 실손전산시스템운영위원회는 위원장 1명을 포함한 18명의 위원으로 구성한다.
④ 보험회사는 실손의료보험 보험금 청구를 위한 전산시스템의 구축 · 운영에 관한 업무를 공공성 · 보안성 · 전문성 등을 고려하여 전송대행기관에 위탁할 수 있는데, 해당 기관은 보험요율 산출기관이다.

38 **보험중개사에 관한 설명으로 옳지 않은 것은?**

① 보험중개사의 보험계약 체결의 중개행위와 관련하여 손해를 입은 보험계약자 등은 보험회사에 대하여 손해배상금의 지급을 신청할 수 있다.
② 보험중개사는 보험회사의 임원이 될 수 없다.
③ 보험중개사는 보험계약의 체결을 중개하면서 손해사정사의 업무를 겸할 수 없다.
④ 보험중개사는 대통령령으로 정하는 경우 이외에는 보험계약 체결의 중개와 관련한 수수료나 그 밖의 대가를 보험계약자에게 청구할 수 없다.

39 **보험회사가 그 영업을 양도 또는 양수하기 위하여 필요한 것은?**

① 금융위원회에 보고
② 금융위원회에 신고
③ 금융위원회의 인가
④ 금융위원회의 허가

40 **보험회사가 그 보험업의 전부 또는 일부를 폐업하려는 경우 금융위원회에 사업 폐업에 따른 정리계획서를 제출하여야 하는 기간은 언제인가?**

① 10일 전
② 30일 전
③ 60일 전
④ 3개월 전

2과목 보험계약법

01 고지의무에 대한 다음 설명 중 틀린 것은? (다툼이 있는 경우 대법원 판례에 따름)

① 고지의무에서 말하는 중대한 과실이란 현저한 부주의로 중요한 사항의 존재를 몰랐거나 중요성 판단을 잘못하여 그 사실이 고지하여야 할 중요한 사항임을 알지 못한 것을 의미한다.
② 고지의무 위반에 대한 증명책임은 보험자가 부담한다.
③ 보험계약자와 피보험자가 다른 경우에 보험계약자가 피보험자에게 적극적으로 확인하여 고지하는 등의 조치를 취하지 아니한 것은 중대한 과실로 볼 수 있다.
④ 피보험자의 신상에 관한 질문에 대하여 '예'와 '아니오' 중에서 택일하는 방식으로 고지하도록 되어 있다면, 보험계약자가 '아니오'로 표기하였다는 사실만으로 고지의무 위반에 해당한다고 할 수 없다.

02 추정전손에 대한 다음 설명 중 틀린 것은? (다툼이 있는 경우 대법원 판례에 따름)

① 어떠한 보험사고가 추정전손의 요건을 충족하는지는 피보험자가 이를 입증하여야 한다.
② 적하가 보험사고로 인하여 심하게 훼손되어서 이를 수선하기 위한 비용과 그 적하를 목적지까지 운송하기 위한 비용과의 합계액이 도착하는 때의 적하의 가액을 초과하리라고 예상될 경우는 추정전손에 해당한다.
③ 추정전손에서 말하는 수리비라 함은 훼손된 선박을 원상으로 회복하는 데 소요되는 비용을 말하고, 이에는 선박의 손상 부위와 정도를 감정하기 위한 비용 · 선박을 수선항으로 예인하기 위한 비용 · 선급검사인의 검사료 · 예선증명서의 발급비용 · 수선감독자의 감독비용 · 기타 수선에 부수하는 비용은 제외된다.
④ 추정전손에 해당하는지 여부에 대한 판단의 기준시점은 위부통지시의 사실관계가 아니고, 보험금 청구소송의 제소시(at the commencement of the action)에 존재하는 사실관계에 의하여 그 여부가 판단된다.

03 보험계약자 측의 고지의무 위반 및 위험변경증가 통지의무 위반으로 인한 보험자의 해지권에 대하여 다음의 지문 중 틀린 것은? (다툼이 있을 경우 대법원 판례에 따름)

① 보험계약자 측의 의무 위반 행위가, 고지의무 위반에도 해당하고 위험변경증가 통지의무에도 해당할 경우, 보험자가 해지권을 행사할 때에는 어떠한 사유에 의한 것인지 해지사유를 명시하여야 한다.
② 보험계약의 해지권은 형성권이고, 해지권 행사기간은 제척기간이다.
③ 해지의 의사표시는 민법의 일반원칙에 따라 보험계약자 또는 그의 대리인에 대한 일방적 의사표시에 의하며, 그 의사표시의 효력은 상대방에게 도달한 때에 발생하므로 해지의 의사표시가 담긴 안내장이 제척기간 내에 피고에게 송달되어야만 해지권자가 제척기간 내에 적법하게 해지권을 행사하였다고 할 수 있다.
④ 고지의무 위반 또는 위험변경증가 통지의무 위반에 대한 보험자의 해지권 행사는 유효하게 존속하고 있는 보험계약을 장래에 향하여 해지하게 하려는 법적 의도가 동일하므로 어떠한 사유에 의한 해지의 의사표시를 한 이후 다시 다른 해지사유에 의한 것으로 전용하는 것이 가능하다.

04 해상보험에 가입한 김인스는 항해 도중에 불가항력으로 인하여 적하를 매각하였다. 이 경우 보험자가 지급하여야 하는 금액은?

① 매각 대금에서 운임 기타 필요한 비용을 공제한 금액과 보험가액과의 차액을 보상하여야 한다.
② 보험금액을 한도로 매각 대금에 상당하는 금액을 보상하여야 한다.
③ 보험가액에서 매각 대금을 차감한 금액을 보상하여야 한다.
④ 적하의 매수인이 아직 대금을 지급하지 않았다면 보험자는 보험금액을 지급하지 않아도 된다.

05 다음 설명으로 옳지 않은 것은?

① 판례는 책임보험에서 피해자의 직접청구권의 법적 성질은 손해배상 청구권이라고 한다.
② 보험목적의 양수인이 양수 사실 통지의무를 위반할 경우, 보험자는 그 사실을 안 날로부터 1개월 이내에 그 계약을 해지할 수 있다.
③ 집합된 물건을 일괄하여 보험의 목적으로 한 때에는 그 목적에 속한 물건이 보험기간 중에 수시로 교체되더라도 보험사고의 발생시에 현존한 물건은 보험의 목적에 포함된 것으로 본다.
④ 집합된 물건을 일괄하여 보험의 목적으로 한 때에는 피보험자의 가족과 사용인의 물건은 그 가족 또는 사용인을 위하여서도 체결한 것으로 본다.

06 보험증권에 대한 상법의 태도라 볼 수 없는 것은?

① 보험계약은 당사자 사이의 의사 합치에 의하여 성립되는 낙성계약으로서 별도의 서면을 요하지 아니하므로 보험계약을 체결할 때 작성 · 교부되는 보험증권은 하나의 증거증권에 불과하다.
② 이행보증보험은 타인을 위한 보험에 해당하며, 보험계약 성립 이후 보험증권이 보험계약자의 구상의무에 관하여 담보를 제공한 제3자에게 교부되었다면 보험자의 보험증권 교부의무는 이행되었다고 볼 수 있다.
③ 보험계약의 당사자가 보험증권의 교부가 있은 날로부터 20일 이내에 한하여 증권내용에 관한 이의를 할 수 있음을 약정한 경우에는 상법 제663조에 의하여 효력이 없다.
④ 보험증권이 현저히 멸실, 훼손된 경우에는 보험계약자의 비용으로 증권의 재교부를 청구할 수 있다.

07 소멸시효에 대한 다음 설명 중 틀린 것은? (다툼이 있는 경우 대법원 판례에 따름)

① 보험회사가 보험금청구권자에게 그 사고는 면책 대상이어서 보험금을 지급할 수 없다는 내용의 잘못된 통보를 하였다면 그와 같은 사유는 보험금청구권을 행사하는 데 있어서 법률상의 장애사유로 볼 수 있으므로 보험회사의 보험금 지급채무는 시효로 소멸하지 않는다.

② 공동불법행위자 중의 1인과 보험계약을 체결한 보험자가 피해자에게 손해배상금을 보험금으로 모두 지급함으로써 공동불법행위자들의 보험자들이 공동면책되었다면, 그 손해배상금을 지급한 보험자는 다른 공동불법행위자들의 보험자들이 부담하여야 할 부분에 대하여 직접 구상권을 행사할 수 있다. 이 경우 5년의 소멸시효가 적용된다.

③ 보험금청구권은 보험사고가 발생하기 전에는 추상적인 권리에 지나지 아니할 뿐 보험사고의 발생으로 인하여 구체적인 권리로 확정되어 그 때부터 그 권리를 행사할 수 있게 되는 것이므로, 특별한 사정이 없는 한 원칙적으로 보험금청구권의 소멸시효는 보험사고가 발생한 때로부터 진행한다.

④ 무효인 보험계약에 따라 납부한 보험료에 대한 반환청구권은 보험료를 마지막으로 납부한 때부터 진행하는 것이 아니라, 각 보험료를 납부한 때부터 진행한다.

08 고지의무 위반이 성립하기 위한 요건과 관련된 다음 설명 중에서 옳지 않은 것은?

① 고지의 대상은 계약 체결 또는 보험료 산정에 영향을 미치는 일체의 사항, 즉 중요한 사항만 해당한다.

② 보험수익자는 고지의무를 부담하지 않는다.

③ 보험의에게 고지 내용을 알린 것도 고지의무 이행에 해당한다.

④ 보험계약자 또는 피보험자가 고의 또는 과실로 인하여 알리지 않은 경우에 해당한다.

09 보험계약자, 피보험자 또는 보험수익자의 고의 또는 중대한 과실로 인한 사고에 대한 다음 설명 중 가장 옳지 않은 것은?

① 상해를 보험사고로 하는 경우에는 보험계약자의 중대한 과실로 인한 보험사고는 보험금 지급 대상에 해당한다.

② 보험계약자의 과실로 인한 사고를 면책으로 하는 약관 조항은 무효이다.

③ 피보험자의 고의로 인한 사고는 절대적 면책사유이므로, 보험자가 보상책임을 부담하도록 규정한 약관 조항은 무효이다.

④ 보험계약자 측의 고의나 중대한 과실이 있었다는 것에 대한 증명책임은 보험자에게 있다.

10 **보험료 지급에 관한 다음 설명 중 틀린 것은?**

① 보험료 상당액의 전부 또는 일부의 지급이 있어야 보험계약이 성립된다.
② 최초보험료 지급이 있어야 보험자 책임이 개시되는 것이 원칙이다.
③ 보험료의 지급이 없더라도 보험자의 책임이 개시하도록 하는 합의는 유효하다.
④ 계속보험료가 지급되지 않으면 일정한 유예기간을 주고 그 기간이 지나면 보험계약이 실효된다고 규정한 약관은 무효이다.

11 **보험수익자의 지정, 변경에 관한 다음 설명 중 틀린 것은? (다툼이 있는 경우 대법원 판례에 따름)**

① 상해의 결과로 피보험자가 사망한 때에 사망보험금이 지급되는 상해보험에서 보험계약자가 보험수익자를 피보험자의 '법정상속인'이라고만 지정한 경우, 특별한 사정이 없는 한 그와 같은 지정에는 장차 상속인이 취득할 보험금청구권의 비율을 상속분에 의하도록 하는 취지가 포함되어 있다.
② 보험계약자가 지정된 보험수익자를 다른 사람으로 변경하고자 할 때에 보험자에 대하여 그 통지를 하지 않더라도 보험수익자 변경의 효력이 발생한다.
③ 보험계약자가 보험수익자 변경권을 행사하지 아니하고 사망한 때에는 다른 약정이 없더라도 승계인이 보험수익자 변경권을 대신 행사할 수 있다.
④ 보험수익자가 보험 존속 중에 사망한 때에는 보험계약자는 다시 보험수익자를 지정할 수 있다. 이 경우에 보험계약자가 지정권을 행사하지 아니하고 사망한 때에는 보험수익자의 상속인을 보험수익자로 한다.

12 **상법상 보험계약의 무효사유에 해당하는 것은?**

① 보험계약자가 고지의무를 위반한 경우
② 보험계약자가 계속보험료의 지급을 게을리한 경우
③ 보험계약자의 사기로 인하여 중복보험계약이 체결된 경우
④ 보험기간 중에 피보험자의 중대한 과실로 인하여 사고발생의 위험이 현저하게 변경된 경우

13 **임차인이 임차건물과 그 안에 있는 자신 소유의 시설 · 집기 등에 대한 화재보험계약을 체결하면서, 건물에 대한 피보험자를 명확히 정하지 않은 경우에 대법원 판례에 따른 설명으로 옳은 것은? (특별한 사정이 없는 경우를 전제로 함)**

① 이 화재보험계약은 건물에 대해서는 임차인이 건물의 소유자에게 지게 되는 손해배상책임을 담보하는 자기를 위한 책임보험으로서의 성격을 지닌다.
② 이 화재보험계약은 건물에 대해서는 건물의 소유자를 피보험자로 하는 타인을 위한 책임보험으로서의 성격을 지닌다.
③ 이 화재보험계약은 건물에 대해서는 건물의 소유자를 피보험자로 하는 타인을 위한 물건보험으로서의 성격을 지닌다.
④ 임차인이 서류를 위조하여 시설 · 집기의 멸실 · 훼손에 대한 보험금을 과다하게 청구함으로 인해 이 화재보험약관상의 실권조항에 의하여 보험금청구권을 상실한 경우에는 건물과 시설 · 집기 일체에 대하여 1개의 화재보험계약이 체결된 이상 건물의 소유자도 그 건물에 대한 보험금청구권을 상실한다.

14 인보험에서의 피보험자에 대한 다음 설명 중에서 가장 옳은 설명은?

① 인보험에서 피보험자가 될 수 있는 자에는 일정한 조건이 있다.
② 인보험에서 피보험자는 피보험이익의 주체이다.
③ 생명보험에서 보험계약자와 피보험자가 다른 경우를 타인을 위한 보험이라고 한다.
④ 상법상 인보험 증권에는 피보험자의 주소, 성명 및 주민등록번호를 기재하여야 한다.

15 다음의 사례를 보고 틀린 지문을 고르시오. (다툼이 있을 경우 대법원 판례에 따름)

- A는 10억원 상당의 자기 소유 아파트를 보유
- A는 자신이 소유하고 있는 아파트에 대하여 B보험회사와 화재보험계약을 체결함
- 화재보험계약의 보험가입금액은 20억원으로 하여 체결됨

① A가 선의인 경우 B는 보험금액의 감액을 청구할 수 있다.
② A가 선의인 경우 A는 보험료의 감액을 청구할 수 있으나, 이미 납부한 보험료에 대해서는 반환 청구를 할 수 없다.
③ A의 사기로 인한 경우 그 계약은 무효이며, A와 B는 보험료과 보험금을 각각 서로에게 반환하여야 한다.
④ 보험금액이 보험계약의 목적의 가액을 현저하게 초과했는지 여부는 계약 당시의 가액에 의해서 판단하는 것이 원칙이다.

16 다음 중 상법상 보험계약을 해지할 수 있는 경우는 몇 개인가?

㉠ 보험사고의 발생으로 보험금액을 지급한 때에도 보험금이 감액되지 아니하는 보험의 경우
㉡ 보험자가 파산선고를 받고 1년이 경과한 경우
㉢ 보험계약자의 고지의무 위반이 보험사고의 발생에 영향을 주지 않은 경우
㉣ 타인의 사망을 보험사고로 하는 보험계약의 체결 시에 그 타인의 서면동의를 받지 않은 경우
㉤ 쓰나미로 선박과 화물이 멸실된 것을 알면서 선박보험계약을 체결한 경우

① 2개
② 3개
③ 4개
④ 5개

17 손해방지의무에 관한 다음의 내용 중 맞는 것은?

① 판례는 보험계약의 최대 선의의 원칙에 따라 보험계약이 체결되지 않은 자기 재산에 기울이는 것보다 넓은 범위의 손해방지 활동을 요구한다.
② 판례는 보험자가 담보하는 보험사고 여부가 명확히 판명되지 않은 상태에서 지급한 손해방지비용은 보험사고를 전제로 하는 손해방지의무의 취지에 반하는바 지급의무가 없다고 하였다.
③ 공동불법행위자 중 1인의 보험자가 손해방지비용 전액을 지급하였다면, 다른 공동불법행위자들이 부담해야 할 부분에 대하여 구상권을 행사할 수 있다.
④ 보험자의 지시에 의하여 손해방지의무를 이행한 경우에 한하여, 손해방지비용과 보상액의 합계액이 보험금액을 초과한 경우에 보험자가 이를 부담한다.

18 다음 (   ) 안에 들어갈 말이 바르게 짝 지어진 것은?

> 보험가액의 일부를 보험에 붙인 경우에는 보험자는 (a)의 (b)에 대한 비율에 따라 보상할 책임을 진다. 그러나 당사자 간에 다른 약정이 있는 때에는 보험자는 (c)의 한도 내에서 그 손해를 보상할 책임을 진다.

① a. 보험금액 b. 보험가액 c. 보험금액
② a. 보험료 b. 보험금액 c. 보험가액
③ a. 보험가액 b. 보험금액 c. 보험가액
④ a. 보험료 b. 보험가액 c. 보험금액

19 다음 중 부활을 청구할 수 있는 보험계약은 어느 것인가?

① 고지의무 위반에 따라 보험계약이 해지되고 해지환급금이 지급되지 아니한 계약
② 계속보험료 미납에 따라 보험계약이 해지되고 해지환급금이 지급되지 아니한 계약
③ 통지의무 위반에 따라 보험계약이 해지되고 해지환급금이 지급되지 아니한 계약
④ 초회보험료 미납에 따라 보험계약이 해지되고 해지환급금이 지급되지 아니한 계약

20 질병보험에 대한 다음 설명 중 틀린 것은? (다툼이 있는 경우 대법원 판례에 따름)

① 신체의 질병 등과 같은 내부적 원인에 기한 것은 질병보험의 대상이 된다.
② 보험자에게 소속된 의사가 보험계약자 등을 검진한 경우에 그 검진이 위험측정자료를 보험자에게 제공하는 보험자의 보조자로서의 자격으로 행해진 것이 아니라고 하더라도 그 의사가 보험자에게 소속된 의사라면, 해당 의사는 고지수령권을 보유하고 있고 검진 과정에서 알게 된 보험계약자 등의 질병을 보험자도 알고 있으리라고 보는 것이 타당하다.
③ 질병보험에 관하여는 만15세 미만자 등의 보험 가입 제한 규정이 적용되지 않는다.
④ 우리 상법은 인보험을 생명보험, 상해보험, 질병보험으로 구분한다.

21 보험 계약의 약관에 다음 조항이 삽입되었다고 한다면, 다음 중 무효인 약관은 어떤 것인가?

① 고지의무 위반이 있을 경우 보험자가 그 사실을 안 날로부터 3월, 보험계약을 체결한 날로부터 3년 내에 계약을 해지할 수 있도록 약정한 해상보험 계약
② 보험자가 보험약관 교부설명의무를 위반한 경우 보험계약자가 보험계약이 성립한 날로부터 5개월 이내에 그 계약을 취소할 수 있도록 약정한 생명보험 계약
③ 보험계약이 무효인 경우에 보험계약자 측의 선의, 중과실을 따지지 않고 보험료를 반환하지 않기로 약정한 주택화재보험 계약
④ 보험계약자가 보험사고 발생 통지의무를 하지 않아 손해가 증가된 경우에도 보험자가 모든 책임을 지도록 약정한 자가용 자동차보험 계약

22 **손해보험상 손해방지의무에 대한 설명 중 옳지 않은 것은?**

① 보험계약자와 피보험자는 손해의 방지와 경감을 위하여 노력하여야 한다. 그러나 이를 위하여 필요 또는 유익하였던 비용과 보상액이 보험금액을 초과한 경우라도 보험자가 이를 부담한다.
② 상법 보험 편은 손해방지의무 위반의 효과에 대하여 의무 위반으로 인하여 늘어난 손해는 보험자가 보상하지 않는다고 규정하고 있다.
③ 배상책임보험에서 피보험자에게 배상책임이 발생하지 않은 사고라도 긴급조치비용으로 지출된 비용은 보험자가 예외적으로 보상한다.
④ 손해방지의무는 보험사고의 발생을 전제로 하는 것이나, 보험사고가 발생한 것과 같게 볼 수 있는 상태가 생겼을 때에도 손해방지의무는 생겨난다.

23 **다음 중 청구권 대위의 객체인 청구권에 해당하지 않는 것은?**

① 화재보험에서 제3자인 방화자에 대해 가지는 불법행위로 인한 손해배상청구권
② 화재보험에서 피보험자인 가옥 소유주가 가옥 임차인에 대한 임대차 계약에 기한 손해배상청구권
③ 해상보험에서 선장의 적법한 공동해손처분으로 인해 손해를 입은 자가 선박 및 적하의 이해관계자에 대해 가지는 공동해손분담청구권
④ 화재보험에서 피보험자와 생계를 같이 하는 가족에 대한 손해배상 청구권

24 **상법 규정상 잔존물 대위와 청구권 대위에서 공통되는 사항은?**

① 보험목적의 전부가 멸실해야 한다.
② 보험금액의 전부를 지급해야 한다.
③ 피보험자의 권리를 취득한다.
④ 보험계약자의 권리를 취득한다.

25 **항해보험의 경우 보험자의 책임개시와 종료에 대한 다음 설명 중 옳지 않은 것은?**

① 선박보험에 있어 보험자의 책임은 하물 또는 저하의 선적에 착수한 때에 개시하되, 선적 착수 후에 보험계약이 체결된 때에는 체결 시에 개시한다.
② 선박보험에 있어서 보험자의 책임은 도착항에서 하물 또는 저하를 양륙한 때에 끝나고, 이는 양륙이 지연된 때에도 마찬가지이다.
③ 적하보험에 있어서 보험자의 책임은 하물의 선적에 착수한 때에 개시하되, 선적 착수 후에 보험계약을 체결된 때에는 체결 시에 개시한다.
④ 적하보험에 있어서 출하지와 도착지를 별도로 정한 경우 보험자의 책임은 출하지에서 하물의 운송에 착수한 때에 개시하고 도착지에서 하물을 인도한 때에 끝난다.

26 **보험위부의 효력에 관한 다음 설명 중 옳지 않은 것은?**

① 보험자는 위부를 불승인 할 수 없으며 그 위부에 대하여 이의를 제기하지 못한다.
② 위부는 보험의 목적의 전부에 대하여 하여야 한다. 그러나 위부의 원인이 그 일부에 대하여 생긴 때에는 그 부분에 대하여서만 이를 할 수 있다.
③ 보험가액의 일부를 보험에 붙인 경우에는 위부는 보험금액의 보험가액에 대한 비율에 따라서만 이를 할 수 있다.
④ 위부를 함에 있어서 보험자에게 보험의 목적에 관한 다른 보험계약과 그 부담에 속한 채무에 대한 내용을 통지하여야 한다.

27 **단체보험에 대한 다음 규정 중에서 가장 틀린 것은?**

① 단체가 규약에 따라 생명보험계약을 체결하는 경우에는 피보험자의 서면 동의를 받지 않아도 된다.
② 보험자는 보험계약자에 대해서만 보험증권을 교부하면 된다.
③ 단체보험 체결 시에 피보험자 또는 그 상속인이 아닌 자를 보험수익자로 지정할 때에는 피보험자의 서면 동의를 받아야 한다.
④ 대법원 판례에 의하면 단체보험은 당연히 타인을 위한 보험이어야 하며, 자기를 위한 보험의 형태를 가지는 것은 단체보험의 본질에 반한다고 하였다.

28 **상법상 생명보험의 관한 다음 설명 중 틀린 것은?**

① 타인의 사망을 보험사고로 하는 보험계약에서 그 타인의 서면 동의를 얻어야 하는 시기는 보험계약체결 시까지이다.
② 15세 미만자의 사망을 보험사고로 하는 보험계약은 무효이다.
③ 심신박약자가 의사능력이 있는 경우에는 사망보험의 피보험자가 될 수 있다.
④ 심신상실자는 생명보험 계약의 보험수익자가 될 수 없다.

29 **화재보험에 대한 다음 설명 중 틀린 것은?**

① 보험자는 화재로 인한 직접적인 손해뿐만 아니라, 화재의 소방 또는 손해의 감소에 필요한 조치로 인하여 생긴 손해도 보상할 책임이 있다.
② 화재보험을 체결하면서 보험가액을 정하였다면 그 가액을 보험증권에 기재하여야 한다.
③ 집합된 물건을 일괄하여 보험의 목적으로 한 때에는 피보험자의 가족과 사용인의 물건도 보험의 목적에 포함된 것으로 한다. 이 경우에는 그 보험은 타인을 위한 보험의 형태로 해석한다.
④ 집합된 물건을 일괄하여 보험의 목적으로 한 때에는 그 목적에 속한 물건이 보험기간 중에 수시로 교체된 경우에도 보험사고의 발생 시에 현존한 물건은 별도의 특약이 없는한, 보험의 목적에 포함되지 않는다.

30 다음 중 타인의 생명보험계약을 체결했을 때에 다음 중 무효가 되는 것은?

① 타인의 공인인증법에 의한 공증을 받고 사망을 보험사고로 하는 보험계약을 체결함
② 타인의 서면 동의를 받고 보험계약으로 인하여 생긴 권리를 피보험자가 아닌 자에게 양도함
③ 타인의 전자서명법에 따른 전자서명 동의를 받고 사망을 보험사고로 하는 보험계약을 체결함
④ 타인의 서면 동의를 받고 사망을 보험사고로 하는 보험계약을 체결함

31 보험의 목적이 보험기간 중에 보험사고가 아닌 사고로 멸실된 경우 보험계약에 대한 설명 중 옳은 것은?

① 보험자 또는 보험계약자에 의한 해지 사유이다.
② 보험계약이 종료한다.
③ 보험계약자는 보험료 감액을 청구할 수 있다. 그러나 보험료의 감액은 장래에 대하여서만 그 효력이 있다.
④ 보험계약은 처음부터 무효이다.

32 상법 규정상 다음의 경우 각각의 보험자가 보험금을 지급하는 방식 중 맞는 내용은? (상법 규정 이외의 다른 특약은 없다고 가정한다)

> 피보험자가 동일한 사고로 제3자에게 배상책임을 짐으로써 입은 손해를 보상하는 책임보험계약이 A, B, C 보험자와 순서대로 체결되었으며, 그 보험금액의 총액이 피보험자의 제3자에 대한 손해배상액을 초과하였다.

① A 보험자가 먼저 지급하며 A 보험자의 보상한도액이 초과하면, 순서대로 B 보험자, C 보험자가 지급한다.
② 피보험자가 A 보험자에 대하여 보험금 청구권을 포기하더라도 B와 C 보험자의 보험금 지급액에는 영향이 없다.
③ 각각의 보험계약은 무효이며, 보험자는 그 사실을 안 때까지의 보험료를 청구할 수 있다.
④ A 보험자만 보상책임을 지며, B와 C 보험자는 고지의무 위반을 이유로 면책된다.

33 타인의 생명보험에서 타인의 서면동의에 관한 설명 중 옳지 않은 것은?

① 서면 동의 없이 보험계약을 체결한 자가 스스로 무효를 주장하는 것은 신의성실의 원칙에 위반된다.
② 판례에 의하면, 보험설계사가 "타인의 서면동의를 얻지 아니하면 계약이 무효가 된다"는 약관조항을 설명하지 아니한 경우에도, 보험자는 계약의 무효로 인하여 보험금지급책임을 면한다.
③ 타인의 서면 동의가 없이 체결된 후 차후에 서면동의를 보완한 경우에도 처음부터 유효한 보험계약으로 치유되는 것은 아니다.
④ 甲이 乙의 사망을 보험사고로 하고 丙을 보험수익자로 하는 계약을 체결하는 경우에는, 乙은 甲이 자신을 피보험자로 지정하는 데에 대한 서면동의를 해야 할 뿐만 아니라, 甲이 丙을 보험수익자로 지정하는 데에 대한 서면동의도 하여야 한다.

34 다음 중 빈칸 안에 들어갈 단어를 순서대로 고른 것은?

> **제694조 (공동해손분담액의 보상)**
> 보험자는 피보험자가 지급할 공동해손의 분담액을 보상할 책임이 있다. 그러나 보험의 목적의 공동해손분담가액이 (A)을 초과할 때에는 그 초과액에 대한 분담액은 보상하지 아니한다.
>
> **제694조의2 (구조료의 보상)**
> 보험자는 피보험자가 보험사고로 인하여 발생하는 손해를 방지하기 위하여 지급할 구조료를 보상할 책임이 있다. 그러나 보험의 목적물의 구조료분담가액이 (B)을 초과할 때에는 그 초과액에 대한 분담액은 보상하지 아니한다.
>
> **제694조의3 (특별비용의 보상)**
> 보험자는 보험의 목적의 안전이나 보존을 위하여 지급할 특별비용을 (C)의 한도내에서 보상할 책임이 있다.

① A : 보험금액, B : 보험금액, C : 보험가액
② A : 보험금액, B : 보험가액, C : 보험가액
③ A : 보험가액, B : 보험금액, C : 보험가액
④ A : 보험가액, B : 보험가액, C : 보험금액

35 다음 중 위부의 대상이 아닌 경우는?

① 보험사고로 인하여 선박 또는 적하의 점유를 상실하여 이를 회복할 가능성이 없는 때
② 선박이 보험사고로 심하게 훼손되어 이를 수선하기 위한 비용이 수선하였을 때의 가액을 초과하리라 예상되는 경우
③ 적하가 보험사고로 심하게 훼손되어 이를 수선하기 위한 비용과 그 적하를 목적지까지 운송하기 위한 비용과의 합계액이 도착하는 때의 적하의 가액을 초과하리라 예상되는 경우
④ 선박이 존부가 2월간 분명하지 아니한 때

36 타인의 생명보험에 관한 다음 설명 중 옳은 것은?

① 판례에 의하면 타인의 생명보험 계약이란, 보험계약자가 자기 이외의 제3자를 피보험자로 하여 체결한 생명보험계약을 말하므로, 제3자가 타인의 동의를 받지 않고 보험계약자와 피보험자를 모두 타인으로 하여 계약을 체결한 경우에는 타인의 생명보험으로는 볼 수 없다.
② 보험자가 수년간 보험료를 수령하거나 종전에 그 생명보험 계약에 따라 입원급여금 등 보험금을 지급한 후에, 타인의 서면 동의가 없음을 이유로 무효를 주장하는 것은 금반언의 원칙에 위배되는 행위이다.
③ 타인의 동의는 각 보험계약에 대하여 개별적으로 서면에 의하여 이루어져야 하고, 포괄적인 동의로는 부족하다.
④ 타인의 서면 동의 없는 생명보험 계약을 금지하는 것은, 도박보험의 위험성과 공서양속 침해를 배제하기 위한 규정이므로, 타인의 서면 동의가 없어 무효인 보험계약이라도 보험계약 지속 중에 타인이 이를 추인할 의사를 가지고 보험자에게 다시 서면 동의를 제출한다면 계약 체결 시로 소급하여 유효가 된다.

37 아래 사례에 대한 판례의 입장을 맞게 서술한 것은?

- 보험 계약 사항
  1. 1월 1일 A보험자에게 오토바이 자동차보험(B자동차보험) 가입
  2. 3월 1일 A보험자에게 상해사망보험(C상해보험) 가입
- 사고사항 및 일반 내용
  1. 5월 1일 오토바이 운전 중 교통사고로 사망함
  2. 피보험자는 C상해보험 가입 시에 '오토바이 소유 및 탑승 여부'에 대한 고지 질문에 '비소유 및 비탑승'으로 고지함
  3. 보험사고 발생 후 조사 결과, 실제 피보험자는 오랜 기간 오토바이를 소유 및 운전(탑승)한 것으로 밝혀짐
  4. C상해보험은 오토바이를 소유 및 탑승하는 피보험자에게 보험가입금액 제한, 보험료 할증 등을 시행함

① 오토바이 소유 및 탑승 여부는 C상해보험을 체결하는데 영향을 미치는 사항에는 해당하지만, 고지의무에서 말하는 '중요한 사항'에는 해당하지 않으므로, A보험자는 고지의무 위반을 주장할 수 없다.
② A보험자는 C상해보험계약에 대하여 사망보험금은 면책되나, 계약은 해지할 수 없다.
③ 피보험자가 오토바이 자동차보험에 가입하고 있다는 사정만으로는 실제 오토바이를 소유 및 탑승하였는지 여부를 단정할 수 없으므로, A보험자는 '오토바이 비소유 및 비탑승' 으로 고지한 것을 이유로 보험계약을 해지할 수 있다.
④ A보험자는 자신의 불이익을 방지하기 위하여, 자사의 보험가입현황을 조회하여야 하며, 만약 이를 조회하지 않았다면 중대한 과실에 해당한다.

38 보험계약자의 사기로 다음과 같은 행위가 이루어진 경우, 그 효과에 관한 설명으로 맞는 것은?

① 보험계약자의 고지의무 위반이 사기에 해당하는 경우 보험계약을 취소할 수 있다.
② 보증보험에서 보험계약자의 사기가 있는 경우 보험자는 보험금을 지급할 책임이 없다.
③ 보험계약자의 사기로 중복보험이 체결되었다면 그 계약은 무효이므로, 보험자와 보험계약자는 모든 보험료 및 보험금을 반환하여야 한다.
④ 화재보험에서 보험계약자의 사기로 초과보험이 체결된 경우 취소할 수 있다.

39 다음 중 '추정'하는 경우가 아닌 것은?

① 선박의 존부가 2월간 분명하지 아니한 때에는 선박의 행방이 불명한 것으로 하고, 이 경우에는 전손으로 (　)한다.
② 해상보험에서 희망이익보험의 보험가액을 정하지 아니한 때에는 보험금액을 보험가액으로 한 것으로 (　)한다.
③ 보험자가 보험계약자의 청약과 함께 보험료상당액의 전부 또는 일부의 지급을 받은 경우 일정한 기간 내에 낙부의 통지를 게을리한 때에는 승낙한 것으로 (　)한다.
④ 당사자 간에 보험가액을 정한 때에는 그 가액은 사고발생시의 가액으로 정한 것으로 (　)한다.

40 **보험계약 당사자 사이에 특별한 약정이 없다고 가정한다면, 상법상 생명보험계약에서 보험자가 보험적립금 반환 의무를 부담하지 않는 경우는 다음 중 어떤 것인가?**

① 보험사고가 발생하기 전에 보험계약자가 임의 해지한 경우
② 보험계약자의 고의로 보험사고가 발생한 경우
③ 피보험자의 고의로 보험사고가 발생한 경우
④ 보험수익자의 고의로 보험사고가 발생한 경우

3과목 손해사정이론

01 보험연계증권(ILS)에 대한 다음 설명 중 틀린 것은?

① 보험연계증권(ILS)은 그 특성상 생명보험에는 적용하지 못한다는 단점이 있다.
② 대재해채권(Cat bond), 사이드카(Sidecar), 산업손실보증(ILW) 등이 있다.
③ 재보험시장의 부족한 대재해 위험 담보력을 안정적으로 보장하기 위하여 도입되었다.
④ 대체적으로 보험리스크를 자본시장으로 전가하는 수단에 해당하며, 실질적으로 재보험과 동일한 기능을 한다.

02 다음 중 역선택에 대하여 옳게 서술한 것은?

① 위험선택의 주체는 보험계약자이지만, 역선택의 주체는 보험자이다.
② 정보의 비대칭성이 발생 원인이다.
③ 역선택으로 인하여 수지상등의 원칙이 실현된다.
④ 손해사정과 역선택은 관련이 없다.

03 투기위험과 순수위험의 차이점으로 옳은 것은?

① 순수위험은 보험으로 담보할 수 있다.
② 투기위험은 손실 가능성만 있다.
③ 순수위험은 위험의 발생 가능성을 예측하기 어렵다.
④ 투기위험은 사회 전체적으로 보았을 때 항상 사회적 손실에 해당한다.

04 산업재해보상보험에서는 근로자가 업무상 발생하는 사유로 부상, 질병 또는 장해가 발생하거나 사망하면 이를 업무상 재해로 본다. 다음 중에서 산업재해보상보험법에서 규정하고 있는 업무상 사고에 해당하지 않는 것은?

① 근로자가 근로계약에 따른 업무나 그에 따르는 행위를 하던 중 발생한 사고
② 사업주가 주관하거나 사업주의 지시에 따라 참여한 행사나 행사준비 중에 발생한 사고
③ 휴게시간 중 사업주의 지배관리하에 있다고 볼 수 있는 행위로 발생한 사고
④ 업주가 제공한 교통수단이나 그에 준하는 교통수단을 이용하는 등 사업주의 지배관리하에서 출퇴근하는 중 발생한 사고

05 손실통제의 이론과 기법으로서 도미노이론(domino theory)과 에너지방출이론(energy release theory)을 설명한 것이다. 다음 중에서 나머지 지문과는 다른 이론에 대해서 설명한 것은?

① 하돈(William Haddon, Jr.)에 의하여 주장되었다.
② 사고는 특정구조에 견딜 수 없을 정도의 스트레스가 가해지면, 나중에 이를 통제되지 못하여 급격히 방출되면서 발생한다고 주장한다.
③ 유해한 에너지의 축적이나 방출을 막는 물리적, 기계적인 안전시설 보강이 중요하다.
④ 예를 들어 공장에서 유압프레스에 의한 손가락 절단 사고가 발생하였다고 가정한다면, 안전수칙 부재를 사고원인으로 본다.

06 금융재보험(Finite reinsurance)에 대한 다음 설명 중 틀린 것은?

① 주로 1년 이내의 단기계약인 전통적 재보험 계약과 달리 금융재보험은 3~10년의 장기계약으로 거래비용을 절감할 수 있다.
② 금융재보험은 전통적인 재보험의 담보에서 위험재무(Risk financing)를 제외한 형태이므로 상대적으로 재보험료가 저렴하다는 장점이 있다.
③ 금융재보험은 장래의 사고를 담보하는 일반적인 보험과 달리 기발생 사고도 담보할 수 있다.
④ 재보험자는 자신이 인수하는 책임을 제한하는데 따른 보상으로 재보험계약에서 발생한 이익을 원수보험자와 공유한다.

07 다음 중 이자율 위험(interest rate risk), 환위험(foreign exchange risk)에 대처하기 위한 위험관리 기법으로 가장 적절한 것은?

① 캡티브 보험회사(captive insurer) 설립
② 위험 보유(risk retention)
③ 헷징(hedging)
④ 손실감소(loss reduction)

08 다음 글에 나타난 내용과 가장 근접한 과실책임의 법리는 무엇인가?

> 어린아이가 버려진 위험물에 이끌려 불법침입을 하여 상해를 입었을 경우 그 땅주인이 책임을 져야 한다는 법리이다. 예를 들어 버려진 자동차, 목재, 건축물, 모래더미 등에서 어린아이가 불법침입을 하여 상해를 입었다면, 어린아이가 아니라 땅주인이 책임을 부담한다. 만약 어린아이가 아니라 어른이 불법침입을 하여 상해를 입었다면 당연히 침입을 한 그 어른이 책임을 부담한다.

① 추정과실책임(res ipsa loquitur)
② 가족용도주의(family purpose doctrine)
③ 전가과실책임(imputed negligence)
④ 유혹과실책임(attractive nuisance)

09 다음은 피보험자가 동일한 피보험이익에 대하여 A, B, C 보험에 가입한 현황이다. 각각의 보험자의 보상책임으로 맞는 것은? (단, 주어진 사항 이외에 특이조건은 없다고 가정한다)

> ▸ 보험가입 사항
> A 보험 가입금액 100만원
> B 보험 가입금액 300만원
> C 보험 가입금액 600만원
> 보험가액 : 1,000만원
> A, B, C 보험 모두 1차위험 담보방식 조건
> 독립책임액 방식으로 분담함
>
> ▸ 손해발생
> 피보험자의 손실액 200만원

① A: 40만원, B: 80만원, C: 80만원
② A: 80만원, B: 40만원, C: 80만원
③ A: 80만원, B: 80만원, C: 40만원
④ A: 100만원, B: 50만원, C: 50만원

10 종합공제 조항이 부가된 보험계약에서 보험기간 중 아래와 같이 사고가 발생하였다. 다음 빈칸에 들어갈 말을 고르시오.

> • 종합공제액 50만원
> • 1차 사고 손해액 20만원 : 지급보험금 (A)
> • 2차 사고 손해액 20만원 : 지급보험금 (B)
> • 3차 사고 손해액 50만원 : 지급보험금 (C)
> • 4차 사고 손해액 50만원 : 지급보험금 (D)

① A: 0원, B: 0원, C: 50만원, D: 50만원
② A: 20만원, B: 20만원, C: 50만원, D: 50만원
③ A: 0원, B: 0원, C: 40만원, D: 50만원
④ A: 0원, B: 0원, C: 10만원, D: 50만원

11 보험회사는 보험계약자가 전가하고자 하는 위험 청약에 대해서 이를 인수할지 거절할지를 결정해야 하는데 이를 언더라이팅(Underwriting)이라고 한다. 이러한 보험회사의 언더라이팅은 일정한 기준에 의하여 결정되어야 하는데 그러한 기준을 정할 때에 고려하지 않아도 되는 사항은?

① 재보험
② 자산운용
③ 보유한도액
④ 감독당국의 규제사항

12 배우자의 상속에 대한 다음 설명 중 틀린 것은?

① 직계존비속이 없을 경우 배우자는 단독상속인이 된다.
② 피상속인 배우자의 상속분은 직계비속과 공동으로 상속하는 때에는 그 상속분은 균분으로 하고, 직계존속과 공동으로 상속하는 때에는 직계존속 상속분의 5할을 가산한다.
③ 사실혼 배우자의 상속은 인정되지 않는다. 다만 사실혼 배우자와 관계에서 태어난 자녀의 상속은 인정된다.
④ 고의로 직계존속, 피상속인, 그 배우자 또는 상속의 선순위나 동순위에 있는 자를 살해하거나 살해 하려 한 자는 상속인이 되지 못한다.

13 Lloyd's S.G. Policy에서 말하는 해상 고유의 위험(perils of the seas)에 해당하지 않는 것은?

① 투하(jettison)
② 좌초(stranding)
③ 침몰(sinking)
④ 충돌(collision)

14 재보험회사는 아래와 같이 Excess of loss reinsurance(초과 손해액 재보험 특약)를 운영하고 있다. 재보험의 보험기간이 2021년 1월 1일에서 12월 31일까지라고 할 때 다음과 같은 상황에서 재보험회사가 지급해야하는 재보험금의 합계액은 얼마인가?

특약 한도 : US$ 600,000 in excess of US$ 400,000

구분	사고일자	발생 손해액
A	2021년 1월 29일	US$ 300,000
B	2021년 5월 3일	US$ 800,000
C	2021년 11월 15일	US$ 1,200,000
D	2022년 2월 3일	US$ 500,000

① US$ 1,000,000
② US$ 1,100,000
③ US$ 1,200,000
④ US$ 1,300,000

15 다음은 현재 사용 중인 자동차보험 표준약관 중 자기차량손해에서 규정한 보상하지 않는 손해이다. 이와 가장 관련 깊은 면책사유는?

> 제23조(보상하지 않는 손해)
> 다음 중 어느 하나에 해당하는 손해는 자기차량 손해에서 보상하지 않습니다.
> (생략)
> 8. 피보험자동차에 생긴 흠, 마멸, 부식, 녹, 그 밖에 자연소모로 인한 손해

① 면책손인(excluded peril)
② 면책재산(excluded property)
③ 면책손실(excluded loss)
④ 자기부담금(deductible)

16 다음 자료를 토대로 손해율을 구하시오

> • 전기이월 미경과보험료 1,000만원
> • 지급보험료 500만원
> • 전기이월 지급준비금 800만원
> • 수입보험금 500만원
> • 수입보험료 3,500만원
> • 차기이월 미경과보험료 1,500만원
> • 지급보험금 2,700만원
> • 차기이월 지급준비금 1,100만원

① 80%
② 90%
③ 100%
④ 110%

17 연금제도의 3층 사회보장제도에 속하지 않는 것은?

① 국민연금
② 기초연금
③ 퇴직연금
④ 개인연금

18 다음 설명하고 있는 것은 어떤 용어에 대한 설명인가?

> 연대채무자의 의사와 관계없이 우연히 발생한 채무를 말하는 것으로, 채무자 사이에 주관적 관련성이 없으므로 그 중 한 사람에 대해 생긴 사유는 다른 채무자에게 영향을 미치지 않는다. 예를 들어 자동차 운전자가 사고를 낸 경우 그 운전자는 불법행위자로서 당연히 책임이 있으며 자동차 소유자는 사용자로서 책임을 지게 된다. 이 때 운전자와 소유자는 우연히 연대책임 관계가 성립하므로 (   ) 관계이다. 따라서 피해자가 사고를 낸 운전자에 대하여 손해배상 권리를 포기하거나 채무 면제 의사표시를 했다고 하더라도 다른 채무자인 소유자에 대해서는 그 효력이 미치지 않는다. 즉 피해자는 운전자와 소유자를 상대로 각각 손해배상을 청구할 수도 있으며 배상자력이 높다고 판단되는 사람만을 상대로 손해배상을 청구할 수도 있다.

① 보증 채무
② 불가분 채무
③ 분할 채무
④ 부진정 연대 채무

19 제조물책임법에 대한 다음 설명 중 틀린 것은?

① "설계상의 결함"이란 제조업자가 제조물에 대하여 제조상 · 가공상의 주의의무를 이행하였는지에 관계없이 제조물이 원래 의도한 설계와 다르게 제조 · 가공됨으로써 안전하지 못하게 된 경우를 말한다.
② 제조물에 성명 · 상호 · 상표 또는 그 밖에 식별(識別) 가능한 기호 등을 사용하여 자신을 제조물의 제조 · 가공 또는 수입을 업(業)으로 하는 자로 표시한 자도 제조업자에 해당한다.
③ 제조업자가 제조물의 결함을 알면서도 그 결함에 대하여 필요한 조치를 취하지 아니한 결과로 생명 또는 신체에 중대한 손해를 입은 자가 있는 경우에는 그 자에게 발생한 손해의 3배를 넘지 아니하는 범위에서 배상책임을 진다.
④ 제조물책임법에 따른 손해배상의 청구권은 피해자 또는 그 법정대리인이 손해와 손해배상책임을 지는 자를 모두 알게 된 날부터 3년간 행사하지 아니하면 시효의 완성으로 소멸한다.

20 다음의 내용을 보고 보험나이를 계산하시오.

• 생년월일 : 2000년 10월 6일
• 계약일 : 2023년 4월 9일

① 22세
② 23세
③ 24세
④ 25세

21 다음 중 담보(warranty)의 종류에 해당하지 않는 것은?

① 약속담보(promissory warranty)
② 명시담보(expressed warranty)
③ 항상담보(always warranty)
④ 묵시담보(implied warranty)

22 다음의 내용을 보고 A보험회사가 지급해야 하는 보험금을 계산하시오.

• 보험계약이 체결된 당시의 보험가액 8천만원
• 사고발생 시점의 보험가액 1억원
• 동일한 보험기간으로 A보험회사는 보험가입금액 6천만원, B보험회사는 보험가입금액 9천만원으로 보험계약을 각각 체결하였다. 각각의 보험계약 조건은 다음과 같다.
• A보험회사 : 80% 공동보험 조항, 공제액 1천만원 (선공제 후 공동보험 적용)
• B보험회사 : 공동보험 조항 및 공제액 조건 없음
• 보험사고가 발생하여 손해액 5천만원 발생함

① 2천만원
② 2천 2백만원
③ 2천 5백만원
④ 3천만원

23 재보험자는 원보험자의 결정에 따르며 원보험자와 모든 책임을 함께 한다는 조항으로, 신의성실의 원칙과 함께 재보험 거래의 근간을 이루는 조항은?

① follow the fortune clause
② claim co-operation clause
③ commutation clause
④ interlocking clause

24 열거위험보험증권에 대한 설명 중 틀린 것은?

① 포괄위험보험증권에 비하여 보험료가 저렴하다는 장점이 있다.
② 보험자에게 보험사고에 대한 입증 책임이 있다.
③ 위험이 누락될 가능성이 있다.
④ 필요한 위험만 선택하여 가입할 수 있다.

25 생명보험계약을 체결한 상황에서 가족관계가 다음과 같다고 한다면 보험회사가 각각의 상속인에게 지급해야 하는 보험금은 얼마인가?

- A와 B는 서로 부부관계
- A와 B 사이에는 성년 자녀 C와 D가 있음
- A에게는 어머니 E가 있음
- A의 사망으로 인하여 사망보험금 3억 5천만원이 지급됨
- 사망보험금의 보험수익자는 법정상속인으로 지정됨

① B: 1억 5천만원, C: 1억원, D: 1억원
② B: 3억 5천만원
③ B: 1억 2천 5백만원, E: 1억 2천 5백만원
④ E: 3억 5천만원

26 다음 중 간접손해가 아닌 것은?

① 건물이 손상되어 그 건물 사용하지 못해 입은 경제적 손실
② 공장 기계가 파손되어 공장을 가동하지 못해 입은 영업적 손실
③ 창고에 화재가 발생하여 소방활동을 위해 뿌린 물 때문에 보관하던 서적이 젖은 손실
④ 자동차 사고시 대차료

27 피해자에게 과실이 있는 경우라 하더라도 가해자가 사고를 방지할 수 있는 마지막 기회가 있었다면 가해자는 그 손해를 배상하여야 한다는 원칙을 설명하는 말은?

① Last Clear Chance
② First contribution
③ Last contribution
④ First Clear Chance

28 다음의 항목 중에서 보험회사가 손해율을 계산할 때에 적용되는 사항이 아닌 것은? (현행 보험업법 규정에 따름)

① 손해조사비
② 비상위험준비금
③ 미경과보험료
④ 출재보험료

29 위험결합약정(risk pooling agreement)에 대한 다음 설명 중 틀린 것은?

① 체계적 위험을 제거하는 수단으로 활용되고 있다.
② 극단적인 손해 발생 확률이 줄어들고 손해발생 경우의 수가 다양해진다.
③ 예상 총비용 자체는 위험결합약정에 관계없다.
④ 참여자가 많을수록 경우의 수는 다양해지고, 위험비용은 전체의 평균 위험비용에 근접한다.

30 기대효용가설(expected utility hypothesis)에 대한 설명 중 옳지 않은 것은?

① 현실의 확실성과 미래의 불확실성에 대한 기대가치를 서로 비교한다.
② 위험회피형 인간은 불확실성에 대한 기대가치보다 현재의 확실성을 높게 평가한다.
③ 현재의 확실성과 미래의 불확실성에 대한 기대가치가 서로 동일하다면 적용이 어렵다는 단점이 있다.
④ 보험은 불확실한 사고를 보장하는 제도이므로, 기대효용가설에 적용 가능하다.

31 재보험수수료(reinsurance commission), 이익수수료(profit commission)와 관련된 다음 설명 중 가장 적절하지 않은 것은?

① 재보험수수료(reinsurance commission)는 원수보험자에게 발생한 신계약비 보전 성격이 있다.
② 재보험수수료(reinsurance commission)는 원수보험자가 재보험자에게 지급하는 수수료이다.
③ 이익수수료(profit commission)는 통상 비례재보험 특약에서 사용된다.
④ 이익수수료(profit commission)가 많이 지급된다면 원수보험자의 언더라이팅이 좋은 결과가 있었다는 뜻이다.

32 보험사기방지 특별법에서 가중처벌에 대한 규정을 적용할 때 옳지 않은 것은?

① 보험사기행위로 본인이 취득한 보험금이 4억원일 경우 4년의 유기징역
② 보험사기행위로 제3자로 하여금 취득하게 한 보험금이 10억원일 경우 5년의 유기징역
③ 보험사기행위로 본인이 취득한 보험금이 30억원일 경우 5년의 유기징역
④ 보험사기행위로 제3자로 하여금 취득하게 한 보험금이 50억원일 경우 무기징역

33 화재의 3요소에 해당하지 않는 것은?

① 불자리가 아닌 장소에서 발생하거나 불자리를 벗어나서 발생하는 우발적인 것
② 소방 작용에 의하여 감소 가능할 것
③ 불에 의한 연소작용이 있을 것. 즉, 자력으로 확대가 가능한 것
④ 재물을 소실시켜 경제적 손해를 초래할 것

34 공동재보험에 대한 다음 설명 중 틀린 것은?

① 보험위험 뿐만 아니라 다른 위험들도 함께 재보험으로 전가한다.
② 원보험자는 원수보험료 중 위험보험료만 재보험자에게 전가하므로 보험료의 일정 부분을 계속 보유할 수 있다는 장점이 있다.
③ IFRS17 등의 도입에 따라 공동재보험 필요성이 증대되고 있다.
④ 변형된 공동재보험은 책임준비금만 이전한다.

35 다음 재보험 특약 조건 하에서 재보험자가 부담해야 하는 손해액은 얼마인가?

보유초과 재보험 특약(surplus share reinsurance)
- 보험가입금액 : 20억원
- 원보험자 보유액 : 5억원
- 1차 A재보험자 보유액 : 1 line
- 2차 B재보험자 보유액 : 2 line
- 손해액 : 20억원 전손

① A: 5억원, B: 10억원
② A: 10억원, B: 5억원
③ A: 5억원, B: 5억원
④ A: 10억원, B: 10억원

36 다음의 사례에서 옳지 않은 내용은 무엇인가?

> • 보험료 2회 분납을 조건으로 보험계약을 체결함
> • 보험계약 체결 후 1회 보험료 1백만원 납부하였으며, 2회 보험료 1백만원은 아직 지급기일이 도래하지 않은 상태임
> • 보험사고가 발생하여 보험회사는 보험금 1천만원을 지급하여야 함

① 보험계약자는 2회 보험료 1백만원을 납입하여야 한다.
② 보험료 지급과 보험금 지급은 별개이므로, 보험회사는 지급해야하는 보험금 1천만원에서 보험료를 공제할 수 없다.
③ 만약 지급기일이 도래하였음에도 2회 보험료가 미납되었다면 보험회사는 2회 보험료 1백만원을 공제하여, 9백만원의 보험금만 지급할 수 있다.
④ 보험회사는 아직 지급기일이 도래하지 않은 2회 보험료 1백만원을 공제하여, 9백만원의 보험금만 지급할 수 있다.

37 피보험이익에 관하여 아래와 같은 손해액과 각각의 발생확률이 있다. 보험계약의 조건으로 500만원의 프랜차이즈 공제조항(franchise deductible)을 적용한다면, 해당 보험계약의 순보험료는 얼마인가?

손해액	확률
0원	0.5
100만원	0.2
300만원	0.15
600만원	0.1
1,000만원	0.05

① 35만원
② 100만원
③ 110만원
④ 225만원

38 다음은 금융소비자 보호에 관한 법률(이하 금융소비자보호법)에서 규정하고 있는 금융분쟁 조정 절차이다. 틀린 것은?

① 분쟁조정의 신청은 시효 중단의 효력이 있다.
② 조정위원회는 구성원 과반수의 출석과 출석위원 과반수의 찬성으로 의결한다.
③ 조정대상기관은 일반금융소비자가 신청한 2천만원 이내의 분쟁사건의 조정절차가 개시된 경우에는 조정안을 제시받기 전에 소를 제기할 수 없다.
④ 양 당사자가 조정안을 수락한 경우 해당 조정안은 민법상 화해와 동일한 효력을 갖는다.

39 다음 중 날씨보험에서 보험금 지급사유에 대한 설명으로 옳은 것은?

① 비가 오면 보험금을 지급한다.
② 비가 와서 야외행사가 옥내행사로 바뀌었다면 보험금을 지급한다.
③ 비가 와서 야외행사가 취소되어 수입이 감소되면 보험금을 지급한다.
④ 비가 와서 행사가 연기되어 진행되었다면 보험금을 지급한다.

40 다음의 기사를 읽고 K은행이 손해를 보전하고자 할 때 적합한 보험은 무엇인가?

> 최근 K은행은 평창 동계올림픽 조직위원회와 업무협약을 맺고, 평창 동계올림픽의 성공적인 개최를 기원하며 전용 금융상품을 출시하였다. '하나된 평창' 이라는 이름의 이 정기예금 금융상품은 우리나라가 평창 동계올림픽에서 10위권 안의 순위를 기록하였을 때 0.1%의 우대금리를 적용하는 상품이다.
> 해당 상품은 매 3개월 만에 1조원 한도가 완판 되었고, 추가 한도 증액 후 1조 2,000억원의 판매실적을 올렸다. 적금과 요구불 통장 잔액은 각각 300억원, 1,000억원으로 집계됐다.
>
> 우리나라는 평창 동계올림픽에서 금메달 5개, 은메달 8개, 동메달 4개를 기록하여 종합순위 7위를 기록하였다. 이에 K은행이 판매하였던 '하나된 평창'은 0.1%의 우대금리를 지급하여야 한다.

① 컨틴전시(contingency)보험
② 금융기관종합보험
③ 금융기관 전문인배상책임보험
④ 사이버 배상책임보험

제3회 예상문제

1과목 보험업법

01 다음 중 보험업법상 보험업의 정의로 옳은 것은?

① 보험상품의 취급과 관련하여 발생하는 보험의 중개, 보험료 수수 및 보험금 지급 등을 영업으로 하는 것으로서 생명보험업 · 손해보험업 및 제3보험업을 말한다.
② 보험상품의 취급과 관련하여 발생하는 보험의 중개, 보험료 수수 및 보험금 지급 등을 영업으로 하는 것으로서 손해보험업 및 인보험업을 말한다.
③ 보험상품의 취급과 관련하여 발생하는 보험의 인수, 보험료 수수 및 보험금 지급 등을 영업으로 하는 것으로서 생명보험업 · 손해보험업 및 제3보험업을 말한다.
④ 보험상품의 취급과 관련하여 발생하는 보험의 인수, 보험료 수수 및 보험금 지급 등을 영업으로 하는 것으로서 손해보험업 및 인보험업을 말한다.

02 보험업을 경영하려는 자는 보험종목별로 금융위원회의 허가를 받아야 하는데 다음 중 그 분류가 다른 하나는?

① 화재보험 ② 간병보험
③ 보증보험 ④ 재보험

03 보험업의 허가에 관한 다음 설명 중 틀린 것은?

① 조건이 붙은 보험업 허가를 받은 자는 사정의 변경, 그 밖의 정당한 사유가 있는 경우에는 금융위원회에 그 조건의 취소 또는 변경을 신청할 수 있다. 이 경우 금융위원회는 2개월 이내에 조건의 취소 또는 변경 여부를 결정하고, 그 결과를 지체 없이 신청인에게 문서로 알려야 한다.
② 생명보험업의 보험종목 전부에 관하여 허가를 받은 자는 제3보험업에 해당하는 보험종목에 대한 허가를 받은 것으로 본다.
③ 보증보험 및 재보험을 제외하고 나머지 손해보험업의 보험종목 전부에 관하여 허가를 받은 자는 경제질서의 건전성을 해친 사실이 없으면 손해보험업의 종목으로 신설되는 보험종목에 대한 허가를 받은 것으로 본다.
④ 보험업의 허가를 받을 수 있는 자는 주식회사, 상호회사 및 외국보험회사로 제한하며, 보험업법의 규정에 따라 허가를 받은 외국보험회사의 국내지점은 보험회사로 보지 않는다.

04 다음 중 보험회사가 취급하는 보험종목을 추가하려는 경우 제출하지 않아도 되는 서류는?

① 정관
② 업무 시작 후 3년간의 사업계획서
③ 보험종목별 사업방법서
④ 추정재무제표

05 예비허가에 대한 다음 설명 중 틀린 것은?

① 예비허가 신청을 받은 금융위원회는 2개월 이내에 심사하여 예비허가 여부를 통지하여야 한다.
② 일정한 사유가 있는 경우 예비허가 심사기간을 연장할 수 있는데, 한 차례만 3개월의 범위 내에서 가능하다.
③ 예비허가를 받은 자는 예비허가를 받은 날부터 6개월 이내에 예비허가의 내용 및 조건을 이행한 후 본허가를 신청하여야 한다.
④ 예비허가를 받은 자가 조건을 이행한 후 본허가를 신청하면 금융위원회는 재심사를 진행하여 허가 여부를 다시 판단하여야 한다.

06 다음의 (   ) 안에 들어갈 말을 고르시오.

> 보험회사는 (A) 이상의 자본금 또는 기금을 납입함으로써 보험업을 시작할 수 있다. 다만, 보험회사가 보험종목의 일부만을 취급하려는 경우에는 (B) 이상의 범위에서 대통령령으로 자본금 또는 기금의 액수를 다르게 정할 수 있다.

① A: 200억원, B: 50억원
② A: 200억원, B: 30억원
③ A: 300억원, B: 50억원
④ A: 300억원, B: 30억원

07 보험회사의 겸영업무와 부수업무에 대한 다음 설명 중에서 옳지 않은 것은?

① 보험회사가 겸영업무를 하는 경우, 일정한 경우를 제외하고는 그 업무를 시작하려는 날의 7일전까지 금융위원회에 신고하여야 한다.
② 보험회사가 부수업무를 하는 경우, 일정한 경우를 제외하고는 그 업무를 시작하려는 날의 7일전까지 금융위원회에 신고하여야 한다.
③ 보험회사가 겸영 가능한 업무는 열거 방식을 취하고 있다.
④ 보험회사가 부수 가능한 업무는 열거 방식을 취하고 있다.

08 상호회사 설립에 관한 다음 설명 중 옳지 않은 것은?

① 상호회사는 그 명칭 중에 상호회사라는 글자를 포함하여야 한다.
② 상호회사의 기금은 금전 및 유가증권 이외의 자산으로 납입하지 못한다.
③ 상호회사의 사원이 되려면 입사청약서 2부에 보험의 목적과 보험금액을 적고 기명날인 하여야 한다. 다만 상호회사가 설립한 후에 사원이 되려는 자는 그러하지 아니한다.
④ 상호회사는 100명 이상의 사원으로써 설립한다.

09 주식회사인 보험회사에 관한 규정에서 조직 변경에 대한 다음 내용 중 옳지 않은 것은?

① 주식회사는 그 조직을 변경하여 상호회사로 할 수 있다.
② 주식회사의 조직변경은 주주총회의 결의를 거쳐야 한다.
③ 조직 변경을 결의한 경우 그 결의를 한 날부터 3주 이내에 결의의 요지와 재무상태표를 공고하고 주주명부에 적힌 질권자에게는 개별적으로 알려야 한다.
④ 조직결의 공고를 한 날 이후에 보험계약을 체결하는 보험계약자에게 조직변경 절차가 진행 중임을 알리고 그 승낙을 받아야 한다.

10 보험계약자 총회에 관한 다음 설명 중 틀린 것은?

① 보험계약자 과반수의 출석과 그 의결권의 과반수 이상의 찬성으로 결의한다.
② 주식회사는 조직 변경을 결의할 때 보험계약자 총회를 갈음하는 기관에 관한 사항을 정할 수 있다.
③ 보험계약자 총회는 정관의 변경에 대한 것을 결의하여야 한다.
④ 주식회사의 이사는 조직 변경에 관한 사항을 보험계약자 총회에 보고하여야 한다.

11 다음 중 상호회사의 창립총회에 관한 설명 중에서 옳지 않은 것은?

① 기금의 납입이 끝나고 사원의 수가 예정된 수가 되면 그 날부터 15일 이내에 창립총회를 소집하여야 한다.
② 창립총회는 사원 과반수의 출석과 그 의결권의 4분의 3 이상의 찬성으로 결의한다.
③ 설립등기는 창립총회가 끝난 날부터 2주 이내에 하여야 한다.
④ 창립총회는 발기인이 소집한다.

12 상호회사 사원의 승계 및 양도와 관련한 다음 설명 중 틀린 것은?

① 생명보험을 목적으로 하는 상호회사의 사원은 회사의 승낙을 받아 타인으로 하여금 그 권리와 의무를 승계하게 할 수 있다.
② 제3보험을 목적으로 하는 상호회사의 사원은 회사의 승낙을 받아 타인으로 하여금 그 권리와 의무를 승계하게 할 수 있다.
③ 손해보험을 목적으로 하는 상호회사의 사원이 보험의 목적을 양도한 경우에는 양수인은 회사의 승낙을 받아 양도인의 권리와 의무를 승계할 수 있다.
④ 손해보험을 목적으로 하는 상호회사의 사원이 보험의 목적을 양도한 경우에는 양수인은 회사의 승낙과 관계없이 양도인의 권리와 의무를 승계할 수 있다.

13 상호회사의 퇴사에 관한 다음 내용 중 틀린 것은?

① 정관으로 정하는 사유의 발생으로 상호회사 사원은 퇴사한다.
② 보험관계의 소멸로 상호회사 사원은 퇴사한다.
③ 퇴사한 사원이 회사에 대하여 부담한 채무가 있는 경우에도 그 채무액을 공제할 수 없다.
④ 상호회사에서 퇴사한 사원의 권리에 따른 금액의 환급은 퇴사한 날이 속하는 사업연도가 종료한 날부터 3개월 이내에 하여야 한다.

14 보험대리점 또는 보험중개사의 자기계약 금지 규정을 적용하기 위해 보험료 누계액을 계산할 때에 포함하지 않는 것은?

① 자기를 보험계약자로 한 모집
② 자기의 직계가족을 보험계약자로 한 모집
③ 자기를 고용하고 있는 자를 피보험자로 한 모집
④ 자기를 피보험자로 한 모집

15 외국보험회사의 국내지점에 관한 내용 중에서 옳지 않은 것은?

① 외국보험회사 국내지점의 대표자는 보험업법에 따른 보험회사의 임원으로 본다.
② 외국보험회사 국내지점은 대한민국에서 체결한 보험계약에 관하여 책임준비금 및 비상위험준비금에 상당하는 자산을 대한민국 외에서 보유하여야 한다.
③ 외국보험회사의 국내지점의 대표자는 퇴임한 후에도 후임 대표자의 이름 및 주소에 관하여 등기가 있을 때까지는 계속하여 대표자의 권리와 의무를 가진다.
④ 외국보험회사 국내지점에 관하여는 보험업법 규정 중 총회의 결의에 관한 규정을 적용하지 아니한다.

16 **다음 중 보험을 모집할 수 있는 자가 아닌 것은?**

① 보험설계사　② 보험대리점
③ 보험회사의 대표이사　④ 보험회사의 직원

17 **다음 중 보험회사가 모집을 위탁할 때에 보험설계사에 대한 불공정 행위로 금지된 것이 아닌 것은?**

① 보험모집 위탁계약서를 교부하지 아니하는 행위
② 정당한 사유 없이 보험설계사가 요청한 위탁계약 해지를 거부하는 행위
③ 정당한 사유 없이 보험설계사에게 지급한 수수료를 환수하는 행위
④ 보험설계사에게 보험료 대납을 금지하는 행위

18 **다음 중에서 금융기관 보험대리점이 적용받지 않는 규정은?**

① 법인보험대리점 임원 자격에 관한 사항
② 법인보험대리점 등록에 관한 사항
③ 법인보험대리점 등록 취소에 관한 사항
④ 법인보험대리점 업무 정지에 관한 사항

19 **다음 중에서 보험설계사, 보험대리점 또는 보험중개사가 지체 없이 그 사실을 금융위원회에 신고하여야 하는 내용에 속하지 않는 것은?**

① 모집업무를 폐지한 경우
② 개인의 경우 본인이 사망한 경우
③ 법인의 경우 그 법인이 영업을 종료한 경우
④ 보험대리점이 소속 설계사와 보험모집에 관한 위탁을 해지한 경우

20 **다음은 보험업법 제95조의2 제4항 규정이다. (　　) 안에 들어갈 말은 무엇인가?**

> 보험회사는 (　)가 보험금 지급을 요청한 경우에는 대통령령으로 정하는 바에 따라 보험금의 지급절차 및 지급내역 등을 설명하여야 하며, 보험금을 감액하여 지급하거나 지급하지 아니하는 경우에는 그 사유를 설명하여야 한다.

① 일반보험계약자　② 피보험자
③ 보험수익자　④ 보험금을 청구할 수 있는 자

21 보험사기와 관련된 보험업법의 다음 규정 중에서 (　) 안에 들어갈 말을 순서대로 고르시오.

(A), (B), (C), 그 밖에 보험계약에 관하여 이해관계가 있는 자는 보험사기행위를 하여서는 아니 된다.

① 보험계약자, 피보험자, 모집에 종사하는 자
② 보험계약자, 피보험자, 보험금을 취득할 자
③ 보험계약자, 모집에 종사하는 자, 손해사정 업무에 종사하는 자
④ 보험계약자, 보험금을 취득할 자, 손해사정 업무에 종사하는 자

22 다음 중 손해사정사 고용 의무가 없는 보험회사는?

① 제3보험 상품을 판매하는 보험회사
② 화재보험 상품을 판매하는 보험회사
③ 보증보험 상품을 판매하는 보험회사
④ 해상보험 상품을 판매하는 보험회사

23 금융위원회는 보험회사가 하는 부수업무가 일정한 경우에 해당하면 그 부수업무를 하는 것을 제한하거나 시정할 것을 명할 수 있다. 보험업법이 규정한 일정한 경우에 해당하는 것은?

① 보험회사의 경영건전성을 해치는 경우
② 보험업의 본질을 해치는 경우
③ 수지상등의 원칙과 어긋나는 경우
④ 부수업무가 보험업과 직접 관련된 경우

24 외국보험회사가 대한민국에서 보험업을 경영하기 위하여 필요한 최소의 영업기금은?

① 30억　　② 50억
③ 100억　　④ 300억

25 다음 중 손해사정사의 금지행위에 해당하지 않는 것은?

① 고의로 진실을 숨기거나 거짓으로 손해사정을 하는 행위
② 보험회사 또는 보험계약자 등 어느 일방에 유리하도록 손해사정업무를 수행하는 행위
③ 타인으로 하여금 자기의 명의로 손해사정 업무를 하게 하는 행위
④ 보험회사 및 보험계약자 등에 대하여 서류를 요청하는 행위

26 **보험회사는 선임계리사를 선임한 경우에는 그 선임일이 속한 사업연도의 다음 사업연도부터 연속하는 3개 사업연도가 끝나는 날까지 그 선임계리사를 해임할 수 없다. 그러나 일정한 경우에는 해임할 수 있는데 그 사유에 해당하지 않는 것은?**

① 회사의 기밀을 누설한 경우
② 업무를 게을리하여 회사에 손해가 발생하게 한 경우
③ 내부 고발 행위를 행한 경우
④ 금융위원회의 해임 요구가 있는 경우

27 **보험계리업에 대한 다음 설명 중 틀린 것은?**

① 보험계리를 업으로 하려는 자는 금융위원회에 등록하여야 한다.
② 등록을 한 보험계리업자는 등록한 사항이 변경되었을 때에는 1개월 이내에 그 변경사항을 금융위원회에 신고하여야 한다.
③ 보험계리업자는 등록일부터 1개월 내에 업무를 시작하여야 한다. 다만 불가피한 사유가 있다고 금융위원회가 인정하는 경우는 그 기간을 연장할 수 있다.
④ 보험계리를 업(業)으로 하려는 법인은 2명 이상의 상근 보험계리사를 두어야 한다.

28 **그 밖의 보험관계 단체에 대한 설명 중 옳지 않은 것은?**

① 보험설계사, 보험대리점, 보험중개사, 보험계리사, 손해사정사가 아니더라도 보험 관계 업무에 종사하는 자라면 단체를 설립할 수 있다.
② 법인으로 한다.
③ 공익이나 보험계약자 및 피보험자 등을 보호하고 모집질서를 유지하는 목적이어야 한다.
④ 회원의 자격에 대한 시험 관리 업무를 담당한다.

29 **다음 중 보험요율 산출기관의 업무가 아닌 것은?**

① 순보험요율의 산출, 검증 및 제공
② 보험 관련 정보의 수집, 제공 및 통계의 작성
③ 보험사기의 조사 및 관계기관에 정보제공
④ 설립 목적 범위 내에서 보험회사로부터 위탁받은 업무

30 보험요율 산출기관의 순보험요율 산출 업무에 대한 설명 중 옳지 않은 것은?

① 보험요율 산출기관은 순보험요율을 산출하여 금융위원회에 인가받을 수 있다.
② 업무수행을 위하여 필요한 경우 보험회사에 자료의 제출을 요청할 수 있고, 보험회사는 이에 따라야 한다.
③ 보험회사는 기초서류를 보험요율 산출기관으로 하여금 확인하게 할 수 있다.
④ 보험회사로부터 수수료를 받을 수 있다.

31 보험협회의 업무범위가 아닌 것은?

① 보험회사 간의 건전한 업무질서의 유지
② 보험회사 등이 지켜야 할 내부통제기준 제정
③ 보험가입 조회업무
④ 보험사기행위를 방지하는 데 기여한 자에 대한 포상금 지급 업무

32 제3자 보호를 위한 손해보험계약의 지급불능 보고에 대한 다음 설명 중 틀린 것은?

① 지급불능 상태가 발생하면 손해보험협회의 장에게 보고하여야 한다.
② 손해보험회사는 일정한 금액을 손해보험협회에 출연(出捐)하여야 한다. 이 때 고려하는 사항은 수입보험료 및 책임준비금이다.
③ 출연금을 산정하고 보험금을 지급하기 위하여 필요한 범위 내에서 손해보험회사의 업무 및 자산상황에 관한 자료 제출을 요구할 수 있다.
④ 손해보험협회는 보험금을 지급한 경우에는 금융위원회에 해당 금액을 청구할 수 있다.

33 다음 중 금융위원회에 보험회사의 청산인에 대한 해임을 청구할 수 있는 사람은?

① 100분의 1 이상의 사원
② 사외이사
③ 대표이사
④ 감사

34 보험업법에 규정된 상호협정의 인가에 관한 다음의 내용 중 옳지 않은 것은?

① 보험회사가 그 업무에 관한 공동행위를 하기 위하여 다른 보험회사와 상호협정을 체결(변경하거나 폐지하려는 경우를 포함한다)하려는 경우에는 대통령령으로 정하는 바에 따라 금융위원회의 인가를 받아야 한다. 다만, 대통령령으로 정하는 경미한 사항을 변경하려는 경우에는 신고로써 갈음할 수 있다.
② 금융위원회는 공익 또는 보험업의 건전한 발전을 위하여 특히 필요하다고 인정되는 경우에는 보험회사에 대하여 상호협정의 체결 · 변경 또는 폐지를 명하거나 그 협정의 전부 또는 일부에 따를 것을 명할 수 있다.
③ 금융위원회는 상호협정의 체결 · 변경 또는 폐지의 인가를 하거나 협정에 따를 것을 명하려면 미리 금융감독원과 협의하여야 한다. 다만, 대통령령으로 정하는 경미한 사항을 변경하려는 경우에는 그러하지 아니하다.
④ 금융위원회로부터 인가를 받은 상호협정의 자구 수정을 하는 경우에는 금융위원회에 신고하면 된다.

35 손해사정업에 관한 다음의 설명 중 옳지 않은 것은?

① 금융위원회는 손해사정사가 그 직무를 수행하면서 부적절한 행위를 하였다고 인정되는 경우에는 6개월 이내의 업무의 정지를 명할 수 있다.
② 손해사정을 업으로 하려는 법인이 지점 또는 사무소를 설치하려는 경우에는 각 지점 또는 사무소별로 총리령으로 정하는 손해사정사의 구분에 따라 수행할 업무의 종류별로 2명 이상의 손해사정사를 두어야 한다.
③ 손해사정을 업으로 하려는 법인은 2명 이상의 상근 손해사정사를 두어야 한다.
④ 보험업법에서 규정한 인원에 결원이 생겼을 때에는 2개월 이내에 충원해야 한다.

36 다음 중 보험회사가 기초서류를 작성, 변경할 때 지켜야 할 사항이 아닌 것은?

① 보험업법 또는 다른 법령에 위반되는 내용을 포함하지 아니할 것
② 정당한 사유 없이 보험의 모집에 종사하는 자에게 불리한 내용을 포함하지 아니할 것
③ 그 밖에 재무건전성 확보를 위하여 대통령령으로 정하는 바에 따라 금융위원회가 정하는 기준에 적합할 것
④ 그 밖에 보험계약자 보호를 위하여 대통령령으로 정하는 바에 따라 금융위원회가 정하는 기준에 적합할 것

37 보험계약의 체결 또는 모집에 종사하는 자는 그 체결 또는 모집과 관련하여 보험계약자나 피보험자에게 특별이익을 제공하거나 제공하기로 약속하여서는 아니 되는 바, 그 특별이익에 해당하는 것이 아닌 것은?

① 보험계약 체결 시부터 최초 1년간 납입되는 보험료의 100분의 10과 3만원(보험계약에 따라 보장되는 위험을 감소시키는 물품의 경우에는 20만원) 중 적은 금액
② 기초서류에서 정한 보험금액보다 많은 보험금액의 지급 약속
③ 보험계약자나 피보험자를 위한 보험료의 대납
④ 「상법」 제682조에 따른 제3자에 대한 청구권 대위행사의 포기

38 보험업법상 보험회사는 대통령령으로 정하는 재무건전성 기준을 지켜야 한다. 이 기준에 의하면 지급여력비율은 100분의 ( ) 이상을 유지하여야 한다. ( ) 안에 들어갈 것은?

① 70
② 80
③ 90
④ 100

39 다음 중 보험모집을 위하여 사용하는 보험안내자료에 반드시 기재하여야 하는 사항이 아닌 것은?

① 보험금 지급제한 조건에 관한 사항
② 보험회사의 장래의 이익 배당 또는 잉여금 분배에 대한 예상에 관한 사항
③ 해약환급금에 관한 사항
④ 예금자보호법에 따른 예금자보호와 관련된 사항

40 외국보험회사 국내지점에 대하여 보험업의 허가를 취소할 수 있는 경우가 아닌 것은?

① 외국보험회사의 본점이 합병으로 소멸한 경우
② 외국보험회사의 본점이 불건전 영업행위 등을 사유로 외국감독기관으로부터 보험업의 허가 취소 처분을 받은 경우
③ 외국보험회사의 본점이 위법행위 등을 사유로 외국감독기관으로부터 대표자 해임권고 처분을 받은 경우
④ 외국보험회사의 본점이 휴업한 경우

2과목 보험계약법

01 고지의무에 대한 다음 설명 중 옳은 것은?

① 보험계약자 측이 고지의무를 위반한 사실이 있더라도 보험자는 손해배상을 청구할 수 없다.
② 보험계약자 또는 피보험자가 고의 또는 과실로 중요한 사항을 고지하지 않은 것은 고지의무 위반에 해당한다.
③ 타인을 위한 손해보험에서 보험계약자가 고지의무를 이행하였다면, 피보험자는 추가적인 고지의무를 이행할 필요가 없다.
④ 보험자가 서면으로 질문한 사항은 중요한 사항으로 본다.

02 보험증권에 관한 다음 설명 중 상법의 내용과 어긋나는 것은?

① 보험계약자가 보험료의 전부 또는 최초의 보험료를 지급하지 아니한 때에는 보험증권을 교부하지 않아도 된다.
② 기존의 보험계약을 연장하거나 변경한 경우에는 보험자는 보험증권에 그 사실을 기재함으로써 새로운 보험증권의 교부에 갈음할 수 있다.
③ 보험계약의 당사자는 보험증권을 교부한 날부터 일정한 기간 내에 한하여 그 증권 내용의 정부에 관한 이의를 제기할 수 있음을 약정할 수 있다. 이 기간은 1월을 내리지 못한다.
④ 보험증권을 멸실 또는 현저하게 훼손한 때에는 보험계약자는 보험증권의 재교부를 청구할 수 있다. 이 때 증권 작성 비용은 보험자가 부담한다.

03 보험약관의 교부 · 설명의무에 관한 상법 및 판례의 설명 중 옳지 않은 것은?

① 의무의 이행시기는 보험계약을 체결할 때이다.
② 약관의 교부 · 설명의무 상대방은 보험계약자 본인이며, 그 대리인에게 보험약관을 설명하는 것은 의무이행으로 인정될 수 없다는 것이 대법원의 입장이다.
③ 보험약관의 교부 · 설명의무 위반을 이유로 한 계약 취소기간을 5개월로 정한 당사자 간의 약정은 유효하다.
④ 대법원은 보험약관의 구속력과 관련하여 의사설의 입장에 있다.

04 생명보험에 관한 다음의 지문 중에서 틀린 것은? (다툼이 있을 경우 대법원 판례에 따름)

① 생명보험의 보험금 중 피상속인의 사망으로 인하여 받는 생명보험 또는 손해보험의 보험금으로서 피상속인이 보험계약자인 보험계약에 의하여 받는 것은 상속세 및 증여세법에 따라 상속재산으로 본다.

② 보험계약자와 보험수익자가 다른 타인을 위한 생명보험계약에서 보험계약자가 보험금을 부정취득할 목적으로 계약을 체결하여 보험계약이 무효가 된 경우, 보험수익자는 보험계약의 당사자가 아니며 단지 보험계약 체결에 따른 이득만 취할 뿐에 불과하며, 적어도 보험계약자가 보험금을 부정취득할 목적으로 계약을 체결하였음을 알고 있었거나 이에 공조한 사실이 입증되지 않는다면 보험의 최대선의성이 비추어 보험자는 보험수익자에 대한 보험금 반환 청구를 할 수 없다.

③ 보험계약자가 자기 이외의 제3자를 피보험자로 하고 자기 자신을 보험수익자로 하여 맺은 생명보험계약에 있어서 보험존속 중에 보험수익자가 사망한 경우에는 상법 제733조 제3항 후단 소정의 보험계약자가 다시 보험수익자를 지정하지 아니하고 사망한 경우에 준하여 보험수익자의 상속인이 보험수익자가 되고, 이는 보험수익자와 피보험자가 동시에 사망한 것으로 추정되는 경우에도 달리 볼 것은 아니며, 이러한 경우 보험수익자의 상속인이 피보험자의 사망이라는 보험사고가 발생한 때에 보험수익자의 지위에서 보험자에 대하여 가지는 보험금지급청구권은 상속재산이 아니라 상속인의 고유재산이다.

④ 생명보험계약에서 보험계약자의 지위를 변경하는데 보험자의 승낙이 필요하다고 정하고 있는 경우에는, 보험계약자가 보험자의 승낙이 없이 일방적인 의사표시만으로 보험계약상의 지위를 이전할 수는 없다.

05 다음 사례에 대하여 맞게 설명한 것은?

> A씨는 2018년 12월경 남편을 피보험자로 하여 B보험회사와 암보험 계약을 체결하였다. 그러나 피보험자가 보험가입 1년 전에 두 차례에 걸쳐 고혈압 진단을 받고 30일치 약을 처방받은 사실이 있었음에도 A씨는 이러한 사실을 보험회사에 알리지 않았다. 이후 2019년 12월 피보험자는 위암 진단을 받았다.
> 의학적으로 고혈압과 위암 사이에는 인과관계가 없는 것으로 밝혀져 있다.

① 대법원 판례에 의하면 B보험회사는 위암 진단 보험금을 지급하여야 하며, 보험계약도 해지할 수 없다.

② 상법 규정은 위암 진단 보험금은 지급하도록 규정하고 있으나, 보험계약 해지에 대해서는 아무런 규정을 두고 있지 않다. 이 경우 대법원 판례는 보험계약을 해지할 수 없는 것으로 보고 있다.

③ 상법 규정에 따라 B보험회사는 위암 진단 보험금은 지급하되, 보험계약을 해지할 수 있다.

④ 상법 규정상 위암 진단 보험금 지급여부에 대해서는 논란이 없으나, 보험계약 해지 여부는 불명확하여 입법적인 해결이 필요하다.

06 **책임보험에서 방어비용에 대한 다음 설명 중 틀린 것은? (다툼이 있을 경우 대법원 판례에 따름)**

① 책임보험의 피보험자가 제3자로부터 보험사고로 인한 손해배상청구소송을 당하여 그 소송에서 방어하기 위하여 변호사 보수를 지출한 경우, 피보험자가 부가가치세 납세의무자인 사업자이고, 변호사 보수와 관련한 부가가치세가 자기 사업을 위하여 공급받은 재화나 용역에 대한 것으로서 부가가치세법상 매입세액에 해당하여 피보험자의 매출세액에서 공제받거나 환급받을 수 있다면, 부가가치세 상당액은 보험사고로 인하여 피보험자가 지출한 방어비용에 해당한다.

② 피보험자가 현실적으로 부가가치세액을 공제받거나 환급받은 때에만 부가가치세액을 손해액에서 공제하는 것이 아니라, 피보험자가 부가가치세액을 공제나 환급받을 수 있음에도 자기의 책임으로 공제나 환급을 받지 못하였다면 그로 인한 불이익은 피보험자가 부담해야 하므로, 그 부가가치세도 방어비용에서 공제하여야 한다.

③ 상법 제720조 제1항에서 규정한 '방어비용'은 피해자가 보험사고로 인적, 물적 손해를 입고 피보험자를 상대로 손해배상 청구를 한 경우에 그 방어를 위하여 지출한 재판상 또는 재판 외의 필요비용을 말하는 것이므로, 피해자로부터 아직 손해배상 청구가 없는 경우 방어비용이 인정될 여지가 없지만, 피해자가 반드시 재판상 청구한 경우에 한하여 방어비용이 인정된다고 볼 것은 아니다.

④ 피해자가 피보험자에게 재판상 청구는 물론 재판 외의 청구조차 하지 않은 이상, 제3자를 상대로 제소하였다 하여 그 소송의 변호사 비용이 상법 제720조 소정의 방어비용에 포함된다고 볼 수 없다.

07 **보험료 납입 연체 및 부활에 관한 다음 설명 중 틀린 것은? (다툼이 있는 경우 대법원 판례에 따름)**

① 보험계약상의 일부 보험금에 관한 약정지급사유가 발생한 이후에 그 보험계약이 해지, 실효되었다는 보험회사 직원의 말만을 믿고 해지환급금을 수령한 경우, 이를 보험계약을 해지하는 의사로써 한 행위라고 할 수 없다.

② 분납 보험료가 소정의 시기에 납입되지 아니하였음을 이유로 그와 같은 절차를 거치지 아니하고 곧바로 보험계약을 해지할 수 있다거나 보험계약이 실효됨을 규정한 약관(실효약관)은 무효이다.

③ 보험계약의 부활은 계속보험료 미납으로 인한 해지인 경우에만 가능하며, 고지의무 위반이나 위험변경증가 통지의무 위반 등을 이유로 한 해지일 때에는 적용되지 아니한다.

④ 단체보험을 가입한 회사의 직원이 퇴사하였으나 회사가 퇴사 후에도 계속 직원에 대한 보험료를 납입하였다면 해당 피보험자는 보험료 납입을 근거로 단체보험의 보장을 지속할 수 있다.

08 **다음 운송보험에 대한 설명으로 옳지 않은 것은?**

① 운송보험에서의 운송은 육상뿐만 아니라 호수와 하천을 포함하는 물건운송을 의미한다.

② 운송보험에 있어서의 보험가액은 도착지에서의 물건의 가액과 운임 기타의 비용을 말한다.

③ 운송물의 도착으로 인하여 얻을 이익은 약정이 있는 때에 한하여 보험가액 중에 산입한다.

④ 운송의 필요에 의하여 일시운송을 중지하거나 운송의 노순 또는 방법을 변경한 경우에는 보험계약의 효력을 잃지 않는다.

09 다음의 사례에 대해서 올바른 것은? (다툼이 있는 경우 대법원 판례에 따르며, 보험계약에 별도의 약정은 없는 것으로 가정함)

> 2000.01.01 질병종합보험계약 체결
> 1) 주계약 : 암진단보험금 5,000만원
> 2) 특약 : 암사망보험금 : 1억원
> (※ 고지대상이 되는 위염 치료력이 있었으나 이를 고지하지 않음)
> 2002.01.01 식도암 진단
> 2002.01.10 보험금 청구
> 2002.01.20 보험회사가 고지의무 위반을 알게 되어 보험계약 해지권 행사
> 2003.01.01 식도암으로 사망

① 위염과 식도암 사이에 관련성이 있는지 혹은 없는지 여부가 명확히 증명되지 않았다면, 보험자는 보험금 지급책임을 부담한다.
② 위염과 식도암 사이에 관련성이 없다고 증명되었다면, 보험자는 보험계약을 해지할 수 없다.
③ 보험자는 고지의무 위반 사실을 알게 된 날로부터 3개월 이내에 보험계약의 해지권을 행사할 수 있다.
④ 위염과 식도암 사이에 관련성이 있다고 증명되었더라도, 보험자는 암사망보험금 1억원에 대한 보험금 지급책임을 부담하지 않는다.

10 다음 중 상법상 제3자에 대한 보험 대위에 관한 설명으로 옳지 않은 것은? (다툼이 있을 경우 대법원 판례에 따름)
① 자동차종합보험에서 보험사고를 일으킨 사람이 피보험자의 피용운전자인 경우, 보험자는 그 사람에 대하여 대위권을 행사할 수 있다.
② 타인을 위한 손해보험에서 보험계약자는 제3자에 해당한다.
③ 제3자는 1인이든 수인(數人)이든 무방하다.
④ 상법은 피보험자와 생계를 같이 하는 가족에 대해서는 보험자가 대위권을 행사할 수 없다고 명시하고 있다.

11 다음 중 보험대리상이 아니면서 특정한 보험자를 위하여 계속적으로 보험계약의 체결을 중개하는 자에게 부여된 권한으로 맞게 짝지어진 것은?

> A. 보험계약자로부터 보험료를 수령할 수 있는 권한 (보험자가 작성한 영수증을 보험계약자에게 교부하는 경우)
> B. 보험자가 작성한 보험증권을 보험계약자에게 교부할 수 있는 권한
> C. 보험계약자로부터 청약, 고지, 통지, 해지, 취소 등 보험계약에 관한 의사표시를 수령할 수 있는 권한
> D. 보험계약자에게 보험계약의 체결, 변경, 해지 등 보험계약에 관한 의사표시를 할 수 있는 권한

① A
② A, B
③ A, B, C
④ A, B, C, D

12 **보험계약자가 다수의 보험계약을 체결한 경우에 대한 대법원의 입장으로 옳지 않은 것은?**

① 보험금 부정 취득할 목적인지 여부는 보험계약 체결시의 사정뿐만 아니라, 보험계약 체결 후의 정황도 고려하여야 한다.

② 다수의 보험계약을 통하여 보험금을 부정 취득할 목적으로 체결된 보험계약은 민법 제103조의 선량한 풍속 기타 사회질서에 반하여 무효이다.

③ 보험계약자가 보험금을 부정 취득할 목적으로 다수의 보험계약 체결하였는지는 여부는 이를 인정할 정황에 따른 간접사실로 추인할 것은 아니고, 직접적인 증거로 판단하여야 한다.

④ 보험계약자의 직업 및 재산상태 등도 판단의 근거가 될 수 있다.

13 **다음 중 ( ) 안에 들어갈 단어가 나머지와 다른 하나는?**

① 집합된 물건을 일괄하여 ( )으로/로 한 때에는 피보험자의 가족과 사용인의 물건도 ( )에 포함된 것으로 한다.

② 책임보험의 피보험자가 제3자의 청구를 방어하기 위하여 지출한 재판상 또는 재판 외의 필요비용은 ( )에 포함된 것으로 한다.

③ 손해보험계약은 금전으로 산정할 수 있는 이익에 한하여 ( )으로/로 할 수 있다.

④ 해상보험의 보험자는 ( )의 안전이나 보존을 위하여 지급할 특별비용을 보험금액의 한도 내에서 보상할 책임이 있다.

14 **A는 보험계약자 겸 피보험자로, 자신이 소유하는 건물에 대하여 화재보험계약을 체결하였다. 그 후 A와 생계를 같이 하는 가족인 B가 그 건물에 고의로 화재를 발생케 하였다. 이 경우 다음 설명 중 맞는 것은?**

① 대표자 책임이론에 따라 보험자는 면책된다.

② 대법원 판례의 의하면 A와 B가 생계를 같이 하는 가족임을 이유로 A보험자는 보험금 부지급을 주장할 수 있다.

③ 보험자는 A에게 보험금을 지급해야 하며, B에게 대위권을 행사할 수 없다.

④ 보험자는 B에게 대위권을 행사할 수 있다.

15 **보험위부와 잔존물 대위를 비교한 다음 내용 중에서 옳지 않은 것은?**

① 보험목적 내지 잔존물에 대한 권리가 보험자에게 넘어간다는 점에서 유사하다.

② 위부는 위부의 원인이 구비된 후 피보험자의 의사표시에 의하여 권리가 이전되는데 비해, 잔존물 대위는 소정의 요건이 구비되면 법률상 당연히 권리가 이전된다.

③ 위부는 보험금이 전부 지급된 후에 비로서 권리가 이전되는데 비해, 잔존물 대위는 권리이전과 더불어 보험금 청구권이 발생한다.

④ 위부는 해상보험 특유의 제도인데 비해, 잔존물 대위는 손해보험 전반에 걸쳐 인정되는 제도이다.

16 다음 사례에 대한 설명 중 옳지 않은 것은? (다툼이 있을 경우 대법원 판례에 따름)

> 1. 2019년 1월 1일 A는 B보험회사와 일반 보통품을 취급한다고 고지하여 공장화재 보험계약을 체결하였다. 계약 체결 당시에 B보험회사는 A에게 통지의무에 대한 내용은 별도로 설명하지 않았다.
> 2. 2019년 3월 1일 A는 공장의 취급물품이 일반 보통품에서 마그네슘으로 바뀌었음에도 이를 B보험회사에 통지하지 않았다. 마그네슘은 물 또는 습기에 의하여 자연발화하는 물품으로 특별 위험품에 해당하여, 일반 보통품과는 보험요율이 다르다.
> 3. 2019년 5월 1일 마그네슘에 의하여 공장에 화재가 발생하였고, A는 B보험회사에 보험금을 청구하였다.
> 4. B 보험회사는 보험금 지급을 위해 사실관계를 확인하던 중, 2019년 5월 5일에 A의 통지의무 위반에 대하여 의심을 품게 되었고, 조사 과정을 거친 후 2019년 5월 25일에 최종적으로 A의 통지의무 위반이 있음을 확인하였다.
> 5. 이에 2019년 6월 10일에 A에게 보험계약이 해지되고 보험금 지급책임이 없음을 통보하였다.

① 통지의무 위반에 따른 해지권 기산점은 보험자가 보험계약자의 통지의무 위반에 관하여 의심을 가지고 조사 및 확인절차를 시작한 때로부터 시작한다.

② 화재보험보통약관에서 '보험계약을 맺은 후 보험의 목적에 아래와 같은 사실이 생긴 경우에는 보험계약자나 피보험자는 지체 없이 서면으로 회사에 알리고 보험증권에 확인을 받아야 한다'고 규정하면서 그 중 하나로 '그 이외에 사고발생의 위험이 현저히 증가한 경우'를 들고 있는 경우, 이러한 위험증가 사실의 통지의무는 상법 제652조 제1항에서 규정하고 있는 통지의무를 되풀이하는 것에 불과하여 이에 관하여 B 보험회사가 보험계약자인 A에게 별도로 설명할 의무가 있다고 볼 수 없다.

③ B 보험회사의 보험계약 해지는 정당하며, 보험금 지급책임도 없다.

④ 해지권 행사기간의 기산점은 B 보험회사가 계약 후 위험의 현저한 증가가 있는 사실을 안 때가 아니라 보험계약자인 A가 위와 같은 통지의무를 이행하지 아니한 사실을 B 보험회사가 알게 된 날이라고 보아야 한다.

17 보험자의 보험약관 설명의무에 대한 다음 설명 중 옳은 것은? (다툼이 있을 경우 대법원 판례에 따름)

① 보험자가 설명하여야 할 보험계약의 중요사항은 보험약관에 규정된 것으로 한정되므로, 보험회사 또는 보험모집종사자가 보험약관이 아닌 상품설명서 등 추가자료를 활용하는 등의 방법을 통하여 개별 보험상품의 특성과 위험성에 관한 것을 설명한 것은 적절한 설명의무 이행에 해당하지 않는다.

② 보험회사 또는 보험모집종사자가 설명의무를 위반하여 고객이 보험계약의 중요사항에 관하여 제대로 이해하지 못한 채 착오에 빠져 보험계약을 체결한 경우, 그러한 착오가 동기의 착오에 불과하다고 하더라도 그러한 착오를 일으키지 않았더라면 보험계약을 체결하지 않았거나 아니면 적어도 동일한 내용으로 보험계약을 체결하지 않았을 것이 명백하다면, 위와 같은 착오는 보험계약의 내용의 중요부분에 관한 것에 해당하므로 이를 이유로 보험계약의 무효를 주장할 수 있다.

③ 약관에 정해진 사항이라고 하더라도 거래상 일반적이고 공통된 것이어서 계약 상대방이 별도의 설명 없이도 충분히 예상할 수 있었던 사항이거나 이미 법령에서 정하여진 것을 되풀이하거나 부연하는 정도에 불과한 사항이라면 그러한 사항에 대해서까지 보험자에게 설명의무가 있다고 할 수 없다.

④ 보험자에게 약관의 설명의무가 인정되는 것은 법률 규정에 따른 것으로 어디까지나 계약 상대방의 개별적인 사정을 고려하지 않고 상법 규정에 의하여 일률적으로 의무가 부여된다고 할 수 있으므로, 약관 조항 중에 무엇이 중요한 내용에 해당하는지는 구체적인 사건과 개별적 사정을 고려하여서는 안된다.

18 **보험의 목적물에 보험자가 부담할 일부 손해가 발생하여 보험자의 보험금 지급책임이 있었는데, 그 후 보험자가 부담하지 않는 보험사고로 인하여 그 목적물 전부가 멸실되었다. 이 경우 보험자의 보상 책임은 어떠한가?**

① 보험자의 지급 책임이 소멸된다.
② 처음에 발생한 손해에 대해서만 책임을 진다.
③ 전손을 기준으로 1/2의 책임을 진다.
④ 전손으로 간주하여 전부의 책임을 진다.

19 **보험목적의 양도에 대한 다음 설명 중 틀린 것은? (다툼이 있는 경우 대법원 판례에 따름)**

① 피보험자가 보험의 목적을 양도한 때에는 양수인은 보험계약상의 권리와 의무를 승계한 것으로 추정한다. 다만 동 규정은 임의규정에 해당한다.
② 상법이 선박의 양도를 보험계약의 자동종료사유의 하나로 규정하는 것은 선박보험계약을 체결함에 있어서 선박소유자가 누구인가 하는 점이 인수 여부의 결정 및 보험료율의 산정에 있어서 중요한 요소이기 때문이 아니라, 보험계약의 당사자를 단순히 확정하고자 하기 위함이다.
③ 상법은 보험의 목적의 양도인 또는 양수인은 보험자에 대하여 지체없이 그 사실을 통지하여야 한다고 규정하고 있으나, 이를 위반하였을 때에 대해서는 아무런 규정을 두지 않고 있다.
④ 보험목적의 양도로 인하여 현저한 위험의 변경 또는 증가가 없는 경우에는 양도의 통지를 하지 않더라도 통지의무 위반을 이유로 당해 보험계약을 해지할 수 없다.

20 **보증보험에 관한 다음 설명 중 옳지 않은 것은?**

① 보험계약자가 피보험자에게 계약상의 채무불이행으로 입힌 손해를 보상한다.
② 보험계약자가 피보험자에게 법령상의 의무불이행으로 입힌 손해를 보상한다.
③ 보험계약자의 고의는 보험자의 절대적 면책 사유이다.
④ 그 성질에 반하지 아니하는 범위에서 보증채무에 관한 민법의 규정을 준용한다.

21 다음 사례에 대한 설명 중 옳지 않은 것은? (다툼이 있을 경우 대법원 판례에 따름)

> 의료인의 자격이 없는 일반인(이하 '비의료인'이라 한다)이 필요한 자금을 투자하여 시설을 갖추고 자격이 있는 의료인을 고용하여 그 명의로 의료기관 개설신고를 하여 형식적으로만 적법한 의료기관의 개설로 가장하였다. 이후 해당 의료기관에서 면허를 갖춘 의료인을 통해 교통사고 환자 등에 대한 진료가 이루어졌으며, 해당 의료기관이 보험회사 등에 교통사고 환자 등을 진료한 의료기관이 의료법 규정에 위반되어 개설된 것이라는 사정을 고지하지 아니한 채 자동차손해배상 보장법에 따라 자동차보험진료수가의 지급을 청구하였다.
> 또한 해당 의료기관이 보험회사 등에 실손의료보험의 피보험자를 진료한 의료기관이 위 의료법 규정에 위반되어 개설된 것이라는 사정을 고지하지 아니한 채 실손의료보험계약에 따라 실손의료비를 청구하는 보험수익자에게 진료사실증명 등을 발급해주었다.

① 실손의료보험에는 상법상 상해보험에 관한 규정이 준용되고, 그 경우 인보험인 상해보험에서와 마찬가지로 실손의료보험에서도 보험사고가 발생하면 보험수익자만이 보험회사에 대해 실손의료비 청구권을 행사할 수 있다. 반면 피보험자를 진료한 의료기관으로서는 피보험자나 보험수익자로부터 그에 따른 진료비를 지급받을 수 있고, 경우에 따라 보험수익자의 청구에 응하여 진료사실증명 등을 발급해 줌으로써 단순히 그 보험금 청구 절차를 도울 수 있을 뿐이다.

② 특별한 사정이 없는 한 피보험자를 진료한 의료기관이 위 의료법 규정에 위반되어 개설된 것이라는 사정은 해당 피보험자에 대한 보험회사의 실손의료비 지급의무에 영향을 미칠 수 있는 사유가 아니라고 보아야 하고, 설령 해당 의료기관이 보험회사 등에 이를 고지하지 아니한 채 보험수익자에게 진료사실증명 등을 발급해 주었다 하더라도, 그러한 사실만으로는 사기죄에서 말하는 기망이 있다고 볼 수는 없다.

③ 피해자를 진료한 의료기관이 의료법 규정에 위반되어 개설된 것이라는 사정은 피해자나 해당 의료기관에 대한 보험회사 등의 자동차보험진료수가 지급의무에 영향을 미칠 수 있는 사유가 아니어서, 해당 의료기관이 보험회사 등에 이를 고지하지 아니한 채 그 지급을 청구하였다고 하여 사기죄에서 말하는 기망이 있다고 볼 수는 없다.

④ 개설자격이 없는 비의료인이 의료법을 위반하여 개설한 의료기관이라면, 비록 면허를 갖춘 의료인을 통해 피해자에 대한 진료가 이루어졌더라도 의료법을 위반하여 개설한 의료기관이 보험회사 등에 자동차손해배상 보장법에 따라 자동차보험진료수가를 청구하는 것은 불법행위를 원인으로 하는 법률행위에 해당하므로 보험회사 등으로서는 특별한 사정이 없는 한 그 지급을 거부할 수 있다.

22 A는 자신을 보험계약자 및 피보험자로 하여 화재보험계약을 체결한 주택을 B에게 양도하고 이전등기까지 완료하였다. 그러나 A와 B 모두 주택의 양도 사실을 보험회사에 통보하지 않았다. 이 후 보험기간 중 그 주택에 화재가 발생한 경우 다음 설명 중 옳지 않은 것은?

① 상법에는 양도 통지의무에 대한 규정이 없으며, 개별 보험약관에 따라 인정되고 있을 뿐이다.

② 보험자에 대한 양도 통지는 민법상 지명채권 양도와는 달리 양도인 A 뿐만 아니라, 양수인 B가 한 것도 유효하다.

③ A가 반증을 들지 못하는 한 B가 보험금을 청구할 수 있다.

④ 대법원 판례에 의하면 양도 통지의무를 이행하지 않았더라도 위험의 현저한 변경증가가 없는 한 보험회사는 계약을 해지할 수 없다.

23 **A는 보험계약자 겸 보험수익자로서 B를 피보험자로 하여 사망을 보험사고로 하는 보험계약을 체결하였다. 그런데 보험모집인 C가 보험계약자 A에게 피보험자 B의 서면 동의가 없어도 된다고 잘못 설명하여, 보험계약이 체결되었다. 다음 내용 중에서 옳은 설명은?**

> 가. 대법원 판례에 따르면 C의 잘못된 설명이 계약 내용이 되므로 유효하다.
> 나. B의 서면 동의가 없으므로 무효이다.
> 다. 보험회사는 A에게 보험금을 지급하여야 한다.
> 라. A는 C의 행위를 이유로 보험회사에 손해배상을 청구할 수 있다.

① 가, 나
② 다, 라
③ 나, 라
④ 가, 다

24 **상해보험계약의 보험청약서에 보험자가 다른 상해보험의 체결 사실을 묻고 있음에도 불구하고, 보험계약자는 보험자에게 이미 체결되어 있는 다른 상해보험계약의 내용을 알리지 않았고, 그 후에도 다른 상해보험계약을 체결하면서도 이를 알리지 않았다. 이 사례에 대한 대법원 판례의 견해가 아닌 것은?**

① 보험계약 체결 후 다른 보험계약을 체결하였다는 사정 만으로는 사고 발생의 위험이 현저하게 변경 또는 증가되었다고 볼 수 없다.
② 보험자가 보험청약서에서 질문하는 다른 보험계약의 존재는 중요한 사항으로 추정될 수 없다.
③ 일반적으로 상해보험계약에서 다른 상해보험계약들이 존재한다고 하여, 보험계약의 체결이 거절되거나 보험료에 차이가 있다는 사실을 인정할 자료가 없다.
④ 보험자는 보험계약자 또는 피보험자가 다른 보험계약의 존재가 고지를 요하는 중요한 사항에 해당한다는 사실을 고의 또는 중대한 과실로 고지하지 않았다는 사실을 입증해야 한다.

25 **아래 사례에 대한 다음 지문 중에서 옳은 것은? (다툼이 있는 경우 대법원 판례에 따름)**

> • 보험 계약 사항
>   1. 2019년 1월 1일 A보험자와 B보험계약자가 손해보험 계약 체결
>   2. 보험 계약 체결 시에 A보험자는 보험약관에 있는 중요한 사항에 해당하는 면책약관을 B보험계약자에게 설명해야 하나, 설명의무를 위반함
>
> • 사고사항 및 일반 내용
>   3. 2019년 3월 1일 제3자인 C의 행위로 인하여 사고 발생하여, B가 보험금 청구함
>   4. 보험사고는 면책약관에서 규정하고 있는 사고임

① 보험약관 설명의무 위반에 따른 보험계약 취소권을 행사할 수 있는 제척기간이 경과하였다.
② A보험자는 C에게 보험자대위를 행사할 수 있다.
③ A보험자는 보험금을 지급하여야 하며, C에게 보험자대위는 행사할 수 없다.
④ 대법원 판례에 따르면 취소 제척기간이 경과한 후에는, 면책약관의 효력이 유효하다.

26 타인의 생명보험에 관한 다음 설명 중 틀린 것은? (다툼이 있는 경우 대법원 판례에 따름)

① 타인의 사망을 보험사고로 하는 보험계약의 체결 시 타인의 서면동의를 얻도록 규정한 것은 동의의 시기와 방식을 명확히 함으로써 분쟁의 소지를 없애려는 데 취지가 있으므로, 피보험자인 타인의 동의는 각 보험계약에 대하여 개별적으로 서면에 의하여 이루어져야 하고 포괄적인 동의 또는 묵시적이거나 추정적 동의만으로는 부족하다.

② 타인의 생명보험에서 피보험자가 서면으로 동의의 의사표시를 하여야 하는 시점은 '보험계약 체결 시까지'이고, 이는 강행규정으로서 이에 위반한 보험계약은 무효이므로, 타인의 생명 보험계약 성립 당시 피보험자의 서면동의가 없다면 보험계약은 확정적으로 무효가 되고, 피보험자가 이미 무효로 된 보험계약을 추인하였다고 하더라도 보험계약이 유효로 될 수는 없다.

③ 타인의 생명보험에서 얻어야 하는 타인의 서면동의에는 「전자서명법」에 따른 전자서명이 있는 경우로서 본인 확인 및 위조 · 변조 방지에 대한 신뢰성을 갖춘 전자문서도 포함된다.

④ 타인의 생명보험에서 그 타인의 서면에 의한 동의 규정을 위반하여 보험계약이 무효로 된 경우에, 보험수익자는 보험계약의 실질적인 효용을 받는 자이므로 특별한 사정이 없는 한 보험회사를 상대로 보험계약의 무효로 인한 손해에 관하여 불법행위를 원인으로 손해배상청구를 할 수 있다.

27 화재보험에 관한 다음 지문 중 옳은 내용은?

① 보험자는 화재의 소방 또는 손해의 감소로 필요한 조치로 생긴 손해를 보상할 책임이 있다.

② 집합된 물건을 일괄하여 보험의 목적으로 한 때에는 피보험자의 가족의 물건은 제외한다.

③ 집합된 물건을 일괄하여 보험의 목적으로 한 때에는 피보험자의 사용인의 물건은 제외한다.

④ 집합된 물건을 일괄하여 보험의 목적으로 한 때에는 그 목적에 속한 물건이 보험기간 중에 수시로 교체된 경우에는 보험자가 책임을 지지 아니한다.

28 책임보험의 제3자 직접청구권에 대한 다음 지문 중 맞는 내용은? (다툼이 있는 경우 대법원 판례에 따름)

① 직접청구권의 성격은 보험금 청구권이다.

② 보험자가 제3자의 청구를 받은 때에는 지체없이 피보험자에게 이를 통지하여야 한다.

③ 제3자는 피보험자의 협조를 받아 직접청구권을 행사하여야 한다.

④ 보험자는 피보험자가 그 사고에 관하여 가지는 항변으로 제3자에게 대항하지 못한다.

29 보험기간 중 보험의 목적이 양도된 경우의 효과로 가장 틀린 것은?

① 유상 양도와 무상 양도를 모두 포함한다.

② 상법상 피보험자가 보험 목적이 양도된 사실을 보험자에게 통지하지 않으면, 보험자는 그 사실을 안 날로부터 1개월 이내에 보험계약을 해지할 수 있다.

③ 자동차를 양도한 경우에는 양수인은 보험자의 승낙을 얻은 경우에 한하여 보험계약으로 인하여 생긴 권리와 의무를 승계한다.

④ 보험 목적물을 양도하면서 당사자들끼리 보험계약의 권리 의무를 승계하지 않기로 하는 약정을 하였다면 양수인의 권리와 의무는 승계되지 않는다.

30 **보험계약자의 사기로 다음과 같은 행위가 이루어진 경우, 그 효과에 관한 설명으로 맞는 것은?**

① 화재보험에서 보험계약자의 사기로 초과보험이 체결되었다면 보험자는 보험계약을 취소할 수 있다.
② 보증보험에서 보험계약자의 사기가 행위가 있다면 피보험자의 책임이 없더라도 보험자는 보험금을 지급할 책임이 없다.
③ 보험계약자의 사기로 중복보험이 체결되었다면 그 계약은 무효이며, 보험계약자와 보험자는 보험료 및 보험금을 쌍방에게 반환하여야 한다.
④ 보험계약자의 고지의무 위반이 사기에도 해당된다면 보험자는 보험계약을 취소할 수 있다.

31 **약관상 면책사유의 하나로 "계약자 또는 피보험자가 손해의 통지 또는 보험금 청구에 관한 서류에 고의로 사실과 다른 것을 기재하였거나, 그 서류 또는 증거를 위조 또는 변조한 경우 피보험자는 손해에 대한 보험금청구권을 상실한다"는 규정을 두는 경우 이 조항의 효력은? (다툼이 있는 경우 대법원 판례에 의함)**

① 이 조항은 거래상 일반인들이 보험자의 설명 없이도 당연히 예상할 수 있었던 사항에 해당하여 설명의무의 대상이 아니다.
② 상법보다 보험계약자에게 불리하므로 상법 제663조에 의하여 무효이다.
③ 보험자의 도덕적 위험을 막기 위한 조항이다.
④ 대법원은 실제 발생한 손해에 대하여는 보상을 하되, 다만 신뢰관계의 붕괴를 원인으로 보험계약을 해지할 수 있을 뿐이라고 해석한다.

32 **선박미확정의 적하 예정보험에서 보험계약자 또는 피보험자는 그 하물이 선적되었음을 안 때에는 지체없이 보험자에 대하여 일정한 사항의 통지를 발송하여야 한다. 이에 해당하는 사항이 아닌 것은?**

① 선박의 국적
② 선박의 명칭
③ 선장의 성명
④ 하물의 종류, 수량과 가액

33 **다음의 (　　) 안에 들어갈 기간이 같은 것으로 묶여진 것은?**

㉠ 보험금지급에 대한 약정기간이 없는 경우 보험자는 보험사고의 통지를 받은 후 지체없이 지급할 보험금액을 정하고 그 정하여진 날부터 (　　)내에 피보험자 또는 보험수익자에게 보험금액을 지급하여야 한다.
㉡ 보험자가 보험계약자로부터 보험계약의 청약과 함께 보험료 상당액의 전부 또는 일부의 지급을 받은 때에는 다른 약정이 없으면, (　　)내에 그 상대방에 대하여 낙부의 통지를 발송하여야 한다.
㉢ 보험자가 보험계약을 체결할 때에 보험계약자에게 보험약관의 교부 · 설명의무를 이행하지 아니한 때에는 보험계약자는 보험계약이 성립한 날부터 (　　)내에 그 계약을 취소할 수 있다.
㉣ 보험자가 파산의 선고를 받은 때에 보험계약자가 해지하지 않은 보험계약은 파산선고 후 (　　)을 경과한 때에는 그 효력을 잃는다.

① ㉠-㉡
② ㉡-㉢
③ ㉢-㉣
④ ㉠-㉣

34 단체생명보험에 관한 설명 중 옳은 것은?

① 판례에 의하면, 취업규칙이나 단체협약에 있는 근로자의 재해부조에 관한 일반적 규정으로도 단체보험의 유효요건인 '규약'이 존재하는 것으로 볼 수 있다.
② 판례에 의하면, 단체보험계약을 체결한 자가 스스로 단체보험의 유효요건인 규약이나 구성원의 서면동의가 결여되어 그 단체보험계약이 무효라고 주장하는 것은 신의성실의 원칙에 반한다.
③ 단체보험에서 피보험자가 보험사고 이외의 사고로 사망하거나 퇴직 등으로 단체의 구성원으로서 자격을 상실하면 그에 대한 단체보험계약에 의한 보호는 종료된다.
④ 보험계약자가 보험수익자를 보험계약자 자신으로 지정하는 것이 단체보험의 본질에 반하는 것이므로 허용될 수 없다.

35 다음의 법 조문은 보험계약법(상법 제4편)의 어떤 특성을 반영한 것인가?

> 상법 제680조 제1항
> 보험계약자와 피보험자는 손해의 방지와 경감을 위하여 노력하여야 한다. 그러나 이를 위하여 필요 또는 유익하였던 비용과 보상액이 보험금액을 초과한 경우라도 보험자가 이를 부담한다.

① 윤리성　　② 단체성
③ 편면적 강행법규　　④ 기술성

36 초과보험에 대한 다음 설명 중 틀린 것은?

① 초과보험의 보험가액은 사고 발생 당시의 가액에 의하여 결정하는 것이 원칙이다.
② 초과보험은 보험기간 중 물가하락으로 인하여 보험가액이 감소한 경우에도 발생한다.
③ 단순 초과보험의 경우 보험자 또는 보험계약자는 보험료와 보험금액의 감액을 청구할 수 있다. 다만 보험료의 감액은 장래에 대하여서만 그 효력이 있다.
④ 보험계약자의 사기로 체결된 초과보험의 경우 보험계약 전체가 무효가 되고 보험자는 그 사실을 안 때까지의 보험료를 청구할 수 있다.

37 보험가액에 대한 설명 중 옳지 않은 것은? (다툼이 있는 경우 판례에 의함)

① 기평가보험으로 인정되기 위한 당사자 사이의 보험가액에 대한 합의는 명시적인 것이어야 하며, 보험증권에 협정보험가액 혹은 약정보험가액이라는 용어를 사용하여야 한다.
② 보험계약체결당시 당사자 사이에 피보험이익의 가액에 대해 아무런 평가를 하지 아니한 미평가보험의 경우, 원칙적으로 사고발생시의 가액을 보험가액으로 한다.
③ 육상운송보험의 경우 운송물을 발송한 때와 곳의 가액과 도착지까지의 운임 기타의 비용을 보험가액으로 한다.
④ 해상보험에서는 적하보험의 경우 선적한 때와 곳의 적하의 가액과 선적 및 보험에 관한 비용을 보험가액으로 한다.

38 **다음 중 손해보험과 인보험에 모두 존재할 수 있는 것은?**

① 피해자의 직접청구권
② 피보험이익
③ 타인의 보험
④ 청구권 대위

39 **다음 중 보험계약 당사자 간에 특약이 없는 경우에도 가능한 것은?**

① 손해보험자가 보험사고로 인하여 상실된 피보험자의 이익을 보상하는 것
② 상해보험에서 제3자에 대한 보험자대위를 인정하는 것
③ 보험자가 최초의 보험료를 받은 때로부터 책임지기로 하는 것
④ 일부보험에서 보험자가 보험금액의 한도 내에서 손해액 전액을 보상하기로 하는 것

40 **보험위부에 관한 설명으로 올바른 것은 몇 개인가?**

가. 피보험자의 편의를 위하여 인정된 제도이다.
나. 보험자가 위부를 승인한 때에 효력이 발생한다.
다. 언제나 보험의 목적 전부에 대하여 하여야 한다.
라. 보험자가 피보험자의 권리를 취득하기 위해서는 보험금을 지급하여야 한다.

① 1개
② 2개
③ 3개
④ 4개

3과목 손해사정이론

01 다음은 현재 우리나라에서 사용 중인 자동차보험의 표준 약관 중 일부이다. 이 조항을 보고 어떠한 면책 사유에 해당하는지 고르시오.

> **제8조【보상하지 않는 손해】**
> 다음 중 어느 하나에 해당하는 사람이 죽거나 다친 경우에는 「대인배상Ⅱ」에서 보상하지 않습니다.
> 1. (생략)
> 2. 배상책임이 있는 피보험자의 피용자로서 「산업재해보상보험법」에 의한 재해보상을 받을 수 있는 사람. 다만, 그 사람이 입은 손해가 같은 법에 의한 보상범위를 넘어서는 경우 그 초과손해를 보상합니다.
> 3. 피보험자동차가 피보험자의 사용자의 업무에 사용되는 경우 그 사용자의 업무에 종사 중인 다른 피용자로서, 「산업재해보상보험법」에 의한 재해보상을 받을 수 있는 사람. 다만, 그 사람이 입은 손해가 같은 법에 의한 보상범위를 넘는 경우 그 초과손해를 보상합니다.

① 제외손인(excluded perils)
② 제외지역(excluded locations)
③ 제외재산(excluded property)
④ 제외손실(excluded losses)

02 다음의 뉴스 기사를 읽고 어떠한 보험에 대한 설명인지 고르시오.

> 도로를 스스로 주행하는 자율주행차 시대가 눈앞으로 다가왔다. 오는 2025년이면 도로 위를 달리는 자동차 안에서 운전자는 운전대에 손을 대지 않고 책을 읽거나 휴대전화를 마음껏 볼 수 있게 될 것으로 보인다.
>
> 자율주행차 시대의 도래에 맞춰 빼놓을 수 없는 이야기는 보험에 관한 것이다. 자동차 사고가 나면 재산상의 문제뿐만 아니라 인적 피해도 피할 수 없기 때문이다. 현재 우리가 접하고 있는 자동차보험은 사람이 운전했을 경우에 맞춰 설계됐다. 그러나 사람이 운전대를 잡고 있지 않았을 때 사고가 발생하면 보험은 어떻게 사고를 처리할지 관심이 쏠리고 있다.
>
> 전문가들은 자율주행으로 사고 발생 시 그 책임 부담은 자동차의 자동화 수준이 높아질 수록 제조업자 책임이 커질 것으로 보고 있다. 쉽게 말해 100% 시스템 주행이 가능한 자율주행차의 사고 책임은 명확히 자동차 제조사가 지는 데 큰 이견이 없다.
>
> 문제는 과도기적 단계다. 자율주행은 한번에 가능하지 않다. 30년 이상 도로에서 다양한 레벨의 자율주행차와 일반차가 혼재되어 운행되는 과정을 겪게 된다. 이 때문에 세계 여러 국가에서 부분 자율주행의 경우 보험 문제에 관한 논의가 활발한 상태다. 영국에서는 보험사가 피해자에게 보험금을 우선 지급하고 시스템 결함이면 보험사가 자동차 회사에 구상권을 청구하도록 했다.
>
> 국내에서는 2020년 상용화를 앞둔 레벨3 자율주행차에서 사고가 난 경우 일반 자동차와 동일하게 차량 보유자의 자동차보험으로 피해자를 구제하는 방안이 합리적이란 주장이 나오고 있다. 피해자의 신속한 구제를 위해서는 레벨3 자율주행차 사고에 대해서도 일반차 사고와 동일하게 차량 보유자의 자동차보험으로 먼저 피해를 보상해야 한다는 것이다. 레벨3 자율주행차는 사람과 자율주행시스템(ADS) 사이에 차량 제어권이 수시로 전환되는 형태로 ADS가 운전을 모두 하는 레벨5 자율주행차로 넘어가는 중간 형태다.

이와 더불어 현재 미국 미시간 주 등에서 시행되고 있는 보험의 형태도 활발히 고려되고 있다. 미시간 주에서는 Personal Injury Protection(PIP), Property Protection(PPI), Residual Liability Insurance, Bodily Injury and Property Damage로 영역을 나누어 보험 보장범위를 설정하고 있다. 이 보험의 목적은 사고 피해자에 대한 신속하고 충분한 보상을 제공하는 것으로, 보험사는 사고를 낸 가해자의 책임 여부와 별개로 피해자에게 보상하고, 피해자는 가해자의 불법 행위에 대한 손해배상청구권이 제한된다. 그러나 미시간 주의 자동차 보험료는 2014년 이후 매년 1위를 놓치지 않을 정도로 비싼 보험료가 부담이라는 지적도 있다.

뉴질랜드에서는 사회보험의 형태로 자동차보험을 운영하고 있다. 뉴질랜드에서는 보험료가 세금을 통해 충당되며, 보험료 산정 때 할인 할증 제도가 전무하다. 피해자의 과실여부와 상관없이 사고에 따른 치료비 보상을 정부가 하고 가해자의 배상책임이 면제된다는 점에서 도덕적 해이를 유발한다는 비판도 제기된다.

① Umbrella coverage Insurance
② No fault Insurance
③ Burial Insurance
④ Title Insurance

03 다음 중 근원적 위험(fundamental risk)에 해당하지 않는 것은?

① 전쟁
② 대형건물 화재
③ 경기변동
④ 대자연재해

04 보험사기방지 특별법의 처벌에 관한 규정 중에서 틀린 것은?

① 보험금의 지급을 지체 또는 거절하거나 보험금을 삭감하여 지급한 보험회사는 1천만원 이하의 과태료를 부과한다.
② 보험사기행위로 보험금을 취득한 자는 10년 이하의 징역 또는 3천만원 이하의 벌금에 처한다.
③ 금융위원회는 보험사기행위의 알선 · 권유 등의 금지 등의 행위를 조사하기 위하여 정보통신서비스 제공자에 대하여 필요한 자료의 제출을 요청할 수 있다.
④ 상습적으로 보험사기죄를 범한 자는 그 죄에 정한 형의 2분의 1까지 가중한다.

05 다음 조건 하에서 보험회사가 지급해야 하는 보험금을 구하시오.

- 보험가액 10억원
- 보험가입금액 8억원
- 80% 공동보험 조항
- 전손 발생

① 3억원
② 6억원
③ 8억원
④ 10억원

06 다음 보험의 특성 중 대수의 법칙과 가장 관련이 깊은 것은?

① 위험 집단화
② 우연한 손실
③ 위험의 전가
④ 실손의 보상

07 다음 중 재보험을 가입하는 목적과 관련성이 적은 것은?

① 미경과보험료 적립금의 경감
② 보험수익의 안정성
③ 실손보상의 원칙 실현
④ 보험기술의 증진

08 다음 중 무과실 책임주의가 확산되는 이유에 대하여 가장 적합하게 설명한 것은?

① 사회의 전문화, 복잡화
② 가장 합리적인 방식
③ 근대 민법의 기본 원칙
④ 가해자의 과실에 기반

09 금융재보험은 위험전가와 위험재무의 기능을 결합한 재보험이다. 금융재보험을 통하여 원수보험자는 재보험자에게 underwriting risk 와 timing risk를 전가한다. 다음 중 timing risk에 대해서 가장 적합하게 설명한 것은?

① 보험계약에서 발생하는 영업이익을 원수보험자와 재보험자가 공유하는데, 그러한 이익이 예상보다 늦게 발생하는 리스크이다.
② 보험요율을 산정할 때에 기초로 삼았던 보험인수한도(insurance retention)가 예상보다 조기에 초과하여 발생하는 리스크이다.
③ 보험금 지급시기의 불확정에서 비롯된 것으로 보험금이 예상보다 빨리 지급되어 발생하는 리스크이다.
④ 보험계약에 대한 미래의 투자수익의 발생정도를 전제로 보험료를 할인하는데, 그러한 투자수익이 예상치에 도달하지 못하여 발생하는 리스크이다.

10 다음은 투자 리스크들에 대한 설명이다. 체계적 리스크(systematic risk)로 볼 수 없는 것은?

① 자산의 구성과 가치에 영향을 주는 금리 리스크(interest risk)
② 장래 인플레이션으로 인해 구매력이 감소될 구매력 리스크(purchasing power risk)
③ 한 국가의 정치 경제적 상황변화에 따른 국가 리스크(country risk)
④ 투자증권을 유통시장에서 현금화하기 위한 유동성 리스크(liquidity risk)

11 최근 보도된 다음의 뉴스 기사를 읽고 재보험사가 보상여부 판단을 위해 원보험사와 함께 보험사고 조사를 실시한 근거가 되는 약관 조항이 무엇인지 고르시오.

> A손해보험이 역대급 사이버사고를 낸 가상통화(암호화폐) 거래사이트 B가 청구한 30억원대 보험금 지급을 거절했다. 보험계약자인 B 측이 보험에 가입하기 전에 주요 사항을 미리 알리지 않았다는 이유다. 당초 보험사기 의혹도 제기된 만큼 법정 다툼으로 번질 가능성도 높다는 전망이다.
>
> 27일 보험업계에 따르면 A손해보험은 최근 B의 해킹사고로 인한 보험금 지급 신청에 관한 사고 조사를 마친 후 보험금을 지급할 수 없다고 통지했다.
>
> A손해보험 관계자는 "재보험사들과 함께 보상 여부 판단을 위해 사고 조사를 실시한 결과 B 측이 보험 계약 체결 시 고지의무를 위반한 사실을 확인했다"며 "이에 지난달 B 측에 보험금을 지급할 수 없다고 통지했다"고 말했다.
>
> B 측이 가입한 사이버배상책임보험(CLI)은 인터넷 네트워크와 정보자산 등 사이버 리스크와 관련해 계약자와 제3자의 리스크를 보장하는 보험이다. 가상통화 거래사이트의 경우 계약자인 B와 B 고객의 리스크를 담보한다.

① 오류 탈루 조항(error and omission clause)
② 이재처리 협조 조항(claim cooperation clause)
③ 운명 처리 조항(follow the fortune clause)
④ 최대선의성 조항(utmost good faith clause)

12 다음은 금융소비자보호법의 금융상품 유형별 영업행위 준수사항 중 하나에 대한 절차이다. 어떠한 준수사항에 대한 절차인가?

> 금융상품판매업자는 대통령령으로 각각 정하는 보장성 상품, 투자성 상품 및 대출성 상품에 대하여 일반금융소비자에게 계약 체결을 권유하지 아니하고 금융상품 판매 계약을 체결하려는 경우에는 미리 면담 · 질문 등을 통하여 보장성 상품, 투자성 상품, 대출성 상품 등의 구분에 따른 정보를 파악하여야 한다.

① 적합성의 원칙
② 적정성의 원칙
③ 불공정영업행위의 금지
④ 부당권유행위 금지

13 다음 조건 하에서 공제액이 없어지는 손해액은 얼마인가?

> • 소멸성 공제조항 10만원
> • 조정계수 1.04

① 10만원
② 100만원
③ 260만원
④ 320만원

14 초과손해액 재보험(excess of loss)의 요율 산정 방법 중 exposure rating에 대한 설명이다. 가장 거리가 먼 것은?

① 과거의 인수 실적을 기초로 한다.
② 수학적 모델과 적절한 가정을 통하여 미래의 손해발생 가능성을 예측하는 방법이다.
③ 재보험회사의 전문 언더라이터의 경험이나 노하우가 가장 강하게 요구된다.
④ 사용된 모델과 가정이 적절하지 못할 경우 예측 결과를 신뢰할 수 없다.

15 다음의 내용은 보험계약자인 A가 가입한 보험계약의 내용이다. 지문으로 주어진 재보험 특약 중에서 A가 가입한 보험계약과 가장 유사한 형태는 어떤 것인지 고르시오.

> A는 자신이 소유하고 있는 1억원의 가치가 있는 건물에 화재보험계약을 체결하였다. 그 후에 화재보험의 보험기간 중 건물에 화재가 발생하였고, 그로 인하여 6천만원의 손해가 발생하였다. A는 6천만원의 손해 중 2천만원(자기부담금)을 제외한 4천만원을 화재보험금으로 지급받았다.

① Excess of loss ratio reinsurance(초과 손해율 재보험)
② Excess of loss reinsurance(초과 손해액 재보험)
③ Surplus reinsurance(초과액 재보험)
④ Quota share reinsurance(비례재보험)

16 초과액재보험(Surplus Reinsurance)에서 원보험자는 각 보험계약에서 10억원까지 일률적으로 보유하며, 10억원을 초과하는 부분을 20억원까지 출재한다. 다음의 경우 재보험자가 부담해야 하는 금액은 얼마인가? (다만 재보험 한도를 초과하는 부분은 별도의 재보험자와 임의재보험계약을 체결하는 것으로 가정한다.)

> • A 보험계약 : 보험가입금액 5억원, 손해액 3억원 발생
> • B 보험계약 : 보험가입금액 20억원, 손해액 10억원 발생
> • C 보험계약 : 보험가입금액 50억원, 손해액 40억원 발생

① 13억원
② 15억원
③ 18억원
④ 21억원

17 주유소의 금연 경고문, 은행의 CCTV 설치 알림 등은 다음 중 어느 위험관리기법에 해당하는가?

① 손실감소(loss reduction)
② 손실예방(loss prevention)
③ 위험회피(risk avoidance)
④ 위험전가(risk transfer)

18 다음 조건 하에서 보험회사가 지급해야 하는 금액은 전부 얼마인가?

> • 보험가입금액 1,000만원
> • 1차 사고 손해액 : 80만원
> • Franchise 공제조항 100만원
> • 2차 사고 손해액 : 200만원

① 100만원
② 180만원
③ 200만원
④ 280만원

19 다음 내용을 보고 교차배상책임 하에서 A와 B가 각각 지급해야 하는 금액은 얼마인가?

• A의 손해액 : 2,000만원	• B의 손해액 : 1,000만원
• A의 과실 : 60%	• B의 과실 : 40%

① A : 200만원, B : 0원
② A : 600만원, B : 800만원
③ A : 1,200원, B : 400만원
④ A : 0원, B : 200만원

20 손실통제의 연쇄개념(chain concept of loss control) 중에서 다음의 내용은 몇 번째 단계에 해당하는 내용인가?

> 사고가 발생한 이후 손실을 최소화하는 노력이다. 건물에 스프링쿨러, 방화벽을 설치하거나, 자동차를 운전할 때에 안전벨트를 착용하는 것이 대표적이다.

① 첫번째 단계
② 두번째 단계
③ 세번째 단계
④ 네번째 단계

21 다음의 내용 중에서 보험사고가 발생하여 손해사정사가 하는 일반적인 손해사정 절차에서 가장 마지막에 하여야 할 것은 무엇인가?

① 손해사정서 작성 및 교부
② 사고통지 접수
③ 현장 조사
④ 손해액 및 보험금 산정

22 다음은 대법원 판결문의 문구 중 일부이다. 이를 읽고 적용 가능한 가장 적절한 보험일반법 이론을 고르시오.

> 상법 제638조의3 제1항 및 약관의 규제에 관한 법률 제3조의 규정에 의하여 보험자는 보험계약을 체결할 때에 보험계약자에게 보험약관에 기재되어 있는 보험상품의 내용, 보험료율의 체계, 보험청약서상 기재 사항의 변동 및 보험자의 면책사유 등 보험계약의 중요한 내용에 대하여 구체적이고 상세한 명시 · 설명의무를 지고 있다고 할 것이어서, 만일 보험자가 이러한 보험약관의 명시 · 설명의무에 위반하여 보험계약을 체결한 때에는 보험자는 보험계약시에 기존의 설명이 진실한 것이 아님을 이유로 그 약관의 내용을 보험계약의 내용으로 주장할 수 없다.

① 권리포기(waiver)
② 금반언(estoppel)
③ 구두증거 원칙(parol evidence rule)
④ 보증(warranty)

23 다음 균등액 분담 방식에서 A 보험자의 보상액은 얼마인가?

• A 보험자 : 1,500만원	• B 보험자 : 700만원
• C 보험자 : 200만원	• 손해액 2,500만원

① 600만원
② 1,000만원
③ 1,500만원
④ 1,600만원

24 다음의 사례를 읽고 피해자가 청구하는 A와 B에 대한 손해배상에 대해서 옳은 것을 고르시오.

A는 자신의 자동차를 소유하고 있는 자이고, B는 A에게 고용된 고용운전사이다. 어느 날 A는 자신이 소유하고 있는 자동차를 타고 출근하던 중(B가 운전을 하고 A는 뒷자리에 탑승)에 B의 운전미숙으로 인하여 보행자와 교통사고가 발생하였다. 피해자는 자신의 피해액에 대해서 손해배상을 청구하고자 한다.

① 피해자는 배상자력이 높다고 판단되는 A에 대해서만 손해배상을 청구할 수도 있다.
② B에 대해서 손해배상권리를 포기하면, 그 효력은 A에게도 미친다.
③ 법률상 A와 B의 관계를 불가분 채무 관계라고 부른다.
④ B의 운전미숙으로 인하여 사고가 발생하였으므로, 불법행위책임만 인정된다.

25 다음은 어떤 제도에 대한 설명인지 고르시오.

- 지난 2010년 보험업계는 A 제도 도입 논란으로 뜨거웠다. 당시 OOO 당 XXX 의원이 관련 법안을 발의했고, 생명보험업계는 이를 저지하기 위해 총력전을 펼쳤다.
- A 제도는 아파트 분양권처럼 보험계약을 특정회사에 넘길 수 있게 하는 것이다. 해당 회사가 보험료 납부를 완료하고 가입자가 사망하면 보험금을 받는다. 미국과 독일에서 제도가 시행 중이고, 중국에서도 2018년부터 2년간 시범 실시되고 있다.
- A 제도는 가입자 입장에서는 유리하다. 예를 들어 종신보험에 10년동안 보험료를 낸 가입자가 만기 전에 목돈이 필요해 보험을 해지하면 납입 보험료의 60% 수준만 해지환급금으로 돌려받는다. 10년간 보험료를 1,000만원 납입했다면 600만원만 받는 것이다. 아예 중도해지 시 환급금이 없는 상품도 있다.
- 생명보험에 가입한 가입자가 부득이한 사정으로 자금이 필요한 경우에 보험을 해지하지 않고 특정 회사에 넘기면 특정 회사는 예상 해지환급금 이상의 금액을 가입자에게 지급한다. 특정 회사는 만기까지 보험료를 납부한 뒤 가입자 사망 시 보험금을 받아 수익을 내는 방식이다.

① 생명보험 승계제도
② 생명보험 전매제도
③ 생명보험 양도제도
④ 생명보험 유지제도

26 계약상 가중책임에 대한 다음 설명 중에서 틀린 것을 고르시오.

① 원칙적으로 보험의 보상 대상이 아니지만, 승강기관리계약 등 전형적인 계약배상책임의 경우에는 일부 담보하기도 한다.
② 계약상 가중책임이 있을 경우, 담보위반(breach of warranty)에 해당하므로 보험자는 전체 손해에 대해서 보험금 지급책임을 면하게 된다.
③ 통상적으로 지는 법률상 책임을 초과하는 배상책임을 질 것을 약정하여 이를 지불해야 하는 책임이 있을 때 그 책임을 말한다.
④ 자신에게 법률상 책임이 없음에도 제3자와의 사적 계약을 통하여 제3자가 지는 법률상 손해배상책임을 인수하는 것을 말한다.

27 **다음 중 불항쟁조항(불가쟁조항, incontestable clause)이 적용되는 사례는?**

① 보험자가 계약을 체결할 때에는 협정보험가액에 동의하였다가 실제 사고가 발생한 이후에 이를 부인하는 경우
② 보험계약이 체결되고 3년이 경과하였기 때문에 고지의무 위반을 이유로 계약을 해지하거나 보험금을 부지급하지 못하는 경우
③ 보험계약자의 고지의무 위반을 알고도 1개월 이내에 해지권을 행사하지 않는 경우
④ 보험모집과정에서 보험약관에 대하여 잘못 설명하였거나, 각종 안내 자료에 오류가 있어 인쇄된 문구대로 보험가입자가 이해한 경우 보험자는 나중에 그러한 하자가 있었음을 이유로 보험가입자에게 대항할 수 없는 경우

28 **약관 해석의 원칙 중에서 특정한 문언 뒤에 일반적 문언이 부가되어 그것을 확장하고 있는 경우 후자의 적용은 선행하는 특정한 문언과 같은 성질의 것으로 제한되어야 한다는 원칙은 무엇인가?**

① 작성자 불이익 해석의 원칙
② 합리적 기대의 원칙
③ 수기문언 우선의 원칙
④ 동종 제한 해석의 원칙

29 **상법은 상법 제4편에 규정된 내용보다 보험약관을 소비자에게 불리하게 변경하는 것을 금지하고 있다. 이와 같은 원칙의 존재는 보험의 어떠한 특성 때문인가?**

① 부합계약적 성격
② 사행계약적 성격
③ 불요식계약적 성격
④ 쌍무계약적 성격

30 **다음은 어떤 내용에 대한 설명인가?**

> 한마디로 "악화(惡貨)가 양화(良貨)를 구축(驅逐)한다(Bad money drives out good)."는 말로 정리할 수 있다. 흔히 경제학에서 나쁜 상품이 좋은 상품을 압도하는 현상을 설명할 때 사용된다. 예를 들어 질이 좋지 않고 싼 가격의 후진국 상품이 좋은 품질의 비싼 국산품의 상품을 밀어내며 시장을 장악하는 현상이 대표적이다. 보험시장에서도 이와 비슷한 현상을 찾아볼 수 있다. 보험회사는 이전의 사고 통계를 바탕으로 보험료를 책정하는데, 이러한 보험료를 기꺼이 부담하고 보험에 가입하고자 하는 사람은 사고발생 확률이 높은 사람들이다. 사고발생 확률이 낮은 사람은 자신의 위험보다 높은 보험료를 부담하는 셈이기 때문에 보험에 가입하는 것을 꺼린다. 따라서 사고발생 확률이 높은 사람들만 보험에 가입하게 되고, 이는 다시 전체적인 보험료 상승으로 이어지게 되며, 종국적으로는 보험시장이 붕괴되는 현상이 발생한다. 정보비대칭으로 인한 역선택 현상을 설명하는 레몬시장이론과 비슷한 맥락으로 이해하면 좋다.

① 세인트 피터스버그 역설(St. Petersburg paradox)
② 그래샴의 법칙(Gresham's law)
③ 베르누이 원칙(Bernoulli principle)
④ 기대효용 가설

31 동일한 피보험이익에 대하여 A, B 두 보험회사에 각각 보험금액 200만원, 800만원의 보험계약을 체결하고, 보험기간 중 600만원의 손해가 발생하였다. 다음 중 A보험회사의 보상금액이 가장 낮게 산정되는 타보험조항(other insurance clause)은?

① 책임한도분담조항(contribution by limit of liability clause)
② 균등액분담조항(contribution by equal shares clause)
③ 비례책임조항(pro rata liability clause)
④ 초과분담조항(excess other insurance clause) (단, A보험회사가 1차 보험자)

32 담보범위와 관련된 설명으로 가장 적절하지 못한 것은?

① 화재보험에서 폭발, 지진 등을 보장하는 것은 담보범위를 확대한 사례이다.
② 화재보험에서 기업휴지손해담보 특별약관은 담보범위를 확대한 사례이다.
③ 포괄책임주의에서는 면책위험을 추가함으로써 담보범위를 확대할 수 있다.
④ 열거책임주의에서는 담보위험을 축소함으로써 담보범위를 축소할 수 있다.

33 다음 위험 보편의 원칙에 대한 설명 중 틀린 것은?

① 화재보험에 관한 위험보편의 원칙은 독일 판례법에서 인정되고 있으며 우리나라에서는 인정되지 않는다.
② 상법은 화재보험에 관하여 '화재 보험자는 화재로 인하여 생긴 손해를 보상할 책임이 있다'라고 규정하고 있어 위험보편의 원칙을 인정하고 있다.
③ 현재 국내에서 사용 중인 화재보험 약관상 화재로 생긴 것이든 아니든 파열 또는 폭발로 생긴 손해는 보상하지 않는다.
④ 현재 국내에서 사용 중인 화재보험 약관상 파열 또는 폭발로 생긴 화재 손해는 보상한다.

34 다음 중 보험위험의 요건에 해당하지 않는 것은?

① 다수 존재하며 동질적인 위험이어야 한다.
② 피해의 원인, 시간, 장소, 정도가 한정적이어야 한다.
③ 심도가 크되 손실 발생확률은 낮아야 한다.
④ 객관적으로 측정이 불가능하여야 한다.

35 손실의 확률분포가 보기와 같을 때 기대손실(expected loss)과 95% 신뢰도 수준에서의 가능최대손실(probable maximum loss)은?

손실	확률
0원	0.55
500원	0.4
1,000원	0.05

① 200원, 500원
② 250원, 500원
③ 200원, 1,000원
④ 250원, 1,000원

36 보험계약에서 사용하는 보험약관은 부합계약적 성격으로 인해 여러가지 규제를 받는다. 다음 지문 중 틀린 것은?

① 보험회사가 약관규제법에서 규정한 불공정한 약관조항을 계약의 내용으로 하는 경우에, 공정거래위원회는 보험회사에게 해당 불공정약관조항의 삭제·수정 등 시정에 필요한 조치를 권고할 수 있다.
② 금융위원회는 보험약관의 변경명령권을 행사할 수 있으며, 보험계약자·피보험자 또는 보험금을 취득할 자의 이익을 보호하기 위하여 특히 필요하다고 인정하면 이미 체결된 보험계약에 대하여도 장래에 향하여 그 변경의 효력이 미치게 할 수 있다.
③ 대법원 판례는 보험계약 전체에 효력을 주기 때문이 일반적(一般的) 규제이다. 이런 점에서 가장 효과적인 약관 규제방법이라고 할 수 있다.
④ 사법부에 의한 약관 통제는 사후적이고 소극적, 개별적인 규제방식에 해당한다.

37 영업보험료의 구성 요소에 포함되지 않는 것은?

① 순보험료
② 저축보험료
③ 부가보험료
④ 미경과보험료

38 다음의 사례에서 보험회사가 면책을 주장하는 근거가 되는 관련 법률 및 약관 조항의 취지는 무엇인가?

> 특정 지역에 거대한 지진이 발생하여, 해당 지역의 건물의 90% 이상이 피해를 입었다.
> 이에 피해를 입은 피보험자들이 보험회사에 보험금을 청구하였으나, 보험회사는 거대한 지진은 천재지변에 해당하며, 다른 특약도 없었기 때문에 면책을 주장하고 있다.
> 실제 해당 보험 약관에서는 천재지변, 전쟁, 기타 변란은 보험회사가 보장하지 아니함을 규정하고 있다.

① 거대한 위험을 부보할 경우 보험회사의 경영상의 위험이 있음
② 보험의 특성상 부보 불가능
③ 피보험자의 담합 가능성
④ 도덕적 위험 방지

39 위험 결합의 효과에 대한 설명 중 옳지 않는 것은?

① 불확정한 위험을 예측 가능하도록 변경
② 도덕적 위험 방지
③ 부보 가능성 증대
④ 보험료 측정 가능

40 다음 중 재보험 시장 사이클 중 하드마켓(hard market)에 대한 설명으로 옳지 않은 것은?

① 재보험 담보력이 부족하여 재보험 가격이 상승하는 경우 발생한다.
② 대부분 재보험사들이 재보험 계약 인수를 제한하는 경우 발생한다.
③ 재보험사들의 계약 인수에 대한 경쟁이 심한 경우 발생한다.
④ 대형 자연재해 발생으로 손해율이 악화되는 경우 발생한다.

제4회 예상문제

1과목 보험업법

01 다음 중 외국보험회사가 보험업의 허가를 신청하기 위하여 제출하여야 하는 서류에 해당하는 것은? (단, 취급하려는 보험종목을 추가하려는 경우가 아니다.)

A. 발기인회의의 의사록
B. 합작계약서(외국기업과 합작하여 보험업을 하려는 경우만 해당한다)
C. 대표자의 이력서 및 경력증명서
D. 임원 및 발기인의 이력서 및 경력증명서
E. 보험업법에 따른 자본금 또는 기금의 납입을 증명하는 서류
F. 보험업법에 따른 영업기금의 납입을 증명하는 서류

① A, B
② C, D
③ C, F
④ E, F

02 보험업의 허가를 받으려는 자(외국보험회사 및 보험종목을 추가하는 경우 제외)가 갖추어야 하는 요건에 해당하지 않는 것은?

① 보험업법 규정에 따른 자본금 또는 기금을 보유할 것
② 보험계약자를 보호할 수 있고 그 경영하려는 보험업을 수행하기 위하여 필요한 전문 인력과 전산설비 등 물적 시설을 충분히 갖추고 있을 것. 이 경우 대통령령으로 정하는 바에 따라 업무의 일부를 외부에 위탁하는 경우에는 그 위탁한 업무와 관련된 전문 인력과 물적 시설을 갖추지 못한 것으로 본다.
③ 사업계획이 타당하고 건전할 것
④ 대주주(최대주주의 특수관계인인 주주를 포함한다)가 「금융회사의 지배구조에 관한 법률」에 따른 임원의 자격 결격 요건 중 어느 하나에 해당하지 아니하고, 충분한 출자능력과 건전한 재무상태를 갖추고 있으며, 건전한 경제질서를 해친 사실이 없을 것

03 외국보험회사의 국내사무소에 대한 다음 설명 중 틀린 것은?

① 외국에서 보험대리 및 보험중개를 업(業)으로 하는 자도 국내사무소를 설치할 수 있다.
② 국내사무소를 설치하는 경우에는 그 설치한 날부터 15일 이내에 금융위원회에 신고하여야 한다.
③ 국내사무소는 보험계약의 체결을 중개하거나 대리하는 행위를 하여서는 아니된다.
④ 금융위원회는 국내사무소가 보험업법 또는 보험업법에 따른 명령 또는 처분을 위반한 경우에는 6개월 이내의 기간을 정하여 업무의 정지를 명하거나 국내사무소의 폐쇄를 명할 수 있다.

04 보험회사의 조직 변경에 관한 다음 설명 중 틀린 것은?

① 상호회사가 그 조직을 변경하여 주식회사로 하는 경우에는 자본금의 총액을 300억원 미만으로 하거나 설정하지 아니할 수 있다.
② 주식회사의 조직 변경은 주주총회의 결의를 거쳐야 한다.
③ 조직 변경의 결의는 상법상 정관변경의 특별결의 규정에 따라서 출석한 주주의 의결권의 3분의 2 이상의 수와 발행주식총수의 3분의 1 이상의 수로써 하여야 한다.
④ 주식회사가 조직 변경을 결의한 경우 그 결의를 한 날부터 2주 이내에 결의의 요지와 재무상태표를 공고하고 주주명부에 적힌 질권자(質權者)에게는 개별적으로 알려야 한다.

05 다음 중에서 상호회사를 설립할 때에 정관에 작성해야 할 사항을 모두 몇 개인지 고르시오.

A. 취급하려는 보험종목과 사업의 범위
B. 명칭
C. 사무소 소재지
D. 기금의 총액
E. 잉여금의 분배 방법
F. 회사의 공고 방법
G. 회사 성립 후 양수할 것을 약정한 자산이 있는 경우에는 그 자산의 가격과 양도인의 성명
H. 존립시기 또는 해산사유를 정한 경우에는 그 시기 또는 사유

① 5개　② 6개
③ 7개　④ 8개

06 상호회사의 사원에 대한 다음 설명 중 틀린 것은?

① 상호회사는 100명 이상의 사원으로써 성립한다.
② 발기인이 아닌 자가 상호회사의 사원이 되려면 입사청약서 2부에 보험의 목적과 보험금액을 적고 기명날인하여야 한다.
③ 상호회사가 성립한 후 사원이 되려는 자는 입사청약서를 작성하여야 한다.
④ 발기인은 입사청약서를 작성하고 이를 비치하여야 하는데, 입사청약서에는 "설립시 모집하려는 사원의 수"가 포함되어야 한다.

07 상호회사 사원의 퇴사에 대한 다음 설명 중 틀린 것은?

① 상호회사의 사원은 정관으로 정하는 사유의 발생, 보험관계의 소멸로 퇴사한다.
② 상호회사에서 퇴사한 사원의 권리에 따른 금액의 환급은 퇴사한 날이 속하는 사업연도가 종료한 날부터 3개월 이내에 하여야 한다.
③ 퇴사한 사원이 회사에 대하여 부담한 채무가 있는 경우에는 회사는 환급금에서 그 채무액을 공제할 수 있다.
④ 퇴사원의 환급청구권은 3년 동안 행사하지 아니하면 시효로 소멸한다.

08 상호회사의 청산인이 회사자산을 처분할 때에 순위로 올바른 것은?

A. 일반채무의 변제
B. 사원의 보험금액과 보험업법 규정에 따라 사원에게 환급할 금액의 지급
C. 기금의 상각

① A → B → C
② B → A → C
③ C → B → A
④ B → C → A

09 외국보험회사 국내지점에 대한 다음 설명 중 틀린 것은?

① 외국보험회사 국내지점은 대한민국에서 체결한 보험계약에 관하여 보험업법에 따라 적립한 책임준비금 및 비상위험준비금에 상당하는 자산을 대한민국과 대한민국 이외의 국가에서 보유하여야 한다.
② 외국보험회사 국내지점의 대표자는 퇴임한 후에도 후임 대표자의 이름 주소에 관하여 상법에 따른 등기가 있을 때까지는 계속하여 대표자의 권리와 의무를 가진다.
③ 외국보험회사 국내지점은 외국보험회사의 본점이 보험업법상 허가 취소 사유에 해당하게 되면 그 사유가 발생한 날부터 7일 이내에 그 사실을 금융위원회에 알려야 한다.
④ 외국보험회사 국내지점의 대표자는 보험업법에 따른 보험회사의 임원으로 본다.

10 다음 중에서 보험 모집을 할 수 있는 자를 모두 고른 것은?

A. 보험설계사	B. 보험대리점
C. 보험중개사	D. 보험회사의 직원
E. 대표이사	F. 사외이사
G. 감사	H. 감사위원

① A, B, C
② A, B, C, D
③ A, B, C, D, E, F
④ A, B, C, D, E, F, G, H

11 **보험업법에는 보험회사 등이 보험설계사에게 모집을 위탁할 때에 해서는 안되는 불공정 행위 금지 규정이 있다. 다음 중 그러한 금지된 행위가 아닌 것은?**

① 보험모집 위탁계약서를 교부하지 아니하는 행위
② 위탁계약에서 정한 해지요건 외의 사유로 위탁계약을 해지하는 행위
③ 위탁계약서에서 정한 위탁업무 외의 업무를 강요하는 행위
④ 보험설계사에게 보험료 대납(代納)을 금지하는 행위

12 **다음은 금융위원회가 보험설계사의 업무의 정지를 명하거나 그 등록을 취소할 때에 대한 규정이다. 틀린 것은?**

① 거짓이나 그 밖의 부정한 방법으로 등록을 한 경우에는 그 등록을 취소하여야 한다.
② 모집에 관한 보험업법의 규정을 위반한 경우 6개월 이내의 기간을 정하여 업무의 정지를 명하거나 그 등록을 취소할 수 있다.
③ 보험설계사가 보험계약자로서 보험사기행위를 한 경우에는 금융위원회는 등록을 취소하여야 한다.
④ 금융위원회는 보험설계사의 등록을 취소하거나 업무의 정지를 명한 경우에는 지체 없이 그 이유를 적은 문서로 보험설계사 및 해당 보험설계사가 소속된 보험회사 등에 그 뜻을 알려야 한다.

13 **보험대리점의 등록에 관한 다음 설명 중에서 틀린 것은?**

① 보험대리점이 되려는 자는 개인과 법인을 구분하여 대통령령이 정하는 바에 따라 금융위원회에 등록하여야 한다.
② 다른 보험회사의 임직원은 보험대리점이 되지 못한다.
③ 금융위원회는 보험대리점으로 하여금 금융위원회가 지정하는 기관에 영업보증금을 예탁하게 할 수 있다.
④ 보험대리점은 크게 생명보험대리점과 손해보험대리점의 2가지로 구분한다.

14 **법인보험대리점 임원에 대한 다음 설명 중 틀린 것은?**

① 법인보험대리점의 임원에는 대표이사, 사외이사가 포함되며, 감사는 포함되지 않는다.
② 금고 이상의 실형을 선고받고 그 집행이 끝나거나 집행이 면제된 날부터 3년이 지나지 아니한 자는 법인보험대리점 임원이 되지 못한다.
③ 보험업법 또는 「금융소비자 보호에 관한 법률」에 따라 벌금 이상의 형을 선고받고 그 집행이 끝나거나 집행이 면제된 날부터 3년이 지나지 아니한 자는 법인보험대리점 임원이 되지 못한다.
④ 보험업법 규정에 따라 보험설계사 · 보험대리점 또는 보험중개사의 등록이 취소된 후 2년이 지나지 아니한 자는 법인보험대리점 임원이 되지 못한다.

15 보험중개사의 등록취소에 관한 규정으로 틀린 것은?

① 부채가 자산을 초과하는 보험중개사 법인 중에서 보험중개사에게 책임을 물을 수 없는 사유로 보험중개사의 재산상태에 변동이 생겨 부채가 자산을 초과하게 된 법인은, 1년 이내에 이를 개선하는 조건으로 금융위원회의 인가를 받으면 등록취소를 면할 수 있다.
② 거짓이나 그 밖의 부정한 방법으로 보험중개사 등록을 한 경우 금융위원회는 그 등록을 취소하여야 한다.
③ 모집에 관한 보험업법의 규정을 위반한 경우 금융위원회는 6개월 이내의 기간을 정하여 그 업무의 정지를 명하거나 그 등록을 취소할 수 있다.
④ 보험중개사가 보험계약자, 피보험자 또는 보험금을 취득할 자로서 보험사기행위를 한 경우 금융위원회는 6개월 이내의 기간을 정하여 그 업무의 정지를 명하거나 그 등록을 취소할 수 있다.

16 보험설계사 · 보험대리점 또는 보험중개사가 해당될 경우 그 사실을 지체 없이 금융위원회에 신고하여야 하는 것이 아닌 것은?

① 모집업무를 폐지한 경우
② 개인의 경우에는 본인이 사망한 경우
③ 법인의 경우에는 그 법인이 청산한 경우
④ 법인이 아닌 사단 또는 재단의 경우에는 그 단체가 소멸한 경우

17 수수료 지급에 관한 다음 설명 중 틀린 것은?

① 보험회사는 모집할 수 있는 자 이외의 자에게 모집을 위탁하거나 모집에 관하여 수수료, 보수, 그 밖의 대가를 지급하지 못한다.
② 보험회사가 대한민국 내에서 외국보험사와 공동으로 원보험계약(原保險契約)을 인수하는 경우에는 모집할 수 있는 자 이외의 자에게 수수료를 지급할 수 있다.
③ 기초서류에서 정하는 방법에 따른 경우에는 모집할 수 있는 자 이외의 자에게 수수료를 지급할 수 있다.
④ 보험중개사는 대통령령으로 정하는 경우 이외에는 보험계약 체결의 중개와 관련한 수수료나 그 밖의 대가를 보험계약자에게 청구할 수 없다.

18 금융기관보험대리점 등의 금지행위에 해당하지 않는 것은?

① 대출 등 해당 금융기관이 제공하는 용역을 받는 자의 동의를 미리 받지 아니하고 보험료를 대출 등의 거래에 포함시키는 행위
② 해당 금융기관의 임직원(보험업법에 따라 모집할 수 있는 자는 제외)에게 모집을 하도록 하거나 이를 용인하는 행위
③ 해당 금융기관의 점포 외의 장소에서 모집을 하는 행위
④ 해당 금융기관이 보험회사가 아니라 보험대리점 또는 보험중개사라는 사실과 보험계약의 이행에 따른 지급책임은 보험회사에 있음을 보험계약을 청약하는 자에게 알리는 행위

19 다음 중 보험업법이 금지하고 있는 자기계약에 해당하는 것은?

① 보험설계사 또는 보험대리점이 모집한 자기 또는 자기를 고용하고 있는 자를 보험계약자나 피보험자로 하는 보험의 보험료 누계액이 그 보험설계사 또는 보험대리점이 모집한 보험의 보험료의 100분의 50을 초과하게 된 경우
② 보험대리점 또는 보험중개사가 모집한 자기 또는 자기를 고용하고 있는 자를 보험계약자나 피보험자로 하는 보험의 보험료 누계액이 그 보험대리점 또는 보험중개사가 모집한 보험의 보험료의 100분의 50을 초과하게 된 경우
③ 보험설계사 또는 보험대리점이 모집한 자기 또는 자기를 고용하고 있는 자를 보험계약자나 피보험자로 하는 보험의 보험계약 건수가 그 보험설계사 또는 보험대리점이 모집한 보험의 보험계약 건수의 100분의 50을 초과하게 된 경우
④ 보험대리점 또는 보험중개사가 모집한 자기 또는 자기를 고용하고 있는 자를 보험계약자나 피보험자로 하는 보험의 보험계약 건수가 그 보험대리점 또는 보험중개사가 모집한 보험의 보험계약 건수의 100분의 50을 초과하게 된 경우

20 다음 중 보험업법 제104조 제1항에서 규정하고 있는 보험회사의 자산운용 원칙에 해당하지 않는 것은?

① 안정성
② 유동성
③ 수익성
④ 공정성

21 다음 중 특별계정을 설정하여 운용할 수 있는 계약이 아닌 것은?

①「소득세법」에 따른 연금저축계좌를 설정하는 계약
②「근로자퇴직급여 보장법」에 따른 퇴직보험계약
③「자동차손해배상 보장법」에 따라 가입이 강제된 책임보험계약
④ 변액보험계약(보험금이 자산운용의 성과에 따라 변동하는 보험계약을 말한다)

22 금리인하 요구에 관한 다음 설명 중 틀린 것은?

① 보험회사와 신용공여 계약을 체결한 자는 재산 증가나 신용등급 또는 개인신용평점 상승 등 신용상태 개선이 나타났다고 인정되는 경우 보험회사에 금리인하를 요구할 수 있다.
② 보험회사는 신용공여 계약을 체결하려는 자에게 금리인하를 요구할 수 있음을 알려야 한다.
③ 보험회사는 금리인하 요구를 받은 날부터 10영업일 이내에 해당 요구의 수용 여부 및 그 사유를 금리인하 요구자에게 전화, 서면, 문자메시지, 전자우편, 팩스 또는 그 밖에 이와 유사한 방법으로 알려야 한다.
④ 개인이 신용공여 계약을 체결한 경우 재무상태 개선, 신용등급 또는 개인신용평점 상승 등 신용상태의 개선이 나타났다고 인정되면 금리인하를 요구할 수 있다.

23 보험회사의 자회사에 대한 다음 설명 중 틀린 것은?

① 보험회사는 자회사를 소유하게 된 날부터 15일 이내에 그 자회사의 정관과 대통령령으로 정하는 서류를 금융위원회에 제출하여야 한다.
② 보험회사는 자회사의 사업연도가 끝난 날부터 1개월 이내에 자회사의 재무상태표와 대통령령으로 정하는 서류를 금융위원회에 제출하여야 한다.
③ 보험회사는 자회사가 소유하는 주식을 담보로 하는 신용공여 및 자회사가 다른 회사에 출자하는 것을 지원하기 위한 신용공여 행위를 자회사와 할 수 없다.
④ 보험회사는 금융위원회의 승인을 받아「신용정보의 이용 및 보호에 관한 법률」에 따른 채권추심업을 주로 하는 회사를 자회사로 소유할 수 있다.

24 보험업법상 보험회사가 적립해야 하는 책임준비금 규정에 해당하지 않는 것은?

① 보험위험의 전가가 있고 해당 보험계약으로 인하여 보험계약을 체결한 회사에 손실 발생 가능성이 있는 재보험자산 충당금액
② 매 결산기 말 현재 보험계약 상 지급사유가 발생한 보험금등을 지급하기 위해 미래현금흐름에 대한 현행추정치를 적용하여 적립한 금액
③ 매 결산기 말 현재 보험계약 상 보험금등의 지급사유가 발생하지 않았으나 장래에 그 보험금등을 지급하기 위해 미래현금흐름에 대한 현행추정치를 적용하여 적립한 금액
④ 보험계약 중「주식회사 등의 외부감사에 관한 법률」 제5조제1항제1호에 따른 회계처리기준 제1117호의 적용을 받지 않아 투자계약으로 분류된 보험계약에 대해 보험회사가 장래에 보험금등을 지급하기 위해 적립한 금액

25 배당보험계약과 배당보험계약 이외의 보험계약에 대한 회계처리 규정이다. 배당보험계약에 해당하는 내용을 모두 고른 것은?

A. 손실이 발생한 경우에는 준비금을 우선 사용하여 보전하고, 손실이 남는 경우에는 총리령으로 정하는 방법에 따라 이를 보전한다.
B. 이익 발생에 대한 기여도, 보험회사의 재무건전성 등을 고려하여 총리령으로 정하는 기준에 따라 계약자지분과 주주지분을 정하여야 한다.
C. 계약자지분은 계약자배당을 위한 재원과 배당보험계약의 손실을 보전하기 위한 목적 외에 다른 용도로 사용할 수 없다.
D. 자산을 보험계약별로 구분하지 아니하고 통합하여 운용하되, 이 경우 발생한 손익을 자산을 취득할 때 필요한 자금에 대한 보험계약별로 조성된 자금의 비율을 기준으로 구분하여 보험계약별로 배분하는 방식을 사용할 수 있다.
E. 자산을 보험계약별로 구분하여 운용하되, 이 경우 발생한 손익을 보험계약별로 직접 배분하는 방식을 사용할 수 있다.

① A, B　　② A, B, C
③ A, B, C, D　　④ A, B, C, D, E

26 보험상품 공시위원회에 대한 다음 설명 중 틀린 것은?

① 보험상품 공시위원회는 위원장 1명을 포함하여 9명의 위원으로 구성한다.
② 위원의 임기는 3년으로 한다. 다만, 금융감독원 상품담당 부서장과 보험협회의 상품담당 임원 및 보험요율 산출기관의 상품담당 임원인 위원의 임기는 해당 직(職)에 재직하는 기간으로 한다.
③ 위원회의 회의는 재적위원 과반수의 출석으로 개의(開議)하고 출석위원 과반수의 찬성으로 의결한다.
④ 위원회의 위원장은 위원 중에서 호선하며, 위원회의 위원은 금융감독원 상품담당 부서장, 보험협회의 상품담당 임원, 보험요율 산출기관의 상품담당 임원 및 보험협회의 장이 위촉하는 사람으로 구성한다.

27 보험회사가 다른 보험회사와 상호협정을 체결, 변경, 폐지하는 경우에는 대통령령으로 정하는 바에 따라 금융위원회의 인가를 받아야 한다. 그러나 경미한 사항을 변경하려는 경우에는 신고로 갈음할 수 있는데, 이 때에 해당하는 경미한 사항은?

① 상호협정의 내용이 보험계약자의 보호를 위하여 필요한 사항
② 금융위원회가 정하는 바에 따라 상호협정을 변경하는 사항
③ 미리 공정거래위원회와 협의를 마친 사항
④ 보험회사의 상호 변경, 보험회사 간의 합병, 보험회사의 신설 등으로 상호협정의 구성원이 변경되는 사항

28 기초서류의 신고 및 변경에 대한 다음 설명 중에서 틀린 것은?

① 보험회사는 기초서류를 작성하거나 변경하려는 경우 그 내용이 법령의 제정 · 개정에 따라 새로운 보험상품이 도입되거나 보험상품 가입이 의무가 되는 경우에 해당한다면 미리 금융위원회에 신고하여야 한다.
② 금융위원회는 보험업의 건전한 육성을 위하여 필요하다고 인정되면 보험회사에 대하여 취급하고 있는 보험상품의 기초서류에 관한 자료 제출을 요구할 수 있다.
③ 기초서류의 변경권고는 그 내용 및 사유가 구체적으로 적힌 문서로 하여야 한다.
④ 금융위원회는 보험회사가 신고한 기초서류의 내용 및 제출한 기초서류에 관한 자료의 내용이 기초서류 작성 · 변경 원칙 및 보험요율 산출의 원칙을 위반하는 경우에는 대통령령으로 정하는 바에 따라 기초서류의 변경을 권고할 수 있다.

29 기초서류 관리기준에 포함되어야 할 사항이 아닌 것은?

① 기초서류의 적정성에 대한 내부 · 외부 검증 절차 및 방법
② 기초서류 작성 오류에 대한 통제 및 수정 방법
③ 기초서류 검증시 보험요율산출기관 제출에 관한 사항
④ 기초서류 작성 및 관리과정을 감시 · 통제 · 평가하는 방법 및 관련 임직원 또는 선임계리사의 역할과 책임

30 금융위원회의 명령권에 대한 다음 설명 중 틀린 것은?

① 금융위원회는 보험회사의 업무운영이 적정하지 아니하거나 자산상황이 불량하여 보험계약자 및 피보험자 등의 권익을 해칠 우려가 있다고 인정되는 경우에는 업무집행방법의 변경 등의 조치를 명할 수 있다.

② 금융위원회는 보험회사의 업무 및 자산상황, 그 밖의 사정의 변경으로 공익 또는 보험계약자의 보호와 보험회사의 건전한 경영을 크게 해칠 우려가 있거나 보험회사의 기초서류에 법령을 위반하거나 보험계약자에게 불리한 내용이 있다고 인정되는 경우에는 청문을 거쳐 기초서류의 변경 또는 그 사용의 정지를 명할 수 있다.

③ 금융위원회는 기초서류의 변경을 명하는 경우 보험계약자 · 피보험자 또는 보험금을 취득할 자의 이익을 보호하기 위하여 특히 필요하다고 인정하면 이미 체결된 보험계약에 대하여도 소급하여 그 변경의 효력이 미치게 할 수 있다.

④ 금융위원회는 변경명령을 받은 기초서류 때문에 보험계약자 · 피보험자 또는 보험금을 취득할 자가 부당한 불이익을 받을 것이 명백하다고 인정되는 경우에는 이미 체결된 보험계약에 따라 납입된 보험료의 일부를 되돌려주거나 보험금을 증액하도록 할 수 있다.

31 보험업법에 규정된 금융감독원의 자료 제출 및 검사 등에 관한 규정으로 틀린 것은?

① 금융감독원장은 검사를 할 때 필요하다고 인정하면 보험회사에 대하여 업무 또는 자산에 관한 보고, 자료의 제출, 관계인의 출석 및 의견의 진술을 요구할 수 있다.

② 검사를 하는 자는 그 권한을 표시하는 증표를 지니고 이를 관계인에게 내보여야 한다.

③ 금융감독원장은 검사를 한 경우에는 그 결과에 따라 필요한 조치를 하고, 그 내용을 금융위원회에 보고하여야 한다.

④ 금융감독원장은 「주식회사 등의 외부감사에 관한 법률」에 따라 보험회사가 선임한 외부감사인에게 대통령령이 정하는 바에 따라 자료 제출 및 검사에 관한 업무를 대신하게 할 수 있다.

32 보험계약 이전에 관한 다음 설명 중 틀린 것은?

① 보험회사는 계약의 방법으로 책임준비금 산출의 기초가 다른 보험계약의 전부를 포괄하여 다른 보험회사에 이전할 수 있다.

② 상호회사가 사원총회 대행기관에 의하지 아니하고 보험계약 이전의 결의를 한 경우에는 보험계약 이전의 제기에 관한 조항을 적용하지 아니한다.

③ 보험계약을 이전하려는 보험회사는 결의를 한 날부터 2주 이내에 계약 이전의 요지와 각 보험회사의 재무상태표를 공고하여야 한다.

④ 계약 이전 공고에는 이전될 보험계약의 보험계약자로서 이의가 있는 자는 일정한 기간 동안 이의를 제출할 수 있다는 뜻을 덧붙여야 한다. 다만, 그 기간은 1개월 이상으로 하여야 한다.

33 보험회사의 합병에 관한 다음 설명 중 틀린 것은?

① 합병은 이의를 제기한 보험계약자나 그 밖에 보험계약으로 발생한 권리를 가진 자에 대해서는 그 효력이 미치지 아니한다.
② 보험회사가 합병을 결의한 경우에는 그 결의를 한 날부터 2주 이내에 합병계약의 요지와 각 보험회사의 재무상태표를 공고하여야 한다.
③ 보험회사가 합병을 하는 경우에는 합병계약으로써 그 보험계약에 관한 계산의 기초 또는 계약조항의 변경을 정할 수 있다.
④ 상호회사는 다른 보험회사와 합병할 수 있으며, 이 경우 합병 후 존속하는 보험회사 또는 합병으로 설립되는 보험회사는 상호회사이어야 한다.

34 다음 빈칸 안에 들어갈 기간으로 올바른 것은?

> 보험회사가 그 보험업의 전부 또는 일부를 폐업하려는 경우에는 그 (　) 전에 사업 폐업에 따른 정리계획서를 금융위원회에 제출하여야 한다.

① 30일　　② 60일
③ 3개월　　④ 6개월

35 청산인에 대한 다음 설명 중 틀린 것은?

① 상법 제193조 · 제252조 및 제531조 제2항(설립 무효, 취소판결 규정)에 따른 청산인은 금융위원회가 선임한다. 이 경우 이해관계인의 청구없이 선임할 수 있다.
② 금융위원회는 감사 등의 청구에 따라 청산인을 해임할 수 있다.
③ 금융위원회는 중요한 사유가 있으면 청산인 해임에 대한 청구없이 청산인을 해임할 수 있다.
④ 보험업의 허가취소로 해산하여 금융위원회가 청산인을 선임하는 경우에는 금융위원회가 보수를 지급하여야 한다.

36 금융위원회가 실시하는 관계자에 대한 조사를 설명한 내용 중 틀린 것은?

① 금융위원회가 관계자를 조사할 수 있는 사유에는 “공익 또는 건전한 보험거래질서의 확립을 위하여 필요한 경우”가 포함된다.
② 관계자는 보험회사, 보험계약자, 피보험자, 보험금을 취득할 자, 그 밖에 보험계약에 관하여 이해관계가 있는 자를 말한다.
③ 금융위원회는 조사를 위하여 필요하다고 인정되는 경우에는 관계자에게 조사사항에 대한 사실과 상황에 대한 진술서의 제출을 요구할 수 있다.
④ 금융위원회는 관계자가 조사를 방해하거나 제출하는 자료를 거짓으로 작성하거나 그 제출을 게을리한 경우에는 관계자를 문책할 수 있다.

37 다음 중에서 손해보험계약의 제3자 보호가 적용되는 보험계약을 모두 몇 개인가?

1. 「자동차손해배상 보장법」 제5조에 따른 책임보험계약
2. 「자동차손해배상 보장법」에 따라 가입이 강제되지 아니한 자동차보험계약
3. 「화재로 인한 재해보상과 보험가입에 관한 법률」 제5조에 따른 신체손해배상특약부화재보험계약
4. 「선원법」 제98조에 따라 가입이 강제되는 손해보험계약
5. 「체육시설의 설치 · 이용에 관한 법률」 제26조에 따라 가입이 강제되는 손해보험계약
6. 「조세특례제한법」 제86조의2에 따른 연금저축계약

① 3개 ② 4개
③ 5개 ④ 6개

38 다음 중 보험요율 산출기관의 업무가 아닌 것은?

① 순보험요율의 산출 · 검증 및 제공
② 보험상품의 비교 · 공시 업무
③ 보험 관련 정보의 수집 · 제공 및 통계의 작성
④ 설립 목적의 범위에서 정부기관, 보험회사, 그 밖의 보험 관계 단체로부터 위탁받은 업무

39 손해사정사 및 손해사정업자에 대한 다음 설명 중 틀린 것은?

① 손해사정을 업으로 하려는 자는 총리령으로 정하는 수수료를 내고 손해사정사협회에 등록하여야 한다.
② 보험회사로부터 손해사정업무를 위탁받은 손해사정사 또는 손해사정업자는 손해사정업무를 수행한 후 손해사정서를 작성한 경우에 지체 없이 대통령령으로 정하는 방법에 따라 보험회사, 보험계약자, 피보험자 및 보험금청구권자에게 손해사정서를 내어 주고, 그 중요한 내용을 알려주어야 한다.
③ 보험계약자 등이 선임한 손해사정사 또는 손해사정업자는 손해사정업무를 수행한 후 지체 없이 보험회사 및 보험계약자 등에 대하여 손해사정서를 내어 주고, 그 중요한 내용을 알려주어야 한다.
④ 손해사정사 또는 손해사정업자는 과대, 허위 등의 내용으로 보험계약자 등에게 피해를 줄 우려가 있는 표시 · 광고를 하여서는 아니 된다.

40 다음 중에서 금융감독원장이 인터넷 홈페이지 등을 이용하여 일반인에게 알려야 할 사항은 모두 몇개인가?

1. 제4조에 따라 허가받은 보험회사
2. 제12조에 따라 설치된 국내사무소
3. 제125조에 따라 인가된 상호협정
4. 제89조에 따라 등록된 보험중개사
5. 제182조에 따라 등록된 보험계리사 및 제183조에 따라 등록된 보험계리업자
6. 제186조에 따라 등록된 손해사정사 및 제187조에 따라 등록된 손해사정업자
7. 제87조에 따라 등록된 보험대리점

① 3개 ② 4개
③ 5개 ④ 6개

01 보험자는 보험대리상과 보험모집에 관한 위탁계약을 체결하면서 보험대리상에게 보험계약자에게 보험계약의 체결, 변경, 해지 등 보험계약에 관한 의사표시를 할 수 있는 권한을 제한하였다. 다음 설명 중 틀린 것은?

① 보험대리상은 보험자가 작성한 영수증을 보험계약자에게 교부하는 경우에만 보험계약자로부터 보험료를 수령할 수 있는 권한이 있다.

② 보험대리상은 보험계약자로부터 청약, 고지, 통지, 해지, 취소 등 보험계약에 관한 의사표시를 수령할 수 있는 권한을 가지고 있다.

③ 만약 보험계약자가 보험대리상의 권한이 제한되었다는 사실을 몰랐다면, 보험자는 그러한 권한 제한을 이유로 보험계약자에게 대항하지 못한다.

④ 보험대리상은 보험자가 작성한 보험증권을 보험계약자에게 교부할 수 있는 권한이 있다.

02 다음 중 사례를 보고 올바르게 설명한 지문을 고르시오.

- 유효한 생명보험계약이 다음과 같이 체결되었다.
  - –. 보험계약자 : A
  - –. 피보험자 : A
  - –. 보험수익자 : B, C
  - –. B와 C는 자신이 보험수익자로 지정된 사실을 알지 못하였음
- 보험사고 발생 사실 요약
  - –. B는 평소에 A에게 좋지 않은 감정을 가지고 있어, 이를 이유로 A를 살해하였다.
  - –. B는 A를 살해한 이후에 자신이 보험수익자로 지정된 생명보험계약이 체결된 사실을 알게 되었다.

① B와 C는 자신이 보험수익자로 지정된 사실을 알지 못하였으므로, 민법상 제삼자를 위한 계약 규정에 따라 보험수익자로서의 지위를 얻을 수 없다.

② 만약 A가 보험자에게 B와 C를 보험수익자로 지정한다는 사실을 보험자에게 고지하지 않았다면, B와 C는 보험수익자로서 보험계약의 이익을 받을 수 없다.

③ B가 A를 살해하였으므로 B는 보험수익자로서 지위를 잃게 되지만, 보험자는 C에 대한 보험금 지급책임은 여전히 가지고 있다.

④ 보험자는 B가 보험금을 지급받기 위하여 A를 살해한 것이 아니라 단순히 평소에 A에 대해 좋지 않았던 감정 때문에 A를 살해하였으므로, 보험금 지급책임을 면하지 못한다.

03 보증보험에 대한 다음 설명 중 틀린 것은?

① 보증보험계약에서 이행을 담보하는 주계약상의 채무가 확정되기 전에 구상채무의 보증인이 적법하게 보증계약을 해지한 경우, 구체적인 보증채무가 발생하기 전에 보증계약관계가 종료되어 구상채무의 보증인이 보증책임을 지지 않는다.

② 보증보험은 피보험자와 특정 법률관계가 있는 보험계약자(주계약상의 채무자)의 채무불이행으로 피보험자(주계약상의 채권자)가 입게 될 손해의 전보를 보험자가 인수하는 것을 내용으로 하는 손해보험으로서, 형식적으로는 채무자의 채무불이행을 보험사고로 하는 보험계약이나 실질적으로는 보증의 성격을 가지고 보증계약과 같은 효과를 목적으로 하고 있다.

③ 보증보험계약의 경우에 보험계약자가 그 타인에게 보험사고의 발생으로 생긴 손해의 배상을 한 때에는 보험계약자는 그 타인의 권리를 해하지 아니하는 범위안에서 보험자에게 보험금액의 지급을 청구할 수 있다.

④ 보증보험계약에 관하여는 보험계약자의 사기 행위가 있더라도 이에 대하여 피보험자에게 책임이 있는 사유가 없다면 보험자는 보험금 지급책임을 면하지 못한다.

04 상법이 규정하고 있는 보험계약의 의의를 정확히 설명한 것은?

① 보험계약은 당사자 일방이 약정한 보험료를 지급하고 재산 또는 생명에 불확정한 사고가 발생할 경우에 상대방이 일정한 보험금이나 그 밖의 급여를 지급할 것을 약정함으로써 효력이 생긴다.

② 보험계약은 당사자 일방이 약정한 보험료를 지급하고 재산 또는 생명에 불확정한 사고가 발생할 경우에 상대방이 실제 발생한 손해에 대한 보험금이나 그 밖의 급여를 지급할 것을 약정함으로써 효력이 생긴다.

③ 보험계약은 당사자 일방이 약정한 보험료를 지급하고 재산 또는 생명이나 신체에 불확정한 사고가 발생할 경우에 상대방이 실제 발생한 손해에 대한 보험금이나 그 밖의 급여를 지급할 것을 약정함으로써 효력이 생긴다.

④ 보험계약은 당사자 일방이 약정한 보험료를 지급하고 재산 또는 생명이나 신체에 불확정한 사고가 발생할 경우에 상대방이 일정한 보험금이나 그 밖의 급여를 지급할 것을 약정함으로써 효력이 생긴다.

05 보험계약의 성립에 대한 설명 중에서 맞는 것은? (다툼이 있을 경우 대법원 판례에 따름)

① 보험계약이 성립하기 위해서는 초회보험료가 납입되어야 한다.

② 보험자의 보험약관 교부설명의무가 이행되지 않았다면 보험계약이 성립되지 않는다.

③ 타인의 생명보험계약을 체결할 때에 그 타인의 서면에 의한 동의를 얻어야 하며, 이는 보험계약의 성립요건이다.

④ 인보험계약의 피보험자가 신체검사를 받아야 하는 경우에, 보험자가 보험계약자로부터 보험계약의 청약과 함께 보험료 상당액의 전부 또는 일부의 지급을 받은 때에는 다른 약정이 없으면 30일내에 그 상대방에 대하여 낙부의 통지를 발송하여야 한다. 이 때의 30일 기간은 신체검사를 받은 날부터 기산한다.

06 보험증권에 대한 다음 설명 중 틀린 것은?

① 보험증권을 멸실 또는 현저하게 훼손한 때에는 보험계약자는 보험자에 대하여 증권의 재교부를 청구할 수 있다. 이때 증권작성의 비용은 보험계약자의 부담으로 한다.
② 기존의 보험계약을 연장하거나 변경한 경우에는 보험자는 기존의 보험증권을 회수하고 새로이 보험증권을 교부하여야 한다.
③ 보험계약의 당사자는 보험증권의 교부가 있은 날로부터 일정한 기간내에 한하여 그 증권내용의 정부에 관한 이의를 할 수 있음을 약정할 수 있다. 이 기간은 1월을 내리지 못한다.
④ 보험료가 지급되지 아니하면 보험계약이 성립되었더라도 보험자는 보험증권을 교부할 의무가 없다.

07 단체보험이 체결된 경우에 대한 다음 설명 중 옳은 것은? (다툼이 있을 경우 대법원 판례에 따름)

① 회사에서 규약에 따라 단체보험을 체결하였는데 구성원 전체가 아니라 일부에 대해서만 단체보험이 체결되었다. 이러한 경우에 피보험자에게 서면동의를 받아야 한다.
② 단체보험이 체결되면 보험계약 체결의 증거로 단체 구성원들에게 보험증권을 교부하여야 한다.
③ 단체보험을 체결하면서 보험수익자로 피보험자의 상속인을 지정한다면 단체의 규약에서 명시적으로 정하지 않았더라도 피보험자에게 서면동의를 받지 않아도 된다.
④ 심신상실자가 단체보험의 피보험자가 될 때에 의사능력이 있다면 유효한 단체보험 계약이 체결된 것이다.

08 보험계약자의 임의 해지권에 대한 다음 설명 중 틀린 것은?

① 보험사고가 발생하기 전에는 보험계약자는 언제든지 계약의 전부 또는 일부를 해지할 수 있다.
② 타인의 생명보험 계약의 경우에는 보험계약자는 그 타인의 동의를 얻지 아니하거나 보험증권을 소지하지 아니하면 그 계약을 해지하지 못한다.
③ 보험사고의 발생으로 보험자가 보험금액을 지급한 때에도 보험금액이 감액되지 아니하는 보험의 경우에는 보험계약자는 그 사고발생 후에도 보험계약을 해지할 수 있다.
④ 보험사고가 발생하기 전 보험계약자가 보험계약을 해지한 경우에, 보험계약자는 당사자간에 다른 약정이 없으면 미경과보험료의 반환을 청구할 수 있다.

09 보험계약의 부활에 대한 설명이다. 다음 설명 중 틀린 것은?

① 계속보험료 미납에 따라 보험계약이 해지되고 해지환급금이 지급되지 아니한 경우에 부활이 가능하다.
② 보험계약자는 일정한 기간 내에 연체보험료에 약정이자를 붙여 보험자에게 지급하고 그 계약의 부활을 청구할 수 있다.
③ 보험계약의 부활은 기존 계약의 효력을 회복시키는 특수한 형태의 계약이므로, 상법 제638조의2에 규정된 이른바 승낙전담보는 적용되지 않는다.
④ 보험자는 보험계약자로부터 보험계약의 부활청약과 함께 보험료 상당액의 전부 또는 일부를 지급받은 때에는 다른 약정이 없으면 30일 내에 그 상대방에 대하여 낙부의 통지를 발송하여야 한다. 그러나 인보험계약의 피보험자가 신체검사를 받아야 하는 경우에는 그 기간은 신체검사를 받은 날부터 기산한다.

10 다음의 손해액의 산정에 대한 내용 중에서 틀린 것은? (다툼이 있을 경우 대법원 판례에 따름)

- 손해가 발생한 때와 곳의 가액 : 1억원
- 재조달가액 : 1.5억원
- 보험자가 지급하는 보험금 : 8천만원
- 손해액의 산정에 관한 비용 : 5백만원
- 제3자의 행위로 인하여 사고가 발생함.

① 상법 제676조 제2항에서 손해액의 산정에 관한 비용은 보험자가 부담한다고 명시하고 있으므로, 이는 곧 손해액의 산정에 관한 비용이 보험금에 포함된다는 의미인바, 보험금을 지급한 보험자는 보험금 8천만원과 손해액 산정비용 5백만원에 대하여 제3자에게 대위 청구할 수 있다.
② 당사자 간의 다른 약정이 있는 때에는 재조달가액인 1.5억원에 의하여 손해액을 산정할 수 있다.
③ 재조달가액 1.5억원을 기준으로 손해액을 산정하면 피보험자는 감가상각액만큼 초과 이득을 취할 가능성이 있다.
④ 원칙적으로 손해가 발생한 때와 곳의 가액인 1억원을 기준으로 손해액을 산정하여야 한다.

11 고지의무에 대한 다음 설명 중 틀린 것은?

① 우리 상법은 고지의무 위반사실과 사고와의 사이에 인과관계가 없더라도 보험자가 보험계약의 해지권을 행사할 수 있다고 규정하고 있다.
② 보험의(保險醫)는 고지수령권이 있다.
③ 고지의무 위반이 성립하기 위해서는 보험계약자 또는 피보험자에게 고의 또는 과실이 있어야 한다.
④ 보험계약을 체결한 날로부터 3년이 경과하였다면, 보험자가 고지의무 위반 사실을 안 날로부터 1개월 이내라고 하더라도 보험계약을 해지할 수 없다.

12 다음 중에서 보험계약이 무효가 되지 않는 것은?

① 타인의 사망을 보험사고로 하는 보험계약을 체결하면서 그 타인에게 전자서명법에 따른 전자서명을 받은 경우
② 보험계약자의 사기로 초과보험이 체결된 경우
③ 보험계약자의 사기로 중복보험이 체결된 경우
④ 의사 능력이 있는 15세 미만자의 사망을 보험사고로 하는 보험계약을 체결한 경우

13 중복보험에 대한 다음 설명 중 틀린 것은?

① 중복보험이 성립하면 보험자는 각자의 보험금액의 한도에서 연대책임을 진다.
② 보험자의 보상책임은 각자의 보험금액의 비율에 따른다.
③ 보험자 1인에 대한 권리의 포기는 다른 보험자의 권리의무에 영향을 주지 아니한다.
④ 동일한 보험계약의 목적과 동일한 사고에 관하여 수개의 보험계약을 체결하는 경우에 그 보험금액의 총액이 보험가액을 초과하는 경우에만 보험계약자에게 다른 보험계약 내용에 대한 통지의무가 발생한다.

14 **일부보험에 대한 다음 설명 중 틀린 것은?**

① 우리 상법에 따르면 일부보험이 성립할 경우 보험자는 보험금액의 한도 내에서 그 손해를 보상할 책임이 있다.

② 보험가액의 일부를 보험에 붙인 경우에는 위부는 보험금액의 보험가액에 대한 비율에 따라서만 이를 할 수 있다.

③ 보험가액의 일부를 보험에 붙인 경우 보험자가 취득하는 보험목적에 관한 보험대위는 보험금액의 보험가액에 대한 비율에 따라 정해진다.

④ 보험자는 보험금액의 보험가액에 대한 비율에 따라 보상할 책임이 있다.

15 **보험계약자 측의 보험료 지급의무에 대한 다음 설명 중 틀린 것은? (다툼이 있을 경우 대법원 판례에 따름)**

① 보험계약자는 계약체결후 지체없이 보험료의 전부 또는 제1회 보험료를 지급하여야 하며, 보험계약자가 이를 지급하지 아니하는 경우에는 다른 약정이 없는 한 계약성립후 2월이 경과하면 그 계약은 해제된 것으로 본다.

② 계속보험료가 약정한 시기에 지급되지 아니한 때에는 보험자는 상당한 기간을 정하여 보험계약자에게 최고하고 그 기간내에 지급되지 아니한 때에는 그 계약을 해지할 수 있다.

③ 계속보험료 미납을 이유로 보험계약이 해지되었을 때에는 보험자는 보험금을 지급할 책임이 없으며, 이미 지급한 보험금의 반환을 청구할 수 있다는 것이 대법원 판례의 입장이다.

④ 특정한 타인을 위한 보험의 경우에 보험계약자가 보험료의 지급을 지체한 때에는 보험자는 그 타인에게도 상당한 기간을 정하여 보험료의 지급을 최고한 후가 아니면 그 계약을 해제 또는 해지하지 못한다.

16 **상해보험 계약을 체결할 때에는 운전을 하지 않았으나 보험계약을 지속하는 도중에 오토바이를 반복적으로 운전하게 되었다. 이 경우 위험변경 증가 통지의무에 대한 다음 지문 중에서 옳지 않은 것은? (다툼이 있는 경우 대법원 판례에 따름)**

① 보험기간 중에 보험계약자 또는 피보험자가 사고발생의 위험이 현저하게 변경 또는 증가된 사실을 안 때에는 지체 없이 보험자에게 통지하여야 하는데, 여기서 '사고발생의 위험이 현저하게 변경 또는 증가된 사실'이란 변경 또는 증가된 위험이 보험계약의 체결 당시에 존재하고 있었다면 보험자가 계약을 체결하지 않았거나 적어도 그 보험료로는 보험을 인수하지 않았을 것으로 인정되는 사실을 말한다.

② '사고발생의 위험이 현저하게 변경 또는 증가된 사실을 안 때'란 특정한 상태의 변경이 있음을 아는 것을 의미하며 그 상태의 변경이 사고발생 위험의 현저한 변경 · 증가에 해당된다는 것까지 알 것을 요구하지는 않는다.

③ 상해보험 약관에 규정된 '뚜렷한 위험의 증가와 관련된 알릴 의무를 이행하지 아니하였을 경우 회사는 손해발생의 전후를 묻지 않고 보험계약을 해지할 수 있다'는 약관 조항에서 보험자의 해지권은 그 사실을 안 날로부터 1월 이내에 한하여 행사할 수 있다.

④ 상해보험 약관에 규정된 '보험사고가 발생한 후에 알릴 의무 위반을 이유로 보험계약을 해지한 경우 회사는 직업 또는 직무가 변경되기 전에 적용된 보험료율의 직업 또는 직무가 변경된 후에 적용해야 할 보험료율에 대한 비율에 따라 보험금을 삭감하여 지급한다'는 조항은 직업 또는 직무가 변경된 경우에만 적용되는 것이므로 피보험자가 오토바이 운전을 하다가 사고를 당한 경우에는 이를 적용하지 못한다.

17 **보험금 청구권 소멸시효에 대한 다음 설명 중 틀린 것은? (다툼이 있는 경우 대법원 판례에 따름)**

① 보험금청구권은 보험사고가 발생하기 전에는 추상적인 권리에 지나지 아니할 뿐 보험사고의 발생으로 인하여 구체적인 권리로 확정되어 그때부터 그 권리를 행사할 수 있게 되는 것이므로, 특별한 다른 사정이 없는 한 원칙적으로 보험금액청구권의 소멸시효는 보험사고가 발생한 때로부터 진행한다.

② 보험사고가 발생한 것인지의 여부가 객관적으로 분명하지 아니하여 보험금청구권자가 과실 없이 보험사고의 발생을 알 수 없었던 경우에도 보험사고가 발생한 때로부터 보험금청구권의 소멸시효가 진행한다고 해석하는 것은, 보험금청구권자에게 너무 가혹하여 사회정의와 형평의 이념에 반할 뿐만 아니라 소멸시효제도의 존재이유에 부합된다고 볼 수도 없으므로 객관적으로 보아 보험사고가 발생한 사실을 확인할 수 없는 사정이 있는 경우에는 보험금청구권자가 보험사고의 발생을 알았거나 알 수 있었던 때로부터 보험금액청구권의 소멸시효가 진행된다.

③ 보험약관에서 보험금 지급유예기간을 정하고 있다면 보험금청구권의 소멸시효는 지급유예기간이 경과한 다음날부터 진행한다.

④ 보험자는 보험금액의 지급에 관하여 약정기간이 있는 경우에는 그 기간 내에, 약정기간이 없는 경우에는 보험 사고발생 통지를 받은 후 지체 없이 지급할 보험금액을 정하고 그 정하여진 날부터 10일 내에 피보험자 또는 보험수익자에게 보험금액을 지급하여야 한다.

18 **책임보험의 직접청구권에 대한 다음 사례를 보고 틀린 것을 고르시오. (다툼이 있을 경우 대법원 판례에 따름)**

> A주식회사는 B보험회사와 해상 적하 책임보험계약을 체결하였다. 해당 보험계약의 약관에는 보험회사의 책임에 대하여 영국법을 적용하기로 하는 영국법 준거조항이 포함되어 있었다.
> 보험기간 중 A주식회사의 과실로 인하여 제3자인 C에게 손해가 발생하였고, C는 B보험회사에게 직접청구권을 행사하고자 한다.

① C가 행사하는 직접청구권에 대한 법적 성질은 B보험회사가 A주식회사의 제3자인 피해자에 대한 손해배상채무를 병존적으로 인수한 것이다.

② C에게 직접청구권이 인정되는 것은 A주식회사가 C에 대하여 손해배상채무를 부담하는 것과는 별개로, B보험회사와 A주식회사 사이의 법률관계인 책임보험계약에 관하여 제3자의 보험자에 대한 직접청구권을 인정하는 법 규정이 존재하기 때문이다.

③ 제3자 직접청구권이 인정되는 경우에 보험자가 제3자에 대하여 부담하는 구체적인 책임의 범위와 내용은 책임보험계약에 따라 정해질 수밖에 없고, 책임보험계약에 따라 보험자와 피보험자가 부담하는 권리의무도 변경된다.

④ 외국적 요소가 있는 책임보험계약에서 제3자 직접청구권의 행사는, 직접청구권의 규정이 우리나라 상법의 규정에 기초하고 있으므로, 해당 보험약관에서 영국법에 따른다고 규정하고 있더라도 직접청구권은 우리나라 상법의 책임이론에 따라야 함이 타당하다.

19 사고발생 통지의무와 보험금액의 지급에 관한 다음 설명 중 틀린 것은?

① 보험자는 보험금액의 지급에 관하여 약정기간이 있는 경우에는 그 기간 내에, 약정기간이 없는 경우에는 사고발생 통지를 받은 날부터 10일 내에 피보험자 또는 보험수익자에게 보험금액을 지급하여야 한다.
② 보험계약자 또는 피보험자나 보험수익자는 보험사고의 발생을 안 때에는 지체없이 보험자에게 그 통지를 발송하여야 한다.
③ 상법상 사고발생 통지의무가 해태되어 손해가 증가된 때에는 보험자는 그 증가된 손해를 보상할 책임이 없다.
④ 사고발생 통지의무를 강제할 수 없다는 관점에서 보면 이 의무의 법적 성질은 간접의무이다.

20 아직 출생하지 않은 태아를 피보험자로 하는 상해보험 계약에 대한 다음 설명 중 옳은 것은? (다툼이 있을 경우 대법원 판례에 따름)

① 상해보험은 피보험자가 보험기간 중에 급격하고 우연한 외래의 사고로 인하여 신체에 손상을 입는 것을 보험사고로 하는 인보험이므로, 피보험자는 신체를 가진 사람(人)임이 전제이다. 따라서 아직 출생하지 않은 태아는 피보험자의 자격을 가질 수 없어 상해보험 계약의 피보험자가 되지 못한다.
② 아직 출생하지 않은 태아를 피보험자로 하는 상해보험 계약은 유효하나, 태아는 아직 출생하지 않아 법률상 권리의무의 주체가 되지 못하므로 태아가 우연한 사고로 상해를 입었다면 이는 보험사고에 해당하지 않는다.
③ 헌법상 생명권의 주체가 되는 태아의 형성 중인 신체도 그 자체로 보호해야 할 법익이 존재하고 보호의 필요성도 본질적으로 사람과 다르지 않다는 점에서 보험보호의 대상이 될 수 있다.
④ 약관이나 개별 약정으로 출생 전 상태인 태아의 신체에 대한 상해를 보험의 담보범위에 포함하는 것이 불필요한 보장에 대한 보험료를 부담시켜 보험계약자나 피보험자에게 불리하므로 상법 제663조 보험계약자 등의 불이익 변경금지의 원칙에 반한다.

21 생명보험 계약의 약관에 따른 대출금에 대한 다음 설명 중 옳은 것은? (다툼이 있을 경우 대법원 판례에 따름)

① 보험약관대출의 계약당사자가 '보험계약서' 이외에 별도로 '약관대출차용증서'를 작성하면서 '대출'이라는 형식을 통하여 금전의 소유권을 보험회사로부터 보험계약자에게 이전하는 점 등을 고려할 때, 보험약관대출은 민법이 규정하고 있는 이자 있는 금전소비대차의 일종이다.
② 생명보험 계약의 해지로 인한 해약환급금과 보험약관 대출금 사이에는 상계의 법리가 적용되어 생명보험회사는 해지 당시의 보험약관 대출 원리금 상당의 선급금을 뺀 나머지 금액에 한하여 해약환급금을 반환할 의무가 있다.
③ 생명보험 계약의 약관에 따른 대출의 경제적 실질은 보험회사가 장차 지급하여야 할 보험금이나 해약환급금을 미리 지급하는 선급금과 같은 성격이라고 보아야 한다.
④ 생명보험 계약의 약관에 따른 대출계약은 보험계약자의 청약과 보험자의 승낙으로 이루어지는 보험계약과는 별개의 독립된 계약이라고 보아야 한다.

22 다음 중 상법에서 규정하고 있는 손해보험 증권의 기재사항이 아닌 것은?

① 보험계약자의 주소와 성명 또는 상호
② 보험수익자의 주소와 성명 또는 상호
③ 무효와 실권의 사유
④ 보험증권의 작성지와 그 작성년월일

23 보험료 지급 지체에 대한 다음 설명 중 틀린 것은?

① 보험계약자 초회보험료를 지급하지 아니하는 경우에는 다른 약정이 없는 한 계약성립 후 2월이 경과하면 그 계약은 해제된 것으로 본다.
② 계속보험료가 약정한 시기에 지급되지 아니한 때에는 보험자는 상당한 기간을 정하여 보험계약자에게 최고하고 그 기간내에 지급되지 아니한 때에는 그 계약을 해지할 수 있다.
③ 보험자가 손해를 보상할 경우에 보험료의 지급을 받지 아니한 잔액이 있더라도 그 지급기일이 도래하지 아니한 경우라면 보상할 금액에서 이를 공제하여서는 아니된다.
④ 특정한 타인을 위한 보험의 경우에 보험계약자가 보험료의 지급을 지체한 때에는 보험자는 그 타인에게도 상당한 기간을 정하여 보험료의 지급을 최고한 후가 아니면 그 계약을 해제 또는 해지하지 못한다.

24 화재보험에 대한 다음 설명 중 틀린 것은?

① 상법에 따르면 화재보험을 체결하면서 보험가액을 정한 때에는 그 가액을 증권에 기재하여야 한다.
② 화재보험의 보험자는 당사자 간의 다른 특약에 의하여 화재의 소방 또는 손해의 감소에 필요한 조치로 인하여 생긴 손해를 보상할 책임이 있다.
③ 집합된 물건을 일괄하여 보험의 목적으로 한 때에는 피보험자의 가족과 사용인의 물건도 보험의 목적에 포함된 것으로 한다. 이 경우에는 그 보험은 그 가족 또는 사용인을 위하여서도 체결한 것으로 본다.
④ 집합된 물건을 일괄하여 보험의 목적으로 한 때에는 그 목적에 속한 물건이 보험기간 중에 수시로 교체된 경우에도 보험사고의 발생 시에 현존한 물건은 보험의 목적에 포함된 것으로 한다.

25 다음 ( ) 안에 들어갈 내용이 다른 하나는?

① 보험계약은 금전으로 산정할 수 있는 이익에 한하여 ( )으/로 할 수 있다.
② 보험금액이 ( )의 가액을 현저하게 초과한 때에는 보험자 또는 보험계약자는 보험료와 보험금액의 감액을 청구할 수 있다.
③ 동일한 ( )와/과 동일한 사고에 관하여 수개의 보험계약을 체결하는 경우에는 보험계약자는 각 보험자에 대하여 각 보험계약의 내용을 통지하여야 한다.
④ ( )의 성질, 하자 또는 자연소모로 인한 손해는 보험자가 이를 보상할 책임이 없다.

26 운송보험에 대한 다음 설명 중 틀린 것은?

① 운송보험계약의 보험자는 다른 약정이 없으면 운송인이 운송물을 수령한 때로부터 수하인에게 인도할 때까지 생길 손해를 보상할 책임이 있다.
② 운송물의 보험에 있어서는 발송한 때와 곳의 가액과 도착지까지의 운임 기타의 비용을 보험가액으로 한다.
③ 운송의 필요에 의하여 일시운송을 중지하거나 운송의 노순 또는 방법을 변경한 경우에도 그 효력을 잃지 아니한다. 다만 이는 다른 약정에 의하여 변경될 수 있다.
④ 보험사고가 송하인 또는 수하인, 운송인의 고의 또는 중대한 과실로 인하여 발생한 때에는 보험자는 이로 인하여 생긴 손해를 보상할 책임이 없다.

27 해상보험 보험자의 보상책임에 대한 다음 설명 중 틀린 것은?

① 보험자는 피보험자가 지급할 공동해손의 분담액을 보상할 책임이 있다. 그러나 보험의 목적의 공동해손 분담가액이 보험가액을 초과할 때에는 그 초과액에 대한 분담액은 분담가액에 대한 보험가액의 비율로 보상할 책임이 있다.
② 보험자는 피보험자가 보험사고로 인하여 발생하는 손해를 방지하기 위하여 지급할 구조료를 보상할 책임이 있다. 그러나 보험의 목적물의 구조료 분담가액이 보험가액을 초과할 때에는 그 초과액에 대한 분담액은 보상하지 아니한다.
③ 보험자는 보험의 목적의 안전이나 보존을 위하여 지급할 특별비용을 보험금액의 한도내에서 보상할 책임이 있다.
④ 해상보험계약의 보험자는 해상사업에 관한 사고로 인하여 생길 손해를 보상할 책임이 있다.

28 해상보험에서 항해 변경 및 이로의 효과에 대한 다음 설명 중 틀린 것은?

① 선박이 보험계약에서 정하여진 발항항이 아닌 다른 항에서 출항한 때에는 보험자는 책임을 지지 아니한다.
② 선박이 보험계약에서 정하여진 도착항이 아닌 다른 항을 향하여 출항한 때에는 보험자는 책임을 지지 아니한다.
③ 보험자의 책임이 개시된 후에 보험계약에서 정하여진 도착항이 변경된 경우에는 보험자는 그 항해의 변경이 결정된 때부터 책임을 지지 아니한다.
④ 선박이 정당한 사유없이 보험계약에서 정하여진 항로를 이탈한 경우에는 보험자는 선박이 원항로로 돌아올 때까지 책임을 지지 아니한다.

29 보험 위부에 대한 다음 설명 중 틀린 것은?

① 선박이 보험사고로 인하여 심하게 훼손되어 이를 수선하기 위한 비용이 수선하였을 때의 가액을 초과하리라고 예상될 경우라고 하더라도, 선장이 지체없이 다른 선박으로 적하의 운송을 계속한 때에는 피보험자는 그 적하를 위부할 수 없다.

② 위부의 원인이 분명히 밝혀지지 않은 경우 피보험자는 조건을 붙여 위부권을 행사할 수 있다.

③ 위부는 보험의 목적의 전부에 대하여 이를 하여야 한다. 그러나 위부의 원인이 그 일부에 대하여 생긴 때에는 그 부분에 대하여서만 이를 할 수 있다.

④ 피보험자가 위부를 함에 있어서는 보험자에 대하여 보험의 목적에 관한 다른 보험계약과 그 부담에 속한 채무의 유무와 그 종류 및 내용을 통지하여야 한다. 보험자는 통지를 받을 때까지 보험금액의 지급을 거부할 수 있다.

30 책임보험에 대한 다음 설명 중 틀린 것은?

① 피보험자가 제3자의 청구를 방어하기 위하여 지출한 재판상 또는 재판 외의 필요비용은 보험의 목적에 포함된 것으로 한다. 피보험자는 보험자에 대하여 그 비용의 선급을 청구할 수 있다.

② 피보험자가 담보의 제공 또는 공탁으로써 재판의 집행을 면할 수 있는 경우에는 보험자에 대하여 그 담보의 제공 또는 공탁을 청구할 수 있다. 이러한 행위가 보험자의 지시에 의한 것인 경우에는 그 금액에 손해액을 가산한 금액이 보험금액을 초과하는 때에도 보험자가 이를 부담하여야 한다.

③ 피보험자가 경영하는 사업에 관한 책임을 보험의 목적으로 한 때에는 피보험자의 대리인 또는 그 사업감독자의 제3자에 대한 책임은 당사자 간의 약정이 있는 때에 한하여 보험의 목적에 포함된 것으로 한다.

④ 피보험자가 제3자로부터 배상청구를 받았을 때에는 지체없이 그 통지를 발송하여야 하며 만약 통지를 게을리하여 손해가 증가된 때에는 보험자는 그 증가된 손해를 보상할 책임이 없다. 다만 피보험자가 보험사고 발생의 통지를 발송한 경우에는 그러하지 아니한다.

31 피해자 직접청구권에 대한 다음 설명 중 틀린 것은?

① 보험자는 피보험자가 책임을 질 사고로 인하여 생긴 손해에 대하여 피보험자가 보험금액의 전부 또는 일부의 선급을 청구한 때에는 이를 보상할 책임이 있다.

② 제3자는 피보험자가 책임을 질 사고로 입은 손해에 대하여 보험금액의 한도 내에서 보험자에게 직접 보상을 청구할 수 있다. 그러나 보험자는 피보험자가 그 사고에 관하여 가지는 항변으로써 제3자에게 대항할 수 있다.

③ 보험자가 제3자에게 직접청구권에 의한 청구를 받은 때에는 지체없이 피보험자에게 이를 통지하여야 한다.

④ 임차인 기타 타인의 물건을 보관하는 자가 그 지급할 손해배상을 위하여 그 물건을 보험에 붙인 경우에는 그 물건의 소유자는 보험자에 대하여 직접 그 손해의 보상을 청구할 수 있다.

32 다음의 내용을 읽고 A보험회사의 지급 책임에 대하여 옳게 설명한 것은? (다만 당사자 간에 다른 약정은 없으며 상법 제4편 보험계약법의 내용만을 고려한다.)

- 피보험자는 창고 건물에 서적을 보관하고 있음
- A보험회사와 화재보험 계약을 체결하면서 서적만 보험에 가입하였으며, 창고 건물은 보험에 가입하지 않았음
- 보험 기간 중 창고 건물에 화재가 발생하였으나 피보험자는 해외 여행 중이라 현장에 없었고, 마침 근처를 지나가던 행인이 화재를 발견하여 119에 신고함
- 소방대원이 화재 현장에 출동하여 물을 이용하여 불을 껐고, 다행히 화재가 크지 않아서 창고 건물만 불에 타고, 보관 중이던 서적은 불에 타지 않았음
- 다만, 소방대원이 소방활동을 위하여 뿌린 물에 보관 중이던 서적이 젖어 사용할 수 없게 된 손해가 발생함.
- A보험회사 화재보험의 보험가입금액 1,000만원
- 서적이 물에 젖어 사용할 수 없게 된 손해 1,000만원
- 소방대원의 소방활동을 위해 발생한 비용 100만원

① A보험회사는 보험금 지급책임이 없다.
② A보험회사는 보험금 1,000만원을 지급해야 한다.
③ A보험회사는 손해방지비용 100만원을 지급해야 한다.
④ A보험회사는 보험금과 손해방지비용을 지급하여야 하며, 총 1,100만원을 지급하여야 한다.

33 자동차보험에 대한 다음 설명 중 틀린 것은?

① 자동차보험 증권에는 차량가액을 정한 때에는 그 가액을 기재하여야 한다.
② 피보험자가 자동차를 양도한 때에는 양수인은 보험자의 승낙을 얻은 경우에 한하여 보험계약으로 인한 권리의무를 승계한다.
③ 보험자가 양수인으로부터 양수사실을 통지받은 때에는 지체없이 낙부를 통지하여야 한다.
④ 보험자가 양수통지 받은 날부터 30일 내에 낙부의 통지를 발송하지 않고 해태한 때에는 승낙한 것으로 본다.

34 다음은 상법 제729조 인보험에서 제3자에 대한 보험대위에 관한 규정이다. 괄호 안에 들어갈 말로 적합하게 짝지어진 것은?

보험자는 보험사고로 인하여 생긴 (A) 또는 (B)의 제3자에 대한 권리를 대위하여 행사하지 못한다. 그러나 상해보험계약의 경우에 당사자간에 다른 약정이 있는 때에는 보험자는 (C)의 권리를 해하지 아니하는 범위안에서 그 권리를 대위하여 행사할 수 있다.

① A : 보험계약자　B : 피보험자　C : 보험수익자
② A : 보험계약자　B : 보험수익자　C : 피보험자
③ A : 피보험자　B : 보험수익자　C : 피보험자
④ A : 피보험자　B : 보험수익자　C : 보험수익자

35 **타인의 사망을 보험사고로 하는 보험계약을 체결할 때에 본인 확인 및 위조 · 변조 방지에 대한 신뢰성을 갖추기 위한 규정에 해당하지 않는 것은?**

① 전자문서에 보험금 지급사유, 보험금액, 보험계약자와 피보험자의 신원, 보험기간이 적혀 있을 것
② 전자문서에 법 제731조제1항에 따른 전자서명을 하기 전에 전자서명을 할 사람을 직접 만나서 전자서명을 하는 사람이 보험계약에 동의하는 본인임을 확인하는 절차를 거쳐 작성될 것
③ 전자문서에 전자서명을 한 후에 그 전자서명을 한 사람이 보험계약에 동의한 본인임을 확인할 수 있도록 지문정보를 이용하는 등 법무부장관이 고시하는 요건을 갖추어 작성될 것
④ 전자문서 및 전자서명의 위조 · 변조 여부를 확인할 수 있을 것

36 **다음의 사례를 보고 맞는 내용을 고르시오. (다툼이 있는 경우 대법원 판례에 따름)**

1) 2000.01.01 사망보험계약 체결
 – 질병사망보험금 3,000만원 / 상해사망보험금 1억원
 – 계약자, 피보험자 : A
 – 보험수익자 : B
2) 2020.01.01 피보험자 A가 주택에서 사망한 채로 발견
3) 2022.01.01 보험수익자 B가 사망보험금 청구(이하 '1차 청구'라고 한다)
4) 2022.01.10 보험회사는 질병사망보험금 3,000만원 지급
5) 2024.01.01 보험수익자 B가 상해사망보험금 1억원을 지급할 것을 주장하며 재청구(이하 '2차 청구'라고 한다)
6) 2024.01.10 보험회사는 소멸시효 완성을 주장하며 부지급 결정

① 1차 청구는 소멸시효의 중단 사유인 최고에 해당하지 않는다.
② 보험회사가 질병사망보험금 3,000만원을 지급하였다고 하여 상해사망보험금에 대한 지급거절 의사를 밝힌 것으로는 볼 수 없다.
③ 2차 청구의 보험금청구권 소멸시효도 보험사고가 발생한 때부터 기산한다.
④ 피보험자의 사망이 상해로 인한 것이 맞다면 2차 청구의 보험금을 지급하여야 한다.

37 **다음 중 보험자에게 보험적립금 반환의무가 발생하지 않는 경우는?**

① 보험계약자의 고지의무 위반으로 인하여 보험계약이 해지된 경우
② 피보험자의 고지의무 위반으로 인하여 보험계약이 해지된 경우
③ 보험사고가 전쟁 기타 변란으로 인하여 발생한 경우
④ 보험사고가 보험계약자의 고의로 인하여 발생한 경우

38 질병보험에 관한 다음 설명 중 틀린 것은?

① 질병보험에 관하여는 그 성질에 반하지 아니하는 범위에서 생명보험 및 상해보험에 관한 규정을 준용한다.
② 만 15세 미만자, 심신상실자, 심신박약자의 질병을 보험사고로 하는 보험계약은 무효이다. 다만 심신박약자가 보험계약을 체결하거나 단체보험의 피보험자가 될 때에 의사능력이 있는 경우에는 그러하지 아니한다.
③ 질병보험의 경우에 피보험자와 보험계약자가 동일인이 아닐 때에는 인보험 보험증권 기재사항 중에서 피보험자의 직무 또는 직위만을 기재할 수 있다.
④ 질병보험의 증권에는 '보험계약의 종류'를 기재하여야 한다.

39 제3자에 대한 보험대위의 다음 설명 중 틀린 것은?

① 제3자에 대한 보험대위로 인하여 보험자가 취득하는 권리는 보험계약자 또는 피보험자의 권리이다.
② 보험자는 지급한 보험금액의 한도 내에서 대위권을 행사할 수 있다.
③ 보험자가 보상할 보험금의 일부를 지급한 경우에는 피보험자의 권리를 침해하지 아니하는 범위에서 그 권리를 행사할 수 있다.
④ 만약 보험자가 취득하는 권리가 보험계약자 또는 피보험자와 생계를 같이 하는 가족에 대한 것인 경우 보험자는 그 권리를 취득하지 못한다. 다만, 손해가 그 가족의 고의 또는 중대한 과실로 인하여 발생한 경우에는 그러하지 아니하다.

40 다음 중에서 보험자의 보상책임이 발생할 수 있는 항목을 모두 고른 것은?

ㄱ. 운송보험에서 운송인의 고의에 의한 사고
ㄴ. 운송보험에서 송하인의 중과실에 의한 사고
ㄷ. 화재보험에서 보험계약자의 고의에 의한 사고
ㄹ. 적하보험에서 용선자의 고의에 의한 사고
ㅁ. 보증보험에서 보험계약자의 고의에 의한 사고
ㅂ. 보증보험에서 피보험자의 고의에 의한 사고

① 없음
② 1개
③ 2개
④ 3개

3과목 손해사정이론

01 **보험사기 방지 특별법의 규정에 대한 다음 설명 중 틀린 것은?**

① 보험업법과는 다르게 보험사기 행위가 어떠한 것인지 명시적으로 정의하고 있다는 점에서 의의가 있다.
② 보험금 취득을 목적으로 자신의 신체에 해를 가하려는 사람에게 그 사실을 알면서도 마취제를 투여한 사람(방조범, 보험사기 행위를 알면서 이를 방조한 사람)에 대해서는 보험사기 방지 특별법으로 처벌할 수 없다.
③ 벌금형의 상한을 제외하고는 종전 처벌 규정과 차이점이 없다는 비판이 있다.
④ 보험금 취득을 목적으로 고의로 보험사고를 발생시켰으나 실제로 보험금을 지급받지 못하고 미수에 그친 경우에는 보험사기 방지 특별법이 아니라 일반 형법의 사기 미수죄 규정에 따라 처벌한다.

02 **동일한 위험을 보유한 보험계약자 5만명이 보험을 가입하였으며, 해당 보험계약에서 보험기간 중 10건의 사고가 발생할 것으로 예상되며 1건 당 평균적으로 3천만원의 보험금이 지급될 것으로 예상된다. 보험자는 보험회사의 경영에 필요한 비용에 대하여 사업경비율 40%를 적용하여 영업보험료를 받고자 한다. 해당 내용을 바탕으로 보험자가 보험계약자로부터 받아야 하는 영업보험료는 얼마인지 구하시오.**

① 6,000원 ② 8,000원
③ 10,000원 ④ 12,000원

03 **상법에서 규정하고 있는 다음의 내용은 보험의 어떠한 특성에서 기인한 것인가?**

> **상법 제638조의3(보험약관의 교부 · 설명 의무)**
> 보험자는 보험계약을 체결할 때에 보험계약자에게 보험약관을 교부하고 그 약관의 중요한 내용을 설명하여야 한다.
>
> **상법 제663조(보험계약자 등의 불이익변경금지)**
> 이 편의 규정은 당사자간의 특약으로 보험계약자 또는 피보험자나 보험수익자의 불이익으로 변경하지 못한다. 그러나 재보험 및 해상보험 기타 이와 유사한 보험의 경우에는 그러하지 아니하다.

① 부합계약(adhesive contract) ② 사행계약(aleatory contract)
③ 인적계약(personal contract) ④ 계속계약(continue contract)

04 다음은 대법원 판결문 중의 일부이다. 괄호 안에 들어갈 말로 적절한 것은?

> **대법원 2018. 10. 25. 선고 2017다272103 판결**
> 영국 해상보험법(Marine Insurance Act 1906) 제17조는 '해상보험계약은 (　　　　　　　　) 에 기초한 계약이며 만약 일방 당사자가 이를 준수하지 않았을 경우 상대방은 그 계약을 취소할 수 있다'고 규정한다. 영국 해상보험법상 (　　　　　　　　)은/는 해상보험계약의 체결 · 이행 · 사고 발생 후 보험금 청구의 모든 단계에서 적용된다. 특히 계약의 체결 단계에서 가장 엄격하게 요구된다. 즉, 이러한 (　　　　　　　　)에 기초하여 같은 법 제18조는 피보험자가 계약 체결 전에 알고 있는 모든 중요한 사항을 보험자에게 고지하도록 규정하고, 제20조는 피보험자 등이 보험계약 체결 이전 계약의 교섭 중에 보험자에게 한 모든 중요한 표시는 진실하여야 한다고 규정한다. 여기서 중요한 사항이란 보험자가 보험료를 산정하거나 위험을 인수할지 여부를 결정함에 있어서 그 판단에 영향을 미치는 모든 사항을 의미한다.

① 최대선의의 원칙(utmost good faith)
② 실손보상의 원칙(principle of compensation for loss)
③ 수지상등의 원칙(principle of equivalence)
④ 피보험이익(Insurable interest)

05 동질 또는 유사한 위험을 가진 특약을 다른 보험회사의 비슷한 특약과 상호 교환하여 위험의 분산과 거래의 증가를 동시에 만족시키는 재보험 형태를 무엇이라고 하는가?

① Retrocession
② Reciprocity
③ Run-off system
④ Interlocking clause

06 위험 관리의 목적을 사전적 목적과 사후적 목적으로 나눌 때, 다음 중 사후적 목적에 속하는 것은?

① 지속적인 영업활동
② 최소비용으로 최대효과를 도모
③ 사고발생의 빈도와 심도를 통제
④ 사고 발생에 대한 우려, 심리적 불안 경감

07 대체위험 전가(ART) 중에서 대재해채권(Catastrophe Bond)에 대한 다음 설명 중에서 옳은 것은 모두 몇개인가?

> 가. 천재지변 등 대재해와 관련지어 이자나 원금이 변동하는 채권을 말한다.
> 나. 자본시장을 통해 대재해 위험을 관리하는 리스크 관리 수단의 증권화(securitization)의 한 유형이라고 할 수 있다.
> 다. 재보험자의 리스크 인수 능력이 신장되고, 참여 재보험자에 대한 신용리스크도 줄일 수 있으며 맞춤 형식이기 때문에 원보험자가 원하는 방식으로 만들 수 있는 장점이 있다.
> 라. 대재해채권의 도입과 운용에 많은 비용이 발생하고, 대재해채권 자체의 유동성에 문제가 있을 수 있으며, 손실과 관련된 자료를 분석할 수 있는 연구기관 등의 지원이 필요하다는 단점이 있다.

① 1개
② 2개
③ 3개
④ 4개

08 **에너지방출이론과 도미노이론에 대한 다음 설명 중 틀린 것은?**

① 에너지방출이론(energy release theory)은 하돈(William Haddon, Jr.)에 의하여 주장된 이론이다.
② 에너지방출이론은 1:29:300의 법칙이라고도 부른다.
③ 도미노이론에서 말하는 사고발생 5단계 중 마지막 5단계는 경제적, 신체적 피해 발생이다.
④ 신도미노이론(재해연쇄이론)은 버드(Frank E. Bird Jr.)가 주장하였다.

09 **다음의 위태(hazard) 중에서 다른 것과 성격이 다른 하나는?**

① 화학물질을 보관하는 창고
② 비가 와서 미끄러운 도로
③ 위험관리 활동을 소홀히 하는 공장 직원
④ 폭풍우가 몰아치는 바다

10 **징벌적 손해배상이 도입된 법률이 아닌 것은?**

① 개인정보보호법
② 제조물책임법
③ 자동차손해배상보장법
④ 중대재해 처벌 등에 관한 법률

11 **보험사기방지 특별법 규정상 보험계약자등의 행위가 보험사기행위로 의심할 만한 합당한 근거가 있는 경우에 관할 수사기관에 고발 또는 수사의뢰하거나 그 밖에 필요한 조치를 취하여야 할 의무가 있는 사람에 해당하지 않은 것은?**

① 금융위원회
② 금융감독원
③ 보험회사
④ 보험금 지급에 관하여 이해관계가 있는 자

12 **다음 중 산업재해보상보험에서 정의하고 있는 용어 중에서 틀린 것은?**

① "업무상의 재해"란 업무상의 사유에 따른 근로자의 부상 · 질병 · 장해 또는 사망을 말한다.
② "치유"란 부상 또는 질병이 완치되거나 치료의 효과를 더 이상 기대할 수 없고 그 증상이 고정된 상태에 이르게 된 것을 말한다.
③ "장해"란 부상 또는 질병이 치유되었으나 정신적 또는 육체적 훼손으로 인하여 노동능력이 상실되거나 감소된 상태를 말한다.
④ "출퇴근"이란 취업과 관련하여 주거와 취업장소 사이의 이동을 말하며, 한 취업장소에서 다른 취업장소로의 이동은 제외한다.

13 다음의 조건을 보고 보험자가 2022년에 보험료를 어떻게 조정하면 되는지 계산하시오. 단, 보험자는 보험요율 산정 방법 중 손해율법으로 조정비율을 적용한다.

• 2021년 회계연도
 경과보험료 : 500만원
 발생손해액 : 200만원
• 기대손해율
 보험자는 2021년 1월 1일부터 2021년 12월 31일까지의 기대손해율을 80%로 하여 보험료를 산출하였음.

① 50% 인상
② 50% 인하
③ 20% 인상
④ 20% 인하

14 보험의 원리에 충실한 보험회사를 가정하였을 때 장기적인 관점에서 보험경영의 결과는 어떠한 것이 적절한가?

① 수입이 지출보다 많아야 한다.
② 수입이 지출보다 적어야 한다.
③ 수입과 지출이 같아야 한다.
④ 수입과 지출에 영향을 받지 않아야 한다.

15 위험관리기법을 위험통제기법(risk control techniques)과 위험재무기법(risk financing techniques)으로 나눌 때, 다음 중 분류가 다른 하나는?

① 위험전가(risk transfer)
② 위험회피(risk avoidance)
③ 위험보유(risk retention)
④ 캡티브보험(captive insurance)

16 다음의 내용을 보고 A보험자가 지급해야 하는 보험금을 계산하시오.

• 보험가액 1억원의 건물에 대하여 화재보험계약이 체결되었으며, 보험기간 중 보험사고로 인하여 손해액 5천만원이 발생하였다.
• A보험자
 –. 보험가입금액 : 6천만원
 –. 80% 공동보험 조항
 –. 직접공제액 1천만원
 –. 계약 조건 상 직접공제액을 먼저 적용한 뒤에 공동보험 조항을 적용함
• B보험자
 –. 보험가입금액 : 6천만원
 –. 1차위험담보 조건으로 계약이 체결됨

① 1천만원
② 1천 8백 7십 5만원
③ 2천만원
④ 2천 5백만원

17 손해를 보상적 배상금(compensatory damages)과 징벌적 손해(punitive damages)로 나눌 때 다음은 어떤 손해를 설명한 것인가?

> 신체 상해에 대한 의료비용, 소득손실, 손상재산의 수리비용 등 일반적으로 화폐로 쉽게 측정할 수 있는 손해

① 특별손해(special damages)
② 일반손해(general damages)
③ 통상손해(ordinary damages)
④ 적극손해(active damages)

18 다음 중에서 실손보상의 원칙을 구현하기 위한 제도와 가장 거리가 먼 것은?

① 보험자 대위
② 보험위부
③ 시가주의
④ 신구교환공제

19 추정최대손실액(PML)에 대한 설명으로 옳지 못한 것은?

① 언더라이팅에 많은 영향을 미친다.
② 위험 보유액과 재보험 출재를 위해 사용된다.
③ 적극적인 위험관리를 유도한다.
④ 환경 변화에 관계없이 일정한 값을 가지고 있다.

20 풍수해 · 지진재해보험에 대한 다음 설명 중 틀린 것은?

① "풍수해"란 「자연재해대책법」에 따른 자연재해 중 태풍 · 홍수 · 호우(豪雨) · 강풍 · 풍랑 · 해일(海溢) · 대설로 발생하는 재해를 말한다. 지진재해는 풍수해에 포함되지 않는다.
② 풍수해 · 지진재해보험사업은 행정안전부장관이 관장한다.
③ 풍수해 · 지진재해보험이 담보할 수 있는 보험의 목적물은 농작물 · 임산물 · 가축 및 양식수산물이다.
④ 국가와 지방자치단체는 예산의 범위에서 보험계약자가 부담하는 보험료의 일부를 지원할 수 있다.

21 다음 사례를 읽고 위험관리 기법 중 어떤 것을 활용한 것인지 고르시오.

> 특정 도로에서 과속으로 인한 교통사고가 계속적으로 발생하고 있다. 이에 관계당국에서는 해당 도로에 과속 단속 장비를 설치하고 '과속을 하지 말자'는 푯말을 곳곳에 설치하였다. 이후에 사고발생이 30% 가량 줄어들게 되었다.

① 보유(Risk Retention)
② 회피(Risk Avoidance)
③ 감소(Loss Reduction)
④ 예방(Loss Prevention)

22 보험 소비에 대한 특성에 대한 다음 설명 중 틀린 것은?

① 보통 개발도상국에서는 보험시장이 빠르게 성장하고, 선진국에서는 완만한 성장속도를 보여준다.
② 자발적으로 가입하기 보다는 주변의 권유에 의해서 가입하는 경우가 많다.
③ 보험계약자가 청약을 하면 보험자가 승낙을 하여 보험계약이 성립된다.
④ 보험자의 입장에서 보험상품이 판매되면 바로 이익이 발생한다.

23 다음은 생명보험 계약을 체결하면서 별도로 가입한 재해사망특약의 약관에서 피보험자가 재해를 직접적인 원인으로 사망하거나 제1급의 장해상태가 되었을 때 재해사망보험금을 지급하는 것으로 규정하면서, 보험금을 지급하지 않는 경우의 하나로 "피보험자가 고의로 자신을 해친 경우. 그러나 피보험자가 정신질환상태에서 자신을 해친 경우와 계약의 책임개시일부터 2년이 경과된 후에 자살하거나 자신을 해침으로써 제1급의 장해상태가 되었을 때는 그러하지 아니하다." 라고 규정한 사안에 대한 대법원 판결문의 일부이다. 다음의 내용을 읽고 빈 칸 안에 들어갈 말로 적합한 것을 고르시오.

> 위 조항은 고의에 의한 자살 또는 자해는 원칙적으로 우발성이 결여되어 재해사망특약의 약관에서 정한 보험사고인 재해에 해당하지 않지만, 예외적으로 단서에서 정하는 요건, 즉 피보험자가 정신질환상태에서 자신을 해친 경우와 책임개시일부터 2년이 경과된 후에 자살하거나 자신을 해침으로써 제1급의 장해상태가 되었을 경우에 해당하면 이를 보험사고에 포함시켜 보험금 지급사유로 본다는 취지로 이해하는 것이 합리적이다.
>
> 또한 보험약관은 신의성실의 원칙에 따라 약관의 목적과 취지를 고려하여 공정하고 합리적으로 해석하되, 개개 계약 당사자가 기도한 목적이나 의사를 참작하지 않고 평균적 고객의 이해가능성을 기준으로 보험단체 전체의 이해관계를 고려하여 객관적 · 획일적으로 해석하여야 하며, 위와 같은 해석을 거친 후에도 약관조항이 객관적으로 다의적으로 해석되고 그 각각의 해석이 합리성이 있는 등 해당 약관의 뜻이 명백하지 아니한 경우에는 (　　　　　) 를 적용하여야 한다.

① 수기문언 우선의 원칙　　② 통상적 해석의 원칙
③ 합리적 해석의 원칙　　④ 작성자 불이익의 원칙

24 다음 중 보험을 가입하고자 하는 성향이 강한 사람은 누구인가?

① 위험선호형　　② 위험중립형
③ 위험회피형　　④ 성향에 관계없다.

25 IFRS17 아래에서 보험회사의 책임준비금에 대한 다음 설명 중 틀린 것은?

① 보험계약마진(CSM)이 작을수록 보험회사의 이익은 안정적이다.
② 투자계약부채란 보험계약 중 보험계약의 법률적 형식을 취하고 있으나, 투자계약으로 분류된 보험계약에 대하여 보험회사가 장래에 보험금 등을 지급하기 위하여 적립한 금액이다.
③ 발생사고요소에는 최선추정(BEL)과 위험조정(RA)가 있으며, 보험계약마진(CSM)은 없다.
④ 보험계약부채는 발생사고요소와 잔여보장요소로 나뉜다.

26 최근 보도된 다음의 뉴스 기사를 읽고 어떤 보험의 형태에 대한 것인지 고르시오.

- ㅎ손해보험은 상반기 내 자동차의 블루링크 서비스를 활용한 고객의 차량 운행 패턴을 바탕으로 안전 운전 시 자동차보험료를 할인해 주는 운전 습관 연계 보험을 출시할 계획이다. 블루링크는 무선통신을 통해 차량정보 자동 송수신, 사고 자동 통보 등을 제공하는 첨단 텔레매틱스 장치다.
- ㄷ손보와 ㅋ손보가 SK텔레콤 'T맵 운전습관'에 따라 보험료를 할인해 주는 자동차보험을 판매하고 있다. T맵 운전습관은 운전자의 과속, 급가속, 급감속 등 운행 데이터를 기반으로 100점 기준으로 수치화했다. 기준 점수를 넘기면 운전자의 자동차보험료를 최대 10%까지 할인받을 수 있다.
- ㅎ손해보험 자동차보험부문장은 "자동차 정보기술(IT)과 빅데이터를 활용해 고객에게 혜택을 제공할 수 있는 보험상품 개발을 위해 지속적으로 노력할 것"이라며 "앞으로도 협력 업체와의 파트너십 강화를 통해 미래 자동차보험 시장 변화에 선도적으로 대응하겠다"고 말했다.

① UBI보험(User based insurance)
② Umbrella보험(Umbrella coverage insurance)
③ 컨틴전시보험(Contingency insurance)
④ 권원보험(Title insurance)

27 보험회사가 화재보험 상품을 판매하면서 보험목적물에 관계없이 모든 보험계약자에게 동일한 보험료를 산정하였다. 이에 목재건물과 콘크리트건물에 대한 화재보험 보험료가 모두 동일하게 책정되었다. 이러한 보험회사의 정책은 보험요율 산정의 원칙 중 어떠한 것에 위배되는 것인가?

① 보험요율이 보험금과 그 밖의 급부(給付)에 비하여 지나치게 높지 아니할 것
② 보험요율이 보험회사의 재무건전성을 크게 해칠 정도로 낮지 아니할 것
③ 보험요율이 보험계약자 간에 부당하게 차별적이지 아니할 것
④ 보험금과 그 밖의 급부와 비교할 때 공정하고 합리적인 수준일 것

28 다음 보험기능 리스크(insurable risk)의 요건 중 피보험이익의 원칙과 가장 관련이 깊은 것은?

① 다수의 동질적 리스크
② 손실의 우연성
③ 확정 가능한 손실 규모
④ 측정 가능한 손실 발생 확률

29 피보험자 "갑"은 자신이 소유하고 있는 건물(가액 : 5억5천만원)을 A, B, C 3개 보험회사에 각각 보험 가입금액 1억원, 3억원, 2억원의 화재보험계약에 가입하였고, 3건의 보험계약 모두에서 담보하는 화재사고로 인하여 전손이 발생하였다. 3건의 보험계약은 모두 동 사고에 대하여 균일부담(contributions by equal shares)방식에 의하여 보상하도록 규정하고 있다. 다만 피보험자는 보험금을 청구하면서, A보험자에 대하여 보험금 청구 포기의사를 밝혔다. 이 때 A, B, C 보험자의 보상금액은 각각 얼마인가?

	A	B	C
①	0원	2.5억원	2억원
②	1억원	2.5억원	2억원
③	0원	3억원	2억원
④	0원	3억원	2.5억원

30 교통사고처리특례법에 대한 다음 설명 중 틀린 것은?

① 업무상과실(業務上過失) 또는 중대한 과실로 교통사고를 일으킨 운전자에 관한 형사처벌 등의 특례를 정함으로써 교통사고로 인한 피해의 신속한 회복을 촉진하고 국민생활의 편익을 증진함을 목적으로 한다.

② 교통사고처리특례법상 교통사고 발생 시 보험회사의 피해자에 대한 우선 지급 금액 범위 중 치료비에 관해서는 통상비용 전액을 지급해야 한다.

③ 교통사고처리특례법에서는 피해자의 명시적인 의사에 반하여 공소를 제기할 수 없는데 이를 친고죄라고 한다.

④ 보험 등에 가입되었으나, 보험계약 또는 공제계약이 무효로 되거나 해지되거나 계약상의 면책 규정 등으로 인하여 보험회사, 공제조합 또는 공제사업자의 보험금 또는 공제금 지급의무가 없어진 경우에는 특례를 적용받을 수 없다.

31 다음은 대법원 판결문의 일부분이다. 사례를 읽고 대법원의 판단과 가장 유사한 배상책임의 법리는 어떤 것인지 고르시오.

> 대법원 2019. 1. 31. 선고 2017다203596 판결
>
> [1] 운동경기에 참가하는 자는 자신의 행동으로 인해 다른 경기자 등이 다칠 수도 있으므로, 경기규칙을 준수하면서 다른 경기자 등의 생명이나 신체의 안전을 확보하여야 할 신의칙상 주의의무인 안전배려의무가 있다. 그런데 권투나 태권도 등과 같이 상대선수에 대한 가격이 주로 이루어지는 형태의 운동경기나 다수의 선수들이 한 영역에서 신체적 접촉을 통하여 승부를 이끌어내는 축구나 농구와 같은 형태의 운동경기는 신체접촉에 수반되는 경기 자체에 내재된 부상 위험이 있고, 경기에 참가하는 자는 예상할 수 있는 범위 내에서의 위험은 어느 정도 감수하고 경기에 참가하는 것이다. 이러한 유형의 운동경기에 참가한 자가 앞서 본 주의의무를 다하였는지는 해당 경기의 종류와 위험성, 당시 경기진행 상황, 관련 당사자들의 경기규칙의 준수 여부, 위반한 경기규칙이 있는 경우 규칙의 성질과 위반 정도, 부상의 부위와 정도 등 제반 사정을 종합적으로 고려하여 판단하되, 그 행위가 사회적 상당성의 범위를 벗어나지 않았다면 이에 대하여 손해배상책임을 물을 수 없다.
>
> [2] 조기축구회 경기 중 골키퍼를 맡은 갑이 골문 앞에서 공을 쳐내기 위해 다이빙 점프를 하여 착지하다가 상대 팀 공격수인 을과 충돌하여 목척수 손상 등의 상해를 입은 사안에서, 공의 궤적, 갑과 을의 진행 방향, 충돌지점 등에 비추어 충돌 직전의 상황은 골키퍼와 공격수가 날아오는 공을 선점하기 위해 경합할 만한 상황으로 볼 수 있는데, 을이 갑과 충돌하는 과정에서 축구경기의 규칙을 위반한 것으로 단정하기 어렵고, 규칙을 위반한 것이라고 보더라도 위반 정도가 무겁다고 보기도 어려우며, 격렬한 신체접촉이 수반되는 축구경기의 내재적 위험성, 골대 앞으로 날아오는 공을 두고 공격수와 골키퍼 사이에 발생할 수 있는 신체접촉의 일반적인 형태 등에 비추어도 을의 행위가 사회적 상당성의 범위를 벗어나 갑에 대한 안전배려의무를 위반하였다고 단정하기 어렵기 때문에 을의 손해배상책임을 인정하기 어렵다.

① 기여과실책임(contributory negligence)
② 비교과실책임(comparative negligence)
③ 최종적 명백한 기회(last clear chance)
④ 리스크의 인정(assumption of risk)

32 사이드카(sidecar)를 재보험의 방법으로 분류할 때에 가장 관련성이 있는 재보험 구조는?

① Quota Share Reinsurance
② Surplus Reinsurance
③ Excess of loss cover
④ Facultative obligatory cover

33 인스 보험회사는 초과손해율특약(stop loss ratio cover)으로 재보험회사와 재보험계약을 체결하였다. 해당 재보험계약은 손해율 130% 한도 내에서 손해율 80%를 초과하는 손해액의 90%를 부담하는 조건이다. 인스 보험회사의 원보험계약 자료가 다음과 같을 때 재보험회사가 인스 보험회사에 지급하여야 하는 재보험금은 얼마인가?

- 경과보험료 100원
- 발생손해액 150원
- 손해율 150%

① 40원
② 45원
③ 50원
④ 60원

34 채무불이행책임과 계약상 가중책임에 관한 설명으로 옳지 않은 것은?

① 채무불이행책임이란 계약에서 정한 채무를 불이행하여 상대방이 입은 손해를 말하는데, 이행지체, 이행불능, 불완전이행 등이 있다.
② 채무불이행책임에서 채권자는 채무자가 채무불이행한 사실, 그것이 채무자의 책임사유에 의한 것이라는 사실을 모두 입증하여야 한다.
③ 법률상 손해배상책임이 없음에도 불구하고 제3자와의 사적 계약을 통해 그 제3자가 지는 법률상 손해배상책임을 자신이 인수하거나, 통상적인 법률상 배상책임액을 초과하는 배상책임액을 지불할 것을 사전에 약정하여 이를 지불해야 하는 계약상 책임이 있을 때 이러한 배상책임을 계약상 가중책임이라 한다.
④ 배상책임보험에서 계약상 가중책임을 원칙적으로 면책으로 하고 있고, 다만 예외적으로 그러한 약정이 없었더라도 배상책임을 부담하였을 경우, 또는 일정한 몇몇 전형적인 계약상 배상책임의 경우에 한하여 담보해 주고 있다.

35 다음은 현재 우리나라에서 사용 중인 자동차보험 약관의 내용 중 일부이다. 밑줄 친 부분에 대한 약관 해석의 원칙은 어떤 것을 적용하여야 하는가?

제8조(보상하지 않는 손해)
① 다음 중 어느 하나에 해당하는 손해는 「대인배상Ⅱ」와 「대물배상」에서 보상하지 않습니다.
1. 보험계약자 또는 기명피보험자의 고의로 인한 손해
2. 기명피보험자 이외의 피보험자의 고의로 인한 손해
3. 전쟁, 혁명, 내란, 사변, 폭동, 소요 또는 <u>이와 유사한 사태로 인한 손해</u>
4. 지진, 분화, 태풍, 홍수, 해일 등 천재지변으로 인한 손해
5. 핵연료물질의 직접 또는 간접적인 영향으로 인한 손해
(생략)

① 통상적 의미의 해석원칙(rules as to “ordinary meaning”)
② 동종제한의 원칙(principle of ejusdem generis)
③ 합리적인 기대의 원칙(doctrine of reasonable expectation)
④ 작성자 불이익의 원칙(Contra proferentem)

36 다음 내용을 읽고 재보험자가 부담하는 손해는 얼마인지 구하시오.

- 초과액재보험(Surplus reinsurance)
- 재보험자의 보유한도 12억원
- 발생 손해액 8억원
- 원보험자의 보유한도 2억원
- 보험가입금액 16억원

① 2억원
② 4억원
③ 6억원
④ 8억원

37 배상책임보험에서는 자동차보험의 대인배상과 같이 가입을 강제하는 경우가 많이 존재한다. 이처럼 배상책임보험에서 가입을 강제하는 이유로 가장 적절한 것은?

① 피해자 보호를 통한 사회적 안전망 구축
② 보험료 절감 효과
③ 이득 금지의 원칙 실현
④ 도덕적 해이 방지

38 보험회사의 지급여력비율이 0%이상 ~ 50% 미만일 경우 금융당국이 취할 수 있는 적기시정조치는 어떤 것인가?

① 경영개선 권고
② 경영개선 요구
③ 경영개선 명령
④ 경영개선 조치

39 다음의 소멸성 공제 조항에서 보험회사가 지급해야 할 보험금은 각각 얼마인가?

- 소멸성 공제조항
- 면책금액 : 10만원
- 공제계수 : 1.1
- 사고1 손해액 : 100만원
- 사고2 손해액 : 200만원

① 사고1 : 99만원, 사고2 : 209만원
② 사고1 : 99만원, 사고2 : 200만원
③ 사고1 : 100만원, 사고2 : 209만원
④ 사고1 : 100만원, 사고2 : 200만원

40 다음의 용어 중에서 보험의 역선택과 가장 관련이 깊은 것은?

① 레몬시장이론 가설(market for Lemon's)
② 세인트 피터스버그 역설(St. Petersburg paradox)
③ 베르누이 원칙(Bernoulli principle)
④ 금반언의 원칙(principle of estoppel)

Memo

Memo

Memo

손해사정사 1차

한 권으로 합격하는 기출+예상 문제집

발 행 일 2025년 8월 30일
편 저 자 인스TV보험교육원
펴 낸 이 김영훈
펴 낸 곳 ㈜고시아카데미(InsTV)

저자와의
협의 하에
인지 생략

등 록 2003년 9월 17일 제2012-000101호
주 소 서울시 금천구 서부샛길 606, 215호
대표전화 02-363-0606
팩 스 0505-009-9507
홈페이지 www.instv.net
전자우편 help@instv.net
I S B N 978-89-6631-387-7

정가 33,000원

한 권으로 합격하는

기출+예상 문제집

정답 및 해설편

CONTENTS

PART

1

기출문제 정답 및 해설

2014 제37회 정답 및 해설

1과목 보험업법

01	02	03	04	05	06	07	08	09	10
③	④	②	④	④	②	④	④	③	②
11	12	13	14	15	16	17	18	19	20
③	②	④	③	②	①	②	④	③	③
21	22	23	24	25	26	27	28	29	30
③	②	②	②	③	③	③	②	②	③
31	32	33	34	35	36	37	38	39	40
④	③	②	③	④	④	③	①	③,④	③

01. ③

① 보험회사는 보험대리점이 모집을 하면서 보험계약자에게 입힌 손해를 배상할 책임이 있으며 이에 따라 발생한 청구권의 소멸시효는 민법 제766조를 준용한다. 따라서 손해 및 가해자를 안 날로부터 3년, 행위를 한 날로부터 10년의 소멸시효를 적용받는다.

② 보험회사가 모집을 위탁하면서 상당한 주의를 하였고 이들이 모집을 하면서 보험계약자에게 손해를 입히는 것을 막기 위하여 노력한 경우에는 손해배상책임이 없다.[1]

③ 대법원 판례에 따르면, 타인을 위한 생명보험계약은 보험계약자와 보험수익자가 다른 제3자를 위한 계약의 일종인데, 보험수익자는 보험계약자가 아니므로 특별한 사정이 없는 한 보험회사를 상대로 손해에 관하여 불법행위를 원인으로 손해배상을 청구할 수 없다.[2] 또한 상법상 보험대리상(보험대리점)에게는 보험료 수령권한이 인정되므로 설령 보험대리점이 납입된 보험료를 횡령하였다고 하더라도, 이는 정당한 보험료 납입에 해당하며 보험계약은 유지된다. 즉 보험계약이 해지되지 않는다.[3]

④ 보험회사가 배상책임을 진 경우에 보험회사는 해당 임직원, 보험설계사 또는 보험대리점에 대하여 구상권(求償權)을 행사할 수 있다.[4]

02. ④

보험대리점 또는 보험중개사로 등록할 수 있는 금융기관은 다음과 같다(보험업법 제91조 제1항 및 보험업법 시행령 제40조 제1항). 여신전문금융업법에 따라 허가를 받은 신용카드업자 중 겸영여신업자는 금융기관 보험대리점으로 등록할 수 있는 자에 해당하지 않는다.

1. 「은행법」에 따라 설립된 은행
2. 「자본시장과 금융투자업에 관한 법률」에 따른 투자매매업자 또는 투자중개업자
3. 「상호저축은행법」에 따른 상호저축은행
4. 그 밖에 다른 법률에 따라 금융업무를 하는 기관으로서 대통령령으로 정하는 기관

4-1. 「한국산업은행법」에 따라 설립된 한국산업은행
4-2. 「중소기업은행법」에 따라 설립된 중소기업은행
4-3. 「여신전문금융업법」에 따라 허가를 받은 신용카드업자(겸영여신업자는 제외한다.)
4-4. 「농업협동조합법」에 따라 설립된 조합 및 농협은행

03. ②

다른 보험회사 상품과 비교한 사항은 보험안내자료의 기재사항이 아니며, 오히려 보험업법 시행령 제42조 제2항 제3호에서 기재가 금지된 사항이다. 보험안내자료에 기재되는 사항은 다음과 같다(보험업법 제95조 제1항 및 보험업법 시행령 제42조 제3항).

1. 보험회사의 상호나 명칭 또는 보험설계사 · 보험대리점 또는 보험중개사의 이름 · 상호나 명칭
2. 보험 가입에 따른 권리 · 의무에 관한 주요 사항
3. 보험약관으로 정하는 보장에 관한 사항

3의2. 보험금 지급제한 조건에 관한 사항

4. 해약환급금에 관한 사항
5. 「예금자보호법」에 따른 예금자보호와 관련된 사항
6. 그 밖에 보험계약자를 보호하기 위하여 대통령령으로 정하는 사항

---

1) 참고로 본 규정은 보험업법 제102조 제1항에 있었으나, '금융소비자 보호에 관한 법률' 제정에 따라 2020년 3월 24일자로 보험업법에서는 삭제되었다.
2) 대법원 2015.10.15. 선고 2014다204178 판결
3) **저자주** : 문제에서 "보험료를 낸 보험수익자'라고 하여 오류가 있는 지문이다. 보험료 납입의무를 부담하는 사람은 보험계약자이며, 보험수익자는 특별한 사정이 없는한 보험료 납입의무를 부담하지 않는다.
4) 참고로 본 규정은 보험업법 제102조 제1항에 있었으나, '금융소비자 보호에 관한 법률' 제정에 따라 2020년 3월 24일자로 보험업법에서는 삭제되었다.

6-1. 보험금이 금리에 연동되는 보험상품의 경우 적용금리 및 보험금 변동에 관한 사항
6-2. 보험금 지급제한 조건의 예시
6-3. 보험안내자료의 제작자 · 제작일, 보험안내자료에 대한 보험회사의 심사 또는 관리번호
6-4. 보험 상담 및 분쟁의 해결에 관한 사항

04. ④

① 보험회사는 그 자산을 운용할 때 안정성 · 유동성 · 수익성 및 공익성이 확보되도록 하여야 하며, 선량한 관리자의 주의로써 그 자산을 운용하여야 한다(보험업법 제104조).
② 보험회사는 특별계정에 속하는 이익을 그 계정상의 보험계약자에게 분배할 수 있다(보험업법 제108조 제3항).
③ 보험회사는 그 자산을 직접 · 간접을 불문하고 해당 보험회사의 주식을 사도록 하기 위한 대출로 운용하여서는 아니 된다(보험업법 제105조).
④ 보험회사는 일반계정에 속하는 자산과 특별계정에 속하는 자산을 운용할 때 동일한 개인 또는 법인에 대한 신용공여에서 다음의 비율을 초과할 수 없다(보험업법 제106조 제1항).
가. 일반계정 : 총자산의 100분의 3
나. 특별계정 : 각 특별계정 자산의 100분의 5

05. ④

①④ 보험업법 상의 자회사란 보험회사가 다른 회사(「민법」 또는 특별법에 따른 조합을 포함한다)의 의결권 있는 발행주식(출자지분을 포함한다) 총수의 100분의 15를 초과하여 소유하는 경우의 그 다른 회사를 말한다(보험업법 제2조).
② 보험회사는 자회사와 다음의 행위를 하여서는 아니 된다(보험업법 제116조).

1. 자산을 대통령령으로 정하는 바에 따라 무상으로 양도하거나 일반적인 거래 조건에 비추어 해당 보험회사에 뚜렷하게 불리한 조건으로 매매 · 교환 · 신용공여 또는 재보험계약을 하는 행위
2. 자회사가 소유하는 주식을 담보로 하는 신용공여 및 자회사가 다른 회사에 출자하는 것을 지원하기 위한 신용공여
3. 자회사 임직원에 대한 대출(보험약관에 따른 대출과 금융위원회가 정하는 소액대출은 제외한다.)

③ 보험회사는 자회사를 소유하게 된 날부터 15일 이내에 그 자회사의 정관과 대통령령으로 정하는 서류를 금융위원회에 제출하여야 한다(보험업법 제117조 제1항). 이 때 대통령령으로 정하는 서류란 다음 각 호의 서류를 말한다(보험업법 시행령 제60조 제1항).

1. 정관
2. 업무의 종류 및 방법을 적은 서류
3. 주주현황
4. 재무상태표 및 포괄손익계산서 등의 재무제표와 영업보고서
5. 자회사가 발행주식 총수의 100분의 10을 초과하여 소유하고 있는 회사의 현황

06. ②

① 금융위원회는 보험소비자와 보험의 모집에 종사하는 자 등 대통령령으로 정하는 자(보험소비자등)를 대상으로 이해도를 평가하고 그 결과를 대통령령으로 정하는 바에 따라 공시할 수 있다(보험업법 제128조의4). 따라서 공시주체는 금융위원회이다.
②③④ 보험약관 이해도 평가결과에 대한 공시기준은 다음 각 호와 같다(보험업법 시행령 제71조의6 제3항).

- 공시대상 : 보험약관의 이해도 평가 기준 및 해당 기준에 따른 평가 결과
- 공시방법 : 평가대행기관의 홈페이지에 공시
- 공시주기 : 연 2회 이상

07. ④

보험회사는 다음 각 호의 사유로 해산한다(보험업법 제137조 제1항).

1. 존립기간의 만료, 그 밖에 정관으로 정하는 사유의 발생
2. 주주총회 또는 사원총회의 결의
3. 회사의 합병
4. 보험계약 전부의 이전
5. 회사의 파산
6. 보험업의 허가취소
7. 해산을 명하는 재판

08. ④

① 보험회사가 계약의 방법으로 책임준비금 산출의 기초가 같은 보험계약의 전부를 포괄하여 다른 보험회사에 이전할 수 있으며, 이때에는 금융위원회의 인가를 받아야 한다(보험업법 제139조 및 제140조).
② 보험회사는 보험계약의 전부를 이전하는 경우에 이전할 보험계약에 관하여 이전계약의 내용으로 1) 계산의 기초의 변경, 2) 보험금액의 삭감과 장래 보험료의 감액, 3) 계약조항의 변경을 정할 수 있다(보험업법 제143조).
③ 보험계약의 이전에 관한 결의는 보험업법 제39조 제1항 또는 「상법」 제434조에 따라 하여야 한다(보험업법 제138조). 긴급을 요하는 경우에 대한 규정은 없다.
④ 보험계약을 이전하려는 보험회사는 결의를 한 날부터 2주 이내에 계약 이전의 요지와 각 보험회사의 재무상태표를 공고하고, 그 공고에는 이전될 보험계약의 보험계약자로서 이의가 있는 자는 일정한 기간 동안 이의를 제출할 수 있다는 뜻을 덧붙여야 한다. 다만, 그 기간은 1개월 이상으로 하여야 한다. 만약 이의를 제기한 보험계약자가 이전될 보험계약자 총수의 10분의 1을 초과하거나 그 보험금액이 이전될 보험금 총액의 10분의 1을 초과하는 경우에는 보험계약을 이전하지 못한다.

09. ③

① 보험회사는 보험계리에 관한 업무 전반을 관리하고 이를 검증 및 확인하는 등 보험계리 관련 업무를 총괄하는 보험계리사(선임계리사)를 선임하여야 한다(보험업법 제181조 제2항).

② 보험계리를 업(業)으로 하려는 법인은 2명 이상의 상근 보험계리사를 두어야 한다(보험업법 시행령 제93조 제1항).
③ 선임계리사는 보험회사가 기초서류관리기준을 지키는지를 점검하고 이를 위반하는 경우에는 조사하여 그 결과를 이사회에 보고하여야 하며, 기초서류에 법령을 위반한 내용이 있다고 판단하는 경우에는 금융위원회에 보고하여야 한다(보험업법 제184조 제2항).
④ 선임계리사는 그 업무 수행과 관련하여 이사회(「상법」 제393조의2에 따른 이사회 내 위원회를 포함한다)에 참석할 수 있다(보험업법 제184조의3 제2항).

10. ②

① 손해사정사의 실무수습의 기간은 6개월로 한다(보험업법 시행규칙 제54조 제2항).
② 대통령령으로 정하는 보험회사는 보험사고에 따른 손해액 및 보험금의 사정(손해사정)에 관한 업무를 직접 수행하거나 손해사정사 또는 손해사정을 업으로 하는 자(손해사정업자)를 선임하여 그 업무를 위탁하여야 한다(보험업법 제185조 제1항). 여기에서 대통령령으로 정하는 보험회사란 다음 각 호의 어느 하나에 해당하는 보험회사를 말한다(보험업법 시행령 제96조의3 제1항).

1. 손해보험상품(보증보험계약은 제외한다)을 판매하는 보험회사
2. 제3보험상품을 판매하는 보험회사

③ 다음 각 호의 어느 하나에 해당하는 경우에는 고용(선임)의무를 부담하지 않는다(보험업법 제185조 제1항).

1. 보험사고가 외국에서 발생한 경우
2. 보험계약자 등이 금융위원회가 정하는 기준에 따라 손해사정사를 따로 선임한 경우로서 보험회사가 이에 동의한 경우

④ 다음 각 호의 어느 하나에 해당하는 경우에는 이해관계를 가진 자에 해당하며 손해사정 행위가 금지된다(보험업법 시행규칙 제57조 제1항).

1. 개인인 손해사정사의 경우
   가. 본인의 배우자 및 본인과 생계를 같이하는 친족
   나. 본인을 고용하고 있는 개인 또는 본인이 상근 임원으로 있는 법인 또는 단체
   다. 본인이 고용하고 있는 개인 또는 본인이 대표자로 있는 법인 또는 단체
   라. 본인과 생계를 같이하는 2촌 이내의 친족, 본인의 배우자 또는 배우자의 2촌 이내의 친족이 상근 임원으로 있는 법인 또는 단체
2. 법인인 손해사정업자의 경우
   가. 해당 법인의 임직원을 고용하고 있는 개인 또는 법인
   나. 해당 법인에 대한 출자금액이 전체 출자금액의 100분의 30을 초과하는 자

11. ③

"보험회사"란 제4조에 따른 허가를 받아 보험업을 경영하는 자를 말한다(보험업법 제2조).

12. ②

보험업의 허가를 받으려는 자는 신청서에 다음 각 호의 서류를 첨부하여 금융위원회에 제출하여야 한다. 다만, 보험회사가 취급하는 보험종목을 추가하려는 경우에는 제1호의 서류는 제출하지 아니할 수 있다.

1. 정관
2. 업무 시작 후 3년간의 사업계획서(추정재무제표를 포함한다)
3. 경영하려는 보험업의 보험종목별 사업방법서, 보험약관, 보험료 및 해약환급금의 산출방법서(기초서류) 중 대통령령으로 정하는 서류
4. 제1호부터 제3호까지의 규정에 따른 서류 이외에 대통령령으로 정하는 서류

13. ④

보험회사는 보험업에 부수하는 업무를 하려면 그 업무를 하려는 날의 7일 전까지 금융위원회에 신고하여야 한다(보험업법 제11조의2 제1항).

14. ③

해임된 보험회사의 임원이 해임 전에 한 행위는 그 효력을 유지한다.[5]

15. ②

사외이사는 사외이사후보추천위원회의 추천을 받은 자 중 주주총회 또는 사원총회에서 선임한다.[6]

16. ①

상호회사의 기금은 금전 이외의 자산으로 납입하지 못한다(보험업법 제36조 제1항).

17. ②

보험중개사는 보험회사의 임직원이 될 수 없으며, 보험계약의 체결을 중개하면서 보험회사 · 보험설계사 · 보험대리점 · 보험계리사 및 손해사정사의 업무를 겸할 수 없다.

5) 참고로 본 규정은 보험업법 제13조 제5항에 있었으나, '금융회사의 지배구조에 관한 법률' 제정에 따라 2015년 7월 31일자로 보험업법에서는 삭제되었다.
6) 참고로 본 규정은 보험업법 제15조 제3항에 있었으나, '금융회사의 지배구조에 관한 법률' 제정에 따라 2015년 7월 31일자로 보험업법에서는 삭제되었다.

18. ④

보험회사가 그 보험업의 전부 또는 일부를 폐업하려는 경우에는 그 60일 전에 사업 폐업에 따른 정리계획서를 금융위원회에 제출하여야 한다(보험업법 제155조).

19. ③

보험회사 또는 보험의 모집에 종사하는 자는 보험업법상 설명의무는 물론이고, 약관의 규제에 관한 법률이 규정하는 설명의무도 부담하여야 한다. 물론 특별법 우선의 원칙에 따라 보험업법상 설명의무가 우선적으로 적용되며, 보험업법에 규정되지 않은 사항은 약관의 규제에 관한 법률이 보충적으로 적용된다.

20. ③

보험회사 또는 보험의 모집에 종사하는 자는 대통령령으로 정하는 보험계약을 모집하기 전에 보험계약자가 되려는 자의 동의를 얻어 모집하고자 하는 보험계약과 동일한 위험을 보장하는 보험계약을 체결하고 있는지를 확인하여야 하며 확인한 내용을 보험계약자가 되려는 자에게 즉시 알려야 한다(보험업법 제95조의5 제1항). 여기서 "대통령령으로 정하는 보험계약"이란 실제 부담한 의료비만 지급하는 제3보험상품계약(실손의료보험계약)과 실제 부담한 손해액만을 지급하는 것으로서 금융감독원장이 정하는 보험상품계약(기타손해보험계약)을 말한다. 다만, 다음의 보험계약은 제외한다(보험업법 시행령 제42조의5 제1항).

1. 삭제 〈2014. 4. 15.〉
2. 여행 중 발생한 위험을 보장하는 보험계약으로서 다음 각 목의 어느 하나에 해당하는 보험계약
   가. 「관광진흥법」 제4조에 따라 등록한 여행업자가 여행자를 위하여 일괄 체결하는 보험계약
   나. 특정 단체가 그 단체의 구성원을 위하여 일괄 체결하는 보험계약
3. 국외여행, 연수 또는 유학 등 국외체류 중 발생한 위험을 보장하는 보험계약

21. ③

보험계약의 체결 또는 모집에 종사하는 자는 그 체결 또는 모집과 관련하여 보험계약자나 피보험자에게 다음 각 호의 어느 하나에 해당하는 특별이익을 제공하거나 제공하기로 약속하여서는 아니 된다(보험업법 제98조 및 보험업법 시행령 제46조).

1. 금품. 다만 보험계약 체결 시부터 최초 1년간 납입되는 보험료의 100분의 10과 3만원(보험계약에 따라 보장되는 위험을 감소시키는 물품의 경우에는 20만원) 중 적은 금액은 제외한다.
2. 기초서류에서 정한 사유에 근거하지 아니한 보험료의 할인 또는 수수료의 지급
3. 기초서류에서 정한 보험금액보다 많은 보험금액의 지급 약속
4. 보험계약자나 피보험자를 위한 보험료의 대납
5. 보험계약자나 피보험자가 해당 보험회사로부터 받은 대출금에 대한 이자의 대납
6. 보험료로 받은 수표 또는 어음에 대한 이자 상당액의 대납
7. 「상법」 제682조에 따른 제3자에 대한 청구권 대위행사의 포기

22. ②

보험업법상 금지되는 자기계약은 보험대리점 또는 보험중개사가 자기 또는 자기를 고용하고 있는 자를 보험계약자 또는 피보험자로 하는 보험을 모집하는 것을 주된 목적으로 하는 것을 말한다(보험업법 제101조).

23. ②

보험회사는 재무건전성 기준을 충족시키기 위한 경우 또는 적정한 유동성을 유지하기 위한 경우에는 자금차입을 위하여 사채를 발행할 수 있는데, 이때 사채의 발행한도는 직전 분기 말 현재 자기자본의 범위 내로 한다(보험업법 시행령 제58조의2 제2항).

24. ②

보험회사는 배당보험계약에서 배당을 할 때 이익 발생에 대한 기여도, 보험회사의 재무건전성 등을 고려하여 계약자 지분과 주주지분을 정하여야 한다. 이때 지분의 기준은 배당보험계약에서 발생하는 이익의 100분의 10 이하를 주주지분으로 하고, 나머지 부분을 계약자지분으로 회계처리하여야 한다(보험업법 시행규칙 제30조의2 제1항).

25. ③

보험회사는 보험요율을 산출할 때 객관적이고 합리적인 통계자료를 기초로 대수(大數)의 법칙 및 통계신뢰도를 바탕으로 하여야 하며, 다음 각 호의 사항을 지켜야 한다(보험업법 제129조).

1. 보험요율이 보험금과 그 밖의 급부에 비하여 지나치게 높지 아니할 것
2. 보험요율이 보험회사의 재무건전성을 크게 해칠 정도로 낮지 아니할 것
3. 보험요율이 보험계약자 간에 부당하게 차별적이지 아니할 것
4. 자동차보험의 보험요율인 경우 보험금과 그 밖의 급부와 비교할 때 공정하고 합리적인 수준일 것

26. ③

금융위원회는 보험회사가 다음 각 호의 어느 하나에 해당하는 경우에는 6개월 이내의 기간을 정하여 영업 전부의 정지를 명하거나 청문을 거쳐 보험업의 허가를 취소할 수 있다(보험업법 제134조 제2항).

1. 거짓이나 그 밖의 부정한 방법으로 보험업의 허가를 받은 경우
2. 허가의 내용 또는 조건을 위반한 경우
3. 영업의 정지기간 중에 영업을 한 경우
4. 금융위원회가 조치한 보험회사의 위반행위에 대한 시정명령을 이행하지 아니한 경우

5. 「금융회사의 지배구조에 관한 법률」 별표 각 호의 어느 하나에 해당하는 경우(영업의 전부정지를 명하는 경우로 한정한다)
6. 「금융소비자 보호에 관한 법률」 제51조 제1항 제4호 또는 제5호에 해당하는 경우
7. 「금융소비자 보호에 관한 법률」 제51조 제2항 각 호 외의 부분 본문 중 대통령령으로 정하는 경우(영업 전부의 정지를 명하는 경우로 한정한다)

27. ③

보험업법 규정상 보험상품에서 제외하는 보험은 다음과 같다(보험업법 시행령 제1조의2 제1항).

1. 「고용보험법」에 따른 고용보험
2. 「국민건강보험법」에 따른 건강보험
3. 「국민연금법」에 따른 국민연금
4. 「노인장기요양보험법」에 따른 장기요양보험
5. 「산업재해보상보험법」에 따른 산업재해보상보험
6. 「할부거래에 관한 법률」 제2조 제2호에 따른 선불식 할부계약

28. ②

1. 본인이 개인인 경우에는 다음 각 목의 어느 하나에 해당하는 자
   가. 배우자(사실상 혼인관계에 있는 사람을 포함한다. 이하 같다)
   나. 6촌 이내의 부계혈족 및 4촌 이내의 부계혈족의 처
   다. 3촌 이내의 부계혈족의 남편 및 자녀
   라. 3촌 이내의 모계혈족과 그 배우자 및 자녀
   마. 배우자의 2촌 이내의 부계혈족 및 그 배우자
   바. 입양자(入養者) 생가(生家)의 직계존속
   사. 출양자(出養子) 및 그 배우자와 출양자 양가(養家)의 직계비속
   아. 혼인 외의 출생자의 생모
   자. 본인의 금전, 그 밖의 재산에 의하여 생계를 유지하는 사람 및 생계를 함께 하는 사람
   차. 본인이 단독으로 또는 본인과 가목부터 자목까지의 관계에 있는 사람과 합하여 100분의 30 이상을 출자하거나 그 밖에 임원의 임면(任免) 등 법인 또는 단체의 주요 경영사항에 대하여 사실상 영향력을 행사하고 있는 경우에는 그 법인 또는 단체와 그 임원
   카. 본인이 단독으로 또는 본인과 가목부터 차목까지의 관계에 있는 자와 합하여 100분의 30 이상을 출자하거나 그 밖에 임원의 임면 등 법인 또는 단체의 주요 경영사항에 대하여 사실상 영향력을 행사하고 있는 경우에는 그 법인 또는 단체와 그 임원
2. 본인이 법인 또는 단체인 경우에는 다음 각 목의 어느 하나에 해당하는 자
   가. 임원
   나. 계열회사 및 그 임원
   다. 단독으로 또는 제1호 각 목의 관계에 있는 자와 합하여 본인에게 100분의 30 이상을 출자하거나 그 밖에 임원의 임면 등 본인의 주요 경영사항에 대하여 사실상 영향력을 행사하고 있는 개인 및 그와 제1호 각 목의 관계에 있는 자 또는 단체(계열회사는 제외한다. 이하 이 호에서 같다)와 그 임원
   라. 본인이 단독으로 또는 본인과 가목부터 다목까지의 관계에 있는 자와 합하여 100분의 30 이상을 출자하거나 그 밖에 임원의 임면 등 단체의 주요 경영사항에 대하여 사실상 영향력을 행사하고 있는 경우에는 그 단체 및 그 임원[7]

29. ②

겸영금융투자업자는 전문보험계약자에 해당하지 않는다.

보험업법 제2조 제19호
"전문보험계약자"란 보험계약에 관한 전문성, 자산규모 등에 비추어 보험계약의 내용을 이해하고 이행할 능력이 있는 자로서 다음 각 목의 어느 하나에 해당하는 자를 말한다. 다만, 전문보험계약자 중 대통령령으로 정하는 자가 일반보험계약자와 같은 대우를 받겠다는 의사를 보험회사에 서면으로 통지하는 경우 보험회사는 정당한 사유가 없으면 이에 동의하여야 하며, 보험회사가 동의한 경우에는 해당 보험계약자는 일반보험계약자로 본다.
가. 국가
나. 한국은행
다. 대통령령으로 정하는 금융기관
라. 주권상장법인
마. 그 밖에 대통령령으로 정하는 자

보험업법 시행령 제6조의2 제2항
법 제2조 제19호다목에서 "대통령령으로 정하는 금융기관"이란 다음 각 호의 금융기관을 말한다.
1. 보험회사
2. 「금융지주회사법」에 따른 금융지주회사
3. 「농업협동조합법」에 따른 농업협동조합중앙회
4. 「산림조합법」에 따른 산림조합중앙회
5. 「상호저축은행법」에 따른 상호저축은행 및 그 중앙회
6. 「새마을금고법」에 따른 새마을금고연합회
7. 「수산업협동조합법」에 따른 수산업협동조합중앙회
8. 「신용협동조합법」에 따른 신용협동조합중앙회
9. 「여신전문금융업법」에 따른 여신전문금융회사
10. 「은행법」에 따른 은행
11. 「자본시장과 금융투자업에 관한 법률」에 따른 금융투자업자(같은 법 제22조에 따른 겸영금융투자업자는 제외한다), 증권금융회사, 종합금융회사 및 자금중개회사
12. 「중소기업은행법」에 따른 중소기업은행
13. 「한국산업은행법」에 따른 한국산업은행

7) 참고로 본 규정은 보험업법 시행령 제6조 제1항 및 제2항에 있었으나, '금융회사의 지배구조에 관한 법률' 제정에 따라 2016년 7월 28일자로 보험업법에서는 삭제되었다.

14. 「한국수출입은행법」에 따른 한국수출입은행
15. 제1호부터 제14호까지의 기관에 준하는 외국금융기관

보험업법 시행령 제6조의2 제3항
법 제2조 제19호마목에서 "대통령령으로 정하는 자"란 다음 각 호의 자를 말한다
1. 지방자치단체
2. 법 제83조에 따라 모집을 할 수 있는 자
3. 법 제175조에 따른 보험협회, 법 제176조에 따른 보험요율 산출기관 및 법 제178조에 따른 보험 관계 단체
4. 「금융회사부실자산 등의 효율적 처리 및 한국자산관리공사의 설립에 관한 법률」에 따른 한국자산관리공사
5. 「금융위원회의 설치 등에 관한 법률」에 따른 금융감독원(이하 "금융감독원"이라 한다)
6. 「예금자보호법」에 따른 예금보험공사 및 정리금융회사
7. 「자본시장과 금융투자업에 관한 법률」에 따른 한국예탁결제원 및 같은 법 제373조의2에 따라 허가를 받은 거래소(이하 "거래소"라 한다)
8. 「자본시장과 금융투자업에 관한 법률」에 따른 집합투자기구. 다만, 금융위원회가 정하여 고시하는 집합투자기구는 제외한다.
9. 「한국주택금융공사법」에 따른 한국주택금융공사
10. 「한국투자공사법」에 따른 한국투자공사
11. 삭제<2014.12.30.>
12. 「기술보증기금법」에 따른 기술보증기금
13. 「신용보증기금법」에 따른 신용보증기금
14. 법률에 따라 공제사업을 하는 법인
15. 법률에 따라 설립된 기금(제12호와 제13호에 따른 기금은 제외한다) 및 그 기금을 관리 · 운용하는 법인
16. 해외 증권시장에 상장된 주권을 발행한 국내법인
17. 다음 각 목의 어느 하나에 해당하는 외국인
    가. 외국 정부
    나. 조약에 따라 설립된 국제기구
    다. 외국 중앙은행
    라. 제1호부터 제15호까지 및 제18호의 자에 준하는 외국인
18. 그 밖에 보험계약에 관한 전문성, 자산규모 등에 비추어 보험계약의 내용을 이해하고 이행할 능력이 있는 자로서 금융위원회가 정하여 고시하는 자

30. ③

다음 각 호의 어느 하나에 해당하는 자는 보험회사의 임원이 될 수 없다.[8]

1. 미성년자 · 금치산자 또는 한정치산자
2. 파산선고를 받은 자로서 복권되지 아니한 자
3. 금고 이상의 실형을 선고받고 그 집행이 끝나거나(집행이 끝난 것으로 보는 경우를 포함한다) 집행이 면제된 날부터 5년이 지나지 아니한 자
4. 「보험업법」 또는 이에 상당하는 외국의 법령이나 그 밖에 대통령령으로 정하는 금융 관계 법률에 따라 벌금 이상의 형을 선고받고 그 집행이 끝나거나(집행이 끝난 것으로 보는 경우를 포함한다) 집행이 면제된 날부터 5년이 지나지 아니한 자
5. 금고 이상의 형의 집행유예를 선고받고 그 유예기간 중에 있는 자
6. 「보험업법」 또는 대통령령으로 정하는 금융 관계 법률에 따라 영업의 인가 · 허가 등이 취소된 회사나 법인의 임직원이었던 자(그 취소사유의 발생에 직접 또는 이에 상응하는 책임이 있는 자로서 대통령령으로 정하는 자만 해당한다)로서 그 회사나 법인에 대한 취소처분이 있었던 날부터 5년이 지나지 아니한 자
7. 「금융산업의 구조개선에 관한 법률」 제10조 제1항에 따라 금융위원회로부터 적기시정조치를 받거나 같은 법 제14조 제2항에 따라 계약이전의 결정 등 행정처분(이하 "적기시정조치등"이라 한다)을 받은 금융기관(같은 법 제2조 제1호에 따른 금융기관을 말한다)의 임직원으로 재직하거나 재직하였던 자(그 적기시정조치등을 받게 된 원인에 대하여 직접 또는 이에 상응하는 책임이 있는 자로서 대통령령으로 정하는 자만 해당한다)로서 그 적기시정조치등을 받은 날부터 2년이 지나지 아니한 자
8. 「보험업법」 또는 이에 상당하는 외국의 법령이나 그 밖에 대통령령으로 정하는 금융 관계 법률에 따라 해임되거나 징계면직된 자로서 해임 또는 징계면직된 날부터 5년이 지나지 아니한 자
9. 제135조 또는 대통령령으로 정하는 금융 관계 법률에 따라 재임 또는 재직 중이었더라면 해임 또는 징계면직의 조치를 받았을 것으로 통보된 퇴임한 임원 또는 퇴직한 직원으로서 그 통보가 있었던 날부터 5년(통보가 있었던 날부터 5년이 되는 날이 퇴임 또는 퇴직한 날부터 7년을 넘는 경우에는 퇴임 또는 퇴직한 날부터 7년으로 한다)이 지나지 아니한 자

31. ④

보험회사는 준법감시인이 그 직무를 수행할 때 임직원에게 자료나 정보의 제출을 요구하는 경우에는 그 임직원으로 하여금 성실히 따르도록 하여야 하며, 대표이사 또는 이사회의장도 당연히 이에 포함된다.[9]

8) 참고로 본 규정은 보험업법 제13조에 있었으나, '금융회사의 지배구조에 관한 법률' 제정에 따라 2015년 7월 31일자로 보험업법에서는 삭제되었다.
9) 참고로 본 규정은 보험업법 제17조에 있었으나, '금융회사의 지배구조에 관한 법률' 제정에 따라 2015년 7월 31일자로 보험업법에서는 삭제되었다.

32. ③

주주대표소송에 관한 주식보유비율의 보험업법 적용을 위해서는 최근 사업연도 말 현재 자산총액이 2조원 이상인 보험회사이어야 한다.[10] 납입자본금에 대한 규정은 없다.

33. ②

법인이 아닌 보험대리점 및 보험중개사는 보험업법에 따라 보험대리점 또는 보험중개사의 등록을 한 날부터 2년이 지날 때마다 2년이 된 날부터 6개월 이내에 교육을 받아야 한다(보험업법 시행령 제29조의2 제2항).

34. ③

보험협회는 보험설계사에 대한 보험회사 등의 불공정한 모집위탁행위를 막기 위하여 보험회사 등이 지켜야 할 규약을 정할 수 있다(보험업법 제85조의3 제2항).

35. ④

법인보험대리점은 경영현황 등 다음 각 호에 해당하는 업무상 주요 사항을 공시하고 금융위원회에 알려야 한다(보험업법 시행령 제33조의4 제2항).

1. 경영하고 있는 업무의 종류
2. 모집조직에 관한 사항
3. 모집실적에 관한 사항
4. 그 밖에 보험계약자 보호를 위하여 금융위원회가 정하여 고시하는 사항

36. ④

금융기관보험대리점등(최근 사업연도 말 현재 자산총액이 2조원 이상인 기관만 해당한다)이 모집할 수 있는 1개 생명보험회사 또는 1개 손해보험회사 상품의 모집액은 매 사업연도별로 해당 금융기관보험대리점등이 신규로 모집하는 생명보험회사 상품의 모집총액 또는 손해보험회사 상품의 모집총액 각각의 100분의 25(보험업법 시행령 제40조 제7항에 따라 보험회사 상품의 모집액을 합산하여 계산하는 경우에는 100분의 33)를 초과할 수 없다(보험업법 시행령 제40조 제6항).

37. ③

적합성의 원칙은 일반보험계약자에 대하여 적용한다.[11]

일반보험계약자란 전문보험계약자가 아닌 보험계약자를 말하며, 전문보험계약자란 보험계약에 관한 전문성, 자산규모 등에 비추어 보험계약의 내용을 이해하고 이행할 능력이 있는 자로서 다음 각 목의 어느 하나에 해당하는 자를 말한다. 다만, 전문보험계약자 중 대통령령으로 정하는 자가 일반보험계약자와 같은 대우를 받겠다는 의사를 보험회사에 서면으로 통지하는 경우 보험회사는 정당한 사유가 없으면 이에 동의하여야 하며, 보험회사가 동의한 경우에는 해당 보험계약자는 일반보험계약자로 본다.

가. 국가
나. 한국은행
다. 대통령령으로 정하는 금융기관
라. 주권상장법인
마. 그 밖에 대통령령으로 정하는 자

38. ①

손해보험계약의 제3자 보호제도는 법령에 의해 가입이 강제되는 다음 각 호의 손해보험계약에 적용하며, 자동차보험계약의 경우에는 가입이 강제되지 아니하는 보험계약도 포함하여 적용한다.

1. 「자동차손해배상 보장법」 제5조에 따른 책임보험계약
2. 「화재로 인한 재해보상과 보험가입에 관한 법률」 제5조에 따른 신체손해배상특약부화재보험계약
3. 「도시가스사업법」 제43조, 「고압가스 안전관리법」 제25조 및 「액화석유가스의 안전관리 및 사업법」 제57조에 따라 가입이 강제되는 손해보험계약
4. 「선원법」 제98조에 따라 가입이 강제되는 손해보험계약
5. 「체육시설의 설치 · 이용에 관한 법률」 제26조에 따라 가입이 강제되는 손해보험계약
6. 「유선 및 도선사업법」 제33조에 따라 가입이 강제되는 손해보험계약
7. 「승강기 안전관리법」 제30조에 따라 가입이 강제되는 손해보험계약
8. 「수상레저안전법」 제49조에 따라 가입이 강제되는 손해보험계약
9. 「청소년활동 진흥법」 제25조에 따라 가입이 강제되는 손해보험계약
10. 「유류오염손해배상 보장법」 제14조에 따라 가입이 강제되는 유류오염 손해배상 보장계약
11. 「항공사업법」 제70조에 따라 가입이 강제되는 항공보험계약
12. 「낚시 관리 및 육성법」 제48조에 따라 가입이 강제되는 손해보험계약
13. 「도로교통법 시행령」 제63조 제1항, 제67조 제2항 및 별표 5 제9호에 따라 가입이 강제되는 손해보험계약
14. 「국가를 당사자로 하는 계약에 관한 법률 시행령」 제53조에 따라 가입이 강제되는 손해보험계약
15. 「야생생물 보호 및 관리에 관한 법률」 제51조에 따라 가입이 강제되는 손해보험계약
16. 「자동차손해배상 보장법」에 따라 가입이 강제되지 아니한 자동차보험계약
17. 제1호부터 제15호까지 외에 법령에 따라 가입이 강제되는 손해보험으로 총리령으로 정하는 보험계약

10) 참고로 본 규정은 보험업법 시행령 제24조에 있었으나, '금융회사의 지배구조에 관한 법률' 제정에 따라 2016년 7월 28일자로 보험업법에서는 삭제되었다.

11) 참고로 본 규정은 보험업법 제95조의3에 있었으나, '금융소비자 보호에 관한 법률' 제정에 따라 2020년 3월 24일자로 보험업법에서는 삭제되었다.

39. ③, ④

본 문제는 가답안에서는 ④번 지문만 정답이었으나, 최종답안에서는 ③번 지문도 정답으로 포함하는 것으로 수정되었다.
금융위원회는 해산한 보험회사의 업무 및 자산상황으로 보아 필요하다고 인정하는 경우에는 업무와 자산의 관리를 명할 수 있으나, 계약의 이전을 명할 수 있다는 규정은 없다.
③번 지문은 전단부가 틀린 내용이다. 강제관리를 명한 경우, 제158조(해산 후의 보험금 지급)에 관한 규정을 적용하지 아니한다. 다만, 보험계약을 이전하지 아니하게 된 경우는 그러하지 아니한다.

40. ③

보험회사는 다음 각 호의 사무를 수행하기 위하여 필요한 범위로 한정하여 해당 각 호의 구분에 따라 「개인정보 보호법」에 따른 민감 정보 중 건강에 관한 정보(건강정보)나 같은 법 시행령에 따른 주민등록번호, 여권번호, 운전면허의 면허번호 또는 외국인등록번호(고유식별정보)가 포함된 자료를 처리할 수 있다(보험업법 시행령 제102조 제5항). 보험수익자 지정 또는 변경에 관한 사무에서 보험수익자에 관한 정보는 고유식별정보를 처리할 수 있을 뿐이며 건강정보는 처리할 수 없다.

1. 「상법」 제639조에 따른 타인을 위한 보험계약의 체결, 유지 · 관리, 보험금의 지급 등에 관한 사무: 피보험자에 관한 건강정보 또는 고유식별정보
2. 「상법」 제719조(「상법」 제726조에서 준용하는 재보험계약을 포함한다) 및 제726조의2에 따라 제3자에게 배상할 책임을 이행하기 위한 사무: 제3자에 관한 건강정보 또는 고유식별정보
3. 「상법」 제733조에 따른 보험수익자 지정 또는 변경에 관한 사무: 보험수익자에 관한 고유식별정보
4. 「상법」 제735조의3에 따른 단체보험계약의 체결, 유지 · 관리, 보험금지급 등에 관한 사무: 피보험자에 관한 건강정보 또는 고유식별정보
5. 제1조의2 제3항 제4호에 따른 보증보험계약으로서 「주택임대차보호법」 제2조에 따른 주택의 임차인이 임차주택에 대한 보증금을 반환받지 못하여 입은 손해를 보장하는 보험계약의 체결, 유지 · 관리 및 보험금의 지급 등에 관한 사무: 임대인에 관한 고유식별정보

5의2. 제1조의2 제3항 제4호에 따른 보증보험계약으로서 「상가건물 임대차보호법」 제2조에 따른 상가건물의 임차인이 임차상가건물에 대한 보증금을 반환받지 못해 입은 손해를 보장하는 보험계약의 체결, 유지 · 관리 및 보험금의 지급 등에 관한 사무: 임대인에 관한 고유식별정보

6. 제1조의2 제3항 제4호에 따른 보증보험계약으로서 임대인의 「상가건물 임대차보호법」 제10조의4 제1항 위반으로 임차인이 입은 손해를 보장하는 보험계약의 체결, 유지 · 관리 및 보험금의 지급 등에 관한 사무: 임대인에 관한 고유식별정보

2과목 보험계약법

01	02	03	04	05	06	07	08	09	10
③	②	①	②,③	②	④	②,③	②	④	②
11	12	13	14	15	16	17	18	19	20
④	②	①	①	③	④	③	①	②	①
21	22	23	24	25	26	27	28	29	30
②	①	②	③	①	②	②	①	③	④
31	32	33	34	35	36	37	38	39	40
④	①	①	③	③	②	③	②	④	④

01. ③

① 보험은 동질의 우발적인 위험을 보유한 다수의 경제주체들이 모여 하나의 위험단체를 구성하여 일정한 기금을 형성하고 위험단체 구성원들 중 위험이 현실화된 사람에게 해당 기금을 지급하여 손실을 보전하도록 하는 제도이다.
② 발생 여부는 확정적이지만 발생 시기가 불확정인 경우도 보험사고의 우연성을 만족한 것으로 볼 수 있다. 예를 들어 생명보험계약의 보험사고인 사람의 사망은 누구나 사망을 하지만(확정적), 언제 사망할지 모르기 때문에(불확정적) 우연성을 만족하여 보험사고의 대상이 될 수 있다.
③ 보험사고의 우연성은 객관적으로 우연할 것이 아니라 보험계약의 당사자 쌍방과 피보험자가 몰랐다면 충분하다는 주관적 우연성을 필요로 한다. 따라서 객관적으로 사고가 이미 발생하였으나 보험계약자, 보험자 및 피보험자가 보험사고의 발생사실을 알지 못한 상태에서 보험계약이 체결되었다면 해당 보험계약은 유효하다(상법 제644조).
④ 보험은 위험에 대비하기 위한 제도이므로 반드시 위험을 전제로 한다. 위험이 없다면 보험도 존재하지 않는다.

02. ②

① 원보험의 종류와 관계없이 재보험은 항상 손해보험이다. 즉 원보험이 손해보험이든 생명보험이든 재보험은 항상 손해보험에 해당한다.
② 보험가입자들이 직접적으로 위험단체를 구성하는 것은 영리보험이 아니라 상호보험 등의 형태이다. 영리보험은 별도의 보험자가 보험계약을 체결 관리하며, 보험계약자들은 보험자를 통하여 간접적으로 위험단체를 구성한다.
③④ 여러 개의 물건이나 사람을 집단으로 하여 1개의 보험계약을 체결하는 것을 집단보험이라 한다. 보험의 목적이 물건의 집합이면 집합보험이고, 사람의 집합이면 단체보험이다. 한편 집합보험은 특정한 물건을 보험의 목적으로 하는 특정보험과 그 집합된 물건이 보험기간 중 수시로 교체되는 것이 예정된 총괄보험으로 나뉜다.

03. ①

① 작성자 불이익의 원칙이란 본래 영미법상의 개념(Contra proferentem)으로 계약서의 문구를 해석할 때 그 뜻이 명확하지 않고 모호한 경우에는 작성자에게 불리하게 해석한다는

원칙이다. 따라서 보험약관을 해석할 때에 명백하지 아니하고 다의적으로 해석된다면 이는 그 약관을 작성한 보험자에게 불리하게 해석하여야 한다. 작성자 불이익의 원칙은 보험약관 해석에 관한 다른 원칙들을 모두 적용한 뒤에도 그 뜻이 명확하지 않을 때 최종적으로 적용하는 해석 원칙이다.

② 보험약관의 해석은 평균적 고객의 이해가능성을 기준으로 하되 보험단체 전체의 이해관계를 고려하여 객관적, 획일적으로 해석하여야 한다. 다만 약관을 계약내용으로 편입하는 개별약정에 약관과 다른 내용이 있을 때에 한하여 개별약정이 우선할 뿐이다. 즉 보험약관은 보험계약의 단체적 성질을 고려하여 신의성실의 원칙에 따라 공정하게 해석하여야 하며 보험계약자에 따라 다르게 해석해서는 아니 된다(약관규제법 제5조 제1항).

③④ 대법원 판례에 따르면, 보통보험약관이 계약당사자에 대하여 구속력을 갖는 것은 그 자체가 법규범 또는 법규범적 성질을 가진 약관이기 때문이 아니라 당사자가 계약내용에 포함시키기로 합의하였기 때문인 바, 일반적으로 보통보험약관을 계약내용에 포함시킨 보험계약서가 작성되면 약관의 구속력은 계약자가 그 약관의 내용을 알지 못하더라도 배제할 수 없으나 당사자가 명시적으로 약관의 내용과 달리 약정한 경우에는 배제된다고 보아야 하므로 보험회사를 대리한 보험대리점 내지 보험외판원이 보험계약자에게 보통보험약관과 다른 내용으로 보험계약을 설명하고 이에 따라 계약이 체결되었으면 그때 설명된 내용이 보험계약의 내용이 되고 그와 배치되는 약관의 적용은 배제된다.[12]

04. ②, ③

본 문제는 가답안에서는 ③번 지문만 정답이었으나, 최종답안에서는 ②번 지문도 정답으로 포함하는 것으로 수정되었다.

② 병존보험과 중복보험은 동일한 보험계약의 목적과 동일한 사고에 관하여 수개의 보험계약이 동시에 또는 순차로 체결된 경우에 발생한다. 따라서 병존보험, 중복보험에 해당하는지 판단할 때에는 피보험이익이 동일한가를 기준으로 하여야 한다. ②번 지문에서는 수인의 보험자가 동일한 보험계약자와 보험계약을 체결하는 경우에 생겨난다고 했으므로 틀린 지문이다. 동일한 보험계약자는 병존보험, 중복보험을 판단하는데 영향을 미치지 않으며, 설령 보험계약자가 다르다고 하더라도 피보험이익이 동일하다면 병존보험, 중복보험은 얼마든지 발생할 수 있다.

③ 중복보험은 보험계약 체결 당시에는 발생하지 않았으나, 보험기간 중 물가의 변동 등으로 보험목적물의 가치가 하락하여 성립하는 경우도 있다. 따라서 서로 의사 연결없이 각각 동일한 보험계약자[13]와 보험계약을 체결하였다고 하더라도 물가 변동 등으로 인한 중복보험의 문제는 발생할 수 있다. 이런 경우를 대비하여 우리 상법은 보험금액의 합계가 보험가액을 초과하지 않는 경우에도 보험계약자에게 각 보험자에 대하여 보험계약의 내용을 통지하도록 하는 통지의무를 부여하고 있다(상법 제672조 제2항).

05. ②

① 대법원 판례에 따르면, 보험계약자 또는 피보험자의 통지가 없었다고 하더라도 보험대리인이 피보험건물의 증 · 개축공사가 본격적으로 시행된 후 공사현장에 있는 보험계약자 또는 피보험자를 방문하면서 피보험건물의 증 · 개축공사와 이로 인한 보험사고 발생의 위험이 현저하게 증가된 사실을 알았거나 중대한 과실로 알지 못한 경우라면, 화재보험 보통약관상의 해지권 소멸 규정에 의하여 보험자가 보험계약을 해지할 수 없다.[14]

② 대법원 판례에 따르면, 보험자의 대리인이 보험회사를 대리하여 보험계약자와 사이에 보험계약을 체결하고 그 보험료 수령권에 기하여 보험계약자로부터 보험료에 해당하는 약속어음을 함께 교부 받았다면 보험자의 대리인이 그 약속어음을 횡령하였다고 하더라도 그 변제수령의 효과는 보험자에 미친다.[15] 따라서 보험료 납입의 효과가 발생한다.

③ 보험대리점이 체약대리상인지 중개대리상인지 여부는 보험자와 보험대리상 간에 체결하는 대리상 계약의 내용에 따라 결정된다.

④ 보험설계사는 보험계약 체결과 관련하여 의사표시권, 의사표시수령권 등이 없으므로 보험설계사가 보험사고 발생의 위험이 현저하게 변경 또는 증가된 사실을 알았다고 하더라도 이로써 보험자도 그 사실을 안 것으로 볼 수 없다.

06. ④

① 대법원 판례에 따르면, 보험자의 보험약관 명시 · 설명의무 상대방은 반드시 보험계약자 본인에 국한되는 것이 아니라, 보험자가 보험계약자의 대리인과 보험계약을 체결할 경우에는 그 대리인에게 보험약관을 설명함으로써 족하다.[16]

② 보험자는 보험계약을 체결할 때에 보험계약자에게 보험약관의 중요한 내용을 설명하고 해당 약관을 교부해주어야 한다. 즉 보험약관의 내용 전부를 설명해야 하는 것은 아니고, 그 중요한 내용만을 설명하면 된다.

③ 대법원 판례에 따르면, 보험계약자나 그 대리인이 약관의 내용을 충분히 잘 알고 있는 경우에는 그 약관이 바로 계약 내용이 되어 당사자에 대하여 구속력을 갖는다고 할 수 있으므로, 보험자로서는 보험계약자 또는 그 대리인에게 약관의 내용을 따로이 설명할 필요가 없다.[17]

12) 대법원 1989.3.28. 선고 88다4645 판결
13) 저자주 : 보험계약자가 동일한 것은 ②번 지문에서 설명한 바와 같이 중복보험, 병존보험 여부에 아무런 영향을 주지 않는다. 여러 부분에서 오류가 많은 문제이다.
14) 대법원 2000.7.4. 선고 98다62909,62916 판결
15) 대법원 1987.12.8. 선고 87다카1793, 87다카1794 판결
16) 대법원 2001.7.27. 선고 2001다23973 판결
17) 대법원 1998.4.14. 선고 97다39308 판결

④ 대법원 판례에 따르면, 보험자에게 보험약관의 명시 · 설명의무가 인정되는 것은 어디까지나 보험계약자가 알지 못하는 가운데 약관에 정하여진 중요한 사항이 계약 내용으로 되어 보험계약자가 예측하지 못한 불이익을 받게 되는 것을 피하고자 하는 데 그 근거가 있다고 할 것이므로, 보험약관에 정하여진 사항이라고 하더라도 거래상 일반적이고 공통된 것이어서 보험계약자가 별도의 설명 없이도 충분히 예상할 수 있었던 사항이거나 이미 법령에 의하여 정하여진 것을 되풀이하거나 부연하는 정도에 불과한 사항이라면 그러한 사항에 대하여서까지 보험자에게 명시 · 설명의무가 인정된다고 할 수 없다.[18]

07. ②, ③

본 문제는 가답안에서는 ③번 지문만 정답이었으나, 최종답안에서는 ②번 지문도 정답으로 포함하는 것으로 수정되었다.

② 보험계약자 등의 고의로 인한 사고에 대해서도 보험금을 지급한다는 약관규정과 보험계약자 등의 불이익변경금지의 원칙과는 아무런 관계가 없다. 고의사고에 대해서 보험금을 지급하는 약관 조항은 원칙적으로 우연적인 사고를 보상하는 보험의 원리에 어긋나기 때문에 무효로 하는 것이다. 다만, 생명보험에서 일정한 조건을 충족한다면 스스로를 해쳤을 경우(자살)에 보험금을 지급하는 등 극히 일부의 경우에만 예외적으로 인정하고 있을 뿐이다.

③ 대표자책임이론이란 보험사고의 발생이 보험계약자, 피보험자 또는 보험수익자의 고의나 중과실에 의한 것이 아니더라도, 그와 특수한 관계에 있는 자, 예를 들어 동거 가족 혹은 피용자 등의 고의나 중과실에 의한 것으로 발생한 경우에도 보험자를 면책하자는 이론이다. 대표자책임이론은 독일의 판례법에서 주장되는 이론이며, 우리나라에서는 인정되지 않는다. 대표자책임이론을 일부 수용하였던 예전 화재보험 표준약관의 "피보험자에게 보험금을 받도록 하기 위하여 피보험자와 세대를 같이 하는 친족 또는 고용인이 고의로 사고를 일으킨 손해에 대해서는 보험자가 보상하지 아니한다."라는 조항도 2010년 4월 이후로 삭제되었다. 만약 이런 대표자책임이론을 수용하지 않는 견해에 따른다면 상법상의 지배인이 고의나 중과실로 일으킨 사고는 그 영업주가 고의나 중과실로 일으킨 사고로 볼 수 없으므로 보험자가 보험금을 지급할 책임이 발생한다. 다만, ③번 지문은 보험계약법(상법 제4편)이 아니라 상법 총칙에 따른 오류가 있는 지문으로, 상법상 지배인은 영업주에 갈음하여 그 영업에 관한 재판상 또는 재판 외의 모든 행위를 할 수 있는 자에 해당한다(상법 제11조). 결국 상법상 지배인이 고의나 중과실로 사고를 일으킨 경우에는 영업주가 사고를 일으킨 것과 동일시 할 수 있게 되므로 ③번 지문은 틀린 내용이 된다.

08. ②

손해가 제3자의 행위로 인하여 발생한 경우에 보험금을 지급한 보험자는 그 지급한 금액의 한도에서 그 제3자에 대한 보험계약자 또는 피보험자의 권리를 취득한다. 다만, 보험자가 보상할 보험금의 일부를 지급한 경우에는 피보험자의 권리를 침해하지 아니하는 범위에서 그 권리를 행사할 수 있다. 이 때 보험자가 취득하는 권리는 보험계약자 또는 피보험자의 권리이다.

09. ④

옳은 내용은 다음과 같다.

	고지의무	통지의무
의무자	보험계약자, 피보험자	보험계약자, 피보험자
의무이행 시기	보험계약 성립 전	보험계약 성립 후
의무이행 방법	방법의 제한 없음	방법의 제한 없음
의무 위반의 효과	보험자는 위반사실을 안 날로부터 1월 내, 계약 체결일로부터 3년 내에 계약을 해지할 수 있다.	위험변경 · 증가 통지의무의 위반의 경우에는, 보험자는 그 사실을 안 후 1월 내에 한하여 계약을 해지할 수 있다.

10. ②

① 보험계약자가 보험수익자의 지정권을 행사하지 아니하고 사망한 때에는, 보험계약자의 승계인이 그 지정권을 행사할 수 있다는 약정이 없는 한, 피보험자를 보험수익자로 한다(제733조 제2항 및 제4항).

② 보험수익자가 보험 존속 중에 사망한 때에는 보험계약자는 다시 보험수익자를 지정할 수 있다. 이 경우에 보험계약자가 지정권을 행사하지 아니하고 사망한 때에는 보험수익자의 상속인을 보험수익자로 한다(상법 제733조 제3항).

③ 보험기간 중에 보험수익자가 먼저 사망하고, 그 후에 보험계약자가 보험수익자의 지정권을 행사하지 않고 사망한 경우에는 보험수익자의 상속인을 보험수익자로 한다.

④ 보험계약자가 계약 체결 후에 보험수익자를 지정 또는 변경할 때에는 보험자에 대하여 그 통지를 하지 아니하면 이로써 보험자에게 대항하지 못한다(상법 제734조 제1항). 따라서 보험자에 대해서는 자신이 보험수익자임을 주장할 수 없다. 다만 보험계약자나 종전의 보험수익자에 대해서는 자신이 보험수익자임을 주장할 수 있다.

11. ④

① 승낙 전 사고 담보가 적용되기 위해서는 보험계약자는 보험계약의 청약과 함께 보험료 상당액의 전부 또는 일부를 지급하여야 한다. 여기서 보험료 상당액의 전부 또는 일부라는 것은, 일시납보험료를 내는 경우에는 그 전액을 말하고, 보험료를 분할하여 내는 경우에는 제1회 보험료를 말한다.

②③④ 대법원 판례에 따르면, 보험자가 보험계약자로부터 보험계약의 청약과 함께 보험료 상당액의 전부 또는 일부를 받은 경우(인보험계약의 피보험자가 신체검사를 받아야 하는 경우에는 그 검사도 받은 때)에 그 청약을 승낙하기 전에 보험계약에서 정한 보험사고가 생긴 때에는 그 청약을 거절할 사유가 없는

18) 대법원 1998.11.27. 선고 98다32564 판결

한 보험자는 보험계약상의 책임을 지는바, 여기에서 청약을 거절할 사유란 보험계약의 청약이 이루어진 바로 그 종류의 보험에 관하여 해당 보험회사가 마련하고 있는 객관적인 보험인수기준에 의하면 인수할 수 없는 위험상태 또는 사정이 있는 것으로서 통상 피보험자가 보험약관에서 정한 적격 피보험체가 아닌 경우를 말하고, 이러한 청약을 거절할 사유의 존재에 대한 증명책임은 보험자에게 있다. 또한 이른바 승낙 전 보험사고에 대하여 보험계약의 청약을 거절할 사유가 없어서 보험자의 보험계약상의 책임이 인정되면, 그 사고발생 사실을 보험자에게 고지하지 아니하였다는 사정은 청약을 거절할 사유가 될 수 없고, 보험계약 당시 보험사고가 이미 발생하였다는 이유로 상법 제644조에 의하여 보험계약이 무효로 된다고 볼 수도 없다.[19]

12. ②

해지예고부 최고란, 계속보험료가 약정한 시기에 지급되지 않아 보험자가 그 계약을 해지하고자 할 때 보험계약자에게 최고하면서 최고 기간 내에 계속보험료가 지급되지 않으면 그 계약이 해지된다는 예고통보도 같이 하는 최고 안내를 말한다. 대법원은 계속보험료 미납 시 소정의 최고 및 해지절차 없이 곧바로 보험계약이 해지 또는 실효되도록 규정한 실효약관에 대해서는 무효라고 판단[20]하였으나, 해지예고부 최고는 최고 기간 내에 보험료가 지급되지 않는 것을 정지조건으로 하는 계약 해지의 의사표시를 미리 하는 것으로 보아 그 효력을 인정하였다.[21] [22] 여기서 정지 조건이란, 조건이 성취한 때부터 그 효력이 생기는 법률행위를 말한다(민법 제147조).

13. ①

① 대법원 판례에 따르면, 수산업협동조합중앙회에서 실시하는 어선공제사업은 항해에 수반되는 해상위험으로 인하여 피공제자의 어선에 생긴 손해를 담보하는 것인 점에서 해상보험에 유사한 것이라고 할 수 있으나, 그 어선공제는 수산업협동조합중앙회가 실시하는 비영리 공제사업의 하나로 소형 어선을 소유하며 연안어업 또는 근해어업에 종사하는 다수의 영세어민들을 주된 가입대상자로 하고 있어 공제계약 당사자들의 계약교섭력이 대등한 기업보험적인 성격을 지니고 있다고 보기는 어렵고 오히려 공제가입자들의 경제력이 미약하여 공제계약 체결에 있어서 공제가입자들의 이익보호를 위한 법적 배려가 여전히 요구된다 할 것이므로, 상법 제663조 단서의 입법취지에 비추어 그 어선공제에는 보험계약자 등의 불이익 변경 금지 원칙의 적용을 배제하지 않아야 한다[23]. 즉 어선공제에 대해서는 보험계약자 등의 불이익 변경 금지 원칙을 적용한다.

② 보험계약자 등의 불이익변경금지의 원칙은 가계보험에만 적용되며 해상보험이나 재보험 등 기업보험의 성격을 가진 보험에는 적용되지 않는다.

③ 보험계약자 등의 불이익 변경 금지 원칙은 상법 제4편의 규정을 당사자 간의 특약으로 보험계약자 또는 피보험자나 보험수익자의 불이익으로 변경하는 것을 금지하는 원칙이다. 따라서 상법 제4편에 규정되어 있지 않고 또한 상법 제4편의 규정을 유추 적용할 수 없는 사항이라면 이 원칙을 적용할 여지가 없다.

④ 근대 민법의 3대 원칙[24] 중 하나인 사적 자치의 원칙은 개인이 법질서의 한계 안에서 자기 의사에 따라 자유롭게 법률관계를 형성할 수 있다는 원칙이다. 다만 이러한 사적 자치의 원칙을 무한히 인정하면 사회적 약자의 권리가 과도하게 침해당할 우려가 있으므로, 약자를 보호하기 위해 일정한 제한을 두는 경우가 있다. 보험계약자 등의 불이익 변경 금지의 원칙이 이러한 사적 자치를 제한하는 법적 수단 중 하나이다.

14. ①

① 대법원 판례에 따르면, 피보험자가 증빙서류 구비의 어려움 때문에 일부 사실과 다른 서류를 제출하거나, 보험목적물의 가치에 대한 견해 차이로 보험목적물의 가치를 다소 높게 신고한 경우에는 보험금청구권 상실 조항을 적용할 수 없다.[25]

② 보험금 청구권 상실조항은 보험자가 보험계약상의 보상책임 유무의 판정, 보상액의 확정 등을 위하여 보험사고의 원인, 상황, 손해의 정도 등을 알 필요가 있으나 이에 관한 자료들은 계약자 또는 피보험자의 지배 · 관리영역 안에 있는 것이 대부분이므로 피보험자로 하여금 이에 관한 정확한 정보를 제공하도록 할 필요성이 크고, 이와 같은 요청에 따라 피보험자가 이에 반하여 서류를 위조하거나 증거를 조작하는 등으로 신의성실의 원칙에 반하는 사기적인 방법으로 과다한 보험금을 청구하는 경우에는 그에 대한 제재로서 보험금청구권을 상실하도록 하려는 것에 의미가 있다. 상법 제4편의 내용보다 보험계약자 등에게 불이익하게 변경하는 당사자 사이의 특약을 금지하는 보험계약자 등의 불이익 변경 금지 원칙과는 무관하다.

③ 보험금 청구권 상실조항은 상법에 근거한 것이 아니므로 약관상 규정이 있는 경우에만 적용할 수 있다.

④ 대법원 판례에 따르면, 보험금 청구권 상실 조항을 문자 그대로 엄격하게 해석하여 조금이라도 약관에 위배하기만 하면 보험자가 면책되는 것으로 보는 것은 본래 피해자 다중을 보호하고자 하는 보험의 사회적 효용과 경제적 기능에 배치될 뿐만 아니라 고객에 대하여 부당하게 불리한 조항이 될 수 있다. 따라서 이를 합리적으로 제한하여 해석할 필요가 있다. 약관조항에 의한 보험금 청구권의 상실 여부는 그 취지를 감안하여 보험금청구권자의 청구와 관련한 부당행위의 정도 등과 보

---

19) 대법원 2008.11.27. 선고 2008다40847 판결
20) 대법원 1995.11.16. 선고 94다56852 전원합의체 판결
21) 대법원 2003.4.11. 선고 2002다69419 판결
22) 저자주 : 다만, 해지예고부 최고약관은 기출문제 내에서도 입장이 상충하는 등 일관성 없는 태도를 보이고 있다. 상세한 설명은 제44회 2021년 보험계약법 29번 기출문제 해설을 참조하기 바란다.
23) 대법원 1996.12.20. 선고 96다23818 판결
24) 소유권 존중의 원칙, 과실책임의 원칙, 사적 자치의 원칙
25) 대법원 2014.3.13. 선고 2013다91405, 91412 판결

험의 사회적 효용 내지 경제적 기능을 종합적으로 비교 · 교량하여 결정하여야 한다. 한편, 독립한 여러 물건을 보험목적물로 하여 체결된 화재보험계약에서 위 약관에 의해 피보험자가 상실하게 되는 보험금청구권은 피보험자가 '허위의 청구를 한 당해 보험목적물'의 손해에 대한 보험금청구권만을 의미한다고 해석함이 상당하다.[26]

15. ③

문제에서와 같이 보험자가 행사하는 대위권과 피보험자가 행사하는 손해배상청구권이 경합하는 경우에 대한 학설은 크게 절대설, 상대설, 차액설로 나뉜다. 절대설은 보험자가 우선하여 공제받는 것(보험자 우선설)이며, 상대설은 둘의 비율에 따라 공제받는 것(비례설)이며, 차액설은 피보험자가 우선하여 공제받는 것(피보험자 우선설)이다. 대법원은 피보험자가 우선하여 공제받는 차액설(피보험자 우선 공제설)의 입장에 있다.[27]

- **甲과 丙의 사고 부담금 계산**
  - ① 甲 부담금 : 총손해 1,000만원×40%(과실)=400만원
  - ② 丙 부담금 : 총손해 1,000만원×60%(과실)=600만원
- **甲과 乙이 丙에게 청구할 수 있는 금액**
  - ① 甲의 남은 손해 : 총손해 1,000만원−800만원(보험금) =200만원
  - ② 乙보험회사의 대위권 : 800만원
- **차액설에 따라 甲이 우선적으로 丙에게 청구**
  - ① 甲이 우선적으로 청구하는 금액 : 200만원(甲의 남은 손해)
  - ② 乙이 丙에게 청구할 수 있는 금액 : 600만원(丙 부담금) −200만원(甲 공제)=400만원

16. ④

① 대법원 판례에 따르면, 초과보험계약이라는 사유를 들어 사고발생 당시의 보험가액을 한도로 한 보험금 지급의무의 제한을 주장하는 경우에는 그 증명책임은 이를 주장하는 보험자가 부담한다.[28]

② 협정보험가액이 사고발생 시의 가액을 현저하게 초과한다면 협정보험가액을 적용하지 않고 다시 사고발생 시의 가액을 적용한다. 이는 객관적 표준에 따라 결정하므로 보험자의 고의나 과실로 인한 경우라도 적용된다.

③ 초과보험으로 보험료와 보험금액의 감액을 청구할 수 있는 경우에는 사고발생 시의 가액을 보험가액으로 해야 한다.

④ 보험계약 체결 시에 당사자 간에 보험가액을 미리 정한 때에는 그 가액은 사고발생 시의 가액으로 정한 것으로 추정하며, 이런 보험의 형태를 기평가보험, 그 정하여진 보험가액은 협정보험가액이라고 한다. 그러나 협정보험가액이 사고발생 시의 가액을 현저하게 초과할 때에는 협정보험가액이 아니라 사고발생시의 가액을 보험가액으로 하여 보상한다(상법 제670조). 협정보험가액이 사고발생 시의 가액을 현저하게 초과하게 될 때에는 그 초과 원인이 무엇이냐를 묻지 않고 사고발생 시의 가액을 보험가액으로 한다.

17. ③

甲과 乙이 통모하여 실제 임대차계약을 체결하거나 임대차보증금을 수수함이 없이 은행으로부터 대출을 받기 위하여 허위로 甲을 임대인, 乙을 임차인으로 하는 임대차계약서를 작성한 후, 甲이 보증보험회사와 그 임대차계약을 주계약으로 삼아 임대인이 임대차보증금반환의무를 불이행하는 보험사고가 발생할 경우 보증보험회사가 보험금 수령권자로 지정된 은행에 직접 보험금을 지급하기로 하는 내용의 보증보험계약을 체결하고, 은행은 乙로부터 그 보증보험계약에 따른 이행보증보험증권을 담보로 제공받고 乙에게 대출을 한 사안에서, 위 보증보험계약은 성립할 당시 주계약인 임대차계약이 통정허위표시[29]로서 아무런 효력이 없어 보험사고가 발생할 수 없는 경우에 해당하므로 상법 제644조 객관적 확정의 효과에 따라 무효에 해당한다.
또한 민법의 보증에 관한 규정은 그 성질에 반하지 않는 한 보증보험계약에도 적용되기는 하나, 이는 성질상 허용되는 범위 내에서 보증의 법리가 보증보험에도 적용될 수 있다는 것에 불과할 뿐, 이로써 보험계약이 민법상 순수한 보증계약과 같게 된다거나 보증계약으로 전환된다는 의미로 볼 수는 없다. 따라서 보증보험계약이 보험계약으로서 효력이 없다면 이는 그 자체로 무효이고, 이를 보증계약으로나마 유효하다고 할 수는 없다.[30]

18. ①

① 대법원 판례에 따르면, 상해보험은 피보험자가 보험기간 중에 급격하고 우연한 외래의 사고로 인하여 신체에 손상을 입는 것을 보험사고로 하는 인보험으로서, 일반적으로 외래의 사고 이외에 피보험자의 질병 기타 기왕증이 공동 원인이 되어 상해에 영향을 미친 경우에도 사고로 인한 상해와 그 결과인 사망이나 후유장해 사이에 인과관계가 인정되면 보험계약 체결 시 약정한 대로 보험금 지급의무가 발생한다. 다만 보험약관에 계약 체결 전에 이미 존재한 신체장해 혹은 질병의 영향에 따라 상해가 중하게 된 때에는 그 영향이 없었을 때에 상당하는 금액을 결정하여 지급하기로 하는 별도의 약정이 있는 경우에는, 지급될 보험금액을 산정함에 있어서 피보험자의 체질 또는 소인 등이 보험사고의 발생 또는 확대에 기여하였다는 사유를 들어 보험금을 감액할 수 있다.[31]

② 대법원 판례에 따르면, 타인의 생명보험에서 피보험자가 서면으로 동의의 의사표시를 하여야 하는 시점은 '보험계약 체결 시까지'이고, 이는 강행규정으로서 이에 위반한 보험계약은

26) 대법원 2009.12.10. 선고 2009다56603,56610 판결
27) 대법원 2013.9.12. 선고 2012다27643 판결
28) 대법원 1999.4.23. 선고 99다8599 판결
29) 민법 제108조
30) 대법원 2010.4.15. 선고 2009다81623 판결
31) 대법원 2005.10.27. 선고 2004다52033 판결

무효이므로, 타인의 생명보험계약 성립 당시 피보험자의 서면 동의가 없다면 보험계약은 확정적으로 무효가 되고, 피보험자가 이미 무효로 된 보험계약을 추인하였다고 하더라도 보험계약이 유효로 될 수는 없다.[32]

③ 대법원 판례에 따르면, 상해보험에서 담보되는 위험으로서 상해란 외부로부터의 우연한 돌발적인 사고로 인한 신체의 손상을 말하는 것이므로, 그 사고의 원인이 피보험자의 신체의 외부로부터 작용하는 것을 말하고 신체의 질병 등과 같은 내부적 원인에 기한 것은 제외되며, 이러한 사고의 외래성 및 상해 또는 사망이라는 결과와 사이의 인과관계에 관해서는 보험금 청구자에게 그 입증책임이 있다.[33]

④ 대법원 판례에 따르면, 상해보험은 피보험자가 보험기간 중에 급격하고 우연한 외래의 사고로 인하여 신체에 손상을 입는 것을 보험사고로 하는 인보험으로서, 보험금의 지급범위와 보험료율 등 보험상품의 내용을 어떻게 구성할 것인가는 보험상품을 판매하는 보험자의 정책에 따라 결정되는 것이므로, 피보험자에게 보험기간 개시 전의 원인에 의하거나 그 이전에 발생한 신체장해가 있는 경우에 그로 인한 보험금 지급의 위험을 인수할 것인지 등도 당사자 사이의 약정에 의하여 정할 수 있다.[34]

19. ②

① 단체가 규약에 따라 구성원의 전부 또는 일부를 피보험자로 하는 생명보험계약을 체결하는 경우에는 타인의 서면 동의에 관한 규정을 적용하지 아니한다(상법 제735조의3 제1항). 만약 단체가 구성원의 전부 또는 일부를 피보험자로 하여 생명보험계약을 체결하였다고 하더라도 단체의 규약이 없다면 서면 동의 면제가 적용되지 아니하고, 개별적인 구성원의 서면 동의를 얻어야 보험계약이 유효하다.

② 구성원의 일부가 고지의무를 위반한 경우에 보험자는 전체 단체보험을 해지할 수 있는 것이 아니라 고지의무를 위반한 그 구성원에 대해서만 해지권을 행사할 수 있다.

③ 본 문제가 출제될 당시에는 맞는 지문이었다. 다만 2015년 3월 상법 개정으로 인하여 현재는 피보험자 또는 그 상속인이 아닌 자를 보험수익자로 지정할 때에는 단체의 규약에서 명시적으로 정하는 경우 외에는 피보험자의 서면 동의를 받아야 한다(상법 제735조의3 제3항). 기존에는 본 규정이 없었기 때문에, 회사에서 단체보험을 체결할 때에 피보험자인 직원의 동의가 없어도 보험수익자로 회사를 지정할 수 있었다. 따라서 근로자가 사망한 경우에 직원의 유가족이 사망보험금을 받지 못하고, 회사가 사망보험금을 받는 사례가 자주 발생하여, 단체보험의 취지에 어긋난다는 비판이 계속 있어 왔었다.

④ 대법원 판례에 따르면, 단체보험의 유효요건으로 요구하는 '규약'의 의미는 단체협약, 취업규칙, 정관 등 그 형식을 막론하고 단체보험의 가입에 관한 단체내부의 협정에 해당하는 것으로서, 반드시 당해 보험가입과 관련한 상세한 사항까지 규정하고 있을 필요는 없고 그러한 종류의 보험가입에 관하여 대표자가 구성원을 위하여 일괄하여 계약을 체결할 수 있다는 취지를 담고 있는 것이면 충분하다 할 것이지만, 위 규약이 강행법규인 상법 제731조 소정의 피보험자의 서면동의에 갈음하는 것인 이상 취업규칙이나 단체협약에 근로자의 채용 및 해고, 재해부조 등에 관한 일반적 규정을 두고 있다는 것만으로는 이에 해당한다고 볼 수 없다.[35]

20. ①

상법 제14조 제1항은 "본점 또는 지점의 영업주인 기타 유사한 명칭을 가진 사용인은 본점 또는 지점의 지배인과 동일한 권한이 있는 것으로 본다"라고 하여 표현지배인을 규정하고 있는데, 이에 대하여 대법원은 '표현지배인으로서 본조를 적용하려면 당해 사용인의 근무장소가 상법상의 영업소인 "본점 또는 지점"의 실체를 가지고 어느 정도 독립적으로 영업활동을 할 수 있는 것임을 요한다 할 것이다'라고 해석한다.

그런데 보험회사의 영업소장은 보험업법의 규제를 받는 보험사업자로서 보험계약의 체결, 보험료의 영수 및 보험금의 지급을 그 기본적 업무로 하고 있음이 분명하며 영업소의 업무내용은 본점 또는 지점의 지휘감독아래 보험의 모집, 보험료의 집금과 송금, 보험계약의 보전 및 유지관리, 보험모집인의 인사관리 및 교육 출장소의 관리감독 기타 본 · 지점으로부터 위임받은 사항으로 되어 있음이 또한 뚜렷하므로 이에 의하면 영업소는 보험회사의 기본적 업무를 독립하여 처리할 수는 없고, 다만 본점과 지점의 지휘 감독아래 기계적으로 제한된 보조적 사무만을 처리하는 것으로 밖에 볼 수 없으니 이는 상법상의 영업소인 본점과 지점에 준하는 영업장소라고 볼 수 없어 보험회사의 영업소장은 위 법조에서 말하는 표현지배인이라고 볼 수 없다.[36]

21. ②

① 어떤 면허를 가지고 운전하여야 무면허 운전이 되는지 그렇지 않는지는 법률에 이미 규정된 사항이므로 설명의무의 대상이 아니다.

② 대법원 판례에 따르면, 다른 자동차 운전담보 특별약관 중 보상하지 아니하는 손해인 '피보험자가 자동차정비업, 주차장업, 급유업, 세차업, 자동차판매업 등 자동차 취급업무상 수탁받은 자동차를 운전 중 생긴 사고로 인한 손해' 조항은 보험자의 면책에 관한 사항으로, 보험자가 설명하여야 할 보험계약의 중요한 내용에 해당한다.[37]

③ 대법원 판례에 따르면, 무보험자동차에 의한 상해보상특약에 있어서 보험금액의 산정기준이나 방법은, 보험계약 체결 당시 그 사실을 알았더라도 보험계약을 체결하지 않았을 것으로는 보이지 않고, 나아가 이러한 산정기준이 모든 자동차 보험회사에서 일률적으로 적용되는 것이어서 거래상 일반인들이 보

32) 대법원 2015.10.15. 선고 2014다204178 판결
33) 대법원 2001.8.21. 선고 2001다27579 판결
34) 대법원 2013.10.11. 선고 2012다25890 판결
35) 대법원 2006.4.27. 선고 2003다60259 판결
36) 대법원 1978.12.13. 선고 78다1567 판결
37) 대법원 2001.09.18. 선고 2001다14917 판결

험자의 설명 없이도 충분히 예상할 수 있었던 사항이라고도 볼 수 있는 점 등에 비추어 약관의 중요한 내용이 아니어서 명시 · 설명의무의 대상이 아니라고 보는 것이 옳다.[38]

④ 대법원 판례에 따르면, 자동차종합보험계약에 적용되는 보험약관에서 보험계약을 체결한 후 피보험자동차의 구조변경 등의 중요한 사항에 변동이 있을 때 또는 위험이 뚜렷이 증가하거나 적용할 보험료에 차액이 생기는 사실이 발생한 때에는 보험계약자 또는 피보험자는 지체 없이 이를 보험자에게 알릴 의무를 규정하고 있다고 하더라도 이는 상법 제652조에서 이미 정하여 놓은 통지의무를 자동차보험에서 구체적으로 부연한 정도의 규정에 해당하여 그에 대하여는 보험자에게 별도의 설명의무가 인정된다고 볼 수가 없다.[39]

22. ①

대리운전보험은 피보험자가 '타인자동차'를 운전하는 동안 생긴 사고로 발생한 손해를 보상하기 위한 것으로서 대물배상에 관한 위 약관조항에 피보험자가 운전한 '타인자동차'와 보상의 대상이 되는 '남의 재물'을 구별하여 규정하고 있고 '타인자동차'에 생긴 손해에 관하여는 별도의 타인자동차손해 항목에서 그 보험대상으로 삼고 있을 뿐 아니라, 일반적인 자동차보험 약관에서도 대물배상 항목은 피보험자동차가 아닌 남의 재물에 관한 손해를 보상하는 것으로 되어 있고 자기차량손해 항목은 피보험자동차에 직접적으로 생긴 손해를 보상하도록 규정되어 있어 남의 재물을 운행에 제공된 피보험자동차와 구별하고 있다.

따라서 대리운전보험의 대물배상 항목에서 보험대상으로 삼고 있는 '남의 재물'은 대리운전 대상차량인 '타인자동차' 이외의 물건을 의미한다고 해석하여야 하고, 이와 같이 약관조항의 의미가 명백한 이상 약관의 규제에 관한 법률 제5조 제2항에 규정된 작성자 불이익의 원칙은 적용될 수 없다 할 것이다.[40]

23. ②

① 손해방지의무는 보험사고가 이미 발생한 이후에 그 손해가 더 이상 확대되지 않도록 방지하는 의무를 말한다. 보험사고의 발생을 미리 막기 위한 예방의무와는 다르다.

② 보험계약자와 피보험자는 손해의 방지와 경감을 위하여 노력하여야 한다. 이를 위하여 필요 또는 유익하였던 비용과 보상액이 보험금액을 초과한 경우라도 보험자가 이를 부담한다. 필요 또는 유익한 비용이라고 하였으므로 손해의 방지 또는 경감의 효과 발생 여부를 묻지 않고, 보험자에게 해당 비용을 청구할 수 있다.

③ 보험계약자 등이 기울여야 하는 노력은 보험계약이 체결되지 않았더라도 본인의 재산에 대하여 스스로 손해의 방지와 경감을 위하여 기울였을 정도의 노력이다. 이를 주의깊은 무보험 소유자의 주의라고 한다.

④ 대법원 판례에 따르면, 보험계약자와 피보험자가 고의 또는 중대한 과실로 손해방지의무를 위반한 경우에는 보험자는 손해방지의무 위반과 상당인과관계가 있는 손해, 즉 의무 위반이 없다면 방지 또는 경감할 수 있으리라고 인정되는 손해액에 대하여 배상을 청구하거나 지급할 보험금과 상계하여 이를 공제한 나머지 금액만을 보험금으로 지급할 수 있다.[41]

24. ③

대법원 판례에 따르면, 상속포기는 자기를 위하여 개시된 상속의 효력을 상속개시 시점으로 소급하여 확정적으로 소멸시키는 제도로서 피해자의 사망으로 상속이 개시되어 가해자가 피해자의 자신에 대한 손해배상청구권을 상속함으로써 그 손해배상청구권과 이를 전제로 하는 자동차손해배상보장법 제9조 제1항[42]에 의한 보험자에 대한 직접청구권이 소멸하였다고 할지라도 가해자가 적법하게 상속을 포기하면 그 소급효로 인하여 위 손해배상청구권과 직접청구권은 소급하여 소멸하지 않았던 것으로 되어 다른 상속인에게 귀속되고, 그 결과 '가해자가 피해자의 상속인이 되는 등 특별한 경우'에 해당하지 않게 되므로 위 손해배상청구권과 이를 전제로 하는 직접청구권은 소멸하지 않는다.[43]

즉, B가 상속을 포기하면, 상속포기의 소급효로 인하여 다른 상속인에게 보험금 청구권이 귀속하므로 A가 C 보험회사에 대하여 보험금 전액을 청구할 수 있다.

25. ①

① 보험증권에 기재하여야 할 사항이 상법에 명시되어 있으므로 보험증권은 요식증권에 해당한다. 그러나 이러한 경우에도 보험계약 자체는 불요식 계약임에는 틀림없으며, 보험증권 자체도 어음이나 수표와 같이 엄격한 요식증권성을 갖는 것은 아니다. 보험증권에 흠결이 있다고 하더라도 보험계약의 효력에는 아무런 영향이 없기 때문이다.

② 보험증권은 하나의 증거증권에 불과하므로 보험증권을 작성하여야만 보험계약상의 권리의무가 발생하는 것은 아니다. 따라서 보험증권에 기재된 내용은 사실상의 추정으로 증거의 효력이 인정되므로 보험계약의 성립 여부는 보험증권만이 아니라 계약 체결의 전후 경위 등을 종합하여 인정할 수 있다.

③ 보험증권을 멸실 또는 현저하게 훼손한 때에는 보험계약자는 보험자에 대하여 증권의 재교부를 청구할 수 있다. 그 증권 작성의 비용은 보험계약자의 부담으로 한다(상법 제642조).

④ 기존의 보험계약을 연장하거나 변경한 경우에는 보험자는 보험증권에 그 사실을 기재함으로써 보험증권의 교부에 갈음할 수 있다(상법 제640조 제2항).

26. ②

피보험자의 자살은 고의로 인한 사고에 해당하며 보험의 본질적인 성격상 당연히 보험자의 보험금 지급책임이 발생하지 않는다.

38) 대법원 2004.4.27. 선고 2003다7302 판결
39) 대법원 1998.11.27. 선고 98다32564 판결
40) 대법원 2009.8.20. 선고 2007다64877 판결
41) 대법원 2016.1.14. 선고 2015다6302 판결
42) 판결 당시의 조문으로, 현재는 자동차손해배상보장법 제10조 제1항이다.
43) 대법원 2005.1.14. 선고 2003다38573,38580 판결

그러나 피보험자가 정신질환 등으로 자유로운 의사결정을 할 수 없는 상태에서 자살한 경우에 문제가 발생한다.

사망을 보험사고로 하는 보험계약에서 자살을 보험자의 면책사유로 규정하고 있는 경우에, 자살은 자기의 생명을 끊는다는 것을 의식하고 그것을 목적으로 의도적으로 자기의 생명을 절단하여 사망의 결과를 발생케 한 행위를 의미하고, 피보험자가 정신질환 등으로 자유로운 의사결정을 할 수 없는 상태에서 사망의 결과를 발생케 한 경우까지 포함하는 것은 아니므로, 피보험자가 자유로운 의사결정을 할 수 없는 상태에서 사망의 결과를 발생케 한 직접적인 원인행위가 외래의 요인에 의한 것이라면, 그 사망은 피보험자의 고의에 의하지 않은 우발적인 사고로서 보험사고인 사망에 해당할 수 있기 때문이다.[44] 대법원은 정신질환 등으로 자유로운 의사결정을 할 수 없는 상태에서 자살한 것은 체질적 요인으로 인하여 사망한 것이 아니라 외래의 요인에 의한 것으로 보아야 한다는 입장이다.

일반사망보험금은 체질적 요인으로 인하여 사망한 경우에 지급하는 보험금으로 만약 자살을 체질적 요인으로 인하여 사망한 것으로 본다면, 일반사망보험금의 지급사유에 해당한다. 반대로 대법원의 입장처럼 외래의 요인에 의한 것이라고 본다면, 재해사망보험금 지급사유에 해당한다.

27. ②

① 장애등급표에 따라 장애보험금을 지급하는 경우에는 상해보험은 준정액보험에 해당한다.

② 상해보험은 신체의 상해에 관하여 보험사고가 생길 경우에 이를 보상하는 보험이며, 질병보험은 피보험자의 질병에 관한 보험사고가 발생할 경우에 이를 보상하는 보험이다. 즉 상해보험과 질병보험은 각각 상해와 질병에 관하여 사고가 생길 경우에 이를 보상하며, 그 결과가 입원, 수술, 진단, 사망 인가는 따지지 않는다. 반면 생명보험은 피보험자의 사망, 생존, 사망과 생존에 관하여 보험사고가 발생할 경우에 이를 보상하는 보험이다. 생명보험은 사망이나 생존이라는 결과가 보험사고에 해당하며 그 원인이 무엇인지는 따지지 않는다. 종합하면 상해로 인한 사망과 질병으로 인한 사망은, 어느 한 분류에 속하는 것이 아니며 상해보험이면서 생명보험에 해당하고, 질병보험이면서 생명보험에 해당한다. 따라서 어느 한쪽인 상해보험과 질병보험에 속한다고 이야기하는 것은 틀린 지문이다. 참고로 법률적 해석과는 별도로, 보험실무상 질병으로 인한 사망을 보상하는 것은 생명보험의 영역으로 보는 것이 일반적이다.

③ 대법원 판례에 따르면, 민사분쟁에서의 인과관계는 의학적 · 자연과학적 인과관계가 아니라 사회적 · 법적 인과관계이므로, 그 인과관계가 반드시 의학적 · 자연과학적으로 명백히 증명되어야 하는 것은 아니다.[45]

④ 대법원 판례에 따르면, 사망 원인이 분명하지 않아 사망 원인을 둘러싼 다툼이 생길 것으로 예견되는 경우에 망인의 유족이 보험회사 등 상대방에게 사망과 관련한 법적 책임을 묻기 위해서는 먼저 부검을 통해 사망 원인을 명확하게 밝히는 것이 가장 기본적인 증명 과정 중의 하나가 되어야 한다. 그런데 의사의 사체 검안만으로 망인의 사망 원인을 밝힐 수 없었음에도 유족의 반대로 부검이 이루어지지 않은 경우, 우리나라에서 유족들이 죽은 자에 대한 예우 등 여러 가지 이유로 부검을 꺼리는 경향이 있긴 하나, 그렇다고 하여 사망 원인을 밝히려는 증명책임을 다하지 못한 유족에게 부검을 통해 사망 원인이 명확히 밝혀진 경우보다 더 유리하게 사망 원인을 추정할 수는 없으므로, 부검을 하지 않음으로써 생긴 불이익은 유족들이 감수하여야 한다.[46]

28. ①

① 보험계약자는 보험사고가 발생하기 전에는 언제든지 보험계약의 전부 또는 일부를 해지할 수 있다. 다만, 타인을 위한 손해보험계약의 경우에는 그 타인의 동의를 얻지 아니하거나 보험증권을 소지하지 아니하면 그 계약을 해지하지 못한다(상법 제649조 제1항). 따라서 보험계약자는 보험증권을 소지하거나 그 타인의 동의를 얻은 경우 보험계약을 해지할 수 있다. ①번 지문에서는 보험증권을 소지하고 그 타인의 동의를 얻은 경우라고 하여 둘 모두의 조건을 만족해야 한다고 하고 있으므로 틀린 지문이다.

② 타인을 위한 손해보험계약에서 그 타인은 당연히 보험계약에 따른 이익을 받으므로 보험금청구권은 원칙적으로 피보험자(타인)의 권리이다. 그러나 손해보험계약의 경우에 보험계약자가 그 타인에게 보험사고의 발생으로 생긴 손해의 배상을 한 때에는 보험계약자는 그 타인의 권리를 해하지 아니하는 범위안에서 보험자에게 보험금액의 지급을 청구할 수 있다(상법 제639조 제2항).

③ 타인을 위한 보험계약에서도 보험계약의 당사자는 엄연히 보험계약자이다. 따라서 보험계약자는 계약의 당사자로서 보험료 지급의무를 부담한다.

④ 타인을 위한 보험계약이란 보험계약자가 타인에게 보험계약 성립에 따른 이익을 주기 위하여 자기 명의로 체결한 보험계약을 말한다. 보험계약의 대표적인 효용은 보험금 청구권이므로, 손해보험에서는 보험계약자와 피보험자가 다른 계약을 말한다.

29. ③

대법원 판례에 따르면, 약관에서 책임보험의 보험금청구권의 발생시기나 발생요건에 관하여 달리 정한 경우 등 특별한 다른 사정이 없는 한, 원칙적으로 책임보험의 보험금청구권의 소멸시효는 피보험자의 제3자에 대한 법률상의 손해배상책임이 상법 제723조 제1항이 정하고 있는 변제, 승인, 화해 또는 재판의 방법 등에 의하여 확정됨으로써 그 보험금청구권을 행사할 수 있는 때로부터 진행된다.[47]

44) 대법원 2015.6.23. 선고 2015다5378 판결
45) 대법원 2002.10.11. 선고 2002다564 판결
46) 대법원 2010.9.30. 선고 2010다12241,12258 판결
47) 대법원 2012.1.12. 선고 2009다8581 판결

30. ④

① 보험계약은 보험계약자의 청약과 보험자의 승낙으로 이루어지며, 보험증권의 교부는 보험계약의 성립에 아무런 영향을 주지 않는다.

② 보험계약은 불요식계약이므로, 계약의 성립에 엄격한 형식이나 요건을 필요로 하지 않는다. 따라서 구술에 의하여 보험계약을 체결하는 것도 얼마든지 가능하다. 다만 보험실무상 불필요한 분쟁을 방지하기 위하여 청약서 등에 의하여 요식화되어 있을 뿐이다.

③ 보험계약은 낙성계약이므로, 보험계약자의 청약과 보험자의 승낙이라는 계약 당사자 사이의 의사 합치가 있어야 성립한다.

④ 보험자의 보험금 지급책임은 원칙적으로 최초의 보험료의 지급을 받은 때로부터 개시한다. 다만 상법 제656조에 '당사자간에 다른 약정이 없으면'이라는 단서 조항을 두고 있으므로, 보험료 납부 전에 발생한 보험사고에 대해 보험금을 지급하기로 하는 당사자의 특약의 효력을 부인하지는 않는다. 따라서 보험료 납부 전에도 보험사고 발생 시 보험금을 지급하기로 하는 당사자의 특약은 유효하다.

31. ④

①② 보험계약에는 반드시 보험계약자가 지급해야 할 보험료가 있어야 하며, 이것이 보험계약자가 이행해야 할 적극적 의무이다. 또한 통상적으로 보험료가 지급되어야 보험자의 책임이 시작되므로, 보험계약은 사실상 요물계약성(要物契約性)을 지니게 된다.

③ 보험료 불가분의 원칙이란 보험기술상 인정되는 것으로 보험료 기간의 보험료는 하나이므로 보험기간 중 보험계약이 해지되더라도 보험자는 그 보험료 전액을 취득한다는 원칙이다. 따라서 보험자가 손해를 보상할 경우에 보험료의 지급을 받지 아니한 잔액이 있으면 그 지급기일이 도래하지 아니한 때라도 보상할 금액에서 이를 공제할 수 있다(상법 제677조). 그러나 오늘날 통계기술의 발달과 소비자 보호 측면에서 실무상 일할(日割)계산이나 단기요율표에 의한 계산으로 나머지 보험료를 환급하는 경우가 많다. 보험료 불가분의 원칙은 보험의 기술적인 측면에서 제시된 이론이므로 절대적인 것이 아니며 계약 당사자의 합의로 얼마든지 그 적용 여부 및 범위를 변경할 수 있기 때문이다.

④ 대법원 판례에 따르면, 보험대리점이 평소 거래가 있는 자로부터 그 구입한 차량에 관한 자동차보험계약의 청약을 받으면서 그를 위하여 그 보험료를 대납하기로 전화상으로 약정하였고, 그 다음날 실제 보험료를 지급받으면서는 그 전날 이미 보험료를 납입 받은 것으로 하여 보험료영수증을 교부한 경우에는 위 약정일에 보험계약이 체결되어 보험회사가 보험료를 영수한 것으로 보아야 한다.[48] 따라서 전화에 의한 보험료 대납의 약정도 유효하다.

32. ①

문제 풀이의 편의를 위하여 시간 순서에 따라 정리하면 다음과 같다.

→ 2008.7.25. 13시 39분
甲이 신부전 치료비를 보상하는 보험에 가입 의사 밝히고 보험료 지급
→ 2008.7.25. 16시 5분
乙이 고혈압으로 진단되어, 혈압약 처방받음
→ 2008.7.31.
乙이 고혈압성 신부전증 소견으로 혈압약 처방받음
→ 2008.8.6.
甲이 고혈압 치료력 없다고 기재한 청약서를 보험회사에 제출
→ 2008.8.7.
A보험회사가 보험계약을 승낙함

보험계약은 원칙적으로 보험계약자의 청약에 대하여 보험자가 승낙함으로써 성립하고, 보험자가 보험계약자로부터 보험계약의 청약과 함께 보험료 상당액의 전부 또는 일부의 지급을 받은 때에는 다른 약정이 없으면 30일 내에 상대방에 대하여 낙부의 통지를 발송하여야 하며, 보험자가 기간 내에 낙부의 통지를 해태한 때에는 승낙한 것으로 본다(상법 제638조의2 제1, 2항). 한편 보험계약자 또는 피보험자는 상법 제651조에서 정한 '중요한 사항'이 있는 경우 이를 보험계약의 성립 시까지 보험자에게 고지하여야 하고, 고지의무 위반 여부는 보험계약 성립 시를 기준으로 하여 판단하여야 한다.[49]
문제에서 甲은 보험계약을 청약하고 보험청약서의 질문표에 乙이 최근 5년 이내에 고혈압 등으로 의사에게서 진찰 또는 검사를 통하여 진단을 받았거나 투약 등을 받은 적이 없다고 기재하여 보험회사에 우송하였는데, 사실은 乙은 청약 당일 이미 의사에게서 고혈압 진단을 받은 사실이 있었다. 이는 대법원 판례에 따라 보험계약 성립 시를 기준으로 보면 보험계약 성립 시에 중요한 사항을 보험자에게 고지하지 않은, 고지의무 위반에 해당한다. 따라서 A보험회사는 고지의무의 위반을 이유로 보험계약을 해지함으로써 보험금 지급의무를 면할 수 있다.

33. ①

① 대법원 판례에 따르면, 상해보험약관의 보험 보호범위와 생명보험약관의 그것에 차이가 생길 수 있으나, 이는 면책조항의 존부(存否)에 따라 발생하는 차이일 뿐 생명보험약관에서의 재해와 상해보험약관에서의 보험사고인 상해를 다른 것으로 보아야 하는 것은 아니다.[50]

②③ 대법원 판례에 따르면, "외과적 수술, 그 밖의 의료처치로 인한 손해를 보상하지 아니한다. 그러나 회사가 부담하는 상해로 인한 경우에는 보상한다."는 상해보험약관 면책조항의 취지는 피보험자에 대하여 보험회사가 보상하지 아니하는 질병 등을 치료하기 위한 외과적 수술 기타 의료처치(외과적 수술 등)가 행하여지는 경우, 피보험자는 일상생활에서 노출된

48) 대법원 1991.12.10. 선고 90다10315 판결
49) 대법원 2012.8.23. 선고 2010다78135, 78142 판결
50) 대법원 2013.6.28. 선고 2013다22058 판결

위험에 비하여 상해가 발생할 위험이 현저히 증가하므로 그러한 위험을 처음부터 보험보호의 대상으로부터 배제하고, 다만 보험회사가 보상하는 보험사고인 상해를 치료하기 위한 외과적 수술 등으로 인한 위험에 대해서만 보험보호를 부여하려는 데 있다. 위와 같은 면책조항의 취지에 비추어 볼 때, 특정 질병 등을 치료하기 위한 외과적 수술 등으로 인하여 증가된 위험이 현실화된 결과 상해가 발생한 경우에는 위 면책조항 본문이 적용되어 보험금 지급대상이 되지 아니하고, 외과적 수술 등의 과정에서 의료과실에 의하여 상해가 발생하였는지 여부는 특별한 사정이 없는 한 위 면책조항의 적용 여부를 결정하는 데 있어서 고려할 요소가 되지 아니한다.[51] 즉, 질병을 치료하기 위한 외과적 수술에서 의료과실로 상해가 발생하면 보험자는 면책된다.

④ 대법원 판례에 따르면, 특정 질병 등을 치료하기 위한 외과적 수술 등의 과정에서 의료과실이 개입되어 발생한 손해를 보상하지 않는다는 것은 일반인이 쉽게 예상하기 어려우므로, 약관에 정하여진 사항이 보험계약 체결 당시 금융감독원이 정한 표준약관에 포함되어 시행되고 있었다거나 국내 각 보험회사가 위 표준약관을 인용하여 작성한 보험약관에 포함되어 널리 보험계약이 체결되었다는 사정만으로는 그 사항이 '거래상 일반적이고 공통된 것이어서 보험계약자가 별도의 설명 없이 충분히 예상할 수 있었던 사항'에 해당하여 보험자에게 명시 · 설명의무가 면제된다고 볼 수 없다.[52]

34. ③

대법원 판례에 따르면, 대한공인중개사협회가 운영하는 공제사업은, 비록 보험업법에 의한 보험사업은 아닐지라도 그 성질에 있어서 상호보험과 유사하고 중개업자가 그의 불법행위 또는 채무불이행으로 인하여 거래당사자에게 부담하게 되는 손해배상책임을 보증하는 보증보험적 성격을 가진 제도로서, 중개업자와 대한공인중개사협회 사이에 체결된 공제계약은 기본적으로 보험계약으로서의 본질을 갖고 있으므로, 적어도 공제계약이 유효하게 성립하기 위해서는 공제계약 당시에 공제사고의 발생 여부가 확정되어 있지 않아야 한다는 우연성과 선의성의 요건을 갖추어야 한다.

여기서 '우연성'이란 특정인의 의사와 관계없는 사고라는 의미의 우연성을 뜻하는 것이 아닐 뿐만 아니라, 특정인의 어느 시점에서의 의도와 장래의 그 실현 사이에 필연적 · 기계적인 인과관계가 인정되는 것도 아니므로, 중개업자가 장래 공제사고를 일으킬 의도를 가지고 공제계약을 체결하고 나아가 실제로 고의로 공제사고를 일으켰다고 하더라도, 그러한 사정만으로는 공제계약 당시 공제사고의 발생 여부가 객관적으로 확정되어 있다고 단정하여 우연성이 결여되었다고 보거나 공제계약을 무효라고 볼 수 없다.[53]

35. ③

① 고지의무에 대한 보험계약자 또는 피보험자의 탐지의무를 배제하는 견해에 의하면, 보험계약자 등은 계약을 체결할 때에 자신이 알고 있는 사실에 대해서 고지하면 충분하며, 자신이 잘 알지 못하는 사항까지 스스로 탐지하여 알려야 할 필요는 없다. 따라서 고지사항의 존재를 모르고 그 사항이 없다고 답변한 경우라면 고지의무 위반이 성립하지 않는다.

② 고지의무 수동화와 사기에 의한 계약 체결은 전혀 관련이 없다. 고지의무 수동화는 보험자가 질문한 사항에 대해서 보험계약자 등이 답변하는 방식을 말하고, 사기에 의한 계약은 보험금을 편취하고자 하는 목적으로 보험계약을 체결하는 것을 말한다. 고지의무가 수동화된다고 하여 보험계약자의 사기로 인한 보험계약 체결이 인정되지 않는 것은 전혀 아니다.

③ 보험계약자 측의 고지의무 위반이 있는 경우에도 그 위반 사실과 보험사고 간의 인과관계가 없다면 상법 제655조 단서 규정에 따라 보험자는 보험금을 지급하여야 한다. 이처럼 고지의무 위반과 보험사고 발생 사실 사이에 인과관계 성립 여부에 따라 보험금 지급여부가 달라지므로, 인과관계의 영향도가 어느 정도 있을 때 단서 조항을 적용하여야 하는지 논란이 있다. 대법원 판례에 따르면, 고지의무 위반사실이 보험사고의 발생에 영향을 미치지 아니하였다는 점, 즉 보험사고의 발생이 보험계약자가 불고지하였거나 불실고지한 사실에 의한 것이 아니라는 것이 증명된 때에는 상법 제655조 단서의 규정에 의하여 보험자는 위 불실고지를 이유로 보험계약을 해지할 수 없을 것이나, 고지의무 위반사실과 보험사고 발생과의 인과관계가 부존재하다는 점에 관한 입증책임은 보험계약자 측에 있다 할 것이므로, 만일 그 인과관계의 존재를 조금이라도 규지할 수 있는 여지가 있으면 위 단서는 적용되어서는 안 된다.[54] 즉 고지의무 위반이 있는 경우에는 가능한 보험사고의 발생과 인과관계가 존재하는 것으로 인정하여 보험금 지급책임이 없는 것으로 해석해야 한다.

④ 대법원 판례에 따르면, 피보험자와 보험계약자가 다른 경우에 피보험자 본인이 아니면 정확하게 알 수 없는 개인적 신상이나 신체상태 등에 관한 사항은, 보험계약자도 이미 그 사실을 알고 있었다거나 피보험자와의 관계 등으로 보아 당연히 알았을 것이라고 보이는 등의 특별한 사정이 없는 한, 보험계약자가 피보험자에게 적극적으로 확인하여 고지하는 등의 조치를 취하지 아니하였다는 것만으로 바로 중대한 과실이 있다고 할 것은 아니다.[55]

36. ②

① 대법원 판례에 따르면, '운전피보험자'는 통상 기명피보험자 등에 고용되어 피보험자동차를 운전하는 자를 의미하지만, 운전업무를 위하여 고용된 자가 아니라고 하더라도 기명피보험자 등으로부터 구체적 · 개별적인 승낙을 받고 그 기명피보

51) 대법원 2010.8.19. 선고 2008다78491, 78507 판결
52) 대법원 2013.6.28. 선고 2013다22058 판결
53) 대법원 2012.9.13. 선고 2010다92407 판결
54) 대법원 2014.3.13. 선고 2013다91405, 91412 판결
55) 대법원 2013.6.13. 선고 2011다54631, 54648 판결

험자 등을 위하여 운전을 하였다면 운전피보험자가 될 수 있다. 그러나 설령 승낙피보험자로부터 구체적 · 개별적인 승낙을 받고 그 승낙피보험자를 위하여 자동차 운전을 하였다고 하더라도, 그것이 기명피보험자의 의사에 명백히 반하는 것으로 볼 수 있는 경우에는 그 운전자를 운전피보험자에 해당한다고 볼 수는 없다.[56]

② 대법원 판례에 따르면, 상법 제676조 제2항은 '손해액의 산정에 관한 비용은 보험자의 부담으로 한다'고 규정하고 있는바, 보험자가 보험금의 지급 범위를 확인하기 위하여 지출한 비용은 보험자의 이익을 위한 것일 뿐 보험계약자 또는 피보험자가 입은 손해라고는 볼 수 없으므로, 그 비용을 지출한 보험자가 보험계약자 또는 피보험자를 대위하여 가해자를 상대로 그 비용 상당의 손해배상을 구할 수는 없다.[57]

③ 대법원 판례에 따르면, 손해보험의 보험사고에 관하여 동시에 불법행위나 채무불이행에 기한 손해배상책임을 지는 제3자가 있어 피보험자가 그를 상대로 손해배상청구를 하는 경우에, 피보험자가 손해보험계약에 따라 보험자로부터 수령한 보험금은 보험계약자가 스스로 보험사고의 발생에 대비하여 그때까지 보험자에게 납입한 보험료의 대가적 성질을 지니는 것으로서 제3자의 손해배상책임과는 별개의 것이므로 이를 그의 손해배상책임액에서 공제할 것이 아니다. 따라서 위와 같은 피보험자는 보험자로부터 수령한 보험금으로 전보되지 않고 남은 손해에 관하여 제3자를 상대로 그의 배상책임을 이행할 것을 청구할 수 있는바, 전체 손해액에서 보험금으로 전보되지 않고 남은 손해액이 제3자의 손해배상책임액보다 많을 경우에는 제3자에 대하여 그의 손해배상책임액 전부를 이행할 것을 청구할 수 있고, 위 남은 손해액이 제3자의 손해배상책임액보다 적을 경우에는 그 남은 손해액의 배상을 청구할 수 있다. 후자의 경우에 제3자의 손해배상책임액과 위 남은 손해액의 차액 상당액은 보험자대위에 의하여 보험자가 제3자에게 이를 청구할 수 있다(상법 제682조).[58] 즉 피보험자가 우선하여 청구권을 행사할 수 있고 나머지 금액에 대하여 보험자가 대위권을 행사할 수 있다. 이를 차액설이라고 한다.

④ 제3자와 피보험자 사이에 변제, 승인 또는 화해가 이루어진 경우 보험자는 피보험자에게 부당이득의 반환을 청구할 수도 있고, 제3자에게 대위권을 행사할 수도 있다. 즉 선택적으로 권리를 행사할 수 있다.

37. ③

문제 풀이의 편의를 위하여 보험관계를 정리하면 다음과 같다.

→ 甲 乙 : 부부 / 丙 : 甲과 乙의 자녀
→ 甲 乙 丙을 피보험자로 하여 손해배상책임보험 체결
→ 피보험자의 고의 사고는 보상하지 않음
→ 丙의 고의로 타인에게 손해 발생
→ 甲과 乙은 감독의무 소홀에 따른 손해배상책임 발생

손해가 丙의 고의로 발생하였기 때문에 丙의 입장에서 보면 보험약관에서 규정하는 면책 사고로 보험자가 보험금 지급책임이 없다는 것에는 반론의 여지가 없다. 다만, 문제에서 쟁점은 丙 뿐만 아니라 甲과 乙도 방화 사건으로 인하여 손해배상책임을 부담한다는 것이다. 丙이 미성년 자녀이기 때문에 부모인 甲과 乙도 자녀에 대한 감독의무를 소홀히 한 것을 이유로 민법상 감독자의 책임을 부담하기 때문이다. 따라서, 甲, 乙, 丙 모두 타인에 대하여 손해배상책임을 부담한다.

이처럼 하나의 사고로 인하여 손해배상책임이 있는 다수의 피보험자가 존재하는 경우에, 대법원은 "피보험자가 복수로 존재하는 경우에는 각각의 피보험자마다 보상책임 유무를 따져 보아야 하며, 면책 사항도 각각에게 개별적으로 적용하여야 한다."라고 입장을 밝히고 있다. 즉, 丙 입장에서 보면 고의 사고에 해당하므로 보험금을 지급하지 않는 것이 맞지만, 甲과 乙의 입장에서는 고의 사고에 해당하지 않으므로 보험자가 보험금 지급 책임을 부담하는 것이다. 이를 피보험자 개별적용이라고 하며, 보험 실무에서는 자동차보험에서 주로 적용하여 왔으나, 최근 대법원 판례는 자동차보험 뿐만 아니라 손해배상책임보험 약관에 피보험자 개별적용 조항을 별도로 규정하지 않았더라도 당연히 이를 적용하여야 한다고 밝혔다.[59]

38. ②

① 상법상 자동차가 양도된 경우 양수인은 보험자의 승낙을 얻은 경우에 한하여 자동차보험계약으로 인하여 생긴 권리와 의무를 승계한다. 이 경우 양수인으로부터 양수 사실을 통지받은 보험자는 지체없이 낙부(諾否) 통지를 발송하여야 하고 통지받은 날부터 10일 내에 낙부(諾否)의 통지가 없을 때에는 승낙한 것으로 본다. 이때 승낙전사고 담보는 적용되지 않는다. 즉 통지시부터 승낙 사이의 기간에는 무보험(無保險) 상태가 발생한다. 다만 실제로는 자동차손해배상보장법의 규정과 자동차보험 일시담보 특약에 의하여 승낙전 사고에 대해서도 보험자가 보장을 제공하고 있다.

② 자동차손해배상보장법에 의하면, 의무보험에 가입된 자동차가 양도된 경우에 그 자동차의 양도일(양수인이 매매대금을 지급하고 현실적으로 자동차의 점유를 이전받은 날을 말한다)부터 자동차관리법에 따른 자동차소유권 이전등록 신청기간이 끝나는 날(자동차소유권 이전등록 신청기간이 끝나기 전에 양수인이 새로운 책임보험 등의 계약을 체결한 경우에는 그 계약 체결일)까지의 기간은 상법 제726조의4에도 불구하고 자동차의 양수인이 의무보험의 계약에 관한 양도인의 권리의무를 승계한다.

③④ 대법원 판례에 따르면, 甲이 자동차를 乙에게 양도하고 乙이 자동차소유권 이전등록 신청기간 내에 이전 등록하지 않고 자동차를 다시 丙에게 양도한 경우에는, 자동차손해배상보장법 규정에 의하여 당해 자동차의 양도일(양수인이 매매대금을 지급하고 현실적으로 자동차의 점유를 이전받은 날을 말한

56) 대법원 2013.9.26. 선고 2012다116123 판결
57) 대법원 2013.10.24. 선고 2011다13838 판결
58) 대법원 2015.1.22. 선고 2014다46211 전원합의체 판결
59) 대법원 2012.12.13. 선고 2012다1177 판결

다)부터 자동차관리법의 규정에 의한 자동차소유권 이전 등록신청기간이 만료되는 날(자동차소유권 이전등록신청기간 만료 전에 양수인이 새로운 책임보험 등의 계약을 체결한 경우에는 그 계약체결일)까지의 기간 동안은 상법 제726조의4의 규정에 불구하고 자동차의 양수인이 의무보험의 계약에 관한 양도인의 권리의무를 승계한다. 또한 여기에는 자동차를 양수하고 현실적으로 그 자동차를 이전받아 양도인 대신 그 자동차에 대한 사실상의 운행지배를 취득한 양수인이 자동차관리법 제12조의 규정에 의한 자동차소유권의 이전등록을 하지 아니한 채 다시 제3자에게 이를 양도하고 현실적으로 그 자동차의 점유를 이전함으로써 그 운행지배를 상실한 경우도 포함된다. 따라서 丙은 甲이 가입한 의무보험에 대하여 피보험자동차가 양도된 날부터 자동차소유권 이전등록 신청기간이 만료되는 날까지의 기간 동안 권리의무를 승계한다. 또한 자동차의 양도인이 가입한 자동차보험회사가 양수인이 보험에 가입되지 않은 것으로 오인하여 자동차손해배상 보장사업금 명목으로 사고의 피해자에게 금액을 지급한 경우라면 해당 보험회사는 양수인이 가입한 보험회사에 대하여 구상권을 행사할 수 있다.[60]

39. ④

① 타인의 생명보험에서 보험계약자가 계약 체결 후에 보험수익자를 지정 또는 변경할 때에는 그 타인의 서면에 의한 동의를 얻어야 한다(상법 제734조 제2항).

② 만 15세 미만자, 심신상실자 또는 심신박약자의 사망을 보험사고로 한 보험계약은 무효로 한다. 다만 심신박약자가 보험계약을 체결하거나 단체보험의 피보험자가 될 때에 의사능력이 있는 경우에는 유효하다(상법 제732조). 심신상실자의 사망을 보험사고로 하는 보험계약은 무효이며 법정대리인이 서면동의를 하였다고 하더라도 달라지지 않는다.

③ 대법원 판례에 따르면, 보험계약자가 피보험자의 서면동의를 얻어 타인의 사망을 보험사고로 하는 보험계약을 체결함으로써 보험계약의 효력이 생긴 경우, 피보험자의 동의 철회에 관하여 보험약관에 아무런 규정이 없고 계약당사자 사이에 별도의 합의가 없었다고 하더라도, 피보험자가 서면동의를 할 때 기초로 한 사정에 중대한 변경이 있는 경우에는 보험계약자 또는 보험수익자의 동의나 승낙 여부에 관계없이 피보험자는 그 동의를 철회할 수 있다. 예를 들어 갑 주식회사가 임직원으로 재직하던 을 등이 재직 중 보험사고를 당할 경우 유가족에게 지급할 위로금 등을 마련하기 위하여 을 등을 피보험자로 한 보험계약을 체결하고 을 등이 보험계약 체결에 동의한 사안에서, 을 등이 갑 회사에 계속 재직한다는 점은 보험계약에 대한 동의의 전제가 되는 사정이므로 을 등이 갑 회사에서 퇴직함으로써 보험계약의 전제가 되는 사정에 중대한 변경이 생긴 이상 을 등은 보험계약에 대한 동의를 철회할 수 있다.[61]

④ 법률행위의 일부분이 무효인 때에는 원칙적으로 그 전부가 무효이다. 그러나 그 무효부분이 없더라도 법률행위를 하였을 것이라고 인정될 때에는 나머지 부분은 무효가 되지 않는다(민법 제137조). 대법원 판례에 따르면, 보험회사가 만7세의 아들을 피보험자로 하고 보험수익자를 부모로 하여, 피보험자가 재해로 사망하였을 때는 사망보험금을 지급하고, 재해로 장해를 입었을 때는 소득상실보조금 등을 지급하는 내용의 보험계약을 체결하였는데, 피보험자가 교통사고로 보험약관에서 정한 후유장해 진단을 받은 사안에서, 부모가 보험계약을 체결한 목적 등에 비추어 보험계약 중 재해로 인한 사망을 보험금 지급사유로 하는 부분이 상법 제732조에 의하여 무효라는 사실을 알았더라도 나머지 보험금 지급사유 부분에 관한 보험계약을 체결하였을 것으로 봄이 타당하다는 이유로, 보험계약이 재해사망에 대한 부분을 제외하고 나머지 부분에 관하여는 여전히 유효하다.[62] 따라서 만 15세 미만자의 사망을 보험사고로 하는 보험계약은 상법 규정에 따라 당연히 무효이지만, 사망을 제외한 나머지 부분은 여전히 유효한 계약이라고 할 수 있다.

40. ④

①② 상법상의 보험약관 설명의무 이행 여부와 관계없이 보험회사에게 보험업법상의 설명의무 위반으로 인한 책임은 물을 수 있다.

③④ 적합성의 원칙이란 보험회사나 보험모집종사자는 고객의 연령, 재산 및 소득상황, 사회적 경험, 보험가입의 목적 등에 비추어 고객에게 적합하지 아니하다고 인정되는 보험계약의 체결을 권유하여서는 아니된다는 원칙이다. 또한 이러한 적합성의 원칙을 지키지 않은 채 보험계약의 체결을 권유하여 고객에 대한 보호의무를 저버린 위법성을 가진 행위로 평가되면 그로 인한 고객의 손해를 배상할 책임을 부담한다.[63] 대법원 판례에 따르면, 여기서 적합성 원칙의 위반에 따른 손해배상책임의 존부(存否)는 고객의 연령, 재산 및 소득상황과 보험가입의 목적, 가입한 보험의 특성 등 여러 사정을 종합적으로 충분히 검토하여 판단하여야 하고, 이에 관한 주장과 증명책임은 보험계약 체결을 권유받은 고객에게 있으므로, 단지 그 체결을 권유 받은 변액보험 상품에 높은 투자위험이 수반된다거나 소득에서 보험료 지출이 차지하는 비중이 높다는 단편적인 사정만을 들어 바로 적합성 원칙을 위반하여 위법한 권유행위를 하였다고 단정해서는 안된다.[64]

60) 대법원 2012.4.26. 선고 2010다60769 판결
61) 대법원 2013.11.14. 선고 2011다101520 판결
62) 대법원 2013.4.26. 선고 2011다9068 판결
63) 참고로 본 문제 출제 당시에는 적합성의 원칙이 보험업법에 규정되어 있었으나, '금융소비자 보호에 관한 법률' 제정에 따라 2020년 3월 24일자로 보험업법에서는 삭제되었다.
64) 대법원 2013.6.13. 선고 2010다34159 판결

3과목 손해사정이론

01	02	03	04	05	06	07	08	09	10
①	②	③	②	③	②	②	②	④	①
11	12	13	14	15	16	17	18	19	20
④	①	②	③	③,④	①,②,③,④	①	④	①	③
21	22	23	24	25	26	27	28	29	30
①	③	②	①	③	④	②	②	④	①
31	32	33	34	35	36	37	38	39	40
③	④	①	③	①	①	②	③	②	④

01. ①

- **보험의 대상이 되는 위험** : 순수위험, 정적 위험, 특정위험
- **보험의 대상이 되지 못하는 위험** : 투기위험, 동적 위험, 근본위험

02. ②

자가보험은 다수의 물건을 소유한 경제주체가 자신의 우연한 재산적 손해를 전보할 목적으로 그 재산의 위험을 측정하여 일정비율의 금전을 스스로 적립하는 제도이다. 손해 발생의 위험률을 측정하여 이를 기초로 한다는 점에서 단순한 저축과는 다르나, 위험을 타인에게 전가하지 않고 스스로 보유한다는 점에서 전통적인 보험제도와 차이가 있다. 이러한 자가보험은 거래비용 절감, 현금흐름 개선, 보험인수 거절 위험 관리를 할 수 있는 장점이 있으나 보험자의 전문적인 위험관리 서비스를 받지 못하기 때문에 스스로 위험 관리를 하기 위한 손실통제 비용이 증가한다는 단점이 있다.

03. ③

보험공제(insurance deductible)는 손해가 발생했을 때 보험자가 손해액 전액을 보상하는 것이 아니라 일정 금액을 제외하고 보험금을 지급하는 방식이다. 보험자가 제외하는 부분은 피보험자가 스스로 부담하기 때문에 자기부담금이라고도 한다. 보험공제는 소액보상 청구를 방지하며 이로 인한 보험료 절감의 효과는 물론이고 피보험자에게 손실통제 동기를 강화하도록 하는 효과가 있다. 보험자 파산 방지와 보험공제(insurance deductible) 제도는 크게 관련이 없다.

04. ②

실손보상의 원칙이란, 보험자가 보상하는 보상액은 보험사고로 인하여 발생한 피보험자의 실제 손해액을 초과할 수 없다는 원칙을 말한다. 실손보상의 원칙은 손해보험의 대원칙으로 보험계약의 도박화 방지, 인위적인 사고유발 방지 등의 역할을 한다. 실손보상의 원칙이 손해보험의 대원칙이기는 하지만 적용되지 않는 예외도 있다.

① 대체가격보험은 실제 손해액인 시가를 기준으로 보상하지 않고 재조달가액을 기준으로 보상하는 보험으로 기계보험 등에서 주로 사용하고 있다. 재조달가액으로 보상하면 실손보상의 원칙에 어긋나므로 일부 예외적인 경우에만 사용하고 있다.

② 일부보험이란 보험가액의 일부를 보험에 붙인 경우를 말한다. 일부보험이 체결되면 보험자는 보험금액의 보험가액에 대한 비율에 따라서 보상할 책임을 진다. 일부보험과 실손보상의 원칙의 예외와는 크게 관련성이 없다.

③ 사망보험은 사람의 생명에 관하여 실제 손해액과 가치를 평가하는 것은 불가능하기 때문에 정액보험의 형태로 보상하고 있다. 따라서 실손보상의 원칙에 대한 예외이다.

④ 기평가보험은 보험계약 체결 시에 미리 보험가액을 정하여 차후 보험사고 발생 시에 신속한 보상과 더불어 분쟁을 미연에 방지하는 효과가 있는 보험의 형태이다. 기평가보험을 체결한 뒤에 보험사고가 발생하면 보험증권에 기재된 협정보험가액을 보험가액으로 추정하며, 그 가액이 사고발생시의 가액을 현저하게 초과하지 않는 이상 그 협정보험가액은 실손보상의 원칙의 예외로 인정된다.

05. ③

타보험조항이란 둘 이상의 보험계약이 동일한 피보험이익을 보장하고 있을 때 이들 상호간의 보장 분배방식을 정한 개별 약관조항을 말한다. 우리 상법에서는 '각 보험자의 보상책임은 각자의 보험금액의 비율에 따른다'라고 하여 비례책임주의를 채택하고 있으나, 피보험자의 보상금액이 손해를 입지 않는 한도 내에서 다른 방식으로 보험자 간의 보상방식을 정하는 타보험조항도 얼마든지 가능하다.

이런 타보험조항을 통하여 도덕적 위태 감소, 실손보상의 원칙 유지, 보험자간 손해분담의 효과를 거둘 수 있다. 피보험이익의 원칙 유지와 타보험조항과는 크게 관련성이 없다.

06. ②

대수의 법칙이란, 통계학의 용어로서 관찰 대상의 수가 많아질수록 개개의 단위가 가지고 있는 고유의 요인은 중화되고 그 집단에 내재된 본질적인 경향이 나타나게 되는 현상을 말한다. 이러한 경향성은 관찰의 기간과 대상의 수를 늘릴수록 하나의 법칙성에 도달하며, 반대로 관찰의 기간이 짧고 대상의 수가 적으면 법칙성에서 위배되는 현상이 발생한다.

따라서 대수의 법칙에 따른 분산효과가 발생하면 하나의 법칙성에 도달하며 이는 통계적 예측 신뢰도가 높아지는 효과로 귀결된다. 보험자는 보험료 계산 원리로 대수의 법칙을 활용하여 위험을 측정하여 보험료를 산출한다. 예를 들어 생명보험 계약에서 보험료를 산출할 때에 인간의 수명이나 각 연령별 사망률을 장기간에 걸쳐 많은 모집단에서 구하고 이것을 기초로 적정한 보험요율을 산출한다.

07. ②

본래 계약상 권리의 행사와 의무의 이행은 계약 당사자 쌍방 간의 신뢰를 바탕으로 하는 것이기 때문에 신의성실의 원칙에 따라 이루어져야 한다.[65] 그런데 보험 계약은 그 특성상 사행계약적 성격과 보험사고에 관한 정보를 계약 당사자 일방인 보험계약자

65) 민법 제2조(신의성실) ① 권리의 행사와 의무의 이행은 신의에 좇아 성실히 하여야 한다.

만 보유하고 다른 당사자인 보험자는 보험계약자의 고지에 의존하여 위험을 평가할 수밖에 없다는, 이른바 위험정보의 비대칭성이 존재한다. 따라서 계약 당사자에게는 일반적인 보통의 계약보다 더 높은 수준의 선의성을 요구하며, 보험계약은 일반적인 선의의 원칙보다 높은 수준의, 최대선의의 원칙이 적용된다.
이런 최대선의의 원칙을 실현하기 위한 제도에는 고지(representation), 은폐(concealment), 보증(warranty)이 있다.[66] 대위(subrogation)는 실손보상의 원칙을 실현하기 위한 제도이며 최대선의의 원칙과는 크게 관련성이 없다.

08. ②

일반적으로 보험은 보험목적물 전체를 보험에 가입하는 전부보험의 형태가 기대되지만, 보험계약자가 의도적으로 가입하거나 혹은 물가상승 등으로 인하여 자연적으로 일부만 보험에 붙이는 형태가 발생할 수 있다. 이를 일부보험이라고 하며 일부보험이 발생하면 보험자는 보험금액의 보험가액에 대한 비율에 따라 보상책임을 진다(상법 제674조).

① 공동보험(coinsurance)은 하나의 보험가액을 수인의 보험자가 공동으로 인수하는 것을 말한다. 따라서 각 보험자의 입장에서는 일부보험의 형태가 된다.
② 제외손인(excluded peril)은 손해가 발생하였다고 하더라도 일정한 손인으로 인한 손해는 보험자가 부담하지 않기로 약정한 것으로, 제외손인에 해당하면 손해 전부를 보상하지 않는다. 예를 들면 화재보험에서 전쟁 기타 변란으로 인하여 발생한 화재손해는 보상하지 않도록 규정하는 것이 이에 해당한다. 보험자의 보상책임 발생 여부에 관한 것으로 일부보험과는 크게 관련이 없다.
③ 보험공제(insurance deductible)는 손해의 전부를 보험자가 보험금으로 지급하는 것이 아니라 그 일부를 제외하여 피보험자가 손해의 일부를 부담하도록 하는 것이다. 보험자의 입장에서는 손해의 일부만 부담하기 때문에 일부보험의 형태가 된다.
④ 책임상한(amount limit)은 보험사고 발생으로 인하여 보험자가 부담하는 책임의 한도액을 정한 것으로 만약 설정된 책임한도 이상으로 손해가 발생하면 보험자는 책임 한도까지만 부담하며 그 이상의 손해액에 대해서는 보험금을 지급하지 않는다. 따라서 손해의 일부만 부담하기 때문에 일부보험의 형태가 된다.

09. ④

보험대상 가능 위험은 손실발생이 시간적, 장소적으로 명확하고 손실측정이 가능해야 한다. 그렇지 않으면 사후적으로 손실측정이 어려우며 사전에 보험료를 산출하는 것도 불가능하여, 합리적인 손실보상이 이루어지지 않기 때문이다.

10. ①

대재해적 위험(catastrophe risk)이란 지진이나 해일과 같이 거대한 자연재해 위험을 말한다. 이러한 대재해적 위험은 당사자간의 특약이 없는 한 보험자가 보상하는 대상에서 제외(상법 제660조) 하는데, 위험 자체가 보험자의 담보 능력을 넘어설 수 있으며, 대수의 법칙을 적용하기 어렵고, 손실에 대한 예측 가능성이 낮기 때문이다. 대재해적 위험은 피보험자의 인위적인 사고조작이 어려우므로 도덕적 위태의 가능성은 낮다.

11. ④

대기기간(waiting period)은 보험사고가 발생했을 때에 바로 보험금을 지급하지 않고 일정한 대기기간을 가지며 그 이후에도 손해가 계속될 경우에 보험금을 지급하는 제도이다. 보험계약자 측에게 편중된 정보 비대칭 현상을 감소하기 위한 제도로 장애소득보험 등에서 주로 적용된다. ④번 지문에서는 경과 후에는 보험금이 지급이 중지된다고 했으므로 틀린 지문이다.

12. ①

대위의 원칙(the principle of subrogation)이란 보험사고의 발생으로 보험금을 지급한 보험자가 보험계약자 또는 피보험자가 보험의 목적물이나 제3자에 대하여 가지는 권리를 법률상 당연히 취득하는 것을 말한다. 보험자대위는 크게 보험목적에 대한 대위(잔존물대위)와 제3자에 대한 대위(청구권대위)로 구분한다. 예를 들어 제3자의 행위로 피보험자의 주택에 화재가 발생하였다면, 화재보험금을 지급한 보험자는 그 화재를 발생에 책임이 있는 제3자에게 피보험자를 대신하여 손해배상을 청구할 수 있다.

① 보험자대위와 피보험자의 손실통제활동은 크게 관련이 없다.
② 보험자가 대위권을 행사하여 지급한 보험금을 보전 받으면 그로 인하여 손해율 상승을 막을 수 있고, 피보험자 입장에서도 자신의 책임없는 사유로 인한 보험료 인상을 방지할 수 있다.
③ 보험자에게 보험금을 지급받은 뒤에 피보험자가 제3자에게도 손해배상 청구권도 행사하면 피보험자의 입장에서는 이중보상을 받게 된다. 따라서 보험자가 피보험자 대신 대위권을 행사하여 이중보상을 방지하는 역할을 한다.
④ 보험사고의 책임이 있는 제3자, 즉 가해자가 단지 피해자가 보험을 가입했다는 이유로 배상책임에서 벗어나는 부당함을 제거하는 효과도 있다.

13. ②

과실배상책임에서 과실책임의 요건은 다음과 같다.[67]

① 의무의 위반
② 가해자의 법적 의무
③ 피해자에 손실 발생
④ 인과관계(근인)의 성립

66) MIA(Marine Insurance Act) 1906 #17; Insurance is uberrimae fidei. A contract of marine insurance is a contract based upon the utmost good faith, and, if the utmost good faith be not observed by either party, the contract may be avoided by the other party.

67) 저자주 : 문제에서는 근인(proximate cause)으로 표기하였으나, 인과관계를 근인으로 보는 것은 영국해상보험법(MIA)을 근거로 하는 분야이며 우리나라에서는 상당인과관계(adäquaten Verursachung)로 보는 것이 맞다.

14. ③

손실민감형(loss sensitive) 보험계약이란, 발생한 손실이 보험에 반영되는 보험계약을 말한다.

캡티브(captive)란, 종속보험회사를 말하는 것으로 경제 주체가 보험 자회사를 설립하여 자가보험이 가지는 장점을 유지하되 다른 기업이나 단체의 보험모집도 병행하여 자회사 설립에 따른 이익실현도 동시에 실현하는 위험관리기법이다. 자기 위험 뿐만 아니라 다른 경제주체의 위험도 모집이 가능하기 때문에 보험의 목적이 다양해지므로 사고 발생의 예측과 실제 손해와의 편차가 줄어들게 되고, 이러한 다양한 위험관리 효과로 손실 민감을 완화할 수 있는 장점이 있다.

15. ③, ④

본 문제는 가답안에서는 ④번 지문만 정답이었으나, 최종답안에서는 ③번 지문도 정답으로 포함하는 것으로 수정되었다.

③ MPL은 최대 손실을 측정하는 것으로, 1%의 수준이라는 것을 고려하지 않는다. 이러한 신뢰도를 적용하여 계산하는 것은 PML에 해당한다. 따라서 ③번 지문에서는 "100억원이 1% 수준에서 PML이면 손실이 100억원 이상일 확률이 0.01이다"라고 해야 맞는 지문이다.

④ 100억원이 1% 수준에서 월별 VAR이라면 이 포트폴리오가 한 달 동안 100억원 이상 손실을 입을 확률이 0.01이다.

16. ①, ②, ③, ④

본 문제는 가답안에서는 ②번 지문만 정답이었으나, 최종답안에서는 모든 지문을 정답으로 하는 것으로 수정되었다.

쌍무계약이란 계약의 당사자 양쪽이 서로 대가적 의미를 가지는 채무를 부담하는 계약을 말한다. 여기에 상호의 채무가 대가적 의미를 가지고 있다는 것은 상호적으로 이행해야 할 일이 의존관계(依存關係)를 가지고 채무의 부담이 교환적인 원인관계에 서는 것을 뜻한다. 이에 반하여 편무계약이란 당사자 일방만이 급부를 하고 상대방은 이에 대응하는 반대급부를 하지 않는 계약을 말한다. 편무계약에는 증여, 소비대차, 사용대차 등이 있다.

보험계약은 보험계약자는 보험료 지급 의무를 부담하고, 보험자는 보험사고 발생 시 보험금 지급 의무를 부담하는 쌍무계약에 해당한다. 비록 보험사고가 발생하지 않아 보험자가 보험금을 지급하지 않았다고 하더라도 보험기간 동안 보험자는 보험사고의 발생 시 보험금을 지급해야 하는 위험 부담 채무를 부담하였으므로 쌍무계약으로 보는 것이 맞다. 일부 영미법 계열의 학자 분들 중에 편무계약을 주장하시는 분들도 있으나[68] 우리나라 상법 및 대법원의 태도는 보험계약은 쌍무계약이라는 입장이다. 본 문제도 처음에는 ②번이 정답이었으나 이의제기를 통하여 전부 맞는 지문으로 처리되었다.

17. ①

배상책임보험은 보험사고의 발생 시점을 언제로 보느냐에 따라서, 사고발생기준(occurrence basis) 배상책임보험과 배상청구기준(claims – made basis) 배상책임보험으로 나뉜다. 예를 들어 1일에 사고가 발생하여 5일에 배상청구가 이루어졌다면, 사고발생기준 배상책임보험에서는 1일을 보험사고 발생일로 보며, 배상청구기준 배상책임보험에서는 5일을 보험사고 발생일로 본다. 지문 중에서는 자동차손해배상책임보험만 사고발생기준 배상책임보험이며, 나머지는 배상청구기준 배상책임보험에 속한다.

18. ④

① 비교과실(comparative negligence)의 법리에 의하면 피해자는 손해액에서 자신이 기여한 과실의 비율에 해당하는 금액을 공제한 뒤 손해배상금을 지급받는다. 현재 우리나라에서 사용 중인 과실상계와 비슷한 개념으로 이해하면 쉽다. 가해자는 비교과실을 주장하여 자신의 과실에 대하여 항변할 수 있다.

② 리스크의 인식(assumption of risk)은 특정 활동 또는 업무에 항상 위험이 있다는 것을 이해하고 인식하는 사람은 그러한 활동 또는 업무에 연관되어 손실을 입었다고 하더라도 스스로 그러한 위험에 자신을 자발적으로 노출한 것인 만큼 보상을 요구할 수 없다는 논리이다. 가해자는 리스크의 인식을 주장하여 자신의 과실에 대하여 항변할 수 있다.

③ 기여과실(contributory negligence)의 법리에 의하면 과실책임의 원인이 되는 사고 또는 사건의 발생에 피해자의 과실이 조금이라도 기여했다면, 가해자인 피고에게 과실책임을 부과할 수 없다. 가해자는 기여과실을 주장하여 자신의 과실에 대하여 항변할 수 있다.

④ 징벌적 손해배상은 형사와 민사의 구분이 명확하지 않은 영미법을 근간으로 하는 나라에서 발달한 것으로, 가해자의 행위가 악의적이고 반사회적일 경우 실제 손해액보다 훨씬 더 많은 민사상 손해배상 책임을 부과하는 제도이다. 악의의 가해자에게 실제 손해에 대한 피해액만을 보상하게 하는 것으로는 예방적 효과가 충분하지 않기 때문에 고액의 배상책임을 부과하여, 가해자를 응징하고 다른 사람 또는 기업이 유사한 부당행위를 저지르지 않도록 예방하는 효과도 기대하는 제도이다. 이러한 징벌적 손해배상은 사고에 대한 가해자의 과실 부분만 배상책임을 부과하는 과실배상책임과는 관련이 없다.

19. ①

수지상등의 원칙이란, 보험계약에서 장래 수입되는 순보험료 현가의 총액과 장래 지출해야 할 보험금 현가의 총액이 동일해야 한다는 원칙을 말한다. 보험자가 보험요율을 산정하여 위험단체를 운영할 때에 적용되는 기본 원칙이며 도덕적 위태(moral hazard) 완화와는 크게 관련성이 없다.

68) 이 경우에도 우리가 말하는 편무계약과는 다소 의미가 다르다. 영미법 계열에서 말하는 편무계약(unilateral contract)이란, 계약 당사자 어느 일방만이 계약 이행 채무를 강제 당하는 계약을 말하는 것으로, 보험계약자의 보험료 지급의무는 강제 사항이 아니지만, 보험자의 보험금 지급의무는 법적으로 강제되는 계약이라는 뜻이다. 이에 반하여 우리나라를 비롯한 대륙법 계열에서 말하는 편무계약은 계약 당사자 어느 일방만이 계약 이행 채무를 부담하기 때문에 교환적 채무관계가 아닌 것으로, 증여, 소비대차, 사용대차와 같은 계약이 대표적인 예이다.

20. ③

pooling arrangement는 위험약정결합을 말하는 것으로 동질의 위험을 보유한 다수의 사람이 자신들이 보유한 위험을 서로 묶어 누구에게 손해가 발생하든 그 손해를 서로 균등하게 분담하기로 하는 약정을 말한다. pooling arrangement의 대표적인 예가 바로 보험이다. 대수의 법칙, 정규분포, 중심극한정리 모두 위험 결합과 관련이 있지만, 체계적 위험은 위험의 결합, 분산을 통하여 제거될 수 없는 위험을 말하는 것으로 위험 결합과는 크게 관련성이 없다.

21. ①

비교과실(comparative negligence)은 사고 관계자 사이의 과실을 서로 비교하여 자신의 과실에 해당하는 부분에 대해서만 보상책임을 부담하는 것을 말한다.

- **A가 B에게 부담하는 배상책임액** : 200만원(B 손해액) × 40%(A의 과실) = 80만원
- **B가 A에게 부담하는 배상책임액** : 100만원(A 손해액) × 60%(B의 과실) = 60만원
- **순배상금액** : 80만원(A의 배상책임액) – 60만원(B의 배상책임액) = 20만원

따라서 A가 B에게 20만원을 지급한다.

22. ③

① 손해보험에서 피보험이익은 손실발생 시에 존재하여야 한다. 생명보험에서 피보험이익은 계약 체결 시에 존재하여야 한다.
② 생명보험의 경우 피보험이익의 문제는 발생하지 않는다. 손해보험의 경우 피보험이익은 절대적인 요소이다.
③ 피보험이익은 보험사고에 대하여 피보험자가 갖는 경제적 이해관계를 말한다.
④ 피보험이익은 보험계약의 목적을 의미한다.

23. ②

프랜차이즈 공제(franchise deductible)는 일정한 공제금액을 정하여 해당 금액에 미치지 못하는 손해는 피보험자가 전액 부담하고, 공제금액을 넘어서는 손해가 발생하였다면 보험자가 전액 부담하는 방식의 공제조항을 말한다. 문제에서 프랜차이즈 공제금액이 30만원이고 주어진 손해액이 50만원이므로, 보험자는 손해액 50만원을 전부 보험금으로 지급한다.

24. ①

보험요율은 광범위한 경험적 통계 데이터를 기초로 산출한다. 그러나 통계자료를 활용할 수 없을 정도로 발생 확률이 낮은 위험이거나, 계약조건이 매우 다양하여 요율산출이 곤란한 경우에는 어쩔 수 없이 언더라이터가 개별적으로 위험을 판단하여 요율을 적용하는데, 이를 판단요율이라고 한다. 판단요율을 사용하는 대표적인 분야가 해상보험이다.

25. ③

사고통지의 접수 → 계약사항의 확인 → 현장조사 → 손해액 및 보험금 산정 → 손해사정서 작성 교부 → 보험금 지급 → 대위 및 구상권 행사

26. ④

보험계약은 불요식계약(Informal contract)으로 계약의 성립에 정해진 양식이나 방법 같은 것은 필요 없으며 보험계약의 당사자인 청약자와 승낙자의 의사 합치만으로 유효하게 성립한다. 계약법(Contract Law) 아래에서 계약이 법적인 효력을 발휘하게 위하여 반드시 갖추어야 하는 기본 요건은 다음과 같다.

1) 상호간의 의사 합치(mutual assent)
2) 청약과 승낙(offer and acceptance)
3) 급부(consideration)
4) 계약 능력(contractual capacity)
5) 합법적인 계약목적(lawful purpose)

27. ②

금반언의 원칙(estoppel)이란, 신의성실의 원칙에서 파생되는 원칙으로 행위자가 일단 특정한 의사표시를 한 이상 나중에 해당 의사표시를 부정하는 주장을 하여서는 안된다는 것을 말한다. 주로 영미법 상에서 발전된 원칙으로 법률관계에 있어서 앞에서 한 행위로 상대방에게 신뢰를 준 이후에 이와 모순되는 후행행위를 하여 상대방의 신뢰를 저버리는 것은 신의성실의 원칙에 위반되므로, 그 모순된 행위를 한 자가 책임을 부담해야 한다는 의미를 뜻한다. 보험계약에서는 보험설계사 또는 보험대리점이 보험계약을 체결하면서 약관의 내용을 다르게 설명하여 계약을 체결한 뒤에, 실제 보험사고 발생 시에 이들이 한 설명이 진실한 것이 아님을 이유로 배척하는 경우 금반언의 원칙을 주장하여 피보험자를 보호할 수 있다.

28. ②

균일부담방식(contributions by equal shares)은 여러 보험자 중에서 가장 낮은 보험자의 보상한도까지 동일하게 부담을 하다가, 가장 낮은 보험자의 보상한도에 도달하면 그 보험자는 제외하고 다시 다음의 낮은 보험자의 보상한도까지 남은 보험자가 계속 동일하게 부담하는 방식이다.
문제에는 5억 5천만원 전손이 발생했으므로 5억 5천만원에 도달할 때까지 각 보험자가 균등하게 부담하면 각 보험자의 보상액은 다음과 같다.

- A : 1억 = 1억원
- B : 1억 + 1억 + 5천만원 = 2억 5천만원
- C : 1억 + 1억 = 2억원

29. ④

공동보험조항의 요구부보비율이란, 보험가입자가 일정한 비율 이상을 가입할 경우 손해액 전부를 보장하되, 요구부보비율 이하로 가입하면 penalty를 부과하여 손해액의 일부만 부담하는 방식을 말한다. 계산식은 다음과 같다.

- 요구부보비율을 만족할 경우
  보험가입금액 한도에서 손해액 전부 보상
- 요구부보비율을 만족하지 못할 경우

$$손해액 \times \frac{보험가입금액}{보험가액 \times 요구부보비율}$$

문제에서 주어진 요구부보비율이 80%이며 보험가액이 2억원, 보험가입금액은 1억원이므로 요구부보비율을 만족하지 못한 경우에 해당한다. 따라서 요구부보비율을 만족하지 못한 경우의 계산식을 적용하여 보험자가 지급해야할 보험금을 계산하면 다음과 같다.

$$1억\ 2천만원(손해액) \times \frac{1억원(보험가입금액)}{2억원(보험가액) \times 80\%(요구부보비율)}$$

=7천 5백만원

30. ①

PML(probable maximum loss)은 손해방지, 경감시설이나 장치 및 기구가 제대로 작동하고 이를 사용하는 요원들이 예정대로 활동한다고 할 경우에 예상되는 한 위험의 발생으로부터 입을 수 있는 최고손실액을 말한다. 보험에서는 보험자의 인수 가능 여부 및 보유한도액을 판단하기 위한 수단으로 주로 사용되고 있다.

31. ③

- **손해발생 전의 목적**
  - 사고발생의 우려와 심리적 불안의 경감
  - 손실방지를 위한 각종 규정의 준수
  - 위험관리 기능을 수행함에 있어서 최소의 비용으로 최대의 효과 달성
  - 사고발생 가능성의 최소화
- **손해발생 후의 목적**
  - 영업활동의 지속
  - 수익의 안정
  - 지속적인 성장

32. ④

- **근본위험** : 불확실성을 야기하는 원천이 사회에 속해 있으며, 그 영향도 사회전반에 걸쳐 미친다.
- **특정위험** : 불확실성을 야기하는 원천이 특정 개인이나 집단에 속해 있으며, 그 영향도 특정 개인이나 집단에만 미친다.

33. ①

① 순수위험은 손실의 가능성만 있으며 이익의 가능성은 내포되어 있지 않다. 손실의 가능성과 이익의 가능성이 모두 내포된 위험은 투자위험이다. 예를 들어 건물에 화재가 발생하는 위험은 순수위험이며, 주식 투자로 인하여 발생하는 위험은 투자위험이다.

② 순수위험은 일반적으로 대수의 법칙을 쉽게 적용할 수 있어 손실의 정도를 미리 예측할 수 있다. 반면 투자위험은 대수의 법칙 적용이 어려우므로, 손실의 예측도 어렵다.

③ 순수위험은 자연 상태에서 위험 자체가 이미 존재해 있는 위험이다. 반면 투자위험은 적극적으로 이득을 취하고자 하는 심리에 의하여 인위적으로 창출하여 발생한다.

④ 순수위험은 일반적으로 인적위험, 재산위험, 배상책임위험으로 분류된다.

34. ③

상법 제4편 보험계약법 규정상 천재지변에 의한 손해는 면책사항으로 기재되어 있지 않다. 따라서 천재지변은 법정면책사유가 아니라 개별 약관에 의하여 규정되는 약정면책사유에 해당한다. 보험계약법에 규정된 손해보험에 공통적으로 적용되는 보험자의 법정면책사유는 다음과 같다.

1) **고의 중과실-상법 제659조 제1항**
   보험사고가 보험계약자 또는 피보험자나 보험수익자의 고의 또는 중대한 과실로 인하여 생긴 때에는 보험자는 보험금액을 지급할 책임이 없다.
2) **전쟁 기타 변란-상법 제660조**
   보험사고가 전쟁 기타의 변란으로 인하여 생긴 때에는 당사자 간에 다른 약정이 없으면 보험자는 보험금액을 지급할 책임이 없다.
3) **성질, 하자, 자연소모-상법 제678조**
   보험의 목적의 성질, 하자 또는 자연소모로 인한 손해는 보험자가 이를 보상할 책임이 없다.

35. ①

① 예정보험은 보험계약을 체결할 당시에 보험증권에 기재할 보험계약의 내용의 일부가 확정되지 않은 보험계약으로서 이미 유효하게 성립된 보험계약이며, 독립된 계약이다.

②③④ 예정보험에는 개별예정보험(Provisional cover)과 포괄예정보험(Open cover)이 있다. 개별예정보험은 개개의 선적화물에 대하여 체결하는 것으로 선박미확정의 적하예정보험과 보험금액 미확정의 예정보험이 있다. 포괄예정보험은 다수의 불특정 선적화물에 대하여 체결하는 보험이다. 포괄예정보험은 연간 보상액을 미리 설정하고 실제로 선적이 이루어질 때 보험자에게 이를 통지하여 해당 금액만큼 감액하는 형태로 운용된다. 우리나라에서 포괄예정보험은 보통 계약 체결 전년도의 계약 실적이 일정금액 이상인 무역업체만 가입 가능하다. 포괄예정보험을 체결하면 설령 보험계약자가 화물선적 통지를 누락한 경우라도 보험계약자나 피보험자의 고의 또는 중대한 과실이 없는 한 보험자가 책임을 부담하므로 무보험상태에 빠질 위험이 없다는 장점이 있다.

36. ①

사다리방법(chain-ladder method, CLM)은 손해가 발생한 시점부터 정산되는 시점까지 경과기간 동안의 손실액의 추이를 살펴보아 이를 바탕으로 미래에 지급될 지급준비금을 산정하는 방식이다. 다른 말로는 진전추이방식이라고도 한다.

37. ②

불법행위로 인하여 손해와 더불어 이익이 생겼는데 피해자에게도 과실이 있는 경우 먼저 산정된 손해액에서 과실상계를 한 다음에 손익상계를 하여야 한다는 것이 확립된 판례의 입장이다.[69] [70]

38. ③

재보험은 보험수익의 안정성 유지, 원보험자의 인수능력의 증대, 위험의 분산, 경영의 안정화, 재난적 사고의 보장, 신규상품의 개발 촉진 등의 기능이 있다. 재보험에 가입되었다고 해서 보험사고의 경감 효과가 발생하지는 않는다.

39. ②

최종적 명백한 기회(last clear chance)란 영미법의 불법행위에 대한 법리로 사고 발생에 대하여 피해자에게 과실이 있었더라도 가해자에게 사고를 피할 기회가 있었음이 명백히 증명된다면 가해자의 배상책임을 인정하는 법리이다. 본래 기여과실의 단점을 완화하기 위해 주장된 원칙으로, 현재 기여과실이 비교과실로 대체되면서 크게 사용되고 있지는 않다.

문제에서는 신호를 무시하고 길을 건너는 사람에게 과실이 있지만, 운전자가 사고를 피할 수 있는 최종적 명백한 기회(last clear chance)가 있었음에도 이를 피하지 않고 사고를 발생시켰기 때문에 운전자는 원고인 피해자의 손실을 배상할 책임이 있다.

40. ④

- **빈도가 적고 심도가 작은 경우** : 위험의 보유
- **빈도가 많고 심도가 작은 경우** : 손해제어적인 수단에 보유기법을 병행하여 적용
- **빈도가 적고 심도가 큰 경우** : 보험에의 전가와 손해제어적인 수단을 병행하여 적용
- **빈도가 많고 심도가 큰 경우** : 위험의 회피

69) 대법원 1996.1.23. 선고 95다24340 판결

70) **저자주** : 다만 2022년 3월 대법원은 전원합의체 판결에서 산재보험 분야의 적용 순서를 '공제 후 과실상계'로 기존의 입장을 변경하였다. 공익적 성격을 가지는 분야(산재보험)에 대한 특수한 판례이므로 이를 전체로 확대(불법행위책임에도 적용)하는 것으로 보아야 하는가는 아직 학계에서도 조심스러워 하는 입장이다. 다만 대법원의 새로운 입장이 나왔으므로 기존의 원칙이 변경될 가능성도 있다.

2015 제38회 정답 및 해설

1과목 보험업법

01	02	03	04	05	06	07	08	09	10
③	④	④	③	③	③	③	③	④	④
11	12	13	14	15	16	17	18	19	20
①	③	③	①	②	④	①	①	④	②
21	22	23	24	25	26	27	28	29	30
④	②	①	④	④	④	②	②	①	①
31	32	33	34	35	36	37	38	39	40
④	①	①	②	①	③	④	②	③	③

01. ③

보험업법 제1조에 따르면, 보험업법은 ① 보험업을 경영하는 자의 건전한 경영을 도모하고 ② 보험계약자, 피보험자, 그 밖의 이해관계인의 권익을 보호함으로써 보험업의 건전한 육성과 ④ 국민경제의 균형 있는 발전에 기여함을 목적으로 한다.

02. ④

주권상장법인이 전문보험계약자이다.

보험업법 제2조 제19호

"전문보험계약자"란 보험계약에 관한 전문성, 자산규모 등에 비추어 보험계약의 내용을 이해하고 이행할 능력이 있는 자로서 다음 각 목의 어느 하나에 해당하는 자를 말한다. 다만, 전문보험계약자 중 대통령령으로 정하는 자가 일반보험계약자와 같은 대우를 받겠다는 의사를 보험회사에 서면으로 통지하는 경우 보험회사는 정당한 사유가 없으면 이에 동의하여야 하며, 보험회사가 동의한 경우에는 해당 보험계약자는 일반보험계약자로 본다.

가. 국가
나. 한국은행
다. 대통령령으로 정하는 금융기관
라. 주권상장법인
마. 그 밖에 대통령령으로 정하는 자

보험업법 시행령 제6조의2 제2항

법 제2조 제19호다목에서 "대통령령으로 정하는 금융기관"이란 다음 각 호의 금융기관을 말한다.

1. 보험회사
2. 「금융지주회사법」에 따른 금융지주회사
3. 「농업협동조합법」에 따른 농업협동조합중앙회
4. 「산림조합법」에 따른 산림조합중앙회
5. 「상호저축은행법」에 따른 상호저축은행 및 그 중앙회
6. 「새마을금고법」에 따른 새마을금고연합회
7. 「수산업협동조합법」에 따른 수산업협동조합중앙회
8. 「신용협동조합법」에 따른 신용협동조합중앙회
9. 「여신전문금융업법」에 따른 여신전문금융회사
10. 「은행법」에 따른 은행
11. 「자본시장과 금융투자업에 관한 법률」에 따른 금융투자업자(같은 법 제22조에 따른 겸영금융투자업자는 제외한다), 증권금융회사, 종합금융회사 및 자금중개회사
12. 「중소기업은행법」에 따른 중소기업은행
13. 「한국산업은행법」에 따른 한국산업은행
14. 「한국수출입은행법」에 따른 한국수출입은행
15. 제1호부터 제14호까지의 기관에 준하는 외국금융기관

보험업법 시행령 제6조의2 제3항

법 제2조 제19호마목에서 "대통령령으로 정하는 자"란 다음 각 호의 자를 말한다.

1. 지방자치단체
2. 법 제83조에 따라 모집을 할 수 있는 자
3. 법 제175조에 따른 보험협회, 법 제176조에 따른 보험요율 산출기관 및 법 제178조에 따른 보험 관계 단체
4. 「금융회사부실자산 등의 효율적 처리 및 한국자산관리공사의 설립에 관한 법률」에 따른 한국자산관리공사
5. 「금융위원회의 설치 등에 관한 법률」에 따른 금융감독원(이하 "금융감독원"이라 한다)
6. 「예금자보호법」에 따른 예금보험공사 및 정리금융회사
7. 「자본시장과 금융투자업에 관한 법률」에 따른 한국예탁결제원 및 같은 법 제373조의2에 따라 허가를 받은 거래소(이하 "거래소"라 한다)
8. 「자본시장과 금융투자업에 관한 법률」에 따른 집합투자기구. 다만, 금융위원회가 정하여 고시하는 집합투자기구는 제외한다.
9. 「한국주택금융공사법」에 따른 한국주택금융공사
10. 「한국투자공사법」에 따른 한국투자공사
11. 삭제<2014.12.30.>
12. 「기술보증기금법」에 따른 기술보증기금
13. 「신용보증기금법」에 따른 신용보증기금
14. 법률에 따라 공제사업을 하는 법인
15. 법률에 따라 설립된 기금(제12호와 제13호에 따른 기금은 제외한다) 및 그 기금을 관리·운용하는 법인

16. 해외 증권시장에 상장된 주권을 발행한 국내법인
17. 다음 각 목의 어느 하나에 해당하는 외국인
    가. 외국 정부
    나. 조약에 따라 설립된 국제기구
    다. 외국 중앙은행
    라. 제1호부터 제15호까지 및 제18호의 자에 준하는 외국인
18. 그 밖에 보험계약에 관한 전문성, 자산규모 등에 비추어 보험계약의 내용을 이해하고 이행할 능력이 있는 자로서 금융위원회가 정하여 고시하는 자

03. ④

기초서류란 다음의 문서를 말한다(보험업법 제5조).

1) 경영하려는 보험업의 보험종목별 사업방법서
2) 보험약관
3) 보험료 및 해약환급금의 산출방법서1)

04. ③

보험회사는 300억원 이상의 자본금 또는 기금을 납입함으로써 보험업을 시작할 수 있다. 다만, 보험회사가 제4조 제1항에 따른 보험종목의 일부만을 취급하려는 경우에는 50억원 이상의 범위에서 대통령령으로 자본금 또는 기금의 액수를 다르게 정할 수 있다(보험업법 제9조 제1항).

05. ③

손해보험회사가 질병을 원인으로 하는 사망을 제3보험의 특약 형식으로 담보하는 보험을 경영하고자 할 때에는 다음 각 호의 요건을 충족하는 보험이어야 한다(보험업법 시행령 제15조 제2항).2)

1. 보험만기는 80세 이하일 것
2. 보험금액의 한도는 개인당 2억원 이내일 것
3. 만기 시에 지급하는 환급금은 납입보험료 합계액의 범위 내일 것

06. ③

보험회사의 상근임원은 다른 영리법인의 상시적인 업무에 종사할 수 없다. 다만, 다음 각 호의 어느 하나에 해당하는 경우에는 그러하지 아니하다.3)

07. ③

보험회사가 준법감시인을 임면하려면 이사회의 의결을 거쳐야 한다. 다만, 외국보험회사 국내지점의 경우에는 그러하지 아니하다.4)

1. 해당 보험회사를 자회사로 하는 「금융지주회사법」에 따른 금융지주회사의 임원 또는 사용인이 되는 경우
2. 「채무자 회생 및 파산에 관한 법률」에 따라 관리인으로 선임되는 경우
3. 자회사의 임원 또는 사용인이 되는 경우(대통령령으로 정하는 경우는 제외한다)
4. 그 밖에 보험계약자와 이해가 상충될 우려가 없는 경우로서 대통령령으로 정하는 경우

08. ③

보험 모집을 할 수 있는 자는 다음 각 호의 어느 하나에 해당하는 자이어야 한다(보험업법 제83조 제1항).

1. 보험설계사
2. 보험대리점
3. 보험중개사
4. 보험회사의 임원(대표이사 · 사외이사 · 감사 및 감사위원은 제외한다) 또는 직원

09. ④

보험회사 등은 다른 보험회사 등에 소속된 보험설계사에게 모집을 위탁하지 못하며, 보험설계사는 자기가 소속된 보험회사 등 이외의 자를 위하여 모집을 하지 못한다.

다만, 다음 각 호의 어느 하나에 해당하는 경우에는 모집을 할 수 있다(보험업법 제85조 제3항).

1. 생명보험회사 또는 제3보험업을 전업(專業)으로 하는 보험회사에 소속된 보험설계사가 1개의 손해보험회사를 위하여 모집을 하는 경우
2. 손해보험회사 또는 제3보험업을 전업으로 하는 보험회사에 소속된 보험설계사가 1개의 생명보험회사를 위하여 모집을 하는 경우
3. 생명보험회사나 손해보험회사에 소속된 보험설계사가 1개의 제3보험업을 전업으로 하는 보험회사를 위하여 모집을 하는 경우

---

1) 참고로 본 문제 출제 당시의 용어는 '보험료 및 책임준비금 산출방법서'였으나, 2022년 12월 31일부터 '보험료 및 해약환급금 산출방법서'로 용어가 변경되었다.
2) 참고로 본 문제 출제 당시에는 "손해보험업의 보험종목 전부를 취급하는 손해보험회사가 질병을 원인으로 하는 사망을 제3보험의 특약 형식으로 담보하는 보험으로서 다음 각 호의 요건을 충족하는 보험을 말한다."라고 되어 있었으나, 2018년 6월에 "~~손해보험업의 보험종목 전부를 취급하는~~" 부분이 삭제되었다. 따라서 현재는 손해보험업의 보험종목 전부를 취급하지 않아도 질병을 원인으로 하는 사망을 특약형식으로 담보하는 것이 가능하다.
3) 참고로 본 규정은 보험업법 제14조에 있었으나, '금융회사의 지배구조에 관한 법률' 제정에 따라 2015년 7월 31일자로 보험업법에서는 삭제되었다.
4) 참고로 본 규정은 보험업법 제17조 제3항에 있었으나, '금융회사의 지배구조에 관한 법률' 제정에 따라 2015년 7월 31일자로 보험업법에서는 삭제되었다.

10. ④

보험설계사가 100명 이상인 법인보험대리점으로서 금융위원회가 정하여 고시하는 법인보험대리점은 다음 각 호의 요건을 모두 갖추어야 한다(보험업법 시행령 제33조의2 제1항).

1. 법령을 준수하고 보험계약자를 보호하기 위한 업무지침을 정할 것
2. 제1호에 따른 업무지침의 준수 여부를 점검하고 그 위반사항을 조사하는 임원 또는 직원을 1명 이상 둘 것
3. 보험계약자를 보호하고 보험계약의 모집 업무를 수행하기 위하여 필요한 전산설비 등 물적 시설을 충분히 갖출 것

11. ①

보험회사는 그 자산을 운용할 때 안정성 · 유동성 · 수익성 및 공익성이 확보되도록 하여야 한다(보험업법 제104조 제1항).

12. ③

①② 보험회사의 임직원, 보험설계사, 보험대리점, 보험중개사, 손해사정사, 그 밖에 보험 관계 업무에 종사하는 자는 다음 각 호의 어느 하나에 해당하는 행위를 하여서는 아니 된다(보험업법 제102조의3).

1. 보험계약자, 피보험자, 보험금을 취득할 자, 그 밖에 보험계약에 관하여 이해가 있는 자로 하여금 고의로 보험사고를 발생시키거나 발생하지 아니한 보험사고를 발생한 것처럼 조작하여 보험금을 수령하도록 하는 행위
2. 보험계약자, 피보험자, 보험금을 취득할 자, 그 밖에 보험계약에 관하여 이해가 있는 자로 하여금 이미 발생한 보험사고의 원인, 시기 또는 내용 등을 조작하거나 피해의 정도를 과장하여 보험금을 수령하도록 하는 행위

③ 금융위원회는 보험설계사가 보험업법에 따른 명령이나 처분을 위반한 경우에는 6개월 이내의 기간을 정하여 그 업무의 정지를 명하거나 그 등록을 취소할 수 있다(보험업법 제86조 제2항).

④ 보험대리점 소속 보험설계사가 모집에 관한 보험업법의 규정을 위반한 경우, 금융위원회는 그 보험대리점에 대하여 6개월 이내의 기간을 정하여 그 업무의 정지를 명하거나 그 등록을 취소할 수 있다(보험업법 제88조 제2항).

13. ③

보험회사는 일반보험계약자로서 보험회사에 대하여 대통령령으로 정하는 보험계약을 청약한 자가 보험증권을 받은 날로부터 15일(거래 당사자 사이에 15일보다 긴 기간으로 약정한 경우에는 그 기간) 이내에 대통령령으로 정하는 바에 따라 청약철회의 의사를 표시하는 경우에는 특별한 사정이 없는 한 이를 거부할 수 없다. 다만, 청약을 한 날로부터 30일을 초과한 경우에는 그러하지 아니하다.[5]

14. ①

적합성의 원칙은 변액보험 계약에 적용된다.[6]

15. ②

보험회사 또는 보험의 모집에 종사하는 자가 보험상품에 관한 광고를 할 때에는 지켜야 할 사항을 해당 보험회사의 내부통제기준에 반영하고, 보험상품광고에 대하여 사전에 해당 보험회사의 준법감시인의 확인을 받아야 한다.[7]

16. ④

보험회사는 다음 각 호의 어느 하나에 해당하는 경우 통신수단을 이용할 수 있도록 하여야 한다(보험업법 제96조 제2항).

1. 보험계약을 청약한 자가 청약의 내용을 확인 · 정정 요청하거나 청약을 철회하고자 하는 경우
2. 보험계약자가 체결한 계약의 내용을 확인하고자 하는 경우
3. 보험계약자가 체결한 계약을 해지하고자 하는 경우(보험계약자가 계약을 해지하기 전에 안전성 및 신뢰성이 확보되는 방법을 이용하여 보험계약자 본인임을 확인받은 경우에 한정한다)[8]

17. ①

보험회사는 다음 각 호의 사유로 해산한다(보험업법 제137조 제1항).

1. 존립기간의 만료, 그 밖에 정관으로 정하는 사유의 발생
2. 주주총회 또는 사원총회의 결의
3. 회사의 합병
4. 보험계약 전부의 이전
5. 회사의 파산
6. 보험업의 허가취소
7. 해산을 명하는 재판

18. ①

① 보험회사는 보험계약을 이전한 경우에는 7일 이내에 그 취지를 공고하여야 한다. 보험계약을 이전하지 아니하게 된 경우에도 또한 같다(보험업법 제145조).

② 보험회사는 계약의 방법으로 책임준비금 산출의 기초가 같은 보험계약의 전부를 포괄하여 다른 보험회사에 이전할 수 있다(보험업법 제140조 제1항).

③ 보험계약을 이전하려는 보험회사는 주주총회 등의 결의가 있었던 때부터 보험계약을 이전하거나 이전하지 아니하게 될 때까지 그 이전하려는 보험계약과 같은 종류의 보험계약을 하지 못한다(보험업법 제142조).

④ 보험계약을 이전한 보험회사가 그 보험계약에 관하여 가진 권리와 의무는 보험계약을 이전받은 보험회사가 승계한다. 이전

5) 참고로 본 규정은 보험업법 제102조의4에 있었으나, '금융소비자 보호에 관한 법률' 제정에 따라 2020년 3월 24일자로 보험업법에서는 삭제되었다.

6) 참고로 본 규정은 보험업법 제95조의3에 있었으나, '금융소비자 보호에 관한 법률' 제정에 따라 2020년 3월 24일자로 보험업법에서는 삭제되었다.

계약으로써 이전할 것을 정한 자산에 관하여도 또한 같다(보험업법 제146조 제1항).

19. ④

손해보험상품으로서 대통령령으로 정하는 계약은 다음과 같다(보험업법 시행령 제1조의2 제2항).

1. 화재보험계약
2. 해상보험계약(항공 · 운송보험계약을 포함한다)
3. 자동차보험계약
4. 보증보험계약
5. 재보험계약
6. 책임보험계약
7. 기술보험계약
8. 권리보험계약
9. 도난보험계약
10. 유리보험계약
11. 동물보험계약
12. 원자력보험계약
13. 비용보험계약
14. 날씨보험계약

20. ②

자산 등을 고려하여 대통령령으로 정하는 보험회사는 감사위원회를 설치하여야 한다.[9]

감사위원회는 다음 각 호의 요건 모두에 적합하여야 한다.

1. 총 위원의 3분의 2 이상이 사외이사일 것
2. 위원 중 1명 이상은 대통령령으로 정하는 회계 또는 재무 전문가일 것

21. ④

보험대리점의 영업보증금은 1억원(법인보험대리점의 경우에는 3억원)의 범위에서 보험회사와 대리점이 협의하여 정할 수 있다. 다만, 금융기관보험대리점에 대해서는 영업보증금 예탁의무를 면제한다(보험업법 시행령 제33조 제1항).

보험중개사의 영업보증금은 개인은 1억원 이상, 법인은 3억원 이상으로 하며, 그 구체적인 금액은 해당 보험중개사의 영업 규모를 고려하여 총리령으로 정한다. 다만, 금융기관보험중개사에 대해서는 영업보증금 예탁의무를 면제한다(보험업법 시행령 제37조 제1항).

위의 내용을 정리하면 다음과 같다.

영업보증금	보험대리점	보험중개사
개인	1억원 범위내에서 협의	1억원 이상
법인	3억원 범위내에서 협의	3억원 이상

※ 금융기관보험대리점, 금융기관보험중개사는 영업보증금 예탁의무가 면제됨

22. ②

보험안내자료에는 보험계약자의 이해를 돕기 위하여 금융위원회가 필요하다고 인정하여 정하는 경우를 제외하고는, 보험회사의 장래의 이익 배당 또는 잉여금 분배에 대한 예상에 관한 사항을 적지 못한다. 모집을 위하여 사용하는 보험안내자료에는 다음 각 호의 사항을 명백하고 알기 쉽게 적어야 한다(보험업법 제95조 및 보험업법 시행령 제42조 제3항).

1. 보험회사의 상호나 명칭 또는 보험설계사 · 보험대리점 또는 보험중개사의 이름 · 상호나 명칭
2. 보험 가입에 따른 권리 · 의무에 관한 주요 사항
3. 보험약관으로 정하는 보장에 관한 사항

3의2. 보험금 지급제한 조건에 관한 사항

4. 해약환급금에 관한 사항
5. 「예금자보호법」에 따른 예금자보호와 관련된 사항
6. 그 밖에 보험계약자를 보호하기 위하여 대통령령으로 정하는 사항

6-1. 보험금이 금리에 연동되는 보험상품의 경우 적용금리 및 보험금 변동에 관한 사항

6-2. 보험금 지급제한 조건의 예시

6-3. 보험안내자료의 제작자 · 제작일, 보험안내자료에 대한 보험회사의 심사 또는 관리번호

6-4. 보험 상담 및 분쟁의 해결에 관한 사항

23. ①

1. **동일한 개인 또는 법인에 대한 신용공여**
   가. 일반계정 : 총자산의 100분의 3
   나. 특별계정 : 각 특별계정 자산의 100분의 5
2. **동일한 법인이 발행한 채권 및 주식 소유의 합계액**
   가. 일반계정 : 총자산의 100분의 7
   나. 특별계정 : 각 특별계정 자산의 100분의 10
3. **동일차주에 대한 신용공여 또는 그 동일차주가 발행한 채권 및 주식 소유의 합계액**
   가. 일반계정 : 총자산의 100분의 12
   나. 특별계정 : 각 특별계정 자산의 100분의 15
4. **동일한 개인 · 법인, 동일차주 또는 대주주(그의 특수관계인을 포함한다)에 대한 총자산의 100분의 1을 초과하는 거액 신용공여의 합계액**
   가. 일반계정 : 총자산의 100분의 20
   나. 특별계정 : 각 특별계정 자산의 100분의 20

7) 참고로 본 규정은 보험업법 시행령 제42조의4 제4항에 있었으나, '금융소비자 보호에 관한 법률' 제정에 따라 2021년 3월 23일자로 보험업법 시행령에서는 삭제되었다.

8) 참고로 본 문제 출제 당시에는 "보험계약자가 체결한 계약을 해지하고자 하는 경우(보험계약자가 계약을 체결하기 전에 통신수단을 이용한 계약해지에 동의한 경우에 한한다)"라고 되어 있었으나, 2021년 8월 설명과 같이 개정되었다. 따라서 이제는 계약 체결 전에 통신수단을 이용한 계약해지에 동의하지 않은 경우라도 일정한 요건만 충족한다면 해지가 가능하다.

9) 참고로 본 규정은 보험업법 제16조에 있었으나, '금융회사의 지배구조에 관한 법률' 제정에 따라 2015년 7월 31일자로 보험업법에서는 삭제되었다.

24. ④

보험회사는 보험금 지급능력과 경영건전성을 확보하기 위하여 대통령령으로 정하는 재무건전성 기준을 지켜야 한다. 여기서 말하는 보험회사가 지켜야 하는 재무건전성 기준은 다음 각 호와 같다(보험업법 시행령 제65조 제2항).

1. 지급여력비율은 100분의 100 이상을 유지할 것
2. 대출채권 등 보유자산의 건전성을 정기적으로 분류하고 대손충당금을 적립할 것
3. 보험회사의 위험, 유동성 및 재보험의 관리에 관하여 금융위원회가 정하여 고시하는 기준을 충족할 것

25. ④

보험협회 이외의 자가 보험계약에 관한 사항을 비교 · 공시하는 것을 금지하는 보험업법 규정은 없다. 다만, 보험협회 이외의 자가 보험계약에 관한 사항을 비교 · 공시하는 경우에는 금융위원회가 정하는 바에 따라 객관적이고 공정하게 비교 · 공시하여야 한다고 규정하고 있을 뿐이다(보험업법 제124조 제5항). 따라서 적절한 절차를 거쳐 객관적이고 공정하게 보험계약에 대하여 비교 · 공시한다면 보험협회 이외의 자도 비교 · 공시하는 것이 가능하다.

26. ④

보험업법 소정의 규정에 따라 교육을 실시하는 경우 보험회사, 보험대리점 및 보험중개사는 소속 보험설계사에게 법소정의 규정에 따라 등록한 날부터 2년이 지날 때마다 2년이 된 날부터 6개월 이내에 소정의 법령의 기준에 따라 교육을 하여야 한다(보험업법 시행령 제29조의2 제1항).

27. ②

보험업법 시행령에 따라 보험회사가 아닌 자와 보험계약을 체결할 수 있는 경우는 다음 각 호의 어느 하나에 해당하는 경우로 한다(보험업법 시행령 제7조 제1항).

1. 외국보험회사와 생명보험계약, 수출적하보험계약, 수입적하보험계약, 항공보험계약, 여행보험계약, 선박보험계약, 장기상해보험계약 또는 재보험계약을 체결하는 경우
2. 제1호 외의 경우로서 대한민국에서 취급되는 보험종목에 관하여 셋 이상의 보험회사로부터 가입이 거절되어 외국보험회사와 보험계약을 체결하는 경우
3. 대한민국에서 취급되지 아니하는 보험종목에 관하여 외국보험회사와 보험계약을 체결하는 경우
4. 외국에서 보험계약을 체결하고, 보험기간이 지나기 전에 대한민국에서 그 계약을 지속시키는 경우
5. 제1호부터 제4호까지 외에 보험회사와 보험계약을 체결하기 곤란한 경우로서 금융위원회의 승인을 받은 경우

28. ②

① 보험회사는 매년 대통령령으로 정하는 날에 그 장부를 폐쇄하여야 하고 장부를 폐쇄한 날부터 3개월 이내에 금융위원회가 정하는 바에 따라 재무제표(부속명세서를 포함한다) 및 사업보고서를 금융위원회에 제출하여야 한다(보험업법 제118조 제1항).
② 보험회사는 매월의 업무 내용을 적은 보고서를 다음 달 말일까지 금융위원회가 정하는 바에 따라 금융위원회에 제출하여야 한다(보험업법 제118조 제2항).
③ 보험회사는 대통령령에 따른 재무제표 및 사업보고서를 일반인이 열람할 수 있도록 금융위원회에 제출하는 날부터 본점과 지점, 그 밖의 영업소에 비치하거나 전자문서로 제공하여야 한다(보험업법 제119조).
④ 보험회사는 결산기마다 보험계약의 종류에 따라 대통령령으로 정하는 책임준비금과 비상위험준비금을 계상(計上)하고 따로 작성한 장부에 각각 기재하여야 한다(보험업법 제120조 제1항).

29. ①

금융위원회는 외국보험회사의 본점이 다음 각 호의 어느 하나에 해당하게 되면 그 외국보험회사국내지점에 대하여 청문을 거쳐 보험업의 허가를 취소할 수 있다(보험업법 제74조 제1항).

1. 합병, 영업양도 등으로 소멸한 경우
2. 위법행위, 불건전한 영업행위 등의 사유로 외국감독기관으로부터 보험업법 소정의 규정에 따른 처분에 상당하는 조치를 받은 경우
3. 휴업하거나 영업을 중지한 경우

30. ①

보험계약의 체결 또는 모집에 종사하는 자는 그 체결 또는 모집과 관련하여 보험계약자나 피보험자에게 다음 각 호의 어느 하나에 해당하는 특별이익을 제공하거나 제공하기로 약속하여서는 아니 된다(보험업법 제98조 및 보험업법 시행령 제46조).

1. 금품. 다만 보험계약 체결 시부터 최초 1년간 납입되는 보험료의 100분의 10과 3만원(보험계약에 따라 보장되는 위험을 감소시키는 물품의 경우에는 20만원) 중 적은 금액은 제외한다.
2. 기초서류에서 정한 사유에 근거하지 아니한 보험료의 할인 또는 수수료의 지급
3. 기초서류에서 정한 보험금액보다 많은 보험금액의 지급 약속
4. 보험계약자나 피보험자를 위한 보험료의 대납
5. 보험계약자나 피보험자가 해당 보험회사로부터 받은 대출금에 대한 이자의 대납
6. 보험료로 받은 수표 또는 어음에 대한 이자 상당액의 대납
7. 「상법」 제682조에 따른 제3자에 대한 청구권 대위행사의 포기

31. ④

①② 보험회사는 자회사와 다음 각 호의 행위를 하여서는 아니 된다(보험업법 제116조).

1. 자산을 대통령령으로 정하는 바에 따라 무상으로 양도하거나 일반적인 거래 조건에 비추어 해당 보험회사에 뚜렷하게 불리한 조건으로 매매 · 교환 · 신용공여 또는 재보험계약을 하는 행위
2. 자회사가 소유하는 주식을 담보로 하는 신용공여 및 자회사가 다른 회사에 출자하는 것을 지원하기 위한 신용공여
3. 자회사 임직원에 대한 대출(보험약관에 따른 대출과 금융위원회가 정하는 소액대출은 제외한다)

③ 보험회사는 자회사를 소유하게 된 날부터 15일 이내에 그 자회사의 정관과 대통령령으로 정하는 서류를 금융위원회에 제출하여야 한다(보험업법 제117조 제1항).

④ 보험회사는 자회사의 사업연도가 끝난 날부터 3개월 이내에 자회사의 재무상태표(舊 대차대조표)와 대통령령으로 정하는 서류를 금융위원회에 제출하여야 한다(보험업법 제117조 제2항).

32. ①

금융위원회는 보험회사의 업무운영이 적정하지 아니하거나 자산상황이 불량하여 보험계약자 및 피보험자 등의 권익을 해칠 우려가 있다고 인정되는 경우에는 다음 각 호의 어느 하나에 해당하는 조치를 명할 수 있다(보험업법 제131조 제1항).

1. 업무집행방법의 변경
2. 금융위원회가 지정하는 기관에의 자산 예탁
3. 자산의 장부가격 변경
4. 불건전한 자산에 대한 적립금의 보유
5. 가치가 없다고 인정되는 자산의 손실처리
6. 그 밖에 대통령령으로 정하는 필요한 조치 : 보험계약자 보호에 필요한 사항의 공시를 명하는 것을 말한다.

33. ①

① 보험업법 제4조에 따른 허가를 신청하려는 자는 미리 금융위원회에 예비허가를 신청할 수 있다(보험업법 제7조 제1항).

② 예비허가 신청을 받은 금융위원회는 2개월 이내에 심사하여 예비허가 여부를 통지하여야 한다. 다만 총리령으로 정하는 바에 따라 그 기간을 연장할 수 있다(보험업법 제7조 제2항).

③ 금융위원회는 예비허가에 조건을 붙일 수 있다(보험업법 제7조 제3항).

④ 예비허가의 기준과 그 밖에 예비허가에 관하여 필요한 사항은 총리령으로 정한다(보험업법 제7조 제5항).

34. ②

다음 각 호의 어느 하나에 해당하는 자는 보험회사의 사외이사가 되지 못하며, 사외이사가 된 후 이에 해당하게 되면 그 직을 잃는다.[10)]

1. 제13조 제1항 제1호부터 제9호까지의 임원이 될 수 없는 자에 해당하는 자
2. 최대주주
3. 최대주주의 특수관계인
4. 주요주주 및 그의 배우자와 직계 존속 · 비속
5. 그 보험회사 또는 계열회사(「독점규제 및 공정거래에 관한 법률」에 따른 계열회사를 말한다.)의 상근(常勤) 임직원이거나 최근 2년 이내에 상근 임직원이었던 자
6. 그 보험회사의 상근 임원의 배우자 및 직계 존속 · 비속
7. 그 보험회사와 대통령령으로 정하는 중요한 거래관계가 있거나, 사업상 경쟁관계 또는 협력관계에 있는 법인의 상근 임직원이거나 최근 2년 이내에 상근 임직원이었던 자
8. 그 보험회사의 상근 임직원이 비상임이사로 있는 회사의 상근 임직원
9. 그 밖에 사외이사로서의 직무를 충실하게 이행하기 어렵거나 그 보험회사와 이해관계가 있거나 경영에 영향을 미칠 수 있는 자로서 대통령령으로 정하는 자

35. ①

다음 각 호의 어느 하나에 해당하는 자는 보험설계사가 되지 못한다(보험업법 제84조 제2항).

1. 피성년후견자 또는 피한정후견인
2. 파산선고를 받은 자로서 복권되지 아니한 자
3. 보험업법 또는 「금융소비자 보호에 관한 법률」에 따라 벌금 이상의 형을 선고받고 그 집행이 끝나거나(집행이 끝난 것으로 보는 경우를 포함한다) 집행이 면제된 날부터 2년이 지나지 아니한 자
4. 보험업법 또는 「금융소비자 보호에 관한 법률」에 따라 금고 이상의 형의 집행유예를 선고받고 그 유예기간 중에 있는 자
5. 보험업법에 따라 보험설계사 · 보험대리점 또는 보험중개사의 등록이 취소(제1호 또는 제2호에 해당하여 등록이 취소된 경우는 제외한다)된 후 2년이 지나지 아니한 자
6. 제5호에도 불구하고 보험업법에 따라 보험설계사 · 보험대리점 또는 보험중개사 등록취소 처분을 2회 이상 받은 경우 최종 등록취소 처분을 받은 날부터 3년이 지나지 아니한 자
7. 보험업법 또는 「금융소비자 보호에 관한 법률」에 따라 과태료 또는 과징금 처분을 받고 이를 납부하지 아니하거나 업무정지 및 등록취소 처분을 받은 보험대리점 · 보험중개사 소속의 임직원이었던 자(처분사유의 발생에 관하여 직접 또는 이에 상응하는 책임이 있는 자로서 대통령령으로 정하는 자만 해당한다)로서 과태료 · 과징금 · 업무정지 및 등록취소 처분이 있었던 날부터 2년이 지나지 아니한 자
8. 영업에 관하여 성년자와 같은 능력을 가지지 아니한 미성년자로서 그 법정대리인이 제1호부터 제7호까지의 규정 중 어느 하나에 해당하는 자

10) 참고로 본 규정은 보험업법 제15조 제4항에 있었으나, '금융회사의 지배구조에 관한 법률' 제정에 따라 2015년 7월 31일자로 보험업법에서는 삭제되었다.

9. 법인 또는 법인이 아닌 사단이나 재단으로서 그 임원이나 관리인 중에 제1호부터 제7호까지의 규정 중 어느 하나에 해당하는 자가 있는 자
10. 이전에 모집과 관련하여 받은 보험료, 대출금 또는 보험금을 다른 용도에 유용(流用)한 후 3년이 지나지 아니한 자

36. ③

①④ 보험회사가 그 업무에 관한 공동행위를 하기 위하여 다른 보험회사와 상호협정을 체결(변경하거나 폐지하려는 경우를 포함한다)하려는 경우에는 대통령령으로 정하는 바에 따라 금융위원회의 인가를 받아야 한다. 다만 다음 각 호에 해당하는 대통령령으로 정하는 경미한 사항을 변경하려는 경우에는 신고로써 갈음할 수 있다(보험업법 제125조 제1항 및 보험업법 시행령 제69조 제3항).

1. 보험회사의 상호 변경, 보험회사 간의 합병, 보험회사의 신설 등으로 상호협정의 구성원이 변경되는 사항
2. 조문체제의 변경, 자구수정 등 상호협정의 실질적인 내용이 변경되지 아니하는 사항
3. 법령의 제정 · 개정 · 폐지에 따라 수정 · 반영해야 하는 사항

② 금융위원회는 공익 또는 보험업의 건전한 발전을 위하여 특히 필요하다고 인정되는 경우에는 보험회사에 대하여 상호협정의 체결 · 변경 또는 폐지를 명하거나 그 협정의 전부 또는 일부에 따를 것을 명할 수 있다(보험업법 제125조 제2항).
③ 금융위원회는 상호협정의 체결 · 변경 또는 폐지의 인가를 하거나 협정에 따를 것을 명하려면 미리 공정거래위원회와 협의하여야 한다. 다만 대통령령으로 정하는 경미한 사항을 변경하려는 경우에는 그러하지 아니하다(보험업법 제125조 제3항).

37. ④

① 선임계리사는 기초서류의 내용 및 보험계약에 따른 배당금의 계산 등이 정당한지 여부를 검증하고 확인하여야 한다(보험업법 제184조 제1항).
② 선임계리사는 보험회사가 기초서류 관리기준을 지키는지를 점검하고 이를 위반하는 경우에는 조사하여 그 결과를 이사회에 보고하여야 하며, 기초서류에 법령을 위반한 내용이 있다고 판단하는 경우에는 금융위원회에 보고하여야 한다(보험업법 제184조 제2항).
③ 선임계리사 · 보험계리사 또는 보험계리업자는 그 업무를 할 때 다음 각 호의 행위를 하여서는 아니 된다(보험업법 제184조 제3항).

1. 고의로 진실을 숨기거나 거짓으로 보험계리를 하는 행위
2. 업무상 알게 된 비밀을 누설하는 행위
3. 타인으로 하여금 자기의 명의로 보험계리업무를 하게 하는 행위
4. 그 밖에 공정한 보험계리업무의 수행을 해치는 행위로서 대통령령으로 정하는 행위

④ 선임계리사가 되려는 사람은 다음 각 호의 요건을 모두 갖추어야 한다(보험업법 제184조의2 제1항).

1. 보험업법 규정에 따라 등록된 보험계리사일 것
2. 보험계리업무에 10년 이상 종사한 경력이 있을 것. 이 경우 손해보험회사의 선임계리사가 되려는 사람은 대통령령으로 정하는 보험계리업무에 3년 이상 종사한 경력을 포함하여 보험계리업무에 10년 이상 종사한 경력이 있어야 한다.
3. 최근 5년 이내에 보험업법에 따른 경고, 문책, 임원의 해임권고 · 직무정지, 등록취소, 업무정지, 해임 등의 조치를 받은 사실이 없을 것

38. ②

손해사정을 업으로 하려는 법인은 2명 이상의 상근 손해사정사를 두어야 한다. 이 경우 총리령으로 정하는 손해사정사의 구분에 따라 수행할 업무의 종류별로 1명 이상의 상근 손해사정사를 두어야 한다. 또한 법인이 지점 또는 사무소를 설치하려는 경우에는 각 지점 또는 사무소별로 총리령으로 정하는 손해사정사의 구분에 따라 수행할 업무의 종류별로 1명 이상의 손해사정사를 두어야 한다. 만약 위의 규정에 따른 인원에 결원이 생겼을 때에는 2개월 이내에 그 인원을 충원하여야 하며, 기간 내에 결원을 충원하지 못하는 경우에는 그 기간 동안 손해사정업무를 할 수 없다(보험업법 시행령 제98조).

39. ③

상호회사는 다른 보험회사와 합병할 수 있으며, 합병 후 존속하는 보험회사 또는 합병으로 설립되는 보험회사는 상호회사이어야 한다. 다만, 합병하는 보험회사의 한 쪽이 주식회사인 경우에는 합병 후 존속하는 보험회사 또는 합병으로 설립되는 보험회사는 주식회사로 할 수 있다.
위의 내용을 정리하면 다음과 같다.

합병 형태	존속 또는 설립되는 회사
상호회사+다른 보험회사	상호회사
상호회사+주식회사	상호회사 or 주식회사

40. ③

보험대리점 또는 보험중개사로 등록할 수 있는 금융기관은 다음과 같다(보험업법 제91조 제1항 및 보험업법 시행령 제40조 제1항). 한국수출입은행법에 따른 한국수출입은행은 이에 해당하지 않는다.

1. 「은행법」에 따라 설립된 은행
2. 「자본시장과 금융투자업에 관한 법률」에 따른 투자매매업자 또는 투자중개업자
3. 「상호저축은행법」에 따른 상호저축은행
4. 그 밖에 다른 법률에 따라 금융업무를 하는 기관으로서 대통령령으로 정하는 기관

4-1. 「한국산업은행법」에 따라 설립된 한국산업은행
4-2. 「중소기업은행법」에 따라 설립된 중소기업은행
4-3. 「여신전문금융업법」에 따라 허가를 받은 신용카드업자(겸영여신업자는 제외한다.)
4-4. 「농업협동조합법」에 따라 설립된 조합 및 농협은행

2과목 보험계약법

01	02	03	04	05	06	07	08	09	10
③	①	②	④	④	①	②	③	③	①
11	12	13	14	15	16	17	18	19	20
④	④	③	③	③	①	②	②	①	②
21	22	23	24	25	26	27	28	29	30
③	③	③	①	②	③	①	④	①	③
31	32	33	34	35	36	37	38	39	40
④	④	①	②	②	③	④	③	①	②

01. ③

① 생명보험계약의 보험자는 피보험자의 사망, 생존, 사망과 생존에 관한 보험사고가 발생할 경우에 약정한 보험금을 지급할 책임이 있다(상법 제730조).

② 타인의 사망을 보험사고로 하는 보험계약에는 보험계약 체결 시에 그 타인의 서면(「전자서명법」 제2조 제2호에 따른 전자서명이 있는 경우로서 대통령령으로 정하는 바에 따라 본인 확인 및 위조 · 변조 방지에 대한 신뢰성을 갖춘 전자문서를 포함한다)에 의한 동의를 얻어야 한다(상법 제731조 제1항).

③ 대법원 판례에 따르면, 타인의 사망을 보험사고로 하는 보험계약을 체결할 때에 그 타인의 서면에 의한 동의를 얻지 못하면 그 계약은 무효이다. 이때의 피보험자인 타인의 동의는 각 보험계약에 대하여 개별적으로 서면에 의하여 이루어져야 하고 포괄적인 동의 또는 묵시적이거나 추정적 동의로는 부족하다.[11] 동 규정은 보험계약으로 발생한 권리를 피보험자가 아닌 자에게 양도하는 경우에도 같다.

④ 만15세 미만자, 심신상실자 또는 심신박약자의 사망을 보험사고로 한 보험계약은 무효이다. 다만 심신박약자가 보험계약을 체결하거나 단체보험의 피보험자가 될 때에 의사능력이 있는 경우에는 보험계약이 유효하다(상법 제732조).

02. ①

①② 보험사고가 발생하기 전에는 보험계약자는 언제든지 계약의 전부 또는 일부를 해지할 수 있다. 그러나 타인을 위한 보험계약의 경우에는 보험계약자는 그 타인의 동의를 얻지 아니하거나 보험증권을 소지하지 아니하면 그 계약을 해지하지 못한다(상법 제649조 제1항).

③ 보험기간 중에 보험계약자, 피보험자 또는 보험수익자의 고의 또는 중대한 과실로 인하여 사고발생의 위험이 현저하게 변경 또는 증가된 때에는 보험자는 그 사실을 안 날부터 1월 내에 보험료의 증액을 청구하거나 계약을 해지할 수 있다(상법 제653조).

④ 강행법규에 어긋나지 않는 한 약관상 계약해지 사유가 있는 때 보험자는 이를 근거로 해지할 수 있다.

03. ②

① 보험증권의 작성지(作成地)는 상법 제666조에 의한 손해보험증권의 기재사항이다.

② 쌍무계약이란 계약의 당사자 양쪽이 서로 대가적 의미를 가지는 채무를 부담하는 계약을 말한다. 여기에 상호의 채무가 대가적 의미를 가지고 있다는 것은 상호적으로 이행해야 할 일이 의존관계(依存關係)를 가지고 채무의 부담이 교환적인 원인관계에 서는 것을 뜻한다. 이에 반하여 편무계약이란 당사자 일방만이 급부를 하고 상대방은 이에 대응하는 반대급부를 하지 않는 계약을 말한다. 편무계약에는 증여, 소비대차, 사용대차 등이 있다. 보험계약은 보험계약자는 보험료 지급 의무를 부담하고, 보험자는 보험사고 발생시 보험금 지급 의무를 부담하는 쌍무계약에 해당한다. 비록 보험사고가 발생하지 않아 보험자가 보험금을 지급하지 않았다고 하더라도 보험기간 동안 보험자는 보험사고의 발생 시 보험금을 지급해야 하는 위험 부담 채무를 부담하였으므로 쌍무계약으로 보는 것이 맞다. 일부 영미법 계열의 학자 분들 중에 편무계약을 주장하시는 분들도 있으나[12] 우리나라 상법 및 대법원의 태도는 보험계약은 쌍무계약으로 보아야 한다는 입장이다.

③ 대법원 판례에 따르면, 상법 및 화재보험약관 규정의 형식 및 취지를 고려하면 화재가 발생한 경우에 보험자에게 면책사유가 존재하지 않는 한 소정의 보험금을 지급하도록 함으로써 피보험자로 하여금 신속하게 화재로 인한 피해를 복구할 수 있게 하려는 것에 화재보험 제도의 존재 의의가 있다. 따라서 화재가 발생한 경우에는 일단 우연성의 요건을 갖춘 것으로 추정되고 다만 화재가 보험계약자나 피보험자의 고의 또는 중과실에 의하여 발생하였다는 사실을 보험자가 증명하는 경우에는 위와 같은 추정이 번복되는 것으로 보아야 한다.[13] 화재보험에 관한 이러한 해석은 위험보편의 원칙과도 부합한다.

④ 대법원 판례에 따르면, 양도담보 설정자는 담보목적물인 동산의 소유권을 채권자에게 이전해 주지만 이는 채권자의 우선변제권을 확보해 주기 위한 목적에 따른 것으로, 양도담보 설정자는 여전히 그 물건에 대한 사용, 수익권을 가지고 변제기에 이르러서는 채무 전액을 변제하고 소유권을 되돌려 받을 수 있으므로, 그 물건에 대한 보험사고가 발생하는 경우에는 그 물건에 대한 사용 · 수익 등의 권능을 상실하게 될 뿐 아니라 양도담보권자에 대하여는 그 물건으로써 담보되는 채무를 면

11) 대법원 2015.10.15. 선고 2014다204178 판결

12) 이 경우에도 우리가 말하는 편무계약과는 다소 의미가 다르다. 영미법 계열에서 말하는 편무계약(unilateral contract)이란, 계약 당사자 어느 일방만이 계약 이행 채무를 강제 당하는 계약을 말하는 것으로, 보험계약자의 보험료 지급의무는 강제 사항이 아니지만, 보험자의 보험금 지급의무는 법적으로 강제되는 계약이라는 뜻이다. 즉 보험계약자가 보험료를 납부하지 않아도 보험의 효용을 잃어버리는 것 외에는 법적인 제재가 이루어지지 않으나, 보험자가 보험금 지급의무를 이행하지 않으면 법적인 제재가 가해진다. 이에 반하여 우리나라를 비롯한 대륙법 계열에서 말하는 편무계약은 계약 당사자 어느 일방만이 계약 이행 채무를 부담하기 때문에 교환적 채무관계가 아닌 것으로, 증여, 소비대차, 사용대차와 같은 계약이 대표적인 예이다.

13) 대법원 2009.12.10. 선고 2009다56603, 56610 판결

하지 못하고 나아가 채무를 변제하더라도 그 물건의 소유권을 회복하지 못하는 경제적인 손해를 고스란히 입게 된다. 따라서 양도담보 설정자에게 그 목적물에 관하여 체결한 화재보험계약의 피보험이익이 없다고 할 수 없다.[14]

04. ④

보험대리상은 다음 각 호의 권한이 있다(상법 제646조의2 제1항).

1. 보험계약자로부터 보험료를 수령할 수 있는 권한
2. 보험자가 작성한 보험증권을 보험계약자에게 교부할 수 있는 권한
3. 보험계약자로부터 청약, 고지, 통지, 해지, 취소 등 보험계약에 관한 의사표시를 수령할 수 있는 권한
4. 보험계약자에게 보험계약의 체결, 변경, 해지 등 보험계약에 관한 의사표시를 할 수 있는 권한

05. ④

① 현행 상법은 고지의무 위반을 '보험계약자 또는 피보험자가 고의 또는 중대한 과실로 중요한 사항을 고지하지 아니하거나 부실의 고지'라고 하고 있으므로, 고지의무를 이행하는 방법을 보험자의 질문표에 응답하는 형식으로 제한하지 않는다. 즉 고지의무는 보험계약자 또는 피보험자가 중요한 사항을 적극적, 능동적으로 알려야 하는 의무이다. 또한 보험자가 서면으로 질문한 사항은 중요한 사항으로 추정(상법 제651조의2)하기 때문에, 설령 보험자의 질문표에 성실히 답변하였더라도 추정의 법률적 효과에 의하여 반증이 허용된다. 따라서 보험자가 질문하지 않은 사항이더라도 그것이 중요한 사항에 해당한다면 고지의무 위반이 될 수 있다.

② 보험설계사는 고지수령권자에 해당하지 않는다. 따라서 보험설계사에게 구두상으로 고지를 이행하였다고 하더라도 이를 보험자에게 고지하지 않았다면 고지의무 위반에 해당한다.

③ 고지의무의 수동화에 대한 논의는 현재 보험업계 및 학계를 중심으로 활발히 이루어지고 있다. 특히 고지의무의 수동화는 세계적인 추세로 이미 여러 나라에서 법 개정 절차를 완료[15]하였으므로 우리나라도 하루빨리 수동화로 전환이 필요하다는 여론이 있다. 다만 아직 법 개정 발의와 논의만 이루어지고 있으며, 법 개정이 이루어지지는 않았다.

④ 보험계약은 보험계약자의 청약과 보험자의 승낙으로 성립한다. 또한 보험자가 보험계약자로부터 보험계약의 청약과 함께 보험료 상당액의 전부 또는 일부의 지급을 받은 때에는 다른 약정이 없으면 30일 내에 상대방에 대하여 낙부의 통지를 발송하여야 하며, 보험자가 기간 내에 낙부의 통지를 해태한 때에는 승낙한 것으로 본다(상법 제638조의2 제1항 및 제2항). 대법원 판례에 따르면, 보험계약자 또는 피보험자는 상법 제651조에서 정한 '중요한 사항'이 있는 경우 이를 보험계약의 성립 시까지 보험자에게 고지하여야 하고, 고지의무 위반 여부는 보험계약 성립 시를 기준으로 하여 판단한다.[16] 따라서 계약 청약 후 승낙 이전에 발생한 중요한 사항도 고지대상에 포함된다.

06. ①

① 대법원 판례에 따르면, "계약자 또는 피보험자가 손해의 통지 또는 보험금 청구에 관한 서류에 고의로 사실과 다른 것을 기재하였거나, 그 서류 또는 증거를 위조 또는 변조한 경우 피보험자는 손해에 대한 보험금청구권을 상실한다"는 이른바 보험금 청구권 상실 조항은 거래상 일반인들이 보험자의 설명 없이도 당연히 예상할 수 있었던 사항이므로 보험자의 설명의무의 대상이 아니다.[17]

② 보험금청구권 상실조항은 상법에 근거한 조항이 아니므로 상법 제663조 보험계약자 등의 불이익변경금지원칙의 적용 대상이 아니다.

③ 대법원 판례에 따르면, 피보험자가 증빙서류 구비의 어려움 때문에 일부 사실과 다른 서류를 제출하거나, 보험목적물의 가치에 대한 견해 차이로 보험목적물의 가치를 다소 높게 신고한 경우까지 보험금청구권 상실조항을 적용할 수는 없다.[18]

④ 보험금청구권 상실조항은 보험금청구권에 대한 것이므로 보험계약의 해지와는 무관하다.

07. ②

① 손해보험에서 보험목적의 성질, 하자, 자연소모로 인한 손해에 대해서는 보험자가 보험금을 지급할 책임이 없다(상법 제678조). 따라서 과일이나 생선이 부패하여 생긴 손해에 대해 보험자는 면책된다.

② 운송보험은 육상운송의 운송물을 보험의 목적으로 하는 보험이다. 운송용구에 대한 보험은 자동차보험 등 다른 보험의 영역이다.

③ 손해방지의무를 부담하는 의무자는 보험계약자와 피보험자이다(상법 제680조). 참고로 보험수익자는 손해방지의무를 부담하지 않으니 주의해야 한다.

④ 손해의 방지와 경감을 위하여 필요 또는 유익했던 비용과 보상액이 보험금액을 초과한 경우라도 보험자가 이를 부담하여야 한다(상법 제680조). 이는 손해의 확대 방지를 막는다는 공익적인 이유와 보험자의 이익을 위해서도 필요하다는 사익적인 이유 모두에 근거를 두고 있다.

08. ③

①② 보험기간 중에 보험계약자 또는 피보험자가 사고발생의 위험이 현저하게 변경 또는 증가된 사실을 안 때에는 지체없이

14) 대법원 2009.11.26. 선고 2006다37106 판결
15) 국회입법조사처 조사에 따르면, 프랑스 보험법 L113-2조 제2항, 독일 보험계약법 제19조, 일본 보험법 제4조 등 고지의무의 수동화 법 개정 작업이 완료되었다.
16) 대법원 2012.8.23. 선고 2010다78135,78142 판결
17) 대법원 2003.5.30. 선고 2003다15556 판결
18) 대법원 2014.3.13. 선고 2013다91405, 91412 판결

그 사실을 보험자에게 통지하여야 한다. 만약 보험계약자 또는 피보험자가 이러한 통지를 게을리한 때에는 보험자는 그 사실을 안 날로부터 1월 내에 보험계약을 해지할 수 있다. 따라서 위험의 변경 또는 증가는 보험기간 중에 생긴 것이어야 하며, 현저한 것이어야 한다.

③ 대법원 판례에 따르면, 상법 제652조의 위험 변경증가 통지의무는 보험계약 성립 시에는 존재하지 않았지만 그 이후 보험기간 중에 사고발생의 위험이 새롭게 변경 또는 증가된 경우에 발생한다고 보아야 한다.[19] 따라서 보험계약 성립 시부터 예견된 위험상태가 계속된 경우는 위험 변경증가 통지의무의 대상이 아니다.

④ 보험계약은 불요식계약이므로 위험 변경증가 통지도 서면에 의하든 구두에 의하든 그 의사를 전달할 수 있는 것이라면 상관이 없다.

09. ③

① 대법원 판례에 따르면, 상법 제682조에서 정한 제3자에 대한 보험자대위가 인정되기 위하여는 보험자가 피보험자에게 보험금을 지급할 책임이 있는 경우이어야 한다. 보험자가 보험약관에 정하여져 있는 중요한 내용에 해당하는 면책약관에 대한 설명의무를 위반하여 약관의 규제에 관한 법률에 따라 해당 면책약관을 계약의 내용으로 주장하지 못하고 보험금을 지급하게 되었더라도, 이는 보험자가 피보험자에게 보험금을 지급할 책임이 있는 경우에 해당하므로 보험자는 보험자대위를 할 수 있다.[20]

② 대법원 판례에 따르면, 상법 제682조에서 정한 제3자에 대한 보험자대위가 인정되기 위하여는 보험자가 피보험자에게 보험금을 지급할 책임이 있는 경우여야 하므로, 보험자가 보험약관에 따라 면책되거나 피보험자에게 보험사고에 대한 과실이 없어 보험자가 피보험자에게 보험금을 지급할 책임이 없는 경우에는 보험자대위를 할 수 없다.[21]

③ 손해가 제3자의 행위로 인하여 발생한 경우에 보험금을 지급한 보험자는 그 지급한 금액의 한도에서 그 제3자에 대한 보험계약자 또는 피보험자의 권리를 취득하는데, 이를 제3자에 대한 보험대위(청구권 대위)라고 한다. 그러나 보험자가 취득하는 보험계약자나 피보험자의 권리가 그와 생계를 같이 하는 가족에 대한 것이라면 보험자는 그 권리를 취득하지 못한다. 다만, 손해가 그 가족의 고의로 인하여 발생한 경우에 한하여 예외적으로 취득할 수 있을 뿐이다(상법 제682조 제2항). 기존에 대법원 판례에 의하여 인정되던 것을 2014년에 상법을 개정하면서 명문화하여 규정하였다. ③번 지문에서는 고의 또는 중과실이라고 하여 고의 뿐만 아니라 중과실까지 포함하였으므로 틀린 지문이다.

④ 대법원 판례에 따르면, 타인을 위한 손해보험계약은 타인의 이익을 위한 계약으로서 그 타인(피보험자)의 이익이 보험의 목적이 되는 것이지 여기에 당연히(특약없이) 보험계약자의 보험이익이 포함되거나 예정되어 있는 것은 아니라 할 것이므로 피보험이익의 주체가 아닌 보험계약자는 비록 보험자와의 사이에서는 계약 당사자이고 약정된 보험료를 지급할 의무자이지만 그 지위의 성격과 보험자대위 규정의 취지에 비추어 보면 보험자대위에 있어서 보험계약자와 보험계약자 아닌 제3자와를 구별하여 취급하여야 할 법률상의 이유는 없는 것이며 따라서 타인을 위한 손해보험계약자가 당연히 제3자의 범주에서 제외되는 것은 아니다.[22]

10. ①

보험금청구권은 3년간, 보험료 또는 적립금의 반환청구권은 3년간, 보험료청구권은 2년간 행사하지 아니하면 시효의 완성으로 소멸한다(상법 제662조).

11. ④

보험계약자 또는 피보험자나 보험수익자는 보험사고의 발생을 안 때에는 지체 없이 보험자에게 그 통지를 발송하여야 한다. 만약 사고발생 통지의무를 해태함으로 인하여 손해가 증가된 때에는 보험자는 그 증가된 손해를 보상할 책임이 없다(상법 제657조 제2항).

12. ④

① 대법원 판례에 따르면, 이행보증보험은 보험계약자인 채무자의 주계약상 채무불이행으로 인하여 피보험자인 채권자가 입게 되는 손해의 전보를 보험자가 인수하는 것을 내용으로 하는 손해보험으로서 실질적으로는 보증의 성격을 가지고 보증계약과 같은 효과를 목적으로 하는 점에서 보험자와 채무자 사이에는 민법상의 보증에 관한 규정이 준용된다. 그러므로 이행보증보험의 보험자는 민법 제434조를 준용하여 보험계약자의 채권에 의한 상계로 피보험자에게 대항할 수 있고, 그 상계로 피보험자의 보험계약자에 대한 채권이 소멸되는 만큼 보험자의 피보험자에 대한 보험금 지급채무도 소멸된다.[23]

② 보증보험계약에 관하여는 그 성질에 반하지 아니하는 범위에서 보증채무에 관한 「민법」의 규정을 준용한다(상법 제726조의7).

③ 대법원 판례에 따르면, 리스이용자의 계약상 채무불이행으로 인한 손해의 보상을 목적으로 한 리스보증보험도 보험계약의 일종이므로 일반적으로 상법상 보험에 관한 통칙 규정이 적용되는 것이기는 하나, 보증보험은 보험금액의 한도 내에서 리스이용자의 채무불이행으로 인한 손해를 담보하는 것으로서 리스이용자의 채무불이행이 고의에 의한 것이든 과실에 의한 것이든 그 손해를 보상할 책임을 지는 보증에 갈음하는 기능을 가지고 있어 보험자의 그 보상책임의 법률적 성질은 본질적으로 보증책임과 같은 것이므로, 상법 제659조 제1항은, 보

19) 대법원 2024.6.27. 선고 2024다219766 판결
20) 대법원 2014.11.27. 선고 2012다14562 판결
21) 대법원 2009.10.15. 선고 2009다48602 판결
22) 대법원 1990.2.9. 선고 89다카21965 판결
23) 대법원 2002.10.25. 선고 2000다16251 판결

험계약이 보험계약자의 사기행위에 피보험자인 리스회사가 공모하였다든지 적극적으로 가담하지는 않았더라도 그러한 사실을 알면서 묵인한 상태에서 체결되었다고 인정되는 경우를 제외하고는, 원칙적으로 그 적용이 없다.[24]

④ 대법원 판례에 따르면, 보증보험은 채무자의 채무불이행으로 인하여 채권자가 입게 되는 손해의 전보를 보험자가 인수하는 것을 내용으로 하는 손해보험으로서 형식적으로는 채무자의 채무불이행을 보험사고로 하는 보험계약이나 실질적으로는 보증의 성격을 가지고 보증계약과 같은 효과를 목적으로 하므로, 민법의 보증에 관한 규정이 준용되고 따라서 보증보험이 담보하는 채권이 양도되면 당사자 사이에 다른 약정이 없는 한 보험금청구권도 그에 수반하여 채권양수인에게 함께 이전된다.[25]

13. ③

질병보험에 관하여는 그 성질에 반하지 아니하는 범위에서 생명보험 및 상해보험에 관한 규정을 준용한다(상법 제739조의3).

14. ③

①② 동일한 보험계약의 목적과 동일한 사고에 관하여 수개의 보험계약이 동시에 또는 순차로 체결된 경우에 그 보험금액의 총액이 보험가액을 초과한 때에는 보험자는 각자의 보험금액의 한도에서 연대책임을 진다. 이 경우에는 각 보험자의 보상책임은 각자의 보험금액의 비율에 따른다(상법 제672조 제1항).

③ 보험계약자의 사기(詐欺)로 인하여 중복보험이 체결된 경우에 그 계약은 무효로 한다. 그러나 보험자는 그 사실을 안 때까지의 보험료를 청구할 수 있다(상법 제672조 제3항). 이는 악의의 보험계약자를 응징하기 위한 조항이다.

④ 중복보험계약을 체결한 경우에 보험자 1인에 대한 권리의 포기는 다른 보험자의 권리의무에 영향을 미치지 아니한다(상법 제673조).

15. ③

① 단체보험이 체결되면 보험자는 보험계약자에게만 보험증권을 교부한다(상법 제735조의3 제2항).

② 단체보험계약에서 보험계약자가 피보험자 또는 그 상속인이 아닌 자를 보험수익자로 지정할 때에는 단체의 규약에서 명시적으로 정하는 경우 외에는 그 피보험자의 서면동의를 받아야 한다(상법 제735조의3 제3항).

③ 대법원 판례에 따르면, 단체보험의 유효요건으로 요구하는 '규약'의 의미는 단체협약, 취업규칙, 정관 등 그 형식을 막론하고 단체보험의 가입에 관한 단체 내부의 협정에 해당하는 것으로서, 반드시 당해 보험가입과 관련한 상세한 사항까지 규정하고 있을 필요는 없고 그러한 종류의 보험가입에 관하여 대표자가 구성원을 위하여 일괄하여 계약을 체결할 수 있다는 취지를 담고 있는 것이면 충분하다. 그러나 규약이 강행법규인 상법 제731조에서 요구하는 피보험자의 서면동의에 갈음하는 것인 이상 취업규칙이나 단체협약에 근로자의 채용 및 해고, 재해부조 등에 관한 일반적 규정을 두고 있다는 것만으로는 이에 해당한다고 볼 수 없다.[26]

④ 피보험자의 동의방식은 강행규정으로 서면(「전자서명법」 제2조 제2호에 따른 전자서명이 있는 경우로서 대통령령으로 정하는 바에 따라 본인 확인 및 위조 · 변조 방지에 대한 신뢰성을 갖춘 전자문서를 포함한다)에 의한 동의만 허용된다.

16. ①

보험계약 당시에 보험계약자 또는 피보험자가 고의 또는 중대한 과실로 인하여 중요한 사항을 고지하지 아니하거나 부실의 고지를 한 때에는 보험자는 그 사실을 안 날로부터 1월 내에, 계약을 체결한 날로부터 3년 내에 한하여 계약을 해지할 수 있다. 그러나 보험자가 계약 당시에 그 사실을 알았거나 중대한 과실로 인하여 알지 못한 때에는 그러하지 아니하다(상법 제651조).

17. ②

① 보험자가 행사하는 제3자에 대한 보험대위는 본래 피보험자(피해자)와 제3자(가해자) 사이에 존재하는 권리를 보험자가 대신하여 행사하는 것에 지나지 않는다. 따라서 보험자는 피보험자가 제3자에 대하여 가지는 항변으로 제3자에게 대항할 수 있음은 물론이고, 제3자도 피보험자에 대하여 가지는 항변으로 보험자에게 대항할 수 있다.

② 보험사고가 제3자의 행위로 인하여 발생한 경우에 보험금을 지급한 보험자는 그 지급한 금액의 한도에서 제3자에 대한 보험계약자 또는 피보험자의 권리를 취득하여 행사할 수 있는데 이를 제3자에 대한 보험대위 혹은 청구권 대위라고 한다. 이러한 보험자의 대위권은 보험자가 보험금을 지급하면 법률상 당연히 취득하는 것이기 때문에 민법상 지명채권 양도 절차 등에 의한 대항요건을 갖출 필요가 없다.

③ 손해가 제3자의 행위로 인하여 발생한 경우에 보험금을 지급한 보험자는 그 지급한 금액의 한도에서 그 제3자에 대한 보험계약자 또는 피보험자의 권리를 취득한다(상법 제682조).

④ 보험자가 보험금을 지급하여 청구권 대위가 발생한 이후에 제3자가 피보험자에 대하여 변제를 하는 것은 원칙적으로 변제로서의 효력이 없다.

18. ②

보험수익자를 법정상속인으로 지정한 경우 보험수익자가 확정되는 시점은 보험사고가 발생한 시점, 즉 피보험자인 甲이 사망한 시점이다. ②번 지문에서는 보험계약 체결 시에 보험수익자의 지위가 확정되었다고 했으므로 틀린 지문이다. 보험수익자의 지위는 보험사고 발생 시에 확정된다.

덧붙여 ②번 지문의 경우를 풀이하면, 甲과 乙이 보험사고가 발생 이전에 이혼하였으므로 보험사고 발생 시에 乙은 법정상속인에 해당하지 않는다. 따라서 乙은 보험수익자가 아니며, 甲의 미성년 자녀인 丙이 유일한 법정상속인으로 보험수익자가 된다(丙이 미성년 자녀이기 때문에 발생하는 친권자에 대한 부분은 논외로 한다.).

24) 대법원 1995.9.29. 선고 93다3417 판결
25) 대법원 2002.5.10. 선고 2000다70156 판결
26) 대법원 2006.4.27. 선고 2003다60259 판결

19. ①

①② 상법 제4편(보험계약법)의 규정은 당사자 간의 특약으로 보험계약자 또는 피보험자나 보험수익자의 불이익으로 변경하지 못한다. 이를 보험계약자 등의 불이익 변경 금지의 원칙이라고 하며, 보험약관을 작성하는 보험자가 자신의 경제적, 법률적 전문성 우위를 이용하여 자신에게 일방적으로 유리한 조항을 삽입하여 보험계약자에게 불이익한 계약을 체결할 수 있는 우려를 방지하기 위한 규정이다. 다만, 불이익 변경을 금지하는 취지가 계약 당사자 간의 불평등한 위치에 기인한 것이므로, 이러한 우려가 없는 재보험 및 해상보험 기타 이와 유사한 보험(기업보험)의 경우에는 동 조항을 적용할 이유가 없다. 이러한 보험에서는 오히려 민법의 일반 원칙인 계약자유의 원칙에 따라 당사자의 의사를 최대한 존중하는 것이 더욱 합리적이라고 하겠다. 따라서 가계보험을 제외한 기업보험 성격을 지닌 재보험이나 해상보험 기타 이와 유사한 보험에는 불이익 변경 금지 원칙이 적용되지 않는다.

③④ 상법 제4편(보험계약법)의 규정은 그 성질에 반하지 아니하는 범위에서 상호보험(相互保險), 공제(共濟), 그 밖에 이에 준하는 계약에 준용한다(상법 제664조).

20. ②

① 집합된 물건을 일괄하여 보험의 목적으로 한 때에는 피보험자의 가족과 사용인의 물건도 보험의 목적에 포함된 것으로 한다. 이 경우에는 그 보험은 그 가족 또는 사용인을 위하여서도 체결한 것으로 본다(상법 제686조).

② 일반적인 손해보험 증권 기재사항 외에 화재보험 증권에는 다음의 내용을 기재하여야 한다(상법 제685조).

> 1. 건물을 보험의 목적으로 한 때에는 그 소재지, 구조와 용도
> 2. 동산을 보험의 목적으로 한 때에는 그 존치한 장소의 상태와 용도
> 3. 보험가액을 정한 때에는 그 가액

③ 집합된 물건을 일괄하여 보험의 목적으로 한 때에는 그 목적에 속한 물건이 보험기간 중에 수시로 교체된 경우에도 보험사고의 발생 시에 현존한 물건은 보험의 목적에 포함된 것으로 한다(상법 제687조).

④ 보험자는 화재의 소방 또는 손해의 감소에 필요한 조치로 인하여 생긴 손해를 보상할 책임이 있다(상법 제684조).

21. ③

① 대법원 판례에 따르면, 고지의무 위반사실과 보험사고 발생과의 인과관계가 부존재하다는 점에 관한 입증책임은 보험계약자 측에 있다.[27]

② 대법원 판례에 따르면, 보험약관의 중요한 내용에 해당하는 사항이라 하더라도 보험계약자나 그 대리인이 그 내용을 충분히 잘 알고 있는 경우에는 당해 약관이 바로 계약 내용이 되어 당사자에 대하여 구속력을 가지므로 보험자로서는 보험계약자 또는 그 대리인에게 약관의 내용을 따로 설명할 필요가 없다. 이 경우 보험계약자나 그 대리인이 그 약관의 내용을 충분히 잘 알고 있다는 점은 이를 주장하는 보험자 측에서 입증하여야 한다.[28]

③ 보험자가 보험계약자로부터 보험계약의 청약과 함께 보험료 상당액의 전부 또는 일부를 받은 경우에 그 청약을 승낙하기 전에 보험계약에서 정한 보험사고가 생긴 때에는 그 청약을 거절할 사유가 없는 한 보험자는 보험계약상의 책임을 진다. 원칙적으로 보험계약은 보험계약자의 청약에 대해서 보험자가 승낙 의사를 밝힘에 의해서 성립하나, 이렇게 되면 보험계약을 청약하여 보장이 시작되었으리라 믿는 일반 보험계약자의 생각과 어긋나게 되는 문제가 발생하게 된다. 따라서 우리 상법은 보험계약자가 청약과 함께 보험료를 납입한 경우, 보험자가 승낙하기 전의 사고라도 그 청약을 거절할 사유가 없는 한 보험자의 보상책임을 인정하고 있다. 이를 승낙전 사고담보제도라고 한다. 상법의 법조문상 '거절할 사유가 없는 한 보험자가 책임을 진다'라고 하고 있으므로, 보험계약의 당사자들은 '거절할 사유의 부존재'가 아니라 '거절할 사유의 존재'에 대해서 다투는 것이다. 따라서 ③번 지문은 틀린 지문에 해당한다. 첨언하자면 동 지문은 대법원 2008.11.27. 선고 2008다40847 판례를 변형한 것으로, 본래의 판결문에서도 '거절할 사유의 부존재에 대한 증명책임은 보험계약자에게 있다'가 아니라 '거절할 사유의 존재에 대한 증명책임은 보험자에게 있다'라고 명시하고 있다.

④ 대법원 판례에 따르면, 보험약관에서 '피보험자가 고의로 자신을 해친 경우'를 보험자의 면책사유로 규정하고 있는 경우 보험자가 보험금 지급책임을 면하기 위하여는 위 면책사유에 해당하는 사실을 입증할 책임이 있는바, 이 경우 자살의 의사를 밝힌 유서 등 객관적인 물증의 존재나, 일반인의 상식에서 자살이 아닐 가능성에 대한 합리적인 의심이 들지 않을 만큼 명백한 주위 정황사실을 입증하여야 한다.[29]

22. ③

손해보험의 보험자는 보험의 목적의 성질, 하자 또는 자연소모로 인한 손해는 이를 보상할 책임이 없다(상법 제678조).

23. ③

① 보험자는 보험계약을 체결할 때에 보험계약자에게 보험약관을 교부하고 그 약관의 중요한 내용을 설명하여야 한다(상법 제638조의3 제1항).

②④ 대법원 판례에 따르면, 이미 법령에 의하여 정하여진 것을 되풀이하거나 부연하는 정도에 불과한 사항이라면 그러한 사항까지 보험자에게 설명의무가 인정되지는 않는다.[30] 따라서 상법에 이미 규정되어 있는 보험계약자의 고지의무나 통지의무는 보험자의 설명의무 대상이 아니며, 설령 약관의 내용이

---

27) 대법원 1992.10.23. 선고 92다28259 판결
28) 대법원 2001.7.27. 선고 99다55533 판결
29) 대법원 2002.3.29. 선고 2001다49234 판결
30) 대법원 2011.7.28. 선고 2011다23743, 23750 판결

보험계약자에게 불리한 경우라고 하더라도 그 내용이 이미 법령에 규정된 사항을 구체적으로 부연하는 정도에 불과한 사항이라면 보험자의 설명의무는 면제된다.

③ 대법원 판례에 따르면, 보험자는 보험계약을 체결할 때 보험계약자에게 보험약관에 기재되어 있는 보험상품의 내용, 보험료율의 체계, 보험청약서상 기재사항의 변동 및 보험자의 면책사유 등 보험계약의 중요한 내용에 대하여 구체적이고 상세한 명시·설명의무를 부담한다. 만일 보험자가 이러한 보험약관의 명시·설명의무에 위반하여 보험계약을 체결한 때에는 그 약관의 내용을 보험계약의 내용으로 주장할 수 없다. 보험약관 설명의무의 상대방은 반드시 보험계약자 본인에 국한되는 것이 아니라, 보험자가 보험계약자의 대리인과 보험계약을 체결할 경우에는 그 대리인에게 보험약관을 설명함으로써 충분하다.[31]

24. ①

㉠ 보험사고의 발생으로 보험자가 보험금액을 지급한 때에도 보험금액이 감액되지 아니하는 보험의 경우에는 보험계약자는 그 사고 발생 후에도 보험계약을 해지할 수 있다(상법 제649조 제2항).

㉡ 보험자가 파산의 선고를 받은 때에는 보험계약자는 보험계약을 해지할 수 있으나(상법 제654조 제1항), 만약 3월이 경과하도록 해지하지 아니한 보험계약은 파산선고 후 3월이 경과한 후에 그 효력을 잃는다.

㉢ 보험계약 당시에 보험계약자 또는 피보험자가 고의 또는 중대한 과실로 인하여 중요한 사항을 고지하지 아니하거나 부실의 고지를 한 때에는 보험자는 그 사실을 안 날로부터 1월 내에, 계약을 체결한 날로부터 3년 내에 한하여 계약을 해지할 수 있다. 다만, 고지의무(告知義務)를 위반한 사실이 보험사고 발생에 영향을 미치지 아니하였음이 증명된 경우에는 보험금을 지급할 책임이 있다(상법 제655조). 즉, 해지는 여전히 가능하다.[32]

㉣ 타인의 사망을 보험사고로 하는 보험계약에는 보험계약 체결시에 그 타인의 서면에 의한 동의를 얻어야 하며, 서면 동의를 얻지 못한 계약은 무효이다(상법 제731조 제1항).

㉤ 보험계약 당시에 보험사고가 이미 발생하였거나 또는 발생할 수 없는 것인 때에는 그 계약은 무효이다(상법 제644조).

25. ②

선박보험에서 다음의 사유가 있을 때에는 보험계약은 종료한다. 그러나 보험자의 동의가 있는 때에는 그러하지 아니하다(상법 제703조의2).

1. 선박을 양도할 때
2. 선박의 선급을 변경한 때
3. 선박을 새로운 관리로 옮긴 때

26. ③

㉠ 보험금지급에 대한 약정기간이 없는 경우 보험자는 보험사고의 통지를 받은 후 지체 없이 지급할 보험금액을 정하고 그 정하여진 날부터 10일 내에 피보험자 또는 보험수익자에게 보험금액을 지급하여야 한다.

㉡ 보험자가 보험계약자로부터 보험계약의 청약과 함께 보험료 상당액의 전부 또는 일부의 지급을 받은 때에는 다른 약정이 없으면, 30일 내에 그 상대방에 대하여 낙부의 통지를 발송하여야 한다.

㉢ 보험자가 보험계약을 체결할 때에 보험계약자에게 보험약관의 교부·설명의무를 이행하지 아니한 때에는 보험계약자는 보험계약이 성립한 날부터 3개월 내에 그 계약을 취소할 수 있다.

㉣ 보험자가 파산의 선고를 받은 때에 보험계약자가 해지하지 않은 보험계약은 파산선고 후 3월을 경과한 때에는 그 효력을 잃는다.

27. ①

① 보험가액의 일부를 보험에 붙인 경우에는 보험자는 보험금액의 보험가액에 대한 비율에 따라 보상할 책임을 진다. 그러나 당사자간에 다른 약정이 있는 때에는 보험자는 보험금액의 한도 내에서 그 손해를 보상할 책임을 진다(상법 제674조).

② 인보험계약의 보험금은 당사자 간의 약정에 따라 분할하여 지급할 수 있다(상법 제727조 제2항).

③ 보험자의 책임은 당사자간에 다른 약정이 없으면 최초의 보험료의 지급을 받은 때로부터 개시한다(상법 제656조). 법 조문상 당사자간에 다른 약정을 인정하고 있으므로 최초 보험료의 지급을 받은 때보다 5일 전으로 보험자의 책임개시 시기를 약정한 것은 유효하다. 이러한 보험을 소급보험이라 한다.

④ 보험계약 당시에 보험계약자 또는 피보험자가 고의 또는 중대한 과실로 인하여 중요한 사항을 고지하지 아니하거나 부실의 고지를 한 때에는 보험자는 그 사실을 안 날로부터 1월 내에, 계약을 체결한 날로부터 3년 내에 계약을 해지할 수 있다(상법 제651조). 고지의무 위반을 이유로 한 보험자의 해지권 행사기간은 안 날로부터 1월이므로, 동 기간을 연장하는 것은 보험계약자 등의 불이익 변경 금지의 원칙에 위배되어 무효이다. 반면에 해지권 행사기간을 20일로 줄이는 약정은 보험자에게 불리(보험계약자 측에게는 유리)한 약정이므로 유효하다.

28. ④

① 보험가액 불변경주의는 보험기간 중 보험가액이 변경되지 않는 보험을 말한다. 보험가액 불변경주의는 운송보험이나 해상보험 등에 적용된다.

② 운송물의 도착으로 인하여 얻을 이익은 약정이 있는 때에 한하여 보험가액 중에 산입한다(상법 제689조 제2항).

③ 당사자 간에 보험가액을 정하지 아니한 때에는 사고발생시의 가액을 보험가액으로 한다(상법 제671조).

31) 대법원 2001.7.27. 선고 2001다23973 판결

32) 저자주 : 2014년 상법 개정 이전에는 제655조의 말단부가 '보험금을 지급할 책임이 있다'가 아니라 '그러하지 아니하다'로 되어 있어, '보험금을 지급할 책임이 없다'는 것만 그러하지 아니한 것인지, '계약을 해지하고 보험금을 지급할 책임이 없다'는 것이 그러하지 아니한 것인지에 대한 논란이 있었다. 지금은 상법 개정을 통하여 불명확한 부분을 입법적으로 해결하였다.

④ 적하보험에서 적하의 도착으로 인하여 얻을 이익 또는 보수의 보험(희망이익보험)에 있어서는 계약으로 보험가액을 정하지 아니한 때에는 보험금액을 보험가액으로 한 것으로 추정한다(상법 제698조). 문제에서는 '추정한다'가 아니라 '본다'라고 하였으므로 틀린 지문이다. '추정한다'는 법률 용어로, 명확하지 않은 사실을 일단 존재하는 것으로 하여 법률효과를 발생시키는 것을 말한다. 명확하지 않은 사실에 대한 것이므로 당사자가 이를 반증할 수 있는 근거를 제시한다면 그 추정을 바로 번복할 수 있다. '추정한다'와 비교하여야 할 개념이 '본다'이다. '본다'도 명확하지 않은 사실을 존재하는 것으로 한다는 점에서 '추정하다'와 동일하나, 반증이 있는 경우에도 그 사실이 바로 번복되지 않는다는 점에서 다르다.

29. ①

① 기명피보험자의 승낙을 얻은 자가 운전한 경우 기명피보험자에게는 여전히 자동차에 대한 운행지배, 운행이익이 있는 바 자동차 보험의 보험자는 보상책임을 부담하여야 한다. 자동차종합보험 약관에서도 기명피보험자의 승낙을 얻은 자를 승낙피보험자로 명시하여 보험회사가 보상책임을 부담한다고 명시하고 있다.

② 대법원 판례에 따르면, 경찰서는 국가행정사무를 수행하게 하기 위하여 설치된 특별지방행정기관에 지나지 아니하고, 경찰서장도 국가공무원으로서 소관사무를 통할하고 소속 공무원을 지휘 · 감독하는 지위에 있을 뿐이어서, 경찰서장이 그 경찰서 소속의 관용차량을 관리 · 운행하고 소속 공무원인 운전자를 지휘 · 감독한다고 하더라도, 대외적으로는 자동차의 운행으로 인한 손해배상책임을 부담할 권리의무의 주체가 될 수 없음이 명백하므로 자동차보험계약상의 기명피보험자가 "OO 경찰서장"으로 표시되었다고 하더라도, 이는 국가를 가리키는 것으로 봄이 상당하고, 따라서 경찰서장의 직위에 있는 공무원 개인이 기명피보험자로 되는 것이 아니다. 자동차종합보험계약상 기명피보험자의 승낙을 얻어 자동차를 사용 또는 관리중인 자도 피보험자로 하고 있는 경우에 있어 경찰서 경비과장으로서 경찰서장의 승낙을 받아 자동차를 운전하다가 사고가 일어난 것이라면, 위 운전자는 기명피보험자인 국가의 승낙을 얻어 자동차를 사용 또는 관리중인 자에 해당하거나 국가를 위하여 자동차를 운전중인 자에 해당하여 위 보험계약에 있어서의 피보험자의 범주에 속한다고 할 것이고, 그가 피보험자인 이상 위 자동차의 운행으로 인한 사고로 말미암아 자신이 법률상 손해배상책임을 지게 되는 경우, 즉 보험사고가 발생한 경우에는 기명피보험자가 아니더라도 보험자에 대하여 보험금액지급청구권을 가지게 된다고 보아야 한다.[33]

③ 대법원 판례에 따르면, 자동차를 매수하고 소유권이전등록을 마치지 아니한 채 자동차를 인도받아 운행하면서 매도인과의 합의 아래 매도인을 피보험자로 한 자동차종합보험계약을 체결하였다면, 그 매수인은 자동차종합보험계약의 약관에 따른 기명피보험자의 승낙을 얻어 자동차를 사용 또는 관리중인 자, 즉 승낙피보험자에 해당된다.[34] 또한 자동차종합보험보통약관 소정의 배상책임에서 피보험자라 함은 보험증권에 기재된 피보험자, 즉 기명피보험자 외에 기명피보험자의 승낙을 얻어 피보험자동차를 사용 또는 관리중인 자 등을 피보험자로 명시하고 있는데, 여기서 말하는 기명피보험자의 승낙이라 함은 반드시 명시적이거나 개별적일 필요는 없고 묵시적 또는 포괄적 승낙도 가능하지만 특별한 사정이 없는 한 피보험자의 직접적인 승낙임을 요하고, 승낙받은 자로부터 다시 승낙받은 자는 소정의 피보험자에 해당하지 않는다.[35] 종합하면, 기명피보험자의 승낙을 얻어 피보험자동차를 사용 또는 관리 중인 자는 승낙피보험자에 해당하나, 승낙피보험자의 승낙을 얻어 피보험자동차를 사용 또는 관리 중인자는 피보험자에 해당하지 않는다.

④ 대법원 판례에 따르면, 자동차종합보험의 21세 이상 한정운전 특별약관의 '피보험자동차를 도난당하였을 경우'라 함은 피보험자의 명시적이거나 묵시적인 의사에 기하지 아니한 채 제3자가 피보험자동차를 운전한 경우를 말하고, 여기서 '묵시적인 의사'라 함은 명시적인 의사와 동일하게 약관의 적용으로 이어진다는 점에서 피보험자의 도난운전에 대한 승인 의도가 명시적으로 표현되어 있는 경우와 동일시할 수 있을 정도로 그의 승인 의도를 추단할 만한 사정이 있는 경우에 한정되어야 하고, 따라서 묵시적인 의사의 존부에 관하여는 피보험자와 도난운전자와의 관계뿐만 아니라, 평소 사고 차량의 운전 및 관리 상황, 당해 도난운전이 가능하게 된 경위와 그 운행 목적, 평소 도난운전자에 대한 피보험자가 취해 온 태도 등의 제반 사정을 함께 참작하여 인정하여야 한다. 기명피보험자의 승낙을 받아 자동차를 사용하거나 운전하는 자로서 보험계약상 피보험자로 취급되는 자(이른바 승낙피보험자)의 승인만이 있는 경우에는 자동차종합보험계약상 21세 이상 한정운전 특별약관 소정의 도난운전에 대한 보험계약자나 피보험자의 묵시적인 승인이 없다고 보는 것이 옳다. 21세 이상 한정운전 특별약관부 자동차종합보험의 기명피보험자인 렌터카 회사의 영업소장이 운행자격이 없는 만 21세 미만자 또는 자동차 운전면허가 없는 자를 임차인으로 하여 자동차를 대여해 준 경우, 소정의 도난운전에 대한 기명피보험자의 묵시적 승인이 있다고 볼 수 있다.[36] 따라서 보험자는 보험금 지급책임이 있다.

30. ③

① 보험계약의 당사자가 특별한 위험을 예기하여 보험료의 액을 정한 경우에 보험기간 중 그 예기한 위험이 소멸한 때에는 보험계약자는 그 후의 보험료의 감액을 청구할 수 있다(상법 제647조). (○)

② 보험기간 중에 보험계약자 또는 피보험자가 사고발생의 위험이 현저하게 변경 또는 증가된 사실을 안 때에는 지체없이 보

33) 대법원 1992.2.25. 선고 91다12356 판결
34) 대법원 1994.6.14. 선고 94다15264 판결
35) 대법원 1997.3.14. 선고 95다48728 판결
36) 대법원 2000.2.25. 선고 99다40548 판결

험자에게 통지하여야 한다. 이를 해태한 때에는 보험자는 그 사실을 안 날로부터 1월내에 한하여 계약을 해지할 수 있다(상법 제652조). (○)

③ 운송보험 계약은 다른 약정이 없으면 운송의 필요에 의하여 일시운송을 중지하거나 운송의 노순 또는 방법을 변경한 경우에도 그 효력을 잃지 아니한다(상법 제691조). (×)

④ 선박이 보험사고로 인하여 심하게 훼손되어 이를 수선하기 위한 비용이 수선하였을 때의 가액을 초과하리라고 예상될 경우, 선장이 지체없이 다른 선박으로 적하의 운송을 계속한 때에는 피보험자는 그 적하를 위부할 수 없다(상법 제712조). (○)

31. ④

① 손해보험의 피보험자는 보험의 목적에 대하여 피보험이익을 가지는 자라면 충분하며 별도의 제한 규정을 두지 않는다. 따라서 자연인뿐만 아니라 법인도 피보험자가 될 수 있다.

②③ 만15세 미만자, 심신상실자 또는 심신박약자의 사망을 보험사고로 한 보험계약은 무효이다(상법 제732조). 이 규정은 자기의 사망보험이라고 하여 달라지는 것은 아니다. 또한 사망보험계약 체결 당시 피보험자가 15세 미만이었다면 보험계약은 확정적으로 무효이므로 비록 보험사고 발생 시에 15세 이상이 되었다고 하더라도 보험계약은 여전히 무효이다.

④ 상해보험에서는 제732조(만15세 미만자 등의 보험계약 금지)를 제외하고 생명보험에 관한 규정을 준용한다(상법 제738조). 따라서 만15세 미만자 등의 상해보험계약은 유효하다. 즉 만15세 미만자 등은 사망보험의 피보험자가 될 수 없으나 상해보험의 피보험자는 가능하다.

32. ④

① 피보험자가 보험기간 중에 자동차를 양도한 때에는 양수인은 보험자의 승낙을 얻은 경우에 한하여 보험계약으로 인하여 생긴 권리와 의무를 승계한다. 보험자가 양수인으로부터 양수사실을 통지받은 때에는 지체없이 낙부를 통지하여야 하고 통지받은 날부터 10일내에 낙부의 통지가 없을 때에는 승낙한 것으로 본다(상법 제726조의4).

② 대법원 판례에 따르면, 보험목적물의 양도 통지에 대해서는 상법 제652조 위험의 현저한 변경증가 통지의무를 준용하므로, 보험목적의 양도로 인하여 현저한 위험의 변경 또는 증가가 없는 경우에는 양도의 통지를 하지 않더라도 통지의무 위반을 이유로 당해 보험계약을 해지할 수 없다.[37] 반대로 보험목적의 양도로 보험사고의 발생 위험이 현저하기 증가한 경우에는 보험료의 증액을 청구하거나 보험계약을 해지할 수 있다.

③ 선박을 보험에 붙인 경우에 다음의 사유가 있을 때에는 보험계약은 종료한다. 그러나 보험자의 동의가 있는 때에는 그러하지 아니하다(상법 제703조의2).

1. 선박을 양도할 때
2. 선박의 선급을 변경한 때
3. 선박을 새로운 관리로 옮긴 때

④ 피보험자가 보험의 목적을 양도한 때에는 양수인은 보험계약상의 권리와 의무를 승계한 것으로 추정한다. 이 경우에 보험의 목적의 양도인 또는 양수인은 보험자에 대하여 지체 없이 그 사실을 통지하여야 한다(상법 제679조).

33. ①

① 보험자가 위부를 승인하지 아니한 때에는 피보험자는 위부의 원인을 증명하지 아니하면 보험금액의 지급을 청구하지 못한다(상법 제717조).

② 보험목적에 대한 보험대위(잔존물대위)는 손해보험 전반에 걸쳐 인정되지만 보험위부는 별도의 특약이 없는 한 해상보험에서만 인정된다.

③ 보험목적에 대한 보험대위(잔존물대위)는 보험목적의 전부 멸실, 보험금액의 전부 지급을 요건으로 한다. 보험위부는 상법 규정상 위부의 원인(추정전손)이 존재하여야 하며 피보험자가 위부의 통지를 하여야 한다.

④ 보험위부는 무조건이어야 하며 형성권이다. 즉 권리자의 일방적 의사표시에 의하여 법률관계가 발생하며, 별도의 조건을 붙일 수 없다.

34. ②

① 보험자는 피보험자가 지급할 공동해손의 분담액을 보상할 책임이 있다(상법 제694조).

② 해상보험의 보험자는 피보험자가 보험사고로 인하여 발생하는 손해를 방지하기 위하여 지급할 구조료를 보상할 책임이 있다. 그러나 보험의 목적물의 구조료 분담가액이 보험가액을 초과할 때에는 그 초과액에 대한 분담액은 보상하지 아니한다(상법 제694조의2).

③ 보험자는 다음의 손해와 비용을 보상할 책임이 없다(상법 제706조).

1. 선박 또는 운임을 보험에 붙인 경우에는 발항당시 안전하게 항해를 하기에 필요한 준비를 하지 아니하거나 필요한 서류를 비치하지 아니함으로 인하여 생긴 손해
2. 적하를 보험에 붙인 경우에는 용선자, 송하인 또는 수하인의 고의 또는 중대한 과실로 인하여 생긴 손해
3. 도선료, 입항료, 등대료, 검역료, 기타 선박 또는 적하에 관한 항해 중의 통상비용

④ 영국해상보험법상 화물이 선박과 함께 행방불명된 경우에는 현실전손으로 추정한다.[38]

37) 대법원 1996.7.26. 선고 95다52505 판결
38) MIA 1906 Provision 58 : Where the ship concerned in the adventure is missing, and after the lapse of a reasonable time no news of her has been received, an actual total loss may be presumed.

35. ②

①② 보험계약자는 위임을 받거나 위임을 받지 아니하고 특정 또는 불특정의 타인을 위하여 보험계약을 체결할 수 있다. 그러나 손해보험계약의 경우에 그 타인의 위임이 없는 때에는 보험계약자는 이를 보험자에게 고지하여야 하고, 그 고지가 없는 때에는 타인이 그 보험계약이 체결된 사실을 알지 못하였다는 사유로 보험자에게 대항하지 못한다(상법 제639조 제1항).

③ 타인을 위한 보험계약이 체결되면 그 타인은 당연히 그 계약의 이익을 받는다. 그러므로 보험사고 발생시에 타인은 보험계약자의 동의나 협조를 구할 필요없이 보험자에게 직접 보험금의 지급을 청구할 수 있다.

④ 타인을 위한 보험계약에서도 보험계약자는 계약의 당사자이므로 보험료 지급의무를 부담한다. 그러나 보험계약자가 파산선고를 받거나 보험료의 지급을 지체한 때에는 그 타인이 그 권리를 포기하지 아니하는 한 그 타인도 보험료를 지급할 의무가 있다(상법 제639조 제3항). 즉 타인은 이차적으로 보험료 지급의무를 부담한다.

36. ③

보험기간 중에 보험계약자 또는 피보험자가 사고발생의 위험이 현저하게 변경 또는 증가된 사실을 안 때에는 지체 없이 보험자에게 통지하여야 하며, 이를 위험변경증가 통지의무라고 부른다. 만약 보험계약자 또는 피보험자가 위험변경증가 통지의무를 해태한 때에는 보험자는 그 사실을 안 날로부터 1월내에 한하여 계약을 해지할 수 있으며, 위험변경증가의 통지를 받은 때에는 1월 내에 보험료의 증액을 청구하거나 계약을 해지할 수 있다.

37. ④

① 보험금액이 보험계약의 목적의 가액을 현저하게 초과하는 보험을 초과보험이라고 한다.

②③④ 초과보험에서 보험가액은 계약 당시의 가액에 의하여 정한다(상법 제669조 제2항). 보험가액이 보험기간 중에 현저하게 감소한 경우에도 같다(상법 제669조 제3항). 초과보험이 성립하면 보험자 또는 보험계약자는 보험료와 보험금액의 감액을 청구할 수 있다. 이 때 보험료의 감액은 장래에 대하여서만 그 효력이 있다(상법 제669조 제1항).

38. ③

일반적인 손해보험 증권 기재사항은 다음과 같다(상법 제666조).

1. 보험의 목적
2. 보험사고의 성질
3. 보험금액
4. 보험료와 그 지급방법
5. 보험기간을 정한 때에는 그 시기와 종기
6. 무효와 실권의 사유
7. 보험계약자의 주소와 성명 또는 상호

7의2. 피보험자의 주소, 성명 또는 상호

8. 보험계약의 연월일
9. 보험증권의 작성지와 그 작성 연월일

위의 손해보험 증권 기재사항 외에 해상보험 증권에는 다음의 내용을 추가로 기재하여야 한다(상법 제695조).

1. 선박을 보험에 붙인 경우에는 그 선박의 명칭, 국적과 종류 및 항해의 범위
2. 적하를 보험에 붙인 경우에는 선박의 명칭, 국적과 종류, 선적항, 양륙항 및 출하지와 도착지를 정한 때에는 그 지명
3. 보험가액을 정한 때에는 그 가액

39. ①

① 책임보험에서 제3자에 대하여 변제, 승인, 화해 또는 재판으로 인하여 채무가 확정된 때에는 지체 없이 보험자에게 그 통지를 발송하여야 하며, 이 때 통지의무를 부담하는 사람은 피보험자이다(상법 제723조 제1항).

② 보험자는 특별한 기간의 약정이 없으면 채무 확정의 통지를 받은 날로부터 10일 내에 보험금액을 지급하여야 한다(상법 제723조 제2항).

③ 피보험자가 제3자에 대하여 변제, 승인, 화해 또는 재판으로 인하여 채무가 확정된 때에는 지체 없이 보험자에게 그 통지를 발송하여야 한다(상법 제723조 제1항).

④ 피보험자가 보험자의 동의없이 제3자에 대하여 변제, 승인 또는 화해를 한 경우에는 보험자가 그 책임을 면하게 되는 합의가 있는 때에도 그 행위가 현저하게 부당한 것이 아니면 보험자는 보상할 책임을 면하지 못한다(상법 제723조 제3항).

40. ②

① 자동차보험계약의 보험자는 피보험자가 자동차를 소유, 사용 또는 관리하는 동안에 발생한 사고로 인하여 생긴 손해를 보상할 책임이 있다(상법 제726조의2).

② 차량가액은 자동차보험증권의 절대적 기재사항이 아니며, 계약의 내용에서 차량가액을 정했을 경우에만 기재한다. 일반적인 손해보험증권 기재사항 외에 자동차보험증권에 기재하여야 할 사항은 다음과 같다(상법 제726조의3).

1. 자동차소유자와 그 밖의 보유자의 성명과 생년월일 또는 상호
2. 피보험자동차의 등록번호, 차대번호, 차형 년식과 기계장치
3. 차량가액을 정한 때에는 그 가액

③ 피보험자가 보험기간 중에 자동차를 양도한 때에는 양수인은 보험자의 승낙을 얻은 경우에 한하여 보험계약으로 인하여 생긴 권리와 의무를 승계한다(상법 제726조의4 제1항).

④ 보험자가 양수인으로부터 양수사실을 통지받은 때에는 지체없이 낙부를 통지하여야 한다. 통지받은 날부터 10일 내에 낙부의 통지가 없을 때에는 승낙한 것으로 본다(상법 제726조의4 제2항).

3과목 손해사정이론

01	02	03	04	05	06	07	08	09	10
②	②	①	①	①	④	③	②	④	②
11	**12**	**13**	**14**	**15**	**16**	**17**	**18**	**19**	**20**
③	②	②	③	④	④	②	③	②	④
21	**22**	**23**	**24**	**25**	**26**	**27**	**28**	**29**	**30**
③	③	④	③	②	②	②	②	③	①
31	**32**	**33**	**34**	**35**	**36**	**37**	**38**	**39**	**40**
②	③	③	①	④	③	②	③	②	①

01. ②

손인(peril)이란 손해가 발생하게 되는 원인으로 손해를 야기하는 모든 개별적인 사유를 말하며 일반적으로 '사고'와 동일한 개념으로 이해하면 쉽다. 위태(hazard)는 손해를 유발하거나 발생한 손해를 더욱 악화시킬 수 있는 제반 상태를 말한다. 손해(loss)란 위험이 실현된 결과로 주로 경제적 손실을 의미한다. 예를 들어 악천후로 배가 침몰하여 운반하던 물건이 소실된 경우에, 악천후는 위태(hazard), 침몰은 손인(peril), 물건이 소실된 것은 손해(loss)에 해당한다.

① 악천후로 인하여 사고가 발생할 확률이 높아지므로 위태(hazard)에 해당한다.
② 지진으로 건물이 무너지는 손해가 발생하였다면 지진은 손인(peril)에 해당한다.
③ 어두운 계단으로 인하여 사고가 발생할 확률이 높아지므로 위태(hazard)에 해당한다.
④ 흡연으로 인하여 사고가 발생할 확률이 높아지므로 위태(hazard)에 해당한다.

02. ②

특정위험(specific risk)은 개별적이거나 개인적인 사건에 의하여 야기되는 것으로 화재나 도난과 같이 손실범위가 제한된 범위를 가지는 것을 말하며, 근원적 위험(fundamental risk)은 사회 전체 또는 수많은 사람이나 전체에 영향을 주는 위험으로 전쟁, 경기변동, 홍수 등이 예이다. 근원적 위험은 개인적인 차원보다는 사회나 국가적인 차원에서 관리하는 것이 바람직하며 사회보험 제도를 활용하는 것이 좋다. 반면에 특정위험은 민영보험이나 사보험의 이용이 더욱 적절하다.

03. ①

① 프랜차이즈 공제(franchise deductible, 소손해 면책)란 일정한 공제금액을 정하여 해당 금액에 미치지 못하는 손해는 피보험자가 전액 부담하고, 공제금액을 넘어서는 손해가 발생하였다면 보험자가 전액 부담하는 방식의 공제조항을 말한다. 예를 들어 프랜차이즈 공제금액이 1,000원이라고 했을 때 500원의 손실이 발생하면 보험금을 지급하지 않고, 2,000원의 손실이 발생하면 2,000원 전액을 보험금으로 지급하는 방식이다. 따라서 프랜차이즈 공제 조항 하에서는 보험기간 내에 발생한 손실이 모두 공제한도를 넘어선다면 피보험자의 자기부담금이 전혀 없을 수 있다.
② 건강보험의 공동보험조항(co-insurance clause)은 손해액의 일정 비율을 피보험자가 부담하고 나머지 비율의 손해액에 대해서만 보험금을 지급하는 방식이다. 참여 비율 공제조항(participation percentage deductible)이라고도 한다. 예를 들어 손해액의 20%를 피보험자가 부담하는 공동보험조항에서 100만원의 손해가 발생하였다면 보험자는 80만원의 보험금을 지급한다. 따라서 나머지 20만원은 피보험자가 스스로 부담하게 되므로, 보험자와 피보험자 사이에 일종의 공동보험 관계가 형성되는 것이다. 공동보험조항에서는 얼마의 손실이 발생하던 피보험자의 자기부담금이 발생할 수밖에 없다.
③ 정액공제(straight deductible)는 설정된 일정한 공제금액을 넘어서는 금액만을 보험금으로 지급하는 방식이다. 예를 들어 정액공제조항의 공제금액이 500원일 때에 2,000원의 손실이 발생하면 1,500원(2,000원 - 500원)을 보험금으로 지급한다. 따라서 피보험자의 자기부담금이 발생할 수밖에 없다.
④ 총액공제(aggregate deductible)는 보험기간 동안 발생한 손해액의 합계가 정해진 일정한 공제금액에 미달하면 보험금을 지급하지 않고, 손해액의 합계가 공제금액을 넘어서는 순간부터 보험금을 지급하는 방식이다. 따라서 피보험자의 자기부담금이 발생할 수밖에 없다.

04. ①

위험의 빈도가 많고 심도도 큰 경우에는 위험회피 기법을 사용하는 것이 적절하다.

- **빈도가 적고 심도가 작은 경우** : 위험의 보유
- **빈도가 많고 심도가 작은 경우** : 손해제어적인 수단에 보유기법을 병행하여 적용
- **빈도가 적고 심도가 큰 경우** : 보험에의 전가와 손해제어적인 수단을 병행하여 적용
- **빈도가 많고 심도가 큰 경우** : 위험의 회피

05. ①

보험은 보험계약자가 청약한 위험을 보험자가 선택하여 성립한다. 따라서 위험선택의 주체는 보험자이다. 그런데 보험계약자가 자신이 보유한 위험을 스스로 선택하여 보험계약이 성립하는 경우가 있는데 이를 역선택이라고 한다. 역선택은 위험에 대한 정보가 보험계약자 측에게 집중되어 있고 보험자는 충분한 정보를 가지고 있지 못하다는 정보 비대칭의 문제 때문에 발생한다. 따라서 보험계약자와 피보험자에게 자신이 알고 있는 위험에 대한 중요한 정보를 보험자에게 알리도록 고지의무를 부여하여 역선택을 감소시키고 있다. 경험요율, 공동보험, 보험자 대위는 역선택 감소와는 크게 관련이 없다.

06. ④

일부보험에서 손실이 발생하면 비례보상 방식에 따라 보험자가 보험금을 지급하는 것은 물론이고 피보험자도 손실의 일부를 부담한다. 따라서 피보험자의 입장에서는 발생한 손해액 전액을 보험금으로 지급받는 것이 아니라 본인 스스로도 일부 손해를 부담해야 하므로, 자연스럽게 손실통제를 제고하는 효과를 기대할 수 있다.

07. ③

사고의 원인 조사, 보상책임 유무판단, 보험금 산정은 모두 손해사정사의 고유 업무 영역이다. 보상한도 설정은 보험계약 체결 시에 하는 업무로, 언더라이터가 수행하는 업무이다.

08. ②

보험사기에는 경성사기(hard fraud)와 연성사기(soft fraud)가 있다. 경성사기(hard fraud)는 보험에서 담보하는 상해, 도난, 방화, 기타의 손실을 의도적으로 각색 또는 조작하여 보험사고를 임의로 일으키는 보험사기를 말하며, 연성사기(soft fraud)는 사고 발생 자체를 의도하지는 않았으나 이미 발생한 보험사고의 손해를 확대(사고금액을 과장)하는 행위를 말한다. 기회주의적 사기(opportunity fraud)라고도 한다. 연성사기는 우연한 사고 아래에서 발생하는 것이므로 관련이 있다.

09. ④

보험계약자 또는 피보험자의 고의로 인하여 보험사고가 발생하면 그와 상당인과관계가 있는 손실은 보험자의 면책요건에 해당한다. 피보험자 가족의 고의로 인한 사고는 보험자가 면책되는 사고가 아니다.

피보험자 가족 혹은 피용자 등 특수한 관계에 있는 자의 고의로 인한 사고도 면책하자는 이른바 대표자책임이론은 독일의 판례법에서 주장되는 이론이며, 우리나라에서는 인정되지 않는다. 대표자책임이론을 일부 수용하였던 예전 화재보험 약관의 "피보험자에게 보험금을 받도록 하기 위하여 피보험자와 세대를 같이 하는 친족 또는 고용인이 고의로 사고를 일으킨 손해에 대해서는 보험자가 보상하지 아니한다"라는 조항도 2010년 4월 이후로 삭제되었다.

10. ②

우리나라 상법이 규정하고 있는 보험자에 의한 보험계약의 해지사유는 다음과 같다.

1) 계속보험료 미납
2) 고지의무 위반
3) 위험변경증가 통지의무 위반
4) 위험변경증가 통지의무 이행
5) 사고발생 위험의 현저한 변경증가
6) 선박미확정의 적하예정보험에서 하물 선적 통지의무 위반

손해방지의무 위반 시에 대한 규정은 상법에는 명시되어 있지 않으며, 개별 약관에 따라 의무 위반으로 인하여 늘어난 손해를 보상하지 않는다. 보험계약 해지사유는 아니다.

11. ③

우리나라 보험업법에서 규정하고 있는 보험요율의 산정 원칙은 다음과 같다(보험업법 제129조).

1. 보험요율이 보험금과 그 밖의 급부(給付)에 비하여 지나치게 높지 아니할 것 : 비과도성
2. 보험요율이 보험회사의 재무건전성을 크게 해칠 정도로 낮지 아니할 것 : 충분성
3. 보험요율이 보험계약자 간에 부당하게 차별적이지 아니할 것 : 공평한 차별성
4. 자동차보험의 보험요율인 경우 보험금과 그 밖의 급부와 비교할 때 공정하고 합리적인 수준일 것

12. ②

실손보상의 원칙이란 손해보험의 대원칙으로, 보험자가 보험사고의 발생으로 피보험자에게 지급하는 보험금은 보험사고로 인하여 생긴 실제 손해액을 초과할 수 없다는 원칙을 말한다. 실손보상의 원칙을 실현하기 위한 제도로는 보험자 대위, 피보험이익, 타보험조항, 시가주의, 신구교환공제 등이 있다. 최대선의의 원칙은 보험계약의 사행계약적 특성에서 비롯된 것으로 실손보상의 원칙과는 크게 관련이 없다.

13. ②

①③④ 보험기간이란 보험자의 책임이 개시되어 종료될 때까지의 기간으로 보험사고 발생에 대한 시간적 제한을 의미한다. 연월일시 등 일정한 시간으로 정하는 경우도 있지만, 해상보험이나 여행자보험 등에서 '부산에서 뉴욕까지'처럼 출발장소와 도착장소로 정하는 경우도 있다.

② 보험계약기간은 보험이 유효하게 존속하는 기간으로 말 그대로 계약기간을 의미한다. 보험기간은 일반적으로 보험계약기간과 일치하는 것으로 기대되나, 반드시 일치하는 것은 아니다. 예를 들어 소급보험은 보험기간이 보험계약기간보다 길다.

14. ③

영업보험료는 순보험료와 부가보험료로 구성된다. 순보험료는 보험금 지급에 사용되는 재원이며, 부가보험료는 보험자의 사업비 등으로 사용되는 재원이다. 규모의 경제성과 관련된 것은 사업비에 사용되는 부가보험료이며, 순보험료는 규모의 경제성과는 크게 관련이 없다. 순보험료는 기본적으로 보험가입자 집단의 평균적인 손실통계에 기초한 원가개념이 적용되고 있기 때문이다. 순보험료의 특징은 다음과 같이 정리할 수 있다.

1. **미래 예측** : 보험요율은 미래에 발생할 손실을 예측하여 이를 근거로 산정되기 때문에 원가의 불확실성이 크다. 반면 대부분의 제조상품 또는 서비스상품의 원가는 가격 결정시에 이미 확정되어 있으므로 원가의 불확실성이 적다.
2. **확정시점** : 보험의 실제원가는 보험상품의 판매 시에 확정되는 것이 아니라 보험기간이 종료되는 미래의 어느 시점에 확정된다.
3. **평균원가** : 보험요율은 평균원가의 개념으로 적용대상 집단, 즉 보험단체의 평균적인 손실과 비용의 예측을 기초로 만들어진다.
4. **통제 불가능** : 보험원가는 보험 공급자인 보험자의 통제가 불가능한 부분이 많다. 순보험료는 부가보험료와는 달리 대부분 보험자의 통제 밖에 존재한다.
5. **규모의 경제 적용이 작음** : 보험상품은 그 특성에 기인하여 규모의 경제가 크지 않다.

15. ④

손실감소(loss reduction)는 사고가 이미 발생한 경우 손해의 규모를 줄이기 위한 위험 관리기법이다. 자동차에 에어백을 설치하

거나 운전시에 안전벨트를 착용하는 것이 대표적이다. 손실예방(loss prevention)은 사고 발생 가능성이나 빈도를 줄이기 위한 위험 관리기법으로, 운전면허제도, 작업안전수칙, CCTV 설치 운영 등이 해당한다.

16. ④

① Cat Bond(대재해 채권)는 보험회사가 감당할 수 없을 정도의 큰 재해가 발생했을 경우 금융기법을 빌려서 그 손해를 보상하는 방법 중 하나이며, 대체위험전가(ART)이다. 보험회사는 Cat Bond를 통하여 대재해가 발생했을 때 지급불능위험에 대비할 수 있다.
② 만약 원보험회사가 스스로도 감당할 수 없을 정도의 거대한 위험(대재해)을 대상으로 보험계약을 인수한다면, 원보험회사는 재보험에 가입하여 자신이 보유한 위험에 대비할 수 있다.
③ 대재해에 해당하는 전쟁, 지진, 해일 등은 대부분의 보험계약에서 면책조항으로 규정하고 있다. 이는 보험경영상의 문제로 인하여 이러한 대재해를 보상할 경우 보험회사가 파산할 위험에 직면할 수 있기 때문이다.
④ 공제조항(deductible clause)은 일정 금액 이하의 손해에 대해서는 피보험자가 스스로 부담하게 하여 보험자가 보험금을 지급하지 않거나 적게 지급하는 방식을 말한다. 공제조항을 운영하면 소액보상 청구를 방지하며 이로 인한 보험료 절감의 효과와 손실통제 동기를 강화하는 효과를 기대할 수 있다. 대재해로 인한 손해와는 크게 관련이 없다.

17. ②

보험계약자 또는 피보험자나 보험수익자는 보험사고의 발생을 안 때에는 지체 없이 보험자에게 그 통지를 발송하여야 한다. 만약 사고발생통지를 게을리하여 손해가 증가된 때에는 보험자는 그 증가된 손해를 보상할 책임이 없다(상법 제657조). 나머지 지문들은 모두 배상책임보험에서 담보하는 손해이다.

18. ③

기대손실(expected loss)은 불확실한 상황에서 발생할 것으로 기대되는 손실로, "빈도×심도"로 계산된다. 따라서 사고가 발생하는 빈도나 사고에 따른 심도를 줄이면 기대손실을 감소시킬 수 있다. 기대손실을 감소시키기 위한 위험관리 기법이 손실통제(loss control)이다. 손실통제에는 사고 발생 가능성이나 빈도를 줄이기 위한 손실예방(loss prevention)과 사고가 이미 발생한 경우 손해의 규모를 줄이기 위한 손실감소(loss reduction)가 있다.

19. ②

① 수기문언 우선효력의 원칙은 개별약정 우선의 원칙이라고도 하며, 보험계약의 당사자가 명시적으로 보험약관과 다른 내용의 개별약정을 하였다면 그러한 개별약정이 보험약관에 우선한다는 원칙이다(약관규제법 제4조). 만약 보험약관에 수기문언의 기록이 있으면 그 수기 문언이, 그 다음은 Typing 또는 Stamping 문언이, 마지막으로 인쇄 문언의 순서로 적용된다.
② 합리적 기대의 원칙이란, '보험약관 해석에 분쟁이 있는 부분에 대해서 비합리적인 사고방식으로 해석하는 것이 아니라, 보통사람이 가진 합리적인 사고에 의하여 해석하여야 한다'는 원칙이다.
③ 동종 제한 해석의 원칙은 총괄적인 문언을 해석할 때에 그 앞에 나열된 것과 같은 종류(동종)의 것으로 제한하여 해석하라는 원칙이다. 예를 들어, 보험약관 면책조항에 "지진, 분화, 태풍, 해일, 범람 기타 이와 유사한 천재지변"이라고 기재된 경우 "기타 이와 유사한 천재지변"에 대한 해석은 앞에 나열된 지진, 분화, 태풍, 해일, 범람 등과 유사한 종류의 것으로 제한하여 해석한다.
④ 작성자 불이익 해석의 원칙이란 보험약관에 사용된 용어가 모호하여 여러가지 의미로 해석될 수 있는 경우라면, 약관의 작성자가 그 모호함으로 인한 불이익을 부담하여야 한다는 원칙이다. 작성자 불이익 해석의 원칙은 보험약관 해석에 관한 다른 원칙들을 모두 적용한 뒤에도 그 뜻이 명확하지 않을 때 최종적으로 적용하는 해석 원칙이다.

20. ④

보험자는 보험사고로 인하여 부담할 책임의 전부 또는 일부를 다른 보험자와 재보험계약을 체결할 수 있다. 이 때 체결한 재보험계약은 원보험계약과 독립한 별개의 계약으로 원보험계약의 효력에 영향을 미치지 않는다. 예를 들어 원보험료가 지급되지 않았음을 이유로 재보험료 지급을 거절할 수 없으며, 반대로 재보험금이 지급되지 않았다고 하여 원보험금 지급을 거절할 수 없다.

21. ③

일부보험에서 손실이 발생하면 비례보상 방식에 따라 보험자가 보험금을 지급하는 것은 물론이고 피보험자도 손실의 일부를 부담한다. 따라서 피보험자의 입장에서는 발생한 손해액 전액을 보험금으로 지급받는 것이 아니라 본인 스스로도 일부 손해를 부담해야 하므로, 도덕적 위태(moral hazard)의 경감 또는 예방의 효과가 발생한다.

22. ③

보험가액은 피보험이익을 평가한 금액으로, 보험에 붙일 수 있는 재산의 경제적 평가액을 말한다. 화재보험의 경우 건물이나 창고 등이 손실되었을 때 피보험자가 입게 되는 손해액의 한도가 이에 해당한다. 보험가액은 손해보험에서 보험자가 보상할 수 있는 법정 최대한도액이다. 따라서 보험자는 보험가액 이상으로 보험금을 지급할 수 없으며, 피보험자의 입장에서도 보험가액 이상으로 보험금을 받을 수 없어 손해보험의 대원칙인 실손보상의 원칙을 실현하는 기준이 된다.

23. ④

보험가능한 위험(insurable risk)의 요건은 다음과 같다.

1) 손실의 발생 시기나 발생 그 자체가 우연적인 것
2) 합리적으로 예견할 수 있을 정도로 다수이고 동질적인 것
3) 금전적인 가치로 측정할 수 있는 손실
4) 우연적이며 발생확률이 낮고 손실의 심도가 큰 위험
5) 피해의 발생이나 규모 등을 분명히 식별하고 객관적으로 측정할 수 있을 것
6) 대재난적이지 않아야 할 것

24. ③

① 위험관리의 목표는 위험비용을 최소화하는 것에 두어야 한다.

② 일반적으로 손실을 통제하기 위해 소요되는 비용과 기대손실비용은 서로 상반관계에 있다. 즉 손실통제비용이 증가하면 기대손실비용은 감소하며, 반대로 손실통제비용을 줄이면 기대손실비용은 증가한다.

③ 위험을 감소시킨다고 하여 위험비용이 감소되지는 않는다. 위험비용은 그 자체는 불변이나 대신 극단적인 손실 발생확률이 줄어들고 손실 발생 경우의 수가 다양해진다.

④ 직접손실은 사고의 발생으로 보험목적물에 직접적으로 발생한 손실을 뜻하며, 간접손실은 직접적인 원인에 의하여 발생한 손실은 아니지만 보험의 목적이나 피해물에 발생한 손실의 결과로서 발생하는 2차적인 손실을 뜻한다. 결과적 손실이라고도 한다. 예를들어 공장건물에 화재가 발생하여 가동을 중단한 경우에, 건물에 발생한 화재손해는 직접손실이며 공장의 가동중단으로 발생한 영업손실이 간접손실이다. 간접손실이 직접손실보다 큰 경우가 종종 있으며 이러한 손실을 보장하는 보험에는 기업휴지보험(Business interruption insurance)이 있다.

25. ②

①③ 암보험은 계약일로부터 그 날을 포함하여 90일이 지난 날의 다음 날부터 암에 대한 보장을 개시하는 보장 대기기간(waiting period)을 두고 있다. 이처럼 당사자가 보험계약 성립 이후 특정 시점을 책임개시일로 약정한 경우에는 보험기간이 보험계약기간보다 짧다.

② 보험계약의 당사자는 보험계약 이전의 어느 시기(時期)를 보험기간의 시기(始期)로 할 수 있는데 이를 소급보험이라 한다(상법 제643조). 소급보험이 체결되면 보험기간이 보험계약기간보다 길다.

④ 보험자의 책임은 최초보험료를 지급받은 때부터 개시하므로(상법 제656조), 청약을 승낙하여 보험계약이 성립하였더라도 최초보험료가 납입되지 않았다면 보험기간은 시작하지 않는다. 즉 보험계약 성립 이후 최초보험료를 납입하는 경우에는 보험기간이 보험계약기간보다 짧다.

26. ②

공동보험조항의 요구부보비율이란, 보험가입자가 일정한 비율 이상을 가입할 경우 손해액 전부를 보장하되, 요구부보비율 이하로 가입하면 penalty를 부과하여 손해액의 일부만 부담하는 방식을 말한다. 계산식은 다음과 같다.

- **요구부보비율을 만족할 경우**
  보험가입금액 한도에서 손해액 전부 보상
- **요구부보비율을 만족하지 못할 경우**
  $$\text{손해액} \times \frac{\text{보험가입금액}}{\text{보험가액} \times \text{요구부보비율}}$$

문제에서 주어진 요구부보비율이 80%이며 사고 당시 건물의 시가가 10억원, 보험가입금액은 6억원이므로 요구부보비율을 만족하지 못한 경우에 해당한다. 또한 정액공제를 우선 적용한다고 하였으므로 발생손해액에서 정액공제를 적용한 뒤에 요구부보비율 계산식을 적용한다.

$$(5\text{억원} - 1\text{억원}) \times \frac{6\text{억원(보험가입금액)}}{10\text{억원(보험가액)} \times 80\%\text{(요구부보비율)}} = 3\text{억원}$$

27. ②

소멸성 공제 조항은 일정액의 공제 한도를 설정하여 설정된 공제 한도 이하의 손해는 피보험자가 전액 부담하고 공제 한도보다 큰 손해에 대해서는 손해의 규모가 커질수록 공제액의 크기가 점차 줄어들어 일정 손실 이상에서는 공제액이 완전히 소멸되는 방식의 공제조항이다. 계산식은 다음과 같다.

$$(\text{손해액} - \text{공제금액}) \times \text{손실조정계수} = \text{보험금}$$

위 방법에 따라 손해액 2,100만원에서 공제가 소멸(손해액과 보험금이 같아지는)하는 공제금액은 다음과 같다.

$$(2,100\text{만원} - \text{공제금액}) \times 1.05 = 2,100\text{만원}$$
$$2,100\text{만원} - \text{공제금액} = \frac{2,100\text{만원}}{1.05}$$
$$2,100\text{만원} - \text{공제금액} = 2,000\text{만원}$$
$$\text{공제금액} = 100\text{만원}$$

28. ②

프랜차이즈 공제(franchise deductible)란, 일정 금액을 공제한도로 정해 놓고 공제한도 미만의 손실은 피보험자가 전액 부담하고, 공제한도를 넘어서는 손해가 발생했을 경우에는 보험자가 손실 전부를 부담하는 공제조항을 말한다.

- **손해액 0원** : 손해가 발생하지 않아 보험금을 지급하지 않음
- **손해액 4,000만원** : 공제액(5,000만원) 이하로 보험금을 지급하지 않음
- **손해액 6,000만원** : 공제액(5,000만원) 이상으로 6,000만원 전액 보험금 지급함
- **손해액 1억원** : 공제액(5,000만원) 이상으로 1억원 전액 보험금 지급함

위의 내용에 따라서 예상 발생손해액을 계산하면

$$(6\text{천만원} \times 0.5) + (1\text{억원} \times 0.2) = 5\text{천만원}$$

수지상등의 원칙에 따라 예상 발생손해액과 순보험료는 동일해야 하므로, 순보험료는 5천만원이다.

29. ③

① 책임한도분담조항(contribution by limit of liability clause)은 각 보험자의 책임한도를 각각 계산한 뒤 구해진 책임한도에 비례하여 각 보험자의 보상금액을 산정하는 방식으로, 독립책임액 분담방식이라고도 한다.

- **A 보험자의 책임한도** : 200만원
- **B 보험자의 책임한도** : 600만원
- **A 보험자** : 600만원×200만원 / (200만원+600만원) =150만원
- **B 보험자** : 600만원×600만원 / (200만원+600만원) =450만원

② 균등액분담조항(contribution by equal shares clause)은 여러 보험자 중에서 가장 낮은 보험자의 보상한도까지 동일하게 부담을 하다가, 가장 낮은 보험자의 보상한도에 도달하면 그 보험자는 제외하고 다시 다음의 낮은 보험자의 보상한도까지 남은 보험자가 계속 동일하게 부담하는 방식이다.

- **A 보험자** : 200만원
- **B 보험자** : 200만원+200만원=400만원

③ 비례책임조항(pro rata liability clause)은 각 보험자의 보험가입금액에 비례하여 보상금액을 산정하는 방식이다.

- **A 보험자** : 600만원×200만원 / (200만원+800만원) =120만원
- **B 보험자** : 600만원×800만원 / (200만원+800만원) =480만원

④ 초과분담조항(excess other insurance clause)은 1차 보험자가 먼저 손해액을 보상한 뒤에 보상한도가 다 되면, 2차 보험자가 나머지 손해액을 보상하는 방식이다.

- **A 보험자** : 200만원
- **B 보험자** : 400만원

30. ①

보험계약은 위험관리방법 중에서 위험의 이전에 해당한다. 보험계약자가 보험계약을 해지하는 것은 위험을 더 이상 보험자에게 이전하지 않고 스스로 보유하겠다는 뜻에 해당하므로, 위험보유가 맞는 지문이다.

31. ②

하인리히는 큰 사고가 발생하기 전에는 반드시 유사한 작은 사고와 사전 징후가 나타난다는 법칙을 발견하였고, 수많은 재해 자료를 분석하여 통계학적인 규칙을 찾아내었다. 평균적으로 한 건의 큰 사고 전에 29번의 작은 사고가 발생하고 300번의 잠재적 징후들이 나타난다는 사실이다. 이를 하인리히의 도미노 이론이라고 부르며, 흔히 1:29:300 법칙이라고도 한다. 따라서 대형사고가 발생하기 전까지 여러 단계의 사건이 도미노처럼 순차적으로 일어나므로 앞선 단계 특히 인간의 부주의한 행위를 예방하여 차단하면 뒤에 발생하는 더 큰 재앙을 막을 수 있다는 결론에 도달한다. 사고가 특정의 구조에 견딜 수 없는 정도의 스트레스를 줌으로써 발생한다는 것은 도미노 이론이 아니라 에너지방출이론에 대한 설명이다.

32. ③

금반언의 원칙(estoppel)이란, 신의성실의 원칙에서 파생되는 원칙으로 행위자가 일단 특정한 의사표시를 한 이상 나중에 해당 의사표시를 부정하는 주장을 하여서는 안된다는 것을 말한다. 주로 영미법 상에서 발전된 원칙으로 법률관계에 있어서 앞에서 한 행위로 상대방에게 신뢰를 준 이후에 이와 모순되는 후행행위를 하여 상대방의 신뢰를 저버리는 것은 신의성실의 원칙에 위반되므로, 그 모순된 행위를 한 자가 책임을 부담해야 한다는 의미를 뜻한다. 강행법규에 해당하는 내용을 당사자간의 개별적인 약정을 통하여 변경하는 것은 금반언의 원칙과 크게 관련이 없다.

33. ③

포괄책임주의는 보험자가 부담하는 손해를 포괄하여 먼저 정의한 뒤에, 면책위험을 하나씩 추가하여 담보범위를 축소해 가는 방식을 말한다. 보험자가 담보하는 범위가 크지만 보험료가 비싸고 다른 보험계약에서 담보된 위험이 중복 가입될 가능성이 있다는 단점이 있다. 반면에 열거책임주의는 보험자가 부담하는 손해를 개별적으로 하나씩 열거하여 담보범위를 추가해 가는 방식으로 보험자가 담보하는 범위가 한정되어 있고 피보험자가 열거위험으로 인한 손해가 발생하였다는 사실을 입증해야 하지만 보험료가 저렴하다는 장점이 있다. 일반적으로 포괄위험담보계약이 열거위험담보계약보다 담보범위가 넓다.

34. ①

① 언더라이팅은 보험회사의 리스크를 관리하는 본질적인 업무이므로 대부분 보험회사 자체 인력으로 업무를 수행한다.

②③④ 언더라이팅이란 보험자가 보험가입을 신청한 리스크를 선택하고 분류하는 일련의 심사과정을 말한다. 미래의 발생 가능성이 유사한 리스크 계층을 분류하여 인수 리스크에 적절한 보험료를 책정하는 일련의 심사과정이다. 보험회사는 언더라이팅 과정을 통하여 보험을 악용하여 이익을 보려는 보험범죄를 방지할 수 있다.

35. ④

① 사기에 의한 보험계약이라는 것이 입증되면 보험자가 보험금을 지급하지 않을 수 있으므로 보험자가 입증책임을 부담한다.

② 위험 변경증가 통지의무 위반이 밝혀지면 보험자가 보험계약을 해지하고 보험금을 지급하지 않을 수 있으므로 보험자가 입증책임을 부담한다.

③ 고지의무 위반이 밝혀지면 보험자가 보험계약을 해지하고 보험금을 지급하지 않을 수 있으므로 보험자가 입증책임을 부담한다.

④ 열거위험담보방식에서 열거된 사고와 손해 사이의 상당인과관계 여부가 밝혀지면 보험금이 지급되므로 보험계약자 측이 입증책임을 부담한다.

36. ③

①②④ 직접손해는 사고의 발생으로 보험목적물에 직접적으로 발생한 손실을 뜻하며, 간접손해는 직접적인 원인에 의하여 발생한 손해는 아니지만 보험의 목적이나 피해물에 발생한 손해의 결과로서 발생하는 2차적인 손해를 뜻한다. 결과적 손해

라고도 한다.

③ 공장건물에 화재가 발생하여 가동을 중단한 경우에, 건물에 발생한 화재손해는 직접손해이며 공장의 가동중단으로 발생한 영업손실이 간접손해이다. 이러한 상실수익은 간접손해이다. 참고로 이러한 손해를 보장하는 보험에는 기업휴지보험(Business interruption insurance)이 있다.

37. ②

보험계약자, 피보험자 또는 보험수익자의 고의 또는 중대한 과실로 보험사고가 발생했을 경우에는 보험자의 보상책임이 면제된다. 다만, 인보험에서는 보험사고가 중대한 과실로 인하여 발생한 경우에도 보험자는 보험금을 지급할 책임을 면하지 못한다. 즉, 인보험에서는 고의만 면책이며 중과실은 보험자가 보상하는 보험사고이다.

38. ③

손해보험은 보험사고로 인하여 생긴 실제 손해액을 초과하여 보상받을 수 없다는 실손보상의 원칙을 대원칙으로 하고 있다. 그러나 이러한 실손보상의 원칙이 적용되지 않는 예외적인 개념들이 있는데 대체비용보험(replacement cost insurance)이 대표적이다. 대체비용보험은 보험 목적물의 실제현금가치인 시가(actual cash value)를 기준으로 보상하지 않고, 보험 목적물의 대체가격(replacement cost value, 신가, 재조달가액)을 기준으로 보상한다. 이처럼 대체비용보험은 손해보험에서 예외적으로 사용되며, 대체비용을 기준으로 보상하더라도 도덕적 위험이 발생할 염려가 적은 분야에서 주로 사용된다.

39. ②

추정최대손실(PML)은 손해방지, 경감시설이나 장치 및 기구가 제대로 작동하고 이를 사용하는 요원들이 예정대로 활동한다고 할 경우에 예상되는 최고손실액을 말한다. 보험에서는 보험료 산정 및 재보험 출재, 보험자의 인수 가능 여부를 판단하기 위한 수단으로 주로 사용되고 있다. PML은 손해방지, 경감시설이나 장치 및 기구 등에 영향을 받기 때문에 항상 일정하지는 않으며 위험관리시설 설치 및 작동 점검 유무 등에 따라 변한다.

40. ①

보험회사는 결산기마다 보험계약의 종류에 따라 책임준비금과 비상위험준비금을 계상하고 따로 작성한 장부에 각각 기재하여야 한다. 책임준비금은 보험료적립금, 미경과보험료적립금, 지급준비금, 계약자배당준비금, 계약자이익배당준비금, 배당보험손실보전준비금, 재보험료적립금, 보증준비금으로 각각 구분하여 적립한다. 다만 2023년 1월부터 IFRS17의 도입으로 현재는 책임준비금 규정이 바뀌었다. 현재는 문제에서 출제된 방식이 적용되지 않고, 별도의 방식으로 책임준비금을 적립한다.

2016 제39회 정답 및 해설

1과목 보험업법

01	02	03	04	05	06	07	08	09	10
②	①	②	②	④	③	①	②	②	②
11	12	13	14	15	16	17	18	19	20
④	①	②	③	②	④	④	③	②	③
21	22	23	24	25	26	27	28	29	30
④	①	②	④	②	④	④	③	①	④
31	32	33	34	35	36	37	38	39	40
②	④	①	②	④	②	③	③	③	①

01. ②

보험업법상의 자회사란 보험회사가 다른 회사(「민법」 또는 특별법에 따른 조합을 포함한다)의 의결권 있는 발행주식(출자지분을 포함한다) 총수의 100분의 15를 초과하여 소유하는 경우의 그 다른 회사를 말한다(보험업법 제2조 제18호).

02. ①

연금보험은 생명보험업의 보험종목에 속한다.

1. 생명보험업의 보험종목
   가. 생명보험
   나. 연금보험(퇴직보험을 포함한다)
   다. 그 밖에 대통령령으로 정하는 보험종목
2. 손해보험업의 보험종목
   가. 화재보험
   나. 해상보험(항공 · 운송보험을 포함한다)
   다. 자동차보험
   라. 보증보험
   마. 재보험(再保險)
   바. 그 밖에 대통령령으로 정하는 보험종목
3. 제3보험업의 보험종목
   가. 상해보험
   나. 질병보험
   다. 간병보험
   라. 그 밖에 대통령령으로 정하는 보험종목

03. ②

보험업의 허가를 신청하는 자는 금융위원회에 제출하는 신청서에 다음 각 호의 사항을 적어야 한다(보험업법 시행령 제9조 제1항).

1. 상호
2. 주된 사무소의 소재지
3. 대표자 및 임원의 성명 · 주민등록번호 및 주소
4. 자본금 또는 기금에 관한 사항
5. 시설, 설비 및 인력에 관한 사항
6. 허가를 받으려는 보험종목

04. ②

보험업의 예비허가 신청을 받은 금융위원회는 2개월 이내에 심사하여 예비허가 여부를 통지하여야 하는데, 일정한 사유가 있는 경우 한 차례만 3개월의 범위에서 통지기간을 연장할 수 있다. 이때 말하는 일정한 사유는 다음과 같다(보험업법 제7조 제2항 및 보험업법 시행규칙 제9조 제5항).

1. 예비허가의 신청서 및 첨부서류에 적힌 사항 중 내용이 불명확하여 사실 확인 및 자료의 보완이 필요한 경우
2. 이해관계인 등의 이해 조정을 위하여 공청회 개최 또는 신청인의 소명이 필요한 경우
3. 그 밖에 금융시장 안정 및 보험계약자 보호를 위하여 금융위원회가 필요하다고 인정하는 경우

05. ④

보험종목의 일부만을 취급하려는 보험회사가 납입하여야 하는 보험종목별 자본금 또는 기금의 액수는 다음 각 호의 구분에 따른다(보험업법 시행령 제12조 제1항).

1. 생명보험 : 200억원
2. 연금보험(퇴직보험을 포함한다) : 200억원
3. 화재보험 : 100억원
4. 해상보험(항공 · 운송보험을 포함한다) : 150억원
5. 자동차보험 : 200억원
6. 보증보험 : 300억원
7. 재보험 : 300억원
8. 책임보험 : 100억원
9. 기술보험 : 50억원
10. 권리보험 : 50억원

11. 상해보험 : 100억원
12. 질병보험 : 100억원
13. 간병보험 : 100억원
14. 제1호부터 제13호까지 외의 보험종목 : 50억원

06. ③

보험업법 상의 통신판매전문회사란 총보험계약건수 및 수입보험료의 100분의 90 이상을 전화, 우편, 컴퓨터통신 등 통신수단을 이용하여 모집하는 보험회사를 말한다(보험업법 시행령 제13조).

07. ①

보험업법상 보험회사가 겸영할 수 있는 금융업무는 다음과 같다(보험업법 제11조 및 보험업법 시행령 제16조).

1. 대통령령으로 정하는 금융 관련 법령에서 정하고 있는 금융업무로서 해당 법령에서 보험회사가 할 수 있도록 한 업무
1-1. 「자산유동화에 관한 법률」에 따른 유동화자산의 관리업무
1-2. ~~「주택저당채권 유동화회사법」에 따른 유동화자산의 관리업무~~ 삭제 〈2023.5.16〉[1]
1-3. 「한국주택금융공사법」에 따른 채권유동화자산의 관리업무
1-4. 「전자금융거래법」 제28조 제2항 제1호에 따른 전자자금이체업무. 다만 같은 법 제2조 제6호에 따른 결제중계시스템의 참가기관으로서 하는 전자자금이체업무와 보험회사의 전자자금이체업무에 따른 자금정산 및 결제를 위하여 결제중계시스템에 참가하는 기관을 거치는 방식의 전자자금이체업무는 제외한다.
1-5. 「신용정보의 이용 및 보호에 관한 법률」에 따른 본인신용정보관리업
2. 대통령령으로 정하는 금융업으로서 해당 법령에 따라 인가·허가·등록 등이 필요한 금융업무
2-1. 「자본시장과 금융투자업에 관한 법률」 제6조 제4항에 따른 집합투자업
2-2. 「자본시장과 금융투자업에 관한 법률」 제6조 제6항에 따른 투자자문업
2-3. 「자본시장과 금융투자업에 관한 법률」 제6조 제7항에 따른 투자일임업
2-4. 「자본시장과 금융투자업에 관한 법률」 제6조 제8항에 따른 신탁업
2-5. 「자본시장과 금융투자업에 관한 법률」 제9조 제21항에 따른 집합투자증권에 대한 투자매매업
2-6. 「자본시장과 금융투자업에 관한 법률」 제9조 제21항에 따른 집합투자증권에 대한 투자중개업
2-7. 「외국환거래법」 제3조 제16호에 따른 외국환업무
2-8. 「근로자퇴직급여 보장법」 제2조 제13호에 따른 퇴직연금사업자의 업무
2-9. 보험업의 경영이나 보험업법 제11조의2에 따라 보험업에 부수(附隨)하는 업무의 수행에 필요한 범위에서 영위하는 「전자금융거래법」에 따른 선불전자지급수단의 발행 및 관리 업무
3. 그 밖에 보험회사의 경영건전성을 해치거나 보험계약자 보호 및 건전한 거래질서를 해칠 우려가 없다고 인정되는 금융업무로서 대통령령으로 정하는 금융업무 : 다른 금융기관의 업무 중 금융위원회가 정하여 고시하는 바에 따라 그 업무의 수행방법 또는 업무 수행을 위한 절차상 본질적 요소가 아니면서 중대한 의사결정을 필요로 하지 아니한다고 판단하여 위탁한 업무를 말한다.

08. ②

준법감시인은 선량한 관리자의 주의로 그 직무를 수행하여야 하며, 다음 각 호의 업무를 하는 직무를 담당하여서는 아니 된다.[2]

1. 자산운용에 관한 업무
2. 해당 보험회사가 취급하는 보험에 관한 업무로서 대통령령으로 정하는 업무와 그에 딸린 업무
3. 제2호의 업무 이외에 해당 보험회사가 겸영하는 금융업무

여기서 대통령령으로 정하는 업무란 다음 각호의 업무를 말한다.

1. 보험상품 개발에 관한 업무
2. 보험계리에 관한 업무
3. 모집 및 보험계약 체결에 관한 업무
4. 보험계약 인수에 관한 업무
5. 보험계약 관리에 관한 업무
6. 보험금 지급에 관한 업무
7. 재보험에 관한 업무
8. 그 밖에 보험에 관한 업무로서 총리령으로 정하는 업무

09. ②

다음 각 호의 어느 하나에 해당하는 자는 보험설계사가 되지 못한다(보험업법 제84조 제2항).

1. 피성년후견자 또는 피한정후견인
2. 파산선고를 받은 자로서 복권되지 아니한 자
3. 보험업법 또는 「금융소비자 보호에 관한 법률」에 따라 벌금 이상의 형을 선고받고 그 집행이 끝나거나(집행이 끝난 것으로 보는 경우를 포함한다) 집행이 면제된 날부터 2년이 지나지 아니한 자
4. 보험업법 또는 「금융소비자 보호에 관한 법률」에 따라 금고 이상의 형의 집행유예를 선고받고 그 유예기간 중에 있는 자

1) 본 문제 출제 당시에는 제2호에 "「주택저당채권 유동화회사법」에 따른 유동화자산의 관리업무"가 있었으나 2023년 5월 16일자로 삭제되었다.
2) 참고로 본 규정은 보험업법 시행령 제23조 제2항에 있었으나, '금융회사의 지배구조에 관한 법률' 제정에 따라 2016년 7월 28일자로 보험업법에서는 삭제되었다.

5. 보험업법에 따라 보험설계사 · 보험대리점 또는 보험중개사의 등록이 취소(제1호 또는 제2호에 해당하여 등록이 취소된 경우는 제외한다)된 후 2년이 지나지 아니한 자
6. 제5호에도 불구하고 보험업법에 따라 보험설계사 · 보험대리점 또는 보험중개사 등록취소 처분을 2회 이상 받은 경우 최종 등록취소 처분을 받은 날부터 3년이 지나지 아니한 자
7. 보험업법 또는 「금융소비자 보호에 관한 법률」에 따라 과태료 또는 과징금 처분을 받고 이를 납부하지 아니하거나 업무정지 및 등록취소 처분을 받은 보험대리점 · 보험중개사 소속의 임직원이었던 자(처분사유의 발생에 관하여 직접 또는 이에 상응하는 책임이 있는 자로서 대통령령으로 정하는 자만 해당한다)로서 과태료 · 과징금 · 업무정지 및 등록취소 처분이 있었던 날부터 2년이 지나지 아니한 자
8. 영업에 관하여 성년자와 같은 능력을 가지지 아니한 미성년자로서 그 법정대리인이 제1호부터 제7호까지의 규정 중 어느 하나에 해당하는 자
9. 법인 또는 법인이 아닌 사단이나 재단으로서 그 임원이나 관리인 중에 제1호부터 제7호까지의 규정 중 어느 하나에 해당하는 자가 있는 자
10. 이전에 모집과 관련하여 받은 보험료, 대출금 또는 보험금을 다른 용도에 유용(流用)한 후 3년이 지나지 아니한 자

10. ②

보험회사 또는 보험의 모집에 종사하는 자는 일반보험계약자에게 보험계약 체결을 권유하는 경우에는 보험료, 보장범위, 보험금 지급제한 사유 등 대통령령으로 정하는 다음 각 호의 보험계약의 중요 사항을 일반보험계약자가 이해할 수 있도록 설명하여야 한다.3)

1. 주계약 및 특약별 보험료
2. 주계약 및 특약별로 보장하는 사망, 질병, 상해 등 주요 위험 및 보험금
3. 보험료 납입기간 및 보험기간
4. 보험회사의 명칭, 보험상품의 종목 및 명칭
5. 청약의 철회에 관한 사항
6. 지급한도, 면책사항, 감액지급 사항 등 보험금 지급제한 조건
7. 고지의무 및 통지의무 위반의 효과
8. 계약의 취소 및 무효에 관한 사항
9. 해약환급금에 관한 사항
10. 분쟁조정절차에 관한 사항
11. 간단손해보험대리점의 경우 보험업법 시행령에 따른 소비자에게 보장되는 기회에 관한 사항
12. 그 밖에 보험계약자 보호를 위하여 금융위원회가 정하여 고시하는 사항

11. ④

보험회사 또는 보험의 모집에 종사하는 자는 일반보험계약자가 보험계약을 체결하기 전에 면담 또는 질문을 통하여 보험계약자의 연령, 재산상황, 보험가입의 목적 등 대통령령으로 정하는 사항을 파악하고 일반보험계약자의 서명(「전자서명법」 제2조 제2호에 따른 전자서명을 포함한다), 기명날인, 녹취, 그 밖에 대통령령으로 정하는 방법으로 확인을 받아 유지 · 관리하여야 하며, 확인받은 내용은 일반보험계약자에게 지체 없이 제공하여야 한다.4)

12. ①

청약철회의 대상이 되는 보험계약은 다음 각 호의 어느 하나에 해당하지 아니하는 보험계약을 말한다. 즉, 아래에 해당하는 경우 청약철회를 거부할 수 있다.5)

1. 보험계약을 체결하기 위하여 피보험자가 건강진단을 받아야 하는 보험계약
2. 보험기간이 1년 미만인 보험계약
3. 「자동차손해배상 보장법」 제5조에 따라 가입할 의무가 있는 보험계약
4. 타인을 위한 보증보험계약(일반보험계약자가 청약철회에 관하여 타인의 동의를 얻은 경우는 제외한다)
5. 그 밖에 일반보험계약자의 보호에 지장을 주지 아니하는 경우로서 금융위원회가 정하여 고시하는 보험계약

13. ②

보험회사는 그 자산을 다음 각 호의 어느 하나에 해당하는 방법으로 운용하여서는 아니 된다(보험업법 제105조).

1. 대통령령으로 정하는 업무용 부동산이 아닌 부동산(저당권 등 담보권의 실행으로 취득하는 부동산은 제외한다)의 소유
2. 「근로자퇴직급여 보장법」 제16조 제2항에 따른 보험계약 및 법률 제7379호 근로자퇴직급여보장법 부칙 제2조 제1항에 따른 퇴직보험계약 따라 설정된 특별계정을 통한 부동산의 소유
3. 상품이나 유가증권에 대한 투기를 목적으로 하는 자금의 대출
4. 직접 · 간접을 불문하고 해당 보험회사의 주식을 사도록 하기 위한 대출
5. 직접 · 간접을 불문하고 정치자금의 대출
6. 해당 보험회사의 임직원에 대한 대출(보험약관에 따른 대

3) 참고로 본 규정은 보험업법 제95조의2 및 보험업법 시행령 제42조의2에 있었으나, '금융소비자 보호에 관한 법률' 제정에 따라 2020년 3월 24일자로 보험업법에서는 삭제되었다.
4) 참고로 본 규정은 보험업법 제95조의3에 있었으나, '금융소비자 보호에 관한 법률' 제정에 따라 2020년 3월 24일자로 보험업법에서는 삭제되었다.
5) 참고로 본 규정은 보험업법 제102조의4 및 보험업법 시행령 제48조의2에 있었으나, '금융소비자 보호에 관한 법률' 제정에 따라 2020년 3월 24일자로 보험업법에서는 삭제되었다.

출 및 금융위원회가 정하는 소액대출은 제외한다)
7. 자산운용의 안정성을 크게 해칠 우려가 있는 행위로서 대통령령으로 정하는 행위

14. ③

① 특정 보험종목의 허가를 받은 자는 해당 보험종목의 재보험에 대한 허가를 받은 것으로 본다(보험업법 제4조 제2항). 따라서 화재보험의 허가를 받은 자는 화재보험에 대한 재보험의 허가도 받은 것으로 본다.
② 생명보험업이나 손해보험업에 해당하는 보험종목의 전부(보증보험 및 재보험은 제외)에 관하여 허가를 받은 자는 제3보험업에 해당하는 보험종목에 대한 허가를 받은 것으로 본다(보험업법 제4조 제3항). 따라서 생명보험업의 보험종목 전부에 관하여 허가를 받은 자는 제3보험업의 보험종목인 질병보험에 대해서도 허가를 받은 것으로 본다.
③ 제3보험업의 보험종목은 상해보험, 질병보험, 간병보험이며, 연금보험은 제3보험업이 아니라 생명보험업의 보험종목이다. 따라서 손해보험업의 보험종목의 전부에 관하여 허가를 받은 자는 상해보험, 질병보험, 간병보험에 대한 허가를 받은 것으로 보며, 연금보험에 대해서는 허가를 받은 것이 아니다.
④ 제3보험업에 관하여 허가를 받은 자는 대통령령으로 정하는 기준에 따라 제3보험의 보험종목에 부가되는 보험종목을 취급할 수 있다(보험업법 제4조 제5항).

15. ②

금융위원회는 다음 각 호의 어느 하나에 해당하는 자의 청구에 따라 청산인을 해임할 수 있다(보험업법 제156조 제4항). 다만, 상호회사는 청구를 하는 사원에 관하여 정관으로 다른 기준을 정할 수 있으며, 금융위원회는 중요한 사유가 있으면 청구가 없어도 청산인을 해임할 수 있다.

1. 감사
2. 3개월 전부터 계속하여 자본금의 100분의 5 이상의 주식을 가진 주주
3. 100분의 5 이상의 사원

16. ④

① 상호회사의 사원은 회사의 채권자에 대하여 직접적인 의무를 지지 아니한다(보험업법 제46조).
② 상호회사의 채무에 관한 사원의 책임은 보험료를 한도로 한다(보험업법 제47조).
③ 상호회사의 사원은 보험료의 납입에 관하여 상계(相計)로써 회사에 대항하지 못한다(보험업법 제48조).
④ 생명보험 및 제3보험을 목적으로 하는 상호회사의 사원은 회사의 승낙을 받아 타인으로 하여금 그 권리와 의무를 승계하게 할 수 있으며(보험업법 제50조) 손해보험을 목적으로 하는 상호회사의 사원이 보험의 목적을 양도한 경우에는 양수인은 회사의 승낙을 받아 양도인의 권리와 의무를 승계할 수 있다(보험업법 제51조).

17. ④

① 금융기관보험대리점이 모집할 수 있는 보험상품의 범위는 보험업법 시행령 별표5에서 별도로 규정하고 있다. 이에 따르면 자동차보험 상품은 금융기관보험대리점이 모집할 수 있는 상품에 해당하지 않는다.
② 「여신전문금융업법」에 따라 허가를 받은 신용카드업자(겸영여신업자는 제외)는 보험대리점으로 등록할 수 있다(보험업법 시행령 제40조 제1항).
③ 금융기관보험대리점 등에서 모집에 종사하는 사람은 대출 등 불공정 모집의 우려가 있는 업무를 취급할 수 없다(보험업법 시행령 제40조 제5항).
④ 금융기관보험대리점 등은 다음 각 호의 어느 하나에 해당하는 방법으로 모집하여야 한다. 다만, 제3호의 방법은 신용카드업자만 사용할 수 있다(보험업법 시행령 제40조 제3항).

1. 금융기관보험대리점등의 점포 내의 지정된 장소에서 보험계약자와 직접 대면하여 모집하는 방법
2. 인터넷 홈페이지를 이용하여 불특정 다수를 대상으로 보험상품을 안내하거나 설명하여 모집하는 방법
3. 전화, 우편, 컴퓨터통신 등의 통신수단을 이용하여 모집하는 방법

18. ③

대통령령으로 정하는 보험회사는 손해사정사를 고용하여 보험사고에 따른 손해액 및 보험금의 사정에 관한 업무를 담당하게 하거나 손해사정사 또는 손해사정을 업으로 하는 자를 선임하여 그 업무를 위탁하여야 한다. 이 때 말하는 대통령령으로 정하는 보험회사는 다음 각 호의 어느 하나에 해당하는 보험회사를 말한다(보험업법 시행령 제96조의3 제1항).

1. 손해보험상품(보증보험계약은 제외한다)을 판매하는 보험회사
2. 제3보험상품을 판매하는 보험회사

19. ②

보험회사는 정관을 변경한 경우에는 변경한 날부터 7일 이내에 금융위원회에 알려야 한다(보험업법 제126조).

20. ③

감사위원회는 다음 각 호의 요건 모두에 적합하여야 한다.[6]

1. 총 위원의 3분의 2 이상이 사외이사일 것
2. 위원 중 1명 이상은 대통령령으로 정하는 회계 또는 재무 전문가일 것

보험회사는 감사위원회 위원의 사임 또는 사망 등의 사유로 감사위원회의 구성이 요건에 적합하지 아니하게 된 경우에는 그 사유

6) 참고로 본 규정은 보험업법 제16조 제2항, 제3항, 제4항에 있었으나, '금융회사의 지배구조에 관한 법률' 제정에 따라 2015년 7월 31일자로 보험업법에서는 삭제되었다.

가 발생한 날 이후 최초로 소집되는 정기주주총회 등에서 감사위원회의 구성이 요건에 적합하게 되도록 하여야 한다.
상근임원의 배우자와 직계 존속, 비속은 감사위원회의 사외이사가 아닌 위원이 되지 못한다.

21. ④

보험회사는 매년 12월 31일에 그 장부를 폐쇄하여야 하고, 장부를 폐쇄한 날부터 3개월 이내에 재무제표(부속명세서를 포함) 및 사업보고서를 금융위원회에 제출하여야 한다(보험업법 제118조 제1항 및 보험업법 시행령 제61조).

22. ①

① 보험회사는 기초서류 관리기준을 제정 · 개정하는 경우에는 금융위원회에 보고하여야 하며, 금융위원회는 해당 기준이나 그 운용이 부당하다고 판단되면 기준의 변경 또는 업무의 개선을 명할 수 있다(보험업법 제128조의2 제3항).
② 보험회사가 기초서류를 작성하거나 변경하려는 경우 그 내용이 다음 각 호의 어느 하나에 해당하는 경우에는 미리 금융위원회에 신고하여야 한다(보험업법 제127조 제2항).

1. 법령의 제정 · 개정에 따라 새로운 보험상품이 도입되거나 보험상품 가입이 의무가 되는 경우
2. ~~보험회사가 금융기관보험대리점등을 통하여 모집하는 경우~~ 삭제 〈2020.12.8.〉[7]
3. 보험계약자 보호 등을 위하여 대통령령으로 정하는 경우

③ 금융위원회는 보험회사가 기초서류를 신고하는 경우 보험료 및 해약환급금 산출방법서(舊 보험료 및 책임준비금 산출방법서)에 대하여 보험요율 산출기관 또는 독립계리업자의 검증확인서를 첨부하도록 할 수 있다(보험업법 제128조 제2항).
④ 금융위원회의 기초서류 변경권고는 그 내용 및 사유가 구체적으로 적힌 문서로 하여야 한다(보험업법 제127조의2 제2항).

23. ②

상호회사는 다른 보험회사와 합병할 수 있으며, 합병 후 존속하는 보험회사 또는 합병으로 설립되는 보험회사는 상호회사이어야 한다. 다만, 합병하는 보험회사의 한 쪽이 주식회사인 경우에는 합병 후 존속하는 보험회사 또는 합병으로 설립되는 보험회사는 주식회사로 할 수 있다.
위의 내용을 정리하면 다음과 같다.

합병 형태	존속 또는 성립되는 회사
상호회사+상호회사	상호회사
상호회사+다른 형태의 보험회사	상호회사
상호회사+주식회사	상호회사 or 주식회사

24. ④

손해보험계약의 제3자 보호제도는 법령에 따라 가입이 강제되는 다음 각 호의 손해보험계약에 대해서 적용하며, 자동차보험계약의 경우에는 법령에 따라 가입이 강제되지 아니하는 보험계약도 포함하여 적용한다(보험업법 시행령 제80조 제1항). 다만 보험업법 시행령으로 정하는 법인을 계약자로 하는 손해보험계약에는 적용하지 아니한다(보험업법 제166조).

1. 「자동차손해배상 보장법」 제5조에 따른 책임보험계약
2. 「화재로 인한 재해보상과 보험가입에 관한 법률」 제5조에 따른 신체손해배상특약부화재보험계약
3. 「도시가스사업법」 제43조, 「고압가스 안전관리법」 제25조 및 「액화석유가스의 안전관리 및 사업법」 제57조에 따라 가입이 강제되는 손해보험계약
4. 「선원법」 제98조에 따라 가입이 강제되는 손해보험계약
5. 「체육시설의 설치 · 이용에 관한 법률」 제26조에 따라 가입이 강제되는 손해보험계약
6. 「유선 및 도선사업법」 제33조에 따라 가입이 강제되는 손해보험계약
7. 「승강기 안전관리법」 제30조에 따라 가입이 강제되는 손해보험계약
8. 「수상레저안전법」 제49조에 따라 가입이 강제되는 손해보험계약
9. 「청소년활동 진흥법」 제25조에 따라 가입이 강제되는 손해보험계약
10. 「유류오염손해배상 보장법」 제14조에 따라 가입이 강제되는 유류오염 손해배상 보장계약
11. 「항공사업법」 제70조에 따라 가입이 강제되는 항공보험계약
12. 「낚시 관리 및 육성법」 제48조에 따라 가입이 강제되는 손해보험계약
13. 「도로교통법 시행령」 제63조 제1항, 제67조 제2항 및 별표5 제9호에 따라 가입이 강제되는 손해보험계약
14. 「국가를 당사자로 하는 계약에 관한 법률 시행령」 제53조에 따라 가입이 강제되는 손해보험계약
15. 「야생생물 보호 및 관리에 관한 법률」 제51조에 따라 가입이 강제되는 손해보험계약
16. 「자동차손해배상 보장법」에 따라 가입이 강제되지 아니한 자동차보험계약
17. 제1호부터 제15호까지 외에 법령에 따라 가입이 강제되는 손해보험으로 총리령으로 정하는 보험계약

25. ②

금융위원회는 보험계리사 · 선임계리사 · 보험계리업자 · 손해사정사 또는 손해사정업자가 그 직무를 게을리하거나 직무를 수행하면서 부적절한 행위를 하였다고 인정되는 경우에는 6개월 이내의 기간을 정하여 업무의 정지를 명하거나 해임하게 할 수 있다(보험업법 제192조 제1항).

26. ④

① 보험요율 산출기관은 법인으로 한다(보험업법 제176조 제2항).

7) 참고로 본 문제 출제 당시 제2호에 "보험회사가 금융기관보험대리점을 통하여 모집하는 경우"가 있었으나 2020년 12월 8일자로 삭제되었다.

② 보험회사는 보험금의 지급에 충당되는 보험료(순보험료)를 결정하기 위한 요율(순보험요율)을 공정하고 합리적으로 산출하고 보험과 관련된 정보를 효율적으로 관리 · 이용하기 위하여 금융위원회의 인가를 받아 보험요율 산출기관을 설립할 수 있다(보험업법 제176조 제1항).
③ 보험요율 산출기관은 그 업무와 관련하여 정관으로 정하는 바에 따라 보험회사로부터 수수료를 받을 수 있다(보험업법 제176조 제8항).
④ 보험요율 산출기관은 순보험요율을 산출하기 위하여 필요한 경우 또는 보험회사의 보험금 지급업무에 필요한 경우에는 음주운전 등 교통법규 위반 또는 운전면허(「건설기계관리법」에 따른 건설기계조종사면허를 포함한다)의 효력에 관한 개인정보를 보유하고 있는 기관의 장으로부터 그 정보를 제공받아 보험회사가 보험계약자에게 적용할 순보험료의 산출 또는 보험금 지급업무에 이용하게 할 수 있다(보험업법 제176조 제10항).

27. ④

① 보험업을 경영하려는 자는 보험종목별로 금융위원회의 허가를 받아야 하며, 금융위원회는 허가에 조건을 붙일 수 있다(보험업법 제4조 제1항 및 제7항).
② 생명보험에 관한 허가를 받은 자는 해당 보험종목의 재보험에 대한 허가를 받은 것으로 본다(보험업법 제4조 제2항).
③ 보험업의 허가를 받을 수 있는 자는 주식회사, 상호회사 및 외국보험회사로 제한하며, 허가를 받은 외국보험회사의 국내지점은 보험업법에 따른 보험회사로 본다(보험업법 제4조 제6항).

28. ③

보험회사는 경영건전성을 해치거나 보험계약자 보호 및 건전한 거래질서를 해칠 우려가 없는 금융업무로서 다음 각 호에 규정된 업무를 할 수 있다. 이 경우 보험회사는 제1호 또는 제3호의 업무를 하려면 그 업무를 시작하려는 날의 7일 전까지 금융위원회에 신고하여야 한다(보험업법 제11조 및 보험업법 시행령 제16조). 참고로 본 문제 출제 당시의 보험업법 제11조는 하단부가 "그 업무를 시작하려는 날의 7일 전까지 금융위원회에 신고하여야 한다."라고 되어 있어, 제1호 또는 제3호로 한정하지 않고 전체를 신고대상으로 보았다. 따라서 제2호의 업무(대통령령으로 정하는 금융업으로서 해당 법령에 따라 인가 · 허가 · 등록 등이 필요한 금융업무)도 금융위원회 신고대상이었다. 2020년 12월에 보험업법이 개정되어 현재는 제1호와 제3호의 업무만 신고대상으로 한정되어 있다.

1. 대통령령으로 정하는 금융 관련 법령에서 정하고 있는 금융업무로서 해당 법령에서 보험회사가 할 수 있도록 한 업무
1-1. 「자산유동화에 관한 법률」에 따른 유동화자산의 관리업무
1-2. 삭제
1-3. 「한국주택금융공사법」에 따른 채권유동화자산의 관리업무
1-4. 「전자금융거래법」 제28조 제2항 제1호에 따른 전자자금이체업무[같은 법 제2조 제6호에 따른 결제중계시스템(결제중계시스템)의 참가기관으로서 하는 전자자금이체업무와 보험회사의 전자자금이체업무에 따른 자금정산 및 결제를 위하여 결제중계시스템에 참가하는 기관을 거치는 방식의 전자자금이체업무는 제외한다]
1-5. 「신용정보의 이용 및 보호에 관한 법률」에 따른 본인신용정보관리업
2. 대통령령으로 정하는 금융업으로서 해당 법령에 따라 인가 · 허가 · 등록 등이 필요한 금융업무
2-1. 「자본시장과 금융투자업에 관한 법률」 제6조 제4항에 따른 집합투자업
2-2. 「자본시장과 금융투자업에 관한 법률」 제6조 제6항에 따른 투자자문업
2-3. 「자본시장과 금융투자업에 관한 법률」 제6조 제7항에 따른 투자일임업
2-4. 「자본시장과 금융투자업에 관한 법률」 제6조 제8항에 따른 신탁업
2-5. 「자본시장과 금융투자업에 관한 법률」 제9조 제21항에 따른 집합투자증권에 대한 투자매매업
2-6. 「자본시장과 금융투자업에 관한 법률」 제9조 제21항에 따른 집합투자증권에 대한 투자중개업
2-7. 「외국환거래법」 제3조 제16호에 따른 외국환업무
2-8. 「근로자퇴직급여 보장법」 제2조 제13호에 따른 퇴직연금사업자의 업무
2-9. 보험업의 경영이나 보험업법 제11조의2에 따라 보험업에 부수(附隨)하는 업무의 수행에 필요한 범위에서 영위하는 「전자금융거래법」에 따른 선불전자지급수단의 발행 및 관리 업무
3. 그 밖에 보험회사의 경영건전성을 해치거나 보험계약자 보호 및 건전한 거래질서를 해칠 우려가 없다고 인정되는 금융업무로서 대통령령으로 정하는 금융업무 : 다른 금융기관의 업무 중 금융위원회가 정하여 고시하는 바에 따라 그 업무의 수행방법 또는 업무 수행을 위한 절차상 본질적 요소가 아니면서 중대한 의사결정을 필요로 하지 아니한다고 판단하여 위탁한 업무를 말한다.

29. ①

① 외국보험회사국내지점의 대표자는 퇴임한 후에도 후임 대표자의 이름 및 주소에 관하여 등기가 있을 때까지는 계속하여 대표자의 권리와 의무를 가진다(보험업법 제76조 제2항).
② 금융위원회는 외국보험회사의 본점이 다음 각 호의 어느 하나에 해당하게 되면 그 외국보험회사국내지점에 대하여 청문을 거쳐 보험업의 허가를 취소할 수 있다(보험업법 제74조 제1항).

1. 합병, 영업양도 등으로 소멸한 경우
2. 위법행위, 불건전한 영업행위 등의 사유로 외국감독기관으로부터 영업전부의 정지명령 또는 보험업의 허가 취소에 상당하는 조치를 받은 경우
3. 휴업하거나 영업을 중지한 경우

③ 외국보험회사국내지점의 대표자는 회사의 영업에 관하여 재판상 또는 재판 외의 모든 행위를 할 권한이 있다(상법 제76조 제1항).
④ 금융위원회는 외국보험회사국내지점이 다음 각 호의 어느 하나에 해당하는 사유로 해당 외국보험회사국내지점의 보험업 수행이 어렵다고 인정되면 공익 또는 보험계약자 보호를 위하여 영업정지 또는 그 밖에 필요한 조치를 하거나 청문을 거쳐 보험업의 허가를 취소할 수 있다(보험업법 제74조 제2항).

1. 보험업법 또는 보험업법에 따른 명령이나 처분을 위반한 경우
2. 「금융소비자 보호에 관한 법률」 또는 같은 법에 따른 명령이나 처분을 위반한 경우
3. 외국보험회사의 본점이 그 본국의 법령을 위반한 경우
4. 그 밖에 해당 외국보험회사국내지점의 보험업 수행이 어렵다고 인정되는 경우

30. ④

① 보험중개사가 되려는 자는 개인과 법인을 구분하여 대통령령으로 정하는 바에 따라 금융위원회에 등록하여야 한다(보험업법 제89조 제1항).
② 금융기관보험대리점등 중 다음 각 호의 어느 하나에 해당하는 자는 소속 임직원이 아닌 자로 하여금 모집을 하게 하거나, 보험계약 체결과 관련한 상담 또는 소개를 하게 하고 상담 또는 소개의 대가를 지급할 수 있다(보험업법 시행령 제26조 제1항).

1. 「여신전문금융업법」에 따라 허가를 받은 신용카드업자(겸영여신업자는 제외)
2. 「농업협동조합법」에 따라 설립된 조합 및 농협은행(농협생명보험 또는 농협손해보험이 판매하는 보험상품을 모집하는 경우로 한정한다)

③④ 보험회사 등은 다른 보험회사 등에 소속된 보험설계사에게 모집을 위탁하지 못하며, 보험설계사는 자기가 소속된 보험회사 등 이외의 자를 위하여 모집을 하지 못한다. 다만 다음 각 호의 어느 하나에 해당하는 경우에는 모집을 위탁하거나 모집을 할 수 있다(보험업법 제85조).

1. 생명보험회사 또는 제3보험업을 전업(專業)으로 하는 보험회사에 소속된 보험설계사가 1개의 손해보험회사를 위하여 모집을 하는 경우
2. 손해보험회사 또는 제3보험업을 전업으로 하는 보험회사에 소속된 보험설계사가 1개의 생명보험회사를 위하여 모집을 하는 경우
3. 생명보험회사나 손해보험회사에 소속된 보험설계사가 1개의 제3보험업을 전업으로 하는 보험회사를 위하여 모집을 하는 경우

31. ②

① 보험업법에 따라 보험대리점의 등록취소 처분을 2회 이상 받은 경우 최종 등록취소 처분을 받은 날부터 3년이 지나지 아니한 자는 법인보험대리점의 임원이 되지 못한다(보험업법 제89조의2 제1항).
② 법인보험대리점은 다음 각 호의 어느 하나에 해당하는 업무를 하지 못한다(보험업법 시행령 제33조의4 제1항).

1. 「방문판매 등에 관한 법률」에 따른 다단계판매업
2. 「대부업 등의 등록 및 금융이용자 보호에 관한 법률」에 따른 대부업 또는 대부중개업

③ 법인보험대리점이 「방문판매 등에 관한 법률」에 따른 다단계판매업을 영위할 경우 금융위원회는 해당 보험대리점의 등록을 취소하여야 한다(보험업법 제90조 제1항).
④ 법인보험대리점은 경영하고 있는 업무의 종류, 모집조직에 관한 사항, 모집실적에 관한 사항 등 업무상 주요 사항을 보험협회의 인터넷 홈페이지 등을 통하여 반기별로 공시하고 금융위원회에 알려야 한다(보험업법 시행령 제33조의4 제4항).

32. ④

① 금융기관보험대리점은 다음 3가지 중 어느 하나에 해당하는 방법으로 보험계약을 모집하여야 한다(보험업법 시행령 제40조 제3항).

1) 점포 내의 지정된 장소에서 보험계약자와 직접 대면하여 모집하는 방법
2) 인터넷 홈페이지를 이용하여 불특정 다수를 대상으로 보험상품을 안내하거나 설명하여 모집하는 방법
3) 전화, 우편, 컴퓨터통신 등의 통신수단을 이용하여 모집하는 방법(단, 신용카드업자만 가능)

② 「은행법」에 따라 설립된 은행과 「중소기업은행법」에 따라 설립된 중소기업은행은 모두 보험대리점으로 등록할 수 있다(보험업법 제91조 제1항 및 보험업법 시행령 제40조 제1항).
③ 금융기관보험대리점이 판매할 수 있는 생명보험 상품은 다음과 같다(보험업법 시행령 별표5).

가. 개인저축성 보험
  1) 개인연금
  2) 일반연금
  3) 교육보험
  4) 생사혼합보험
  5) 그 밖의 개인저축성 보험
나. 신용생명보험
다. 개인보장성 보험 중 제3보험(주계약으로 한정하고, 저축성보험 특별약관 및 질병사망 특별약관을 부가한 상품은 제외한다)

④ 금융기관보험대리점등은 해당 금융기관에 적용되는 모집수수료율을 모집을 하는 점포의 창구 및 인터넷 홈페이지에 공시하여야 하며 보험회사는 모집을 위탁한 금융기관보험대리점등의 모집수수료율을, 보험협회는 전체 금융기관보험대리점등의 모집수수료율을 각각 비교 · 공시하여야 한다(보험업법 시행령 제40조 제8항).

33. ①

보험업법상의 설명의무 대상이 되는 보험계약의 중요사항은 다음 각 호의 사항을 말한다.[8)]

1. 주계약 및 특약별 보험료
2. 주계약 및 특약별로 보장하는 사망, 질병, 상해 등 주요 위험 및 보험금
3. 보험료 납입기간 및 보험기간
4. 보험회사의 명칭, 보험상품의 종목 및 명칭
5. 청약의 철회에 관한 사항
6. 지급한도, 면책사항, 감액지급 사항 등 보험금 지급제한 조건
7. 고지의무 및 통지의무 위반의 효과
8. 계약의 취소 및 무효에 관한 사항
9. 해약환급금에 관한 사항
10. 분쟁조정절차에 관한 사항
11. 간단손해보험대리점의 경우 보험업법 시행령에 따른 소비자에게 보장되는 기회에 관한 사항
12. 그 밖에 보험계약자 보호를 위하여 금융위원회가 정하여 고시하는 사항

34. ②

① 보험회사의 임직원, 보험설계사, 보험대리점, 보험중개사, 손해사정사, 그 밖에 보험 관계 업무에 종사하는 자는 다음 각 호의 어느 하나에 해당하는 행위를 하여서는 아니 된다(보험업법 제102조의3).

1. 보험계약자, 피보험자, 보험금을 취득할 자, 그 밖에 보험계약에 관하여 이해가 있는 자로 하여금 고의로 보험사고를 발생시키거나 발생하지 아니한 보험사고를 발생한 것처럼 조작하여 보험금을 수령하도록 하는 행위
2. 보험계약자, 피보험자, 보험금을 취득할 자, 그 밖에 보험계약에 관하여 이해가 있는 자로 하여금 이미 발생한 보험사고의 원인, 시기 또는 내용 등을 조작하거나 피해의 정도를 과장하여 보험금을 수령하도록 하는 행위

② 보험사기 행위로 인하여 체결된 보험계약을 무효로 한다는 보험업법 규정은 없다.

③ 보험회사는 일반보험계약자의 청약철회를 접수한 날로부터 3일 이내에 이미 납입 받은 보험료를 반환하여야 하며, 보험료 반환이 늦어진 기간에 대하여는 대통령령으로 정하는 바에 따라 계산한 금액을 더하여 지급하여야 한다. 또한 보험회사는 청약자에 대하여 그 청약의 철회에 따른 손해배상 또는 위약금 등 금전의 지급을 청구할 수 없다.[9)]

④ 보험계약자나 보험금을 취득할 자가 보험중개사의 보험계약 체결 중개행위와 관련하여 손해를 입은 경우에는 그 손해액을 영업보증금에서 다른 채권자보다 우선하여 변제받을 권리를 가진다(보험업법 제103조).

35. ④

① 보험회사는 다른 회사의 의결권 있는 발행주식(출자지분을 포함한다) 총수의 100분의 15를 초과하는 주식을 소유할 수 없다. 다만, 보험업법 규정에 따라 금융위원회의 승인(승인이 의제되거나 신고 또는 보고하는 경우를 포함한다)을 받은 자회사의 주식은 그러하지 아니하다(보험업법 제109조).

②③ 보험회사는 다른 금융기관 또는 회사와 다음 각 호의 행위를 할 수 없으며, 만약 이를 위반하여 취득한 주식에 대하여는 의결권을 행사할 수 없다(보험업법 제110조).

1. 보험업법에 따른 자산운용한도의 제한을 피하기 위하여 다른 금융기관 또는 회사의 의결권 있는 주식을 서로 교차하여 보유하거나 신용공여를 하는 행위
2. 「상법」과 「자본시장과 금융투자업에 관한 법률」에 따른 자기주식 취득의 제한을 피하기 위한 목적으로 서로 교차하여 주식을 취득하는 행위
3. 그 밖에 보험계약자의 이익을 크게 해칠 우려가 있는 행위로서 대통령령으로 정하는 행위

④ 보험회사는 신용위험을 이전하려는 자가 신용위험을 인수한 자에게 금전 등의 대가를 지급하고, 신용사건이 발생하면 신용위험을 인수한 자가 신용위험을 이전한 자에게 손실을 보전해 주기로 하는 계약에 기초한 증권 또는 예금을 매수하거나 가입할 수 있다(보험업법 시행령 제57조의2 제1항).

36. ②

①③④ 매 결산기 말 현재 보험금등의 지급사유가 발생하지 아니한 계약과 관련하여 결산기 말 이전에 납입된 보험료 중 결산기 말 후의 기간에 해당하는 보험료를 적립한 금액 등이나, 매 결산기 말 현재 보험금등의 지급사유가 발생한 계약에 대하여 보험금등에 관한 소송이 계속 중인 금액이나 지급이 확정된 금액과 보험금 지급사유가 이미 발생하였으나 보험금 지급금액의 미확정으로 인하여 아직 지급하지 아니한 금액, 보험회사가 보험계약자에게 배당하기 위하여 적립한 금액은 책임준비금으로 계상하여야 한다.[10)]

② 보험회사가 다음 각 호의 요건을 모두 충족하는 재보험에 가입하는 경우로서 그 재보험을 받은 보험회사는 재보험을 받은 부분에 대해 책임준비금으로 계상해야 한다. 이 경우 재보험에 가입한 보험회사는 원보험계약(原保險契約) 당시 계상한 책임준비금과 일관된 가정으로 산출한 금액을 별도의 자산(재보험자산)으로 계상해야 한다(보험업법 시행령 제63조 제2항).

---

8) 참고로 본 규정은 보험업법 제95조의2 제1항 및 보험업법 시행령 제42조의2 제1항에 있었으나, '금융소비자 보호에 관한 법률' 제정에 따라 2020년 3월 24일자로 보험업법에서는 삭제되었다.

9) 참고로 본 규정은 보험업법 제102조의5에 있었으나, '금융소비자 보호에 관한 법률' 제정에 따라 2020년 3월 24일자로 보험업법에서는 삭제되었다.

10) 참고로 본 규정은 보험업법 시행령 제63조 제1항에 있었으나 IFRS17의 도입으로 2022년 12월 27일자로 '보험계약부채', '투자계약부채' 등으로 변경되었다.

1. 보험위험의 전가가 있을 것
2. 해당 재보험계약으로 인하여 재보험을 받은 회사에 손실 발생 가능성이 있을 것

37. ③

① 보험회사는 매 결산기 말에 배당보험계약의 손익과 무배당보험계약의 손익을 구분하여 회계처리하여야 한다(보험업법 시행령 제64조 제1항).
② 보험회사는 배당보험계약의 보험계약자에게 배당을 할 수 있으며 이 경우 배당보험계약에서 발생하는 이익의 100분의 10 이하를 주주지분으로 하고, 나머지 부분을 계약자지분으로 회계처리하여야 한다(보험업법 시행규칙 제30조의2 제1항).
③ 보험회사는 배당보험계약에서 발생한 손실을 배당보험계약 손실보전준비금으로 보전(補塡)하고도 손실이 남는 경우에는 그 남은 손실을 우선 주주지분으로 보전한 후, 주주지분으로 보전한 손실을 주주지분의 결손이나 배당보험계약의 이월결손으로 회계처리할 수 있다(보험업법 시행규칙 제30조의2 제2항). 즉 준비금으로 먼저 보전한 뒤에 남은 손실을 주주지분으로 보전한다.
④ 배당보험계약의 계약자지분은 계약자배당을 위한 재원과 배당보험계약의 손실을 보전하기 위한 목적 외에 다른 용도로 사용할 수 없다(보험업법 시행령 제64조 제5항).

38. ③

① 금융위원회는 보험회사의 업무 및 자산상황, 그 밖의 사정의 변경으로 공익 또는 보험계약자의 보호와 보험회사의 건전한 경영을 크게 해칠 우려가 있거나 보험회사의 기초서류에 법령을 위반하거나 보험계약자에게 불리한 내용이 있다고 인정되는 경우에는 청문을 거쳐 기초서류의 변경 또는 그 사용의 정지를 명할 수 있다(보험업법 제131조 제2항).
② 금융위원회는 기초서류의 변경을 명하는 경우 보험계약자 · 피보험자 또는 보험금을 취득할 자의 이익을 보호하기 위하여 특히 필요하다고 인정하면 이미 체결된 보험계약에 대하여도 장래에 향하여 그 변경의 효력이 미치게 할 수 있다(보험업법 제131조 제3항).
③ 금융위원회는 변경명령을 받은 기초서류 때문에 보험계약자 · 피보험자 또는 보험금을 취득할 자가 부당한 불이익을 받을 것이 명백하다고 인정되는 경우에는 이미 체결된 보험계약에 따라 납입된 보험료의 일부를 되돌려주거나 보험금을 증액하도록 할 수 있다(보험업법 제131조 제4항).
④ 금융위원회는 보험회사의 파산 또는 보험금 지급불능 우려 등 보험계약자의 이익을 크게 해칠 우려가 있다고 인정되는 경우에는 보험계약 체결 제한, 보험금 전부 또는 일부의 지급정지 또는 그 밖에 필요한 조치를 명할 수 있다(보험업법 제131조의2).

39. ③

① 보험회사는 계약의 방법으로 책임준비금 산출의 기초가 같은 보험계약의 전부를 포괄하여 다른 보험회사에 이전할 수 있으며, 보험계약의 이전은 금융위원회의 인가를 받아야 한다(보험업법 제139조 및 제140조).
② 보험계약을 이전하려는 보험회사는 보험계약의 이전에 관한 주주총회 결의를 한 날부터 2주 이내에 계약 이전의 요지와 각 보험회사의 재무상태표(舊 대차대조표)를 공고하고, 대통령령으로 정하는 방법에 따라 보험계약자에게 통지하여야 한다(보험업법 제141조 제1항).
③ 적법하게 행해진 보험계약 이전 결의의 공고에 의한 이의제기 기간에 이의를 제기한 보험계약자가 이전될 보험계약자 총수의 10분의 1을 초과하거나 그 보험금액이 이전될 보험금 총액의 10분의 1을 초과하는 경우에는 보험계약을 이전하지 못한다(보험업법 제141조 제3항).
④ 보험계약을 이전한 보험회사가 그 보험계약에 관하여 가진 권리와 의무는 보험계약을 이전받은 보험회사가 승계한다. 이전계약으로써 이전할 것을 정한 자산에 관하여도 또한 같다(보험업법 제146조 제1항).

40. ①

보험조사협의회는 다음 각 호의 사람 중에서 금융위원회가 임명하거나 위촉하는 15명 이내의 위원으로 구성할 수 있다(보험업법 시행령 제76조 제1항).

1. 금융위원회가 지정하는 소속 공무원 1명
2. 보건복지부장관이 지정하는 소속 공무원 1명
3. 경찰청장이 지정하는 소속 공무원 1명
4. 해양경찰청장이 지정하는 소속 공무원 1명
5. 금융감독원장이 추천하는 사람 1명
6. 생명보험협회의 장, 손해보험협회의 장, 보험요율 산출기관의 장이 추천하는 사람 각 1명
7. 보험사고의 조사를 위하여 필요하다고 금융위원회가 지정하는 보험 관련 기관 및 단체의 장이 추천하는 사람
8. 그 밖에 보험계약자 · 피보험자 · 이해관계인의 권익보호 또는 보험사고의 조사 등 보험에 관한 학식과 경험이 있는 사람

2과목 보험계약법

01	02	03	04	05	06	07	08	09	10
③	②	④	④	①	③	②	④	②	③
11	12	13	14	15	16	17	18	19	20
④	④	③	④	④	③	①	①	②	②
21	22	23	24	25	26	27	28	29	30
④	④	④	④	③	③	④	①	③	③
31	32	33	34	35	36	37	38	39	40
②	④	④	③	④	④	③	④	①	①

01. ③

다음의 상법 부칙에 따라 법 개정 전에 체결된 보험계약이라도 개정된 상법이 적용되는 조항이 있다.

2014년 개정 상법의 부칙 <법률 제12397호> 제2조(적용례)

① 이 법은 이 법 시행 후에 체결된 보험계약부터 적용한다.
② 제646조의2 제3항과 제4항(제3항이 적용되는 경우로 한정한다), 제664조, 제726조, 제726조의5부터 제726조의7까지, 제727조 제2항, 제739조의2 및 제739조의3의 개정규정은 이 법 시행 전에 체결된 보험계약(이하 "구 계약"이라 한다)의 보험기간이 이 법 시행일 이후에도 계속되는 경우에도 적용한다.
③ 제655조 단서, 제682조 제2항 및 제732조의2 제2항의 개정규정은 구 계약의 보험사고가 이 법 시행일 이후에 발생한 경우에도 적용한다.
④ 제662조의 개정규정은 구 계약의 청구권이 이 법 시행일 이후에 발생한 경우에도 적용한다.
⑤ 제722조 제2항의 개정규정은 구 계약의 피보험자가 제3자로부터 이 법 시행일 이후에 배상청구를 받는 경우에도 적용한다.
⑥ 제735조의3 제3항의 개정규정은 구 계약의 보험계약자가 이 법 시행일 이후에 보험수익자를 지정하는 경우에도 적용한다.

02. ②

① 보험계약은 당사자 일방이 약정한 보험료를 지급하고 재산 또는 생명이나 신체에 불확정한 사고가 발생할 경우에 상대방이 일정한 보험금이나 그 밖의 급여를 지급할 것을 약정함으로써 효력이 생긴다(상법 제638조).
② 보험자가 보험계약자로부터 보험계약의 청약과 함께 보험료 상당액의 전부 또는 일부의 지급을 받은 때에는 다른 약정이 없으면 30일 내에 그 상대방에 대하여 낙부의 통지를 발송하여야 한다(상법 제638조의2 제1항).
③ 보험자가 보험계약자로부터 보험계약의 청약과 함께 보험료 상당액의 전부 또는 일부를 받은 경우에 그 청약을 승낙하기 전에 보험계약에서 정한 보험사고가 생긴 때에는 그 청약을 거절할 사유가 없는 한 보험자는 보험계약상의 책임을 진다. 그러나 인보험계약의 피보험자가 신체검사를 받아야 하는 경우에 그 검사를 받지 아니한 때에는 책임을 지지 않는다(상법 제638조의2 제3항).
④ 보험자의 책임은 당사자간에 다른 약정이 없으면 최초의 보험료의 지급을 받은 때로부터 개시한다(상법 제656조). 따라서 당사자의 약정으로 달리 정할 수 있다.

03. ④

손해보험계약의 경우에 보험계약자가 그 타인에게 보험사고의 발생으로 생긴 손해의 배상을 한 때에는 보험계약자는 그 타인의 권리를 해하지 아니하는 범위 안에서 보험자에게 보험금액의 지급을 청구할 수 있다.

배상은 불법적인 행위로 인하여 발생한 피해에 대하여 금전을 지급하는 것을 말하며, 보상은 적법한 절차에 의하여 금전을 지급하는 것을 말한다. 예를 들어, 자동차 사고가 발생하여 가해자가 피해자에게 그 손해를 보전하는 것은 '배상'이며, 그러한 손해액에 대하여 보험자가 지급하는 보험금은 '보상'이다.

04. ④

① 보험증권을 멸실 또는 현저하게 훼손한 때에는 보험계약자는 자신의 비용부담으로 증권의 재교부를 청구할 수 있다(상법 제642조).
② 보험자는 보험계약이 성립한 때에는 지체 없이 보험증권을 작성하여 보험계약자에게 교부하여야 한다. 그러나 보험계약자가 보험료의 전부 또는 최초의 보험료를 지급하지 아니한 때에는 그러하지 아니하다(상법 제640조 제1항).
③ 기존의 보험계약을 연장하거나 변경한 경우에는 보험자는 그 보험증권에 그 사실을 기재함으로써 보험증권의 교부에 갈음할 수 있다(상법 제640조 제2항).
④ 보험자는 보험계약이 성립한 때에는 지체 없이 보험증권을 작성하여 보험계약자에게 교부하여야 한다(상법 제640조 제1항). 그러나 보험증권 교부의무를 위반한 경우에 대해서는 규정하고 있지 않다.

05. ①

①②③ 대법원 판례에 따르면, 상법은 보험료반환청구권에 대해 일정한 기간 내에 행사하지 아니하면 소멸시효가 완성한다는 취지를 규정하고 있을 뿐 그 소멸시효의 기산점에 관하여는 아무것도 규정하지 아니하므로, 그 소멸시효는 민법 일반 법리에 따라 객관적으로 권리가 발생하고 그 권리를 행사할 수 있는 때로부터 진행한다고 보아야 한다. 그런데 타인의 서면동의를 받지 않아 무효인 사망보험 계약의 납부한 보험료에 대한 반환청구권은 특별한 사정이 없는 한 그 보험료를 납부한 때에 발생하여 행사할 수 있다고 할 것이므로, 보험료반환청구권의 소멸시효는 특별한 사정이 없는 한 최종적으로 납부한 시점이 아니라, 각 보험료를 납부한 때부터 진행한다.[11]
④ 보험계약자가 행사하는 보험료반환 청구권은 3년간 행사하지 아니하면 시효의 완성으로 소멸한다(상법 제662조).

06. ③

①② 보험사고가 발생하기 전에는 보험계약자는 언제든지 계약의 전부 또는 일부를 해지할 수 있다. 그러나 타인을 위한 보험계약의 경우에는 보험계약자는 그 타인의 동의를 얻지 아니하거나 보험증권을 소지하지 아니하면 그 계약을 해지하지 못한다(상법 제649조 제1항).
③ 보험사고의 발생으로 보험자가 보험금액을 지급한 때에도 보험금액이 감액되지 아니하는 보험의 경우에는 보험계약자는 그 사고 발생 후에도 보험계약을 해지할 수 있다(상법 제649조 제2항).
④ 보험계약자가 임의해지권을 행사하는 경우에 당사자간에 다른 약정이 없으면 미경과보험료의 반환을 청구할 수 있다(상법 제649조 제3항).

11) 대법원 2011.3.24. 선고 2010다92612 판결

07. ②

보험료의 지급은 보험계약의 성립요건이 아니라 보험자의 책임 개시 요건이다. 보험계약자는 계약 체결 후 지체 없이 보험료의 전부 또는 제1회 보험료를 지급하여야 한다. 이를 위반한 경우에는 다른 약정이 없으면 계약 성립 후 2월이 경과한 때에 그 계약은 해제된 것으로 본다. 계속보험료가 약정한 시기에 지급되지 아니한 때에는 보험자는 상당한 기간을 정하여 보험계약자에게 최고하고 그 기간 내에 지급하지 아니하면 그 계약을 해지할 수 있다. 보험계약의 당사자가 특별한 위험을 예기하여 보험료의 액을 정한 경우에 보험기간 중 그 예기한 위험이 소멸한 때에는 보험계약자는 그 후의 보험료의 감액을 청구할 수 있다.

08. ④

① 대법원은 실효약관에 대해서는 무효라고 판결하였으나, 해지예고부 최고약관은 그 효력을 인정하였다. 또한 해지예고부 최고약관은 보험계약자의 계속보험료 미납에 대해서 보험자가 그 보험료를 납입할 것을 독촉하는 것으로, 계속보험료가 미납되는 경우에는 보험계약이 해지 혹은 효력을 잃는 것(실효)이지 보험계약이 무효가 되는 것은 아니다.

② 보험자가 보험료환급금을 반환하고 보험계약자가 환급금을 수령한 경우에는 보험계약의 부활을 청구할 수 없다.

③ 보험계약의 부활은 당사자간의 합의에 의하여 종전의 보험계약을 다시 회복시키는 특수한 계약이다. 다만, 보험계약 부활의 효력은 보험자가 부활청약을 승낙한 때로부터 장래에 향하여 효력이 발생하므로 종전 계약의 해지시점부터 부활 시점 사이에 발생한 사고에 대하여 보험자에게 보상책임이 인정되지 않는다.

④ 계속보험료 미납에 따라 보험계약이 해지되고 해지환급금이 지급되지 아니한 경우에 보험계약자는 일정한 기간 내에 연체보험료에 약정이자를 붙여 보험자에게 지급하고 그 계약의 부활을 청구할 수 있다. 이 때에는 보험계약의 성립 조항이 준용되므로 보험자는 30일의 낙부통지 의무를 부담하며, 승낙전 사고 책임조항도 적용받게 된다.

09. ②

① 고지의무를 부담하는 사람은 보험계약자, 피보험자이다.

② 현행 상법은 고지의무 위반을 '보험계약자 또는 피보험자가 고의 또는 중대한 과실로 중요한 사항을 고지하지 아니하거나 부실의 고지'라고 하고 있으므로, 고지의무를 이행하는 방법을 보험자의 질문표에 응답하는 형식으로 제한하지 않는다. 즉 고지의무는 보험계약자 또는 피보험자가 중요한 사항을 적극적, 능동적으로 알려야 하는 의무이다. 또한 보험자가 서면으로 질문한 사항은 중요한 사항으로 추정(상법 제651조의2)하기 때문에, 설령 보험자의 질문표에 성실히 답변하였더라도 추정의 법률적 효과에 의하여 반증이 허용된다. 따라서 보험자가 질문하지 않은 사항이더라도 그것이 중요한 사항에 해당한다면 고지의무 위반이 될 수 있다. 여담으로 고지의무의 수동화에 대한 논의는 현재 보험업계 및 학계를 중심으로 활발히 이루어지고 있다. 특히 고지의무의 수동화는 세계적인 추세로 이미 여러 나라에서 법 개정 절차를 완료[12]하였으므로 우리나라도 하루빨리 수동화로 전환이 필요하다는 여론이 있다. 다만 아직 법 개정 발의와 논의만 지속하고 있으며, 법 개정이 이루어지지는 않았다.

③ 대법원 판례에 따르면, 피보험자와 보험계약자가 다른 경우에 피보험자 본인이 아니면 정확하게 알 수 없는 개인적 신상이나 신체상태 등에 관한 사항은, 보험계약자도 이미 그 사실을 알고 있었다거나 피보험자와의 관계 등으로 보아 당연히 알았을 것이라고 보이는 등의 특별한 사정이 없는 한, 보험계약자가 피보험자에게 적극적으로 확인하여 고지하는 등의 조치를 취하지 아니하였다는 것만으로 바로 중대한 과실이 있다고 할 수는 없다.[13] 즉 본인이 알고 있는 사실을 고지하면 충분하며, 자신이 알지 못하는 중요한 사항을 적극적으로 탐지해야 할 의무까지 요구하는 것은 아니다.

④ 대법원 판례에 따르면, 보험계약자나 피보험자가 보험계약 당시에 보험자에게 고지할 의무를 부담하는 '중요한 사항'이란, 보험자가 보험사고의 발생과 그로 인한 책임부담의 개연율을 측정하여 보험계약의 체결 여부 또는 보험료나 특별한 면책조항의 부가와 같은 보험계약의 내용을 결정하기 위한 표준이 되는 사항으로서, 객관적으로 보험자가 그 사실을 안다면 그 계약을 체결하지 않든가 또는 적어도 동일한 조건으로는 계약을 체결하지 않으리라고 생각되는 사항을 말한다.[14]

10. ③

㉠ 보험계약자가 보험사고를 가장하여 보험금을 취득할 목적으로 보험계약을 체결한 경우에는 선량한 풍속 기타 사회질서에 위반한 반사회적인 법률행위로 보아 무효이다.

㉡ 보험자가 파산선고를 받고 3월이 경과한 때에는 보험계약은 효력을 잃는다.

㉢ 보험계약자가 고지의무를 위반한 경우에는 보험자는 그 사실을 안 날로부터 1월 내에, 계약을 체결한 날로부터 3년 내에 한하여 보험계약을 해지할 수 있다.

㉣ 보험계약자의 사기로 중복보험이 체결된 경우 그 계약은 무효이며, 보험자는 그 사실을 안 때까지의 보험료를 청구할 수 있다.

㉤ 계속보험료가 약정한 시기에 지급되지 아니한 때에는 보험자는 상당한 기간을 정하여 보험계약자에게 최고하고 그 기간 내에 지급되지 아니한 때에는 그 계약을 해지할 수 있다.

㉥ 타인의 사망을 보험사고로 하는 보험계약에는 보험계약 체결 시에 그 타인의 서면에 의한 동의를 얻어야 하며, 이를 얻지 못한 보험계약은 무효이다.

---

12) 국회입법조사처 조사에 따르면, 프랑스 보험법 L113-2조 제2항, 독일 보험계약법 제19조, 일본 보험법 제4조 등 고지의무의 수동화 법 개정 작업이 완료되었다.

13) 대법원 2013.6.13. 선고 2011다54631,54648 판결

14) 대법원 1996.12.23. 선고 96다27971 판결

11. ④

① 대법원 판례에 따르면, 보험계약자인 회사의 근로자들이 폐업신고에 항의하면서 화재보험의 목적인 공장건물을 상당기간 점거하여 외부인의 출입을 차단하고 농성하는 행위는 화재보험 약관항에서 말하는 보험목적물 또는 이를 수용하는 건물에 대한 점유의 성질을 변경하거나 또는 그에 영향을 주어 보험료 등을 조정할 필요성이 있게 하는 사정에 해당한다.[15] 따라서 사고발생 위험의 현저한 증가 또는 변경에 해당한다.

② 대법원 판례에 따르면, 화재보험보통약관에서 '보험계약을 맺은 후 보험의 목적에 아래와 같은 사실이 생긴 경우에는 보험계약자나 피보험자는 지체 없이 서면으로 회사에 알리고 보험증권에 확인을 받아야 한다'고 규정하면서 그 중 하나로 '그 이외에 사고발생의 위험이 현저히 증가한 경우'를 들고 있는 경우, 이러한 위험증가 사실의 통지의무는 상법 제652조 제1항에서 규정하고 있는 통지의무를 되풀이하는 것에 불과하여 이에 관하여 보험자가 보험계약자에게 별도로 설명할 의무가 있다고 볼 수 없다. 또한 화재보험보통약관에서 보험계약자 등의 통지의무 대상으로 '사고발생의 위험이 현저히 증가한 경우'를 규정하고 있는 경우, 약관에서 말하는 '사고발생 위험의 현저한 증가'란 그 정도의 위험이 계약 체결 당시에 존재하였다면 보험자가 계약을 체결하지 아니하였거나 또는 적어도 동일한 조건으로는 계약을 체결하지 아니하였으리라고 생각되는 정도의 위험의 증가를 뜻하는 것으로서, 어떠한 상태의 발생이나 변경이 여기에 해당하는지는 구체적인 여러 사정을 종합하여 인정 · 판단하여야 할 문제이므로, 평균적 고객의 입장에서 예상하기 어려운 사유를 현저한 위험 증가 사유로 약관에 규정하고 있다는 등의 특별한 사정이 없는 한, 무엇이 여기에 해당되는지를 보험자가 보험계약 체결 시 보험계약자에게 미리 설명하기는 곤란하므로 보험자에게 이에 관한 설명의무가 있다고 볼 수 없다.[16]

③ 보험계약자가 위험의 현저한 변경증가 사실을 통지한 때에는 보험자는 통지를 받은 날로부터 1월 내에 보험료의 증액을 청구하거나 계약을 해지할 수 있다(상법 제652조).

④ 대법원 판례에 따르면, 보험계약자 등의 통지의무 위반에 따른 보험자의 해지권 기산점은 보험자가 계약 후 위험의 현저한 증가가 있는 사실을 안 때가 아니라, 보험계약자가 통지의무를 이행하지 아니한 사실을 보험자가 알게 된 날이라고 보아야 한다. 나아가 보험계약자가 보험자에 대하여 위험의 현저한 증가가 없었다거나 그러한 사실을 알지 못하였다고 주장하면서 통지의무 위반이 없다고 다투고 있는 경우에는 그때까지 보험자가 보험계약자의 통지의무 위반에 관하여 의심을 품고 있는 정도에 그치고 있었다면 그러한 사정만으로 해지권이 발생하였다고 단정할 수 없으므로 이러한 상태에서 곧바로 해지권의 행사기간이 진행한다고 볼 수는 없고, 그 후 보험자가 보험계약자의 통지의무 위반 여부에 관하여 조사 · 확인절차를 거쳐 보험계약자의 주장과 달리 보험계약자의 통지의무 위반이 있음을 뒷받침하는 객관적인 근거를 확보함으로써 통지의무 위반이 있음을 안 때에 비로소 해지권의 행사기간이 진행한다고 보아야 한다.[17]

12. ④

①③ 보험은 기술적, 법률적으로 전문화된 특성을 보유하고 있기 때문에 일반적인 보험계약자가 보험을 이해하기에는 어렵다는 한계가 있다. 따라서 계약 당사자 사이에 지위 불균형이 있으며 불평등한 계약이 체결될 우려가 존재한다. 우리 상법은 상대적 약자인 보험계약자를 보호하기 위하여 상법 제4편의 규정을 보험계약자나 피보험자 또는 보험수익자의 불이익으로 변경하는 것을 금지한다(상법 제663조). 다만 이 원칙은 보험계약자 등의 불이익으로 변경하는 것을 금지하는 것이므로 보험자에게 불이익(보험계약자 등에게는 이익)으로 변경하는 것은 얼마든지 가능하다. 이를 상대적 강행법규라고 한다. 또한 불이익 변경을 금지하는 취지가 계약 당사자 사이의 불평등한 위치에 기인한 것이므로 이러한 우려가 없는 기업보험에는 동 원칙을 적용하지 않는다.

② 대법원 판례에 따르면, 수산업협동조합중앙회에서 실시하는 어선공제사업은 항해에 수반되는 해상위험으로 인하여 피공제자의 어선에 생긴 손해를 담보하는 것인 점에서 해상보험에 유사한 것이라고 할 수 있으나, 그 어선공제는 수산업협동조합중앙회가 실시하는 비영리 공제사업의 하나로 소형 어선을 소유하며 연안어업 또는 근해어업에 종사하는 다수의 영세어민들을 주된 가입대상자로 하고 있어 공제계약 당사자들의 계약교섭력이 대등한 기업보험적인 성격을 지니고 있다고 보기는 어렵고 오히려 공제가입자들의 경제력이 미약하여 공제계약 체결에 있어서 공제가입자들의 이익 보호를 위한 법적 배려가 여전히 요구된다 할 것이므로, 상법 제663조 단서의 입법취지에 비추어 그 어선공제에는 불이익변경금지원칙의 적용을 배제하지 않아야 한다.[18] 즉 불이익변경금지원칙을 적용하여야 한다.

④ 상법상 보험계약자 등의 고지의무 위반이 있을 때에 보험자는 계약 체결일로부터 3년 이내에 보험계약을 해지할 수 있다. 따라서 보험자가 행사하는 해지권의 기간을 3년에서 5년으로 연장하는 약정은 보험자에게 유리하고 보험계약자 측에게는 불리하므로 불이익변경금지원칙에 위배되므로 효력이 없다.

13. ③

① 대법원 판례에 따르면, 타인을 사망을 보험사고로 하는 보험계약을 체결할 때에는 그 타인의 서면에 의한 동의를 얻어야 하며(상법 제731조 제1항), 이는 강행법규이므로 이에 위반하여 체결된 보험계약은 무효이다.[19]

15) 대법원 1992.7.10. 선고 92다13301, 92다13318 판결
16) 대법원 2011.7.28. 선고 2011다23743,23750 판결
17) 대법원 2011.7.28. 선고 2011다23743, 23750 판결
18) 대법원 1996.12.20. 선고 96다23818 판결
19) 대법원 1996.11.22. 선고 96다37084 판결

② 대법원 판례에 따르면, 보험계약자와 보험자가 통지의무 위반의 존부(存否)에 대하여 다투고 있고 보험자가 보험계약자의 통지의무 위반에 관하여 의심을 품고 있는 정도에 그치고 있었다면 그러한 사정만으로 해지권이 발생하였다고 단정할 수 없다. 따라서 이러한 상태에서 곧바로 해지권의 행사기간이 진행한다고 볼 수 없으며, 보험자가 보험계약자의 통지의무 위반 여부에 관하여 조사 · 확인 절차를 거쳐 보험계약자의 주장과 달리 보험계약자의 통지의무 위반이 있음을 뒷받침하는 객관적인 근거를 확보함으로써 통지의무 위반이 있음을 안 때에 비로소 진행한다고 보아야 한다.[20]

③ 대법원 판례에 따르면, '종피보험자가 보험기간 중 주피보험자의 배우자에 해당하지 아니하게 된 때에는 종피보험자의 자격을 상실한다'고 정한 약관조항은 거래상 일반적이고 공통적인 것이어서 보험자의 별도의 설명 없이도 보험계약자나 피보험자가 충분히 예상할 수 있었던 사항이라고 할 것이므로 그러한 사항에 대해서까지 보험자에게 명시 · 설명의무가 없다.[21]

④ 대법원 판례에 따르면, 사망을 보험사고로 하는 보험계약에서 자살을 보험자의 면책사유로 규정하고 있는 경우, 그 자살은 사망자가 자기의 생명을 끊는다는 것을 의식하고 그것을 목적으로 의도적으로 자기의 생명을 절단하여 사망의 결과를 발생케 한 행위를 의미하고, 피보험자가 정신질환 등으로 자유로운 의사결정을 할 수 없는 상태에서 사망의 결과를 발생케 한 경우까지는 포함하지 않는다.[22]

14. ④

- 보험금지급에 대한 약정기간이 없는 경우 보험자는 보험사고의 통지를 받은 후 지체 없이 지급할 보험금액을 정하고 그 정하여진 날부터 10일 내에 피보험자 또는 보험수익자에게 보험금액을 지급하여야 한다(상법 제658조).
- 보험자가 보험계약자로부터 보험계약의 청약과 함께 보험료 상당액의 전부 또는 일부의 지급을 받은 때에는 30일 내에 그 상대방에 대하여 낙부의 통지를 발송하여야 한다(상법 제638조의2 제1항 본문).
- 보험자가 보험기간 중 보험계약자로부터 사고발생 위험의 현저한 변경증가에 대한 통지를 받은 때에는 1월 내에 보험료의 증액을 청구하거나 계약을 해지할 수 있다(상법 제652조).
- 보험자가 파산의 선고를 받은 때에 보험계약자가 계약을 해지하지 않고 3월이 경과한 때에는 그 보험계약은 효력을 잃는다(상법 제654조).

15. ④

① 손해보험은 물건이나 재산상의 손해를 보상하는 측면에서 보상금액을 미리 정할 수 없는 부정액보험의 성격을 가진다.

② 상법상 손해보험의 종류에는 화재보험, 운송보험, 해상보험, 책임보험, 자동차보험, 보증보험이 있다.[23]

③ 손해보험은 원칙적으로 재산상 손해를 보험금액 한도 내에서 실제로 발생한 손해만을 보상한다는 실손보상의 원칙이 적용된다.

④ 손해보험에서의 피보험자는 보험의 목적물(보험의 객체)에 보험사고가 발생하였을 때 보험금 청구권을 가지는 자이다. 화재보험을 예로 들면, 보험의 목적물(보험의 객체)인 건물에 화재가 발생하면 해당 보험의 피보험자가 보험금 청구권을 가진다. 인보험에서 피보험자는 보험 사고의 대상이 되는 객체이다. 인보험에서 보험금 청구권을 가지는 자는 피보험자가 아니라 보험수익자이다. 즉 인보험에서는 피보험자에게 보험사고가 발생하면 해당 보험의 보험수익자가 보험금 청구권을 가진다. ④번 지문은 손해보험과 생명보험의 피보험자 개념을 혼합하여 출제하였다.

16. ③

① 피보험이익은 상법 제668조에서 보험계약의 목적이라고 표현하고 있으며 보험계약의 대상인 보험의 목적과 구별된다.

② 우리나라는 손해보험에서만 피보험이익의 존재를 인정하며 인보험에서는 인정하지 않는다. 손해보험에서 피보험이익은 절대적인 존재이므로 피보험이익이 없는 손해보험계약은 무효로 취급된다. 참고로 영미법 계약의 나라에서는 인보험에서도 피보험이익의 개념을 인정하기도 한다.

③ 대법원 판례에 따르면, 동산 양도담보 설정자는 담보목적물인 동산의 소유권을 채권자에게 이전해 주지만 이는 채권자의 우선 변제권을 확보해 주기 위한 목적에 따른 것으로, 양도담보 설정자는 여전히 그 물건에 대한 사용, 수익권을 가지고 변제기에 이르러서는 채무 전액을 변제하고 소유권을 되돌려 받을 수 있으므로, 그 물건에 대한 보험사고가 발생하는 경우에는 그 물건에 대한 사용 · 수익 등의 권능을 상실하게 될 뿐 아니라 양도 담보권자에 대하여는 그 물건으로써 담보되는 채무를 면하지 못하고 나아가 채무를 변제하더라도 그 물건의 소유권을 회복하지 못하는 경제적인 손해를 고스란히 입게 된다. 따라서 양도담보 설정자에게 그 목적물에 관하여 체결한 화재보험계약의 피보험이익이 있다.[24]

④ 손해보험에서 피보험이익은 피보험자가 보험의 목적물에 대하여 가지는 경제적 이해관계를 의미하는 것으로 소유 이익에 한하지 아니하고 담보 이익, 사용수익 이익 등도 포함한다.

20) 대법원 2011.7.28. 선고 2011다23743,23750 판결
21) 대법원 2011.3.24. 선고 2010다96454 판결
22) 대법원 2011.4.28. 선고 2009다97772 판결
23) 저자주 : 문제에서는 '재보험'까지 포함하여 다소 오류가 있다. 우리 상법이 별도의 절(節)로 구분하고 있는 보험종목은 화재보험, 운송보험, 해상보험, 책임보험, 자동차보험, 보증보험이며 재보험은 별도의 분류가 없다. 재보험에 관하여는 책임보험에 관한 규정을 준용한다고 할 뿐이다(상법 제726조). 출제자가 준용 규정을 확대 해석하여 문제를 출제한 것으로 보인다. 다만 ④번 지문이 확실한 오답이라 문제풀이 자체에는 크게 지장이 없었다.
24) 대법원 2009.11.26. 선고 2006다37106 판결

17. ①

① 대법원 판례에 따르면, 기평가보험으로 인정되기 위한 당사자 사이의 보험가액에 대한 합의는, 명시적인 것이어야 하기는 하지만 반드시 보험증권에 협정보험가액 혹은 약정보험가액이라는 용어 등을 사용하여야만 하는 것은 아니고 당사자 사이에 보험계약을 체결하게 된 제반 사정과 보험증권의 기재내용 등을 통하여 당사자의 의사가 보험가액을 미리 합의하고 있는 것이라고 인정할 수 있으면 충분하다.[25)]

② 초과보험이란 보험금액이 보험계약의 목적의 가액을 현저하게 초과하는 보험을 말한다(상법 제669조 제1항).

③ 동일한 보험계약의 목적과 동일한 사고에 관하여 수개의 보험계약이 동시에 또는 순차로 체결된 경우에 그 보험금액의 총액이 보험가액을 초과하는 보험을 중복보험이라고 한다(상법 제672조 제1항).

④ 보험가액의 일부를 보험에 붙인 보험을 일부보험이라고 한다(상법 제674조).

18. ①

동일한 보험계약의 목적과 동일한 사고에 관하여 수개의 보험계약이 동시에 또는 순차로 체결된 경우에 그 보험금액의 총액이 보험가액을 초과한 때에는 보험자는 각자의 보험금액의 한도에서 연대책임을 진다. 이 경우에는 각 보험자의 보상책임은 각자의 보험금액의 비율에 따른다(상법 제672조). 갑, 을, 병 보험회사와 체결한 보험금액의 총액은 30억원(5억원+10억원+15억원)이고, 보험가액은 12억원이므로 이들 사이에는 중복보험이 성립한다. 이 경우 각 보험자가 분담하는 보험금액은 다음과 같이 각자의 보험금액의 비율에 따른다.

- **갑** : 12억원(보험가액)× $\frac{\text{5억원(갑 보험금액)}}{\text{30억원(갑을병 보험금액 총액)}}$ =2억원
- **을** : 12억원(보험가액)× $\frac{\text{10억원(을 보험금액)}}{\text{30억원(갑을병 보험금액 총액)}}$ =4억원
- **병** : 12억원(보험가액)× $\frac{\text{15억원(병 보험금액)}}{\text{30억원(갑을병 보험금액 총액)}}$ =6억원

19. ②

①② 동일한 보험계약의 목적과 동일한 사고에 관하여 수개의 보험계약을 체결하는 경우에는 보험계약자는 각 보험자에 대하여 각 보험계약의 내용을 통지하여야 한다(상법 제672조 제2항). 다만 이러한 통지의무 위반 시에 대한 규정은 별도로 마련되어 있지 않다.

③④ 대법원 판례에 따르면, 손해보험에 있어서 보험계약자에게 다수의 보험계약(병존보험)의 체결사실에 관하여 통지하도록 규정하는 취지는 부당한 이득을 얻기 위한 사기에 의한 보험계약의 체결을 사전에 방지하고 보험자로 하여금 보험사고 발생 시 손해의 조사 또는 책임의 범위의 결정을 다른 보험자와 공동으로 할 수 있도록 하기 위한 것일 뿐, 보험사고 발생의 위험을 측정하여 계약을 체결할 것인지 또는 어떤 조건으로 체결할 것인지 판단할 수 있는 자료를 제공하기 위한 것이라고는 볼 수 없으므로, 손해보험에 있어서 다른 보험계약을 체결한 것은 상법 제652조 및 제653조의 통지의무의 대상이 되는 사고발생의 위험이 현저하게 변경 또는 증가된 때에 해당되지 않는다.[26)]

20. ②

① 손해방지의무는 보험사고의 발생을 요건으로 하므로 보험계약자 등은 보험사고가 발생한 때부터 이 의무를 부담한다. 즉, 사고 발생 자체를 막아야 하는 예방의무는 손해방지의무에 해당하지 않는다.

② 손해방지의무는 보험계약자와 피보험자가 부담한다.

③④ 보험사고가 발생한 경우에 보험계약자와 피보험자는 손해의 방지와 경감을 위하여 노력하여야 하는 손해방지의무를 부담한다. 이를 위하여 필요 또는 유익하였던 비용과 보상액이 보험금액을 초과한 경우라도 보험자가 이를 부담한다.

21. ④

①③ 보험의 목적의 전부가 멸실한 경우에 보험금액의 전부를 지급한 보험자는 그 목적에 대한 피보험자의 권리를 취득한다(상법 제681조). 즉 보험목적에 대한 보험대위는 '보험목적의 전부 멸실', '보험금액의 전부 지급'을 그 요건으로 한다.

②④ 일부보험의 경우에 보험자가 취득하는 대위권은 보험금액의 보험가액에 대한 비율에 따른다.

22. ④

가. 보험자대위의 법리에 의하여 보험자가 제3자에 대한 보험계약자 또는 피보험자의 권리를 행사하기 위해서는 손해가 제3자의 행위로 인하여 생긴 경우라야 하고 이 경우 제3자라고 함은 피보험자 이외의 자가 되어야 할 것인바, 자동차종합보험보통약관에 피보험자는 기명피보험자 외에 기명피보험자의 승낙을 얻어 자동차를 사용 또는 관리 중인 자(승낙피보험자)도 포함되어 있다면, 이러한 승낙피보험자의 행위로 인하여 보험사고가 발생한 경우 보험자는 보험자대위의 법리에 의하여 그 권리를 취득할 수 없다.[27)]

나, 라. 보험계약자나 피보험자의 권리가 그와 생계를 같이 하는 가족에 대한 것인 경우 보험자는, 손해가 그 가족의 고의로 인하여 발생한 경우를 제외하고는 그 권리를 취득하지 못한다(상법 제682조 제2항).

다. 대법원 판례에 따르면, 타인을 위한 손해보험계약은 타인의 이익을 위한 계약으로서 그 타인(피보험자)의 이익이 보험의 목적이 되는 것이지 여기에 당연히(특약없이) 보험계약자의 보험이익이 포함되거나 예정되어 있는 것은 아니라 할 것이므로 피보험이익의 주체가 아닌 보험계약자는 비록 보험자와의 사이에서는 계약 당사자이고 약정된 보험료를 지급할 의무자이지만 그 지위의 성격과 보험자대위규정의 취지에 비추

25) 대법원 2003.4.25. 선고 2002다64520 판결
26) 대법원 2003.11.13. 선고 2001다49630 판결
27) 대법원 2006.2.24. 선고 2005다31637 판결

어 보면 보험자대위에 있어서 보험계약자와 보험계약자 아닌 제3자와를 구별하여 취급하여야 할 법률상의 이유는 없는 것이며 따라서 타인을 위한 손해보험계약자가 당연히 제3자의 범주에서 제외되는 것은 아니다.[28][29]

23. ④

① 보험의 목적이 양도된 때에는 양도인 또는 양수인은 보험자에 대하여 지체 없이 그 사실을 통지하여야 한다(상법 제679조 제2항).

② 보험목적의 양도란 보험의 대상인 목적물을 타인에게 양도하는 것이다.

③ 피보험자가 보험의 목적을 양도한 때에는 양수인은 보험계약상의 권리와 의무를 승계한 것으로 추정한다(상법 제679조 제1항).

④ 대법원 판례에 따르면, 상법 제679조에서 피보험자가 보험의 목적을 양도된 때에는 보험계약으로 인하여 생긴 권리를 동시에 양도된 것으로 추정한다고 규정하는 취지는 보험의 목적이 양도된 경우 양수인의 양도인에 대한 관계에서 보험계약상의 권리도 함께 양도된 것으로 당사자의 통상의 의사를 추정하고 이것을 사회경제적 관점에서 긍정한 것이고, 이를 위반한 법률행위를 공서양속에 반한 법률행위로서 무효로 보아야 할 것으로는 해석되지 아니하므로 임의규정이라고 할 것이다.[30]

24. ④

① 화재보험계약의 보험자는 화재로 인하여 생길 손해를 보상할 책임이 있다(상법 제683조).

② 집합된 물건을 일괄하여 보험의 목적으로 한 때에는 그 목적에 속한 물건이 보험기간 중에 수시로 교체된 경우에도 보험사고의 발생 시에 현존한 물건은 보험의 목적에 포함된 것으로 한다(상법 제687조).

③ 집합된 물건을 일괄하여 보험의 목적으로 한 때에는 피보험자의 가족과 사용인의 물건도 보험의 목적에 포함된 것으로 한다. 이 경우에는 그 보험은 그 가족 또는 사용인을 위하여서도 체결한 것으로 본다(상법 제686조).

④ 담보권자(채권자)는 화재보험 목적물의 소유자 즉 채무자가 채무에 쫓은 이행을 하지 않을 경우에 대비하여 화재보험의 목적물에 담보권을 설정해 놓는다. 만약 화재보험의 목적물(담보물건)에 보험사고가 발생한다면 담보권자로서는 자신의 채권을 제대로 확보하지 못하는 경우가 발생할 수 있으므로 그 부분에 대해서는 피보험이익을 갖는다고 할 수 있다. 대법원 판례에 따르면, 이러한 담보권자의 피보험이익은 보험 목적물 가액 전체에 대해서 있는 것은 아니며, 담보권을 설정한 부분에 대해서만 발생한다.[31]

25. ③

① 해상보험의 보험자는 피보험자가 지급할 공동해손의 분담액을 보상할 책임이 있다. 그러나 보험의 목적의 공동해손분담가액이 보험가액을 초과할 때에는 그 초과액에 대한 분담액은 보상하지 아니한다(상법 제694조).

② 보험자는 피보험자가 보험사고로 인하여 발생하는 손해를 방지하기 위하여 지급할 구조료를 보상할 책임이 있다. 그러나 보험의 목적물의 구조료분담가액이 보험가액을 초과할 때에는 그 초과액에 대한 분담액은 보상하지 아니한다(상법 제694조의2).

③ 선박의 일부가 훼손되어 그 훼손된 부분의 일부를 수선한 경우에는 보험자는 수선에 따른 비용과 수선을 하지 아니함으로써 생긴 감가액을 보상할 책임이 있다. 선박의 일부가 훼손되었으나 이를 수선하지 아니한 경우에는 보험자는 그로 인한 감가액을 보상할 책임이 있다(상법 제707조의2).

④ 해상보험의 보험자는 보험의 목적의 안전이나 보존을 위하여 지급할 특별비용을 보험금액의 한도 내에서 보상할 책임이 있다(상법 제694조의 3).

26. ③

① 선박의 행방불명은 전손으로 추정된다(상법 제711조). 따라서 보험위부를 할 필요가 없으며 그냥 전손보험금을 청구하면 된다. 보험위부의 원인은 상법 제710조에서 따로 추정전손으로 규정하고 있으며 아래의 세가지이다.

1. 피보험자가 보험사고로 인하여 자기의 선박 또는 적하의 점유를 상실하여 이를 회복할 가능성이 없거나 회복하기 위한 비용이 회복하였을 때의 가액을 초과하리라고 예상될 경우
2. 선박이 보험사고로 인하여 심하게 훼손되어 이를 수선하기 위한 비용이 수선하였을 때의 가액을 초과하리라고 예상될 경우
3. 적하가 보험사고로 인하여 심하게 훼손되어서 이를 수선하기 위한 비용과 그 적하를 목적지까지 운송하기 위한 비용과의 합계액이 도착하는 때의 적하의 가액을 초과하리라고 예상될 경우

② 보험위부는 피보험자의 일방적 의사표시에 의하여 행사되는 형성권이다. 따라서 보험자의 승인은 위부의 요건이 아니며 위부의 원인에 대하여 더 이상 이의를 제기하지 않겠다는 보험자의 의사표시로 보아야 한다.

③ 보험자가 위부를 승인한 후에는 그 위부에 대하여 이의를 하지 못한다(상법 제716조). 보험자가 위부를 승인하지 아니한 때에는 피보험자는 위부의 원인을 증명하지 아니하면 보험금

28) 대법원 1990.2.9. 선고 89다카21965 판결
29) **저자주** : 첨언하자면 보험계약자를 제3자에 포함시켜 보험자대위의 대상이 되도록 한 본 판례는 타인을 위한 보험계약의 취지와 효용을 고려하지 않았다고 하여 학계는 물론이고 보험업계에서도 많은 비판을 받았다. 현재는 개별 약관에서 보험계약자에 대한 대위권을 포기함을 명시하여 이를 해결하고 있다(보험업감독업무시행세칙 별표15 화재보험 표준약관 제14조 제3항 : 회사는 타인을 위한 계약의 경우에는 계약자에 대한 대위권을 포기합니다.).
30) 대법원 1993.4.13. 선고 92다8552 판결
31) 대법원 2009.11.26. 선고 2006다37106 판결

액의 지급을 청구하지 못한다(상법 제717조).

④ 피보험자가 위부를 함에 있어서는 보험자에 대하여 보험의 목적에 관한 다른 보험계약과 그 부담에 속한 채무의 유무와 그 종류 및 내용을 통지하여야 한다(상법 제715조 제1항).

27. ④

① 책임보험계약의 보험자는 피보험자가 보험기간 중의 사고로 인하여 제3자에게 배상할 책임을 진 경우에 이를 보상할 책임이 있다(상법 제719조).

② 책임보험에서 지급하는 보험금은 궁극적으로 피해자에게 돌아가므로, 가해자(피보험자)는 물론이고 피해자를 보호하는 기능도 가지고 있다.

③ 피보험자가 담보의 제공 또는 공탁으로써 재판의 집행을 면할 수 있는 경우에는 보험자에 대하여 보험금액의 한도 내에서 그 담보의 제공 또는 공탁을 청구할 수 있다(상법 제720조 제2항).

④ 피보험자가 경영하는 사업에 관한 책임을 보험의 목적으로 한 때에는 피보험자의 대리인 또는 그 사업감독자의 제3자에 대한 책임도 보험의 목적에 포함된 것으로 한다(상법 제721조).

28. ①

① 책임보험에서 제3자(피해자)는 피보험자가 책임을 질 사고로 입은 손해에 대하여 보험금액의 한도 내에서 보험자에게 직접 보상을 청구할 수 있는데 이를 피해자 직접청구권이라고 한다. 그러나 보험자는 피보험자가 그 사고에 관하여 가지는 항변으로써 제3자에게 대항할 수 있다(상법 제724조 제2항).

② 보험자는 피보험자가 책임을 질 사고로 인하여 생긴 손해에 대하여 제3자가 그 배상을 받기 전에는 보험금액의 전부 또는 일부를 피보험자에게 지급하지 못한다(상법 제724조 제1항).

③ 보험자가 피해자로부터 보상청구를 받은 때에는 지체 없이 피보험자에게 이를 통지하여야 한다(상법 제724조 제3항).

④ 피보험자는 보험자의 요구가 있을 때에는 필요한 서류 · 증거의 제출, 증언 또는 증인의 출석에 협조하여야 한다(상법 제724조 제4항).

29. ③

일반적인 손해보험증권 기재사항 외에 자동차보험증권에 기재하여야 할 사항은 다음과 같다.

1. 자동차소유자와 그 밖의 보유자의 성명과 생년월일 또는 상호
2. 피보험자동차의 등록번호, 차대번호, 차형 년식과 기계장치
3. 차량가액을 정한 때에는 그 가액

30. ③

① 대법원 판례에 따르면, 보험자는 보험계약을 체결할 때 보험계약자에게 보험약관에 기재되어 있는 보험상품의 내용, 보험료율의 체계, 보험청약서상 기재사항의 변동 및 보험자의 면책사유 등 보험계약의 중요한 내용에 대하여 구체적이고 상세한 명시 · 설명의무를 지고 있다고 할 것이어서, 만일 보험자가 이러한 보험약관의 명시 · 설명의무에 위반하여 보험계약을 체결한 때에는 그 약관의 내용을 보험계약의 내용으로 주장할 수 없다. 설명의무의 상대방은 반드시 보험계약자 본인에 국한되는 것이 아니라, 보험자가 보험계약자의 대리인과 보험계약을 체결할 경우에는 그 대리인에게 보험약관을 설명함으로써 족하다.[32]

② 피보험자가 보험기간 중에 자동차를 양도한 때에는 양수인은 보험자의 승낙을 얻은 경우에 한하여 보험계약으로 인하여 생긴 권리와 의무를 승계한다(상법 제726조의4 제1항). 본래 손해보험 통칙 규정상 보험기간 중 보험목적물이 양도된 때에는 양수인이 보험계약상의 권리의무를 승계한 것으로 추정하나, 자동차보험에 있어서는 보험자의 승낙을 얻은 경우에 한하여 보험계약상의 권리의무가 승계되도록 별도의 특칙을 규정하고 있다.

③ 피보험자가 보험기간 중에 자동차를 양도한 때에는 양수인은 보험자의 승낙을 얻은 경우에 한하여 보험계약으로 인하여 생긴 권리와 의무를 승계한다. 보험자가 양수인으로부터 양수사실을 통지받은 때에는 지체없이 낙부를 통지하여야 하고 통지받은 날부터 10일 내에 낙부의 통지가 없을 때에는 승낙한 것으로 본다.

④ 자동차보험계약의 보험자는 피보험자가 자동차를 소유, 사용 또는 관리하는 동안에 발생한 사고로 인하여 생긴 손해를 보상할 책임이 있다(상법 제726조의2).

31. ②

① 인보험은 피보험자의 생명이나 신체에 관하여 보험사고가 발생할 경우 이를 보상하는 보험이므로 보험의 목적은 피보험자의 생명이나 신체이다. 따라서 보험의 목적의 양도라는 개념이 있을 수 없다.

③ 우리나라는 손해보험에서만 피보험이익의 존재를 인정하며 인보험에서는 인정하지 않는다. 손해보험에서 피보험이익은 절대적인 존재이므로 피보험이익이 없는 손해보험계약은 무효로 취급된다. 참고로 영미법 계약의 나라에서는 인보험에서도 피보험이익의 개념을 인정하기도 한다.

④ 손해방지의무는 손해보험에서 규정하고 있으며 인보험에서는 규정이 없다.

32. ④

① 자산운용성과에 따라 보험금액이 바뀌는 변액보험도 사람의 생명 또는 신체를 보험사고로 하는 이상 인보험에 해당한다.

② 인보험계약의 보험자는 보험사고로 인하여 생긴 보험계약자 또는 보험수익자의 제3자에 대한 권리를 대위하여 행사하지 못한다. 상해보험계약의 경우에 당사자간에 다른 약정으로 인정하는 경우도 있으나, 지문은 사망보험금(생명보험)에 대한 것이므로 설령 타인의 행위로 보험금 지급사유가 발생하였다고 하더라도 보험자 대위권은 인정되지 않는다.

③ 보험금지급 청구권의 소멸시효는 보험사고 발생시에 기산하는 것이 원칙이며, 시효의 중단이나 정지도 인정된다. 소멸시효와 비교하여 알아 두어야 할 개념은 제척기간으로, 제척기간에서는 중단 또는 정지가 인정되지 않는다.

32) 대법원 2001.7.27. 선고 2001다23973 판결

④ 보험자는 보험사고로 인하여 생긴 보험계약자 또는 보험수익자의 제3자에 대한 권리를 대위하여 행사하지 못한다. 그러나 상해보험계약의 경우에 당사자간에 다른 약정이 있는 때에는 보험자는 피보험자의 권리를 해하지 아니하는 범위안에서 그 권리를 대위하여 행사할 수 있다(상법 제729조).

33. ④

①② 대법원 판례에 따르면, 타인의 사망을 보험사고로 하는 보험계약의 체결 시 그 타인의 서면동의를 얻도록 규정한 것은 동의의 시기와 방식을 명확히 함으로써 분쟁의 소지를 없애려는 데 취지가 있으므로, 피보험자인 타인의 동의는 각 보험계약에 대하여 개별적으로 서면에 의하여 이루어져야 하고 포괄적인 동의 또는 묵시적이거나 추정적 동의만으로는 부족하다.[33] 따라서 앞으로 1주일 이내에 체결되는 사망보험에 동의한다는 방식처럼 포괄적인 동의를 하거나, 보험계약 체결 다음 날에 건강진단서를 제출하는 등의 묵시적 동의는 타인의 사망보험 계약에 있어서 유효한 동의 방식이 아니다.

③ 대법원 판례에 따르면, 타인의 사망을 보험사고로 하는 보험계약의 체결에 있어서 보험설계사는 보험계약자에게 피보험자의 서면동의 등의 요건에 관하여 구체적이고 상세하게 설명하여 보험계약자로 하여금 그 요건을 구비할 수 있는 기회를 주어 유효한 보험계약이 성립하도록 조치할 주의의무가 있다.[34] 만약 보험설계사가 위와 같은 설명을 하지 아니하여 피보험자의 서면동의를 얻지 못하였다면 해당 보험계약은 무효가 되며, 보험계약이 무효이므로 보험자는 보험금을 지급할 책임이 없다. 다만 설명의무 위반에 기하여 보험계약자에게 보험업법과 금융소비자보호법 규정에 따른 보험금 상당액의 손해를 배상할 의무를 진다. 즉 보험금 지급 채무가 아니라 손해배상 채무를 부담한다.

④ 대법원 판례에 따르면, 갑 주식회사에 임직원으로 재직하던 을 등이 재직 중 보험사고를 당할 경우 유가족에게 지급할 위로금 등을 마련하기 위하여 을 등을 피보험자로 한 보험계약을 체결하고 을 등이 보험계약 체결에 동의한 사안에서, 회사에 계속 재직한다는 점은 보험계약에 대한 동의의 전제가 되는 사정이므로 회사에서 퇴직함으로써 보험계약의 전제가 되는 사정에 중대한 변경이 생긴 이상 을 등은 보험계약에 대한 동의를 철회할 수 있다.[35] 따라서 보험계약자가 피보험자의 서면동의를 얻어 타인의 사망을 보험사고로 하는 보험계약을 체결함으로써 보험계약의 효력이 생긴 경우, 피보험자의 동의 철회에 관하여 보험약관에 아무런 규정이 없고 계약 당사자 사이에 별도의 합의가 없었다고 하더라도, 피보험자가 서면동의를 할 때 기초로 한 사정에 중대한 변경이 있는 경우에는 보험계약자 또는 보험수익자의 동의나 승낙 여부에 관계없이 피보험자는 그 동의를 철회할 수 있다.

34. ③

① 심신상실자의 사망을 보험사고로 하는 보험계약은 무효이다. 심신상실자가 동의하였다고 하더라도 무효임에는 변함이 없다.

② 만15세 미만자의 사망을 보험사고로 하는 보험계약은 무효이다. 만15세 미만자가 의사능력을 가지고 서면으로 동의하였다고 하더라도 무효임에는 변함이 없다. 또한 해당 보험계약은 계약 체결시에 확정적 무효가 되므로, 설령 보험사고 발생시에 피보험자가 이미 성년에 이르렀다고 하더라도 보험계약은 여전히 무효이다.

③ 만15세 미만자, 심신상실자 또는 심신박약자의 사망을 보험사고로 하는 보험계약은 무효이다. 다만, 심신박약자가 보험계약을 체결하거나 단체보험의 피보험자가 될 때에 의사능력이 있는 경우에는 유효이다. 따라서 심신박약자가 보험계약을 체결하는 시점에서 의사능력이 있었다면, 이후에 보험사고가 발생한 시점에서 의사능력이 없었다고 하더라도 유효한 계약에 해당한다.

④ 만15세 미만자의 사망을 보험사고로 하는 보험계약은 무효이다. 태아의 사산을 보험사고로 하는 보험계약이 친권자 전원의 동의 하에 체결된 경우에도 무효임에는 변함이 없다.

35. ④

① 생명보험에서 보험사고로 하는 사람의 사망은 언제인가 발생할 것이 확실하나, 상해보험에서의 상해는 발생여부가 불확정적이다.

② 상해보험의 경우에 피보험자와 보험계약자가 동일인이 아닐 때에는 그 보험증권 기재사항 중 "피보험자의 주소 · 성명 및 생년월일"에 갈음하여 피보험자의 직무 또는 직위만을 기재할 수 있다(상법 제738조).

③ 생명보험의 보험자는 보험사고로 인하여 생긴 보험계약자 또는 보험수익자의 제3자에 대한 권리를 대위하여 행사하지 못한다. 그러나 상해보험계약의 경우에 당사자간에 다른 약정이 있는 때에는 보험자는 피보험자의 권리를 해하지 아니하는 범위안에서 그 권리를 대위하여 행사할 수 있다(상법 제729조).

④ 상해보험은 인보험의 한 종류이며, 상해보험에서는 정해진 일정금액을 지급하는 정액보험과 실제 손해를 보상하는 부정액보험(예 실손의료보험)이 모두 가능하다.

36. ④

인보험계약의 보험자는 피보험자의 생명이나 신체에 관하여 보험사고가 발생할 경우에 보험계약으로 정하는 바에 따라 보험금이나 그 밖의 급여를 지급할 책임이 있으며, 이때의 보험금은 당사자 간의 약정에 따라 연금으로 분할하여 지급할 수 있다(상법 제727조). 나머지 지문은 상법에 규정이 없다.

33) 대법원 2006.9.22. 선고 2004다56677 판결
34) 대법원 2008.8.21. 선고 2007다76696 판결
35) 대법원 2013.11.14. 선고 2011다101520 판결

37. ③

대법원 판례에 따르면, 보험계약자가 스스로를 피보험자로 하면서, 보험수익자는 만기까지 자신이 생존할 경우에는 자기 자신을, 자신이 사망한 경우에는 '상속인'이라고만 지정하고 그 피보험자가 사망하여 보험사고가 발생한 경우, 보험금청구권은 상속인들의 고유재산으로 보아야 하며, 이를 상속재산이라 할 수 없다.[36] 따라서 보험사고의 발생으로 인하여 보험회사가 지급하는 보험금은 피상속인의 채무변제를 위한 책임재산(상속재산)이 아니며 상속인들의 고유재산에 해당한다.

38. ④

①번, ②번, ③번 지문 모두 당사자 간의 다른 약정이 있는 경우에는 상법상 허용되는 내용이다. ④번 지문은 상법에서 다른 약정을 허용하지 않는다.

39. ①

상해보험은 피보험자 신체의 상해에 관한 보험사고가 생길 경우에 이를 보상하는 보험이며, 질병보험은 피보험자 신체의 질병에 관한 보험사고가 생길 경우에 이를 보상하는 보험이다. 둘은 그 성격이 유사하기 때문에 질병보험에 관하여 그 성질에 반하지 아니하는 범위에서 상해보험에 관한 규정을 준용한다. 하지만, 엄연히 서로 다른 보험 영역이며 질병보험을 상해보험의 일종으로 볼 수는 없다. 상법 제4편 보험계약법에서도 상해보험과 질병보험을 서로 다른 절(3절과 4절)에서 동등하게 규정하고 있다.

40. ①

보증보험계약에 관하여는 그 성질에 반하지 아니하는 범위에서 보증채무에 관한 「민법」의 규정을 준용한다(상법 제726조의7). 상법의 피해자 직접청구권은 책임보험에 규정된 것으로 보증보험과는 그 적용 범위나 대상이 다르다.

3과목 손해사정이론

01	02	03	04	05	06	07	08	09	10
④	③	③	④	①	②	④	④	④	④
11	12	13	14	15	16	17	18	19	20
③	①	④	①	②	④	④	①	③	②
21	22	23	24	25	26	27	28	29	30
②	①	②	④	②	③	③	②	②	②
31	32	33	34	35	36	37	38	39	40
②	④	④	①	②	④	②	④	②	③

01. ④

부합계약이란 당사자 일방이 계약의 조건을 일방적으로 작성하고 다른 상대방은 해당 조건에 따를 수 밖에 없는 형태로 체결되는 계약을 말한다. 보험계약도 계약 당사자 일방인 보험자가 작성한 정형화된 보험약관에 다른 상대방인 보험계약자가 일방적으로 따를 수밖에 없는 방식으로 체결되기 때문에 부합계약의 성격을 갖는다.

02. ③

피보험이익이란 보험목적물에 손해가 발생하였을 때 피보험자가 갖는 경제상의 이해관계를 말한다. 보험자의 법정 보상책임은 피보험이익의 평가액인 보험가액을 한도로 하며, 그 이상으로 보상하는 것은 실손보상의 원칙에 어긋나므로 피보험이익의 원칙에 위배된다. 주어진 지문에서는 확정 가능한 손실 규모가 피보험이익의 원칙과 가장 관련성이 있다.

03. ③

급부 반대급부 균등의 원칙이란, 보험계약자가 지급하는 보험료는 보험사고 발생확률에 따른 보험계약자가 받게 되는 보험금액과 일치하여야 한다는 것으로 렉시스의 법칙이라고도 한다. 수지상등의 원칙이 보험자의 입장에서 적용되는 원칙이라면, 급부 반대급부 균등의 원칙은 보험계약자의 입장에서 정리한 것이다. 이를 수식으로 정리하면 다음과 같다.

- **수지상등의 원칙** : $mp = nq$
- **급부 반대급부 균등의 원칙** : $p = \frac{n}{m}q$

04. ④

보험계약은 보험에 가입한 사람에게 우연하게 발생하는 손실을 보상하는 계약으로, 보험계약자는 보험에 가입하여 자신이 보유한 리스크를 보험자에게 전가한다. 보험자는 다수의 보험계약자로부터 전가된 우연한 손실 리스크를 결합하여 불확실한 손해를 확실한 손해로 전환한다. 보험계약자는 보험료를 납부하여 위험단체에 참가하여 리스크를 분담하며, 각 보험계약자가 납부한 보험료는 위험단체 관리자(보험자)가 일정한 기금으로 적립하였다가 실제 사고가 발생한 사람에게 보험금으로 지급한다. 도덕적 해이는 보험 역기능 중 하나로, 자신의 리스크를 보험자에게 전가한 보험계약자가 보험에 가입함에 따라 위험 관리를 소홀하는 것을 말하며, 더 나아가 인위적인 보험사고를 일으키는 행위를 의미한다.

05. ①

고용보험은 사회보험, 공보험의 영역으로 보험가능 리스크(insurable risk)의 요건이 비교적 덜 엄격하게 적용된다. 사회보험은 사회 안전망의 기능을 그 목적으로 하기 때문에 보험요율도 소득에 비례하는 경우가 많고 보험가입 자체도 강제되어 있다. 나머지 보험은 모두 사보험으로 보험가능 리스크(insurable risk)의 요건이 엄격하게 적용된다.

36) 대법원 2001.12.28. 선고 2000다31502 판결

06. ②

기대효용가설(expected utility hypothesis)에 대한 문제이다. 기대효용가설이란 전통적인 경제학에 대한 비판으로 나온 이론으로, 사람의 행동이 초래하는 결과는 불확실하며, 합리적인 경제주체의 행동은 결과에 관한 효용의 기대치에 입각하여 이루어진다는 것이다. 1천원을 걸고 동전을 던져서 앞면이 나오면 2천원을 주고, 뒷면이 나오면 0원을 주는 내기가 있다고 하자. 내기에 참가하기 위하여 지출하는 참가비 1천원과 내기 결과로 인하여 받을 수 있는 기대값(2천원×50%)은 서로 동일하기 때문에, 전통적인 경제학에서 흔히 말하는 합리적인 경제주체라면 내기 참가 여부에 대하여 모두 같은 결론을 내려야 한다. 그런데 실제로 사람들에게 내기에 참가할지 여부를 물어보면 어떤 사람은 참가를 하고 어떤 사람은 참가하지 않는다. 이는 각각의 개인이 내기에 대해서 느끼는 기대효용이 다르기 때문이다. 어떤 사람은 현재의 확실한 1천원에 대해서 더 효용을 느끼며, 어떤 사람은 내기에 참가하여 2천원을 받을 수 있는 50%의 확률에 더 효용을 느낀다. 즉 개인의 결정은 기대값이 아니라 기대효용에 따른다. 기대효용가설은 현실의 확실성과 미래의 불확실성에 대한 기대가치를 서로 비교하여 어떤 것에 더 효용을 느끼느냐에 따라 개인의 행동 결과가 달라진다는 것이다. 이를 정리하면 다음과 같다.

- 리스크회피형(risk-averse) : 미래의 불확실성에 대한 기대가치보다 현재의 확실성을 높게 평가함
- 리스크중립형(risk-neutral) : 둘의 가치를 동일하게 평가함
- 리스크선호형(risk-loving) : 현재의 확실성보다 미래의 불확실성에 대한 기대가치를 높게 평가함

보험은 불확실한 사고를 보장해주는 제도이므로 이를 보험에 적용시켜보면, 리스크회피형 개인은 미래의 불확실한 보험사고 손해보다 현재의 확실한 보험료에서 더 효용을 느끼기 때문에 부가보험료가 존재하더라도 리스크를 회피하고자 보험을 구매한다. 반대로 리스크선호형 개인은 현재의 확실한 보험료의 효용을 상대적으로 낮게 평가하기 때문에 부가보험료 여부를 불문하고 보험을 구매하지 않는다. 리스크중립형 개인은 둘의 효용을 동일하게 평가하기 때문에 만약 부가보험료가 존재한다면 굳이 보험을 구매하지 않는다.

07. ④

최종적 명백한 기회(last clear chance)란 영미법의 기여과실에 법리에 대한 반박으로 주장된 것으로 사고 발생에 피해자의 과실이 있었더라도 피고인 가해자가 사고를 회피할 수 있는 최후의 기회가 있었음이 명백히 증명된다면 가해자의 배상책임을 인정하는 법리이다. 예를 들어 신호를 무시하고 길을 건너는 사람(피해자)에게 과실이 있지만, 운전자(가해자)가 사고를 피할 수 있는 최종적 명백한 기회(last clear chance)가 있었음에도 이를 피하지 않고 사고를 발생시켰다면 운전자에게 손실을 배상할 책임이 있다는 논리이다. 따라서 가해자의 배상책임을 면제 또는 경감하기 위한 제도가 아니라, 피해자가 가해자로부터 배상책임을 받기 위한 제도에 해당한다. 다만, 최종적 명백한 기회(The last clear chance doctrine of tort law)는 기본적으로 plaintiff(원고, 피해자)가 자신의 피해복구(recover)를 위해 주장하는 것이나, defendant(피고, 가해자)도 자신의 방어(defense)를 위해 얼마든지 주장할 수 있다. 예를 들어, 피해자에게 사고를 피할 수 있는 최종적 명백한 기회(last clear chance)가 있었음을 이유로 배상책임의 감면을 주장할 수 있다.[37]

08. ④

산업재해보상보험은 1964년에 도입되어 사회보험 중 가장 먼저 도입되었다. 참고로 우리나라의 사회보험 도입순서는 다음과 같다.

- 산업재해보상보험(1964년)
- 국민건강보험(1977년)
- 국민연금(1988년)
- 고용보험(1995년)
- 노인장기요양보험(2008년)

09. ④

보험회사에 대한 감독업무는 크게 재무건전성 감독과 경영건전성 감독으로 나뉜다. 재무건전성 감독을 위한 제도에는 보험회계기준, 지급여력제도, 경영실태평가 등이 있으며, 경영건전성 감독을 위한 제도에는 보험상품공시제도, 보험업 허가, 보험 모집인 등록 및 취소, 준수사항 점검 등이 있다.

10. ④

피보험이익의 요건에는 금전평가 가능성, 적법성, 확정 가능성이 있다.

11. ③

① 재보험은 원보험계약에서 발생하는 보상책임의 전부 또는 일부를 부담하는 보험계약이다. 만약 원보험자가 감당하지 못할 큰 손해가 발생한다면 재보험계약에서 그 손해의 일부를 보전받을 수 있으므로, 원보험자의 보험영업 이익 안정화에 도움이 된다.

②③ 임의재보험(facultative reinsurance)은 출재보험자(원보험자)가 인수한 위험을 개별적으로 수재보험자(재보험자)에게 인수를 제의하며 재보험자가 그 위험을 개별적으로 검토하여 인수 여부를 결정한다. 보험계약의 특성에 따른 유연성을 발휘할 수 있다는 장점이 있으나 사무처리에 많은 시간과 노력이 소모되고 재보험 처리가 지연될 수 있어 신속한 재보험 처리가 필요한 경우에는 적합하지 않다. 특약재보험(treaty reinsurance)은 출재보험자와 수재보험자가 사전에 미리 특약을 체결하여 협의된 조건을 만족하는 경우 자동적으로 재보험을 출재하는 방식이다. 사무처리에 따르는 시간과 노력을 절감할 수 있으나 출재보험자의 자유재량권이 없다는 단점이 있다. ③번 지문은 특약재보험이 아니라 임의재보험에 대한 설명이다.

④ 비례적 재보험(proportional reinsurance)은 출재보험자와 수재보험자 사이의 보험금액, 보험료, 손해액 등을 서로 비례적

37) 저자주 : last clear chance는 기출문제에서도 가해자를 위한 것인지 혹은 피해자를 위한 것인지 혼동이 있으며, 심지어 기출문제끼리 상호충돌이 발생한다. 상세한 사항은 제45회 2022년 손해사정이론 39번 기출문제 해설의 주석 부분을 참고하기 바란다.

으로 분담하는 방식이다. 반면 비비례적 재보험(non-proportional reinsurance)은 원보험계약에서 발생하는 사고의 손실 규모를 기준으로 원보험자와 재보험자의 보상책임액이 결정되는 방식이다.

12. ①

비례재보험(quota share reinsurance)은 원보험계약의 위험을 출재보험자(원보험자)와 수재보험자(재보험자)가 비례적으로 분담하는 방식이다. 원보험계약의 보험금액, 보험료, 손해액 등을 모두 출재보험자와 수재보험자가 비례적으로 나누어 분담한다. 미경과보험료는 보험자가 보험계약자로 받은 보험료 중에서 아직 보험료기간이 경과하지 않은 보험료이며, 보험자의 입장에서는 향후 제공할 보장서비스에 대응하여 미리 수취한 금액에 해당하므로 부채로 계상된다. 따라서 보험계약을 처음 체결하면 미경과보험료적립금이 크게 늘어나며 보험기간이 경과됨에 따라 미경과보험료가 경과보험료로 바뀌면서 점점 줄어들어 보험이 만료되는 시점에 0원으로 사라진다. 출재보험자는 비례재보험을 통하여 보험료를 일정 비율을 재보험자와 나누므로, 부채로 계상되는 미경과보험료적립금도 그 부분만큼 줄어드는 효과를 얻을 수 있다. 따라서 보험계약 초기에 발생하는 재무상태 악화를 개선하는 방법으로 비례재보험을 활용하는 경우가 많다.

13. ④

① 보증보험은 피보험자의 재산상의 손실을 보장하므로 손해보험으로 분류된다. 상법과 보험업법도 보증보험을 손해보험의 한 분류로 구분한다.

② 보증보험은 보험계약자(채무자)의 계약상의 채무불이행 또는 법령상의 의무불이행으로 인하여 발생하는 피보험자(채권자)의 손해를 보상하므로, 타인을 위한 보험에 해당한다.

③ 보증보험은 보험계약이기는 하나, 실질적으로는 보증의 성격을 강하게 가지고 있다. 따라서 일반적인 손해보험과는 달리 대수의 법칙을 기본 원리로 하지 않는다. 일반적인 손해보험의 보험료가 발생 손실에 대한 기대비용인 것에 반하여, 보증보험료는 보험계약자의 신용을 대체하는 수수료의 개념에 해당한다.

④ 보험사고가 보험계약자 또는 피보험자나 보험수익자의 고의 또는 중대한 과실로 인하여 생긴 때에는 보험자는 보험금액을 지급할 책임이 없다(상법 제659조 제1항). 보증보험도 손해보험의 일종이기 때문에 원칙적으로 보험계약자의 고의로 인한 손실은 보험자의 보상책임이 발생하지 않아야 한다. 다만 보증보험은 그 특성을 고려하여 보험계약자의 사기, 고의 또는 중대한 과실이 있는 경우에도 이에 대하여 피보험자에게 책임이 있는 사유가 없으면 보험자가 보상책임을 부담한다(상법 제726조의6 제2항).

14. ①

우리나라 보험업법에서 규정하고 있는 보험요율의 산정 원칙은 다음과 같다(보험업법 제129조).

1. 보험요율이 보험금과 그 밖의 급부(給付)에 비하여 지나치게 높지 아니할 것 : 비과도성
2. 보험요율이 보험회사의 재무건전성을 크게 해칠 정도로 낮지 아니할 것 : 충분성
3. 보험요율이 보험계약자 간에 부당하게 차별적이지 아니할 것 : 공정 차별성
4. 자동차보험의 보험요율인 경우 보험금과 그 밖의 급부와 비교할 때 공정하고 합리적인 수준일 것

15. ②

위험의 빈도가 낮고 심도도 작은 경우에는 리스크 보유 기법을 사용하는 것이 가장 적절하다.

- 빈도가 낮고 심도가 작은 경우 : 리스크 보유
- 빈도가 높고 심도가 작은 경우 : 손실감소, 손실통제
- 빈도가 낮고 심도가 큰 경우 : 보험
- 빈도가 높고 심도가 큰 경우 : 리스크 회피

16. ④

자체 보험자(captive insurer)란 종속보험회사를 말하는 것으로 경제 주체가 보험 자회사를 설립하여 자가보험이 가지는 장점을 유지하되 다른 기업이나 단체의 보험모집도 병행하여 자회사 설립에 따른 이익실현도 동시에 실현하는 ART(대체위험전가)의 한 방법이다. 보험비용의 절약, 자체 이익의 실현 가능성, 재보험 가입의 용이 등 장점이 있지만, 리스크 인수 능력 부족으로 대재해 리스크를 충분히 회피할 수 없다는 단점이 있다.

17. ④

보험계약을 체결할 때에는 일반적으로 계약조건에 제외부문(exclusions)을 두어 특정한 위험에 대해서는 보험자가 보상책임을 부담하지 않도록 규정한다. 보험계약에서 제외부문을 규정하면 도덕적 해이 감소, 손실의 규모와 귀속 확정, 특수한 위험을 부보대상에서 제외, 중복보험 방지 등의 효과를 얻을 수 있다는 장점이 있다. 손실보상금액보다 손실처리비용이 많은 경우 이를 합리적으로 처리하기 위한 방안에는 소손해면책 제도 등이 있다.

18. ①

① 배상책임보험과 관련이 있는 보험자 대위는 제3자에 대한 보험대위(청구권 대위)이다. 청구권대위란 제3자의 행위로 인하여 손해가 발생한 경우에 보험금을 지급한 보험자가 그 지급한 금액의 한도에서 제3자에 대한 보험계약자 또는 피보험자의 권리를 취득하는 것을 말한다. 보험자 대위제도는 실손보상의 원칙 등과 관련이 있으며, 배상책임보험의 사회적 기능이나 역할과는 크게 관련이 없다.

② 배상책임보험에서는 피해자의 직접청구권이 인정된다. 피해자 직접청구권이란, 피해자가 피보험자의 개입이나 도움이 없이 배상책임보험의 보험자에게 직접 손해의 보상을 청구할 수 있는 권리를 말한다. 따라서 피해자의 입장에서는 가해자의 손해배상 불이행이나 무자력 등의 상황에서도 자신의 피해를 보전받을 수 있는 기회를 확보할 수 있다. 배상책임보험은 피해자 직접청구권을 통하여 피해자를 보호하는 사회적 기능과 역할을 충실히 수행하고 있다.

③ 배상책임보험은 일반적인 손해보험과는 다르게 보험자가 지급

하는 금액의 실질적인 효용을 취하는 사람이 피보험자가 아니라 피해자라는 특징이 있다. 따라서 사회 전체적으로 볼 때 배상책임보험을 활용하면 가해자(피보험자)가 직접 피해를 구제하는 것보다 보험회사가 보유한 충분한 배상능력으로 피해자 보호가 용이하다는 장점이 있다. 이러한 장점 때문에 법률상 배상책임보험을 의무보험제도로 활용하는 경우가 많다.

④ 근대 민법의 3대 기본 원칙[38] 중 하나는 과실 책임제도이다. 과실 책임제도란, 가해자에게 고의 또는 과실이 있는 경우에만 타인에 대하여 손해배상책임을 부담하도록 하는 제도이다. 그러나 사회가 점차 전문성, 복잡화 되면서 단순히 가해자에게 과실이 없다는 이유로 손해배상책임을 면하게 하는 것에 한계가 점차 드러나게 되었다. 피해자가 손해배상을 받기 위해서는 가해자에게 손해에 대한 고의 또는 과실이 있었음을 증명하여야 하는데, 전문화된 현대 사회에서 가해자의 과실을 증명하는 것이 사실상 어려운 경우가 많기 때문이다.
이러한 문제점을 해결하기 위해서 나온 것이 무과실책임제도이다. 무과실책임제도에서는 가해자에게 고의, 과실 여부를 불문하고 피해자에게 손해가 발생했다면 이에 대한 배상책임을 부여한다. 따라서 피해자는 자신이 손해를 입었다는 것만 증명하면 가해자로부터 손해배상을 받을 수 있으므로, 피해자 보호를 좀더 두텁게 할 수 있다. 다만 무과실책임제도 아래에서는 가해자에게 과실이 없는 경우에도 배상책임이 발생하므로, 경제활동의 위축을 가져올 수 있다는 단점도 있다.
이 때 배상책임보험을 활용하면 경제주체에게 무과실책임이 발생하더라도 보험회사가 배상책임을 부담하기 때문에 경제주체는 걱정없이 활발한 경제활동을 할 수 있으며, 피해자 입장에서도 사고가 발생했을 때 충분한 보상을 받을 수 있다는 장점이 있다.

19. ③

진술(representation)은 계약의 조항이 아닌 계약의 부수적 기능을 수행한다. 따라서 이러한 진술이 사실이 아닐 때에는 진술위반(misrepresentation)이 된다. 반면 보증(warranty)은 계약의 일부로 여겨지며 그와 관련해서 중요한 것인지 여부를 불문하고 정확하게 충족되고 지켜져야 하며(중요성 불문의 원칙 ; breach and loss need not be connected), 만일 이것이 정확하게 충족되고 지켜지지 않으면(엄격준수의 원칙 ; principle of strict compliance), 보증 위반(breach of warranty)이 되어 보험자는 인과관계 여부를 불문하고 보상책임을 면한다.[39]

20. ②

PML에서 신뢰도 95%를 적용한다고 문제에서 주어졌으므로, 손실이 가장 낮은 단계(0원)에서부터 95%가 될 때까지 계속 더해가면 된다. 따라서 0.5+0.3+0.05+0.05+0.05=0.95가 될 때의 값이 800만원이므로, 정답은 800만원이다. 만약 문제에서 PML이 아니라 MPL을 물어봤다면 가장 큰 값인 1,000만원이 정답이다.

21. ②

보험은 동질의 위험을 보유한 다수의 개인이 모여 일정한 위험단체를 구성한 뒤 자신이 보유한 불확실한 리스크를 위험단체 관리자(보험자)에게 전가하는 제도이다. 보험자는 보험가입자로부터 전가받은 불확실한 리스크를 통계기법(대수의 법칙과 수지상등의 원칙)을 활용하여 결합하고 확정된 리스크로 관리한다. 따라서 결합된 리스크 단체 안에서 발생하는 손해를 상호 분담하여 리스크가 분산되며, 이를 통하여 불확실하게 발생하던 실제손실을 1인당 평균손실로 대체하는 효과가 발생한다. ②번 지문에서는 평균손실과 실제손실을 반대로 기술하였다.

22. ①

대재해채권(catastrophe bond)은 전통적인 보험회사의 인수능력을 넘어서는 거대한 재해에 대비하여 금융시장의 자본능력을 활용하는 대체위험전가(alternative risk transfer) 기법의 일종이다. 대재해채권도 채권의 일종이기 때문에 일반 채권과 동일하게 발행 및 유통비용, 운용비용이 발생한다. 다만 채권 발행 후 천재지변 등 대재해가 발생하면 이자와 원금이 변동될 수 있다는 점이 일반 채권과 다른 점이다. 대재해채권을 발행한다고 하여 보험회사의 신용위험이 증가하는 것은 아니다.

23. ②

산업재해보상보험법에서 명시하고 있는 보험급여의 종류는 다음 각 호와 같다. 다만, 진폐에 따른 보험급여의 종류는 제1호의 요양급여, 제4호의 간병급여, 제7호의 장례비, 제8호의 직업재활급여, 진폐보상연금 및 진폐유족연금으로 하고, 건강손상자녀에 대한 보험급여의 종류는 제1호의 요양급여, 제3호의 장해급여, 제4호의 간병급여, 제7호의 장례비, 제8호의 직업재활급여로 한다(산업재해보상보험법 제36조 제1항).

1) 요양급여	2) 휴업급여
3) 장해급여	4) 간병급여
5) 유족급여	6) 상병(傷病)보상연금
7) 장례비	8) 직업재활급여

24. ④

프랜차이즈 공제(franchise deductible, 소손해 면책)란 일정한 공제금액을 정하여 해당 금액에 미치지 못하는 손해는 피보험자가 전액 부담하고, 공제금액을 넘어서는 손해가 발생하였다면 보험자가 전액 부담하는 방식의 공제조항을 말한다.

38) 근대 민법의 3대 원칙 : 소유권 절대의 원칙, 사적 자치의 원칙(계약 자유의 원칙), 자기책임의 원칙(과실 책임주의)
39) 다만, 2015년 영국보험법(The Insurance Act 2015)에 따르면 보험자는 warranty 위반일로부터 장래를 향해 자동적으로 보험자의 보상책임이 면제되는 것이 아니라 위반 내용의 치유시까지만 면책된다. 또한 보험자는 보험계약자가 warranty의 불이행과 보험사고 발생 사이에 인과관계가 없었음을 증명한 때에는 보험금 지급 책임이 있다. 본 문제는 The Insurance Act 2015가 아니라 기존 MIA 1906 규정을 기반으로 출제한 문제이다. 상세한 사항은 제45회 2022년 보험계약법 25번 기출문제를 참고하기 바란다.

- **1차** : 100만원 미만의 손해이므로, 보험금 지급하지 않음
- **2차** : 100만원 이상의 손해이므로, 손해액 200만원 전액 지급
- **3차** : 100만원 이상의 손해이므로, 손해액 300만원 전액 지급
- **합계** : 0원+200만원+300만원=500만원

25. ②

리스크 관리기법은 크게 리스크 통제(risk control)와 리스크 재무(risk financing)로 나눌 수 있다. 리스크 통제란 리스크의 발생빈도나 심도를 물리적으로 통제하는 기법으로 리스크 회피, 손실 통제, 리스크 분리 등이 있다. 리스크 재무란 리스크 발생으로 인한 재무적 손실을 회피하려는 기법으로 리스크 전가와 리스크 보유가 있다. 전가는 리스크 통제와 리스크 재무에서 공통적으로 사용되는 방법으로 제3자에게 손실책임을 넘겨주는 것을 의미한다. 리스크 통제에서의 전가는 법적 책임을 계약을 통해 다른 사람에게 넘겨주는 반면, 리스크 재무에서의 전가는 발생된 손실을 제3자로부터 조달한다는 차이가 있다.

26. ③

리스크의 인식 → 리스크의 평가 → 리스크관리기법의 선택 → 리스크관리기법의 실행

27. ③

초과손해액재보험특약(excess of loss reinsurance treaty ; XoL)은 비비례적 재보험(non-proportional reinsurance)의 한 종류로, 출재보험자(원보험회사)가 지급하는 보험금 중에서 사전에 설정한 일정한 금액을 초과하는 보험금을 지급하게 되었을 경우에, 재보험자가 재보험금을 지급하는 방식이다. 초과손해액재보험특약에는 보상한도액(limit of liability ; L.O.L.)이 설정되며, 지급된 재보험금이 설정된 보상한도액을 초과하면 재보험자는 더 이상 재보험금을 지급하지 않는다. 따라서 이런 경우에 대비하여 잔여 특약기간에 대한 보상한도액 복원에 대한 방식과 조건에 관한 내용을 규정한 조항을 둔다.

28. ②

① **제외부문(exclusions)** : 보상하는 손해에서 제외하기로 하는 약정을 말한다. 정확히 일치하지는 않지만 우리나라의 제3보험에서 운영하고 있는 부담보 특약과 유사한 형태이다.

② **조건부문(conditions)** : 보통 T&C(Terms and Conditions)라고 부른다. 보험계약의 조건이 적혀 있는 부분으로 우리나라의 보험약관과 유사하다. 보험자의 보험금 지급 및 기타 서비스 제공에 대한 약속, 보험계약자나 피보험자가 보상받기 위하여 준수해야 하는 사항들이 포함되어 있다.

③ **기재부문(declarations)** : 보험목적물의 소재지, 보험가입금액, 보험료 등 보험계약과 관련된 사항들이 간략히 적혀 있는 부문으로 우리나라의 보험증권(보험가입증서)과 비슷한 역할을 한다. Schedule이라고도 부른다.

④ **보험가입합의문(insuring agreement)** : 일반적인 보험계약의 조건에 덧붙여서 해당 보험계약에만 특별하게 부가되는 합의문을 말한다. 우리나라의 특약과 비슷한 역할을 한다.

29. ②

동종제한의 원칙이란 특정 예시들을 구체적으로 열거한 후에 일반적이고 개괄적인 문언을 부가하여 열거사항을 확장하는 경우(예 ~ 등 기타사항)에 개괄적인 문언은 앞에서 열거한 예시들과 같은 종류의 것(동종)으로 제한하여 해석한다는 원칙을 말한다. 예를 들어 보험약관의 면책사항에서 "지진, 분화, 태풍, 홍수, 해일 등의 천재지변에 의한 손해는 보험금을 지급하지 않는다"라고 규정하고 있을 때, 이때 '~ 등의 천재지변'은 앞에서 열거된 지진, 분화, 태풍, 홍수, 해일과 같은 종류의 것으로 한정하여 해석하여야 하며, 단순 국지성 호우나 바람이 강하게 부는 것까지 면책으로 적용해서는 안 된다는 것이다.

30. ②

① 근인설(proximate cause)이란 손해를 일으킬 만한 위험이 다수 존재하고 그 위험의 연속된 결과로 손해가 발생했을 때에 근인하는 위험을 손해의 발생원인으로 인정하자는 학설[근인(近因)을 살펴보고 원인(遠因)을 살펴보지 말라]이다. 영국 해상보험법(MIA 1906)에 근거하고 있으며 해상보험 분야에서 오래전부터 인정되고 있다.

② 상당인과관계설(reasonably cause)은 독일에서 처음 제창된 것으로 평범하면서도 포괄적으로 무난하여 학계의 지지를 받아 통설이 되었으며, 우리나라에서도 형법과 민법상의 통설 및 판례로 인정받고 있다. 상당인과관계설이란 일정한 사실이 어떤 결과를 발생하게 한 조건을 구성하는 경우, 실제 발생한 특정한 경우뿐만 아니라 일상경험에서 판단하여 다른 일반적인 경우에도 동일한 결과를 발생시킬 것으로 인정되는 조건을 적당조건으로 간주하여, 그 적당조건만을 결과의 원인으로 한다는 학설이다.

③ 개연설은 어떤 결과를 발생하게 하는 조건이 객관적 또는 일반적으로 볼 때 불가피하다거나 개연성이 있다고 판단할 때에 이를 그 결과의 원인으로 보자는 학설이다. 복수의 원인이 있을 경우 그 원인 중 하나로 좁히기 위하여 비롯된 학설이다.

④ 최유력조건설(proximate cause in efficiency)은 근인설에서 파생된 것으로, 결과를 발생하는 조건들 중 다른 조건에 비하여 효력이 가장 근접(proximate cause)한 것을 근인으로 인정하자는 학설이다. 현재 영국 판례에서 이 견해를 채택하고 있다.

31. ②

근대민법의 기본 원칙 중 하나는 사적 자치의 원칙 즉 계약 자유의 원칙이다. 계약 자유의 원칙이란, 계약의 내용과 적용을 결정하는데 있어 계약 당사자의 의사를 가장 우선시 한다는 원칙으로, 이는 보험계약에서도 마찬가지로 적용된다. 즉 보험계약을 체결한 당사자 간의 의사를 가장 우선한다. 작성자 불이익의 원칙이란 본래 영미법상의 개념(Contra proferentem)으로 계약서의 문구를 해석할 때 그 뜻이 명확하지 않고 모호한 경우에는 작성자에게 불리하게 해석한다는 원칙이다. 따라서 보험약관을 해석할 때에 명백하지 아니하고 다의적으로 해석된다면 이는 그 약관을 작성한 보험자에게 불리하게 해석한다. 작성자 불이익의 원칙은 보험약관 해석에 관한 다른 원칙들을 모두 적용한 뒤에도 그 뜻이 명확하지 않을 때 최종적으로 적용하는 해석 원칙이다.

32. ④

사업중단보험(business interruption insurance)은 재물보험에서 보험사고가 발생하여 피보험자가 소유하거나 운영하는 기업이 정상적인 운영이 불가능하여 영업이익에 손실이 발생하는 경우 그 손해를 보상하는 보험으로, 대표적인 간접손실 보상 보험에 속한다. 그런데 피보험자가 소유하거나 운영하는 기업이 재해를 당한 것이 아니라 다른 기업이 재해를 당하여 피보험자의 기업의 정상적인 운영이 불가능한 상황이 발생할 수 있다. 예를 들어 자동차를 조립 생산하는 기업이라면, 해당 기업에 부품을 공급하던 다른 기업에서 재해가 발생하여 부품이 공급되지 않아, 전체 자동차 조립 생산이 중단되는 경우이다. 이런 경우를 대비하여 가입하는 것이 간접사업중단보험(contingent business interruption insurance)이다.

33. ④

미경과보험료는 보험자가 보험계약자로 받은 순보험료 중에서 아직 보험료기간이 경과하지 않은 기간에 해당하는 보험료이며, 보험자의 입장에서는 향후 제공할 보장서비스에 대응하여 미리 수취한 금액에 해당하므로 부채로 계상된다. 만약 보험계약이 처음 성립하여 보험계약자로부터 보험료를 받으면 해당 금액은 모두 미경과보험료로 적립된다. 미경과보험료는 보험기간이 경과함에 따라 점차 경과보험료로 바뀌며 점점 줄어들어 보험이 만료되는 시점에 0원으로 사라진다. 미경과보험료적립금은 지급준비금과 함께 손해보험회사의 대표적인 부채항목이다. 생명보험회사는 보험료적립금 등으로 인하여 책임준비금 중 미경과보험료적립금의 비중이 손해보험회사에 비해 상대적으로 작다. 실제로 생명보험회사가 적립하는 책임준비금의 대부분(90% 이상)은 보험료적립금이기 때문에 미경과보험료적립금의 비중은 작을 수 밖에 없다. 다만 2023년부터 IFRS17의 도입으로 현재는 관련 규정이 바뀌었다.

34. ①

① 보험과 도박은 어떤 사건이 발생할 확률에 의존한다는 점에서 매우 유사하다. 그러나 도박의 경우에는 모든 경우의 수가 미리 정해져 있어 실제 도박을 해보지 않아도 이기거나 질 확률을 계산해 볼 수 있는데, 보험은 어떤 사고가 발생할 확률을 예측할 뿐이지 얼마라고 단정할 수 없다. 즉 도박은 사전적 확률을 중심으로 하고 있으나 보험은 사후적 확률에 기초한다.

② 보험과 도박은 모두 사행계약성이 있다는 공통점이 있다. 사행계약성이란 불확실한 사건에 의하여 급부가 결정되며 투자비용 대비 산출물이 더 큰 경우를 말한다.

③ 보험은 이미 존재하는 리스크를 대상으로 하나, 도박은 그 제도에 인위적으로 참여하여 새로이 리스크를 창출한다는 차이점이 있다.

④ 보험은 순수리스크를 대상으로 하나, 도박은 투기리스크이다. 순수리스크란 손실만 발생하는 위험이며, 투기리스크란 적극적으로 이득을 취하고자 하는 심리에 의하여 발생하는 위험으로 손실과 이득이 모두 발생할 수 있는 위험이다.

35. ②

① 일반적으로 가해자에게 과실책임을 묻기 위해서는 피해자가 가해자의 과실을 분명하게 증명하여야 한다. 그러나 특정 상황에서는 사건의 발생만으로 가해자에게 과실이 있었다는 것을 추정할 수 있는데 이것을 추정과실책임(res ipsa loquitur)라고 한다. 예를 들어 치과의사가 뽑아야 할 치아를 뽑지 않고 다른 치아를 뽑은 상황, 외과의사가 수술 후 환자의 복부 안에 거즈를 남겨둔 상황 등이 있다.

② 유혹과실책임(attractive nuisance)이란, 아이들을 유인할 수 있는 위험요소를 사유지 안에 관리하고 있는 사람은 그 유인물의 위험으로부터 아이들을 보호하기 위해 의무적으로 경고판을 세우거나 그보다 더 강력하고 적극적인 조치를 취해야 한다는 원칙이다. 이는 사유지 주인은 사유지 내의 재산을 보호하기 위해 특별한 주의를 기울이지 않아도 된다는 일반 규칙에 대한 예외에 해당한다. 담을 둘러치지 않은 수영장이 대표적인 예이지만, 문짝을 제거하지 않은 낡은 냉장고, 기계류나 건축자재 더미, 그 밖에 어린 아이들을 강하게 유혹하는, 기어오를 수 있는 물건들도 유인적 위험물로 간주된다. 사유지 주인들은 순진한 사람들을 끌어들여 피해를 줄 수 있는 어떤 것을 관리할 때는 그로부터 발생하는 피해를 책임져야 한다는 원칙이다.

③ 전가과실책임(imputed negligence)은 특정한 조건 아래에서 한 사람의 과실이 다른 사람의 과실로 전가되는 것이다. 즉 어느 특정한 사람의 과실에 대한 책임을 다른 사람에게 전가한다. 예를 들어 종업원이 고용주를 위하여 근로하고 있을 때 업무 수행 중 근로자의 과실로 발생한 책임은 고용주의 책임으로도 전가된다. 혹은 미성년자녀의 과실책임이 그들의 법정대리인(부모)에게 전가되는 경우도 있다.

④ 가족도용주의(family purpose doctrine)는 자동차 사고에서 적용되는 것으로 자동차 보유자의 가족 구성원이 자동차를 사용하던 중 발생한 손해도 자동차 보유자가 대리 책임을 부담하라는 원칙이다. 우리나라의 자동차손해배상보장법에서도 자기를 위하여 자동차를 운행하는 자(운행자)에게 그 운행으로 다른 사람을 사망하게 하거나 부상하게 한 경우에 손해를 배상할 책임(운행자 책임)이 있다고 하여 유사한 법리를 규정하고 있다.

36. ④

umbrella 배상책임보험(umbrella liability insurance)은 피보험자의 업무에 따르는 각종의 배상책임위험에 관하여 피보험자가 이미 가입하고 있는 영업배상책임보험(C.G.L), 근로자 재해보장책임보험(WC / EL), 자동차 배상책임보험 등 각종 기초담보증권의 보상한도액을 초과하는 손해와 기타 부보되어 있지 아니한 배상책임위험을 총괄하여 담보하는 형태로서의 보험약관이다. 기업의 배상책임 리스크를 관리하는데 많이 이용되고 있으나 최근에는 개인의 배상책임에도 활용되고 있다.

37. ②

보험계약에서 제외손실(excluded losses), 제외손인(excluded perils), 제외재산(excluded property)은 각각 명시하여 보험사고가 발생하더라도 보험자의 보상책임을 제한하는 역할을 한다. 제외책임(excluded liabilities)이라는 조항은 없다.

38. ④

보험료 조정에 활용되는 손해율 방식(loss ratio method)은 기존에 산출된 요율을 수정할 때에 사용되는 방법으로 보험료 조정 계산식은 다음과 같다.

$$\frac{(\text{실제손해율} - \text{예정손해율})}{\text{예정손해율}} \times \text{신뢰도 계수}$$

$$\frac{(80\% - 50\%)}{50\%} \times 0.5 = 30\%$$

39. ②

초과손해액재보험특약(excess of loss reinsurance treaty ; XoL)은 비비례적 재보험(non-proportional reinsurance)의 한 종류로, 출재보험자(원보험회사)가 지급하는 보험금 중에서 사전에 설정한 일정한 금액을 초과하는 보험금을 지급하게 되었을 경우에, 재보험자가 재보험금을 지급하는 방식이다. 문제에서 주어진 조건에 따르면 원수보험회사에 발생한 손해액이 US$ 400,000을 초과하는 경우에 재보험금을 지급하며 지급하는 재보험금의 특약 한도는 US$ 600,000이다.

- **사고 1** : US$ 750,000 - US$ 400,000 = US$ 350,000
- **사고 2** : US$ 350,000 = US$ 400,000 이하의 손해이므로 재보험금을 지급하지 않음
- **사고 3** : US$ 1,500,000 - US$ 400,000 = US$ 1,100,000 → 특약 한도인 US$ 600,000 지급
- **합계** : US$ 350,000 + US$ 0 + US$ 600,000 = US$ 950,000

40. ③

경과보험료를 구하는 계산식은 다음과 같다.

수입보험료 - 지급보험료 + 전기이월미경과보험료 - 차기이월미경과보험료

1,100억원 - 700억원 + 400억원 - 300억원 = 500억원

2017 제40회 정답 및 해설

1과목 보험업법

01	02	03	04	05	06	07	08	09	10
④	②	①	②	①	④	③	①	①	④
11	12	13	14	15	16	17	18	19	20
②	④	④	①	②	④	④	③	①	③
21	22	23	24	25	26	27	28	29	30
②	④	①	③	②	③	④	③	①	①
31	32	33	34	35	36	37	38	39	40
④	④	③	②	①	③	③	④	④	④

01. ④

가, 나. 보험업법은 보험업을 경영하는 자의 건전한 경영을 도모하고 보험계약자, 피보험자, 그 밖의 이해관계인의 권익을 보호함으로써 보험업의 건전한 육성과 국민경제의 균형 있는 발전에 기여함을 목적으로 한다(보험업법 제1조). 따라서 가 지문은 맞으나, 나 지문에서는 보험회사의 권익까지 보호 대상으로 한다고 했으므로 틀린 지문이다.

다. 「국민건강보험법」에 따른 건강보험, 「산업재해보상보험법」에 따른 산업재해보상보험은 보험업법의 적용을 받지 않으나(보험업법 시행령 제1조의2 제1항), 원자력 손해배상보험은 손해보험상품으로 보험업법 적용대상이다.

라. 보험업법은 보험업의 허가부터 경영전반에 걸쳐 계속 보험회사를 감독하는 방식을 택하고 있다. 이를 실질적 감독주의라고 한다.

마. 보험업법에 의한 손해보험 상품은 다음과 같다(보험업법 시행령 제1조의2 제3항).

1. 화재보험계약
2. 해상보험계약(항공 · 운송보험계약을 포함한다)
3. 자동차보험계약
4. 보증보험계약
5. 재보험계약
6. 책임보험계약
7. 기술보험계약
8. 권리보험계약
9. 도난보험계약
10. 유리보험계약
11. 동물보험계약
12. 원자력보험계약
13. 비용보험계약
14. 날씨보험계약

02. ②

① "외국보험회사"란 대한민국 이외의 국가의 법령에 따라 설립되어 대한민국 이외의 국가에서 보험업을 경영하는 자를 말한다.

② "모집"이란 보험계약의 체결을 중개하거나 대리하는 것을 말한다. 문제에서는 '보험회사를 위하여' 보험계약의 체결을 중개 또는 대리한다고 하였으므로 틀린 지문이다. 보험회사를 위하지 않고 독립적으로 보험계약의 모집에 종사할 수도 있는데 보험중개사가 대표적이다.

③ "보험설계사"란 보험회사 · 보험대리점 또는 보험중개사에 소속되어 보험계약의 체결을 중개하는 자[법인이 아닌 사단(社團)과 재단을 포함한다]로서 보험업법에 따라 금융위원회에 등록된 자를 말한다.

④ "보험대리점"이란 보험회사를 위하여 보험계약의 체결을 대리하는 자(법인이 아닌 사단과 재단을 포함한다)로서 보험업법에 따라 금융위원회에 등록된 자를 말한다.

03. ①

보험회사가 아닌 자와 보험계약을 체결할 수 있는 경우는 다음 각 호의 어느 하나에 해당하는 경우이다(보험업법 시행령 제7조 제1항). ①번 지문은 장기상해보험계약이 아니라 장기화재보험계약을 포함하고 있으므로 틀린 지문이다.

1. 외국보험회사와 생명보험계약, 수출적하보험계약, 수입적하보험계약, 항공보험계약, 여행보험계약, 선박보험계약, 장기상해보험계약 또는 재보험계약을 체결하는 경우
2. 제1호 외의 경우로서 대한민국에서 취급되는 보험종목에 관하여 셋 이상의 보험회사로부터 가입이 거절되어 외국보험회사와 보험계약을 체결하는 경우
3. 대한민국에서 취급되지 아니하는 보험종목에 관하여 외국보험회사와 보험계약을 체결하는 경우
4. 외국에서 보험계약을 체결하고, 보험기간이 지나기 전에 대한민국에서 그 계약을 지속시키는 경우
5. 제1호부터 제4호까지 외에 보험회사와 보험계약을 체결하기 곤란한 경우로서 금융위원회의 승인을 받은 경우

04. ②

가. 보험업의 예비허가 신청을 받은 금융위원회는 2개월 이내에 심사하여 예비허가 여부를 통지하여야 한다. 다만, 총리령으로 정하는 일정한 사유가 있는 경우에는 한 차례만 3개월의 범위에서 통지기간을 연장할 수 있다(보험업법 제7조 제2항

및 보험업법 시행규칙 제9조 제5항). (×)

나. 금융위원회는 예비허가에 조건을 붙일 수 있다(보험업법 제7조 제3항). (×)

다. 예비허가를 받은 자는 예비허가를 받은 날부터 6개월 이내에 예비허가의 내용 및 조건을 이행한 후 본허가를 신청하여야 한다(보험업법 시행규칙 제9조 제6항). (×)

라. 금융위원회는 금융시장에 중대한 영향을 미칠 우려가 있다고 판단되는 등 예비허가의 심사를 위하여 필요하다고 인정되는 경우에는 공고와는 별도로 예비허가의 신청에 대하여 이해관계인의 의견을 요청하거나 공청회를 개최할 수 있다(보험업법 시행규칙 제9조 제3항).(○)

05. ①

보험업의 허가를 받으려는 자가 다음 각 호의 어느 하나에 해당하는 업무를 외부에 위탁하는 경우에는 보험업법 제6조 제1항 제2호 단서에 따라 그 업무와 관련된 전문 인력과 물적 시설을 갖춘 것으로 본다(보험업법 시행령 제10조 제2항).

1. 손해사정업무
2. 보험계약 심사를 위한 조사업무
3. 보험금 지급심사를 위한 보험사고 조사업무
4. 전산설비의 개발 · 운영 및 유지 · 보수에 관한 업무
5. 정보처리 업무

06. ④

① 보험회사는 보험계약자를 보호할 수 있고 그 경영하려는 보험업을 수행하기 위하여 필요한 전문 인력과 전산설비 등 물적(物的) 시설을 충분히 갖추고 있어야 한다는 요건을 대통령령으로 정하는 바에 따라 보험업의 허가를 받은 이후에도 계속하여 유지하여야 한다. 다만 보험회사의 경영건전성을 확보하고 보험가입자 등의 이익을 보호하기 위하여 대통령령으로 정하는 경우로서 금융위원회의 승인을 받은 경우에는 그러하지 아니하다(보험업법 제6조 제4항).

② 보험업의 허가를 받으려는 외국보험회사는 보험업법 제9조 제3항에 따른 영업기금 납입 외에 자산상황 · 재무건전성 및 영업건전성이 국내에서 보험업을 경영하기에 충분하고 국제적으로 인정받고 있을 것이 요구된다(보험업법 제6조 제2항).

③ 보험업법 제6조 제1항 제3호에 따른 사업계획은 다음 각 호의 요건을 모두 충족하여야 한다(보험업법 시행령 제10조 제3항).

1. 사업계획이 지속적인 영업을 수행하기에 적합하고 추정재무제표 및 수익 전망이 사업계획에 비추어 타당성이 있을 것
2. 사업계획을 추진하는 데 드는 자본 등 자금의 조달방법이 적절할 것
3. 사업방법서가 보험계약자를 보호하기에 적절한 내용일 것

④ 보험회사가 보험업 허가를 받은 이후 전산설비의 성능 향상이나 보안체계의 강화 등을 위하여 그 일부를 변경하는 경우에는 보험업법 제6조 제4항 본문에서 정하는 바에 따라 물적 시설을 유지한 것으로 본다(보험업법 시행령 제10조 제7항).

07. ③

보험종목의 일부만을 취급하려는 보험회사가 납입하여야 하는 보험종목별 자본금 또는 기금의 액수는 다음 각 호의 구분에 따른다(보험업법 시행령 제12조 제1항).

1. 생명보험: 200억원
2. 연금보험(퇴직보험을 포함한다): 200억원
3. 화재보험: 100억원
4. 해상보험(항공 · 운송보험을 포함한다): 150억원
5. 자동차보험: 200억원
6. 보증보험: 300억원
7. 재보험: 300억원
8. 책임보험: 100억원
9. 기술보험: 50억원
10. 권리보험: 50억원
11. 상해보험: 100억원
12. 질병보험: 100억원
13. 간병보험: 100억원
14. 제1호부터 제13호까지 외의 보험종목: 50억원

따라서 보험회사가 자동차보험만을 취급하려는 경우 200억원 이상의 자본금 또는 기금을 확보하면 되고 여기에 질병보험을 동시에 취급하려는 경우 그 합계액이 300억원(자동차보험 200억원 + 질병보험 100억원) 이상일 것이 요구되지만 만일 동 보험회사가 전화 · 우편 · 컴퓨터통신 등 통신수단을 이용하여 대통령령으로 정하는 바에 따라 모집을 하는 회사인 경우 앞의 자본금 또는 기금의 3분의 2 이상을 납입함으로써 보험업을 시작할 수 있다(보험업법 제9조 제2항).

08. ①

손해보험의 보험종목 전부를 취급하는 손해보험회사가 질병을 원인으로 하는 사망을 제3보험의 특약형식으로 담보하는 보험을 경영하기 위해 충족하여야 하는 요건은 다음과 같다(보험업법 시행령 제15조 제2항).[1]

1. 보험만기는 80세 이하일 것
2. 보험금액의 한도는 개인당 2억원 이내일 것
3. 만기 시에 지급하는 환급금은 납입보험료 합계액의 범위 내일 것

---

1) 저자주 : 참고로 본 문제에 해당하는 보험업법 조항은 2018년 6월 5일에 다음과 같이 개정되었다. 따라서 현재는 손해보험업의 보험종목 전부를 취급하지 않아도 질병을 원인으로 하는 사망을 특약형식으로 담보 가능하다.
보험업법 시행령 제15조 제2항 : ~~손해보험업의 보험종목 전부를 취급하는 손해보험회사가~~ 질병을 원인으로 하는 사망을 제3보험의 특약 형식으로 담보하는 보험으로서 다음 각 호의 요건을 충족하는 보험을 말한다.

09. ①

금융위원회는 보험회사가 보험업법 제11조의2 제1항에 따라 보험업에 부수(附隨)하는 업무를 신고한 경우에는 그 신고일부터 7일 이내에 다음 각 호의 사항을 인터넷 홈페이지 등에 공고하여야 한다(보험업법 시행령 제16조의2 제1항).

1. 보험회사의 명칭
2. 부수업무의 신고일
3. 부수업무의 개시 예정일
4. 부수업무의 내용
5. 그 밖에 보험계약자의 보호를 위하여 공시가 필요하다고 인정되는 사항으로서 금융위원회가 정하여 고시하는 사항

10. ④

① 보험업법상 조직변경은 주식회사가 그 조직을 변경하여 상호회사로 되는 것만을 의미하며, 주식회사의 보험계약자는 조직변경에 의한 상호회사의 사원이 된다(보험업법 제30조).

② 조직변경 시 보험계약자나 보험금을 취득할 자는 피보험자를 위하여 적립한 금액을 다른 법률에 특별한 규정이 없으면 주식회사의 자산에서 우선하여 취득한다(보험업법 제32조 제1항).

③ 주식회사가 그 조직을 변경한 경우에는 변경한 날부터 2주일 이내에 주된 사무소의 소재지에서 주식회사는 해산의 등기를 하고 상호회사는 설립등기를 하여야 한다(보험업법 제29조 제1항).[2]

④ 상호회사로 조직을 변경한 보험회사는 보험업법의 자본금 또는 기금에 대한 규정에도 불구하고 기금의 총액을 300억원 미만으로 하거나 설정하지 아니할 수 있다(보험업법 제20조 제2항).

11. ②

가. 주식회사의 주주와 상호회사의 사원은 모두 회사채권자에 대하여 간접 · 유한책임을 진다.(○)

나. 상호회사의 기금은 금전 이외의 자산으로 납입하지 못한다(보험업법 제36조 제1항). 주식회사에 대해서는 제한 규정이 없다. (×)

다. 상호회사는 100명 이상의 사원으로써 설립한다(보험업법 제37조). 주식회사의 설립에 있어 필요한 사원에 대한 규정은 없다. (×)

라. 상호회사의 채무에 관한 사원의 책임은 보험료를 한도로 하며(보험업법 제47조), 보험료 납입에 관하여 상계(相計)로써 회사에 대항하지 못한다(보험업법 제48조). (×)

마. 주식회사의 구성원은 주주이나 상호회사의 구성원은 보험계약자인 사원이다.(○)

12. ④

금융위원회는 외국보험회사의 본점이 다음 각 호의 어느 하나에 해당하게 되면 그 외국보험회사국내지점에 대하여 청문을 거쳐 보험업의 허가를 취소할 수 있다(보험업법 제74조 제1항).

1. 합병, 영업양도 등으로 소멸한 경우
2. 위법행위, 불건전한 영업행위 등의 사유로 외국감독기관으로부터 6개월 이내 영업 전부의 정지나 보험의 허가취소 처분에 상당하는 조치를 받은 경우
3. 휴업하거나 영업을 중지한 경우

13. ④

가. 모집을 할 수 있는 자는 다음 각 호의 어느 하나에 해당하는 자이어야 한다.
  1) 보험설계사
  2) 보험대리점
  3) 보험중개사
  4) 보험회사의 임원(대표이사 · 사외이사 · 감사 및 감사위원은 제외) 또는 직원

나. 보험대리점 또는 보험중개사로 등록한 금융기관은 모집과 관련이 없는 금융거래를 통하여 취득한 개인정보를 미리 그 개인의 동의를 받지 아니하고 모집에 이용하는 행위를 하지 못한다.

다. 보험설계사는 보험회사 · 보험대리점 또는 보험중개사에 소속되어 보험계약의 체결을 중개하는 자이며, 보험중개사는 독립적으로 보험계약의 체결을 중개하는 자이다. 둘다 보험계약의 체결을 중개한다는 공통점이 있다.

라. 보험업법 상의 보험대리점은 체약대리상으로서 고지의무 수령권한이 있으나, 보험설계사 및 보험중개사는 고지의무 수령권한이 없다.

14. ①

모두 맞는 지문이다.

15. ②

보험회사 등은 보험설계사에게 보험계약의 모집을 위탁할 때 다음 각 호의 행위를 하여서는 아니 된다(보험업법 제85조의3 제1항).

1. 보험모집 위탁계약서를 교부하지 아니하는 행위
2. 위탁계약서상 계약사항을 이행하지 아니하는 행위
3. 위탁계약서에서 정한 해지요건 외의 사유로 위탁계약을 해지하는 행위
4. 정당한 사유 없이 보험설계사가 요청한 위탁계약 해지를 거부하는 행위
5. 위탁계약서에서 정한 위탁업무 외의 업무를 강요하는 행위
6. 정당한 사유 없이 보험설계사에게 지급되어야 할 수수료의 전부 또는 일부를 지급하지 아니하거나 지연하여 지급하는 행위
7. 정당한 사유 없이 보험설계사에게 지급한 수수료를 환수하는 행위
8. 보험설계사에게 보험료 대납(代納)을 강요하는 행위
9. 그 밖에 대통령령으로 정하는 불공정한 행위

2) 참고로 문제 출제 당시에는 "지점과 종(從)된 사무소 소재지에서는 3주 이내에" 규정이 있었으나, 2024년 9월 20일자로 삭제되었다.

16. ④

금융위원회는 보험설계사가 다음 각 호의 어느 하나에 해당하는 경우에는 6개월 이내의 기간을 정하여 그 업무의 정지를 명하거나 그 등록을 취소할 수 있다(보험업법 제86조 제2항). 참고로, 가, 나 항목에 해당할 경우에는 금융위원회는 해당 보험설계사의 등록을 취소하여야 한다(보험업법 제86조 제1항).

1. 모집에 관한 보험업법의 규정을 위반한 경우
2. 보험계약자, 피보험자 또는 보험금을 취득할 자로서 보험업법 제102조의2(보험계약자 등의 의무)를 위반한 경우
3. 보험업법 제102조의3(보험 관계 업무 종사자의 의무)를 위반한 경우
4. 보험업법에 따른 명령이나 처분을 위반한 경우
5. 보험업법에 따라 과태료 처분을 2회 이상 받은 경우
6. 「금융소비자 보호에 관한 법률」 제51조 제1항 제3호부터 제5호까지의 어느 하나에 해당하는 경우
7. 「금융소비자 보호에 관한 법률」 제51조 제2항 각 호 외의 부분 본문 중 대통령령으로 정하는 경우(업무의 정지를 명하는 경우로 한정한다)

17. ④

①②④ 모집을 위하여 사용하는 보험안내자료에는 다음 각 호의 사항을 명백하고 알기 쉽게 적어야 한다(보험업법 제95조 제1항).

1. 보험회사의 상호나 명칭 또는 보험설계사 · 보험대리점 또는 보험중개사의 이름 · 상호나 명칭
2. 보험 가입에 따른 권리 · 의무에 관한 주요 사항
3. 보험약관으로 정하는 보장에 관한 사항

3의2. 보험금 지급제한 조건에 관한 사항

4. 해약환급금에 관한 사항
5. 「예금자보호법」에 따른 예금자보호와 관련된 사항
6. 그 밖에 보험계약자를 보호하기 위하여 대통령령으로 정하는 사항

③ 보험안내자료에는 보험회사의 장래의 이익 배당 또는 잉여금 분배에 대한 예상에 관한 사항을 적지 못한다. 다만 보험계약자의 이해를 돕기 위하여 금융위원회가 필요하다고 인정하여 정하는 경우에는 그러하지 아니하다(보험업법 제95조 제3항).

18. ③

가. 친구 B와 C는 일반보험계약자이다.

나. A가 보험계약 체결을 권유하는 경우에는 일반보험계약자(B와 C)에게 보험료, 보장범위, 보험금 지급제한 사유 등 대통령령으로 정하는 보험계약의 중요 사항을 B와 C가 이해할 수 있도록 설명하여야 한다.[3]

다. ㈜미래와 서울시는 보험업법상 전문보험계약자에 해당한다. 보험회사 또는 보험의 모집에 종사하는 자가 일반보험계약자에게 보험계약 체결을 권유하는 경우에는 보험료, 보장범위, 보험금 지급제한 사유 등 대통령령으로 정하는 보험계약의 중요 사항을 일반보험계약자가 이해할 수 있도록 설명하여야 하지만, 전문보험계약자에게는 위의 설명의무가 규정되어 있지 않다.

라. 보험회사는 보험계약의 체결 시부터 보험금 지급 시까지의 주요 과정을 대통령령으로 정하는 바에 따라 B와 C에게 설명하여야 한다. 다만, B와 C가 설명 받기를 거부하는 경우에는 그러하지 아니한다(보험업법 제95조의2 제3항).

19. ①

보험의 모집에 종사하는 자는 일반보험계약자와 보험계약을 체결하기 전에 면담 또는 질문을 통하여 보험계약자의 연령, 재산상황, 보험가입의 목적 등 대통령령으로 정하는 사항을 파악하여야 한다.[4]

20. ③

가. 보험대리점은 보험계약자나 피보험자에게 보험상품의 내용을 사실과 다르게 알리거나 그 내용의 중요한 사항을 알리지 아니하는 행위를 할 수 없다.[5]

나. 보험중개사는 보험계약자나 피보험자에게 보험상품 내용의 일부에 대하여 비교의 대상 및 기준을 분명하게 밝히지 아니하거나 객관적인 근거 없이 다른 보험상품과 비교하여 그 보험상품이 우수하거나 유리하다고 알리는 행위를 하여서는 아니 된다.[6]

다. 보험설계사는 보험계약자나 피보험자가 중요한 사항을 보험회사에 알리는 것을 방해하거나 알리지 아니할 것을 권유하는 행위를 할 수 없다.[7]

라. 보험중개사는 다른 모집 종사자의 명의를 이용하여 보험계약을 모집할 수 없다.

마. 보험대리점은 보험계약의 청약철회 또는 계약 해지를 방해하는 행위를 할 수 없다.

---

3) 참고로 본 규정은 보험업법 제95조의2 제1항에 있었으나, '금융소비자 보호에 관한 법률' 제정에 따라 2020년 3월 24일자로 보험업법에서는 삭제되었다.

4) 참고로 본 규정은 보험업법 제95조의3 제1항에 있었으나, '금융소비자 보호에 관한 법률' 제정에 따라 2020년 3월 24일자로 보험업법에서는 삭제되었다.

5) 참고로 본 규정은 보험업법 제97조 제1항 제1호에 있었으나, '금융소비자 보호에 관한 법률' 제정에 따라 2020년 3월 24일자로 보험업법에서는 삭제되었다.

6) 참고로 본 규정은 보험업법 제97조 제1항 제2호에 있었으나, '금융소비자 보호에 관한 법률' 제정에 따라 2020년 3월 24일자로 보험업법에서는 삭제되었다.

7) 참고로 본 규정은 보험업법 제97조 제1항 제3호에 있었으나, '금융소비자 보호에 관한 법률' 제정에 따라 2020년 3월 24일자로 보험업법에서는 삭제되었다.

21. ②

가.나. 보험계약자 또는 피보험자에게 3만원을 초과하는 금품을 제공하였으므로 특별이익 제공에 해당한다.

다. 보험료 대납 행위는 대표적인 특별이익 제공에 해당한다.

라. 보험회사로부터 받은 대출금에 대한 이자의 대납은 특별이익 제공에 해당한다.

참고로 보험업법 제98조에서 규정하고 있는 특별이익 제공은 다음과 같다.

1. 금품. 다만 보험계약 체결 시부터 최초 1년간 납입되는 보험료의 100분의 10과 3만원(보험계약에 따라 보장되는 위험을 감소시키는 물품의 경우에는 20만원) 중 적은 금액은 제외한다.
2. 기초서류에서 정한 사유에 근거하지 아니한 보험료의 할인 또는 수수료의 지급
3. 기초서류에서 정한 보험금액보다 많은 보험금액의 지급 약속
4. 보험계약자나 피보험자를 위한 보험료의 대납
5. 보험계약자나 피보험자가 해당 보험회사로부터 받은 대출금에 대한 이자의 대납
6. 보험료로 받은 수표 또는 어음에 대한 이자 상당액의 대납
7. 「상법」 제682조에 따른 제3자에 대한 청구권 대위행사의 포기

22. ④

①②③ 보험회사는 보험업법에 따라 모집할 수 있는 자 이외의 자에게 모집을 위탁하거나 모집에 관하여 수수료, 보수, 그 밖의 대가를 지급하지 못한다. 다만 다음 각 호의 어느 하나에 해당하는 경우에는 그러하지 아니하다(보험업법 제99조 제1항).

1. 기초서류에서 정하는 방법에 따른 경우
2. 보험회사가 대한민국 밖에서 외국보험사와 공동으로 원보험계약(原保險契約)을 인수하거나 대한민국 밖에서 외국의 모집조직(외국의 법령에 따라 모집을 할 수 있도록 허용된 경우만 해당한다)을 이용하여 원보험계약 또는 재보험계약을 인수하는 경우
3. 그 밖에 대통령령으로 정하는 경우

④ 보험중개사는 원칙적으로 보험계약 체결의 중개와 관련한 수수료나 그 밖의 대가를 보험계약자에게 청구할 수 없지만, 보험계약 체결의 중개와는 별도로 보험계약자에게 특별히 제공한 서비스에 대하여 일정 금액으로 표시되는 보수나 그 밖의 대가를 지급할 것을 미리 보험계약자와 합의한 서면 약정서에 의하여 청구하는 경우는 가능하다(보험업법 시행령 제47조 제1항).

23. ①

금융기관보험대리점등은 모집을 할 때 다음 각 호의 어느 하나에 해당하는 행위를 하여서는 아니 된다(보험업법 제100조 제1항).

1. ~~대출 등 해당 금융기관이 제공하는 용역(이하 "대출등"이라 한다)을 제공하는 조건으로 대출등을 받는 자에게 그 금융기관이 대리 또는 중개하는 보험계약을 체결할 것을 요구하거나 특정한 보험회사와 보험계약을 체결할 것을 요구하는 행위 삭제~~[8]
2. 대출 등 해당 금융기관이 제공하는 용역(이하 "대출등"이라 한다)을 받는 자의 동의를 미리 받지 아니하고 보험료를 대출등의 거래에 포함시키는 행위
3. 해당 금융기관의 임직원(보험업법에 따라 모집할 수 있는 자는 제외한다)에게 모집을 하도록 하거나 이를 용인하는 행위
4. 해당 금융기관의 점포 외의 장소에서 모집을 하는 행위
5. 모집과 관련이 없는 금융거래를 통하여 취득한 개인정보를 미리 그 개인의 동의를 받지 아니하고 모집에 이용하는 행위
6. 그 밖에 제2호부터 제5호까지의 행위와 비슷한 행위로서 대통령령으로 정하는 행위

24. ③

가. 한국산업은행은 전문보험계약자에 해당하며, 전문보험계약자가 청약한 보험계약은 철회할 수 없다.

나. 보험계약자 A는 보험증권을 받은 날로부터 15일 이내에 보험계약의 청약을 철회할 수 있다. 따라서, 2017년 3월 15일로부터 15일 이내에 청약을 철회하여야 한다.

다. 보험회사 B는 보험계약자 A로부터 청약의 철회를 접수한 날로부터 3일 이내에 이미 납입 받은 보험료를 반환하여야 한다. 만약 보험료 반환이 늦어지면, 그 늦어진 기간에 대하여 대통령령으로 정하는 바에 따라 계산한 금액을 더하여 지급하여야 한다.

라. 보험계약자 A가 보험계약 청약의 철회 당시 보험금의 지급사유가 발생한 사실을 알지 못하고 청약 철회를 한 경우 그 효력은 발생하지 아니한다.[9]

25. ②

① 보험회사는 그 자산을 운용할 때 안정성 · 유동성 · 수익성 및 공익성이 확보되도록 하여야 한다(보험업법 제104조 제1항).

② 자산운용비율을 초과하게 된 경우에는 해당 보험회사는 그 비율을 초과하게 된 날부터 다음 각 호의 구분에 따른 기간 이내에 제106조에 적합하도록 하여야 한다. 다만, 대통령령으로 정하는 사유에 해당하는 경우에는 금융위원회가 정하는 바에 따라 그 기간을 연장할 수 있다(보험업법 제107조).

8) 참고로 시험 출제 당시의 보험업법 제100조 제1항은 문제와 같이 '대출 등 해당 금융기관이 제공하는 용역(이하 "대출등"이라 한다)을 제공하는 조건으로 대출등을 받는 자에게 그 금융기관이 대리 또는 중개하는 보험계약을 체결할 것을 요구하거나 특정한 보험회사와 보험계약을 체결할 것을 요구하는 행위'라고 되어 있었으나, 2020년 3월 24일자로 삭제되었다.

9) 참고로 본 문제는 보험업법 제102조의4, 제102조의5를 바탕으로 출제되었으나, 해당 조문은 '금융소비자 보호에 관한 법률' 제정에 따라 2020년 3월 24일자로 보험업법에서는 삭제되었다.

1. 보험회사의 자산가격의 변동 등 보험회사의 의사와 관계없는 사유로 자산상태가 변동되어 자산운용비율을 초과하게 된 경우 : 1년
2. 보험회사에 적용되는 회계처리기준(「주식회사 등의 외부감사에 관한 법률」에 따른 회계처리기준을 말한다)의 변경으로 자산 또는 자기자본 상태가 변동되어 자산운용비율을 초과하게 된 경우 : 3년

③ 보험회사가 취득 · 처분하는 자산의 평가방법, 채권 발행 또는 자금차입의 제한 등에 관하여 필요한 사항은 대통령령으로 정한다(보험업법 제114조).
④ 보험회사는 타인을 위하여 그 소유자산을 담보로 제공하거나 채무보증을 할 수 없다. 다만 보험업법 및 대통령령으로 정하는 바에 따라 채무보증을 할 수 있는 경우에는 그러하지 아니하다(보험업법 제113조).

26. ③

①② 보험회사는 직접 또는 간접으로 그 보험회사의 대주주(그의 특수관계인인 보험회사의 자회사는 제외)와 다음 각 호의 행위를 하여서는 아니 된다(보험업법 제111조 제1항).

1. 대주주가 다른 회사에 출자하는 것을 지원하기 위한 신용공여
2. 자산을 대통령령으로 정하는 바에 따라 무상으로 양도하거나 일반적인 거래 조건에 비추어 해당 보험회사에 뚜렷하게 불리한 조건으로 자산에 대하여 매매 · 교환 · 신용공여 또는 재보험계약을 하는 행위

③ 보험회사는 그 보험회사의 대주주와 다음 각 호의 어느 하나에 해당하는 행위를 하였을 때에는 7일 이내에 그 사실을 금융위원회에 보고하고 인터넷 홈페이지 등을 이용하여 공시하여야 한다(보험업법 제111조 제3항).

1. 대통령령으로 정하는 금액 이상의 신용공여
2. 해당 보험회사의 대주주가 발행한 채권 또는 주식을 대통령령으로 정하는 금액 이상으로 취득하는 행위
3. 해당 보험회사의 대주주가 발행한 주식에 대한 의결권을 행사하는 행위

④ 보험회사의 대주주는 해당 보험회사의 이익에 반하여 대주주 개인의 이익을 위하여 다음 각 호의 어느 하나에 해당하는 행위를 하여서는 아니 된다(보험업법 제111조 제5항).

1. 부당한 영향력을 행사하기 위하여 해당 보험회사에 대하여 외부에 공개되지 아니한 자료 또는 정보의 제공을 요구하는 행위. 다만 「금융회사의 지배구조에 관한 법률」 제33조 제7항(제58조에 따라 준용되는 경우를 포함한다)에 해당하는 경우는 제외한다.
2. 경제적 이익 등 반대급부를 제공하는 조건으로 다른 주주 또는 출자자와 담합(談合)하여 해당 보험회사의 인사 또는 경영에 부당한 영향력을 행사하는 행위
3. 「보험업법」에서 정한 비율을 초과하여 보험회사로부터 신용공여를 받는 행위
4. 「보험업법」에서 정한 비율을 초과하여 보험회사에게 대주주의 채권 및 주식을 소유하게 하는 행위
5. 그 밖에 보험회사의 이익에 반하여 대주주 개인의 이익을 위한 행위로서 대통령령으로 정하는 행위

27. ④

보험회사는 다음 각 호의 어느 하나에 해당하는 업무를 주로 하는 회사를 금융위원회의 승인을 받아 자회사로 소유할 수 있다(보험업법 제115조 제1항). 라, 마 항목의 보험회사 사옥관리업무와 보험수리업무는 보험업 경영과 밀접한 관련이 있는 업무에 해당하여 해당 업무를 주로 하는 회사를 자회사로 소유하려는 경우에는 미리 금융위원회에 신고하고 자회사로 소유할 수 있다(보험업법 제115조 제2항).

1. 「금융산업의 구조개선에 관한 법률」 제2조 제1호에 따른 금융기관이 경영하는 금융업
2. 「신용정보의 이용 및 보호에 관한 법률」에 따른 신용정보업 및 채권추심업[10]
3. 보험계약의 유지 · 해지 · 변경 또는 부활 등을 관리하는 업무
4. 그 밖에 보험업의 건전성을 저해하지 아니하는 업무로서 대통령령으로 정하는 업무

28. ③

①② 보험회사는 결산기마다 보험계약의 종류에 따라 대통령령으로 정하는 책임준비금과 비상위험준비금을 계상하고 따로 작성한 장부에 각각 기재하여야 한다(보험업법 제120조 제1항).
③ 책임준비금과 비상위험준비금의 계상에 관하여 필요한 사항은 총리령으로 정한다(보험업법 제120조 제2항).
④ 책임준비금과 비상위험준비금의 적정한 계상과 관련하여 필요한 경우 금융위원회는 보험회사의 자산 및 비용, 그 밖에 대통령령으로 정하는 사항에 관한 회계처리기준을 정할 수 있다(보험업법 제120조 제3항).

29. ①

보험회사는 재무제표(부속명세서를 포함한다)와 사업보고서, 월간업무 내용 보고서를 대통령령으로 정하는 바에 따라 전자문서로 제출할 수 있다(보험업법 제118조). 보험업 허가신청서에 대해서는 전자문서 제출 규정이 따로 마련되어 있지 않다.

30. ①

① 보험회사는 배당보험계약(해당 보험계약으로부터 발생하는 이익의 일부를 보험회사가 보험계약자에게 배당하기로 약정한 보험계약을 말한다)에 대하여는 대통령령으로 정하는 바

10) 참고로 시험 출제 당시의 보험업법 제115조 제1항은 문제와 같이 '「신용정보의 이용 및 보호에 관한 법률」에 따른 신용정보업'이라고 되어 있었으나, 2020년 2월 4일자로 해설 내용으로 개정되었다.

에 다른 보험계약과 구분하여 회계처리 하여야 한다(보험업법 제121조 제1항).

② 보험회사는 대통령령으로 정하는 바에 따라 배당보험계약의 보험계약자에게 배당을 할 수 있다(보험업법 제121조 제2항).

③ 보험계약자에 대한 배당기준은 배당보험계약자의 이익과 보험회사의 재무건전성 등을 고려하여 정하여야 한다(보험업법 제121조 제3항).

④ 보험회사가 「자산재평가법」에 따른 재평가를 한 경우 그 재평가에 따른 재평가적립금은 금융위원회의 허가를 받아 보험계약자에 대한 배당을 위하여도 처분할 수 있다(보험업법 제122조).

31. ④

보험업법에 따라 보험금의 지급이 보장되는 보험은 다음과 같다(보험업법 시행령 제80조 제1항).

1. 「자동차손해배상 보장법」 제5조에 따른 책임보험계약
2. 「화재로 인한 재해보상과 보험가입에 관한 법률」 제5조에 따른 신체손해배상특약부화재보험계약
3. 「도시가스사업법」 제43조, 「고압가스 안전관리법」 제25조 및 「액화석유가스의 안전관리 및 사업법」 제57조에 따라 가입이 강제되는 손해보험계약
4. 「선원법」 제98조에 따라 가입이 강제되는 손해보험계약
5. 「체육시설의 설치 · 이용에 관한 법률」 제26조에 따라 가입이 강제되는 손해보험계약
6. 「유선 및 도선사업법」 제33조에 따라 가입이 강제되는 손해보험계약
7. 「승강기 안전관리법」 제30조에 따라 가입이 강제되는 손해보험계약
8. 「수상레저안전법」 제49조에 따라 가입이 강제되는 손해보험계약
9. 「청소년활동 진흥법」 제25조에 따라 가입이 강제되는 손해보험계약
10. 「유류오염손해배상 보장법」 제14조에 따라 가입이 강제되는 유류오염 손해배상 보장계약
11. 「항공사업법」 제70조에 따라 가입이 강제되는 항공보험계약
12. 「낚시 관리 및 육성법」 제48조에 따라 가입이 강제되는 손해보험계약
13. 「도로교통법 시행령」 제63조 제1항, 제67조 제2항 및 별표 5 제9호에 따라 가입이 강제되는 손해보험계약
14. 「국가를 당사자로 하는 계약에 관한 법률 시행령」 제53조에 따라 가입이 강제되는 손해보험계약
15. 「야생생물 보호 및 관리에 관한 법률」 제51조에 따라 가입이 강제되는 손해보험계약
16. 「자동차손해배상 보장법」에 따라 가입이 강제되지 아니한 자동차보험계약
17. 제1호부터 제15호까지 외에 법령에 따라 가입이 강제되는 손해보험으로 총리령으로 정하는 보험계약

32. ④

보험조사협의회는 다음 각 호의 사람 중에서 금융위원회가 임명하거나 위촉하는 15명 이내의 위원으로 구성할 수 있다(보험업법 시행령 제76조 제1항).

1. 금융위원회가 지정하는 소속 공무원 1명
2. 보건복지부장관이 지정하는 소속 공무원 1명

~~2의 2. 국민안전처장관이 지정하는 소속 공무원 1명~~[11]

3. 경찰청장이 지정하는 소속 공무원 1명
4. 해양경찰청장이 지정하는 소속 공무원 1명
5. 금융감독원장이 추천하는 사람 1명
6. 생명보험협회의 장, 손해보험협회의 장, 보험요율 산출기관의 장이 추천하는 사람 각 1명
7. 보험사고의 조사를 위하여 필요하다고 금융위원회가 지정하는 보험 관련 기관 및 단체의 장이 추천하는 사람
8. 그 밖에 보험계약자 · 피보험자 · 이해관계인의 권익보호 또는 보험사고의 조사 등 보험에 관한 학식과 경험이 있는 사람

33. ③

금융위원회는 보험회사가 기초서류를 신고하는 경우 보험료 및 해약환급금 산출방법서에 대하여 보험요율 산출기관 또는 대통령령으로 정하는 보험계리업자(독립계리업자)의 검증확인서를 첨부하도록 할 수 있다(보험업법 제128조 제2항). 이 때 "대통령령으로 정하는 보험계리업자"란 보험업법에 따라 등록된 법인(5명 이상의 상근 보험계리사를 두고 있는 법인만 해당한다)인 보험계리업자를 말한다. 다만 다음 각 호의 어느 하나에 해당하는 보험계리업자는 제외한다(보험업법 시행령 제71조의3).

1. 보험업법에 따라 해당 보험회사로부터 보험계리에 관한 업무를 위탁받아 수행 중인 보험계리업자
2. 대표자가 최근 2년 이내에 해당 보험회사에 고용된 사실이 있는 보험계리업자
3. 대표자나 그 배우자가 해당 보험회사의 대주주인 보험계리업자
4. 보험회사의 자회사인 보험계리업자
5. 보험계리업자 또는 보험계리업자의 대표자가 최근 5년 이내에 다음 각 목의 어느 하나에 해당하는 제재조치를 받은 사실이 있는 경우 해당 보험계리업자
   가. 법 제134조 제1항 제1호에 따른 경고 또는 문책
   나. 법 제134조 제1항 제3호에 따른 해임 또는 직무정지
   다. 법 제190조에 따른 보험계리업자 등록의 취소
   라. 법 제192조 제1항에 따른 업무의 정지 또는 해임

34. ②

보험회사는 정관을 변경한 경우에는 변경한 날부터 7일 이내에 금융위원회에 알려야 한다(보험업법 제126조). 보험회사는 다음 각 호의 어느 하나에 해당하는 사유가 발생한 경우에는 그 사유가 발생한 날부터 5일 이내에 금융위원회에 보고하여야 한다(보

11) 참고로 시험 출제 당시의 보험업법 시행령 제76조 제1항은 문제와 같이 '국민안전처장이 지정하는 소속 공무원 1명'이라고 되어 있었으나, 국민안전처가 폐지됨에 따라 2017년 7월 26일에 삭제되었다.

험업법 제130조).

1. 상호나 명칭을 변경한 경우
2. 본점의 영업을 중지하거나 재개(再開)한 경우
3. 최대주주가 변경된 경우
4. 대주주가 소유하고 있는 주식 총수가 의결권 있는 발행주식 총수의 100분의 1 이상만큼 변동된 경우
5. 그 밖에 해당 보험회사의 업무 수행에 중대한 영향을 미치는 경우로서 대통령령으로 정하는 경우

35. ①

금융감독원장은 보험회사에 대한 제재조치로 보험회사에 대한 주의 · 경고 또는 그 임직원에 대한 주의 · 경고 · 문책의 요구를 할 수 있다. 나머지 지문은 모두 금융감독원장의 건의에 따라 금융위원회가 본인의 이름으로 스스로 해야 하는 조치이다(보험업법 제134조 제1항).

36. ③

보험회사는 다음 각 호의 사유로 해산한다(보험업법 제137조 제1항).

1. 존립기간의 만료, 그 밖에 정관으로 정하는 사유의 발생
2. 주주총회 또는 사원총회의 결의
3. 회사의 합병
4. 보험계약 전부의 이전
5. 회사의 파산
6. 보험업의 허가취소
7. 해산을 명하는 재판

37. ③

상호회사도 다른 보험회사와 합병할 수 있으며, 합병 후 존속하는 보험회사 또는 합병으로 설립되는 보험회사는 상호회사이어야 한다. 다만, 합병하는 보험회사의 한 쪽이 주식회사인 경우에는 합병 후 존속하는 보험회사 또는 합병으로 설립되는 보험회사는 주식회사로 할 수 있다.
위의 내용을 정리하면 다음과 같다.

합병 형태	존속 또는 설립되는 회사
상호회사+다른 보험회사	상호회사
상호회사+주식회사	상호회사 or 주식회사

38. ④

손해보험회사는 「예금자보호법」 제2조 제8호의 사유로 손해보험계약의 제3자에게 보험금을 지급하지 못하게 된 경우에는 즉시 그 사실을 보험협회 중 손해보험회사로 구성된 협회(손해보험협회)의 장에게 보고하여야 한다(보험업법 제167조 제1항). 손해보험협회의 장은 위의 보고를 받으면 금융위원회의 확인을 거쳐 손해보험계약의 제3자에게 대통령령으로 정하는 보험금을 지급하여야 한다(보험업법 제169조 제1항).

39. ④

손해사정사 또는 손해사정업자의 업무는 다음 각 호와 같다(보험업법 제188조).

1. 손해 발생 사실의 확인
2. 보험약관 및 관계 법규 적용의 적정성 판단
3. 손해액 및 보험금의 사정
4. 제1호부터 제3호까지의 업무와 관련된 서류의 작성 · 제출의 대행
5. 제1호부터 제3호까지의 업무 수행과 관련된 보험회사에 대한 의견의 진술

당해 손해에 관한 당사자간 합의의 중재는 손해사정사의 업무가 아니며, 오히려 변호사법에 의하여 금지되어 있다.

40. ④

징벌적 손해배상이란 영미법을 근간으로 하는 나라에서 발달한 제도로, 가해자의 행위가 반사회적이고 악의적일 경우에 피해자에게 실제 손해액보다 더 많은 금액을 배상하도록 하는 것이다. 즉 민사상 손해배상액에 형벌의 처벌적 의미를 더하여 제재를 가하는 제도이다. 우리나라는 대륙법계를 근간으로 실손해액 배상의 원칙을 채택하고 있으므로, 징벌적 손해배상의 전면적인 도입은 어렵다. 다만 개인정보보호법이나 제조물책임법 등 일부 개별 법률에서 예외적으로 인정하고 있을 뿐이다. 보험업법은 징벌적 손해배상이 인정되지 않는다.

2과목 보험계약법

01	02	03	04	05	06	07	08	09	10
④	④	①	②	①	②	②	④	④	②
11	12	13	14	15	16	17	18	19	20
②	①,②,③,④	③	②	④	③	①	①	①	②
21	22	23	24	25	26	27	28	29	30
③	②	③	①	①	②	④	①	③	①,②,③,④
31	32	33	34	35	36	37	38	39	40
②	③	④	②	③	②	④	①	④	④

01. ④

대표자책임이론이란 보험사고의 발생이 보험계약자, 피보험자 또는 보험수익자의 고의나 중과실에 의한 것이 아니더라도, 그와 특수한 관계에 있는 자, 예를 들어 동거 가족 혹은 피용자 등의 고의나 중과실에 의한 것으로 발생한 경우에도 보험자를 면책하자는 이론이다. 대표자책임이론은 독일의 판례법에서 주장되는 이론이며, 우리나라에서는 인정되지 않는다. 대표자책임이론을 일부 수용하였던 예전 화재보험 약관의 "피보험자에게 보험금을 받도록 하기 위하여 피보험자와 세대를 같이 하는 친족 또는 고용인이 고의로 사고를 일으킨 손해에 대해서는 보험자가 보상하지 아니한다" 라는 조항도 2010년 4월 이후로 삭제되었다.

02. ④

① 보험자가 보상할 손해액은 그 손해가 발생한 때와 곳의 가액(시가, 중고가격)에 의하여 산정하는 것이 원칙이나, 당사자가 다른 약정을 한 때에는 그 신품가액(재조달가액)에 의하여 손해액을 산정할 수 있다(상법 제676조 제1항). 따라서 사용 중인 기계가 멸실된 경우 새 기계를 구입할 비용(신품가액, 재조달가액)을 손해액으로 산정하기로 하는 약정은 유효하다.

② 상해보험은 상법 제732조(15세 미만자 등에 대한 계약의 금지)를 제외하고 생명보험에 관한 규정이 준용된다(상법 제739조).

③ 대법원 판례에 따르면, 보험계약의 중요사항은 반드시 보험약관에 규정된 것에 한정된다고 할 수 없으므로, 보험약관만으로 보험계약의 중요사항을 설명하기 어려운 경우에는 보험회사 또는 보험모집종사자는 상품설명서 등 적절한 추가자료를 활용하는 등의 방법으로 개별 보험상품의 특성과 위험성에 관한 보험계약의 중요사항을 고객이 이해할 수 있도록 설명하여야 한다.[12] 약관에 없는 사항이라도 보험계약자가 알아야 할 중요사항은 보험계약 체결 시에 설명하여야 하며 그 근거는 보험업법에 있다.

④ 대법원 판례에 따르면, 보험가입 당시 유흥업소에서 일하던 가정주부가 생명보험 가입시 직업란에 '가정주부'라고만 기재한 것은 비록 가정주부의 지위를 겸하고 있었다고 하더라도 고지의무 위반에 해당한다.[13]

03. ①

보험대리상은 다음 각 호의 권한이 있다. 제2호에 규정된 보험증권 교부권은 '보험자가 작성한 보험증권'을 보험계약자에게 교부할 수 있는 권한이다. 따라서 보험증권 발행권한은 애초에 보험대리상의 권한이 아니며, 보험대리상은 보험자가 작성한 보험증권을 보험계약자에게 교부할 수 있는 권한(보험증권 교부권)만을 가지고 있다.

1. 보험계약자로부터 보험료를 수령할 수 있는 권한
2. 보험자가 작성한 보험증권을 보험계약자에게 교부할 수 있는 권한
3. 보험계약자로부터 청약, 고지, 통지, 해지, 취소 등 보험계약에 관한 의사표시를 수령할 수 있는 권한
4. 보험계약자에게 보험계약의 체결, 변경, 해지 등 보험계약에 관한 의사표시를 할 수 있는 권한

04. ②

① 소급보험은 보험계약 성립 이전의 어느 시기부터 보험기간이 시작되는 것으로 약정한 것이며 최초보험료 지급여부는 상관없다.[14]

② 보험계약 당시에 보험사고가 이미 발생하였거나 또는 발생할 수 없는 것인 때에는 그 계약은 무효이다. 그러나 당사자 쌍방과 피보험자가 이를 알지 못한 때에는 유효이다(상법 제644조). 즉 보험계약 당사자 쌍방(보험계약자와 보험자)과 피보험자가 모두 보험사고 발생 사실을 알지 못한 경우에만 유효하다. 문제에서는 보험계약자와 보험자는 보험사고 발생 사실을 몰랐으나, 피보험자가 알고 있었으므로 무효이다.

③④ 보험계약자가 이미 전소한 사실을 알면서 건물을 다시 화재보험에 붙이거나, 저당권자인 은행이 저당물을 화재보험에 가입할 것을 요구하여 대출채무자가 존재하지 아니하는 가공의 건물을 보험에 붙이는 보험계약은 보험사고가 이미 발생하였거나 발생할 수 없는 경우이므로 무효이다.

05. ①

①② 대법원 판례에 따르면, 멀리 사는 출가한 딸을 피보험자로 하는 보험계약을 체결하면서 딸이 갑상선결절 진단을 받은 사실을 알지 못하여 고지하지 못한 사안에서, 피보험자 본인이 아니면 정확하게 알 수 없는 개인적 신상이나 신체상태 등에 관한 사항은 보험계약자도 이미 그 사실을 알고 있다거나 피보험자와의 관계 등으로 보아 당연히 알았을 것이라고 보이는 등의 특별한 사정이 없는 한 보험계약자가 피보험자에게 적극적으로 확인하여 고지하는 등의 조치를 취하지 아니하였다는 것만으로 바로 중대한 과실이 있다고 단정할 수 없다. 또한 보험계약서의 형식이 보험계약자와 피보험자가 각각 별도로 중요사항을 고지하도록 되어 있는 경우에, 피보험자 신상에 관한 질문에 대하여 보험계약자가 '아니오'로 표기하였더라도 이는 그러한 사실의 부존재를 확인하는 것이 아니라 사실 여부를 알지 못한다는 의미로 답하였을 가능성도 배제할 수 없으므로, 그러한 표기 사실만으로 쉽게 고의 또는 중대한 과실로 고지의무를 위반한 경우에 해당한다고 단정할 수 없다.[15]

③ 예를 들어 암보험의 경우 보험계약일로부터 그 날을 포함하여 90일이 지난 날의 다음날부터 보장 책임이 개시되는 약관 규정을 두고 있으며, 보험자는 이러한 약관조항을 들어 90일 이내에 암을 진단받은 경우에는 암진단 보험금의 지급을 거절할 수 있다.

④ 상법상 고지의무는 '보험계약 당시에' 이행하도록 규정되어 있으며, 보험계약은 당사자 사이의 의사합치에 의하여 성립되는 낙성계약[16]이어서 보험계약자의 청약으로 곧바로 계약

---

12) 대법원 2014.10.27. 선고 2012다22242 판결
13) 대법원 1992.10.23. 선고 92다28259 판결
14) **저자주** : 소급보험과 최초보험료 지급에 관한 ①번 지문은 기출문제 내에서 상호충돌이 발생하는 부분이다. 본 문제에서는 '소급보험은 (생략) 최초보험료 지급여부는 상관없다'가 옳은 지문으로 출제되었으나, 제42회 2019년 보험계약법 29번 기출문제에서는 틀린 지문으로 다뤄졌다. 하나의 법률 규정에 대하여 학자들마다 해석론의 차이로 여러가지 학설은 얼마든지 있을 수 있고 또한 바람직하다. 그러나 동일한 자격증 시험 내에서 서로 다른 출제자가 자기의 주장에 따라 정답이 달라지는 것은 문제의 소지가 다분하다. 상세한 사항은 제42회 2019년 보험계약법 29번 기출문제 해설의 주석 부분을 참고하기 바란다.
15) 대법원 2013. 6. 13. 선고 2011다54631 판결
16) 대법원 1992.10.27. 선고 92다32852 판결

이 체결되는 것이 아니라 이에 대한 보험자의 승낙이 있어야 비로소 그 효력이 발생된다. 따라서 보험계약자가 적격피보험체로서 전화로 청약하고 동시에 제1회 보험료를 송금한 후 승낙의제 전에 질병진단을 받았다면 그 사실을 숨긴 것은 고지의무 위반에 해당한다.[17]

06. ②

① 보험계약자는 보험증권이 멸실 또는 현저하게 훼손되었거나 점유를 상실한 경우에 보험자에게 증권의 재교부를 청구할 수 있으며, 이 경우 별도의 공시최고절차나 제권 판결[18]은 필요 없다. 다만 증권의 작성 비용을 보험계약자가 부담할 뿐이다.

② 대법원 판례에 따르면, 보험자는 보험계약이 성립한 때에는 보험계약자가 보험료를 납부하지 아니하는 등의 특별한 사정이 없는 한 지체없이 그 계약의 성립과 내용을 증명하는 보험증권을 작성하여 보험계약자에게 교부하여야 한다. 만약 보험증권이 보험계약자의 의사에 반하여 보험계약자의 구상의무에 관하여 담보를 제공한 제3자에게 교부되었다면 이러한 의무가 이행되었다고 볼 수 없다.[19]

③ 단체보험계약이 체결된 때에는 보험자는 보험계약자에 대해서만 보험증권을 교부한다(상법 제735조의3 제2항).

④ 보험계약의 당사자가 보험증권 내용의 정부에 대하여 이의할 수 있음을 약정한 경우에 그 이의기간은 보험증권의 교부가 있은 날로부터 1월을 내리지 못한다(상법 제641조). 즉 1월 이상으로 하여야 한다.

07. ②

① 상법에는 규정이 없다. 대법원 판례에 따르면, 보험금 청구권 상실 조항을 피보험자가 허위의 청구를 하지 않은 다른 보험목적물에 관한 보험금청구권까지 한꺼번에 상실하게 된다는 취지로 해석한다면, 이는 허위 청구에 대한 제재로서의 상당한 정도를 초과하는 것으로 고객에게 부당하게 불리한 결과를 초래하여 신의성실의 원칙에 반하는 해석이 되므로, 피보험자가 상실하게 되는 보험금청구권은 피보험자가 허위의 청구를 한 당해 보험목적물의 손해에 대한 보험금청구권에 한한다.[20]

② 대법원 판례에 따르면, '계약자 또는 피보험자가 손해의 통지 또는 보험금 청구에 관한 서류에 고의로 사실과 다른 것을 기재하였거나, 그 서류 또는 증거를 위조 또는 변조한 경우 피보험자는 손해에 대한 보험금청구권을 상실한다'는 이른바 보험금 청구권 상실 조항은 거래상 일반인들이 보험자의 설명 없이도 당연히 예상할 수 있었던 사항에 해당하므로, 설명의무의 대상이 아니다.[21]

③ 대법원 판례에 따르면, 보험금 청구권 상실 조항을 문자 그대로 엄격하게 해석하여 조금이라도 약관에 위배하기만 하면 보험자가 면책되는 것으로 보는 것은 본래 피해자 다중을 보호하고자 하는 보험의 사회적 효용과 경제적 기능에 배치될 뿐만 아니라 고객에 대하여 부당하게 불리한 조항이 된다는 점에서 이를 합리적으로 제한하여 해석할 필요가 있다. 따라서 보험금 청구권 상실 조항에 의한 청구권의 상실 여부는 그 취지를 감안하여 보험금 청구권자의 청구와 관련한 부당행위의 정도 등과 보험의 사회적 효용 내지 경제적 기능을 종합적으로 비교, 교량하여 결정하여야 한다.[22] 피보험자가 증빙서류 구비의 어려움 때문에 일부 사실과 다른 서류를 제출하거나 보험목적물의 가치에 대한 견해 차이로 보험목적물의 가치를 다소 높게 신고한 경우에는 보험금청구권 상실 조항을 적용할 수 없다.

④ 표준약관에는 보험사기방지특별법에 의하여 형사처벌을 받은 자의 유죄판결의 기초가 된 청구는 사기적 청구로 간주한다는 규정이 없다.

08. ④

보험료의 지급방법은 계약 당사자 사이의 별도의 특약이 없는 한 현금으로 지급하여야 함이 원칙이다. 만약 보험료가 금전 이외에 어음이나 수표로 지급되는 사례가 발생한다면, 이 경우에 어음이나 수표로 지급받은 때에 언제를 보험료가 지급된 시기로 보아야 하는지가 문제된다. 보험료의 지급시기는 보험자의 책임 개시를 판단하는 기준이 되기 때문에 매우 중요한 문제이다. 지급에 갈음하여 어음수표가 교부된다면 원인채권은 소멸하며 어음수표 채권의 문제만이 남는다. 따라서 보험료 지급에 갈음하여 어음수표를 교부하였다면 해당 어음수표를 교부받은 시점에 보험료 채권(원인채권)은 소멸하므로, 어음수표가 아직 결제되기 전이라고 하더라도 보험료 채권은 이미 해결된 상태이며 어음수표 채권의 채무불이행 문제만이 남는다. 지급을 위하여 어음수표가 교부된다면 원인채권과 어음수표 채권의 문제가 병존하여 존재한다. 따라서 보험료 지급을 위하여 어음수표를 교부하였다면 보험자가 어음수표를 교부받았다고 하더라도 어음수표가 결제되기 이전이라면 아직 보험료 채권(원인채권)의 문제는 해결되지 않고 남아 있게 된다. 만약 이 기간 안에 사고가 발생한다면 보험자의 입장에서는 보험료 채권의 문제가 해결되지 않은 상태(아직 보험료를 지급받지 않은 상태)이므로 보상책임을 부담하지 않는다. 만약 어음수표를 보험료 지급에 갈음하여 교부하였다면 보험료 지급이 해결되어 아무런 문제가 없겠으나, 거래관행상 어음수표를 교부할 때에는 지급을 위하여 교부하는 것이 일반적이므로 결제 전에 보험사고가 발생했을 때에 보험 보호를 받지 못한다는 문제가 발생한다. 대법원 판례도 거래 당사자 간에 특별한 약정이 있다면 어음수표는 지급에 갈음하여 교부된 것으로 볼 수 있으며, 그렇지 않다면 지급을 위하여 교부한 것으로 추정한다고 본다. 이를 해결하기 위한 학설에는 해제조건부 대물변제설(어음수표의 교부 시점부터 보험료를 받은 것으로 보아 보험자의 보상책임

17) 대법원 2012.8.23. 선고 2010다78135, 78142 판결
18) 공시최고 절차를 통하여 기존에 발행된 증권의 효력을 상실시키고 기존의 권리자에게 그 권리를 다시 부여하는 판결
19) 대법원 1999.2.9. 선고 98다49104 판결
20) 대법원 2007.2.22. 선고 2006다72093 판결
21) 대법원 2003.5.30. 선고 2003다15556 판결
22) 대법원 2014.3.13. 선고 2013다91405, 91412 판결

이 개시되지만 해당 어음수표를 교부는 해제조건이 첨부된 보험료의 대물변제라는 입장), 지급유예설(어음수표가 교부되었을 때에 보험자가 보상책임을 개시하지만 아직 실질적으로 보험료를 지급받지는 못한 상태이므로, 보험자가 어음수표가 결제될 때까지 보험료 지급을 유예한 것으로 보는 입장), 구분설(수표는 지급증권이므로 해제조건부 대물변제설에 따라 이해하고, 어음은 신용증권에 해당하므로 지급유예설로 보자는 이원설의 입장), 유가증권 법리설(유가증권의 일반적인 법리에 따라 해결하자는 입장)이 있다. 대법원은 수표가 보험료 지급에 갈음하여 교부되면, 교부시부터 보험자책임이 개시되지만 당사자 간의 의사가 분명하지 않을 때에는 지급을 위하여 교부한 것으로 보아야 한다[23]라는 입장에 있다.

09. ④

① 보험계약자는 계약 체결 후 지체없이 보험료의 전부 또는 제1회 보험료를 지급하여야 하며, 보험계약자가 이를 지급하지 아니하는 경우에는 다른 약정이 없는 한 계약 성립 후 2월이 경과하면 그 계약은 해제된 것으로 본다(상법 제650조 제1항). 보험료 미납 시에 보험계약자에게 최고한 후에 해지하도록 하는 규정은 계속보험료 미납에 대한 규정이며 제1회 보험료(초회보험료)에 관해서는 적용되지 않는다.

② 특정한 타인을 위한 보험계약에서 보험계약자가 보험료의 지급을 지체한 때에는 보험자는 그 타인에게도 상당한 기간을 정하여 보험료의 지급을 최고한 후가 아니면 그 계약을 해제 또는 해지하지 못한다(상법 제650조 제3항). 타인을 위한 보험계약에 대하여 적용되는 규정이므로 그 타인이 동거가족인 경우에도 당연히 적용된다.

③ 타인을 위한 생명보험계약에서 해지예고부 최고는 보험계약자와 타인(보험수익자)에게 하여야 한다.

④ 대법원 판례에 따르면, 피보험자가 신용불량자인 까닭에 보험계약자 명의를 타인으로 하였고, 이에 따라 보험계약에 관한 청약서나 상품설명서 등 관련 서류에 그 타인이 보험계약자로 서명하였고, 보험증권에도 타인이 계약자로 기재되어 있다면, 피보험자는 타인이 보험계약자가 되는 것을 의도하였고 그 타인 역시 자신이 보험계약자가 되는 것을 양해하였다고 보이며, 보험회사는 청약서 등에 나타난 대로 계약자를 타인으로 알고 보험계약을 체결한 후 보험증권을 발급하고 매월 보험계약자의 명의 계좌를 통해 보험료를 받아온 점을 종합하면, 보험계약의 보험가입자 측이나 보험자 모두 그 계약자를 타인으로 하는 것에 관하여 의사가 일치되었다고 할 것이므로, 보험계약의 보험계약자는 피보험자가 아닌 타인으로 보는 것이 옳다.[24]

10. ②

① 보험설계사는 보험계약과 관련된 계약체결권이 없다. 따라서 전속보험설계사와 개별 약정을 하였더라도 그 내용은 보험계약의 효력에 아무런 영향을 주지 않는다.

② 전쟁위험은 당사자 사이에 다른 약정이 없으면 보험자가 보험금 지급책임을 면하는 상대적 면책사유이다. 따라서 보험계약자는 보험자와 별도의 약정, 이를테면 추가보험료 납입을 통하여 전쟁위험에 대한 보장을 받을 수 있다.

③ 보험기간 중 전쟁위험이 소멸한 때에는 보험계약자는 그 후의 보험료의 감액을 청구할 수 있으며 그 청구권은 형성권이다. 형성권이란 권리자 일방의 의사표시에 의하여 법률관계의 발생, 변경, 소멸 등이 발생하는 권리를 말한다.

④ 보험약관 면책사유에 명시된 '전쟁 기타 이와 유사한 사태'에 해당하기 위해서는 적어도 그 위험이 앞에 열거된 위험과 동일한 정도의 위험을 가진 경우이어야 한다. 이를 동종제한 해석의 원칙이라고 한다. 대법원 판례에 따르면, 보험약관에서 '지진, 분화, 해일, 전쟁, 외국의 무력행사, 혁명, 내란, 사변, 폭동, 소요, 기타 이들과 유사한 사태'를 보험자의 면책사유로 규정하고 있다면, 이러한 규정의 취지는 위와 같은 사태 하에서는 보험사고 발생의 빈도나 그 손해정도를 통계적으로 예측하는 것이 거의 불가능하여 타당한 보험료를 산정하기 어려울 뿐만 아니라 사고발생시에는 사고의 대형화와 손해액의 누적적인 증대로 보험자의 인수능력을 초과할 우려가 있다는 데에 있는바, 본래 보험제도 자체가 쉽게 예측하기 어려운 장래의 우연적, 돌발적 사고로 인한 손해를 담보하기 위한 것이므로 위와 같은 사고발생의 예측 곤란과 피해 극대화를 이유로 한 면책사유의 요건은 이를 엄격하게 해석하여야 한다. 이때 면책사유 중 하나인 소요는 폭동에는 이르지 아니하나 한 지방에서의 공공의 평화 내지 평온을 해할 정도로 다수의 군중이 집합하여 폭행, 협박 또는 손괴 등 폭력을 행사하는 상태를 말하는 것으로 보아야 한다.[25] 따라서 대학생들이 단순히 범민족대회 참가를 봉쇄하려는 경찰의 저지선을 뚫기 위하여 화염병을 투척하기에 이르렀고, 그 폭력 행사의 정도도 경찰에 대하여서만 화염병을 투척하였을 뿐이고 인근의 다른 상가나 행인에 대하여는 아무런 폭행이나 협박 또는 손괴 등을 하지 아니하였으며, 다른 지역으로는 확산되지 아니하였음이 분명하다면, 보험자의 면책 사유인 전쟁 기타 이와 유사한 사태에 해당하기 어렵다.

11. ②

① 대법원 판례에 따르면, 채무자의 소멸시효에 기한 항변권의 행사도 우리 민법의 대원칙인 신의성실의 원칙과 권리남용금지의 원칙의 지배를 받는 것이어서, 채무자가 시효완성 전에 채권자의 권리행사나 시효중단을 불가능 또는 현저히 곤란하게 하였거나, 그러한 조치가 불필요하다고 믿게 하는 행동을 하였거나, 객관적으로 채권자가 권리를 행사할 수 없는 장애사유가 있었거나, 또는 일단 시효완성 후에 채무자가 시효를 원용하지 아니할 것 같은 태도를 보여 권리자로 하여금 그와 같이 신뢰하게 하였거나, 채권자보호의 필요성이 크고, 같은 조건의 다른 채권자가 채무의 변제를 수령하는 등의 사정이 있어 채무이행의 거절을 인정함이 현저히 부당하거나 불공평

23) 대법원 1989.11.28. 선고 88다카33367 판결
24) 대법원 2016.12.29. 선고 2015다226519 판결
25) 대법원 1994.11.22. 선고 93다55975 판결

하게 되는 등의 특별한 사정이 있는 경우에는 채무자가 소멸시효의 완성을 주장하는 것이 신의성실의 원칙에 반하여 권리남용으로서 허용될 수 없다.[26]

② 부재자의 생사가 5년간 분명하지 아니한 때에는 법원은 이해관계인이나 검사의 청구에 의하여 실종선고를 하여야 하며, 실종선고를 받은 자는 실종 기간이 만료한 때에 사망한 것으로 본다. 전지에 임한 자, 침몰한 선박 중에 있던 자, 추락한 항공기 중에 있던 자 기타 사망의 원인이 될 위난을 당한 자의 생사가 전쟁 종지 후 또는 선박의 침몰, 항공기의 추락 기타 위난이 종료한 후 1년간 분명하지 아니한 때에도 같다(민법 제27조, 제28조). 따라서 피보험자가 법원에 의하여 실종선고를 받은 경우 사망한 것으로 보는 시점은 실종기간이 만료되는 때, 즉 5년이 경과한 때(실종기간 만료일)이다. 보험수익자의 보험금청구권의 소멸시효도 법원의 실종 선고일이 아니라, 피보험자의 사망 간주 시점인 실종기간 만료일로부터 기산하여 진행한다.

③ 대법원 판례에 따르면, 우리 상법은 보험금청구권의 소멸시효의 기산점과 중단, 중단된 시효가 다시 진행하는 시기에 관하여는 아무것도 규정하지 않고 있으므로, 민법의 규정에 따를 수밖에 없다.[27]

④ 대법원 판례에 따르면, 보험금청구권은 보험사고가 발생하기 전에는 추상적인 권리에 지나지 아니할 뿐 보험사고의 발생으로 인하여 구체적인 권리로 확정되어 그때부터 그 권리를 행사할 수 있게 되는 것이므로, 특별한 다른 사정이 없는 한 원칙적으로 보험금액청구권의 소멸시효는 보험사고가 발생한 때로부터 진행한. 상법 제658조에서 "보험자는 보험금액의 지급에 관하여 약정기간이 있는 경우에는 그 기간 내에, 약정기간이 없는 경우에는 제657조 제1항의 통지를 받은 후 지체 없이 지급할 보험금액을 정하고 그 정하여진 날부터 10일 내에 피보험자 또는 보험수익자에게 보험금액을 지급하여야 한다."라고 각각 정하고 있다고 하여 보험금청구권의 소멸시효가 위 약관 또는 법률조항에서 정한 보험금 지급유예기간(정하여진 날로부터 10일)이 경과한 다음날부터 진행한다고 볼 수 없다.[28]

12. ①, ②, ③, ④

본 문제는 가답안에서는 ①번 지문만 정답이었으나, 최종답안에서는 모든 지문을 정답으로 하는 것으로 수정되었다.

문제의 취지는 2014년 3월 11일 개정된 상법에서 보험금 청구권 소멸시효와 그 적용을 묻는 것이었다. 2014년 3월 11일에 상법이 개정되면서 보험금 청구권 소멸시효를 2년에서 3년으로 연장하였기 때문에 그 적용을 어떻게 하는 것이 옳은가를 묻는 문제이다. 2014년 3월 11일 개정된 상법은 그 시행일이 2015년 3월 12일부터[29] 이므로, 2015년 3월 11일 보험사고의 소멸시효는 2년을 적용하는 것이 맞다.

다만, 본 문제는 보험계약법에 대한 것이 아니라 민법 규정에 의하여 정답이 없는 문제로 처리되었다. 우리 민법은 기간을 산정할 때 기간의 초일(初日)은 산입하지 아니하는 초일불산입(初日不算入)의 원칙을 따르고 있다(민법 제157조). 따라서 2015년 3월 11일에 피보험자가 사망하는 보험사고가 발생하였다면 3월 11일부터 소멸시효가 진행되는 것이 아니라 3월 12일부터 소멸시효가 진행된다. 그러므로 소멸시효가 완성되는 날은 이로부터 2년이 지난 2017년 3월 11일이며, 지문에서는 정답이 없으므로 모두 정답처리 되었다.

13. ③

① 당사자 사이의 특약으로 상법 제4편의 규정을 보험계약자 등에게 불이익으로 변경하는 것은 금지된다(상법 제663조). 동 조항은 계약 관계에 있어 상대적 약자인 보험계약자 측을 보호하기 위한 규정이므로, 보험계약자 측에게 이익으로 변경하는 특약은 유효하다. 또한 보험계약자 보호의 필요성이 없는 기업보험에는 적용하지 않는다. 항공기 기체보험은 기업보험에 해당하므로 동 원칙이 적용되지 않으며, 설령 적용된다고 하더라도 고지의무 위반으로 인한 계약해지권 기간을 2년으로 규정한 것은 상법 해지권 기간(3년)을 보험자에게 불리(보험계약자 측에게는 유리)하게 변경한 것이므로 유효하다.

② 생명보험 계약은 보험효력 발생일로부터 2년이 경과한 이후 피보험자가 자살한 때에도 일반사망보험금을 지급한다. 이는 상법 규정이 아니며 생명보험 표준약관의 규정이다. 따라서 보험계약자 등의 불이익 변경 금지 원칙 적용대상이 아니다.

③ 만15세 미만자, 심신상실자 또는 심신박약자의 사망을 보험사고로 한 보험계약은 무효이다. 다만 심신박약자가 보험계약을 체결하거나, 단체보험의 피보험자가 될 때에 의사능력이 있는 경우에는 유효하다. 이는 심신박약자에 대한 예외 조항이며, 만15세 미만자는 의사능력 여부와 관계없이 보험계약이 확정적으로 무효이다.

④ 보험증권을 멸실 또는 현저하게 훼손한 때에는 보험계약자는 보험자에 대하여 증권의 재교부를 청구할 수 있으며, 증권작성의 비용은 보험계약자의 부담으로 한다(상법 제642조). 보험증권 작성비용을 보험자가 부담하겠다는 취지의 약관 조항은 상법 제4편의 규정을 보험계약자에게 유리하게 변경한 것이므로 유효하다.

14. ②

대법원 판례에 따르면, 생명보험계약의 약관에 보험계약자는 보험계약의 해약환급금의 범위 내에서 보험회사가 정한 방법에 따라 대출을 받을 수 있고, 이에 따라 대출이 된 경우에 보험계약자는 그 대출 원리금을 언제든지 상환할 수 있으며, 만약 상환하지 아니한 동안에 보험금이나 해약환급금의 지급사유가 발생한 때에는 위 대출 원리금을 공제하고 나머지 금액만을 지급한다는 취지로 규정되어 있다면, 그와 같은 약관에 따른 대출계약은 약관상의 의무의 이행으로 행하여지는 것으로서 보험계약과 별개의

26) 대법원 2002.10.25. 선고 2002다32332 판결
27) 대법원 1998.2.13. 선고 96다19666 판결
28) 대법원 2005.12.23. 선고 2005다59383 판결
29) 상법 부칙 <법률 제12397호, 2014.3.11.> 시행일 2015.3.12.

독립된 계약이 아니라 보험계약과 일체를 이루는 하나의 계약이라고 보아야 하고, 보험약관대출금의 경제적 실질은 보험회사가 장차 지급하여야 할 보험금이나 해약환급금을 미리 지급하는 선급금과 같은 성격이라고 보아야 한다. 따라서 위와 같은 약관에서 비록 '대출'이라는 용어를 사용하고 있더라도 이는 일반적인 대출과는 달리 소비대차로서의 법적 성격을 가지는 것은 아니며, 보험금이나 해약환급금에서 대출 원리금을 공제하고 지급한다는 것은 보험금이나 해약환급금의 선급금의 성격을 가지는 위 대출 원리금을 제외한 나머지 금액만을 지급한다는 의미이므로 민법상의 상계와는 성격이 다르다.[30]
따라서 보험약관 대출금의 경제적 실질은 보험자가 장차 지급하여야 할 보험금이나 해약환급금을 미리 지급하는 것이므로 선급에 해당한다.

15. ④

① 보험계약 체결 시에 당사자 간에 보험가액을 미리 약정한 보험을 기평가보험이라고 한다. 이때 당사자 간에 약정한 보험가액은 사고발생시의 가액으로 정한 것으로 추정한다. 다만 그 가액이 사고발생시의 가액을 현저하게 초과할 경우에는 다시 사고발생시의 가액을 보험가액으로 한다(상법 제670조).
② 보험의 특성상 보험목적물의 위치가 특정되어 있지 않고 광범위하게 이동하는 운송보험, 선박보험, 적하보험 등은 손해 발생의 때와 장소를 고려하여 보험가액을 산정하는 것이 곤란한 경우가 많으므로, 보험기간 중에 보험가액을 변경하지 않도록 하는 보험가액불변경주의를 택하고 있다.
③ 보상최고한도액(L.O.L.)은 보험자가 보험계약에서 지급하는 최고한도액을 말한다. 기평가보험과는 다른 별개의 개념이므로, 보상최고한도액을 기재하였다고 하여 기평가보험이 되지는 않는다.
④ 대법원 판례에 따르면, 기평가보험계약에 있어서도 당사자는 추가보험계약으로 평가액을 감액 또는 증액할 수 있다.[31]

16. ③

① 중복보험이 성립하려면 동일한 보험계약의 목적에 관하여 보험사고 및 피보험자가 동일하여야 한다. 보험기간도 중복되어야 하나, 반드시 전부가 일치할 필요는 없으며 기간의 일부만 공통되어도 공통된 기간 중에는 중복보험에 해당한다.
② 중복보험계약을 체결한 수인의 보험자 중 그 1인에 대한 권리의 포기는 다른 보험자의 권리의무에 영향을 미치지 않는다(상법 제673조).
③ 동일한 보험계약의 목적과 동일한 사고에 관하여 수개의 보험계약을 체결하는 경우에는 보험계약자는 각 보험자에 대하여 각 보험계약의 내용을 통지하여야 한다(상법 제672조 제2항). 그러나 우리 상법은 다른 보험계약에 대한 통지의무 위반 효과에 대해서는 아무런 규정을 두고 있지 않다. 대법원도 사기의 중복보험을 인정하기 위해서는 정당한 사유 없이 위법하게 재산상의 이익을 얻을 의사로 통지의무를 이행하지 않았음을 보험자가 입증하여야 하며 단지 통지의무를 게을리하였다는 사유만으로 사기로 인한 중복보험계약이 체결되었다고 추정할 수는 없다는 입장에 있다.[32]
④ 중복보험이 성립되면 각 보험자는 보험금액의 한도에서 연대책임을 부담한다(상법 제672조 제1항).

17. ①

①② 피보험자가 제3자의 청구를 방어하기 위하여 지출한 재판상 또는 재판 외의 필요비용은 보험의 목적에 포함된 것으로 한다. 피보험자는 보험자에 대하여 그 비용의 선급을 청구할 수 있다(상법 제720조 제1항). ①번 지문에서는 필요 또는 유익하였던 비용까지 포함하고 있으므로 틀린 지문이다. 유사한 개념과 비교하여 손해방지비용은 필요 또는 유익하였던 비용을 보상한다.
③ 피보험자가 담보의 제공 또는 공탁으로써 재판의 집행을 면할 수 있는 경우에는 보험자에 대하여 보험금액의 한도내에서 그 담보의 제공 또는 공탁을 청구할 수 있다(상법 제720조 제2항).
④ 대법원 판례에 따르면, 영업배상특약보험에서 피보험자가 지급한 소송비용, 변호사비용, 중재, 화해 또는 조정에 관한 비용 중에서 피보험자가 미리 보험자의 동의를 받아 지급한 경우에만 보험금을 지급하도록 규정하고 있다면, 이러한 제한 규정을 보험자의 "사전 동의"가 없으면 어떤 경우에나 피보험자의 방어비용을 전면적으로 부정하는 것으로 해석하는 한에서는 이러한 약관조항으로 인하여 피보험자의 방어비용을 보험의 목적에 포함된 것으로 일반적으로 인정하고 있는 상법 제720조 제1항의 규정을 피보험자에게 불이익하게 변경하는 것에 해당하고, 따라서 이러한 제한규정을 둔 약관조항은 상법 제663조에 반하여 무효이다.[33]

18. ①

① 보증보험에서는 '보험계약자가 그 타인에게 보험사고의 발생으로 생긴 손해의 배상을 한 때에는 보험계약자는 그 타인의 권리를 해하지 아니하는 범위 안에서 보험자에게 보험금액의 지급을 청구할 수 있다.'라고 규정한 상법 제639조 제2항의 단서를 적용하지 않는다(상법 제726조의6 제1항).
② 보증보험계약의 보험자는 보험계약자가 피보험자에게 계약상의 채무불이행 또는 법령상의 의무불이행으로 입힌 손해를 보상할 책임이 있다(상법 제726조의5).
③ 보증보험계약에 관하여는 그 성질에 반하지 아니하는 범위에서 보증채무에 관한 「민법」의 규정을 준용한다(상법 제726조의7).
④ 보증보험계약에 관하여는 보험계약자의 사기, 고의 또는 중대한 과실이 있는 경우에도 이에 대하여 피보험자에게 책임이 있는 사유가 없으면 보험자는 보험금액의 지급책임을 면하지 못한다(상법 제726조의6 제2항).

30) 대법원 2007.9.28. 선고 2005다15598 전원합의체 판결
31) 대법원 1988.2.9. 선고 86다카2933,2934,2935 판결
32) 대법원 2000.1.28. 선고 99다50712 판결
33) 대법원 2002.6.28. 선고 2002다22106 판결

19. ①

① 책임보험에서는 보험가액이 없으므로 원칙적으로 중복보험이 발생하지 않는다. 그러나 수개의 책임보험이 체결된 경우 각각의 보험자가 보험금액을 지급하면 중복보험과 동일하게 중복보상의 문제가 발생하므로 우리 상법은 이를 해결하기 위하여 상법 제725조의2 '수개의 책임보험'에 대한 규정을 두고 있다. 따라서 피보험자가 동일한 사고로 제3자에게 배상책임을 짐으로써 입은 손해를 보상하는 수개의 책임보험계약이 동시 또는 순차로 체결된 경우에 그 보험금액의 총액이 피보험자의 제3자에 대한 손해배상액을 초과하는 때에는 중복보험에 대한 규정을 준용하여 각 보험자는 보험금액의 범위 내에서 연대책임을 비례하여 부담한다.

② 피보험자가 보험자의 지시에 의하여 제3자의 청구를 방어하기 위하여 지출한 재판상 또는 재판 외의 필요비용에 손해액을 가산한 금액이 보험금액을 초과한 때에도 보험자는 이를 부담한다.

③ 보험자는 피보험자가 책임을 질 사고로 인하여 생긴 손해에 대하여 제3자가 그 배상을 받기 전에는 보험금액의 전부 또는 일부를 피보험자에게 지급하지 못한다(상법 제724조 제1항).

④ 제3자는 피보험자가 책임을 질 사고로 입은 손해에 대하여 보험금액의 한도 내에서 보험자에게 직접 보상을 청구할 수 있다(상법 제724조 제2항).

20. ②

① 운송보험계약의 보험자는 다른 약정이 없으면 운송인이 운송물을 수령한 때로부터 수하인에게 인도할 때까지 생길 손해를 보상할 책임이 있다(상법 제688조).

② 보험계약은 일정한 방식이나 형식을 필요로 하지 않는 불요식 계약의 특성을 갖는다. 따라서 보험증권에 관한 기재사항이 누락되었거나 오류가 있었다고 하더라도 그러한 흠결이 보험계약의 효력에는 아무런 영향을 주지 않는다. 이와 반대로 엄격한 방식과 형식을 요구하는 증권이 있는데 어음 수표가 이에 해당한다. 운송보험증권의 경우에도 기재사항의 일부를 기재하지 않았다고 하여 보험계약이 무효가 되는 것은 아니며, 보험증권과 관계없이 운송보험 계약은 그 자체로 유효하다.

③ 운송보험도 손해보험의 일종이므로 손해보험 통칙의 규정이 적용된다. 따라서 보험기간 중에 보험계약자, 피보험자 또는 보험수익자의 고의 또는 중대한 과실로 인하여 사고발생의 위험이 현저하게 변경 또는 증가된 때에는 보험자는 그 사실을 안 날부터 1월 내에 보험료의 증액을 청구하거나 계약을 해지할 수 있다(상법 제653조).

④ 운송보험계약은 다른 약정이 없으면 운송의 필요에 의하여 일시운송을 중지하거나 운송의 노순 또는 방법을 변경한 경우에도 그 효력을 잃지 아니한다(상법 제691조).

21. ③

해상보험의 보험자는 다음의 손해와 비용을 보상할 책임이 없다(상법 제706조). ③번 지문에서 말하는 감항능력 주의의무 위반은 선박 또는 운임을 보험에 붙인 경우에 해당하는 면책사유이며, 적하보험의 면책사유는 아니다.

1. 선박 또는 운임을 보험에 붙인 경우에는 발항당시 안전하게 항해를 하기에 필요한 준비를 하지 아니하거나 필요한 서류를 비치하지 아니함으로 인하여 생긴 손해
2. 적하를 보험에 붙인 경우에는 용선자, 송하인 또는 수하인의 고의 또는 중대한 과실로 인하여 생긴 손해
3. 도선료, 입항료, 등대료, 검역료, 기타 선박 또는 적하에 관한 항해 중의 통상비용

22. ②

선박보험에 있어 항해의 변경과 항로에 관해서는 다음의 사항이 적용된다. ②번 지문은 보험계약에서 정하여진 도착항이 변경되기는 하였으나, 보험계약자의 책임없는 사유에 의하여 부득이하게 변경되었으므로 보험자는 여전히 보상책임을 부담한다.

1. 선박이 보험계약에서 정하여진 발항항이 아닌 다른 항에서 출항한 때에는 보험자는 책임을 지지 아니한다.
2. 선박이 보험계약에서 정하여진 도착항이 아닌 다른 항을 향하여 출항한 때에도 보험자는 책임을 지지 아니한다.
3. 보험자의 책임이 개시된 후에 보험계약에서 정하여진 도착항이 변경된 경우에는 보험자는 그 항해의 변경이 결정된 때부터 책임을 지지 아니한다.
4. 선박이 정당한 사유없이 보험계약에서 정하여진 항로를 이탈한 경우에는 보험자는 그때부터 책임을 지지 아니한다. 선박이 손해발생전에 원항로로 돌아온 경우에도 같다.

23. ③

① 보험자대위는 원래 존재하는 권리를 단지 보험자가 대신하여 행사하는 것에 지나지 않으므로 별도의 소멸시효 규정이 있는 것이 아니라 원래 존재하는 권리의 소멸시효가 그대로 적용된다. 따라서 상법 제662조의 소멸시효가 적용되지 아니하고 개별 채권의 소멸시효에 관한 규정이 적용된다.

②④ 상법 제682조에서 말하는 "제3자의 행위"란 피보험이익에 대하여 손해를 일으키는 행위를 의미하며, 제3자의 고의나 과실 여부를 묻지 않는다. 또한 불법행위뿐만 아니라 채무불이행으로 인한 손해배상의무를 부담하는 경우 및 선장의 공동해손과 같이 적법한 행위도 포함한다.

③ 대법원 판례에 따르면, 보험자가 제3자에 대한 보험계약자 또는 피보험자의 권리를 행사하기 위해서는 손해가 제3자의 행위로 인하여 생긴 경우이어야 하고 이 경우 제3자라고 함은 피보험자 이외의 자가 되어야 한다. 자동차종합보험보통약관의 피보험자는 기명피보험자 외에 기명피보험자의 승낙을 얻어 자동차를 사용 또는 관리 중인 자 및 각 피보험자를 위하여 피보험자동차를 운전 중인 자(운행보조자를 포함) 등도 포함되어 있다면, 이러한 승낙피보험자나 운전피보험자 등의 행위로 인하여 보험사고가 발생한 경우 보험자는 보험자대위의 법리에 의하여 그 권리를 취득할 수 없다.[34] 따라서 자동차보험에 가입한 피보험자의 피용운전기사는 상법 제682조에서 말하는 제3자에 해당하지 않는다.

34) 대법원 2006.2.24. 선고 2005다31637 판결

24. ①

① 위부는 보험의 목적의 전부에 대하여 이를 하여야 한다. 그러나 위부의 원인이 그 일부에 대하여 생긴 때에는 그 부분에 대하여서만 이를 할 수 있다. 보험가액의 일부를 보험에 붙인 경우에는 위부는 보험금액의 보험가액에 대한 비율에 따라서만 이를 할 수 있다(상법 제714조 제2항).

② 위부는 형성권이므로, 피보험자의 일방의 의사표시에 의하여 그 효력이 발생한다. 따라서 위부에 대한 보험자의 승인은 입증상의 문제일 뿐 위부의 요건에는 해당하지 않는다.

③ 다음의 세가지 경우에 피보험자는 보험의 목적을 보험자에게 위부하고 보험금액의 전부를 청구할 수 있다(상법 제710조). 이를 추정전손이라고 한다.

1. 피보험자가 보험사고로 인하여 자기의 선박 또는 적하의 점유를 상실하여 이를 회복할 가능성이 없거나 회복하기 위한 비용이 회복하였을 때의 가액을 초과하리라고 예상될 경우
2. 선박이 보험사고로 인하여 심하게 훼손되어 이를 수선하기 위한 비용이 수선하였을 때의 가액을 초과하리라고 예상될 경우
3. 적하가 보험사고로 인하여 심하게 훼손되어서 이를 수선하기 위한 비용과 그 적하를 목적지까지 운송하기 위한 비용과의 합계액이 도착하는 때의 적하의 가액을 초과하리라고 예상될 경우

④ 위부는 무조건이어야 한다(상법 제714조 제1항). 즉, 조건을 붙일 수 없다.

25. ①

① 피보험자가 제3자에 대하여 변제, 승인, 화해 또는 재판으로 인하여 채무가 확정된 때에는 지체 없이 보험자에게 그 통지를 발송하여야 한다(상법 제723조 제1항).

② 피보험자가 보험자의 동의없이 독자적으로 제3자에 대하여 변제, 승인 또는 화해를 한 경우에도 그 행위가 현저하게 부당한 것이 아니면 보험자는 면책되지 아니한다(상법 제723조 제3항).

③④ 보험자는 특별한 기간의 약정이 없으면, 피보험자가 제3자와의 채무확정을 통지 받은 날로부터 10일 이내에 보험금액을 지급하여야 한다(상법 제723조 제2항). 만약 보험금액의 지급에 관하여 약정기간이 있는 경우에는 그 기간 내에 보험금액을 지급하여야 한다.

26. ②

① 화재보험자는 화재의 소방 또는 손해의 감소에 필요한 조치로 인하여 생긴 손해를 보상할 책임이 있다(상법 제684조). 일반적으로 이러한 비용은 손해방지비용으로 처리가 가능하지만, 화재사고의 경우에는 소방 또는 손해의 감소에 필요한 조치로 인하여 생긴 손해를 손해방지비용으로 처리하기 곤란한 경우가 많기 때문에 따로 규정한 것이다. 예를 들어 보험계약자나 피보험자의 거주지에 화재가 발생하면 보험계약자, 피보험자뿐만 아니라 인접한 장소에 거주하는 제3자도 자신에게 피해가 확산되는 것을 방지하기 위하여 소방활동을 하는 경우가 많다. 또한 자체적인 소방활동뿐만 아니라 소방당국에 의한 소방활동도 발생한다. 그런데 손해방지의무는 보험계약자와 피보험자에게 부과되는 의무이므로, 보험계약자나 피보험자가 아닌 제3자에 의한 소방활동으로 인한 손해는 손해방지비용으로 처리하지 못한다는 문제가 발생한다. 따라서 우리 상법은 소방 등의 조치로 인한 손해를 화재보험에 별도로 규정하여 소방활동 등으로 인한 손해를 보험자가 보상하도록 하고 있으며, 그 주체도 보험계약자와 피보험자로 한정하고 있지 않다.

② 집합된 물건을 일괄하여 보험의 목적으로 한 때에는 그 목적에 속한 물건이 보험기간 중에 수시로 교체된 경우에도 보험사고의 발생 시에 현존한 물건은 보험의 목적에 포함된 것으로 한다(상법 제686조).

③ 화재보험증권에는 무효와 실권의 사유를 기재하여야 한다(상법 제666조).

④ 사고의 발생과 손해 사이의 관계에 관하여 우리나라는 상당인과관계설을 따르는 것이 판례와 통설의 입장이며 이는 화재보험에서도 당연히 적용되므로 보험자가 보상할 손해의 범위에 관하여는 화재와 손해와의 사이에 상당인과관계가 있어야 한다.

27. ④

① 보험자가 손해방지비용을 부담하지 않는다는 약관조항이나 손해방지비용과 보상액의 합계액이 보험금액을 넘지 않는 한도 내에서만 보상한다는 약관조항은 상법 제680조의 규정보다 보험계약자 등에게 불이익한바 무효이다.

② 대법원 판례에 따르면, 피보험자의 소송통지의무를 규정한 자동차보험보통약관의 취지는, 소송을 제기당한 피보험자가 소송에 적절히 대응하지 않아 부적정한 손해배상액을 명하는 판결을 받은 후 그 판결금액을 보험회사에게 청구할 수 있다고 한다면 이는 실손해를 전보한다는 자동차보험의 본래의 취지에 반하고 보험회사로 하여금 부당한 불이익을 입게 하는 것이므로 그와 같은 폐해를 피하고 후일의 분쟁을 방지하기 위하여 소송이 제기된 때에는 그 소송에서 적정한 배상액이 정해지도록 보험회사에게 직접, 간접으로 소송에 관여할 기회를 주기 위한 것이다.[35]

③④ 대법원 판례에 따르면, 보험사고 발생 시 또는 보험사고가 발생한 것과 같게 볼 수 있는 경우에 피보험자의 법률상 책임 여부가 판명되지 아니한 상태에서 피보험자가 손해확대방지를 위한 긴급한 행위를 하였다면 이로 인하여 발생한 필요·유익한 비용도 상법 제680조 제1항의 규정에 따라 보험자가 부담하여야 한다. 따라서 손해방지경감의무도 보험사고가 생긴 때와 동일시할 수 있는 상태가 발생한 때부터 이를 부담한다. 손해방지의무는 원칙적으로 보험자가 담보하는 보험사고의 발생을 전제로 하는 것이 맞으나, 보험자가 담보하는 보험사고 여부가 정확히 판명되지 아니한 상태에서 피보험자가 손해확대방지를 위한 긴급한 행위를 하였다면 이로 인하여 발생

35) 대법원 1994.8.12. 선고 94다2145 판결

2015 2016 2017 2018 2019 2020 2021 2022 2023 2024 2025
제1회 제2회 제3회 제4회

한 필요 또는 유익한 비용도 손해방지의무 이행에 따른 비용으로 해석하여야 한다.[36]

28. ①

① 대법원 판례에 따르면, '급격하고도 우연한 외래의 사고'를 보험사고로 하는 상해보험에 가입한 피보험자가 술에 취하여 자다가 구토로 인한 구토물이 기도를 막음으로써 사망한 경우, 보험약관상의 급격성과 우연성은 충족되고, 나아가 보험약관상의 '외래의 사고'란 상해 또는 사망의 원인이 피보험자의 신체적 결함 즉 질병이나 체질적 요인 등에 기인한 것이 아닌 외부적 요인에 의해 초래된 모든 것을 의미한다고 보는 것이 상당하다. 따라서 피보험자의 술에 만취된 상황은 피보험자의 신체적 결함, 즉 질병이나 체질적 요인 등에서 초래된 것이 아니라 피보험자가 술을 마신 외부의 행위에 의하여 초래된 것이며, 이는 외부적 요인에 해당하므로 보험자는 보험금을 지급할 의무가 있다.[37]

② 대법원 판례에 따르면, 상해보험에서 담보되는 위험으로서 상해란 외부로부터의 우연한 돌발적인 사고로 인한 신체의 손상을 뜻하므로, 그 사고의 원인이 피보험자의 신체의 외부로부터 작용하는 것을 말하고, 신체의 질병 등과 같은 내부적 원인에 기한 것은 상해보험에서 제외되고 질병보험 등의 대상이 된다.[38]

③ 대법원 판례에 따르면, 더운 날씨에 술에 만취하여 여인숙의 좁은 방안에서 선풍기를 가까운 곳에 틀어 놓고 런닝과 팬티만을 입은 채 잠을 자다가 사망한 경우에, 망인이 자던 방의 창문이 열려 있어 폐쇄된 공간은 아니라 할지라도 주취상태에서 선풍기바람 때문에 체열의 방산이 급격히 진행된 끝에 저체온에 의한 쇼크로 심장마비를 일으키거나 호흡중추신경 등의 마비를 일으켜 사망에 이르렀을 가능성이 높았던 것으로 보지 않을 수 없고, 주취와 선풍기를 틀고 잔 것은 모두 외래의 사고에 해당한다.[39]

④ 질병보험에 관하여는 그 성질에 반하지 아니하는 범위에서 생명보험 및 상해보험에 관한 규정을 준용한다(상법 제739조의3).

29. ③

①④ 인보험에서는 보험계약자, 피보험자 및 보험수익자의 고의로 인한 사고에 대해서만 보험금을 지급하지 않으며, 중대한 과실로 인한 사고는 보험금을 지급한다.

② 피보험자가 자살한 경우 보험금을 지급하는 생명보험 약관은 상법 제4편의 규정을 보험계약자 등에게 불이익하게 변경한 것이 아니므로 유효하다.

③ 대법원 판례에 따르면, 보험자가 보험계약자로부터 보험계약의 청약과 함께 보험료 상당액의 전부 또는 일부를 받은 경우(인보험계약의 피보험자가 신체검사를 받아야 하는 경우에는 그 검사도 받은 때)에 그 청약을 승낙하기 전에 보험계약에서 정한 보험사고가 생긴 때에는 그 청약을 거절할 사유가 없는 한 보험자는 보험계약상의 책임을 지는바, 여기에서 청약을 거절할 사유란 보험계약의 청약이 이루어진 바로 그 종류의 보험에 관하여 해당 보험회사가 마련하고 있는 객관적인 보험인수기준에 의하면 인수할 수 없는 위험상태 또는 사정이 있는 것으로서 통상 피보험자가 보험약관에서 정한 적격 피보험체가 아닌 경우를 말한다.[40]

30. ①, ②, ③, ④

본 문제는 가답안에서는 ④번 지문만 정답이었으나, 최종답안에서는 모든 지문을 정답으로 하는 것으로 수정되었다.

대법원 판례에 따르면, 상법 제650조는 보험료가 적당한 시기에 지급되지 아니한 때에는 보험자는 상당한 기간을 정하여 보험계약자에게 최고하고 그 기간 내에 지급하지 아니한 때에는 계약을 해지할 수 있도록 규정하고, 같은 법 제663조는 위 규정을 보험당사자 간의 특약으로 보험계약자 또는 보험수익자의 불이익으로 변경하지 못한다고 규정하고 있으므로, 분납 보험료가 소정의 시기에 납입되지 아니하였음을 이유로 그와 같은 절차를 거치지 아니하고 막바로 보험계약이 해지되거나 실효됨을 규정하고 보험자의 보험금지급 책임을 면하도록 규정한 보험약관은 위 상법의 규정에 위배되어 무효이다.[41] 이와 같은 실효약관의 무효 판결 이후 나온 것이 해지예고부 최고약관이다. 해지예고부 최고약관은 보험료 납입최고를 하되 특별한 사정이 없는 한 납입유예기간이 지난 일자를 기한으로 한 최고(최고기간 내의 불이행을 정지조건으로 하는 해지의 의사표시를 같이 하는 최고)를 거쳐 그 기간이 지나면 별도의 의사표시 없이 해지의 효과가 생기도록 하는 것이며, 이는 대법원이 유효하다고 보았다.[42] ④번 지문이 가답안으로 발표되었으나 최종답안에서 이의제기로 모두 정답 처리된 것은 출제자가 해지예고부 최고약관에 대하여 무효라고 입장을 변경하였기 때문이다. 따라서 정답없음으로 모든 지문을 정답처리 하였다.[43]

31. ②

① 사망과 생존에 관한 보험사고가 발생한 경우 보험금액을 지급해야 할 의무가 있는 자는 생명보험자이다.

② 생명보험의 보험계약자는 권리능력이 있는 한 자격의 제한이 없으므로 자연인은 물론이고 법인도 가능하다.

③ 생명보험의 보험사고는 피보험자의 사망 또는 생존이므로, 그

---

36) 대법원 2003.6.27. 선고 2003다6958 판결
37) 대법원 1998.10.13. 선고 98다28114 판결
38) 대법원 2014.4.10. 선고 2013다18929 판결
39) 대법원 1991.6.25. 선고 90다12373 판결
40) 대법원 2008.11.27. 선고 2008다40847 판결
41) 대법원 1995.11.16. 선고 94다56852 전원합의체 판결
42) 대법원 2003.4.11. 선고 2002다69419 판결
43) **저자주** : 다만, 해지예고부최고약관은 분명한 대법원 판례와 실무 적용이 있음에도 기출문제 내에서 정답이 달라지는 등 일관성 없는 태도로 논란이 많다. 상세한 사항은 제44회 2021년 보험계약법 29번 기출문제 해설을 참고바란다.

특성상 자연인만 가능하다.

④ 생명보험에서 보험금청구권을 행사하는 자는 보험수익자로서 그 수에 제한이 없으므로 한 명이 될 수도 있고 다수가 될 수도 있다.

32. ③

인보험의 증권에는 다음의 사항을 기재하여야 한다(상법 제728조). 생명보험도 인보험의 한 종류이므로 아래 내용이 적용된다.

1. 보험계약의 종류
2. 피보험자의 주소 · 성명 및 생년월일
3. 보험수익자를 정한 때에는 그 주소 · 성명 및 생년월일

33. ④

①④ 보험계약자가 계약체결 후에 보험수익자를 지정 또는 변경하고 이를 보험자에 대하여 통지하지 않은 경우에는, 이로써 보험자에게 대항하지 못한다(상법 제734조 제1항). 보험자에게 대항하지 못할 뿐이지 지정 또는 변경 자체가 무효가 되는 것은 아니니 주의해야 한다.

②③ 보험수익자가 보험 존속 중에 사망한 때에는 보험계약자는 다시 보험수익자를 지정할 수 있다. 이 경우에 보험계약자가 지정권을 행사하지 아니하고 사망한 때에는 보험수익자의 상속인을 보험수익자로 한다(상법 제733조 제3항).

34. ②

① 타인을 위한 생명보험에서 보험계약자가 자신을 피보험자로 하여 계약을 체결한다면, 자기의 생명보험에 해당한다. 즉 보험계약자와 피보험자가 동일인이며, 보험수익자는 타인인 경우이다.

② 타인을 위한 생명보험계약에서 그 타인의 권리 발생에는 수익의 의사표시를 필요로 하지 않는다. 따라서 그 타인은 의사표시 여부와 관계없이 당연히 보험에 따른 이익을 받는다. 민법상 제삼자를 위한 계약에서 제삼자의 권리는 그 제삼자가 계약의 이익을 받겠다는 의사표시를 한 때에 생기므로(민법 제539조 제2항), 이것은 상법상 타인을 위한 보험과 민법상 제삼자를 위한 계약의 차이점이다.

③ 타인을 위한 생명보험에서 보험계약자가 자신이 아닌 타인을 피보험자로 하여 계약을 체결한다면, 타인의 생명보험에 해당한다.

④ 타인을 위한 보험에서도 보험계약의 당사자는 엄연히 보험계약자이다. 따라서 보험료 지급의무는 보험계약자가 부담한다. 다만 보험계약자가 파산선고를 받거나 보험료 지급을 지체한 때에는 그 타인(피보험자 또는 보험수익자)이 권리를 포기하지 아니하는 한 타인도 이차적으로 보험료 지급의무를 부담한다(상법 제639조 제3항).[44]

35. ③

① 대법원 판례에 따르면, 설명의무 위반으로 보험약관의 전부 또는 일부의 조항이 보험계약의 내용으로 되지 못하는 경우 보험계약은 나머지 부분만으로 유효하게 존속하고, 다만 유효한 부분만으로는 보험계약의 목적 달성이 불가능하거나 그 유효한 부분이 한쪽 당사자에게 부당하게 불리한 경우에는 그 보험계약은 전부 무효가 된다. 그리고 나머지 부분만으로 보험계약이 유효하게 존속하는 경우에 보험계약의 내용은 나머지 부분의 보험약관에 대한 해석을 통하여 확정되어야 하고, 만일 보험계약자가 확정된 보험계약의 내용과 다른 내용을 보험계약의 내용으로 주장하려면 보험자와 사이에 다른 내용을 보험계약의 내용으로 하기로 하는 합의가 있었다는 사실을 증명하여야 한다(약관규제법 제4조).[45]

② 대법원 판례에 따르면, 보험계약의 보통약관에서 같은 사고로 2가지 이상의 후유장해가 생긴 경우 후유장해 지급률을 합산하는 것을 원칙으로 하면서 동일한 신체부위에 2가지 이상의 장해가 발생한 경우에는 그중 높은 지급률을 적용하되, '하나의 장해와 다른 장해가 통상 파생하는 관계가 인정되거나, 신경계의 장해로 인하여 다른 신체부위에 장해가 발생한 경우 그중 높은 지급률만을 적용한다'는 취지로 정하였는데, 피보험자가 계단에서 미끄러져 넘어지는 사고로 추간판탈출증을 입고, 그 외에 신경계 장해인 경추척수증 및 경추척수증의 파생 장해인 우측 팔, 우측 손가락, 좌측 손가락의 각 운동장해를 입은 사안에서, 후유장해 지급률은 우측 팔, 우측 손가락 및 좌측 손가락 운동장해의 합산 지급률과 신경계 장해인 경추척수증의 지급률 중 더 높은 지급률을 구한 다음, 그 지급률에 추간판탈출증의 지급률을 합하여 산정하여야 한다.[46] 하나의 장해와 다른 장해 사이에 통상 파생하는 관계가 인정되거나 신경계의 장해로 인하여 다른 신체부위에 장해가 발생한 경우에 그러한 관계가 인정되는 장해 사이에 지급률을 비교하여 그중 높은 지급률만 적용한다. 즉 파생된 후유장해의 지급률을 모두 평가해 이를 합산한 것을 신경계 장해의 지급률과 비교하여 그중 높은 지급률을 신경계의 장해와 거기서 파생된 후유장해들의 후유장해 지급률로 적용하는 것이 타당하다.

③ 대법원 판례에 따르면, 생명보험계약을 체결한 보험계약자이자 피보험자가 계약의 책임개시일로부터 2년 후 자살 후 보험수익자가 재해사망특약에 기한 보험금지급청구를 한 경우, 보험자가 특약에 기한 재해사망보험금 지급의무가 있음에도 지급을 거절하였다면, 보험수익자의 재해사망보험금청구권이 시효의 완성으로 소멸하였더라도 보험자의 소멸시효 항변은 권리남용에 해당하지 않는다.[47] 즉 보험자는 소멸시효 완성을 이유로 보험금 지급을 거절할 수 있다.

④ 대법원 판례에 따르면, 보험계약을 체결하면서 별도로 가입한 재해사망특약의 약관에서 피보험자가 재해를 직접적인 원인으로 사망하거나 제1급의 장해상태가 되었을 때 재해사망보

44) 저자주 : 문제가 '타인을 위한 생명보험'에 대한 것이므로, 이차적인 보험료 지급의무자로 피보험자까지 포함하여 서술하는 것은 적절하지 않다. 다만 ④번 지문 자체에서 '타인을 위한 보험'이라고 다시 규정했으므로 문제풀이에는 크게 논란이 없었다.

45) 대법원 2015.11.17. 선고 2014다81542 판결

46) 대법원 2016.10.27. 선고 2013다90891, 90907 판결

47) 대법원 2016.9.30. 선고 2016다218713(본소), 2016다218720(반소) 판결

험금을 지급하는 것으로 규정하면서, 보험금을 지급하지 않는 경우의 하나로 "피보험자가 고의로 자신을 해친 경우. 그러나 피보험자가 정신질환상태에서 자신을 해친 경우와 계약의 책임개시일부터 2년이 경과된 후에 자살하거나 자신을 해침으로써 제1급의 장해상태가 되었을 때는 그러하지 아니하다."라고 규정한 사안에서, 위 조항은 고의에 의한 자살 또는 자해는 원칙적으로 우발성이 결여되어 재해사망특약의 약관에서 정한 보험사고인 재해에 해당하지 않지만, 예외적으로 단서에서 정하는 요건, 즉 피보험자가 정신질환상태에서 자신을 해친 경우와 책임개시일부터 2년이 경과된 후에 자살하거나 자신을 해침으로써 제1급의 장해상태가 되었을 경우에 해당하면 이를 보험사고에 포함시켜 보험금 지급사유로 본다는 취지로 이해하는 것이 합리적이고, 약관 해석에 관한 작성자 불이익의 원칙에 부합한다.[48]

36. ②

① 본래 고의로 인한 보험사고는 생명보험에서도 보험금을 지급하지 않는 것이 원칙이다. 따라서 피보험자의 고의(자살)로 보험사고가 발생하였다면 보험자는 보험금을 지급하지 않는다. 다만 현행 생명보험 표준약관에서는 보험계약을 체결한 날로부터 일정한 기간(2년)이 경과한 후에 피보험자가 자살로 사망한 경우에는 보험금(일반사망보험금)을 지급하도록 규정하고 있다. 이는 생명보험의 특수성을 반영한 규정이다.

② 피보험자의 자살은 고의로 인한 사고이므로 당연히 보험자의 면책사유에 해당한다. 그러나 피보험자가 술에 취한 나머지 판단능력이 극히 저하된 상태, 즉 자유로운 의사결정을 할 수 없는 상태에서 자살한 경우에까지 면책을 적용해야 하는지는 논란이 있다. 사망을 보험사고로 하는 보험계약에서 자살은 자기의 생명을 끊는다는 것을 의식하고 그것을 목적으로 의도적으로 자기의 생명을 절단하여 사망의 결과를 발생케 한 행위를 의미하고, 피보험자가 자유로운 의사결정을 할 수 없는 상태에서 사망의 결과를 발생케 한 경우까지 포함하는 것은 아니기 때문이다. 대법원 판례에 따르면, 피보험자가 술에 취한 나머지 판단능력이 극히 저하된 상태에서 신병을 비관하는 넋두리를 하고 베란다에서 뛰어내린다는 등의 객기를 부리다가 마침내 음주로 인한 병적인 명정으로 인하여 충동적으로 베란다에서 뛰어내려 사망한 경우에 이는 보험약관상 **재해에 해당하며 사망보험금 지급사유에 해당**한다.[49]

③ 대법원 판례에 따르면, 피보험자가 술에 취한 상태에서 출입이 금지된 지하철역 승강장의 선로로 내려가 지하철역을 통과하는 전동열차에 부딪혀 사망한 경우, 피보험자에게 판단능력을 상실 내지 미약하게 할 정도로 과음을 한 중과실이 있더라도 보험약관상의 보험사고인 우발적인 사고에 해당한다.[50]

④ 대법원 판례에 따르면, 공제계약의 피공제자가 직장에 병가를 신청하고 병원에 찾아가 불안, 의욕저하 등을 호소하면서 직장을 쉬기 위하여 진단서가 필요하다고 거듭 요구하여 병명이 '우울성 에피소드'인 진단서를 발급받은 후 주거지 인근 야산에서 처 등에게 유서를 남긴 채 농약을 마시고 자살한 사안에서, 망인이 자살 당일 우울성 에피소드 진단을 받기는 하였으나 발병 시기가 그다지 오래된 것으로 보이지 않고, 망인의 나이, 평소 성격, 가정환경, 자살행위 당일 행적, 망인이 자살하기 전에 남긴 유서의 내용과 그로부터 짐작할 수 있는 망인의 심리상태, 자살행위의 시기와 장소, 방법 등에 비추어, 망인은 정신질환 등으로 자유로운 의사결정을 할 수 없는 상태에서 자살을 한 것으로 보기에는 어렵다.[51]

37. ④

① 질병보험계약의 보험자는 피보험자의 질병에 관한 보험사고가 발생할 경우 보험금이나 그 밖의 급여를 지급할 책임이 있다(상법 제739조의2).

② 질병보험에 관하여는 그 성질에 반하지 아니하는 범위에서 생명보험 및 상해보험에 관한 규정을 준용한다(상법 제739조의3).

③ 사망을 보험사고로 한 보험계약에서는 사고가 보험계약자 또는 피보험자나 보험수익자의 중대한 과실로 인하여 발생한 경우에도 보험자는 보험금을 지급할 책임을 면하지 못한다(상법 제732조의2).

④ 단체가 규약에 따라 구성원의 전부 또는 일부를 피보험자로 하는 생명보험계약을 체결하는 경우에는 피보험자의 서면동의 규정을 적용하지 않는다(상법 제735조의3 제1항).

38. ①

① 자동차보험의 대물배상책임보험이란 피보험자가 자동차의 사고로 타인의 재화에 손해를 일으켜 제3자에게 배상책임을 짐으로써 입은 손해를 보험자가 보상하는 책임보험이다. 제3자에 대한 배상책임이 대물배상책임보험의 주요 목적이며, 여기에는 자동차에 싣고 있는 물건 또는 운송 중인 물건에 생긴 손해는 포함되지 않는다. 이러한 물건은 운송보험의 영역이다.

② 대인배상책임보험이란 자동차의 운행 또는 소유 · 사용 · 관리 중에 있는 제3자에게 사망 또는 상해를 입힌 사고로 말미암아 피보험자가 제3자에게 배상책임을 짐으로써 입은 손해를 보험자가 보상하는 책임보험이다.

③ 자동차보험계약이라 함은 피보험자가 자동차를 소유 · 사용 · 관리하는 동안에 발생한 사고로 인하여 생길 손해의 보상을 목적으로 하는 손해보험계약이다.

④ 무보험자동차상해보험은 자동차보험의 대인배상 Ⅱ에 가입되지 아니하거나, 대인배상 Ⅱ에 의하여 보호되지 아니하는 자동차 사고로 손해를 입은 피보험자를 보호하기 위한 보험이다.

---

48) 대법원 2016.5.12. 선고 2015다243347 판결
49) 대법원 2015.6.23. 선고 2015다5378 판결
50) 대법원 2001.11.9. 선고 2001다55499, 55505 판결
51) 대법원 2011.4.28. 선고 2009다97772 판결

39. ④

① 우리 상법은 인보험을 크게 생명보험, 상해보험, 질병보험으로 구분한다. 생명보험의 보험사고는 피보험자의 사망, 생존, 사망과 생존이며, 상해보험은 신체의 상해, 질병보험은 질병이 보험사고이다. ①번 지문에서는 상해와 질병만 언급하고, 생명보험에 관한 내용이 생략되었으므로 틀린 지문이다.
② 대법원 판례에 따라면, 단체가 구성원의 전부 또는 일부를 피보험자로 하고 보험계약자 자신을 보험수익자로 하여 체결하는 생명보험계약 내지 상해보험계약은 단체의 구성원에 대하여 보험사고가 발생한 경우를 부보함으로써 단체 구성원에 대한 단체의 재해보상금이나 후생복리비용의 재원을 마련하기 위한 것이므로 피보험자가 보험사고 이외의 사고로 사망하거나 퇴직 등으로 단체의 구성원으로서의 자격을 상실하면 그에 대한 단체보험계약에 의한 보호는 종료된다. 대법원 판례에 따르면, 구성원으로서의 자격을 상실한 종전 피보험자는 자동으로 개인보험으로 전환되는 것은 아니며, 보험약관이 정하는 바에 따라 자신에 대한 개별계약으로 전환하여 보험보호를 계속 받을 수 있을 뿐이다.[52]
③ 보험자는 보험사고로 인하여 생긴 보험계약자 또는 보험수익자의 제3자에 대한 권리를 대위하여 행사하지 못한다. 그러나 상해보험계약의 경우에 당사자 간에 다른 약정이 있는 때에는 보험자는 피보험자의 권리를 해하지 아니하는 범위안에서 그 권리를 대위하여 행사할 수 있다(상법 제729조).
④ 대법원 판례에 따르면, 타인의 생명보험에서 피보험자가 서면으로 동의의 의사표시를 하여야 하는 시점은 '보험계약 체결시까지'이고, 이는 강행규정으로서 이에 위반한 보험계약은 무효이므로, 타인의 생명보험계약 성립 당시 피보험자의 서면동의가 없다면 그 보험계약은 확정적으로 무효가 되고 피보험자가 이미 무효가 된 보험계약을 추인하였다고 하더라도 그 보험계약이 유효로 될 수는 없다.[53]

40. ④

① 대법원 판례에 따르면, 피보험자가 원룸에서 에어컨을 켜고 자다 사망한 사안에서, 사고의 외래성 및 인과관계에 관한 법리와 한국배상의학회에 대한 사실조회 결과에서 알 수 있는 최근의 의학적 연구와 실험 결과에 비추어 볼 때, 문과 창문이 닫힌 채 방안에 에어컨이 켜져 있었고 실내온도가 차가웠다는 사정만으로 망인의 사망 종류 및 사인을 알 수 없다는 검안의사의 의견과 달리 망인의 사망 원인이 '에어컨에 의한 저체온증'이라거나 '망인이 에어컨을 켜 둔 채 잠이 든 것'과 망인의 '사망' 사이에 상당한 인과관계가 있다고 볼 수 없다. 또한 사망 원인이 분명하지 않아 사망 원인을 둘러싼 다툼이 생길 것으로 예견되는 경우에 망인의 유족이 보험회사 등 상대방에게 사망과 관련한 법적 책임을 묻기 위해서는 먼저 부검을 통해 사망 원인을 명확하게 밝히는 것이 가장 기본적인 증명과정 중의 하나가 되어야 한다. 그런데 의사의 사체 검안만으로 망인의 사망 원인을 밝힐 수 없었음에도 유족의 반대로 부검이 이루어지지 않은 경우, 우리나라에서 유족들이 죽은 자에 대한 예우 등 여러 가지 이유로 부검을 꺼리는 경향이 있긴 하나, 그렇다고 하여 사망 원인을 밝히려는 증명책임을 다하지 못한 유족에게 부검을 통해 사망 원인이 명확히 밝혀진 경우보다 더 유리하게 사망 원인을 추정할 수는 없으므로, 부검을 하지 않음으로써 생긴 불이익은 유족들이 감수하여야 한다.[54]
② 대법원 판례에 따르면, "외과적 수술, 그 밖의 의료처치로 인한 손해를 보상하지 아니한다. 그러나 회사가 부담하는 상해로 인한 경우에는 보상한다."는 보험약관 면책조항의 취지는 피보험자에 대하여 보험회사가 보상하지 아니하는 질병 등을 치료하기 위한 외과적 수술 기타 의료처치(이하 '외과적 수술 등'이라고 한다)가 행하여지는 경우, 피보험자는 일상생활에서 노출된 위험에 비하여 상해가 발생할 위험이 현저히 증가하므로 그러한 위험을 처음부터 보험보호의 대상으로부터 배제하고, 다만 보험회사가 보상하는 보험사고인 상해를 치료하기 위한 외과적 수술 등으로 인한 위험에 대해서만 보험보호를 부여하려는 데 있다.[55] 따라서 위와 같은 이 사건 면책조항의 취지에 비추어 볼 때, 신체의 상해나 질병 등을 치료하기 위한 외과적 수술 등에 기한 상해가 아니라 순수한 건강검진 목적으로 건강검진센터에서 전신마취제인 프로포폴을 투여받고 수면내시경 검사를 받았는데 검사 시작 5분 만에 호흡부전 및 의식불명 상태가 되어 결국 사망에 이른 것은 면책조항의 적용 대상이 아니다.[56]
③ 대법원 판례에 따르면, 상해보험의 피보험자가 병원에서 복막암 진단을 받고 후복막강 종괴를 제거하기 위한 개복수술을 받았으나 그 과정에서 의료진의 과실로 인한 감염으로 폐렴이 발생하여 사망한 사안에서, 위 사고는 보험자가 보상하지 않는 질병인 암의 치료를 위한 개복수술로 인하여 증가된 감염의 위험이 현실화됨으로써 발생한 것이므로 그 사고 발생에 의료진의 과실이 기여하였는지 여부와 무관하게 상해보험약관상 면책조항이 적용된다.[57]
④ 대법원 판례에 따르면, 보험약관에서 정한 보험사고의 요건인 '급격하고도 우연한 외래의 사고' 중 '외래의 사고'라는 것은 상해 또는 사망의 원인이 피보험자의 신체적 결함 즉 질병이나 체질적 요인 등에 기인한 것이 아닌 외부적 요인에 의해 초래된 모든 것을 의미하고, 이러한 사고의 외래성 및 상해 또는 사망이라는 결과와 사이의 인과관계에 관하여는 보험금 청구자에게 그 증명책임이 있다.[58]

52) 대법원 2007.10.12. 선고 2007다42877, 42884 판결
53) 대법원 2006.9.22. 선고 2004다56677 판결
54) 대법원 2010.9.30. 선고 2010다12241, 12258 판결
55) 대법원 2010.8.19. 선고 2008다78491, 78507 판결
56) 대법원 2014.4.30. 선고 2012다76553 판결
57) 대법원 2010.8.19. 선고 2008다78491, 78507 판결
58) 대법원 2010.9.30. 선고 2010다12241 판결

3과목 손해사정이론

01	02	03	04	05	06	07	08	09	10
④	④	④	①	①	③	②	②	③	①
11	12	13	14	15	16	17	18	19	20
②	③	④	③	④	①	①	③	③	③
21	22	23	24	25	26	27	28	29	30
①	④	①	②	③	②	③	④	②	④
31	32	33	34	35	36	37	38	39	40
④	④	①	④	①	④	④	④	③	④

01. ④

① 상실수익액에 대한 중간이자 공제는 법정이율을 적용한다.

②④ 장기에 걸쳐 계속적이고 정기적으로 피해자가 취득할 수익 또는 치료비 등을 현재의 어느 시점에서 일시에 지급받으면 순차적으로 지급받게 되는 것에 비해 그만큼의 추가적인 이자 소득이 발생한다. 따라서 이러한 과잉배상을 방지하기 위하여 그 이자금액 만큼을 공제하는 것을 중간이자 공제라고 한다. 중간이자 공제는 원금에 대한 이자 적용방식에 따라서 크게 아래의 두 가지로 나뉜다. 호프만방식은 단리 공제이고, 라이프니츠방식은 복리 공제이므로, 여타의 조건이 동일한 경우 라이프니츠 방식보다 호프만방식에서 배상금이 더 많이 산정된다.

- 호프만방식 : 원금에 대한 이자가 단리로 붙는다는 가정하에 **단리 공제**
- 라이프니츠방식 : 원금에 대한 이자가 복리로 붙는다는 가정하에 **복리 공제**

③ 국가배상법에서는 중간이자 공제를 법정이율에 의한 단할인법인 호프만방식을 적용한다.[59]

02. ④

본 문제는 역선택(adverse selection)과 도덕적 해이(moral hazard)의 차이점을 물어보는 문제이다. 역선택과 도덕적 해이의 발생시점, 발생원인은 다음과 같다.

	발생시점	발생원인
역선택 (adverse selection)	보험계약 체결 시점	숨겨진 속성
도덕적 해이 (moral hazard)	보험계약 체결 이후	숨겨진 행동

03. ④

근대 민법의 3대 기본 원칙[60] 중에 하나는 과실 책임제도이다. 과실 책임제도란, 가해자에게 고의 또는 과실이 있는 경우에만 타인에게 손해배상책임을 부담하고 고의나 과실이 없으면 손해배상책임을 부담하지 않는 제도이다. 그런데 사회가 점차 전문성, 복잡성을 가지게 되면서 단순히 가해자에게 과실이 없다는 이유로 손해배상책임을 면하게 하는 것에 점차 문제점이 드러나게 되었다. 피해자가 보호를 받기 위해서는 그 손해 발생에 대하여 가해자에게 고의 또는 과실이 있었음을 증명해야 하는데, 전문화된 현대 사회에서 개인이 타인의 과실을 증명하는 것이 매우 어렵기 때문이다. 이러한 문제점을 해결하기 위해서 나온 것이 무과실책임제도이다. 무과실책임제도에서는 가해자의 고의, 과실 여부를 불문하고 피해자에게 손해가 발생했다면 가해자에게 배상책임을 부여한다. 따라서 피해자는 자신에게 손해가 발생하였다는 것만 증명하면 가해자로부터 손해배상을 받을 수 있어 피해자 보호를 두텁게 할 수 있다. 문제에서 과실비율에 대한 규명 없이 각자의 보험회사로부터 손실을 보상 받을 수 있는 제도라고 하였으므로 무과실책임제도가 맞는 지문이다.

손익상계는 손해배상에서 그 손해와 같은 원인에 의하여 발생한 이익을 공제하는 것을 말하며, 교차책임은 쌍방 간의 과실로 사고가 발생하였을 경우 서로 손해배상청구권을 가지는 것을 말한다. 과실상계란 채무불이행 책임에서 채권자에게도 과실이 있으면 손해배상의 책임 및 금액 결정에 그 과실을 참작하는 것을 말하며, 민법 제763조에 따라 채무불이행뿐만 아니라 불법행위 책임에서도 적용된다.

04. ①

위험보편의 원칙에 대한 설명이다.

초기 보험의 인과관계 이론에서는 선행 사실이 없었더라면 후행 사실도 없었을 것이다 라는 전제 하에 인과관계 여부를 판단했다. 그런데 이런 방식의 접근은 선행 사실에 대한 인과관계를 무한히 확장시켜, 계속 거슬러 올라가다 보면 결국 면책위험 혹은 비담보위험으로 귀결되는 문제가 발생하게 되었다. 따라서 이를 수정해서 나온 것이 상당인과관계이론과 위험보편의 원칙이다. 위험보편의 원칙이란 선행위험이 면책위험이 아닌 한 후행위험이 담보하는 위험이라면 비담보위험으로 인하여 발생하였더라도 보험자가 보상책임을 부담한다는 원칙이다. 즉, 화재보험에서 발화의 원인을 불문하고 그 화재로 인하여 보험목적물에 손해가 발생하였다면 보험자는 보상책임을 부담한다. 예를 들어 화재보험은 화재로 인한 손해만 보상하며, 폭발 또는 파열로 인한 손해는 화재보험의 보상 영역이 아니므로 보험금을 지급하지 않는다. 그러나 폭발 또는 파열로 인하여 화재손해가 발생하였을 때에는 그 화재손해는 보험금을 지급한다. 현행 화재보험 표준약관에는 이를 "화재로 생긴 것이든 아니든 파열 또는 폭발로 생긴 손해는 보상하여 드리지 아니합니다. 그러나 이 결과로 생긴 화재손해는 보상하여 드립니다."라고 규정하여 비담보위험인 폭발 또는 파열로, 담보위험인 화재손해가 생긴 경우에도 보험금을 지급하도록 규정하고 있다.

05. ①

지급여력비율이란 보험회사에 예상치 못한 손실이 발생할 경우 지급능력을 유지할 수 있도록 일종의 완충 작용(버퍼)을 할 수 있는 여력을 얼마나 보유하고 있는지를 평가하는 비율이다. 보험회

59) 국가배상법 시행령 제6조 제3항 : 중간이자 공제방식은 법정이율에 의한 단할인법인 호프만방식에 의한다.
60) 근대 민법의 3대 원칙 : 소유권 절대의 원칙, 사적 자치의 원칙, 자기책임의 원칙(과실 책임주의)

사의 재무건전성을 평가하는 주요한 지표 중의 하나이다. 지급여력비율을 계산하는 방식은 다음과 같다(보험업법 시행령 제65조 제1항). 비상위험준비금, 후순위차입금, 자본잉여금은 모두 지급여력금액에 포함되나 책임준비금은 보험회사의 예상하지 못한 위험으로 인한 손실보전에 사용될 수 없으므로 지급여력금액에 포함되지 않는다. 다만 2023년 1월부터 IFRS17의 도입으로 현재는 관련 규정이 바뀌었다.

1. "지급여력금액"이란 자본금, 이익잉여금, 후순위차입금, 그 밖에 이에 준하는 것으로서 금융위원회가 정하여 고시하는 금액을 합산한 금액에서 영업권, 그 밖에 이에 준하는 것으로서 금융위원회가 정하여 고시하는 금액을 뺀 금액을 말한다.
2. "지급여력기준금액"이란 보험업을 경영함에 따라 발생할 수 있는 손실위험을 금융위원회가 정하여 고시하는 방법에 따라 금액으로 환산한 것을 말한다.
3. "지급여력비율"이란 지급여력금액을 지급여력기준금액으로 나눈 비율을 말한다.

06. ③

기대효용가설(expected utility hypothesis)에 대한 문제이다. 기대효용가설이란 전통적인 경제학에 대한 비판으로 나온 이론으로, 사람의 행동이 초래하는 결과는 불확실하며, 합리적인 경제주체의 행동은 결과에 관한 효용의 기대치에 입각하여 이루어진다는 것이다. 1천원을 걸고 동전을 던져서 앞면이 나오면 2천원을 주고, 뒷면이 나오면 0원을 주는 내기가 있다고 하자. 내기에 참가하기 위하여 지출하는 참가비 1천원과 내기 결과로 인하여 받을 수 있는 기대값(2천원×50%)은 서로 동일하기 때문에, 전통적인 경제학에서 흔히 말하는 합리적인 경제주체라면 내기 참가여부에 대하여 모두 같은 결론을 내려야 한다. 그런데 실제로 사람들에게 내기에 참가할지 여부를 물어보면 어떤 사람은 참가를 하고 어떤 사람은 참가하지 않는다. 이는 각각의 개인이 내기에 대해서 느끼는 기대효용이 다르기 때문이다. 어떤 사람은 현재의 확실한 1천원에 대해서 더 효용을 느끼며, 어떤 사람은 내기에 참가하여 2천원을 받을 수 있는 50%의 확률에 더 효용을 느낀다. 즉 개인의 결정은 기대값이 아니라 기대효용에 따른다. 기대효용가설은 현실의 확실성과 미래의 불확실성에 대한 기대가치를 서로 비교하여 어떤 것에 더 효용을 느끼느냐에 따라 개인의 행동 결과가 달라진다는 것이다. 이를 정리하면 다음과 같다.

- **위험회피형(risk-averse)** : 미래의 불확실성에 대한 기대가치보다 현재의 확실성을 높게 평가함
- **위험중립형(risk-neutral)** : 둘의 가치를 동일하게 평가함
- **위험선호형(risk-loving)** : 현재의 확실성보다 미래의 불확실성에 대한 기대가치를 높게 평가함

보험은 불확실한 사고를 보장해주는 제도이므로 이를 보험에 적용시켜보면, 위험회피형 개인은 미래의 불확실한 보험사고 손해보다 현재의 확실한 보험료에서 더 효용을 느끼기 때문에 부가보험료가 존재하더라도 리스크를 회피하고자 보험을 구매한다. 반대로 위험선호형 개인은 현재의 확실한 보험료의 효용을 상대적으로 낮게 평가하기 때문에 부가보험료 여부를 불문하고 보험을 구매하지 않는다. 위험중립형 개인은 둘의 효용을 동일하게 평가하기 때문에 만약 부가보험료가 존재한다면 굳이 보험을 구매하지 않는다.

07. ②

계약자의 입장에서 보면 보험은 위험전가 제도이지만, 기술적인 측면에서 보면 보험은 다수의 위험단위를 집단화함으로써 개별 계약자의 손실에 대한 불확실성을 경감하는 위험결합 제도이다.

08. ②

① 합산비율은 손해율과 사업비율을 합친 비율이며, 자산운용수익을 제외한 보험회사의 전체적인 경영성과를 나타내는 대표적인 지수이다.
② 영업보험료를 산출할 때에는 사고보험금 지급 등에 필요한 순보험료(위험보험료+저축보험료) 외에도 사업비 지출에 필요한 부가보험료(예정사업비)를 계산하여 부과한다. 실제사업비가 예정사업비보다 낮다는 것은 효율적 경영을 통하여 사업비를 적게 지출하였다는 의미이다.
③ 손해율이란 보험회사가 인수한 보험료에 대하여 보험사고가 발생하여 지급한 보험금을 백분율로 나타낸 지수로 보험회사의 경영실적을 평가하고 보험요율을 산정하는 주요 지표이다. 손해율을 계산하는 방식에는 기간별 손해율, 인수연도별 손해율, 경과손해율 등이 있으며, 일반적으로 경과손해율(incurred- to-earned basis loss ratio) 방식이 많이 사용되고 우리나라에서도 경과손해율 방식을 채택하고 있다. 발생손해액과 경과보험료를 계산할 때에는 모두 재보험거래에 대한 손익을 포함한다.

- 경과보험료 = 원수경과보험료 + 수재경과보험료 - 출재경과보험료
- 발생손해액 = 원수손해액 + 수재손해액 - 출재손해액
- 경과손해율 = 발생손해액 / 경과보험료

④ 손해사정비용은 사업비가 아니라 발생손해액에 속한다. 따라서 사업비율이 아니라 손해율에 영향을 준다.

09. ③

① **grace period clause(유예기간 조항)** : 계약에서 정한 납입기일이 지키지 못했다고 하더라도 별도의 불이익 없이 미납에 따른 벌칙이 유예되는 기간을 말한다. 보험에서는 보험계약자가 정해진 보험료 납입기일 내에 보험료를 납입하지 못하였더라도 일정한 유예기간 동안 보험료를 정상적으로 납부한다면 계약의 해지 등 별도의 불이익없이 보험계약이 계속 유지된다.
② **if clause(만약 조항)** : 보험기간 중 특별한 조건을 위배하거나 위반했을 경우에 그 보험계약의 효력을 종결시키는 조항이다. 즉 "만약" 어떤 조건들이 충족되지 않는다면 보험계약은 효력을 상실한다. 종결된 보험계약을 다시 살리기 위해서는 새로운 보험계약을 체결하여야 한다.
③ **while clause(동안 조항)** : while clause는 보험기간 중 보험계약자나 피보험자의 행위로 위태가 증가되었을 때에 보험효력이 일시 정지되었다가, 위태가 제거되어 원상으로 복귀하면 보험효력이 재개되도록 하는 조항이다. 예를 들어 미국의 건강보험은 여행 중에 발생하는 사고는 보상하지 않도록 규정하고 있는데, 이는 여행 중의 사고 위험이 일상생활에서의 사고

위험보다 높기 때문이다. 여행 중의 사고 위험은 여행자보험(Traveler insurance)에서 따로 보상한다. 만약 피보험자가 여행에서 돌아와 일상생활을 시작한다면 건강보험의 보장은 다시 재개된다.

④ **floater clause(유동 조항)** : 보험목적물이 한 장소에 고정된 것이 아니라 여러 장소를 이동하는 동산인 경우에 이를 보장하기 위한 조항이다. 우리나라에서는 inland floater policy(동산종합보험)으로 별도의 보험상품을 가입하는 것이 일반적이다.

10. ①

동일한 보험목적물이라고 하더라도 피보험자가 누구냐에 따라 손실 발생 위험은 달라질 수 있다. 예를 들어 동일한 자동차라고 하더라도 그 자동차를 운전하는 사람이 누구냐에 따라서 사고발생 위험은 현저히 달라진다. 이러한 보험계약의 성격을 인적계약(personal contract)이라고 한다.

11. ②

기업신용보험(commercial credit insurance)이란, 기업이 다른 기업과 신용거래를 할 때 채무가 있는 기업이 채무를 이행할 수 없게 되어 채권자가 입는 손해를 보상하는 보험을 말한다. 즉, 기업이 외상매출금을 회수하지 못하여 입는 신용손실을 보상하는 보험이다. 신용손실의 원인은 채무자의 파산 또는 지급불능이어야 하고, 그 밖의 원인에 의한 신용손실은 보상에서 제외된다. 또한 신용손실이 비정상적 신용손실(abnormal credit loss)인지, 정상적 신용손실(normal credit loss)인지 여부를 불문한다. 이러한 기업신용보험을 통하여 기업의 불량채무손실을 감소시키고 거래 상대방의 지급불능 시 효율적인 회수 및 구조서비스를 받을 수 있다.

12. ③

① 책임보험도 손해보험의 일종이며, 피보험자에게 발생한 경제적 손해를 보상한다.

② 본래 피해자는 책임보험의 보험자와 아무런 관계가 없으므로 별도의 권리를 행사할 수 없는 것이 원칙이다. 다만 우리 상법은 책임보험에 있어서 피해자의 직접청구권을 규정하여, 피해자가 피보험자를 통하지 않고도 책임보험의 보험자에게 직접 손해를 청구할 수 있는 권리를 부여하였다. 따라서 피해자는 보험자에게 직접 손해의 전보를 청구할 수 있다.

③ 적극적 손해는 이미 보유하고 있는 재산에 발생하는 직접적인 손해를 말하며, 소극적 손해는 사고로 인하여 얻을 수 있었던 재산의 취득이 방해된 경우 혹은 사고의 발생으로 피보험자가 부담해야 하는 손해배상책임을 말한다. 책임보험은 피보험자에게 발생하는 소극적 손해를 보상하는 전형적인 소극보험의 성질을 가진다.

④ 책임보험의 특성상 사고 발생시의 손해액을 확정할 수 없으므로 보험가액은 존재하지 않는다는 것이 통설이다. 따라서 책임보험에서는 보상한도액(보험자가 보상책임을 부담하는 최고 한도액)이라는 개념이 자주 사용된다.

13. ④

손실통제(loss control)는 사고 발생 빈도와 손실의 규모를 줄이고 예방하기 위하여, 위험을 관리 통제하는 위험관리 기법을 말한다. 특히 손실감소(loss reduction)는 이미 사고가 발생한 경우 그 손해의 규모를 줄여 더 큰 손해가 발생하는 것을 막기 위한 위험 관리기법이다. 자동차에 에어백을 설치하거나 운전 시에 안전벨트를 하는 것, 건물에 스프링클러를 설치하는 것들이 대표적인 손실감소에 해당한다. 안전교육, 금연과 금주, CCTV 설치는 손실의 발생 가능성이나 손실 발생 빈도를 줄이려는 조치로 손실예방(loss prevention)에 해당한다.

14. ③

보험을 가입하였다는 이유로 위험관리를 소홀히 한다거나 사고발생 후 적극적으로 손해방지활동을 하지 않는 위태는 정신적 위태(morale hazard)에 해당한다.

- **실체적 위태(physical hazard)** : 사고의 빈도나 심도를 높이는 물리적인 상태(예 창고에 보관중인 화약, 도로의 결빙)
- **도덕적 위태(moral hazard)** : 사고의 빈도나 심도를 의도적으로 키우는 행위(예 방화, 살인)
- **정신적 위태(morale hazard)** : 사고의 발생에 대한 무관심, 부주의(예 공장 소방시설 정비불량 및 직원 화재교육 미흡)

15. ④

보험이란 위험관리 기법 중 위험의 이전에 해당한다. 즉, 보험계약자는 일정한 보험료를 지불하고 손해가 발생했을 경우 그 손해를 보험자에게 전가하는 것이다. 그런데 보험의 형태를 가지고 있지만 사고가 발생했을 때 그 손해를 보험자에게 전가하는 것이 아니라 손해의 일부 혹은 전부를 자신이 보유하는 제도가 있다.

① 공제조항(deductible clause)은 손해가 발생했을 때 그 손해의 일부를 피보험자가 부담하게 하는 제도로, 위험보유의 형태에 해당한다.

② 자가보험(self-insurance)은 보험의 형식을 취하고 있으나 위험을 보험자에게 전가하는 것이 아니라 스스로가 보유하고 있는 형태를 말한다.

③ 캡티브보험(captive insurance)은 종속보험회사라고도 하며 경제 주체가 보험 자회사를 설립하여 위험을 관리하는 것으로 위험보유의 형태에 해당한다.

④ 타보험조항(other insurance)은 둘 이상의 보험계약이 동일한 피보험이익을 보장하고 있을 때 이들 상호 간의 보장 분배방식을 정한 약관조항을 말한다. 위험보유와는 크게 관련이 없다.

16. ①

손인(peril)이란 손해가 발생하게 되는 원인으로 일반적으로 '사고'와 동일한 개념으로 이해하면 된다. 보통 전쟁, 천재지변 등으로 발생한 손해는 보험자가 면책되도록 규정하는데, 이는 이러한 위험들이 제외손인(excluded perils)에 해당하기 때문이다.

17. ①

① 피보험이익이란 피보험자가 보험사고 발생 여부와 관련하여 보험목적에 대하여 가지는 경제상의 이해관계를 말한다. 이

러한 피보험이익을 금전으로 평가한 것이 보험가액이다. 보험목적물의 가치는 피보험이익과는 다르며, 보험가액과도 다르다. 예를 들어 어떠한 건물이 1억원의 가치가 있다고 하더라도 이는 피보험이익이 1억원이라는 뜻은 아니며, 피보험이익은 어떠한 피보험자가 어떠한 보험사고에 대하여 이해관계를 가지냐에 따라 달라진다.

②③④ 피보험이익의 원칙은 손해보험에서 절대적인 요소에 해당하며 도덕적 위태를 감소시키는 기능을 한다. 피보험이익은 반드시 현존하는 이익일 필요는 없고 사고 발생 시에 확정되는 이익이면 충분하다. 하나의 보험목적물에 복수의 피보험이익이 존재할 수 있다. 예를 들어 하나의 건물에 건물주가 가입하는 화재보험에 대한 피보험이익과 임차자가 가입하는 임차자배상책임보험에 대한 피보험이익이 복수로 존재한다.

18. ③

상법상 보험자에 의한 보험계약 해지사유는 아래와 같다. 사고발생의 통지의무 위반 시에는 의무 위반으로 인하여 증가된 손해를 보상하지 않을 뿐이며(상법 제657조), 보험계약의 해지사유는 아니다.

1) 계속보험료 미납
2) 고지의무 위반
3) 위험변경증가 통지의무 위반
4) 위험변경증가 통지의무 이행
5) 사고발생 위험의 현저한 변경증가(위험 유지의무 위반)
6) 선박미확정의 적하예정보험에서 하물 선적 통지의무 위반

19. ③

공동보험조항(co-insurance clause)이란, 손해액의 일정 비율을 피보험자가 부담하고 나머지 비율의 손해액에 대해서만 보험금을 지급하는 방식의 공제조항으로 참여 비율 공제조항(participation percentage deductible)이라고도 한다. 예를 들어 손해액의 20%를 피보험자가 부담하는 공동보험 조항에서 100만원의 손해가 발생하였다면 보험자는 80만원의 보험금을 지급한다. 따라서 나머지 20만원은 피보험자가 스스로 부담하게 되므로, 보험자와 피보험자 사이에 일종의 공동보험 관계가 형성되는 것이다.

• **보험금 계산식** : 100만원 − (100만원 × 20%) = 80만원

이러한 공동보험조항은 손해액의 일정비율을 공제하여 지급하는 것이므로 소액보상 청구를 줄이는 효과는 없으며, 보험계약자 사이에 보험요율의 형평성을 유지하고 위험관리를 유도하여 손실발생 방지의 효과를 기대할 수 있다.

20. ③

20번 문제에서 말하는 공동보험조항은 일정한 부보비율을 요구하여, 부보비율을 만족하는 경우 가입금액 한도 내에서 실손해액 전액을 보상하지만, 만족하지 못하는 경우에는 일정한 불이익을 주는 방식의 조항을 말한다. 위 19번 문제에서 말하는 공동보험조항과는 다른 의미이다. 요구부보비율을 만족했을 때와 만족하지 못했을 경우의 계산식은 다음과 같다.

• **요구부보비율을 만족할 경우**
보험가입금액 한도에서 손해액 전부 보상
• **요구부보비율을 만족하지 못할 경우**

$$\text{손해액} \times \frac{\text{보험가입금액}}{\text{보험가액} \times \text{요구부보비율}}$$

문제에서는 주어진 요구부보비율이 80%이며 보험가액이 5억원, 보험가입금액은 2억원이므로 요구부보비율을 만족하지 못한 경우에 해당한다. 각각의 상황에서 보험자가 지급해야 하는 보험금은 다음과 같다.

A) **손해액 5억원** : $5\text{억원} \times \frac{2\text{억원}}{5\text{억원} \times 80\%} = 2.5\text{억원}$
→ 가입금액이 2억원이므로 2억원
(※ 혹은 전손사고이므로, 가입금액 2억원 지급)

B) **손해액 3억원** : $3\text{억원} \times \frac{2\text{억원}}{5\text{억원} \times 80\%} = 1.5\text{억원}$

C) **손해액 1억원** : $1\text{억원} \times \frac{2\text{억원}}{5\text{억원} \times 80\%} = 0.5\text{억원}$

D) **손해액 0원** : 0원

위의 보험금이 각각 지급되는 확률을 도입하면 다음과 같다.

A) 2억원×0.1=0.2억원
B) 1.5억원×0.1=0.15억원
C) 0.5억원×0.2=0.1억원
D) 0원×0.6=0원

A, B, C, D를 모두 더하면, 0.45억원. 즉, 4,500만원이다.

21. ①

비례분할 재보험특약(quota share reinsurance treaty)은 정해진 일정한 비율에 따라 위험을 비례적으로 분담하는 방식이다. 출재보험자(원보험회사)와 수재보험자(재보험회사) 사이에는 일정한 비례 관계가 형성되므로 보험가입금액, 보험료, 손해액 등을 정해진 비율에 따라 나눈다. 문제에서 20%를 출재하며 특약 한도액은 50만원이라고 주어졌으므로, 이에 따라 각각의 원보험계약에서 재보험 처리되는 금액은 다음과 같다.

1) 150만원×20%=30만원
2) 200만원×20%=40만원
3) 300만원×20%=60만원
→ 특약한도액이 50만원이므로 50만원

총 재보험금 : 30만원+40만원+50만원 = 120만원

22. ④

소급보험은 보험자의 책임개시가 청약일 이전으로 소급하여 적용되는 보험을 말하며, 승낙전보호제도는 보험계약자가 청약한 후 보험자가 그 청약을 승낙하기 전의 사고를 보험자가 책임을 지도록 하는 제도를 말한다. ④번 지문에서는 소급보험과 승낙전보호제도가 반대로 서술되어 있다.

23. ①

① 자가보험(self-insurance)은 보험의 형식을 취하고 있으나 위험을 보험자에게 전가하는 것이 아니라 스스로가 보유하고 있는 형태를 말한다. 스스로 위험을 보유하기 때문에 보험자의 전문적인 위험관리 서비스를 받을 수 없다는 단점이 있다.
② 자가보험은 별도의 보험을 가입하는 것이 아니라 스스로 위험을 보유하는 것이므로 보험료의 일부를 구성하는 부가보험료(사업비)를 절감할 수 있어 위험비용을 낮출 수 있다.
③ 자가보험을 운영하기 위해서는 대수의 법칙에 의하여 미래손실을 비교적 정확하게 예측할 수 있을 정도로 손해가 충분해야 한다. 즉 동질적 위험을 다수 보유하여야 자가보험을 활용할 수 있다.
④ 보험료가 사외로 유출되지 않아 유동성을 확보하고 투자이익을 얻을 수 있는 이점이 있다.

24. ②

IBNR 준비금은 보험사고는 이미 사고는 발생하였으나 아직 보험회사에 통보되지 않은 손해에 대하여 보험회사가 미래에 청구될 보험금 지급에 충당하기 위하여, 발생주의 입장에서 그 기간 중 발생한 손해액과 대응시키기 위하여 적립해야 하는 준비금을 말한다. 다른 말로는 기발생 미보고 손해액(Incurred But Not Reported)이라고도 한다. 다만 현재는 IFRS17의 도입으로 IBNR 준비금을 별도의 항목으로 적립하지는 않는다.

25. ③

손해사정 업무는 크게 검정업무(survey)와 정산업무(adjustment)로 나뉜다. 검정업무(survey)는 보험계약사항을 확인하고 실제 사고 현장조사, 사고사실 및 손해액을 확인 산정하는 업무 등이며, 정산업무(adjustment)는 보험자의 지급책임액을 결정하여 적절한 지급방법으로 피보험자에게 보험금을 지급하고 손해에 대하여 책임있는 사람에게 대위 및 구상을 하는 업무 등을 말한다.

26. ②

- **열거위험담보**
  1) 필요한 위험만을 선택하여 가입할 수 있다.
  2) 열거된 위험으로 손해가 발생했음을 피보험자가 입증하여야 한다.
  3) 다른 보험계약에서 담보된 위험은 제외하여 가입할 수 있다.
  4) 포괄위험담보계약보다 담보범위가 좁고 보험료가 싸다.
- **포괄위험담보**
  1) 모든 위험을 포괄하여 가입할 수 있다.
  2) 피보험자는 손해의 발생사실만 입증하면 되며, 면책사유에 해당함을 보험자가 입증하여야 한다.
  3) 다른 보험계약에서 담보된 위험이 중복 가입될 가능성이 있다.
  4) 열거위험담보계약보다 담보범위가 넓고 보험료가 비싸다.

27. ③

배상책임보험은 보험사고의 발생 시점을 언제로 보느냐에 따라서, 사고발생기준(occurrence basis) 배상책임보험과 배상청구기준(claims-made basis) 배상책임보험으로 나뉜다. 예를 들어 1일에 사고가 발생하여 5일에 배상청구가 이루어졌다면, 사고발생기준 배상책임보험에서는 1일을 보험사고 발생일로 보며, 배상청구기준 배상책임보험에서는 5일을 보험사고 발생일로 본다. 배상청구기준 배상책임보험은 일반적으로 장기성 배상책임(long-tail liability)의 특성을 갖는 전문직 배상책임 보험 등에 적용된다.

28. ④

보험료 불가분의 원칙이란, 보험료를 결정하는 단위 기간인 보험료기간에 해당하는 보험료는 위험의 성질상 이를 나누는 것이 불가하므로, 보험료기간에 해당하는 보험료를 취득한 보험자는 그 기간 동안 보험계약의 효력이 소멸하더라도 보험료기간 전부의 보험료를 취득할 수 있고 미경과 기간에 대한 보험료를 반환할 의무가 없다는 원칙을 말한다.[61]

29. ②

금융재보험(finite reinsurance)이란, 전통적인 재보험이 가지고 있는 위험의 전가 기능에 금융요소를 덧붙인 형태의 재보험으로, 재보험사의 책임을 제한하는 대신에 언더라이팅 및 투자에서 발생하는 수익을 재보험사와 원수사가 공유하는 형식의 재보험이다. 단일 재보험의 위험을 상대적으로 긴 시간에 걸쳐 분산하는 방식이므로 전통적인 재보험에 비하여 재보험료 수준이 상당히 높으며 재보험사로부터 담보력을 제공받을 뿐만 아니라 수익까지 분배받기 때문에 위험재무관리(Risk financing)와 위험전가(Risk transfer)가 결합된 형태이다. 금융재보험은 다음과 같은 특징을 가지고 있다.

① 재보험료를 산정할 때 투자수익을 명시적으로 반영한다.
재보험료 수수시점과 재보험금 지급 사이의 시차를 전제로 재보험료를 할인하며 나아가 미래의 투자수익 발생정도를 보험료 산정의 주요 요소로 고려한다.
② 재보험자의 위험인수가 제한적으로 이루어진다.
지급할 재보험금의 총액한도를 설정하여 인수하는 위험을 제한하며 물론 재보험자의 수익도 일반적으로 낮게 설정된다.
③ 장기의 계약기간을 통해 활용된다.
통상 1년 단위로 체결하는 전통적인 재보험과 달리 금융재보험은 3~10년의 장기로 운영된다.
④ 보험계약에서 발생한 영업이익을 원보험자와 재보험자가 공유한다.
재보험자는 자신이 인수하는 책임을 제한하는데 따른 보상으로 재보험계약에서 발생한 이익을 원수보험자와 공유한다.
⑤ 위험전가와 위험재무 기능을 결합하고 있다.
원수보험자는 보험인수에 따른 위험(underwriting risk) 뿐만 아니라 보험금 조기지급에 따른 위험(timing risk)을 전

61) 대법원 2008.1.31. 선고 2005다57806 판결

가한다. 주로 지급준비금 등 장래 예상되는 출재사의 손해 변동성을 관리하는 역할을 하기 때문에 출재사로서는 담보력의 안정화를 꾀할 수 있다는 장점이 있다.

금융재보험의 종류에는 기발생사고를 대상으로 하는 소급형과 장래에 발생할 사고를 대상으로 하는 장래형이 있다.

- **소급형** : 지급준비금할인 재보험(time and distance policy : TDP), 손실금이전 재보험(loss portfolio transfers : LPT), 역진전 준비금담보(adverse development covers : ADC)
- **장래형** : 금융 비례재보험(finite quota shares, FQS), 보험금분산특약 재보험(spread loss treaties : SLT)

30. ④

실손보상의 원칙이란 손해보험의 가장 기본적인 원칙으로, 보험자가 보험사고의 발생으로 피보험자에게 지급하는 보험금은 보험사고로 인하여 생긴 실제 손해액을 초과할 수 없다는 원칙을 말한다. 이러한 실손보상의 원칙은 보험목적물의 실제 현금가치(actual cash value)를 기초로 하며, 실제 현금가치는 대체비용(replacement cost value)에서 감가상각액을 차감한 금액으로 산출된다.

31. ④

보험업법은 보험업을 경영하는 자의 건전한 경영을 도모하고 보험계약자, 피보험자, 그 밖의 이해관계인의 권익을 보호함으로써 보험업의 건전한 육성과 국민경제의 균형 있는 발전에 기여함을 목적으로 한다(보험업법 제1조). 보험의 전문적이고 기술적인 특성 때문에 일반 소비자들은 보험상품에 관한 정보 면에서 보험회사보다 불리한 위치에 있을 수 밖에 없다. 따라서 보험업법은 보험회사에 비하여 불리한 위치에 있는 보험소비자를 보호하기 위하여 보험사업을 감독하고 규제한다.

32. ④

보험증권의 면책증권성 성질에 대한 설명이다. 보험증권의 면책증권성 성질에 따라 보험자가 보험증권을 제시한 사람에 대해 악의 또는 중대한 과실이 없이 보험금 등을 지급한 때에는 증권 제시자가 권리자가 아니라 하더라도 그 책임을 부담하지 않는다.

33. ①

고용보험, 산업재해보상보험은 모두 고용보험법, 산업재해보상보험법을 근거로 시행되는 사회보험이다. 질병보험, 간병보험, 장애인복지보험은 민영보험회사가 운영하는 영리보험의 영역이다.

34. ④

지수조항(index clause)은 안정조항(stability clause) 혹은 인플레이션 조항(inflation clause)이라고도 한다. 초과손해액 재보험 특약(excess of loss reinsurance treaty)에서 통상적으로 삽입되는 조항으로 원보험자와 재보험자 사이의 보험금 청구에 따른 인플레이션(inflation) 증가를 재분배하는 역할을 한다. 청구기간이 긴 보험분야(long-tail)인 일반 배상책임보험(general liability insurance), 전문직 배상책임보험(professional liability insurance) 등에서 많이 사용하며, 보험사고 발생 이후 실제 손해액이 확정될 때까지 장기간 소요되는 경우를 대비하기 위한 조항이다. 보험사고 이후 경제적 상황 변화에 따라 인플레이션이 발생한다면 실제 지급해야 하는 보험금이 고액으로 산정되어 기존의 재보험계약에서 설정하였던 책임한도가 부족한 경우가 발생할 수 있다. 이런 경우에 지수조항(index clause)을 설정하면 인플레이션 지수를 원보험자 보유액과 재보험자 책임한도에 적용하여 한도 부족 상황을 해결할 수 있다.

35. ①

① 보험사기방지 특별법의 규정에 따르면 보험사기 행위로 보험금을 취득하거나 제3자에게 보험금을 취득하게 한 자, 보험사기행위를 알선 · 유인 · 권유 또는 광고한 자는 10년 이하의 징역 또는 5천만원 이하의 벌금에 처한다(보험사기방지 특별법 제8조). 이는 형벌에 관한 일반법인 형법에 규정된 사기죄에 대한 처벌(10년 이하의 징역 또는 2천만원 이하의 벌금, 형법 제347조)보다 강화된 처벌 규정이다.

② 보험회사는 보험계약자 등의 행위가 보험사기행위로 의심할 만한 합당한 근거가 있는 경우에는 관할 수사기관에 고발 또는 수사의뢰하거나 그 밖에 필요한 조치를 취하여야 한다(보험사기방지 특별법 제6조 제1항).

③ 보험사기 미수범에 대하여도 보험사기죄를 적용하여 처벌한다(보험사기방지 특별법 제10조).

④ 보험사기를 범한 자가 그 범죄행위로 인하여 취득한 보험사기이득액이 일정금액 이상일 때에는 가중처벌을 하고 그 이득액 이하에 상당하는 벌금도 병과할 수 있다(보험사기방지 특별법 제11조).

36. ④

① 계약구성조항(entire contract clause)은 보험계약을 체결할 때에 계약 당사자가 계약 외부의 조항에 구속되지 않으며 계약 자체에 의해서만 구속된다는 것을 명시한 조항이다. 이는 차후에 보험계약과 관련하여 분쟁이 발생했을 때에 중요하게 사용되는 조항이다. 일반적으로 계약을 체결하기 전에 계약 당사자 쌍방은 계약 조건을 결정하기 위하여 상호 간의 조율 과정을 거치며 그 과정에서 일부 협상된 사항이 있을 수 있고 그렇지 않고 유보된 사항도 있을 수 있다. 최종적으로 계약을 체결할 때에는 이러한 여러가지 내용들을 종합하여 계약을 체결한다. 이후 보험계약과 관련하여 분쟁이 발생했을 때에 피보험자가 실제로 계약 조건에 없는 진술이나 조항(계약 조건 조율 과정에서 논의되었던 사항)에 기초하여 보험자에게 소송을 제기할 수 있다. 이럴 때에 계약구성조항(전체 계약 조항)을 통하여 보험자는 불필요한 분쟁을 회피할 수 있고, 소송이 제기된 경우 소송을 유리하게 진행할 수 있다.

② 불몰수조항(non-forfeiture clause)은 보험계약이 중도에 해지되었을 경우에, 보험자가 보험료를 전액 취득하지 않으며(non-forfeiture), 보험계약자에게 보험료의 일부를 돌려주는 것을 규정한 조항이다. 보험계약자가 납입하는 보험료에는 앞으로의 보험사고 발생을 대비하여 적립하는 금액이 포함된다. 보험계약이 중도에 해지된다면 이러한 금액은 보험계약자의 권리에 속하므로, 이를 보험계약자에게 돌려주는 것이 타당하기 때문이다. 주로 장기보험이나 생명보험처럼 보험기간이 장

기인 경우에 활용된다.

③ 금반언조항(estoppel clause)은 신의성실의 원칙에서 파생되는 원칙으로 법률관계에 있어서 선행행위로 상대방에게 일정한 신뢰를 준 뒤에 이와 모순되는 후행행위를 함으로써 상대방의 신뢰를 저버리는 것은 신의원칙에 위반되므로 그 선행행위와 모순되는 후행행위를 금지한다는 의미이다.

④ 불항쟁조항(incontestable clause)은 보험계약이 체결되고 일정한 기간이 경과한 후에는 보험계약자의 착오나 허위진술 등 보험계약상의 하자를 이유로 보험자가 보험금의 지급을 거절하지 못한다고 규정하고 있는 보험약관 조항이다. 보험계약자의 고지의무 위반이 있더라도 보험계약이 체결되고 일정한 기간이 경과하면 보험금을 지급하도록 하고 있는 것[62]이 그 대표적인 예이다.

37. ④

과실추정의 원칙(res ipsa loquitur)이란 특정의 상황에서는 사건의 발생 사실만으로 가해자에게 과실이 있었다고 추정하는 원칙을 말한다. 본래 민법의 일반원칙상 배상책임이 발생하기 위해서 피해자가 가해자의 과실을 입증하여야 하는데, 특정상황에서 가해자의 과실을 입증하는 것이 쉽지 않은 경우가 많다. 예를 들어 치과치료를 위해 마취 치료를 받은 후 마취에서 깨어났을 때 피해사실을 확인한 경우, 외과의사가 수술 후 수술에 사용되었던 칼 등을 복부에 남겨두고 그대로 봉합한 경우 등이 그 예이다. 이와 같은 사례에서는 사고 발생 당시에 피해자가 마취상태에 있었기 때문에 가해자의 과실을 입증하는 것이 어렵다. 이러한 경우에 과실추정의 원칙을 적용할 수 있다. 과실추정의 원칙은 아래의 세가지 상황에서 적용한다.

1) 사건의 성격이 일반적으로 피고인의 과실이 없었다면 발생할 수 없다.
2) 가해자가 사건을 야기하는 수단에 대하여 전적인 통제력을 가지고 있다.
3) 피해자가 사건 발생에 전혀 기여하지 않았다.

38. ④

보험요율은 보험계약자가 보험사고에 대한 위험보장의 반대급부로 지급하는 보험료와 관련이 있다. 따라서 보험요율이 높으면 보험계약자는 더 높은 보험료를 지불해야 하므로 보험을 선택하는 비중이 낮아지며, 반대로 보험요율이 낮으면 보험계약자는 보험을 더 많이 가입하게 된다.

언더라이팅은(underwriting)은 보험가입을 원하는 보험계약자의 청약에 대하여 위험을 선택하여 적절한 위험집단으로 분류하는 과정을 말한다. 언더라이팅 손익(underwriting profit for losses)은 보험회사의 언더라이팅 결과로 나타나는 이익 혹은 손해를 말한다. 보험요율이 높으면 보험료를 더 많이 받으므로 언더라이팅 손익은 보험회사의 이익으로 나타날 수 있으나 보험계약자는 높은 보험료로 인하여 부담을 느낀다. 반대로 보험요율이 낮으면 언더라이팅 손익은 보험회사의 손해로 나타나지만 보험계약자의 보험료 부담은 적다.

39. ③

교차 책임주의에서 A와 B의 배상책임 부담액

- A : 200만원(B의 손해액)×60%(A의 과실)=120만원
- B : 500만원(A의 손해액)×40%(B의 과실)=200만원

단일 책임주의에서 A와 B의 부담액은 위 교차 책임주의에서 산출한 금액에서 차액으로 구한다. 즉, B의 부담액에서 A의 부담액을 빼면 된다.

200만원－120만원＝80만원

B가 A에게 80만원을 배상하여야 한다.

40. ④

수지상등의 원칙에 따라 보험자가 지급하는 보험금액의 총액과 보험자가 거수하는 순보험료의 총액은 서로 일치하여야 한다. 예정사업비율은 순보험료와는 별개로 보험회사의 경영에 필요한 부가보험료이며, 영업보험료의 일정 비율로 산출한다.

- **300억원**＝50만건×순보험료
- **순보험료** : 6만원
- **영업보험료**＝6만원(순보험료)＋영업보험료의 40%(부가보험료)
- **영업보험료－영업보험료의 40%**＝6만원(순보험료)
- **영업보험료** : 10만원

62) 보험업 감독규정 시행세칙 별표15 생명보험 표준약관 제14조
회사는 계약자 또는 피보험자가 계약 전 알릴 의무에도 불구하고 고의 또는 중대한 과실로 중요한 사항에 대하여 사실과 다르게 알린 경우에는 회사가 별도로 정하는 방법에 따라 계약을 해지하거나 보장을 제한할 수 있습니다. 그러나 다음 중 한 가지에 해당되는 때에는 계약을 해지하거나 보장을 제한할 수 없습니다.
(생략)
2. 회사가 그 사실을 안 날부터 1개월 이상 지났거나 또는 보장개시일부터 보험금 지급사유가 발생하지 않고 2년(진단계약의 경우 질병에 대하여는 1년)이 지났을 때
3. 계약을 체결한 날부터 3년이 지났을 때

2018 제41회 정답 및 해설

1과목 보험업법

01	02	03	04	05	06	07	08	09	10
②	③	①	④	①	③	①	③	②	④
11	12	13	14	15	16	17	18	19	20
②	③	②	③	①	③	④	①	③	②
21	22	23	24	25	26	27	28	29	30
②	④	②	①	④	④	④	③	③	④
31	32	33	34	35	36	37	38	39	40
②	①,② ③,④	③	②	①	③	①	③	①	②

01. ②

가. 보험업의 허가를 받을 수 있는 자는 주식회사, 상호회사 및 외국보험회사이다(보험업법 제4조 제6항). (×)

나. 보험업을 경영하려는 자는 보험종목별로 금융위원회의 허가를 받아야 한다(보험업법 제4조 제1항). 따라서 화재보험업만을 영위하기 위하여 허가를 받은 자가 추가로 간병보험업을 영위하고 싶다면 간병보험에 관한 별도의 허가가 있어야 한다. (○)

다. 보험종목의 일부만을 취급하려는 보험회사가 납입하여야 하는 보험종목별 자본금 또는 기금의 액수는 다음 각 호의 구분에 따른다.

1. 생명보험 : 200억원
2. 연금보험(퇴직보험을 포함한다) : 200억원
3. 화재보험: 100억원
4. 해상보험(항공 · 운송보험을 포함한다) : 150억원
5. 자동차보험 : 200억원
6. 보증보험 : 300억원
7. 재보험 : 300억원
8. 책임보험 : 100억원
9. 기술보험 : 50억원
10. 권리보험 : 50억원
11. 상해보험 : 100억원
12. 질병보험 : 100억원
13. 간병보험 : 100억원
14. 제1호부터 제13호까지 외의 보험종목: 50억원

만약 보험회사가 보험종목 중 둘 이상의 보험종목을 취급하려는 경우에는 필요한 금액의 합계액을 자본금 또는 기금으로 한다. 다만, 그 합계액이 300억원 이상인 경우에는 300억원으로 한다(보험업법 시행령 제12조 제3항). 따라서 생명보험업과 보증보험업을 겸영하고자 하는 경우에는 합계액인 500억원이 아니라, 300억원이면 충분하다. (×)

라. 통신판매전문보험회사가 통신수단에 의한 총보험계약건수 및 수입보험료의 모집비율이 총보험계약건수 및 수입보험료의 100분의 90에 미달하는 경우에는 통신수단 이외의 방법으로 모집할 수 없다(보험업법 시행령 제13조 제2항). (×)

02. ③

가. "전문보험계약자"란 보험계약에 관한 전문성, 자산규모 등에 비추어 보험계약의 내용을 이해하고 이행할 능력이 있는 자를 말한다.

나. "일반보험계약자"란 전문보험계약자가 아닌 보험계약자를 말한다.

다. "전문보험계약자"가 "일반보험계약자"와 같은 대우를 받는 것에 대하여 보험회사가 동의한 경우에는 해당 보험계약자에 대하여는 적합성원칙을 적용해야 한다.[1)]

라. "전문보험계약자" 가운데 대통령령으로 정하는 자가 "일반보험계약자"와 같은 대우를 받겠다는 의사를 보험회사에 서면으로 통지한 경우 보험회사는 정당한 사유가 없으면 이에 동의하여야 한다. 따라서 정당한 사유가 있다면 동의하지 않을 수 있다.

마. 국가, 지방자치단체, 한국은행, 주권상장법인, 한국자산관리공사, 신용보증기금은 "전문보험계약자"에 해당한다.

03. ①

① 보험설계사 또는 보험대리점으로 등록된 자는 보험중개사가 되지 못한다(보험업법 제89조 제2항).

② 보험중개사가 되려는 자는 개인과 법인을 구분하여 대통령령으로 정하는 바에 따라 금융위원회에 등록하여야 한다(보험업법 제89조 제1항).

③ 법인보험중개사는 보험계약자 보호 등을 해칠 우려가 없는 업무로서 대통령령으로 정하는 업무 또는 보험계약의 모집 업무 이외의 업무를 하지 못한다(보험업법 제89조의3 제1항).

④ 보험중개사는 보험계약의 체결을 중개할 때 그 중개와 관련된 내용을 대통령령으로 정하는 바에 따라 장부에 적고 보험계약자

1) 참고로 본 규정은 보험업법 제95조의3에 있었으나, '금융소비자 보호에 관한 법률' 제정에 따라 2020년 3월 24일자로 보험업법에서는 삭제되었다.

에게 알려야 하며, 그 수수료에 관한 사항을 비치하여 보험계약자가 열람할 수 있도록 하여야 한다(보험업법 제92조 제1항).

04. ④

① "보험업"이란 보험상품의 취급과 관련하여 발생하는 보험의 인수(引受), 보험료 수수 및 보험금 지급 등을 영업으로 하는 것으로서 생명보험업 · 손해보험업 및 제3보험업을 말한다(보험업법 제2조 제2호).
② 보험업법은 생명보험상품, 손해보험상품, 제3보험상품으로 각각 구분하여 "보험상품"을 정의하고 있다(보험업법 제2조 제1호).
③ 손해보험상품에는 운송보험계약, 보증보험계약, 재보험계약, 권리보험계약, 원자력보험계약, 비용보험계약, 날씨보험계약, 동물보험계약, 도난보험계약, 유리보험계약, 책임보험계약이 포함된다(보험업법 시행령 제1조의2 제3항).
④ 보험업법은 보험계약자의 보호 필요성 및 금융거래 관행 등을 고려하여 다음 각호에 해당하는 것은 보험상품에서 제외하고 있다(보험업법 시행령 제1조의2 제1항). 연금보험계약은 생명보험상품에 해당한다.

1. 「고용보험법」에 따른 고용보험
2. 「국민건강보험법」에 따른 건강보험
3. 「국민연금법」에 따른 국민연금
4. 「노인장기요양보험법」에 따른 장기요양보험
5. 「산업재해보상보험법」에 따른 산업재해보상보험
6. 「할부거래에 관한 법률」 제2조 제2호에 따른 선불식 할부계약

05. ①

보험업법 규정상 누구든지 보험회사가 아닌 자와 보험계약을 체결하거나 중개 또는 대리하지 못한다. 다만, 다음 각 호의 어느 하나에 해당하는 경우에는 허가된 보험회사가 아닌 자와 보험계약을 체결할 수 있다(보험업법 제3조 및 보험업법 시행령 제7조 제1항).

1. 외국보험회사와 생명보험계약, 수출적하보험계약, 수입적하보험계약, 항공보험계약, 여행보험계약, 선박보험계약, 장기상해보험계약 또는 재보험계약을 체결하는 경우
2. 제1호 외의 경우로서 대한민국에서 취급되는 보험종목에 관하여 셋 이상의 보험회사로부터 가입이 거절되어 외국보험회사와 보험계약을 체결하는 경우
3. 대한민국에서 취급되지 아니하는 보험종목에 관하여 외국보험회사와 보험계약을 체결하는 경우
4. 외국에서 보험계약을 체결하고, 보험기간이 지나기 전에 대한민국에서 그 계약을 지속시키는 경우
5. 제1호부터 제4호까지 외에 보험회사와 보험계약을 체결하기 곤란한 경우로서 금융위원회의 승인을 받은 경우

06. ③

보험업법상 보험회사가 겸영할 수 있는 금융업무는 다음과 같다(보험업법 제11조 및 보험업법 시행령 제16조).

1. 대통령령으로 정하는 금융 관련 법령에서 정하고 있는 금융업무로서 해당 법령에서 보험회사가 할 수 있도록 한 업무
1-1. 「자산유동화에 관한 법률」에 따른 유동화자산의 관리업무
1-2. ~~「주택저당채권 유동화회사법」에 따른 유동화자산의 관리업무~~ 삭제 〈2023. 5. 16〉[2]
1-3. 「한국주택금융공사법」에 따른 채권유동화자산의 관리업무
1-4. 「전자금융거래법」 제28조 제2항 제1호에 따른 전자자금이체업무. 다만 같은 법 제2조 제6호에 따른 결제중계시스템의 참가기관으로서 하는 전자자금이체업무와 보험회사의 전자자금이체업무에 따른 자금정산 및 결제를 위하여 결제중계시스템에 참가하는 기관을 거치는 방식의 전자자금이체업무는 제외한다.
1-5. 「신용정보의 이용 및 보호에 관한 법률」에 따른 본인신용정보관리업
2. 대통령령으로 정하는 금융업으로서 해당 법령에 따라 인가 · 허가 · 등록 등이 필요한 금융업무
2-1. 「자본시장과 금융투자업에 관한 법률」 제6조 제4항에 따른 집합투자업
2-2. 「자본시장과 금융투자업에 관한 법률」 제6조 제6항에 따른 투자자문업
2-3. 「자본시장과 금융투자업에 관한 법률」 제6조 제7항에 따른 투자일임업
2-4. 「자본시장과 금융투자업에 관한 법률」 제6조 제8항에 따른 신탁업
2-5. 「자본시장과 금융투자업에 관한 법률」 제9조 제21항에 따른 집합투자증권에 대한 투자매매업
2-6. 「자본시장과 금융투자업에 관한 법률」 제9조 제21항에 따른 집합투자증권에 대한 투자중개업
2-7. 「외국환거래법」 제3조 제16호에 따른 외국환업무
2-8. 「근로자퇴직급여 보장법」 제2조 제13호에 따른 퇴직연금사업자의 업무
2-9. 보험업의 경영이나 보험업법 제11조의2에 따라 보험업에 부수(附隨)하는 업무의 수행에 필요한 범위에서 영위하는 「전자금융거래법」에 따른 선불전자지급수단의 발행 및 관리 업무
3. 그 밖에 보험회사의 경영건전성을 해치거나 보험계약자 보호 및 건전한 거래질서를 해칠 우려가 없다고 인정되는 금융업무로서 대통령령으로 정하는 금융업무 : 다른 금융기관의 업무 중 금융위원회가 정하여 고시하는 바에 따라 그 업무의 수행방법 또는 업무 수행을 위한 절차상 본질적 요소가 아니면서 중대한 의사결정을 필요로 하지 아니한다고 판단하여 위탁한 업무를 말한다.

2) 본 문제 출제 당시에는 제2호에 "「주택저당채권 유동화회사법」에 따른 유동화자산의 관리업무"가 있었으나 2023년 5월 16일자로 삭제되었다.

07. ①

가. 보험회사는 조직변경의 공고를 한 날 이후에 보험계약을 체결하려면 보험계약자가 될 자에게 조직 변경 절차가 진행 중임을 알리고 그 승낙을 받아야 한다(보험업법 제23조 제1항).

나. 보험회사는 조직변경을 결의할 때 보험계약자총회를 갈음하는 기관에 관한 사항을 정할 수 있으며, 그 기관의 구성방법을 조직변경 공고 내용에 포함하여야 한다(보험업법 제25조).

다. 주식회사의 이사는 보험계약자총회에 출석하여 조직 변경에 관한 사항을 보고하여야 한다(보험업법 제27조).

라. 보험계약자총회는 보험계약자 과반수의 출석과 그 의결권의 4분의 3 이상의 찬성으로 결의한다(보험업법 제26조 제1항).

08. ③

① 주식회사가 조직 변경을 결의한 경우 그 결의를 한 날부터 2주 이내에 결의의 요지와 재무상태표(舊 대차대조표)를 공고하고 주주명부에 적힌 질권자(質權者)에게는 개별적으로 알려야 한다(보험업법 제22조 제1항).

② 주식회사가 상호회사로 조직을 변경할 때에는 주주총회의 결의를 거쳐야 하며, 이 결의는 「상법」 제434조에 따른 결의를 거쳐야 한다(보험업법 제21조).

③ 보험업법에는 주식회사가 상호회사로 조직 변경을 하는 경우에 대한 규정은 있으나, 상호회사의 조직변경에 관해서는 아무런 규정이 없다.

④ 주식회사는 그 조직을 변경하여 상호회사로 할 수 있으며, 이 때에는 보험업법 제9조(자본금 또는 기금)에도 불구하고 기금의 총액을 300억원 미만으로 하거나 설정하지 아니할 수 있다(보험업법 제20조).

09. ②

외국보험회사국내지점은 다음 각 호의 어느 하나에 해당하는 자산을 대한민국에서 보유하여야 한다(보험업법 시행령 제25조의 2). ②번 지문에서는 국내 뿐만 아니라 국외의 재보험자산도 포함하고 있으므로 틀린 지문이다.

1. 현금 또는 국내 금융기관에 대한 예금, 적금 및 부금
2. 국내에 예탁하거나 보관된 증권
3. 국내에 있는 자에 대한 대여금, 그 밖의 채권
4. 국내에 있는 고정자산
5. ~~미상각신계약비~~ 삭제 〈2022. 12. 27.〉[3]
6. 국내에 적립된 보험업법 시행령 제63조 제2항에 따른 재보험자산
7. 제1호부터 제6호까지의 자산과 유사한 자산으로서 금융위원회가 정하여 고시하는 자산

10. ④

① 국내사무소는 그 명칭 중에 사무소라는 글자를 포함하여야 한다(보험업법 제12조 제4항).

② 외국보험회사등이 국내사무소를 설치하는 경우에는 그 설치한 날부터 30일 이내에 금융위원회에 신고하여야 한다(보험업법 제12조 제2항).

③ 외국보험회사, 외국에서 보험대리 및 보험중개를 업(業)으로 하는 자 또는 그 밖에 외국에서 보험과 관련된 업을 하는 자(외국보험회사등)는 보험시장에 관한 조사 및 정보의 수집이나 그 밖에 이와 비슷한 업무를 하기 위하여 국내에 사무소(국내사무소)를 설치할 수 있다(보험업법 제12조 제1항). 국내사무소는 다음 각 호의 어느 하나에 해당하는 행위를 하여서는 아니 된다(보험업법 제12조 제3항).

1. 보험업을 경영하는 행위
2. 보험계약의 체결을 중개하거나 대리하는 행위
3. 국내 관련 법령에 저촉되는 방법에 의하여 보험시장의 조사 및 정보의 수집을 하는 행위
4. 그 밖에 국내사무소의 설치 목적에 위반되는 행위로서 대통령령으로 정하는 행위

④ 금융위원회는 외국보험회사 국내사무소가 보험업법 또는 보험업법에 따른 명령 또는 처분을 위반한 경우에는 6개월 이내의 기간을 정하여 업무의 정지를 명하거나 국내사무소의 폐쇄를 명할 수 있다(보험업법 제12조 제5항).

11. ②

① 금융위원회는 공익 또는 보험업의 건전한 발전을 위하여 특히 필요하다고 인정되는 경우에는 보험회사에 대하여 상호협정의 체결 · 변경 또는 폐지를 명하거나 그 협정의 전부 또는 일부에 따를 것을 명할 수 있다(보험업법 제125조 제2항).

②③④ 보험회사가 그 업무에 관한 공동행위를 하기 위하여 다른 보험회사와 상호협정을 체결(변경하거나 폐지하려는 경우를 포함한다)하려는 경우에는 대통령령으로 정하는 바에 따라 금융위원회의 인가를 받아야 한다. 다만 대통령령으로 정하는 경미한 사항을 변경하려는 경우에는 신고로써 갈음할 수 있다(보험업법 제125조 제1항). 또한 금융위원회는 상호협정의 체결 · 변경 또는 폐지의 인가를 하거나 협정에 따를 것을 명하려면 미리 공정거래위원회와 협의하여야 한다. 다만 대통령령으로 정하는 경미한 사항을 변경하려는 경우에는 그러하지 아니하다(보험업법 제125조 제3항). 두 경우 모두에서 말하는 대통령령으로 정하는 경미한 사항이란 다음 중 어느 하나에 해당하는 것을 말한다(보험업법 시행령 제69조 제3항).

1. 보험회사의 상호 변경, 보험회사 간의 합병, 보험회사의 신설 등으로 상호협정의 구성원이 변경되는 사항
2. 조문체제의 변경, 자구수정 등 상호협정의 실질적인 내용이 변경되지 아니하는 사항
3. 법령의 제정 · 개정 · 폐지에 따라 수정 · 반영해야 하는 사항

12. ③

가. "지급여력기준금액"이란 보험업을 경영함에 따라 발생하게 되는 위험을 금융위원회가 정하여 고시하는 방법에 의하여 금액으로 환산한 것을 말한다(보험업법 시행령 제65조 제1항). (○)

3) 참고로 본 문제 출제 당시에는 제5호에 "미상각신계약비"가 있었으나, 2022년 12월 27일자로 삭제되었다.

나. "지급여력비율"이란 지급여력금액을 지급여력기준 금액으로 나눈 비율을 말한다(보험업법 시행령 제65조 제1항). (○)

다. 보험회사가 지켜야 하는 재무건전성기준에는 대출 채권 등 보유자산의 건전성을 정기적으로 분류하고 대손충당금을 적립할 것이 포함된다(보험업법 시행령 제65조 제2항). (○)

라. 금융위원회가 보험회사에 대하여 자본금 또는 기금의 증액명령, 주식 등 위험자산 소유의 제한 등의 조치를 하려는 경우에는 다음 각 호의 사항을 고려하여야 한다(보험업법 시행령 제65조 제3항). (×)

1. 해당 조치가 보험계약자의 보호를 위하여 적절한지 여부
2. 해당 조치가 보험회사의 부실화를 예방하고 건전한 경영을 유도하기 위하여 필요한지 여부

13. ②

① 보험회사는 기초서류에 기재된 사항을 준수하여야 한다(보험업법 제127조의3).

② 보험회사는 기초서류를 작성하거나 변경하려는 경우 그 내용이 다음 각 호의 어느 하나에 해당하는 경우에 한정하여 미리 금융위원회에 신고하여야 한다(보험업법 제127조 제2항).

1. 법령의 제정 · 개정에 따라 새로운 보험상품이 도입되거나 보험상품 가입이 의무가 되는 경우
2. ~~보험회사가 금융기관보험대리점등을 통하여 모집하는 경우~~ 삭제 〈2020. 12. 8.〉[4]
3. 보험계약자 보호 등을 위하여 대통령령으로 정하는 경우

③ 금융위원회는 보험계약자 보호 등을 위하여 필요하다고 인정되면 보험회사에 대하여 취급하고 있는 보험상품의 기초서류에 관한 자료 제출을 요구할 수 있다(보험업법 제127조 제3항).

④ 금융위원회는 보험회사가 보험업법 제127조 제2항에 따라 기초서류를 신고할 때 필요하면 「금융위원회의 설치 등에 관한 법률」에 따라 설립된 금융감독원의 확인을 받도록 할 수 있다(보험업법 제128조 제1항).

14. ③

① 보험회사 · 보험대리점 및 보험중개사(보험회사등)는 소속 보험설계사가 되려는 자를 금융위원회에 등록하여야 한다(보험업법 제84조 제1항).

②③④ 다음 각 호의 어느 하나에 해당하는 자는 보험설계사가 되지 못한다(보험업법 제84조 제2항).

1. 피성년후견자 또는 피한정후견인
2. 파산선고를 받은 자로서 복권되지 아니한 자
3. 보험업법 또는 「금융소비자 보호에 관한 법률」에 따라 벌금 이상의 형을 선고받고 그 집행이 끝나거나(집행이 끝난 것으로 보는 경우를 포함한다) 집행이 면제된 날부터 2년이 지나지 아니한 자
4. 보험업법 또는 「금융소비자 보호에 관한 법률」에 따라 금고 이상의 형의 집행유예를 선고받고 그 유예기간 중에 있는 자
5. 보험업법에 따라 보험설계사 · 보험대리점 또는 보험중개사의 등록이 취소(제1호 또는 제2호에 해당하여 등록이 취소된 경우는 제외한다)된 후 2년이 지나지 아니한 자
6. 제5호에도 불구하고 보험업법에 따라 보험설계사 · 보험대리점 또는 보험중개사 등록취소 처분을 2회 이상 받은 경우 최종 등록취소 처분을 받은 날부터 3년이 지나지 아니한 자
7. 보험업법 또는 「금융소비자 보호에 관한 법률」에 따라 과태료 또는 과징금 처분을 받고 이를 납부하지 아니하거나 업무정지 및 등록취소 처분을 받은 보험대리점 · 보험중개사 소속의 임직원이었던 자(처분사유의 발생에 관하여 직접 또는 이에 상응하는 책임이 있는 자로서 대통령령으로 정하는 자만 해당한다)로서 과태료 · 과징금 · 업무정지 및 등록취소 처분이 있었던 날부터 2년이 지나지 아니한 자
8. 영업에 관하여 성년자와 같은 능력을 가지지 아니한 미성년자로서 그 법정대리인이 제1호부터 제7호까지의 규정 중 어느 하나에 해당하는 자
9. 법인 또는 법인이 아닌 사단이나 재단으로서 그 임원이나 관리인 중에 제1호부터 제7호까지의 규정 중 어느 하나에 해당하는 자가 있는 자
10. 이전에 모집과 관련하여 받은 보험료, 대출금 또는 보험금을 다른 용도에 유용(流用)한 후 3년이 지나지 아니한 자

15. ①

교차모집 보험설계사는 다음 각 호의 어느 하나에 해당하는 행위를 하여서는 아니 된다(보험업법 시행령 제29조 제4항).

1. 업무상 알게 된 특정 보험회사의 정보를 다른 보험회사에 제공하는 행위
2. 보험계약을 체결하려는 자의 의사에 반하여 다른 보험회사와의 보험계약 체결을 권유하는 등 모집을 위탁한 보험회사 중 어느 한 쪽의 보험회사만을 위하여 모집하는 행위
3. 모집을 위탁한 보험회사에 대하여 회사가 정한 수수료 · 수당 외에 추가로 대가를 지급하도록 요구하는 행위
4. 그 밖에 보험계약자 보호와 모집질서 유지를 위하여 총리령으로 정하는 다음 각 호의 어느 하나에 해당하는 행위

4-1. 교차모집을 위탁한 보험회사에 대하여 합리적 근거 없이 다른 보험설계사보다 우대하여 줄 것을 요구하는 행위
4-2. 교차모집을 위탁한 보험회사에 대하여 다른 교차모집보험설계사 유치를 조건으로 대가를 요구하는 행위
4-3. 교차모집 관련 보험계약 정보를 외부에 유출하는 행위

4) 참고로 본 문제 출제 당시에는 제2호에 "보험회사가 금융기관보험대리점등을 통하여 모집하는 경우"가 있었으나, 2020년 12월 8일자로 삭제되었다.

16. ③

보험회사는 고객을 직접 응대하는 직원을 고객의 폭언이나 성희롱, 폭행 등으로부터 보호하기 위하여 다음 각 호의 조치를 하여야 한다(보험업법 제85조의4 제1항 및 보험업법 시행령 제29조의3).

1. 직원이 요청하는 경우 해당 고객으로부터의 분리 및 업무담당자 교체
2. 직원에 대한 치료 및 상담 지원
3. 고객을 직접 응대하는 직원을 위한 상시적 고충처리 기구 마련. 다만, 「근로자참여 및 협력증진에 관한 법률」 제26조에 따라 고충처리위원을 두는 경우에는 고객을 직접 응대하는 직원을 위한 전담 고충처리위원의 선임 또는 위촉
4. 그 밖에 직원의 보호를 위하여 필요한 법적 조치 등 대통령령으로 정하는 다음의 조치

4-1. 고객의 폭언이나 성희롱, 폭행 등이 관계 법률의 형사처벌규정에 위반된다고 판단되고 그 행위로 피해를 입은 직원이 요청하는 경우: 관할 수사기관 등에 고발

4-2. 고객의 폭언 등이 관계 법률의 형사처벌규정에 위반되지는 아니하나 그 행위로 피해를 입은 직원의 피해정도 및 그 직원과 다른 직원에 대한 장래 피해발생 가능성 등을 고려하여 필요하다고 판단되는 경우: 관할 수사기관 등에 필요한 조치 요구

4-3. 직원이 직접 폭언 등의 행위를 한 고객에 대한 관할 수사기관 등에 고소, 고발, 손해배상 청구 등의 조치를 하는 데 필요한 행정적 · 절차적 지원

4-4. 고객의 폭언 등을 예방하거나 이에 대응하기 위한 직원의 행동요령 등에 대한 교육 실시

4-5. 그 밖에 고객의 폭언 등으로부터 직원을 보호하기 위하여 필요한 사항으로서 금융위원회가 정하여 고시하는 조치

17. ④

가. 보험설계사가 될 수 없는 자는 보험대리점이 될 수 없다(보험업법 제87조 제2항). (○)

나. 보험대리점은 자기 또는 자기를 고용하고 있는 자를 보험계약자 또는 피보험자로 하는 보험을 모집하는 것을 주된 목적으로 할 수 없다(보험업법 제101조 제1항). (×)

다. 다른 보험회사, 보험대리점 및 보험중개사의 임직원은 보험대리점이 될 수 없다(보험업법 제87조 제2항). (○)

라. 보험설계사 또는 보험대리점으로 등록된 자는 보험중개사가 될 수 없다(보험업법 제89조 제2항 제2호). (○)

마. 보험업법에 따라 금융기관 보험대리점으로 등록할 수 있는 기관은 다음과 같다(보험업법 제91조 제1항 및 보험업법 시행령 제40조 제1항). 따라서 「상호저축은행법」에 따른 상호저축은행은 금융기관 보험대리점이 될 수 있다. (×)

1. 「은행법」에 따라 설립된 은행
2. 「자본시장과 금융투자업에 관한 법률」에 따른 투자매매업자 또는 투자중개업자
3. 「상호저축은행법」에 따른 상호저축은행
4. 그 밖에 다른 법률에 따라 금융업무를 하는 기관으로서 대통령령으로 정하는 다음의 기관

4-1. 「한국산업은행법」에 따라 설립된 한국산업은행

4-2. 「중소기업은행법」에 따라 설립된 중소기업은행

4-3. 「여신전문금융업법」에 따라 허가를 받은 신용카드업자(겸영여신업자는 제외한다)

4-4. 「농업협동조합법」에 따라 설립된 조합 및 농협은행

18. ①

농협은행은 금융기관보험대리점에 해당하며, 금융기관보험대리점 등이 모집할 수 있는 보험상품의 범위는 다음과 같다(보험업법 시행령 별표5).

가. 개인연금
나. 장기저축성보험
다. 화재보험(주택)
라. 상해보험(단체상해보험은 제외)
마. 종합보험
바. 신용손해보험
사. 개인장기보장성보험 중 제3보험(주계약으로 한정하고, 저축성보험 특별약관 및 질병사망 특별약관을 부가한 상품은 제외)

19. ③

금융기관보험대리점등(최근 사업연도 말 현재 자산총액이 2조원 이상인 기관만 해당한다)이 모집할 수 있는 1개 생명보험회사 또는 1개 손해보험회사 상품의 모집액은 매 사업연도별로 해당 금융기관보험대리점등이 신규로 모집하는 생명보험회사 상품의 모집총액 또는 손해보험회사 상품의 모집총액 각각의 100분의 25(다만, 최대주주가 동일한 보험회사 등 일정한 관계에 있는 보험회사 상품의 모집액을 합산하여 계산하는 경우에는 100분의 33)를 초과할 수 없다(보험업법 시행령 제40조 제6항).

20. ②

적합성의 원칙을 적용받는 보험상품은 변액보험 계약이다.[5]

21. ②

가. 보험회사는 보험금 지급한도, 지급제한 조건, 면책사항, 감액지급 사항 등을 누락하거나 충분히 고지하지 아니하여, 제한 없이 보험금을 수령할 수 있는 것으로 오인하게 하는 행위를 하여서는 안된다.[6]

5) 참고로 본 규정은 보험업법 제95조의3에 있었으나, '금융소비자 보호에 관한 법률' 제정에 따라 2020년 3월 24일자로 보험업법에서는 삭제되었다.

6) 참고로 가~마에 해당하는 본 규정은 보험업법 제95조의4에 있었으나, '금융소비자 보호에 관한 법률' 제정에 따라 2020년 3월 24일자로 보험업법에서는 삭제되었다.

나. 보험회사의 모집광고에는 계약 체결 전에 상품설명서 및 약관을 읽어 볼 것을 권유하는 내용이 포함되어야 한다.
다. 보험회사는 보험료를 일할로 분할하여 표시하거나 보험료 산출기준(보험가입금액, 보험료 납입기간, 보험기간, 성별, 연령 등)을 불충분하게 설명하여 보험료가 저렴한 것으로 오인하게 하는 행위를 하여서는 안된다.
라. 보험협회는 필요하면 보험회사로부터 광고물을 미리 제출받아 보험회사 등의 광고가 보험업법이 정한 광고기준을 지키는지를 확인할 수 있다.
마. 보험회사가 보험상품에 관하여 광고를 하는 경우에는 보험계약자가 보험상품의 내용을 오해하지 않도록 명확하고 공정하게 전달하여야 한다.

22. ④

보험회사는 그 임직원, 보험설계사 또는 보험대리점(보험대리점 소속 보험설계사 포함)이 모집을 하면서 보험계약자에게 손해를 입힌 경우 그 손해를 배상할 책임을 진다. 그러나 보험회사가 보험설계사 또는 보험대리점에 모집을 위탁하면서 상당한 주의를 하였고 이들이 모집을 하면서 보험계약자에게 손해를 입히는 것을 막기 위하여 노력한 때에는 배상책임을 면하게 되는데, 이에 대한 증명책임은 보험회사가 부담한다.[7]

23. ②

가. 보험회사는 그 자산을 운용할 때 안정성 · 유동성 · 수익성 및 공익성이 확보되도록 하여야 한다(보험업법 제104조 제1항). (×)
나. 보험회사는 특별계정에 속하는 이익을 그 계정상의 보험계약자에게 분배할 수 있다(보험업법 제108조 제3항). (○)
다. 보험회사는 다른 회사의 의결권 있는 발행주식(출자지분을 포함한다) 총수의 100분의 15를 초과하는 주식을 소유할 수 없다(보험업법 제109조). (×)
라. 보험회사가 일반계정에 속하는 자산과 특별계정에 속하는 자산을 운용할 때, 동일한 개인 또는 법인에 대한 신용공여 한도는 일반계정의 경우 총자산의 100분의 3, 특별계정의 경우 각 특별계정 자산의 100분의 5를 초과할 수 없다(보험업법 제106조 제1항). (○)
마. 보험회사는 특별계정에 속하는 자산은 다른 특별계정에 속하는 자산 및 그 밖의 자산과 구분하여 회계 처리하여야 한다(보험업법 제108조 제2항). (○)

24. ①

보험회사가 외국에서 보험업을 경영하는 자회사를 위한 채무보장을 하는 경우에는 다음 각 호의 요건을 모두 갖추어야 한다(보험업법 시행령 제57조의2 제2항).

1. 채무보증 한도액이 보험회사 총자산의 100분의 3 이내일 것
2. 보험회사의 직전 분기 말 지급여력비율이 100분의 200 이상일 것
3. 보험금 지급 채무에 대한 채무보증일 것
4. 보험회사가 채무보증을 하려는 자회사의 의결권 있는 발행주식(출자지분을 포함한다) 총수의 100분의 50을 초과하여 소유할 것(외국 정부에서 최대 소유 한도를 정하는 경우 그 한도까지 소유하는 것을 말한다)

25. ④

① 보험회사는 매년 12월 31일에 그 장부를 폐쇄하여야 하고 장부를 폐쇄한 날부터 3개월 이내에 금융위원회가 정하는 바에 따라 재무제표(부속명세서를 포함한다) 및 사업보고서를 금융위원회에 제출하여야 한다(보험업법 제118조 제1항 및 보험업법 시행령 제61조).
② 배당보험계약이란 해당 보험계약으로부터 발생하는 이익의 일부를 보험회사가 보험계약자에게 배당하기로 약정한 보험계약을 말한다(보험업법 제121조 제1항).
③ 보험회사는 재무제표 및 사업보고서를 일반인이 열람할 수 있도록 금융위원회에 제출하는 날부터 본점과 지점, 그 밖의 영업소에 비치하거나 전자문서로 제공하여야 한다(보험업법 제119조).
④ 배당보험계약의 계약자 지분은 계약자배당을 위한 재원과 배당보험계약의 손실을 보전하기 위한 목적 외에 다른 용도로 사용할 수 없다(보험업법 시행령 제64조 제5항).

26. ④

보험회사는 자회사를 소유하게 된 날로부터 15일 이내에 다음 각 호의 서류를 금융위원회에 제출하여야 한다(보험업법 제117조 제1항 및 보험업법 시행령 제60조 제1항). 자회사와의 주요거래 상황을 적은 서류는 자회사의 사업연도가 끝난 날부터 3개월 이내에 제출한다(보험업법 제117조 제2항 및 보험업법 시행령 제60조 제2항).

1. 정관
2. 업무의 종류 및 방법을 적은 서류
3. 주주현황
4. 재무상태표 및 포괄손익계산서 등의 재무제표와 영업보고서
5. 자회사가 발행주식 총수의 100분의 10을 초과하여 소유하고 있는 회사의 현황

27. ④

① 상호회사가 해산을 결의한 경우에는 그 결의에 관하여 금융위원회의 인가를 받은 날부터 2주 이내에 결의의 요지와 재무상태표(舊 대차대조표)를 공고하여야 한다(보험업법 제69조 제1항).
② 보험회사가 합병을 결의한 경우에는 그 결의를 한 날부터 2주 이내에 합병계약의 요지와 각 보험회사의 재무상태표(舊 대차대조표)를 공고하여야 한다(보험업법 제151조 제1항).
③ 보험계약을 이전하려는 보험회사는 결의를 한 날부터 2주 이내에 계약 이전의 요지와 각 보험회사의 재무상태표(舊 대차

7) 참고로 본 문제는 보험업법 제102조를 바탕으로 출제되었으나, 해당 조문은 '금융소비자 보호에 관한 법률' 제정에 따라 2020년 3월 24일자로 보험업법에서는 삭제되었다.

대조표)를 공고하고, 대통령령으로 정하는 방법에 따라 보험계약자에게 통지하여야 한다(보험업법 제141조 제1항).
④ 보험회사는 보험계약을 이전한 경우에는 7일 이내에 그 취지를 공고하여야 한다. 보험계약을 이전하지 아니하게 된 경우에도 또한 같다(보험업법 제145조).

28. ③

가. 보험회사는 계약의 방법으로 책임준비금 산출의 기초가 같은 보험계약의 전부를 포괄하여 다른 보험회사에 이전할 수 있다(보험업법 제140조 제1항). (×)
나. 보험계약 등의 이전에 관한 공고에는 이전될 보험계약의 보험계약자로서 이의가 있는 자는 1개월 이상의 일정한 기간 동안 이의를 제출할 수 있다는 뜻을 덧붙여야 한다(보험업법 제141조 제2항). (○)
다. 이의제기 기간 중 이의를 제기한 보험계약자가 이전될 보험계약자 총수의 10분의 1을 초과하거나 그 보험금액이 이전될 보험금 총액의 10분의 1을 초과하는 경우에는 보험계약을 이전하지 못한다(보험업법 제141조 제3항). (×)
라. 보험계약을 이전하려는 보험회사는 주주총회 등의 결의가 있었던 때부터 보험계약을 이전하거나 이전하지 아니하게 될 때까지 그 이전하려는 보험계약과 같은 종류의 보험계약을 하지 못한다(보험업법 제142조). (○)
마. 보험회사가 보험계약의 전부를 이전하는 경우에 이전할 보험계약에 관하여 이전할 보험계약의 내용으로 보험금액의 삭감과 장래 보험료의 감액을 정할 수 있다(보험업법 제143조). (×)

29. ③

① 해산에 관한 결의는 「상법」 제434조에 따라야 하며 금융위원회의 인가를 받아야 한다(보험업법 제138조 및 제139조).
② 보험회사는 그 영업을 양도 · 양수하려면 금융위원회의 인가를 받아야 한다(보험업법 제150조).
③ 보험회사가 합병을 하는 경우에는 합병계약으로써 그 보험계약에 관한 계산의 기초 또는 계약조항의 변경을 정할 수 있다(보험업법 제152조 제1항).
④ 보험회사가 그 보험업의 전부 또는 일부를 폐업하려는 경우에는 그 60일 전에 사업 폐업에 따른 정리계획서를 금융위원회에 제출하여야 한다(보험업법 제155조).

30. ④

보험회사는 다음의 사유로 해산한 경우에는 보험금 지급 사유가 해산한 날부터 3개월 이내에 발생한 경우에만 보험금을 지급하여야 한다. 또한 기간이 지난 후에는 피보험자를 위하여 적립한 금액이나 아직 지나지 아니한 기간에 대한 보험료를 되돌려주어야 한다(보험업법 제158조).

1) 주주총회 또는 사원총회의 결의
2) 보험업의 허가취소
3) 해산을 명하는 재판

31. ②

① 보험회사가 보험업의 허가취소로 해산한 경우에는 금융위원회가 청산인을 선임한다(보험업법 제156조 제1항).
② 금융위원회는 다음 각 호의 어느 하나에 해당하는 자의 청구에 따라 청산인을 해임할 수 있다(보험업법 제156조 제4항).

1) 감사
2) 3개월 전부터 계속하여 자본금의 100분의 5 이상의 주식을 가진 주주
3) 100분의 5 이상의 사원

③ 금융위원회는 청산인을 감독하기 위하여 보험회사의 청산업무와 자산상황을 검사하고, 자산의 공탁을 명하며, 그 밖에 청산의 감독상 필요한 명령을 할 수 있다(보험업법 제160조).
④ 보험회사는 해산한 후에도 3개월 이내에는 보험계약 이전을 결의할 수 있으며, 보험계약을 이전하게 될 경우 보험금 지급사유가 해산한 날부터 3개월을 넘겨서 발생한 경우에도 보험금을 지급할 수 있다(보험업법 제148조).

32. ①, ②, ③, ④

본 문제는 가답안에서는 ④번 지문만 정답이었으나, 최종답안에서는 모든 지문을 정답으로 하는 것으로 수정되었다.
① 보험조사협의회는 금융위원회에 있다.
② 협의회의 의장은 위원 중에서 호선(互選)한다.
③ 협의회는 보험조사와 관련하여 보험업법 제162조에 따른 조사업무의 효율적 수행을 위한 공동 대책을 수립 및 시행한다.
④ 보험조사협의회는 다음 각호의 사람 중에서 금융위원회가 임명하거나 위촉하는 15명 이내의 위원으로 구성할 수 있다(보험업법 시행령 제76조 제1항).

1. 금융위원회가 지정하는 소속 공무원 1명
2. 보건복지부장관이 지정하는 소속 공무원 1명
3. 경찰청장이 지정하는 소속 공무원 1명
4. 해양경찰청장이 지정하는 소속 공무원 1명
5. 금융감독원장이 추천하는 사람 1명
6. 생명보험협회의 장, 손해보험협회의 장, 보험요율 산출기관의 장이 추천하는 사람 각 1명
7. 보험사고의 조사를 위하여 필요하다고 금융위원회가 지정하는 보험 관련 기관 및 단체의 장이 추천하는 사람
8. 그 밖에 보험계약자, 피보험자, 이해관계인의 권익보호 또는 보험사고의 조사 등 보험에 관한 학식과 경험이 있는 사람

④번 지문에서는 생명보험협회의 장 및 손해보험협회의 장이 추천하는 사람이 아니라, 생명보험협회의 장 및 손해보험협회의 장이 바로 위원이 된다고 하였으므로 틀린 지문이다. 따라서 정답 없음으로 모든 지문이 정답 처리되었다.

33. ③

① 손해보험회사는 「화재로 인한 재해보상과 보험가입에 관한 법률」 제5조에 따른 신체손해배상특약부 화재보험계약의 제3자가 보험사고로 입은 손해에 대한 보험금의 지급을 보장할 의무를 진다(보험업법 시행령 제80조 제1항).

② 손해보험회사가 파산선고 등 「예금자보호법」 제2조 제8호의 사유로 손해보험계약의 제3자에게 보험금을 지급하지 못하게 된 경우에는 즉시 그 사실을 손해보험협회의 장에게 보고하여야 한다(보험업법 제167조 제1항).

③ 손해보험회사는 손해보험계약의 제3자에 대한 보험금의 지급을 보장하기 위하여 수입보험료 및 책임준비금을 고려하여 대통령령으로 정하는 비율을 곱한 금액을 손해보험협회에 출연(出捐)하여야 한다(보험업법 제168조 제1항).

④ 손해보험협회의 장은 금융위원회의 확인을 거쳐 손해보험계약의 제3자에게 대통령령으로 정하는 보험금을 지급하여야 한다(보험업법 제169조 제1항).

34. ②

① 보험회사는 보험금의 지급에 충당되는 보험료(순보험료)를 결정하기 위한 요율(순보험요율)을 공정하고 합리적으로 산출하고 보험과 관련된 정보를 효율적으로 관리 · 이용하기 위하여 금융위원회의 인가를 받아 보험요율 산출기관을 설립할 수 있다(보험업법 제176조 제1항).

② 보험상품의 비교 · 공시 업무는 보험요율 산출기관이 아니라 보험협회의 업무이다(보험업법 제175조 제3항).

③ 보험요율 산출기관은 보험업법에서 정하는 업무 수행을 위하여 보험 관련 통계를 체계적으로 통합 · 집적(集積)하여야 하며 필요한 경우 보험회사에 자료의 제출을 요청할 수 있다(보험업법 제176조 제5항).

④ 보험요율 산출기관은 순보험요율을 산출하기 위하여 필요하면 질병에 관한 통계를 보유하고 있는 기관의 장으로부터 그 질병에 관한 통계를 제공받아 보험회사로 하여금 보험계약자에게 적용할 순보험료의 산출에 이용하게 할 수 있다(보험업법 제176조 제11항).

35. ①

① 손해사정사 또는 손해사정업자의 업무는 다음과 같다(보험업법 제188조).

1. 손해 발생 사실의 확인
2. 보험약관 및 관계 법규 적용의 적정성 판단
3. 손해액 및 보험금의 사정
4. 제1호부터 제3호까지의 업무와 관련된 서류의 작성 · 제출의 대행
5. 제1호부터 제3호까지의 업무 수행과 관련된 보험회사에 대한 의견의 진술

②④ 손해사정사(보조인을 포함한다) 또는 손해사정업자는 손해사정업무를 수행할 때 보험계약자, 그 밖의 이해관계자들의 이익을 부당하게 침해하여서는 아니 되며, 다음 각 호의 행위를 하여서는 아니 된다(보험업법 제189조 제3항 및 보험업법 시행령 제99조 제3항).

1. 고의로 진실을 숨기거나 거짓으로 손해사정을 하는 행위
1의2. 보험회사 또는 보험계약자 등 어느 일방에 유리하도록 손해사정업무를 수행하는 행위
2. 업무상 알게 된 보험계약자 등에 관한 개인정보를 누설하는 행위
3. 타인으로 하여금 자기의 명의로 손해사정업무를 하게 하는 행위
4. 정당한 사유 없이 손해사정업무를 지연하거나 충분한 조사를 하지 아니하고 손해액 또는 보험금을 산정하는 행위
5. 보험회사 및 보험계약자 등에 대하여 이미 제출받은 서류와 중복되는 서류나 손해사정과 관련이 없는 서류 또는 정보를 요청함으로써 손해사정을 지연하는 행위
6. 보험금 지급을 요건으로 합의서를 작성하거나 합의를 요구하는 행위
7. 그 밖에 공정한 손해사정업무의 수행을 해치는 행위로서 대통령령으로 정하는 행위
7-1. 등록된 업무범위 외의 손해사정을 하는 행위
7-2. 자기 또는 자기와 총리령으로 정하는 이해관계를 가진 자의 보험사고에 대하여 손해사정을 하는 행위
7-3. 자기와 총리령으로 정하는 이해관계를 가진 자가 모집한 보험계약에 관한 보험사고에 대하여 손해사정을 하는 행위. 다만 보험회사 또는 보험회사가 출자한 손해사정법인에 소속된 손해사정사가 그 소속 보험회사 또는 출자한 보험회사가 체결한 보험계약에 관한 보험사고에 대하여 손해사정을 하는 행위는 제외한다.

③ 보험계약자 등이 선임한 손해사정사 또는 손해사정업자는 손해사정업무를 수행한 후 지체 없이 보험회사 및 보험계약자 등에 대하여 손해사정서를 내어 주고, 그 중요한 내용을 알려 주어야 한다(보험업법 제189조 제2항).

36. ③

가. 보험회사는 선임계리사가 그 업무를 원활하게 수행할 수 있도록 선임계리사를 보조하는 인력 및 전산시설 등의 시설을 지원하여야 하며, 그 구체적인 기준은 대통령령으로 정한다(보험업법 제184조의3 제5항). (○)

나.다. 선임계리사가 되려는 사람은 다음 각 호의 요건을 모두 갖추어야 한다(보험업법 제184조의2 제1항).

1. 보험업법에 따라 등록된 보험계리사일 것
2. 보험계리업무에 10년 이상 종사한 경력이 있을 것. 이 경우 손해보험회사의 선임계리사가 되려는 사람은 대통령령으로 정하는 보험계리업무에 3년 이상 종사한 경력을 포함하여 보험계리업무에 10년 이상 종사한 경력이 있어야 한다. (×)
3. 최근 5년 이내에 금융위원회로부터 해임권고, 직무정지 조치를 받은 사실이 없을 것 (○)

라. 선임계리사는 그 업무 수행과 관련하여 이사회(「상법」 제393조의2에 따른 이사회 내 위원회를 포함한다)에 참석할 수 있다(보험업법 제184조의3 제2항). (○)

마. 선임계리사는 기초서류의 내용 및 보험계약에 따른 배당금의 계산 등이 정당한지 여부를 검증하고 확인하는 업무와 관련된

사항을 검증 · 확인하였을 때에는 그 의견서(선임계리사검증의견서)를 이사회와 감사 또는 감사위원회에 제출하여야 한다. 다만, 기초서류 등 대통령령으로 정하는 사항에 대한 선임계리사검증의견서는 대표이사에게 제출함으로써 이사회등에의 제출을 갈음할 수 있다(보험업법 제184조의3 제3항). (○)

37. ①

보험계리사 · 선임계리사 · 보험계리업자 · 손해사정사 및 손해사정업자의 등록취소에 관하여는 보험설계사의 등록취소에 관한 규정을 준용한다(보험업법 제190조).

가. 보험업법에 따라 보험계리사등이 업무정지 처분을 2회 이상 받은 경우 금융위원회는 그 등록을 취소하여야 한다.

나. 보험업법에 따라 보험계리사등의 등록이 취소된 후 2년이 지나지 아니한 자는 보험계리사등이 될 수 없다.

다. 보험업법에 따라 보험계리사등의 등록취소 처분을 2회 이상 받은 경우 최종 등록취소 처분을 받은 날부터 3년이 지나지 아니한 자는 보험계리사 등이 될 수 없다.

라. 금융위원회는 보험계리사등이 그 직무를 게을리하거나 직무를 수행하면서 부적절한 행위를 하였다고 인정되는 경우에는 6개월 이내의 기간을 정하여 업무의 정지를 명하거나 해임하게 할 수 있다(보험업법 제192조 제1항).

38. ③

① 보험계리업자가 지켜야 할 영업기준은 다음 각 호와 같다(보험업법 시행령 제93조 제6항).

1. 상호 중에 "보험계리"라는 글자를 사용할 것
2. 장부폐쇄일은 보험회사의 장부폐쇄일을 따를 것

② 보험계리를 업(業)으로 하려는 법인은 2명 이상의 상근 보험계리사를 두어야 한다(보험업법 시행령 제93조 제1항).

③ 보험회사는 보험계리에 관한 업무(기초서류의 내용 및 배당금 계산 등의 정당성 여부를 확인하는 것을 말한다)를 보험계리사를 고용하여 담당하게 하거나, 보험계리를 업으로 하는 자(보험계리업자)에게 위탁하여야 한다(보험업법 제181조 제1항).

④ 개인으로서 보험계리를 업으로 하려는 사람은 보험계리사의 자격이 있어야 한다(보험업법 시행령 제93조 제4항).

39. ①

보험업법상 보험설계사, 보험대리점, 보험중개사, 손해사정사, 손해사정을 업으로 하는 자, 보험계리사, 보험계리를 업으로 하는 자는 모두 금융위원회에 등록하여야 한다. 다만, 보험업법 제194조에 따라 보험설계사와 보험대리점의 등록업무는 보험협회에 위탁되어 있으며, 보험중개사, 손해사정사, 손해사정을 업으로 하는 자, 보험계리사, 보험계리를 업으로 하는 자의 등록업무는 금융감독원장에게 위탁되어 있다.

40. ②

보험업법상 인터넷 홈페이지 등을 이용하여 일반인에게 알려야 할 사항과 알려야 할 주체를 정리하면 다음과 같다(보험업법 제195조).

- **금융위원회**
  1. 제4조에 따라 허가받은 보험회사
  2. 제12조에 따라 설치된 국내사무소
  3. 제125조에 따라 인가된 상호협정
- **금융감독원**
  1. 제89조에 따라 등록된 보험중개사
  2. 제182조에 따라 등록된 보험계리사 및 제183조에 따라 등록된 보험계리업자
  3. 제186조에 따라 등록된 손해사정사 및 제187조에 따라 등록된 손해사정업자
- **보험협회**

  제87조에 따라 등록된 보험대리점

2과목 보험계약법

01	02	03	04	05	06	07	08	09	10
③	③	②	④	①	④	①	④	①	③
11	12	13	14	15	16	17	18	19	20
④	②	②	③	②	②	④	③	①	①
21	22	23	24	25	26	27	28	29	30
④	①	③	①	④	③	②	④	③	④
31	32	33	34	35	36	37	38	39	40
④	②	①	③	④	②	①	①	④	③

01. ③

① 보험계약은 당사자 일방이 약정한 보험료를 지급하고 재산 또는 생명이나 신체에 불확정한 사고가 발생할 경우에 상대방이 일정한 보험금이나 그 밖의 급여를 지급할 것을 약정함으로써 효력이 생긴다(상법 제638조).

② 보험계약은 불요식낙성계약, 유상쌍무계약이라는 특성 외에 사행계약적 성격과 선의계약적 성격도 가지고 있다.

③ 보험자가 보험계약자로부터 보험계약의 청약과 함께 보험료 상당액의 전부 또는 일부를 받은 경우에 그 청약을 승낙하기 전에 보험계약에서 정한 보험사고가 생긴 때에는 그 청약을 거절할 사유가 없는 한 보험자는 보험계약 상의 책임을 진다. 그러나 인보험계약의 피보험자가 신체검사를 받아야 하는 경우에 그 검사를 받지 아니한 때에는 책임을 부담하지 않는다(상법 제638조의2 제3항).

④ 보험계약은 보험계약자가 청약한 위험을 보험자가 선택하여 승낙하면 성립한다. 즉 위험에 대한 선택권은 보험자에게 있으므로 보험자는 자유롭게 승낙 여부를 결정할 수 있다.

02. ③

보험계약이 체결되면 보험약관은 계약 당사자에게 구속력을 가진다. 이러한 보험약관의 구속력은 보험계약이 체결되는 시점에 부여되므로, 만약 계약 체결 이후에 보험약관의 개정이 이루어졌다고 하더라도 그 변경된 보험약관은 이후에 체결된 보험계약에 대하여 효력이 발생하는 것이 원칙이며, 이전에 체결된 보험계약에 대하여 소급적으로 적용되는 것은 아니다.[8]

03. ②

① 타인을 위한 보험계약이란 보험계약자가 타인에게 보험계약에 따른 이익을 주기 위하여 자기 명의로 체결한 보험계약을 말한다. 보험계약의 대표적인 효용은 보험금 청구권이므로, 손해보험에서는 피보험자, 인보험에서는 보험수익자가 보험계약자와 다른 계약을 말한다.

② 타인을 위한 보험계약의 법적 성질은 민법상 제삼자를 위한 계약의 일종[9]으로 보는데, 민법의 제삼자를 위한 계약에서 제삼자의 권리는 그 제삼자가 수익의 의사표시 한 때에 생기는 것(민법 제539조 제2항)과는 달리, 타인을 위한 보험계약은 타인의 수익 의사표시가 필요없다는 차이점이 있다. 따라서 타인을 위한 보험계약에서 보험사고가 발생하면 피보험자 또는 보험수익자는 수익의 의사표시와 관계없이 당연히 보험금 청구권을 행사할 수 있다.

③ 타인을 위한 손해보험에서 타인은 보험금청구권을 가지는 피보험자이므로, 당연히 피보험이익을 가져야 한다. 만약 피보험이익이 없다면 그 보험계약은 무효이다.

④ 타인을 위한다는 의사표시가 분명하지 않은 경우에는 자기를 위한 보험계약으로 추정한다는 것이 통설이다.

04. ④

대법원 판례에 따르면, 인보험에서 다른 보험자와의 보험계약의 존재 여부에 대해서 서면으로 질문하였으나 보험계약자가 이를 제대로 고지하지 않은 경우에 생명보험계약을 체결함에 있어 다른 보험계약의 존재 여부를 청약서에 기재하여 질문하였다면 이는 그러한 사정을 보험계약을 체결할 것인지의 여부에 관한 판단자료로 삼겠다는 의사를 명백히 한 것으로 볼 수 있고, 그러한 경우에는 다른 보험계약의 존재 여부가 고지의무의 대상이 된다.[10] 다만, 주의할 것은, 동 판결에서 대법원은 고지의무의 대상이 되기는 하지만, "그러한 경우에도 보험자가 다른 보험계약의 존재 여부에 관한 고지의무위반을 이유로 보험계약을 해지하기 위하여는 보험계약자 또는 피보험자가 그러한 사항에 관한 고지의무의 존재와 다른 보험계약의 존재에 관하여 이를 알고도 고의로 또는 중대한 과실로 인하여 이를 알지 못하여 고지의무를 다하지 않은 사실이 입증되어야 한다"라고 하여, 생명보험계약 체결 후 다른 생명보험에 다수 가입하였다는 사정만으로는 상법 제652조 소정의 사고발생의 위험이 현저하게 변경 또는 증가된 경우에 해당하지 않는다고 보았다.

05. ①

① 대법원 판례에 따르면, 재해장해 보장을 받을 수 있는 기간 중에 장해상태가 더 악화된 경우에는 그 악화된 장해상태를 기준으로 장해등급을 결정한다고 보험약관 규정하고 있다면, 그 당시의 장해상태에 따라 산정한 보험금을 지급받은 후 당초의 장해상태가 악화된 경우 추가로 지급받을 수 있는 보험금청구권의 소멸시효는 그와 같은 장해상태의 악화를 알았거나 알 수 있었을 때부터 진행한다.[11]

② 보험료 및 적립금의 반환청구권은 3년간 행사하지 아니하면 시효의 완성으로 소멸한다(상법 제662조).

③ 대법원 판례에 따르면, 보험자의 소멸시효 주장이 신의칙에 반하거나 권리남용에 해당하는 경우에는 소멸시효의 주장을 할 수 없다.[12]

④ 대법원 판례에 따르면, 보험금청구권은 보험사고가 발생하기 전에는 추상적인 권리에 지나지 아니할 뿐 보험사고의 발생으로 인하여 구체적인 권리로 확정되어 그 때부터 그 권리를 행사할 수 있게 되는 것이므로, 특별한 다른 사정이 없는 한 원칙적으로 보험금액청구권의 소멸시효는 보험사고가 발생한 때로부터 진행한다. 다만, 보험사고가 발생한 것인지의 여부가 객관적으로 분명하지 아니하여 보험금청구권자가 과실 없이 보험사고의 발생을 알 수 없었던 경우에도 보험사고가 발생한 때로부터 보험금청구권의 소멸시효가 진행한다고 해석하는 것은, 보험금청구권자에게 너무 가혹하여 사회정의와 형평의 이념에 반할 뿐만 아니라 소멸시효제도의 존재이유에 부합된다고 볼 수도 없으므로 이와 같이 객관적으로 보아 보험사고가 발생한 사실을 확인할 수 없는 사정이 있는 경우에는 보험금청구권자가 보험사고의 발생을 알았거나 알 수 있었던 때로부터 보험금액청구권의 소멸시효가 진행한다.[13]

06. ④

①② 면책사유란 보험자가 보상책임을 부담하기로 한 보험사고가 발생하였으나 일정한 원인으로 보험자가 면책되는 경우 그 원인을 말하며, 담보배제사유란 보험자가 보험계약에서 인수하지 않은 위험을 말한다. 다만 용어의 정의상 이렇게 구분되기는 하나, 보험실무에서는 이를 특별히 구분하지 않으며 실제로 구분하기 어려운 경우가 많다.

③ 면책사유에는 법률 규정에 의한 법정 면책사유와 당사자 사이의 약정에 의한 약정 면책사유가 있다.

---

8) 다만, 보험업법에서는 보험계약자, 피보험자 또는 보험금을 취득할 자의 이익을 보호하기 위하여 특히 필요하다고 인정되는 경우에 한하여 금융위원회의 명령에 따라 이미 체결된 보험계약에 대하여 장래에 향하여 그 변경의 효력이 미치게 할 수 있는 규정(보험업법 제131조 제3항)을 마련하고 있다.

9) 대법원 2015.10.15. 선고 2014다204178 판결

10) 대법원 2001.11.27. 선고 99다33311 판결

11) 대법원 2009.11.12. 선고 2009다52359 판결

12) 대법원 2002.10.25. 선고 2002다32332 판결

13) 대법원 2001.4.27. 선고 2000다31168 판결

④ 보험사고가 전쟁 기타의 변란으로 인하여 생긴 때에는 당사자간에 다른 약정이 없으면 보험자는 보험금액을 지급할 책임이 없다(상법 제660조). 전쟁 기타변란에 의한 보험자의 면책은 상대적 면책사유에 해당하므로 추가보험료 납입 등 당사자간에 다른 약정으로 보험자가 보상책임을 부담할 수 있다.

07. ①

① 보험기간 중에 보험계약자 또는 피보험자가 사고발생의 위험이 현저하게 변경 또는 증가된 사실을 안 때에는 지체 없이 보험자에게 통지하여야 한다. 이를 해태한 때에는 보험자는 그 사실을 안 날로부터 1월 내에 한하여 계약을 해지할 수 있다. 위험변경증가 통지의무를 부담하는 사람은 보험계약자와 피보험자이다. 인보험의 보험수익자는 의무를 부담하지 않으니 주의하여야 한다.

② 보험기간 중에 보험계약자, 피보험자 또는 보험수익자의 고의 또는 중대한 과실로 인하여 사고발생의 위험이 현저하게 변경 또는 증가된 때에는 보험자는 그 사실을 안 날부터 1월 내에 보험료의 증액을 청구하거나 계약을 해지할 수 있다(상법 제653조). 이를 보통 위험유지의무라고 한다.

③ 대법원 판례에 따르면, '위험의 현저한 증가'는 증가한 위험이 계약 체결 당시 존재하였더라면 계약을 체결하지 않았거나 실제의 보험료보다 더 고액을 보험료로 정한 후 계약을 체결하였을 정도로 현저하게 위험이 증가된 경우를 가리키고 여기에서의 위험의 개념은 일정 상태의 계속적 존재를 전제로 하므로 일시적으로 위험이 증가되는 경우는 '위험의 현저한 증가'에 포함되지 않는다.[14]

④ 대법원 판례에 따르면, 보험계약자인 회사의 근로자들이 폐업신고에 항의하면서 화재보험의 목적인 공장건물을 상당기간 점거하여 외부인의 출입을 차단하고 농성하는 행위는 보험목적물 또는 이를 수용하는 건물에 대한 점유의 성질을 변경하거나 또는 그에 영향을 주어 보험료 등을 조정할 필요성이 있게 하는 사정에 해당한다.[15] 즉 위험의 현저한 변경증가로 본다.

08. ④

① 상법 제663조는 상법이 처음 제정될 때부터 존재하던 규정이었고 당시에는 "본장의 규정은 당사자간의 특약으로 보험계약자 또는 피보험자나 보험수익자의 불이익으로 변경하지 못한다."라고 규정되어 있었다. 즉 당시에는 제1장 통칙 규정에 대해서만 보험계약자 등의 불이익 변경 금지 원칙이 적용되었다. 이후 1991년 상법을 개정하면서 적용대상을 상법 제4편 전체로 확대하였고, 재보험 및 해상보험 기타 이와 유사한 보험에 대해서는 적용하지 않도록 하였다.

② 해당 약관이 보험계약자 등에게 불이익하게 변경된 약관인지 여부는 당해 특약의 내용만으로만 판단하는 것이 아니라 계약 내용의 전체를 참작하여 상법의 규정과 비교 형량하여 종합적으로 판단하여야 한다.

③ 대법원 판례에 따르면, 보험계약자 등의 불이익 변경 금지 원칙은 보험계약자와 보험자가 서로 대등한 경제적 지위에서 계약조건을 정하는 수출보험이나 금융기관종합보험과 같은 이른바 기업보험에 있어서는 그 적용이 배제된다.[16]

④ 상법 제663조의 규정에 의하면 상법 보험편의 규정은 당사자간의 특약으로 보험계약자, 피보험자, 보험수익자의 불이익으로 변경하지 못한다. 즉 보험계약자, 피보험자, 보험수익자 모두에게 적용된다.

09. ①

① 보험계약의 부활은 계속보험료 미납으로 인한 보험계약이 해지된 경우에만 적용된다. 고지의무 위반 등 의무 위반으로 보험계약이 해지된 경우에는 부활이 불가능하다.

②③ 계속보험료 미납에 따라 보험계약이 해지되고 해지환급금이 지급되지 아니한 경우에 보험계약자는 일정한 기간 내에 연체보험료에 약정이자를 붙여 보험자에게 지급하고 그 계약의 부활을 청구할 수 있다(상법 제650조의2).

④ 부활계약을 새로운 계약으로 볼 경우 보험계약자는 고지의무를 부담한다.

10. ③

상법 제4편(보험계약법)은 보험료의 지급장소에 대해서는 아무런 규정을 두고 있지 않다. 따라서 ③번 지문이 틀린 지문이다.[17] 참고로 보험료의 지급장소는 지참채무로 보는 것이 원칙(민법 제467조)이지만 추심채무도 가능하다. 즉, 보험계약자가 직접 보험자를 방문하여 보험료를 납부하는 것이 원칙이지만, 보험실무상 대부분 보험자의 보조자(보험모집인 등)가 보험계약자를 방문하여 보험료를 받는다. 다만, 이러한 경우에도 보험거래를 추심으로 하고 있다는 사정만으로 당사자 사이에 지참채무를 추심채무로 변경한다는 특약이 있었다고는 볼 수 없다.[18] 따라서 보험자가 실제 보험료 추심을 하고 있더라도 보험료 지급이 지참채무임에는 변함이 없다. 대법원도 '보험대리점이 고객을 관리하고 편의를 제공하는 차원에서 보험계약자를 방문하여 보험료를 수금한 적이 있다는 사정만으로는 보험자와 보험계약자 사이에서 보험계약의 분할보험료 납입채무가 추심채무가 되었다고 단정할 수 없다.'[19]라고 보았다.

14) 대법원 1992.11.10. 선고 91다32503 판결
15) 대법원 1992.7.10. 선고 92다13301, 92다13318 판결
16) 대법원 2000.11.14. 선고 99다52336 판결
17) 저자주 : 문제에 대해서 다소 논란이 있다. 상법 제56조에서 '채권자의 지점에서의 거래로 인한 채무이행의 장소가 특정되지 않은 경우에는 그 지점을 이행장소로 본다.'라고 규정하고 있어 보험료의 지급장소는 상법 규정상 보험자의 영업소가 맞기 때문이다. ③번 지문에서 '상법 제4편(보험계약법)'으로 한정한 것이 아니라 단순히 '상법'이라고만 했으므로 맞는 지문이라는 주장도 있다. 이의제기가 있었으나 최종 답안에서는 인정되지 않았다.
18) 최기원, 보험법, 2002, p.244-255
19) 대법원 2005.6.9. 선고 2005다19408 판결

11. ④

문제 풀이의 편의를 위해서 甲, 乙, 丙이 누구를 뜻하는지부터 정리해보자.

- 甲 : 보험대리상
- 乙 : 보험중개사
- 丙 : 보험설계사

보험대리상은 다음 각호의 권한이 있다.

1. 보험계약자로부터 보험료를 수령할 수 있는 권한
2. 보험자가 작성한 보험증권을 보험계약자에게 교부할 수 있는 권한
3. 보험계약자로부터 청약, 고지, 통지, 해지, 취소 등 보험계약에 관한 의사표시를 수령할 수 있는 권한
4. 보험계약자에게 보험계약의 체결, 변경, 해지 등 보험계약에 관한 의사표시를 할 수 있는 권한

보험대리상이 아니면서 특정한 보험자를 위하여 계속적으로 보험계약의 체결을 중개하는 자는 다음의 권한이 있다.

1. 보험계약자로부터 보험료를 수령할 수 있는 권한(다만, 보험자가 작성한 영수증을 교부하는 경우에 한함)
2. 보험자가 작성한 보험증권을 보험계약자에게 교부할 수 있는 권한

④번 지문에서 보험설계사의 피용자 인정 여부에 대해서는 다소 논란이 있다. 그러나 보험중개사는 엄연히 독립된 사업자이며, 보험자의 피용자가 아님이 분명하기 때문에 틀린 지문임에는 변함이 없다.[20]

12. ②

① 동일한 보험계약의 목적과 동일한 사고에 관하여 수개의 보험계약을 체결하는 경우에 보험계약자는 각 보험자에게 보험계약의 내용을 통지하여야 한다(상법 제672조 제2항).

② 보험사고로 인하여 상실된 피보험자가 얻을 이익이나 보수는 당사자간에 다른 약정이 없으면 보험자가 보상할 손해액에 산입하지 아니한다(상법 제667조).

③ 당사자간에 보험가액을 정하지 아니한 때에는 사고발생시의 가액을 보험가액으로 한다(상법 제671조).

④ 운송보험계약의 경우 보험사고가 운송보조자의 고의 또는 중대한 과실로 인하여 발생한 때에는 보험자는 이로 인하여 생긴 손해를 보상할 책임이 없다(상법 제692조). 여기에서 운송보조자란 송하인 또는 수하인을 말한다. 운송보조자(송하인과 수하인)는 비록 보험계약자나 피보험자는 아니지만 운송계약에 있어서 일정한 권리와 의무(상법 제139조 내지 제141조)를 지니므로 이들의 고의, 중과실로 인한 사고도 보험계약자 또는 피보험자에 의한 것과 동일시 취급하여 면책사유로 한 것이다.

13. ②

① 해상보험에서 보험자는 보험의 목적의 안전과 보존을 위하여 지급할 특별비용을 보험금액의 한도에서 보상하여야 한다(상법 제694조의3).

② 손해방지의무는 보험사고가 발생한 이후에 개시되는 의무이다. 보험사고를 미리 막아야 하는 예방의무가 아님에 주의해야 한다.

③ 대법원 판례에 따르면, 보험계약자와 피보험자가 고의 또는 중과실로 손해방지의무를 위반한 경우 보험자는 그 의무 위반이 없다면 방지 또는 경감될 수 있으리라고 인정되는 손해에 대하여 배상을 청구하거나 지급할 보험금과 상계하여 이를 공제한 나머지 금액만을 보험금으로 지급할 수 있으나, 경과실로 위반한 경우에는 그러하지 아니한다.[21]

④ 손해방지비용은 손해의 방지와 경감을 위한 비용을 의미하며 이를 위하여 필요 또는 유익하였던 비용과 보상액이 보험금액을 초과한 경우라도 보험자가 이를 부담한다(상법 제680조 제1항).

14. ③

피해를 입은 제3자는 피보험자가 책임을 질 사고로 입은 손해에 대하여 보험금액의 한도 내에서 책임보험 계약의 보험자에게 직접 보상을 청구할 수 있으며 이를 피해자 직접청구권이라고 한다. 그러나 보험자는 피보험자가 그 사고에 관하여 가지는 항변으로써 제3자에게 대항할 수 있다(상법 제724조 제2항).

15. ②

해상보험증권에는 다음의 사항을 기재하여야 한다(상법 제695조). 즉 선적항, 양륙항 및 출하지와 도착지는 선박보험증권이 아니라 적하보험증권의 기재사항이다.

1. 선박을 보험에 붙인 경우에는 그 선박의 명칭, 국적과 종류 및 항해의 범위
2. 적하를 보험에 붙인 경우에는 선박의 명칭, 국적과 종류, 선적항, 양륙항 및 출하지와 도착지를 정한 때에는 그 지명
3. 보험가액을 정한 때에는 그 가액(협정보험가액)

16. ②

① 보험자의 청구권대위로 피보험자가 자신의 손해액보다 많은 보상을 받은 것을 방지하므로 이득금지의 원칙을 실현할 수 있다. 또한 사고에 대하여 책임이 있는 가해자가 단지 피해자(피보험자)의 보험 가입을 이유로 그 책임이 면제되는 부당함을 방지하는 효과도 있다.

② 인보험에서는 원칙적으로 청구권대위가 적용되지 않는다. 다만 상해보험계약의 경우에 당사자 간에 다른 약정이 있는 때에는 보험자는 피보험자의 권리를 해하지 아니하는 범위 안에서 그 권리를 대위하여 행사할 수 있다(상법 제729조).

---

20) 저자주 : 보험자에게 특별히 권한의 위임을 받았다면 민법의 일반원칙에 따라 보험중개사 및 보험설계사도 의사표시수령권을 가질 수 있다. 그러나 우리나라 보험실무상 이런 경우는 없다. 추측컨대 보험실무를 잘 알지 못하는 출제자가 만약의 경우를 대비하여 넣어둔 문구로 보인다. 되려 현실과 동떨어진 사족같은 문구의 삽입으로 수험생에게 괜한 혼란만 가중시킨 지문이 되어 버렸다.

21) 대법원 2016.1.14. 선고 2015다6302 판결

③ 청구권대위는 보험금을 손익상계로 공제하지 않는 것을 전제로 한다.
④ 청구권대위가 성립하기 위해서는 제3자의 가해행위가 있어야 하고 그로 인하여 손해가 발생하여야 하며 보험자가 피보험자에게 보험금을 지급하여야 한다.

17. ④

① 보험계약자는 위임을 받거나 위임을 받지 아니하고 특정 또는 불특정의 타인을 위하여 보험계약을 체결할 수 있다. 그러나 손해보험계약의 경우에 그 타인의 위임이 없는 때에는 보험계약자는 이를 보험자에게 고지하여야 하고, 그 고지가 없는 때에는 타인이 그 보험계약이 체결된 사실을 알지 못하였다는 사유로 보험자에게 대항하지 못한다(상법 제639조 제1항).
② 계속보험료 미납에 따라 보험계약이 해지되고 해지환급금이 지급되지 아니한 경우에 보험계약자는 일정한 기간 내에 연체보험료에 약정이자를 붙여 보험자에게 지급하고 그 계약의 부활을 청구할 수 있다(상법 제650조의2).
③ 보험자는 보험금액의 지급에 관하여 약정기간이 있는 경우에는 그 기간 내에 약정기간이 없는 경우에는 사고발생의 통지를 받은 후 지체없이 지급할 보험금액을 정하고 그 정하여진 날부터 10일 내에 피보험자 또는 보험수익자에게 보험금액을 지급하여야 한다(상법 제658조).
④ 당사자 간에 보험가액을 정한 때에는 그 가액은 사고발생 시의 가액으로 정한 것으로 추정한다(상법 제670조). '추정한다'와 '본다'는 법률용어로 그 뜻이 다르니 주의하여야 한다. '추정한다'는 명확하지 않은 사실을 일단 존재하는 것으로 하여 법률효과를 발생시키되, 당사자가 반증을 제시한다면 그 추정을 바로 번복할 수 있는 것을 말한다. 반면에 '본다'는 명확하지 않은 사실을 일단 존재하는 것으로 한다는 것은 동일하나, 반증이 있는 경우에도 그 사실이 바로 번복되지 않는다는 점에서 다르다.

18. ③

선박의 존부가 2월간 분명하지 아니한 때에는 그 선박의 행방이 불명한 것으로 하며, 이 때에는 전손으로 추정한다(상법 제711조). ②번 지문에서는 1개월이라는 기간이 틀렸을 뿐만 아니라 선박의 행방불명이 위부의 원인이라고 하였으므로 이 역시 틀린 내용이다.
선박의 행방불명은 위부의 원인이 되는 '추정전손'이 아니라, '전손으로 추정'하는 것이다. 간혹 이를 혼동하여 선박의 행방불명도 위부의 원인이라고 잘못 주장하는 경우도 있으나 이는 단지 "추정"이라는 단어가 같이 사용되어 발생한 혼동에 불과하다. 추정전손은 그 자체가 하나의 보험사고에 해당하며, 곧 위부의 대상이 된다. 우리 상법은 추정전손, 즉 보험위부의 원인을 제710조에서 3가지로 규정하고 있으며, 선박의 행방불명은 이와는 별도로 제711조에서 전손으로 추정한다고 규정하고 있다. 선박의 행방불명은 추정전손이 아니며, 보험위부의 대상도 되지 않는다. 즉, "추정전손"과 "전손으로 추정한다"는 서로 다른 의미이다.
실제 보험계약법 해상보험의 기원이라 할 수 있는 영국해상보험법(MIA)에서도 Missing Ship(선박 행방불명)에 대해서는 "presumed"라고 표현하고 있으며, 추정전손은 "constructive"로 기재하고 있다. 이를 우리 말로 옮기는 과정에서 둘 다 "추정"으로 표현하다 보니 발생한 혼동이라 생각된다.
따라서 피보험자는 선박이 행방불명된 경우 보험위부를 할 필요 없이 그냥 전손보험금을 청구하면 된다. 만약 나중에 선박이 돌아온다면 "추정"의 법률적 효과에 의해서 따로 법원의 확정판결을 받을 필요가 없으며 곧바로 보험 목적물 반환청구를 하는 것이다. 만약 이를 추정전손, 즉 보험위부로 처리한다면 나중에 선박을 찾게 되더라도 어떤 이의도 제기할 수 없는 결과가 발생한다(상법 제716조).
피보험자의 입장에서도 보험자가 위부를 승인하지 않고 거부를 한다면 위부의 원인을 증명하여야 하나(상법 제717조), 선박의 존부가 2월간 분명하지 않아 바다 한가운데에서 행방불명된 것의 원인을 증명한다는 것은 사실상 불가능하므로, 전손보험금 청구권을 행사하는 것이 훨씬 유리하다.
손해사정사 시험 제39회 기출에서도 "선박의 행방불명은 전손으로 추정되나, 보험위부의 원인은 아니다."가 맞는 지문으로 출제된 바 있다.

19. ①

문제에서와 같이 보험자가 행사하는 제3자에 대한 대위권과 피보험자가 행사하는 손해배상청구권이 서로 충돌하는 경우, 이에 대한 학설은 절대설, 상대설, 차액설로 나뉜다. 절대설은 보험자가 우선하여 공제받는 것이며, 상대설은 둘의 비율에 따라 공제받는 것이며, 차액설은 피보험자가 우선하여 공제받는 것이다. 대법원은 피보험자가 우선하여 공제받는 차액설(피보험자 우선공제설)의 입장에 있다.

- **甲과 보험자가 乙에게 청구할 수 있는 금액**
  ① 甲의 남은 손해 : 총손해 6,000만원 − 3,600만원(보험금) = 2,400만원
  ② 보험자의 대위권 : 3,600만원
- **차액설에 따라 甲이 우선적으로 乙에게 청구**
  ① 甲이 우선적으로 청구하는 금액 : 2,400만원(甲의 남은 손해)
  ② 보험자가 乙에게 청구할 수 있는 금액 : 4,000만원(乙의 변제자력) − 2,400만원(甲이 우선 청구한 금액) = 1,600만원

20. ①

①② 화재보험의 보험자는 화재의 소방 또는 손해의 감소에 필요한 조치로 인하여 생긴 손해를 보상할 책임이 있다(상법 제684조). 소방손해는 다른 약정의 체결을 하지 않았더라도 화재보험자가 보상해야 하는 손해에 해당한다.
③ 건물을 보험의 목적으로 한 때에는 화재보험증권에 그 소재지, 구조와 용도를 기재하여야 한다(상법 제685조).
④ 집합된 물건을 일괄하여 보험의 목적으로 한 때에는 피보험자의 가족과 사용인의 물건도 보험의 목적에 포함된 것으로 한다. 이 경우에는 그 보험은 그 가족 또는 사용인을 위하여서도 체결한 것으로 본다(상법 제686조).

21. ④

① 선박이 보험계약에서 정하여진 발항항이 아닌 다른 항에서 출항한 때에는 보험자는 책임을 지지 아니한다. 선박이 보험계약에서 정하여진 도착항이 아닌 다른 항을 향하여 출항한 때에도 책임을 지지 아니한다. 보험자의 책임이 개시된 후에 보험계약에서 정하여진 도착항이 변경된 경우에는 보험자는 그 항해의 변경이 결정된 때부터 책임을 지지 아니한다(상법 제701조).
② 선박이 정당한 사유 없이 보험계약에서 정하여진 항로를 이탈한 경우에는 보험자는 그때부터 책임을 지지 아니한다. 선박이 손해발생 전에 원항로로 돌아온 경우에도 같다(상법 제701조의2).
③ 적하를 보험에 붙인 경우에 보험계약자 또는 피보험자의 책임 있는 사유로 인하여 선박을 변경한 때에는 그 변경후의 사고에 대하여 책임을 지지 아니한다(상법 제703조).
④ 선장의 변경은 보험자의 면책사유에 해당하지 않는다.

22. ①

① 선박의 일부가 훼손되었으나 이를 수선하지 아니한 경우에는 보험자는 그로 인한 감가액을 보상할 책임이 있다(상법 제707조의2 제3항).
② 보험의 목적인 적하가 훼손되어 양륙항에 도착한 때에는 보험자는 그 훼손된 상태의 가액과 훼손되지 아니한 상태의 가액과의 비율에 따라 보험가액의 일부에 대한 손해를 보상할 책임이 있다(상법 제708조).
③ 항해 도중에 불가항력으로 보험의 목적인 적하를 매각한 때에는 보험자는 그 대금에서 운임 기타 필요한 비용을 공제한 금액과 보험가액과의 차액을 보상하여야 한다(상법 제709조 제1항).
④ 보험계약의 체결 당시에 하물을 적재할 선박을 지정하지 아니한 경우에 보험계약자 또는 피보험자가 그 하물이 선적되었음을 안 때에는 지체없이 보험자에 대하여 그 선박의 명칭, 국적과 하물의 종류, 수량과 가액의 통지를 발송하여야 한다(상법 제704조 제1항).

23. ③

대법원 판례에 따르면, 타인의 사망을 보험사고로 하는 보험계약에 피보험자의 서면동의를 얻도록 되어 있는 상법 제731조 제1항이나 단체가 구성원의 전부 또는 일부를 피보험자로 하는 생명보험계약을 체결하는 경우 피보험자의 개별적 동의에 갈음하여 집단적 동의에 해당하는 단체보험에 관한 단체협약이나 취업규칙 등 규약의 존재를 요구하는 상법 제735조의3의 입법 취지에는 이른바 도박보험이나 피보험자에 대한 위해의 우려 이외에도 피해자의 동의 없이 타인의 사망을 사행계약상의 조건으로 삼는 데서 오는 공서양속의 침해의 위험성을 배제하고자 하는 고려도 들어있다 할 것인데, 이를 위반하여 위 법조 소정의 규약이나 서면동의가 없는 상태에서 단체보험계약을 체결한 자가 위 요건의 흠결을 이유로 그 무효를 주장하는 것이 신의성실의 원칙 또는 금반언의 원칙에 위배되는 권리행사라는 이유로 이를 배척한다면 위 입법 취지를 몰각시키는 결과를 초래하므로 특단의 사정이 없는 한 그러한 주장이 신의성실 등의 원칙에 반한다고 볼 수는 없다.[22]

24. ①

보험대리상은 다음 각호의 권한이 있다.

1. 보험계약자로부터 보험료를 수령할 수 있는 권한
2. 보험자가 작성한 보험증권을 보험계약자에게 교부할 수 있는 권한
3. 보험계약자로부터 청약, 고지, 통지, 해지, 취소 등 보험계약에 관한 의사표시를 수령할 수 있는 권한
4. 보험계약자에게 보험계약의 체결, 변경, 해지 등 보험계약에 관한 의사표시를 할 수 있는 권한

보험대리상이 아니면서 특정한 보험자를 위하여 계속적으로 보험계약의 체결을 중개하는 자는 다음의 권한이 있다.

1. 보험계약자로부터 보험료를 수령할 수 있는 권한(다만, 보험자가 작성한 영수증을 교부하는 경우에 한함)
2. 보험자가 작성한 보험증권을 보험계약자에게 교부할 수 있는 권한

25. ④

① 인보험계약의 보험자는 피보험자의 생명이나 신체에 관하여 보험사고가 발생할 경우에 보험계약으로 정하는 바에 따라 보험금이나 그 밖의 급여를 지급할 책임이 있다(상법 제727조 제1항).
② 우리 상법은 보험을 크게 손해보험과 인보험으로 구분하고, 인보험은 다시 생명보험, 상해보험, 질병보험으로 구분한다. 참고로 보험업법에서는 보험을 크게 3가지 형태(생명보험, 손해보험, 제3보험)로 구분한다.
③ 인보험계약의 보험금은 당사자 간의 약정에 따라 분할하여 지급할 수 있다(상법 제727조 제2항).
④ 우리 상법은 생명보험에서 피보험이익의 존재를 인정하지 않는다. 따라서 피보험이익의 값인 보험가액도 존재하지 않으며, 초과보험, 중복보험 등의 규정도 당연히 적용되지 않는다.

26. ③

① 대법원 판례에 따르면, 타인의 사망을 보험사고로 하는 보험계약의 체결에 있어서 보험설계사는 보험계약자에게 피보험자의 서면동의 등의 요건에 관하여 구체적이고 상세하게 설명하여 보험계약자로 하여금 그 요건을 구비할 수 있는 기회를 주어 유효한 보험계약이 성립하도록 조치할 주의의무가 있고, 보험설계사가 위와 같은 설명을 하지 아니하는 바람에 위 요건의 흠결로 보험계약이 무효가 되고 그 결과 보험사고의 발생에도 불구하고 보험계약자가 보험금을 지급받지 못하게 되었다면 보험자는 보험업법 제102조 제1항[23]에 기하

22) 대법원 2006.4.27. 선고 2003다60259 판결
23) 참고로 현재 본 규정은 보험업법에서 금융소비자보호의 보호에 관한 법률로 이동하였다.

여 보험계약자에게 그 보험금 상당액의 손해를 배상할 의무를 진다.[24]

② 대법원 판례에 따르면, 타인의 사망을 보험사고로 하는 보험계약에 있어서 보험모집인이 보험계약자에게 피보험자인 타인의 서면 동의를 얻어야 하는 사실에 대한 설명의무를 위반하여 보험계약이 무효로 된 경우에, 보험회사는 보험업법에 따라 보험계약자에게 보험금 상당액의 손해배상책임을 부담한다. 다만 보험회사의 손해배상책임액을 산정할 때에 보험계약 체결 당시 보험계약청약서 및 약관의 내용을 검토하여 피보험자의 서면 동의를 받았어야 할 주의의무를 게을리한 보험계약자의 과실상계도 적용될 수 있다.[25]

③ 대법원 판례에 따르면, 상법 제731조 제1항에 의하면 타인의 생명보험에서 피보험자가 서면으로 동의의 의사표시를 하여야 하는 시점은 '보험계약 체결 시까지'이고, 이는 강행규정으로서 이에 위반한 보험계약은 무효이므로, 타인의 생명보험계약 성립 당시 피보험자의 서면동의가 없다면 보험계약은 확정적으로 무효가 되고, 피보험자가 이미 무효로 된 보험계약을 추인하였다고 하더라도 보험계약이 유효로 될 수는 없다.[26]

④ 대법원 판례에 따르면, 상법 제731조 제1항은 타인의 사망을 보험사고로 하는 보험계약에 있어서 도박보험의 위험성과 피보험자 살해의 위험성 및 공서양속 침해의 위험성을 배제하기 위하여 마련된 강행규정이고, 보험계약 체결시에 피보험자인 타인의 서면에 의한 동의를 얻도록 규정한 것은 그 동의의 시기와 방식을 명확히 함으로써 분쟁의 소지를 없애려는데 그 취지가 있으므로, 피보험자인 타인의 동의는 각 보험계약에 대하여 개별적으로 서면에 의하여 이루어져야 하며, 포괄적인 동의 또는 묵시적이거나 추정적 동의만으로는 부족하다.[27]

27. ②

① 상해보험의 보험사고인 상해는 발생시기와 발생여부가 모두 불확정적이다. 이는 생명보험의 보험사고인 사람의 사망이 발생여부는 확정적이나 발생시기만 불확정하다는 것과 차이점이다.

② 상해보험에 관하여는 제732조(15세 미만자 등에 대한 계약의 금지)를 제외하고 생명보험에 관한 규정을 준용한다(상법 제739조). 즉 15세 미만자, 심신상실자, 또는 심신박약자의 상해를 보험사고로 하는 보험계약은 유효하다.

③ 상해보험계약의 보험자는 신체의 상해에 관한 보험사고가 생길 경우에 보험금액 기타의 급여를 지급할 책임이 있다(상법 제737조).

④ 상해보험의 경우에 피보험자와 보험계약자가 동일인이 아닐 때에는 보험증권 기재사항 중 피보험자의 주소 · 성명 및 생년월일에 갈음하여 피보험자의 직무 또는 직위만을 기재할 수 있다(상법 제738조).

28. ④

① 보험계약자는 보험수익자를 지정 또는 변경할 권리가 있다(상법 제733조 제1항).

②③ 보험계약자가 보험수익자 지정권을 행사하지 아니하고 사망한 때에는 피보험자를 보험수익자로 하고 보험계약자가 보험수익자 변경권을 행사하지 아니하고 사망한 때에는 보험수익자의 권리가 확정된다(상법 제733조 제2항).

④ 보험수익자가 보험 존속 중에 사망한 때에는 보험계약자는 다시 보험수익자를 지정할 수 있다. 이 경우에 보험계약자가 지정권을 행사하지 아니하고 사망한 때에는 보험수익자의 상속인을 보험수익자로 한다(상법 제733조 제3항).

29. ③

①③④ 고지의무나 위험변경증가 통지의무, 위험유지의무 등의 위반 혹은 계속보험료 미납으로 인하여 보험계약이 해지된 때, 보험계약자, 피보험자, 보험수익자의 고의 중과실 등으로 보험금의 지급책임이 면제된 때에는 보험자는 보험수익자를 위하여 적립한 금액을 보험계약자에게 지급하여야 한다. 그러나 다른 약정이 없으면 보험계약자의 고의로 보험사고가 생긴 때에는 적립금을 반환하지 않아도 된다(상법 제736조)

② 보험금청구권은 3년간, 보험료 또는 적립금의 반환청구권은 3년간, 보험료청구권은 2년간 행사하지 아니하면 시효의 완성으로 소멸한다(상법 제662조).

30. ④

①④ 재보험계약은 원보험계약과는 독립된 별개의 계약이므로 원보험계약의 효력에 영향을 미치지 않는다. 따라서 원보험계약의 보험자가 보험금 지급의무를 이행하지 않았더라도 피보험자 또는 보험수익자는 재보험자에게 직접 보험금 지급을 청구할 수 없다. 참고로 이러한 문제를 해소하기 위하여 원보험자의 파산 시에 피보험자 또는 보험수익자가 재보험자에게 직접 보험금 청구권을 행사할 수 있는 특약을 맺는 경우가 있는데 그러한 재보험 특약을 cut-through clause라고 한다.

② 책임보험의 규정은 그 성질에 반하지 아니하는 범위에서 재보험계약에 준용한다(상법 제726조).

③ 대법원 판례에 따르면, 보험자가 피보험자에게 보험금을 지급하면 보험자대위의 법리에 따라 피보험자가 보험사고의 발생에 책임이 있는 제3자에 대하여 가지는 권리는 지급한 보험금의 한도에서 보험자에게 당연히 이전되고(상법 제682조), 이는 재보험자가 원보험자에게 재보험금을 지급한 경우에도 마찬가지이다. 따라서 재보험관계에서 재보험자가 원보험자에게 재보험금을 지급하면 원보험자가 취득한 제3자에 대한 권리는 지급한 재보험금의 한도에서 다시 재보험자에게 이전된다.[28] 다만 재보험자가 보험자대위에 의하여 취득한 제3자에 대한 권리의 행사는 재보험자가 이를 직접 하지 아니하고 원보

24) 대법원 2008.8.21. 선고 2007다76696 판결
25) 대법원 2006.6.29. 선고 2005다11602, 11619 판결
26) 대법원 2015.10.15. 선고 2014다204178 판결
27) 대법원 2003.7.22. 선고 2003다24451 판결
28) 대법원 2015.6.11. 선고 2012다10386 판결

험자가 재보험자의 수탁자의 지위에서 자기 명의로 권리를 행사하여 그로써 회수한 금액을 재보험자에게 재보험금의 비율에 따라 교부하는 방식에 의하여 이루어지는 것이 상관습이다.

31. ④

① 보증보험은 보험계약자의 계약상의 채무불이행 또는 법령상의 의무불이행으로 인하여 피보험자가 입은 손해를 담보하기 위한 보험이다(상법 제726조의5).

② 보증보험은 손해보험계약의 일종으로, 우리 상법도 보증보험을 손해보험의 한 종류로 다루고 있다.

③ 대법원 판례에 따르면, 이행보증보험은 보험계약자인 채무자의 주계약상 채무불이행으로 인하여 피보험자인 채권자가 입게 되는 손해의 전보를 보험자가 인수하는 것을 내용으로 하는 손해보험으로서 실질적으로는 보증의 성격을 가지고 보증계약과 같은 효과를 목적으로 하는 점에서 보험자와 채무자 사이에는 민법상의 보증에 관한 규정이 준용되므로, 이행보증보험의 보험자는 민법 제434조를 준용하여 보험계약자의 채권에 의한 상계로 피보험자에게 대항할 수 있고, 그 상계로 피보험자의 보험계약자에 대한 채권이 소멸되는 만큼 보험자의 피보험자에 대한 보험금 지급채무도 소멸된다.[29]

④ 대법원 판례에 따르면, 이행보증보험은 채무자인 보험계약자가 채권자인 피보험자에게 계약상의 채무를 이행하지 아니함으로써 손해를 입힌 경우에 보험자가 그 손해의 전보를 인수하는 것을 내용으로 하는 손해보험으로서 보험계약자의 피보험자에 대한 계약상의 채무이행을 담보하는 것이므로, 이행보증보험계약에 의하여 보험자가 피보험자에게 담보하는 채무이행의 내용은 채권자와 채무자 사이에서 체결된 주계약에 의하여 정하여지고 이러한 주계약을 전제로 이행보증보험계약이 성립하지만, 그 주계약이 반드시 이행보증보험계약을 체결할 당시 이미 확정적으로 유효하게 성립되어 있어야 하는 것은 아니고 장차 체결된 주계약을 전제로 하여서도 유효하게 이행보증보험계약이 체결될 수 있다.[30]

32. ②

①③ 보험자가 보상할 손해액은 그 손해가 발생한 때와 곳의 가액에 의하여 산정한다. 그러나 당사자간에 다른 약정이 있는 때에는 그 신품가액에 의하여 손해액을 산정할 수 있다(상법 제676조 제1항).

② 손해액의 산정에 관한 비용은 보험자의 부담으로 한다(상법 제676조 제2항).

④ 손해액의 산정에 관해서는 기본적으로 손해보험의 대원칙인 실손보상의 원칙이 적용된다.

33. ①

①② 보험계약자는 보험사고가 발생하기 전에는 언제든지 계약의 전부 또는 일부를 해지할 수 있다(상법 제649조 제1항). 보험사고의 발생으로 보험자가 보험금액을 지급한 때에는 보험금액이 감액되지 아니하는 보험의 경우에는 보험계약자는 그 사고 발생 후에도 보험계약을 해지할 수 있다(상법 제649조 제2항). 보험기간 중 보험금이 지급된 이후 남은 보험기간에 대해서 보험금액이 감액되는 것을 감액주의라고 하며, 반대로 보험금이 지급되더라도 감액되지 않는 것을 자동복원주의라고 한다. 예를 들어 보험계약의 가입금액이 1억원일 때 보험사고가 발생하여 4천만원의 보험금을 지급하였다면, 남아 있는 보험기간 동안의 가입금액은 감액주의 보험에서는 4천만원, 자동복원주의 보험에서는 1억원이 된다. 전통적인 손해보험에서는 감액주의가 일반적이었으나 최근에는 자동복원주의가 더 많다. 상법 규정상 감액주의 보험에서 보험사고의 발생으로 보험금이 지급되었다면 보험계약자는 그 계약을 해지하지 못한다. 자동복원주의 보험에서만 해지가 가능하다.

③ 보험자가 파산의 선고를 받은 때에는 보험계약자는 계약을 해지할 수 있다(상법 제654조 제1항).

④ 보험계약 당시에 보험계약자 또는 피보험자가 고의 또는 중대한 과실로 인하여 중요한 사항을 고지하지 아니하거나 부실의 고지를 한 때에는 보험자는 그 사실을 안 날로부터 1월 내에, 계약을 체결한 날로부터 3년 내에 계약을 해지할 수 있다. 그러나 보험자가 계약 당시에 그 사실을 알았거나 중대한 과실로 인하여 알지 못한 때에는 보험계약을 해지할 수 없다(상법 제651조).

34. ③

가. **개별약정우선의 원칙** : 보험약관의 법적 효력에 관한 학설은 크게 의사설과 법규범설로 나뉜다. 의사설은 계약의 당사자가 약관의 조항에 서로 따르기로 합의하였기 때문에 그러한 의사에 기인하여 보험약관이 당사자를 구속한다는 입장이며, 법규범설은 보험약관 그 자체를 자치법으로 보아 보험약관이 당사자를 구속한다는 입장이다. 대법원 판례는 일관되게 의사설을 지지하고 있으며, 약관규제에 관한 법률에서도 "약관에서 정하고 있는 사항에 관하여 사업자와 고객이 약관의 내용과 다르게 합의한 사항이 있을 때에는 그 합의 사항은 약관보다 우선한다."[31]라고 하여 이를 뒷받침하고 있다.

나. **효력유지적 축소해석의 원칙** : 효력유지적 축소해석의 원칙이란 보험약관의 내용이 보험계약법 등에 비추어 보험계약자에게 불이익할 경우 약관 조항 전체를 무효로 하지 않고, 불이익한 부분만 무효로 한다는 원칙이다. 즉, 보험계약자에게 불리하지 않은 부분에 대해서는 효력을 유지한다. 이는 불이익한 약관을 사용한 사업자를 징계하는 수단이고, 이러한 징계수단을 이용하여 사업자로 하여금 약관의 자정노력을 하도록 하기 위함이다.

대법원 판례에서도 누가 무면허운전을 하더라도 보험자가 면책되도록 한 자동차보험 무면허 운전 면책약관에 대하여 "보험계약자나 피보험자의 무면허운전은 면책이지만, 보험계약자나 피보험자 이외의 자의 무면허운전은 면책이 되지 않는다."[32]고 판결함으로써 효력유지적 축소해석의 원칙을 적용

29) 대법원 2002.10.25. 선고 2000다16251 판결
30) 대법원 1999.2.9. 선고 98다49104 판결
31) 약관의 규제에 관한 법률 제4조
32) 대법원 1991.12.24. 선고 90다카23899 전원합의체 판결

하였다. 약관규제법은 "약관의 전부 또는 일부의 조항이 계약의 내용이 되지 못하는 경우나 무효인 경우, 계약은 나머지 부분만으로 유효하게 존속한다."[33]라고 하여 이에 대한 법률적 뒷받침을 하고 있다.

다. **작성자 불이익의 원칙** : 작성자 불이익의 원칙이란 본래 영미법상의 개념(Contra proferentem)으로 계약서의 문구를 해석할 때 그 뜻이 명확하지 않고 모호한 경우에는 작성자에게 불리하게 해석한다는 원칙이다. 따라서 보험약관을 해석할 때에 명백하지 아니하고 다의적으로 해석된다면 이는 그 약관을 작성한 보험자에게 불리하게 해석한다. 작성자 불이익의 원칙은 보험약관 해석에 관한 다른 원칙들을 모두 적용한 뒤에도 그 뜻이 명확하지 않을 때 최종적으로 적용하는 해석원칙이다. 약관규제법에서도 "약관의 뜻이 명백하지 아니한 경우에는 고객에게 유리하게 해석되어야 한다."[34]라고 하여 이를 뒷받침하고 있다.

35. ④

초과보험이란 보험금액이 보험계약의 목적의 가액을 현저하게 초과한 보험을 말한다. 초과보험이 체결되면 보험자 또는 보험계약자는 보험료와 보험금액의 감액을 청구할 수 있다. 그러나 보험료의 감액은 장래에 대하여서만 그 효력이 있다(상법 제669조 제1항).

36. ②

① 자동차보험에서 기명피보험자란 피보험자동차를 소유 사용 관리하는 자 중에서 보험계약자가 지정하여 보험증권의 기명피보험자란에 기재되어 있는 자를 말한다.

② 대법원 판례에 따르면, 법률상 배우자가 집을 나가 행방불명됨으로써 그들의 혼인은 사실상 이혼상태에 이르렀고, 다른 사람과 사실혼 관계를 이룬 사례에서 부부공동생활을 인정할 만한 혼인의 실체를 갖춘 사실혼관계에 있으면 이들의 사실혼관계가 법률혼에 준하는 보호를 받을 수 없는 경우에 해당한다고 단정할 수 없고, 나아가 계약에 의한 보험인수의 법률관계가 형성되어 피보험 당사자의 지위를 확정하는 경우에 사실혼관계에 있는 일방 당사자가 단순히 중혼적 관계에 있다는 이유만으로 그 사실혼 관계의 존재 자체를 부정하는 것은 객관적 · 획일적인 보험약관의 해석원칙에 관한 법리에도 반한다.[35] 따라서 전혼이 사실상 이혼상태에 있는 등 특별한 사정이 있다면 법률혼에 준하는 보호를 할 필요가 있으며 이에 따라 보험약관에서 친족피보험자의 범위로 규정한 "사실혼 관계에 있는 배우자"에 해당한다.

③ 대법원 판례에 따르면, 기명피보험자로부터 피보험자동차를 임대받아 운행하는 자는 자동차보험 보통약관상 "기명피보험자로부터 허락을 얻어 피보험자동차를 운행하는 자"에 해당한다.[36]

④ 자동차손해배상보장법상 운행이란 '사람 또는 물건의 운송 여부와 관계없이 자동차를 그 용법에 따라 사용하거나 관리하는 것'을 말한다. 대법원 판례에 따르면, 자동차의 소유자 또는 보유자가 주점에서의 음주 기타 운전장애 사유 등으로 인하여 일시적으로 타인에게 자동차의 열쇠를 맡겨 대리운전을 시킨 경우, 대리운전자의 과실로 인하여 발생한 차량사고의 피해자에 대한 관계에서는 자동차의 소유자 또는 보유자가 객관적, 외형적으로 위 자동차의 운행지배와 운행이익을 가지고 있다고 보는 것이 상당하다.[37] 따라서 대리운전의 경우 자동차보유자와 대리운전업자 모두 운행자성이 인정될 수 있다.

37. ①

① 상법 제4편(보험계약법)은 보험을 크게 손해보험과 인보험으로 구분하고 있으며, 인보험은 다시 생명보험, 상해보험, 질병보험으로 구분한다. 상법 규정상 제3보험이라는 용어는 없다. 참고로 제3보험은 보험업법에서 구분하고 있는 보험의 분류이며, 보험업법은 보험을 생명보험, 손해보험, 제3보험의 3가지로 분류한다. 이때의 제3보험이란 위험보장을 목적으로 사람의 질병 · 상해 또는 이에 따른 간병에 관하여 금전 및 그 밖의 급여를 지급할 것을 약속하고 대가를 수수하는 계약을 뜻한다(보험업법 제2조).

② 질병보험에 관하여는 그 성질에 반하지 아니하는 범위에서 생명보험 및 상해보험에 관한 규정을 준용한다(상법 제739조의3).

③ 신체의 질병 등과 같은 내부적 원인에 기한 것은 상해보험이 아니라 질병보험 등의 대상이 된다. 즉 상해와 질병을 구분하는 기준은 외래성 인정 여부이다.

④ 질병보험계약의 보험자는 피보험자의 질병에 관한 보험사고가 발생할 경우 보험금이나 그 밖의 급여를 지급할 책임이 있다(상법 제739조의2).

38. ①

① 보험기간이란 보험자의 책임이 개시되어 종료될 때까지의 기간으로 보험사고 발생에 대한 시간적 제한을 의미한다. 연월일시 등 일정한 시간으로 정하는 경우(from time to time)도 있지만, 해상보험이나 여행자보험 등에서 '부산에서 뉴욕까지' 처럼 출발장소와 도착장소로 정하는 경우(from place to place)도 있다. 보험계약기간은 보험이 유효하게 존속하는 기간으로 말 그대로 보험계약이 유효하게 존속하는 기간을 의미한다. 일반적으로 보험기간과 보험계약기간은 일치하는 것으로 기대되나, 반드시 일치하는 것은 아니다. 예를 들어 소급보험은 보험기간이 보험계약기간보다 길다.

② 보험계약은 특별한 형식을 요구하지 않는 불요식계약이다. 보험실무상 보험계약자는 청약서를 작성하여 청약의 의사표시를 전달하고, 보험자는 보험증권을 발행하여 승낙의 의사표시를 전달하지만, 이는 업무의 편의 및 차후 있을지도 모를 분쟁

33) 약관의 규제에 관한 법률 제16조
34) 약관의 규제에 관한 법률 제5조 제2항
35) 대법원 2009.12.24. 선고 2009다64161 판결
36) 대법원 2000.10.6. 선고 2000다32840 판결
37) 대법원 1994.4.15. 선고 94다5502 판결

방지를 위한 것이며, 보험계약은 어디까지나 불요식계약에 해당한다.

③ 보험자의 책임은 당사자간에 다른 약정이 없으면 최초의 보험료의 지급을 받은 때로부터 개시한다(상법 제656조). 즉 초회보험료가 납입하지 않아도 당사자간에 특약으로 보험기간은 개시할 수 있다.

④ 보험계약이 해지되면 보험계약은 장래에 향하여 그 효력을 상실한다. 따라서 보험계약이 해지된 이후에 발생한 보험사고에 대하여 보험자는 보험금을 지급할 책임이 없다.

39. ④

① 중복보험이 성립하기 위해서 피보험자가 동일인이어야 한다. 보험계약자가 다르더라도 중복보험은 성립할 수 있다.

② 각 보험계약의 보험기간은 전부 공통될 필요는 없고 일부라도 중복되는 기간이 있다면 그 기간에 대해서는 중복보험이 인정된다.

③ 대법원 판례에 따르면, 수개의 손해보험계약이 동시 또는 순차로 체결된 경우에 그 보험금액의 총액이 보험가액을 초과한 때에는 상법 제672조 제1항의 규정에 따라 보험자는 각자의 보험금액의 한도에서 연대책임을 지고 이 경우 각 보험자의 보상책임은 각자의 보험금액의 비율에 따르는 것이 원칙이라 할 것이나, 이러한 상법의 규정은 강행규정이라고 해석되지 않는다. 따라서 각 보험계약의 당사자는 각개의 보험계약이나 약관을 통하여 중복보험에 있어서의 피보험자에 대한 보험자의 보상책임 방식이나 보험자들 사이의 책임 분담방식에 대하여 상법의 규정과 다른 내용(예 독립책임액 분담방식)으로 규정할 수 있다.[38]

④ 동일한 보험계약의 목적과 동일한 사고에 관하여 수개의 보험계약이 동시에 또는 순차로 체결된 경우에 그 보험금액의 총액이 보험가액을 초과한 경우를 중복보험이라고 하며 이때에는 보험자는 각자의 보험금액의 한도에서 연대책임을 진다. 이 경우에는 각 보험자의 보상책임은 각자의 보험금액의 비율에 따른다(상법 제672조 제1항).

40. ③

①②④ 보험계약의 전부 또는 일부가 무효인 경우에 보험계약자와 피보험자가 선의이며 중대한 과실이 없는 때에는 보험자에 대하여 보험료의 전부 또는 일부의 반환을 청구할 수 있다. 보험계약자와 보험수익자가 선의이며 중대한 과실이 없는 때에도 같다(상법 제648조).

③ 보험자가 보험약관의 교부 · 설명의무를 위반하여 보험계약자가 보험계약이 성립한 날부터 3개월 이내에 보험계약을 취소하는 경우에는 당연히 보험계약자에게 보험료 반환 청구권이 인정되므로 보험계약자는 납부하였던 보험료는 돌려받을 수 있다.

3과목 손해사정이론

01	02	03	04	05	06	07	08	09	10
④	③	③	④	④	③	③	②	①,②③,④	②
11	12	13	14	15	16	17	18	19	20
①	②	④	③	③	②	①	④	④	③
21	22	23	24	25	26	27	28	29	30
④	②	②	①	④	②	②,③④	③	①	③
31	32	33	34	35	36	37	38	39	40
②	①	④	②	④	①	③	②	①	③

01. ④

① 보험자와 피보험자가 공동보험(coinsurance) 관계를 형성하면, 손해의 일부를 피보험자도 부담하므로 도덕적 위태를 감소시킬 수 있다.

② 공제(deductible)는 보험자가 보험금을 지급할 때에 손해액의 일부를 제외하고 지급하는 것으로 피보험자도 손해를 부담하므로 도덕적 위태를 감소시킬 수 있다.

③ 엄격한 위험인수(underwriting) 활동을 통하여 도덕적 위태가 있는 위험에 대해서는 인수를 하지 않고 이를 감소시킬 수 있다.

④ 재보험(reinsurance)은 보험자가 인수한 위험의 일부를 다른 보험자에게 전가하는 것으로 도덕적 위태 감소와는 크게 관련이 없다.

02. ③

산업재해보상보험은 근로자가 다음 각 호의 어느 하나에 해당하는 사유로 부상, 질병 또는 장해가 발생하거나 사망하면 이를 업무상의 재해로 보아 보상한다(산업재해보상보험법 제37조 제1항).

1. 업무상 사고
   가. 근로자가 근로계약에 따른 업무나 그에 따르는 행위를 하던 중 발생한 사고
   나. 사업주가 제공한 시설물 등을 이용하던 중 그 시설물 등의 결함이나 관리소홀로 발생한 사고
   다. 삭제 〈2017.10.24〉
   라. 사업주가 주관하거나 사업주의 지시에 따라 참여한 행사나 행사준비 중에 발생한 사고
   마. 휴게시간 중 사업주의 지배관리 하에 있다고 볼 수 있는 행위로 발생한 사고
   바. 그 밖에 업무와 관련하여 발생한 사고
2. 업무상 질병
   가. 업무수행 과정에서 물리적 인자(因子), 화학물질, 분진, 병원체, 신체에 부담을 주는 업무 등 근로자의 건강에 장해를 일으킬 수 있는 요인을 취급하거나 그에 노출되어 발생한 질병

38) 대법원 2002.5.17. 선고 2000다30127 판결

나. 업무상 부상이 원인이 되어 발생한 질병
다. 「근로기준법」 제76조의2에 따른 직장 내 괴롭힘, 고객의 폭언 등으로 인한 업무상 정신적 스트레스가 원인이 되어 발생한 질병
라. 그 밖에 업무와 관련하여 발생한 질병
3. 출퇴근 재해
가. 사업주가 제공한 교통수단이나 그에 준하는 교통수단을 이용하는 등 사업주의 지배관리 하에서 출퇴근하는 중 발생한 사고
나. 그 밖에 통상적인 경로와 방법으로 출퇴근하는 중 발생한 사고

03. ③

국민건강보험법 규정에 따르면, 제3자의 행위로 보험급여 사유가 생겨 가입자 또는 피부양자에게 보험급여를 지급한 경우에는 국민건강보험공단은 그 급여에 들어간 비용 한도에서 그 제3자에게 손해배상을 청구할 권리를 가진다(국민건강보험법 제58조 제1항).

04. ④

운송물의 도착으로 인하여 얻을 이익은 약정이 있는 때에 한하여 보험가액 중에 산입한다(상법 제689조 제2항).

05. ④

보험회사는 보험에 가입하는 자가 전가하고자 하는 위험을 평가하여 이를 인수할지 거절할지를 선택해야 하는데 이러한 업무를 언더라이팅(Underwriting)이라고 한다. 이러한 보험회사의 언더라이팅은 일정한 기준에 의하여 결정되어야 하며 그러한 기준이 위험인수 방침이다. 위험인수 방침은 보험자의 인수능력(보험자가 위험을 얼마나 감당할 수 있는지), 규제(금융감독 당국의 여러 가지 규제), 재보험(인수능력을 초과하는 경우 재보험 처리) 등을 고려하여 결정한다. 자산운용은 언더라이팅 인수방침을 정할 때 고려해야 하는 사항이 아니다.

06. ③

과실상계비율의 기준 결정과 관련하여 피해자의 과실을 중시하는 절대설과 피해자, 가해자 쌍방과실의 대비에 따라 과실상계비율을 정하는 상대설의 입장이 나누어져 있으며 이는 과실상계의 본질에 관한 논의와 직결된다. 두 이론의 실제적 차이는 절대설은 피해자의 과실 부분만 고려하며, 상대설은 피해자의 과실 부분 뿐만 아니라 불가항력적 부분도 안분하는 것에 있다. 예를 들어 가해자 과실 3, 피해자 과실 3, 불가항력 4의 비율로 사고발생에 기여한 경우에, 절대설에서는 피해자의 과실 부분인 30%를 피해자 과실로 보며, 상대설에서는 피해자의 과실 30%에 불가항력 40% 중 절반인 20%를 더하여 50%의 비율로 적용한다. 통설은 상대설이다.

또한 과실상계율을 적용할 때는 피해자 자기 자신만의 과실 뿐만 아니라 그와 신분상 내지 생활관계상 일체를 이루는 관계에 있는 자의 과실도 피해자 측의 과실로서 포함되어야 한다[39]는 것이 대법원 판례의 입장이기도 하다. 즉, 과실상계에 대한 규정은 피해자의 자기과실에 대한 의미를 넘어서서 손해의 공평 타당한 분담을 실현하는 중요한 도구로 그 의미가 확대되고 있다. 손해의 발생 내지 확대에 피해자의 과실이 개입되지 않은 경우에도 과실상계의 법리를 적용하기 때문이다. 대법원도 가해행위와 피해자의 체질적 소인 또는 질병의 위험도와 같이 귀책사유와 무관한 요인이 경합하여 손해가 발생하거나 확대된 경우에도 질환의 태양, 정도 등에 비추어 공평의 원칙상 과실상계의 법리를 유추 적용하여 피해자 측의 요인을 참작할 수 있다고 본다.[40]

07. ③

손해율(loss ratio)이란 보험자가 인수한 보험료에 대하여 보험사고가 발생하여 지급한 보험금을 백분율로 나타낸 지수로, 보험회사의 경영실적을 평가하고 보험요율을 산정하는 주요한 지표이다. 손해율을 계산하는 방식에는 기간별 손해율, 인수연도별 손해율, 경과손해율 등이 있으며, 일반적으로 경과손해율(incurred-to-earned basis loss ratio) 방식이 많이 사용되고 우리나라에서도 경과손해율 방식을 채택하고 있다. 경과손해율을 계산할 때에는 경과보험료에 대한 발생손해액의 비율을 산정하여 해당 회계연도의 손해율을 구한다. 계산식으로 나타내면 '발생손해액/경과보험료'이다.

08. ②

현재 우리나라에서 사용하고 있는 자동차보험 표준약관에서 대물배상 보험금은 다음의 6가지 항목이며, 이 중 수리비용, 교환가액, 자동차 시세하락 손해는 직접손해이고, 대차료, 휴차료, 영업손실은 간접손해이다.

1. 수리비용	2. 교환가액
3. 대차료	4. 휴차료
5. 영업손실	6. 자동차 시세하락 손해

09. ①, ②, ③, ④

본 문제는 가답안에서는 ②번 지문만 정답이었으나, 최종답안에서는 모든 지문을 정답으로 하는 것으로 수정되었다.
현재 우리나라 보험업법이 채택하고 있는 위험기준자기자본제도(Risk Based Capital : RBC) 하에서 지급여력기준금액 산출식은 다음과 같다.[41]

$$\sqrt{\sum_i \sum_j (\text{위험액}_i \times \text{위험액}_j) \times \text{상관계수}_{ij}} + \text{운영 위험액}$$

(단, i, j는 보험, 금리, 신용, 시장)

2015년 4월 이전에는 ②번 지문에 따라서 지급여력기준금액을 산출하였으나, 2015년 4월 보험업 감독업무 시행세칙이 개정되

39) 대법원 1997.11.14. 선고 97다35344 판결
40) 대법원 1998.7.24. 선고 98다12270, 대법원 1992.11.13. 선고 92다13356, 대법원 1995.4.14. 선고 94다29218 판결
41) 보험업 감독업무 시행세칙 별표22 II-1-2-가

면서 위의 계산식에 따라 계산하고 있다. 본 문제는 출제자가 보험업 감독업무 시행세칙이 개정된 것을 확인하지 않고 문제를 출제하는 바람에 정답없음으로 모든 지문이 정답 처리되었다. 참고로 IFRS17의 도입으로 현재는 RBC기준을 사용하고 있지 않다.

10. ②

① 국가와 지방자치단체는 예산의 범위에서 보험계약자가 부담하는 보험료의 일부를 지원할 수 있다. 또한 「국민기초생활 보장법」에 따른 수급자 또는 차상위계층이 보험목적물에 실제 거주하는 등 대통령령으로 정하는 경우에는 보험료의 전부를 지원할 수 있다(풍수해 · 지진재해보험법 제7조 제1항).

② 풍수해 · 지진재해보험사업은 행정안전부장관이 관장하고 민영보험사[「보험업법」에 따른 보험회사 및 그 밖에 다른 법률에 따라 풍수해 · 지진재해 관련 보험 또는 공제사업(共濟事業)을 할 수 있는 기관이나 단체]가 운영한다(풍수해 · 지진재해보험법 제3조 및 제6조).[42]

③ "풍수해"란 「자연재해대책법」 제2조 제2호에 따른 자연재해 중 태풍 · 홍수 · 호우(豪雨) · 강풍 · 풍랑 · 해일(海溢) · 대설로 발생하는 재해를 말하며, "지진재해"란 「자연재해대책법」 제2조 제2호에 따른 자연재해 중 지진 또는 지진해일로 발생하는 재해를 말한다(풍수해 · 지진재해보험법 제2조). 별도의 추가담보를 가입하지 않더라도 지진으로 인한 손해는 보상받을 수 있다.

④ 풍수해 · 지진재해보험이 담보할 수 있는 보험의 목적물은 다음 각 호의 시설물 및 그에 부수 또는 포함되는 동산이다(풍수해 · 지진재해보험법 제4조). 농작물, 임산물, 양식수산물, 가축과 농어업용 시설물을 대상으로 하는 것은 풍수해보험이 아니라 농어업재해보험이다.

> 1. 「건축법」 제2조 제1항 제2호에 따른 건축물
> 2. 「소상공인기본법」 제2조에 따른 소상공인이 운영하는 사업장의 건축물과 시설물
> 3. 그 밖에 피해의 가능성과 보험의 효용성 등을 종합적으로 고려하여 대통령령으로 정하는 시설물

11. ①

① 금융재보험(financial reinsurance)이란, 전통적인 재보험이 가지고 있는 위험의 전가 기능에 금융요소를 덧붙인 형태의 재보험으로, 재보험사의 책임을 제한하는 대신에 언더라이팅 및 투자에서 발생하는 수익을 재보험사와 원수사가 공유하는 형식의 재보험이다. 단일 재보험의 위험을 상대적으로 긴 시간에 걸쳐 분산하는 방식이므로 전통적인 재보험에 비하여 재보험료 수준이 상당히 높으며 재보험사로부터 담보력을 제공받을 뿐만 아니라 수익까지 분배받기 때문에 위험재무관리(Risk financing)와 위험전가(Risk transfer)가 결합된 형태이다. 금융재보험이 대체위험전가(ART)임에는 틀림없으나, 대재해위험을 자본시장의 투자자들에게 전가하는 방법은 아니며, 보험시장 안에서 처리하는 방법에 해당한다.

② 대재해채권(catastrophe bond)은 천재지변 등 대재해의 발생 여부에 따라 원금과 이자가 변동하는 채권이다. 투자자는 대재해가 발생하지 않으면 높은 이자와 원금을 회수하지만 재해가 발생하면 재난손실의 정도에 따라 이자는 물론 원금도 회수하지 못하는 경우가 많다. 대재해채권은 보통 원수보험사나 재보험사에 의하여 발행이 이루어지며, 대재해위험을 자본시장의 투자자들에게 전가하는 특징이 있다. 위험을 처리하기 위하여 보험시장을 활용하는 대신에 훨씬 규모가 큰 자본시장을 통해 대재해 위험을 관리하는 리스크 관리 수단의 증권화(securitization)의 한 유형이라고 할 수 있다.

③ 사이드카(sidecar)는 대재해채권(catastrophe bond)과 같은 보험연계 증권의 한 형태로 비영구 특수목적기구(limited-life SPV)를 설립하여 사모펀드, 헤지펀드, 원수보험회사, 재보험회사 등으로부터 자본을 제공받는 형태로 운영된다. 전체적인 거래 형태는 전통적인 재보험과 유사하나 최소한의 서류작업과 관리비용으로 운영하기 용이하며, 주로 제한된 범위의 단기 보험계약을 대상으로 대재해 재물 손해를 담보한다. 보험회사는 사이드카와 비례재보험계약(quota share reinsurance)을 체결하며 이를 통하여 대재해위험을 자본시장의 투자자들에게 전가한다.

④ 대재해옵션(catastrophe option)은 대재해 발생을 지표로 하는 옵션계약으로 일종의 보험파생상품이다. 1992년말 미국 시카고 선물거래소(CBOT)에 처음 상장되었으며 대재해위험을 자본시장의 투자자들에게 전가하는 대체위험전가(ART)에 해당한다. 자연재해로 인한 손실 지수가 일정 수준 이상에 도달하면 옵션을 행사하는 방식이다.

12. ②

책임한도분담조항(contribution by limit of liability clause)은 각 보험자의 책임한도를 각각 별도로 계산한 뒤에 해당 책임한도에 비례하여 각 보험자의 보상금액을 산정하는 방식이다. 독립책임액 분담방식이라고도 한다. 문제에서 A보험사와 B보험사 모두 실손보상(실제 손해액을 보상)한다고 주어졌으므로 일부보험에 대한 비례보상을 적용하지 않고 각 보험자의 독립책임액을 구한다.

- **독립책임액**
  - A 보험사의 독립책임액 : 2억원
  - B 보험사의 독립책임액 : 6억원
- **지급보험금**
  - A 보험사의 지급보험금 : 6억원(손해액)×
    $$\frac{\text{2억원(A의 독립책임액)}}{\text{8억원(A+B 독립책임액 합계액)}} = \text{1억 5천만원}$$
  - B 보험사의 지급보험금 : 6억원(손해액)×
    $$\frac{\text{6억원(B의 독립책임액)}}{\text{8억원(A+B 독립책임액 합계액)}} = \text{4억 5천만원}$$

42) 저자주 : 문제에서는 '행정안전부'에서 관장한다고 하여 다소 오류가 있다. '행정안전부장관'이 올바른 표현이다.

13. ④

발생손해액이란 보험회사의 회계연도 중에 발생한 손해액을 말한다. 발생 기준이므로 보험금의 실제 지급여부는 따지지 않으며 보험사고가 언제 발생했는지를 기준으로 한다. 다만 문제에서는 보험회사의 영업 첫 해의 연도말 회계연도라고 했으므로 지급보험금도 모두 해당 회계연도에 발생한 것으로 보아야 한다. 따라서 문제에서 주어진 개별추산보험금, 지급보험금, IBNR준비금, 장래손해조사비를 모두 더하여 발생손해액을 구한다.

4,000만원+3,400만원+3,500만원+530만원
=1억 1,430만원

14. ③

잔존물 대위(보험목적에 대한 대위)란 보험의 목적 전부가 멸실한 경우에 보험금액의 전부를 지급한 보험자가 그 목적에 대한 피보험자의 권리를 취득하는 제도를 말한다(상법 제681조). 잔존물 대위가 인정되기 위해서는 보험의 목적 전부가 멸실되어야 하며, 보험자는 지급할 책임이 있는 보험금액의 전부를 지급하여야 한다. 다만, 일부보험의 경우 보험금액의 보험가액에 대한 비율에 따라 잔존물 대위를 행사할 수 있다. 잔존물 대위와 비교해서 알아 두어야 할 것이 청구권 대위(제3자에 대한 대위)이다. 청구권 대위는 손해가 제3자의 행위로 인하여 발생한 경우에 보험금을 지급한 보험자가 그 지급한 금액의 한도에서 그 제3자에 대한 보험계약자 또는 피보험자의 권리를 취득하는 제도이며, 청구권 대위에서는 보험자가 보상할 금액의 일부만 지급한 경우에도 그 권리를 대위 행사할 수 있다. 다만, 피보험자의 권리를 해하지 아니하는 범위에서 행사 가능하다.

15. ③

① 기여과실(contributory negligence)이란 불법행위로 손해가 발생한 경우에 그 손해를 보상할 책임이 있는 가해자가 방어수단으로 주장할 수 있는 항변수단이다. 기여과실에서는 불법행위가 발생한 것에 가해자 뿐만 아니라 피해자의 기여한 바도 있다면 가해자는 이를 이유로 자신에게 보상책임이 없음을 항변할 수 있다. 전통적인 형태의 기여과실은 절대적 항변사유에 해당하여 피해자에게 조금의 과실이라도 있으면 가해자의 보상책임이 전부 면제되었으나(pure contributory negligence system), 현대에 와서는 조금씩 바뀌는 추세에 있다.

② 상계과실(comparative negligence)이란 기여과실에 대한 비판에서 나온 주장으로, 피해자가 불법행위 발생에 자신이 기여한 바가 있더라도 해당 손해에 대하여 여전히 보상받을 수 있는 권리를 가지며, 다만 보상금액의 감소가 있을 뿐이다. 다른 말로는 비교과실이라고도 하며 미국에서는 각 주마다 순수 상계과실(pure comparative negligence), 수정 상계과실(modified comparative negligence), 51% 룰 상계과실(51% rule comparative negligence)을 다르게 적용하고 있다.[43]

③ 리스크의 인정(assumption of risk)이란 특정활동 또는 업무에 항상 위험이 있다는 것을 이해하고 인식하는 사람은 그러한 활동 또는 업무에 연관되어 발생한 손실에 대하여 보상을 요구할 수 없다는 것을 말한다. 즉, 타인의 과실에 의하여 손해가 발생하였지만 피해자가 그러한 위험을 이미 인식하고 인정하였기 때문에 이에 대한 보상을 청구하는 것은 적절하지 않다는 가해자의 방어 수단이다. 예를 들어 야구경기장에서 경기를 관람하는 도중에 파울볼(foul ball)에 맞아 상해를 입은 관객이 경기장 운영자에게 상해에 대한 배상을 요구하였을 경우에, 경기장 운영자가 관객에 대한 방어수단으로 주장할 수 있다.

④ 최종적 명백한 기회(last clear chance)란 영미법의 기여과실에 법리에 대한 반박으로 주장된 것으로 사고 발생에 피해자의 과실이 있었더라도 피고인 가해자가 사고를 회피할 수 있는 최후의 기회가 있었음이 명백히 증명된다면 가해자의 배상책임을 인정하는 법리이다. 예를 들어 신호를 무시하고 길을 건너는 사람(피해자)에게 과실이 있지만, 운전자(가해자)가 사고를 피할 수 있는 최종적 명백한 기회(last clear chance)가 있었음에도 이를 피하지 않고 사고를 발생시켰다면 운전자에게 손실을 배상할 책임이 있다는 논리이다. 따라서 가해자의 배상책임을 면제 또는 경감하기 위한 제도가 아니라, 피해자가 가해자로부터 배상책임을 받기 위한 제도에 해당한다. 다만, 최종적 명백한 기회(The last clear chance doctrine of tort law)는 기본적으로 plaintiff(원고, 피해자)가 자신의 피해복구(recover)를 위해 주장하는 것이나, defendant(피고, 가해자)도 자신의 방어(defense)를 위해 얼마든지 주장할 수 있다. 예를 들어, 피해자에게 사고를 피할 수 있는 최종적 명백한 기회(last clear chance)가 있었음을 이유로 배상책임의 감면을 주장할 수 있다.

16. ②

보험요율을 산정하는 방식은 크게 집단요율(등급요율)과 개별요율 방식으로 나뉜다. 집단요율에는 순보험료식, 손해율식이 있고, 개별요율에는 판단요율(judgement rating), 예정표요율(schedule rating), 경험요율(experience rating), 소급요율(retrospective rating)이 있다.

① 예정표요율(schedule rating)은 동일위험 분류에 대한 과거 데이터에 기초하여 요율을 적용하는 기법을 말한다. 다만, 예정표요율 하에서 적용된 실적 데이터는 차후 기초데이터로 활용될 뿐이지 개별 위험에 대해서 적용되는 것은 아니다.

② 등급요율(class rating)이란 동일한 위험 집단에 대하여 동일한 요율을 적용하는 기법을 말한다. 예를 들어 자동차보험에서 개인자동차보험, 업무용자동차보험, 영업용자동차보험으로 나눈 뒤에 이들 간에는 동일한 요율을 적용하는 방식이다.

③ 경험요율(experience rating)은 각 위험에 대한 과거 데이터에 기초하여 차기의 보험료에 차등을 두는 방식이다. 대표적인 예가 자동차보험에서 과거 손해율에 기초하여 차기의 보험료에 할인, 할증을 적용하는 것이다.

④ 소급요율(retrospective rating)은 경험요율과 비슷하나 과거 데이터에 대한 내용을 차기 보험료에 반영하는 것이 아니라 당해 보험료에 반영한다는 점에서 차이가 있다. 예를 들어 2018년을 보험기간으로 하는 보험계약에서 2018년 손해율에 따라 2019년 보험료에 할인 할증을 적용하면 경험요율이며, 2018년 보험료에 할인 할증을 적용한다면 소급요율이다.

43) Personal Injury Lawyer Dictionary(2010)

17. ①

보험자가 지급하는 보험금액의 총액과 보험자가 수취하는 순보험료의 총액은 서로 일치하여야 한다(수지상등의 원칙). 따라서 각각의 손해액이 발생할 때 보험자가 지급해야 하는 보험금액의 총액을 구하면 그것이 곧 순보험료가 된다. 비례보상으로 보상한다고 문제에서 주어졌으므로 일부보험 비례보상 방식에 따라 각 손해액에 대한 보험금 지급액을 구하면 다음과 같다.

- **각 손해액에 대한 보험금 지급액**

A) $0원 \times \frac{700만원}{1,000만원} = 0원$

B) $100만원 \times \frac{700만원}{1,000만원} = 70만원$

C) $500만원 \times \frac{700만원}{1,000만원} = 350만원$

D) 1,000만원 → 전손이므로 보험금액 700만원을 지급함

- **각 보험금이 지급될 확률**

A) 0원×0.7=0원

B) 70만원×0.1=7만원

C) 350만원×0.1=35만원

D) 700만원×0.1=70만원

A, B, C, D를 모두 더하면 112만원이다.

18. ④

타인을 위한 보험계약이란 보험계약자가 타인에게 보험계약에 따른 이익을 주기 위하여 자기 명의로 체결하는 보험계약을 말한다. 보험계약의 대표적인 효용은 보험금 청구권이므로, 손해보험에서는 보험계약자와 피보험자가 다른 계약을 말하며, 인보험에서는 보험계약자와 보험수익자가 다른 계약을 말한다. 타인 소유의 물건을 운송하는 자가 소유권자의 손해배상 청구에 대비하기 위하여 보험계약을 체결하는 것은 자기의 이득을 위한 것이므로 타인을 위한 보험계약이 아니라 자기를 위한 보험계약이다.

19. ④

부합계약이란 당사자 일방이 계약의 조건을 일방적으로 작성하고 다른 상대방은 해당 조건에 따를 수 밖에 없는 형태로 체결되는 계약을 말한다. 보험계약도 계약 당사자 일방인 보험자가 작성한 보험약관에 다른 상대방인 보험계약자가 일방적으로 따를 수밖에 없는 방식으로 체결되기 때문에 부합계약의 성격을 갖는다. 이러한 부합계약성 때문에 보험계약자는 보험계약의 내용을 잘 알지 못하고 계약을 체결하여 피해를 볼 수 있는 우려가 존재한다. 따라서 이러한 보험계약자의 불이익을 방지하기 위하여 보험계약자 등의 불이익 변경 금지의 원칙(상법 제663조), 보험약관의 교부설명의무(상법 제638조의3), 작성자 불이익의 원칙 등과 같은 규정을 두어 보험계약자를 보호하고 있다. 피보험이익의 원칙은 부합계약성과는 크게 관련이 없다.

20. ③

민영보험과 사회보험은 둘다 보험의 형태를 지니고 있으므로 여러 가지 공통된 특징을 많이 가지고 있지만, 각각의 특성에서 기인한 차이점도 있는데 이를 비교하면 다음과 같다.

구분	민영보험	사회보험
운영주체	사기업	국가나 지방자치단체
목적	개인이나 기업(조직)의 위험제거 및 경감	사회보장에 따른 국민의 최저생활 보장
보험요율	보험혜택과 비례	소득과 비례
강제여부	임의 가입	강제된 경우가 많음
역선택	발생	거의 발생하지 않음
보험료 부담	보험계약자	정부가 보험료의 일부 부담

21. ④

보험회사는 그 자산을 운용할 때 안정성(안전성) · 유동성 · 수익성 및 공익성(공공성)이 확보되도록 하여야 한다(보험업법 제104조 제1항). 문제에서의 설명은 안정성(안전성)에 대한 설명이다.

22. ②

① 보험은 불요식계약이므로, 위부의 통지도 서면으로 하든 구두로 하든 통지의 방법에는 아무런 제한이 없다.

② 위부는 무조건이어야 한다(상법 제714조 제1항, MIA 1905 #62-2). 즉 조건이 없어야 한다.

③④ 보험자가 위부를 승인한 후에는 피보험자는 이를 철회할 수 없으며 그 위부에 대하여 이의를 제기하지 못한다(상법 제716조).

23. ②

① 순수 위험(pure risk)은 사고로 인하여 손해만 발생하는 위험을 말하며, 투기적 위험(speculative risk)은 적극적으로 이익을 추구하고자 하여 발생하는 위험을 말한다.

② 객관적 위험(objective risk)은 그 위험을 자기 외의 다른 사람도 느끼고 있는 것을 말하며, 주관적 위험(subjective risk)은 특정 개인 한사람만 느끼는 위험을 말한다. 따라서 객관적 위험은 통계적 방법에 의하여 측정이 가능하나, 주관적 위험은 측정이 불가능하다.

③ 동태적 위험(dynamic risk)은 사회 경제현상과 밀접한 관련이 있는 것으로 기술발전, 물가상승 등을 말하며, 정태적 위험(static risk)은 사회 경제현상과는 무관하게 발생하는 위험으로 전쟁, 지진, 화재와 같은 일상적인 위험을 말한다.

④ 본원적 위험(fundamental risk)은 사회 전체의 존립에 영향을 미치는 위험으로 전쟁, 지진, 대량실업, 경제공황 등을 말하며, 특정 위험(particular risk)은 특정 집단이나 개인에게만 영향을 미치는 것으로 교통사고, 질병 등을 말한다.

24. ①

① Cut-through clause는 재보험 계약 체결시에 원보험계약의 피보험자가 직접 재보험자에게 보험금을 청구할 수 있도록 하는 권리를 부여하는 조항을 말한다. 보통 원보험자의 파산을 기점(trigger)으로 하여 권리가 부여되며, 원보험자의 재정상태가 좋지 않은 경우에 주로 사용된다.

② Follow the Fortune Clause은 운명추정 조항이라고 한다. 재

보험사는 출재사와 모든 책임을 함께 해야 한다는 것으로, 신의성실의 원칙과 함께 재보험 거래의 근간을 이루는 조항이다.

③ Claim Cooperation Clause은 보험금 지급 시에 출재사가 재보험사와 상호 협의하여 처리한다는 조항이다.

④ Arbitration Clause은 재보험과 관련하여 분쟁이 생겼을 경우에 분쟁 당사자가 그 분쟁을 중재에 의하여 해결하기로 약정한 조항이다. 보통 계약 당사자 각각이 1명의 중재인을 지명하고 양 중재인이 제3의 중재인을 선임한다. 중재인 전원의 판정 또는 중재인 2명에 의한 판정을 최종의 판정으로 하며, 중재의 유효성을 확보하기 위하여 중재인의 판정을 법원의 명령과 동일하게 본다고 규정한다.

25. ④

구상권 성립여부의 확인 → 구상권 행사가치 존재여부의 판단 → 구상채권의 확보 → 임의변제의 요청→ 소송의 제기, 구상청구금액 감액 합의 또는 포기 여부의 판단과 결정

26. ②

①② 재물 손해보험에서 피보험이익은 손해가 발생하는 시점에 존재하여야 한다. 참고로 영미법에서는 생명보험계약에서도 피보험이익의 존재를 인정하고 있으며, 이 경우 생명보험계약의 피보험이익은 보험계약 체결시점에 존재하여야 한다.

③ 재물 손해보험에서는 보험계약 체결시점의 피보험이익 존재 여부는 따지지 않는다. 즉, 보험계약 체결시점에서는 피보험이익이 없어도 되나, 손해 발생시점에서는 반드시 존재해야 한다.

④ 재물 손해보험에서는 피보험자의 동의 여부는 상관하지 않으며, 피보험이익 존재 여부에 따라 보험계약의 유효성이 결정된다.

27. ②, ③, ④

본 문제는 가답안에서는 ③번 지문만 정답이었으나, 최종답안에서는 ②번, ③번, ④번 지문을 정답으로 하는 것으로 수정되었다.

① 권원보험에는 부동산의 매수인이 취득하는 소유권을 보험의 목적으로 하는 소유자 증권(owner's policy)과 부동산을 담보로 금전을 대여하는 채권자(금융기관)가 취득하는 저당권을 목적으로 하는 저당권자 증권(mortgagee policy)이 있다.[44]

② 일반적으로 보험료는 증권이 발급될 때 한 번만 납입하면 되지만 보험계약의 조건 혹은 상황의 변경에 따라 얼마든지 추가보험료 납입이 있을 수 있다.

③ 권원보험은 보험증권 발급 이전에 생긴 부동산의 소유권 하자로 인한 경제적 손실을 보상한다.

④ 부보금액은 소유자 증권의 경우에는 부동산 구매가격, 저당권자 증권의 경우에는 저당금액이다. 또한 손해가 발생하면 보험회사는 보험금을 지급하거나 혹은 피보험자를 제외한 당사자 또는 보험금 청구인에 대하여 합의하여 처리한다.

28. ③

손해사정사 또는 손해사정업자의 업무는 다음과 같다(보험업법 제188조).

1. 손해 발생 사실의 확인
2. 보험약관 및 관계 법규 적용의 적정성 판단
3. 손해액 및 보험금의 사정
4. 제1호부터 제3호까지의 업무와 관련된 서류의 작성 · 제출의 대행
5. 제1호부터 제3호까지의 업무 수행과 관련된 보험회사에 대한 의견의 진술

보험회사와의 보험금에 대한 합의 또는 절충은 손해사정사의 업무 범위가 아니며, 보험업 감독규정에 따른 독립손해사정사 또는 독립손해사정사에게 소속된 손해사정사 금지행위 중 하나에 해당한다(보험업감독규정 제9-14조).

1. 보험금의 대리청구행위
2. 일정보상금액의 사전약속 또는 약관상 지급보험금을 현저히 초과하는 보험금을 산정하여 제시하는 행위
3. 특정변호사 · 병원 · 정비공장 등을 소개 · 주선 후 관계인으로부터 금품 등의 대가를 수수하는 행위
4. 불필요한 소송 · 민원유발 또는 이의 소개 · 주선 · 대행 등을 이유로 하여 대가를 수수하는 행위
5. 사건중개인 등을 통한 사정업무 수임행위
6. 보험회사와 보험금에 대하여 합의 또는 절충하는 행위
7. 그 밖에 손해사정업무와 무관한 사항에 대한 처리약속 등 손해사정업무 수임유치를 위한 부당행위

29. ①

① 보험증권에서 보상되는 재해, 상해, 화재 등 손해 발생을 의도적으로 조작하여 보험금을 편취하려는 행위를 경성사기(hard fraud)라고 한다.

②③ 연성사기(soft fraud)는 손해 발생 자체를 의도하지는 않았으나, 이미 발생한 보험사고의 손해를 확대(사고금액을 과장)하는 행위를 말한다. 기회주의적 사기(opportunity fraud)라고도 한다.

④ 보험회사에 의해 인수되지 않을 자가 보험에 인수될 가능성을 높이려는 악의적인 행위도 연성사기(soft fraud)로 볼 수 있다.

30. ③

①③ 비상위험준비금은 손해보험회사가 대화재, 태풍, 지진 등 재난적 손해에 대비하기 위하여 적립하여야 하는 준비금이다. 2010년 이전에는 재무상태표상의 부채항목으로 인식되었으나, 2010년부터 자본계정의 이익잉여금으로 분류한다.

② 외국보험회사 국내지점은 대한민국에서 체결한 보험계약에 관하여 적립한 책임준비금 및 비상위험준비금에 상당하는 자산을 대한민국에서 보유하여야 한다(보험업법 제75조 제1항).

④ 보험회사의 경영측면에서 비상위험준비금을 많이 적립할 수 있다는 것은 보험회사의 재무건전성이 높다는 것을 의미한다.

44) **저자주** : 두가지 이외에 임대인이 본래의 소유주가 아닌 경우 발생하는 손해 및 대항력 확보를 위해 가입하는 임차권자용 권원보험도 있다. 이의 제기가 있었으나 최종답안에서는 인정되지 않았다.

31. ②

선언(declaration) 부문에서는 보험에 가입한 재산 또는 사람에 대한 정보를 기술한 부문이다. 일반적인 손해보험에서는 보험의 목적, 보험금액, 피보험자, 보험기간 등을 기재한다.

32. ①

초과손해액 특약재보험(excess of loss treaty cover)이란 하나의 보험사고로 인한 원수보험자의 지급보험금이 일정한 금액 이상으로 발생했을 때 그 금액을 재보험회사가 부담하는 형태의 재보험특약을 말한다.

문제에서는 'in excess of 5억원 per occurrence'라고 하였으므로, 원수보험자의 지급보험금이 한 사고당(per occurrence) 5억원을 넘어서는 경우에 재보험 처리대상이 된다. 또한 '90% of 20억원'이라고 하였으므로 5억원을 넘어서는 금액의 20억원까지 재보험 처리하며, 재보험처리 대상금액의 90%를 재보험금으로 지급한다.

따라서 이를 바탕으로 문제를 계산하면 다음과 같다.

1. **재보험 처리대상금액** : 30억원 − 5억원 = 25억원
   → 20억원이 한도이므로 20억원
2. **재보험자 지급금액** : 20억원 × 90% = 18억원
3. **원보험자 부담금액** : 30억원 − 18억원 = 12억원

33. ④

A. **정액공제(straight deductible) 200만원**

정액공제(straight deductible)란 손해액의 크기와 관계없이 항상 일정한 금액을 공제하여 보험금을 지급하는 공제조항이다.

500만원 − 200만원 = 300만원

B. **프랜차이즈공제(franchise deductible) 100만원**

프랜차이즈공제(franchise deductible)란 일정한 공제한도를 정한 뒤, 공제한도 미만의 손실은 피보험자가 전액 부담하고, 공제한도를 넘어서는 손해가 발생했을 경우에는 보험자가 손실 전부를 보상하는 공제조항이다.

500만원 → 공제한도 100만원을 넘은 손해이므로 500만원 전액 지급

C. **소멸성공제(disappearing deductible) 100만원, 보상 조정계수 110%**

소멸성공제조항은 손해액에 설정된 한도액을 공제하되 손해액이 커질수록 한도액이 점차 줄어들어 일정한 금액 이상에는 공제금액이 0원이 되는 공제조항으로, 계산식은 다음과 같다.

(손해액 − 공제금액) × 보상 조정계수
(500만원 − 100만원) × 110% = 440만원

34. ②

PML은 최대추정손해액으로 통상적인 조건 하에서 담보위험이 초래할 수 있는 최대 손해 추정액을 말하며, MPL은 최대가능손해액으로 통상적인 조건이 지켜지지 않는 최악의 조건 하에서 초래할 수 있는 최대 손해액을 의미한다. 보험회사는 통상적으로 PML을 이용하여 위험의 인수여부 및 조건을 결정하고 보험료를 산출하는 기초로 사용한다.

35. ④

에너지방출이론(energy release theory)은 하돈(William Haddon, Jr.)에 의하여 주장된 것으로 특정 구조에 견딜 수 없을 정도로 스트레스가 주어지면 점차 그 에너지가 축적되며 어느 시점에서 그 통제되지 않은 에너지가 급격하게 방출되기 때문에 사고가 발생한다는 이론이다. 따라서 유해한 에너지의 축적이나 방출을 물리적, 기계적으로 방지하기 위한 안전시설을 보강하는 것이 사고의 예방에 큰 도움이 된다고 주장하는 이론이다. 이와 비교해서 알아둘 것이 하인리히의 도미노이론이다. 도미노이론은 사고의 원인을 인간의 과실, 사고, 손해의 발생이라는 연쇄적 관계에서 바라보기 때문에, 사고 예방을 위해서는 사람이 실수나 부주의를 하지 않도록 환경을 개선하고 사고예방 교육훈련을 강화하는 것이 중요하다고 주장한다. 예를 들어 공장에서 유압프레스에 의한 손가락 절단 사고가 발생하였다고 가정한다면, 에너지방출이론에서는 유압프로세스 안전장치 부재, 불안정한 작업공간을 사고원인으로 보며, 도미노이론에서는 작업자의 부주의, 안전수칙 부재 등을 사고원인으로 본다.

구분	도미노이론	에너지방출이론
주장자	하인리히 (H.W. Heinrich)	하돈 (William Haddon, Jr.)
사고의 원인	인간의 과실 → 사고 → 손해의 연쇄적 관계로 발생함	특정구조에 견딜 수 없을 정도의 스트레스가 가해지면 나중에 통제되지 못한 에너지가 급격히 방출되면서 발생함
사고 예방 조치	사람이 실수나 부주의를 하지 않도록 환경을 개선하고 사고예방 교육훈련을 하는 것이 중요함	유해한 에너지의 축척이나 방출을 막는 물리적, 기계적인 안전시설 보강이 중요함

36. ①

보험이란 단순히 말해서 위험의 결합으로 불확실성을 확실성으로 전환시키는 사회적 제도라고 할 수 있다. 즉, 보험은 다수의 동질적 위험을 한 곳에 모으는 위험결합을 통해서 가계나 기업의 실제손실을 평균손실로 대체하는 제도라고 할 수 있다.

37. ③

본래 계약상 권리의 행사와 의무의 이행은 계약 당사자 쌍방 간의 신뢰를 바탕으로 하는 것인바, 신의성실의 원칙에 따라 이루어져야 한다.[45] 그런데 보험계약은 그 특성상 사행계약적 성격과 보험사고에 관한 정보를 계약 당사자 일방인 보험계약자만 보유

45) 민법 제2조【신의성실】 ①권리의 행사와 의무의 이행은 신의에 좇아 성실히 하여야 한다.

하고, 다른 당사자인 보험자는 보험계약자의 고지로만 위험평가를 할 수밖에 없는바, 보통의 계약보다 더 높은 수준의 선의를 요구하게 된다. 따라서 보험은 일반적인 선의의 원칙보다 높은 수준의 최대선의의 원칙이 적용된다.

사기로 인한 중복보험 시 보험계약의 무효, 고지의무 제도와 위험변경 증가 시 통지의무, 손해방지 경감의무는 모두 최대선의의 원칙을 구현하기 위한 제도이다. 보험자 대위는 실손보상의 원칙을 실현하기 위한 제도이며 최대선의의 원칙과는 크게 관련성이 없다.

38. ②

현재 우리 상법이 규정하고 있는 보험계약의 무효사유는 다음과 같다. 보험계약자가 중대한 과실로 중요한 사항을 고지하지 않은 경우는 무효사유가 아니라 보험계약 해지사유에 해당한다.

1. 보험계약 당시에 보험사고가 이미 발생하였거나 발생할 수 없는 것인 때. 다만, 계약 당사자 쌍방과 피보험자가 이를 몰랐을 경우 제외(상법 제644조)
2. 보험계약자의 사기로 인하여 체결된 초과보험(상법 제669조 제4항)
3. 보험계약자의 사기로 인하여 체결된 중복보험(상법 제672조 제3항)
4. 타인의 사망을 보험사고로 하는 보험계약에서 보험계약 체결 시에 그 타인의 서면(「전자서명법」에 따른 전자서명이 있는 경우로서 대통령령으로 정하는 바에 따라 본인 확인 및 위조 · 변조 방지에 대한 신뢰성을 갖춘 전자문서를 포함)에 의한 동의를 얻지 못한 경우(상법 제731조 제1항)
5. 15세 미만자, 심신상실자 또는 심신박약자의 사망을 보험사고로 한 보험계약. 다만, 심신박약자가 보험계약을 체결하거나 단체보험의 피보험자가 될 때에 의사능력이 있는 경우 제외(상법 제732조)

39. ①

손인(peril)이란 손해가 발생하게 되는 원인으로 일반적으로 '사고'와 동일한 개념으로 사용된다. 비교해야 할 개념으로, 위태(hazard)는 손해를 유발하거나 발생한 손해를 더욱 악화시킬 수 있는 상태를 말한다. 손해(loss)란 위험이 실현된 결과로 주로 경제적 손실을 의미한다. 예를 들어, 악천후로 인하여 배가 침몰하여 운반하던 물건이 소실된 경우에, 악천후는 위태(hazard), 침몰은 손인(peril), 물건이 소실된 것은 손해(loss)에 해당한다.

상법 제653조는 보험계약자 등의 고의나 중과실로 인하여 위험이 증가되었을 때의 효과를 규정한 것으로 사고발생의 위험이 현저하게 변경 또는 증가된 것은 곧 위태(hazard)를 말한다.

40. ③

위험의 독립성이란 유사한 속성의 위험이 상호 연관성 없이 독립적으로 존재하며, 독립적으로 발생해야 한다는 의미이다. 보험은 대수의 법칙을 통하여 손실을 예측하고 보험료를 산출하기 때문에 상호 관련없이 독립적으로 존재하는 다수의 위험이 필요하다. 즉 甲의 손실 정도가 乙의 손실 정도에 영향을 미치지 않는 상호 독립성이 필요하다. 방사능 오염은 이러한 위험의 독립성을 충족하지 않기 때문에 일반적으로 보험에서 제외손인(excluded peril)으로 한다.

2019 제42회 정답 및 해설

1과목 보험업법

01	02	03	04	05	06	07	08	09	10
②	②	①	③	③	①	③	③	③	③
11	12	13	14	15	16	17	18	19	20
①	①	④	④	④	③	③	①	③	③
21	22	23	24	25	26	27	28	29	30
④	③	①	④	②	①	④	③	②	④
31	32	33	34	35	36	37	38	39	40
③	④	③	①	①	②	③	④	④	④

01. ②

가. "동일차주"란 동일한 개인 또는 법인 및 이와 신용위험을 공유하는 자로서 대통령령으로 정하는 자를 말한다.

나. "자회사"란 보험회사가 다른 회사(「민법」 또는 특별법에 따른 조합을 포함한다)의 의결권 있는 발행주식(출자지분을 포함한다) 총수의 100분의 15를 초과하여 소유하는 경우의 그 다른 회사를 말한다.

다. "보험업"이란 보험상품의 취급과 관련하여 발생하는 보험의 인수, 보험료 수수 및 보험금 지급 등을 영업으로 하는 것으로서 생명보험업 · 손해보험업 및 제3보험업을 말한다.

라. "보험회사"란 보험업법 제4조에 따른 허가를 받아 보험업을 경영하는 자를 말한다.

마. "외국보험회사"란 대한민국 이외의 국가의 법령에 따라 설립되어 대한민국 이외의 국가에서 보험업을 경영하는 자를 말한다.

02. ②

보험업을 경영하기 위하여 금융위원회의 허가를 받으려는 자는 신청서에 다음 각 호의 서류를 첨부하여 금융위원회에 제출하여야 한다. 다만, 보험회사가 취급하는 보험종목을 추가하려는 경우에는 제1호의 서류는 제출하지 아니할 수 있다(보험업법 제5조).

1. 정관
2. 업무 시작 후 3년간의 사업계획서(추정재무제표를 포함한다)
3. 경영하려는 보험업의 보험종목별 사업방법서, 보험약관, 보험료 및 해약환급금의 산출방법서(舊 보험료 및 책임준비금 산출방법서) 중 대통령령으로 정하는 서류. 여기서 대통령령으로 정하는 서류란 보험종목별 사업방법서를 말한다(보험업법 시행령 제9조 제2항).
4. 제1호부터 제3호까지의 규정에 따른 서류 이외에 대통령령으로 정하는 서류

이 중 4호에서 규정하고 있는 대통령령으로 정하는 서류는 다음과 같다(보험업법 시행령 제9조 제3항).

1. 외국보험회사를 제외한 주식회사 또는 상호회사의 경우에는 다음 각 목의 서류. 다만, 취급하는 보험종목을 추가하려는 경우에는 가목부터 다목까지의 서류를 제출하지 아니할 수 있다.
   가. 발기인회의의 의사록
   나. 임원 및 발기인의 이력서 및 경력증명서
   다. 합작계약서(외국기업과 합작하여 보험업을 하려는 경우만 해당한다)
   라. 보험업법 제9조 제1항 및 제2항에 따른 자본금 또는 기금의 납입을 증명하는 서류
   마. 재무제표와 그 부속서류
   바. 주주(상호회사의 경우에는 사원)의 성명 또는 명칭과 소유 주식 수(상호회사의 경우에는 출자지분)를 적은 서류
   사. 그 밖에 보험업법 또는 보험업법 시행령에 따른 허가 요건의 심사에 필요한 서류로서 총리령으로 정하는 서류
2. 외국보험회사의 경우에는 다음 각 목의 서류. 다만, 취급하는 보험종목을 추가하려는 경우에는 나목, 라목 및 마목의 서류를 제출하지 아니할 수 있다.
   가. 외국보험회사의 본점이 적법한 보험업을 경영하고 있음을 증명하는 해당 외국보험회사가 속한 국가의 권한 있는 기관의 증명서
   나. 대한민국에서 외국보험회사를 대표하는 자의 대표권을 증명하는 서류
   다. 외국보험회사 본점의 최근 3년간의 재무상태표와 포괄손익계산서
   라. 보험업법 제9조 제3항에 따른 영업기금의 납입을 증명하는 서류
   마. 대표자의 이력서 및 경력증명서
   바. 재무제표와 그 부속서류
   사. 그 밖에 보험업법 또는 보험업법 시행령에 따른 허가 요건의 심사에 필요한 서류로서 총리령으로 정하는 서류

03. ①

금융위원회는 보험업법 제5조에 따른 허가신청을 받았을 때에는 2개월(보험업법 제7조에 따라 예비허가를 받은 경우에는 1개월) 이내에 이를 심사하여 신청인에게 허가 여부를 통지하여야 한다(보험업법 시행령 제9조 제4항). 다만 다음 각 호의 구분에 따른 기간은 통지기간에 산입(算入)하지 않는다(보험업법 시행령 제9조 제5항).[1)]

1. 보험업법 제4조 제1항에 따라 보험업의 허가를 받으려는 자 또는 그 허가를 받으려는 자의 대주주(법 제6조 제1항 제4호에 따른 대주주를 말한다)를 상대로 형사소송 절차가 진행되고 있거나 금융위원회, 공정거래위원회, 국세청, 검찰청 또는 금융감독원 등에서 조사 · 검사 등의 절차가 진행되고 있고, 소송이나 조사 · 검사 등의 내용이 법 제4조 제1항에 따른 허가에 중대한 영향을 미칠 수 있다고 인정되는 경우 : 그 소송이나 조사 · 검사 등과 관련하여 금융위원회가 정하여 고시하는 기간
2. 보험업법 제5조에 따라 제출된 허가신청서 및 첨부서류의 흠결에 대하여 보완을 요구한 경우 : 그 보완기간
3. 보험업법 제6조에 따른 허가요건을 갖추었는지 확인하기 위하여 다른 기관 등에 필요한 자료를 요청한 경우 : 그 자료를 제공받는 데에 걸리는 기간
4. 그 밖에 보험업법 제6조에 따른 허가요건의 심사를 진행하기 곤란하다고 인정되는 경우 : 금융위원회가 정하여 고시하는 기간

04. ③

① 재보험은 손해보험의 영역에 속하기 때문에 원칙적으로 생명보험회사는 재보험을 경영할 수 없다. 다만 우리 보험업법은 생명보험업의 특수성을 감안하여 생명보험회사도 생명보험의 재보험을 경영할 수 있도록 허용하고 있다(보험업법 제10조).

② 손해보험업 보험종목(재보험과 보증보험 제외)의 일부만을 취급하는 보험회사와 제3보험업만을 경영하는 보험회사는 퇴직보험 계약이나 연금저축 계약을 경영할 수 없다(보험업법 시행령 제15조 제1항).

③ 생명보험업의 보험종목의 일부를 취급하는 자의 퇴직보험 계약이나 연금저축 계약 경영을 금지하는 규정은 없다. 따라서 경영할 수 있다.

④ 보험회사는 생명보험업과 손해보험업을 경영하지 못하나, 대통령령에서 요구하는 요건을 갖춘 손해보험회사는 "질병을 원인으로 하는 사망을 제3보험의 특약형식으로 담보하는 보험"을 경영할 수 있다. 여기서 대통령령으로 요구하는 요건은 다음과 같다(보험업법 시행령 제15조 제2항).

1. 보험만기는 80세 이하일 것
2. 보험금액의 한도는 개인당 2억원 이내일 것
3. 만기 시에 지급하는 환급금은 납입보험료 합계액의 범위 내일 것

05. ③

보험회사는 보험업에 부수(附隨)하는 업무를 하려면 그 업무를 하려는 날의 7일 전까지 금융위원회에 신고하여야 한다(보험업법 제11조의2 제1항).

06. ①

보험회사가 다른 금융업무 또는 부수업무(직전사업년도 매출액이 해당 보험회사 수입보험료의 1천분의 1 또는 10억원 중 많은 금액에 해당하는 금액을 초과하는 업무만 해당)를 하는 경우에는 해당 업무에 속하는 자산 · 부채 및 수익 · 비용은 보험업과 구분하여 회계처리를 하여야 하는데, 그 대상은 다음과 같다(보험업법 시행령 제17조 제1항).

1. 「자산유동화에 관한 법률」에 따른 유동화자산의 관리업무
2. 삭제 〈2023. 5. 16.〉
3. 「한국주택금융공사법」에 따른 채권유동화자산의 관리업무
4. 「자본시장과 금융투자업에 관한 법률」 제6조 제6항에 따른 투자자문업
5. 「자본시장과 금융투자업에 관한 법률」 제6조 제7항에 따른 투자일임업
6. 「자본시장과 금융투자업에 관한 법률」 제6조 제8항에 따른 신탁업

07. ③

① 주식회사가 자본감소를 결의한 경우에는 그 결의를 한 날로부터 2주 이내에 결의의 요지와 재무상태표(舊 대차대조표)를 공고하여야 한다(보험업법 제18조 제1항).

② 주식회사가 주식금액 또는 주식 수의 감소에 따른 자본금의 실질적 감소를 결의한 때에는 미리 금융위원회의 승인을 받아야 한다(보험업법 제18조 제2항).

③ 주식회사의 자본감소 결의에 따른 공고에는 이전될 보험계약의 보험계약자로서 자본감소에 이의가 있는 자는 일정한 기간 동안 이의를 제출할 수 있다는 뜻을 덧붙여야 하며, 그 기간은 1개월 이상으로 하여야 한다(보험업법 제141조 제2항).

④ 보험계약자나 보험금을 취득할 자는 주식회사가 파산한 경우 피보험자를 위하여 적립한 금액을 다른 법률에 특별한 규정이 없으면 주식회사의 자산에서 우선 취득한다(보험업법 제32조 제1항).

1) 참고로 시험 출제 당시에는 "신청서류의 보완 또는 실지 조사에 걸린 기간은 통지기간에 산입하지 아니한다."라고만 규정되어 있었고 이를 바탕으로 문제가 출제되었으나, 현재는 해설과 같이 구체적으로 그 내용을 풀어 규정하고 있다.

08. ③

가. 주식회사가 보험업법 제22조(조직 변경의 결의의 공고와 통지) 제1항에 따른 공고를 한 날 이후에 보험계약을 체결하려면 보험계약자가 될 자에게 조직 변경 절차가 진행 중임을 알리고 그 승낙을 받아야 한다. 승낙을 한 보험계약자는 조직 변경 절차를 진행하는 중에는 보험계약자가 아닌 자로 본다(보험업법 제23조). (×)

나. 주식회사에서 상호회사로의 조직변경에 따른 기금총액은 300억원 미만으로 하거나 설정하지 아니할 수는 있으나, 손실 보전(補塡)을 충당하기 위하여 금융위원회가 필요하다고 인정하는 금액을 준비금으로 적립하여야 한다(보험업법 제20조). (○)

다. 주식회사의 상호회사로의 조직변경을 위한 주주총회의 결의는 「상법」 제434조에 의한 특별결의에 따르며, 이는 출석한 주주의 의결권의 3분의 2 이상의 수와 발행주식총수의 3분의 1 이상의 수로써 하여야 한다(보험업법 제21조). (×)

라. 주식회사가 상호회사로 조직변경을 하는 경우에는 그 결의를 한 날로부터 2주 이내에 결의의 요지와 재무상태표(舊 대차대조표)를 공고하고 주주명부에 적힌 질권자(質權者)에게는 개별적으로 알려야 한다(보험업법 제22조 제1항). (○)

마. 주식회사의 보험계약자는 상호회사로의 조직변경에 따라 해당 상호회사의 사원이 된다(보험업법 제30조). (○)

09. ③

① 상호회사의 사원은 회사의 채권자에 대하여 직접적인 의무를 지지 아니한다(보험업법 제46조). 즉 간접책임을 부담한다.

② 상호회사의 사원은 보험료의 납입에 관하여 상계(相計)로써 회사에 대항하지 못한다(보험업법 제48조).

③ 생명보험 및 제3보험을 목적으로 하는 상호회사의 사원은 회사의 승낙을 받아 타인으로 하여금 그 권리와 의무를 승계하게 할 수 있다(보험업법 제50조).

④ 상호회사는 정관으로 보험금액의 삭감에 관한 사항을 정하여야 한다(보험업법 제49조).

10. ③

① 외국보험회사 국내지점에 관하여는 「상법」 제209조를 준용한다(보험업법 제76조 제1항). 즉 외국보험회사의 국내지점을 대표하는 사원은 회사의 영업에 관하여 재판상 또는 재판외의 모든 행위를 할 권한이 있다.

② 외국보험회사국내지점은 대한민국에서 체결한 보험계약에 관하여 보험업법에 따라 적립한 책임준비금 및 비상위험준비금에 상당하는 자산을 대한민국에서 보유하여야 한다(보험업법 제75조 제1항).

③ 보험업을 경영하기 위해 금융위원회의 허가를 얻은 외국보험회사의 국내지점은 보험업법에 따른 보험회사로 보며(보험업법 제4조 제6항), 보험회사가 보험업의 허가 취소로 해산한 경우에는 금융위원회가 청산인을 선임하여야 한다(보험업법 제156조 제1항).

④ 외국보험회사 국내지점이 대한민국에 종된 영업소를 설치하거나 외국보험회사국내지점을 위하여 모집을 하는 자가 영업소를 설치한 경우에는 「상법」 제619조를 준용한다(보험업법 제79조 제2항). 상법 제619조의 규정은 다음과 같다.

상법 제619조

외국회사가 대한민국에 영업소를 설치한 경우에 다음의 사유가 있는 때에는 법원은 이해관계인 또는 검사의 청구에 의하여 그 영업소의 폐쇄를 명할 수 있다.

1. 영업소의 설치목적이 불법한 것인 때
2. 영업소의 설치등기를 한 후 정당한 사유없이 1년내에 영업을 개시하지 아니하거나 1년 이상 영업을 휴지한 때 또는 정당한 사유없이 지급을 정지한 때
3. 회사의 대표자 기타 업무를 집행하는 자가 법령 또는 선량한 풍속 기타 사회질서에 위반한 행위를 한 때

11. ①

"자기자본"이란 납입자본금 · 자본잉여금 · 이익잉여금, 그 밖에 이에 준하는 것(자본조정은 제외한다)으로서 대통령령으로 정하는 항목의 합계액에서 영업권, 그 밖에 이에 준하는 것으로서 대통령령으로 정하는 항목의 합계액을 뺀 것을 말한다(보험업법 제2조 제15호).

12. ①

"대통령령으로 정하는 자"란 다음 각 호의 자를 말한다(보험업법 시행령 제6조의2).

1. 지방자치단체
2. 주권상장법인
3. 외국금융기관
4. 법률에 따라 설립된 기금 및 그 기금을 관리 · 운용하는 법인, 해외 증권시장에 상장된 주권을 발행한 국내법인, 그 밖에 보험계약에 관한 전문성, 자산규모 등에 비추어 보험계약의 내용을 이해하고 이행할 능력이 있는 자로서 금융위원회가 정하여 고시하는 자

13. ④

① 보험설계사는 자기가 소속된 보험회사등 이외의 자를 위하여 모집을 하지 못한다(보험업법 제85조 제2항).

②④ 보험의 모집을 할 수 있는 자는 다음 각 호의 어느 하나에 해당하는 자이어야 한다(보험업법 제83조 제1항).

1. 보험설계사
2. 보험대리점
3. 보험중개사
4. 보험회사의 임원(대표이사 · 사외이사 · 감사 및 감사위원은 제외한다) 또는 직원

③ 보험업법상 모집이란 보험계약의 체결을 중개하거나 대리하는 것을 말한다(보험업법 제2조).

14. ④

① 보험대리점은 개인인 보험대리점(개인보험대리점)과 법인인 보험대리점(법인보험대리점)으로 구분하고, 각각 생명보험대리점 · 손해보험대리점(간단손해보험대리점 포함) 및 제3보험대리점으로 구분한다(보험업법 시행령 제30조 제1항).

② 보험대리점이 되려는 자는 개인과 법인을 구분하여 대통령령으로 정하는 바에 따라 금융위원회에 등록하여야 한다(보험업법 제87조 제1항).
③ 다음 각 호의 어느 하나에 해당하는 자는 보험대리점이 되지 못한다(보험업법 제87조 제2항).

1. 보험업법 제84조 제2항 규정에 따라 보험설계사가 되지 못하는 자
2. 보험설계사 또는 보험중개사로 등록된 자
3. 다른 보험회사등의 임직원
4. 외국의 법령에 따라 제1호에 해당하는 것으로 취급되는 자
5. 그 밖에 경쟁을 실질적으로 제한하는 등 불공정한 모집행위를 할 우려가 있는 자로서 대통령령으로 정하는 자

④ 금융위원회는 보험대리점이 다음 각 호의 어느 하나에 해당하는 경우에는 그 등록을 취소하여야 한다(보험업법 제88조 제1항).

1. 보험업법 제87조 제2항의 규정에 따라 보험대리점이 되지 못하는 자에 해당하게 된 경우
2. 등록 당시 보험업법 제87조 제2항의 규정에 따라 보험대리점이 되지 못하는 자이었음이 밝혀진 경우
3. 거짓이나 그 밖에 부정한 방법으로 보험대리점 등록을 한 경우
4. 보험업법 제87조의3 제1항 법인보험대리점의 업무범위를 위반한 경우
5. 보험업법 제101조 자기계약 금지 규정을 위반한 경우

15. ④

① 보험중개사란 독립적으로 보험계약의 체결을 중개하는 자(법인이 아닌 사단과 재단을 포함)이다. 보험회사 등에 소속되어 보험계약의 체결을 중개하는 자는 보험설계사이다(보험업법 제2조).
②④ 보험회사는 그 임직원 · 보험설계사 또는 보험대리점(보험대리점 소속 보험설계사를 포함)이 모집을 하면서 보험계약자에게 손해를 입힌 경우 보험업법 제102조에 따라 그 손해를 배상할 책임을 진다. 이 규정은 임직원 · 보험설계사 또는 보험대리점(보험대리점 소속 보험설계사를 포함)에게만 적용되며 보험중개사 및 보험중개사 소속 보험설계사에 대하여는 적용되지 않는다.[2] 참고로 보험중개사가 보험계약 체결 중개와 관련하여 보험계약자에게 손해를 입힌 경우에는 미리 예탁한 영업보증금 등에서 그 손해를 배상한다(보험업법 제89조 제3항).
③ 생명보험중개사는 생명보험업의 보험종목 및 그 재보험을 영업범위로 한다(보험업법 시행령 제35조). 따라서 생명보험의 보험종목인 생명보험, 연금보험(퇴직보험 포함), 그 밖에 대통령령으로 정하는 보험종목을 취급할 수 있다.

16. ③

금융기관보험대리점 등은 모집을 할 때 다음 각 호의 어느 하나에 해당하는 행위를 하여서는 아니 된다(보험업법 제100조 제1항).

1. ~~대출 등 해당 금융기관이 제공하는 용역(이하 "대출등"이라 한다)을 제공하는 조건으로 대출등을 받는 자에게 그 금융기관이 대리 또는 중개하는 보험계약을 체결할 것을 요구하거나 특정한 보험회사와 보험계약을 체결할 것을 요구하는 행위~~ 삭제[3]
2. 대출 등 해당 금융기관이 제공하는 용역(이하 "대출등"이라 한다)을 받는 자의 동의를 미리 받지 아니하고 보험료를 대출등의 거래에 포함시키는 행위
3. 해당 금융기관의 임직원(보험업법에 따라 모집할 수 있는 자는 제외한다)에게 모집을 하도록 하거나 이를 용인하는 행위
4. 해당 금융기관의 점포 외의 장소에서 모집을 하는 행위
5. 모집과 관련이 없는 금융거래를 통하여 취득한 개인정보를 미리 그 개인의 동의를 받지 아니하고 모집에 이용하는 행위
6. 그 밖에 제2호부터 제5호까지의 행위와 비슷한 행위로서 대통령령으로 정하는 행위

17. ③

보험회사는 그 임직원 · 보험설계사 또는 보험대리점(보험대리점 소속 보험설계사를 포함한다)이 모집을 하면서 보험계약자에게 손해를 입힌 경우 배상할 책임을 진다. 다만, 보험회사가 보험설계사 또는 보험대리점에 모집을 위탁하면서 상당한 주의를 하였고 이들이 모집을 하면서 보험계약자에게 손해를 입히는 것을 막기 위하여 노력한 경우에는 그러하지 아니하다. 이 때 보험회사의 손해배상은 해당 임직원 · 보험설계사 또는 보험대리점에 대한 보험회사의 구상권(求償權) 행사를 방해하지 아니한다.[4]

18. ①

모집을 위하여 사용하는 보험안내자료에는 다음 각 호의 사항을 명백하고 알기 쉽게 적어야 한다(보험업법 제95조 제1항).

1. 보험회사의 상호나 명칭 또는 보험설계사 · 보험대리점 또는 보험중개사의 이름 · 상호나 명칭
2. 보험 가입에 따른 권리 · 의무에 관한 주요 사항

2) 참고로 ②번 지문은 보험업법 제102조를 바탕으로 출제되었으나, 해당 조문은 '금융소비자 보호에 관한 법률' 제정에 따라 2020년 3월 24일자로 보험업법에서는 삭제되었다.
3) 참고로 시험 출제 당시의 보험업법 제100조 제1항은 문제와 같이 '대출 등 해당 금융기관이 제공하는 용역(이하 "대출등"이라 한다)을 제공하는 조건으로 대출등을 받는 자에게 그 금융기관이 대리 또는 중개하는 보험계약을 체결할 것을 요구하거나 특정한 보험회사와 보험계약을 체결할 것을 요구하는 행위'라고 되어 있었고 이를 바탕으로 문제가 출제되었으나, 해당 규정은 2020년 3월 24일자로 삭제되었다.
4) 참고로 본 문제는 보험업법 제102조를 바탕으로 출제되었으나, 해당 조문은 '금융소비자 보호에 관한 법률' 제정에 따라 2020년 3월 24일자로 보험업법에서는 삭제되었다.

3. 보험약관으로 정하는 보장에 관한 사항
3의2. 보험금 지급제한 조건에 관한 사항
4. 해약환급금에 관한 사항
5. 「예금자보호법」에 따른 예금자보호와 관련된 사항
6. 그 밖에 보험계약자를 보호하기 위하여 대통령령으로 정하는 사항

19. ③

① 보험회사 또는 보험의 모집에 종사하는 자는 일반보험계약자에게 보험계약 체결을 권유하는 경우에는 보험료, 보장범위, 보험금 지급제한 사유 등 대통령령으로 정하는 보험계약의 중요 사항을 일반보험계약자가 이해할 수 있도록 설명하여야 한다.[5]

②③ 보험회사는 일반보험계약자가 보험금 지급을 요청한 경우에는 대통령령으로 정하는 바에 따라 보험금의 지급절차 및 지급내역 등을 설명하여야 하며, 보험금을 감액하여 지급하거나 지급하지 아니하는 경우에는 그 사유를 설명하여야 한다(보험업법 제95조의2 제4항).

④ 보험회사는 보험계약의 체결 시부터 보험금 지급 시까지의 주요 과정을 대통령령으로 정하는 바에 따라 일반보험계약자에게 설명하여야 한다. 다만, 일반보험계약자가 설명을 거부하는 경우에는 그러하지 아니하다(보험업법 제95조의2 제3항).

20. ③

보험회사 또는 보험의 모집에 종사하는 자는 일반보험계약자가 보험계약을 체결하기 전에 면담 또는 질문을 통하여 보험계약자의 연령, 재산상황, 보험가입의 목적 등 대통령령으로 정하는 사항을 파악하고 일반보험계약자의 서명(「전자서명법」 제2조 제2호에 따른 전자서명을 포함한다), 기명날인, 녹취, 그 밖에 대통령령으로 정하는 방법으로 확인을 받아 유지 · 관리하여야 하며, 확인받은 내용은 일반보험계약자에게 지체 없이 제공하여야 하는데, 이를 적합성의 원칙이라고 한다.
여기서 "보험계약자의 연령, 재산상황, 보험가입의 목적 등 대통령령으로 정하는 사항"이란 다음 각 호의 사항을 말한다.[6]

1. 보험계약자의 연령
2. 월 소득 및 월 소득에서 보험료 지출이 차지하는 비중
3. 보험가입의 목적
4. 변액보험계약 및 「자본시장과 금융투자업에 관한 법률」 제9조 제21항에 따른 집합투자증권의 가입 여부
5. 그 밖에 보험계약자에게 적합한 보험계약의 체결을 권유하기 위하여 필요하다고 인정되는 사항으로서 금융위원회가 정하여 고시하는 사항

21. ④

보험회사 또는 보험의 모집에 종사하는 자가 보험상품에 대하여 광고를 하는 경우에는 다음 각 호의 행위를 하여서는 아니 된다.[7]

1. 보험금 지급한도, 지급제한 조건, 면책사항, 감액지급 사항 등을 누락하거나 충분히 고지하지 아니하여 제한 없이 보험금을 수령할 수 있는 것으로 오인하게 하는 행위
2. 보장금액이 큰 특정 내용만을 강조하거나 고액 보험금 수령 사례 등을 소개하여 보험금을 많이 지급하는 것으로 오인하게 하는 행위
3. 보험료를 일할로 분할하여 표시하거나 보험료 산출기준(보험가입금액, 보험료 납입기간, 보험기간, 성별, 연령 등)을 불충분하게 설명하여 보험료가 저렴한 것으로 오인하게 하는 행위
4. 만기 시 자동갱신되는 보험상품의 경우 갱신 시 보험료가 인상될 수 있음을 보험계약자가 인지할 수 있도록 충분히 고지하지 아니하는 행위
5. 금리 및 투자실적에 따라 만기환급금이 변동이 될 수 있는 보험상품의 경우 만기환급금이 보험만기일에 확정적으로 지급되는 것으로 오인하게 하는 행위
6. 그 밖에 보험계약자 보호를 위하여 대통령령으로 정하는 행위

22. ③

①④ 보험회사 또는 보험의 모집에 종사하는 자는 대통령령으로 정하는 보험계약을 모집하기 전에 보험계약자가 되려는 자의 동의를 얻어 모집하고자 하는 보험계약과 동일한 위험을 보장하는 보험계약을 체결하고 있는지를 확인하여야 하며 확인한 내용을 보험계약자가 되려는 자에게 즉시 알려야 한다(보험업법 제95조의5 제1항).

②③ 중복계약 체결 확인의무가 적용되는 보험계약은 실제 부담한 의료비만 지급하는 제3보험상품계약(실손의료보험계약)과 실제 부담한 손해액만을 지급하는 것으로서 금융감독원장이 정하는 보험상품계약(기타손해보험계약)이다. 다만 다음 각호의 보험계약은 제외한다(보험업법 시행령 제42조의5 제1항).

1. 여행 중 발생한 위험을 보장하는 보험계약으로서 다음 각 목의 어느 하나에 해당하는 보험계약
   가. 「관광진흥법」 제4조에 따라 등록한 여행업자가 여행자를 위하여 일괄 체결하는 보험계약
   나. 특정 단체가 그 단체의 구성원을 위하여 일괄 체결하는 보험계약
2. 국외여행, 연수 또는 유학 등 국외체류 중 발생한 위험을 보장하는 보험계약

5) 참고로 본 규정은 보험업법 제95조의2 제1항에 있었으나, '금융소비자 보호에 관한 법률' 제정에 따라 2020년 3월 24일자로 보험업법에서는 삭제되었다.
6) 참고로 본 문제는 보험업법 제95조의3 및 보험업법 시행령 제42조의3 제1항을 바탕으로 출제되었으나, 해당 조문은 '금융소비자 보호에 관한 법률' 제정에 따라 2020년 3월 24일자로 보험업법에서는 삭제되었다.
7) 참고로 본 규정은 보험업법 제95조의4 제3항에 있었으나, '금융소비자 보호에 관한 법률' 제정에 따라 2020년 3월 24일자로 보험업법에서는 삭제되었다.

23. ①

보험계약의 체결 또는 모집에 종사하는 자는 그 체결 또는 모집에 관하여 다음 각 호의 어느 하나에 해당하는 행위를 하여서는 아니 된다(보험업법 제97조 제1항).

1. ~~보험계약자나 피보험자에게 보험상품의 내용을 사실과 다르게 알리거나 그 내용의 중요한 사항을 알리지 아니하는 행위~~
2. ~~보험계약자나 피보험자에게 보험상품의 내용의 일부에 대하여 비교의 대상 및 기준을 분명하게 밝히지 아니하거나 객관적인 근거 없이 다른 보험상품과 비교하여 그 보험상품이 우수하거나 유리하다고 알리는 행위~~
3. ~~보험계약자나 피보험자가 중요한 사항을 보험회사에 알리는 것을 방해하거나 알리지 아니할 것을 권유하는 행위~~
4. ~~보험계약자나 피보험자가 중요한 사항에 대하여 부실한 사항을 보험회사에 알릴 것을 권유하는 행위~~ 삭제[8]
5. 보험계약자 또는 피보험자로 하여금 이미 성립된 보험계약(이하 이 조에서 "기존보험계약"이라 한다)을 부당하게 소멸시킴으로써 새로운 보험계약(대통령령으로 정하는 바에 따라 기존보험계약과 보장 내용 등이 비슷한 경우만 해당한다. 이하 이 조에서 같다)을 청약하게 하거나 새로운 보험계약을 청약하게 함으로써 기존보험계약을 부당하게 소멸시키거나 그 밖에 부당하게 보험계약을 청약하게 하거나 이러한 것을 권유하는 행위
6. 실제 명의인이 아닌 자의 보험계약을 모집하거나 실제 명의인의 동의가 없는 보험계약을 모집하는 행위
7. 보험계약자 또는 피보험자의 자필서명이 필요한 경우에 보험계약자 또는 피보험자로부터 자필서명을 받지 아니하고 서명을 대신하거나 다른 사람으로 하여금 서명하게 하는 행위
8. 다른 모집 종사자의 명의를 이용하여 보험계약을 모집하는 행위
9. 보험계약자 또는 피보험자와의 금전대차의 관계를 이용하여 보험계약자 또는 피보험자로 하여금 보험계약을 청약하게 하거나 이러한 것을 요구하는 행위
10. 정당한 이유 없이 「장애인차별금지 및 권리구제 등에 관한 법률」 제2조에 따른 장애인의 보험가입을 거부하는 행위
11. 보험계약의 청약철회 또는 계약 해지를 방해하는 행위

24. ④

모집에 종사하는 자는 다음 각 호의 어느 하나에 해당하는 경우 이외에는 타인에게 모집을 하게 하거나 그 위탁을 하거나, 모집에 관하여 수수료 · 보수나 그 밖의 대가를 지급하지 못한다.[9]

1. **보험설계사** : 같은 보험회사 등에 소속된 다른 보험설계사에 대한 경우
2. **보험대리점** : 같은 보험회사와 모집에 관한 위탁계약이 체결된 다른 보험대리점이나 소속 보험설계사에 대한 경우
3. **보험중개사** : 다른 보험중개사나 소속 보험설계사에 대한 경우

25. ②

보험회사는 일반보험계약자로서 보험회사에 대하여 대통령령으로 정하는 보험계약을 청약한 자가 보험증권을 받은 날로부터 15일(거래 당사자 사이에 15일보다 긴 기간으로 약정한 경우에는 그 기간) 이내에 대통령령으로 정하는 바에 따라 청약철회의 의사를 표시하는 경우에는 특별한 사정이 없는 한 이를 거부할 수 없다. 다만, 청약을 한 날로부터 30일을 초과한 경우에는 그러하지 아니하다. 즉, 거래 당사자 사이에 보험증권을 받은 날로부터 15일보다 긴 기간으로 약정한 경우에 그 기간은 유효하지만, 15일보다 짧은 기간으로는 할 수 없다.[10]

26. ①

보험회사는 다음 각 호의 어느 하나에 해당하는 업무를 주로 하는 회사를 금융위원회의 승인을 받아 자회사로 소유할 수 있다(보험업법 제115조 제1항). 손해사정업무와 보험대리업무는 보험업 경영과 밀접한 관련이 있는 업무에 해당하며 미리 금융위원회에 신고하고 자회사로 소유할 수 있다(보험업법 제115조 제2항 및 보험업법 시행령 제59조 제3항).

1. 「금융산업의 구조개선에 관한 법률」 제2조 제1호에 따른 금융기관이 경영하는 금융업
2. 「신용정보의 이용 및 보호에 관한 법률」에 따른 신용정보업 및 채권추심업
3. 보험계약의 유지 · 해지 · 변경 또는 부활 등을 관리하는 업무
4. 그 밖에 보험업의 건전성을 저해하지 아니하는 업무로서 대통령령으로 정하는 업무

27. ④

보험회사가 보험금 지급능력과 경영건전성을 확보하기 위하여 지켜야 하는 재무건전성 기준은 다음 각 호와 같다(보험업법 시행령 제65조 제2항). 4번 지문의 경영실태 및 위험에 대한 평가는 보험회사의 재무건전성 확보를 위하여 금융위원회가 실시한다(보험업법 시행령 제66조).

1. 지급여력비율은 100분의 100 이상을 유지할 것
2. 대출채권 등 보유자산의 건전성을 정기적으로 분류하고 대손충당금을 적립할 것

8) 참고로 시험 출제 당시의 보험업법 제97조 제1항은 문제와 같이 제1호~제4호가 있었으나, 2020년 3월 24일자로 삭제되었다.
9) 참고로 본 규정은 보험업법 제99조 제2항에 있었으나, '금융소비자 보호에 관한 법률' 제정에 따라 2020년 3월 24일자로 보험업법에서는 삭제되었다.
10) 참고로 본 규정은 보험업법 제102조의4 제1항에 있었으나, '금융소비자 보호에 관한 법률' 제정에 따라 2020년 3월 24일자로 보험업법에서는 삭제되었다.

3. 보험회사의 위험, 유동성 및 재보험의 관리에 관하여 금융위원회가 정하여 고시하는 기준을 충족할 것

28. ③

① 보험협회는 보험료 · 보험금 등 부험계약에 관한 사항으로서 대통령령으로 정하는 사항을 금융위원회가 정하는 바에 따라 보험소비자가 쉽게 알 수 있도록 비교 · 공시하여야 한다(보험업법 제124조 제2항).[11]

② 보험협회가 보험상품의 비교 · 공시를 하는 경우에는 대통령령으로 정하는 바에 따라 보험상품공시위원회를 구성하여야 한다(보험업법 제124조 제3항).

③ 보험회사는 보험계약에 관한 사항을 비교 · 공시에 필요한 정보를 보험협회에 제공하여야 한다(보험업법 제124조 제4항). 보험협회 이외의 자가 보험계약에 관한 사항을 비교 · 공시하는 경우에는 금융위원회가 정하는 바에 따라 객관적이고 공정하게 비교 · 공시하여야 한다(보험업법 제124조 제5항). 보험협회 이외의 자에 대한 정보 제공의무는 없다.

④ 보험회사는 보험계약자를 보호하기 위하여 필요한 사항으로서 대통령령으로 정하는 사항을 금융위원회가 정하는 바에 따라 즉시 공시하여야 한다(보험업법 제124조 제1항).

29. ②

금융위원회는 상호협정의 신청서를 받았을 때에는 다음 각 호의 사항을 심사하여 그 인가 여부를 결정하여야 한다(보험업법 시행령 제69조 제2항).

1. 상호협정의 내용이 보험회사 간의 공정한 경쟁을 저해하는지 여부
2. 상호협정의 내용이 보험계약자의 이익을 침해하는지 여부

30. ④

금융위원회는 보험회사의 기초서류에 법령을 위반하거나 보험계약자에게 불리한 내용이 있다고 인정되는 경우에는 청문을 거쳐 기초서류의 변경 또는 그 사용의 정지를 명할 수 있다(보험업법 제131조 제2항).

31. ③

보험회사의 정관의 변경은 주주총회(종류주주총회 포함)의 결의에 의하며, 보험회사가 정관을 변경한 경우에는 변경한 날부터 7일 이내에 금융위원회에 알려야 한다(보험업법 제126조).

32. ④

① 보험요율이 보험금과 그 밖의 급부에 비하여 지나치게 높지 아니하여야 한다(보험업법 제129조 제1호).

② 보험요율이 보험회사의 재무건전성을 크게 해칠 정도로 낮지 아니하여야 한다(보험업법 제129조 제2호). 주주에 대한 평균 배당률은 고려 대상이 아니다.

③ 자동차보험의 보험요율인 경우 보험금과 그 밖의 급부와 비교할 때 공정하고 합리적인 수준이어야 한다(보험업법 제129조 제4호).

④ 보험요율이 보험업법의 산출원칙에 위반한 경우에도 위반사실만으로 곧바로 과태료 또는 과징금을 부과할 수 없다.

33. ③

금융위원회는 기초서류의 변경을 명하는 경우 보험계약자 · 피보험자 또는 보험금을 취득할 자의 이익을 보호하기 위하여 특히 필요하다고 인정하면 이미 체결된 보험계약에 대하여도 장래에 향하여 그 변경의 효력이 미치게 할 수 있다.

34. ①

보험회사는 다음 각 호의 사유로 해산한다(보험업법 제137조 제1항).

1. 존립기간의 만료, 그 밖에 정관으로 정하는 사유의 발생
2. 주주총회 또는 사원총회의 결의
3. 회사의 합병
4. 보험계약 전부의 이전
5. 회사의 파산
6. 보험업의 허가취소
7. 해산을 명하는 재판

35. ①

① 주식회사인 보험회사의 보험계약의 이전에 관한 결의는 「상법」 제434조의 규정에 따르며, 출석한 주주의 의결권의 3분의 2 이상의 수와 발행주식 총수의 3분의 1 이상의 수로써 하여야 한다(보험업법 제138조).

② 보험회사는 계약의 방법으로 책임준비금 산출의 기초가 같은 보험계약의 전부를 포괄하여 다른 보험회사에 이전할 수 있다(보험업법 제140조 제1항). 1개의 동종보험계약의 일부만을 이전할 수는 없다.

③ 보험계약의 이전 공고 및 통지에는 이전될 보험계약의 보험계약자로서 이의가 있는 자는 일정한 기간 동안 이의를 제출할 수 있다는 뜻을 덧붙여야 한다. 그 기간은 1개월 이상으로 하여야 한다(보험업법 제141조 제2항).

④ 보험계약을 이전하려는 보험회사는 주주총회등의 결의가 있었던 때부터 보험계약을 이전하거나 이전하지 아니하게 될 때까지 그 이전하려는 보험계약과 같은 종류의 보험계약을 하지 못한다(보험업법 제142조 본문).

36. ②

주식회사인 보험회사가 해산하는 때에 채권신고기간 내에는 채권자에 대하여 변제하지 못한다. 다만, 소액의 채권, 담보있는 채권 기타 변제로 인하여 다른 채권자를 해할 염려가 없는 채권에 대하여는 금융위원회의 허가를 얻어 이를 변제할 수 있다(보험업법 제159조, 상법 제536조).

11) 참고로 본 문제 출제 당시에는 조문의 말단부가 "할 수 있다."였으나 현재는 해설과 같이 "보험소비자가 쉽게 알 수 있도록 (생략) 하여야 한다."로 개정되었다.

37. ③

손해보험계약의 제3자 보호제도는 법령에 따라 가입이 강제되는 다음 각 호의 손해보험계약에 대해서 적용하며, 자동차보험계약의 경우에는 법령에 따라 가입이 강제되지 아니하는 보험계약(대인배상Ⅱ)도 포함하여 적용한다(보험업법 시행령 제80조 제1항).

1. 「자동차손해배상 보장법」 제5조에 따른 책임보험계약
2. 「화재로 인한 재해보상과 보험가입에 관한 법률」 제5조에 따른 신체손해배상특약부화재보험계약
3. 「도시가스사업법」 제43조, 「고압가스 안전관리법」 제25조 및 「액화석유가스의 안전관리 및 사업법」 제57조에 따라 가입이 강제되는 손해보험계약
4. 「선원법」 제98조에 따라 가입이 강제되는 손해보험계약
5. 「체육시설의 설치 · 이용에 관한 법률」 제26조에 따라 가입이 강제되는 손해보험계약
6. 「유선 및 도선사업법」 제33조에 따라 가입이 강제되는 손해보험계약
7. 「승강기 안전관리법」 제30조에 따라 가입이 강제되는 손해보험계약
8. 「수상레저안전법」 제49조에 따라 가입이 강제되는 손해보험계약
9. 「청소년활동 진흥법」 제25조에 따라 가입이 강제되는 손해보험계약
10. 「유류오염손해배상 보장법」 제14조에 따라 가입이 강제되는 유류오염 손해배상 보장계약
11. 「항공사업법」 제70조에 따라 가입이 강제되는 항공보험계약
12. 「낚시 관리 및 육성법」 제48조에 따라 가입이 강제되는 손해보험계약
13. 「도로교통법 시행령」 제63조 제1항, 제67조 제2항 및 별표 5 제9호에 따라 가입이 강제되는 손해보험계약
14. 「국가를 당사자로 하는 계약에 관한 법률 시행령」 제53조에 따라 가입이 강제되는 손해보험계약
15. 「야생생물 보호 및 관리에 관한 법률」 제51조에 따라 가입이 강제되는 손해보험계약
16. 「자동차손해배상 보장법」에 따라 가입이 강제되지 아니한 자동차보험계약
17. 제1호부터 제15호까지 외에 법령에 따라 가입이 강제되는 손해보험으로 총리령으로 정하는 보험계약

38. ④

보험회사가 선임계리사를 선임한 경우에는 회사 기밀누설 등 일정한 법정 사유가 있는 경우가 아니라면 선임일이 속한 사업연도의 다음 사업연도부터 연속하는 3개 사업연도가 끝나는 날까지 그 선임계리사를 해임할 수 없다(보험업법 제184조 제4항). 따라서 2019년 4월 15일에 선임된 선임계리사는 2022년 12월 31일까지 해임할 수 없다.

39. ④

① 다음 각 호의 보험회사는 보험사고에 따른 손해액 및 보험금의 사정(손해사정)에 관한 업무를 직접 수행(손해사정사를 고용하여 손해사정업무를 담당하게 하는 것)하거나 손해사정사 또는 손해사정을 업으로 하는 자(손해사정업자)를 선임하여 그 업무를 위탁하여야 한다(보험업법 제185조 제1항 및 보험업법 시행령 제96조의3 제1항).

1. 손해보험상품(보증보험계약은 제외한다)을 판매하는 보험회사
2. 제3보험상품을 판매하는 보험회사

② 보험사고가 외국에서 발생하거나 보험계약자 등이 금융위원회가 정하는 기준에 따라 손해사정사를 따로 선임한 경우에는 보험회사의 손해사정사 고용 또는 업무위탁 의무가 없다(보험업법 제185조 제1항 단서).

③ 보험회사로부터 손해사정업무를 위탁받은 손해사정사 또는 손해사정업자는 손해사정업무를 수행한 후 손해사정서를 작성한 경우에 지체 없이 대통령령으로 정하는 방법에 따라 보험회사, 보험계약자, 피보험자 및 보험금청구권자에게 손해사정서를 내어 주고, 그 중요한 내용을 알려주어야 한다(보험업법 제189조 제1항).

④ 보험회사로부터 손해사정업무를 위탁받은 손해사정사 또는 손해사정업자는 손해사정서에 피보험자의 건강정보 등 「개인정보 보호법」에 따른 민감정보가 포함된 경우 피보험자의 동의를 받아야 하며, 동의를 받지 아니한 경우에는 해당 민감정보를 삭제하거나 식별할 수 없도록 하여야 한다(보험업법 시행령 제99조 제2항).

40. ④

과징금의 부과 및 징수 절차 등에 관하여는 은행법의 규정을 준용한다(보험업법 제196조 제4항).

2과목 보험계약법

01	02	03	04	05	06	07	08	09	10
④	④	①	②	②	①	③	③	③	②
11	12	13	14	15	16	17	18	19	20
②	④	③	②	①	②	②	②	③	③
21	22	23	24	25	26	27	28	29	30
④	①	②	④	①	②	③	①	④	③
31	32	33	34	35	36	37	38	39	40
③	②	②	①	④	②	④	④	①	②

01. ④

① 대법원 판례에 따르면, 약관은 신의성실의 원칙에 따라 해당 약관의 목적과 취지를 고려하여 공정하고 합리적으로 해석하되, 개별적인 계약당사자가 기도한 목적이나 의사를 참작함이 없이 평균적 고객의 이해가능성을 기준으로 객관적 · 획일적으로 해석하여야 한다.[12]

12) 대법원 2012.1.12. 선고 2010다92841 판결

② 약관에서 정하고 있는 사항에 관하여 사업자와 고객이 약관의 내용과 다르게 합의한 사항이 있을 때에는 그 합의 사항은 약관보다 우선한다(약관규제법 제4조). 보험계약에 있어서도 보험계약의 당사자가 명시적으로 보험약관의 내용과 다른 개별 약정을 하였다면 그 개별약정이 보통약관에 우선한다. 이를 개별약정 우선 적용의 원칙이라고 한다.

③ 약관은 신의성실의 원칙에 따라 공정하게 해석되어야 하며 고객에 따라 다르게 해석되어서는 아니 된다(약관규제법 제5조 제1항).

④ 대법원 판례에 따르면, 약관의 해석은 신의성실의 원칙에 따라 당해 약관의 목적과 취지를 고려하여 공정하고 합리적으로 해석하되, 개개 계약 당사자가 기도한 목적이나 의사를 참작함이 없이 평균적 고객의 이해가능성을 기준으로 객관적 · 획일적으로 해석하여야 하며, 위와 같은 해석을 거친 후에도 약관 조항이 객관적으로 다의적으로 해석되고 그 각각의 해석이 합리성이 있는 등 당해 약관의 뜻이 명백하지 아니한 경우에는 고객에게 유리하게 해석하여야 한다. 다만 당해 약관의 목적과 취지를 고려하여 공정하고 합리적으로, 그리고 평균적 고객의 이해가능성을 기준으로 객관적이고 획일적으로 해석한 결과 그 약관 조항이 일의적으로 해석된다면 그 약관 조항을 고객에게 유리하게 제한 해석할 여지가 없다.[13] 작성자 불이익 해석의 원칙은 보험약관 해석에 관한 다른 원칙들을 모두 적용한 뒤에도 그 뜻이 명확하지 않을 때 최종적으로 적용하는 해석 원칙이다.

02. ④

보험사고가 발생한 후라도 보험자가 고지의무 위반에 따라 계약을 해지하였을 때에는 보험금을 지급할 책임이 없고 이미 지급한 보험금의 반환을 청구할 수 있다. 다만 고지의무(告知義務)를 위반한 사실 또는 위험이 현저하게 변경되거나 증가된 사실이 보험사고 발생에 영향을 미치지 아니하였음이 증명된 경우에는 보험금을 지급할 책임이 있다(상법 제655조). 따라서 고지의무 위반 사실이 보험사고 발생에 영향을 주지 않았다면 보험자는 보험금을 지급할 책임이 있으며 이미 지급한 보험금의 반환을 청구할 수 없다. 다만 보험계약의 해지는 여전히 행사 가능하다.

03. ①

① 보험계약은 금전으로 산정할 수 있는 이익에 한하여 보험계약의 목적(피보험이익)으로 할 수 있다(상법 제668조).

② 피보험이익은 적법한 이익이어야 하며, 계약체결 시에 확정되지 않아도 되나 적어도 사고 발생 시까지는 확정할 수 있어야 한다.

③ 물건보험에서 피보험이익에 대한 평가가액, 즉 보험가액은 사고가 발생한 때와 곳의 가액을 기준으로 한다(상법 제676조 제1항).

④ 우리 상법은 손해보험에서만 피보험이익의 존재를 요구하고 있으며, 생명보험에 있어서는 피보험이익의 존재를 인정하지 않는다. 만약 보험계약자가 타인의 사망을 보험사고로 하는 보험계약을 체결한다면 그 타인의 서면동의를 얻어야 한다.

04. ②

①② 보험자가 보상할 손해액은 그 손해가 발생한 때와 곳의 가액에 의하여 산정한다. 그러나 당사자간에 다른 약정이 있는 때에는 그 신품가액에 의하여 손해액을 산정할 수 있다(상법 제676조 제1항).

③ 손해액의 산정에 관한 비용은 보험자의 부담으로 한다(상법 제676조 제2항).

④ 보험가액 불변경주의란 보험기간 중 보험가액이 변경하지 않고 일정한 금액으로 유지되는 보험을 말한다. 운송보험, 선박보험, 적하보험 등이 해당한다. 보험가액 불변경주의에서는 상법의 일반적인 손해액 산정기준(사고가 발생한 때와 곳의 가액으로 평가)을 적용하지 않고 개별 보험종목에서 별도로 정한 기준을 적용한다.

05. ②

① 보험계약자는 계약 체결 후 지체없이 보험료의 전부 또는 제1회 보험료를 지급하여야 하며, 보험계약자가 이를 지급하지 아니하는 경우에는 다른 약정이 없는 한 계약 성립 후 2월이 경과하면 그 계약은 해제된 것으로 본다(상법 제650조 제1항).

② 대법원 판례에 따르면, 선일자 수표는 그 발행자와 수취인 사이에 특별한 합의가 없었더라도 일반적으로 수취인이 그 수표상의 발행일 이전에는 자기나 양수인이 지급을 위한 제시를 하지 않을 것이라는 약속이 이루어져 발행된 것이라고 의사해석함이 합리적이며 따라서 대부분의 경우 당해 발행일자 이후의 제시기간내의 제시에 따라 결제되는 것이라고 보아야 한다. 물론 선일자수표도 본질적으로 일람불(출급)성을 잃은 것은 아니므로 발행일자 이전에 지급을 위한 제시가 있을 때에는 그날에 지급하여야 되게 되어 있음은 수표법에 의하여 분명하고 이것은 동시에 발행자에게 위험(부도, 과료 등)부담을 강요하는 것과 같은 측면이 없지 아니하나 그렇다고 해서 선일자 수표가 발행 교부된 날에 액면금의 지급효과가 발생된다고 볼 수 없다.[14] 선일자수표는 대부분의 경우 당해 발행일자 이후의 제시기간 내의 제시에 따라 결제되는 것이라고 보아야 하므로 선일자수표가 발행 교부된 날에 액면금의 지급효과가 발생된다고 볼 수 없으니, 보험약관상 보험자가 제1회 보험료를 받은 후 보험청약에 대한 승낙이 있기 전에 보험사고가 발생한 때에는 제1회 보험료를 받은 때에 소급하여 그때부터 보험자의 보험금 지급책임이 생긴다고 되어 있는 경우에 있어서 보험모집인이 청약의 의사표시를 한 보험계약자로부터 제1회 보험료로서 선일자수표를 발행받고 보험료 가수증을 해주었더라도 그가 선일자수표를 받은 날을 보험자의 책임발생 시점이 되는 제1회 보험료의 수령일로 보아서는 안된다.

③ 대법원 판례에 따르면, 분납 보험료가 소정의 시기에 납입되지 아니하였음을 이유로 그와 같은 절차를 거치지 아니하고 막바로 보험계약이 해지되거나 실효됨을 규정하고 보험자의 보험금지급 책임을 면하도록 규정한 보험약관(실효약관)은 상법의 규정에 위배되어 무효이다.[15]

13) 대법원 2010.9.9. 선고 2007다5120 판결
14) 대법원 1989.11.28. 선고 88다카33367 판결
15) 대법원 1995.11.16. 선고 94다56852 전원합의체 판결

④ 특정한 타인을 위한 보험의 경우에 보험계약자가 보험료의 지급을 지체한 때에는 보험자는 그 타인에게도 상당한 기간을 정하여 보험료의 지급을 최고한 후가 아니면 그 계약을 해제 또는 해지하지 못한다(상법 제650조 제3항).

06. ①

동일한 보험계약의 목적과 동일한 사고에 관하여 수개의 보험계약이 동시에 또는 순차로 체결되었고 그 보험금액의 총액이 보험가액을 초과하여 중복보험이 성립된 경우에 보험자는 각자의 보험금액의 한도에서 연대책임을 진다. 이 경우에는 각 보험자의 보상책임은 각자의 보험금액의 비율에 따른다(상법 제672조 제1항). 문제에서 甲은 乙보험회사, 丙보험회사와 중복보험 계약을 체결하였으며, 이때의 보상책임액은 보험금액의 비율에 따라 다음과 같다.

- 乙 : $5{,}000\text{만원(손해액)} \times \dfrac{9{,}000\text{만원(乙의 보험금액)}}{1\text{억 }5{,}000\text{만원(乙과 丙 보험금액 합계액)}} = 3{,}000\text{만원}$
- 丙 : $5{,}000\text{만원(손해액)} \times \dfrac{6{,}000\text{만원(丙의 보험금액)}}{1\text{억 }5{,}000\text{만원(乙과 丙 보험금액 합계액)}} = 2{,}000\text{만원}$

또한 일부보험 규정에 따라 연대책임 한도액은 다음과 같다.

- 乙 : $5{,}000\text{만원(손해액)} \times \dfrac{9{,}000\text{만원(乙의 보험금액)}}{1\text{억(보험가액)}} = 4{,}500\text{만원}$
- 丙 : $5{,}000\text{만원(손해액)} \times \dfrac{6{,}000\text{만원(丙의 보험금액)}}{1\text{억(보험가액)}} = 3{,}000\text{만원}$

07. ③

①② 보험금액이 보험계약의 목적의 가액을 현저하게 초과한 때에는 보험자 또는 보험계약자는 보험료와 보험금액의 감액을 청구할 수 있다. 그러나 보험료의 감액은 장래에 대하여서만 그 효력이 있다(상법 제669조 제1항).

③ 초과보험을 판단하는 보험가액은 계약 당시의 가액에 의하여 정한다(상법 제669조 제2항).

④ 초과보험계약이 보험계약자의 사기로 인하여 체결된 때에는 그 계약은 무효로 한다. 보험자는 그 사실을 안 때까지의 보험료를 청구할 수 있다(상법 제669조 제4항).

08. ③

① 대법원 판례에 따르면, 상법 제724조 제2항에 의하여 피해자에게 인정되는 직접청구권의 법적 성질은 보험자가 피보험자의 피해자에 대한 손해배상채무를 병존적으로 인수한 것으로서 피해자가 보험자에 대하여 가지는 손해배상청구권이다.[16]

② 보험자는 피보험자가 그 사고에 관하여 가지는 항변으로써 제3자(피해자)에게 대항할 수 있다(상법 제724조 제2항 단서).

③ 대법원 판례에 따르면, 피보험자가 보험계약에 따라 보험자에 대하여 가지는 보험금청구권에 관한 가압류 등의 경합을 이유로 한 집행공탁은 피보험자에 대한 변제공탁의 성질을 가질 뿐이므로, 이러한 집행공탁에 의하여 상법 제724조 제2항에 따른 제3자의 보험자에 대한 직접청구권이 소멸된다고 볼 수는 없으며, 따라서 집행공탁으로써 상법 제724조 제1항에 의하여 직접청구권을 가지는 제3자에게 대항할 수 없다.[17]

④ 대법원 판례에 따르면, 공동불법행위자 중의 1인과 보험계약을 체결한 보험자가 피해자에게 손해배상금을 모두 지급함으로써 다른 공동불법행위자들의 보험자들이 공동면책되었다면 그 손해배상금을 지급한 보험자는 다른 공동불법행위자들의 보험자들이 부담하여야 할 부분에 대하여 구상권을 행사할 수 있다.[18]

09. ③

①③ 재보험계약은 원보험과는 독립된 별개의 계약이므로 원보험자는 보험계약자의 동의없이 다른 보험자와 재보험계약을 체결할 수 있으며, 재보험자는 원보험계약의 원보험료 미지급을 이유로 재보험금 지급을 거절할 수 없다.

② 원보험자는 인수위험에 대하여 일정액을 초과하는 부분에 대하여 재보험에 부보(Surplus treaty)할 수도 있고, 일정비율로 부보(Quota share treaty)할 수도 있다.

④ 대법원 판례에 따르면, 보험자가 피보험자에게 보험금을 지급하면 보험자대위의 법리에 따라 피보험자가 보험사고의 발생에 책임이 있는 제3자에 대하여 가지는 권리는 지급한 보험금의 한도에서 보험자에게 당연히 이전되고(상법 제682조), 이는 재보험자가 원보험자에게 재보험금을 지급한 경우에도 마찬가지이다. 따라서 재보험관계에서 재보험자가 원보험자에게 재보험금을 지급하면 원보험자가 취득한 제3자에 대한 권리는 지급한 재보험금의 한도에서 다시 재보험자에게 이전된다. 그리고 재보험자가 보험자대위에 의하여 취득한 제3자에 대한 권리의 행사는 재보험자가 이를 직접 하지 아니하고 원보험자가 재보험자의 수탁자의 지위에서 자기 명의로 권리를 행사하여 그로써 회수한 금액을 재보험자에게 재보험금의 비율에 따라 교부하는 방식에 의하여 이루어지는 것이 상관습이다.[19]

10. ②

①② 손해보험계약에서 보험계약자와 피보험자는 보험사고 발생 후에 손해의 방지와 경감을 위하여 노력하여야 한다. 이를 손해방지의무라고 한다. 이때 보험계약자 또는 피보험자가 손해의 방지와 경감을 위하여 지출한 필요 또는 유익하였던 비

16) 대법원 1994.5.27. 선고 94다6819 판결
17) 대법원 2014.9.25. 선고 2014다207672 판결
18) 대법원 1999.2.12. 선고 98다44956 판결
19) 대법원 2015.6.11. 선고 2012다10386 판결

용과 보상액이 보험금액을 초과한 경우에도 보험자는 이를 부담한다(상법 제680조 제1항).

③ 손해방지의무는 보험사고가 발생한 이후에 더 이상 그 손해가 확대되는 것을 방지해야 하는 의무이며, 사고 발생 자체를 막아야 하는 예방의무가 아니다. 따라서 보험사고의 발생 전에 사고발생 자체를 미리 방지하기 위해 지출한 비용은 손해방지비용에 포함되지 않는다.

④ 대법원 판례에 따르면, '손해방지비용'은 보험자가 담보하고 있는 보험사고가 발생한 경우에 보험사고로 인한 손해의 발생을 방지하거나 손해의 확대를 방지함은 물론 손해를 경감할 목적으로 행하는 행위에 필요하거나 유익하였던 비용을 말하는 것이고, '방어비용'은 피해자가 보험사고로 인적 · 물적 손해를 입고 피보험자를 상대로 손해배상청구를 한 경우에 그 방어를 위하여 지출한 재판상 또는 재판 외의 필요비용을 말하는 것으로서, 위 두 비용은 서로 구별되는 것이므로, 보험계약에 적용되는 보통약관에 손해방지비용과 관련한 별도의 규정을 두고 있다고 하더라도, 그 규정이 당연히 방어비용에 대하여도 적용된다고 할 수는 없다.[20]

11. ②

① 보험설계사에게는 고지수령권 등이 없으므로 비록 보험설계사가 업종 변경사실을 알았다고 하더라도 보험자가 이를 알았다거나 보험계약자가 보험자에게 업종 변경 사실을 통지한 것으로는 볼 수 없다.

② 대법원 판례에 따르면, 보험회사 대리점이 평소 거래가 있는 자로부터 그 구입한 차량에 관한 자동차보험계약의 청약을 받으면서 그를 위하여 그 보험료를 대납하기로 전화상으로 약정하였고, 그 다음날 실제 보험료를 지급받으면서는 그 전날 이미 보험료를 납입받은 것으로 하여 보험약관에 따라 보험기간이 그 전날 24:00 이미 시작된 것으로 기재된 보험료영수증을 교부한 경우 위 약정일에 보험계약이 체결되어 보험회사가 보험료를 영수한 것으로 보아야 한다.[21]

③ 대법원 판례에 따르면, 보험자의 대리상이 보험계약자와 보험계약을 체결하고 그 보험료수령권에 기하여 보험계약자로부터 1회분 보험료를 받으면서 2, 3회분 보험료에 해당하는 약속 어음을 교부받은 경우 그 대리상이 해당 약속어음을 횡령하였다 하더라도 그 변제수령은 보험자에게 미치게 된다.[22]

④ 대법원 판례에 따르면, 보험설계사는 특정 보험자를 위하여 보험계약의 체결을 중개하는 자일뿐 보험자를 대리하여 보험계약을 체결할 권한이 없고 보험계약자 또는 피보험자가 보험자에 대하여 하는 고지나 통지를 수령할 권한도 없으므로, 보험설계사가 통지의무의 대상인 '보험사고발생의 위험이 현저하게 변경 또는 증가된 사실'을 알았다고 하더라도 이로써 곧 보험자가 위와 같은 사실을 알았다고 볼 수는 없다.[23]

12. ④

① 보험자가 제3자에 대한 대위권을 행사하기 위해서는 제3자의 행위로 인하여 보험사고가 발생하여야 한다. 여기서 제3자의 행위란 보험계약의 목적(피보험이익)에 대하여 손해를 발생시키는 행위로서 불법행위뿐만 아니라 채무불이행으로 손해배상의무를 부담하는 경우를 포함한다. 또한 선장의 공동해손으로 인한 경우와 같이 적법한 행위로 인한 경우도 포함된다.

② 보험자가 청구권대위를 행사하기 위해서는 보험금액의 전부 지급이 있어야 할 필요는 없으며 보험금액의 일부만 지급한 경우에도 행사 가능하다. 다만 보험자가 보상할 보험금의 일부를 지급한 경우에는 피보험자의 권리를 침해하지 아니하는 범위에서 그 권리를 행사할 수 있다(상법 제682조 제1항). 보험금액의 전부 지급이 필요한 것은 청구권대위가 아니라, 잔존물대위이다.

③ 대법원 판례에 따르면, 타인을 위한 손해보험계약은 타인의 이익을 위한 계약으로서 그 타인(피보험자)의 이익이 보험의 목적이 되는 것이지 여기에 당연히(특약없이) 보험계약자의 보험이익이 포함되거나 예정되어 있는 것은 아니라 할 것이므로 피보험이익의 주체가 아닌 보험계약자는 비록 보험자와의 사이에서는 계약 당사자이고 약정된 보험료를 지급할 의무자이지만 그 지위의 성격과 보험자대위 규정의 취지에 비추어 보면 보험자대위에 있어서 보험계약자와 보험계약자 아닌 제3자와를 구별하여 취급하여야 할 법률상의 이유는 없는 것이며, 따라서 타인을 위한 손해보험계약자가 당연히 제3자의 범주에서 제외되는 것은 아니다.[24][25]

④ 제3자가 보험계약자 또는 피보험자와 생계를 같이 하는 가족인 경우에 보험자는 청구권대위를 행사하지 못한다. 이전에는 대법원 판례에 의하여 인정되던 것을 2014년 상법을 개정하면서 법률 조항으로 명문화하였다. 다만 예외적으로 손해가 그 가족의 고의로 인하여 발생하는 경우에는 대위권을 행사할 수 있다(상법 제682조 제2항).

13. ③

① 대법원 판례에 따르면, 보험회사 또는 보험모집종사자가 설명의무를 위반하여 고객이 보험계약의 중요사항에 관하여 제대로 이해하지 못한 채 착오에 빠져 보험계약을 체결한 경우, 그러한 착오가 동기의 착오에 불과하다고 하더라도 그러한 착오를 일으키지 않았더라면 보험계약을 체결하지 않았거나 아니면 적어도 동

20) 대법원 2006.6.30. 선고 2005다21531 판결
21) 대법원 1991.12.10. 선고 90다10315 판결
22) 대법원 1987.12.8. 선고 87다카1783, 87다카1794 판결
23) 대법원 2006.6.30. 선고 2006다19672, 19689 판결
24) 대법원 1990.2.9. 선고 89다카21965 판결
25) 저자주 : 첨언하자면 보험계약자를 제3자에 포함시켜 보험자대위의 대상이 되도록 한 본 판례는 타인을 위한 보험계약의 취지와 효용을 고려하지 않았다고 하여 학계는 물론이고 보험업계에서도 많은 비판을 받았다. 현재는 개별 약관에서 보험계약자에 대한 대위권을 포기함을 명시하여 이를 해결하고 있다(보험업감독업무시행세칙 별표15 화재보험 표준약관 제14조 제3항 : 회사는 타인을 위한 계약의 경우에는 계약자에 대한 대위권을 포기합니다).

일한 내용으로 보험계약을 체결하지 않았을 것이 명백하다면, 위와 같은 착오는 보험계약의 내용의 중요부분에 관한 것에 해당하므로 이를 이유로 보험계약을 취소할 수 있다.26)

② 대법원 판례에 따르면, 보험계약자가 타인의 생활상의 부양이나 경제적 지원을 목적으로 보험자와 사이에 타인을 보험수익자로 하는 생명보험이나 상해보험 계약을 체결하여 보험수익자가 보험금 청구권을 취득한 경우, 보험자의 보험수익자에 대한 급부는 보험수익자에 대한 보험자 자신의 고유한 채무를 이행한 것이다. 따라서 보험자는 보험계약이 무효이거나 해제되었다는 것을 이유로 보험수익자를 상대로 하여 그가 이미 보험수익자에게 급부한 것의 반환을 구할 수 있고, 이는 타인을 위한 생명보험이나 상해보험이 제3자를 위한 계약의 성질을 가지고 있다고 하더라도 달리 볼 수 없다.27)

③ 대법원 판례에 따르면, 생명보험은 피보험자의 사망, 생존 또는 사망과 생존을 보험사고로 하는 보험으로(상법 제730조), 오랜 기간 지속되는 생명보험계약에서는 보험계약자의 사정에 따라 계약 내용을 변경해야 하는 경우가 있다. 생명보험계약에서 보험계약자의 지위를 변경하는 데 보험자의 승낙이 필요하다고 정하고 있는 경우, 보험계약자가 보험자의 승낙이 없는데도 일방적인 의사표시만으로 보험계약상의 지위를 이전할 수는 없다. 보험계약자의 신용도나 채무 이행능력은 계약의 기초가 되는 중요한 요소일 뿐만 아니라 보험계약자는 보험수익자를 지정 · 변경할 수 있다(상법 제733조). 보험계약자와 피보험자가 일치하지 않는 타인의 생명보험에 대해서는 피보험자의 서면동의가 필요하다(상법 제731조 제1항, 제734조 제2항). 따라서 보험계약자의 지위 변경은 피보험자, 보험수익자 사이의 이해관계나 보험사고 위험의 재평가, 보험계약의 유지 여부 등에 영향을 줄 수 있다. 이러한 이유로 생명보험의 보험계약자 지위 변경에 보험자의 승낙을 요구한 것으로 볼 수 있다. 유증은 유언으로 수증자에게 일정한 재산을 무상으로 주기로 하는 단독행위로서 유증에 따라 보험계약자의 지위를 이전하는 데에도 보험자의 승낙이 필요하다고 보아야 한다. 보험계약자가 보험계약에 따른 보험료를 전액 지급하여 보험료 지급이 문제되지 않는 경우에도 마찬가지이다. 유언집행자는 유증의 목적인 재산의 관리 기타 유언의 집행에 필요한 행위를 할 권리 · 의무가 있다. 유언집행자가 유증의 내용에 따라 보험자의 승낙을 받아서 보험계약상의 지위를 이전할 의무가 있는 경우에도 보험자가 승낙하기 전까지는 보험계약자의 지위가 변경되지 않는다.28)

④ 대법원 판례에 따르면, 보험계약을 체결하면서 중요한 사항에 관한 보험계약자의 고지의무 위반이 사기에 해당하는 경우에는 보험자는 상법의 규정에 의하여 계약을 해지할 수 있음은 물론 보험계약에서 정한 취소권 규정이나 민법의 일반원칙에 따라 보험계약을 취소할 수 있다. 따라서 보험금을 부정취득할 목적으로 다수의 보험계약이 체결된 경우에 민법 제103조 위반으로 인한 보험계약의 무효와 고지의무 위반을 이유로 한 보험계약의 해지나 취소는 그 요건이나 효과가 다르지만, 개별적인 사안에서 각각의 요건을 모두 충족한다면 위와 같은 구제수단이 병존적으로 인정되고, 이 경우 보험자는 보험계약의 무효, 해지 또는 취소를 선택적으로 주장할 수 있다.29)

14. ②

㉠㉡ 대법원 판례에 따르면, 타인의 사망을 보험사고로 하는 보험계약에 있어서 보험모집인이 보험계약자에게 피보험자인 타인의 서면동의를 얻어야 하는 사실에 대한 설명의무를 위반한 경우에도 타인의 서면동의에 관한 규정은 강행규정이므로 보험계약은 무효이다.

㉢㉣ 대법원 판례에 따르면, 타인의 사망을 보험사고로 하는 보험계약의 체결에 있어서 보험설계사는 보험계약자에게 피보험자의 서면동의 등의 요건에 관하여 구체적이고 상세하게 설명하여 보험계약자로 하여금 그 요건을 구비할 수 있는 기회를 주어 유효한 보험계약이 성립하도록 조치할 주의의무가 있고, 보험설계사가 위와 같은 설명을 하지 아니하는 바람에 위 요건의 흠결로 보험계약이 무효가 되고 그 결과 보험사고의 발생에도 불구하고 보험계약자가 보험금을 지급받지 못하게 되었다면 보험자는 보험업법 제102조 제1항에 기하여 보험계약자에게 그 보험금 상당액의 손해를 배상할 의무를 진다.30) 따라서 甲이 청구하는 것은 보험금 지급청구가 아니라 손해배상 청구이다.

15. ①

㉠ 대법원 판례에 따르면, 피보험자가 무보험자동차에 의한 교통사고로 인하여 상해를 입었을 때에 그 손해에 대하여 배상할 의무자가 있는 경우 보험자가 약관에 정한 바에 따라 피보험자에게 그 손해를 보상하는 것을 내용으로 하는 무보험자동차에 의한 상해담보특약은 상해보험으로서의 성질과 함께 손해보험으로서의 성질도 갖고 있는 손해보험형 상해보험이므로, 하나의 사고에 관하여 여러 개의 무보험자동차특약 보험계약이 체결되고 그 보험금액의 총액이 피보험자가 입은 손해액을 초과하는 때에는 손해보험에 관한 상법 제672조 제1항이 준용되어 보험자는 각자의 보험금액의 한도에서 연대책임을 지고, 이 경우 각 보험자 사이에서는 각자의 보험금액의 비율에 따른 보상책임을 진다.31)

㉡ 생명보험계약에서 보험사고가 보험계약자 또는 피보험자나 보험수익자의 중대한 과실로 인하여 발생한 경우에도 보험자는 보험금을 지급할 책임을 면하지 못한다. 본 규정은 상해를 보험사고로 하는 상해보험계약에서 준용되기 때문에 상해보험에서도 보험사고가 보험계약자 또는 피보험자나 보험수익자의 중대한 과실로 인하여 발생하였다면 보험자는 보험금을

26) 대법원 2018.4.12. 선고 2017다229536 판결
27) 대법원 2018.9.13. 선고 2016다255125 판결
28) 대법원 2018.7.12. 선고 2017다235647 판결
29) 대법원 2017.4.7. 선고 2014다234827 판결
30) 대법원 2008.8.21. 선고 2007다76696 판결
31) 대법원 2006.11.10. 선고 2005다35516 판결

지급할 책임을 면하지 못한다.

㉢ 인보험계약의 보험자는 보험사고로 인하여 생긴 보험계약자 또는 보험수익자의 제3자에 대한 권리를 대위하여 행사하지 못한다. 그러나 상해보험계약의 경우에 당사자간에 다른 약정이 있는 때에는 보험자는 피보험자의 권리를 해하지 아니하는 범위 안에서 그 권리를 대위하여 행사할 수 있다(상법 제729조).

㉣ 상해보험에 관하여는 제732조(만 15세 미만자 등에 대한 계약의 금지)를 제외하고 생명보험에 관한 규정을 준용한다. 따라서 만 15세 미만자, 심신상실자 또는 심신박약자의 상해를 보험사고로 하는 상해보험계약은 유효하다.

16. ②

① 보험기간 중에 보험계약자 또는 피보험자가 사고 발생의 위험이 현저하게 변경 또는 증가된 사실을 안 때에는 지체없이 보험자에게 통지하여야 한다(상법 제652조 제1항).

② 보험기간 중에 보험계약자, 피보험자 또는 보험수익자의 고의 또는 중대한 과실로 인하여 사고 발생의 위험이 현저하게 변경 또는 증가된 때에는 보험자는 그 사실을 안 날부터 1월 내에 보험료의 증액을 청구하거나 계약을 해지할 수 있다(상법 제653조). 이를 위험유지의무라고 한다. 위험유지의무는 보험기간 중 위험을 일정하게 유지해야 하는 의무를 말하며, 보험자에 대해서 **통지할 것을 규정하는 의무는 아니다.**

③ 동일한 보험계약의 목적과 동일한 사고에 관하여 수개의 보험계약을 체결하는 경우에 보험계약자는 각 보험자에 대하여 각 보험계약의 내용을 통지하여야 한다(상법 제672조 제2항).

④ 책임보험에서 피보험자가 제3자로부터 배상청구를 받았을 때에는 지체 없이 보험자에게 그 통지를 발송하여야 한다(상법 제722조 제1항).

17. ②

① 피보험자가 보험의 목적을 양도한 때에는 양수인은 보험계약상의 권리와 의무를 승계한 것으로 추정한다(상법 제679조 제1항).

② 보험목적의 양도 조항 적용을 위해서는 물권적 양도가 있어야 하며, 단순한 매매계약 체결 즉 채권적 양도만으로는 부족하다.

③ 양도 승계추정의 법리는 보험목적물이 물건일 때에 적용되므로 자동차보험 자기신체보험처럼 사람의 신체를 보험목적물로 하는 경우에는 적용되지 않는다.

④ 피보험자가 보험기간 중 자동차를 양도한 때에는 양수인은 자동차보험의 보험자 승낙을 얻은 경우에 한하여 보험계약으로 인하여 생긴 권리와 의무를 승계한다(상법 제726조의4 제1항).

18. ②

①③ 인보험계약의 보험자는 보험사고로 인하여 생긴 보험계약자 또는 보험수익자의 제3자에 대한 권리를 대위하여 행사하지 못한다. 다만 상해보험계약의 경우에 당사자간에 다른 약정(보험약관)이 있는 때에는 피보험자의 권리를 해하지 아니하는 범위 안에서 그 권리를 대위하여 행사할 수 있다(상법 제729조).

② 손해보험형 상해보험계약에서 보험대위의 약정이 없는 경우 보험자는 보험계약자 또는 보험수익자의 제3자에 대한 권리를 대위 행사하지 못한다. 따라서 피보험자가 제3자로부터 손해배상을 받았다고 하더라도 이는 상해보험계약에 있어 보험자의 보험금 지급과는 아무런 관련이 없으므로 보험자는 보험금을 지급할 의무가 있다.

④ 인보험은 그 특성상 잔존물대위가 인정될 여지가 없다.

19. ③

신가보험은 보험사고가 발생할 때에 시가(actual cash value)가 아니라 재조달가액(replacement cost value)을 기준으로 보상하는 보험을 말한다.

손해보험은 보험사고로 인하여 생긴 실제 손해액을 초과하여 보상받을 수 없다는 실손보상의 원칙을 가장 큰 전제로 하고 있다. 그러나 이러한 실손보상의 원칙이 적용되지 않는 예외적인 개념들이 있다. 신가보험(대체비용보험, replacement cost insurance)이 대표적으로 보험 목적물의 실제현금가치인 시가를 기준으로 보상하는 것이 아니라 보험 목적물의 신가(대체가격, 재조달가액)를 기준으로 보상하는 보험이다. 신가보험은 실손보상의 원칙에 대한 예외에 해당하기 때문에, 신가를 기준으로 보상하더라도 도덕적 위험이 발생할 염려가 적은 분야에서 주로 사용된다.

20. ③

① 타인의 사망을 보험사고로 하는 보험계약을 체결할 때에는 그 타인의 서면에 의한 동의를 얻어야 하며 동의를 얻지 않은 보험계약은 무효이다. 따라서 甲이 乙의 서면동의 없이 생명보험계약을 체결하였다면 그 보험계약은 무효이다.

② 보험계약자는 보험 존속 중에 보험수익자를 변경할 권리가 있다.

③ 둘 이상의 보험수익자 중 일부가 고의로 피보험자를 사망하게 한 경우 보험자는 다른 보험수익자에 대한 보험금 지급 책임을 면하지 못한다(상법 제732조의2 제2항). 기존에 생명보험 표준약관에서 규정하던 내용을 2014년 상법 개정 시에 법으로 명시하였다.

④ 대법원 판례에 따르면, 보험계약자의 보험수익자 지정변경권은 형성권이므로 보험계약자가 보험자나 보험수익자의 동의를 받지 않고 자유로이 행사할 수 있고 그 행사에 의해 변경의 효력이 즉시 발생한다.[32] 다만 보험수익자를 변경한 후 보험자에게 이를 통지하지 않으면 보험자에게 대항할 수 없다(상법 제734조 제1항). 따라서 보험계약자 甲이 보험사고 발생 전에 보험수익자를 법정상속인이 아닌 제3자로 변경하였으나 이를 보험자에게 통지하지 아니하였다면, 보험자가 법정상속인에게 보험금을 지급하였다 하더라도 이를 이유로 보험자에게 대항하지 못한다.

---

32) 대법원 2020.2.27. 선고 2019다204869 판결

21. ④

① 보증보험계약의 보험자는 보험계약자가 피보험자에게 계약상의 채무불이행 또는 법령상의 의무불이행으로 입힌 손해를 보상할 책임이 있다(상법 제726조의5).

② 대법원 판례에 따르면, 보증보험은 채무자의 채무불이행으로 인하여 채권자가 입게 되는 손해의 전보를 보험자가 인수하는 것을 내용으로 하는 손해보험으로서 형식적으로는 채무자의 채무불이행을 보험사고로 하는 보험계약이나 실질적으로는 보증의 성격을 가지고 보증계약과 같은 효과를 목적으로 하므로, 민법의 보증에 관한 규정이 준용되고, 따라서 보증보험이 담보하는 채권이 양도되면 당사자 사이에 다른 약정이 없는 한 보험금청구권도 그에 수반하여 채권양수인에게 함께 이전된다고 보아야 한다.[33]

③ 보증보험계약에 관하여는 보험계약자의 사기, 고의 또는 중대한 과실이 있는 경우에도 이에 대하여 피보험자에게 책임이 있는 사유가 없으면 보험자는 고지의무 위반을 이유로 보험계약의 해지권을 행사할 수 없다(상법 제726조의6 제1항).

④ 대법원 판례에 따르면, 보증보험의 보험자는 보험계약자에 대하여 민법 제441조의 구상권을 행사할 수 있다.[34] 상법에서도 보증보험계약에 관하여는 그 성질에 반하지 아니하는 범위에서 보증채무에 관한 「민법」의 규정을 준용하도록 규정하고 있다.

22. ①

보험사고가 발생한 경우 보험자는 실제 발생한 손해를 보상하여야 한다는 것을 실손보상의 원칙이라고 한다.[35] 실손보상의 원칙은 손해보험에 적용되는 대원칙이며, 생명보험을 비롯한 인보험에서는 적용되지 않는다.

23. ②

① 대법원 판례에 따르면, 보험계약은 당사자 사이의 의사합치에 의하여 성립되는 낙성계약으로서 별도의 서면을 요하지 아니하므로 보험계약을 체결할 때 작성·교부되는 보험증권은 증거증권에 불과하다.[36]

② 보험자는 보험계약이 성립한 때에는 지체없이 보험증권을 작성하여 보험계약자에게 교부하여야 하며, 따로 보험계약자의 청구가 필요한 것은 아니다. 보험자의 보험증권 교부의무가 면제되는 경우는 보험계약자가 보험료의 전부 또는 최초의 보험료를 지급하지 아니한 때이다(상법 제640조 제1항).

③ 손해보험증권에는 다음의 사항을 기재하고 보험자가 기명날인 또는 서명하여야 한다(상법 제666조). 동 내용은 인보험증권에도 적용된다(상법 제728조).

1. 보험의 목적
2. 보험사고의 성질
3. 보험금액
4. 보험료와 그 지급방법
5. 보험기간을 정한 때에는 그 시기와 종기
6. 무효와 실권의 사유
7. 보험계약자의 주소와 성명 또는 상호
7의2. 피보험자의 주소, 성명 또는 상호
8. 보험계약의 연월일
9. 보험증권의 작성지와 그 작성 연월일

④ 보험증권을 멸실 또는 현저하게 훼손한 때에는 보험계약자는 보험자에 대하여 증권의 재교부를 청구할 수 있다. 그 증권 작성의 비용은 보험계약자의 부담으로 한다(상법 제642조).

24. ④

① 모든 손해보험에 보험가액의 개념이 존재하는 것은 아니다. 책임보험은 손해보험에 속하지만 보험가액의 개념이 존재하지 않는다. 따라서 상법은 '수개의 책임보험' 조항을 두어 다수 보험계약 체결에 따른 문제를 해결하고 있다.

② 실손보상의 원칙은 손해보험에 적용되는 원칙이며 가치를 측정할 수 없는 생명보험에는 적용되지 않는다.

③ 인보험은 대부분 정액보험에 해당하지만, 반드시 그런 것은 아니다. 예를 들어 일부 상해보험에서는 실제 손해를 보상하는 형태(예 실손의료비 보험)인 부정액보험도 있다.

④ 동일한 보험계약의 목적(피보험이익)과 동일한 사고에 관하여 수개의 보험계약이 동시에 또는 순차로 체결된 경우에 그 보험금액의 총액이 보험가액을 초과한 보험계약을 중복보험이라고 한다. 중복보험은 손해보험에서만 적용되며 인보험에서는 피보험이익, 보험가액이 인정되지 않기 때문에 중복보험도 성립하지 않는다. 따라서 인보험에서는 중복보험에 대한 규정이 없다.

25. ①

• 손해보험에 공통으로 적용되는 보험증권 기재사항(상법 제666조)

1. 보험의 목적
2. 보험사고의 성질
3. 보험금액
4. 보험료와 그 지급방법
5. 보험기간을 정한 때에는 그 시기와 종기
6. 무효와 실권의 사유
7. 보험계약자의 주소와 성명 또는 상호
7의2. 피보험자의 주소, 성명 또는 상호
8. 보험계약의 연월일
9. 보험증권의 작성지와 그 작성 연월일

• 화재보험증권의 보험증권 기재사항(상법 제685조)

33) 대법원 2002.5.10. 선고 2000다70156 판결
34) 대법원 1997.10.10. 선고 95다46265 판결
35) 지문에서는 '보험계약자가 실제로 입은 손해'라고 하여 다소 오류가 있다. '피보험자가 실제로 입은 손해'가 올바른 표현이다.
36) 대법원 1996.7.30. 선고 95다1019 판결

1. 건물을 보험의 목적으로 한 때에는 그 소재지, 구조와 용도
2. 동산을 보험의 목적으로 한 때에는 그 존치한 장소의 상태와 용도
3. 보험가액을 정한 때에는 그 가액

26. ②

① 손해보험계약의 보험자는 보험사고로 인하여 생길 피보험자의 재산상의 손해를 보상할 책임이 있다(상법 제665조).
② 생명보험계약의 보험자는 피보험자의 사망, 생존, 사망과 생존에 관한 보험사고가 발생할 경우에 약정한 보험금을 지급할 책임이 있다(상법 제730조). 생명보험의 보장대상은 사람의 사망은 물론이고 생존도 대상으로 한다. 연금보험이 대표적인 예이다.
③ 상해보험은 발생한 손해를 보상한다는 측면에서 손해보험적인 요소를 가지고 있다
④ 생명보험은 정해진 급부만을 대상으로 한다는 측면에서 정액보험에 해당한다.

27. ③

① 단체보험계약의 경우 보험자는 보험계약자에 대하여서만 보험증권을 교부한다(상법 제735조의3 제2항).
② 단체가 규약에 따라 구성원의 전부 또는 일부를 피보험자로 하는 생명보험계약을 체결하는 경우에는 타인의 서면동의 규정을 적용하지 아니한다(상법 제735조의3 제1항).
③ 단체보험의 보험계약에서 보험계약자가 피보험자 또는 그 상속인이 아닌 자를 보험수익자로 지정할 때에는 단체의 규약에서 명시적으로 정하는 경우 외에는 그 피보험자의 서면 동의를 받아야 한다(상법 제735조의3 제3항). 기존에는 본 규정이 없었기 때문에, 단체보험 체결 시에 피보험자인 직원의 동의가 없이 회사를 보험수익자로 지정할 수 있었다. 따라서 근로자가 사망한 경우에 유가족이 아닌 회사가 보험금을 받는 사례가 발생하였고, 이에 대한 유가족 측의 불만이 계속되어 단체보험의 취지에 어긋난다는 비판이 있어 왔었다.
④ 단체보험에 관한 상법 규정은 단체생명보험 뿐만 아니라 단체상해보험에도 동일하게 적용된다.

28. ①

① 보험계약법의 규정은 당사자 간의 특약으로 보험계약자 또는 피보험자나 보험수익자의 불이익으로 변경하지 못한다. 이를 보험계약자 등의 불이익 변경 금지의 원칙이라고 하며, 보험약관을 작성하는 보험자가 자신의 경제적, 법률적 전문성 우위를 이용하여 자신에게만 일방적으로 유리한 조항을 삽입하여 상대적 약자인 보험계약자 등에게 불이익하게 계약을 체결하는 것을 금지하는 규정이다.
② 상법 제663조는 보험계약자 등의 불이익 변경 금지 원칙을 명시적으로 규정하고 있다.
③④ 불이익 변경을 금지하는 취지가 계약 당사자 간의 불평등한 위치에 기인한 것이므로, 이러한 우려가 없는 재보험 및 해상보험 기타 이와 유사한 보험의 경우에는 동 조항을 적용할 이유가 없다. 이러한 보험에서는 오히려 민법의 일반 원칙인 계약자유의 원칙에 따라 당사자의 의사를 최대한 존중하는 것이 더욱 합리적이다. 따라서 가계보험을 제외한 기업보험 성격을 지닌 재보험이나 해상보험 기타 이와 유사한 보험에는 불이익 변경 금지 원칙이 적용되지 않는다.

29. ④

소급보험은 보험계약 당사자 사이의 합의로 보험계약이 성립하기 전의 어느 시점부터 보험기간이 시작되는 보험을 말한다. 소급보험이 체결되면 이미 보험사고가 발생하였더라도 보험계약의 당사자 쌍방과 피보험자가 이를 몰랐다면 해당 보험계약은 유효하다. 다만, 이 경우에도 보험자의 책임은 최초의 보험료가 지급되었을 때부터 시작하므로(상법 제656조), 초회보험료가 납입되지 않았다면 보험자의 보상책임은 발생하지 않는다.[37]

30. ③

본래 의무는 법률상의 구속을 의미하므로 그 불이행에는 이행을 강제하거나 손해배상청구권이 발생하는 등의 법률상 제재가 따르기 마련이다. 그런데 의무임에도 불구하고 불이행을 했을 때 일정한 불이익을 받기는 하지만, 그 이외의 법률상 제재가 따르지 않는 것이 있는데 이를 간접의무라 한다. 보험계약의 고지의무가 대표적인 간접의무이다. 즉 보험계약자 또는 피보험자가 고지의무를 위반하더라도 보험자가 고지의무 이행을 강제하거나 손해배상을 청구할 없고, 단지 보험계약을 해지할 수 있을 뿐이다.

31. ③

항해 도중에 불가항력으로 보험의 목적인 적하를 매각한 때에는 보험자는 그 대금에서 운임 기타 필요한 비용을 공제한 금액과 보험가액과의 차액을 보상하여야 한다(상법 제709조 제1항).

32. ②

①③ 보험자는 보험계약을 체결할 때에 보험계약자에게 보험약관을 교부하고 그 약관의 중요한 내용을 설명하여야 한다. 만약 보험자가 보험약관 설명의무를 위반하였다면 보험계약자는 보험계약이 성립한 날부터 3개월 이내에 그 계약을 취소할 수 있다(상법 제638조의3).
② 보험자가 보험약관 교부설명의무를 위반한 경우에 법률 적용에 대해서는 학설이 나뉜다. 상법은 보험자가 보험약관 교부설명의무를 위반했을 때에 보험계약자에게 보험계약이 성립

37) 저자주 : 정답으로 제시된 ④번 지문은 제40회 기출문제에서 '소급보험은 (생략) 최초보험료 지급여부는 상관없다'가 옳은 지문으로 출제되어 상호 간에 충돌이 발생한다. 하나의 법률 규정에 대하여 해석론의 차이로 여러가지 학설은 얼마든지 있을 수 있고 또한 바람직하다. 그러나 동일한 자격증 시험 내에서 기출문제가 서로 상충하는 것은 문제의 소지가 다분하다. 수험생들의 불필요한 혼동 방지하기 위해서도 본 문제의 정답을 ④번으로 하는 것은 적합하지 않다. 이의제기가 있었으나 최종답안에서는 인정되지 않았다.

한 날로부터 3개월 이내에 그 계약을 취소할 수 있는 권한을 부여하고 있으나, 보험계약자가 취소권을 행사하지 않은 이후 계약의 효력에 대해서는 아무런 규정을 하고 있지 않다. 같은 내용에 대해서 약관의 규제에 관한 법률(약관규제법)은 사업자가 의무를 위반한 경우 해당 약관을 계약의 내용으로 주장할 수 없도록 규정하고 있다. 보험약관에 관하여 상법은 약관규제법에 대해 특별법의 위치에 있으므로, 특별법 우선 적용의 원칙에 따라 보험계약이 성립한 날부터 3개월 이내에 보험계약자가 취소권을 가지는 것에는 논란의 여지가 없다. 문제는 보험계약자가 3개월의 계약 취소권을 행사하지 않았을 경우에 설명의무를 이행하지 않은 약관의 내용이 다시 보험계약의 내용이 되는 것이냐(상법 단독 적용설), 아니면 3개월이 지난 이후 다시 약관규제법을 적용하여 보험자가 해당 약관을 보험계약의 내용으로 주장할 수 없도록 할 것이냐(약관규제법 중첩 적용설)에 대한 다툼이다. 대법원은 보험자가 보험약관 교부설명의무를 위반하여 약관의 내용을 계약자에게 잘못 설명한 경우에, 그 잘못 설명한 내용이 계약의 내용이 된다고 하여 약관규제법 중첩 적용설의 입장에 따르고 있다.[38]

④ 보험자는 보험약관 전체에 대하여 설명의무를 부담하는 것이 아니라 보험약관의 중요한 사항에 대하여 부담한다.

33. ②

① 보험수익자는 그 지정 행위 시점에 반드시 특정되어 있어야 하는 것은 아니고 보험사고 발생시에 특정될 수 있으면 충분하다. 보험실무상 생명보험계약의 사망수익자는 '법정상속인'으로 지정되는 경우가 많다.

② 타인의 사망보험계약에서 보험수익자를 지정 또는 변경할 때에 그 타인의 서면동의를 받지 않으면 지정 또는 변경의 효력이 없다. 보험수익자 지정 또는 변경의 효력이 없는 것이지 보험계약이 무효가 되는 것은 아니다.

③ 생명보험계약에서 피보험자의 사망은 보험금 지급사유이며, 보험금 지급사유가 이미 발생하였다면 그 시점에서 보험수익자의 권리가 확정된다. 따라서 보험계약자는 재지정권을 행사할 수 없다.

④ 보험계약자가 타인을 피보험자로 하고 자신을 보험수익자로 지정한 상태에서 보험 존속 중에 보험수익자가 사망한 경우 보험수익자의 상속인이 보험수익자로 된다(상법 제733조 제3항).

34. ①

① 선박보험은 보험자의 책임이 개시될 때의 선박가액을 보험가액으로 한다(상법 제696조 제1항).

② 적하보험은 선적한 때와 곳의 적하의 가액과 선적 및 보험에 관한 비용을 보험가액으로 한다(상법 제697조).

③ 적하의 도착으로 인하여 얻을 이익 또는 보수의 보험은 계약으로 보험가액을 정하지 아니한 때에는 보험금액을 보험가액으로 정한 것으로 추정한다(상법 제698조).

④ 항해단위로 선박을 보험에 붙인 경우에는 보험기간은 하물 또는 저하의 선적에 착수한때 개시되고, 도착항에서 하물 또는 저하를 양륙한 때에 종료된다(상법 제699조 제1항 및 제700조).

35. ④

보험계약의 부활 요건은 다음과 같다. 계속보험료 미납으로 인한 해지 시에만 부활 청구가 가능하며 고지의무 위반 등으로 인한 해지 시에는 부활이 불가능하다.

1. 계속보험료의 미지급으로 인한 보험계약의 해지일 것
2. 해지환급금이 지급되지 아니하였을 것
3. 보험계약자가 일정한 기간 내에 연체보험료와 약정이자를 붙여 보험자에게 부활을 청구할 것
4. 보험자의 승낙이 있을 것

36. ②

① 상법 보험편 통칙에 따르면 보험사고가 보험계약자 또는 피보험자나 보험수익자의 고의 또는 중대한 과실로 인하여 생긴 때에는 보험자는 보험금액을 지급할 책임이 없다(상법 제659조 제1항).

② 생명보험 표준약관은 보험계약을 체결하고 일정기간(2년)이 경과한 이후에 피보험자가 고의사고(자살)로 사망하였다고 하더라도 이를 보험사고에 포함시켜 보험금(일반사망보험금)을 지급하는 것으로 규정하고 있다. 이는 생명보험의 특수성을 반영한 것으로 선량한 풍속 기타 사회질서에 반하지 않는 바 유효하다.

③ 사망을 보험사고로 한 보험계약에서는 사고가 보험계약자 또는 피보험자나 보험수익자의 중대한 과실로 인하여 발생한 경우에도 보험자는 보험금을 지급할 책임을 면하지 못한다(상법 제732조의2 제1항). 동 조항은 상법 제739조에 의하여 상해보험에도 적용된다.

④ 보증보험계약에 관하여는 보험계약자의 사기, 고의 또는 중대한 과실이 있는 경우에도 이에 대하여 피보험자에게 책임이 있는 사유가 없으면 보험계약의 해지나 면책조항을 적용하지 아니한다(상법 제726조의6 제2항). 이는 보험계약자(채무자)의 채무불이행 또는 의무불이행을 보장하는 보증보험의 특수성을 반영한 것이다.

37. ④

우리 상법이 규정하고 있는 보험자에 의한 보험계약 해지사유는 다음과 같다. 보험사고 발생 통지의무 위반 시에 의무 위반으로 인하여 늘어난 손해를 보상하지 않을 뿐이며 보험계약 해지사유는 아니다.

1) 계속보험료 미납
2) 고지의무 위반
3) 위험변경증가 통지의무 위반
4) 위험변경증가 통지의무 이행
5) 사고발생 위험의 현저한 변경증가
6) 선박미확정의 적하예정보험에서 하물 선적 통지의무 위반

38) 대법원 2014.11.27. 선고 2012다14562 판결

38. ④

대법원 판례에 따르면, 보험자가 보험계약자로부터 보험계약의 청약과 함께 보험료 상당액의 전부 또는 일부를 받은 경우(인보험계약의 피보험자가 신체검사를 받아야 하는 경우에는 그 검사도 받은 때)에 그 청약을 승낙하기 전에 보험계약에서 정한 보험사고가 생긴 때에는 그 청약을 거절할 사유가 없는 한 보험자는 보험계약상의 책임을 지는바, 여기에서 ①③ 청약을 거절할 사유란 보험계약의 청약이 이루어진 바로 그 종류의 보험에 관하여 해당 보험회사가 마련하고 있는 객관적인 보험인수기준에 의하면 인수할 수 없는 위험상태 또는 사정이 있는 것으로서 통상 피보험자가 보험약관에서 정한 적격 피보험체가 아닌 경우를 말하고, 이러한 ④ 청약을 거절할 사유의 존재에 대한 증명책임은 보험자에게 있다. 이른바 ② 승낙 전 보험사고에 대하여 보험계약의 청약을 거절할 사유가 없어서 보험자의 보험계약상의 책임이 인정되면, 그 사고발생사실을 보험자에게 고지하지 아니하였다는 사정은 청약을 거절할 사유가 될 수 없고, 보험계약 당시 보험사고가 이미 발생하였다는 이유로 상법 제644조에 의하여 보험계약이 무효로 된다고 볼 수도 없다.[39]

39. ①

해상보험계약의 보험자는 해상사업에 관한 사고로 인하여 생길 손해를 보상할 책임이 있다. 이때 해상사업에 관한 사고에는 보험의 목적이나 보존을 위해 지급할 특별비용, 피보험자가 부담하는 해난구조료 분담액, 피보험자가 지급하여야 할 공동해손 분담액 등이 포함되며, 선박충돌로 발생한 피보험자의 제3자에 대한 손해배상책임은 해상보험자의 보상책임에 포함되지 않는다. 따라서 보험가입자가 이러한 손해배상책임을 보장받고자 한다면 따로 충돌보상 특별약관(Running Down Clause ; RDC)에 가입하여야 한다.

40. ②

①④ 피보험자가 무보험자동차에 의한 교통사고로 인하여 상해를 입었을 때에 그 손해에 대하여 배상할 의무자가 있는 경우 보험자가 약관에 정한 바에 따라 피보험자에게 그 손해를 보상하는 것을 내용으로 하는 무보험자동차에 의한 상해담보특약은 상해보험으로서의 성질과 함께 손해보험으로서의 성질도 갖고 있는 손해보험형 상해보험이다. 따라서 하나의 사고에 관하여 여러 개의 무보험자동차특약 보험계약이 체결되고 그 보험금액의 총액이 피보험자가 입은 손해액을 초과하는 때에는 손해보험에 관한 중복보험의 조항이 준용되어 보험자는 각자의 보험금액의 한도에서 연대책임을 지고, 이 경우 각 보험자 사이에서는 각자의 보험금액의 비율에 따른 보상책임을 진다.[40]

② 무보험자동차에 의한 상해보상특약의 보험자는 피보험자의 실제 손해액을 기준으로 위험을 인수한 것이 아니라 보통약관에서 정한 보험금 지급기준에 따라 산정된 금액만을 제한적으로 인수하였을 뿐이어서 그 특약에 따른 보험료도 대인배상 Ⅱ에 비하여 현저히 저액으로 책정되어 있고, 보험금 산정기준이 급부의 변경, 계약의 해제사유, 면책, 가중 책임, 보험사고의 내용 등에 해당한다고 보기 어려울 뿐만 아니라 보험자에게 허용된 재량을 일탈하여 사회통념상 용인할 수 있는 한도를 넘어섰다고 보기도 어려우며, 만약 보험계약 체결 당시 그 구체적인 산정기준이나 방법에 관한 명시 · 설명을 받아서 알았다고 하더라도 특약을 체결하지 않았을 것으로는 보이지 않고, 나아가 이러한 산정기준이 모든 자동차 보험회사에서 일률적으로 적용되는 것이어서 거래상 일반인들이 보험자의 설명 없이도 충분히 예상할 수 있었던 사항이라고도 볼 수 있는 점 등에 비추어 보면, 무보험자동차에 의한 상해보상특약에 있어서 그 보험금액의 산정기준이나 방법은 약관의 중요한 내용이 아니어서 명시 · 설명의무의 대상이 아니라고 보는 것이 옳다.[41]

③ 피보험자가 무보험자동차에 의한 교통사고로 인하여 상해를 입었을 때에 그 손해에 대하여 배상할 의무자가 있는 경우 보험자가 약관에 정한 바에 따라 피보험자에게 그 손해를 보상하는 것을 내용으로 하는 무보험자동차에 의한 상해담보특약은 손해보험으로서의 성질과 함께 상해보험으로서의 성질도 갖고 있는 손해보험형 상해보험으로서, 상법 제729조 단서의 규정에 의하여 당사자 사이에 다른 약정이 있는 때에는 보험자는 피보험자의 권리를 해하지 아니하는 범위 안에서 피보험자의 배상의무자에 대한 손해배상청구권을 대위 행사할 수 있다.[42]

3과목 손해사정이론

01	02	03	04	05	06	07	08	09	10
③	②	④	②	②	②	④	②	③	①
11	**12**	**13**	**14**	**15**	**16**	**17**	**18**	**19**	**20**
①	④	②	③	①	②	③	②	③	③
21	**22**	**23**	**24**	**25**	**26**	**27**	**28**	**29**	**30**
②	①	②	③	③	①	④	①	②	②
31	**32**	**33**	**34**	**35**	**36**	**37**	**38**	**39**	**40**
③	②	②	③	②	①	④	④	②	④

01. ③

① 소손해 면책이란 일정 규모 이하의 손해 즉 소손해가 발생했을 경우에 보험금을 지급하지 않는 것을 말한다. 방관적 위태(morale hazard)를 통제하기 위한 제도이다.

② 대기기간이란 사고가 발생했을 때에 곧바로 보험금을 지급하는 것이 아니라 일정한 기간이 경과하여 그 기간 이후에도 손해가 지속될 경우 보험금을 지급하는 것을 말한다. 도덕적 위태(moral hazard)를 통제하기 위한 제도이다.

39) 대법원 2008.11.27. 선고 2008다40847 판결
40) 대법원 2006.11.10. 선고 2005다35516 판결
41) 대법원 2004.4.27. 선고 2003다7302 판결
42) 대법원 2000.2.11. 선고 99다50699 판결

③ 위험변경증가 통지의무란 보험기간 중 사고의 발생 위험이 현저히 변경 또는 증가되었을 경우 이를 보험자에게 통지할 것을 규정한 의무이다. 물리적 위태(physical hazard)를 통제하기 위한 제도이다.
④ 고의사고 면책이란 보험사고가 보험계약자, 피보험자 또는 보험수익자의 고의로 발생하였을 경우에 보험자의 보험금 지급 책임을 면제하는 것이다. 도덕적 위태(moral hazard)를 통제하기 위한 제도이다.

02. ②

MPL(Maximum Possible Loss)은 통상적인 조건이 지켜지지 않는 최악의 조건 하에서 위험이 목적물에 초래할 것으로 예상되는 최대 규모의 손실을 말한다. 따라서 MPL 이상의 손실이 발생할 가능성은 거의 없으며, 이는 손해의 심도를 예상하는 방법 중 가장 강도가 큰 것이다.

03. ④

자가보험은 다수의 물건을 소유한 경제주체가 자신의 우연한 재산적 손해를 전보할 목적으로 매년 그 재산의 위험을 측정하여 일정비율의 금전을 스스로 적립하는 제도를 말한다. 손해발생의 위험측정을 기초로 한다는 점에서 단순한 저축과는 다르나, 위험을 타인에게 전가하지 않는다는 점에서 전통적인 보험제도와는 차이가 있다.
자가보험을 운영하면 보험료를 구성하는 부가보험료 등 보험경비를 절약할 수 있으며, 보험기금의 재투자로 인해 추가소득이 발생하며, 위험보유에 따른 심리적인 부담으로 위험관리 활동이 촉진된다는 장점이 있다. 그러나 스스로 위험을 보유하는 방식이기 때문에 대재해 등 심도가 큰 위험에는 적합하지 않다는 단점이 있다.

04. ②

피보험이익이란 보험목적물에 손해가 발생하였을 때 피보험자가 갖는 경제상의 이해관계를 말한다. 피보험이익은 손해보험에서 절대적인 요소이며 피보험이익이 없으면 보험도 없다. 보험사고가 발생한 경우 누구도 피보험이익의 평가액 이상의 손해에 대하여 보상받을 수 없으며, 따라서 피보험이익은 곧 보험자의 법정 최고 보상한도액을 말한다. 만약 그 이상으로 보상한다면 실손 보상의 원칙에 어긋나므로 피보험이익의 원칙에 위배된다. 한 개의 동일한 보험목적물이라고 하더라도 여러 개의 피보험이익이 존재할 수 있다. 예를 들어 하나의 건물에 대하여 건물주가 가지는 화재보험 피보험이익과 임차인이 가지는 임차자배상책임보험 피보험이익은 서로 다르다.

05. ②

면책재산(excluded property)이란 보험사고가 발생했을 때에 특정 재산(property)에 발생한 손해는 보험자의 보상책임을 면하도록 규정하는 것을 말한다. 면책재산이 설정되는 이유는 해당 특정 재산을 보상할 경우 손해액 산정이 곤란하여 보험자와 피보험자 간에 분쟁 가능성이 높기 때문이다. 화재보험에서 귀금속, 귀중품, 골동품, 서화 등을 보상대상에서 제외하는 것이 대표적인 예이다.

06. ②

① 보험자대위 제도는 보험사고로 전부손해가 발생하고 보험금액의 전부를 지급한 보험자가 보험목적물의 잔존물에 대하여 행사하는 권리(잔존물 대위) 혹은 손해가 제3자의 행위로 인하여 생긴 경우에 보험금액을 지급한 보험자가 보험계약자 또는 피보험자의 그 제3자에 대한 권리(청구권 대위)를 취득하는 제도를 말한다. 보험자 대위제도를 통하여 초과이득을 방지하여 실손보상의 원칙을 구현하고 있다.
② 기평가보험 계약은 보험계약 체결 시에 미리 보험가액을 정하여 차후 보험사고 발생 시에 신속한 보상과 더불어 분쟁을 미연에 방지하는 효과가 있는 보험의 형태이다. 기평가보험을 체결한 뒤에 보험사고가 발생하면 보험증권에 기재된 협정보험가액을 보험가액으로 추정하며, 그 가액이 사고발생시의 가액을 현저하게 초과하지 않는 이상 그 협정보험가액은 실손보상의 원칙의 예외로 인정된다(상법 제670조).
③ 신구교환 이익공제는 보험사고의 발생으로 주요 부품의 교환, 건물 복구공사 등을 통해 해당 목적물이 사고 발생 이전보다 전체적으로 내구연한이 향상되는 등 가치가 상승하게 될 경우, 그 가치상승분 만큼을 보상액에서 공제하는 제도이다. 실손보상의 원칙 실현을 위한 제도이다.
④ 손해보험은 보험사고로 인하여 생긴 실제 손해액을 초과하여 보상받을 수 없다는 실손보상의 원칙을 대전제로 하고 있다. 따라서 보험사고가 발생했을 경우 손해액의 산정은 손해가 발생한 때와 곳의 가액에 따르고 있으며, 이로 인하여 피보험자에게 초과이득이 발생하지 않도록 하고 있다.

07. ④

부합계약이란 계약 당사자의 어느 일방이 계약의 내용을 미리 결정하고 상대방은 이에 따를 수 밖에 없는 계약을 말한다. 부합계약은 그 편의성 때문에 일반인이 대기업과 대량적으로 체결하는 계약에서 많이 행해지고 있다. 보험계약도 하나의 보험자가 다수의 보험계약자를 상대로 체결하는 계약의 형식을 가지고 있으므로, 정형화된 보험약관에 의하여 계약을 체결하게 된다. 따라서 보험계약도 부합계약적 성격을 특징으로 하고 있다.
그러나 부합계약은 계약의 조건, 즉 약관의 내용을 보험자가 일방적으로 결정하기 때문에 계약의 상대방인 보험계약자는 불리한 위치에 설 수 밖에 없다. 따라서 만약 보험약관의 내용이 명확하지 않고 모호한 경우에는 보험계약자 보호를 위하여 그 약관을 작성한 보험자에게 불리하게 해석한다. 이것을 작성자 불이익의 원칙이라고 하며, 작성자 불이익의 원칙은 보험약관 해석의 다른 원칙들을 모두 적용한 뒤에도 그 뜻이 명확하지 않을 때 최종적으로 적용하는 해석 원칙이다.

08. ②

공동보험조항의 요구부보비율이란, 보험가입자가 일정한 비율 이상을 가입할 경우 손해액 전부를 보장하되, 요구부보비율 이하로 가입하면 penalty를 부과하여 손해액의 일부만 부담하는 방식을 말한다. 계산식은 다음과 같다.

- **요구부보비율을 만족할 경우**
  보험가입금액 한도에서 손해액 전부 보상
- **요구부보비율을 만족하지 못할 경우**

$$손해액 \times \frac{보험가입금액}{부험가액 \times 요구부보비율}$$

문제에서 주어진 요구부보비율이 80%이며 사고 당시 건물의 시가가 10억원, 보험가입금액은 6억원이므로 요구부보비율을 만족하지 못한 경우에 해당한다. 또한 정액공제를 우선 적용한다고 하였으므로 발생손해액에서 정액공제를 적용한 뒤에 요구부보비율 계산식을 적용한다.

$$(5억원 - 1억원) \times \frac{6억원(보험가입금액)}{10억원(보험가액) \times 80\%(요구부보비율)}$$

$= 3억원$[43]

09. ③

정액공제(straight deductible)란 손해액의 크기와 관계없이 항상 일정한 금액을 공제한 뒤 보험금을 지급하는 방식의 공제조항이다. 정액공제 300만원 조건에서 각각의 손해가 발생했을 때에 지급해야 하는 보험금은 다음과 같다.

A) 0원 → 0원
B) 500만원 − 300만원 = 200만원
C) 700만원 − 300만원 = 400만원
D) 900만원 − 300만원 = 600만원

위의 보험금이 각각 지급되는 확률을 도입하면 다음과 같다.

A) 0원 × 0.6 = 0원
B) 200만원 × 0.2 = 40만원
C) 400만원 × 0.15 = 60만원
D) 600만원 × 0.05 = 30만원

수지상등의 원칙에 따라 예상 발생손해액과 순보험료는 동일해야 하므로, 순보험료는 A, B, C, D를 모두 더한 금액 130만원(0원 + 40만원 + 60만원 + 30만원)이다.

10. ①

동일한 보험계약의 목적(피보험이익)과 동일한 사고에 관하여 수개의 보험계약이 동시에 또는 순차로 체결된 경우에 그 보험금액의 총액이 보험가액을 초과한 보험계약을 중복보험이라고 한다. 중복보험이 성립하기 위한 요건은 다음과 같다.

1) 수개의 보험계약을 체결하였을 것
2) 피보험이익이 동일할 것
3) 보험사고가 동일할 것
4) 보험기간이 같거나 일부라도 겹칠 것
5) 보험금액의 총액이 보험가액을 초과할 것
6) 피보험자가 동일인일 것(판례)

11. ①

이떠한 권리를 주장하는 자가 그 권리의 존부(存否)를 판단할 수 있는 사실을 증명하지 못하면 그 자의 권리가 없는 것으로 취급된다. 이를 증명책임(burden of proof)이라고 한다. 증명책임은 그 사실이 밝혀지면 유리한 입장에 있는 자, 즉 그 사실을 주장하는 자에게 있다.

① 보험사고 및 사고로 인한 손해발생 사실은 그 사실이 밝혀지면 피보험자가 보험금을 지급받을 수 있으므로 피보험자가 증명책임을 부담한다.
② 사기에 의한 초과, 중복보험 해당 여부는 그 사실이 밝혀지면 보험자가 보험계약의 효력 없음을 주장할 수 있으므로 보험자가 증명책임을 부담한다.
③ 고지의무 및 통지의무 위반 사실은 그 사실이 밝혀지면 보험자가 보험계약을 해지할 수 있으므로 보험자가 증명책임을 부담한다.
④ 피보험자의 의무 위반으로 인하여 증가된 손해는 그 사실이 밝혀지면 보험자가 증가된 손해에 대한 보험금을 지급하지 않을 수 있으므로 보험자가 증명책임을 부담한다.

12. ④

① 비교과실(comparative negligence)이란 기여과실에 대한 비판에서 나온 주장으로, 피해자가 불법행위 발생에 자신이 기여한 바가 있더라도 해당 손해에 대하여 여전히 보상받을 수 있는 권리를 가지며, 다만 보상금액의 감소가 있을 뿐이다. 다른 말로는 비교과실이라고도 하며 미국에서는 각 주마다 순수 상계과실(pure comparative negligence), 수정 상계과실(modified comparative negligence), 51% 룰 상계과실(51% rule comparative negligence)을 다르게 적용하고 있다.[44]
② 리스크의 인정(assumption of risk)이란 특정활동 또는 업무에 항상 위험이 있다는 것을 이해하고 인식하는 사람은 그러한 활동 또는 업무에 연관되어 발생한 손실에 대하여 보상을 요구할 수 없다는 것을 말한다. 즉, 타인의 과실에 의하여 손해가 발생하였지만 피해자가 그러한 위험을 이미 인식하고 인정하였기 때문에 이에 대한 보상을 청구하는 것은 적절하지 않다는 가해자의 방어 수단이다. 예를 들어 야구경기장에서 경기를 관람하는 도중에 파울볼(foul ball)에 맞아 상해를 입은 관객이 경기장 운영자에게 상해에 대한 배상을 요구하였을 경우에, 경기장 운영자가 관객에 대한 방어수단으로 주장할 수 있다.
③ 기여과실(contributory negligence)이란 불법행위로 손해가 발생한 경우에 그 손해를 보상할 책임이 있는 가해자가 방어수단으로 주장할 수 있는 항변수단이다. 기여과실에서는 불법행위가 발생한 것에 가해자 뿐만 아니라 피해자의 기여한 바도 있다면 가해자는 이를 이유로 자신에게 보상책임이 없음을 항

43) 저자주 : 참고로 본 문제는 제38회 2015년 손해사정이론 기출문제 25번과 계산식은 물론이며 주어진 지문까지 일치하는 동일한 문제이다.
44) Personal Injury Lawyer Dictionary(2010)

변할 수 있다. 전통적인 형태의 기여과실은 절대적 항변사유에 해당하여 피해자에게 조금의 과실이라도 있으면 가해자의 보상책임이 전부 면제되었으나(pure contributory negligence system), 현대에 와서는 조금씩 바뀌는 추세에 있다.

④ 연대배상책임(joint and several liability)이란 하나의 사고에 대하여 여러 명의 가해자가 있을 경우 이들 가해자들이 모두 연대하여 피해자에게 배상책임을 부담한다는 원리이다. 피해자 입장에서는 배상책임을 부담하는 사람이 늘어나므로 손해액을 쉽게 보전받을 수 있다. 따라서 피해자가 주장하는 항변사유에 해당한다.

13. ②

근대 민법의 3대 기본 원칙[45] 중에 하나는 과실 책임제도이다. 과실 책임제도란, 가해자에게 고의 또는 과실이 있는 경우에만 타인에 대하여 손해배상책임을 부담하도록 하는 제도이다. 그런데 사회가 점차 전문성, 복잡성을 가지게 되면서 단순히 가해자에게 과실이 없다는 이유로 손해배상책임을 면하게 하는 것에 한계성이 점차 드러나게 되었다. 즉, 피해자가 보호를 받기 위해서는 그 손해에 대하여 가해자에게 고의 또는 과실이 있었음을 증명해야 하는데, 전문화된 현대 사회에서 가해자의 과실을 증명하는 것이 어려운 경우가 많기 때문이다.
이러한 문제점을 해결하기 위해서 나온 것이 무과실책임제도이다. 무과실책임제도는 가해자의 고의, 과실 여부를 불문하고 피해자에게 손해배상 책임을 부여하는 제도이다. 따라서 피해자는 자신이 손해를 입었다는 것만 증명하면 가해자로부터 손해배상을 받을 수 있어, 피해자 보호를 좀더 두텁게 할 수 있다. 반대로 기업의 입장에서는 자신에게 과실이 없음에도 배상책임을 부담할 수 있기 때문에 이에 대비하기 위하여 배상책임보험에 더 많이 가입하게 되며, 그로 인해 보험시장이 확대되는 효과도 발생한다. 마지막으로 배상책임보험에서 부담해야 하는 사고가 더 많아짐에 따라 손해율이 상승되는 현상도 발생한다.

14. ③

캡티브 보험(captive insurance)은 모회사의 리스크 담보를 목적으로 설립된 보험 자회사를 말한다. 캡티브 보험을 설립하면 재보험료 절감, 부가비용 절감, 부가수입에 대한 투자로 수익 창출 등의 장점이 있으나, 모기업에게 재정적인 부담으로 작용하며 손실이 큰 거대위험에는 적합하지 않다는 단점도 있다.

15. ①

① 보험자는 보험사고로 인하여 부담할 책임에 대하여 다른 보험자와 재보험계약을 체결할 수 있으며, 재보험계약은 원보험계약의 효력에 영향을 미치지 아니한다(상법 제661조). 즉 원보험과 재보험은 서로 독립된 계약이며, 재보험은 원보험계약의 효력에 아무런 영향을 주지 않는다. 예를 들어, 재보험계약의 재보험금 미지급을 이유로 원보험금의 지급을 거절할 수 없다.

②③④ 재보험은 다음의 기능이 있다.

1) **위험의 분산** : 재보험은 원보험자가 인수한 위험의 전부 또는 일부를 분산하는 기능을 한다.
2) **인수능력 강화** : 보험자의 인수능력 범위를 벗어나는 대형 위험도 인수 가능하게 한다.
3) **보험수익의 안정** : 보험자의 수익은 자연재해 발생 등에 따라 크게 변하는데, 재보험을 활용하면 이러한 변동폭을 일정 범위 내로 줄일 수 있어 수익의 안정을 꾀할 수 있다.
4) **언더라이팅 중단 시 활용** : 신설 보험회사나 언더라이팅이 제대로 작동하지 않는 보험회사의 경우 경험이 많고 노련한 재보험자를 활용하면 위험선택(언더라이팅)에 대한 여러가지 판단정보를 얻을 수 있다.

16. ②

- **손해발생 전의 목적**
  - 사고발생의 우려와 심리적 불안의 경감
  - 손실방지를 위한 각종 규정의 준수
  - 위험관리 기능을 수행함에 있어서 최소의 비용으로 최대의 효과 달성
  - 사고발생 가능성의 최소화
- **손해발생 후의 목적**
  - 영업활동의 지속
  - 수익의 안정
  - 지속적인 성장

17. ③

①④ 보험자는 대위의 원칙(principle of subrogation)을 통하여 피보험자가 동일한 손실에 대한 책임있는 제3자와 보험자로부터 이중보상을 받아 이익을 얻는 것을 방지한다. 즉 손해보험의 이득금지 원칙을 실현한다.

② 보험자가 대위권 행사하여 지급한 보험금액을 보전하면 손해율이 인하되므로 피보험자의 책임없는 손해로 인한 보험료 인상을 방지할 수 있다.

③ 손실 발생에 대하여 과실이 있는 제3자에게 책임을 묻는 효과가 있다.

18. ②

초과분담조항(excess other insurance clause)은 1차 보험자가 먼저 손해액을 보상한 뒤에 1차 보험자의 보상한도를 넘어서면, 2차 보험자가 나머지 손해액을 보상하는 방식이다. 문제에서 A보험회사가 1차 보험자라고 하였으므로, A보험회사가 자신의 보험금액인 2,000만원까지는 먼저 보상하며 남은 손해액에 대하여 B보험회사가 보상한다.

> 6,000만원(손해액) − 2,000만원(A보험회사 보험금액)
> = 4,000만원

45) 근대 민법의 3대 원칙 : 소유권 절대의 원칙, 사적 자치의 원칙, 자기책임의 원칙(과실 책임주의)

19. ③

사고통지의 접수 → 계약사항의 확인 → 약관의 면부책 확인 → 현장조사 → 손해액 산정 → 보험금 산정 → 보험금 지급 → 대위 및 구상권 행사

20. ③

본래 계약상 권리의 행사와 의무의 이행은 계약 당사자 쌍방 간의 신뢰를 바탕으로 하는 것인바, 신의성실의 원칙에 따라 이루어져야 한다.[46] 그런데 보험계약은 그 특성상 사행계약적 성격과 보험사고에 관한 정보를 계약 당사자 일방인 보험계약자만 보유하고, 다른 당사자인 보험자는 보험계약자의 고지에 의존하여 위험을 평가할 수밖에 없는바, 보통의 계약보다 더 높은 수준의 선의성을 요구하게 된다. 따라서 보험은 일반적인 선의의 원칙보다 높은 수준의, 최대선의의 원칙이 적용된다.

이런 최대선의의 원칙을 실현하기 위한 제도에는 고지(re-presentation), 은폐(concealment), 보증(warranty)이 있다.[47] 대위(subrogation)는 실손보상의 원칙을 실현하기 위한 것으로 최대선의의 원칙과는 크게 관련성이 없다.[48]

21. ②

배상책임보험은 보험사고의 발생 시점을 언제로 보느냐에 따라서, 사고발생기준(occurrence basis) 배상책임보험과 배상청구기준(claims-made basis) 배상책임보험으로 나뉜다. 예를 들어 1일에 사고가 발생하여 5일에 배상청구가 이루어졌다면, 사고발생기준 배상책임보험에서는 1일을 보험사고 발생일로 보며, 배상청구기준 배상책임보험에서는 5일을 보험사고 발생일로 본다. 지문 중에서는 자동차손해배상책임보험만 사고발생기준 배상책임보험이며, 나머지는 배상청구기준 배상책임보험에 속한다.

22. ①

소멸성 공제 조항은 손해액에 설정된 한도액을 공제하되 손해액이 커질수록 한도액이 점차 줄어들어 일정한 금액 이상에는 공제금액이 0원이 되는 공제조항으로 계산식은 다음과 같다.

(손해액 - 공제금액) × 손실조정계수 = 보험금

주어진 문제에서 공제금액은 100만원이라고 했으며, 공제계수는 105%라고 했으므로 보험자가 지급해야 할 보험금은 다음과 같다.

(500만원 - 100만원) × 105% = 420만원

피보험자의 입장에서는 손해액 500만원 중에서 420만원을 보험금으로 보전 받으므로 피보험자가 부담해야할 금액은 80만원이다.

23. ②

위험관리 기법은 크게 위험통제기법, 위험금융기법으로 나눌 수 있다. 위험통제기법은 사고의 발생을 최대한 억제하거나 손해의 확대를 방지하는 사전적(事前的) 기법으로 위험회피, 분산 및 다양화, 결합, 전가, 손실예방, 손실감소 등이 있다. 위험금융기법은 사고가 발생한 이후에 손실 처리방법에 대한 것으로 사후적(事後的) 기법이라 할 수 있다. 위험금융기법에는 위험보유 및 위험전가 등이 있으며 위험전가의 대표적인 형태가 바로 보험에 가입하는 것이다.

24. ③

- **경과보험료** : 전기이월 미경과보험료 + 수입보험료 - 지급보험료 - 차기이월 미경과보험료

4,000만원 + 8,000만원 - 0원 - 2,000만원 = 1억원

- **발생손해액** : 차기이월 지급준비금 + 지급보험금 - 수입보험금 - 전기이월 지급준비금 + 손해조사비

2,000만원 + 6,000만원 - 0원 - 0원 + 500만원 = 8,500만원

- **손해율** : 발생손해액 / 경과보험료

8,500만원 / 1억원 = 85%

25. ③

손실통제기법에는 손실 발생 가능성과 빈도를 줄이는 손실예방(loss prevention)과 이미 사고가 발생한 경우 손해의 크기와 심도를 낮추는 손실감소(loss reduction)가 있다. 음주단속, 홍수에 대비한 댐 설치, 휘발성 물질 주변에서의 금연 등은 손실 발생 가능성과 빈도를 낮추는 손실예방(loss prevention)에 해당한다. 반면 자동차 에어백 장착은 이미 사고가 발생하였을 때에 손해의 크기 및 심도를 낮추는 손실감소(loss reduction)이다.

26. ①

손해보험은 보험사고로 인하여 생긴 실제 손해액을 초과하여 보상받을 수 없다는 실손보상의 원칙을 대원칙으로 하고 있다. 그러나 이러한 실손보상의 원칙이 적용되지 않는 예외적인 개념들이 있는데 대체비용보험(replacement cost insurance)이 대표적이다. 대체비용보험은 보험 목적물의 실제현금가치인 시가(actual cash value)를 기준으로 보상하지 않고, 보험 목적물의 대체가격(replacement cost value, 신가, 재조달가액)을 기준으로 보상한다. 이처럼 대체비용보험은 손해보험에서 예외적으로 사용되며, 대체비용을 기준으로 보상하더라도 도덕적 위험이 발생할 염려가 적은 분야에서 주로 사용된다.

46) 민법 제2조(신의성실) ①권리의 행사와 의무의 이행은 신의에 좇아 성실히 하여야 한다.
47) MIA(Marine Insurance Act) 1906 #17; Insurance is uberrimae fidei.
A contract of marine insurance is a contract based upon the utmost good faith, and, if the utmost good faith be not observed by either party, the contract may be avoided by the other party.
48) **저자주** : 참고로 본 문제는 제37회 2014년 손해사정이론 기출문제 7번과 주어진 지문까지 일치하는 동일한 문제이다.

27. ④

①③ 포괄위험담보계약은 보험자가 부담하는 손해를 포괄하여 정의한 뒤에, 면책위험을 하나씩 추가하여 담보범위를 축소하는 방식이다. 보험자가 담보하는 범위가 크지만 보험료가 비싸고 다른 보험계약에서 담보되는 위험을 중복으로 가입할 가능성이 있다는 단점이 있다.

②④ 열거위험담보계약은 보험자가 부담하는 손해를 개별적으로 하나씩 열거하여 담보범위를 추가하는 방식이다. 보험료가 저렴하지만 포괄위험담보계약보다 담보범위가 좁고 열거한 위험으로 손해가 발생하였다는 것을 피보험자가 증명하여야 한다는 단점이 있다.

28. ①

교차책임주의에서 A와 B의 배상 책임부담액

- A가 B에게 배상해야 할 금액 = 300만원(B의 손해액) × 30%(A의 과실) = 90만원
- B가 A에게 배상해야 할 금액 = 600만원(A의 손해액) × 70%(B의 과실) = 420만원

따라서 정답은 ①번이다.

29. ②

도덕적 위태(moral hazard)란 사고의 빈도나 심도를 의도적으로 키우거나 임의로 사고를 유발하는 행위를 말한다. 도덕적 위태를 방지할 수 있는 수단으로는 실손보상 제도의 운용, 보험자의 해지권 인정, 보험 인수 요건의 강화, 손해사정 시의 조사 강화 등이 있다. 보험계약자의 해지권과 도덕적 위태 방지와는 관련이 없다.

30. ②

보험회사는 결산기마다 보험계약의 종류에 따라 책임준비금과 비상위험준비금을 계상하고 따로 작성한 장부에 각각 기재하여야 한다(보험업법 제120조 제1항). 책임준비금은 보험료적립금, 미경과보험료적립금, 지급준비금, 계약자배당준비금, 계약자이익배당준비금, 배당보험손실보전준비금, 재보험료적립금, 보증준비금으로 각각 구분하여 적립한다. 참고로 2023년부터 IFRS17의 도입으로 현재는 책임준비금에 대한 규정이 바뀌었다.

31. ③

실손보상의 원칙이란 손해보험의 대원칙으로, 보험자가 보험사고의 발생으로 피보험자에게 지급하는 보험금은 보험사고로 인하여 생긴 실제 손해액을 초과할 수 없다는 원칙을 말한다. 이러한 실손보상의 원칙은 보험목적물의 실제 현금가치(actual cash value)를 기초로 한다. 실제 현금가치는 대체비용(replacement cost value)에서 감가상각액을 차감한 금액으로 산출된다. 즉 계산식으로 표현하면 다음과 같다.

- 실제 현금가치(시가) = 대체비용(재조달가액) – 감가상각액

32. ②

① 국민건강보험의 비급여 항목을 급여화 하면, 환자가 부담해야 하는 실제 의료비가 감소된다. 따라서 관련 민영보험의 보험금 지급액이 감소 가능하다.

② 국민건강보험의 본인부담률의 인하는 관련 민영보험 보험금 지급액과 관련성이 크다.

③ 국민건강보험의 보장성을 확대하면 환자가 부담해야 하는 실제 의료비가 감소되므로 관련 민영보험의 손해율은 낮아질 수 있다.

④ 국민건강보험의 보장성 확대는 민영보험의 손해율 인하로 나타나며 이는 곧 민영보험 상품의 보험료 인하 요구로 연결된다.

33. ②

① 노인장기요양법에 따른 장기요양급여에는 재가급여, 시설급여, 특별현금급여가 있다(노인장기요양보험법 제23조 제1항).

② 노인장기요양보험에 가입할 수 있는 "노인 등"은 65세 이상의 노인 또는 65세 미만의 자로서 치매 · 뇌혈관성질환 등 대통령령으로 정하는 노인성 질병을 가진 자를 말한다(노인장기요양보험법 제2조).

③ 노인장기요양보험의 보험료는 국민건강보험법에 따라 산정한 보험료액에서 일정한 금액을 공제한 금액에 장기요양보험료율을 곱하여 산정한다(노인장기요양보험법 제9조 제1항).

④ 노인장기요양보험의 재원 중 일부는 국가와 지방자치단체에서 지원한다(노인장기요양보험법 제58조).

34. ③

공동보험조항의 요구부보비율이란, 보험가입자가 일정한 비율 이상을 가입할 경우 손해액 전부를 보장하되, 요구부보비율 이하로 가입하면 penalty를 부과하여 손해액의 일부만 부담하는 방식을 말한다. 계산식은 다음과 같다.

- **요구부보비율을 만족할 경우**
  보험가입금액 한도에서 손해액 전부 보상
- **요구부보비율을 만족하지 못할 경우**
  $$\text{손해액} \times \frac{\text{보험가입금액}}{\text{보험가액} \times \text{요구부보비율}}$$

즉, 공동보험 요구비율이 보험가액의 80%라는 것은 보험가액의 80% 이상을 가입할 경우 보험가입금액의 한도에서 손해액 전부를 보상하겠다는 뜻이지, ③번 지문처럼 손해액의 80% 이상을 보상하지 않겠다는 뜻이 아니다.

35. ②

① 보험은 이미 존재하는 리스크를 전가하는 제도이며, 복권은 구매함으로 인하여 새로이 창출된 리스크이다. 따라서 복권을 구매하는 것은 투기리스크로 분류된다.

② 보험과 복권은 모두 어떤 사건이 발생할 확률에 의존한다는 점에서 매우 유사하다. 그러나 복권은 모든 경우의 수가 미리 정해져 있어 실제 해보지 않아도 복권에 당첨될 확률을 계산해 볼 수 있는데 반해, 보험은 어떤 사고가 발생할 확률을 통계적으로 예측할 뿐이지 얼마라고 단정할 수 없다. 즉 보험은 사후적 확률에 근거하나 복권은 사전적 확률에 기초한다.

③ 보험과 복권 모두 우연한 이득을 얻기 위한 사행성 계약이다.
④ 주관적 리스크는 자신 이외의 다른 사람에게는 동일한 위험이 존재하지 않는 것이며, 객관적 리스크는 자신 이외의 다른 사람도 보유하고 있는 위험을 말한다. 보험과 복권 모두 객관적 리스크로 볼 수 있다.

36. ①

본래 보험은 보험계약자가 청약한 위험을 보험자가 선택하고 승낙하여 성립한다. 그러나 보험자가 위험을 선택하는 것이 아니라 보험계약자가 선택하는 경우가 있는데 이를 역선택이라고 한다. 역선택은 보험계약을 체결할 당시에 보험계약자는 위험의 정보를 잘 알고 있지만, 보험자는 이를 잘 알지 못하는 사전적 정보의 비대칭성으로 인해 발생한다. 이러한 정보 비대칭을 줄이기 위한 방법으로 보험계약자 측에게 자신이 알고 있는 위험 정보를 보험자에게 성실하게 알리도록 규정한 고지의무 조항이 있다. 역선택을 잘 설명한 이론에는 2001년 노벨 경제학상 수상자인 애컬로프(George a. Akerlof)에 의해 주장된 레몬시장이론이 있다. 레몬은 보기에는 먹음직스러워 보이지만 실제로는 신맛으로 인해 제대로 먹지 못하는 경우가 많다. 우리 말로 하면 빛 좋은 개살구로 이해될 수 있다. 레몬시장 이론(Market for Lemons)에서는 역선택이 이루어져서 품질이 낮은 상품이 선택되는 가격왜곡 현상을 설명하고 있다. 예를 들어 중고차를 파는 사람은 중고차를 사는 사람에 비하여 그 차의 결점을 더욱 잘 알고 있어 나쁜 중고차를 보유한 사람이 좋은 중고차를 보유한 사람에 비해서 자동차를 판매하고자 하는 욕구가 더 강하기 때문에 중고차 시장에서는 나쁜 중고차만 시장에 나오게 된다. 따라서 구매자들의 외면을 받게 되고 그에 따라 좋은 중고차를 가진 보유자들은 제 값을 받지 못하기 때문에 중고차 시장을 찾지 않는다. 결국 중고차 가격은 하락하게 되고 이런 악순환이 거듭되어 중고차 시장은 붕괴되고 만다. 이처럼 레몬시장 이론은 역선택에 의한 시장 붕괴를 설명한 이론이다.

37. ④

① 해상보험에서는 우리나라의 상법이 아니라, 영국의 해상보험법(MIA 1906)과 런던보험자 협회가 작성한 협회약관을 적용한다는 준거법 조항이 적용된다. 판례도 해상보험의 특수성을 감안하여 이를 긍정하고 있다.
② 해상보험은 해운업자나 무역업자들이 주로 이용하는 보험이므로 기업보험의 성격을 가지고 있다. 그러므로 계약 자유의 원칙(사적 자치의 원칙)이 존중되며, 상법 제663조 보험계약자 등의 불이익 변경 금지 원칙은 적용되지 않는다.
③ 해상보험은 최대선의의 원칙(utmost good faith)에 근거한다. 영국의 해상보험법상 고지의무는 이러한 최대선의의 원칙에 근거한 것으로 우리 상법의 고지의무보다 더 엄격하다.
④ 일반적으로 보험요율은 광범위한 통계자료를 기초로 하여 산출한다. 그러나 통계자료를 활용할 수 없을 정도로 발생 확률이 낮거나, 계약조건이 매우 다양하여 요율산출이 곤란한 경우에는 어쩔 수 없이 언더라이터가 개별적으로 위험을 판단하는데 이를 판단요율이라고 한다. 판단요율을 사용하는 대표적인 분야가 해상보험이다. 소급요율(retrospective experience rate)은 개별요율의 일종으로 과거 손해율을 보험요율에 반영한다는 점에서 경험요율과 비슷하다. 다만 소급요율은 과거 손해율을 당기 보험요율에 반영하며, 경험요율은 차기 보험요율에 반영한다는 점에서 차이가 있다.

38. ④

보증보험은 보험계약자가 피보험자에게 계약 상의 채무 불이행 또는 법령 상의 의무 불이행 시에 대위변제를 위하여 채무자가 보험계약자이며, 채권자가 피보험자가 되는 제3자를 위한 계약이다(상법 제726조의5). 따라서 보험계약자는 피보험자의 동의 없이 임의로 계약을 해지할 수 없다.
보증보험은 보험계약자의 채무 불이행 또는 의무 불이행을 담보하므로 그 특성상 보험계약자의 인위적인 보험사고가 될 수 밖에 없다. 따라서 보험계약자의 인위적인 보험사고 시에도 피보험자에게 책임있는 사유가 없다면 보험자는 보험금을 지급하여야 한다. 우리 상법도 "보험계약자의 사기, 고의 또는 중대한 과실이 있는 경우에도 이에 대하여 피보험자에게 책임이 있는 사유가 없으면 보험자가 보상책임을 부담한다."라고 규정하여, 법률적인 근거를 뒷받침하고 있다.

39. ②

하인리히는 큰 사고가 발생하기 전에는 반드시 유사한 작은 사고와 사전 징후가 나타난다는 법칙을 발견하였고, 수많은 재해 자료를 분석하여 통계학적인 규칙을 찾아내었다. 평균적으로 한 건의 큰 사고 전에 29번의 작은 사고가 발생하고 300번의 잠재적 징후들이 나타난다는 사실이다. 이를 하인리히의 도미노 이론이라고 부르며, 흔히 1:29:300 법칙이라고도 한다. 따라서 대형사고가 발생하기 전까지 여러 단계의 사건이 도미노처럼 순차적으로 일어나므로 앞선 단계 특히 인간의 부주의한 행위를 예방하여 차단하면 뒤에 발생하는 더 큰 재앙을 막을 수 있다는 결론에 도달한다. 사고가 특정의 구조에 견딜 수 없는 정도의 스트레스를 줌으로써 발생한다는 것은 도미노 이론이 아니라 에너지방출이론에 대한 설명이다.

구분	도미노이론	에너지방출이론
주장자	하인리히(H.W. Heinrich)	하돈(William Haddon, Jr.)
사고의 원인	사회적 환경 → 인간의 과실 → 사고 → 손해의 연쇄적 관계로 발생함	특정구조에 견딜 수 없을 정도의 스트레스가 가해지면 나중에 통제되지 못한 에너지가 급격히 방출되면서 발생함
사고 예방 조치	사람이 실수나 부주의를 하지 않도록 환경을 개선하고 사고예방 교육훈련을 하는 것이 중요함	유해한 에너지의 축적이나 방출을 막는 물리적, 기계적인 안전시설 보강이 중요함

40. ④

① 손해보험은 실손보상 원리를 중시한다.
② 생명보험은 보험계약법상 인보험으로 분류한다.
③ 생명보험은 정액보험의 성격을 가진다.
④ 손해보험에서도 인명손실에 의한 손해를 보상하는 경우가 많다. 대표적인 것이 배상책임보험에서 인명 사고가 발생했을 때이다.

2020 제43회 정답 및 해설

1과목 보험업법

01	02	03	04	05	06	07	08	09	10
③	②	④	③	③	①	②	③	④	①
11	12	13	14	15	16	17	18	19	20
④	①	①	④	③	②	②	②	②	③
21	22	23	24	25	26	27	28	29	30
④	②	②	③	②	④	③	④	④	④
31	32	33	34	35	36	37	38	39	40
①	①	②	①	②	②	③	④	③	①

01. ③

①③ "보험상품"이란 위험보장을 목적으로 우연한 사건 발생에 관하여 금전 및 그 밖의 급여를 지급할 것을 약정하고 대가를 수수(授受)하는 계약(「국민건강보험법」에 따른 건강보험, 「고용보험법」에 따른 고용보험 등 보험계약자의 보호 필요성 및 금융거래 관행 등을 고려하여 대통령령으로 정하는 것은 제외한다)으로서 다음 각 목의 것을 말한다(보험업법 제2조).

가. **생명보험상품** : 위험보장을 목적으로 사람의 생존 또는 사망에 관하여 약정한 금전 및 그 밖의 급여를 지급할 것을 약속하고 대가를 수수하는 계약으로서 대통령령으로 정하는 계약

나. **손해보험상품** : 위험보장을 목적으로 우연한 사건(다목에 따른 질병·상해 및 간병은 제외한다)으로 발생하는 손해(계약상 채무불이행 또는 법령상 의무불이행으로 발생하는 손해를 포함한다)에 관하여 금전 및 그 밖의 급여를 지급할 것을 약속하고 대가를 수수하는 계약으로서 대통령령으로 정하는 계약

다. **제3보험상품** : 위험보장을 목적으로 사람의 질병·상해 또는 이에 따른 간병에 관하여 금전 및 그 밖의 급여를 지급할 것을 약속하고 대가를 수수하는 계약으로서 대통령령으로 정하는 계약

② "보험업"이란 보험상품의 취급과 관련하여 발생하는 보험의 인수(引受), 보험료 수수 및 보험금 지급 등을 영업으로 하는 것으로서 생명보험업·손해보험업 및 제3보험업을 말한다.

④ 상호회사란 보험업을 경영할 목적으로 보험업법에 따라 설립된 회사로서 보험계약자를 사원으로 하는 회사를 말한다.

02. ②

"자기자본"이란 납입자본금·자본잉여금·이익잉여금, 그 밖에 이에 준하는 것(자본조정은 제외한다)으로서 대통령령으로 정하는 항목의 합계액에서 영업권, 그 밖에 이에 준하는 것으로서 대통령령으로 정하는 항목의 합계액을 뺀 것을 말한다.

- **합산항목** : 납입자본금, 자본잉여금, 이익잉여금
- **제외항목** : 영업권, 자본조정

03. ④

보험업을 경영하려는 자는 보험종목별로 금융위원회의 허가를 받아야 한다(보험업법 제4조 제1항 및 보험업법 시행령 제8조 제1항). 이 때 손해보험업의 보험종목은 다음과 같다.

가. 화재보험
나. 해상보험(항공·운송보험을 포함한다)
다. 자동차보험
라. 보증보험
마. 재보험(再保險)
바. 그 밖에 대통령령으로 정하는 보험종목
 바-1. 책임보험
 바-2. 기술보험
 바-3. 권리보험
 바-4. 도난·유리·동물·원자력 보험
 바-5. 삭제 〈2014. 4. 15.〉
 바-6. 삭제 〈2014. 4. 15.〉
 바-7. 삭제 〈2014. 4. 15.〉
 바-8. 비용보험
 바-9. 날씨보험

04. ③

보험업의 허가를 받으려는 외국보험회사는 다음 각 호의 요건을 갖추어야 한다(보험업법 제6조 제2항).

1. 30억원 이상의 영업기금을 보유할 것
2. 국내에서 경영하려는 보험업과 같은 보험업을 외국 법령에 따라 경영하고 있을 것
3. 자산상황·재무건전성 및 영업건전성이 국내에서 보험업을 경영하기에 충분하고, 국제적으로 인정받고 있을 것
4. 다음의 요건을 갖출 것

4-1. 보험계약자를 보호할 수 있고 그 경영하려는 보험업을 수행하기 위하여 필요한 전문 인력과 전산설비 등 물적

(物的) 시설을 충분히 갖추고 있을 것. 이 경우 대통령령으로 정하는 바에 따라 업무의 일부를 외부에 위탁하는 경우에는 그 위탁한 업무와 관련된 전문 인력과 물적 시설을 갖춘 것으로 본다.

4-2. 사업계획이 타당하고 건전할 것

05. ③

외국보험회사, 외국에서 보험대리 및 보험중개를 업(業)으로 하는 자 또는 그 밖에 외국에서 보험과 관련된 업을 하는 자는 보험시장에 관한 조사 및 정보의 수집이나 그 밖에 이와 비슷한 업무를 하기 위하여 국내에 사무소를 설치할 수 있다(보험업법 제12조 제1항). 외국보험회사 등의 국내사무소는 다음 각 호의 어느 하나에 해당하는 행위를 하여서는 아니 된다(보험업법 제12조 제3항).

1. 보험업을 경영하는 행위
2. 보험계약의 체결을 중개하거나 대리하는 행위
3. 국내 관련 법령에 저촉되는 방법에 의하여 보험시장의 조사 및 정보의 수집을 하는 행위
4. 그 밖에 국내사무소의 설치 목적에 위반되는 행위로서 대통령령으로 정하는 행위

06. ①

① 보험회사는 그 상호 또는 명칭 중에 주로 경영하는 보험업의 종류를 표시하여야 한다(보험업법 제8조 제1항). 부수적으로 경영하는 보험업의 종류에 대한 표시의무는 부여되어 있지 않다.

② 보험회사는 300억원 이상의 자본금 또는 기금을 납입함으로써 보험업을 시작할 수 있다. 다만 보험회사가 보험종목의 일부만을 취급하려는 경우에는 50억원 이상의 범위에서 대통령령으로 자본금 또는 기금의 액수를 다르게 정할 수 있다(보험업법 제9조 제1항).

③ 보험회사는 생명보험업과 손해보험업을 겸영(兼營)하지 못한다. 다만 다음 각 호의 어느 하나에 해당하는 보험종목은 겸영할 수 있다(보험업법 제10조).

1. 생명보험의 재보험 및 제3보험의 재보험
2. 다른 법령에 따라 겸영할 수 있는 보험종목으로서 대통령령으로 정하는 보험종목
3. 대통령령으로 정하는 기준에 따라 제3보험의 보험종목에 부가되는 보험

④ 보험회사는 경영건전성을 해치거나 보험계약자 보호 및 건전한 거래질서를 해칠 우려가 없는 금융업무로서 다음 각 호에 규정된 업무를 할 수 있다(보험업법 제11조).

1. 대통령령으로 정하는 금융 관련 법령에서 정하고 있는 금융업무로서 해당 법령에서 보험회사가 할 수 있도록 한 업무
2. 대통령령으로 정하는 금융업으로서 해당 법령에 따라 인가·허가·등록 등이 필요한 금융업무
3. 그 밖에 보험회사의 경영건전성을 해치거나 보험계약자 보호 및 건전한 거래질서를 해칠 우려가 없다고 인정되는 금융업무로서 대통령령으로 정하는 금융업무

07. ②

① 보험회사인 주식회사가 자본감소를 결의한 경우에는 그 결의를 한 날부터 2주 이내에 결의의 요지와 재무상태표(舊 대차대조표)를 공고하여야 한다(보험업법 제18조 제1항).

② 보험회사인 주식회사가 자본감소를 결의할 때 대통령령으로 정하는 자본감소를 하려면 미리 금융위원회의 승인을 받아야 한다(보험업법 제18조 제2항).

③ 주식회사는 그 조직을 변경하여 상호회사로 할 수 있다(보험업법 제20조 제1항).

④ 주식회사의 자본감소 결의 공고 및 통지에는 이의가 있는 자는 일정한 기간 동안 이의를 제출할 수 있다는 뜻을 덧붙여야 한다. 그 기간은 1개월 이상으로 하여야 한다(보험업법 제18조 제3항 및 제141조 제2항).

08. ③

① 주식회사의 조직 변경은 주주총회의 결의를 거쳐야 한다(보험업법 제21조 제1항).

② 주식회사는 조직 변경을 결의할 때 보험계약자 총회를 갈음하는 기관에 관한 사항을 정할 수 있다(보험업법 제25조 제1항).

③ 보험계약자 총회는 보험계약자 과반수의 출석과 그 의결권의 4분의 3 이상의 찬성으로 결의한다(보험업법 제26조 제1항).

④ 주식회사의 이사는 조직 변경에 관한 사항을 보험계약자 총회에 보고하여야 한다(보험업법 제27조).

09. ④

① 보험계약자나 보험금을 취득할 자는 피보험자를 위하여 적립한 금액을 주식회사가 보험업법에 따른 금융위원회의 명령에 따라 예탁한 자산에서 다른 채권자보다 우선하여 변제를 받을 권리를 가진다(보험업법 제33조 제1항).

② 예탁자산에 대한 우선변제권은 특별계정이 설정된 경우에는 특별계정과 그 밖의 계정을 구분하여 적용한다(보험업법 제32조 제2항 및 제33조 제2항).

③ 보험계약자나 보험금을 취득할 자는 피보험자를 위하여 적립한 금액을 다른 법률에 특별한 규정이 없으면 주식회사의 자산에서 우선하여 취득한다(보험업법 제32조 제1항).

④ 보험계약자나 보험금을 취득할 자는 피보험자를 위하여 적립한 금액을 다른 법률에 특별한 규정이 없으면 주식회사의 자산에서 우선하여 취득한다. 이러한 보험계약자 등의 우선취득권은 보험업법 제108조에 따라 특별계정이 설정된 경우에는 특별계정과 그 밖의 계정을 구분하여 적용한다(보험업법 제32조).

10. ①

상호회사의 발기인은 정관을 작성하여 다음 각 호의 사항을 적고 기명 날인하여야 한다(보험업법 제34조).

1. 취급하려는 보험종목과 사업의 범위
2. 명칭
3. 사무소 소재지
4. 기금의 총액
5. 기금의 갹출자가 가질 권리
6. 기금과 설립비용의 상각 방법

7. 잉여금의 분배 방법
8. 회사의 공고 방법
9. 회사 성립 후 양수할 것을 약정한 자산이 있는 경우에는 그 자산의 가격과 양도인의 성명
10. 존립시기 또는 해산사유를 정한 경우에는 그 시기 또는 사유

11. ④

① 발기인이 아닌 자가 상호회사의 사원이 되려면 입사청약서 2부에 보험의 목적과 보험금액을 적고 기명날인하여야 한다. 다만, 상호회사가 성립한 후 사원이 되려는 자는 그러하지 아니하다(보험업법 제38조 제1항).

②③ 발기인은 입사청약서를 다음 각 호의 사항을 포함하여 작성하고, 이를 비치(備置)하여야 한다(보험업법 제38조 제2항).

1. 정관의 인증 연월일과 그 인증을 한 공증인의 이름
2. 정관 기재 사항
3. 기금 갹출자의 이름 · 주소와 그 각자가 갹출하는 금액
4. 발기인의 이름과 주소
5. 발기인이 보수를 받는 경우에는 그 보수액
6. 설립 시 모집하려는 사원의 수
7. 일정한 시기까지 창립총회가 끝나지 아니하면 입사청약을 취소할 수 있다는 뜻

④ 상호회사 성립 전의 입사청약에 대하여는 「민법」 제107조 제1항 단서를 적용하지 아니한다(보험업법 제38조 제3항). 민법 제107조 제1항은 진의 아닌 의사표시에 관한 규정으로 단서 규정을 적용하지 않기 때문에, 상호회사 성립 전의 입사청약을 할 때에 청약의 상대방이 표의자의 진의 아님을 알았거나 이를 알 수 있었을 경우에도 그 효력은 발생한다.

12. ①

① 상호회사의 사원은 회사의 채권자에 대하여 직접적인 의무를 지지 아니한다(보험업법 제46조). 즉, 간접책임을 부담한다.

② 상호회사의 채무에 관한 사원의 책임은 보험료를 한도로 한다(보험업법 제47조). 즉, 유한책임을 부담한다.

③ 상호회사의 사원은 보험료의 납입에 관하여 상계로써 회사에 대항하지 못한다(보험업법 제48조).

④ 상호회사는 정관으로 보험금액의 삭감에 관한 사항을 정하여야 한다(보험업법 제49조).

13. ①

금융위원회는 외국보험회사의 본점이 다음 각 호의 어느 하나에 해당하게 되면 그 외국보험회사국내지점에 대하여 청문을 거쳐 보험업의 허가를 취소할 수 있다(보험업법 제74조 제1항).

1. 합병, 영업양도 등으로 소멸한 경우
2. 위법행위, 불건전한 영업행위 등의 사유로 외국감독기관으로부터 보험업법상 6개월 이내의 영업 전부의 정지 처분 혹은 보험업의 허가 취소 사유에 해당하는 처분에 상당하는 조치를 받은 경우
3. 휴업하거나 영업을 중지한 경우

14. ④

① 보험회사 · 보험대리점 및 보험중개사(보험회사 등)는 소속 보험설계사가 되려는 자를 금융위원회에 등록하여야 한다(보험업법 제84조 제1항).

② 보험업법에 따라 보험설계사 · 보험대리점 또는 보험중개사 등록취소 처분을 2회 이상 받은 경우 최종 등록취소 처분을 받은 날부터 3년이 지나지 아니한 자는 보험설계사가 되지 못한다(보험업법 제84조 제2항).

③ 금융위원회는 보험설계사가 모집에 관한 보험업법의 규정을 위반한 경우에는 6개월 이내의 기간을 정하여 그 업무의 정지를 명하거나 그 등록을 취소할 수 있다. 즉, 반드시 취소하여야 하는 것은 아니다(보험업법 제86조 제2항).

④ 보험설계사가 보험업법 규정에 따라 소속 보험회사 외의 보험회사를 위하여 모집(교차모집)하려는 경우에는 교차모집을 하려는 보험회사의 명칭 등 금융위원회가 정하여 고시하는 사항을 적은 서류를 보험협회에 제출하여야 한다(보험업법 시행령 제29조 제1항).

15. ③

① 보험설계사 또는 보험중개사로 등록된 자는 보험대리점이 되지 못한다(보험업법 제87조 제2항).

② 금융위원회는 보험대리점이 거짓이나 그 밖에 부정한 방법으로 보험업법 제87조에 따른 등록을 한 경우에는 그 등록을 취소하여야 한다(보험업법 제88조 제1항).

③ 다음 각 호의 어느 하나에 해당하는 자는 법인보험대리점의 임원(이사 · 감사 또는 사실상 이와 동등한 지위에 있는 자로서 대통령령으로 정하는 자를 말한다)이 되지 못한다(보험업법 제87조의2 제1항).

1. 「금융회사의 지배구조에 관한 법률」 제5조 제1항 제1호 · 제2호 및 제4호에 해당하는 자
2. 보험업법 제84조 제2항 제5호부터 제7호까지에 해당하는 자
3. 금고 이상의 실형을 선고받고 그 집행이 끝나거나(집행이 끝난 것으로 보는 경우를 포함한다) 집행이 면제된 날부터 3년이 지나지 아니한 자
4. 보험업법 또는 「금융소비자 보호에 관한 법률」에 따라 벌금 이상의 형을 선고받고 그 집행이 끝나거나(집행이 끝난 것으로 보는 경우를 포함한다) 집행이 면제된 날부터 3년이 지나지 아니한 자

④ 보험대리점의 영업보증금은 1억원(법인보험대리점의 경우에는 3억원)의 범위에서 보험회사와 대리점이 협의하여 정할 수 있다. 다만 금융기관보험대리점에 대해서는 영업보증금 예탁 의무를 면제한다(보험업법 시행령 제33조 제1항).

16. ②

① 보험중개사는 보험회사의 임직원이 될 수 없으며, 보험계약의 체결을 중개하면서 보험회사 · 보험설계사 · 보험대리점 · 보험계리사 및 손해사정사의 업무를 겸할 수 없다(보험업법 제92조 제2항).

② 법인보험중개사로서 금융위원회가 정하여 고시하는 법인보

2016 2015 2016 2017 2018 2019 2020 2021 2022 2023 2024 2025 제1회 제2회 제3회 제4회

험중개사는 다음 각 호의 요건을 모두 갖추어야 한다(보험업법 시행령 제36조 제1항).

1. 법령을 준수하고 보험계약자를 보호하기 위한 업무지침을 정할 것
2. 제1호에 따른 업무지침의 준수 여부를 점검하고 그 위반사항을 조사하는 임원 또는 직원을 1명 이상 둘 것
3. 보험계약자를 보호하고 보험계약의 모집 업무를 수행하기 위하여 필요한 전산설비 등 물적 시설을 충분히 갖출 것

③ 보험중개사는 소속 보험설계사와 보험모집에 관한 위탁을 해지한 경우 경우에는 지체 없이 그 사실을 금융위원회에 신고하여야 한다(보험업법 제93조 제1항).

④ 보험중개사의 보험계약 체결의 중개행위와 관련하여 손해를 입은 보험계약자 등은 그 보험중개사의 영업보증금의 한도에서 영업보증금예탁기관에 손해배상금의 지급을 신청할 수 있으며, 보험중개사는 영업보증금예탁기관의 장으로부터 손해배상금의 전부 또는 일부를 지급받은 보험계약자 등에 대하여 그 금액만큼 손해배상책임을 면한다(보험업법 시행령 제38조).

17. ②

보험대리점 또는 보험중개사로 등록할 수 있는 금융기관은 다음과 같다(보험업법 제91조 및 보험업법 시행령 제40조 제1항). 신탁업자는 이에 해당하지 않는다.

1. 「은행법」에 따라 설립된 은행
2. 「자본시장과 금융투자업에 관한 법률」에 따른 투자매매업자 또는 투자중개업자
3. 「상호저축은행법」에 따른 상호저축은행
4. 그 밖에 다른 법률에 따라 금융업무를 하는 기관으로서 대통령령으로 정하는 기관

4-1. 「한국산업은행법」에 따라 설립된 한국산업은행
4-2. 「중소기업은행법」에 따라 설립된 중소기업은행
4-3. 「여신전문금융업법」에 따라 허가를 받은 신용카드업자(겸영여신업자는 제외한다.)
4-4. 「농업협동조합법」에 따라 설립된 조합 및 농협은행

18. ②

보험회사 또는 보험의 모집에 종사하는 자는 일반보험계약자가 보험계약을 체결하기 전에 면담 또는 질문을 통하여 보험계약자의 연령, 재산상황, 보험가입의 목적 등 대통령령으로 정하는 사항을 파악하고 일반보험계약자의 서명(「전자서명법」 제2조 제2호에 따른 전자서명을 포함한다), 기명날인, 녹취, 그 밖에 대통령령으로 정하는 방법으로 확인을 받아 유지 · 관리하여야 하며, 확인받은 내용은 일반보험계약자에게 지체 없이 제공하여야 한다. 이 때 말하는 대통령령으로 정하는 사항은 다음과 같다.[1]

1. 보험계약자의 연령
2. 월 소득 및 월 소득에서 보험료 지출이 차지하는 비중
3. 보험가입의 목적
4. 변액보험계약 및 「자본시장과 금융투자업에 관한 법률」에 따른 집합투자증권의 가입 여부
5. 그 밖에 보험계약자에게 적합한 보험계약의 체결을 권유하기 위하여 필요하다고 인정되는 사항으로서 금융위원회가 정하여 고시하는 사항

19. ②

① 보험회사 또는 보험의 모집에 종사하는 자는 보험금액이 큰 내용만을 강조하거나 고액 보험금 수령 사례 등을 소개하여 보험금을 많이 지급하는 것으로 오인하게 하는 행위를 하여서는 안된다.[2]

② 보험계약자는 보험계약의 체결 또는 모집에 종사하는 자(보험중개사는 제외한다)가 보험업법상 부당한 계약전환 금지 규정을 위반하여 기존보험계약을 소멸시키거나 소멸하게 하였을 때에는 그 보험계약의 체결 또는 모집에 종사하는 자가 속하거나 모집을 위탁한 보험회사에 대하여 그 보험계약이 소멸한 날부터 6개월 이내에 소멸된 보험계약의 부활을 청구하고 새로운 보험계약은 취소할 수 있다(보험업법 제97조 제4항).

③ 보험회사는 보험계약자가 체결한 계약을 해지하고자 하는 경우(보험계약자가 계약을 해지하기 전에 안전성 및 신뢰성이 확보되는 방법을 이용하여 보험계약자 본인임을 확인받은 경우에 한정한다)에는 통신수단을 이용할 수 있도록 하여야 한다(보험업법 제96조 제2항).[3]

④ 보험안내자료에는 보험회사의 장래의 이익 배당 또는 잉여금 분배에 대한 예상에 관한 사항을 적지 못한다. 다만 보험계약자의 이해를 돕기 위하여 금융위원회가 필요하다고 인정하여 정하는 경우에는 그러하지 아니하다(보험업법 제95조 제3항).

20. ③

금융기관보험대리점등은 모집을 할 때 다음 각 호의 어느 하나에 해당하는 행위를 하여서는 아니 된다(보험업법 제100조 제1항 및 보험업법 시행령 제48조 제1항).

---

1) 참고로 본 규정은 보험업법 제95조의3 및 보험업법 제42조의3 제1항에 있었으나, '금융소비자 보호에 관한 법률' 제정에 따라 2020년 3월 24일자로 보험업법에서는 삭제되었다.
2) 참고로 본 규정은 보험업법 제95조의4 제2항에 있었으나, '금융소비자 보호에 관한 법률' 제정에 따라 2020년 3월 24일자로 보험업법에서는 삭제되었다.
3) 참고로 본 문제 출제 당시의 보험업법 제96조 제2항은 '보험계약자가 계약을 체결하기 전에 통신수단을 이용한 계약해지에 동의한 경우에 한하여 통신수단을 이용한 계약해지를 허용'하였으나 현재는 해설과 같이 개정되었다. 따라서 지금은 보험계약을 체결하기 전에 통신수단 계약해지에 동의하지 않은 경우라도, 보험계약자 본인임을 확인받을 수 있다면 통신수단을 이용한 계약해지가 가능하다.

1. 삭제 〈2020. 3. 24.〉
2. 대출 등 해당 금융기관이 제공하는 용역(대출 등)을 받는 자의 동의를 미리 받지 아니하고 보험료를 대출 등의 거래에 포함시키는 행위
3. 해당 금융기관의 임직원(보험업법에 따라 모집할 수 있는 자는 제외한다)에게 모집을 하도록 하거나 이를 용인하는 행위
4. 해당 금융기관의 점포 외의 장소에서 모집을 하는 행위
5. 모집과 관련이 없는 금융거래를 통하여 취득한 개인정보를 미리 그 개인의 동의를 받지 아니하고 모집에 이용하는 행위
6. 그 밖에 제2호부터 제5호까지의 행위와 비슷한 행위로서 대통령령으로 정하는 행위4)

6-1. 보험업법에 따라 모집에 종사하는 자 외에 소속 임직원으로 하여금 보험상품의 구입에 대한 상담 또는 소개를 하게 하거나 상담 또는 소개의 대가를 지불하는 행위

6-2. ~~대출을 조건으로 차주의 의사에 반하여 보험가입을 강요하는 행위~~

6-3. ~~대출과 관련하여 중소기업의 대표자 · 임원 등 금융위원회가 정하여 고시하는 차주의 관계인의 의사에 반하여 보험가입을 강요하는 행위~~

6-4. ~~대출과 관련하여 차주인 중소기업, 그 밖에 금융위원회가 정하여 고시하는 차주 및 차주의 관계인에게 대출실행일 전후 1개월 이내에 보험상품을 판매하는 행위로서 해당 차주 및 차주의 관계인을 보호하기 위한 목적으로 보험상품의 특성 · 판매금액 등을 고려하여 금융위원회가 정하여 고시하는 요건에 해당하는 행위~~

6-5. ~~그 밖에 건전한 거래질서를 해칠 우려가 있는 행위로서 금융위원회가 정하여 고시하는 행위~~

21. ④

청약철회의 대상이 되는 보험계약은 다음 각 호의 어느 하나에 해당하지 아니하는 보험계약을 말한다. 즉, 아래에 해당하는 경우 청약철회를 거부할 수 있다.5)

1. 보험계약을 체결하기 위하여 피보험자가 건강진단을 받아야 하는 보험계약
2. 보험기간이 1년 미만인 보험계약
3. 「자동차손해배상 보장법」 제5조에 따라 가입할 의무가 있는 보험계약
4. 타인을 위한 보증보험계약(일반보험계약자가 청약철회에 관하여 타인의 동의를 얻은 경우는 제외한다)
5. 그 밖에 일반보험계약자의 보호에 지장을 주지 아니하는 경우로서 금융위원회가 정하여 고시하는 보험계약

22. ②

① 보험회사는 보험업법에 따른 자산운용한도의 제한을 피하기 위하여 다른 금융기관 또는 회사의 의결권 있는 주식을 서로 교차하여 보유하거나 신용공여를 하는 행위를 할 수 없다(보험업법 제110조 제1항).

② 보험회사는 그 보험회사의 대주주와 다음 각 호의 어느 하나에 해당하는 행위를 하였을 때에는 7일 이내에 그 사실을 금융위원회에 보고하고 인터넷 홈페이지 등을 이용하여 공시하여야 한다(보험업법 제111조 제3항).

1. 대통령령으로 정하는 금액 이상의 신용공여
2. 해당 보험회사의 대주주가 발행한 채권 또는 주식을 대통령령으로 정하는 금액 이상으로 취득하는 행위
3. 해당 보험회사의 대주주가 발행한 주식에 대한 의결권을 행사하는 행위

③ 보험회사와 신용공여 계약을 체결한 자는 재산 증가나 신용등급 또는 개인신용평점 상승 등 신용상태 개선이 나타났다고 인정되는 경우 보험회사에 금리인하를 요구할 수 있으며, 보험회사는 신용공여 계약을 체결하려는 자에게 상기 내용에 따라 금리인하를 요구할 수 있음을 알려야 한다(보험업법 제110조의3).

④ 보험회사는 그 자산운용을 함에 있어 안정성 · 유동성 · 수익성 및 공익성이 확보되도록 하여야 하며, 선량한 관리자의 주의로써 그 자산을 운용하여야 한다(보험업법 제104조).

23. ②

보험회사는 그 자산을 다음 각 호의 어느 하나에 해당하는 방법으로 운용하여서는 아니 된다(보험업법 제105조).

1. 대통령령으로 정하는 업무용 부동산이 아닌 부동산의 소유. 다만 저당권 등 담보권의 실행으로 취득하는 부동산은 제외한다.
2. 「근로자퇴직급여 보장법」 제16조 제2항에 따른 보험계약 및 법률 제7379호 근로자퇴직급여보장법 부칙 제2조 제1항에 따른 퇴직보험계약 따라 설정된 특별계정을 통한 부동산의 소유
3. 상품이나 유가증권에 대한 투기를 목적으로 하는 자금의 대출
4. 직접 · 간접을 불문하고 해당 보험회사의 주식을 사도록 하기 위한 대출
5. 직접 · 간접을 불문하고 정치자금의 대출
6. 해당 보험회사의 임직원에 대한 대출. 다만 보험약관에 따른 대출 및 금융위원회가 정하는 소액대출은 제외한다.
7. 자산운용의 안정성을 크게 해칠 우려가 있는 행위로서 대통령령으로 정하는 행위

4) 참고로 본 문제 출제 당시에는 아래 취소선과 같이 보험업법 시행령이 규정되어 있었고 이를 바탕으로 문제가 출제되었으나, 해당 규정은 2021년 3월 23일자로 삭제되었다.
5) 참고로 본 규정은 보험업법 제102조의4 및 보험업법 시행령 제48조의2에 있었으나, '금융소비자 보호에 관한 법률' 제정에 따라 2020년 3월 24일자로 보험업법에서는 삭제되었다.

24. ③

보험회사는 다른 회사의 의결권 있는 발행주식(출자지분을 포함한다) 총수의 100분의 15를 초과하는 주식을 소유할 수 없다. 다만, 금융위원회의 승인(신고로써 갈음하는 경우를 포함한다)을 받은 자회사의 주식은 그러하지 아니하다(보험업법 제109조).

25. ②

보험회사는 금융위원회의 승인을 받아 자회사로 소유할 수 있다. 다만 보험업 경영과 밀접한 관련이 있는 업무 등으로서 대통령령으로 정하는 업무를 주로 하는 회사를 자회사로 소유하려는 경우에는 금융위원회에 신고하고 자회사를 소유할 수 있다. 이 때 말하는 대통령령으로 정하는 업무는 다음과 같다(보험업법 시행령 제59조 제3항).

1. 보험회사의 사옥관리업무
2. 보험수리업무
3. 손해사정업무
4. 보험대리업무
5. 보험사고 및 보험계약 조사업무
6. 보험에 관한 교육 · 연수 · 도서출판 · 금융리서치 및 경영컨설팅 업무
7. 보험업과 관련된 전산시스템 · 소프트웨어 등의 대여 · 판매 및 컨설팅 업무
8. 보험계약 및 대출 등과 관련된 상담업무
9. 보험에 관한 인터넷 정보서비스의 제공업무
10. 자동차와 관련된 긴급출동 · 차량관리 및 운행정보 등 부가서비스 업무
11. 보험계약자 등에 대한 위험관리 업무
12. 건강 · 장묘 · 장기간병 · 신체장애 등의 사회복지사업 및 이와 관련된 조사 · 분석 · 조언 업무
13. 「노인복지법」에 따른 노인복지시설의 설치 · 운영에 관한 업무 및 이와 관련된 조사 · 분석 · 조언 업무
14. 건강 유지 · 증진 또는 질병의 사전 예방 등을 위해 수행하는 업무
15. 외국에서 하는 다음 각 목의 업무

15-가. 제1호부터 제14호까지의 규정에 따른 업무
15-나. 보험업, 보험중개업무, 투자자문업, 투자일임업, 집합투자업 및 부동산업
15-다. 「외국환거래법」에 따른 증권, 파생상품 및 채권에 투자하는 업무로서 금융위원회가 정하여 고시하는 업무

26. ④

보험회사는 자회사와 다음 각 호의 행위를 하여서는 아니 된다(보험업법 제116조).

1. 자산을 대통령령으로 정하는 바에 따라 무상으로 양도하거나 일반적인 거래 조건에 비추어 해당 보험회사에 뚜렷하게 불리한 조건으로 매매 · 교환 · 신용공여 또는 재보험계약을 하는 행위
2. 자회사가 소유하는 주식을 담보로 하는 신용공여 및 자회사가 다른 회사에 출자하는 것을 지원하기 위한 신용공여
3. 자회사 임직원에 대한 대출(보험약관에 따른 대출과 금융위원회가 정하는 소액대출은 제외한다)

27. ③

① 보험회사는 매년 12월 31일에 그 장부를 폐쇄하여야 하고 장부를 폐쇄한 날부터 3개월 이내에 금융위원회가 정하는 바에 따라 재무제표(부속명세서를 포함한다) 및 사업보고서를 금융위원회에 제출하여야 한다(보험업법 제118조 제1항).
② 보험회사는 매월의 업무 내용을 적은 보고서를 다음 달 말일까지 금융위원회가 정하는 바에 따라 금융위원회에 제출하여야 한다(보험업법 제118조 제2항).
③ 보험회사는 재무제표 및 사업보고서를 일반인이 열람할 수 있도록 금융위원회에 제출하는 날부터 본점과 지점, 그 밖의 영업소에 비치하거나 전자문서로 제공하여야 한다(보험업법 제119조). 신문에 공고하여야 한다는 규정은 없다.
④ 보험회사는 결산기마다 보험계약의 종류에 따라 대통령령으로 정하는 책임준비금과 비상위험준비금을 계상(計上)하고 따로 작성한 장부에 각각 기재하여야 한다(보험업법 제120조 제1항).

28. ④

① 금융위원회는 보험소비자와 보험의 모집에 종사하는 자 등 대통령령으로 정하는 자(보험소비자등)를 대상으로 다음 각 호의 사항에 대한 이해도를 평가하고 그 결과를 대통령령으로 정하는 바에 따라 공시할 수 있다(보험업법 제128조의4 제1항).

1. 보험약관
2. 보험안내자료 중 금융위원회가 정하여 고시하는 자료

② 금융위원회는 보험약관과 보험안내자료(보험약관등)에 대한 보험소비자등의 이해도를 평가하기 위해 평가대행기관을 지정할 수 있다(보험업법 제128조의4 제2항).
③ 보험약관등의 이해도 평가에 수반되는 비용의 부담, 평가 시기, 평가 방법 등 평가에 관한 사항은 금융위원회가 정한다(보험업법 제128조의4 제4항).
④ 평가대행기관은 조사대상 보험약관 등에 대하여 보험소비자등의 이해도를 평가하고 그 결과를 금융위원회에 보고하여야 한다(보험업법 제128조의4 제3항).

29. ④

①② 보험회사는 보험금 지급능력과 경영건전성을 확보하기 위하여 다음 각 호의 재무건전성 기준을 지켜야 한다(보험업법 시행령 제65조 제2항).

1. 지급여력비율은 100분의 100 이상을 유지할 것
2. 대출채권 등 보유자산의 건전성을 정기적으로 분류하고 대손충당금을 적립할 것
3. 보험회사의 위험, 유동성 및 재보험의 관리에 관하여 금융위원회가 정하여 고시하는 기준을 충족할 것

③ 금융위원회는 보험회사가 재무건전성 기준을 지키지 아니하여 경영건전성을 해칠 우려가 있다고 인정되는 경우에는 대통

령령으로 정하는 바에 따라 자본금 또는 기금의 증액명령, 주식 등 위험자산의 소유 제한 등 필요한 조치를 할 수 있다(보험업법 제123조 제2항).

④ "지급여력금액"이란 자본금, 이익잉여금, 후순위차입금, 그 밖에 이에 준하는 것으로서 금융위원회가 정하여 고시하는 금액을 합산한 금액에서 영업권, 그 밖에 이에 준하는 것으로서 금융위원회가 정하여 고시하는 금액을 뺀 금액을 말한다(보험업법 시행령 제65조 제1항).[6]

30. ④

보험회사가 그 업무에 관한 공동행위를 하기 위하여 다른 보험회사와 상호협정을 체결(변경하거나 폐지하려는 경우를 포함한다)하려는 경우에는 대통령령으로 정하는 바에 따라 금융위원회의 인가를 받아야 한다. 다만 대통령령으로 정하는 경미한 사항을 변경하려는 경우에는 신고로써 갈음할 수 있다. 이 때 말하는 경미한 사항이란 다음 각 호의 어느 하나에 해당하는 사항을 말한다(보험업법 제125조 제1항 및 보험업법 시행령 제69조 제3항). ④번 지문에서 보험회사 간의 합병, 보험회사의 신설 등으로 상호협정의 구성원이 변경되는 것은 경미한 사항이므로 신고사항이다.

1. 보험회사의 상호 변경, 보험회사 간의 합병, 보험회사의 신설 등으로 상호협정의 구성원이 변경되는 사항
2. 조문체제의 변경, 자구수정 등 상호협정의 실질적인 내용이 변경되지 아니하는 사항
3. 법령의 제정 · 개정 · 폐지에 따라 수정 · 반영해야 하는 사항

31. ①

가.나. 보험회사는 기초서류를 작성하거나 변경할 때에 그 내용이 법령의 제정 · 개정에 따라 새로운 보험상품이 도입되거나 보험상품 가입이 의무가 되는 경우, 보험계약자 보호 등을 위하여 대통령령으로 정하는 경우에는 금융위원회에 미리 신고하여야 한다(보험업법 제127조 제2항). (○)

다. 금융위원회는 기초서류의 내용이 보험계약자 보호 등을 위하여 필요하다고 인정되면 보험회사에 대하여 취급하고 있는 보험상품의 기초서류에 관한 자료 제출을 요구할 수 있다(보험업법 제127조 제3항). (○)

라. 금융위원회는 보험회사가 기초서류를 신고하는 경우 보험료 및 해약환급금 산출방법서(舊 보험료 및 책임준비금 산출방법서)에 대하여 보험업법에 따른 보험요율 산출기관 또는 대통령령으로 정하는 보험계리업자(독립계리업자)의 검증확인서를 첨부하도록 할 수 있다(보험업법 제128조 제2항). (×)

32. ①

① 보험회사는 계약의 방법으로 책임준비금 산출의 기초가 같은 보험계약의 전부를 포괄하여 다른 보험회사에 이전할 수 있다(보험업법 제140조 제1항).

② 보험계약을 이전하려는 보험회사는 결의를 한 날부터 2주 이내에 계약 이전의 요지와 각 보험회사의 재무상태표(舊 대차대조표)를 공고하고, 대통령령으로 정하는 방법에 따라 보험계약자에게 통지하여야 한다(보험업법 제141조 제2항).

③ 보험계약 이전 공고 및 통지에는 이전될 보험계약의 보험계약자로서 이의가 있는 자는 일정한 기간 동안 이의를 제출할 수 있다는 뜻을 덧붙여야 한다. 다만, 그 기간은 1개월 이상으로 하여야 한다(보험업법 제141조 제3항).

④ 보험계약을 이전하려는 보험회사는 주주총회등의 결의가 있었던 때부터 보험계약을 이전하거나 이전하지 아니하게 될 때까지 그 이전하려는 보험계약과 같은 종류의 보험계약을 하지 못한다(보험업법 제142조 본문).

33. ②

가. 보험업법에 따라 청산인을 선임하는 경우에는 청산 중인 보험회사로 하여금 금융위원회가 정하는 보수를 지급하게 할 수 있다(보험업법 제157조). (○)

나. 금융위원회는 청산인을 감독하기 위하여 보험회사의 청산업무와 자산상황을 검사하고, 자산의 공탁을 명하며, 그 밖에 청산의 감독상 필요한 명령을 할 수 있다(보험업법 제160조). (○)

다. 청산인은 채권 신고기간내에는 채권자에 대하여 변제를 하지 못한다(보험업법 제73조 및 상법 제536조 제1항). (○)

라. 보험회사가 보험업의 허가취소로 해산한 경우에는 금융위원회가 청산인을 선임한다(보험업법 제156조 제1항). (×)

마. 금융위원회는 감사, 3개월 전부터 계속하여 자본금의 100분의 5 이상의 주식을 가진 주주, 100분의 5 이상의 사원의 청구에 따라 청산인을 해임할 수 있다(보험업법 제156조 제4항). (×)

34. ①

①④ 선임계리사는 보험회사가 기초서류관리기준을 지키는지를 점검하고 이를 위반하는 경우에는 조사하여 그 결과를 이사회에 보고하여야 하며, 기초서류에 법령을 위반한 내용이 있다고 판단하는 경우에는 금융위원회에 보고하여야 한다(보험업법 제184조 제2항).

② 선임계리사는 보험회사가 금융위원회에 제출하는 서류에 기재된 사항 중 기초서류의 내용 및 보험계약에 의한 배당금의 계산 등이 정당한지 여부를 최종적으로 검증하고 이를 확인하여야 한다(보험업법 시행령 제71조 제2항).

③ 선임계리사는 기초서류의 내용 및 보험계약에 따른 배당금의 계산 등이 정당한지 여부를 검증하고 확인하여야 한다(보험업법 제184조 제1항).

35. ②

보험조사협의회는 보험조사와 관련된 다음 각 호의 사항을 심의한다(보험업법 시행령 제77조).

1. 보험조사 업무의 효율적 수행을 위한 공동 대책의 수립 및 시행에 관한 사항
2. 조사한 정보의 교환에 관한 사항
3. 공동조사의 실시 등 관련 기관 간 협조에 관한 사항
4. 조사 지원에 관한 사항
5. 그 밖에 협의회장이 협의회의 회의에 부친 사항

6) 참고로 본 문제 출제 당시에는 '미상각신계약비'가 제외항목으로 명시되어 있었으나, 현재는 삭제되었다.

36. ②

①② 제3자에 대한 보험금 지급을 보장하기 위하여 개별 손해보험회사(재보험과 보증보험을 전업으로 하는 손해보험회사는 제외한다)는 수입보험료 및 책임준비금을 고려하여 대통령령으로 정하는 비율을 곱한 금액을 손해보험협회에 출연(出捐)하여야 한다(보험업법 제168조 및 보험업법 시행령 제81조 제1항).

③ 손해보험협회의 장은 지급불능의 보고를 받으면 금융위원회의 확인을 거쳐 손해보험계약의 제3자에게 대통령령으로 정하는 보험금을 지급하여야 한다(보험업법 제169조 제1항).

④ 손해보험협회의 장은 출연금을 산정하고 보험금을 지급하기 위하여 필요한 범위에서 손해보험회사의 업무 및 자산상황에 관한 자료 제출을 요구할 수 있다(보험업법 제170조).

37. ③

① 보험회사는 보험금의 지급에 충당되는 보험료(순보험료)를 결정하기 위한 요율(순보험요율)을 공정하고 합리적으로 산출하고 보험과 관련된 정보를 효율적으로 관리 · 이용하기 위하여 금융위원회의 인가를 받아 보험요율 산출기관을 설립할 수 있다(보험업법 제176조 제1항).

② 보험요율 산출기관은 그 업무와 관련하여 정관으로 정하는 바에 따라 보험회사로부터 수수료를 받을 수 있다(보험업법 제176조 제8항).

③④ 보험요율 산출기관은 정관으로 정하는 바에 따라 다음 각 호의 업무를 한다(보험업법 제176조 및 보험업법 시행령 제86조).

1. 순보험요율의 산출 · 검증 및 제공
2. 보험 관련 정보의 수집 · 제공 및 통계의 작성
3. 보험에 대한 조사 · 연구
4. 설립 목적의 범위에서 정부기관, 보험회사, 그 밖의 보험관계 단체로부터 위탁받은 업무
5. 제1호부터 제3호까지의 업무에 딸린 업무
6. 그 밖에 대통령령으로 정하는 업무

6-1. 보유정보의 활용을 통한 자동차사고 이력, 자동차 기준가액 및 자동차 주행거리의 정보 제공 업무
6-1의2. 자동차 제작사, 보험회사 등으로부터 수집한 사고기록정보(「자동차관리법」 제2조 제10호에 따른 사고기록장치에 저장된 정보를 말한다), 운행정보, 자동차의 차대번호 · 부품 및 사양 정보의 관리
6-2. 보험회사 등으로부터 제공받은 보험정보 관리를 위한 전산망 운영 업무
6-3. 보험수리에 관한 업무
6-3의2. 보험업법에 따른 책임준비금의 적정성 검증
6-4. 상호협정에 따라 보험회사가 공동으로 인수하는 보험계약(국내 경험통계 등의 부족으로 담보위험에 대한 보험요율을 산출할 수 없는 보험계약은 제외한다)에 대한 보험요율의 산출
6-4의2. 자동차보험 관련 차량수리비에 관한 연구
6-5. 보험업법에 따라 위탁받은 업무
6-6. 「근로자퇴직급여 보장법」에 따라 퇴직연금사업자로부터 위탁받은 업무
6-7. 다른 법령에서 보험요율 산출기관이 할 수 있도록 정하고 있는 업무

38. ④

①②③ 손해사정사(보조인을 포함한다) 또는 손해사정업자는 손해사정업무를 수행할 때 보험계약자, 그 밖의 이해관계자들의 이익을 부당하게 침해하여서는 아니 되며, 다음 각 호의 행위를 하여서는 아니 된다(보험업법 제189조 제3항 및 보험업법 시행령 제99조 제3항).

1. 고의로 진실을 숨기거나 거짓으로 손해사정을 하는 행위

1의2. 보험회사 또는 보험계약자 등 어느 일방에 유리하도록 손해사정업무를 수행하는 행위

2. 업무상 알게 된 보험계약자 등에 관한 개인정보를 누설하는 행위
3. 타인으로 하여금 자기의 명의로 손해사정업무를 하게 하는 행위
4. 정당한 사유 없이 손해사정업무를 지연하거나 충분한 조사를 하지 아니하고 손해액 또는 보험금을 산정하는 행위
5. 보험회사 및 보험계약자 등에 대하여 이미 제출받은 서류와 중복되는 서류나 손해사정과 관련이 없는 서류 또는 정보를 요청함으로써 손해사정을 지연하는 행위
6. 보험금 지급을 요건으로 합의서를 작성하거나 합의를 요구하는 행위
7. 그 밖에 공정한 손해사정업무의 수행을 해치는 행위로서 대통령령으로 정하는 행위

7-1. 등록된 업무범위 외의 손해사정을 하는 행위
7-2. 자기 또는 자기와 총리령으로 정하는 이해관계를 가진 자의 보험사고에 대하여 손해사정을 하는 행위
7-3. 자기와 총리령으로 정하는 이해관계를 가진 자가 모집한 보험계약에 관한 보험사고에 대하여 손해사정을 하는 행위(보험회사 또는 보험회사가 출자한 손해사정법인에 소속된 손해사정사가 그 소속 보험회사 또는 출자한 보험회사가 체결한 보험계약에 관한 보험사고에 대하여 손해사정을 하는 행위는 제외한다)

④ 손해사정사는 금융위원회가 정하는 바에 따라 업무와 관련된 보조인을 둘 수 있다(보험업법 제186조 제3항).

39. ③

손해사정사 또는 손해사정업자의 업무는 다음 각 호와 같다(보험업법 제188조).

1. 손해 발생 사실의 확인
2. 보험약관 및 관계 법규 적용의 적정성 판단
3. 손해액 및 보험금의 사정
4. 제1호부터 제3호까지의 업무와 관련된 서류의 작성 · 제출의 대행
5. 제1호부터 제3호까지의 업무 수행과 관련된 보험회사에 대한 의견의 진술

40. ①

보험업법상 미수범 처벌규정에 따라 처벌받는 경우는 다음과 같다(보험업법 제205조).

1) 보험계리사, 손해사정사 또는 상호회사의 발기인, 설립위원 · 이사 · 감사, 직무대행자나 지배인, 그 밖에 사업에 관하여 어떠한 종류의 사항이나 특정한 사항을 위임받은 사용인이 그 임무를 위반하여 재산상의 이익을 취득하거나 제3자로 하여금 취득하게 하여 보험회사에 재산상의 손해를 입힌 경우
2) 상호회사의 청산인 또는 직무대행자가 그 임무를 위반하여 재산상의 이익을 취득하거나 제3자로 하여금 취득하게 하여 보험회사에 재산상의 손해를 입힌 경우
3) 보험계약자 총회 대행기관 또는 사원 총회 대행기관을 구성하는 자가 그 임무를 위반하여 재산상의 이익을 취득하거나 제3자로 하여금 취득하게 하여 보험계약자나 사원에게 손해를 입힌 경우

2과목 보험계약법

01	02	03	04	05	06	07	08	09	10
④	③	③	②	④	③	②	②	③	①
11	12	13	14	15	16	17	18	19	20
③	②	④	④	①	③	③	④	④	①
21	22	23	24	25	26	27	28	29	30
①	③	③	④	④	②	②	③	④	②
31	32	33	34	35	36	37	38	39	40
④	③	④	②	②	④	④	②	③	①

01. ④

① 보험자가 보험계약자로부터 보험계약의 청약과 함께 보험료 상당액의 전부 또는 일부의 지급을 받은 때에는 다른 약정이 없으면 30일내에 그 상대방에 대하여 낙부의 통지를 발송하여야 한다. 만약 보험자가 30일내에 낙부의 통지 발송을 게을리 한 때에는 그 청약을 승낙한 것으로 본다. 이 때 보험료 상당액의 전부 또는 일부의 지급이란 보험료 전액을 지급하거나 적어도 제1회 보험료를 지급하는 것을 말한다. 따라서 제1회 보험료 10만원 중 일부인 9만원만 지급한 사례에서는 보험자의 보상책임이 발생하지 않는다.

② 보험자가 인수거절의 통지를 하였고 보험계약자가 해당 통지까지 받은 상태라면 보험 청약의 효력이 없으므로 보험자도 보상책임을 부담하지 않는다.

③ 보험자가 보험계약자로부터 보험계약의 청약과 함께 보험료 상당액의 전부 또는 일부의 지급을 받은 때에는 다른 약정이 없으면 30일내에 그 상대방에 대하여 낙부의 통지를 발송하여야 한다. 그러나 인보험계약의 피보험자가 신체검사를 받아야 하는 경우에는 그 기간은 신체검사를 받은 날부터 기산한다. 따라서 신체검사를 받지 않았다면 보험자의 보험금 지급책임도 발생하지 않는다.

④ 보험자가 보험계약자로부터 보험계약의 청약과 함께 보험료 상당액의 전부 또는 일부를 받은 경우에 그 청약을 승낙하기 전에 보험계약에서 정한 보험사고가 생긴 때에는 그 청약을 거절할 사유가 없는 한 보험자는 보험계약상의 책임을 진다. 따라서 청약 다음 날 보험사고가 발생하고 보험자가 청약을 거절할 사유가 없다면 보험자는 보험금 지급책임을 부담한다.

02. ③

① 보험자의 보상책임은 최초의 보험료를 지급받은 때부터 개시한다(상법 제656조). 보험자의 승낙은 보험자의 책임개시 요건이 아니라, 보험계약의 성립 요건이다. 예를 들어 보험자가 보험계약자의 청약을 승낙하여 보험계약이 성립하였더라도 최초의 보험료가 납부되지 않았다면 보험자의 보상책임은 개시되지 않는다.

② 보험계약의 성립은 청약과 승낙이라는 의사의 합치만으로 성립하는 불요식 낙성계약이다. 보험계약의 부활에 있어서도 연체보험료와 약정이자를 붙여 지급하고 그 계약의 부활을 청구하여 사실상의 요물계약화(要物契約化)되어 있다는 견해도 있으나, 그렇다고 하여 부활계약이 요물계약인 것은 아니다. 보험계약은 어디까지 청약과 승낙이라는 계약 당사자의 의사표시 합치만으로 유효하게 성립한다.

③ 대법원 판례에 따르면, 동일한 보험계약 당사자가 일정한 기간마다 주기적으로 동종계약을 반복 체결하는 계속적 거래관계에 있어서 종전계약의 내용이 된 보험약관을 도중에 가입자에게 불리하게 변경하였다면 보험자로서는 새로운 보험계약 체결 시 그와 같은 약관변경사실 및 내용을 가입자인 상대방에게 고지하여야 할 신의칙상의 의무가 있다고 봄이 상당하고, 이러한 고지없이 체결된 보험계약은 과거와 마찬가지로 종전약관에 따라 체결된 것으로 봄이 타당하다.[7]

④ 상법 조문에 "당사자 간에 다른 약정이 없으면"이라는 표현이 없더라도 그 변경이 보험계약자나 피보험자, 보험수익자에게 불리한 변경이 아니라면 얼마든지 개별약정이 가능하다. 예를 들어 우리 상법은 중복보험이 성립한 때에 보험자는 각자의 보험금액의 한도에서 연대책임을 지며 각 보험자의 보상책임은 각자의 보험금액의 비율에 따르는 연대비례주의를 채택하고 있으나, 개별 보험약관에 다른 방식(예 독립책임주의)의 보상책임을 규정하는 것도 얼마든지 가능하다.

03. ③

① 대법원 판례에 따르면, 보험계약자나 그 대리인이 주운전자의 개념이 무엇인지 또 주운전자의 나이나 보험경력 등에 따라 보험료율이 달라진다는 약관의 내용을 충분히 잘 알고 있었다면, 그 약관이 바로 계약 내용이 되어 당사자에 대하여 구속력을 갖는다고 할 것이므로, 보험자로서는 보험계약자 또는 그 대리인에게 약관의 내용을 따로 설명할 필요가 없다.[8]

② 대법원 판례에 따르면, 보험계약자 또는 피보험자가 보험금 청구에 관한 서류 또는 증거를 위조하거나 변조한 경우 보험금 청구권이 상실된다는 이른바 보험금 청구권 상실조항은, 약관 조항에 관하여 설명이 있었다고 하여 보험계약을 체결하지 않았

7) 대법원 1986.10.14. 선고 84다카122 판결
8) 대법원 1998.4.14. 선고 97다39308 판결

으리라고는 인정되지 아니하므로 이를 설명의무가 있는 약관의 중요한 내용이라고 보기 어렵고, 더욱이 보험금청구권의 상실사유는 보험계약에 있어서 신의성실의 원칙에 반하는 사기적 보험금청구행위를 허용할 수 없다는 취지에서 규정된 것으로서, 이는 거래상 일반인들이 보험자의 설명 없이도 당연히 예상할 수 있던 사항에 해당하여 설명의무의 대상이 아니다.[9]

③ 대법원 판례에 따르면, 보험약관 조항에서 보험계약 체결 후 이륜자동차를 사용하게 된 경우에 보험계약자 또는 피보험자는 지체 없이 이를 보험자에게 알릴 의무를 규정하고 있는 사안에서, 해당 약관조항의 내용이 단순히 법령에 의하여 정하여진 것을 되풀이하거나 부연하는 정도에 불과하다고 볼 수 없으므로, 보험자는 해당 약관조항에 대한 설명의무가 인정된다.[10]

④ 대법원 판례에 따르면, 피보험자동차의 양도에 관한 통지의무를 규정한 보험약관은 거래상 일반인들이 보험자의 개별적인 설명 없이도 충분히 예상할 수 있었던 사항에 해당하므로 보험자의 개별적인 명시 설명의무의 대상이 되지 않는다.[11]

04. ②

대법원 판례에 따르면, 보험자는 보험계약을 체결할 때에 보험계약자에게 보험약관을 교부하고 그 약관의 중요한 내용을 설명하여야 한다. 만약 보험약관의 교부와 설명의무에 대하여 다툼이 발생할 경우에는 그에 대한 증명책임은 보험자가 부담한다. 그리고 보험계약자나 그 대리인이 그 약관의 내용을 충분히 잘 알고 있다는 점에 대하여도 이를 주장하는 보험자가 증명책임을 진다.[12] 나머지 지문은 모두 보험금청구권자가 증명책임을 부담한다.

05. ④

① 대법원 판례에 따르면, 피보험자의 직업이나 직종에 따라 보험금 가입한도나 보상비율에 차등이 있는 생명보험계약에서 그 피보험자의 직업이나 직종에 관한 사항에 대하여 고지의무 위반이 있어 실제의 직업이나 직종에 따른 보험금 가입한도나 보상비율을 초과하여 보험계약이 체결된 경우에 보험회사가 보험금 지급사유의 발생 여부와 관계없이 보험금을 피보험자의 실제 직업이나 직종에 따른 보험금 가입한도나 보상비율 이내로 감축하는 것은 실질적으로 당사자가 의도하였던 보험금 가입한도나 보상비율 중에서 실제 직업이나 직종에 따른 보험금 가입한도나 보상비율을 초과하는 부분에 관한 보험계약을 자동 해지하는 것이라고 할 것이므로, 그 해지에 관하여는 상법 제651조에서 규정하고 있는 해지기간, 고지의무 위반사실에 대한 보험자의 고의나 중과실 여부, 상법 제655조에서 규정하고 있는 고지의무 위반사실과 보험사고 발생 사이의 인과관계 등에 관한 규정이 여전히 적용되어야 하고, 만일 이러한 규정이 적용될 여지가 없이 자동적으로 원래 실제 직업이나 직종에 따라 가능하였던 가입한도나 보상비율 범위 이내로 지급하여야 할 보험금을 감축하는 취지의 약정이 있다면 이는 당사자의 특약에 의하여 보험계약자나 피보험자, 보험수익자에게 불리하게 위 상법의 규정을 변경한 것이므로 상법 제663조 보험계약자 등의 불이익 변경 금지 원칙에 의하여 무효이다.[13]

② 대법원 판례에 따르면, 보험계약을 체결하면서 중요한 사항에 관한 보험계약자의 고지의무 위반이 사기에 해당하는 경우에는 보험자는 상법의 규정에 의하여 계약을 해지할 수 있음은 물론 보험계약에서 정한 취소권 규정이나 민법의 일반원칙에 따라 보험계약을 취소할 수 있다. 따라서 보험금을 부정 취득할 목적으로 다수의 보험계약이 체결된 경우에 민법 제103조 위반으로 인한 보험계약의 무효와 고지의무 위반을 이유로 한 보험계약의 해지나 취소는 그 요건이나 효과가 다르지만, 개별적인 사안에서 각각의 요건을 모두 충족한다면 위와 같은 구제수단이 병존적으로 인정되고, 이 경우 보험자는 보험계약의 무효, 해지 또는 취소를 선택적으로 주장할 수 있다.[14]

③ 과거 질병상해보험 표준약관에는 '청약서상 계약전 알릴의무(중요한 사항에 한합니다)에 해당하는 질병으로 과거에 진단 또는 치료를 받은 경우에는 보험금 지급사유의 해당하는 보험금 중 해당 질병에 관련된 보험금을 지급하지 않습니다.'라는 이른바 계약전 발병 부담보 조항이 있었다. 따라서 고지의무를 완전히 이행하였다고 하더라도 계약전 발병 부담보 조항에 의하여 보험금 지급이 거절될 수 있다.

④ 보험계약에서 고지의무 위반이 성립하기 위하여는 고지의무자에게 고의 또는 중대한 과실이 있어야 하고, 여기서 말하는 중대한 과실이란 고지하여야 할 사실은 알고 있었지만 현저한 부주의로 인하여 그 사실의 중요성의 판단을 잘못하거나 그 사실이 고지하여야 할 중요한 사실이라는 것을 알지 못하는 것을 말한다. 대법원 판례에 따르면, 냉동창고건물에 관한 보험계약을 체결하면서 보험계약 체결 당시 보험의 목적인 건물이 완성되지 않아 잔여공사를 계속하여야 한다는 상황은, 이러한 공사로 인하여 완성된 냉동창고건물에 비하여 증가된 화재의 위험에 노출되어 있으며 그 위험의 정도나 중요성에 비추어 보험계약자는 보험계약을 체결할 때 이러한 사정을 고지하여야 한다.[15]

06. ③

① 현행 상법은 고지의무를 보험계약자 측이 중요한 사항을 적극적이고 자발적으로 고지해야 할 의무(능동적 의무)로 규정하고 있다. 따라서 보험자가 질문한 사항에 대하여 성실하게 답변하기만 하는 수동적 의무가 아니며, 설령 보험자가 질문하지 않은 사항이라도 그것이 보험계약의 체결에서 중요한 사항

9) 대법원 2003.5.30. 선고 2003다15556 판결
10) 대법원 2010.3.25. 선고 2009다91316, 91323 판결
11) 대법원 2007.4.27. 선고 2006다87453 판결
12) 대법원 2003.8.22. 선고 2003다27054 판결
13) 대법원 2000.11.24. 선고 99다42643 판결
14) 대법원 2017.4.7. 선고 2014다234827 판결
15) 대법원 2012.11.29. 선고 2010다38663, 38670 판결

에 해당한다면 이는 고지의무 위반에 해당한다.

② 고지의무에 따라 보험계약을 해지한 때에는 보험자는 보험금을 지급할 책임이 없고 이미 지급한 보험금의 반환을 청구할 수 있다. 따라서 보험금 지급에 관하여 우리 상법은 전부전무(all or nothing) 법리를 채택하고 있다. 외국의 경우에는 2008년 독일 보험법 개정을 시작으로 최근 제정된 영국소비자보험법(Consumer Insurance Disclosure and Representation Act 2012)에서도 보험계약자의 주관적 요소에 따라 비례 감액주의를 도입하는 사례가 있어, 보험업계 및 학계 등에서 이에 대한 논의가 활발히 이루어지고 있으나 현재까지 우리 상법은 비례 감액주의를 채택하고 있지는 않다.

③ 고지의무를 부담하는 사람은 보험계약자와 피보험자이다.

④ 보험계약의 당사자는 보험계약자와 보험자이므로 보험자의 해지의 의사표시는 보험계약의 당사자인 보험계약자나 그의 상속인(또는 그들의 대리인)에게 하여야 한다. 대법원 판례에 따르면, 타인을 위한 생명보험계약에서 고지의무 위반을 이유로 한 보험자의 해지 의사표시를 보험수익자에게 하는 것은 특별한 사정(보험약관상의 별도기재 등)이 없는 한 효력이 없다.[16]

07. ②

① 타인을 위한 보험계약은 민법상 제삼자를 위한 계약(민법 제539조)의 일종으로 보는 것이 통설이나, 타인의 수익에 대한 의사표시가 없더라도 당연히 보험계약에 따른 권리(보험금청구권 등)를 취득한다는 점에서 차이가 있다. 따라서 타인(피보험자 또는 보험수익자)은 보험계약자의 동의나 협조가 없이도 당연히 보험자에게 보험금을 청구할 수 있다.

② 보험계약자는 위임을 받거나 위임을 받지 아니하고 특정 또는 불특정의 타인을 위하여 보험계약을 체결할 수 있다(상법 제639조 제1항). 타인을 위한다는 의사표시도 명시적일 필요는 없으며 구체적인 사정에 의한 묵시적인 의사표시로 판단할 수 있다면 충분하다.

③ 타인을 위한 보험계약은 계약 성립에 따른 효용을 타인에게 주기 위한 것이며, 타인이 취득하는 효용은 어디까지나 보험계약의 존재에 기반한 것이므로 보험자는 타인을 위한 보험계약에 기한 항변으로 타인에게 대항할 수 있다. 예를 들어 보험계약자의 고지의무 위반이나 보험료 부지급이 있다면 이를 이유로 타인의 보험금 청구를 거절할 수 있다.

④ 타인을 위한 손해보험에서 타인은 보험금청구권을 가지는 피보험자이다. 따라서 피보험이익을 가진 자이어야 한다.

08. ②

① 단체가 규약에 따라 구성원의 전부 또는 일부를 피보험자로 하는 보험계약을 단체보험이라고 한다. 단체보험이 체결되면 보험자는 단체구성원(피보험자)이나 보험수익자 등 모두에게 보험증권을 교부할 필요가 없고 보험계약자에게만 보험증권을 교부한다(상법 제735조의3 제2항).

② 보험사고가 발생하기 전에는 보험계약자는 언제든지 보험계약의 전부 또는 일부를 해지할 수 있다. 그러나 타인을 위한 보험계약의 경우에는 보험계약자는 그 타인의 동의를 얻지 아니하거나 보험증권을 소지하지 아니하면 그 계약을 해지하지 못한다(상법 제649조 제1항). 따라서 보험증권을 소지한 보험계약자는 그 타인의 동의가 없어도 계약을 해지할 수 있다.

③ 보험증권이 지시식이나 무기명식의 발행이 가능하다고 하더라도 이를 유가증권의 성격으로는 볼 수 없다. 유가증권이란 재산적 가치가 있는 증권으로 권리의 행사를 위해 증권의 소지를 필요로 하는 것을 말한다. 유가증권은 권리의 주체로부터 권리를 분리시킴으로써 이를 유통의 대상으로 할 수 있도록 만들어진 제도이다. 일부 운송보험이나 적하보험에서 유가증권성이 인정되기는 하지만 이러한 경우에도 보험증권상의 권리는 일종의 기대권에 불과한 점 등에서 불완전한 유가증권에 불과하다.

④ 보험증권은 보험계약의 성립을 증명하기 위하여 보험자가 발행하는 증거증권에 불과하다. 따라서 보험증권에 기재된 내용은 사실상의 추정으로 증거의 효력이 인정되므로 만약 다른 증거 등에 의하여 반대사실이 입증된다면 그 추정이 번복될 수 있다. 약관상 이의기간이 경과하였다고 하더라도 보험증권의 기재내용이 확정되는 것은 아니며, 증권 기재 내용에 명백한 오기가 있다면 이의 제기가 가능하다.

09. ③

본 문제는 '대법원 2010.12.9. 선고 2010다66835 판결'을 바탕으로 제출한 문제이다. 의학적으로 근긴장성 근이양증(myotonic muscular dystrophy, 이하 '근이양증'이라 한다)은 한번 발병한 이상 시기의 문제일 뿐 제1급 장해의 발생을 피할 수 없는 질병이며, 근이양증으로 인하여 건강상태가 일반적인 자연속도 이상으로 급격히 악화되어 사망에 이를 개연성이 매우 높다. 문제가 된 사례에서 피보험자는 보험 가입 직전에 근이양증의 진단을 받았으며, 이후 보험 기간 중에 제1급 장해상태가 되어 보험금을 청구한 것으로, 보험 계약 체결 전에 근이양증을 진단받은 것이 상법 제644조 규정에 의한 보험사고가 이미 발생한 경우에 해당하는지가 쟁점이 되었다.[17]

대법원 판례에 따르면, 설사 시간의 경과에 따라 보험사고의 발생이 필연적으로 예견된다고 하더라도 보험계약 체결 당시 이미 보험사고가 발생하지 않은 이상 상법 제644조를 적용하여 보험계약이 무효로 되는 것은 아니다. 따라서 비록 보험계약 체결 이전에 근이양증 진단을 받았다고 하더라도 보험사고(사망 또는 제1급 장해 발생)가 보험계약 체결 이전에 발생하지 않은 이상 보험계약은 유효하고, 다만 고지의무 위반만 문제될 수 있다.

10. ①

① 보험자의 면책사유는 보험계약 체결 보험자가 설명하여야 할 중요한 사항에 해당한다. 다만 법령에서 이미 정하여진 것을 되풀이하거나 부연하는 정도에 불과한 사항이라면 그러한 사항에 대하여서까지 보험자에게 설명의무가 인정된다고 할 수 없다. 따라서 법정면책사유는 법령에 이미 정해진 것이므로

16) 대법원 1989.2.14. 선고 87다카2973 판결
17) 고지의무 위반 및 제척기간 도과에 대해서는 다투지 않았다.

원칙적으로 설명의무의 대상이 아니다. 반면 약정면책사유는 당사자의 계약 조건(보험약관)에 의하여 별도로 적용받는 면책사유이므로, 원칙적으로 보험약관의 교부 · 설명의무의 대상에 해당한다.

② 보증보험계약에 관하여는 보험계약자의 사기, 고의 또는 중대한 과실이 있는 경우에도 이에 대하여 피보험자에게 책임이 있는 사유가 없으면 보험자가 보험금 지급책임을 부담한다(상법 제726조의6 제2항).

③ 절대적 면책사유란 공서양속에 반하거나 불확실성에 기초하는 보험제도의 본질에 반하기 때문에 인정되는 면책사유이다. 고의사고가 절대적 면책사유임에는 틀림없으나 강행규정은 아니다. 실제로 생명보험 표준약관에서는 계약체결일로부터 일정한 기간(2년) 이후 피보험자의 고의사고(자살)에 대해서 보험금을 지급하도록 규정하고 있으며, 해당 조항은 그 유효성은 인정된다.

④ 손해보험에서 고의 또는 중대한 과실로 발생한 손해는 면책사유에 해당한다. 만약 손해보험 약관에서 고의만 면책사유로 규정하였다면 이는 보험계약자 측에게 유리한 변경이므로 보험계약자 등의 불이익 변경금지의 원칙에 위반되지 않는바 유효한 약정이다. 실제로 다수의 책임보험 약관에서 책임보험의 특성을 고려하여 보험계약자, 피보험자의 고의사고만을 면책으로 하며 중대한 과실로 발생한 손해는 보험금 지급책임을 부담한다고 규정하고 있다.

11. ③

① 대법원 판례에 따르면, 보험금청구권은 보험사고가 발생하기 전에는 추상적인 권리에 지나지 아니할 뿐 보험사고의 발생으로 인하여 구체적인 권리로 확정되어 그때부터 그 권리를 행사할 수 있게 되는 것이므로, 특별한 다른 사정이 없는 한 원칙적으로 보험금액청구권의 소멸시효는 보험사고가 발생한 때로부터 진행한다고 해석해야 할 것이고, 다만 보험사고가 발생한 것인지의 여부가 객관적으로 분명하지 아니하여 보험금청구권자가 과실 없이 보험사고의 발생을 알 수 없었던 경우에도 보험사고가 발생한 때로부터 보험금청구권의 소멸시효가 진행한다고 해석하는 것은, 보험금청구권자에게 너무 가혹하여 사회정의와 형평의 이념에 반할 뿐만 아니라 소멸시효제도의 존재이유에 부합된다고 볼 수도 없으므로 이와 같이 객관적으로 보아 보험사고가 발생한 사실을 확인할 수 없는 사정이 있는 경우에는 보험금청구권자가 보험사고의 발생을 알았거나 알 수 있었던 때로부터 보험금액청구권의 소멸시효가 진행한다. 보험약관 등에서 보험금 지급 유예기간을 정하고 있더라도 보험금청구권의 소멸시효는 **보험사고가 발생한 때로부터 진행하고, 지급 유예기간이 경과한 다음날부터 진행한다고 볼 수는 없다.**[18]

② 소멸시효는 중요한 법적 가치 중의 하나인 법적 안정성을 위한 것으로 법률관계의 주장에 일정한 시간적 한계를 설정함으로써 그에 관한 당사자 사이의 다툼을 종식시켜 누구에게나 무차별적, 객관적으로 적용되는 시간의 경과가 1차적인 의미를 가지는 것으로 설계되었다. 따라서 소멸시효 완성의 주장이 신의성실의 원칙에 반하여 허용되지 아니한다고 평가하는 것은 신중을 기할 필요가 있다. 대법원 판례에 따르면, 보험회사가 보험금 지급의무가 있음에도 **지급을 거절하였다는 사정만으로는 보험회사의 소멸시효 항변이 권리남용에 해당하지 않는다.**[19] 즉, 소멸시효가 유효하게 적용된다.

③ 대법원 판례에 따르면, 보험금청구권은 보험사고가 발생하기 전에는 추상적인 권리에 지나지 아니할 뿐 보험사고의 발생으로 인하여 구체적인 권리로 확정되어 그 때부터 그 권리를 행사할 수 있게 되는 것이므로, 특별한 다른 사정이 없는 한 원칙적으로 보험금액청구권의 소멸시효는 보험사고가 발생한 때로부터 진행한다. 다만, 보험사고가 발생한 것인지의 여부가 객관적으로 분명하지 아니하여 **보험금청구권자가 과실 없이 보험사고의 발생을 알 수 없었던 경우**에도 보험사고가 발생한 때로부터 보험금청구권의 소멸시효가 진행한다고 해석하는 것은, 보험금청구권자에게 너무 가혹하여 사회정의와 형평의 이념에 반할 뿐만 아니라 소멸시효제도의 존재이유에 부합된다고 볼 수도 없으므로 이와 같이 객관적으로 보아 보험사고가 발생한 사실을 확인할 수 없는 사정이 있는 경우에는 보험금청구권자가 보험사고의 발생을 **알았거나 알 수 있었던 때로부터 보험금액청구권의 소멸시효가 진행**한다.[20]

④ 대법원 판례에 따르면, 약관에서 책임보험의 보험금청구권의 발생시기나 발생요건에 관하여 달리 정한 경우 등 특별한 다른 사정이 없는 한, 원칙적으로 책임보험의 보험금청구권의 소멸시효는 피보험자의 제3자에 대한 법률상의 손해배상책임이 상법 제723조 제1항이 정하고 있는 **변제, 승인, 화해 또는 재판의 방법 등에 의하여 확정**됨으로써 그 보험금청구권을 행사할 수 있는 때로부터 진행된다.[21]

12. ②

보험사고가 발생하기 전에는 보험계약자는 언제든지 계약의 전부 또는 일부를 해지할 수 있다. 이 경우 보험계약자는 당사자간에 다른 약정이 없으면 미경과보험료의 반환을 청구할 수 있다. 보험사고의 발생으로 보험자가 보험금액을 지급한 때에도 보험금액이 감액되지 아니하는 보험의 경우에는 보험계약자는 그 사고 발생 후에도 보험계약을 해지할 수 있다. ②번 지문에서는 보험사고가 발생하기 전에 보험자가 해지한 경우이므로 미경과보험료 반환을 청구할 수 없다.[22]

---

18) 대법원 2005.12.23. 선고 2005다59383 판결
19) 대법원 2016.9.30. 선고 2016다218713, 218720 판결
20) 대법원 2001.4.27. 선고 2000다31168 판결
21) 대법원 2012.1.12. 선고 2009다8581 판결
22) **저자주** : ②번이 최종 답안으로 확정되었으나 이해할 수 없다. 상법에 미경과보험료에 대한 규정이 있는 것은 ①번 지문 뿐이며 나머지에 대해서는 아무런 규정이 없다. 대법원 판례에서도 ④번 지문의 위험변경증가 통지의무에 대해서 상법에 아무런 규정이 없음을 인정하고 있으며(대법원 2008.1.31. 선고 2005다57806 판결), 오히려 보험료 불가분 원칙에 의하면 상법에 명시적 규정이 있는 ①번을 제외한 나머지는 모두 미경과보험료 반환을 청구할 수 없다. 법 시험에서 법률 규정이 아닌 것을 묻는 문제

13. ④

①④ 보험계약자는 계약 체결 후 지체없이 보험료의 전부 또는 제1회 보험료를 지급하여야 하며, 보험계약자가 이를 지급하지 아니하는 경우에는 다른 약정이 없는 한 계약 성립 후 2월이 경과하면 그 계약은 해제된 것으로 본다(상법 제650조 제1항). 만약 계약 당사자가 계약 성립 후 해제 전에 발생한 보험사고에 대하여 보험금을 지급한다는 별도의 약정을 체결하였다면 이는 보험계약자 측에게 유리한 약정인바 그 효력이 인정된다.

② 특정한 타인을 위한 보험의 경우에 보험계약자가 보험료의 지급을 지체한 때에는 보험자는 그 타인에게도 상당한 기간을 정하여 보험료의 지급을 최고한 후가 아니면 그 계약을 해제 또는 해지하지 못한다(상법 제650조 제3항).

③ 계속보험료가 약정한 시기에 지급되지 아니한 때에는 보험자는 상당한 기간을 정하여 보험계약자에게 최고하고 그 기간내에 지급되지 아니한 때에는 그 계약을 해지할 수 있다(상법 제650조 제2항).

14. ④

타인의 사망을 보험사고로 하는 보험계약에서 타인의 서면 동의에 포함되는 전자문서는 「전자서명법」에 따른 전자서명이 있는 경우로서 본인 확인 및 위조 · 변조 방지에 대한 신뢰성을 갖춘 전자문서이어야 한다. 이 때 본인 확인 및 위조 · 변조 방지에 대한 신뢰성의 요건은 다음과 같다(상법 시행령 제44조의2).

1. 전자문서에 보험금 지급사유, 보험금액, 보험계약자와 보험수익자의 신원, 보험기간이 적혀 있을 것
2. 전자문서에 전자서명을 하기 전에 전자서명을 할 사람을 직접 만나서 전자서명을 하는 사람이 보험계약에 동의하는 본인임을 확인하는 절차를 거쳐 작성될 것
3. 전자문서에 전자서명을 한 후에 그 전자서명을 한 사람이 보험계약에 동의한 본인임을 확인할 수 있도록 지문정보를 이용하는 등 법무부장관이 고시하는 요건을 갖추어 작성될 것
4. 전자문서 및 전자서명의 위조 · 변조 여부를 확인할 수 있을 것

15. ①

- 현행 생명보험 표준약관상 약관대출은 해약환급금의 범위 내에서 회사가 정한 방법에 따라 받을 수 있다. (×)
- 상법에는 약관대출에 대한 규정이 없다. (×)
- 대법원 판례에 따르면, 약관에 따른 대출계약은 약관상의 의무의 이행으로 행하여지는 것으로서 보험계약과 별개의 독립된 계약이 아니라 보험계약과 일체를 이루는 하나의 계약이라고 보아야 하고, 보험약관대출금의 경제적 실질은 보험회사가 장차 지급하여야 할 보험금이나 해약환급금을 미리 지급하는 선급금과 같은 성격이라고 보아야 한다. 따라서 위와 같은 약관에서 비록 '대출'이라는 용어를 사용하고 있더라도 이는 일반적인 대출과는 달리 소비대차로서의 법적 성격을 가지는 것은 아니며, 보험금이나 해약환급금에서 대출 원리금을 공제하고 지급한다는 것은 보험금이나 해약환급금의 선급금의 성격을 가진다.[23] (○)
- 앞서 대법원 판례에 의하여 약관대출금채권은 소비대차에 해당하지 않으므로 양도, 입질, 압류, 상계의 대상이 아니다. (×)

16. ③

①② 보험자가 보상할 손해액은 그 손해가 발생한 때와 곳의 가액에 의하여 산정한다. 그러나 당사자 간에 다른 약정이 있는 때에는 그 신품가액에 의하여 손해액을 산정할 수 있다(상법 제676조 제1항).

③ 보험사고로 인하여 상실된 피보험자가 얻을 이익이나 보수는 당사자간에 다른 약정이 없으면 보험자가 보상할 손해액에 산입하지 아니한다(상법 제667조).

④ 손해액의 산정에 관한 비용은 보험자의 부담으로 한다(상법 제676조 제2항).

17. ③

① 운송물의 보험에 있어서는 발송한 때와 곳의 가액과 도착지까지의 운임 기타의 비용을 보험가액으로 한다(상법 제689조 제1항).

② 선박의 보험에 있어서는 보험자의 책임이 개시될 때의 선박가액을 보험가액으로 한다(상법 제696조 제1항).

③ 적하의 보험에 있어서는 선적한 때와 곳의 적하의 가액과 선적 및 보험에 관한 비용을 보험가액으로 한다(상법 제697조).

④ 적하의 도착으로 인하여 얻을 이익 또는 보수의 보험에 있어서는 계약으로 보험가액을 정하지 아니한 때에는 보험금액을 보험가액으로 한 것으로 추정한다(상법 제698조).

18. ④

동일한 보험계약의 목적과 동일한 사고에 관하여 수개의 보험계약이 동시에 또는 순차로 체결되었고 그 보험금액의 총액이 보험가액을 초과하여 중복보험이 성립된 경우에 보험자는 각자의 보험금액의 한도에서 연대책임을 진다. 이 경우에는 각 보험자의 보상책임은 각자의 보험금액의 비율에 따른다. 중복보험이 체결된 경우에 보험자 1인에 대한 권리의 포기는 다른 보험자의 권리의무에 영향을 미치지 아니한다.

문제에서 甲은 乙보험회사, 丙보험회사, 丁보험회사와 중복보험계약을 체결하였으며, 연대책임 한도액은 각 보험회사의 보험금액이므로 乙 400만원, 丙 600만원, 丁 1,000만원 한도 내에서 연대책임을 부담한다. 또한 각 보험회사의 보상책임액은 보험금액의 비율에 따라 다음과 같다.

라면, 적어도 대법원 판례에 기초하고 있거나 혹은 그 사실이 논란의 여지가 없을 정도로 명백한 경우에 가능하나, 본 문제는 어디에도 해당되지 않는다. 이의제기가 있었으나 최종답안에서는 인정되지 않았다.

23) 대법원 2007.9.28. 선고 2005다15598 전원합의체 판결

- 乙 : 1,000만원(손해액)×400만원(乙 보험금액)/2,000만원 (乙, 丙, 丁 보험금액 합계액)=200만원
- 丙 : 1,000만원(손해액)×600만원(丙 보험금액)/2,000만원 (乙, 丙, 丁 보험금액 합계액)=300만원
- 丁 : 1,000만원(손해액)×1,000만원(丁 보험금액)/2,000만원 (乙, 丙, 丁 보험금액 합계액)=500만원

甲이 丁보험회사에 대한 보험금 청구를 포기하였다고 하더라도 보험자 1인에 대한 권리 포기는 다른 보험자의 권리의무에 영향을 미치지 않으므로, 乙보험회사와 丙보험회사는 자신의 본래 책임액인 200만원, 300만원을 그대로 보상한다.

19. ④

① 보험증권을 멸실 또는 현저하게 훼손한 때에는 보험계약자는 보험자에 대하여 증권의 재교부를 청구할 수 있다. 그 증권작성의 비용은 보험계약자의 부담으로 한다(상법 제642조).
② 보험계약자와 피보험자는 손해의 방지와 경감을 위하여 노력하여야 한다. 이를 위하여 필요 또는 유익하였던 비용(손해방지비용)과 보상액이 보험금액을 초과한 경우라도 보험자가 이를 부담한다(상법 제680조 제1항).
③ 해상보험의 보험자는 보험의 목적의 안전이나 보존을 위하여 지급할 특별비용을 보험금액의 한도 내에서 보상할 책임이 있다(상법 제694조의3).
④ 피보험자가 제3자의 청구를 방어하기 위하여 지출한 재판상 또는 재판 외의 필요비용은 보험의 목적에 포함된 것으로 하며 피보험자는 보험자에 대하여 그 비용의 선급을 청구할 수 있다. 또한 피보험자 담보의 제공 또는 공탁으로써 재판의 집행을 면할 수 있는 경우에는 보험자에 대하여 보험금액의 한도 내에서 그 담보의 제공 또는 공탁을 청구할 수 있다. 만약 이러한 행위가 보험자의 지시에 의한 것인 경우에는 그 금액에 손해액을 가산한 금액이 보험금액을 초과하는 때에도 보험자가 이를 부담하여야 한다(상법 제720조).

20. ①

① 손해보험에서 피보험자가 보험의 목적을 양도한 때에는 양수인은 보험계약 상의 권리와 의무를 승계한 것으로 추정한다(상법 제679조 제1항).
② 보험의 목적이 양도된 때에는 보험의 목적의 양도인 또는 양수인은 보험자에 대하여 지체없이 그 사실을 통지하여야 한다(상법 제679조 제1항).
③ 선박을 보험에 붙인 경우에 선박을 양도한 때에는 보험계약은 종료한다. 그러나 보험자의 동의가 있는 때에는 그러하지 아니하다(상법 제703조의2).
④ 피보험자가 보험기간 중에 자동차를 양도한 때에는 양수인은 보험자의 승낙을 얻은 경우에 한하여 보험계약으로 인하여 생긴 권리와 의무를 승계한다(상법 제726조의4 제1항).

21. ①

① 집합보험에 관한 규정은 손해보험 제1절 통칙이 아니라 제2절 화재보험에 있다.
②③ 집합된 물건을 일괄하여 보험의 목적으로 한 때에는 피보험자의 가족과 사용인의 물건도 보험의 목적에 포함된 것으로 한다. 이 경우에는 그 보험은 그 가족 또는 사용인을 위하여서도 체결한 것으로 본다(상법 제686조).
④ 집합된 물건을 일괄하여 보험의 목적으로 한 때에는 그 목적에 속한 물건이 보험기간 중에 수시로 교체된 경우에도 보험사고의 발생 시에 현존한 물건은 보험의 목적에 포함된 것으로 한다(상법 제687조).

22. ③

① 운송보험계약의 보험자는 다른 약정이 없으면 운송인이 운송물을 수령한 때로부터 수하인에게 인도할 때까지 생길 손해를 보상할 책임이 있다(상법 제688조).
② 운송물의 보험에 있어서는 발송한 때와 곳의 가액과 도착지까지의 운임 기타의 비용을 보험가액으로 한다(상법 제689조 제1항).
③ 운송보험계약은 다른 약정이 없으면 운송의 필요에 의하여 일시운송을 중지하거나 운송의 노순 또는 방법을 변경한 경우에도 그 효력을 잃지 않는다(상법 제691조). 유사한 개념과 비교하여 해상 적하보험에서는 운송 중지나 노순 변경이 있을 때에 보험자가 책임지지 않으므로 주의해야 한다.
④ 보험사고가 송하인 또는 수하인의 고의 또는 중대한 과실로 인하여 발생한 때에는 보험자는 이로 인하여 생긴 손해를 보상할 책임이 없다(상법 제692조).

23. ③

① 선박이 보험계약에서 정하여진 발항항이 아닌 다른 항에서 출항한 때에는 보험자는 책임을 지지 아니한다(상법 제701조 제1항).
② 선박이 보험계약에서 정하여진 도착항이 아닌 다른 항을 향하여 출항한 때에는 보험자는 책임을 지지 아니한다(상법 제701조 제2항).
③ 선박이 정당한 사유없이 보험계약에서 정하여진 항로를 이탈한 경우에는 보험자는 그때부터 책임을 지지 않는다. 선박이 손해발생 전에 원항로로 돌아온 경우에도 보험자가 보상책임을 부담하지 않는다(상법 제701조의2). 유사한 개념과 비교하여 운송보험은 운송의 중지나 변경이 있더라도 보험자가 책임을 부담하니 주의해야 한다.
④ 피보험자가 정당한 사유없이 발항 또는 항해를 지연한 때에는 보험자는 발항 또는 항해를 지체한 이후의 사고에 대하여 책임을 지지 아니한다(상법 제702조).

24. ④

① 보험계약은 금전으로 산정할 수 있는 이익에 한하여 보험계약의 목적으로 할 수 있다(상법 제668조).
② 피보험자가 경영하는 사업에 관한 책임을 보험의 목적으로 한 때에는 피보험자의 대리인 또는 그 사업감독자의 제3자에 대한 책임도 보험의 목적에 포함된 것으로 한다(상법 제721조).
③ 피보험자가 제3자로부터 배상청구를 받았을 때에는 지체 없이 보험자에게 그 통지를 발송하여야 한다(상법 제722조 제1항).
④ 책임보험도 손해보험의 일종이므로 당연히 피보험이익이 존재하여야 한다. 책임보험에서의 피보험이익은 피보험자가 제

3자에게 법률상 손해배상책임을 짐으로써 입게 될 경제적 이해관계이다. 다만 책임보험의 특성상 보험가액은 존재하지 않는다는 것이 통설이다. 따라서 책임보험에서는 보상한도액(보험자가 보상 책임을 부담하는 최고 한도액)이라는 개념이 자주 사용된다.

25. ④

① 보험자는 피보험자가 책임을 질 사고로 인하여 생긴 손해에 대하여 제3자가 그 배상을 받기 전에는 보험금액의 전부 또는 일부를 피보험자에게 지급하지 못한다(상법 제724조 제1항).
② 제3자는 피보험자가 책임을 질 사고로 입은 손해에 대하여 보험금액의 한도내에서 보험자에게 직접 보상을 청구할 수 있다(상법 제724조 제2항 본문).
③ 보험자는 피보험자가 그 사고에 관하여 가지는 항변으로써 제3자에게 대항할 수 있다(상법 제724조 제2항 단서).
④ 제3자가 보험자에게 직접 보상을 청구할 경우 보험자는 피보험자에 대하여 가지는 항변으로써 제3자에게 대항할 수 있다는 명시적인 상법 규정은 없다. 다만, 명시적인 규정이 없을 뿐이지 피해자 직접청구권도 어디까지나 보험계약을 전제로 존재하는 권리이므로 보험자는 보험계약자 또는 피보험자에 대한 보험계약 상의 항변사유로 피해자에게 대항할 수 있다. 예를 들어 보험료 미납으로 인하여 보험계약의 효력에 하자가 있는 경우 보험자는 이를 이유로 피해자의 직접청구권 행사를 거부할 수 있으며, 피해자의 직접청구권은 보험자가 피보험자에게 지급할 보험금의 범위로 제한된다.

26. ②

자동차보험 증권에는 손해보험 증권 기재사항 외에 다음의 사항을 추가로 기재하여야 한다.

1) 자동차소유자와 그 밖의 보유자의 성명과 생년월일 또는 상호
2) 피보험자동차의 등록번호, 차대번호, 차형년식과 기계장치
3) 차량가액을 정한 때에는 그 가액

27. ②

상법상 피보험자가 보험기간 중에 자동차를 양도한 때에는 양수인은 보험자의 승낙을 얻은 경우에 한하여 보험계약으로 인하여 생긴 권리와 의무를 승계한다. 이때 보험자에 대하여 자동차 양도 통지의무를 부담하는 사람이 누구인지에 대해서는 별도의 규정이 없다. 따라서 법률 해석상 손해보험 통칙 상법 제679조 제1항 보험목적의 양도 규정이 적용된다. 즉 자동차 양도 통지의무자는 양수인뿐만 아니라 양도인도 포함된다.

28. ③

① 타인의 사망을 보험사고로 하는 보험계약에는 계약 체결시에 그 타인의 서면에 의한 동의를 얻어야 한다. 다만 단체가 규약에 따라 구성원의 전부 또는 일부를 피보험자로 하는 생명보험계약을 체결하는 경우에는 이를 적용하지 아니한다(상법 제735조의3 제1항).
② 타인의 사망보험계약을 체결하면서 피보험자가 아닌 다른 사람(예 보험모집인)이 피보험자의 서명을 대신하였다면 그 보험계약은 무효이다.
③④ 대법원 판례에 따르면, 타인의 사망을 보험사고로 하는 보험계약의 체결시 그 타인의 서면동의를 얻도록 규정한 것은 동의의 시기와 방식을 명확히 함으로써 분쟁의 소지를 없애려는 데 취지가 있으므로, 피보험자인 타인의 동의는 각 보험계약에 대하여 개별적으로 서면에 의하여 이루어져야 하고 포괄적인 동의 또는 묵시적이거나 추정적 동의만으로는 부족하다. 또한 타인의 생명보험에서 피보험자가 서면으로 동의의 의사표시를 하여야 하는 시점은 '보험계약 체결시까지'이고, 이는 강행규정으로서 이에 위반한 보험계약은 무효이므로, 타인의 생명보험계약 성립 당시 피보험자의 서면동의가 없다면 그 보험계약은 확정적으로 무효가 되고, 피보험자가 이미 무효가 된 보험계약을 추인하였다고 하더라도 그 보험계약이 유효로 될 수는 없다.[24]

29. ④

① 대법원 판례에 따르면, 보험계약자가 보험수익자를 '상속인'과 같이 추상적으로 지정하는 경우에 보험수익자의 보험금청구권은 피보험자의 사망이라는 보험사고가 발생한 때에 확정되며, 이때 보험자에 대하여 가지는 보험금청구권은 상속재산이 아니라 상속인의 고유재산이다.[25]
② 甲은 피보험자인 乙을 살해한 자이다. 따라서 고의로 보험사고를 일으킨 자에 해당하므로 보험금을 지급받지 못한다.
③ 인보험의 보험자는 보험사고로 인하여 생긴 보험계약자 또는 보험수익자의 제3자에 대한 권리를 대위하여 행사하지 못한다. 다만 상해보험 계약의 경우에 당사자간에 다른 약정이 있는 때에 한하여 보험자는 피보험자의 권리를 해하지 아니하는 범위 안에서 그 권리를 대위하여 행사할 수 있을 뿐이다(상법 제729조). 상해보험에서 예외적으로 보험자대위가 인정되므로, 생명보험계약이라면 보험대위를 행사할 수 없다.
④ 둘 이상의 보험수익자 중 일부가 고의로 피보험자를 사망하게 하였다면 해당 보험수익자에 대해서는 보험금 지급책임을 면하나 다른 보험수익자에 대해서는 보험금을 지급하여야 한다(상법 제732조의2 제2항). 이는 생명보험 표준약관에서 규정하던 내용을 2014년 상법 개정 시에 법으로 명시한 것이다.

30. ②

① 대법원 판례에 따르면, 보험계약자가 다수의 보험계약을 통하여 보험금을 부정취득할 목적으로 보험계약을 체결한 경우, 이러한 목적으로 체결된 보험계약에 의하여 보험금을 지급하게 하는 것은 보험계약을 악용하여 부정한 이득을 얻고자 하는 사행심을 조장함으로써 사회적 상당성을 일탈하게 될 뿐만 아니라, 또한 합리적인 위험의 분산이라는 보험제도의 목적을 해치고 위험발생의 우발성을 파괴하며 다수의 선량한 보험가입자들의 희생을 초래하여 보험제도의 근간을 해치게 되므로,

24) 대법원 2006.9.22. 선고 2004다56677 판결
25) 대법원 2007.11.30. 선고 2005두5529 판결

이와 같은 보험계약은 민법 제103조 소정의 선량한 풍속 기타 사회질서에 반하여 무효이다.[26]

② 대법원 판례에 따르면, 보험계약자나 피보험자가 보험계약 당시에 보험자에게 고지할 의무를 지는 상법 제651조에서 정한 '중요한 사항'이란, 보험자가 보험사고의 발생과 그로 인한 책임부담의 개연율을 측정하여 보험계약의 체결 여부 또는 보험료나 특별한 면책조항의 부가와 같은 보험계약의 내용을 결정하기 위한 표준이 되는 사항으로서, 객관적으로 보험자가 그 사실을 안다면 그 계약을 체결하지 않든가 또는 적어도 동일한 조건으로는 계약을 체결하지 않으리라고 생각되는 사항을 말하고, 어떠한 사실이 이에 해당하는가는 보험의 종류에 따라 달라질 수밖에 없는 사실인정의 문제로서 보험의 기술에 비추어 객관적으로 관찰하여 판단되어야 한다. 만약 보험자가 생명보험 계약을 체결함에 있어 다른 보험계약의 존재 여부를 청약서에 기재하여 질문하였다면 이는 그러한 사정을 보험계약을 체결할 것인지의 여부에 관한 판단자료로 삼겠다는 의사를 명백히 한 것으로 볼 수 있고, 그러한 경우에는 다른 보험계약의 존재 여부가 고지의무의 대상이 된다.[27][28] 따라서 보험자가 생명보험계약을 체결하면서 다른 보험계약의 존재 여부를 청약서에 기재하여 질문한 것은 고지의무의 대상이 되는 중요한 사항으로 추정된다.

③ 손해보험계약에 있어서 동일한 보험계약의 목적과 동일한 사고에 관하여 수 개의 보험계약을 체결하는 경우에 보험계약자는 각 보험자에 대하여 각 보험계약의 내용을 통지하여야 한다(상법 제672조 제2항).

④ 대법원 판례에 따르면, 상법 제672조 제2항에서 손해보험에 있어서 동일한 보험계약의 목적과 동일한 사고에 관하여 수개의 보험계약을 체결하는 경우에는 보험계약자는 각 보험자에 대하여 각 보험계약의 내용을 통지하도록 규정하고 있으므로, 이미 보험계약을 체결한 보험계약자가 동일한 보험목적 및 보험사고에 관하여 다른 보험계약을 체결하는 경우 기존의 보험계약에 관하여 고지할 의무가 있다고 할 것이나, 손해보험에 있어서 위와 같이 보험계약자에게 다수의 보험계약의 체결사실에 관하여 고지 및 통지하도록 규정하는 취지는, 손해보험에서 중복보험의 경우에 연대비례보상주의를 규정하고 있는 상법 제672조 제1항과 사기로 인한 중복보험을 무효로 규정하고 있는 상법 제672조 제3항, 제669조 제4항의 규정에 비추어 볼 때, 부당한 이득을 얻기 위한 사기에 의한 보험계약의 체결을 사전에 방지하고 보험자로 하여금 보험사고 발생 시 손해의 조사 또는 책임의 범위의 결정을 다른 보험자와 공동으로 할 수 있도록 하기 위한 것일 뿐, 보험사고발생의 위험을 측정하여 계약을 체결할 것인지 또는 어떤 조건으로 체결할 것인지 판단할 수 있는 자료를 제공하기 위한 것이라고 볼 수는 없으므로 중복보험을 체결한 사실은 상법 제651조의 고지의무의 대상이 되는 중요한 사항에 해당되지 아니한다.[29]

31. ④

가. 대법원 판례에 따르면, 피보험자가 술에 취한 상태에서 출입이 금지된 지하철역 승강장의 선로로 내려가 지하철역을 통과하는 전동열차에 부딪혀 사망한 경우, 피보험자에게 판단능력을 상실 내지 미약하게 할 정도로 과음을 한 중과실이 있더라도 보험약관상의 보험사고인 우발적인 사고에 해당한다.[30] (○)

나. 대법원 판례에 따르면, 사망을 보험사고로 하는 보험계약에 있어서 자살을 보험자의 면책사유로 규정하고 있는 경우 그 자살은 자기의 생명을 끊는다는 것을 의식하고 그것을 목적으로 의도적으로 자기의 생명을 절단하여 사망의 결과를 발생케 한 행위를 의미하고, 피보험자가 정신질환 등으로 자유로운 의사결정을 할 수 없는 상태에서 사망의 결과를 발생케 한 경우까지 포함하는 것은 아닐 뿐만 아니라, 그러한 경우 사망의 결과를 발생케 한 직접적인 원인행위가 외래의 요인에 의한 것이라면 그 보험사고는 피보험자의 고의에 의하지 않은 우발적인 사고에 해당한다.[31] (○)

다. 대법원 판례에 따르면, 피보험자가 술에 취하여 자다가 구토로 인한 구토물이 기도를 막음으로써 사망한 경우, 보험약관상의 급격성과 우연성은 충족되고 나아가 보험약관상의 '외래의 사고'란 상해 또는 사망의 원인이 피보험자의 신체적 결함, 즉 질병이나 체질적 요인 등에 기인한 것이 아닌 외부적 요인에 의해 초래된 모든 것을 의미한다고 보는 것이 상당하므로, 피보험자의 술에 만취된 상황은 피보험자의 신체적 결함, 즉 질병이나 체질적 요인 등에서 초래된 것이 아니라 피보험자가 술을 마신 외부의 행위에 의하여 초래된 것이어서 이는 외부적 요인에 해당한다. 따라서 보험자는 보험수익자에 대하여 보험금을 지급할 의무가 있다.[32] (○)

라. 대법원 판례에 따르면, 보험사고의 객관적 확정의 효과에 관하여 규정하고 있는 상법 제644조는 사고 발생의 우연성을 전제로 하는 보험계약의 본질 상 이미 발생이 확정된 보험사고에 대한 보험계약은 허용되지 아니한다는 취지에서 보험계약 당시 이미 보험사고가 발생하였을 경우에는 그 보험계약을 무효로 한다고 규정하고 있고, 암 진단의 확정 및 그와 같

26) 대법원 2005.7.28. 선고 2005다23858 판결
27) 대법원 2001.11.27. 선고 99다33311 판결
28) 다만 고지의무나 통지의무 대상이라고 하더라도 보험자가 다른 보험계약의 존재 여부에 관한 고지, 통지의무 위반을 이유로 보험계약을 해지하기 위하여는 보험계약자 또는 피보험자가 고의로 또는 중과실로 인하여 의무를 다하지 않은 사실과 그로 인하여 위험이 현저하게 변경 또는 증가된 사실이 입증되어야 한다. 대법원은 동 사례에서 다른 생명보험 계약의 존재가 고지의무나 통지의무 대상은 맞지만, 이에 대한 고의 또는 중과실이 입증되지 않았고 다른 생명보험에 다수 가입하였다는 사정만으로 사고발생의 위험이 현저하게 변경 또는 증가된 것은 아니기 때문에 보험자의 해지권 행사는 부정하였다.
29) 대법원 2003.11.13. 선고 2001다49623 판결
30) 대법원 2001.11.9. 선고 2001다55499, 55505 판결
31) 대법원 2008.8.21. 선고 2007다76696 판결
32) 대법원 1998.10.13. 선고 98다28114 판결

이 확진이 된 암을 직접적인 원인으로 한 사망을 보험사고의 하나로 하는 보험계약에서 피보험자가 보험계약일 이전에 암 진단이 확정되어 있는 경우에는 보험계약을 무효로 한다는 약관조항은 상법 제644조의 규정 취지에 따른 것이라고 할 것이므로 상법 제644조의 규정 취지나 보험계약은 원칙적으로 보험가입자의 선의를 전제로 한다는 점에 비추어 볼 때, 그 약관조항은 그 조항에서 규정하고 있는 사유가 있는 경우에 그 보험계약 전체를 무효로 한다는 취지라고 보아야 할 것이지, 단지 보험사고가 암과 관련하여 발생한 경우에 한하여 보험계약을 무효로 한다는 취지라고 볼 수는 없다. 따라서 보험계약일 이전에 암 진단이 확정되어 보험계약이 무효로 되었다면, 피보험자가 다른 사람으로부터 폭행을 당하여 사망한 일반재해로 사망한 경우에도 마찬가지로 적용되어 보험계약은 무효에 해당한다.[33] (○)

32. ③

생명보험 표준약관 규정상 보험계약자는 계약이 소멸하기 전에 언제든지 계약을 해지할 수 있으며, 이 경우 보험회사는 해약환급금(해지환급금)을 보험계약자에게 지급한다(보험업 감독업무 시행세칙 별표15 표준약관).[34]

33. ④

① 대법원 판례에 따르면, 보험계약자가 행사하는 보험수익자 변경권은 형성권으로서 보험계약자가 보험자나 보험수익자의 동의를 받지 않고 자유로이 행사할 수 있고 그 행사에 의해 변경의 효력이 즉시 발생한다.[35]

② 보험계약자가 계약체결후에 보험수익자를 지정 또는 변경할 때에는 보험자에 대하여 그 통지를 하지 아니하면 이로써 보험자에게 대항하지 못한다. 이 때 타인의 서면동의 규정이 준용되므로 피보험자의 서면동의를 얻어야 한다(상법 제734조).

③ 보험계약자는 보험수익자를 지정 또는 변경할 권리가 있다. 만약 보험계약자가 지정권을 행사하지 아니하고 사망한 때에는 피보험자를 보험수익자로 하고 보험계약자가 변경권을 행사하지 아니하고 사망한 때에는 보험수익자의 권리가 확정된다(상법 제733조).

④ 보험수익자가 보험 존속 중에 사망한 때에는 보험계약자는 다시 보험수익자를 지정할 수 있다. 다만 이 경우에 보험계약자가 지정권을 행사하지 않고 사망한 때에는 보험수익자의 상속인을 보험수익자로 한다.

34. ②

①④ 단체가 규약에 따라 구성원의 전부 또는 일부를 피보험자로 하는 생명보험계약을 체결하는 단체생명보험에서는 타인의 사망보험을 체결할 때의 서면동의 규정을 적용하지 않는다(상법 제735조의3 제1항). 단체의 규약은 피보험자의 서면동의를 대체하는 규정이므로, 단체생명보험이라고 하더라도 규약이 갖추어지지 않았다면 피보험자인 구성원의 서면동의가 있어야만 보험계약의 효력이 발생한다.

② 대법원 판례에 따르면, 단체보험의 경우 보험수익자의 지정에 관하여는 상법 등 관련 법령에 별다른 규정이 없으므로 보험계약자는 단체의 구성원인 피보험자를 보험수익자로 하여 '타인을 위한 보험계약'으로 체결할 수도 있고 보험계약자 자신을 보험수익자로 하여 '자기를 위한 보험계약'으로 체결할 수도 있을 것이며, 단체보험이라고 하여 당연히 타인을 위한 보험계약이 되어야 하는 것은 아니므로 보험수익자를 보험계약자 자신으로 지정하는 것이 단체보험의 본질에 반하는 것이라고 할 수 없다.[36] 다만 현재는 상법 제735조의3 규정이 신설되어서 단체보험 계약에서 보험계약자가 피보험자 또는 그 상속인이 아닌 자를 보험수익자로 지정할 때에는 단체의 규약에서 명시적으로 정하는 경우 외에는 그 피보험자의 서면 동의를 받아야 한다.

③ 대법원 판례에 따르면, 단체보험의 피보험자가 보험사고 이외의 사고로 사망하거나 퇴직 등으로 단체의 구성원으로서의 자격을 상실하면 그에 대한 단체보험계약에 의한 보호는 종료된다. 설령 회사가 퇴사 후에도 계속 직원에 대한 보험료를 납입하였더라도 퇴사와 동시에 단체보험의 해당 피보험자 부분이 종료되는 데 영향을 미치지 아니한다.[37]

35. ②

가. 만 15세 미만자, 심신상실자 또는 심신박약자의 사망을 보험사고로 한 보험계약은 무효로 한다. 서면동의 여부는 타인의 생명보험에 관한 것이며 심신상실자는 서면동의가 있더라도 여전히 무효이다. (○)

나. 만 15세 미만자, 심신상실자 또는 심신박약자의 사망을 보험사고로 한 보험계약은 무효로 한다. 다만 심신박약자가 보험계약을 체결하거나 단체보험의 피보험자가 될 때에 의사능력이 있는 경우에는 유효하다. 심신박약자가 의사능력이 있다고 하더라도 타인의 사망을 보험금 지급사유로 한 계약이라면 당연히 그 타인의 서면에 의한 동의를 얻어야 한다. 따라서 서면동의 없이 심신박약자를 피보험자로 하는 사망보험계약은 무효이다. (○)

다. 만 15세 미만자, 심신상실자 또는 심신박약자의 사망을 보험사고로 한 보험계약은 무효로 한다. 다만 심신박약자가 보험계약을 체결하거나 단체보험의 피보험자가 될 때에 의사능력이 있는 경우에는 유효하다. (×)

라. 상해보험과 질병보험은 기본적으로 생명보험에 관한 규정을 준용한다. 다만 한가지 규정은 준용을 하지 않는데, 이는 만 15세 미만자, 심신상실자, 심신박약자의 보험에 관한 규정이다. 따라서 만 15세 미만인 자녀를 피보험자로 하는 실손형(비정액형) 상해보험 계약은 유효하다. (×)

33) 대법원 1998.8.21. 선고 97다50091 판결
34) 저자주 : 본 문제는 생명보험 표준약관을 묻는 것으로 보험계약법 문제로는 바람직하지 않다.
35) 대법원 2020.2.27. 선고 2019다204869 판결
36) 대법원 2006.4.27. 선고 2003다60259 판결
37) 대법원 2007.10.12. 선고 2007다42877, 42884 판결

마. 만 15세 미만자, 심신상실자 또는 심신박약자의 사망을 보험사고로 한 보험계약은 무효로 한다. 서면동의 여부는 타인의 생명보험에 관한 것이며 만 15세 미만자는 서면동의가 있더라도 여전히 무효이다. (○)

36. ④

① 손해보험계약의 보험사고가 보험계약자 또는 피보험자나 보험수익자의 고의 또는 중대한 과실로 인하여 생긴 때에는 보험자는 보험금액을 지급할 책임이 없다(상법 제659조 제1항).

② 사망을 보험사고로 한 보험계약에서는 사고가 보험계약자 또는 피보험자나 보험수익자의 중대한 과실로 인하여 발생한 경우에도 보험자는 보험금을 지급할 책임을 면하지 못한다(상법 제732조의2 제1항).

③ 대법원 판례에 따르면, 자동차보험에서 동일 자동차사고로 인하여 피해자에 대하여 배상책임을 지는 피보험자가 복수로 존재하는 경우에는 그 피보험이익도 피보험자마다 개별로 독립하여 존재하는 것인 만큼 각각의 피보험자마다 손해배상책임의 발생요건이나 면책약관의 적용 여부 등을 개별적으로 가려 그 보상책임의 유무를 결정하여야 한다.[38] 이를 피보험자 개별적용이라고 한다.

④ 대법원 판례에 따르면, 사망을 보험사고로 하는 보험계약에서 자살을 보험자의 면책사유로 규정하고 있는 경우, 그 자살은 사망자가 자기의 생명을 끊는다는 것을 의식하고 그것을 목적으로 의도적으로 자기의 생명을 절단하여 사망의 결과를 발생케 한 행위를 의미하고, 피보험자가 정신질환 등으로 자유로운 의사결정을 할 수 없는 상태에서 사망의 결과를 발생케 한 경우는 포함되지 않기 때문에 보험금 지급사유에 해당한다.[39] 이러한 대법원 법리에 비추어 볼 때 자유로운 의사결정을 할 수 없는 상태에서 스스로 사망한 사고에 대하여 보상한다는 약관조항은 유효하다고 할 수 있다.

37. ④

① 원보험계약과 재보험계약은 법률상 독립된 별개의 계약이므로 재보험계약은 원보험계약의 효력에 영향을 미치지 아니한다(상법 제661조).

② 책임보험에 관한 규정은 그 성질에 반하지 아니하는 범위 내에서 재보험계약에 준용한다(상법 제726조).

③④ 대법원 판례에 따르면, 보험자가 피보험자에게 보험금을 지급하면 보험자대위의 법리에 따라 피보험자가 보험사고의 발생에 책임이 있는 제3자에 대하여 가지는 권리는 지급한 보험금의 한도에서 보험자에게 당연히 이전되고(상법 제682조), 이는 재보험자가 원보험자에게 재보험금을 지급한 경우에도 마찬가지이다. 따라서 재보험관계에서 재보험자가 원보험자에게 재보험금을 지급하면 원보험자가 취득한 제3자에 대한 권리는 지급한 재보험금의 한도에서 다시 재보험자에게 이전된다. 그리고 재보험자가 보험자대위에 의하여 취득한 제3자에 대한 권리의 행사는 재보험자가 이를 직접 하지 아니하고 원보험자가 재보험자의 수탁자의 지위에서 자기 명의로 권리를 행사하여 그로써 회수한 금액을 재보험자에게 재보험금의 비율에 따라 교부하는 방식에 의하여 이루어지는 것이 상관습이다.[40]

38. ②

가. 보험자의 책임은 당사자간에 다른 약정이 없으면 최초의 보험료의 지급을 받은 때로부터 개시한다(상법 제656조). 따라서 당사자 간의 다른 약정을 할 수 있다. (○)

나. 보험계약의 당사자는 보험증권의 교부가 있은 날로부터 일정한 기간내에 한하여 그 증권내용의 정부에 관한 이의를 할 수 있음을 약정할 수 있다. 이 기간은 1월을 내리지 못한다(상법 제641조). 즉, 1월 이상으로 하여야 한다. (×)

다. 보험계약 당시에 보험사고가 이미 발생하였거나 또는 발생할 수 없는 것인 때에는 그 계약은 무효로 한다. 그러나 당사자 쌍방과 피보험자가 이를 알지 못한 때에는 그러하지 아니하다(상법 제644조). 따라서 당사자 쌍방과 피보험자가 보험사고 발생 사실을 몰랐을 때에는 유효하게 보험계약을 체결할 수 있으며 대표적인 것이 소급보험이다. (○)

라. 대법원 판례에 따르면, 상법상 상해보험계약 체결에서 태아의 피보험자 적격이 명시적으로 금지되어 있지 않고 헌법상 생명권의 주체가 되는 태아의 형성 중인 신체도 그 자체로 보호해야 할 법익이 존재하고 보호의 필요성도 본질적으로 사람과 다르지 않다는 점에서 보험보호의 대상이 될 수 있다. 따라서 약관이나 개별 약정으로 출생 전 상태인 태아의 신체에 대한 상해를 보험의 담보범위에 포함하는 것이 보험제도의 목적과 취지에 부합하고 보험계약자나 피보험자에게 불리하지 않으므로 상법 제663조에 반하지 아니하고 민법 제103조의 공서양속에도 반하지 않기 때문에 유효하다.[41] (×)

마. 보험가액의 일부를 보험에 붙인 경우에는 보험자는 보험금액의 보험가액에 대한 비율에 따라 보상할 책임을 진다. 그러나 당사자간에 다른 약정이 있는 때에는 보험자는 보험금액의 한도내에서 그 손해를 보상할 책임을 진다(상법 제674조). 이를 1차위험 담보라고 한다. (○)

39. ③

① 보험계약자는 보험사고가 발생하기 전에는 언제든지 계약의 전부 또는 일부를 해지할 수 있다(상법 제649조 제1항). 지문에서는 보험계약 당사자(보험계약자, 보험자)라고 하여 보험자까지 포함하였으므로 틀린 지문이다. 보험계약 당사자 중 보험계약자만이 임의해지권을 가지고 있으며, 보험자는 일정한 사유가 있을 때(예 고지의무 위반 등)에만 보험계약을 해지할 수 있다.

② 보험계약자 등의 고지의무 위반을 이유로 하는 보험자의 계약해지권은 보험사고가 발생하기 전은 물론이고 보험사고가 발

38) 대법원 2010.12.9. 선고 2010다70773 판결
39) 대법원 2011.4.28. 선고 2009다97772 판결
40) 대법원 2015.6.11. 선고 2012다10386 판결
41) 대법원 2019.3.28. 선고 2016다211224 판결

생한 이후에도 행사할 수 있다.

③ 보험사고의 발생으로 보험자가 보험금액을 지급한 때에도 보험금액이 감액되지 아니하는 보험의 경우에는 보험계약자는 그 사고 발생 후에도 보험계약을 해지할 수 있다(상법 제649조 제2항).

④ 보험기간 중에 보험계약자 또는 피보험자가 사고발생의 위험이 현저하게 변경 또는 증가된 사실을 안 때에는 지체없이 보험자에게 통지하여야 한다. 보험자가 통지를 받은 때에는 1월 내에 보험료의 증액을 청구하거나 계약을 해지할 수 있다. 만약 보험계약자 측이 통지를 해태하였다면 보험자는 그 사실을 안 날로부터 1월 내에 계약을 해지할 수 있다(상법 제652조).

40. ①

대법원 판례에 따르면, 보험금청구권은 보험사고가 발생하기 전에는 추상적인 권리에 지나지 아니할 뿐 보험사고의 발생으로 인하여 구체적인 권리로 확정되어 그때부터 그 권리를 행사할 수 있게 되는 것이므로, 특별한 다른 사정이 없는 한 원칙적으로 보험금액청구권의 소멸시효는 보험사고가 발생한 때로부터 진행한다. 상법 제658조에서 "보험자는 보험금액의 지급에 관하여 약정기간이 있는 경우에는 그 기간 내에, 약정기간이 없는 경우에는 제657조 제1항의 통지를 받은 후 지체 없이 지급할 보험금액을 정하고 그 정하여진 날부터 10일 내에 피보험자 또는 보험수익자에게 보험금액을 지급하여야 한다."라고 각각 정하고 있다고 하여 보험금청구권의 소멸시효가 위 약관 또는 법률조항에서 정한 보험금 지급유예기간(정하여진 날로부터 10일)이 경과한 다음날부터 진행한다고 볼 수 없다.[42]

3과목 손해사정이론

01	02	03	04	05	06	07	08	09	10
④	④	①	①	①	①	②	④	②	③
11	12	13	14	15	16	17	18	19	20
④	④	④	①	④	②	②	④	④	①
21	22	23	24	25	26	27	28	29	30
④	②	①	②	④	④	③	③	②	②
31	32	33	34	35	36	37	38	39	40
②	④	①	③	④	③	①	③	①	④

01. ④

보험가능 리스크(insurable risk)는 다음의 요건을 갖추어야 한다. 대재해적(catastrophic) 손실은 보험자의 위험 인수 능력을 뛰어 넘기 때문에 보험가능 리스크(insurable risk)로는 적합하지 않다.

1. 다수의 동질적인 위험
2. 한정적인 손실(definite loss)
3. 우연하고 고의적이지 않아야 함
4. 심도가 크고 손실발생 확률이 낮은 위험
5. 합리적인 보험료
6. 손실 발생확률이 측정 가능해야 함
7. 대재해적(catastrophic)이지 않아야 함

02. ④

보험의 목적의 전부가 멸실하여 보험금액의 전부를 지급한 보험자는 그 목적에 대한 피보험자의 권리를 취득하는데 이를 보험목적에 관한 보험대위라고 한다(상법 제681조). 보통 잔존물대위라고 부른다. 잔존물대위는 보험금을 지급한 보험자가 그 권리를 당연히 취득하는 제도이기 때문에 권리 이전의 의사표시나 절차가 필요 없으며 보험자가 보험금액을 전부 지급한 때에 법률상 당연히 발생한다.

03. ①

보험회사는 다음에 해당하는 계약에 대하여 그 준비금에 상당하는 자산의 전부 또는 일부를 그 밖의 자산과 구별하여 이용하기 위한 계정으로 각각 설정하여 운용할 수 있는데, 이를 특별계정이라고 한다(보험업법 제108조).

1. 「소득세법」에 따른 연금저축계좌를 설정하는 계약
2. 「근로자퇴직급여 보장법」에 따른 보험계약 및 근로자퇴직급여 보장법 부칙에 따른 퇴직보험계약
3. 변액보험계약(보험금이 자산운용의 성과에 따라 변동하는 보험계약을 말한다)
4. 그 밖에 금융위원회가 필요하다고 인정하는 보험계약

04. ①

산업재해보상보험법에서 명시하고 있는 보험급여의 종류는 다음 각 호와 같다. 다만 진폐에 따른 보험급여의 종류는 제1호의 요양급여, 제4호의 간병급여, 제7호의 장례비(舊 장의비) 제8호의 직업재활급여, 진폐보상연금 및 진폐유족연금으로 하고, 건강손상자녀에 대한 보험급여의 종류는 제1호의 요양급여, 제3호의 장해급여, 제4호의 간병급여, 제7호의 장례비, 제8호의 직업재활급여로 한다(산업재해보상보험법 제36조 제1항).

1) 요양급여
2) 휴업급여
3) 장해급여
4) 간병급여
5) 유족급여
6) 상병(傷病)보상연금
7) 장례비(舊 장의비)
8) 직업재활급여

42) 대법원 2005.12.23. 선고 2005다59383 판결

05. ①

초과손해액 재보험(Excess of loss reinsurance)의 요율 산정 방법 중 버닝 코스트(burning cost) 방식에 대한 설명이다. 버닝 코스트 방식은 비교적 재보험금의 회수 빈도가 높은 재보험 계약의 보험료 산정시에 주로 이용된다. 전년도 사고 경력 등 과거 실적을 토대로 일정기간 동안의 해당 초과손해 재보험의 과거 회수금액 총액을 동일한 기간 중의 GNPI(Gross Net Premium Income)로 나눈 숫자(재보험 실적)를 바탕으로 일정한 안전할증을 적용하여 보험료를 결정하는 방법으로 가장 널리 이용된다. 버닝 코스트 방식은 아래의 전제 조건 하에 체결된다.

a) 보험사고 발생 빈도 및 심도에 영향을 미치는 요소는 불변이다.
b) 계약의 구성이 대체로 동일하다.
c) 경제적, 사회적 여건이 동일하다.

06. ①

질병 · 상해보험 표준약관에서 보험금 지급사유가 성립하기 위한 상해사고는 아래의 세가지 요건을 만족하여야 한다.

1) **급격성(violent)** : 사고의 원인 발생과 신체손상이라는 결과의 발생까지 피보험자가 피할 수 없을 정도로 급박한 상태에서 비교적 단시간 내에 돌발적으로 사고가 발생하는 것을 말한다. 이 때 급격성은 객관적으로 사고가 갑작스럽게 발생하는 경우 뿐만 아니라 피보험자가 주관적으로 예견하지 못한 상태에서 발생하는 것도 포함한다. 예를 들어 피보험자를 살해할 목적으로 독극물을 조금씩 음식물에 넣어 수개월 후에 피보험자가 사망했다면 이는 피보험자가 인지하지 못한 상태에서 회피하거나 예방할 수 없었기 때문에 급격한 사고로 보아야 한다.
2) **우연성(accidental)** : 원인 또는 결과의 발생이 우연한 경우이어야 한다. 불확실성을 담보하는 보험제도의 특성상 당연히 요구되는 것이며, 고의와 구분되는 개념으로 이해하면 쉽다.
3) **외래성(external)** : 사고의 원인과 결과의 과정이 어떠한 외부적 요인에 의하여 신체에 영향을 미치는 것을 말한다. 이러한 외래성은 신체 내부의 결함인 질병과 구분되는 개념으로 이해하면 쉽다.

07. ②

제조업자는 제조물의 결함으로 생명 · 신체 또는 재산에 손해(그 제조물에 대하여만 발생한 손해는 제외한다)를 입은 자에게 그 손해를 배상하여야 한다. 특히 제조업자가 제조물의 결함을 알면서도 그 결함에 대하여 필요한 조치를 취하지 아니한 결과로 생명 또는 신체에 중대한 손해를 입은 자가 있는 경우에는 그 자에게 발생한 손해의 3배를 넘지 아니하는 범위에서 배상책임을 지는데 이를 징벌적 손해배상(punitive damages)라고 한다(제조물책임법 제3조).

08. ④

질병상해보험 표준약관에서 보험나이는 계약일 현재 피보험자의 실제 만 나이를 기준으로 6개월 미만의 끝수는 버리고 6개월 이상의 끝수는 1년으로 하여 계산하며, 이후 매년 계약 해당일에 나이가 증가하는 것으로 계산한다. 이를 바탕으로 계산하면 다음과 같다.

생년월일 : 1999년 10월 2일, 현재(계약일) : 2020년 4월 13일
⇒ 2020년 4월 13일 − 1999년 10월 2일 = 20년 6월 11일
= 21세

09. ②

보험실무상 보험금의 지급과 관련하여 보험자와 피보험자 사이의 의견이 상반되는 분쟁은 매우 빈번하게 발생하므로 이러한 상황을 모두 소송으로 해결하는 것은 시간과 비용 등을 고려할 때 적절하지 않다. 따라서 당사자 간에 앞으로 그와 유사한 클레임을 제기하지 않겠다는 약속 하에 손해액의 전부 또는 일부를 지급하는 이른바 민법상 화해 계약을 체결하는 경우가 많다. 이때 분쟁의 당사자는 '여타 보험에 영향을 미침이 없이'라는 조건을 두는데, 이를 특례지급(without prejudice settlement)이라고 한다.

10. ③

① 대법원 판례에 따르면, 상법 제724조 제2항에 의하여 피해자에게 인정되는 직접청구권의 법적 성질은 보험자가 피보험자의 피해자에 대한 손해배상채무를 병존적으로 인수한 것으로서 피해자가 보험자에 대하여 가지는 손해배상청구권이고 피보험자의 보험자에 대한 보험금청구권의 변형 내지는 이에 준하는 권리가 아니다.[43] 즉 대법원은 직접청구권의 법적 성질을 피해자가 보험자에게 가지는 손해배상청구권으로 보고 있다.
② 보험자가 피해자에게 직접 청구를 받은 때에는 지체없이 피보험자에게 이를 통지하여야 한다(상법 제724조 제3항).
③ 보험자는 피보험자가 책임을 질 사고로 인하여 생긴 손해에 대하여 제3자가 그 배상을 받기 전에는 보험금액의 전부 또는 일부를 피보험자에게 지급하지 못한다(상법 제724조 제1항). 따라서 피해자의 직접청구권과 피보험자의 보험금청구권이 경합할 경우에는 피해자의 직접청구권이 우선한다.
④ 보험자는 피보험자가 그 사고에 관하여 가지는 항변으로써 제3자에게 대항할 수 있다(상법 제724조 제2항 단서).

11. ④

명시담보(express warranty)는 담보의 내용이 명백히 문자로 표현하는 것을 말하며, 묵시담보(implied warranty)란 담보의 내용이 명백하게 문자로 표현되지는 않았지만 보험계약의 체결을 전제로 묵시적으로 인정되는 담보를 말한다. 묵시담보는 주로 해상보험, 특히 선박보험에서 많이 사용되며 선박이 항해에 견딜 수 있음을 묵시적으로 보증하는 감항담보(warranty of seaworthiness)와 그 항해가 적법한 항해일 것이 요구되는 적법담보(warranty of legality)가 대표적인 예이다.

43) 대법원 1994.5.27. 선고 94다6819 판결

12. ④

공동해손이란 해상을 운행하는 과정에서 선박과 적하에 공동의 위험이 발생하였을 경우에 그러한 위험을 제거 또는 경감시키기 위한 목적으로 선체나 적하를 희생시키거나 필요한 경비를 지출하는 행위를 말한다. 공동해손이 발생하면 그러한 손해는 공동의 위험에 처한 단체 구성원들의 안전을 위한 것인바, 해당 단체 구성원들이 적정한 비율에 따라 상호 분담하는 것이 원칙이다. 공동해손에 관한 국제규칙으로는 요크앤트워프규칙(York-Antwerp Rules)이 있으며 대부분의 해상보험 증권에서는 요크앤트워프규칙(York-Antwerp Rules)에 따른다는 내용이 삽입되어 있다. 공동해손이 발생하기 위한 요건은 다음과 같다.

1) **위험 공동체의 구성** : 공동의 위험단체를 구성하기 위하여 선박과 화물 등의 현실적인 공동의 위험이 있어야 한다. 어느 한 당사자에게만 발생한 위험은 공동해손이 아니라 단독해손에 해당한다.
2) **위험의 현실성, 절박성** : 위험은 현실적(real)이고 절박(imminent) 해야 한다.
3) **행위는 이례적, 고의적, 합리성이 있을 것**
3-1) **이례성(extraordinary)** : 공동해손 행위로 발생하는 선체 · 장비 · 화물 등의 희생손실이나 비용손실은 이례적이어야만 한다. 통상적인 운송과정에서 발생하는 비용은 공동해손으로 인정되지 않는다.
3-2) **고의성(intentional)** : 공동해손 행위는 어떠한 목적을 가지고 고의적, 자발적으로 이루어져야 한다. 예를 들어 의도적으로 화물을 바다에 투하(jettison)하는 행위가 이에 해당한다. 불가항력에 의한 손해나 선장 이외의 자에 의한 처분, 우연히 일어나는 행위 등은 공동해손 행위로 인정되지 않는다.
3-3) **합리성(reasonable)** : 공동해손행위와 그에 따라 발생하는 손해와 비용은 모두 합리적이어야 한다. 공동의 위험에 대처하기 위한 행동은 신중하고 적정해야 하며 뿐만 아니라 선박과 화물의 희생도 합리적이어야 하고 필요한 최소한의 경비가 지출되어야지 지나치게 과도한 비용이 발생해서는 안 된다.
4) **공동의 안전을 위한 행위로 희생 또는 비용이 발생할 것**
공동의 위험을 벗어나기 위하여 선박 또는 적하가 희생되거나 비용이 지출되어야 한다.

13. ④

우리나라의 법 체계에서는 손해를 통상손해와 특별손해로 구분하지만 영미법 국가에서는 보상적 배상금(compensatory damages)와 징벌적 손해(punitive damages)로 구분하고 있으며, 보상적 배상금은 다시 특별손해와 일반손해로 구분한다.

1) **보상적 배상금(compensatory damages)** : 실제로 발생한 피해에 대한 보상
1-1) **특별 손해(special damages)** : 신체 상해에 대한 의료비용, 소득손실, 손상재산의 수리비용 등 일반적으로 쉽게 화폐로 측정할 수 있는 손해
1-2) **일반 손해(general damages)** : 정신적 피해, 고통, 괴로움, 위자료 손실 등 구체적으로 그 양을 측정할 수 없는 손해
2) **징벌적 손해(punitive damages)** : 실제로 발생한 피해를 보상하기 위한 것이 아니라 가해자의 과실행위를 형벌의 의미에서 징벌하여 미래의 사고를 방지하고자 하는 목적으로 부과되는 것

14. ①

전문직업 배상책임보험(professional liability insurance)은 의사배상책임보험처럼 사람의 신체에 관한 전문직 리스크를 담보하는 비행(非行)배상책임보험과 변호사, 공인회계사 등의 과실, 태만 등으로 인한 경제적 손해를 담보하는 하자(瑕疵)배상책임보험으로 분류된다. 그리고 경영(임원)배상책임보험은 일반배상책임보험에 속하지만, 재물이나 신체에 대한 물리적 사고가 아닌 부주의(Error)나 부작위 (Omission)를 보험사고의 요건으로 하기 때문에 하자(瑕疵)배상책임을 담보하는 전문직업 배상책임보험에 포함하기도 한다. 이를 구분하면 다음과 같다.

구분	내용
비행(非行)배상책임보험 (Malpractice)	의사 배상책임보험 미용사 배상책임보험
하자(瑕疵)배상책임보험 (Error & Omission)	변호사 배상책임보험 건축사 및 기술사 배상책임보험 공인회계사 배상책임보험 정보처리업자 배상책임보험
경영배상책임보험 (Managerial) ※ 경영배상책임보험을 따로 구분하지 않고 하자배상책임보험에 포함하는 경우도 있음	임원 배상책임보험 고용관행 배상책임보험 신탁자 배상책임보험

15. ④

초과액재보험특약(surplus reinsurance treaty)은 원보험자가 먼저 보유금액을 결정한 뒤에, 그 초과액을 일정배수에 따라 출재하는 방식의 비례적 재보험(proportional reinsurance)이다. 비례적 재보험이므로 원보험자와 재보험자의 손해액 부담은 보험가입금액에 비례하여 부담한다. 원보험자가 자신이 보유하는 금액을 먼저 설정하고 그 보유금액을 초과하는 부분을 재보험으로 출재하는 방식이기 때문에, 재보험자의 입장에서는 보험 목적물에 대한 정보가 없는 상태에서 원보험자의 출재를 그대로 인수할 수밖에 없다. 따라서 원보험자가 위험한 물건에 대하여 과도하게 재보험 처리하는 것에 대한 우려가 발생한다. 예를 들어, 사고발생 확률이 낮은 물건(우량물건) 1억원은 원보험자가 9천만원을 보유하고 재보험으로 1천만원만 출재하는 반면, 사고발생 확률이 높은 물건(불량물건) 1억원은 원보험자가 1천만원을 보유하고 재보험으로 9천만원으로 출재하는 현상이 발생할 수 있다. 원보험자와 재보험자의 관계에서는 위험에 대한 정보가 원보험자에게 집중되어 있기 때문이다. 이러한 우려에서 만들어진 재보험 조건이 line이라는 개념이다. line은 쉽게 '배수'라고 생각하면 된다. 만약 1 line이 설정되었다면 원보험자의 보유금액의

1배수, 2 line이 설정되었다면 원보험자 보유금액의 2배수가 출재할 수 있는 한도이다. 이처럼 line이 설정되면 재보험으로 처리되는 부분이 원보험자의 보유액의 일정 부분으로 제한되기 때문에 재보험자의 입장에서도 일종의 안전 장치가 될 수 있다.
문제에서는 20 line이 설정되었으므로 A사의 보유금액 US$ 500의 20배수인 US$ 10,000이 재보험 출재한도이다. 보험가입금액이 US$ 5,000인 물건은 원보험자가 US$ 500을 보유하고 이를 넘어서는 금액인 US$ 4,500을 재보험으로 출재한다. 이를 비율로 나타내면 '원보험자:재보험자=US$ 500:US$ 4,500=1:9'이다.
손실규모가 US$ 3,000이므로 이를 비율에 따라 계산하면 원보험자 US$ 300, 재보험자 US$ 2,700이다. 따라서 A사는 US$ 2,700을 재보험금액으로 회수할 수 있다.

16. ②

리스크 관리기법은 크게 리스크 통제기법(risk control)과 리스크 금융기법(risk financial techniques)으로 나눌 수 있다. 리스크 통제기법(risk control)은 사고발생을 최대한 억제하거나 사고에 따른 손해 확대를 줄이는 것을 말하며, 리스크 금융기법(risk financial techniques)은 손해가 이미 발생한 경우 이를 어떻게 처리할 것인가에 대한 것이다. 따라서 리스크 통제기법은 사전적 기법, 리스크 금융기법은 사후적 기법으로 구분하기도 한다.
리스크 통제기법에는 리스크 회피(risk avoidance), 손실 예방(loss prevention), 손실 감소(loss reduction), 리스크 분리(risk separation), 복제(duplication), 분산(diversification) 등이 있으며, 리스크 금융기법에는 리스크 보유(risk retention), 리스크 전가(risk transfer), 보험(insurance) 등이 있다.

17. ②

수지상등의 원칙이란 장래 수입될 순보험료의 현가 총액과 장래 지출해야 할 보험금의 현가 총액이 같아야 한다는 원칙을 말한다. 보험요율 산정을 위한 원칙으로 도덕적 위태(moral hazard)와는 관련이 없다.
위험보편의 원칙이란 보험사고가 발생했을 때에 그 사고의 선행위험이 면책위험이 아닌 이상 후행위험이 담보하는 위험이라면 보험자가 보험금을 지급해야 한다는 원칙이다. 보험자의 보상책임 여부에 대한 원칙으로 도덕적 위태(moral hazard)와는 관련이 없다.

18. ④

배상책임보험은 보험사고의 발생 시점을 언제로 보느냐에 따라서, 사고발생기준(occurrence basis) 배상책임보험과 배상청구기준(claims-made basis) 배상책임보험으로 나뉜다. 예를 들어 1일에 사고가 발생하여 5일에 배상청구가 이루어졌다면, 사고발생기준 배상책임보험에서는 1일을 보험사고 발생일로 보며, 배상청구기준 배상책임보험에서는 5일을 보험사고 발생일로 본다.
사고발생기준 배상책임보험은 보험사고가 보험기간에 발생하였다면 보험기간이 종료한 후에 손해배상 청구를 하였더라도 보험금 청구권이 소멸되지 않는 한 보험자가 보험금 지급책임을 부담한다. 따라서 보험자의 입장에서는 보험계약이 종료되었더라도 보험금 지급책임에 대한 책임준비금 적립 부담이 있으며, 피보험자의 입장에서도 장기간에 걸쳐 이루어지는 오염물질 유출 사고 등의 경우 언제를 보험사고로 보아야 하는지 보험사고 파악을 둘러싼 분쟁이 생길 염려가 많다. 반면에 사고일자가 명확한 화재보험, 자동차손해배상책임보험 등에는 적합한 방식이라고 할 수 있다.

19. ④

균등액분담조항(contribution by equal shares clause)은 여러 보험자 중에서 가장 낮은 보험자의 보상한도까지 동일하게 부담을 하다가, 가장 낮은 보험자의 보상한도에 도달하면 그 보험자는 제외하고 다시 다음의 낮은 보험자의 보상한도까지 남은 보험자가 계속 동일하게 부담하는 방식이다. 손해액이 1억 2,000만원일 때 각 보험자가 지급하는 보험금은 다음과 같다.

- A : 3,000만원, B : 3,000만원, C : 3,000만원(소진)
  → 남은 손해액 : 1억 2,000만원 - 9,000만원 = 3,000만원
- A : 1,000만원, B : 1,000만원(소진)
  → 남은 손해액 : 3,000만원 - 2,000만원 = 1,000만원
- A : 1,000만원

- A : 3,000만원 + 1,000만원 + 1,000만원 = 5,000만원
- B : 3,000만원 + 1,000만원 = 4,000만원
- C : 3,000만원 = 3,000만원

20. ①

보험자가 보상할 손해액은 손해가 발생한 때와 곳의 가액에 의하여 산정하는 것이 원칙이다(상법 제676조 제1항). 따라서 보험자는 화재사고 당시 화학 공장물건의 보험가액인 30억원을 기준으로 보험금을 산출한다. 보험가입금액이 18억원이므로 일부보험 비례보상 방식을 적용하여 보험금 지급액을 구하면 다음과 같다.

$$8억원(발생손해액) \times \frac{18억원(보험가입금액)}{30억원(보험가액)} = 4억\ 8천만원$$

21. ④

기발생 미보고손해액(IBNR, Incurred but not reported)은 보험사고는 이미 발생되었으나 아직 보험회사에 통보되지 않은 손해에 대하여 보험회사가 미래에 청구될 보험금 지급에 충당하기 위하여, 발생주의 입장에서 그 기간 중 발생한 손해액과 대응시키기 위하여 적립해야 하는 준비금이다. 만약 IBNR 준비금을 제대로 적립하지 않는다면 보험회사의 부채가 과소평가되며, 보험회사의 재무건전성을 해치게 된다. 또한 손해액이 제대로 평가되지 않는바 적정한 보험료 산출을 저해한다. IBNR 준비금은 회계상 부채에 속하기 때문에 제대로 적립되지 않는다면 보험회사의 이익이 적정 수준보다 높아지므로 주주배당 가능성이 높아진다. 다만 2023년 1월부터 IFRS-17의 도입됨에 따라 현재는 별도의 규정에 의하여 준비금을 적립한다.

22. ②

손해율이란 보험회사가 인수한 보험료에 대하여 보험사고가 발생하여 지급한 보험금을 백분율로 나타낸 지수로, 보험회사의 경

영실적을 평가하고 보험요율을 산정하는 주요 지표이다. 손해율을 산출하는 방식은 여러가지가 있으며 우리나라에서는 발생손해액을 경과보험료로 나누는 경과손해율을 주로 사용한다.

- 경과보험료 = 수입보험료 + 전기 이월미경과보험료 – 차기 이월미경과보험료
- 발생손해액 = 지급보험금 + 지급준비금 적립액 – 지급준비금 환입액 + 기발생 미보고손해액(IBNR)
- 경과손해율 = 발생손해액/경과보험료

위의 계산식에 따라 문제에서 주어진 내용을 대입하면 다음과 같다.

- 경과보험료 = 9,000만원 + 5,000만원 – 4,000만원 = 10,000만원
- 발생손해액 = 5,000만원 + 2,000만원 – 200만원 + 600만원 = 7,400만원
- 경과손해율 = 7,400만원/10,000만원 = 74%

23. ①

손익상계에 대한 설명이다. 손익상계란 손해배상에서 그 손해와 같은 원인에 의하여 발생한 이익을 공제하는 것을 말하며, 공평의 원칙상 당연히 인정되는 제도이다. 예를 들어 주최측에서 체재비 전액을 부담하기로 한 공연 계약이 공연단의 귀책사유로 취소되었다면 공연단은 당연히 채무불이행으로 인한 손해배상을 하여야 하지만, 반대로 공연 취소로 주최측이 부담을 면하게 된 체재비를 공제를 요구할 수 있다. 또한 불법행위로 타인을 사망하게 한 경우의 손해배상에서도 피해자가 지출을 면하게 되는 장래의 생활비를 공제하는 것도 손익상계의 예이다.

24. ②

손해사정 업무는 크게 검정업무(survey)와 정산업무(adjustment)로 나뉜다. 검정업무(survey)는 보험계약사항을 확인하고 실제 사고 현장조사, 사고사실 및 손해액을 확인 산정하는 업무 등이며, 정산업무(adjustment)는 보험자의 지급책임액을 결정하여 적절한 지급방법으로 피보험자에게 보험금을 지급하고 손해에 대하여 책임있는 사람에게 대위 및 구상을 하는 업무 등을 말한다.

25. ④

프랜차이즈 공제(franchise deductible)란 일정 금액을 공제한도로 정해 놓고 공제한도 미만의 손실은 피보험자가 전액 부담하고, 공제한도를 넘어서는 손해가 발생했을 경우에는 보험자가 손실 전부를 부담하는 방식을 말한다.
문제에서 보험가입금액이 100억원인 보험계약에서, 5% 프랜차이즈 공제가 설정되었으므로 공제금액은 5억원이다. 따라서 보험기간 중 발생한 8억원의 손실은 프랜차이즈 공제금액인 5억원 이상의 손해이므로, 손해액 8억원 전액을 보험금으로 지급한다.

26. ④

보험계약자는 보험에 가입하여 자신이 보유한 위험을 보험자에게 전가하기 때문에 우연한 사고에 대한 경제적 불안정성을 제거 또는 경감할 수 있다. 또한 실제 손실이 발생하였을 때 이를 회복할 수 있는 재원을 마련할 수 있으며, 보험에 가입하여 신용이 증대되는 효과도 누릴 수 있다. 보험금 과잉 청구는 보험의 사회적 기능이 아니라 보험의 사회적 비용(역기능)에 해당한다.

27. ③

보험공제(insurance deductible)는 손해가 발생했을 때 손해액 전액을 보험금으로 지급하지 않고 일정 금액을 제외하고 지급하는 방식이다. 보험자가 제외하여 지급하는 금액은 피보험자가 스스로 부담하게 되므로 피보험자에게 손실통제 동기를 강화하도록 하는 효과가 있다. 또한 공제금액 미만의 손해는 보험자의 보상책임이 발생하지 않으므로 소액보상 청구를 방지하며 이로 인한 보험료 절감의 효과도 기대할 수 있다. 재산보험 등 손해액을 객관적으로 측정할 수 있는 보험에서 많이 사용되며, 손해액을 산정할 수 없어 정액보상을 하는 생명보험에서는 그 적용이 없다.

28. ③

① 중재조항(arbitration clause) : 재보험계약에서 양 당사자 사이에 분쟁이 발생했을 때에 이를 해결하기 위한 방법을 규정한 조항이다. 분쟁을 해결하는 가장 확실한 방법은 소송을 통하여 법원의 판단을 받는 것이다. 그러나 분쟁이 발생했을 때마다 소송으로 해결하는 것은 비용과 시간 등을 고려할 때 적절하지 않다. 중재조항(arbitration clause)은 당사자 사이에 별도로 중재인(arbitrators)을 선정하여 중재인의 의견에 따라 분쟁을 해결할 수 있음을 규정한 조항이다.
② 클레임협조조항(claim cooperation clause) : 출재사(원보험사)가 보험사고 발생에 따른 보험금 지급 여부를 결정할 때에 수재사(재보험사)와 상호 협의하여 처리한다는 조항이다.
③ 재보험 계약서에는 일반적으로 운명 추종조항(follow the fortunes clause)이 있고 이에 따라 재보험자의 책임범위는 원보험자의 결정에 따른다. 따라서 출재사의 보험금 지급 책임 부담 여부가 불분명한 상태에서 출재사가 악의없이 선의로 업무를 처리하였다면 재보험자는 면책 여부를 엄밀히 따지지 않고 재보험 계약에 따른 보상책임을 부담한다.
④ 통지조항(notification clause) : 재보험금 지급책임을 발생시키는 손해가 발생했을 때에 이를 수재사(재보험사)에 알리도록 규정한 조항이다. 개별보험 약관에서 규정하고 있는 사고발생 통지의무 조항과 비슷한 의미로 이해하면 된다.

29. ②

보험목적의 양도는 보험목적물이 물건(物件)임을 원칙으로 하며 물건인 이상 동산이나 부동산, 유체재산이나 무체재산을 가리지 않는다. 다만, 물건은 특정 또는 개별화되어 있어야 하므로 집합보험에서 일부 물건의 양도의 경우에도 보험관계의 이전이 발생하지 않는다. 임원배상책임보험이나 전문직업인배상책임보험 등 일정한 지위나 전문자격이 필요한 경우의 책임보험에서는 보험계약이 이전되지 않는다. 그러나 물건을 대상으로 하는 책임보험(예 창고업자배상책임보험)에서는 그 영업의 양도를 보험의 목적의 양도와 같이 보기도 한다.
보험목적이 양도된 경우에는 양도인 또는 양수인은 보험자에 대하여 지체 없이 그 사실을 통지하여야 한다. 통지의무자는 양도인과 양수인 중 누구라도 통지하면 된다. 통지의 방식도 구두, 서

면 또는 전화 등 특별한 제한이 없다. 다만, 자동차와 선박의 양도는 그 특수성을 감안하여 양도 추정의 규정이 적용되지 않고 별도의 특칙이 적용된다. 자동차보험에서 자동차의 양도는 보험자의 승낙을 얻은 경우에 한하여 보험계약 상의 권리의무가 승계되며, 선박보험에서 선박의 양도는 보험자의 동의가 없으면 보험계약 종료사유이다.

30. ②

보험계약자 측의 부정직 또는 사기 등 의도적인 행위로 인위적인 사고를 발생시키는 것은 도덕적 위태(moral hazard)를 유발하는 원인이다. 무관심, 부주의는 도덕적 위태(moral hazard)가 아니라 정신적 위태(morale hazard, 방관적 위태)에 해당한다.

- **실체적 위태(physical hazard)** : 사고의 빈도나 심도를 높이는 물리적인 상태(예 창고에 보관중인 화약, 도로의 결빙)
- **도덕적 위태(moral hazard)** : 사고의 빈도나 심도를 의도적으로 키우는 행위(예 방화, 살인)
- **정신적 위태(morale hazard)** : 사고의 발생에 대한 무관심, 부주의(예 공장 소방시설 정비불량 및 직원 화재교육 미흡)

31. ②

재화나 용역이 개인의 욕망을 얼마나 충족시키는가에 대한 평가를 효용성(utility)라고 하며, 이를 계산하는 방식이 효용함수이다. 효용성(utility)은 유용성(usefulness)과 구분하는 개념으로 이해하여야 한다. 예를 들어 빵과 다이아몬드를 비교했을 때 인간이 삶을 살아가기 위한 유용성(usefulness)은 빵이 높지만, 욕망을 충족시키는 효용성(utility)은 다이아몬드가 더 크다.

철수가 보유하고 있는 총 재산 120원에 대한 전부보험 보험료가 20원이므로, 철수는 20원의 보험료를 내고 그 대가로 사고가 발생했을 때와 발생하지 않았을 때 모두 100원의 재산을 가진다(즉 확률 무관). U(w)는 재화에 대하여 경제 주체가 느끼는 효용성을 뜻하는 것으로 철수는 자신이 가지게 되는 100원에 대하여 루트만큼의 효용성을 느끼기 때문에 10원의 기대효용을 가진다고 할 수 있다.

32. ④

① 대법원 판례에 따르면, 보험계약은 당사자 사이의 의사합치에 의하여 성립되는 낙성계약이고, 보험계약을 체결할 때 작성교부되는 보험증권은 하나의 증거증권에 불과한 것이어서 보험계약의 내용은 반드시 위의 증거증권만에 의하여 결정되는 것이 아니라 보험계약 체결에 있어서의 당사자의 의사와 계약체결의 전후 경위 등을 종합하여 그 내용을 인정할 수 있다.[44]

② 보험계약의 당사자는 보험증권의 교부가 있은 날로부터 일정한 기간내에 한하여 그 증권내용의 정부(正否)에 관한 이의를 할 수 있음을 약정할 수 있다. 이 기간은 1월을 내리지 못한다(상법 제641조).

③ 기존의 보험계약을 연장하거나 변경한 경우에는 보험자는 그 보험증권에 그 사실을 기재함으로써 보험증권의 교부에 갈음할 수 있다(상법 제640조 제2항).

④ 보험자는 보험계약이 성립한 때에는 지체 없이 보험증권을 작성하여 보험계약자에게 교부하여야 한다. 그러나 보험계약자가 보험료의 전부 또는 최초의 보험료를 지급하지 아니한 때에는 보험증권 교부의무가 면제된다(상법 제640조 제1항).

33. ①

재보험의 손해율이 높아지면 재보험시장은 경성시장(hard market) 환경이 조성된다. 경성시장의 재보험사들은 담보력을 줄이고, 재보험요율은 올리며, 재보험 인수기준을 강화한다.

34. ③

사이드카(sidecar)는 대재해채권(catastrophe bond)과 같은 보험연계 증권의 한 형태로 비영구 특수목적기구(limited-life SPV)를 설립하여 사모펀드, 헤지펀드, 원수보험회사, 재보험회사 등으로부터 자본을 제공받는 형태로 운영된다. 전체적인 거래 형태는 전통적인 재보험과 유사하나 최소한의 서류작업과 관리비용으로 운영하기 용이하며, 주로 제한된 범위의 단기 보험계약을 대상으로 대재해에 따른 재물손해를 담보한다. 보험회사는 사이드카와 비례재보험계약(quota share reinsurance)을 체결하며 이를 통하여 대재해위험을 자본시장의 투자자들에게 전가한다. 사이드카를 통한 자금조달은 보통 경성시장(Hard Market)이 시작할 때에 약정하여 연성시장(Soft Market) 직전에 해지하는 경우가 많으며 최소한의 서류작업과 관리비용으로 쉽게 거래할 수 있다는 장점이 있다. 사이드카는 전통적인 재보험에 비하여 원수보험자, 재보험자, 투자자에게 모두 유리한 측면이 있다. 원수보험자는 사이드카를 통해 상대적으로 낮은 비용을 들여 인수능력을 확대하거나 다른 사업을 위한 레버리지를 달성할 수 있다. 재보험자도 경쟁자와 언더라이팅 정보를 공유하지 않아도 되기 때문에 재재보험보다는 사이드카 활용을 선호한다. 또한 투자자 관점에서도 사이드카는 기존 재보험시장보다 진입 및 퇴출이 비교적 쉽기 때문에 더 유연한 투자수단에 해당한다.

35. ④

금융재보험(financial reinsurance)이란, 일반적인 재보험의 기능인 보험위험의 전가 이외에 금융요소를 가미한 재보험으로, 재보험료 납입과 재보험금 지급 간의 시차를 반영하여 재보험 부보금액을 현재가치로 할인하여 재보험료를 산정하며, 원보험자는 일정기간 동안 책임한도를 정하여 손실위험을 재보험자에게 전가하고 재보험자는 재보험계약에서 발생하는 영업손익을 원보험자와 공유하는 형태의 재보험을 말한다. 주로 지급준비금 등 장래 예상되는 출재사의 손해 변동성을 관리하는 역할을 하기 때문에 출재사로서는 담보력의 안정화를 꾀할 수 있다는 장점이 있다. 통상 1년 단위로 체결하는 전통적인 재보험과 달리 금융재보험은 3~10년의 장기로 하여 운영된다. 금융재보험은 다음과 같은 특징을 가지고 있다.

1. 재보험료를 산정할 때 투자수익을 명시적으로 반영한다.
   - 금융재보험은 재보험료 수수시점과 재보험금 지급 사이의 시차를 반영하여 재보험료를 할인한다.
   - 나아가 미래의 투자수익 발생정도를 보험료 산정의 주요

44) 대법원 1992.10.27. 선고 92다32852 판결

요소로 고려한다.
2. 재보험자의 위험인수가 제한적으로 이루어진다.
   - 지급할 재보험금의 총액한도를 설정하여 인수하는 위험을 제한한다.
   - 물론 재보험자의 수익도 일반적으로 낮게 설정된다.
3. 장기의 계약기간을 통해 활용된다.
   - 통상 1년 단위로 체결하는 전통적인 재보험과 달리 금융재보험은 3~10년의 장기로 하여 운영된다.
4. 보험계약에서 발생한 영업이익을 원수보험자와 재보험자가 공유한다.
   - 재보험자는 자신이 인수하는 책임을 제한하는데 따른 보상으로 재보험계약에서 발생한 영업이익을 원수보험자와 공유한다.
5. 위험전가와 위험재무 기능을 결합하고 있다.
   - 원수보험자는 보험인수에 따른 위험(underwriting risk) 및 보험금 조기지급에 따른 위험(timing risk)을 전가한다.
   - 주로 지급준비금 등 장래 예상되는 출재사의 손해 변동성을 관리하는 역할을 하기 때문에 출재사로서는 담보력의 안정화를 꾀할 수 있다는 장점이 있다.

금융재보험의 종류에는 기발생사고를 대상으로 하는 소급형과 장래에 발생할 사고를 대상으로 하는 장래형이 있다.

- **소급형** : 지급준비금할인 재보험(time and distance policy, TDP), 손실금이전 재보험(loss portfolio transfers, LPT), 역진전 준비금담보(adverse development covers, ADC)
- **장래형** : 금융 비례재보험(finite quota shares, FQS), 보험금분산특약 재보험(spread loss treaties, SLT)

36. ③

보험계약 당사자의 합의에 의하여 보험계약 체결 이전의 일정 시점부터 보험자의 책임이 개시되는 보험을 소급보험이라 한다. 구로이즈 영문해상보험약관(Lloyd's S.G. Policy)에는 lost or not lost(보험목적의 멸실 여부를 불문)이라는 조항이 있는데, 이는 소급보험이 체결의 전제가 되는 문구이다. 즉, 보험계약 체결 시에 보험목적물의 손해발생 사실 여부를 불문(lost or not lost)하고 보험계약의 효력이 발생한다는 것이다.

37. ①

기업휴지보험(business interruption insurance)은 화재사고나 기계파손 등으로 인하여 사업이 중단된 기간 동안 발생한 이익의 손실을 보상하는 보험으로, 대표적인 간접손실을 보상하는 보험이다. 휴업 기간에 따른 손해를 보상하는 형태이기 때문에 시간요소(time element)와 관계가 깊다.

38. ③

보통약관과 모순 또는 충돌되는 당사자 간의 다른 약정(특별약관)이 있는 경우에는 해당 특별약관이 보험계약에 우선적으로 적용된다. 따라서 약관에 수기문언이 있으면 그 수기문언이, 그 다음은 Typing 또는 Stamping 문언이, 마지막으로 인쇄 문언의 순서로 적용된다.

39. ①

의무적 임의재보험(facultative obligatory cover)은 원보험자(출재사)는 자유롭게 출재 여부를 임의로 결정할 수 있으나 재보험자(수재사)는 의무적으로 수재(인수)해야 하는 방식의 재보험이다. 수재사에게 일방적으로 불리하기 때문에 널리 사용되지는 않으며 출재사와 수재사 사이에 오랜 거래관계로 상호 신뢰가 구축된 경우에 사용한다. 통상 비례재보험특약(quota share reinsurance)이나 초과액재보험특약(surplus reinsurance)의 담보력이 소진된 이후에 활용되며 특약재보험(treaty reinsurance)으로 출재하기에는 재보험계약의 양이 적거나 특정한 위험 분산 차원에서 활용된다. 또한 재보험료와 재보험금이 불균형하고 특약의 손해율이 불규칙하다는 특징이 있다.

40. ④

순수 리스크(pure risk)는 손실의 가능성만 있는 위험으로 이익의 가능성은 내포되어 있지 않으며 인위적으로 창출되지 않은 원래부터 본질적으로 존재하는 위험으로 보험의 대상이 된다. 환율 급변동에 따른 투자 리스크는 순수 리스크(pure risk)에 해당하지 않는다.

2021 제44회 정답 및 해설

1과목 보험업법

01	02	03	04	05	06	07	08	09	10
②	④	③	①	②	④	④	②	④	③
11	12	13	14	15	16	17	18	19	20
③	②	③,④	②	④	②	②	④	①	②
21	22	23	24	25	26	27	28	29	30
①	④	④	③	④	④	①	③	②	④
31	32	33	34	35	36	37	38	39	40
①	①	②	①	④	②	①	③	④	①

01. ②

① 생명보험업이란 생명보험상품의 취급과 관련하여 발생하는 보험의 인수, 보험료 수수 및 보험금 지급 등을 영업으로 하는 것을 말한다.
② 외국보험회사란 대한민국 이외의 국가의 법령에 따라 설립되어 대한민국 이외의 국가에서 보험업을 경영하는 자를 말한다.
③ 모집이란 보험계약의 체결을 중개하거나 대리하는 것을 말한다.
④ 신용공여란 대출 또는 유가증권의 매입(자금 지원적 성격인 것만 해당한다)이나 그 밖에 금융거래상의 신용위험이 따르는 보험회사의 직접적 · 간접적 거래로서 대통령령으로 정하는 바에 따라 금융위원회가 정하는 거래를 말한다.

02. ④

누구든지 보험회사가 아닌 자와 보험계약을 체결하거나 중개 또는 대리하지 못한다. 다만 다음 각 호의 어느 하나에 해당하면 예외적으로 이를 허용한다(보험업법 시행령 제7조 제1항).

1. 외국보험회사와 생명보험계약, 수출적하보험계약, 수입적하보험계약, 항공보험계약, 여행보험계약, 선박보험계약, 장기상해보험계약 또는 재보험계약을 체결하는 경우
2. 제1호 외의 경우로서 대한민국에서 취급되는 보험종목에 관하여 셋 이상의 보험회사로부터 가입이 거절되어 외국보험회사와 보험계약을 체결하는 경우
3. 대한민국에서 취급되지 아니하는 보험종목에 관하여 외국보험회사와 보험계약을 체결하는 경우
4. 외국에서 보험계약을 체결하고, 보험기간이 지나기 전에 대한민국에서 그 계약을 지속시키는 경우
5. 제1호부터 제4호까지 외에 보험회사와 보험계약을 체결하기 곤란한 경우로서 금융위원회의 승인을 받은 경우

03. ③

보험업을 경영하려는 자는 다음 각 호에서 정하는 보험종목별로 금융위원회의 허가를 받아야 한다(보험업법 제4조 제1항).

1. 생명보험업의 보험종목
   가. 생명보험
   나. 연금보험(퇴직보험을 포함한다)
   다. 그 밖에 대통령령으로 정하는 보험종목
2. 손해보험업의 보험종목
   가. 화재보험
   나. 해상보험(항공 · 운송보험을 포함한다)
   다. 자동차보험
   라. 보증보험
   마. 재보험(再保險)
   바. 그 밖에 대통령령으로 정하는 보험종목
3. 제3보험업의 보험종목
   가. 상해보험
   나. 질병보험
   다. 간병보험
   라. 그 밖에 대통령령으로 정하는 보험종목

04. ①

보험업의 허가를 받으려는 자는 신청서에 다음 각 호의 서류를 첨부하여 금융위원회에 제출하여야 한다. 다만, 보험회사가 취급하는 보험종목을 추가하려는 경우에는 제1호의 서류는 제출하지 아니할 수 있다(보험업법 제5조).

1. 정관
2. 업무 시작 후 3년간의 사업계획서(추정재무제표를 포함한다)
3. 경영하려는 보험업의 보험종목별 사업방법서, 보험약관, 보험료 및 해약환급금의 산출방법서(기초서류) 중 대통령령으로 정하는 서류
4. 제1호부터 제3호까지의 규정에 따른 서류 이외에 대통령령으로 정하는 서류

05. ②

① 보험업의 허가를 신청하려는 자는 미리 금융위원회에 예비허가를 신청할 수 있다(보험업법 제7조 제1항).
② 예비허가 신청을 받은 금융위원회는 2개월 이내에 심사하여 예비허가 여부를 통지하여야 한다(보험업법 제7조 제2항).
③ 금융위원회는 예비허가에 조건을 붙일 수 있다(보험업법 제7조 제3항).

④ 금융위원회는 예비허가를 받은 자가 예비허가의 조건을 이행한 후 본허가를 신청하면 허가하여야 한다(보험업법 제7조 제4항).

06. ④

보험종목의 일부만을 취급하려는 보험회사가 납입하여야 하는 보험종목별 자본금 또는 기금의 액수는 다음 각 호의 구분에 따른다(보험업법 시행령 제12조 제1항).

1. 생명보험: 200억원
2. 연금보험(퇴직보험을 포함한다): 200억원
3. 화재보험: 100억원
4. 해상보험(항공 · 운송보험을 포함한다): 150억원
5. 자동차보험: 200억원
6. 보증보험: 300억원
7. 재보험: 300억원
8. 책임보험: 100억원
9. 기술보험: 50억원
10. 권리보험: 50억원
11. 상해보험: 100억원
12. 질병보험: 100억원
13. 간병보험: 100억원
14. 제1호부터 제13호까지 외의 보험종목: 50억원

07. ④

보험회사는 생명보험업과 손해보험업을 겸영(兼營)하지 못한다. 다만 다음 각 호의 어느 하나에 해당하는 보험종목은 겸영할 수 있다(보험업법 제10조 및 보험업법 시행령 제15조).

1. 생명보험의 재보험 및 제3보험의 재보험
2. 다른 법령에 따라 겸영할 수 있는 보험종목으로서 대통령령으로 정하는 보험종목
2-1. 「소득세법」 제20조의3 제1항 제2호 각 목 외의 부분에 따른 연금저축계좌를 설정하는 계약[1]
2-2. 「근로자퇴직급여 보장법」 제29조 제2항에 따른 보험계약 및 법률 제10967호 근로자퇴직급여 보장법 전부개정법률 부칙 제2조 제1항 본문에 따른 퇴직보험계약
3. 대통령령으로 정하는 기준에 따라 제3보험의 보험종목에 부가되는 보험 : 질병을 원인으로 하는 사망을 제3보험의 특약 형식으로 담보하는 보험으로서 다음 각 호의 요건을 충족하는 보험을 말한다.
3-1. 보험만기는 80세 이하일 것
3-2. 보험금액의 한도는 개인당 2억원 이내일 것
3-3. 만기 시에 지급하는 환급금은 납입보험료 합계액의 범위 내일 것

08. ②

보험회사는 경영건전성을 해치거나 보험계약자 보호 및 건전한 거래질서를 해칠 우려가 없는 금융업무로서 다음 각 호에 규정된 업무를 할 수 있다. 이 경우 보험회사는 제1호 또는 제3호의 업무를 하려면 그 업무를 시작하려는 날의 7일 전까지 금융위원회에 신고하여야 한다(보험업법 제11조 및 보험업법 시행령 제16조).

1. 대통령령으로 정하는 금융 관련 법령에서 정하고 있는 금융업무로서 해당 법령에서 보험회사가 할 수 있도록 한 업무
1-1. 「자산유동화에 관한 법률」에 따른 유동화자산의 관리업무
1-2. ~~「주택저당채권 유동화회사법」에 따른 유동화자산의 관리업무~~ 삭제 〈2023. 5. 16.〉[2]
1-3. 「한국주택금융공사법」에 따른 채권유동화자산의 관리업무
1-4. 「전자금융거래법」 제28조 제2항 제1호에 따른 전자자금이체업무[같은 법 제2조 제6호에 따른 결제중계시스템(결제중계시스템)의 참가기관으로서 하는 전자자금이체업무와 보험회사의 전자자금이체업무에 따른 자금정산 및 결제를 위하여 결제중계시스템에 참가하는 기관을 거치는 방식의 전자자금이체업무는 제외한다]
1-5. 「신용정보의 이용 및 보호에 관한 법률」에 따른 본인신용정보관리업
2. 대통령령으로 정하는 금융업으로서 해당 법령에 따라 인가 · 허가 · 등록 등이 필요한 금융업무
2-1. 「자본시장과 금융투자업에 관한 법률」 제6조 제4항에 따른 집합투자업
2-2. 「자본시장과 금융투자업에 관한 법률」 제6조 제6항에 따른 투자자문업
2-3. 「자본시장과 금융투자업에 관한 법률」 제6조 제7항에 따른 투자일임업
2-4. 「자본시장과 금융투자업에 관한 법률」 제6조 제8항에 따른 신탁업
2-5. 「자본시장과 금융투자업에 관한 법률」 제9조 제21항에 따른 집합투자증권에 대한 투자매매업
2-6. 「자본시장과 금융투자업에 관한 법률」 제9조 제21항에 따른 집합투자증권에 대한 투자중개업
2-7. 「외국환거래법」 제3조 제16호에 따른 외국환업무
2-8. 「근로자퇴직급여 보장법」 제2조 제13호에 따른 퇴직연금사업자의 업무
2-9. 보험업의 경영이나 「보험업법」 제11조의2에 따라 보험업에 부수(附隨)하는 업무의 수행에 필요한 범위에서 영위하는 「전자금융거래법」에 따른 선불전자지급수단의 발행 및 관리 업무
3. 그 밖에 보험회사의 경영건전성을 해치거나 보험계약자 보호 및 건전한 거래질서를 해칠 우려가 없다고 인정되는 금

1) 참고로 시험 출제 당시의 보험업법 시행령 제15조 제1항은 문제와 같이 '조세특례제한법 제86조의2에 따른 연금저축계약'이라고 되어 있었으나, 2021년 6월 1일자로 해설 내용으로 개정되었다.
2) 참고로 시험 출제 당시의 보험업법 시행령 제16조 제1항 제2호에 "「주택저당채권 유동화회사법」에 따른 유동화자산의 관리업무"가 있었고 이를 바탕으로 문제가 출제되었으나, 해당 규정은 2023년 5월 16일자로 삭제되었다.

융업무로서 대통령령으로 정하는 금융업무 : 다른 금융기관의 업무 중 금융위원회가 정하여 고시하는 바에 따라 그 업무의 수행방법 또는 업무 수행을 위한 절차상 본질적 요소가 아니면서 중대한 의사결정을 필요로 하지 아니한다고 판단하여 위탁한 업무

09. ④

금융위원회는 보험회사가 하는 부수업무가 다음 각 호의 어느 하나에 해당하면 그 부수업무를 하는 것을 제한하거나 시정할 것을 명할 수 있다(보험업법 제11조의2 제3항).

1. 보험회사의 경영건전성을 해치는 경우
2. 보험계약자 보호에 지장을 가져오는 경우
3. 금융시장의 안정성을 해치는 경우

10. ③

가. 보험회사인 주식회사가 자본감소를 결의한 경우에는 그 결의를 한 날부터 2주 이내에 결의의 요지와 재무상태표(舊 대차대조표)를 공고하여야 한다(보험업법 제18조 제1항).

나. 주식회사는 그 조직을 변경하여 상호회사로 변경할 수 있다(보험업법 제20조 제1항).

다. 주식회사는 조직 변경을 결의할 때 보험계약자 총회를 갈음하는 기관에 관한 사항을 정할 수 있다(보험업법 제25조 제1항).

라. 주식회사의 조직변경은 주주총회의 결의를 거쳐야 한다(보험업법 제21조 제1항).

11. ③

① 상호회사의 발기인은 정관을 작성하여 보험업법에서 정한 일정한 사항을 적고 기명날인하여야 한다(보험업법 제34조).

② 상호회사는 그 명칭 중에 상호회사라는 글자를 포함하여야 한다(보험업법 제35조).

③ 상호회사의 기금은 금전 이외의 자산으로 납입하지 못한다(보험업법 제36조 제1항).

④ 상호회사는 100명 이상의 사원으로써 설립한다(보험업법 제37조).

12. ②

가. 상호회사의 발기인은 상호회사의 기금의 납입이 끝나고 사원의 수가 예정된 수가 되면 그 날부터 7일 이내에 창립총회를 소집하여야 한다(보험업법 제39조 제1항).

나. 창립총회는 사원 과반수의 출석과 그 의결권의 4분의 3 이상의 찬성으로 결의한다(보험업법 제39조 제2항).

다. 상호회사의 설립등기는 창립총회가 끝난 날부터 2주 이내에 하여야 한다(보험업법 제40조 제1항).

13. ③, ④

본 문제는 가답안에서는 ④번 지문만 정답이었으나, 최종답안에서는 ③번 지문도 정답으로 포함하는 것으로 수정되었다.

① 상호회사는 사원총회를 갈음할 기관을 정관으로 정할 수 있다(보험업법 제54조 제1항).

② 상호회사의 사원은 사원총회에서 각각 1개의 의결권을 가진다. 다만, 정관에 특별한 규정이 있는 경우에는 그러하지 아니하다(보험업법 제55조).

③ 상호회사의 100분의 5 이상의 사원은 회의의 목적과 그 소집의 이유를 적은 서면을 이사에게 제출하여 사원총회의 소집을 청구할 수 있다. 다만, 이 권리의 행사에 관하여는 정관으로 다른 기준을 정할 수 있다(보험업법 제56조 제1항).

④ 상호회사의 사원과 채권자는 영업시간 중에는 언제든지 정관과 사원총회 및 이사회의 의사록을 열람하거나 복사할 수 있고, 회사가 정한 비용을 내면 그 등본 또는 초본의 발급을 청구할 수 있다(보험업법 제57조 제2항).

14. ②

보험의 모집을 할 수 있는 자는 다음 각 호의 어느 하나에 해당하는 자이어야 한다(보험업법 제83조 제1항).

1. 보험설계사
2. 보험대리점
3. 보험중개사
4. 보험회사의 임원(대표이사 · 사외이사 · 감사 및 감사위원은 제외한다) 또는 직원

15. ④

보험업법 규정상 보험회사등은 다른 보험회사등에 소속된 보험설계사에게 모집을 위탁하지 못하며, 보험설계사는 자기가 소속된 보험회사등 이외의 자를 위하여 모집을 하지 못한다. 다만 다음 각 호의 어느 하나에 해당하는 경우에는 모집이 가능하다(보험업법 제85조). 이를 교차모집(交叉募集)이라고 한다.

1. 생명보험회사 또는 제3보험업을 전업(專業)으로 하는 보험회사에 소속된 보험설계사가 1개의 손해보험회사를 위하여 모집을 하는 경우
2. 손해보험회사 또는 제3보험업을 전업으로 하는 보험회사에 소속된 보험설계사가 1개의 생명보험회사를 위하여 모집을 하는 경우
3. 생명보험회사나 손해보험회사에 소속된 보험설계사가 1개의 제3보험업을 전업으로 하는 보험회사를 위하여 모집을 하는 경우

16. ②

다음 각 호의 어느 하나에 해당하는 자는 보험대리점이 되지 못한다(보험업법 제87조 제2항 및 보험업법 시행령 제32조 제1항).

1. 보험설계사가 되지 못하는 자 중 어느 하나에 해당하는 자
1-1. 피성년후견인 또는 피한정후견인
1-2. 파산선고를 받은 자로서 복권되지 아니한 자
1-3. 보험업법 또는 「금융소비자 보호에 관한 법률」에 따라 벌금 이상의 형을 선고받고 그 집행이 끝나거나(집행이 끝난 것으로 보는 경우를 포함한다) 집행이 면제된 날부터 2년이 지나지 아니한 자
1-4. 보험업법 또는 「금융소비자 보호에 관한 법률」에 따라

금고 이상의 형의 집행유예를 선고받고 그 유예기간 중에 있는 자

1-5. 보험설계사 · 보험대리점 또는 보험중개사의 등록이 취소(제1호 또는 제2호에 해당하여 등록이 취소된 경우는 제외한다)된 후 2년이 지나지 아니한 자

1-6. 제5호에도 불구하고 보험설계사 · 보험대리점 또는 보험중개사 등록취소 처분을 2회 이상 받은 경우 최종 등록취소 처분을 받은 날부터 3년이 지나지 아니한 자

1-7. 「보험업법」 또는 「금융소비자 보호에 관한 법률」에 따라 과태료 또는 과징금 처분을 받고 이를 납부하지 아니하거나 업무정지 및 등록취소 처분을 받은 보험대리점 · 보험중개사 소속의 임직원이었던 자(처분사유의 발생에 관하여 직접 또는 이에 상응하는 책임이 있는 자로서 대통령령으로 정하는 자만 해당한다)로서 과태료 · 과징금 · 업무정지 및 등록취소 처분이 있었던 날부터 2년이 지나지 아니한 자

1-8. 영업에 관하여 성년자와 같은 능력을 가지지 아니한 미성년자로서 그 법정대리인이 제1호부터 제7호까지의 규정 중 어느 하나에 해당하는 자

1-9. 법인 또는 법인이 아닌 사단이나 재단으로서 그 임원이나 관리인 중에 제1호부터 제7호까지의 규정 중 어느 하나에 해당하는 자가 있는 자

1-10. 이전에 모집과 관련하여 받은 보험료, 대출금 또는 보험금을 다른 용도에 유용(流用)한 후 3년이 지나지 아니한 자

2. 보험설계사 또는 보험중개사로 등록된 자
3. 다른 보험회사 등의 임직원
4. 외국의 법령에 따라 보험설계사가 되지 못하는 자에 해당하는 것으로 취급되는 자
5. 그 밖에 경쟁을 실질적으로 제한하는 등 불공정한 모집행위를 할 우려가 있는 자로서 대통령령으로 정하는 자

5-1. 국가기관과 특별법에 따라 설립된 기관 및 그 기관의 퇴직자로 구성된 법인 또는 단체

5-2. 제1호의 기관, 「금융지주회사법」에 따른 금융지주회사 또는 금융기관(겸영업무로 「자본시장과 금융투자업에 관한 법률」에 따른 투자매매업 또는 투자중개업 인가를 받은 보험회사는 제외한다)이 출연 · 출자하는 등 금융위원회가 정하여 고시하는 방법과 기준에 따라 사실상의 지배력을 행사하고 있다고 인정되는 법인 또는 단체

5-3. 「금융위원회의 설치 등에 관한 법률」 제38조 각 호의 기관 중 다음 각 목의 기관을 제외한 기관
가. 「보험업법」 제91조 제1항 각 호의 금융기관
나. 「금융위원회의 설치 등에 관한 법률」 제38조 제9호에 따른 기관 중 금융위원회가 정하여 고시하는 기관

5-4. 제1호부터 제3호까지의 법인 · 단체 또는 기관의 임원 또는 직원

5-5. 그 밖에 보험대리점을 운영하는 것이 공정한 보험거래 질서 확립 및 보험대리점 육성을 저해한다고 금융위원회가 인정하는 자

17. ②

① 부채가 자산을 초과하는 법인은 보험중개사가 되지 못한다(보험업법 제89조 제2항).

② 금융위원회는 등록을 한 보험중개사가 보험계약 체결 중개와 관련하여 보험계약자에게 입힌 손해의 배상을 보장하기 위하여 보험중개사로 하여금 금융위원회가 지정하는 기관에 영업보증금을 예탁하게 하거나 보험 가입, 그 밖에 필요한 조치를 하게 할 수 있다(보험업법 제89조 제3항). 여기에서 금융위원회가 지정하는 기관이란 금융감독원을 말한다(보험업감독규정).

③ 보험중개사의 영업보증금은 개인은 1억원 이상, 법인은 3억원 이상으로 하며, 그 구체적인 금액은 해당 보험중개사의 영업 규모를 고려하여 총리령으로 정한다. 다만 금융기관보험중개사에 대해서는 영업보증금 예탁의무를 면제한다(보험업법 시행령 제37조 제1항).

④ 보험중개사는 개인인 보험중개사(개인보험중개사)와 법인인 보험중개사(법인보험중개사)로 구분하고, 각각 생명보험중개사 · 손해보험중개사 및 제3보험중개사로 구분한다(보험업법 시행령 제34조 제1항).

18. ④

① 보험회사 또는 보험의 모집에 종사하는 자는 대통령령으로 정하는 보험계약을 모집하기 전에 보험계약자가 되려는 자의 동의를 얻어 모집하고자 하는 보험계약과 동일한 위험을 보장하는 보험계약을 체결하고 있는지를 확인하여야 하며 확인한 내용을 보험계약자가 되려는 자에게 즉시 알려야 한다(보험업법 제95조의5 제1항). 이때 말하는 "대통령령으로 정하는 보험계약"이란 실제 부담한 의료비만 지급하는 제3보험상품계약(실손의료보험계약)과 실제 부담한 손해액만을 지급하는 것으로서 금융감독원장이 정하는 보험상품계약(기타손해보험계약)을 말한다. 다만, 다음 각 호의 보험계약은 제외한다(보험업법 시행령 제42조의5 제1항).

1. 삭제 〈2014.4.15.〉
2. 여행 중 발생한 위험을 보장하는 보험계약으로서 다음 각 목의 어느 하나에 해당하는 보험계약
가. 「관광진흥법」 제4조에 따라 등록한 여행업자가 여행자를 위하여 일괄 체결하는 보험계약
나. 특정 단체가 그 단체의 구성원을 위하여 일괄 체결하는 보험계약
3. 국외여행, 연수 또는 유학 등 국외체류 중 발생한 위험을 보장하는 보험계약

② 보험회사는 보험계약의 체결 시부터 보험금 지급 시까지의 주요 과정을 일반보험계약자에게 설명하여야 한다(보험업법 제95조의2 제3항).

③ 보험회사는 모집을 위하여 사용하는 보험안내자료에 다음 각 호의 사항을 명백하고 알기 쉽게 적어야 한다(보험업법 제95조 제1항).

1. 보험회사의 상호나 명칭 또는 보험설계사 · 보험대리점 또는 보험중개사의 이름 · 상호나 명칭
2. 보험 가입에 따른 권리 · 의무에 관한 주요 사항
3. 보험약관으로 정하는 보장에 관한 사항
3의2. 보험금 지급제한 조건에 관한 사항
4. 해약환급금에 관한 사항
5. 「예금자보호법」에 따른 예금자보호와 관련된 사항
6. 그 밖에 보험계약자를 보호하기 위하여 대통령령으로 정하는 사항

④ 보험회사는 다음 각 호의 어느 하나에 해당하는 경우 통신수단을 이용할 수 있도록 하여야 한다(보험업법 제96조 제2항).

1. 보험계약을 청약한 자가 청약의 내용을 확인 · 정정 요청하거나 청약을 철회하고자 하는 경우
2. 보험계약자가 체결한 계약의 내용을 확인하고자 하는 경우
3. 보험계약자가 체결한 계약을 해지하고자 하는 경우(보험계약자가 계약을 해지하기 전에 안전성 및 신뢰성이 확보되는 방법을 이용하여 보험계약자 본인임을 확인받은 경우에 한정한다)[3)]

19. ①

①③④ 보험계약의 체결 또는 모집에 종사하는 자는 그 체결 또는 모집에 관하여 다음 각 호의 어느 하나에 해당하는 행위를 하여서는 아니 된다(보험업법 제97조 제1항).

1. 삭제 〈2020.3.24.〉
2. 삭제 〈2020.3.24.〉
3. 삭제 〈2020.3.24.〉
4. 삭제 〈2020.3.24.〉
5. 보험계약자 또는 피보험자로 하여금 이미 성립된 보험계약(기존보험계약)을 부당하게 소멸시킴으로써 새로운 보험계약(대통령령으로 정하는 바에 따라 기존보험계약과 보장 내용 등이 비슷한 경우만 해당한다.)을 청약하게 하거나 새로운 보험계약을 청약하게 함으로써 기존보험계약을 부당하게 소멸시키거나 그 밖에 부당하게 보험계약을 청약하게 하거나 이러한 것을 권유하는 행위
6. 실제 명의인이 아닌 자의 보험계약을 모집하거나 실제 명의인의 동의가 없는 보험계약을 모집하는 행위
7. 보험계약자 또는 피보험자의 자필서명이 필요한 경우에 보험계약자 또는 피보험자로부터 자필서명을 받지 아니하고 서명을 대신하거나 다른 사람으로 하여금 서명하게 하는 행위
8. 다른 모집 종사자의 명의를 이용하여 보험계약을 모집하는 행위
9. 보험계약자 또는 피보험자와의 금전대차의 관계를 이용하여 보험계약자 또는 피보험자로 하여금 보험계약을 청약하게 하거나 이러한 것을 요구하는 행위
10. 정당한 이유 없이 「장애인차별금지 및 권리구제 등에 관한 법률」 제2조에 따른 장애인의 보험가입을 거부하는 행위
11. 보험계약의 청약철회 또는 계약 해지를 방해하는 행위

② 보험계약의 체결 또는 모집에 종사하는 자가 기존보험계약이 소멸된 날부터 1개월 이내에 새로운 보험계약을 청약하게 하거나 새로운 보험계약을 청약하게 한 날부터 1개월 이내에 기존보험계약을 소멸하게 하는 행위를 한 경우에는 기존보험계약을 부당하게 소멸시키거나 소멸하게 하는 행위를 한 것으로 본다. 다만, 보험계약자가 기존 보험계약 소멸 후 새로운 보험계약 체결 시 손해가 발생할 가능성이 있다는 사실을 알고 있음을 자필로 서명하는 등 대통령령으로 정하는 바에 따라 본인의 의사에 따른 행위임이 명백히 증명되는 경우에는 그러하지 아니하다.

20. ②

보험계약의 체결 또는 모집에 종사하는 자는 그 체결 또는 모집과 관련하여 보험계약자나 피보험자에게 다음 각 호의 어느 하나에 해당하는 특별이익을 제공하거나 제공하기로 약속하여서는 아니 된다(보험업법 제98조 및 보험업법 시행령 제46조).

1. 금품. 다만 보험계약 체결 시부터 최초 1년간 납입되는 보험료의 100분의 10과 3만원(보험계약에 따라 보장되는 위험을 감소시키는 물품의 경우에는 20만원) 중 적은 금액은 제외한다.
2. 기초서류에서 정한 사유에 근거하지 아니한 보험료의 할인 또는 수수료의 지급
3. 기초서류에서 정한 보험금액보다 많은 보험금액의 지급 약속
4. 보험계약자나 피보험자를 위한 보험료의 대납
5. 보험계약자나 피보험자가 해당 보험회사로부터 받은 대출금에 대한 이자의 대납
6. 보험료로 받은 수표 또는 어음에 대한 이자 상당액의 대납
7. 「상법」 제682조에 따른 제3자에 대한 청구권 대위행사의 포기

21. ①

보험대리점 또는 보험중개사가 모집한 자기 또는 자기를 고용하고 있는 자를 보험계약자나 피보험자로 하는 보험의 보험료 누계액(累計額)이 그 보험대리점 또는 보험중개사가 모집한 보험의 보험료의 100분의 50을 초과하게 된 경우에는 그 보험대리점 또는 보험중개사는 자기 또는 자기를 고용하고 있는 자를 보험계약자 또는 피보험자로 하는 보험을 모집하는 것을 그 주된 목적으로 한 것으로 본다(간주한다)(보험업법 제101조 제2항).

---

3) 참고로 시험 출제 당시에는 "보험계약자가 체결한 계약을 해지하고자 하는 경우(보험계약자가 계약을 체결하기 전에 통신수단을 이용한 계약해지에 동의한 경우에 한한다)"라고 되어 있었으나, 2021년 8월부터 해설과 같이 개정되었다. 따라서 이제는 계약 체결 전에 통신수단을 이용한 계약해지에 동의하지 않은 경우라도 일정한 요건만 충족한다면 해지가 가능하다.

22. ④

금융기관보험대리점등은 보험의 모집을 할 때에 다음 각 호의 사항을 지켜야 한다(보험업법 제100조 제2항 및 보험업법 시행령 제48조 제2항).

1. 해당 금융기관이 대출등을 받는 자에게 보험계약의 청약을 권유하는 경우 대출등을 받는 자가 그 금융기관이 대리하거나 중개하는 보험계약을 체결하지 아니하더라도 대출등을 받는 데 영향이 없음을 알릴 것
2. 해당 금융기관이 보험회사가 아니라 보험대리점 또는 보험중개사라는 사실과 보험계약의 이행에 따른 지급책임은 보험회사에 있음을 보험계약을 청약하는 자에게 알릴 것
3. 보험을 모집하는 장소와 대출등을 취급하는 장소를 보험계약을 청약하는 자가 쉽게 알 수 있을 정도로 분리할 것
4. 제1호부터 제3호까지의 사항과 비슷한 사항으로서 대통령령으로 정하는 사항 : 보험계약자 등의 보험민원을 접수하여 처리할 전담창구를 해당 금융기관의 본점에 설치 · 운영하는 것을 말한다.

23. ④

보험회사는 그 자산을 다음 각 호의 어느 하나에 해당하는 방법으로 운용하여서는 아니 된다(보험업법 제105조).

1. 대통령령으로 정하는 업무용 부동산이 아닌 부동산(저당권 등 담보권의 실행으로 취득하는 부동산은 제외한다)의 소유
2. 「근로자퇴직급여 보장법」 제29조 제2항에 따른 보험계약 및 법률 제10967호 근로자퇴직급여 보장법 전부개정법률 부칙 제2조 제1항 본문에 따른 퇴직보험계약에 따라 설정된 특별계정을 통한 부동산의 소유
3. 상품이나 유가증권에 대한 투기를 목적으로 하는 자금의 대출
4. 직접 · 간접을 불문하고 해당 보험회사의 주식을 사도록 하기 위한 대출
5. 직접 · 간접을 불문하고 정치자금의 대출
6. 해당 보험회사의 임직원에 대한 대출(보험약관에 따른 대출 및 금융위원회가 정하는 소액대출은 제외한다)
7. 자산운용의 안정성을 크게 해칠 우려가 있는 행위로서 대통령령으로 정하는 행위

24. ③

① 보험회사는 다음 각 호의 어느 하나에 해당하는 계약에 대하여는 대통령령으로 정하는 바에 따라 그 준비금에 상당하는 자산의 전부 또는 일부를 그 밖의 자산과 구별하여 이용하기 위한 계정(특별계정)을 각각 설정하여 운용할 수 있다(보험업법 제108조 제1항).

1. 「소득세법」에 따른 연금저축계좌를 설정하는 계약
2. 「근로자퇴직급여 보장법」에 따른 보험계약 및 부칙에 따른 퇴직보험계약
3. 변액보험계약(보험금이 자산운용의 성과에 따라 변동하는 보험계약을 말한다)
4. 그 밖에 금융위원회가 필요하다고 인정하는 보험계약

② 보험회사는 특별계정에 속하는 자산은 다른 특별계정에 속하는 자산 및 그 밖의 자산과 구분하여 회계처리하여야 한다(보험업법 제108조 제2항).

③ 보험회사의 의결권 행사가 제한되는 것은 다른 금융기관 또는 회사와 자산운용한도의 제한을 피하기 위하여 다른 금융기관 또는 회사의 의결권 있는 주식을 서로 교차하여 보유하거나 신용공여를 하는 행위, 상법 및 자본시장과 금융투자업에 관한 법률에 따른 자기주식 취득의 제한을 피하기 위한 목적으로 서로 교차하여 주식을 취득하는 행위 등이 있다(보험업법 제110조 제1항 및 제2항). 변액보험계약 특별계정의 자산으로 취득한 주식에 대한 의결권 행사를 제한하는 규정은 없다.

④ 보험회사는 특별계정에 속하는 이익을 그 계정상의 보험계약자에게 분배할 수 있다(보험업법 제108조 제3항).

25. ④

보험회사는 자회사와 다음 각 호의 행위를 하여서는 아니 된다(보험업법 제116조 및 보험업법 시행령 제59조의2).

1. 자산을 대통령령으로 정하는 바에 따라 무상으로 양도하거나 일반적인 거래 조건에 비추어 해당 보험회사에 뚜렷하게 불리한 조건으로 매매 · 교환 · 신용공여 또는 재보험계약을 하는 행위. 이 때 대통령령으로 정하는 사항은 보험회사의 대주주와 다음의 행위를 하는 것을 말한다. 다만, 보험회사가 외국에서 보험업을 경영하는 자회사(자회사로 편입된 지 5년이 경과하지 아니한 경우만 해당한다)에 대하여 무형의 자산을 무상으로 제공하는 행위는 제외한다.
   1-1. 증권, 부동산, 무체재산권 등 경제적 가치가 있는 유형 · 무형의 자산을 무상으로 제공하는 행위
   1-2. 제1호의 자산을 정상가격(일반적인 거래에서 적용되거나 적용될 것으로 판단되는 가격을 말한다. 이하 이 조에서 같다)에 비하여 뚜렷하게 낮거나 높은 가격으로 매매하는 행위
   1-3. 제1호의 자산을 정상가격에 비하여 뚜렷하게 낮은 가격의 자산과 교환하는 행위
   1-4. 정상가격에 비하여 뚜렷하게 낮은 가격의 자산을 대가로 신용공여를 하는 행위
   1-5. 정상가격에 비하여 뚜렷하게 낮거나 높은 보험료를 지급받거나 지급하고 재보험계약을 체결하는 행위
2. 자회사가 소유하는 주식을 담보로 하는 신용공여 및 자회사가 다른 회사에 출자하는 것을 지원하기 위한 신용공여
3. 자회사 임직원에 대한 대출(보험약관에 따른 대출과 금융위원회가 정하는 소액대출은 제외한다)

26. ④

보험업법상 보험회사는 매년 12월 31일에 그 장부를 폐쇄하여야 하고 장부를 폐쇄한 날부터 3개월 이내에 금융위원회가 정하는 바에 따라 재무제표(부속명세서를 포함한다) 및 사업보고서를 금융위원회에 제출하여야 한다(보험업법 제118조 제1항).

27. ①

보험설계사 · 보험대리점 또는 보험중개사는 다음 각 호의 어느 하나에 해당하는 경우에는 지체 없이 그 사실을 금융위원회에 신고하여야 한다(보험업법 제93조 제1항).

1. 등록을 신청할 때 제출한 서류에 적힌 사항이 변경된 경우
2. 보험설계사 · 보험대리점 또는 보험중개사가 되지 못하는 자의 규정 각 호의 어느 하나에 해당하게 된 경우
3. 모집업무를 폐지한 경우
4. 개인의 경우에는 본인이 사망한 경우
5. 법인의 경우에는 그 법인이 해산한 경우
6. 법인이 아닌 사단 또는 재단의 경우에는 그 단체가 소멸한 경우
7. 보험대리점 또는 보험중개사가 소속 보험설계사와 보험모집에 관한 위탁을 해지한 경우
8. 교차모집 규정에 따라 보험설계사가 다른 보험회사를 위하여 모집을 한 경우나, 보험대리점 또는 보험중개사가 생명보험계약의 모집과 손해보험계약의 모집을 겸하게 된 경우

28. ③

① 보험상품공시위원회는 보험협회가 실시하는 보험상품의 비교 · 공시에 관한 중요 사항을 심의 · 의결한다(보험업법 시행령 제68조 제1항).

② 위원회는 위원장 1명을 포함하여 9명의 위원으로 구성한다(보험업법 시행령 제68조 제2항).

③ 위원의 임기는 2년으로 한다. 다만 금융감독원 상품담당 부서장과 보험협회의 상품담당 임원 및 보험요율 산출기관의 상품담당 임원인 위원의 임기는 해당 직(職)에 재직하는 기간으로 한다(보험업법 시행령 제68조 제4항).

④ 위원회의 위원장은 위원 중에서 호선하며, 위원회의 위원은 금융감독원 상품담당 부서장, 보험협회의 상품담당 임원, 보험요율 산출기관의 상품담당 임원 및 보험협회의 장이 위촉하는 다음 각 호의 사람으로 구성한다(보험업법 시행령 제68조 제3항).

1. 보험회사 상품담당 임원 또는 선임계리사 2명
2. 판사, 검사 또는 변호사의 자격이 있는 사람 1명
3. 소비자단체에서 추천하는 사람 2명
4. 보험에 관한 학식과 경험이 풍부한 사람 1명

29. ②

① 보험회사가 정관을 변경한 경우에는 변경한 날로부터 7일 이내에 금융위원회에 알려야 한다(보험업법 제126조).

② 보험회사는 기초서류를 작성하거나 변경하려는 경우 그 내용이 다음 각 호의 어느 하나에 해당하는 경우에 한정하여 미리 금융위원회에 신고하여야 한다(보험업법 제127조 제2항).

1. 법령의 제정 · 개정에 따라 새로운 보험상품이 도입되거나 보험상품 가입이 의무가 되는 경우
2. 삭제 〈2020.12.8.〉
3. 보험계약자 보호 등을 위하여 대통령령으로 정하는 경우

③ 금융위원회는 보험회사가 기초서류를 작성하거나 변경하려는 경우에 필요하면 「금융위원회의 설치 등에 관한 법률」에 따라 설립된 금융감독원의 확인을 받도록 할 수 있다(보험업법 제128조 제1항).

④ 보험회사는 기초서류를 작성 · 변경할 때 다음 각 호의 사항을 지켜야 한다(보험업법 제128조의3 제1항).

1. 보험업법 또는 다른 법령에 위반되는 내용을 포함하지 아니할 것
2. 정당한 사유 없는 보험계약자의 권리 축소 또는 의무 확대 등 보험계약자에게 불리한 내용을 포함하지 아니할 것
3. 그 밖에 보험계약자 보호, 재무건전성 확보 등을 위하여 대통령령으로 정하는 바에 따라 금융위원회가 정하는 기준에 적합할 것

30. ④

① 금융위원회는 보험소비자와 보험의 모집에 종사하는 자 등 대통령령으로 정하는 자(보험소비자 등)를 대상으로 다음 각 호의 사항에 대한 이해도를 평가하고 그 결과를 대통령령으로 정하는 바에 따라 공시할 수 있다(보험업법 제128조의4 제1항).

1. 보험약관
2. 보험안내자료 중 금융위원회가 정하여 고시하는 자료

②③④ 보험약관 이해도 평가결과에 대한 공시기준은 다음 각 호와 같다(보험업법 시행령 제71조의6 제3항).

1) 공시대상 : 보험약관의 이해도 평가 기준 및 해당 기준에 따른 평가 결과
2) 공시방법 : 평가대행기관의 홈페이지에 공시
3) 공시주기 : 연 2회 이상

31. ①

보험회사는 다음 각 호의 어느 하나에 해당하는 사유가 발생한 경우에는 그 사유가 발생한 날부터 5일 이내에 금융위원회에 보고하여야 한다(보험업법 제130조 및 보험업법 시행령 제72조).

1. 상호나 명칭을 변경한 경우
2. 삭제 〈2015.7.31.〉
3. 본점의 영업을 중지하거나 재개(再開)한 경우
4. 최대주주가 변경된 경우
5. 대주주가 소유하고 있는 주식 총수가 의결권 있는 발행주식 총수의 100분의 1 이상만큼 변동된 경우
6. 그 밖에 해당 보험회사의 업무 수행에 중대한 영향을 미치는 경우로서 대통령령으로 정하는 경우

6-1. 자본금 또는 기금을 증액한 경우
6-2. 법 제21조에 따른 조직 변경의 결의를 한 경우
6-3. 법 제13장에 따른 처벌을 받은 경우
6-4. 조세 체납처분을 받은 경우 또는 조세에 관한 법령을 위반하여 형벌을 받은 경우
6-5. 「외국환 거래법」에 따른 해외투자를 하거나 외국에 영업소, 그 밖의 사무소를 설치한 경우

6-6. 보험회사의 주주 또는 주주였던 자가 제기한 소송의 당사자가 된 경우

32. ①

금융위원회는 보험회사의 업무운영이 적정하지 아니하거나 자산상황이 불량하여 보험계약자 및 피보험자 등의 권익을 해칠 우려가 있다고 인정되는 경우에는 다음 각 호의 어느 하나에 해당하는 조치를 명할 수 있다(보험업법 제131조 제1항).

1. 업무집행방법의 변경
2. 금융위원회가 지정하는 기관에의 자산 예탁
3. 자산의 장부가격 변경
4. 불건전한 자산에 대한 적립금의 보유
5. 가치가 없다고 인정되는 자산의 손실처리
6. 그 밖에 대통령령으로 정하는 필요한 조치 : 보험계약자 보호에 필요한 사항의 공시를 명하는 것을 말한다.

33. ②

금융위원회는 보험회사가 보험업법 등의 위반 사실이 있는 경우에는 금융감독원장의 건의에 따라 다음 각 호의 어느 하나에 해당하는 조치를 하거나 금융감독원장으로 하여금 제1호의 조치를 하게 할 수 있다(보험업법 제134조 제1항). 나머지 조치는 금융위원회가 스스로 해야 하는 조치사항이다.

1. 보험회사에 대한 주의 · 경고 또는 그 임직원에 대한 주의 · 경고 · 문책의 요구
2. 해당 위반행위에 대한 시정명령
3. 임원(「금융회사의 지배구조에 관한 법률」 제2조 제5호에 따른 업무집행책임자는 제외한다.)의 해임권고 · 직무정지
4. 6개월 이내의 영업의 일부정지

34. ①

① 보험회사는 다음 각 호의 사유로 해산한다(보험업법 제137조 제1항).

1. 존립기간의 만료, 그 밖에 정관으로 정하는 사유의 발생
2. 주주총회 또는 사원총회(주주총회 등)의 결의
3. 회사의 합병
4. 보험계약 전부의 이전
5. 회사의 파산
6. 보험업의 허가취소
7. 해산을 명하는 재판

② 해산의 결의 · 합병과 보험계약의 이전은 금융위원회의 인가를 받아야 한다(보험업법 제139조).
③ 보험회사는 해산한 후에도 3개월 이내에는 보험계약 이전을 결의할 수 있다(보험업법 제148조 제1항).
④ 보험회사가 보험업의 허가취소로 해산하면 금융위원회는 7일 이내에 그 보험회사의 본점 또는 주된 사무소의 소재지의 등기소에 그 등기를 촉탁(囑託)하여야 한다(보험업법 제137조 제2항).

35. ④

합병 후 존속하는 보험회사 또는 합병으로 설립되는 보험회사가 상호회사인 경우에는 합병으로 해산하는 보험회사의 보험계약자는 그 회사에 입사하고, 주식회사인 경우에는 상호회사의 사원은 그 지위를 잃는다(보험업법 제154조 제1항).

36. ②

가. 금융위원회는 보험관계자에 대한 조사실적, 처리결과, 그 밖에 관계자의 위법행위 예방에 필요한 정보 및 자료를 공표할 수 있다(보험업법 제164조).
나. 금융위원회는 해양경찰청장이 지정하는 소속 공무원 1명을 조사위원으로 위촉할 수 있다(보험업법 시행령 제76조 제1항).
다. 보험조사협의회 위원 임기는 3년으로 한다(보험업법 시행령 제76조 제3항).
라. 금융위원회는 관계자가 조사를 방해하거나 제출하는 자료를 거짓으로 작성하거나 그 제출을 게을리한 경우에는 관계자가 소속된 단체의 장에게 관계자에 대한 문책 등을 요구할 수 있다(보험업법 제162조 제4항).

37. ①

① 손해보험계약의 제3자 보호제도는 법령에 의하여 가입이 강제되는 손해보험계약을 대상으로 하되, 자동차보험계약의 경우에는 가입이 강제되지 아니하는 보험계약도 포함하여 적용한다(보험업법 시행령 제80조 제1항).
② 손해보험회사는 「예금자보호법」 제2조 제8호의 사유로 손해보험계약의 제3자에게 보험금을 지급하지 못하게 된 경우에는 즉시 그 사실을 보험협회 중 손해보험회사로 구성된 협회(손해보험협회)의 장에게 보고하여야 한다(보험업법 제167조 제1항).
③ 손해보험협회의 장은 보험업법 제167조(지급불능의 보고)에 따른 보고를 받으면 금융위원회의 확인을 거쳐 손해보험계약의 제3자에게 대통령령으로 정하는 보험금을 지급하여야 한다(보험업법 제169조 제1항).
④ 손해보험회사는 손해보험계약의 제3자에 대한 보험금의 지급을 보장하기 위하여 수입보험료 및 책임준비금을 고려하여 대통령령으로 정하는 비율을 곱한 금액을 손해보험협회에 출연(出捐)하여야 한다(보험업법 제168조 제1항).

38. ③

보험요율 산출기관은 정관으로 정하는 바에 따라 다음 각 호의 업무를 한다(보험업법 제176조 제3항 및 보험업 시행령 제86조). 보험상품의 비교 · 공시 업무는 보험요율 산출기관이 아니라 보험협회의 업무이다.

1. 순보험요율의 산출 · 검증 및 제공
2. 보험 관련 정보의 수집 · 제공 및 통계의 작성
3. 보험에 대한 조사 · 연구
4. 설립 목적의 범위에서 정부기관, 보험회사, 그 밖의 보험 관계 단체로부터 위탁받은 업무
5. 제1호부터 제3호까지의 업무에 딸린 업무

6. 그 밖에 대통령령으로 정하는 업무
6-1. 보유정보의 활용을 통한 자동차사고 이력, 자동차 기준가액 및 자동차 주행거리의 정보 제공 업무
6-1의2. 자동차 제작사, 보험회사 등으로부터 수집한 사고기록정보(「자동차관리법」 제2조 제10호에 따른 사고기록장치에 저장된 정보를 말한다), 운행정보, 자동차의 차대번호 · 부품 및 사양 정보의 관리
6-2. 보험회사 등으로부터 제공받은 보험정보 관리를 위한 전산망 운영 업무
6-3. 보험수리에 관한 업무
6-3의2. 법 제120조의2 제1항에 따른 책임준비금의 적정성 검증
6-4. 법 제125조의 상호협정에 따라 보험회사가 공동으로 인수하는 보험계약(국내 경험통계 등의 부족으로 담보위험에 대한 보험요율을 산출할 수 없는 보험계약은 제외한다)에 대한 보험요율의 산출
6-4의2. 자동차보험 관련 차량수리비에 관한 연구
6-5. 법 제194조 제4항에 따라 위탁받은 업무
6-6. 「근로자퇴직급여 보장법」 제28조 제2항에 따라 퇴직연금사업자로부터 위탁받은 업무
6-7. 다른 법령에서 보험요율 산출기관이 할 수 있도록 정하고 있는 업무

39. ④

①②③ 보험계리사, 선임계리사 또는 보험계리업자의 업무는 다음 각 호와 같다. 다만 제5호의 업무는 보험계리사 및 보험계리업자만 수행한다(보험업법 시행규칙 제44조).

1. 기초서류 내용의 적정성에 관한 사항
2. 책임준비금, 비상위험준비금 등 준비금의 적립에 관한 사항[4]
3. 잉여금의 배분 · 처리 및 보험계약자 배당금의 배분에 관한 사항
4. 지급여력비율 계산 중 보험료 및 책임준비금과 관련된 사항
5. 상품 공시자료 중 기초서류와 관련된 사항
6. 계리적 최적가정의 검증 · 확인에 관한 사항

④ 보험계리를 업으로 하려는 자는 총리령으로 정하는 수수료를 내고 금융위원회에 등록하여야 한다(보험업법 제183조).

40. ①

가. 손해사정을 업으로 하려는 법인은 2명 이상의 상근 손해사정사를 두어야 한다.
나. 금융위원회는 손해사정사 또는 손해사정업자가 그 직무를 게을리하거나 직무를 수행하면서 부적절한 행위를 하였다고 인정되는 경우에는 6개월 이내의 기간을 정하여 업무의 정지를 명하거나 해임하게 할 수 있다.
다. 손해사정업자는 등록일부터 1개월 이내에 업무를 시작하여야 한다. 다만, 불가피한 사유가 있다고 금융위원회가 인정하는 경우에는 그 기간을 연장할 수 있다.

2과목 보험계약법

01	02	03	04	05	06	07	08	09	10
②	③	④	④	③	③	③	①	④	①
11	12	13	14	15	16	17	18	19	20
④	③	③	③	②	④	③	③	②	④
21	22	23	24	25	26	27	28	29	30
②	④	③	③	③	④	④	④	③	④
31	32	33	34	35	36	37	38	39	40
②	②	②	④	④	④	①	④	①	③

01. ②

① 보험계약은 보험계약자의 청약과 보험자의 승낙이라는 의사합치만으로 성립하는 불요식 낙성 계약이다. 따라서 보험료의 지급은 보험계약의 성립과는 아무런 관련이 없으며 보험료가 지급되지 않았다고 하더라도 보험계약은 얼마든지 성립할 수 있다. 보험료의 지급은 보험계약 성립요건이 아니라 보험자의 책임 개시요건이다.
② 보험자가 보험계약자의 청약에 대한 낙부통지의무를 해태하였다면 그 보험계약은 승낙한 것으로 본다(상법 제638조의2 제2항).
③ 보험자가 보험계약자로부터 보험계약의 청약과 함께 보험료 상당액의 전부 또는 일부를 지급받은 경우에는 특별히 다른 약정이 없는 한 보험자는 30일 내에 보험계약자에게 낙부통지를 발송하여야 한다(상법 제638조의2 제1항).
④ 보험자의 책임은 당사자간에 다른 약정이 없으면 최초의 보험료를 지급받은 때로부터 개시한다(상법 제656조). 즉 보험자가 청약을 승낙하여 보험계약이 성립하였다고 하더라도 당사자간에 다른 약정이 없으면 보험계약자가 최초보험료를 납부할 때까지는 보험자의 책임이 개시되지 않는다.

02. ③

① 대법원 판례에 따르면, 보험약관의 명시 · 설명의무의 상대방은 반드시 보험계약자 본인에 국한되는 것이 아니라, 보험자가 보험계약자의 대리인과 보험계약을 체결할 경우에는 그 대리인에게 보험약관을 설명함으로써 족하다.[5]
② 대법원 판례에 따르면, 상법 제638조의3 제2항은 보험자의 설명의무 위반의 효과를 보험계약의 효력과 관련하여 보험계약자에게 계약의 취소권을 부여하는 것으로 규정하고 있으나,

4) 참고로 시험 출제 당시에는 제2호가 "책임준비금, 비상위험준비금 등 준비금의 적립과 준비금에 해당하는 자산의 적정성에 관한 사항"라고 되어 있었으나, 현재는 해설의 내용으로 개정되었다.
5) 대법원 2001.7.27. 선고 2001다23973 판결

나아가 보험계약자가 그 취소권을 행사하지 아니한 경우에 설명의무를 다하지 아니한 약관이 계약의 내용으로 되는지 여부에 관하여는 아무런 규정도 하지 않고 있을 뿐만 아니라 일반적으로 계약의 취소권을 행사하지 아니하였다고 바로 계약의 내용으로 되지 아니한 약관 내지 약관 조항의 적용을 추인 또는 승인하였다고 볼 근거는 없다. 결국 상법 제638조의3 제2항은 약관에 대한 설명의무를 위반한 경우에 그 약관을 계약의 내용으로 주장할 수 없는 것으로 규정하고 있는 약관의 규제에 관한 법률과의 사이에서 아무런 모순 · 저촉이 없으므로, 따라서 상법 제638조의3 제2항은 약관의 규제에 관한 법률과의 관계에서는 그 적용을 배제하는 특별규정이라고 할 수가 없다. 따라서 보험약관이 상법 제638조의3 제2항의 적용 대상이라 하더라도 약관의 규제에 관한 법률 역시 적용이 된다.[6]

③ 대법원 판례에 따르면, 설명의무의 대상이 되는 '중요한 내용'은 사회통념에 비추어 고객이 계약체결의 여부나 대가를 결정하는 데 직접적인 영향을 미칠 수 있는 사항을 말한다. 사업자에게 약관의 명시 · 설명의무를 요구하는 것은 어디까지나 고객이 알지 못하는 가운데 약관의 중요한 사항이 계약 내용으로 되어 고객이 예측하지 못한 불이익을 받게 되는 것을 피하고자 하는 데 근거가 있다. 따라서 약관에 정하여진 사항이라고 하더라도 거래상 일반적이고 공통된 것이어서 고객이 별도의 설명 없이도 충분히 예상할 수 있었던 사항이거나 이미 법령에 의하여 정하여진 것을 되풀이하거나 부연하는 정도에 불과한 사항이라면, 그러한 사항에 대하여서까지 사업자에게 설명의무가 있다고 할 수 없다.[7]

④ 대법원 판례에 따르면, 보험계약의 청약을 유인하는 안내문에 보험약관의 내용이 추상적 · 개괄적으로 소개되어 있을 뿐 그 약관 내용이 당해 보험계약에 있어서 일반적이고 공통된 것이어서 보험계약자가 충분히 예상할 수 있거나 법령의 규정에 의하여 정하여진 것을 부연하는 것과 같은 것이 아닌 이상, 그러한 안내문의 송부만으로 그 약관에 대한 보험자의 설명의무를 다하였다거나 보험계약자가 그 내용을 알게 되어 굳이 설명의무를 인정할 필요가 없다고 할 수 없다.[8]

03. ④

① 보험계약자는 타인의 위임을 받거나 위임을 받지 않고도 타인을 위하여 보험계약을 체결할 수 있다(상법 제639조 제1항).

② 대법원 판례에 따르면, 보험계약자가 체결한 단기수출보험의 보험약관이 보험계약자의 수출대금회수불능에 따른 손실만을 보상하는 손실로 규정하고 보험금수취인의 손실에 대해서는 아무런 언급이 없다면, 보험약관에 의한 보험계약으로 보험에 붙여진 피보험이익은 보험계약자의 이익 즉, 보험계약자가 수출계약 상대방의 채무불이행 등의 보험사고로 자신에게 귀속되는 수출물품의 대금채권이 멸손되어 장차 손해를 받을 지위에 있으나 아직 손해를 받지 아니하는 데 대하여 가지는 이익이 될 뿐, 보험금수취인의 이익은 그 피보험이익이 아니므로, 그 보험계약은 보험금수취인을 위한 타인을 위한 보험계약으로 볼 수 없다.[9]

③ 대법원 판례에 따르면, 손해보험에 있어서 보험의 목적물과 위험의 종류만이 정해져 있고 피보험자와 피보험이익이 명확하지 않은 경우에 그 보험계약이 보험계약자 자신을 위한 것인지 아니면 타인을 위한 것인지는 보험계약서 및 당사자가 보험계약의 내용으로 삼은 약관의 내용, 당사자가 보험계약을 체결하게 된 경위와 그 과정, 보험회사의 실무처리 관행 등 제반 사정을 참작하여 결정하여야 한다.[10]

④ 대법원 판례에 따르면, 타인을 위한 손해보험계약은 타인의 이익을 위한 계약으로서 그 타인(피보험자)의 이익이 보험의 목적이지 여기에 당연히(특약없이) 보험계약자의 보험이익이 포함되거나 예정되어 있는 것은 아니므로 피보험이익의 주체가 아닌 보험계약자는 비록 보험자와의 사이에서는 계약 당사자이고 약정된 보험료를 지급할 의무자이지만 그 지위의 성격과 보험자대위 규정의 취지에 비추어 보면 보험자대위에 있어서 보험계약자와 제3자를 구별하여 취급할 법률상의 이유는 없는 것이며 따라서 타인을 위한 손해보험계약자가 당연히 제3자의 범주에서 제외되는 것은 아니다.[11] 따라서 타인을 위한 손해보험계약의 보험계약자는 청구권대위 행사의 대상이 되는 제3자에 해당한다.

04. ④

① 고지의무를 부담하는 사람은 보험계약자와 피보험자이며, 만약 대리인에 의하여 보험계약이 체결되는 경우라면 이들의 대리인도 고지의무를 이행할 수 있다.

② 대법원 판례에 따르면, 보험계약을 체결하면서 중요한 사항에 관한 보험계약자의 고지의무 위반이 사기에 해당하는 경우에는 보험자는 상법의 규정에 의하여 계약을 해지할 수 있음은 물론 보험계약에서 정한 취소권 규정이나 민법의 일반원칙에 따라 보험계약을 취소할 수 있다. 따라서 보험금을 부정취득할 목적으로 다수의 보험계약이 체결된 경우에 민법 제103조 위반으로 인한 보험계약의 무효와 고지의무 위반을 이유로 한 보험계약의 해지나 취소는 그 요건이나 효과가 다르지만, 개별적인 사안에서 각각의 요건을 모두 충족한다면 위와 같은 구제수단이 병존적으로 인정되고, 이 경우 보험자는 보험계약의 무효, 해지 또는 취소를 선택적으로 주장할 수 있다.[12]

③ 대법원 판례에 따르면, 보험계약자 또는 피보험자는 상법 제651조에서 정한 '중요한 사항'을 보험계약의 성립 시까지 보험자에게 고지하여야 하고, 고지의무 위반 여부는 보험계약

6) 대법원 1998.11.27. 선고 98다32564 판결
7) 대법원 2019.5.30. 선고 2016다276177 판결
8) 대법원 1999.3.9. 선고 98다43342, 43359 판결
9) 대법원 1999.6.11. 선고 99다489 판결
10) 대법원 2007.2. 22. 선고 2006다72093 판결
11) 대법원 1989.4.25. 선고 87다카1669 판결
12) 대법원 2017.4.7. 선고 2014다234827 판결

성립 시를 기준으로 하여 판단하여야 한다.[13]

④ 대법원 판례에 따르면, 보험계약에서 기명피보험자의 자격을 피보험차량의 소유자로 제한하지 아니하였고, 아울러 기명피보험자 이외에 기명피보험자와 같이 살거나 살림을 같이 하는 친족으로서 피보험자동차를 사용 또는 관리 중인 사람 및 기명피보험자의 승낙을 얻어 피보험자동차를 사용하거나 관리 중인 사람 등도 피보험자에 포함시킴으로써 피보험자를 폭넓게 규정하고 있는 점 등에 비추어 보면, 보험계약에서 보험료율의 산정은 피보험차량의 소유 여부에 따라 달라지는 것이 아니라 기명피보험자의 연령 · 성향 · 운전 및 사고경력 등에 따라 달라진다고 볼 수 있으므로, 기명피보험자가 피보험차량인 이 사건 차량을 실제 소유하고 있는지 여부는 상법 제651조에서 정한 '중요한 사항'에 해당한다고 볼 수 없다.[14]

05. ③

① 대법원 판례에 따르면, 보험계약 당시에 보험사고가 이미 발생하였거나 또는 발생할 수 없는 것인 때에는 그 계약은 무효로 한다는 상법 제644조의 규정은 보험은 불확정한 것이어야 한다는 우연성에 대한 본질적인 강행규정이므로 당사자 사이의 합의에 의하여 이 규정에 반하는 보험계약을 체결하더라도 그 보험계약은 무효이다.[15]

② 무효란 법률행위가 요건을 결하였기 때문에 당사자가 의도한 법률상의 효과가 발생하지 않는 것을 뜻한다. 보험계약이 무효라면 보험계약이 성립한 때부터 당연히 법률상 효력이 발생하지 않는다.

③ 대법원 판례에 따르면, 보험자가 수년간 보험료를 수령하여 왔다거나 종전에 보험계약 상의 의료보장 특약에 따른 입원급여금을 지급한 적이 있다고 하더라도 보험계약의 무효를 주장하면서 보험금 지급을 거절한다고 하여 신의성실 또는 금반언의 원칙에 반한다고 할 수 없다.[16]

④ 대법원 판례에 따르면, 甲이 乙의 명의를 모용하여 보험회사와 보증보험계약을 체결하고 그 보험증권을 이용하여 금융기관으로부터 乙 명의로 차용한 금원을 상환하지 않아 보험회사가 보험금을 지급한 경우, 그 보험계약을 무효로 보아 보험회사의 부당이득 반환청구를 할 수 있다.[17]

06. ③

① 선박의 보험에 있어서는 보험자의 책임이 개시될 때의 선박가액을 보험가액으로 하는 경우에는 선박의 속구, 연료, 양식, 기타 항해에 필요한 모든 물건은 보험의 목적에 포함된 것으로 한다(상법 제696조).

② 집합된 물건을 일괄하여 보험의 목적으로 한 때에는 피보험자의 가족과 사용인의 물건도 보험의 목적에 포함된 것으로 한다. 이 경우에는 그 보험은 그 가족 또는 사용인을 위하여서도 체결한 것으로 본다(상법 제686조).

③ 피보험자가 경영하는 사업에 관한 책임을 보험의 목적으로 한 때에는 피보험자의 대리인 또는 그 사업감독자의 제3자에 대한 책임도 보험의 목적에 포함된 것으로 한다(상법 제721조).

④ 피보험자가 제3자의 청구를 방어하기 위하여 지출한 재판상 또는 재판 외의 필요비용은 보험의 목적에 포함된 것으로 한다(상법 제720조 제1항).

07. ③

① 타인을 위한 보험계약의 경우에는 보험계약자는 그 타인의 동의를 얻지 아니하거나 보험증권을 소지하지 아니하면 그 계약을 해지하지 못한다. 자기를 위한 보험이라면 보험계약자는 보험사고가 발생하기 전에는 언제든지 보험계약의 전부 또는 일부를 해지할 수 있다.

② 계속보험료가 약정한 시기에 지급되지 아니한 때에는 보험자는 상당한 기간을 정하여 보험계약자에게 최고하고 그 기간 내에 지급되지 아니한 때에는 그 계약을 해지할 수 있다.

③ 보험계약 당시에 보험계약자 또는 피보험자가 고의 또는 중대한 과실로 인하여 중요한 사항을 고지하지 아니하거나 부실의 고지를 한 때에는 보험자는 그 사실을 안 날로부터 1월 내에, 계약을 체결한 날로부터 3년 내에 보험계약을 해지할 수 있다.

④ 보험자가 파산의 선고를 받은 때에는 보험계약자는 계약을 해지할 수 있다.

08. ①

① 보험계약의 부활은 해지된 계약과 동일한 내용을 가지는 별도의 새로운 계약이 아니라 해지된 기존 계약을 회복시키는 상법상 특수한 계약으로 보는 것이 일반적인 통설이다. 따라서 해지된 계약을 부활할 때 기존 계약의 무효, 실효, 해지 등의 원인이 있다면 그 원인이 제거되지 않는 이상 부활계약에서도 그대로 인정된다. 보험계약이 부활하면 부활 이후 종전의 계약과 동일한 내용의 효력이 존속한다. 다만 해지부터 부활 사이에 발생한 보험사고에 대해서는 보험자의 보상책임이 발생하지 않는다.

②④ 계속보험료 미납에 따라 보험계약이 해지되고 해지환급금이 지급되지 아니한 경우에 보험계약자는 일정한 기간내에 연체보험료에 약정이자를 붙여 보험자에게 지급하고 그 계약의 부활을 청구할 수 있다(상법 제650조의2).

③ 대법원 판례에 따르면, 보험금에 관한 약정 지급사유가 발생한 이후에 보험계약이 해지, 실효되었다는 보험회사 직원의 말만을 믿고 당시 경제적 필요에 조금이라도 충당하고자 해지환급금을 수령하였다고 하더라도, 다른 해지사유가 없었던 이상 이를 곧 보험계약을 해지하기로 하는 의사로써 한 행위라고 할 수는 없다. 따라서 보험계약의 부활을 청구할 수 있다.[18]

---

13) 대법원 2012.8.23. 선고 2010다78135, 78142 판결
14) 대법원 2011.11.10. 선고 2009다80309 판결
15) 대법원 2002.6.28. 선고 2001다59064 판결
16) 대법원 2006.9.22. 선고 2004다56677 판결
17) 대법원 1995.10.13. 선고 94다55385 판결
18) 대법원 2002.7.26. 선고 2000다25002 판결

09. ④

① 본래 근대 민법은 사적자치의 원칙(계약자유의 원칙)을 대원칙으로 하고 있기 때문에 계약 당사자 간의 약정을 방해하지 않는다. 그러나 보험계약에 있어서는 상대적 약자인 보험계약자를 보호하기 위하여 당사자 간의 특약으로 상법 제4편의 내용을 보험계약자 또는 피보험자나 보험수익자의 불이익으로 변경하는 것을 금지한다(상법 제663조). 이는 사적자치의 원칙에 대한 예외 규정이다.

② 상법 제4편의 규정은 당사자 간의 특약으로 보험계약자 또는 피보험자나 보험수익자의 불이익으로 변경하지 못한다. 만약 불이익하게 변경한 약관 조항이 있다면 그 조항은 무효이다. 다만 이때의 무효는 계약 전체가 무효로 되는 것은 아니며 불이익으로 변경된 해당 약관 조항에 한해서 무효이다.

③ 대법원 판례에 따르면, 수산업협동조합 중앙회가 실시하는 어선 공제사업은 해상보험의 일종이기는 하지만, 소형 어선을 소유하며 근해어업에 종사하는 영세어민을 위한 것이므로 보험계약자 등의 불이익 변경 금지 원칙을 규정한 상법의 취지를 고려하여 불이익 변경 금지 원칙을 적용하여야 한다.[19]

④ 보험계약자 등의 불이익 변경 금지 원칙은 재보험 및 해상보험, 기타 이와 유사한 보험계약(기업보험)에는 적용하지 않는다. 불이익 변경을 금지하는 취지가 계약 당사자 사이의 불평등한 위치에 기인한 것이므로, 이러한 우려가 없는 기업보험에서는 불이익 변경 금지의 원칙을 적용할 이유가 없기 때문이다. 이러한 보험에서는 오히려 민법의 일반 원칙인 계약자유의 원칙에 따라 계약 당사자의 의사를 최대한 존중하는 것이 더욱 합리적이다. 따라서 재보험처럼 기업보험 성격을 지닌 보험에서는 보험계약자 등의 불이익 변경 금지 원칙이 적용되지 않는다.

10. ①

동일한 보험계약의 목적과 동일한 사고에 관하여 수개의 보험계약이 동시에 또는 순차로 체결된 경우에 그 보험금액의 총액이 보험가액을 초과한 때에는 보험자는 각자의 보험금액의 한도에서 연대책임을 진다. 이 경우에는 각 보험자의 보상책임은 각자의 보험금액의 비율에 따른다. 문제에서 A는 甲보험회사, 乙보험회사, 丙보험회사와 중복보험 계약을 체결하였으며, 이때의 보상책임액은 보험금액의 비율에 따라 다음과 같다.

- 甲 : $5천만원(손해액) \times \frac{1억원(甲보험금액)}{2억원(甲乙丙\ 보험금액\ 합계액)}$
  = 2,500만원
- 乙 : $5천만원(손해액) \times \frac{6천만원(乙보험금액)}{2억원(甲乙丙\ 보험금액\ 합계액)}$
  = 1,500만원
- 丙 : $5천만원(손해액) \times \frac{4천만원(丙보험금액)}{2억원(甲乙丙\ 보험금액\ 합계액)}$
  = 1,000만원

11. ④

① 보험기간 중에 보험계약자 또는 피보험자가 사고발생의 위험이 현저하게 변경 또는 증가된 사실을 안 때에는 지체없이 보험자에게 통지하여야 한다. 이를 해태한 때에는 보험자는 그 사실을 안 날로부터 1월 내에 그 계약을 해지할 수 있다(상법 제652조 제1항).

② 보험기간 중에 보험계약자, 피보험자 또는 보험수익자의 고의 또는 중대한 과실로 인하여 사고발생의 위험이 현저하게 변경 또는 증가된 때에는 보험자는 그 사실을 안 날부터 1월 내에 보험료의 증액을 청구하거나 계약을 해지할 수 있다(상법 제653조).

③ 대법원 판례에 따르면, 화재보험에 있어서는 피보험건물의 구조와 용도뿐만 아니라 그 변경을 가져오는 증 · 개축에 따라 보험의 인수 여부와 보험료율이 달리 정하여지는 것이므로 화재보험 계약의 체결 후에 건물의 구조와 용도에 상당한 변경을 가져오는 증 · 개축공사가 시행된 경우에는 그러한 사항이 계약 체결 당시에 존재하고 있었다면 보험자가 보험계약을 체결하지 않았거나 적어도 그 보험료로는 보험을 인수하지 않았을 것으로 인정되는 사실에 해당하여 상법 제652조 제1항 및 화재보험보통약관에서 규정한 통지의무의 대상이 된다. 따라서 보험계약자나 피보험자가 이를 해태할 경우 보험자는 위험변경 · 증가 통지의무 위반을 이유로 보험계약을 해지할 수 있다.[20]

④ 대법원 판례에 따르면, 생명보험계약 체결 후 다른 생명보험에 다수 가입하였다는 사정만으로는 상법 제652조 소정의 사고발생의 위험이 현저하게 변경 또는 증가된 경우에 해당한다고 할 수 없다.[21]

12. ③

실손보상의 원칙이란 피보험자가 보험으로 인해 획득하는 재화는 보험의 목적에 발생하는 손해를 최고 한도로 한다는 원칙으로, 손해보험의 대원칙으로 작용한다. 실손보상의 원칙은 보험의 악용을 막고 도덕적 위태를 감소시키는 역할을 한다. 실손보상의 원칙을 구현하기 위한 제도에는 선의의 중복보험에서 비례주의, 손해보험계약에서 보험자대위(잔존물대위, 청구권대위), 선의의 초과보험에서 보험가액을 한도로 보험금을 지급하는 것 등이 있다. 신가보험과 기평가보험은 실손보상의 원칙에 대한 예외 규정이다.

13. ③

피보험이익이란 보험사고 발생 시에 피보험자가 보험목적물에 대하여 가지는 경제상의 이해관계를 말한다. 상법에서는 '보험계약의 목적'이라고 표현하고 있다. 손해보험에서 피보험이익은 필수 불가결한 절대적인 위치이며 손해보험 계약의 성립과 존속을 위하여 반드시 필요한 것이다. 따라서 피보험이익이 없는 손해보험 계약은 무효이며, 보험기간 중에 피보험이익이 소멸되면 보험계약도 종료한다. 피보험이익은 보험계약 당시에 확정되지 않아

19) 대법원 1996.12.20. 선고 96다23818 판결
20) 대법원 2000.7.4. 선고 98다62909, 62916 판결
21) 대법원 2001.11.27. 선고 99다33311 판결

도 되나, 적어도 보험사고 발생 시까지는 확정되어야 한다. 따라서 확정 가능성이 있다면 현재의 이익 뿐만 아니라 장래의 이익, 조건부 이익도 보험계약의 목적이 될 수 있다. 동일한 보험의 목적물에 대하여 수개의 보험계약이 동시 또는 순차로 다수의 보험계약이 체결되었더라도 피보험이익이 다르고 피보험이익의 귀속 주체가 다르다면 각 보험계약은 별개의 보험계약이 되기 때문에 중복보험의 법리가 적용되지 않는다.

14. ③

① 보험가액이란 피보험자의 경제적 이해관계라는 주관적인 피보험이익을 금전이라는 객관적인 기준으로 평가한 금액이다. 즉 피보험이익의 값이다.

② 보험가액은 보험자가 보상할 법률상의 최고한도액이다. 유사한 개념과 비교하여 보험가입금액은 보험자가 보상할 계약상의 최고한도액이다.

③ 기평가보험이 체결되면 보험계약의 당사자 쌍방이 보험계약 체결시에 미리 약정한 협정보험가액을 기준으로 보험가액을 인정하여 보험금을 산정한다. 다만 당사자 간에 정한 가액(협정보험가액)이 사고발생 시의 가액을 현저하게 초과하는 때에는 협정보험가액을 기준으로 하지 않고 다시 사고발생 시의 가액을 보험가액으로 한다(상법 제670조).

④ 운송보험의 보험가액은 운송물을 발송한 때와 곳의 가액 이외에 도착지까지의 운임, 기타 비용을 보험가액으로 한다(상법 제689조 제1항).

15. ②

보관자 책임보험이란 임차인 또는 기타 타인의 물건을 보관하는 보관자가 보험기간 중 보관 또는 사용하는 물건에 손실이 발생하여 타인에게 손해배상책임을 진 경우에 그 손해를 보험자가 보상할 것을 목적으로 하는 책임보험을 말한다. 보험계약자 및 피보험자가 보관자이므로 자기를 위한 보험에 해당하며, 따라서 보관자가 보험계약자가 되고 목적물의 소유자를 피보험자로 하는 타인을 위한 보험계약과 구별된다. 하지만, 피해자(목적물의 소유자)가 직접청구권을 행사하여 보험자를 상대로 보상청구를 할 수 있으므로(상법 제725조), 사실상 타인을 위한 보험계약의 기능도 하고 있다.

16. ④

① 소급보험은 보험계약이 성립하기 전의 어느 시점부터 보험기간이 시작되는 보험으로 보험기간이 보험계약기간보다 장기이다.

② 승낙 전 보호제도가 적용되면 보험계약 성립 이전의 어느 시점부터 보상책임을 부담하므로 보험기간이 보험계약기간보다 장기이다.

③ 일반적으로 보험기간과 보험계약기간은 일치하는 것으로 기대되지만, 소급보험이나 승낙 전 보호제도가 적용되는 경우처럼 보험기간이 보험계약기간보다 장기인 경우도 얼마든지 존재할 수 있으므로 보험기간과 보험계약기간이 반드시 일치하여야 할 필요는 없다.

④ 소급보험은 보험계약이 성립하기 이전 시점의 사고에 대해서도 보상책임을 부담하는 보험이지만, 보험자는 초회보험료가 납입된 이후 시점부터 보상할 책임을 부담한다.

17. ③

간접의무란 직접의무와 구별되는 것으로, 의무의 불이행이 있더라도 계약 관계의 종료 등 일정한 불이익을 받을 뿐이지 손해배상을 청구하거나 의무 이행을 강제할 수 없는 의무를 말한다. 상법 제651조의 고지의무가 대표적인 간접의무이다.

18. ③

①②③ 대법원 판례에 따르면, 공동불법행위로 말미암아 공동불법행위자 중 1인이 손해의 방지와 경감을 위하여 비용을 지출한 경우에 손해방지비용은 자신의 보험자 뿐 아니라 다른 공동불법행위자의 보험자에 대하여도 손해방지비용에 해당하므로, 공동불법행위자들과 각각 보험계약을 체결한 보험자들은 각자 그 피보험자 또는 보험계약자에 대한 관계에서 뿐 아니라 그와 보험계약관계가 없는 다른 공동불법행위자에 대한 관계에서도 그들이 지출한 손해방지비용의 상환의무를 부담한다. 또한 이러한 관계에 있는 보험자들 상호간에는 손해방지비용의 상환의무에 관하여 공동불법행위에 기한 손해배상채무와 마찬가지로 부진정연대채무의 관계에 있다고 볼 수 있으므로, 공동불법행위자 중의 1인과 보험계약을 체결한 보험자가 그 피보험자에게 손해방지비용을 모두 상환하였다면, 그 손해방지비용을 상환한 보험자는 다른 공동불법행위자의 보험자가 부담하여야 할 부분에 대하여 직접 구상권을 행사할 수 있다.[22]

④ 대법원 판례에 따르면, 피보험자인 차량 소유자의 관리상의 과실과 그 차량의 무단운전자의 과실이 경합하여 교통사고가 발생한 경우, 차량소유자인 피보험자의 보험자가 무단운전자의 부담부분을 배상하면 보험자는 그 부담 부분의 비율에 따라 무단운전자에게 구상권을 행사할 수 있다.[23]

19. ②

① 기명피보험자란 피보험자동차를 소유 · 사용 · 관리하는 자 중에서 보험계약자가 자동차보험계약을 체결할 때에 보험증권의 기명피보험자란에 기재하는 피보험자를 말한다.

② 대법원 판례에 따르면, 지입차량에 관하여 실제 차주가 보험회사와 지입(持入)한 회사를 피보험자로 하여 보험계약을 체결한 경우 그 지입한 회사가 기명피보험자가 되고 실제 차주는 승낙피보험자에 해당한다.[24]

③ 대법원 판례에 따르면, 경찰서 소속의 관용차량에 관하여 경찰서장을 기명피보험자로 표시하여 자동차보험을 체결한 경우에 그 기명피보험자는 국가이고 그 차량을 사용하는 경찰서 직원은 승낙피보험자이다.[25]

④ 대법원 판례에 따르면, 자동차를 매매하고 소유권 이전 등록

22) 대법원 2007.3.15. 선고 2004다64272 판결
23) 대법원 2000.6.23. 선고 2000다9116 판결
24) 대법원 2000.10.6. 선고 2000다32840 판결, 대법원 1998.5.12. 선고 97다36989 판결

을 하지 않은 사이에 매도인이 가입했던 자동차보험계약의 보험기간이 만료되어, 매수인이 보험자와 자동차보험계약을 체결하면서 기명피보험자 명의를 보험자의 승낙을 얻어 자동차등록원부상의 소유명의인으로 하였다면, 실질적인 피보험자는 매수인이다.[26]

20. ④

① 해상보험 실무에서는 우리나라의 상법과 약관보다는 영국의 런던 보험자 협회가 작성한 협회약관과 영국의 해상보험법(Marine Insurance Act, 1906)을 적용하는 것이 일반적이다. 대법원 판례에 따르면, 해상보험증권 아래에서 야기되는 일체의 책임문제는 영국의 법률 및 관습에 의하여야 한다는 영국법 준거약관은 오랜 기간 동안에 걸쳐 해상보험업계의 중심이 되어 온 영국의 법률과 관습에 따라 당사자간의 거래관계를 명확하게 하려는 것으로서 우리나라의 공익규정 또는 공서양속에 반하는 것이라거나 보험계약자의 이익을 부당하게 침해하는 것이라고 볼 수 없으므로 유효하다.[27]

② 대법원 판례에 따라면, 당사자들이 약정을 통해 감항능력의 결여를 손해발생과의 인과관계를 요하는 보험자의 면책사유로 규정한 것이 아니라, 선박이 발항 당시 감항능력을 갖추고 있을 것을 조건으로 하여 보험자가 해상위험을 인수한다는 취지임이 문언상 명백하다면, 보험사고가 그 조건의 결여 이후에 발생한 경우에는 보험자는 조건 결여의 사실, 즉 발항 당시의 불감항 사실만을 입증하면 그 조건 결여와 손해발생(보험사고) 사이의 인과관계를 입증할 필요 없이 보험금 지급책임을 부담하지 않는다.[28]

③④ 선박 또는 운임을 보험에 붙인 경우, 보험자는 발항 당시에 안전하게 항해를 하기에 필요한 준비를 하지 않거나 필요한 서류를 비치하지 않음으로써 발생한 손해에 대해서는 보험자가 이를 보상할 책임이 없다(상법 제706조). 다만 이러한 감항능력 주의의무 위반 손해에 대한 보험자의 면책은 선박 또는 운임을 보험에 붙인 경우에 적용되는 것이므로, 적하보험의 경우에는 그 적용이 없다.

21. ②

① 총괄보험은 보험기간 중에 보험의 목적이 수시로 변경되어 보험의 목적을 특정하기 어려운 경우에 이를 일괄하여 보험의 목적으로 하는 보험의 형태이다(상법 제687조). 특정보험은 집합된 물건을 일괄하여 보험의 목적으로 한 것을 말하며, 특정보험이 체결되면 피보험자의 가족과 사용인의 물건도 보험의 목적에 포함된 것으로 한다(상법 제686조).

② 총괄보험은 보험의 목적이 수시로 변경되기 때문에 보험계약 체결시에 보험가액을 정하지 않는 것이 일반적이다.

③ 총괄보험은 보험의 목적이 수시로 변경되기 때문에 한번 정한 보험금액을 계속 유지하는 것보다는 상황 변경에 맞추어 보험금액도 변경하는 것이 원칙이다.

④ 총괄보험은 보험계약 체결 시에 존재하지 않던 물건이더라도 보험사고 발생 시에 현존하는 물건이라면 보험의 목적에 포함된다. 보험사고 발생 시에 현존하지 않는 물건이라면 당연히 보험의 목적에 포함되지 않는다.

22. ④

① 해상보험은 우리나라의 법과 규정보다는 영국의 법률과 관습을 적용한다는 준거법 약관이 삽입되는 것이 일반적이며, 대법원에서도 해상보험의 특수성을 고려하여 이를 긍정하고 있다. 따라서 이러한 준거법 약관 아래에서 해상보험에서 보험금의 분쟁에 대한 보험자의 책임 유무와 보험금 정산에 관한 사항이 발생한다면, 영국의 법률과 관습에 따른다. 다만 당사자가 준거법을 선택하지 않은 경우에는 계약과 가장 밀접한 관련이 있는 국가의 법이 준거법이 된다.

② 해상보험계약의 준거법 약관은 당사자 자치(party autonomy)의 원칙에 근거하고 있다.

③ 해상보험계약의 준거법 약관을 통해 외국법을 준거법으로 지정한 경우, 약관의 규제에 관한 법률이 국제적 강행규정으로서 적용되는 것은 아니다. 다만 앞서 ①번 지문에서 설명한 바와 같이 당사자가 준거법을 선택하지 않은 경우에는 약관의 규제에 관한 법률이 적용된다.

④ 대법원 판례에 따르면, 약관의 규제에 관한 법률에 대하여 약관에 정하여져 있는 중요한 내용을 고객이 이해할 수 있도록 설명할 의무를 부과하고, 이를 위반하여 계약을 체결한 경우에는 해당 약관을 계약의 내용으로 주장할 수 없도록 한 것은, 고객으로 하여금 약관을 내용으로 하는 계약이 성립되는 경우에 각 당사자를 구속하게 될 내용을 미리 알고 약관에 의한 계약을 체결하도록 함으로써 예측하지 못한 불이익을 받게 되는 것을 방지하여 고객을 보호하려는 데 입법 취지가 있다. 따라서 고객이 약관의 내용을 충분히 잘 알고 있는 경우에는 약관이 바로 계약내용이 되어 당사자에 대하여 구속력을 가지므로, 사업자로서는 고객에게 약관의 내용을 따로 설명할 필요가 없다.[29] 즉 영국법의 적용을 받는 영국 런던 보험자협회에서 규정한 갑판적재약관(On-Deck Clause)의 담보범위에 관한 내용을 고객이 충분히 잘 알고 있다면 사업자로서는 고객에게 약관의 내용을 따로 설명할 필요가 없다.

23. ③

① 영국 해상보험법의 규정과 관습에 의하면, 추정전손에 해당하는지 여부의 판단은 위부통지 당시에 객관적으로 실제 발생한 사실이 기초가 되어야 하고, 피보험자가 주관적으로 알고 있었던 사실이 그 판단의 기초가 되는 것은 아니며, 추정전손에 해당하는지 여부에 대한 판단의 기준시점은 보험자가 피보험자로 하여금 위부통지 혹은 그 통지에 대한 거절시점에서 소송이 제기된 것과 같은 지위에 있게 되는 것에 명시적으로 동

25) 대법원 1992.2.25. 선고 91다12356 판결
26) 대법원 1996.6.25. 선고 96다12009 판결
27) 대법원 1991.5.14. 선고 90다카25314 판결
28) 대법원 1995.9.29. 선고 93다53078 판결
29) 대법원 2016.6.23. 선고 2015다5194 판결

의하지 않는 이상, 위부통지 시의 사실관계가 아니고 보험금 청구소송의 제소 시(at the commencement of the action)에 존재하는 사실관계에 의하여 그 여부가 판단된다.[30)]

② 대법원 판례에 따르면, 어떤 사고가 추정전손의 요건에 충족하는지는 피보험자가 이를 입증하여야 하고 또한 선박을 구조하고 수리하는 비용이 보험가액을 초과한다는 점을 입증할 증거를 제출하여야 하는데, 영국 해상보험법이 "보험자는 보험증권에서 달리 약정하지 않는 한, 부보위험에 근인하여 발생한 손해(loss proximately caused by a peril against)에 대하여서만 책임을 지고, 부보위험에 근인하여 발생하지 아니한 손해에 대하여는 책임을 지지 아니한다."고 규정하고 있는 취지와 피보험자가 입은 재산상의 손해는 보험사고와 상당인과관계가 있는 것이어야 한다는 원칙에 비추어, 선박의 수리비는 해당 보험사고로 인하여 발생한 손해에 한정되어야 하고, 보험사고로 인하여 발생하지 않은 수리비는 제외되어야 한다.

③ 대법원 판례에 따르면, 추정전손 여부를 결정함에 있어서 단일사고로 인한 비용 또는 같은 사고에서 야기되는 일련의 손해로 인한 비용만을 고려하도록 규정한 단일사고(Single Accident) 규정은 보험목적물에 대한 전손만의 보험에 가입한 자가 어떤 보험사고로 손상을 입고도 이를 수리하지 아니하고 있다가 후의 보험사고로 입은 손해와 합하여 추정전손을 주장하지 못하도록 하기 위한 데에서 발단된 것이고, 근인(Proximate Cause)의 원칙은 어떤 특정보험사고(담보위험)와 손해 사이의 인과관계에 관한 문제로서 수개의 보험사고를 한데 묶어 단일사고로 볼 수 있느냐의 문제와는 반드시 같다고 할 수 없고 오히려 단일사고의 문제는 각 손해와 보험사고 사이의 근인의 존재를 전제로 한 다음 단계의 문제에 해당한다. 이와 같은 논리로 볼 때 선박 좌초 후 선원의 이선으로 인해 원주민이 선박을 약탈한 경우 원주민의 약탈은 선행의 주된 보험사고라 할 수 있는 좌초의 기회에, 좌초에 기인하여 발생한 것이라는 점에서 좌초와 약탈을 단일사고, 특히 해상보험 약관에서 규정하고 있는 동일한 사고로부터 생기는 일련의 손해(Sequence of damages arising from the same accident)에 해당한다.[31)] 따라서 추정전손의 계산에 포함되어야 한다.

④ 선박이 수선불능이며 다른 선박으로 적하의 운송을 할 수 없는 경우에는 원칙적으로 선박에 적재된 적하도 위부할 수 있다(상법 제712조).

24. ③

① 재보험은 보험자가 보험사고로 인하여 부담할 보험계약 보상책임의 일부 또는 전부를 다른 보험회사로 이전하는 보험계약으로 손해보험의 한 분야이다. 따라서 원보험계약이 생명보험인지 손해보험인지 관계없이, 재보험계약은 항상 손해보험계약이다.

② 자동차 운행에 따른 위험을 담보하는 자동차보험은 보험에 가입하는 사람이 누구냐에 따라 기업보험일 수도 있고 가계보험일 수도 있다.

③ 강제보험은 법률로 보험가입이 강제되어 있는 보험으로 주로 책임보험과 기업보험의 형태인 경우가 많지만, 반드시 그런 것은 아니다. 대표적으로 자동차보험 대인배상 Ⅰ은 법률(자동차손해배상보장법)로 보험의 가입이 강제되어 있지만, 개인이 가입하는 가계보험인 경우가 많다.

④ 변액보험은 자산운용의 성과에 따라 보험회사가 지급하는 보험금액에 변동이 있는 보험상품이다. 그러나 그렇다고 하여 변액보험을 비정액보험으로 분류하지는 않는다. 정액보험과 비정액보험을 분류하는 기준은 사고 발생에 따른 실제 손해액을 보상하느냐 그렇지 않은가(즉 실손보상의 원칙을 따르는가)이며, 자산운용 성과에 따라 보험금액이 달라지는 것은 실제 손해액과는 아무런 관련이 없기 때문이다. 따라서 비정액보험의 성격을 지닌 정액보험으로 부르는 것이 정확한 표현이며, 변액보험을 비정액보험으로 분류할 수는 없다.

25. ③

① 작성자 불이익 해석의 원칙은 약관 해석에 관한 다른 원칙들을 모두 적용한 뒤에도 그 내용이 명확하지 않을 경우에 최종적으로 적용하는 원칙이다. 따라서 평균적 고객의 이해가능성을 기준으로 객관적이고 획일적으로 해석한 결과 약관 조항이 일의적으로 해석되는 경우라면 그러한 해석에 따르며, 굳이 작성자 불이익 해석의 원칙을 적용하지 않는다.

② 대법원 판례에 따르면, 자동차손해배상보장법에서 말하는 다른 사람이란 '자기를 위하여 자동차를 운행하는 자 및 당해 자동차의 운전자를 제외한 그 이외의 자'를 지칭하므로, 당해 자동차를 현실로 운전하거나 그 운전의 보조에 종사한 자는 다른 사람에 해당하지 아니한다.[32)]

③ 대법원 판례에 따르면, 무보험자동차에 의한 상해담보특약은 상해보험의 성질과 함께 손해보험의 성질도 갖고 있는 손해보험형 상해보험이므로 하나의 사고에 관하여 여러 개의 무보험상해담보특약이 체결되고 그 보험금액의 총액이 피보험자의 손해액을 초과한 때에는 손해보험에 관한 상법 제672조 제1항(중복보험)이 준용되어 보험자는 각자의 보험금액의 한도에서 연대책임을 지고, 각 보험자는 각자의 보험금액의 비율에 따른 보상책임을 진다.[33)]

④ 대법원 판례에 따르면, 보험자는 피보험자와 체결한 상해보험의 특별약관에 "피보험자의 동일 신체 부위에 또 다시 후유장해가 발생하였을 경우에는 기존 후유장해에 대한 후유장해 보험금이 지급된 것으로 보고 최종 후유장해상태에 해당되는 후유장해보험금에서 이미 지급받은 것으로 간주한 후유장해보험금을 차감한 나머지 금액을 지급한다"는 약관 조항이 있는 사안에서 정액보험인 상해보험에서는 기왕장해가 있는 경우에도 약정 보험금 전액을 지급하는 것이 원칙이며, 예외적으로 위와 같은 감액규정이 있는 경우에만 보험금을 감액할 수 있다.[34)]

30) 대법원 2002.6.28. 선고 2000다21062 판결
31) 대법원 1989.9.12. 선고 87다카3070 판결
32) 대법원 2010.5.27. 선고 2010다5175 판결
33) 대법원 2006.11.10. 선고 2005다35516 판결
34) 대법원 2015.3.26. 선고 2014다229917, 229924 판결

26. ④

① 보험목적의 양도가 있는 경우에 양수인은 보험계약상의 권리와 의무를 승계한 것으로 추정한다(상법 제679조 제1항).

② 보험목적의 양도는 채권적 양도만으로는 부족하며 물권적 양도가 있어야 한다. 따라서 매매계약 체결만으로는 권리와 의무의 승계 추정을 받지 못한다.

③ 보험목적의 양도에 관한 규정은 물건보험에 대하여 적용된다. 따라서 인보험(예 상해보험, 자동차보험 중 자기신체보험 등)이나 특별한 지위에서 발생하는 배상책임보험(예 변호사 배상책임보험, 의사 배상책임보험 등) 등에는 당연히 적용되지 않는다.

④ 자동차보험은 자동차 자체의 위험률 뿐만 아니라 자동차를 운행하는 자가 누구인지에 따라 위험률이 크게 달라진다는 특수성을 감안하여 보험목적물의 양도 추정 규정을 적용하지 않고 별도의 특칙을 적용한다. 자동차보험에서는 양수인이 보험자의 승낙을 얻은 경우에 한하여 보험계약으로 인하여 생긴 권리와 의무를 승계한다(상법 제726조의4).

27. ④

① 단체보험의 보험증권은 보험계약자에게만 교부한다(상법 제735조의3 제2항).

② 단체보험계약에서 보험계약자가 피보험자 또는 그 상속인이 아닌 자를 보험수익자로 지정 또는 변경할 때에는 단체의 규약에서 명시적으로 정하는 경우 외에는 그 피보험자의 서면에 의한 동의를 받아야 한다(상법 제735조의3 제3항).

③ 단체가 규약에 따라 구성원의 전부 또는 일부를 피보험자로 하는 단체 생명보험계약을 체결한다면, 단체 구성원의 사망을 보험사고로 하는 보험계약이라고 하더라도 그 타인의 서면동의를 받지 않아도 된다(상법 제735조의3 제1항).

④ 만15세 미만자, 심신상실자 또는 심신박약자의 사망을 보험사고로 하는 보험계약은 무효이다. 다만 심신박약자가 단체생명보험의 피보험자가 될 때에 의사능력이 있다면 그 보험계약은 유효하다. 이는 심신박약자에 대한 예외규정이며, 심신상실자는 의사능력 여부와 무관하게 항상 무효이다(상법 제732조).

28. ④

① 대법원 판례에 따르면, 타인의 사망을 보험사고로 하는 보험계약에는 피보험자의 동의를 얻어야 한다는 상법 제731조 제1항의 규정은 강행법규이며 당해 보험계약의 효력발생 요건이다.[35]

② 대법원 판례에 따르면, 상법 제731조 제1항은 타인의 사망을 보험사고로 하는 보험계약에 있어서 도박보험의 위험성과 피보험자 살해의 위험성 및 공서양속 침해의 위험성을 배제하기 위하여 마련된 강행규정이고, 보험계약 체결시에 피보험자인 타인의 서면에 의한 동의를 얻도록 규정한 것은 그 동의의 시기와 방식을 명확히 함으로써 분쟁의 소지를 없애려는 데 그 취지가 있으므로, 피보험자인 타인의 동의는 각 보험계약에 대하여 개별적으로 서면에 의하여 이루어져야 하며, 포괄적인 동의 또는 묵시적이거나 추정적 동의만으로는 부족하다.[36]

③ 대법원 판례에 따르면, 보험계약자가 피보험자의 서면동의를 얻어 타인의 사망을 보험사고로 하는 보험계약을 체결함으로써 보험계약의 효력이 생긴 경우, 피보험자의 동의 철회에 관하여 보험약관에 아무런 규정이 없고 계약 당사자 사이에 별도의 합의가 없었다고 하더라도, 피보험자가 서면동의를 할 때 기초로 한 사정에 중대한 변경이 있는 경우에는 보험계약자 또는 보험수익자의 동의나 승낙 여부에 관계없이 피보험자는 그 동의를 철회할 수 있다. 그리고 피보험자가 서면동의를 할 때 기초로 한 사정에 중대한 변경이 있는지는 보험계약자 또는 피보험자가 보험계약을 체결하거나 서면동의를 하게 된 동기나 경위, 보험계약이나 서면동의를 통하여 달성하려는 목적, 보험계약 체결을 전후로 한 보험계약자 또는 보험수익자와 피보험자 사이의 관계, 보험계약자 또는 보험수익자가 고의로 피보험자를 해치려고 하는 등으로 피보험자의 보험계약자 또는 보험수익자에 대한 신뢰가 깨졌는지 등의 제반 사정을 종합하여 사회통념에 비추어 개별적 · 구체적으로 판단하여야 한다. 따라서 갑 주식회사가 임직원으로 재직하던 을 등이 재직 중 보험사고를 당할 경우 유가족에게 지급할 위로금 등을 마련하기 위하여 을 등을 피보험자로 한 보험계약을 체결하고 을 등이 보험계약 체결에 동의한 사안에서, 을 등이 갑 회사에 계속 재직한다는 점은 보험계약에 대한 동의의 전제가 되는 사정이므로 을 등이 갑 회사에서 퇴직함으로써 보험계약의 전제가 되는 사정에 중대한 변경이 생긴 이상 을 등은 보험계약에 대한 동의를 철회할 수 있다.[37]

④ 대법원 판례에 따르면, 타인의 사망을 보험사고로 하는 보험계약의 체결에 있어서 보험설계사는 보험계약자에게 피보험자의 서면동의 등의 요건에 관하여 구체적이고 상세하게 설명하여 보험계약자로 하여금 그 요건을 구비할 수 있는 기회를 주어 유효한 보험계약이 성립하도록 조치할 주의의무가 있고, 보험설계사가 위와 같은 설명을 하지 아니하는 바람에 위 요건의 흠결로 보험계약이 무효가 되고 그 결과 보험사고의 발생에도 불구하고 보험계약자가 보험금을 지급받지 못하게 되었다면 보험자는 보험업법 제102조 제1항에 기하여 보험계약자에게 그 보험금 상당액의 손해를 배상할 의무를 진다.[38] 따라서 보험자가 서면동의에 관한 설명의무를 위반하였다고 하더라도 보험계약자가 취소권을 행사할 수 있는 것은 아니며, 단지 그 보험금 상당액에 대하여 손해배상청구권을 행사할 수 있을 뿐이다.

35) 대법원 1989.11.28. 선고 88다카33367 판결
36) 대법원 2003.7.22. 선고 2003다24451 판결
37) 대법원 2013.11.14. 선고 2011다101520 판결
38) 대법원 2008.8.21. 선고 2007다76696 판결

29. ③

① 대법원 판례에 따르면, 보험사고의 객관적 확정의 효과에 관하여 규정하고 있는 상법 제644조는 사고 발생의 우연성을 전제로 하는 보험계약의 본질상 이미 발생이 확정된 보험사고에 대한 보험계약은 허용되지 아니한다는 취지에서 보험계약 당시 이미 보험사고가 발생하였을 경우에는 그 보험계약을 무효로 한다고 규정하고 있고, 암 진단의 확정 및 그와 같이 확진이 된 암을 직접적인 원인으로 한 사망을 보험사고의 하나로 하는 보험계약에서 피보험자가 보험계약일 이전에 암 진단이 확정되어 있는 경우에는 보험계약을 무효로 한다는 약관조항은 보험계약을 체결하기 이전에 그 보험사고의 하나인 암 진단의 확정이 있었던 경우에 그 보험계약을 무효로 한다는 것으로서 상법 제644조의 규정 취지에 따른 것이라고 할 수 있다. 이러한 상법 제644조의 규정 취지나 보험계약은 원칙적으로 보험가입자의 선의를 전제로 한다는 점에 비추어 볼 때, 무효를 규정한 약관조항에서 규정하고 있는 사유가 있는 경우에 보험계약 전체를 무효로 한다는 취지라고 보아야 할 것이지, 단지 보험사고가 암과 관련하여 발생한 경우에 한하여 보험계약을 무효로 한다는 취지라고 볼 수 없다. 따라서 보험계약일 이전에 암 진단 확정이 되어 있는 경우에는 보험계약 전체가 무효라는 약관 조항은 유효하다.[39]

② 대법원 판례에 따르면, 상해보험은 피보험자가 보험기간 중에 급격하고 우연한 외래의 사고로 인하여 신체에 손상을 입는 것을 보험사고로 하는 인보험으로서, 일반적으로 외래의 사고 이외에 피보험자의 질병 기타 기왕증이 공동 원인이 되어 상해에 영향을 미친 경우에도 사고로 인한 상해와 그 결과인 사망이나 후유장해 사이에 인과관계가 인정되면 보험계약 체결 시 약정한 대로 보험금을 지급할 의무가 발생한다. 다만 보험약관에 계약 체결 전에 이미 존재한 신체장해, 질병의 영향에 따라 상해가 중하게 된 때에는 그 영향이 없었을 때에 상당하는 금액을 결정하여 지급하기로 하는 내용(이른바 기왕증 감액 조항)이 있는 경우에 한하여 그 약관 조항에 따라 피보험자의 체질 또는 소인 등이 보험사고의 발생 또는 확대에 기여하였다는 사유를 들어 보험금을 감액할 수 있다.[40]

③ 대법원 판례에 따르면, 전문직업인 배상책임보험약관에서 해당 보험계약에 따른 보험금 지급의 선행조건으로서 피보험자가 제3자로부터 손해배상청구를 받은 경우 소정 기간 이내에 그 사실을 보험자에게 서면으로 통지하여야 한다는 약관조항은 보험업계에서 국제적으로 널리 사용되는 약관인 사실이 인정되므로 약관의 규제에 관한 법률 제7조 제2호이 적용되지 않는다[41]. 따라서 유효한 약관 조항이다.

④ 대법원 판례에 따르면, 상법 제650조는 보험료가 적당한 시기에 지급되지 아니한 때에는 보험자는 상당한 기간을 정하여 보험계약자에게 최고하고 그 기간 내에 지급하지 아니한 때에는 계약을 해지할 수 있도록 규정하고, 같은 법 제663조는 위 규정을 보험당사자 간의 특약으로 보험계약자 또는 보험수익자의 불이익으로 변경하지 못한다고 규정하고 있으므로, 분납 보험료가 소정의 시기에 납입되지 아니하였음을 이유로 그와 같은 절차를 거치지 아니하고 막바로 보험계약이 해지되거나 실효됨을 규정하고 보험자의 보험금지급 책임을 면하도록 규정한 보험약관은 위 상법의 규정에 위배되어 무효이다.[42] [43]

30. ④

①② 보험계약자는 보험수익자를 지정할 수 있다. 보험수익자의 지정은 반드시 특정되어야 하는 것은 아니고 불특정인을 지정할 수도 있으며 보험사고 발생 당시에 특정될 수 있다면 충분하다. 예를 들어 보험실무상 생명보험계약에서 사망보험금의 보험수익자는 '법정상속인'으로 지정된 경우가 많은데 이 경우 보험기간 중에는 보험수익자가 특정되지 않았다가 보험사고가 발생(피보험자의 사망)했을 때에 보험수익자가 특정된다.

③④ 보험계약자는 보험수익자를 변경할 권리가 있다(상법 제733조 제1항). 보험계약자의 보험수익자 변경권은 형성권으로서 보험계약자가 보험자나 보험수익자의 동의를 받지 않고 자유로이 행사할 수 있고 그 행사에 의해 변경의 효력이 즉시 발생한다. 다만 보험계약자는 보험수익자를 변경한 후 보험자에 대하여 이를 통지하지 않으면 보험자에게 대항할 수 없다(상법 제734조 제1항). 대법원 판례에 따르면, 보험수익자 변경은 상대방 없는 단독행위라고 봄이 타당하므로, 보험수익자 변경의 의사표시가 객관적으로 확인되는 이상 그러한 의사표시가 보험자나 보험수익자에게 도달하지 않았다고 하더라도 보험수익자 변경의 효과는 발생한다.[44]

31. ②

보험자는 다음의 경우에 해당하여 보험계약이 해지되거나 보험금액의 지급책임이 면제된 때에는 보험수익자를 위하여 적립한 금액을 보험계약자에게 지급하여야 한다. 다만 다른 약정이 없으

39) 대법원 1998.8.21. 선고 97다50091 판결
40) 대법원 2007.10.11. 선고 2006다42610 판결
41) 대법원 2005.8.25. 선고 2004다18903 판결
42) 대법원 1995.11.16. 선고 94다56852 전원합의체 판결
43) **저자주** : ④번 지문은 논란이 많은 지문이다. 우선 실효약관과 실효예고부 최고약관은 분명히 구분되어야 하나, 이를 구분하지 않고 혼합하여 지문을 출제하였다. 대법원에서 무효로 판결한 것은 최고와 해지 절차를 모두 거치지 않고 보험계약이 실효되도록 하는 약관(실효약관)에 대한 것이며, 최고를 하되 일정한 기간 안에도 계속보험료가 지급되지 않았을 때에는 보험계약이 실효된다는 의사표시를 정지조건으로 하는 실효예고부 최고약관에 대해서는 오히려 유효하다고 판단하였다(대법원 2003.4.11 선고 2002다69419 판결). 또한 기출문제에서도 동일한 논란에 대하여 이의제기를 수용할 때도 있고 그렇지 않을 때도 있는 등 일관성 없는 태도를 보였다(2014년 보험계약법 12번 기출문제에서 해지예고부 최고약관을 무효가 아니라고 하였고, 2017년 보험계약법 30번 기출문제에서는 아예 문제오류 처리하여 전부 정답으로 인정함). 수험생들의 혼란 방지를 위해서도 ④번 지문은 틀린 지문으로 하여야 하는 것이 옳다. 이의제기가 있었으나 최종답안에서는 인정되지 않았다.
44) 대법원 2020.2.27. 선고 2019다204869 판결

면 보험계약자의 고의에 의하여 보험사고가 발생한 경우에는 이러한 보험적립금 반환의무를 부담하지 않는다(상법 제736조).

1) 상법 제649조 : 사고발생 전의 임의해지
2) 상법 제650조 : 보험료의 지급과 지체의 효과
3) 상법 제651조 : 고지의무 위반으로 인한 계약해지
4) 상법 제652조 : 위험변경증가의 통지와 계약해지
5) 상법 제653조 : 보험계약자 등의 고의나 중과실로 인한 위험증가와 계약해지
6) 상법 제654조 : 보험자의 파산선고와 계약해지
7) 상법 제655조 : 계약해지와 보험금청구권
8) 상법 제659조 : 보험자의 면책사유
9) 상법 제660조 : 전쟁위험 등으로 인한 면책

32. ②

① 상해보험에서 말하는 상해란 급격하고도 우연한 외래의 사고를 말한다. 이를 상해의 3요소라고 한다(급격성, 우연성, 외래성).
② 대법원 판례에 따르면, 피보험자가 술에 취한 상태에서 출입이 금지된 지하철역 승강장의 선로에 내려가 지하철역을 통과하는 전동열차에 부딪혀 사망한 경우, 피보험자에게 판단능력을 상실 내지 미약하게 할 정도로 과음을 한 중과실이 있더라도 보험약관상의 보험사고인 우발적인 사고에 해당한다.[45]
③ 대법원 판례에 따르면, 농작업 중 사망하였다고 하더라도 그것이 과로로 평소 지병인 고혈압이 악화되어 뇌졸중으로 사망한 것이라면 이는 "외부의 급격하고도 우발적인 사고"에 해당한다고 볼 수 없다. 또한 뇌졸중으로 인한 사망이 과로로 인한 것이라면, 이는 약관상 보상 제외항목인 과로 및 격렬한 운동으로 인한 것이므로 상해사고에 해당되지 않는다.[46]
④ 대법원 판례에 따르면, 보험약관에서 정한 보험사고의 요건인 '급격하고도 우연한 외래의 사고' 중 '외래의 사고'라는 것은 상해 또는 사망의 원인이 피보험자의 신체적 결함 즉 질병이나 체질적 요인 등에 기인한 것이 아닌 외부적 요인에 의해 초래된 모든 것을 의미하고, 이러한 사고의 외래성 및 상해 또는 사망이라는 결과와 사이의 인과관계에 관하여는 보험금 청구자에게 그 증명책임이 있다.[47]

33. ②

①③④ 사람의 생명을 보험사고로 하는 보험계약에서는 피보험이익이 인정되지 않는다. 다만 상해보험에서는 일정한 경제적 이익을 보험의 목적으로 할 수 있으므로(예 실손의료비 보험), 당사자 간의 다른 약정이 있는 때에는 보험자의 대위권을 인정하는 등 피보험이익의 존재를 일부 인정할 수 있다(상법 제729조). 또한 이러한 보험계약의 경우에는 중복보험의 규정도 준용할 수 있다.
② 인보험계약에서는 보험계약자 또는 피보험자나 보험수익자의 중대한 과실로 인하여 보험사고가 발생한 경우에 보험자에게 보험금 지급책임이 인정된다(상법 제732조의2 제1항). 즉 고의사고만 면책이다. 이 규정은 사망보험과 상해보험 모두에 적용된다.

34. ④

① 보험계약의 전부 또는 일부가 무효인 경우에 보험계약자와 피보험자가 선의이며 중대한 과실이 없는 때에는 보험자에 대하여 보험료의 전부 또는 일부의 반환을 청구할 수 있다. 보험계약자와 보험수익자가 선의이며 중대한 과실이 없는 때에도 같다(상법 제648조).
② 보험계약자는 보험사고 발생 전에는 언제든지 보험계약을 해지할 수 있는데, 이 경우에 보험계약자는 당사자 간에 다른 약정이 없으면 미경과보험료의 반환을 청구할 수 있다(상법 제649조).
③ 대법원 판례에 따르면, 상법 제731조 제1항을 위반하여 무효인 보험계약에 따라 납부한 보험료에 대한 반환청구권은 특별한 사정이 없는 한 보험료를 납부한 때에 발생하여 행사할 수 있다고 할 것이므로, 이 보험료 반환청구권의 소멸시효는 특별한 사정이 없는 한 각 보험료를 납부한 때부터 진행한다.[48]
④ 대법원 판례에 따르면, 보험계약자가 다수의 보험계약을 통하여 보험금을 부정취득할 목적으로 보험계약을 체결한 경우, 이러한 목적으로 체결된 보험계약에 의하여 보험금을 지급하게 하는 것은 보험계약을 악용하여 부정한 이득을 얻고자 하는 사행심을 조장함으로써 사회적 상당성을 일탈하게 될 뿐만 아니라, 합리적인 위험의 분산이라는 보험제도의 목적을 해치고 위험발생의 우발성을 파괴하며 다수의 선량한 보험가입자들의 희생을 초래하여 보험제도의 근간을 해치게 되므로, 이와 같은 보험계약은 민법 제103조 소정의 선량한 풍속 기타 사회질서에 반하여 무효이다. 또한 보험계약자가 타인의 생활상의 부양이나 경제적 지원을 목적으로 타인을 보험수익자로 하는 생명보험이나 상해보험 계약을 체결하여 보험수익자가 보험금 청구권을 취득한 경우, 보험자의 보험수익자에 대한 급부는 보험수익자에 대한 보험자 자신의 고유한 채무를 이행한 것이다. 따라서 보험자는 보험계약이 무효이거나 해제되었다는 것을 이유로 보험수익자를 상대로 하여 그가 이미 보험수익자에게 급부한 것의 반환을 구할 수 있고, 이는 타인을 위한 생명보험이나 상해보험이 제3자를 위한 계약의 성질을 가지고 있다고 하더라도 달리 볼 수 없다.[49]

35. ④

가. 손해보험에서 사기에 의한 초과보험, 중복보험 → 무효 사유이므로 소급하여 효력이 상실함
나. 15세 미만자를 피보험자로 하는 사망보험 → 무효 사유이므로 소급하여 효력이 상실함
다. 보험약관 교부 · 설명의무위반으로 인한 보험계약 관계의 종

45) 대법원 2001.11.9. 선고 2001다55499, 55505 판결
46) 대법원 1992.2.25. 선고 91다30088 판결
47) 대법원 2010.9.30. 선고 2010다12241, 12258 판결
48) 대법원 2011.3.24. 선고 2010다92612 판결
49) 대법원 2018.9.13. 선고 2016다255125 판결

료 → 취소 사유이므로 소급하여 효력이 상실함
라. 보험계약체결 후 보험료의 전부 또는 제1회 보험료를 계약성립일로부터 2월 경과 시까지 미납한 경우 → 해제 사유이므로 소급하여 효력이 상실함
마. 위험변경증가로 인한 보험계약관계의 종료 → 해지 사유이므로 장래에 향하여 효력이 상실함
바. 생명보험표준약관상 중대사유로 인한 보험계약관계의 종료 → 해지 사유이므로 장래에 향하여 효력이 상실함

36. ④

① 책임보험에 관한 규정은 그 성질에 반하지 않는 범위 내에서 재보험계약에 준용된다(상법 제726조).

대법원 2015.6.11. 선고 2012다10386 판결
대법원 판례에 따르면, 보험자가 피보험자에게 보험금을 지급하면 보험자대위의 법리에 따라 피보험자가 보험사고의 발생에 책임이 있는 제3자에 대하여 가지는 권리는 지급한 보험금의 한도에서 보험자에게 당연히 이전되고(상법 제682조), 이는 재보험자가 원보험자에게 재보험금을 지급한 경우에도 마찬가지이다. 따라서 재보험관계에서 ② 재보험자가 원보험자에게 재보험금을 지급하면 원보험자가 취득한 제3자에 대한 권리는 지급한 재보험금의 한도에서 다시 재보험자에게 이전된다. 그리고 ③ 재보험자가 보험자대위에 의하여 취득한 제3자에 대한 권리의 행사는 재보험자가 이를 직접 하지 아니하고 원보험자가 재보험자의 수탁자의 지위에서 자기 명의로 권리를 행사하여 그로써 회수한 금액을 재보험자에게 재보험금의 비율에 따라 교부하는 방식에 의하여 이루어지는 것이 상관습이다. 따라서 재보험자가 원보험자에게 재보험금을 지급함으로써 보험자대위에 의하여 원보험자가 제3자에 대하여 가지는 권리를 취득한 경우에 원보험자가 제3자와 기업개선약정을 체결하여 제3자가 원보험자에게 주식을 발행하여 주고 원보험자의 신주인수대금채무와 제3자의 채무를 같은 금액만큼 소멸시키기로 하는 내용의 상계계약 방식에 의하여 출자전환을 함으로써 재보험자가 취득한 제3자에 대한 채권을 소멸시키고 출자전환주식을 취득하였다면, 이는 원보험자가 재보험자의 수탁자의 지위에서 재보험자가 취득한 제3자에 대한 권리를 행사한 것이라 할 것이므로, ④ 재보험자의 보험자대위에 의한 권리는 원보험자가 제3자에 대한 권리행사의 결과로 취득한 출자전환주식에 대하여도 미친다.

37. ①

① 책임보험에서 배상청구가 보험기간 내에 발생하면 배상청구의 원인인 사고가 보험기간 개시 전에 발생하더라도 보험자의 책임을 인정하는 배상청구기준 약관은 유효하다. 보험실무에서는 보통 소급담보일자(retroactive date)를 설정하여 소급담보일자 이후부터 보험기간 개시 전에 발생한 사고에 대하여 보험기간 내에 배상청구가 발생한다면 보험자의 보상책임을 인정한다. 이와 반대로 배상청구의 원인인 사고가 보험기간 내에 발생하는 것을 요구하는 책임보험을 사고발생기준 약관이라고 한다.
② 책임보험계약에서는 보험가액을 정할 수 없으므로 원칙적으로 중복보험이 성립하지 않으며 따라서 중복보험의 법리도 적용할 수 없다. 그러나 다수의 책임보험계약이 체결되면 중복보험과 동일하게 이득금지의 원칙에 어긋나는 문제가 발생하므로, 우리 상법은 '수개의 책임보험' 조항을 두어 다수의 책임보험계약이 적용될 때에도 중복보험의 규정을 준용하도록 하고 있다(상법 제725조의2). 따라서 피보험자가 수개의 책임보험을 가입한 경우에는 그 사실을 각 보험자에게 통지할 의무가 있으며 보험자의 보상책임도 중복보험과 같이 연대책임 및 비례보상의 원칙에 따라 결정된다.
③ 보험사고에 관한 학설 중 손해사고설에 따르면 제3자에 대해 책임지는 원인사고를 보험사고로 본다. 다만 이 경우에도 피보험자가 제3자로부터 배상청구를 받을 때에 그 사실을 보험자에게 통지하여야 하는 것에는 변함없다(상법 제722조 제1항).
④ 피보험자가 제3자의 청구를 방어하기 위하여 지출한 재판상 또는 재판 외의 필요비용은 보험의 목적에 포함된 것으로 하며, 피보험자는 보험자에 대하여 그 비용의 선급을 청구할 수 있다(상법 제720조 제1항).

38. ④

대법원 판례에 따르면, 상법 제724조 제2항에 의하여 피해자에게 인정되는 직접청구권의 법적 성질은 보험자가 피보험자의 피해자에 대한 손해배상채무를 병존적으로 인수한 것으로서 피해자가 보험자에 대하여 가지는 손해배상청구권이고 피보험자의 보험자에 대한 보험금청구권의 변형 내지는 이에 준하는 권리는 아니다. 따라서 피해자의 손해액을 산정함에 있어서도 약관상의 지급기준에 구속되는 것은 아니다.[50]

39. ①

① 보험자는 보험사고로 인하여 생긴 보험계약자 또는 보험수익자의 제3자에 대한 권리를 대위하여 행사하지 못한다. 그러나 상해보험계약의 경우에 당사자간에 다른 약정이 있는 때에는 보험자는 피보험자의 권리를 해하지 아니하는 범위 안에서 그 권리를 대위하여 행사할 수 있다(상법 제729조).
② 상해사망보험에서는 보험계약자 또는 피보험자나 보험수익자의 중대한 과실로 인하여 보험사고가 발생한 경우에 보험자는 보험금 지급책임이 있다. 즉 고의사고만 면책에 해당한다.
③ 치료비보험은 실손보장형(비정액형)보험으로서 이에 관하여는 중복보험의 원리를 준용한다. 따라서 치료비를 보상하는 다수보험계약이 존재한다면 중복보험의 원리에 따라 비례보상을 실시한다.
④ 상해보험계약은 상법 제732조(만15세 미만자 등의 사망보험계약 금지)를 제외하고 생명보험에 관한 규정을 준용한다(상법 제739조). 따라서 만15세 미만자, 심신상실자 또는 심신박약자의 치료비 보험계약은 유효이다.

50) 대법원 1994.5.27. 선고 94다6819 판결

40. ③

① 약관대출(보험계약대출)에 대한 상법 명문 규정은 없다.

대법원 2007.9.28. 선고 2005다15598 전원합의체 판결
대법원 판례에 따르면, 생명보험계약의 약관에 보험계약자는 보험계약의 해약환급금의 범위 내에서 보험회사가 정한 방법에 따라 대출을 받을 수 있고, 이에 따라 대출이 된 경우에 보험계약자는 그 대출 원리금을 언제든지 상환할 수 있으며, 만약 상환하지 아니한 동안에 보험금이나 해약환급금의 지급사유가 발생한 때에는 위 대출 원리금을 공제하고 나머지 금액만을 지급한다는 취지로 규정되어 있다면, 그와 같은 약관에 따른 대출계약은 약관상의 의무의 이행으로 행하여지는 것으로서 ② 보험계약과 별개의 독립된 계약이 아니라 보험계약과 일체를 이루는 하나의 계약이라고 보아야 하고, 보험약관대출금의 경제적 실질은 보험회사가 장차 지급하여야 할 ③ 보험금이나 해약환급금을 미리 지급하는 선급금과 같은 성격이라고 보아야 한다. 따라서 위와 같은 약관에서 비록 '대출'이라는 용어를 사용하고 있더라도 이는 일반적인 대출과는 달리 ④ 소비대차로서의 법적 성격을 가지는 것은 아니며, 보험금이나 해약환급금에서 대출 원리금을 공제하고 지급한다는 것은 보험금이나 해약환급금의 선급금의 성격을 가지는 위 대출 원리금을 제외한 나머지 금액만을 지급한다는 의미이므로 민법상의 상계와는 성격이 다르다.

3과목 손해사정이론

01	02	03	04	05	06	07	08	09	10
①	②	③	①	②	④	④	②	③	②
11	12	13	14	15	16	17	18	19	20
④	④	③	②	③	④	①	④	③	④
21	22	23	24	25	26	27	28	29	30
④	②	①	①	②	④	④	②	④	④
31	32	33	34	35	36	37	38	39	40
②	②	③	③	③	①	②	②	②	④

01. ①

① 소손해면책(franchise deductible, 프랜차이즈 공제)이란 일정한 공제금액을 정하여 해당 금액에 미치지 못하는 손해는 피보험자가 전액 부담하고, 공제금액을 넘어서는 손해가 발생하였다면 보험자가 전액 부담하는 방식의 공제조항을 말한다. 예를 들어 프랜차이즈 공제금액이 1,000원이라고 했을 때 500원의 손실이 발생하면 보험금을 지급하지 않고, 2,000원의 손실이 발생하면 2,000원 전액을 보험금으로 지급하는 방식이다. 따라서 프랜차이즈 공제 조항 하에서는 보험기간 내에 발생한 손실이 모두 공제한도를 넘어선다면 피보험자의 자기부담금이 전혀 없을 수 있다.

② 건강보험의 공동보험조항(co-insurance clause)은 손해액의 일정 비율을 피보험자가 부담하고 나머지 비율의 손해액에 대해서만 보험금을 지급하는 방식이다. 참여 비율 공제조항(participation percentage deductible)이라고도 한다. 예를 들어 손해액의 20%를 피보험자가 부담하는 공동보험조항에서 100만원의 손해가 발생하였다면 보험자는 80만원의 보험금을 지급한다. 따라서 나머지 20만원은 피보험자가 스스로 부담하게 되므로, 보험자와 피보험자 사이에 일종의 공동보험 관계가 형성되는 것이다. 공동보험조항에서는 얼마의 손실이 발생하던 피보험자의 자기부담금이 발생할 수밖에 없다.

③ 정액공제(straight deductible)는 설정된 일정한 공제금액을 넘어서는 금액만을 보험금으로 지급하는 방식이다. 예를 들어 정액공제조항의 공제금액이 500원일 때에 2,000원의 손실이 발생하면 1,500원(2,000원 - 500원)을 보험금으로 지급하는 방식이다. 따라서 피보험자의 자기부담금이 발생할 수밖에 없다.

④ 총액공제(aggregate deductible)는 보험기간 동안 발생한 손해액의 합계가 정해진 일정한 공제금액에 미달하면 보험금을 지급하지 않고, 손해액의 합계가 공제금액을 넘어서는 순간부터 보험금을 지급하는 방식이다. 따라서 피보험자의 자기부담금이 발생할 수밖에 없다.[51]

02. ②

리스크 관리기법은 크게 리스크 통제(risk control)와 리스크 재무(risk financing)로 구분할 수 있다. 리스크 통제에는 위험회피, 분산, 분리, 다양화, 전가, 손실 통제(감소, 예방) 등이 있으며, 리스크 재무에는 위험보유와 위험전가가 있다. 전가는 리스크 통제와 리스크 재무에서 공통적으로 사용되는 방법으로 제3자에게 손실책임을 넘겨주는 것을 의미한다. 리스크 통제에서의 전가는 법적 책임을 계약을 통해 다른 사람에게 넘겨주는 반면, 리스크 재무에서의 전가는 발생된 손실을 제3자로부터 조달한다는 차이가 있다. 리스크 재무에서의 전가 중 대표적인 것이 보험이며, 이 외에도 리스크 재무에서의 전가는 다음이 있다. 하청계약은 원청이 하청에게 업무를 주는 것을 말하며 손실로부터 야기될 수 있는 법적 책임을 제3자에게 전가하므로, 리스크 통제이다.

1) **헤징계약(선물계약)** : 투기위험에서 주로 사용하는 것으로 현물 거래를 할 때에 가격 변동의 위험을 선물계약을 통해 전가하는 방법이다. 주로 환위험(exchange rate risk)을 회피하기 위한 수단으로 사용된다.
2) **무해협약(면책계약)** : 자신이 부담하는 배상책임 의무를 제3자에게 계약으로 전가하는 방법이다.
3) **수탁계약** : 위탁자의 재산을 일시적 또는 장기적으로 관리하는 입장에 있는 수탁자가 그 재산에 관한 손실을 책임지도록 전가하는 방법이다.
4) **보증제도** : 보험과 함께 전가의 대표적인 방법으로 채권계약을 맺을 때에 주채무자가 계약의무를 이행하지 못할 경우를 대비하여 보증인에게도 책임을 전가하는 것이다.

51) **저자주** : 참고로 본 문제는 제38회 2015년 손해사정이론 기출문제 3번과 동일한 문제이다.

03. ③

손해사정사 또는 손해사정업자의 업무는 다음 각 호와 같다(보험업법 제188조). 보상한도액 결정은 손해사정사의 업무가 아니라 언더라이터의 업무이다.

1. 손해 발생 사실의 확인
2. 보험약관 및 관계 법규 적용의 적정성 판단
3. 손해액 및 보험금의 사정
4. 제1호부터 제3호까지의 업무와 관련된 서류의 작성 · 제출의 대행
5. 제1호부터 제3호까지의 업무 수행과 관련된 보험회사에 대한 의견의 진술

04. ①

기왕증(pre-existing conditions)이란 의사의 진찰을 받는 환자가 진찰받는 현재 시점 이전에 걸렸던 질병이나 외상 등 기존에 보유하였던 병력, 이환상태를 의미한다. 건강보험에서는 이러한 기왕증을 면책사유의 하나로 규정하고 있으며, 이는 기왕증을 보유한 사람(즉 평균보다 높은 위험률을 보유한 사람)들만 보험에 가입하여 보장을 받고자 하고, 건강한 사람(즉 평균보다 낮은 위험률을 보유한 사람)은 보험에 가입하지 않는 역선택을 방지하기 위한 목적이다.[52]

05. ②

보험사기는 크게 경성 보험사기(Hard fraud)와 연성 보험사기(Soft fraud)로 구분할 수 있다. 경성 보험사기는 보험사고 발생 자체를 의도적으로 조작하는 행위이며, 연성 보험사기는 사고는 우연히 발생했으나 이미 발생한 사고의 손해를 확대시키는 행위를 말한다. 예를 들면 자동차보험에서 사고 자체를 조작하는 것은 경성 보험사기이며, 자동차사고는 이왕 발생하였으나 그로 인한 과도한 장기입원을 하는 행위는 연성 보험사기에 해당한다. 이처럼 보험사기와 우연한 사고는 밀접한 관련이 있다.

06. ④

영업보험료(보험가격)는 순보험료와 부가보험료로 구성된다. 순보험료는 사고 발생에 따른 보험금 지급에 사용되는 금전이며, 부가보험료는 보험자의 사업비 등으로 사용되는 금전이다. 규모의 경제의 영향을 받는 것은 사업비에 사용되는 부가보험료이며, 순보험료는 규모의 경제와 크게 관련이 없다. 쉽게 말하면, 화재보험 가입자가 증가한다고 하여 화재 발생 확률이 낮아지지 않는다. 순보험료의 특징은 다음과 같이 정리할 수 있다.

1) **미래예측** : 보험요율의 산정은 미래의 손실 및 사업비의 예측에 근거하여 이루어지는 미례예측의 특성을 가지고 있다.
2) **확정시점** : 보험의 실제원가는 보험상품의 판매 시에 확정되는 것이 아니라 미래에 보험이 종료되는 시점에 확정된다.
3) **평균원가** : 보험요율은 평균원가의 개념으로 적용대상 집단, 즉 보험단체의 평균적인 손실과 비용의 예측을 기초로 만들어진다.
4) **통제 불가능** : 보험원가는 보험 공급자인 보험자의 통제가 불가능한 부분이 많다. 보험가격의 손실원가 부분은 사업비 원가 부분과는 달리 대부분 보험자의 통제 밖에 존재한다.
5) **규모의 경제 적용이 작음** : 보험상품은 그 특성에 기인하여 규모의 경제가 크지 않다. 보험상품의 원가에 있어서 사업비 부분은 규모의 경제를 다소 얻을 수 있으나, 순보험요율 부분에서는 규모의 경제를 기대할 수 없다. 순보험요율은 기본적으로 보험가입자 집단의 평균적인 손실통계에 기초한 원가개념이 적용되고 있기 때문이다.

07. ④

보험업법에서 규정하고 있는 보험요율의 산정 원칙은 다음과 같다(보험업법 제129조). 이 중 공평한 차별성은 보험가입자의 위험을 부당하게 차별하지 아니할 것을 의미하므로, 위험에 따른 정당한 차별은 당연히 인정되어야 한다. 즉 평균보다 높은 위험률을 보유한 사람은 높은 보험요율을 적용받아야 하며, 낮은 위험률을 보유한 사람은 낮은 보험요율을 적용받아야 한다. 따라서 공평한 차별성이 실현된다면 역선택(adverse selection) 감소 효과가 발생한다.

1) 보험요율이 보험금과 그 밖의 급부에 비하여 지나치게 높지 아니할 것 → 비과도성
2) 보험요율이 보험회사의 재무건전성을 크게 해칠 정도로 낮지 아니할 것 → 충분성(안정성)
3) 보험요율이 보험계약자 간에 부당하게 차별적이지 아니할 것 → 공평한 차별성
4) 자동차보험의 보험요율인 경우 보험금과 그 밖의 급부와 비교할 때 공정하고 합리적인 수준일 것

08. ②

① 도덕적 위태(moral hazard)는 보험 가입 이후 위험행동에 대한 정보가 보험가입자에게 있다는 점에서 발생한다. 역선택(adverse selection)은 보험 가입 이전 위험특성에 대한 정보가 보험가입자에게 있다는 점에서 발생한다. 둘 다 정보비대칭이 원인이다.
② 위험특성 정보와 관련된 것은 역선택(adverse selection)이다. 도덕적 위태(moral hazard)는 위험행동 정보와 관련 있다.
③④ 도덕적 위태(moral hazard)나 역선택(adverse selection)이 발생하면 보험자에게 초과손해를 초래하며, 이는 곧 수지

52) **저자주** : 출제자의 주관적인 생각이 반영된 다소 불분명한 문제이다. 기왕증을 면책사유로 하는 이유 중 하나에 역선택 방지가 해당하는 것은 맞으나, 그렇다고 하여 다른 지문인 "도덕적 위태 감소, 보험료 절감, 정신적 위태 감소"가 기왕증 면책과 관계없다고도 할 수 없다. 이런 식의 문제 출제는 기본서가 주어진 상황에서 그 기본서의 내용을 묻는 시험(이른바 학부 혹은 대학원에서 치뤄지는 시험)의 문제로 출제되는 것이지, 자격증 시험(옳고 그름을 묻는 시험)의 문제로는 적절하지 않다.

상등의 원칙을 깨트려 보험사업의 안정성을 저해한다.

09. ③

타보험조항이란 둘 이상이 보험계약이 동일한 피보험이익을 보장하고 있을 때 이들 상호간의 보장 분배방식을 정한 개별 약관조항을 말한다. 우리 상법은 '각 보험자의 보상책임은 각자의 보험금액의 비율에 따른다'라고 하여 비례책임주의를 채택하고 있으나, 피보험자의 보상금액이 손해를 입지 않는 한도 내에서 다른 방식으로 보험자 간의 보상방식을 정하는 타보험조항도 얼마든지 가능하다. 타보험조항에는 비례분할부담(pro rata liability clause), 균일부담(contribution by equal share), 초과부담(primary and excess insurance) 등이 있다. 초과손실분담(excess of loss share contract)은 타보험조항이 아니라 재보험 방식 중의 하나이다.

10. ②

순수리스크는 손실의 가능성만 있는 위험으로 이익의 가능성은 내포되어 있지 않다. 손실의 가능성과 이익의 가능성이 모두 내포된 위험은 투자리스크이다. 예를 들어 건물에 화재가 발생하는 위험은 순수리스크이며, 주식 투자를 하게 되어 발생하는 위험은 투자리스크이다. 보험은 순수리스크를 그 대상으로 하는데, 이는 도덕적 위태가 상대적으로 적고 손실 발생을 정확히 예측 가능하기 때문이다.

11. ④

대기기간(waiting period)은 사고가 발생했을 때에 바로 보험금을 지급하지 않고 일정한 기간이 경과하여 그 기간 이후에도 손해가 지속될 경우 보험금을 지급하는 제도이다. 위험에 대한 정보가 피보험자 측에게 있는 정보비대칭 현상을 개선하고, 역선택을 감소시키며, 보험금 지급을 제한하는 효과가 있다. 위험특성 정보 수집은 언더라이팅 과정에서 필요한 것으로 대기기간(waiting period)과는 크게 관련이 없다.

12. ④

보험자의 보상책임을 제한하는 방법 중에 특정 재산을 보험목적물에서 제외(excluded property)하는 방법이 있다. 예를 들어 화재보험에서는 귀금속, 귀중품, 골동품, 서화 등을 보상대상에서 제외하는데 이것이 대표적인 보험목적물 제외(excluded property)이다. 이는 해당 특정 목적물을 담보하는 다른 보험과의 영역 조절, 도덕적 위태 가능성 차단과 더불어, 정확한 손실액 측정이 어렵다는 이유에서 적용한다. 보험가액이 크다고 하여 보험목적물에서 제외하는 것은 아니다.

13. ③

부합계약이란 계약 당사자의 어느 일방이 계약의 내용을 미리 결정하고 상대방은 이에 따를 수밖에 없는 계약을 말한다. 부합계약은 그 편의성 때문에 대기업이 일반인과 대량의 계약을 체결할 때에 많이 이용된다. 보험계약도 하나의 보험자가 다수의 보험계약자를 상대로 체결하므로, 정형화된 보통보험약관을 매개로 체결하는 부합계약적 특성을 가지고 있다.

14. ②

제3자에 대한 대위란 보험사고 인한 손해가 제3자의 행위로 발생한 경우에 보험금을 지급한 보험자가 그 지급한 금액의 한도 내에서 제3자에 대한 보험계약자 또는 피보험자의 권리를 취득하는 제도를 말한다. 보통 청구권 대위라고 부른다. 이러한 제3자에 대한 대위권으로 인하여 피보험자가 보험금과 손해배상금을 이중으로 취득하는 것을 방지하여 실손보상의 원칙을 유지할 수 있으며, 피보험자의 책임없는 손해로 인한 보험료 인상을 방지하는 효과가 있다. 최대선의의 원칙과 제3자에 대한 대위는 크게 관련이 없다.

15. ③

원보험자는 재보험계약을 체결하여 손해의 변동성을 감소시킬 수 있으며, 인수능력을 확대하여 거대물건을 인수할 수 있고, 신상품 개발을 촉진하는 효과도 볼 수 있다. 재보험계약을 체결한다고 하여 이익이 감소하는 것은 아니다.

16. ④

보험가능 리스크 중 한정적 손실(definite loss)이란 피해의 원인, 시간, 장소, 피해의 정도를 분명히 식별하고 측정할 수 있어야 한다는 것을 말한다. 만약 객관적으로 증명할 수 없는 손실을 보상한다면 보험을 악용할 가능성이 높기 때문이다. 발생손실 규모가 제한적이어야 한다는 의미와는 관계가 없다.

17. ①

① 베르누이 원칙(Bernoulli principle)은 보험료가 순보험료 만으로 책정되는 경우, 즉 보험수리적으로 공정한 보험료(actuarially fair premium) 하에서 리스크 회피 성향을 가진 개인은 전부보험(full insurance)을 선택하는 것이 가장 효용이 높기 때문에 이에 따라 보험의 수요가 창출된다는 수리적인 증명이다. 베르누이 원칙은 보험시장의 존재 유용성을 설명하는 이론적 근거 중 하나이다.

② 렉시스의 원칙(Lexis' principle)은 보험료 계산 방식을 수리적으로 나타낸 것으로 보험계약자가 지급하는 보험료는 보험사고 발생 시 보험자가 지급하는 보험금의 합계액과 같아야 한다는 원칙이다. 수식으로 나타내면 $P=W\times Z$(P는 보험료, Z는 보험금, W는 사고발생의 확률)로 표현된다.

③ 세인트 피터스버그 역설(St. Peterburg paradox)은 불확실성 하에서 의사결정은 금전적 기대치가 아니라 효용의 기대치에 의해서 결정된다는 것을 의미한다. 예를 들어 도박에서 이겼을 때에 얻을 수 있는 기대수익이 무한대라고 할 때, 참가자는 이 도박의 참가비가 100만원이 되었던 1억이 되었던 무조건 도박에 참가하여야 한다. 그러나 현실에서는 많은 사람들이 도박에 참가하지 않는 것으로 결정을 내린다. 이는 도박 참가로 얻는 기대효용이 현재의 참가비용에 대한 기대효용과 비교하여 크지 않다고 판단하기 때문이다. 세인트 피터스버그 역설은 불확실한 상황에서의 의사결정은 단순히 금전적 기대값에 의존하는 것이 아니라 불확실성을 또 하나의 중요한 요소로 본다는 것을 설명한다.

④ 그래샴의 법칙(Gresham's law)은 한마디로 "악화(惡貨)가 양화(良貨)를 구축(驅逐)한다(Bad money drives out good)."는 말로 정리할 수 있다. 영국의 경제학자인 그래샴은 명목가치

가 같지만 실질가치가 다른 두 물건이 동시에 유통될 때에 실질가치가 낮은 물건만 유통되고 실질가치가 높은 물건은 유통되지 않는 현상을 발견하고 이를 정의했다. 흔히 경제학에서 나쁜 상품이 좋은 상품을 압도하는 현상을 설명할 때 사용된다. 예를 들어 질이 좋지 않고 싼 가격의 후진국 상품이 좋은 품질의 비싼 국산품의 상품을 밀어내며 시장을 장악하는 현상이 대표적이다. 보험시장에서도 이와 비슷한 현상을 찾아볼 수 있다. 보험회사는 이전의 사고 통계를 바탕으로 보험료를 책정하는데, 이러한 보험료를 기꺼이 부담하고 보험에 가입하고자 하는 사람은 사고발생 확률이 높은 사람들이다. 사고발생 확률이 낮은 사람은 자신의 위험보다 높은 보험료를 부담하는 셈이기 때문에 보험에 가입하는 것을 꺼린다. 따라서 사고발생 확률이 높은 사람들만 보험에 가입하게 되고, 이는 다시 전체적인 보험료 상승으로 이어지게 되며, 종국적으로는 보험시장이 붕괴되는 현상이 발생한다. 정보비대칭으로 인한 역선택 현상을 설명하는 레몬시장이론과 비슷한 맥락으로 이해하면 좋다.

18. ④

1) 보험에 가입하지 않았을 때

1-1) 부상을 당하지 않았을 때

- A의 재산 : (250,000달러+750,000달러)=1,000,000달러
- 재산 1,000,000달러에 대하여 A가 느끼는 효용 : $\sqrt{1,000,000\text{달러}}$=1,000달러
- 1,000달러의 효용에 대한 확률 : 1,000달러×0.9=900달러

1-2) 부상을 당했을 때

- A의 재산 : 250,000달러
- 재산 250,000달러에 대하여 A가 느끼는 효용 : $\sqrt{250,000\text{달러}}$=500달러
- 500달러의 효용에 대한 확률 : 500달러×0.1=50달러

1-3) 따라서 보험에 가입하지 않았을 때 A가 느끼는 효용은 900달러+50달러=950달러

2) 보험에 가입했을 때

2-1) 부상을 당하지 않았을 때

- A의 재산 : (250,000달러+750,000달러)-보험료(이하 B라고 함)=1,000,000달러-B
- 재산 (1,000,000달러-B)에 대하여 A가 느끼는 효용 : $\sqrt{1,000,000\text{달러}-B}$
- $\sqrt{1,000,000\text{달러}-B}$의 효용에 대한 확률: $\sqrt{1,000,000\text{달러}-B}$×0.9

2-2) 부상을 당했을 때

- A의 재산 : (250,000달러+750,000달러)-보험료=1,000,000달러-B
- 재산 (1,000,000달러-B)에 대하여 A가 느끼는 효용 : $\sqrt{1,000,000\text{달러}-B}$
- $\sqrt{1,000,000\text{달러}-B}$의 효용에 대한 확률 : $\sqrt{1,000,000\text{달러}-B}$×0.1

2-3) 따라서 보험에 가입했을 때 A가 느끼는 효용은 ($\sqrt{1,000,000\text{달러}-B}$×0.9)+($\sqrt{1,000,000\text{달러}-B}$×0.1)= $\sqrt{1,000,000\text{달러}-B}$

※ 위와 같이 따로 계산하여도 되고, 사실상 전부보험에 가입했으므로 부상 여부와 관계없이(즉, 확률 무관) A는 보험료(B)를 지불하고 그 대가로 항상 1,000,000달러의 재산을 갖게 되므로, 언제나 $\sqrt{1,000,000\text{달러}-B}$의 효용을 느낀다고 보아도 무방하다.

3) A가 보험에 가입했을 때에 느끼는 효용이, 보험에 가입하지 않았을 때에 느끼는 효용보다 크거나 적어도 같은 경우에만, 보험료(B)를 지급하고 보험에 가입할 것이다.

- $\sqrt{1,000,000\text{달러}-B}$ ≥ 950달러
- 1,000,000달러 - B ≥ 950달러^2
- 1,000,000달러 - B ≥ 902,500달러
- 1,000,000달러 - 902,500달러 ≥ B
- 즉, A가 지급할 수 있는 보험료(B)는 97,500달러가 최대한도이다.

19. ③

주택화재보험에서는 80% 요구부보비율 공동보험조항이 적용된다. 문제에서 주어진 보험가액이 10억원이고 보험가입금액이 4억원이므로 요구부보비율을 만족하지 못한 경우에 해당한다. 잔존물 해체비용도 보험자가 보상할 손해액에 포함되므로, 전체 손해액에 요구부보비율 공동보험조항 계산식을 적용하면 다음과 같다.

$$(7\text{억원}+6\text{천만원}) \times \frac{4\text{억원}}{10\text{억원}\times 80\%} = 3\text{억 } 8\text{천만원}$$

20. ④

① 대위는 손해보험 전반에 걸쳐 적용되는 제도이나 위부는 해상보험 특유의 제도이다.

② 제3자에 대한 대위(청구권 대위)는 보험자가 보험금을 지급하면 자동적으로 승계되는 권리이지만 위부는 추정전손이 발생한 경우 피보험자의 위부 의사표시를 그 요건으로 한다.

③ 제3자에 대한 대위(청구권 대위)에서 보험자는 지급한 보험금의 범위 내에서 그 권리를 행사할 수 있지만 위부는 보험목적물에 대한 모든 권리를 승계한다.

④ 추정전손이 발생하였다고 하여 피보험자가 반드시 위부를 해야 하는 것은 아니므로 피보험자는 위부하지 않을 수도 있다. 추정전손이 발생했지만 피보험자가 위부 의사표시를 하지 않았거나 보험자가 위부를 거절한다면 해당 손해는 분손으로 처리한다(MIA 1906, Article 61). 보험자가 분손 보험금을 지급하면 제3자에 대한 대위를 행사할 수 있으며, 이는 위부의 거절 여부와는 무관하다.

21. ④

① 제조물책임법에서 말하는 결함은 다음과 같다.

가. "제조상의 결함"이란 제조업자가 제조물에 대하여 제조상·가공상의 주의의무를 이행하였는지에 관계없이 제조물

이 원래 의도한 설계와 다르게 제조 · 가공됨으로써 안전하지 못하게 된 경우를 말한다.

나. "설계상의 결함"이란 제조업자가 합리적인 대체설계(代替設計)를 채용하였더라면 피해나 위험을 줄이거나 피할 수 있었음에도 대체설계를 채용하지 아니하여 해당 제조물이 안전하지 못하게 된 경우를 말한다.

다. "표시상의 결함"이란 제조업자가 합리적인 설명 · 지시 · 경고 또는 그 밖의 표시를 하였더라면 해당 제조물에 의하여 발생할 수 있는 피해나 위험을 줄이거나 피할 수 있었음에도 이를 하지 아니한 경우를 말한다.

② 캡티브 보험자(captive insurer)는 종속보험회사라고 하며 모기업의 위험을 인수하기 위해 만들어진 보험 자회사이다.

③ 리스크 회피는 손해가 생길 상황을 아예 만들지 않는 것으로 침수지대에 있는 건물을 사지 않고, 원금 상실의 우려가 있는 금융상품에 대한 투자를 하지 않는 것이 대표적인 예이다. 위험예방에 대한 가장 확실한 방법이지만, 한편으로는 아예 기회마저 상실된다는 단점이 있다. 빈도와 심도가 모두 높은 경우에 적합한 위험관리 기법이다.

④ 순수리스크 중 지진과 태풍은 재무분야의 시장리스크와 유사한 개념인 근원적 리스크(fundamental risk)에 속한다. 근원적 리스크(fundamental risk)란 손실의 범위가 사회 전체 또는 수많은 사람이나 전체에 영향을 주는 위험을 말한다. 인플레이션, 대량실업, 경제대공황, 전쟁, 대자연재해 등이 해당한다. 이와 반대로 특정위험(specific risk)은 특정한 개인이나 기업에만 국한된 위험으로 손실범위가 제한된 범위를 가진다. 근원적 리스크는 사회나 국가차원에서 관리하는 것이 바람직하며 반면 특정위험은 민영보험이나 사보험을 이용하는 것이 적절하다.

22. ②

금반언(estoppel)의 원칙이란, 신의성실의 원칙에서 파생되는 원칙으로 법률관계에 있어서 선행행위로 상대방에게 일정한 신뢰를 준 뒤에 이와 모순되는 후행행위를 함으로써 상대방의 신뢰를 저버리는 것은 신의원칙에 위반되므로 그 선행행위와 모순되는 후행행위를 금지한다는 의미이다.

① 보험계약의 당사자는 보험계약을 체결할 때에 미리 보험가액을 약정(협정보험가액)하여 차후 신속히 보험금을 지급하고 보험가액 평가에 따른 분쟁을 예방하는 효과를 거둘 수 있는데, 이러한 보험을 기평가보험이라고 한다. 만약 보험자가 계약 체결 시에는 협정보험가액에 동의하였다가 실제 사고가 발생한 이후에 이를 부인한다면 이는 금반언(estoppel)의 원칙에 위배된다.

② 보험계약자가 잘못 진술한 내용(misrepresent)이 있다고 하더라도 보험계약이 체결되고 3년이 경과하면 보험자는 이를 근거로 보험계약을 해지하거나 보험금의 면책을 주장할 수 없는데, 이는 불항쟁조항(불가쟁조항, incontestable clause)라고 한다.

③ 보험자가 보험계약자 측의 고지의무 위반 사실을 알고도 1개월 이내에 해지권을 행사하지 않는다면, 보험계약자 측에서는 보험계약이 계속 유지되리라는 신뢰가 생성되므로, 1개월의 해지권 행사기간이 경과하면 보험자의 해지권은 제한된다. 이는 금반언(estoppel)의 원칙에 대한 것이다.

④ 보험자가 피보험자에게 보험의 목적을 수리하라고 말하여 피보험자로는 보험금이 지급되리라는 신뢰가 생성되었으며 그에 따름으로써 비용이 발생하였다면, 이후에 보험자가 면책조항을 들어 보험금을 지급하지 않겠다고 하는 것은 금반언(estoppel)의 원칙에 위배된다.

23. ①

의무보험은 법률에 의하여 보험 가입이 강제되어 있는 보험으로, 가입자가 임의로 선택하여 가입할 수 있는 임의보험과 대비되는 개념이다. 의무보험은 보험 가입이 강제되어 있으므로 자신의 위험정보를 숨기고 보험을 가입하려는 역선택의 문제가 거의 발생하지 않는다. 또한 가입이 강제되어 있으므로 임의보험에 비하여 거래비용이 절감되는 효과도 있다. 마지막으로 의무보험의 다수가 배상책임보험의 형태인데 이는 피해자 구호와 배상자력 확보를 위한 목적 때문이다. 도덕적 위태는 사고 발생에 대한 위험행동을 숨기고 보험금을 청구하는 행위로, 의무보험과 임의보험을 구분하지 않고 발생한다.

24. ①

보험계약은 불요식계약(Informal contract)으로 계약의 성립에 정해진 양식이나 방법 같은 것은 필요 없으며 보험계약의 당사자인 청약자와 승낙자의 의사 합치만으로 유효하게 성립한다. 따라서 적합한 양식(legal form)은 계약 성립의 요건에 해당하지 않는다. 계약법(Contract Law) 아래에서 보험계약이 법적인 효력을 발휘하기 위해서 반드시 갖추어야 하는 기본 요건은 다음과 같다.

1) Mutual assent(상호간의 의사 합치)
2) Offer and acceptance(청약과 승낙)
3) Consideration(급부, 교환되는 가치)의 존재
4) Competent parties(계약 당사자의 법적 능력)
5) Legal purpose(계약 목적의 합법성)

25. ②

① 고지의무 위반과 사고 사이의 인과관계가 부존재한다면, 고지의무 위반에도 불구하고 피보험자가 보험금을 지급받을 수 있으므로, 피보험자가 증명책임을 부담한다.

② 위험변경통지의무의 위반이 밝혀진다면, 보험자가 보험계약을 해지하고 보험금을 부지급할 수 있으므로, 보험자가 증명책임을 부담한다.

③ 열거위험담보 계약에서 손해와 열거위험 사이의 인과관계가 밝혀진다면, 피보험자가 보험금을 지급받을 수 있으므로 피보험자가 증명책임을 부담한다.

④ 보험자의 책임제한에 대한 항변사유가 밝혀진다면, 피보험자가 보험금을 지급받을 수 있으므로 피보험자가 증명책임을 부담한다.

26. ④

① 한정적인 손실의 요건을 만족하면 보험자가 자신의 책임범위를 명확히 할 수 있으므로, 이는 보험자의 입장에 해당한다.
② 손실의 우연성을 만족하면 보험제도의 근본적인 불확실성을 충족하며 대수의 법칙에 의한 수리 통계가 가능하므로, 이는 보험자의 입장에 해당한다.
③ 측정 가능한 손실발생 확률을 만족하면 통계기법을 활용하여 정확히 위험 측정이 가능하며 적절한 보험료를 산출할 수 있으므로, 이는 보험자의 입장에 해당한다.
④ 심도가 크고 손실발생 확률이 낮은 리스크를 만족하면 위험보유자가 선택할 수 있는 위험관리 기법 중에서 전가(보험) 기법이 적합하므로, 이는 보험수요자의 입장에 해당한다.

27. ④

제조물책임법상 손해배상의 청구권은 피해자 또는 그 법정대리인이 손해와 손해배상책임을 지는 자를 모두 알게 된 날부터 3년간 행사하지 아니하면 시효의 완성으로 소멸한다. 또한 제조업자가 손해를 발생시킨 제조물을 공급한 날부터 10년 이내에 행사하여야 한다. 다만, 신체에 누적되어 사람의 건강을 해치는 물질에 의하여 발생한 손해 또는 일정한 잠복기간(潛伏期間)이 지난 후에 증상이 나타나는 손해에 대하여는 그 손해가 발생한 날부터 기산(起算)한다(제조물책임법 제7조).

28. ②

금융소비자보호법상 금융상품 판매업자 등의 금융상품 유형별 영업행위별 준수사항에는 제17조(적합성원칙), 제18조(적정성원칙), 제19조(설명의무), 제20조(불공정영업행위의 금지), 제21조(부당권유행위 금지), 제22조(금융상품 등에 관한 광고 관련 준수사항), 제23조(계약서류의 제공의무)가 있다.

29. ④

근로자재해보장책임보험에서 피해자가 사망한 경우에는 생활비 공제, 손익 공제, 중간이자 공제 등을 고려하여 가해자가 배상해야 할 손해액을 산정한다. 이는 비단 근로자재해보장책임보험에서만 고려하는 사항은 아니며, 배상책임의 문제가 발생할 경우 사고에 대한 손해와 동시에 이득이 발생할 수 있으며 이러한 금액을 공제하는 개념으로 보면 된다. 참여비율 공제는 주로 건강보험에서 손해액의 일정 비율을 피보험자에게 부담시키고 나머지 비율의 손해액에 대해서만 보험금을 지급하는 방식으로, 근로자재해보장책임보험은 적용대상이 아니다.

30. ④

비례적 재보험(proportional reinsurance)계약은 원보험자가 인수한 보험위험의 일정한 금액이나 비율을 원보험자가 보유하고 나머지 잔여분은 재보험자에게 출재하는 방식이다. 비례적 재보험계약에서는 원보험자와 재보험자 사이에 일정한 비율로 비례하여 보험위험, 보험료, 보험금액을 분담한다. 비례적 재보험에 속하는 것은 원보험 보험금액의 일정한 비율을 재보험에 붙이는 quota share treaty, 원보험자의 보유금액이 일정한 금액을 초과하는 경우에 나머지 금액을 재보험에 붙이는 surplus treaty, 원보험자는 출재 여부를 선택할 수 있으나 재보험자는 재보험을 반드시 인수해야 하는 facultative obligatory cover가 있다.[53] Excess of loss는 전형적인 비비례적 재보험(non-proportional reinsurance)계약으로 원보험계약에서 일정한 금액 이상의 손해가 발생했을 때에 해당 초과손해를 보상하는 재보험계약을 말한다. 비비례적 재보험계약에서는 원보험자와 재보험자 사이에 비례 분담 관계가 성립하지 않는다.

31. ②

Stop loss cover는 재보험으로 보장하는 일정한 기간 중 누적 손해율이 미리 약정한 손해율을 초과할 경우에 재보험금이 지급되는 방식이다. 초과손해율재보험(Excess of Loss Ratio Cover or Stop Loss Cover)이라고도 한다. 개별 리스크 단위에 대한 재보험 보장에도 불구하고, 출재사의 손해율이 악화되는 경우에 손해율을 목표 수준 아래로 유지시켜 영업실적을 안정화 시키는 효과가 있다. Stop loss cover는 손해율의 등락폭이 크고 연단위로 손해 패턴이 비교적 주기적인 농어업재해보험(농작물재해보험, 임산물재해보험, 가축재해보험, 양식수산물재해보험 등)에 적합한 재보험 방식이다. Stop loss cover는 비례적 재보험과는 달리 매 위험별로 특약의 출재가 불필요하기 때문에 특약 운영에 따른 제반업무가 간편하다는 장점이 있다.

32. ②

조건부 자본조달 계약(contingent capital)은 사고가 발생한 후에 금융기관으로부터 자본조달을 할 수 있게 하는 일종의 대출약정이다. 만약 대형 보험손실이 발생한 이후라면 보험회사는 금융기관으로부터 신규자본을 확보하기에 불리한 입장에 놓이게 되며, 경우에 따라서는 자본조달이 불가능하거나 자본을 조달하더라도 높은 금리를 감수하여야 한다. 이 때 미리 조건부 자본계약을 체결해 놓으면 손실이 발생한 이후라도 사전에 약정된 대출 조건에 의하여 쉽게 자본시장으로부터 대출을 받을 수 있다. 조건부 대출은 재무적 위험대체시장과 좁은 의미의 위험대체시장과의 중간영역에 속한다.[54] 발생빈도가 낮고 강도가 큰 사고를 대비하는 것에 적합하며 초과손해액 재보험특약(excess of loss cover)을 보완하는 방법으로 활용할 수 있다. 엄연히 자본조달에 관한 사항이므로 손실보전이라는 보험의 특성과는 관계가 없다.

---

53) 엄밀히 말하면 facultative obligatory cover는 재보험을 비례적 재보험(proportional reinsurance)과 비비례적 재보험(non-proportional reinsurance)으로 나눌 때의 분류가 아니라, 재보험을 구분하는 또다른 방법인 임의 재보험(facultative reinsurance), 특약 재보험(treaty reinsurance)으로 나눌 때 속하는 분류 중 하나이다. 다만 facultative obligatory cover는 그 특성상 비례적 재보험(proportional reinsurance)이 될 수밖에 없으므로 지문으로 출제한 것으로 보인다. 그다지 좋은 문제로는 볼 수 없다.

54) 신동호, 연구보고서 2000-2, p.14, 보험개발원, 보험연구소

33. ③

파라메트릭 보험은 미리 정해진 변수와 모형에 따라 보험금을 결정하는 상품으로, 손실규모를 측정하기 어려운 홍수나 재해 손실에 대비한 보험과 농작물보험 등에 많이 적용되고 있다. 손실을 측정할 필요가 없고 강수량, 온도 등 사전에 약속한 변수에 의해서 보험금이 자동적으로 정해지는 특징이 있기 때문에 보험사기 발생 가능성도 적다. 대표적으로 비행기 연착보험이 있으며, 이는 비행기가 정해진 시간 이상 연착하면 보험금이 자동적으로 지급되는 구조다. 보험가입 과정과 보험금 지급절차가 전통형 보험상품에 비하여 간단하므로 최근 빅데이터를 활용한 P2P(peer to peer) 보험상품으로 주목받고 있다. 파라메트릭 보험은 다음과 같은 장단점이 있다.

1. **장점**
   1) 광범위하고 예측하지 못한 재난 상황에 대해서는 보험회사가 적절한 요율을 빠르게 설정할 수 없기 때문에 파라메트릭 보험이 유용하다.
   2) 특정 지수가 기준을 넘어서면 바로 지급할 보험금이 결정되기 때문에 손해사정 업무가 간단하며 빠른 보험금 지급이 가능하다는 장점이 있다.
   3) 손실을 측정할 필요가 없이 강수량, 온도 등 사전에 약속한 지수에 의해 보험금이 자동 결정된다. 따라서 보험사기나 역선택의 발생 가능성도 적다.
   4) 보험가입 과정과 보험금 지급절차가 간단하기 때문에 빅데이터를 활용한 P2P(peer to peer) 보험상품의 활용성이 높다.
2. **단점**
   파라메트릭 보험에서 설정한 트리거가 실제 손해를 반영하지 못하기 때문에, 지급하는 보험금과 실제 손해액의 차이가 발생할 수 있다. 즉 베이시스 리스크(basis risk)가 크다.

34. ③

교통사고처리특례법에서는 보험 등에 가입된 경우의 특례 규정을 통하여 교통사고를 일으킨 차가 「보험업법」 또는 「화물자동차 운수사업법」에 따른 보험 또는 공제에 가입된 경우에는 운전자에 대하여 공소를 제기할 수 없도록 하고 있다. 이 때 "보험 또는 공제"란 교통사고의 경우 「보험업법」에 따른 보험회사나 「여객자동차 운수사업법」 또는 「화물자동차 운수사업법」에 따른 공제조합 또는 공제사업자가 인가된 보험약관 또는 승인된 공제약관에 따라 피보험자와 피해자 간 또는 공제조합원과 피해자 간의 손해배상에 관한 합의 여부와 상관없이 피보험자나 공제조합원을 갈음하여 피해자의 치료비에 관하여는 통상비용의 전액을, 그 밖의 손해에 관하여는 보험약관이나 공제약관으로 정한 지급기준금액을 우선 지급하되, 종국적으로는 확정판결이나 그 밖에 이에 준하는 집행권원(執行權原)상 피보험자 또는 공제조합원의 교통사고로 인한 손해배상금 전액을 보상하는 보험 또는 공제를 말한다. 우선 지급하여야 할 치료비 외의 손해배상금의 범위는 다음 각호와 같다(교통사고처리특례법 제4조 및 동법 시행령 제3조).

1) **부상의 경우**
   보험약관 또는 공제약관에서 정한 지급기준에 의하여 산출한 위자료의 전액과 휴업손해액의 100분의 50에 해당하는 금액
2) **후유장애의 경우**
   보험약관 또는 공제약관에서 정한 지급기준에 의하여 산출한 위자료 전액과 상실수익액의 100분의 50에 해당하는 금액
3) **대물손해의 경우**
   보험약관 또는 공제약관에서 정한 지급기준에 의하여 산출한 대물배상액의 100분의 50에 해당하는 금액

35. ③

손익상계란 사고로 손해를 입음과 동시에 이익도 얻는 경우 형평의 원칙에 따라 가해자의 손해배상금에서 이익 해당액 만큼 공제하는 제도를 말한다. 자동차보험 대인배상에서 손익상계는 다음과 같이 적용된다.

- **손익상계대상 항목(이익)** : 산업재해보상보험법(국민연금법, 국민건강보험법, 공무원연금법, 군인연금법 등)에서의 보험급여도 손익상계의 대상이 된다. 형사합의금은 재산상 손해배상금의 일부로 인정되면 전액 공제되나, 위자료 성격을 지닌 경우에는 위자료 참작사유가 될 뿐이다.
- **손익상계대상 제외 항목(이익)** : 상해보험금이나 생명보험금 등은 가해행위와 별도로 피해자가 개인이 가입한 보험계약에 따라 보험료의 대가로 지급되는 보험금으로 피해자의 손해를 전보하기 위한 금액이 아니기 때문에 이를 공제하지 아니한다.

36. ①

장기에 걸쳐 계속적이고 정기적으로 피해자가 취득할 수익 또는 치료비 등을 현재의 어느 시점에서 일시에 지급받으면 순차적으로 지급받게 되는 것에 비해 그만큼의 추가적인 이자 소득이 발생한다. 따라서 이러한 과잉배상을 방지하기 위하여 그 이자금액만큼을 공제하는 것을 중간이자 공제라고 한다. 중간이자 공제는 원금에 대한 이자 적용방식에 따라서 크게 아래의 두 가지로 나뉜다. 호프만방식은 단리 공제이고, 라이프니츠방식은 복리 공제이므로, 여타의 조건이 동일한 경우 라이프니츠방식보다 호프만방식에서 배상금이 더 많이 산정된다.

- **호프만방식** : 원금에 대한 이자가 단리로 붙는다는 가정하에 단리 공제
- **라이프니츠방식** : 원금에 대한 이자가 복리로 붙는다는 가정하에 복리 공제

37. ②

민법에서 규정한 상속순위는 다음과 같다(민법 제1000조).

- **1순위** : 피상속인의 직계비속
- **2순위** : 피상속인의 직계존속
- **3순위** : 피상속인의 형제, 자매
- **4순위** : 피상속인의 4촌 이내 방계혈족

38. ②

산업재해보상보험법의 보험급여는 다음 각 호와 같다. 다만 진폐에 따른 보험급여의 종류는 제1호의 요양급여, 제4호의 간병급여, 제7호의 장례비, 제8호의 직업재활급여, 진폐보상연금 및 진폐유족연금으로 하고, 건강손상자녀에 대한 보험급여의 종류는 제1호의 요양급여, 제3호의 장해급여, 제4호의 간병급여, 제7호의 장례비, 제8호의 직업재활급여로 한다(산업재해보상보험법 제36조 제1항). 구직급여는 고용보험의 보험급여이다.

1) 요양급여	2) 휴업급여
3) 장해급여	4) 간병급여
5) 유족급여	6) 상병(傷病)보상연금
7) 장례비	8) 직업재활급여

39. ②

비상위험준비금은 손해보험회사가 대화재, 태풍, 지진 등 재난적 손해에 대비하기 위하여 적립하는 준비금이다. 2010년 이전에는 재무상태표 상의 부채항목으로 인식되었으나, 2010년 IFRS가 도입되면서 자본계정의 이익잉여금으로 인식하고 있다.

40. ④

PML은 Probable maximum loss로 통상적인 전제조건에서 목적물에 대하여 담보위험이 초래할 수 있는 최대 손해의 추정액을 말한다. 비교개념으로 최대가능손해액(MPL, maximum possible loss)이 있는데, 이는 통상적인 전제조건이 지켜지지 아니하는 최악의 조건하에서 초래될 수 있는 최대 손해액을 의미한다. 즉 PML<MLP 이다. PML은 적정한 보험료 산출의 기초로 활용되고, 언더라이터가 보험 인수 여부 및 인수조건을 결정하기 위한 판단 기준이 되며, 보험자가 보험가액을 결정할 때 사용한다. PML은 리스크 관리자의 리스크 회피도 성향과 비례하여 측정된다. 리스크 관리자가 리스크 회피성향이 강하다면(위험 회피형) PML을 높게 설정하여 더 철저하게 위험에 대비하기 때문이다. 반대로 리스크 회피도가 낮다면(위험 선호형) PML도 낮게 측정된다. PML은 사고 자체 뿐만 아니라 손실 리스크에 노출된 사람이나 물건에 의해서도 영향을 받는다.

2022 제45회 정답 및 해설

1과목 보험업법

01	02	03	04	05	06	07	08	09	10
①	③	②	④	②	④	④	③	②	④
11	12	13	14	15	16	17	18	19	20
③	①	③	②	④	③	④	①	②,④	②
21	22	23	24	25	26	27	28	29	30
①	②	③	②	④	①	④	①	③	②
31	32	33	34	35	36	37	38	39	40
④	③	①	③	④	①	④	①	③	①

01. ①

전문보험계약자 중 대통령령으로 정하는 자가 일반보험계약자와 같은 대우를 받겠다는 의사를 보험회사에 서면으로 통지하는 경우 보험회사는 정당한 사유가 없으면 이에 동의하여야 하며, 보험회사가 동의한 경우에는 해당 보험계약자는 일반보험계약자로 본다. 대상이 되는 자는 다음과 같다(보험업법 시행령 제6조의2).

1. 지방자치단체
2. 주권상장법인
3. 대통령령으로 정하는 금융기관에 준하는 외국금융기관
4. 법률에 따라 설립된 기금 및 그 기금을 관리 · 운용하는 법인, 해외 증권시장에 상장된 주권을 발행한 국내법인, 그 밖에 보험계약에 관한 전문성, 자산규모 등에 비추어 보험계약의 내용을 이해하고 이행할 능력이 있는 자로서 금융위원회가 정하여 고시하는 자

02. ③

① 금융위원회는 보험업의 허가에 조건을 붙일 수 있다(보험업법 제4조 제7항).
② 예비허가 신청을 받은 금융위원회는 2개월 이내에 심사하여 예비허가 여부를 통지하여야 한다. 다만, 총리령으로 정하는 바에 따라 그 기간을 연장할 수 있다(보험업법 제7조 제2항).
③ 금융위원회는 예비허가를 받은 자가 예비허가의 조건을 이행한 후 본허가를 신청하면 허가하여야 한다(보험업법 제7조 제4항). 본허가 요건을 다시 심사하는 것은 아니다.
④ 제3보험업에 관하여 허가를 받은 자는 대통령령으로 정하는 기준에 따라 제3보험의 보험종목에 부가되는 보험을 취급할 수 있다(보험업법 제4조 제5항).

03. ②

소액단기전문보험회사의 영업기준은 다음과 같다(보험업법 시행령 제13조의2).

1. **모집할 수 있는 보험상품의 종류** : 다음 각 목의 보험상품
   가. 생명보험상품 중 생명보험계약 보험상품
   나. 손해보험상품 중 책임보험계약, 도난보험계약, 유리보험계약, 동물보험계약, 비용보험계약, 날씨보험계약 보험상품
   다. 제3보험상품 중 상해보험계약, 질병보험계약 보험상품
2. **보험기간** : 2년 이내의 범위에서 금융위원회가 정하여 고시하는 기간
3. **보험금의 상한액** : 5천만원
4. **연간 총보험료 상한액** : 500억원
5. **자본금 또는 기금은 10억원 이상의 범위에서 대통령령으로 정하는 금액** : 20억원

04. ④

① 국내사무소는 그 명칭 중에 사무소라는 글자를 포함하여야 한다(보험업법 제12조 제4항).
② 외국보험회사등이 국내사무소를 설치하는 경우에는 그 설치한 날부터 30일 이내에 금융위원회에 신고하여야 한다(보험업법 제12조 제2항).
③ 국내사무소는 다음 각 호의 어느 하나에 해당하는 행위를 하여서는 아니 된다(보험업법 제12조 제3항).

1. 보험업을 경영하는 행위
2. 보험계약의 체결을 중개하거나 대리하는 행위
3. 국내 관련 법령에 저촉되는 방법에 의하여 보험시장의 조사 및 정보의 수집을 하는 행위
4. 그 밖에 국내사무소의 설치 목적에 위반되는 행위로서 대통령령으로 정하는 행위

④ 금융위원회는 국내사무소가 보험업법 또는 보험업법에 따른 명령 또는 처분을 위반한 경우에는 6개월 이내의 기간을 정하여 업무의 정지를 명하거나 국내사무소의 폐쇄를 명할 수 있다(보험업법 제12조 제5항).

05. ②

① 보험회사인 주식회사가 자본감소를 결의한 경우에는 그 결의를 한 날부터 2주 이내에 결의의 요지와 재무상태표를 공고하여야 한다(보험업법 제18조 제1항).
② 자본감소를 결의할 때 주식 금액 또는 주식 수의 감소에 따른 자

본금의 실질적 감소를 하려면 미리 금융위원회의 승인을 받아야 한다(보험업법 제18조 제2항 및 보험업법 시행령 제23조의2).
③ 자본감소에 대하여 이의가 있는 보험계약자는 1개월 이상의 기간으로 공고된 기간 동안 이의를 제출할 수 있다(보험업법 제18조 제3항 및 제141조 제2항).
④ 자본감소는 이의를 제기한 보험계약자나 그 밖에 보험계약으로 발생한 권리를 가진 자에 대하여도 그 효력이 미친다(보험업법 제18조 제3항 및 제151조 제3항).

06. ④

① 상호회사는 기금의 총액을 300억원 미만으로 하거나 설정하지 아니할 수 있다(보험업법 제20조 제2항).
② 주식회사의 조직 변경은 출석한 주주의 의결권의 3분의 2 이상의 수와 발행주식총수의 3분의 1 이상의 수로써 하여야 한다(보험업법 제21조 제2항 및 상법 제434조).
③ 주식회사의 보험계약자는 조직 변경에 따라 해당 상호회사의 사원이 된다(보험업법 제30조).
④ 주식회사가 조직 변경을 하여 상호회사로 된 경우에는 7일 이내에 그 취지를 공고하여야 한다. 상호회사로 되지 않은 경우에도 또한 같다(보험업법 제31조 및 제145조).

07. ④

상호회사의 발기인은 정관을 작성하여 다음 각 호의 사항을 적고 기명날인하여야 한다(보험업법 제34조).

1. 취급하려는 보험종목과 사업의 범위
2. 명칭
3. 사무소 소재지
4. 기금의 총액
5. 기금의 갹출자가 가질 권리
6. 기금과 설립비용의 상각 방법
7. 잉여금의 분배 방법
8. 회사의 공고 방법
9. 회사 성립 후 양수할 것을 약정한 자산이 있는 경우에는 그 자산의 가격과 양도인의 성명
10. 존립시기 또는 해산사유를 정한 경우에는 그 시기 또는 사유

08. ③

① 상호회사의 이사는 매 결산기에 영업보고서를 작성하여 이사회의 승인을 얻어야 한다(보험업법 제64조 및 상법 제447조의2 제1항).
② 상호회사가 기금을 상각할 때에는 상각하는 금액과 같은 금액을 적립하여야 한다(보험업법 제62조).
③ 상호회사는 손실을 보전하기 전에는 기금이자를 지급하지 못한다(보험업법 제61조 제1항).
④ 상호회사의 잉여금은 정관에 특별한 규정이 없으면 각 사업연도 말 당시 사원에게 분배한다(보험업법 제63조).

09. ②

① 상호회사의 사원은 정관으로 정하는 사유의 발생이나 보험관계의 소멸로 퇴사한다(보험업법 제66조 제1항).
② 퇴사한 사원이 회사에 대하여 부담한 채무가 있는 경우에는 회사는 그 사원에게 환급해야 하는 금액에서 그 채무액을 공제할 수 있다(보험업법 제67조 제2항). 반드시 공제해야 하는 것은 아니다.
③ 상호회사에서 퇴사한 사원의 권리에 따른 금액의 환급은 퇴사한 날이 속하는 사업연도가 종료한 날부터 3개월 이내에 하여야 한다. 이러한 퇴사원의 환급청구권은 환급기간이 지난 후 2년 동안 행사하지 아니하면 시효로 소멸한다(보험업법 제68조).
④ 사원이 사망한 때에는 그 상속인이 그 지분을 승계하여 사원이 된다(보험업법 제66조 제2항 및 상법 제283조).

10. ④

① 상호회사가 해산을 결의한 경우에는 그 결의가 금융위원회의 인가를 받은 날부터 2주 이내에 결의의 요지와 재무상태표를 공고하여야 한다(보험업법 제69조 제1항).
② 상호회사가 해산한 경우에는 합병과 파산의 경우가 아니면 보험업법의 규정에 따라 청산을 하여야 한다(보험업법 제71조).
③ 상호회사의 청산인은 다음 각 호의 순위에 따라 회사자산을 처분하여야 한다(보험업법 제72조 제1항).

1. 일반채무의 변제
2. 사원의 보험금액과 사원에게 환급할 금액의 지급
3. 기금의 상각

④ 회사자산의 처분을 한 후 남은 자산은 상호회사의 정관에 특별한 규정이 없으면 잉여금을 분배할 때와 같은 비율로 사원에게 분배하여야 한다(보험업법 제72조 제2항).

11. ③

① 보험회사가 그 업무에 관한 공동행위를 하기 위하여 다른 보험회사와 상호협정을 체결(변경하거나 폐지하려는 경우를 포함한다)하려는 경우에는 대통령령으로 정하는 바에 따라 금융위원회의 인가를 받아야 한다(보험업법 제125조 제1항).
② 금융위원회는 공익 또는 보험업의 건전한 발전을 위하여 특히 필요하다고 인정되는 경우에는 보험회사에 대하여 상호협정의 체결 · 변경 또는 폐지를 명하거나 그 협정의 전부 또는 일부에 따를 것을 명할 수 있다(보험업법 제125조 제2항).
③ 금융위원회는 상호협정의 체결 · 변경 또는 폐지의 인가를 하거나 협정에 따를 것을 명하려면 미리 공정거래위원회와 협의하여야 한다(보험업법 제125조 제3항).
④ 금융위원회는 상호협정의 신청서를 받았을 때에는 다음 각 호의 사항을 심사하여 그 인가 여부를 결정하여야 한다(보험업법 시행령 제69조 제2항).

1. 상호협정의 내용이 보험회사 간의 공정한 경쟁을 저해하는지 여부
2. 상호협정의 내용이 보험계약자의 이익을 침해하는지 여부

12. ①

외국상호회사 국내지점이 등기를 신청하는 경우에는 그 외국상호회사 국내지점의 대표자는 신청서에 대한민국에서의 주된 영업소와 대표자의 이름 및 주소를 적고 다음 각 호의 서류를 첨부하여야 한다(보험업법 제78조 제2항).

1. 대한민국에 주된 영업소가 있다는 것을 인정할 수 있는 서류
2. 대표자의 자격을 인정할 수 있는 서류
3. 회사의 정관이나 그 밖에 회사의 성격을 판단할 수 있는 서류

13. ③

① 외국보험회사 국내지점의 대표자는 이 법에 따른 보험회사의 임원으로 본다(보험업법 제76조 제3항).

②④ 외국보험회사국내지점의 대표자는 회사의 영업에 관하여 재판상 또는 재판외의 모든 행위를 할 권한이 있다. 대표자의 권한에 대한 제한은 선의의 제3자에게 대항하지 못한다(보험업법 제76조 제1항 및 상법 제209조).

③ 외국보험회사국내지점의 대표자는 퇴임한 후에도 후임 대표자의 이름 및 주소에 관하여 「상법」에 따른 등기가 있을 때까지는 계속하여 대표자의 권리와 의무를 가진다(보험업법 제76조 제2항).

14. ②

1. 생명보험업의 보험종목
   가. 생명보험
   나. 연금보험(퇴직보험을 포함한다)
   다. 그 밖에 대통령령으로 정하는 보험종목
2. 손해보험업의 보험종목
   가. 화재보험
   나. 해상보험(항공 · 운송보험을 포함한다)
   다. 자동차보험
   라. 보증보험
   마. 재보험(再保險)
   바. 그 밖에 대통령령으로 정하는 보험종목
3. 제3보험업의 보험종목
   가. 상해보험
   나. 질병보험
   다. 간병보험
   라. 그 밖에 대통령령으로 정하는 보험종목

15. ④

보험업법상 금융기관보험대리점등은 그 금융기관 소속 임직원이 아닌 자로 하여금 모집을 하게 하거나, 보험계약 체결과 관련한 상담 또는 소개를 하게 하고 상담 또는 소개의 대가를 지급하여서는 아니 된다(보험업법 제83조 제2항). 다만, 다음 각 호의 어느 하나에 해당하는 자는 소속 임직원이 아닌 자로 하여금 모집을 하게 하거나, 보험계약 체결과 관련한 상담 또는 소개를 하게 하고 상담 또는 소개의 대가를 지급할 수 있다(보험업법 시행령 제26조 제1항).

1. 「여신전문금융업법」에 따라 허가를 받은 신용카드업자(겸영여신업자는 제외한다)
2. 「농업협동조합법」에 따라 설립된 조합(「농업협동조합법」에 따라 설립된 농협생명보험 또는 농협손해보험이 판매하는 보험상품을 모집하는 경우로 한정한다)

16. ③

① 보험회사 · 보험대리점 및 보험중개사는 소속 보험설계사가 되려는 자를 금융위원회에 등록하여야 한다(보험업법 제84조 제1항).

②③④ 다음 각 호의 어느 하나에 해당하는 자는 보험설계사가 되지 못한다(보험업법 제84조 제2항).

1. 피성년후견인 또는 피한정후견인
2. 파산선고를 받은 자로서 복권되지 아니한 자
3. 보험업법 또는 「금융소비자 보호에 관한 법률」에 따라 벌금 이상의 형을 선고받고 그 집행이 끝나거나(집행이 끝난 것으로 보는 경우를 포함한다) 집행이 면제된 날부터 2년이 지나지 아니한 자
4. 보험업법 또는 「금융소비자 보호에 관한 법률」에 따라 금고 이상의 형의 집행유예를 선고받고 그 유예기간 중에 있는 자
5. 보험업법에 따라 보험설계사 · 보험대리점 또는 보험중개사의 등록이 취소(제1호 또는 제2호에 해당하여 등록이 취소된 경우는 제외한다)된 후 2년이 지나지 아니한 자
6. 제5호에도 불구하고 보험업법에 따라 보험설계사 · 보험대리점 또는 보험중개사 등록취소 처분을 2회 이상 받은 경우 최종 등록취소 처분을 받은 날부터 3년이 지나지 아니한 자
7. 보험업법 또는 「금융소비자 보호에 관한 법률」에 따라 과태료 또는 과징금 처분을 받고 이를 납부하지 아니하거나 업무정지 및 등록취소 처분을 받은 보험대리점 · 보험중개사 소속의 임직원이었던 자(처분사유의 발생에 관하여 직접 또는 이에 상응하는 책임이 있는 자로서 대통령령으로 정하는 자만 해당한다)로서 과태료 · 과징금 · 업무정지 및 등록취소 처분이 있었던 날부터 2년이 지나지 아니한 자
8. 영업에 관하여 성년자와 같은 능력을 가지지 아니한 미성년자로서 그 법정대리인이 제1호부터 제7호까지의 규정 중 어느 하나에 해당하는 자
9. 법인 또는 법인이 아닌 사단이나 재단으로서 그 임원이나 관리인 중에 제1호부터 제7호까지의 규정 중 어느 하나에 해당하는 자가 있는 자
10. 이전에 모집과 관련하여 받은 보험료, 대출금 또는 보험금을 다른 용도에 유용(流用)한 후 3년이 지나지 아니한 자

17. ④

법인이 아닌 보험대리점 및 보험중개사는 보험업법에 따라 등록한 날부터 2년이 지날 때마다 2년이 된 날부터 6개월 이내에 보험업법에서 정한 기준에 따라 교육을 받아야 한다(보험업법 시행령 제29조의2 제2항).

18. ①

보험회사는 고객을 직접 응대하는 직원을 고객의 폭언이나 성희롱, 폭행 등으로부터 보호하기 위하여 다음 각 호의 조치를 하여야 한다(보험업법 제85조의4 제1항 및 보험업법 시행령 제29조의3).

1. 직원이 요청하는 경우 해당 고객으로부터의 분리 및 업무담당자 교체
2. 직원에 대한 치료 및 상담 지원
3. 고객을 직접 응대하는 직원을 위한 상시적 고충처리 기구 마련. 다만, 「근로자참여 및 협력증진에 관한 법률」 제26조에 따라 고충처리위원을 두는 경우에는 고객을 직접 응대하는 직원을 위한 전담 고충처리위원의 선임 또는 위촉
4. 그 밖에 직원의 보호를 위하여 필요한 법적 조치 등 대통령령으로 정하는 조치

4-1. 고객의 폭언이나 성희롱, 폭행 등(폭언등)이 관계 법률의 형사처벌규정에 위반된다고 판단되고 그 행위로 피해를 입은 직원이 요청하는 경우: 관할 수사기관 등에 고발
4-2. 고객의 폭언등이 관계 법률의 형사처벌규정에 위반되지는 아니하나 그 행위로 피해를 입은 직원의 피해정도 및 그 직원과 다른 직원에 대한 장래 피해발생 가능성 등을 고려하여 필요하다고 판단되는 경우: 관할 수사기관 등에 필요한 조치 요구
4-3. 직원이 직접 폭언등의 행위를 한 고객에 대한 관할 수사기관 등에 고소, 고발, 손해배상 청구 등의 조치를 하는데 필요한 행정적, 절차적 지원
4-4. 고객의 폭언등을 예방하거나 이에 대응하기 위한 직원의 행동요령 등에 대한 교육 실시
4-5. 그 밖에 고객의 폭언등으로부터 직원을 보호하기 위하여 필요한 사항으로서 금융위원회가 정하여 고시하는 조치

19. ②, ④

본 문제는 가답안에서는 ②번 지문만 정답이었으나, 최종답안에서는 ④번 지문도 정답으로 포함하는 것으로 수정되었다.

①③ 금융위원회는 보험대리점이 다음 각 호의 어느 하나에 해당하는 경우에는 그 등록을 취소하여야 한다(보험업법 제88조 제1항).

1. 보험대리점이 되지 못하는 자에 해당하게 된 경우

1-1. 보험설계사가 되지 못하는 자에 해당하는 자
1-2. 보험설계사 또는 보험중개사로 등록된 자
1-3. 다른 보험회사등의 임직원
1-4. 외국의 법령에 따라 보험설계사가 되지 못하는 자에 해당하는 것으로 취급되는 자
1-5. 그 밖에 경쟁을 실질적으로 제한하는 등 불공정한 모집행위를 할 우려가 있는 자로서 대통령령으로 정하는 자

2. 등록 당시 보험대리점이 되지 못하는 자에 해당하는 자이었음이 밝혀진 경우
3. 거짓이나 그 밖에 부정한 방법으로 등록을 한 경우
4. 법인보험대리점의 업무범위를 위반한 경우
5. 보험업법 제101조 자기계약 금지 규정을 위반한 경우

② 금융위원회는 보험대리점이 보험업법에 따른 처분을 위반한 경우 6개월 이내의 기간을 정하여 그 업무의 정지를 명하거나 그 등록을 취소할 수 있다(보험업법 제88조 제2항).

④ 법인보험대리점은 보험계약자 보호 등을 해칠 우려가 없는 업무로서 대통령령으로 정하는 업무 또는 보험계약의 모집 업무 이외의 업무를 하지 못한다. 이 때 말하는 대통령령으로 정하는 업무에는 「대부업 등의 등록 및 금융이용자 보호에 관한 법률」에 따른 대부업 또는 대부중개업가 포함된다(보험업법 제87조의3 및 보험업법 시행령 제33조의4 제1항). 본 내용은 법인보험대리점에만 적용되는 것이므로 개인보험대리점의 제약사유에는 해당하지 않는다. 문제에서 법인보험대리점이라는 전제 없이 출제하는 바람에 정답 처리되었다.

20. ②

교차모집보험설계사의 소속 보험회사 또는 교차모집을 위탁한 보험회사는 다음 각 호의 행위를 하여서는 아니 된다(보험업법 시행령 제29조 제3항 및 보험업법 시행규칙 제16조 제1항).

1. 교차모집보험설계사에게 자사 소속의 보험설계사로 전환하도록 권유하는 행위
2. 교차모집보험설계사에게 자사를 위하여 모집하는 경우 보험회사가 정한 수수료 · 수당 외에 추가로 대가를 지급하기로 약속하거나 이를 지급하는 행위
3. 교차모집보험설계사가 다른 보험회사를 위하여 모집한 보험계약을 자사의 보험계약으로 처리하도록 유도하는 행위
4. 교차모집보험설계사에게 정당한 사유 없이 위탁계약 해지, 위탁범위 제한 등 불이익을 주는 행위
5. 교차모집보험설계사의 소속 영업소를 변경하거나 모집한 계약의 관리자를 변경하는 등 교차모집을 제약 · 방해하는 행위
6. 그 밖에 보험계약자 보호와 모집질서 유지를 위하여 총리령으로 정하는 행위

6-1. 소속 보험설계사에게 특정 보험회사를 지정하여 교차모집 위탁계약의 체결을 강요하는 행위
6-2. 소속 보험설계사에게 교차모집보험설계사가 될 자의 유치를 강요하는 행위
6-3. 합리적 근거 없이 교차모집보험설계사를 소속 보험설계사보다 우대하는 행위

21. ①

모집을 위하여 사용하는 보험안내자료에는 다음 각 호의 사항을 명백하고 알기 쉽게 적어야 한다(보험업법 제95조 제1항 및 보험업법 시행령 제42조).

1. 보험회사의 상호나 명칭 또는 보험설계사 · 보험대리점 또는 보험중개사의 이름 · 상호나 명칭
2. 보험 가입에 따른 권리 · 의무에 관한 주요 사항

2-1. 변액보험계약에 변액보험자산의 운용성과에 따라 납입한 보험료의 원금에 손실이 발생할 수 있으며 그 손실은 보험계약자에게 귀속된다는 사실
2-2. 변액보험계약에 최저로 보장되는 보험금이 설정되어 있

는 경우에는 그 내용
3. 보험약관으로 정하는 보장에 관한 사항
3의2. 보험금 지급제한 조건에 관한 사항
4. 해약환급금에 관한 사항
5. 「예금자보호법」에 따른 예금자보호와 관련된 사항
6. 그 밖에 보험계약자를 보호하기 위하여 대통령령으로 정하는 사항
6-1. 보험금이 금리에 연동되는 보험상품의 경우 적용금리 및 보험금 변동에 관한 사항
6-2. 보험금 지급제한 조건의 예시
6-3. 보험안내자료의 제작자 · 제작일, 보험안내자료에 대한 보험회사의 심사 또는 관리번호
6-4. 보험 상담 및 분쟁의 해결에 관한 사항

22. ②

① 전화 · 우편 · 컴퓨터통신 등 통신수단을 이용하여 모집을 하는 자는 보험업법에 따라 모집을 할 수 있는 자(보험업법 제96조 제1항)이면 충분하며, 별도의 허가를 받아야 하는 것은 아니다.
② 보험회사는 다음 각 호의 어느 하나에 해당하는 경우 통신수단을 이용할 수 있도록 하여야 한다(보험업법 제96조 제2항).

1. 보험계약을 청약한 자가 청약의 내용을 확인 · 정정 요청하거나 청약을 철회하고자 하는 경우
2. 보험계약자가 체결한 계약의 내용을 확인하고자 하는 경우
3. 보험계약자가 체결한 계약을 해지하고자 하는 경우. 다만 보험계약자가 계약을 해지하기 전에 안전성 및 신뢰성이 확보되는 방법을 이용하여 보험계약자 본인임을 확인받은 경우에 한정한다.

③ 사이버몰을 이용하여 모집하는 자가 보험약관 또는 보험증권을 전자문서로 발급하는 경우에는 보험계약자가 해당 문서를 수령하였는지를 확인하여야 하며 보험계약자가 서면으로 발급해 줄 것을 요청하는 경우에는 서면으로 발급하여야 한다(보험업법 시행령 제43조 제5항).
④ 보험회사는 보험계약자가 전화를 이용하여 체결한 계약을 해지하려는 경우에는 상대방의 동의를 받아 보험계약자 본인인지를 확인하고 그 내용을 음성녹음하는 등 증거자료를 확보 · 유지해야 한다(보험업법 시행령 제43조 제9항).

23. ③

① 보험회사는 그 자산을 운용할 때 안정성 · 유동성 · 수익성 및 공익성이 확보되도록 하여야 한다(보험업법 제104조 제1항).
② 보험회사는 그 자산을 다음 각 호의 어느 하나에 해당하는 방법으로 운용하여서는 아니 된다(보험업법 제105조).

1. 대통령령으로 정하는 업무용 부동산이 아닌 부동산(저당권 등 담보권의 실행으로 취득하는 부동산은 제외한다)의 소유
2. 보험업법 규정에 따라 설정된 특별계정을 통한 부동산의 소유
3. 상품이나 유가증권에 대한 투기를 목적으로 하는 자금의 대출
4. 직접 · 간접을 불문하고 해당 보험회사의 주식을 사도록 하기 위한 대출
5. 직접 · 간접을 불문하고 정치자금의 대출
6. 해당 보험회사의 임직원에 대한 대출(보험약관에 따른 대출 및 금융위원회가 정하는 소액대출은 제외한다)
7. 자산운용의 안정성을 크게 해칠 우려가 있는 행위로서 대통령령으로 정하는 행위

③ 보험회사와 신용공여 계약을 체결한 자는 재산 증가나 신용등급 또는 개인신용평점 상승 등 신용상태 개선이 나타났다고 인정되는 경우 보험회사에 금리인하를 요구할 수 있으며, 보험회사는 신용공여 계약을 체결하려는 자에게 금리인하를 요구할 수 있음을 알려야 한다(보험업법 제110조의3).
④ 보험회사는 특별계정의 자산을 운용할 때에 보험계약자의 지시에 따라 자산을 운용하는 행위를 하여서는 아니된다(보험업법 시행령 제53조 제3항).

24. ②

보험종목의 특성 또는 보험회사의 총자산 규모 등을 고려하여 다음 각 호의 보험회사는 독립계리업자 또는 보험요율 산출기관으로부터 보험업법에 따라 계상된 책임준비금의 적정성에 대하여 검증을 받아야 한다(보험업법 제120조의2 제1항 및 보험업법 시행령 제63조의2 제1항).

1. 직전 사업연도 말의 재무상태표에 따른 자산총액이 1조원 이상인 보험회사
2. 다음 각 목의 어느 하나에 해당하는 보험종목을 취급하는 보험회사
   가. 생명보험
   나. 연금보험
   다. 자동차보험
   라. 상해보험
   마. 질병보험
   바. 간병보험

25. ④

보험회사는 자회사를 소유하게 된 날부터 15일 이내에 그 자회사의 정관과 다음 각 호의 서류를 금융위원회에 제출하여야 한다(보험업법 제117조 제1항 보험업법 시행령 제60조 제1항). 자회사와의 주요거래 상황을 적은 서류는 자회사의 사업연도가 끝난 날의 3개월 이내에 제출해야 하는 서류이다.

1. 정관
2. 업무의 종류 및 방법을 적은 서류
3. 주주현황
4. 재무상태표 및 포괄손익계산서 등의 재무제표와 영업보고서
5. 자회사가 발행주식 총수의 100분의 10을 초과하여 소유하고 있는 회사의 현황

26. ①

보험회사등은 보험설계사에게 보험계약의 모집을 위탁할 때 다음 각 호의 행위를 하여서는 아니 된다(보험업법 제85조의3 제1항).

1. 보험모집 위탁계약서를 교부하지 아니하는 행위
2. 위탁계약서상 계약사항을 이행하지 아니하는 행위
3. 위탁계약서에서 정한 해지요건 외의 사유로 위탁계약을 해지하는 행위
4. 정당한 사유 없이 보험설계사가 요청한 위탁계약 해지를 거부하는 행위
5. 위탁계약서에서 정한 위탁업무 외의 업무를 강요하는 행위
6. 정당한 사유 없이 보험설계사에게 지급되어야 할 수수료의 전부 또는 일부를 지급하지 아니하거나 지연하여 지급하는 행위
7. 정당한 사유 없이 보험설계사에게 지급한 수수료를 환수하는 행위
8. 보험설계사에게 보험료 대납(代納)을 강요하는 행위
9. 그 밖에 대통령령으로 정하는 불공정한 행위

27. ④

보험설계사 · 보험대리점 또는 보험중개사는 다음 각 호의 어느 하나에 해당하는 경우에는 지체 없이 그 사실을 금융위원회에 신고하여야 한다(보험업법 제93조 제1항).

1. 보험업법에 따른 등록을 신청할 때 제출한 서류에 적힌 사항이 변경된 경우
2. 보험설계사 · 보험대리점 또는 보험중개사가 되지 못하는 자의 규정 각 호의 어느 하나에 해당하게 된 경우
3. 모집업무를 폐지한 경우
4. 개인의 경우에는 본인이 사망한 경우
5. 법인의 경우에는 그 법인이 해산한 경우
6. 법인이 아닌 사단 또는 재단의 경우에는 그 단체가 소멸한 경우
7. 보험대리점 또는 보험중개사가 소속 보험설계사와 보험모집에 관한 위탁을 해지한 경우
8. 교차모집 규정에 따라 보험설계사가 다른 보험회사를 위하여 모집을 한 경우나, 보험대리점 또는 보험중개사가 생명보험계약의 모집과 손해보험계약의 모집을 겸하게 된 경우

28. ①

보험회사가 상호협정의 체결을 인가 받으려는 경우에는 다음 각 호의 사항을 적은 신청서에 총리령으로 정하는 서류를 첨부하여 금융위원회에 제출하여야 한다(보험업법 시행령 제69조 제1항). 상호협정서 변경 대비표는 상호협정을 변경하는 경우에 첨부하는 서류이다(보험업법 시행규칙 제32조).

가. 상호협정 당사자의 상호 또는 명칭과 본점 또는 주된 사무소의 소재지
나. 상호협정의 명칭과 그 내용
다. 상호협정의 효력의 발생시기와 기간
라. 상호협정을 하려는 사유
마. 상호협정에 관한 사무를 총괄하는 점포 또는 사무소가 있는 경우에는 그 명칭과 소재지
바. 외국보험회사와의 상호협정인 경우에는 그 보험회사의 영업 종류와 현재 수행 중인 사업의 개요 및 현황

29. ③

① 금융위원회는 보험약관과 보험안내자료에 대한 보험소비자 등의 이해도를 평가하기 위해 평가대행기관을 지정할 수 있다(보험업법 제128조의4 제2항).
② 보험약관 등의 이해도 평가에 수반되는 비용의 부담, 평가 시기, 평가 방법 등 평가에 관한 사항은 금융위원회가 정한다(보험업법 제128조의4 제4항).
③ 보험약관 이해도 평가의 대상자는 다음과 같다(보험업법 시행령 제71조의6 제1항).

1. 금융감독원장이 추천하는 보험소비자 3명
2. 「소비자기본법」에 따라 설립된 한국소비자원의 장이 추천하는 보험소비자 3명
3. 삭제 〈2019. 6. 25.〉
4. 보험요율 산출기관의 장이 추천하는 보험 관련 전문가 1명
5. 생명보험협회의 장이 추천하는 보험의 모집에 종사하는 자 1명
6. 손해보험협회의 장이 추천하는 보험의 모집에 종사하는 자 1명
7. 「민법」 제32조에 따라 금융위원회의 허가를 받아 설립된 사단법인 보험연구원의 장이 추천하는 보험 관련 법률전문가 1인

④ 보험약관 이해도 평가결과에 대한 공시기준은 다음 각 호와 같다(보험업법 시행령 제71조의6 제3항).

1. **공시대상** : 보험약관의 이해도 평가 기준 및 해당 기준에 따른 평가 결과
2. **공시방법** : 평가대행기관의 홈페이지에 공시
3. **공시주기** : 연 2회 이상

30. ②

금융위원회는 보험회사(그 소속 임직원을 포함한다)가 보험업법 또는 보험업법에 따른 규정 · 명령 또는 지시를 위반하여 보험회사의 건전한 경영을 해치거나 보험계약자, 피보험자, 그 밖의 이해관계인의 권익을 침해할 우려가 있다고 인정되는 경우 또는 「금융회사의 지배구조에 관한 법률」 별표 각 호의 어느 하나에 해당하는 경우(제4호에 해당하는 조치로 한정한다), 「금융소비자 보호에 관한 법률」 제51조 제1항 제4호, 제5호 또는 같은 조 제2항 각 호 외의 부분 본문 중 대통령령으로 정하는 경우에 해당하는 경우(제4호에 해당하는 조치로 한정한다)에는 금융감독원장의 건의에 따라 다음 각 호의 어느 하나에 해당하는 조치를 하거나 금융감독원장으로 하여금 제1호의 조치를 하게 할 수 있다(보험업법 제134조 제1항). 즉 제1호의 조치만 금융감독원장이 할 수 있으며 나머지 조치는 금융위원회가 본인의 이름으로 스스로 해야 한다.

1. 보험회사에 대한 주의 · 경고 또는 그 임직원에 대한 주의 · 경고 · 문책의 요구
2. 해당 위반행위에 대한 시정명령
3. 임원(「금융회사의 지배구조에 관한 법률」에 따른 업무집행 책임자는 제외)의 해임권고 · 직무정지
4. 6개월 이내의 영업의 일부정지

31. ④

보험회사가 해산결의의 인가를 받으려면 해산결의 인가신청서에 다음 각 호의 서류를 첨부하여 금융위원회에 제출하여야 한다(보험업법 시행규칙 제35조).

1. 주주총회 의사록(상호회사인 경우에는 사원총회 의사록)
2. 청산 사무의 추진계획서
3. 보험계약자 및 이해관계인의 보호절차 이행을 증명하는 서류
4. 「상법」 등 관계 법령에 따른 절차의 이행에 흠이 없음을 증명하는 서류
5. 그 밖에 금융위원회가 필요하다고 인정하는 서류

32. ③

① 보험회사는 계약의 방법으로 책임준비금 산출의 기초가 같은 보험계약의 전부를 포괄하여 다른 보험회사에 이전할 수 있다(보험업법 제140조 제1항).

②③④ 보험계약을 이전하려는 보험회사는 주주총회등의 결의가 있었던 때부터 보험계약을 이전하거나 이전하지 아니하게 될 때까지 그 이전하려는 보험계약과 같은 종류의 보험계약을 하지 못한다. 다만 보험회사의 부실에 따라 보험계약을 이전하려는 경우가 아닌 경우로서 대통령령으로 정하는 다음 각 호의 경우에는 보험계약을 체결할 수 있다(보험업법 제142조 및 보험업법 시행령 제75조의3).

1. 외국보험회사의 국내지점을 국내법인으로 전환함에 따라 국내지점의 보험계약을 국내법인으로 이전하려는 경우
2. 모회사에서 자회사인 보험회사를 합병함에 따라 자회사의 보험계약을 모회사로 이전하려는 경우
3. 그 밖에 제1호 및 제2호에 준하는 경우로서 금융위원회가 정하여 고시하는 경우

33. ①

보험회사는 해산한 후에도 3개월 이내에는 보험계약 이전을 결의할 수 있다(보험업법 제148조 제1항).

34. ③

①③④ 보험요율 산출기관은 정관으로 정하는 바에 따라 다음 각 호의 업무를 한다(보험업법 제176조 제3항 및 보험업법 시행령 제86조).

1. 순보험요율의 산출 · 검증 및 제공
2. 보험 관련 정보의 수집 · 제공 및 통계의 작성
3. 보험에 대한 조사 · 연구
4. 설립 목적의 범위에서 정부기관, 보험회사, 그 밖의 보험 관계 단체로부터 위탁받은 업무
5. 제1호부터 제3호까지의 업무에 딸린 업무
6. 그 밖에 대통령령으로 정하는 업무

6-1. 보유정보의 활용을 통한 자동차사고 이력, 자동차 기준가액 및 자동차 주행거리의 정보 제공 업무
6-1의2. 자동차 제작사, 보험회사 등으로부터 수집한 사고기록정보(「자동차관리법」 제2조 제10호에 따른 사고기록장치에 저장된 정보를 말한다), 운행정보, 자동차의 차대번호 · 부품 및 사양 정보의 관리
6-2. 보험회사 등으로부터 제공받은 보험정보 관리를 위한 전산망 운영 업무
6-3. 보험수리에 관한 업무
6-3의2. 법 제120조의2 제1항에 따른 책임준비금의 적정성 검증
6-4. 법 제125조의 상호협정에 따라 보험회사가 공동으로 인수하는 보험계약(국내 경험통계 등의 부족으로 담보위험에 대한 보험요율을 산출할 수 없는 보험계약은 제외한다)에 대한 보험요율의 산출
6-4의2. 자동차보험 관련 차량수리비에 관한 연구
6-5. 법 제194조 제4항에 따라 위탁받은 업무
6-6. 「근로자퇴직급여 보장법」 제28조 제2항에 따라 퇴직연금사업자로부터 위탁받은 업무
6-7. 다른 법령에서 보험요율 산출기관이 할 수 있도록 정하고 있는 업무

② 보험요율 산출기관은 보험회사가 적용할 수 있는 순보험요율을 산출하여 금융위원회에 신고할 수 있다. 이 경우 신고를 받은 금융위원회는 그 내용을 검토하여 이 법에 적합하면 신고를 수리하여야 한다(보험업법 제176조 제4항).

35. ④

보험계리사, 선임계리사 또는 보험계리업자의 업무는 다음 각 호와 같다. 다만 제5호의 업무는 보험계리사 및 보험계리업자만 수행한다(보험업법 시행규칙 제44조).

1. 기초서류의 작성에 관한 사항
2. 책임준비금, 비상위험준비금 등 준비금의 적립에 관한 사항[1]
3. 잉여금의 배분 · 처리 및 보험계약자 배당금의 배분에 관한 사항
4. 지급여력비율 계산 중 보험료 및 책임준비금과 관련된 사항
5. 상품 공시자료 중 기초서류와 관련된 사항
6. 계리적 최적가정의 검증 · 확인에 관한 사항

1) 참고로 시험 출제 당시 제2호는 "책임준비금, 비상위험준비금 등 준비금의 적립과 준비금에 해당하는 자산의 적정성에 관한 사항"라고 되어 있었으나, 2023년 6월 30일자로 해설과 같이 개정되었다.

36. ①

① 보험회사가 선임계리사를 선임하려는 경우에는 이사회의 의결을 거쳐 선임계리사의 선임 후에 금융위원회에 보고하여야 하고, 선임계리사를 해임하려는 경우에는 선임계리사의 해임 전에 이사회의 의결을 거쳐 금융위원회에 신고하여야 한다. 다만, 외국보험회사의 국내지점의 경우에는 이사회의 의결을 거치지 아니할 수 있다(보험업법 제181조의2 제1항)
② 보험회사는 다른 보험회사의 선임계리사를 해당 보험회사의 선임계리사로 선임할 수 없다(보험업법 제181조의2 제2항).
③ 금융위원회는 선임계리사에게 그 업무범위에 속하는 사항에 관하여 의견을 제출하게 할 수 있다(보험업법 제184조 제6항).
④ 보험회사는 선임계리사의 해임 신고를 할 때 그 해임사유를 제출하여야 하며, 금융위원회는 해임사유에 대하여 해당 선임계리사의 의견을 들을 수 있다(보험업법 제181조의2 제3항).

37. ④

①② 보험설계사의 등록업무, 보험대리점의 등록업무는 보험협회에 위탁한다(보험업법 제194조 제1항).
③ 금융감독원장은 다음 각 호의 업무를 보험협회의 장에게 위탁한다(보험업법 시행령 제101조 제1항).

1. 보험설계사의 등록취소 또는 업무정지 통지에 관한 업무
2. 보험대리점의 등록취소 또는 업무정지 통지에 관한 업무
3. 보험설계사에 관한 신고의 수리
4. 보험대리점에 관한 신고의 수리

④ 다음 각 호의 업무는 금융감독원장에게 위탁한다(보험업법 제194조 제2항).

1. 제89조에 따른 보험중개사의 등록업무
2. 제182조에 따른 보험계리사의 등록업무
3. 제183조에 따른 보험계리를 업으로 하려는 자의 등록업무
4. 제186조에 따른 손해사정사의 등록업무
5. 제187조에 따른 손해사정을 업으로 하려는 자의 등록업무

38. ①

보험회사는 그 영업을 양도 · 양수하려면 금융위원회의 인가를 받아야 한다(보험업법 제150조). 나머지는 모두 허가 사항이다.

39. ③

징벌적 손해배상이란 영미법을 근간으로 하는 나라에서 발달한 제도로, 가해자의 행위가 반사회적이고 악의적일 경우에 피해자에게 실제 손해액보다 더 많은 금액을 배상하도록 하는 것이다. 즉 민사상 손해배상액에 형벌의 처벌적 의미를 더하여 제재를 가하는 제도이다. 우리나라는 대륙법계를 근간으로 실손해액 배상의 원칙을 채택하고 있으므로, 징벌적 손해배상의 전면적인 도입은 어렵다. 다만 개인정보보호법이나 제조물책임법 등 일부 개별법률에서 예외적으로 인정하고 있을 뿐이다. 보험업법은 징벌적 손해배상이 인정되지 않는다.

40. ①

보험회사는 다음 각 호의 어느 하나에 해당하는 사유가 발생한 경우에는 그 사유가 발생한 날부터 5일 이내에 금융위원회에 보고하여야 한다(보험업법 제130조 및 보험업법 시행령 제72조).

1. 상호나 명칭을 변경한 경우
2. 삭제 〈2015. 7. 31.〉
3. 본점의 영업을 중지하거나 재개(再開)한 경우
4. 최대주주가 변경된 경우
5. 대주주가 소유하고 있는 주식 총수가 의결권 있는 발행주식 총수의 100분의 1 이상만큼 변동된 경우
6. 그 밖에 해당 보험회사의 업무 수행에 중대한 영향을 미치는 경우로서 대통령령으로 정하는 경우
6-1. 자본금 또는 기금을 증액한 경우
6-2. 법 제21조에 따른 조직 변경의 결의를 한 경우
6-3. 법 제13장에 따른 처벌을 받은 경우
6-4. 조세 체납처분을 받은 경우 또는 조세에 관한 법령을 위반하여 형벌을 받은 경우
6-5. 「외국환 거래법」에 따른 해외투자를 하거나 외국에 영업소, 그 밖의 사무소를 설치한 경우
6-6. 보험회사의 주주 또는 주주였던 자가 제기한 소송의 당사자가 된 경우

2과목 보험계약법

01	02	03	04	05	06	07	08	09	10
③	②	④	④	②	①	②	①	③	①
11	12	13	14	15	16	17	18	19	20
③	④	①	③	③	④	③	④	④	②
21	22	23	24	25	26	27	28	29	30
③	①	②	④	②	①	②	③	①	③
31	32	33	34	35	36	37	38	39	40
②	③	④	②	④	②	③	①	①	①

01. ③

상법 제4편(보험)은 보험계약에 관한 권리와 의무를 규율하는 법률로 영리목적의 민영보험에는 당연히 그 적용이 있다. 다만 상법 제4편의 규정은 영리보험에 해당하지 않는 상호보험(相互保險), 공제(共濟), 그 밖에 이에 준하는 계약의 경우에도 준용된다(상법 제664조). 따라서 상호보험, 공제, 무역보험은 상법 제4편의 규정이 적용되거나 준용될 수 있다. 자가보험은 보험계약자가 보유한 위험을 다른 사람에게 전가하는 것이 아니라 스스로 위험을 측정하여 일정한 금액을 적립하는 제도로 보험과 유사하나, 위험을 전가하지 않고 스스로 보유하는 방식이기 때문에 상법 제4편의 규정이 적용될 여지가 없다.

02. ②

① 대리인에 의하여 보험계약을 체결하는 경우에는 그 대리인이 안 사유는 본인이 안 것과 동일한 것으로 한다(상법 제646조).
② 만15세 미만자, 심신상실자, 심신박약자의 사망을 보험사고

로 하는 보험계약은 무효이다. 다만 심신박약자가 보험계약을 체결하거나 단체보험의 피보험자가 될 때에 의사능력이 있는 경우라면 유효하다(상법 제732조). 만15세 미만자가 무효이므로 만14세까지는 무효, 만15세부터는 유효이다. 따라서 지문으로 제시된 만15세 미성년자가 피보험자인 사망보험계약은 유효하다.

③④ 보험료 지급의무는 원칙적으로 보험계약자가 부담하는 의무이다. 다만 타인을 위한 보험계약에서 보험계약자가 파산선고를 받거나 보험료의 지급을 지체한 때에는 그 타인이 보험계약에 따른 권리를 포기하지 아니하는 한 그 타인도 이차적으로 보험료 지급의무를 부담한다(상법 제639조 제3항). 타인을 위한 보험계약이란 보험계약자가 보험계약 성립에 따른 이익을 타인에게 주기 위하여 자기 명의로 체결하는 보험계약을 말한다. 보험계약의 대표적인 효용은 보험금 청구권이므로, 손해보험계약에서는 피보험자, 생명보험계약에서는 보험수익자가 타인에 해당한다.

03. ④

① 보험계약은 불요식낙성계약이다. 보험실무상 보험계약자가 청약서를 작성하여 보험자에게 제출하고 보험자는 보험증권을 발행하므로 사실상 요식화되어 있으나, 보험계약이 불요식계약임에는 변함이 없다.

② 보험자가 보험계약자로부터 보험계약의 청약과 함께 보험료 상당액의 전부 또는 일부를 지급받은 때에는 다른 약정이 없으면 30일 내에 보험계약자에게 낙부의 통지를 발송하여야 한다(상법 제638조의2 제1항). 낙부통지의무는 청약과 함께 보험료 상당액 전부 또는 일부를 지급받은 경우에 발생하므로, 보험료가 지급되지 않았다면 낙부통지의무도 발생하지 않는다.

③ 보험자가 보험계약자의 청약에 대한 낙부통지의무를 부담하는 경우 정해진 기간 내에 낙부의 통지를 해태한 때에는 그 보험계약을 승낙한 것으로 본다(상법 제638조의2 제2항).

④ 보험계약은 보험계약자의 청약과 보험자의 승낙이라는 당사자 사이의 의사 합치만으로 유효하게 성립하는 낙성계약이다. 따라서 보험료가 납입되지 않더라도 의사 합치만 있다면 보험계약은 성립할 수 있다. 보험료의 납입은 보험자의 책임개시 요건이다. 따라서 보험자가 청약을 승낙하여 보험계약이 성립하였더라도 보험료가 납입되지 않았다면 보험자가 책임을 부담하지 않는다.

04. ④

① 보험기간이란 보험자의 책임이 개시되고 종료할 때까지의 일정한 기간으로 책임기간 또는 위험기간이라고도 한다. 보험기간은 계약 당사자의 약정에 의하여 정해지고 보험증권에 기재하여야 한다(상법 제666조).

② 보험기간 내에 보험사고가 발생하면 보험자로서는 보험금 지급의무가 발생하고, 보험금청구권자(피보험자 또는 보험수익자)의 권리(보험금청구권)가 확정된다. 따라서 보험기간이 끝난 후에 손해가 발생하였더라도 보험자는 보험금을 지급할 책임이 있다.

③ 보험계약기간은 보험계약이 유효하게 성립하여 소멸할 때까지의 존속기간을 말한다.

④ 보험계약기간과 보험기간은 일반적으로 일치하는 것으로 기대되지만, 반드시 일치할 필요는 없다. 예를 들어 소급보험계약은 보험기간이 보험계약기간보다 앞서 시작한다.

05. ②

① 보험자가 보험약관과 다른 내용을 설명하여 보험계약이 체결되었다면 해당 내용은 계약 당사자가 구두로 합의한 별도의 개별약정이 되며, 개별약정 우선의 원칙에 따라 그 설명한 내용이 보험계약의 내용으로 된다.

②③ 대법원 판례에 따르면, 약관의 해석은 신의성실의 원칙에 따라 해당 약관의 목적과 취지를 고려하여 공정하고 합리적으로 해석하되, 개별 계약 당사자가 의도한 목적이나 의사를 참작하지 않고 평균적 고객의 이해가능성을 기준으로 객관적 · 획일적으로 해석하여야 한다. 위와 같은 해석을 거친 후에도 약관 조항이 객관적으로 다의적으로 해석되고 각각의 해석이 합리성이 있는 등 해당 약관의 뜻이 명확하지 않은 경우에는 고객에게 유리하게 해석하여야 한다. 그러나 약관의 목적과 취지를 고려하여 공정하고 합리적으로, 그리고 평균적 고객의 이해가능성을 기준으로 객관적이고 획일적으로 해석한 결과 약관 조항이 일의적으로 해석된다면 약관 조항을 고객에게 유리하게 해석할 여지가 없다.[2]

④ 보험자의 책임을 제한하는 면책약관 해석에 있어서는 제한적이고 엄격하게 해석하여 그 적용범위가 확대되지 않도록 하여야 한다. 이를 보험약관의 해석에 관한 동종제한 해석의 원칙, 축소해석의 원칙이라고 한다.

06. ①

① 보험자는 보험계약이 성립한 때에는 지체없이 보험증권을 작성하여 보험계약자에게 교부하여야 한다. 그러나 보험계약자가 보험료의 전부 또는 최초의 보험료를 지급하지 아니한 때에는 보험자의 증권교부의무가 면제된다(상법 제640조 제1항).

② 기존의 보험계약을 연장하거나 변경한 경우에는 보험자는 그 보험증권에 그 사실을 기재함으로써 보험증권의 교부에 갈음할 수 있다(상법 제640조 제2항).

③ 보험계약의 당사자는 보험증권의 교부가 있은 날로부터 일정한 기간 내에 한하여 증권 내용의 정부(正否)에 관한 이의를 할 수 있음을 약정할 수 있다. 이 기간은 1월을 내리지 못한다(상법 제641조). 즉 1월 이상으로 하여야 한다.

④ 보험증권을 멸실 또는 현저하게 훼손한 때에는 보험계약자는 보험자에 대하여 증권의 재교부를 청구할 수 있다. 그 증권 작성의 비용은 보험계약자의 부담으로 한다(상법 제642조).

07. ②

① 보험자는 계약의 당사자로서 기본적으로 보험약관의 교부 · 설명의무를 부담하며, 보험 모집업무에 종사하는 보험대리상도 이 의무를 부담한다.

2) 대법원 2018.10.25. 선고 2014다232784 판결

② 대법원 판례에 따르면, 보험약관 설명의무의 상대방은 반드시 보험계약자 본인에 국한되는 것이 아니라, 보험자가 보험계약자의 대리인과 보험계약을 체결할 경우에는 그 대리인에게 보험약관을 설명하는 것으로도 충분하다.[3]

③ 대법원 판례에 따르면, 보험자에게 보험약관의 명시 · 설명의무가 인정되는 것은 어디까지나 보험계약자가 알지 못하는 가운데 약관에 정하여진 중요한 사항이 계약 내용으로 되어 보험계약자가 예측하지 못한 불이익을 받게 되는 것을 피하고자 하는 데 그 근거가 있다고 할 것이므로, 보험약관에 정하여진 사항이라고 하더라도 거래상 일반적이고 공통된 것이어서 보험계약자가 별도의 설명 없이도 충분히 예상할 수 있었던 사항이거나 이미 법령에 의하여 정하여진 것을 되풀이하거나 부연하는 정도에 불과한 사항이라면 그러한 사항에 대하여서까지 보험자에게 명시 · 설명의무가 인정된다고 할 수 없다.[4] 따라서 상법에 규정된 보험계약자의 통지의무와 동일한 내용의 보험약관에 대해서는 보험자가 별도로 설명할 필요가 없다.

④ 보험자는 보험계약을 체결할 때에 보험약관을 교부하고 그 약관의 중요한 내용을 설명하여야 한다(상법 제638조의3 제1항).

08. ①

① 보험계약자 또는 피보험자는 보험계약을 체결할 때에 고의 또는 중대한 과실로 중요한 사항을 고지하지 아니하거나 부실의 고지를 하지 아니할 의무를 부담한다. 따라서 고지의무 위반이 성립하려면 보험계약자 또는 피보험자에게 고지의무 위반에 관한 고의 또는 중대한 과실이 있어야 하며, 단순 과실이라면 고지의무 위반이 성립하지 않는다.

② 대법원 판례에 따르면, 고지의무에서 말하는 중대한 과실이란 현저한 부주의로 중요한 사항의 존재를 몰랐거나 중요성 판단을 잘못하여 그 사실이 고지하여야 할 중요한 사항임을 알지 못한 것을 의미하며, 그와 같은 과실이 있는지는 보험계약의 내용, 고지하여야 할 사실의 중요도, 보험계약의 체결에 이르게 된 경위, 보험자와 피보험자 사이의 관계 등 제반 사정을 참작하여 사회통념에 비추어 개별적 · 구체적으로 판단하여야 한다.[5]

③ 보험계약자 또는 피보험자는 보험계약을 체결할 때에 고의 또는 중대한 과실로 중요한 사항을 고지하지 아니하거나 부실의 고지를 하지 아니할 의무를 부담한다. 따라서 중요한 사항에 관하여 사실과 달리 고지한 것(부실고지) 뿐만 아니라, 중요한 사항에 관하여 사실을 알리지 않은 것(불고지)도 고지의무 위반에 해당한다.

④ 대법원 판례에 따르면, 고지의무 위반에 대한 증명책임은 고지의무 위반을 이유로 보험계약을 해지하고자 하는 보험자에게 있다.[6]

09. ③

① 보험계약 당시에 보험계약자 또는 피보험자가 고의 또는 중대한 과실로 인하여 중요한 사항을 고지하지 아니하거나 부실의 고지를 한 때에는 보험자는 그 사실을 안 날로부터 1월 내에, 계약을 체결한 날로부터 3년 내에 한하여 계약을 해지할 수 있다(상법 제651조).

②③ 고지의무(告知義務)를 위반한 사실 또는 위험이 현저하게 변경되거나 증가된 사실이 보험사고 발생에 영향을 미치지 아니하였음이 증명된 경우에는 보험자는 보험금을 지급할 책임이 있다(상법 제655조 단서). 즉 고지의무 위반 사실과 보험사고 발생 사이의 관련 여부에 따라 보험금을 지급할 책임이 달라진다. 보험계약의 해지는 여전히 가능하다. 참고로 2014년 상법 개정 이전에는 제655조 말단부가 '보험금을 지급할 책임이 있다.'가 아니라 '그러하지 아니하다.'로 되어 있어, '1) 보험금을 지급할 책임이 없다.'만 그러하지 아니한 것인지, '2) 계약을 해지하고 보험금을 지급할 책임이 없다.'는 것이 그러하지 아니한 것인지에 대한 논란이 있었다. 이에 대하여 대법원은 고지의무를 위반한 사실과 보험사고의 발생 사이의 인과관계 여부를 불문하고 고지의무 위반을 이유로 보험계약을 해지할 수 있다고 판단[7]하였으며, 지금은 해당 조문을 개정하여 불명확한 부분을 입법적으로 해결하였다.

④ 대법원 판례에 따르면, 보험자 및 보험계약의 체결 또는 모집에 종사하는 자는 보험계약의 체결에 있어서 보험계약자 또는 피보험자에게 보험약관에 기재되어 있는 보험상품의 내용, 보험료율의 체계 및 보험청약서상 기재 사항의 변동 사항 등 보험계약의 중요한 내용에 대하여 구체적이고 상세한 명시 · 설명의무를 지고 있으며, 보험자가 이러한 보험약관의 명시 · 설명의무에 위반하여 보험계약을 체결한 때에는 그 약관의 내용을 보험계약의 내용으로 주장할 수 없다. 또한 보험자가 이러한 보험약관 교부설명의무를 위반하였을 때에는 보험계약자나 그 대리인이 그 약관에 규정된 고지의무를 위반하였다 하더라도 이를 이유로 보험계약을 해지할 수 없다.[8]

10. ①

보험자는 보험금액의 지급에 관하여 약정기간이 있는 경우에는 그 기간 내에, 약정기간이 없는 경우에는 제657조 제1항(보험사고 발생의 통지의무)의 통지를 받은 후 지체 없이 지급할 보험금액을 정하고 그 정하여진 날부터 10일 내에 피보험자 또는 보험수익자에게 보험금액을 지급하여야 한다(상법 제658조).

11. ③

보험금청구권은 3년간, 보험료 또는 적립금의 반환청구권은 3년간, 보험료청구권은 2년간 행사하지 아니하면 시효의 완성으로 소멸한다(상법 제662조).

3) 대법원 2001.7.27. 선고 2001다23973 판결
4) 대법원 1998.11.27. 선고 98다32564 판결
5) 대법원 2015.5.14. 선고 2014다73336, 73343 판결
6) 대법원 2013.6.13. 선고 2011다54631, 54648 판결
7) 대법원 2010.7.22. 선고 2010다25353 판결
8) 대법원 1998.4.10. 선고 97다47255 판결

12. ④

① 보험계약의 당사자가 특별한 위험을 예기하여 보험료의 액을 정한 경우에 보험기간 중 그 예기한 위험이 소멸한 때에는 보험계약자는 위험이 소멸한 후의 보험료 감액을 청구할 수 있다(상법 제647조).
② 보험계약의 전부 또는 일부가 무효인 경우에 보험계약자와 피보험자가 선의이며 중대한 과실이 없는 때에는 보험자에 대하여 보험료의 전부 또는 일부의 반환을 청구할 수 있다. 보험계약자와 보험수익자가 선의이며 중대한 과실이 없는 때에도 같다(상법 제648조).
③ 보험사고가 발생하기 전에는 보험계약자는 언제든지 계약의 전부 또는 일부를 해지할 수 있다. 이 경우 보험계약자는 당사자 간에 다른 약정이 없으면 미경과보험료의 반환을 청구할 수 있다(상법 제649조).
④ 고지의무 위반을 이유로 한 보험계약 해지시 보험료 반환에 대한 규정은 상법에 명시되지 않다.

13. ①

① 보험계약자는 계약 체결 후 지체없이 보험료의 전부 또는 제1회 보험료를 지급하여야 하며, 보험계약자가 이를 지급하지 아니하는 경우에는 다른 약정이 없는 한 계약 성립 후 2월이 경과하면 그 계약은 해제된 것으로 본다(상법 제650조 제1항).
② 계속보험료가 약정한 시기에 지급되지 아니한 때에는 보험자는 상당한 기간을 정하여 보험계약자에게 최고하고 그 기간 내에도 계속보험료가 지급되지 아니한 때에는 그 계약을 해지할 수 있다(상법 제650조 제2항). 최고라는 것은 법률용어로, 독촉을 의미한다.
③ 특정한 타인을 위한 보험의 경우에 보험계약자가 보험료의 지급을 지체한 때에는 보험자는 그 타인에게도 상당한 기간을 정하여 보험료의 지급을 최고한 후가 아니면 그 계약을 해제 또는 해지하지 못한다(상법 제650조 제3항).
④ 대법원 판례에 따르면, 상법 제650조 제2항은 보험료가 적당한 시기에 지급되지 아니한 때에는 보험자는 상당한 기간을 정하여 보험계약자에게 최고하고 그 기간 내에 지급하지 아니한 때에는 계약을 해지할 수 있도록 규정하고, 상법 제663조는 위 규정을 보험 당사자 간의 특약으로 보험계약자 또는 보험수익자의 불이익으로 변경하지 못한다고 규정하고 있으므로, 분납 보험료가 소정의 시기에 납입되지 아니하였음을 이유로 그와 같은 절차를 거치지 아니하고 막바로 보험계약이 해지되거나 실효됨을 규정하고 보험자의 보험금지급 책임을 면하도록 규정한 이른바 실효약관은 상대적 강행법규를 규정한 상법에 위배되어 무효이다.[9]

14. ③

보험계약자 또는 피보험자나 보험수익자는 보험사고의 발생을 안 때에는 지체 없이 보험자에게 그 통지를 발송하여야 한다. 사고발생 통지의무를 해태함으로 인하여 손해가 증가된 때에는 보험자는 그 증가된 손해를 보상할 책임이 없다(상법 제657조). 증가된 손해를 보상할 책임이 없을 뿐이지 보험계약을 해지할 수 있는 것은 아니다. 나머지 지문은 모두 보험계약 해지사유이다.

15. ③

①② 보험사고가 발생하기 전에는 보험계약자는 언제든지 계약의 전부 또는 일부를 해지할 수 있다. 다만 타인을 위한 보험계약의 경우에는 보험계약자는 그 타인의 동의를 얻지 아니하거나 보험증권을 소지하지 아니하면 그 계약을 해지하지 못한다(상법 제649조 제1항).
③ 보험사고의 발생으로 보험자가 보험금을 지급한 후에 보험금액이 감액되지 아니하는 보험의 경우에는 그 보험사고가 발생한 후에도 보험계약을 해지할 수 있다(상법 제649조 제2항).
④ 보험계약자가 임의해지권을 행사하는 경우에 당사자 간에 다른 약정이 없으면 미경과보험료의 반환을 청구할 수 있다(상법 제649조 제3항).

16. ④

①② 계속보험료 미납에 따라 보험계약이 해지되고 해지환급금이 지급되지 아니한 경우에 보험계약자는 일정한 기간 내에 연체보험료에 약정이자를 붙여 보험자에게 지급하고 그 계약의 부활을 청구할 수 있다(상법 제650조의2).
③ 보험계약이 부활하면 부활 이후 종전의 계약과 동일한 내용의 효력이 존속한다. 다만 해지된 시점부터 보험계약의 부활 사이에 발생한 보험사고에 대해서는 보험자가 보상책임을 부담하지 않는다.
④ 대법원 판례에 따르면, 암보험에서 보험자의 책임개시 시점을 보험계약일로부터 그 날을 포함하여 90일이 지난 날의 다음 날이라고 규정한 약관 조항은, 상법에 규정된 보험자의 책임개시 시점(보험료를 납부한 때)과 달리 규정한 조항이므로, 보험자가 구체적이고 상세한 명시 · 설명의무를 지는 보험계약의 중요한 내용이라 할 것이고, 위 약관의 내용이 거래상 일반적이고 공통된 것이어서 보험계약자가 별도의 설명 없이도 충분히 예상할 수 있었던 내용이라 할 수 없다. 나아가 보험계약 부활 시에도 해당 규정이 적용된다면 보험자는 부활계약 당시에 해당 약관의 내용에 대하여 설명의무를 이행하여야 한다.[10]

17. ③

① 보험자가 파산의 선고를 받은 때에는 보험계약자는 계약을 해지할 수 있다. 만약 해지하지 아니한 보험계약은 파산선고 후 3월을 경과한 때에는 그 효력을 잃는다(상법 제654조).
② 보험기간 내에 보험사고가 발생하지 않았더라도 보험기간이 만료되면 그 보험계약은 소멸한다.
③ 보험의 목적이 보험기간 중 보험사고 이외의 원인으로 멸실되었다면 보험계약은 소멸한다. 예를 들어 화재보험을 체결한 상태에서 지진으로 건물이 무너졌거나, 암보험을 체결한 상태에서 자동차사고로 피보험자가 사망하였다면, 해당 보험계약은 소멸한다.

9) 대법원 1995.11.16. 선고 94다56852 전원합의체 판결
10) 대법원 2005.12.9. 선고 2004다26164, 26171 판결

④ 보험사고가 발생하여 보험금액이 지급되었다고 하더라도 **보험목적물이 잔존**하는 한 보험계약은 소멸하지 않는다.

18. ④

① 실손보상의 원칙은 손해보험의 대원칙에 해당한다. 손해보험계약에서 실손보상의 원칙은 절대적인 것으로 피보험자의 이중이득을 얻는 것을 방지하기 위하여 철저히 준수된다.
② 보험가액은 법률상 보험자의 최고 보상한도액이므로, 계약의 당사자가 약정 보험금액을 아무리 고액으로 설정하더라도 보험자가 지급하는 보험금액은 보험가액을 초과할 수 없다. 만약 보험자가 보험가액을 초과하여 보험금을 지급한다면 실손보상의 원칙에 위배된다.
③ 제3자의 행위로 생긴 손해에 대하여 제3자의 손해배상에 앞서 보험자가 먼저 보험금을 지급하였다면 피보험자의 제3자에 대한 손해배상청구권은 소멸되지 아니하고 지급한 보험금액의 한도 내에서 보험자에게 이전된다. 이를 제3자에 대한 보험자의 대위, 보통 청구권 대위라고 한다.
④ 보험계약을 체결할 당시 당사자 사이에 미리 보험가액에 대하여 합의를 한 **기평가보험**이나 신가보험 등은 실손보상의 원칙에 대한 예외에 해당한다. 미평가보험은 사고가 발생한 때와 곳의 가액의 의하여 손해액을 산정하므로 실손보상의 원칙을 실현하는 보험 형태이다.

19. ④

① 중복보험은 동일한 보험계약의 목적과 동일한 사고에 관하여 수개의 보험계약이 동시에 또는 순차로 체결된 경우에 그 보험금액의 총액이 보험가액을 초과한 것을 말한다. 보험계약자는 동일할 필요가 없으나 피보험자는 동일해야 하며, 보험기간은 전부 공통될 필요는 없고 중복되는 기간에 한하여 중복보험으로 본다.[11]
② 대법원 판례에 따르면, 상법 제679조의 보험목적물 양도 승계에 대한 추정은 보험목적의 양수인에게 보험승계가 없다는 것이 증명된 경우에는 번복된다고 할 것인데, 보험목적의 양수인이 그 보험목적에 대한 1차 보험계약과 피보험이익이 동일한 보험계약을 체결한 사안에서, 제1차 보험계약에 따른 보험금청구권에 질권이 설정되어 있어 보험사고가 발생할 경우에도 보험금이 그 질권자에게 귀속될 가능성이 많아 1차보험을 승계할 이익이 거의 없고, 또한 그 양수인이 그 보험목적에 관하여 손해의 전부를 지급받을 수 있는 필요충분한 보험계약을 체결한 경우, 양수인에게는 보험승계의 의사가 없었다고 봄이 상당하다. 따라서 1차보험은 양수인에게 승계되지 아니하고 양수인이 체결한 보험은 중복보험에 해당하지 않는다.[12]
③ 대법원 판례에 따르면, 산업재해보상보험과 자동차종합보험(대인배상보험)은 보험의 목적과 보험사고가 동일하다고 볼 수 없어서 사용자가 위 보험들에 함께 가입하였다고 하여도 동일한 목적과 동일한 사고에 관하여 수개의 보험계약이 체결된 경우를 말하는 상법 제672조 소정의 중복보험에 해당한다고 할 수 없다.[13]
④ 대법원 판례에 따르면, 수 개의 손해보험계약이 동시 또는 순차로 체결된 경우에 그 보험금액의 총액이 보험가액을 초과한 때에는 상법 제672조 제1항의 규정에 따라 보험자는 각자의 보험금액의 한도에서 연대책임을 지고 이 경우 각 보험자의 보상책임은 각자의 보험금액의 비율에 따르는 것이 원칙이라 할 것이나, 이러한 상법의 규정은 **강행규정이라고 해석되지 아니하므로,** 각 보험계약의 당사자는 각개의 보험계약이나 약관을 통하여 중복보험에 있어서의 피보험자에 대한 보험자의 보상책임 방식이나 보험자들 사이의 책임 분담방식에 대하여 상법의 규정과 다른 내용으로 규정할 수 있다.[14] 따라서 보험금을 지급받는 피보험자에게 불이익하지 않는 범위 내에서 보험자 간의 분담방식을 상법과 다른 방식으로 규정하는 것(예: 독립책임액 조항)도 얼마든지 가능하다. 이를 타보험조항이라고 한다.

20. ②

① 화재를 진압하기 위하여 뿌려진 물에 보험의 목적물이 손해를 입었다면 사고와 손해 사이에 상당인과관계가 인정되므로 보험자에게 보상의무가 발생한다.[15]
② 대법원 판례에 따르면, 보험자가 벼락 등의 사고로 특정 농장 내에 있는 돼지에 대하여 생긴 보험계약자의 손해를 보상하기로 하는 손해보험계약을 체결한 경우, 농장 주변에서 발생한

11) **저자주 :** 지문에서는 보험기간이 아니라 보험계약의 기간이라고 하여 오류가 있다. 보험기간은 보험자가 보장을 제공하는 책임기간이고, 보험계약기간은 보험계약이 유효하게 존속하는 기간이다. 중복보험은 보험기간이 중복할 때에 발생하므로, 보험계약의 기간이 중복되더라도 보험기간이 다르다면 중복보험에 해당하지 않는다. 실제로 이전 기출문제 다수에서 보험계약기간과 보험기간을 엄격히 구분하여 문제를 제출하였다(2015년 보험계약법 13번, 2015년 손해사정이론 25번, 2018년 보험계약법 38번, 2019년 보험계약법 29번, 2021년 보험계약법 16번). 이의제기가 있었으나 최종답안에서는 인정되지 않았다.
12) 대법원 1996.5.28. 선고 96다6998 판결
13) 대법원 1989.11.14. 선고 88다카29177 판결
14) 대법원 2002.5.17. 선고 2000다30127 판결
15) **저자주 :** 오류가 있는 지문이다. 화재를 진압하기 위하여 뿌려진 물에 보험목적물이 손해를 입은 것은 이른바 소방손해에 해당하며, 이는 사고와의 인과관계를 따지지 않으며 그 자체로 화재보험자가 보상하는 손해이기 때문이다. 실제로 우리 상법은 "보험자는 화재의 소방 또는 손해의 감소에 필요한 조치로 인하여 생긴 손해를 보상할 책임이 있다(상법 제684조)."라고 규정하여 소방손해를 화재보험자가 보상하는 손해 그 자체로 인식하고 있다. 따라서 소방손해는 굳이 인과관계를 규명할 필요도 없으며 그 자체로 보험자가 보상할 손해이다. 예를 들어 보험에 가입되지 않은 다른 물건에 화재가 발생하여 해당 화재를 진압하기 위하여 사용된 소방수(水)에 보험목적물이 손해를 입었다면, 사고와 상당인과관계를 따진다면 화재보험자는 보험금 지급책임이 없지만(애초에 보험에 가입되지 않은 물건에 발생한 사고이므로), 소방손해를 보상책임이 있는 손해 그 자체로 인식한다면 이는 화재보험자가 보상할 손해에 해당한다. 이의제기가 있었으나 최종답안에서는 인정되지 않았다.

벼락으로 인하여 그 농장의 돈사용 차단기가 작동하여 전기공급이 중단되고 그로 인하여 돈사용 흡배기장치가 정지하여 돼지들이 질식사하였다면, 위 벼락사고는 보험계약상의 보험사고에 해당하고 위 벼락과 돼지들의 질식사 사이에는 상당인과관계가 인정된다.[16]

③ 대법원 판례에 따르면, 화재보험자는 보험가액과 보험금액의 범위 내에서 화재와 상당인과관계가 있는 손해를 보상할 책임이 있고, 화재와 손해 사이에 상당인과관계가 있는지 여부는 구체적 사정을 고려하여 개별적으로 판단하여야 할 것인데, 철거비와 폐기물처리비는 화재와 상당인과관계가 있는 건물수리비에 포함된다고 보아야 할 것이고, 이를 손해액에 산입되지 아니하는 별도의 비용으로 볼 것은 아니다.[17]

④ 대법원 판례에 따르면, 근로자가 평소 누적된 과로와 연휴 동안의 과도한 음주 및 혹한기의 노천작업에 따른 고통 등이 복합적인 원인이 되어 심장마비를 일으켜 사망하였다면 그 사망은 산업재해보상보험법 제3조 제1항 소정의 업무상 사유로 인한 사망에 해당한다.[18]

21. ③

① 보험계약자와 피보험자는 손해의 방지와 경감을 위하여 노력하여야 하며 이를 위하여 필요 또는 유익하였던 비용과 보상액이 보험금액을 초과한 경우라도 보험자가 이를 부담한다(상법 제680조).

② 손해방지의무는 손해가 발생한 때에 그 손해의 방지와 경감을 위하여 노력해야 하는 의무이다. 따라서 손해의 크기를 산정할 필요가 없이 약정된 보험금액을 지급하는 정액보험의 경우에는 손해방지의무가 적용되지 않는다.

③ 손해방지비용은 상법에 의하여 보험자에게 그 지급이 규정되어 있으므로, 이를 부담하지 않기로 하거나 제한을 두는 개별약관은 불이익변경금지의 원칙에 위배되어 효력이 없다.

④ 대법원 판례에 따르면, 보험계약자와 피보험자가 고의 또는 중대한 과실로 손해방지의무를 위반한 경우 보험자는 손해방지의무 위반과 상당인과관계가 있는 손해, 즉 의무 위반이 없다면 방지 또는 경감할 수 있으리라고 인정되는 손해액에 대하여 배상을 청구하거나 지급할 보험금과 상계하여 이를 공제한 나머지 금액만을 보험금으로 지급할 수 있다.[19]

22. ①

① 보험목적의 양도 규정은 유효한 보험계약일 때 적용되므로, 조건이나 기한 등의 제한으로 보험계약의 효력이 발생하지 않는다면 보험목적물의 양도 규정도 적용되지 않는다.

② 보험의 목적물이 보험기간 중에 양도되면 양수인은 보험계약상의 권리와 의무를 승계한 것으로 추정한다(상법 제679조 제1항). 보험계약상의 권리와 의무가 승계되므로 보험자가 보험계약에 대한 취소권과 해지권을 가지고 있다면 양수인에 대하여도 이러한 취소권과 해지권을 행사할 수 있다.

③ 보험목적의 양도는 유상양도와 무상양도를 불문하고 적용되나, 채권적인 양도만으로는 부족하고 물권적인 양도가 있어야 한다.

④ 보험의 목적이 양도된 경우에는 양도인 또는 양수인은 보험자에 대하여 지체없이 그 사실을 통지하여야 한다(상법 제679조 제2항). 다만 우리 상법은 보험목적물의 양도 통지의무를 위반하였을 때에 대해서는 규정하지 않고 있다. 이에 대하여 대법원은 양도 통지의무 위반 시에 위험의 현저한 변경증가 통지의무 규정을 준용하여 해석한다.[20] 따라서 단순히 소유자만 변경되고 위험률에 변함이 없다면 양도 통지의무 위반에 따른 해지권을 행사할 수 없다.

23. ②

보험가액의 일부를 보험에 붙인 경우에 보험자는 보험금액의 보험가액에 대한 비율에 따라 보상할 책임을 진다. 그러나 당사자간에 다른 약정이 있는 때에는 보험자는 보험금액의 한도 내에서 그 손해를 보상할 책임을 지는데 이것을 1차위험 담보 조항(실손보상 특약)이라고 한다(상법 제674조). 문제에서 10억원의 건물에 대해 보험금액 5억원 보험에 가입하였으며 1차 위험담보 조항을 첨부하였으므로, 보험자는 보험금액(5억원)의 한도 내에서 실제 손해액(4억원)을 보험금으로 지급한다.

24. ④

도선료, 입항료, 등대료, 검역료, 기타 선박 또는 적하에 관한 항해 중의 통상비용은 해상보험자의 면책사유에 해당한다(상법 제706조). 선비보험(船費保險, Disbursements insurance)은 선주가 선박의 의장 기타 선박의 운항에 필요한 비용을 담보하는 것으로 보험사고가 발생하였을 경우 이미 지급한 비용을 회수하기 위한 목적으로 가입한다.

25. ②

① 대법원 판례에 따르면, 해상보험자의 면책사유를 규정한 상법 제706조는 “보험자는 다음의 손해와 비용을 보상할 책임이 없다”고 규정하고 그 제1호로 “선박 또는 운임을 보험에 붙인 경우에는 발항 당시 안전하게 항해를 하기에 필요한 준비를 하지 아니하거나 필요한 서류를 비치하지 아니함으로 인하여 생긴 손해”라고 규정하고 있으므로 이 규정에 의하면 선박보험에 있어서 발항 당시 감항능력이 결여된 경우에도 이러한 감항능력의 결여와 손해의 발생과의 사이에 인과관계가 있어야만 보험자는 면책되어야 한다. 다만, 상법 제663조 단서규정에 의하여 해상보험에 있어서는 보험계약자 등의 불이익변경 금지의 원칙이 적용되지 아니하므로 개별 해상보험 약관에서 이와 달리 규정하였다면 그러한 약관규정은 유효하다. 따라서 해상보험 약관에서 손해발생과의 인과관계를 요하는 보험자의 면책사유로 규정한 것이 아니라, 선박이 발항 당시 감

16) 대법원 1999.10.26. 선고 99다37603, 37610 판결
17) 대법원 2003.4.25. 선고 2002다64520 판결
18) 대법원 1990.2.13. 선고 89누6990 판결
19) 대법원 2016.1.14. 선고 2015다6302 판결
20) 대법원 1996.7.26. 선고 95다52505 판결

항능력을 갖추고 있을 것을 조건으로 하여 보험자가 해상위험을 인수한다는 취지임이 문언상 명백하다면, 보험자는 조건 결여의 사실, 즉 발항 당시의 불감항 사실만을 입증하면 그 조건 결여와 손해발생(보험사고) 사이의 인과관계를 입증할 필요 없이 보험금 지급책임을 부담하지 아니한다.[21]

② 대법원 판례에 따르면, 보험증권에 그 준거법을 영국의 법률과 관습에 따르기로 하는 규정과 아울러 감항증명서의 발급을 담보한다는 내용의 명시적 규정이 있는 경우 이는 영국 해상보험법 제33조 소정의 명시적 담보에 관한 규정에 해당하고, 명시적 담보는 위험의 발생과 관련하여 중요한 것이든 아니든 불문하고 정확하게(exactly) 충족되어야 하는 조건(condition)이라 할 것인데, 해상보험에 있어서 감항성 또는 감항능력이 '특정의 항해에 있어서의 통상적인 위험에 견딜 수 있는 능력'(at the time of the insurance able to perform the voyage unless any external accident should happen)을 의미하는 상대적인 개념으로서 어떤 선박이 감항성을 갖추고 있느냐의 여부를 확정하는 확정적이고 절대적인 기준은 없으며 특정 항해에 있어서의 특정한 사정에 따라 상대적으로 결정되어야 하는 점 등에 비추어 보면, 부보선박이 특정 항해에 있어서 그 감항성을 갖추고 있음을 인정하는 감항증명서는 매 항해시마다 발급받아야 비로소 그 담보조건이 충족된다.[22]

③④ The Insurance Act 2015는 2015년 2월 영국 의회를 통과하여 2016년 8월부터 시행된 영국의 법률이다. Insurance Act 2015는 기존의 MIA 1906을 완전히 대체하는 것이 아니라, MIA 1906을 보완하는 법률이다. 즉, 기존 MIA 1906 규정은 그대로 존속하되 Insurance Act 2015와 상충되거나 더이상 적용하지 않는 부분에 대하여 Insurance Act 2015가 적용된다. The Insurance Act 2015에 따르면 보험자는 warranty 위반일로부터 장래를 향하여 보험자의 보상책임이 면제되는 것이 아니라 위반 내용의 치유 시까지만 면책되며, 보험계약자가 warranty의 불이행과 보험사고 사이의 인과관계가 없음을 증명하였다면 보험금을 지급받을 수 있다.

26. ①

① 대법원 판례에 따르면, 보험자에게 보험약관의 명시 · 설명의무가 인정되는 것은 어디까지나 보험계약자가 알지 못하는 가운데 약관에 정하여진 중요한 사항이 계약 내용으로 되어 보험계약자가 예측하지 못한 불이익을 받게 되는 것을 피하고자 하는 데 그 근거가 있다고 할 것이므로, 보험약관에 정하여진 사항이라고 하더라도 거래상 일반적이고 공통된 것이어서 보험계약자가 별도의 설명 없이도 충분히 예상할 수 있었던 사항이거나 이미 법령에 의하여 정하여진 것을 되풀이하거나 부연하는 정도에 불과한 사항이라면 그러한 사항에 대하여서까지 보험자에게 명시 · 설명의무가 인정된다고 할 수 없다.[23]

② 대법원 판례에 따르면, 보험사고 발생 전의 보험금청구권 양도 또는 질권설정을 승낙함에 있어서 보험자가 비록 보험금청구권 양도 승낙 시나 질권설정 승낙 시에 면책사유에 대한 이의를 보류하지 않았다 하더라도 보험계약상의 면책사유를 양수인 또는 질권자에게 주장할 수 있다.[24]

③ 대법원 판례에 따르면, 영국 해상보험법상 선박기간보험에 있어 감항능력 결여로 인한 보험자의 면책요건으로서 피보험자의 악의(privity)는 영미법상의 개념으로서 피보험자가 선박의 감항능력 결여의 원인이 된 사실뿐 아니라, 그 원인된 사실로 인하여 해당 선박이 통상적인 해상위험을 견디어낼 수 없게 된 사실, 즉 감항능력이 결여된 사실을 알고 있는 것을 의미하는 것으로서, 감항능력이 없다는 것을 적극적으로 아는 것(positive knowledge of unseaworthiness)뿐 아니라, 감항능력이 없을 수도 있다는 것을 알면서도 이를 갖추기 위한 조치를 하지 않고 그대로 내버려두는 것(turning the blind eyes to unseaworthiness)까지 포함하는 개념이다.[25]

④ 소손해 면책조항(franchise clause, 프랜차이즈 공제)은 분손이 발생했을 경우에만 적용하며 그 손해가 면책한도액을 초과하는 경우 보험자는 손해의 전부를 보상한다.

27. ②

① 보험계약자나 피보험자의 고의에 의한 사고는 보험자의 면책사유에 해당한다. 다만 자동차손해배상보장법에 기초한 대인배상 I (책임보험)은 피해자 보호를 극대화하는 본래의 취지를 고려하여 고의사고인 경우에도 제3자 즉 피해자의 직접청구권 행사를 인정하고 있다. 물론 이 경우에도 보험금을 지급한 보험자는 지급한 금액에 대하여 고의사고를 발생시킨 피보험자에게 청구권을 행사한다.

② 대법원 판례에 따르면, 피해자와 피보험자 사이에 판결에 의하여 확정된 손해액은 그것이 피보험자에게 법률상 책임이 없는 부당한 손해라는 등의 특별한 사정이 없는 한 보험자는 원본이든 지연손해금이든 모두 피해자에게 지급할 의무가 있다.[26] 따라서 법률상 책임이 없는 부당한 손해에 해당한다는 특별한 사정이 인정된다면 보험자가 지급할 의무가 없다.

③ 보험자는 피보험자로부터 제3자에 대하여 변제, 승인, 화해 또는 재판으로 인하여 채무가 확정되었다는 통지를 받은 후 특별한 약정이 없으면 10일 내에 보험금액을 지급하여야 한다(상법 제723조). 따라서 변제, 승인, 화해 또는 재판 등에 의한 확정책임이 없다면 보험자의 보험금 채무도 이행지체에 빠지지 않는다.

④ 책임보험계약의 피보험자가 보험금청구권을 행사하기 위해서는 그 금액이 확정되어야 한다. 보험금청구권의 소멸시효는 민법 일반 법리에 따라 객관적으로 권리가 발생하고 그 권리를 행사할 수 있는 때로부터 진행한다. 보험금청구권의 소멸시효는 3년이다(상법 제662조).

---

21) 대법원 1995.9.29. 선고 93다53078 판결
22) 대법원 1996.10.11. 선고 94다60332 판결
23) 대법원 1998.11.27. 선고 98다32564 판결
24) 대법원 2002.3.29. 선고 2000다13887 판결
25) 대법원 2002.6.28. 선고 2000다21062 판결
26) 대법원 1995.9.26. 선고 94다28093 판결

28. ③

① 책임보험에서 피해를 입은 제3자는 피보험자가 책임을 질 사고로 입은 손해에 대하여 보험금액의 한도 내에서 보험자에게 직접 보상을 청구할 수 있다. 이를 피해자 직접청구권이라고 한다. 대법원 판례에 따르면, 피해자 직접청구권의 법적 성격은 보험자가 피해자에 대한 손해배상채무를 병존적 인수한 것으로서 피해자가 보험자에 대하여 가지는 손해배상청구권이다.[27] 따라서 민법 제766조 손해배상청구권의 규정에 따라 피해자 또는 그 법정대리인이 그 손해 및 가해자를 안 날로부터 3년간 피해자 직접청구권을 행사하지 아니하면 시효로 소멸한다.

② 대법원 판례에 따르면, 보험금청구권은 보험사고가 발생하기 전에는 추상적인 권리에 지나지 아니할 뿐 보험사고의 발생으로 인하여 구체적인 권리로 확정되어 그때부터 그 권리를 행사할 수 있게 되는 것이므로, 특별한 다른 사정이 없는 한 원칙적으로 보험금액청구권의 소멸시효는 보험사고가 발생한 때로부터 진행한다고 해석해야 할 것이고, 다만 보험사고가 발생한 것인지의 여부가 객관적으로 분명하지 아니하여 보험금청구권자가 과실 없이 보험사고의 발생을 알 수 없었던 경우에도 보험사고가 발생한 때로부터 보험금청구권의 소멸시효가 진행한다고 해석하는 것은, 보험금청구권자에게 너무 가혹하여 사회정의와 형평의 이념에 반할 뿐만 아니라 소멸시효제도의 존재이유에 부합된다고 볼 수도 없으므로 이와 같이 객관적으로 보아 보험사고가 발생한 사실을 확인할 수 없는 사정이 있는 경우에는 보험금청구권자가 보험사고의 발생을 알았거나 알 수 있었던 때로부터 보험금액청구권의 소멸시효가 진행한다.[28]

③ 대법원 판례에 따르면, 불법행위로 인한 손해배상청구권의 단기소멸시효의 기산점이 되는 민법 제766조 제1항의 '손해 및 가해자를 안 날'이라고 함은 손해의 발생, 위법한 가해행위의 존재, 가해행위와 손해의 발생과의 사이에 상당인과관계가 있다는 사실 등 불법행위의 요건사실에 대하여 현실적이고도 구체적으로 인식하였을 때를 의미한다. 나아가 피해자 등이 언제 위와 같은 불법행위의 요건사실을 현실적이고도 구체적으로 인식한 것으로 볼 것인지는 개별적 사건에 있어서의 여러 객관적 사정을 참작하고 손해배상청구가 사실상 가능하게 된 상황을 고려하여 합리적으로 판단하여야 한다.[29]

④ 대법원 판례에 따르면, 보험자가 피해자인 제3자와 손해배상금액에 대하여 합의를 시도하였다면 보험자는 그 때마다 손해배상채무를 승인한 것이므로 그 승인의 효과는 피보험자에게도 미치며 따라서 손해배상청구권에 대한 소멸시효는 그 승인시에 중단된다.[30]

29. ①

① 대법원 판례에 따르면, 자동차손해배상보장법 제3조에서 자동차 사고에 대한 손해배상책임을 지는 자로 규정하고 있는 '자기를 위하여 자동차를 운행하는 자'란 사회통념상 자동차에 대한 운행을 지배하여 그 이익을 향수하는 책임주체의 지위에 있는 자를 말하며, 여기서 운행지배는 현실적인 지배에 한하지 않고 사회통념상 간접지배 또는 지배가능성이 있는 경우를 포함한다.[31]

② 자동차손해배상보장법상 자기를 위하여 자동차를 운행하는 자는 그 운행으로 인하여 다른 사람을 사망하게 하거나 부상하게 한 때에는 그 손해를 배상할 책임을 지고, 운행이란 사람 또는 물건의 운송 여부에 관계없이 자동차를 그 용법에 따라 사용 또는 관리하는 것을 말한다. 또한 자동차손해배상보장법에서 말하는 자동차란 자동차관리법의 적용을 받는 자동차와 건설기계관리법의 적용을 받는 건설기계가 해당한다. 따라서 운행자란 자동차관리법의 적용을 받는 자동차와 건설기계관리법의 적용을 받는 건설기계를 자기의 점유 · 지배하에 두고 자기를 위하여 사용하는 자이다.

③ 대법원 판례에 따르면, 여관이나 음식점 등의 공중접객업소에서 주차 대행 및 관리를 위한 주차요원을 일상적으로 배치하여 이용객으로 하여금 주차요원에게 자동차와 시동열쇠를 맡기도록 한 경우에 위 자동차는 공중접객업자가 보관하는 것으로 보아야 하고 자동차 보유자의 운행지배는 떠난 것으로 볼 수 있다.[32]

④ 대법원 판례에 따르면, 자동차의 소유자 또는 보유자는 통상 자동차손해배상보장법 제3조 소정의 "자기를 위하여 자동차를 운행하는 자"의 지위에 있다고 인정되므로 비록 제3자가 무단히 그 자동차를 운전하다가 사고를 내더라도 그 운행에 있어 소유자 등의 운행지배 및 운행이익이 완전히 상실되었다고 볼 특별한 사정이 없는 한 당해 사고에 대하여 운행자로서의 책임을 부담한다.[33]

30. ③

① 해상보험약관에는 흔히 영국의 법과 관습에 따른다는 이른바 외국법 준거약관이 첨부되는 경우가 많다. 대법원 판례에 따르면, 보험증권 아래에서 야기되는 일체의 책임 문제는 외국의 법률 및 관습에 의하여야 한다는 이러한 외국법 준거약관은 약관에 의하여 외국법이 적용되는 결과 우리 상법 보험편의 통칙의 규정보다 보험계약자에게 불리하게 된다고 하여 상법 제663조에 따라 곧 무효로 되는 것이 아니고 약관이 보험자의 면책을 기도하여 본래 적용되어야 할 공서법의 적용을 면하는 것을 목적으로 하거나 합리적인 범위를 초과하여 보험계약자에게 불리하게 된다고 판단되는 것에 한하여 무효로 된

27) 대법원 1994.5.27. 선고 94다6819 판결
28) 대법원 2005.12.23. 선고 2005다59383, 59390 판결
29) 대법원 2010.5.27. 선고 2010다7577 판결
30) 대법원 1993.6.22. 선고 93다18945 판결
31) 대법원 2021.9.30. 선고 2020다280715 판결
32) 대법원 2009.10.15. 선고 2009다42703, 42710 판결
33) 대법원 1989.3.28. 선고 88다카2134 판결

다.[34] 따라서 만약 외국법 준거약관이 공서양속에 반하거나 보험계약자의 이익을 부당하게 침해하는 경우라면 그 효력을 부인할 수 있다.[35]

② 대법원 판례에 따르면, 자동차손해배상보장법 제3조에서 말하는 다른 사람이란 '자기를 위하여 자동차를 운행하는 자 및 당해 자동차의 운전자를 제외한 그 이외의 자'를 지칭하므로, 해당 자동차를 현실로 운전하거나 그 운전의 보조에 종사한 자는 다른 사람에 해당하지 아니한다.[36]

③ 대법원 판례에 따르면, 자동차보험의 무보험자동차에 의한 상해담보특약은 상해보험의 성질과 함께 손해보험의 성질도 갖고 있는 손해보험형 상해보험이므로, 하나의 사고에 관하여 여러 개의 무보험자동차특약보험계약이 체결되고 보험금액의 총액이 피보험자가 입은 손해액을 초과하는 때에는 손해보험에 관한 중복보험의 규정이 준용되어 보험자는 각자의 보험금액의 한도에서 연대책임을 지고, 이 경우 각 보험자 사이에서는 각자의 보험금액의 비율에 따른 보상책임을 부담한다.[37]

④ 대법원 판례에 따르면, 상해보험의 특별약관에 '특별약관의 보장개시 전의 원인에 의하거나 그 이전에 발생한 후유장해로서 후유장해보험금의 지급사유가 되지 않았던 후유장해가 있었던 피보험자의 동일 신체 부위에 또다시 후유장해가 발생하였을 경우에는 기존 후유장해에 대한 후유장해보험금이 지급된 것으로 보고 최종 후유장해상태에 해당되는 후유장해보험금에서 이미 지급받은 것으로 간주한 후유장해보험금을 차감한 나머지 금액을 지급한다'고 정한 사안에서, 정액보험인 상해보험에서는 기왕장해가 있는 경우에도 약정 보험금 전액을 지급하는 것이 원칙이고 예외적으로 감액규정이 있는 경우에만 보험금을 감액할 수 있으므로, 위 기왕장해 감액규정과 같이 후유장해보험금에서 기왕장해에 해당하는 보험금 부분을 감액하는 것이 거래상 일반적이고 공통된 것이어서 보험계약자가 별도의 설명 없이도 충분히 예상할 수 있는 내용이라거나, 이미 법령에 정하여진 것을 되풀이하거나 부연하는 정도에 불과한 사항이라고 볼 수 없어, 보험계약자나 대리인이 내용을 충분히 잘 알고 있지 않는 한 보험자는 기왕장해 감액규정을 명시 · 설명할 의무가 있다.[38]

31. ②

① 타인을 위한 생명보험계약은 보험계약자가 생명보험계약을 체결하면서 자기 이외의 제3자를 보험수익자로 지정한 계약을 말한다. 즉 보험사고 발생 시에 보험계약자가 아닌 타인(제3자)이 보험금 청구권을 행사하는 보험계약이다.

② 보험수익자를 수인의 상속인으로 지정한 경우 각 상속인은 상속분의 비율에 따라 보험금청구권을 가진다. 예를 들어 직계존속과 배우자가 상속인으로서 보험수익자에 해당한다면, 민법상 상속분의 비율에 따라 배우자의 보험금청구권 비율에 5할을 가산한다. 즉 직계존속과 배우자는 '1대1.5'의 비율로 보험금청구권을 가진다.

③ 대법원 판례에 따르면, 생명보험의 보험계약자가 스스로를 피보험자로 하면서 자신이 사망한 경우의 보험수익자를 '상속인'이라고만 지정하고 그 피보험자가 사망하여 보험사고가 발생한 경우, 보험금청구권은 상속인들의 고유재산에 해당하며, 이를 상속재산이라 할 수 없다.[39]

④ 보험수익자를 상속인으로 기재하였다면 그 상속인이란 피보험자의 민법상 법정상속인을 의미한다.

32. ③

① 질병보험은 보험사고의 원인이 신체의 질병과 같은 내부적 원인에 기인하는 것을 담보한다는 점에서 상해보험과 구분된다.

② 질병보험에 관하여는 그 성질에 반하지 않는 한 생명보험 및 상해보험의 일부 규정을 준용한다.

③ 질병보험의 보험금은 대부분 정액방식에 의하여 지급하지만, 반드시 그런 것은 아니며 부정액방식도 가능하다. 예를 들어 피보험자에게 발생한 실제 손해를 보상하는 형태(예 실손의료비 보험)의 부정액보험도 가능하다.

④ 질병보험은 상법상 인보험에 속하며 보험업법상으로는 제3보험에 해당한다.

33. ④

① 인보험계약의 보험자는 피보험자의 생명 또는 신체에 관하여 보험사고가 발생할 경우 보험금을 지급한다(상법 제727조 제1항). 생명에 관한 보험사고를 보장하는 것은 생명보험이며, 신체에 관한 보험사고를 보장하는 것은 상해보험과 질병보험이다.

② 인보험계약에서 보험금은 당사자 간의 약정에 따라 분할 지급이 가능하다(상법 제727조 제2항).

③ 대법원 판례에 따르면, 자동차보험의 무보험자동차에 의한 상해담보특약은 손해보험으로서의 성질과 함께 상해보험으로서의 성질도 갖고 있는 손해보험형 상해보험으로서, 당사자 사이에 다른 약정이 있는 때에는 보험자는 피보험자의 권리를 해하지 아니하는 범위 안에서 피보험자의 배상의무자에 대한 손해배상청구권을 대위행사할 수 있다.[40]

④ 인보험증권에는 제666조에 게기한 사항 외에 보험계약의 종류, 피보험자의 주소 · 성명 및 생년월일, 보험수익자를 정한 때에는 그 주소 · 성명 및 생년월일을 기재하여야 한다(상법 제728조).

---

34) 대법원 1996.3.8. 선고 95다28779 판결
35) 국제사법 제10조(사회질서에 반하는 외국법의 규정) : 외국법에 의하여야 하는 경우에 그 규정의 적용이 대한민국의 선량한 풍속 그 밖의 사회질서에 명백히 위반되는 때에는 이를 적용하지 아니한다.
36) 대법원 2010.5.27. 선고 2010다5175 판결
37) 대법원 2016.12.29. 선고 2016다217178 판결
38) 대법원 2015.3.26. 선고 2014다229917, 229924 판결
39) 대법원 2001.12.28. 선고 2000다31502 판결
40) 대법원 2000.2.11. 선고 99다50699 판결

34. ②

권리양도란 이전 권리자가 가지고 있던 권리의 동일성을 유지시키면서 새로운 권리자에게 그 대가를 이전하는 것을 말한다. 대법원 판례에 따르면, 상법 제729조 전문이나 보험약관에서 보험자대위를 금지하거나 포기하는 규정을 두고 있는 것은, 손해보험의 성질을 갖고 있지 아니한 인보험에 관하여 보험자대위를 허용하게 되면 보험자가 보험사고 발생 시 보험금을 피보험자나 보험수익자에게 지급함으로써 피보험자 등의 의사와 무관하게 법률상 당연히 피보험자 등의 제3자에 대한 권리가 보험자에게 이전하게 되어 피보험자 등의 보호에 소홀해질 우려가 있다는 점 등을 고려한 것이므로, 피보험자 등의 제3자에 대한 권리의 양도가 법률상 금지되어 있다거나 상법 제729조 전문 등의 취지를 잠탈하여 피보험자 등의 권리를 부당히 침해하는 경우에 해당한다는 등의 특별한 사정이 없는 한, 상법 제729조 전문이나 보험약관에서 보험자대위를 금지하거나 포기하는 규정을 두고 있다는 사정만으로 피보험자 등이 보험자와의 다른 원인관계나 대가관계 등에 기하여 자신의 제3자에 대한 권리를 보험자에게 자유롭게 양도하는 것까지 금지된다고 볼 수는 없다.[41] 따라서 인보험계약에서 피보험자 등은 자신이 제3자에 대해서 가지는 권리를 보험자에게 양도할 수 있다.

35. ④

① 상해보험계약의 보험자는 신체의 상해에 관한 보험사고가 생길 경우에 보험금액 기타의 급여를 할 책임이 있다(상법 제737조).

② 상해보험에서 말하는 상해란 급격성, 우연성, 외래성을 만족해야 하며 질병과 반대되는 개념으로 이해한다. 대법원 판례에 따르면, 농작업중 사망하였다고 하더라도 그것이 과로로 평소 지병인 고혈압이 악화되어 뇌졸중으로 사망한 것이라면 이는 보험약관에서 규정하고 있는 보험금 지급 대상인 "외부의 급격하고도 우발적인 사고"로서 어느 사고에도 해당한다고 볼 수 없을 뿐만 아니라 뇌졸중으로 인한 사망이 과로로 인한 것이라면, 이는 "기타 불의의 사고의 제외항목인 과로 및 격렬한 운동으로 인한 것"에 해당되어 상해보험금 지급 대상에서 제외된다.[42]

③ 대법원 판례에 따르면, 피보험자가 술에 취한 상태에서 출입이 금지된 지하철역 승강장의 선로로 내려가 지하철역을 통과하는 전동열차에 부딪혀 사망한 경우, 피보험자에게 판단능력을 상실 내지 미약하게 할 정도로 과음을 한 중과실이 있더라도 보험약관상의 보험사고인 우발적인 사고에 해당한다.[43]

④ 대법원 판례에 따르면, 상법상 상해보험계약 체결에서 태아의 피보험자 적격이 명시적으로 금지되어 있지 않다. 인보험인 상해보험에서 피보험자는 '보험사고의 객체'에 해당하여 그 신체가 보험의 목적이 되는 자로서 보호받아야 할 대상을 의미한다. 헌법상 생명권의 주체가 되는 태아의 형성 중인 신체도 그 자체로 보호해야 할 법익이 존재하고 보호의 필요성도 본질적으로 사람과 다르지 않다는 점에서 보험보호의 대상이 될 수 있다. 약관이나 개별 약정으로 출생 전 상태인 태아의 신체에 대한 상해를 보험의 담보범위에 포함하는 것이 보험제도의 목적과 취지에 부합하고 보험계약자나 피보험자에게 불리하지 않으므로 상법 제663조에 반하지 아니하고 민법 제103조의 공서양속에도 반하지 않기 때문에 유효하다. 따라서 계약자유의 원칙상 태아를 피보험자로 하는 상해보험계약은 유효하고, 그 보험계약이 정한 바에 따라 보험기간이 개시된 이상 출생 전이라도 태아가 보험계약에서 정한 우연한 사고로 상해를 입었다면 이는 보험기간 중에 발생한 보험사고에 해당한다.[44]

36. ②

① 甲이 처음부터 乙을 살해할 목적으로 보험계약을 체결하였다면 이는 선량한 풍속 기타 사회질서에 위반한 사항을 내용으로 하는 반사회질서의 법률행위(민법 제103조)에 해당하며 법률상 효력이 없다. 따라서 보험자도 보험금을 지급할 책임이 없다.

② 丙이 고의로 乙을 살해하였다면 이는 보험수익자 중 일부의 고의에 의한 사고이다. 이 경우 보험자는 丙에 대한 보험금 지급책임은 면하지만, 다른 보험수익자인 丁에 대해서는 여전히 보험금 지급책임을 부담한다(상법 제732조의2 제2항).

③ 현행 생명보험 표준약관에 따르면 보험계약의 보장개시일로부터 2년이 경과한 이후에 피보험자가 자살로 사망하였다면 보험수익자는 일반사망보험금을 지급받을 수 있다.

④ 대법원 판례에 따르면, 부부싸움 중 극도의 흥분되고 불안한 정신적 공황상태에서 베란다 밖으로 몸을 던져 사망한 경우, 이는 자유로운 의사결정이 제한된 상태에서 망인이 추락함으로써 사망의 결과가 발생하게 된 우발적인 사고로서 보험약관상 보험자의 면책사유인 '고의로 자신을 해친 경우'에 해당하지 않는다.[45] 따라서 보험금을 지급받을 수 있다.

37. ③

① 대법원 판례에 따르면, 보험수익자 변경권은 형성권으로서 보험계약자가 보험자나 보험수익자의 동의를 받지 않고 자유로이 행사할 수 있고 그 행사에 의해 변경의 효력이 즉시 발생한다. 다만, 보험계약자는 보험수익자를 변경한 후 보험자에 대하여 이를 통지하지 않으면 보험자에게 대항할 수 없다(상법 제734조 제1항). 이와 같은 보험수익자 변경권의 법적 성질과 상법 규정의 해석에 비추어 보면 보험수익자 변경은 상대방 없는 단독행위라고 봄이 타당하므로, 보험수익자 변경의 의사표시가 객관적으로 확인되는 이상 그러한 의사표시가 보험자나 보험수익자에게 도달하지 않았다고 하더라도 보험수익자 변경의 효과는 발생한다.[46]

41) 대법원 2007.4.26. 선고 2006다54781 판결
42) 대법원 1992.2.25. 선고 91다30088 판결
43) 대법원 2001.11.9. 선고 2001다55499, 55505 판결
44) 대법원 2019.3.28. 선고 2016다211224 판결
45) 대법원 2006.3.10. 선고 2005다49713 판결
46) 대법원 2020.2.27. 선고 2019다204869 판결

② 보험계약자가 보험수익자의 지정권을 행사하지 아니하고 사망한 경우에는 특별한 약정이 없는 한 피보험자가 보험수익자가 된다(상법 제733조 제2항).
③ 보험계약자가 보험수익자의 지정권을 행사하기 이전에 피보험자가 사망한 경우에는 피보험자의 상속인이 보험수익자가 된다(상법 제733조 제4항).
④ 보험수익자가 보험 존속 중에 사망한 때에는 보험계약자는 다시 보험수익자를 지정할 수 있다. 만약 보험계약자가 보험수익자 지정권을 행사하지 아니하고 사망한 경우에는 보험수익자의 상속인을 보험수익자로 한다(상법 제733조 제3항).

38. ①

가. 대법원 판례에 따르면, 피보험자가 욕실에서 페인트칠 작업을 하다가 뇌교출혈을 일으켜 장애를 입은 사안에서, 뇌교출혈이 페인트나 시너의 흡입으로 발생한 것이 아니라 피보험자가 평소 가지고 있던 고혈압증세로 인하여 발생한 것이므로 이는 보험계약에서 정한 우발적인 외래의 사고로는 볼 수 없다.[47] 따라서 상해보험계약에서 보험금 지급사유에는 해당하지 않는다.

나. 대법원 판례에 따르면, 피보험자가 만취된 상태에서 건물에 올라갔다가 구토 중 추락하여 발생한 사고는 '우발적인 외래의 사고'로서 보험계약에서 정한 재해에 해당하고, 보험자의 면책사유로 정한 '피보험자가 고의로 자신을 해친 경우'에는 해당하지 않는다. 따라서 보험금을 지급하여야 한다.[48]

다. 대법원 판례에 따르면, 자동차상해보험계약에서 피보험자의 중대한 과실로 해석되는 무면허운전을 보상하지 아니한다고 정한 이른바 무면허운전 면책조항은 인보험에 관하여는 보험사고가 중대한 과실에 의하여 생긴 것이라도 보험금을 지급하도록 한 상법 규정에 위배되어 무효이다.[49] 따라서 보험금을 지급하여야 한다.

라. 대법원 판례에 따르면, 피보험자의 사망이나 상해를 보험사고로 하는 보험계약에서는 보험사고 발생의 원인에 피보험자에게 과실이 존재하는 경우 뿐만 아니라 보험사고 발생 시의 상황에 있어 피보험자에게 안전띠 미착용 등 법령위반의 사유가 존재하는 경우를 보험자의 면책사유로 약관에 정한 경우에도 그러한 법령 위반행위가 보험사고의 발생원인으로서 고의에 의한 것이라고 평가될 정도에 이르지 아니하는 한 보험계약자 불이익 변경 금지의 원칙 등에 위배되어 무효이다.[50] 따라서 보험금을 지급하여야 한다.

39. ①

① 미성년자도 법률상 권리의무의 주체가 되므로 보험계약자가 될 수 있다. 다만 미성년자가 법률행위를 할 때에는 법정대리인(예 친권자)의 동의를 얻어야 하며, 만약 법정대리인의 동의를 얻지 못했다면 그 행위는 취소할 수 있다(민법 제5조). 따라서 법정대리인의 동의없이 만 15세인 甲이 보험계약을 체결하였다고 하더라도 그 보험계약이 무효인 것은 아니며 단지 취소사유에 해당한다.
②③④ 만 15세 미만자, 심신상실자 또는 심신박약자의 사망을 보험사고로 한 보험계약은 무효이다. 다만 심신박약자가 보험계약을 체결하거나 단체보험의 피보험자가 될 때에 의사능력이 있는 경우에는 유효하다(상법 제732조).

40. ①

① 대법원 판례에 따르면, 단체보험 계약의 직원이 퇴사한 후에 사망하는 보험사고가 발생한 경우 회사가 퇴사 후에도 계속 직원에 대한 보험료를 납입하였더라도 퇴사와 동시에 단체보험의 해당 피보험자 부분이 종료되는 것에는 영향을 미치지 아니한다.[51] 따라서 피보험자가 보험사고 이외의 사고로 사망하거나 퇴직 등으로 단체의 구성원으로서의 자격을 상실하면 그에 대한 단체보험계약은 보험료 납입 여부를 불문하고 종료한다.
② 단체보험 계약이 체결된 때에 보험자는 보험계약자에 대하여서만 보험증권을 교부한다(상법 제735조의3 제2항).
③ 대법원 판례에 따르면, 단체보험의 유효요건으로 요구하는 '규약'의 의미는 단체협약, 취업규칙, 정관 등 그 형식을 막론하고 단체보험의 가입에 관한 단체내부의 협정에 해당하는 것으로서, 반드시 당해 보험가입과 관련한 상세한 사항까지 규정하고 있을 필요는 없고 그러한 종류의 보험가입에 관하여 대표자가 구성원을 위하여 일괄하여 계약을 체결할 수 있다는 취지를 담고 있는 것이면 충분하다. 다만 해당 규약이 강행법규인 상법 제731조 소정의 피보험자의 서면동의에 갈음하는 것인 이상 취업규칙이나 단체협약에 근로자의 채용 및 해고, 재해부조 등에 관한 일반적 규정을 두고 있다는 것만으로는 이에 해당한다고 볼 수 없다.[52]
④ 단체생명보험은 단체가 규약에 따라 구성원의 전부 또는 일부를 피보험자로 하는 생명보험계약이다. 즉 보험계약자와 피보험자가 다르며 곧 타인의 생명보험계약에 해당한다.

47) 대법원 2001.7.24. 선고 2000다25965 판결
48) 대법원 2010.5.13. 선고 2010다6857 판결
49) 대법원 1999.2.12. 선고 98다26910 판결
50) 대법원 2014.9.4. 선고 2012다204808 판결
51) 대법원 2007.10.12. 선고 2007다42877, 42884 판결
52) 대법원 2006.4.27. 선고 2003다60259 판결

3과목 손해사정이론

01	02	03	04	05	06	07	08	09	10
②	③	①	④	①	②	③	②	②	④
11	**12**	**13**	**14**	**15**	**16**	**17**	**18**	**19**	**20**
④	②	④	③	④	②	②	①	②	②
21	**22**	**23**	**24**	**25**	**26**	**27**	**28**	**29**	**30**
③	①	①	②	②	③	②	①	①,② ③,④	②
31	**32**	**33**	**34**	**35**	**36**	**37**	**38**	**39**	**40**
④	②	④	②	②	②	②	①	③	②

01. ②

① 사회변화와의 연관성에 따라 구분하는 개념으로 동태적 위험(dynamic risk)과 정태적 위험(static risk)이 있다. 동태적 위험은 사회나 경제현상의 변화와 밀접한 관련이 있는 것으로 기술발전, 물가상승, 금리, 시장 리스크 등이 그 예이다. 정태적 위험은 사회변화와 무관한 위험으로 지진, 태풍 등의 자연재해이나 전쟁, 화재, 상해사고와 같은 사고를 의미한다. 정태적 위험은 예측과 통제가 어느정도 가능하기 때문에 보험의 대상이 될 수 있다.

②④ 위험을 야기하는 원천과 영향이 미치는 범위에 따라 근본위험(fundamental risk, 근원적 위험)과 특정 위험(particular risk)으로 구별한다. 근본 위험은 손실의 범위가 사회 전체 또는 수많은 사람이나 전체에 영향을 미치는 위험으로 인플레이션, 대량실업, 경제대공황, 전쟁, 분화, 대자연재해 등이다. 개별적이거나 개인적인 사건에 의하여 야기되는 것이 아니기 때문에 예측이나 통제가 불가능한 부분이 많다. 반면 특정 위험은 특정한 개인이나 기업에만 국한되는 위험으로, 화재나 도난 등이 그 예이다. 근본 위험은 개인적인 차원보다는 사회나 국가적인 차원에서 관리하는 것이 바람직하며 사회보험 제도를 활용하는 것이 좋다. 반면에 특정 위험은 민영보험이나 사보험의 이용이 더욱 적절하다.

③ 순수 위험(pure risk)은 불확실성의 결과로 "손실의 발생 혹은 발생하지 않음"의 상황만 있는 위험이다. 즉 사고의 발생으로 손실만 존재하는 위험이다. 순수 위험에서 순수(pure)는 손실만 있으며 이익과 손실이 함께 섞여 있지 않다는 뜻이다. 반면 투기 위험(speculative risk)은 적극적으로 이득을 취하고자 하는 심리에 의하여 발생하는 위험으로 "손실의 발생 혹은 이득의 발생"이 모두 존재하는 위험이다. 순수 위험과 투기 위험을 구분하는 또다른 특성은 위험이 항상 자연상태에 존재하는 것인가 아니면 인위적으로 발생된 것인가이다. 예를 들어 화재 발생의 불확실성은 자연 상태에 항상 존재하는 것으로 인위적으로 발생하는 것이 아니다. 반면 투기 위험은 특정한 목적을 위해 사람이 의도적으로 취한 행위에서 비롯된다. 만약 이러한 투기 위험을 원하지 않는다면 해당 행위를 하지 않는 것으로 위험을 회피할 수 있다. 사회 전체적으로 보았을 때에도 순수 위험은 항상 사회적 손실에 해당한다. 그러나 투기 위험은 개인에게는 손실이 될 수 있지만 사회 전체적으로는 이득이 되는 경우도 많다.

02. ③

리스크 요소를 파악하는 방법에는 체크리스트(checklist), 재무회계 보고서(financial statements) 분석, 표준화된 설문서(standardized questionnaire), 업무흐름도(flowchart) 분석, 면담 조사(interview), 환경 분석 방법 등이 있다. 업무흐름도(flowchart) 방법은 조직 내에서 수행되는 일련의 기업활동을 일목요연하게 보여줌으로써 예기치 못한 사고가 업무간 상호관계를 어떻게, 어느 정도로 차단하게 되는가를 파악할 수 있다는 장점이 있다. 다만 리스크 요소 파악 과정에서 애로점(bottle neck)이라고 진단되었던 부분이 실질적으로는 애로가 전혀 존재하지 않을 수도 있으므로 현장실사 등을 병행하여 부족한 부분을 보완하는 것이 중요하다.

03. ①

보험은 개별적 리스크와 집단적 리스크를 모두 감소시키는 기능을 갖고 있다. 보험계약자가 보유하는 개별적 리스크는 전가에 의하여, 보험자가 보유하는 집단적 리스크는 결합에 의하여 효율적으로 감소된다.

04. ④

손해보험의 보험사고는 우연성, 발생가능성, 한정성의 요건을 갖추어야 한다. 우연성이란 보험사고의 발생 여부, 발생시기, 발생범위 등이 불확정이어야 하는 것을 말하며 고의와 반대되는 개념으로 이해하면 쉽다. 발생가능성이란 보험사고가 발생가능성이 존재해야 한다는 것이며, 보험계약 당시에 이미 보험사고가 발생하였거나 발생할 수 없다면 보험사고의 요건을 만족하지 못하므로 그 보험계약은 무효이다. 마지막으로 보험사고는 일정한 목적물에, 일정한 기간 내에, 일정한 담보에 의한 사고이어야 하는 한정성을 만족하여야 한다.

05. ①

고용보험법상 실업급여는 구직급여와 취업촉진 수당으로 구분되며, 취업촉진 수당에는 1) 조기(早期)재취업 수당, 2) 직업능력개발 수당, 3) 광역 구직활동비, 4) 이주비가 있다(고용보험법 제37조). 상병급여는 수급자격자가 실업의 신고를 한 이후에 질병·부상 또는 출산으로 취업이 불가능하여 실업의 인정을 받지 못한 날에 대하여 그 수급자격자의 청구에 의하여 구직급여일액에 해당하는 금액을 구직급여를 갈음하여 지급하는 금액을 말한다(고용보험법 제63조 제1항).

06. ②

국민연금법상 유족연금을 받을 수 있는 유족의 순위는 다음과 같다(국민연금법 제73조).

(1) 배우자
(2) 자녀. 다만 25세 미만이거나 일정한 장애상태(장애등급 1급 또는 2급에 해당하는 상태 or 「장애인복지법」에 따른 장애인 중 장애의 정도가 심한 장애인으로서 대통령령으로 정하는 장애 정도에 해당하는 상태. 이하 동일)에 있는 사람만 해당한다.
(3) 부모(배우자의 부모를 포함한다). 다만 60세 이상이거나

일정한 장애상태에 있는 사람만 해당한다.
(4) 손자녀. 다만, 19세 미만이거나 일정한 장애상태에 있는 사람만 해당한다.
(5) 조부모(배우자의 조부모를 포함한다). 다만 60세 이상이거나 일정한 장애상태에 있는 사람만 해당한다.

07. ③

책임준비금은 보험료적립금 · 미경과보험료적립 · 지급준비금 · 계약자배당준비금 · 계약자이익배당준비금 · 배당보험손실보전준비금 · 재보험료적립금 · 보증준비금으로 구분하여 적립하며, 이 중 보증준비금은 보험금 등을 일정수준 이상으로 보증하기 위해 장래 예상되는 손실액 등을 고려하여 적립하는 금액으로 생명보험회사가 판매하는 보험상품(변액연금, 변액유니버셜보험, 변액종신보험 등의 GMAB, GMDB, GMWB, GLWB 등)에 적용되는 항목이었다. 다만 2023년 1월부터 IFRS17의 도입으로 현재는 책임준비금 규정이 바뀌었다. 현재는 문제에서 출제된 방식이 적용되지 않고, 별도의 방식으로 책임준비금을 적립한다.

08. ②

① 유니버설보험(universal insurance)은 보험료 납입 및 적립금 인출 등이 자유로운 보험상품이다. 일정한 의무납입기간이 지나고 나면 보험계약자가 보험료 납입금액, 납입시기를 자유롭게 조절할 수 있고 중도인출, 추가납입 등도 가능하다. 우리나라에서는 보통 주식이나 채권에 투자하는 변액보험과 결합하여 변액유니버설보험(VUL ; variable universal life insurance)의 형태로 판매하고 있다.
② 컨틴전시보험(contingency insurance)은 전통적인 보험상품에서 보장하지 않는 특정한 사건이나 날씨, 운동경기 결과 등을 전제로 예정된 사건이 현실화되었을 때에 발생하는 금전적 손실을 보상하는 보험상품이다. 스포츠시상보험, 행사종합보험, 날씨보험, 영화제작비용보험 등이 있다.
③ 추가비용보험(extra expense insurance)은 보험사고의 발생 이후에 계속적인 영업활동을 유지하기 위한 과정에서 발생하는 여러 가지 추가비용(extra expense)을 보상하는 보험상품이다. 이러한 비용들은 재물보험에서 면책사유에 해당하므로, 기업은 추가비용보험을 가입하여 위험을 보장받을 수 있다. 예를 들어 공장에 화재가 발생했을 경우 화재가 복구될 때까지 임시로 다른 장소를 빌려 공장을 가동할 필요가 있는데, 추가비용보험에 가입하면 이때 발생하는 여러 가지 추가적인 비용을 보상받을 수 있다. 영국의 LOPI(Loss of Profit Insurance)에서는 추가비용담보(Additional expenditure)라고 한다.
④ 특별복합손인보험(special multiperil insurance)은 하나의 보험증권 아래에서 여러 가지 손인(perils)을 함께 담보하는 보험상품을 말한다. 우리나라에서는 보통 패키지보험(package insurance, 재산종합보험)이라는 이름으로 운영되고 있으며, 재물손해(property damages)는 물론이고 기계적 손해(machinery breakdown), 배상책임손해(general liability) 등도 한꺼번에 담보한다.

09. ②

① 특수건물의 소유자는 그 특수건물의 화재로 인한 해당 건물의 손해를 보상받고 화재로 인하여 다른 사람이 사망하거나 부상을 입었을 때 또는 다른 사람의 재물에 손해가 발생한 때에 손해배상책임을 이행하기 위하여 그 특수건물에 대하여 손해보험회사가 운영하는 특약부화재보험에 가입하여야 한다(화재로 인한 재해보상과 보험가입에 관한 법률 제5조 제1항).
②③ 특수건물 소유자가 가입하는 보험의 보험금액은 다음과 같다(화재로 인한 재해보상과 보험가입에 관한 법률 제8조 제1항).

1. 화재보험: 특수건물의 시가(時價)에 해당하는 금액
2. 손해배상책임을 담보하는 보험에 해당하는 부분 중 다음 각 목의 구분에 따른 금액
   가. 사망의 경우: 피해자 1명마다 5천만원 이상으로서 대통령령으로 정하는 금액(피해자 1명마다 1억 5천만원의 범위에서 피해자에게 발생한 손해액. 다만, 손해액이 2천만원 미만인 경우에는 2천만원으로 한다.)
   나. 부상의 경우: 피해자 1명마다 사망자에 대한 보험금액의 범위에서 대통령령으로 정하는 금액(부상등급을 1급에서 14급으로 나누어, 3천만원에서 5십만원에 해당하는 금액)
   다. 재물에 대한 손해가 발생한 경우: 화재 1건마다 1억원 이상으로서 국민의 안전 및 특수건물의 화재위험성 등을 고려하여 대통령령으로 정하는 금액(사고 1건마다 10억원의 범위에서 피해자에게 발생한 손해액)

④ 특수건물의 소유자는 다음 각 호에서 정하는 날부터 30일 이내에 특약부화재보험에 가입하여야 한다(화재로 인한 재해보상과 보험가입에 관한 법률 제5조 제4항).

1. 특수건물을 건축한 경우: 「건축법」에 따른 건축물의 사용승인, 「주택법」에 따른 사용검사 또는 관계 법령에 따른 준공인가 · 준공확인 등을 받은 날
2. 특수건물의 소유권이 변경된 경우: 그 건물의 소유권을 취득한 날
3. 그 밖의 경우: 특수건물의 소유자가 그 건물이 특수건물에 해당하게 된 사실을 알았거나 알 수 있었던 시점 등을 고려하여 대통령령으로 정하는 날

10. ④

자동차보유자는 자동차의 운행으로 다른 사람이 사망하거나 부상한 경우에 피해자에게 일정한 금액을 지급할 책임을 지는 책임보험이나 책임공제에 가입하여야 한다(자동차손해배상보장법 제5조). 만약 이러한 책임보험 등에 가입하지 않은 차량(무보험자동차)에 의하여 사고가 발생하였다면 피해자의 청구에 따라 정부가 책임보험의 보험금 한도에서 그 피해를 대신 보상한다(자동차손해배상보장법 제30조). 이를 정부보장사업이라고 한다.

11. ④

1982년 적하약관(ICC 1982)에서는 All Risk 조건으로 보험을 가입하였다고 하더라도 전쟁 위험 등에 대해서는 보험금을 지급하지 않는다. 이러한 위험을 보장받고 싶다면 추가보험료를 내고 별도의 추가약관을 첨부하여야 하는데 이를 협회전쟁약관(Institute War Clauses)이라고 한다. 협회전쟁약관을 첨부하면 보험증권 본문에서 보상 제외하고 있는 다음의 위험을 추가로 담보받을 수 있다.

(1) 군함, 외적, 해적, 습격, 해상에 있어서의 점유탈취, 군주 등에 의한 억지, 억류, 포획, 나포
(2) 전쟁위험으로 인한 적대행위, 군사행동(선전포고 여부를 묻지 않는다), 내란, 혁명, 모반, 반란 또는 여기에서 생긴 국내 투쟁
(3) 기뢰, 어뢰, 폭탄 또는 그 밖의 병기(유기된 것을 포함한다). 이들 위험에서 생긴 손해는 면책율을 적용하지 않고 전액 보상한다. 다만, 핵무기의 적대적 사용에 의한 손해는 보상하지 않는다.

12. ②

상법상 인보험에는 원칙적으로 제3자에 대한 보험대위가 인정되지 않는다. 그러나 상해보험계약의 경우에 당사자 간에 다른 약정이 있는 때에는 보험자는 피보험자의 권리를 해하지 아니하는 범위 안에서 그 권리를 대위하여 행사할 수 있다(상법 제729조).

13. ④

① Commutation clause : 합의청산 조항. 보험기간이 끝난 이후에도 보험금 청구가 계속될 수 있는 보험(Long-term insurance)에서 재보험자가 빠른 재보험계약의 청산을 목적으로 사용하는 조항이다. 합의된 일정한 금액을 원보험자에게 지급하고 재보험 관계를 청산하며 이후에 원수보험계약에서 손해가 발생하더라도 재보험자는 더이상 재보험금 지급의무를 부담하지 않는다.

② Cut-through clause : 직접청구 조항. 원보험계약의 피보험자가 직접 재보험자에게 보험금을 청구할 수 있는 권리를 부여하는 조항이다. 보통 원보험자의 파산을 기점(trigger)으로 권리가 부여되며, 원보험자의 재정상태가 좋지 못할 때에 주로 사용된다.

③ Interlocking clause : 연동 조항. 재보험계약을 체결할 때에 cover period로 손해 발생 기준(LOD ; loss occurring during)이나 위험 담보 기준(RAD ; risk attach during) 등의 기준을 정한다. 이 중 RAD 조건은 underwriting year 기준이라고도 하며 재보험계약의 기간 내에 체결된 원보험계약이나 유지 중인 원보험계약에 대하여 재보험 보장을 제공하는 조건이다. 그런데 RAD 조건으로 체결된 재보험계약에서는 하나의 커다란 사고(거대재해사고, catastrophic event)가 발생했을 때에 각기 다른 재보험조건에 의하여 두번의 재보험 조항이 적용되는 상황이 발생할 수 있다. 예를 들어 2021년 11월 1일 체결된 원보험계약에는 2021년의 재보험조건(예 공제액 1억원)이 적용되고 2022년 1월 1일 체결된 원보험계약에는 2022년의 재보험조건(예 공제액 3억원)이 적용된다고 할 때, 이 상황에서 2022년 3월 1일 허리케인에 의한 사고가 발생하였다면 하나의 사고에 대해서 2021년 체결된 원보험계약에서 지급되는 손해액 5억원에 대한 재보험조건(공제액 1억원)과 2022년 체결된 원보험계약에서 지급되는 손해액 4억원에 대한 재보험조건(공제액 3억원)이 각각 별도로 적용된다. 따라서 원보험자의 입장에서는 하나의 사고에 대한 전체 손해액 9억원(5억원+4억원)에 대해서 공제액 4억원(1억원+3억원)을 적용받아 5억원의 재보험금만 회수할 수 있다. 이 때 interlocking clause를 첨부하면 하나의 사고에 대해서 2021년, 2022년 재보험조건을 각각 적용하는 것이 아니라 조정된 비율로 한번만 적용한다. 조정된 공제액이 2억원이라고 가정한다면, 원보험자는 7억원(9억원－2억원)의 재보험금을 회수할 수 있다.

④ Sudden death clause : 즉시해지 조항. 이미 체결된 재보험계약의 전부 또는 일부를 재보험사가 종료 또는 취소할 수 있도록 규정한 조항이다. 출재사의 합병이나 양도 등에 따른 경영진의 변화, 출재사의 자본금 감소, 출재사의 채무지급 불능 상황 등의 사유가 발생했을 때에 활용된다. 특약상 출재사의 순보유분에 대해서 별도의 재보험계약을 체결하는 경우가 많다.

14. ③

국문화재보험의 포괄계약(blanket coverage)은 하나의 보험증권에서 여러 물건을 담보할 때에 첨부하는 조건 중 하나이다. 예를 들어 하나의 화재보험증권으로 건물 10억, 동산 5억을 각각 보험가입금액으로 보험계약을 체결한 상태에서 전손이 발생하였고, 손해액을 산정하는 과정에서 건물 8억, 동산 7억으로 손해액이 산정되었다면 피보험자 입장에서는 건물 8억원(손해액 한도), 동산 5억원(보험가입금액 한도)으로, 총 손해액 15억원 중 13억원만 보험금으로 받을 수 있는 상황이 발생한다. 포괄계약(blanket coverage)은 이러한 문제를 해결하기 위한 조항으로 보험가입금액을 건물과 동산으로 따로 구분하지 않고 하나의 가입금액으로 체결한 뒤에 차후 사고가 발생했을 때에 평가된 보험가액에 따라 나누는 것이다. 문제에서 포괄계약(blanket coverage) 보험가입금액 1,000만원으로 화재보험이 체결되었고, 사고 발생시 확인된 A건물 보험가액 900만원, B건물 보험가액 600만원이므로, 보험가입금액을 비율에 따라 나누면 각각의 건물에 대한 보험가입금액은 다음과 같이 계산된다.

• A건물

$$1{,}000\text{만원(전체 보험가입금액)} \times \frac{900\text{만원(A건물 보험가액)}}{1{,}500\text{만원(A,B건물 보험가액 합계액)}}$$

=600만원

• B건물

$$1{,}000\text{만원(전체 보험가입금액)} \times \frac{600\text{만원(B건물 보험가액)}}{1{,}500\text{만원(A,B건물 보험가액 합계액)}}$$

=400만원

국문화재보험계약에서 건물에 대해서는 80% 공동보험 조항을 적용한다. 따라서 보험자가 지급해야 하는 보험금은 다음과 같다.

$$300\text{만원(손해액)} \times \frac{600\text{만원(A건물 보험가입금액)}}{900\text{만원(A건물 보험가액)} \times 80\%} = 250\text{만원}$$

15. ④

초과액재보험특약(surplus reinsurance treaty)은 원보험자가 먼저 보유금액을 결정한 뒤에, 그 초과액을 일정배수에 따라 출재하는 방식의 비례적 재보험(proportional reinsurance)이다. 원보험자가 자신이 보유하는 금액을 먼저 설정하고 그 보유금액을 초과하는 부분을 재보험으로 출재하는 방식이기 때문에, 재보험자의 입장에서는 보험 목적물에 대한 정보가 없는 상태에서 원보험자의 출재를 그대로 인수할 수밖에 없다. 따라서 원보험자가 위험한 물건에 대하여 과도하게 재보험 처리하는 것에 대한 우려가 발생한다. 예를 들어, 사고발생 확률이 낮은 물건(우량물건) 1억원은 원보험자가 9천만원을 보유하고 재보험으로 1천만원만 출재하는 반면, 사고발생 확률이 높은 물건(불량물건) 1억원은 원보험자가 1천만원을 보유하고 재보험으로 9천만원으로 출재할 수 있다. 원보험자와 재보험자의 관계에서 위험에 대한 정보는 원보험자에게 집중되어 있기 때문이다. 이러한 우려에서 만들어진 재보험 조건이 line이라는 개념이다. line은 쉽게 '배수'라고 생각하면 된다. 만약 1 line이 설정되었다면 원보험자의 보유금액의 1배수, 2 line이 설정되었다면 원보험자 보유금액의 2배수가 출재할 수 있는 한도이다. 이처럼 line이 설정되면 재보험으로 처리되는 부분이 원보험자의 보유액의 일정 부분으로 제한되기 때문에 재보험자의 입장에서도 일종의 안전 장치가 될 수 있다.
문제에서는 20 line이 설정되었으므로 A계약 보유금액 US$ 20,000의 20배수인 US$ 400,000이 재보험 출재한도이고, B계약 보유금액 US$ 8,000의 20배수인 US$ 160,000이 재보험 출재한도이다. 따라서 A계약은 보험가입금액 US$ 200,000에서 보유액 US$ 20,000을 제외한 전체금액(US$ 180,000)을 특약 출재할 수 있으나, B계약은 보험가입금액 US$ 200,000에서 보유액 US$ 8,000을 초과한 전체금액(US$ 192,000)에서 출재한도인 US$ 160,000까지만 출재할 수 있다.

16. ②

리스크 관리기법은 크게 리스크 통제(risk control)와 리스크 재무(risk financing)로 나눈다. 리스크 통제는 위험을 사전적으로 대비하는 적극적인 관리기법으로 손실 감소 및 손실에 대한 불확실성 감소가 주된 목적으로, 위험회피(risk avoidance), 분산 및 다양화(diversification), 결합, 전가(법적 책임을 넘겨주는 것), 손실예방(loss prevention), 손실감소(loss reduction) 등이 있다. 리스크 재무는 이미 손실이 발생했을 때에 재무적인 문제를 해결하기 위한 기법으로, 위험 보유(risk retention), 전가(보험계약을 통한 전가)가 대표적이다.

17. ②

전문직업배상책임보험(professional liability insurance)은 의사, 변호사 등 전문직업인이 그 업무의 특수성으로 말미암아 타인에게 부담하게 되는 배상책임을 보장하는 보험상품이다. 일반배상책임보험이 보통 사고발생기준(occurrence basis policy)으로 보상하는 것에 반하여 전문직업배상책임보험은 사고와 보상청구가 모두 보험기간에 이루어져야 하는 배상청구기준(claim-made basis policy)인 경우가 많다. 전문직업배상책임보험은 의사배상책임보험처럼 사람의 신체에 관한 전문직 리스크를 담보하는 비행배상책임보험(malpractice)과 변호사, 공인회계사 등의 과실, 태만 등으로 인한 경제적 손해를 담보하는 하자배상책임보험(error&omission)으로 크게 구분한다. 통상 1사고당 한도액과 함께 연간 총 보상한도액을 설정한다.

18. ①

배상책임보험은 피보험자 보호 기능 이외에도 피해자 보호 기능을 수행하여 각종 크고 작은 사고가 발생했을 때에 피해자에게 적절한 구제수단으로서 활용된다. 피해자는 배상책임보험의 보험자에게 직접 청구권을 행사하여 피보험자를 거치지 않고도 자신의 손해를 보전받을 수 있으며 이러한 피해자 보호 기능으로 인하여 배상책임보험은 보험가입이 강제되어 의무보험으로 활용되는 경우가 많다. 고압가스사업자, 원자력 시설, 항공기여객운송사업자와 같은 위험한 시설이나 자동차, 각종 체육시설과 같이 다수의 일반인이 일상적으로 위험에 노출되어 있는 시설을 운용한다면 관련 법규에 의하여 보험 가입이 강제된다. 또한 점차 전문화 고도화되어 가는 기업의 경제활동으로 인하여 가해자의 과실을 입증하는 것이 사실상 어려운 경우가 많아 이에 대한 대응책으로 점차 무과실책임주의가 확대되고 있으며, 반대로 기업의 입장에서는 자신의 과실이 없는 경우에도 배상책임을 부담하는 상황이 발생할 수 있다. 따라서 기업의 경영활동에 부수되는 위험에 대비하기 위하여 배상책임보험 가입 필요성이 늘어나고 있다.

19. ②

실손보상의 원칙은 손해보험의 대원칙으로 실제 발생한 손해만큼 그 손해를 보전시켜주는 것을 말한다. 실손보상의 원칙은 손해보험 보상원칙의 근간이 되는 개념으로 피보험이익제도, 보험자대위, 시가주의, 신구교환 공제, 타보험약관 조항, 과실상계 및 손익상계 등의 제도들에 의하여 구현된다. 대체비용보험과 기평가보험은 실손보상의 원칙에 대한 예외이다.

20. ②

정액공제(straight deductible)는 일정한 금액을 제외하고 보험금을 지급하는 방식이며, 프랜차이즈 공제(franchise deductible)는 일정한 공제금액을 정하여 해당 금액에 미치지 못하는 손해는 피보험자가 전액 부담하고, 공제금액을 넘어서는 손해가 발생하였다면 보험자가 전액 부담하는 방식이다.

- A : 300만원(손해액) − 100만원(공제금액) = 200만원
- B : 300만원(손해액) → 200만원(공제금액) 이상의 손해액이므로 300만원 전액 지급

21. ③

손해사정업무는 크게 검정업무(survey)와 정산업무(adjustment)로 구분할 수 있다. 검정업무(survey)는 사고 현장을 확인하고 사고의 원인 및 손해액을 조사하여 확인 및 산정하는 업무이고, 정산업무(adjustment)는 검정에서 확인된 손해액을 기초로 보험자의 지급책임액, 보험금 지급방법 등을 결정하고 보험금을 지급한 이

후에 발생하는 구상권(대위권) 행사 업무 등을 수행하는 과정을 말한다.

22. ①

보험료 조정에 활용되는 손해율 방식(loss ratio method)은 기존에 산출되어 적용한 보험요율을 수정할 때에 사용되는 방법이다. 보험료 조정 계산식은 다음과 같다.

$$\frac{(\text{실제손해율} - \text{예정손해율})}{\text{예정손해율}} \times \text{신뢰도계수}$$

계산식에 문제에서 주어진 내용을 대입하면 다음과 같다.

$$\frac{(40\% - 50\%)}{50\%} \times 0.5 = -10\%$$

따라서 보험자는 기존에 적용하였던 예정손해율(50%)을 10%를 인하(즉 5%p 하락)하여 차기에는 45% 예정손해율을 적용한다.

23. ①

① 배상책임보험은 피보험자의 특정재산에 발생한 손해를 보상하는 보험(적극보험)이 아니라 피보험자가 제3자에 대하여 법률상 배상책임을 부담하여 발생하는 손해를 보상하는 보험(소극보험)이다.

② 배상책임보험에는 원칙적으로 보험가액의 개념이 존재하지 않는다. 다만 보관자책임보험과 같이 보험자의 책임이 일정한 목적물에 생긴 손해로 제한되는 경우에만 예외적으로 인정할 수 있을 뿐이다.

③ 피해자인 제3자는 보험금액의 한도 내에서 배상책임보험의 보험자에게 직접 손해의 보상을 청구할 수 있다. 이를 피해자 직접청구권이라 한다.

④ 보험자는 피보험자가 그 사고에 관하여 가지는 항변으로써 피해자인 제3자에게 대항할 수 있다. 따라서 피해자가 직접청구권을 행사할 때에 과실상계나 손익상계 등의 사유가 있는 경우에는 지급할 보험금을 감액할 수 있으며, 피보험자가 손해배상책임을 부담하지 않는다면 보험금 지급을 거절할 수도 있다.

24. ②

도덕적 위태(moral hazard)란 사고의 빈도나 심도를 의도적으로 키우거나 임의로 사고를 유발하는 행위를 말한다. 도덕적 위태를 감소할 수 있는 수단으로는 실손보상의 원칙 적용, 보험공제(deductible) 금액 상향, 보험자의 해지권 인정, 보험인수 요건 강화, 손해사정 조사 강화 등이 있다. 책임보험의 보상한도나 재물보험의 공동보험조항(co-insurance clause) 부보비율이 상향되면 피보험자가 보상받을 수 있는 금액이 늘어나므로 도덕적 위태가 증가하는 요인으로 작용한다.

25. ②

국문화재보험계약에서 비용 손해의 보상은 다음의 기준에 따른다.

(1) **잔존물 제거비용**
- 보상내용 : 사고현장에서의 잔존물의 해체비용, 청소비용 및 차에 싣는 비용
- 보상한도 : 일부보험시 비례보상, 보험금과 잔존물 제거비용의 합계는 보험가입금액 한도내 보상, 잔존물 제거비용은 손해액의 10%를 초과할 수 없음

(2) **손해방지비용**
- 보상내용 : 손해방지 및 경감을 위해 지출한 필요 또는 유익한 비용
- 보상한도 : 일부보험시 비례보상, 보험금과 비용의 합계가 보험가입금액을 초과해도 보상

(3) **대위권 보전비용**
- 보상내용 : 제3자로부터 손해의 배상을 받기 위한 권리의 보전 또는 행사를 위하여 지출한 필요 또는 유익한 비용
- 보상한도 : 일부보험시 비례보상, 보험금과 비용의 합계가 보험가입금액을 초과해도 보상

(4) **잔존물 보전비용**
- 보상내용 : 회사가 잔존물을 취득한 경우 잔존물의 보전을 위하여 지출한 필요 또는 유익한 비용
- 보상한도 : 일부보험시 비례보상, 보험금과 비용의 합계가 보험가입금액을 초과해도 보상

(5) **기타 협력비용**
- 보상내용 : 회사의 요구에 따르기 위하여 지출한 필요 또는 유익한 비용
- 보상한도 : 실손보상, 보험금과 비용의 합계가 보험가입금액을 초과해도 보상

• **비용 계산식 및 한도 정리**

비용	지급보험금 계산식	가입금액 한도
잔존물 제거비용	일부보험 지급보험금 계산식 적용. 다만 손해액의 10% 한도	손해액과 합산하여 보험가입금액 한도 적용
손해방지비용, 대위권 보전비용, 잔존물 보전비용	일부보험 지급보험금 계산식 적용	손해액과 합산하여 보험가입금액 초과한 경우에도 지급
기타 협력비용	일부보험 지급보험금 계산식 미적용. 즉 실손보상	손해액과 합산하여 보험가입금액 초과한 경우에도 지급

26. ③

손해사정사 또는 손해사정업자의 업무는 다음과 같다(보험업법 제188조).

1. 손해 발생 사실의 확인
2. 보험약관 및 관계 법규 적용의 적정성 판단
3. 손해액 및 보험금의 사정
4. 제1호부터 제3호까지의 업무와 관련된 서류의 작성 · 제출의 대행
5. 제1호부터 제3호까지의 업무 수행과 관련된 보험회사에 대한 의견의 진술

보험업감독규정상 독립손해사정사 또는 독립손해사정사에게 소속된 손해사정사의 금지행위는 다음과 같다(보험업감독규정 제9-14조).

1. 보험금의 대리청구행위
2. 일정 보상금액의 사전약속 또는 약관상 지급보험금을 현저히 초과하는 보험금을 산정하여 제시하는 행위
3. 특정변호사 · 병원 · 정비공장 등을 소개 · 주선 후 관계인으로부터 금품 등의 대가를 수수하는 행위
4. 불필요한 소송 · 민원유발 또는 이의 소개 · 주선 · 대행 등을 이유로 하여 대가를 수수하는 행위
5. 사건중개인 등을 통한 사정업무 수임행위
6. 보험회사와 보험금에 대하여 합의 또는 절충하는 행위
7. 그 밖에 손해사정업무와 무관한 사항에 대한 처리약속 등 손해사정업무 수임유치를 위한 부당행위

27. ②

증명책임(입증책임)은 그 사실이 밝혀지면 유리한 입장에 있는 자, 즉 그 사실을 주장하는 자에게 있다.

ⓐ 위험변경증가 통지의무 위반 사실이 밝혀지면 보험자는 보험계약을 해지하고 보험금을 지급하지 않을 수 있으므로, 보험자가 증명책임을 부담한다.

ⓑ 고지의무 위반 사실이 밝혀지면 보험자는 보험계약을 해지하고 보험금을 지급하지 않을 수 있으므로, 보험자가 증명책임을 부담한다.

ⓒ 열거위험담보방식에서 인과관계가 입증되면 피보험자는 보험금을 지급받을 수 있으므로, 피보험자가 증명책임을 부담한다.

ⓓ 보험사기가 밝혀지면 이를 이유로 보험자는 보험금을 지급하지 않을 수 있으므로, 보험자가 증명책임을 부담한다.

28. ①

문제에서 1사고당 평균 3,000만원의 보험금이 지급되고 사고는 연간 5건이 발생한다고 주어졌으므로, 예상 총지급보험금은 1억 5,000만원(3,000만원×5건)이다. 수지상등의 원칙에 의하여 보험자가 지급할 것으로 예상하는 총지급보험금은 보험계약자가 납부하는 순보험료 합계액과 같아야 한다. 따라서 순보험료는 다음과 같다.

순보험료×10,000건=1억 5,000만원
순보험료=15,000원

29. ①, ②, ③, ④

본 문제는 가답안에서는 ①번 지문만 정답이었으나, 최종답안에서는 모든 지문을 정답으로 하는 것으로 수정되었다.
고용보험이 적용되지 않는 사람은 다음과 같다(고용보험법 제10조 제1항). 65세 이후에 고용된 사람은 여기에 해당되지 않는다.

(1) 소정(所定)근로시간이 대통령령으로 정하는 시간 미만인 사람
(2) 「국가공무원법」과 「지방공무원법」에 따른 공무원. 다만, 대통령령으로 정하는 바에 따라 별정직공무원, 「국가공무원법」 및 「지방공무원법」에 따른 임기제공무원의 경우는 본인의 의사에 따라 고용보험(제4장에 한정한다)에 가입할 수 있다.
(3) 「사립학교교직원 연금법」의 적용을 받는 사람
(4) 그 밖에 대통령령으로 정하는 사람

65세 이후에 고용된 사람은 이와는 별도로 제10조 제2항에서 규정하고 있으며, 고용보험법을 적용하지 않는 것이 아니라 제4장(실업급여)과 제5장(육아휴직 급여 등)만을 적용하지 않는다. 실제로 65세 이후에 고용된 사람도 고용보험에 따른 직업능력개발사업 등을 다른 사람과 동일하게 적용받는다. 예전에는 65세 이후에 고용된 사람도 고용보험 적용 제외대상이었으나, 2019년 1월부터 고용보험법이 개정되어 상기 규정과 같이 적용받고 있다. 본 문제는 출제자가 고용보험법이 개정된 것을 제대로 확인하지 않고 문제를 출제하는 바람에 정답없음으로 모든 지문이 정답 처리되었다.

30. ②

사회변화와의 연관성에 따라 구분하는 개념으로 동태적 위험(dynamic risk)과 정태적 위험(static risk)이 있다. 동태적 위험은 사회나 경제현상의 변화와 밀접한 관련이 있는 것으로 기술발전, 물가상승, 금리, 시장 리스크 등이 그 예이다. 동태적 위험은 사회 구성원 모두에게 나타나기 때문에 개인적인 통제가 거의 불가능하며 규칙성이 존재하지 않아 예측이 어렵다. 이는 근본 위험의 성격과 유사하다. 정태적 위험은 사회변화와 무관한 위험으로 지진, 태풍 등의 자연재해나 전쟁, 화재, 상해와 같은 사고를 의미한다. 정태적 위험은 예측과 통제가 어느정도 가능하기 때문에 보험의 대상이 될 수 있다.

31. ④

손실통제에 있어서 연쇄개념이란, 손실통제 활동을 할 때에 일련의 순서에 따라 연쇄적으로 손실을 통제하면 그 효과가 더욱 커진다는 것을 말한다.
첫 번째 단계는 손실이 원천적으로 발생하지 않도록 집중하는 것이다. 화재 손실을 방지하기 위하여 건물을 건축할 때부터 불연재료를 사용하는 것이 이에 해당한다.
두 번째 단계는 사고가 발생할 확률을 감소시키는 것이다. 물리적 위태, 도덕적 위태, 방관적 위태 등 각종 위태(hazard)를 경감시키는 것이다. 건물에 대한 화재 예방 활동을 강화하거나 각종 정기적인 검사를 시행하는 것이 예이다.
세 번째 단계는 사고가 발생한 이후 손실을 최소화하는 노력이

다. 건물에 스프링쿨러, 방화벽을 설치하거나, 자동차를 운전할 때에 안전벨트를 착용하는 것이 대표적이다.
마지막 네 번째 단계는 구조작업을 통하여 손실을 최소화하고 이를 복구하는 과정이다. 산업재해를 당한 종업원의 재활 제도가 이에 해당한다.

32. ②

① 보험자가 보험증권을 제시한 자에게 악의 또는 중과실 없이 보험금을 지급하였다면 해당 행위에 대하여 책임을 면한다. 이를 면책증권성이라고 한다.
② 보험계약이 성립한 때에는 보험자는 지체 없이 보험증권을 작성하여 보험계약자에게 교부하여 할 의무를 부담한다(상법 제640조). 보험자에게 보험증권 교부의무가 부여되고 있으므로 임의증권의 성격을 가진 것은 아니다.
③ 보험증권에 기재하여야 할 사항에 대하여 상법이 명시하고 있으므로 요식증권성을 가지고 있다. 다만, 이러한 경우에도 보험계약 자체는 불요식 계약임에 틀림 없으며 어음이나 수표와 같은 엄격한 요식성을 필요로 하는 것은 아니다.
④ 보험증권은 보험계약의 성립요건이 아니라, 보험계약의 성립을 증명하기 위하여 보험자가 발행하는 증거증권에 불과하다. 보험증권에 기재된 내용은 사실상의 추정으로 증거의 효력이 인정되므로 만약 다른 증거에 의하여 반대사실이 입증된다면 그 추정이 번복될 수 있다.

33. ④

PML에서 신뢰도 96%를 적용한다고 문제에서 주어졌으므로, 손해가 가장 낮은 단계(0)에서부터 96%가 될 때까지 계속 더해가면 된다. 따라서 0.04+0.30+0.40+0.20+0.02=0.96가 될 때의 값이 1,200만원이므로, 정답은 1,200만원이다. 만약 문제에서 MPL을 물어봤다면 가장 큰 손실액인 5,000만원이 답이다.

34. ②

Lloyd's S.G. Policy에서 말하는 해상과 관련된 위험에는 해상 고유의 위험(perils of the seas)과 해상위험(perils on the sea)이 있다. 해상 고유의 위험(perils of the seas)은 좌초(stranding), 침몰(sinking), 충돌(collision), 악천후(heavy weather) 등이 있으며, 해상위험(perils on the sea)에는 화재(fire), 투하(jettison), 선원의 악행(barratry), 강도(pirates) 등이 있다. 둘을 구분하는 가장 쉬운 방법은 해상 고유의 위험(perils of the seas)은 바다에서만 발생하는 위험(perils)이며, 해상위험(perils on the sea)은 육지에서도 발생하지만, 해상에서 더욱 커지는 위험(perils)이다.

35. ②

인보험(상해보험)에서는 보험계약자나 피보험자의 중과실에 의한 사고도 보험금을 지급한다. 즉, 고의에 의한 사고만 면책사유에 해당한다.

36. ②

① surplus reinsurance treaty : 출재사가 자신의 보유액을 먼저 설정한 뒤에 그 초과금액을 재보험으로 출재하는 방식이다. 수재사는 출재사의 보유금액의 일정 배수(Line)만큼만 담보한다. 예를 들어 5 Line Treaty에서 출재사의 보유액이 50억원이라면, 재보험 출재는 250억원까지만 가능하다. 즉 출재사의 보유금액이 클수록 재보험자의 보상책임도 늘어나는 구조이다.
② quota share treaty : 정해진 일정한 비율에 따라 보험료와 보험금액을 비례하여 재보험사에 출재하는 방식으로 가장 기본적이고 간단한 재보험 거래방식이다. 예를 들어 50% QS Treaty의 경우에는 모든 보험계약의 50%를 재보험 처리하며, 출재사는 보험료의 50%를 재보험료로 지급하고 사고가 발생하면 지급보험금의 50%를 재보험금으로 회수한다. 주로 계약건수가 많고 보험가입금액이 소액인 종목에 많이 사용된다.
③ stop loss cover : 재보험계약 기간 중 출재사의 누적 손해율이 미리 약정한 손해율을 넘어설 경우 재보험금을 지급하여 출재사의 안정적인 손해율 운영이 가능하도록 보조하는 역할을 한다. 아직 위험률이 증명되지 않은 신상품이나 손해율의 진동 폭이 큰 농작물 재해보험 등에 주로 사용된다. 초과손해율재보험(Excess of Loss Ratio Cover)라고도 불리며, 위험기간이 짧은 Short-tail 종목에 적합한 재보험 방식이다.
④ excess of loss treaty : 출재사가 정해진 일정한 금액 이상의 보험금을 지급하게 되었을 경우에 재보험금으로 이를 회수하는 방식이다. risk 기준으로 담보하는 per risk cover와 occurrence 기준으로 담보하는 per occurrence cover가 있다.

37. ②

보험연계증권(ILS ; insurance-linked securities)은 대체위험전가(ART) 기법 중 하나로 보험리스크를 증권화하거나 파생금융상품과 연계하여 자본시장에 전가하는 것을 말한다. ILS의 대표적인 예로는 대재해채권(Cat Bond), 사이드카(Sidecar), 산업손실보증(ILW) 등이 있다. ILS는 재보험시장에 추가적인 담보력을 제공하여 대재해가 발생했을 때에 재보험요율을 안정시키고 원보험사에도 재보험 이외의 추가적인 위험 관리수단을 제공하는 역할을 담당한다.

38. ①

①② 자동차의 운행으로 다른 사람을 사망하게 하거나 부상하게 한 경우에는 피해자는 대통령령으로 정하는 바에 따라 보험회사등에게 자동차보험진료수가에 대하여는 그 전액을, 그 외의 보험금등에 대하여는 대통령령으로 정한 금액을 가불금(假拂金)으로 지급할 것을 청구할 수 있다.
③ 보험회사등은 가불금 청구를 받으면 국토교통부령으로 정하는 기간에 그 청구받은 가불금을 지급하여야 한다.
④ 보험회사등은 지급한 가불금이 지급하여야 할 보험금등을 초과하면 가불금을 지급받은 자에게 그 초과액의 반환을 청구할 수 있다.

39. ③

최종적 명백한 기회(last clear chance)란 영미법의 기여과실에 법리에 대한 반박으로 주장된 것으로 사고 발생에 피해자의 과실이 있었더라도 피고인 가해자가 사고를 회피할 수 있는 최후의 기회가 있었음이 명백히 증명된다면 가해자의 배상책임을 인정하는 법리이다. 예를 들어 신호를 무시하고 길을 건너는 사람(피해자)에게 과실이 있지만, 운전자(가해자)가 사고를 피할 수 있는 최종적 명백한 기회(last clear chance)가 있었음에도 이를 피하지 않고 사고를 발생시켰다면 운전자에게 손실을 배상할 책임이 있다는 논리이다. 따라서 가해자의 배상책임을 면제 또는 경감하기 위한 제도가 아니라, 피해자가 가해자로부터 배상책임을 받기 위한 제도에 해당한다. 다만, 최종적 명백한 기회(The last clear chance doctrine of tort law)는 기본적으로 plaintiff(원고, 피해자)가 자신의 피해복구(recover)를 위해 주장하는 것이나, defendant(피고, 가해자)도 자신의 방어(defense)를 위해 얼마든지 주장할 수 있다. 예를 들어, 피해자에게 사고를 피할 수 있는 최종적 명백한 기회(last clear chance)가 있었음을 이유로 배상책임의 감면을 주장할 수 있다.[53]

40. ②

재보험은 위험의 분산, 전문적 자문과 서비스 제공, 보험자의 인수능력 증대, 미경과보험료적립금 경감, 언더라이팅 이익(보험수익) 안정화, 위험인수에 따른 정보 획득 등의 기능이 있다.

53) **저자주** : 2016년 기출문제에서 가해자를 돕기 위한 법리가 아닌 것을 묻는 문제의 정답을 last clear chance로 제시한 바 있다(제39회 2016년 손해사정이론 기출문제 7번). 즉, 본 문제와 이전 기출문제 간에 상호충돌이 발생한다. 본 문제의 정답을 last clear chance로 하는 바람에, last clear chance는 가해자를 돕기 위한 법리도 아니고(2016년 기출문제), 피해자를 돕기 위한 법리도 아닌(2022년 기출문제), 괴상한 법리가 되어 버렸다. 이의제기가 있었으나 최종답안에서는 인정되지 않았다. 실제 시험에서는 유연성 있는 접근이 필요하다.

2023 제46회 정답 및 해설

1과목 보험업법

01	02	03	04	05	06	07	08	09	10
②	④	③	④	③	②	④	④	③	①
11	**12**	**13**	**14**	**15**	**16**	**17**	**18**	**19**	**20**
②	④	④	③	②	④	③	①	①	①
21	**22**	**23**	**24**	**25**	**26**	**27**	**28**	**29**	**30**
②	④	①	②	①	④	①	①	②	③
31	**32**	**33**	**34**	**35**	**36**	**37**	**38**	**39**	**40**
④	③	③	①	②	②	①	③	①	④

01. ②

보험회사는 '제3보험의 보험종목에 부가되는 보험'으로서, 질병을 원인으로 하는 사망을 제3보험의 특약 형식으로 담보하는 보험에 대하여 다음 각 호의 요건을 충족하는 경우에는 겸영(兼營)할 수 있다(보험업법 시행령 제15조 제2항).

1. 보험만기는 80세 이하일 것
2. 보험금액의 한도는 개인당 2억원 이내일 것
3. 만기 시에 지급하는 환급금은 납입보험료 합계액의 범위 내일 것

02. ④

① 보험회사가 부수(附隨)하는 업무를 하려면 그 업무를 하려는 날의 7일 전까지 금융위원회에 신고하여야 한다. 금융위원회는 신고 내용을 검토하여 이 법에 적합하면 신고를 수리하여야 한다(보험업법 제11조의2).
② 금융위원회는 보험회사가 하는 부수업무가 보험회사의 경영건전성을 해치는 경우에는 그 부수업무를 하는 것을 제한하거나 시정할 것을 명할 수 있다(보험업법 제11조의2 제3항).
③ 이 법에 따라 공고된 다른 보험회사의 부수업무와 동일한 부수업무를 하려는 보험회사는, 그 부수업무가 금융위원회로부터 제한이나 시정의 명령을 받은 경우가 아닌 한, 금융위원회에 신고를 하지 않고 부수업무를 할 수 있다(보험업법 제11조의2 제1항 단서).
④ 직전 사업연도 매출액이 해당 보험회사 수입보험료의 1천분의 1 또는 10억원 중 많은 금액에 해당하는 금액을 초과하는 부수업무인 경우, 해당 업무에 속하는 자산 · 부채 및 수익 · 비용은 보험업과 구분하여 회계처리하여야 한다(보험업법 시행령 제17조 제1항).

03. ③

① 주식회사는 조직변경을 결의할 때 보험계약자 총회를 갈음하는 기관에 관한 사항을 정할 수 있다(보험업법 제25조 제1항).
② 보험계약자 총회는 보험계약자 과반수의 출석과 그 의결권의 4분의 3 이상의 찬성으로 결의한다(보험업법 제26조 제1항).
③ 주식회사의 이사는 조직변경에 관한 사항을 보험계약자 총회에 보고하여야 한다(보험업법 제27조).
④ 조직변경을 위한 주주총회의 특별결의는 주식회사의 채권자의 이익을 해치지 않는 한, 보험계약자 총회의 결의로 변경할 수 있다(보험업법 제28조 제2항).

04. ④

① 상호회사의 기금은 금전 이외의 자산으로 납입하지 못한다(보험업법 제36조 제1항).
② 상호회사의 발기인은 상호회사의 기금의 납입이 끝나고 사원의 수가 예정된 수가 되면 그 날부터 7일 이내에 창립총회를 소집하여야 한다(보험업법 제39조 제1항).
③ 상호회사 성립 전의 입사청약에 대하여는 민법상 진의 아닌 의사표시에 관한 규정의 단서를 적용하지 아니한다(보험업법 제38조 제3항).
④ 설립등기는 이사 및 감사의 공동신청으로 하여야 한다(보험업법 제40조 제3항).

05. ③

① 상호회사는 사원총회를 갈음할 기관을 정관으로 정한 때에는 그 기관에 대하여는 사원총회에 관한 규정을 준용한다(보험업법 제54조 제2항).
② 정관에 특별한 규정이 없는 한, 상호회사의 사원은 사원총회에서 각각 1개의 의결권을 가진다(보험업법 제55조).
③ 사원의 적법한 사원총회의 소집청구가 있은 후, 지체 없이 총회 소집의 절차를 밟지 아니한 때에는 청구한 사원은 법원의 허가를 받아 사원총회를 소집할 수 있다(보험업법 제56조 및 상법 제366조 제2항).
④ 상호회사의 사원은 영업시간 중에는 언제든지 사원총회 및 이사회의 의사록을 열람하거나 복사할 수 있다(보험업법 제57조 제2항).

06. ②

① 상호회사는 손실을 보전하기 위한 손실보전준비금의 총액과 매년 적립할 최저액은 정관으로 정한다(보험업법 제60조).
② 상호회사는 설립비용과 사업비의 전액을 상각(償却)하고 손

실보전준비금을 공제하기 전에는 기금의 상각 또는 잉여금의 분배를 하지 못한다(보험업법 제61조 제2항).

③ 상호회사가 이 법의 규정을 위반하여 기금이자의 지급, 기금의 상각 또는 잉여금의 분배를 한 경우에는 회사의 채권자는 이를 반환하게 할 수 있다(보험업법 제61조 제3항).

④ 상호회사가 기금을 상각할 때에는 상각하는 금액과 같은 금액을 적립하여야 한다(보험업법 제62조).

07. ④

금융위원회는 외국보험회사 국내지점이 다음 각 호의 어느 하나에 해당하는 사유로 해당 외국보험회사 국내지점의 보험업 수행이 어렵다고 인정되면 공익 또는 보험계약자 보호를 위하여 영업정지 또는 그 밖에 필요한 조치를 하거나 청문을 거쳐 보험업의 허가를 취소할 수 있다(보험업법 제74조 제2항).

1. 이 법 또는 이 법에 따른 명령이나 처분을 위반한 경우
2. 「금융소비자 보호에 관한 법률」 또는 같은 법에 따른 명령이나 처분을 위반한 경우
3. 외국보험회사의 본점이 그 본국의 법령을 위반한 경우
4. 그 밖에 해당 외국보험회사 국내지점의 보험업 수행이 어렵다고 인정되는 경우

08. ④

보험대리점 또는 보험중개사로 등록할 수 있는 금융기관은 다음과 같다(보험업법 제91조 제1항 및 보험업법 시행령 제40조 제1항). 「자본시장과 금융투자업에 관한 법률」에 따른 신탁업자는 이에 해당하지 않는다.

1. 「은행법」에 따라 설립된 은행
2. 「자본시장과 금융투자업에 관한 법률」에 따른 투자매매업자 또는 투자중개업자
3. 「상호저축은행법」에 따른 상호저축은행
4. 그 밖에 다른 법률에 따라 금융업무를 하는 기관으로서 대통령령으로 정하는 기관

4-1. 「한국산업은행법」에 따라 설립된 한국산업은행
4-2. 「중소기업은행법」에 따라 설립된 중소기업은행
4-3. 「여신전문금융업법」에 따라 허가를 받은 신용카드업자(겸영여신업자는 제외한다.)
4-4. 「농업협동조합법」에 따라 설립된 조합 및 농협은행

09. ③

① 보험중개사(금융기관보험중개사는 제외)는 개인인 보험중개사(개인보험중개사)와 법인인 보험중개사(법인보험중개사)로 구분하고, 각각 생명보험중개사와 손해보험중개사, 제3보험중개사로 구분한다(보험업법 시행령 제34조 제1항).

② 간단손해보험대리점(금융기관보험대리점은 제외)의 영업범위는 개인 또는 가계의 일상생활 중 발생하는 위험을 보장하는 보험종목으로서, 간단손해보험대리점을 통하여 판매 · 제공 · 중개되는 재화 또는 용역과의 관련성 등을 고려하여 금융위원회가 정하여 고시하는 보험종목으로 한다(보험업법 시행령 제31조 제1항 제2호).

③ 보험 모집을 할 수 있는 자는 다음 각 호의 어느 하나에 해당하는 자이어야 한다(보험업법 제83조 제1항).

1. 보험설계사
2. 보험대리점
3. 보험중개사
4. 보험회사의 임원(대표이사 · 사외이사 · 감사 및 감사위원은 제외한다) 또는 직원

④ 금융기관보험대리점은 그 금융기관 소속 임직원이 아닌 자로 하여금 모집을 하게 하거나 보험계약 체결과 관련한 상담 또는 소개를 하게 하고 상담 또는 소개의 대가를 지급하여서는 아니 된다(보험업법 제83조 제2항).

10. ①

보험업법상 보험회사가 보험계약의 체결 시부터 보험금 지급 시까지의 주요 과정을 일반보험계약자에게 설명하여야 하는 중요사항은 다음과 같다(보험업법 시행령 제42조의2 제3항). ①번 지문은 보험계약 체결 단계가 아니라 보험금 청구 단계에서 설명하여야 하는 중요사항이다.

1. **보험계약 체결 단계**
   가. 보험의 모집에 종사하는 자의 성명, 연락처 및 소속
   나. 보험의 모집에 종사하는 자가 보험회사를 위하여 보험계약의 체결을 대리할 수 있는지 여부
   다. 보험의 모집에 종사하는 자가 보험료나 고지의무사항을 보험회사를 대신하여 수령할 수 있는지 여부
   라. 보험계약의 승낙절차
   마. 보험계약 승낙거절 시 거절 사유
   바. 「상법」 제638조의3 제2항에 따라 3개월 이내에 해당 보험계약을 취소할 수 있다는 사실 및 그 취소 절차 · 방법
   사. 그 밖에 일반보험계약자가 보험계약 체결 단계에서 설명받아야 하는 사항으로서 금융위원회가 정하여 고시하는 사항
2. **보험금 청구 단계**
   가. 담당 부서, 연락처 및 보험금 청구에 필요한 서류
   나. 보험금 심사 절차, 예상 심사기간 및 예상 지급일
   다. 일반보험계약자가 보험사고 조사 및 손해사정에 관하여 설명받아야 하는 사항으로서 금융위원회가 정하여 고시하는 사항
   라. 그 밖에 일반보험계약자가 보험금 청구 단계에서 설명받아야 하는 사항으로서 금융위원회가 정하여 고시하는 사항
3. **보험금 심사 · 지급 단계**
   가. 보험금 지급일 등 지급절차
   나. 보험금 지급 내역
   다. 보험금 심사 지연 시 지연 사유 및 예상 지급일
   라. 보험금을 감액하여 지급하거나 지급하지 아니하는 경우에는 그 사유
   마. 그 밖에 일반보험계약자가 보험금 심사 · 지급 단계에서 설명받아야 하는 사항으로서 금융위원회가 정하여 고시하는 사항

11. ②

보험회사등은 보험설계사에게 보험계약의 모집을 위탁할 때 다음 각 호의 행위를 하여서는 아니 된다(보험업법 제85조의3 제1항).

1. 보험모집 위탁계약서를 교부하지 아니하는 행위
2. 위탁계약서상 계약사항을 이행하지 아니하는 행위
3. 위탁계약서에서 정한 해지요건 외의 사유로 위탁계약을 해지하는 행위
4. 정당한 사유 없이 보험설계사가 요청한 위탁계약 해지를 거부하는 행위
5. 위탁계약서에서 정한 위탁업무 외의 업무를 강요하는 행위
6. 정당한 사유 없이 보험설계사에게 지급되어야 할 수수료의 전부 또는 일부를 지급하지 아니하거나 지연하여 지급하는 행위
7. 정당한 사유 없이 보험설계사에게 지급한 수수료를 환수하는 행위
8. 보험설계사에게 보험료 대납(代納)을 강요하는 행위
9. 그 밖에 대통령령으로 정하는 불공정한 행위

12. ④

① 금고 이상의 실형을 선고받고 그 집행이 끝나거나(집행이 끝난 것으로 보는 경우를 포함한다) 집행이 면제된 날로부터 3년이 지나지 아니한 자는 법인인 보험중개사의 임원이 되지 못한다(보험업법 제89조의2 제1항).

② 금융위원회는 보험중개사가 보험계약 체결 중개와 관련하여 보험계약자에게 입힌 손해의 배상을 보장하기 위하여 보험중개사로 하여금 금융위원회가 지정하는 기관에 영업보증금을 예탁하게 하거나 보험 가입, 그 밖에 필요한 조치를 하게 할 수 있다(보험업법 제89조 제3항).

③ 금융위원회는 보험모집에 관한 이 법의 규정을 위반한 보험중개사에 대하여 6개월 이내의 기간을 정하여 그 업무의 정지를 명하거나 그 등록을 취소할 수 있다(보험업법 제90조 제2항).

④ 보험중개사는 보험계약의 체결을 중개할 때 그 중개와 관련된 내용을 대통령령으로 정하는 바에 따라 장부에 적고 보험계약자에게 알려야 하며, 그 수수료에 관한 사항을 비치하여 보험계약자가 열람할 수 있도록 하여야 한다(보험업법 제92조 제1항).

13. ④

모집을 위하여 사용하는 보험안내자료에는 다음 각 호의 사항을 명백하고 알기 쉽게 적어야 한다(보험업법 제95조 제1항 및 보험업법 시행령 제42조).

1. 보험회사의 상호나 명칭 또는 보험설계사 · 보험대리점 또는 보험중개사의 이름 · 상호나 명칭
2. 보험 가입에 따른 권리 · 의무에 관한 주요 사항. 변액보험계약의 경우에는 다음 각 호의 사항이 포함된다.
2–1. 변액보험 자산의 운용성과에 따라 납입한 보험료의 원금에 손실이 발생할 수 있으며 그 손실은 보험계약자에게 귀속된다는 사실
2–2. 최저로 보장되는 보험금이 설정되어 있는 경우에는 그 내용
3. 보험약관으로 정하는 보장에 관한 사항
3의2. 보험금 지급제한 조건에 관한 사항
4. 해약환급금에 관한 사항
5. 「예금자보호법」에 따른 예금자보호와 관련된 사항
6. 그 밖에 보험계약자를 보호하기 위하여 대통령령으로 정하는 사항
6–1. 보험금이 금리에 연동되는 보험상품의 경우 적용금리 및 보험금 변동에 관한 사항
6–2. 보험금 지급제한 조건의 예시
6–3. 보험안내자료의 제작자 · 제작일, 보험안내자료에 대한 보험회사의 심사 또는 관리번호
6–4. 보험 상담 및 분쟁의 해결에 관한 사항

14. ③

① 보험회사는 다음 각 호의 어느 하나에 해당하는 경우 통신수단을 이용할 수 있도록 하여야 한다(보험업법 제96조 제2항).

1. 보험계약을 청약한 자가 청약의 내용을 확인 · 정정 요청하거나 청약을 철회하고자 하는 경우
2. 보험계약자가 체결한 계약의 내용을 확인하고자 하는 경우
3. 보험계약자가 체결한 계약을 해지하고자 하는 경우. 다만 보험계약자가 계약을 해지하기 전에 안전성 및 신뢰성이 확보되는 방법을 이용하여 보험계약자 본인임을 확인받은 경우에 한정한다.

② 통신수단을 이용한 모집은 통신수단을 이용한 모집에 대하여 동의를 한 자를 대상으로 하여야 한다(보험업법 시행령 제43조 제1항).

③ 사이버몰을 이용하여 모집하는 자는 보험약관 또는 보험증권을 전자문서로 발급한 경우에는 보험계약자가 해당 문서를 수령하였는지를 확인하여야 하며 보험계약자가 서면으로 발급해 줄 것을 요청하는 경우에는 서면으로 발급하여야 한다(보험업법 시행령 제43조 제5항 제3호).

④ 보험회사는 보험계약을 청약한 자가 전화를 이용하여 청약의 내용을 확인 · 정정 요청하거나 청약을 철회하려는 경우에는 상대방의 동의를 받아 청약 내용, 청약자 본인인지를 확인하고 그 내용을 음성녹음하는 등 증거자료를 확보 · 유지하여야 한다(보험업법 시행령 제43조 제6항).

15. ②

① 보험대리점은 자기 또는 자기를 고용하고 있는 자를 보험계약자 또는 피보험자로 하는 보험을 모집하는 것을 주된 목적으로 하지 못한다(보험업법 제101조 제1항).

② 보험대리점 또는 보험중개사가 모집한 자기 또는 자기를 고용하고 있는 자를 보험계약자나 피보험자로 하는 보험의 보험료 누계액(累計額)이 그 보험대리점 또는 보험중개사가 모집한 보험의 보험료의 100분의 50을 초과하게 된 경우에는 그 보험대리점 또는 보험중개사는 자기 또는 자기를 고용하고 있는 자를 보험계약자 또는 피보험자로 하는 보험을 모집하는 것을 그 주된 목적으로 한 것으로 본다(보험업법 제101조 제2항).

③ 보험회사의 임직원, 보험설계사, 보험대리점, 보험중개사, 손해사정사, 그 밖에 보험 관계 업무에 종사하는 자는 다음 각 호의 어느 하나에 해당하는 행위를 하여서는 아니 된다(보험업법 제102조의3).

1. 보험계약자, 피보험자, 보험금을 취득할 자, 그 밖에 보험계약에 관하여 이해가 있는 자로 하여금 고의로 보험사고를 발생시키거나 발생하지 아니한 보험사고를 발생한 것처럼 조작하여 보험금을 수령하도록 하는 행위
2. 보험계약자, 피보험자, 보험금을 취득할 자, 그 밖에 보험계약에 관하여 이해가 있는 자로 하여금 이미 발생한 보험사고의 원인, 시기 또는 내용 등을 조작하거나 피해의 정도를 과장하여 보험금을 수령하도록 하는 행위

④ 보험계약자나 보험금을 취득할 자가 보험중개사의 보험계약 체결 중개행위와 관련하여 손해를 입은 경우에는 그 손해액을 영업보증금에서 다른 채권자보다 우선하여 변제받을 권리를 가진다(보험업법 제103조).

16. ④

①④ 중복계약 체결 확인의무와 관련된 보험계약이란 실제 부담한 의료비만 지급하는 제3보험상품계약(실손의료보험계약)과 실제 부담한 손해액만을 지급하는 것으로서 금융감독원장이 정하는 보험상품계약(기타 손해보험계약)을 말한다. 다만 다음 각 호의 계약은 중복계약 체결 확인의무에서 제외된다(보험업법 시행령 제42조5 제1항).

1. 여행 중 발생한 위험을 보장하는 보험계약으로서 다음 각 목의 어느 하나에 해당하는 보험계약
   가. 「관광진흥법」 제4조에 따라 등록한 여행업자가 여행자를 위하여 일괄 체결하는 보험계약
   나. 특정 단체가 그 단체의 구성원을 위하여 일괄 체결하는 보험계약
2. **국외여행, 연수 또는 유학 등 국외체류 중 발생한 위험을 보장하는 보험계약**

② 보험회사 또는 보험의 모집에 종사하는 자는 실손의료보험계약과 기타 손해보험계약을 모집하기 전에 보험계약자가 되려는 자의 동의를 얻어 모집하고자 하는 보험계약과 동일한 위험을 보장하는 보험계약을 체결하고 있는지를 확인하여야 하며 확인한 내용을 보험계약자가 되려는 자에게 즉시 알려야 한다(보험업법 제95조의5 제1항).

③ 보험회사 또는 보험의 모집에 종사하는 자가 실손의료보험계약 또는 기타 손해보험계약을 모집하는 경우에는 피보험자가 되려는 자가 이미 다른 실손의료보험계약 또는 보장내용이 동일한 기타 손해보험계약의 피보험자로 되어 있는지를 확인하여야 한다(보험업법 시행령 제42조의5 제2항).

17. ③

보험회사는 자산을 다음 각 호의 어느 하나에 해당하는 방법으로 운용하여서는 아니 된다(보험업법 제105조).

1. 대통령령으로 정하는 업무용 부동산이 아닌 부동산의 소유. 다만 저당권 등 담보권의 실행으로 취득하는 부동산은 제외한다.
2. 「근로자퇴직급여 보장법」에 따른 보험계약의 특별계정을 통한 부동산의 소유
3. 상품이나 유가증권에 대한 투기를 목적으로 하는 자금의 대출
4. 직접 · 간접을 불문하고 해당 보험회사의 주식을 사도록 하기 위한 대출
5. 직접 · 간접을 불문하고 정치자금의 대출
6. 해당 보험회사의 임직원에 대한 대출. 다만 보험약관에 따른 대출 및 금융위원회가 정하는 소액대출은 제외한다.
7. 자산운용의 안정성을 크게 해칠 우려가 있는 행위로서 대통령령으로 정하는 행위

18. ①

보험회사는 일반계정에 속하는 자산과 특별계정에 속하는 자산을 운용할 때 다음 각 호의 비율을 초과할 수 없다. 다만 특별계정의 자산으로서 자산운용의 손실이 일반계정에 영향을 미치는 자산 중 대통령령으로 정하는 자산의 경우에는 일반계정에 포함하여 자산운용비율을 적용한다(보험업법 제106조 제1항).

1. 동일한 개인 또는 법인에 대한 신용공여
   가. 일반계정: 총자산의 100분의 3
   나. 특별계정: 각 특별계정 자산의 100분의 5
2. 동일한 법인이 발행한 채권 및 주식 소유의 합계액
   가. 일반계정: 총자산의 100분의 7
   나. 특별계정: 각 특별계정 자산의 100분의 10
3. 동일차주에 대한 신용공여 또는 그 동일차주가 발행한 채권 및 주식 소유의 합계액
   가. 일반계정: 총자산의 100분의 12
   나. 특별계정: 각 특별계정 자산의 100분의 15
4. 동일한 개인 · 법인, 동일차주 또는 대주주(그의 특수관계인을 포함)에 대한 총자산의 100분의 1을 초과하는 거액 신용공여의 합계액
   가. 일반계정: 총자산의 100분의 20
   나. 특별계정: 각 특별계정 자산의 100분의 20
5. 대주주 및 대통령령으로 정하는 자회사에 대한 신용공여
   가. 일반계정: 자기자본의 100분의 40(자기자본의 100분의 40에 해당하는 금액이 총자산의 100분의 2에 해당하는 금액보다 큰 경우에는 총자산의 100분의 2)
   나. 특별계정: 각 특별계정 자산의 100분의 2
6. 대주주 및 대통령령으로 정하는 자회사가 발행한 채권 및 주식 소유의 합계액
   가. 일반계정: 자기자본의 100분의 60(자기자본의 100분의 60에 해당하는 금액이 총자산의 100분의 3에 해당하는 금액보다 큰 경우에는 총자산의 100분의 3)
   나. 특별계정: 각 특별계정 자산의 100분의 3
7. 동일한 자회사에 대한 신용공여
   가. 일반계정: 자기자본의 100분의 10

나. 특별계정: 각 특별계정 자산의 100분의 4
8. 부동산의 소유
가. 일반계정: 총자산의 100분의 25
나. 특별계정: 각 특별계정 자산의 100분의 15
9. 「외국환거래법」에 따른 외국환이나 외국부동산의 소유(외화 표시 보험에 대하여 지급보험금과 같은 외화로 보유하는 자산의 경우에는 금융위원회가 정하는 바에 따라 책임준비금을 한도로 자산운용비율의 산정 대상에 포함하지 아니한다)
가. 일반계정: 총자산의 100분의 50
나. 특별계정: 각 특별계정 자산의 100분의 50

19. ①

보험회사는 금융위원회의 승인을 받아 자회사로 소유할 수 있다. 다만 보험업 경영과 밀접한 관련이 있는 업무 등으로서 대통령령으로 정하는 업무를 주로 하는 회사를 자회사로 소유하려는 경우에는 금융위원회에 신고하고 자회사를 소유할 수 있다. 이 때 말하는 대통령령으로 정하는 업무는 다음과 같다(보험업법 시행령 제59조 제3항).

1. 보험회사의 사옥관리업무
2. 보험수리업무
3. 손해사정업무
4. 보험대리업무
5. 보험사고 및 보험계약 조사업무
6. 보험에 관한 교육 · 연수 · 도서출판 · 금융리서치 및 경영컨설팅 업무
7. 보험업과 관련된 전산시스템 · 소프트웨어 등의 대여 · 판매 및 컨설팅 업무
8. 보험계약 및 대출 등과 관련된 상담업무
9. 보험에 관한 인터넷 정보서비스의 제공업무
10. 자동차와 관련된 긴급출동 · 차량관리 및 운행정보 등 부가서비스 업무
11. 보험계약자 등에 대한 위험관리 업무
12. 건강 · 장묘 · 장기간병 · 신체장애 등의 사회복지사업 및 이와 관련된 조사 · 분석 · 조언 업무
13. 「노인복지법」에 따른 노인복지시설의 설치 · 운영에 관한 업무 및 이와 관련된 조사 · 분석 · 조언 업무
14. 건강 유지 · 증진 또는 질병의 사전 예방 등을 위해 수행하는 업무
15. 외국에서 하는 다음 각 목의 업무
15-가. 제1호부터 제14호까지의 규정에 따른 업무
15-나. 보험업, 보험중개업무, 투자자문업, 투자일임업, 집합투자업 및 부동산업
15-다. 「외국환거래법」에 따른 증권, 파생상품 및 채권에 투자하는 업무로서 금융위원회가 정하여 고시하는 업무

20. ①

금융위원회는 보험중개사가 다음 각 호의 어느 하나에 해당하는 경우에는 총리령으로 정하는 바에 따라 영업보증금의 전부 또는 일부를 반환한다(보험업법 시행령 제37조 제3항).

1. 보험중개사가 보험중개업무를 폐지한 경우
2. 보험중개사인 개인이 사망한 경우
3. 보험중개사인 법인이 파산 또는 해산하거나 합병으로 소멸한 경우
4. 보험업법 규정에 따라 등록이 취소된 경우
5. 보험중개사의 업무상황 변화 등으로 이미 예탁한 영업보증금이 예탁하여야 할 영업보증금을 초과하게 된 경우

21. ②

보험업법상 보험회사가 지켜야 하는 재무건전성 기준에 따라 지급여력금액을 지급여력기준금액으로 나눈 비율인 지급여력비율은 100분의 100 이상을 유지하여야 한다(보험업법 시행령 제65조 제1항 및 제2항).

22. ④

① 보험회사가 그 업무에 관한 공동행위를 하기 위하여 다른 보험회사와 상호협정을 체결(변경하거나 폐지하려는 경우를 포함한다)하려는 경우에는 대통령령으로 정하는 바에 따라 금융위원회의 인가를 받아야 한다. 다만 대통령령으로 정하는 경미한 사항을 변경하려는 경우에는 신고로써 갈음할 수 있다(보험업법 제125조 제1항).
②③ 금융위원회는 공익 또는 보험업의 건전한 발전을 위하여 특히 필요하다고 인정되는 경우에는 보험회사에 대하여 상호협정의 체결 · 변경 또는 폐지를 명하거나 그 협정의 전부 또는 일부에 따를 것을 명할 수 있다(보험업법 제125조 제2항).
④ 금융위원회는 상호협정의 체결 · 변경 또는 폐지의 인가를 하거나 협정에 따를 것을 명하려면 미리 공정거래위원회와 협의하여야 한다. 다만 다음 각 호의 대통령령으로 정하는 경미한 사항을 변경하려는 경우에는 그러하지 아니하다(보험업법 제125조 제3항 및 보험업법 시행령 제69조 제3항).

1. 보험회사의 상호 변경, 보험회사 간의 합병, 보험회사의 신설 등으로 상호협정의 구성원이 변경되는 사항
2. 조문체제의 변경, 자구수정 등 상호협정의 실질적인 내용이 변경되지 아니하는 사항
3. 법령의 제정 · 개정 · 폐지에 따라 수정 · 반영해야 하는 사항

23. ①

① 보험회사는 정관을 변경한 경우에는 변경한 날부터 7일 이내에 금융위원회에 알려야 한다(보험업법 제126조).
②③④ 보험회사는 다음 각 호의 어느 하나에 해당하는 사유가 발생한 경우에는 그 사유가 발생한 날부터 5일 이내에 금융위원회에 보고하여야 한다(보험업법 제130조).

1. 상호나 명칭을 변경한 경우
2. 삭제 〈2015.7.31.〉
3. 본점의 영업을 중지하거나 재개(再開)한 경우
4. 최대주주가 변경된 경우

5. 대주주가 소유하고 있는 주식 총수가 의결권 있는 발행주식 총수의 100분의 1 이상만큼 변동된 경우
6. 그 밖에 해당 보험회사의 업무 수행에 중대한 영향을 미치는 경우로서 대통령령으로 정하는 경우

24. ②

① 보험회사는 기초서류를 작성하거나 변경하려는 경우 그 내용이 다음 각 호의 어느 하나에 해당하는 경우에 한정하여 미리 금융위원회에 신고하여야 한다(보험업법 제127조 제2항).

1. 법령의 제정 · 개정에 따라 새로운 보험상품이 도입되거나 보험상품 가입이 의무가 되는 경우
2. 삭제 〈2020. 12. 8.〉
3. 보험계약자 보호 등을 위하여 대통령령으로 정하는 경우

② 금융위원회는 보험회사가 기초서류를 신고할 때 필요하면 금융감독원의 확인을 받도록 할 수 있다(보험업법 제128조 제1항).
③ 금융위원회는 보험회사가 신고한 기초서류의 내용이 이 법의 기초서류 작성 · 변경 원칙 및 보험요율 산출의 원칙을 위반하는 경우에는 대통령령으로 정하는 바에 따라 기초서류의 변경을 권고할 수 있다(보험업법 제127조의2 제1항).
④ 금융위원회는 보험회사가 기초서류를 신고하는 경우 보험료 및 해약환급금 산출방법서에 대하여 이 법에 따른 보험요율 산출기관 또는 대통령령으로 정하는 보험계리업자(독립계리업자)의 검증확인서를 첨부하도록 할 수 있다(보험업법 제128조 제2항).

25. ①

① 금융위원회는 보험소비자와 보험의 모집에 종사하는 자 등 대통령령으로 정하는 자(보험소비자등)를 대상으로 다음 각 호의 사항에 대한 이해도를 평가하고 그 결과를 대통령령으로 정하는 바에 따라 공시할 수 있다(보험업법 제128조의4 제1항).

1. 보험약관
2. 보험안내자료 중 금융위원회가 정하여 고시하는 자료

② 금융위원회는 보험약관과 보험안내자료(보험약관등)에 대한 보험소비자등의 이해도를 평가하기 위해 평가대행기관을 지정할 수 있다(보험업법 제128조의4 제2항).
③ 평가대행기관은 조사대상 보험약관등에 대하여 보험소비자등의 이해도를 평가하고 그 결과를 금융위원회에 보고하여야 한다(보험업법 제128조의4 제3항).
④ 보험약관등의 이해도 평가에 수반되는 비용의 부담, 평가 시기, 평가 방법 등 평가에 관한 사항은 금융위원회가 정한다(보험업법 제128조의4 제4항).

26. ④

①②③ 보험회사는 보험요율을 산출할 때 객관적이고 합리적인 통계자료를 기초로 대수(大數)의 법칙 및 통계신뢰도를 바탕으로 하여야 하며, 다음 각 호의 사항을 지켜야 한다(보험업법 제129조).

1. 보험요율이 보험금과 그 밖의 급부(給付)에 비하여 지나치게 높지 아니할 것
2. 보험요율이 보험회사의 재무건전성을 크게 해칠 정도로 낮지 아니할 것
3. 보험요율이 보험계약자 간에 부당하게 차별적이지 아니할 것
4. 자동차보험의 보험요율인 경우 보험금과 그 밖의 급부와 비교할 때 공정하고 합리적인 수준일 것

④ 보험회사가 보험요율 산출의 원칙을 위반한 경우, 금융위원회는 대통령령으로 정하는 바에 따라 기초서류의 변경을 권고할 수 있다(보험업법 제127조의2 제1항). 과징금 부과 규정은 없다.

27. ①

금융위원회는 보험회사의 파산 또는 보험금 지급불능 우려 등 보험계약자의 이익을 크게 해칠 우려가 있다고 인정되는 경우에는 보험계약 체결 제한, 보험금 전부 또는 일부의 지급정지 또는 그 밖에 필요한 조치를 명할 수 있다(보험업법 제131조의2).

28. ①

① 금융위원회는 공익 또는 보험계약자 등을 보호하기 위하여 보험회사에 보험업법에서 정하는 감독업무의 수행과 관련한 주주 현황, 그 밖에 사업에 관한 보고 또는 자료 제출을 명할 수 있다(보험업법 제133조 제1항).
② 보험회사는 그 업무 및 자산상황에 관하여 금융감독원의 검사를 받아야 한다(보험업법 제133조 제2항).
③ 보험회사의 업무 및 자산상황에 관하여 검사를 하는 자는 그 권한을 표시하는 증표를 지니고 이를 관계인에게 내보여야 한다(보험업법 제133조 제4항).
④ 금융감독원장은 「주식회사 등의 외부감사에 관한 법률」에 따라 보험회사가 선임한 외부감사인에게 그 보험회사를 감사한 결과 알게 된 정보나 그 밖에 경영건전성과 관련되는 자료의 제출을 요구할 수 있다(보험업법 제133조 제6항).

29. ②

금융위원회는 보험회사(그 소속 임직원을 포함한다)가 일정한 사유에 해당하는 경우에는 금융감독원장의 건의에 따라 다음 각 호의 어느 하나에 해당하는 조치를 하거나 금융감독원장으로 하여금 제1호의 조치를 하게 할 수 있다(보험업법 제134조 제1항). 즉 제1호의 조치만 금융감독원장이 할 수 있으며 나머지 조치는 금융위원회가 본인의 이름으로 스스로 해야 한다.

1. 보험회사에 대한 주의 · 경고 또는 그 임직원에 대한 주의 · 경고 · 문책의 요구
2. 해당 위반행위에 대한 시정명령
3. 임원(「금융회사의 지배구조에 관한 법률」에 따른 업무집행책임자는 제외)의 해임권고 · 직무정지
4. 6개월 이내의 영업의 일부정지

30. ③

① 보험회사는 다음 각 호의 사유로 해산한다(보험업법 제137조 제1항).

1. 존립기간의 만료, 그 밖에 정관으로 정하는 사유의 발생
2. 주주총회 또는 사원총회(주주총회등)의 결의
3. 회사의 합병
4. 보험계약 전부의 이전
5. 회사의 파산
6. 보험업의 허가취소
7. 해산을 명하는 재판

② 상호회사인 보험회사의 합병에 관한 사원총회의 결의는 사원 과반수의 출석과 그 의결권의 4분의 3 이상의 찬성으로 하여야 한다(보험업법 제138조).
③ 주식회사인 보험회사의 합병에 관한 주주총회의 결의는 출석한 주주의 의결권의 3분의 2 이상의 수와 발행주식총수의 3분의 1 이상의 수로써 하여야 한다(상법 제434조).
④ 보험회사 해산의 결의 · 합병과 보험계약의 이전은 금융위원회의 인가를 받아야 한다(보험업법 제139조).

31. ④

① 보험회사는 계약의 방법으로 책임준비금 산출의 기초가 같은 보험계약의 전부를 포괄하여 다른 보험회사에 이전할 수 있으며(보험업법 제140조 제1항), 보험계약의 이전은 금융위원회의 인가를 받아야 한다(보험업법 제139조).
② 보험계약을 이전하려는 보험회사는 그 이전 결의를 한 날부터 2주 이내에 계약 이전의 요지와 각 보험회사의 재무상태표를 공고하고, 대통령령으로 정하는 방법에 따라 보험계약자에게 통지하여야 한다(보험업법 제141조 제1항).
③ 보험계약을 이전하려는 보험회사에 대하여 이의제기 기간 내에 이의를 제기한 보험계약자가 이전될 보험계약자 총수의 10분의 1을 초과하거나 그 보험금액이 이전될 보험금 총액의 10분의 1을 초과하는 경우에는 보험계약을 이전하지 못한다(보험업법 제141조 제3항).
④ 보험회사는 해산한 후에도 3개월 이내에는 보험계약 이전을 결의할 수 있다(보험업법 제148조 제1항).

32. ③

보험회사는 다음 각 호의 사유로 해산한다(보험업법 제137조 제1항). 이 중 제2호 · 제6호 또는 제7호의 사유로 해산한 경우에는 보험금 지급 사유가 해산한 날부터 3개월 이내에 발생한 경우에만 보험금을 지급하여야 한다(보험업법 제158조 제1항).

1. 존립기간의 만료, 그 밖에 정관으로 정하는 사유의 발생
2. 주주총회 또는 사원총회(주주총회등)의 결의
3. 회사의 합병
4. 보험계약 전부의 이전
5. 회사의 파산
6. 보험업의 허가취소
7. 해산을 명하는 재판

33. ③

① 손해보험협회의 장은 손해보험회사로부터 지급불능 보고를 받으면 금융위원회의 확인을 거쳐 손해보험계약의 제3자에게 대통령령으로 정하는 보험금을 지급하여야 한다(보험업법 제169조 제1항).
② 손해보험회사는 손해보험계약의 제3자에 대한 보험금의 지급을 보장하기 위하여 수입보험료 및 책임준비금을 고려하여 대통령령으로 정하는 비율을 곱한 금액을 손해보험협회에 출연(出捐)하여야 한다(보험업법 제168조 제1항).
③ 손해보험협회는 보험금의 지급을 위하여 필요한 경우에는 정부, 「예금자보호법」에 따른 예금보험공사, 그 밖에 대통령령으로 정하는 금융기관으로부터 금융위원회의 승인을 받아 자금을 차입할 수 있다(보험업법 제171조 제1항).
④ 손해보험협회는 보험금을 지급한 경우에는 해당 손해보험회사에 대하여 구상권을 가진다(보험업법 제173조).

34. ①

보험협회는 정관으로 정하는 바에 따라 다음 각 호의 업무를 한다(보험업법 제175조 제3항 및 보험업법 시행령 제84조). 보험 관련 정보의 수집 · 제공 및 통계의 작성은 보험요율 산출기관의 업무이다.

1. 보험회사 간의 건전한 업무질서의 유지
1의2. 제85조의3제2항에 따른 보험회사등이 지켜야 할 규약의 제정 · 개정(제85조의3 제2항 : 보험협회는 보험설계사에 대한 보험회사등의 불공정한 모집위탁행위를 막기 위하여 보험회사등이 지켜야 할 규약을 정할 수 있다.)
1의3. 대통령령으로 정하는 보험회사 간 분쟁의 자율조정 업무 : 교통사고로 인한 보험금의 산정에 적용되는 과실비율의 결정과 관련된 보험회사 간의 분쟁을 말한다.
2. 보험상품의 비교 · 공시 업무
3. 정부로부터 위탁받은 업무
4. 제1호 · 제1호의2 및 제2호의 업무에 부수하는 업무
5. 그 밖에 대통령령으로 정하는 업무
5-1. 보험업법에 따라 위탁받은 업무
5-2. 다른 법령에서 보험협회가 할 수 있도록 정하고 있는 업무
5-3. 보험회사의 경영과 관련된 정보의 수집 및 통계의 작성 업무
5-4. 차량수리비 실태 점검업무
5-5. 모집 관련 전문자격제도의 운영 · 관리 업무
5-5의2. 보험설계사 및 개인보험대리점의 모집에 관한 경력(금융위원회가 정하여 고시하는 사항으로 한정한다)의 수집 · 관리 · 제공에 관한 업무
5-6. 보험가입 조회업무
5-7. 설립 목적의 범위에서 보험회사, 그 밖의 보험 관계 단체로부터 위탁받은 업무
5-8. 보험회사가 공동으로 출연하여 수행하는 사회 공헌에 관한 업무
5-9. 「보험사기방지 특별법」에 따른 보험사기행위를 방지하기 위한 교육 · 홍보 업무
5-10. 「보험사기방지 특별법」에 따른 보험사기행위를 방지하는 데 기여한 자에 대한 포상금 지급 업무

35. ②

① 보험요율 산출기관은 보험회사가 적용할 수 있는 순보험요율을 산출하여 금융위원회에 신고할 수 있다. 이 경우 신고를 받은 금융위원회는 그 내용을 검토하여 이 법에 적합하면 신고를 수리하여야 한다(보험업법 제176조 제4항).

② 보험요율 산출기관은 그 업무와 관련하여 정관으로 정하는 바에 따라 보험회사로부터 수수료를 받을 수 있다(보험업법 제176조 제8항).

③ 보험요율 산출기관은 순보험요율 산출 등 보험업법에서 정하는 업무 수행을 위하여 보험 관련 통계를 체계적으로 통합 · 집적(集積)하여야 하며, 필요한 경우 보험회사에 자료의 제출을 요청할 수 있다. 이 경우 보험회사는 이에 따라야 한다(보험업법 제176조 제5항).

④ 보험요율 산출기관은 순보험요율을 산출하기 위하여 필요한 경우 또는 보험회사의 보험금 지급업무에 필요한 경우에는 음주운전 등 교통법규 위반 또는 운전면허(「건설기계관리법」에 따른 건설기계조종사면허를 포함한다)의 효력에 관한 개인정보를 보유하고 있는 기관의 장으로부터 그 정보를 제공받아 보험회사가 보험계약자에게 적용할 순보험료의 산출 또는 보험금 지급업무에 이용하게 할 수 있다(보험업법 제176조 제10항).

36. ②

보험회사가 선임계리사를 선임한 경우에는 그 선임일이 속한 사업연도의 다음 사업연도부터 연속하는 3개 사업연도가 끝나는 날까지 그 선임계리사를 해임할 수 없다. 다만 다음 각 호의 어느 하나에 해당하는 경우에는 해임할 수 있다(보험업법 제184조 제4항).

1. 선임계리사가 회사의 기밀을 누설한 경우
2. 선임계리사가 그 업무를 게을리하여 회사에 손해를 발생하게 한 경우
3. 선임계리사가 계리업무와 관련하여 부당한 요구를 하거나 압력을 행사한 경우
4. 금융위원회의 해임 요구가 있는 경우

37. ①

선임계리사 · 보험계리사 또는 보험계리업자는 그 업무를 할 때 다음 각 호의 행위를 하여서는 아니 된다(보험업법 제184조 제3항 및 보험업법 시행령 제94조).

1. 고의로 진실을 숨기거나 거짓으로 보험계리를 하는 행위
2. 업무상 알게 된 비밀을 누설하는 행위
3. 타인으로 하여금 자기의 명의로 보험계리업무를 하게 하는 행위
4. 그 밖에 공정한 보험계리업무의 수행을 해치는 행위로서 대통령령으로 정하는 행위

4-1. 정당한 이유 없이 보험계리업무를 게을리하는 행위
4-2. 충분한 조사나 검증을 하지 아니하고 보험계리업무를 수행하는 행위
4-3. 업무상 제공받은 자료를 무단으로 보험계리업무와 관련이 없는 자에게 제공하는 행위

38. ③

① 금융위원회는 보험계리사 · 선임계리사 · 보험계리업자 · 손해사정사 또는 손해사정업자가 그 직무를 게을리하거나 직무를 수행하면서 부적절한 행위를 하였다고 인정되는 경우에는 6개월 이내의 기간을 정하여 업무의 정지를 명하거나 해임하게 할 수 있다(보험업법 제192조 제1항).

② 금융위원회는 손해사정업자의 업무운영이 적정하지 아니하거나 자산상황이 불량하여 보험계약자 및 피보험자 등의 권익을 해칠 우려가 있다고 인정되는 경우에는 다음 각 호의 어느 하나에 해당하는 조치를 명할 수 있다(보험업법 제192조 제2항 및 제131조 제1항).

1. 업무집행방법의 변경
2. 금융위원회가 지정하는 기관에의 자산 예탁
3. 자산의 장부가격 변경
4. 불건전한 자산에 대한 적립금의 보유
5. 가치가 없다고 인정되는 자산의 손실처리
6. 그 밖에 대통령령으로 정하는 필요한 조치

③ 금융위원회는 손해사정업자가 이 법 또는 이 법에 따른 규정 · 명령 또는 지시를 위반하여 손해사정업의 건전한 경영을 해치거나 보험계약자, 피보험자, 그 밖의 이해관계인의 권익을 침해할 우려가 있다고 인정되는 경우에는 금융감독원장의 건의에 따라 다음 각 호의 어느 하나에 해당하는 조치를 하거나 금융감독원장으로 하여금 제1호의 조치를 하게 할 수 있다(보험업법 제192조 제2항 및 제134조 제1항). 업무집행방법의 변경은 이에 해당하지 않는다.

1. 손해사정업자에 대한 주의 · 경고 또는 그 임직원에 대한 주의 · 경고 · 문책의 요구
2. 해당 위반행위에 대한 시정명령
3. 임원(「금융회사의 지배구조에 관한 법률」에 따른 업무집행책임자는 제외한다)의 해임권고 · 직무정지
4. 6개월 이내의 영업의 일부정지

④ 금융위원회는 보험계리업자 또는 손해사정업자가 그 업무를 할 때 고의 또는 과실로 타인에게 손해를 발생하게 한 경우 그 손해의 배상을 보장하기 위하여 보험계리업자 또는 손해사정업자에게 금융위원회가 지정하는 기관에의 자산 예탁, 보험 가입, 그 밖에 필요한 조치를 하게 할 수 있다(보험업법 제191조).

39. ①

손해사정사는 자기 또는 자기와 일정한 이해관계를 가진 자의 보험사고에 대하여 손해사정을 하는 행위가 금지되어 있다. 여기서 이해관계를 가진 자란 다음 각 호의 어느 하나에 해당하는 자를 말한다(보험업법 시행규칙 제57조 제1항).

1) **개인인 손해사정사의 경우**

가. 본인의 배우자 및 본인과 생계를 같이하는 친족
나. 본인을 고용하고 있는 개인 또는 본인이 상근 임원으로 있는 법인 또는 단체
다. 본인이 고용하고 있는 개인 또는 본인이 대표자로 있는 법인 또는 단체

라. 본인과 생계를 같이하는 2촌 이내의 친족, 본인의 배우자 또는 배우자의 2촌 이내의 친족이 상근 임원으로 있는 법인 또는 단체

2) 법인인 손해사정업자의 경우

가. 해당 법인의 임직원을 고용하고 있는 개인 또는 법인

나. 해당 법인에 대한 출자금액이 전체 출자금액의 100분의 30을 초과하는 자

40. ④

① 보험계리사, 손해사정사 등이 그 임무를 위반하여 재산상의 이익을 취득하거나 제3자로 하여금 취득하게 하여 보험회사에 재산상의 손해를 입힌 경우에는 10년 이하의 징역 또는 1억원 이하의 벌금에 처한다(보험업법 제197조). 이 죄의 미수범도 처벌하며(보험업법 제205조), 죄의 정상에 따라 징역과 벌금을 병과할 수도 있다(보험업법 제206조).

② 보험계리사, 손해사정사 또는 상호회사의 검사인이 그 직무에 관하여 부정한 청탁을 받고 재산상의 이익을 수수 · 요구 또는 약속한 경우에는 5년 이하의 징역 또는 5천만원 이하의 벌금에 처한다. 이익을 약속 또는 공여(供與)하거나 공여 의사를 표시한 자도 같은 벌칙을 받는다(보험업법 제201조).

③ 법인(법인이 아닌 사단 또는 재단으로서 대표자 또는 관리인이 있는 것을 포함)의 대표자나 법인 또는 개인의 대리인, 사용인, 그 밖의 종업원이 그 법인 또는 개인의 업무에 관하여 위반행위를 하면 그 행위자를 벌하는 외에 그 법인 또는 개인에게도 해당 조문의 벌금형을 과(科)한다. 다만 법인 또는 개인이 그 위반행위를 방지하기 위하여 해당 업무에 관하여 상당한 주의와 감독을 게을리하지 아니한 경우에는 그러하지 아니하다(보험업법 제208조 제1항). 감경에 대한 규정은 없다.

④ 법인이 아닌 사단 또는 재단에 대하여 벌금형을 과하는 경우에는 그 대표자 또는 관리인이 그 소송행위에 관하여 그 사단 또는 재단을 대표하는 법인을 피고인으로 하는 경우의 형사소송에 관한 법률을 준용한다(보험업법 제208조 제2항).

2과목 보험계약법

01	02	03	04	05	06	07	08	09	10
①	④	③	②	①	②	①	②	③	③
11	12	13	14	15	16	17	18	19	20
③	②	①	④	④	①	②	④	③	③
21	22	23	24	25	26	27	28	29	30
④	④	②	④	①	②	③	④	②	③
31	32	33	34	35	36	37	38	39	40
③	③	④	④	②	③	④	④	③	①

01. ①

① 소급보험은 보험계약이 성립하기 전의 어느 시점부터 보험기간이 시작되는 보험을 말한다. 소급보험이 체결되면 보험자는 보험계약 체결일 이전 보험기간 중에 발생한 보험사고에 대하여 최초보험료를 지급받은 이후부터 보상할 책임이 있다.

② 보험자의 보험계약상 책임은 당사자간에 다른 약정이 없으면 최초의 보험료를 지급받은 때부터 개시한다(상법 제656조).

③ 상법 제4편(보험편)의 규정은 당사자간의 특약으로 보험계약자 또는 피보험자나 보험수익자의 불이익으로 변경하지 못한다(상법 제663조). 이를 보험계약자 등의 불이익 변경 금지 원칙이라고 한다. 동 조항은 재보험이나 해상보험 기타 이와 유사한 보험(기업보험)에는 적용하지 않는다. 즉 가계보험에만 적용된다.

④ 보험계약은 불요식낙성계약이므로 보험계약자의 청약과 보험자의 승낙이라는 계약 당사자 의사의 합치만으로 유효하게 성립한다.

02. ④

①②③ 보험대리상은 다음 각 호의 권한이 있다.

1. 보험계약자로부터 보험료를 수령할 수 있는 권한
2. 보험자가 작성한 보험증권을 보험계약자에게 교부할 수 있는 권한
3. 보험계약자로부터 청약, 고지, 통지, 해지, 취소 등 보험계약에 관한 의사표시를 수령할 수 있는 권한
4. 보험계약자에게 보험계약의 체결, 변경, 해지 등 보험계약에 관한 의사표시를 할 수 있는 권한

④ 보험자는 보험대리상의 권한 중 일부를 제한할 수 있다. 다만 보험자는 그러한 권한 제한을 이유로 선의의 보험계약자에게 대항하지 못한다.

03. ③

① 대법원 판례에 따르면, 피보험자동차의 양도에 관한 통지의무를 규정한 보험약관은 거래상 일반인들이 보험자의 개별적인 설명 없이도 충분히 예상할 수 있었던 사항이므로 보험자의 개별적인 명시 · 설명의무의 대상이 되지 않는다.[1]

② 대법원 판례에 따르면, 피보험자의 손해방지의무의 내용에는 손해를 직접적으로 방지하는 행위는 물론이고 간접적으로 방지하는 행위도 포함된다. 그러나 그 손해는 피보험이익에 대한 구체적인 침해의 결과로서 생기는 손해만을 뜻하는 것이고, 보험자의 구상권과 같이 보험자가 손해를 보상한 후에 취득하게 되는 이익을 상실함으로써 결과적으로 보험자에게 부담되는 손해까지 포함된다고 볼 수는 없다.[2]

③ 대법원 판례에 따르면, 보험계약자 측이 입원치료를 지급사유로 보험금을 청구하거나 이를 지급받았으나 그 입원치료의 전부 또는 일부가 필요하지 않은 것으로 밝혀진 경우에, 입원치료를 받게 된 경위, 보험금을 부정 취득할 목적으로 입원치료의 필요성이 없음을 알면서도 입원을 하였는지 여부, 입원치

1) 대법원 2007.4.27. 선고 2006다87453 판결
2) 대법원 2018.9.13. 선고 2015다209347 판결

료의 필요성이 없는 입원 일수나 그에 대한 보험금 액수, 보험금 청구나 수령 횟수, 보험계약자 측이 가입한 다른 보험계약과 관련된 사정 또는 서류의 조작 여부 등 여러 사정을 종합적으로 고려하여, 보험계약자 측의 부당한 보험금 청구나 수령으로 인하여 보험계약의 기초가 되는 신뢰관계가 파괴되어 보험계약의 존속을 기대할 수 없는 중대한 사유가 있다고 인정된다면, 보험자는 보험계약을 해지할 수 있고, 해당 보험계약은 장래에 대하여 그 효력을 잃는다.[3]

④ 대법원 판례에 따르면, 보험계약자가 피보험자의 상속인을 보험수익자로 하여 맺은 생명보험계약이나 상해보험계약에서 피보험자의 상속인은 피보험자의 사망이라는 보험사고가 발생한 때에는 보험수익자의 지위에서 보험자에 대하여 보험금 지급을 청구할 수 있고, 이 권리는 보험계약의 효력으로 당연히 생기는 것으로서 상속재산이 아니라 상속인의 고유재산이다. 이때 보험수익자로 지정된 상속인 중 1인이 자신에게 귀속된 보험금청구권을 포기하더라도 그 포기한 부분이 당연히 다른 상속인에게 귀속되지는 아니한다.[4]

04. ②

① 대법원 판례에 따르면, 보험금 청구권 상실조항은 피보험자가 보험금을 청구하면서 실손해액에 관한 증빙서류 구비의 어려움 때문에 구체적인 내용이 일부 사실과 다른 서류를 제출하거나 보험목적물의 가치에 대한 견해 차이 등으로 보험목적물의 가치를 다소 높게 신고한 경우에까지 적용되는 것은 아니다.[5]

② 대법원 판례에 따르면, 보험금을 청구하면서 상당한 양의 허위 증거서류를 제출하여 보험금 청구권의 상실사유에 해당하는 행위를 하였지만, 화재 당시 실제로 보험금청구권자가 주장하는 양의 상당한 수의와 삼베에 손해가 있었더라면 보험금청구권을 상실하지 않는 것으로 보아야 한다.[6] 다만 이에 대한 증명책임은 보험금을 지급받고자 하는 보험금청구권자가 부담한다.

③ 대법원 판례에 따르면, "보험계약자 또는 피보험자가 손해의 통지 또는 보험금청구에 관한 서류에 고의로 사실과 다른 것을 기재하였거나 그 서류 또는 증거를 위조하거나 변조한 경우 피보험자는 손해에 대한 보험금청구권을 잃게 된다"고 규정하고 있는 보험계약의 약관 조항의 취지는 피보험자 등이 서류를 위조하거나 증거를 조작하는 등 신의성실의 원칙에 반하는 사기적인 방법으로 과다한 보험금을 청구하는 경우에는 그에 대한 제재로서 보험금청구권을 상실하도록 하려는 데 있고, 독립한 여러 물건을 보험목적물로 하여 체결된 화재보험계약에서 피보험자가 그 중 일부의 보험목적물에 관하여 실제 손해보다 과다하게 허위의 청구를 한 경우에 허위의 청구를 한 당해 보험목적물에 관하여 위 약관 조항에 따라 보험금청구권을 상실하게 되는 것은 당연하다. 그러나 만일 보험금청구권 상실 조항을 피보험자가 허위의 청구를 하지 않은 다른 보험목적물에 관한 보험금청구권까지 한꺼번에 상실하게 된다는 취지로 해석한다면, 이는 허위 청구에 대한 제재로서의 상당한 정도를 초과하는 것으로 고객에게 부당하게 불리한 결과를 초래하여 신의성실의 원칙에 반하는 해석이 되므로, 피보험자가 상실하게 되는 보험금청구권은 피보험자가 허위의 청구를 한 당해 보험목적물의 손해에 대한 보험금청구권에 한한다고 해석함이 상당하다.[7]

④ 대법원 판례에 따르면, 보험금청구권 상실 조항은 이를 설명을 하였다고 하더라도 보험계약을 체결하지 않았으리라고는 인정되지 아니하므로 이를 설명의무가 있는 약관의 중요한 내용이라고 보기 어렵다. 더욱이 보험금청구권의 상실사유는 보험계약에 있어서 신의성실의 원칙에 반하는 사기적 보험금 청구 행위를 허용할 수 없다는 취지에서 규정된 것으로서, 보험계약 당사자의 윤리성이나 선의성을 요구하는 보험계약의 특성 및 상법에 보험의 투기화 · 도박화를 막고 피보험자에게 실제의 피해 이상의 부당한 이득을 취득하지 못하도록 하기 위하여 고의로 인한 보험사고의 경우에는 보험자의 면책을 인정하고(상법 제659조), 보험계약이 사기로 인한 초과보험인 경우 그 계약 자체를 무효로 규정하고 있는 점(상법 제669조 제4항) 등에 비추어 볼 때 이는 거래상 일반인들이 보험자의 설명 없이도 당연히 예상할 수 있던 사항에 해당하여 설명의무의 대상이 아니다.[8]

05. ①

① 사망을 보험사고로 하는 보험계약에서 사고가 보험계약자 또는 피보험자나 보험수익자의 고의로 인하여 발생한 경우라면 보험자가 면책된다. 다만 현행 생명보험 표준약관은 피보험자의 고의라도, 보험자의 책임이 개시된 시점부터 2년이 경과한 이후 자살(피보험자의 고의)에 대하여도 보험자가 보상책임을 부담(일반사망보험금 지급)한다고 규정하고 있다. 이러한 약관조항은 보험계약자 등에게 불이익하지 않은바, 그 효력이 인정된다.

② 보험사고가 전쟁 기타의 변란으로 인하여 생긴 때에는 당사자간에 다른 약정이 없으면 보험자는 보험금액을 지급할 책임이 없다(상법 제660조). 이를 상대적 면책사유라고 한다.

③ 손해보험에서 보험의 목적의 성질, 하자 또는 자연소모로 인한 손해는 보험자가 이를 보상할 책임이 없다(상법 제678조).

④ 보험자의 면책사유는 보험계약 체결 보험자가 설명하여야 할 중요한 사항에 해당한다. 다만 법령에서 이미 정하여진 것을 되풀이하거나 부연하는 정도에 불과한 사항이라면 그러한 사항에 대하여서까지 보험자에게 설명의무가 인정된다고 할 수 없다. 따라서 법정면책사유는 법령에 이미 정해진 것이므로

3) 대법원 2020.10.29. 선고 2019다301678 판결
4) 대법원 2020.2.6. 선고 2017다215728 판결
5) 대법원 2007.12.27. 선고 2006다29105 판결
6) 대법원 2006.11.23. 선고 2004다20227(본소), 2004다20234(반소) 판결
7) 대법원 2007.2.22. 선고 2006다72093 판결
8) 대법원 2003.5.30. 선고 2003다15556 판결

원칙적으로 설명의무의 대상이 아니다. 반면 약정면책사유는 당사자의 계약 조건(보험약관)에 의하여 별도로 적용받는 면책사유이므로, 원칙적으로 보험약관의 교부 · 설명의무의 대상에 해당한다.

06. ②

① 보험자는 보험계약을 체결할 때에 보험계약자에게 보험약관을 교부하고 그 약관의 중요한 내용을 설명하여야 한다(상법 제638조의3 제1항).

② 대법원 판례에 따르면, 보험계약자나 대리인이 약관의 내용을 충분히 잘 알고 있는 경우에는 약관의 내용이 바로 계약 내용이 되어 당사자에 대하여 구속력을 가지므로, 보험자로서는 보험계약자 또는 그 대리인에게 약관의 내용을 따로이 설명할 필요가 없다.[9]

③ 보험자가 보험약관 교부 · 설명의무를 위반한 경우 보험계약자는 보험계약이 성립한 날부터 3개월 이내에 그 계약을 취소할 수 있다(상법 제638조의3 제2항).

④ 대법원 판례에 따르면, 보험자 및 보험계약의 체결 또는 모집에 종사하는 자는 보험계약의 체결에 있어서 보험약관에 기재되어 있는 보험상품의 내용 및 보험청약서상 기재사항의 변동사항 등 보험계약의 중요한 내용에 대하여 구체적이고 상세한 명시 설명의무를 지고 있으므로, 보험자가 이러한 보험약관의 명시 설명의무에 위반하여 보험계약을 체결한 때에는 그 약관의 내용을 보험계약의 내용으로 주장할 수 없다. 만약 보험자 등이 이러한 설명의무를 위반 경우라면, 보험계약자나 그 대리인이 그 약관에 규정된 고지의무를 위반하였다 하더라도 이를 이유로 보험계약을 해지할 수 없다. 동 법리에 의하며 피보험자가 오토바이 사용자인 경우 가입할 수 없도록 한 상해보험의 약관조항에 대하여 보험자가 설명의무를 이행하지 않아서 보험계약자 또는 피보험자가 고지의무를 위반한 경우라면, 보험자는 고지의무 위반을 이유로 보험계약을 해지할 수 없다.[10]

07. ①

① 대법원 판례에 따르면, '위험의 현저한 증가'는 증가한 위험이 보험 체결 당시 존재하였더라면 계약을 체결하지 않았거나 실제의 약정 보험료보다 더 고액을 보험료로 계약을 체결하였을 정도로 현저하게 위험이 증가된 경우를 가리키고, 보험요율 산정 기준으로서의 위험의 개념은 일정 상태의 계속적 존재를 전제로 하므로 일시적으로 위험이 증가되는 경우는 '위험의 현저한 증가'에 포함되지 않는다.[11]

② 보험기간 중에 보험계약자 또는 피보험자가 사고 발생의 위험이 현저하게 변경 또는 증가된 사실을 안 때에는 지체없이 보험자에게 통지하여야 한다. 이를 해태하였다면 보험자는 그 사실을 안 날로부터 1월 내에 한하여 보험계약을 해지할 수 있다(상법 제652조 제1항).

③ 보험자가 위험변경증가의 통지를 받은 때에는 1월 내에 보험료의 증액을 청구하거나 계약을 해지할 수 있다(상법 제652조 제2항).

④ 대법원 판례에 따르면, 피보험자가 생명보험계약을 체결한 이후에 다른 생명보험계약에 다수 가입하였다는 사정만으로는 사고 발생의 위험이 현저하게 변경 또는 증가되었다고 보기 어려우므로, 다른 생명보험계약 체결 사실을 통지하지 않았다고 하여 이를 위험변경증가 통지의무 위반이라고 할 수는 없다.[12]

08. ②

① 대법원 판례에 따르면, 사고 발생의 위험이 현저하게 변경 또는 증가된 사실이란 그 변경 또는 증가된 위험이 보험계약의 체결 당시에 존재하고 있었다면 보험자가 보험계약을 체결하지 않았거나 적어도 그 보험료로는 보험을 인수하지 않았을 것으로 인정되는 사실을 말한다.[13]

② 상법 제653조는 보험기간 중에 보험계약자, 피보험자 또는 보험수익의 고의 또는 중대한 과실로 사고 발생의 위험을 현저하게 증가시키지 않을 의무이다. 이를 위험유지의무라고 한다. 위험유지의무는 보험기간 중 위험을 일정하게 유지해야 하는 의무를 말하며, 보험자에 대해서 통지할 것을 규정하는 의무는 아니다.

③ 보험계약자 등이 상법 제653조의 이른바 위험유지의무를 위반한 경우에 보험자는 그 사실을 안 날로부터 1월 내에 보험료의 증액을 청구하거나 보험계약을 해지할 수 있다.

④ 대법원 판례에 따르면, 피보험자의 직업이나 직종에 따라 보험금 가입한도에 차등이 있는 생명보험계약에서 피보험자가 직업이나 직종을 변경하는 경우에 그 사실을 통지하도록 하면서 그 통지의무를 해태한 경우에 직업 또는 직종이 변경되기 전에 적용된 보험요율의 직업 또는 직종이 변경된 후에 적용해야 할 보험요율에 대한 비율에 따라 보험금을 삭감하여 지급하는 것은 실질적으로 약정된 보험금 중에서 삭감한 부분에 관하여 보험계약을 해지하는 것이라 할 것이므로 그 해지에 관하여는 상법 제653조에서 규정하고 있는 해지기간 등에 관한 규정이 여전히 적용되어야 한다.[14] [15] 즉 제653조상의 위험의 현저한 변경 · 증가에 해당한다.

9) 대법원 1998.4.14. 선고 97다39308 판결
10) 대법원 1995.8.11. 선고 94다52492 판결
11) 대법원 1992.11.10. 선고 91다32503 판결
12) 대법원 2001.11.27. 선고 99다33311 판결
13) 대법원 2000.7.4. 선고 98다62909, 62916 판결
14) 대법원 2003.6.10. 선고 2002다63312
15) 저자주 : 판결문에 '생명보험계약'이라고 표현되어 있으나, 우리나라 보험실무상 생명보험약관에는 직업 또는 직종에 따른 보험요율 차등 적용이나 직업변경 통지의무, 보험금 삭감 지급 등의 규정이 없다. 손해보험회사에서 사용하는 질병상해보험 표준약관의 규정을 설명하면서 '생명보험계약'으로 잘못 오기한 것으로 보인다. 실제로 해당 판결의 피고는 생명보험회사가 아니라 '쌍용화재해상보험 주식회사(현 흥국화재)'이다.

09. ③

① 보험사고 발생 통지의무를 부담하는 사람은 보험계약자, 피보험자, 보험수익자이며 의무자 중 어느 한사람이라도 통지하면 의무를 이행한 것으로 본다.

②③ 보험계약자 또는 피보험자나 보험수익자가 보험사고 발생 통지의무를 해태함으로 인하여 손해가 증가된 때에는 보험자는 그 증가된 손해를 보상할 책임이 없다(상법 제657조 제2항). 증가된 손해를 보상하지 않을 뿐이며 보험계약의 해지사유에는 해당하지 않는다.

④ 보험자가 보험금액의 지급에 관하여 약정기간이 있는 경우에는 그 기간 내에 약정기간이 없는 경우에는 보험사고 발생 통지를 받은 후 지체없이 지급할 보험금액을 정하고 그 정하여진 날부터 10일 내에 피보험자 또는 보험수익자에게 보험금액을 지급하여야 한다(상법 제658조).

10. ③

①② 보험계약자 측의 고지의무 위반이 있는 경우에 보험자는 보험계약을 해지하고 보험금을 지급할 책임이 없으며 이미 지급한 보험금의 반환을 청구할 수도 있다. 다만 의무 위반 사실이 보험사고 발생에 영향을 미치지 아니하였음이 증명되었다면 보험금을 지급할 책임이 있다. 즉 보험계약의 해지는 여전히 가능하다.

③ 해지는 장래에 향하여 계약의 효력을 상실시키는 법률 행위이다. 따라서 해지 이전까지의 기간은 유효한 계약으로 다뤄지며, 보험자는 보험계약이 해지되기 이전까지의 보험료를 청구할 수 있다.

④ 대법원 판례에 따르면, 고지의무 위반 사실과 보험사고 발생과의 인과관계가 부존재한다는 점에 관한 입증책임은 보험계약자 측에게 있다.[16] 다만 현행 생명보험 표준약관상 이에 대한 증명책임을 보험자에게로 돌려놓았으며 이러한 약관 규정은 보험계약자 측에게 불리하지 않은바 유효하다.

11. ③

① 자기를 위한 보험에서 보험계약자는 보험사고가 발생하기 전에는 언제든지 계약의 전부 또는 일부를 해지할 수 있다(상법 제649조 제1항).

② 보험사고의 발생으로 보험자가 보험금액을 지급한 때에도 보험금액이 감액되지 아니하는 이른바 자동복원주의 보험의 경우에는 보험계약자는 그 사고 발생 후에도 보험계약을 해지할 수 있다(상법 제649조 제2항).

③ 보험사고가 발생하기 전에 보험계약자가 보험계약을 임의해지한 경우에는 보험계약자는 당사자 간에 다른 약정이 없으면 미경과보험료의 반환을 청구할 수 있다(상법 제649조 제3항).

④ 타인을 위한 보험에서 보험계약자는 그 타인의 동의를 얻지 아니하거나 보험증권을 소지하지 아니하면 그 계약을 해지하지 못한다(상법 제649조 제1항 단서).

12. ②

① 계속보험료 미납을 이유로 보험계약이 해지되고 해지환급금이 지급되지 아니한 경우에 보험계약자는 일정한 기간 내에 연체보험료에 약정이자를 붙여 보험자에게 지급하고 그 계약의 부활을 청구할 수 있다(상법 제650조의2).

② 보험계약자가 보험계약의 부활을 청구하면 보험자가 해당 청약에 대하여 승낙 혹은 거부 여부를 결정(언더라이팅)하며 이를 보험계약자에게 통지한다. 부활 청구 의사표시가 보험자에게 도달하였다고 하여 즉시 보험계약이 부활되는 것은 아니다.

③ 보험계약이 부활하면 부활 이후 종전의 계약과 동일한 내용의 효력이 존속한다. 다만 해지부터 부활 사이에 발생한 보험사고에 대하여는 보험자의 보상책임이 발생하지 않는다. 이는 해지와 부활의 성질상 당연한 것이며 보험계약자 등의 불이익 변경 금지 원칙과 관련이 없다.

④ 대법원 판례에 따르면, 보험자의 책임은 당사자 간에 다른 약정이 없으면 최초의 보험료 지급을 받은 때부터 개시한다고 규정하고 있는 상법의 조항과 다른 내용으로 보험자의 책임 개시 시점을 정한 경우, 그 약관 내용은 보험자가 구체적이고 명시 설명의무를 지는 보험계약의 중요한 내용이라고 할 수 있으며 그 약관의 내용이 거래상 일반적이고 공통된 것이어서 보험계약자가 별도의 설명없이도 충분히 예상할 수 있었던 내용이라고 할 수 없다. 따라서 만약 개별 보험약관에서 보험자의 책임 개시 시점을 최초의 보험료를 받은 때가 아니라 별도로 규정이 있다면(예 암보험에서 90일 이후 보장 개시 등), 이는 보험자의 설명의무 대상이 되며, 해당 규정이 부활 후에서도 동일하게 적용된다면 보험자는 원칙적으로 해당 약관에 대하여 설명의무를 이행하여야 한다.[17]

13. ①

① 보험계약 당시에 보험사고가 이미 발생하였거나 발생할 수 없는 때에는 그 계약은 무효이다. 그러나 당사자 쌍방과 피보험자가 이를 알지 못한 때에는 유효하다(상법 제644조). 따라서 당사자 쌍방이 이를 알았다면 그 보험계약은 무효이다.

② 보험금액이 보험계약의 목적의 가액을 현저하게 초과한 때에는 보험자 또는 보험계약자는 보험료와 보험금액의 감액을 청구할 수 있다. 그러나 보험료의 감액은 장래에 대하여서만 그 효력이 있다(상법 제669조 제1항).

③ 보험계약자의 사기로 초과보험이 체결된 때에는 그 계약은 무효이다. 그러나 보험자는 그 사실을 안 때까지의 보험료를 청구할 수 있다(상법 제669조 제4항).

④ 보험계약의 전부 또는 일부가 무효인 경우에 보험계약자와 피보험자가 선의이며 중대한 과실이 없는 때에는 보험자에 대하여 보험료의 전부 또는 일부의 반환을 청구할 수 있다. 보험계약자와 보험수익자가 선의이며 중대한 과실이 없는 때에도 같다(상법 제648조). 따라서 보험계약자가 무효인 사실을 알았다면(악의) 보험자에 대하여 기지급한 보험료의 반환을 청구할 수 없다.

14. ④

① 보험계약자는 타인의 위임을 받거나 위임을 받지 않고 특정

16) 대법원 1992.10.23. 선고 92다28259 판결
17) 대법원 2005.12.9. 선고 2004다26164 판결

또는 불특정한 타인을 위하여 보험계약을 체결할 수 있다(상법 제639조).

② 대법원 판례에 따르면, 타인을 위한 손해보험계약은 타인의 이익을 위한 계약으로서 그 타인(피보험자)의 이익이 보험의 목적이 되는 것이지 여기에 당연히(특약없이) 보험계약자의 보험이익이 포함되거나 예정되어 있는 것은 아니라 할 것이므로 피보험이익의 주체가 아닌 보험계약자는 비록 보험자와의 사이에서는 계약 당사자이고 약정된 보험료를 지급할 의무자이지만 그 지위의 성격과 보험자대위규정의 취지에 비추어 보면 보험자대위에 있어서 보험계약자와 보험계약자 아닌 제3자와를 구별하여 취급하여야 할 법률상의 이유는 없다. 따라서 타인을 위한 손해보험계약자가 당연히 제3자의 범주에서 제외되는 것은 아니다.[18]

③ 손해보험계약의 경우에 보험계약자가 그 타인에게 보험사고의 발생으로 생긴 손해의 배상을 한 때에는 보험계약자는 그 타인의 권리를 해하지 아니하는 범위 안에서 보험자에게 보험금액의 지급을 청구할 수 있다(상법 제639조 제2항).

④ 대법원 판례에 따르면, 보험계약자가 타인의 생활상의 부양이나 경제적 지원을 목적으로 보험자와 사이에 타인을 보험수익자로 하는 생명보험이나 상해보험 계약을 체결하여 보험수익자가 보험금 청구권을 취득한 경우, 보험자의 보험수익자에 대한 급부는 보험수익자에 대한 보험자 자신의 고유한 채무를 이행한 것이다. 따라서 보험자는 보험계약이 무효이거나 해제되었다는 것을 이유로 보험수익자를 상대로 하여 그가 이미 보험수익자에게 급부한 것의 반환을 구할 수 있다. 또한 이는 타인을 위한 생명보험이나 상해보험이 제3자를 위한 계약의 성질을 가지고 있다고 하더라도 달리 볼 수 없다.[19]

15. ④

가. **기평가보험** : 사고발생시의 가액을 현저히 초과하지 않는 경우 당사자 간에 약정한 보험가액(협정보험가액)을 사고발생시의 가액을 정한 것으로 추정한다. 실손보상의 원칙 예외에 해당한다. (○)

나. **이득금지** : 손해보험의 대원칙으로 피보험자는 실제 손해액 만큼만 보상받을 수 있으며, 보험으로 인하여 그 이상의 이득을 보아서는 안된다는 원칙을 말한다. 실손보상의 원칙에 해당한다. (×)

다. **제3자에 대해 가지고 있는 권리의 대위** : 손해가 제3자의 행위로 인하여 발생한 경우에 보험금을 지급한 보험자는 그 지급한 금액의 한도에서 그 제3자에 대한 보험계약자 또는 피보험자의 권리를 취득한다. 보통 청구권 대위라고 부르며, 실손보상의 원칙에 해당한다. (×)

라. **신가보험** : 보험자가 보상할 손해액은 그 손해가 발생한 때와 곳의 가액에 의하여 산정하는 것이 원칙이다. 다만 신가보험이 체결되면 재조달가액을 기준으로 손해액을 산정할 수 있다. 실손보상의 원칙 예외에 해당한다. (○)

마. **선박보험에서의 보험가액 불변경주의** : 선박보험에 있어서는 보험자의 책임이 개시될 때의 선박가액을 보험가액으로 하는 이른바 보험가액 불변경주의가 적용된다. 실손보상의 원칙 예외에 해당한다. (○)

16. ①

① 피보험자가 경영하는 사업에 관한 책임을 보험의 목적으로 하는 영업책임보험에서는 피보험자의 대리인 또는 그 사업감독자의 제3자에 대한 책임도 보험의 목적에 포함된 것으로 한다(상법 제721조).

② 선박보험에서 선박의 속구, 연료, 양식 기타 항해에 필요한 모든 물건은 보험의 목적에 포함된 것으로 한다(상법 제696조 제2항).

③ 피보험자가 제3자의 청구를 방어하기 위하여 지출한 재판상 또는 재판외의 필요비용은 보험의 목적에 포함된 것으로 한다(상법 제720조 제1항).

④ 화재보험에서 집합된 물건을 일괄하여 보험의 목적으로 한 때에는 피보험자의 가족과 사용인의 물건도 보험의 목적에 포함된 것으로 한다(상법 제686조).

17. ②

甲乙丙 보험 사이에는 중복보험이 성립하며, 중복보험에서 각 보험자의 보상책임은 각자의 보험금액의 비율에 따른다. 따라서 각 보험자가 A에게 지급해야 하는 보험금은 다음과 같다.

- 甲 : $1\text{억원(손해액)} \times \frac{1\text{억원(甲의 보험금액)}}{2\text{억원(甲乙丙의 보험금액 합계)}} = 5\text{천만원}$
- 乙 : $1\text{억원(손해액)} \times \frac{6\text{천만원(乙의 보험금액)}}{2\text{억원(甲乙丙의 보험금액 합계)}} = 3\text{천만원}$
- 丙 : $1\text{억원(손해액)} \times \frac{4\text{천만원(丙의 보험금액)}}{2\text{억원(甲乙丙의 보험금액 합계)}} = 2\text{천만원}$

18. ④

① 보험계약자와 피보험자는 손해의 방지와 경감을 위하여 노력하여야 하며, 이를 위하여 필요 또는 유익하였던 비용과 보상액이 보험금액을 초과한 경우라도 보험자가 이를 부담한다(상법 제680조 제1항).

② 손해방지의무는 보험사고가 발생한 이후에 그 손해가 더이상 확대되지 않도록 방지하는 의무를 말하며, 보험사고의 발생을 미리 막기 위한 예방의무와는 다르다. 따라서 보험사고 발생 이전에 손해의 발생을 방지하기 위하여 지출된 비용은 손해방지비용에 해당하지 않는다.

③ 대법원 판례에 따르면, 보험사고 발생 시 또는 보험사고가 발생한 것과 같게 볼 수 있는 경우에 피보험자의 법률상 책임 여부가 판명되지 아니한 상태에서 피보험자가 손해확대방지를 위한 긴급한 행위를 하였다면 이로 인하여 발생한 필요 · 유익한 비용도 상법 제680조 제1항 손해방지비용의 규정에 따라 보험자가 부담하여야 한다.[20]

18) 대법원 1990.2.9. 선고 89다카21965 판결
19) 대법원 2018.9.13. 선고 2016다255125 판결
20) 대법원 2003.6.27. 선고 2003다6958 판결

④ 대법원 판례에 따르면, 상법 제680조 제1항에 규정된 '손해방지비용'은 보험자가 담보하고 있는 보험사고가 발생한 경우에 보험사고로 인한 손해의 발생을 방지하거나 손해의 확대를 방지함은 물론 손해를 경감할 목적으로 행하는 행위에 필요하거나 유익하였던 비용을 말하는 것이고, 제720조 제1항에 규정된 '방어비용'은 피해자가 보험사고로 인적 · 물적 손해를 입고 피보험자를 상대로 손해배상청구를 한 경우에 그 방어를 위하여 지출한 재판상 또는 재판 외의 필요비용을 말하는 것으로서, 위 두 비용은 서로 구별되는 것이므로, 보험계약에 적용되는 보통약관에 손해방지비용과 관련한 별도의 규정을 두고 있다고 하더라도, 그 규정이 당연히 방어비용에 대하여도 적용된다고 할 수는 없다.[21]

19. ③

① 대법원 판례에 따르면, 제3자에 대한 보험자대위가 인정되기 위하여는 보험자가 피보험자에게 보험금을 지급할 책임이 있는 경우여야 한다. 따라서 만약 보험자가 보험약관에 따라 면책되거나 피보험자에게 보험사고에 대한 과실이 없어 보험자가 피보험자에게 보험금을 지급할 책임이 없는 경우에는 보험자대위를 할 수 없다.[22]

② 정액보험인 인보험에서는 보험자대위가 원칙적으로 금지된다. 다만 상해보험계약에서 당사자간에 다른 약정이 있는 때에 한하여 보험자는 피보험자의 권리를 해하지 아니하는 범위안에서 그 권리를 대위하여 행사할 수 있다(상법 제729조).

③ 대법원 판례에 따르면, 공동의 불법행위로 피해자에게 가한 손해를 연대하여 배상할 책임이 있는 공동불법행위자 중의 1인과 체결한 보험계약에 따라 보험자가 피해자에게 그 손해배상금을 보험금액으로 모두 지급함으로써 공동불법행위자들이 공동면책된 경우에, 보험금액을 지급한 보험자는 상법 제682조 소정의 보험자 대위에 의하여 그 공동불법행위자가 공동면책됨으로써 다른 공동불법행위자의 부담부분에 대하여 행사할 수 있는 구상권을 취득하여 행사할 수 있다.[23]

④ 보험사고를 야기한 제3자가 보험계약자 또는 피보험자와 생계를 같이 하는 가족인 경우 보험자는 그 권리를 대위 취득하지 못한다. 다만 손해가 그 가족의 고의로 인하여 발생한 경우에는 권리를 취득할 수 있다(상법 제682조 제2항).

20. ③

①④ 선박 또는 운임을 보험에 붙인 경우에는 발항 당시 안전하게 항해를 하기에 필요한 준비를 하지 아니하거나 필요한 서류를 비치하지 아니함으로 인하여 생긴 손해는 보험자가 보상할 책임이 없다(상법 제706조). 따라서 위험지역이 표시된 최신 해도를 비치하지 않고 이를 알고 있음에도 불구하고 그대로 출항하였다면 감항능력 결여로서 보험자는 면책된다.[24]

② 대법원 판례에 따르면, 선박의 감항능력 주의의무 위반 면책사유는 선박 또는 운임보험에 적용되는 규정으로서 적하를 보험에 붙인 경우에는 적용되지 않는다.[25]

③ 영국 해상보험법상의 법리에 의하면, 해상보험의 경우 감항성 또는 감항능력(seaworthiness)은 '특정의 항해에서 통상적인 위험에 견딜 수 있는 능력(at the time of the insurance able to perform the voyage unless any external accident should happen)'을 의미하는 상대적인 개념으로서, 어떤 선박이 감항성을 갖추고 있느냐의 여부를 확정하는 확정적이고 절대적인 기준은 없고, 특정 항해에서의 특정한 사정에 따라 상대적으로 결정되어야 한다. 항해보험의 경우에는 원칙적으로 감항능력 불비로 인한 보험자의 면책을 인정하지만, 기간보험의 경우에는 그러한 묵시적 담보가 인정되지 않는 것을 원칙으로 하되, 예외적으로 피보험자가 선박이 감항능력이 없음을 알면서도 항해하게 한 경우에 한하여 보험자가 면책될 수 있다.[26]

21. ④

손해보험증권에는 다음의 사항을 기재하고 보험자가 기명날인 또는 서명하여야 한다(상법 제666조).

1. 보험의 목적
2. 보험사고의 성질
3. 보험금액
4. 보험료와 그 지급방법
5. 보험기간을 정한 때에는 그 시기와 종기
6. 무효와 실권의 사유
7. 보험계약자의 주소와 성명 또는 상호

7의2. 피보험자의 주소, 성명 또는 상호

8. 보험계약의 연월일
9. 보험증권의 작성지와 그 작성 연월일

22. ④

①③ 대법원 판례에 따르면, 자동차손해배상보장법에서 "자기를 위하여 자동차를 운행하는 자"라 함은 자동차에 대한 운행을 지배하여 그 이익을 향수하는 책임주체로서의 지위에 있는 자를 의미하므로, 자동차 보유자와 아무런 인적 관계도 없는 사람이 자동차를 보유자에게 되돌려 줄 생각 없이 자동차를 절취하여 운전하는 이른바 절취운전의 경우에는 자동차 보유자는 원칙적으로 자동차를 절취 당하였을 때에 운행지배와 운행이익을 잃어버렸다고 보아야 한다. 다만 예외적으로 자동차 보유자의 차량이나 시동열쇠 관리상의 과실이 중대하여 객관적으로 볼 때에 자동차 보유자가 절취운전을 용인하였다고 평가할 수 있을 정도가 되고, 또한 절취운전 중 사고가 일어난 시

21) 대법원 2006.6.30. 선고 2005다21531 판결
22) 대법원 2009.10.15. 선고 2009다48602 판결
23) 대법원 1994.1.11. 선고 93다32958 판결
24) 대법원 2007.7.13. 선고 2005추93 판결
25) 대법원 1986.11.25. 선고 85다카2578 판결
26) 대법원 2002.6.28. 선고 2000다21062 판결

간과 장소 등에 비추어 볼 때에 자동차 보유자의 운행지배와 운행이익이 잔존한다고 평가할 수 있는 경우에 한하여 자동차를 절취 당한 자동차 보유자에게 운행자성을 인정할 수 있다.[27)]

② 대법원 판례에 따르면, 자동차의 소유자 또는 보유자가 주점에서의 음주 기타 운전장애 사유 등으로 인하여 일시적으로 타인에게 자동차의 열쇠를 맡겨 대리운전을 시킨 경우, 위 대리운전자의 과실로 인하여 발생한 차량사고의 피해자에 대한 관계에서는 자동차의 소유자 또는 보유자가 객관적, 외형적으로 위 자동차의 운행지배와 운행이익을 가지고 있다고 보는 것이 상당하다. 대리운전자가 그 주점의 지배인 기타 종업원이라 하여 달리 볼 것은 아니다.[28)]

④ 대법원 판례에 따르면, 갑이 병 소유의 승용차를 운전하고 와서 호텔나이트클럽에 들어가면서 업소의 주차안내를 맡고 있던 을에게 위 자동차와 시동열쇠를 맡기고 나이트클럽에 들어가 있는 사이에 을이 갑의 승낙없이 자동차를 운전하여 업소에 온 다른 손님을 목적지까지 태워다주고 돌아오던 중 인명사고를 일으킨 경우라면 그 차량은 호텔나이트클럽이 보관한 것으로 보아야 하며 갑의 위 차량에 대한 운행지배는 떠난 것으로 보아야 하고 따라서 을의 차량운전은 병을 위하여 운행한 것으로 볼 수 없다.[29)]

23. ②

① 대법원 판례에 따르면, 손해보험계약은 피보험이익에 생긴 손해를 전보하는 것을 목적으로 하는 것이며 선박보험에 있어 피보험이익은 선박소유자의 이익 외에 담보권자의 이익, 선박임차인의 사용이익도 포함되므로 선박임차인도 추가보험의 보험계약자 및 피보험자가 될 수 있다.[30)]

② 적하보험의 대상이 되는 적하는 해상운송의 객체가 될 수 있는 것으로서 경제적 가치가 있어야 하며, 여기에는 수산물, 농산물, 가축, 살아 있는 동물 등도 포함된다. 보험실무에서는 Livestock clause(가축약관)을 통하여 살아 있는 동물이 수송 중 폐사하는 경우의 위험을 담보하고 있다.

③ 선비보험(船費保險, Disbursements insurance)이란 선박의 의장 기타 선박의 운항에 필요한 모든 비용에 대하여 가지는 피보험이익에 대한 보험이다. 선주가 선박의 운항을 위하여 이미 지급한 비용을 회수하기 위한 목적으로 가입한다.

④ 선박보험에서는 해난사고로 인해 선박소유자 등이 입게 되는 간접손해를 담보하지 않으므로 이를 보상받기 위하여 별도로 가입하는 보험이 불가동손실보험(Loss of earning insurance)이다. 불가동손실보험은 선체보험에서 보장되는 위험에 기인하여 선박의 수리가 필요한 경우에 그 수리기간 동안 선주가 입는 예상 수익의 손실을 보상한다. 보험실무에서는 주로 LNG 선박과 같은 고가의 선박이 가입한다.

24. ④

① 예정보험이란 계약 체결 당시에 보험계약의 주요 원칙에 대해서만 합의를 하고 적하물의 종류나 이를 적재할 선박, 보험금액 등 보험증권의 기재되어야 할 보험계약 내용의 일부가 확정되지 않은 보험을 말한다. 예정보험은 보험계약으로서 이미 유효하게 성립된 보험계약이며, 독립된 계약이다.

②③ 보험계약의 체결 당시에 하물을 적재할 선박을 지정하지 아니한 경우에 보험계약자 또는 피보험자가 그 하물이 선적되었음을 안 때에는 지체없이 보험자에 대하여 그 선박의 명칭, 국적과 하물의 종류, 수량과 가액의 통지를 발송하여야 한다(상법 제704조 제1항). 만약 보험계약자 등이 통지를 해태한 때에는 보험자는 그 사실을 안 날부터 1월 내에 계약을 해지할 수 있다(상법 제704조 제2항).

④ 예정보험에는 크게 개별적 예정보험과 포괄적 예정보험의 두 가지 방법이 있다. 개별적 예정보험(provisional policy)은 개별적인 화물에 대하여 보험계약을 체결하되 보험 목적의 일부 내용이 확정되지 않은 것을 말하며 이후 미확정된 내용이 확정되면 확정 보험증권(definite policy)이 발행된다. 포괄적 예정보험(open policy)은 일정한 기간 동안 일정한 조건에 따라 정해지는 다수의 선적화물을 포괄적으로 보험의 목적으로 하는 것으로, 화주는 개개의 화물에 대하여 그 명세를 보험자에게 통지하여야 하며, 보험자는 그 증명으로 보험증명서(insurance certificate) 또는 통지서(declaration)를 발행한다. 포괄적 예정보험은 연간 보상액을 미리 설정하고 실제로 선적이 이루어질 때 보험자에게 이를 통지하여 해당 금액만큼 감액하는 형태로 운용된다. 우리나라에서 포괄적 예정보험은 보통 계약 체결 전년도의 계약 실적이 일정금액 이상인 무역업체만 가입 가능하다. 포괄적 예정보험을 체결하면 설령 보험계약자가 화물선적 통지를 누락한 경우라도 보험계약자나 피보험자의 고의 또는 중대한 과실이 없는 한 보험자가 책임을 부담하므로 무보험상태에 빠질 위험이 없다는 장점이 있다.

25. ①

① 책임보험에서 피해를 입은 제3자는 피보험자가 책임을 질 사고로 입은 손해에 대하여 보험금액의 한도 내에서 보험자에게 직접 보상을 청구할 수 있다(상법 제724조 제2항). 이를 피해자 직접청구권이라고 하며, 법률상 규정된 권리인바 약관상 규정이 없더라도 당연히 인정된다.

② 피보험자의 직접청구권에 따라 보험자가 부담하는 손해배상 채무는 보험계약을 전제로 하는 것이기 때문에 보험자는 보험계약자 또는 피보험자에 대한 보험계약 상의 항변사유로 피해자에게 대항할 수 있다. 예를 들어 보험료 미납으로 인하여 보험계약의 효력에 하자가 있는 경우 보험자는 이를 이유로 피해자의 직접청구권 행사를 거부할 수 있으며, 보험자의 보상책임은 보험계약에서 정한 책임 한도액의 범위 내에서 인정된다.

27) 대법원 2001.4.24. 선고 2001다3788 판결
28) 대법원 1994.4.15. 선고 94다5502 판결
29) 대법원 1988.10.25. 선고 86다카2516 판결
30) 대법원 1988.2.9. 선고 86다카2933, 2934, 2935 판결

③ 대법원 판례에 따르면, 상법 제724조 제2항에 의하여 피해자에게 인정되는 직접청구권의 법적 성질은 보험자가 피보험자의 피해자에 대한 손해배상채무를 병존적으로 인수한 것으로서 피해자가 보험자에 대하여 가지는 손해배상 청구권이고, 피보험자의 보험자에 대한 보험금청구권의 변형 내지는 이에 준하는 권리가 아니다.[31]

④ 대법원 판례에 따르면, 상법 제724조 제2항에 의하여 피해자가 보험자에게 갖는 직접청구권은 보험자가 피보험자의 피해자에 대한 손해배상채무를 병존적으로 인수한 것으로서 피해자가 보험자에 대하여 가지는 손해배상 청구권이므로 민법 제766조 제1항에 따라 피해자 또는 그 법정대리인이 그 손해 및 가해자를 안 날로부터 3년간 이를 행사하지 아니하면 시효로 인하여 소멸한다.[32] 따라서 직접청구권의 소멸시효 기간은 피해자의 손해배상청구권의 소멸시효 기간과 동일하다.

26. ②

① 자동차종합보험약관에서 말하는 승낙피보험자란 기명피보험자의 승낙을 얻어 피보험자동차를 운행하는 자를 말하므로, 기명피보험자인 렌타카 회사로부터 차량을 빌린 경우 차량을 빌린 사람은 승낙피보험자에 해당한다.

② 대법원 판례에 따르면, 자동차를 매수하고 소유권 이전등록을 마치지 아니한 채 자동차를 인도받아 운행하면서 매도인과의 합의 아래 매도인을 피보험자로 한 자동차종합보험계약을 체결하였다면, 그 매수인은 자동차종합보험계약의 약관에 따른 기명피보험자의 승낙을 얻어 자동차를 사용 또는 관리 중인 자 즉 승낙피보험자에 해당된다.[33]

③ 대법원 판례에 따르면, 자동차종합보험 보통약관에서 피보험자를 보험증권에 기재된 기명피보험자, 기명피보험자의 승낙을 얻어 피보험자동차를 사용 · 관리중인 승낙피보험자 등으로 열거하여 규정하고 있는 경우 승낙피보험자는 기명피보험자로부터의 명시적, 개별적 승낙을 받아야만 하는 것이 아니고 묵시적, 포괄적인 승낙이어도 무방하다.[34]

④ 대법원 판례에 따르면, 자동차종합보험 보통약관은 기명피보험자의 승낙을 얻어 자동차를 사용 또는 관리중인 자를 피보험자로 규정하고 있는바, 여기서 말하는 기명피보험자라 함은 피보험자동차에 대한 운행지배나 운행이익을 누리는 피보험자를 말한다고 보아야 할 것이므로, 차량의 양수인이 양도인에게 대금을 모두 지급하고 차량을 현실적으로 인도받은 다음 차량을 운전하던 중에 사고를 냈다면 양도인은 차량의 운행이익이나 운행지배권을 상실하였다 할 것이므로 양수인을 약관에 정한 "기명피보험자의 승낙을 얻어 자동차를 사용 또는 관리 중인 자" 즉 승낙피보험자에 해당한다고 할 수 없다.[35]

27. ③

① 보증보험계약의 보험자는 보험계약자가 피보험자에게 계약상의 채무불이행 또는 법령상의 의무불이행으로 입힌 손해를 보상하는 것(상법 제726조의5)으로, 피보험자가 입은 모든 손해를 보상하는 것이 아니라 약관에서 정한 절차에 따라 보험금액의 한도 내에서 피보험자가 실제로 입은 손해를 보상한다. 다만 당사자 사이에 정액보상에 대한 합의(특약)이 있는 경우에는 약정된 일정한 금액을 지급한다. 보증보험에서 정액보상특약은 손해액의 입증이나 판단에서 발생하는 불필요한 분쟁을 예방하기 위하여 주로 이용되며, 법률상 손해배상액의 예정(민법 제398조 제1항)의 성격으로 볼 수 있다.

② 대법원 판례에 따르면, 갑과 을이 통모하여 실제 임대차계약을 체결하거나 임대차보증금을 수수함이 없이 은행으로부터 대출을 받기 위하여 허위로 갑을 임대인, 을을 임차인으로 하는 임대차계약서를 작성한 후, 갑이 보증보험회사와 그 임대차계약을 주계약으로 삼아 임대인이 임대차보증금반환의무를 불이행하는 보험사고가 발생할 경우 보증보험회사가 보험금 수령권자로 지정된 은행에 직접 보험금을 지급하기로 하는 내용의 보증보험계약을 체결하고, 은행은 을로부터 그 보증보험계약에 따른 이행보증보험증권을 담보로 제공받고 을에게 대출을 한 사안에서, 보증보험계약은 성립할 당시 주계약인 임대차계약이 통정허위표시로서 아무런 효력이 없어 보험사고가 발생할 수 없는 경우에 해당하므로 상법 제644조에 따라 무효이다.[36] 따라서 주계약상의 채무불이행 발생이 불가능하다면 보증보험계약은 무효이며 선의의 제3자라고 하더라도 유효로 주장할 수 없다.

③ 보증보험계약에 관하여는 보험계약자의 사기, 고의 또는 중대한 과실이 있는 경우에도 이에 대하여 피보험자에게 책임이 있는 사유가 없으면 보험계약의 해지나 보험자의 면책을 규정한 상법 조항을 적용하지 않는다(상법 제726조의6).

④ 보증보험에서 피보험자가 정당한 이유 없이 사고 발생 사실을 보험자에게 통지하지 않거나 보험자의 협조요구에 응하지 않음으로 인하여 손해가 증가되었다면 보험자는 이러한 사실을 입증함으로써 증가된 손해에 대한 책임을 면할 수 있다.

28. ④

① 인보험계약의 보험자는 피보험자의 생명이나 신체에 관하여 보험사고가 발생할 경우에 보험계약으로 정하는 바에 따라 보험금이나 그 밖의 급여를 지급할 책임이 있다(상법 제727조 제1항). 보험계약자는 이에 대한 반대급부로 보험료를 지급하여야 한다.

② 생명보험은 보험계약을 체결할 당시에 약정한 보험금액을 정액으로 지급하는 정액보험의 형태로만 운영된다. 반면 상해보험이나 질병보험은 정액보험으로 운영되는 것은 물론이고 실

31) 대법원 2017.5.18. 선고 2012다86895, 86901 전원합의체 판결
32) 대법원 2005.10.7. 선고 2003다6774 판결
33) 대법원 1994.6.14. 선고 94다15264 판결
34) 대법원 1993.1.19. 선고 92다32111 판결
35) 대법원 1993.4.13. 선고 92다8552 판결
36) 대법원 2010.4.15. 선고 2009다81623 판결

제 손해액을 보상하는 부정액보험(예 실손의료비보험)의 형태로도 운영될 수 있다.

③ 인보험계약의 보험금은 일시지급은 물론이고 당사자 간의 약정에 따라 분할하여 지급할 수도 있다(상법 제727조 제2항). 연금보험이 대표적인 예이다.

④ 인보험에서 보험의 목적(피보험자)은 자연인이어야 하며, 그 자격에는 일정한 제한이 있다. 예를 들어 만15세 미만자, 심신상실자, 심신박약자의 사망을 보험사고로 하는 경우에 그 보험계약은 무효이며, 타인의 사망을 보험사고로 하는 경우에는 그 타인에게 서면에 의한 동의를 얻어야 한다.

29. ②

① 피보험이익이란 보험의 목적에 대하여 보험사고의 발생 여부에 따라 피보험자가 가지는 경제적 이익 또는 이해관계를 의미한다.

② 대법원 판례에 따르면, 피보험자가 무보험자동차에 의한 교통사고로 인하여 상해를 입었을 때에 그 손해에 대하여 배상할 의무자가 있는 경우 보험자가 약관에 정한 바에 따라 피보험자에게 그 손해를 보상하는 것을 내용으로 하는 무보험자동차에 의한 상해담보특약은 상해보험으로서의 성질과 함께 손해보험으로서의 성질도 갖고 있는 손해보험형 상해보험에 해당한다. 따라서 하나의 사고에 관하여 여러 개의 무보험자동차특약 보험계약이 체결되고 그 보험금액의 총액이 피보험자가 입은 손해액을 초과하는 때에는 손해보험에 관한 상법 제672조 제1항(중복보험)이 준용되어 보험자는 각자의 보험금액의 한도에서 연대책임을 지고, 이 경우 각 보험자 사이에서는 각자의 보험금액의 비율에 따른 보상책임을 진다.[37]

③④ 우리나라에서는 손해보험에서만 피보험이익이나 보험가액을 인정하는 규정을 두고 있으며, 생명보험에서는 피보험이익이나 보험가액의 존재를 인정하지 않는다. 따라서 중복보험의 문제도 발생하지 않는다.

30. ③

①③ 인보험에서는 원칙적으로 보험자대위가 금지된다. 다만 상해보험계약에 한하여 당사자간에 다른 약정이 있는 때에 보험자는 피보험자의 권리를 해하지 아니하는 범위 안에서 그 권리를 대위하여 행사할 수 있다(상법 제729조). 따라서 보험계약의 당사자 사이에 대위를 행사할 수 있다는 취지의 약정이 없는한, 피보험자가 제3자로부터 손해배상을 받더라도 이에 관계없이 보험자는 보험금을 지급할 의무가 있고 피보험자의 제3자에 대한 권리를 대위하여 행사할 수도 없다.

② 대법원 판례에 따르면, 자기신체사고 자동차보험은 피보험자가 피보험자동차를 소유 · 사용 · 관리하는 동안에 생긴 피보험자동차의 사고로 인하여 상해를 입었을 때에 약관이 정하는 바에 따라 보험자가 보험금을 지급할 책임을 지는 것으로서 인보험의 일종이기는 하나, 피보험자가 급격하고도 우연한 외부로부터 생긴 사고로 인하여 신체에 상해를 입은 경우에 그 결과에 따라 정해진 보상금을 지급하는 보험이어서 그 성질상 상해보험에 속한다고 할 수 있다. 따라서 보험계약상 타 차량과의 사고로 보험사고가 발생하여 피보험자가 상대차량이 가입한 자동차보험 또는 공제계약의 대인배상에 의한 보상을 받을 수 있는 경우에 자기신체사고에 대하여 약관에 정해진 보험금에서 대인배상으로 보상받을 수 있는 금액을 공제한 액수만을 지급하기로 약정되어 있어 결과적으로 보험자대위를 인정하는 것과 같은 효과를 초래한다고 하더라도, 그 계약 내용이 상법 제729조를 피보험자에게 불이익하게 변경한 것이라고 할 수는 없다.[38]

④ 대법원 판례에 따르면, 상법이나 보험약관에서 보험자대위를 금지하거나 포기하는 규정을 두고 있는 것은, 손해보험의 성질을 갖고 있지 아니한 인보험에 관하여 보험자대위를 허용하게 되면 보험자가 보험사고 발생시 보험금을 피보험자나 보험수익자(이하 '피보험자 등'이라고 한다)에게 지급함으로써 피보험자 등의 의사와 무관하게 법률상 당연히 피보험자 등의 제3자에 대한 권리가 보험자에게 이전하게 되어 피보험자 등의 보호에 소홀해질 우려가 있다는 점 등을 고려한 것이다. 그러므로 피보험자 등의 제3자에 대한 권리의 양도가 법률상 금지되어 있다거나 상법 제729조 전문 등의 취지를 잠탈하여 피보험자 등의 권리를 부당히 침해하는 경우에 해당한다는 등의 특별한 사정이 없는 한, 상법 제729조 전문이나 보험약관에서 보험자대위를 금지하거나 포기하는 규정을 두고 있다는 사정만으로 피보험자 등이 보험자와의 다른 원인관계나 대가관계 등에 기하여 자신의 제3자에 대한 권리를 보험자에게 자유롭게 양도하는 것까지 금지된다고 볼 수는 없다.[39]

31. ③

대법원 판례에 따르면, 보험계약자가 피보험자의 서면동의를 얻어 타인의 사망을 보험사고로 하는 보험계약을 체결함으로써 보험계약의 효력이 생긴 경우, 피보험자의 동의 철회에 관하여 보험약관에 아무런 규정이 없고 계약당사자 사이에 별도의 합의가 없었다고 하더라도, 피보험자가 서면동의를 할 때 기초로 한 사정에 중대한 변경이 있는 경우에는 보험계약자 또는 보험수익자의 동의나 승낙 여부에 관계없이 피보험자는 그 동의를 철회할 수 있다.[40]

32. ③

① 사망을 보험사고로 한 보험계약에서는 사고가 보험계약자 또는 피보험자나 보험수익자의 중대한 과실로 인하여 발생한 경우에도 보험자는 보험금을 지급할 책임을 면하지 못한다(상법 제732조의2 제1항).

② 보험계약자가 처음부터 피보험자를 살해하여 보험금을 편취할 목적으로 보험계약을 체결하였다면 이는 선량한 풍속 기타 사회질서에 반하는 반사회질서의 법률행위이므로 무효이다

37) 대법원 2006.11.10. 선고 2005다35516 판결
38) 대법원 2001.9.7. 선고 2000다21833 판결
39) 대법원 2007.4.26. 선고 2006다54781 판결
40) 대법원 2013.11.14. 선고 2011다101520 판결

(민법 제103조).
③ 둘 이상의 보험수익자 중 일부가 고의로 피보험자를 사망하게 한 경우 보험자는 다른 보험수익자에 대한 보험금 지급 책임을 면하지 못한다(상법 제732조의2 제2항).
④ 대법원 판례에 따르면, 교통사고 발생으로 병원에 후송되었으나 수혈을 거부함으로써 사망에 이르게 한 경우, 수혈거부가 사망의 유일하거나 결정적인 원인이었다고 단정할 수 없다면 수혈거부행위가 사망의 중요한 원인 중 하나이었다는 점만으로는 보험회사가 보험금의 지급책임을 면할 수 없다.[41]

33. ④

① 타인의 생명보험이란 보험계약자가 제3자를 피보험자로 하여 체결한 생명보험계약이다. 즉 보험계약자와 피보험자가 다른 생명보험계약이다.
② 보험계약자가 계약 체결 후에 보험수익자를 지정 또는 변경할 때에는 그 피보험자의 서면에 의한 동의를 얻어야 한다(상법 제734조 제2항).
③ 피보험자의 동의 방식은 서면에 의한 방식 뿐만 아니라, 「전자서명법」 제2조 제2호에 따른 전자서명이 있는 경우로서 대통령령으로 정하는 바에 따라 본인 확인 및 위조 · 변조 방지에 대한 신뢰성을 갖춘 전자문서도 포함된다(상법 제731조 제1항).
④ 보험계약으로 인하여 생긴 권리를 피보험자가 아닌 자에게 양도하는 경우에도 피보험자의 서면 동의가 필요하다(상법 제731조 제2항).

34. ④

① 단체생명보험은 특정 회사 또는 공장 등의 단체 구성원 전부 또는 일부를 포괄적으로 피보험자로 하여 그의 생사를 보험사고로 하는 보험계약을 말한다. 보통 단체구성원의 복지 차원에서 체결하는 경우가 많다.
② 단체보험에서는 구성원이 단체에 가입 또는 탈퇴함으로써 당연히 피보험자의 자격을 취득하거나 상실한다.
③ 단체생명보험은 보험계약자가 특정 단체가 되고, 피보험자가 단체의 구성원이 되기 때문에 타인의 생명보험계약의 일종으로 볼 수 있다.
④ 대법원 판례에 따르면, 단체보험 계약의 직원이 퇴사한 후에 사망하는 보험사고가 발생한 경우 회사가 퇴사 후에도 계속 직원에 대한 보험료를 납입하였더라도 퇴사와 동시에 단체보험의 해당 피보험자 부분이 종료되는 데 영향을 미치지 아니한다.[42] 따라서 보험료 납입 여부를 불문하고 피보험자의 자격은 퇴사와 함께 종료된다.

35. ②

① 보험계약은 불요식계약이므로, 보험계약자가 보험수익자의 지정 또는 변경하는 의사표시는 구두, 서면 등 어떤 방식으로든 무방하다.
②③ 보험계약자가 보험수익자의 지정권을 행사하지 않고 사망한 때에는 피보험자를 보험수익자로 하며, 보험계약자가 변경권을 행사하지 아니하고 사망한 때에는 보험수익자의 권리가 확정된다. 그러나 보험계약자가 사망한 경우에는 그 승계인이 지정 또는 변경할 권리를 행사할 수 있다는 약정이 있는 때에는 그러하지 아니하다(상법 제733조 제2항).
④ 보험수익자가 보험 존속 중에 사망한 경우 보험계약자는 다시 보험수익자를 지정할 수 있다. 이 경우에 보험계약자가 지정권을 행사하지 아니하고 사망한 때에는 보험수익자의 상속인을 보험수익자로 한다(상법 제733조 제3항).

36. ③

① 대법원 판례에 따르면, 갑 보험회사가 을과 체결한 보험계약 중 상해사망 담보는 피보험자인 을이 보험기간 중 상해사고로 사망한 경우 보험가입금액을 지급하는 것을 보장 내용으로 하고, 면책약관으로 '선박승무원, 어부, 사공, 그 밖에 선박에 탑승하는 것을 직무로 하는 사람(이하 '선박승무원 등'이라 한다)이 직무상 선박에 탑승하고 있는 동안 상해 관련 보험금 지급사유가 발생한 때에는 보험금을 지급하지 않는다.'는 내용을 규정하고 있는데, 을이 선박에 기관장으로 승선하여 조업차 출항하였다가 선박의 스크루에 그물이 감기게 되자 선장의 지시에 따라 잠수장비를 착용하고 바다에 잠수하여 그물을 제거하던 중 사망한 사안에서, 위 면책약관은 선박의 경우 다른 운송수단에 비하여 운행 과정에서의 사고발생 위험성이나 인명피해 가능성이 높은 점을 고려하여 규정된 것으로, '선박승무원 등이 직무상 선박에 탑승하고 있는 동안'을 면책사유로 정하고 있을 뿐 특정한 행위를 면책사유로 정하고 있지 않고, 이러한 면책약관의 문언이나 목적, 취지 등을 종합하여 보면, 선박승무원 등이 선박에 탑승한 후 선박을 이탈하였더라도 선박의 고장 수리 등과 같이 선박 운행을 위한 직무상 행위로 일시적으로 이탈한 경우로서 이탈의 목적과 경위, 이탈 거리와 시간 등을 고려할 때 전체적으로 선박에 탑승한 상태가 계속되고 있다고 평가할 수 있는 경우에는 면책약관이 적용될 수 있다. 따라서 위 사고는 선원인 을이 선박에 탑승하고 있는 동안 발생한 선박의 고장 혹은 이상작동을 점검 · 수리하기 위하여 선장의 지시에 따라 일시적으로 선박에서 이탈하여 선박 스크루 부분에서 작업을 하다가 발생한 것으로 전체적으로 을이 직무상 선박에 탑승하고 있는 동안 발생한 사고라고 할 것이므로 면책약관이 적용된다.[43]
② 대법원 판례에 따르면, 후유장해의 발생으로 인한 손해배상청구권에 대한 소멸시효는 후유장해로 인한 손해가 발생한 때로부터 진행되며, 그 발생시기는 소멸시효를 주장하는 자가 입증하여야 한다.[44]
③ 대법원 판례에 따르면, 상해보험은 피보험자가 보험기간 중에 급격하고도 우연한 외래의 사고로 인하여 신체에 손상을 입는 것을 보험사고로 하는 인보험으로서, 보험사고가 발생하기 전에 피보험자가 고지의무에 위배하여 중대한 병력을 숨기고 보

---

41) 대법원 2004.8.20. 선고 2003다26075 판결
42) 대법원 2007.10.12. 선고 2007다42877, 42884 판결
43) 대법원 2023.2.2. 선고 2022다272169 판결
44) 대법원 1992.5.22. 선고 91다41880 판결

험계약을 체결하여 이를 이유로 보험자가 상법의 규정에 의하여 보험계약을 해지하거나, 상해보험약관에서 계약체결 전에 이미 존재한 신체장해 또는 질병의 영향에 따라 상해가 중하게 된 때에는 보험자가 그 영향이 없었을 때에 상당하는 금액을 결정하여 지급하기로 하는 내용의 약관이 따로 있는 경우를 제외하고는 보험자는 피보험자의 체질 또는 소인 등이 보험사고의 발생 또는 확대에 기여하였다는 사유를 들어 보험금을 감액할 수 없다.[45]

④ 대법원 판례에 따르면, 교통사고로 인한 피해자의 후유증이 그 사고와 피해자의 기왕증이 경합하여 나타난 것이라면, 그 사고가 후유증이라는 결과발생에 대하여 기여하였다고 인정되는 정도에 따라 그에 상응한 배상액을 부담케 하는 것이 손해의 공평한 부담이라는 견지에서 타당하고, 법원은 그 기여도를 정함에 있어서 기왕증의 원인과 정도, 기왕증과 후유증과의 상관관계, 피해자의 연령과 직업, 그 건강상태 등 제반 사정을 고려하여 합리적으로 판단하여야 한다.[46]

37. ④

①④ 대법원 판례에 따르면, 상법에서 인보험에 관하여는 보험자의 면책사유를 제한하여 보험사고가 비록 중대한 과실로 인하여 생긴 것이라 하더라도 보험금을 지급하도록 규정하고 있는 점이나 인보험이 책임보험과 달리 정액보험으로 되어 있는 점에 비추어 볼 때, 인보험에 있어서의 무면허운전이나 음주운전 면책약관의 해석이 책임보험에 있어서의 그것과 반드시 같아야 할 이유가 없다. 음주운전의 경우에는 보험사고 발생의 가능성이 많을 수도 있으나 그 정도의 사고 발생 가능성에 관한 개인차는 보험에 있어서 구성원 간의 위험의 동질성을 해칠 정도는 아니라고 할 것이고, 또한 음주운전이 고의적인 범죄행위기는 하나 그 고의는 특별한 사정이 없는 한 음주운전 자체에 관한 것이고 직접적으로 사망이나 상해에 관한 것이 아니어서 그로 인한 손해보상을 해준다고 하여 그 정도가 보험계약에 있어서의 당사자의 선의성 · 윤리성에 반한다고는 할 수 없다. 그러므로 자기신체사고 자동차보험(자손사고보험)과 같은 인보험에 있어서의 음주운전 면책약관이 보험사고가 전체적으로 보아 고의로 평가되는 행위로 인한 경우 뿐만 아니라 과실(중과실 포함)로 평가되는 행위로 인한 경우까지 포함하는 취지라면 과실로 평가되는 행위로 인한 사고에 관한 한 무효라고 보아야 한다.[47] 피보험자가 비록 무면허운전이나 음주운전 중 보험사고를 당하였다고 하더라도 그 사고가 고의에 의한 것이 아닌 이상 보험자는 면책약관을 내세워 보험금 지급을 거절할 수 없다.

② 사망보험의 중과실 면책 조항(중과실로 인한 사고는 보험금을 지급한다는 취지의 조항)은 상해보험과 질병보험에 모두 준용된다.

③ 인보험계약에서는 고의만 면책이며 중과실로 인한 사고는 보험금을 지급한다. 따라서 인보험계약 당사자가 보험계약자 등의 중과실로 인한 보험사고에 대해 보험자가 면책되도록 하는 약정을 하였다면 이러한 약정은 상법 규정보다 보험계약자, 피보험자 또는 보험수익자에게 불이익하게 변경한 것이므로 상법 제663조 불이익변경금지 원칙을 위반한 것으로 무효이다.

38. ④

① 질병보험계약의 보험자는 피보험자의 질병에 관한 보험사고가 발생할 경우 보험금이나 그 밖의 급여를 지급할 책임이 있다(상법 제739조의2).

② 질병보험은 보험의 목적이 신체라는 점에서 생명보험과 유사하지만 보험사고가 불확정적이고 부정액방식으로도 운영이 가능하다는 점에서 손해보험의 성격도 가지고 있다.

③ 상해보험에서 담보되는 위험으로서 상해란 외부로부터의 우연한 돌발적인 사고로 인한 신체의 손상을 뜻하므로, 그 사고의 원인이 피보험자의 신체의 외부로부터 작용하는 것을 말하고, 신체의 질병 등과 같은 내부적 원인에 기한 것은 상해보험에서 제외되고 질병보험 등의 대상이 된다.

④ 질병보험에 관하여는 그 성질에 반하지 아니하는 범위에서 생명보험 및 상해보험에 관한 규정을 준용한다(상법 제739조의 3). 손해보험을 준용한다는 규정은 없다.

39. ③

① 보험계약의 당사자는 보험계약자와 보험자이다. 생명보험이라고 하여 다른 것은 아니다.

② 대법원 판례에 따르면, 생명보험계약에서 보험계약자의 지위를 변경하는 데 보험자의 승낙이 필요하다고 정하고 있는 경우, 보험계약자가 보험자의 승낙이 없는데도 일방적인 의사표시만으로 보험계약상의 지위를 이전할 수는 없다. 왜냐하면 보험계약자의 신용도나 채무 이행능력은 계약의 기초가 되는 중요한 요소일 뿐만 아니라 보험계약자는 보험수익자를 지정 · 변경할 수 있으며(상법 제733조), 보험계약자와 피보험자가 일치하지 않는 타인의 생명보험이라면 피보험자의 서면동의도 필요하다(상법 제731조 제1항 및 제734조 제2항). 따라서 보험계약자의 지위 변경은 피보험자, 보험수익자 사이의 이해관계나 보험사고 위험의 재평가, 보험계약의 유지 여부 등에 영향을 줄 수 있다. 이러한 이유로 생명보험의 보험계약자 지위 변경에 보험자의 승낙을 요구한 것으로 볼 수 있기 때문이다.[48]

③ 생명보험계약에서 피보험자는 보험사고의 대상이 되는 객체이다. 따라서 사람의 사망 또는 생존의 대상이 되는 자연인이어야 하며, 보험의 대상이므로 보험계약 체결 시에 확정되어 있어야 한다.

④ 보험수익자는 특정인(예 홍길동)으로 지정할 수도 있고 추상적(예 법정상속인)으로 지정할 수도 있다. 보험수익자의 자격에도 특별한 제한이 없다.

45) 대법원 2002.3.29. 선고 2000다18752, 18769 판결
46) 대법원 1992.5.22. 선고 91다39320 판결
47) 대법원 1998.4.28. 선고 98다4330 판결
48) 대법원 2018.7.12. 선고 2017다235647 판결

40. ①

① 대법원 판례에 따르면, 보험계약자가 다수의 계약을 통하여 보험금을 부정 취득할 목적으로 보험계약을 체결한 경우에는 민법 제103조에 의하여 무효이다. 이 경우 보험금에 대한 부당이득 반환청구권에 상법 제64조를 유추 적용하여 5년의 상사 소멸시효기간이 적용된다.49)

② 대법원 판례에 따르면, 상법은 보험료반환청구권의 소멸시효 기산점에 관하여는 아무것도 규정하지 아니하므로, 민법 일반 법리에 따라 객관적으로 권리가 발생하고 그 권리를 행사할 수 있는 때로부터 진행한다. 따라서 상법 제731조 제1항을 위반하여 무효인 보험계약에 따라 납부한 보험료에 대한 반환청구권은 특별한 사정이 없는 한 각 보험료를 납부한 때에 발생하여 행사할 수 있으며, 소멸시효도 각 보험료를 납부한 때부터 진행한다.50)

③ 소멸시효는 청구, 압류 또는 가압류, 가처분, 승인의 사유로 인하여 중단된다(민법 제168조). 따라서 보험료 채권의 지급확보를 위하여 수표를 받은 경우 수표에 대한 소송상의 청구는 보험료 채권의 소멸시효 중단의 효력이 있다.

④ 대법원 판례에 따르면, 구 상법 제662조는 보험금청구권에 대하여 2년간 행사하지 아니하면 소멸시효가 완성한다는 취지를 규정하고 있을 뿐(현재는 3년으로 개정되었다), 보험금액청구권의 소멸시효의 기산점에 관하여는 아무것도 규정하지 않고 있으므로, "소멸시효는 권리를 행사할 수 있는 때로부터 진행한다"고 소멸시효의 기산점에 관하여 규정한 민법 제166조 제1항에 따를 수밖에 없다. 따라서 특별한 다른 사정이 없는 한 원칙적으로 보험금액청구권의 소멸시효는 보험사고가 발생한 때로부터 진행한다.51) 그러므로 보험금청구권에 대하여 단기 소멸시효를 규정하면서 그 기산점을 별도로 정하지 않은 것은 보험금청구권자의 재산권을 침해하지 않는다.

3과목 손해사정이론

01	02	03	04	05	06	07	08	09	10
④	④	④	④	④	③	③	①	②	④
11	12	13	14	15	16	17	18	19	20
①	③	③	④	③	③	④	④	④	③
21	22	23	24	25	26	27	28	29	30
①	③	④	③	③	①	①	①	③	②
31	32	33	34	35	36	37	38	39	40
①	④	②	①	②	①	②	②	②	①

01. ④

도미노 이론은 미국의 하인리히(H. W. Heinrich)가 주장한 것으로, 사고 발생 및 예방에 대한 과학적 접근법 중 하나이다. 하인리히는 다양한 사고를 분석한 결과 하나의 통계적인 법칙을 발견했는데, 1건의 대형사고가 발생하면 그 전에 같은 원인으로 29건의 중형사고가 있었고 그 이전에는 300건의 소형사고가 있었다는 것이다. 따라서 이를 1:29:300 법칙이라고도 부른다. 즉 큰 사고는 갑작스럽게 발생하는 것이 아니라 이전에 많은 사전 징후(경미한 사고)들이 먼저 있은 뒤에 발생한다는 것이며 이를 달리 말하면 경미한 사고들을 대수롭지 않게 생각하고 그대로 방치하면, 결국 대형사고로 이어지는 것(도미노 현상)이다. 하인리히는 이러한 통계를 기초로 하여 사고를 예방하기 위해서는 사건의 연쇄관계를 차단하고, 사람이 실수나 부주의를 하지 않도록 환경을 개선하고 사고 예방 교육훈련을 강화하는 것이 중요하다고 주장했다. 도미노 이론에서는 사고 발생을 연쇄적인 측면에서 바라보며 다음의 5단계로 구분한다. 환경 내에 산재하는 물리적 위태를 줄이는 것에 중점을 두는 것은 에너지방출이론이다.

1. 유전적 사회적 환경에 의한 인간의 내적 요소가 형성되는 단계
2. 불완전한 환경에 의하여 인간의 개인적인 결함이 나타나는 단계
3. 인간의 개인적인 결함에 의하여 인간의 불안전한 행동이나 상태(위태)가 유발되는 단계
   - 불안전한 행동 : 안전조치 불이행, 위험장소로 접근 등
   - 불안전한 상태 : 작업장 환경, 기계설비, 작업방법 결함 등 물리적 · 기계적 위험 요소
4. 불안전한 행동과 상태에 의하여 사고가 발생하는 단계. 1:29:300
5. 사고로 인하여 경제적 · 신체적 피해(손실)가 발생하는 단계

02. ④

재난배상책임보험은 재난 및 안전관리 기본법에 따라 음식점 등의 시설에 가입이 강제되어 있는 의무보험이다. 재난배상책임보험에서는 재난취약시설에서 발생하는 재난사고 등으로 인하여 타인이 입은 생명, 신체 및 재산상의 손해를 보상하며 보험가입자의 과실이 없는 경우에도 피해자가 입은 손해를 보상한다. 이 외에도 피보험자가 지급한 소송비용, 변호사비용, 피보험자가 지급한 중재 또는 조정에 관한 비용, 보상한도액 내의 공탁보증 보험료도 보상한다.

03. ④

현행 자동차보험 약관상 보험회사는 보험금 청구에 관한 서류를 받았을 때에는 지체없이 지급할 보험금액을 정하고 그 정하여진 날부터 7일 이내에 지급한다.

49) 대법원 2021.7.22. 선고 2019다277812 전원합의체 판결
50) 대법원 2011.3.24. 선고 2010다92612 판결
51) 대법원 1998.2.13. 선고 96다19666 판결

04. ④

공동재보험이란 원보험사가 위험보험료, 저축보험료, 부가보험료 등 영업보험료 전체를 재보험사에 출재하여 보험위험뿐만 아니라 금리위험 등 다른 위험도 재보험사에게 전가하는 재보험을 의미한다. 전통적인 재보험이 위험보험료만을 재보험사에 출재하여 보험위험만을 전가하는 것과 대비된다. 공동재보험에서는 보험리스크는 물론이고 금리리스크, 해지리스크도 함께 이전한다. 이에 따라 손익 변동성 관리 및 자본비용 절감이 가능하며, 보험계약 포트폴리오를 조정하여 핵심사업에 역량을 집중할 수 있다는 효익이 있다.

05. ④

① 담보(warranty)란 보험계약 체결에 있어서 어떤 사실에 대한 피보험자의 명확한 입장 표명 또는 합의된 조건의 이행을 말하는 것으로 계약의 일부분으로 다뤄진다. 즉 담보(warranty)는 보험계약 체결에 있어 전제조건과도 같은 것이다.
② 진술(representation)은 계약의 조항이 아닌 부수적인 기능을 수행한다. 따라서 이러한 진술이 사실이 아닐 때에는 진술위반(misrepresentation)으로 취급된다. 보험계약을 체결하면서 보험자가 질문한 사항에 대해서 보험가입자가 답변한 사항이 진술(representation)이다.
③ 특약(endorsements and riders)은 보험자가 제공하는 주요한 보장 이외에 보험가입자가 추가적인 보장을 원하는 경우에 당사자 간에 약정에 의하여 부가적으로 첨부하는 약관을 말한다.
④ 약인(consideration)은 계약의 성립을 위하여 계약당사자 간에 서로 대가(對價)를 지불하는 것을 의미한다. 피보험자 측은 보험료 납부와 보험증권에 명시되어 있는 여러 조건을 준수하는 것이고, 보험자 측은 손실보상, 손실예방 등에 관한 서비스를 제공하는 것이다.

06. ③

질병상해보험 표준약관에서는 보험계약자가 보험수익자를 지정하지 않은 때에는 사망보험금은 피보험자의 법정상속인, 기타 후유장해보험금 및 입원보험금·간병보험금 등은 피보험자를 각각 그 수익자로 한다고 규정하고 있다.

07. ③

상법상 책임보험에 관한 규정은 그 성질에 반하지 아니하는 범위에서 재보험계약에 준용한다(상법 제726조).

08. ①

① Outside reinsurance clause : 재보험 제외 조항. 비례재보험 특약은 미리 정해진 조건을 만족하면 재보험 출재가 이루어지는 특약재보험(treaty reinsurance) 형태로 운영된다. Outside reinsurance clause는 특약재보험의 출재조건을 만족했음에도 예외적으로 인정되는 경우에는 특약재보험(treaty reinsurance)에서 제외하고 별도의 임의재보험(facultative reinsurance)으로 출재할 수 있도록 하는 조항이다. 감독기관이 정한 규정을 불가피하게 준수해야 하거나, 보험계약자의 특별 요구나 조건에 따를 경우, 출재금액이 최종단계에서 과다해질 것이 분명한 경우에 주로 사용된다. 수재사의 이익을 위해 특약 출재 대신에 별도의 임의재보험으로 출재하는 경우에도 활용된다. 또한 출재사가 해당 계약을 특약재보험으로 처리할 경우 특약 실적을 악화시킬 수 있다고 판단하는 경우 본 조항을 활용하기도 한다. 출재사가 불량 위험을 제외한다고 할 때에 수재사의 입장에서도 반대할 이유가 없기 때문이다.
② Counsel and concur clause : 조언 및 동의 조항. 원보험자가 클레임 결정을 내릴 때에 재보험자의 조언 및 동의가 필요하다는 의무를 규정한 조항이다. 일정한 금액 이상의 클레임 결정이 내려질 때에 적용되는 가장 일반적인 조항이다.
③ Interlocking clause : 연동 조항. 재보험계약을 체결할 때에 cover period로 보통 손해 발생 기준(LOD ; loss occurring during)이나 위험 담보 기준(RAD ; risk attach during) 등의 기준을 정한다. 이 중 RAD 조건은 underwriting year 기준이라고도 하며 재보험계약의 기간 내에 체결된 원보험계약이나 유지 중인 원보험계약에 대하여 재보험 보장을 제공하는 조건이다. 그런데 RAD 조건으로 체결된 재보험계약에서는 하나의 커다란 사고(거대재해사고, catastrophic event)가 발생했을 때에 각기 다른 재보험조건에 의하여 두번의 재보험 조항이 적용되는 상황이 발생할 수 있다. 예를 들어 2021년 11월 1일 체결된 원보험계약에는 2021년의 재보험조건(예 공제액 1억원)이 적용되고 2022년 1월 1일 체결된 원보험계약에는 2022년의 재보험조건(예 공제액 3억원)이 적용된다고 할 때, 이 상황에서 2022년 3월 1일 허리케인에 의한 사고가 발생하였다면 하나의 사고에 대해서 2021년 체결된 원보험계약에서 지급되는 손해액 5억원에 대한 재보험조건(공제액 1억원)과 2022년 체결된 원보험계약에서 지급되는 손해액 4억원에 대한 재보험조건(공제액 3억원)이 각각 별도로 적용된다. 따라서 원보험자의 입장에서는 하나의 사고에 대한 전체 손해액 9억원(5억원+4억원)에 대해서 공제액 4억원(1억원+3억원)을 적용받아 5억원의 재보험금만 회수할 수 있다. 이 때 interlocking clause를 첨부하면 하나의 사고에 대해서 2021년, 2022년 재보험조건을 각각 적용하는 것이 아니라 조정된 비율로 한번만 적용한다. 조정된 공제액이 2억원이라고 가정한다면, 원보험자는 7억원(9억원 - 2억원)의 재보험금을 회수할 수 있다.
④ Stability clause : 안정조항. 지수조항(index clause) 혹은 인플레이션 조항(Inflation clause)이라고도 한다. 초과손해액 재보험 특약(excess of loss reinsurance treaty)에서 통상적으로 삽입되는 조항으로 원보험자와 재보험자 사이의 보험금 청구에 따른 인플레이션(inflation) 증가를 재분배하는 역할을 한다. 청구기간이 긴 보험분야(long-tail)인 일반 배상책임보험(general liability insurance), 전문직 배상책임보험(professional liability insurance) 등에서 많이 사용하며, 보험사고 발생 이후 실제 손해액이 확정될 때까지 장기간 소요되는 경우를 대비하기 위한 조항이다. 보험사고 이후 경제적 상황 변화에 따라 인플레이션이 발생한다면 실제 지급해야 하는 보험금이 고액으로 산정되어 기존의 재보험계약에서 설정하였던 책임한도가 부족한 경우가 발생할 수 있다. 이런 경우에 안정조항을 설정하면 인플레이션 지수를 원보험자 보유액과 재보험자 책임한도에 적용하여 한도 부족 상황을 해결할 수 있다.

09. ②

언더라이팅은 보험자가 위험을 평가하여 보험계약의 인수여부, 인수조건 및 보유량을 결정하는 일련의 과정을 말한다. 보험자는 언더라이팅 활동을 통하여 역선택 방지와 적정요율의 합리적 적용, 보험범죄의 방지, 보험사업의 수익성 확보의 목적을 이룰 수 있다. 보험계약의 부합계약성과 언더라이팅은 크게 관련이 없다.

10. ④

언더라이팅은 위험을 평가하여 인수 여부, 인수조건 및 보유량을 결정하는 일련의 과정을 말한다. 보험자는 언더라이팅 활동을 통하여 역선택 방지와 적정요율의 합리적 적용, 보험범죄의 방지, 보험사업의 수익성 확보의 목적을 이룰 수 있다. 보험계약의 부합계약성과 언더라이팅과는 크게 관련이 없다.

11. ①

초과손해액재보험특약(Excess of loss reinsurance treaty)은 재보험기간 중 일정한 금액 이상의 손해가 발생했을 때에 해당 손해액을 재보험 처리하는 방식을 말한다. 문제에서 US$ 1,000,000 in excess of US$ 500,000이라고 했으므로, 손해액이 US$ 500,000이 넘어서는 경우 재보험 처리하며, 재보험 한도는 US$ 1,000,000이다. 또한 별도로 설정된 연간누적자기부담금은 US$ 1,000,000이므로 연간누적자기부담금까지는 갑보험회사가 부담하고, 그 이상부터 재보험회사가 재보험금을 지급한다.

- **재보험 처리금액**
  US$ 750,000 − US$ 500,000 = US$ 250,000
  US$ 1,000,000 − US$ 500,000 = US$ 500,000
  US$ 1,200,000 − US$ 500,000 = US$ 700,000
  합계 : US$ 1,450,000
- **재보험금 지급액**
  US$ 1,450,000 − US$ 1,000,000(연간누적자기부담금)
  = US$ 450,000

12. ③

요구부보비율 공동보험조항은 보험계약자에게 일정한 비율 이상을 가입할 것을 요구하여 부보비율을 만족하는 경우에는 가입금액 한도 내에서 실손해액 전액을 보상하지만, 만족하지 못하는 경우에는 비례보상하는 방식을 말한다. 요구부보비율을 만족했을 때와 만족하지 못했을 때의 계산식은 다음과 같다.

- **요구부보비율을 만족할 경우**
  보험가입금액 한도에서 손해액 전부 보상
- **요구부보비율을 만족하지 못할 경우**
  $$\text{손해액} \times \frac{\text{보험가입금액}}{\text{보험가액} \times \text{요구부보비율}}$$

문제에서 주어진 요구부보비율이 80%이며 보험가액이 10,000원, 보험가입금액은 4,000원이므로 요구부보비율을 만족하지 못한 경우(40%만 가입)에 해당한다. 각각의 상황에서 보험자가 지급해야 하는 보험금은 다음과 같다.

A) 손해액 0원 → 0원
B) 손해액 2,000원 →
$$2{,}000\text{원(손해액)} \times \frac{4{,}000\text{원(보험가입금액)}}{10{,}000\text{원(보험가액)} \times 80\%\text{(요구부보비율)}}$$
= 1,000원
C) 손해액 5,000원 →
$$5{,}000\text{원(손해액)} \times \frac{4{,}000\text{원(보험가입금액)}}{10{,}000\text{원(보험가액)} \times 80\%\text{(요구부보비율)}}$$
= 2,500원
D) 손해액 10,000원 → 전손이므로 보험가입금액 전액 지급
= 4,000원

위의 보험금이 각각 지급되는 확률을 도입하면 다음과 같다.

A) 0원 × 0.85 = 0원
B) 1,000원 × 0.1 = 100원
C) 2,500원 × 0.04 = 100원
D) 4,000원 × 0.01 = 40원
합계 : 0원 + 100원 + 100원 + 40원 = 240원

즉 80% 공동보험 조항이 첨부된 보험조건에서 예상되는 지급보험금은 240원이다. 급부반대급부 균등의 원칙에 따라 보험자의 지급이 예상되는 보험금과 보험계약자가 납부하는 순보험료는 일치하여야 한다. 따라서 위에서 계산한 예상 지급보험금이 곧 순보험료가 된다. 예정사업비율은 보험회사의 경영에 필요한 부가보험료로, 영업보험료의 일정한 비율로 산출한다. 이를 바탕으로 영업보험료를 계산하면 다음과 같다.

- 영업보험료(이하 A라고 한다) = 순보험료 + 부가보험료
- 영업보험료(A) = 240원(순보험료) + A의 20%(예정사업비율)
- 영업보험료(A) = 300원

13. ③

해상적하보험은 크게 포괄위험담보(open perils policy)와 열거위험담보(named perils policy)로 구분할 수 있다. ICC(Institute Cargo Clauses)는 런던 보험자 협회(ILU)가 제정하여 국제적으로 널리 사용되는 대표적인 해상적하보험 약관이며, 해상적하보험의 담보 조건과 범위를 명시하고 있다. ICC는 1963년의 구약관과 1982년에 개정된 신약관으로 크게 구분한다.

- **ICC(1963) 구약관**
  ICC(AR) : All Risk, 전위험 담보
  ICC(WA) : With Average, 분손담보
  ICC(FPA) : Free from Particular Average, 단독해손부담보
- **ICC(1982) 신약관**
  ICC(A) : 전위험 담보
  ICC(B) : 화재, 좌초, 전복, 공동해손, 투하, 홍수, 갑판 유실 등
  ICC(C) : 화재, 좌초, 전복, 공동해손, 투하 등

14. ④

현행 자동차보험 보통약관에서 말하는 피보험자의 자녀는 "법률상의 혼인관계에서 출생한 자녀, 사실혼 관계에서 출생한 자녀,

양자 또는 양녀"를 말한다(보험업감독업무시행세칙 별표 15 표준약관).

15. ③

외부불경제(external diseconomy)란 제3자의 활동 등 주변 환경의 변화로 인하여 의도치 않은 불이익이 발생하는 현상을 말한다. 고가의 외제차가 증가하여 자동차보험의 보험료가 증가하는 것이 대표적인 예이다.

16. ③

보험은 원가의 불확실성, 각종 기술적 통계적 원리를 바탕으로 하는 계산의 복잡성, 보험상품의 미래지향적 특성으로 인한 소비자 판단의 어려움 등으로 인해 보험계약자와 보험자 사이의 전문성 격차가 존재한다. 따라서 계약당사자인 보험회사와 보험계약자 사이의 힘의 불균형이 있으며 이로 인해 보험회사에게만 일방적으로 유리하게 보험사업이 흘러갈 가능성이 있다. 이러한 힘의 불균형 때문에 국가 차원에서 보험사업자에 대한 감독과 규제의 필요성이 강조된다. 역선택(adverse selection)은 위험에 대한 정보가 보험가입자에게 집중되어 있다는 정보 비대칭의 문제로 발생하는 보험의 폐해 중 하나이다.

17. ④

법률상 보험 가입이 강제되어 있는 것을 의무보험이라고 하고, 보험가입자가 임의로 가입 여부를 선택할 수 있는 것을 임의보험이라고 한다. 가스사고배상책임보험, 항공보험, 적재물배상책임보험은 의무보험이며, 생산물배상책임보험은 임의보험이다.

18. ④

요구부보비율 공동보험조항은 보험계약자에게 일정한 비율 이상을 가입할 것을 요구하여 부보비율을 만족하는 경우에는 가입금액 한도 내에서 실손해액 전액을 보상하지만, 만족하지 못하는 경우에는 비례보상하는 방식을 말한다. 화재보험에서 일반적으로 80% 요구부보비율 공동보험이 적용되는 것이 대표적이다. 자동차보험의 정액공제조항, 적하보험의 프랜차이즈공제조항, 건강보험의 공동보험조항은 손해의 일부분을 보험가입자가 부담하는 면책금(deductible) 제도이다.

19. ④

기대효용을 이용하여 공정한 보험료 및 최대보험료를 구하는 문제이다. 우선 기대가치(기대값, A)는, 홍길동에게 사고가 발생하지 않을 확률 0.8과 재산 50을 곱한 값과, 사고가 발생할 확률 0.2와 재산 10을 곱하여 구한다. 즉 불확실한 상황(사고가 발생할지 그렇지 않을지 모르는 상황)에서 홍길동의 재산에 대한 기대가치(A)는 (50×0.8)+(10×0.2)=42이다. 확실성 등가(CE)란 불확실한 상황에서 느끼는 기대효용과 동일한 효용을 줄 수 있는 확실한 상황에서의 재산의 크기를 말한다. 문제에서 홍길동은 불확실한 상황의 기대가치(42)에 대해서 D의 기대효용(직선 그래프)를 느끼며, 또한 확실한 상황(곡선 그래프)에서 동일한 D의 효용을 느끼는 기대가치는 18이다. 즉 확실성 등가(CE)는 18이다. 위험프리미엄(risk premium)이란 기대가치에서 확실성 등가를 뺀 값이며, 위험선호형의 경우 위험프리미엄은 보통 음(−)의 값을 가지고 위험회피형은 양(+)의 값을 가진다. 문제에서는 기대가치(42)에서 확실성 등가(18)을 차감한 24가 위험프리미엄(risk premium)에 해당한다. 홍길동이 지불할 수 있는 최대보험료는 현재 재산(50)에서 확실성 등가(18)을 차감한 32이다. 즉 홍길동은 32보다 보험료가 높다면 보험에 가치가 있다고 느끼지 않기 때문에 보험에 가입하지 않는다. 공정한 보험료는 현재 재산(50)에서 기대가치(42)를 차감한 8이다. 또한 공정한 보험료는 손해액에 사고발생 확률을 곱하여 구할 수도 있다. 즉 손해액(40)×사고발생 확률(0.2)=8이다. 즉 보험회사는 8 이하의 보험료를 받는다면 손해가 발생하기 때문에 보험을 판매하지 않는다. 결국 보험료는 공정한 보험료(8)와 최대보험료(32) 사이에서 결정된다. 최대보험료에서 공정한 보험료를 차감하면 이는 곧 위험프리미엄(risk premium)의 값과 같다. 위의 내용을 정리하면 다음과 같다.

- 기대가치(A)=사고 미발생(50×0.8)+사고 발생(10×0.2)=42
- 확실성 등가(CE)=기대가치(A)의 효용과 동일한 효용을 줄 수 있는 재산=18
- 위험프리미엄(RP)=기대가치(A)−확실성 등가(CE)=42−18=24
- 최대보험료=현재 재산−확실성 등가(CE)=50−18=32
- 공정한 보험료=현재 재산−기대가치(A)=50−42=8
- 위험프리미엄(RP)=최대보험료−공정한 보험료=32−8=24

20. ③

소액단기전문보험회사가 취급할 수 있는 보험상품은 다음과 같다.

1. 생명보험계약
2. 책임보험계약
3. 도난보험계약
4. 유리보험계약
5. 동물보험계약
6. 비용보험계약
7. 날씨보험계약
8. 상해보험계약
9. 질병보험계약

21. ①

위부(abandonment)란 보험의 목적이 전부 멸실한 것과 동일하게 취급할 수 있는 경우(추정전손)에 피보험자가 보험의 목적에 관한 자신의 모든 권리를 보험자에게 양도하고 보험금액의 전부를 청구하는 해상보험 특유의 제도를 말한다.

22. ③

보험은 동일한 보험목적물이라고 하더라도 보험계약자나 피보험자가 누구냐에 따라 손실발생의 위험이 달라지기 때문에 인적계약의 특성을 가지고 있다. 예를 들어 객관적으로 같은 위험을 가진 건물이라고 하더라도 해당 건물의 소유자의 성향(위험관리에 철저한지 그렇지 않은지)에 따라 손실 발생 확률은 다를 수 있다.

23. ④

① 산업재해보상보험법은 근로자를 사용하는 모든 사업 또는 사업장에 적용한다(산업재해보상보험법 제6조).
② 산업재해보상보험은 근로자나 그 유족에 대한 사용자의 보상

또는 배상책임을 국가가 보험방식으로 대신 보상해주는 제도이기 때문에 다른 사회보험과는 달리 사업주(보험가입자)가 보험료를 전액 부담한다.

③ 급여의 종류에는 요양급여, 휴업급여, 장해급여, 간병급여, 유족급여, 상병(傷病)보상연금, 장례비, 직업재활급여가 있다.

④ 업무상 재해는 업무상 사고, 업무상 질병, 출퇴근 재해로 구분된다(산업재해보상보험법 제38조 제1항).

24. ③

일반화재보험에서는 화재손해를 보상하고, 주택화재보험에서는 화재, 폭발, 파열로 인한 손해를 보상한다. 지진 손해는 특약으로 보상 가능하다.

25. ③

독립책임분담액 방식은 다른 보험계약이 없는 것으로 간주하여 각 보험계약에서 지급보험금을 계산한 뒤에, 해당 금액(독립책임액)의 비율에 따라 각자의 보상책임액을 배분하는 방식이다.

- **독립책임액**

갑 : 실손보상 조건이므로 2억원 지급

을 : $6억원(손해액) \times \frac{4억원(보험금액)}{12억원(보험가액)} = 2억원$

병 : 요구부보비율을 만족했으므로 6억원 전액 지급

- **보상책임**

갑 : $6억원(손해액) \times \frac{2억원(갑의\ 독립책임액)}{10억원(갑을병\ 독립책임액\ 합계)}$

$= 1.2억원$

을 : $6억원(손해액) \times \frac{2억원(을의\ 독립책임액)}{10억원(갑을병\ 독립책임액\ 합계)}$

$= 1.2억원$

병 : $6억원(손해액) \times \frac{6억원(병의\ 독립책임액)}{10억원(갑을병\ 독립책임액\ 합계)}$

$= 3.6억원$

26. ①

문제풀이의 편의를 위하여 임의로 두 지역을 X와 Y로 구분하고, 사고 발생확률이 10%라고 가정하겠다.

① 사고발생 확률과 투자금액이 동일하므로, 1안(10조원×10% =1조원)과 2안[X지역(5조원×10%)+Y지역(5조원×10%)= 1조원]의 기대손실은 동일하다.

② 1안의 손실 변동성은 X지역에서 사고 발생(10%), 사고 미발생(90%)의 2가지이며, 2안의 손실 변동성은 X · Y지역 모두 사고 발생(10%×10%), X지역만 사고 발생(10%×90%), Y지역만 사고 발생(90%×10%), X · Y지역 모두 사고 미발생(90%×90%)의 4가지이다. 따라서 손실의 변동성 면에서는 2안이 더 유리하다.

③ 1안의 최대가능손실(MPL, 10조)의 발생확률은 10%이며, 2안의 최대가능손실(MPL, 10조)의 발생확률은 10%×10%= 1%이다. 따라서 발생확률은 1안이 더 크다.

④ 분산지역의 수가 2개, 3개, 4개로 계속 증가한다면 동일한 신뢰도 하에서 가능 최대손실(probable maximum loss ; PML)은 축소할 수 있다.

27. ①

교통사고처리특례법상 12대 중과실 사고는 다음과 같다(교통사고처리특례법 제3조 제2항).

1. 신호기가 표시하는 신호 또는 교통정리를 하는 경찰공무원 등의 신호를 위반하거나 통행금지 또는 일시정지를 내용으로 하는 안전표지가 표시하는 지시를 위반하여 운전한 경우
2. 중앙선을 침범하거나 횡단, 유턴 또는 후진한 경우
3. 제한속도를 시속 20킬로미터 초과하여 운전한 경우
4. 앞지르기의 방법 · 금지시기 · 금지장소 또는 끼어들기의 금지를 위반하거나 고속도로에서의 앞지르기 방법을 위반하여 운전한 경우
5. 철길건널목 통과방법을 위반하여 운전한 경우
6. 횡단보도에서의 보행자 보호의무를 위반하여 운전한 경우
7. 운전면허 또는 건설기계조종사면허를 받지 아니하거나 국제운전면허증을 소지하지 아니하고 운전한 경우. 이 경우 운전면허 또는 건설기계조종사면허의 효력이 정지 중이거나 운전의 금지 중인 때에는 운전면허 또는 건설기계조종사면허를 받지 아니하거나 국제운전면허증을 소지하지 아니한 것으로 본다.
8. 술에 취한 상태에서 운전을 하거나 약물의 영향으로 정상적으로 운전하지 못할 우려가 있는 상태에서 운전한 경우
9. 보도(步道)가 설치된 도로의 보도를 침범하거나 보도 횡단방법을 위반하여 운전한 경우
10. 승객의 추락 방지의무를 위반하여 운전한 경우
11. 어린이 보호구역에서 어린이의 안전에 유의하면서 운전하여야 할 의무를 위반하여 어린이의 신체를 상해(傷害)에 이르게 한 경우
12. 자동차의 화물이 떨어지지 아니하도록 필요한 조치를 하지 아니하고 운전한 경우

28. ①

하나의 보험목적물이라고 하더라도 그 위에 여러 개의 피보험이익이 존재할 수 있다. 예를 들어 건물은 하나라고 하더라도 재산의 소유권자가 보유한 피보험이익 이외에 해당 재산을 담보로 일정한 금전을 대여해 준 금융기관에게는 담보권에 대한 피보험이익이 존재할 수 있다.

29. ③

① 보험사업은 다른 사업에 비하여 판매가 차지하는 비중에 높고 판매비용(예 보험모집 종사자에게 지급하는 수수료)도 상당하다.

② 보험상품은 소비자의 자발적 수요가 다른 일반상품에 비해서 약하다. 따라서 대부분의 경우는 가입자가 자발적으로 가입하기보다는 보험모집 종사자의 권유에 의하여 가입하는 경우가 많다.

③ 일반적인 제조상품은 원가가 확정된 이후에 그에 따라 판매가를 결정하는 것이 반하여, 보험상품의 원가는 판매시점에 확정되지 않고 보험이 종료되는 시점에 확정된다. 이를 보험원

가의 사후 확정성이라고 한다.
④ 보험회사는 마케팅을 수행할 때에 소비자 보호차원에서 보험업법이나 금융소비자의 보호에 관한 법률 등에 의하여 여러 가지 공적 규제를 받는다.

30. ②

보험은 대수의 법칙을 기초로 하기 때문에 통계적 데이터를 산출할 수 있을 정도의 충분한 숫자의 동질적인 위험이 확보되어야 보험제도를 적용할 수 있다. 만약 이러한 상당수의 동질적인 위험이 존재하지 않는다면 보험제도는 제대로 운용될 수 없다. 인공위성 또는 아주 특수한 공장이나 구조물은 이러한 요건을 충족하지 못하는 대표적인 사례이다.

31. ①

보험요율은 크게 등급요율(집단요율)과 개별요율로 나눌 수 있다. 등급요율은 동일 집단에 속하는 위험에 대해서 동일한 요율을 적용하는 것으로, 예를 들어 자동차보험에서 집단을 개인용, 업무용, 영업용으로 나누는 방식이다. 등급요율을 구하는 방법에는 순보험료 방식, 손해율 방식 등이 있다. 개별요율은 개별 보험계약에 대해서 적용되는 요율로, 동일 집단 내라고 하더라도 위험의 이질성 등을 고려하고자 개발되었다. 개별요율은 크게 판단요율, 소급요율, 경험요율로 나뉜다.

32. ④

이익수수료(profit commission)란 재보험 특약에서 재보험사가 이익을 실현할 경우 이를 출재사에서 underwriting이 잘된 결과로 인식하여 재보험사 이익 중 일부를 출재사에게 돌려주는 것을 말한다. 이익수수료의 수입(income) 항목에는 전기이월 미지급 보험금이 있으며, 지출(outgo) 항목에는 차기이월 미지급 보험금, 지급보험금, 출재수수료, 재보험사 경비 등이 있다.

33. ②

보험회사는 그 자산을 운용할 때 안정성 · 유동성 · 수익성 및 공익성이 확보되도록 하여야 한다(보험업법 제104조 제1항).

34. ①

보험업법상 겸영이 허가되는 보험의 요건은 다음과 같다(보험업법 시행령 제15조 제2조).[52]

1. 질병을 원인으로 하는 사망을 제3보험의 특약 형식으로 담보
2. 보험만기는 80세 이하일 것
3. 보험금액의 한도는 개인당 2억원 이내일 것
4. 만기 시에 지급하는 환급금은 납입보험료 합계액의 범위 내일 것

35. ②

① policy change clause('계약전환' 조항) : 보험계약을 체결한 이후 주변 환경의 변화로 새로운 보험 조건이 필요하다면, 기존 보험을 해지하고 새로운 보험을 체결하여야 한다. 그러나 이렇게 하면 번거롭고 시간과 비용이 많이 소모되게 마련이다. 이를 피하기 위하여 policy change clause를 두고 있다. policy change clause는 보험계약을 유지한 상태에서 기존 보험계약의 조건을 변경할 수 있도록 하는 조항이다. 예를 들어 재보험계약을 체결한 뒤에 재보험조건을 변경하고자 할 때에 출재사는 수재사에게 계약조건의 변경을 요청하고, 재보험사가 해당 요청을 수락한다면 재보험계약의 조건이 변경된 채로 계속 유지된다.
② if clause('만약' 조항) : 보험기간 중 특별한 조건을 위배하거나 위반했을 경우에 그 보험계약의 효력을 종결시키는 조항이다. 즉 "만약" 어떤 조건들이 충족되지 않는다면 보험계약은 효력을 상실한다. 종결된 보험계약을 다시 살리기 위해서는 새로운 보험계약을 체결하여야 한다.
③ while clause('동안' 조항) : 보험기간 중 보험계약자나 피보험자의 행위로 위태가 증가되었을 때에 보험효력이 일시 정지되었다가, 위태가 제거되어 원상으로 복귀하면 보험효력이 재개되도록 하는 조항이다. 예를 들어 미국의 건강보험은 여행 중에 발생하는 사고는 보상하지 않는다고 규정하는데, 이는 여행 중의 사고 위험이 일상생활에서의 위험보다 높기 때문이다. 여행 중의 사고 위험은 여행자보험(Traveler insurance)에서 따로 보상한다. 만약 피보험자가 여행에서 돌아와 일상생활을 시작한다면 건강보험의 보장은 다시 재개된다.
④ entire contract clause('계약구성' 조항) : 보험계약을 체결할 때에 계약 당사자가 계약 외부의 내용에 구속되지 않으며 계약 자체에 의해서만 구속된다는 것을 명시한 조항이다. 일반적으로 계약을 체결하기 전에 당사자 쌍방은 계약 조건을 결정하기 위해 상호 간의 조율 과정을 거치며, 그 과정에서 일부 협상된 사항도 있고 그렇지 않고 유보된 사항도 있을 수 있다. entire contract clause는 최종적으로 계약을 체결한 이후에 계약 조건에 없는 진술이나 조건을 이유로 불필요한 분쟁을 회피하기 위하여 사용된다.

36. ①

① 도로 상태가 좋지 않은 것은 물리적 위태(physical hazard)에 해당한다.
② 교통사고는 손인(perils)에 해당한다.
③④ 자동차 파손과 수리비 지급은 손해(loss)에 해당한다.

37. ②

손실예방(loss prevention)은 특정 손실의 발생 가능성 또는 빈도를 줄이려는 조치를 말한다. 건물내 개인용 전열기 사용을 금지하거나 고속도로에서 속도 제한, 음주운전 단속 등이 예이다. 손실경감(loss reduction)은 이미 사고가 발생한 경우 그 손실이 확대되는 것을 방어하는 조치이다. 스프링클러 설치, 소화기 비치, 내연자재 사용, 자동차 에어백 설치 등이 예이다.

52) **저자주** : 문제에서 "손해보험업의 보험종목 전부를 취급하는 손해보험회사"라고 주어졌으나, 이는 2018년 이후 보험업법 시행령에서 삭제된 조건이다. 출제자가 법 개정내용을 제대로 확인하지 않고 문제를 출제한 것으로 보인다.

38. ②

보험회사가 적용하는 보험요율은 소비자 보호를 위하여 정부나 감독당국으로부터 여러가지 규제를 받는다. 규제적 목적에 의한 보험요율 산정은 충분성, 비과도성, 공평한 차별성(합리적 차별성)이 있다. 또한 사업상의 목적을 위해서도 보험요율은 제약을 받는데, 여기에는 단순성, 안정성, 탄력성, 손해방지 유도 등이 있다.

39. ②

국민연금의 기본연금액은 다음을 기준으로 결정된다(국민연금법 제51조).

1) 본인 가입기간
2) 가입기간 중 본인의 소득
3) 연금 수급 개시 전 전체 가입자의 3년간 평균소득

40. ①

실손보상의 원칙은 보험으로 보상하는 금액은 피보험자에게 실제로 발생한 손해액을 기초로 하며, 그 이상은 금액은 지급하지 않는다는 원칙을 말한다. 이득금지의 원칙이라고도 한다. 보험의 도박화를 방지하고 보험제도를 건강하게 유지시키기 위한 제도이며, 손해보험의 대원칙으로 작용하고 있다. 실손보상의 원칙은 피보험이익의 원칙, 타보험조항, 보험자대위 등에 의하여 실현된다. 고지의무는 위험에 대한 정보비대칭을 해결하기 위한 제도이며, 실손보상의 원칙과는 크게 관련이 없다.

2024 제47회 정답 및 해설

1과목 보험업법

01	02	03	04	05	06	07	08	09	10
②	④	①	②	①	②	①	③	③	③
11	12	13	14	15	16	17	18	19	20
②	④	④	②	③	④	③	②	③	③
21	22	23	24	25	26	27	28	29	30
②	①	④	①	④	①	③	②	③	③
31	32	33	34	35	36	37	38	39	40
①	②	④	①	③	④	④	④	②	①

01. ②

1. **생명보험업의 보험종목**
   가. 생명보험
   나. 연금보험(퇴직보험을 포함한다)
   다. 그 밖에 대통령령으로 정하는 보험종목
2. **손해보험업의 보험종목**
   가. 화재보험
   나. 해상보험(항공 · 운송보험을 포함한다)
   다. 자동차보험
   라. 보증보험
   마. 재보험(再保險)
   바. 그 밖에 대통령령으로 정하는 보험종목
3. **제3보험업의 보험종목**
   가. 상해보험
   나. 질병보험
   다. 간병보험
   라. 그 밖에 대통령령으로 정하는 보험종목

02. ④

① 보험계약자의 보호 필요성 및 금융거래 관행 등을 고려하여 다음은 보험상품에서 제외한다(보험업법 제2조 및 보험업법 시행령 제1조의2 제1항).

1. 「고용보험법」에 따른 고용보험
2. 「국민건강보험법」에 따른 건강보험
3. 「국민연금법」에 따른 국민연금
4. 「노인장기요양보험법」에 따른 장기요양보험
5. 「산업재해보상보험법」에 따른 산업재해보상보험
6. 「할부거래에 관한 법률」 제2조 제2호에 따른 선불식 할부계약

② "보험업"이란 보험상품의 취급과 관련하여 발생하는 보험의 인수(引受), 보험료 수수 및 보험금 지급 등을 영업으로 하는 것으로서 생명보험업 · 손해보험업 및 제3보험업을 말한다(보험업법 제2조 제2호).

③ "상호회사"란 보험업을 경영할 목적으로 보험업법에 따라 설립된 회사로서 보험계약자를 사원(社員)으로 하는 회사를 말한다(보험업법 제2조 제7호).

④ "보험대리점"이란 보험회사를 위하여 보험계약의 체결을 대리하는 자(법인이 아닌 사단과 재단을 포함한다)로서 보험업법에 따라 등록된 자를 말한다(보험업법 제2조 제10호).

03. ①

①② "총자산"이란 재무상태표에 표시된 자산에서 영업권 등 대통령령으로 정하는 자산을 제외한 것을 말한다(보험업법 제2조 제14호). 여기서 대통령령으로 정하는 자산이란 영업권과 보험업법 규정에 따른 아래의 특별계정 자산을 말한다(보험업법 시행령 제3조 제1항). 여기에는 연금저축계좌를 설정하는 계약에 대한 특별계정 자산은 포함되지 않는다. 즉 연금저축계좌를 설정하는 계약에 대한 특별자산은 총자산을 산출할 때에 제외되지 않는다.

1) 「근로자퇴직급여 보장법」 제29조 제2항에 따른 보험계약 및 법률 제10967호 「근로자퇴직급여 보장법」 전부 개정 법률 부칙 제2조 제1항 본문에 따른 퇴직보험계약
2) 변액보험계약(보험금이 자산운용의 성과에 따라 변동하는 보험계약을 말한다)

③④ "자기자본"이란 납입자본금 · 자본잉여금 · 이익잉여금, 그 밖에 이에 준하는 것(자본조정은 제외한다)으로서 대통령령으로 정하는 항목의 합계액에서 영업권, 그 밖에 이에 준하는 것으로서 대통령령으로 정하는 항목의 합계액을 뺀 것을 말한다(보험업법 제2조 제15호).

04. ②

전문보험계약자 중 대통령령으로 정하는 자가 일반보험계약자와 같은 대우를 받겠다는 의사를 보험회사에 서면으로 통지하는 경우 보험회사는 정당한 사유가 없으면 이에 동의하여야 하며, 보험회사가 동의한 경우에는 해당 보험계약자는 일반보험계약자로 본다(보험업법 제2조 제19호). 이 때 말하는 대통령령

령으로 정하는 자는 다음과 같다(보험업법 시행령 제6조의2 제1항).

1. 지방자치단체
2. 주권상장법인
3. 외국금융기관
4. 법률에 따라 설립된 기금(기술보증기금, 신용보증기금은 제외) 및 그 기금을 관리 · 운용하는 법인
5. 해외 증권시장에 상장된 주권을 발행한 국내법인
6. 그 밖에 보험계약에 관한 전문성, 자산규모 등에 비추어 보험계약의 내용을 이해하고 이행할 능력이 있는 자로서 금융위원회가 정하여 고시하는 자

05. ①

통신판매전문보험회사란 총보험계약건수 및 수입보험료의 100분의 90 이상을 전화, 우편, 컴퓨터통신 등 통신수단을 이용하여 모집하는 보험회사를 말한다(보험업법 시행령 제13조 제1항).

06. ②

소액단기전문보험회사가 모집할 수 있는 보험상품은 다음과 같다(보험업법 시행령 제13조의2 제1항 제1호).

가. 생명보험상품 중 생명보험계약
나. 손해보험상품 중
  나-1) 책임보험계약
  나-2) 도난보험계약
  나-3) 유리보험계약
  나-4) 동물보험계약
  나-5) 비용보험계약
  나-6) 날씨보험계약
다. 제3보험상품 중
  다-1) 상해보험계약
  다-2) 질병보험계약

07. ①

① 소액단기전문보험회사는 10억원 이상의 범위에서 대통령령으로 정하는 금액(현재 20억원이다)을 자본금 또는 기금으로 납부하여야 한다(보험업법 제9조 제2항).

②③④ 보험종목의 일부만을 취급하려는 보험회사가 납입하여야 하는 보험종목별 자본금 또는 기금의 액수는 다음 각 호의 구분에 따른다(보험업법 시행령 제12조 제1항). 다만 통신판매전문보험회사는 아래 자본금 또는 기금의 3분의 2에 상당하는 금액으로 보험업을 시작할 수 있다(보험업법 제9조 제2항).

1. 생명보험 : 200억원
2. 연금보험(퇴직보험을 포함한다) : 200억원
3. 화재보험 : 100억원
4. 해상보험(항공 · 운송보험을 포함한다) : 150억원
5. 자동차보험 : 200억원
6. 보증보험 : 300억원
7. 재보험 : 300억원
8. 책임보험 : 100억원
9. 기술보험 : 50억원
10. 권리보험 : 50억원
11. 상해보험 : 100억원
12. 질병보험 : 100억원
13. 간병보험 : 100억원
14. 제1호부터 제13호까지 외의 보험종목 : 50억원

08. ③

보험회사는 생명보험업과 손해보험업을 겸영(兼營)하지 못한다. 다만 다음 각 호의 어느 하나에 해당하는 보험종목은 그러하지 아니하다(보험업법 제10조 및 보험업법 시행령 제15조).

1. 생명보험의 재보험 및 제3보험의 재보험
2. 다른 법령에 따라 겸영할 수 있는 보험종목으로서 대통령령으로 정하는 보험종목
2-1. 「소득세법」 제20조의3 제1항 제2호 각 목 외의 부분에 따른 연금저축계좌를 설정하는 계약
2-2. 「근로자퇴직급여 보장법」 제29조 제2항에 따른 보험계약 및 법률 제10967호 근로자퇴직급여 보장법 전부개정법률 부칙 제2조 제1항 본문에 따른 퇴직보험계약
3. 대통령령으로 정하는 기준에 따라 제3보험의 보험종목에 부가되는 보험. 질병을 원인으로 하는 사망을 제3보험의 특약 형식으로 담보하는 보험으로서 다음 각 호의 요건을 충족하는 보험을 말한다.
3-1. 보험만기는 80세 이하일 것
3-2. 보험금액의 한도는 개인당 2억원 이내일 것
3-3. 만기 시에 지급하는 환급금은 납입보험료 합계액의 범위 내일 것

09. ③

보험회사는 대통령령으로 정하는 금융 관련 법령에서 정하고 있는 금융업무로서 해당 법령에서 보험회사가 할 수 있도록 한 업무를 겸영할 수 있다(보험업법 제11조). 이 때 말하는 대통령령으로 정하는 금융업무는 다음 각 호와 같다(보험업법 시행령 제16조 제1항). 「주택저당채권 유동화회사법」에 따른 유동화자산의 관리업무는 제2호에 있었으나 2023년 5월 16일자로 삭제되었다.

1. 「자산유동화에 관한 법률」에 따른 유동화자산의 관리업무
2. 삭제 〈2023. 5. 16.〉
3. 「한국주택금융공사법」에 따른 채권유동화자산의 관리업무
4. 「전자금융거래법」 제28조 제2항 제1호에 따른 전자자금이체업무[같은 법 제2조 제6호에 따른 결제중계시스템의 참가기관으로서 하는 전자자금이체업무와 보험회사의 전자자금이체업무에 따른 자금정산 및 결제를 위하여 결제중계시스템에 참가하는 기관을 거치는 방식의 전자자금이체업무는 제외한다]
5. 「신용정보의 이용 및 보호에 관한 법률」에 따른 본인신용정보관리업

10. ③

금융위원회는 보험회사가 하는 부수업무가 다음 각 호의 어느 하나에 해당하면 그 부수업무를 하는 것을 제한하거나 시정할 것을 명할 수 있다(보험업법 시행령 제11조의2 제3항).

1. 보험회사의 경영건전성을 해치는 경우
2. 보험계약자 보호에 지장을 가져오는 경우
3. 금융시장의 안정성을 해치는 경우

11. ②

보험회사는 그 자산을 다음 각 호의 어느 하나에 해당하는 방법으로 운용하여서는 아니 된다(보험업법 제105조).

1. 대통령령으로 정하는 업무용 부동산이 아닌 부동산(저당권 등 담보권의 실행으로 취득하는 부동산은 제외한다)의 소유
2. 제108조 제1항 제2호에 따라 설정된 특별계정을 통한 부동산의 소유
3. 상품이나 유가증권에 대한 투기를 목적으로 하는 자금의 대출
4. 직접 · 간접을 불문하고 해당 보험회사의 주식을 사도록 하기 위한 대출
5. 직접 · 간접을 불문하고 정치자금의 대출
6. 해당 보험회사의 임직원에 대한 대출(보험약관에 따른 대출 및 금융위원회가 정하는 소액대출은 제외한다)
7. 자산운용의 안정성을 크게 해칠 우려가 있는 행위로서 대통령령으로 정하는 행위

12. ④

① 동일한 개인 또는 법인에 대한 신용공여 : 총자산의 100분의 3
② 동일한 법인이 발행한 채권 및 주식 소유의 합계액 : 총자산의 100분의 7
③ 동일한 자회사에 대한 신용공여 : 자기자본의 100분의 10
④ 부동산의 소유 : 총자산의 100분의 25

13. ④

①② 보험회사는 매년 대통령령으로 정하는 날(12월 31일)에 그 장부를 폐쇄하여야 하고 장부를 폐쇄한 날부터 3개월 이내에 금융위원회가 정하는 바에 따라 재무제표(부속명세서를 포함한다) 및 사업보고서를 금융위원회에 제출하여야 한다(보험업법 제118조 제1항).
③ 보험회사는 매월의 업무 내용을 적은 보고서를 다음 달 말일까지 금융위원회가 정하는 바에 따라 금융위원회에 제출하여야 한다(보험업법 제118조 제2항).
④ 보험회사는 재무제표 또는 월간업무보고서 등 제출서류를 대통령령으로 정하는 바에 따라 전자문서로 제출할 수 있다(보험업법 제118조 제3항).

14. ②

① 보험회사인 주식회사가 자본감소를 결의한 경우에는 그 결의를 한 날부터 2주 이내에 결의의 요지와 재무상태표를 공고하여야 한다(보험업법 제18조 제1항).
② 자본감소의 결의를 할 때 주식 금액 또는 주식 수의 감소에 따른 자본금의 실질적 감소를 하려면 미리 금융위원회에 승인을 받아야 한다(보험업법 제18조 제2항).
③ 자본감소의 결의에 따른 공고에는 보험계약자로서 자본감소에 이의가 있는 자는 1개월 이상의 이의신청 기간과 이 기간 동안에 이의를 제출할 수 있다는 내용을 포함해야 한다(보험업법 제18조 제3항 및 제141조 제2항).
④ 자본감소는 이의를 제기한 보험계약자나 그 밖에 보험계약으로 발생한 권리를 가진 자에 대하여도 효력이 미친다(보험업법 제18조 제3항 및 제151조 제3항).

15. ③

① 상호회사의 사원은 회사의 채권자에 대하여 직접적인 의무를 부담하지 않는다(보험업법 제46조). 즉 간접책임을 부담한다.
② 생명보험 및 제3보험을 목적으로 하는 상호회사의 사원은 회사의 승낙을 받아 타인으로 하여금 그 권리와 의무를 승계하게 할 수 있다(보험업법 제50조).
③ 상호회사의 사원은 보험료의 납입에 관하여 상계(相計)로써 회사에 대항하지 못한다(보험업법 제48조). 즉 상계할 수 없다.
④ 상호회사의 사원명부에는 다음 각 호의 사항을 적어야 한다(보험업법 제52조).

1. 사원의 이름과 주소
2. 각 사원의 보험계약의 종류, 보험금액 및 보험료

16. ④

① 상호회사의 사원은 다음 각 호의 사유로 퇴사한다(보험업법 제66조 제1항).

1. 정관으로 정하는 사유의 발생
2. 보험관계의 소멸

② 상호회사가 해산을 결의한 경우에는 그 결의가 금융위원회의 인가를 받은 날부터 2주 이내에 결의의 요지와 재무상태표를 공고하여야 한다(보험업법 제69조 제1항).
③ 상호회사에서 퇴사한 사원은 정관이나 약관에서 정하는 바에 따라 그 권리에 따른 금액의 환급을 청구할 수 있다(보험업법 제67조 제1항).
④ 상호회사에서 퇴사한 사원의 권리에 따른 금액의 환급은 퇴사한 날이 속하는 사업연도가 종료한 날부터 3개월 이내에 하여야 한다(보험업법 제68조 제1항).

17. ③

① 금융위원회는 외국보험회사의 본점이 다음 각 호의 어느 하나에 해당하게 되면 그 외국보험회사국내지점에 대하여 청문을 거쳐 보험업의 허가를 취소할 수 있다(보험업법 제74조 제1항).

1. 합병, 영업양도 등으로 소멸한 경우
2. 위법행위, 불건전한 영업행위 등의 사유로 외국감독기관으로부터 제134조 제2항에 따른 처분에 상당하는 조치를 받은 경우
3. 휴업하거나 영업을 중지한 경우

② 외국보험회사국내지점의 대표자는 퇴임한 후에도 후임 대표자의 이름 및 주소에 관하여 상법에 따른 등기가 있을 때까지는 계속하여 대표자의 권리와 의무를 가진다(보험업법 제76조 제2항).

③ 외국보험회사국내지점은 그 외국보험회사의 본점이 휴업하거나 영업중지한 경우에는 그 사유가 발생한 날부터 7일 이내에 그 사실을 금융위원회에 알려야 한다(보험업법 제74조 제3항).

④ 보험업의 허가를 받은 외국보험회사의 본점이 보험업을 폐업하거나 해산한 경우 또는 대한민국에서의 보험업을 폐업하거나 그 허가가 취소된 경우에는 금융위원회가 필요하다고 인정하면 잔무(殘務)를 처리할 자를 선임하거나 해임할 수 있다(보험업법 제77조 제1항).

18. ②

보험업법상 보험계약의 모집을 할 수 있는 자는 다음 각 호의 어느 하나에 해당하는 자이어야 한다(보험업법 제83조 제1항).

1. 보험설계사
2. 보험대리점
3. 보험중개사
4. 보험회사의 임원(대표이사 · 사외이사 · 감사 및 감사위원은 제외한다) 또는 직원

19. ③

① 보험설계사는 생명보험설계사, 손해보험설계사(간단손해보험설계사를 포함) 및 제3보험설계사로 구분한다(보험업법 시행령 제27조 제1항).

② 보험회사 · 보험대리점 및 보험중개사는 소속 보험설계사가 되려는 자를 금융위원회에 등록하여야 한다(보험업법 제84조 제1항).

③ 보험설계사가 소속 보험회사 외의 보험회사를 위하여 모집(교차모집)하려는 경우에는 교차모집을 하려는 보험회사의 명칭 등 금융위원회가 정하여 고시하는 사항을 적은 서류를 보험협회에 제출해야 한다(보험업법 시행령 제29조 제1항).

④ 보험회사, 보험대리점 및 보험중개사는 소속 보험설계사에게 최초로 유효한 등록을 한 날부터 2년이 지날 때마다 2년이 된 날부터 6개월 이내에 보험업법에 정해진 기준에 따라 교육을 해야 한다(보험업법 시행령 제29조의2 제1항).

20. ③

① 법인보험대리점은 다음 각 호의 어느 하나에 해당하는 업무를 하지 못한다(보험업법 제33조의4 제1항).

1. 「방문판매 등에 관한 법률」에 따른 다단계판매업
2. 「대부업 등의 등록 및 금융이용자 보호에 관한 법률」에 따른 대부업 또는 대부중개업

② 법인보험대리점은 경영현황 등 대통령령으로 정하는 업무상 주요 사항을 보험협회의 인터넷 홈페이지를 통하여 반기별로 공시하여야 한다. 이 때 주요사항은 다음 각 호와 같다(보험업법 시행령 제33조의4).

1. 경영하고 있는 업무의 종류
2. 모집조직에 관한 사항
3. 모집실적에 관한 사항
4. 그 밖에 보험계약자 보호를 위하여 금융위원회가 정하여 고시하는 사항

③ 다음 각 호의 어느 하나에 해당하는 자는 법인인 보험대리점(법인보험대리점)의 임원(이사 · 감사 또는 사실상 이와 동등한 지위에 있는 자로서 대통령령으로 정하는 자를 말한다)이 되지 못한다(보험업법 제87조의2 제1항).

1. 「금융회사의 지배구조에 관한 법률」에서 규정한 금융회사의 임원이 되지 못하는 자 중 아래에 해당하는 자
1-1. 미성년자 · 피성년후견인 또는 피한정후견인
1-2. 파산선고를 받고 복권(復權)되지 아니한 사람
1-3. 금고 이상의 형의 집행유예를 선고받고 그 유예기간 중에 있는 사람
2. 보험업법에 따라 보험설계사가 되지 못하는 자 중 아래에 해당하는 자
2-1. 보험업법에 따라 보험설계사 · 보험대리점 또는 보험중개사의 등록이 취소된 후 2년이 지나지 아니한 자
2-2. 제5호에도 불구하고 이 법에 따라 보험설계사 · 보험대리점 또는 보험중개사 등록취소 처분을 2회 이상 받은 경우 최종 등록취소 처분을 받은 날부터 3년이 지나지 아니한 자
2-3. 보험업법 또는 「금융소비자 보호에 관한 법률」에 따라 과태료 또는 과징금 처분을 받고 이를 납부하지 아니하거나 업무정지 및 등록취소 처분을 받은 보험대리점 · 보험중개사 소속의 임직원이었던 자(처분사유의 발생에 관하여 직접 또는 이에 상응하는 책임이 있는 자로서 대통령령으로 정하는 자만 해당한다)로서 과태료 · 과징금 · 업무정지 및 등록취소 처분이 있었던 날부터 2년이 지나지 아니한 자
3. 금고 이상의 실형을 선고받고 그 집행이 끝나거나(집행이 끝난 것으로 보는 경우를 포함한다) 집행이 면제된 날부터 3년이 지나지 아니한 자
4. 보험업법 또는 「금융소비자 보호에 관한 법률」에 따라 벌금 이상의 형을 선고받고 그 집행이 끝나거나(집행이 끝난 것으로 보는 경우를 포함한다) 집행이 면제된 날부터 3년이 지나지 아니한 자

④ 보험설계사가 100명 이상인 법인보험대리점으로서 금융위원회가 정하여 고시하는 법인보험대리점은 보험계약자 보호를 위한 업무지침의 준수여부를 점검하고 그 위반 사항을 조사하는 임원 또는 직원을 1명 이상 두어야 한다(보험업법 제33조의2 제1항).

21. ②

모집을 위하여 사용하는 보험안내자료에는 다음 각 호의 사항을 명백하고 알기 쉽게 적어야 한다(보험업법 제95조 제1항 및 보험업법 시행령 제42조 제3항).

1. 보험회사의 상호나 명칭 또는 보험설계사 · 보험대리점 또는 보험중개사의 이름 · 상호나 명칭
2. 보험 가입에 따른 권리 · 의무에 관한 주요 사항
3. 보험약관으로 정하는 보장에 관한 사항
3의2. 보험금 지급제한 조건에 관한 사항
4. 해약환급금에 관한 사항
5. 「예금자보호법」에 따른 예금자보호와 관련된 사항
6. 그 밖에 보험계약자를 보호하기 위하여 대통령령으로 정하는 사항
6-1. 보험금이 금리에 연동되는 보험상품의 경우 적용금리 및 보험금 변동에 관한 사항
6-2. 보험금 지급제한 조건의 예시
6-3. 보험안내자료의 제작자 · 제작일, 보험안내자료에 대한 보험회사의 심사 또는 관리번호
6-4. 보험 상담 및 분쟁의 해결에 관한 사항

22. ①

보험계약의 체결 또는 모집에 종사하는 자가 다음 각 호의 어느 하나에 해당하는 행위를 한 경우에는 기존보험계약을 부당하게 소멸시키거나 소멸하게 하는 행위를 한 것으로 본다(보험업법 제97조 제3항).

1. 기존보험계약이 소멸된 날부터 1개월 이내에 새로운 보험계약을 청약하게 하거나 새로운 보험계약을 청약하게 한 날부터 1개월 이내에 기존보험계약을 소멸하게 하는 행위. 다만, 보험계약자가 기존 보험계약 소멸 후 새로운 보험계약 체결 시 손해가 발생할 가능성이 있다는 사실을 알고 있음을 자필로 서명하는 등 대통령령으로 정하는 바에 따라 본인의 의사에 따른 행위임이 명백히 증명되는 경우에는 그러하지 아니하다.
2. 기존보험계약이 소멸된 날부터 6개월 이내에 새로운 보험계약을 청약하게 하거나 새로운 보험계약을 청약하게 한 날부터 6개월 이내에 기존보험계약을 소멸하게 하는 경우로서 해당 보험계약자 또는 피보험자에게 기존보험계약과 새로운 보험계약의 보험기간 및 예정 이자율 등 대통령령으로 정하는 중요한 사항을 비교하여 알리지 아니하는 행위

23. ④

보험계약의 체결 또는 모집에 종사하는 자는 그 체결 또는 모집과 관련하여 보험계약자나 피보험자에게 다음 각 호의 어느 하나에 해당하는 특별이익을 제공하거나 제공하기로 약속하여서는 아니 된다(보험업법 제98조 및 보험업법 시행령 제46조).

1. 금품. 다만 보험계약 체결 시부터 최초 1년간 납입되는 보험료의 100분의 10과 3만원(보험계약에 따라 보장되는 위험을 감소시키는 물품의 경우에는 20만원) 중 적은 금액은 제외한다.
2. 기초서류에서 정한 사유에 근거하지 아니한 보험료의 할인 또는 수수료의 지급
3. 기초서류에서 정한 보험금액보다 많은 보험금액의 지급 약속
4. 보험계약자나 피보험자를 위한 보험료의 대납
5. 보험계약자나 피보험자가 해당 보험회사로부터 받은 대출금에 대한 이자의 대납
6. 보험료로 받은 수표 또는 어음에 대한 이자 상당액의 대납
7. 「상법」 제682조에 따른 제3자에 대한 청구권 대위행사의 포기

24. ①

보험회사는 고객을 직접 응대하는 직원을 고객의 폭언이나 성희롱, 폭행 등으로부터 보호하기 위하여 다음 각 호의 조치를 하여야 한다(보험업법 제85조의4 제1항 및 보험업법 시행령 제29조의3).

1. 직원이 요청하는 경우 해당 고객으로부터의 분리 및 업무담당자 교체
2. 직원에 대한 치료 및 상담 지원
3. 고객을 직접 응대하는 직원을 위한 상시적 고충처리 기구 마련. 다만, 「근로자참여 및 협력증진에 관한 법률」 제26조에 따라 고충처리위원을 두는 경우에는 고객을 직접 응대하는 직원을 위한 전담 고충처리위원의 선임 또는 위촉
4. 그 밖에 직원의 보호를 위하여 필요한 법적 조치 등 대통령령으로 정하는 조치
4-1. 고객의 폭언이나 성희롱, 폭행 등(이하 "폭언등"이라 한다)이 관계 법률의 형사처벌규정에 위반된다고 판단되고 그 행위로 피해를 입은 직원이 요청하는 경우 : 관할 수사기관 등에 고발
4-2. 고객의 폭언등이 관계 법률의 형사처벌규정에 위반되지는 아니하나 그 행위로 피해를 입은 직원의 피해정도 및 그 직원과 다른 직원에 대한 장래 피해발생 가능성 등을 고려하여 필요하다고 판단되는 경우 : 관할 수사기관 등에 필요한 조치 요구
4-3. 직원이 직접 폭언등의 행위를 한 고객에 대한 관할 수사기관 등에 고소, 고발, 손해배상 청구 등의 조치를 하는데 필요한 행정적, 절차적 지원
4-4. 고객의 폭언등을 예방하거나 이에 대응하기 위한 직원의 행동요령 등에 대한 교육 실시
4-5. 그 밖에 고객의 폭언등으로부터 직원을 보호하기 위하여 필요한 사항으로서 금융위원회가 정하여 고시하는 조치

25. ④

간단손해보험대리점은 다음 각 호의 사항을 준수하여야 한다(보험업법 시행령 제33조의2 제4항).

1. 소비자에게 재화 또는 용역의 판매 · 제공 · 중개를 조건으로 보험가입을 강요하지 아니할 것
2. 판매 · 제공 · 중개하는 재화 또는 용역과 별도로 소비자가 보험계약을 체결 또는 취소하거나 보험계약의 피보험자가 될 수 있는 기회를 보장할 것
3. 단체보험계약(보험계약자에게 피보험이익이 없고 피보험자가 보험료의 전부를 부담하는 경우만 해당한다)을 체결

하는 경우 사전에 서면, 문자메세지, 전자우편 또는 팩스 등의 방법으로 다음 각 목의 사항이 포함된 안내자료를 피보험자가 되려는 자에게 제공할 것
가. 제42조의2 제1항 제1호부터 제11호까지에서 규정한 사항
나. 단체보험계약의 피보험자에서 제외되는 방법 및 절차에 관한 사항
다. 제2호에 따라 소비자에게 보장되는 기회에 관한 사항
라. 보험계약자 등 소비자 보호를 위하여 금융위원회가 정하여 고시하는 사항
4. 재화 · 용역을 구매하면서 동시에 보험계약을 체결하는 경우와 보험계약만 체결하는 경우 간에 보험료, 보험금의 지급조건 및 보험금의 지급규모 등에 차이가 발생하지 아니하도록 할 것
5. 전자금융업자 간단손해보험대리점의 경우에는 인터넷 홈페이지[이동통신단말장치에서 사용되는 애플리케이션(Application) 및 그 밖에 이와 비슷한 응용프로그램을 통하여 가상의 공간에 개설하는 장소를 포함한다]를 통해서만 다음 각 목의 행위를 할 것
가. 보험을 모집하는 행위
나. 단체보험계약을 위하여 피보험자로 이루어진 단체를 구성하는 행위

26. ①

금융기관보험대리점등은 모집을 할 때 다음 각 호의 어느 하나에 해당하는 행위를 하여서는 아니 된다(보험업법 제100조 제1항 및 보험업법 시행령 제48조 제1항).

1. 삭제 〈2020. 3. 24.〉
2. 대출 등 해당 금융기관이 제공하는 용역(이하 "대출등"이라 함)을 받는 자의 동의를 미리 받지 아니하고 보험료를 대출등의 거래에 포함시키는 행위
3. 해당 금융기관의 임직원(보험업법에 따라 모집할 수 있는 자는 제외한다)에게 모집을 하도록 하거나 이를 용인하는 행위
4. 해당 금융기관의 점포 외의 장소에서 모집을 하는 행위
5. 모집과 관련이 없는 금융거래를 통하여 취득한 개인정보를 미리 그 개인의 동의를 받지 아니하고 모집에 이용하는 행위
6. 그 밖에 제2호부터 제5호까지의 행위와 비슷한 행위로서 대통령령으로 정하는 행위 : 보험업법 시행령 제40조 제4항에 따라 모집에 종사하는 자 외에 소속 임직원으로 하여금 보험상품의 구입에 대한 상담 또는 소개를 하게 하거나 상담 또는 소개의 대가를 지급하는 행위

27. ③

① 금융위원회는 보험회사로부터 기초서류의 신고를 받은 경우 그 내용을 검토하여 이 법에 적합하면 신고를 수리하여야 한다(보험업법 제127조 제4항).
② 금융위원회는 보험회사가 신고한 기초서류의 내용이 보험요율 산출의 원칙을 위반하는 경우에는 대통령령으로 정하는 바에 따라 기초서류의 변경을 권고할 수 있다(보험업법 제127조의2 제1항).
③ 금융위원회는 보험회사가 기초서류를 신고할 때 필요하면 금융감독원의 확인을 받도록 할 수 있다(보험업법 제128조 제1항).
④ 금융위원회는 보험회사가 기초서류를 신고하는 경우 보험료 및 해약환급금 산출방법서에 대하여 보험요율 산출기관 또는 독립계리업자의 검증확인서를 첨부하도록 할 수 있다(보험업법 제128조 제2항).

28. ②

보험상품공시위원회의 위원장은 위원 중에서 호선하며, 위원회의 위원은 금융감독원 상품담당 부서장, 보험협회의 상품담당 임원, 보험요율 산출기관의 상품담당 임원 및 보험협회의 장이 위촉하는 다음 각 호의 사람으로 구성한다(보험업법 시행령 제68조 제3항).

1. 보험회사 상품담당 임원 또는 선임계리사 2명
2. 판사, 검사 또는 변호사의 자격이 있는 사람 1명
3. 소비자단체에서 추천하는 사람 2명
4. 보험에 관한 학식과 경험이 풍부한 사람 1명

29. ③

금융위원회는 보험회사의 업무 및 자산상황, 그 밖의 사정의 변경으로 공익 또는 보험계약자의 보호와 보험회사의 건전한 경영을 크게 해칠 우려가 있거나 보험회사의 기초서류에 법령을 위반하거나 보험계약자에게 불리한 내용이 있다고 인정되는 경우에는 청문을 거쳐 기초서류의 변경 또는 그 사용의 정지를 명할 수 있다. 다만 대통령령으로 정하는 경미한 사항에 관하여 기초서류의 변경을 명하는 경우에는 청문을 하지 아니할 수 있다(보험업법 제131조 제2항).

30. ③

금융위원회는 보험회사(그 소속 임직원을 포함한다)가 이 법 또는 이 법에 따른 규정 · 명령 또는 지시를 위반하여 보험회사의 건전한 경영을 해치거나 보험계약자, 피보험자, 그 밖의 이해관계인의 권익을 침해할 우려가 있다고 인정되는 경우 또는 「금융회사의 지배구조에 관한 법률」 별표 각 호의 어느 하나에 해당하는 경우(제4호에 해당하는 조치로 한정한다), 「금융소비자 보호에 관한 법률」 제51조 제1항 제4호, 제5호 또는 같은 조 제2항 각 호 외의 부분 본문 중 대통령령으로 정하는 경우에 해당하는 경우(제4호에 해당하는 조치로 한정한다)에는 금융감독원장의 건의에 따라 다음 각 호의 어느 하나에 해당하는 조치를 하거나 금융감독원장으로 하여금 제1호의 조치를 하게 할 수 있다(보험업법 제134조 제1항).

1. 보험회사에 대한 주의 · 경고 또는 그 임직원에 대한 주의 · 경고 · 문책의 요구
2. 해당 위반행위에 대한 시정명령
3. 임원(「금융회사의 지배구조에 관한 법률」에 따른 업무집행책임자는 제외한다)의 해임권고 · 직무정지
4. 6개월 이내의 영업의 일부정지

31. ①

보험회사는 다음 각 호의 어느 하나에 해당하는 사유가 발생한 경우에는 그 사유가 발생한 날부터 5일 이내에 금융위원회에 보고하여야 한다(보험업법 제130조 및 보험업법 시행령 제72조).

1. 상호나 명칭을 변경한 경우
2. 삭제 〈2015.7.31.〉
3. 본점의 영업을 중지하거나 재개(再開)한 경우
4. 최대주주가 변경된 경우
5. 대주주가 소유하고 있는 주식 총수가 의결권 있는 발행주식 총수의 100분의 1 이상만큼 변동된 경우
6. 그 밖에 해당 보험회사의 업무 수행에 중대한 영향을 미치는 경우로서 대통령령으로 정하는 경우

6-1. 자본금 또는 기금을 증액한 경우
6-2. 법 제21조에 따른 조직 변경의 결의를 한 경우
6-3. 법 제13장에 따른 처벌을 받은 경우
6-4. 조세 체납처분을 받은 경우 또는 조세에 관한 법령을 위반하여 형벌을 받은 경우
6-5. 「외국환 거래법」에 따른 해외투자를 하거나 외국에 영업소, 그 밖의 사무소를 설치한 경우
6-6. 보험회사의 주주 또는 주주였던 자가 제기한 소송의 당사자가 된 경우

32. ②

① 보험요율 산출기관은 보험회사가 적용할 수 있는 순보험요율을 산출하여 금융위원회에 신고할 수 있다. 이 경우 신고를 받은 금융위원회는 그 내용을 검토하여 이 법에 적합하면 신고를 수리하여야 한다(보험업법 제176조 제4항).
② 보험회사는 이 법에 따라 금융위원회에 제출하는 기초서류를 보험요율 산출기관으로 하여금 확인하게 할 수 있다(보험업법 제176조 제7항).
③ 보험요율 산출기관은 이 법 또는 이 법에 따른 명령에 특별한 규정이 없으면 민법 중 사단법인에 관한 규정을 준용한다(보험업법 제180조).
④ 보험요율 산출기관은 그 업무와 관련하여 정관으로 정하는 바에 따라 보험회사로부터 수수료를 받을 수 있다(보험업법 제176조 제8항). 금융위원회의 승인을 받을 필요는 없다.

33. ④

① 상호회사와 주식회사가 합병하는 경우에는 이 법 또는 상법의 합병에 관한 규정에 따른다(보험업법 제153조 제3항).
② 보험회사가 합병을 결의한 경우에는 그 결의를 한 날부터 2주 이내에 합병계약의 요지와 각 보험회사의 재무상태표를 공고하여야 한다(보험업법 제151조 제1항).
③ 상호회사가 다른 보험회사와 합병하는 경우에 합병 후 존속하는 보험회사는 상호회사이어야 하지만 합병하는 보험회사의 한 쪽이 주식회사인 경우에는 합병 후 존속하는 보험회사는 주식회사로 할 수 있다(보험업법 제153조 제3항).
④ 보험회사는 합병을 하는 경우에는 7일 이내에 그 취지를 공고하여야 한다. 합병을 하지 아니하게 된 경우에도 그러하다(보험업법 제151조 제2항 및 제145조).

34. ①

① 보험회사가 보험업의 허가취소로 해산한 경우에는 금융위원회가 청산인을 선임한다(보험업법 제156조 제1항).
② 금융위원회는 다음 각 호의 어느 하나에 해당하는 자의 청구에 따라 청산인을 해임할 수 있다(보험업법 제156조 제4항).

1. 감사
2. 3개월 전부터 계속하여 자본금의 100분의 5 이상의 주식을 가진 주주
3. 100분의 5 이상의 사원

③ 보험회사는 해산을 명하는 재판으로 해산한 경우에는 보험금 지급 사유가 해산한 날부터 3개월 이내에 발생한 경우에만 보험금을 지급하여야 한다(보험업법 제158조 제1항).
④ 보험회사는 보험업의 허가취소로 해산한 경우 해산한 날부터 3개월의 기간이 지난 후에는 피보험자를 위하여 적립한 금액이나 아직 지나지 아니한 기간에 대한 보험료를 되돌려주어야 한다(보험업법 제158조 제2항).

35. ③

① 2명 이상의 상근 손해사정사를 두어야 하며 총리령으로 정하는 손해사정사의 구분에 따라 수행할 업무의 종류별로 1명 이상의 상근 손해사정사를 두어야 한다(보험업법 시행령 제98조 제1항).
② 지점 또는 사무소를 설치하려는 경우에는 각 지점 또는 사무소별로 총리령으로 정하는 손해사정사의 구분에 따라 수행할 업무의 종류별로 1명 이상의 손해사정사를 두어야 한다(보험업법 시행령 제98조 제2항).
③ 상근 손해사정사의 인원에 결원이 생겼을 때에는 2개월 이내에 충원해야 하며, 결원이 생긴 기간이 2개월을 초과하는 경우에는 그 기간 동안 손해사정업자는 손해사정업무를 할 수 없다(보험업법 제98조 제3항 및 제4항).
④ 손해사정업의 등록일부터 1개월 내에 업무를 시작해야 하지만, 불가피한 사유가 있다고 금융위원회가 인정하는 경우에는 그 기간을 연장할 수 있다(보험업법 시행령 제98조 제6항).

36. ④

① 보험회사가 선임계리사를 선임하려는 경우에는 이사회의 의결을 거쳐 선임계리사의 선임 후에 금융위원회에 보고하여야 하고, 선임계리사를 해임하려는 경우에는 선임계리사의 해임 전에 이사회의 의결을 거쳐 금융위원회에 신고하여야 한다. 다만 외국보험회사의 국내지점의 경우에는 이사회의 의결을 거치지 아니할 수 있다(보험업법 제181조의2 제1항).
② 보험회사는 선임계리사가 업무정지 명령을 받은 경우에는 업무정지 기간 중 그 업무를 대행할 사람을 선임하여 금융위원회에 보고하여야 한다(보험업법 제181조의2 제4항).
③ 금융위원회는 보험계리사 · 선임계리사 · 보험계리업자 · 손해사정사 또는 손해사정업자가 그 직무를 게을리하거나 직무를 수행하면서 부적절한 행위를 하였다고 인정되는 경우에는 6개월 이내의 기간을 정하여 업무의 정지를 명하거나 해임하게 할 수 있다(보험업법 제192조 제1항).
④ 보험회사가 선임계리사를 선임한 경우에는 그 선임일이 속한

사업연도의 다음 사업연도부터 연속하는 3개 사업연도가 끝나는 날까지 그 선임계리사를 해임할 수 없다. 다만 다음 각 호의 어느 하나에 해당하는 경우에는 그러하지 아니하다(보험업법 제184조 제4항).

1. 선임계리사가 회사의 기밀을 누설한 경우
2. 선임계리사가 그 업무를 게을리하여 회사에 손해를 발생하게 한 경우
3. 선임계리사가 계리업무와 관련하여 부당한 요구를 하거나 압력을 행사한 경우
4. 금융위원회의 해임 요구가 있는 경우

37. ④

보험계리사, 선임계리사 또는 보험계리업자의 업무는 다음 각 호와 같다. 다만 제5호의 업무는 보험계리사 및 보험계리업자만 수행한다(보험업법 시행규칙 제44조).

1. 기초서류 내용의 적정성에 관한 사항
2. 책임준비금, 비상위험준비금 등 준비금의 적립에 관한 사항
3. 잉여금의 배분 · 처리 및 보험계약자 배당금의 배분에 관한 사항
4. 지급여력비율 계산 중 보험료 및 책임준비금과 관련된 사항
5. 상품 공시자료 중 기초서류와 관련된 사항
6. 계리적 최적가정의 검증 · 확인에 관한 사항

38. ④

① 손해사정사 또는 손해사정업자는 손해사정업무를 수행할 때 보험계약자, 그 밖의 이해관계자들의 이익을 부당하게 침해하여서는 아니 되며, 다음 각 호의 행위를 하여서는 아니 된다(보험업법 제189조 제3항 및 보험업법 시행령 제99조 제3항).

1. 고의로 진실을 숨기거나 거짓으로 손해사정을 하는 행위
2. 업무상 알게 된 보험계약자 등에 관한 개인정보를 누설하는 행위
3. 타인으로 하여금 자기의 명의로 손해사정업무를 하게 하는 행위
4. 정당한 사유 없이 손해사정업무를 지연하거나 충분한 조사를 하지 아니하고 손해액 또는 보험금을 산정하는 행위
5. 보험회사 및 보험계약자 등에 대하여 이미 제출받은 서류와 중복되는 서류나 손해사정과 관련이 없는 서류 또는 정보를 요청함으로써 손해사정을 지연하는 행위
6. 보험금 지급을 요건으로 합의서를 작성하거나 합의를 요구하는 행위
7. 그 밖에 공정한 손해사정업무의 수행을 해치는 행위로서 대통령령으로 정하는 행위

7-1. 등록된 업무범위 외의 손해사정을 하는 행위
7-2. 자기 또는 자기와 총리령으로 정하는 이해관계를 가진 자의 보험사고에 대하여 손해사정을 하는 행위
7-3. 자기와 총리령으로 정하는 이해관계를 가진 자가 모집한 보험계약에 관한 보험사고에 대하여 손해사정을 하는 행위(보험회사 또는 보험회사가 출자한 손해사정법인에 소속된 손해사정사가 그 소속 보험회사 또는 출자한 보험회사가 체결한 보험계약에 관한 보험사고에 대하여 손해사정을 하는 행위는 제외한다)

② 보험회사로부터 손해사정업무를 위탁받은 손해사정사 또는 손해사정업자는 손해사정서에 피보험자의 건강정보 등 「개인정보 보호법」에 따른 민감정보가 포함된 경우 피보험자의 동의를 받아야 하며, 동의를 받지 아니한 경우에는 해당 민감정보를 삭제하거나 식별할 수 없도록 하여야 한다(보험업법 시행령 제99조 제2항).

③ 금융위원회는 보험계리업자 또는 손해사정업자가 그 업무를 할 때 고의 또는 과실로 타인에게 손해를 발생하게 한 경우 그 손해의 배상을 보장하기 위하여 보험계리업자 또는 손해사정업자에게 금융위원회가 지정하는 기관에의 자산 예탁, 보험 가입, 그 밖에 필요한 조치를 하게 할 수 있다(보험업법 제191조).

④ 보험회사로부터 손해사정업무를 위탁받은 손해사정사 또는 손해사정업자는 손해사정업무를 수행한 후 손해사정서를 작성한 경우에 지체 없이 대통령령으로 정하는 방법에 따라 보험회사, 보험계약자, 피보험자 및 보험금청구권자에게 손해사정서를 내어 주고, 그 중요한 내용을 알려주어야 한다(보험업법 제189조 제1항).

39. ②

① 보험회사는 그 업무 및 자산상황에 관하여 금융감독원의 검사를 받아야 한다(보험업법 제133조 제2항).

② 금융위원회는 공익 또는 보험계약자 등을 보호하기 위하여 보험회사에 이 법에서 정하는 감독업무의 수행과 관련한 주주 현황, 그 밖에 사업에 관한 보고 또는 자료 제출을 명할 수 있다(보험업법 제133조 제1항).

③ 금융감독원장은 보험회사의 업무 및 자산상황에 관하여 검사를 한 경우에는 그 결과에 따라 필요한 조치를 하고, 그 내용을 금융위원회에 보고하여야 한다(보험업법 제133조 제5항).

④ 금융감독원장은 「주식회사 등의 외부감사에 관한 법률」에 따라 보험회사가 선임한 외부감사인에게 그 보험회사를 감사한 결과 알게 된 정보나 그 밖에 경영건전성과 관련되는 자료의 제출을 요구할 수 있다(보험업법 제133조 제6항).

40. ①

보험협회의 장은 다음 각 호의 사무를 수행하기 위하여 불가피한 경우 「개인정보 보호법」 제23조에 따른 건강에 관한 정보, 같은 법 시행령 제19조에 따른 주민등록번호, 여권번호, 운전면허의 면허번호 또는 외국인등록번호가 포함된 자료를 처리할 수 있다. 다만, 제6호의 사무의 경우에는 「개인정보 보호법」 제23조에 따른 건강에 관한 정보 및 같은 법 시행령 제19조에 따른 운전면허의 면허번호가 포함된 자료는 제외한다(보험업법 시행령 제102조 제4항).

1. 중복계약의 체결을 확인하거나 보험계약을 확인하는 경우 그에 따른 사무
2. 금융위원회로부터 인가받은 상호협정을 수행하는 경우 그에 따른 사무

3. 보험금 지급 및 자료 제출 요구에 관한 사무
3의2. 변액보험계약의 모집에 관한 연수과정의 운영 · 관리에 관한 사무
4. 차량수리비 실태 점검에 관한 사무
4의2. 보험설계사 및 개인보험대리점의 모집 경력 수집 · 관리 · 제공에 관한 사무
5. 보험가입 조회에 관한 사무
6. 포상금 지급에 관한 사무

2과목 보험계약법

01	02	03	04	05	06	07	08	09	10
③	③	③	④	②	③	④	③	①	③
11	12	13	14	15	16	17	18	19	20
③	④	②	①	④	③	④	①	④	④
21	22	23	24	25	26	27	28	29	30
②	③	④	②	②	④	③	①	④	③
31	32	33	34	35	36	37	38	39	40
②	①	④	③	②	③	②	③	③	④

01. ③

① 보험증권을 멸실 또는 현저하게 훼손한 때에는 보험계약자는 보험자에 대하여 증권의 재교부를 청구할 수 있으며, 그 증권 작성의 비용은 보험계약자의 부담으로 한다(상법 제642조). 따라서 재교부 비용을 보험자가 부담하기로 하는 약관 조항은 상법 규정보다 보험계약자에게 유리하게 변경한 것이므로 보험계약자 등의 불이익 변경 금지 원칙의 적용대상이 아니다.

②③ 대법원 판례에 따르면, 수산업협동조합중앙회에서 실시하는 어선공제사업은 항해에 수반되는 해상위험으로 인하여 피공제자의 어선에 생긴 손해를 담보하는 것인 점에서 해상보험에 유사한 것이라고 할 수 있으나, 그 어선공제는 수산업협동조합중앙회가 실시하는 비영리 공제사업의 하나로 소형 어선을 소유하며 연안어업 또는 근해어업에 종사하는 다수의 영세어민들을 주된 가입대상자로 하고 있어 공제계약 당사자들의 계약교섭력이 대등한 기업보험적인 성격을 지니고 있다고 보기는 어렵고 오히려 공제가입자들의 경제력이 미약하여 공제계약 체결에 있어서 공제가입자들의 이익보호를 위한 법적 배려가 여전히 요구된다 할 것이므로, 상법 제663조 단서의 입법취지에 비추어 그 어선공제에는 불이익변경금지원칙의 적용을 배제하지 아니함이 상당하다.[1] 즉 대법원은 기업보험과 가계보험을 단순히 보험종목에 따라 구분하는 것이 아니라, 보험계약자의 종류에 따라 구분한다. 이에 따라 어선공제는 해상보험의 일종이기는 하지만, 소형 어선을 소유한 영세어민이 주로 가입한다는 현실을 감안하여 보험계약자 등의 불이익 변경 금지 원칙의 적용대상으로 보고 있다.

④ 항공기 기체보험은 기업보험에 해당하기 때문에, 상법에 규정된 고지의무 위반 해지권 행사기간(계약 체결일로부터 3년)을 5년으로 연장한 약관 조항이라고 하더라도 이는 보험계약자 불이익 변경 금지원칙의 적용대상이 아니다.

02. ③

①③ 보험계약은 별도의 형식을 필요로 하지 않으며 보험자의 승낙으로 유효하게 성립하는 불요식낙성계약이다. 따라서 보험증권의 교부 등은 보험계약의 성립과는 아무런 관련이 없다.
② 보험계약은 계약 당사자 일방이 정한 계약 조건에 상대방이 따를 수밖에 없다는 부합계약의 특성을 가진다.
④ 보험자의 책임은 당사자간에 다른 약정이 없으면 최초의 보험료의 지급을 받은 때로부터 개시한다(상법 제656조).

03. ③

① 개별물건은 물론이고 집합된 물건도 일괄하여 보험의 목적으로 할 수 있다(상법 제686조).
② 인보험은 그 특성상 보험사고의 대상이 되는 피보험자가 자연인이어야 한다. 법인은 인보험의 피보험자가 될 수 없다.
③ 지적재산권도 손해보험의 대상이 될 수 있다.
④ 보험의 목적은 보험사고의 대상이 되는 객체를 의미한다. 보험계약의 목적은 피보험이익을 의미한다.

04. ④

① 보험계약 당시에 보험사고가 이미 발생하였거나 또는 발생할 수 없는 것인 때에는 그 계약은 무효로 한다. 그러나 당사자 쌍방과 피보험자가 이를 알지 못한 때에는 유효하다(상법 제644조). 따라서 보험계약자가 사고가 발생한 것을 알고서 보험계약을 체결하였다면 보험계약의 효력은 발생하지 않는다.
② 소급보험에서도 보험료 선급의 원칙이 적용된다. 즉 소급보험의 보험료를 지급받은 이후에 보험사고 발생 사실을 알게 되어야 보험자가 보상책임을 부담한다.
③ 소급보험은 보험기간이 보험계약기간보다 장기이다.
④ 소급보험은 보험계약은 성립 이전의 일정한 어느 시기(時期)를 보험기간의 시기(始期)로 하는 보험계약이다(상법 제643조).

05. ②

가. 대법원 판례에 따르면, "외과적 수술, 그 밖의 의료처치로 인한 손해를 보상하지 아니한다. 그러나 회사가 부담하는 상해로 인한 경우에는 보상한다."라는 상해보험약관 면책조항은 특정 질병 등을 치료하기 위한 외과적 수술 등의 과정에서 의료과실이 개입되어 발생한 손해를 보상하지 않는다는 것은 일반인이 쉽게 예상하기 어렵다. 따라서 약관에 정하여진 사항이 보험계약 체결 당시 금융감독원이 정한 표준약관에 포함되어 시행되고 있었다거나 국내 각 보험회사가 위 표준약관을 인용하여 작성한 보험약관에 포함되어 널리 보험계약이 체결되었다는 사정만으로는 그 사항이 '거래상 일반적이고 공통된 것이어서 보험계약자가 별도의 설명 없이 충분히 예상할 수 있었던 사항'에 해당하여 보험자에게 명시 · 설명의

1) 대법원 1996.12.20. 선고 96다23818 판결

무가 면제된다고 볼 수 없다.[2] (설명대상 O)

나. 대법원 판례에 따르면, 피보험자동차의 양도에 관한 통지의무를 규정한 보험약관은 거래상 일반인들이 보험자의 개별적인 설명 없이도 충분히 예상할 수 있었던 사항인 점 등에 비추어 보험자의 개별적인 명시 · 설명의무의 대상이 되지 않는다.[3] (설명대상 X)

다. 대법원 판례에 따르면, 상해보험의 특별약관에 '보장개시 전의 원인에 의하거나 그 이전에 발생한 후유장해로서 후유장해보험금의 지급사유가 되지 않았던 후유장해가 있었던 피보험자의 동일 신체 부위에 또다시 후유장해가 발생하였을 경우에는 기존 후유장해에 대한 후유장해보험금이 지급된 것으로 보고 최종 후유장해상태에 해당되는 후유장해보험금에서 이미 지급받은 것으로 간주한 후유장해보험금을 차감한 나머지 금액을 지급한다'고 정한 사안에서, 정액보험인 상해보험에서는 기왕장해가 있는 경우에도 약정 보험금 전액을 지급하는 것이 원칙이고 예외적으로 감액규정이 있는 경우에만 보험금을 감액할 수 있으므로, 위 기왕장해 감액규정과 같이 후유장해보험금에서 기왕장해에 해당하는 보험금 부분을 감액하는 것이 거래상 일반적이고 공통된 것이어서 보험계약자가 별도의 설명 없이도 충분히 예상할 수 있는 내용이라거나, 이미 법령에 정하여진 것을 되풀이하거나 부연하는 정도에 불과한 사항이라고 볼 수 없어, 보험계약자나 대리인이 내용을 충분히 잘 알고 있지 않는 한 보험자는 기왕장해 감액규정을 명시 · 설명할 의무가 있다.[4] (설명대상 O)

라. 대법원 판례에 따르면, 화물운송주선업 등을 영위하는 갑 주식회사가 을 보험회사와 체결한 적재물배상책임보험의 보통약관에서 '보상하는 손해'에 관하여 피보험자가 화주로부터 수탁받은 시점으로부터 수하인에게 인도하기까지의 운송과정(차량운송 및 화물운송 부수업무) 동안에 발생한 보험사고로 수탁화물에 대한 법률상의 배상책임을 부담함으로써 입은 손해를 보상한다고 규정한 사안에서, 위 보험계약은 화물자동차 운수사업법에 따라 일정 규모 이상의 화물자동차를 소유하고 있는 운송사업자나 특정 화물을 취급하는 운송주선사업자 등이 반드시 가입하여야 하는 의무보험으로서, 보험계약자인 갑 회사로서는 보험금 지급대상이 되는 보험사고가 '차량운송 및 화물운송 부수업무'가 이루어지는 육상 운송과정 동안에 발생한 보험사고에 한정되고 수탁화물을 적재한 차량이 선박에 선적되어 선박을 동력수단으로 해상구간을 이동하는 경우에는 제외된다는 설명을 들었더라도 보험계약을 체결하였을 것으로 보이므로, 위 약관조항은 명시 · 설명의무의 대상이 되는 보험계약의 중요한 내용이라고 할 수 없다.[5] (설명대상 X)

마. 대법원 판례에 따르면, 대한주택보증 주식회사의 보증규정과 그 시행세칙에 해당 조항에 입주자모집공고 승인으로 보증기간이 개시된 후 분양률 저조 등의 사유로 입주자모집공고 승인이 취소되어 보증서를 반환하는 경우 보증계약을 해지하고, 입주자모집공고 승인 취소일을 기준으로 잔여 보증기간에 대한 보증료를 환불한다는 내용을 규정하고 있는데, 아파트 건설사업주체인 갑 주식회사 등이 대한주택보증 주식회사와 주택분양보증계약을 체결하면서 계약에 따른 채무를 보증하기 위하여 주택분양보증채무약정을 체결하고 보증료를 지급한 후 관할 관청으로부터 입주자모집공고 승인을 받았으나 입주자모집을 공고하지 않았고, 그 후 위 승인이 취소되자 대한주택보증 주식회사를 상대로 이미 지급한 보증료 전액의 반환을 구한 사안에서, 상법 제649조는 보험사고가 발생하기 전에 보험계약자가 언제든지 계약의 전부 또는 일부를 해지할 수 있고, 이러한 경우 당사자 사이에 다른 약정이 없으면 미경과보험료의 반환을 청구할 수 있도록 정하고 있는데, 위 해당 조항은 이를 풀어서 규정한 것으로 볼 수 있고, 위 해당 조항은 분양보증계약에서 입주자모집공고 승인이 이루어지고 보증기간이 개시된 이후에 승인이 취소됨에 따라 계약의 목적을 달성하기 어려워 계약의 해지를 인정할 만한 상당한 이유를 구체적으로 예시하고, 해지의 효과로서 보증료의 반환범위를 잔여 보증기간에 대한 보증료만 반환하도록 정한 것이다. 따라서 이는 거래상 일반적이고 공통된 것으로 계약 상대방인 갑 회사 등이 대한주택보증 주식회사의 설명 없이도 충분히 예상할 수 있었던 사항에 해당하므로, 해당 조항은 약관의 중요한 내용이 아니어서 설명의무의 대상으로 볼 수 없다.[6] (설명대상 X)

바. 대법원 판례에 따르면, 연금보험에서 향후 지급받는 연금액은 당해 보험계약 체결 여부에 영향을 미치는 중요한 사항이므로, 연금보험계약의 체결에 있어 보험자 등은 보험계약자 등에게, 수학식에 의한 복잡한 연금계산방법 자체를 설명하지는 못한다고 하더라도, 대략적인 연금액과 함께 그것이 변동될 수 있는 것이면 그 변동가능성에 대하여 설명하여야 한다. 따라서 보험계약을 체결할 당시에 보험자가 보험계약자에게 보험계약에 따른 연금액이 1년 만기 정기예금이율에 따라 변동될 수 있다는 사실을 설명하지 않았다면 설명의무를 위반한 것이다.[7] (설명대상 O)

06. ③

①③ 대법원 판례에 따르면, 보험자 및 보험계약의 체결 또는 모집에 종사하는 자는 보험계약의 체결에 있어서 보험계약자 또는 피보험자에게 보험약관에 기재되어 있는 보험상품의 내용, 보험료율의 체계 및 보험청약서상 기재사항의 변동사항 등 보험계약의 중요한 내용에 대하여 구체적이고 상세한 명시 · 설명의무를 지고 있으므로, 보험자가 이러한 보험약관의 명시 · 설명의무에 위반하여 보험계약을 체결한 때에는 그 약관의 내용을 보험계약의 내용으로 주장할 수 없고, 보험계약자나 그

2) 대법원 2013.6.28. 선고 2012다107051 판결
3) 대법원 2007.4.27. 선고 2006다87453 판결
4) 대법원 2015.3.26. 선고 2014다229917, 229924 판결
5) 대법원 2016.9.23. 선고 2016다221023 판결
6) 대법원 2018.10.25. 선고 2014다232784 판결
7) 대법원 2015.11.17. 선고 2014다81542 판결

대리인이 그 약관에 규정된 고지의무를 위반하였다 하더라도 이를 이유로 보험계약을 해지할 수 없다. 또한 보험자가 약관의 교부 및 설명의무를 위반한 때에 보험계약자가 행사할 수 있는 취소권은 보험계약자에게 주어진 권리일 뿐 의무가 아님이 그 법문상 명백하므로, 보험계약자가 보험계약을 취소하지 않았다고 하더라도 보험자의 설명의무 위반의 법률효과가 소멸되어 이로써 보험계약자가 보험자의 설명의무 위반의 법률효과를 주장할 수 없다거나 보험자의 설명의무 위반의 하자가 치유되는 것은 아니다.[8]

②④ 보험자는 보험계약을 체결할 때에 보험계약자에게 보험약관을 교부하고 그 약관의 중요한 내용을 설명하여야 한다. 보험자가 이러한 설명의무를 위반한 경우 보험계약자는 보험계약이 성립한 날부터 3개월 이내에 그 계약을 취소할 수 있다(상법 제638조의3).

07. ④

① 보험자가 서면으로 질문한 사항은 중요한 사항으로 추정한다(상법 제651조의2).

② 대법원 판례에 따르면, 보험자가 고지의무 위반을 이유로 보험계약을 해지하기 위해서는 보험계약자 또는 피보험자가 고지의무가 있는 사항에 대한 고지의무의 존재와 그러한 사항의 존재에 대하여 이를 알고도 고의로 또는 중대한 과실로 인하여 이를 알지 못하여 고지의무를 다하지 않은 사실이 증명되어야 한다. 여기서 '중대한 과실'이란 고지하여야 할 사실은 알고 있었지만 현저한 부주의로 인하여 그 사실의 중요성의 판단을 잘못하거나 그 사실이 고지하여야 할 중요한 사실이라는 것을 알지 못하는 것을 말한다.[9]

③ 인보험계약에서 고지의무 위반 등으로 인하여 보험계약이 해지되거나 보험금액의 지급책임이 면제된 때에는, 보험자는 보험수익자를 위하여 적립한 금액을 보험계약자에게 지급하여야 한다(상법 제736조).

④ 대법원 판례에 따르면, 고지의무 위반을 이유로 한 해지의 의사표시는 계약의 상대방 당사자인 보험계약자나 그의 상속인(또는 그들의 대리인)에게 하여야 하고, 타인을 위한 보험에서도 보험수익자에게 해지의 의사표시를 한 것은 특별한 사정(보험약관상의 별도기재 등)이 없는 한 효력이 없다.[10]

08. ③

① 보험계약의 당사자가 특별한 위험을 예기하여 보험료의 액을 정한 경우에 보험기간 중 그 예기한 위험이 소멸한 때에는 보험계약자는 그 후의 보험료의 감액을 청구할 수 있다(상법 제647조).

② 손해보험계약에서 보험금액이 보험가액을 현저하게 초과하거나 보험가액이 보험기간 중에 현저하게 감소된 경우(초과보험)에는 보험자 또는 보험계약자는 보험료와 보험금액의 감액을 청구할 수 있다(상법 제669조).

③ 보험기간 중에 사고발생의 위험이 현저하게 변경 · 증가된 경우에는 보험자는 그 사실을 안 날로부터 1월 내에 보험료의 증액을 청구할 수 있다(상법 제652조).

④ 보험사고가 발생하기 전에는 보험계약자는 언제든지 보험계약의 전부 또는 일부를 해지할 수 있다(상법 제649조 제1항). 보험료 감액 청구는 일정한 사유(위험의 감소 등)가 있는 경우에만 가능하다.

09. ①

① 해지예고부최고는 보험료의 부지급을 정지조건으로 하여 미리 해지의 의사표시를 하는 것이다. 정지조건이란 어떠한 조건이 성취되면 법률행위의 효력이 발생하는 것을 말한다(민법 제147조 제1항). 즉 보험료의 부지급이라는 조건이 성취되면 보험계약은 해지된다.

② 계속보험료 납입최고는 계속보험료가 약정한 시기에 지급되지 아니한 때에 하여야 한다. 따라서 계속보험료 지급기일이 도래하기 전에 보험료의 지급에 관한 안내장을 보험계약자에게 보내는 것은 상법상 최고로서의 효력이 없다.

③ 해지예고부최고를 일반우편으로 송부하는 것은 그 우편물이 보험계약자 측의 주소지에 도달하였다고 추정할 수 없으므로, 등기우편처럼 발신 및 수신의 과정을 객관적으로 확인할 수 있는 방법으로 하여야 한다.

④ 보험계약자는 계약 체결 후 지체없이 보험료의 전부 또는 제1회 보험료를 지급하여야 하며, 보험계약자가 이를 지급하지 아니하는 경우에는 다른 약정이 없는 한 계약 성립 후 2월이 경과하면 그 계약은 해제된 것으로 본다(상법 제650조 제1항).

10. ③

① 타인을 위한 보험계약의 법적 성질은 민법상 제삼자를 위한 계약으로 보는 것이 일반적인 견해이다. 다만 민법상 제삼자를 위한 계약에서 제삼자의 권리가 발생하려면 수익의 의사표시가 있어야 하는 것(민법 제539조 제2항)과는 달리, 타인을 위한 보험계약에서는 타인의 수익 의사표시가 필요없다는 차이점이 있다. 따라서 보험사고가 발생하면 피보험자 또는 보험수익자는 보험계약자의 동의나 협조가 없더라도 당연히 보험금청구권을 행사할 수 있다.

② 보험계약자는 위임을 받거나 위임을 받지 아니하고 특정 또는 불특정의 타인을 위하여 보험계약을 체결할 수 있다. 그러나 손해보험계약의 경우에 그 타인의 위임이 없는 때에는 보험계약자는 이를 보험자에게 고지하여야 하고, 그 고지가 없는 때에는 타인이 그 보험계약이 체결된 사실을 알지 못하였다는 사유로 보험자에게 대항하지 못한다(상법 제639조 제1항).

③ 타인을 위한 보험에서도 보험계약의 당사자는 보험계약자이다. 따라서 보험계약자는 보험자에 대하여 보험료를 지급할 의무가 있다. 그러나 보험계약자가 파산선고를 받거나 보험료의 지급을 지체한 때에는 그 타인이 그 권리를 포기하지 아니하는 한 그 타인도 보험료를 지급할 의무가 있다(상법 제639조 제3항).

8) 대법원 1996.4.12. 선고 96다4893 판결
9) 대법원 2011.4.14. 선고 2009다103349 판결
10) 대법원 1989.2.14. 선고 87다카2973 판결

④ 타인을 위한 인보험을 체결할 때에는 보험계약자는 그 타인을 특정하여 정할 수도 있고, 특정하지 않은 상태에서 보험계약을 체결한 뒤 사고가 발생하기 전에 정하여도 무방하다. 반드시 타인이 구체적으로 특정되어야 하는 것도 아니므로, 보험계약자나 피보험자의 상속인을 보험수익자로 하는 등 같이 이른바 불특정 타인을 위한 보험계약도 가능하다. 보험실무상 사망보험의 보험수익자는 대부분 법정상속인으로 지정하는 경우가 많다.

11. ③

① 승낙전 사고 담보와 승낙의제는 별개의 규정이므로, 승낙전 사고가 발생하였다고 하더라도 승낙의제는 적용된다.
② 보험계약자가 청약을 철회하였다면 보험자는 낙부통지의무를 부담하지 않는다.
③ 인보험계약에서 피보험자가 신체검사를 받아야 하는 경우의 낙부통지기간은 피보험자가 신체검사를 받은 날부터 기산한다(상법 제638조의2 제1항).
④ 보험계약자와 보험자 간에 상시 거래관계와는 관계없이 승낙의제가 적용된다.

12. ④

① 대법원 판례에 따르면, 자동차보험에 있어서는 피보험자동차의 용도와 차종뿐만 아니라 그 구조에 따라서도 보험의 인수 여부와 보험료율이 달리 정하여지는 것이므로 보험계약 체결 후에 피보험자동차의 구조가 현저히 변경된 경우에는 그러한 사항이 계약 체결 당시에 존재하고 있었다면 보험자가 보험계약을 체결하지 않았거나 적어도 그 보험료로는 보험을 인수하지 않았을 것으로 인정되는 사실에 해당하여 상법 제652조 소정의 통지의무의 대상이 되고, 따라서 보험계약자나 피보험자가 이를 해태할 경우 보험자는 바로 상법 규정에 의하여 자동차보험계약을 해지할 수 있다.[11]
② 대법원 판례에 따르면, 보험계약자인 회사의 근로자들이 폐업신고에 항의하면서 화재보험의 목적인 공장건물을 상당기간 점거하여 외부인의 출입을 차단하고 농성하는 행위는 약관에서 말하는 보험목적물 또는 이를 수용하는 건물에 대한 점유의 성질을 변경하거나 또는 그에 영향을 주어 보험료 등을 조정할 필요성이 있게 하는 사정에 해당한다.[12]
③ 대법원 판례에 따르면, 화재보험에 있어서는 피보험 건물의 구조와 용도뿐만 아니라 그 변경을 가져오는 증 · 개축에 따라 보험의 인수 여부와 보험료율이 달리 정하여지는 것이므로 화재보험계약의 체결 후에 건물의 구조와 용도에 상당한 변경을 가져오는 증 · 개축공사가 시행된 경우에는 그러한 사항이 계약 체결 당시에 존재하고 있었다면 보험자가 보험계약을 체결하지 않았거나 적어도 그 보험료로는 보험을 인수하지 않았을 것으로 인정되는 사실에 해당하여 상법 제652조 제1항 및 화재보험보통약관에서 규정한 통지의무의 대상이 된다.[13]
④ 대법원 판례에 따르면, 렌터카 회사인 보험가입자가 피보험차량을 지입차주인으로 하여금 렌터카 회사의 감독을 받지 아니하고 독자적으로 렌터카 영업을 하는 것을 허용하는 형태로 차량임대사업을 영위한 때에는, 그 운행 형태는 대여자동차의 본래의 운행 형태와 거의 같은 것이어서 사고위험률이 현저히 높다고 볼 수 없다. 따라서 영업용 자동차보험계약에 있어 고지의무의 대상이 되는 중요한 사항, 또는 통지의무나 위험유지의무의 대상이 되는 위험의 현저한 변경이나 증가된 사실에 해당된다고 인정하기 어렵다.[14]

13. ②

보험금청구권은 3년간, 보험료 또는 적립금의 반환청구권은 3년간, 보험료청구권은 2년간 행사하지 아니하면 시효의 완성으로 소멸한다(상법 제662조).

14. ①

① 대법원 판례에 따르면, 보험약관에서 '이륜자동차를 계속적으로 사용하게 된 경우'를 보험계약 후 알릴 의무의 대상으로 규정하고 있다면, 보험가입자는 '이륜자동차를 계속적으로 사용하게 된 것은 사고발생의 위험이 현저하게 변경 또는 증가된 경우에 해당하여 보험회사에 통지하여야 하고, 이를 이행하지 않을 경우 계약이 해지될 수 있다.'는 사정까지 예상할 수는 없고, 해당 약관 조항의 내용이 단순히 법령에 의하여 정하여진 것을 되풀이하거나 부연하는 정도에 불과하다고 보기도 어려우므로, 보험회사의 명시 · 설명의무는 면제되지 않는다.[15]
② 대법원 판례에 따르면, 장해분류표에서 "심한 추간판탈출증"을 "추간판탈출증(속칭 디스크)으로 추간판을 2마디 이상 수술하거나 하나의 추간판이라도 2회 이상 수술하고 마미신경증후군이 발생하여 하지의 현저한 마비 또는 대소변의 장해가 있는 경우"라고 정의한 경우, 장해분류표 '총칙'의 정의 조항과 '장해분류별 판정기준' 중 추간판탈출증과 관련한 여러 조항을 포함하여 약관의 전체적인 논리적 맥락 속에서 위 약관 조항이 갖는 의미를 살펴보면, '심한 추간판탈출증'에 해당하기 위해서는 장해의 필수적인 표지인 '육체의 훼손상태나 기능상실 상태'에 해당하는 요소가 반드시 포함되어 있어야 한다는 점을 쉽게 알 수 있다. 따라서 '장해분류별 판정기준' 중 '심한 추간판탈출증'을 정한 조항을 '추간판을 2마디 이상 수술'한 것만으로도 그에 해당하는 것으로 규정하고 있다고 해석할 여지는 없고, '하나의 추간판이라도 2회 이상 수술하고 하지의 현저한 마비 또는 대소변의 장해가 있는 경우'에 '심한 추간판탈출증'에 해당하는 것과 마찬가지로, '추간판을 2마디 이상 수술하고 하지의 현저한 마비 또는 대소변의 장해가 있는 경우'에 '심한 추간판탈출증'에 해당한다고 일의적으로 해

11) 대법원 1998.11.27. 선고 98다32564 판결
12) 대법원 1992.7.10. 선고 92다13301, 92다13318 판결
13) 대법원 2000.7.4. 선고 98다62909, 62916 판결
14) 대법원 1997.9.5. 선고 95다25268 판결
15) 대법원 2021.8.26. 선고 2020다291449 판결

석할 수밖에 없다.[16]

③ 대법원 판례에 따르면, 보험계약자가 다수의 계약을 통하여 보험금을 부정 취득할 목적으로 보험계약을 체결하여 그것이 민법 제103조에 따라 선량한 풍속 기타 사회질서에 반하여 무효인 경우 보험자의 보험금에 대한 부당이득반환청구권은 상법 제64조를 유추적용하여 5년의 상사 소멸시효기간이 적용된다.[17]

④ 대법원 판례에 따르면, 숙박업자와 고객의 관계는 통상적인 임대인과 임차인의 관계와는 다르며, 숙박업자는 고객에게 객실을 사용 · 수익하게 하는 것을 넘어서서 고객이 안전하고 편리하게 숙박할 수 있도록 시설 및 서비스를 제공하고 고객의 안전을 배려할 보호의무를 부담한다. 숙박업자에게는 숙박시설이나 설비를 위생적이고 안전하게 관리할 공법적 의무도 부과된다. 숙박업자는 고객에게 객실을 제공한 이후에도 필요한 경우 객실에 출입하며 고객의 안전 배려 또는 객실 관리를 위한 조치를 취하기도 한다. 숙박업자가 고객에게 객실을 제공하여 일시적으로 이를 사용 · 수익하게 하더라도 객실을 비롯한 숙박시설에 대한 점유는 그대로 유지하는 것이 일반적이다. 그러므로 객실을 비롯한 숙박시설은 특별한 사정이 없는 한 숙박기간 중에도 고객이 아닌 숙박업자의 지배 아래 놓여 있다고 보아야 한다. 그렇다면 임차인이 임대차기간 중 목적물을 직접 지배함을 전제로 한 임대차 목적물 반환의무 이행불능에 관한 법리는 이와 전제를 달리하는 숙박계약에 그대로 적용될 수 없다. 고객이 숙박계약에 따라 객실을 사용 · 수익하던 중 발생 원인이 밝혀지지 않은 화재로 인하여 객실에 발생한 손해는 특별한 사정이 없는 한 숙박업자의 부담으로 귀속된다고 보아야 한다.[18]

15. ④

① 대법원 판례에 따르면, 자동차보험계약상 자기신체사고로 규정된 "피보험자가 피보험자동차를 소유, 사용, 관리하는 동안에 생긴 피보험자동차의 사고로 인하여 상해를 입었을 때"라고 함은, 피보험자가 피보험자동차를 그 용법에 따라 소유, 사용, 관리하던 중 그 자동차에 기인하여 피보험자가 상해를 입은 경우를 의미하고, 이때 자동차를 그 용법에 따라 사용한다는 것은 자동차의 용도에 따라 그 구조상 설비되어 있는 각종의 장치를 각각의 장치목적에 따라 사용하는 것을 말하며, 한편 자동차를 그 용법에 따른 사용 이외에 그 사고의 다른 직접적인 원인이 존재하거나, 그 용법에 따른 사용의 도중에 일시적으로 본래의 용법 이외의 용도로 사용한 경우에도 전체적으로 위 용법에 따른 사용이 사고발생의 원인이 된 것으로 평가될 수 있다면 역시 자동차의 사고라고 보아야 한다. 따라서 갑이 을 보험회사와 체결한 영업용자동차보험계약의 피보험차량인 트럭의 적재함에 화물을 싣고 운송하다가 비가 내리자 시동을 켠 상태로 운전석 지붕에 올라가 적재함에 방수비닐을 덮던 중 미끄러져 상해를 입었다면, 이 사고는 전체적으로 피보험차량의 용법에 따른 사용이 사고발생의 원인이 되었으므로 보험계약이 정한 보험사고에 해당한다.[19]

② 대법원 판례에 따르면, 임차인의 임차물 반환채무가 이행불능이 된 경우 임차인이 그 이행불능으로 인한 손해배상책임을 면하려면 그 이행불능이 임차인의 귀책사유로 말미암은 것이 아님을 입증할 책임이 있으며, 임차건물이 화재로 소훼된 경우에 있어서 그 화재의 발생원인이 불명인 때에도 임차인이 그 책임을 면하려면 그 임차건물의 보존에 관하여 선량한 관리자의 주의의무를 다하였음을 입증하여야 한다.[20]

③ 대법원 판례에 따르면, 원인불명의 화재사고에서 화재가 임차 목적물에서 발생하여 임치하지 않은 목적물까지 타버린 경우에, 임차 외 건물 부분이 구조상 불가분의 일체를 이루는 관계에 있는 부분이라 하더라도, 그 부분에 발생한 손해에 대하여 임대인이 임차인을 상대로 채무불이행을 원인으로 하는 배상을 구하려면, 임차인이 보존 · 관리의무를 위반하여 화재가 발생한 원인을 제공하는 등 화재 발생과 관련된 임차인의 계약상 의무 위반이 있었고, 그러한 의무 위반과 임차 외 건물 부분의 손해 사이에 상당인과관계가 있으며, 임차 외 건물 부분의 손해가 의무 위반에 따라 민법 제393조에 의하여 배상하여야 할 손해의 범위 내에 있다는 점에 대하여 임대인이 주장 · 증명하여야 한다.[21]

④ 대법원 판례에 따르면, 피보험자가 임의 비급여 진료행위에 따라 요양기관에 진료비를 지급한 다음 실손의료보험계약상의 보험자에게 청구하여 진료비와 관련한 보험금을 지급받았는데, 진료행위가 위법한 임의 비급여 진료행위로서 무효인 동시에 보험자와 피보험자가 체결한 실손의료보험계약상 진료행위가 보험금 지급사유에 해당하지 아니하여 보험자가 피보험자에 대하여 보험금 상당의 부당이득반환채권을 갖게 된 경우, 채권자인 보험자가 금전채권인 부당이득반환채권을 보전하기 위하여 채무자인 피보험자를 대위하여 제3채무자인 요양기관을 상대로 진료비 상당의 부당이득반환채권을 행사하는 형태의 채권자대위소송에서 채무자가 자력이 있는 때에는 보전의 필요성이 인정된다고 볼 수 없다.[22] 따라서 채권자인 보험자는 채무자인 피보험자를 대위하여 제3채무자인 요양기관을 상대로 진료비 상당의 부당이득반환채권을 행사하는 형태의 채권자대위소송을 제기할 수 없다.

16) 대법원 2021.10.14. 선고 2018다279217 판결
17) 대법원 2021.7.22. 선고 2019다277812 전원합의체 판결
18) 대법원 2023.11.2. 선고 2023다244895 판결
19) 대법원 2023.2.2. 선고 2022다266522 판결
20) 대법원 2001.1.19. 선고 2000다57351 판결
21) 대법원 2017.5.18. 선고 2012다86895, 86901 전원합의체 판결
22) 대법원 2022.8.25. 선고 2019다229202 전원합의체 판결

16. ③

① 대법원 판례에 따르면, 자기신체사고 자동차보험(자손사고보험)은 피보험자의 생명 또는 신체에 관하여 보험사고가 생길 경우에 보험자가 보험계약이 정하는 보험금을 지급할 책임을 지는 것으로서 그 성질은 인보험의 일종이다.[23]

② 대법원 판례에 따르면, 자동차상해보험은 피보험자가 피보험자동차를 소유 · 사용 · 관리하는 동안에 생긴 피보험자동차의 사고로 인하여 상해를 입었을 때에 보험자가 보험약관에 정한 사망보험금이나 부상보험금 또는 후유장해보험금 등을 지급할 책임을 지는 것으로서 인보험의 일종이기는 하나, 피보험자가 급격하고도 우연한 외부로부터 생긴 사고로 인하여 신체에 상해를 입은 경우에 그 결과에 따라 보험약관에 정한 보상금을 지급하는 보험이어서 그 성질상 상해보험에 속한다. 따라서 자동차상해보험 중 피보험자가 상해의 결과 사망에 이른 때에 지급되는 사망보험금 부분을 분리하여 이를 생명보험에 속한다고는 볼 수 없다.[24]

③ 대법원 판례에 따르면, **자기신체사고 자동차보험(자손사고보험)**은 피보험자의 생명 또는 신체에 관하여 보험사고가 생길 경우에 보험자가 보험계약이 정하는 보험금을 지급할 책임을 지는 것으로서 그 성질은 인보험의 일종이라고 할 것이므로, 그와 같은 인보험에 있어서의 **음주운전 면책약관**이 보험사고가 전체적으로 보아 고의로 평가되는 행위로 인한 경우뿐만 아니라 과실(중과실 포함)로 평가되는 행위로 인한 경우까지 포함하는 취지라면 과실로 평가되는 행위로 인한 사고에 관한 한 **무효**라고 보아야 한다.[25]

④ 자동차상해특약은 자동차보험의 자기신체사고특약에서 피보험자가 보상받을 수 있는 경우에, 보상받는 범위(금액)를 넓히기 위한 특별약관이다. 따라서 보험가입자는 자기신체사고특약과 자동차상해특약을 동시에 가입할 수 없으며, 자기신체사고특약을 대체하여 적용하는 방식으로 운영된다.

17. ④

① 대법원 판례에 따르면, 피보험자가 무보험자동차에 의한 교통사고로 인하여 상해를 입었을 때 그 손해에 대하여 배상할 의무자가 있는 경우 보험자가 약관에 정한 바에 따라 피보험자에게 그 손해를 보상하는 것을 내용으로 하는 무보험자동차에 의한 상해 담보특약(이하 '무보험자동차특약보험'이라고 한다)은 상해보험의 성질과 함께 손해보험의 성질도 갖고 있는 손해보험형 상해보험이다. 그러므로 하나의 사고에 관하여 여러 개의 무보험자동차특약보험계약이 체결되고 그 보험금액의 총액이 피보험자가 입은 손해액을 초과하는 때에는 손해보험에 관한 상법 제672조 제1항이 준용되어 보험자는 각자의 보험금액의 한도에서 연대책임을 지고, 이 경우 각 보험자 사이에서는 각자의 보험금액의 비율에 따른 보상책임을 진다. 위와 같이 상법 제672조 제1항이 준용됨에 따라 여러 보험자가 각자 보험금액 한도에서 연대책임을 지는 경우 특별한 사정이 없는 한 그 보험금 지급책임의 부담에 관하여 각 보험자 사이에 주관적 공동관계가 있다고 보기 어려우므로, 각 보험자는 그 보험금 지급채무에 대하여 부진정연대관계에 있다. 이때 피보험자는 여러 보험자 중 한 보험자에게 그 보험금액 한도에서 보험금 지급을 청구할 수 있고, 그 보험자는 그 청구에 따라 피보험자에게 보험금을 지급한 후 부진정연대관계에 있는 다른 보험자에게 그 부담부분 범위 내에서 구상권을 행사할 수 있다. 다만 상법 제672조 제1항은 강행규정이 아니므로 각 보험계약의 당사자는 중복보험에 있어서 피보험자에 대한 보험자의 보상책임 방식이나 보험자들 사이의 책임 분담 방식에 대하여 상법의 규정과 다른 내용으로 정할 수 있다.[26]

②③④ 대법원 판례에 따르면, 하나의 사고에 관하여 여러 개의 무보험자동차에 의한 상해담보특약이 체결되고 그 보험금액의 총액이 피보험자가 입은 손해액을 초과하는 때에는 손해보험에 관한 상법 제672조 제1항이 준용되어 보험자는 각자의 보험금액의 한도에서 연대책임을 지고, 이 경우 각 보험자 사이에서는 각자의 보험금액의 비율에 따른 보상책임을 진다. 이러한 경우 중복보험자 중 1인이 단독으로 피보험자에게 보험약관에서 정한 보험금 지급기준에 따라 정당하게 산정된 보험금을 지급하였다면 상법 제672조 제1항에 근거하여 다른 중복보험자를 상대로 각자의 보험금액의 비율에 따라 산정한 분담금의 지급을 청구할 수 있다. 그리고 이러한 청구권은 상법 제729조 단서에 근거하여 당사자 사이에 다른 약정이 있어 피보험자의 권리를 해하지 아니하는 범위 안에서 피보험자에 대한 배상의무자를 상대로 행사할 수 있는 보험자대위에 의한 청구권과 별개의 권리이므로, 그 중복보험자는 각 청구권의 성립 요건을 개별적으로 충족하는 한 **어느 하나를 먼저 행사하여도 무방하고 양자를 동시에 행사할 수도 있다.** 따라서 보험금을 단독으로 지급한 중복보험자가 다른 중복보험자로부터 분담금 전부 또는 일부를 지급받아 만족을 얻었다고 하더라도 피보험자에 대한 배상의무자를 상대로 보험자대위에 의한 청구권을 행사할 수 있고, 다만 그 범위는 보험약관에 따라 정당하게 산정되어 지급된 보험금 중 그 보험금에서 위와 같이 만족을 얻은 부분을 제외한 나머지 금액의 비율에 상응하는 부분으로 축소된다고 봄이 타당하다.[27]

18. ①

① 피보험이익은 손해보험의 체결과 성립에 있어 절대적인 존재이므로, 피보험이익이 없는 손해보험계약이 체결되었다면 그 보험계약은 무효이다. 피보험이익은 보험계약의 전제조건과도 같으므로 요건의 흠결을 이유로 그 무효를 주장하는 것이 신의성실의 원칙 또는 금반언의 원칙에 위배되는 권리행사라는 이유로 이를 배척한다면 이러한 취지를 몰각시키는 결과를 초래하므로 특단의 사정이 없는 한 그러한 주장이 신의성실 등의 원칙에 반한다고 볼 수는 없다.

---

23) 대법원 2017.7.18. 선고 2016다216953 판결
24) 대법원 2004.7.9. 선고 2003다29463 판결
25) 대법원 1998.12.22. 선고 98다35730 판결
26) 대법원 2024.2.15. 선고 2023다272883 판결
27) 대법원 2023.6.1. 선고 2019다237586 판결

② 총괄보험처럼 보험 목적물이 수시로 교체되는 경우에 피보험 이익은 보험계약 체결 시 확정될 필요는 없으며, 보험사고 발생시까지 확정된다면 충분하다. 즉 적어도 사고 발생 시까지는 확정되어야 한다.
③ 보험계약의 전부 또는 일부가 무효인 경우에 보험계약자와 피보험자가 선의이며 중대한 과실이 없는 때에는 보험자에 대하여 보험료의 전부 또는 일부의 반환을 청구할 수 있다. 보험계약자와 보험수익자가 선의이며 중대한 과실이 없는 때에도 같다(상법 제648조). 따라서 보험계약자의 고의가 있다면 보험자는 보험료를 반환할 필요가 없다.
④ 조건부 이익이라고 하더라도 피보험이익은 보험계약 체결시가 아니라 보험사고 발생 시까지 확정되어야 한다.

19. ④

①② 당사자 간에 다른 약정이 없는한, 보험가액의 일부를 보험에 붙인 경우에는 보험자는 보험금액의 보험가액에 대한 비율(부보비율)에 따라 보상할 책임을 진다(상법 제674조).
③ 보험계약 체결 이후 보험의 목적의 물가 상승으로 자연적으로 일부보험이 된 경우에는 일부보험으로 다룰 수 없다는 견해가 있다.
④ 보험자의 손해보상 한도가 보험가액의 일정한 비율로 정해진 보험을 비율보험이라 한다. 예를들어 보험가액이 10억원이고 60%의 비율보험이 체결된 경우에는 6억원까지 손해액의 전부를 보상받을 수 있다. 즉 1차위험담보와 유사한 형태로 보상받는다.

20. ④

① 보험사고가 보험계약자 또는 피보험자나 보험수익자의 고의 또는 중대한 과실로 인하여 생긴 때에는 보험자는 보험금액을 지급할 책임이 없다(상법 제659조 제1항). 상법에 보험사고에 대한 과실상계 조항은 없다.
② 손해보험의 보험계약자와 피보험자는 손해의 방지와 경감을 위하여 노력하여야 한다. 이를 손해방지의무라고 부른다. 다만 의무 위반의 효과에 대하여 상법은 규정하는 바 없다.
③ 이득금지 원칙의 취지에 따라, 보험자가 보상할 손해는 손익상계가 이루어진 후의 금액이다.[28]
④ 약관에서 보험계약자 등이 고의로 손해방지의무를 위반하여 손해를 증가시킨 경우에도 이를 배상[29]하도록 규정하였다면, 이는 상법 규정을 보험계약자 등에게 불이익하게 변경한 것이 아니므로 유효하다.

21. ②

보험가액불변동주의(보험가액불변경주의)는 보험기간 중 보험가액이 변동되지 않는 것을 말한다. 운송보험, 선박보험, 적하보험 등이 있다. 신가보험은 보험사고 발생 시에 시가(actual cash value)를 기준으로 하는 것이 아니라 신가(재조달가액, replacement cost value)를 기준으로 보상하는 보험을 말한다. 실손보상의 예외에 해당한다. 신가보험과 보험가액불변동주의는 관련이 없다.

22. ③

① 대법원 판례에 따르면, 보험사고란 보험계약에서 보험자의 보험금 지급책임을 구체화하는 불확정한 사고를 의미하는 것으로서, 보증보험에서 보험사고가 구체적으로 무엇인지는 당사자 사이의 약정으로 계약 내용에 편입된 보험약관과 보험약관이 인용하고 있는 보험증권 및 주계약의 구체적인 내용 등을 종합하여 결정하여야 한다. 그리고 보증보험증권에 보험기간이 정해져 있는 경우에는 보험사고가 그 기간 내에 발생한 때에 한하여 보험자가 보험계약상의 책임을 지는 것이 원칙이지만, 보증보험계약의 목적이 주계약의 하자담보책임기간 내에 발생한 하자에 대하여 보험계약자의 하자 보수의무 불이행으로 인한 손해를 보상하기 위한 것임에도 보험기간을 주계약의 하자담보책임기간과 동일하게 정한 경우 특단의 사정이 없으면 위 보증보험계약은 그 계약의 보험기간, 즉 하자 담보책임기간 내에 발생한 하자에 대하여는 비록 보험기간이 종료한 후 보험사고가 발생하였다고 하더라도 보험자로서 책임을 지기로 하는 내용의 계약이라고 해석하는 것이 타당하다.[30]
② 대법원 판례에 따르면, 보증보험계약은 보험계약자인 채무자의 채무불이행으로 인하여 채권자가 입게 되는 손해의 전보를 보험자가 인수하는 것을 내용으로 하는 타인을 위한 손해보험계약이라고 할 것인바, 이러한 보증보험계약에 있어서 보험자가 계약을 해지할 때에는 계약의 상대방 당사자인 보험계약자나 그의 상속인(또는 그들의 대리인)에 대하여 해지의 의사표시를 하여야 하고, 보험금 수익자(피보험자)에게 해지의 의사표시를 하는 것은 특별한 사정(보험약관상의 별도기재 등)이 없는 한 효력이 없다.[31] 다만 보증보험은 사실상 채권자(피보험자)를 위하여 체결한다는 특성을 고려하여 실무에서는 피보험자에게 별도의 통보 절차를 거친 후 보험계약을 해지하는 것이 보통이다.
③ 보증보험계약에 관하여는 그 성질에 반하지 아니하는 범위에서 보증채무에 관한 「민법」의 규정을 준용한다(상법 제726조의7).

28) 저자주 : 출제자의 주관적인 생각이 반영된 지문이다. 보험금을 지급할 때에 손익상계까지 적용한 뒤의 금액을 보험금으로 지급하는 사례는 없다. 보험이라는 제도는 계약에서 정한 사고(보험사고)가 발생했을 때에 그로 인한 손해액을 보험금으로 보전하는 것이며, 손익상계는 법률상 명시된 규정은 없으나 공평의 원리에 따라 인정되는 제도이다. 애초에 손익상계는 손해의 발생 원인과 밀접한 관련이 있는 것에 한하여 적용된다. 보험은 그 대상이 아니다. 예를 들어 건물에 화재가 발생하여 다른 사람에게 위로금을 지급받았다고 하여, 화재보험자가 보험금을 감액하여 지급하지 않는다. 배상책임보험이라면 손해배상책임액을 산정할 때에는 손익상계가 고려대상이겠으나, 이는 배상책임보험의 특성상 손해배상책임액 자체를 손해액으로 인식하기 때문이다. 즉 애초에 손해액 산정에 대한 문제이며 보험금 산정에 대한 부분이 아니다. 더구나 문제에서 배상책임보험으로 한정하여 질문하지도 않았다. 이의제기가 있었으나 최종 답안에서는 인정되지 않았다.
29) '배상'이 아니라 '보상'이 올바른 표현이다. 여러 부분에서 오류가 많은 문제이다.
30) 대법원 2021.2.25. 선고 2020다248698 판결
31) 대법원 2002.11.8. 선고 2000다19281 판결

④ 보증보험계약에 관하여는 보험계약자의 사기, 고의 또는 중대한 과실이 있는 경우에도 이에 대하여 피보험자에게 책임이 있는 사유가 없으면 고지의무 위반이나 면책규정 등을 적용하지 아니한다(상법 제726조의6 제2항). 따라서 보험계약자의 고의 또는 과실로 인한 보험사고는 면책되지 않으나 피보험자의 고의 사고인 경우에는 보험자가 면책된다.

23. ④

① 잔존물대위는 보험목적물의 전부 멸실(현실 전손), 보험금의 전부 지급을 요건으로 하며, 보험금을 지급한 보험자는 법률상 당연히 대위권을 취득한다.
② 보험위부는 피보험자가 위부를 하겠다는 특별한 의사표시를 한 시점에 효력이 발생한다. 따라서 보험위부는 형성권이다. 형성권이란 권리자의 일방적인 의사표시에 의하여 법률관계의 효력이 발생 또는 소멸, 변경되는 것을 말한다.
③ 잔존물대위와 달리 보험위부는 해상보험에만 인정되는 제도이다. 둘 다 인보험에서는 적용될 여지가 없다.
④ 보험자가 위부를 승인하지 아니한 때에는 피보험자는 위부의 원인을 증명하지 아니하면 보험금액의 지급을 청구하지 못한다(상법 제717조).

24. ②

① 선박이 정당한 사유없이 보험계약에서 정하여진 항로를 이탈한 경우에는 보험자는 그때부터 책임을 지지 아니한다. 선박이 손해발생 전에 원항로로 돌아온 경우에도 같다(상법 제701조의2).
② 적하를 보험에 붙인 경우에 보험계약자 또는 피보험자의 책임있는 사유로 인하여 선박을 변경한 때에는 그 변경후의 사고에 대하여 책임을 지지 아니한다(상법 제703조).
③ 항해 도중에 불가항력으로 보험의 목적인 적하를 매각한 때에는 보험자는 그 대금에서 운임 기타 필요한 비용을 공제한 금액과 보험가액과의 차액을 보상하여야 한다(상법 제709조 제1항).
④ 보험자는 보험의 목적의 안전이나 보존을 위하여 지급할 특별비용을 보험금액의 한도내에서 보상할 책임이 있다(상법 제694조의3).

25. ②

선박의 존부가 2월간 분명하지 아니한 때에는 그 선박의 행방이 불명한 것으로 한다. 이 경우에는 전손으로 추정한다(상법 제711조).

26. ④

① 피보험자가 제3자의 청구를 방어하기 위하여 지출한 재판상 또는 재판외의 필요비용은 보험의 목적에 포함된 것으로 한다. 피보험자는 보험자에 대하여 그 비용의 선급을 청구할 수 있다(상법 제720조 제1항).
② 피보험자가 담보의 제공 또는 공탁으로써 재판의 집행을 면할 수 있는 경우에는 보험자에 대하여 보험금액의 한도내에서 그 담보의 제공 또는 공탁을 청구할 수 있다(상법 제720조 제2항).
③ 재판 또는 담보의 제공행위가 보험자의 지시에 의한 것인 경우에는 그 금액에 손해액을 가산한 금액이 보험금액을 초과하는 때에도 보험자가 이를 부담하여야 한다(상법 제720조 제3항).
④ 대법원 판례에 따르면, 상법상 방어비용의 규정을 보험자의 "사전 동의"가 없으면 어떤 경우에나 피보험자의 방어비용을 전면적으로 부정하는 것으로 해석하는 한에서는 이러한 약관조항으로 인하여 피보험자의 방어비용을 보험의 목적에 포함된 것으로 일반적으로 인정하고 있는 상법 제720조 제1항의 규정을 피보험자에게 불이익하게 변경하는 것에 해당하고, 따라서 이러한 제한규정을 둔 위 약관조항은 상법 제663조에 반하여 무효이다.[32]

27. ③

① 책임보험에서 인정하고 있는 피해자 직접청구권은 강행규정이므로 직접청구권을 부인하거나 그 행사를 어렵게 하는 약관조항은 무효이다.
② 직접청구권은 상법이 인정하는 권리이지만 어디까지나 보험계약을 전제로 하는 권리이므로 부종성을 가진다. 따라서 보험자는 보험계약자 또는 피보험자에 대하여 가지는 보험계약상의 항변사유로 피해자에게 대항할 수 있다. 예를 들어 보험료 미납으로 보험계약의 효력에 하자가 있다면 보험자는 이를 이유로 피해자의 직접청구권을 거부할 수 있다. 또한 피해자의 직접청구권은 보험자가 피보험자에게 지급할 보험금의 범위로 제한된다.
③ 보험자는 피보험자가 책임을 질 사고로 인하여 생긴 손해에 대하여 제3자가 그 배상을 받기 전에는 보험금액의 전부 또는 일부를 피보험자에게 지급하지 못한다(상법 제724조 제1항). 따라서 보험금의 지급 자체가 효력이 없으며 보험자는 피해자에게 보험금 지급 사실을 들어 항변할 수 없다.
④ 대법원 판례에 따르면, 책임보험계약의 피보험자의 과실로 발생한 화재에 의하여 다수 피해자가 손해를 입었으나 책임보험 한도액이 다수 피해자의 손해 합계액에 미치지 못하는 경우, 피해자들은 책임보험자에 대하여 직접청구권을 행사하여 책임보험 한도액의 범위 내에서 각자 전보받지 못하고 남은 손해의 배상을 청구할 수 있다.[33] 또한 이들 다수 직접청구권자들 사이에는 권리의 우선순위가 없으므로 피해자 각자가 자기 권리의 전부를 주장할 수 있고 보험자는 누구에게라도 유효한 변제를 할 수 있다.

28. ①

대법원 판례에 따르면, 보험자가 생명보험계약을 체결함에 있어 다른 보험계약의 존재 여부를 청약서에 기재하여 질문하였다면 이는 그러한 사정을 보험계약을 체결할 것인지의 여부에 관한 판단자료로 삼겠다는 의사를 명백히 한 것으로 볼 수 있고, 그러한 경우에는 ① 다른 보험계약의 존재 여부가 고지의무의 대상이 된다고 할 것이다. 그러나 그러한 경우에도 ④ 보험자가 다른 보험계약의 존재 여부에 관한 고지의무위반을 이유로 보험계약을 해지하기 위하여는 보험계약자 또는 피보험자가 그러한 사항에 관

32) 대법원 2002.6.28. 선고 2002다22106 판결
33) 대법원 2023.4.27. 선고 2017다239014 판결

한 고지의무의 존재와 다른 보험계약의 존재에 관하여 이를 알고도 고의로 또는 중대한 과실로 인하여 이를 알지 못하여 고지의무를 다하지 않은 사실이 입증되어야 한다.

보험계약 체결 당시 다른 보험계약의 존재 여부에 관하여 고지의무가 인정될 수 있는 것과 마찬가지로 ③ 보험계약 체결 후 동일한 위험을 담보하는 보험계약을 체결할 경우 이를 통지하도록 하고, 그와 같은 통지의무의 위반이 있으면 보험계약을 해지할 수 있다는 내용의 약관은 유효하다. 그러나 그와 같은 경우에도 보험자가 통지의무위반을 이유로 보험계약을 해지하기 위하여는 고지의무위반의 경우와 마찬가지로 보험계약자 또는 피보험자가 그러한 사항에 관한 통지의무의 존재와 다른 보험계약의 체결사실에 관하여 이를 알고도 고의로 또는 중대한 과실로 인하여 이를 알지 못하여 통지를 하지 않은 사실이 우선 입증되어야 한다. 또한 ② 생명보험계약 체결 후 다른 생명보험에 다수 가입하였다는 사정만으로 상법 제652조 소정의 사고발생의 위험이 현저하게 변경 또는 증가된 경우에 해당한다고 할 수 없다.[34]

29. ④

①② 대법원 판례에 따르면, 생명보험계약의 약관에 보험계약자는 보험계약의 해약환급금의 범위 내에서 보험회사가 정한 방법에 따라 대출을 받을 수 있고, 이에 따라 대출이 된 경우에 보험계약자는 그 대출 원리금을 언제든지 상환할 수 있으며, 만약 상환하지 아니한 동안에 보험금이나 해약환급금의 지급사유가 발생한 때에는 위 대출 원리금을 공제하고 나머지 금액만을 지급한다는 취지로 규정되어 있다면, 그와 같은 약관에 따른 대출계약은 약관상의 의무의 이행으로 행하여지는 것으로서 보험계약과 별개의 독립된 계약이 아니라 보험계약과 일체를 이루는 하나의 계약이라고 보아야 하고, 보험약관대출금의 경제적 실질은 보험회사가 장차 지급하여야 할 보험금이나 해약환급금을 미리 지급하는 선급금과 같은 성격이라고 보아야 한다. 따라서 위와 같은 약관에서 비록 '대출'이라는 용어를 사용하고 있더라도 이는 일반적인 대출과는 달리 소비대차로서의 법적 성격을 가지는 것은 아니며, 보험금이나 해약환급금에서 대출 원리금을 공제하고 지급한다는 것은 보험금이나 해약환급금의 선급금의 성격을 가지는 위 대출 원리금을 제외한 나머지 금액만을 지급한다는 의미이므로 민법상의 상계와는 성격이 다르다.[35]

③ 계약자배당금은 보험료 산정에 있어 예정기초율과 실제와의 차이에서 발생하는 잉여금을 정산, 환원하는 것으로서 주주에게 배당하는 이익배당과 구별된다.

④ 보험계약자의 계약자 배당 청구권은 별도의 약정이 있는 경우에만 발생하는 권리이다. 따라서 보험계약에서 사차익, 이차익, 비차익 등의 이익이 발생하였다고 하더라도 별도의 약정이 없다면 보험계약자의 배당 청구권은 인정되지 않는다.

30. ③

① 보험계약자가 보험수익자를 지정한 뒤에 변경권을 행사하지 아니하고 사망한 때에는 보험수익자의 권리가 확정된다.

②③④ 보험수익자가 보험 존속 중에 사망한 때에는 보험계약자는 다시 보험수익자를 지정할 수 있다. 이 경우에 보험계약자가 재지정권을 행사하기 전에 사망하거나 보험사고(乙의 사망)가 생긴 경우에는 보험수익자의 상속인을 보험수익자로 한다.

31. ②

① 보험계약자의 보험수익자 변경권은 형성권으로서 보험계약자가 보험자나 보험수익자의 동의를 받지 않고 자유로이 행사할 수 있고 그 행사에 의해 변경의 효력이 즉시 발생한다. 다만 보험계약자가 보험수익자를 변경한 후 보험자에 대하여 이를 통지하지 않으면 보험자에게 대항할 수 없다(상법 제734조 제1항).

② 둘 이상의 보험수익자 중 일부가 고의로 피보험자를 사망하게 한 경우 보험자는 다른 보험수익자에 대한 보험금 지급 책임을 면하지 못한다(상법 제732조의2 제2항). 따라서 甲이 보험수익자 중 1인의 고의에 의하여 사망하였다고 하더라도 보험자는 다른 보험수익자에 대한 보험금 지급책임을 면하지 못한다.

③ 대법원 판례에 따르면, 보험계약자가 피보험자의 상속인을 보험수익자로 하여 맺은 생명보험계약이나 상해보험계약에서 피보험자의 상속인은 피보험자의 사망이라는 보험사고가 발생한 때에는 보험수익자의 지위에서 보험자에 대하여 보험금 지급을 청구할 수 있고, 이 권리는 보험계약의 효력으로 당연히 생기는 것으로서 상속재산이 아니라 상속인의 고유재산이다. 이때 보험수익자로 지정된 상속인 중 1인이 자신에게 귀속된 보험금청구권을 포기하더라도 그 포기한 부분이 당연히 다른 상속인에게 귀속되지는 아니한다.[36]

④ 피보험자가 사망할 시에 법정상속인이 수인인 경우에 보험금청구권이 보험수익자의 고유재산이므로 각 상속인은 상속분의 비율로 보험금청구권을 갖는다.

32. ①

①② 대법원 판례에 따르면, 보험사고의 객관적 확정의 효과에 관하여 규정하고 있는 상법 제644조는 사고 발생의 우연성을 전제로 하는 보험계약의 본질상 이미 발생이 확정된 보험사고에 대한 보험계약은 허용되지 아니한다는 취지이며, 이에 따라 보험계약 당시 이미 보험사고가 발생하였을 경우에는 그 보험계약을 무효로 한다고 규정하고 있다. 암 진단의 확정 및 확진이 된 암을 직접적인 원인으로 한 사망을 보험사고의 하나로 하는 보험계약에서 피보험자가 보험계약 이전에 암 진단이 확정되어 있는 경우에는 보험계약을 무효로 한다는 약관조항은 보험계약을 체결하기 이전에 그 보험사고의 하나인 암 진단의 확정이 있었던 경우에 그 보험계약을 무효로 한다는 것으로서 상법 제644조의 규정 취지에 따른 것이다. 따라서 상법 제644조의 규정 취지나 보험계약은 원칙적으로 보험가입자의 선의를 전제로 한다는 점에 비추어 볼 때, 그 약관조항

34) 대법원 2001.11.27. 선고 99다33311 판결
35) 대법원 2007.9.28. 선고 2005다15598 전원합의체 판결
36) 대법원 2020.2.6. 선고 2017다215728 판결

은 그 조항에서 규정하고 있는 사유가 있는 경우에 그 보험계약 전체를 무효로 한다는 취지라고 보아야 할 것이지, 단지 보험사고가 암과 관련하여 발생한 경우에 한하여 보험계약을 무효로 한다는 취지라고 볼 수는 없다. 또한 동 약관규정은 약관의 규제에 관한 법률에서 규정하고 있는 신의성실의 원칙에 반하거나 고객에 대하여 부당하게 불리하여 공정을 잃은 조항으로서 무효라고 할 수 없고, 상당한 이유 없이 사업자의 손해배상범위를 제한하거나 사업자가 부담하여야 할 위험을 고객에게 이전시키는 조항에도 해당하지 않는바, 무효라고 볼 수도 없다.[37]

③ 대법원 판례에 따르면, 부부싸움 중 극도의 흥분되고 불안한 정신적 공황상태에서 베란다 밖으로 몸을 던져 사망한 경우, 위 사고는 자유로운 의사결정이 제한된 상태에서 망인이 추락함으로써 사망의 결과가 발생하게 된 우발적인 사고로서 보험약관상 보험자의 면책사유인 '고의로 자신을 해친 경우'에 해당하지 않는다.[38] 따라서 우발적인 우연한 사고이며 보험금 지급대상에 해당한다.

④ 대법원 판례에 따르면, 상해보험에서 말하는 상해란 외부로부터의 초래한 우연하고 돌발적인 사고로 인한 신체의 손상을 말하는 것이므로, 그 사고의 원인이 피보험자의 신체의 외부로부터 작용하는 것을 말하고 신체의 질병 등과 같은 내부적 원인에 기한 것은 제외된다. 또한 이러한 사고의 외래성 및 상해 또는 사망이라는 결과와 사이의 인과관계에 관해서는 보험금청구권자에게 그 입증책임이 있다.[39]

33. ④

①② 대법원 판례에 따르면, 타인의 사망을 보험사고로 하는 보험계약을 체결하기 위해서는 보험계약 체결 시에 그 타인의 서면에 의한 동의를 얻어야 하며(상법 제731조 제1항), 이는 강행법규로서 이에 위반하여 체결된 보험계약은 무효이다. 또한 상법 제731조 제1항의 입법취지에는 도박보험의 위험성과 피보험자 살해의 위험성 외에도 피해자의 동의를 얻지 아니하고 타인의 사망을 이른바 사행계약상의 조건으로 삼는 데서 오는 공서양속의 침해의 위험성을 배제하기 위한 것도 들어있다고 해석되므로, 피보험자의 서면 동의 없이 타인의 사망을 보험사고로 하는 보험계약을 체결한 자 스스로가 무효를 주장함이 신의성실의 원칙 또는 금반언의 원칙에 위배되는 권리 행사라는 이유로 이를 배척한다면, 그와 같은 입법취지를 완전히 몰각시키는 결과가 초래되므로 특단의 사정이 없는 한 그러한 주장이 신의성실 또는 금반언의 원칙에 반한다고 볼 수 없다.[40]

③ 대법원 판례에 따르면, 타인의 사망을 보험사고로 하는 보험계약의 체결할 때에 보험설계사는 보험계약자에게 피보험자의 서면동의 등의 요건에 관하여 구체적이고 상세하게 설명하여 보험계약자로 하여금 그 요건을 구비할 수 있는 기회를 주어 유효한 보험계약이 성립하도록 조치할 주의의무가 있고, 보험설계사가 위와 같은 설명을 하지 아니하는 바람에 요건의 흠결로 보험계약이 무효가 되고 그 결과 보험사고의 발생에도 불구하고 보험계약자가 보험금을 지급받지 못하게 되었다면 보험자는 보험업법 등 관련 규정에 의하여 보험계약자에게 그 보험금 상당액의 손해를 배상할 의무를 진다.[41]

④ 대법원 판례에 따르면, 타인의 사망을 보험사고로 하는 보험계약의 체결 시 타인의 서면동의를 얻도록 규정한 것은 동의의 시기와 방식을 명확히 함으로써 분쟁의 소지를 없애려는 데 취지가 있으므로, 피보험자인 타인의 동의는 각 보험계약에 대하여 개별적으로 서면에 의하여 이루어져야 하고 포괄적인 동의 또는 묵시적이거나 추정적 동의만으로는 부족하다. 그리고 상법 제731조 제1항에 의하면 타인의 생명보험에서 피보험자가 서면으로 동의의 의사표시를 하여야 하는 시점은 '보험계약 체결 시까지'이고, 이는 강행규정으로서 이에 위반한 보험계약은 무효이므로, 타인의 생명 보험계약 성립 당시 피보험자의 서면동의가 없다면 보험계약은 확정적으로 무효가 되고, 피보험자가 이미 무효로 된 보험계약을 추인하였다고 하더라도 보험계약이 유효로 될 수는 없다.[42] 따라서 乙이 보험계약 성립 이후에 추인하였다고 하더라도, 보험계약은 여전히 무효이므로, 甲은 보험사고 발생 시 보험자에 대하여 보험금청구권을 행사할 수 없다.

34. ③

①② 대법원 판례에 따르면, 사망을 보험사고로 하는 보험계약에서 자살을 보험자의 면책사유로 규정하고 있는 경우에, 자살은 자기의 생명을 끊는다는 것을 의식하고 그것을 목적으로 의도적으로 자기의 생명을 절단하여 사망의 결과를 발생케 한 행위를 의미하고, 피보험자가 정신질환 등으로 자유로운 의사결정을 할 수 없는 상태에서 사망의 결과를 발생케 한 경우까지 포함하는 것은 아니므로, 피보험자가 자유로운 의사결정을 할 수 없는 상태에서 사망의 결과를 발생케 한 직접적인 원인행위가 외래의 요인에 의한 것이라면, 그 사망은 피보험자의 고의에 의하지 않은 우발적인 사고로서 보험사고인 사망에 해당할 수 있다.[43]

③ 대법원 판례에 따르면, 보험약관에서 '피보험자 등의 고의에 의한 사고'를 면책사유로 규정하고 있는 경우 여기에서의 '고의'라 함은 자신의 행위에 의하여 일정한 결과가 발생하리라는 것을 알면서 이를 행하는 심리 상태를 말하는 것으로서 그와 같은 내심의 의사는 이를 인정할 직접적인 증거가 없는 경우에는 사물의 성질상 고의와 상당한 관련성이 있는 간접사실을 증명하는 방법에 의하여 입증할 수밖에 없고, 무엇이 상당

37) 대법원 1998.8.21. 선고 97다50091 판결
38) 대법원 2006.3.10. 선고 2005다49713 판결
39) 대법원 2001.8.21. 선고 2001다27579 판결
40) 대법원 1996.11.22. 선고 96다37084 판결
41) 대법원 2008.8.21. 선고 2007다76696 판결
42) 대법원 2015.10.15. 선고 2014다204178 판결
43) 대법원 2015.6.23. 선고 2015다5378 판결

한 관련성이 있는 간접사실에 해당할 것인가는 사실관계의 연결상태를 논리와 경험칙에 의하여 합리적으로 판단한다. 또한 보험사고의 발생에 기여한 복수의 원인이 존재하는 경우, 그 중 하나가 피보험자 등의 고의행위임을 주장하여 보험자가 면책되기 위하여는 그 행위가 단순히 공동원인의 하나이었다는 점을 입증하는 것으로는 부족하고 피보험자 등의 고의행위가 보험사고 발생의 유일하거나 결정적 원인이었음을 입증하여야 한다.[44]

④ 대법원 판례에 따르면, 생명보험약관에서 '피보험자가 고의로 자신을 해친 경우'를 보험자의 면책사유로 규정하고 있는 경우 보험자가 보험금 지급책임을 면하기 위하여는 면책사유에 해당하는 사실을 증명할 책임이 있다. 이 경우 보험자는 자살의 의사를 밝힌 유서 등 객관적인 물증의 존재나, 일반인의 상식에서 자살이 아닐 가능성에 대한 합리적인 의심이 들지 않을 만큼 명백한 주위 정황사실을 증명하여야 한다.[45]

35. ②

①④ 대법원 판례에 따르면, 단체가 구성원의 전부 또는 일부를 피보험자로 하고 보험계약자 자신을 보험수익자로 하여 체결하는 생명보험계약 내지 상해보험계약은 단체의 구성원에 대하여 보험사고가 발생한 경우를 부보함으로써 단체 구성원에 대한 단체의 재해보상금이나 후생복리비용의 재원을 마련하기 위한 것이므로, 피보험자가 보험사고 이외의 사고로 사망하거나 퇴직 등으로 단체의 구성원으로서의 자격을 상실하면 그에 대한 단체보험계약에 의한 보호는 종료된다. 또한 단체보험에 가입한 회사의 직원이 퇴사한 후에 사망하는 보험사고가 발생한 경우, 회사가 퇴사 후에도 계속 위 직원에 대한 보험료를 납입하였더라도 퇴사와 동시에 단체보험의 해당 피보험자 부분이 종료되는 데 영향을 미치지 아니한다.[46]

② 대법원 판례에 따르면, 단체보험의 보험수익자 지정에 관하여는 상법 등 관련 법령에 별다른 규정이 없으므로 보험계약자는 단체의 구성원인 피보험자를 보험수익자로 하여 타인을 위한 보험계약으로 체결할 수도 있고, 보험계약자 자신을 보험수익자로 하여 자기를 위한 보험계약으로 체결할 수도 있으며, 단체보험이라고 하여 당연히 타인을 위한 보험계약이 되어야 하는 것은 아니므로 보험수익자를 보험계약자 자신으로 지정하는 것이 단체보험의 본질에 반하는 것이라고 할 수 없다.[47]

③ 단체보험 계약에서 보험계약자가 피보험자 또는 그 상속인이 아닌 자를 보험수익자로 지정할 때에는 단체의 규약에서 명시적으로 정하는 경우 외에는 그 피보험자의 서면에 의한 동의를 받아야 한다(상법 제735조의3 제3항). 피보험자의 서면동의를 받지 않고 피보험자 또는 그 상속인이 아닌 자를 보험수익자로 지정하였다면 그 지정은 무효이다.

36. ③

①② 인보험계약의 보험자는 보험사고로 인하여 생긴 보험계약자 또는 보험수익자의 제3자에 대한 권리를 대위하여 행사하지 못한다. 다만 상해보험계약의 경우에 당사자간에 다른 약정이 있는 때에는 보험자는 피보험자의 권리를 해하지 아니하는 범위 안에서 그 권리를 대위하여 행사할 수 있다(상법 제729조). 상해보험계약에서 예외적인 경우에만 인정하고 있으므로 생명보험계약이라면 대위권 행사가 불가하다.

③ 대법원 판례에 따르면, 자기신체사고 자동차보험에서 약관에 정한 보험금에서 상대방 차량이 가입한 자동차보험 등의 대인배상으로 보상받을 수 있는 금액을 공제한 액수만을 지급하기로 한 약관 조항은 그 적용에 의하여 보험자대위를 미리 허용하는 것과 같은 결과가 될 수는 있으나, 해당 조항의 취지와 의미를 같이 보는 이상 결과가 그와 같이 된다는 이유만으로 곧 인보험에 있어서 보험자대위를 원칙적으로 금지한 상법 제729조를 피보험자에게 불리하게 변경한 것이라 할 수 없다. 또한 해당 약관 조항이 고객에 대하여 부당하게 불리하거나 보험계약의 목적을 달성할 수 없을 정도로 보험계약에 따르는 본질적 권리를 제한한다고도 볼 수 없으므로 약관의 규제에 관한 법률에 의하여 무효에도 해당하지 않는다.[48] 따라서 해당 조항의 효력은 인정된다.

④ 대법원 판례에 따르면, 상해보험의 경우 보험금은 보험사고 발생에 의하여 바로 그 지급 조건이 성취되고, 보험자와 보험계약자 또는 피보험자 사이에 피보험자의 제3자에 대한 권리를 대위하여 행사할 수 있다는 취지의 약정이 없는 한, 피보험자가 제3자로부터 손해배상을 받더라도 이에 관계없이 보험자는 보험금을 지급할 의무가 있고, 피보험자의 제3자에 대한 권리를 대위하여 행사할 수도 없다.[49]

37. ②

① 보험사고 발생 전에 보험계약자에 의해 임의로 계약이 해지되는 경우에, 일반보험에서 보험자는 원칙적으로 미경과보험료만 반환하면 되지만 장기인 생명보험에서는 저축적 요소가 포함되어 보험료적립금 반환의 문제가 발생할 수 있다.

②④ 보험기간 중에 보험계약이 해지되어 보험자의 지급책임이 면제된 경우에 보험자는 보험수익자를 위하여 적립한 금액을 보험계약자에게 지급하여야 한다. 다만 보험사고가 보험계약자의 고의로 인해 발생하여 보험자가 보험금 지급책임을 면하게 된 때에, 당사자간에 다른 약정이 없는 한, 보험자는 보험료적립금 반환의무를 부담하지 않는다(상법 제736조 제1항).

③ 보험금청구권은 3년간, 보험료 또는 적립금의 반환청구권은 3년간, 보험료청구권은 2년간 행사하지 아니하면 시효의 완성으로 소멸한다(상법 제662조).

44) 대법원 2004.8.20. 선고 2003다26075 판결
45) 대법원 2010.5.13. 선고 2010다6857 판결
46) 대법원 2007.10.12. 선고 2007다42877, 42884 판결
47) 대법원 1999.5.25. 선고 98다59613 판결
48) 대법원 2004.11.25. 선고 2004다28245 판결
49) 대법원 2002.3.29. 선고 2000다18752, 18769 판결

38. ③

① 보험증권은 하나의 증명에 지나지 않으므로, 보험금청구권자가 보험증권을 제시하지 않았으나 그가 정당한 권리자임을 입증하였다면 보험자는 보험금 지급 책임이 있다.

② 보험증권은 유인증권이므로 보험계약자의 고지의무 위반, 보험료의 부지급 등으로 인해 보험계약이 해지되면 증권소지인에게도 영향을 미친다.

③ 보험증권은 보험자가 보험계약의 성립을 증명하기 위하여 발행하는 증거증권이다.

④ 타인을 위한 보험에서 보험계약자는 그 타인의 동의를 얻거나 보험증권을 소지한 경우에 한하여 계약을 해지할 수 있다(상법 제649조 제1항).

39. ③

① 보험계약자 또는 피보험자나 보험수익자는 보험사고의 발생을 안 때에 지체없이 보험자에게 그 통지를 발송하여야 한다(상법 제657조 제1항).

② 보험사고 통지의무를 해태함으로 인하여 손해가 증가된 때에는 보험자는 그 증가된 손해를 보상할 책임이 없다(상법 제657조 제2항).

③ 책임보험에서 피보험자가 제3자로부터 배상청구를 받은 때에도 그 통지를 발송하여야 하며, 그러한 통지를 게을리하여 손해가 증가된 경우에는 보험자는 그 증가된 손해를 보상할 책임이 없다(상법 제722조).

④ 책임보험에서 피보험자가 제3자에 대하여 변제, 승인, 화해 또는 재판으로 인하여 채무가 확정된 때에는 지체없이 보험자에게 그 통지를 발송하여야 한다(상법 제723조 제1항).

40. ④

① 보증보험에 있어서는 피보험자에게 책임있는 사유가 없으면 보험사고가 보험계약자 또는 피보험자나 보험수익자의 고의 또는 중대한 과실로 인하여 생긴 때에는 보험자는 보험금액을 지급할 책임이 없다고 규정하고 있는 상법 제659조를 적용하지 않는다(상법 제726조의6 제2항).

② 손해보험에서 고의만 면책으로 하고 중과실 사고에 대하여 보험자의 책임을 인정하는 약정은 상법 규정을 보험계약자 등에게 유리하게 변경한 것이므로 그 효력이 인정된다. 실제로 보험실무상 책임보험계약에서 개별약정으로 고의만 면책으로 하고 중과실 사고는 보험자의 책임을 인정하는 경우가 많다.

③ 보험계약자 또는 피보험자의 친족이나 피용인 등의 고의 또는 중과실을 보험계약자 등의 고의 또는 중과실과 동일한 것으로 보고, 보험자를 면책시키는 대표자책임 이론은 인정되지 않는다.

④ 손해보험에서 복수의 피보험자가 있는 경우, 면책사유가 그 중 일부의 피보험자에 대하여 적용되는 경우에 이러한 면책사유는 당해 피보험자에게만 개별적으로 적용된다. 이를 피보험자 개별적용이라고 한다.

3과목 손해사정이론

01	02	03	04	05	06	07	08	09	10
②	④	③	②	①	②	①	③	③	④
11	12	13	14	15	16	17	18	19	20
②	①	③	④	②	③	③	④	①	①
21	22	23	24	25	26	27	28	29	30
④	①	①	③	①	①	③	②	③	③
31	32	33	34	35	36	37	38	39	40
④	③	②	①	④	④	①	①	②	④

01. ②

위험의 독립성이란 유사한 속성의 위험이 상호 연관성 없이 독립적으로 존재하며, 독립적으로 발생해야 한다는 의미이다. 보험은 대수의 법칙을 통하여 손실을 예측하고 보험료를 산출하기 때문에 상호 관련없이 독립적으로 존재하는 다수의 위험이 필요하다. 즉 甲의 손실 정도가 乙의 손실 정도에 영향을 미치지 않는 상호 독립성이 필요하다. 대재해적 손실은 이러한 위험의 독립성을 충족하지 않기 때문에 일반적으로 보험에서 제외손인(excluded peril)으로 한다.[50)]

02. ④

고용보험의 구직급여란 근로자가 비자발적인 사유로 이직하여 재취업활동을 하는 기간 동안 지급하는 급여를 말한다. 수급기간과 피보험기간, 연령에 따라 차이가 있으며 120일~270일 동안 평균임금의 일정한 비율을 구직급여로 지급한다. 이처럼 지급일수에 한도가 있는 것은 도덕적 위태를 감소하기 위해서이다.

03. ③

계약의 해지란 계속적 채권관계에서 계약의 효력을 장래에 대하여 소멸케 하는 일방적 행위를 말한다. 장래에 대해서 효력을 소멸시키기 때문에 해지 이전의 법률행위의 효력은 유효한 것으로 다루어진다.

50) 저자주 : 출제자 본인의 주관적인 생각이 반영된 문제이다. 대재해적 손실을 보험 대상 리스크에서 제외하는 이유로 확률적 독립성이 해당하는 것은 맞으나, ④번 지문의 "개별 손실규모가 크다"도 이유에 해당하기 때문이다. 대재해적 손실은 특정 경제주체에게만 발생하는 것이 아니라 사회 구성원 전체에게 영향을 미친다는 현실적인 한계로 보험의 대상에서 제외한다. 이러한 위험을 보장하면 보험자를 파산으로 몰고 갈 수도 있기 때문이다. 따라서 대재해적 손실은 상대적 면책사유이며, 다른 약정(추가납입보험료 납입 등)으로 얼마든지 보장 제공이 가능하다. "확률적 독립성이 없다"로는, 대재해적 손실이 면책사유임에도 추가보험료 납입 등으로 보험 보장 가능한 이유를 설명할 수 없다. 게다가 제37회 2014년 손해사정이론 10번 문제에서 대재해적 손실위험이 보험대상이 어려운 이유로 "보험자의 담보능력을 넘어설 수 있다."를 올바른 지문으로 제시한바 있다. 즉 기출문제 내에서 상호충돌이 발생하며, 동일한 지문을 어떤 경우에는 정답으로 어떤 경우에는 오답으로 출제하였다. 이의제기가 있었으나 최종답안에서는 인정되지 않았다.

04. ②

배상책임보험은 보험사고의 발생 시점을 언제로 보느냐에 따라서, 사고발생기준(occurrence basis) 배상책임보험과 배상청구기준(claims-made basis) 배상책임보험으로 나뉜다. 예를 들어 1일에 사고가 발생하여 5일에 배상청구가 이루어졌다면, 사고발생기준 배상책임보험에서는 1일을 보험사고 발생일로 보며, 배상청구기준 배상책임보험에서는 5일을 보험사고 발생일로 본다. 배상청구기준 배상책임보험에서는 보험계약 체결 이전의 사고라고 하더라도, 피해자의 배상청구가 보험기간 내에 이루어진다면 보험사고로 본다.[51]

05. ①

작성자 불이익 해석의 원칙이란 본래 영미법상의 개념(Contra proferentem)으로 계약서의 문구를 해석할 때 그 뜻이 명확하지 않고 모호한 경우에는 해당 문구를 작성자에게 불이익하게 해석한다는 원칙이다. 따라서 보험약관을 해석할 때에 약관 조항이 명백하지 아니하고 다의적으로 해석된다면 이는 그 약관을 작성한 보험자의 불이익으로 해석한다. 작성자 불이익 해석의 원칙은 보험약관 해석에 관한 다른 원칙들을 모두 적용한 뒤에도 그 뜻이 명확하지 않을 때 최종적으로 적용하는 원칙이다. 보험계약은 계약 당사자 일방(보험자)이 계약의 조건을 정하며, 다른 상대방(보험계약자)은 그에 따를 수밖에 없다는 부합계약 성격을 가지고 있으므로, 보험약관을 해석하고 적용할 때에 작성자 불이익 해석의 원칙이 적용된다.

06. ②

타보험조항(other insurance)이란 둘 이상의 보험계약이 동일한 피보험이익을 보장하고 있을 때 이들 상호 간의 보장 분배방식을 정한 약관조항을 말한다. 손해보험은 실제 손실에 대해서만 보상이 이루어져야 한다는 실손보상의 원칙이 적용되며, 이러한 원칙을 실현하기 위하여 타보험조항이 존재한다. 나머지 지문들은 타보험조항과 관련이 없다.

07. ①

보험약관의 설명의무는 보험계약의 부합계약성으로 인하여 보험자에게 부여된 의무이다.[52]

08. ③

본래 보험은 보험계약자가 청약한 위험을 보험자가 선택하고 승낙하여 성립한다. 즉 위험에 대한 선택권은 보험자에게 있다. 그러나 보험자가 위험을 선택하는 것이 아니라 보험계약자가 선택하는 경우가 있는데 이를 역선택이라고 한다. 역선택은 보험계약을 체결할 때 보험계약자는 위험의 정보를 잘 알고 있지만, 보험자는 이를 잘 알지 못한다는 정보의 비대칭성으로 발생한다. 이러한 정보 비대칭을 줄이기 위한 방법으로는 보험계약자 측에게 자신이 알고 있는 위험 정보를 보험자에게 성실하게 알리도록 규정한 고지의무 조항이 있다.

09. ③

보험사고의 대상이 되기 위해서는 우연성이 만족되어야 한다. 일반적으로 발생하는 소모 및 마모, 보험목적물의 고유 성질로 인한 손해, 자연발화 등은 이러한 우연성이 결여되었기 때문에 보상에서 제외(excluded losses)된다.

10. ④

어두운 계단, 노후화된 전선, 소각장 내 인화물질 보관은 모두 물리적 위태(physical hazard)이다. 환경오염은 손인(peril)에 해당한다.

11. ②

손인(peril)은 손해발생의 원인으로 손해를 야기하는 모든 개별적인 사유를 의미한다. 소비자 기호 변화, 전쟁, 인플레이션 등이 있다. 흡연 습관은 위태(hazard)이다.[53]

51) 저자주 : 불분명한 출제로 수험생들에게 혼란을 야기시킨 문제이다. 주요 지문들이 아래 내용들처럼 각각 오류가 있다. 추측컨대 보험실무를 잘 알지 못하는 출제자가 막연한 지식으로 문제를 출제한 것으로 보인다. 불분명한 억지 문제로 시험의 권위만 추락시킨 꼴이 되어 버렸다. 이의제기가 있었으나 최종답안에서는 인정되지 않았다.
① 단순히 '청구기간을 제한한다'고만 하여 내용이 불명확하다. 청구기준 배상책임보험은 보험기간 중 피해자의 손해배상청구가 가해자(피보험자)에게 있을 때에, 피보험자가 보험자에게 보험금 청구를 하면 이를 보상하는 보험이다. 즉 손해배상 청구기간을 제한하는 것인지, 보험금 청구기간을 제한하는 것인지 불분명하다.
② 배상청구기준 보험에서도 소급담보일자(Retroactive date)를 설정하여 보험계약 체결 이전의 사고를 담보하고 있다.
③ 배상청구기준 보험에서도 연장보고기간(ERP)을 설정(단기 자동연장담보, 중기 자동연장담보, 선택 연장담보)하여 보험기간 이후의 청구를 보장하고 있다.
④ 사고발생기준과 배상청구기준의 보험담보는 동일하다. 배상청구기준 보험은 보험담보의 불확실성을 감소시키는 것이 아니라 보험사고의 불확실성을 감소시키기 위한 것이다.

52) 저자주 : 보험계약은 조건부계약이 아니다. 본 문제는 잘못된 전제를 바탕으로 출제된 오류이다. 조건부계약이란 특정 조건의 성취로 인하여 법률효과(계약의 효력)의 변동이 발생하는 계약을 말한다(민법 제147조). 보험은 조건의 성취와는 관계없이 보험계약자의 청약과 보험자의 승낙만으로 유효하게 성립하는 불요식 낙성계약이다. 이의제기가 있었으나 최종답안에서는 인정되지 않았다.

53) 저자주 : 10번과 11번 문제는 모두 출제자 본인의 주관적인 생각이 반영된 문제이다. 위태와 손인은 손실이 발생하는 행태에 따라 구분하는 것이지, 문제에서처럼 A는 위태, B는 손인으로 구분하지 않는다. 예를 들어, 11번 문제의 ③번 지문으로 제시된 "전쟁"은 손인(peril)으로도 볼 수 있지만 위태(hazard)에 해당하는 경우도 얼마든지 있다. 러시아-우크라이나 전쟁은 그들 국가에서는 손인에 해당하겠지만 주변 다른 국가(유럽 등)에서는 위태에 해당한다. 소비자 기호 변화도 직접적으로 손실을 발생시

12. ①

PML은 리스크 관리자의 리스크 회피도가 클수록, 손실확률분포의 표준편차가 클수록 커진다.

13. ③

도덕적 위태(moral hazard)란 보험을 악용하여 보험금을 편취하고자 하는 불순한 의도를 말한다. 보험금 수취 목적의 방화, 교통사고 유도, 교통사고 상해 과장이 그것이다. 건물의 부실 관리는 정신적 위태(방관적 위태, morale hazard)에 해당한다.

14. ④

보험은 저빈도–고심도 리스크를 대상으로 한다. 해당 리스크는 보험계약자가 부담 가능한 정도의 보험료 부과가 가능하며, 비용효율성이 크고, 재무변동성 감소 효과가 크기 때문이다. 예측 신뢰도와는 크게 관련이 없다.

15. ②

민영보험은 보험혜택과 비례하여 보험요율이 결정되나, 사회보험은 소득과 비례하여 보험요율이 결정된다. 따라서 사회보험에서는 자연스럽게 소득 재분배의 효과가 발생한다.

16. ③

전염병 리스크는 다수의 리스크이고 우연한 손실을 발생시키며 동질적인 리스크에 해당한다. 다만 손실의 범위가 한정적이지 않기 때문에 보험가능한 리스크가 될 수 없다.

17. ③

① 리스크는 통계적으로 측정 가능한지 여부에 따라 객관적 리스크(objective risk)와 주관적 리스크(subjective riks)로 구분할 수 있다.

②④ 순수리스크(pure risk)는 손실가능성만 있는 반면에, 투기적 리스크(speculative risk)는 손실가능성과 이익가능성이 모두 존재한다. 홍수, 폭설 등의 자연재해는 순수리스크로 분류된다. 반면 투기적 리스크는 주식 투자나 복권 구매 등이 해당한다.

③ 리스크는 사회 변화와의 연관성에 따라 동태적 리스크(dynamic risk)와 정태적 리스크(static risk)로 구분한다. 동태적 리스크는 사회 경제현상 변화와 밀접한 관련이 있는 것으로 기술 발전, 물가 상승, 금리 등이 예이다. 정태적 리스크는 사회 변화와 무관한 것으로 화산 폭발, 지진 등이 해당한다. 정태적 리스크는 예측과 통제가 어느 정도 가능하기 때문에 보험의 대상이 될 수 있다. 반면 동태적 리스크는 개인적인 통제가 거의 불가능하며 규칙성이 존재하지 않아 보험의 대상이 되기 어렵다.

18. ④

언더라이팅(underwriting)의 기본원칙에는 다음과 같은 것들이 있다.

① 우량위험 선택 원칙 : 역선택 등을 배제하고 우량한 위험집단을 구성하여야 한다.

② 적정, 충분한 보험료 : 수지상등의 원칙이 지켜 질 수 있도록 충분한 보험료를 거수해야 한다.

③ 담보능력 고려 : 보험회사의 재무상태를 고려하여 무리한 인수가 되지 않도록 하여야 한다.

④ 보험회사 고유의 언더라이팅 기준 준수 : 정책의 일관성을 유지해야 한다.

⑤ 요율 계층 내의 균형 유지 : 선택된 요율 계층 내에서 동일한 리스크를 보유할 수 있도록 균형을 유지해야 한다.

⑥ 인수 리스크 간의 형평성 유지 : 인수 리스크가 그 특성에 따라 공평하게 차등적으로 산정되어야 한다.

19. ①

상법 제4편(보험)의 규정은 당사자 간의 특약으로 보험계약자 또는 피보험자나 보험수익자의 불이익으로 변경하지 못한다. 그러나 재보험 및 해상보험 기타 이와 유사한 보험의 경우에는 그러하지 아니하다(상법 제663조).

20. ①

- 손해액의 산정에 관한 비용은 보험자의 부담으로 한다(상법 제676조 제2항).
- 보험증권을 멸실 또는 현저하게 훼손한 때에는 보험계약자는 보험자에 대하여 증권의 재교부를 청구할 수 있다. 그 증권작성의 비용은 보험계약자의 부담으로 한다(상법 제642조).

21. ④

책임보험은 손해보험성, 재산보험성, 소극보험성의 성질을 가지고 있다.

22. ①

피보험이익이란 보험사고와 관련하여 피보험자가 가지는 경제상의 이해관계를 말한다. 손해보험에서 피보험이익은 절대적인 요소이며, 피보험이익이 없는 보험계약은 무효로 다루어진다. 피보험이익은 다음과 같은 기능을 한다.

1) 보험계약의 도박화 방지
2) 보험계약의 동일성을 구분하는 표준
3) 보험자의 책임범위 확정
4) 초과보험 및 중복보험 방지

킨다면(심지어 이득의 원인이 되는 경우도 많다) 손인이겠지만, 그로 인하여 다른 손인도 발생시킬 수 있기에 위태에 해당하기도 한다. 마치 수학공식처럼 위태, 손인, 손실을 구분하는 것은 적절한 구분법이 아니다. 적어도 제대로 된 국가 자격 시험출제라면 출제자 본인의 주관적인 생각이 개입되어서는 안 된다. 이의제기가 있었으나 최종답안에서는 인정되지 않았다.

23. ①

비상위험준비금이란 지진, 해일, 태풍 등 거대 위험에 대한 준비금으로 손해보험회사가 적립해야 하는 금액을 말한다. 손해보험회사가 보장하는 손해는 대수의 법칙을 벗어나는 극히 불규칙한 위험이 발생할 염려가 있기 때문에 이에 대비할 목적으로 적립하도록 규정한 것이다.

24. ③

보험회사는 보험금 지급능력과 경영건전성을 확보하기 위하여 다음 각 호의 사항에 관하여 대통령령으로 정하는 재무건전성 기준을 지켜야 한다(보험업법 제123조 제1항).

1. 자본의 적정성에 관한 사항
2. 자산의 건전성에 관한 사항
3. 그 밖에 경영건전성 확보에 필요한 사항

25. ①

① 운송보험계약의 보험자는 다른 약정이 없으면 운송인이 운송물을 수령한 때로부터 수하인에게 인도할 때까지 생길 손해를 보상할 책임이 있다(상법 제688조).

② 운송물의 도착으로 인하여 얻을 이익은 약정이 있는 때에 한하여 보험가액 중에 산입한다(상법 제689조 제1항).

③ 보험계약은 다른 약정이 없으면 운송의 필요에 의하여 일시 운송을 중지한 경우에도 그 효력을 잃지 아니한다(상법 제691조).

④ 보험사고가 송하인 또는 수하인의 고의 또는 중대한 과실로 인하여 발생한 때에는 보험자는 이로 인하여 생긴 손해를 보상할 책임이 없다(상법 제692조).

26. ①

채무자가 변제한 금액 또는 회사의 담보권 행사, 상계 또는 채권추심을 통해 회수한 금액이 채무자의 전체 채무금액보다 적은 경우에는 비용, 지급보험금(원금), 이자의 순서로 충당하기로 한다(보험업감독업무시행세칙 별표15 신용보험 표준약관 제7조).

27. ③

소멸성 공제 조항은 손해액에서 설정된 한도액을 공제하되 손해액이 커질수록 한도액이 점차 줄어들어 일정한 금액 이상에는 공제금액이 0원이 되는 방식이다. 계산식은 다음과 같다.

(손실금액 − 공제금액) × 손실조정계수 = 보험금

주어진 문제에서 공제금액은 50만원, 손실금액은 600만원이라고 했으며, 공제계수는 110%이므로 계산식은 다음과 같다.

(600만원 − 50만원) × 110% = 605만원
→ 손실금액인 600만원 지급

28. ②

기업은 사업을 수행하는 과정에서 수없이 많은 위험에 직면한다. 그러한 위험이 현실화되었을 때에 빠르게 손실을 보전하고 사업의 연속성을 유지하기 위하여 거액의 손실준비금을 적립하여야 한다. 만약 보험에 가입한다면 손실이 현실화되었을 때에 보험자로부터 바로 손실액을 회수할 수 있으므로, 그러한 거액의 손실준비금 적립 필요성이 줄어든다.

29. ③

자동차시세하락 손해란 자동차보험에서 사고로 인한 자동차의 수리비용이 사고 직전 자동차가액의 일정한 비율(20%)를 초과하는 경우에 추가로 인정하여 지급하는 보험금이다. 자동차보험의 대물배상 보장종목에서 인정하는 지급항목이다.

30. ③

해상보험은 해운업자나 무역업자들이 주로 이용하는 보험이므로 기업보험의 성격이 있으며, 국제적 성격도 강하다. 또한 해상사업에 관한 손해를 보장하므로 해상사업과 관련된 것이라면 반드시 바다 위에서 발생하는 것이 아니더라도 얼마든지 해상보험의 대상이 될 수 있다. 따라서 육지 내에서 해상 항구까지 운반하는 도중에 발생하는 위험, 항해에 관계되는 내수(內水) 또는 창고까지의 위험도 해상보험에서 보상하는 위험으로 정할 수 있다. 해상보험의 사고는 바다 한가운데라는 특수성이 있기 때문에 통상 기평가보험의 형태로 협정보험가액을 설정하는 것이 일반적이다.

31. ④

수지상등의 원칙에 따라 보험자가 지급하는 예상 보험금액의 총액과 보험자가 거수하는 순보험료의 총액은 서로 일치하여야 한다. 사업비율은 순보험료와는 별개로 보험회사의 경영에 필요한 부가보험료이며, 영업보험료의 일정 비율로 산출한다.

- 3억원 = 50척 × 순보험료
- 순보험료 : 600만원
- 영업보험료 = 600만원(순보험료) + 영업보험료의 40%(사업비율)
- 영업보험료 − 영업보험료의 40% = 600만원(순보험료)
- 영업보험료 : 1,000만원

32. ③

해당 사업에서 소정(所定)근로시간이 1개월간 소정근로시간이 60시간 미만이거나 1주간의 소정근로시간이 15시간 미만인 근로자는 고용보험법을 적용하지 아니한다. 다만 다음 각 호의 어느 하나에 해당하는 근로자는 법 적용 대상으로 한다(고용보험법 시행령 제3조).

1. 해당 사업에서 3개월 이상 계속하여 근로를 제공하는 근로자
2. 일용근로자

33. ②

① commutation clause : 합의청산 조항. 보험기간이 끝난 이후에도 보험금 청구가 계속될 수 있는 보험(Long-term insurance)에서 재보험자가 빠른 재보험계약의 청산을 목적으로 사용하는 조항이다. 합의된 일정한 금액을 원보험자에게 지급하고 재

보험관계를 청산하며 이후에 원수보험계약에서 손해가 발생하더라도 재보험자는 재보험금 지급의무를 부담하지 않는다.

② sunset clause : 보험기간 종료 후 일정 기간 이내에 발생한 사고건에 대해 보험자에게 통지할 것을 요구하고 그 기간이 경과하면 보험자의 책임이 존재하지 않음을 명시한 조항이다. 일몰(sunset) 시간이 지나면 해가 지듯이 일정기간이 지나면 자동적으로 재보험자의 책임이 없어지도록 하는 것이다. 통상 배상책임보험 관련 초과손해액재보험(excess of loss reinsurance) 특약에 적용한다.

③ counsel and concur clause : 조언 및 동의 조항. 원보험자가 클레임 결정을 내릴 때에 재보험자의 조언 및 동의가 필요하다는 의무를 규정한 조항이다. 일정한 금액 이상의 클레임 결정이 내려질 때에 적용되는 가장 일반적인 조항이다.

④ reports and remittance clause : 원보험자가 재보험자에게 월간보고서(monthly report)나 분기보고서(quarterly report)를 제출하도록 규정한 조항이다. report에는 통상 수입보험료, 손해발생액, 보험금 청구 건수, 보험금 지급 내역 및 지급준비금 등 재무적인 보고(financial statement)가 담겨 있고 이에 대한 송장(remittance)도 같이 첨부된다. 원보험자는 동 조항에 의하여 보험료를 송금하거나 재보험자에게 재보험금 지불을 요청한다. 재보험자는 원보험자의 보험계약 체결 및 손해발생 상황을 직접적으로 알 수 없기 때문에 원보험자에게 해당 내역을 알리도록 규정한 것이다.

34. ①

① 보험자의 구상권은 보험계약자와는 별개로 행사하는 권리이므로, 보험계약자의 동의가 없어도 보험자가 자유롭게 행사할 수 있다.

②③ 보험자가 구상권을 행사하여 제3자(가해자)로부터 손해액을 보전하면 손해율 경감의 효과를 기대할 수 있다. 또한 피보험자가 보험금 수취와 더불어 제3자에게도 손해배상을 받아 이중의 이득을 얻는 것을 방지할 수도 있다.

④ 구상권은 하나의 권리이므로, 보험자가 구상권 행사가 불필요하다고 판단하면 그 행사를 포기할 수 있다.

35. ④

①② clean-cut clause(=cut-off clause) : 재보험특약이 해지되는 시점에 재보험사 부담의 미경과보험료 및 미지급보험금을 출재사가 재보험사로부터 회수하여 재보험사의 책임이 완전히 종결되는 조항이다. Run-off clause와 반대되는 방식이다.

③ cut-through clause : 직접청구 조항. 원보험계약의 피보험자가 직접 재보험자에게 보험금을 청구할 수 있는 권리를 부여하는 조항이다. 보통 원보험자의 파산을 기점(trigger)으로 권리가 부여되며, 원보험자의 재정상태가 좋지 못할 때에 주로 사용된다.

④ run-off clause : 재보험 특약의 출재기간이 종료된 경우에도 출재된 개별 원보험계약의 만기 도래 또는 청산이 완전히 종결될 때까지 재보험자의 책임이 지속되는 거래방식이다. clean-cut clause와 반대되는 방식이다.

36. ④

Excess of loss reinsurance(XoL ; 초과손해액재보험)는 원보험자가 지급하는 보험금(손해액)을 기준으로 재보험자의 보상책임이 발생하는 재보험특약이다. Excess of loss reinsurance는 다시 위험(risk)을 기준으로 하는 per risk 방식과 사고(event)를 기준으로 하는 per event 방식으로 나뉜다. per event excess of loss reinsurance에서는 하나의 사고로 둘 이상 다수의 위험이 보장하는 방식이기 때문에 일반적으로 two-risk warranty가 적용된다. 예를 들어 A(1억원), B(5억원), C(7억원) 물건에 대해서 excess of loss reinsurance를 체결되고 재보험 deductible(자기부담금)이 3억원이라고 했을 때, 하나의 사고(예 지진)로 발생한 손해에 대해서 per risk 조건과 per event 조건에서 지급되는 재보험금은 다음과 같다.

- per risk
  A: 1억원 → 3억원 이하이므로 0원
  B: 5억원−3억원=2억원
  C: 7억원−3억원=4억원
  합계: 0원+2억원+4억원=6억원
- per event
  A, B, C 합계: 1억원+5억원+7억원=13억원
  13억원−3억원=10억원

37. ①

보험급여를 받을 수 있는 사람이 다음 각 호의 어느 하나에 해당하면 보험급여를 하지 아니한다(국민건강보험법 제53조 제1항). 국외에 체류하는 경우는 급여 제한 사유가 아니라, 급여 정지 사유(제54조)이다.

1. 고의 또는 중대한 과실로 인한 범죄행위에 그 원인이 있거나 고의로 사고를 일으킨 경우
2. 고의 또는 중대한 과실로 공단이나 요양기관의 요양에 관한 지시에 따르지 아니한 경우
3. 고의 또는 중대한 과실로 급여의 확인을 위한 문서와 그 밖의 물건의 제출을 거부하거나 질문 또는 진단을 기피한 경우
4. 업무 또는 공무로 생긴 질병 · 부상 · 재해로 다른 법령에 따른 보험급여나 보상(報償) 또는 보상(補償)을 받게 되는 경우

38. ①

quota share 재보험(비례재보험) 특약은 가장 기본적이고 간단한 형태의 재보험이다. 예를 들어 50% QS Treaty의 경우 모든 보험계약의 50%를 재보험 처리하며, 출재사는 수입보험료의 50%를 재보험료로 지급하고 사고가 발생하면 지급보험금의 50%를 재보험금으로 회수한다. 사전에 정해진 조건에 따라 자동으로 재보험 출재가 이루어지기 때문에 사무처리가 간편하여 주로 계약건수가 많고 소액인 보험종목에 사용된다. 다만 원보험자의 입장에서는 우량 계약까지 모두 출재해야 하므로 과다 출재의 우려가 있고 그에 따라 원보험자 본인의 이익이 줄어들 수 있다는 단점도 있다. 반면 그러한 단점 때문에 재보험자와의 협상에서 유리한 조건(높은 출재수수료율 요구)으로 계약을 체결할 수

있다. 반대로 재보험자의 입장에서는 일단 재보험계약이 체결되면 정해진 기간동안 원보험자의 역선택(불량 계약만 재보험 처리하고 우량계약은 보유하는 것)에 대한 우려없이 재보험을 수재할 수 있다는 장점이 있다. 이와 비교되는 것이 Surplus 재보험(초과액 재보험) 특약이다. Surplus 재보험에서 원보험자는 자신의 보유액을 스스로 결정할 수 있다. 따라서 원보험자 언더라이터에게 출재 자유재량권이 있으며 그에 따라 원보험자의 이익이 QS Treaty보다 보통 높게 나타난다. 재보험자의 입장에서는 역선택의 위험이 있으므로 QS Treaty보다 낮은 출재수수료율를 적용한다.

39. ②

패키지보험(재산종합보험, package insurance policy)은 하나의 보험증권으로 기업이 직면할 수 있는 모든 위험(All risk)을 담보하는 보험상품이다. 대규모 산업시설이 보유한 다양한 요구를 국문화재보험으로는 충족시킬 수 없어 개발된 상품으로, 현재 국내의 대규모 산업시설은 대부분 패키지보험으로 계약을 체결한다. 대규모 기업물건의 경우 해외 재보험자의 구득요율을 사용해야 하는데, 국문약관으로는 해외 재보험자와 요율협상이 어렵기 때문이다. 패키지보험은 4가지 담보영역으로 구성되어 있으며 각 담보의 내용은 다음과 같다.

1. Section I : 재산종합위험담보(Property All Risk)
2. Section II : 기계위험담보(Machinery Breakdown)
3. Section III : 기업휴지담보(Business Interruption)
4. Section IV : 배상책임담보(General Liability)

40. ④

피보험자가 통원하여 치료를 받던 중 보험계약이 종료되더라도 그 계속 중인 통원에 대해서는 보험계약 종료일 다음 날부터 180일 이내의 통원을 보상하며 최대 90회 한도 내에서 보상한다.

2025 제48회 정답 및 해설

1과목 보험업법

01	02	03	04	05	06	07	08	09	10
④	①	③	④	④	④	②	③	③	①
11	12	13	14	15	16	17	18	19	20
②	②	①	①	②	②	②	②	③	②
21	22	23	24	25	26	27	28	29	30
④	③	①	①	③	③	③	④	④	③
31	32	33	34	35	36	37	38	39	40
①	②	①	③	④	④	①	②	②	④

01. ④

누구든지 보험회사가 아닌 자와 보험계약을 체결하거나 중개 또는 대리하지 못한다. 다만 다음 각 호의 어느 하나에 해당하는 경우에는 보험회사가 아닌 자와 보험계약을 체결할 수 있다(보험업법 시행령 제7조 제1항).

1. 외국보험회사와 생명보험계약, 수출적하보험계약, 수입적하보험계약, 항공보험계약, 여행보험계약, 선박보험계약, 장기상해보험계약 또는 재보험계약을 체결하는 경우
2. 제1호 외의 경우로서 대한민국에서 취급되는 보험종목에 관하여 셋 이상의 보험회사로부터 가입이 거절되어 외국보험회사와 보험계약을 체결하는 경우
3. 대한민국에서 취급되지 아니하는 보험종목에 관하여 외국보험회사와 보험계약을 체결하는 경우
4. 외국에서 보험계약을 체결하고, 보험기간이 지나기 전에 대한민국에서 그 계약을 지속시키는 경우
5. 제1호부터 제4호까지 외에 보험회사와 보험계약을 체결하기 곤란한 경우로서 금융위원회의 승인을 받은 경우

02. ①

보험업의 허가를 받으려는 자는 신청서에 다음 각 호의 서류를 첨부하여 금융위원회에 제출하여야 한다. 다만 보험회사가 취급하는 보험종목을 추가하려는 경우에는 제1호의 서류는 제출하지 아니할 수 있다(보험업법 제5조).

1. 정관
2. 업무 시작 후 3년간의 사업계획서(추정재무제표를 포함한다)
3. 경영하려는 보험업의 보험종목별 사업방법서, 보험약관, 보험료 및 해약환급금의 산출방법서(기초서류) 중 대통령령으로 정하는 서류
4. 제1호부터 제3호까지의 규정에 따른 서류 이외에 대통령령으로 정하는 서류

03. ③

보험회사는 300억원 이상의 자본금 또는 기금을 납입함으로써 보험업을 시작할 수 있다. 다만 보험회사가 보험종목의 일부만을 취급하려는 경우에는 50억원 이상의 범위에서 대통령령으로 자본금 또는 기금의 액수를 다르게 정할 수 있다(보험업법 제9조 제1항).

04. ④

재보험은 손해보험의 보험종목이므로, 손해보험업을 경영하는 보험회사는 재보험을 할 수 있다. 다만 생명보험의 재보험 및 제3보험의 재보험은 이러한 원칙의 예외이다(보험업법 제10조). 따라서 손해보험업을 경영하는 보험회사는 당연히 제3보험의 재보험과, 생명보험의 제3보험을 겸영할 수 있으며, 생명보험업을 경영하는 보험회사도 예외 규정에 따라 생명보험의 재보험을 겸영할 수 있다.

05. ④

보험회사는 경영건전성을 해치거나 보험계약자 보호 및 건전한 거래질서를 해칠 우려가 없는 금융업무로서 다음 각 호에 규정된 업무를 할 수 있다. 이 경우 보험회사는 제1호 또는 제3호의 업무를 하려면 그 업무를 시작하려는 날의 7일 전까지 금융위원회에 신고하여야 한다(보험업법 제11조). 즉 제1호와 제3호의 업무가 신고사항이며, 제2호는 신고사항에 해당하지 않는다.

1. 대통령령으로 정하는 금융 관련 법령에서 정하고 있는 금융업무로서 해당 법령에서 보험회사가 할 수 있도록 한 업무
2. 대통령령으로 정하는 금융업으로서 해당 법령에 따라 인가·허가·등록 등이 필요한 금융업무
3. 그 밖에 보험회사의 경영건전성을 해치거나 보험계약자 보호 및 건전한 거래질서를 해칠 우려가 없다고 인정되는 금융업무로서 대통령령으로 정하는 금융업무

06. ④

금융위원회는 보험회사가 하는 부수업무가 다음 각 호의 어느 하나에 해당하면 그 부수업무를 하는 것을 제한하거나 시정할 것을 명할 수 있다(보험업법 제11조의2 제3항).

1. 보험회사의 경영건전성을 해치는 경우
2. 보험계약자 보호에 지장을 가져오는 경우
3. 금융시장의 안정성을 해치는 경우

07. ②

① 외국보험회사, 외국에서 보험대리 및 보험중개를 업(業)으로 하는 자 또는 그 밖에 외국에서 보험과 관련된 업을 하는 자는 보험시장에 관한 조사 및 정보의 수집이나 그 밖에 이와 비슷한 업무를 하기 위하여 국내에 사무소를 설치할 수 있다(보험업법 제12조 제1항).
② 외국보험회사가 국내사무소를 설치하는 경우에는 그 설치한 날부터 30일 이내에 금융위원회에 신고하여야 한다(보험업법 제12조 제2항).
③ 국내사무소는 다음 각 호의 어느 하나에 해당하는 행위를 하여서는 아니 된다(보험업법 제12조 제3항).

1. 보험업을 경영하는 행위
2. 보험계약의 체결을 중개하거나 대리하는 행위
3. 국내 관련 법령에 저촉되는 방법에 의하여 보험시장의 조사 및 정보의 수집을 하는 행위
4. 그 밖에 국내사무소의 설치 목적에 위반되는 행위로서 대통령령으로 정하는 행위

④ 국내사무소는 그 명칭 중에 사무소라는 글자를 포함하여야 한다(보험업법 제12조 제4항).

08. ③

① 보험회사인 주식회사가 자본감소를 결의한 경우에는 그 결의를 한 날부터 2주 이내에 결의의 요지와 재무상태표를 공고하여야 한다(보험업법 제18조 제1항).
② 자본감소를 결의할 때 대통령령으로 정하는 자본감소를 하려면 미리 금융위원회의 승인을 받아야 한다(보험업법 제18조 제2항).
③ 주식회사는 그 조직을 변경하여 상호회사로 할 수 있다(보험업법 제20조 제1항).
④ 주식회사의 조직 변경은 주주총회의 결의를 거쳐야 한다(보험업법 제21조 제1항).

09. ③

① 주식회사가 조직 변경을 결의한 경우 그 결의를 한 날부터 2주 이내에 결의의 요지와 재무상태표를 공고하고 주주명부에 적힌 질권자(質權者)에게는 개별적으로 알려야 한다(보험업법 제22조 제1항).
② 주식회사는 조직 변경 결의의 공고를 한 날 이후에 보험계약을 체결하려면 보험계약자가 될 자에게 조직 변경 절차가 진행 중임을 알리고 그 승낙을 받아야 한다(보험업법 제23조 제1항).
③ 승낙을 한 보험계약자는 조직 변경 절차를 진행하는 중에는 보험계약자가 아닌 자로 본다(보험업법 제23조 제2항).
④ 주식회사는 조직 변경을 결의할 때 보험계약자 총회를 갈음하는 기관에 관한 사항을 정할 수 있다(보험업법 제25조 제1항).

10. ①

① 보험계약자나 보험금을 취득할 자는 피보험자를 위하여 적립한 금액을 다른 법률에 특별한 규정이 없으면 주식회사의 자산에서 우선하여 취득한다(보험업법 제32조 제1항).
② 보험업법 제108조에 따라 특별계정이 설정된 경우에는 우선 취득권은 특별계정과 그 밖의 계정을 구분하여 적용한다(보험업법 제32조 제2항).
③ 보험계약자나 보험금을 취득할 자는 피보험자를 위하여 적립한 금액을 주식회사가 보험업법에 따른 금융위원회의 명령에 따라 예탁한 자산에서 다른 채권자보다 우선하여 변제를 받을 권리를 가진다(보험업법 제33조 제1항).
④ 보험업법 제108조에 따라 특별계정이 설정된 경우에는 우선 변제권은 특별계정과 그 밖의 계정을 구분하여 적용한다(보험업법 제33조 제2항).

11. ②

① 상호회사는 그 명칭 중에 상호회사라는 글자를 포함하여야 한다(보험업법 제35조).
② 상호회사는 100명 이상의 사원으로써 설립한다(보험업법 제37조).
③ 상호회사의 기금은 금전 이외의 자산으로 납입하지 못한다(보험업법 제36조 제1항).
④ 발기인이 아닌 자가 상호회사의 사원이 되려면 입사청약서 2부에 보험의 목적과 보험금액을 적고 기명날인하여야 한다. 다만 상호회사가 성립한 후 사원이 되려는 자는 그러하지 아니하다(보험업법 제38조 제1항).

12. ②

① 상호회사의 사원은 회사의 채권자에 대하여 직접적인 의무를 지지 아니한다(보험업법 제46조).
② 상호회사의 사원은 보험료의 납입에 관하여 상계(相計)로써 회사에 대항하지 못한다(보험업법 제48조).
③ 상호회사의 채무에 관한 사원의 책임은 보험료를 한도로 한다(보험업법 제47조).
④ 상호회사는 정관으로 보험금액의 삭감에 관한 사항을 정하여야 한다(보험업법 제49조).

13. ①

① 외국보험회사 국내지점은 대한민국에서 체결한 보험계약에 관하여 보험업법 제120조에 따라 적립한 책임준비금 및 비상위험준비금에 상당하는 자산을 대한민국에서 보유하여야 한다(보험업법 제75조 제1항).
② 외국보험회사 국내지점의 대표자는 보험업법에 따른 보험회사의 임원으로 본다(보험업법 제76조 제2항).
③ 금융위원회는 외국보험회사의 본점이 다음 각 호의 어느 하나에 해당하게 되면 그 외국보험회사 국내지점에 대하여 청문을 거쳐 보험업의 허가를 취소할 수 있다(보험업법 제74조 제1항).

1. 합병, 영업양도 등으로 소멸한 경우
2. 위법행위, 불건전한 영업행위 등의 사유로 외국감독기관으로부터 제134조 제2항에 따른 처분에 상당하는 조치를 받은 경우
3. 휴업하거나 영업을 중지한 경우

④ 허가를 받은 외국보험회사의 본점이 보험업을 폐업하거나 해산한 경우 또는 대한민국에서의 보험업을 폐업하거나 그 허가가 취소된 경우에는 금융위원회가 필요하다고 인정하면 잔무(殘務)를 처리할 자를 선임하거나 해임할 수 있다(보험업법 제77조 제2항).

14. ①

다음 각 호의 어느 하나에 해당하는 자는 보험설계사가 되지 못한다(보험업법 제84조 제2항).

1. 피성년후견인 또는 피한정후견인
2. 파산선고를 받은 자로서 복권되지 아니한 자
3. 보험업법 또는 「금융소비자 보호에 관한 법률」에 따라 벌금 이상의 형을 선고받고 그 집행이 끝나거나(집행이 끝난 것으로 보는 경우를 포함한다) 집행이 면제된 날부터 2년이 지나지 아니한 자
4. 보험업법 또는 「금융소비자 보호에 관한 법률」에 따라 금고 이상의 형의 집행유예를 선고받고 그 유예기간 중에 있는 자
5. 보험업법에 따라 보험설계사 · 보험대리점 또는 보험중개사의 등록이 취소(제1호 또는 제2호에 해당하여 등록이 취소된 경우는 제외한다)된 후 2년이 지나지 아니한 자
6. 제5호에도 불구하고 보험업법에 따라 보험설계사 · 보험대리점 또는 보험중개사 등록취소 처분을 2회 이상 받은 경우 최종 등록취소 처분을 받은 날부터 3년이 지나지 아니한 자
7. 보험업법 또는 「금융소비자 보호에 관한 법률」에 따라 과태료 또는 과징금 처분을 받고 이를 납부하지 아니하거나 업무정지 및 등록취소 처분을 받은 보험대리점 · 보험중개사 소속의 임직원이었던 자(처분사유의 발생에 관하여 직접 또는 이에 상응하는 책임이 있는 자로서 대통령령으로 정하는 자만 해당한다)로서 과태료 · 과징금 · 업무정지 및 등록취소 처분이 있었던 날부터 2년이 지나지 아니한 자
8. 영업에 관하여 성년자와 같은 능력을 가지지 아니한 미성년자로서 그 법정대리인이 제1호부터 제7호까지의 규정 중 어느 하나에 해당하는 자
9. 법인 또는 법인이 아닌 사단이나 재단으로서 그 임원이나 관리인 중에 제1호부터 제7호까지의 규정 중 어느 하나에 해당하는 자가 있는 자
10. 이전에 모집과 관련하여 받은 보험료, 대출금 또는 보험금을 다른 용도에 유용(流用)한 후 3년이 지나지 아니한 자

15. ②

보험회사는 고객을 직접 응대하는 직원을 고객의 폭언이나 성희롱, 폭행 등으로부터 보호하기 위하여 다음 각 호의 조치를 하여야 한다(보험업법 제85조의4 제1항 및 보험업법 시행령 제19조의3).

1. 직원이 요청하는 경우 해당 고객으로부터의 분리 및 업무담당자 교체
2. 직원에 대한 치료 및 상담 지원
3. 고객을 직접 응대하는 직원을 위한 상시적 고충처리 기구 마련. 다만 「근로자참여 및 협력증진에 관한 법률」 제26조에 따라 고충처리위원을 두는 경우에는 고객을 직접 응대하는 직원을 위한 전담 고충처리위원의 선임 또는 위촉
4. 그 밖에 직원의 보호를 위하여 필요한 법적 조치 등 대통령령으로 정하는 조치

4-1. 고객의 폭언이나 성희롱, 폭행 등이 관계 법률의 형사처벌규정에 위반된다고 판단되고 그 행위로 피해를 입은 직원이 요청하는 경우 : 관할 수사기관 등에 고발
4-2. 고객의 폭언 등이 관계 법률의 형사처벌규정에 위반되지는 아니하나 그 행위로 피해를 입은 직원의 피해정도 및 그 직원과 다른 직원에 대한 장래 피해발생 가능성 등을 고려하여 필요하다고 판단되는 경우 : 관할 수사기관 등에 필요한 조치 요구
4-3. 직원이 직접 폭언 등의 행위를 한 고객에 대한 관할 수사기관 등에 고소, 고발, 손해배상 청구 등의 조치를 하는 데 필요한 행정적, 절차적 지원
4-4. 고객의 폭언 등을 예방하거나 이에 대응하기 위한 직원의 행동요령 등에 대한 교육 실시
4-5. 그 밖에 고객의 폭언 등으로부터 직원을 보호하기 위하여 필요한 사항으로서 금융위원회가 정하여 고시하는 조치

16. ②

① 보험안내자료에 보험회사의 자산과 부채에 관한 사항을 적는 경우에는 보험업법 제118조에 따라 금융위원회에 제출한 서류에 적힌 사항과 다른 내용의 것을 적지 못한다(보험업법 제95조 제2항).
② 보험안내자료에는 보험회사의 장래의 이익 배당 또는 잉여금 분배에 대한 예상에 관한 사항을 적지 못한다. 다만 보험계약자의 이해를 돕기 위하여 금융위원회가 필요하다고 인정하여 정하는 경우에는 그러하지 아니하다(보험업법 제95조 제3항).
③④ 모집을 위하여 사용하는 보험안내자료에는 다음 각 호의 사항을 명백하고 알기 쉽게 적어야 한다(보험업법 제95조 제1항).

1. 보험회사의 상호나 명칭 또는 보험설계사 · 보험대리점 또는 보험중개사의 이름 · 상호나 명칭
2. 보험 가입에 따른 권리 · 의무에 관한 주요 사항
3. 보험약관으로 정하는 보장에 관한 사항
4. 보험금 지급제한 조건에 관한 사항
5. 해약환급금에 관한 사항
6. 「예금자보호법」에 따른 예금자보호와 관련된 사항
7. 그 밖에 보험계약자를 보호하기 위하여 대통령령으로 정하는 사항

17. ②

가. 기존보험계약이 소멸된 날부터 1개월 이내에 새로운 보험계약을 청약하게 하거나 새로운 보험계약을 청약하게 한 날부터 1개월 이내에 기존보험계약을 소멸하게 하는 행위. 다만, 보험계약자가 기존 보험계약 소멸 후 새로운 보험계약 체결 시 손해가 발생할 가능성이 있다는 사실을 알고 있음을 자필로 서명하는 등 대통령령으로 정하는 바에 따라 본인의 의사에 따른 행위임이 명백히 증명되는 경우에는 그러하지 아니하다.

나. 기존보험계약이 소멸된 날부터 6개월 이내에 새로운 보험계약을 청약하게 하거나 새로운 보험계약을 청약하게 한 날부터 6개월 이내에 기존보험계약을 소멸하게 하는 경우로서 해당 보험계약자 또는 피보험자에게 기존보험계약과 새로운 보험계약의 보험기간 및 예정 이자율 등 대통령령으로 정하는 중요한 사항을 비교하여 알리지 아니하는 행위

다. 보험계약자는 보험계약의 체결 또는 모집에 종사하는 자(보험중개사는 제외)가 보험업법 제97조 제1항 제5호를 위반하여 기존보험계약을 소멸시키거나 소멸하게 하였을 때에는 그 보험계약의 체결 또는 모집에 종사하는 자가 속하거나 모집을 위탁한 보험회사에 대하여 그 보험계약이 소멸한 날부터 6개월 이내에 소멸된 보험계약의 부활을 청구하고 새로운 보험계약은 취소할 수 있다.

18. ②

보험계약의 체결 또는 모집에 종사하는 자는 그 체결 또는 모집과 관련하여 보험계약자나 피보험자에게 금품을 제공하거나 제공하기로 약속하여서는 아니 된다. 다만 보험계약 체결 시부터 최초 1년간 납입되는 보험료의 100분의 10과 3만원(보험계약에 따라 보장되는 위험을 감소시키는 물품의 경우에는 20만원) 중 적은 금액은 제외한다(보험업법 시행령 제46조).

19. ③

① 보험회사는 실손의료보험계약의 보험금 청구를 위한 서류 전송에 따른 업무를 수행하기 위하여 필요한 전산시스템을 구축 · 운영하여야 한다(보험업법 제102조의7 제1항).

② 보험회사는 전산시스템의 구축 · 운영에 관한 업무를 공공성 · 보안성 · 전문성 등을 고려하여 대통령령으로 정하는 전송대행기관에 위탁하거나 직접 수행할 수 있다(보험업법 제102조의7 제2항).

③ 전산시스템의 구축 · 운영에 관한 비용은 보험회사가 부담한다(보험업법 제102조의7 제3항).

④ 보험회사 또는 전송대행기관은 요양기관 등과 전산시스템의 구축 · 운영에 관한 사항을 협의하기 위하여 대통령령으로 정하는 바에 따라 위원회를 구성 · 운영할 수 있다(보험업법 제102조의7 제4항).

20. ②

보험회사는 그 자산을 다음 각 호의 어느 하나에 해당하는 방법으로 운용하여서는 아니 된다(보험업법 제105조).

1. 대통령령으로 정하는 업무용 부동산이 아닌 부동산의 소유. 다만 저당권 등 담보권의 실행으로 취득하는 부동산은 제외한다.
2. 「근로자퇴직급여보장법」에 따른 퇴직보험계약에서 설정된 특별계정을 통한 부동산의 소유
3. 상품이나 유가증권에 대한 투기를 목적으로 하는 자금의 대출
4. 직접 · 간접을 불문하고 해당 보험회사의 주식을 사도록 하기 위한 대출
5. 직접 · 간접을 불문하고 정치자금의 대출
6. 해당 보험회사의 임직원에 대한 대출. 다만 보험약관에 따른 대출 및 금융위원회가 정하는 소액대출은 제외한다.
7. 자산운용의 안정성을 크게 해칠 우려가 있는 행위로서 대통령령으로 정하는 행위

21. ④

① 보험회사는 특별계정에 속하는 자산은 다른 특별계정에 속하는 자산 및 그 밖의 자산과 구분하여 회계처리하여야 한다(보험업법 제108조 제2항).

② 보험회사는 특별계정에 속하는 이익을 그 계정상의 보험계약자에게 분배할 수 있다(보험업법 제108조 제3항).

③ 보험회사는 근로자퇴직급여보장법에 따른 퇴직보험계약에 대하여는 특별계정을 설정하여 운용할 수 있다(보험업법 제108조 제1항).

④ 보험회사는 특별계정의 자산을 운용할 때 다음 각 호의 어느 하나에 해당하는 행위를 하여서는 아니 된다(보험업법 시행령 제53조 제3항).

1. 보험계약자의 지시에 따라 자산을 운용하는 행위
2. 변액보험계약에 대하여 사전수익률을 보장하는 행위
3. 특별계정에 속하는 자산을 일반계정 또는 다른 특별계정에 편입하거나 일반계정의 자산을 특별계정에 편입하는 행위. 다만 다음 각 목의 어느 하나에 해당하는 행위는 제외한다.
   가. 특별계정의 원활한 운영을 위하여 금융위원회가 정하여 고시하는 바에 따라 초기투자자금을 일반계정에서 편입받는 행위
   나. 특별계정이 일반계정으로부터 만기 1개월 이내의 단기자금을 금융위원회가 정하여 고시하는 금리 기준에 따라 차입받는 행위
   다. 법률 제10967호 근로자퇴직급여 보장법 전부개정법률 부칙 제2조 제1항 본문에 따른 퇴직보험 등을 「근로자퇴직급여 보장법」 제29조 제2항에 따른 보험계약으로 전환함에 따라 자산을 이전하는 행위
   라. 변액보험계약에 따라 설정된 특별계정을 「자본시장과 금융투자업에 관한 법률」에 따른 모자형집합투자기구로 전환하면서 모집합투자기구로 자집합투자기구의 자산을 이전하는 행위
   마. 그 밖에 가목부터 라목까지에 준하는 행위로서 금융위원회가 정하여 고시하는 행위
4. 보험료를 어음으로 수납하는 행위
5. 특정한 특별계정 자산으로 제3자의 이익을 꾀하는 행위

22. ③

① 보험회사는 직접 또는 간접으로 그 보험회사의 대주주(그의 특수관계인인 보험회사의 자회사는 제외)와 대주주가 다른 회사에 출자하는 것을 지원하기 위한 신용공여 행위를 하여서는 아니 된다(보험업법 제111조 제1항).

② 보험회사는 그 보험회사의 대주주에 대하여 대통령령으로 정하는 금액 이상의 신용공여를 하거나 그 보험회사의 대주주가

발행한 채권 또는 주식을 대통령령으로 정하는 금액 이상으로 취득하려는 경우에는 미리 이사회의 의결을 거쳐야 한다. 이 경우 이사회는 재적이사 전원의 찬성으로 의결하여야 한다(보험업법 제111조 제2항).

③ 보험회사는 해당 보험회사의 대주주에 대한 신용공여나 그 보험회사의 대주주가 발행한 채권 또는 주식의 취득에 관한 사항을 대통령령으로 정하는 바에 따라 분기별로 금융위원회에 보고하고, 인터넷 홈페이지 등을 이용하여 공시하여야 한다(보험업법 제111조 제4항).

④ 보험회사는 해당 보험회사의 대주주가 발행한 주식에 대한 의결권을 행사하는 행위를 하였을 때에는 7일 이내에 그 사실을 금융위원회에 보고하고, 인터넷 홈페이지 등을 이용하여 공시하여야 한다(보험업법 제111조 제3항).

23. ①

① 직전 사업연도 말의 재무상태표에 따른 자산총액이 1조원 이상인 보험회사는 독립계리업자 또는 보험요율 산출기관으로부터 책임준비금의 적정성에 대하여 검증을 받아야 한다(보험업법 제120조의2 제1항 및 보험업법 시행령 제63조의2 제1항).

② 보험회사는 매월의 업무 내용을 적은 보고서를 다음 달 말일까지 금융위원회가 정하는 바에 따라 금융위원회에 제출하여야 한다(보험업법 제118조 제2항).

③ 보험회사는 결산기마다 보험계약의 종류에 따라 대통령령으로 정하는 책임준비금과 비상위험준비금을 계상(計上)하고 따로 작성한 장부에 각각 기재하여야 한다(보험업법 제120조 제1항).

④ 보험회사는 매년 대통령령으로 정하는 날에 그 장부를 폐쇄하여야 하고 장부를 폐쇄한 날부터 3개월 이내에 금융위원회가 정하는 바에 따라 재무제표(부속명세서를 포함한다) 및 사업보고서를 금융위원회에 제출하여야 한다(보험업법 제118조 제1항).

24. ①

다음 각 호의 어느 하나에 해당하는 경우에는 보험업법상 보험회사의 자산운용 제한에 대한 규정을 적용하지 아니한다(보험업법 제107조 제1항).

1. 보험회사의 자산가격의 변동 등 보험회사의 의사와 관계없는 사유로 자산상태가 변동된 경우
2. 보험회사에 적용되는 회계처리기준(「주식회사 등의 외부감사에 관한 법률」에 따른 회계처리기준을 말한다)의 변경으로 보험회사의 자산 또는 자기자본 상태가 변동된 경우
3. 다음 각 목의 어느 하나에 해당하는 경우로서 금융위원회의 승인을 받은 경우
   가. 보험회사가 제123조에 따라 재무건전성 기준을 지키기 위하여 필요한 경우
   나. 「기업구조조정 촉진법」에 따른 출자전환 또는 채무재조정 등 기업의 구조조정을 지원하기 위하여 필요한 경우
   다. 그 밖에 보험계약자의 이익을 보호하기 위하여 필수적인 경우

25. ③

①② 보험회사는 모집할 수 있는 자 이외의 자에게 모집을 위탁하거나 모집에 관하여 수수료, 보수, 그 밖의 대가를 지급하지 못한다. 다만 다음 각 호의 어느 하나에 해당하는 경우에는 그러하지 아니하다(보험업법 제99조 제1항).

1. 기초서류에서 정하는 방법에 따른 경우
2. 보험회사가 대한민국 밖에서 외국보험사와 공동으로 원보험계약(原保險契約)을 인수하거나 대한민국 밖에서 외국의 모집조직(외국의 법령에 따라 모집을 할 수 있도록 허용된 경우만 해당한다)을 이용하여 원보험계약 또는 재보험계약을 인수하는 경우
3. 그 밖에 대통령령으로 정하는 경우

③ 보험중개사는 보험계약 체결의 중개와는 별도로 보험계약자에게 특별히 제공한 서비스에 대하여 일정 금액으로 표시되는 보수나 그 밖의 대가를 지급할 것을 미리 보험계약자와 합의한 서면약정서에 의하여 청구하는 경우에는 보험계약 체결의 중개와 관련한 수수료나 그 밖의 대가를 보험계약자에게 청구할 수 있다(보험업법 제99조 제3항 및 보험업법 시행령 제47조 제1항).

④ 보험중개사는 보수나 그 밖의 대가를 청구하려는 경우에는 해당 서비스를 제공하기 전에 제공할 서비스별 내용이 표시된 보수명세표를 보험계약자에게 알려야 한다(보험업법 시행령 제47조 제2항).

26. ③

다음 각 호의 어느 하나에 해당하는 기관은 보험대리점 또는 보험중개사로 등록할 수 있다(보험업법 제91조 제1항 및 보험업법 시행령 제40조 제1항).

1. 「은행법」에 따라 설립된 은행
2. 「자본시장과 금융투자업에 관한 법률」에 따른 투자매매업자 또는 투자중개업자
3. 「상호저축은행법」에 따른 상호저축은행
4. 그 밖에 다른 법률에 따라 금융업무를 하는 기관으로서 대통령령으로 정하는 기관

4-1. 「한국산업은행법」에 따라 설립된 한국산업은행
4-2. 「중소기업은행법」에 따라 설립된 중소기업은행
4-3. 「여신전문금융업법」에 따라 허가를 받은 신용카드업자(겸영여신업자는 제외)
4-4. 「농업협동조합법」에 따라 설립된 조합 및 농협은행

27. ③

보험설계사 · 보험대리점 또는 보험중개사는 다음 각 호의 어느 하나에 해당하는 경우에는 지체 없이 그 사실을 금융위원회에 신고하여야 한다(보험업법 제93조 제1항).

1. 등록을 신청할 때 제출한 서류에 적힌 사항이 변경된 경우
2. 보험설계사가 되지 못하는 자 규정 중 어느 하나에 해당하게 된 경우
3. 모집업무를 폐지한 경우

4. 개인의 경우에는 본인이 사망한 경우
5. 법인의 경우에는 그 법인이 해산한 경우
6. 법인이 아닌 사단 또는 재단의 경우에는 그 단체가 소멸한 경우
7. 보험대리점 또는 보험중개사가 소속 보험설계사와 보험모집에 관한 위탁을 해지한 경우
8. 보험설계사가 다른 보험회사를 위하여 모집을 한 경우나, 보험대리점 또는 보험중개사가 생명보험계약의 모집과 손해보험계약의 모집을 겸하게 된 경우

28. ④

보험회사는 보험계약자를 보호하기 위하여 필요한 사항으로서 다음 각 호의 사항을 금융위원회가 정하는 바에 따라 즉시 공시하여야 한다(보험업법 시행령 제67조 제1항).

1. 재무 및 손익에 관한 사항
2. 자금의 조달 및 운용에 관한 사항
3. 보험업법 제123조 제2항(재무건전성의 기준을 지키지 아니하여 금융위원회로부터 받은 제재조치), 제131조 제1항(금융위원회의 명령권), 제134조(보험회사에 대한 제재) 및 「금융산업의 구조개선에 관한 법률」 제10조, 제14조에 따른 조치를 받은 경우 그 내용
4. 보험약관 및 사업방법서, 보험료 및 해약환급금, 공시이율 등 보험료 비교에 필요한 자료
5. 그 밖에 보험계약자의 보호를 위하여 공시가 필요하다고 인정되는 사항으로서 금융위원회가 정하여 고시하는 사항

29. ④

① 보험협회는 보험료 · 보험금 등 보험계약에 관한 사항으로서 대통령령으로 정하는 사항을 금융위원회가 정하는 바에 따라 보험소비자가 쉽게 알 수 있도록 비교 · 공시하여야 한다(보험업법 제124조 제2항).

② 보험협회가 보험료 등 보험계약에 관한 사항으로서 대통령령으로 정하는 사항을 비교 · 공시를 하는 경우에는 대통령령으로 정하는 바에 따라 보험상품공시위원회를 구성하여야 한다(보험업법 제124조 제3항).

③ 보험상품공시위원회는 보험협회가 실시하는 보험상품의 비교 · 공시에 관한 중요 사항을 심의 · 의결한다(보험업법 시행령 제68조 제1항).

④ 금융위원회는 비교 · 공시가 거짓이거나 사실과 달라 보험계약자 등을 보호할 필요가 있다고 인정되는 경우에는 공시의 중단이나 시정조치 등을 요구할 수 있다(보험업법 제124조 제6항).

30. ③

①② 보험회사가 그 업무에 관한 공동행위를 하기 위하여 다른 보험회사와 상호협정을 체결(변경하거나 폐지하려는 경우를 포함한다)하려는 경우에는 대통령령으로 정하는 바에 따라 금융위원회의 인가를 받아야 한다. 다만 대통령령으로 정하는 경미한 사항을 변경하려는 경우에는 신고로써 갈음할 수 있다(보험업법 제125조 제1항). 이때 말하는 경미한 사항이란 다음 각 호의 사항을 말한다(보험업법 시행령 제69조 제3조)

1. 보험회사의 상호 변경, 보험회사 간의 합병, 보험회사의 신설 등으로 상호협정의 구성원이 변경되는 사항
2. 조문체제의 변경, 자구수정 등 상호협정의 실질적인 내용이 변경되지 아니하는 사항
3. 법령의 제정 · 개정 · 폐지에 따라 수정 · 반영해야 하는 사항

③ 금융위원회는 상호협정의 체결 · 변경 또는 폐지의 인가를 하거나 협정에 따를 것을 명하려면 미리 공정거래위원회와 협의하여야 한다(보험업법 제125조 제3항).

④ 금융위원회는 공익 또는 보험업의 건전한 발전을 위하여 특히 필요하다고 인정되는 경우에는 보험회사에 대하여 상호협정의 체결 · 변경 또는 폐지를 명하거나 그 협정의 전부 또는 일부에 따를 것을 명할 수 있다(보험업법 제125조 제2항).

31. ①

보험회사는 정관을 변경한 경우에는 변경한 날부터 7일 이내에 금융위원회에 알려야 한다(보험업법 제126조).

32. ②

①③ 금융위원회는 보험소비자와 보험의 모집에 종사하는 자 등 대통령령으로 정하는 자를 대상으로 다음 각 호의 사항에 대한 이해도를 평가하고 그 결과를 대통령령으로 정하는 바에 따라 공시할 수 있다(보험업법 제128조의4 제1항).

1. 보험약관
2. 보험안내자료 중 금융위원회가 정하여 고시하는 자료

② 금융위원회는 보험약관 등에 대한 보험소비자 등의 이해도를 평가하기 위해 평가대행기관을 지정할 수 있다(보험업법 제128조의4 제2항).

④ 이해도 평가의 대상자는 다음과 같다(보험업법 시행령 제71조의6 제1항).

1. 금융감독원장이 추천하는 보험소비자 3명
2. 「소비자기본법」에 따라 설립된 한국소비자원의 장이 추천하는 보험소비자 3명
3. 삭제 〈2019. 6. 25.〉
4. 보험요율 산출기관의 장이 추천하는 보험 관련 전문가 1명
5. 생명보험협회의 장이 추천하는 보험의 모집에 종사하는 자 1명
6. 손해보험협회의 장이 추천하는 보험의 모집에 종사하는 자 1명
7. 「민법」 제32조에 따라 금융위원회의 허가를 받아 설립된 사단법인 보험연구원의 장이 추천하는 보험 관련 법률전문가 1인

33. ①

금융위원회는 보험회사의 업무운영이 적정하지 아니하거나 자산상황이 불량하여 보험계약자 및 피보험자 등의 권익을 해칠 우려가 있다고 인정되는 경우에는 다음 각 호의 어느 하나에 해당

하는 조치를 명할 수 있다(보험업법 제131조).

1. 업무집행방법의 변경
2. 금융위원회가 지정하는 기관에의 자산 예탁
3. 자산의 장부가격 변경
4. 불건전한 자산에 대한 적립금의 보유
5. 가치가 없다고 인정되는 자산의 손실처리
6. 그 밖에 대통령령으로 정하는 필요한 조치 – 보험계약자 보호에 필요한 사항의 공시를 명하는 것

34. ③

① 보험회사가 보험업의 허가취소로 해산하면 금융위원회는 7일 이내에 그 보험회사의 본점 또는 주된 사무소의 소재지의 등기소에 그 등기를 촉탁하여야 한다(보험업법 제137조 제2항).
② 보험회사가 보험업의 허가취소로 해산하여 금융위원회가 그 보험회사의 본점 또는 주된 사무소의 소재지의 등기소에 그 등기를 촉탁하면 등기소는 그 촉탁을 받은 후 7일 이내에 그 등기를 하여야 한다(보험업법 제137조 제3항).
③ 보험회사가 합병을 결의한 경우에는 그 결의를 한 날부터 2주 이내에 합병계약의 요지와 각 보험회사의 재무상태표를 공고하여야 한다(보험업법 제151조 제1항).
④ 보험회사는 보험계약을 이전한 경우에는 7일 이내에 그 취지를 공고하여야 한다(보험업법 제145조).

35. ④

금융위원회는 다음 각 호의 어느 하나에 해당하는 경우에는 보험회사, 보험계약자, 피보험자, 보험금을 취득할 자, 그 밖에 보험계약에 관하여 이해관계가 있는 자에 대한 조사를 할 수 있다(보험업법 제162조 제1항).

1. 보험업법 및 보험업법에 따른 명령 또는 조치를 위반한 사실이 있는 경우
2. 공익 또는 건전한 보험거래질서의 확립을 위하여 필요한 경우

36. ④

①②③ 손해보험회사는 법령에 따라 가입이 강제되는 손해보험계약(자동차보험계약의 경우에는 법령에 따라 가입이 강제되지 아니하는 보험계약을 포함)으로서 대통령령으로 정하는 손해보험계약의 제3자가 보험사고로 입은 손해에 대한 보험금의 지급을 보험업법에서 정하는 바에 따라 보장하여야 한다. 다만 대통령령으로 정하는 법인을 계약자로 하는 손해보험 계약의 경우 제3자 보호규정이 적용되지 아니한다(보험업법 제165조 및 제166조).
④ 손해보험회사는 「예금자보호법」 제2조 제8호의 사유로 손해보험계약의 제3자에게 보험금을 지급하지 못하게 된 경우에는 즉시 그 사실을 보험협회 중 손해보험회사로 구성된 협회(손해보험협회)의 장에게 보고하여야 한다.

37. ①

보험요율 산출기관은 정관으로 정하는 바에 따라 다음 각 호의 업무를 한다(보험업법 제176조 제3항). 보험회사 등이 지켜야 할 규약의 제정 · 개정은 보험협회의 업무이다.

1. 순보험요율의 산출 · 검증 및 제공
2. 보험 관련 정보의 수집 · 제공 및 통계의 작성
3. 보험에 대한 조사 · 연구
4. 설립 목적의 범위에서 정부기관, 보험회사, 그 밖의 보험관계 단체로부터 위탁받은 업무
5. 제1호부터 제3호까지의 업무에 딸린 업무
6. 그 밖에 대통령령으로 정하는 업무

38. ②

① 보험회사는 보험계리에 관한 업무 전반을 관리하고 이를 검증 및 확인하는 등 보험계리 관련 업무를 총괄하는 보험계리사(선임계리사)를 선임하여야 한다(보험업법 제181조 제2항).
② 보험회사는 다른 보험회사의 선임계리사를 해당 보험회사의 선임계리사로 선임할 수 없다(보험업법 제181조의2 제2항).
③ 선임계리사는 보험회사가 기초서류관리기준을 지키는지를 점검하고 이를 위반하는 경우에는 조사하여 그 결과를 이사회에 보고하여야 하며, 기초서류에 법령을 위반한 내용이 있다고 판단하는 경우에는 금융위원회에 보고하여야 한다(보험업법 제184조 제2항).
④ 선임계리사는 보험상품 개발 업무(기초서류 등을 검증 및 확인하는 업무는 제외)를 직접 수행하는 직무를 담당하여서는 아니 된다(보험업법 제184조 제7항).

39. ②

손해사정사가 되려는 자는 금융감독원장이 실시하는 시험에 합격하고 6개월의 실무수습을 마친 후 금융위원회에 등록하여야 한다(보험업법 제186조 제1항 및 보험업법 시행규칙 제54조 제2항).

40. ④

①② 금융위원회는 법률에 따라 운영되는 공제업과 보험업 간의 균형 있는 발전을 위하여 필요하다고 인정하는 경우에는 그 공제업을 운영하는 자에게 기초서류에 해당하는 사항에 관한 협의를 요구하거나 그 공제업 관련 중앙행정기관의 장에게 재무건전성에 관한 사항에 관한 협의를 요구할 수 있다(보험업법 제193조 제1항).
③ 금융위원회로부터 협의를 요구받은 그 공제업을 운영하는 자 또는 그 공제업 관련 중앙행정기관의 장은 정당한 사유가 없으면 그 요구에 따라야 한다(보험업법 제193조 제2항).
④ 중앙행정기관의 장은 공제업의 재무건전성 유지를 위하여 필요하다고 인정하는 경우에는 공제업을 운영하는 자에 대한 공동검사에 관한 협의를 금융위원회에 요구할 수 있다(보험업법 제193조 제3항). 금융위원회가 그 요구에 따라야 한다는 규정은 없다.

2과목 보험계약법

01	02	03	04	05	06	07	08	09	10
③	①	①	②	③	②	④	④	④	③
11	12	13	14	15	16	17	18	19	20
②	③	①	④	④	②	③	②	④	④
21	22	23	24	25	26	27	28	29	30
④	①	③	②	②	③	④	②	①	①
31	32	33	34	35	36	37	38	39	40
①	②	④	①	②	②	①	③	③	③

01. ③

① 보험계약자 등의 불이익 변경금지를 규정한 상법 제663조는 가계보험에만 적용되며, 재보험 및 해상보험 기타 이와 유사한 보험(기업보험)에는 적용되지 않는다. 따라서 가계보험과 기업보험을 구분하는 실익은 보험계약자 등의 불이익 변경금지에 관한 상법 제663조를 적용하는 것에 있다.

② 공제(共濟)란 동일한 직장 · 직업 · 지역에 속하는 사람들이 단체를 구성하여 보험료에 상당한 금원을 납입하고 약정한 사고가 발생하면 일정한 금액을 지급하는 제도이다. 공제는 그 구성원이 특정한 조합원에 한정된다는 점에서 보험과 차이가 있지만, 그 실체는 보험과 거의 같다고 할 수 있다. 따라서 우리 상법은 공제의 경우에도 그 성질에 반하지 아니하는 범위에서 보험계약에 관한 상법의 규정을 준용하도록 규정한다(상법 제664조).

③ 무역보험은 민영보험이 아니라 공영보험에 해당하므로 기본적으로 특별법인 무역보험법이 우선적으로 적용된다. 다만 그 실질에 있어서는 보험과 유사하므로 보험계약관계를 규정하는 상법 제4편의 규정도 보충적으로 적용받는다. 물론 특별법 우선 적용의 원칙에 따라 무역보험법이 우선적으로 적용되며, 상법은 적용될 여지가 적다.

④ 선주상호보험은 선주상호보험조합법에 따라 상호부조를 목적으로 선주상호보험조합이 운영하는 상호보험이므로, 보험관계의 성질에 반하거나 특칙이 없는 한 상법 제4편이 준용된다. 우리 상법은 상호보험의 경우에도 그 성질에 반하지 아니하는 범위에서 보험계약에 관한 상법의 규정을 준용하도록 규정한다(상법 제664조).

02. ①

①② 대법원 판례에 따르면, 보통보험약관이 계약 당사자에 대하여 구속력을 갖는 것은 그 자체가 법규범 또는 법규범적 성질을 가진 계약이기 때문이 아니라 보험계약 당사자 사이에서 계약내용에 포함시키기로 합의하였기 때문이라고 볼 것인바, 일반적으로 당사자 사이에서 보통보험약관을 계약내용에 포함시킨 보험계약서가 작성된 경우에는 계약자가 그 보험약관의 내용을 알지 못하는 경우에도 그 약관의 구속력을 배제할 수 없는 것이 원칙이나 다만 당사자 사이에서 명시적으로 보험약관에 관하여 달리 개별 약정을 한 경우에는 위 약관의 구속력은 배제된다.[1]

③ 대법원 판례에 따르면, 동일한 보험계약 당사자가 일정한 기간마다 주기적으로 동종계약을 반복 체결하는 계속적 거래관계에 있어서 종전계약의 내용이 된 보험약관을 도중에 가입자에게 불리하게 변경하였다면 보험자로서는 새로운 보험계약 체결시 그와 같은 보험약관 변경 사실 및 내용을 보험가입자인 상대방에게 고지하여야 할 신의칙상의 의무가 있다고 봄이 상당하고, 이러한 고지없이 체결된 보험계약은 과거와 마찬가지로 종전약관에 따라 체결된 것으로 봄이 타당하다.[2]

④ 보험약관에 대하여 행정관청이 인가 절차를 요구하여 그러한 절차를 거쳤다고 하더라도 이는 공법에 따른 절차일 뿐이며, 보험계약자와 보험자 사이에 체결되는 사법상의 보험약관 유효성이 의제되는 것은 아니다.

03. ①

① 보험자는 보험계약을 체결할 때에 보험계약자에게 보험약관을 교부하고 그 약관의 중요한 내용을 설명하여야 한다. 만약 보험자가 보험약관의 교부 · 설명의무를 위반한 경우에는 보험계약자는 보험계약이 성립한 날부터 3개월 이내에 그 계약을 취소할 수 있다(상법 제638조의3).

② 대법원 판례에 따르면, 보험자에게 보험약관의 명시 · 설명의무가 인정되는 것은 어디까지나 보험계약자가 알지 못하는 가운데 약관에 정하여진 중요한 사항이 계약 내용으로 되어 보험계약자가 예측하지 못한 불이익을 받게 되는 것을 피하고자 하는 데 그 근거가 있다고 할 것이므로, 보험약관에 정하여진 사항이라고 하더라도 거래상 일반적이고 공통된 것이어서 보험계약자가 별도의 설명 없이도 충분히 예상할 수 있었던 사항이거나 이미 법령에 의하여 정하여진 것을 되풀이하거나 부연하는 정도에 불과한 사항이라면 그러한 사항에 대하여서까지 보험자에게 명시 · 설명의무가 인정된다고 할 수 없다.[3]

③ 대법원 판례에 따르면, 일반적으로 보험자 및 보험계약의 체결 또는 모집에 종사하는 자는 보험계약을 체결함에 있어 보험계약자 또는 피보험자에게 보험약관에 기재되어 있는 보험상품의 내용, 보험료율의 체계 및 보험청약서상 기재사항의 변동사항 등 보험계약의 중요한 내용에 대하여 구체적이고 상세한 명시 · 설명의무를 지고 있으므로, 보험자가 이러한 보험약관의 명시 · 설명의무를 위반하여 보험계약을 체결한 때에는 그 약관의 내용을 보험계약의 내용으로 주장할 수 없다.[4]

④ 대법원 판례에 따르면, 보험자는 보험계약을 체결할 때 보험계약자에게 보험약관에 기재되어 있는 보험상품의 내용, 보험료율의 체계, 보험청약서상 기재사항의 변동 및 보험자의 면책사유 등 보험계약의 중요한 내용에 대하여 구체적이고 상세

1) 대법원 1985.11.26. 선고 84다카2543 판결
2) 대법원 1986.10.14. 선고 84다카122 판결
3) 대법원 1998.11.27. 선고 98다32564 판결
4) 대법원 2007.4.27. 선고 2006다87453 판결

한 명시 · 설명의무를 지고 있다고 할 것이어서, 만일 보험자가 이러한 보험약관의 명시 · 설명의무에 위반하여 보험계약을 체결한 때에는 그 약관의 내용을 보험계약의 내용으로 주장할 수 없다고 할 것임은 물론이라 할 것이나, 그 설명의무의 상대방은 반드시 보험계약자 본인에 국한되는 것이 아니라, 보험자가 보험계약자의 대리인과 보험계약을 체결할 경우에는 그 대리인에게 보험약관을 설명함으로써 족하다.[5]

04. ②

① 보험자가 보험계약자로부터 보험계약의 청약과 함께 보험료 상당액의 전부 또는 일부의 지급을 받은 때에는 다른 약정이 없으면 30일 내에 그 상대방에 대하여 낙부의 통지를 발송하여야 한다. 만약 이러한 낙부통지의무를 해태한 때에는 당해 청약에 대하여 승낙한 것으로 본다(상법 제638조의2 제2항).

② 보험계약은 형식을 필요로 하지 않으며, 보험계약자의 청약에 대한 보험자의 승낙이라는 두 의사 표시의 합치만으로 유효하게 성립하는 **불요식낙성계약**이다. 따라서 청약서의 작성이나 보험증권의 교부는 보험계약의 성립요건에 해당하지 않는다. 보험실무상 정형화된 청약서에 별도의 서면 작성 등을 필요로 하나 이는 거래의 편의를 위한 규정이며, 보험계약이 불요식낙성계약이라는 사실에는 변함이 없다.

③ 보험자가 보험계약자로부터 보험계약의 청약과 함께 보험료 상당액의 전부 또는 일부를 받은 경우에 그 청약을 승낙하기 전에 보험계약에서 정한 보험사고가 생긴 때에는 그 청약을 거절할 사유가 없는한, 보험자는 이른바 승낙전 사고 담보 책임을 부담한다. 다만 인보험계약에서 피보험자가 신체검사를 받아야 할 때에 피보험자가 신체검사를 받지 않은 경우에는, 보험자의 승낙 전에 보험사고가 발생하더라도 승낙전 사고 담보 책임을 부담하지 않는다.

④ 보험자의 낙부통지의무는 보험계약자가 유효한 보험계약의 청약과 함께 보험료의 전부 또는 일부를 지급한 경우에 발생한다. 따라서 보험계약자가 청약 이후 보험료의 전부나 일부를 지급하지 아니한 경우라면, 보험자는 다른 약정이 없는 한 낙부통지의무를 부담하지 않는다.

05. ③

① 보험중개사는 독립적으로 보험계약의 체결을 중개하는 것을 영업으로 하는 독립된 상인이다. 독립적으로 업무를 수행하므로, 보험자의 **사용인이나 대리인이 아니다.**

② 보험계약의 당사자는 **보험계약자와 보험자**이다. 피보험자, 보험수익자는 보험계약의 당사자가 아니니 주의하여야 한다.

③ 보험계약자가 대리인에 의하여 보험계약을 체결한 경우에 대리인이 안 사유는 그 본인이 안 것과 동일한 것으로 한다(상법 제646조).

④ 보험설계사는 보험자에게 종속되어 보험자를 위하여 보험계약의 체결을 중개하는 자이며, 다음의 권한이 인정된다(상법 제646조의2 제3항).

> 1. 보험계약자로부터 보험료를 수령할 수 있는 권한. 다만 보험자가 작성한 영수증을 보험계약자에게 교부하는 경우에만 해당한다.
> 2. 보험자가 작성한 보험증권을 보험계약자에게 교부할 수 있는 권한

06. ②

① 대법원 판례에 따르면, 보험에서의 면책사유인 보험계약자나 피보험자의 고의 또는 중대한 과실로 보험사고가 발생하였다는 사실은 보험자가 증명하여야 한다.[6]

② 대법원 판례에 따르면, 고지의무 위반사실과 보험사고 발생과의 인과관계 존부(存否)에 관한 증명책임은 **보험계약자 측**에 있다.[7]

③ 대법원 판례에 따르면, 보험계약자가 이미 알고 있는 약관 내용과 같이 보험자의 보험약관 설명의무 등이 적용되지 않는 예외적 사항에 해당한다는 증명책임은 보험자가 부담한다.[8]

④ 대법원 판례에 따르면, 보험자가 보험계약자로부터 보험계약의 청약과 함께 보험료 상당액의 전부 또는 일부를 받은 경우(인보험계약의 피보험자가 신체검사를 받아야 하는 경우에는 그 검사도 받은 때)에 그 청약을 승낙하기 전에 보험계약에서 정한 보험사고가 생긴 때에는 그 청약을 거절할 사유가 없는 한 보험자는 보험계약상의 책임을 지는바, 여기에서 청약을 거절할 사유란 보험계약의 청약이 이루어진 바로 그 종류의 보험에 관하여 해당 보험회사가 마련하고 있는 객관적인 보험인수기준에 의하면 인수할 수 없는 위험상태 또는 사정이 있는 것으로서 통상 피보험자가 보험약관에서 정한 적격 피보험체가 아닌 경우를 말하고, 이러한 청약을 거절할 사유의 존재에 대한 증명책임은 보험자에게 있다.[9]

07. ④

① 고지의무를 부담하는 사람은 **보험계약자와 피보험자**이다. 보험수익자는 고지의무자가 아니니 주의하여야 한다.

② 고지의무 위반과 보험사고의 발생 사이에 인과관계가 없는 경우 보험자는 보험금을 지급하여야 한다. 다만 인과관계 존부(存否)는 보험금 지급에 관한 것이므로, 보험계약의 해지는 인과관계 여부를 불문하고 고지의무 위반 사실만으로 **가능**하다.

③ 고지의무는 보험계약 성립시에 부담하는 의무이다. 따라서 보험계약 체결 시에 고지하지 못한 사항이 있다면 설령 차후에 이를 보완한다고 하더라도, 의무 위반이 **치유되는 것은 아니다.**

④ 대법원 판례에 따르면, 보험자 및 보험계약의 체결 또는 모집에 종사하는 자는 보험계약의 체결에 있어서 보험계약자 또는 피보험자에게 보험약관에 기재되어 있는 보험계약의 중요한

---

5) 대법원 2001.7.27. 선고 2001다23973 판결
6) 대법원 2009.3.26. 선고 2008다72578, 72585 판결
7) 대법원 2014.3.13. 선고 2013다91405, 91412 판결
8) 대법원 2024.7.25. 선고 2020다289743 판결
9) 대법원 2008.11.27. 선고 2008다40847 판결

내용에 대하여 구체적이고 상세한 명시 · 설명의무를 지고 있으므로, 보험자가 이러한 보험약관의 명시 · 설명의무에 위반하여 보험계약을 체결한 때에는 그 약관의 내용을 보험계약의 내용으로 주장할 수 없고, 보험계약자나 그 대리인이 그 약관에 규정된 고지의무를 위반하였다 하더라도 이를 이유로 보험계약을 해지할 수 없다.[10]

08. ④

① 대법원 판례에 따르면, 보험계약자나 피보험자가 보험계약 당시에 보험자에게 고지할 의무를 지는 상법 제651조에서 정한 '중요한 사항'이란, 보험자가 보험사고의 발생과 그로 인한 책임부담의 개연율을 측정하여 보험계약의 체결 여부 또는 보험료나 특별한 면책조항의 부가와 같은 보험계약의 내용을 결정하기 위한 표준이 되는 사항으로서, 객관적으로 보험자가 그 사실을 안다면 계약을 체결하지 않든가 적어도 동일한 조건으로는 계약을 체결하지 않으리라고 생각되는 사항을 말한다.[11]

② 대법원 판례에 따르면, 지입차주가 승합차를 렌터카 회사에 지입만 하여 두고 독자적으로 운행하여 일정 지역을 거점으로 통학생들을 등 · 하교시켜 주는 여객유상운송에 제공한 경우, 그 운행형태는 고지의무의 대상이 되는 중요한 사항에 해당하지 않는다.[12]

③ 대법원 판례에 따르면, 보험자가 계약 체결에 있어서 서면으로 질문한 사항은 보험계약에 있어서 중요한 사항에 해당하는 것으로 추정되고(상법 제651조의2) 여기의 서면에는 보험청약서도 포함된다. 따라서 보험청약서에 일정한 사항에 관하여 답변을 구하는 취지가 포함되어 있다면 그 사항은 상법 제651조에서 말하는 '중요한 사항'으로 추정된다.[13]

④ 대법원 판례에 따르면, 손해보험에 있어서 동일한 보험계약의 목적과 동일한 사고에 관하여 수개의 보험계약을 체결하는 경우에는 보험계약자는 각 보험자에 대하여 각 보험계약의 내용을 통지하도록 규정하고 있으나, 이러한 규정의 취지는 손해보험에서 중복보험의 경우에 연대비례보상주의를 규정하고 있는 상법 제672조 제1항과 사기로 인한 중복보험을 무효로 규정하고 있는 상법 제672조 제3항, 제669조 제4항의 규정에 비추어 볼 때, 부당한 이득을 얻기 위한 사기에 의한 보험계약의 체결을 사전에 방지하고 보험자로 하여금 보험사고 발생 시 손해의 조사 또는 책임의 범위의 결정을 다른 보험자와 공동으로 할 수 있도록 하기 위한 것일 뿐, 보험사고 발생의 위험을 측정하여 계약을 체결할 것인지 또는 어떤 조건으로 체결할 것인지 판단할 수 있는 자료를 제공하기 위한 것이라고 볼 수는 없으므로 중복보험을 체결한 사실은 상법 제651조의 고지의무의 대상이 되는 중요한 사항에 해당되지 아니한다.[14]

09. ④

① 대법원 판례에 따르면, 자동차운전자가 자동차대여업자로부터 자동차를 대여받음에 있어 도로교통법 제77조에 의하여 운전하는 때에 반드시 지녀야 할 운전면허증이나 이에 갈음하는 증명서가 아닌 운전면허증 사본을 제시한다는 것은 극히 이례적인 일이라고 할 것이므로 자동차대여업자로서는 조금만 주의를 기울여 그 원본이나 주민등록증의 제시를 요구하는 등의 방법으로 확인하였더라면 쉽게 그 진위를 가려볼 수 있었을 것인데도 이를 태만히 한 것은 중대한 과실에 속한다.[15]

② 대법원 판례에 따르면, 보험자의 면책사유로 규정된 '보험사고가 보험계약자 또는 피보험자나 보험수익자의 고의 또는 중대한 과실로 인하여 생긴 경우'에서 중대한 과실이란 통상인에게 요구되는 정도의 상당한 주의를 하지 아니하더라도 약간의 주의를 한다면 손쉽게 위법, 유해한 결과를 예견할 수 있는데도 불구하고 만연히 이를 간과함과 같은 거의 고의에 가까운 현저한 주의를 결여한 상태를 의미한다.[16]

③ 대법원 판례에 따르면, 피보험자가 사고 당시 심신미약의 상태에 있었던 경우라면 사고로 인한 손해가 '피보험자의 고의로 인한 손해'에 해당하지 아니하며, 보험자도 면책되지 아니한다.[17]

④ 대법원 판례에 따르면, 보험약관상 면책사유인 '피보험자의 고의에 의한 사고'에서의 '고의'라 함은 자신의 행위에 의하여 일정한 결과가 발생하리라는 것을 알면서 이를 행하는 심리상태를 말하고, 여기에는 확정적 고의는 물론 미필적 고의도 포함된다.[18]

10. ③

① 보험계약의 전부 또는 일부가 무효인 경우에 보험계약자와 피보험자가 선의이며 중대한 과실이 없는 때에는 보험자에 대하여 보험료의 전부 또는 일부의 반환을 청구할 수 있다(상법 제648조).

② 보험계약자는 계약 체결 후 지체없이 보험료의 전부 또는 제1회 보험료를 지급하여야 하며, 보험계약자가 이를 지급하지 아니하는 경우에는 다른 약정이 없는 한 계약 성립 후 2월이 경과하면 그 계약은 해제된 것으로 본다(상법 제650조 제1항).

③ 대법원 판례에 따르면, 보험회사 대리점이 평소 거래가 있는 자로부터 그 구입한 차량에 관한 자동차보험계약의 청약을 받으면서 그를 위하여 그 보험료를 대납하기로 전화상으로 약정하였고, 그 다음날 실제 보험료를 지급받으면서는 그 전날 이미 보험료를 납입받은 것으로 하여 보험약관에 따라 보험기간이 그 전날 24:00 이미 시작된 것으로 기재된 보험료영수증

10) 대법원 1996.4.12. 선고 96다4893 판결
11) 대법원 2011.4.14. 선고 2009다103349, 103356 판결
12) 대법원 1996.12.23. 선고 96다27971 판결
13) 대법원 2010.10.28. 선고 2009다59688, 59695 판결
14) 대법원 2003.11.13. 선고 2001다49623 판결
15) 대법원 1994.8.26. 선고 94다4073 판결
16) 대법원 2008.6.12. 선고 2007다83700 판결
17) 대법원 2001.4.24. 선고 2001다10199 판결
18) 대법원 2001.3.9. 선고 2000다67020 판결

을 교부한 경우에는 위 약정일에 보험계약이 체결되어 보험회사가 보험료를 영수한 것으로 보아야 한다.[19]

④ 대법원 판례에 따르면, 상법 제655조 본문은 보험사고가 발생한 후에도 보험자가 제650조의 규정에 의하여 계약을 해지한 때에는 이미 지급한 보험금액의 반환을 청구할 수 있다고 되어 있어, 법문의 외양상으로는 계속보험료 미지급에 따른 상법 제650조 제2항의 규정에 의한 계약해지의 경우에도 이미 지급한 보험금액의 반환을 청구할 수 있는 것으로 되어 있으나, 상법 제650조 제2항이 보험계약자를 보호하기 위하여 계속보험료가 연체된 경우에 상당한 최고기간을 둔 다음 해지하도록 규정하고 있는 점 등에 비추어 볼 때, 계속보험료의 연체로 인하여 보험계약이 해지된 경우에는 보험자는 계약해지시로부터 더 이상 보험금을 지급할 의무만을 면할 뿐, 계속보험료의 연체가 없었던 기간에 발생한 보험사고에 대하여 이미 보험계약자가 취득한 보험보호를 소급하여 사라지게 하는 것이 아니므로, 보험자는 보험계약자에 대하여 이미 지급한 보험금의 반환을 구할 수 없다.[20]

11. ②

① 대법원 판례에 따르면, 화재보험에 있어서는 피보험건물의 구조와 용도뿐만 아니라 그 변경을 가져오는 증 · 개축에 따라 보험의 인수 여부와 보험료율이 달리 정하여지는 것이므로 화재보험계약의 체결 후에 건물의 구조와 용도에 상당한 변경을 가져오는 증 · 개축공사가 시행된 경우에는 그러한 사항이 계약 체결 당시에 존재하고 있었다면 보험자가 보험계약을 체결하지 않았거나 적어도 그 보험료로는 보험을 인수하지 않았을 것으로 인정되는 사실에 해당한다. 따라서 상법 제652조 제1항에서 규정한 통지의무의 대상이 된다.[21]

② 대법원 판례에 따르면, 고지의무와 통지의무를 별도로 두어 해지권의 행사기간을 달리 규율하는 취지나 각 규정의 문언 등에 비추어 보면, 상법 제651조의 고지의무는 중요한 사실이 보험계약 성립 시에 존재하는 경우에 발생하고, 상법 제652조의 통지의무는 보험계약 성립 시에는 존재하지 않았지만 그 이후 보험기간 중에 사고발생의 위험이 새롭게 변경 또는 증가된 경우에 발생한다고 보아야 한다. 한편 보험계약자 또는 피보험자가 고지의무를 위반함으로써 보험계약 성립 시 고지된 위험과 보험기간 중 객관적으로 존재하게 된 위험에 차이가 생기게 되었다는 사정만으로는 보험기간 중 사고발생의 위험이 새롭게 변경 또는 증가되었다고 할 수 없다. 이 경우 보험자는 상법 제651조의 고지의무 위반을 이유로 계약을 해지할 수는 있어도 상법 제652조의 통지의무 위반을 이유로 계약을 해지할 수는 없다. 이는 고지의무 위반에 따른 해지권 행사의 제척기간이 경과하여 보험자가 고지의무 위반을 이유로 계약을 해지할 수 없게 된 경우에도 마찬가지이다.[22]

③ 보험설계사는 보험대리상이 아니면서 특정한 보험자를 위하여 계속적으로 보험계약의 체결을 중개하는 자로, 의사표시권이나 의사표시수령권이 없다(상법 제646조의2). 따라서 보험설계사가 위험이 현저하게 변경 또는 증가된 사실을 알았다고 하더라도 이를 보험자가 안 것으로 볼 수 없다.

④ 대법원 판례에 따르면, 자동차보험에 있어서는 피보험자동차의 용도와 차종뿐만 아니라 그 구조에 따라서도 보험의 인수 여부와 보험료율이 달리 정하여지는 것이므로 보험계약 체결 후에 피보험자동차의 구조가 현저히 변경된 경우에는 그러한 사항이 계약 체결 당시에 존재하고 있었다면 보험자가 보험계약을 체결하지 않았거나 적어도 그 보험료로는 보험을 인수하지 않았을 것으로 인정되는 사실에 해당하여 상법 제652조 소정의 통지의무의 대상이 되고, 보험계약자나 피보험자가 이를 해태할 경우 보험자는 바로 상법 규정에 의하여 자동차보험계약을 해지할 수 있다.[23]

12. ③

가. 미납된 계속보험료에 대한 납입 최고 후 최고에서 정한 상당한 기간 내에 그 보험료의 납입이 없는 때 → 해지사유 (○)

나. 보험계약자나 피보험자가 고의 또는 중과실로 고지의무를 위반한 때 → 해지사유 (○)

다. 초과보험이 보험계약자의 사기로 인하여 체결된 때 → 무효사유 (×)

라. 보험계약자 또는 피보험자가 위험변경증가 통지의무를 해태한 때 → 해지사유 (○)

마. 선박미확정의 적하예정보험에서 보험계약자가 선박의 명칭 등에 관한 통지의무를 해태한 때 → 해지사유 (○)

13. ①

① 타인을 위한 보험에서 타인은 보험계약 체결시에 반드시 특정되어야 하는 것은 아니므로, 보험사고 발생 시에 피보험이익의 주체가 되는 자를 피보험자로 하는 것도 가능하다.

② 타인을 위한 손해보험계약의 경우에 보험계약자가 그 타인에게 보험사고의 발생으로 생긴 손해의 배상을 한 때에는 보험계약자는 그 타인의 권리를 해하지 아니하는 범위 안에서 보험자에게 보험금액의 지급을 청구할 수 있다(상법 제639조 제2항).

③ 보험계약자는 보험자에 대하여 보험료를 지급할 의무가 있다. 그러나 보험계약자가 파산선고를 받거나 보험료의 지급을 지체한 때에는 그 타인이 그 권리를 포기하지 아니하는 한 그 타인도 보험료를 지급할 의무가 있다(상법 제639조 제3항).

④ 손해보험계약의 경우에 그 타인의 위임이 없는 때에는 보험계약자는 이를 보험자에게 고지하여야 하고, 그 고지가 없는 때에는 타인이 그 보험계약이 체결된 사실을 알지 못하였다는 사유로 보험자에게 대항하지 못한다(상법 제639조 제1항).

19) 대법원 1991.12.10. 선고 90다10315 판결
20) 대법원 2001.4.10. 선고 99다67413 판결
21) 대법원 2000.7.4. 선고 98다62909, 62916 판결
22) 대법원 2024.6.27. 선고 2024다219766 판결
23) 대법원 1998.11.27. 선고 98다32564 판결

14. ④

① 보험사고로 인하여 상실된 피보험자가 얻을 이익이나 보수는 당사자간에 다른 약정이 없으면 보험자가 보상할 손해액에 산입하지 아니한다(상법 제667조).

② 보험자가 보상할 손해액은 그 손해가 발생한 때와 곳의 가액에 의하여 산정한다. 그러나 당사자간에 다른 약정이 있는 때에는 그 신품가액에 의하여 손해액을 산정할 수 있다(상법 제676조). 즉 손해가 발생한 때와 곳의 가액(시가)에 의하여 산정하는 것이 원칙이다.

③ 보험자가 손해를 보상할 경우에 보험료의 지급을 받지 아니한 잔액이 있으면 그 지급기일이 도래하지 아니한 때라도 보상할 금액에서 이를 공제할 수 있다(상법 제677조).

④ 보험의 목적에 관하여 보험자가 부담할 손해가 생긴 경우에는 그 후 그 목적이 보험자가 부담하지 아니하는 보험사고의 발생으로 인하여 멸실된 때에도 보험자는 이미 생긴 손해를 보상할 책임을 면하지 못한다(상법 제675조).

15. ④

① 보험계약자의 사기로 체결된 중복보험은 무효이며, 보험자는 그 사실을 안 때까지의 보험료를 청구할 수 있다(상법 제672조 제3항). 따라서 C회사는 납입받은 보험료를 반환하지 않아도 된다.

②④ 중복보험이 체결되면 각 보험자는 각자의 보험금액 한도 내에서 연대책임을 진다(상법 제672조 제1항). 따라서 B회사는 자신의 보험금액인 14억원을 보상하고 A회사와 C회사에게 각각의 부담부분인 8억원과 5억원을 구상할 수 있다. 또한 만약 B회사가 파산하여 무자력이 되었다면, A회사와 C회사는 각각 16억원과 10억원의 한도 내에서 연대책임을 진다.

③ 중복보험에서 보험자 1인에 대한 권리의 포기는 다른 보험자의 권리의무에 영향을 미치지 아니한다(상법 제673조). 따라서 甲이 A회사에 대하여 권리를 포기하더라도, B회사와 C는 자신의 부담부분인 7억원과 5억원에 대해서만 보상할 책임이 있다.

16. ②

① 초과보험이 당사자의 선의로 성립하면 보험자 또는 보험계약자는 보험료와 보험금액의 감액을 청구할 수 있다. 그러나 보험료의 감액은 장래에 대하여서만 그 효력이 있다(상법 제669조 제1항).

② 초과보험에서 보험계약의 목적의 가액은 계약 당시의 가액에 의하여 정한다(상법 제669조 제2항).

③ 대법원 판례에 따르면, 초과보험계약이라는 사유를 들어 보험가액의 제한 또는 보험계약의 무효를 주장하는 경우, 그 입증책임은 무효를 주장하는 보험자가 부담한다.[24]

④ 대법원 판례에 따르면, 보험계약자가 보험계약 체결 시 보험금액이 목적물의 가액을 현저하게 초과하는 초과보험 상태를 의도적으로 유발한 후 보험사고가 발생하자 초과보험 사실을 알지 못하는 보험자에게 목적물의 가액을 묵비한 채 보험금을 청구하여 보험금을 교부받은 경우, 보험자가 보험금액이 목적물의 가액을 현저하게 초과한다는 것을 알았더라면 같은 조건으로 보험계약을 체결하지 않았을 뿐만 아니라 협정보험가액에 따른 보험금을 그대로 지급하지 아니하였을 관계가 인정된다면, 보험계약자가 초과보험 사실을 알지 못하는 보험자에게 목적물의 가액을 묵비한 채 보험금을 청구한 행위는 사기죄의 실행행위로서의 기망행위에 해당한다.[25]

17. ③

① 대법원 판례에 따르면, 보험계약자와 피보험자가 고의 또는 중대한 과실로 손해방지의무를 위반한 경우에는 보험자는 손해방지의무 위반과 상당인과관계가 있는 손해, 즉 의무 위반이 없다면 방지 또는 경감할 수 있으리라고 인정되는 손해액에 대하여 배상을 청구하거나 지급할 보험금과 상계하여 이를 공제한 나머지 금액만을 보험금으로 지급할 수 있다. 다만 경과실로 위반한 경우에는 그러하지 아니하다.[26]

② 대법원 판례에 따르면, 손해보험에서 피보험자가 손해의 확대를 방지하기 위하여 지출한 필요 또는 유익한 비용을 보험자가 부담하게 되어 있는 경우 이는 원칙적으로 보험사고의 발생을 전제로 하는 것이므로 보험자가 보상책임을 지지 아니하는 사고에 대하여는 손해방지의무가 없고 따라서 이로 인한 보험자의 비용부담 등의 문제도 발생할 수 없는 것이 원칙이다. 다만 사고발생시 피보험자의 법률상 책임 여부가 판명되지 아니한 상태에서 피보험자가 손해확대방지를 위한 긴급한 행위를 하였다면 이로 인하여 발생한 필요 유익한 비용도 손해확대방지를 위한 비용으로서 보험자가 부담하는 것으로 해석하여야 한다.[27]

③ 대법원 판례에 따르면, 누수와 관련하여 실시되는 방수공사에는 누수 부위나 원인을 찾는 작업에서부터 누수를 임시적으로 막거나 이를 제거하는 작업, 향후 추가적인 누수를 예방하기 위한 보수나 교체 작업 등이 포함된다. 따라서 방수공사의 세부 작업 가운데 누수가 발생한 후 누수 부위나 원인을 찾는 작업과 관련된 탐지비용, 누수를 직접적인 원인으로 해서 제3자에게 손해가 발생하는 것을 미리 방지하는 작업이나 이미 제3자에게 발생한 손해의 확대를 방지하는 작업과 관련된 공사비용 등은 손해방지비용에 해당할 수 있다.[28]

④ 대법원 판례에 따르면, 피보험자의 손해방지의무 내용에는 손해를 직접적으로 방지하는 행위는 물론이고 간접적으로 방지하는 행위도 포함된다. 그러나 그 손해는 피보험이익에 대한 구체적인 침해의 결과로서 생기는 손해만을 뜻하는 것이고, 보험자의 구상권과 같이 보험자가 손해를 보상한 후에 취득하게 되는 이익을 상실함으로써 결과적으로 보험자에게 부담되는 손해까지 포함된다고 볼 수 없다.[29]

24) 대법원 1988.2.9. 선고 86다카2933, 2934, 2935 판결
25) 대법원 2015.7.23. 선고 2015도6905 판결
26) 대법원 2016.1.14. 선고 2015다6302 판결
27) 대법원 1994.9.9. 선고 94다16663 판결
28) 대법원 2022.3.31. 선고 2021다201085, 201092 판결
29) 대법원 2018.9.13. 선고 2015다209347 판결

18. ②

가. 배상책임보험에서 피보험자의 업무에 종사하는 피용자 → 제3자에 해당하지 않음 (×)

나. 자동차보험의 기명피보험자를 위하여 자동차를 운전하는 자 → 제3자에 해당하지 않음 (×)

다. 자동차보험의 기명피보험자로부터 승낙을 얻어 자동차를 사용 · 관리하는 자 → 제3자에 해당하지 않음 (×)

라. 건물 소유자의 화재보험에서 그 소유자와 생계를 같이 하는 형제 → 제3자에 해당하지 않음 (×)

마. 건물 소유자의 화재보험에서 그 건물의 임차인 → 제3자에 해당함[30] (○)

바. 건물 임차인이 건물 소유자를 위한 화재보험계약을 체결한 경우 그 임차인 → 제3자에 해당함[31] (○)

19. ④

① 피보험자가 보험의 목적을 양도한 때에는 양수인은 보험계약상의 권리와 의무를 승계한 것으로 추정한다(상법 제679조 제1항). '추정한다'와 '본다'는 법률용어로 그 뜻이 다르니 주의하여야 한다. '추정한다'는 명확하지 않은 사실을 일단 존재하는 것으로 하여 법률효과를 발생시키되, 당사자가 반증을 제시하면 그 추정을 바로 번복할 수 있다. 반면에 '본다'는 명확하지 않은 사실을 일단 존재하는 것으로 한다는 것은 동일하나, 반증이 있는 경우에도 그 사실이 바로 번복되지 않는다는 점에서 다르다.

② 보험 목적의 양도는 매매나 증여 등의 형태로 특정승계의 방법에 의해 물권적으로 이전하는 경우를 말하며 개별적 양도라는 점에서 보험계약상의 권리와 의무가 포괄적으로 승계되는 상속이나 합병과는 구분된다.

③ 보험 목적의 양도인 또는 양수인은 보험자에 대하여 지체없이 그 사실을 통지하여야 한다. 보험계약은 불요식계약이므로 통지의 방법에도 구두, 서면 또는 전화 등 특별한 제한이 없다.

④ 대법원 판례에 따르면, 보험의 목적물이 양도된 경우 그 양도로 인하여 현저한 위험의 변경 또는 증가가 있고 동시에 보험계약자 또는 피보험자가 양도의 통지를 하지 않는 경우에는 보험자는 통지의무 위반을 이유로 당해 보험계약을 해지할 수 있으나, 보험목적의 양도로 인하여 현저한 위험의 변경 또는 증가가 없는 경우에는 양도의 통지를 하지 않더라도 통지의무 위반을 이유로 보험계약을 해지할 수 없다.[32]

20. ④

① 집합된 물건을 일괄하여 보험의 목적으로 한 때에는 피보험자의 가족과 사용인의 물건도 보험의 목적에 포함된 것으로 한다. 이 경우에는 그 보험은 그 가족 또는 사용인을 위하여서도 체결한 것으로 본다(상법 제686조).

② 집합된 물건을 일괄하여 보험의 목적으로 한 때에는 그 목적에 속한 물건이 보험기간 중에 수시로 교체된 경우에도 보험사고의 발생 시에 현존한 물건은 보험의 목적에 포함된 것으로 한다(상법 제687조).

③ 대법원 판례에 따르면, 양도담보권자는 양도담보 목적물이 소실되어 양도담보 설정자가 보험회사에 대하여 화재보험계약에 따른 보험금청구권을 취득한 경우 담보물 가치의 변형물인 화재보험금청구권에 대하여 양도담보권에 기한 추심권(물상대위권)을 행사할 수 있다.[33]

④ 화재보험자는 화재의 소방 또는 손해의 감소에 필요한 조치로 인하여 생긴 손해를 보상할 책임이 있다(상법 제684조). 이러한 소방손해 보상책임은 조치를 취한 자의 자격을 불문하므로, 보험계약자나 피보험자가 아닌 소방관의 조치로 인하여 생긴 손해도 보상하여야 한다.

21. ④

가. 보험자는 다른 약정이 없으면 운송인이 운송물을 수령한 때로부터 수하인에게 인도할 때까지 생길 손해를 보상할 책임이 있다(상법 제688조). (○)

나. 보험가액에 관하여 합의를 한 경우가 아니면, 운송물의 보험에 있어서는 발송한 때와 곳의 가액 및 도착지까지의 운임 기타의 비용을 보험가액으로 한다(상법 제689조 제1항). (○)

다. 운송물의 도착으로 인하여 얻을 이익은 약정이 있는 때에 한하여 보험가액 중에 산입한다(상법 제689조 제2항). (×)

라. 보험계약은 다른 약정이 없으면 운송의 필요에 의하여 일시 운송을 중지하거나 운송의 노순을 변경한 경우에도 그 효력을 잃지 아니한다(상법 제691조). (○)

마. 보험사고가 송하인 또는 수하인의 고의 또는 중대한 과실로 인하여 발생한 때에는 보험자는 이로 인하여 생긴 손해를 보상할 책임이 없다. 경과실로 인한 경우에는 보상하여야 한다. (○)

22. ①

① 적하를 보험에 붙인 경우에는 보험기간은 하물(荷物)의 선적에 착수한 때에 개시한다. 그러나 출하지를 정한 경우에는 그 곳에서 운송에 착수한 때에 개시한다(상법 제699조 제2항).

② 하물(荷物) 또는 저하의 선적에 착수한 후에 보험계약이 체결된 경우에는 보험기간은 계약이 성립한 때에 개시한다(상법 제699조 제3항).

③ 보험계약의 체결 당시에 선박이 확정되지 않은 경우에는 선박미확정의 적하예정보험계약을 체결할 수 있다. 선박미확정의 적하예정보험은 보험계약의 예약이 아니라, 이미 유효하게 성립한 계약이다.

④ 적하의 보험에 있어서는 선적한 때와 곳의 적하의 가액과 선적 및 보험에 관한 비용을 보험가액으로 한다(상법 제697조).

23. ③

① 선박의 존부가 2월간 분명하지 아니한 때에는 그 선박의 행방이 불명한 것으로 하며, 이러한 경우에는 전손(全損)으로 추정

30) 대법원 2015.1.29. 선고 2013다214529 판결
31) 대법원 1989.4.25. 선고 87다카1669 판결
32) 대법원 1996.7.26. 선고 95다52505 판결
33) 대법원 2014.9.25. 선고 2012다58609 판결

한다(상법 제711조).
② 위부는 보험의 목적의 전부에 대하여 이를 하여야 한다. 그러나 위부의 원인이 그 일부에 대하여 생긴 때에는 그 부분에 대하여서만 이를 할 수 있다(상법 제714조 제2항).
③ 선박이 보험사고로 심하게 훼손되어 그 수선비용이 수선 후의 가액을 초과할 것으로 예상되는 경우에 선장이 지체없이 다른 선박으로 적하의 운송을 계속한 때에는 피보험자는 그 적하를 위부할 수 없다(상법 제712조).
④ 보험자가 위부를 승인하지 아니한 때에는 피보험자는 위부의 원인을 증명하지 아니하면 보험금액의 지급을 청구하지 못한다(상법 제717조). 즉 위부의 원인을 증명하여 보험금액의 지급을 청구할 수 있다.

24. ②

선박을 보험에 붙인 경우에 다음의 사유가 있을 때에는 보험계약은 종료한다. 그러나 보험자의 동의가 있는 때에는 그러하지 아니하다(상법 제703조의2).

1. 선박을 양도할 때
2. 선박의 선급을 변경한 때
3. 선박을 새로운 관리로 옮긴 때

25. ②

① 선박이 보험계약에서 정하여진 발항항이 아닌 다른 항에서 출항한 때에는 보험자는 책임을 지지 아니한다(상법 제701조 제1항).
② 보험자의 책임이 개시된 후에 보험계약에서 정하여진 도착항이 변경된 경우에는 보험자는 그 항해의 변경이 결정된 때부터 책임을 지지 아니한다(상법 제701조 제3항).
③ 피보험자가 정당한 사유없이 발항 또는 항해를 지연한 때에는 보험자는 발항 또는 항해를 지체한 이후의 사고에 대하여 책임을 지지 아니한다(상법 제702조).
④ 적하를 보험에 붙인 경우에 보험계약자 또는 피보험자의 책임있는 사유로 인하여 선박을 변경한 때에는 그 변경 후의 사고에 대하여 책임을 지지 아니한다(상법 제703조).

26. ③

가. 보험사고의 성질 (○)
나. 보험가액 → 보험가액을 정한 때에만 기재 (×)
다. 무효와 취소의 사유 → 무효와 실권의 사유 (×)
라. 보험기간 → 보험기간을 정한 때에만 기재 (×)
마. 피보험자의 주소 (○)
바. 동산 화재보험에서 그 동산이 존치한 장소의 상태 (○)

화재보험증권 기재사항은 다음과 같다(상법 제666조 및 제685조).

1. 보험의 목적
2. 보험사고의 성질
3. 보험금액
4. 보험료와 그 지급방법
5. 보험기간을 정한 때에는 그 시기와 종기
6. 무효와 실권의 사유
7. 보험계약자의 주소와 성명 또는 상호
8. 피보험자의 주소, 성명 또는 상호
9. 보험계약의 연월일
10. 보험증권의 작성지와 그 작성 연월일
11. 건물을 보험의 목적으로 한 때에는 그 소재지, 구조와 용도
12. 동산을 보험의 목적으로 한 때에는 그 존치한 장소의 상태와 용도
13. 보험가액을 정한 때에는 그 가액

27. ④

① 제3자는 피보험자가 책임을 질 사고로 입은 손해에 대하여 보험금액의 한도내에서 보험자에게 직접 보상을 청구할 수 있다. 그러나 보험자는 피보험자가 그 사고에 관하여 가지는 항변으로써 제3자에게 대항할 수 있다(상법 제724조 제1항).
② 제3자가 피보험자에 대해서 가지는 손해배상청구권과 책임보험자에 대해서 가지는 직접청구권은 병존하므로, 제3자는 임의로 이를 선택하여 행사할 수 있다.
③ 대법원 판례에 따르면, 피해자의 직접청구권에 따라 보험자가 부담하는 손해배상채무는 보험계약을 전제로 하는 것으로서 보험계약에 따른 보험자의 책임 한도액의 범위 내에서 인정되어야 할 뿐, 보험자가 피해자에게 보상하여야 할 손해액을 산정하면서 보험약관의 지급기준에 구속되는 것은 아니다.[34] 따라서 보험자는 제3자에게 약관 조항을 이유로 대항할 수 없다.
④ 특별한 기간의 약정이 없으면, 보험자는 피보험자로부터 제3자에 대하여 변제, 승인, 화해 또는 재판으로 인하여 채무가 확정되었음을 통지를 받은 날로부터 10일 내에 보험금액을 지급하여야 한다(상법 제723조 제2항).

28. ②

① 대법원 판례에 따르면, 추운 겨울에 승용차의 시동을 켜놓고 잠을 자다가 뒷좌석 부근에서 발화된 화재로 사망한 사고는 운행 중의 사고에 해당하지 않는다.[35]
② 대법원 판례에 따르면, 불법주차된 덤프트럭 뒤에서 길을 횡단하려고 갑자기 뛰어나온 피해자를 주행 중인 자동차가 충격하여 상해를 입힌 경우, 덤프트럭 운전자의 불법주차는 운행성이 인정된다.[36]
③ 대법원 판례에 따르면, 구급차의 들것은 평상시 구급차에 고정되어 있는 것으로서 구급차에 들것을 장치하여 환자를 들것에 뉘어 후송하고 승하차시키는 것은 구급차의 사용목적을 달성하기 위한 필수적인 요소라 할 것이며, 병원에 도착한 직후

34) 대법원 2019.4.11. 선고 2018다300708 판결
35) 대법원 2000.12.8. 선고 2000다46375, 46382 판결
36) 대법원 2005.2.25. 선고 2004다66766 판결

구급차에서 환자를 하차시키던 도중에 발생하여 시간적 · 공간적으로 구급차의 사용과 밀접한 관계에 있었다고 볼 수 있다. 따라서 들것이 사고 당시 구급차에서 분리되어 사용되었더라도 이는 자동차를 그 용법에 따라 사용한 것으로서 자동차손해배상보장법 제2조 제2호 소정의 운행에 해당하며, 따라서 구급차의 운행으로 인하여 발생한 사고에 해당한다.[37]

④ 대법원 판례에 따르면, 인부가 정차 중인 화물차량에 통나무를 내려놓는 충격으로 인하여 지면과 적재함 후미 사이에 걸쳐 설치된 발판이 떨어지는 바람에 발판을 딛고 적재함으로 올라가던 다른 인부가 땅에 떨어져 입은 경우에, 발판은 자동차에 계속적으로 고정되어 있는 장치가 아니어서 당해 장치에 해당된다고 볼 수 없으므로, 자동차의 운행으로 말미암아 일어난 사고에 해당하지 않는다.[38]

29. ①

① 자동차보험에서 피보험자가 보험기간 중에 자동차를 양도한 때에는 양수인은 보험자의 승낙을 얻은 경우에 한하여 보험계약으로 인하여 생긴 권리와 의무를 승계한다(상법 제726조의4 제1항).

②③ 보험자가 양수인으로부터 양수사실을 통지받은 때에는 지체없이 낙부를 통지하여야 하고, 통지받은 날부터 10일 내에 낙부의 통지가 없을 때에는 승낙한 것으로 본다(상법 제726조의4 제2항).

④ 대법원 판례에 따르면, 차량의 매수인이 매매대금을 모두 지급하고 차량을 인도받았을 뿐 아니라 그 명의로 소유권이전등록까지 마침으로써 매도인이 차량에 대한 운행지배관계 및 피보험이익을 상실한 것으로 인정되는 경우에 있어서는 매수인을 자동차종합보험약관에 규정된 기명피보험자의 승낙을 얻어 자동차를 사용 또는 관리중인 자(승낙피보험자)에 해당한다고 볼 수 없다.[39]

30. ①

① 보증보험은 채무자인 보험계약자가 채권자인 피보험자에게 계약상 채무불이행 또는 법령상의 의무불이행으로 손해를 입힌 경우에 보험자가 그 손해를 보상하는 것을 목적으로 하는 보험이다.

② 보증보험은 채무자인 보험계약자가 채권자인 피보험자를 위하여 체결하는 타인을 위한 보험이라는 점에서 자기를 위한 보험인 신용보험과 구별된다.

③ 민법상 보증인은 주채무에 대하여 보충적인 이행책임을 부담하기 때문에 최고의 항변권(먼저 주채무자에게 청구할 것)과 검색의 항변권(먼저 주채무자의 재산에 대해서 집행할 것)을 행사할 수 있다(민법 제437조). 그러나 보증보험은 보험료를 지불하는 상행위에 해당하므로 연대책임(상법 제57조 제2항)을 지게 되어 검색 및 최고의 항변권을 갖지 못하는 특성이 있다. 따라서 보증보험자는 채권자에 대하여 최고의 항변권과 검색의 항변권을 행사할 수 없다.

④ 보증보험계약에 관하여는 보험계약자의 사기, 고의 또는 중대한 과실이 있는 경우에도 이에 대하여 피보험자에게 책임이 있는 사유가 없으면 보험자의 면책규정(상법 제659조)을 적용하지 아니한다(상법 제726조의6 제2항).

31. ①

① 대법원 판례에 따르면, 타인의 사망을 보험사고로 하는 보험계약에 있어서 서면동의 규정은 도박보험의 위험성과 피보험자 살해의 위험성 및 선량한 풍속 침해의 위험성을 배제하기 위하여 마련된 강행규정인바, 제3자가 타인의 동의를 받지 않고 타인을 보험계약자 및 피보험자로 하여 체결한 생명보험계약은 보험계약자 명의에도 불구하고 실질적으로 타인의 생명보험계약에 해당한다.[40] 따라서 보험자의 직원으로 근무하며 영업실적을 올리려고 자신의 배우자의 동의 없이 그를 보험계약자이자 피보험자로 하고 동료 직원으로 하여금 배우자를 대신하여 서명하게 하여 체결한 생명보험계약은 타인의 생명보험계약이다.

② 타인의 생명보험계약에서 사망보험금 청구권을 피보험자가 아닌 자에게 양도하는 경우에는 피보험자의 서면동의를 얻어야 한다(상법 제731조 제2항).

③ 대법원 판례에 따르면, 타인의 사망을 보험사고로 하는 보험계약에 있어 피보험자인 타인의 동의는 각 보험계약에 대하여 개별적으로 서면에 의하여 이루어져야 하고 포괄적인 동의 또는 묵시적이거나 추정적 동의만으로는 부족하나, 피보험자인 타인의 서면동의가 그 타인이 보험청약서에 자필서명하는 것만을 의미하지는 않으므로 피보험자인 타인이 참석한 자리에서 보험계약을 체결하면서 보험계약자나 보험모집인이 타인에게 보험계약의 내용을 설명한 후 타인으로부터 명시적으로 권한을 수여받아 보험청약서에 타인의 서명을 대행하는 경우와 같이, 타인으로부터 특정한 보험계약에 관하여 서면동의를 할 권한을 구체적 · 개별적으로 수여받았음이 분명한 사람이 권한 범위 내에서 타인을 대리 또는 대행하여 서면동의를 한 경우에도 그 타인의 서면동의는 적법한 대리인에 의하여 유효하게 이루어진 것이다.[41]

④ 대법원 판례에 따르면, 15세 미만자 등의 사망을 보험사고로 한 보험계약은 무효라고 정하고 있는 상법 규정은, 통상 정신능력이 불완전한 15세 미만자 등을 피보험자로 하는 경우 그들의 자유롭고 성숙한 의사에 기한 동의를 기대할 수 없고, 그렇다고 해서 15세 미만자 등의 법정대리인이 이들을 대리하여 동의할 수 있는 것으로 하면 보험금의 취득을 위하여 이들이 희생될 위험이 있으므로, 그러한 사망보험의 악용에 따른 도덕적 위험 등으로부터 15세 미만자 등을 보호하기 위하여 둔 효력규정이다. 따라서 15세 미만자 등의 사망을 보험사고

37) 대법원 2004.7.9. 선고 2004다20340, 20357 판결
38) 대법원 1993.4.27. 선고 92다8101 판결
39) 대법원 1991.7.26. 선고 91다14796 판결
40) 대법원 2010.2.11. 선고 2009다74007 판결
41) 대법원 2006.12.21. 선고 2006다69141 판결

로 한 보험계약은 피보험자의 동의가 있었는지 또는 보험수익자가 누구인지와 관계없이 무효이다.[42]

32. ②

① 타인을 위한 생명보험은 보험계약자와 보험수익자가 다른 생명보험계약이다. 따라서 보험계약자가 보험수익자를 타인으로 변경하였다면 그 시점부터 타인을 위한 보험계약에 해당한다.

② 대법원 판례에 따르면, 보험계약자의 보험수익자 변경권은 형성권으로서 보험계약자가 보험자나 보험수익자의 동의를 받지 않고 자유로이 행사할 수 있고 그 행사에 의해 변경의 효력이 즉시 발생한다. 다만 보험계약자는 보험수익자를 변경한 후 보험자에 대하여 이를 통지하지 않으면 보험자에게 대항할 수 없다(상법 제734조 제1항). 이와 같은 보험수익자 변경권의 법적 성질과 상법 규정의 해석에 비추어 보면, 보험수익자 변경은 상대방 없는 단독행위라고 봄이 타당하므로, 보험수익자 변경의 의사표시가 객관적으로 확인되는 이상 그러한 의사표시가 보험자나 보험수익자에게 도달하지 않았다고 하더라도 보험수익자 변경의 효과는 발생한다.[43]

③ 타인을 위한 보험은 민법상 제삼자를 위한 계약으로 보는 것이 일반적인 견해이다. 다만 민법상 제삼자를 위한 계약에서 제삼자의 권리가 발생하려면 수익의 의사표시가 있어야 하는 것(민법 제539조 제2항)과는 달리, 타인을 위한 보험계약에서는 타인의 수익 의사표시가 필요없다는 차이점이 있다. 따라서 보험사고가 발생하면 피보험자 또는 보험수익자는 보험계약자의 동의나 협조가 없더라도 당연히 보험금청구권을 가진다.

④ 보험사고 발생 통지의무를 부담하는 사람은 보험계약자, 피보험자, 보험수익자이다.

33. ④

① 대법원 판례에 따르면, 공동불법행위자의 보험자들 상호간에는 그중 하나가 피해자에게 보험금으로 손해배상금을 지급함으로써 공동면책되었다면 그 보험자는 상법 제682조의 보험자대위의 법리에 따라 피보험자가 다른 공동불법행위자의 부담 부분에 대한 구상권을 취득하여 그의 보험자에 대하여 행사할 수 있고, 이 구상권에는 상법 제724조 제2항에 의한 피해자가 보험자에 대하여 가지는 직접청구권도 포함된다.[44]

② 대법원 판례에 따르면, 수급인이 도급계약에 따라 도급인에 관하여 부담하는 선급금 반환채무의 이행을 보증한 보증보험자와 주계약상 보증인은 채권자인 도급인에 대한 관계에서 채무자인 수급인의 선급금 반환채무 이행에 관하여 공동보증인의 관계에 있다고 보아야 하므로, 그들 중 어느 일방이 변제 기타 자기의 출재로 채무를 소멸하게 하였다면 그들 사이에 구상에 관한 특별한 약정이 없더라도 민법 제448조에 의하여 상대방에 대하여 구상권을 행사할 수 있다.[45]

③ 대법원 판례에 따르면, 보험자가 피보험자에게 보험금을 지급하면 보험자대위의 법리에 따라 피보험자가 보험사고의 발생에 책임이 있는 제3자에 대하여 가지는 권리는 지급한 보험금의 한도에서 보험자에게 당연히 이전되고(상법 제682조), 이는 재보험자가 원보험자에게 재보험금을 지급한 경우에도 마찬가지이다. 따라서 재보험관계에서 재보험자가 원보험자에게 재보험금을 지급하면 원보험자가 취득한 제3자에 대한 권리는 지급한 재보험금의 한도에서 다시 재보험자에게 이전된다.[46]

④ 인보험계약의 보험자는 보험사고로 인하여 생긴 보험계약자 또는 보험수익자의 제3자에 대한 권리를 대위하여 행사하지 못한다. 그러나 상해보험계약의 경우에 당사자간에 다른 약정이 있는 때에는 보험자는 피보험자의 권리를 해하지 아니하는 범위 안에서 그 권리를 대위하여 행사할 수 있다(상법 제729조).

34. ①

① 대법원 판례에 따르면, 보험사고의 발생에 기여한 복수의 원인이 존재하는 경우 그 중 하나가 피보험자 등의 고의행위임을 주장하여 보험자가 면책되기 위하여는 그 행위가 단순히 공동원인의 하나이었다는 점을 입증하는 것으로는 부족하고 피보험자 등의 고의행위가 보험사고 발생의 유일하거나 결정적 원인이었음을 입증하여야 한다.[47]

② 둘 이상의 보험수익자 중 일부가 고의로 피보험자를 사망하게 한 경우 보험자는 다른 보험수익자에 대한 보험금 지급 책임을 면하지 못한다(상법 제732조의2 제2항). 즉 다른 보험수익자에 대해서는 보험금을 지급하여야 한다.

③ 사망을 보험사고로 한 보험계약에서는 사고가 보험계약자 또는 피보험자나 보험수익자의 중대한 과실로 인하여 발생한 경우에도 보험자는 보험금을 지급할 책임을 면하지 못한다(상법 제732조의2 제1항).

④ 대법원 판례에 따르면, 면책약관에서 피보험자의 정신질환을 피보험자의 고의나 피보험자의 자살과 별도의 독립된 면책사유로 규정하고 있는 경우, 이러한 면책사유를 둔 취지는 피보험자의 정신질환으로 인식능력이나 판단능력이 약화되어 상해의 위험이 현저히 증대된 경우 증대된 위험이 현실화되어 발생한 손해는 보험보호의 대상으로부터 배제하려는 데에 있고 보험에서 인수하는 위험은 보험상품에 따라 달리 정해질 수 있는 것이어서 이러한 면책사유를 규정한 약관조항이 고객에게 부당하게 불리하여 공정성을 잃은 조항이라고 할 수 없으므로, 만일 피보험자가 정신질환에 의하여 자유로운 의사결정을 할 수 없는 상태에 이르렀고 이로 인하여 보험사고가 발생한 경우라면 위 면책사유에 의하여 보험자의 보험금지급의무가 면제된다.[48]

42) 대법원 2013.4.26. 선고 2011다9068 판결
43) 대법원 2020.2.27. 선고 2019다204869 판결
44) 대법원 1999.6.11. 선고 99다3143 판결
45) 대법원 2012.5.24. 선고 2011다109586 판결
46) 대법원 2015.6.11. 선고 2012다10386 판결
47) 대법원 2004.8.20. 선고 2003다26075 판결
48) 대법원 2015.6.23. 선고 2015다5378 판결

35. ②

① 타인의 사망보험에서 보험수익자를 지정 또는 변경하려면 그 타인의 서면동의를 얻어야 한다(상법 제734조 제2항).

② 대법원 판례에 따르면, 보험계약자의 보험수익자 변경권은 형성권으로서 보험계약자가 보험자나 보험수익자의 동의를 받지 않고 자유로이 행사할 수 있고 그 행사에 의해 변경의 효력이 즉시 발생한다. 다만 보험계약자는 보험수익자를 변경한 후 보험자에 대하여 이를 통지하지 않으면 보험자에게 대항할 수 없다(상법 제734조 제1항). 이와 같은 보험수익자 변경권의 법적 성질과 상법 규정의 해석에 비추어 보면, 보험수익자 변경은 상대방 없는 단독행위라고 봄이 타당하므로, 보험수익자 변경의 의사표시가 객관적으로 확인되는 이상 그러한 의사표시가 보험자나 보험수익자에게 도달하지 않았다고 하더라도 보험수익자 변경의 효과는 발생한다.

③ 보험수익자가 보험 존속 중에 사망한 때에는 보험계약자는 다시 보험수익자를 지정할 수 있다. 이 경우에 보험계약자가 지정권을 행사하지 아니하고 사망한 때에는 보험수익자의 상속인을 보험수익자로 한다(상법 제733조 제3항).

④ 보험계약자가 보험수익자 지정권을 행사하지 아니하고 사망한 때에는 피보험자를 보험수익자로 한다(상법 제733조 제2항).

36. ②

① 단체가 규약에 따라 구성원의 전부 또는 일부를 피보험자로 하는 생명보험계약을 단체생명보험계약이라고 한다(상법 제735조의3). 동 규정은 상법 제739조에 의하여 상해보험에도 준용되므로 단체상해보험도 얼마든지 존재할 수 있다.

②④ 대법원 판례에 따르면, 단체가 규약에 따라 구성원의 전부 또는 일부를 피보험자로 하는 생명보험계약을 체결하는 경우에는 타인의 서면동의 규정을 적용하지 아니한다고 규정하고 있으므로 위와 같은 단체보험에 해당하려면 소정의 규약에 따라 보험계약을 체결한 경우이어야 하고, 그러한 규약이 갖추어지지 아니한 경우에는 강행법규인 상법 제731조의 규정에 따라 피보험자인 구성원들의 서면에 의한 동의를 갖추어야 보험계약으로서의 효력이 발생한다. 또한 단체보험의 유효요건으로 요구하는 '규약'의 의미는 단체협약, 취업규칙, 정관 등 그 형식을 막론하고 단체보험의 가입에 관한 단체내부의 협정에 해당하는 것으로서, 반드시 당해 보험가입과 관련한 상세한 사항까지 규정하고 있을 필요는 없고 그러한 종류의 보험가입에 관하여 대표자가 구성원을 위하여 일괄하여 계약을 체결할 수 있다는 취지를 담고 있는 것이면 충분하다 할 것이지만, 위 규약이 강행법규인 상법 제731조 소정의 피보험자의 서면동의에 갈음하는 것인 이상 취업규칙이나 단체협약에 근로자의 채용 및 해고, 재해부조 등에 관한 일반적 규정을 두고 있다는 것만으로는 이에 해당한다고 볼 수 없다.[49]

③ 단체보험계약이 체결된 때에는 보험자는 구성원들에게 보험증권을 교부할 필요는 없으며 보험계약자에 대하여서만 보험증권을 교부한다(상법 제735조의3 제2항).

37. ①

① 대법원 판례에 따르면, 피해자가 보험자에게 갖는 직접청구권은 보험자가 피보험자의 피해자에 대한 손해배상채무를 병존적으로 인수한 것으로서 피해자가 보험자에 대하여 가지는 손해배상청구권이므로 민법 제766조 제1항에 따라 피해자 또는 그 법정대리인이 그 손해 및 가해자를 안 날로부터 3년간 이를 행사하지 아니하면 시효로 인하여 소멸한다.[50]

② 보험자대위는 별도의 권리가 생성되는 것이 아니라 원래 존재하던 권리를 단지 보험자가 대신하여 행사하는 것에 지나지 않는다. 따라서 별도의 소멸시효 규정이 적용되지 않고 원래 존재하던 권리의 소멸시효가 그대로 적용된다. 가령 자동차보험의 피보험자가 제3자의 불법행위로 인해 물적손해를 입은 경우, 보험자가 이를 보상한 후 대위행사하는 손해배상청구권은 피보험자가 손해 및 가해자를 안 날로부터 3년, 불법행위를 한 날로부터 10년이 경과하면 시효로 소멸한다(민법 제766조).

③ 대법원 판례에 따르면, 책임보험의 보험금청구권 소멸시효의 기산점에 관하여는 상법상 아무런 규정이 없으므로, "소멸시효는 권리를 행사할 수 있는 때로부터 진행한다."고 규정한 민법 제166조 제1항에 따를 수밖에 없다. 따라서 약관에서 책임보험의 보험금청구권 발생시기나 발생요건에 관하여 달리 정한 경우 등 특별한 다른 사정이 없는 한 원칙적으로 책임보험의 보험금청구권 소멸시효는 피보험자의 제3자에 대한 법률상의 손해배상책임이 상법 제723조 제1항이 정하고 있는 변제, 승인, 화해 또는 재판의 방법 등에 의하여 확정됨으로써 그 보험금청구권을 행사할 수 있는 때로부터 진행한다.[51]

④ 보험계약자의 보험료 또는 적립금 반환청구권 소멸시효 기간은 3년이다(상법 제662조).

38. ③

① 대법원 판례에 따르면, 계약자유의 원칙상 태아를 피보험자로 하는 상해보험계약은 유효하고, 그 보험계약이 정한 바에 따라 보험기간이 개시된 이상 출생 전이라도 태아가 보험계약에서 정한 우연한 사고로 상해를 입었다면 이는 보험기간 중에 발생한 보험사고에 해당한다.[52]

② 대법원 판례에 따르면, 사망을 보험사고로 하는 보험계약에 있어서 자살을 보험자의 면책사유로 규정하고 있는 경우, 그 자살은 사망자가 자기의 생명을 끊는다는 것을 의식하고 그것을 목적으로 의도적으로 자기의 생명을 절단하여 사망의 결과를 발생케 한 행위를 의미하고, 피보험자가 정신질환 등으로 자유로운 의사결정을 할 수 없는 상태에서 사망의 결과를 발생케 한 경우까지 포함하는 것이라고 할 수 없을 뿐만 아니라, 그러한 경우 사망의 결과를 발생케 한 직접적인 원인행위가

49) 대법원 2006.4.27. 선고 2003다60259 판결
50) 대법원 2005.10.7. 선고 2003다6774 판결
51) 대법원 2002.9.6. 선고 2002다30206 판결
52) 대법원 2019.3.28. 선고 2016다211224 판결

외래의 요인에 의한 것이라면 그 보험사고는 피보험자의 고의에 의하지 않은 우발적인 사고로서 재해에 해당한다. 따라서 부부싸움 중 극도의 흥분되고 불안한 정신적 공황상태에서 베란다 밖으로 몸을 던져 사망한 경우, 위 사고는 자유로운 의사결정이 제한된 상태에서 망인이 추락함으로써 사망의 결과가 발생하게 된 우발적인 사고이며, 보험약관상 보험자의 면책사유인 '고의로 자신을 해친 경우'에 해당하지 않는다.53)

③ 15세미만자, 심신상실자 또는 심신박약자의 보험계약은 무효라고 규정한 상법 제732조는 상해보험에서 준용되지 않는다. 따라서 보험계약자가 자신의 15세 미만의 자녀의 상해를 보험사고로 하여 체결한 상해보험계약은 유효하다.

④ 대법원 판례에 따르면, 자동차상해보험은 피보험자가 피보험자동차를 소유 · 사용 · 관리하는 동안에 생긴 피보험자동차의 사고로 인하여 상해를 입었을 때에 보험자가 보험약관에 정한 사망보험금이나 부상보험금 또는 후유장해보험금 등을 지급할 책임을 지는 것으로서 인보험의 일종이기는 하나, 피보험자가 급격하고도 우연한 외부로부터 생긴 사고로 인하여 신체에 상해를 입은 경우에 그 결과에 따라 보험약관에 정한 보상금을 지급하는 보험이어서 그 성질상 상해보험에 속한다. 따라서 자동차상해보험 중 피보험자가 상해의 결과 사망에 이른 때에 지급되는 사망보험금 부분을 분리하여 이를 생명보험에 속한다고 볼 수 없다.54)

39. ③

① 대법원 판례에 따르면, 상해보험은 피보험자가 보험기간 중에 급격하고 우연한 외래의 사고로 인하여 신체에 손상을 입는 것을 보험사고로 하는 인보험으로서, 일반적으로 외래의 사고 이외에 피보험자의 질병 기타 기왕증이 공동원인이 되어 상해에 영향을 미친 경우에도 사고로 인한 상해와 그 결과인 사망이나 후유장해 사이에 인과관계가 인정되면 보험계약 체결시 약정한 대로 보험금을 지급할 의무가 발생한다.55)

② 대법원 판례에 따르면, 상해보험에 가입한 피보험자가 술에 취하여 자다가 구토로 인한 구토물이 기도를 막음으로써 사망한 경우, 보험약관상의 급격성과 우연성은 충족되고, 나아가 보험약관상의 '외래의 사고'란 상해 또는 사망의 원인이 피보험자의 신체적 결함, 즉 질병이나 체질적 요인 등에 기인한 것이 아닌 외부적 요인에 의해 초래된 모든 것을 의미한다고 보는 것이 상당하므로, 위 사고에서 피보험자의 술에 만취된 상황은 피보험자의 신체적 결함, 즉 질병이나 체질적 요인 등에서 초래된 것이 아니라 피보험자가 술을 마신 외부의 행위에 의하여 초래된 것이어서 이는 외부적 요인에 해당한다.56)

③ 대법원 판례에 따르면, 상법 제639조에 의하면 보험계약자는 특정 또는 불특정의 타인을 위하여 보험계약을 체결할 수 있고, 타인을 위한 생명보험에 있어서 보험수익자의 지정 또는 변경에 관한 상법 제733조는 상법 제739조에 의하여 상해보험에도 준용되므로, 상해보험계약을 체결하는 보험계약자는 자유롭게 특정 또는 불특정의 타인을 수익자로 지정할 수 있다. 또한 정액보험형 상해보험의 경우 보험계약자가 보험수익자를 지정한 결과 피보험자와 보험수익자가 일치하지 않게 되었다고 하더라도, 그러한 이유만으로 보험수익자 지정행위가 무효로 될 수는 없다.57)

④ 대법원 판례에 따르면, 상해보험에서 담보되는 위험으로서 상해란 외부로부터의 우연한 돌발적인 사고로 인한 신체의 손상을 말하는 것이므로, 그 사고의 원인이 피보험자의 신체의 외부로부터 작용하는 것을 말하고 신체의 질병 등과 같은 내부적 원인에 기한 것은 제외되며, 이러한 사고의 외래성 및 상해 또는 사망이라는 결과와 사이의 인과관계에 관해서는 보험금 청구자에게 그 입증책임이 있다.58)

40. ③

① 질병보험에 관하여는 그 성질에 반하지 아니하는 범위에서 생명보험 및 상해보험에 관한 규정을 준용한다(상법 제739조의3).

② 질병보험은 대부분 정액보험에 해당하지만 반드시 그런 것은 아니다. 예를 들어 일부 질병보험은 실제 손해를 보상하는 형태(예 실손의료보험)인 비정액 보상방식을 취하는 경우도 있다.

③ 질병보험계약에서는 보험계약자 또는 피보험자나 보험수익자의 중대한 과실로 인하여 사고가 발생한 경우에도 보험자가 보험금 지급책임을 부담한다(상법 제732조의2 제1항).

④ 둘 이상의 보험수익자 중 일부가 고의로 피보험자의 질병을 야기하였다면 보험자는 다른 보험수익자에 대한 보험금 지급책임을 면하지 못한다(상법 제732조의2 제2항).

53) 대법원 2006.3.10. 선고 2005다49713 판결
54) 대법원 2004.7.9. 선고 2003다29463 판결
55) 대법원 2007.10.11. 선고 2006다42610 판결
56) 대법원 1998.10.13. 선고 98다28114 판결
57) 대법원 2006.11.9. 선고 2005다55817 판결
58) 대법원 2001.8.21. 선고 2001다27579 판결

3과목 손해사정이론

01	02	03	04	05	06	07	08	09	10
③	④	④	③	③	④	④	④	②	④
11	12	13	14	15	16	17	18	19	20
②	①	②	①	②	③	②	③	①	①
21	22	23	24	25	26	27	28	29	30
①	①	③	①	④	②	③	④	③	③
31	32	33	34	35	36	37	38	39	40
①	②	④	④	②	①	①	③	②	③

01. ③

① 정신적 위태(morale hazard)란 보험계약 체결 후 위험관리를 소홀히 하거나 사고 발생 후 적극적으로 손해방지 활동을 하지 않는 것을 말한다. 방관적 위태라고도 부른다. 부주의, 무관심, 사기저하 등이 예이다.

② 도덕적 위태(moral hazard)란 보험사기 행위와 같이 보험을 통해 적극적으로 이득을 추구하려는 불순한 의도의 심리상태를 말한다.

③ 물리적 위태(physical hazard)란 폭발물을 보관하는 창고, 빙판길(icy road)이나 땅꺼짐(sinkhole)과 같이 현실적으로 사고(화재, 폭발)를 일으킬 개연성 높은 물리적인 상황을 말한다.

④ 법률적 위태(legal hazard)란 새로운 형태의 소송제도 도입, 각종 무과실 책임 법률 제정 등 법률 환경 변화에 따라 배상책임을 야기하거나 그 가능성이 증대하는 경우를 말한다.

02. ④

① 일부보험(partial insurance)은 보험목적물의 일부만 보험에 가입(전가)하는 것이므로, 보험에 가입하지 않은 부분은 스스로 보유한다. 따라서 리스크의 보유와 전가가 함께 일어난다.

② 비례재보험(proportional reinsurance)은 출재보험자와 수재보험자가 일정한 비율에 따라 상호 위험을 분담하는 재보험방식이다. 따라서 리스크의 보유와 전가가 함께 일어난다.

③ 공동보험(co-insurance)은 손해액의 일정한 비율에 따라 보험금을 지급하는 것이므로, 보험금이 지급되지 않는 부분은 피보험자가 스스로 손해를 보유한다. 따라서 리스크의 보유와 전가가 함께 일어난다.

④ 자가보험(self-insurance)은 위험금융 기법 중 하나로 보험제도를 활용하되 손해를 다른 사람에게 위험을 전가하지 않고, 스스로 보유하는 것(self-retention)이다. 따라서 리스크의 보유만 있으며 전가는 발생하지 않는다.

03. ④

투자비용에 비해 산출물이 훨씬 큰 것을 사행성이라 한다. 보험도 이러한 성향이 있기 때문에 이를 악용하려는 도덕적 위험성(moral risk)이 항상 존재한다. 따라서 보험계약의 도박화를 방지하기 위한 제도와 장치가 있으며, 피보험이익제도, 실손보상의 원칙, 사기에 의한 초과, 중복보험 무효, 고의사고시 보험자 면책, 고지의무, 최대선의의무 등이 이에 해당한다. 보험약관 교부 · 명시 의무는 보험의 부합계약적 성격 때문에 보험자가 부담하는 의무로, 도박화 방지와는 거리가 멀다.

04. ③

① 보험계약자에 대한 불이익변경금지의 원칙은 상법 제4편의 규정을 당사자간의 특약으로 보험계약자 또는 피보험자나 보험수익자의 불이익으로 변경하지 못한다는 원칙이다. 보험계약에 있어 상대적 약자인 보험계약자 측을 보호하기 위한 규정으로 보험자대위 제도와는 관련이 없다.

② 수지상등의 원칙은 보험제도의 운영에서 수입과 지출이 같아야 한다는 원칙이다. 즉 위험단체가 보험계약자로부터 받는 보험료 수입의 현가 총액과 그 기간 동안 사고 발생으로 지급하는 보험금 지출의 현가 총액이 같아야 한다는 것이다. 보험의 기본 원리에 대한 것으로 보험자대위 제도와는 관련이 없다.

③ 실손보상의 원칙은 보험자가 지급하는 보험금은 피보험자에게 실제로 발생한 손해를 보전을 시키기 위한 것이라는 원칙이다. 즉 손해를 입은 피보험자가 손해발생 이전의 상태로 회복할 수 있는 보험금을 지급하며, 그 이상의 금액을 보상하지 않는다. 실손보상의 원칙은 손해보험의 근간이 되는 개념이다. 실손보상의 원칙을 구현하기 위한 제도에는 보험자대위 제도가 있다.

④ 보험료 불가분의 원칙은 일정기간 동안의 위험을 수리적 확률로 나타낸 것이 위험률(사고율)인데, "위험" 자체는 하나의 추상적인 것으로 성질상 가분(Dividable)할 수 없으므로, 보험료는 그러한 위험률에 기초하여 산출된 것이니 이 역시 가분의 것이 아니라는 원칙이다. 보험료 산출에 대한 원칙으로 보험자대위 제도와는 관련이 없다.

05. ③

보험요율 산정의 원칙은 다음과 같다.

1. **충분성** : 보험요율은 미래에 발생할 손실을 적정하게 지급할 수 있을 정도로 충분성을 유지해야 한다. 보험요율이 충분하지 못하면 보험회사의 재무 건전성에 문제가 발생하며 보험가입자에게 피해가 발생하여도 보험금을 지급받지 못하게 되기 때문이다.
2. **비과도성** : 보험요율의 수준이 비합리적으로 높게 상정되지 않아야 한다. 보험계약의 당사자인 보험계약자와 보험회사 사이에는 힘의 불균형이 존재한다.
3. **합리적 차별성** : 보험계약자들 상호 간에 공정하게 차별하여 상대적으로 손실률이 큰 경우에는 높은 요율을 적용하고 작을 경우에는 낮은 요율을 적용하여야 한다.
4. **안정성과 신축성** : 보험요율은 손실통계자료가 변함에 따라 조정되어야 하는 것이 원칙이다. 그러나 너무 빈번하게 조정이 이루어지면 요율의 안정성을 해치며 반대로 너무 경직되어 있으면 요율의 합리성을 잃을 수 있다. 따라서 신축성을 갖고 적절한 기간을 통하여 조정되어야 한다.
5. **손실 방지의 장려** : 보험가입자로 하여금 손실방지활동에 스스로 관심을 갖게 하고 그 결과 보험료를 절약할 수 있도록 하여야 한다.

6. **단순성** : 보험요율 체계는 단순하고 이해하기 쉬워야 한다. 이는 보험자뿐만 아니라 보험계약자가 보험요율과 관련하여 시간, 노력, 경비를 절약하기 위함이다.
7. **경제적 부담 가능성** : 보험요율이 너무 거대하여 보험계약자가 경제적으로 부담할 수 없을 때에는 보험의 활용도가 크게 낮아진다.

06. ④

피보험이익의 기본요건은 다음과 같다.

1. **경제적 가치(금전산정 가능성)** : 금전으로 산정이 가능한 경제적 이익이어야 한다. 금전으로 산정 가능하다는 것은 객관적으로 가치 평가를 할 수 있다는 의미이다. 따라서 피보험자의 도덕적 가치나 종교적 신념 등 객관적으로 그 가치를 금전으로 산정할 수 없는 주관적 것은 피보험이익이 될 수 없다.
2. **적법한 이익** : 보험계약으로 담보하고자 하는 이해관계는 선량한 풍속 기타 사회질서에 반하지 않아야 한다. 따라서 탈세, 마약, 밀수, 성매매 등 사회질서에 반하는 것은 피보험이익이 될 수 없다.
3. **확정 가능성** : 보험계약 당시 확정될 필요는 없지만, 적어도 사고발생 시점에는 확정가능해야 한다.

07. ④

책임준비금에는 보험료적립금 · 미경과보험료적립 · 지급준비금 · 계약자배당준비금 · 계약자이익배당준비금 · 배당보험손실보전준비금 · 재보험료적립금 · 보증준비금이 있다.[59]

08. ④

Lloyd's S.G. Policy에서 말하는 해상과 관련된 위험에는 해상 고유의 위험(perils of the seas)과 해상위험(perils on the sea)이 있다. 해상 고유의 위험(perils of the seas)은 좌초(stranding), 침몰(sinking), 충돌(collision), 악천후(heavy weather) 등이며, 해상위험(perils on the sea)은 화재(fire), 투하(jettison), 선원의 악행(barratry), 강도(pirates) 등이 있다. 둘을 구분하는 가장 쉬운 방법은 해상 고유의 위험(perils of the seas)은 바다에서만 발생하는 perils이며, 해상위험(perils on the sea)은 육지에서도 발생하지만, 해상에서 더욱 커지는 perils이다.

09. ②

위험의 규모가 크고 발생빈도가 낮은 손해에는 위험전가 기법을 적용하는 것이 가장 좋다.

- 발생빈도가 낮고 규모가 작은 경우 : 위험보유
- 발생빈도가 높고 규모가 작은 경우 : 손실통제
- 발생빈도가 낮고 규모가 큰 경우 : 위험전가
- 발생빈도가 높고 규모가 큰 경우 : 위험회피

10. ④

① 자동차보험의 피해자 직접청구권은 배상책임담보(대인배상 및 대물배상)의 경우에만 인정되며, 자기신체사고나 자기차량 손해 담보들에는 적용될 여지가 없다.
② 피보험자의 보험금 청구가 손해배상청구권자(피해자)의 직접 청구와 경합할 때에는 보험사는 손해배상청구권자(피해자)에게 우선하여 보험금을 지급한다.
③ 손해배상청구권자가 보험사에 보험금을 직접 청구한 경우 피보험자가 그 사고에 관하여 가지는 항변으로 보험사는 제3자(손해배상청구권자, 피해자)에게 대항할 수 있다.
④ 자동차보험 피해자의 직접청구는 손해배상청구권자(피해자)가 보험사에게 직접적으로 행사하는 권리이므로, 보험사는 피보험자의 동의 없이 보험금을 지급할 수 있다.

11. ②

① 국문화재보험 보통약관은 위험보편의 원칙에 따라 폭발로 인한 손해는 보상하지 않지만, 폭발로 생긴 화재 손해는 보상한다.
② 화재 발생시 생긴 도난 손해는 화재보험에서 보상하지 아니하는 손해에 해당한다.
③④ 화재의 소방에 필요한 조치로 생긴 손해와 화재 발생시 손해의 감소에 필요한 조치로 생긴 손해는 모두 국문화재보험 보통약관에서 보상하는 손해에 해당한다.

12. ①

- 손해사정을 업으로 하려는 법인은 2명 이상의 상근 손해사정사를 두어야 한다. 이 경우 총리령으로 정하는 손해사정사의 구분에 따라 수행할 업무의 종류별로 1명 이상의 상근 손해사정사를 두어야 한다(보험업법 시행령 제98조 제1항).
- 손해사정업자는 등록일부터 1개월 내에 업무를 시작하여야 한다. 다만 불가피한 사유가 있다고 금융위원회가 인정하는 경우에는 그 기간을 연장할 수 있다(보험업법 시행령 제98조 제7항).

13. ②

① 보험기간이란 보험자의 책임이 개시되고 종료할 때까지의 일정기간을 말하는 것으로 책임기간 또는 위험기간이라고도 한다. 보험자가 보험금을 지급하기 위해서는 보험사고가 보험기

59) **저자주** : 본 문제는 논란의 여지없이 명백한 출제오류이다. 보험회사는 결산기마다 보험계약의 종류에 따라 대통령령으로 정하는 책임준비금과 비상위험준비금을 계상(計上)하고 따로 작성한 장부에 각각 기재하여야 한다. 책임준비금은 보험계약부채, 재보험계약부채, 투자계약부채로 구분하여 각각 적립하며, 이를 다시 세부항목으로 나누어 최선추정부채(BEL), 위험조정(RA), 보험계약마진(CSM)으로 구분한다(보험업감독규정). 2023년 이전에는 문제에서 출제된 내용으로 책임준비금 항목을 구분했으나, 2023년 IFRS17의 도입으로 책임준비금 규정이 바뀌었다. 본 문제는 출제자가 관련 규정이 개정된 것을 제대로 인지하지 못하고 출제한 명백한 오류이다. 게다가 자신의 실수에도 불구하고 끝까지 답안을 수정하지 않았다. 누구나 실수를 할 수 있지만 자신의 실수를 인정하지 않는 자세는 학자로서 매우 부끄러운 모습이다.

간 내에 발생하여야 하기 때문에 보험자의 책임을 기간으로 한정하는 것으로 이해하면 쉽다.

② 별도의 약정이 없는 한 보험기간은 보험자가 최초의 보험료를 받은 때부터 시작된다.

③ 보험기간과 보험료납입기간은 다를 수 있다. 보험실무상 보험기간은 1년이나, 보험료납입기간은 일시납 등으로 하는 경우가 많다.

④ 보험기간은 연 · 월 · 일 · 시 등 시간으로 정하는 경우(기간보험, time policy)도 있고, 일정행위의 시작부터 그 행위의 종료시점에 보험기간이 종료하는 방식으로 정하는 경우(구간보험, voyage policy)도 있다.

14. ①

합산비율이란 손해율과 사업비율을 합친 비율로, 자산운용을 제외한 보험회사의 종합 경영성과를 나타내는 지표이다. 따라서 투자수익은 합산비율의 계산 항목에 포함되지 않는다.

15. ②

보험금청구권은 3년간, 보험료 반환청구권은 3년간, 보험료청구권은 2년간 행사하지 아니하면 시효의 완성으로 소멸한다(상법 제662조).

16. ③

① 중복보험의 경우 보험자 1인에 대한 권리포기는 다른 보험자의 권리의무에 영향을 주지 않는다(상법 제673조). 따라서 피보험자가 보험자 1인에 대해 보험금 지급 청구 권리를 포기하더라도, 다른 보험자는 정상적으로 자신의 보험금 지급 책임을 이행하여야 한다.

② 초과보험이 성립하면 보험자 또는 보험계약자는 보험료와 보험금액의 감액을 청구할 수 있다. 만약 초과보험이 보험계약자의 사기에 의하여 체결되었다면 그 계약은 무효이다. 따라서 보험자는 보상책임이 없다.[60]

③ 일부보험이 성립하면 보험자는 보험금액의 보험가액에 대한 비율에 따라 보상할 책임을 진다. 다만 일부보험이라 하더라도 당사자간 다른 약정이 있으면, 보험자는 보험금액 한도 내에서 실제 손해액을 보상한다(상법 제674조). 이를 1차위험담보라고 한다.

④ 당사자간에 보험가액을 정한 때에는 그 가액은 사고발생시의 가액으로 정한 것으로 추정한다. 그러나 그 가액이 사고발생시의 가액을 현저하게 초과할 때에는 사고발생시의 가액을 보험가액으로 한다(상법 제670조).

17. ②

①③④ 신가보험은 보험자가 보상할 손해액을 사고 발생 당시의 가액(시가)으로 하지 않고 해당 목적물을 대체하는 비용(replacement cost, 재조달가액, 대체가격)으로 하는 보험을 말한다. 실손보상의 원칙에 대한 예외이다.

② 신구교환공제(new for old)란 주요 부품의 교환, 건물 복구공사 등을 통해 해당 목적물이 사고발생 이전보다 전체적으로 내구연한이 향상되는 등 가치가 상승하게 될 경우, 그 가치 상승분만큼 이익이 될 것임으로 지급보험금 산정시 이를 적절한 공제하는 것을 말한다. 자동차보험 대물배상에서 엔진, 변속기 등을 교체할 때에 교체된 기존 부분품의 감가상각액을 공제하는 것이 대표적인 예이다.

18. ③

운명추정조항이란 재보험사는 출재사와 모든 책임을 함께 해야 한다는 것으로, 신의성실의 원칙과 함께 재보험 거래의 근간을 이루는 조항이다. 다만 초과손해율재보험(Excess of Loss Ratio Cover or Stop Loss Cover)에는 통상적으로 적용하지 않는다.

19. ①

① 전통적인 재보험이 보험기간 1년으로 운영되는 것에 반하여, 대재해채권은 5~10년 중장기로 운영된다.

② 재보험시장이 위축되는 환경(hard market)에서는 재보험시장으로부터 충분한 담보력을 확보하지 못하는 경우가 많다. 대재해채권을 활용하면 재보험시장에서 확보하지 못한 담보력을 보충할 수 있어, 추가 담보력 확보가 가능하다.

③ 대재해채권의 발행 이자율은 LIBOR금리(런던 금융시장에서 활용되는 단기 이자율)를 기준으로 일정한 추가금리(premium)를 적용하여 책정한다.

④ 특정 사고 발생에 따라 원금 손실이 발생하는 사고연계채권(event-linked bond)의 한 종류이다.

20. ①

파라메트릭 보험(parametric insurance)은 사전에 설정된 지수(index)를 기반으로 보상을 제공하는 새로운 형태의 보험상품이다. 지진이나 홍수와 같은 자연재해 등 사전에 합의된 특정 상황에 대한 맞춤형 계약이 이루어지고, 재난 상황에 해당하는 트리거(trigger)에 지수가 도달할 경우 자동적으로 보험금을 지급하는 구조이다. 전통적인 손해보험과는 달리 빠른 보험금 지급이 가능하며 유연성이 높다는 장점으로 주목받고 있다. 파라메트릭 보험은 보험가입 과정과 보험금 지급절차(손해사정)가 간단하며, 손실을 측정할 필요가 없기 때문에 보험사기나 역선택의 발생 가능성이 적다는 장점이 있다. 반면 보험에서 설정한 트리거가 실제 손해를 반영하지 않아서 발생하는 베이시스 리스크(basis risk)가 크다는 단점도 있다.

21. ①

① 국민연금은 현물급여를 제공하지 않는다.

② 국민건강보험은 현물급여(요양급여, 건강검진)를 원칙으로 하며, 예외적으로 비용보상(임신 출산 진료비, 요양비 등)을 인정한다.

③ 고용보험은 고용안정 · 직업능력개발 사업 등을 실시하고 있으며 이는 현물급여에 해당한다.

④ 산업재해보상보험에서 요양급여는 현물급여가 원칙이며 업무상 재해 인정 전 근로자가 이미 지급한 치료비 등은 예외적으로 현금급여를 인정한다.

60) 저자주 : 지문에서는 '보험계약자의 사기'를 '보험계약자의 고의'라고 표현하였다. 사기와 고의는 엄연히 다르다. 좋은 문제라고 할 수 없다. 다만 ③번 지문이 확실한 정답이라 문제풀이 자체에는 크게 영향이 없었다.

22. ①

① 보험자가 대위 행사하는 보험계약자나 피보험자의 권리가 그와 생계를 같이 하는 가족에 대한 것인 경우 보험자는 그 권리를 취득하지 못한다. 다만 손해가 그 가족의 고의로 인하여 발생한 경우에는 그러하지 아니하다(상법 제682조 제2항).

②③ 손해가 제3자의 행위로 인하여 발생한 경우에 보험금을 지급한 보험자는 그 지급한 금액의 한도에서 그 제3자에 대한 보험계약자 또는 피보험자의 권리를 취득한다. 다만, 보험자가 보상할 보험금의 일부를 지급한 경우에는 피보험자의 권리를 침해하지 아니하는 범위에서 그 권리를 행사할 수 있다(상법 제682조 제1항).

④ 제3자에 대한 보험대위는 손해보험에서 인정되나 생명보험에서는 인정되지 않는다.

23. ③

①②③ 장기요양보험의 등급은 다음과 같다(노인장기요양보험법 시행령 제7조 제1항).

1) 장기요양 1등급 : 심신의 기능상태 장애로 일상생활에서 전적으로 다른 사람의 도움이 필요한 자로서 장기요양인정 점수가 95점 이상인 자
2) 장기요양 2등급 : 심신의 기능상태 장애로 일상생활에서 상당 부분 다른 사람의 도움이 필요한 자로서 장기요양인정 점수가 75점 이상 95점 미만인 자
3) 장기요양 3등급 : 심신의 기능상태 장애로 일상생활에서 부분적으로 다른 사람의 도움이 필요한 자로서 장기요양인정 점수가 60점 이상 75점 미만인 자
4) 장기요양 4등급 : 심신의 기능상태 장애로 일상생활에서 일정 부분 다른 사람의 도움이 필요한 자로서 장기요양인정 점수가 51점 이상 60점 미만인 자
5) 장기요양 5등급 : 치매(노인성 질병에 해당하는 치매로 한정한다)환자로서 장기요양인정 점수가 45점 이상 51점 미만인 자
6) 장기요양 인지지원등급 : 치매(노인성 질병에 해당하는 치매로 한정한다)환자로서 장기요양인정 점수가 45점 미만(경미한 치매)인 자

④ 장기요양보험 등급심사를 신청할 수 있는 사람은 만 65세 이상의 노인 또는 만 65세 미만의 자로서 치매 · 뇌혈관성 질환 등 노인성 질병을 가진 자를 말한다(노인장기요양법 제2조).

24. ①

① 신의성실의 원칙은 계약 전반에 걸쳐 적용되는 원칙으로 보험자와 보험계약자, 피보험자가 모두 성실히 준수하여야 한다.

② 보증(약속담보, warranty)이란 보험계약 체결에 있어서 어떤 사실에 대한 피보험자의 명확한 입장표명 또는 합의된 조건(특정한 작위 또는 부작위)의 이행에 대한 약속을 말하는 것으로서 계약의 일부분이 된다. 즉 보험계약의 체결에 있어 양당사자가 합의한 담보의 전제조건과도 같은 것이라 할 수 있다. 따라서 보증(warranty)의 위반 효과는 진술(representation)보다 엄격하다.

③ 보험은 단체성이 있다. 특정 보험계약자에 대하여 특별이익을 제공하는 것을 금지하는 보험업법 규정도 이러한 단체성에서 비롯된 것이다. 또한 보험계약자 평등 대우의 원칙도 보험의 단체성을 구현하기 위한 원칙이라고 할 수 있다. 이러한 규정들은 신의성실의 원칙과도 연결된다.

④ 금반언의 원칙(estoppel)은 신의성실의 원칙에서 파생되는 원칙으로 법률관계에 있어서 선행행위로 상대방에게 일정한 신뢰를 준 뒤에 이와 모순되는 후행행위를 함으로써 상대방의 신뢰를 저버리는 것은 신의성실의 원칙에 위반되므로 그 선행행위와 모순되는 후행행위를 금지한다는 의미이다.

25. ④

보증보험계약, 재보험계약, 변액보험계약의 주계약은 예금자보호법에 따라 보호되지 않는다. 반면 확정기여형퇴직연금제도(DC), 개인형퇴직연금제도(IRP), 중소기업퇴직연금기금제도의 적립금은 예금자보호의 적용을 받는다(예금자보호법 시행령 제3조 제4항).

26. ②

- A유형의 예상손실 : 손실액(90,000원 − 10,000원 = 80,000원) × 사고 발생 확률(0.2) = 16,000원
- B유형의 예상손실 : 손실액(90,000원 − 10,000원 = 80,000원) × 사고 발생 확률(0.4) = 32,000원

[16,000원(A유형 예상손실) × 40%(비중)] + [32,000원(B유형 예상손실) × 60%(비중)] = 25,600원

27. ③

▶ A유형

현재 상황(보험에 가입하지 않은 상태)에서 A유형의 기대효용은 다음과 같다.

- 사고가 발생하지 않았을 때 : $\sqrt{90,000\text{원}}$ × 0.8 = 240원
- 사고가 발생했을 때 : $\sqrt{10,000\text{원}}$ × 0.2 = 20원

240원 + 20원 = 260원

현재 상황(보험에 가입하지 않은 상태)에서 기대효용과 동일한 효용을 주는 재산을 확실성 등가라고 하며, 이는 다음과 같다.

260원 × 260원 = 67,600원

A유형에서 보험에 가입하는 사람이 지불할 수 있는 최대보험료는 현재의 자산(90,000원)에서 확실성 등가(67,600원)을 차감한 값이다. 즉 A유형에서 보험에 가입하는 사람은 최대보험료보다 높은 금액을 지불하지 않으며, 최대보험료보다 보험료가 높다면 해당 보험에 효용을 느끼지 않으므로 보험에 가입하지 않는다.

90,000원 − 67,600원 = 22,400원

따라서 A유형은 보험료가 22,000원인 전부보험에 가입한다.

▶ B유형

현재 상황(보험에 가입하지 않은 상태)에서 B유형의 기대효용은 다음과 같다.

- 사고가 발생하지 않았을 때 : $\sqrt{90,000원} \times 0.6 = 180원$
- 사고가 발생했을 때 : $\sqrt{10,000원} \times 0.4 = 40원$

180원+40원=220원

현재 상황(보험에 가입하지 않은 상태)에서 기대효용과 동일한 효용을 주는 재산을 확실성 등가라고 하며, 이는 다음과 같다.

220원×220원=48,400원

B유형에서 보험에 가입하는 사람이 지불할 수 있는 최대보험료는 현재의 자산(90,000원)에서 확실성 등가(48,400원)을 차감한 값이다. 즉 B유형에서 보험에 가입하는 사람은 최대보험료보다 높은 금액을 지불하지 않으며, 최대보험료보다 보험료가 높다면 해당 보험에 효용을 느끼지 않으므로 보험에 가입하지 않는다.

90,000원−48,400원=41,600원

따라서 B유형은 보험료가 22,000원인 전부보험에 가입한다.

28. ④

① 정액공제조항(straight deductible clause)은 손해액의 크기와 상관없이 항상 일정한 금액을 공제하는 방식이다.
② 소멸공제조항(disappearing deductible clause)은 손해액이 커질수록 설정된 공제액이 점점 줄어드는 방식의 공제조항이다. 손해액 크기가 일정액에 이르면 그 시점부터 공제 없이 보험자가 보상한다.
③ 프랜차이즈공제조항(franchise deductible clause)은 일정액 이하의 손해에 대하여는 보상하지 않지만 일단 그 금액을 초과하는 손해가 발생하면 일체의 공제금액 없이 전액 보상하는 방식이다.
④ 누적공제조항(aggregate deductible clause)은 일정한 종합공제액을 설정하고 매 사고의 공제액 누적, 일정기간 동안 설정공제액을 넘으면 보험자가 전액 부담하는 방식이다. 문제에서는 3월과 4월에 각각 발생한 손해는 누적 공제 한도 200을 넘지 않았으므로 보험금을 지급하지 않았으나, 5월에 발생한 손해 100은 전액을 보험금으로 지급하였다. 즉 누적공제조항이 적용된 사례이다.

29. ③

손해사정사 또는 손해사정업자의 업무는 다음 각 호와 같다(보험업법 제188조).

1. 손해 발생 사실의 확인
2. 보험약관 및 관계 법규 적용의 적정성 판단
3. 손해액 및 보험금의 사정
4. 제1호부터 제3호까지의 업무와 관련된 서류의 작성 · 제출의 대행
5. 제1호부터 제3호까지의 업무 수행과 관련된 보험회사에 대한 의견의 진술

독립손해사정사 또는 독립손해사정사에게 소속된 손해사정사는 업무와 관련하여 다음 각 호의 행위를 하여서는 아니 된다(보험업감독규정 제9-14조).

1. 보험금의 대리청구행위
2. 일정 보상금액의 사전약속 또는 약관상 지급보험금을 현저히 초과하는 보험금을 산정하여 제시하는 행위
3. 특정변호사 · 병원 · 정비공장 등을 소개 · 주선 후 관계인으로부터 금품 등의 대가를 수수하는 행위
4. 불필요한 소송 · 민원유발 또는 이의 소개 · 주선 · 대행 등을 이유로 하여 대가를 수수하는 행위
5. 사건중개인 등을 통한 사정업무 수임행위
6. 보험회사와 보험금에 대하여 합의 또는 절충하는 행위
7. 그 밖에 손해사정업무와 무관한 사항에 대한 처리약속 등 손해사정업무 수임유치를 위한 부당행위

30. ③

① 비례분할부담(pro rata liability)조항은 각 보험계약의 보험가입금액에 따라 비례분담하는 방식이다. 각 보험계약의 지급보험금 산출방식이 동일하는 경우에 적용한다.
② 책임한도분담(contribution by limit of liability)조항은 독립책임액 방식이라고도 하며, 각자 다른 보험계약이 없는 것으로 간주하여 책임져야 할 지급보험금을 계산하여 얻어진 독립책임액을 합하고 그 합에 대한 각자의 책임액 비율로 배분하는 방식이다.
③ 균일분담(contribution by equal share)조항은 각 보험계약의 보험가입금액이 소진될 때까지 균등액을 분담하는 방식이다. 문제에서는 홍길동의 배상책임액 1억2천만원에 대하여 을 보험사와 병 보험사의 보험가입금액이 소진될 때까지 갑, 을, 병 보험사가 동일하게 분담하였다. 즉 균일분담조항이 적용된 사례이다.
④ 요구부보율(co-insurance)조항은 보험가입자에게 일정 비율 이상을 가입하도록 요구하여 요구부보비율을 만족하면 실제 손해액을 전액 보상하지만, 만족하지 못하는 경우에는 불이익을 주어 비례보상하는 방식이다.

31. ①

① 판단요율은 위험의 동질성과 다수성을 갖출 수 없을 뿐 아니라 이러한 위험에 대한 통계적 자료가 부족할 경우에 사용되는 방식으로, 언더라이터 자신의 분석에 따라 적용요율을 결정하는 방식이다. 해상보험, 항공보험, 대규모 신공법에 의한 건설공사보험 등에서 충분한 위험률 통계가 존재하지 않을 경우에 주로 사용된다.
② 등급요율은 집단요율 또는 매뉴얼요율이라고도 하며, 동일한 집단에 속하는 위험에 대해서 동일한 보험요율을 적용하는 방식이다. 동일한 등급에 속해 있는 모든 위험에 대하여 그 등급의 평균 손실을 기초로 하여 만들어진 요율을 동일하게 적용한다. 간편하고 비용이 적게 소모되지만, 한 등급의 위험집단 내에서도 동질성이 결여될 수 있다는 단점도 있다.
③ 협정요율은 2개 이상의 보험회사가 요율을 협정하는 일종의 가격 카르텔로 요율덤핑이나 부당차별 방지를 위한 공동안전조치에 해당한다. 현재 국내에는 협정요율이 존재하지 않는다. 다만 보험개발원이 제시하는 참조순요율을 금융감독원의 인가를 받아 보험자가 이를 원용하거나 ±25% 범위 내에서 사용할 수 있다.

④ 예정표요율은 동일위험 분류에 속하는 동질적인 위험의 과거 경험에 따라 기준이 될 보험요율을 산정해 놓고 이를 기초로 하여 각 위험의 특수성을 반영하여 최종적으로 요율을 산정하는 방식이다. 자동차보험에 있어서 운전자의 나이, 성별, 운전 경력 등 기본이 되는 사항에 의한 기본적인 보험요율을 산정해 놓고 직업 등 각 운전자의 특성에 따라 요율을 변경하는 것이 예이다.

32. ②

보험계약의 무효 사유는 다음과 같다. 보험자가 파산선고를 받은 경우는 보험계약자의 해지 사유이다.

1) 보험계약 당시에 보험사고가 이미 발생하였거나 또는 발생할 수 없는 경우에 보험계약은 무효이다. 다만 계약 당사자 쌍방과 피보험자가 이를 알지 못한 때에는 유효하다.
2) 보험계약자의 사기로 체결된 초과보험은 무효이다. 또한 보험자는 사기 사실을 안 때까지의 보험료를 청구할 수 있다.
3) 보험계약자의 사기로 체결된 중복보험은 무효이다. 또한 보험자는 사기 사실을 안 때까지의 보험료를 청구할 수 있다.
4) 만15세 미만자, 심신상실자, 심신박약자의 사망을 보험사고로 하는 보험계약은 무효이다. 다만 심신박약자가 보험계약을 체결하거나 단체보험의 피보험자가 될 때에 의사능력이 있는 경우라면 유효하다.
5) 타인의 사망을 보험사고로 하는 보험계약에서 계약 체결 시까지 그 타인에게 서면에 의한 동의를 얻지 못하였다면 그 보험계약은 무효이다.

33. ④

열거위험방식(Named-perils covered policy) 또는 명기위험 보험증권(named-perils covered policy)에서는 오직 보험증권에 특별히 열거된 손인에 대해서만 보험자가 책임을 부담한다. 따라서 피보험자가 열거된 위험으로 손해가 발생하였음을 증명하여야 한다. 반면 포괄위험방식(All-risk covered policy) 또는 전위험(全危險) 보험증권(all-risk covered policy)에서는 보험증권에서 특별히 면책되는 위험이나 손해를 제외하고 모든 위험으로 인한 손해를 부담한다. 따라서 보험자가 면책위험으로 손해가 발생하였음을 증명하여야 한다. 문제에서는 홍길동이 화재 · 낙뢰 · 폭발로 인한 손해만 보상하는 조건으로 보험에 가입하였으므로 열거위험방식에 해당한다.

34. ④

① 기여과실(contributory negligence)의 법리에 의하면 과실책임의 원인이 되는 사고 또는 사건의 발생에 피해자의 과실이 조금이라도 기여했다면, 가해자인 피고에게 과실책임을 부과할 수 없다.
② 비교과실(comparative negligence)의 법리에 의하면 피해자는 손해액에서 자신이 기여한 과실의 비율에 해당하는 금액을 공제한 뒤 손해배상금을 지급받는다. 현재 우리나라에서 사용 중인 과실상계와 비슷한 개념으로 이해하면 쉽다.
③ 최종명백한 기회(last clear chance)란 영미법의 기여과실에 법리에 대한 반박으로 주장된 것으로 사고 발생에 피해자의 과실이 있었더라도 피고인 가해자가 사고를 회피할 수 있는 최후의 기회가 있었음이 명백히 증명된다면 가해자의 배상책임을 인정하는 법리이다.
④ 리스크 가정(assumption of risk)은 특정 활동 또는 업무에 항상 위험이 있다는 것을 이해하고 인식하는 사람은 그러한 활동 또는 업무에 연관되어 손실을 입었다고 하더라도 스스로 그러한 위험에 자신을 자발적으로 노출한 것인 만큼 보상을 요구할 수 없다는 논리이다. 문제에서는 홍길동이 위험을 이해하고 감수한다는 서약서를 작성한 상태에서 사고가 발생하였으므로, A회사는 리스크 가정의 법리를 들어 항변할 수 있다.

35. ②

유류분은 상속에 있어서 피상속인의 유언(또는 증여)에 의한 재산 처분권을 인정하되, 일정한 범위의 유족에게 일정액을 유보하는 권리이다. 만약 그 한도를 넘는 유증이나 증여가 있을 때 그 상속인에게 반환을 청구할 수 있게 한 제도로써 특정 상속인이 유산을 독차지하는 것을 방지하려 취지이다. 민법은 배우자와 직계비속의 경우 법정상속분의 2분의 1로, 직계존속과 형제 · 자매의 경우 법정상속분의 3분의 1로 유류분을 규정한다.[61]

36. ①

중대산업재해는 산업안전보건법 제2조 제1호에 따른 산업재해 중 사망자 1명 이상, 동일한 사고로 6개월 이상 치료가 필요한 부상자가 2명 이상 발생한 재해이다(중대재해처벌법 제2조).

37. ①

정액공제(straight deductible)란 손해액의 크기와는 관계없이 항상 일정한 금액을 공제하여 보험금을 지급하는 공제조항을 말한다. 정액공제 400만원에서 각각의 손해가 발생했을 때에 보험자가 지급해야 하는 보험금을 계산하면 다음과 같다.

A) 0원 → 0원
B) 100만원 → 0원
C) 500만원 − 400만원 = 100만원
D) 800만원 − 400만원 = 400만원

위의 보험금이 각각 지급되는 확률을 도입하면 다음과 같다.

A) 0원×0.5 = 0원
B) 0원×0.3 = 0원
C) 100만원×0.2 = 20만원
D) 400만원×0.1 = 40만원

61) **저자주** : 다만 유류분에 대한 민법 제1112조는 2024년 4월 25일 헌법재판소에 의하여 헌법불합치(직계존비속 및 배우자의 유류분) 및 위헌(형제자매의 유류분) 결정이 내려졌다(사건번호: 2020헌가4 등). 따라서 동 조항은 2025년 12월 31일까지 국회가 개선 입법할 예정이다. 헌법불합치 및 위헌 판결이 내려진 조항을 굳이 시험문제로 출제한 것은 다소 부적절해 보인다.

수지상등의 원칙에 따라 예상 발생손해액과 순보험료는 동일해야 하므로, 순보험료는 A, B, C, D를 모두 더한 금액 60만원(0원+0원+20만원+40만원)이다.

38. ③

보험금 청구의 허위성 판단 여부와 관련된 리스크는 손해사정과 관련된 리스크이다. 나머지 지문은 모두 언더라이팅 리스크에 대한 설명이다.

39. ②

실손의료보험의 자기부담금이 확대되면, 보험회사가 지급하는 보험금은 줄어들며, 반대로 보험가입자가 부담하는 금액을 증가한다. 따라서 자기부담금 확대는 손해율을 억제하는 요인으로 작용한다. 나머지 지문은 모두 손해율 상승 요인이다.

40. ③

채무이행보증보험 표준약관상 일반금융소비자는 보험증권을 받은 날부터 15일과 청약을 한 날부터 30일 중 먼저 도래하는 기간 내에 그 청약을 철회할 수 있다. 다만 다음 중 어느 하나에 해당하는 경우에는 보험계약의 청약을 철회할 수 없다.

1) 전문금융소비자가 보험계약의 청약을 한 경우
2) 「보험업법」에 따른 보증보험 중 청약의 철회를 위해 제3자의 동의가 필요한 보증보험
3) 보험기간이 90일 이내인 보험계약
4) 법률에 따라 가입의무가 부과되고 그 해제 · 해지도 해당 법률에 따라 가능한 의무보험. 다만 일반금융소비자가 동종의 다른 보험에 가입한 경우는 제외한다.

PART

2

예상문제
정답 및 해설

제1회 정답 및 해설

1과목 보험업법

01	02	03	04	05	06	07	08	09	10
④	④	①	④	②	④	②	③	①	②
11	12	13	14	15	16	17	18	19	20
③	①	④	①	③	②	③	③	①	①
21	22	23	24	25	26	27	28	29	30
③	④	①	②	①	④	①	②	②	③
31	32	33	34	35	36	37	38	39	40
①	③	④	①	③	④	④	①	③	①

01. ④

보험대리점 또는 보험중개사로 등록할 수 있는 금융기관은 다음과 같다. 여신전문금융업법에 따라 허가를 받은 신용카드업자 중 겸영여신업자는 금융기관 보험대리점으로 등록할 수 있는 자에 해당하지 않는다(보험업법 제91조 및 보험업법 시행령 제40조 제1항).

1. 「은행법」에 따라 설립된 은행
2. 「자본시장과 금융투자업에 관한 법률」에 따른 투자매매업자 또는 투자중개업자
3. 「상호저축은행법」에 따른 상호저축은행
4. 그 밖에 다른 법률에 따라 금융업무를 하는 기관으로서 대통령령으로 정하는 기관

4-1. 「한국산업은행법」에 따라 설립된 한국산업은행
4-2. 「중소기업은행법」에 따라 설립된 중소기업은행
4-3. 「여신전문금융업법」에 따라 허가를 받은 신용카드업자(겸영여신업자는 제외한다.)
4-4. 「농업협동조합법」에 따라 설립된 조합 및 농협은행

02. ④

①② 금융위원회는 보험소비자 등을 대상으로 다음 각 호의 사항에 대한 이해도를 평가하고 그 결과를 대통령령으로 정하는 바에 따라 공시할 수 있다(보험업법 제128조의4 제1항).

1) 보험약관
2) 보험안내자료 중 금융위원회가 정하여 고시하는 자료

③ 평가대행기관은 조사대상 보험약관 등에 대하여 보험소비자 등의 이해도를 평가하고 그 결과를 금융위원회에 보고하여야 한다(보험업법 제128조의4 제3항).
④ 금융위원회는 보험소비자 등의 보험약관에 대한 이해도를 평가하기 위해 평가대행기관을 지정할 수 있다(보험업법 제128조의4 제2항). 평가대행기관을 지정하는 것이지, 금융감독원에 해당업무를 위탁할 수 있는 것은 아니다.

03. ①

외국보험회사, 외국에서 보험대리 및 보험중개를 업(業)으로 하는 자 또는 그 밖에 외국에서 보험과 관련된 업을 하는 자는 보험시장에 관한 조사 및 정보의 수집이나 그 밖에 이와 비슷한 업무를 하기 위하여 국내에 사무소를 설치할 수 있다. 외국보험회사의 국내사무소는 보험시장에 관한 조사 및 정보의 수집 업무 등을 할 수 있으며, 다음 각 호의 어느 하나에 해당하는 행위는 명시적으로 금지되어 있다(보험업법 제12조 제3항).

1. 보험업을 경영하는 행위
2. 보험계약의 체결을 중개하거나 대리하는 행위
3. 국내 관련 법령에 저촉되는 방법에 의하여 보험시장의 조사 및 정보의 수집을 하는 행위
4. 그 밖에 국내사무소의 설치 목적에 위반되는 행위로서 대통령령으로 정하는 행위

04. ④

"보험설계사"란 보험회사 · 보험대리점 또는 보험중개사에 소속되어 보험계약의 체결을 중개하는 자[법인이 아닌 사단(社團)과 재단을 포함한다]를 말한다.
"보험대리점"이란 보험회사를 위하여 보험계약의 체결을 대리하는 자(법인이 아닌 사단과 재단을 포함한다)를 말한다.
"보험중개사"란 독립적으로 보험계약의 체결을 중개하는 자(법인이 아닌 사단과 재단을 포함한다)를 말한다.

05. ②

"자회사"란 보험회사가 다른 회사(「민법」 또는 특별법에 따른 조합을 포함한다)의 의결권 있는 발행주식(출자지분을 포함한다) 총수의 100분의 15를 초과하여 소유하는 경우의 그 다른 회사를 말한다.

06. ④

금융위원회는 보험회사가 하는 부수업무가 다음 각 호의 어느 하나에 해당하면 그 부수업무를 하는 것을 제한하거나 시정할 것을 명할 수 있다(보험업법 제11조의2 제3항).

1. 보험회사의 경영건전성을 해치는 경우
2. 보험계약자 보호에 지장을 가져오는 경우
3. 금융시장의 안정성을 해치는 경우

07. ②

① 배당보험계약이란 해당 보험계약으로부터 발생하는 이익의 일부를 보험회사가 보험계약자에게 배당하기로 약정한 보험계약을 말한다(보험업법 제121조 제1항).

② 배당보험계약의 계약자지분은 계약자배당을 위한 재원과 배당보험계약의 손실을 보전하기 위한 목적 외에 다른 용도로 사용할 수 없다(보험업법 시행령 제64조 제5항).

③ 보험회사는 배당보험계약 이외의 보험계약에 대하여 자산의 효율적 관리와 계약자 보호를 위하여 필요한 경우에는 보험계약별로 대통령령으로 정하는 바에 따라 금융위원회의 승인을 받아 자산 또는 손익을 구분하여 회계 처리할 수 있다(보험업법 제121조의2).

④ 보험회사가 「자산재평가법」에 따른 재평가를 한 경우 그 재평가에 따른 재평가적립금은 같은 법에 따른 처분 이외에 금융위원회의 허가를 받아 보험계약자에 대한 배당을 위하여도 처분할 수 있다(보험업법 제122조).

08. ③

상호회사는 100명 이상의 사원으로써 설립한다(보험업법 제37조).

09. ①

① 실손의료보험계약의 보험계약자, 피보험자, 보험금을 취득할 자 또는 그 대리인은 보험금을 청구하기 위하여 「국민건강보험법」 제42조에 따른 요양기관으로 하여금 진료비 계산서 · 영수증, 진료비 세부산정내역 등 보험금 청구에 필요한 서류로서 금융위원회가 정하여 고시하는 서류를 보험계약자가 실손의료보험계약을 체결한 보험회사에 전자적 형태로 전송하여 줄 것을 요청할 수 있다(보험업법 제102조의6 제1항). 즉 요청의 주체는 보험회사가 아니라, 보험계약자, 피보험자, 보험금을 취득할 자 또는 그 대리인이다.

② 요청을 받은 요양기관은 「의료법」 및 「약사법」에도 불구하고 대통령령으로 정하는 정당한 사유가 없으면 그 요청에 따라야 한다(보험업법 제102조의6 제2항).

③ 보험회사는 실손의료보험계약의 서류 전송을 위한 업무를 수행하기 위하여 필요한 전산시스템을 구축 · 운영하여야 한다(보험업법 제102조의7 제1항).

④ 전송대행기관 전산시스템의 구축 · 운영에 관한 비용은 보험회사가 부담한다(보험업법 제102조의7 제3항).

10. ②

보험회사는 고객을 직접 응대하는 직원을 고객의 폭언이나 성희롱, 폭행 등으로부터 보호하기 위하여 다음 각 호의 조치를 하여야 한다(보험업법 제85조의4 및 보험업법 시행령 제29조의3).

1. 직원이 요청하는 경우 해당 고객으로부터의 분리 및 업무담당자 교체
2. 직원에 대한 치료 및 상담 지원
3. 고객을 직접 응대하는 직원을 위한 상시적 고충처리 기구 마련. 다만, 「근로자참여 및 협력증진에 관한 법률」에 따라 고충처리위원을 두는 경우에는 고객을 직접 응대하는 직원을 위한 전담 고충처리위원의 선임 또는 위촉
4. 그 밖에 직원의 보호를 위하여 필요한 법적 조치 등 대통령령으로 정하는 조치

4-1. 고객의 폭언이나 성희롱, 폭행 등(이하 "폭언등"이라 한다)이 관계 법률의 형사처벌규정에 위반된다고 판단되고 그 행위로 피해를 입은 직원이 요청하는 경우: 관할 수사기관 등에 고발

4-2. 고객의 폭언 등이 관계 법률의 형사처벌규정에 위반되지는 아니하나 그 행위로 피해를 입은 직원의 피해정도 및 그 직원과 다른 직원에 대한 장래 피해발생 가능성 등을 고려하여 필요하다고 판단되는 경우: 관할 수사기관 등에 필요한 조치 요구

4-3. 직원이 직접 폭언 등의 행위를 한 고객에 대한 관할 수사기관 등에 고소, 고발, 손해배상 청구 등의 조치를 하는 데 필요한 행정적, 절차적 지원

4-4. 고객의 폭언 등을 예방하거나 이에 대응하기 위한 직원의 행동요령 등에 대한 교육 실시

4-5. 그 밖에 고객의 폭언 등으로부터 직원을 보호하기 위하여 필요한 사항으로서 금융위원회가 정하여 고시하는 조치

11. ③

다음 각 호의 어느 하나에 해당하는 자는 보험설계사가 되지 못한다(보험업법 제84조 제2항).

1. 피성년후견자 또는 피한정후견인
2. 파산선고를 받은 자로서 복권되지 아니한 자
3. 보험업법 또는 「금융소비자 보호에 관한 법률」에 따라 벌금 이상의 형을 선고받고 그 집행이 끝나거나(집행이 끝난 것으로 보는 경우를 포함) 집행이 면제된 날부터 2년이 지나지 아니한 자
4. 보험업법 또는 「금융소비자 보호에 관한 법률」에 따라 금고 이상의 형의 집행유예를 선고받고 그 유예기간 중에 있는 자
5. 보험업법에 따라 보험설계사 · 보험대리점 또는 보험중개사의 등록이 취소(제1호 또는 제2호에 해당하여 등록이 취소된 경우는 제외)된 후 2년이 지나지 아니한 자
6. 제5호에도 불구하고 보험업법에 따라 보험설계사 · 보험대리점 또는 보험중개사 등록취소 처분을 2회 이상 받은 경우 최종 등록취소 처분을 받은 날부터 3년이 지나지 아니한 자
7. 보험업법 또는 「금융소비자 보호에 관한 법률」에 따라 과태료 또는 과징금 처분을 받고 이를 납부하지 아니하거나 업무정지 및 등록취소 처분을 받은 보험대리점 · 보험중개사 소속의 임직원이었던 자(처분사유의 발생에 관하여 직접 또는 이에 상응하는 책임이 있는 자로서 대통령령으로 정하는 자만 해당)로서 과태료 · 과징금 · 업무정지 및 등록취소 처분이 있었던 날부터 2년이 지나지 아니한 자
8. 영업에 관하여 성년자와 같은 능력을 가지지 아니한 미성년자로서 그 법정대리인이 제1호부터 제7호까지의 규정 중 어느 하나에 해당하는 자

9. 법인 또는 법인이 아닌 사단이나 재단으로서 그 임원이나 관리인 중에 제1호부터 제7호까지의 규정 중 어느 하나에 해당하는 자가 있는 자
10. 이전에 모집과 관련하여 받은 보험료, 대출금 또는 보험금을 다른 용도에 유용(流用)한 후 3년이 지나지 아니한 자

12. ①

보험회사는 다음 각 호의 어느 하나에 해당하는 경우 통신수단을 이용할 수 있도록 하여야 한다(보험업법 제96조 제2항).

1. 보험계약을 청약한 자가 청약의 내용을 확인 · 정정 요청하거나 청약을 철회하고자 하는 경우
2. 보험계약자가 체결한 계약의 내용을 확인하고자 하는 경우
3. 보험계약자가 체결한 계약을 해지하고자 하는 경우. 다만 보험계약자가 계약을 해지하기 전에 안전성 및 신뢰성이 확보되는 방법을 이용하여 보험계약자 본인임을 확인받은 경우에 한정한다.

13. ④

보험회사는 그 자산을 운용할 때 안정성 · 유동성 · 수익성 및 공익성이 확보되도록 하여야 하며, 선량한 관리자의 주의로써 그 자산을 운용하여야 한다(보험업법 제104조). 이를 보험회사 자산운용의 원칙이라고 한다.

14. ①

부채가 자산을 초과하는 법인은 보험중개사가 될 수 없다(보험업법 제89조 제2항). 보험대리점이 될 수 없는 자는 다음과 같다(보험업법 제87조 제2항).

1. 보험설계사가 될 수 없는 자에 해당하는 자
2. 보험설계사 또는 보험중개사로 등록된 자
3. 다른 보험회사 등의 임직원
4. 외국의 법령에 따라 제1호에 해당하는 것으로 취급되는 자

15. ③

다음의 서류를 기초서류라고 한다(보험업법 제5조).

1. 사업방법서
2. 보험약관
3. 보험료 및 해약환급금의 산출방법서

16. ②

원칙적으로 누구든지 보험회사가 아닌 자와 보험계약을 체결하거나 중개 또는 대리하지 못한다. 그러나 일정한 경우에는 보험회사가 아닌 자와도 보험계약을 체결할 수 있도록 허용하는데 이는 다음과 같다(보험업법 시행령 제7조 제1항).

1. 외국보험회사와 생명보험계약, 수출적하보험계약, 수입적하보험계약, 항공보험계약, 여행보험계약, 선박보험계약, 장기상해보험계약 또는 재보험계약을 체결하는 경우
2. 제1호 외의 경우로서 대한민국에서 취급되는 보험종목에 관하여 셋 이상의 보험회사로부터 가입이 거절되어 외국보험회사와 보험계약을 체결하는 경우
3. 대한민국에서 취급되지 아니하는 보험종목에 관하여 외국보험회사와 보험계약을 체결하는 경우
4. 외국에서 보험계약을 체결하고, 보험기간이 지나기 전에 대한민국에서 그 계약을 지속시키는 경우
5. 제1호부터 제4호까지 외에 보험회사와 보험계약을 체결하기 곤란한 경우로서 금융위원회의 승인을 받은 경우

17. ③

①④ 통신판매전문보험회사란 총보험계약건수 및 수입보험료의 100분의 90 이상을 전화, 우편, 컴퓨터통신 등 통신수단을 이용하여 모집하는 보험회사를 말한다(보험업법 시행령 제13조 제1항).

② 통신판매전문보험회사는 보험회사의 자본금 또는 기금에 대한 일반규정의 3분의 2에 상당하는 금액 이상을 자본금 또는 기금으로 납입함으로써 보험업을 시작할 수 있다(보험업법 제9조 제2항).

③ 통신판매전문보험회사가 통신수단에 모집비율을 위반한 경우에는 그 비율을 충족할 때까지 통신수단 외의 방법으로 모집을 할 수 없다(보험업법 시행령 제13조 제2항).

18. ③

보험회사는 생명보험업과 손해보험업을 겸영(兼營)하지 못한다. 다만 다음 각 호의 어느 하나에 해당하는 보험종목은 그러하지 아니하다(보험업법 제10조 및 보험업법 시행령 제15조).

1. 생명보험의 재보험 및 제3보험의 재보험
2. 다른 법령에 따라 겸영할 수 있는 보험종목으로서 대통령령으로 정하는 보험종목. 다만 손해보험업의 보험종목(재보험과 보증보험은 제외) 일부만을 취급하는 보험회사와 제3보험업만을 경영하는 보험회사는 겸영할 수 없다.

2-1. 「소득세법」에 따른 연금저축계좌를 설정하는 계약
2-2. 「근로자퇴직급여 보장법」에 따른 보험계약 및 퇴직보험계약

3. 대통령령으로 정하는 기준에 따라 제3보험의 보험종목에 부가되는 보험 – 질병을 원인으로 하는 사망을 제3보험의 특약 형식으로 담보하는 보험으로서 다음 각 호의 요건을 충족하는 보험을 말한다.

3-1. 보험만기는 80세 이하일 것
3-2. 보험금액의 한도는 개인당 2억원 이내일 것
3-3. 만기 시에 지급하는 환급금은 납입보험료 합계액의 범위 내일 것

19. ①

① 보험계약을 이전하려는 보험회사는 결의를 한 날부터 2주 이내에 계약 이전의 요지와 각 보험회사의 재무상태표를 공고하고, 대통령령으로 정하는 방법에 따라 보험계약자에게 통지하여야 한다(보험업법 제141조 제1항).
② 공고 및 통지에는 이전될 보험계약의 보험계약자로서 이의가 있는 자는 일정한 기간 동안 이의를 제출할 수 있다는 뜻을 덧붙여야 한다. 다만, 그 기간은 1개월 이상으로 하여야 한다(보험업법 제141조 제2항).
③ 기간에 이의를 제기한 보험계약자가 이전될 보험계약자 총수의 10분의 1을 초과하거나 그 보험금액이 이전될 보험금 총액의 10분의 1을 초과하는 경우에는 보험계약을 이전하지 못한다. 계약조항의 변경을 정하는 경우에 이의를 제기한 보험계약자로서 그 변경을 받을 자가 변경을 받을 보험계약자 총수의 10분의 1을 초과하거나 그 보험금액이 변경을 받을 보험계약자의 보험금 총액의 10분의 1을 초과하는 경우에도 또한 같다(보험업법 제141조 제3항).
④ 보험계약을 이전하려는 보험회사는 주주총회 등의 결의가 있었던 때부터 보험계약을 이전하거나 이전하지 아니하게 될 때까지 그 이전하려는 보험계약과 같은 종류의 보험계약을 하지 못한다(보험업법 제142조).

20. ①

보험업법 제97조 제3항에서 규정하고 있는 보험계약의 체결 또는 모집에 종사하는 자가 기존보험계약을 부당하게 소멸시키거나 소멸하게 하는 행위는 다음의 2가지이다.

1. 기존보험계약이 소멸된 날부터 1개월 이내에 새로운 보험계약을 청약하게 하거나 새로운 보험계약을 청약하게 한 날부터 1개월 이내에 기존보험계약을 소멸하게 하는 행위. 다만, 보험계약자가 기존 보험계약 소멸 후 새로운 보험계약 체결 시 손해가 발생할 가능성이 있다는 사실을 알고 있음을 자필로 서명하는 등 대통령령으로 정하는 바에 따라 본인의 의사에 따른 행위임이 명백히 증명되는 경우에는 그러하지 아니하다.
2. 기존보험계약이 소멸된 날부터 6개월 이내에 새로운 보험계약을 청약하게 하거나 새로운 보험계약을 청약하게 한 날부터 6개월 이내에 기존보험계약을 소멸하게 하는 경우로서 해당 보험계약자 또는 피보험자에게 기존보험계약과 새로운 보험계약의 보험기간 및 예정 이자율 등 대통령령으로 정하는 중요한 사항을 비교하여 알리지 아니하는 행위

21. ③

"전문보험계약자"란 보험계약에 관한 전문성, 자산규모 등에 비추어 보험계약의 내용을 이해하고 이행할 능력이 있는 자를 말한다. 다만 전문보험계약자 중 대통령령으로 정하는 자가 일반보험계약자와 같은 대우를 받겠다는 의사를 보험회사에 서면으로 통지하는 경우 보험회사는 정당한 사유가 없으면 이에 동의하여야 하며, 보험회사가 동의한 경우에는 해당 보험계약자는 일반보험계약자로 본다(보험업법 제2조 제19호). 통지의 방법은 서면으로 한정되어 있으므로 서면 이외의 방법은 적절한 통지 방법이 아니다.

22. ④

①② 보험회사는 보험계약의 체결 시부터 보험금 지급 시까지의 주요 과정을 대통령령으로 정하는 바에 따라 일반보험계약자에게 설명하여야 한다. 다만 일반보험계약자가 설명을 거부하는 경우에는 보험업법에 따른 설명의무 등은 적용되지 않는다(보험업법 제95조의2 제3항).
③ 보험회사는 일반보험계약자가 보험금 지급을 요청한 경우에는 대통령령으로 정하는 바에 따라 보험금의 지급절차 및 지급내역 등을 설명하여야 하며, 보험금을 감액하여 지급하거나 지급하지 아니하는 경우에는 그 사유를 설명하여야 한다(보험업법 제95조의2 제4항).
④ 보험금 청구 단계 또는 보험금 심사 · 지급 단계의 경우 보험금 청구권자가 보험금 청구 단계에서 동의한 경우에 한정하여 서면, 문자메시지, 전자우편 또는 팩스 등으로 중요 사항을 통보하는 것으로 설명의무를 대신할 수 있다(보험업법 시행령 제42조의2 제3항).

23. ①

① 보험계약자 총회는 정관의 변경이나 그 밖에 상호회사의 조직에 필요한 사항을 결의하여야 한다(보험업법 제28조 제1항).
② 주식회사는 조직 변경을 결의할 때 보험계약자 총회를 갈음하는 기관에 관한 사항을 정할 수 있다(보험업법 제25조 제1항).
③ 주식회사의 이사는 조직변경에 관한 사항을 보험계약자 총회에 보고하여야 한다(보험업법 제27조).
④ 보험계약자 총회는 보험계약자 과반수의 출석과 그 의결권의 4분의 3 이상의 찬성으로 결의한다(보험업법 제26조 제1항).

24. ②

상호회사는 다른 보험회사와 합병할 수 있다. 합병 후 존속하는 보험회사 또는 합병으로 설립되는 보험회사는 상호회사이어야 한다. 다만, 합병하는 보험회사의 한 쪽이 주식회사인 경우에는 합병 후 존속하는 보험회사 또는 합병으로 설립되는 보험회사는 주식회사로 할 수 있다.
위의 내용을 정리하면 다음과 같다.

합병 형태	존속 또는 성립되는 회사
상호회사+상호회사	상호회사
상호회사+다른 형태의 보험회사	상호회사
상호회사+주식회사	상호회사 or 주식회사

25. ①

① 금융위원회는 보험회사의 소속 임직원 또는 소속 보험설계사가 보험업법 제95조의2(설명의무 등)를 위반한 경우에는 그 보험회사에 대하여 해당 보험계약의 수입보험료의 100분의 50 이하의 범위에서 과징금을 부과할 수 있다. 다만 보험회사가 그 위반행위를 막기 위하여 해당 업무에 관하여 상당한 주의와 감독을 게을리하지 아니한 경우에는 그러하지 아니한다(보험업법 제196조 제2항).
② 금융위원회는 법률에 의하여 운영되는 공제업과 보험업법에 의한 보험업 간의 균형 있는 발전을 위하여 필요하다고 인정

하는 경우에는 그 공제업을 운영하는 자에게 기초서류에 해당하는 사항에 관한 협의를 요구하거나 그 공제업 관련 중앙행정기관의 장에게 재무건전성에 관한 사항에 관한 협의를 요구할 수 있다(보험업법 제193조 제1항).

③ 금융위원회는 보험계리사 · 선임계리사 · 보험계리업자 · 손해사정사 또는 손해사정업자가 그 직무를 게을리하거나 직무를 수행하면서 부적절한 행위를 하였다고 인정되는 경우에는 6개월 이내의 기간을 정하여 업무의 정지를 명하거나 해임하게 할 수 있다(보험업법 제192조 제1항).

④ 금융위원회는 보험계리업자 또는 손해사정업자가 그 업무를 수행함에 있어서 고의 또는 과실로 타인에게 손해를 발생하게 한 경우 그 손해의 배상을 보장하기 위하여 보험계리업자 또는 손해사정업자에게 금융위원회가 지정하는 기관에의 자산 예탁, 보험 가입 그 밖에 필요한 조치를 하게 할 수 있다(보험업법 제191조).

26. ④

① 보험요율 산출기관은 법인으로 한다(보험업법 제176조 제2항).

② 보험회사는 보험금의 지급에 충당되는 보험료(순보험료)를 결정하기 위한 요율(순보험요율)을 공정하고 합리적으로 산출하고 보험과 관련된 정보를 효율적으로 관리 · 이용하기 위하여 금융위원회의 인가를 받아 보험요율 산출기관을 설립할 수 있다(보험업법 제176조 제1항).

③ 보험요율 산출기관은 보험회사가 적용할 수 있는 순보험요율을 산출하여 금융위원회에 신고할 수 있다. 이 경우 신고를 받은 금융위원회는 그 내용을 검토하여 보험업법에 적합하면 신고를 수리하여야 한다(보험업법 제176조 제4항).

④ 보험요율 산출기관은 그 업무와 관련하여 정관으로 정하는 바에 따라 보험회사로부터 수수료를 받을 수 있다(보험업법 제176조 제8항).

27. ①

보험회사는 다음 각 호의 어느 하나에 해당하는 사유가 발생한 경우에는 그 사유가 발생한 날부터 5일 이내에 금융위원회에 보고하여야 한다(보험업법 제130조 및 보험업법 시행령 제72조).

1. 상호나 명칭을 변경한 경우
2. 본점의 영업을 중지하거나 재개(再開)한 경우
3. 최대주주가 변경된 경우
4. 대주주가 소유하고 있는 주식 총수가 의결권 있는 발행주식 총수의 100분의 1 이상만큼 변동된 경우
5. 그 밖에 해당 보험회사의 업무 수행에 중대한 영향을 미치는 경우로서 대통령령으로 정하는 경우

5-1. 자본금 또는 기금을 증액한 경우
5-2. 보험업법에 따른 조직 변경의 결의를 한 경우
5-3. 보험업법에 따른 처벌을 받은 경우
5-4. 조세 체납처분을 받은 경우 또는 조세에 관한 법령을 위반하여 형벌을 받은 경우
5-5. 「외국환 거래법」에 따른 해외투자를 하거나 외국에 영업소, 그 밖의 사무소를 설치한 경우
5-6. 보험회사의 주주 또는 주주였던 자가 제기한 소송의 당사자가 된 경우

28. ②

보험회사는 그 자산을 다음 각 호의 어느 하나에 해당하는 방법으로 운용하여서는 아니 된다(보험업법 제105조).

1. 대통령령으로 정하는 업무용 부동산이 아닌 부동산의 소유. 다만 저당권 등 담보권의 실행으로 취득하는 부동산은 제외한다.
2. 근로자퇴직급여보장법에 따라 설정된 퇴직보험계약 특별계정을 통한 부동산의 소유
3. 상품이나 유가증권에 대한 투기를 목적으로 하는 자금의 대출
4. 직접 · 간접을 불문하고 해당 보험회사의 주식을 사도록 하기 위한 대출
5. 직접 · 간접을 불문하고 정치자금의 대출
6. 해당 보험회사의 임직원에 대한 대출. 다만 보험약관에 따른 대출 및 금융위원회가 정하는 소액대출은 제외한다.
7. 자산운용의 안정성을 크게 해칠 우려가 있는 행위로서 대통령령으로 정하는 행위

29. ②

손해보험회사가 질병사망보험 겸영이 가능한 것은 질병을 원인으로 하는 사망을 제3보험의 특약 형식으로 담보하는 보험으로서 다음 각 호의 요건을 충족하는 보험을 말한다(보험업법 시행령 제15조 제2항).

1. 보험만기는 80세 이하일 것
2. 보험금액의 한도는 개인당 2억원 이내일 것
3. 만기 시에 지급하는 환급금은 납입보험료 합계액의 범위 내일 것

30. ③

모집을 위하여 사용하는 보험안내자료에는 다음 각 호의 사항을 명백하고 알기 쉽게 적어야 한다(보험업법 제95조 제1항). 다른 보험회사 상품과 비교한 사항은 보험안내자료에 기재되어야 할 사항이 아니며, 보험업법 시행령 제42조 제2항에 따라 오히려 기재가 금지되어 있는 사항이다.

1. 보험회사의 상호나 명칭 또는 보험설계사 · 보험대리점 또는 보험중개사의 이름 · 상호나 명칭
2. 보험 가입에 따른 권리 · 의무에 관한 주요 사항
3. 보험약관으로 정하는 보장에 관한 사항

3의2. 보험금 지급제한 조건에 관한 사항

4. 해약환급금에 관한 사항
5. 「예금자보호법」에 따른 예금자보호와 관련된 사항
6. 그 밖에 보험계약자를 보호하기 위하여 대통령령으로 정하는 사항

31. ①

① 보험회사는 그 보험회사의 대주주에 대하여 대통령령으로 정하는 금액 이상의 신용공여를 하거나 그 보험회사의 대주주가 발행한 채권 또는 주식을 대통령령으로 정하는 금액 이상으로

취득하려는 경우에는 미리 이사회의 의결을 거쳐야 한다. 이 경우 이사회는 재적이사 전원의 찬성으로 의결하여야 한다(보험업법 제111조 제2항).

② 보험회사는 대주주가 다른 회사에 출자하는 것을 지원하기 위한 신용공여를 하여서는 아니된다(보험업법 제111조 제1항).

③ 보험회사가 해당 보험회사의 대주주가 발행한 주식에 대한 의결권을 행사하는 행위를 하였을 경우에는 7일 이내 그 사실을 금융위원회에 보고하고 인터넷 홈페이지 등에 이를 공시하여야 한다(보험업법 제111조 제3항).

④ 보험회사는 해당 보험회사의 대주주에 대한 신용공여나 그 보험회사의 대주주가 발행한 채권 또는 주식의 취득에 관한 사항을 대통령령으로 정하는 바에 따라 분기별로 금융위원회에 보고하고, 인터넷 홈페이지 등을 이용하여 공시하여야 한다(보험업법 제111조 제4항).

32. ③

보험감독이란 국가가 민영보험 사업을 효율적으로 지도 감독하는 것을 말하며 보험사업에 대하여 어느 정도의 감독을 할 것인가는 입법정책 및 보험정책에 관한 문제로서, 그 유형은 공시주의, 준칙주의, 실질적 감독주의로 구분할 수 있다. 우리나라는 이 중 가장 엄격한 방식인 실질적 감독주의의 입장을 취하고 있다.

33. ④

① 보험회사는 해산한 후에도 3개월 이내에는 보험계약 이전을 결의할 수 있다(보험업법 제148조 제1항).

② 보험회사는 다음 각 호의 사유로 해산한다(보험업법 제137조 제1항).

1. 존립기간의 만료, 그 밖에 정관으로 정하는 사유의 발생
2. 주주총회 또는 사원총회의 결의
3. 회사의 합병
4. 보험계약 전부의 이전
5. 회사의 파산
6. 보험업의 허가취소
7. 해산을 명하는 재판

③ 보험회사가 보험업의 허가취소를 사유로 해산하면 금융위원회는 7일 이내에 그 보험회사의 본점 또는 주된 사무소 소재지의 등기소에 그 등기를 촉탁(囑託)하여야 한다(보험업법 제137조 제2항).

④ 해산의 결의 · 합병과 보험계약의 이전은 금융위원회의 인가를 받아야 한다(보험업법 제139조).

34. ①

① 보험회사는 자회사를 소유하게 된 날부터 15일 이내에 그 자회사의 정관과 대통령령으로 정하는 다음 각 호의 서류를 금융위원회에 제출하여야 한다(보험업법 제117조 제1항 및 보험업법 시행령 제60조 제1항).

1. 정관
2. 업무의 종류 및 방법을 적은 서류
3. 주주현황
4. 재무상태표 및 포괄손익계산서 등의 재무제표와 영업보고서
5. 자회사가 발행주식 총수의 100분의 10을 초과하여 소유하고 있는 회사의 현황

②③ 보험회사는 자회사의 사업연도가 끝난 날부터 3개월 이내에 자회사의 재무상태표와 대통령령으로 정하는 다음 각 호의 서류를 금융위원회에 제출하여야 한다(보험업법 제117조 제2항 및 보험업법 시행령 제60조 제2항).

1. 재무상태표 및 포괄손익계산서 등의 재무제표와 영업보고서
2. 자회사와의 주요거래 상황을 적은 서류

④ 보험회사의 자회사가 대통령령으로 정하는 자회사인 경우에는 제출서류 일부를 대통령령으로 정하는 바에 따라 제출하지 아니할 수 있다(보험업법 제117조 제3항). 이때 대통령령으로 정하는 자회사에는 자회사가 설립일부터 1년이 지나지 않은 경우가 포함된다(보험업법 시행령 제60조 제3항).

35. ③

보험회사는 보험금 지급능력과 경영건전성을 확보하기 위하여 다음 각 호의 사항에 관하여 대통령령으로 정하는 재무건전성 기준을 지켜야 한다(보험업법 제123조 제1항).

1. 자본의 적정성에 관한 사항
2. 자산의 건전성에 관한 사항
3. 그 밖에 경영건전성 확보에 필요한 사항

36. ④

①② 기초서류 관리기준에는 다음 각 호의 사항이 포함되어야 한다(보험업법 제128조의2 제2항 및 보험업법 시행령 제71조의4 제1항).

1. 기초서류 작성 · 변경의 절차 및 기준
2. 기초서류의 적정성에 대한 내부 · 외부 검증 절차 및 방법
3. 기초서류 작성 오류에 대한 통제 및 수정 방법
4. 기초서류 작성 및 관리과정을 감시 · 통제 · 평가하는 방법 및 관련 임직원 또는 선임계리사의 역할과 책임
5. 그 밖에 기초서류관리기준의 제정 · 개정 절차 등 대통령령으로 정하는 사항

5-1. 기초서류 관리기준의 제정 및 개정 절차
5-2. 기초서류 작성 · 변경과 관련한 업무의 분장 및 기초서류 관리책임자에 관한 사항
5-3. 임직원의 기초서류 관리기준 준수 여부를 확인하는 절차 · 방법과 그 기준을 위반한 임직원의 처리에 관한 사항
5-4. 그 밖에 법령을 준수하고 보험계약자를 보호하기 위하여 기초서류를 작성 · 변경할 때 따라야 할 사항으로서 금융위원회가 정하여 고시하는 사항

③ 보험회사는 기초서류관리기준을 제정 · 개정하는 경우에는 금융위원회에 보고하여야 한다. 금융위원회는 해당 기준이나 그 운용이 부당하다고 판단되면 기준의 변경 또는 업무의 개선을 명할 수 있다(보험업법 제128조의2 제2항).

④ 금융위원회는 보험회사가 보고한 기초서류 관리기준이 부당

하다고 판단되면 보고일부터 15일 이내에 해당 기준의 변경 또는 업무의 개선을 명할 수 있다(보험업법 시행령 제71조의 4 제2항).

37. ④

보험회사는 보험요율을 산출할 때 객관적이고 합리적인 통계자료를 기초로 대수(大數)의 법칙 및 통계신뢰도를 바탕으로 하여야 하며, 다음 각 호의 사항을 지켜야 한다(보험업법 제129조).

1. 보험요율이 보험금과 그 밖의 급부(給付)에 비하여 지나치게 높지 아니할 것
2. 보험요율이 보험회사의 재무건전성을 크게 해칠 정도로 낮지 아니할 것
3. 보험요율이 보험계약자 간에 부당하게 차별적이지 아니할 것
4. 자동차보험의 보험요율인 경우 보험금과 그 밖의 급부와 비교할 때 공정하고 합리적인 수준일 것

38. ①

보험회사는 다른 금융기관 또는 회사와 다음 각 호의 행위를 하여서는 아니 된다(보험업법 제110조). 만약 규정을 위반하여 취득한 주식에 대하여는 의결권을 행사할 수 없다.

1. 자산운용한도의 제한을 피하기 위하여 다른 금융기관 또는 회사의 의결권 있는 주식을 서로 교차하여 보유하거나 신용공여를 하는 행위
2. 자기주식 취득의 제한을 피하기 위한 목적으로 서로 교차하여 주식을 취득하는 행위
3. 그 밖에 보험계약자의 이익을 크게 해칠 우려가 있는 행위로서 대통령령으로 정하는 행위

39. ③

보험계약의 체결 또는 모집에 종사하는 자는 그 체결 또는 모집과 관련하여 보험계약자나 피보험자에게 다음 각 호의 어느 하나에 해당하는 특별이익을 제공하거나 제공하기로 약속하여서는 아니 된다(보험업법 제98조).

1. 금품. 다만 보험계약 체결 시부터 최초 1년간 납입되는 보험료의 100분의 10과 3만원(보험계약에 따라 보장되는 위험을 감소시키는 물품의 경우에는 20만원) 중 적은 금액은 제외한다.
2. 기초서류에서 정한 사유에 근거하지 아니한 보험료의 할인 또는 수수료의 지급
3. 기초서류에서 정한 보험금액보다 많은 보험금액의 지급 약속
4. 보험계약자나 피보험자를 위한 보험료의 대납
5. 보험계약자나 피보험자가 해당 보험회사로부터 받은 대출금에 대한 이자의 대납
6. 보험료로 받은 수표 또는 어음에 대한 이자 상당액의 대납
7. 「상법」 제682조에 따른 제3자에 대한 청구권 대위 행사의 포기

40. ①

① 선임계리사는 기초서류의 내용 및 보험계약에 따른 배당금의 계산 등이 정당한지 여부를 검증하고 확인하여야 한다(보험업법 제184조 제1항).

②③ 선임계리사는 보험회사가 기초서류 관리기준을 지키는지를 점검하고 이를 위반하는 경우에는 조사하여 그 결과를 이사회에 보고하여야 하며, 기초서류에 법령을 위반한 내용이 있다고 판단하는 경우에는 금융위원회에 보고하여야 한다(보험업법 제184조 제2항).

④ 선임계리사는 다음 각 호의 직무를 담당하여서는 아니 된다(보험업법 제184조 제7항).

1. 보험상품 개발 업무(기초서류 등을 검증 및 확인하는 업무는 제외한다)를 직접 수행하는 직무
2. 보험회사의 대표이사, 보험회사의 최고경영자 또는 최고재무관리 책임자의 직무
3. 그 밖에 이해가 상충할 우려가 있거나 선임계리사 업무에 전념하기 어려운 경우로서 대통령령으로 정하는 직무

2과목 보험계약법

01	02	03	04	05	06	07	08	09	10
③	④	①	①	④	①	②	④	①	④
11	12	13	14	15	16	17	18	19	20
①	③	④	②	②	③	②	①	①	②
21	22	23	24	25	26	27	28	29	30
④	④	④	③	②	④	①	③	②	②
31	32	33	34	35	36	37	38	39	40
③	③	①	④	③	③	②	②	④	①

01. ③

보험계약자는 보험 계약 체결 후 지체없이 보험료의 전부 또는 제1회 보험료를 지급하여야 하며, 보험계약자가 이를 지급하지 아니하는 경우에는 다른 약정이 없는 한 계약 성립 후 2월이 경과하면 그 계약은 해제된 것으로 본다.

02. ④

① 대법원 판례에 따르면, 보험약관이 비록 보험자가 다수의 보험계약자와 계약을 체결하기 위하여 일방적으로 마련한 것이라고 하더라도, 보험약관의 내용 등이 보험계약자의 정당한 이익과 합리적인 기대에 반할 뿐 아니라 사적자치의 한계를 벗어나는 등 무효라고 볼만한 사정이 없다면, 법원이 이를 함부로 배척하거나 보험약관 내용을 그 목적과 취지 등과 달리 개별 사건마다 임의로 해석하여서는 안 된다.[1]

② 대법원 판례에 따르면, 약관을 해석함에 있어서는 신의성실의

---

1) 대법원 2023.10.12. 선고 2020다232709, 232716 판결

원칙에 따라 당해 약관의 목적과 취지를 고려하여 공정하고 합리적으로 해석하되, 개개 계약 당사자가 기도한 목적이나 의사를 참작함이 없이 평균적 고객의 이해가능성을 기준으로 객관적 · 획일적으로 해석하여야 하며, 위와 같은 해석을 거친 후에도 약관 조항이 객관적으로 다의적으로 해석되고 그 각각의 해석이 합리성이 있는 등 당해 약관의 뜻이 명백하지 아니한 경우에는 고객에게 유리하게 해석하여야 한다.[2]

③ 대법원 판례에 따르면, 보험계약은 당사자 일방이 약정한 보험료를 지급하고 상대방이 재산 또는 생명이나 신체에 관하여 불확정한 사고가 생길 경우에 일정한 보험금액 그 밖의 급여를 지급할 것을 약정함으로써 효력이 생기는 불요식의 낙성계약이므로, 계약 내용이 반드시 보험약관의 규정에 국한되지는 않는다. 그리고 보험약관이 계약 당사자 사이에 구속력을 갖는 것은 그 자체가 법규범이거나 또는 법규범적 성질을 가지기 때문이 아니라 당사자가 약관의 규정을 계약 내용에 포함시키기로 합의하였기 때문이다.[3]

④ 대법원 판례에 따르면, 약관에 정하여진 사항이라고 하더라도 거래상 일반적이고 공통된 것이어서 보험계약자가 이미 잘 알고 있는 내용이거나 별도의 설명 없이도 충분히 예상할 수 있었던 사항이거나 이미 법령에 의하여 정하여진 것을 되풀이하거나 부연하는 정도에 불과한 사항이라면, 그러한 사항에 대하여까지 보험자에게 명시 · 설명의무가 인정되는 것은 아니다. 또한 '보험계약을 체결한 후 피보험자가 직업 또는 직무를 변경하게 된 때에는 보험계약자 또는 피보험자는 지체 없이 회사에 알려야 한다'는 내용의 약관 조항은 상법 제652조 제1항 및 제653조가 규정하는 '사고발생의 위험이 현저하게 변경 또는 증가된 경우'에 해당하는 사유들을 개별적으로 규정하고 있는 것이어서 상법의 규정을 단순히 되풀이하거나 부연한 정도의 조항이라고 할 수 없으므로, 보험자에게 명시 · 설명의무가 인정된다.[4]

03. ①

a. 기존의 보험계약을 연장하거나 변경한 경우에는 보험자는 그 보험증권에 그 사실을 기재함으로써 새로운 보험증권의 교부에 갈음할 수 있다(상법 제640조 제2항). 따라서 상법 규정에 위반되지 않는다.

b. 보험증권을 멸실 또는 현저하게 훼손한 때에는 보험계약자는 보험자에 대하여 증권의 재교부를 청구할 수 있다. 그 증권 작성의 비용은 보험계약자의 부담으로 한다(상법 제642조). 보험증권의 재교부 비용을 보험계약자가 부담하기로 하는 약정은 상법 규정을 되풀이한 것에 지나지 않으므로 상법 규정에 위반되지 않는다.

c. 보험자는 보험계약이 성립한 때에는 지체없이 보험증권을 작성하여 보험계약자에게 교부하여야 하나, 보험료의 전부 또는 최초의 보험료를 지급하지 않은 때에는 보험증권 교부 의무가 부여되지 않는다(상법 제640조). 따라서 상법 규정에 위반되지 않는다.

d. 보험계약의 당사자는 보험증권의 교부가 있은 날로부터 일정한 기간 내에 한하여 그 증권 내용의 정부에 관한 이의를 할 수 있음을 약정할 수 있다. 이 기간은 1월을 내리지 못한다(상법 제641조). 즉 이의 제기 가능 기간을 1월 이상으로 하여야 하며, 지문에서는 3월로 약정하였으므로 상법 규정에 위반되지 않는다.

04. ①

① 대법원 판례에 따르면, 타인을 위한 손해보험계약에서 말하는 타인이란 보험계약자가 제3자를 주체로 하는 피보험이익에 관하여 보험계약을 체결한 경우 그 제3자 즉, 피보험이익의 주체인 피보험자를 말하는 것이고, 단지 보험계약자에게 귀속되는 피보험이익에 관하여 체결된 손해보험계약에서 보험금을 수취할 권리가 있는 자로 지정되었을 뿐인 자는 여기에서 말하는 타인이라 할 수 없다.[5]

② 타인을 위한 손해보험계약을 체결할 때에 타인의 위임이 없다면 이를 보험자에게 고지하여야 한다(상법 제639조 제1항).

③ 대법원 판례에 따르면, 타인을 위한 손해보험계약에 있어서 피보험자는 직접 자기 고유의 권리로서 보험자에 대한 보험금지급청구권을 취득하는 것이므로 특별한 사정이 없는 한 피보험자는 보험계약자의 동의가 없어도 임의로 권리를 행사하고 처분할 수 있다.[6]

④ 대법원 판례에 따르면, 타인을 위한 손해보험계약에 있어서 피보험자는 직접 자기 고유의 권리로서 보험자에 대한 보험금 지급 청구권을 취득하는 것이므로 특별한 사정이 없는 한 피보험자는 보험계약에서 정한 지급기한을 연기하는 등 그 권리를 행사하고 처분할 수 있다.[7]

05. ④

① 피보험자가 보험의 목적을 양도한 때에는 양수인은 보험계약상의 권리와 의무를 승계한 것으로 추정한다(상법 제679조 제1항).

② 보험의 목적의 양도인 또는 양수인은 보험자에 대하여 지체없이 그 사실을 통지하여야 한다(상법 제679조 제2항).

③ 대법원 판례에 따르면, 보험의 목적물이 양도된 경우 그 양도로 인하여 현저한 위험의 변경 또는 증가가 있고 동시에 보험계약자 또는 피보험자가 양도의 통지를 하지 않는 경우에는 보험자는 통지의무 위반을 이유로 당해 보험계약을 해지할 수 있으나, 보험목적의 양도로 인하여 현저한 위험의 변경 또는 증가가 없는 경우에는 양도의 통지를 하지 않더라도 통지의무 위반을 이유로 당해 보험계약을 해지할 수 없다.[8]

2) 대법원 2010.12.9. 선고 2009다60305 판결, 대법원 2011.4.28. 선고 2011다1118 판결
3) 대법원 2017.9.26. 선고 2015다245145 판결
4) 대법원 2014.7.24. 선고 2013다217108 판결
5) 대법원 1999.6.11. 선고 99다489 판결
6) 대법원 1992.11.27. 선고 92다20408 판결
7) 대법원 1981.10.6. 선고 80다2699 판결
8) 대법원 1996.7.26. 선고 95다52505 판결

④ 대법원 판례에 따르면, 피보험자가 보험의 목적을 양도된 때에는 보험계약으로 인하여 생긴 권리를 동시에 양도된 것으로 추정한다고 규정하는 취지는 보험의 목적이 양도된 경우 양수인의 양도인에 대한 관계에서 보험계약상의 권리도 함께 양도된 것으로 당사자의 통상의 의사를 추정하고 이것을 사회경제적 관점에서 긍정한 것이고, 같은 조에 위반한 법률행위를 공서양속에 반한 법률행위로서 무효로 보아야 할 것으로는 해석되지 아니하므로 위 규정은 임의규정이다.[9] 따라서 피보험자가 보험기간 중 자동차를 양도된 때에는 보험계약으로 인하여 생긴 보험계약자 및 피보험자의 권리와 의무는 양수인에게 승계되지 아니하나 보험계약으로 인하여 생긴 권리와 의무를 승계한다는 것을 약정하고 피보험자 또는 양수인이 그 뜻을 회사에 서면으로 통지하여 회사의 승인을 받은 때에는 그때로부터 양수인에 대하여 보험계약을 적용한다고 규정한 자동차종합보험보통약관이 상법 제663조의 보험계약자 등의 불이익변경 금지 조항에 위배된다거나 약관의규제에관한 법률 제6조에 정한 신의칙에 반한 불공정한 약관조항이라거나 같은 법 제7조에 정한 일정한 경우에 사업자의 책임을 배제 또는 제한하는 조항으로서 무효라고 할 수는 없다.

06. ①

보험금청구권은 3년간, 보험료 또는 적립금의 반환청구권은 3년간, 보험료청구권은 2년간 행사하지 아니하면 시효의 완성으로 소멸한다.

07. ②

① 피보험자가 위부를 한 때에는 보험의 목적에 관한 모든 서류를 보험자에게 교부하여야 한다(상법 제718조 제2항).
② 위부는 보험의 목적의 전부에 대하여 이를 하여야 한다. 그러나 위부의 원인이 그 일부에 대하여 생긴 때에는 그 부분에 대하여서만 이를 할 수 있다(상법 제714조 제2항).
③ 선박이 보험사고로 인하여 심하게 훼손되어 이를 수선하기 위한 비용이 수선하였을 때의 가액을 초과하리라고 예상될 경우라고 하더라도 선장이 지체없이 다른 선박으로 적하의 운송을 계속하였다면 피보험자는 그 적하를 위부할 수 없다(상법 제712조).
④ 피보험자는 위부를 함에 있어서는 보험자에 대하여 보험의 목적에 관한 다른 보험계약과 그 부담에 속한 채무의 유무와 그 종류 및 내용을 통지하여야 한다. 만약 통지가 되지 않았다면 보험자는 통지를 받을 때까지 보험금액의 지급을 거부할 수 있다(상법 제715조 제1항 및 제2항).

08. ④

① 대법원 판례에 따르면, 손해보험에서 중복보험계약을 체결한다는 사실은 부당한 이득을 얻기 위한 사기에 의한 보험계약의 체결을 사전에 방지하고 보험자로 하여금 보험사고 발생 시 손해의 조사 또는 책임의 범위의 결정을 다른 보험자와 공동으로 할 수 있도록 하기 위한 것일 뿐, 보험사고 발생의 위험을 측정하여 계약을 체결할 것인지 또는 어떤 조건으로 체결할 것인지 판단할 수 있는 자료를 제공하기 위한 것이라고 볼 수는 없으므로 중복보험을 체결한 사실은 상법 제651조의 고지의무의 대상이 되는 중요한 사항에 해당되지 아니한다.[10]
② 대법원 판례에 따르면, 고지의무 위반사실과 보험사고 발생 사이에 관계의 존재를 조금이라도 엿볼 수 있는 여지가 있으면 인과관계의 존재가 인정된다.[11]
③ 보험계약자 또는 피보험자가 고지의무를 위반한 때에는 보험자는 그 사실을 안 날로부터 1월 내에, 계약을 체결한 날로부터 3년 내에 한하여 계약을 해지할 수 있다(상법 제651조).
④ 보험계약 체결 시에 보험계약자의 고지의무 위반이 사기에 해당하는 경우 상법에 따라 보험계약을 해지할 수 있음은 물론, 민법의 일반 원칙에 따라 그 계약을 취소할 수 있는지에 대하여 논란이 있다. 대법원은 위 사안에서, '보험계약을 체결함에 있어 중요한 사항에 관하여 보험계약자의 고지의무 위반이 사기에 해당하는 경우에는 보험자는 상법의 규정에 의하여 계약을 해지할 수 있음은 물론 민법의 일반원칙에 따라 그 보험계약을 취소할 수 있다'[12]라고 하여 상법상 해지권과 민법상 취소권을 모두 행사 가능하다는 입장(민상법 중복적용설)이다.

09. ①

① 보험수익자는 고지의무 의무자가 아니다. 따라서 보험수익자의 고지의무 위반을 이유로 보험자는 지급책임을 면할 수 없다.
② 보증보험계약에 관하여는 보험계약자의 사기, 고의 또는 중대한 과실이 있는 경우에도 이에 대하여 피보험자에게 책임이 있는 사유가 없으면 의무 위반을 이유로 보험자가 지급책임을 면하지 못한다.
③ 보험계약자의 사기로 고지의무를 위반한 경우, 보험자는 민법상 사기에 의한 취소권을 행사할 수 있으며 그 보험계약을 취소함으로써 보험금 지급책임을 면할 수 있다.
④ 보험계약자가 고지의무 위반을 하였다면 피보험자에게 책임있는 사유가 없었더라도 보험자가 고지의무 위반을 이유로 보험금 지급책임을 면할 수 있다.

10. ④

① 보험금은 금전으로 지급하는 경우가 보통이나, 당사자 간에 특약이 있는 경우에는 현물(現物) 또는 기타의 급여로써 할 수 있다.
② 인보험 계약에서는 보험사고가 보험계약자, 피보험자 또는 보험수익자의 고의에 의하여 발생한 경우에만 보험자가 보험금 지급책임을 면하며, 중대한 과실로 발생한 보험사고 발생하였다면 보상책임을 부담한다.
③ 대법원 판례에 따르면, 상해보험은 피보험자가 보험기간 중에

9) 대법원 1993.4.13. 선고 92다8552 판결
10) 대법원 2003.11.13. 선고 2001다49623 판결
11) 대법원 1992.10.23. 선고 92다28259 판결
12) 대법원 1991.12.27. 선고 91다1165 판결

급격하고 우연한 외래의 사고로 인하여 신체에 손상을 입는 것을 보험사고로 하는 인보험으로서, 일반적으로 외래의 사고 이외에 피보험자의 질병 기타 기왕증이 공동 원인이 되어 상해에 영향을 미친 경우에도 사고로 인한 상해와 그 결과인 사망이나 후유장해 사이에 인과관계가 인정되면 보험계약 체결 시 약정한 대로 보험금을 지급할 의무가 발생하고, 다만 보험약관에 계약체결 전에 이미 존재한 신체장해, 질병의 영향에 따라 상해가 중하게 된 때에는 그 영향이 없었을 때에 상당하는 금액을 결정하여 지급하기로 하는 내용이 있는 경우에는 지급될 보험금액을 산정함에 있어서 그 약관 조항에 따라 피보험자의 체질 또는 소인 등이 보험사고의 발생 또는 확대에 기여하였다는 사유를 들어 보험금을 감액할 수 있다. 따라서 상해보험의 약관에서 후유장해보험금 지급의무의 발생 요건을 후유장해지급률 합계 80% 이상의 후유장해를 입은 경우로 규정하고, 이와 별도로 보험금액 산정에 있어서 기왕증 기여도의 감액 요건과 방법에 관한 규정을 두고 있는 경우, 위 약관에 정한 바에 따라 산정된 후유장해지급률 합계가 80% 이상이면 보험금 지급의무가 발생하고, 기왕증은 보험금액 산정에 있어 그 기여분을 감액하면 된다.[13]

④ 보험자는 다른 약정기간이 없다면 사고 발생의 통지를 받은 후 지체 없이 지급할 보험금액을 정하고 그 정해여진 날부터 10일 내에 보험금액을 지급하여야 한다.

11. ①

① 대법원 판례에 따르면, 보험계약자와 피보험자가 고의 또는 중대한 과실로 손해방지의무를 위반한 경우에는 보험자는 손해방지의무 위반과 상당인과관계가 있는 손해, 즉 의무 위반이 없다면 방지 또는 경감할 수 있으리라고 인정되는 손해액에 대하여 배상을 청구하거나 지급할 보험금과 상계하여 이를 공제한 나머지 금액만을 보험금으로 지급할 수 있으나, 경과실로 위반한 경우에는 그러하지 아니하다. 그리고 이러한 법리는 재보험의 경우에도 마찬가지로 적용된다.[14]

② 대법원 판례에 따르면, 공동불법행위로 말미암아 공동불법행위자 중 1인이 손해의 방지와 경감을 위하여 비용을 지출한 경우에 위와 같은 손해방지비용은 자신의 보험자 뿐만 아니라 다른 공동불법행위자의 보험자에 대하여도 손해방지비용에 해당하므로, 공동불법행위자들과 각각 보험계약을 체결한 보험자들은 각자 그 피보험자 또는 보험계약자에 대한 관계 뿐만 아니라 그와 보험계약관계가 없는 다른 공동불법행위자에 대한 관계에서도 그들이 지출한 손해방지비용의 상환의무를 부담한다. 또한 이러한 관계에 있는 보험자들 상호간에는 손해방지비용의 상환의무에 관하여 공동불법행위에 기한 손해배상채무와 마찬가지로 부진정연대채무의 관계에 있다고 볼 수 있으므로, 공동불법행위자 중의 1인과 보험계약을 체결한 보험자가 그 피보험자에게 손해방지비용을 모두 상환하였다면, 그 손해방지비용을 상환한 보험자는 다른 공동불법행위자의 보험자가 부담하여야 할 부분에 대하여 직접 구상권을 행사할 수 있다.[15]

③ 대법원 판례에 따르면, 피보험자의 손해방지의무에는 손해를 직접적으로 방지하는 행위는 물론이고 간접적으로 방지하는 행위도 포함된다. 그러나 그 손해는 피보험이익에 대한 구체적인 침해의 결과로서 생기는 손해만을 뜻하는 것이고, 보험자의 구상권과 같이 보험자가 손해를 보상한 후에 취득하게 되는 이익을 상실함으로써 결과적으로 보험자에게 부담되는 손해까지 포함된다고 볼 수는 없다.[16]

④ 대법원 판례에 따르면, 손해보험에서 피보험자가 손해의 확대를 방지하기 위하여 지출한 필요유익한 비용을 보험자가 부담하게 되어 있는 경우 이는 원칙적으로 보험사고의 발생을 전제로 하는 것이므로 보험자가 보상책임을 지지 아니하는 사고에 대하여는 손해방지의무가 없고 따라서 이로 인한 보험자의 비용부담 등의 문제도 발생할 수 없는 것이 원칙이다. 하지만 사고발생시 피보험자의 법률상 책임 여부가 판명되지 아니한 상태에서 피보험자가 손해확대방지를 위한 긴급한 행위를 하였다면 이로 인하여 발생한 필요 유익한 비용도 손해확대방지를 위한 비용으로서 보험자가 부담하는 것으로 해석하여야 한다.[17]

12. ③

① 보험계약자로부터 청약, 고지, 통지, 해지, 취소 등 보험계약에 관한 의사표시를 수령할 수 있는 권한이 있으며, 보험자는 보험대리상의 그러한 권한을 제한할 수 있다.

② 보험자는 보험대리상의 권한 제한을 이유로 선의의 보험계약자에게 대항하지 못한다(상법 제646조의2 제2항).

③ 보험대리상이 아니면서 특정한 보험자를 위하여 계속적으로 보험계약의 체결을 중개하는 자는 보험료수령권(보험자가 작성한 영수증을 보험계약자에게 교부하는 경우만 해당한다) 및 보험증권 교부권이 있다.

④ 피보험자나 보험수익자가 보험료를 지급하거나 보험계약에 관한 의사표시를 할 의무가 있는 경우에는 보험대리상 등의 규정을 그 피보험자나 보험수익자에게도 적용한다. 따라서 타인을 위한 손해보험에서 보험계약자가 보험료 지급을 지체하여 피보험자가 이차적으로 보험료를 지급하는 경우에도, 보험대리상은 보험료를 수령할 수 있는 권한이 있다.

13. ④

① 동일한 보험계약의 목적과 동일한 사고에 관하여 수개의 보험계약이 체결되고 그 보험금액의 총액이 보험가액을 초과한 경우를 중복보험이라고 한다(상법 제672조 제1항).

② 중복보험계약이 보험계약자의 사기로 인하여 체결된 때에는 그 계약은 무효로 한다(상법 제672조 제3항).

③ 중복보험계약이 체결된 경우 보험자 1인에 대한 권리의 포기는 다른 보험자의 권리의무에 영향을 미치지 아니한다(상법

13) 대법원 2005.10.27. 선고 2004다52033 판결
14) 대법원 2016.1.14. 선고 2015다6302 판결
15) 대법원 2007.3.15. 선고 2004다64272 판결
16) 대법원 2018.9.13. 선고 2015다209347 판결
17) 대법원 1994.9.9. 선고 94다16663 판결

제673조).

④ 대법원 판례에 따르면, 상법 제672조 제1항 중복보험의 연대비례책임주의 규정은 강행규정이 아니므로 각 보험계약의 당사자는 중복보험에 있어서 피보험자에 대한 보험자의 보상책임 방식이나 보험자들 사이의 책임 분담 방식에 대하여 상법의 규정과 다른 내용으로 정할 수 있다.[18]

14. ②

① 선박의 보험에 있어서는 보험자의 책임이 개시될 때의 선박가액을 보험가액으로 한다(상법 제696조 제1항).

② 적하의 보험에 있어서는 선적한 때와 곳의 적하의 가액과 선적 및 보험에 관한 비용을 보험가액으로 한다(상법 제697조).

③ 적하의 도착으로 인하여 얻을 이익 또는 보수의 보험에 있어서는 계약으로 보험가액을 정하지 아니한 때에는 보험금액을 보험가액으로 한 것으로 추정한다(상법 제698조).

④ 선박의 보험에 있어서는 선박의 속구, 연료, 양식, 기타 항해에 필요한 모든 물건은 보험의 목적에 포함된 것으로 한다(상법 제696조 제2항).

15. ②

타인의 사망을 보험사고로 하는 보험계약을 체결할 때에는 그 타인의 서면에 의한 동의를 얻어야 하며, 여기에는 본인 확인 및 위조 · 변조 방지에 대한 신뢰성을 갖춘 전자문서는 다음 각 호의 요건을 모두 갖춘 전자문서도 포함된다(상법 제731조 제1항 및 상법 시행령 제44조의2).

1) 전자문서에 보험금 지급사유, 보험금액, 보험계약자와 보험수익자의 신원, 보험기간이 적혀 있을 것
2) 전자문서에 전자서명을 하기 전에 전자서명을 할 사람을 직접 만나서 전자서명을 하는 사람이 보험계약에 동의하는 본인임을 확인하는 절차를 거쳐 작성될 것
3) 전자문서에 전자서명을 한 후에 그 전자서명을 한 사람이 보험계약에 동의한 본인임을 확인할 수 있도록 지문정보를 이용하는 등 법무부장관이 고시하는 요건을 갖추어 작성될 것
4) 전자문서 및 전자서명의 위조 · 변조 여부를 확인할 수 있을 것

16. ③

① 재보험은 원보험이 인보험인지 손해보험인지 여부를 묻지 않고 언제나 손해보험에 해당한다.

② 대법원 판례에 따르면, 보험자가 피보험자에게 보험금을 지급하면 보험자대위의 법리에 따라 피보험자가 보험사고의 발생에 책임이 있는 제3자에 대하여 가지는 권리는 지급한 보험금의 한도에서 보험자에게 당연히 이전되고(상법 제682조), 이는 재보험자가 원보험자에게 재보험금을 지급한 경우에도 마찬가지이다. 따라서 재보험관계에서 재보험자가 원보험자에게 재보험금을 지급하면 원보험자가 취득한 제3자에 대한 권리는 지급한 재보험금의 한도에서 다시 재보험자에게 이전된다.[19]

③ 재보험계약은 기업보험의 영역으로 사적 자치의 원칙이 존중되는 영역이다. 따라서 보험계약자 등의 불이익 변경 금지의 원칙도 적용되지 않는다.

④ 재보험은 원보험계약과 독립된 별개의 계약이므로 원보험자는 재보험자의 재보험금 지급 거부를 이유로, 피보험자에게 대항할 수 없다.

17. ②

① 보험의 목적에 관하여 보험자가 부담할 손해가 생긴 경우에는 그 후 목적이 보험자가 부담하지 아니하는 보험사고의 발생으로 인하여 멸실된 때에도 보험자는 이미 생긴 손해를 보상할 책임을 면하지 못한다(상법 제675조).

② 보험 계약 당시에 보험사고가 이미 발생하였거나 또는 발생할 수 없는 것인 때에는 그 계약은 무효로 한다. 그러나 당사자 쌍방과 피보험자가 이를 알지 못한 때에는 그러하지 아니하다(상법 제644조).

③ 보험자가 손해를 보상할 경우에 보험료의 지급을 받지 아니한 잔액이 있으면 그 지급 기일이 도래하지 아니한 때라도 보상할 금액에서 이를 공제할 수 있다(상법 제677조).

④ 대법원 판례에 따르면, 상법 제644조 단서는 보험자와 보험계약자 및 피보험자가 선의인 경우에는 예외적으로 보험사고의 발생이 확정되어 있는 경우라도 보험계약을 유효로 하고 있는데, 이는 예외 사유로서 계약의 관련자들 모두가 선의일 것을 요구하는 것이다.[20]

18. ①

① 선박의 존부가 2월간 행방불명인 경우 전손으로 추정한다. 즉 피보험자는 위부가 아니라 전손 보험금을 청구한다.

② 대법원 판례에 따르면, 추정전손에 해당하는지 여부의 판단은 위부통지 당시에 객관적으로 실제 발생한 사실이 기초가 되어야 하고, 피보험자가 주관적으로 알고 있었던 사실이 그 판단의 기초가 되는 것은 아니다. 추정전손에 해당하는지 여부에 대한 판단의 기준시점은 보험자가 피보험자로 하여금 위부통지 혹은 그 통지에 대한 거절시점에서 소송이 제기된 것과 같은 지위에 있게 되는 것에 명시적으로 동의하지 않는 이상, 위부통지시의 사실관계가 아니고, 보험금 청구소송의 제소시(at the commencement of the action)에 존재하는 사실관계에 의하여 그 여부가 판단된다.[21]

③ 피보험자가 위부를 함에 있어서는 보험자에 대하여 보험의 목적에 관한 다른 보험계약과 그 부담에 속한 채무의 유무와 그 종류 및 내용을 통지하여야 한다. 보험자는 통지를 받을 때까지 보험금액의 지급을 거부할 수 있다(상법 제715조).

④ 보험자가 위부를 승인하지 아니한 때에는 피보험자는 위부의

18) 대법원 2024.2.15. 선고 2023다272883 판결
19) 대법원 2015.6.11. 선고 2012다10386 판결
20) 대법원 2010.4.15. 선고 2009다81623 판결
21) 대법원 2002.6.28. 선고 2000다21062 판결

원인을 증명하지 아니하면 보험금액의 지급을 청구하지 못한다(상법 제717조).

19. ①

피보험자가 보험기간 중에 자동차를 양도한 때에는 양수인은 보험자의 승낙을 얻은 경우에 한하여 보험계약으로 인하여 생긴 권리와 의무를 승계한다. 보험자가 양수인으로부터 양수사실을 통지받은 때에는 지체 없이 낙부(諾否)를 통지하여야 하고, 통지받은 날부터 10일 내에 낙부(諾否)의 통지가 없을 때에는 승낙한 것으로 본다(상법 제726조의4).

20. ②

① 보험수익자가 보험 존속 중에 사망한 때에는 보험계약자는 다시 보험수익자를 지정할 수 있다. 이 경우에 보험계약자가 지정권을 행사하지 아니하고 사망한 때에는 보험수익자의 상속인을 보험수익자로 한다(상법 제733조 제3항).
② 권리의무의 대상이 되는 주체라면 누구든지 보험수익자가 될 수 있다. 따라서 자연인에 한하는 것은 아니며 법인도 보험수익자가 될 수 있다.
③ 보험수익자는 반드시 보험계약 체결 당시에 지정하여야 하는 것은 아니다. 보험이 지속되는 중에 지정하여도 무방하다.
④ 보험수익자가 자신이 보험수익자로 지정된 사실을 알지 못한 경우에도 당연히 보험금청구권을 행사할 수 있다.

21. ④

① 대법원 판례에 따르면, 보험약관에서 "암에 대한 회사의 책임은 보험증권에 기재된 보험기간의 첫날로부터 그 날을 포함하여 90일이 지난 날의 다음날에 시작하며 마지막 날에 끝납니다."라고 규정하고 있고, 상법 제656조에 의하면 보험자의 책임은 당사자 간에 다른 약정이 없으면 최초의 보험료의 지급을 받은 때로부터 개시한다고 규정하고 있다. 따라서 위 약관 조항은 상법의 일반 조항과 다르게 책임개시시기를 정한 것으로 보험자가 구체적이고 상세한 명시 · 설명의무를 지는 보험계약의 중요한 내용이라 할 것이고, 약관의 내용이 거래상 일반적이고 공통된 것이어서 보험계약자가 별도의 설명 없이도 충분히 예상할 수 있었던 내용이라 할 수 없다.[22]
② 항해단위로 선박을 보험에 붙인 경우에는 보험기간은 도착항에서 하물 또는 저하를 양륙한 때에 종료한다(상법 제699조 제1항).
③ 대법원 판례에 따르면, 상법 제652조 제2항에 따라 보험자가 피보험자 등으로부터 사고발생의 위험이 변경 또는 증가하였다는 통지를 받고 이를 이유로 보험계약을 해지하는 경우, 보험약관에서 미경과기간에 대한 보험료를 반환하도록 정하고 있다면 그 보험약관은 유효하다. 이는 보험기간 중에 보험사고가 발생하여도 보험계약이 종료하지 않고 원래 약정된 보험금액에서 위 보험사고에 관하여 지급한 보험금액을 감액한 잔액을 나머지 보험기간에 대한 보험금액으로 하여 보험계약이 존속하는 경우에도 마찬가지이다.[23]
④ 운송보험의 보험기간 개시 시점은 피보험자가 운송물을 발송한 때가 아니라 운송인이 운송물을 수령한 때이다(상법 제688조). 예를 들어 피보험자가 운송물을 발송하였으나 창고 등에 보관 중으로 운송인이 아직 운송물을 받지 못하였다면 보험기간도 개시하지 않는다.

22. ④

대법원 2009.12.10. 선고 2009다56603, 56610 판결

[1] 상법 및 화재보험약관 규정의 형식 및 취지, 화재가 발생한 경우에 보험자에게 면책사유가 존재하지 않는 한 소정의 보험금을 지급하도록 함으로써 피보험자로 하여금 신속하게 화재로 인한 피해를 복구할 수 있게 하려는 화재보험제도의 존재 의의에 비추어 보면, 화재보험에서 화재가 발생한 경우에는 일단 우연성의 요건을 갖춘 것으로 추정되고, 다만 화재가 보험계약자나 피보험자의 고의 또는 중과실에 의하여 발생하였다는 사실을 보험자가 증명하는 경우에는 위와 같은 추정이 번복되는 것으로 보아야 한다.

[2] 화재보험계약의 약관에서 "보험계약자나 피보험자의 고의 또는 중대한 과실로 발생한 손해에 대하여는 보상하지 아니한다"고 규정하고 있는 경우에 보험자가 보험금 지급책임을 면하기 위해서는 위 면책사유에 해당하는 사실을 증명할 책임이 있고, 여기에서의 증명은 법관의 심증이 확신의 정도에 달하게 하는 것을 가리키고, 그 확신이란 자연과학이나 수학의 증명과 같이 반대의 가능성이 없는 절대적 정확성을 말하는 것은 아니지만, 통상인의 일상생활에 있어 진실하다고 믿고 의심치 않는 정도의 고도의 개연성을 말하는 것이고, 막연한 의심이나 추측을 하는 정도에 이르는 것만으로는 부족하다.

[3] "계약자 또는 피보험자가 손해통지 또는 보험금청구에 관한 서류에 고의로 사실과 다른 것을 기재하였거나 그 서류 또는 증거를 위조 또는 변조한 경우에는 피보험자는 손해에 대한 보험금청구권을 잃게 된다"고 규정하고 있는 화재보험 약관조항의 취지는 보험자가 보험계약상의 보상책임 유무의 판정, 보상액의 확정 등을 위하여 보험사고의 원인, 상황, 손해의 정도 등을 알 필요가 있으나 이에 관한 자료들은 계약자 또는 피보험자의 지배 · 관리영역 안에 있는 것이 대부분이므로 피보험자로 하여금 이에 관한 정확한 정보를 제공하도록 할 필요성이 크고, 이와 같은 요청에 따라 피보험자가 이에 반하여 서류를 위조하거나 증거를 조작하는 등으로 신의성실의 원칙에 반하는 사기적인 방법으로 과다한 보험금을 청구하는 경우에는 그에 대한 제재로서 보험금청구권을 상실하도록 하려는 데 있다. 다만 위와 같은 약관조항을 문자 그대로 엄격하게 해석하여 조금이라도 약관에 위배하기만 하면 보험자가 면책되는 것으로 보는 것은 본래 피해자 다중을 보호하고자 하는 보험의 사회적 효용과 경제적 기능에 배치될 뿐만 아니라 고객에 대하여 부당하게 불리한 조항이 된다는 점에서 이

22) 대법원 2005.12.9. 선고 2004다26164, 26171 판결
23) 대법원 2008.1.31. 선고 2005다57806 판결

를 합리적으로 제한하여 해석할 필요가 있으므로, 위 약관 조항에 의한 보험금청구권의 상실 여부는 그 취지를 감안하여 보험금청구권자의 청구와 관련한 부당행위의 정도 등과 보험의 사회적 효용 내지 경제적 기능을 종합적으로 비교 · 교량하여 결정하여야 한다. 한편, 독립한 여러 물건을 보험목적물로 하여 체결된 화재보험계약에서 위 약관에 의해 피보험자가 상실하게 되는 보험금청구권은 피보험자가 '허위의 청구를 한 당해 보험목적물'의 손해에 대한 보험금청구권만을 의미한다.

[4] 손해보험에 있어서 보험의 목적물과 위험의 종류만이 정해져 있고 피보험자와 피보험이익이 명확하지 않은 경우에 그 보험계약이 보험계약자 자신을 위한 것인지 아니면 타인을 위한 것인지는 보험계약서 및 당사자가 보험계약의 내용으로 삼은 약관의 내용, 당사자가 보험계약을 체결하게 된 경위와 그 과정, 보험회사의 실무처리 관행 등 여러 사정을 참작하여 결정하여야 할 것인바, 임차인이 임차건물과 그 안에 있는 시설 및 집기비품 등에 대하여 피보험자에 대하여는 명확한 언급이 없이 자신을 보험목적의 소유자로 기재하여 화재보험을 체결한 경우, 이러한 화재보험은 다른 특약이 없는 한 피보험자가 그 목적물의 소유자인 타인에게 손해배상의무를 부담하게 됨으로써 입게 되는 손해까지 보상하기로 하는 책임보험의 성격을 갖는다고는 할 수 없다.

23. ④

보험자는 보험사고로 인하여 생긴 보험계약자 또는 보험수익자의 제3자에 대한 권리를 대위하여 행사하지 못한다. 그러나 상해보험 계약의 경우에 당사자 간에 다른 약정이 있는 때에는 보험자는 피보험자의 권리를 해하지 아니하는 범위 안에서 그 권리를 대위하여 행사할 수 있다(제729조).

24. ③

일반적으로 보험은 보험목적물 전체를 보험에 가입할 것으로 기대되지만, 일부를 보험에 붙이는 경우도 가능하다. 이러한 것을 일부보험이라고 하며, 보험자는 보험금액의 보험가액에 대한 비율에 따라 보상책임을 진다. 다만, 당사자 간의 약정을 통하여 보험금액의 한도 내에서 실손해액 전부를 보상하도록 할 수 있는데, 이를 제1차 위험보험이라고 부른다.

25. ②

① 보험자가 보험약관의 교부 · 설명의무에 위반한 때에는, 보험계약자는 보험계약이 성립한 날부터 3개월 내에 그 계약을 취소할 수 있다.
② 책임보험의 보험자는 특별한 기간의 약정이 없으면 변제, 승인, 화해 또는 재판으로 인하여 채무가 확정되었음을 통지 받은 날부터 10일 내에 피보험자 또는 보험수익자에게 보험금액을 지급하여야 한다.
③ 보험자가 보험계약자로부터 보험계약의 청약과 함께 보험료 상당액의 전부 또는 일부의 지급을 받은 때에는 다른 약정이 없으면 30일 내에 그 상대방에 대하여 낙부(諾否)의 통지를 발송하여야 한다.
④ 선박의 존부가 2월간 분명하지 아니한 때에는 그 선박의 행방이 불명한 것으로 한다.

26. ④

대법원 2013.6.13. 선고 2011다54631 판결

[1] 중대한 과실이란 현저한 부주의로 중요한 사항의 존재를 몰랐거나 중요성 판단을 잘못하여 그 사실이 고지하여야 할 중요한 사항임을 알지 못한 것을 의미하고, 그와 같은 과실이 있는지는 보험계약의 내용, 고지하여야 할 사실의 중요도, 보험계약의 체결에 이르게 된 경위, 보험자와 피보험자 사이의 관계 등 제반 사정을 참작하여 사회통념에 비추어 개별적 · 구체적으로 판단하여야 하고, 그에 관한 증명책임은 고지의무 위반을 이유로 보험계약을 해지하고자 하는 보험자에게 있다.

[2] 피보험자와 보험계약자가 다른 경우에 피보험자 본인이 아니면 정확하게 알 수 없는 개인적 신상이나 신체상태 등에 관한 사항은, 보험계약자도 이미 그 사실을 알고 있었다거나 피보험자와의 관계 등으로 보아 당연히 알았을 것이라고 보이는 등의 특별한 사정이 없는 한, 보험계약자가 피보험자에게 적극적으로 확인하여 고지하는 등의 조치를 취하지 아니하였다는 것만으로 바로 중대한 과실이 있다고 할 것은 아니다. 더구나 보험계약서의 형식이 보험계약자와 피보험자가 각각 별도로 보험자에게 중요사항을 고지하도록 되어 있고, 나아가 피보험자 본인의 신상에 관한 질문에 대하여 '예'와 '아니오' 중에서 택일하는 방식으로 고지하도록 되어 있다면, 그 경우 보험계약자가 '아니오'로 표기하여 답변하였더라도 이는 그러한 사실의 부존재를 확인하는 것이 아니라 사실 여부를 알지 못한다는 의미로 답하였을 가능성도 배제할 수 없으므로, 그러한 표기사실만으로 쉽게 고의 또는 중대한 과실로 고지의무를 위반한 경우에 해당한다고 단정할 것은 아니다.

① 보험 계약 당시에 보험계약자 또는 피보험자는 중요한 사항을 보험자에게 고지하여야 하며, 만약 고의 또는 중대한 과실로 인하여 중요한 사항을 고지하지 아니하거나 부실의 고지를 한 때에는 보험자는 그 사실을 안 날로부터 1월, 계약을 체결한 날로부터 3년 내에 그 보험계약을 해지할 수 있다.
② 입증책임은 그 사실이 밝혀지면 유리한 입장에 있는 자, 즉 그 사실을 주장하는 자에게 있다. 고지의무 위반이 입증되는 것은 보험자에게는 유리하고 보험계약자에게는 불리한 사항이므로, 보험자가 입증책임을 부담한다고 하겠다.
③ 보험계약서의 형식이 보험계약자와 피보험자가 각각 별도로 중요사항을 고지하도록 되어 있는 경우에, 피보험자 신상에 관한 질문에 대하여 보험계약자가 '아니오'로 표기하였더라도 이는 그러한 사실의 부존재를 확인하는 것이 아니라 사실 여부를 알지 못한다는 의미로 답하였을 가능성도 배제할 수 없으므로, 그러한 표기 사실만으로 쉽게 고의 또는 중대한 과실로 고지의무를 위반한 경우에 해당한다고 단정할 수 없다는 것이 대법원의 입장이다.
④ 판례는 보험계약자와 피보험자가 다른 경우에 피보험자 본인이 아니면 알 수 없는 개인적인 신상이나 신체상태 등에 관한

사항은, 보험계약자도 이미 그 사실을 알고 있다거나 피보험자와의 관계 등으로 보아 당연히 알았을 것이라고 보이는 등 특별한 사정이 없는 한, 보험계약자가 피보험자에게 적극적으로 확인하여 고지하는 등의 조치를 취하지 아니하였다는 것만으로 바로 중대한 과실이 있다고 할 수는 없다고 보고 있다.

27. ①

화재보험자는 화재 자체로 인한 손해는 물론이고, 소방 또는 손해의 감소에 필요한 조치로 인하여 생긴 손해도 보상할 책임이 있다(상법 제684조). 물에 젖은 책은 화재로 인한 직접 손해는 아니지만, 소방 또는 손해의 감소에 필요한 조치로 인하여 발생한 손해임에는 틀림 없으므로 보험자의 보상 책임이 인정된다.

화재보험에서 인정하는 화재는 "1) 불자리가 아닌 장소에서 발생하거나 불자리를 벗어나서 존재하는 우발적인 것, 2) 불에 의하여 독립적으로 자력으로 확대되어 연소작용이 있는 것, 3) 재물을 소멸시켜 손해를 초래할 것"이라는 3가지 요건을 충족하여야 한다.[24] ③번 지문은 불자리를 벗어나지 않았기 때문에 화재보험자가 보상하는 화재손해로 인정되지 않는다.

28. ③

① 선박의 일부가 훼손되어 그 훼손된 부분의 전부를 수선한 경우에는, 보험자는 수선에 따른 비용을 1회의 사고에 대하여 보험금액을 한도로 보상할 책임이 있다(상법 제707조의2 제1항).

② 선박의 일부가 훼손되어 그 훼손된 부분의 일부를 수선한 경우에는, 보험자는 수선에 따른 비용과 수선을 하지 아니함으로써 생긴 감가액을 보상할 책임이 있다(상법 제707조의2 제2항).

③ 선박의 일부가 훼손되었으나 이를 수선하지 않은 경우 보험자는 그로 인한 감가액을 보상할 책임이 있다(상법 제707조의2 제3항).

④ 보험의 목적인 적하가 훼손되어 양륙항에 도착한 때에는, 보험자는 그 훼손된 상태의 가액과 훼손되지 아니한 상태의 가액과의 비율에 따라 보험가액의 일부에 대한 손해를 보상할 책임이 있다(상법 제708조).

29. ②

① 손해방지의무는 사고가 발생한 경우에 사고로 인한 손해가 더 이상 확대되지 않도록 노력해야 하는 의무이다. 보험사고의 발생을 미연에 방지해야 할 예방의무가 아니다.

② 손해방지의무는 상법 규정에 의한 법정의무(法定義務)이다.

③ 손해방지비용의 선급을 청구할 수 있다는 규정은 없다. 유사한 개념과 비교하여, 책임보험에서의 방어비용은 피보험자가 보험자에 대하여 선급을 청구할 수 있다(상법 제720조 제1항).

④ 대법원 판례에 따르면, 보험계약자와 피보험자가 고의 또는 중대한 과실로 손해방지의무를 위반한 경우에는 보험자는 손해방지의무 위반과 상당인과관계가 있는 손해, 즉 그 의무 위반이 없다면 방지 또는 경감할 수 있으리라고 인정되는 손해액에 대하여 배상을 청구하거나 지급할 보험금과 상계하여 이를 공제한 나머지 금액만을 보험금으로 지급할 수 있으나, 경과실로 이를 위반한 경우에는 그러하지 아니한다.[25]

30. ②

일부보험은 보험금액이 보험가액보다 적으며, 보험자의 보상액은 보험금액의 보험가액에 대한 비율로 정해진다.

31. ③

책임보험에서 보험자의 보험금 지급은 피보험자에게 제3자에 대한 채무가 확정되었음을 통지받은 날부터 10일 이내 지급하여야 한다(상법 제723조 제2항).

32. ③

대법원 2016.5.12. 선고 2015다243347 판결
보험약관은 신의성실의 원칙에 따라 약관의 목적과 취지를 고려하여 공정하고 합리적으로 해석하되, 개개 계약 당사자가 기도한 목적이나 의사를 참작하지 않고 평균적 고객의 이해가능성을 기준으로 보험단체 전체의 이해관계를 고려하여 객관적 · 획일적으로 해석하여야 하며, 위와 같은 해석을 거친 후에도 약관조항이 객관적으로 다의적으로 해석되고 각각의 해석이 합리성이 있는 등 약관의 뜻이 명백하지 아니한 경우에는 고객에게 유리하게 해석하여야 한다.

대법원은 자살은 재해에 해당하지 않아 처음부터 보험금 지급사유가 아님에도 별도로 면책사유에서 언급한 것은 이를 특별히 보험사고에 포함시켜 보험금 지급사유로 본다는 취지로 해석할 여지가 있다고 보았다. 또한 고의에 의한 자살은 약관 조항이 아니더라도 상법에 의하여 보험자가 면책되므로 굳이 약관에서 다시 언급한 것은 보험계약 당사자가 이에 대해 별도로 합의한 것으로 이해할 수도 있다고도 보았다.

이처럼 약관 해석에 모호한 부분이 있다면 작성자 불이익의 원칙에 따라 보험자에게 불리하게 해석하는 것이 약관 해석론에 부합되기 때문에 보험자는 재해사망보험금을 지급할 책임이 있다고 판결하였다.

33. ①

① 타인을 위한 보험은 보험계약자가 자기의 계산으로 타인을 위하여 체결한 보험을 말한다. 타인을 위한 보험은 손해보험과 인보험 모두에 존재할 수 있다. 타인의 보험은 보험계약자가 타인의 사망을 보험사고로 하여 체결한 보험을 말한다. 타인의 보험은 인보험에서만 존재한다.

② 타인을 위한 보험이란 손해보험에서는 보험계약자와 피보험자가 다른 계약을 말하며, 인보험에서는 보험계약자와 보험수익자가 다른 계약을 말한다.

③ 보험계약자는 위임을 받거나 위임을 받지 아니하고 특정 또는 불특정의 타인을 위하여 보험계약을 체결할 수 있다. 그러나

24) 화재에 대한 정의를 확립한 1941년 영국 Harris vs. Poland 판례
25) 대법원 2016.1.14. 선고 2015다6302 판결

손해보험계약의 경우에 그 타인의 위임이 없는 때에는 보험계약자는 이를 보험자에게 고지하여야 하고, 그 고지가 없는 때에는 타인이 그 보험계약이 체결된 사실을 알지 못하였다는 사유로 보험자에게 대항하지 못한다(상법 제639조 제1항).

④ 타인의 보험은 인보험에서만 존재하므로, 그 특성상 자연인만 가능하다.

34. ④

①③ 보험계약의 부활은 종전의 계약과 동일한 내용을 가지는 새로운 계약으로 보는 것이 아니라, 종전의 계약을 해지 전의 상태로 회복시키는 특수한 계약으로 본다. 따라서 보험계약이 부활하면 종전계약에 존재하던 보험계약의 무효, 해지 등의 사유도 그대로 승계된다.

②④ 보험계약자는 계속보험료 미납으로 인하여 해지되고 해지환급금이 지급되지 아니한 경우에 보험계약자는 일정한 기간 내에 연체보험료에 약정이자를 붙여 보험자에게 지급하고 그 계약의 부활을 청구할 수 있다(상법 제650조의2). 보험계약이 부활되면 보험자의 책임은 부활시점부터 다시 개시된다. 따라서 종전계약이 해지된 시점과 보험계약이 부활된 시점 사이에 발생한 보험사고에 대해서는 보험자가 보상책임을 지지 않는다.

35. ③

대법원 1996.12.20 선고 96다23818 판결

[1] 상법 제663조 단서가 해상보험에 같은 법조 본문 소정의 보험계약자 등의 불이익변경금지원칙이 적용되지 아니하도록 규정하고 있는 취지는 해상보험이 보험계약자와 보험자가 서로 대등한 경제적 지위에서 계약조건을 정하는 이른바 기업보험의 일종으로 보험계약의 체결에 있어서 보험계약자의 이익보호를 위한 법의 후견적 배려는 필요하지 않고 오히려 어느 정도 당사자 사이의 사적 자치에 맡겨 특약에 의하여 개별적인 이익조정을 꾀할 수 있도록 할 필요가 있고, 또한 해상보험에 있어서는 그 보험의 성격상 국제적인 유대가 강하고 보험실무상으로도 영국법 준거조항을 둔 영문 보험약관이 이용되고 있는 실정이므로 불이익변경금지원칙을 일률적으로 적용하여 규제하는 것이 반드시 옳다고 할 수 없다는 고려에서 나온 것이다.

[2] 수산업협동조합중앙회에서 실시하는 어선공제사업은 항해에 수반되는 해상위험으로 인하여 피공제자의 어선에 생긴 손해를 담보하는 것인 점에서 해상보험에 유사한 것이라고 할 수 있으나, 그 어선공제는 수산업협동조합중앙회가 실시하는 비영리 공제사업의 하나로 소형 어선을 소유하며 연안어업 또는 근해어업에 종사하는 다수의 영세어민들을 주된 가입대상자로 하고 있어 공제계약 당사자들의 계약교섭력이 대등한 기업보험적인 성격을 지니고 있다고 보기는 어렵고 오히려 공제가입자들의 경제력이 미약하여 공제계약 체결에 있어서 공제가입자들의 이익보호를 위한 법적 배려가 여전히 요구된다 할 것이므로, 상법 제663조 단서의 입법취지에 비추어 그 어선공제에는 불이익변경금지원칙의 적용을 배제하지 아니함이 상당하다.

불이익 변경 금지의 원칙은 재보험 및 해상보험 기타 이와 유사한 보험의 경우에는 적용되지 않는다. 다만, 어선공제는 해상보험과 유사하기는 하지만, 그 특성상 영세어민들을 주된 가입자로 하고 있어, 불이익 변경 금지의 원칙 규정 취지상 적용을 배제하지 않는 것이 합리적이라고 하겠다. 대법원도 위와 같은 입장에서 어선공제의 경우 불이익 변경 금지의 원칙을 적용해야 한다고 밝히고 있다.

36. ③

① 보증보험을 체결할 때에 보험계약자는 주계약상의 채무자이며, 피보험자는 주계약상의 채권자이다.

② 보증보험은 주계약의 법률관계를 전제로 하여 보험계약자가 주계약에 따른 채무를 이행하지 아니함으로써 피보험자가 입게 되는 손해를 보험약관이 정하는 바에 따라 그리고 보험계약금액의 범위 내에서 보상하는 것이다.[26]

③ 보증보험은 형식적으로는 손해보험의 모습을 갖추고 있으나, 실질적으로는 보증의 성격을 가진 보증계약의 효과를 목적으로 한다.[27]

④ 보증보험계약에 관하여는 그 성질에 반하지 아니하는 범위에서 보증채무에 관한 「민법」의 규정을 준용한다(상법 제726조의7).

37. ②

대법원 2011.3.24. 선고 2010다92612 판결

무효인 보험계약에 따라 납부한 보험료에 대한 반환청구권은 특별한 사정이 없는 한 그 보험료를 납부한 때에 발생하여 행사할 수 있다고 할 것이므로, 위 보험료 반환 청구권의 소멸시효는 특별한 사정이 없는 한 각 보험료를 납부한 때부터 진행한다고 볼 것이다. (생략)

그와 같이 무효인 보험계약에 기하여 원고가 피고에게 납부한 보험료 중 이 사건 소제기일로부터 역산하여 2년 전인 2007.4.26. 이전에 납입한 보험료 합계는 ___________ 원임을 알 수 있다. 위 법리에 비추어 살펴보면, 원고가 무효인 위 각 보험계약에 따라 납부한 이 사건 보험료의 반환청구권은 특별한 사정이 없는 한 2년의 소멸시효 기간이 경과하여 시효 소멸하였다고 볼 것이다.[28]

대법원은 피보험자의 서면 동의를 얻지 않아 보험계약이 무효가 된 사안에서, 무효인 보험계약의 보험료 반환청구권은 특별한 사정이 없는 한 그 보험료를 납부한 때에 발생한다고 보아야 하며, 각각의 보험료를 납부한 때로부터 소멸시효가 진행한다고 하였다. 보험계약자에게 반환청구권이 인정되는 3년 이전에 납입한

26) 대법원 2014.9.4. 선고 2012다67559 판결

27) 대법원 1990.5.8. 선고 89다카25912 판결

28) **저자주** : 본 판결은 2014년 상법 개정 이전으로, 소멸시효가 2년이었다. 현재는 3년이다.

보험료는 소멸시효가 경과된바, 보험자에게 반환의무가 없다고 본 것이다. 따라서 대법원 판례의 법리에 따르면 본 문제는 마지막 3년간의 보험료에 대해서만 반환청구권이 인정되므로, 보험자는 3천만원의 보험료를 보험계약자에게 반환하여야 한다.

38. ②

대법원 2012.12.13. 선고 2012다1177 판결
손해배상책임보험에서 동일한 사고로 피해자에 대하여 배상책임을 지는 피보험자가 복수로 존재하는 경우에는 피보험이익도 피보험자마다 개별로 독립하여 존재하는 것이므로 각각의 피보험자마다 손해배상책임의 발생요건이나 면책조항의 적용 여부 등을 개별적으로 가려서 보상책임의 유무를 결정하는 것이 원칙이다. 따라서 손해배상책임보험약관에 정한 보험사고 해당 여부나 보험자 면책조항의 적용 여부를 판단하는 경우에 특별한 사정이 없는 한 약관에 피보험자 개별적용조항을 별도로 규정하고 있지 않더라도 각 피보험자별로 손해배상책임의 발생요건이나 보험자 면책조항의 적용 여부를 가려 보험사고 해당 여부 또는 면책 여부를 결정하여야 하고, 약관의 규정 형식만으로 복수의 피보험자 중 어느 한 사람에 대하여 보험사고에 해당하지 아니하거나 면책조항에 해당한다고 하여 보험자의 모든 피보험자에 대한 보상책임이 성립하지 아니하거나 모든 피보험자에 대한 보상책임을 면하는 것으로 해석할 것은 아니다. 그리고 이와 같은 법리는 특별한 사정이 없는 한 손해배상책임보험약관에서 보상하는 손해로 우연한 사고로 타인의 신체의 장해 또는 재물의 손해에 대한 법률상의 배상책임을 부담함으로써 입은 손해를 규정하고 있거나 보상하지 아니하는 손해로 피보험자의 고의를 원인으로 하여 생긴 손해를 규정하고 있는 경우에도 마찬가지로 적용된다.

손해가 B의 고의로 발생하였기 때문에 보험약관에서 규정하는 면책 사고로 보험자가 보험금 지급책임이 없다는 것에는 반론의 여지는 없다. 그러나 문제는 B 뿐만 아니라 A도 방화 사건에 대하여 손해배상책임을 부담한다는 것이다. B가 민법 제750조에 의한 불법행위 손해배상 책임을 지는 것은 물론이고, B가 미성년 자녀이기 때문에 B의 부모인 A도 자녀에 대한 감독의무를 소홀히 한 것을 이유로 민법상 감독자 책임을 지게 된다. A는 마땅히 미성년 자녀인 B를 감독하여 타인에게 손해를 주지 않도록 할 감독의무가 있음에도 이를 소홀히 하였으므로 손해배상 책임을 부담하는 것이다. 따라서 A와 B 모두 손해배상 책임이 발생한다.
우리 법원은 "피보험자가 복수로 존재하는 경우에는 각각의 피보험자마다 보상책임 유무를 따져 보아야 하며, 면책 사항도 각각에게 개별적으로 적용하여야 한다."라고 하고 있다. 즉, B 입장에서 보면 보험금을 지급하지 않는 면책 사고이지만, A 입장에서는 고의 사고에 해당하지 않으므로 보험자가 보험금 지급 책임을 부담하게 되는 것이다.
이를 피보험자 개별적용이라고 하며, 보험 실무에서는 자동차보험에서 주로 적용하여 왔으나, 최근 대법원 판례는 자동차보험 뿐만 아니라 손해배상책임보험 약관에 피보험자 개별적용 조항을 별도로 규정하지 않았더라도 이를 당연히 적용하여야 한다고 밝혔다. 다만, 그 복수의 피보험자가 서로 공모하여 고의로 보험사고를 발생시킨 경우에는 당연히 보험자는 면책된다.

39. ④

① 보험사고로 인하여 상실된 피보험자가 얻을 이익이나 보수는 당사자간에 다른 약정이 없으면 보험자가 보상할 손해액에 산입하지 아니한다(상법 제667조).
② 인보험계약의 보험자는 보험사고로 인하여 생긴 보험계약자 또는 보험수익자의 제3자에 대한 권리를 대위하여 행사하지 못한다. 그러나 상해보험계약의 경우에 당사자간에 다른 약정이 있는 때에는 보험자는 피보험자의 권리를 해하지 아니하는 범위안에서 그 권리를 대위하여 행사할 수 있다(상법 제729조).
③ 보험자가 보상할 손해액은 그 손해가 발생한 때와 곳의 가액에 의하여 산정한다. 그러나 당사자간에 다른 약정이 있는 때에는 그 신품가액에 의하여 손해액을 산정할 수 있다(상법 제676조 제1항).
④ 보험자의 책임은 당사자간에 다른 약정이 없으면 최초의 보험료의 지급을 받은 때로부터 개시한다(상법 제656조). 따라서 보험자의 책임은 당사자 간에 다른 약정을 체결하지 않았더라도 최초보험료 지급받은 시점부터 개시된다.

40. ①

대법원 2017.4.7. 선고 2014다234827 판결
[1] ② 보험계약자가 다수의 보험계약을 통하여 보험금을 부정취득할 목적으로 보험계약을 체결한 경우 보험계약은 민법 제103조의 선량한 풍속 기타 사회질서에 반하여 무효이다. 이러한 보험계약에 따라 보험금을 지급하게 하는 것은 보험계약을 악용하여 부정한 이득을 얻고자 하는 사행심을 조장함으로써 사회적 상당성을 일탈하게 될 뿐만 아니라, 합리적인 위험의 분산이라는 보험제도의 목적을 해치고 위험발생의 우발성을 파괴하며 다수의 선량한 보험가입자들의 희생을 초래하여 보험제도의 근간을 무너뜨리기 때문이다. 그리고 ③ 보험계약자가 보험금을 부정취득할 목적으로 다수의 보험계약을 체결하였는지를 직접적으로 인정할 증거가 없더라도 보험계약자의 직업과 재산상태, 다수 보험계약의 체결 시기와 경위, 보험계약의 규모와 성질, 보험계약 체결 후의 정황 등 제반 사정에 기하여 그와 같은 목적을 추인할 수 있다.
특히 보험계약자가 자신의 수입 등 경제적 사정에 비추어 부담하기 어려울 정도로 고액인 보험료를 정기적으로 불입하여야 하는 과다한 보험계약을 체결하였다는 사정, 단기간에 다수의 보험에 가입할 합리적인 이유가 없는데도 집중적으로 다수의 보험에 가입하였다는 사정, 보험모집인의 권유에 의한 가입 등 통상적인 보험계약 체결 경위와는 달리 적극적으로 자의에 의하여 과다한 보험계약을 체결하였다는 사정, 저축적 성격의 보험이 아닌 보장적 성격이 강한 보험에 다수 가입하여 수입의 많은 부분을 보험료로 납부하였다는 사정, 보험계약 시 동종의 다른 보험 가입사실의 존재와 자기의 직업 · 수입 등에 관하여 허위의 사실을 고지하였다는 사정 또는 다수의 보험계약 체결 후 얼마 지나지 아니한 시기에 보험사고 발생을 원인으로 집중적으로 보험금을 청구하여 수령하였다는 사정 등의 간접사실이 인정된다면 이는 보험금 부정취득의 목적을 추인할 수 있는 유력한 자료가 된다.

[2] 보험계약을 체결하면서 ④ 중요한 사항에 관한 보험계약자의 고지의무 위반이 사기에 해당하는 경우에는 보험자는 상법의 규정에 의하여 계약을 해지할 수 있음은 물론 보험계약에서 정한 취소권 규정이나 민법의 일반원칙에 따라 보험계약을 취소할 수 있다. 따라서 보험금을 부정취득할 목적으로 다수의 보험계약이 체결된 경우에 민법 제103조 위반으로 인한 보험계약의 무효와 고지의무 위반을 이유로 한 보험계약의 해지나 취소는 그 요건이나 효과가 다르지만, ① 개별적인 사안에서 각각의 요건을 모두 충족한다면 위와 같은 구제수단이 병존적으로 인정되고, 이 경우 보험자는 보험계약의 무효, 해지 또는 취소를 선택적으로 주장할 수 있다.

3과목 손해사정이론

01	02	03	04	05	06	07	08	09	10
④	③	①	②	②	①	④	③	③	①
11	12	13	14	15	16	17	18	19	20
①	④	①	②	②	③	①	④	①	②
21	22	23	24	25	26	27	28	29	30
③	①	②	③	③	②	④	④	③	③
31	32	33	34	35	36	37	38	39	40
④	②	①	④	③	②	①	①	④	②

01. ④

예정이율이란 만기 시에 만기환급금을 지급하는 보험에서 보험계약자에게 받은 보험료를 적립하여야 하는데 이 때 적립금 및 보험료 계산 등에 적용되는 이율을 말한다. 예정이율이 낮아지면 보험료는 높아진다.

예정위험률이란 과거 일정 기간 동안 발생했던 사고를 바탕으로 앞으로 일어날 사고 발생률을 예측하여 정한 것을 말한다. 예정위험률이 낮아지면 보험료는 낮아진다.

예정사업비율이란 보험회사가 사업을 경영하는데 필요한 비용을 사업비를 미리 예측하여 정한 것을 말한다. 예정사업비율이 낮아지면 보험료는 낮아진다.

02. ③

금융재보험(finite reinsurance)이란, 전통적인 재보험이 가지고 있는 위험의 전가 기능에 금융요소를 덧붙인 형태의 재보험으로, 재보험사의 책임을 제한하는 대신에 언더라이팅 및 투자에서 발생하는 수익을 재보험사와 원수사가 공유하는 형식의 재보험이다. 단일 재보험의 위험을 상대적으로 긴 시간에 걸쳐 분산하는 방식이므로 전통적인 재보험에 비하여 재보험료 수준이 상당히 높으며 재보험사로부터 담보력을 제공받을 뿐만 아니라 수익까지 분배받기 때문에 위험재무관리(Risk financing)와 위험전가(Risk transfer)가 결합된 형태이다. 금융재보험은 다음과 같은 특징을 가지고 있다.

① 재보험료를 산정할 때 투자수익을 명시적으로 반영한다.
재보험료 수수시점과 재보험금 지급 사이의 시차를 전제로 재보험료를 할인하며 나아가 미래의 투자수익 발생정도를 보험료 산정의 주요 요소로 고려한다.

② 재보험자의 위험인수가 제한적으로 이루어진다.
지급할 재보험금의 총액한도를 설정하여 인수하는 위험을 제한하며 물론 재보험자의 수익도 일반적으로 낮게 설정된다.

③ 장기의 계약기간을 통해 활용된다.
통상 1년 단위로 체결하는 전통적인 재보험과 달리 금융재보험은 3~10년의 장기로 운영된다.

④ 보험계약에서 발생한 영업이익을 원보험자와 재보험자가 공유한다. 재보험자는 자신이 인수하는 책임을 제한하는 데 따른 보상으로 재보험계약에서 발생한 이익을 원수보험자와 공유한다.

⑤ 위험전가와 위험재무 기능을 결합하고 있다.
원수보험자는 보험인수에 따른 위험(underwriting risk) 뿐만 아니라 보험금 조기지급에 따른 위험(timing risk)을 전가한다. 주로 지급준비금 등 장래 예상되는 출재사의 손해변동성을 관리하는 역할을 하기 때문에 출재사로서는 담보력의 안정화를 꾀할 수 있다는 장점이 있다.

금융재보험의 종류에는 기발생사고를 대상으로 하는 소급형과 장래에 발생할 사고를 대상으로 하는 장래형이 있다.

- **소급형** : 지급준비금할인 재보험(time and distance policy : TDP), 손실금이전 재보험(loss portfolio transfers : LPT), 역진전 준비금담보(adverse development covers : ADC)
- **장래형** : 금융 비례재보험(finite quota shares, FQS), 보험금분산특약 재보험(spread loss treaties : SLT)

03. ①

위태(hazard)는 손해발생 가능성을 높이는 상황을 말하며, 손인(peril)은 손해발생의 원인을 말한다. 손해(loss)는 말 그대로 사고의 결과로 경제적인 가치의 감소를 말한다.

- **위태** : 위험물질 보관 창고
- **손인** : 폭발 사고
- **손해** : 건물의 소실

04. ②

사이드카(sidecar)는 비영구 특수목적기구(limited-life SPV)를 설립하여 사모펀드, 헤지펀드, 원수보험회사, 재보험회사 등으로부터 자본을 제공받는 형태로 운영된다. 전체적인 거래 형태는 전통적인 재보험과 비슷하나, 최소한의 서류작업과 관리비용으로 운영하기 용이하며 주로 제한된 범위의 단기 보험계약을 대상으로 대재해에 따른 재물손해를 담보한다. 보험회사는 사이드카와 비례재보험계약(quota share reinsurance)을 체결하며 이를 통하여 대재해위험을 자본시장의 투자자들에게 전가한다. 사이드카를 통한 자금조달은 보통 경성시장(Hard Market)이 시작할 때에 약정하여 연성시장(Soft Market) 직전에 해지하는 경우가 많으며 최소한의 서류작업과 관리비용으로 쉽게 거래할 수 있다는 장점이 있다. 사이드카는 2001년에 처음 등장하였으며 자연재해로 인한 손실이 크게 발생한 2005년 말에 대거 등장하였다. 특히 2005년 허리케인 카트리나 사고 이후 활성화되어 많은 자본이 사이드카 형태로 재보험 시장에 유입되었다. 사이드카는 전통적인 재보험에 비하여 원수보험자, 재보험자, 투자자에게 모두 유리한 측면이 있다. 원수보험자는 사이드카를 통해 상대적으로 낮은 비용을 들여 인수능력을 확대하거나 다른 사업을 위한 레버리지를 달성할 수 있으며, 재보험자는 경쟁자와 언더라이팅 정보를 공유하지 않아도 되기 때문에 재재보험보다는 사이드카 활용을 선호한다. 또한 투자자 관점에서도 사이드카는 기존 재보험시장보다 진입 및 퇴출이 비교적 쉽기 때문에 더 유연한 투자수단에 해당한다.

05. ②

①③ 캡티브 보험회사(captive insurance)는 모회사의 리스크를 담보하는 것을 목적으로 설립된 보험 자회사를 말한다. 따라서 자회사 설립에 따른 모기업의 재정부담, 운영 상의 부담, 대형 사고시 재무적인 어려움이 발생할 수 있다는 단점이 있으나 보험사기의 위험은 상대적으로 적다고 할 수 있다.

② 보험료의 대외 유출 방지, 재보험 처리의 이점, 이익 실현 가능성 등의 장점이 있으나, 손실이 예상보다 클 경우, 즉 거대위험을 대비하는 방법으로는 적합하지 않다.

④ 캡티브는 순수하게 모기업의 고유위험만을 취급하는 경우를 순수 캡티브(pure captive)와 모기업만이 아닌 제3자의 리스크도 취급하는 경우를 광의의 캡티브(broad captive)로 나눌 수 있다. 광의의 캡티브는 제3자의 리스크도 업무 범위로 하기 때문에 이에 따른 이익 실현의 장점이 있다.

06. ①

국민건강보험법 제3조

1. "근로자"란 직업의 종류와 관계없이 근로의 대가로 보수를 받아 생활하는 사람(법인의 이사와 그 밖의 임원을 포함한다)으로서 공무원 및 교직원을 제외한 사람을 말한다.
2. "사용자"란 다음 각 목의 어느 하나에 해당하는 자를 말한다.
   가. 근로자가 소속되어 있는 사업장의 사업주
   나. 공무원이 소속되어 있는 기관의 장으로서 대통령령으로 정하는 사람
   다. 교직원이 소속되어 있는 사립학교(「사립학교교직원 연금법」 제3조에 규정된 사립학교를 말한다)를 설립 · 운영하는 자
3. "사업장"이란 사업소나 사무소를 말한다.
4. "공무원"이란 국가나 지방자치단체에서 상시 공무에 종사하는 사람을 말한다.
5. "교직원"이란 사립학교나 사립학교의 경영기관에서 근무하는 교원과 직원을 말한다.

07. ④

엄격책임(strict liability)이란 본질적으로 고도의 위험성이 내재되어 있는 상황을 보유하거나 만들어 내는 자는 이로 인하여 발생한 사고에 대해 본인의 과실이 없더라도 배상책임을 부담하는 것을 말한다. 엄격책임은 아래와 같은 상황에서 부과된다.

① **위험한 활동(hazardous activities)** : 발파작업, 독성가스 제조업 등

② **동물사육** : 가축이건 맹수건 동물이 일으킨 사고에 대한 주인의 책임

③ **생산물결함** : 제조물의 결함으로 인한 사고에 대한 제조자의 책임

08. ③

손해사정사 또는 손해사정업자의 업무는 다음 각 호와 같다(보험업법 제188조). 당해 손해에 관한 당사자간 합의의 중재는 손해사정사의 업무가 아니며, 오히려 금지되어 있다.

1. 손해 발생 사실의 확인
2. 보험약관 및 관계 법규 적용의 적정성 판단
3. 손해액 및 보험금의 사정
4. 제1호부터 제3호까지의 업무와 관련된 서류의 작성 · 제출의 대행
5. 제1호부터 제3호까지의 업무 수행과 관련된 보험회사에 대한 의견의 진술

09. ③

① "농어업재해"란 농작물 · 임산물 · 가축 및 농업용 시설물에 발생하는 자연재해 · 병충해 · 조수해(鳥獸害) · 질병 또는 화재와 양식수산물 및 어업용 시설물에 발생하는 자연재해 · 질병 또는 화재를 말한다.

② "농어업재해보험"이란 농어업재해로 발생하는 재산 피해에 따른 손해를 보상하기 위한 보험을 말한다.

③ "보험가입금액"이란 보험가입자의 재산 피해에 따른 손해가 발생한 경우 보험에서 최대로 보상할 수 있는 한도액으로서 보험가입자와 보험사업자 간에 약정한 금액을 말한다. "보험금"이란 보험가입자에게 재해로 인한 재산 피해에 따른 손해가 발생한 경우 보험가입자와 보험사업자 간의 약정에 따라 보험사업자가 보험가입자에게 지급하는 금액을 말한다.

④ "시범사업"이란 농어업재해보험사업을 전국적으로 실시하기 전에 보험의 효용성 및 보험 실시 가능성 등을 검증하기 위하여 일정 기간 제한된 지역에서 실시하는 보험사업을 말한다.

10. ①

① Sunset clause는 손해발생과 보험금 청구 사이의 기간이 긴 배상책임보험과 같은 보험종목(long-tail)에서 주로 사용된다.

②③④ Sunset clause는 원보험자가 재보험기간 종료 후 일정기간 이내에 재보험자에게 손해발생 사실을 통지할 것을 요구하고 그 기간이 경과하면 재보험자의 책임이 존재하지 않음을 명시한 조항이다. 일몰(sunset) 시간이 지나면 해가 지면서 서서히 어두워지듯이 일정기간이 지나면 자동적으로 재보험자의 책임이 없어지도록 하는 것이다.

11. ①

위험관리란 사고의 발생을 예방하고, 사고시 손해를 최소화하고, 그로 인한 경제적인 손실을 적절하게 처리하기 위해 취하는 모든 실제적 · 경제적 · 법적 조치를 말하는데, 영업의 지속은 사고가 발생하

더라도 영업을 지속할 수 있도록 위험관리 조치가 있어야 한다는 점에서 사후적인 목적에 해당한다. 사고가 있었더라도 지속적으로 성장하여야 한다는 것과 이를 통해 기업의 수익이 안정적으로 유지되도록 하는 것도 이와 비슷한 목적이라 하겠다.
반면, 위험관리를 통해 위험에 대한 불안감을 줄이는 것과, 손해발생을 억제하기 위해 법에서 강제하고 있는 기준을 준수하는 것도 사고 예방적인 효과가 있음으로 사전적 목적에 해당한다고 볼 수 있다.

12. ④

각각의 사고가 발생하는 경우의 손해액을 계산하면 다음과 같다.

- A : 0.4(발생확률)×0원(손해액)=0원
- B : 0.3(발생확률)×10만원(손해액)=3만원
- C : 0.2(발생확률)×20만원(손해액)=4만원
- D : 0.1(발생확률)×50만원(손해액)=5만원

수지상등의 원칙에 따라 보험자가 지급하는 보험금액의 총액과 보험자가 거수하는 순보험료의 총액은 서로 일치하여야 한다. 따라서 위에서 계산한 손해액의 합계액이 곧 순보험료에 해당한다. 영업보험료는 순보험료와 부가보험료로 구성되며 문제에서 예정사업비율을 영업보험료의 20%라고 주어졌으므로 이를 바탕으로 영업보험료를 계산하면 다음과 같다.

- 순보험료 : 12만원(0원+3만원+4만원+5만원)
- 영업보험료(이하 A라고 한다)=순보험료+부가보험료
- 영업보험료(A)=12만원(순보험료)+A의 20%(예정사업비율)
- 영업보험료(A)=15만원

13. ①

① 도덕적 위태(moral hazard)란 보험을 악용하여 보험금을 편취하려는 심리상태를 말한다. 보험사기와 가장 관련이 깊다.
② 물리적 위태(physical hazard)란 폭발물을 보관하는 창고와 같이 현실적으로 사고를 발생시킬 개연성이 높은 상황을 말한다.
③ 법률적 위태(legal hazard)란 법률 환경의 변화로 제3자에게 배상책임을 부담하거나 그 가능성을 증대시키는 상황을 말한다.
④ 정신적 위태(morale hazard)란 위험관리를 소홀히 하거나 사고 발생 후 손해 방지활동을 적극적으로 하지 않는 상황을 말한다.

14. ②

A보험과 B보험의 계약 조건이 상이하므로, 독립책임액 방식에 따라 보험금을 계산하여야 한다.

• 독립책임액 계산

1. A보험
   보험가액 1억원이며 80% 공동보험 조항에서 6,000만원으로 보험에 가입하였으므로, 요구부보비율을 만족하지 못하였다. 또한 직접공제를 먼저 적용한다고 했으므로, 계산식은 다음과 같다.

$$(4{,}000만원-800만원)\times\frac{6{,}000만원(보험가입금액)}{1억원(보험가액)\times 80\%(요구부보비율)}=2{,}400만원$$

2. B보험
   소멸성공제조항은 손해액에 공제금액을 적용하되, 손해액이 커질수록 한도액이 점차 줄어들어 일정 금액 이상에서는 공제금액이 0원이 되는 방식이다.

- (손해액 − 공제금액)×공제계수=보험금
  – (4,000만원 − 500만원)×120%=4,200만원
  → 손해액인 4,000만원으로 제한

3. 독립책임액 합계

2,400만원+4,000만원=6,400만원

• 지급보험금 계산

1. A보험

$$4{,}000만원(손해액)\times\frac{2{,}400만원(A보험\ 독립책임액)}{6{,}400만원(A \cdot B보험\ 독립책임액\ 합계)}=1{,}500만원$$

2. B보험

$$4{,}000만원(손해액)\times\frac{4{,}000만원(B보험\ 독립책임액)}{6{,}400만원(A \cdot B보험\ 독립책임액\ 합계)}=2{,}500만원$$

15. ②

건강손상자녀란 임신 중인 근로자가 업무수행 과정에서 유해인자의 취급이나 노출로 인하여, 출산한 자녀에게 부상, 질병 또는 장해가 발생하거나 그 자녀가 사망한 경우에 그 출산한 자녀를 뜻한다. 건강손상자녀에 따른 보험급여는 요양급여, 장해급여, 간병급여, 장례비, 직업재활급여이다(산업재해보상보험법 제36조 제1항).

16. ③

초과액재보험(Surplus Reinsurance)이란 원보험자가 먼저 보유금액을 결정한 뒤에, 그 초과액을 일정배수에 따라 출재하는 방식의 비례적 재보험(Proportional Reinsurance)이다. 비례적 재보험이므로 원보험자와 재보험자의 손해액 부담은 보험가입금액에 비례하여 부담한다.
문제에서 주어진 재보험 출재 조건이 원보험자의 보유액은 US$ 100,000이며, 재보험 출재 한도액은 US$ 500,000이라고 했으므로 각각의 보험계약에서 출재비율은 다음과 같다.

• A계약 : US$ 100,000 → 보유한도액을 초과하지 않았으므로 출재하지 않음
• B계약 : US$ 500,000 → US$ 100,000을 초과하는 금액인 US$ 400,000을 재보험자가 보유
• C계약 : US$ 600,000 → US$ 100,000을 초과하는 금액인 US$ 500,000을 재보험자가 보유
• D계약 : US$ 1,000,000 → US$ 100,000을 초과하는 금액을 출재하되 재보험 한도가 US$ 500,000이므로 나머지 US$ 500,000을 원보험자가 보유.

따라서 각각이 보험계약에서 원보험자와 재보험자가 부담하는 손해액의 비율은 다음과 같다.

• A계약 : 원보험자 US$ 100,000, 재보험자 US$ 0
• B계약 : 원보험자 US$ 100,000, 재보험자 US$ 400,000 (즉, 1:4 출재비율)
• C계약 : 원보험자 US$ 100,000, 재보험자 US$ 500,000 (즉, 1:5 출재비율)
• D계약 : 원보험자 US$ 500,000, 재보험자 US$ 500,000 (즉, 5:5 출재비율)

발생한 손해액을 위의 비율에 따라 분배하면 다음과 같다.

• **A계약 손해액 US$ 80,000** : 원보험자 US$ 80,000 전액 부담
• **B계약 손해액 US$ 300,000** : 출재비율에 따라 원보험자 US$ 60,000, 재보험자 US$ 240,000
• **C계약 손해액 US$ 600,000** : 출재비율에 따라 원보험자 US$ 100,000, 재보험자 US$ 500,000
• **D계약 손해액 US$ 600,000** : 출재비율에 따라 원보험자 US$ 300,000, 재보험자 US$ 300,000

따라서 재보험금 총액은 US$ 0+US$ 240,000+US$ 500,000+US$ 300,000=US$ 1,040,000

17. ①

일반화재보험약관에서 건물의 부속물, 건물의 부착물, 피보험자와 세대를 같이 하는 사람의 소유물(생활용품, 집기비품 등)은 다른 약정이 없더라도 보험의 목적에 포함되는 물건이다. 실외 및 옥외에 쌓아둔 동산은 보험증권에 명기해야지 보험의 목적물이 될 수 있다.

18. ④

소화기를 비치하면 화재가 발생하였을 때 재빠른 대처로 손해의 범위를 감소시킬 수 있다. 즉, 소화기 비치는 손해가 이미 발생한 경우 그 감소를 주목적으로 하는 위험관리 기법이다.

19. ①

연속된 원인 중에서 가장 마지막으로 작용하는 것을 근인으로 하는 입장이 최후조건설이다. 여러 가지 원인이 복합적으로 작용하여 보험사고가 발생한 경우, 가장 마지막에 발생한 원인에 의하여 보험자의 보상책임 유무를 따지는 것이다.
대법원은 영국 해상보험법 제55조 제1항에 의하면 손해가 담보위험을 근인(proximate cause)으로 하는지 여부가 보험자의 책임 유무를 결정하는 기준이 되는바, 여기서 근인이라 함은 손해와 가장 시간적으로 근접하는 원인(proximate in time)을 말하는 것이 아니라 손해의 발생에 있어서 가장 효과적인 원인(proximate in efficiency)을 말하는 것[29]이라고 보았다.

20. ②

① 최대선의의 원칙에서의 고지의무란 피보험자가 자발적으로 모든 중요한 사실을 알려야 하는 능동적 고지의무를 말한다. 이는 보험제도가 처음 성립된 영국해상보험법(MIA 1906)에 기초하는 것으로 보험계약은 계약 당사자들의 최대 선의에 기초하고 있으며 계약 당사자가 이러한 최대선의 의무를 이행하지 않을 경우 보험계약이 무효가 될 수 있다고 규정하고 있고, 규정된 최대선의 의무는 1766년 Carter v. Boehm 사건에 대한 Mansfield 판결[30]에 기초하고 있다. 고지의무와 관련하여 영국해상보험법(MIA 1906) 제18조 (1)항은 "본조에 별도의 규정이 있는 경우를 제외하고는 피보험자는 자기가 알고 있는 일체의 중요한 사항을 계약 성립 전에 보험자에게 고지하여야 하며, 피보험자는 통상의 업무상 당연히 알아야 할 일체의 사항을 아는 것으로 본다. 피보험자가 이러한 고지를 하지 않은 경우에는 보험자는 계약을 취소할 수 있다."라고 규정하여, 고지의무가 보험자가 질문한 사항에 대하여 피보험자가 답변하는 수동적 의무가 아니라, 자발적으로 중요한 사실을 알려야 하는 능동적 의무임을 명시하고 있다.
② 현재 고지의무 위반에 관한 효과는 보험자가 보상의무를 부담하거나 부담하지 않는 "전부 아니면 전무(all or nothing)"의 법리를 적용하고 있다. 그러나 2008년 독일 보험법 개정을 시작으로 최근 제정된 영국소비자보험법(Consumer Insurance Disclosure and Representation Act 2012)에서도 보험계약자의 주관적 요소에 따라 비율적 보상원리를 도입[31]하여 차별화하고 있다.
③ 최대선의의 원칙(utmost good faith)에서의 고지의무는 현재 적절한 표시의무(the duty of fair presentation)로 점차 대체되고 있는 추세이다. 실제로 영국보험법(Insurance Act 2015) 제14조에서는 영국해상보험법(MIA 1906)에서 최대선의 의

29) 대법원 2005.11.25. 선고 2002다59528, 58535 판결
30) (1766) 2 Burr 1905. 동 사건에서 "보험은 사행에 기초한 계약이다. 우연한 사고발생의 가능성을 산출하는데 근거가 되는 특별한 사실들은 거의 대부분 피보험자의 지식으로 편재되어 있다. 보험자는 피보험자의 표시를 신뢰하며 피보험자가 인지하고 있는 사실을 묵비하지 않는다는 믿음으로 보험계약을 체결한다. 그러한 사실의 묵비는 사기이며 결국 보험계약은 무효이다."라고 판시하여 현재 고지의무의 기초개념을 확립하였다.
31) 고지의무와 관련된 불고지 및 부실고지에 대한 구제책(remedy)으로 고지의무 위반에 대한 비율적인 보상원칙을 도입하여 기존의 보험계약의 무효 법리를 대체하였다.

무 위반에 대한 효과로서 보험자의 보험계약의 소급적 무효권 부분을 삭제하였다. 다만, 최대선의에 대한 정의 규정은 유지시킴으로써 여전히 보험계약의 해석 원칙으로 최대선의성은 포기하지 않았다. 그리고 영국해상보험법(MIA 1906) 제18조 내지 제20조에서 다루고 있는 고지의무는 피보험자에 의한 일방적인 자기고백적 방식이었으나, 2015년 영국보험법(Insurance Act 2015)에서는 보험 계약 당사자 간의 상호 협력적이고 고지의무의 실질적 위험측정 수단이라는 법리에 충실한 용어 변경 필요성을 감안하여 적절한 표시의무(the duty of fair presentation)로 대체하였다.

④ 기존 고지의무제도의 법리적 문제점은 중요한 사실의 판단을 보험계약자가 아닌 신중한 보험자(a prudent insurer)의 관점에서 판단하고 있으므로 일반적인 보험계약자는 자신이 보험계약에 따라 신중한 보험자의 관점에서 중요한 사항이 무엇인지 파악하기 어렵다는 것이다. 우리 대법원 판례에서도 "고지의무 대상이 되는 중요한 사항은 보험자의 입장에서 보험의 기술에 비추어 판단하고 결정되는 사항"[32]이라고 하여 보험자의 입장에서 고지의무 위반 여부를 판단하도록 하고 있으며, 이 때문에 보험의 기술적 특성이나 법률에 대해서 잘 알지 못하는 보험계약자나 피보험자가 무엇이 중요한 사항인가 여부에 대해서 판단하지 못하여 고지의무 위반이 발생하게 된다는 비판이 있다. 즉, 무엇이 중요한 사항인지 잘 알지 못하는 보험계약자에게 고지의무를 부여하며, 그것에 대하여 자발적으로 고지하도록 유도하는 것은 보험계약자에게 너무 가혹하며 지나치게 불리한 법리라는 것이다. 또한 보험자의 입장에서도 보험계약자의 청약에 대하서 정확한 위험을 측정하여 그에 맞는 보험료를 부과하여야 하기 때문에 위험 측정에 필요한 정보를 정리할 필요성도 있다.

21. ③

균등액분담조항(contribution by equal shares clause)은 여러 보험자 중에서 가장 낮은 보험자의 보상한도까지 동일하게 부담을 하다가, 가장 낮은 보험자의 보상한도에 도달하면 그 보험자는 제외하고 다시 다음의 낮은 보험자의 보상한도까지 남은 보험자가 계속 동일하게 부담하는 방식이다.

- A : 200만원, B : 200만원, C : 200만원(소진)
- A : 400만원, B : 400만원(소진)
- A : 100만원

A보험자 : 200만원+400만원+100만원=700만원

22. ①

①③ MPL은 모든 안전관리시설(공설 시설 포함)이 작동하지 않을 경우에 발생하는 손실을 말한다. 정상적인 상황을 벗어난 최악의 상태에서 발생할 수 있는 손실을 의미하며, 손실 강도 중 가장 큰 손실에 해당한다. 따라서 PML보다 높게 측정된다.

②④ PML은 현실적으로 예상할 수 있는 최대규모의 손실을 말한다. 확률분포의 표준편차가 클수록 커지며, 위험관리자의 위험회피도 성향에 비례한다. 예를 들어 위험관리자가 위험을 회피하고자 하는 성향이 강하다면(위험회피형) PML은 높게 측정되며, 위험을 보유하고자 하는 성향이 강하다면(위험선호형) PML은 낮게 측정된다.

23. ②

보험상품을 판매하면 최선추정(BEL)과 위험조정(RA)을 산출하고 둘의 합계(BEL+RA)는 마이너스(−)로 표현된다. 여기에 보험계약마진(CSM)을 더하면 0이다. 즉 CSM=−(BEL+RA)이다.

24. ③

객관적 위험이란 자신은 물론 다른 사람들도 똑같이 느끼는 위험을 말하며, 화재사고를 예로 들 수 있다. 주관적 위험은 자신 이외에 다른 사람에게는 존재하지 않는 위험을 말하며, 고인의 사진과 같은 것을 말한다.

순수 위험이란 사고로 인하여 손실발생 가능성만 있는 위험을 말하며, 투기적 위험이란 손실발생 가능성은 물론이고 이득 발생 가능성도 있어 의도적으로 창출한 위험을 말한다.

근원적 위험이란 사회 전체의 존립을 좌우하는 위험으로 전쟁, 천재지변, 경제대공황 등이 해당하며, 특정 위험이란 특정한 집단이나 개인에게만 국한한 위험을 말한다.

정태적 위험은 사회, 경제현상의 변화와는 무관한 것으로 지진, 태풍, 화재, 상해사고 등이 있으며 동태적 위험이란 사회, 경제현상과 밀접한 관련이 있는 것으로 기술 발전, 물가 상승 등이 그 예이다.

보험은 객관적 위험, 순수 위험, 특정 위험, 정태적 위험을 부보대상으로 한다.

25. ③

공동보험조항의 요구부보비율이란, 보험가입자가 일정한 비율 이상을 가입할 경우 손해액 전부를 보장하되, 요구부보비율 이하로 가입하면 penalty를 부과하여 손해액의 일부만 부담하는 방식을 말한다. 계산식은 다음과 같다.

- **요구부보비율을 만족할 경우** :
  보험가입금액 한도에서 손해액 전부 보상
- **요구부보비율을 만족하지 못할 경우** :
  손해액×보험가입금액/(보험가액×요구부보비율)

문제에서는 사고 당시 건물의 시가가 10억원, 요구부보비율이 80%인데 보험가입금액은 6억원이므로 요구부보비율을 만족하지 못한 경우에 해당한다. 또한 정액공제를 우선 적용한다고 하였으므로 발생손해액에서 정액공제를 적용한 뒤에 요구부보비율 계산식을 적용한다.

(6억원−1억원)×6억원/(10억원×80%)=3.75억원

26. ②

① 역선택과 도덕적 위험은 모두 정보 비대칭의 문제 때문에 발생한다. 역선택은 보험계약 체결 당시의 위험 정보에 대한 비대칭 문제이고, 도덕적 위험은 보험계약 체결 이후 사고 발생 당시의 정보에 대한 비대칭 문제이다.

32) 대법원 2001.11.27 선고 99다33311 판결

②④ 역선택은 보험계약 체결 시점에 발생하며, 숨겨진 속성이 원인이다. 반면 도덕적 위험은 보험계약 체결 이후에 발생하며, 숨겨진 행동이 원인이다.
③ 역선택을 막기 위한 방안으로는 언더라이팅 강화가 있으며, 도덕적 위험을 막기 위한 방안으로는 손해사정 강화가 있다.

27. ④

① 진폐에 따른 보험급여의 종류는 요양급여, 간병급여, 장례비, 직업재활급여, 진폐보상연금, 진폐유족연금이다(산업재해보상보험법 제36조 제1항).
② 보험급여를 산정할 경우 해당 근로자의 평균임금을 산정하여야 할 사유가 발생한 날부터 1년이 지난 이후에는 매년 전체 근로자의 임금 평균액의 증감률에 따라 평균임금을 증감하되, 그 근로자의 연령이 60세에 도달한 이후에는 소비자물가변동률에 따라 평균임금을 증감한다(산업재해보상보험법 제36조 제3항).
③ 요양급여는 근로자가 업무상의 사유로 부상을 당하거나 질병에 걸린 경우에 그 근로자에게 지급한다(산업재해보상보험법 제40조 제1항).
④ 부상 또는 질병이 3일 이내의 요양으로 치유될 수 있으면 요양급여를 지급하지 아니한다(산업재해보상보험법 제40조 제3항).

28. ④

①번과 ②번 지문은 보험업법 제102조의3에 규정된 보험관계업무 종사자에 대한 규정이다. ③번 지문은 생명보험, 질병 상해보험 표준약관에 규정된 사기에 의한 계약에 대한 규정이다.
보험사기방지 특별법 제2조에서는 보험사기에 대하여 다음과 같이 정의하고 있다.

> 보험사고의 발생, 원인 또는 내용에 관하여 보험자를 기망하여 보험금을 청구하는 행위

29. ③

Surplus treaty는 원보험자가 먼저 자신의 보유금액을 결정한 뒤에 그 보유액을 초과하는 재보험으로 출재하는 방식이다. Surplus treaty에서는 원보험자가 먼저 보유액을 결정하기 때문에, 재보험자의 입장에서는 보험목적물에 대한 정보가 없는 상태에서 원보험자의 출재를 그대로 인수할 수밖에 없는 상황이 발생한다. 따라서 원보험자가 위험한 물건에 대하여 과도하게 재보험 처리하는 것에 대한 우려가 있다. 이러한 우려에서 만들어진 재보험 조건이 line이라는 개념이다. line은 쉽게 '배수'라고 생각하면 된다. 만약 1line이 설정되었다면 원보험자의 보유금액의 1배수, 2line이 설정되었다면 원보험자 보유금액의 2배수가 출재할 수 있는 한도이다. 이처럼 line이 설정되면 재보험으로 처리되는 부분이 원보험자 보유액의 일정 부분으로 제한되기 때문에 재보험자의 입장에서도 일종의 안전장치가 될 수 있다. 문제에서는 4line이 설정되었기 때문에 A보험과 B보험의 출재한도는 모두 2,000만원(500만원×4)이다. 이에 따라 A보험과 B보험의 보유액과 출재액을 계산하면 다음과 같다.

- A보험
  - 보유액 : 500만원
  - 출재액 : 3,000만원 - 500만원 = 2,500만원 → 2,000만원 한도
  - 보험가입금액 3,000만원 중에서 2,000만원(즉 2/3)을 재보험에 가입함
- B보험
  - 보유액 : 500만원
  - 출재액 : 1,000만원 - 500만원 = 500만원
  - 보험가입금액 1,000만원 중에서 500만원(즉 1/2)을 재보험에 가입함

각 계약에서 발생한 손해액을 출재비율에 따라 분배하면, 재보험자가 지급해야 하는 재보험금은 다음과 같다.

- A보험
  - 손해액 : 900만원
  - 재보험금 : 900만원×2/3 = 600만원
- B보험
  - 손해액 : 1,000만원
  - 재보험금 : 1,000만원×1/2 = 500만원
- **재보험자가 지급해야 하는 재보험금**
  - 600만원 + 500만원 = 1,100만원

30. ③

판단요율이란 통계적인 방법으로 위험을 측정하기 현저히 곤란하거나, 경우의 수가 적어 동질의 위험을 참고할 수 없을 때 위험에 따라 개별적으로 결정되는 요율을 말한다. 이러한 위험에서 요율의 결정은 대부분 언더라이터의 오랜 경험에 바탕을 둔 판단에 의존한다. 주로 해상보험, 항공보험, 대규모 신공법에 의한 건설공사보험 등에 활용된다. 코로나19에 대한 보험상품을 개발할 경우 참고할 수 없는 동질의 위험이나 통계적인 자료가 없는바 판단요율이 사용된다.

31. ④

보험계약이 다음에 해당하는 때에는 도박으로 간주된다.[33]

1) 피보험이익을 갖고 있지 않고, 또한 그와 같은 이익을 취득할 기대가능성이 없는 경우
2) 보험계약이 이익 여부 불문(interest or not interest) 조건으로 체결된 경우
3) 보험계약이 보험증권 이외엔 이익의 추가증명 없음(without further proof of interest than the policy itself) 조건으로 체결된 경우
4) 보험계약이 보험자에게 구조물의 권리 없음(without benefit of salvage to the insurer) 조건으로 체결된 경우

보험계약이 보험의 목적의 멸실 여부를 불문(lost or not lost) 조건으로 체결된 경우는 보험계약의 효력을 계약 성립 이전으로 소급시킨다는 뜻으로, 소급보험이 체결의 전제가 되는 문구이다.

33) 영국해상보험법(MIA 1906) 제4조

즉, 보험계약 체결 시에 손해발생 사실 여부를 불문(lost or not lost)하여 그 효력을 발생시키는 것이므로, 소급보험에 대한 내용이며 보험계약이 도박으로 간주되는 것과는 관련이 없다.

32. ②

① **만약 조항**(if clause) : 보험기간 중 특별한 조건을 위배하거나 위반했을 경우에 그 보험계약의 효력을 종결시키는 조항이다. 즉 "만약" 어떤 조건들이 충족되지 않는다면 보험계약은 효력을 상실한다. 종결된 보험계약을 다시 살리기 위해서는 새로운 보험계약을 체결하여야 한다.

② **동안 조항**(while clause) : while clause는 보험기간 중 보험계약자나 피보험자의 행위로 위태가 증가되었을 때에 보험효력이 일시 정지되었다가, 위태가 제거되어 원상으로 복귀하면 보험효력이 재개되도록 하는 조항이다. 예를 들어 미국의 건강보험은 여행 중에 발생하는 사고는 보상하지 않는다고 규정하는데, 이는 여행 중의 사고 위험이 일상생활에서의 위험보다 높기 때문이다. 여행 중의 사고 위험은 여행자보험(Traveler insurance)에서 따로 보상한다. 만약 피보험자가 여행에서 돌아와 일상생활을 시작한다면 건강보험의 보장은 다시 재개된다.

③ **계약 구성 조항**(entire contract clause) : 계약 구성 조항(전체 계약 조항)은 보험계약을 체결할 때에 계약 당사자가 계약 외부의 조항에 구속되지 않으며 계약 자체에 의해서만 구속된다는 것을 명시한 조항이다. 이는 차후에 보험계약과 관련하여 분쟁이 발생했을 때에 중요하게 사용되는 조항이다. 일반적으로 계약을 체결하기 전에 계약 당사자 쌍방은 계약 조건을 결정하기 위하여 상호 간의 조율과정을 거치며 그 과정에서 일부 협상된 사항이 있을 수 있고 그렇지 않고 유보된 사항도 있을 수 있다. 최종적으로 계약을 체결할 때에는 이러한 여러가지 내용들을 종합하여 계약을 체결한다. 그러나 보험계약과 관련하여 분쟁이 발생했을 때에 피보험자가 실제로 계약 조건에 없는 진술이나 조항(계약 조건 조율 과정에서 논의되었던 사항)에 기초하여 보험자에게 소송을 제기할 수 있다. 이럴 때에 계약 구성 조항(전체 계약 조항)을 통하여 보험자는 불필요한 분쟁을 회피할 수 있고, 소송이 제기된 경우 소송을 유리하게 진행할 수 있다.

④ **특혜지급 조항**(ex-gratia payment clause) : 보험약관상 보험자의 보상책임이 없는데도 불구하고 보험자가 보상하는 것 또는 지급보험금보다 많은 보험금을 지급하는 모든 비정상적인 보험금 지급행위를 특혜지급이라 한다. 특혜지급은 불공정거래 문제, 계약자간 불평등 및 형평의 문제, 보험의 단체성 파괴 등의 폐해 탓에 규제 대상에 해당한다.

33. ①

상속에 있어서는 다음 순위로 상속인이 된다(민법 제1000조).

1. 피상속인의 직계비속
2. 피상속인의 직계존속
3. 피상속인의 형제자매
4. 피상속인의 4촌 이내의 방계혈족

34. ④

간접손해란 보험의 목적이나 피해물에 발생한 손해의 결과로 2차적으로 발생한 손해를 말한다. 간접손해의 예로는 공장 등에서 화재가 발생하여 일정기간 동안 조업이 중단된 결과 이로 인한 매출감소 등 경제적 손실이 있다. 기계보험(Machinery Breakdown cover)은 공장의 기계장치, 설비 등에서 발생하는 전기적, 기계적, 외래적 사고를 보장하는 보험이다. 기계장치의 직접적인 파손손해를 보상하는 보험으로 직접손해를 담보하며 간접손해에는 해당하지 않는다.

35. ③

징벌적 손해배상은 형사와 민사의 구분이 분명하지 않은 영미법을 근간으로 하는 나라에서 발달한 것으로, 가해자의 행위가 악의적이고 반사회적일 경우 실제 손해액보다 훨씬 더 많은 민사상 손해배상 책임을 부과하는 제도이다. 즉, 악의의 가해자에게 실제 손해에 대한 피해액만을 보상하게 하는 것으로는 예방적 효과가 충분하지 않기 때문에 고액의 배상책임을 부과하여, 해당 가해자를 응징하고 다른 사람 또는 기업이 유사한 부당행위를 저지르지 않도록 예방하는 효과도 기대하는 것이다. 이러한 징벌적 손해배상은 형벌과 비슷한 성질의 것으로 이해되고 있으며, 영미법을 근간으로 하고 있으나 대륙법에서도 일부 인용하는 추세이다. 우리나라의 제조물배상책임법에서 악의의 제조업자에게 3배를 넘지 않는 범위에서 배상책임을 부담하도록 하는 규정에서 의미를 찾아볼 수 있다.

36. ②

불법행위책임은 법에서 요구되는 주의의무를 태만히 하여 타인에게 손해를 입힌 경우에 발생하며, 채무불이행책임은 계약 등에서 정한 채무를 불이행하여 타인에게 손해를 입힌 경우에 발생한다. 임차자는 자신이 임차한 시설을 온전한 상태로 임대인에게 돌려줄 계약상 채무가 있으며 이러한 채무를 이행하지 못했다면 임대인에게 해당 손해를 배상할 채무불이행책임이 발생한다. 이러한 임차인의 채무불이행에 따른 손해배상책임을 담보하는 것이 임차자배상책임보험이다. 나머지는 모두 불법행위책임을 주로 담보하는 보험이다.

37. ①

보험업법 제129조
보험회사는 보험요율을 산출할 때 객관적이고 합리적인 통계자료를 기초로 대수(大數)의 법칙 및 통계신뢰도를 바탕으로 하여야 한다.

38. ①

보험사고의 요건은 아래 3가지이다.

(1) 우연성 : 보험사고는 그 발생여부 자체, 발생시기 등이 불확실하여야 한다.
(2) 발생가능성 : 보험사고는 반드시 발생 가능한 것이어야 한다.
(3) 한정성 : 보험사고는 보험기간 중에 보험목적물에 대하여 발생한 담보하는 위험으로 인한 사고이어야 한다.

39. ④

대재해채권(Catastrophe Bond)에 대한 설명이다.

대재해채권은 천재지변 등 대재해와 관련지어 이자나 원금이 변동하는 채권을 말한다. 투자자는 대해재가 발생하지 않으면 높은 이자와 원금을 회수하지만 재해가 발생하면 재난손실의 정도에 따라 이자는 물론 원금도 회수하지 못하는 경우가 많다. 위험을 처리하기 위하여 보험시장을 활용하는 대신에 훨씬 규모가 큰 자본시장을 통해 대재해 위험을 관리하는 리스크 관리 수단의 증권화(securitization)의 한 유형이라고 할 수 있다. 재보험자의 리스크 인수 능력이 신장되고, 참여 재보험자에 대한 신용리스크도 줄일 수 있으며 맞춤 형식이기 때문에 원보험자가 원하는 방식으로 만들 수 있다는 장점이 있지만, 대재해채권의 도입과 운용에 많은 비용이 발생하고, 대재해채권 자체의 유동성에 문제가 있을 수 있으며, 손실 자료를 분석할 수 있는 연구기관 등의 지원이 필요하다는 단점도 있다.

대재해채권의 트리거 유형은 아래와 같다.

① **보상액 트리거**(indemnity trigger) : 원보험사의 실제 손실금액이 미리 정한 수준을 상회하는 경우 대재해채권의 이자 또는 원금의 지급이 정지되는 방식이다. 이러한 유형은 대재해채권의 트리거 방식 중 가장 기본적인 형태이며, 손실과 보상이 정확히 연계되기 때문에 원보험사의 손실과 특정지수와의 차이에 발생하는 리스크(Basis risk)가 없다. 손실과 보상이 정확하게 연계된다는 것은 장점이지만 원보험사의 도덕적 해이 문제가 발생할 수 있다는 위험성이 있다.

② **지수 트리거**(index trigger) : 지수 트리거 방식은 원보험사의 손실예측에 필요한 자료가 없거나 자료의 신뢰성이 부족한 경우 사용하는 방법으로써 대재해와 관련성이 인정된 특정지수가 일정 기준점에 도달하면 대재해채권의 이자나 원금 지급이 정지되는 방식이다. 원보험사의 도덕적 해이를 방지하여 투명성을 높일 수 있지만, 위험과 수익의 불일치를 가져올 수 있다는 단점이 있다.

③ **파라메타 트리거**(parameter trigger) : 파라메타 트리거 방식은 재해의 성격을 나타내는 변수들을 선별하고 이 변수값들의 변화에 따라 대재해채권 투자자의 손실이 좌우되는 방식이다. 예를 들어 지진의 강도 등 재난의 정도를 트리거로 삼아 채권을 운영하는 것이다. 파라메타 트리거는 불충분한 자료문제 및 도덕적 해이 문제를 상당히 해결하는 장점이 있는 반면, 원보험사가 Basis Risk를 부담해야 하는 단점이 있다.

40. ②

손해율법은 기존에 산출된 요율을 수정하는 방법으로, 계산식은 다음과 같다.

조정률 = (실제손해율 − 기대손해율)/기대손해율

문제에서 실제손실 및 손실처리경비가 200만원이며, 경과보험료가 500만원이라고 했으므로 실제손해율은 40%이다.[34] 기대손해율은 80%라고 주어졌으므로 이에 따라 계산하면 다음과 같다.

조정률 = (40% − 80%)/80% = −50% (즉, 50% 인하)

34) 손해율은 발생손해액을 경과보험료로 나누어 구한다. 따라서 200만원을 500만원으로 나누어 40%로 계산한다.

제2회 정답 및 해설

1과목 보험업법

01	02	03	04	05	06	07	08	09	10
①	③	④	①	③	④	②	④	①	③
11	12	13	14	15	16	17	18	19	20
②	①	④	①	①	②	④	③	①	①
21	22	23	24	25	26	27	28	29	30
④	②	④	④	①	③	③	③	①	④
31	32	33	34	35	36	37	38	39	40
②	④	③	①	①	④	②	①	③	③

01. ①

외국보험회사가 대한민국에서 보험업을 경영하려는 경우에는 30억원 이상의 영업기금을 납부하여야 한다(보험업법 시행령 제14조).

02. ③

보험업법은 보험업을 경영하는 자의 건전한 경영을 도모하고 보험계약자, 피보험자, 그 밖의 이해관계인의 권익을 보호함으로써 보험업의 건전한 육성과 국민경제의 균형 있는 발전에 기여함을 목적으로 한다(보험업법 제1조).

03. ④

①②③ 모두 맞는 용어 설명이다.

"외국보험회사"란 대한민국 이외의 국가의 법령에 따라 설립되어 대한민국 이외의 국가에서 보험업을 경영하는 자를 말한다.

04. ①

1. 생명보험업의 보험종목
   가. 생명보험
   나. 연금보험(퇴직보험을 포함한다)
   다. 그 밖에 대통령령으로 정하는 보험종목
2. 손해보험업의 보험종목
   가. 화재보험
   나. 해상보험(항공 · 운송보험을 포함한다)
   다. 자동차보험
   라. 보증보험
   마. 재보험(再保險)
   바. 그 밖에 대통령령으로 정하는 보험종목
3. 제3보험업의 보험종목
   가. 상해보험
   나. 질병보험
   다. 간병보험
   라. 그 밖에 대통령령으로 정하는 보험종목

05. ③

① 해당 보험종목의 허가를 받은 자는 해당 보험종목의 재보험에 대한 허가를 받은 것으로 본다. 다만, 소액단기전문보험회사는 제외한다(보험업법 제4조 제2항).

② 생명보험업 또는 손해보험업 보험종목의 전부(보증보험 및 재보험은 제외한다)에 관하여 허가를 받은 자는 제3보험업에 해당하는 보험종목에 대한 허가를 받은 것으로 본다(보험업법 제4조 제3항).

③④ 생명보험업 또는 손해보험업에 해당하는 보험종목의 전부(보증보험 및 재보험은 제외한다)에 관하여 허가를 받은 자는 경제질서의 건전성을 해친 사실이 없으면 해당 생명보험업 또는 손해보험업의 종목으로 신설되는 보험종목에 대한 허가를 받은 것으로 본다(보험업법 제4조 제4항).

06. ④

보험종목의 일부만을 취급하려는 보험회사가 납입하여야 하는 보험종목별 자본금 또는 기금의 액수는 다음 각 호의 구분에 따른다(보험업법 시행령 제12조 제1항).

1. 생명보험 : 200억원
2. 연금보험(퇴직보험을 포함한다) : 200억원
3. 화재보험 : 100억원
4. 해상보험(항공 · 운송보험을 포함한다) : 150억원
5. 자동차보험 : 200억원
6. 보증보험 : 300억원
7. 재보험 : 300억원
8. 책임보험 : 100억원
9. 기술보험 : 50억원
10. 권리보험 : 50억원
11. 상해보험 : 100억원
12. 질병보험 : 100억원
13. 간병보험 : 100억원
14. 제1호부터 제13호까지 외의 보험종목 : 50억원

07. ②

보험계약의 체결 또는 모집에 종사하는 자는 그 체결 또는 모집과 관련하여 보험계약자나 피보험자에게 다음 각 호의 어느 하나

에 해당하는 특별이익을 제공하거나 제공하기로 약속하여서는 아니 된다(보험업법 제98조 및 보험업법 시행령 제46조).

1. 금품. 다만 보험계약 체결 시부터 최초 1년간 납입되는 보험료의 100분의 10과 3만원(보험계약에 따라 보장되는 위험을 감소시키는 물품의 경우에는 20만원) 중 적은 금액은 제외한다.
2. 기초서류에서 정한 사유에 근거하지 아니한 보험료의 할인 또는 수수료의 지급
3. 기초서류에서 정한 보험금액보다 많은 보험금액의 지급 약속
4. 보험계약자나 피보험자를 위한 보험료의 대납
5. 보험계약자나 피보험자가 해당 보험회사로부터 받은 대출금에 대한 이자의 대납
6. 보험료로 받은 수표 또는 어음에 대한 이자 상당액의 대납
7. 「상법」 제682조에 따른 제3자에 대한 청구권 대위행사의 포기

08. ④

보험회사 등은 다른 보험회사 등에 소속된 보험설계사에게 모집을 위탁하지 못하며, 보험설계사도 자기가 소속된 보험회사 등 이외의 자를 위하여 모집을 하지 못한다. 다만, 아래의 경우에는 모집을 할 수 있다(보험업법 제85조). 이를 교차모집이라고 한다.

1. 생명보험회사 또는 제3보험업을 전업(專業)으로 하는 보험회사에 소속된 보험설계사가 1개의 손해보험회사를 위하여 모집을 하는 경우
2. 손해보험회사 또는 제3보험업을 전업으로 하는 보험회사에 소속된 보험설계사가 1개의 생명보험회사를 위하여 모집을 하는 경우
3. 생명보험회사나 손해보험회사에 소속된 보험설계사가 1개의 제3보험업을 전업으로 하는 보험회사를 위하여 모집을 하는 경우

09. ①

보험회사는 다음 각 호의 사유로 해산한다(보험업법 제137조 제1항).

1. 존립기간의 만료, 그 밖에 정관으로 정하는 사유의 발생
2. 주주총회 또는 사원총회의 결의
3. 회사의 합병
4. 보험계약 전부의 이전
5. 회사의 파산
6. 보험업의 허가취소
7. 해산을 명하는 재판

10. ③

① 보험회사가 선임계리사를 선임한 경우에는 일정한 경우(회사의 기밀을 누설하는 경우 등)를 제외하고는 그 선임일이 속한 사업연도의 다음 사업연도부터 연속하는 3개 사업연도가 끝나는 날까지 그 선임계리사를 해임할 수 없다(보험업법 제184조 제4항).

② 선임계리사가 되려는 사람은 다음 각 호의 요건을 모두 갖추어야 한다(보험업법 시행령 제184조의2 제1항).

1. 보험업법에 따라 등록된 보험계리사일 것
2. 보험계리업무에 10년 이상 종사한 경력이 있을 것. 이 경우 손해보험회사의 선임계리사가 되려는 사람은 대통령령으로 정하는 보험계리업무에 3년 이상 종사한 경력을 포함하여 보험계리업무에 10년 이상 종사한 경력이 있어야 한다.
3. 최근 5년 이내에 보험업법 제134조 제1항 제1호(경고 · 문책만 해당) 및 제3호(임원의 해임권고 및 직무정지), 제190조(등록취소) 또는 제192조 제1항(업무정지 및 해임)에 따른 조치를 받은 사실이 없을 것

③ 선임계리사는 보험회사가 기초서류관리기준을 지키는지를 점검하고 이를 위반하는 경우에는 조사하여 그 결과를 이사회에 보고하여야 하며, 기초서류에 법령을 위반한 내용이 있다고 판단하는 경우에는 금융위원회에 보고하여야 한다(보험업법 제184조 제2항).

④ 선임계리사는 다음 각 호의 직무를 담당하여서는 아니 된다(보험업법 제184조 제7항)

1. 보험상품 개발 업무(기초서류 등을 검증 및 확인하는 업무는 제외한다)를 직접 수행하는 직무
2. 보험회사의 대표이사, 보험회사의 최고경영자 또는 최고재무관리 책임자의 직무
3. 그 밖에 이해가 상충할 우려가 있거나 선임계리사 업무에 전념하기 어려운 경우로서 대통령령으로 정하는 직무

11. ②

보험업의 허가를 받으려는 자는 신청서에 다음 각 호의 서류를 첨부하여 금융위원회에 제출하여야 한다. 다만, 보험회사가 취급하는 보험종목을 추가하려는 경우에는 제1호의 서류는 제출하지 아니할 수 있다(보험업법 제5조).

1. 정관
2. 업무 시작 후 3년간의 사업계획서(추정재무제표를 포함한다)
3. 경영하려는 보험업의 보험종목별 사업방법서, 보험약관, 보험료 및 해약환급금의 산출방법서(기초서류) 중 대통령령으로 정하는 서류
4. 제1호부터 제3호까지의 규정에 따른 서류 이외에 대통령령으로 정하는 서류

12. ①

① 보험회사는 보험계약을 이전한 경우에는 7일 이내에 그 취지를 공고하여야 한다. 보험계약을 이전하지 아니하게 된 경우에도 또한 같다(보험업법 제145조).

② 보험회사는 계약의 방법으로 책임준비금 산출의 기초가 같은 보험계약의 전부를 포괄하여 다른 보험회사에 이전할 수 있다(보험업법 제140조 제1항).

③ 보험계약을 이전하려는 보험회사는 주주총회 등의 결의가 있었던 때부터 보험계약을 이전하거나 이전하지 아니하게 될 때까지 그 이전하려는 보험계약과 같은 종류의 보험계약을 하지

못한다(보험업법 제142조).

④ 보험계약을 이전한 보험회사가 그 보험계약에 관하여 가진 권리와 의무는 보험계약을 이전받은 보험회사가 승계한다. 이전계약으로써 이전할 것을 정한 자산에 관하여도 또한 같다(보험업법 제146조 제1항).

13. ④

보험회사는 보험업에 부수(附隨)하는 업무를 하려면 그 업무를 하려는 날의 7일 전까지 금융위원회에 신고하여야 한다(보험업법 제11조의2 제1항). 다만, 금융위원회가 다른 보험회사로부터 신고받아 인터넷 홈페이지 등에 공고한 다른 보험회사의 부수업무와 같은 부수업무를 하려는 경우에는 신고를 하지 아니하고 그 부수업무를 할 수 있다.

14. ①

상호회사의 기금은 금전 이외의 자산으로 납입하지 못한다(보험업법 제36조 제1항).

15. ①

① 상호회사의 발기인은 상호회사의 기금의 납입이 끝나고 사원의 수가 예정된 수가 되면 그 날부터 7일 이내에 창립총회를 소집하여야 한다(보험업법 제39조 제1항).

② 창립총회는 사원 과반수의 출석과 그 의결권의 4분의 3 이상의 찬성으로 결의한다(보험업법 제39조 제2항).

③ 상호회사의 설립등기는 창립총회가 끝난 날부터 2주 이내에 하여야 한다(보험업법 제40조 제1항).

④ 설립등기에는 다음 각 호의 사항이 포함되어야 한다(보험업법 제40조 제2항)

1. 제34조(정관 기재사항) 각 호의 사항
2. 이사와 감사의 이름 및 주소
3. 대표이사의 이름
4. 여러 명의 대표이사가 공동으로 회사를 대표할 것을 정한 경우에는 그 규정

16. ②

① 외국보험회사 국내지점은 대한민국에서 체결한 보험계약에 관하여 법 소정의 규정에 따라 적립한 책임준비금 및 비상위험준비금에 상당하는 자산을 대한민국에서 보유하여야 한다(보험업법 제75조 제1항).

② 외국보험회사 국내지점이 대한민국에서 보유하여야 하는 자산의 종류 및 범위는 다음 각 호와 같다(보험업법 시행령 제25조의2).

1. 현금 또는 국내 금융기관에 대한 예금, 적금 및 부금
2. 국내에 예탁하거나 보관된 증권
3. 국내에 있는 자에 대한 대여금, 그 밖의 채권
4. 국내에 있는 고정자산
5. 삭제 〈2022. 12. 27.〉
6. 국내에 적립된 보험업법 시행령 규정에 따른 재보험자산
7. 제1호부터 제6호까지의 자산과 유사한 자산으로서 금융위원회가 정하여 고시하는 자산

③ 외국보험회사 국내지점의 대표자는 퇴임한 후에도 후임 대표자의 이름 및 주소에 관하여 법 소정의 규정에 따른 등기가 있을 때까지는 계속하여 대표자의 권리와 의무를 가진다(보험업법 제76조 제2항).

④ 외국보험회사 국내지점의 대표자는 보험업법에 따른 보험회사의 임원으로 본다(보험업법 제76조 제3항).

17. ④

상호회사의 이사가 다음 각 호의 어느 하나에 해당하는 행위로 상호회사에 손해를 입힌 경우에는 사원총회의 동의가 없으면 그 손해에 대한 배상책임을 면제하지 못한다(보험업법 제42조).

1. 위법한 이익 배당에 관한 의안을 사원총회에 제출하는 행위
2. 다른 이사에게 금전을 대부하는 행위
3. 그 밖의 부당한 거래를 하는 행위

18. ③

전화 · 우편 · 컴퓨터통신 등 통신수단을 이용하여 대통령령으로 정하는 바에 따라 모집을 하는 보험회사(소액단기전문보험회사는 제외한다)는 법 소정의 규정에 따른 자본금 또는 기금의 3분의 2에 상당하는 금액 이상을 자본금 또는 기금으로 납입함으로써 보험업을 시작할 수 있다(보험업법 제9조 제2항).

19. ①

① 상호회사와 주식회사가 합병하는 경우에는 보험업법 또는 「상법」의 합병에 관한 규정에 따른다(보험업법 제153조 제3항). 즉 보험업법과 상법이 모두 적용된다.

② 상호회사와 합병하는 보험회사의 한 쪽이 주식회사인 경우에는 합병 후 존속하는 보험회사 또는 합병으로 설립되는 보험회사는 주식회사로 할 수 있다(보험업법 제153조 제2항).

③④ 합병 후 존속하는 보험회사 또는 합병으로 설립되는 보험회사가 상호회사인 경우에는 합병으로 해산하는 보험회사의 보험계약자는 그 회사에 입사하고, 주식회사인 경우에는 상호회사의 사원은 그 지위를 잃는다(보험업법 제154조 제1항).

20. ①

손해사정을 업으로 하려는 법인은 2명 이상의 상근 손해사정사를 두어야 한다. 이 경우 총리령으로 정하는 손해사정사의 구분에 따라 수행할 업무의 종류별로 1명 이상의 상근 손해사정사를 두어야 한다(보험업법 시행령 제98조 제1항).
법인이 지점 또는 사무소를 설치하려는 경우에는 각 지점 또는 사무소별로 총리령으로 정하는 손해사정사의 구분에 따라 수행할 업무의 종류별로 1명 이상의 손해사정사를 두어야 한다(보험업법 시행령 제98조 제2항).

21. ④

보험대리점의 영업보증금은 1억원(법인보험대리점의 경우에는 3억원)의 범위에서 보험회사와 대리점이 협의하여 정할 수 있다.
보험중개사의 영업보증금은 개인은 1억원 이상, 법인은 3억원 이상으로 한다.
위의 내용을 정리하면 다음과 같다.

- **개인 보험대리점** : 1억원의 범위에서 보험회사와 협의
- **법인 보험대리점** : 3억원의 범위에서 보험회사와 협의
- **개인 보험중개사** : 1억원 이상
- **법인 보험중개사** : 3억원 이상

22. ②

금융위원회는 외국보험회사의 본점이 다음 각 호의 어느 하나에 해당하게 되면 그 외국보험회사국내지점에 대하여 청문을 거쳐 보험업의 허가를 취소할 수 있다(보험업법 제74조 제1항).

1. 합병, 영업양도 등으로 소멸한 경우
2. 위법행위, 불건전한 영업행위 등의 사유로 외국감독기관으로부터 6개월 이내의 영업 전부 정지 또는 허가 취소 처분에 상당하는 조치를 받은 경우
3. 휴업하거나 영업을 중지한 경우

23. ④

보험회사는 매년 12월 31일에 그 장부를 폐쇄하여야 하고 장부를 폐쇄한 날부터 3개월 이내에 금융위원회가 정하는 바에 따라 재무제표(부속명세서를 포함한다) 및 사업보고서를 금융위원회에 제출하여야 한다(보험업법 제118조 제1항 및 보험업법 시행령 제61조).

24. ④

「자본시장과 금융투자업에 관한 법률」에 따른 금융투자업자는 전문보험계약자에 해당하나, 같은 법에 따른 겸영금융투자업자는 전문보험계약자에 해당하지 않는다(보험업법 시행령 제6조의2 제2항 제11호).

25. ①

손해사정사 또는 손해사정업자의 업무는 다음 각 호와 같다(보험업법 제188조). 타인으로 하여금 자기의 명의로 손해사정업무를 하게 하는 행위는 손해사정업무를 수행할 때 금지되어 있는 행위이다.

1. 손해 발생 사실의 확인
2. 보험약관 및 관계 법규 적용의 적정성 판단
3. 손해액 및 보험금의 사정
4. 제1호부터 제3호까지의 업무와 관련된 서류의 작성 · 제출의 대행
5. 제1호부터 제3호까지의 업무 수행과 관련된 보험회사에 대한 의견의 진술

26. ③

법인이 아닌 보험대리점 및 보험중개사는 보험업법에 따라 등록한 날부터 2년이 지날 때마다 2년이 된 날부터 6개월 이내에 교육을 받아야 한다(보험업법 시행령 제29조의2 제2항).

27. ③

보험대리점 또는 보험중개사가 모집한 자기 또는 자기를 고용하고 있는 자를 보험계약자나 피보험자로 하는 보험의 보험료 누계액(累計額)이 그 보험대리점 또는 보험중개사가 모집한 보험의 보험료의 100분의 50을 초과하게 된 경우에는 그 보험대리점 또는 보험중개사는 자기 또는 자기를 고용하고 있는 자를 보험계약자 또는 피보험자로 하는 보험을 모집하는 것을 그 주된 목적으로 한 것으로 본다(보험업법 제101조 제2항).

28. ③

손해보험회사는 손해보험계약의 제3자에게 보험금을 지급하지 못하게 된 경우(지급불능)에는 즉시 그 사실을 보험협회 중 손해보험회사로 구성된 협회(손해보험협회)의 장에게 보고하여야 한다(보험업법 제167조 제1항).

29. ①

보험협회에 위탁된 업무는 다음과 같다. ②번, ③번, ④번의 업무는 모두 금융감독원장에게 위탁된 업무이다.

1. 보험업법에 따른 보험설계사의 등록업무
2. 보험업법에 따른 보험대리점의 등록업무

30. ④

보험요율 산출기관은 보험업법 또는 다른 법률에 따라 제공받아 보유하는 개인정보를 다음 각 호의 어느 하나에 해당하는 경우 외에는 타인에게 제공할 수 없다(보험업법 제176조 제12항 및 보험업법 시행령 제88조).

1. 보험회사의 순보험료 산출에 필요한 경우

1의2. 보험회사의 보험금 지급업무에 필요한 경우에는 음주운전 등 교통법규 위반 또는 운전면허의 효력에 관한 개인정보를 보유하고 있는 기관의 장으로부터 제공받은 정보를 제공받은 목적대로 보험회사가 이용하게 하기 위하여 필요한 경우

2. 「신용정보의 이용 및 보호에 관한 법률」에서 정하는 사유에 따른 경우
3. 정부로부터 위탁받은 업무를 하기 위하여 필요한 경우
4. 보험업법에서 정하고 있는 보험요율 산출기관의 업무를 하기 위하여 필요한 경우로서 대통령령으로 정하는 경우

4-1. 보험회사의 보험계약 체결 · 유지 및 보험금 지급업무에 필요한 경우

4-2. 보험업법 또는 다른 법률에 따른 보험계약의 이전에 필요한 경우

31. ②

① 보험조사협의회는 일정한 자격을 가진 사람 중에서 금융위원회가 임명하거나 위촉하는 15명 이내의 위원으로 구성할 수 있다(보험업법 시행령 제76조 제1항).

② 협의회의 의장은 위원 중에서 호선(互選)하며, 위원의 임기는 3년으로 한다(보험업법 시행령 제76조 제2항 및 제3항).

③ 금융위원회는 협의회 위원이 다음 각 호의 어느 하나에 해당하는 경우에는 해당 위원을 해임 또는 해촉할 수 있다(보험업법 시행령 제76조의2).

1. 심신장애로 인하여 직무를 수행할 수 없게 된 경우
2. 직무와 관련된 비위사실이 있는 경우
3. 직무 태만, 품위 손상, 그 밖의 사유로 인하여 위원으로 적합하지 아니하다고 인정되는 경우
4. 위원 스스로 직무를 수행하는 것이 곤란하다고 의사를 밝히는 경우

④ 협의회 회의는 협의회장이 필요하다고 인정하거나 재적위원 3분의 1 이상이 요구할 때에 협의회장이 소집한다(보험업법 시행령 제78조 제2항).

32. ④

금융위원회는 보험회사(그 소속 임직원을 포함한다)가 보험업법 또는 보험업법에 따른 규정 · 명령 또는 지시를 위반하여 보험회사의 건전한 경영을 해칠 우려가 있다고 인정되는 경우 또는 금융회사의 지배구조에 관한 법률 규정에 따른 조치가 필요한 경우(제4호에 해당하는 조치로 한정한다), 금융소비자보호에 관한 법률 규정에 따른 조치가 필요한 경우(제4호에 해당하는 조치로 한정한다)에는 금융감독원장의 건의에 따라 다음 각 호의 어느 하나에 해당하는 조치를 하거나 금융감독원장으로 하여금 제1호의 조치를 하게 할 수 있다(보험업법 제134조 제1항). 금융감독원장으로 하여금 조치를 취하도록 할 수 있는 것은 제1호의 내용이므로, ④번 지문은 틀린 내용이다. 임원의 해임권고를 하려면 금융위원회가 자기의 이름으로 하여야 한다.

1. 보험회사에 대한 주의 · 경고 또는 그 임직원에 대한 주의 · 경고 · 문책의 요구
2. 해당 위반행위에 대한 시정명령
3. 임원(금융회사지배구조법에 따른 업무집행책임자는 제외한다)의 해임권고 · 직무정지
4. 6개월 이내의 영업의 일부정지

33. ③

보험약관 등의 이해도 평가대상자는 다음 각 호와 같다(보험업법 시행령 제71조의6 제1항). 보험요율 산출기관의 장이 추천하는 보험소비자 1명은 이전에는 3호의 규정에 있었으나, 2019년 6월에 삭제되었다.

1. 금융감독원장이 추천하는 보험소비자 3명
2. 「소비자기본법」에 따라 설립된 한국소비자원의 장이 추천하는 보험소비자 3명
3. 삭제
4. 보험요율 산출기관의 장이 추천하는 보험 관련 전문가 1명
5. 보험협회 중 생명보험회사로 구성된 협회(생명보험협회)의 장이 추천하는 보험의 모집에 종사하는 자 1명
6. 보험협회 중 손해보험회사로 구성된 협회(손해보험협회)의 장이 추천하는 보험의 모집에 종사하는 자 1명
7. 「민법」에 따라 금융위원회의 허가를 받아 설립된 사단법인 보험연구원의 장이 추천하는 보험 관련 법률전문가 1인

34. ①

1. "지급여력금액"이란 자본금, 이익잉여금, 후순위차입금, 그 밖에 이에 준하는 것으로서 금융위원회가 정하여 고시하는 금액을 합산한 금액에서 영업권, 그 밖에 이에 준하는 것으로서 금융위원회가 정하여 고시하는 금액을 뺀 금액을 말한다.
2. "지급여력기준금액"이란 보험업을 경영함에 따라 발생할 수 있는 손실위험을 금융위원회가 정하여 고시하는 방법에 따라 금액으로 환산한 것을 말한다.
3. "지급여력비율"이란 지급여력금액을 지급여력기준금액으로 나눈 비율을 말한다.

35. ①

① 보험업법은 보험회사의 부수업무의 허용범위를 포괄주의 방식으로 규정하고 있다.
② 금융위원회는 보험회사가 하는 부수업무가 다음 각 호의 어느 하나에 해당하면 그 부수업무를 하는 것을 제한하거나 시정할 것을 명할 수 있다(보험업법 제11조의2 제3항).

1. 보험회사의 경영건전성을 해치는 경우
2. 보험계약자 보호에 지장을 가져오는 경우
3. 금융시장의 안정성을 해치는 경우

③ 제한명령 또는 시정명령은 그 내용 및 사유가 구체적으로 적힌 문서로 하여야 한다(보험업법 제11조의2 제4항).
④ 금융위원회는 보험회사가 보험업에 부수(附隨)하는 업무를 신고한 경우에는 그 신고일부터 7일 이내에 다음 각 호의 사항을 인터넷 홈페이지 등에 공고하여야 한다(보험업법 시행령 제16조의2 제1항).

1. 보험회사의 명칭
2. 부수업무의 신고일
3. 부수업무의 개시 예정일
4. 부수업무의 내용
5. 그 밖에 보험계약자의 보호를 위하여 공시가 필요하다고 인정되는 사항으로서 금융위원회가 정하여 고시하는 사항

36. ④

보험회사는 그 보험회사의 대주주와 다음 각 호의 어느 하나에 해당하는 행위를 하였을 때에는 7일 이내에 그 사실을 금융위원회에 보고하고 인터넷 홈페이지 등을 이용하여 공시하여야 한다(보험업법 제111조 제3항).

1. 대통령령으로 정하는 금액 이상의 신용공여
2. 해당 보험회사의 대주주가 발행한 채권 또는 주식을 대통령령으로 정하는 금액 이상으로 취득하는 행위
3. 해당 보험회사의 대주주가 발행한 주식에 대한 의결권을 행사하는 행위

37. ②

① 보험계약자 등이 요양기관에 실손의료보험계약의 보험금 청구에 필요한 서류의 전송을 요청하는 경우에는 다음 각 호의 사항을 확인해야 한다(보험업법 시행령 제48조의 2 제1항).

1. 피보험자의 진료내역
2. 보험금을 청구할 보험회사

② 실손전산시스템운영위원회 위원의 임기는 2년으로 한다(보험업법 시행령 제48조의4 제4항).
③ 실손전산시스템운영위원회는 위원장 1명을 포함한 18명의 위원으로 구성한다(보험업법 시행령 제48조의4 제2항).
④ 보험회사는 실손의료보험 보험금 청구를 위한 전산시스템의 구축 · 운영에 관한 업무를 공공성 · 보안성 · 전문성 등을 고려하여 전송대행기관에 위탁할 수 있는데, 해당 기관은 보험요율 산출기관이다(보험업법 제102조의7 제2항 및 보험업법 시행령 제48조의3).

38. ①

① 보험중개사의 보험계약 체결의 중개행위와 관련하여 손해를 입은 보험계약자 등은 그 보험중개사의 영업보증금의 한도에서 영업보증금예탁기관에 손해배상금의 지급을 신청할 수 있다(보험업법 시행령 제38조 제1항).
②③ 보험중개사는 보험회사의 임직원이 될 수 없으며, 보험계약의 체결을 중개하면서 보험회사 · 보험설계사 · 보험대리점 · 보험계리사 및 손해사정사의 업무를 겸할 수 없다(보험업법 제92조 제2항).
④ 보험중개사는 대통령령으로 정하는 경우 이외에는 보험계약 체결의 중개와 관련한 수수료나 그 밖의 대가를 보험계약자에게 청구할 수 없다(보험업법 제99조 제3항).

39. ③

보험회사는 그 영업을 양도 · 양수하려면 금융위원회의 인가를 받아야 한다(보험업법 제150조).

40. ③

보험회사가 그 보험업의 전부 또는 일부를 폐업하려는 경우에는 그 60일 전에 사업 폐업에 따른 정리계획서를 금융위원회에 제출하여야 한다(보험업법 제155조).

2과목 보험계약법

01	02	03	04	05	06	07	08	09	10
③	③	④	①	②	②	①	④	③	①
11	12	13	14	15	16	17	18	19	20
③	③	③	①	③	①	③	①	②	②
21	22	23	24	25	26	27	28	29	30
③	②	④	③	②	①	④	④	④	①
31	32	33	34	35	36	37	38	39	40
②	②	①	④	④	③	④	①	③	②

01. ③

대법원 2013. 6. 13. 선고 2011다54631, 54648 판결

[1] 보험계약 당시에 보험계약자 또는 피보험자가 고의 또는 중대한 과실로 인하여 중요한 사항을 고지하지 아니하거나 부실의 고지를 한 때에는 보험자는 일정 기간 안에 그 계약을 해지할 수 있다(상법 제651조). 여기서 ① 중대한 과실이란 현저한 부주의로 중요한 사항의 존재를 몰랐거나 중요성 판단을 잘못하여 그 사실이 고지하여야 할 중요한 사항임을 알지 못한 것을 의미하고, 그와 같은 과실이 있는지는 보험계약의 내용, 고지하여야 할 사실의 중요도, 보험계약의 체결에 이르게 된 경위, 보험자와 피보험자 사이의 관계 등 제반 사정을 참작하여 사회통념에 비추어 개별적 · 구체적으로 판단하여야 하고, 그에 관한 ② 증명책임은 고지의무 위반을 이유로 보험계약을 해지하고자 하는 보험자에게 있다.

[2] 피보험자와 보험계약자가 다른 경우에 피보험자 본인이 아니면 정확하게 알 수 없는 개인적 신상이나 신체상태 등에 관한 사항은, 보험계약자도 이미 그 사실을 알고 있었다거나 피보험자와의 관계 등으로 보아 당연히 알았을 것이라고 보이는 등의 특별한 사정이 없는 한, 보험계약자가 ③ 피보험자에게 적극적으로 확인하여 고지하는 등의 조치를 취하지 아니하였다는 것만으로 바로 중대한 과실이 있다고 할 것은 아니다. 더구나 보험계약서의 형식이 보험계약자와 피보험자가 각각 별도로 보험자에게 중요사항을 고지하도록 되어 있고, 나아가 ④ 피보험자 본인의 신상에 관한 질문에 대하여 '예'와 '아니오' 중에서 택일하는 방식으로 고지하도록 되어 있다면, 그 경우 보험계약자가 '아니오'로 표기하여 답변하였더라도 이는 그러한 사실의 부존재를 확인하는 것이 아니라 사실 여부를 알지 못한다는 의미로 답하였을 가능성도 배제할 수 없으므로, 그러한 표기사실만으로 쉽게 고의 또는 중대한 과실로 고지의무를 위반한 경우에 해당한다고 단정할 것은 아니다.

02. ③

① 대법원 판례에 따르면, 영국 해상보험법상의 법리상 어떠한 보험사고가 추정전손의 요건을 충족하는지는 피보험자가 이를 입증하여야 한다.[1)]
② 적하가 보험사고로 인하여 심하게 훼손되어서 이를 수선하기 위한 비용과 그 적하를 목적지까지 운송하기 위한 비용과의 합계액이 도착하는 때의 적하의 가액을 초과하리라고 예상될 경우는 추정전손에 해당한다(상법 제710조).
③ 대법원 판례에 따르면, 추정전손에서 말하는 수리비라 함은 훼손된 선박을 원상으로 회복하는 데 소요되는 비용을 말하고, 이에는 선박의 손상 부위와 정도를 감정하기 위한 비용 · 선박을 수선항으로 예인하기 위한 비용 · 선급검사인의 검사료 · 예선증명서의 발급비용 · 수선감독자의 감독비용 · 기타 수선에 부수하는 비용도 포함된다.[2)]
④ 대법원 판례에 따르면, 추정전손에 해당하는지 여부에 대한

1) 대법원 2002.6.28. 선고 2000다21062 판결
2) 대법원 2001.2.23. 선고 98다59309 판결

판단의 기준시점은 보험자가 피보험자로 하여금 위부통지 혹은 그 통지에 대한 거절시점에서 소송이 제기된 것과 같은 지위에 있게 되는 것에 명시적으로 동의하지 않는 이상, 위부통지시의 사실관계가 아니고, 보험금 청구소송의 제소시(at the commencement of the action)에 존재하는 사실관계에 의하여 그 여부가 판단된다.[3]

03. ④

①④ 보험계약 해지권의 근거가 되는 해지사유는 법률의 규정 또는 당사자 사이의 약정에서 정한 사유로 한정되어 있고 해지사유마다 별개의 해지권이 발생하는 점, 해지사유를 명시하지 않은 해지권의 행사 또는 해지권의 전용을 허용한다면 상대방의 법적 지위에 불안정을 초래하는 점, 상법 제651조 또는 보험약관에 의하여 고지의무위반을 사유로 한 해지권의 행사에 있어서는 보험업무를 전문적으로 취급하는 보험자에게 해지권 행사 여부를 단기에 결정하게 하여 고지의무위반을 둘러싼 법률관계를 조속히 확정시켜 보험계약자나 피보험자의 법적 지위의 불안정을 피하도록 하기 위하여 단기의 제척기간을 두었다고 볼 수 있는 점 등에 비추어 보면, 상대방이 해지의 의사표시를 수령할 당시 그 근거가 된 해지사유를 알았거나 알 수 있었다는 특별한 사정이 없는 한 해지의 의사표시에는 해지사유를 명시할 것이 요구된다 할 것이고, 어떠한 해지사유에 의하여 해지의 의사표시를 한 이후 다른 해지사유에 의한 것으로 전용하는 것은 허용될 수 없다.[4]

②③ 보험계약의 해지권은 형성권이고, 해지권 행사기간은 제척기간이며, 해지권은 재판상이든 재판외이든 그 기간 내에 행사하면 되는 것이나 해지의 의사표시는 민법의 일반원칙에 따라 보험계약자 또는 그의 대리인에 대한 일방적 의사표시에 의하며, 그 의사표시의 효력은 상대방에게 도달한 때에 발생하므로 해지의 의사표시가 담긴 안내장이 제척기간 내에 피고에게 송달되어야만 해지권자가 제척기간 내에 적법하게 해지권을 행사하였다고 할 수 있다.[5]

04. ①

항해 도중에 불가항력으로 보험의 목적인 적하를 매각한 때에는 보험자는 그 대금에서 운임 기타 필요한 비용을 공제한 금액과 보험가액과의 차액을 보상하여야 한다. 만약 매수인이 대금을 지급하지 아니한 때에는 보험자는 그 금액을 지급하여야 한다. 보험자가 그 금액을 지급한 때에는 피보험자의 매수인에 대한 권리를 취득한다(상법 제709조).

05. ②

① 대법원 판례에 따르면, 상법 제724조 제2항에 의하여 피해자가 보험자에게 갖는 직접청구권은 보험자가 피보험자의 피해자에 대한 손해배상채무를 병존적으로 인수한 것으로서 피해자가 보험자에 대하여 가지는 손해배상청구권에 해당한다.[6]

② 보험목적이 양도된 경우, 양도인 또는 양수인은 그 사실을 지체없이 보험자에게 통지하여야 한다(상법 제679조 제2항). 그러나 우리 상법에는 양도 통지의무 위반에 따른 규정은 별도로 마련하고 있지 않다.

③ 집합된 물건을 일괄하여 보험의 목적으로 한 때에는 그 목적에 속한 물건이 보험기간 중에 수시로 교체되더라도 보험사고의 발생시에 현존한 물건은 보험의 목적에 포함된 것으로 본다(상법 제686조).

④ 집합된 물건을 일괄하여 보험의 목적으로 한 때에는 피보험자의 가족과 사용인의 물건은 그 가족 또는 사용인을 위하여서도 체결한 것으로 본다(상법 제687조).

06. ②

① 대법원 판례에 따르면, 보험계약은 당사자 사이의 의사 합치에 의하여 성립되는 낙성계약으로서 별도의 서면을 요하지 아니하므로 보험계약을 체결할 때 작성 · 교부되는 보험증권은 하나의 증거증권에 불과한 것이어서 보험계약의 성립 여부라든가 보험계약의 내용 등은 그 증거증권만이 아니라 계약 체결의 전후 경위 등을 종합하여 인정할 수 있다.[7]

② 대법원 판례에 따르면, 보험자는 보험계약이 성립한 때에는 보험계약자가 보험료를 납부하지 아니하는 등의 특별한 사정이 없는 한 지체없이 그 계약의 성립과 내용을 증명하는 보험증권을 작성하여 보험계약자에게 교부하여야 할 의무가 있으므로, 이행보증보험의 보험증권이 보험계약자의 의사에 반하여 보험계약자의 구상의무에 관하여 담보를 제공한 제3자에게 교부되었다면 이러한 의무가 이행되었다고 볼 수 없다.[8]

③ 보험증권의 내용에 이의가 있는 경우 당사자는 그 내용에 관하여 이의를 할 수 있도록 약정할 수 있는데 그 기간은 1월 이내로 하지 못한다. 따라서 20일로 제한한 약정은 무효이다.

④ 보험증권이 현저히 멸실, 훼손된 경우에는 보험계약자의 비용으로 증권의 재교부를 청구할 수 있다(상법 제642조).

07. ①

① 대법원 판례에 따르면, 보험회사가 보험금청구권자에게 그 사고는 면책 대상이어서 보험금을 지급할 수 없다는 내용의 잘못된 통보를 하였다고 하더라도 그와 같은 사유는 보험금청구권을 행사하는 데 있어서 법률상의 장애사유가 될 수 없고, 또 이로 인하여 보험금청구권자가 보험사고가 발생하였다는 것을 알 수 없게 되었다고 볼 수도 없으므로 보험회사의 보험금 지급채무는 사고 발생시로부터 소멸시효가 경과함으로써 소멸한다.[9]

---

3) 대법원 2002.6.28. 선고 2000다21062 판결
4) 대법원 2004.12.10. 선고, 2004다55377, 2004다55384(병합) 판결
5) 대법원 2000.1.28. 선고 99다50712 판결
6) 대법원 2005.10.7. 선고 2003다6774 판결
7) 대법원 2003.4.25. 선고 2002다64520 판결
8) 대법원 1999.2.9. 선고 98다49104 판결
9) 대법원 1997.11.11. 선고 97다36521 판결

② 대법원 판례에 따르면, 공동불법행위에서 공동불법행위자들과 각각 보험계약을 체결한 보험자들은 그 공동불법행위의 피해자에 대한 관계에서 상법 제724조 제2항에 따른 손해배상채무를 각자 직접 부담하는 것이므로, 공동불법행위자 중의 1인과 보험계약을 체결한 보험자가 피해자에게 손해배상금을 보험금으로 모두 지급함으로써 공동불법행위자들의 보험자들이 공동면책되었다면, 그 손해배상금을 지급한 보험자는 다른 공동불법행위자들의 보험자들이 부담하여야 할 부분에 대하여 직접 구상권을 행사할 수 있다. 이 경우 그 손해배상금 지급행위는 상인이 영업을 위하여 하는 행위이므로, 그 구상금 채권은 보조적 상행위로 인한 채권으로서 그 권리를 행사할 수 있는 때로부터 5년간 행사하지 아니하면 소멸시효가 완성한다.[10)]

③ 대법원 판례에 따르면, 보험금청구권은 보험사고가 발생하기 전에는 추상적인 권리에 지나지 아니할 뿐 보험사고의 발생으로 인하여 구체적인 권리로 확정되어 그 때부터 그 권리를 행사할 수 있게 되는 것이므로, 특별한 사정이 없는 한 원칙적으로 보험금청구권의 소멸시효는 보험사고가 발생한 때로부터 진행한다.[11)]

④ 대법원 판례에 따르면, 무효인 보험계약에 따라 납부한 보험료에 대한 반환청구권은 보험료를 마지막으로 납부한 때부터 진행하는 것이 아니라, 각 보험료를 납부한 때부터 진행한다.[12)]

08. ④

보험계약을 체결함에 있어 보험계약자 또는 피보험자는 보험자에게 중요한 사실을 고지해야 하고, 또 거짓된 고지를 아니할 의무가 있다. 이를 고지의무라고 한다.

고지의무 위반이 성립하기 위해서는 고지의무자에게 고의 또는 중대한 과실이 있어야 하는데, 이를 고지의무 위반의 주관적 요건이라고 한다. ④번 지문은 중대한 과실이 아니라 과실로 표현되어 있으므로 틀린 지문이다. 또한 중요한 사항에 대하여 불고지 또는 부실고지가 있어야 하는데 이를 객관적 요건이라고 한다.

고지의무를 부담하는 것은 보험계약자와 피보험자이며, 보험수익자는 해당하지 않는다. 고지수령권자는 보험자가 대표적이나, 보험의도 보험자의 보조자로서 고지수령권을 가진다. 실무에서는 질문표를 이용하여 고지의무를 수행하고 있으며, 상법에서도 보험자가 서면으로 질문한 사항은 중요한 사항으로 추정한다고 하여 이를 뒷받침하고 있다.

09. ③

① 상해를 보험사고로 하는 경우에는 보험계약자의 중대한 과실로 인한 보험사고는 보험금 지급 대상에 해당한다. 즉 고의만 면책이다.

② 우리 상법은 보험계약자의 고의 또는 중대한 과실로 인한 사고를 면책사유로 정하고 있다. 따라서 보험계약자의 과실로 인한 사고를 면책으로 하는 약관 조항은 보험계약자 등의 불이익 변경 금지 원칙에 위배되어 무효이다.

③ 보험계약자, 피보험자 또는 보험수익자의 고의 또는 중대한 과실로 인한 사고는 보험의 특성상 인정될 수 없는 절대적 면책 사유이다. 이는 보험제도 자체가 우연성에 기인한 것이므로 당연히 인정되며, 법률 규정에서도 선량한 풍속에 반하여 무효이기 때문이다. 그러나 일부의 경우, 예를 들어 생명보험 표준약관에서 자살 약관처럼, 보험계약 체결 후 일정한 기간이 경과한 후에 한하여 보험자의 책임을 인정하거나, 피보험자가 아닌 피해자 보호를 주된 목적으로 하는 책임보험의 경우에는 고의 사고의 경우에도 보험자의 책임을 인정하는 경우가 있다. 물론 이 때에도 가장 최소한의 한도 내에서 인정해야 함은 물론이다.

④ 보험계약자 측의 고의나 중대한 과실이 있었다는 것에 대한 증명책임은 보험자가 부담한다.

10. ①

① 보험계약은 보험계약자의 청약과 보험자의 승낙으로 이루어지는 불요식 낙성계약이다. 따라서 보험료의 지급은 보험계약의 성립과는 아무런 상관이 없으며, 보험료가 지급되지 않았더라도 보험계약은 얼마든지 성립할 수 있다.

②③ 보험자의 책임은 당사자간에 다른 약정이 없으면 최초의 보험료의 지급을 받은 때로부터 개시한다(상법 제656조).

④ 대법원 판례에 따르면, 계속보험료가 지급되지 않은 경우 일정한 유예기간을 주고 그 기간이 지나면 보험계약이 실효되도록 하는 이른바 실효약관은 상법 제650조 제2항의 최고절차를 거치지 않기 때문에 상법 제663조에 저촉되어 무효이다.[13)]

11. ③

① 대법원 판례에 따르면, 상해의 결과로 피보험자가 사망한 때에 사망보험금이 지급되는 상해보험에서 보험계약자가 보험수익자를 단지 피보험자의 '법정상속인'이라고만 지정한 경우, 특별한 사정이 없는 한 그와 같은 지정에는 장차 상속인이 취득할 보험금청구권의 비율을 상속분에 의하도록 하는 취지가 포함되어 있다고 해석함이 타당하며, 따라서 보험수익자인 상속인이 여러 명인 경우, 각 상속인은 특별한 사정이 없는 한 자신의 상속분에 상응하는 범위 내에서 보험자에 대하여 보험금을 청구할 수 있다.[14)]

② 보험계약자가 계약 체결 후에 보험수익자를 변경할 때에는 보험자에 대하여 그 통지를 하지 않더라도 효력이 발생한다. 다만 그 통지가 없다면 보험자에 대하여 대항하지 못한다.

③ 보험계약자가 보험수익자 변경권을 행사하지 아니하고 사망한 때에는 보험수익자의 권리가 확정된다. 그러나 보험계약자가 사망한 경우에는 그 승계인이 변경권을 행사할 수 있다는 약정

10) 대법원 2024.9.27. 선고 2024다249729 판결
11) 대법원 1998.5.12. 선고 97다54222 판결
12) 대법원 2011.3.24. 선고 2010다92612 판결
13) 대법원 1995.11.16 선고 94다56852 전원합의체 판결
14) 대법원 2017.12.22. 선고 2015다236820, 236837 판결

이 있는 때에는 승계인이 대신하여 권리를 행사할 수 있다.
④ 보험수익자가 보험 존속 중에 사망한 때에는 보험계약자는 다시 보험수익자를 지정할 수 있다. 이 경우에 보험계약자가 지정권을 행사하지 아니하고 사망한 때에는 보험수익자의 상속인을 보험수익자로 한다.

12. ③

보험계약자의 사기로 인하여 초과보험 또는 중복보험이 체결되었다면 그 계약은 무효이다. 이때 무효가 되는 것은 초과부분 뿐만 아니라 그 계약 전체가 무효이며, 보험자는 그 사실을 안 때까지의 보험료를 청구할 수 있다. 나머지 지문은 모두 무효가 아니라 해지 사유이다.

13. ③

대법원 2009.12.10. 선고 2009다56603, 56610 판결
손해보험에 있어서 보험의 목적물과 위험의 종류만이 정해져 있고 피보험자와 피보험이익이 명확하지 않은 경우에 그 보험계약이 보험계약자 자신을 위한 것인지 아니면 타인을 위한 것인지는 보험계약서 및 당사자가 보험계약의 내용으로 삼은 약관의 내용, 당사자가 보험계약을 체결하게 된 경위와 그 과정, 보험회사의 실무처리 관행 등 여러 사정을 참작하여 결정하여야 할 것인바, 임차인이 임차건물과 그 안에 있는 시설 및 집기비품 등에 대하여 피보험자에 대하여는 명확한 언급이 없이 자신을 보험목적의 소유자로 기재하여 화재보험을 체결한 경우, 이러한 화재보험은 다른 특약이 없는 한 피보험자가 그 목적물의 소유자인 타인에게 손해배상의무를 부담하게 됨으로써 입게 되는 손해까지 보상하기로 하는 책임보험의 성격을 갖는다고는 할 수 없다.

원칙적으로 보험계약 체결 시에 피보험자를 명확히 하여 체결하여야 하나, 만약 명확하지 않은 경우에는 여러 가지 사정을 참작하여 결정하여야 한다. 대법원은 임차인이 임차건물과 그 안에 있는 자신의 시설, 집기 등에 대한 화재보험계약을 체결한 사안에서, 피보험자를 명확히 하지 않은 경우, 그 보험계약은 손해보험의 일종인 화재보험으로서의 성격을 가지며, 이러한 화재보험은 특약이 없는 한 책임보험의 성격을 갖는다고는 할 수 없다고 하고 있다.

14. ①

① 손해보험의 피보험자는 보험목적물에 대하여 피보험이익만 가지고 있다면, 그 조건에는 아무런 제약이 없다. 그러나 인보험에서는 만15세 미만자, 심신상실자 또는 심신박약자를 피보험자로 하여 사망을 담보하는 경우는 무효이며(상법 제732조), 타인의 사망을 보험사고로 하는 경우에는 그 타인에 의한 서면동의가 필요하는 등의 일정한 조건이 있다(상법 제731조).
② 손해보험에서 피보험이익은 절대적인 존재이나, 인보험에서는 피보험이익에 대한 개념이 없다. 영미법에서는 인보험에서도 피보험이익을 일부 인정하는 경우도 있으나, 우리 상법에서는 손해보험에서만 피보험이익의 개념을 인정하고 있다는 것에 주의하여야 한다.
③ 타인을 위한 보험은 보험계약자가 자신이 아닌 타인의 이익을 위하여 체결한 보험계약을 말한다. 여기서 타인이란 보험계약의 이익을 받는 자를 말하며, 손해보험에서는 피보험자, 생명보험에서는 보험수익자를 뜻한다. 따라서 생명보험에서 '타인을 위한 보험'이란, 보험계약자와 보험수익자가 다른 생명보험계약이다. 참고로 보험계약자와 피보험자가 서로 다른 생명보험계약은 '타인의 생명보험'이라 부른다(상법 제639조 및 제731조).
④ 인보험 증권에는 일반적인 증권 기재사항 이외에 [보험계약의 종류], [피보험자의 주소, 성명 및 생년월일], [보험수익자를 정한 때에는 그 주소, 성명 및 생년월일]을 추가로 기재하여야 한다. 주민등록번호는 인보험 증권의 필수 기재사항이 아니며, 개인정보보호법에 따라 오히려 기재가 금지되어 있다.

15. ③

초과보험이 체결된 경우, 보험자 또는 보험계약자는 보험료와 보험금액의 감액을 청구할 수 있다. 다만, 보험료의 감액은 장래에 대해서만 그 효력이 있다. 만약 초과보험이 보험계약자의 사기로 인하여 체결된 경우라면, 그 계약은 무효이다. 그러나 보험자는 그 사기 사실을 안 때까지의 보험료를 보험계약자에게 청구할 수 있다. ③번 지문에서는 보험료와 보험금을 반환하여야 한다고 했으므로 틀린 지문이다.

16. ①

㉠ 보험사고의 발생으로 보험자가 보험금액을 지급한 때에도 보험금액이 감액되지 아니하는 보험의 경우에는 보험계약자는 그 사고발생 후에도 보험계약을 해지할 수 있다. (○)
㉡ 보험자가 파산의 선고를 받은 때에는 보험계약자는 계약을 해지할 수 있으며, 이 기간 내에 해지하지 아니한 보험계약은 파산선고 후 3월이 경과한 때에는 그 효력을 잃는다. (×)
㉢ 보험계약 당시에 보험계약자 또는 피보험자가 고의 또는 중대한 과실로 인하여 중요한 사항을 고지하지 아니하거나 부실의 고지를 한 때에는 보험자는 그 사실을 안 날로부터 1월 내에, 계약을 체결한 날로부터 3년 내에 한하여 계약을 해지할 수 있다. 다만, 고지의무(告知義務)를 위반한 사실이 보험사고 발생에 영향을 미치지 아니하였음이 증명된 경우에는 보험금을 지급할 책임이 있다(상법 제655조). 즉, 해지는 여전히 가능하다. (○)
㉣ 타인의 사망을 보험사고로 하는 보험계약에는 보험계약 체결 시에 그 타인의 서면에 의한 동의를 얻어야 하며, 서면 동의를 얻지 못한 계약은 무효이다. (×)
㉤ 보험계약 당시에 보험사고가 이미 발생하였거나 또는 발생할 수 없는 것인 때에는 그 계약은 무효이다. (×)

17. ③

① 손해방지의무는 보험의 사행계약적 성격에 따라 법이 특별히 인정한 의무로, 보험계약자와 피보험자가 손해의 방지와 경감을 위하여 노력하여야 할 의무를 말한다. 이때 손해방지의무의 정도와 범위는 보험계약이 체결되지 않은 자기 재산에 대하여 요구되는 정도의 주의면 충분하다. 이를 주의깊은 무보험 소유자의 주의라고 한다.
② 대법원 판례에 따르면, 손해방지의무는 원칙적으로 보험자가

담보하는 보험사고의 발생을 전제로 하는 것이 맞으나, 보험자가 담보하는 보험사고 여부가 정확히 판명되지 아니한 상태에서 피보험자가 손해확대방지를 위한 긴급한 행위를 하였다면 이로 인하여 발생한 필요 또는 유익한 비용도 손해방지의무 이행에 따른 비용으로 해석하여야 한다.[15]

③ 대법원 판례에 따르면, 손해방지비용은 보험자가 담보하는 보험사고가 발생한 경우에 보험계약자나 피보험자가 손해의 방지와 경감을 위하여 지출한 비용으로 원칙적으로 자신의 보험자에게 청구하여야 한다. 그러나 공동불법행위로 말미암아 공동불법행위자 중 1인이 지출한 손해방지비용은 자신의 보험자뿐만 아니라 다른 공동불법행위자의 보험자에 대해서도 손해방지비용에 해당하는바, 이들 보험자들 상호 간에도 부진정연대채무 관계가 있기 때문에 공동불법행위자 중 1인의 보험자가 손해방지비용을 모두 상환하였다면, 다른 공동불법행위자의 보험자에 대하여 직접 구상권을 행사할 수 있다.[16]

④ 손해방지비용이 발생한 경우 피보험자는 그 비용의 지급을 보험자에게 청구할 수 있다. 이 때 그 비용과 보상액이 보험금액을 초과한 경우에도 보험자는 이를 부담하여야 한다. 본 규정은 보험자의 지시 여부를 따지지 않으므로, 보험계약자나 피보험자가 보험자의 지시없이 스스로 손해방지의무를 이행하여 발생한 비용도 보험자가 부담하여야 한다. 유사한 개념과 비교하여, 책임보험에서 피보험자가 제3자의 청구를 방어하기 위하여 지출한 비용인 방어비용은 보험자의 지시에 의한 경우에만, 그 금액에 손해액을 가산한 금액이 보험금액을 초과한 것을 보험자가 이를 부담하니 주의하여야 한다.

18. ①

보험가액의 일부를 보험에 붙인 경우에는 보험자는 보험금액의 보험가액에 대한 비율에 따라 보상할 책임을 진다. 그러나 당사자간에 다른 약정이 있는 때에는 보험자는 보험금액의 한도 내에서 그 손해를 보상할 책임을 진다(상법 제674조).

19. ②

상법상 보험계약의 부활 조건은 다음과 같다. 고지의무 위반이나 통지의무 위반에 의한 해지 혹은 초회보험료 미납에 따라 해제된 보험계약은 부활 적용 대상이 아니며, 계속보험료 미납으로 해지된 경우에만 보험계약의 부활 청구가 가능하다.

1. 계속보험료 미납으로 인한 해지
2. 해지환급금이 지급되지 아니함
3. 일정한 기간 내에
4. 연체보험료에 약정이자를 지급
5. 보험자에게 부활 청구

20. ②

① 대법원 판례에 따르면, 상해보험에서 담보되는 위험으로서 상해란 외부로부터의 우연한 돌발적인 사고로 인한 신체의 손상을 뜻하므로, 그 사고의 원인이 피보험자의 신체의 외부로부터 작용하는 것을 말하고, 신체의 질병 등과 같은 내부적 원인에 기한 것은 상해보험에서 제외되고 질병보험 등의 대상이 된다.[17]

② 대법원 판례에 따르면, 보험계약 당시에 보험계약자 또는 피보험자가 고의 또는 중대한 과실로 인하여 중요한 사항을 고지하지 아니하거나 부실의 고지를 하였다고 하더라도 보험자가 계약 당시에 그 사실을 알았거나 중대한 과실로 인하여 알지 못한 때에는 그 고지의무 위반을 들어 계약을 해지할 수 없다고 할 것인바, 여기에서 말하는 보험자의 악의나 중대한 과실에는 보험자의 그것뿐만 아니라 이른바 보험자의 보험의를 비롯하여 널리 보험자를 위하여 고지를 수령할 수 있는 지위에 있는 자의 악의나 중과실도 당연히 포함된다고 할 것이나, 보험자에게 소속된 의사가 보험계약자 등을 검진하였다고 하더라도 그 검진이 위험측정자료를 보험자에게 제공하는 보험자의 보조자로서의 자격으로 행해진 것이 아니라면 그 의사가 보험자에게 소속된 의사라는 사유만으로 그 의사가 검진 과정에서 알게 된 보험계약자 등의 질병을 보험자도 알고 있으리라고 보거나 그것을 알지 못한 것이 보험자의 중대한 과실에 의한 것이라고 할 수는 없다고 할 것이며, 이와 같이 해석하는 것이 환자에 대한 비밀의 누설이나 기록의 공개를 원칙적으로 금지하고 있는 의료법의 취지에도 부합한다.[18]

③ 질병보험에 관하여는 만15세 미만자 등의 보험 가입 제한 규정은 적용되지 않는다(상법 제739조의3).

④ 우리 상법은 인보험을 생명보험, 상해보험, 질병보험으로 구분한다.

21. ③

① 고지의무 위반이 있는 경우에 보험자는 그 사실을 안 날로부터 1월 내에, 계약을 체결한 날로부터 3년 내에 보험계약을 해지할 수 있다(상법 제651조). 지문에서는 그 사실을 안 날로부터 3월이라고 하여, 상법상 보험자의 해지권 행사기간을 연장하였으므로, 보험자에게 유리하고 보험계약자 측에게 불리한 조항에 해당한다. 그러나 해상보험계약이므로 상법 제663조 단서에 의하여 보험계약자 불이익 변경 금지가 적용되지 않는바, 동 약관 조항은 유효하다.

② 보험자가 약관 교부설명의무를 위반한 경우 보험계약자는 보험계약이 성립한 날부터 3개월 이내에 그 계약을 취소할 수 있다(상법 제638조의3 제2항). 상법상 보험계약자에게 3개월로 부여된 취소권 행사기간을 지문에서는 5개월로 연장하였으므로 이는 보험계약자에게 유리한 변경이다. 따라서 유효하다.

③ 보험계약의 전부 또는 일부가 무효인 경우에 보험계약자와 피보험자가 선의이며 중대한 과실이 없는 때에는 보험자에 대하

15) 대법원 2003.6.27. 선고 2003다6958 판결
16) 대법원 2007.3.15. 선고 2004다64272 판결
17) 대법원 2014.4.10. 선고 2013다18929 판결
18) 대법원 2001.1.5. 선고 2000다40353 판결

여 보험료의 전부 또는 일부의 반환을 청구할 수 있다(상법 제648조). 지문에서 보험계약자 측의 선의, 중과실을 따지지 않고 보험료를 반환하지 않기로 약정하였으므로 이는 보험계약자에게 불리한 조항이다. 또한 주택화재보험 계약으로 기업보험에도 해당하지 아니하므로, 본 약관 조항은 보험계약자 등의 불이익 변경 금지에 위반되어 무효이다.

④ 보험계약자 또는 피보험자나 보험수익자는 보험사고의 발생을 안 때에는 지체없이 보험자에게 그 통지를 발송하여야 하며, 만약 그 통지를 게을리하여 손해가 증가된 때에는 보험자는 그 증가된 손해를 보상할 책임이 없다(상법 제657조). 지문에서 보험계약자가 보험사고 발생 통지의무를 하지 않았더라도 증가된 손해를 모두 보험자가 책임지도록 약정하기로 하였으므로, 이는 보험계약자에게 유리한 조항이다. 따라서 이러한 자가용 자동차보험 계약의 약관은 유효하다.

22. ②

상법은 보험계약자와 피보험자에게 손해의 방지와 경감을 위하여 노력해야 한다는 손해방지의무를 부과하고 있다. 그러나 이 의무를 위반하였을 때의 효과에 대해서는 아무런 규정을 두고 있지 않다. 다만, 개별약관 등에서 의무 위반으로 인하여 늘어난 손해를 보상하지 않도록 규정하고 있을 뿐이다.

23. ④

① 화재보험에서 제3자인 방화자에 대해 가지는 불법행위로 인한 손해배상청구권은 청구권 대위의 대상이 될 수 있다.
② 화재보험에서 피보험자인 가옥 소유주가 가옥 임차인에 대한 임대차 계약에 기한 손해배상청구권은 청구권 대위의 대상이 될 수 있다.
③ 해상보험에서 선장의 적법한 공동해손처분으로 인해 손해를 입은 자가 선박 및 적하의 이해관계자에 대해 가지는 공동해손분담청구권은 청구권 대위의 대상이 될 수 있다.
④ 보험계약자나 피보험자의 권리가 그들과 생계를 같이 하는 가족에 대한 것인 때에는 보험자는 그 권리를 취득하여 대위권을 행사하지 못한다. 이는 대법원 판례에 따라 인정되던 것을 2014년 상법 개정 시에 명문화하여 상법 제682조 제2항에 명시하였다.

24. ③

상법상 잔존물 대위와 청구권 대위에서 규정하고 있는 요건은 아래와 같다.

- **잔존물 대위에 관한 사항**
  1. 보험의 목적 전부가 멸실한 경우에
  2. 보험금액의 전부를 지급한 보험자는
  3. 그 목적에 대한 피보험자의 권리를 취득한다.
  4. 일부보험의 경우에는 보험금액의 보험가액에 대한 비율에 따른다.
- **청구권 대위에 관한 사항**
  1. 손해가 제3자의 행위로 인하여 발생한 경우에
  2. 보험금을 지급한 보험자는
  3. 지급한 금액 한도에서 보험계약자 또는 피보험자의 권리를 취득한다.
  4. 보상할 보험금의 일부를 지급한 경우에는 피보험자의 권리를 침해하지 아니하는 범위 내에서 행사할 수 있다.

따라서 주어진 보기 중에서 잔존물 대위와 청구권 대위와 공통되는 사항은 피보험자의 권리를 취득한다는 지문이다.

25. ②

제699조(해상보험의 보험기간의 개시)
① 항해단위로 선박을 보험에 붙인 경우에는 보험기간은 하물 또는 저하의 선적에 착수한 때에 개시한다.
② 적하를 보험에 붙인 경우에는 보험기간은 하물의 선적에 착수한 때에 개시한다. 그러나 출하지를 정한 경우에는 그 곳에서 운송에 착수한 때에 개시한다.
③ 하물 또는 저하의 선적에 착수한 후에 제1항 또는 제2항의 규정에 의한 보험계약이 체결된 경우에는 보험기간은 계약이 성립한 때에 개시한다.

제700조(해상보험의 보험기간의 종료)
보험기간은 제699조 제1항의 경우에는 도착항에서 하물 또는 저하를 양륙한 때에, 동조 제2항의 경우에는 양륙항 또는 도착지에서 하물을 인도한 때에 종료한다. 그러나 불가항력으로 인하지 아니하고 양륙이 지연된 때에는 그 양륙이 보통 종료될 때에 종료된 것으로 한다.

26. ①

제716조(위부의 승인)
보험자가 위부를 승인한 후에는 그 위부에 대하여 이의를 하지 못한다.

제717조(위부의 불승인)
보험자가 위부를 승인하지 아니한 때에는 피보험자는 위부의 원인을 증명하지 아니하면 보험금액의 지급을 청구하지 못한다

보험자는 위부에 대하여 승인을 하지 않을 수 있으며, 만약 보험자가 위부를 승인하지 않은 경우 피보험자는 위부의 원인을 증명하지 않으면 보험금액의 지급을 청구하지 못한다.

27. ④

① 단체가 규약에 따라 구성원의 전부 또는 일부를 피보험자로 하는 생명보험계약을 체결하는 경우에는 피보험자의 서면에 의한 동의를 받지 않더라도 된다(상법 제735조의3 제1항). 타인의 생명보험계약에서 그 타인의 서면동의를 얻도록 한 것은 도덕적 위험의 방지를 위한 것인데, 단체가 규약에 따라 체결하는 보험은 그 위험성이 없기 때문이다.
② 단체보험 체결 시에 보험자는 단체 구성원 모두에게 보험증권을 교부할 필요는 없으며, 보험계약자에게만 보험증권을 교부하면 된다(상법 제735조의3 제2항).
③ 2014년 3월 상법 개정에 따라 단체보험에서 피보험자 또는 그 상속인이 아닌 자를 보험수익자로 지정할 때에는 단체의

규약에 명시되어 있거나 피보험자의 서면 동의가 필요하다. 기존에는 본 규정이 없었기 때문에, 단체보험 체결 시에 피보험자인 직원의 동의가 없이 보험수익자로 회사를 지정할 수 있었다. 따라서 근로자가 사망한 경우에 유가족이 보험금을 받지 못하고, 회사가 보험금을 받는 사례가 자주 발생하여, 단체보험의 취지에 어긋난다는 비판이 계속 있어 왔다.

④ 대법원 판례에 따르면, 단체보험이 당연히 타인을 위한 보험이 되어야 하는 것은 아니며 자기를 위한 보험으로 체결될 수도 있다. 따라서 단체가 자신을 보험수익자로 지정하는 것은 단체보험의 본질에 반한다고는 볼 수 없다.[19] 다만, 전술한 상법 개정에 따라 이제부터는 보험수익자 지정에 대하여 단체의 규약에 명시되어 있거나 피보험자의 서면 동의가 있어야 함은 물론이다.

28. ④

① 타인의 사망을 보험사고로 하는 보험계약에서는 보험계약 체결 시에 그 타인의 서면에 의한 동의를 얻어야 한다(상법 제731조 제1항). 이는 보험 계약의 도덕적 위험 방지를 위하여 마련된 강행규정이며, 만약 계약 체결 시까지 동의를 얻지 못하였다면 해당 보험계약은 확정적으로 무효이다. 이 때 피보험자가 서면으로 동의의 의사표시를 하여야 하는 시점은 '보험계약 체결시까지'이고, 보험 계약 체결시에 서면 동의를 얻지 못하였다가 추후에 피보험자의 서면 동의를 얻었다고 하더라도 그 보험계약을 유효로 볼 수는 없다.

② 15세 미만자, 심신상실자 또는 심신박약자의 사망을 보험사고로 하는 계약은 원칙적으로 무효이다.

③ 그러나 2014년 3월 상법 개정에 따라 심신박약자가 보험계약을 체결하거나 단체보험의 피보험자가 될 때에 의사능력이 있는 경우에는 보험 가입이 가능하게 되었다. 이는 무조건적으로 심신박약자의 생명보험 가입을 막았던 기존 규정이 장애인에 대한 차별대우로 비춰질 수 있으며, 의사 능력 있는 심신박약자의 보험 가입까지 막는 것은 제도 규정의 취지에 반한다는 비판에서 비롯된 것이다. 그러나 본 규정은 심신박약자에 해당하는 것이기 때문에, 15세 미만자나 심신상실자에 대한 생명보험 계약은 의사능력 여부와 관계없이 여전히 무효이다.

④ 15세 미만자, 심신상실자 또는 심신박약자에 대한 무효 규정은 이들이 사망을 보험사고로 한 보험계약의 피보험자가 되었을 때 적용되는 규정이지, 보험수익자에 대하여 적용되는 규정이 아니다. 따라서 15세 미만자 등을 보험수익자로 지정하는 것은 얼마든지 가능하다.

29. ④

① 보험자는 화재로 인한 직접적인 손해뿐만 아니라, 화재의 소방 또는 손해의 감소에 필요한 조치로 인하여 생긴 손해도 보상할 책임이 있다.

② 화재보험을 체결하면서 보험가액을 정하였다면 그 가액을 보험증권에 기재하여야 한다.

③ 집합된 물건을 일괄하여 보험의 목적으로 한 때에는 피보험자의 가족과 사용인의 물건도 보험의 목적에 포함된 것으로 한다. 이 경우에 그 보험은 그 가족 또는 사용인을 위하여서도 체결한 것으로 본다. 즉 타인을 위한 보험의 형태로 해석한다.

④ 집합된 물건을 일괄하여 보험의 목적으로 한 때에는 그 목적에 속한 물건이 보험기간 중에 수시로 교체된 경우에도 보험사고의 발생 시에 현존한 물건은 보험의 목적에 포함된 것으로 한다.

30. ①

제731조(타인의 생명의 보험)

① 타인의 사망을 보험사고로 하는 보험계약에는 보험계약 체결시에 그 타인의 서면(「전자서명법」 제2조 제2호에 따른 전자서명이 있는 경우로서 대통령령으로 정하는 바에 따라 본인 확인 및 위조 · 변조 방지에 대한 신뢰성을 갖춘 전자문서를 포함한다)에 의한 동의를 얻어야 한다.

② 보험계약으로 인하여 생긴 권리를 피보험자가 아닌 자에게 양도하는 경우에도 제1항과 같다.

31. ②

보험목적물이 보험계약에서 보장하지 않는 다른 사고로 인하여 멸실된 경우, 보험계약도 같이 종료한다. 예를 들어 화재보험계약에서 지진 등으로 인하여 건물이 전손된 경우나, 암보험을 체결하였으나 자동차사고로 사망한 경우가 그것이다.

32. ②

① 수개의 책임보험이 체결된 경우 보험자 간의 보상책임을 분배하는 방식은 중복보험 규정을 준용하는바, 연대비례주의를 택한다. 따라서 A보험자, B보험자, C보험자는 각자의 보험금액 한도에서 연대책임을 지며, 각각 보험금 지급의무를 부담한다. 그러나 동 규정은 강행규정은 아니며, 보험계약 사이에서 다른 특약이 있다면 얼마든지 다른 형태의 보상이 가능하다. 지문에 제시된 것은 초과액 타보험 조항 방식이며, 먼저 체결한 보험계약(Primary Insurance)에서 손해액을 전부 부담하되, 해당 보험계약의 보상한도액을 넘어서는 손해는 다른 보험계약이 부담하는 방식이다. 다만, 동 방식은 보험계약 상에 타보험 조항 방식을 따르겠다고 규정된 경우에만 적용되며, 만약 그런 규정이 없다면 상법에 따라 연대비례주의를 택해야 한다. 문제에서는 상법 규정 이외에 다른 규정이 없다고 했으므로 틀린 지문이다.

② 상법 제673조는 중복보험에서 보험자 1인에 대한 권리 포기는 다른 보험자의 권리의무에 영향을 미치지 아니함을 규정하고 있다. 이는 피보험자가 보험자 1인과 공모하여, 다른 보험자에게 그 책임을 전가하는 것을 방지하기 위한 규정이다. 따라서 피보험자가 A보험자에 대하여 보험금 청구권을 포기하더라도 B와 C 보험자의 보험금 지급에는 아무런 영향을 주지 않는다.

③ 만약 수개의 책임보험이 보험계약자의 사기로 인하여 체결된 때에는 그 계약은 무효로 하며, 보험자는 그 사실을 안 때까지의 보험료를 청구할 수 있다. 이는 악의의 보험계약자를 응징하기 위한 초과, 중복보험에서의 규정으로 책임보험에서도 준용된다. 그러나 동 조항은 보험계약자의 사기 의사로 보험계약이 체결된 때에만 적용되며, 특별한 규정이 없는 한 수개의

19) 대법원 2006.4.27. 선고 2003다60259 판결

책임보험의 보험자는 연대비례책임을 부담할 뿐이다.

④ 상법 제672조 제2항에 따라 중복보험이 성립하는 경우 보험계약자는 각 보험자에 대하여 각 보험계약의 내용을 통지해야 하는 의무를 부담한다. 그러나 중복보험 통지의무를 위반할 경우 효과에 대해서는 아무런 규정을 두고 있지 않다.

33. ①

① 대법원 판례에 따르면, 타인의 사망보험에 대한 입법취지는 도박보험의 위험성과 피보험자를 살해의 위험성 외에도 피해자의 동의를 얻지 아니하고 타인의 사망을 이른바 사행계약상의 조건으로 삼는 데서 오는 공서양속의 침해의 위험성을 배제하기 위한 것도 들어 있다고 해석되므로, 피보험자의 서면 동의 없이 타인의 사망을 보험사고로 하는 보험계약을 체결한 자가 스스로 그 무효를 주장함이 신의성실에 어긋난다고 이를 배척한다면, 그와 같은 입법취지를 완전히 몰각시키는 결과가 초래되므로 특단의 사정이 없는 한 그러한 주장은 신의성실에 어긋난다고 볼 수 없다.[20]

② 타인의 사망을 보험사고로 하는 경우 그 타인의 서면 동의는 강행규정이다. 따라서 비록 보험설계사가 그 내용을 설명하지 않았더라도 적용되어야 한다.

③ 타인의 생명보험에서 서면 동의 없는 계약은 무효이다. 이때 타인이 서면으로 동의하여야 하는 시점은 보험 계약을 체결할 때이며, 사후에 타인이 그 계약을 추인하였다고 하더라도 그 계약이 유효한 것으로 되는 것은 아니다. 이는 타인의 서면동의를 요구하는 법 취지상 당연한 것이며, 민법의 일반 원칙에서도 무효인 법률행위를 추인한다고 하더라도 소급하여 유효한 행위로 전환되는 것은 아니라고 규정하고 있다.

④ 타인의 사망을 보험사고로 하는 보험계약에서 보험계약 체결 시에 그 타인의 서면에 의한 동의를 얻어야 함은 물론이고, 보험계약으로 인하여 생긴 권리를 피보험자가 아닌 자에게 양도하는 경우에도 그 서면 동의를 얻어야 한다.

34. ④

제694조(공동해손분담액의 보상)
보험자는 피보험자가 지급할 공동해손의 분담액을 보상할 책임이 있다. 그러나 보험의 목적의 공동해손분담가액이 보험가액을 초과할 때에는 그 초과액에 대한 분담액은 보상하지 아니한다.

제694조의2(구조료의 보상)
보험자는 피보험자가 보험사고로 인하여 발생하는 손해를 방지하기 위하여 지급할 구조료를 보상할 책임이 있다. 그러나 보험의 목적물의 구조료분담가액이 보험가액을 초과할 때에는 그 초과액에 대한 분담액은 보상하지 아니한다.

제694조의3(특별비용의 보상)
보험자는 보험의 목적의 안전이나 보존을 위하여 지급할 특별비용을 보험금액의 한도내에서 보상할 책임이 있다.

35. ④

상법 제711조에서는 선박의 존부가 2월간 분명하지 아니한 때에는 그 선박은 행방이 불명한 것으로 보며, 이 때에는 전손으로 추정한다고 규정하고 있다. 따라서 보험계약자는 위부를 할 필요가 없으며 그냥 전손보험금을 청구하면 된다.

상법 제711조 제2항에 "전손으로 추정한다"라는 문구 때문에 선박의 행방불명이 추정전손이라는 주장도 있으나, 이는 단지 "추정"이라는 단어가 같이 사용되어 발생한 혼동에 불과하다. 추정전손은 그 자체가 하나의 보험사고에 해당하며 곧 위부의 대상이 된다. 우리 상법은 추정전손, 보험위부의 원인을 제710조에서 3가지로 규정하고 있으며, 선박의 행방불명은 이와는 별도로 제711조에서 전손으로 추정한다고 하고 있다. 선박의 행방불명은 추정전손이 아니며, 보험위부의 대상도 되지 않는다. 즉, "추정전손"과 "전손으로 추정한다"는 서로 다른 의미이다.

실제 보험계약법 해상보험의 기원이라 할 수 있는 영국해상보험법(MIA)에서도 Missing Ship(선박 행방불명)에 대해서는 "presumed"라고 표현하고 있으며, 추정전손은 "constructive"로 기재하고 있다. 이를 우리 말로 옮기는 과정에서 둘 다 "추정"으로 표현하다 보니 발생한 혼동이라 생각된다.

따라서 보험계약자는 선박이 행방불명된 경우 보험위부를 할 필요 없이 그냥 전손보험금을 청구하면 된다. 만약 나중에 선박이 돌아온다면 "추정"의 법률적 효과에 의해서 따로 법원의 확정판결을 받을 필요 없이 곧바로 보험 목적물 반환청구를 하면 된다. 만약 이를 추정전손, 즉 보험위부로 처리한다면 나중에 선박을 찾게 되더라도 어떤 이의도 제기할 수 없는 결과가 발생한다(상법 제716조).

보험계약자의 입장에서도 보험자가 위부를 승인하지 않고 거부를 한다면 위부의 원인을 증명하여야 하나(상법 제717조), 선박의 존부가 2월간 분명하지 않아 바다 한가운데에서 행방불명된 것의 원인을 증명한다는 것은 사실상 불가능하므로, 전손보험금 청구권을 행사하는 것이 훨씬 유리하다.

36. ③

대법원 2010.2.11. 선고 2009다74007 판결
상법 제731조 제1항은 타인의 사망을 보험사고로 하는 보험계약에 있어서 도박보험의 위험성과 피보험자 살해의 위험성 및 선량한 풍속 침해의 위험성을 배제하기 위하여 마련된 강행규정인바, 제3자가 타인의 동의를 받지 않고 타인을 보험계약자 및 피보험자로 하여 체결한 생명보험계약은 보험계약자 명의에도 불구하고 실질적으로 타인의 생명보험계약에 해당한다(대법원 2003.7.22. 선고 2003다24451).
보험계약 체결 시에 피보험자인 타인의 서면에 의한 동의를 얻도록 규정한 것은 그 동의의 시기와 방식을 명확히 함으로써 분쟁의 소지를 없애려는데 그 취지가 있으므로, 피보험자인 타인의 동의는 각 보험계약에 대하여 개별적으로 서면에 의하여 이루어져야 하며, 포괄적인 동의 또는 묵시적이거나 추정적 동의만으로는 부족하다고 하여야 한다.

20) 대법원 2006.9.22. 선고 2004다56677 판결

타인의 사망을 보험사고로 하는 계약에서 그 타인의 서면 동의는 각 보험계약에 대하여 개별적으로 서면에 의하여 이루어져야 함이 원칙이다. 만약 개별적인 서면 동의없이 포괄적인 동의 또는 묵시적이거나 추정적 동의만 있다면 이는 유효한 동의가 이루어진 타인의 생명보험이라고 볼 수 없다.

37. ④

대법원 2011.12.8 선고 2009다20451 판결
망인이 위 자동차보험에 가입한 내역은 특별한 사정이 없는 한 피고의 전산망에 입력되어 있었다고 보아야 할 것이다. 따라서 보험자인 피고로서는 이 사건 보험의 인수 여부를 결정하고 망인의 고지의무 위반으로 인한 자신의 불이익을 방지하기 위하여 망인의 인적사항을 이용하여 피고의 전산망에서 망인의 자사 보험가입현황을 조회함으로써 망인의 위 자동차보험 가입내역을 쉽게 확인할 수 있었을 것이고, 그 결과 망인의 오토바이 소유 및 탑승 여부에 관한 고지의무 위반사실도 쉽게 알 수 있었을 것이다.

대법원 판례에 따르면, 동일한 보험자에게 2개 이상의 보험계약을 체결한 경우, 하나의 보험계약에 관한 사항을 다른 보험계약에서 주장할 수 있느냐 하는 사항에서, 보험계약에 가입한 내역은 특별한 사정이 없는 한 보험회사의 전산에 입력되어 있었을 것이고, 보험자로서는 피보험자의 고지의무 위반으로 인한 자신의 불이익을 방지하기 위하여 자사 보험가입현황을 조회하여 쉽게 확인할 수 있었음에도 이를 하지 아니하였다면 이는 중대한 과실에 해당한다. 따라서 보험자는 고지의무 위반을 이유로 보험계약을 해지할 수 없으며, 보험금도 지급하여야 한다.

38. ①

대법원 1991.12.27. 선고 91다1165 판결
이와 같이 보험계약을 체결함에 있어 중요한 사항에 관하여 보험계약자의 고지의무위반이 사기에 해당하는 경우에는 보험자는 상법의 규정에 의하여 계약을 해지할 수 있음은 물론 민법의 일반원칙에 따라 그 보험계약을 취소할 수 있는 것이라고 할 것이다.

보험계약자의 고의 또는 중대한 과실로 인하여 고지의무 위반이 있는 경우에는 보험자는 보험계약을 해지할 수 있으며, 보험금을 지급할 책임이 없다. 그런데 보험계약자의 고지의무 위반이 단순한 고의에 그치는 것이 아니라 사기로까지 볼 수 있는 경우가 문제이다. 대법원은 고지의무 위반이 사기 및 착오에 해당하는 경우, 보험자는 상법의 규정에 의하여 계약을 해지할 수 있음은 물론 민법의 일반원칙에 따라 그 보험계약을 취소할 수 있다고 하고 있다.

39. ③

보험자가 보험계약자로부터 보험계약의 청약과 함께 보험료 상당액의 전부 또는 일부의 지급을 받은 때에는 다른 약정이 없으면 30일 내에 그 상대방에 대하여 낙부의 통지를 발송하여야 한다. 인보험계약의 피보험자가 신체검사를 받아야 하는 경우에는 그 기간은 신체검사를 받은 날부터 기산한다. 만약 보험자가 이 기간 내에 낙부의 통지를 해태한 때에는 승낙한 것으로 본다(상법 제638조의2). '추정한다'는 법률 용어로, 명확하지 않은 사실을 일단 존재하는 것으로 하여 법률효과를 발생시키는 것을 말한다. 그러나 명확하지 않은 사실에 대한 것이므로, 당사자가 이를 반증할 수 있는 근거를 제시한다면 그 추정을 번복할 수 있다. '추정한다'와 비교하여야 할 개념이 '본다'이다. '본다'도 명확하지 않은 사실을 존재하는 것으로 함은 '추정하다'와 동일하나, 반증이 있는 경우에도 그 사실이 바로 번복되지 않는다는 것에서 다르다. 간혹 일부 책이나 판결문에서 '간주하다'로 표현하는 경우가 있는데, 이는 기존 법률 조항에서 '간주하다'로 되어 있던 일본식 한자어를 우리말인 '본다'로 순화 개정한 것으로, 동일한 용어로 보면 된다.

40. ②

고지의무 위반 등 보험계약자 측의 의무 위반으로 보험계약이 해지된 때 혹은 보험금액의 지급책임이 면제된 때에는 보험자는 보험수익자를 위하여 적립한 금액을 보험계약자에게 지급하여야 한다. 그러나 다른 약정이 없으면 보험사고가 보험계약자의 고의에 의하여 생긴 경우에는 보험적립금 반환의무를 부담하지 않는다(상법 제736조 제1항).

3과목 손해사정이론

01	02	03	04	05	06	07	08	09	10
①	②	①	④	④	②	③	④	①	③
11	12	13	14	15	16	17	18	19	20
②	②	①	①	③	③	②	④	①	②
21	22	23	24	25	26	27	28	29	30
③	①	①	②	①	③	①	②	①	③
31	32	33	34	35	36	37	38	39	40
②	①	②	②	①	②	③	④	③	①

01. ①

보험연계증권(ILS)은 보험 위험을 자본시장에 전가하는 수단으로 재보험과 실질적으로 동일한 기능을 하고 있다. 세계 ILS 시장은 자연재해 위험 보장 수요 및 분산투자 수요 확대를 기반으로 꾸준히 성장하고 있으나, 한국은 아직까지 ILS 발행을 위한 제도가 부족한 상태이다. 넓게 보면, ILS는 보험과 관계된 위험을 자본시장에 전가하는 모든 수단(채권, 파생상품, 재보험 계약 등)을 의미한다. 손해보험 보험연계증권은 대재해채권(Cat bond), 산업손실보증(Industry Loss Warranties; ILW), 담보부재보험(Collateralized Reinsurance) 등이 대표적이며, 생명보험 보험연계증권은 장수채권(Longevity bond), 내재가치 유동화증권(Embedded value securitization), 극사망채권(Extreme mortality bond) 등이 있다. 생명보험 전매제도(Life settlement)와 같은 생명보험 연계증권도 넓은 개념의 보험연계증권으로 보아 포함하는 경우도 있다.

• 장수채권은 연금가입자가 기대 여명 이상으로 생존하는 위험(장수위험)을 자본시장에 전가시키는 유동화채권으로 특정 집단의 생존률이 지정된 수준보다 높을 때 투자자의 원금이 손실됨
• 내재가치 유동화증권은 보험회사의 장래이익을 현금화하는 증권이며, 극사망채권은 정해진 기간 동안 특정 인구의 사망률이 예상 사망률을 초과할 때 투자자의 원금이 손실됨

02. ②

본래 보험은 보험계약자가 위험을 청약하며 보험자는 이러한 위험 중에서 보험제도를 운영하기에 적합한 위험을 선택하여 성립한다. 즉, 위험의 선택자는 보험자이다. 그러나 보험자가 위험을 선택하는 것이 아니라 보험계약자가 위험을 선택하는 경우가 있는데 이를 역선택이라고 한다. 이러한 역선택은 위험에 대한 정보가 보험계약자 측에게만 집중되어 있으며 보험자는 위험을 잘 알지 못하는 정보의 비대칭성으로 인하여 발생한다.

03. ①

①③ 순수 위험은 일정한 상황 하에서 반복되는 경향이 있기 때문에 수리 통계적으로 예측이 가능하다. 투기 위험보다 순수 위험에 대한 예측이 좀더 정확하게 가능하며 이에 따라 보험제도를 적용할 수 있다. 보험은 순수 위험을 그 대상으로 하는데, 이는 도덕적 위태가 상대적으로 적고 손실 발생을 정확히 예측할 수 있기 때문이다

② 순수 위험(pure risk)은 불확실성의 결과로 "손실 발생" 혹은 "손실 발생하지 않음"의 상황만 있는 위험이다. 즉 사고의 발생으로 손실만 존재하는 위험이다. 순수 위험에서 순수(pure)는 손실만 있으며 이익과 손실이 함께 섞여 있지 않다는 뜻이다. 반면 투기 위험(speculative risk)은 적극적으로 이득을 취하고자 하는 심리에 의하여 발생하는 위험으로 "손실 발생" 혹은 "이득 발생"이 모두 존재하는 위험이다.

④ 사회 전체적으로 보았을 때 순수 위험은 항상 사회적 손실에 해당한다. 그러나 투기 위험은 개인에게는 손실이 될 수 있지만 사회 전체적으로는 이득이 되는 경우도 많다.

04. ④

산업재해보상보험법에서는 근로자가 다음 각 호의 어느 하나에 해당하는 사유로 부상 · 질병 또는 장해가 발생하거나 사망하면 업무상의 재해로 본다. 다만, 업무와 재해 사이에 상당인과관계(相當因果關係)가 없는 경우에는 제외한다(산업재해보상보험법 제37조 제1항). ④번 지문은 업무상 사고가 아니라 출퇴근 재해이다.

1. **업무상 사고**
   가. 근로자가 근로계약에 따른 업무나 그에 따르는 행위를 하던 중 발생한 사고
   나. 사업주가 제공한 시설물 등을 이용하던 중 그 시설물 등의 결함이나 관리소홀로 발생한 사고
   다. 삭제 〈2017.10.24.〉
   라. 사업주가 주관하거나 사업주의 지시에 따라 참여한 행사나 행사준비 중에 발생한 사고
   마. 휴게시간 중 사업주의 지배관리하에 있다고 볼 수 있는 행위로 발생한 사고
   바. 그 밖에 업무와 관련하여 발생한 사고
2. **업무상 질병**
   가. 업무수행 과정에서 물리적 인자(因子), 화학물질, 분진, 병원체, 신체에 부담을 주는 업무 등 근로자의 건강에 장해를 일으킬 수 있는 요인을 취급하거나 그에 노출되어 발생한 질병
   나. 업무상 부상이 원인이 되어 발생한 질병
   다. 「근로기준법」 제76조의2에 따른 직장 내 괴롭힘, 고객의 폭언 등으로 인한 업무상 정신적 스트레스가 원인이 되어 발생한 질병
   라. 그 밖에 업무와 관련하여 발생한 질병
3. **출퇴근 재해**
   가. 사업주가 제공한 교통수단이나 그에 준하는 교통수단을 이용하는 등 사업주의 지배관리하에서 출퇴근하는 중 발생한 사고
   나. 그 밖에 통상적인 경로와 방법으로 출퇴근하는 중 발생한 사고

05. ④

에너지방출이론(energy release theory)은 하돈(William Haddon, Jr.)에 의하여 주장된 것으로 특정 구조에 견딜 수 없을 정도로 스트레스가 주어지면 점차 그 에너지가 축적되며 어느 시점에서 그 통제되지 않은 에너지가 급격하게 방출되기 때문에 사고가 발생한다는 이론이다. 따라서 유해한 에너지의 축적이나 방출을 물리적, 기계적으로 방지하기 위한 안전시설을 보강하는 것이 사고의 예방에 큰 도움이 된다고 주장하는 이론이다. 이와 비교해서 알아 둘 것이 하인리히의 도미노이론이다. 도미노이론은 사고의 원인을 인간의 과실, 사고, 손해의 발생이라는 연쇄적 관계에서 바라보기 때문에, 사고 예방을 위해서는 사람이 실수나 부주의를 하지 않도록 환경을 개선하고 사고예방 교육훈련을 강화하는 것이 중요하다고 주장한다. 예를 들어 공장에서 유압프레스에 의한 손가락 절단 사고가 발생하였다고 가정한다면, 에너지방출이론에서는 유압프로세스 안전장치 부재, 불안정한 작업공간을 사고원인으로 보며, 도미노이론에서는 작업자의 부주의, 안전수칙 부재 등을 사고원인으로 본다.

	도미노이론구분	에너지방출이론
주장자	하인리히(H.W. Heinrich)	하돈(William Haddon, Jr.)
사고의 원인	인간의 과실 → 사고 → 손해의 연쇄적 관계로 발생함	특정구조에 견딜 수 없을 정도의 스트레스가 가해지면 나중에 통제되지 못한 에너지가 급격히 방출되면서 발생함
사고 예방조치	사람이 실수나 부주의를 하지 않도록 환경을 개선하고 사고예방 교육훈련을 하는 것이 중요함	유해한 에너지의 축적이나 방출을 막는 물리적, 기계적인 안전시설 보강이 중요함

06. ②

① 전통적인 재보험은 주로 1년 이내의 단기계약으로 체결된다. 이에 반하여 금융재보험은 3~10년의 장기계약으로 체결되기 때문에 거래비용을 절감할 수 있다.

② 금융재보험은 전통적인 재보험에 비하여 재보험료 수준이 상당히 높으며 재보험사로부터 담보력을 제공받을 뿐만 아니라 수익까지 분배받기 때문에 위험재무(Risk financing)와 위험전가(Risk transfer)가 결합된 형태이다.

③ 금융재보험은 장래의 사고를 담보하는 일반적인 보험과 달리 기발생 사고도 담보할 수 있다. 미발생 사고를 담보로 하는 금융재보험을 소급형 금융재보험이라고 하며, 기발생 사고를 담보로 하는 금융재보험은 장래형 금융재보험이라고 한다.

④ 재보험자는 자신이 인수하는 책임을 제한하는데 따른 보상으로 재보험계약에서 발생한 이익을 원수보험자와 공유한다.

07. ③

위험관리 기법은 크게 위험통제(risk control), 위험재무(risk financing) 기법으로 구분할 수 있다. 이자율 위험(interest rate risk), 환위험(foreign exchange risk)은 투기위험에 해당하며, 투기위험에 대처하기 위한 위험관리 기법으로 가장 적절한 것은 헷징(hedging)이다. 헷징은 특정 자산에 투자할 때에 위험을 최소화하기 위하여 선물이나 옵션 등의 상품을 이용하여 현물과 반대되는 포지션을 설정하는 것을 말한다.

08. ④

유혹과실책임(attractive nuisance)이란, 아이들을 유인할 수 있는 위험요소를 사유지 안에 관리하고 있는 사람은 그 유인물의 위험으로부터 아이들을 보호하기 위해 의무적으로 경고판을 세우거나 그보다 더 강력하고 적극적인 조치를 취해야 한다는 원칙이다. 이는 사유지 주인은 사유지 내의 재산을 보호하기 위해 특별한 주의를 기울이지 않아도 된다는 일반 규칙에 대한 예외에 해당한다. 담을 둘러치지 않은 수영장이 대표적인 예이지만, 문짝을 제거하지 않은 낡은 냉장고, 기계류나 건축자재 더미, 그 밖에 어린 아이들을 강하게 유혹하는, 기어오를 수 있는 물건들도 유인적 위험물로 간주된다. 사유지 주인들은 순진한 사람들을 끌어들여 피해를 줄 수 있는 어떤 것을 관리할 때는 그로부터 발생하는 피해를 책임져야 한다는 원칙이다.

09. ①

• **독립책임액 계산**

1차위험 담보방식은 일부보험이 성립하더라도 비례보상하지 않고 보험가입금액 이내에서 손실액을 전부 보상하는 방식이다. 피보험자의 손실액이 200만원이므로 각각의 독립책임액은 다음과 같다.

- A의 독립책임액 : 100만원
- B의 독립책임액 : 200만원
- C의 독립책임액 : 200만원

• **보상책임액 계산**

- A, B, C 보험의 독립책임액 합계액 : 100만원 + 200만원 + 200만원 = 500만원
- A의 보상책임액 : 200만원(손실액) $\times \dfrac{100\text{만원}}{500\text{만원}}$ = 40만원
- B의 보상책임액 : 200만원(손실액) $\times \dfrac{200\text{만원}}{500\text{만원}}$ = 80만원
- C의 보상책임액 : 200만원(손실액) $\times \dfrac{200\text{만원}}{500\text{만원}}$ = 80만원

10. ③

종합공제액 방식은 일정금액의 공제액을 정해놓고 보험기간 중 발생한 손해액의 합계가 종합공제액을 넘는 시점부터 손해액을 보험자가 부담하는 방식이다.

- **1차 사고 20만원** : 보험기간 중 손해액 20만원 : 종합공제액 50만원 이하로 지급보험금 0원
- **2차 사고 20만원** : 보험기간 중 손해액 20만원+20만원=40만원 : 종합공제 50만원 이하로 지급보험금 0원
- **3차 사고 50만원** : 보험기간 중 손해액 20만원+20만원+50만원=90만원 : 종합공제액 50만원 공제 후 지급보험금 40만원
- **4차 사고 50만원** : 3차 사고에 이미 보험기간 중 손해액이 종합공제액을 초과하였으므로 지급보험금 50만원

11. ②

보험회사는 보험계약자가 전가하고자 하는 위험 청약에 대해서 이를 인수할지 거절할지를 결정해야 하는데 이를 언더라이팅(Underwriting)이라고 한다. 이러한 보험회사의 언더라이팅은 일정한 기준에 의하여 결정되어야 하는데 그러한 기준을 위험인수 방침이라고 한다. 위험인수 방침은 보험자의 인수능력(보험자가 위험을 어느정도 감당할 수 있는지), 규제(금융감독 당국의 여러 가지 규제), 재보험(인수능력을 초과하는 경우 재보험 처리를 함) 등을 고려하여 결정한다. 자산운용에 대한 것은 언더라이팅 인수 방침을 정할 때 고려해야 하는 대상이 아니다.

12. ②

① 직계존비속이 없을 경우 배우자는 단독상속인이 된다(민법 제1003조 제1항).

② 피상속인 배우자의 상속분은 직계비속과 공동으로 상속하는 때에는 직계비속 상속분의 5할을 가산하고, 직계존속과 공동으로 상속하는 때에는 직계존속 상속분의 5할을 가산한다(민법 제1009조 제2항).

③ 사실혼 배우자의 상속은 인정되지 않는다. 다만 사실혼 배우자와 관계에서 태어난 자녀의 상속은 인정된다.

④ 다음 각 호의 어느 하나에 해당한 자는 상속인이 되지 못한다(민법 제1004조).

1. 고의로 직계존속, 피상속인, 그 배우자 또는 상속의 선순위나 동순위에 있는 자를 살해하거나 살해 하려한 자
2. 고의로 직계존속, 피상속인과 그 배우자에게 상해를 가하여 사망에 이르게 한 자
3. 사기 또는 강박으로 피상속인의 상속에 관한 유언 또는 유언의 철회를 방해한 자
4. 사기 또는 강박으로 피상속인의 상속에 관한 유언을 하게 한 자
5. 피상속인의 상속에 관한 유언서를 위조 · 변조 · 파기 또는 은닉한 자

13. ①

Lloyd's S.G. Policy에서 말하는 해상 고유의 위험(perils of the seas)에는 좌초(stranding), 침몰(sinking), 충돌(collision), 악천후(heavy weather)가 있다. 해상위험(perils on the sea)에는 화재(fire), 투하(jettison), 선원의 악행(barratry), 강도(pirates) 등이 있다. 둘을 구분하는 가장 쉬운 방법은 해상 고유의 위험(perils of the seas)은 바다에서만 발생하는 perils이며, 해상위험(perils on the sea)은 육지에서도 발생하지만, 해상에서 더욱 커지는 perils이다.

14. ①

초과손해액재보험특약(excess of loss reinsurance treaty ; XoL)은 비비례적 재보험의 한 종류로, 출재보험자(원보험회사)가 지급한 손해액 중에서 사전에 설정한 금액을 초과하는 손해액이 발생할 경우 재보험자가 재보험금을 지급하며 이때 지급되는 재보험금은 특약 한도까지 지급되는 재보험의 형태이다. 문제에서 주어진 조건에 따르면 특약 한도는 US$ 600,000이며, 재보험금은 원수보험회사에 발생한 손해액이 US$ 400,000을 초과하는 경우에 지급한다.

- A : US$ 300,000 = US$ 400,000 이하의 손해이므로 재보험금 지급하지 않음
- B : US$ 800,000 − US$ 400,000 = US$ 400,000
- C : US$ 1,200,000 − US$ 400,000 = US$ 800,000 → 특약 한도인 US$ 600,000 지급
- D : 보험기간내 사고가 아니므로 보험금 지급대상 아님
- **합계** : US$ 400,000 + US$ 600,000 = US$ 1,000,000

15. ③

① 면책손인(excluded peril)은 특정 손인을 보상하지 않는 것을 말하며 고의 혹은 통상적으로 부보 가능하지 않은 대재해가 대표적인 면책손인이다.

② 면책재산(excluded property)은 다른 보험에서 보상하거나 도덕적 위태의 발생 때문에 제외하는 재산으로 화재보험에서 통화, 유가증권 등을 제외하는 것이 예이다.

③ 면책손실(excluded loss)은 보험에서 보상하지 않는 특정한 손실을 말하는 것으로 운송보험에서 운송물의 흠집, 소모, 마모 등을 면책으로 규정하는 것이 예이다. 우리 상법에서도 보험목적물의 성질, 하자, 자연소모로 인한 손해를 보상하지 않는 것으로 규정하고 있다. 자기차량손해에서 피보험자동차에 생긴 흠, 마멸, 부식, 녹, 그 밖에 자연소모로 인한 손해를 보상하지 않는 것은 면책손실(excluded loss)에 해당한다.

④ 자기부담금(deductible)은 손해액의 일정 금액에 대해서 제외하고 보험금을 지급하는 것으로 피보험자는 해당 금액을 스스로 부담하여야 한다.

16. ③

- **경과보험료** = 전기이월 미경과보험료 + 수입보험료 − 지급보험료 − 차기이월 미경과보험료

1,000만원+3,500만원−500만원−1,500만원=2,500만원

- **발생손해액** = 차기이월 지급준비금 + 지급보험금 − 수입보험금 − 전기이월 지급준비금

1,100만원+2,700만원−500만원−800만원=2,500만원

- **손해율** = 발생손해액/경과보험료

2,500만원/2,500만원 = 100%

17. ②

연금제도는 경제적 안정을 도모하기 위한 여러 가지 제도들 중에서 특히 노후생활의 경제적 안정을 확립하기 위한 목적의 제도이다. 이러한 연금제도는 개인, 기업, 국가라는 세 주체가 함께 개인의 노후생활에 대한 보장을 책임질 수 있도록 하는 3층 보장제도가 근간을 이룬다. 국가의 국민연금, 기업의 퇴직연금, 개인의 개인연금의 3층 보장제도가 개인의 노후생활을 보장하고 있다.

18. ④

부진정연대채무에 대한 설명이다. 부진정연대채무란 연대 채무자 상호 간의 의사와는 관련없이 발생한 연대 채무를 의미한다. 여러 명의 채무자가 동일한 내용의 채무에 관해 각각 독립해서 그 전부의 급부를 이행할 의무를 부담하기로 하고, 그 중 한 사람 또는 여러 사람이 급부를 하면 모든 채무자의 채무가 소멸하는 점은 연대채무와 같다. 그러나 채무자 사이에 주관적 관련성이 없으므로 그중 한 사람에 대해 생긴 사유는 변제 등 채권의 목적을 달성하는 사유 이외에는 다른 채무자에게 영향을 미치지 않는다.
예를 들면, 자가용 운전기사가 사고를 낸 경우에 그 운전기사는 불법행위자로서 당연히 책임이 있으며, 자가용 소유자는 사용자로서 책임을 지게 된다. 여기서 자가용 소유자는 본인의 의사와 관계없이 우연히 연대책임 관계가 성립하게 되는데, 이를 부진정연대채무라 한다. 그런데 이 경우에 피해자가 사고를 낸 자가용 운전기사에 대해 손해배상에 관한 권리를 포기하거나 채무를 면제할 의사표시를 했다고 하더라도 다른 채무자인 자가용 소유자에 대해서는 그 효력이 미치지 않는다. 즉, 피해자는 운전기사와 소유자를 상대로 각각 손해배상을 청구할 수도 있고, 자력(資力; 갚을 능력)이 있다고 판단되는 소유자만을 상대로 손해배상을 청구할 수도 있는 것이다. 또 운전기사와 소유자 가운데 어느 한쪽과 합의를 했더라도 다른 한쪽에 대해서는 손해배상을 청구할 수 있다.

19. ①

"제조상의 결함"이란 제조업자가 제조물에 대하여 제조상 · 가공상의 주의의무를 이행하였는지에 관계없이 제조물이 원래 의도한 설계와 다르게 제조 · 가공됨으로써 안전하지 못하게 된 경우를 말한다.

"설계상의 결함"이란 제조업자가 합리적인 대체설계(代替設計)를 채용하였더라면 피해나 위험을 줄이거나 피할 수 있었음에도 대체설계를 채용하지 아니하여 해당 제조물이 안전하지 못하게 된 경우를 말한다.

20. ②

보험나이는 계약일 현재 피보험자의 실제 만 나이를 기준으로 6개월 미만의 끝수는 버리고 6개월 이상의 끝수는 1년으로 하여 계산하며, 이후 매년 계약 해당일에 나이가 증가하는 것으로 계산한다.

> 2023년 4월 9일 − 2000년 10월 6일 = 22년 6월 3일
> → 23세

21. ③

담보의 종류는 다음과 같다

① 약속담보란 보험계약 시 보험계약자가 사고방지를 위한 일정한 시설의 설치 등 특정조치를 이행하겠다고 약속하는 것이다.

② 긍정담보란 어떤 사실이 허위가 아님을 보증하는 것이다.

③ 명시담보란 담보내용을 문자로 표현하는 것이다.

④ 묵시담보란 문자화 하여 계약서에 표현되지는 않았지만 당사자 간에 암묵적으로 인정되는 것으로 선박의 내항능력이 그 것이다.

22. ①

A보험회사와 B보험회사의 보험계약은 동일한 피보험이익을 내용으로 하여 동일한 보험기간을 담보하므로 중복보험 관계에 있다. 또한 주어진 조건에서 A보험회사의 보험계약의 조건과 B보험회사의 보험계약 조건이 서로 상이하므로, 타보험 조항 중에서 독립책임액 조항을 활용하여 보험금을 계산하여야 한다.

상법 제671조와 제676조에 따라 손해액을 산정할 때에는 보험계약 체결시점이 아니라 사고 발생시점을 기준으로 산출하여야 한다.

- **독립책임액 계산**

1. A보험회사의 독립책임액

   공동보험조항이란, 보험가입자가 일정한 비율(요구부보비율) 이상을 가입할 경우 손해액 전부를 보장하되, 요구부보비율 이하로 가입하면 penalty를 부과하여 손해액의 일부만 보상하는 방식을 말한다. 계산식은 다음과 같다.

   > → 요구부보비율을 만족할 경우 :
   > 보험가입금액 한도에서 손해액 전부 보상
   > → 요구부보비율을 만족하지 못할 경우 :
   > 손해액×보험가입금액/(보험가액×요구부보비율)

   A보험회사는 사고 당시 보험가액이 1억원, 요구부보비율이 80%인데 보험가입금액은 6천만원이므로 요구부보비율을 만족하지 못한 경우에 해당한다. 또한 정액공제를 우선 적용한다고 하였으므로 발생손해액에서 정액공제를 적용한 뒤에 요구부보비율 계산식을 적용한다.

   > (5천만원 − 1천만원)×6천만원/(1억원×80%) = 3천만원

2. B보험회사의 독립책임액

   B보험회사는 공동보험조항이나 공제금액이 없으므로, 일부보험 계산 방식에 따라 계산한다.

   > → 손해액×보험가입금액 / 보험가액
   > → 5천만원×9천만원 /1억원 = 4천 5백만원

- **각 보험회사의 보험금 계산**

  독립책임액 방식에 따른 각 보험회사의 보험금 계산식은 다음과 같다.

  > 손해액×독립책임액/(독립책임액의 합계액)

1. A보험회사의 보상책임

   > 5천만원×3천만원/(3천만원+4천 5백만원) = 2천만원

2. B보험회사의 보상책임

   > 5천만원×4천 5백만원/(3천만원+4천 5백만원) = 3천만원

따라서 정답은 2천만원이다.

23. ①

① follow the fortune clause : 운명추정 조항. 재보험자는 원보험자와 모든 책임을 함께 해야 한다는 것으로, 신의성실의 원칙과 함께 재보험 거래의 근간을 이루는 조항이다.

② claim co-operation clause : 이재조사 협조 조항. 보험금 지급 시에 원보험자가 재보험자와 상호 협의하여 처리한다는 조항이다.

③ commutation clause : 합의청산 조항. 보험기간이 끝난 이후에도 보험금 청구가 계속될 수 있는 보험(Long-term insurance)에서 재보험자가 빠른 재보험계약의 청산을 목적으로 사용하는 조항이다. 합의된 일정한 금액을 원보험자에게 지급하고 재보험관계를 청산하며 이후에 원수보험계약에서 손해가 발생하더라도 재보험자는 더이상 재보험금 지급의무를 부담하지 않는다.

④ interlocking clause : 연동 조항. 재보험계약을 체결할 때에 cover period로 보통 손해 발생 기준(LOD ; loss occurring during)이나 위험 담보 기준(RAD ; risk attach during) 등의 기준을 정한다. 이 중 RAD 조건은 underwriting year 기준이라고도 하며 재보험계약의 기간 내에 체결된 원보험계약이나 유지 중인 원보험계약에 대하여 재보험 보장을 제공하는 조건이다. 그런데 RAD 조건으로 체결된 재보험계약에서는 하나의 커다란 사고(거대재해사고, catastrophic event)가 발생했을 때에 각기 다른 재보험조건에 의하여 두번의 재보험 조항이 적용되는 상황이 발생할 수 있다. 예를 들어 2021년 11월 1일 체결된 원보험계약에는 2021년의 재보험조건(예 공제액 1억원)이 적용되고 2022년 1월 1일 체결된 원보험계약에는 2022년의 재보험조건(예 공제액 3억원)이 적용된다고 할 때, 이 상황에서 2022년 3월 1일 허리케인에 의한 사고가 발생하였다면 하나의 사고에 대해서 2021년 체결된 원보험계약

에서 지급되는 손해액 5억원에 대한 재보험조건(공제액 1억원)과 2022년 체결된 원보험계약에서 지급되는 손해액 4억원에 대한 재보험조건(공제액 3억원)이 각각 별도로 적용된다. 따라서 원보험자의 입장에서는 하나의 사고에 대한 전체 손해액 9억원(5억원+4억원)에 대해서 공제액 4억원(1억원+3억원)을 적용받아 5억원의 재보험금만 회수할 수 있다. 이때 interlocking clause를 첨부하면 하나의 사고에 대해서 2021년, 2022년 재보험조건을 각각 적용하는 것이 아니라 조정된 비율로 한번만 적용한다. 조정된 공제액이 2억원이라고 가정한다면, 원보험자는 7억원(9억원-2억원)의 재보험금을 회수할 수 있다.

24. ②

구분	열거위험보험증권	포괄위험보험증권
장점	필요위험만 선택적으로 가입 가능하다.	담보위험이 누락될 염려가 없다.
단점	담보위험이 누락될 가능성이 있다.	불필요한 위험이 중복 보장된다.
입증책임	피보험자	보험자
입증내용	손해가 열거위험으로 발생	손해가 면책위험으로 발생
보험료	저렴하다	비싸다

25. ①

민법상 상속순위는 다음과 같다.

- **1순위** : 피상속인의 직계비속
- **2순위** : 피상속인의 직계존속
- **3순위** : 피상속인의 형제, 자매
- **4순위** : 피상속인의 4촌 이내 방계혈족
- **피상속인의 배우자** : 직계존비속이 있을 경우 그들과 공동상속인이 된다. 그러나 직계존속 또는 직계비속이 없을 경우에는 단독상속인이 된다. 배우자의 상속분은 직계존비속의 상속분에 50%를 가산하여 계산하다.

상속에서 사실혼 배우자는 인정하지 않는다. 다만, 사실혼 관계에서 출생한 자녀의 상속권은 인정된다. 태아의 상속권은 인정된다. 다만, 대법원은 정지조건설의 입장으로 정상적으로 출생한 경우에 소급적으로 상속권을 인정한다.

문제에서 성년 자녀 C와 D가 있으므로, 직계존속인 E는 상속인에서 제외된다. 또한 배우자인 B는 직계비속인 C와 D와 공동상속인이 되고, 이들의 상속분에 50%를 가산하여 지급받는다. 따라서 B, C, D의 상속분은 각각 1.5:1:1의 비율로 계산해야 한다. 사망보험금이 3.5억원이라고 했으므로, B는 1억5천만원, C는 1억원, D는 1억원을 각각 지급받는다.

26. ③

서적을 보관하던 창고에 화재가 발생하여 소방을 위해 뿌린 물에 서적이 젖은 경우에는 이는 간접손실이 아니라 직접손실이다. 우리 상법도 제684조에 소방 등의 조치로 인한 손해를 화재보험자의 보상책임이 있다고 규정하고 있다.

27. ①

최종적 명백한 기회(last clear chance)란 영미법의 기여과실에 법리에 대한 반박으로 주장된 것으로 사고 발생에 피해자의 과실이 있었더라도 피고인 가해자가 사고를 회피할 수 있는 최후의 기회가 있었음이 명백히 증명된다면 가해자의 배상책임을 인정하는 법리이다. 예를 들어 신호를 무시하고 길을 건너는 사람(피해자)에게 과실이 있지만, 운전자(가해자)가 사고를 피할 수 있는 최종적 명백한 기회(last clear chance)가 있었음에도 이를 피하지 않고 사고를 발생시켰다면 운전자에게 손실을 배상할 책임이 있다는 논리이다. 다만, 최종적 명백한 기회(The last clear chance doctrine of tort law)는 기본적으로 plaintiff(원고, 피해자)가 자신의 피해복구(recover)를 위해 주장하는 것이나, defendant(피고, 가해자)도 자신의 방어(defense)를 위해 얼마든지 주장할 수 있다. 예를 들어, 피해자에게 사고를 피할 수 있는 최종적 명백한 기회(last clear chance)가 있었음을 이유로 배상책임의 감면을 주장할 수 있다. 실제 시험에서는 유연성 있는 접근이 필요하다. 상세한 내용은 제45회 2022년 손해사정이론 39번 기출문제 해설의 주석 부분을 참고하기 바란다.

28. ②

① 손해조사비 : 발생손해액 계산 항목에 포함되어 손해율 산출 시에 적용되는 사항이다.
② 비상위험준비금 : 대수의 법칙을 벗어나는 거대한 위험에 대비하기 위한 적립금으로 손해율 계산과 관련없다.
③ 미경과보험료 : 경과보험료 계산 항목에 포함되어 손해율 산출 시에 적용되는 사항이다.
④ 출재보험료 : 경과보험료 계산 항목에 포함되어 손해율 산출 시에 적용되는 사항이다.

29. ①

위험결합약정은 다음과 같은 효과가 있다. 체계적 위험은 위험의 결합, 분산을 통하여 제거될 수 없는 위험을 말하는 것으로 위험결합과는 크게 관련성이 없다.

1) 예상 총비용 자체는 위험결합약정(Risk pooling agreement) 여부에 상관없다.
2) 극단적인 손해 발생 확률이 줄어들고 손해발생 경우의 수가 다양해진다.
3) 참여자가 많아질수록 경우의 수는 더 다양해질 것이고, 위험비용은 전체의 평균 위험비용에 근접한다. 즉, 특정 중앙값으로의 집중도가 높아진다.

30. ③

기대효용가설(expected utility hypothesis)이란 전통적인 경제학에 대한 비판으로 나온 이론으로, 사람의 행동이 초래하는 결과는 불확실하며, 합리적인 경제주체의 행동은 결과에 관한 효용의 기대치에 입각하여 이루어진다는 것이다.

예를 들어 1천원을 걸고 동전을 던져서 앞면이 나오면 2천원을 주고, 뒷면이 나오면 0원을 주는 내기가 있다고 하자. 내기에 참가하기 위하여 지출하는 참가비 1천원과 내기 결과로 인하여 받을 수 있는 값의 기대값(2천원×50%)은 서로 동일하기 때문에, 전통적인 경제학에서 흔히 말하는 합리적인 경제주체라면 내기 참가여부에 대하여 모두 같은 결론을 내려야 한다. 그런데 실제로 사람들에게 내기에 참가할지 여부를 물어보면 어떤 사람은 참가를 하고 어떤 사람은 참가하지 않는다. 이는 각각의 개인이 내기에 대해서 느끼는 기대효용이 다르기 때문이다. 어떤 사람은 현재의 확실한 1천원에 대해서 더 효용을 느끼며, 어떤 사람은 내기에 참가하여 2천원을 받을 수 있는 50%의 확률에 더 효용을 느낀다.

다시 정리하면, 기대효용가설은 현실의 확실성과 미래의 불확실성에 대한 기대가치를 서로 비교하여 어떤 것에 더 효용을 느끼느냐에 따라 개인의 행동 결과가 달라진다는 것이다. 이를 정리하면 다음과 같다.

- **위험회피형** : 불확실성에 대한 기대가치보다 현재의 확실성을 높게 평가함
- **위험중립형** : 둘의 가치를 동일하게 평가함
- **위험선호형** : 현재의 확실성보다 불확실성에 대한 기대가치를 높게 평가함

보험은 불확실한 사고를 보장해주는 제도이므로, 기대효용가설에 적용 가능하다.

31. ②

①② 재보험수수료(reinsurance commission)는 신계약 체결에 소요되는 비용의 보전 성격으로 재보험료의 일정 비율을 재보험자가 원수보험자에게 지급하는 수수료이다.

③④ 이익수수료(profit commission)는 통상 비례재보험 특약에서 사용되며, 재보험자가 이익을 실현할 경우 이를 원수보험자가 언더라이팅을 잘한 결과로 인식하여 이익의 일부를 돌려주는 개념이다.

32. ①

보험사기방지 특별법에서는 보험사기죄로 본인이 취득하거나 제3자로 하여금 취득하게 한 금액(보험사기 이득액)이 다음에 해당할 경우에는 가중 처벌하도록 규정하고 있다. ①번 지문에서는 보험사기 이득액이 4억원이므로 가중처벌 대상이 아니다.

1. **보험사기이득액이 50억원 이상일 때** : 무기 또는 5년 이상의 징역
2. **보험사기이득액이 5억원 이상 50억원 미만일 때** : 3년 이상의 유기징역

33. ②

화재의 3요소

1. 불자리가 아닌 장소에서 발생하거나 불자리를 벗어나서 발생하는 우발적인 것
2. 불에 의한 연소작용이 있을 것. 즉, 자력으로 확대가 가능한 것
3. 재물을 소실시켜 경제적 손해를 초래할 것

34. ②

①② 기존의 전통적인 재보험은 보험위험만을 재보험으로 전가했으나, 공동재보험은 보험위험 뿐만 아니라 금리위험 등 다른 위험도 함께 전가한다. 이에 따라 원보험자도 위험보험료뿐만 아니라 저축보험료나 부가보험료 등 다른 보험료도 함께 재보험자에게 전가한다.

③ 공동재보험은 IFRS17와 K-ICS 등의 도입에 따라 그 필요성이 증대되고 있다.

④ 일반적 공동재보험은 책임준비금과 운용수익을 모두 이전하나, 변형된 공동재보험은 책임준비금만을 이전한다.

35. ①

초과액재보험특약(surplus reinsurance treaty)은 원보험자가 먼저 보유금액을 결정한 뒤에, 그 초과액을 일정배수에 따라 출재하는 방식의 비례적 재보험(proportional reinsurance)이다. 비례적 재보험이므로 원보험자와 재보험자의 손해액 부담은 보험가입금액에 비례하여 부담한다. 원보험자가 자신이 보유하는 금액을 먼저 설정하고 그 보유금액을 초과하는 부분을 재보험으로 출재하는 방식이기 때문에, 재보험자의 입장에서는 보험 목적물에 대한 정보가 없는 상태에서 원보험자의 출재를 그대로 인수할 수밖에 없다. 따라서 원보험자가 위험한 물건에 대하여 과도하게 재보험 처리하는 것에 대한 우려가 발생한다. 예를 들어, 사고발생 확률이 낮은 물건(우량물건) 1억원은 원보험자가 9천만원을 보유하고 재보험으로 1천만원만 출재하는 반면, 사고발생 확률이 높은 물건(불량물건) 1억원은 원보험자가 1천만원을 보유하고 재보험으로 9천만원으로 출재하는 현상이 발생할 수 있다. 원보험자와 재보험자의 관계에서는 위험에 대한 정보가 원보험자에게 집중되어 있기 때문이다. 이러한 우려에서 만들어진 재보험조건이 line이라는 개념이다. line은 쉽게 '배수'라고 생각하면 된다. 만약 1 line이 설정되었다면 원보험자의 보유금액의 1배수, 2 line이 설정되었다면 원보험자 보유금액의 2배수가 출재할 수 있는 한도이다. 이처럼 line이 설정되면 재보험으로 처리되는 부분이 원보험자의 보유액의 일정 부분으로 제한되기 때문에 재보험자의 입장에서도 일종의 안전 장치가 될 수 있다. 문제에서 원보험자 보유액이 5억원이므로, A보험자 1 line은 5억원, B보험자 2 line은 10억원이다.

36. ②

상법 제677조(보험료체납과 보상액의 공제)
보험자가 손해를 보상할 경우에 보험료의 지급을 받지 아니한 잔액이 있으면 그 지급기일이 도래하지 아니한 때라도 보상할 금액에서 이를 공제할 수 있다.

보험료 불가분의 원칙과 상법 제677조의 내용에 따라, 보험회사가 지급할 보험금에서 지급기일이 도래하지 않은 보험료라도 이를 공제하여 지급할 수 있다.

37. ③

프랜차이즈 공제(franchise deductible)란, 일정 금액을 공제한도로 정해 놓고 공제한도 미만의 손실은 피보험자가 전액 부담하고, 공제한도를 넘어서는 손해가 발생했을 경우에는 보험자가 손실 전

부를 부담하는 공제조항을 말한다.
주어진 문제에서 프랜차이즈 공제금액이 500만원이라고 하였으므로, 보험금 지급 대상이 되는 손해액은 600만원과 1,000만원이며, 보험자는 각각의 손해액인 600만원과 1,000만원을 지급하여야 한다. 해당 보험금이 지급될 확률을 곱하면 다음과 같이 계산되며, 수지상등의 원칙에 따라 해당 보험금이 지급될 확률과 순보험료는 동일해야 하므로, 해당 보험계약의 순보험료도 다음과 같다.

- 600만원×0.1=60만원
- 1,000만원×0.05=50만원
- 60만원+50만원=110만원

38. ④

① 분쟁조정의 신청은 시효 중단의 효력이 있다(금융소비자보호법 제40조 제1항).
② 조정위원회는 구성원 과반수의 출석과 출석위원 과반수의 찬성으로 의결한다(금융소비자보호법 제37조 제1항).
③ 조정대상기관은 일반금융소비자가 신청한 2천만원 이내의 분쟁사건의 조정절차가 개시된 경우에는 조정안을 제시받기 전에 소를 제기할 수 없다(금융소비자보호법 제42조).
④ 양 당사자가 조정안을 수락한 경우 해당 조정안은 재판상 화해와 동일한 효력을 갖는다(금융소비자보호법 제39조). 민법상 화해는 분쟁의 당사자가 상호 양보하여 분쟁을 종지(終止)할 것을 약정하여 효력이 생기는 일종의 계약이다. 재판상 화해는 법원에 양 당사자가 출석하여 법원의 주도 하에 이루어지는 화해 방식으로 판사가 화해조서를 작성하기 때문에 그로 인하여 기판력이 발생하고 내용에 따라 집행권원이 될 수도 있다. 민법상 화해는 이를 부인하고 다시 재판의 과정을 거칠 수 있으나, 재판상 화해는 기판력이 있기 때문에 이를 다시 다투지 못하는 것이 원칙이다.

39. ③

날씨보험은 강우에 의하여 옥외집회의 취소, 연기, 손님의 감소 등으로 인한 수입의 감소나 비용의 지출을 담보하는 보험이다. 당연히 보험이므로 손해가 발생하는 경우에만 보험금을 지급하며 손해가 발생하지 않고 단순히 행사가 연기 또는 변경 되었다면 보험금을 지급하지 않는다.

40. ①

컨틴전시(contingency) 보험은 전통적인 손해보험에서 보상하지 않는 예외적인 위험을 담보하는 보험을 말한다. 스포츠시상보험이나 날씨보험, 행사취소보험 등이 그 예이다. 문제에서 주어진 것처럼 스포츠 행사로 인하여 발생하는 기업의 손실을 보전하고자 할 때에는 컨틴전시(contingency) 보험을 가입하여야 한다. 금융기관종합보험(BBB)은 비행담보보험의 일종으로 종업원의 부정행위로 금융기관이 손실을 입었을 때에 이를 담보하기 위한 보험이다.

제3회 정답 및 해설

1과목 보험업법

01	02	03	04	05	06	07	08	09	10
③	②	④	①	④	③	④	②	③	①
11	12	13	14	15	16	17	18	19	20
①	④	③	②	②	③	④	①	③	①
21	22	23	24	25	26	27	28	29	30
②	③	①	①	④	③	②	④	③	①
31	32	33	34	35	36	37	38	39	40
②	④	④	③	②	②	①	④	②	③

01. ③

"**보험업**"이란 보험상품의 취급과 관련하여 발생하는 보험의 인수(引受), 보험료 수수 및 보험금 지급 등을 영업으로 하는 것으로서 생명보험업 · 손해보험업 및 제3보험업을 말한다.

02. ②

1. 생명보험업의 보험종목
   가. 생명보험
   나. 연금보험(퇴직보험을 포함한다)
   다. 그 밖에 대통령령으로 정하는 보험종목
2. 손해보험업의 보험종목
   가. 화재보험
   나. 해상보험(항공 · 운송보험을 포함한다)
   다. 자동차보험
   라. 보증보험
   마. 재보험(再保險)
   바. 그 밖에 대통령령으로 정하는 보험종목
3. 제3보험업의 보험종목
   가. 상해보험
   나. 질병보험
   다. 간병보험
   라. 그 밖에 대통령령으로 정하는 보험종목

03. ④

① 조건이 붙은 보험업 허가를 받은 자는 사정의 변경, 그 밖의 정당한 사유가 있는 경우에는 금융위원회에 그 조건의 취소 또는 변경을 신청할 수 있다. 이 경우 금융위원회는 2개월 이내에 조건의 취소 또는 변경 여부를 결정하고, 그 결과를 지체 없이 신청인에게 문서로 알려야 한다(보험업법 제4조 제8항).

② 생명보험업이나 손해보험업에 해당하는 보험종목 전부에 관하여 허가를 받은 자는 제3보험업에 해당하는 보험종목에 대한 허가를 받은 것으로 본다(보험업법 제4조 제3항).

③ 보증보험 및 재보험을 제외하고 나머지 손해보험업의 보험종목 전부에 관하여 허가를 받은 자는 경제질서의 건전성을 해친 사실이 없으면 손해보험업의 종목으로 신설되는 보험종목에 대한 허가를 받은 것으로 본다(보험업법 제4조 제4항).

④ 보험업의 허가를 받을 수 있는 자는 주식회사, 상호회사 및 외국보험회사로 제한하며, 보험업법의 규정에 따라 허가를 받은 외국보험회사의 국내지점은 보험업법에 따른 보험회사로 본다(보험업법 제4조 제6항).

04. ①

보험업의 허가를 받으려는 자는 신청서에 다음 각 호의 서류를 첨부하여 금융위원회에 제출하여야 한다. 다만, 보험회사가 취급하는 보험종목을 추가하려는 경우에는 제1호의 서류는 제출하지 아니할 수 있다(보험업법 제5조).

1. 정관
2. 업무 시작 후 3년간의 사업계획서(추정재무제표를 포함한다)
3. 경영하려는 보험업의 보험종목별 사업방법서, 보험약관, 보험료 및 해약환급금의 산출방법서(기초서류) 중 대통령령으로 정하는 서류
4. 제1호부터 제3호까지의 규정에 따른 서류 이외에 대통령령으로 정하는 서류

05. ④

①② 예비허가 신청을 받은 금융위원회는 2개월 이내에 심사하여 예비허가 여부를 통지하여야 한다. 다만, 금융위원회는 다음 각 호의 어느 하나에 해당하는 사유가 있는 경우에는 한 차례만 3개월의 범위에서 통지기간을 연장할 수 있다(보험업법 제7조 제2항 및 보험업법 시행규칙 제9조 제5항).

1. 예비허가의 신청서 및 첨부서류에 적힌 사항 중 내용이 불명확하여 사실 확인 및 자료의 보완이 필요한 경우
2. 이해관계인 등의 이해 조정을 위하여 제3항 및 제4항에 따른 공청회 개최 또는 신청인의 소명이 필요한 경우
3. 그 밖에 금융시장 안정 및 보험계약자 보호를 위하여 금융위원회가 필요하다고 인정하는 경우

③ 예비허가를 받은 자는 예비허가를 받은 날부터 6개월 이내에 예비허가의 내용 및 조건을 이행한 후 본허가를 신청하여야

한다. 다만, 금융위원회의 예비허가 당시 본허가 신청기한을 따로 정하였거나 예비허가 후 본허가 신청기한의 연장에 대하여 금융위원회의 승인을 받은 경우에는 그 기간을 달리 정할 수 있다(보험업법 시행규칙 제9조 제6항).

④ 금융위원회는 예비허가를 받은 자가 예비허가의 조건을 이행한 후 본허가를 신청하면 허가하여야 한다(보험업법 제7조 제4항).

06. ③

보험회사는 300억원 이상의 자본금 또는 기금을 납입함으로써 보험업을 시작할 수 있다. 다만, 보험회사가 보험종목의 일부만을 취급하려는 경우에는 50억원 이상의 범위에서 대통령령으로 자본금 또는 기금의 액수를 다르게 정할 수 있다(보험업법 제9조 제1항).

07. ④

보험회사의 겸영업무는 보험업법 제11조에서 열거주의 방식을 취하고 있으며, 부수업무는 보험업법 제11조의2에서 제한업무를 열거하는 방식을 취하고 있다. 겸영업무와 부수업무 모두 일정한 경우를 제외하고는 그 업무를 시작하려는 날의 7일전까지 금융위원회에 신고하여야 한다.

08. ②

① 상호회사는 그 명칭 중에 상호회사라는 글자를 포함하여야 한다(보험업법 제35조).

② 상호회사의 기금은 금전 이외의 자산으로 납입하지 못한다(보험업법 제36조 제1항).

③ 발기인이 아닌 자가 상호회사의 사원이 되려면 입사청약서 2부에 보험의 목적과 보험금액을 적고 기명날인하여야 한다. 다만, 상호회사가 성립한 후 사원이 되려는 자는 그러하지 아니하다(보험업법 제38조 제1항).

④ 상호회사는 100명 이상의 사원으로써 설립한다(보험업법 제37조).

09. ③

① 주식회사는 그 조직을 변경하여 상호회사로 할 수 있다(보험업법 제20조 제1항).

② 주식회사의 조직 변경은 주주총회의 결의를 거쳐야 한다(보험업법 제21조 제1항).

③ 주식회사가 조직 변경을 결의한 경우 그 결의를 한 날부터 2주 이내에 결의의 요지와 재무상태표를 공고하고 주주명부에 적힌 질권자(質權者)에게는 개별적으로 알려야 한다(보험업법 제22조 제1항).

④ 주식회사는 조직변경의 공고를 한 날 이후에 보험계약을 체결하려면 보험계약자가 될 자에게 조직 변경 절차가 진행 중임을 알리고 그 승낙을 받아야 한다(보험업법 제23조 제1항).

10. ①

① 보험계약자 총회는 보험계약자 과반수의 출석과 그 의결권의 4분의 3 이상의 찬성으로 결의한다(보험업법 제26조 제1항).

② 주식회사는 조직 변경을 결의할 때 보험계약자 총회를 갈음하는 기관에 관한 사항을 정할 수 있다(보험업법 제25조 제1항).

③ 보험계약자 총회는 정관의 변경이나 그 밖에 상호회사의 조직에 필요한 사항을 결의하여야 한다(보험업법 제28조 제1항).

④ 주식회사의 이사는 조직 변경에 관한 사항을 보험계약자 총회에 보고하여야 한다(보험업법 제27조).

11. ①

①④ 상호회사의 발기인은 상호회사의 기금의 납입이 끝나고 사원의 수가 예정된 수가 되면 그 날부터 7일 이내에 창립총회를 소집하여야 한다(보험업법 제39조 제1항).

② 창립총회는 사원 과반수의 출석과 그 의결권의 4분의 3 이상의 찬성으로 결의한다(보험업법 제39조 제2항).

③ 상호회사의 설립등기는 창립총회가 끝난 날부터 2주 이내에 하여야 한다(보험업법 제40조 제1항).

12. ④

생명보험 및 제3보험을 목적으로 하는 상호회사의 사원은 회사의 승낙을 받아 타인으로 하여금 그 권리와 의무를 승계하게 할 수 있다(보험업법 제50조). 손해보험을 목적으로 하는 상호회사의 사원이 보험의 목적을 양도한 경우에는 양수인은 회사의 승낙을 받아 양도인의 권리와 의무를 승계할 수 있다(보험업법 제51조).

13. ③

①② 상호회사의 사원은 정관으로 정하는 사유의 발생 또는 보험관계의 소멸을 사유로 퇴사한다(보험업법 제66조 제1항).

③ 상호회사에서 퇴사한 사원은 정관이나 보험약관으로 정하는 바에 따라 그 권리에 따른 금액의 환급을 청구할 수 있으며, 퇴사한 사원이 회사에 대하여 부담한 채무가 있는 경우에는 회사는 그 채무액을 공제할 수 있다(보험업법 제67조).

④ 상호회사에서 퇴사한 사원의 권리에 따른 금액의 환급은 퇴사한 날이 속하는 사업연도가 종료한 날부터 3개월 이내에 하여야 하며, 퇴사원의 환급청구권은 위 기간이 지난 후 2년 동안 행사하지 아니하면 시효로 소멸한다(보험업법 제68조).

14. ②

보험대리점 또는 보험중개사는 자기 또는 자기를 고용하고 있는 자를 보험계약자 또는 피보험자로 하는 보험을 모집하는 것을 주된 목적으로 하지 못한다(보험업법 제101조 제1항).

15. ②

① 외국보험회사 국내지점의 대표자는 보험업법에 따른 보험회사의 임원으로 본다(보험업법 제76조 제3항).

② 외국보험회사 국내지점은 대한민국에서 체결한 보험계약에 관하여 책임준비금 및 비상위험준비금에 상당하는 자산을 대한민국에서 보유하여야 한다(보험업법 제76조 제1항).

③ 외국보험회사 국내지점의 대표자는 퇴임한 후에도 후임 대표자의 이름 및 주소에 관하여 「상법」에 따른 등기가 있을 때까지는 계속하여 대표자의 권리와 의무를 가진다(보험업법 제76조 제2항).

④ 외국보험회사 국내지점에 관하여는 보험업법 규정 중 총회의 결의에 관한 규정을 적용하지 아니한다(보험업법 제82조 제2항).

16. ③

보험 모집을 할 수 있는 자는 다음 각 호의 어느 하나에 해당하는 자이어야 한다(보험업법 제83조 제1항).

1. 보험설계사
2. 보험대리점
3. 보험중개사
4. 보험회사의 임원(대표이사 · 사외이사 · 감사 및 감사위원은 제외한다) 또는 직원

17. ④

보험회사 등은 보험설계사에게 보험계약의 모집을 위탁할 때 다음 각 호의 행위를 하여서는 아니 된다(보험업법 제85조의3).

1. 보험모집 위탁계약서를 교부하지 아니하는 행위
2. 위탁계약서상 계약사항을 이행하지 아니하는 행위
3. 위탁계약서에서 정한 해지요건 외의 사유로 위탁계약을 해지하는 행위
4. 정당한 사유 없이 보험설계사가 요청한 위탁계약 해지를 거부하는 행위
5. 위탁계약서에서 정한 위탁업무 외의 업무를 강요하는 행위
6. 정당한 사유 없이 보험설계사에게 지급되어야 할 수수료의 전부 또는 일부를 지급하지 아니하거나 지연하여 지급하는 행위
7. 정당한 사유 없이 보험설계사에게 지급한 수수료를 환수하는 행위
8. 보험설계사에게 보험료 대납(代納)을 강요하는 행위
9. 그 밖에 대통령령으로 정하는 불공정한 행위

18. ①

금융기관보험대리점 등에 대하여는 법인보험대리점 임원의 자격에 관한 규정(보험업법 제87조의2 제1항) 및 법인보험대리점의 업무범위에 관한 규정(보험업법 제87조의3)을 적용하지 않는다(보험업법 제91조의2).

19. ③

보험설계사 · 보험대리점 또는 보험중개사는 다음 각 호의 어느 하나에 해당하는 경우에는 지체 없이 그 사실을 금융위원회에 신고하여야 한다(보험업법 제93조 제1항).

1) 등록을 신청할 때 제출한 서류에 적힌 사항이 변경된 경우
2) 보험설계사 · 보험대리점 또는 보험중개사가 되지 못하는 자의 규정 각 호의 어느 하나에 해당하게 된 경우
3) 모집업무를 폐지한 경우
4) 개인의 경우에는 본인이 사망한 경우
5) 법인의 경우에는 그 법인이 해산한 경우
6) 법인이 아닌 사단 또는 재단의 경우에는 그 단체가 소멸한 경우
7) 보험대리점 또는 보험중개사가 소속 보험설계사와 보험모집에 관한 위탁을 해지한 경우
8) '교차모집' 규정에 따라 보험설계사가 다른 보험회사를 위하여 모집을 한 경우나, 보험대리점 또는 보험중개사가 생명보험계약의 모집과 손해보험계약의 모집을 겸하게 된 경우

20. ①

보험회사는 일반보험계약자가 보험금 지급을 요청한 경우에는 대통령령으로 정하는 바에 따라 보험금의 지급절차 및 지급내역 등을 설명하여야 하며, 보험금을 감액하여 지급하거나 지급하지 아니하는 경우에는 그 사유를 설명하여야 한다(보험업법 제95조의2 제4항).

21. ②

보험계약자, 피보험자, 보험금을 취득할 자, 그 밖에 보험계약에 관하여 이해관계가 있는 자는 보험사기 행위를 하여서는 아니 된다(보험업법 제102조의2).

22. ③

대통령령으로 정하는 보험회사는 보험사고에 따른 손해액 및 보험금의 사정(손해사정)에 관한 업무를 직접 수행하거나 손해사정사 또는 손해사정을 업으로 하는 자(손해사정업자)를 선임하여 그 업무를 위탁하여야 한다(보험업법 제185조 제2항). 이 때 대통령령으로 정하는 보험회사란 다음 각 호의 어느 하나에 해당하는 보험회사를 말한다(보험업법 시행령 제96조의3 제1항).

1. 손해보험상품(보증보험계약은 제외한다)을 판매하는 보험회사
2. 제3보험상품을 판매하는 보험회사

23. ①

금융위원회는 보험회사가 하는 부수업무가 다음 각 호의 어느 하나에 해당하면 그 부수업무를 하는 것을 제한하거나 시정할 것을 명할 수 있다(보험업법 제11조의2 제3항).

1. 보험회사의 경영건전성을 해치는 경우
2. 보험계약자 보호에 지장을 가져오는 경우
3. 금융시장의 안정성을 해치는 경우

24. ①

외국보험회사의 영업기금은 30억원 이상으로 한다(보험업법 시행령 제14조).

25. ④

손해사정사(보조인을 포함한다) 또는 손해사정업자는 손해사정업무를 수행할 때 보험계약자, 그 밖의 이해관계자들의 이익을 부당하게 침해하여서는 아니 되며, 다음 각 호의 행위를 하여서는 아니 된다(보험업법 제189조 제3항 및 보험업법 시행령 제99조 제3항).

1. 고의로 진실을 숨기거나 거짓으로 손해사정을 하는 행위
1의2. 보험회사 또는 보험계약자 등 어느 일방에 유리하도록 손해사정업무를 수행하는 행위
2. 업무상 알게 된 보험계약자 등에 관한 개인정보를 누설하는 행위
3. 타인으로 하여금 자기의 명의로 손해사정 업무를 하게 하는 행위
4. 정당한 사유 없이 손해사정 업무를 지연하거나 충분한 조사를 하지 아니하고 손해액 또는 보험금을 산정하는 행위
5. 보험회사 및 보험계약자 등에 대하여 이미 제출받은 서류와 중복되는 서류나 손해사정과 관련이 없는 서류 또는 정보를 요청함으로써 손해사정을 지연하는 행위
6. 보험금 지급을 요건으로 합의서를 작성하거나 합의를 요구하는 행위
7. 그 밖에 공정한 손해사정 업무의 수행을 해치는 행위로서 대통령령으로 정하는 행위
7-1. 등록된 업무범위 외의 손해사정을 하는 행위
7-2. 자기 또는 자기와 총리령으로 정하는 이해관계를 가진 자의 보험사고에 대하여 손해사정을 하는 행위
7-3. 자기와 총리령으로 정하는 이해관계를 가진 자가 모집한 보험계약에 관한 보험사고에 대하여 손해사정을 하는 행위(보험회사 또는 보험회사가 출자한 손해사정법인에 소속된 손해사정사가 그 소속 보험회사 또는 출자한 보험회사가 체결한 보험계약에 관한 보험사고에 대하여 손해사정을 하는 행위는 제외한다)

26. ③

보험회사가 선임계리사를 선임한 경우에는 그 선임일이 속한 사업연도의 다음 사업연도부터 연속하는 3개 사업연도가 끝나는 날까지 그 선임계리사를 해임할 수 없다. 다만, 다음 각 호의 어느 하나에 해당하는 경우에는 그러하지 아니하다(보험업법 제184조 제4항).

1. 선임계리사가 회사의 기밀을 누설한 경우
2. 선임계리사가 그 업무를 게을리하여 회사에 손해를 발생하게 한 경우
3. 선임계리사가 계리업무와 관련하여 부당한 요구를 하거나 압력을 행사한 경우
4. 금융위원회의 해임 요구가 있는 경우

27. ②

① 보험계리를 업으로 하려는 자는 금융위원회에 등록하여야 한다(보험업법 제183조 제1항).
② 등록을 한 보험계리업자는 등록한 사항이 변경되었을 때에는 1주일 이내에 그 변경사항을 금융위원회에 신고하여야 한다(보험업법 시행령 제92조 제4항).
③ 보험계리업자는 등록일부터 1개월 내에 업무를 시작하여야 한다. 다만 불가피한 사유가 있다고 금융위원회가 인정하는 경우는 그 기간을 연장할 수 있다(보험업법 시행령 제93조 제5항).
④ 보험계리를 업(業)으로 하려는 법인은 2명 이상의 상근 보험계리사를 두어야 한다(보험업법 시행령 제93조 제1항).

28. ④

보험설계사, 보험대리점, 보험중개사, 보험계리사, 손해사정사, 그 밖에 보험 관계 업무에 종사하는 자는 공익이나 보험계약자 및 피보험자 등을 보호하고 모집질서를 유지하기 위하여 각각 단체를 설립할 수 있다. 보험 관계 단체는 법인으로 하며, 정관으로 정하는 바에 따라 다음 각 호의 업무를 한다(보험업법 제178조).

1. 회원 간의 건전한 업무질서 유지
2. 회원에 대한 연수 · 교육 업무
3. 정부 · 금융감독원 또는 보험협회로부터 위탁받은 업무
4. 제1호 및 제2호에 딸린 업무
5. 그 밖에 대통령령으로 정하는 업무

29. ③

보험요율 산출기관은 정관으로 정하는 바에 따라 다음 각 호의 업무를 한다(보험업법 제176조 제3항).

1. 순보험요율의 산출 · 검증 및 제공
2. 보험 관련 정보의 수집 · 제공 및 통계의 작성
3. 보험에 대한 조사 · 연구
4. 설립 목적의 범위에서 정부기관, 보험회사, 그 밖의 보험 관계 단체로부터 위탁받은 업무
5. 제1호부터 제3호까지의 업무에 딸린 업무
6. 그 밖에 대통령령으로 정하는 업무
6-1. 보유정보의 활용을 통한 자동차사고 이력, 자동차 기준가액 및 자동차 주행거리의 정보 제공 업무
6-1의2. 자동차 제작사, 보험회사 등으로부터 수집한 사고기록정보(「자동차관리법」 제2조 제10호에 따른 사고기록장치에 저장된 정보를 말한다), 운행정보, 자동차의 차대번호 · 부품 및 사양 정보의 관리
6-2. 보험회사 등으로부터 제공받은 보험정보 관리를 위한 전산망 운영 업무
6-3. 보험수리에 관한 업무
6-3의2. 법 제120조의2 제1항에 따른 책임준비금의 적정성 검증
6-4. 법 제125조의 상호협정에 따라 보험회사가 공동으로 인수하는 보험계약(국내 경험통계 등의 부족으로 담보위험에 대한 보험요율을 산출할 수 없는 보험계약은 제외한다)에 대한 보험요율의 산출
6-4의2. 자동차보험 관련 차량수리비에 관한 연구
6-5. 법 제194조 제4항에 따라 위탁받은 업무
6-6. 「근로자퇴직급여 보장법」 제28조 제2항에 따라 퇴직연금사업자로부터 위탁받은 업무
6-7. 다른 법령에서 보험요율 산출기관이 할 수 있도록 정하고 있는 업무

30. ①

① 보험요율 산출기관은 보험회사가 적용할 수 있는 순보험요율을 산출하여 금융위원회에 신고할 수 있다(보험업법 제176조 제4항).
② 업무 수행을 위하여 보험 관련 통계를 체계적으로 통합 · 집적(集積)하여야 하며 필요한 경우 보험회사에 자료의 제출을 요청할 수 있다. 이 경우 보험회사는 이에 따라야 한다(보험업법 제176조 제5항).
③ 보험회사는 보험업법에 따라 금융위원회에 제출하는 기초서류를 보험요율 산출기관으로 하여금 확인하게 할 수 있다(보험업법 제176조 제7항).
④ 보험요율 산출기관은 그 업무와 관련하여 정관으로 정하는 바에 따라 보험회사로부터 수수료를 받을 수 있다(보험업법 제176조 제8항).

31. ②

보험협회는 정관으로 정하는 바에 따라 다음 각 호의 업무를 한다(보험업법 제175조 제3항 및 보험업법 시행령 제84조 제2항).

1. 보험회사 간의 건전한 업무질서의 유지
1의2. 보험회사등이 지켜야 할 규약의 제정 · 개정
1의3. 대통령령으로 정하는 보험회사 간 분쟁의 자율조정 업무
2. 보험상품의 비교 · 공시 업무
3. 정부로부터 위탁받은 업무
4. 제1호 · 제1호의2 및 제2호의 업무에 부수하는 업무
5. 그 밖에 대통령령으로 정하는 업무
5-1. 보험업법에 따라 위탁받은 업무
5-2. 다른 법령에서 보험협회가 할 수 있도록 정하고 있는 업무
5-3. 보험회사의 경영과 관련된 정보의 수집 및 통계의 작성 업무
5-4. 차량수리비 실태 점검업무
5-5. 모집 관련 전문자격제도의 운영 · 관리 업무
5-5의2. 보험설계사 및 개인보험대리점의 모집에 관한 경력(금융위원회가 정하여 고시하는 사항으로 한정한다)의 수집 · 관리 · 제공에 관한 업무
5-6. 보험가입 조회업무
5-7. 설립 목적의 범위에서 보험회사, 그 밖의 보험 관계 단체로부터 위탁받은 업무
5-8. 보험회사가 공동으로 출연하여 수행하는 사회 공헌에 관한 업무
5-9. 「보험사기방지 특별법」에 따른 보험사기행위를 방지하기 위한 교육 · 홍보 업무
5-10. 「보험사기방지 특별법」에 따른 보험사기행위를 방지하는 데 기여한 자에 대한 포상금 지급 업무

32. ④

① 손해보험회사는 손해보험계약의 제3자에게 보험금을 지급하지 못하게 된 경우에는 즉시 그 사실을 보험협회 중 손해보험회사로 구성된 협회(손해보험협회)의 장에게 보고하여야 한다(보험업법 제167조 제1항).
② 손해보험회사는 손해보험계약의 제3자에 대한 보험금의 지급을 보장하기 위하여 수입보험료 및 책임준비금을 고려하여 대통령령으로 정하는 비율을 곱한 금액을 손해보험협회에 출연(出捐)하여야 한다(보험업법 제168조 제1항).
③ 손해보험협회의 장은 출연금을 산정하고 보험금을 지급하기 위하여 필요한 범위에서 손해보험회사의 업무 및 자산상황에 관한 자료 제출을 요구할 수 있다(보험업법 제170조).
④ 손해보험협회는 제3자 보호를 위하여 보험금을 지급한 경우에는 해당 손해보험회사에 대하여 구상권을 가진다(보험업법 제173조).

33. ④

금융위원회는 다음 각 호의 어느 하나에 해당하는 자의 청구에 따라 청산인을 해임할 수 있다(보험업법 제156조 제4항).

1. 감사
2. 3개월 전부터 계속하여 자본금의 100분의 5 이상의 주식을 가진 주주
3. 100분의 5 이상의 사원

34. ③

①④ 보험회사가 그 업무에 관한 공동행위를 하기 위하여 다른 보험회사와 상호협정을 체결(변경하거나 폐지하려는 경우를 포함한다)하려는 경우에는 대통령령으로 정하는 바에 따라 금융위원회의 인가를 받아야 한다. 다만, 대통령령으로 정하는 경미한 사항을 변경하려는 경우에는 신고로써 갈음할 수 있다(보험업법 제125조 제1항). 이 때 말하는 경미한 사항이란 다음과 같다(보험업법 시행령 제69조 제3항).

1. 보험회사의 상호 변경, 보험회사 간의 합병, 보험회사의 신설 등으로 상호협정의 구성원이 변경되는 사항
2. 조문체제의 변경, 자구수정 등 상호협정의 실질적인 내용이 변경되지 아니하는 사항
3. 법령의 제정 · 개정 · 폐지에 따라 수정 · 반영해야 하는 사항

② 금융위원회는 공익 또는 보험업의 건전한 발전을 위하여 특히 필요하다고 인정되는 경우에는 보험회사에 대하여 협정의 체결 · 변경 또는 폐지를 명하거나 그 협정의 전부 또는 일부에 따를 것을 명할 수 있다(보험업법 제125조 제2항).
③ 금융위원회는 상호협정의 체결 · 변경 또는 폐지의 인가를 하거나 협정에 따를 것을 명하려면 미리 공정거래위원회와 협의하여야 한다. 다만, 대통령령으로 정하는 경미한 사항을 변경하려는 경우에는 그러하지 아니하다(보험업법 제125조 제3항).

35. ②

① 금융위원회는 보험계리사 · 선임계리사 · 보험계리업자 · 손해사정사 또는 손해사정업자가 그 직무를 게을리하거나 직무를 수행하면서 부적절한 행위를 하였다고 인정되는 경우에는 6개월 이내의 기간을 정하여 업무의 정지를 명하거나 해임하게 할 수 있다(보험업법 제192조 제1항).
② 손해사정법인이 지점 또는 사무소를 설치하려는 경우에는 각 지점 또는 사무소별로 총리령으로 정하는 손해사정사의 구분에 따라 수행할 업무의 종류별로 1명 이상의 손해사정사를 두

어야 한다(보험업법 시행령 제98조 제2항).

③ 손해사정을 업으로 하려는 법인은 2명 이상의 상근 손해사정사를 두어야 한다. 이 경우 총리령으로 정하는 손해사정사의 구분에 따라 수행할 업무의 종류별로 1명 이상의 상근 손해사정사를 두어야 한다(보험업법 시행령 제98조 제1항).

④ 보험업법에서 규정한 인원에 결원이 생겼을 때에는 2개월 이내에 충원해야 한다(보험업법 시행령 제98조 제3항).

36. ②

보험회사는 기초서류를 작성 · 변경할 때 다음 각 호의 사항을 지켜야 한다(보험업법 제128조의3 제1항).

1. 보험업법 또는 다른 법령에 위반되는 내용을 포함하지 아니할 것
2. 정당한 사유 없는 보험계약자의 권리 축소 또는 의무 확대 등 보험계약자에게 불리한 내용을 포함하지 아니할 것
3. 그 밖에 보험계약자 보호, 재무건전성 확보 등을 위하여 대통령령으로 정하는 바에 따라 금융위원회가 정하는 기준에 적합할 것

37. ①

보험계약의 체결 또는 모집에 종사하는 자는 그 체결 또는 모집과 관련하여 보험계약자나 피보험자에게 다음 각 호의 어느 하나에 해당하는 특별이익을 제공하거나 제공하기로 약속하여서는 아니 된다(보험업법 제98조 및 보험업법 시행령 제46조).

1. 금품. 다만 보험계약 체결 시부터 최초 1년간 납입되는 보험료의 100분의 10과 3만원(보험계약에 따라 보장되는 위험을 감소시키는 물품의 경우에는 20만원) 중 적은 금액은 제외한다.
2. 기초서류에서 정한 사유에 근거하지 아니한 보험료의 할인 또는 수수료의 지급
3. 기초서류에서 정한 보험금액보다 많은 보험금액의 지급 약속
4. 보험계약자나 피보험자를 위한 보험료의 대납
5. 보험계약자나 피보험자가 해당 보험회사로부터 받은 대출금에 대한 이자의 대납
6. 보험료로 받은 수표 또는 어음에 대한 이자 상당액의 대납
7. 「상법」 제682조에 따른 제3자에 대한 청구권 대위행사의 포기

38. ④

보험회사는 보험금 지급능력과 경영건전성을 확보하기 위하여 대통령령으로 정하는 재무건전성 기준을 지켜야 한다. 여기서 말하는 보험회사가 지켜야 하는 재무건전성 기준은 다음 각 호와 같다(보험업법 시행령 제65조 제2항).

1. 지급여력비율은 100분의 100 이상을 유지할 것
2. 대출채권 등 보유자산의 건전성을 정기적으로 분류하고 대손충당금을 적립할 것
3. 보험회사의 위험, 유동성 및 재보험의 관리에 관하여 금융위원회가 정하여 고시하는 기준을 충족할 것

39. ②

모집을 위하여 사용하는 보험안내자료에는 다음 각 호의 사항을 명백하고 알기 쉽게 적어야 한다(보험업법 제95조 제1항). 보험안내자료에는 보험계약자의 이해를 돕기 위하여 금융위원회가 필요하다고 인정하여 정하는 경우 이외에는 원칙적으로 보험회사의 장래의 이익 배당 또는 잉여금 분배에 대한 예상에 관한 사항을 적지 못한다(보험업법 제95조 제3항).

1. 보험회사의 상호나 명칭 또는 보험설계사 · 보험대리점 또는 보험중개사의 이름 · 상호나 명칭
2. 보험 가입에 따른 권리 · 의무에 관한 주요 사항
3. 보험약관으로 정하는 보장에 관한 사항

3의2. 보험금 지급제한 조건에 관한 사항

4. 해약환급금에 관한 사항
5. 「예금자보호법」에 따른 예금자보호와 관련된 사항
6. 그 밖에 보험계약자를 보호하기 위하여 대통령령으로 정하는 사항

6-1. 보험금이 금리에 연동되는 보험상품의 경우 적용금리 및 보험금 변동에 관한 사항

6-2. 보험금 지급제한 조건의 예시

6-3. 보험안내자료의 제작자 · 제작일, 보험안내자료에 대한 보험회사의 심사 또는 관리번호

6-4. 보험 상담 및 분쟁의 해결에 관한 사항

40. ③

금융위원회는 외국보험회사의 본점이 다음 각 호의 어느 하나에 해당하게 되면 그 외국보험회사국내지점에 대하여 청문을 거쳐 보험업의 허가를 취소할 수 있다(보험업법 제74조 제1항).

1. 합병, 영업양도 등으로 소멸한 경우
2. 위법행위, 불건전한 영업행위 등의 사유로 외국감독기관으로부터 6개월 이내의 영업 전부 정지 또는 허가 취소 처분에 상당하는 조치를 받은 경우
3. 휴업하거나 영업을 중지한 경우

2과목 보험계약법

01	02	03	04	05	06	07	08	09	10
①	④	②	②	③	①	④	②	④	①
11	12	13	14	15	16	17	18	19	20
②	③	③	④	③	①	③	②	②	③
21	22	23	24	25	26	27	28	29	30
④	①	③	②	②	④	①	②	②	④
31	32	33	34	35	36	37	38	39	40
①	③	③	③	①	①	①	④	③	①

01. ①

① 본래 의무는 법률상의 구속을 의미하므로 그 불이행에는 이행을 강제하거나 손해배상 청구권이 발생하는 등의 법률상 제재

가 따르기 마련이다. 그런데 의무임에도 불구하고 불이행을 했을 때 의무 불이행자에게 일정한 불이익이 있을 뿐이지 강제 이행이나 손해배상 등의 법률상 제재가 따르지 않는 것이 있는데 이를 간접의무라고 부른다. 보험계약에서 고지의무가 대표적인 간접의무이며, 따라서 보험계약자 또는 피보험자가 고지의무를 이행하지 않더라도 보험자는 고지의무 이행을 강제하거나 손해배상을 청구할 수 없고, 단지 보험계약을 해지할 수 있을 뿐이다.

② 고지의무 위반에 해당하려면 보험계약자 또는 피보험자가 고의 또는 중대한 과실로 중요한 사항을 고지하지 않아야 한다. 단순 과실로 고지하지 않은 것은 고지의무 위반의 요건을 만족하지 않는다.

③ 고지의무는 보험계약자와 피보험자가 모두 부담하는 의무이다. 따라서 보험계약자와 피보험자가 다른 타인을 위한 손해보험에서, 보험계약자가 고지의무를 이행하였다고 하더라도 피보험자는 자신이 알고 있는 사항에 대하여 고지하여야 할 의무를 부담한다.

④ 보험자가 서면으로 질문한 사항은 중요한 사항으로 추정한다. '추정한다'는 법률 용어로, 명확하지 않은 사실을 일단 존재하는 것으로 하여 법률효과를 발생시키는 것을 말한다. 그러나 명확하지 않은 사실에 대한 것이므로, 당사자가 이를 반증할 수 있는 근거를 제시한다면 그 추정을 번복할 수 있다. '추정한다'와 비교하여야 할 개념이 '본다'이다. '본다'도 명확하지 않은 사실을 존재하는 것으로 함은 '추정하다'와 동일하나, 반증이 있는 경우에도 그 사실이 바로 번복되지 않는다는 것에서 다르다. 간혹 일부 책이나 판결문에서 '간주하다'로 표현하는 경우가 있는데, 이는 기존 법률 조항에서 '간주하다'로 되어 있던 일본식 한자어를 우리말인 '본다'로 순화 개정한 것으로, 동일한 용어로 보면 된다.

02. ④

① 보험자는 보험계약이 성립한 때에는 지체없이 보험증권을 작성하여 보험계약자에게 교부하여야 한다. 그러나 보험계약자가 보험료의 전부 또는 최초의 보험료를 지급하지 아니한 때에는 보험증권 교부의무가 면제된다(상법 제640조 제1항).

② 기존의 보험계약을 연장하거나 변경한 경우에는 보험자는 보험증권에 그 사실을 기재함으로써 새로운 보험증권의 교부에 갈음할 수 있다(보험업법 제640조 제2항).

③ 보험계약의 당사자는 보험증권의 교부가 있은 날로부터 일정한 기간 내에 한하여 그 증권 내용의 정부에 관한 이의를 할 수 있음을 약정할 수 있다. 이 기간은 1월을 내리지 못한다(보험업법 제641조). 즉 1월 이상으로 하여야 한다.

④ 보험증권을 멸실 또는 현저하게 훼손한 때에는 보험계약자는 보험자에 대하여 증권의 재교부를 청구할 수 있다. 그 증권 작성의 비용은 보험계약자의 부담으로 한다(보험업법 제642조).

03. ②

① 보험자는 보험계약을 체결할 때에 보험계약자에게 보험약관을 교부하고 그 약관의 중요한 내용을 설명하여야 한다(상법 제638조의3 제1항).

② 대법원 판례에 따르면, 보험약관의 교부 · 설명의무는 원칙적으로 보험계약의 당사자인 보험계약자에게 행해야 함이 물론이지만, 설명의무의 상대방이 반드시 보험계약자 본인에 국한되는 것은 아니며, 보험계약자의 대리인과 보험계약을 체결하는 경우에는 그 대리인에게 약관을 설명한 것으로도 충분하다.[1]

③ 상법 제638조의3 제2항에 따르면 보험자가 보험약관의 교부 · 설명의무를 위반한 경우 보험계약자는 보험계약이 성립한 날부터 3개월 이내에 그 계약을 취소할 수 있다. 만약 계약의 당사자가 계약 취소기간을 5개월로 연장하였다면 이는 보험계약자에게 유리한 변경인바 유효하다.

④ 대법원 판례에 따르면, 보험약관이 계약당사자에 대하여 구속력을 가지는 것은 그 자체가 법규범 또는 법규범적 성질을 가진 약관이기 때문이 아니라 보험계약 당사자 사이에서 계약내용에 포함시키기로 합의하였기 때문이다.[2] 즉 대법원은 보험약관의 구속력과 관련하여 의사설의 입장에 있다.

04. ②

① 생명보험의 보험금 중 피상속인의 사망으로 인하여 받는 생명보험 또는 손해보험의 보험금으로서 피상속인이 보험계약자인 보험계약에 의하여 받는 것은 상속세법상 상속인의 고유재산이 아니라 상속재산으로 본다.[3] 이는 법률의 규정에 의한 것이며, 대법원도 상속세 과세대상이 되는 본래 의미의 상속재산 즉, 상속 또는 유증이나 사인증여에 의하여 취득한 재산은 아니라고 하더라도 실질적으로는 상속이나 유증 등에 의하여 재산을 취득한 것과 동일하게 볼 수 있는 보험금의 경우에 상속세를 부과하기 위한 것으로서 실질과세의 원칙 및 과세형평을 관철하기 위한 규정이고, 위 규정이 재산권의 본질적인 내용을 침해하는 것도 아니므로, 헌법상 재산권보장의 원칙에 반한다거나 실질적 조세법률주의에 위배된다고 볼 수 없다고 보았다.[4]

② 보험계약자가 다수의 보험계약을 통하여 보험금을 부정취득할 목적으로 보험계약을 체결한 경우, 이러한 목적으로 체결된 보험계약에 의하여 보험금을 지급하게 하는 것은 보험계약을 악용하여 부정한 이득을 얻고자 하는 사행심을 조장함으로써 사회적 상당성을 일탈하게 될 뿐만 아니라, 합리적인 위험의 분산이라는 보험제도의 목적을 해치고 위험발생의 우발성을 파괴하며 다수의 선량한 보험가입자들의 희생을 초래하여 보험제도의 근간을 해치게 되므로, 이와 같은 보험계약은 민법 제103조 소정의 선량한 풍속 기타 사회질서에 반하여 무효라고 할 것이다. 한편 보험계약자가 그 보험금을 부정취득할 목적으로 다수의 보험계약을 체결하였는지에 관하여는 이를 직접적으로 인정할 증거가 없더라도, 보험계약자의 직업

1) 대법원 2001.7.27. 선고 2001다23973 판결
2) 대법원 2000.4.25. 선고 99다68027 판결
3) 상속세 및 증여세법 제8조 제1항
4) 대법원 2007.11.30. 선고 2005두5529 판결

및 재산상태, 다수의 보험계약의 체결 경위, 보험계약의 규모, 보험계약 체결 후의 정황 등 제반 사정에 기하여 그와 같은 목적을 추인할 수 있다. 또한 보험계약자가 타인의 생활상의 부양이나 경제적 지원을 목적으로 보험자와 사이에 타인을 보험수익자로 하는 생명보험이나 상해보험 계약을 체결하여 보험수익자가 보험금 청구권을 취득한 경우, 보험자의 보험수익자에 대한 급부는 보험수익자에 대한 보험자 자신의 고유한 채무를 이행한 것이다. 따라서 보험자는 보험계약이 무효이거나 해제되었다는 것을 이유로 보험수익자를 상대로 하여 그가 이미 보험수익자에게 급부한 것의 반환을 구할 수 있고, 이는 타인을 위한 생명보험이나 상해보험이 제3자를 위한 계약의 성질을 가지고 있다고 하더라도 달리 볼 수 없다.[5]

③ 보험계약자가 자기 이외의 제3자를 피보험자로 하고 자기 자신을 보험수익자로 하여 맺은 생명보험계약에 있어서 보험 존속 중에 보험수익자가 사망한 경우에는 상법 제733조 제3항 후단 소정의 보험계약자가 다시 보험수익자를 지정하지 아니하고 사망한 경우에 준하여 보험수익자의 상속인이 보험수익자가 되고, 이는 보험수익자와 피보험자가 동시에 사망한 것으로 추정되는 경우에도 달리 볼 것은 아니며, 이러한 경우 보험수익자의 상속인이 피보험자의 사망이라는 보험사고가 발생한 때에 보험수익자의 지위에서 보험자에 대하여 가지는 보험금지급청구권은 상속재산이 아니라 상속인의 고유재산이다.[6]
위 ①번 지문과의 상충으로 수험생들의 혼동이 있을 것으로 예상되어 부연설명 하겠다. ①번 지문에서의 상속재산에 대한 규정은 실질과세의 원칙 및 과세형평을 관철하기 위하여 상속세 및 증여세에 관한 법률에 명시적으로 규정되어 있다. 즉, "피상속인의 사망으로 인하여 지급받는 생명보험 또는 손해보험의 보험금으로서 피상속인이 보험계약자가 된 보험계약에 의하여 지급받는 것은 이를 상속재산으로 본다."라고 하여 보험이 상속세 회피수단으로 악용되는 것을 방지하고자 하는 것이다. 만약 본 규정이 없다면 고액의 자산가들이 보험계약을 이용하여 상속세를 납부하지 않고 거액의 자산을 상속할 수 있게 되기 때문이다.
생명보험의 보험금을 상속인의 고유재산으로 보는 대법원의 판례는 생명보험의 보험금 지급청구권에 관한 대법원의 일관된 입장이다. 다만, 본 판례는 민법을 비롯한 법률 관계를 규정하는 것에서 기인하는 것이지, 위의 세법에 대한 규정에까지 적용되는 것은 아니다. 참고로 ①번 지문과 ③번 지문의 대법원 판례는 동일한 사건에 대한 판결이다.

④ 생명보험계약에서 보험계약자의 지위를 변경하는데 보험자의 승낙이 필요하다고 정하고 있는 경우에는, 보험계약자가 보험자의 승낙이 없이 일방적인 의사표시만으로 보험계약상의 지위를 이전할 수는 없다.[7] 왜냐하면 보험계약자의 신용도나 채무 이행능력은 계약의 기초가 되는 중요한 요소일 뿐만 아니라 보험계약자는 보험수익자를 지정 · 변경할 수 있으며, 보험계약자와 피보험자가 일치하지 않는 타인의 생명보험에 대해서는 피보험자의 서면동의가 필요하다. 따라서 보험계약자의 지위 변경은 피보험자, 보험수익자 사이의 이해관계나 보험사고 위험의 재평가, 보험계약의 유지 여부 등에 영향을 줄 수 있다. 이러한 이유로 생명보험의 보험계약자 지위 변경에 보험자의 승낙을 요구한 것으로 볼 수 있기 때문이다.

05. ③

대법원 2010.7.22. 선고 2010다25353 판결
상법 제655조는 고지의무 위반 등으로 계약을 해지한 때에 보험금액청구에 관한 규정이므로, 그 본문뿐만 아니라 단서도 보험금액청구권의 존부에 관한 규정으로 해석함이 상당한 점, 보험계약자 또는 피보험자가 보험계약 당시에 고의 또는 중대한 과실로 중요한 사항을 불고지 · 부실고지하면 이로써 고지의무 위반의 요건은 충족되는 반면, 고지의무에 위반한 사실과 보험사고 발생 사이의 인과관계는 '보험사고 발생 시'에 비로소 결정되는 것이므로, 보험자는 고지의무에 위반한 사실과 보험사고 발생 사이의 인과관계가 인정되지 않아 상법 제655조 단서에 의하여 보험금액 지급책임을 지게 되더라도 그것과 별개로 상법 제651조에 의하여 고지의무 위반을 이유로 계약을 해지할 수 있다고 해석함이 상당한 점, 고지의무에 위반한 사실과 보험사고 발생 사이의 인과관계가 인정되지 않는다고 하여 상법 제651조에 의한 계약해지를 허용하지 않는다면, 보험사고가 발생하기 전에는 상법 제651조에 따라 고지의무 위반을 이유로 계약을 해지할 수 있는 반면, 보험사고가 발생한 후에는 사후적으로 인과관계가 없음을 이유로 보험금액을 지급한 후에도 보험계약을 해지할 수 없고 인과관계가 인정되지 않는 한 계속하여 보험금액을 지급하여야 하는 불합리한 결과가 발생하는 점, 고지의무에 위반한 보험계약은 고지의무에 위반한 사실과 보험사고 발생 사이의 인과관계를 불문하고 보험자가 해지할 수 있다고 해석하는 것이 보험계약의 선의성 및 단체성에서 부합하는 점 등을 종합하여 보면, 보험자는 고지의무를 위반한 사실과 보험사고의 발생 사이의 인과관계를 불문하고 상법 제651조에 의하여 고지의무 위반을 이유로 계약을 해지할 수 있다.

제655조(계약해지와 보험금청구권)
보험사고가 발생한 후라도 보험자가 제650조, 제651조, 제652조 및 제653조에 따라 계약을 해지하였을 때에는 보험금을 지급할 책임이 없고 이미 지급한 보험금의 반환을 청구할 수 있다. 다만, 고지의무(告知義務)를 위반한 사실 또는 위험이 현저하게 변경되거나 증가된 사실이 보험사고 발생에 영향을 미치지 아니하였음이 증명된 경우에는 보험금을 지급할 책임이 있다.

보험계약자 또는 피보험자의 고지의무 위반이 있는 경우에는 보험자는 그 보험계약을 해지하고, 보험금을 지급할 책임이 없다. 다만, 만약 고지의무에 위반한 내용이 보험사고와 인과관계가 없을 경우에는 보험금을 지급할 책임이 있다.
참고로 2014년 상법 개정 이전에는 제655조의 말단부가 '보험

5) 대법원 2018.9.13. 선고 2016다255125 판결
6) 대법원 2007.11.30. 선고 2005두5529 판결
7) 대법원 2018.7.12. 선고 2017다235647 판결

금을 지급할 책임이 있다'가 아니라 '그러하지 아니하다'로 되어 있어, 1) 보험금을 지급할 책임이 없다는 것만 그러하지 아니한 것인지, 2) 계약을 해지하고 보험금을 지급할 책임이 없다는 것이 그러하지 아니한 것인지에 대한 논란이 있었다. 지금은 상법 개정을 통하여 불명확한 부분을 입법적으로 해결하였다.

06. ①

①② 책임보험의 피보험자가 제3자로부터 보험사고로 인한 손해배상청구소송을 당하여 그 소송에서 방어하기 위하여 변호사 보수를 지출한 경우, 피보험자가 부가가치세 납세의무자인 사업자이고, 변호사 보수와 관련한 부가가치세가 자기 사업을 위하여 공급받은 재화나 용역에 대한 것으로서 부가가치세법상 매입세액에 해당하여 피보험자의 매출세액에서 공제받거나 환급받을 수 있다면, 부가가치세 상당액은 보험사고로 인하여 피보험자가 지출한 방어비용에 해당하지 않는다. 그리고 피보험자가 현실적으로 부가가치세액을 공제받거나 환급받은 때에만 부가가치세액을 손해액에서 공제하는 것이 아니라, 피보험자가 부가가치세액을 공제나 환급받을 수 있음에도 자기의 책임으로 공제나 환급을 받지 못하였다면 그로 인한 불이익은 피보험자가 부담해야 하므로, 그 부가가치세도 방어비용에서 공제하여야 한다.[8]

③④ 상법 제720조 제1항에서 규정한 '방어비용'은 피해자가 보험사고로 인적, 물적 손해를 입고 피보험자를 상대로 손해배상 청구를 한 경우에 그 방어를 위하여 지출한 재판상 또는 재판 외의 필요비용을 말하는 것이므로, 피해자로부터 아직 손해배상 청구가 없는 경우 방어비용이 인정될 여지가 없지만, 피해자가 반드시 재판상 청구한 경우에 한하여 방어비용이 인정된다고 볼 것은 아니다. 그러나 피해자가 피보험자에게 재판상 청구는 물론 재판 외의 청구조차 하지 않은 이상, 제3자를 상대로 제소하였다 하여 그 소송의 변호사 비용이 상법 제720조 소정의 방어비용에 포함된다고 볼 수 없다.[9]

07. ④

① 대법원 판례에 따르면, 보험계약상의 일부 보험금에 관한 약정지급사유가 발생한 이후에 그 보험계약이 해지, 실효되었다는 보험회사 직원의 말만을 믿고 해지환급금을 수령한 경우, 이를 보험계약을 해지하는 의사로써 한 행위라고 할 수 없다.[10]

② 대법원 판례에 따르면, 상법 제650조 제2항은 "계속보험료가 약정한 시기에 지급되지 아니한 때에는 보험자는 상당한 기간을 정하여 보험계약자에게 최고하고 그 기간 내에 지급되지 아니한 때에는 그 계약을 해지할 수 있다."라고 규정하고, 같은 법 제663조는 위의 규정은 당사자 간의 특약으로 보험계약자 또는 피보험자나 보험수익자의 불이익으로 변경하지 못한다고 규정하고 있으므로, 분납 보험료가 소정의 시기에 납입되지 아니하였음을 이유로 그와 같은 절차를 거치지 아니하고 곧바로 보험계약을 해지할 수 있다거나 보험계약이 실효됨을 규정한 약관(실효약관)은 상법의 위 규정에 위배되어 무효이다.[11]

③ 보험계약의 부활은 계속보험료 미납으로 인한 해지인 경우에만 가능하며, 고지의무 위반이나 위험변경증가 통지의무 위반 등을 이유로 한 해지일 때에는 적용되지 아니한다.

④ 대법원 판례에 따르면, 단체보험 계약자 회사의 직원이 퇴사한 후에 사망하는 보험사고가 발생한 경우, 회사가 퇴사 후에도 계속 위 직원에 대한 보험료를 납입하였더라도 퇴사와 동시에 단체보험의 해당 피보험자 부분이 종료되는 데 영향을 미치지 아니한다. 즉 해당 피보험자에 대한 보험계약은 종료된다.[12]

08. ②

① 운송보험에서의 운송은 육상뿐만 아니라 호수와 하천을 포함하는 물건운송을 의미한다.

②③ 운송물의 보험에 있어서는 발송한 때와 곳의 가액과 도착지까지의 운임 기타의 비용을 보험가액으로 한다. 운송물의 도착으로 인하여 얻을 이익은 약정이 있는 때에 한하여 보험가액 중에 산입한다(상법 제689조).

④ 운송의 필요에 의하여 일시운송을 중지하거나 운송의 노순 또는 방법을 변경한 경우에는 보험계약의 효력을 잃지 않는다(상법 제691조).

09. ④

① 고지의무 위반과 보험사고 발생 사이의 관련성이 없다는 것은 보험금 청구권자가 증명책임을 부담한다. 따라서 위염과 식도암 사이에 관련성이 있는지 혹은 없는지 여부가 명확히 증명되지 않았다면, 보험자는 보험금 지급책임을 부담하지 않는다.

②③ 고지의무 위반이 있는 경우에는 보험자는 그 사실을 안 날로부터 1개월 이내에 보험계약을 해지할 수 있다. 고지의무 위반과 보험사고 발생 사이의 관련성 여부는 보험금 지급 책임에 관한 것이며, 보험계약 해지는 이와 관련없이 가능하다.

④ 대법원 판례에 따르면, 위염과 식도암 사이에 관련성이 있다고 하더라도, 보험계약이 해지된 이상 암사망보험금의 보험사고는 보험계약 해지 이후에 발생하였으므로 지급책임이 없다.[13]

10. ①

보험자대위는 보험사고로 인한 손해가 제3자의 행위로 인하여 생긴 경우에 보험금액을 지급한 보험자가 보험계약자 또는 피보험자의 그 제3자에 대한 권리를 취득하는 제도이므로, 보험계약

8) 대법원 2018.5.15. 선고 2018다203692 판결
9) 대법원 1995.12.8. 선고 94다27076 판결
10) 대법원 2002.7.26. 선고 2000다25002 판결
11) 대법원 1997.7.25. 선고 97다18479 판결
12) 대법원 2007.10.12. 선고 2007다42877, 42884 판결
13) 대법원 2004.6.24. 선고 2004다4775 판결

의 해석상 보험사고를 일으킨 자가 '피보험자'에 해당할 경우에는 보험자는 그 보험사고자에 대하여 보험자대위권을 행사할 수 없다. 자동차종합보험에서 피보험자의 피용운전자 역시 피보험자에 해당하므로, 비록 보험사고를 일으켰다고 하더라도 피보험자인 이상 보험자 대위권에서 말하는 '제3자'라고 해당한다고 할 수 없다. 따라서 보험자는 피용운전자에게 대위권을 행사할 수 없다.

피보험자와 생계를 같이 하는 가족에 대한 대위권 금지는 상법 제682조 제2항에 명시되어 있다.

11. ②

보험대리상이 아니면서 특정한 보험자를 위하여 계속적으로 보험계약의 체결을 중개하는 자는 다음 각 호의 권한이 있다.

1. 보험계약자로부터 보험료를 수령할 수 있는 권한(보험자가 작성한 영수증을 보험계약자에게 교부하는 경우)
2. 보험자가 작성한 보험증권을 보험계약자에게 교부할 수 있는 권한

12. ③

대법원 판례에 따르면, 보험계약자가 보험금을 부정 취득할 목적으로 다수의 보험계약을 체결하였는지에 관하여는 이를 직접적으로 인정할 증거가 없더라도 보험계약자의 직업 및 재산상태, 다수 보험계약의 체결 시기와 경위, 보험계약의 규모와 성질, 보험계약 체결 후의 정황 등 제반 사정에 기하여 그와 같은 목적을 추인할 수 있다.[14]

특히 보험계약자가 자신의 수입 등 경제적 사정에 비추어 부담하기 어려울 정도로 고액인 보험료를 정기적으로 불입하여야 하는 과다한 보험계약을 체결하였다는 사정, 단기간에 다수의 보험에 가입할 합리적인 이유가 없음에도 불구하고 집중적으로 다수의 보험에 가입하였다는 사정, 저축성 성격의 보험이 아닌 보장성 성격이 강한 보험에 다수 가입하여 수입의 상당 부분을 그 보험료로 납부하였다는 사정, 보험계약 체결 시 동종의 다른 보험 가입사실의 존재와 자기의 직업, 수입 등에 관하여 허위의 사실을 고지하였다는 사정 또는 다수의 보험계약 체결 후 얼마 지나지 아니한 시기에 보험사고 발생을 원인으로 집중적으로 보험금을 청구하여 수령하였다는 사정 등의 간접사실이 인정된다면 이는 보험금 부정취득의 목적을 추인할 수 있는 유력한 자료가 된다.

13. ③

① 집합된 물건을 일괄하여 보험의 목적으로 한 때에는 피보험자의 가족과 사용인의 물건도 보험의 목적에 포함된 것으로 한다. 이 경우에는 그 보험은 그 가족 또는 사용인을 위하여서도 체결한 것으로 본다(상법 제686조).

② 책임보험의 피보험자가 제3자의 청구를 방어하기 위하여 지출한 재판상 또는 재판 외의 필요비용은 보험의 목적에 포함된 것으로 한다. 피보험자는 보험자에 대하여 그 비용의 선급을 청구할 수 있다(상법 제720조 제1항).

③ 보험계약은 금전으로 산정할 수 있는 이익에 한하여 보험계약의 목적으로 할 수 있다(상법 제668조).

④ 해상보험의 보험자는 보험의 목적의 안전이나 보존을 위하여 지급할 특별비용을 보험금액의 한도 내에서 보상할 책임이 있다(상법 제694조의3).

14. ④

보험사고가 피보험자와 생계를 같이 하는 가족에 의하여 발생하였다면 보험자는 그 가족에 대하여 대위권을 행사하지 못하지만 손해가 가족의 고의로 발생한 경우에는 대위권을 행사할 수 있다(상법 제682조 제2항). 따라서 ④번 지문이 맞는 내용이다.

15. ③

위부는 권리 이전과 더불어 보험금 청구권이 발생하는 것이 비해, 잔존물 대위는 보험금이 전부 지급된 후에 비로서 권리가 이전된다. ③번 지문은 보험위부와 잔존물 대위에 대한 설명이 반대로 되어 있다.

16. ①

대법원 2011.07.28. 선고 2011다23743, 23750

화재보험보통약관에서 보험계약자가 계약 후 위험의 현저한 증가가 있음에도 보험자에게 그 사실을 지체 없이 통지할 의무를 이행하지 않았을 때를 보험계약의 해지사유로 규정하는 한편 보험자가 그러한 사실을 안 날부터 1개월이 지났을 때에는 계약을 해지할 수 없도록 규정한 경우, 이는 보험자가 보험계약의 해지 원인이 존재하고 해지하고자 하면 언제든지 해지할 수 있는 상태에 있음에도, 해지 여부를 결정하지 않은 상태를 지속시킴으로써 보험계약자를 불안정한 지위에 처하게 하는 것을 방지하려는 취지로서, **해지권 행사기간의 기산점은 보험자가 계약 후 위험의 현저한 증가가 있는 사실을 안 때가 아니라 보험계약자가 위와 같은 통지의무를 이행하지 아니한 사실을 보험자가 알게 된 날이라고 보아야 한다.** 나아가 보험계약자가 보험자에 대하여 위험의 현저한 증가가 없었다거나 그러한 사실을 알지 못하였다고 주장하면서 통지의무 위반이 없다고 다투고 있는 경우에는 그때까지 보험자가 보험계약자의 통지의무 위반에 관하여 의심을 품고 있는 정도에 그치고 있었다면 그러한 사정만으로 해지권이 발생하였다고 단정할 수 없으므로 이러한 상태에서 곧바로 해지권의 행사기간이 진행한다고 볼 수는 없고, 그 후 보험자가 보험계약자의 통지의무 위반 여부에 관하여 조사 · 확인절차를 거쳐 보험계약자의 주장과 달리 보험계약자의 통지의무 위반이 있음을 뒷받침하는 객관적인 근거를 확보함으로써 통지의무 위반이 있음을 안 때에 비로소 해지권의 행사기간이 진행한다고 보아야 한다.

보험계약자가 보험자에 대하여 위험의 현저한 증가가 없었다거나 그러한 사실을 알지 못하였다고 주장하면서 통지의무 위반이 없다고 다투고 있는 경우에는 그때까지 보험자가 보험계약자의 통지의무 위반에 관하여 의심을 품고 있는 정도

14) 대법원 2016.1.14 선고 2015다206461 판결 및 대법원 2014.4.30 선고 2013다69170 판결

에 그치고 있었다면 그러한 사정만으로 해지권이 발생하였다고 단정할 수 없으므로 이러한 상태에서 곧바로 해지권의 행사기간이 진행한다고 볼 수는 없고, 그 후 보험자가 보험계약자의 통지의무 위반 여부에 관하여 조사 · 확인절차를 거쳐 보험계약자의 주장과 달리 보험계약자의 통지의무 위반이 있음을 뒷받침하는 객관적인 근거를 확보함으로써 통지의무 위반이 있음을 안 때에 비로소 해지권의 행사기간이 진행한다고 봄이 상당하다.

대법원 판례에 따르면, 화재보험 계약자가 보험금 청구서에 마그네슘을 보관하고 있었음을 기재하여 통지의무 위반을 조사, 확인한 경우에, 보험자가 보험계약자의 통지의무 위반에 관하여 의심을 품고 있는 정도에 그치고 있었다면 그러한 사정만으로 해지권이 발생한다고 단정할 수 없으므로 이러한 상태에서 곧바로 해지권의 행사기간이 진행한다고 볼 수 없다. 따라서 해지권의 기산점은 보험자가 의심을 가지고 조사 및 확인절차를 시작할 때가 아니라, 보험자가 조사 및 확인절차를 거쳐 보험계약자의 주장과 달리 통지의무 위반이 있음을 뒷받침하는 객관적인 근거를 확보함으로써 통지의무 위반이 있음을 안 때에 시작한다.

17. ③

①② 보험계약의 중요사항은 반드시 보험약관에 규정된 것에 한정된다고 할 수 없으므로, 보험약관만으로 보험계약의 중요사항을 설명하기 어려운 경우에는 보험회사 또는 보험모집종사자는 상품설명서 등 적절한 추가자료를 활용하는 등의 방법을 통하여 개별 보험상품의 특성과 위험성에 관한 보험계약의 중요사항을 고객이 이해할 수 있도록 설명하여야 한다. 또한 보험회사 또는 보험모집종사자가 설명의무를 위반하여 고객이 보험계약의 중요사항에 관하여 제대로 이해하지 못한 채 착오에 빠져 보험계약을 체결한 경우, 그러한 착오가 동기의 착오에 불과하다고 하더라도 그러한 착오를 일으키지 않았더라면 보험계약을 체결하지 않았거나 아니면 적어도 동일한 내용으로 보험계약을 체결하지 않았을 것이 명백하다면, 위와 같은 착오는 보험계약의 내용의 중요부분에 관한 것에 해당하므로 이를 이유로 보험계약을 취소할 수 있다.[15]

③④ 설명의무의 대상이 되는 약관의 '중요한 내용'은 사회통념에 비추어 고객이 계약체결의 여부나 대가를 결정하는 데 직접적인 영향을 미칠 수 있는 사항을 말한다. 약관 조항 중에 무엇이 중요한 내용에 해당하는지는 일률적으로 말할 수 없고, 구체적인 사건에서 개별적 사정을 고려하여 판단하여야 한다. 그러나 사업자에게 이러한 약관의 설명의무가 인정되는 것은 어디까지나 계약 상대방이 알지 못하는 가운데 약관에 정해진 중요한 사항이 계약 내용으로 되어 예측하지 못한 불이익을 받게 되는 것을 피하고자 하는 데 근거가 있다. 따라서 약관에 정해진 사항이라고 하더라도 거래상 일반적이고 공통된 것이어서 계약 상대방이 별도의 설명 없이도 충분히 예상할 수 있었던 사항이거나 이미 법령에서 정하여진 것을 되풀이하거나 부연하는 정도에 불과한 사항이라면 그러한 사항에 대해서까지 보험자에게 설명의무가 있다고 할 수 없다.[16]

18. ②

보험의 목적에 관하여 보험자가 부담할 손해가 생긴 경우에는 그 후 그 목적이 보험자가 부담하지 아니하는 보험사고의 발생으로 인하여 멸실된 때에도 보험자는 이미 생긴 손해를 보상할 책임을 면하지 못한다(상법 제675조).

19. ②

① 대법원 판례에 따르면, 상법 제679조에서 피보험자가 보험의 목적을 양도된 때에는 보험계약으로 인하여 생긴 권리를 동시에 양도된 것으로 추정한다고 규정하는 취지는 보험의 목적이 양도된 경우 양수인의 양도인에 대한 관계에서 보험계약상의 권리도 함께 양도된 것으로 당사자의 통상의 의사를 추정하고 이것을 사회경제적 관점에서 긍정한 것이고, 같은 조에 위반한 법률행위를 공서양속에 반한 법률행위로서 무효로 보아야 할 것으로는 해석되지 아니하므로 위 규정은 임의규정에 해당한다.[17]

② 대법원 판례에 따르면, 상법 제703조의2는 제1호에서 "선박을 양도할 때"를 자동종료사유의 하나로 규정하고 있는바, 이처럼 선박의 양도를 보험계약의 자동종료사유의 하나로 규정하는 것은 선박보험계약을 체결함에 있어서 선박소유자가 누구인가 하는 점은 인수 여부의 결정 및 보험료율의 산정에 있어서 매우 중요한 요소이고, 따라서 소유자의 변경은 보험계약에 있어서 중대한 위험의 변경에 해당하기 때문이라고 할 수 있다.[18]

③ 상법은 보험의 목적의 양도인 또는 양수인은 보험자에 대하여 지체없이 그 사실을 통지하여야 한다고 규정하고 있으나, 이를 위반하였을 때에 대해서는 아무런 규정을 두지 않고 있다(상법 제679조 제2항).

④ 대법원 판례에 따르면, 보험목적물의 양도를 보험계약자의 통지의무 사유로 들고 있는 화재보험보통약관 제9조와 '현저한 위험의 변경 또는 증가와 관련된 제9조에 정한 계약 후 알릴 의무를 이행하지 아니하였을 때'를 보험계약의 해지사유로 들고 있는 같은 약관 제11조 제2항의 규정을 종합하여 보면, 화재보험의 목적물이 양도된 경우 그 양도로 인하여 현저한 위험의 변경 또는 증가가 있고 동시에 보험계약자 또는 피보험자가 양도의 통지를 하지 않는 경우에는 보험자는 통지의무 위반을 이유로 당해 보험계약을 해지할 수 있으나, 보험목적의 양도로 인하여 현저한 위험의 변경 또는 증가가 없는 경우에는 양도의 통지를 하지 않더라도 통지의무 위반을 이유로 당해 보험계약을 해지할 수 없다.[19]

15) 대법원 2018.4.12. 선고 2017다229536 판결
16) 대법원 2018.10.25. 선고 2014다232784 판결
17) 대법원 1993.4.13. 선고 92다8552 판결
18) 대법원 2004.11.11. 선고 2003다30807 판결
19) 대법원 1996.7.26. 선고 95다52505 판결

20. ③

①② 상법 제726조의5, 보증보험 계약의 보험자는 보험계약자가 피보험자에게 계약 상의 채무 불이행 또는 법령 상의 의무 불이행으로 입힌 손해를 보상할 책임이 있다.

③ 상법 제726조의6, 보험계약자의 고의는 원칙상 절대적 면책사유에 해당한다. 다만, 보증보험에 관하여는 보험계약자의 사기, 고의 또는 중대한 과실이 있는 경우에도 이에 대하여 피보험자에게 책임이 있는 사유가 없으면 보험자의 면책을 적용하지 아니한다. 이는 보증보험의 특성상 보험계약법의 내용을 따르기 보다는 민법상 보증에 관한 규정을 따르는 것이 더욱 합리적이기 때문이다.

④ 상법 제726조의7, 보증보험에 관하여는 그 성질에 반하지 아니하는 범위에서 보증채무에 관한 민법의 규정을 준용한다.

21. ④

대법원 2018.4.10. 선고 2017도17699 판결

자동차보험계약의 보험자는 피보험자가 자동차를 소유, 사용 또는 관리하는 동안에 발생한 사고(이하 '교통사고'라 한다)로 인하여 생긴 손해를 보상할 책임이 있다(상법 제726조의2). 한편 자동차손해배상 보장법은 교통사고 환자 등 피해자(이하 '피해자'라고만 한다)를 보호하는 것을 주된 목적으로 하면서(제1조), 이를 위해 자동차보험의 피보험자 등에게 교통사고에 따른 손해배상책임이 발생하였을 때 피해자로 하여금 보험회사 등에 대해 상법 제724조 제2항에 따라 보험금 등을 자기에게 직접 지급해 줄 것을 청구할 수 있도록 하고(제10조 제1항 전단), 그중 자동차보험진료수가에 해당하는 금액은 피해자의 선택에 따라 진료한 의료기관에 직접 지급하여 줄 것을 청구할 수 있도록 규정하고 있다(같은 항 후단).

한편 의료기관의 보험회사 등에 대한 자동차보험진료수가의 청구는 피해자를 보호할 목적으로 피해자가 보험회사 등에 대해 갖는 직접청구권에 근거하여 그 인정 범위 내에서 법률상 특별히 인정되는 것이고, 의료기관에 대해 그 청구액 상당이 지급되지 않더라도 실제 교통사고로 인한 손해가 발생하여 그에 따른 진료가 이루어진 이상 피해자에게라도 반드시 지급되어야 할 성질의 것이다.

위와 같은 피해자가 보험회사 등에게 갖는 직접청구권과 의료기관의 자동차보험진료수가 청구의 인정 근거, 범위 및 성격에다가 자동차손해배상 보장법의 입법 목적 등을 종합적으로 고려하면, ④ 설령 개설자격이 없는 비의료인이 의료법 제33조 제2항을 위반하여 개설한 의료기관이라고 하더라도, 면허를 갖춘 의료인을 통해 피해자에 대한 진료가 이루어지고 보험회사 등에 자동차손해배상 보장법에 따라 자동차보험진료수가를 청구한 것이라면 보험회사 등으로서는 특별한 사정이 없는 한 그 지급을 거부할 수 없다고 보아야 한다. 따라서 ③ 피해자를 진료한 의료기관이 위 의료법 규정에 위반되어 개설된 것이라는 사정은 피해자나 해당 의료기관에 대한 보험회사 등의 자동차보험진료수가 지급의무에 영향을 미칠 수 있는 사유가 아니어서, 해당 의료기관이 보험회사 등에 이를 고지하지 아니한 채 그 지급을 청구하였다고 하여 사기죄에서 말하는 기망이 있다고 볼 수는 없다.

상법 제737조, 제739조의2, 제739조의3의 규정과 실손의료보험이 보험회사가 피보험자의 질병 또는 상해로 인한 의료비 상당의 손해를 보상하는 것을 내용으로 한다는 점을 종합해 보면, ① 실손의료보험에는 상법상 상해보험에 관한 규정이 준용되고, 그 경우 인보험인 상해보험에서와 마찬가지로 실손의료보험에서도 보험사고가 발생하면 보험수익자만이 보험회사에 대해 실손의료비 청구권을 행사할 수 있다고 보아야 한다. 반면 피보험자를 진료한 의료기관으로서는 피보험자나 보험수익자로부터 그에 따른 진료비를 지급받을 수 있고, 경우에 따라 보험수익자의 청구에 응하여 진료사실증명 등을 발급해 줌으로써 단순히 그 보험금 청구 절차를 도울 수 있을 뿐이다.

따라서 ② 특별한 사정이 없는 한 피보험자를 진료한 의료기관이 의료법 제33조 제2항에 위반되어 개설된 것이라는 사정은 해당 피보험자에 대한 보험회사의 실손의료비 지급의무에 영향을 미칠 수 있는 사유가 아니라고 보아야 하고, 설령 해당 의료기관이 보험회사 등에 이를 고지하지 아니한 채 보험수익자에게 진료사실증명 등을 발급해 주었다 하더라도, 그러한 사실만으로는 사기죄에서 말하는 기망이 있다고 볼 수는 없다.

22. ①

피보험자가 보험의 목적을 양도한 때에는 양수인은 보험계약상의 권리와 의무를 승계한 것으로 추정한다(상법 제679조 제1항). 보험의 목적이 양도된 경우에는 양도인 또는 양수인은 보험자에 대하여 지체 없이 그 사실을 통지하여야 한다(상법 제679조 제2항). 상법에는 양도 통지의무에 대한 규정이 있으므로 ①번 지문은 틀린 내용이다. 다만, 우리 상법은 양도 통지의무를 규정하고 있을 뿐 의무 위반에 따른 내용은 규정하고 있지 않고 있다. 대법원 판례는 양도 통지의무 위반 시에 위험 변경증가 통지의무에 대한 규정을 준용하여 양도에 따른 위험의 현저한 변경증가가 없다면 보험자가 해지권을 행사할 수 없다는 입장에 있다.

23. ③

타인의 사망을 보험사고로 하는 보험계약을 체결할 때에는 그 타인 즉 피보험자의 서면에 의한 동의를 받아야 한다. 만약 이러한 서면동의 없이 보험계약이 체결되었다면 해당 보험계약은 무효이다. 이는 강행 규정이므로, 보험모집인의 설명 여부와는 관계없이 적용된다. 다만 보험모집인의 설명의무 위반으로 보험계약이 무효가 되었다면 보험회사는 보험모집인의 행위를 이유로 손해배상책임을 부담한다.[20]

20) 대법원 2006.4.27. 선고 2003다60259 판결

24. ②

대법원 2004.6.11. 선고 2003다18494 판결

상법 제652조 제1항 소정의 통지의무의 대상으로 규정된 '사고발생의 위험이 현저하게 변경 또는 증가된 사실'이라 함은 그 변경 또는 증가된 위험이 보험계약의 체결 당시에 존재하고 있었다면 보험자가 보험계약을 체결하지 아니하였거나 적어도 그 보험료로는 보험을 인수하지 아니하였을 것으로 인정되는 사실을 말하는 것으로서, 상해보험계약 체결 후 다른 상해보험에 다수 가입하였다는 사정만으로 사고발생의 위험이 현저하게 변경 또는 증가된 경우에 해당한다고 할 수 없다.
보험계약자나 피보험자가 보험계약 당시에 보험자에게 고지할 의무를 지는 상법 제651조에서 정한 '중요한 사항'이란 보험자가 보험사고의 발생과 그로 인한 책임부담의 개연율을 측정하여 보험계약의 체결 여부 또는 보험료나 특별한 면책조항의 부가와 같은 보험계약의 내용을 결정하기 위한 표준이 되는 사항으로서 객관적으로 보험자가 그 사실을 안다면 그 계약을 체결하지 아니하든가 또는 적어도 동일한 조건으로는 계약을 체결하지 아니하리라고 생각되는 사항을 말하고, 어떠한 사실이 이에 해당하는가는 보험의 종류에 따라 달라질 수밖에 없는 사실인정의 문제로서 보험의 기술에 비추어 객관적으로 관찰하여 판단되어야 하는 것이나, 보험자가 서면으로 질문한 사항은 보험계약에 있어서 중요한 사항에 해당하는 것으로 추정되고(상법 제651조의2), 여기의 서면에는 보험청약서도 포함될 수 있으므로, 보험청약서에 일정한 사항에 관하여 답변을 구하는 취지가 포함되어 있다면 그 사항은 상법 제651조에서 말하는 '중요한 사항'으로 추정된다.
보험자가 다른 보험계약의 존재 여부에 관한 고지의무 위반을 이유로 보험계약을 해지하려면 보험계약자 또는 피보험자가 다른 보험계약의 존재를 알고 있는 외에 그것이 고지를 요하는 중요한 사항에 해당한다는 사실을 알고도, 또는 중대한 과실로 알지 못하여 고지의무를 다하지 아니한 사실을 입증하여야 한다.

판례는 보험계약 체결 후 다른 보험계약을 체결하였다는 사정 만으로는 사고 발생의 위험이 현저하게 변경 또는 증가되었다고 볼 수 없다고 하여 보험계약의 위험변경증가 통지의무를 위반한 것으로 보지 않았다.

25. ②

대법원 2014.11.27. 선고 2012다14562 판결

상법 제682조에서 정한 제3자에 대한 보험자대위가 인정되기 위하여는 보험자가 피보험자에게 보험금을 지급할 책임이 있는 경우이어야 한다. 보험자가 보험약관에 정하여져 있는 중요한 내용에 해당하는 면책약관에 대한 설명의무를 위반함으로 인하여 약관의 규제에 관한 법률 제3조 제4항에 따라 해당 면책약관을 계약의 내용으로 주장하지 못하고 보험금을 지급하게 되었더라도, 이는 보험자가 피보험자에게 보험금을 지급할 책임이 있는 경우에 해당하므로 보험자는 보험자대위를 할 수 있다.

제3자의 행위로 인하여 손해가 발생한 경우에 보험금을 지급한 보험자는 그 지급한 금액의 한도에서 제3자에게 대위권을 행사할 수 있는데, 이를 청구권 대위라고 한다. 그런데 보험 사고가 면책사유에 해당하여 보험계약 상의 보험금 지급대상이 아니지만, 보험자가 약관 교부설명의무를 위반하여 보험금 지급의무를 부담하게 된 경우라면 이때에도 제3자에 대하여 청구권 대위를 행사할 수 있는지 여부가 문제가 된다.
대법원은 동 사례에서 상법 제682조의 내용을 들어, 보험자가 보험금을 지급해야 할 책임이 있는 경우라면 보험자대위를 행사할 수 있다고 보았다. 따라서 보험자가 보험금을 지급한 것이 보험사고 발생에 의한 경우는 물론이고, 보험자의 약관 설명의무 위반으로 보험약관상 면책이었던 보험금을 지급하게 되었더라도 보험자는 제3자에게 청구권 대위를 행사할 수 있다.

26. ④

①② 타인의 사망을 보험사고로 하는 보험계약의 체결 시 타인의 서면동의를 얻도록 규정한 것은 동의의 시기와 방식을 명확히 함으로써 분쟁의 소지를 없애려는 데 취지가 있으므로, 피보험자인 타인의 동의는 각 보험계약에 대하여 개별적으로 서면에 의하여 이루어져야 하고 포괄적인 동의 또는 묵시적이거나 추정적 동의만으로는 부족하다. 또한 타인의 생명보험에서 피보험자가 서면으로 동의의 의사표시를 하여야 하는 시점은 '보험계약 체결 시까지'이고, 이는 강행규정으로서 이에 위반한 보험계약은 무효이므로, 타인의 생명 보험계약 성립 당시 피보험자의 서면동의가 없다면 보험계약은 확정적으로 무효가 되고, 피보험자가 이미 무효로 된 보험계약을 추인하였다고 하더라도 보험계약이 유효로 될 수는 없다.[21]

③ 타인의 생명보험에서 얻어야 하는 타인의 서면동의에는 「전자서명법」에 따른 전자서명이 있는 경우로서 본인 확인 및 위조 · 변조 방지에 대한 신뢰성을 갖춘 전자문서도 포함된다(상법 제731조 제1항).

④ 보험계약자와 보험수익자가 다른 타인을 위한 보험계약은 제3자를 위한 계약의 일종인데, 위 보험계약이 강행규정인 상법 제731조 제1항을 위반하여 무효로 된 경우에, 보험수익자는 보험계약자가 아니므로 특별한 사정이 없는 한 보험회사를 상대로 보험계약의 무효로 인한 손해에 관하여 불법행위를 원인으로 손해배상청구를 할 수 없다.[22]

27. ①

① 보험자는 화재의 소방 또는 손해의 감소에 필요한 조치로 인하여 생긴 손해를 보상할 책임이 있다(상법 제684조).

②③ 집합된 물건을 일괄하여 보험의 목적으로 한 때에는 피보험자의 가족과 사용인의 물건도 보험의 목적에 포함된 것으로 한다. 이 경우에는 그 보험은 그 가족 또는 사용인을 위하여서도 체결한 것으로 본다(상법 제686조).

④ 집합된 물건을 일괄하여 보험의 목적으로 한 때에는 그 목적에 속한 물건이 보험기간 중에 수시로 교체된 경우에도 보험사고의 발생 시에 현존한 물건은 보험의 목적에 포함된 것으로 한다(상법 제687조).

21) 대법원 2006.9.22. 선고 2004다56677 판결, 대법원 2010.2.11. 선고 2009다74007 판결
22) 대법원 2015.10.15. 선고 2014다204178 판결

28. ②

①③ 대법원 판례에 따르면, 상법 제724조 제2항에 의하여 피해자에게 인정되는 직접청구권의 법적 성질은 보험자가 피보험자의 피해자에 대한 손해배상채무를 병존적으로 인수한 것으로서 피해자가 보험자에 대하여 가지는 **손해배상청구권**이고 피보험자의 보험자에 대한 보험금청구권의 변형 내지는 이에 준하는 권리가 아니다.[23] 따라서 제3자는 피보험자의 **협조와는 관계없이** 독자적으로 보험자에게 청구 가능하다.

② 보험자가 제3자의 청구를 받은 때에는 지체없이 피보험자에게 이를 통지하여야 한다(상법 제724조 제3항).

④ 보험자는 피보험자가 그 사고에 관하여 가지는 항변으로 제3자에게 **대항할 수 있다**(상법 제724조 제2항).

29. ②

대법원 1996.7.26. 선고 95다52505
보험목적물의 양도를 보험계약자의 통지의무 사유로 들고 있는 화재보험보통약관과 '현저한 위험의 변경 또는 증가와 관련된 계약 후 알릴 의무를 이행하지 아니하였을 때'를 보험계약의 해지사유로 들고 있는 약관 규정을 종합하여 보면, 화재보험의 목적물이 양도된 경우 그 양도로 인하여 현저한 위험의 변경 또는 증가가 있고 동시에 보험계약자 또는 피보험자가 양도의 통지를 하지 않는 경우에는 보험자는 통지의무 위반을 이유로 당해 보험계약을 해지할 수 있으나, **보험목적의 양도로 인하여 현저한 위험의 변경 또는 증가가 없는 경우에는 양도의 통지를 하지 않더라도 통지의무 위반을 이유로 당해 보험계약을 해지할 수 없다**고 봄이 상당하다.

보험의 목적이 양도된 경우에 양도인 또는 양수인은 보험자에게 지체 없이 그 사실을 통지하여야 한다. 그러나, 상법상 양도 통지의무 위반 시에 대한 규정은 따로 없으며, 판례는 보험목적의 양도에 따라 위험의 현저한 변경 또는 증가가 있는 경우에만 통지의무 위반을 이유로 보험계약을 해지할 수 있다고 하였다. 따라서, 단순히 보험 목적물의 소유자만 변경되었을 뿐 보험요율에 영향을 주는 위험의 현저한 변경 또는 증가가 없는 경우에는 보험계약을 해지할 수 없다.

30. ④

①③ 보험계약자의 사기로 인하여 체결된 초과보험, 중복보험은 **무효**이다. 그러나 보험자는 그 사실을 **안 때까지의 보험료를 청구**할 수 있다(상법 제669조 및 제672조). 이는 악의의 보험계약자를 응징하기 위한 조항이다.

② 보증보험계약에 관하여는 보험계약자의 사기, 고의 또는 중대한 과실이 있는 경우에도 이에 대하여 피보험자에게 책임이 있는 사유가 없으면 보험계약의 해지 및 면책 규정을 적용하지 아니한다(상법 제726조의6 제2항). 즉 **보험금을 지급**하여야 한다.

④ 대법원 판례에 따르면, 고지의무 위반이 사기 및 착오에 해당하는 경우 보험자는 상법의 규정에 의하여 계약을 해지할 수 있음은 물론 민법의 일반원칙에 따라 그 보험계약을 취소할 수도 있다.[24]

31. ①

대법원 2003.5.30. 선고 2003다15556 판결
보험약관 제30조에 정해진 보험금청구권의 상실사유는 보험계약에 있어서 신의성실의 원칙에 반하는 사기적 보험금청구행위를 허용할 수 없다는 취지에서 규정된 것으로서, 보험계약 당사자의 윤리성이나 선의성을 요구하는 보험계약의 특성 및 상법에 보험의 투기화 · 도박화를 막고 피보험자에게 실제의 피해 이상의 부당한 이득을 취득하지 못하도록 하기 위하여 고의로 인한 보험사고의 경우에는 보험자의 면책을 인정하고(상법 제659조), 보험계약이 사기로 인한 초과보험인 경우 그 계약 자체를 무효로 규정하고 있는 점(상법 제669조 제4항) 등에 비추어 볼 때 이는 거래상 일반인들이 보험자의 설명 없이도 당연히 예상할 수 있던 사항에 해당하여 설명의무의 대상이 아니다.

대법원 판례에 따르면, '계약자 또는 피보험자가 손해의 통지 또는 보험금 청구에 관한 서류에 고의로 사실과 다른 것을 기재하였거나, 그 서류 또는 증거를 위조 또는 변조한 경우 피보험자는 손해에 대한 보험금청구권을 상실한다'는 이른바 보험금 청구권 상실 조항에 대해서 거래상 일반인들이 보험자의 설명 없이도 당연히 예상할 수 있었던 사항에 해당하므로, 설명의무의 대상이 아니다.

32. ③

보험계약의 체결당시에 하물을 적재할 선박을 지정하지 아니한 경우에 보험계약자 또는 피보험자가 그 하물이 선적되었음을 안 때에는 지체없이 보험자에 대하여 **그 선박의 명칭, 국적과 하물의 종류, 수량과 가액**의 통지를 발송하여야 한다(상법 제704조 제1항).

33. ③

ㄱ. 10일　ㄴ. 30일　ㄷ. 3월　ㄹ. 3월

34. ③

①② 대법원 판례에 따르면, 단체보험의 유효요건으로 요구하는 '규약'의 의미는 단체협약, 취업규칙, 정관 등 그 형식을 막론하고 단체보험의 가입에 관한 단체내부의 협정에 해당하는 것으로서, 반드시 당해 보험가입과 관련한 상세한 사항까지 규정하고 있을 필요는 없고 그러한 종류의 보험가입에 관하여 대표자가 구성원을 위하여 일괄하여 계약을 체결할 수 있다는 취지를 담고 있는 것이면 충분하다 할 것이지만, 위 규약이 강행법규인 상법 제731조 소정의 피보험자의 서면동의에 갈음하는 것인 이상 취업규칙이나 단체협약에 근로자의 채용 및 해고, 재해부조 등에 관한 **일반적 규정을 두고 있다는 것만으로는 이에 해당한다고 볼 수 없다**. 또한 단체보험에 관한 단체

23) 대법원 1994.5.27. 선고 94다6819 판결
24) 대법원 1991.12.27. 선고 91다1165 판결

협약나 취업규칙 등 규약의 존재를 요구하는 상법 조항이나 타인의 사망보험에서 피보험자의 서면동의를 얻도록 하는 상법 조항을 위반하여 소정의 규약이나 서면동의가 없는 상태에서 단체보험계약을 체결한 자가 위 요건의 흠결을 이유로 그 무효를 주장하는 것이 신의성실의 원칙 또는 금반언의 원칙에 위배되는 권리행사라는 이유로 이를 배척한다면 위 입법 취지를 몰각시키는 결과를 초래하므로 특단의 사정이 없는 한 그러한 주장이 신의성실 등의 원칙에 반한다고 볼 수는 없다.[25]

③ 대법원 판례에 따르면, 단체가 구성원의 전부 또는 일부를 피보험자로 하고 보험계약자 자신을 보험수익자로 하여 체결하는 생명보험계약 내지 상해보험계약은 단체의 구성원에 대하여 보험사고가 발생한 경우를 부보함으로써 단체 구성원에 대한 단체의 재해보상금이나 후생복리비용의 재원을 마련하기 위한 것이므로, 피보험자가 보험사고 이외의 사고로 사망하거나 퇴직 등으로 단체의 구성원으로서의 자격을 상실하면 그에 대한 단체보험계약에 의한 보호는 종료되고, 구성원으로서의 자격을 상실한 종전 피보험자는 보험약관이 정하는 바에 따라 자신에 대한 개별계약으로 전환하여 보험 보호를 계속 받을 수 있을 뿐이다.[26]

④ 대법원 판례에 따르면, 단체보험의 경우 보험수익자의 지정에 관하여는 상법 등 관련 법령에 별다른 규정이 없으므로 보험계약자는 단체의 구성원인 피보험자를 보험수익자로 하여 타인을 위한 보험계약으로 체결할 수도 있고, 보험계약자 자신을 보험수익자로 하여 자기를 위한 보험계약으로 체결할 수도 있을 것이며, 단체보험이라고 하여 당연히 타인을 위한 보험계약이 되어야 하는 것은 아니므로 보험수익자를 보험계약자 자신으로 지정하는 것이 단체보험의 본질에 반하는 것이라고 할 수 없다.[27]

35. ①

보험계약은 위험에 대한 정보가 보험계약자 측에게 집중되어 있고 보험자는 잘 알지 못한다는 정보의 비대칭성으로 인해 보험을 악용할 염려가 항상 존재한다. 따라서 보험계약법(상법 제4편)은 이러한 도덕적 위험의 발생을 막고 당사자의 윤리성, 선의성을 유지하기 위하여 여러가지 규정들을 두고 있다. 고지의무, 위험변경증가 통지의무, 사고발생 통지의무, 손해방지의무 등이 그것이다. 문제에서의 지문은 손해방지의무에 대한 것이다.

36. ①

①② 초과보험의 보험가액은 계약 당시의 가액에 의하여 정한다(상법 제669조 제2항). 또한 처음 보험계약을 체결하였을 때에는 초과보험이 아니었으나 보험기간 중 물가하락으로 보험가액이 감소한 경우에도 초과보험이 될 수 있다.

③ 초과보험이 체결되면 보험자 또는 보험계약자는 보험료와 보험금액의 감액을 청구할 수 있다. 다만 보험료의 감액은 장래에 대하여서만 그 효력이 있다(상법 제669조 제1항).

④ 보험계약자의 사기로 체결된 초과보험의 경우 보험계약 전체가 무효가 되고 보험자는 그 사실을 안 때까지의 보험료를 청구할 수 있다(상법 제669조 제4항).

37. ①

대법원 2002.3.26. 선고 2001다6312 판결
원래 손해보험에 있어서 보험자가 보상할 손해액은 그 손해가 발생한 때와 곳의 가액에 의하여 산정하는 것이 원칙이지만(상법 제676조 제1항 본문), 사고발생 후 보험가액을 산정함에 있어서는 목적물의 멸실 훼손으로 인하여 곤란한 점이 있고 이로 인하여 분쟁이 일어날 소지가 많기 때문에 이러한 분쟁을 사전에 방지하고 보험가액의 입증을 용이하게 하기 위하여 보험계약체결시에 당사자 사이에 보험가액을 미리 협정하여 두는 기평가보험제도가 인정되는바, 기평가보험으로 인정되기 위한 당사자 사이의 보험가액에 대한 합의는, 명시적인 것이어야 하기는 하지만 반드시 협정보험가액 혹은 약정보험가액이라는 용어 등을 사용하여야만 하는 것은 아니고 당사자 사이에 보험계약을 체결하게 된 제반 사정과 보험증권의 기재 내용 등을 통하여 당사자의 의사가 보험가액을 미리 합의하고 있는 것이라고 인정할 수 있으면 충분하다.

기평가보험으로 인정되기 위한 당사자 사이의 보험가액에 대한 합의는 명시적인 것이어야 하나, 반드시 보험증권에 협정보험가액 혹은 약정보험가액이라는 용어를 사용하여야 하는 것은 아니다.

38. ④

제729조(제3자에 대한 보험대위의 금지)
보험자는 보험사고로 인하여 생긴 보험계약자 또는 보험수익자의 제3자에 대한 권리를 대위하여 행사하지 못한다. 그러나 상해보험계약의 경우에 당사자간에 다른 약정이 있는 때에는 보험자는 피보험자의 권리를 해하지 아니하는 범위 안에서 그 권리를 대위하여 행사할 수 있다.

인보험에서는 제3자에 대한 권리를 대위하여 행사하지 못함이 원칙이다. 다만, 상해보험계약의 경우에 당사자 간에 약정을 맺는 경우, 보험자는 피보험자의 권리를 해하지 아니하는 범위 안에서 그 권리를 대위하여 행사할 수 있다.

39. ③

① 보험사고로 인하여 상실된 피보험자가 얻을 이익이나 보수는 당사자간에 다른 약정이 없으면 보험자가 보상할 손해액에 산입하지 아니한다(상법 제667조).

② 보험자는 보험사고로 인하여 생긴 보험계약자 또는 보험수익자의 제3자에 대한 권리를 대위하여 행사하지 못한다. 그러나 상해보험계약의 경우에 당사자간에 다른 약정이 있는 때에는 보험자는 피보험자의 권리를 해하지 아니하는 범위안에서 그 권리를 대위하여 행사할 수 있다(상법 제729조).

③ 보험자의 책임은 최초의 보험료를 지급받은 때부터 개시함이

25) 대법원 2006.4.27. 선고 2003다60259 판결
26) 대법원 2007.10.12. 선고 2007다42877, 42884 판결
27) 대법원 1999.5.25. 선고 98다59613 판결

원칙이며, 당사자 사이의 다른 약정(특약)에 의하여 그 외의 경우를 인정할 수 있다(상법 제656조).

④ 보험가액의 일부를 보험에 붙인 경우에는 보험자는 보험금액의 보험가액에 대한 비율에 따라 보상할 책임을 진다. 그러나 당사자간에 다른 약정이 있는 때에는 보험자는 보험금액의 한도내에서 그 손해를 보상할 책임을 진다(상법 제674조).

40. ①

가. 해상보험의 특수성 때문에 피보험자의 편의를 위하여 인정된 제도이다. (○)

나. 위부는 형성권이므로 보험자의 승인 여부와 관계없이 효력이 발생한다. (×)

다. 위부는 보험의 목적의 전부에 대하여 이를 하여야 한다. 그러나 위부의 원인이 그 일부에 대하여 생긴 때에는 그 부분에 대하여서만 이를 할 수 있다. (×)

라. 위부에서 보험자는 보험금 지급여부와는 관계없이 피보험자의 권리를 취득한다. 보험금이 지급될 때에 보험자가 피보험자의 권리를 취득하는 것은 보험자대위이다. (×)

3과목 손해사정이론

01	02	03	04	05	06	07	08	09	10
④	②	②	②	③	①	③	①	③	④
11	12	13	14	15	16	17	18	19	20
②	②	③	①	②	④	②	③	②	③
21	22	23	24	25	26	27	28	29	30
①	②	③	①	②	②	②	④	①	②
31	32	33	34	35	36	37	38	39	40
③	③	①	④	②	③	④	①	②	③

01. ④

제외손실(excluded losses)란, 보험계약에서 보상하지 않는 특정 손실을 말한다. 예를 들어, 화재보험에서 화재로 인한 직접손실(direct loss)이 아닌 간접손실, 예를 들어 영업중단(business interruption)으로 인한 손실 등은 통상 제외된다. 운송보험에서 운송물품에 대한 흠집 같은 것을 보상하지 않는다. 이런 유형의 손실이 보상될 경우, 계약자나 피보험자의 부주의를 야기하고, 또 불필요하게 클레임 건수를 증가할 수 있기 때문이다.
한편 소모 및 마모(wear and tear)로 인한 재산의 손실도 보상되지 않는다. 이는 재산을 사용함에 따라 어쩔 수 없이 그리고 반드시 발생하는 유형의 손실이지, 우연히 발생하는 손실이 아니기 때문에 그러하다. 즉, 부보가능하지 않은 유형의 손실인 것이다. 이와 관련되는 것은 원래 성질(inherent vice)로 야기되는 유형의 손실이다.
예컨대 타이어나 골프공은 실제 사용되지 않아도 시간이 경과하면 그 질이 저하된다. 화재보험에서 "보험의 목적의 발효, 자연발열, 자연발화로 생긴 손해"에 대해 보상하지 않는 것도 한 예라 할 수 있다. 한편 역선택을 방지하기 위해 대부분의 건강보험은 기왕증(pre-existing conditions)에 대해 면책조항을 운영하고 있다.
문제에서 주어진 것처럼 자동차보험에서는 산업재해보상보험에서 보상받을 수 있는 손해에 대해서는 보상하지 않고, 그 범위를 넘어서는 경우에만 보상하도록 규정하고 있다. 이는 보험 간의 영역 조정을 위하여 일정한 손실(loss)에 대해서는 제외손실(excluded losses)로 규정하여 보상범위에서 제외하고 있는 것이다.

02. ②

No fault Insurance에 대한 설명이다.
노폴트보험은 자동차사고 발생 때 피해자의 지위나 가해자의 책임 여부와 무관하게 피해자가 가입한 보험사가 피해자의 인적 손해를 보상하는 보험이다. 현재 미국, 캐나다, 뉴질랜드 등이 도입하고 있다. 노폴트보험은 보험금이 빠르게 지급되고 배상한도가 높아 피해자 구제에는 효과적이지만 보험료가 무척 비싸다는 단점이 있다.
자율주행시대에 이러한 노폴트보험의 필요성이 제기되는 이유는 자율주행 중 일어나는 사고의 책임 소재가 불분명하기 때문이다. 운전자에게 직접적인 책임을 묻기 어렵다는 점에서, 일각에서는 자율주행 자동차사고 피해자의 구제가 특정 개인이 아닌 공동체 전체의 책임이라는 말까지 나온다. 다만, 현재 시행 중인 자동차손해배상보장법에서도 자동차의 운행자에게 운행자책임을 지우고 있으므로 노폴트보험과 크게 차이가 없다는 지적도 있다.

03. ②

위험을 야기하는 원천과 영향이 미치는 범위에 따라 근원적 위험(fundamental risk, 근본 위험)과 특정 위험(particular risk)으로 구별한다. 근원적 위험은 손실의 범위가 사회 전체 또는 수많은 사람이나 전체에 영향을 미치는 위험으로 인플레이션, 대량실업, 경제변동, 전쟁, 분화, 대자연재해 등이다. 즉 개별적이거나 개인적인 사건에 의하여 야기되는 것이 아니기 때문에 예측이나 통제가 불가능한 부분이 많다. 반면 특정 위험은 특정한 개인이나 기업에만 국한되는 위험으로, 화재나 도난 등이 그 예이다. 근원적 위험은 개인적인 차원보다는 사회나 국가적인 차원에서 관리하는 것이 바람직하며 사회보험 제도를 활용하는 것이 좋다. 반면에 특정 위험은 민영보험이나 사보험의 이용이 더욱 적절하다.

04. ②

① 다음 각 호의 어느 하나에 해당하는 자에 대하여는 1천만원 이하의 과태료를 부과한다(보험사기방지 특별법 제15조 제1항).

> 1. 보험금의 지급을 지체 또는 거절하거나 보험금을 삭감하여 지급한 보험회사
> 2. 정당한 사유 없이 자료를 제출하지 아니하거나 거짓으로 제출한 정보통신서비스 제공자

② 보험사기행위로 보험금을 취득하거나 제3자에게 보험금을 취득하게 한 자는 10년 이하의 징역 또는 5천만원 이하의 벌금에 처한다(보험사기방지 특별법 제8조).

③ 금융위원회는 보험사기행위의 알선 · 권유 등의 금지 등의 행위를 조사하기 위하여 정보통신서비스 제공자에 대하여 필요한 자료의 제출을 요청할 수 있다(보험사기방지 특별법 제5조

의3 제2항).

④ 상습적으로 보험사기죄를 범한 자(상습범)는 그 죄에 정한 형의 2분의 1까지 가중한다(보험사기방지 특별법 제9조).

05. ③

공동보험 조항은 보험계약자가 요구부보비율을 만족할 경우 보험가입금액의 한도 내에서 실제 손해액 전액을 지급하며, 요구부보비율을 만족하지 못할 경우에는 일정한 패널티를 주는 방식의 약관 조항이다. 문제에서는 80% 요구부보비율을 만족했으므로 보험가입금액 한도 내에서 실제 손해액 전액을 지급해야 하며, 보험가입금액 8억원을 전부 지급하여야 한다.

06. ①

보험은 다수의 동질적인 위험을 보유한 사람들이 모여 하나의 위험 집단을 구성하며, 해당 위험 집단 중에서 실제 사고가 발생한 사람에게 다수의 경제 주체들이 마련한 공동기금으로 경제적 보전을 해주는 제도이다. 이러한 보험제도를 운용하기 위해서는 위험 집단 관리자(보험자)가 위험을 측정할 수 있어야 하며, 위험의 측정은 대수의 법칙에 의하여 이루어진다. 따라서 보험자가 정확한 보험료를 산출하기 위해서는 위험 집단화가 필요하다.

07. ③

재보험은 다음과 같은 기능이 있다.

1. **보험수익의 안정성**
   대수의 법칙을 이용하여 예측된 손실과 실제손실과의 괴리 현상을 감소시킨다.
2. **담보능력의 증대**
   재보험을 이용하면 순자산가치를 증가시키지 않고도 담보능력을 증대시킬 수 있다.
3. **미경과보험료 적립금의 경감**
   미경과보험료 적립금은 새로운 보험계약이 증가할 경우 보험계약 체결 시점에 집중적으로 발생하는 사업비 때문에 그 금액이 급속도로 증가한다. 재보험을 통하여 이러한 적립금을 감소시킬 수 있다.
4. **재난적 사고의 보장**
   일시에 발생한 손실의 규모가 거대할 경우 원보험자는 파산에 이를 수도 있다.
5. **사업중단에 따른 잔존계약의 인수**
   재보험자가 원수보험자로부터 잔존 보험계약을 합리적인 조건으로 인수함으로써 보험기간 만기까지 유지될 수 있다.
6. **보험기술의 증진**
   원수보험자보다 더 전문적이고 많은 경험을 보유하기 때문에 보험기술의 증진을 가져올 수 있다.

08. ①

근대 민법의 3대 기본 원칙[28] 중에 하나는 과실 책임제도이다. 과실 책임제도란, 가해자에게 고의 또는 과실이 있는 경우에만 타인에 대하여 손해배상책임을 부담하도록 하는 제도이다. 그런데 사회가 점차 전문성, 복잡성을 가지게 되면서 단순히 가해자에게 과실이 없다는 이유로 손해배상책임을 면하게 하는 것에 한계성이 점차 드러나게 되었다. 즉, 피해자가 보호를 받기 위해서는 그 손해에 대하여 가해자에게 고의 또는 과실이 있었음을 증명해야 하는데, 전문화된 현대 사회에서 가해자의 과실을 증명하는 것이 어려운 경우가 많기 때문이다.
이러한 문제점을 해결하기 위해서 나온 것이 무과실책임제도이다. 무과실책임제도는 가해자의 고의, 과실 여부를 불문하고 피해자에게 손해배상 책임을 부여하는 제도이다. 따라서 피해자는 자신이 손해를 입었다는 것만 증명하면 가해자로부터 손해배상을 받을 수 있어, 피해자 보호를 좀더 두텁게 할 수 있다.

09. ③

금융재보험은 위험전가와 위험재무의 기능을 결합한 재보험이다. 금융재보험을 통하여 원수보험자는 재보험자에게 underwriting risk 와 timing risk를 전가한다. Underwriting risk는 실제로 지급한 보험금이 예상한 지급보험금 규모보다 커질 위험을 뜻하며, Timing risk는 보험금 지급시기의 불확정에서 비롯된 것으로 보험금이 예상보다 빨리 지급됨으로써 발생하는 리스크를 말한다.

10. ④

체계적 리스크란 경기 침체나 유가 급등 등 시장 전체에 영향을 미치는 위험으로, 투자자가 아무리 애를 써도 피할 수 없는 위험이다. 비체계적 리스크는 시장 전체의 움직임과는 관계없이 특정한 개별 경제에 한정된 위험을 말한다. 비체계적 위험은 분산투자로 제거할 수 있으나 체계적 위험은 제거 불가능하다. 금리 리스크, 구매력 리스크, 국가 리스크는 투자자 개인의 역량으로 제거할 수 없는 체계적 리스크에 해당하나, 유동성 리스크는 투자자 개인의 포트폴리오 조정으로 제거할 수 있으므로 비체계적 리스크에 해당한다.

11. ②

이재처리 협조 조항(claim cooperation clause)에 대한 설명이다. 재보험계약에 있는 이재조사협조 조항은 출재된 보험물건에 이재가 발생한 경우 이에 대한 손해조사 등을 수재보험자와 협의하여 처리한다는 내용이다. 일반적으로 재보험계약에서 손해사정업무는 출재보험자와 손해사정결과를 따르도록 되어 있는데 ① 수재보험자가 신속한 이재통보가 필요한 경우 ② 사고금액이 크고 수재보험자의 지분이 높은 경우 ③ 손해사정에 고도의 기술이 요구되어 수재보험자의 도움이 필요한 경우에는 예외적으로 수재보험자에게 통보하고 손해사정업무를 협의하여 처리하도록 규정하고 있다.

12. ②

적정성의 원칙에 대한 설명이다. 적정성의 원칙이란 금융상품판매업자가 대통령령으로 각각 정하는 보장성 상품, 투자성 상품 및 대출성 상품에 대하여 일반금융소비자에게 계약 체결을 권유하지 아니하고 금융상품 판매 계약을 체결하려는 경우에는 미리 면담 · 질문 등을 통하여 보장성 상품, 투자성 상품, 대출성 상품

28) 근대 민법의 3대 원칙 : 소유권 절대의 원칙, 사적 자치의 원칙, 자기책임의 원칙(과실 책임주의)

등 구분에 따른 정보를 파악하여야 하며, 확인한 사항을 고려하여 해당 금융상품이 그 일반금융소비자에게 적정하지 아니하다고 판단되는 경우에는 대통령령으로 정하는 바에 따라 그 사실을 알리고, 그 일반금융소비자로부터 서명, 기명날인, 녹취, 그 밖에 대통령령으로 정하는 방법으로 확인을 받아야 하는 것을 말한다(금융소비자보호법 제18조).

13. ③

소멸성 공제조항은 일정액의 공제 한도를 설정하여 설정된 공제 한도 이하의 손해는 피보험자가 전액 부담하고 공제 한도보다 큰 손해에 대해서는 손해의 규모가 커질수록 공제액의 크기가 점차 줄어들어 일정 손실 이상에서는 공제액이 완전히 소멸되는 방식의 공제조항이다. 계산식은 다음과 같다.

(손해액 − 공제금액) × 손실조정계수 = 보험금

주어진 문제에서 공제금액은 10만원이라고 했으며, 공제계수는 1.04라고 했으므로 계산식은 다음과 같다.

(손해액 − 10만원) × 1.04 = 보험금

위의 계산식에서 손해액과 지급보험금이 같아지는(공제금액이 소멸되는) 금액은 260만원이다.

14. ①

재보험금의 회수 빈도가 낮고 손해액의 변동 폭이나 손해액의 규모가 큰 경우에는 버닝 코스트는 물론이고 rate on line 방식도 적용하기 곤란한 경우가 있다. 이러한 경우에 exposure rating 방식을 사용하며, 미리 정한 exposure rating 포트폴리오에 따라서 계약건수, 보험금액, 보험료 등의 구간에 맞는 재보험료를 부과하는 방식이다. 수학적 모델과 적절한 가정을 통하여 미래의 손해발생 가능성을 예측하는 방법이기 때문에 사용된 모델과 가정이 적절하지 못할 경우 예측 결과를 신뢰할 수 없다는 단점이 있다. exposure rating 포트폴리오는 과거의 인수 실적을 기초로 하지 않기 때문에 재보험회사의 전문 언더라이터의 경험이나 노하우가 가장 강하게 요구된다. 가계성 보험에서 처음 개발된 후 기업성 보험에 적용되었다.

15. ②

Excess of loss reinsurance(초과 손해액 재보험)은 원보험계약에서 발생한 손해 중 일정한 손해액 이상의 손해에 대해서 재보험금을 지급하는 방식이다. 문제에서 A는 2천만원의 자기부담금이 설정된 화재보험계약을 체결했으며, 이러한 형태와 유사한 재보험 계약은 Excess of loss reinsurance(초과 손해액 재보험)이다.

16. ④

초과액재보험(Surplus Reinsurance)은 원보험자가 먼저 자신의 보유금액을 결정한 뒤에, 그 초과액을 일정배수에 따라 출재하는 방식의 비례적 재보험(Proportional Reinsurance)계약이다. 비례적 재보험이므로 원보험자와 재보험자의 손해액 부담은 서로 비례하여 부담한다.

문제에서 주어진 재보험 출재 방식이 10억원까지 자신이 보유하고, 10억원을 초과하는 부분을 20억원까지 출재한다고 했으므로 각각의 보험계약에서 원보험자와 재보험자가 부담하는 비율은 다음과 같다.

- **A 보험계약** : 보험가입금액 5억원 → 10억원을 초과하지 않았으므로 출재하지 않음
- **B 보험계약** : 보험가입금액 20억원 → 10억원을 초과하는 금액인 10억원을 재보험 출재
- **C 보험계약** : 보험가입금액 50억원 → 10억원을 초과하는 금액을 출재하되 재보험 한도가 20억원이므로 20억원을 재보험 출재

따라서 각각의 보험계약에서 출재하는 비율을 구하면 다음과 같다.

- **A 보험계약** : 보험가입금액 5억원을 원보험자 전액 보유 (즉 출재 없음)
- **B 보험계약** : 보험가입금액 20억원 중 10억원 출재 (즉 1/2 출재)
- **C 보험계약** : 보험가입금액 50억원 중 20억원 출재 (즉 2/5 출재)

발생한 손해액을 위의 비율에 따라 분배하면 다음과 같다.

- **A 보험계약 손해액 3억원** : 원보험자 3억원 전액 부담
- **B 보험계약 손해액 10억원** : 10억원 $\times \frac{1}{2}$ = 5억원
- **C 보험계약 손해액 40억원** : 40억원 $\times \frac{2}{5}$ = 16억원

따라서 재보험금 총액은 0원 + 5억원 + 16억원 = 21억원

17. ②

① **손실감소(loss reduction)** : 이미 사고가 발생한 경우 그 손실이 확대되는 것을 방어하는 조치를 말한다. 스프링클러, 자동차의 에어백과 안전띠 장착 등이 해당한다.

② **손실예방(loss prevention)** : 특정 손실의 발생 가능성 또는 손실 발생의 빈도를 줄이려는 조치를 말한다. 주유소의 금연 경고문, 은행의 CCTV 설치, 고속도로의 속도제한, 홍수에 대비한 댐 건설, 음주운전 단속 등이 해당한다.

③ **위험회피(risk avoidance)** : 손해가 생길 상황을 아예 만들지 않는 것을 말한다. 침수지대에 있는 건물을 사지 않고, 원금 상실의 우려가 있는 금융상품에 대한 투자를 하지 않는 것이 대표적인 예라고 할 수 있다. 위험예방에 대한 가장 확실한 방법이지만, 한편으로는 아예 기회마저 상실된다는 단점이 있다. 위험의 빈도와 심도가 모두 높은 경우에 적합한 위험관리 기법이다.

④ **위험전가(risk transfer)** : 위험통제와 위험재무에서 공통적으로 사용되는 방법으로 제3자에게 손실 책임을 넘겨주는 것이다. 위험통제에서는 법적 책임을 계약을 통해 넘겨주는 반면, 위험재무에서는 손실을 제3자로부터 조달한다는 차이가 있다.

18. ③

Franchise 공제조항은 공제금액 이하의 손해가 발생하면 보험금을 지급하지 않지만 공제금액의 이상의 손해가 발생했을 때에는 공제를 하지 않고, 손해액 전액을 보상해주는 방식이다. 1차 사고에서는 공제금액 이하의 손해가 발생했으므로, 보험자가 지급할 보험금이 없다. 2차 사고에서는 공제금액 이상의 손해가 발생했으므로, 손해액 200만원 전액을 지급하여야 한다.

19. ②

- A의 배상책임액 = 1,000만원(B의 손해액) × 60%(A의 과실) = 600만원
- B의 배상책임액 = 2,000만원(A의 손해액) × 40%(B의 과실) = 800만원

교차배상책임이라고 하였으므로 A는 600만원, B는 800만원의 배상책임이 발생한다. 만약 문제에서 단일배상책임을 물어보았다면, B만 배상책임을 부담하며 B의 배상책임금액에서 A의 배상책임금액을 차감한 200만원이 B의 배상책임액이다.

20. ③

첫번째 단계는 손실이 원천적으로 발생하지 않도록 집중하는 것이다. 화재 손실을 방지하기 위하여 건물을 건축할 때부터 불연재료를 사용하는 것이 이에 해당한다.

두번째 단계는 사고가 발생할 확률을 감소시키는 것이다. 물리적 위태, 도덕적 위태, 방관적 위태 등 각종 위태(hazard)를 경감시키는 것이다. 건물에 대한 화재 예방 활동을 강화하거나 각종 정기적인 검사를 시행하는 것이 예이다.

세번째 단계는 사고가 발생한 이후 손실을 최소화하는 노력이다. 건물에 스프링쿨러, 방화벽을 설치하거나, 자동차를 운전할 때에 안전벨트를 착용하는 것이 대표적이다.

마지막 네번째 단계는 구조작업을 통하여 손실을 최소화하고 이를 복구화는 과정이다. 산업재해를 당한 종업원의 재활 제도가 이에 해당한다.

21. ①

손해사정 절차는 일반적으로 다음과 같이 진행된다.

> 사고통지 접수 → 현장 조사 → 손해액 및 보험금 산정 → 손해사정서 작성 및 교부

22. ②

금반언의 원칙이란 어떠한 행위나 말을 하여 타인을 신뢰하게 하고 나중에 이것이 진실이 아니라는 이유로 전에 한 말이나 행위를 부정하지 말라는 원칙이다. 거래 상대방의 신뢰보호 취지의 영미법이 취하고 있는 법리 중 하나다. 보험설계사 또는 보험대리점이 보험계약 체결 시 보험계약자에게 약관의 내용을 다르게 설명하여 보험계약을 체결한 뒤 보험사고가 발생하였는데, 보험자는 보험 계약시에 이들이 한 설명이 진실한 것이 아님을 이유로 원래의 약관내용에 따라 보상책임이 없음을 주장하는 것은 금반언의 원칙에 위배되는 것이다.

23. ③

균등액분담조항(contribution by equal shares clause)은 여러 보험자 중에서 가장 낮은 보험자의 보상한도까지 동일하게 부담을 하다가, 가장 낮은 보험자의 보상한도에 도달하면 그 보험자는 제외하고 다시 다음의 낮은 보험자의 보상한도까지 남은 보험자가 계속 동일하게 부담하는 방식이다.

- A : 200만원, B : 200만원, C : 200만원(소진)
- A : 500만원, B : 500만원(소진)
- A : 900만원

A보험자 : 200만원 + 500만원 + 900만원 = 1,600만원
→ 보험가입금액 한도인 1,500만원 보상

24. ①

문제에서의 사례는 부진정 연대채무에 대한 것이다. 부진정 연대채무란 연대채무자의 상호 의사와 관계없이 우연히 발생한 채무를 말하는 것으로, 채무자들 사이에 주관적 관련성이 없으므로 그 중 한 사람에 대해 생긴 사유는 다른 채무자에게 영향을 주지 않는다. 예를 들어 자동차 운전자가 사고를 낸 경우 그 운전자는 불법행위자로서 책임(민법상 불법행위 책임)이 있으며 자동차 소유자는 사용자로서 책임(민법상 사용자 책임 및 자배법상 운행자 책임)을 지게 된다. 이 때 운전자와 소유자는 우연히 연대책임 관계가 성립하므로 둘은 부진정 연대채무 관계이다. 따라서 피해자가 사고를 낸 운전자에 대하여 손해배상 권리를 포기하거나 채무면제 의사표시를 했다고 하더라도 다른 채무자인 자동차 소유자에 대해서는 그 효력이 미치지 않는다. 즉, 피해자는 운전자와 소유자를 상대로 각각 손해배상을 청구할 수도 있으며 배상자력이 높다고 판단되는 사람만을 상대로 손해배상을 청구할 수도 있다.

25. ②

생명보험 전매제도에 대한 설명이다. 생명보험 전매제도는 보험계약을 특정회사에 판매할 수 있게 하는 제도로, 해당 회사는 보험료 납부를 완료하고 가입자가 사망하면 보험금을 수령하게 된다. 국내 도입이 논의되었으나, 전매시장 인프라 확보와 법 · 규제 정비 등이 필요하고, 생명보험 업계 자체가 위축되고 있는 상황이라 전매시장이 큰 성장성을 갖기는 어렵고 타인의 사망을 거래한다는 점에서 윤리적인 논란의 소지가 있어 무산되었다. 다만, 최근 포화 상태인 국내 생명보험 시장에서 새로운 활로를 모색할 수 있는 방안이라는 점에서 다시 논의가 이루어지고 있다.

26. ②

계약상 가중책임이란 법률상 손해배상책임이 없음에도 불구하고 제3자와의 사적 계약을 통해 그 제3자가 지는 법률상 손해배상책임을 자신이 인수하거나 (assumption of liability), 통상적인 법률상 배상책임액을 초과하는 배상책임액을 지불할 것을 사전에 약정하여 이를 지불해야 하는 계약상 책임이 있을 때 이러한 배상책임을 계약상 가중책임 (contractual liability)이라 한다. 보험에서는 기본적으로 계약상 가중책임은 면책으로 하고 있다.
단, 계약상 가중책임이라도 예외적으로,
ⅰ) 그러한 약정이 없었더라도 배상책임을 부담하였을 경우, 또는
ⅱ) 일정한 몇몇 전형적인 계약상 배상책임의 경우(이를 담보계약,

insured contracts이라 함)에는 담보된다. 대표적인 담보계약에는 도급공사계약, 승강기관리계약, 철도지선계약, 지역권계약, 주택임대차계약, 지방자치단체 편의제공계약 등이 있다.

27. ②

불항쟁조항(불가쟁조항, incontestable clause)이란 보험계약이 체결되고 일정한 기간이 경과한 후에는 보험계약자의 착오나 허위진술 등 보험계약상의 하자를 이유로 보험자가 보험금의 지급을 거절하지 못한다고 규정하고 있는 약관 조항이다. 보험계약자의 고지의무 위반이 있더라도 보험계약이 체결되고 일정한 기간(상법의 경우 3년)이 경과하면 의무 위반에도 불구하고 보험금을 지급하는 것이 그 대표적인 예이다. 나머지 지문은 모두 금반언의 원칙에 대한 것이다.

28. ④

동종제한 해석의 원칙이란 구체적으로 열거한 사항 다음에 일반적이고 개괄적인 문언이 부가되어 열거사항을 확장하고 있는 경우(예 ~ 등 기타사항)에 개괄적인 문언은 열거사항과 같은 종류의 것으로 한정하여 해석해야 한다는 원칙이다.

29. ①

상법 제663조의 불이익 변경금지의 원칙에 대한 내용이다. 불이익 변경금지의 원칙은 보험계약의 부합계약적 성격에 따라 계약당사자의 일방인 보험자가 자신의 지위를 이용하여 자신에게 일방적으로 유리하게 계약 조건을 변경하는 것을 금지하기 위해 만들어졌다.

30. ②

그래샴의 법칙(Gresham's law)에 대한 설명이다. 그래샴의 법칙(Gresham's law)은 한마디로 "악화(惡貨)가 양화(良貨)를 구축(驅逐)한다(Bad money drives out good)."는 말로 정리할 수 있다. 영국의 경제학자인 그래샴은 명목가치가 같지만 실질가치가 다른 두 물건이 동시에 유통될 때에 실질가치가 낮은 물건만 유통되고 실질가치가 높은 물건은 유통되지 않는 현상을 발견하고 이를 정의했다. 흔히 경제학에서 나쁜 상품이 좋은 상품을 압도하는 현상을 설명할 때 사용된다. 예를 들어 질이 좋지 않고 싼 가격의 후진국 상품이 좋은 품질의 비싼 국산품의 상품을 밀어내며 시장을 장악하는 현상이 대표적이다. 보험시장에서도 이와 비슷한 현상을 찾아볼 수 있다. 보험회사는 이전의 사고 통계를 바탕으로 보험료를 책정하는데, 이러한 보험료를 기꺼이 부담하고 보험에 가입하고자 하는 사람은 사고발생 확률이 높은 사람들이다. 사고발생 확률이 낮은 사람은 자신의 위험보다 높은 보험료를 부담하는 셈이기 때문에 보험에 가입하는 것을 꺼린다. 따라서 사고발생 확률이 높은 사람들만 보험에 가입하게 되고, 이는 다시 전체적인 보험료 상승으로 이어지게 되며, 종국적으로는 보험시장이 붕괴되는 현상이 발생한다. 정보비대칭으로 인한 역선택 현상을 설명하는 레몬시장이론과 비슷한 맥락으로 이해하면 좋다.

31. ③

① **책임한도분담조항**(contribution by limit of liability clause) : 각 보험자의 책임한도를 각각 계산한 뒤 구해진 책임한도에 비례하여 각 보험자의 보상금액을 산정하는 방식으로, 독립책임액 분담방식이라고도 한다.

- A **보험자의 책임한도** : 200만원
  B **보험자의 책임한도** : 600만원
- A **보험자** : 600만원×200만원/(200만원+600만원) =150만원
- B **보험자** : 600만원×600만원/(200만원+600만원) =450만원

② **균등액분담조항**(contribution by equal shares clause) : 여러 보험자 중에서 가장 낮은 보험자의 보상한도까지 동일하게 부담을 하다가, 가장 낮은 보험자의 보상한도에 도달하면 그 보험자는 제외하고 다시 다음의 낮은 보험자의 보상한도까지 남은 보험자가 계속 동일하게 부담하는 방식이다.

- A **보험자** : 200만원
- B **보험자** : 200만원+200만원=400만원

③ **비례책임조항**(pro rata liability clause) : 각 보험자의 보험가입금액에 비례하여 보상금액을 산정하는 방식이다.

- A **보험자** : 600만원×200만원/(200만원+800만원) =120만원
- B **보험자** : 600만원×800만원/(200만원+800만원) =480만원

④ **초과분담조항**(excess other insurance clause) : 1차 보험자가 먼저 손해액을 보상한 뒤에 보상한도가 다 되면, 2차 보험자가 나머지 손해액을 보상하는 방식이다.

- A **보험자** : 200만원
- B **보험자** : 400만원

32. ③

포괄책임주의는 손해가 발생하였다면 보험자의 보상책임이 발생하며, 여기에 면책위험을 추가하여 보험자의 보장 담보범위를 축소하는 방식이다.

33. ①

① 화재보험에 관한 위험보편의 원칙은 우리나라에서도 인정되고 있다. 독일 판례법에서 인정되고 있으며 우리나라에서는 인정되고 있지 않는 것은 대표자 책임이론에 관한 설명이다.
② 상법 제683조는 화재보험에 관하여 '화재 보험자는 화재로 인하여 생긴 손해를 보상할 책임이 있다'라고 규정하고 있어 위험보편의 원칙을 인정하고 있다.
③④ 현재 국내에서 사용 중인 화재보험 약관에는 '화재로 생긴 것이든 아니든 파열 또는 폭발로 생긴 손해는 보상하여 드리지 아니합니다. 그러나 이 결과로 생긴 화재손해는 보상하여 드립니다.'라고 규정하고 있다.

34. ④

보험위험의 요건은 다음과 같다.
1) 다수의 동질적인 위험
2) 한정적인 손실
3) 우연성
4) 심도가 크고 손실 발생확률이 낮은 위험
5) 합리적인 보험료
6) 측정가능성
7) 대재난적이지 않아야 함

35. ②

• 기대손실(expected loss)

> – 0원×0.55=0원
> – 500원×0.4=200원
> – 1,000원×0.05=50원
> – 0원+200원+50원=250원

• 95% 신뢰도 수준에서의 가능최대손실(probable maximum loss)
  – 신뢰도 95%를 적용한다고 문제에서 주어졌으므로, 손실이 가장 낮은 단계(0원)에서부터 95%가 될 때까지 계속 더해가면 된다. 0.55+0.4 = 0.95가 될 때의 값이 500원이므로 PML은 500원이다. 참고로 만약에 문제에서 MPL을 물어봤다면 가장 큰 값인 1,000원을 고르면 된다.

36. ③

① 공정거래위원회는 보험자가 약관규제법에서 규정한 불공정한 약관조항을 계약의 내용으로 하는 경우에, 보험자에게 해당 불공정약관조항의 삭제 · 수정 등 시정에 필요한 조치를 권고할 수 있다(약관규제법 제17조의2 제1항).
② 금융위원회는 보험약관의 변경명령권을 행사할 수 있으며, 보험계약자 · 피보험자 또는 보험금을 취득할 자의 이익을 보호하기 위하여 특히 필요하다고 인정하면 이미 체결된 보험계약에 대하여도 장래에 향하여 그 변경의 효력이 미치게 할 수 있다(보험업법 제131조 제3항).
③④ 사법부(대법원 판례)에 의한 약관 통제는 사후적이고 소극적, 개별적인 규제방식에 해당한다. 반면에 행정기관에 의한 행정적 규제는 보험계약 전체에 효력을 주기 때문이 일반적(一般的) 규제이다. 이런 점에서 행정적 규제가 가장 효과적인 약관 규제방법이라고 할 수 있다.

37. ④

미경과보험료는 보험회사가 적립해야 하는 책임준비금과 관련이 있으며, 영업보험료 구성요소에는 속하지 않는다.

38. ①

천재지변, 전쟁 기타 변란 등을 보험회사의 면책으로 하는 이유는 보험의 경영상의 이유이다. 다만, 경영상의 이유로 면책되는 것이기 때문에 당사자 간에 이를 부보하기로 하는 특약을 부가하였다면 보상 가능하다.

39. ②

보험제도는 보험계약자의 입장에서는 위험을 전가하는 것이며, 보험자의 입장에서는 위험을 결합하는 것이다. 보험계약자의 입장에서 불확정한 위험이었던 것을 보험자가 대수의 법칙을 통하여 결합하면 예측 가능한 위험으로 변경되며, 보험자는 이러한 과정을 통하여 보험제도를 합리적으로 운영하기 위한 적정한 보험료를 측정할 수 있다. 위험을 결합한다고 하여 도덕적 위험이 방지되는 것은 아니다.

40. ③

재보험 시장은 일정한 주기(사이클)로 소프트마켓(soft market)과 하드마켓(hard market)이 번갈아 나타난다. 소프트마켓(soft market)에서는 손해율이 낮아지기 때문에 재보험요율이 하락하고 재보험자들의 계약 인수에 대한 경쟁이 심해진다. 반대로 하드마켓(hard market)에서는 대형 자연재해의 발생 등으로 재보험 시장의 손해율이 악화되고 그로 인해 재보험요율이 상승한다. 재보험자들도 재보험계약 인수를 제한하고 인수 심사를 까다롭게 하는 경우가 많다. 재보험의 담보력도 제한을 받아 전체적인 재보험 가격이 상승한다.

제4회 정답 및 해설

1과목 보험업법

01	02	03	04	05	06	07	08	09	10
③	②	②	①	④	③	④	①	①	②
11	12	13	14	15	16	17	18	19	20
④	③	④	①	①	③	②	④	②	④
21	22	23	24	25	26	27	28	29	30
③	④	②	①	②	②	④	②	③	③
31	32	33	34	35	36	37	38	39	40
④	①	①	②	④	④	③	②	①	①

01. ③

외국보험회사를 제외한 주식회사 또는 상호회사의 경우에는 다음 각 목의 서류를 제출하여야 한다. 다만, 취급하는 보험종목을 추가하려는 경우에는 가목부터 다목까지의 서류를 제출하지 아니할 수 있다(보험업법 시행령 제9조 제3항).

가. 발기인회의의 의사록
나. 임원 및 발기인의 이력서 및 경력증명서
다. 합작계약서(외국기업과 합작하여 보험업을 하려는 경우만 해당한다)
라. 보험업법에 따른 자본금 또는 기금의 납입을 증명하는 서류
마. 재무제표와 그 부속서류
바. 주주(상호회사의 경우에는 사원)의 성명 또는 명칭과 소유주식 수(상호회사의 경우에는 출자지분)를 적은 서류
사. 그 밖에 보험업법 또는 보험업법 시행령에 따른 허가 요건의 심사에 필요한 서류로서 총리령으로 정하는 서류

외국보험회사의 경우에는 다음 각 목의 서류를 제출하여야 한다. 다만, 취급하는 보험종목을 추가하려는 경우에는 나목, 라목 및 마목의 서류를 제출하지 아니할 수 있다.

가. 외국보험회사의 본점이 적법한 보험업을 경영하고 있음을 증명하는 해당 외국보험회사가 속한 국가의 권한 있는 기관의 증명서
나. 대한민국에서 외국보험회사를 대표하는 자의 대표권을 증명하는 서류
다. 외국보험회사 본점의 최근 3년간의 재무상태표와 포괄손익계산서
라. 보험업법에 따른 영업기금의 납입을 증명하는 서류
마. 대표자의 이력서 및 경력증명서
바. 재무제표와 그 부속서류
사. 그 밖에 보험업법 또는 보험업법 시행령에 따른 허가 요건의 심사에 필요한 서류로서 총리령으로 정하는 서류

02. ②

보험업의 허가를 받으려는 자(외국보험회사 및 보험종목을 추가하려는 보험회사는 제외한다)는 다음 각 호의 요건을 갖추어야 한다(보험업법 제6조 제1항).

1. 보험업법에 따른 자본금 또는 기금을 보유할 것
2. 보험계약자를 보호할 수 있고 그 경영하려는 보험업을 수행하기 위하여 필요한 전문 인력과 전산설비 등 물적(物的) 시설을 충분히 갖추고 있을 것. 이 경우 대통령령으로 정하는 바에 따라 업무의 일부를 외부에 위탁하는 경우에는 그 위탁한 업무와 관련된 전문 인력과 물적 시설을 갖춘 것으로 본다.
3. 사업계획이 타당하고 건전할 것
4. 대주주(최대주주의 특수관계인인 주주를 포함한다)가 「금융회사의 지배구조에 관한 법률」에 따른 임원의 자격 결격요건 중 어느 하나에 해당하지 아니하고, 충분한 출자능력과 건전한 재무상태를 갖추고 있으며, 건전한 경제질서를 해친 사실이 없을 것

03. ②

① 외국에서 보험대리 및 보험중개를 업(業)으로 하는 자도 국내사무소를 설치할 수 있다(보험업법 제12조 제1항).
② 국내사무소를 설치하는 경우에는 그 설치한 날부터 30일 이내에 금융위원회에 신고하여야 한다(보험업법 제12조 제2항).
③ 국내사무소는 보험계약의 체결을 중개하거나 대리하는 행위를 하여서는 아니된다(보험업법 제12조 제3항).
④ 금융위원회는 국내사무소가 보험업법 또는 보험업법에 따른 명령 또는 처분을 위반한 경우에는 6개월 이내의 기간을 정하여 업무의 정지를 명하거나 국내사무소의 폐쇄를 명할 수 있다(보험업법 제12조 제5항).

04. ①

① 주식회사가 그 조직을 변경하여 상호회사로 하는 경우에는 기금의 총액을 300억원 미만으로 하거나 설정하지 아니할 수 있다(보험업법 제20조 제1항 및 제2항).
② 주식회사의 조직 변경은 주주총회의 결의를 거쳐야 한다(보험업법 제21조 제1항).

③ 조직 변경의 결의는 상법 제434조(정관변경의 특별결의) 규정에 따라서 출석한 주주의 의결권의 3분의 2 이상의 수와 발행주식총수의 3분의 1 이상의 수로써 하여야 한다(보험업법 제21조 제2항).
④ 주식회사가 조직 변경을 결의한 경우 그 결의를 한 날부터 2주 이내에 결의의 요지와 재무상태표를 공고하고 주주명부에 적힌 질권자(質權者)에게는 개별적으로 알려야 한다(보험업법 제22조 제1항).

05. ④

상호회사의 발기인은 정관을 작성하여 다음 각 호의 사항을 적고 기명날인하여야 한다(보험업법 제34조).

1. 취급하려는 보험종목과 사업의 범위
2. 명칭
3. 사무소 소재지
4. 기금의 총액
5. 기금의 갹출자가 가질 권리
6. 기금과 설립비용의 상각 방법
7. 잉여금의 분배 방법
8. 회사의 공고 방법
9. 회사 성립 후 양수할 것을 약정한 자산이 있는 경우에는 그 자산의 가격과 양도인의 성명
10. 존립시기 또는 해산사유를 정한 경우에는 그 시기 또는 사유

06. ③

① 상호회사는 100명 이상의 사원으로써 성립한다(보험업법 제37조).
②③ 발기인이 아닌 자가 상호회사의 사원이 되려면 입사청약서 2부에 보험의 목적과 보험금액을 적고 기명날인하여야 한다. 다만, 상호회사가 성립한 후 사원이 되려는 자는 입사청약서를 작성하지 않아도 된다(보험업법 제38조 제1항).
④ 발기인은 입사청약서를 작성하고 이를 비치하여야 하는데, 입사청약서에는 "설립 시 모집하려는 사원의 수"가 포함되어야 한다(보험업법 제38조 제2항).

07. ④

① 상호회사의 사원은 정관으로 정하는 사유의 발생, 보험관계의 소멸로 퇴사한다(보험업법 제66조 제1항).
② 상호회사에서 퇴사한 사원의 권리에 따른 금액의 환급은 퇴사한 날이 속하는 사업연도가 종료한 날부터 3개월 이내에 하여야 한다(보험업법 제68조 제1항).
③ 퇴사한 사원이 회사에 대하여 부담한 채무가 있는 경우에는 회사는 환급금에서 그 채무액을 공제할 수 있다(보험업법 제67조 제2항).
④ 퇴사원의 환급청구권은 2년 동안 행사하지 아니하면 시효로 소멸한다(보험업법 제68조 제2항).

08. ①

상호회사의 청산인은 다음 각 호의 순위에 따라 회사자산을 처분하여야 한다(보험업법 제72조 제1항).

일반채무의 변제 → 사원의 보험금액과 보험업법 제158조 제2항에 따라 사원에게 환급할 금액의 지급 → 기금의 상각

09. ①

① 외국보험회사 국내지점은 대한민국에서 체결한 보험계약에 관하여 책임준비금 및 비상위험준비금에 상당하는 자산을 대한민국에서 보유하여야 한다(보험업법 제75조 제1항).
② 외국보험회사 국내지점의 대표자는 퇴임한 후에도 후임 대표자의 이름 주소에 관하여 상법에 따른 등기가 있을 때까지는 계속하여 대표자의 권리와 의무를 가진다(보험업법 제76조 제2항).
③ 외국보험회사 국내지점은 외국보험회사의 본점이 보험업법상 허가 취소 사유에 해당하게 되면 그 사유가 발생한 날부터 7일 이내에 그 사실을 금융위원회에 알려야 한다(보험업법 제74조 제3항).
④ 외국보험회사 국내지점의 대표자는 보험업법에 따른 보험회사의 임원으로 본다(보험업법 제76조 제3항).

10. ②

보험 모집을 할 수 있는 자는 다음 각 호의 어느 하나에 해당하는 자이어야 한다(보험업법 제83조 제1항).

1. 보험설계사
2. 보험대리점
3. 보험중개사
4. 보험회사의 임원(대표이사 · 사외이사 · 감사 및 감사위원은 제외한다) 또는 직원

11. ④

보험회사 등은 보험설계사에게 보험계약의 모집을 위탁할 때 다음 각 호의 행위를 하여서는 아니 된다(보험업법 제85조의3).

1. 보험모집 위탁계약서를 교부하지 아니하는 행위
2. 위탁계약서상 계약사항을 이행하지 아니하는 행위
3. 위탁계약서에서 정한 해지요건 외의 사유로 위탁계약을 해지하는 행위
4. 정당한 사유 없이 보험설계사가 요청한 위탁계약 해지를 거부하는 행위
5. 위탁계약서에서 정한 위탁업무 외의 업무를 강요하는 행위
6. 정당한 사유 없이 보험설계사에게 지급되어야 할 수수료의 전부 또는 일부를 지급하지 아니하거나 지연하여 지급하는 행위
7. 정당한 사유 없이 보험설계사에게 지급한 수수료를 환수하는 행위
8. 보험설계사에게 보험료 대납(代納)을 강요하는 행위
9. 그 밖에 대통령령으로 정하는 불공정한 행위

12. ③

① 거짓이나 그 밖의 부정한 방법으로 등록을 한 경우에는 그 등록을 취소하여야 한다(보험업법 제86조 제1항).

② 모집에 관한 보험업법의 규정을 위반한 경우 6개월 이내의 기간을 정하여 업무의 정지를 명하거나 그 등록을 취소할 수 있다(보험업법 제86조 제2항).

③ 보험설계사가 보험계약자로서 보험사기행위를 한 경우에는 금융위원회는 6개월 이내의 기간을 정하여 그 업무의 정지를 명하거나 그 등록을 취소할 수 있다(보험업법 제86조 제2항).

④ 금융위원회는 보험설계사의 등록을 취소하거나 업무의 정지를 명한 경우에는 지체 없이 그 이유를 적은 문서로 보험설계사 및 해당 보험설계사가 소속된 보험회사 등에 그 뜻을 알려야 한다(보험업법 제86조 제4항).

13. ④

① 보험대리점이 되려는 자는 개인과 법인을 구분하여 대통령령이 정하는 바에 따라 금융위원회에 등록하여야 한다(보험업법 제87조 제1항).

② 다른 보험회사의 임직원은 보험대리점이 되지 못한다(보험업법 제87조 제2항).

③ 금융위원회는 보험대리점으로 하여금 금융위원회가 지정하는 기관에 영업보증금을 예탁하게 할 수 있다(보험업법 제87조 제3항).

④ 보험대리점은 생명보험대리점, 손해보험대리점, 제3보험대리점의 3가지로 구분한다(보험업법 시행령 제30조 제1항).

14. ①

① 법인인 보험대리점의 임원에는 이사, 감사 또는 사실상 이와 동등한 지위에 있는 자로서 대통령령으로 정하는 자를 말한다(보험업법 제87조의2 제1항). 따라서 감사도 법인보험대리점의 임원에 포함된다.

②③④ 다음 각 호의 어느 하나에 해당하는 자는 법인보험대리점의 임원이 되지 못한다(보험업법 제87조의2 제1항).

1. 「금융회사의 지배구조에 관한 법률」 제5조 제1항 제1호 · 제2호 및 제4호에 해당하는 자
2. 「보험업법」 제84조 제2항 제5호부터 제7호까지에 해당하는 자

2-1. 「보험업법」 규정에 따라 보험설계사 · 보험대리점 또는 보험중개사의 등록이 취소된 후 2년이 지나지 아니한 자

2-2. 제2-1호에도 불구하고 「보험업법」 규정에 따라 보험설계사 · 보험대리점 또는 보험중개사 등록취소 처분을 2회 이상 받은 경우 최종 등록취소 처분을 받은 날부터 3년이 지나지 아니한 자

2-3. 「보험업법」 또는 「금융소비자 보호에 관한 법률」에 따라 과태료 또는 과징금 처분을 받고 이를 납부하지 아니하거나 업무정지 및 등록취소 처분을 받은 보험대리점 · 보험중개사 소속의 임직원이었던 자(처분사유의 발생에 관하여 직접 또는 이에 상응하는 책임이 있는 자로서 대통령령으로 정하는 자만 해당한다)로서 과태료 · 과징금 · 업무정지 및 등록취소 처분이 있었던 날부터 2년이 지나지 아니한 자

3. 금고 이상의 실형을 선고받고 그 집행이 끝나거나(집행이 끝난 것으로 보는 경우를 포함한다) 집행이 면제된 날부터 3년이 지나지 아니한 자
4. 「보험업법」 또는 「금융소비자 보호에 관한 법률」에 따라 벌금 이상의 형을 선고받고 그 집행이 끝나거나(집행이 끝난 것으로 보는 경우를 포함한다) 집행이 면제된 날부터 3년이 지나지 아니한 자

15. ①

부채가 자산을 초과하는 보험중개사 법인 중에서 보험중개사에게 책임을 물을 수 없는 사유로 보험중개사의 재산상태에 변동이 생겨 부채가 자산을 초과하게 된 법인은, 6개월 이내에 이를 개선하는 조건으로 금융위원회의 승인을 받으면 등록취소를 면할 수 있다(보험업법 시행령 제39조 제1항).

16. ③

보험설계사 · 보험대리점 또는 보험중개사는 다음 각 호의 어느 하나에 해당하는 경우에는 지체 없이 그 사실을 금융위원회에 신고하여야 한다(보험업법 제93조 제1항).

1) 등록을 신청할 때 제출한 서류에 적힌 사항이 변경된 경우
2) 보험설계사 · 보험대리점 또는 보험중개사가 되지 못하는 자의 규정 각 호의 어느 하나에 해당하게 된 경우
3) 모집업무를 폐지한 경우
4) 개인의 경우에는 본인이 사망한 경우
5) 법인의 경우에는 그 법인이 해산한 경우
6) 법인이 아닌 사단 또는 재단의 경우에는 그 단체가 소멸한 경우
7) 보험대리점 또는 보험중개사가 소속 보험설계사와 보험모집에 관한 위탁을 해지한 경우
8) '교차모집' 규정에 따라 보험설계사가 다른 보험회사를 위하여 모집을 한 경우나, 보험대리점 또는 보험중개사가 생명보험계약의 모집과 손해보험계약의 모집을 겸하게 된 경우

17. ②

①②③ 보험회사는 모집할 수 있는 자 이외의 자에게 모집을 위탁하거나 모집에 관하여 수수료, 보수, 그 밖의 대가를 지급하지 못한다. 다만 다음 각 호의 어느 하나에 해당하는 경우에는 그러하지 아니하다(보험업법 제99조 제1항).

1. 기초서류에서 정하는 방법에 따른 경우
2. 보험회사가 대한민국 밖에서 외국보험사와 공동으로 원보험계약(原保險契約)을 인수하거나 대한민국 밖에서 외국의 모집조직(외국의 법령에 따라 모집을 할 수 있도록 허용된 경우만 해당한다)을 이용하여 원보험계약 또는 재보험계약을 인수하는 경우
3. 그 밖에 대통령령으로 정하는 경우

④ 보험중개사는 대통령령으로 정하는 경우 이외에는 보험계약 체결의 중개와 관련한 수수료나 그 밖의 대가를 보험계약자에게 청구할 수 없다(보험업법 제99조 제3항).

18. ④

금융기관보험대리점 등은 모집을 할 때 다음 각 호의 어느 하나에 해당하는 행위를 하여서는 아니 된다(보험업법 제100조 제1항). ④번 지문의 내용은 금융기관보험대리점 등의 금지행위가 아니라 금융기관보험대리점 등이 모집을 할 때에 반드시 지켜야 하는 사항이다(보험업법 제100조 제2항).

1. 삭제 〈2020.3.24.〉
2. 대출 등 해당 금융기관이 제공하는 용역을 받는 자의 동의를 미리 받지 아니하고 보험료를 대출 등의 거래에 포함시키는 행위
3. 해당 금융기관의 임직원(보험업법에 따라 모집할 수 있는 자는 제외)에게 모집을 하도록 하거나 이를 용인하는 행위
4. 해당 금융기관의 점포 외의 장소에서 모집을 하는 행위
5. 모집과 관련이 없는 금융거래를 통하여 취득한 개인정보를 미리 그 개인의 동의를 받지 아니하고 모집에 이용하는 행위
6. 그 밖에 제2호부터 제5호까지의 행위와 비슷한 행위로서 대통령령으로 정하는 행위

19. ②

보험대리점 또는 보험중개사는 자기 또는 자기를 고용하고 있는 자를 보험계약자 또는 피보험자로 하는 보험을 모집하는 것을 주된 목적으로 하지 못한다. 이 때 보험대리점 또는 보험중개사가 모집한 자기 또는 자기를 고용하고 있는 자를 보험계약자나 피보험자로 하는 보험의 보험료 누계액(累計額)이 그 보험대리점 또는 보험중개사가 모집한 보험의 보험료의 100분의 50을 초과하게 된 경우에는 그 보험대리점 또는 보험중개사는 자기 또는 자기를 고용하고 있는 자를 보험계약자 또는 피보험자로 하는 보험을 모집하는 것을 그 주된 목적으로 한 것으로 본다(보험업법 제101조).

20. ④

보험회사는 그 자산을 운용할 때 안정성 · 유동성 · 수익성 및 공익성이 확보되도록 하여야 한다(보험업법 제104조 제1항).

21. ③

보험회사는 다음 각 호의 어느 하나에 해당하는 계약에 대하여는 대통령령으로 정하는 바에 따라 그 준비금에 상당하는 자산의 전부 또는 일부를 그 밖의 자산과 구별하여 이용하기 위한 계정(특별계정)을 각각 설정하여 운용할 수 있다(보험업법 제108조 제1항).

1. 「소득세법」 제20조의3 제1항 제2호 각 목 외의 부분에 따른 연금저축계좌를 설정하는 계약
2. 「근로자퇴직급여 보장법」 제29조 제2항에 따른 보험계약 및 법률 제10967호 근로자퇴직급여 보장법 전부개정법률 부칙 제2조 제1항 본문에 따른 퇴직보험계약
3. 변액보험계약(보험금이 자산운용의 성과에 따라 변동하는 보험계약을 말한다)
4. 그 밖에 금융위원회가 필요하다고 인정하는 보험계약

22. ④

① 보험회사와 신용공여 계약을 체결한 자는 재산 증가나 신용등급 또는 개인신용평점 상승 등 신용상태 개선이 나타났다고 인정되는 경우 보험회사에 금리인하를 요구할 수 있다(보험업법 제110조의3 제1항).
② 보험회사는 신용공여 계약을 체결하려는 자에게 금리인하를 요구할 수 있음을 알려야 한다(보험업법 제110조의3 제2항).
③ 보험회사는 금리인하 요구를 받은 날부터 10영업일 이내에 해당 요구의 수용 여부 및 그 사유를 금리인하 요구자에게 전화, 서면, 문자메시지, 전자우편, 팩스 또는 그 밖에 이와 유사한 방법으로 알려야 한다(보험업법 시행령 제56조의3 제3항).
④ 보험회사와 신용공여 계약을 체결한 자는 다음 각 호의 어느 하나에 해당하는 경우 보험회사에 금리인하를 요구할 수 있다(보험업법 시행령 제56조의3 제1항).

1. 개인이 신용공여 계약을 체결한 경우 : 취업, 승진, 재산 증가 또는 개인신용평점 상승 등 신용상태의 개선이 나타났다고 인정되는 경우
2. 개인이 아닌 자(개인사업자를 포함한다)가 신용공여 계약을 체결한 경우 : 재무상태 개선, 신용등급 또는 개인신용평점 상승 등 신용상태의 개선이 나타났다고 인정되는 경우

23. ②

① 보험회사는 자회사를 소유하게 된 날부터 15일 이내에 그 자회사의 정관과 대통령령으로 정하는 서류를 금융위원회에 제출하여야 한다(보험업법 제117조 제1항).
② 보험회사는 자회사의 사업연도가 끝난 날부터 3개월 이내에 자회사의 재무상태표와 대통령령으로 정하는 서류를 금융위원회에 제출하여야 한다(보험업법 제117조 제2항).
③ 보험회사는 자회사가 소유하는 주식을 담보로 하는 신용공여 및 자회사가 다른 회사에 출자하는 것을 지원하기 위한 신용공여 행위를 자회사와 할 수 없다(보험업법 제116조).
④ 보험회사는 다음 각 호의 어느 하나에 해당하는 업무를 주로 하는 회사를 금융위원회의 승인을 받아 자회사로 소유할 수 있다(보험업법 제115조 제1항).

1. 「금융산업의 구조개선에 관한 법률」 제2조 제1호에 따른 금융기관이 경영하는 금융업
2. 「신용정보의 이용 및 보호에 관한 법률」에 따른 신용정보업 및 채권추심업
3. 보험계약의 유지 · 해지 · 변경 또는 부활 등을 관리하는 업무
4. 그 밖에 보험업의 건전성을 저해하지 아니하는 업무로서 대통령령으로 정하는 업무

24. ①

보험회사는 장래에 지급할 보험금 · 환급금 및 계약자배당금(보험금 등)의 지급에 충당하기 위하여 다음 각 호의 구분에 따라 산출한 금액을 책임준비금으로 계상해야 한다(보험업법 시행령 제63조 제1항).

1. 보험계약부채 : 다음 각 목의 구분에 따른 금액을 합한 금액
   가. 발생사고요소 : 매 결산기 말 현재 보험계약 상 지급사유가 발생한 보험금등을 지급하기 위해 미래현금흐름에 대한 현행추정치를 적용하여 적립한 금액
   나. 잔여보장요소 : 매 결산기 말 현재 보험계약 상 보험금 등의 지급사유가 발생하지 않았으나 장래에 그 보험금 등을 지급하기 위해 미래현금흐름에 대한 현행추정치를 적용하여 적립한 금액
2. 투자계약부채 : 보험계약 중 「주식회사 등의 외부감사에 관한 법률」 제5조 제1항 제1호에 따른 회계처리기준 제1117호의 적용을 받지 않아 투자계약으로 분류된 보험계약에 대해 보험회사가 장래에 보험금등을 지급하기 위해 적립한 금액
3. 그 밖에 금융위원회가 정하는 방법에 따라 미래현금흐름에 대한 현행추정치를 적용하여 적립한 금액

25. ②

A, B, C는 배당보험계약에 대한 규정이다(보험업법 시행령 제64조). 배당보험계약 이외의 보험계약별 자산 또는 손익의 회계처리는 다음 각 호의 어느 하나에 해당하는 방식으로 한다(보험업법 시행령 제64조의2 제1항).

1. 자산을 보험계약별로 구분하지 아니하고 통합하여 운용하되, 이 경우 발생한 손익을 전체 보험계약의 평균 책임준비금에 대한 보험계약별 평균 책임준비금의 비율을 기준으로 구분하여 보험계약별로 배분하는 방식
2. 자산을 보험계약별로 구분하지 아니하고 통합하여 운용하되, 이 경우 발생한 손익을 자산을 취득할 때 필요한 자금에 대한 보험계약별로 조성된 자금의 비율을 기준으로 구분하여 보험계약별로 배분하는 방식
3. 자산을 보험계약별로 구분하여 운용하되, 이 경우 발생한 손익을 보험계약별로 직접 배분하는 방식
4. 그 밖에 금융위원회가 합리적이라고 인정하는 배분 방식

26. ②

① 보험상품 공시위원회는 위원장 1명을 포함하여 9명의 위원으로 구성한다(보험업법 시행령 제68조 제2항).
② 위원의 임기는 2년으로 한다. 다만, 금융감독원 상품담당 부서장과 보험협회의 상품담당 임원 및 보험요율 산출기관의 상품담당 임원인 위원의 임기는 해당 직(職)에 재직하는 기간으로 한다(보험업법 시행령 제68조 제4항).
③ 위원회의 회의는 재적위원 과반수의 출석으로 개의(開議)하고 출석위원 과반수의 찬성으로 의결한다(보험업법 시행령 제68조 제5항).
④ 위원회의 위원장은 위원 중에서 호선하며, 위원회의 위원은 금융감독원 상품담당 부서장, 보험협회의 상품담당 임원, 보험요율 산출기관의 상품담당 임원 및 보험협회의 장이 위촉하는 사람으로 구성한다(보험업법 시행령 제68조 제3항).

27. ④

보험회사가 다른 보험회사와 상호협정을 체결, 변경, 폐지하는 경우에는 대통령령으로 정하는 바에 따라 금융위원회의 인가를 받아야 한다. 그러나 경미한 사항을 변경하려는 경우에는 신고로 갈음할 수 있는데, 이 때에 해당하는 경미한 사항은 다음과 같다(보험업법 시행령 제69조 제3항).

1. 보험회사의 상호 변경, 보험회사 간의 합병, 보험회사의 신설 등으로 상호협정의 구성원이 변경되는 사항
2. 조문체제의 변경, 자구수정 등 상호협정의 실질적인 내용이 변경되지 아니하는 사항
3. 법령의 제정 · 개정 · 폐지에 따라 수정 · 반영해야 하는 사항

28. ②

① 보험회사는 기초서류를 작성하거나 변경하려는 경우 그 내용이 다음 각 호의 어느 하나에 해당하는 경우에 한정하여 미리 금융위원회에 신고하여야 한다(보험업법 제127조).

1. 법령의 제정 · 개정에 따라 새로운 보험상품이 도입되거나 보험상품 가입이 의무가 되는 경우
2. 삭제 〈2020. 12. 8.〉
3. 보험계약자 보호 등을 위하여 대통령령으로 정하는 경우

② 금융위원회는 보험계약자 보호 등을 위하여 필요하다고 인정되면 보험회사에 대하여 취급하고 있는 보험상품의 기초서류에 관한 자료 제출을 요구할 수 있다(보험업법 제127조 제3항).
③ 기초서류의 변경권고는 그 내용 및 사유가 구체적으로 적힌 문서로 하여야 한다(보험업법 제127조의2 제2항).
④ 금융위원회는 보험회사가 신고한 기초서류의 내용 및 제출한 기초서류에 관한 자료의 내용이 기초서류 작성 · 변경 원칙 및 보험요율 산출의 원칙을 위반하는 경우에는 대통령령으로 정하는 바에 따라 기초서류의 변경을 권고할 수 있다(보험업법 제127조의2 제1항).

29. ③

기초서류관리기준에는 다음 각 호의 사항이 포함되어야 한다(보험업법 제128조의2 제2항 및 보험업법 시행령 제71조의4 제1항).

1. 기초서류 작성 · 변경의 절차 및 기준
2. 기초서류의 적정성에 대한 내부 · 외부 검증 절차 및 방법
3. 기초서류 작성 오류에 대한 통제 및 수정 방법
4. 기초서류 작성 및 관리과정을 감시 · 통제 · 평가하는 방법 및 관련 임직원 또는 선임계리사의 역할과 책임
5. 그 밖에 기초서류관리기준의 제정 · 개정 절차 등 대통령령으로 정하는 사항

5-1. 기초서류관리기준의 제정 및 개정 절차
5-2. 기초서류 작성 · 변경과 관련한 업무의 분장 및 기초서류 관리책임자에 관한 사항
5-3. 임직원의 기초서류관리기준 준수 여부를 확인하는 절차 · 방법과 그 기준을 위반한 임직원의 처리에 관한 사항

5-4. 그 밖에 법령을 준수하고 보험계약자를 보호하기 위하여 기초서류를 작성 · 변경할 때 따라야 할 사항으로서 금융위원회가 정하여 고시하는 사항

30. ③

① 금융위원회는 보험회사의 업무운영이 적정하지 아니하거나 자산상황이 불량하여 보험계약자 및 피보험자 등의 권익을 해칠 우려가 있다고 인정되는 경우에는 다음 각 호의 어느 하나에 해당하는 조치를 명할 수 있다(보험업법 제131조 제1항).

1. 업무집행방법의 변경
2. 금융위원회가 지정하는 기관에의 자산 예탁
3. 자산의 장부가격 변경
4. 불건전한 자산에 대한 적립금의 보유
5. 가치가 없다고 인정되는 자산의 손실처리
6. 그 밖에 대통령령으로 정하는 필요한 조치

② 금융위원회는 보험회사의 업무 및 자산상황, 그 밖의 사정의 변경으로 공익 또는 보험계약자의 보호와 보험회사의 건전한 경영을 크게 해칠 우려가 있거나 보험회사의 기초서류에 법령을 위반하거나 보험계약자에게 불리한 내용이 있다고 인정되는 경우에는 청문을 거쳐 기초서류의 변경 또는 그 사용의 정지를 명할 수 있다(보험업법 제131조 제2항).

③ 금융위원회는 기초서류의 변경을 명하는 경우 보험계약자 · 피보험자 또는 보험금을 취득할 자의 이익을 보호하기 위하여 특히 필요하다고 인정하면 이미 체결된 보험계약에 대하여도 장래에 향하여 그 변경의 효력이 미치게 할 수 있다(보험업법 제131조 제3항).

④ 금융위원회는 변경명령을 받은 기초서류 때문에 보험계약자 · 피보험자 또는 보험금을 취득할 자가 부당한 불이익을 받을 것이 명백하다고 인정되는 경우에는 이미 체결된 보험계약에 따라 납입된 보험료의 일부를 되돌려주거나 보험금을 증액하도록 할 수 있다(보험업법 제131조 제4항).

31. ④

① 금융감독원장은 검사를 할 때 필요하다고 인정하면 보험회사에 대하여 업무 또는 자산에 관한 보고, 자료의 제출, 관계인의 출석 및 의견의 진술을 요구할 수 있다(보험업법 제133조 제3항).

② 검사를 하는 자는 그 권한을 표시하는 증표를 지니고 이를 관계인에게 내보여야 한다(보험업법 제133조 제4항).

③ 금융감독원장은 검사를 한 경우에는 그 결과에 따라 필요한 조치를 하고, 그 내용을 금융위원회에 보고하여야 한다(보험업법 제133조 제5항).

④ 금융감독원장은 「주식회사 등의 외부감사에 관한 법률」에 따라 보험회사가 선임한 외부감사인에게 그 보험회사를 감사한 결과 알게 된 정보나 그 밖에 경영건전성과 관련되는 자료의 제출을 요구할 수 있다. 정보 및 자료제출을 요구할 수 있을 뿐이지, 자료 제출 및 검사에 관한 업무를 대신하게 할 수 있는 것은 아니다.

32. ①

① 보험회사는 계약의 방법으로 책임준비금 산출의 기초가 같은 보험계약의 전부를 포괄하여 다른 보험회사에 이전할 수 있다(보험업법 제140조 제1항).

② 상호회사가 사원총회 대행기관에 의하지 아니하고 보험계약 이전의 결의를 한 경우에는 보험계약 이전 이의 제기에 관한 조항을 적용하지 아니한다(보험업법 제141조 제4항).

③ 보험계약을 이전하려는 보험회사는 결의를 한 날부터 2주 이내에 계약 이전의 요지와 각 보험회사의 재무상태표를 공고하여야 한다(보험업법 제141조 제1항).

④ 계약 이전 공고에는 이전될 보험계약의 보험계약자로서 이의가 있는 자는 일정한 기간 동안 이의를 제출할 수 있다는 뜻을 덧붙여야 한다. 다만, 그 기간은 1개월 이상으로 하여야 한다(보험업법 제141조 제2항).

33. ①

① 합병은 이의를 제기한 보험계약자나 그 밖에 보험계약으로 발생한 권리를 가진 자에 대하여도 그 효력이 미친다(보험업법 제151조 제3항).

② 보험회사가 합병을 결의한 경우에는 그 결의를 한 날부터 2주 이내에 합병계약의 요지와 각 보험회사의 재무상태표를 공고하여야 한다(보험업법 제151조 제1항).

③ 보험회사가 합병을 하는 경우에는 합병계약으로써 그 보험계약에 관한 계산의 기초 또는 계약조항의 변경을 정할 수 있다(보험업법 제152조 제1항).

④ 상호회사는 다른 보험회사와 합병할 수 있으며, 이 경우 합병 후 존속하는 보험회사 또는 합병으로 설립되는 보험회사는 상호회사이어야 한다(보험업법 제153조 제2항).

34. ②

보험회사가 그 보험업의 전부 또는 일부를 폐업하려는 경우에는 그 60일 전에 사업 폐업에 따른 정리계획서를 금융위원회에 제출하여야 한다(보험업법 제155조).

35. ④

① 상법 제193조 · 제252조 및 제531조 제2항(설립 무효, 취소 판결 규정)에 따른 청산인은 금융위원회가 선임한다. 이 경우 이해관계인의 청구없이 선임할 수 있다(보험업법 제156조 제2항).

② 금융위원회는 다음 각 호의 어느 하나에 해당하는 자의 청구에 따라 청산인을 해임할 수 있다(보험업법 제156조 제4항).

1. 감사
2. 3개월 전부터 계속하여 자본금의 100분의 5 이상의 주식을 가진 주주
3. 100분의 5 이상의 사원

③ 금융위원회는 중요한 사유가 있으면 청산인 해임에 대한 청구 없이 청산인을 해임할 수 있다(보험업법 제156조 제6항).

④ 보험업의 허가취소로 해산하여 금융위원회가 청산인을 선임하는 경우에는 청산 중인 회사로 하여금 금융위원회가 정하는 보수를 지급하게 할 수 있다(보험업법 제157조).

36. ④

①② 금융위원회는 다음 각 호의 어느 하나에 해당하는 경우에는 보험회사, 보험계약자, 피보험자, 보험금을 취득할 자, 그 밖에 보험계약에 관하여 이해관계가 있는 자(관계자)에 대한 조사를 할 수 있다(보험업법 제162조 제1항).

1. 보험업법 및 보험업법에 따른 명령 또는 조치를 위반한 사실이 있는 경우
2. 공익 또는 건전한 보험거래질서의 확립을 위하여 필요한 경우

③ 금융위원회는 조사를 위하여 필요하다고 인정되는 경우에는 관계자에게 다음 각 호의 사항을 요구할 수 있다(보험업법 제162조 제2항).

1. 조사사항에 대한 사실과 상황에 대한 진술서의 제출
2. 조사에 필요한 장부, 서류, 그 밖의 물건의 제출

④ 금융위원회는 관계자가 조사를 방해하거나 제출하는 자료를 거짓으로 작성하거나 그 제출을 게을리한 경우에는 관계자가 소속된 단체의 장에게 관계자에 대한 문책 등을 요구할 수 있다(보험업법 제162조 제4항). 문책을 요구할 뿐이고 직접 문책을 하는 것은 아니다.

37. ③

손해보험계약의 제3자 보호제도는 법령에 따라 가입이 강제되는 다음 각 호의 손해보험계약에 대해서 적용하며, 자동차보험계약의 경우에는 법령에 따라 가입이 강제되지 아니하는 보험계약도 포함하여 적용한다(보험업법 시행령 제80조 제1항).

1. 「자동차손해배상 보장법」 제5조에 따른 책임보험계약
2. 「화재로 인한 재해보상과 보험가입에 관한 법률」 제5조에 따른 신체손해배상특약부화재보험계약
3. 「도시가스사업법」 제43조, 「고압가스 안전관리법」 제25조 및 「액화석유가스의 안전관리 및 사업법」 제57조에 따라 가입이 강제되는 손해보험계약
4. 「선원법」 제98조에 따라 가입이 강제되는 손해보험계약
5. 「체육시설의 설치 · 이용에 관한 법률」 제26조에 따라 가입이 강제되는 손해보험계약
6. 「유선 및 도선사업법」 제33조에 따라 가입이 강제되는 손해보험계약
7. 「승강기 안전관리법」 제30조에 따라 가입이 강제되는 손해보험계약
8. 「수상레저안전법」 제34조 및 제44조에 따라 가입이 강제되는 손해보험계약
9. 「청소년활동 진흥법」 제25조에 따라 가입이 강제되는 손해보험계약
10. 「유류오염손해배상 보장법」 제14조에 따라 가입이 강제되는 유류오염 손해배상 보장계약
11. 「항공사업법」 제70조에 따라 가입이 강제되는 항공보험계약
12. 「낚시 관리 및 육성법」 제48조에 따라 가입이 강제되는 손해보험계약
13. 「도로교통법 시행령」 제63조 제1항, 제67조 제2항 및 별표 5 제9호에 따라 가입이 강제되는 손해보험계약
14. 「국가를 당사자로 하는 계약에 관한 법률 시행령」 제53조에 따라 가입이 강제되는 손해보험계약
15. 「야생생물 보호 및 관리에 관한 법률」 제51조에 따라 가입이 강제되는 손해보험계약
16. 「자동차손해배상 보장법」에 따라 가입이 강제되지 아니한 자동차보험계약
17. 제1호부터 제15호까지 외에 법령에 따라 가입이 강제되는 손해보험으로 총리령으로 정하는 보험계약

38. ②

보험요율 산출기관은 정관으로 정하는 바에 따라 다음 각 호의 업무를 한다(보험업법 제176조 제3항). ②번 지문의 "보험상품의 비교 · 공시 업무"는 보험요율 산출기관이 아니라 보험협회의 업무이다.

1. 순보험요율의 산출 · 검증 및 제공
2. 보험 관련 정보의 수집 · 제공 및 통계의 작성
3. 보험에 대한 조사 · 연구
4. 설립 목적의 범위에서 정부기관, 보험회사, 그 밖의 보험 관계 단체로부터 위탁받은 업무
5. 제1호부터 제3호까지의 업무에 딸린 업무
6. 그 밖에 대통령령으로 정하는 업무

6-1. 보유정보의 활용을 통한 자동차사고 이력, 자동차 기준가액 및 자동차 주행거리의 정보 제공 업무
6-1의2. 자동차 제작사, 보험회사 등으로부터 수집한 사고기록정보(「자동차관리법」 제2조 제10호에 따른 사고기록장치에 저장된 정보를 말한다), 운행정보, 자동차의 차대번호 · 부품 및 사양 정보의 관리
6-2. 보험회사 등으로부터 제공받은 보험정보 관리를 위한 전산망 운영 업무
6-3. 보험수리에 관한 업무
6-3의2. 법 제120조의2 제1항에 따른 책임준비금의 적정성 검증
6-4. 법 제125조의 상호협정에 따라 보험회사가 공동으로 인수하는 보험계약(국내 경험통계 등의 부족으로 담보위험에 대한 보험요율을 산출할 수 없는 보험계약은 제외한다)에 대한 보험요율의 산출
6-4의2. 자동차보험 관련 차량수리비에 관한 연구
6-5. 법 제194조 제4항에 따라 위탁받은 업무
6-6. 「근로자퇴직급여 보장법」 제28조 제2항에 따라 퇴직연금사업자로부터 위탁받은 업무
6-7. 다른 법령에서 보험요율 산출기관이 할 수 있도록 정하고 있는 업무

39. ①

① 손해사정을 업으로 하려는 자는 총리령으로 정하는 수수료를 내고 금융위원회에 등록하여야 한다(보험업법 제187조).

② 보험회사로부터 손해사정업무를 위탁받은 손해사정사 또는 손해사정업자는 손해사정업무를 수행한 후 손해사정서를 작성한 경우에 지체 없이 대통령령으로 정하는 방법에 따라 보험회사, 보험계약자, 피보험자 및 보험금청구권자에게 손해

사정서를 내어 주고, 그 중요한 내용을 알려주어야 한다(보험업법 제189조 제1항).

③ 보험계약자 등이 선임한 손해사정사 또는 손해사정업자는 손해사정업무를 수행한 후 지체 없이 보험회사 및 보험계약자 등에 대하여 손해사정서를 내어 주고, 그 중요한 내용을 알려주어야 한다(보험업법 제189조 제2항).

④ 손해사정사 또는 손해사정업자는 과대, 허위 등의 내용으로 보험계약자 등에게 피해를 줄 우려가 있는 표시 · 광고를 하여서는 아니 된다(보험업법 제189조의2 제2항).

40. ①

• 금융위원회는 다음 각 호의 사항을 인터넷 홈페이지 등을 이용하여 일반인에게 알려야 한다.

1. 제4조에 따라 허가받은 보험회사
2. 제12조에 따라 설치된 국내사무소
3. 제125조에 따라 인가된 상호협정

• 금융감독원장은 다음 각 호의 사항을 인터넷 홈페이지 등을 이용하여 일반인에게 알려야 한다.

1. 제89조에 따라 등록된 보험중개사
2. 제182조에 따라 등록된 보험계리사 및 제183조에 따라 등록된 보험계리업자
3. 제186조에 따라 등록된 손해사정사 및 제187조에 따라 등록된 손해사정업자

• 보험협회는 다음 사항을 인터넷 홈페이지 등을 이용하여 일반인에게 알려야 한다.

• 제87조에 따라 등록된 보험대리점

2과목 보험계약법

01	02	03	04	05	06	07	08	09	10
①	③	③	④	④	②	③	②	③	①
11	12	13	14	15	16	17	18	19	20
③	①	④	①	③	②	③	④	①	③
21	22	23	24	25	26	27	28	29	30
③	②	③	②	④	④	①	④	②	③
31	32	33	34	35	36	37	38	39	40
①	②	④	②	①	③	④	②	④	③

01. ①

①②④ 보험대리상은 다음 각 호의 권한이 있다.

1. 보험계약자로부터 보험료를 수령할 수 있는 권한
2. 보험자가 작성한 보험증권을 보험계약자에게 교부할 수 있는 권한
3. 보험계약자로부터 청약, 고지, 통지, 해지, 취소 등 보험계약에 관한 의사표시를 수령할 수 있는 권한
4. 보험계약자에게 보험계약의 체결, 변경, 해지 등 보험계약에 관한 의사표시를 할 수 있는 권한

보험대리상이 아니면서 특정한 보험자를 위하여 계속적으로 보험계약의 체결을 중개하는 자는 다음 각 호의 권한이 있다.

1. 보험계약자로부터 보험료를 수령할 수 있는 권한(보험자가 작성한 영수증을 보험계약자에게 교부하는 경우만 해당한다)
2. 보험자가 작성한 보험증권을 보험계약자에게 교부할 수 있는 권한

즉, 보험자가 작성한 영수증을 교부하는 경우에만 보험료 수령권을 가지는 것은 '보험대리상이 아니면서 특정한 보험자를 위하여 계속적으로 보험계약의 체결을 중개하는 자'이며, 보험대리상은 영수증 교부 여부와는 관계없이 보험료 수령권을 가지고 있다.

③ 보험자는 보험대리상의 권한 중 일부를 제한할 수 있다. 다만, 보험자는 그러한 권한 제한을 이유로 선의의 보험계약자에게 대항하지 못한다.

02. ③

① 상법상 타인을 위한 보험계약에서 그 타인은 보험수익에 대한 의사표시 여부와는 관계없이 당연히 보험계약의 이익을 받는다. 이것은 민법상 제삼자를 위한 계약과 타인을 위한 보험계약의 차이점이다.

② 타인을 위한 생명보험계약에서 보험계약자가 보험수익자를 지정 또는 변경할 때에는 보험자에 대하여 그 통지를 하지 아니하면 이로써 보험자에게 대항하지 못한다. 보험자에게 대항하지 못할 뿐이며, 보험수익자의 지정은 엄연히 유효한 법률행위이다. 따라서 B와 C는 보험수익자로서 보험계약의 이익을 받을 수 있다.

③ 둘 이상의 보험수익자 중 일부가 고의로 피보험자를 사망하게 한 경우 보험자는 다른 보험수익자에 대한 보험금 지급 책임을 면하지 못한다(상법 제732조의2 제2항). B는 고의로 피보험자를 사망(보험사고)하게 한 자이지만, C는 이와 관계없으므로 보험자는 C에 대한 보험금 지급책임을 여전히 부담한다.

④ 보험수익자의 고의로 발생한 사고에 대한 면책 규정은 사고 발생에 대한 고의만 있으면 충분하며 보험금 취득에 대한 고의까지 요구하는 것은 아니다. 따라서 B가 보험금을 지급받기 위한 목적으로 A를 살해한 것이 아니라, 단순히 평소에 좋지 않은 감정 때문에 살해하였다고 하더라도 보험자는 보험금을 지급할 책임이 없다.

03. ③

① 대법원 판례에 따르면, 보증보험계약에서 이행을 담보하는 주계약상의 채무가 확정되기 전에 구상채무의 보증인이 적법하게 보증계약을 해지한 경우, 구체적인 보증채무가 발생하기 전에 보증계약관계가 종료되어 구상채무의 보증인이 보증책임을 지지 않는다.[1)]

② 대법원 판례에 따르면, 보증보험은 피보험자와 특정 법률관계가 있는 보험계약자(주계약상의 채무자)의 채무불이행으로 피보험자(주계약상의 채권자)가 입게 될 손해의 전보를 보험자

가 인수하는 것을 내용으로 하는 손해보험으로서, 형식적으로는 채무자의 채무불이행을 보험사고로 하는 보험계약이나 실질적으로는 보증의 성격을 가지고 보증계약과 같은 효과를 목적으로 하고 있다.[2]

③ 보증보험계약의 경우에 보험계약자가 그 타인에게 보험사고의 발생으로 생긴 손해의 배상을 한 때에는 보험계약자는 그 타인의 권리를 해하지 아니하는 범위안에서 보험자에게 보험금액의 지급을 청구할 수 없다(상법 제726조의6).

④ 보증보험계약에 관하여는 보험계약자의 사기 행위가 있더라도 이에 대하여 피보험자에게 책임이 있는 사유가 없다면 보험자는 보험금 지급책임을 면하지 못한다(상법 제726조의6 제2항).

04. ④

보험계약은 당사자 일방이 약정한 보험료를 지급하고 재산 또는 생명이나 신체에 불확정한 사고가 발생할 경우에 상대방이 일정한 보험금이나 그 밖의 급여를 지급할 것을 약정함으로써 효력이 생긴다(상법 제638조).

05. ④

① 보험계약은 보험계약자의 청약과 보험자의 승낙으로 이루어지는 불요식 낙성계약이다. 따라서 초회보험료 납입이나 보험증권의 발행은 보험계약의 성립과는 아무런 영향이 없다.

② 보험자의 보험약관 교부설명의무가 이행되지 않았더라도 보험자의 승낙이 있다면 보험계약은 유효하게 성립한다. 다만 보험계약자가 보험자의 의무 위반을 이유로 취소권을 행사할 수 있을 뿐이다.

③ 대법원 판례에 따르면, 타인의 생명보험계약에서 그 타인의 서면에 의한 동의는 보험계약 효력발생 요건이다.[3]

④ 인보험계약의 피보험자가 신체검사를 받아야 하는 경우에, 보험자가 보험계약자로부터 보험계약의 청약과 함께 보험료 상당액의 전부 또는 일부의 지급을 받은 때에는 다른 약정이 없으면 30일내에 그 상대방에 대하여 낙부의 통지를 발송하여야 한다. 이 때의 30일 기간은 신체검사를 받은 날부터 기산한다(상법 제638조의2 제1항).

06. ②

① 보험증권을 멸실 또는 현저하게 훼손한 때에는 보험계약자는 보험자에 대하여 증권의 재교부를 청구할 수 있다. 이때 증권작성의 비용은 보험계약자의 부담으로 한다(상법 제642조).

② 기존의 보험계약을 연장하거나 변경한 경우에는 보험자는 보험증권에 그 사실을 기재함으로써 새로운 보험증권의 교부에 갈음할 수 있다(상법 제640조 제2항).

③ 보험계약의 당사자는 보험증권의 교부가 있은 날로부터 일정한 기간내에 한하여 그 증권내용의 정부에 관한 이의를 할 수 있음을 약정할 수 있다. 이 기간은 1월을 내리지 못한다(상법 제641조).

④ 보험자는 보험계약이 성립한 때에는 지체없이 보험증권을 작성하여 보험계약자에게 교부하여야 한다. 다만 보험료가 지급되지 아니하면 보험계약이 성립되었더라도 보험자는 보험증권을 교부할 의무가 없다(상법 제640조 제1항).

07. ③

① 단체가 규약에 따라 구성원의 전부 또는 일부를 피보험자로 하는 생명보험계약을 체결하는 경우에는 타인의 사망보험 서면 동의에 관한 규정을 적용하지 아니한다. 따라서 서면동의를 받지 않아도 유효한 보험계약이다.

② 단체보험이 체결되면 보험자는 보험계약자에게만 보험증권을 교부한다.

③ 단체보험 계약에서 보험계약자가 피보험자 또는 그 상속인이 아닌 자를 보험수익자로 지정할 때에는 단체의 규약에서 명시적으로 정하는 경우 외에는 그 피보험자의 서면 동의를 받아야 한다(상법 제735조의3 제3항). 따라서 보험수익자로 피보험자의 상속인을 지정한다면 단체의 규약에서 명시적으로 정하지 않았더라도 피보험자에게 서면동의를 받지 않아도 된다.

④ 심신박약자가 단체보험의 피보험자가 될 때에 의사능력이 있다면 유효한 단체보험 계약이 체결된 것이다. 심신상실자는 의사능력 유무와는 관계없이 무효이다.

08. ②

②번 지문은 타인의 생명보험 계약이 아니라 타인을 위한 보험계약에 대한 규정이다. 타인을 위한 보험계약에서 보험계약자는 그 타인의 동의를 얻지 아니하거나 보험증권을 소지하지 아니하면 그 계약을 해지하지 못한다.

09. ③

① 보험계약의 부활은 계속보험료 미납에 따라 보험계약이 해지되고 해지환급금이 지급되지 아니한 경우에 가능하다. 고지의무 위반 등으로 계약이 해지된 경우라면 부활의 대상이 아니다.

② 보험계약자는 일정한 기간 내에 연체보험료에 약정이자를 붙여 보험자에게 지급하고 그 계약의 부활을 청구할 수 있다.

③④ 보험계약의 부활은 상법 제638조의2에 규정된 보험계약의 성립 조항이 준용된다(상법 제650조의2). 따라서 낙부통지의무, 30일 승낙의제, 승낙전담보 제도가 모두 준용된다.

10. ①

상법 제676조 제2항은 '손해액의 산정에 관한 비용은 보험자의 부담으로 한다'고 규정하고 있는바, 보험자가 보험금의 지급 범위를 확인하기 위하여 지출한 비용은 보험자의 이익을 위한 것일 뿐 보험계약자 또는 피보험자가 입은 손해라고는 볼 수 없으므로, 그 비용을 지출한 보험자가 보험계약자 또는 피보험자를 대위하여 가해자를 상대로 그 비용 상당의 손해배상을 구할 수는 없다.[4]

1) 대법원 2018.3.27. 선고 2015다12130 판결
2) 대법원 2014.9.4. 선고 2012다67559 판결
3) 대법원 1989.11.28. 선고 88다카33367 판결
4) 대법원 2013.10.24. 선고 2011다13838 판결

11. ③

① 보험계약 당시에 보험계약자 또는 피보험자가 고의 또는 중대한 과실로 인하여 중요한 사항을 고지하지 아니하거나 부실의 고지를 한 때에는 보험자는 그 사실을 안 날로부터 1월 내에, 계약을 체결한 날로부터 3년 내에 계약을 해지할 수 있다. 다만 고지의무(告知義務)를 위반한 사실이 보험사고 발생에 영향을 미치지 아니하였음이 증명된 경우에는 보험금을 지급할 책임이 있다(상법 제655조). 즉 의무 위반 사실과 사고 사이의 관계 여부에 따라 보험금 지급 여부가 달라지는 것이며, 해지는 여전히 가능하다.

② 보험의(保險醫)는 생명보험에서 피보험자의 신체검사를 맡아 위험측정의 자료를 수집하여 소견을 보험자에게 제공하는 의사를 말한다. 보험의는 고지사항 중 신체 상태와 관련된 사항을 수령할 권한(고지수령권)이 있다.

③ 고지의무 위반이 성립하기 위해서는 보험계약자 또는 피보험자에게 고의 또는 중대한 과실이 있어야 한다. 단순 과실로는 고지의무 위반이 성립하지 않는다.

④ 고지의무 위반이 있다면 보험자는 그 사실을 안 날로부터 1월 내에, 계약을 체결한 날로부터 3년내에 한하여 계약을 해지할 수 있다. '안 날로부터 1월내에'와 '계약을 체결한 날로부터 3년 내에' 중 하나라도 만족하지 못한다면 보험자의 보험계약 해지권은 제한된다.

12. ①

① 타인의 사망을 보험사고로 하는 보험계약에는 보험계약 체결 시에 그 타인에게 서면(「전자서명법」에 따른 전자서명이 있는 경우로서 대통령령으로 정하는 바에 따라 본인 확인 및 위조·변조 방지에 대한 신뢰성을 갖춘 전자문서를 포함한다)에 의한 동의를 얻어야 한다(상법 제731조 제1항). 따라서 전자서명법에 의한 전자서명을 얻었다면 이는 유효한 보험계약이다.

②③ 보험계약자의 사기로 초과보험 또는 중복보험이 체결되었다는 그 보험계약은 무효이다. 또한 보험자는 그 사실을 안 때까지의 보험료를 청구할 수 있다.

④ 15세미만자, 심신상실자 또는 심신박약자의 사망을 보험사고로 한 보험계약은 무효로 한다. 다만, 심신박약자가 보험계약을 체결하거나 제735조의3에 따른 단체보험의 피보험자가 될 때에 의사능력이 있는 경우에는 유효하다(상법 제732조). 즉, 의사능력 보유여부에 대한 예외 규정은 심신박약자에 적용되며, 15세미만자는 의사능력 여부와 관계없이 무효이다.

13. ④

①② 동일한 보험계약의 목적과 동일한 사고에 관하여 수개의 보험계약이 동시에 또는 순차로 체결되어 그 보험금액의 총액이 보험가액을 초과한 경우를 중복보험이라고 한다. 중복보험이 성립하면 보험자는 각자의 보험금액의 한도에서 연대책임을 진다. 이 경우에는 각 보험자의 보상책임은 각자의 보험금액의 비율에 따른다(상법 제672조 제1항).

③ 보험자 1인에 대한 권리의 포기는 다른 보험자의 권리의무에 영향을 주지 아니한다(상법 제673조).

④ 동일한 보험계약의 목적과 동일한 사고에 관하여 수개의 보험계약을 체결하는 경우에는 보험계약자는 각 보험자에 대하여 각 보험계약의 내용을 통지하여야 한다(상법 제672조 제2항). 즉 중복보험 뿐만 아니라 보험금액의 총액이 보험가액을 초과하지 않는 이른바 병존보험 계약이 체결되었을 때에도 다른 보험계약에 관한 통지의무가 부여된다.

14. ①

보험가액의 일부를 보험에 붙인 경우에는 보험자는 보험금액의 보험가액에 대한 비율에 따라 보상할 책임을 진다. 그러나 당사자 간에 다른 약정이 있는 때에는 보험자는 보험금액의 한도 내에서 그 손해를 보상할 책임을 진다. 이를 1차위험 담보라고 한다.

15. ③

상법 제655조 본문은 보험사고가 발생한 후에도 보험자가 제650조의 규정에 의하여 계약을 해지한 때에는 이미 지급한 보험금액의 반환을 청구할 수 있다고 되어 있어, 법문의 외양상으로는 계속보험료 미지급에 따른 상법 제650조 제2항의 규정에 의한 계약해지의 경우에도 이미 지급한 보험금액의 반환을 청구할 수 있는 것으로 되어 있으나, 상법 제650조 제2항이 보험계약자를 보호하기 위하여 계속보험료가 연체된 경우에 상당한 최고기간을 둔 다음 해지하도록 규정하고 있는 점 등에 비추어 볼 때, 계속보험료의 연체로 인하여 보험계약이 해지된 경우에는 보험자는 계약해지시로부터 더 이상 보험금을 지급할 의무만을 면할 뿐, 계속보험료의 연체가 없었던 기간에 발생한 보험사고에 대하여 이미 보험계약자가 취득한 보험보호를 소급하여 사라지게 하는 것이 아니므로, 보험자는 보험계약자에 대하여 이미 지급한 보험금의 반환을 구할 수 없다.[5]

16. ②

①② 보험기간 중에 보험계약자 또는 피보험자가 사고발생의 위험이 현저하게 변경 또는 증가된 사실을 안 때에는 지체 없이 보험자에게 통지하여야 하는데(상법 제652조 제1항), 여기서 '사고발생의 위험이 현저하게 변경 또는 증가된 사실'이란 변경 또는 증가된 위험이 보험계약의 체결 당시에 존재하고 있었다면 보험자가 계약을 체결하지 않았거나 적어도 그 보험료로는 보험을 인수하지 않았을 것으로 인정되는 사실을 말하고, '사고발생의 위험이 현저하게 변경 또는 증가된 사실을 안 때'란 특정한 상태의 변경이 있음을 아는 것만으로는 부족하고 그 상태의 변경이 사고발생 위험의 현저한 변경·증가에 해당된다는 것까지 안 때를 의미한다.

③ 상해보험 약관에 규정된 '뚜렷한 위험의 증가와 관련된 알릴 의무를 이행하지 아니하였을 경우 회사는 손해발생의 전후를 묻지 않고 보험계약을 해지할 수 있다'는 약관 조항은 상법 제652조 제1항의 통지의무를 규정한 것으로 보험자는 그 사실을 안 날로부터 1월 이내에 한하여 해지권을 행사할 수 있다.

④ 상해보험 약관에 규정된 '보험사고가 발생한 후에 위 알릴 의무 위반을 이유로 보험계약을 해지한 경우 회사는 직업 또는 직무가 변경되기 전에 적용된 보험료율의 직업 또는 직무가

5) 대법원 2001.4.10. 선고 99다67413 판결

변경된 후에 적용해야 할 보험료율에 대한 비율에 따라 보험금을 삭감하여 지급한다'는 조항은 직업 또는 직무가 변경된 경우에만 적용되는 것이므로 피보험자가 오토바이 운전을 하다가 사고를 당한 경우에는 이를 적용하지 못한다.[6]

17. ③

보험금청구권은 보험사고가 발생하기 전에는 추상적인 권리에 지나지 아니할 뿐 보험사고의 발생으로 인하여 구체적인 권리로 확정되어 그때부터 그 권리를 행사할 수 있게 되는 것이므로, 특별한 다른 사정이 없는 한 원칙적으로 보험금액청구권의 소멸시효는 보험사고가 발생한 때로부터 진행한다고 해석해야 한다.
보험약관에서 "회사는 손해발생 통지 및 보험약관 제22조의 보험금 청구서류를 접수한 때에는 접수증을 교부하고 그 서류를 접수한 날로부터 3일 이내에 지급하여 드립니다."라고 하고 있으며, 상법 제658조에서도 "보험자는 보험금액의 지급에 관하여 약정기간이 있는 경우에는 그 기간 내에, 약정기간이 없는 경우에는 제657조 제1항의 통지를 받은 후 지체 없이 지급할 보험금액을 정하고 그 정하여진 날부터 10일 내에 피보험자 또는 보험수익자에게 보험금액을 지급하여야 한다."라고 각각 정하고 있다고 하여 보험금청구권의 소멸시효가 위 약관 또는 법률조항에서 정한 보험금 지급유예기간('서류를 접수한 날로부터 3일' 또는 '정하여진 날로부터 10일')이 경과한 다음날부터 진행한다고 볼 수 없으며, 보험금 청구권 소멸시효는 여전히 보험사고가 발생한 때부터 진행된다.[7]

18. ④

보험자가 피보험자의 손해배상채무를 병존적으로 인수하게 되는 원인은, 피보험자가 제3자에 대하여 손해배상채무를 부담하는 것과는 별개로, 기초가 되는 보험자와 피보험자 사이의 법률관계인 책임보험계약에 관하여 제3자의 보험자에 대한 직접청구권을 인정하는 법 규정이 존재하기 때문이다. 그리고 제3자 직접청구권이 인정되는 경우에 보험자가 제3자에 대하여 부담하는 구체적인 책임의 범위와 내용은 책임보험계약에 따라 정해질 수밖에 없고, 책임보험계약에 따라 보험자와 피보험자가 부담하는 권리의무도 변경된다.
따라서 외국적 요소가 있는 책임보험계약에서 제3자 직접청구권의 행사에 관한 법률관계에 대하여는 기초가 되는 책임보험계약에 적용되는 국가의 법이 가장 밀접한 관련이 있다고 보이므로, 그 국가의 법이 준거법으로 된다고 해석함이 타당하다.[8]

19. ①

① 보험자는 보험금액의 지급에 관하여 약정기간이 있는 경우에는 그 기간 내에 약정기간이 없는 경우에는 사고발생 통지를 받은 후 지체없이 지급할 보험금액을 정하고 그 정하여진 날부터 10일 내에 피보험자 또는 보험수익자에게 보험금액을 지급하여야 한다(상법 제658조). 즉 10일의 보험금 지급에 관한 기간은 사고발생통지를 받은 날부터 기산하는 것이 아니라, 지급할 보험금액이 정하여진 날부터 기산한다.
②③ 보험계약자 또는 피보험자나 보험수익자는 보험사고의 발생을 안 때에는 지체없이 보험자에게 그 통지를 발송하여야 한다. 만약 사고발생 통지의무가 해태되어 손해가 증가된 때에는 보험자는 그 증가된 손해를 보상할 책임이 없다(상법 제657조).
④ 사고발생 통지의무를 강제할 수 없다는 관점에서 보면 이 의무의 법적 성질은 간접의무이다.

20. ③

상해보험계약을 체결할 때 약관 또는 보험자와 보험계약자의 개별 약정으로 태아를 상해보험의 피보험자로 할 수 있다.
그 이유는 다음과 같다. ① 상해보험은 피보험자가 보험기간 중에 급격하고 우연한 외래의 사고로 인하여 신체에 손상을 입는 것을 보험사고로 하는 인보험이므로, 피보험자는 신체를 가진 사람(인)임을 전제로 한다(상법 제737조). 그러나 상법상 상해보험계약 체결에서 태아의 피보험자 적격이 명시적으로 금지되어 있지 않다. 인보험인 상해보험에서 피보험자는 '보험사고의 객체'에 해당하여 그 신체가 보험의 목적이 되는 자로서 보호받아야 할 대상을 의미한다. ③ 헌법상 생명권의 주체가 되는 태아의 형성 중인 신체도 그 자체로 보호해야 할 법익이 존재하고 보호의 필요성도 본질적으로 사람과 다르지 않다는 점에서 보험보호의 대상이 될 수 있다. 이처럼 ④ 약관이나 개별 약정으로 출생 전 상태인 태아의 신체에 대한 상해를 보험의 담보범위에 포함하는 것이 보험제도의 목적과 취지에 부합하고 보험계약자나 피보험자에게 불리하지 않으므로 상법 제663조에 반하지 아니하고 민법 제103조의 공서양속에도 반하지 않는다.
따라서 계약자유의 원칙상 ② 태아를 피보험자로 하는 상해보험계약은 유효하고, 그 보험계약이 정한 바에 따라 보험기간이 개시된 이상 출생 전이라도 태아가 보험계약에서 정한 우연한 사고로 상해를 입었다면 이는 보험기간 중에 발생한 보험사고에 해당한다.[9]

21. ③

생명보험계약의 약관에 보험계약자는 보험계약의 해약환급금의 범위 내에서 보험회사가 정한 방법에 따라 대출을 받을 수 있고, 이에 따라 대출이 된 경우에 보험계약자는 그 대출 원리금을 언제든지 상환할 수 있으며, 만약 상환하지 아니한 동안에 보험금이나 해약환급금의 지급사유가 발생한 때에는 위 대출 원리금을 공제하고 나머지 금액만을 지급한다는 취지로 규정되어 있다면, 그와 같은 ④ 약관에 따른 대출계약은 약관상의 의무의 이행으로 행하여지는 것으로서 보험계약과 별개의 독립된 계약이 아니라 보험계약과 일체를 이루는 하나의 계약이라고 보아야 하고, ③ 보험약관대출금의 경제적 실질은 보험회사가 장차 지급하여야 할 보험금이나 해약환급금을 미리 지급하는 선급금과 같은 성격이라고 보아야 한다. 따라서 위와 같은 ① 약관에서 비록 '대출'이라는 용어를

6) 대법원 2014.7.24. 선고 2012다62318 판결
7) 대법원 2005.12.23. 선고 2005다59383, 59390 판결
8) 대법원 2017.10.26. 선고 2015다42599 판결
9) 대법원 2019.3.28. 선고 2016다211224 판결

사용하고 있더라도 이는 일반적인 대출과는 달리 소비대차로서의 법적 성격을 가지는 것은 아니며, 보험금이나 해약환급금에서 대출원리금을 공제하고 지급한다는 것은 보험금이나 해약환급금의 선급금의 성격을 가지는 위 대출 원리금을 제외한 나머지 금액만을 지급한다는 의미이므로 민법상의 상계와는 성격이 다르다.
결국, ② 생명보험계약의 해지로 인한 해약환급금과 보험약관대출금 사이에서는 상계의 법리가 적용되지 아니하고, 생명보험회사는 생명보험계약 해지 당시의 보험약관대출 원리금 상당의 선급금을 뺀 나머지 금액에 한하여 해약환급금으로서 반환할 의무가 있다고 할 것이므로, 생명보험계약이 해지되기 전에 보험회사에 관하여 구 회사정리법에 의한 회사정리절차가 개시되어 정리채권신고기간이 만료하였다고 하더라도 같은 법의 상계제한 규정은 적용될 여지가 없다.[10]

22. ②

손해보험증권에는 다음의 사항을 기재하고 보험자가 기명날인 또는 서명하여야 한다. 손해보험에는 보험수익자의 개념이 없다.

1. 보험의 목적
2. 보험사고의 성질
3. 보험금액
4. 보험료와 그 지급방법
5. 보험기간을 정한 때에는 그 시기와 종기
6. 무효와 실권의 사유
7. 보험계약자의 주소와 성명 또는 상호

7의2. 피보험자의 주소, 성명 또는 상호

8. 보험계약의 연월일
9. 보험증권의 작성지와 그 작성 연월일

23. ③

① 보험계약자는 계약 체결 후 지체없이 보험료의 전부 또는 제1회 보험료(초회보험료)를 지급하여야 하며, 보험계약자가 이를 지급하지 아니하는 경우에는 다른 약정이 없는 한 계약 성립 후 2월이 경과하면 그 계약은 해제된 것으로 본다(상법 제650조 제1항).
② 계속보험료가 약정한 시기에 지급되지 아니한 때에는 보험자는 상당한 기간을 정하여 보험계약자에게 최고하고 그 기간내에 지급되지 아니한 때에는 그 계약을 해지할 수 있다(상법 제650조 제2항).
③ 보험자가 손해를 보상할 경우에 보험료의 지급을 받지 아니한 잔액이 있으면 그 지급기일이 도래하지 아니한 때라도 보상할 금액에서 이를 공제할 수 있다(상법 제677조).
④ 특정한 타인을 위한 보험의 경우에 보험계약자가 보험료의 지급을 지체한 때에는 보험자는 그 타인에게도 상당한 기간을 정하여 보험료의 지급을 최고한 후가 아니면 그 계약을 해제 또는 해지하지 못한다(상법 제650조 제3항).

24. ②

① 화재보험증권에는 다음의 사항을 기재하여야 한다(상법 제685조).

1. 건물을 보험의 목적으로 한 때에는 그 소재지, 구조와 용도
2. 동산을 보험의 목적으로 한 때에는 그 존치한 장소의 상태와 용도
3. 보험가액을 정한 때에는 그 가액

② 화재보험의 보험자는 화재의 소방 또는 손해의 감소에 필요한 조치로 인하여 생긴 손해를 보상할 책임이 있다. 이는 법률상 규정된 것으로 당사자 간의 특약 여부와는 관계없이 화재보험의 보험자에게 보상책임이 있다.
③ 집합된 물건을 일괄하여 보험의 목적으로 한 때에는 피보험자의 가족과 사용인의 물건도 보험의 목적에 포함된 것으로 한다. 이 경우에는 그 보험은 그 가족 또는 사용인을 위하여서도 체결한 것으로 본다.
④ 집합된 물건을 일괄하여 보험의 목적으로 한 때에는 그 목적에 속한 물건이 보험기간 중에 수시로 교체된 경우에도 보험사고의 발생 시에 현존한 물건은 보험의 목적에 포함된 것으로 한다.

25. ④

① 보험계약은 금전으로 산정할 수 있는 이익에 한하여 보험계약의 목적으로 할 수 있다.
② 보험금액이 보험계약의 목적의 가액을 현저하게 초과한 때에는 보험자 또는 보험계약자는 보험료와 보험금액의 감액을 청구할 수 있다.
③ 동일한 보험계약의 목적과 동일한 사고에 관하여 수개의 보험계약을 체결하는 경우에는 보험계약자는 각 보험자에 대하여 각 보험계약의 내용을 통지하여야 한다.
④ 보험의 목적의 성질, 하자 또는 자연소모로 인한 손해는 보험자가 이를 보상할 책임이 없다.

26. ④

① 운송보험계약의 보험자는 다른 약정이 없으면 운송인이 운송물을 수령한 때로부터 수하인에게 인도할 때까지 생길 손해를 보상할 책임이 있다.
② 운송물의 보험에 있어서는 발송한 때와 곳의 가액과 도착지까지의 운임 기타의 비용을 보험가액으로 한다.
③ 운송보험계약은 다른 약정이 없으면 운송의 필요에 의하여 일시운송을 중지하거나 운송의 노순 또는 방법을 변경한 경우에도 그 효력을 잃지 아니한다(상법 제691조). 따라서 다른 약정을 체결한다면 이를 변경할 수 있다.
④ 보험사고가 송하인 또는 수하인의 고의 또는 중대한 과실로 인하여 발생한 때에는 보험자는 이로 인하여 생긴 손해를 보상할 책임이 없다. 송하인 또는 수하인의 고의 중과실이 면책이며 운송인의 고의 또는 중과실은 보험자의 면책사유가 아니다.

27. ①

① 보험자는 피보험자가 지급할 공동해손의 분담액을 보상할 책임이 있다. 그러나 보험의 목적의 공동해손 분담가액이 보험가액을 초과할 때에는 그 초과액에 대한 분담액은 보상하지 아니한다(상법 제694조).

10) 대법원 2007.9.28. 선고 2005다15598 전원합의체 판결

② 보험자는 피보험자가 보험사고로 인하여 발생하는 손해를 방지하기 위하여 지급할 구조료를 보상할 책임이 있다. 그러나 보험의 목적물의 구조료 분담가액이 보험가액을 초과할 때에는 그 초과액에 대한 분담액은 보상하지 아니한다(상법 제694조의2).
③ 보험자는 보험의 목적의 안전이나 보존을 위하여 지급할 특별비용을 보험금액의 한도내에서 보상할 책임이 있다(상법 제694조의3).
④ 해상보험계약의 보험자는 해상사업에 관한 사고로 인하여 생길 손해를 보상할 책임이 있다(상법 제693조).

28. ④

① 선박이 보험계약에서 정하여진 발항항이 아닌 다른 항에서 출항한 때에는 보험자는 책임을 지지 아니한다(상법 제701조 제1항).
② 선박이 보험계약에서 정하여진 도착항이 아닌 다른 항을 향하여 출항한 때에는 보험자는 책임을 지지 아니한다(상법 제701조 제2항).
③ 보험자의 책임이 개시된 후에 보험계약에서 정하여진 도착항이 변경된 경우에는 보험자는 그 항해의 변경이 결정된 때부터 책임을 지지 아니한다(상법 제701조 제3항).
④ 선박이 정당한 사유없이 보험계약에서 정하여진 항로를 이탈한 경우에는 보험자는 그때부터 책임을 지지 않는다. 선박이 손해 발생 전에 원항로로 돌아온 경우에도 책임을 지지 아니한다(상법 제701조의2).

29. ②

① 선박이 보험사고로 인하여 심하게 훼손되어 이를 수선하기 위한 비용이 수선하였을 때의 가액을 초과하리라고 예상될 경우라고 하더라도, 선장이 지체없이 다른 선박으로 적하의 운송을 계속한 때에는 피보험자는 그 적하를 위부할 수 없다(상법 제712조).
② 위부는 무조건이어야 한다(상법 제714조 제1항). 즉 조건을 붙일 수 없다.
③ 위부는 보험의 목적의 전부에 대하여 이를 하여야 한다. 그러나 위부의 원인이 그 일부에 대하여 생긴 때에는 그 부분에 대하여서만 이를 할 수 있다(상법 제714조 제2항).
④ 피보험자가 위부를 함에 있어서는 보험자에 대하여 보험의 목적에 관한 다른 보험계약과 그 부담에 속한 채무의 유무와 그 종류 및 내용을 통지하여야 한다. 보험자는 통지를 받을 때까지 보험금액의 지급을 거부할 수 있다(상법 제715조).

30. ③

피보험자가 경영하는 사업에 관한 책임을 보험의 목적으로 한 때에는 피보험자의 대리인 또는 그 사업감독자의 제3자에 대한 책임도 보험의 목적에 포함된 것으로 한다. 따라서 당사자 간의 약정 여부와는 관계없이 보험의 목적에 당연히 포함된다.

31. ①

보험자는 피보험자가 책임을 질 사고로 인하여 생긴 손해에 대하여 제3자가 그 배상을 받기 전에는 보험금액의 전부 또는 일부를 피보험자에게 지급하지 못한다. 즉, 제3자가 먼저 손해배상을 받아야만 피보험자가 보험금 청구권을 행사할 수 있다.

32. ②

• 관련 법조항

제683조(화재보험자의 책임)
화재보험계약의 보험자는 화재로 인하여 생긴 손해를 보상할 책임이 있다.

제684조(소방 등의 조치로 인한 손해의 보상)
보험자는 화재의 소방 또는 손해의 감소에 필요한 조치로 인하여 생긴 손해를 보상할 책임이 있다.

제680조(손해방지의무) 제1항
보험계약자와 피보험자는 손해의 방지와 경감을 위하여 노력하여야 한다. 그러나 이를 위하여 필요 또는 유익하였던 비용과 보상액이 보험금액을 초과한 경우라도 보험자가 이를 부담한다.

화재사고가 발생한 경우 보험자는 '화재로 인하여 생긴 손해(상법 제683조)' 뿐만 아니라 '화재의 소방 또는 손해의 감소에 필요한 조치로 인하여 생긴 손해(상법 제684조)'를 보상할 책임이 있다. 즉, 화재가 발생하였을 때 화재보험계약의 보험자는 화재로 인한 직접손해 뿐만 아니라 소방 등의 조치로 인하여 생긴 손해도 보상할 책임이 있는 것이다. 이 때 소방 등의 조치로 인한 손해는 보험자의 보상책임이 있는 손해 그 자체이므로, 비용이 아니라 보험금으로 지급되어야 한다.
굳이 손해방지비용에 대한 규정이 있음에도 이처럼 소방 등의 조치로 인한 손해를 따로 규정한 것은 손해방지의무를 부담하는 의무자가 '보험계약자와 피보험자(상법 제680조)'이기 때문이다. 일반적으로 화재가 발생하면 보험계약자와 피보험자 뿐만 아니라 제3자(소방 관계당국 등)의 소방활동도 이루어지기 때문에 그러한 손해를 손해방지비용으로는 처리할 수 없는 상황이 벌어진다. 또한 손해방지비용은 기본적으로 해당 보험계약에서 보상하는 손해가 발생했음을 전제로 하는 것이기 때문에, 사례에서처럼 보험 목적물인 서적이 불에 타지 않았다면 보험자의 보상책임이 없는바, 소방손해도 손해방지비용으로 처리할 수 없다는 문제점이 발생한다. 따라서 우리 상법은 소방 등의 조치로 인한 손해를 화재보험에 별도로 규정하여 소방 활동 등으로 인한 손해도 보험자가 보상할 책임을 지는 손해로 규정하며, 그 주체도 보험계약자와 피보험자로 한정하고 있지 않다.
문제에서는 서적이 물에 젖은 손해 1,000만원과 소방대원의 소방활동을 위해 발생한 비용 100만원이 모두 소방 등의 활동으로 인한 손해에 해당한다. 다만, 전술한 것처럼 동 손해는 손해방지비용이 아니기 때문에(보험계약자, 피보험자에 의하여 발생하지 않았으므로) 보험가입금액인 1,000만원을 한도로 지급한다.

33. ④

① 자동차보험 증권에는 차량가액을 정한 때에는 그 가액을 기재하여야 한다(상법 제726조의3).
② 피보험자가 자동차를 양도한 때에는 양수인은 보험자의 승낙

을 얻은 경우에 한하여 보험계약으로 인한 권리의무를 승계한다(상법 제726조의4).

③④ 피보험자가 보험기간 중에 자동차를 양도한 때에는 양수인은 보험자의 승낙을 얻은 경우에 한하여 보험계약으로 인하여 생긴 권리와 의무를 승계한다. 보험자가 양수인으로부터 양수사실을 통지받은 때에는 지체없이 낙부를 통지하여야 하고 통지받은 날부터 10일내에 낙부의 통지가 없을 때에는 승낙한 것으로 본다.

34. ②

보험자는 보험사고로 인하여 생긴 보험계약자 또는 보험수익자의 제3자에 대한 권리를 대위하여 행사하지 못한다. 그러나 상해보험계약의 경우에 당사자간에 다른 약정이 있는 때에는 보험자는 피보험자의 권리를 해하지 아니하는 범위안에서 그 권리를 대위하여 행사할 수 있다.

35. ①

타인의 사망을 보험사고로 하는 보험계약을 체결할 때에는 그 타인의 서면(「전자서명법」에 따른 전자서명이 있는 경우로서 대통령령으로 정하는 바에 따라 본인 확인 및 위조 · 변조 방지에 대한 신뢰성을 갖춘 전자문서를 포함한다)에 의한 동의를 얻어야 하는데, 이때 본인 확인 및 위조 · 변조 방지에 대한 신뢰성을 갖춘 전자문서는 다음 각 호의 요건을 모두 갖춘 전자문서로 한다(상법 시행령 제44조의2).

1. 전자문서에 보험금 지급사유, 보험금액, 보험계약자와 보험수익자의 신원, 보험기간이 적혀 있을 것
2. 전자문서에 법 제731조 제1항에 따른 전자서명(이하 "전자서명"이라 한다)을 하기 전에 전자서명을 할 사람을 직접 만나서 전자서명을 하는 사람이 보험계약에 동의하는 본인임을 확인하는 절차를 거쳐 작성될 것
3. 전자문서에 전자서명을 한 후에 그 전자서명을 한 사람이 보험계약에 동의한 본인임을 확인할 수 있도록 지문정보를 이용하는 등 법무부장관이 고시하는 요건을 갖추어 작성될 것
4. 전자문서 및 전자서명의 위조 · 변조 여부를 확인할 수 있을 것

36. ③

대법원 판례에 따르면, 보험수익자가 보험회사에게 제1차 보험금 청구를 한 것은 민법 제174조 소정의 ① 시효중단 사유로서의 최고에 해당하고, 이에 대하여 보험회사가 보험수익자에게 ② 질병사망 보험금 3,000만원만을 지급한 것은 상해사망보험금에 관한 지급거절 의사를 밝힌 것으로 평가할 수 있다. 보험회사와 보험계약의 보험수익자가 피보험자가 사망한 보험사고와 관련하여 보험회사에 사망보험금 청구를 하였으나 보험회사가 질병사망 보험금만을 지급하였고, 그 후 보험수익자가 상해사망보험금이 지급되었어야 한다고 주장하면서 다시 보험금 청구를 하자 보험회사가 소멸시효 완성을 이유로 보험금 지급채무 부존재 확인을 구한 사안에서, 보험회사가 보험수익자의 제1차 보험금 청구에 대하여 이행의 유예를 구하였거나 6월 내에 민법 제174조에서 정한 시효중단 조치를 취하였다고 볼 수 없으며, 보험수익자가 제1차 보험금 청구를 하였다는 사정만으로 보험회사의 소멸시효 완성 주장이 잘못되었다고 볼 수 없다.[11] 즉 ③ 2차 청구도 보험사고가 발생한 때부터 보험금 청구권 소멸시효를 기산하며, 따라서 소멸시효의 완성으로 ④ 보험금을 지급하지 않는다.

37. ④

고지의무, 위험변경증가 통지의무, 위험유지의무 등 위반으로 보험계약이 해지된 때, 보험계약자, 피보험자, 보험수익자의 고의로 보험사고가 발생하거나 전쟁 기타변란으로 보험사고가 발생하여 보험자에게 보험금액의 지급책임이 면제된 때에는 보험자는 보험수익자를 위하여 적립한 금액을 보험계약자에게 지급하여야 한다. 그러나 다른 약정이 없으면 보험사고가 보험계약자의 고의에 의하여 생긴 경우에는 그러하지 아니하다(상법 제736조).

38. ②

질병보험은 상법 제732조를 제외하고 생명보험과 상해보험에 관한 규정을 준용한다. 따라서 만 15세 미만자, 심신상실자, 심신박약자의 질병을 보험사고로 하는 보험계약은 유효하다.

39. ④

만약 보험자가 취득하는 권리가 보험계약자 또는 피보험자와 생계를 같이 하는 가족에 대한 것인 경우 보험자는 그 권리를 취득하지 못한다. 다만, 손해가 그 가족의 고의 인하여 발생한 경우에는 그러하지 아니하다. 따라서 중대한 과실로 인해 손해가 발생한 경우에는 여전히 그 권리를 취득하지 못한다.

40. ③

ㄱ. 운송보험에서 운송인의 고의에 의한 사고는 보상한다.
ㅁ. 보증보험에서 계약자의 고의에 의한 사고는 피보험자에게 책임있는 사유가 없는한 보상한다.

3과목 손해사정이론

01	02	03	04	05	06	07	08	09	10
④	③	①	①	②	①	④	②	③	③
11	12	13	14	15	16	17	18	19	20
④	④	②	③	②	②	①	②	④	③
21	22	23	24	25	26	27	28	29	30
④	④	④	③	①	①	③	③	①	③
31	32	33	34	35	36	37	38	39	40
④	①	②	②	②	③	①	②	②	①

01. ④

① 보험사기 방지 특별법에서는 보험사기 행위에 대하여 "보험사고의 발생, 원인 또는 내용에 관하여 보험자를 기망하여 보

11) 대법원 2022.1.27. 선고 2021다271947 판결

험금을 청구하는 행위"라고 명시적으로 규정하고 있다. 기존의 보험업법 제102조의2에서는 "보험사기 행위를 하여서는 아니된다"라고만 규정하고 있을 뿐 무엇이 보험사기 행위인지에 대한 정의가 없어 불완전한 규정이라는 비판이 있었다.

② 보험사기 방지 특별법에서는 보험사기 행위를 알면서 이에 간접적으로 가담한 사람(방조범, 교사범 등)에 대한 처벌 규정이 없다. 예를 들어 보험금 취득을 목적으로 자신의 신체에 해를 가하려는 사람에게 그 사실을 알면서도 마취제를 투여한 사람에 대해서는 보험사기 방지 특별법으로 처벌할 수 없다. 물론 이 경우에는 보험사기 방지 특별법으로 처벌되지 않을 뿐이지 일반 형법의 방조범에 대한 규정으로 처벌된다.

③ 보험사기 행위에 대하여 특별법까지 제정한 취지를 고려할 때 기존의 처벌 규정과 큰 차이점이 없다는 비판이 있다. 벌금형의 경우 법정형 상한이 2천만원에서 5천만원에서 상향되었다는 측면에서 차이가 있으나 그 이외의 경우에는 종전의 처벌례와 차이점을 발견하기 어렵다. 이를 도표화하여 정리하면 다음과 같으며 아래의 밑줄 친 부분 외에는 차이점이 없다.

구분	종전의 규정	보험사기 방지 특별법
처벌 규정	**형법 제347조(사기)** ①사람을 기망하여 재물의 교부를 받거나 재산상의 이익을 취득한 자는 10년 이하의 징역 또는 2천만원 이하의 벌금에 처한다.	**제8조(보험사기죄)** 보험사기행위로 보험금을 취득하거나 제3자에게 보험금을 취득하게 한 자는 10년 이하의 징역 또는 5천만원 이하의 벌금에 처한다.
상습범	**형법 제351조(상습범)** 상습으로 제347조 내지 전조의 죄를 범한 자는 그 죄에 정한 형의 2분의 1까지 가중한다.	**제9조(상습범)** 상습으로 제8조의 죄를 범한 자는 그 죄에 정한 형의 2분의 1까지 가중한다.
미수범	**형법 제352조(미수범)** 제347조, 제351조의 미수범은 처벌한다.	**제10조(미수범)** 제8조 및 제9조의 미수범은 처벌한다.
가중 처벌	**특정경제범죄가중처벌 등에 관한 법률 제3조(특정재산범죄의 가중처벌)** ①「형법」 제347조(사기)의 죄를 범한 사람은 그 범죄행위로 인하여 취득하거나 제3자로 하여금 취득하게 한 재물 또는 재산상 이익의 가액(이득액)이 5억원 이상일 때에는 다음 각 호의 구분에 따라 가중처벌한다. 1. 이득액이 50억원 이상일 때: 무기 또는 5년 이상의 징역 2. 이득액이 5억원 이상 50억원 미만일 때: 3년 이상의 유기징역 ② 제1항의 경우 이득액 이하에 상당하는 벌금을 병과(倂科)할 수 있다.	**제11조(보험사기죄의 가중처벌)** ① 제8조 및 제9조의 죄를 범한 사람은 그 범죄행위로 인하여 취득하거나 제3자로 하여금 취득하게 한 보험금의 가액(보험사기이득액)이 5억원 이상일 때에는 다음 각 호의 구분에 따라 가중처벌한다. 1. 보험사기이득액이 50억원 이상일 때: 무기 또는 5년 이상의 징역 2. 보험사기이득액이 5억원 이상 50억원 미만일 때: 3년 이상의 유기징역 ② 제1항의 경우 보험사기이득액 이하에 상당하는 벌금을 병과할 수 있다.

④ 보험사기 방지 특별법에서는 고의로 보험사고를 발생시켜 보험금을 취득하였거나(기수), 보험금을 취득하지 못한 경우(미수)에도 처벌한다고 규정을 마련하고 있다.

02. ③

문제풀이에 필요한 계산공식을 정리하면 다음과 같다.

- **순보험료** : 예상 지급보험금/보험계약자 수
- 영업보험료 = 순보험료 + 부가보험료
- 부가보험료 = 영업보험료 × 사업경비율
- 영업보험료 = 순보험료 + (영업보험료 × 사업경비율)

공식에 따라 계산하면,

- **순보험료** : (3천만원 × 10건)/5만명 = 6,000원
- 영업보험료 = 6,000원 + 부가보험료
- 부가보험료 = 영업보험료 × 40%
- 영업보험료 = 6,000원 + (영업보험료 × 40%)

따라서 영업보험료는 10,000원이다.

03. ①

부합계약이란 계약 당사자의 어느 일방이 계약의 내용을 미리 결정하고 상대방은 이에 따를 수 밖에 없는 계약을 말한다. 부합계약은 그 편의성 때문에 일반인이 대기업과 대량적으로 체결하는 계약에서 많이 행해지고 있다.

보험계약도 하나의 보험자가 다수의 보험계약자를 상대로 체결하는 계약의 형식을 가지고 있으므로, 정형화된 보험약관에 의하여 계약을 체결하게 된다. 따라서 보험계약도 부합계약적 성격을 특징으로 하고 있다.

보험의 부합계약적 성격 때문에 우리 상법은 여러가지 규정을 두고 있는데, 대표적인 것이 보험약관 교부 설명의무와 보험계약자 등의 불이익변경 금지 규정이다.

04. ①

대법원 2018.10.25. 선고 2017다272103 판결

영국 해상보험법(Marine Insurance Act 1906) 제17조는 '해상보험계약은 최대선의의 원칙(utmost good faith)에 기초한 계약이며, 만일 일방당사자가 이를 준수하지 않았을 경우 상대방은 그 계약을 취소할 수 있다'고 규정한다. 영국 해상보험법상 최대선의의 원칙은 해상보험계약의 체결 · 이행 · 사고 발생 후 보험금 청구의 모든 단계에서 적용된다. 특히 계약의 체결 단계에서 가장 엄격하게 요구된다. 즉, 이러한 최대선의의 원칙에 기초하여 같은 법 제18조는 피보험자가 계약 체결 전에 알고 있는 모든 중요한 사항을 보험자에게 고지하도록 규정하고, 제20조는 피보험자 등이 보험계약 체결 이전 계약의 교섭 중에 보험자에게 한 모든 중요한 표시는 진실하여야 한다고 규정한다. 여기서 중요한 사항이란 보험자가 보험료를 산정하거나 위험을 인수할지 여부를 결정함에 있어서 그 판단에 영향을 미치는 모든 사항을 의미한다.

05. ②

① Retrocession : 재보험사가 다시 재보험을 가입하는 재재보험을 말한다.
② Reciprocity(Reciprocal Reinsurance) : 동질 또는 유사한 위험을 가진 특약을 다른 보험회사의 비슷한 특약과 상호 교환하여 위험의 분산과 거래의 증가를 동시에 만족시키는 재보험이다.
③ Run-off system : 재보험이 해지되는 시점의 미경과보험료 및 미지급보험금에 대한 재보험자의 책임이 원보험의 만기 도래 또는 청산이 완전히 종결될 때까지 지속되는 거래방식이다.
④ Interlocking clause : 위험담보기준(RAD) 재보험 조건 아래에서 거대 재해사고가 발생하여 둘 이상의 재보험조건이 적용될 때에 둘을 연동하여 하나의 재보험조건이 적용되도록 하는 재보험 조항이다.

06. ①

• 사전적 목적
① 사고발생 빈도/심도를 통제하여 사고발생의 우려/심리적 불안을 경감한다.
② 최소비용으로 최대효과를 도모한다.
③ 좀 더 유리한 조건으로 보험계약을 체결할 수 있다.
• 사후적 목적
① 지속적인 영업활동
② 수익의 안정성 유지

07. ④

대재해채권은 천재지변 등 대재해와 관련지어 이자나 원금이 변동하는 채권을 말한다. 투자자는 대해재가 발생하지 않으면 높은 이자와 원금을 회수하지만 재해가 발생하면 재난손실의 정도에 따라 이자는 물론 원금도 회수하지 못하는 경우가 많다. 이 채권은 기존의 보험시장 대신 훨씬 규모가 큰 자본시장을 통해 대재해 위험을 관리하는 리스크 관리 수단의 증권화(securitization)의 한 유형이라고 할 수 있다.

• **대재해채권(Catastrophe Bond)의 장단점**
1. 장점: 재보험자의 리스크 인수 능력이 신장되고, 참여 재보험자에 대한 신용리스크도 줄일 수 있으며 맞춤 형식이기 때문에 원보험자가 원하는 방식으로 만들 수 있다.
2. 단점: 대재해채권의 도입과 운용에 많은 비용이 발생하고, 대재해채권 자체의 유동성에 문제가 있을 수 있으며, 손실과 관련된 자료를 분석할 수 있는 연구기관 등의 지원이 필요하다.

08. ②

에너지방출이론(energy release theory)은 하돈(William Haddon, Jr.)에 의하여 주장된 것으로 특정 구조에 견딜 수 없을 정도로 스트레스가 주어지면 점차 그 에너지가 축적되며 어느 시점에서 그 통제되지 않은 에너지가 급격하게 방출되기 때문에 사고가 발생한다는 이론이다. 따라서 유해한 에너지의 축적이나 방출을 물리적, 기계적으로 방지하기 위한 안전시설을 보강하는 것이 사고의 예방에 큰 도움이 된다고 주장한다. 이와 비교해서 알아 둘 것이 하인리히(H. W. Heinrich)의 도미노이론(domino theory)이다. 하인리히는 다양한 사고를 분석한 결과 하나의 통계적인 법칙을 발견했는데, 1건의 대형사고가 발생하면 그 전에 같은 원인으로 29건의 중형사고가 있었고 그 이전에는 300건의 소형사고가 있었다는 것이다. 따라서 이를 1:29:300 법칙이라고도 부른다. 도미노 이론에서 말하는 사고 발생 5단계는 다음과 같다.

1. 유전적 사회적 환경에 의한 인간의 내적 요소 형성되는 단계
2. 불완전한 환경에 의하여 인간의 개인적인 결함이 나타나는 단계
3. 인간의 개인적인 결함에 의하여 인간의 불안전한 행동이나 상태(위태)가 유발되는 단계
   - 불안전한 행동 : 안전조치 불이행, 위험장소로 접근 등
   - 불안전한 상태 : 작업장 환경, 기계설비, 작업방법 결함 등 물리적 기계적 위험 요소
4. 불안전한 행동과 상태에 의하여 사고가 발생하는 단계. 1:29:300
5. 사고로 인하여 경제적, 신체적 피해(손실)가 발생하는 단계

버드(Frank E. Bird Jr.)는 하인리히의 도미노이론을 새롭게 해석하여 1:10:30:600이라는 새로운 비율을 제시하였다. 이 비율은 각각 "중대 사고(사망 내지 중상) : 경미한 사고(경상) : 물적 사고 : 손해없는 사고"의 비율을 뜻한다. 이 이론 역시 11(1+10)에 해당하는 소수의 사망, 중상에만 관심을 기울이는 것은 중대한 오류이며, 630(30+600)에 해당하는 물건의 손상 및 무손해(無損害)의 사고가 위험을 총체적으로 나타낸다는 것을 주장한다. 이는 신도미노이론(재해연쇄이론)이라고 한다.

09. ③

위험관리 활동을 소홀히 하는 공장 직원은 정신적 위태(morale hazard)라고 할 수 있다. 나머지는 모두 실체적 위태(physical hazard)에 대한 예시이다.

10. ③

징벌적 손해배상은 가해자의 행위가 악의적이고 반사회적인 경우 징벌의 의미로 실제 손해액보다 더 많은 배상액을 부과하는 제도를 말한다. 영미법에서 발달한 제도이며 우리나라에서도 개별법률에서 점차 도입하고 있는 추세이다.
① 개인정보보호법 제39조에서 손해액의 3배 한도내에서 손해배상액을 정하도록 하고 있다.
② 제조물책임법 제3조에서 손해액의 3배 한도내에서 손해배상액을 정하도록 하고 있다.
③ 자동차손해배상보장법은 징벌적 손해배상에 대한 규정이 없다.
④ 중대재해 처벌 등에 관한 법률 제15조에서 손해액의 5배 한도내에서 손해배상액을 정하도록 하고 있다.

11. ④

금융위원회, 금융감독원, 보험회사는 보험계약자등의 행위가 보험사기행위로 의심할 만한 합당한 근거가 있는 경우에는 관할 수사기관에 고발 또는 수사의뢰하거나 그 밖에 필요한 조치를 취하여야 한다(보험사기방지특별법 제6조 제1항).

12. ④

산업재해보상보험법 제5조에서 정의하고 있는 용어는 다음과 같다.

1. "업무상의 재해"란 업무상의 사유에 따른 근로자의 부상·질병·장해 또는 사망을 말한다.
2. "근로자"·"임금"·"평균임금"·"통상임금"이란 각각 「근로기준법」에 따른 "근로자"·"임금"·"평균임금"·"통상임금"을 말한다. 다만 「근로기준법」에 따라 "임금" 또는 "평균임금"을 결정하기 어렵다고 인정되면 고용노동부장관이 정하여 고시하는 금액을 해당 "임금" 또는 "평균임금"으로 한다.
3. "유족"이란 사망한 사람의 배우자(사실상 혼인 관계에 있는 사람을 포함)·자녀·부모·손자녀·조부모 또는 형제자매를 말한다.
4. "치유"란 부상 또는 질병이 완치되거나 치료의 효과를 더 이상 기대할 수 없고 그 증상이 고정된 상태에 이르게 된 것을 말한다.
5. "장해"란 부상 또는 질병이 치유되었으나 정신적 또는 육체적 훼손으로 인하여 노동능력이 상실되거나 감소된 상태를 말한다.
6. "중증요양상태"란 업무상의 부상 또는 질병에 따른 정신적 또는 육체적 훼손으로 노동능력이 상실되거나 감소된 상태로서 그 부상 또는 질병이 치유되지 아니한 상태를 말한다.
7. "진폐"(塵肺)란 분진을 흡입하여 폐에 생기는 섬유증식성(纖維增殖性) 변화를 주된 증상으로 하는 질병을 말한다.
8. "출퇴근"이란 취업과 관련하여 주거와 취업장소 사이의 이동 또는 한 취업장소에서 다른 취업장소로의 이동을 말한다.

13. ②

2021년의 실제 손해율을 구하면 다음과 같다.

> 발생손해액/경과보험료 = 손해율
> 200만원/500만원 = 40%

손해율법은 기존에 산출된 요율을 수정하는 방법으로, 계산식은 다음과 같다.

> 조정률 = (실제손해율 − 기대손해율)/기대손해율
> 조정률 = (40% − 80%)/80% = −50% (즉, 50% 인하)

14. ③

보험제도는 수지상등의 원칙에 따라 운영된다. 수지상등의 원칙이란 수입과 지출이 같아야 한다는 것으로, 보험회사 입장에서 보면 보험료의 수입과 장래 지급될 보험금의 지출이 같아야 한다는 원칙을 말한다. 따라서 장기적인 관점에서 이상적인 보험경영의 결과는 보험료와 보험금, 즉 수입과 지출이 같아야 한다.

15. ②

위험통제기법(risk control techniques)은 사전적 상황에 대비하는 적극적인 관리기법으로 손실 감소 및 손실에 대한 불확실성 감소가 주된 목적이다. 반면 위험재무기법(risk financing technique)은 이미 손실이 발생했을 때에 재무적인 문제를 해결하기 위한 방법이다.

위험통제기법에는 위험회피(risk avoidance), 분산 및 다양화(diversification), 결합, 전가, 손실통제(손실예방, 손실감소) 등이 있으며, 위험재무기법에는 위험보유(risk retention), 위험전가(risk transfer), 자가보험, 캡티브보험(captive insurance) 등이 있다.

16. ②

주어진 문제에서 A, B 보험계약이 보험 조건이 서로 상이하므로 독립책임액 계산 방식에 의하여 보험금을 구하여야 한다.

- **독립책임액 계산**

1. A보험자의 독립책임액

   공동보험조항이란, 보험가입자가 일정한 비율(요구부보비율) 이상을 가입할 경우 손해액 전부를 보장하되, 요구부보비율 이하로 가입하면 penalty를 부과하여 손해액의 일부만 보상하는 방식을 말한다. 계산식은 다음과 같다.

   > → **요구부보비율을 만족할 경우** :
   > 보험가입금액 한도에서 손해액 전부 보상
   > → **요구부보비율을 만족하지 못할 경우** :
   > 손해액×보험가입금액/(보험가액×요구부보비율)

   A보험자는 보험가액이 1억원이며 요구부보비율이 80%인데 보험가입금액은 6천만원이므로 요구부보비율을 만족하지 못한 경우에 해당한다. 또한 정액공제를 우선 적용한다고 하였으므로 발생손해액에서 정액공제를 적용한 뒤에 요구부보비율 계산식을 적용한다.

   > (5천만원 − 1천만원)×6천만원/(1억원×80%) = 3천만원

2. B보험자의 독립책임액

   1차위험담보는 보험가입금액의 한도 내에서 실제 손해액을 보상하는 방식이다. 문제에서 C보험자의 가입금액은 6천만원으로 손해액 5천만원을 보상한다.

- **각 보험회사의 보험금 계산**

  독립책임액 방식에 따른 각 보험회사의 보험금 계산식은 다음과 같다.

  > 손해액×독립책임액/(독립책임액의 합계액)

1. A보험자의 보상책임

   > 5천만원×3천만원/(3천만원+5천만원) = 1천8백7십5만원

2. B보험자의 보상책임

   > 5천만원×5천만원/(3천만원 + 5천만원) = 3천1백2십5만원

17. ①

우리나라 법 체계와는 다르게 영미법 국가에서는 손해를 보상적 배상금(compensatory damages)과 징벌적 손해(punitive damages)로 나누고 있고, 이 중 보상적 배상금은 다음과 같이 구분한다. 특별손해(special damages)는 신체 상해에 대한 의료비용, 소득손실, 손상재산의 수리비용 등 일반적으로 화폐로 쉽게 측정할 수

있는 손해를 말하며, 일반손해(general damages)는 정신적 피해, 고통, 괴로움 등 구체적으로 그 양을 측정할 수 없는 손해를 말한다.

18. ②

실손보상의 원칙을 구현하기 위한 제도에는 피보험이익 제도, 보험자대위, 시가주의, 신구교환 공제, 타보험약관 조항 등이 있다. 보험위부는 해상보험에서 추정전손이 발생했을 경우 피보험자가 보험자에게 보험금액의 전부를 청구할 수 있도록 한 제도로, 피보험자의 보험 보호를 위한 것이지 실손보상의 원칙 구현을 위한 제도라고 보기 어렵다.

19. ④

추정최대손실액(PML)을 사용하여 위험 인수여부를 결정하기 때문에 언더라이팅에 많은 영향을 미친다. 또한 원보험자가 PML을 사용하여 자신의 보유액을 결정하고 나머지 부분을 출재하여 사용하기도 하며, 피보험자 입장에서는 사고 발생 시 자신의 최대 손실액을 추정할 수 있어 위험관리를 유도하기도 한다. PML은 환경 변화에 따라 그 값이 변화한다. 예를 들어 방화구역의 설치, CCTV의 설치, 소방장비의 업그레이드, 보관 물품의 변경, 주변 환경의 변화 등에 따라 PML은 얼마든지 변화할 수 있다.

20. ③

① "풍수해"란 「자연재해대책법」 제2조 제2호에 따른 자연재해 중 태풍 · 홍수 · 호우(豪雨) · 강풍 · 풍랑 · 해일(海溢) · 대설로 발생하는 재해를 말한다. 지진재해는 이와는 별도의 조문에서 규정하고 있으며, "지진재해"란 「자연재해대책법」 제2조 제2호에 따른 자연재해 중 지진 또는 지진해일로 발생하는 재해를 말한다(풍수해 · 지진재해보험법 제2조).
② 풍수해 · 지진재해보험사업은 행정안전부장관이 관장한다(풍수해 · 지진재해보험법 제3조).
③ 풍수해 · 지진재해보험이 담보할 수 있는 보험의 목적물은 다음 각 호의 시설물 및 그에 부수 또는 포함되는 동산이다(풍수해 · 지진재해보험법 제4조). 농작물 · 임산물 · 가축 및 양식 수산물은 풍수해 · 지진재해보험이 아니라 농어업재해보험에서 보장하는 보험 대상이다.

1. 「건축법」 제2조 제1항 제2호에 따른 건축물
2. 「소상공인기본법」 제2조에 따른 소상공인이 운영하는 사업장의 건축물과 시설물
3. 그 밖에 피해의 가능성과 보험의 효용성 등을 종합적으로 고려하여 대통령령으로 정하는 시설물

④ 국가와 지방자치단체는 예산의 범위에서 보험계약자가 부담하는 보험료의 일부를 지원할 수 있다(풍수해 · 지진재해보험법 제7조 제1항).

21. ④

예방(Loss Prevention)은 사고가 발생하지 않도록 미연에 방지하는 위험관리 기법으로, 과속으로 인해 교통사고가 발생하지 않도록 도로 곳곳에 과속 단속장비를 설치하고, 과속금지 푯말을 설치는 것이 예방 활동에 속한다.

22. ④

보험상품은 미래지향적인 상품이기 때문에 판매 시점에 바로 그 이익이 나타나지 않는다. 소비자의 입장에서도 보험상품 구매를 통하여 자신이 이득을 취할지 여부를 알 수 없으며, 보험자의 입장에서도 보험상품 판매로 인한 이득은 보험기간이 끝난 이후에 결정된다. 따라서 보험상품의 판매로 인한 이익은 차후에 결정되는 것이 보통이다.

23. ④

작성자 불이익의 원칙에 대한 설명이다. 작성자 불이익의 원칙은 약관 해석에 관한 다른 원칙들을 모두 적용한 후에도 약관조항이 객관적으로 다의적으로 해석되고 각각의 해석이 합리성이 있는 등 약관의 뜻이 명백하지 아니한 경우에 최종적으로 적용하는 원칙이다.

24. ③

위험회피형 인간은 미래의 불확실한 보험사고 손해보다 현재의 확실한 보험료에서 더 높은 효용을 느끼기 때문에 부가보험료가 존재하더라도 보험을 구매한다. 반대로 위험선호형 개인은 현재의 확실한 보험료의 효용을 상대적으로 낮게 평가하기 때문에 부가보험료 여부를 불문하고 보험을 구매하지 않는다. 위험중립형 개인은 둘의 효용을 동일하게 평가하기 때문에 만약 부가보험료가 존재한다면 굳이 보험을 구매하지 않는다.

25. ①

① 보험계약마진(CSM)은 보험회사가 보험계약을 통하여 미래에 얻게 될 예상이익의 현재가치이다. 따라서 보험계약마진(CSM)이 클수록 보험회사의 이익은 안정적이라고 할 수 있다.
② 투자계약부채란 보험계약 중 보험계약의 법률적 형식을 취하고 있으나, 투자계약으로 분류된 보험계약에 대하여 보험회사가 장래에 보험금 등을 지급하기 위하여 적립한 금액이다.
③ 잔여보장요소에는 최선추정(BEL), 위험조정(RA), 보험계약마진(CSM)이 각각 존재하여 이를 합계하여 구한다. 반면 발생사고요소에는 최선추정(BEL)과 위험조정(RA)이 있으며, 보험계약마진(CSM)은 없다.
④ 보험계약부채는 결산시점 현재 아직 발생하지 않은 보험사고 및 지급사유가 발생하지 않은 투자요소에 대한 부채(잔여보장요소)와 발생한 보험사고 및 지급사유가 발생하였으나 지급되지 않은 투자요소에 대한 부채(발생사고요소)로 나뉜다.

26. ①

UBI보험에 대한 내용이다. UBI보험이란 운전자의 운전 습관을 바탕으로 보험료를 결정하는 자동차보험상품을 말하며 다른 말로는 운전습관 연계보험이라고도 한다. 자동차에 정보통신기술(IT)을 적용해 고객의 운전 습관을 파악한 후 빅데이터를 활용해 데이터를 비교, 보험료를 산정하는 상품이다.

27. ③

공정한 차별성에 대한 설명이다. 공정한 차별성이란 보험계약자 간에 부당하게 차별적이지 아니할 것을 말하는 것으로, 모든 보

험계약자가 동일한 보험료를 납부해야 한다는 뜻이 아니다. 부당한 차별을 금지하는 것이지, 위험에 따른 차별은 당연히 인정되어야 한다.

① 보험요율이 보험금과 그 밖의 급부(給付)에 비하여 지나치게 높지 아니할 것 → 비과도성
② 보험요율이 보험회사의 재무건전성을 크게 해칠 정도로 낮지 아니할 것 → 충분성
③ 보험요율이 보험계약자 간에 부당하게 차별적이지 아니할 것 → 공정한 차별성
④ 보험금과 그 밖의 급부와 비교할 때 공정하고 합리적인 수준일 것

28. ③

피보험이익이 존재한다는 것은 해당 목적물에 관하여 손실이 발생하면 이로 인해 손해를 입게 되는 이해관계가 존재한다는 의미이다. 따라서 적어도 손해발생 시 해당 관계인에게는 피해가 확정가능 하여야 한다.

29. ①

균등액분담조항(contribution by equal shares clause)은 여러 보험자 중에서 가장 낮은 보험자의 보상한도까지 동일하게 부담을 하다가, 가장 낮은 보험자의 보상한도에 도달하면 그 보험자는 제외하고 다시 다음의 낮은 보험자의 보상한도까지 남은 보험자가 계속 동일하게 부담하는 방식이다.

- A : 1억(소진), B : 1억, C : 1억
- B : 1억, C : 1억(소진)
- B : 0.5억
- **A보험자** : 1억
- **B보험자** : 1억+1억+0.5억=2.5억
- **C보험자** : 1억+1억=2억

그런데 피보험자는 A보험자에 대하여 보험금 청구 포기 의사를 밝혔으므로 A보험자는 보험금을 지급하지 않고 0원이다. 한 보험자에 대한 청구 포기 의사는 다른 보험자의 권리 의무에 영향을 주지 않는다. 따라서 B와 C보험자의 지급 보험금에는 변함이 없다.

30. ③

교통사고처리특례법에서는 피해자의 명시적인 의사에 반하여 공소를 제기할 수 없도록 특례를 두고 있다. 반의사불벌죄란, 피해자의 고소가 없어도 공소를 제기할 수는 있으나 피해자가 가해자의 처벌을 원하지 않는다는 의사표시를 할 경우에는 처벌되지 않도록 하는 규정이다. 그러나 이 경우에도 도주사고, 피해자 유기사고 등 중대한 사고에 대해서는 이 특례를 적용하지 않고 형사처벌 한다. 친고죄는 피해자가 고소하지 않으면 죄를 물을 수 없는 죄를 말한다.

31. ④

리스크의 인정(Assumption of Risk)의 법리에 의하면, 특정 활동 또는 업무에 항상 위험이 있다는 것을 이해하고 인식하는 사람은 그러한 활동 또는 업무에 연관되어 손실을 입었다고 하더라도 스스로 그러한 위험에 자신을 자발적으로 노출한 것인 만큼 보상을 요구할 수 없다. 예를 들면, 축구경기에 참가하는 선수 간에 서로 발에 걸려 넘어져 다치더라도 그들 상호 간에 배상책임이 발생하지 않는 것은 축구경기와 같이 격한 신체접촉이 있을 수 있는 상황에 스스로를 노출시키는 위험에로의 자발적 접근, 예견되는 위험의 감수라는 심리 상태가 있었기 때문이다.

32. ①

사이드카(sidecar)는 비영구 특수목적기구(limited-life SPV)를 설립하여 사모펀드, 헤지펀드, 원수보험회사, 재보험회사 등으로부터 자본을 제공받는 형태로 운영된다. 전체적인 거래 형태는 전통적인 재보험과 유사하나, 최소한의 서류작업과 관리비용으로 운영하기 용이하며 주로 제한된 범위의 단기 보험계약을 대상으로 대재해에 따른 재물손해를 담보한다. 보험회사는 사이드카와 비례재보험계약(quota share reinsurance)을 체결하며 이를 통하여 대재해위험을 자본시장의 투자자들에게 전가한다.

33. ②

초과손해율특약(stop loss ratio cover) 재보험은 원보험계약에서 일정한 손해율 이상의 손해가 발생했을 경우 해당 손해를 보상해주는 비비례적 재보험의 한 종류이다. 문제에서 재보험 조건으로 손해율 130% 한도 내에서 80%를 초과하는 손해액의 90%를 부담한다고 하였으므로, 손해율 80%를 초과하는 경우에 재보험금 지급 조건이 되며 재보험회사가 지급하는 재보험금은 해당 손해액의 90%이다. 마지막으로 재보험회사의 보상한도액은 손해율 130%까지이다. 이에 따라 지급해야 할 재보험금을 계산하면, 손해율 80%가 되는 조건은 경과보험료 100원에서 발생손해액 80원일 때이다. 따라서 80원 이상에서 재보험금 지급 조건이 되며, 손해율 130%까지 보상한다고 하였으므로, 130원까지가 재보험금 처리 대상이다. 이에 따라 130원－80원＝50원이 재보험 처리 대상이다. 재보험회사는 재보험 처리 대상 금액(50원)의 90%를 부담하므로, 인스 보험회사에게 지급하여야 하는 재보험금은 50원×90%＝45원이다.

34. ②

채무불이행이 발생했을 경우 일반적으로 채무불이행으로 인한 손해배상청구에 있어서 그 불이행의 귀책사유에 대한 증명책임은 채권자가 아니라 채무자에게 있다.[12)]

35. ②

동종제한의 원칙이란 구체적으로 열거한 사항 다음에 일반적이고 개괄적인 문언이 부가되어 열거사항을 확장하고 있는 경우(예 ~ 등 기타사항)에 개괄적인 문언은 앞에서 열거사항과 같은 종류의 것으로 한정하여 해석해야 한다는 원칙을 말한다.
예를 들어 보험약관의 면책사항에서 "지진, 분화, 태풍, 홍수, 해

12) 대법원 2016.3.24. 선고 2015다249383 판결

길 등의 천재지변에 의한 손해"는 보험금을 지급하지 않는다고 규정하고 있을 때, 이때 '~ 등의 천재지변"은 앞에서 열거된 지진, 분화, 태풍, 홍수, 해일과 같은 동종의 것으로 한정하여 해석하여야 하며, 이를 확대해석하여 단순한 국지성 호우나 바람이 강하게 분 것에 대해서도 면책으로 적용해서는 안된다는 원칙이다.

36. ③

초과액재보험(Surplus Reinsurance)은 원보험자가 먼저 보유금액을 결정한 뒤에, 그 초과액을 일정배수에 따라 출재하는 방식의 비례적 재보험(Proportional Reinsurance)이다. 비례적 재보험이므로 원보험자와 재보험자의 손해액 부담은 보험가입금액에 비례하여 부담한다.

문제에서 원보험자 보유한도는 2억원이므로 이를 넘어서는 금액을 재보험으로 출재한다. 다만, 재보험자의 보유한도가 12억원이므로, 12억원을 넘어서는 금액인 2억원은 다시 원보험자가 보유한다. 정리하면 원보험자, 재보험자 각각의 보유비율은 다음과 같다.

- **원보험자의 보유액** : 4억원(2억원+2억원)
- **재보험자의 보유액** : 12억원

손해액 8억원이 발생하였으므로 원보험자와 재보험자는 각각의 보유 비율에 따라 다음과 같이 나누어 부담한다.

1. **원보험자의 보상책임**
   8억원×4억원/16억원=2억원
2. **B보험자의 보상책임**
   8억원×12억원/16억원=6억원

37. ①

배상책임보험은 일반적인 손해보험과는 다르게 그 보험금 지급으로 인하여 실질적인 수혜를 입는 사람이 피해자라는 특징이 있다. 이에 따라 다른 여타의 보험들과는 달리 피해자 보호의 역할을 수행한다. 따라서 법률에 의하여 가입이 강제된 경우가 많이 있으며, 피해자 보호를 통한 사회적 안전망 구축 역할을 담당한다.

38. ②

보험회사의 지급여력 비율이 일정한 비율 미만인 경우에는 금융위원회는 보험회사에 대하여 일정한 조치를 취할 수 있는데, 이를 적기시정조치라고 한다. 지급여력비율에 따른 적기시정조치는 다음과 같다(보험업감독규정 제3절).

- **50% 이상~100% 미만** : 경영개선 권고
- **0% 이상 ~ 50% 미만** : 경영개선 요구
- **0% 미만** : 경영개선 명령

39. ②

소멸성 공제조항은 손해액이 커질수록 공제액이 점점 줄어들어 일정 금액 이상에는 공제액이 사라지는 공제조항이다. 계산식은 (손해액−면책금액)×공제계수이다.

- **사고1** : (100만원−10만원)×1.1=99만원
- **사고2** : (200만원−10만원)×1.1=209만원
  → 손해액이 200만원이므로 200만원 지급

40. ①

① 조지 애컬로프는 '레몬시장이론'으로 중고차 시장이 정보 비대칭으로 인해 시장기능이 무너지는 현상을 설명하였고 이를 발표하여 노벨상을 수상하였다. 레몬은 겉으로만 보기 좋고 실제로는 좋지 않은 물건을 뜻하는 것으로 우리 말로는 빛좋은 개살구 정도로 이해하면 된다. 레몬시장이론은 중고차 판매자는 해당 물건의 위험정보를 잘 알고 있지만, 구매자는 그러한 정보를 알지 못하는 것에서 오는 정보비대칭과 역선택을 설명한 이론이다.

② 세인트 피터스버그 역설(St. Petersburg paradox)은 불확실성하에서 의사결정은 금전적 기대치가 아니라 효용의 기대치에 의해서 결정된다는 것을 의미한다. 세인트 피터스버그 역설은 불확실한 상황에서의 의사결정은 단순히 금전적 기대값에 의존하는 것이 아니라 불확실성을 또 하나의 중요한 요소로 본다는 것을 설명한다.

③ 베르누이 원칙(Bernoulli principle)은 보험료가 순보험료만으로 책정되는 경우, 즉 보험수리적으로 공정한 보험료(actuarially fair premium)하에서 리스크 회피 성향을 가진 개인은 전부보험(full insurance)을 선택하는 것이 가장 효용이 높기 때문에 이에 따라 보험의 수요가 창출된다는 수리적인 증명이다.

④ 금반언의 원칙(principle of estoppel)은 어떠한 행위나 말을 하여 타인을 신뢰하게 하고 나중에 이것이 진실이 아니라는 이유로 이전에 한 말이나 행위를 부정하지 말라는 원칙을 말한다.

Memo